KB063640

判 例 憲 法

[제 4 판]

서울대 법대 교수
법학 박사 成 樂 寅 著

法 文 社

Constitutional Law

Case book

Fourth Edition

SUNG Nak-In
Professor of Law
School of Law
Seoul National University

2014
Bobmun Sa
Paju Bookcity, Korea

제4판 서문

2008년에 **판례헌법**이 초판을 간행한 이래 2009년의 제2판, 2012년의 제3판에 이어 이제 제4판을 간행한다. 실사구시의 관점에서 추상적 이론과 판례를 겸용하는 방향으로 법학교육이 이루어질 수 밖에 없는 실정에 맞추어 판례헌법의 중요성을 인식해 주었으면 한다.

판례헌법 제4판에서는 무엇보다 그간 헌법총론-기본권론-정치제도론의 편제를 헌법총론-정치제도론-기본권론으로 변경하였다. 이는 헌법학 제14판과 맥락을 같이 한다. 그 사이 서울대 로스쿨에서는 이미 공법1(헌법과 정치제도), 공법2(기본권론)으로 강의해 오던 터라 그에 입각하고 특히 헌법총론은 기본권론보다 정치제도론과 그 맥락을 함께 하기 때문이다. 프랑스에서는 일찍이 '헌법과 정치제도', '기본권론'으로 강좌제목이 분리되어 있다. 또한 그간 나타난 문제점들을 대폭 보완하고 2014년 1월 15일 현재까지의 헌법재판소와 대법원의 판례를 종합적으로 정리하였다. 특히 주요판례에서는 사실관계까지 적시함으로써 사건 전체에 대한 윤곽도 파악할 수 있도록 하였다. 나아가서 모든 주요판례에서는 소수의견이나 반대의견까지 제시함으로써 독자들의 판단력 제고에 기여하고자 노력하였다.

저자는 그간 1998년에 프랑스에서 Les ministres de la Ve République française를 출간하였고, 1995년에는 그간 국내에 제대로 소개되지 못하였고 더구나 수험법학이 지배하던 상황에서 **프랑스 헌법학**을 출간한 바 있다. 연이어 1998년에는 **언론정보법**과 **선거법론**을 간행하였다. 이들은 모두 헌법학의 특수한 연구 분야라 할 수 있다. 헌법 관련 분야의 그 밖의 저술로는 2007년에 **자금세탁방지법제론**(공저)과 **공직선거법과 선거방송심의**를 간행한 바 있다.

헌법학의 연구와 교육에 관한 일반서로는 1997년에 **한국헌법연습**을 출간한 이래, 1998년에는 전정판, 2000년에는 **헌법연습**으로 출간된 바 있다. 이어서 2001년에는 헌법학의 일반이론서인 **헌법학** 초판을 간행한 이래 금년에 제14판을 간행하였다. **판례헌법**은 **헌법학**의 자매서이다. **헌법학**을 통해서 일반이론을 터득한 다음에 **판례헌법**을 통해서 구체적인 실제문제의 해결능력을 배양하였으면 하는 바람이다. 저자는 2011년에 **헌법학입문(2013년 제3판)**을 간행하여 로스쿨이 전개되는 과정에서 자칫 로스쿨 대학의 학부 교육에서 헌법학이 그 자리를 잃을 위험도 있는 터라 학부의 비법학도들이 쉽게 이해하고 읽을 수 있을 뿐 아니라 널리 교양있는 대한민국 국민들이 헌법을 이해하는 데 밑거름이 되고자 노력하였다. 또한 2012년 초에는 **대한민국헌법사**를 간행하였다. 나아가서 법과대학 교수로 재직 중인 제자들과 더불어 **헌법소송론**도 간행하였다. 이로써 30여년에 걸친 저자의 헌법학 연구서에 작은 결실을 보게 된 셈이다. 학자의 입장이라 다소 투박한 논리 전개가 보이더라도 독자들이 널리 양해해 주시길 바란다.

또한 국민의 생활규범으로서의 헌법을 인식시키고자 노력한 일단을 책으로 출간하였다. 저자는 2005년부터 법무부의 법교육위원회 위원장으로 재직하고 더불어 한국법교육학회를 창립하여 회장직을 수행한 바 있다. 이는 우리나라의 민주화 이후에 생활법치 정립을 위한 노력의 일환이다. 이러한 흐름에 따라 2012년에는 만화판례헌법1 헌법과 정치제도(법률저널, 2012), 만화판례헌법2 헌법과 기본권(법률저널, 2013)을 출간한 바 있다. 금년에는 그간 언론매체를 중심으로 펼쳐왔던 헌법학자로서의 소론을 중심으로 '우리헌법읽기'(법률저널)를 간행하였다. '우리헌법읽기'를 통하여 교양있는 시민들이 헌법을 이해하는 데 도움이 되었으면 한다. 또한 사법개혁과 법학교육이 국민적 관심 사항이기에 역시 언론매체를 통해 발표한 원고를 중심으로 '사법개혁과 법학교육'(법률저널)을 간행하였다. 사법개혁은 여전히 현재진행형이고, 법학교육도 로스쿨과 학부 법학교육 사이에 새로운 이정표를 정립해야 하는 시점에 이르고 있다.

그 동안 저자의 이러한 작업에는 헌법학연구실 제자들의 전폭적인 노력이 있었기에 가능하였다. 이번에도 박사과정의 김태열 조교와 박대헌 조교, 박사과정 이재희 변호사의 헌신적인 노고에 경의를 표한다. 헌법통일법센터의 신민경 조교도 수고를 아끼지 않았다.

어려운 출판여건에도 흔쾌히 제4판까지 출간해 주신 법문사 사장님, 장지훈 차장, 김용석 과장, 권혁기 대리 그리고 전산작업을 담당한 관계자에게 감사드린다.

2014년 3월 15일

서울대 법대 연구실에서

저자 成樂寅(성낙인) 씀

제3판 서문

2008년에 **판례헌법**이 초판을 간행한 이래 2009년에는 **판례헌법** 제2판을 간행한 바 있다. 그 사이 법학전문대학원 소위 한국형 로스쿨이 2009년에 도입된 이래 법학 연구와 교육 현장의 환경이 엄청난 변화를 겪고 있는 와중에 **판례헌법**에 대한 새로운 수요도 야기되었다. 법학 교과서도 전통적인 교과서가 로스쿨과 학부에서 공통적으로 작동하고 있고, 로스쿨에서는 따로 판례 중심의 로스쿨 교재를 편찬하고 있으나 이 또한 성문법 체제에서 결정적인 의미를 갖기 어렵다. 바로 그런 점에서 추상적 이론과 판례를 겸용하는 방향으로 법학교육이 이루어질 수밖에 없는 실정이다. 이를테면 판례의 중요성을 강조하기 마련인 정도라 할 것이다.

그간 척박한 헌정현실에서 제대로 된 헌법판례가 없었던 시절에 비하면 이제 우리나라도 헌법재판소 창립 4반세기를 맞이하면서 헌법판례의 보고가 된 셈이다. 따라서 헌법학 이론서와 판례를 제대로 이해한다면 헌법규범과 헌법현실에 대한 정확한 이해가 가능해질 수 있다. 실제로 헌법학 교과서의 거의 모든 중요 논점에는 이와 관련된 헌법재판소나 법원의 판례가 쌓여 있다는 점에서 한국적 입헌주의의 현황을 실감할 수 있다.

저자는 그간 헌법학을 체계적으로 연구하는 저자 나름의 대장정을 걸어 온 바 있다. 1998년에는 프랑스에서 Les ministres de la Ve République française를 출간하였고, 1995년에는 그간 국내에 제대로 소개되지 못하였고 더구나 수험법학이 지배하던 상황에서 **프랑스 헌법학**을 출간한 바 있다. 연이어 1998년에는 **언론정보법**과 **선거법론**을 간행하였다. 이들은 모두 헌법학의 특수한 연구 분야라 할 수 있다. 헌법 관련 분야의 그 밖의 저술로는 2007년에 **자금세탁방지법제론**(공저)과 **공직선거법과 선거방송심의**를 간행한 바 있다.

헌법학의 연구와 교육에 관한 일반서로는 1997년에 **한국헌법연습**을 출간한 이래, 1998년에는 전정판, 2000년에는 **헌법연습**으로 출간된 바 있다. 이어서 2001년에는 헌법학의 일반이론서인 **헌법학** 초판을 간행한 이래 금년에 제12판을 간행하였다. 이를테면 **판례헌법**은 **헌법학**의 자매서라 할 수 있다. **헌법학**을 통해서 일반이론을 터득한 다음에 **판례헌법**을 통해서 구체적인 실제문제의 해결능력을 배양하였으면 하는 바람이다. 저자는 2011년에 **헌법학입문**을 간행하여 로스쿨이 전개되는 과정에서 자칫 로스쿨 대학의 학부 교육에서 헌법학이 그 자리를 잃을 위험도 있는 터라 학부의 비법학도들이 쉽게 이해하고 읽을 수 있을 뿐 아니라 널리 교양있는 대한민국 국민들이 헌법을 이해하는 데 밑거름이 되고자 노력하였다. 또한 2012년 초에 그 사이 저자가 10년 이상 연구하고 학회지 등에 발표한 논문들을 모아서 **대한민국헌법사**를 간행하였다. 나아가서 법과대학 교수로 재직 중인 제자들과 더불어 **헌법소송론**도 간행하였다. 이로써 30여년에 걸친 저자의 헌법학 연구서에 작은 결실을 보게 된 셈이다. 학자의 입장이라 다소 투박한 논리 전개가 보이더라도 독자들이 널리 양해해 주시길 바란다.

판례헌법 제3판에서는 그간 나타난 문제점들을 대폭 보완하고 2012년 1월 1일 현재까지의 헌법재판소와 대법원의 판례를 종합적으로 정리하였다. 특히 주요판례에서는 사실관계까지 적시함으로써 사건 전체에 대한 윤곽도 파악할 수 있도록 하였다. 나아가서 모든 주요판례에서는 소수의견이나 반대의견까지 제시함으로써 독자들의 판단력 제고에 기여하고자 노력하였다.

그 동안 저자의 이러한 작업에는 헌법학연구실 제자들의 전폭적인 노력이 있었기에 가능하였다. 대학에 재직 중인 성기용(이화여대), 김윤홍(전주대), 이효원(서울대), 권건보(아주대), 정철(국민대), 정상익(홍익대), 장용근(홍익대), 전종익(서울대), 김주영(명지대), 기현석(명지대), 정상우(인하대), 김수용(대구대), 박진우(가천대), 허진성(대전대), 김용훈(상명대), 채영호(중국 연변대) 교수와 송경근 선생의 학문적 대성을 기원한다. 실무계에 있는 유남석 법원장, 최창호 · 진경준 차장검사, 이기선 부장검사, 지석재 사법보좌관, 여운국 부장판사, 류승우 · 이훈재 · 이탁순 · 김봉원 · 박동복 · 김지영 판사, 임세진 · 김민석 · 김재환 · 김태겸 검사, 헌법재판소에서 실무를 하는 김소연 · 임성희 · 전상현 · 김성현 · 한동훈 · 윤성현 · 천재현 · 김동훈 · 이윤희 제씨, 서재덕 · 김동혁 · 송광석 · 신기훈 · 강유미 군법무관, 서영득 · 윤학 · 김학자 · 이상경(전 국회의원) · 김찬 · 윤성호 · 이돈필 · 성승환 · 김준형 · 이진 · 황선기 · 박유영 · 김송경 · 션 헤이즈 변호사, 박상범 · 김남기 법무관의 노고에도 감사드린다. 박희정(전 방송통신심의위원회 사무총장), 신상한(전 산업은행 실장), 장성윤(인천경제자유청), 박영기, 이경찬, 송구섭, 김용수, 양수영, 김벼리 · 오유승 · 임승은(사법연수원), 김태열, 양태건, 정진용, 이은주, 김충희, 최영준, 김도훈, 강준구, 전세영, 김우진, 이혜진, 이재희, 김정길, 박대헌, 강미란 제씨들의 앞날에 영광있기를 기원한다. 특히 제3판의 작업에 애쓴 박진우 · 김용훈 교수와 김태열 · 김정길 · 강준구 · 이재희 조교, 김지영 판사, 임승은 연수원생의 노고에 경의를 표한다.

어려운 출판여건에도 흔쾌히 제3판까지 출간해 주신 법문사 사장님, 김영훈 부장님, 김용석 과장님, 전영완 · 권혁기 님 그리고 전산작업을 담당한 관계자에게 감사드린다.

2012년 3월 1일
서울대 법대 연구실에서
저자 成樂寅(성낙인) 씀

제2판 서문

2008년에 **판례헌법**을 간행한 이래 그 사이에 많은 판례가 새로 나왔을 뿐 아니라 초판이 갖는 여러 가지 한계에 비추어 개정판에서는 그간에 드러난 문제점과 독자들의 요구사항을 수용하여 전면적으로 개정된 제2판을 간행한다. 주요한 수정 사항과 그 방향은 다음과 같다.

첫째, 초판에서는 **헌법학** 교과서에 등장하는 거의 모든 판례에 대하여 최소한의 주의를 환기시킨다는 의미에서 전부 이를 소개하고자 하는 노력을 기우렸다. 하지만 관심의 초점이 되는 모든 판례를 모두 **판례헌법**에 담기는 너무 분량이 많을 뿐만 아니라 이미 20년을 넘어선 헌법재판소의 활동에 비추어 본다면 불필요할 수도 있기 때문에 소개하는 판례를 중요 판례 중심으로 조절하였다.

둘째, 초판에서는 다소 미흡하였던 판례에 대한 그 동안의 학문적 성과를 최대한 반영하고자 노력하였다. 판례 그 자체도 살아있는 법으로서 중요하지만 그 판례에 대한 학문적 평가는 더욱 중요하다. 그간 척박한 한국법학의 현실 속에서도 많은 학자들의 노력으로 이제 판례평석이 본격적으로 법학의 중요한 한 분야로 자리매김하고 있다. 이에 가능한 범위 내에서 학자들의 판례평석 문헌을 소개함으로써 **판례헌법**이 독자들로 하여금 쉽게 찾아갈 수 있는 향도 역할을 다하고자 하였다. 그 동안 많은 판례평석이 쌓여가고 있기 때문에 저자의 평석은 최소한으로 하면서 독자들에게 판례에 대한 방향성 제시에 그치고자 하였다.

셋째, **판례헌법**이 헌법학을 공부하는 독자들에게 살아있는 법학의 장으로 안내하는 길잡이가 되도록 노력하였다. 이에 학부에서 헌법일반이론을 수강하는 학생들의 부교재로서 뿐만 아니라 학부 고학년에서의 헌법연습, 헌법재판론에서도 좋은 교재가 될 수 있도록 하였다. 특히 금년부터 법학전문대학원이 시작됨에 따라 법학전문대학원에서의 헌법강의에 있어서는 헌법 판례에 대한 심도 있는 연구가 필수적이다. 이에 **판례헌법**은 로스쿨 법학도의 좋은 길잡이가 되었으면 하는 바람이다.

이번 제2판의 작업에도 대학원에 재학 중인 제자들이 노고를 아끼지 않았다. 대학원 헌법수업 중에 학생들이 제시한 좋은 내용과 의견을 최대한 반영하도록 노력하였다. 제2판이 업그레이드되는 데에는 제자들의 도움이 컸다. 특히 대학원 박사과정의 崔昌鎬 부장검사(법무부 국가송무과장), 呂雲國 판사(서울중앙지법), 朴眞佑 박사가 많은 도움을 주었다. 박진우 박사는 금년부터 경원대학교 헌법교수로 부임하게 되었다. 이번에도 박사과정의 金容勳 조교가 전적으로 개정작업을 도맡아 주었다. 김 군의 노력이 없었더라면 이번에 이렇게 빨리 제2판이 햇빛을 볼 수 없었을 것이다. 또한 대학원 법학과에서 헌법을 수강한 학생들의 열정이 제2판을 업그레이드하는데 크게 기여하였다. 이들에게 학문적 영광이 함께 하기를 기원한다.

초판부터 개고작업에 힘써 주신 법문사 裵孝善 사장님, 崔福鉉 전무님, 全忠英 상무님, 金寧勳·玄根宅 차장님 그리고 전산작업을 담당한 光岩文化社 관계자에게 감사드린다.

2009년 2월 15일
서울대 법대 연구실에서
저자 成樂寅(성낙인) 씀

초판 서문

법학전문대학원제도의 도입이 2009년으로 다가와 있다. 한국형 로스쿨을 도입하려는 취지는 좋으나 입학생정원에서부터 학생모집에 이르기까지 온갖 규제로 얼룩진 로스쿨은 미국식 흉내만 내고 용두사미가 되는 꼴은 아닌지 걱정이다. 2007년 7월 어느 날 날치기로 통과한 법률에 기초한 로스쿨이 제대로 정착하려면 아직도 넘어야 할 고비가 태산 같다.

학부 법학교육에서 대학원 법학교육으로의 이행은 새로운 준비가 진행되어야 한다. 저자는 로스쿨 준비를 위한 콘텐츠 개발을 교육인적자원부과 협의하여 2005년에 겨우 기초예산을 확보한 바 있으나 그 결과는 나눠먹기식의 소득 없는 1회용 잔치로 끝나 버렸다.

이제 로스쿨에 대비한 강의와 교재 개발에 본격적으로 나서야 한다. 그렇다고 기존의 학부 법학교육에서 쌓아 올린 내공을 송두리째 던져버려서도 아니 된다. 이론과 판례의 접목이 무엇보다도 중요하다.

1987년에 제정된 제6공화국헌법 이전에는 헌법관련 분야에서 이렇다 할만한 판례 하나 제대로 축적하지 못하고 오로지 외국의 이론과 판례의 한국적 접목에만 만족하여야 했다. 그러나 민주화의 진전과 더불어 헌법재판소의 판례가 쌓여 가면서 우리의 법문화에 익숙한 이론과 판례가 축적되기 시작하였다. 헌법연습 강좌에 외국의 판례를 모자이크 식으로 연결하던 시대를 마감하고 우리의 판례가 그 자리를 메우기 시작하였다. 1987년 헌법에 따라 1988년 헌법재판소가 개소되기 이전까지 헌법재판의 활성화 방안에 관한 많은 논의가 있었지만 어느 누구도 지금처럼 활성화되리라고는 예견하지 못하였다. 헌법재판의 활성화는 곧 국가생활에서 기본법인 헌법의 새로운 자리매김으로 이어졌다. 한국의 헌법재판은 이제 아시아권에서 헌법재판의 모델 국가로 정착되고 있다. 아시아 각국의 민주화 과정에서 우리의 헌법재판이 훌륭한 수출품이 될 수도 있을 것이다.

저자는 서울대학교 법과대학 학장으로 재직 중이던 2005년 9월에 '제1회 아시아 헌법 포럼'을 한국법제연구원과 공동으로 개최한 바 있다. 아시아 19개국에서 헌법학자, 헌법재판소장, 헌법재판관, 세계헌법학회 회장 등이 참석하여 아시아적 헌법학의 착근을 위한 공론의 장을 마련하였다. 2007년 9월에는 일본 나고야 대학교에서 '제2회 아시아 헌법 포럼'을 개최한 바 있다. 이 대회는 2년에 한 번씩 아시아 각국을 순회하면서 개최하게 되었다. 2009년에는 대만에서 개최될 예정이다.

저자는 그간 헌법재판이 활성화되고 사법시험에도 사례형 또는 준사례형 문제가 출제됨에 따라 우리 사회에서 야기되는 헌법적 논점을 고시계에 3년에 걸쳐서 게재한 것을 토대로 1997년에는 고시계사에서 '한국헌법연습'을 출간하였고, 1998년에는 개정판을 출간한 이후 2000년에는 법문사에서 '헌법연습'을 출간한 바 있다. 하지만 사례형 내지 준사례형이 갖는 한계와 더불어 그 사이 너무 많은 헌법적 쟁점이 헌법재판소 또는 대법원 판례를 통하여 축적되었기 때문에 이제는 판례교재의 필요성이 더욱 요구되었다.

저자는 또한 지난 2001년에 법문사에서 '헌법학' 교과서를 출간한 이래 매년 개정 증보를 거듭하여 2008년에는 제8판을 출간하였다. 이에 이번에 간행되는 '판례헌법'에서는 헌법학 독자들의 편의와 헌법체계에 바탕을 둔 판례교재를 출간하게 되었다.

'판례헌법'은 저자의 '헌법학 제8판'(2008)의 순서와 체계에 맞추어 '헌법학' 교과서를 읽으면서 필요한 판례를 직접 찾아볼 수 있도록 독자들의 편의에 제공하고 있다. 교과서에서 제대로 소개하지 못한 헌법재판소와 대법원의 헌법관련 판례들을 상세히 소개함으로써 한국 헌법판례의 흐름을 일목요연하게 살펴볼 수 있도록 하였다. 다만 이번 판례집에서는 국내 헌법판례만 소개하는 것으로 한정하였다. 외국의 주옥같이 좋은 판례도 함께 소개하여야 하겠지만 저자의 능력의 한계와 더불어 외국 판례까지 소개할 경우에 분량을 감당하기가 어려웠던 점도 고려할 수밖에 없었다는 점을 독자들은 양해해 주기 바란다.

이제 한국헌법학도 많은 부분에서 그 깊이를 더해 가고 있다. 외국의 이론과 판례도 많은 부분 학자들의 저서와 논문 등을 통해서 소개되고 있다. 저자도 그 사이에 1995년에는 '프랑스헌법학'(법문사)을 통해서 프랑스 헌법학의 기초이론과 판례를 소개한 바 있다. 또한 1998년에는 학자들과 실무가들이 공동으로 연구하여 '세계언론판례총람'(한국언론연구원)을 출간하고 '언론정보법'(나남출판)도 출간하였다. 그 이후에도 '선거법론'(법문사, 1998), '공직선거법과 선거방송심의'(나남, 2007), '자금세탁방지법제론'(경인문화사, 2007) 등을 통하여 이론과 실무 및 판례의 접목을 시도하였다. 학자들의 주옥같은 논문과 판례연구를 통하여 '판례헌법'에 주마간산격으로 소개된 판례에 대한 보다 정밀한 이해가 되었으면 한다.

저자의 '헌법학'을 애독한 독자들에게 '판례헌법'이 헌법공부에 실질적인 기여가 있기를 기대한다. 앞으로 독자들의 질정을 통하여 '판례헌법'이 더욱 발전된 헌법판례의 교과서로 자리 잡을 수 있기를 기대한다.

'헌법학 제8판'에 이어 '판례헌법'의 탄생은 저자와 학문적 길을 함께하는 많은 제자들의 노고가 뒷받침되었기에 가능한 일이었다. 부족한 저자의 학문적 길에 동반자가 되어 준 제자들에게 늘 고마운 마음 금할 길 없다. 특히 '판례헌법'의 작업에서는 최창호 검사, 여운국 판사, 박진우 박사, 임세진·성승환·김동훈 법무관, 김성현·이돈필·김준형·김동혁 사법연수원생, 정진용·강준구·김용훈 법학석사와 임승은·김남기 석사과정생의 노고가 컸다. 특히 박진우 박사는 2007년 판례를 정리하였고, 강준구 조교는 군입대를 앞둔 바쁜 시점에 총괄정리를 해 주었고, 김용훈 법학석사는 2007년 판례를 최종 마무리해 주었다. 박진우 박사, 김용훈·정진용 법학석사와 이돈필·김준형 연수원생은 교정에도 수고를 아끼지 않았다. 이들의 헌신적인 노력이 없었다면 '판례헌법'은 금년에 햇빛을 보기 어려웠을 것이다. 또한 대학원 헌법판례 수강생들의 소중한 의견도 '판례헌법'의 수준을 업그레이드 시킬 수 있었다.

법문사 배효선 사장님, 최복현 전무님, 전충영 상무님, 김영훈·현근택 차장님 그리고 전산작업을 담당한 관계자에게 감사드린다.

2008년 3월 1일
서울대 법대 연구실에서
저자 成樂寅(성낙인) 씀

차　　례

제 1 편　헌법총론

제 1 장　헌법과 헌법학 (3~16)

제 1 절　권력과 자유의 조화의 기술로서의 헌법 ······ 3

제 2 절　헌법의 정의와 분류 ······ 3

Ⅰ 신행정수도의건설을위한특별조치법 위헌확인: 위헌 ······ 3

제 3 절　헌법의 특성 ······ 12

제 4 절　헌법학과 헌법해석 ······ 14

제 2 장　헌법의 제정 · 개정과 헌법의 변천 · 보장 (17~21)

제 1 절　헌법의 제정과 개정 ······ 17

제 2 절　헌법의 변천과 보장 ······ 17

Ⅰ 노동조합및노동관계조정법 등 위헌제청: 각하 ······ 17

제 3 절　대한민국헌법사 ······ 21

제 3 장　국가의 본질과 국가형태 (23~40)

Ⅰ 국적법 제2조 제1항 제1호 위헌제청: 각하,헌법불합치 ······ 23

Ⅱ 재외동포의출입국과법적지위에관한법률 제2조 제2호 위헌확인: 헌법불합치 ······ 28

Ⅲ 대한민국과 일본국간의 어업에 관한 협정 비준 등 위헌확인: 각하,기각 ······ 36

제 4 장　대한민국 헌법의 구조와 기본원리 (41~259)

제 1 절　대한민국헌법의 법원과 구조 ······ 41

제 2 절　헌법전문을 통한 헌법의 기본원리의 천명 ······ 42

Ⅰ 서훈추천부작위 등 위헌확인: 각하 ······ 42

제 3 절　대한민국헌법의 기본원리 ······ 47

제 1 관　이념적 · 법적 기초: 국민주권주의 ······ 47

Ⅰ 축산업협동조합법 제99조 제2항 위헌소원: 위헌 ······ 47

제2관 정치적 기본원리: 자유민주주의 ······ 52

제1항 (자유)민주적 기본질서 ······ 52

Ⅰ 국가보안법 제7조에 대한 위헌심판: 한정합헌 ······ 52

제2항 대의제(대표민주주의)와 직접민주주의의 조화(반대표) ······ 60

제3항 민주적 선거제도 ······ 62

Ⅰ. 의 의 ······ 62

Ⅰ 공직선거법 제146조 제2항 등 위헌확인: 한정위헌 ······ 62

Ⅱ. 선거제도의 기본원칙 ······ 69

Ⅰ 대통령선거법 제36조 제1항 등 위헌제청: 위헌 ······ 69

Ⅱ 공직선거및선거부정방지법 [별표1]의 국회의원지역선거구구역표 위헌확인: 기각 ······ 75

Ⅲ 공직선거및선거부정방지법 [별표1] '국회의원지역선거구구역표' 위헌확인: 헌법불합치 ······ 82

Ⅳ 공직선거법 제26조 제1항에 의한 [별표2] 위헌확인 등: 헌법불합치 ······ 88

Ⅲ. 선거구제와 대표제 ······ 96

Ⅳ. 현행법상 선거제도 ······ 96

Ⅰ 공직선거및선거부정방지법 제56조 위헌확인: 기각 ······ 96

Ⅱ 공직선거법 제37조 제1항 위헌확인 등: 기각,각하 ······ 100

Ⅲ 공직선거및선거부정방지법 제84조 등 위헌제청: 위헌 ······ 105

Ⅳ 공직선거및선거부정방지법 제56조 제1항 제2호 등 위헌확인: 각하,기각 ······ 112

Ⅴ 공직선거및선거부정방지법 제53조 제3항 위헌확인: 위헌 ······ 118

Ⅵ 공직선거및선거부정방지법 제35조 제2항 제1호 등 위헌확인: 기각 ······ 123

Ⅶ 공직선거및선거부정방지법 제33조 제1항 제2호 등 위헌확인: 기각,각하 ······ 126

Ⅷ 공직선거및선거부정방지법 제16조 제2항 위헌확인: 기각 ······ 131

Ⅸ 공직선거법 제93조 제1항 등 위헌확인: 한정위헌 ······ 135

제4항 민주적 정당제도의 보장 ······ 157

Ⅰ 지방의회의원선거법 제36조 제1항에 대한 헌법소원: 헌법불합치,각하 ······ 157

Ⅱ 정당법 제3조 등 위헌확인: 기각 ······ 163

제5항 법치주의 ······ 177

Ⅰ 형사소송법 제331조 단서 규정에 대한 위헌심판: 위헌 ······ 177

Ⅱ 5·18민주화운동등에관한특별법 제2조 위헌제청: 합헌 ······ 183

Ⅲ 구 병역법 제71조 제1항 단서 위헌확인: 합헌 ······ 190

Ⅳ 명의신탁재산의 증여의제 사건(구 상속세및증여세법 제41조의2 제1항 위헌소원): 합헌 ······ 196

Ⅴ 공직선거및선거부정방지법 부칙 제17조 등 위헌소원: 합헌 ······ 198

제3관 경제·사회·문화의 기본원리: 사회복지국가 ······ 211

제1항 사회복지국가원리 ······ 211

Ⅰ 자동차손해배상보장법 제3조 단서 제2호 위헌제청: 합헌 ······ 211

제2항 사회적 시장경제주의 ······ 216

Ⅰ 주세법 제38조의7 등에 대한 위헌제청: 위헌 ······ 216
제 3 항 문화국가원리 ······ 225
Ⅰ 구 전통사찰보존법 제6조 제1항 제2호 등 위헌소원: 헌법불합치(잠정적용) ······ 225
Ⅱ 학교보건법 제6조 제1항 제2호 위헌제청 등: 위헌,헌법불합치(적용중지) ······ 230
제 4 관 국제질서의 기본원리: 국제평화주의 ······ 241
제 1 항 국제평화주의 ······ 241
Ⅰ 일반사병 이라크 파병 위헌확인: 각하 ······ 241
제 2 항 평화통일주의 ······ 244
Ⅰ 남북교류협력에 관한 법률 제9조 제3항 위헌소원: 합헌 ······ 244
Ⅱ 국가보안법 제7조 제1항 등 위헌소원: 합헌 ······ 247
제 3 항 국제법존중주의 ······ 254
Ⅰ 대한민국과아메리카합중국간의상호방위조약제4조에의한시설과구역및대한민국에서의합중국군대의지위에관한협정 제2조 제1의 (나)항 위헌제청: 합헌 ······ 254

제 2 편 정치제도론

제 1 장 정치제도의 일반이론 (263~278)

제 1 절 총 설 ······ 263

제 2 절 대의제도(국민대표제) ······ 264

Ⅰ 국회의원선거법 제33조, 제34조의 위헌심판: 헌법불합치 ······ 264

Ⅱ 국회의장과 국회의원간의 권한쟁의: 기각 ······ 268

Ⅲ 국회예산결산특별위원회 계수조정소위원회 방청허가불허 위헌확인, 국회상임위원회 방청불허행위 위헌확인 등: 각하,기각 ······ 272

제 3 절 권력분립주의 ······ 278

제 4 절 정부형태론 ······ 278

제 2 장 국 회 (279~322)

제 1 절 의회주의(의회제) ······ 279

제 2 절 의회의 조직과 구성 ······ 279

Ⅰ 입법권침해 등에 대한 헌법소원: 각하 ······ 279

제 3 절 국회의 헌법상 지위 ······ 282

제 4 절 국회의 회의운영과 의사원칙 ······ 283

제 5 절 국회의원선거 ······ 283

제 6 절 국회의 내부조직 ······ 284

Ⅰ 국회의원과 국회의장간의 권한쟁의: 기각 ······ 284

제 7 절 국회의원의 지위 · 권한 · 의무 ······ 290

제 8 절 국회의 권한 ······ 292

제 1 항 입 법 권 ······ 292

Ⅰ 국회의원과 국회의장간의 권한쟁의: 권한침해,기각 ······ 292

Ⅱ 국회의원과 국회의장간의 권한쟁의: 기각 ······ 297

Ⅲ 게임산업진흥에관한법률 제32조 제1항 제7호 위헌확인: 기각 ······ 302

제 2 항 재 정 권 ······ 309

Ⅰ 지방세법 제233조의9 제1항 제2호 위헌소원: 헌법불합치 ······ 309

Ⅱ 지방세법 제121조 제1항 위헌소원: 헌법불합치 ······ 311

제 3 항 국정통제권 ······ 322

제 4 항 국회 내부사항에 대한 자율적 권한 ······ 322

제3장 정 부 (323~378)

제1절 대 통 령 ········· 323
제1항 대통령의 헌법상 지위 ········· 323
제2항 대통령의 신분상 지위 ········· 323
제3항 대통령의 권한 ········· 325

제2절 행 정 부 ········· 338
제1항 국무총리 ········· 338
제2항 국무위원 ········· 339
제3항 국무회의 ········· 339
제4항 행정각부 ········· 340
Ⅰ 정부조직법 제14조 제1항 등의 위헌여부에 관한 헌법소원: 각하,합헌 ········· 340
제5항 공무원제도 ········· 345
Ⅰ 구 지방공무원법 제2조 제3항 제2호 나목 등 위헌소원: 합헌 ········· 345
Ⅱ 국가보위입법회의법 등의 위헌여부에 관한 헌법소원: 위헌 ········· 348
제6항 감 사 원 ········· 353

제3절 지방자치제도 ········· 354
Ⅰ 아산시와 건설교통부장관간의 권한쟁의: 각하 ········· 354
Ⅱ 부천시담배자동판매기설치금지조례 제4조 등 위헌확인, 강남구담배자동판매기 설치금지조례 제4조 등 위헌확인: 기각 ········· 356
Ⅲ 서울특별시와 정부간의 권한쟁의: 인용(권한침해) ········· 360
Ⅳ 지방자치법 제111조 제1항 제3호 위헌확인: 헌법불합치 ········· 364

제4절 선거관리위원회 ········· 378

제4장 법 원 (379~398)

제1절 법원의 지위와 조직 ········· 379
Ⅰ 법무사법시행규칙에 대한 헌법소원: 위헌 ········· 379
Ⅱ 군사법원법 제6조 등 위헌소원: 합헌 ········· 381
제2절 사법절차와 운영 ········· 386
제3절 법원의 권한 ········· 387
제4절 사법권의 범위와 한계 ········· 389
Ⅰ 긴급재정명령 등 위헌확인: 각하,기각 ········· 389
제5절 사법권의 독립 ········· 397
제6절 사법권에 대한 통제 ········· 398

제 5 장　헌법재판소 (399~738)

제 1 절　헌법재판의 일반이론 ······ 399

Ⅰ 헌법재판소법 제68조 제1항 위헌확인 등: 한정위헌 ······ 399
Ⅱ 헌법재판소법 제25조 제3항에 대한 헌법소원: 기각 ······ 407
Ⅲ 임원취임 승인취소 처분 등 취소: 각하 ······ 410

제 2 절　위헌법률심판 ······ 422

Ⅰ. 의　의 ······ 422
Ⅱ. 법원의 위헌법률심판제청 ······ 422
Ⅰ 형사소송법 제97조 제3항의 위헌제청: 위헌 ······ 422
Ⅱ 반국가행위자의처벌에관한특별조치법 제5조 등 헌법소원: 위헌,각하 ······ 424
Ⅲ 형사소송법 제221조의2 위헌소원: 위헌 ······ 426
Ⅳ 구 경찰공무원법 제21조 위헌제청: 위헌 ······ 433
Ⅴ 도시 및 주거환경정비법 제47조 제1호 위헌소원: 각하 ······ 436
Ⅵ 하천법 위헌소원: 각하 ······ 445
Ⅲ. 헌법재판소의 위헌법률심판 ······ 447
Ⅰ 헌법 제29조 제2항 등 위헌소원: 합헌,각하 ······ 447
Ⅱ 구 대부업의 등록 및 금융이용자보호에 관한 법률 제20조 위헌제청 등: 각하 ······ 449
Ⅲ 국제통화기금조약 제9조 제3항 등 위헌소원: 각하 ······ 456
Ⅳ 구 특정범죄 가중처벌 등에 관한 법률 제2조 제1항 위헌소원 등: 한정위헌 ······ 457
Ⅴ 행형법 제29조 제1항 위헌소원 등: 각하 ······ 465
Ⅵ 소득세법 제61조 위헌소원 등: 위헌 ······ 469
Ⅶ 구 국세기본법 제42조 제1항 단서에 대한 헌법소원: 위헌불선언 ······ 472
Ⅷ 1980년 해직공무원의보상등에관한특별조치법 제2조 및 제5조에 대한 헌법소원: 합헌 ······ 476
Ⅸ 공무원연금법 제47조 제3호 위헌소원, 공무원연금법 제47조 제2호 위헌제청: 위헌 ······ 484
Ⅹ 헌법재판소법 제47조 제2항 위헌소원: 합헌 ······ 489
ⅩⅠ 민사소송법 제118조에 대한 위헌소원: 각하 ······ 491
ⅩⅡ 불기소처분취소재심: 기각 ······ 493
ⅩⅢ 헌법재판소법 제47조 제2항 위헌소원: 합헌 ······ 496
ⅩⅣ 지방공무원법 제29조의3 위헌소원: 각하 ······ 499
ⅩⅤ 국가정보원직원법 제17조 제2항 위헌제청: 헌법불합치 ······ 502
ⅩⅥ 보훈기금법 부칙 제5조 및 한국보훈복지공단법 부칙 제4조 제2항 후단에 관한 위헌제청: 한정위헌,한정합헌 ······ 516
ⅩⅦ 1980년해직공무원의보상등에관한특별조치법 제2조 위헌심판: 한정위헌 ······ 520
ⅩⅧ 헌법재판소법 제68조 제1항 위헌확인 등: 취하 ······ 523

제 3 절　헌법소원심판 ······ 528

Ⅰ. 의　의 ······ 528

Ⅰ 변호인의 조력을 받을 권리에 대한 헌법소원: 인용(위헌확인),위헌 ····· 528
Ⅱ 헌법재판소법 제75조 제7항 위헌소원: 합헌 ····· 529
Ⅱ. 헌법소원심판의 청구권자 ····· 532
Ⅲ. 헌법소원심판의 대상 ····· 536
Ⅰ 행형법 제29조 제1항 등 위헌소원: 각하 ····· 536
Ⅱ 경기도남양주시등33개도농복합형태의시설치에관한법률 제4조 위헌확인: 기각 ····· 553
Ⅲ 입법부작위 위헌확인: 인용(위헌확인) ····· 559
Ⅳ 헌법재판소법 제68조 제1항 위헌확인 등: 한정위헌,인용(취소) ····· 569
Ⅴ 양도소득세 등 부과처분에 대한 헌법소원: 각하 ····· 577
Ⅵ 양도소득세부과처분취소 등, 헌법재판소법 제68조 제1항 위헌확인 등: 합헌,각하 ····· 604
Ⅳ. 헌법상 보장된 기본권침해 ····· 622
Ⅰ 경부고속철도역사명칭결정취소: 각하 ····· 622
Ⅴ. 보충성의 원칙과 예외 ····· 655
Ⅵ. 헌법소원심판의 절차 ····· 661
Ⅰ 헌법재판소법 제25조 제3항에 대한 헌법소원: 기각 ····· 668
Ⅶ. 헌법소원심판의 심리 ····· 672
Ⅷ. 헌법소원심판의 결정 ····· 672
Ⅸ. 인용결정의 효력 ····· 676
Ⅹ. 헌법소원심판의 비용과 공탁금의 국고귀속 ····· 677

제 4 절 권한쟁의심판 ····· 678
Ⅰ. 의 의 ····· 678
Ⅱ. 권한쟁의심판의 청구 ····· 678
Ⅰ 성남시와 경기도간의 권한쟁의: 인용(무효확인),인용(권한침해),각하 ····· 682
Ⅱ 강남구청과 대통령간의 권한쟁의: 기각 ····· 686
Ⅲ 당진군과 평택시간의 권한쟁의: 인용(권한확인),각하 ····· 689
Ⅳ 서울특별시와 정부간의 권한쟁의: 기각,각하 ····· 693
Ⅴ 제주시 등과 행정자치부장관 등간의 권한쟁의: 각하 ····· 696
Ⅵ 강남구 등과 국회간의 권한쟁의: 각하 ····· 700
Ⅶ 시흥시와 정부간의 권한쟁의: 기각 ····· 706
Ⅷ 아산시와 건설교통부장관간의 권한쟁의: 각하 ····· 708
Ⅲ. 권한쟁의심판의 절차 ····· 714
Ⅳ. 권한쟁의심판의 결정 ····· 715
Ⅰ 강서구와 진해시간의 권한쟁의: 인용(취소),인용(권한확인),인용(위헌확인) ····· 715
Ⅱ 국회의원과 국회의장 등간의 권한쟁의: 인용(권한침해),기각,각하 ····· 719

제 5 절 탄핵심판 ····· 725
Ⅰ 대통령(노무현) 탄핵: 기각 ····· 725

제 6 절 위헌정당해산심판 ····· 738

제 3 편 기본권론

제 1 장 기본권 일반이론 (741~837)

제 1 절 기본권의 개념 ······ 741
제 2 절 기본권의 범위 ······ 741
 2007년 전시증원연습 등 위헌확인: 각하 ······ 742
제 3 절 기본권의 법적 성격 ······ 748
제 4 절 기본권과 제도보장 ······ 749
제 5 절 기본권의 주체 ······ 752
 불기소처분취소: 각하 ······ 752
제 6 절 기본권의 효력 ······ 759
제 7 절 기본권의 경합과 충돌 ······ 759
 국민건강증진법시행규칙 제7조 위헌확인: 기각 ······ 759
제 8 절 기본권의 제한 ······ 770
Ⅰ. 의 의 ······ 770
Ⅱ. 기본권제한의 유형 ······ 770
 건설산업기본법 제83조 제1호 위헌소원: 합헌 ······ 770
Ⅲ. 기본권제한의 일반원칙 ······ 776
 정부투자기관관리기본법 제20조 제2항 등 위헌소원: 헌법불합치 ······ 785
 도로교통법 제78조 제1항 단서 제5호 위헌제청: 위헌 ······ 795
Ⅳ. 기본권제한의 한계: 기본권의 본질적 내용침해금지 ······ 816
Ⅴ. 기본권제한의 예외 ······ 819
Ⅵ. 기본권제한의 원칙일탈에 대한 통제 ······ 819
제 9 절 기본권의 보호 ······ 820
제 1 항 국가의 기본권보장의무 ······ 820
 교통사고처리특례법 제4조 제1항 등 위헌확인: 위헌 ······ 820
제 2 항 기본권의 침해와 구제 ······ 834

제 2 장 인간의 존엄과 가치 및 행복추구권 (839~893)

제 1 절 인간의 존엄과 가치 ······ 839
제 2 절 행복추구권 ······ 846
Ⅰ. 의 의 ······ 846

Ⅱ. 기본권체계상 행복추구권 ······ 846
Ⅲ. 행복추구권의 법적 성격 ······ 847
Ⅳ. 행복추구권의 주체 ······ 848
Ⅴ. 행복추구권의 효력 ······ 848
Ⅵ. 행복추구권의 내용 ······ 848
Ⅰ 대한민국과 미합중국간의 미합중국군대의 서울지역으로부터의 이전에 관한 협정 등 위헌확인: 각하 ······ 849
Ⅱ 독점규제및공정거래에관한법률 제27조 위헌소원: 위헌 ······ 852
Ⅲ 소변강제채취 위헌확인: 기각,각하 ······ 861
Ⅳ 사회복지사업법 제23조 제2항 등 위헌소원: 합헌 ······ 867
Ⅴ 지방세법 제225조 제1항 등 위헌제청: 위헌 ······ 877
Ⅶ. 행복추구권의 제한 ······ 885
Ⅰ 도로교통법 제118조 위헌확인: 기각 ······ 885
Ⅷ. 행복추구권의 침해와 구제 ······ 893

제 3 장 평 등 권 (895~928)

Ⅰ. 의 의 ······ 895
Ⅱ. 헌법상 평등원리의 구체화 ······ 895
Ⅰ 제대군인지원에관한법률 제8조 제1항 등 위헌확인: 위헌 ······ 895
Ⅲ. 평등권의 구체적 내용 ······ 903
Ⅰ 국가유공자등예우및지원에관한법률 제31조 제1항 등 위헌확인: 헌법불합치 ······ 903
Ⅳ. 평등권의 제한 ······ 927
Ⅴ. 평등권의 침해와 구제 ······ 928
Ⅵ. 적극적 평등실현조치 ······ 928
Ⅶ. 간접차별 ······ 928
Ⅷ. 결 어 ······ 928

제 4 장 자 유 권 (929~1293)

제 1 절 자유권 일반론 ······ 929
제 2 절 인신의 안전과 자유 ······ 929
제 1 항 생 명 권 ······ 929
Ⅰ 형법 제41조 등 위헌제청: 합헌,각하 ······ 929
제 2 항 신체를 훼손당하지 않을 권리 ······ 945
제 3 항 신체의 자유 ······ 945
Ⅰ. 의 의 ······ 945
Ⅱ. 신체의 자유의 실체적 보장 ······ 945

Ⅰ 청소년의성보호에관한법률 제20조 제2항 제1호 등 위헌제청: 합헌,각하 ········ 954
Ⅲ. 신체의 자유의 절차적 보장 ········ 966
Ⅰ 정보비공개결정 위헌확인: 인용(위헌확인) ········ 970
Ⅱ 변호인의 조력을 받을 권리 등 침해 위헌확인: 인용(위헌확인) ········ 975
Ⅲ 형사소송법 제214조의2 제1항 위헌소원: 헌법불합치 ········ 986
Ⅳ. 신체의 자유의 제한과 한계 ········ 992
제 3 절 정신의 안전과 자유 ········ 994
제 1 항 양심의 자유 ········ 994
Ⅰ 준법서약제 등 위헌확인: 기각 ········ 994
Ⅱ 병역법 제88조 제1항 제1호 위헌제청 등: 합헌 ········ 1000
Ⅲ 병역법 제88조 제1항 제1호 위헌제청: 합헌 ········ 1009
제 2 항 종교의 자유 ········ 1020
제 3 항 학문의 자유 ········ 1025
Ⅰ 1994학년도 신입생선발입시안에 대한 헌법소원: 기각 ········ 1025
제 4 항 예술의 자유 ········ 1034
제 5 항 언론 · 출판의 자유 ········ 1037
Ⅰ 정보통신망 이용촉진 및 정보보호 등에 관한 법률 제65조 제1항 제2호 위헌소원: 합헌,각하 ········ 1037
Ⅱ 음반 · 비디오물및게임물에관한법률 제35조 제1항 등 위헌제청: 위헌 ········ 1050
Ⅲ 신문등의자유와기능보장에관한 법률 제16조 등 위헌확인 등: 위헌,기각,각하 ········ 1061
제 6 항 알 권리 ········ 1079
Ⅰ 공권력에 의한 재산권침해에 대한 헌법소원: 인용(위헌확인,기각) ········ 1079
Ⅱ 대통령선거법 제65조 위헌확인: 각하,기각 ········ 1082
제 7 항 집회 · 결사의 자유 ········ 1092
제 4 절 사생활의 안전과 자유 ········ 1104
제 1 항 주거의 자유 ········ 1104
제 2 항 사생활의 비밀과 자유 ········ 1104
제 3 항 통신의 자유 ········ 1116
제 5 절 사회 · 경제적 안전과 자유 ········ 1120
제 1 항 거주 · 이전의 자유 ········ 1120
Ⅰ 출입국관리법 제4조 제1항 제4호 위헌심판: 합헌 ········ 1121
Ⅱ 지방세법 제138조 제1항 제3호 위헌소원: 합헌 ········ 1125
제 2 항 직업(선택)의 자유 ········ 1131
Ⅰ 체육시설의설치 · 이용에관한법률시행규칙 제5조에 대한 헌법소원: 위헌 ········ 1131
Ⅱ 풍속영업의규제에관한법률 제3조 제5호 등 위헌확인: 기각,각하 ········ 1135
Ⅲ 안마사에관한규칙 제3조 제1항 제1호 등 위헌확인: 위헌 ········ 1156

제3항 재 산 권 ········· 1196
Ⅰ 민법 제245조 제1항에 대한 헌법소원: 합헌 ········· 1196
Ⅱ 예산회계법 제98조 위헌소원: 합헌 ········· 1200
Ⅲ 부동산실권리자명의등기에관한법률 제5조 제2항 위헌제청등: 헌법불합치 ········· 1209
Ⅳ 공무원연금법 제64조 제3항 위헌소원: 한정위헌 ········· 1222
Ⅴ 토지초과이득세법 제10조 등 위헌소원: 헌법불합치 ········· 1233
Ⅵ 개발이익환수에관한법률 제9조 제1항 등 위헌소원: 합헌 ········· 1239
Ⅶ 택지소유상한에관한법률 제2조 제1호 나목 등 위헌소원: 위헌 ········· 1246
Ⅷ 자연공원법 제4조 등 위헌소원: 합헌 ········· 1258
Ⅸ 중소기업의구조개선과재래시장활성화를위한특별조치법 제16조 제1항 등 위헌소원: 합헌 ····· 1264
Ⅹ 도시계획법 제21조에 대한 헌법소원: 헌법불합치 ········· 1270
Ⅺ 학교용지 확보 등에 관한 특례법 제3조 등 위헌소원: 합헌 ········· 1278
Ⅻ 사설철도주식회사주식소유자에대한보상에관한법률 제4조 제2항 제1호 등 위헌제청: 합헌 ··· 1286

제 5 장 참정권(정치권) (1295~1310)

Ⅰ 국가공무원법 제36조 등 위헌확인: 합법불합치(잠정적용),각하 ········· 1295
Ⅱ 구 경찰공무원법 제7조 제2항 제6호 부분 위헌소원: 합헌 ········· 1304

제 6 장 사회권(생존권) (1311~1463)

제 1 절 사회권(사회적 기본권, 생존권적 기본권)의 일반이론 ········· 1311
Ⅰ 2002년도 국민기초생활보장최저생계비 위헌확인: 기각 ········· 1313
제 2 절 인간다운 생활을 할 권리 ········· 1321
제 3 절 사회보장수급권 ········· 1322
Ⅰ 산업재해보상보험법 제38조 제6항 위헌소원 등: 위헌 ········· 1322
제 4 절 교육을 받을 권리와 교육의 자유 ········· 1337
Ⅰ 지방교육자치법 제44조의2 제2항 위헌확인(사립학교의 학교운영위원회설치를 임의사항으로 규정한 것): 기각 ········· 1337
Ⅱ 구 사립학교법 제53조의2 제3항 위헌소원: 헌법불합치 ········· 1355
제 5 절 노동기본권 ········· 1371
Ⅰ 공무원의노동조합설립및운영등에관한법률 위헌확인: 각하,기각 ········· 1371
Ⅱ 입법부작위 위헌확인: 위헌 ········· 1387
Ⅲ 노동조합및노동관계조정법 제81조 제2호 단서 위헌소원: 합헌 ········· 1403
제 6 절 환 경 권 ········· 1423
Ⅰ 구 먹는샘물관리법 제28조 제1항 위헌제청: 합헌 ········· 1423

Ⅱ 입법부작위 위헌확인(공직선거에서의 확성장치 사용사건): 기각 ······ 1432

제 7 절 혼인과 가족에 관한 권리 ······ 1438

Ⅰ 민법 제781조 제1항 본문 후단부분 위헌제청 등(호주제): 헌법불합치 ······ 1440

제 8 절 보건에 관한 권리 ······ 1456

Ⅰ 미국산쇠고기및쇠고기제품 수입위생조건 위헌확인: 기각,각하 ······ 1456

제 7 장 청구권적 기본권 (1465~1522)

제 1 절 청구권적 기본권의 일반이론 ······ 1465

제 2 절 청 원 권 ······ 1465

제 3 절 재판청구권 ······ 1467

Ⅰ 구 지방세법 제74조 제1항 등 위헌소원: 위헌,각하 ······ 1473

Ⅱ 도로교통법 제101조의3 위헌소원: 합헌 ······ 1480

Ⅲ 민사소송법 제393조 제1항 등 위헌확인: 합헌 ······ 1502

Ⅳ 교원지위향상을위한특별법 제10조 제3항 위헌제청: 위헌 ······ 1505

제 4 절 국가배상청구권 ······ 1517

제 8 장 국민의 기본의무 (1523~1527)

판례색인 ······ 1529

제1편 | 헌법총론

제 1 장 헌법과 헌법학

제 2 장 헌법의 제정 · 개정과 헌법의 변천 · 보장

제 3 장 국가의 본질과 국가형태

제 4 장 대한민국 헌법의 구조와 기본원리

1 헌법과 헌법학

제 1 절 권력과 자유의 조화의 기술로서의 헌법

제 2 절 헌법의 정의와 분류

I 신행정수도의건설을위한특별조치법 위헌확인: 위헌(헌재 2004.10.21. 2004헌마554등)

(쟁 점) 관습헌법의 존재여부와 신행정수도의건설을위한특별조치법이 관습헌법에 위반되는지 여부

사건의 개요

2002. 9. 30. 새천년민주당의 대통령후보 노무현은 선거공약으로 수도권 집중 억제와 낙후된 지역경제를 해결하기 위해 청와대와 정부부처를 충청권으로 옮기겠다는 행정수도 이전계획을 발표하였다. 2002. 12. 19. 실시된 제16대 대통령선거에서 노무현 후보가 당선되었고, 이후 수도 이전을 위한 후속 조치가 단행되었다. 국회가 당해 법안을 통과시킴에 따라 신행정수도의건설을위한특별조치법은 법률 제7062호로 공포되었다. 청구인들은 위 법률이 헌법개정 등의 절차를 거치지 않은 수도이전을 추진하는 것이므로 법률 전부가 헌법에 위반되며 이로 인하여 청구인들의 국민투표권, 납세자의 권리, 청문권, 평등권, 거주이전의 자유, 직업선택의 자유, 공무담임권, 재산권 및 행복추구권을 각 침해받았다는 이유로 위 법률을 대상으로 그 위헌의 확인을 구하는 헌법소원 심판을 청구하였다.

심판의 대상

신행정수도의건설을위한특별조치법(2004. 1. 16. 제정 법률 제7062호, 이하 '이 사건 법률'이라 한다)

주 문

신행정수도건설을위한특별조치법(2004. 1. 16. 제정 법률 제7062호)은 헌법에 위반된다.

청구인들의 주장

서울이 대한민국의 수도라는 사실은 헌법적으로 볼 때 불문헌법에 속한다. 따라서 수도이전에는 헌법개정에 버금가는 절차인 국민투표를 하여 국민적 합의를 통한 헌법적 정당성을 갖추어야 한다. 당해 법률은 국가안위에 관련된 중요한 국가정책에 관한 사항을 담았고 국민투표 실시를 위한 충분한 시간적 여유도 있었으므로 그 제정 시에 헌법 제72조 소정의 국민투표를 반드시 거쳤어야 할 것임에도 이를 거치지 아니한 것은 헌법에 위반되며, 청구인들의 국민투표권을 침해한 것이다. 또한 위헌적인 국가재정지출의 근거가 되는 이 사건 법률은 헌법 제37조 제1항의 '헌법에서 열거되지 아니한 권리'로서 보장되어야 하는 납세자의 권리를 침해한 것이며 국민의 청문권과 서울특별시 의회의원과 공무원인 청구인들의 공무담임권과 직업수행의 자유를 침해하며 청구인들의 직업선택의 자유와 거주이전의 자유 및 행복추구권도 침해하는 것이다. 나아가 이 사건 법률은 체계 정당성이 결여되어 있으며 수도이전지역으로 규정된 충청권에 비하여 합리적 이유 없이 다른 지역을 차별하는 것으로 평등권을 침해하고 있어 위헌인 법률이다.

▢ 판 단

Ⅰ. 적법요건에 관한 판단

1. 기본권 침해의 개연성이 있는지 여부

우리나라의 수도가 서울인 점이 명문의 헌법조항에서 밝혀진 것은 아니라 하더라도 우리 헌법의 해석상 그것이 국가생활의 오랜 전통에 의하여 확립된 기본적 헌법사항으로서 불문의 관습헌법에 속하는 것임이 확인된다면, 수도의 이전을 내용으로 하는 이 사건 법률은 우리 헌법의 내용을 헌법개정의 절차를 거치지 아니한 채 하위 법률의 형식으로 변경하여 버린 것이 된다. 따라서 이 사건 법률은 본안에 관한 판단에서 수도가 서울인 점에 대한 관습헌법성이 확인된다면 헌법 제130조에 의한 헌법개정에 의하여 규율되어야 할 사항을 단순 법률의 형태로 규율하여 헌법개정에 필수적으로 요구되는 국민투표를 배제한 것이 되므로 국민들의 위 투표권이 침해될 수 있다. 그렇다면 이 사건 법률은 헌법개정에 있어서 청구인들이 갖는 참정권적 기본권인 국민투표권을 침해할 소지가 있으므로 그 권리침해의 개연성이 인정된다.

2. 기본권 침해의 자기관련성 · 직접성 · 현재성이 있는지 여부

여기서 침해되는 기본권은 국민으로서 가지는 참정권의 하나인 헌법개정의 국민투표권인바, 이 권리는 대한민국 국민인 청구인들 각 개인이 갖는 기본권이므로 청구인들이 이 사건 법률에 대하여 권리 침해의 자기관련성이 있음은 명백하다. 또 이 사건 법률은 수도 이전을 당연한 전제로 하여 이를 구체적으로 추진하는 것을 내용으로 하고 있으므로 '수도 이전'자체에 관하여는 더 이상 어떠한 절차나 결정을 필요로 하고 있지 아니하다. 따라서 헌법개정에 관하여 국민이 갖는 국민투표권이라는 기본권이 이 사건 법률에 의하여 직접 배제되므로 직접성도 인정된다. 또한 이 사건 법률의 공포 · 시행에 의하여 수도의 이전은 법률적으로 확정되고 따라서 청구인들의 위 국민투표권은 이미 배제되었으므로 위 권리의 침해는 현실화되어 현재에도 계속되고 있어 침해의 현재성도 인정된다.

3. 청구기간을 준수하였는지 여부

헌법재판소법 제69조 제1항에 따라 법령에 대한 헌법소원심판은 법령의 시행과 동시에 기본권의 침해를 받게 되는 경우에는 그 법령이 시행된 사실을 안 날부터 90일 이내에, 그 법령이 시행된 날부터 1년 이내에 청구하여야 하고, 법령이 시행된 후에 비로소 그 법령에 해당하는 사유가 발생하여 기본권의 침해를 받게 된 경우에는 그 사유가 발생하였음을 안 날부터 90일 이내에, 그 사유가 발생한 날부터 1년 이내에 청구하여야 한다. 이 사건 헌법소원심판청구는 청구기간을 준수하였다.

4. 고도의 정치적 행위이어서 사법심사의 대상이 되지 않는 것인지 여부

대통령이나 국회에 의한 고도의 정치적 결단이 요구되고, 이러한 결단은 가급적 존중되어야 한다는 요청에서 사법심사를 자제할 필요가 있는 국가작용이 우리 헌법상 존재하는 것은 이를 인정할 수 있다. 그러나 우리 헌법의 기본원리인 법치주의의 원리상 대통령, 국회 기타 어떠한 공권력도 법의 지배를 받아야 하고, 모든 국가작용은 국민의 기본권적 가치를 실현하기 위한 수단이라는 데에서 나오는 한계를 반드시 지켜야 하는 것이며, 헌법재판소는 헌법의 수호와 국민의 기본권보장을 사명으로 하는 국가기관이므로, 비록 고도의 정치적 결단에 의하여 행해지는 국가작용이라고 할지라도 그것이 국민의 기본권침해와 직접 관련되는 경우에는 당연히 헌법재판소의 심판대상이 될 수 있다. 특히 당해 사건에서 문제되는 것은 법률의 위헌여부이고 대통령의 행위의 위헌여부가 아닌바, 법률의 위헌여부가 헌법재판의 대상으로 된 경우 당해법률이 정치적인 문제를 포함한다는 이유만으로 사법심사의 대상에서 제외된다고 할 수는 없다. 다만, 이 사건 법률의 위헌여부를 판단하기 위한 선결문제로서 신행정수도건설이나 수도이전의 문제를 국민투표에 붙일지 여부에 관한 대통령의 의사결정이 사법심사의 대상이 될 경우 위 의사결정은 고도의 정치적 결단을 요하는 문제여서 사법심사를 자제함이 바람직하다고 할 수 있고, 이에 따라 그 의사결정에 관련된 흠을 들어 위헌성이 주장되는 법률에 대한 사법심사 또한 자제함이 바람직하다고는 할 수 있지만 대통령의 위 의사결정이 국민의 기본권침해와 직접 관련되는 경우에는 헌법재판소의 심판대상이 될 수 있고, 이에 따라 위 의사결정과 관련된 법률도 헌법재판소의 심판대상이 될 수 있다. 즉 대통령의 의사결정이 국민의 국민투표권을 침해한다면 비록 고도의 정치적 결단을 요하는 행위라고 하더라도 헌법소원의 대상이 될 수 있는 것이다.

Ⅱ. 본안에 관한 판단

1. 헌법상 수도의 개념

일반적으로 한 나라의 수도는 국가권력의 핵심적 사항을 수행하는 국가기관들이 집중 소재하여 정치·행정의 중추적 기능을 실현하고 대외적으로 그 국가를 상징하는 곳을 의미하는데 반드시 한 도시에만 집중하여 소재할 필요는 없고 최근 정보통신기술의 현저한 발전으로 인하여 화상회의와 전자결재 등 첨단의 정보기술을 활용하여 장소적 이격성을 극복하고 얼마든지 유기적 업무협조를 실현할 수 있는 사정 등을 감안하면 정부조직의 분산배치는 정책적 고려가 가능하다. 일응 수도란 최소한 정치·행정의 중추적 기능을 수행하는 국가기관의 소재지를 뜻하는 것이라 할 것이다.

2. 이 사건 법률이 수도이전에 관한 의사결정을 포함하는지 여부

이 사건 법률은 국회와 대통령을 포함한 모든 자유 국가기관들이 신행정수도로 이전하는 것을 직접 확정하고 있는 것은 아니지만 신행정수도는 주요 헌법기관과 중앙 행정기관들이 소재하여 국가의 정치·행정의 중추기능을 가지는 수도가 되어야 함을 명확히 하고 있다. 그렇다면 이 사건 법률은 앞서 설시한 바와 같은 국가의 정치·행정의 중추적 기능을 수행하는 국가기관의 소재지로서 헌법상의 수도개념에 포함되는 국가의 수도를 이전하는 내용을 가지는 것이며, 이 사건 법률에 의

한 신행정수도의 이전은 곧 우리나라의 수도의 이전을 의미한다.

3. 수도가 서울인 점이 우리나라의 관습헌법인지 여부

(1) 성문헌법체제에서의 관습헌법의 의의와 성립요건

(가) 관습헌법의 의의

우리나라는 **성문헌법을 가진 나라로서 기본적으로 우리 헌법전(憲法典)이 헌법의 법원(法源)이 된다. 그러나 성문헌법이라고 하여도 그 속에 모든 헌법사항을 빠짐없이 완전히 규율하는 것은 불가능하고 또한 헌법은 국가의 기본법으로서 간결성과 함축성을 추구하기 때문에 형식적 헌법전에는 기재되지 아니한 사항이라도 이를 불문헌법(不文憲法) 내지 관습헌법으로 인정할 소지가 있다. 그렇다고 해서 헌법사항에 관하여 형성되는 관행 내지 관례가 전부 관습헌법이 되는 것은 아니고 강제력이 있는 헌법규범으로서 인정되려면 엄격한 요건들이 충족되어야만 하며, 이러한 요건이 충족된 관습만이 관습헌법으로서 성문의 헌법과 동일한 법적 효력을 가지는 것이다.** 헌법 제1조 제2항에 따라 국민은 대한민국의 주권자이며, 최고의 헌법제정권력이기 때문에 성문헌법의 제·개정에 참여할 뿐만 아니라 헌법전에 포함되지 아니한 헌법사항을 필요에 따라 관습의 형태로 직접 형성할 수 있다. 그렇다면 관습헌법도 성문헌법과 마찬가지로 주권자인 국민의 헌법적 결단의 의사의 표현이며 성문헌법과 동등한 효력을 가진다고 보아야 한다. 그러므로 국민에 의하여 정립된 관습헌법은 입법권자를 구속하며 헌법으로서의 효력을 가진다.

(나) 관습헌법의 성립요건

관습헌법이 성립하기 위하여서는 먼저 관습이 성립하는 사항이 반드시 헌법에 의하여 규율되어 법률에 대하여 효력상 우위를 가져야 할 만큼 **헌법적으로 중요한 기본적 사항**이 되어야 한다. 관습헌법은 일반적인 헌법사항에 해당하는 내용 중에서도 특히 국가의 기본적이고 핵심적인 사항으로서 법률에 의하여 규율하는 것이 적합하지 아니한 사항을 대상으로 하는 것이다. 또한 관습헌법의 성립에는 일반적 성립 요건이 충족되어야 한다. 이러한 요건으로서 첫째, 기본적 헌법사항에 관하여 **어떠한 관행 내지 관례가 존재하고, 둘째, 그 관행은 국민이 그 존재를 인식하고 사라지지 않을 관행이라고 인정할 만큼 충분한 기간 동안 반복 내지 계속되어야 하며(반복·계속성), 셋째, 관행은 지속성을 가져야 하는 것으로서 그 중간에 반대되는 관행이 이루어져서는 아니 되고(항상성), 넷째, 관행은 여러 가지 해석이 가능할 정도로 모호한 것이 아닌 명확한 내용을 가진 것이어야 한다(명료성). 또한 다섯째, 이러한 관행이 헌법관습으로서 국민들의 승인 내지 확신 또는 폭넓은 컨센서스를 얻어 국민이 강제력을 가진다고 믿고 있어야 한다(국민적 합의).**

(2) 기본적 헌법사항으로서의 수도문제

헌법기관의 소재지, 특히 국가를 대표하는 대통령과 민주주의적 통치원리에 핵심적 역할을 하는 의회의 소재지를 정하는 문제는 국가의 정체성을 표현하는 실질적 헌법사항의 하나이다. 국가의 정체성이란 국가의 정서적 통일의 원천으로서 그 국민의 역사와 경험, 문화와 정치 및 경제, 그 권력구조나 정신적 상징 등이 종합적으로 표출됨으로써 형성되는 국가적 특성으로 수도의 문제는 국가의 정체성과 기본적 조직 구성에 관한 중요하고 기본적인 헌법사항으로서 국민이 스스로 결단하여야 할 사항이므로 대통령이나 정부 혹은 그 하위기관의 결정에 맡길 수 있는 사항이 아니다.

(3) 수도 서울의 관습헌법성 여부에 대한 판단

우리 헌법상으로 수도에 관한 명문의 헌법조항은 설치된 바가 없으나, 그렇다고 하여 우리나라의 역사적, 전통적, 문화적 상황에 비추어 수도에 관한 헌법관습 자체가 존재하지 않는 것은 결코 아니다. 서울이 바로 수도인 것은 국가생활의 오랜 전통과 관습에서 확고하게 형성된 자명한 사실 또는 전제된 사실로서 모든 국민이 우리나라의 국가구성에 관한 강제력 있는 법규범으로 인식하고 있는 것이다. 보다 구체적으로 앞서 본 관습헌법의 요건의 기준에 비추어 보면, 서울이 우리나라의 수도인 것은 조선시대 이래 600여 년 간 우리나라의 국가생활에 관한 당연한 규범적 사실이 되어 왔으므로 우리나라의 국가생활에 있어서 전통적으로 형성되어있는 계속적 관행이라고 평가할 수 있고(계속성), 이러한 관행은 변함없이 오랜 기간 실효적으로 지속되어 중간에 깨어진 일이 없으며(항상성), 서울이 수도라는 사실은 우리나라의 국민이라면 개인적 견해 차이를 보일 수 없는 명확한 내용을 가진 것이며(명료성), 나아가 이러한 관행은 오랜 세월 간 굳어져 와서 국민들의 승인과 폭넓은 컨센서스를 이미 얻어(국민적 합의) 국민이 실효성과 강제력을 가진다고 믿고 있는 국가생활의 기본사항이라고 할 것이다. 따라서 **서울이 수도라는 점은 우리의 제정헌법이 있기 전부터 전통적으로 존재하여온 헌법적 관습이며 우리 헌법조항에서 명문으로 밝힌 것은 아니지만 자명하고 헌법에 전제된 규범으로서, 관습헌법으로 성립된 불문헌법에 해당한다고 할 것이다.**

(4) 수도 서울의 관습헌법 폐지를 위한 헌법적 절차

(가) 성립·효력요건으로서의 관습헌법의 요건

어느 법규범이 관습헌법으로 인정된다면 그 필연적인 결과로서 개정가능성을 가지게 된다. 관습헌법도 헌법의 일부로서 성문헌법의 경우와 동일한 효력을 가지기 때문에 그 법규범은 최소한 헌법 제130조에 의거한 헌법개정의 방법에 의하여만 개정될 수 있는 것이다. 다만 관습헌법규범은 헌법전에 그에 상반하는 법규범을 첨가함에 의하여 폐지하게 되는 점에서, 헌법전으로부터 관계되는 헌법조항을 삭제함으로써 폐지되는 성문헌법규범과는 구분되는 것이다. 한편 이러한 형식적인 헌법개정 외에도, 관습헌법은 그것을 지탱하고 있는 국민적 합의성을 상실함에 의하여 법적 효력을 상실할 수도 있어서 **관습헌법의 요건들은 그 성립의 요건일 뿐만 아니라 효력 유지의 요건인 것이다.**

(나) 관습헌법의 폐지를 위한 헌법개정의 필요성

우리 헌법의 경우 헌법 제10장 제128조 내지 제130조는 일반법률의 개정절차와는 다른 엄격한 헌법개정절차를 정하고 있으며, 동 헌법개정절차의 대상을 단지 '헌법'이라고만 하고 있어서 관습헌법도 헌법에 해당하는 이상 여기서 말하는 헌법개정의 대상인 헌법에 포함된다고 보아야 한다. 그렇다면 우리나라의 수도가 서울이라는 점에 대한 관습헌법을 폐지하기 위해서는 헌법이 정한 절차에 따른 헌법개정이 이루어져야만 한다.

4. 수도이전을 내용으로 한 이 사건 법률의 헌법적합성 여부

대한민국의 수도가 서울인 것은 우리 헌법에 명문의 조항은 없으나 오랜 세월에 걸쳐 확립된 헌법관습으로서 소위 불문헌법에 해당하는 것인데 우리나라의 수도의 설정에 관하여 서울이 수도로서 부적합하여졌다는 국민의 합의가 새로이 이루어졌다고 볼 어떠한 특별한 사정도 없으며, 수도를 서울로부터 이전하는 것을 헌법에 명문으로 삽입하여 넣는 취지의 헌법개정이 현행 헌법이 정한 절차에 따라 시행된 바도 없다. 그러므로 이 사건 법률은 우리나라의 수도는 서울이라는 불

문의 관습헌법에 배치될 뿐만 아니라, 헌법개정에 의해서만 변경될 수 있는 중요한 헌법사항을 이러한 헌법적 절차를 이행하지 아니한 채 단순법률의 형태로 변경한 것으로서 헌법에 위반된다고 할 것이다.

5. 국민투표권의 침해여부

수도의 설정과 이전의 의사결정은 국가의 정체성에 관한 기본적 헌법사항으로서 헌법이 정하는 바에 따라 국민이 스스로 결단하여야 할 사항이며 서울이 우리나라의 수도인 점은 불문의 관습헌법이므로 헌법개정절차에 의하여 새로운 수도 설정의 헌법조항을 신설함으로써 실효되지 아니하는 한 헌법으로서의 효력을 가지는 것이다. 그런데 헌법의 개정은 반드시 국민투표를 거쳐야만 하므로 국민은 헌법개정에 관하여는 찬반투표를 통하여 그 의견을 표명할 권리를 가진다. **이 사건 법률은 헌법개정사항인 수도의 이전을 위와 같은 헌법개정절차를 밟지 아니하고 단지 단순법률의 형태로 실현시킨 것으로서 결국 헌법 제130조에 따라 헌법개정에 있어서 국민이 가지는 참정권적 기본권인 국민투표권의 행사를 배제한 것이므로 동 권리를 침해하고 있다.**

6. 결　론

이상에서 살펴본 바와 같이 이 사건 법률은 청구인들이 수도이전의 국가적 결정에 관련하여 갖는 국민투표권을 침해하는 것으로서 헌법에 위반된다 할 것이다.

재판관 김영일의 별개의견

이 사건 법률은 헌법 제72조가 청구인들에게 보장한 국민투표권을 침해하여 위헌이라고 판단함이 타당하고 헌법 제130조의 국민투표권을 침해하여 위헌이라고 이해하는 것은 타당하지 않은 면이 있다.

1. 수도이전에 관한 의사결정이 국민투표의 대상인지 여부
— 수도이전의 문제가 국가안위·통일·국방에 관한 문제 그리고 중요정책인지 여부

수도의 위치는 국가의 존재의미에 결정적 영향을 미치는 것으로서 국가의 정체성을 확정하는 핵심요소의 하나이다. 수도의 위치를 결정하는 문제는 국가안위에 관한 문제이며 헌법 제72조가 구체적으로 거시한 통일에 관한 문제이기도 하다. 즉 수도의 위치는 통일과정에서 매우 중요한 의미를 가지며 군사분계선 이북에 대한 현실적인 지배력을 회복하는 통일이 이루어진다면, 다른 결정이 없는 한, 대한민국의 수도는 통일된 대한민국의 수도라는 지위를 가진다. 그러므로 수도의 위치는 통일 후에도 매우 중요한 의미를 갖는다. 또한 수도이전문제는 헌법 제72조가 구체적으로 거시한 국방에 관한 문제이기도 하다. 결국 수도이전에 관한 의사결정은 통일·국방에 관한 정책임과 동시에 기타 국가안위에 관한 정책이라고 판단된다. 그리고 수도이전문제를 보면, 이는 국가의 장래와 민족 전체의 운명이 관련된 국가기본에 관한 역사적인 문제라는 점, 현재 이에 관한 국론이 분열되어 국민통합의 위기가 초래될 염려가 있다는 점, 국민 전체가 이해관계가 있다고 느껴서 전 국민의 관심과 주목을 받는 문제라는 점 등을 고려할 때, 수도이전문제는 대의기관의 의사를 통하여 추정되는 국민의사와 별도로 현실적인 국민의사를 확인할 필요가 있을 만큼 충분한 가치가 있는 것이므로 수도이전에 관한 의사결정은 헌법 제72조가 규정한 '중요정책'이라고 판단된다.

2. 수도이전문제를 국민투표에 붙이지 않는 것이 재량권의 한계를 넘는 것인지 여부

(1) 국민투표부의재량의 한계

헌법 제72조는 대통령이 필요하다고 인정하는 때에 국민투표에 붙일 수 있다고 규정하여 대통령의 국민투표부의행위는 재량행위라고 판단된다. 그러나 법치주의의 원리에 따라 어떠한 공권력작용이 자유재량행위인 경우라도 그 행위에 부여된 재량권은 법이 허용한 재량권의 범위를 한계로 하여 행사되어야 하고(외적 한계), 또한

외적 한계 내에서 행해지는 재량권행사라도 법이 재량권을 부여한 목적에 적합하여야 하며 헌법원칙과 법의 일반원칙을 준수하여야 한다(내적 한계). 따라서 재량권의 외적 한계를 넘어 재량권의 일탈이 있거나 내적 한계를 넘어 재량권의 남용이 있는 재량권의 행사는 그 재량권을 부여한 근거되는 법규범에 위반된다. 그러므로 대통령이 국민투표부의에 관한 결정을 함에 있어 재량권의 일탈·남용이 있는 경우 그 재량권행사는 재량권이 부여된 근거되는 법규범인 헌법 제72조에 위반된다. 나아가 **재량권의 일탈·남용여부를 판단함에 있어서는 당해 재량권행사가 (i) 재량권을 부여한 근거규범의 입법목적과 정신에 위반되는지, (ii) 헌법원칙이나 일반법원칙에 위반되는지, (iii) 동기에 부정함이 있는지 등을 그 구체적 판단기준으로 삼을 수 있다. 그러므로 국민의 현실의사가 실제로 확정되지는 않았으나 대의기관의 의사가 국민의 현실의사와 다르다고 볼 상당한 이유가 있는 경우 대의기관이 국민의 현실의사로 추정되는 것을 무시하고 반대되는 결정을 한다면, 헌법 제72조의 입법정신과 입법목적에 반하여 재량권을 일탈·남용한 것이 되는 것이다.**

(2) 재량권의 일탈·남용 여부

국민투표의 대상이 되는 정책에 관하여 대의기관은 구체적인 국민들의 현실의사에 기속된다. 대의기관은 국민들의 현실적인 의사와 다른 결정을 할 수 없고 현실적인 의사와 다를 것이 예상되는 데도 이를 무시할 수 없다. 이 사건 법률의 제정, 공포된 당시의 여론조사에 의하면 국민의 현실의사가 명확하지 아니하였고 이와 같은 상황임에도 불구하고 수도이전에 관한 의사결정을 국민투표에 붙이지 아니한 것은 재량권을 일탈, 남용한 것이 된다.

3. 수도이전에 관한 의사결정에 대한 국민투표권

(1) 청구인들에게 수도이전에 관한 의사결정에 대하여 국민투표권이 있는지 여부

헌법 제72조의 국민투표권은 대통령이 어떤 정책을 국민투표에 부의하여야 할 법적인 의무가 있음에도 불구하고 이를 국민투표에 붙이지 아니한 경우 당해정책을 국민투표에 붙이도록 요구할 권리를 포함한다. 따라서 대통령이 수도이전에 관한 의사결정에 대한 국민투표를 붙이기 전이라도 국민은 수도이전에 관한 의사결정을 국민투표에 붙이도록 대통령에게 요구할 권리가 있고 대통령이 현실적으로 이를 부의하기 전이라도 위 의사결정에 대한 구체적 국민투표권을 가지고 있다.

(2) 국민투표권 침해여부

이 사건 법률은 수도이전에 관한 국가의사를 결정함에 있어 국민투표를 확정적으로 배제하고 법률의 방법으로 그 종국적 결정을 하는 내용을 가지고 있어 청구인들의 국민투표권을 침해한다. 또 이와 같은 법률안을 대통령의 명의로 정부가 제출한 것에는 앞에서 본 바와 같은 수도이전에 관한 의사결정을 국민투표에 붙이지 않기로 하는 대통령의 재량권행사의 일탈·남용의 흠이 있어 헌법 제72조에 위반된다. 이 흠이 위 법률안에 대한 의결행위에 승계됨으로써 이 사건 법률 자체에도 같은 흠이 있는 것으로 평가되어, 결국 이 사건 법률은 청구인들의 헌법상 기본권인 국민투표권을 침해한 것이 된다.

3. 관습헌법과 헌법 제72조의 국민투표권

헌법 제130조의 국민투표는 헌법 제72조의 국민투표를 배제하는 것이 아니다. 헌법 제130조에 의한 국민투표가 실시된 후에는 더 이상 헌법 제72조에 의한 국민투표를 실시함이 무의미하므로 헌법 제72조의 국민투표권은 헌법 제130조의 국민투표가 실시됨을 해제조건으로 하여 성립한다고 할 수 있다. 위와 같은 양 국민투표권 사이의 관계는 국민투표에 붙여질 정책사안이 헌법개정을 요하는 사안이라면 그것이 성문헌법사항이든 불문헌법사항이든 같다. 이 사건 법률은 위 각 국민투표권을 모두 배제하는 것이므로, 위 관습헌법규범의 존재를 전제로 한다면, 이 사건 법률은 위 각 국민투표권 모두를 침해한 법률이 된다.

4. 기본권침해의 정당사유가 있는지 여부

헌법 제37조 제2항의 요건에 따른 정당화사유도 달리 발견되지 아니한다.

재판관 전효숙의 반대의견

이 사건 법률이 수도이전에 관한 의사결정을 포함하는 것이라는 점에 관하여는 다수의견에 동의하나, 수도의 이전이 헌법개정절차를 통해서만 이루어져야 하므로 이 사건 법률이 청구인들의 국민투표권을 침해하였다는 취지의 다수의견의 논지는 우리 헌법의 해석상 받아들일 수 없다.

1. 수도의 소재지의 의의

오늘날의 입헌주의 헌법에서는 수도의 소재지가 헌법의 본질적인 사항이라거나 국민주권의 원리에 따라 국민이 직접 결정하여야 할 사항에 해당된다고 보기 어렵다.

2. 서울이 수도라는 관행적 사실이 "관습헌법"이라는 당위규범인지 여부(소극)

다수의견이 말하는 바의 국민이 법적 확신("모든 국민이 우리나라의 국가구성에 관한 강제력 있는 법규범으로 인식하고 있는 것")을 가지고 있다고 인정하기는 어렵다.

3. 성문헌법을 지닌 법체제에서, 관습헌법을 성문헌법과 "동일한" 효력 혹은 "특정 성문헌법 조항을 무력화시킬 수 있는" 효력을 가진 것으로 볼 수 있는지 여부(소극)

성문헌법 체제에서 **관습헌법은 성문헌법에 대한 보완적 효력만을 가진다고 보아야 할 것이다.** 그러므로 관습헌법은 성문헌법을 보완하는 의미에서만 인정될 수 있으며, 더구나 관습헌법으로써 성문헌법을 변경하는 효력을 인정할 수 없다. **이러한 법리는 관습헌법의 내용이 헌법에 직접 규정되어야 할 정도로 중요한 "헌법사항"이라 하더라도 동일하다.**

4. 관습 "헌법"은 "헌법"이므로 그 변경을 헌법개정절차를 통해야 하는지 여부(소극)

헌법은 성문헌법에만 헌법적 내용을 모두 수록하고 있지 않으며 때로는 법률이나 관습법의 형태로 그런 내용을 담고 있고, 그러한 내용을 통상 "실질적 의미의 헌법"이라 부르는데 "관습헌법"이란 실질적 의미의 헌법사항이 관습으로 규율되고 있다는 것을 뜻할 뿐이다. 수도와 같은 관습헌법의 변경은 반드시 헌법개정이라는 입법형식으로 행해야 하는 것은 아니다. 헌법의 개정은 "형식적인 의미"의 헌법, 즉 성문헌법과 관련된 개념인 것이다.

5. 서울이 수도라는 관습헌법의 변경을 헌법개정에 의해야 한다면, 관습헌법으로써 헌법이 부여한 국회의 입법권한을 부인하는 것인지 여부(적극)

6. **결론적으로 서울을 수도로 한 관습헌법의 변경이 반드시 헌법개정을 요하는 문제라고 할 수 없고, 현행 헌법상 국회의 입법으로 불가능하다고 볼 근거가 없다. 따라서 이 사건 법률이 헌법 제130조 제2항의 국민투표권을 침해할 가능성이 있다고 볼 수 없다.**

7. **수도의 이전은 중대한 국가정책이므로 신중한 여론 수렴절차를 거쳐야 한다는 별개의견의 취지에는 동감하나, 이 사건 법률이 헌법 제72조의 국민투표권을 침해하였다는 논지는 받아들일 수 없다.** 왜냐하면 헌법 제72조가 대통령에게 '국가안위에 관한 중요정책'의 국민투표를 실시할 것인지 여부에 관하여 재량을 주고 있는 이상, 사안의 중대성에 따라 대통령의 그 재량 여부가 달라진다고 해석할 수 없기 때문이다. 그러므로 이 사건에서 행정수도의 이전에 관한 정책에 대하여 대통령이 국민투표 부의를 하지 않아 결과적으로 국민투표권이 행사되지 못했더라도, 이로 인하여 청구인들의 국민투표권이 침해될 가능성은 없다.

이에 따라 청구인들의 국민투표권 침해 주장은 그러한 권리의 침해가능성 자체가 인정되지 않으므로 부적법하다. 당해 사건은 헌법재판소가 본안판단을 하기에 부적법한 것이다.

본 판례에 대한 평가 성문헌법주의를 강조하고 관습의 불분명함을 들어 관습헌법의 인정을 부인하며 나아가 그 규범력을 부인하는 견해도 있으나 성문헌법 속에 헌법사항을 구체적으로 모두 규정하기는 불가능할 뿐만이 아니라 성문헌법에서 헌법적 가치를 갖는 사항을 흠결할 수도 있으므로 관습헌법의 필요성과 그 규범력을 인정함이 타당하다. 나아가 관습헌법의 변경은 관습헌법으로 확인된 사항뿐만 아니라 어떠한 사항이 관습헌법인가에 관한 논란이 지속될 경우에 그에 관해서 주권자의 의사를 확인하는 작업은 불가피하다. 그러므로 헌법상 마련된 헌법개정절차뿐만이 아니라 국민투표조항도 관습헌법에 관한 논의를 종식시킬 수 있는 중요한 방안이 될 수 있다. 본 사안의 경우에도 관습헌법의 여부에 대하여 헌법재판소가 판시를 하고 있기는 하지만 국민투표를 통해 종국적인 관습헌법의 여부를 결정할 수 있을 것이다.

판례 평석: 정연주, "신행정 수도의 건설을 위한 특별조치법 위헌결정에 대한 헌법적 검토", 공법학연구 제7권 제1호, 2006, 267-290면; 김상겸, "성문헌법국가에 있어서 관습헌법의 의미에 관한 연구", 헌법학연구 제11권 제1호, 2005, 295-315면; 이영록, "수도 및 국기에 관한 관습헌법론 검토", 세계헌법연구 제11권 제1호, 2005, 259-275면; 김경제, "신행정수도건설을위한특별조치법 위헌결정의 헌법적 문제점-본안판단과 관련하여", 공법연구 제33집 제4호, 2005, 296-306면; 장영수, "신행정수도건설을위한특별조치법 위헌확인결정의 반대론", 고시계 2004년 12월호 101-102면; 방승주, "수도가 서울이라는 사실이 과연 관습헌법인가-헌법재판소 2004. 10. 21. 2004헌마554·556(병합) 신행정수도의건설을위한특별조치법 위헌결정에 대한 비판", 공법학연구 제6권 제1호, 2005. 2, 153-175면; 김승대, "헌법 관습의 법규범성에 대한 고찰", 헌법논총 제15집, 헌법재판소, 2004, 133-175면; 김기창, "성문헌법과 관습헌법", 공법연구 제33집 제3호, 2005, 71-114면; 이윤환, "신행정수도의 건설을 위한 특별조치법에 대한 헌법적 고찰", 법학연구 제17호, 한국법학회, 2004; 성낙인, "헌법과 국가정체성", 서울대 법학 제52권 제1호, 2011. 3.

[관련판례] 신행정수도 후속대책을 위한 연기·공주지역 행정중심복합도시 건설을 위한 특별법 위헌확인: 각하(헌재 2005.11.24. 2005헌마579등)

행정중심복합도시의 건설로 서울의 수도로서의 지위가 해체되고 권력구조 및 국무총리의 지위가 변경되며 헌법 제72조의 국민투표권이 침해될 가능성이 있는지 여부(소극)

이 사건 법률에도 불구하고 행정중심복합도시가 수도로서의 지위를 획득하지 않고 서울의 수도로서의 기능 역시 해체되지 아니하므로 이 사건 법률은 수도가 서울이라는 관습헌법에 위반되지 않으며 그 개정을 시도하는 것으로 볼 수 없다. 또한 이 사건 법률에 의하여 헌법상의 대통령제 권력구조에 어떠한 변화가 있는 것도 아니며 국무총리의 소재지에 대한 관습헌법이 존재하는 것으로 볼 수도 없다. 따라서 이 사건 법률에 의하여 관습헌법개정의 문제는 발생하지 아니하며 그 결과 국민들에게는 헌법개정에 관여할 국민투표권 자체가 발생할 여지가 없으므로 헌법 제130조 제2항이 규정한 청구인들의 국민투표권의 침해가능성은 인정되지 않는다.

이 사건 법률이 설사 수도를 분할하는 국가정책을 집행하는 내용을 가지고 있고 대통령이 이를 추진하고 집행하기 이전에 그에 관한 국민투표를 실시하지 아니하였다고 하더라도 국민투표권이 행사될 수 있는 계기인 대통령의 중요정책 국민투표 부의가 행해지지 않은 이상 청구인들의 국민투표권이 행사될 수 있을 정도로 구체화되었다고 할 수 없으므로 그 침해의 가능성은 인정되지 않는다.

제3절 헌법의 특성

[관련판례] 국가배상법 제2조 제1항 등 위헌소원: 합헌,각하(헌재 1995.12.28. 95헌바3)

헌법의 개별규정이 헌법재판소법 제68조 제2항에 의한 헌법소원심판의 대상이 되는지 여부(소극) 및 헌법의 개별규정간의 논리적 우열관계와 효력성의 차등문제

우리나라의 헌법은 제헌헌법이 초대국회에 의하여 제정된 반면 그 후의 제5차, 제7차, 제8차 및 현행의 제9차 헌법 개정에 있어서는 국민투표를 거친 바 있고, 그간 각 헌법의 개정절차조항 자체가 여러 번 개정된 적이 있으며, 형식적으로도 부분개정이 아니라 전문까지를 포함한 전면개정이 이루어졌던 점과 우리의 현행 헌법이 독일기본법 제79조 제3항과 같은 헌법개정의 한계에 관한 규정을 두고 있지 아니하고, 독일기본법 제79조 제1항 제1문과 같이 헌법의 개정을 법률의 형식으로 하도록 규정하고 있지도 아니한 점 등을 감안할 때, 우리 헌법의 각 개별규정 가운데 무엇이 헌법제정규정이고 무엇이 헌법개정규정인지를 구분하는 것이 가능하지 아니할 뿐 아니라, 각 개별규정에 그 효력상의 차이를 인정하여야 할 형식적인 이유를 찾을 수 없다. 이러한 점과 앞에서 검토한 현행 헌법 및 헌법재판소법의 명문의 규정취지에 비추어, **헌법제정권과 헌법개정권의 구별론이나 헌법개정한계론은 그 자체로서의 이론적 타당성 여부와 상관없이 우리 헌법재판소가 헌법의 개별규정에 대하여 위헌심사를 할 수 있다는 논거로 원용될 수 있는 것이 아니다.**

국민투표에 의하여 확정된 현행 헌법의 성립과정과 헌법 제130조 제2항이 헌법의 개정을 국민투표에 의하여 확정하도록 하고 있음에 비추어, **헌법은 그 전체로서 주권자인 국민의 결단 내지 국민적 합의의 결과라고 보아야 할 것으로, 헌법의 규정을 헌법재판소법 제68조 제1항 소정의 공권력 행사의 결과라고 볼 수도 없다.**

물론 헌법은 전문과 단순한 개별조항의 상호관련성이 없는 집합에 지나지 않는 것이 아니고 하나의 통일된 가치체계를 이루고 있는 것이므로, 헌법의 전문과 각 개별규정은 서로 밀접한 관련을 맺고 있고, 따라서 **헌법의 제규정 가운데는 헌법의 근본가치를 보다 추상적으로 선언한 것도 있고, 이를 보다 구체적으로 표현한 것도 있어서 이념적·논리적으로는 규범 상호간의 우열을 인정할 수 있는 것이 사실이다. 그러나, 그렇다 하더라도, 이 때에 인정되는 규범 상호간의 우열은 추상적 가치규범의 구체화에 따른 것으로 헌법의 통일적 해석에 있어서는 유용할 것이지만, 그것이 헌법의 어느 특정규정이 다른 규정의 효력을 전면 부인할 수 있는 정도의 개별적 헌법규정 상호간에 효력상의 차등을 의미하는 것이라고는 볼 수 없다.**

※ 해설: 우리 헌법재판소가 이 사건의 심판대상이기도 한 국가배상법 제2조 제1항 단서에 대하여 동 규정이 "일반국민이 직무집행중인군인과의 공동불법행위로 직무집행중인 다른 군인에게 공상을 입혀 그 피해자에게 공동의 불법행위로 인한 손해를 배상한 다음 공동불법행위자인 군인의 부담부분에 관하여 국가에 대하여 구상권을 행사하는 것을 허용하지 아니한다고 해석하는 한, 헌법에 위반된다"고 판시한 것(헌법재판소 1994. 12. 29. 선고, 93헌바21 결정)은 헌법상의 제규정을 가치통일적으로 조화롭게 해석·적용하기 위하여 개별 헌법규정의 의미를 제한적으로 해석하였던 대표적인 예라고 할 수 있는데, 이를 넘어서서 명시적으로 헌법의 개별규정 그 자체의 위헌 여부를 판단하는 것은 헌법재판소의 관장사항에 속하는 것이 아니다.

이중배상금지규정은 1967. 3. 3. 국가배상법개정법률 제2조 제1항 단서로서 처음 규정되었다. 1950년 이후 대두되기 시작한 전쟁피해의 보상문제는 국군의 월남파병이 단행된 1960년대에 이르러 월남전에서 대량의 전사상자가 발생함에 따라 국가배상소송의 폭주를 초래하게 되었는데 이에 정부는 국가배상으로 인한 과중한 재정적 부담을 해소하기 위하여 국가배상법의 개정을 단행한 것이다. 그러나 학계와 실무에서 위헌시비가 끊이지 않았고 결국 대법원에서 위헌판결을 받게 되자, 그 후 유신헌법에 제26조 제2항을 신설하여 현행과 같은 규정을 마련하여 위헌시비를 원천적으로 봉쇄하였다. 이후 헌법 제29조 제2항과 동일 내용을 규정한 국가배상법 제2조 제1항 단서에 대한 위헌제청이 끊

이지 않고 있다.

본 결정 이후 헌재 1996. 6. 13. 94헌바20(헌법 제29조 제2항 등 위헌소원), 헌재 2001. 2. 22. 2000헌바38(국가배상법 제2조 제1항 단서 등 위헌소원), 헌재 2005. 5. 26. 2005헌바28(헌법 제29조 제2항 등 위헌소원) 등에서 헌법재판소의 입장은 일관하여 헌법 제29조 제2항은 위헌심사의 대상이 아니고, 국가배상법 제2조 제1항 단서는 헌법에 위반되지 아니한다는 결정을 내리고 있다.

제4절 헌법학과 헌법해석

[요약판례 1] 사회보호법 제5조의 위헌심판: 합헌,위헌(헌재 1989.7.14. 88헌가5등)

법률의 합헌적 해석의 의미

법률의 합헌적 해석은 헌법의 최고규범성에서 나오는 법질서의 통일성에 바탕을 두고, 법률이 헌법에 조화하여 해석될 수 있는 경우에는 위헌으로 판단하여서는 아니 된다는 것을 뜻하는 것으로서 권력분립과 입법권을 존중하는 정신에 그 뿌리를 두고 있다. 따라서 법률 또는 법률의 위 조항은 원칙적으로 가능한 범위 안에서 합헌적으로 해석함이 마땅하나 그 해석은 법의 문구와 목적에 따른 한계가 있다. 즉, 법률의 조항의 문구가 간직하고 있는 말의 뜻을 넘어서 말의 뜻이 완전히 다른 의미로 변질되지 아니하는 범위 내이어야 한다는 문의적 한계와 입법권자가 그 법률의 제정으로써 추구하고자 하는 입법자의 명백한 의지와 입법의 목적을 헛되게 하는 내용으로 해석할 수 없다는 법 목적에 따른 한계가 바로 그것이다. 왜냐하면, 그러한 범위를 벗어난 합헌적 해석은 그것이 바로 실질적 의미에서의 입법작용을 뜻하게 되어 결과적으로 입법권자의 입법권을 침해하는 것이 되기 때문이다.

※ 문제가 된 사회보호법(1980. 12. 18. 법률 제3286호)은 사건계속중인 1989. 3. 25. 법률 제4089호로 개정되었다가 2005. 8. 4. 법률 제7656호로 폐지되었다.

[요약판례 2] 국가보안법 제7조 제5항의 위헌심판: 한정합헌(헌재 1990.6.25. 90헌가11)

한정합헌해석을 하여야 할 필요성

합헌한정해석이라 함은 법률의 규정을 넓게 해석하면 위헌의 의심이 생길 경우에, 이를 좁게 한정하여 해석하는 것이 당해 규정의 입법목적에 부합하여 합리적 해석이 되고 그와 같이 해석하여야 비로소 헌법에 합치하게 될 때 행하는 헌법재판의 한 가지 형태인 바, 이것은 헌법재판소가 위헌심사권을 행사할 때 해석여하에 따라서는 위헌이 될 부분을 포함하고 있는 광범위한 규정의 의미를 한정하여, 위헌이 될 가능성을 제거하는 해석기술이기도 하다. 이와 같은 **합헌해석은 헌법을 최고법규로 하는 통일적인 법질서의 형성을 위하여서 필요할 뿐 아니라, 입법부가 제정한 법률을 위헌이라고 하여 전면 폐기하기보다는 그 효력을 되도록 유지하는 것이 권력분립의 정신에 합치하고 민주주의적 입법기능을 최대한 존중하는 것이어서 헌법재판의 당연한 요청이기도 하다.** 이와 같은 심판이 그 한도 내에서 헌법재판소법 제47조 제1항에 따라 당해사건인 이 사건을 떠나 널리 법원 기타 국가기관 및 지방자치단체를 기속하느냐의 여부는 별론으로 하고 제청법원은 적어도 이 사건 제청당사자로서 위 심판의 기판력을 받을 것은 물론 더 나아가 살필 때 헌법 제107조 제1항의 규정상 **제청법원이 본안재판을 함에 있어서 헌법재판소의 심판에 의거하게 되어 있는 이상 위 헌법규정에 의하여서도 직접 제청법원은 이에 의하여 재판하지 않으면 안 될 구속을 받는다**고 할 것이므로 이 점에서 단순합헌 아닌 합헌해석 내지는 합헌적 제한해석의 이익 내지 필요가 충분하다고 할 것이다.

[요약판례 3] 상호신용금고법 제37조의3 제1항 등 위헌제청: 한정위헌(헌재 2002.8.29. 2000헌가5등)

상호신용금고의 임원과 과점주주에게 법인의 채무에 대하여 연대변제책임을 부과하는 상호신용금고법 제37조의3 규정의 입법목적

임원과 과점주주에게 연대책임을 부과하는 것 자체가 위헌이 아니라 부실경영에 기여한 바가 없는 임원과 과점주주에게도 연대책임을 지도록 하는 것이 위헌이라는 점에서 연대책임을 지는 임원과 과점주주의 범위를 적절하게 제

한함으로써 그 위헌성이 제거될 수 있을 뿐만 아니라, 위 상호신용금고법 제37조의3을 단순위헌으로 선언할 경우 임원과 과점주주가 금고의 채무에 대하여 단지 상법상의 책임만을 지는 결과가 발생하고 이로써 예금주인 금고의 채권자의 이익이 충분히 보호될 수 없기 때문에, 가급적이면 위 법규정의 효력을 유지하는 쪽으로 이를 해석하는 것이 바람직하다. 따라서 이 사건 법률조항은 '부실경영의 책임이 없는 임원'과 '금고의 경영에 영향력을 행사하여 부실의 결과를 초래한 자 이외의 과점주주'에 대해서도 연대채무를 부담하게 하는 범위 내에서 헌법에 위반된다.

[요약판례 4] 지방공무원법 제29조의3 위헌소원: 합헌(헌재 2002.11.28. 98헌바101등)

지방공무원의 전입에 관한 지방공무원법 제29조의3의 위헌여부(소극)

이 사건 법률조항을, 해당 지방공무원의 동의없이도 지방자치단체의 장 사이의 동의만으로 지방공무원에 대한 전출 및 전입명령이 가능하다고 풀이하는 것은 헌법적으로 용인되지 아니한다. 헌법 제7조에 규정된 공무원의 신분보장 및 헌법 제15조에서 보장하는 직업선택의 자유의 의미와 효력에 비추어 볼 때, 이 사건 법률조항은 해당 지방공무원의 동의가 있을 것을 당연한 전제로 하여 그 공무원이 소속된 지방자치단체의 장의 동의를 얻어서만 그 공무원을 전입할 수 있음을 규정하고 있는 것으로 보는 것이 올바른 해석이다. 이렇게 본다면 인사교류를 통한 행정의 능률성이라는 입법목적도 적절히 달성할 수 있을 뿐만 아니라 지방공무원의 신분보장이라는 헌법적 요청도 충족할 수 있게 된다.

대법원은 이 사건 법률조항에 관하여, '지방자치단체의 장이 소속 공무원을 전출하는 것은 임명권자를 달리하는 지방자치단체로의 이동인 점에 비추어 반드시 당해 공무원 본인의 동의를 전제로 하는 것'이라고 해석하고 있는데(대법원 2001. 12. 11. 선고 99두1823 판결; 대법원 2001. 12. 28. 선고 98두19704 판결), 이는 지방공무원 본인의 동의라는 요건이 이 사건 법률조항에 의한 전출·전입의 당연한 전제임을 잘 보여주고 있다 하겠다.

이 사건 법률조항을 이와 같이 해석하는 것은 이 사건 법률조항의 내용을 왜곡하거나 변경하는 것이 아니라, 법률의 본래 의미를 헌법정신에 비추어 분명히 하는 것이므로 법률해석의 한계를 벗어나는 것이라 할 수 없다.

결론적으로 이 사건 법률조항은, 지방자치단체의 장은 소속 지방공무원의 전출·전입에 서로 동의하였더라도 해당 지방공무원 본인의 동의를 얻어야만 그를 전출·전입할 수 있다는 것으로 해석하는 것이 타당하고, 따라서 이 사건 법률조항은 헌법에 위반되지 아니한다 할 것이다.

(재판관 김효종, 재판관 김경일, 재판관 송인준의 한정위헌의견) 이 사건의 경우, 우리는 이 사건 법률조항이 갖고 있는 위헌적인 해석가능성을 결정주문을 통하여 명시적으로 배제하지 않아도 될 예외적 사정을 찾을 수 없다고 생각한다. 오히려 이 사건 법률조항에 관한 대법원의 위와 같은 해석은 이 사건 심판 계속중에 나온 최근의 것일 뿐만 아니라 나아가 이 사건 법률조항 자체에서 해당 공무원 본인의 동의를 받는 것을 전제로 이 사건 법률조항이 적용된다는 해석을 도출하는 것이 누구에게나 용이하지는 아니하므로 법원을 제외한 다른 국가기관, 특히 지방자치단체들이 이 사건 법률조항의 운용을 대법원의 판례와 같이 할 것이라고 확실히 보장할 수 없는 상황이라고 보여지는 바, 그렇다면 헌법재판소로서는 위헌결정의 기속력이 미치는 수범자들 특히 법원이외의 다른 국가기관 및 지방자치단체에 대한 기속력을 명백히 하기 위하여 헌법재판소가 이 사건 법률조항에 대하여 갖게된 평가, 즉 이 사건 법률조항의 위헌적인 해석 가능성 및 적용 범위를 결정 주문에 명확히 밝혀야 하고, 그럼으로써 헌법재판소가 가진 규범통제의 기능을 다하는 것이라고 생각한다.

[요약판례 5] 보건범죄단속에관한특별조치법 제6조 위헌제청: 위헌(헌재 2007.11.29. 2005헌가10)

종업원의 범죄행위에 대해 영업주까지 처벌하는 양벌규정을 영업주의 선임감독상의 과실이 인정되는 경우로 한정해석 하는 것이 가능한지 여부(소극)

합헌적 법률해석은 어디까지나 법률조항의 문언과 목적에 비추어 가능한 범위 안에서의 해석을 전제로 하는 것이고, 법률조항의 문구 및 그로부터 추단되는 입법자의 명백한 의사에도 불구하고 문언상 가능한 해석의 범위를 넘어 다른 의미로 해석할 수는 없다. 따라서 이 사건 법률조항을 그 문언상 명백한 의미와 달리 "종업원의 범죄행위에 대해 영업주의 선임감독상의 과실(기타 영업주의 귀책사유)이 인정되는 경우"라는 요건을 추가하여 해석하는 것은 문언상 가능한 범위를 넘어서는 해석으로서 허용되지 않는다고 보아야 한다.

2 헌법의 제정 · 개정과 헌법의 변천 · 보장

제 1 절 헌법의 제정과 개정

제 2 절 헌법의 변천과 보장

I 노동조합및노동관계조정법 등 위헌제청: 각하(헌재 1997.9.25. 97헌가4)

쟁점 법률의 위헌여부가 재판의 전제가 되는지 여부에 관하여 헌법재판소가 제청법원의 견해와 다른 견해를 취할 수 있는지 여부(적극), 시행된 바 없이 폐지된 법률로서 쟁의행위의 계기가 된 법률이 재판의 전제가 되는지 여부 및 국회법 소정의 협의 없는 개의시간의 변경과 회의일시를 통지하지 아니한 입법과정의 하자가 저항권행사의 대상이 되는지 여부(소극)

▢ 사건의 개요

당해사건의 신청인 甲회사는 당해사건의 피신청인 갑 주식회사 창원공장 노동조합을 상대로 창원지방법원에 피신청인의 위법한 쟁의행위(전면파업)로 인한 손해배상청구권 및 업무방해금지청구권을 피보전권리로 하여 "피신청인은 노동쟁의발생 결의에 의한 쟁의행위를 하여서는 아니되고 그 소속 조합원 또는 제3자로 하여금 신청인의 종업원이 근로에 종사하는 것을 방해하는 등 신청인 회사의 정상적인 업무를 방해하여서는 아니된다"라는 쟁의행위금지가처분신청을 하였다. 위 법원은 직권에 의한 결정으로 위헌여부심판을 제청하였다.

▢ 심판의 대상

노동조합및노동관계조정법(법률 제5244호), 근로기준법중개정법률(법률 제5245호), 노동위원회법개정법률(법률 제5246호), 노사협의회법중개정법률(법률 제5247호; 근로자참여및협력증진에관한법률로 제명(題名) 변경), 국가안전기획부법중개정법률(법률 제5252호)

▢ 주 문

이 위헌제청을 각하한다.

판 단

Ⅰ. 재판의 전제성 여부의 판단을 헌재가 직권으로 판단할 수 있는지 여부(적극)

헌법 제107조 제1항과 헌법재판소법 제41조 제1항에 의하면 법률이 헌법에 위반되는지 여부가 재판의 전제가 된 경우에는 법원은 헌법재판소에 제청하여 그 심판에 의하여 재판한다고 규정하고 있다. 여기서 재판의 전제가 되는 법률이라 함은 당해사건에서 적용되는 법률을 가리킴은 두말할 나위도 없다. 법률이 재판의 전제가 되는 요건을 갖추고 있는지의 여부는 제청법원의 견해를 존중하는 것이 원칙이나, **재판의 전제와 관련된 법률적 견해가 유지될 수 없는 것으로 보이면 헌법재판소가 직권으로 조사할 수도 있는 것이다.**

Ⅱ. 위헌법률심판의 대상

구체적 규범통제인 위헌법률심판은 최고규범인 헌법의 해석을 통하여 헌법에 위반되는 법률의 효력을 상실시키는 것이므로 이와 같은 위헌법률심판 제도의 기능의 속성상 법률의 위헌여부심판의 제청대상 법률은 특별한 사정이 없는 한 현재 시행중이거나 과거에 시행되었던 것이어야 하기 때문에 **제청당시에 공포는 되었으나 시행되지 않았고 이 결정 당시에는 이미 폐지되어 효력이 상실된 법률은 위헌여부심판의 대상법률에서 제외되는 것으로 해석함이 상당하다.**

Ⅲ. 입법과정의 하자를 저항권 행사의 대상으로 볼 수 있는지 여부(소극)

저항권이 헌법이나 실정법에 규정이 있는지 여부를 가려볼 필요도 없이 제청법원이 주장하는 **국회법 소정의 협의 없는 개의시간의 변경과 회의일시를 통지하지 아니한 입법과정의 하자는 저항권행사의 대상이 되지 아니한다.** 왜냐하면 **저항권은 국가권력에 의하여 헌법의 기본원리에 대한 중대한 침해가 행하여지고 그 침해가 헌법의 존재 자체를 부인하는 것으로서 다른 합법적인 구제수단으로는 목적을 달성할 수 없을 때에 국민이 자기의 권리·자유를 지키기 위하여 실력으로 저항하는 권리**이기 때문이다.

재판관 이재화, 재판관 조승형, 재판관 정경식, 재판관 고중석의 반대의견

재판의 전제성에 관하여는 헌법재판소는 원칙으로 그 법률의 위헌여부가 재판을 하는데 필요하다는 법원의 법률적 견해를 존중하여야 할 것이며, 다만 전제성에 관한 법원의 견해가 명백히 유지될 수 없을 때만 예외적으로 이를 직권으로 조사하여 법원의 제청을 각하하여야 할 것이다. 왜냐하면 **재판의 전제성이라 함은, 첫째 구체적인 사건이 법원에 계속중이어야 하고, 둘째 제청한 법률이 당해사건의 재판과 관련하여 적용되는 것이어야 하며, 셋째 법원이 그 법률의 위헌여부에 따라 재판의 결론이나 이유가 달라지거나 재판의 내용과 효력에 관한 법률적 의미가 달라지는 경우를 말하는데 제청한 법률의 위헌여부가 위와 같은 의미에서 당해사건의 재판의 전제가 되는지 안 되는지는 당해사건의 구체적인 재판의 내용이나 과정을 알지 못하는 헌법재판소보다는 재판을 직접 진행하여 당해사건을 종국적으로 해결하는 법원이 더 잘 판단할 것**이고 법원이 재판에 필요하다고 판단하여 제청한 법률에 대하여 헌법재판소가 위헌여부의 실체 판단보다는 형식적인 전제성 판단에 치중하여 그 법률의 위헌여부에 따라 재판의 결론이나 이유가 달라지는 경우인가 아닌가를 일일이 규명하는 것은 매우 어려울 뿐만 아니라 법원의 재판에 장애가 될 수 있기 때문이다.

본 판례에 대한 평가 재판의 전제성이란 ① 구체적인 사건이 법원에 계속(繫屬)중이어야 하고, ② 위헌여부가 문제되는 법률 또는 법률조항이 당해 사건에 적용되어야 하고, ③ 위헌

여부에 따라 당해 법원이 다른 내용의 재판을 하게 되는 경우를 말한다. 이와 같은 재판의 전제성은 법률에 대한 위헌심판제청시만 아니라 심판시에도 갖추어져야 함이 원칙이다.

사실관계의 인정과 이에 대한 법률의 해석·적용은 헌법재판소보다는 당해 사건을 직접적으로 재판하고 있는 제청법원이 보다 정확하게 할 수 있다는 점과 법률에 대한 해석·적용과 이를 바탕으로 한 위헌법률심판 기능을 각기 구분하여 전자에 대해서는 법원이, 후자에 대해서는 헌법재판소가 각각 중심적으로 담당하도록 한 헌법의 권력분립적 기능분담을 고려한다면 재판의 전제성 구비 여부에 관한 판단은 1차적으로 제청법원이 가진다. 다만 그 전제성에 관한 제청법원의 법률적 견해가 명백히 유지될 수 없을 때에만 헌법재판소는 재판의 전제성을 직권으로 조사할 수 있다.

종래 다수의 대법원 판례가 실정법에 근거를 두지 못하고 자연법에만 근거하고 있는 한 법관은 저항권을 재판규범으로 원용할 수 없다고 판시함으로써 저항권의 인정 여부에 대해 소극적이었던 것에 반해, 헌법재판소는 비록 국회의 입법과정에서의 하자가 저항권 행사의 대상에는 해당하지 않는다고 판시를 하고 있으나 저항권의 규범성 인정여부에 대해 일단 긍정적인 태도를 취하고 있는 것으로 평가할 수 있다.

생각건대 입헌주의의 적에 대해서 입헌주의를 수호하기 위하여 최종·최후의 수단으로서 저항권을 인정하는 것은 헌법의 명문규정 여부에 좌우될 문제는 아니다. 따라서 입헌적 헌법질서수호를 위한 국민의 최종·최후의 무기로써 저항권을 인정하여야 한다. 이제 저항권의 인정 여부보다는 오히려 저항권의 행사요건과 저항권 행사의 법적 기준을 마련하는 데 초점이 모아져야 한다.

판례 평석: 홍성방, "헌법과 저항권", 한국헌법학회, 헌법학연구 제13권 제3호, 2007, 107-136면; 신인령, "노동조합및노동관계조정법의 내용과 문제점II", 노동법학 제7호, 1997. 12, 25-38면; 이병태, "노동조합및노동관계조정법의 내용과 문제점 I", 노동법학 제7호, 1997. 12, 11-23면.

대판 1975.4.8. 74도3323

사법기능을 담당하는 재판권행사에 있어 초법규적인 권리개념으로서의 저항권 개념을 받아들일 수 있는지 여부(소극)

위법성조각사유는 실정법질서 내에서만 허용되는 것으로 여기서 일탈하는 행위는 위법성의 조각사유가 될 수 없으며 또 피고인들의 이에 해당하는 행위들이 **형법 제20조**의 어느 것에도 해당한다고 보여지지 아니하며 소위 「저항권」에 의한 행위이므로 위법성이 조각된다고 하는 주장은 **그 「저항권」 자체의 개념이 막연할 뿐 아니라 논지에 있어서도 구체적인 설시가 없어 주장의 진의를 파악하기 어려우나 이 점에 관한 극일부 소수의 이론이 주장하는 개념을 살핀다면 그것은 실존하는 실정법적 질서를 무시한 초실정법적인 자연법질서 내에서의 권리주장**이며 이러한 전제하에서의 권리로써 실존적 법질서를 무시한 행위를 정당화하려는 것으로 해석되는 바, **실존하는 헌법적 질서를 전제로 한 실정법의 범주 내에서 국가의 법적 질서의 유지를 그 사명으로 하는 사법기능을 담당하는 재판권행사에 대하여는 실존하는 헌법적 질서를 무시하고 초법규적인 권리개념으로써 현행실정법에 위배된 행위의 정당화를 주장하는 것은 그 자체만으로서도 이를 받아들일 수 없는 것**이고 이와 같은 취지로서 심판한 원심과 제1심판결은 논지가 지적하는 바와 같은 잘못이 없다.

대판 1980.5.20. 80도306

저항권이 실정법에 근거하지 않고 자연법에만 근거하고 있는 경우 재판규범으로 원용할 수 있는지 여부(소극)

(다수의견) 당원은 일찍이 "소위 저항권의 주장은 실존하는 실정법질서를 무시한 초실정법적인 자연법질서 내에서의 권리주장이며 이러한 전제하에서의 권리로써 실존적법질서를 무시한 행위를 정당화하려는 것으로 해석되는바 실존하는 헌법적 질서를 전제로 한 실정법의 범위 내에서 국가의 법질서유지를 그 사명으로 하는 사법기능을 담당하는 재판권행사에 대하여는 실존하는 헌법적 질서를 무시하고 초법규적인 권리개념으로써 현행실정법에 위배된 행위의 정당화를 주장하는 것은 받아들일 수 없다"는 취지로 판시한 바 있다. 한편 생각하건대 현대 입헌 자유민주주의국가의 헌법이론상 자연법에서 우러나온 자연권으로서의 **소위 저항권이 헌법 기타 실정법에 규정되어 있든 없든 간에 엄존하는 권리로 인정되어야 한다는 논지가 시인된다 하더라도 그 저항권이 실정법에 근거를 두지 못하고 오직 자연법에만 근거하고 있는 한 법관은 이를 재판규범으로 원용할 수 없다.** 더구나 오늘날 저항권의 존재를 긍인하는 학자사이에도 그 구체적 개념의 의무내용이나 그 성립요건에 관해서는 그 견해가 구구하여 일치된다 할 수 없어 결국 막연하고 추상적인 개념이란 말을 면할 수 없고, 이미 헌법에 저항권의 존재를 선언한 몇 개의 입법례도 그 구체적 요건은 서로 다르다 할 것이니 헌법 및 법률에 저항권에 관하여 아무런 규정도 없는(소론 헌법전문 중 "4.19의거운운"은 저항권 규정으로 볼 수 없다) 우리나라의 현 단계에서는 더욱이 이 저항권이론을 재판의 준거규범으로 채용적용하기를 주저 아니할 수 없다. 따라서 위 당원의 판례를 변경할 필요를 느끼지 아니한다 할 것이어서 원심에 이 점에 관한 법리오해가 있다는 논지는 받아들일 수 없다.

(대법원판사 임항준의 반대 소수의견) 우리나라에 있어서의 정치의 기본질서인 인간존엄을 중심 가치로 하는 민주주의 질서에 대하여 중대한 침해가 국가기관에 의하여 행하여져서 민주적 헌법의 존재 자체가 객관적으로 보아 부정되어 가고 있다고 국민 대다수에 의하여 판단되는 경우에 그 당시의 실정법상의 수단으로는 이를 광정할 수 있는 방법이 없는 경우에는 국민으로서 이를 수수방관하거나 이를 조장할 수는 없다 할 것이므로 이러한 경우에는 인권과 민주적 헌법의 기본 질서의 옹호를 위하여 최후의 수단으로서 형식적으로 보면 합법적으로 성립된 실정법이지만 실질적으로는 국민의 인권을 유린하고 민주적 기본 질서를 문란케 하는 내용의 실정법상의 의무 이행이나 이에 대한 복종을 거부하는 등을 내용으로 하는 **저항권은 헌법에 명문화 되어 있지 않았더라도 일종의 자연법상의 권리로서 이를 인정하는 것이 타당하다 할 것이고 이러한 저항권이 인정된다면 재판규범으로서의 기능을 배제할 근거가 없다고 할 것이다.** 위와 같은 저항권의 존재를 부정할 수 없는 근거로는 4.19 의거의 이념을 계승하여 … 새로운 민주공화국을 건설한다고 선언하여 4.19 사태가 당시의 실정법에 비추어 보면 완전한 범법행위로 위법행위임에도 불구하고 이를 우리나라의 기본법인 헌법의 전문에서 의거라고 규정짓고 그 의거의 정신을 계승한다고 선언하고 있어 위 헌법 전문을 법률적으로 평가하면 우리나라 헌법은 4.19의 거사를 파괴 되어가는 민주질서를 유지 또는 옹호하려는 국민의 저항권 행사로 보았다고 해석할 수밖에 없는데 우리나라 헌법이 인정한 것으로 보여지는 저항권을 사법적 판단에서는 이를 부정할 수가 있을는지 의문이고 또 **저항권이 인정되는 이상 재판규범으로는 적용될 수 없다고 판단하여 그 실효성을 상실시킬 합리적 이유가 있다고 볼 수도 없다.** 다수의견은 저항권이 실정법에 근거를 두지 못하고 있어서 이를 재판규범으로 적용할 수 없다는 취지로 실시하고 있으나 **자연법상의 권리는 일률적으로 재판규범으로 기능될 수 없다는 법리도 있을 수 없거니와 위에 적시한 우리나라 헌법의 전문은 저항권의 실정법상의 근거로 볼 수도 있다고 할 것이다.**

대판 2004.4.27. 2002도315

낙선운동을 시민불복종운동으로 볼 수 있는지 여부(소극)

선거운동이라 함은 특정 후보자의 당선 내지 득표나 낙선을 위하여 필요하고도 유리한 모든 행위로서 당선 또는 낙선을 도모한다는 목적의사가 객관적으로 인정될 수 있는 능동적·계획적인 행위를 말하는 것으로서, 피고인들과 같은 후보자 편 이외의 제3자가 당선의 목적 없이 오로지 특정 후보자의 낙선만을 목적으로 하여 벌이는 **낙선운동은 특정인의 당선을 목적으로 함이 없이 부적격 후보자의 낙선만을 목적으로 하고 있다는 점에서 특정인의 당선을 목적으로 경쟁후보가 당선되지 못하게 하는 선거운동과 의미상으로는 일응 구별되기는 하지만, 그 주관적인 목적과는 관계없이 실제의 행동방식과 효과에 있어서는 다른 후보자의 당선을 위하여 하는 선거운동과 다를 것이 없다.** 확성장치 사용, 연설회 개최, 불법행렬, 서명날인운동, 선거운동기간 전 집회 개최 등의 방법으로 특정 후보자에 대한 낙선운동을 함으로써 공직선거및선거부정방지법에 의한 선거운동제한 규정을 위반한 피고인들의 같은 법 위반의 각 행위는 위법한 행위로서 허용될 수 없는 것이고, **피고인들의 위 각 행위가 시민불복종운동으로서 헌법상의 기본권 행사 범위 내에 속하는 정당행위이거나 형법상 사회상규에 위반되지 아니하는 정당행위 또는 긴급피난의 요건을 갖춘 행위로 볼 수는 없다.**

제 3 절　대한민국헌법사

3 국가의 본질과 국가형태

I 국적법 제2조 제1항 제1호 위헌제청: 각하,헌법불합치(헌재 2000.8.31. 97헌가12)

쟁점 출생에 의한 국적취득에 있어 부계혈통주의를 규정한 구 국적법 제2조 제1항 제1호가 헌법상 평등의 원칙에 위배되는지 여부(적극) 및 구법상 부가 외국인이기 때문에 대한민국 국적을 취득할 수 없었던 한국인 모의 자녀 중에서 신법 시행 전 10년 동안에 태어난 자에게만 대한민국 국적을 취득하도록 하는 경과규정인 신 국적법 부칙 제7조 제1항의 헌법불합치 및 잠정적용명령

사건의 개요

신청인 갑은 1955.9.3 중국 국적의 아버지와 북한 주민인 어머니 사이에서 평안북도 만포시에서 출생하여 1957년경 부모를 따라 중국 흑룡강성 목단강시에 이주하여 그곳에서 성장하였다.

갑은 1995.11.4. 전남 무안군 해안을 통하여 대한민국에 밀입국하였으나 발각되어 서울외국인보호소에 수감되어 강제퇴거명령을 받았다.

이에 갑은 자신은 대한민국 헌법 및 국적법에 의한 대한민국의 국민이므로 강제퇴거명령의 대상인 '외국인'에 해당하지 아니한다는 이유로 위 강제퇴거명령의 무효확인등을 구하는 본안소송을 제기하면서 국적법 제2조 제1항 1호의 부계혈통주의에 입각한 국적취득규정이 헌법상의 평등원칙에 위해하여 남녀를 부당하게 차별하고 있다며 위헌심판제청신청을 하였다.

이 심판사건 계속 중 제청대상인 구법조항 국적법을 전면개정하면서 부모양계혈통주의로 개정되었고, 부칙 제7조 제1항에서 신법 시행 이전 10년 동안 대한민국 국민을 모로 하여 출생한 자에 대하여 대한민국 국적을 취득할 수 있도록 하는 경과규정을 두었다.

심판의 대상

구 국적법 제2조 (국민의 요건) ① 다음 각 호의 1에 해당하는 자는 대한민국의 국민이다.

1. 출생한 당시에 부가 대한민국의 국민인 자

국적법(1997. 12. 13. 법률 제5431호로 전문개정된 것)

부칙 제7조 (부모양계혈통주의 채택에 따른 모계출생자에 대한 국적취득의 특례) ① 이 법 시행 전 10년 동안에 대한민국의 국민을 모로 하여 출생한 자로서 다음 각호의 1에 해당하는 자는 이 법의 시행일부터 3년 내에 대통령령이 정하는 바에 의하여 법무부장관에게 신고함으로써 대한민국의 국적을 취득할 수 있다.

1. 모가 현재 대한민국의 국민인 자

2. 모가 사망한 때에는 그 사망 당시에 모가 대한민국의 국민이었던 자

▢ 주 문

1. 구 국적법 제2조 제1항 제1호에 대한 위헌여부심판제청을 각하한다.

2. 국적법(1997. 12. 13. 법률 제5431호로 전문개정된 것) 부칙 제7조 제1항 중 "……10년 동안에" 부분은 헌법에 합치하지 아니한다. 이 법률조항은 입법자가 개정할 때까지 계속 적용된다.

▢ 청구인들의 주장

신법은 부칙 제7조에서 모계 출생자의 국적취득과 관련하여 신법 시행 전 10년 동안에 대한민국 국민을 모로 하여 출생한 자에게만 일정한 조건하에 국적을 취득할 수 있도록 규정함으로써, 1988. 6. 13. 이전에 출생한 자는 구법과 마찬가지로 국적을 취득할 수 없게 되므로 제청신청인에 대한 기본권 침해상태는 지속되고 있다.

▢ 판 단

Ⅰ. 국적의 개념과 성격

국민은 영토, 주권과 더불어 국가의 3대 구성요소 중의 하나다. 국적은 국민이 되는 자격·신분을 의미하므로 국민이 아닌 자는 외국인(외국국적자, 이중국적자, 무국적자 포함. 이하 같다)이라고 한다. 개인의 국적선택에 대하여는 나라마다 그들의 국내법에서 많은 제약을 두고 있는 것이 현실이므로 국적은 아직도 자유롭게 선택할 수 있는 권리에는 이르지 못하였다고 할 것이다. 국적의 취득은 대체로 출생에 의한 경우와 귀화에 의한 경우로 나눌 수 있고, 출생에 의한 것은 다시 혈통주의(속인주의)와 출생지주의(속지주의)로 나누어진다. **국적은 국가와 그의 구성원 간의 법적유대(法的紐帶)이고 보호와 복종관계를 뜻하므로 이를 분리하여 생각할 수 없다. 즉 국적은 국가의 생성과 더불어 발생하고 국가의 소멸은 바로 국적의 상실 사유인 것이다. 국적은 성문의 법령을 통해서가 아니라 국가의 생성과 더불어 존재하는 것이므로, 헌법의 위임에 따라 국적법이 제정되나 그 내용은 국가의 구성요소인 국민의 범위를 구체화, 현실화하는 헌법사항을 규율하고 있는 것이다.**

Ⅱ. 국민의 범위

1997. 12. 13. 법률 제5431호로 전문 개정된 신법은 구법의 부계혈통주의 조항을 평등원칙에 부합되게 개정함과 아울러 현실에 맞지 않거나 미비한 조항을 합리적으로 개선·보완한 것이다. 우리 헌법은 제헌헌법 이래로 "대한민국의 영토는 한반도와 그 부속도서로 한다"(제헌헌법 제4조, 현행헌법 제3조)는 규정을 두고 있다. **대법원은 이를 근거로 하여 북한지역도 대한민국의 영토에 속하는 한반도의 일부를 이루는 것이어서 대한민국의 주권이 미치고 북한주민도 대한민국 국적을 취득·유지하는 데 아무런 영향이 없는 것으로 해석하고 있다.** 제청법원은 제청신청인의 모가 대한민국 국민이라고 인정하였으므로, 이 사건에서는 오로지 제청신청인이 출생에 의하여 우리 헌법 및 국적법에 따라 대한민국 국적을 취득하는지 여부에 한정하여 판단하기로 한다.

Ⅲ. 구법조항의 재판전제성

법원이 이 사건 위헌여부심판을 제청할 당시, 구법조항이 위헌이라면 대한민국 국민을 모로 하여 출생한 제청신청인은 대한민국 국적을 취득할 수 있기 때문에 제청신청인이 외국인임을 전제로

한 강제퇴거명령은 이를 집행할 수 없게 되므로 구법조항의 위헌 여부는 당해사건의 재판에 전제성이 있었다. 그러나 개정된 신법에서는 부모양계혈통주의로 개정하였고(제2조 제1항 제1호), 당해사건에서도 신법을 적용하여야 하므로 구법조항은 **이 심판 계속 중 재판의 전제성을 상실하여 부적법하므로 주문 1항과 같이 각하결정을 하기로 한다.**

Ⅳ. 부칙조항에 대한 판단

1. 부칙조항의 성격

부칙조항은 신법이 구법상의 부계혈통주의를 부모양계혈통주의로 개정하면서 구법상 부가 외국인이기 때문에 대한민국 국적을 취득할 수 없었던 한국인 모의 자녀 중에서 신법 시행 전 10년 동안에 태어난 자에게 신고 등 일정한 절차를 거쳐 대한민국 국적을 취득하도록 하는 경과규정이다. **그러므로 부칙조항의 위헌여부 즉 '10년'의 경과규정을 둔 것이 헌법에 위반되는지 여부를 판단하기 위하여서는 출생에 의한 국적취득에 있어 부계혈통주의를 규정한 구법조항의 위헌여부에 대한 판단이 전제가 된다.**

2. 구법조항의 위헌성

(1) 헌법 제11조 제1항의 평등원칙 위반

헌법전문은 헌법을 제정한 주체는 국민임을 밝히고 있고, 제1조 제2항은 "대한민국의 주권은 국민에게 있다"고 하여 '국민'이 주권자임을 선언하고 있다. 제2장은「국민의 권리와 의무」라고 제목을 붙이고 각 조항에서 '국민'이 기본권의 주체임을 명시하고 있을 뿐만 아니라, 제2조 제1항은 "대한민국의 국민이 되는 요건은 법률로 정한다"고 하여 기본권의 주체인 국민에 관한 내용을 입법자가 형성하도록 하였다. 그리고 헌법 제11조 제1항이 규정하고 있는 평등원칙은 법치국가질서의 근본요청으로서 모든 국가기관에게 법을 적용함에 있어서 정당한 근거 없이 개인이나 일정한 인적 집단을 불평등하게 대우하는 것을 금지한다. 따라서 모든 사람은 평등하게 법규범을 통해서 의무를 부담하고 권리를 부여받으며, 반대로 모든 공권력주체에 대해서는 일정한 사람들에게 유리하거나 불리하게 법을 적용하거나 적용하지 않는 것이 금지된다. 그러나 **헌법 제11조 제1항의 규범적 의미는 이와 같은 '법 적용의 평등'에서 끝나지 않고, 더 나아가 입법자에 대해서도 그가 입법을 통해서 권리와 의무를 분배함에 있어서 적용할 가치평가의 기준을 정당화할 것을 요구하는 '법 제정의 평등'을 포함한다.** 따라서 평등원칙은 입법자가 법률을 제정함에 있어서 법적 효과를 달리 부여하기 위하여 선택한 차별의 기준이 객관적으로 정당화될 수 없을 때에는 그 기준을 법적 차별의 근거로 삼는 것을 금지한다. 이때 입법자가 헌법 제11조 제1항의 평등원칙에 어느 정도로 구속되는가는 그 규율대상과 차별기준의 특성을 고려하여 구체적으로 결정된다. 헌법재판소가 이전에 밝혔듯이 평등원칙 위반 여부에 대한 심사척도는 입법자에게 인정되는 입법형성권의 정도에 따라 달라지게 될 것이나 **헌법에서 특별히 평등을 요구하고 있는 경우와 차별적 취급으로 인하여 관련 기본권에 대한 중대한 제한을 초래하게 된다면 입법형성권은 축소되어 보다 엄격한 심사척도가 적용되어야 한다.** 이와 같은 엄격한 심사 척도는 당해 사건에서도 동일하다. 그 결과, 부계혈통주의 원칙을 채택한 구법조항은 출생한 당시의 자녀의 국적을 부의 국적에만 맞추고 모의 국적은 단지 보충적인 의미만을 부여하는 차별을 하고 있으므로 위헌이라는 결론에 이르게 된다.

(2) 가족생활에 있어서의 양성평등원칙에의 위배

헌법 제36조 제1항은 혼인제도와 가족제도에 관한 헌법 원리를 규정한 것으로서 혼인제도와 가족제도는 인간의 존엄성 존중과 민주주의의 원리에 따라 규정되어야 함을 천명한 것이다. 이 규정은 가족생활이 '양성의 평등'을 기초로 성립, 유지될 것을 명문화한 것으로 이해되므로 입법자가 가족제도를 형성함에 있어서는 이를 반드시 고려할 것을 요구하고 있다. 국적취득에서 혈통주의는 사회적 단위인 가족에로의 귀속을 보장하는 한편 특정한 국가공동체로의 귀속을 담보하며 부모와 자녀간의 밀접한 연관관계를 잇는 기본이 된다. 만약 이러한 연관관계를 부와 자녀 관계에서만 인정하고 모와 자녀 관계에서는 인정하지 않는다면, 이는 가족 내에서의 여성의 지위를 폄하하고 모의 지위를 침해하는 것이다. 그러므로 구법조항은 헌법 제36조 제1항이 규정한 "가족생활에 있어서의 양성의 평등원칙"에 위배된다.

(3) 한국인 모로부터 출생한 자녀에 대한 차별

국적이 다른 부모로부터 출생한 자녀의 국적을 규율하고 있는 구법조항은 한국인 부모 일방의 성별에 따른 차별을 하고 있다. 그 결과, 한국인 모와 그 자녀의 법적 지위는 한국인 부와 그 자녀의 법적 지위에 비교하여 보면 현저한 차별취급을 받고 있다. 그러나 외국인과 혼인을 한 한국인인 부 또는 모의 국적에 따라 그들 자녀의 국적을 다르게 함으로써 생기는 이러한 차별을 정당화하는 실질적인 공익이 있는 것도 아니다. 그러므로 **구법조항은 자녀의 입장에서 볼 때에도 한국인 모의 자녀를 한국인 부의 자녀에 비교하여 현저하게 차별취급을 하고 있으므로 헌법상의 평등원칙에 위배되는 것이다.**

3. 부칙조항에 대한 잠정적으로 적용하도록 하는 헌법불합치결정의 필요성

입법자는 1997. 12. 13. 법률 제5431호로 구법을 전문개정하면서 출생에 의한 국적취득에 있어 부계혈통주의를 부모양계혈통주의로 바꾸었다. 이로써 **구법조항의 위헌성은 제거되었으나 신법 시행 이전에 출생한, 모가 한국인인 자녀가 구법조항으로 인하여 침해받은 기본권을 회복시켜 줌에 있어 부칙조항은 신법 시행 전 10년 동안에 출생한 자녀에게는 대한민국 국적을 부여한 반면, 청구인과 같이 신법 시행 10년 이전에 출생한 자에게는 국적을 부여하지 아니하였다. 그러므로 이와 같은 '10년'의 기간제한이 헌법적으로 정당화될 수 있는지 여부가 문제된다.** 법률이 헌법에 위반되는 경우, 헌법의 규범성을 보장하기 위하여 원칙적으로 그 법률에 대하여 위헌결정을 하여야 하는 것이지만, 위헌결정을 통하여 법률조항을 법전(法典)에서 제거하는 것이 법적 공백이나 혼란을 초래할 우려가 있는 경우에는 위헌조항의 잠정적 적용을 명하는 헌법불합치결정을 할 수 있다. 다시 말하면, **위헌적인 법률조항을 잠정적으로 적용하는 위헌적인 상태가, 위헌결정으로 말미암아 발생하는 법적 공백의 합헌적인 상태보다 오히려 헌법적으로 더욱 바람직하다고 판단되는 경우에는, 헌법재판소는 법적 안정성의 관점에서 법치국가적으로 용인하기 어려운 법적 공백과 그로 인한 혼란을 방지하기 위하여 입법자가 합헌적인 방향으로 법률을 개선할 때까지 일정 기간 동안 위헌적인 법규정을 존속케 하고 또한 잠정적으로 적용하게 할 필요가 있다.** 이 사건의 경우, 구법조항으로 인하여 국적을 취득할 수 없었던 자를 구제하기 위하여는 신법 시행 전에 출생한, 모가 한국인인 자녀에게 대한민국 국적을 취득할 수 있도록 하는 경과규정이 반드시 필요한데, 헌법재판소가 위헌결정 또는 단순한 헌법불합치결정만을 선고할 경우 부칙조항은 헌법재판소가 결정을 선고한 때부터

더 이상 적용할 수 없게 된다. **이 경우 그나마 신법 시행 전 10년 동안에 태어난 자녀에게 국적취득의 길을 열어 놓고 있는 근거규정이 효력을 잃게 됨으로써 법치국가적으로 용인하기 어려운 법적 공백이 생기게 된다. 따라서 부칙조항은 헌법에 합치하지 아니하나 입법자가 새로운 입법을 할 때까지 이를 잠정적으로 적용하도록 명하는 것이다.**

✢ 본 판례에 대한 평가 국민이 되는 자격은 국적이다. 헌법 제2조 제1항은 "대한민국의 국민이 되는 요건은 법률로 정한다"라고 규정하여 국적에 대해 법률유보를 하고 있으며, 이에 따라 국적법에서는 단일 국적주의를 규정하고 있다. 영토조항의 규범력 인정여부에 대한 견해의 대립이 있고, 실효적인 지배력이 미치지 못하는 북한의 주민에게 대한민국 국적을 인정할 수 있는지 등 국적과 관련한 여러 가지 문제가 존재한다. 특히 북한 주민의 경우 대법원은 북한주민이 중국 주재 북한대사관에서 해외공민증을 발급받은 것과 상관없이 대한민국의 국적을 인정하여 귀순시 특별한 국적취득 절차가 필요 없다(대법원 1996. 11. 12. 선고 96누1221 판결)는 일관된 원칙을 적용하고 있다.

몬테비데오 조약에 의하면 국가는 그 구성요소로 영토, 국민, 정부, 외교 능력 등이 요구된다. 외교 능력에 대해서는 견해가 일치하는 것은 아니지만 여타의 요소 특히 국민은 국가의 형성에 있어서는 필수적으로 요구되는 것이다. 또한 개인은 한 국가의 국민으로 인정을 받음으로 인하여 본 판례에서 제시되듯이 대한민국의 공무원이 될 수 있고, 거주·이전의 자유, 직업선택의 자유, 재산권, 선거권 및 피선거권, 국가배상청구권 및 사회적 기본권 등을 누릴 수 있다.

이와 같이 국가와 국민간의 연결을 하여 주는 것이 국적이므로 이에 대한 해석은 매우 중요하다. 본 판례가 북한주민의 대한민국 국적과 관련하여 적극적으로 해석하고 있는바 타당하다고 본다. 대법원(1996. 11. 12. 선고 96누1221)판결은 공간적 차원에서의 국적범위의 확대 노력이고, 본 판례의 경우에는 시간적 차원에서의 국적범위의 확대 노력의 차원에서 분석을 할 수도 있을 것이다.

관련 문헌: 남복현, "개정된 국적법상 국적취득제한 경과규정의 헌법불합치결정에 관한 헌법소송법적 검토", 공법연구, 제30집 제3호, 한국공법학회, 2000.

[요약판례] 국적법 제12조 제1항 단서 위헌소원: 합헌(헌재 2004.8.26. 2002헌바13)

병역과 관련하여 이중국적자의 국적선택의 자유를 제한할 수 있는 사유를 대통령령으로 정하도록 한 국적법 제12조 제1항 단서가 포괄위임금지원칙에 위반되는지 여부(소극)

국적법 제12조 제1항 단서는 "다만, 병역의무의 이행과 관련하여 대통령령이 정하는 사유에 해당하는 자는 그 사유가 소멸된 때부터 2년 내에 하나의 국적을 선택하여야 한다"고 규정하고 있는데, 병역에 관한 헌법 및 병역법조항, 이중국적자의 국적선택제도에 관한 국적법조항 등을 전체적으로 조감하여 보면 위 국적법조항은 **이중국적자라 하더라도 대한민국 국민인 이상 병역의무를 이행하여야 한다는 것을 대전제로 하고서, 국적선택제도를 통한 병역의무 면탈을 차단하려는 데에 그 입법취지가 있다** 할 것이고, 위 법률조항은 "병역의무의 이행과 관련하여...."라고 규정함으로써 위임의 내용을 구체적으로 한정하고 있으며, 병역기피의 목적으로 대한민국 국적을 상실하였거나 이탈하였던 자에 대하여는 국적회복을 허가하지 못하도록 하고 있는 국적법 제9조 제2항 제3호의 규정은 위 조항에 의한 위임의 방향과 내용을 한 번 더 확인하여 주고 있으므로, **위 법률조항의 위임에 의하여 대통령령으로 규정될 사항은 병역의무를 이행하지 않은 이중국적자의 국적선택 제한과 그 해소에 관한 보다 구체적인 사항, 또는 이중국적자에 특유한 문제인 병역의무 이중부담의 조정에 관한 사항 등이 될 것임을 충분히 예측할 수 있다** 할 것이어서, 위 법률조항은

포괄위임금지원칙에 위배된다고 보기 어렵다.

대판 1996.11.12. 96누1221

조선국적 취득 후 북한법에 의하여 북한국적을 취득하여 중국 주재 북한대사관에서 해외 공민증을 발급받은 자가 대한민국 국민인지 여부(적극)

조선인을 부친으로 하여 출생한 자는 남조선과도정부법률 제11호 국적에관한임시조례의 규정에 따라 조선국적을 취득하였다가 제헌헌법의 공포와 동시에 대한민국 국적을 취득하였다 할 것이고, 설사 그가 북한법의 규정에 따라 북한국적을 취득하여 중국 주재 북한대사관으로부터 북한의 해외공민증을 발급받은 자라 하더라도 북한지역 역시 대한민국의 영토에 속하는 한반도의 일부를 이루는 것이어서 대한민국의 주권이 미칠 뿐이고, 대한민국의 주권과 부딪치는 어떠한 국가단체나 주권을 법리상 인정할 수 없는 점에 비추어 볼 때, 그러한 사정은 그가 대한민국 국적을 취득하고 이를 유지함에 있어 아무런 영향을 끼칠 수 없다.

Ⅱ 재외동포의출입국과법적지위에관한법률 제2조 제2호 위헌확인: 헌법불합치

(헌재 2001.11.29. 99헌마494)

쟁점 공포 전 법률에 대한 헌법소원의 적법 여부(적극), 수혜적 법률도 기본권 침해성이 인정될 수 있는지 여부(적극), 외국인의 기본권 주체성이 인정되는지 여부(적극), 재외동포법의 적용대상에서 정부수립이전이주동포, 즉 대부분의 중국동포와 구 소련동포 등을 제외한 것이 평등원칙에 위반되는 것인지 여부(적극), 헌법불합치를 선언하고 잠정적용을 명한 사례, 정의규정에 대한 위헌성의 확인이 관련규정에 대한 위헌성의 확인을 수반하는 사례

사건의 개요

정부는 재외동포들의 출입국과 대한민국 내에서의 법적 지위를 보장하기 위하여 재외동포의출입국과법적지위에관한 법률을 제정하였다. 청구인들은 중국국적의 재외동포들인 바, 이 법률 제2조 제2호가 청구인들과 같이 1948년 대한민국 정부수립 이전에 해외로 이주한 자 및 그 직계비속을 재외동포의 범주에서 제외함에 따라서 자신들이 위 법률에서 규정하는 혜택을 받지 못하게 되어 인간으로서의 존엄과 가치 및 행복추구권, 평등권 등을 침해당하였다고 주장하면서 이 법률의 공포 전 위헌확인을 구하는 이 사건 헌법소원심판을 청구하였다.

심판의 대상

재외동포의출입국과법적지위에관한법률 제2조 이 법에서 "재외동포"라 함은 다음 각 호의 1에 해당하는 자를 말한다.

1. 생략

2. 대한민국의 국적을 보유하였던 자 또는 그 직계비속으로서 외국국적을 취득한 자 중 대통령령이 정하는 자(이하 "외국국적동포"라 한다)

재외동포의출입국과법적지위에관한법률시행령 제3조 (외국국적동포의 정의) 법 제2조 제2호에서 "대한민국의 국적을 보유하였던 자 또는 그 직계비속으로서 외국국적을 취득한 자 중 대통령령이 정하는 자"라 함은 다음 각호의 1에 해당하는 자를 말한다.

1. 대한민국 정부수립 이후에 국외로 이주한 자 중 대한민국의 국적을 상실한 자와 그 직계비속

2. 대한민국 정부수립 이전에 국외로 이주한 자 중 외국국적 취득 이전에 대한민국의 국적을 명시적으로 확인받은 자와 그 직계비속

▢ 주 문

1. 재외동포의 출입국과 법적 지위에 관한 법률(1999. 9. 2. 법률 제6015호로 제정된 것) 제2조 제2호, 재외동포의 출입국과 법적 지위에 관한 법률 시행령(1999. 11. 27. 대통령령 제16602호로 제정된 것) 제3조는 **헌법에 합치하지 아니한다.**

2. 이들 조항은 2003. 12. 31.을 **시한으로 입법자가 개정할 때까지 계속 적용된다.**

▢ 판 단

Ⅰ. 적법요건에 대한 판단

1. 헌법소원 대상성

(1) 입법부작위의 헌법소원 대상성

이 사건 심판대상규정은 재외동포, 특히 외국국적동포에 대하여 아무런 규정을 두지 아니한 것이 아니라 그 중 일부에 대한 혜택을 주도록 규정하면서도 정부수립이전이주동포를 제외시켜 불완전 불충분하게 규율하고 있는 **부진정입법부작위에 해당하고, 따라서 이 헌법소원은 이 사건 심판대상규정이 평등원칙에 위배되는가 여부에 관한 것이므로 적법하다고 할 것이다.**

(2) 공포 전 법률에 대한 헌법소원

우리 재판소가 위헌제청 당시 존재하지 아니하였던 신법의 경과규정까지 심판대상을 확장하였던 선례(헌재 2000. 8. 31. 97헌가12)에 비추어 보면, 심판청구 후에 유효하게 공포·시행되었고 그 법률로 인하여 평등권 등 기본권을 침해받게 되었다고 주장하는 이상 청구 당시의 공포 여부를 문제삼아 헌법소원의 대상성을 부인할 수는 없다.

2. 기본권 침해성

'수혜적 법률'의 경우에는 반대로 수혜범위에서 제외된 자가 그 법률에 의하여 평등권이 침해되었다고 주장하는 당사자에 해당되고, 당해 법률에 대한 위헌 또는 헌법불합치 결정에 따라 수혜집단과의 관계에서 평등권침해 상태가 회복될 가능성이 있다면 기본권 침해성이 인정된다.

3. 외국인의 기본권 주체성

우리 재판소는 원칙적으로 외국인의 기본권 주체성을 인정하고 있다. 청구인들이 침해되었다고 주장하는 인간의 존엄과 가치, 행복추구권은 대체로 '인간의 권리'로서 외국인도 주체가 될 수 있다고 보아야 하고, 평등권도 인간의 권리로서 참정권 등에 대한 성질상의 제한 및 상호주의에 따른 제한이 있을 수 있을 뿐이다. 이 사건에서 청구인들이 주장하는 바는 대한민국 국민과의 관계가 아닌, 외국국적의 동포들 사이에 재외동포법의 수혜대상에서 차별하는 것이 평등권 침해라는 것으로서 성질상 위와 같은 제한을 받는 것이 아니고 상호주의가 문제되는 것도 아니므로, 청구인들에게 기본권주체성을 인정함에 아무런 문제가 없다.

4. 자기관련성

기본권침해의 자기관련성이란 심판대상규정에 의하여 청구인들의 기본권이 '침해될 가능성'이 있

는가에 관한 것이고, 헌법소원은 주관적 기본권보장과 객관적 헌법보장 기능을 함께 가지고 있으므로 권리귀속에 대한 소명만으로써 자기관련성을 구비한 여부를 판단할 수 있다.

Ⅱ. 본안에 대한 판단

1. 재외동포법의 입법목적

지구촌시대 세계경제체제에 부응하여 재외동포에게 모국의 국경문턱을 낮춤으로써 재외동포의 생활권을 광역화·국제화함과 동시에 우리 국민의 의식형태와 활동영역의 국제화·세계화를 촉진하고, 재외동포의 모국에의 출입국 및 체류에 대한 제한과 부동산취득·금융·외국환거래 등에 있어서의 각종 제약을 완화함으로써 모국투자를 촉진하고 경제회생 동참 분위기를 확산시키며, 재외동포들이 요구하는 이중국적을 허용할 경우 나타날 수 있는 병역·납세·외교관계에서의 문제점과 국민적 일체감 저해 등의 부작용을 제거하면서 이중국적 허용요구에 담긴 애로사항을 선별 수용함으로써 모국에 대한 불만을 해소하기 위한 것이다.

2. 침해되는 기본권

청구인들 주장의 핵심은 이 사건 심판대상규정으로 말미암아 재외동포법이 부여하는 혜택을 받지 못하게 되었다는 것이고, **이 사건 심판대상규정으로 인하여 비로소 청구인들이 종래에 누리던 인간의 존엄과 가치 및 행복추권이 침해되었다는 것은 아니라고 할 것이므로, 이 사건은 결국 재외동포법의 혜택을 받게 되는 다른 외국국적동포들과의 관계에서 청구인들의 평등권을 침해하는지 여부의 문제로 귀착된다.**

3. 이 사건 심판대상규정의 위헌성

(1) 평등원칙의 의의

헌법 제11조 제1항의 평등의 원칙은 일체의 차별적 대우를 부정하는 절대적 평등을 의미하는 것이 아니라 입법과 법의 적용에 있어서 합리적 근거 없는 차별을 하여서는 아니 된다는 상대적 평등을 뜻하고 따라서 합리적 근거 있는 차별 내지 불평등은 평등의 원칙에 반하는 것이 아니다. 그리고 합리적 근거 있는 차별인가의 여부는 그 차별이 인간의 존엄성 존중이라는 헌법 원리에 반하지 아니하면서 정당한 입법목적을 달성하기 위하여 필요하고도 적정한 것인가를 기준으로 판단되어야 한다.

(2) 평등권의 침해여부

평등의 원칙은 입법자에게 본질적으로 같은 것을 자의적으로 다르게, 본질적으로 다른 것을 자의적으로 같게 취급하는 것을 금하고 있다. 그러므로 비교의 대상을 이루는 두 개의 사실관계 사이에 서로 상이한 취급을 정당화할 수 있을 정도의 차이가 없음에도 불구하고 두 사실관계를 서로 다르게 취급한다면, 입법자는 이로써 평등권을 침해하게 된다. 그런데 서로 비교될 수 있는 사실관계가 모든 관점에서 완전히 동일한 것이 아니라 단지 일정 요소에 있어서만 동일한 경우에, **비교되는 두 사실관계를 법적으로 동일한 것으로 볼 것인지 아니면 다른 것으로 볼 것인지를 판단하기 위하여는 어떠한 요소가 결정적인 기준이 되는가가 문제된다. 두 개의 사실관계가 본질적으로 동일한가의 판단은 일반적으로 당해 법률조항의 의미와 목적에 달려 있다. 정부수립이후이주동포와 정부수립이전이주동포는 이미 대한민국을 떠나 그들이 거주하고 있는 외국의 국적을 취득한 우리의**

동포라는 점에서 같고, 다만 대한민국 정부수립 이후에 국외로 이주한 자인가 또는 대한민국 정부수립 이전에 국외로 이주한 자인가 하는 점에서만 다른 것이다. 이와 같은 차이는 정부수립이후이주동포와 정부수립이전이주동포가 법적으로 같게 취급되어야 할 동일성을 훼손할 만한 본질적인 성격이 아니며 결정적인 기준이 될 수 없는 것이다. 차별을 두는 입법은 그 차별에 의하여 달성하려고 하는 목적과 그 목적을 달성하기 위한 차별을 두기 마련인데, 국민의 기본권에 관한 차별에 있어서 합리적 근거에 의한 차별이라고 하기 위하여서는 우선 그 차별의 목적이 헌법에 합치하는 정당한 목적이어야 하고 다음으로 차별의 기준이 목적의 실현을 위하여 실질적인 관계가 있어야 하며 차별의 정도 또한 적정한 것이어야 한다. 나아가 사회경제적 또는 안보적 이유로 거론하는 우려도 당초 재외동포법의 적용범위에 정부수립이전이주동포도 포함시키려 하였다가 제외시킨 입법과정에 비추어 보면 정부수립이전이주동포를 재외동포법의 적용범위에 포함하는 것이 어느 정도의 영향을 가져올 것인지에 대한 엄밀한 검증을 거친 것이라고 볼 수 없다. 혈통주의 입법에 문제가 있다면 당초부터 외국국적동포의 법적 지위보다는 외국인 처우의 전반적 개선이라는 시각에서 출발하되, 재외동포에 대하여는 정착한 현지에서 민족적 정체성을 자각하고 문화적 유대감을 강화시키는 활동을 지원하는 데 초점을 맞추는 것이 바람직할 수도 있다. 암울했던 역사적 상황으로 인하여 어쩔 수 없이 조국을 떠나야 했던 동포들을 돕지는 못할지언정, 오히려 법적으로 차별하는 정책을 취하는 외국의 예를 찾을 수 없다는 점에서, 이 사건에서의 차별은 민족적 입장은 차치하고라도 인도적 견지에서조차 정당성을 인정받기가 심히 어렵다고 할 것이다.

(3) 소결론

이 사건 심판대상규정이 청구인들과 같은 정부수립이전이주동포를 재외동포법의 적용대상에서 제외하는 차별취급은 그 차별의 기준이 목적의 실현을 위하여 실질적인 관계가 있다고 할 수 없고, 차별의 정도 또한 적정한 것이라고는 도저히 볼 수 없으므로, 이 사건 심판대상규정은 합리적 이유 없이 정부수립이전이주동포를 차별하는 자의적인 입법이어서 헌법 제11조의 평등원칙에 위배되고, 청구인들의 평등권을 침해한다.

Ⅲ. 헌법불합치결정과 잠정적용명령

1. 헌법불합치 결정의 이유

법률이 헌법에 위반되는 경우 헌법의 규범성을 보장하기 위하여 원칙적으로 그 법률에 대하여 위헌결정을 하여야 하는 것이지만, 위헌결정을 통하여 법률조항을 법질서에서 제거하는 것이 법적 공백이나 혼란을 초래할 우려가 있는 경우에는 위헌조항의 잠정적 적용을 명하는 헌법불합치결정을 할 수 있다. 이 사건과 같이 법률이 평등원칙에 위반된다고 판단되는 경우에도 그것이 어떠한 방법으로 치유되어야 하는가에 관하여는 헌법에 규정되어 있지 않고, **그 위헌적 상태를 제거하여 평등원칙에 합치되는 상태를 실현할 수 있는 여러 가지 선택가능성이 있을 수 있으며, 그러한 선택의 문제는 입법자에게 맡겨진 일이다.** 그러한 경우에 헌법재판소가 평등원칙에 위반되었음을 이유로 단순위헌결정을 한다면 위헌적 상태가 제거되기는 하지만 입법자의 의사와 관계없이 헌법적으로 규정되지 않은 법적 상태를 일방적으로 형성하는 결과가 되고, 결국 입법자의 형성의 자유를 침해하게 된다. 이러한 이유 때문에 헌법재판소로서는 입법자의 형성권을 존중하여 법률의 위헌선언을 피하고 단지 법률의 위헌성만을 확인하는 결정으로서 헌법불합치결정을 하게 되는 것이다.

2. 잠정적용 결정의 이유

헌법재판소가 이 사건 심판대상규정에 대하여 단순위헌결정을 선고하면 법적 안정성의 관점에서 법치국가적으로 용인하기 어려운 법적 공백과 그로 인한 혼란을 야기할 수 있으므로, 입법자가 합헌적인 방향으로 법률을 개선할 때까지 일정 기간 동안 위헌적인 법규정을 존속케 하고 또한 잠정적으로 적용하게 할 필요가 있는 것이다. 그러나 앞에서 본 바와 같은 이 사건 심판대상규정의 위헌성을 고려할 때 입법자는 되도록 빠른 시일 내에, 늦어도 2003. 12. 31.까지 개선입법을 마련함으로써 이 사건 심판대상규정의 위헌적 상태를 제거하여야 할 것이다.

3. 심판대상 규정의 위헌성확인으로 인한 관련 규정 · 하위 법규의 위헌성의 확인

이 사건 심판대상규정은 '정의규정'이므로 이에 대한 위헌성의 확인은 관련조문에 대한 위헌성의 확인을 수반하게 된다. 이와 같은 사정은 하위법규인 시행령과 시행규칙의 경우에도 같다. 따라서 입법자가 2003. 12. 31.까지 입법개선의무를 이행하지 않는다면 2004. 1. 1.부터는 재외동포법의 관련규정뿐만 아니라 하위법규인 시행령과 시행규칙도 그 관련 부분은 효력을 상실하므로 법원 기타 국가기관 및 지방자치단체는 효력을 상실한 부분을 적용할 수 없다.

Ⅳ. 결 론

그러므로 이 사건 심판대상규정은 헌법에 합치하지 아니하나 입법자의 개선입법이 이루어질 때까지 잠정적으로 적용하도록 함이 상당하여 주문과 같이 결정한다.

재판관 권성의 별개의견

이 사건 심판대상규정은 정부수립 이전에 국외로 이주한 동포의 정부수립 이후의 생활근거지에 재외공관이 설치되어 있는지 여부, 즉, 지역적 요소를 기준으로 삼아 재외동포법의 적용범위를 나누고 있는바, 그러한 기준에 의한 차별은 이른바 엄격한 심사기준에 의하여 평등의 원칙에 대한 위배 여부가 가려져야 한다.

헌법 제11조 제1항 후문은 성별 · 종교 또는 사회적 신분에 의한 차별을 특히 금지하고 있으므로 이러한 기준에 의한 차별이 헌법적으로 용인될 수 있는 것인가의 여부는 특히 엄격하게 심사되어야 할 것은 물론이나, 지역적 요소에 의한 차별과 인종적 요소에 의한 차별 역시 그에 못지 않게 악성이 큰 것으로서 금지되어야 할 것이기 때문이다.

이러한 엄격한 심사기준에 의한다면, 이 사건 심판대상규정에 의한 국적미확인동포에 대한 차별은 비례의 원칙에 어긋난 차별에 해당하고 따라서 평등의 원칙에 위배된다.

재판관 윤영철, 재판관 한대현, 재판관 하경철의 반대의견

평등원칙의 위반이 문제되는 헌법재판에서는 원칙적으로 어떤 입법이 "가장 합리적이고 타당한 수단인가 여부"를 심사하는 것이 아니라, "자의적인 것인가 여부"를 심사하여야 하는바, 자의금지심사에 의하는 경우, 재외동포법과 같은 혜택부여적 법률에 관하여는 입법수단이 입법목적과의 관계에서 과소규율이라 하더라도 "한 번에 한 걸음씩" 현실을 개선하여 나가는 것으로서 합헌적인 것으로 허용된다.

재외동포들 간에 그들이 거주하는 나라들에 따라 정치적, 외교적, 경제적, 사회적 환경이 서로 다르고, 국회가 재외동포법의 제정과 동시에 "재외동포에 대한 제도개선사항" 3개항을 권고한 바 있으며, 이에 따라 법무부가 중국동포에 대한 국적부여기회를 확대하고, 다각적인 제한 완화책을 강구하였고, 가능한 한 이중국적의 발생을 회피하려는 국제법적인 원칙에 따라 외교적 마찰이 있다면 이를 고려하는 것이 반드시 부당하다고는 할 수 없으므로, 이 사건 심판대상규정에 의한 구분은 자의적이라고 볼 수 없다.

본 판례에 대한 평가 평등권 침해 여부의 심사에 있어 원칙적 심사기준은 자의금지원칙에 의한 심사를 의미하는데 자의금지원칙에 관한 심사요건은 차별취급의 존재 여부와 차별취급의 자의성 유무를 들 수 있다. 첫째, 차별취급의 존재 여부는 본질적으로 동일한 비교 대상을 서로 다르게 취급하고 있는가와 관련되는데 본질적으로 동일한 비교 대상인지 여부는 일반적으로 관련 헌법규정과 당해 법률규정의 의미와 목적에 의하여 판단한다. 둘째, 차별 취급을 자의적인 것으로 볼 수 있는가는 합리적인 이유가 결여된 것을 의미한다. 그리하여 차별적 취급을 정당화하는 객관적이고 합리적인 이유가 존재한다면 그러한 취급은 자의적인 것이 아니다.

본 결정은 정부수립이전이주동포를 정부수립이후이주동포와 구별하여 정부수립이전에 국외로 이주한 동포에 대하여 재외동포법의 적용대상에 제외하는 것은 본질적으로 동일한 비교 대상을 합리적 이유 없이 자의적으로 다르게 취급하는 것에 해당하여 평등권을 침해하는 것으로 보았다.

이에 따라 재외동포법의 개정이 이루어졌는데, 개정 재외동포법에서는 "대한민국정부수립이전에 국외로 이주한 동포를 포함한다"라고 명시를 하고, 동법 시행령 제3조 각 호도 다음과 같이 개정되었다: 1. 대한민국의 국적을 보유하였던 자로서 외국국적을 취득한 자, 2. 부모의 일방 또는 조부모의 일방이 대한민국의 국적을 보유하였던 자로서 외국국적을 취득한 자.

그리고 헌법재판소는 과거 **국토가 분단된 우리나라의 현실, 선거의 공정성 확보상의 문제점, 선거기술상의 문제점 및 납세의무 등 국민의 의무와 선거권과의 관계 등을 고려하여** 재외국민에게 선거권을 인정하지 않는 공직선거법 제37조 1항, 국내거주자에게만 부재자신고를 허용한 제38조 1항에 대해서 "그 입법목적에 있어서 정당할 뿐 아니라 그 입법에 의하여 보호하려는 공공의 필요와 침해되는 기본권 사이의 균형성을 갖추었고 그 목적달성을 위하여 적절한 방법을 취하고 있다"라고 하여 **합헌 결정을 하였으나** 이후 판례를 변경하였다.

판례 평석: 이철우, "재외동포법의 헌법적 평가 — 헌법재판소의 결정을 중심으로", 법과 사회, 2002, 253-278면.

[요약판례 1] 1980년 해직공무원의 보상 등에 관한 특별조치법에 대한 헌법소원: 기각 (헌재 1993.12.23. 89헌마189)

특조법 제2조 제5항의 보상금산출을 위한 기간산정에 있어 '이민'을 사유로 보상에 제한을 두는 것이 헌법상 평등의 원칙, 거주이전의 자유, 국가의 재외국민보호의무에 반하여 위헌인지 여부(소극)

헌법 제2조 제2항에서 규정한 재외국민을 보호할 국가의 의무에 의하여 재외국민이 거류국에 있는 동안 받는 보호는 조약 기타 일반적으로 승인된 국제법규와 당해 거류국의 법령에 의하여 누릴 수 있는 모든 분야에서의 정당한 대우를 받도록 거류국과의 관계에서 국가가 하는 외교적 보호와 국외거주 국민에 대하여 정치적인 고려에서 특별히 법률로써 정하여 베푸는 법률·문화·교육 기타 제반영역에서의 지원을 뜻하는 것이다. 그러므로 국내에서 공직자로서 근무하다가 자신의 의사에 반하여 해직된 자에 대하여 국가가 사회보장적 목적의 보상을 위하여 제정한 위 특조법과 위 헌법규정의 보호법익은 다른 차원이라고 할 것이다. 따라서 위 특조법에서 이민 간 이후의 보상을 배제하는 규정을 두었다고 하여도 국가가 헌법 제2조 제2항에 규정한 재외국민을 보호할 의무를 행하지 않은 경우라고 할 수는 없다. 따라서 위 특조법 제2조 제5항이 헌법 제2조 제2항을 위배함으로써 청구인의 기본권을 침해하였다고 할 수도 없다.

[요약판례 2] 재외국민보호의무불이행 위헌확인: 각하(헌재 1998.5.28. 97헌마282)

독일정부의 우리나라 국민에 대한 '미성년자보호관련관헌의관할권및준거법에관한협약'의 적용을 피하기 위하여 우리나라 정부가 위 협약에 가입, 수정가입, 일부가입 또는 독일과의 별도조약을 체결하지 아니한 것이 헌법소원의 대상이 되는지 여부(소극)

사건의 개요: 1981. 청구외 신○자와 혼인한 이래 독일에서 거주하여 온 청구인은 위 신○자와의 불화로 별거하던 중 독일법원에 이혼 및 친권자지정소송을 제기하였던바, 제1심 법원은 1988. 2. 위 신○자와의 이혼청구를 인용하면서도 친권자지정청구에 관하여는 '국제사법에 관한 헤이그회의'에서 채택된 제협약 중 하나인 '미성년자보호관련관헌의관할권및준거법에관한협약(이하 미성년자보호협약)' 제3조에 따라 우리나라 구 민법 제909조(1990. 1. 13. 법률 제4199호로 개정되기 전의 것)를 적용하여야 할 것이나, 자녀들의 복리를 고려하여 위 신○자를 자녀 2인의 친권자로 지정하는 판결을 선고하였고, 그 항소심법원도 미성년자보호협약 제8조에 따라 우리나라 민법 대신 독일민법을 적용하여 자녀들에 대한 후견명령이 정당하다는 이유로 청구인의 항소를 기각하였다. 그러자 청구인은, 독일법원은 친권행사에 관한 우리나라 구 민법 제909조가 독일이 가입한 미성년자보호협약에 저촉된다는 이유로 위 구 민법 조항의 적용을 배제하고, 미성년자보호협약의 규정에 따라 독일민법을 강제로 적용함으로써 청구인은 미성년자인 자녀들에 대한 친권을 상실하게 되었는바, 청구인은 1986년경부터 헌법상의 재외국민보호의무가 있는 대한민국 외교통상부(정부조직법이 1998. 2. 28. 법률 제5529호로 개정되기 전의 외무부)에 수차례에 걸쳐 미성년자보호협약에 가입, 수정가입, 일부가입 또는 독일과의 별도조약의 체결이나 기타 대체방안을 확립하는 등으로 국적국가관서의 우선권있는 조치를 취함으로써 재독 재외국민인 청구인을 독일민법의 강제적용에 따른 피해로부터 조속히 구조하여 줄 것을 요청하였음에도 외교통상부장관은 미성년자보호협약의 강제적용의 배제 등을 규정하는 입법조치 등 아무런 조치를 취하지 아니하고 있고, 법원행정처장에게도 대한민국 관서로서 대한민국 국민인 미성년자의 인격이나 재산의 보호를 위해 대한민국법에 따른 우선권있는 긴급 법률피해 구조조치를 취하거나 제도를 확립하여 줄 것을 요청하였으나 역시 아무런 조치를 취하지 아니하고 있으므로 이는 국가적 공권력의 위헌적인 불행사에 해당한다고 하여 헌법소원을 제기하였다.

결정요지: 헌법 제2조 제2항은 "국가는 법률이 정하는 바에 의하여 재외국민을 보호할 의무를 진다"고 규정하고 있으나, 위 규정이나 다른 헌법규정으로부터도 청구인이 외교통상부장관이나 법원행정처장에게 청구인 주장과 같은 공권력의 행사를 청구할 수 있다고는 인정되지 아니하므로 이 부분에 관한 이 사건 헌법소원심판청구는 부적법하다.

[요약판례 3] 중재요청불이행위헌확인: 각하(헌재 2000.3.30. 98헌마206)

정부가 재일 한국인 피징용부상자들의 보상청구권이 협정에 의해서 타결된 것이지 여부에 관한 한·일 양국간의 의견차이를 해소하기 위하여 중재회부를 하여야 할 구체적 작위의무가 있고 나아가 청구인들이 이러한 공권력행사를 청구할 수 있는 것인지 여부(소극)

사건의 개요: 청구인 석성기, 강부중, 조용수는 8·15 해방전 일본군에 징용되어 군속으로 종사중 부상을 입은 한국인들로서 일본 거주자이고, 청구외 망 진석일, 망 정상근 또한 같은 경위로 부상을 입은 한국인들로서 각 일본에서 거주하다가 사망하였으며, 청구인 진경일은 위 망 진석일의 유족, 청구인 정석진은 위 망 정상근의 유족이다. 청구인들은 일본국에서 일본국 법률인 전상병자전몰자유족등원호법(1952. 4. 30. 법률 제127호, 이하 '원호법'이라고만 한다)에 의하여 군인·군속 또는 그 유족에게 군인·군속의 공무상 부상 등에 관하여 지급되는 연금을 청구하였으나, 원호법 부칙의 "호적법의 적용을 받지 않는 자에 대해서는 당분간 이 법을 적용하지 않는다"는 규정에 근거하여 각하되었다. 그러자 청구인들은 불복절차를 거친 다음 소송을 제기하여(단 조용수는 제외) 위 처분에 대하여 다투는 한편, 우리나라와 일본국의 양국에서 청구인들에 대한 보상을 외면하는 이유는, 재일 한국인 피징용부상자들의 보상청구권이 1965. 6. 22. 체결되고 1965. 12. 18. 발효된 대한민국과일본국간의재산및청구권에관한문제의해결과경제협력에관한협정(이하 '이 사건 협정'이라고 한다)에 의해 타결된 것인지에 관해서 양국정부가 의견을 달리하고 있기 때문이라고 보고,

우리나라 정부에 양국간의 위와 같은 해석차이를 해소하기 위한 중재회부를 해줄 것을 청원하였으나 이를 받아주지 않자, 청구인들은 그와 같은 공권력행사의 부작위는 재외국민보호의무에 관한 헌법 제2조 제2항, 헌법 제10조, 제37조 등에 위반되어 위헌이라고 주장하면서, 그 위헌확인을 구한다며 1998. 6. 22. 헌법재판소법 제68조 제1항에 따른 이 사건 헌법소원심판을 청구하였다.

결정요지: 정부는 재일 한국인 피징용부상자들의 보상청구권이 대한민국과일본국간의재산및청구권에관한문제의해결과경제협력에관한협정에 의해 타결된 것인지에 관해서 한·일 양국정부가 의견을 달리 함으로써 양국 모두로부터 사실상 보호받지 못하고 있는 재일 한국인 피징용부상자들 및 그 유족들로 하여금 합당한 보상을 받을 수 있도록 가능한 모든 노력을 다 함으로써 그들을 보호하여야 할 것이나, 우리나라 정부에게 청구인들이 원하는 바와 같이 중재회부라는 특정한 방법에 따라 우리나라와 일본국간의 분쟁을 해결하여야 할 헌법에서 유래하는 구체적 작위의무가 있고 나아가 청구인들이 이러한 공권력행사를 청구할 수 있다고 볼 수는 없으므로, 우리나라 정부가 중재를 요청하지 아니하였다고 하더라도 헌법소원의 대상이 될 수 없다.

[요약판례 4] 구상속세법 제4조 제2항 등 위헌소원: 합헌(헌재 2001.12.29. 2001헌바25)

상속세법 제11조 제1항 전문 중 "국내에 주소를 둔…" 부분이 헌법상 재외국민보호 규정 및 평등권에 위배되는지 여부(소극)

헌법 제2조 제2항에서 정한 국가의 재외국민 보호의무에 의하여 재외국민이 거류국에 있는 동안 받게 되는 보호는, 조약 기타 일반적으로 승인된 국제법규와 당해 거류국의 법령에 의하여 누릴 수 있는 모든 분야에서 정당한 대우를 받도록 거류국과의 관계에서 국가가 하는 외교적 보호와 국외 거주 국민에 대하여 정치적인 고려에서 특별히 법률로써 정하여 베푸는 법률·문화·교육 기타 제반영역에서의 지원을 뜻하는 것이므로, 위 제11조 제1항 부분에 대한 관계에서 이러한 헌법규정의 보호법익은 그대로 적용된다고 보기 어려워, 위 법률조항이 비거주자에 대하여 상속세 인적공제 적용을 배제하였다 하더라도 국가가 재외국민을 보호할 의무를 행하지 않은 경우라고는 볼 수 없다.

또한, 인적공제에 관하여 국내에 주소를 둔 피상속인과 두지 아니한 피상속인 사이에 달리 규정한 것에 합리적인 근거가 있음은 위에서 살핀 바와 같으므로, 위 법률규정은 평등권에 반하지 않는다.

[요약판례 5] 병역법 제75조 제2항 위헌제청: 합헌(헌재 2010.7.29. 2009헌가13)

국제협력요원으로 근무한 공익근무요원을 국가유공자법에 의한 보상에서 제외한 것이 헌법 제2조 제2항의 국가의 재외국민보호의무에 위반되는지 여부(소극)

이 사건은 국제협력요원이 파견된 국가 내에서 해당 국가의 법령에 의하여 정당한 대우를 받지 못하는 불이익이 존재하여 국가의 외교적 보호가 필요하거나, 파견된 국가에 거주하는 국제협력요원에 대하여 정치적인 고려에서 특별히 법률로써 법률·문화·교육 기타 제반영역에서의 지원이 필요한 것에 관련된 것이 아니라, 국제협력요원이 병역의무를 이행하기 위하여 개발도상국 등에 파견되어 일정한 봉사업무에 종사하던 중 사망한 경우에 대한민국 내에서 위와 같은 사망자를 국가유공자법에 의하여 보상하여야 하는지에 관련된 것이다.

국가의 재외국민 보호의무를 규정하고 있는 헌법 제2조 제2항의 보호법익이 이 사건에 그대로 적용된다고 보기 어려우므로 이 사건 조항이 국제협력요원이 복무 중 사망한 경우에 국가유공자법에 의한 보상을 하지 않는다고 하여 국가가 헌법 제2조 제2항에 규정한 재외국민을 보호할 의무를 행하지 않은 경우라고는 볼 수 없다.

Ⅲ 대한민국과 일본국간의 어업에 관한 협정 비준 등 위헌확인: 각하,기각
(헌재 2001.3.21. 99헌마139등)

쟁점 대한민국과일본국간의어업에관한협정이 '공권력의 행사'에 해당하는지 여부(적극), "헌법전문에 기재된 3.1정신"이 헌법소원의 대상인 "헌법상 보장된 기본권"에 해당하는지 여부(소극), 영토권이 헌법소원의 대상인 기본권에 해당하는지 여부(적극), 어업 또는 어업관련업무에 종사하지 않는 자가 청구인적격이 있는지 여부(소극), 이 사건 협정으로 인하여 어업 또는 어업관련업무에 종사하는 자의 기본권이 직접 침해되었다고 볼 수 있는지 여부(적극), 국회 본회의에서의 동의 의결절차가 헌법 제49조에 위반되어 국회의 의결권과 국민 개개인의 정치적 평등권을 침해하였는지 여부(소극), 합의의사록을 국회에 상정하지 아니한 것이 국회의 의결권과 국민의 정치적 평등권을 침해하였는지 여부(소극), 독도 등을 중간수역으로 정한 것이 영해 및 배타적 경제수역에 대한 국민의 주권 및 영토권을 침해하였는지 여부(소극), 65년 협정에 비하여 조업수역이 극히 제한됨으로써 어획량감소로 인해 우리 어민들에게 엄청난 불이익을 초래하여 행복추구권, 직업선택의 자유, 재산권, 평등권, 보건권 등을 침해하였는지 여부(소극)

▢ 사건의 개요

대한민국과일본국간의어업에관한협정과 그 합의의사록이 국회에서 가결됨에 따라 청구인들은 당해 협정과 합의의사록으로 말미암아 헌법상 보장된 국민의 영토권, 평등권, 행복추구권, 직업선택의 자유와 재산권 등의 기본권을 침해당할 뿐만이 아니라 국제법상의 배타적 경제수역의 개념에도 합치하지 않아서 국민주권과 영토권이 침해되었으며 독도의 영유권을 침해함으로 인해 헌법 전문 상의 3·1운동정신을 위배한 것이라고 주장하며 당해 헌법소원심판을 청구하였다.

▢ 심판의 대상

대한민국과 일본국간의 어업에 관한 협정(조약 제1477호)

▢ 주　문

청구인들의 각 심판청구를 각하하고, 나머지 청구인들의 심판청구를 모두 기각한다.

▢ 판　단

Ⅰ. 적법요건에 대한 판단

1. 공권력의 행사 또는 불행사

이 사건 협정은 우리나라 정부가 일본 정부와의 사이에서 어업에 관해 체결·공포한 조약(조약 제1477호)으로서 헌법 제6조 제1항에 의하여 국내법과 같은 효력을 가지므로, 그 체결행위는 고권적 행위로서 '공권력의 행사'에 해당한다.

2. 헌법상 보장된 기본권의 침해

헌법상의 규정들 이외에서도 기본권성을 인정할 수 있는지, 나아가서 헌법의 명문의 규정이 없다하더라도 인정되는 기본권이 존재하는지, 존재한다면 구체적으로 어떠한 것인지에 대하여는 반드시 명확하다고만은 할 수 없다. 따라서 이 문제는 결국 개별적·구체적인 헌법해석에 의하여 해결하는 수밖에 없으나, 그것에 내재하는 의미를 "헌법에 의하여 직접 보장된 개인의 주관적 공권"이라고 파악할 수 있다. **청구인들이 침해받았다고 주장하는 기본권 가운데 "헌법전문에 기재된 3.1정신"은 우리나라 헌법의 연혁적 · 이념적 기초로서 헌법이나 법률해석에서의 해석기준으로 작용한다고 할 수 있지만, 그에 기하여 곧바로 국민의 개별적 기본권성을 도출해낼 수는 없다고 할 것이므로, 본안판단의 대상으로부터 제외하기로 한다. 국민의 개별적 기본권이 아니라 할지라도 기본권보장의 실질화를 위하여서는, 영토조항만을 근거로 하여 독자적으로는 헌법소원을 청구할 수 없다할지라도, 모든 국가권능의 정당성의 근원인 국민의 기본권 침해에 대한 권리구제를 위하여 그 전제조건으로서 영토에 관한 권리를, 이를테면 영토권이라 구성하여, 이를 헌법소원의 대상인 기본권의 하나로 간주하는 것은 가능한 것으로 판단된다.**

3. 보 충 성

이 사건 협정이 새로이 발효됨으로 인하여, 우리나라의 어민들은 종전에 자유로이 어로활동을 영위할 수 있었던 수역에서 더 이상 자유로운 어로활동을 영위할 수 없게 된 셈이다. 이로 인해 이 사건 청구인들이 주장하는 기본권의 침해 가능성이 인정되고, 따라서 이 사건 협정은 법령을 집행하는 행위가 존재하지 아니하고 바로 법령으로 말미암아 직접 기본권이 침해되는 예외적인 경우에 해당한다 할 것이고, 이 사건 협정에 대한 헌법소원심판의 청구는 일응 적법하다 할 것이다.

Ⅱ. 본안에 관한 판단

1. 국회의 심의의결권, 정치적 평등권의 침해여부

청구인들은 이 사건 협정에 대하여 국회 본회의에서 동의 여부를 의결함에 있어서 당시 사회를 맡은 국회부의장이 국회의원들에게 이의가 있는지를 묻자 한나라당 소속 의원들이 일제히 "이의 있습니다"라고 하여 반대의사를 표명하였으므로 국회의 의결권을 침해하였고 국회의원을 선출한 국민 개개인의 정치적 평등권(헌법 제11조)을 침해하였다고 주장하나 당 재판소는 별개의 사건에서 이 사건 협정안 가결 · 선포행위가 헌법 제49조, 국회법 제112조 제3항 위반으로 인정할 수 있는 증거가 없다는 이유로 기각결정을 한 바 있다.

2. 합의의사록의 국회에의 불상정이 국회의 의결권과 국민의 정치적 평등권을 침해하였는지 여부

조약이란 명시적으로 '조약'이라는 명칭을 붙인 것에 한하지 않고, 명칭여하에 관계없이 국제법 주체간에 국제법률관계를 설정하기 위하여 체결한 명시적인 합의라고 할 수 있다(조약법에관한비엔나협약 제2조 제1항(a) 참조). 하지만 이 사건 협정의 합의의사록을 살펴보면, 대한민국과 일본국이라는 양 '국제법주체'가 일정한 사항에 대해 '합의'하였음을 명시하고 있는바, 이러한 **합의내용이 '국제법률관계'에 해당하는지 여부가 합의의사록의 조약 해당성 여부를 판단하는데 결정적 기준이 된다고 할 것이다. 이들 규정내용을 살펴보면, 한일 양국 정부의 어업질서에 관한 양국의 협력과 협의 의향을 선언한 것으로서 이러한 것들이 곧바로 구체적인 법률관계의 발생을 목적으로 한 것으로는 보기 어렵다 할 것이다.** 그러므로 합의의사록이 이 사건 협정의 불가분적 요소로서 조약에 해당한다고 해석하기는 어렵다 할 것이고, 따라서 국회의 의결권과 평등권을 침해하였다는 청구인들의 주장은 이유 없다 할 것이다.

3. 영토권의 침해여부

이 사건 협정과 배타적 경제수역과의 관계를 살펴보면, 이 사건 협정은 '어업에 관한' 협정이다. 따라서 배타적 경제수역의 경계획정문제와는 직접적인 관련을 가지지 아니 한다. 따라서 이 사건 협정은 배타적 경제수역을 직접 규정한 것이 아닐 뿐만 아니라 배타적 경제수역이 설정된다 하더라도 영해를 제외한 수역을 의미하며, 이러한 점들은 이 사건 협정에서의 이른바 중간수역에 대해서도 동일하다고 할 것이므로 독도가 중간수역에 속해있다 할지라도 독도의 영유권문제나 영해문제와는 직접적인 관련을 가지지 아니한 것임은 명백하다 할 것이다. 이 사건 협정과 대륙붕문제와의 관계를 살펴보아도 그 목적과 적용대상에서 전혀 별개의 것이다. 그러므로 이 사건 협정으로 인하여 독도의 영해와 배타적 경제수역에 대한 영토권이 침해되었다는 청구인들의 주장은 이유 없다 할 것이다.

4. 행복추구권, 직업선택의 자유, 재산권, 평등권, 보건권의 침해여부

(1) 침해 여부 판단에 있어서의 비교대상

이 사건 협정에 대하여, 청구인들은 65년 협정에 비하여 조업해역이 극히 제한되어 어획량이 감소되었으며 우리 어민들에게 엄청난 불이익을 야기함으로써 행복추구권, 직업선택의 자유, 재산권, 평등권, 보건권을 침해하였을 뿐만 아니라 후손들의 행복추구권, 평등권을 침해하였다고 주장한다. 청구인들의 이러한 주장의 당부를 판단하기 위하여는, 65년협정의 상황과 비교할 것이 아니라, **무협정의 상황과 이 사건 협정의 그것과의 비교가 정확하다고 할 것이다. 왜냐하면, 한일 양국은 해양법협약을 비준하여 그에 관한 국내실정법을 제정하여 시행함으로써 배타적경제수역체제에 들어갔으며, 또한 일본의 65년협정의 일방적 종료선언에 의해 1999. 1. 22.에 동 협정은 종료될 상황에 있었기 때문이다.**

(2) 배타적 경제수역으로 간주하는 수역의 경우

각 체약국은 호혜의 원칙에 입각하고 있어서 어획량의 감축에 따른 어민들의 손실은 이 사건 협정에 의하여 초래되었다기보다는 해양법협약의 성립·발효에 의한 세계해양법질서의 변화에 기인한 것으로서 그와 같은 변화에 따라서 한일 양국이 배타적경제수역체제를 각각 국내실정법으로 규정함으로써 이 사건 협정의 성립여부와는 관계없이 한일 양국의 연안해역에서는 배타적 경제수역어업체제가 시행되게 되었으며, 또한 65년협정은 일본의 일방적인 종료선언으로 인해 1999. 1. 22. 종료되게 되었다. 더구나 한일 양국의 마주보는 수역이 400해리에 미치지 못하여 서로 중첩되는 부분이 생겨나게 되었고, 이로 인해 양국 간의 어로활동에 있어서의 충돌은 명약관화한 것이었으므로 이러한 사태는 피하여야 한다는 양국의 공통된 인식에 입각하여 양국의 협상이 이루어진 결과 성립된 것이 이 사건 협정이라 할 것이며, 이상에서 살핀 바와 같이 이 사건 협정은 한일 양국의 이해관계를 고려함에 있어서 현저히 균형을 잃은 것으로는 보이지 않는다고 일응 평가할 수 있을 것이다.

(3) 중간수역의 경우

양국의 배타적 경제수역의 경계획정이 용이하지 않을 뿐만 아니라 그 협상이 결실을 보는 것도 단기간 내에는 예상하기 쉽지 않아 우선 잠정적으로 어업에 관한 사항에 대해서는 일종의 완충지역을 설정하여 한일 양국이 서로 상대방의 국민과 어선에 대하여는 어업에 관한 자국의 법령을 적용하지 않도록 함으로써 이른바 중간수역에서는 연안국의 어업에 관한 주권적 권리의 행사가 제한되고 양국의 어선은 연안국의 허가 없이도 자유롭게 조업을 할 수 있도록 하였던 것이다. 이로 인하여, **무협정상태에서라면 한일 양국이 각각 채택하였을 양국 각자의 중간선에서보다 한일 양국이 서로 보다 광범위한 조업수역을 확보할 수 있게 되었다고 할 수 있다.**

(4) 새로운 해양법 질서에 따른 배타적 경제수역의 도입

이 사건 협정은 배타적 경제수역체제의 도입이라는 새로운 해양법질서 하에서도 어업에 관한 한일 양국의 이해를 타협·절충함에 있어서 현저히 균형을 잃은 것으로는 보이지 않는다고 일응 판단되며, 청구인들이 주장하는 바와 같이 이 사건 협정으로 인해 조업수역이 극히 제한되어 어획량이 감소되고 65년 협정에 비하여 우리 어민들에게 엄청난 불이익을 야기하여 헌법상 보장하는 행복추구권, 직업선택의 자유, 재산권, 평등권, 보건권이 침해되었다는 주장은 사실에 반하므로 그 이유 없다 할 것이다.

재판관 하경철, 재판관 김영일의 반대의견

헌법재판소법 제68조 제1항에 의한 헌법소원에 있어, 적법요건으로서 "헌법상 보장된 기본권을 침해받은 자"는 "헌법상 보장된 기본권을 침해받았다고 주장하는 자"로 해석하여야 한다고 일반적으로 이해되고 있으나, 이와 같이 이해하는 경우에 있어서도, 심판청구인의 주장 자체에서, 침해된다는 기본권을 기본권으로서 받아들일 수 없는 때, 그 주장하는 기본권이 존재하지 아니함이 명백한 때 등의 경우에는 위의 적법요건을 갖추었다고 할 수 없다.

이 사건 어업협정 체결 당시에 65년협정하의 수역에서의 자유로운 어획이 가능한 것이었음을 전제로 이 사건 어업협정이 청구인들의 행복추구권, 직업선택의 자유, 재산권, 평등권, 보건권을 침해하였다는 주장은, 명백히 청구인들에게 있지도 아니한 기본권을 기본권이라 내세우고, 침해되지도 아니한 것임에도 이 사건 어업협정의 체결이 청구인들의 기본권을 침해한 것이라 주장하고 있는 데 불과하며, 이 사건 심판청구는 청구인들이 헌법상 보장된 기본권을 침해받게 되는 경우가 아님이 명백하여 부적법하므로 이를 각하하여야 한다.

본 판례에 대한 평가 헌법소원의 대상이 되는 것은 헌법상 보장된 기본권이므로 헌법소원의 청구인은 공권력의 행사 또는 불행사로 인하여 헌법상 보장된 자신의 기본권이 침해되었음을 주장, 입증해야 한다. 기본권의 도출과 관련하여 기본권도 헌법상의 가치나 이익을 권리로 보장하는 것임을 근거로 헌법상의 원리나 원칙 또는 제도를 정하고 있는 규정에서도 기본권이 도출될 수 있다는 견해가 존재한다. 그러나 본 결정에서 헌법재판소는 헌법전문의 3·1정신은 우리나라 헌법의 연혁적·이념적 기초로서 헌법이나 법률해석에서의 해석기준으로 작용할 뿐, 그에 기하여 곧바로 국민의 개별적 기본권성을 도출해낼 수는 없다고 함으로써 헌법 전문의 3·1정신을 토대로 헌법소원을 청구할 수 없다는 입장을 취하고 있다.

본 사안의 협정과 관련하여 당해 협정의 체결이 독도의 영유권과 관련되어 대한민국의 영토고권을 침해하고 대한민국 국민의 영토권을 침해한다는 주장에 대하여 헌법재판소는 본 협정이 독도의 영유권문제나 영해문제와는 직접적인 관련을 가지지 아니한 것임은 명백하다는 입장을 취하고 있다. 또한 본 협정이 어업에 관한 한일 양국의 이해를 타협·절충함에 있어서 현저히 균형을 잃은 것으로는 보이지 않는다고 일응 평가하여 헌법소원 청구인의 헌법상 보장된 기본권이 침해된다고 할 수 없다는 것이 헌법재판소의 입장이다.

판례 평석: 강정우, "한일어업협정에 관한 헌법재판소 결정의 비판적 고찰", 해양법 연구 14집, 2005; 김명기, "헌법재판소의 한일어업협정 위헌, 확인청구 기각이유 — 독도의 영유권을 중심으로", jurist 2002.

[요약판례] 대한민국과일본국간의어업에관한협정 위헌소원: 합헌(헌재 2009.2.26. 2007헌바35)

독도 등을 중간수역으로 정한 '대한민국과 일본국 간의 어업에 관한 협정'(1998. 11. 28. 조약 제1447호로 체결되고 1999. 1. 22. 발효된 것, 이하 '이 사건 협정'이라 한다) 제9조 제1항, 부속서1의 제2항 가목, 제8조 가목(이하 모두를 '이 사건 협정조항'이라고 한다)이 헌법상 영토조항을 위반하였는지 여부(소극)

사건의 개요: 청구인 등은 독도 수역에서 오랫동안 어업에 종사해 온 사람들인데, 그 간 위 수역에서 독점적으로 조업활동을 해 왔지만, 1998. 11. 28. 일본국 가고시마에서 체결되고 1999. 1. 6. 제199회 임시국회의 제6차 본회의에서 비준동의안이 가결되어 같은 해 1. 22. 발효된 '대한민국과 일본국 간의 어업에 관한 협정'(조약 제1447호)으로 인하여 위 수역에서 일본국의 어선과 공동어업을 할 수밖에 없게 되어서 자신들의 어획량이 감소하였다고 주장하며 대한민국을 피고로 하여 서울중앙지방법원 2006가합87403호로 손해배상을 청구하였다. 위 소송 중 청구인 등은 위 협정조항이 조약에 대한 비준동의절차를 거치지 않는 등 헌법을 위반하였다고 하며 위헌제청신청(2006카기9548)을 하였으나, 2007. 3. 27. 기각되자, 같은 해 4. 25. 이 사건 헌법소원심판을 청구하였다.

결정요지: 우리 재판소는 앞에서 본 99헌마139등 사건에서, 이 사건 협정으로 인하여 독도의 영해와 배타적경제수역에 대한 영토권이 침해되었다거나, 헌법상 보장된 청구인들의 행복추구권, 직업선택의 자유, 재산권, 평등권, 보건권 등이 침해되었다고 볼 수 없다고 판시하였다.

위 선례는, 이 사건 협정조항이 헌법상 영토조항에 위배되고 청구인 등의 직업선택의 자유 등을 침해하였다고 주장되는 이 사건과 그 심판의 대상과 범위가 다르지 않고, 나아가 그러한 결정과 달리 판단해야 할 사정변경이나 합리적 이유가 없으므로, 이하에서는 청구인 등의 위 주장을 받아들이지 않는 이유로서 선례의 판단 요지를 원용하기로 한다.

이 사건 협정조항은 어업에 관한 협정으로서 배타적경제수역을 직접 규정한 것이 아니고, 이러한 점들은 이 사건 협정에서의 이른바 중간수역에 대해서도 동일하다고 할 것이어서 독도가 중간수역에 속해 있다 할지라도 독도의 영유권문제나 영해문제와는 직접적인 관련을 가지지 아니하므로, 이 사건 협정조항이 헌법상 영토조항을 위반하였다고 할 수 없다.

(재판관 조대현, 재판관 김종대의 반대의견(위헌의견)) 영토조항은, 대한민국 존립의 기본적 조건을 규정하는 근본법으로서 우리 헌법이 내포하고 있는 최고가치 중 하나이며, 이 영역 내에서 대한민국의 주권과 부딪치는 어떠한 행위도 용납될 수 없다는 헌법제정자의 규범적 명령이 이로부터 도출된다. 독도는 울릉도의 속도로서 울릉도와 함께 한반도에 부속된 도서이므로 대한민국의 영토에 속하는 것이 명백하고, 주민등록이 되어 있는 경북도민이 살고 있는 주거시설이 있는 섬이므로, 독도는 독도와 그 자체의 영해뿐만 아니고 그 자체의 접속수역과 배타적경제수역을 가질 수 있고 대한민국의 영토적 권한범위는 여기에까지 미친다. 어업 자원의 관리 등 자원에 대한 포괄적인 지배권의 행사는 영토주권의 배타적 성격에 본질적으로 결부되는 주권의 핵심 영역이므로 어업권도 영토에 대한 배타적 지배와 분리하기 힘든 주권적 내용에 당연히 포함되어야 한다. 따라서 독도와 그 인근수역을 중간수역에 들어가게 함으로써, 대한민국 영토의 일부를 보전하는 데 있어서 불리한 상황을 초래한 이 사건 협정조항은 헌법상 영토조항에 위반된다.

4 대한민국 헌법의 구조와 기본원리

제 1 절 대한민국헌법의 법원과 구조

[요약판례] 당진군과 평택시 간의 권한쟁의: 기각(헌재 2004.9.23. 2000헌라2)

국립지리원이 간행한 지형도상의 해상경계선이 행정관습법상 해상경계선으로 인정될 수 있는지 여부(적극)

관습법이란 국민의 전부 또는 일부 사이에 다년간 계속하여 같은 사실이 관행으로 반복됨으로써 일반국민의 법적 확신을 얻어 성립하는 법규범을 말한다. 관습법의 성립요건에 대한 통설인 법적확신설에 의할 때, 행정관습법이 성립하기 위해서는 특정한 행위를 통한 행정관행이 존재하고, 이러한 행정관행이 오랜 기간 동안 반복하여 존재하며, 이러한 행정관행에 대한 행정기관과 일반국민들의 법적 확신이 존재해야 한다. 지형도상 해상경계선은 수산업법에 의한 어업행정에서 지형도상 해상경계선을 이용한 행정관행과 공유수면관리법에 의한 공유수면 관리행정에서 지형도를 이용한 행정관행, 기타 개별법에서의 지형도를 이용한 행정관습법상의 해상경계선으로 인정되어 왔다고 할 수 있다. 나아가 **지형도상 해상경계선을 사용한 행정관행의 존재기간을 보아도 당해 행정관행은 상당히 오랜 기간 동안 존재하여 왔다고 보인다. 또한 지형도상 해상경계선을 사용한 행정관행에 대한 법적 확신도 존재한다고 할 것이다.** 그러므로 국립지리원이 간행한 지형도상의 해상경계선은 행정관습법상 해상경계선으로 인정된다고 할 것이다.

제2절 헌법전문을 통한 헌법의 기본원리의 천명

I 서훈추천부작위 등 위헌확인: 각하(헌재 2005.6.30. 2004헌마859)

쟁점
- 국가에게 독립유공자와 그 유족에 대한 예우를 해 줄 헌법상 의무가 있는지 여부(적극)
- 국가보훈처장이 독립유공자(순국선열 및 애국지사)로 인정받기 위한 전제로서 요구되는 서훈추천을 거부한 것에 대하여 행정부작위 헌법소원이 가능한지 여부(소극)
- 대통령의 영전 미수여 행위에 대해 행정부작위 헌법소원으로 다툴 수 있는지 여부(소극)

사건의 개요

청구인들은 독립유공자의 후손임을 이유로 국가보훈처장을 상대로 대통령에게 서훈을 추천하여 줄 것을 신청하였고 국가보훈처장은 포상대상에 포함되지 않는다는 회신을 하였다.

청구인들은 주위적으로 서훈추천부작위, 예비적으로 영전수여하지 않은 부작위가 위헌이라고 주장하면서 헌법소원심판을 청구하였다

주 문

이 사건 심판청구를 모두 각하한다.

판 단

Ⅰ. 적법요건의 판단

1. 독립유공자 유족에 관한 예우

헌법은 국가유공자 인정에 관하여 명문 규정을 두고 있지 않다. 그러나 헌법은 전문에서 "3.1운동으로 건립된 대한민국임시정부의 법통을 계승"한다고 선언하고 있다. 이는 대한민국이 일제에 항거한 독립운동가의 공헌과 희생을 바탕으로 이룩된 것임을 선언한 것이고, 그렇다면 국가는 일제로부터 조국의 자주독립을 위하여 공헌한 독립유공자와 그 유족에 대하여는 응분의 예우를 하여야 할 헌법적 의무를 지닌다고 보아야 할 것이다. 다만 그러한 의무는 국가가 독립유공자의 인정절차를 합리적으로 마련하고 독립유공자에 대한 기본적 예우를 해주어야 한다는 것을 뜻할 뿐이며, 당사자가 주장하는 특정인을 반드시 독립유공자로 인정하여야 하는 것을 뜻할 수는 없다.

2. 국가보훈처장의 서훈추천의무

국가는 독립유공자를 제대로 가려내어 마땅히 그들과 유족 또는 가족들에게 그 공헌도에 상응하는 예우를 하여야 할 의무가 있으나, 독립유공자의 구체적 인정절차는 입법자가 헌법의 취지에 반하지 않는 한 입법재량을 가지는 영역에 해당된다고 볼 것이다. 독립유공자 인정의 전 단계로서 상훈법에 따른 서훈추천은 해당 후보자에 대한 공적심사를 거쳐서 이루어지며, 그러한 공적심사의 통과 여부는 해당 후보자가 독립유공자로서 인정될만한 사정이 있는지에 달려 있다. 이에 관한 판

단에 있어서 국가는 나름대로의 재량을 지니는 것이다. 이 사건에서 국가보훈처장이 청구인들의 망부 혹은 친족에 대한 서훈추천을 하여 주어야 할 헌법적 작위의무가 있다고 할 수는 없으므로, 서훈추천을 거부한 것에 대하여 행정권력의 부작위에 대한 헌법소원으로서 다툴 수 없는 것이다

3. 대통령의 영전수여 의무

헌법 제80조는 "대통령은 법률이 정하는 바에 의하여 훈장 기타의 영전을 수여한다"고 규정하고 있다. 이 규정과 상훈법의 내용을 종합하면, 영전의 수여는 기본적으로 대통령의 재량에 달려 있는 사항이며, 달리 헌법은 국민에게 영전을 수여할 것을 요구할 권리를 부여하고 있지 않다. 그렇다면 이 사건에 있어서 대통령에게 특정인에 대한 영전수여를 하여야 할 헌법상 작위의무가 있다고 볼 수 없다.

한편 이 사건에서 대통령이 청구인들의 망부 혹은 친족에 대한 영전을 수여하지 않고 있는 것은 영전 수여에 앞서 법률상 요구되는 서훈추천이 거부된 것에 기인한 것이며, 이는 그 전제가 되는 법적 절차의 미개시에 따른 것일 뿐 대통령이 공권력의 행사를 하여야 함에도 하지 않고 방치하고 있는 것이라 할 수도 없다.

그렇다면 청구인들이 대통령의 영전 미수여를 다투는 예비적 심판청구 역시 행정부작위를 다투는 헌법소원으로서 부적법한 것이다.

Ⅱ. 결　　론

이상과 같은 이유로 청구인들의 심판청구는 부적법하므로 이를 모두 각하하기로 하여 관여 재판관 전원의 일치된 의견으로 주문과 같이 결정한다.

✣ 본 판례에 대한 평가 　　일반적으로 법률은 전문을 두고 있지 않지만 헌법의 경우 전문을 따로 두고 있는 것이 일반적이다. 헌법전문은 헌법의 본문 앞에 위치한 문장 또는 조문을 지칭한다. 대부분의 국가는 헌법에 전문을 두고 있으며 한국헌법도 1948년 제헌헌법 이래 전문을 두고 있다. 헌법전문에서는 일반적으로 당해 헌법의 성립유래와 제정 취지, 헌법이 입각하고 있는 기본적 입장 그리고 이에 근거하여 헌법이 채택하고 있는 기본 원리 등을 명시하고 있다.

헌법 전문에 대하여 헌법의 본문과 마찬가지의 규범적 효력을 인정할 수 있느냐에 관하여는 견해의 대립이 있다. 이러한 견해의 대립은 크게 헌법전문의 법적 성격을 인정하는 견해와 부인하는 견해로 구분할 수 있으며, 헌법 전문의 법적 성격을 인정하는 경우에도 헌법 전문의 재판규범성을 인정하는 견해와 재판규범성은 부인하는 견해로 나누어 볼 수 있다.

헌법전문의 규범적 효력을 부인하는 효력부인설에 의하면 헌법전문은 헌법전문의 역사적 설명에 불과하거나 헌법제정의 유래·목적 또는 헌법제정에 따른 국민의 의사를 선언한 것에 불과하다고 본다. 19세기의 독일 공법학자와 영미의 헌법학자 및 미국 연방대법원이 이러한 입장을 취한다. 이에 대하여 효력긍정설에 의하면 헌법전문은 헌법제정권력의 소재를 밝힘으로써 국민의 전체적 결단인 헌법의 본질적 부분을 포함하고 있으므로 규범적 효력을 가진다고 본다.

생각건대 매우 짧고 간략할뿐더러 특별한 내용을 담고 있지 아니한 미국의 헌법전문과는 달리 상세하고 장문의 내용을 지닌 우리 헌법 전문의 경우에는 국민의 기본권에 대한 포괄적인 보장을 위해서도 규범성을 긍정하는 효력긍정설이 타당하다고 본다. 효력긍정설의 입장에 선다 하더라도

헌법전문의 직접적인 재판규범성의 인정여부에 대하여서는 견해가 대립하는 바, 본 결정과 같이 헌법재판소는 헌법전문의 재판규범성을 초기부터 인정하는 데 주저함이 없었다.

관련 문헌: 성낙인, 헌법연습(헌법전문의 법적 성격), 3-14면.

[요약판례 1] 토지초과이득세법 제10조 등 위헌소원 등: 헌법불합치(헌재 1994.7.29. 92헌바49등)

헌법전문의 규범적 효력이 인정되어 조세의 유도적·형성적 기능이 우리 헌법상 "국민생활의 균등한 향상"을 기하도록 한 헌법 전문에 의하여 그 헌법적 정당성이 뒷받침되는지 여부(적극)

현대에 있어서의 조세의 기능은 국가재정 수요의 충당이라는 고전적이고도 소극적인 목표에서 한걸음 더 나아가, 국민이 공동의 목표로 삼고 있는 일정한 방향으로 국가사회를 유도하고 그러한 상태를 형성한다는 보다 적극적인 목적을 가지고 부과되는 것이 오히려 일반적인 경향이 되고 있다. **이러한 조세의 유도적·형성적 기능은 우리 헌법상 "국민생활의 균등한 향상"을 기하도록 한 헌법 전문,** 모든 국민으로 하여금 "인간다운 생활을 할 권리"를 보장한 제34조 제1항, "균형 있는 국민경제의 성장 및 안정과 적정한 소득의 분배를 유지하고, 시장의 지배와 경제력의 남용을 방지하며, 경제주체간의 조화를 통한 경제의 민주화를 위하여" 국가로 하여금 경제에 관한 규제와 조정을 할 수 있도록 한 제119조 제2항, "국토의 효율적이고 균형 있는 이용·개발과 보전을 위하여" 국가로 하여금 필요한 제한과 의무를 과할 수 있도록 한 제122조 등에 의하여 그 헌법적 정당성이 뒷받침되고 있다.

[요약판례 2] 대한민국과일본국간의어업에관한협정비준 등 위헌확인: 각하(헌재 2001.3.21. 99헌마139)

"헌법전문에 기재된 3.1정신"이 우리나라 헌법의 연혁적·이념적 기초로서 헌법이나 법률해석에서의 해석기준으로 작용한다고 할 수 있지만, 그에 기하여 곧바로 국민의 개별적 기본권성을 도출해낼 수 있어서 헌법소원의 대상인 '헌법상 보장된 기본권'에 해당하는지 여부 (소극)

헌법 제2장상의 권리 규정들 이외에서도 기본권성을 인정할 수 있는지, 나아가서 헌법의 명문의 규정이 없다 하더라도 인정되는 기본권이 존재하는지, 존재한다면 구체적으로 어떠한 것인지에 대하여는 반드시 명확하다고만은 할 수 없다. 따라서 이 문제는 결국 개별적·구체적인 헌법해석에 의하여 해결하는 수밖에 없으나, 그것에 내재하는 의미를 "헌법에 의하여 직접 보장된 개인의 주관적 공권"이라고 파악할 수 있다. **청구인들이 침해받았다고 주장하는 기본권 가운데 "헌법전문에 기재된 3.1정신"은 우리나라 헌법의 연혁적·이념적 기초로서 헌법이나 법률해석에서의 해석기준으로 작용한다고 할 수 있지만, 그에 기하여 곧바로 국민의 개별적 기본권성을 도출해낼 수는 없다고 할 것이므로, 헌법소원의 대상인 '헌법상 보장된 기본권'에 해당하지 아니한다. 그러나 국민의 개별적 기본권이 아니라 할지라도 기본권보장의 실질화를 위하여서는, 영토조항만을 근거로 하여 독자적으로는 헌법소원을 청구할 수 없다할지라도, 모든 국가권능의 정당성의 근원인 국민의 기본권 침해에 대한 권리구제를 위하여 그 전제조건으로서 영토에 관한 권리를, 이를테면 영토권이라 구성하여, 이를 헌법소원의 대상인 기본권의 하나로 간주하는 것은 가능한 것으로 판단된다.**

[요약판례 3] 국회의원선거법 제33조·제34조의 위헌심판: 헌법불합치(헌재 1989.9.8. 88헌가6)

헌법의 전문과 본문의 전체에 담겨있는 최고 이념이 헌법전을 비롯한 모든 법령해석의 기준이 되고, 입법형성권 행사의 한계와 정책결정의 방향을 제시하며, 나아가 모든 국가기관과 국민이 존중하고 지켜가야 하는 최고의 가치규범인지 여부(적극)

우리 **헌법의 전문과 본문의 전체에 담겨있는 최고 이념은 국민주권주의와 자유민주주의에 입각한 입헌민주헌법의 본질적 기본원리에 기초하고 있다. 기타 헌법상의 제 원칙도 여기에서 연유되는 것이므로 이는 헌법전을 비롯한 모든 법령해석의 기준이 되고, 입법형성권 행사의 한계와 정책결정의 방향을 제시하며, 나아가 모든 국가기관과 국민이 존**

중하고 지켜가야 하는 최고의 가치규범이다. 헌법 제1조는 "대한민국은 민주공화국이다" "대한민국의 주권은 국민에게 있고 모든 권력은 국민으로부터 나온다"라고 하여 국민적 합의로 국가권력을 조직하고 그 국민의 기본권을 최대한으로 보장한다(헌법 제10조)는 국민주권론의 원칙을 채택하여 국민에게 선언하고, **헌법전문은 각인의 기회를 균등히 보장하고 자유민주적 기본질서를 더욱 확고히 하는 헌법을 국민이 제정하고 그 헌법을 국민투표에 의하여 개정한다고 밝히고 있다.** 헌법은 국민적 합의에 의해 제정된 국민생활의 최고 도덕규범이며 정치생활의 가치규범으로서 정치와 사회질서의 지침을 제공하고 있기 때문에 민주사회에서는 헌법의 규범을 준수하고 그 권위를 보존하는 것을 기본으로 한다. 권력원리, 주권원리를 그 실질성과 구체성이 배제된 단편적인 자연법론에 따른 형식적 추상적 국민주권론의 입장에서만 파악하여 선거법을 다룰 것이 아니라, **유권자에게 사회발전에 부응해 갈 수 있도록 주권의 행사를 실질적으로 할 수 있게 제도와 권리를 보장하여 새로운 정치질서를 형성해 갈 수 있게 하는 것이 우리 헌법상의 국민주권을 실질화하는 것이며, 우리 헌법전문과 본문의 원칙에 부합되는 것이라는 논리 위에서 선거법을 보고 다루어야 한다.**

[요약판례 4] 탈법방법에 의한 문서, 도서의 배부 게시 등의 금지: 합헌(헌재 2001.8.30. 99헌바92)

탈법방법에 의한 문서·도화의 배부·게시 등을 금지하고 있는 공직선거 및 선거부정방지법 제93조 제1항이 헌법 전문에 규정된 헌법이념에 반하는지 여부(소극)

제93조 제1항은 선거에 영향을 미치게 하기 위하여 공직선거 및 선거부정방지법에 규정되어 있지 아니한 문서 등의 배부, 첩부 등 일정한 행위를 금지하고 있는 것일 뿐 통상의 인사장 교환이나 일체의 해명행위를 금지하는 것이 아니고, 앞에서 살핀 바와 같이 위 법 조항에 의하여 언론의 자유가 침해되는 것이 아니라고 판단하는 이상, 이로 인하여 인간으로서의 존엄과 가치가 훼손되거나 행복추구권이 침해되는 일은 있을 수 없으며, 또한, '인간다운 생활을 할 권리'를 규정한 헌법 제34조 제1항은 사회보장에 관한 것으로서 자신의 인격과 명예를 보호하기 위한 해명행위는 이 규정에 의한 보호대상이 아니고, 한편, 제93조 제1항은 탈법적인 선거운동행위를 규제하여 선거의 공정성을 확보하는 데에 그 입법목적이 있다는 점에서 "모든 사회적 폐습과 불의를 타파"한다는 헌법 전문의 내용에도 부합하는 법조항이다.

[요약판례 5] 친일반민족행위자 재산의 국가귀속에 관한 특별법 제2조 등 위헌소원 등: 합헌(헌재 2011.3.31. 2008헌바141등)

친일재산을 그 취득·증여 등 원인행위시에 국가의 소유로 하도록 규정한 친일재산귀속법 제3조 제1항 본문이 진정소급입법으로서 헌법 제13조 제2항에 반하거나 재산권을 침해하는지 여부(소극)

현행 헌법 전문은 '유구한 역사와 전통에 빛나는 우리 대한국민은 3·1운동으로 건립된 대한민국임시정부의 법통을 계승'할 것을 규정하고 있는데, 여기서 '3·1운동'의 정신은 우리나라 헌법의 연혁적·이념적 기초로서 헌법이나 법률해석에서의 해석기준으로 작용하는 것이다. '대한민국이 3·1운동으로 건립된 대한민국임시정부의 법통을 계승'한다고 선언한 헌법 전문의 의미는, 오늘날의 대한민국이 일제에 항거한 독립운동가의 공헌과 희생을 바탕으로 이룩된 것이라는 점 및 나아가 현행 헌법은 일본제국주의의 식민통치를 배격하고 우리 민족의 자주독립을 추구한 대한민국임시정부의 정신을 헌법의 근간으로 하고 있다는 점을 뜻한다고 볼 수 있다. 그렇다면 일본제국주의의 식민지로서 겪었던 잘못된 과거사를 청산함으로써 민족의 정기를 바로세우고 사회정의를 실현하며 진정한 사회통합을 추구해야 하는 것은 헌법적으로 부여된 임무라고 보아야 한다. 따라서 이 사건 귀속조항은 진정소급입법에 해당하지만 소급입법을 예상할 수 있었던 예외적인 사안이고 진정소급입법을 통해 침해되는 법적 신뢰는 심각하다고 볼 수 없는 데 반해 이를 통해 달성되는 공익적 중대성은 압도적이라고 할 수 있으므로 헌법 제13조 제2항에 반하지 않는다.

한편, 위 법률조항이 소유권을 박탈하면서도 아무런 보상을 하지 않고 있으므로 재산권의 본질적 내용을 침해하는 것인지 문제되나, 3·1운동의 정신을 담고 있는 헌법 전문 및 정의의 실현 등을 위해 친일재산을 강제적으로 국가에 귀속시키고자 하는 친일재산귀속법의 취지에 비추어, 이러한 귀속은 과잉금지원칙에 반하지 않는 한 이에 대하여 아무런 보상을 하지 않는 것이 오히려 헌법이념에 부합하는 것이라 할 수 있으므로, 위 법률조항은 재산권을 침해하지 않는다.

제 3 절 대한민국헌법의 기본원리

제 1 관 이념적 · 법적 기초 : 국민주권주의

I 축산업협동조합법 제99조 제2항 위헌소원: 위헌(헌재 1996.4.25. 92헌바47)

쟁점 가. 폐지된 법률조항에 대한 헌법소원 심판청구의 이익 유무
나. (1) 헌법이 자유를 보장하는 결사의 범위에 공법상의 결사가 포함되는지 여부
(2) 축산업협동조합이 공법인에 해당하는지 여부
다. 정책목표를 달성하기 위한 수단의 선택이 현저하게 불합리하고 불공정하여 입법재량의 한계를 일탈하였다고 한 예

사건의 개요

청구인은 축산업협동조합법에 의하여 이천군을 조합구역으로 하여 설립절차를 밟아 설립 중에 있는 업종별축산업협동조합으로 농림수산부장관에게 조합설립인가를 신청하였는바, 농림수산부장관은 위 조합구역인 이천군이 인가를 받은 서울우유협동조합의 구역인 서울특별시, 경기도, 인천직할시와 중복되므로 조합구역이 같은 경우 같은 업종조합의 복수설립을 금하는 취지의 축협법 제99조 제2항에 반한다는 이유로 거부처분을 하였다. 청구인은 서울고등법원에 위 거부처분취소의 소를 제기하였으나 패소하였고, 대법원에 헌법재판소에 대해 위헌법률인지 여부의 제청을 하여 줄 것을 신청하였다. 대법원이 위헌제청신청을 기각하자 이 사건 헌법소원심판을 청구한 것이다.

심판의 대상

구 축산업협동조합법(1994. 12. 22. 법률 제4821호로 개정되기 전의 것) 제99조 (구역) ① 생략
② 조합의 구역 내에는 같은 업종의 조합을 2개 이상 설립할 수 없다.

주 문

구 축산업협동조합법(1994. 12. 22. 법률 제4821호로 개정되기 전의 것) 제99조 제2항은 헌법에 위반된다.

청구인들의 주장

이 사건 심판대상조항은 합리적인 근거도 없이 기존 조합이 설립되어 있는 곳에서의 신규 조합의 설립을 금함으로써 헌법이 채택하고 있는 우리나라의 경제원칙인 "자유시장경제의 원칙"과 "경제민주화의 원칙" 및 "농 · 어민과 중소기업의 자조조직 육성정신"에 위반되고, 양축인들의 직업수행의 자유, 결사의 자유를 침해하고 있으며, 단지 설립절차를 나중에 밟았다고 하는 이유만으로 부당한 차별을 하는 것으로 헌법상의 평등권을 침해하고, 나아가 인간으로서의 가치실현을 위한 중요한 수단인 경제활동을 제한하여 인간의 존엄성 및 가치마저 침해한 위헌의 법률 규정이다.

판 단

Ⅰ. 적법요건에 대한 직권 판단

1. 재판의 전제성

만약 이 사건 심판대상조항이 위헌이라면 이에 근거한 농림수산부장관의 거부처분의 효력을 다툴 여지가 있어 이 사건 심판대상조항의 위헌 여부에 따라 재판의 결론인 주문에 영향을 줄 수 있다 할 것이므로 이 사건 심판대상조항의 위헌 여부는 위 관련사건의 재판의 전제가 된다고 할 것이다.

2. 심판청구의 이익

(1) 위 관련사건은 1992. 10. 23. 대법원의 상고기각으로 이미 확정되었으나, 헌법재판소법 제75조 제7항은 위헌제청신청기각결정에 대한 **헌법소원이 인용된 경우에 당해 헌법소원과 관련된 소송사건이 이미 확정된 때에는 당사자는 재심을 청구할 수 있는 것으로 규정하고 있으므로, 위 관련사건이 이미 확정되었다는 이유만으로 헌법소원심판청구의 이익을 부정할 수 없다.**

(2) 심판의 대상이 되는 법규는 심판당시 유효한 것이어야 함이 원칙이겠지만 **위헌제청신청기각결정에 대한 헌법소원심판은 실질상 헌법소원심판이라기보다는 위헌법률심판이라 할 것이므로 폐지된 법률이라고 할지라도 그 위헌 여부가 재판의 전제가 된다면 심판청구의 이익이 인정된다고 할 것이다.** 이 사건의 경우 비록 이 사건 심판대상조항이 법률의 개정으로 삭제되기는 하였으나 농림수산부장관의 조합설립인가거부처분의 위법·부당 여부는 특별한 사정이 없는 한 위 처분시의 법규에 비추어 판단하여야 할 것이다.

Ⅱ. 위헌여부에 대한 판단

1. 기본권의 제한여부

(1) 결사의 자유의 제한여부

결사란 자연인 또는 법인의 다수가 상당한 기간 동안 공동목적을 위하여 자유의사에 기하여 결합하고 조직화된 의사형성이 가능한 단체를 말하는 것으로 공법상의 결사는 이에 포함되지 아니한다. 축협에 일반적인 사법인과는 다른 점들을 찾아 볼 수 있으나, 이와 같은 특수성은 헌법 제123조 제5항에 의한 국가의 협동조합육성의무와 축협을 비롯한 우리나라 협동조합의 육성과정에서 나타나는 국가의 강력한 지원 및 감독에 따라 나타나는 것에 불과하여 이를 근거로 축협을 공법인이라고 할 수는 없고, 그 목적이나 설립·관리면에서 자주적인 단체로서 공법인이라고 하기보다는 사법인이라고 할 것이다. 따라서 축협의 설립과 관련하여도 결사의 자유는 보장된다고 할 것인바, 이 사건 심판대상 조항은 기존의 조합과 구역을 같이하는 경우 신설 조합의 설립을 제한하고 있으므로 결사의 자유를 제한하고 있다고 할 것이다.

(2) 직업의 자유의 제한여부

헌법 제15조가 규정하는 직업선택의 자유라 함은 자신이 원하는 직업을 자유로이 선택하고 이에 종사하는 등 직업에 관한 종합적이고 포괄적인 자유를 말하고, 직업결정의 자유, 직업종사(직업수행)의 자유, 전직의 자유 등을 포함하는바, 법인의 설립은 그 자체가 간접적인 직업선택의 한 방법이다. 그런데 이 사건 심판대상조항에 의하여 청구인의 법인설립이 제한됨으로써 헌법상의 직업의 자유가 제한된다고 할 것이다.

(3) 평등권의 제한여부

이 사건 심판대상조항으로 인하여 늦게 설립되는 조합은 그 구역이 기존의 조합과 중복되는 한 새로운 조합을 설립할 수 없으므로 이 사건 심판대상조항은 기존 조합과 신설되는 조합 사이에 설립절차를 밟는 시기에 의한 차별을 두어 평등권을 침해하고 있다.

2. 헌법의 기본원리와 협동조합의 관계

헌법의 기본원리는 헌법의 이념적 기초인 동시에 헌법을 지배하는 지도원리로서 입법이나 정책결정의 방향을 제시하며 공무원을 비롯한 모든 국민·국가기관이 헌법을 존중하고 수호하도록 하는 지침이 되며, 구체적 기본권을 도출하는 근거로 될 수는 없으나 기본권의 해석 및 기본권제한입법의 합헌성 심사에 있어 해석기준의 하나로서 작용한다. 그러므로 이 사건 심판대상조항의 위헌여부를 심사함에 있어서도 우리 헌법의 기본원리를 그 기준으로 삼아야 할 것이다. 우리나라 헌법상의 경제질서는 사유재산제를 바탕으로 하고 자유경쟁을 존중하는 자유시장경제질서를 기본으로 하면서도 이에 수반되는 갖가지 모순을 제거하고 사회복지·사회정의를 실현하기 위하여 국가적 규제와 조정을 용인하는 사회적 시장경제질서로서의 성격을 띠고 있다. 이 사건 심판대상조항은 농민의 자조조직인 업종별축협의 설립을 제한하는 규정이라 할 것이므로 위 헌법원리와의 관계에서 검토를 필요로 한다.

3. 기본권제한의 위헌여부

(1) 기본권제한입법의 한계

국민의 기본권은 국가안전보장·질서유지 또는 공공복리를 위하여 제한할 수 있지만, 권리의 본질적인 내용을 침해할 수 없는바(헌법 제37조 제2항), 위 제한의 한계로 "과잉금지의 원칙"을 적용할 수 있다.

즉, 목적의 정당성, 방법의 적절성, 피해의 최소성, 법익의 균형성이 인정되어야 한다.

(2) 기본권제한의 위헌여부 심사

이 사건 심판대상조항은 같은 구역 내에 2개 이상의 조합의 설립을 허용하는 경우 조합 사이의 부당한 경쟁을 초래하여 도리어 조합의 건전한 발전을 저해하는 결과를 가져올 수가 있으므로, 목적의 정당성은 인정이 되나 협동조합원칙에 따라 조합원은 반드시 하나의 조합에의 가입 만에 한정할 것이 아니고 그 필요에 따라 자유로이 복수의 조합을 설립하여 가입하는 것도 가능한 것이 원칙임에도, 어느 시점에서의 조합의 육성에 대한 정책, 기존 조합의 이익·권익 옹호 등의 관계에서 새로운 조합 설립을 저지하는 것은 협동조합의 본질을 해하는 것이 되는 것이므로 방법의 적절성 및 합리적 차별의 문제에서 적지 않은 문제를 드러내고 있다. 나아가 이 사건 심판대상조항은 조합구역을 같이 하는 동종의 업종별축협이 복수로 설립되는 것을 금하고 있으므로 달리 특별한 사정이 없는 한 조합공개의 원칙에 반한다. 그러므로 이 사건 심판대상조항은 **입법목적의 달성을 위한 조치가 우리 헌법의 기본원리에 배치되고 협동조합의 본질에 반하는 수단을 택하여 양축인이 자주적으로 협동조합을 설립하여 그들의 권익을 보호할 수 없게 함으로써 양축인의 결사의 자유, 직업수행의 자유의 본질적인 내용을 침해하고 있으며, 이 사건 심판대상조항에 의하여 기존 조합과 달리 신설 조합에 가해지는 설립제한에 합리적 이유가 있다고도 할 수 없다.**

입법목적을 달성하기 위하여 가능한 여러 수단들 가운데 구체적으로 어느 것을 선택할 것인가의 문제가 기본적으로 입법재량에 속하는 것이기는 하지만 위 입법재량이라는 것도 자유재량을 말하는 것은 아니므로 입법목적을 달성하기 위한 수단으로서 반드시 가장 합리적이며 효율적인 수단을 선택하여야 하는 것은 아니라고 할지라도 적어도 현저하게 불합리하고 불공정한 수단의 선택은 피하여야 할 것인바, 이 사건의 경우 앞서 본 입법목적은 조합의 설립요건을 강화한다든가, 조합에 대한 국가의 지원과 감독권의 적절한 행사나 그 밖에 협동조합의 본질에 반하지 않는 수단들을 통하여서도 달성할 수 있을 것임에도, 앞서 살펴 본 바와 같이 결사의 자유 등 기본권의 본질적 내용을 해하는 복수조합설립금지라는 수단을 선택한 것은 현저하게 불합리하고 불공정한 것이므로 이는 위헌임이 명백하다.

Ⅲ. 결 론

이 사건 심판대상조항은 과잉금지의 원칙 및 자의금지의 원칙에 반하여 청구인의 결사의 자유, 직업의 자유, 평등권을 침해하는 위헌의 법률조항이라고 할 것이다.

✣ 본 판례에 대한 평가 헌법의 기본원리는 헌법의 이념적 기초인 동시에 헌법을 지배하는 지도 원리이다. 따라서 헌법의 지도 원리는 국가기관 및 국민이 준수하여야 할 최고의 가치규범이며 헌법의 각 조항을 비롯한 모든 법령의 해석기준이며 입법권의 범위와 한계 그리고 국가정책결정의 방향을 제시하게 된다.

법률이 헌법에 위반되는지 여부를 판단하는 위헌법률심판절차에서 헌법의 기본원리가 위헌법률심판의 기준으로 될 수 있는가에 대해 긍정하는 것이 통설이다. 위헌법률심판의 기준으로서의 헌법원리는 헌법상의 명문규정뿐만 아니라 각 명문규정들에 대한 종합적 검토 및 구체적 논증을 통해 도출될 수 있는 것을 포함한다.

본 결정에서 헌법재판소는 "입법목적의 달성을 위한 조치가 우리 헌법의 기본원리에 배치되고 협동조합의 본질에 반하는 수단을 택하여 양축인이 자주적으로 협동조합을 설립하여 그들의 권익을 보호할 수 없게 하였다"라고 함으로써 헌법의 기본원리를 법률의 위헌성 판단의 기준으로 직접적으로 원용을 하고 있다. 헌법재판소는 비록 헌법의 기본원리로부터 구체적인 기본권을 도출을 할 수는 없지만 헌법의 기본원리가 기본권의 해석 및 기본권제한입법의 합헌성 심사에 있어 해석기준의 하나로서 작용한다는 입장이다. 헌법재판소의 이와 같은 헌법의 기본원리에 대한 적극적 의미부여는 국민의 기본권의 효율적인 보장의 측면에서 타당하다고 본다.

관련 문헌: 김경제, "국민주권에 대한 오해 — 신행정수도건설법 위헌결정(2004헌마554,556 병합)과 관련하여 —", 서울대학교 법학 제46권 3호, 397-436면.

[요약판례 1] 제주4·3 사건진상규명및희생자명예회복에관한특별법의결행위 취소등: 각하 (헌재 2001.9.27. 2000헌마238등)

우리 헌법의 기본이념으로서의 자유민주적 기본질서를 훼손하려고 하였던 자들을 제주4·3특별법에 의하여 '희생자'로 인정하고, 동인들의 명예를 회복시켜줄 수 있는지 여부(소극)

그러나 **대한민국의 건국에 필수적 절차였던 5·10제헌의회선거와 남한의 단독정부수립을 저지하고, 자유민주적**

기본질서를 부정하며, 인민민주주의를 지향하는 북한 공산정권을 지지하면서 미군정기간 공권력의 집행기관인 경찰과 그 가족, 제헌의회의원선거 관련인사 · 선거종사자 또는 자신과 반대되는 정치적 이념을 전파하는 자와 그 가족들을 가해하기 위하여 **무장세력을 조직하고 동원하여 공격한 행위까지 무제한적으로 포용할 수는 없다. 이는 우리 헌법의 기본원리로서의 자유민주적 기본질서와 대한민국의 정체성에 심각한 훼손을 초래하기 때문이다.** 다만 희생자의 범위를 정함에 있어 위에서 본 바와 같이 이 법이 제주4 · 3사건의 혼란 중에 군과 경찰의 과도한 진압으로 인하여 무고하게 생명을 잃거나, 상해를 입은 자들을 신원하고, 화해를 통하여 이데올로기의 대립으로 인한 상처를 치유함으로써 **민족화해와 민주발전을 도모하며, 인도와 동포애로써 민족의 단결을 공고히 할 목적으로 제정되었고, 그 제정과정에서 많은 우여곡절을 겪었음을 감안하면 가능한 한 희생자의 범위를 폭넓게 인정함으로써 입법의 취지를 살리는 동시에 우리 헌법의 기본원리 및 대한민국의 정체성을 훼손되지 않는 조화로운 법률인식이 필요하다고 할 것이다.** 이러한 입장에서 본다면 사건기간 중 제주4 · 3사건과 관련한 사망자등 가운데 자유민주적 기본질서와 이에 부수되는 시장경제질서 및 사유재산제도를 반대한 자 가운데 그 정도를 살펴 **희생자 결정 대상에서 제외해 나가는 방법을 채택하는 것이 우리 헌법의 이념과 이 법의 입법목적에 부합할 것이다.**

[요약판례 2] 지방교육자치에관한법률 제46조 제3항 위헌확인: 기각(헌재 2011.12.29. 2010헌마285)

국민주권의 원리는 공권력의 구성 · 행사 · 통제를 지배하는 우리 통치질서의 기본원리이므로, 공권력의 일종인 지방자치권과 국가교육권(교육입법권 · 교육행정권 · 교육감독권 등)도 이 원리에 따른 국민적 정당성 기반을 갖추어야만 한다. 그런데, 국민주권 · 민주주의 원리는 그 작용영역, 즉 공권력의 종류와 내용에 따라 구현방법이 상이할 수 있다. 지방교육자치도 지방자치권 행사의 일환으로서 보장되는 것이므로, 중앙권력에 대한 지방적 자치로서의 속성을 지니고 있지만, 동시에 그것은 헌법 제31조 제4항이 보장하고 있는 교육의 자주성 · 전문성 · 정치적 중립성을 구현하기 위한 것이므로, 정치권력에 대한 문화적 자치로서의 속성도 아울러 지니고 있다. 이러한 '이중의 자치'의 요청으로 말미암아 지방교육자치의 민주적 정당성 요청은 어느 정도 제한이 불가피하게 된다.

제2관 정치적 기본원리 : 자유민주주의

제1항 (자유)민주적 기본질서

I 국가보안법 제7조에 대한 위헌심판: 한정합헌(헌재 1990.4.2. 89헌가113)

쟁점 다의적이고 광범성이 인정되는 법률과 죄형법정주의, 합헌적 해석의 요건, 국가보안법 제7조 제1항 및 제5항의 위헌여부, 국가의 존립·안전을 위태롭게 한다는 것의 의미, 자유민주적 기본질서에 위해를 준다는 것의 의미

사건의 개요

제청신청인들은 국가보안법 위반 등의 죄로 기소되었는데 그 기소된 내용 중 국가보안법 위반의 점의 요지는 제청신청인들이 반국가단체를 이롭게 할 목적으로 도서 및 표현물을 소지하고 이를 반포하였는바 이는 국가보안법 제7조 제5항, 제1항의 죄에 해당한다는 것이다. 제청법원은 제청신청인들의 제청신청에 따라 헌법재판소에 당 사건의 재판의 전제가 되는 국가보안법 제7조 제1항 및 제5항의 위헌여부의 심판을 제청하였다.

심판의 대상

(구)국가보안법 제7조 제1항 및 제5항

제7조 (찬양·고무 등) ① 반국가단체나 그 구성원 또는 그 지령을 받은 자의 활동을 찬양·고무 또는 이에 동조하거나 기타의 방법으로 반국가단체를 이롭게 한 자는 7년이하의 징역에 처한다.

⑤ 제1항 내지 제4항의 행위를 할 목적으로 문서·도화 기타의 표현물을 제작·반입·복사·소지·운반·판매 또는 취득한 자는 그 각항에 정한 형에 처한다.

주 문

국가보안법 제7조 제1항 및 제5항은 각 그 소정 행위가 국가의 존립·안전을 위태롭게 하거나 자유민주적 기본질서에 위해를 줄 경우에 적용된다고 할 것이므로 이러한 해석 하에 헌법에 위반되지 아니한다.

청구인들의 주장

헌법 제12조 제1항 후문 후단은 이른바 죄형법정주의를 규정한 것으로서 죄형법정주의에서 말하는 법률은 국민이 처벌가능성을 예측할 수 있을 정도로 구체적이고 명확하게 규정되어야 하고 지나치게 포괄적이고 애매하거나 막연하고 불명확한 처벌법규는 자의적인 행정권의 행사에 의한 국민의 기본권 침해의 여지를 가지게 되기 때문에 삼권분립 내지 법치주의의 이념과 죄형법정주의의 원칙에 어긋나는 위헌의 법률이다. 기본권 일반을 제한한다는 형식의 입법은 위헌이라고 할 것인데 국가보안법 제7조 제1항 및 제5항은 반국가단체를 어떠한 방법으로든지 이롭게 한 자를 모두 처벌할 수 있다는 지나치게 포괄적이고 막연한 규정이므로 헌법 제12조 제1항과 제37조 제2항 전문의 규정에 위반되고 그 결과 국민의 자유와 권리의 본질적 내용을 침해할 우려가 있어 위와 같은 본질적 내용의 침해금지를 규정한 헌법 제37조 제2항 후문의 규정에도 위반된다.

▢ 판 단

Ⅰ. 국가보안법 제7조 제1항의 경우

1. 언론 · 출판, 학문 · 예술의 자유를 위축시킬 위험

헌법 제37조 제2항은 국민의 자유와 권리는 질서유지 또는 공공복리 이외 국가안전보장을 위하여 필요한 경우에 한하여 법률로써 제한할 수 있도록 규정하였다. 따라서 국가의 안전보장의 희생위에 언론 · 출판의 자유, 학문 · 예술의 자유가 보장될 수는 없지만, **국가안전보장과 관계없는 경우에는 그것이 북한집단이나 그 구성원인 주민에 관한 것이라 하여도 그와 같은 자유를 보장하는 것이 헌법이다. 국가는 헌법이 수호하려는 최고의 가치인 자유민주적 기본질서를 전복하려는 언동 등에 대하여는 단호히 대처를 할 수밖에 없지만, 그와 무관한 경우에는 개인이 갖는 기본적 인권을 최대한 보장할 의무를 지는 것이다.** 따라서 국가보안법 제7조 제1항이 국가안전보장이나 자유민주적 기본질서의 수호에 관계없는 경우까지 확대 적용될 만큼 불투명하고 구체성이 결여되어 있다는 것은 분명히 헌법 제37조 제2항을 어겨 헌법 제21조 제1항의 언론 · 출판의 자유와 헌법 제22조 제1항의 학문 · 예술의 자유를 침해할 개연성 나아가 그와 같은 자유의 전제가 되는 헌법 제19조의 양심의 자유의 침해가능성을 남기는 것이다.

2. 규정의 과도한 광범성과 다의성의 문제

국가권력과 통치자에 대한 비판이 우연히 북한집단의 주장과 맥을 같이 하는 바가 있으면 여기의 찬양 · 고무죄의 적용범위에 포함될 수 있으며 정부의 정책 비판이라도 북한 측이 원용하여 선전수단으로 삼을 수 있다는 인식만 있었다면 이적죄의 고리에 걸 수 있는 포괄성이 있기 때문에 정부비판세력을 견제하는 수단으로 오용 내지는 남용의 소지를 안고 있다. 돌이켜 찬양 · 고무죄의 구성요건에 대하여 넓게 보았느냐, 좁게 보았느냐의 해석범위의 문제와 당시 처해 있던 시대적 상황과 밀접한 관련이 있었던 것은 부인될 수 없는 사실이며, 이것은 여기의 찬양 · 고무죄의 적용범위의 과도한 광범성과 그 다의성이 큰 요인이었다고 볼 것이다. 무릇 법운영에 있어서 객관적인 자의성을 주는 것은 법치주의 원리에 반하는 것이고 결국 법의 집행을 받는 자에 대한 헌법 제11조의 평등권 침해가 되는 것이다. **과도한 광범성은 잠재적인 명확성 결여의 경우로 볼 수 있기 때문에 형벌법규에 관한 명확성의 원칙에 위배되는 한 가지 예에 해당될 수 있다. 이리하여 어떠한 것이 범죄인가를 법제정기관인 입법자가 법률로 확정하는 것이 아니라 사실상 법운영 당국이 재량으로 정하는 결과가 되어 법치주의에 위배되고 죄형법정주의에 저촉될 소지가 생겨날 것이다.**

3. 국가보안법의 의의

제7조 제1항의 찬양 · 고무죄를 문언 그대로 해석한다면 헌법전문의 "평화적 통일의 사명에 입각하여 정의 · 인도와 동포애로써 민족의 단결을 공고히 하고"의 부분과 헌법 제4조의 평화적 통일지향의 규정에 양립하기 어려운 문제점이 생길 수도 있다. 물론 여기의 통일은 대한민국의 존립과 안전을 부정하는 것은 아니고 또 자유민주적 기본질서에 위해를 주는 것도 아니며 오히려 그에 바탕을 둔 통일인 것이다. 그러나 제6공화국 헌법이 지향하는 **통일은 평화적 통일이기 때문에** 마치 냉전시대처럼 빙탄불상용의 적대관계에서 접촉 · 대화를 무조건 피하는 것으로 일관할 수는 없는 것이고 **자유민주적 기본질서에 입각한 통일을 위하여 때로는 북한을 정치적 실체로 인정함도 불가피**

하게 된다.

그러나 앞서 본 바와 같은 **찬양·고무죄의 처벌범위의 광범성 때문에 자유민주적 기본질서에 입각한 통일정책의 추구나 단순한 동포애의 발휘에 지나지 않을 경우라도 그 문언상으로는 북한의 활동에 동조하거나 북한을 이롭게 하는 것이 된다는 해석으로 처벌될 위험이 있다. 법문의 다의성과 그 적용범위의 광범성에 있으며 이 때문에 국가존립·안전을 위태롭게 하거나 자유민주적 기본질서에 해악을 줄 구체적인 위험이 없는 경우까지도 형사처벌이 확대될 위헌적 요소가 생기게 되어 있는 점이며, 이는 단순한 입법 정책의 문제를 떠난 것이다.**

그러나 제7조 제1항의 그 다의성 때문에 위헌문제가 생길 수 있다고 해서 전면위헌으로 완전폐기되어야 할 규정으로는 보지 않으며 완전폐기에서 오는 법의 공백과 혼란도 문제지만, 남북간에 일찍이 전쟁이 있었고 아직도 휴전상태에서 남북이 막강한 군사력으로 대치하며 긴장상태가 계속되고 있는 마당에서는 **완전폐기함에서 오는 국가적 불이익이 폐기함으로써 오는 이익보다는 이익형량상 더 클 것이다.**

4. 국가보안법 제7조 제1항에 대한 판단

어떤 법률의 개념이 다의적이고 그 어의의 테두리 안에서 여러 가지 해석이 가능할 때 헌법을 그 최고 법규로 하는 통일적인 법질서의 형성을 위하여 헌법에 합치되는 해석 즉 합헌적인 해석을 택하여야 하며, 이에 의하여 위헌적인 결과가 될 해석을 배제하면서 합헌적이고 긍정적인 면은 살려야 한다는 것이 헌법의 일반 법리이다. 입법목적 등 합리적 기준으로 위 다의적인 규정을 한정적 제한해석을 할 때 제7조 제1항의 보호법익을 살리면서도 전면 위헌의 문제를 피할 길이 열릴 것이며 이로써 언론·출판의 자유나 학문·예술 또는 양심의 자유의 위축문제나 이와 같은 기본권의 본질적 침해의 우려는 해소될 것이고, 허용될 행위와 금지되는 행위의 기준제시로 법운영 당국의 제도외적 오용 내지 남용으로 인한 기본권침해의 사태는 피해질 것이며, 이 정도의 기준제시로 처벌범위를 좁히면 외국의 입법례나 판례·학설에 비추어 법운영 당국의 해석권에 의하여 제도 본지를 충분히 살릴 수 있을 것으로 처벌범위의 불명확성 때문에 생기는 죄형법정주의 위배의 소지는 없어지고, 나아가 국가의 존립·안전을 저해함이 없이 자유민주적 기본질서에 입각한 평화적 통일정책추진의 헌법적 과제는 이룩할 수 있을 것이다. 그러므로 제7조 제1항이 헌법의 규정에 전면 위배된다는 주장은 받아들이기 어렵다고 할 것이다. 다만 여기에서 **국가의 존립·안전을 위태롭게 한다 함은 대한민국의 독립을 위협 침해하고 영토를 침략하여 헌법과 법률의 기능 및 헌법기관을 파괴 마비시키는 것으로 외형적인 적화공작 등일 것이며, 자유민주적 기본질서에 위해를 준다 함은 모든 폭력적 지배와 자의적 지배 즉 반국가단체의 일인독재 내지 일당독재를 배제하고 다수의 의사에 의한 국민의 자치, 자유·평등의 기본 원칙에 의한 법치주의적 통치질서의 유지를 어렵게 만드는 것이고, 이를 보다 구체적으로 말하면 기본적 인권의 존중, 권력분립, 의회제도, 복수정당제도, 선거제도, 사유재산과 시장경제를 골간으로 한 경제질서 및 사법권의 독립 등 우리의 내부 체제를 파괴·변혁시키려는 것으로 풀이할 수 있을 것이다.**

Ⅱ. 국가보안법 제7조 제5항의 경우

해당 규정은 제1항 내지 제4항의 행위를 할 목적으로 문서, 도화 기타의 표현물을 제작, 수입,

복사, 소지, 운반, 반포, 판매 또는 취득한 행위에 대한 처벌규정이다. 제5항은 제1항을 요건으로 하고 있는데, 제1항에 앞서 본 바와 같이 그 개념이 다의적이고 광범위한 문제점이 있는 이상 문리에 충실한 해석을 하면 제5항에도 같은 위헌적인 요소가 생길 수 있으며, 제2항은 제1항과의 관계에서 반국가단체 대신 국외 공산계열로 바뀌어졌다는 것 뿐이므로 결국 제2항 때문에도 제5항에 위헌적 요소가 있다 하겠고, 제3·4항은 제1·2항을 전제로 하고 있으므로 제3·4항 때문에도 제5항에 앞서 본 바와 같은 문제가 생길 수 있을 것이다. 따라서 제7조 제5항도 제1항의 경우와 마찬가지로 **국가보안법의 입법목적 등에 맞추어 그 소정행위에 의하여 국가의 존립·안전이나 자유민주적 기본질서에 실질적 해악을 줄 명백한 위험성이 있는 경우에 적용되는 것으로 해석할 것이다.** 이와 같이 해석되는 이상, 제7조 제5항 역시 전면위헌이라고 할 수 없다. 여기에서 국가의 존립안전이나 자유민주적 기본질서에 실질적 해악을 줄 명백한 위험성이 있는 경우란 특단의 사정이 없는 한 그 표현물의 내용이 그와 같은 경우일 때라고 볼 것이고 국가의 존립·안전이나 자유민주적 기본질서에 실질적 해악이 될 정도가 못되거나 해악이 되는지 여부가 불분명한 경우에는 배제된다고 할 것이다. 그밖에 **문제의 표현물과 외부관련성의 정도도 또한 여기의 위험성의 유무를 판단하는 별도의 기준이라 할 것이다.**

재판관 변정수의 반대의견

1. 명확성의 원칙위반, 표현의 자유 침해

국가보안법 제7조 제1항은 형벌규정이므로 죄형법정주의에 의하여 그 구성요건은 명확해야 할 것이며, 더구나 위 규정은 민주주의의 제도적 토대라고 할 수 있는 표현의 자유에 대한 제한을 수반하는 법률이므로 다른 형벌규정에서보다도 그 명확성이 더욱 강하게 요구되는 것이다. 표현의 자유는 민주주의의 제도적 토대라고 할 수 있어 헌법에서 보장된 여러 기본권 가운데에서도 특히 중요한 기본권이며, 그러기에 의사표현에 대하여 형벌을 과하는 법률은 최고도의 명확성이 요구될 뿐더러 그 의사표현행위를 처벌하기 위해서는 그것이 장래에 있어 국가나 사회에 단지 해로운 결과를 가져올 수 있는 성향을 띠었다는 것만으로는 부족하고, 법률에 의하여 금지된 해악을 초래할 명백하고도 현실적인 위험성이 입증된 경우에 한정되어야 하는 것이다(명백하고도 현존하는 위험의 원칙). 국민의 신체의 자유와 표현의 자유도 국가안전보장, 질서유지 또는 공공복리를 위해서 필요한 경우에는 헌법 제37조 제2항에 의하여 법률로써 제한할 수 있으나 이 경우에도 그 법률은 신체의 자유와 표현의 자유의 본질적 내용을 침해하여서는 아니 된다. 그런데 국가보안법 제7조 제1항은 신체의 자유를 제한하는 형벌규정이면서도 그 구성요건의 명확성을 결여하여 죄형법정주의에 위배되므로 그 점에 있어 신체의 자유의 본질적 내용을 침해하는 법률이고, 또한 위 법률조항은 표현의 자유를 제한하는 법률이면서도 명확성의 결여뿐만 아니라 표현행위가 대한민국의 안전보장이나 질서유지 또는 공공복리에 명백한 현실적인 위험이 있거나 없거나를 가리지 아니하고 다만 반국가단체에 이로울 수 있다는 이유만으로 무조건 표현행위를 제한하고 처벌대상으로 삼고 있다는 점에서 표현의 자유의 본질적 내용을 침해하는 법률이다. 무릇 표현행위에 대한 대응은 역시 표현행위에 의하는 것이 논리적이고 설득력이 있는 것이다. 나아가 국가보안법 제7조 제5항의 행위유형인 표현물의 제작·수입·복사·소지·운반·반포·판매 또는 취득은 그 자체로는 위법적 행위유형이 아니고 따라서 동 조항의 핵심적 요소는 제1항 내지 제4항의 행위를 할 목적의 존재하는 주관적 요소에 있다. 그러므로 국가보안법은 양심과 사상의 자유를 규정한 헌법 제19조 및 학문과 예술의 자유를 규정한 헌법 제22조에서도 위반된다.

2. 평화통일 조항 위반

헌법은 그 전문에서 평화통일을 헌법이념의 하나로 선언하고 있다. 그런데 평화적 통일은 남북한이 무력을 배제하고 서로 대등한 지위에서의 합의를 통하여 통일을 이루는 방법밖에 생각할 수 없고 그러자면 우선 남한과 북한이 적대관계를 청산하여 화해하고 협력하여야 하며 상대방을 무조건 헐뜯을 것이 아니라 잘한 일에는 칭찬도 하고 옳은 일에는 동조도 하여야 하며 상호 교류도 하여야 한다. 따라서 북한을 반국가단체로 규정지음으로써 북한을 정부로 참칭하거나 국가를 변란할 것을 목적으로 하는 범죄단체임을 전제로 하는 국가보안법의 여러 규정은 헌법의 평화통일조항과 상충된다.

3. 제한적 합헌 해석의 한계

다수의견은 위 법률조항들은 각 그 소정행위가 대한민국의 안전·존립을 위태롭게 하거나 자유민주적 기본질서에 위해를 줄 경우에 한하여 적용되는 것으로 해석할 수 있다고 보고 그러한 해석 하에 합헌이라는 것이나 위 법률조항들이 그와 같이 한정적으로 적용되는 것으로 해석되지 아니할 뿐더러 **설사 그와 같은 해석이 가능하다고 하더라도 대한민국의 안전·존립을 위태롭게 하는 행위냐 아니냐 또는 자유민주적 기본질서에 위해를 주는 행위냐, 아니냐 역시 객관적으로 뚜렷한 기준 내지 그 한계를 정할 수 없는 매우 애매모호하고 불명확한 것이어서 결국 수사기관이나 법관의 주관적 해석에 맡길 수밖에 없는 구성요건이므로 이것 또한 죄형법정주의에 반한다. 그렇지 않아도 불명확하고 광범위한 구성요건에다 또 다시 불명확한 구성요건을 보태는 것이 되어** 과연 신체의 자유나 표현의 자유보장을 위하여 어느 정도의 효과가 있을 것인지 의문이다. 위 법률조항들의 위헌성을 인정하였으면 헌법재판소로서는 마땅히 위헌을 선언하는 것이 국민에 대한 책무이다. 나아가 그와 같은 해석을 한다고 해서 위헌성이 치유되지도 않는다.

✤ 본 판례에 대한 평가 한국헌법은 그 이데올로기적 기초로서 자유민주주의라는 이념적 지표 아래 이를 구현하기 위한 (자유)민주적 기본질서를 규정하고 있다. 헌법전문에서 "자유민주적 기본질서를 더욱 확고히 하여", 민족의 숙원인 통일은 "자유민주적 기본질서에 입각"(제4조)하고 있으며, "정당의 목적이나 활동이 민주적 기본질서에 위배"되어서는 아니 되며(제8조 제4항), "국가는 근로의 의무의 내용과 조건을 민주주의원칙에 따라 법률로 정한다"(제32조 제2항)라고 규정하고 있다. 또한 "대한민국은 '민주'공화국"임을 제1조 제1항에서 천명하고 있다.

한국헌법이 지향하는 '자유민주적 기본질서' 내지 '민주주의'란 인민민주주의 이념을 배척하는 자유민주주의를 의미한다. 한국헌법이 지향하는 민주주의는 자유민주주의일 수밖에 없다. 그 자유민주주의는 현대적인 다원적 민주주의를 지칭하며, 그것은 곧 사회적 다원성을 부정하는 일당지배체제의 이데올로기에 얽매인 인민민주주의를 배척한다는 의미로 새겨야 한다. 바로 그런 의미에서 유럽 자유민주주의국가에서 공산당을 허용하는 것과는 구별될 수밖에 없다. 하지만 서유럽의 사회당은 비록 이념적으로 좌파이긴 하지만, 그 좌파는 다원적 민주주의이념을 수용한다는 점에서 그들의 기본틀은 자유민주주의 이념에 기초하고 있다. 결국 대한민국이 수용하는 정치체제는 다원성을 부정하는 전체주의와 인민민주주의를 배척하는 범위 내에서의 자유민주주의이다.

자유민주적 기본질서의 구현 내지 그 내용으로는 ① 자유민주적 기본질서의 법적 기초로서의 국민주권주의, ② 국민의 자유와 권리보장을 통한 자유민주적 기본질서의 실질적 정립, ③ 민주적 선거제도를 통한 자유민주적 기본질서의 정립, ④ 자유민주적 기본질서의 실질화를 위한 복수정당제의 보장, ⑤ 권력분립과 정부의 책임성, ⑥ 실질적 법치주의의 확립, ⑦ 지방자치제의 보장, ⑧ 경제의 민주화를 위한 사회적 시장경제질서, ⑨ 권리구제의 실질화를 위한 사법권의 독립, ⑩ 국제평화주의 등을 들 수 있다.

이와 같은 자유민주적 기본질서는 대한민국의 지향목표이자 국가이념으로서 대한민국의 실정법질서가 추구하는 최고의 원리임과 동시에 실정법 해석의 기준이다. 그러므로 국가권력발동의 타당성 척도는 자유민주적 기본질서에 부합하느냐의 여부에 따라 결정된다.

자유민주적 기본질서를 적극적으로 보호하기 위해서는 헌법상 제도를 보호하여야 한다. 권력에 의한 침해에 대해서는 탄핵제도・위헌법률심사제도・헌법소원 등의 헌법상 제재조치를 마련하고 있을 뿐만 아니라, 궁극적으로 국민은 초헌법적인 저항권을 행사할 수 있다. 또한 국민 개개인에 의한 침해에 대해서는 형사사법적인 제재가 마련되어 있다.

특히 정당에 의한 자유민주적 기본질서에 대한 침해에 대해서는 한편으로 민주적 정당제도를 육성하고, 다른 한편으로는 민주주의의 적에 대한 응징으로서 위헌정당해산제도를 마련하고 있다.

본 결정을 통하여 우리 헌법재판소가 헌법의 정치적 기본원리인 자유민주적 기본질서에 대해 그 정의를 분명히 하고 자유민주적 기본질서의 구성요소(기본적 인권의 존중, 권력분립, 의회제도, 복수정당제도, 선거제도, 사유재산과 시장경제를 골간으로 한 경제질서 및 사법권의 독립)를 구체적으로 적시함으로써 자유민주적 기본질서에 대한 헌법적 의미를 분명히 한 점에서 본 결정의 의의를 찾을 수 있다.

※ 본 결정이후 1991년 다음과 같이 개정되었다.

국가보안법 제7조 (찬양・고무등) ① 국가의 존립・안전이나 자유민주적 기본질서를 위태롭게 한다는 정을 알면서 반국가단체나 그 구성원 또는 그 지령을 받은 자의 활동을 찬양・고무・선전 또는 이에 동조하거나 국가변란을 선전・선동한 자는 7년이하의 징역에 처한다. 〈개정 1991. 5. 31〉

② 삭제 〈1991. 5. 31〉

③ 제1항의 행위를 목적으로 하는 단체를 구성하거나 이에 가입한 자는 1년이상의 유기징역에 처한다. 〈개정 1991. 5. 31〉

④ 제3항에 규정된 단체의 구성원으로서 사회질서의 혼란을 조성할 우려가 있는 사항에 관하여 허위사실을 날조하거나 유포한 자는 2년이상의 유기징역에 처한다. 〈개정 1991. 5. 31〉

⑤ 제1항・제3항 또는 제4항의 행위를 할 목적으로 문서・도화 기타의 표현물을 제작・수입・복사・소지・운반・반포・판매 또는 취득한 자는 그 각항에 정한 형에 처한다. 〈개정 1991. 5. 31〉

⑥ 제1항 또는 제3항 내지 제5항의 미수범은 처벌한다. 〈개정 1991. 5. 31〉

⑦ 제3항의 죄를 범할 목적으로 예비 또는 음모한 자는 5년이하의 징역에 처한다. 〈개정 1991. 5. 31〉

판례 평석: 헌재의 자유민주적 기본질서의 설시와 관련하여 비판적인 평석으로는, 김민배, “자유민주적 기본질서와 국가보안법”, 법학연구 4집(2001. 12), 인하대학교 법학연구소, 2001, 97-128면; 민주주의와 자유민주주의에 관해서는, 성낙인, “민주주의가 발전되고 승화된 모델로서의 자유민주주의”, 대학지성 34호, 2011, 60-63면 참조.

헌재가 국가보안법 7조의 위헌적 요소를 지적하면서도 한정합헌결정을 내린 점에 대하여 반대하는 평석으로는 허영, “국가보안법 제7조의 위헌여부”, 헌법재판자료 4집(91. 12): 헌법재판의 전개: 논문 및 판례평석, 헌법재판소, 1991, 333-339면; 이해진, “위헌법률심판과 변형판결”, 판례연구 5집(92. 1), 서울지방변호사회, 1992, 7-28면; 강금실, “국가보안법 제7조 제5항 한정합헌결정에 관하여”, 상, 인권과 정의 170호(1990), 대한변호사협회, 119-130면; 강금실, “국가보안법 제7조 제5항 한정합헌결정에 관하여”, 하, 인권과 정의 171호(1990. 11), 대한변호사협회, 130-137면.

국가보안법 개정론과 관련하여 본 결정을 소개하고 있는 평석으로는, 김상겸, “국가보안법 개정론: 헌법국가의 관점에서”, 헌법학연구 10권 4호 (2004. 12), 한국헌법학회, 155-186면; 배종대, “다시한번 국가보안법을 말한다.”, 법과 사회 4호(91. 6), 동성출판사, 134-154면; 김종서, “국가보안법 폐지론 - 제7조를 중심으로 -”, 공법연구 제29집 제4호, 한국공법학회, 167-187면; 김민배, “국가보안법을 둘러싼 남북관계와 국제적 환경”, 민주법학

통권16호(1999. 8), 관악사, 11-38면.

관련평석으로는 고시면, "특별형법으로서 국가보안법상 '반국가단체' 등에 관한 헌법재판소의 판결", 사법행정 46권 6호(2005. 6), 한국사법행정학회, 2005, 9-18면.

[요약판례 1] 국가보안법 위헌소원: 한정합헌,합헌(헌재 1997.1.16. 92헌바6등)

주관적 구성요건을 추가한 개정 국가보안법이 자유민주적 기본질서에 위배되고 죄형법정주의가 요구하는 명확성의 원칙에 반하며 국민의 표현의 자유 내지 "알 권리"를 과도하게 제한하는지 여부(소극)

비록 남·북한이 유엔(U.N)에 동시가입하였다고 하더라도, 이는 "유엔헌장"이라는 다변조약(多邊條約)에의 가입을 의미하는 것으로서 유엔헌장 제4조 제1항의 해석상 신규가맹국이 "유엔(U.N)"이라는 국제기구에 의하여 국가로 승인받는 효과가 발생하는 것은 별론으로 하고, 그것만으로 곧 다른 가맹국과의 관계에 있어서도 당연히 상호간에 국가승인이 있었다고는 볼 수 없다는 것이 현실 국제정치상의 관례이고 국제법상의 통설적인 입장이다. 그리고 소위 남북합의서는 남북관계를 "나라와 나라 사이의 관계가 아닌 통일을 지향하는 과정에서 잠정적으로 형성되는 특수관계"(전문 참조)임을 전제로 하여 이루어진 합의문서인바, 이는 한민족공동체 내부의 특수관계를 바탕으로 한 당국간의 합의로서 남북당국의 성의있는 이행을 상호 약속하는 일종의 공동성명 또는 신사협정에 준하는 성격을 가짐에 불과하다. **현 단계에 있어서의 북한은 조국의 평화적 통일을 위한 대화와 협력의 동반자임과 동시에 대남적화노선을 고수하면서 우리 자유민주주의체제의 전복을 획책하고 있는 반국가단체라는 성격도 함께 갖고 있음이 엄연한 현실인 점에 비추어, 헌법의 전문과 제4조가 천명하는 자유민주적 기본질서에 입각한 평화적 통일정책을 수립하고 이를 추진하는 법적 장치로서 남북교류협력에관한법률 등을 제정·시행하는 한편, 국가의 안전을 위태롭게 하는 반국가활동을 규제하기 위한 법적 장치로서 국가보안법을 제정·시행하고 있는 것으로서, 위 두 법률은 상호 그 입법목적과 규제대상을 달리하고 있는 것이므로 남북교류협력에관한법률 등이 공포·시행되었다 하여 국가보안법의 필요성이 소멸되었다거나 북한의 반국가단체성이 소멸되었다고는 할 수 없다.** 아직도 남북이 군사력으로 대치하고 있으며 긴장상태가 계속되고 있는 상황 하에서 국가의 존립·안전이나 자유민주적 기본질서에 무해한 행위는 처벌에서 제외하고 이에 위해를 줄 명백한 위험성이 있는 경우에만 이를 적용하도록 처벌범위를 축소제한하는 경우에는 앞서 본 헌법규정들에 합치되는 합헌적 해석이 되고 그 위헌성이 제거될 것이다. 특히 위 조항들의 규정내용은 각 그 구법규정과 대비해 보면 모두 **"국가의 존립·안전이나 자유민주적 기본질서를 위태롭게 한다는 정을 알면서"라는 주관적 구성요건이 추가되어 있는 점이 큰 특징이라 할 수 있다.** 입법자는 일련의 국가보안법상의 구성요건에 관하여서 우리 재판소의 위 한정합헌결정의 취지를 적극 수용하여 위와 같은 주관적 구성요건을 추가한 것으로 보인다. 이로써 이들 신법규정에는 그 구법규정이 갖고 있던 개념의 다의성과 적용범위의 광범성은 거의 제거되었다고 볼 수 있다.

[요약판례 2] 국가공무원 복무규정 제3조 제2항 등 위헌확인: 합헌(헌재 2012.5.31. 2009헌마705등)

자유민주주의 사회는 국민이 통치권자를 비판함으로써 피치자가 스스로 지배기구에 참가한다고 하는 자치정체(自治政體)의 이념을 그 근간으로 하기 때문에 전체주의 사회와 달리 정부의 무류성(無謬性)을 믿지 않으며 국민들에게는 그 정부를 비판할 자유가 있다. 또한 이러한 정치적 표현의 자유는 자유민주적 기본질서의 구성요소로서 다른 기본권에 비하여 우월한 효력을 가진다. 공무원도 국민의 한 사람이므로 정치적 표현의 자유를 가짐은 물론이다. 다만 공무원의 정치적 중립성 때문에 일반 국민보다 광범위하게 이를 제한받게 되는데, 이러한 제한도 헌법 제37조 제2항에 따라 국가안전보장·질서유지 또는 공공복리를 위하여 필요한 범위 내에서 이루어져야 한다.

대판 1992.8.18. 92도1244

북한이 반국가단체가 아니라거나 국가보안법이 헌법상 평화통일의 원칙에 배치되는 무효의 법률이라고 할 수 있는지(소극), 남북교류협력에관한법률의 적용이 배제되는 경우

북한이 아직도 우리의 자유민주적 기본질서에 대한 위협이 되고 있음이 분명한 상황에서 북한을 국가보안법상의 반국가단체가 아니라고 할 수 없고, 또한 북한을 반국가단체로 규정한 국가보안법이 헌법상 평화통일의 원칙에 배치되는 무효의 법률이라고 할 수 없다. **남북교류협력에관한법률은 남북한 간의 왕래, 교역, 협력사업 및 통신역무의 제공 등 남북교류와 협력을 목적으로 하는 행위에 관하여 정당하다고 인정되는 범위 안에서 다른 법률에 우선하여 적용하도록 되어 있어** 이 요건을 충족하지 아니하는 경우에는 동법의 적용은 배제된다고 보아야 한다.

대판 1998.7.28. 98도1395

국가보안법의 위헌여부(소극), 북한이 반국가단체인지 여부(적극), '제5기 한총련'이 이적단체라고 본 사례

우리 헌법이 전문과 제4조, 제5조에서 천명한 국제평화주의와 평화통일의 원칙은 자유민주주의적 기본질서라는 우리 헌법의 대전제를 해치지 않는 것을 전제로 하는 것이므로, 아직도 북한이 막강한 군사력으로 우리와 대치하면서 우리 사회의 자유민주적 기본질서를 전복할 것을 포기하였다는 명백한 징후가 보이지 아니하고 있어 우리의 자유민주적 기본질서에 위협이 되고 있음이 분명한 상황에서, 국가의 안전을 위태롭게 하는 반국가활동을 규제함으로써 국가의 안전과 국민의 생존 및 자유를 확보함을 목적으로 하는 국가보안법이 헌법에 위배되는 법률이라고 할 수 없고, 국가보안법의 규정을 그 법률의 목적에 비추어 합리적으로 해석하는 한 국가보안법이 정하는 각 범죄의 구성요건의 개념이 애매모호하고 광범위하여 죄형법정주의의 본질적 내용을 침해하는 것이라고 볼 수 없다. 북한이 우리의 자유민주주의적 기본질서에 대한 위협이 되고 있음이 분명한 상황에서 남·북한이 유엔에 동시 가입하였고 그로써 북한이 국제사회에서 하나의 주권국가로 승인을 받았고, 남·북한 총리들이 남북 사이의 화해, 불가침 및 교류에 관한 합의서에 서명하였다는 등의 사유가 있었다고 하더라도 북한이 국가보안법상 반국가단체가 아니라고 할 수는 없다. **'제5기 한총련'은 반국가단체인 북한공산집단의 활동을 찬양·고무·선전하며 이에 동조하는 행위를 목적으로 하는 단체이므로 국가보안법상의 이적단체에 해당한다.**

제2항 대의제(대표민주주의)와 직접민주주의의 조화(반대표)

[요약판례 1] 전국구국회의원 의석계승 미결정 위헌확인: 각하(헌재 1994.4.28. 92헌마153)

구 국회의원선거법상 전국구의원이 소속정당을 탈당한 경우 그 정당의 차순위 후보자에 대하여 전국구의원 의석계승결정을 하지 않은 것이 헌법에 위반되는 공권력의 불행사인지 여부(소극)

전국구의원이 그를 공천한 정당을 탈당할 때 의원직을 상실하는 여부는 그 나라의 헌법과 법률이 국회의원을 이른바 자유위임(또는 무기속위임)하에 두었는가, 명령적 위임(또는 기속위임)하에 두었는가, 양제도를 병존하게 하였는가에 달려있는데, 자유위임하의 국회의원의 지위는 그 의원직을 얻은 방법 즉 전국구로 얻었는가, 지역구로 얻었는가에 의하여 차이가 없으며, 전국구의원도 그를 공천한 정당을 탈당하였다고 하여도 별도의 법률규정이 있는 경우는 별론으로 하고 당연히 국회의원직을 상실하지는 않는다. 헌법 제7조 제1항, 제45조, 제46조 제2항의 규정들을 종합하면 헌법은 국회의원을 자유위임의 원칙 하에 두었다고 할 것이고, 청구인정당 소속 전국구의원이던 조윤형이 청구인정당을 탈당할 당시 시행되던 구 국회의원선거법이나 국회법에는 전국구의원이 그를 공천한 정당을 탈당한 경우에 의원직을 상실한다는 규정을 두고 있지 않았다. 따라서 위 조윤형이 청구인정당을 탈당하였어도 이로 인하여 전국구의원의 궐원이 생기는 것은 아니므로 피청구인에게 위 조윤형이 청구인 정당을 탈당하였음을 원인으로 하여 청구인 강부자에 대하여 전국구의원 승계결정을 할 작위의무가 존재하지 않았다고 할 것이고, 헌법에서 유래하는 작위의무가 없는 공권력의 불행사에 대한 위헌확인을 구하는 이 사건 주된 헌법소원심판청구는 부적법하다.

(재판관 김양균의 반대의견) 지역구의원의 경우는, 헌법의 자유위임의 원칙상 법률의 규정으로도 의원직을 상실시킬 수 없으나, 헌법의 실질적 국민주권주의와 선거권·공무담임권·정당조항·지역구의석비례전국구의원선출제도 등을 종합할 때, 전국구의원이 임의로 소속 정당을 탈당하였을 경우에는 그 (전국구의원의) 의원직은 상실되어야 하고, 그 소속정당의 차순위 후보가 이를 계승함으로써 국민의 지역구의원 선거에 의해 표출된 정당의 지지도에 상응하는 의석수가 그대로 유지되도록 하여야 하며, 그러한 제도적 장치가 마련되어 있지 않다면 국회는 (헌법해석상) 이러한 내용의 입법을 하여야 할 작위의무(헌법상의 입법의무)를 위배하고 있는 것이라고 할 것이고 이로 인하여 차순위 전국구국회의원 후보자인 청구인 강부자는 자신의 공무담임권을 현실적으로 침해받고 있다고 할 것이므로 위 입법부작위는 헌법에 위반하거나 합치되지 않는다고 판단된다.

[요약판례 2] 대의제와 직접민주제적 요소의 조화(헌재 2009.3.26. 2007헌마843)

대의제는 국가의사를 간접적으로, 직접민주제는 직접적으로 결정하는 방식으로서, 상호 본질적으로 성격을 달리하므로 이들을 근본적으로 결합하기에는 어려움이 있다 할 것이나, 그렇다고 하더라도 어느 한 원리를 원칙으로 하면서 그 본질적인 요소를 훼손하지 않는 범위 내에서 이를 보완하기 위하여 다른 원리에서 유래된 제도를 일부 도입할 수는 있다 할 것이다. 근대국가가 대부분 대의제를 채택하고도 후에 이르러 직접민주제적인 요소를 일부 도입한 역사적인 사정에 비추어 볼 때, 직접민주제는 대의제가 안고 있는 문제점과 한계를 극복하기 위하여 예외적으로 도입된 제도라 할 것이므로, 헌법적인 차원에서 직접민주제를 직접 헌법에 규정하는 것은 별론으로 하더라도 법률에 의하여 직접민주제를 도입하는 경우에는 기본적으로 대의제와 조화를 이루어야 하고, 대의제의 본질적인 요소나 근본적인 취지를 부정하여서는 아니된다는 내재적인 한계를 지닌다 할 것이다.

판례 평석: 전국구의원의 당적 변경이 의원직 상실을 가져오는지와 관련하여 헌재의 결정에 찬성하는 평석으로는 강경근, "국민주권과 자유위임: 전국구국회의원 의석계승미결정 위헌확인 각하결정", 헌법판례연구 3호, 박영사, 2001, 87-103면.

헌재 결정에 반대하는 평석으로는 정연주, "대의제도와 정당기속: 전국구국회의원 의석계승 미결정 위헌확인", 헌법판례연구 I(2002. 1), 박영사, 133-169면; 김문현, "당적변경과 국회의원신분상실문제", 고시계 40권 2

호 (456호, 1995. 1), 국가고시학회, 1995, 65-77면.

관련 문헌: 곽순근, "국민은 국회구도결정권을 갖는가?", 고시연구 2000년 8월호; 권영설, "대의민주주의와 직접민주주의", 공법연구 제33집 제1호(2004); 박인수, "선거와 정당에 대한 헌법재판소 결정 평석", 영남법학 제10권 제1호(2004), 영남대학교 법학연구소; 성낙인, "국회의원의 당적변경", 고시계 1996년 7월호; 성낙인, 헌법연습, 673-689면; 이기우, "지방자치제도와 주민소환제도에 관한 공법적 접근", 공법학연구 제7권 제2호(2006), 한국비교공법학회; 조병윤, "국민대표론의 연구", 서울대 박사학위논문, 1983; 정연주, "대의제도와 정당기속: 전국구 국회의원의 당적이탈·변경시 의원직 상실문제와 관련하여", 인권과 정의 제276호(1999); 허영, "국회의원 선거의 의미와 자유위임 및 정당기속의 본질과 한계", 고시계 2000년 12월호.

제3항 민주적 선거제도

Ⅰ 의 의

I 공직선거법 제146조 제2항 등 위헌확인: 한정위헌(헌재 2001.7.19. 2000헌마91등)

쟁점 국회의원 후보자등록시 2천만원의 기탁금을 납부토록 한 공직선거및선거부정방지법의 위헌여부(적극), 기탁금의 반환 및 국고귀속기준의 위헌여부(적극), 비례대표국회의원의석의 배분방식 및 1인1표제의 위헌여부(적극), 심판대상에 부수되는 관련조항에 대하여도 위헌선언을 한 사례

사건의 개요

청구인 갑 등은 가칭 '청렴정치 국민연합'을 결성하여 신생정당 창당을 준비중인 33인의 발기인들 중의 일부로서, 공직선거의 투표에 관하여 1인 1표제를 규정하고 있는 공직선거및선거부정방지법 제146조 제2항이 청구인들의 헌법상 보장된 선거권, 공무담임권, 평등권을 침해하는 위헌규정이라고 하면서 이 헌법소원을 청구하였다. 그리고 청구인 을 등은 공선법 제56조, 제57조, 제189조로 인하여 자신들의 평등권, 피선거권이 침해된다는 등의 이유로 이 헌법소원을 청구하였다. 또한 청구인 병 등은 공선법 제189조가 자신들의 선거권, 피선거권 등을 침해한다면서 각 당해 헌법소원을 청구하였다.

심판의 대상

공직선거 및 선거부정방지법 제56조 (기탁금) ① 후보자등록을 신청하는 자는 등록신청시에 후보자 1인마다 다음 각 호의 기탁금을 중앙선거관리위원회규칙이 정하는 바에 따라 관할선거구선거관리위원회에 납부하여야 한다.

2. 국회의원선거는 2천만원

공직선거및선거부정방지법 제57조 (기탁금의 반환 등) ① 정당 또는 후보자가 다음 각 호에 해당하는 때 또는 후보자(비례대표국회의원후보자와 비례대표시·도의원후보자를 제외한다)가 당선되거나 사망한 때에는 기탁금 중에서 제56조(기탁금) 제3항의 규정에 의하여 기탁금에서 부담하는 비용을 뺀 나머지 금액은 선거일 후 30일 이내에 기탁자에게 반환한다.

1. 대통령선거, 지역구국회의원선거, 지방의회의원선거 및 지방자치단체의 장 선거 후보자의 득표수가 유효투표총수를 후보자수로 나눈 수 이상이거나 유효투표총수의 100분의 20 이상인 때

공직선거및선거부정방지법 제146조 (선거방법) ① 생략

② 투표는 직접 또는 우편으로 하되, 1인 1표로 한다.

주 문

1. 공직선거및선거부정방지법 제56조 제1항 제2호, 제57조 제1항 제1호 중 지역구국회의원선거에 관한 부분, 동조 제2항 중 지역구국회의원후보자의 득표수가 동조 제1항 제1호의 득표수에 미달되는 때에는 기탁금을 국가에 귀속하도록 한 부분, 제189조 제1항 내지 제7항은 헌법에 위반된다.

2. 위 같은 법 제146조 제2항 중 "1인 1표로 한다" 부분은 국회의원선거에 있어 지역구국회의원선거와 병행하여 정당명부식 비례대표제를 실시하면서도 별도의 정당투표를 허용하지 않는 범위에서 헌법에 위

반된다.

▢ 판 단

Ⅰ. 기탁금조항의 위헌여부

1. 기탁금의 헌법적 한계

현행 공선법상 국회의원입후보 기탁금의 목적은 후보자 난립의 저지를 통하여 선거관리의 효율성을 꾀하는 한편, 불법행위에 대한 제재금의 사전확보에 있는바, 이러한 목적은 선거관리의 차원에서 나오는 것으로서 순수히 행정적인 공익임에 반하여 이로 인하여 제한되는 국민의 권익은 피선거권이라는 대단히 중요한 기본권임에 비추어, 기탁금제도 자체가 합헌일지라도 그 액수는 그야말로 불성실한 입후보를 차단하는데 필요한 최소한에 그치고 진지한 자세로 입후보하려는 국민의 피선거권을 제한하는 정도여서는 아니 된다. 기탁금제도에 있어서의 후보자난립 방지라는 효과의 판단이 어려운 만큼 기탁금제도의 운용, 기탁금액의 설정은 신중을 기하여야 한다.

2. 기탁금액의 위헌성

(1) 이전 판례의 타당성

우리재판소는 일찍이 국회의원 지역구후보자등록신청에 2천만 원을 기탁하도록 하였던 구 국회의원선거법 제33조에 대하여 헌법불합치결정을 선고한 바 있는데 위 헌법불합치결정의 당시나 지금이나 큰 차이가 없다. 대다수 국민들에게 상당한 부담이 되는 금액을 마련할 자력이 없는 사람은 법률상의 다른 자격요건을 갖추고, 아무리 훌륭한 자질을 지니고 있다 할지라도 국회의원 입후보에의 진출을 사실상 봉쇄 당하게 된다.

(2) 2천만원이라는 일률적 기탁금 요건의 한계

(가) 입후보 난립방지에 있어서

당해 기탁금은 재력이 풍부하여 그 정도의 돈을 쉽게 조달·활용할 수 있는 사람들에게는 입후보 난립방지의 효과를 전혀 갖지 못한다. 즉 재력이 없는 진정한 입후보 지망자의 기회만을 박탈할 뿐이다. 경제력에 따른 부당한 차별을 피하여 합리적으로 기탁금을 설정하려면 입후보자의 재력에 비례하여 기탁금액을 설정하든지, 입후보하려는 공직의 보수의 일정비율을 기탁하게 하는 방법이 있을 것인데, 어느 경우이든 그 기준이 지나치게 높아서는 아니될 것이다.

(나) 후보자 추천제도를 통한 입후보 난립방지 효과

선거권자의 후보자추천제도는 불성실한 입후보를 저지할 수 있는 보다 합리적이고 유효적절한 수단이라 할 것인바, 이 제도로도 상당한 정도로 무분별한 입후보를 막는 효과가 있을 터에, 이중으로 고액의 기탁금을 요구하는 것은 지나친 규제이다.

(3) 소 결 – 소수자의 참정권 보장

일부 소수층의 참정권 제한이 문제될 것이 없다고 한다면 다수결의 원리에 의하여 지배되는 정치과정에서 필연적으로 발생하는 '소외된 소수자'들의 인권을 헌법보장의 사각지대에 방치하는 결과가 되어 결국 헌법의 기본권보장 정신에 어긋난다. 결론적으로 2천만 원의 기탁금을 후보자등록의 요건으로 일률적·절대적으로 요구하는 것은 후보자난립방지라는 목적을 공평하고 적절히 달성하지도 못하면서, 진실된 입후보의 의사를 가진 많은 국민들로 하여금 오로지 고액의 기탁금으로 인한 경제적 부담으로 말미암아 입후보 등록을 포기하지 않을 수 없게 하고 있으므로 이들의 평등권과 피선거권, 이들을 뽑으려는 유권자들의 선택의 자유를 침해하는 것이라고 하지 않을 수 없다.

3. 기탁금 반환조항의 위헌여부

(1) 기탁금 국고귀속제도의 의의

기탁금 국고귀속제도는 기탁금제도 자체와 불가분의 관계에 있다. **후보난립 방지를 위하여 기탁금 자체의 필요성을 인정하는 한 일정한 요건 하에 기탁금을 국고에 귀속시키는 것은 기탁금제도의 실효성을 보장하기 위하여 필요하다 할 수 있다.** 그러나 기탁금 국고귀속의 기준 설정 또한 기탁금의 액수와 마찬가지로 피선거권이라는 중요한 기본권의 행사를 위축시키지 않도록 필요한 최소한에 그쳐야 한다는 헌법적 한계를 갖는다. 즉 비록 소수의견에 그쳐 낙선하였더라도 그가 진실하게 선거과정에 참여하였다면 그 소수의견도 존중하는 것이 민주주의의 전제인 다원주의 및 소수자보호의 정신에 충실한 것이다. 이런 점에서 볼 때, 기탁금 반환의 기준으로 득표율을 사용하고자 한다면 그 기준득표율은 유효투표총수의 미미한 비율 수준에 머물러야 함을 알 수 있다.

(2) 현행 기탁금 반환 기준의 문제점

위와 같은 기탁금반환의 헌법적 기준에 비추어 볼 때, 반환조항에 의한 기탁금반환의 기준은 과도하게 높아 진지한 입후보희망자의 입후보를 가로막고 있으며, 또한 **일단 입후보한 자로서 진지하게 당선을 위한 노력을 다한 입후보자에게 선거결과에 따라 부당한 제재를 가하는 것이라 하지 않을 수 없다.**

유효투표총수의 100분의 20에 미달하였더라도 성실히 선거과정을 치르고 그럼으로써 소수후보자로서 나름대로 민주주의에 기여한 후보자가 얼마든지 있을 수 있는데, 이들을 모두 '난립후보'라고 하여 기탁금 몰수라는 제재를 가하는 것은 부당하다.

(3) 소 결

결론적으로 반환조항은 민주주의원리에 반하여 국민의 피선거권을 지나치게 침해하고 있다고 할 것이다.

Ⅱ. 비례대표국회의원 의석배분방식 및 1인 1표제의 위헌여부

1. 문제의 소재

공선법은 고정명부식 비례대표제를 택하고 있고, 지역구 다수대표제와 비례대표제를 병행하고 있다. 그러나 이른바 1인 1표제를 채택하여 지역구선거에서 투표를 시행하며 **별도의 정당투표는 하지 않고, 정당이 지역구선거에서 얻은 득표비율에 따라 비례대표국회의원의 의석을 배분하도록 하고 있다.** 공선법에 따라 유권자들은 지역구국회의원 후보자에 대하여 1표의 투표를 행사할 수 있을 뿐 별도의 정당투표를 할 수 없게 되고, 그와 같이 지역구선거에서 표출된 유권자의 의사를 그대로 정당에 대한 지지의사로 의제하여 비례대표의석을 배분하게 되는바, 이러한 효과를 불러일으키는 위 두 조항이 과연 민주주의원리, 직접선거의 원칙 및 평등선거의 원칙에 위반되는 것이 아닌지, 그리하여 유권자들의 선거와 관련된 기본권을 침해하는 것이 아닌지가 문제된다.

2. 비례대표제의 의의

비례대표선거제란 정당이나 후보자에 대한 선거권자의 지지에 비례하여 의석을 배분하는 선거제도를 말한다. 비례대표제는 거대정당에게 일방적으로 유리하고, 다양해진 국민의 목소리를 제대로 대표하지 못하며 사표를 양산하는 다수대표제의 문제점에 대한 보완책으로 고안·시행되는 것이다. 나아가 이는 국회를 구성하는 방식에 관한 문제이므로 통치구조의 헌법원리인 민주주의원리에 저촉되지 않아야 함은 물론이고, "국회는 국민의 보통·평등·직접·비밀선거에 의하여 선출된 국회의원으로 구성한다"고 규정하고 있는 헌법 제41조 제1항을 준수하여야 한다.

3. 민주주의원리의 위반여부

선거는 주권자인 국민이 그 주권을 행사하는 통로이므로 선거제도는 첫째, 국민의 의사를 제대로 반영하고, 둘째, 국민의 자유로운 선택을 보장하여야 하고, 셋째, 정당의 공직선거 후보자의 결정과정이 민주적이어야 하며, 그렇지 않으면 민주주의원리 나아가 국민주권의 원리에 부합한다고 볼 수 없다. 1인 1표제 하에서의 공선법 제189조 제1항에 의한 비례대표의석배분방식은 다음과 같은 점에서 위 민주주의원리의 요청에 반한다.

(1) 국민의사의 왜곡

국회의원선거에 있어 다수대표제만을 택하고 비례대표제를 택하지 않을 경우 지역구의 개별후보자에 대한 국민의 지지만을 정확하게 반영하여도 민주주의원리에 반하는 것은 아닐 것이다. 그러나 정당명부식 비례대표제를 병행하는 한 정당에 대한 국민의 지지의사를 충실히 반영할 것까지 요구되며, 그 결과 정당에 대한 의석배분도 국민의 지지 및 선호와 일치되어야 한다. 그런데 현행의 1인 1표제를 전제로 한 공선법 제189조 제1항에 의한 비례대표의석배분방식은 오히려 정당에 대한 국민의 지지의사를 적극적으로 왜곡한다. 이리하여 현행제도는 정당의 독과점체제를 고착시키고 신생정당의 국회진출을 어렵게 하는 것이다.

(2) 투표의 불참가 야기

지역구후보자에 대한 지지와 정당에 대한 지지가 다를 경우 유권자는 개별 후보자를 선택할 것인지, 정당을 선택할 것인지, 혹은 어떻게 하면 이 둘을 조화시켜 자신의 1표의 정치적 효용을 극대화할 것인지 매우 곤혹스러운 지경에 처하게 된다. 그러므로 당해 제도는 유권자로 하여금 아예 투표권의 행사 자체를 포기하게끔 하는 부작용을 초래하기도 한다.

(3) 공직선거 후보자 결정과정의 특징으로 민주적 정당성의 취약

'대의기관의 의사를 반영'할 구체적 절차(비례대표후보자의 선정과 순위확정)를 당헌에 일임하고 있는 현행 공선법에 따르면 민주적 절차에 의한 비례대표후보자의 결정이라는 헌법적 요청이 충족되리라고 기대하기는 어렵다. 비례대표후보자가 민주적 절차에 따라 결정되지 않고 당지도부의 영향력에 따라 일방적으로 결정된다면 그러한 비례대표국회의원의 민주적 정당성은 대단히 취약할 수밖에 없다.

4. 직접선거의 원칙 위반여부

(1) 직접선거와 비례대표제

역사적으로 직접선거의 원칙은 중간선거인의 부정을 의미하였고, 다수대표제하에서는 이러한 의미만으로도 충분하다고 할 수 있다. 그러나 비례대표제하에서 선거결과의 결정에는 정당의 의석배분이 필수적인 요소를 이룬다. 그러므로 비례대표제를 채택하는 한 직접선거의 원칙은 의원의 선출뿐만 아니라 정당의 비례적인 의석확보도 선거권자의 투표에 의하여 직접 결정될 것을 요구하는

것이다.

(2) 고정명부식 정당투표제의 직접선거 위반여부

현행 공선법에서는 비례대표후보자명단과 그 순위, 의석배분방식은 선거 시에 이미 확정되어 있고, 투표 후 후보자명부의 순위를 변경하는 것과 같은 사후개입은 허용되지 않는다. 그러므로 **비록 후보자 각자에 대한 것은 아니지만 선거권자가 종국적인 결정권을 가지고 있으며, 선거결과가 선거행위로 표출된 선거권자의 의사표시에만 달려 있다고 할 수 있다. 따라서 고정명부식을 채택한 것 자체가 직접선거원칙에 위반된다고는 할 수 없다.**

(3) 현행 1인 1표제 하에서의 직접선거 위반여부

1인 1표제 하에서의 비례대표후보자명부에 대한 별도의 투표 없이 지역구후보자에 대한 투표를 정당에 대한 투표로 의제하여 비례대표의석을 배분하는 것은 직접선거의 원칙에 반한다고 하지 않을 수 없다. 비례대표의원의 선거는 지역구의원의 선거와는 별도의 선거이므로 이에 관한 유권자의 별도의 의사표시, 즉 정당명부에 대한 별도의 투표가 있어야 한다. 현행 공선법 하에서는 정당명부에 대한 직접적인 투표가 인정되지 않기 때문에 비례대표의원의 선출에 있어서는 유권자의 투표행위가 아니라 정당의 명부작성행위가 최종적·결정적인 의의를 지니게 된다. 나아가 지역구선거는 본질적으로 '인물선거'이지, '정당선거'는 아니라고 할 것이므로 비록 지역구선거에 후보자가 속한 정당에 대한 지지라는 2중적 의미가 포함되어 있음을 전적으로 부인할 수는 없다 하더라도 이는 어디까지나 부차적이고 보충적인 의미에 그친다.

(4) 소 결

결론적으로 현행 비례대표의석배분방식은 선거권자들의 투표행위로써 정당의 의석배분, 즉 비례대표국회의원의 선출을 직접, 결정적으로 좌우할 수 없으므로 직접선거의 원칙에 위배된다고 할 것이다.

5. 평등선거의 원칙 위반여부

(1) 평등선거 원칙의 의의

헌법 제41조 제1항에서 천명하고 있는 평등선거의 원칙은 평등의 원칙이 선거제도에 적용된 것으로서 투표의 수적인 평등을 의미할 뿐만 아니라 **투표의 성과가치의 평등, 즉 1표의 투표가치가 대표자선정이라는 선거의 결과에 대하여 기여한 정도에 있어서도 평등하여야 함을 의미한다.**

(2) 무소속 지역구 후보자의 경우

현행 비례대표의석배분방식에서, 어떤 선거권자의 지역구후보자에 대한 투표는 지역구의원의 선출에 기여함과 아울러 그가 속한 정당의 비례대표의원의 선출에도 기여하는 2중의 가치를 지니게 되는데 반하여, 어떤 선거권자가 무소속 지역구후보자를 지지하여 그에 대하여 투표하는 경우 그 투표는 그 무소속후보자의 선출에만 기여할 뿐 비례대표의원의 선출에는 전혀 기여하지 못하므로 투표가치의 불평등이 발생한다. 그러므로 현행 방식은 합리적 이유 없이 정당소속 후보자에게 투표하는 유권자와 무소속 후보자에게 투표하는 유권자를 차별하는 것이라 할 것이므로 평등선거의 원칙에 위배된다.

(3) 저지조항의 경우

현행 저지조항은 지역구의원선거의 유효투표총수를 기준으로 한다는 점에서 현행 의석배분방식이 지닌 문제점을 공유하고 있다. 일정한 저지선을 두고 이를 하회하는 정당에게 의회참여의 기회를 제한하겠다는 제도는 본질적으로 정당에 대한 국민의 지지도를 정확하게 반영할 것을 전제로 한다. 그런데 현행 1인 1표제 하에서의 비례대표제 의석배분방식은 위에서 본 바와 같이 국민의 정당에 대한 지지도를 정확하게 반영하지 못하며 오히려 적극적으로 이를 왜곡하고 있다. 이와 같이 국민의 정당지지의 정도를 계산함에 있어 불합리한 잣대를 사용하는 한 현행의 저지조항은 그 저지선을 어느 선에서 설정하건간에 평등원칙에 위반될 수밖에 없다.

(4) 현행 제도를 인정할 만한 예외사유가 있는지 여부

1인 1표제 하에서 지역구선거의 결과를 비례대표의석의 배분에 활용하는 현행 방식을 택하지 않으면 아니되는 **긴요한 공익적 요청이 있다거나, 별도의 정당투표를 인정함으로써 야기될 문제나 폐해가 중대하다면 예외적으로 현행 방식이 정당화될 수도 있을 것이다.** 그러나 그러한 예외를 인정할 만한 중대한 사유는 발견되지 않는다. 그런데 현재 각국의 입법례를 보면 다수대표제와 비례대표제를 병행하는 나라에서는 대부분(예컨대 독일, 일본, 뉴질랜드, 이탈리아, 러시아 등) 별도의 정당투표에 의한 득표율에 기초하여 비례대표의석을 배분하고 있다.

(5) 소 결

공선법 제189조 제1항은 민주주의원리, 직접선거의 원칙, 평등선거의 원칙에 위배된다. 한편, 공선법 제146조 제2항 중 "1인 1표로 한다"부분은 비례대표제를 실시하지 않고 단순히 지역구 다수대표제 선거방식만을 채택한다면 그 자체 아무런 위헌성이 없으나, 그것과 병행하여 비례대표제를 실시할 경우에는 공선법 제189조 제1항과 결합하여 위에서 본 바와 같은 여러 위헌적 효과를 불러일으킨다. 따라서 **공선법 제146조 제2항 중 "1인 1표로 한다"부분은 국회의원선거에 있어 지역구국회의원선거와 병행하여 정당명부식 비례대표제를 실시하면서도 별도의 정당투표를 허용하지 않는 범위에서 헌법에 위반된다.**

Ⅲ. 부수적 위헌의견

헌법심판의 대상이 된 법률조항 중 일정한 법률조항이 위헌선언되는 경우 같은 법률의 그렇지 아니한 다른 법률조항들은 효력을 그대로 유지하는 것이 원칙이나, 합헌으로 남아 있는 어떤 법률조항이 위헌선언되는 법률조항과 밀접한 관계에 있어 **그 조항만으로는 법적으로 독립된 의미를 가지지 못하는 경우에는 예외적으로 그 법률조항에 대하여 위헌선언을 할 수 있다.** 공선법 제189조 제1항 내지 제7항은 저지조항의 기준을 넘는 의석할당정당이 지역구국회의원선거에서 얻은 "득표비율"에 따라 비례대표국회의원의석을 배분하는 방식과 관련하여 서로 밀접한 관련을 맺고 존재하는 규정으로서 **특히 비례대표국회의원선거의 근간이 되는 공선법 제189조 제1항이 위헌이라면 그에 부수되는 동조 제2항 내지 제7항은 독자적인 규범적 존재로서의 의미를 잃게 된다.** 그렇다면 이 조항들이 비록 심판대상이 아니지만 함께 위헌선언을 함으로써 법적 명확성을 기하는 것이 상당하므로 그에 대하여도 아울러 위헌선언을 하는 것이다.

Ⅳ. 결 론

공선법 제56조 제1항 제2호, 제57조 제1항 제1호 중 지역구국회의원선거에 관한 부분, 동조 제2항 중 지역구국회의원후보자의 득표수가 동조 제1항 제1호의 득표수에 미달되는 때에는 기탁금을

국가에 귀속하도록 한 부분, 제189조 제1항 내지 제7항은 헌법에 위반되고, 공선법 제146조 제2항 중 **"1인 1표로 한다"부분은 국회의원선거에 있어 다수대표제와 병행하여 정당명부식 비례대표제를 실시하면서도 별도의 정당투표를 허용하지 않는 한도에서 헌법에 위반된다.**

재판관 권성의 보충의견

비례대표국회의원 의석배분방식 및 1인 1표제가 다음과 같이 자유선거원칙에도 반한다고 생각하므로 이 점을 보충하여 지적하고자 한다. 헌법재판소는 일찍이 자유선거의 원칙에 관하여, 「자유선거의 원칙은 비록 우리 헌법에 명시되지는 않았지만 민주국가의 선거제도에 내재하는 법원리인 것으로서 국민주권의 원리, 의회민주주의의 원리 및 참정권에 관한 규정에서 그 근거를 찾을 수 있다. 이러한 자유선거의 원칙은 선거의 전 과정에 요구되는 선거권자의 의사형성의 자유와 의사실현의 자유를 말하고, 구체적으로는 투표의 자유, 입후보의 자유 나아가 선거운동의 자유를 뜻한다」라고 천명한 바 있다. 이러한 **자유선거의 원칙에 비추어 볼 때에 1인 1표제 하에서는 유권자가 지지하는 후보자와 지지하는 정당이 다를 경우 유권자는 후보자와 정당 중 어느 한 쪽에 대한 지지를 포기하지 않을 수 없게 되는데 이것은 지지하는 후보자나 정당을 위하여, 지지하지 않는 정당측이나 후보자측에게, 투표하지 않을 수 없도록 강제하는 것**이고 경우에 따라서는 후보자와 정당 중 하나를 선택하기 어려워 투표 자체를 포기하고 말게 강제하는 것을 의미하므로 결국 **유권자의 의사형성의 자유 내지 결심의 자유를 부당하게 축소하고 그 결과로 투표의 자유를 침해하는 것이 된다.** 앞에서 이미 1인 1표제가 유권자의 지지의사를 왜곡한다는 점을 지적하였거니와 지지의사의 왜곡이라는 것은 결국 지지 또는 포기의 강제에 의한 결과일 뿐이므로 **1인 1표제는 자유선거의 원칙에도 어긋나는 것이다.**

✣ 본 판례에 대한 평가 종전 국회의원비례대표제가 가지고 있는 문제점은 다음과 같다. 첫째, 비례대표제의 본질에 비추어 본 사표방지의 효과를 기대할 수 없었다. 비례대표국회의원선거제도는 일응 지역구국회의원선거에서 양산된 사표를 전국구제도를 통하여 어느 정도 중화할 수 있는 소지를 마련한 것으로 평가할 수도 있다. 그러나 지역구국회의원선거제도가 상대적 다수대표제를 채택하고 있기 때문에, 이른바 뒤베르제의 경향성법칙에 따라 양당제적 경향으로 흐르고 있는 정치적 상황에서는 그에 따라 나타난 결과를 통하여 비례대표제가 갖고 있는 이상을 실현할 수는 없었다.

둘째, 직능대표제의 기능은 사라지고 특정 정치지도자의 카리스마를 제도화시켜 주었다. 한국의 정당정치가 특정 정당지도자에 의한 사당화경향을 보이고 있는 중요한 요인 중의 하나로 비례대표국회의원선거제도를 들지 않을 수 없다. 특히 후보자명부작성에 있어서 민주적인 당내절차를 밟지 못하고 있었다.

셋째, 지역할거주의의 완화에도 기여하지 못하였다. 소선거구 다수대표제하의 지역할거주의 경향을 해결하는 데에 비례대표제도는 아무런 기여를 하지 못하였다. 선거인들은 자기지역 출신인사들이 비례대표로 당선되더라도 이들에게 지역대표성을 전혀 인정하지 않았다.

위와 같은 문제점을 내포하고 있던 과거 전국선거구 비례대표제는 헌법재판소의 위헌결정을 계기로 개정되었다. 그리하여 1인 1표제에 의한 전국선거구 비례대표제선거제도는 폐지되고, 2004년 국회의원총선거에서부터 1인 2표제에 의한 정당투표제가 도입되었다.

헌법과 공직선거법의 규정에 비추어 보건대 비례대표제의 존치가 불가피하다면 현행 전국선거구제도의 개혁이 요망된다. 전국선거구제도를 비례대표제의 본질에 부합하도록 하기 위하여는 현재 도입된 2중투표제(정당투표제) 외에도 권역별비례대표제를 도입하는 것이 바람직하다. 이를 위해 비례대표의원정수가 지역구국회의원정수의 2분의 1 정도로 상향조정되어야 한다. 그러나 이 또한 극복하여야 할 많은 과제를 안고 있다.

㉠ 정당투표식 비례대표제의 도입을 통하여 환경운동단체 등 일부 신진세력이 의회에 진입할 기회를 가진다는 점에서는 긍정적으로 평가할 수 있다. 그러나 한국적 현실에서 원내교섭단체를 구성하지 못하는 소수파의 존재가 어떠한 의미를 가질 수 있을지 의문이다. ㉡ 정당명부식 비례대표제는 정당의 민주화를 전제로 한다. 정당국가화 경향에 따라 한국에서도 이미 소선거구에서조차 유권자의 투표성향이 인물보다는 정당으로 기울고 있는 상황에서, 정당투표제의 도입은 정당이 정해 놓은 후보자에 대한 투표라는 점에서 정당민주화의 요구가 증폭된다. ㉢ 비례대표제의 실시에 따라 제1당이 국회재적의원 과반수를 확보하지 못하는 상황이 연출될 경우 그것은 자칫 군소정당의 난립에 따른 정국불안정으로 이어질 소지가 있다. 따라서 이에 대한 대응책도 숙고되어야 한다. ㉣ 비례대표제의 시행이 여야 간 평화적 정권교체의 새로운 장애요인이 될 수도 있다. 한국적 현실에서 비례대표제의 시행은 여당이 비록 의회 과반수를 확보하지는 못한다 하더라도 항시 제1당을 차지할 가능성이 높다. ㉤ 선거제도 자체와 직접 관련된 사안은 아니지만 정당의 이합집산이 심화되고 있는 상황에서 전국선거구 비례 대표국회의원의 당적이탈에 따라 야기되는 문제점도 시정되어야 한다.

한편, 기탁금제도와 관련하여 특별히 고찰할 수 있는 것은 기탁금제도 자체의 위헌성 여부뿐만 아니라 기탁금액수의 위헌성 여부, 기탁금 국고귀속의 위헌성 여부이다. 헌법재판소는 기탁금제도 자체에 대하여 합헌으로 결정하였고, 대통령선거에서의 기탁금 3억 원에 대하여 불성실한 입후보에 대하여 실질적인 제재효과를 거둘 수 있는 금액이라는 점을 고려하여 위 금액이 과다하다고 볼 수 없다고 판시하였다. 헌법재판소는 국회의원 선거에서 기탁금 국고귀속 기준인 유효투표총수의 20%에 대하여 위헌이라고 판시하였으나, 이 위헌결정으로 인해 2002. 3. 7. 개정된 공선법상의 '유효투표총수의 100분의 15'에 대해서는 합헌결정하였다(헌재 2003.8.21. 2001헌마687등).

관련 문헌: 성낙인, 헌법연습(전국구 국회의원선거제도의 헌법상 문제점), 118-127면.

Ⅱ 선거제도의 기본원칙

I 대통령선거법 제36조 제1항 등 위헌제청: 위헌(헌재 1994.7.29. 93헌가4등)

쟁점 선거운동기간을 제한하고 이를 위반시 처벌하도록 한 구 대통령선거법 제34조, 제36조 등이 헌법에 위반되는지 여부

사건의 개요

제청신청인 甲, 乙은 대통령선거법위반죄로 기소되어 각각 서울형사지방법원과 서울지방법원 서부지원에 공판이 계속 중에 있다. 서울형사지방법원은 甲의 신청에 따라 구 대통령선거법(이하 "법"이라 한다) 제36조 제1항 본문과 그 벌칙조항에 대하여, 서울지방법원 서부지원은 乙의 신청에 따라 법 제34조, 제36조 제1항 본문과 그 벌칙조항에 대하여, 위헌여부의 의심이 있다는 이유를 들어 각 심판을 제청하였다.

심판의 대상

대통령선거법 제34조 (선거운동의 기간) 선거운동은 당해 후보자의 등록이 끝난 때로부터 선거일 전일까지에 한하여 이를 할 수 있다.

제36조 (선거운동을 할 수 없는 자) ① 정당·후보자·선거사무장·선거연락소장·선거운동원 또는 연설원이 아닌 자는 선거운동을 할 수 없다. 다만, 후보자의 배우자, 후보자 및 그 배우자의 직계존·비속과 형제자매, 후보자의 직계비속 및 형제자매의 배우자(이하 "가족"이라 한다)는 그러하지 아니하다.

제162조 (사전운동·특수지위이용·호별방문 등 부정선거운동죄) ① 다음 각호의 1에 해당하는 자는 3년 이하의 징역이나 금고 또는 300만원 이하의 벌금에 처한다.

1. 제34조 내지 제37조 제1항, 제40조 제2항 및 제7항, 제49조, 제56조, 제60조, 제61조의3, 제61조의4, 제63조, 제64조, 제67조, 제67조의3, 제67조의4 또는 제74조의 규정에 위반한 자

참조 조문

대통령선거법 제33조 (정의) ① 이 법에서 "선거운동"이라 함은 당선되거나 되게 하거나 되지 못하게 하기 위한 행위를 말한다.

② 선거에 관한 단순한 의견의 개진, 입후보를 위한 준비행위 및 선거운동을 위한 준비행위와 정당의 통상적인 활동은 선거운동으로 보지 아니한다.

주 문

1. 구 대통령선거법 제36조 제1항 본문과 제162조 제1항 제1호의 제36조 제1항 본문 부분 중 별지목록에 적은 자 이외의 자들에까지 선거운동을 금지하고, 이를 위반한 자를 처벌하는 것은 헌법에 위반된다.
2. 위 구 대통령선거법 제34조와 제162조 제1항 제1호 중 제34조 부분은 헌법에 위반되지 아니한다.

판 단

Ⅰ. 선거운동의 헌법적 의의와 그 규제의 한계

1. 선거운동의 자유

민주정치는 주권자인 국민이 되도록 정치과정에 참여하는 기회가 폭넓게 보장될 것을 요구한다. 이는 국민주권의 원리로부터 나오는 당연한 요청이다. 특히 대의민주주의를 원칙으로 하는 오늘날의 민주정치 아래에서의 선거는 국민의 참여가 필수적이고, 주권자인 국민이 자신의 정치적 의사를 자유로이 결정하고 표명하여 선거에 참여함으로써 민주사회를 구성하고 움직이게 하는 것이다. 따라서 국민의 주권행사 내지 참정권 행사의 의미를 지니는 선거과정에의 참여행위는 원칙적으로 자유롭게 행하여질 수 있도록 최대한 보장하여야 한다.

한편 **자유선거의 원칙은 비록 우리 헌법에 명시되지는 않았지만 민주국가의 선거제도에 내재하는 법원리인 것으로서 국민주권의 원리, 의회민주주의의 원리 및 참정권에 관한 규정에서 그 근거를 찾을 수 있다. 이러한 자유선거의 원칙은 선거의 전 과정에 요구되는 선거권자의 의사형성의 자유와 의사실현의 자유를 말하고, 구체적으로는 투표의 자유, 입후보의 자유, 나아가 선거운동의 자유를 뜻한다.** 선거운동의 자유는 널리 선거과정에서 자유로이 의사를 표현할 자유의 일환이므로 표현의 자유의 한 태양이기도 하다. **표현의 자유, 특히 정치적 표현의 자유는 선거과정에서의 선거운동을 통하여 국민이 정치적 의견을 자유로이 발표·교환함으로써 비로소 그 기능을 다하게 된다**

할 것이므로 선거운동의 자유는 헌법에 정한 언론 · 출판 · 집회 · 결사의 자유 보장규정에 의한 보호를 받는다. 또한 우리 헌법은 참정권의 내용으로서 모든 국민에게 법률이 정하는 바에 따라 선거권을 부여하고 있는데, 선거권이 제대로 행사되기 위하여는 후보자에 대한 정보의 자유 교환이 필연적으로 요청된다 할 것이므로, 선거운동의 자유는 선거권 행사의 전제 내지 선거권의 중요한 내용을 이룬다고 할 수 있다. 그러므로 선거운동의 제한은 선거권, 곧 참정권의 제한으로도 귀결된다.

2. 선거운동규제의 한계

민주적 의회정치의 기초인 선거는 본래 자유로워야 하는 것이지만 그것은 동시에 공정하게 행하여지지 아니하면 아니 된다. 금권, 관권, 폭력 등에 의한 타락선거를 방지하고, 무제한적이고 과열된 선거운동으로 말미암아 발생할 사회경제적 손실과 부작용을 방지하고, 실질적인 선거운동의 기회균등을 보장하기 위하여는 선거의 공정성이 확보되어야 한다. 선거의 공정성 확보를 위하여는 어느 정도 선거운동에 대한 규제가 행하여지지 않을 수 없고, 이는 곧 선거운동의 자유를 제한하는 셈이 되므로 기본권제한의 요건과 한계에 따라야 한다. 그러므로 우리 **헌법상 선거운동의 자유도 다른 기본권과 마찬가지로 헌법 제37조 제2항에 따라 국가안전보장 · 질서유지 · 공공복리를 위하여 필요한 경우에 한하여 법률로 제한할 수 있되, 다만 선거운동의 자유에 대한 본질적 내용은 침해할 수 없다.** 즉, 선거운동은 국민주권 행사의 일환일 뿐 아니라 정치적 표현의 자유의 한 형태로서 민주사회를 구성하고 움직이게 하는 요소이므로 그 제한입법에 있어서도 엄격한 심사기준이 적용된다 할 것이다. 따라서 입법자는 선거에 관한 입법을 함에 있어서 위와 같은 선거의 이상이 실현될 수 있도록 선거의 공정성을 크게 해치지 아니하는 한 국민의 선거운동의 자유를 최대한 보장하여야 하고, 그 시대에 있어서의 국민총체의 정치 · 사회발전단계, 민주시민의식의 성숙도, 종래에 있어왔던 선거풍토 기타 제반상황을 종합하여 자유 · 공정의 두 이념이 슬기롭게 조화되도록 정하여야 한다.

Ⅱ. 심판대상 법률조항이 명확성의 원칙에 위반되는지 여부

1. 죄형법정주의와 명확성의 원칙

헌법 제12조 제1항은 누구든지 법률과 적법한 절차에 의하지 아니하고는 처벌 · 보안처분 또는 강제노역을 받지 아니한다고 규정하고 있다. 이러한 **죄형법정주의의 원칙은 법률이 처벌하고자 하는 행위가 무엇이며 그에 대한 형벌이 어떠한 것인지를 누구나 예견할 수 있고, 그에 따라 자신의 행위를 결정할 수 있게끔 구성요건을 명확하게 규정할 것을 요구한다.**

그러나 처벌법규의 구성요건이 명확하여야 한다고 하여 입법권자가 모든 구성요건을 단순한 의미의 서술적인 개념에 의하여 규정하여야 한다는 것은 아니다. **처벌법규의 구성요건이 다소 광범위하여 어떤 범위에서는 법관의 보충적인 해석을 필요로 하는 개념을 사용하였다고 하더라도, 그 점만으로 헌법이 요구하는 처벌법규의 명확성에 반드시 배치되는 것이라고는 볼 수 없다.** 그렇지 않으면, 처벌법규의 구성요건이 지나치게 구체적이고 정형적이 되어 부단히 변화하는 다양한 생활관계를 제대로 규율할 수 없게 될 것이기 때문이다. 다만, 자의를 허용하지 않는 통상의 해석방법에 의하더라도 당해 처벌법규의 보호법익과 그에 의하여 금지된 행위 및 처벌의 종류와 정도를 누구나 알 수 있도록 규정되어 있어야 하는 것이다. 따라서 처벌법규의 구성요건이 어느 정도 명확하여야 하는가는 일률적으로 정할 수 없고, 각 구성요건의 특수성과 그러한 법적규제의 원인이 된 여건이나 처벌의 정도 등을 고려하여 종합적으로 판단하여야 한다.

2. 위 법률조항에서 규정한 선거운동이 명확성의 원칙에 위반되는지 여부

이 사건 심판대상인 법률조항들은 단지 선거운동이라고만 규정하고 있을 뿐이고, 선거운동이 무엇을 뜻하는지는 법 제33조에서 "당선되거나 되게 하거나 되지 못하게 하기 위한 행위"라고 정의하고, 선거에 관한 단순한 의견의 개진, 입후보를 위한 준비행위 및 선거운동을 위한 준비행위와 정당의 통상적인 활동은 선거운동이 아니라고 규정하고 있다. 여기에서 "당선되거나 되게 하거나 되지 못하게 하기 위한 행위"라는 말과 "단순한 의견개진"이라는 말은 애매하고 불명확한 요소가 있고, 광범위한 해석의 여지가 없지 아니하다. 그러나 이러한 입법의 애매성은 통상적인 해석방법에 의하여 해소될 수 있는 것인가가 문제이고 해석으로 선거운동과 단순한 의견개진 등 선거운동이 아닌 것과의 구별을 가능하게 하는 잣대를 제공할 수 있다면 위헌이라고 말할 수 없다.

그런데 위 법률조항들의 입법목적과 선거운동 규제조항의 전체적 구조 등을 고려하면 선거운동이라 함은 특정 후보자의 당선 내지 이를 위한 득표에 필요한 모든 행위 또는 특정 후보자의 낙선에 필요한 모든 행위 중 당선 또는 낙선을 위한 것이라는 목적의사가 객관적으로 인정될 수 있는 능동적, 계획적 행위를 말하는 것으로 풀이할 수 있다. 그렇다면 법 제34조, 제36조 제1항 본문 및 그 벌칙조항인 제162조 제1항 제1호 중 각 해당부분은 통상의 일반인에게 구체적으로 어떠한 행위들이 금지되고 있는가를 미리 알려주고 그들이 불이익한 처분을 받는 일을 하지 아니하도록 상당한 주의, 경고를 하고 있는 것으로 볼 수 있으므로 헌법 제12조 제1항이 요구하는 죄형법정주의의 명확성의 원칙에 위배된다고 할 수 없다.

Ⅲ. 법 제34조의 위헌여부

1. 선거운동기간 제한의 필요성

선거운동의 기간제한은 각 나라의 정치적 수준과 선거행태, 국민들의 선거의식과도 함수관계에 있다. 미국·독일과 같은 나라에서는 선거운동의 기간에 대한 제한이 없는 반면, 프랑스·일본에서는 우리와 같이 선거운동기간을 제한하고 있다. 그런데 우리나라는 반세기 가까이 수많은 선거를 치러 왔으면서도 아직껏 우리가 바라는 이상적인 선거풍토를 이룩하지 못하고 금권, 관권 및 폭력에 의한 부정, 과열선거가 항상 문제되어 왔다. 이러한 상황 아래 위와 같은 폐해를 방지하고 공정한 선거를 실현하기 위하여 선거운동의 기간에 일정한 제한을 두는 것만으로 위헌으로 단정할 수는 없다. 다만, 선거운동기간이 헌법적합성과 관련하여 문제가 되는 것은 선거운동기간을 어느 정도 허용할 것인지, 선거운동의 시기와 종기를 어떻게 정할 것인가 등이 문제이다.

2. 대통령선거운동기간을 제한한 것이 헌법에 위반되는지 여부

법 제34조는 "당해 후보자의 등록이 끝난 때로부터 선거일 전일까지에 한하여" 선거운동을 허용하고, 그 외 시기의 선거운동을 금지하고 있다. 기간의 제한 없이 선거운동을 무한정 허용할 경우에는 후보자간의 오랜 기간 동안의 지나친 경쟁으로 선거관리의 곤란으로 이어져 부정행위의 발생을 막기 어렵게 된다. 또한 후보자간의 무리한 경쟁의 장기화는 경비와 노력이 지나치게 들어 사회경제적으로 많은 손실을 가져올 뿐만 아니라 후보자간의 경제력 차이에 따른 불공평이 생기게 되

고 아울러 막대한 선거비용을 마련할 수 없는 젊고 유능한 신참 후보자의 입후보의 기회를 빼앗는 결과를 가져올 수 있다. 그렇다면 법 제34조에서 정하는 선거운동의 기간제한은 제한의 입법목적, 제한의 내용, 우리나라에서의 선거의 태양, 현실적 필요성 등을 고려할 때 필요하고도 합리적인 제한이며, 선거운동의 자유를 형해화할 정도로 과도하게 제한하는 것으로 볼 수 없다 할 것이므로 헌법에 위반되지 아니하고, 따라서 그 벌칙조항인 제162조 제1항 제1호 중 제34조 부분 역시 헌법에 위반되지 아니한다.

Ⅳ. 법 제36조 제1항 본문의 위헌여부

법 제36조 제1항 본문은 "정당 · 후보자 · 선거사무장 · 선거연락소장 · 선거운동원 또는 연설원이 아닌 자는 선거운동을 할 수 없다"고 규정하고 있다. 이에 따라 후보자가 아닌 일반국민은 후보자의 가족이 아니면(같은 조 제1항 단서) 위 법률조항에 정한 선거관계자의 신분을 획득하지 아니하는 한 선거운동을 할 수 없고, 이를 위반하면 법 제162조 제1항 제1호에 의하여 처벌된다. 즉, 위 법률조항은 일반국민이 선거권자라는 신분만으로는 선거운동을 전혀 할 수 없도록 금지하여 선거운동의 자유를 제한하고 있다.

선거의 공정성을 확보하기 위하여 선거운동을 할 수 있는 주체를 제한할 수 있다 하더라도 그 제한은 최소한이어야 하고, 선거권을 가진 일반국민이 선거운동을 자유롭게 할 수 있도록 하여야 함은 국민주권의 원칙상 당연한 요청이다. 그럼에도 위 법률조항은 원칙적으로 전 국민에 대하여 선거운동을 금지한 다음 후보자의 가족, 정당이나 후보자에 의하여 선임되어 선거관리위원회에 신고된 극소수의 선거관계인들만이 선거운동을 할 수 있게 하고 있다. 법 제34조, 제35조, 제43조 내지 제78조 등의 규정에 의해서도 공정선거를 이루는 데 부족함이 없다 할 것인데도 이에 더하여 일반국민의 선거운동을 포괄적으로 금지한 것은 필요한 최소한도에 그쳐야 한다는 기본권제한의 원칙에 위배된 것이라 아니할 수 없다.

그러므로 법 제36조 제1항 본문 및 그 벌칙조항인 제162조 제1항 제1호 중 제36조 제1항 본문 부분은 입법형성권의 한계를 넘어 국민의 선거운동의 자유를 지나치게 제한함으로써 국민의 참정권과 정치적 표현의 자유의 본질적 내용을 침해하는 것이므로, 헌법 제21조 제1항, 제24조의 각 규정에 위배되고, 나아가 헌법상의 국민주권주의 원칙과 자유선거의 원칙에도 각 위반되는 요소가 많은 규정이라 아니할 수 없다.

Ⅴ. 기 시행한 선거의 위헌성

이 사건에서 비록 위에서 본 바와 같이 위헌으로 선고되는 법률조항이 있다고 하여 이미 여 · 야 합의로 성립 · 시행되었던 구 대통령선거법에 의하여 치러진 대통령선거의 정치적 · 민주적 정당성에 흠집이 생긴다고는 단언할 수 없다는 점이다. 어느 대통령선거 및 그에 기초하여 탄생한 정권의 민주적 정당성의 구비 여부는 선거를 둘러싼 정권창출의 정치적 전 과정에 대한 국민 총의의 향배에 달려 있다고 할 것이므로 선거관계법 중의 어느 한 조항에 대하여 사후 위헌선언된다고 하여 함부로 그러한 정당성이 상실된다고는 할 수 없기 때문이다.

Ⅵ. 결　론

그렇다면, 법 제36조 제1항 본문과 그 벌칙조항인 제162조 제1항 제1호 중 제36조 제1항 본문 부분은 각 신법 제60조 제1항에 규정된 자 이외의 사람들에까지 선거운동을 금지하고, 이를 위반한 자를 처벌하는 것은 헌법에 위반된다 할 것이고, 법 제34조와 그 벌칙조항인 제162조 제1항 제1호 중 제34조 부분은 헌법에 위반되지 아니한다고 할 것이므로 주문과 같이 결정한다.

재판관 변정수의 보충의견

선거운동의 과도한 제한은 정치적 기득권자에게 유리한 반면 도전자에게 불리하게 작용하기 때문에 실질적 기회균등을 침해하므로 구 대통령선거법 제36조 제1항은 헌법 제116조 제1항의 "균등한 기회가 보장되어야 한다"는 규정에 위반되고 민주적 선거제도의 본질을 침해하므로 위헌이다.

선거운동의 주체에 관한 구 대통령선거법 제36조 제1항의 위헌사유는 선거결과를 좌우할 수 있는 중대한 사유이므로 그에 의하여 실시된 제13대, 제14대 대통령선거는 당연무효이고, 현 정부는 그 정통성과 정당성을 상실하였으므로 재선거 등 보완작업이 있어야 한다.

재판관 김진우의 반대의견

선거운동의 자유나 표현의 자유도 선거운동의 과열·타락방지, 선거의 공정성 확보 등 공공이익을 위하여 제한할 수 있고, 구 대통령선거법 제36조는 우리의 선거풍토, 민주정치의 성숙도 기타 정치·경제·사회·문화적 제반실정에 적합하게 선거의 공정과 선거의 자유를 최대한도록 보장·조화하는 내용으로, 역사상 가장 민주적인 여야합의하에 국민적 합의를 바탕으로 하여 위와 같은 선거의 공정성을 확보하기 위하여 필요한 범위 내에서 선거운동을 할 수 있는 자의 범위를 일부 제한하는 내용으로서 과잉금지의 원칙에 위반되지 않는다.

구 대통령선거법 제36조의 위헌은 실제득표율에 비추어 보더라도 선거결과에 영향을 도저히 미치지 못하므로, 그 위헌을 이유로 정부의 정통성에 어떤 영향을 끼칠 수는 없다.

재판관 한병채의 반대의견

구 대통령선거법 제36조 제1항 본문과 제162조 제1항 제1호의 제36조 제1항 본문 부분의 위헌여부는 선거운동제한에 관한 위 법 제33조 이하 관계규정 전체를 종합하여 검토·평가하여야 하고, 대통령선거법에 의한 선거운동의 제한범위에 관한 사항은 헌법 제116조 제1항의 특별규정에 근거하여 제한의 입법목적, 선거의 행태, 민주시민으로서의 자질의 성숙도 및 현실적 필요성 등을 고려하여 국민의 대표기관인 입법부의 입법재량에 의하여 입법정책으로 결정될 문제다.

✢ 본 판례에 대한 평가 공직선거법상 금지되어 있지 않는 한 선거운동은 누구나 자유롭게 할 수 있다(제58조 제2항). 선거운동이란 당선되거나 당선되게 하거나 되지 못하게 하기 위한 행위이다. 하지만 ㉠ 선거에 관한 단순한 의견개진 및 의사표시, ㉡ 입후보와 선거운동을 위한 준비행위, ㉢ 정당의 후보자추천에 관한 단순한 지지·반대의 의견개진 및 의사표시, ㉣ 통상적인 정당활동은 선거운동이 아니다(제58조 제1항).

사전선거운동과 선거일의 선거운동은 금지된다. 즉 선거운동은 원칙적으로 후보자등록마감일의 다음날부터 선거일 전일까지 한하여 이를 할 수 있다(제59조). 그러나 선거일 전 일정기간 내에 관할 선거구선거관리위원회에 서면으로 예비후보자등록을 신청한 예비후보자는 동법 제60조의3의 규정에 의한 선거운동을 할 수 있다(제60조의2).

종래 각종 선거법은 선거운동의 자유에 관하여 포괄적으로 선거운동의 방법을 금지하고 예외적으로 선거법이 인정하는 방법만을 허용하는 방식으로 규정하고 있었다. 이에 대해서 선거운동의 자유를 과도하게 제한하는 입법이라는 비판을 받아왔었다. 그리하여 각종 선거관련법률을 통합하여 제정된 공직선거법은 제58조 제2항에서 "누구든지 자유롭게 선거운동을 할 수 있다. 그러나 이 법 또는 다른 법률의 규정에 의하여 금지 또는 제한되는 경우에는 그러하지 아니하다"라고 하여 선거운동의 자유를 원칙적으로 보장하고 있으며 예외적으로 금지되는 선거운동의 방법에 관하여 규정하고 있다.

헌법재판소의 본 결정은 이와 같은 선거운동의 자유에 관한 종래의 입법이 헌법에 위반됨을 분명히 한 점에 의의가 있다.

[요약판례 1] 공직선거법 제93조 제1항 등 위헌확인: 한정위헌(헌재 2011.12.29. 2010헌바88등)

대의민주주의를 원칙으로 하는 오늘날 민주정치 아래에서의 선거는 국민의 참여가 필수적이고, 정치적 표현의 자유는 국민이 선거과정에서 정치적 의견을 자유로이 발표·교환함으로써 비로소 그 기능을 다하게 된다 할 것이므로, 선거운동의 자유는 헌법에 정한 언론·출판·집회·결사의 자유 보장 규정에 의한 보호를 받는다. 이와 같은 정치적 표현의 자유의 헌법상 지위, 선거운동의 자유의 성격과 중요성에 비추어 볼 때, 정치적 표현 및 선거운동에 대하여는 '자유를 원칙으로, 금지를 예외로' 하여야 하고, '금지를 원칙으로, 허용을 예외로' 해서는 안 된다는 점은 자명하다.

[요약판례 2] 공직선거법 제155조 제2항 등 위헌확인: 헌법불합치(헌재 2012.2.23. 2010헌마601)

이 사건 투표시간조항 중 투표종료시간 부분이 청구인의 선거권과 평등권을 침해하는지 여부(소극) 및 이 사건 투표시간조항 중 투표개시시간 부분이 청구인의 선거권과 평등권을 침해하는지 여부(적극)

헌법 제24조는 모든 국민에게 법률이 정하는 바에 의하여 선거권을 보장하고 있는바, 민주주의 국가에서 국민주권과 대의제 민주주의의 실현수단으로서 선거권이 갖는 중요성에 비추어, 입법자는 선거권을 최대한 보장하는 방향으로 입법을 하여야 한다. 특히, 이 사건 투표시간조항과 같이 부재자투표시간을 평일 일과시간 이내로 정하고 있어 평일 일과시간에 학업과 직장업무를 하여야 하는 부재자투표자의 투표권행사를 사실상 어렵게 함으로써 결과적으로 이들의 선거권 자체를 제한하는 것으로 볼 수 있는 투표절차조항의 경우, 입법자는 일반적인 부재자투표자가 실제로 선거권을 행사할 수 있도록 투표절차를 법적으로 형성하여야 할 것이다.

개정된 법령: 공직선거법 155조 ② 제148조(부재자투표소의 설치)의 규정에 의한 부재자투표소는 부재자투표기간중 매일 오전 6시에 열고 오후 4시에 닫는다. 이 경우 제1항 단서의 규정은 부재자투표소에 이를 준용한다. 〈개정 2012.10.2〉

Ⅱ 공직선거및선거부정방지법 [별표1]의 국회의원지역선거구구역표 위헌확인: 기각 (헌재 1995.12.27. 95헌마224등)

쟁점 국회의원지역선거구간 인구편차의 허용한계와 인접하지 않은 2개의 행정구역을 하나의 선거구로 한 선거구획정의 위헌성

사건의 개요

청구인 甲은 서울 강남구에, 乙외 5명은 부산 해운대구 기장군에, 丙은 서울 은평구에, 丁은 부천시 소사구에, 戊는 서울 서대문구에 각각 거주하는 자들로서 제15대 국회의원선거에서 선거권을 행사하려고 하였는데 국회의원지역선거구구역표상의 최소선거구인 전남 장흥군 선거구의

인구에 비해 자신들의 선거구의 인구가 각각 4.64배, 5.87배, 4.46배, 3.37배, 3.16배의 인구편차를 보이고 있어 자신들의 투표권의 가치가 불합리하게 과소평가됨으로써 평등권 및 선거권이 침해 되었다며 헌법소원심판을 청구하였다.

한편 己는 충북 보은군 영동군에 거주하는 자로서, 충북 보은군·영동군 선거구는 원래 옥천군과 합하여 3개 군이 하나의 선거구를 이루고 있었으나 이 사건 선거구구역표에 의하여 보은군과 영동군 사이에 위치한 옥천군이 단독 선거구로 되면서 지리적으로 분리되어 있는 보은군과 영동군이 하나의 선거구로 되어 투표가치의 실질적 평등이 침해되었고 이로써 자신의 정당한 선거권이 침해되었다고 주장하며 헌법소원심판을 청구하였다.

심판의 대상

공직선거및선거부정방지법 "별표1"의 「국회의원지역선거구구역표」

참조 조문

헌법 제11조 제1항, 제41조 제1항·제3항

공직선거및선거부정방지법 제25조 (국회의원지역구의 획정) ① 국회의원지역선거구(이하 "국회의원지역구"라 한다)는 시·도의 관할구역 안에서 인구·행정구역·지세·교통 기타 조건을 고려하여 이를 획정하되, 구(자치구를 포함한다)·시(구가 설치되지 아니한 시를 말한다)·군(이하 "구·시·군"이라 한다)의 일부를 분할하여 다른 국회의원지역구에 속하게 하지 못한다.

주 문

1. 공직선거및선거부정방지법 제25조 제2항에 의한 동법 "별표 1" 「국회의원지역선거구구역표」(1995. 8. 4. 법률 제4957호로 개정된 것)는 헌법에 위반된다.
2. 청구인 甲, 丙, 丁, 戊의 각 심판청구는 이를 모두 기각한다.

판 단

Ⅰ. 국회의원지역선거구의 획정

1. 선거권의 평등과 국회의 재량권

(1) 우리 헌법은 제11조 제1항에서 모든 국민은 법 앞에 평등하다고 규정함으로써 일반적으로 "평등의 원칙"을 선언함과 동시에, 제41조 제1항에서 국회는 국민의 보통·평등·직접·비밀선거에 의하여 선출된 국회의원으로 구성한다고 규정함으로써 국회의원의 선거에 있어서 "평등선거의 원칙"을 선언하고 있다. 이러한 평등선거의 원칙은 평등의 원칙이 선거제도에 적용된 것으로서 투표의 수적 평등 즉 복수투표제 등을 부인하고 모든 선거인에게 1인 1표(one man, one vote)를 인정함을 의미할 뿐만 아니라 투표의 성과가치의 평등 즉 1표의 투표가치가 대표자선정이라는 선거의 결과에 대하여 기여한 정도에 있어서도 평등하여야 함(one vote, one value)을 의미한다. 그러나 이러한 **투표가치의 평등은 모든 투표가 선거의 결과에 미치는 기여도 내지 영향력에 있어서 숫자적으로 완전히 동일할 것까지를 요구하는 것이라고는 보기 어렵다.**

(2) 대의제민주주의에 있어서의 선거제도는, 선출된 대표자를 통하여 국민의 의견이나 이해가 공정하고도 효과적으로 국정에 반영되도록 하는 것이 중요하다고 하겠으나, 다른 한편 정치적 안정의 요청이나 나라마다의 역사적·사회적·정치적 상황 등도 고려하여 실정에 맞도록 결정되어야 하는

것이다. 따라서 **선거제도의 중요한 요소인 선거구를 획정함에 있어서도 1인 1표와 투표가치 평등의 원칙을 고려한 선거구간의 인구의 균형뿐만 아니라, 그 나라의 행정구역, 지세, 교통사정, 생활권 내지 역사적, 전통적 일체감 등 여러 가지 정책적 · 기술적 요소가 고려될 수 있을 것이다.** 우리 헌법도 제41조 제1항에서 국회의원선거에 있어서의 평등선거의 원칙을 선언하면서도 그 제3항에서 선거제도와 선거구의 획정에 관한 구체적 사항을 국회의 재량에 맡기고 있으며, 이에 따라 공직선거및선거부정방지법은 제25조 제1항에서 "국회의원지역선거구는 시 · 도의 관할구역 안에서 인구 · 행정구역 · 지세 · 교통 기타 조건을 고려하여 이를 획정"한다고 규정하고 있다.

(3) 국회는 구체적인 선거제도를 정함에 있어서 합리적인 다른 정책적 목표도 고려할 수 있는 것이지만, 적어도 선거구의 획정에 있어서는 인구비례의 원칙을 가장 중요하고 기본적인 기준으로 삼아야 할 것이고, 여타의 조건들은 그 다음으로 고려되어야 할 것이다. 따라서 선거구획정에 관한 국회의 재량권에는 이러한 헌법적 요청에 의한 한계가 있음을 유의하여야 한다. 그러므로 **국회가 결정한 구체적인 선거제도의 구조 아래에서 발생한 투표가치의 불평등이 발생한 경우에, 이러한 불평등이 헌법적 요청에 의한 한계 내의 재량권행사로서 그 합리성을 시인할 수 있는지의 여부를 검토하여, 여러 가지 비인구적 요소를 모두 참작한다고 하더라도 일반적으로 합리성이 있다고는 도저히 볼 수 없을 정도로 투표가치의 불평등이 생긴 경우에는 헌법에 위반된다고 하여야 할 것이다.**

2. 이 사건 선거구구역표의 위헌여부

(1) 외국의 입법례와 판례

미국의 경우 대략 선거구 평균인구수로부터 상하 10%미만의 편차는 일응 합헌인 것으로 보고 있고, 일본은 중의원선거의 경우에는 대략 인구비율 3:1 정도를 기준으로 하여 판단하고 있으며, 독일 연방선거법은 "한 선거구의 인구수가 선거구의 평균인구수로부터 25%를 초과하는 편차를 보여서는 아니 된다(훈시규정). 편차가 33 1/3%(이 경우 최대선거구와 최소선거구의 인구비율은 2:1이다)를 넘으면 선거구 경계를 새로이 획정하여야 한다(효력규정)"고 규정하고 있다.

(2) 우리나라의 특수사정

우리나라는 단원제를 채택하고 있어, 국회의원이 법리상 국민의 대표이기는 하나 현실적으로는 어느 정도의 지역대표성도 겸하고 있다는 점, 단순히 인구비례만 고려하여 선거구를 획정하는 경우에는 각 분야에 있어서의 도 · 농간의 격차가 더 심화될 우려가 있다는 점 등을 감안한다면 **선거구간의 인구비례의 원칙을 완화해야 할 정책적인 필요가 있다고 볼 수 있는 반면, 소선거구제와 결합한 다수대표제 하에서 선거구간 인구수의 현저한 편차까지도 허용한다면 대의제민주주의의 기본을 흔드는 결과를 초래할 수도 있다는 점 역시 간과하여서는 안 될 것이다.**

(3) 선거구별 인구편차

전국 선거구의 평균인구수는 175,460명으로서 이로부터 상하 50%의 편차(상한 인구수와 하한 인구수의 비율이 3:1)를 벗어나는 선거구가 54개나 되며, 상하 60%의 편차(상한인구수와 하한 인구수의 비율이 4:1)를 벗어나는 선거구만도 22개에 이르고 있으며, 다른 한편 도시유형의 선거구 상호간 및 농어촌유형의 선거구 상호간에도 상당한 인구편차를 보이고 있다. 국회의원 선거구별 인구현황이 위와 같다고 한다면 적어도 이 사건 선거구구역표중 일부는 인구편차의 허용한계에 관한 헌법적 요청을 위반한 것이라 보지 않을 수 없다. 다만, 이러한 인구편차의 허용한계에 관하여는 재판관들의 의견이 엇갈린다.

Ⅱ. 인구편차의 허용한계에 관한 기준

1. 재판관 5인(김용준, 김진우, 김문희, 황도연, 신창언)의 의견

(1) 공통의견

선거구획정에 있어서 평등선거의 원칙을 엄격히 적용한다면 최대선거구의 인구수가 최소선거구의 인구수의 2배 이상인 경우에는 평등의 원칙에 위배되는 것으로서 위헌이라고 보아야 할 것이되, 인구편차에 관한 위헌 여부의 판정기준을 일정한 수치로써 설정하고 그 정당성을 합리적으로 논증한다는 것은 매우 어려운 일이므로 헌법재판소의 권한범위 안에서 입법형성에 있어서 준거가 될만한 일응의 헌법합치적 기준을 제시하고자 한다.

우선 인구편차의 허용기준에 관하여, 최소선거구의 인구수를 기준으로 할 것인가 아니면 전국 선거구의 평균인구수를 기준으로 할 것인가가 문제되는데, 전국 선거구의 평균인구수를 기준으로 하여 인구편차의 허용기준을 검토해 보고자 한다. 선거관리위원회와 선거구획정위원회의 의견과 이론 등을 종합할 때, 현재 우리나라의 제반여건 아래에서는 적어도 국회의원의 선거에 관한 한, 전국선거구의 평균인구수 상하 60%의 편차를 초과하는 선거구가 있을 경우에는, 그러한 선거구의 획정은 국회의 합리적 재량의 범위를 일탈한 것으로서 헌법에 위반된다고 보아야 할 것이다. **선거구의 획정에 있어서는 인구비례의 원칙이 가장 중요하고 기본적인 기준이며, 평등선거의 원칙을 엄격히 적용하는 경우에는 적어도 최대선거구의 인구수가 최소선거구의 인구수의 2배이상인 때에는 위헌이라고 한다면, 제2차적 고려요소를 아무리 크게 고려한다고 하더라도 최대선거구와 최소선거구의 인구비율이 4:1을 넘는 경우(상하 60%의 편차)에는 헌법합치적 설명이 불가능할 것이다.** 그렇다면 이 사건의 경우 "부산 해운대구·기장군 선거구"와 "서울 강남구 을선거구"는 전국 선거구의 평균인구수에서 상하 60%의 편차를 넘어선 것으로서 위헌이라고 보아야 할 것이다.

(2) 재판관 김문희, 재판관 황도연, 재판관 신창언의 위 공통의견에 대한 보충의견

선거구획정에 따른 선거구간의 인구의 편차가 헌법상의 문제로 구체적으로 논의된 적이 일찍이 없었던 점과 현재의 우리나라의 제반 여건 아래에서는 적어도 국회의원의 선거에 관한 한 전국선거구의 평균 인구에서 상하 60%의 편차 범위 안에 드는 선거구의 경우, 그러한 선거구의 획정은 국회의 합리적 재량범위를 벗어난 것으로 볼 수 없다는 5인의견에, 지금은 굳이 반대하지 아니한다. 그러나 국회는 현재의 국회의원지역선거구간의 인구의 불균형에 대하여 스스로 이를 시정하기 위한 필요하고도 합리적인 기간 안에 선거구간의 인구의 편차를 위해서 지적한 법리상 허용한계치라고 할 수 있는 최대선거구의 인구가 최소선거구 인구의 2배를 넘지 아니하는 수준으로 조정토록 함이 마땅하다 할 것이고, 한편 **우리재판소도 국회가 그 시정을 하기 위한 합리적인 기간이 지난 뒤에는 최소·최대 선거구간의 인구편차를 1 대 2 미만의 기준에 따라 위헌여부를 판단하여야 할 것이다.**

(3) 재판관 김진우의 위 공통의견에 대한 보충의견

인구비율이 4:1이 넘는 경우 국회의원선거구획정은 위헌이라는 5인의견에 결론적으로 찬성하지만, 앞으로 국회의원선거에 있어서의 투표가치의 격차가 인구밀도 등에서 같은 여건인 같은 도시지역 사이, 같은 농어촌지역 사이에 있어서의 투표가치의 비율이 2:1 미만이 되도록 조정되어야 할 뿐만 아니라, 전국적인 관점에서도 2:1 미만으로 하향 조정되어야 한다고 생각한다.

2. 재판관 4인(이재화, 조승형, 정경식, 고중석)의 의견

일차적 판단기준인 인구비례의 원칙외에도 도시유형의 선거구와 농어촌유형의 선거구를 따로 나누어 각각의 인구편차를 다른 하나의 기준으로 삼을 필요가 있다. 우리나라의 국회제도 및 선거제도와 외국의 입법례 및 판례 등에 비추어 보면 우선 전국적인 선거구간의 인구편차의 허용한계는 전국 선거구평균인구수에서 상하 60%(상한 인구수와 하한 인구수의 비율이 4:1)로 봄이 상당하다고 할 것이고, 다음 도시유형의 선거구와 농어촌 유형의 선거구간의 인구편차의 허용한계는 각각 선거구 평균인구수에서 상하 50%(상한 인구수와 하한 인구수의 비율이 3:1)로 봄이 상당하다고 할 것이다. 따라서 **전국 선거구 평균인구수에서 상하 60%의 편차를 초과함과 동시에 같은 유형의 선거구 평균인구수에서 상하 50%의 편차를 초과하는 선거구가 있을 경우에는 그러한 선거구의 획정은 국회의 재량의 범위를 일탈하여 평등선거의 원칙에 위반되는 선거구획정이라고 보는 것이 상당하다고 하겠다.** 그렇다면 이 사건의 경우 부산광역시 해운대구·기장군 선거구의 경우 전국 선거구 평균인구수를 기준으로 할 경우와 같은 광역시 지역의 선거구 평균 인구수를 기준으로 할 경우 모두 허용편차를 넘게 되므로 위 선거구의 획정은 국회의 재량의 범위를 일탈하였다고 보아야 할 것이다.

Ⅲ. 소위 "게리만더링(Gerrymandering)"의 문제

선거구의 획정은 사회적·지리적·역사적·경제적·행정적 연관성 및 생활권 등을 고려하여 특단의 불가피한 사정이 없는 한 인접지역이 1개의 선거구를 구성하도록 함이 상당하며, 이 또한 선거구획정에 관한 국회의 재량권의 한계라고 할 것이다. 그런데 이 사건 선거구구역표는 위와 같은 원칙을 무시한 채, 특단의 불가피한 사정이 있다고 볼 만한 사유를 찾아볼 수 없는데도, 충북 옥천군을 사이에 두고 접경지역없이 완전히 분리되어 있는 충북 보은군과 영동군을 1개의 선거구로 획정하였는바, 이는 재량의 범위를 일탈한 자의적인 선거구획정이라고 하지 아니할 수 없고 이로써 충북 보은군에 거주하는 청구인의 정당한 선거권을 침해하였다고 할 것이다.

Ⅳ. 선거구구역표의 불가분성과 위헌선언의 범위

청구인들의 평등권과 정당한 선거권을 침해하는 것은 이 사건 선거구구역표 중 청구인들의 각그 해당 선거구에 관한 부분이지만, 그 **해당 선거구의 선거구획정에 위헌성이 있다면 다음과 같은 이유로 이 사건 선거구구역표의 전부에 관하여 위헌선언을 하는 것이 상당하다.**

(1) 선거구구역표는 각 선거구가 서로 유기적으로 관련을 가짐으로써 한 부분에서의 변동은 다른 부분에도 연쇄적으로 영향을 미치는 성질을 가지며, 이러한 의미에서 **선거구구역표는 전체로서 "불가분의 일체"를 이루는 것으로서 어느 한 부분에 위헌적인 요소가 있다면 선거구구역표 전체가 위헌의 하자를 띠는 것이라고 보아야 한다.**

(2) 선거구구역표 중 인구가 과다한 선거구 부분만을 위헌이라고 선언할 경우에는, 그 선거구를 분할함으로써 의원정수를 증가시키는 방법으로 선거구간의 인구불균형을 시정할 수밖에 없을 것인바, 그것은 결국 인구가 과소한 선거구를 다른 선거구와 통합하는 방법으로 선거구를 재획정하는 방법을 봉쇄함으로써, **선거구 사이의 인구불균형을 시정하는 구체적인 방법까지 헌법재판소가 결정해버리는 결과가 되어 입법부의 재량을 침해할 우려가 있다.**

(3) 제소된 당해 선거구에 대하여서만 인구과다를 이유로 위헌선언을 할 경우 헌법소원 제소기간(헌법재판소법 제69조 참조)의 적용 때문에 **제소된 선거구보다 인구의 불균형이 더 심한 선거구의 선거구획정이 그대로 효력을 유지하게 되는 불공평한 결과를 초래할 수도 있다**(이 점에 관하여 재판관 조승형의 반대의견이 있다).

V. 결 론

이 사건 선거구구역표 중, "부산 해운대구・기장군 선거구"는 위 5인의견과 4인의견의 그 어느 것에 의하더라도 선거구간 인구편차에 관한 허용한계를 넘어선 것이고 또 "충북 보은군・영동군 선거구"는 소위 "게리만더링(Gerrymandering)"의 전형적인 것으로서 매우 자의적인 선거구획정이라 할 것이므로 각 그 해당 청구인들의 심판청구는 이유 있어 이를 모두 인용하기로 하는 바, 위에서 설시한 선거구구역표의 불가분성에 따라 이 사건 선거구구역표 전체에 대하여 위헌선언을 하고, 나머지 해당 선거구의 선거구획정에 관한 청구인 甲, 丙, 丁, 戊의 각 심판청구는 헌법소원 인용결정 정족수에 미달하거나 또는 이유없는 것이므로 이를 모두 기각하기로 하여, 이에 주문과 같이 결정한다.

이 결정은, 주문 제1항에 관한 재판관 조승형의, 주문 제2항에 관한 재판관 김진우의 각 반대의견이 있는 외에는 관여재판관 전원의 의견일치에 따른 것이다.

재판관 조승형의 주문 제1항에 대한 반대의견

일부 선거구에 있어서 발생한 투표가치의 위헌적인 불평등이 선거구 전체를 위헌이라고 할 정도로 다른 선거구들과 밀접 불가분한 관련성이 있다고 보기 어렵고, 평균적 투표가치를 가진 선거구에 관하여는 다른 선거구의 위헌성과는 관계 없이 여전히 헌법의 이념에 합치하고 있는 것이라 인정되므로, 모든 선거구에 관하여 일률적으로 위헌이라고는 할 수 없으며, 대체로 인구가 과다한 선거구의 일부를 분구하는 방법으로 의원정수배분규정을 개정하여 왔던 입법관행에 비추어 보더라도, 의원정수배분규정을 가분적(可分的)이라 봄이 입법자의 의도에 부합하며, 법령의 위헌성은 가능한 한 한정적으로 해석함이 원칙이다.

해운대구・기장군 선거구와 충청북도 보은군・영동군 선거구의 2개 선거구만이 위헌이라면 15개 광역자치구역 중 부산광역시와 충청북도를 제외한 나머지 13개 시도에 있는 각 선거구를 전혀 조정할 필요도 없이, 부산광역시와 충청북도 안에서만 얼마든지 합리적으로 해결할 수 있으므로, 합헌이며 문제가 되지 아니하고 있는 선거구 전부를 불가분적으로 위헌이라고 보는 다수의견은 부당하다. 즉, 해운대구・기장군 선거구와 충북 보은군・영동군 선거구만을 위헌이라고 선고함이 마땅하다.

재판관 김진우의 주문 제2항에 대한 반대의견

일부 청구인들이 거주하는 선거구들이 인구편차의 허용한계를 벗어나지 아니하였다고 하여도 타 선거구의 위헌성으로 인하여 전 선거구구역표(選擧區區域表)가 위헌으로 되었다면 이들의 청구도 그러한 범위에서는 받아들여진 것이 되므로 청구기각을 할 수는 없다.

본 판례에 대한 평가 선거구 인구편차를 완전히 제로화 할 수는 없으므로 일정한 편차의 존재를 인정할 수밖에 없다. 하지만 일정한 범위를 넘어서면, 그것은 투표가치의 등가성을 위배하는 것으로서 평등선거의 원리에 위반된다. 헌법질서에 반하는 선거를 통하여 대표자를 선출하는 것은 주권적 의사의 왜곡현상을 초래할 뿐이다.

헌법재판소는 1995년 결정에서 국회의원선거구 획정은 평등선거의 원칙, 국민주권주의, 대의민주주의의 원리에 입각하여 인구편차는 4:1 이내여야 한다고 판시한 바 있다.

그러나 이 결정은 인구편차의 기준을 지나치게 넓게 설정하고 있다는 비판을 받아 왔다. 이에 따라 제16대 국회의원총선거를 앞두고 개정된 공직선거법에 의하면, 인구 9만 미만인 행정구역은 선거구를 통합하고 인구 35만 이상인 행정구역은 2개의 선거구로 분할함으로써, 26개의 지역구선거구를 축소하였다. 선거구간 인구편차는 4:1의 범위 내에서 획정되었다.

2001년 결정은 1995년 결정과 마찬가지로 국회의원선거구 획정은 ㉠ 대의제민주주의와 평등선거의 원칙과 관련이 있으며, ㉡ 입법재량사항이지만 일정한 한계가 있으며, ㉢ 선거구 구역표가 전체로서 불가분의 일체라는 점을 재확인하고 있다. 다만 1995년 결정이 인구편차의 허용기준을 평균인구수 상하 60% 편차(4:1)로 본 것과 달리 2001년 결정에서는 상하 50%의 편차(3 : 1)를 기준으로 삼고 있다.

한편, 이에 대해서는 적어도 어떤 선거구가 전국 선거구의 평균인구수를 기준으로 상하 60%의 편차를 초과하지 아니하는 한 그 선거구는 헌법에 위반되는 것으로 볼 수 없다는 반대의견도 있다(한대현·하경철 재판관). 그리고 의원의 지역대표성과 소수자보호의 원리 등을 감안할 때 투표가치의 평등은 한계를 가질 수밖에 없다고 지적하면서, 투표가치의 산술적 평등에 보다 접근시키기 위하여 어느 행정구역의 일부 주민을 다른 행정구역에 편입하여 하나의 선거구를 만드는 것은 의원의 주민대표성을 약화시킬 뿐만 아니라 자기 구역에서 분리되어 타구역에 편입당한 주민들의 선거권을 침해하므로 위헌이라는 별개의견도 있다(권성 재판관).

인구편차의 기준을 종전 4 : 1에서 3 : 1로 변경한 헌법재판소의 결정은 높이 평가할 수 있다. 이상적으로는 평등선거의 원리에 따라 2 : 1 이내로 하여야 한다. 그러나 우리나라의 제도와 현실 즉 단원제, 급격한 도시화, 한국적인 귀소의식 등에 비추어 보건대, 3 : 1 이내가 가장 현실적인 기준이다. 즉 본질적인 부분의 절반 정도로 편차가 있게 하는 방안으로서 3 : 1이 적절하다. 이에 따라 현행선거구는 인구 10만 5천 이상, 31만 5천 이하로 획정되었다.

헌법재판소는 "선거구의 획정은 사회적·지리적·역사적·경제적·행정적 연관성 및 생활권 등을 고려하여 특단의 불가피한 사정이 없는 한 인접지역이 1개의 선거구를 구성하도록 함이 상당하며, 이 또한 선거구 획정에 관한 국회의 재량권의 한계"임을 분명히 하고 있다. 즉 헌법재판소는 선거구 획정에 있어서 인구비례의 원칙을 가장 중요한 기준으로 삼으면서도 지역구국회의원에 대한 어느 정도의 지역대표로서의 성격을 고려하고 있다.

헌법상 보통선거·평등선거의 원칙에 따라 선출되는 국회의원은 특정한 집단의 대표가 아니라 전체국민을 대표하는 기관이며, 이러한 대표관념에 비추어 본다면 선거구 획정은 인구수에 기초하여야 한다. 하지만 인구기준만으로는 무수한 선거구 획정안이 나올 수 있고, 그 중 어느 것을 선택할 것인가에 대한 기준이 마련되어 있지 않다면 결국 행정구역이나 선거구의 단일성 내지 인접성 등을 고려하지 않을 수 없다. 다만 이 경우에도 이러한 보충적 기준에 의해 인구기준이 훼손당해서는 안 될 것이며, 또한 보충적 기준을 활용한다고 하여 국회의원의 지역대표성과 이익대표성을 지나치게 강조해서도 아니 된다.

관련 문헌: 성낙인, 선거법론, 법문사, 1998; 성낙인, 헌법연습(지역구국회의원 선거구획정의 헌법상 문제점), 106-117면.

Ⅲ 공직선거및선거부정방지법 [별표1] '국회의원지역선거구구역표' 위헌확인: 헌법불합치(헌재 2001.10.25. 2000헌마92등)

쟁점 가. 국회의원지역선거구간 인구편차의 허용한계
나. 특정지역의 선거인들에 대한 차별적 선거구획정(소위 게리맨더링)의 인정여부
다. 선거구구역표의 일부에 위헌적 요소가 있는 경우 선거구구역표 전체를 위헌이라고 할 수 있는지 여부

사건의 개요

청구인 甲은 "경기 안양시 동안구 선거구"에 주소를 두고 제16대 국회의원선거에서 선거권을 행사하려는 자로서, 자신이 거주하는 선거구의 인구수가 전국선거구의 평균인구수와 비교하여 +59%의 편차를 보이고 있고, 최소선거구의 인구수에 비하여 3.65 : 1의 편차를 보이자, 위 선거구구역표에 의한 선거구획정으로 인하여 자신의 투표가치가 최소선거구의 선거권자에 비하여 3.65분의 1밖에 되지 않게 되어 평등선거의 원칙에 반할 뿐만 아니라, 헌법상 보장된 평등권 및 선거권이 침해되었다고 주장하면서 이 사건 헌법소원심판을 청구하였다.

한편, 청구인 乙등은 "인천 서구 · 강화군 을선거구"에 각 주소를 두고 있는데, 위 국회의원지역선거구구역표 중 "인천 서구 · 강화군 을선거구란"에 자신들의 거주지인 인천 서구 검단동과 지리적으로 분리되어 있고, 사회 · 경제적으로 유대감이 거의 없는 인천 강화군이 하나의 선거구로 규정됨으로써 자신들의 헌법상 보장된 선거권, 평등권 등이 침해되었다고 주장하면서 이 사건 헌법소원심판을 청구하였다.

심판의 대상

공직선거및선거부정방지법(2000. 2. 16. 법률 제6265호로 개정된 것) 제25조 제2항에 의한 "별표1"의 「국회의원지역선거구구역표」 중 "경기 안양시 동안구 선거구란" 및 "인천 서구 · 강화군 을선거구란"

참조 조문

헌법 제11조 제1항, 제41조 제1항, 제2항, 제3항

공직선거및선거부정방지법(2000. 2. 16. 법률 제6265호로 개정된 것) 제21조 (국회의 의원정수) ① 국회의 의원정수는 지역구국회의원과 비례대표국회의원을 합하여 273인으로 한다.

② 하나의 국회의원지역선거구에서 선출할 국회의원의 정수는 1인으로 한다.

공직선거및선거부정방지법(2000. 2. 16. 법률 제6265호로 개정된 것) 제25조 (국회의원지역구의 획정) ① 국회의원지역선거구(이하 "국회의원지역구"라 한다)는 시 · 도의 관할구역안에서 인구 · 행정구역 · 지세 · 교통 기타 조건을 고려하여 이를 획정하되, 구(자치구를 포함한다) · 시(구가 설치되지 아니한 시를 말한다) · 군(이하 "구 · 시 · 군"이라 한다)의 일부를 분할하여 다른 국회의원지역구에 속하게 하지 못한다.

공직선거및선거부정방지법(2000. 2. 16. 법률 제6265호로 개정된 것) 부칙 제3조 (국회의원지역구획정에 관한 특례) 국회의원선거(보궐선거등을 포함한다)에 있어서는 제25조(국회의원지역구의 획정)제1항 후단의 규정에 불구하고 인구편차를 줄이기 위하여 부산광역시해운대구일부를 분할하여 해운대구기장군을국회의원지역구에, 부산광역시북구일부를 분할하여 북구강서구를 국회의원지역구에, 인천광역시서구일부를 분할하여 서구강화군을 국회의원지역구에 속하게 할 수 있다.

주 문

1. 공직선거및선거부정방지법 제25조 제2항에 의한 "별표1" 「국회의원지역선거구구역표」(2000. 2. 16. 법률 제6265호로 개정된 것)는 헌법에 합치되지 아니한다.

2. 위 선거구구역표는 2003. 12. 31.을 시한으로 입법자가 개정할 때까지 계속 적용된다.

판 단

Ⅰ. 대의제민주주의와 평등선거의 원칙

우리 헌법 제1조 제2항은 국민주권주의 원리를 명문으로 규정하고 있으나, 오늘날의 대의제민주주의하에서는, 예외적인 경우를 제외하고는, 주권자인 국민이 다른 국가기관에 국가권력을 위탁하여 이를 행사하고 있다. **대의제민주주의의 성공 여부는 국민들의 의사가 얼마나 정확히, 그리고 효과적으로 정치의사결정에 반영되는지 여부에 달려 있다고 할 것이므로, 선거에 있어 선거구의 획정은 선거결과가 가능한 한 국민의 의사를 바르게 반영할 수 있도록 마련되어야 함은 물론이다.** 그릇된 선거구획정으로 말미암아 선거에 있어서 선거권의 평등이 침해된다면, 국민의 의사가 왜곡되는 결과가 되고, 이로 인하여 대의제민주주의의 본질과 정당성이 훼손된다고 할 것이다.

우리 헌법은 제11조 제1항에서 일반적인 '평등의 원칙'을 선언함과 동시에, 제41조 제1항에서 "국회는 국민의 보통·평등·직접·비밀선거에 의하여 선출된 국회의원으로 구성한다"고 규정함으로써 국회의원의 선거에 있어서 '평등선거의 원칙'을 선언하고 있다. **평등선거의 원칙은 평등의 원칙이 선거제도에 적용된 것으로서 투표의 수적 평등, 즉 1인 1표의 원칙(one person, one vote)과 투표의 성과가치의 평등, 즉 1표의 투표가치가 대표자선정이라는 선거의 결과에 대하여 기여한 정도에 있어서도 평등하여야 한다는 원칙(one vote, one value)을 그 내용으로 할 뿐만 아니라, 일정한 집단의 의사가 정치과정에서 반영될 수 없도록 차별적으로 선거구를 획정하는 이른바 '게리맨더링'에 대한 부정을 의미하기도 한다.**

Ⅱ. 선거구획정에 관한 입법재량과 그 한계

우리 헌법은 제41조 제3항에서 "국회의원의 선거구와 비례대표제 기타 선거에 관한 사항은 법률로 정한다"고 규정하여 선거제도와 선거구의 획정에 관한 구체적 결정을 국회의 재량에 맡기고 있다. 따라서 **국회는 투표가치 평등의 원칙을 고려한 선거구간의 인구의 균형뿐만 아니라, 우리나라의 행정구역, 지세, 교통사정, 생활권 내지 역사적·전통적 일체감 등 여러 가지 정책적·기술적 요소를 고려하여 선거구를 획정함에 있어서 폭넓은 입법형성의 자유를 가진다고 할 것이다.** 공선법 제25조 제1항은 "국회의원지역선거구는 시·도의 관할구역 안에서 인구·행정구역·지세·교통 기타 조건을 고려하여 이를 획정하되, …"라고 함으로써 이러한 취지를 규정하고 있다. 한편, 국회의원 총정수, 즉 입법부의 크기도 선거구획정의 고려요소가 되는데, 즉 헌법상의 요청인 200인 이상을 넘어야 할 것임은 물론이나, 의원수가 과다하게 되어도 입법부로서 효과적으로 활동하기 곤란할 것이므로, 적절하고도 효과적인 입법부를 구성한다는 취지도 선거구획정에서 고려되어야 할 것이다.

그러나, 선거구획정에 관하여 국회의 광범한 재량이 인정된다고 하여도, 선거구획정이 헌법적 통제로부터 자유로울 수는 없으므로, 그 재량에는 평등선거의 실현이라는 헌법적 요청에 의하여 다음과 같은 일정한 한계가 있을 수밖에 없다.

첫째로, **선거구획정에 있어서 인구비례원칙에 의한 투표가치의 평등은 헌법적 요청으로서 다른 요소에 비하여 기본적이고 일차적인 기준이기 때문에, 합리적 이유없이 투표가치의 평등을 침해하는 선거구획정은 자의적인 것으로서 헌법에 위반된다고 하지 아니할 수 없는 것이므로,** 이러한 점에서 선거구획정에 관한 국회의 재량에는 스스로 그 한계가 있다고 할 것이다. 우리 재판소는 이 점에 관하여 "국회가 통상 고려할 수 있는 제반사정, 즉 여러가지 비인구적 요소를 모두 참작한다고 하더라도 일반적으로 합리성이 있다고는 도저히 볼 수 없을 정도로 투표가치의 불평등이 생긴 경우에는 헌법에 위반된다"고 판시한 바 있다.

둘째로, 특정 지역의 선거인들이 자의적인 선거구획정으로 인하여 정치과정에 참여할 기회를 잃게 되었거나, 그들이 지지하는 후보가 당선될 가능성을 의도적으로 박탈당하고 있음이 입증되어 특정 지역의 선거인들에 대하여 차별하고자 하는 국가권력의 의도와 그 집단에 대한 실질적인 차별효과가 명백히 드러난 경우, 즉 **게리맨더링에 해당하는 경우에는, 그 선거구획정은 입법재량의 한계를 벗어난 것으로서 헌법에 위반된다고 할 것이다.** 우리 재판소는 "선거구의 획정은 사회적·지리적·역사적·경제적·행정적 연관성 및 생활권 등을 고려하여 특단의 불가피한 사정이 없는 한, 인접지역이 1개의 선거구를 구성하도록 함이 상당하다"고 하면서, 특단의 불가피한 사정이 없음에도 다른 지역을 사이에 두고 접경지역 없이 완전히 분리되어 있는 지역을 1개의 선거구로 획정한 경우를 재량의 범위를 일탈한 자의적인 선거구획정으로서 헌법에 위반된다고 판시한 바 있다.

Ⅲ. "경기 안양시 동안구 선거구란"의 위헌여부(투표가치의 평등과 관련하여)

1. 인구편차의 허용기준

(1) 우선 인구편차의 허용기준을 제시함에 있어 최소선거구의 인구수를 기준으로 할 것인가, 아니면, 전국 선거구의 평균인구수를 기준으로 할 것인가의 문제가 있으나, 우리 재판소는 이미 위 95헌마224등 결정에서 독일연방선거법의 규정이나 독일연방헌법재판소의 판시기준 및 당시 중앙선거관리위원회의 의견 등의 예에 따라 전국 선거구의 평균인구수를 기준으로 하여 인구편차의 허용기준을 제시한 바 있으므로, 이에 따라 **전국 선거구의 평균인구수를 기준으로 하여 인구편차의 허용기준을 검토하기로 한다.**

(2) 다음으로 도시 유형의 선거구와 농어촌 유형의 선거구를 구별하여 서로 다른 기준에 따라 위헌 여부를 판단할 것인가의 문제가 있다. 우리 재판소의 위 결정에서도 일부 재판관이 도시 유형의 선거구와 농어촌 유형의 선거구를 구별하여 보는 견해를 취하고 있으나, 도시 유형과 농어촌 유형을 구분하는 기준이 명확하지 아니할 뿐 아니라, 같은 도시 유형이나 농어촌 유형 사이에서도 다른 고려요소가 서로 같지 아니한 사정 등을 감안한다면, 이러한 유형화는 부적절하거나 불필요한 것이라고 할 수 있으므로, 이하에서는 **도시 유형의 선거구와 농어촌 유형의 선거구를 구별하여 보지 아니하기로 한다.** 그러나, 이와 별개로 인구편차의 허용기준을 제시함에 있어 인구의 도시집중으로 인하여 도시와 농어촌간의 인구격차가 극심한 우리의 현실을 고려하지 않을 수 없음은 물론이다.

(3) 지역구국회의원의 선거에 있어 인구비례의 원칙을 지키는 문제는 비단 우리나라에 국한된

문제가 아니라고 할 것인데, 이 문제에 관한 외국의 최근의 판례나 입법추세를 보면, 인구편차의 허용한계가 점점 엄격해지는 경향을 발견할 수 있다. 독일의 경우를 보면, 1996. 11. 15. 개정된 연방선거법(Bundeswahlgesetz) 제3조 제1항 제3호는 선거구획정시 준수하여야 할 원칙의 하나로서 "한 선거구의 인구수는 선거구의 평균인구수로부터 상하 각 100분의 15를 초과하는 편차를 보여서는 아니되며, 편차가 100분의 25를 초과한다면, 새로운 선거구획정이 이루어져야 한다"고 규정함으로써, **원칙적으로 상하 편차 15%를 허용한도로 하되, 상하 편차 25%는 반드시 준수해야 할 최대허용한도로 함으로써** 탄력적인 입법을 하고 있다. 일본의 경우, 1994. 2. 4. 제정된 중의원의원선거구획정심의회설치법 제3조 제1항은 중의원소선거구선출위원의 선거구 개정안의 작성은 "각 선거구의 인구의 균형을 도모하고, 각 선거구의 인구 중 그 최다의 것을 최소의 것으로 나누어 얻은 수가 2 이상이 되지 아니하도록 하는 것을 기본으로 하고, 행정구획・지세・교통 등의 사정을 종합적으로 고려하여 합리적으로 행하여야 한다"고 규정함으로써 이러한 추세를 반영하고 있다.

(4) 인구편차의 허용한계를 제시함에 있어 고려되어야 할 우리나라의 특수사정에 관하여, 우리 재판소는 위 95헌마224등 결정에서, **단원제를 채택하고 있는 우리나라의 경우 국회의원이 법리상 국민의 대표이기는 하나, 현실적으로는 어느 정도의 지역대표성도 겸하고 있다는 점 및 인구의 도시집중으로 인한 도시와 농어촌간의 인구편차와 각 분야에 있어서의 개발불균형이 현저한 우리의 현실을 선거구간의 인구비례의 원칙을 완화해야 할 필요의 근거로 드는 한편, 소선거구제와 결합한 다수대표제 하에서는 사표가 많이 발생하기 마련인데, 거기에 덧붙여 선거구간 인구수의 현저한 편차까지도 허용한다면, 이는 곧바로 대의제민주주의의 기본을 흔드는 결과를 초래할 수도 있다는 점 역시 간과해서는 안 된다는 점을 지적하고 있는바, 이러한 사정은 지금도 당시와 비교하여 크게 달라진 것이 없다고 할 것이다.**

(5) 구체적으로 선거구 획정에 대한 입법재량의 한계, 즉 헌법상 용인되는 각 선거구 사이의 인구편차의 한계를 어디까지 용인할 것인가는 인구비례의 원칙 이외에 고려되어야 할 2차적 요소들을 얼마나 고려하여 선거구 사이의 인구비례에 의한 투표가치 평등의 원칙을 완화할 것이냐의 문제이다.

(6) 지금까지 앞에서 살펴본 여러 가지 사정을 종합하여 보건대, 인구편차의 허용한계에 관한 다양한 견해 중 인구편차가 상하 33 1/3%(이 경우 상한 인구수와 하한 인구수의 비율은 2 : 1) 미만인 경우에도 그 편차를 정당화할 합리적인 사유의 존재 여부에 따라서 그 위헌 여부를 따지는 견해는 그 기준이 너무 엄격하여 우리나라의 현실에서 이를 채택하는 것은 시기상조인 것으로 보이고, 위 95헌마224등 결정에서 취한 상하 60% 편차(이 경우 상한 인구수와 하한 인구수의 비율은 4 : 1)의 기준을 5년 이상이 지난 지금에도 그대로 답습하는 것은 향후 위헌판단의 기준은 더욱 엄격해질 것을 시사한 보충의견에 비추어 보거나, 이 사건 결정에서 제시하는 기준이 2004년에 실시되는 국회의원총선거에 적용될 선거구구역표의 개정지침이 될 것이라는 점을 고려하더라도 곤란할 뿐만 아니라, 인구편차의 허용한계를 점점 엄격하게 보는 세계적 추세에도 역행하는 것이라고 할 것이다. 그렇다면 대체로 현시점에서 선택가능한 방안으로 상하 33 1/3% 편차를 기준으로 하는 방안, 또는 상하 50% 편차(이 경우 상한 인구수와 하한 인구수의 비율은 3 : 1)를 기준으로 하는 방안이 고려될 수 있을 것이다. 위 두 가지 기준 중 상하 33 1/3% 편차 기준이 선거권 평등의 이상에 보다 접근하는 안임은 말

할 필요도 없으나, 위 기준에 의할 때 행정구역 및 국회의원정수를 비롯한 인구비례의 원칙 이외의 요소를 고려함에 있어 적지 않은 난점이 예상된다. 즉, 현실적으로 행정구역의 일부를 분할하여 다른 선거구에 속하게 하거나 국회의원정수를 늘리는 일은 국민여론에 비추어 결코 쉽지 않은 일이고, 앞에서 본 바와 같이 이 사건 선거거구역표 중 평균인구수로부터 상하 50%의 편차를 벗어나는 선거구는 30개이나, 상하 33 1/3%의 편차를 벗어나는 선거구는 모두 81개에 이르고 있는 상황이므로, 선거구를 재조정함에 있어서 상하 33 1/3% 편차 기준을 채택하는 경우 예기치 않은 어려움에 봉착할 가능성이 매우 크다는 점은 쉽게 예상할 수 있다. 그렇다면, **우리 재판소가 선거구획정에 따른 선거구간의 인구편차의 문제를 다루기 시작한지 겨우 5년여가 지난 현재의 시점에서 너무 이상에 치우친 나머지 현실적인 문제를 전적으로 도외시하기는 어렵다고 할 것이므로, 이번에는 평균인구수 기준 상하 50%의 편차를 기준으로 위헌 여부를 판단하기로 한다. 그러나 헌법상의 요청인 평등선거의 원칙에 비추어 원칙적으로 지역선거구획정에 따른 선거구간의 인구의 편차는 적어도 최대선거구의 인구가 최소선거구의 인구 2배를 넘지 않도록 조정해야 함이 마땅하다 할 것이고, 앞으로 상당한 기간이 지난 후에는 인구편차가 상하 33 1/3%(이 경우 상한 인구수와 하한 인구수의 비율은 2 : 1), 또는 그 미만의 기준에 따라 위헌 여부를 판단하여야 할 것이라는 점을 다시 한번 명백히 밝혀두는 바이다.**

2. 위 선거구란의 위헌성

그렇다면, 위 선거구의 경우 전국 선거구의 평균인구수로부터 +57%의 편차를 보이고 있으므로, 그 선거구의 획정은 국회의 재량의 범위를 일탈한 것으로서 청구인의 헌법상 보장된 선거권 및 평등권을 침해하는 것임이 분명하다.

Ⅳ. "인천 서구 · 강화군 을선거구란"의 위헌여부(게리맨더링과 관련하여)

국회는 제16대 국회의원선거를 앞두고 인구편차의 조정을 위하여 선거구의 최소인구수를 90,000명으로 하기로 정하면서 강화군의 인구수는 그에 미달하여 강화군을 하나의 독립한 선거구로 할 수 없게 되자, 같은 도서지역인 옹진군과 합하더라도 위 최소인구수 기준에 미달되게 되므로, 지리적으로 계양구보다 가까운 서구의 일부를 분할하여 강화군에 합쳐 하나의 선거구로 하는 선택을 할 수밖에 없게 된 것이라고 할 수 있다. 한편, 서구 중에서 유독 검단동을 분할하기로 한 것은 검단동이 서구의 북쪽에 위치하여 강화군과 비교적 가까운 위치에 있는데다가, 서구의 여러 동 중에서 가장 인구수가 많아 위 최소인구수의 기준을 충족시키기에 가장 적합하다고 판단하였기 때문으로 보인다. 그렇다면, 이러한 선거구획정은 위 96헌마54 결정에서 지적한 취지에 어긋나지 아니할 뿐만 아니라, 인구비율에 있어서도 검단동의 인구수가 "서구 · 강화군 을선거구" 전체 인구수의 약 43%에 달하여 검단동이 강화군에 일방적으로 편입되었다고 보기도 어렵다는 점 등을 고려해 볼 때, 위와 같이 인정되는 사실을 감안하더라도 **입법자가 서구 검단동에 대하여 차별의 의도를 가지고 자의적인 선거구획정을 하였다고 볼 수 없다. 따라서 위 선거구란은 청구인들의 선거권, 평등권을 침해한다거나 기타 사유로 헌법에 위반된다고 할 수 없다.**

V. 선거구구역표의 불가분성과 위헌선언의 범위

우리 재판소는 위 95헌마224등 결정에서 "선거구구역표는 각 선거구가 서로 유기적으로 관련을 가짐으로써 한 부분에서의 변동은 다른 부분에도 연쇄적으로 영향을 미치는 성질을 가지며, 이러한 의미에서 **선거구구역표는 전체가 불가분의 일체를 이루는 것으로서 어느 한 부분에 위헌적인 요소가 있다면, 선거구구역표 전체가 위헌의 하자를 띠는 것이라고 보아야 할 뿐만 아니라,** 제소된 당해 선거구에 대하여만 인구과다를 이유로 위헌선언을 할 경우에는 헌법소원 제소기간의 적용 때문에 **제소된 선거구보다 인구의 불균형이 더 심한 선거구의 선거구획정이 그대로 효력을 유지하게 되는 불공평한 결과를 초래할 수도 있으므로, 일부 선거구의 선거구획정에 위헌성이 있다면, 선거구구역표의 전부에 관하여 위헌선언을 하는 것이 상당하다**"는 취지의 판시를 함으로써 불가분설을 취하였는바, 이는 객관적 헌법질서의 보장이라는 측면이나 적극적인 기본권 보장의 측면에서 보더라도 타당한 것으로 보이므로 이러한 입장을 계속 유지하기로 한다.

VI. 헌법불합치

원칙적으로 이 사건 선거구구역표 전부에 대하여 위헌결정을 하여야 할 것이나, 이미 이 사건 선거구구역표에 기한 국회의원선거가 실시된 상황에서 단순위헌의 결정을 하게 되면, 정치세력간의 이해관계가 첨예하게 대립하고 수많은 고려요소를 조정하여야 하는 선거구구역표의 성격상 그 개정입법이 빠른 시일내에 이루어지기 어렵다고 할 것이어서, 추후 재선거 또는 보궐선거가 실시될 경우 국회의원지역선거구 구역표가 존재하지 아니하게 되는 **법의 공백이 생기게 될 우려가 큰 점 및 국회의 동질성 유지나 선거구구역표의 변경으로 인한 혼란을 방지하기 위하여도 재선거, 보궐선거 등이 치러지는 경우에는 이 사건 선거구구역표에 의하여 이를 시행하는 것이 바람직한 점 등에 비추어**, 입법자가 2003. 12. 31.을 시한으로 이 사건 선거구구역표를 개정할 때까지 이 사건 선거구구역표의 잠정적 적용을 명하는 헌법불합치결정을 하기로 한다.

VII. 결 론

위와 같은 이유로 이 사건 선거구구역표 중 "경기 안양시 동안구 선거구란"은 선거구간 인구편차에 관한 허용한계를 넘어선 것으로서 자의적인 선거구획정이라 할 것이므로, 그 해당 청구인의 심판청구는 이유 있어 이를 인용하기로 하는바, 위에서 설시한 선거구구역표의 불가분성에 따라, 이 사건 선거구구역표 전체에 대하여 위헌선언을 하여야 할 것이나, 이 사건 선거구구역표를 2003. 12. 31.을 시한으로 입법자가 개정할 때까지 계속 적용하도록 하는 내용의 헌법불합치결정을 하기로 하여 주문과 같이 결정한다. 다만, "인천 서구·강화군 을선거구란"에 관한 청구부분은 이유없는 것으로서 기각하여야 할 것이나, 다른 선거구의 위헌성으로 인하여 선거구구역표 전체에 대하여 헌법불합치결정을 하는 이상 위 청구부분도 그러한 범위내에서 받아들여진 것이 되므로 이에 대하여도 굳이 청구기각의 주문을 내지 아니하기로 한다.

재판관 권성의 별개의견

선거구의 획정에 있어서 투표가치의 평등이라는 것은 가장 우선시되어야 할 이념은 아니고 선거구 획정에 있어서 고려하여야 할 여러 가지 중요한 기준의 하나에 불과하다. 또한 다른 기준의 하나로 생각할 수 있는 것이 의원의 대표성 문제인데, 다수의견은 공선법 제25조 제1항 후단이 국회의원지역구를 획정함에 있어서 "구·

시·군의 일부를 분할하여 다른 국회의원지역구에 속하게 하지 못한다"고 규정한 것은 헌법적 요청이 아니라고 설시하고 있지만 투표가치의 산술적 평등에 보다 접근시키기 위하여 어느 행정구역의 일부 주민을 다른 행정구역에 편입하여 하나의 선거구를 만드는 것은 의원의 주민대표성을 약화시키고 이것은 자기 구역에서 분리되어 타구역에 편입당한 주민들의 선거권을 침해하므로 위헌이 된다고 생각하므로 이 규정은 헌법의 요청을 반영한 것이고 이 규정에 어긋나는 선거구의 획정은 따라서 위헌이라고 생각한다.

재판관 한대현, 재판관 하경철의 반대의견

"인천 서구·강화군 을선거구란"이 헌법에 위반되지 아니한다는 다수의견의 견해에는 찬성하지만, "경기 안양시 동안구 선거구란"이 청구인의 헌법상 보장된 선거권 및 평등권을 침해하는 것으로서 헌법에 위반된다는 다수의견에 대하여는 다음과 같은 이유로 반대한다.

우리 재판소는 1995. 12. 27. 선고한 위 95헌마224등 결정에서 당시 심판의 대상이 된 국회의원지역선거구구역표를 위헌이라고 선언한 바 있는데, 선거구획정시 인구편차의 허용범위에 관한 위 결정의 취지에 의하면 적어도 어떤 선거구가 전국 선거구의 평균 인구수를 기준으로 상하 60%의 편차를 초과하지 아니하는 한 그 선거구는 헌법에 위반되는 것으로 볼 수 없다고 할 것이다. 그런데 2000. 3. 22. 현재 위 "경기 안양시 동안구 선거구"의 인구수는 328,383명으로서 당시 전국 선거구의 평균인구수 208,917를 기준으로 +57%의 편차를 보이고 있으므로, 위 결정에서 제시한 기준에 의할 때 위 선거구가 헌법에 위반된다고 할 수는 없음은 명백하다. 그럼에도 불구하고 우리 재판소가 위와 같은 결정을 한 지 겨우 5년여밖에 지나지 아니한 현시점에서 태도를 바꿔 이 사건에서 문제가 된 위 선거구란을 위헌이라고 하는 것은 국회 입법권의 존중 차원에서 볼 때 바람직하지 않다고 생각한다. 그러나 우리는 2004년에 실시되는 국회의원총선거에 적용될 선거구구역표는 평균인구수 기준 상하 50%의 편차를 넘지 않아야 할 것이라는 점에 대하여는 다수의견과 견해를 같이 한다.

Ⅳ 공직선거법 제26조 제1항에 의한 [별표2] 위헌확인 등: 헌법불합치(헌재 2007.3.29. 2005헌마985등)

쟁점 시·도의원 지역선거구 간 인구편차의 허용기준 및 인구비례가 아니라 행정구역별로 시·도의원 정수를 2인으로 배분하고 있는 공직선거법 제22조 제1항의 위헌 여부

사건의 개요

청구인 甲등은 공직선거법 제26조 제1항에 의한 [별표 2] 「시·도의회의원지역선거구구역표」(이하 '이 사건 선거구구역표'라 한다) 중 용인시 제1선거구에, 청구인 乙등은 용인시 제2선거구에, 청구인 丙등은 중 용인시 제3선거구에, 청구인 丁등은 용인시 제4선거구에 각 주소를 두고, 2006. 5. 31.에 실시될 예정이었던 경기도의회의원선거에서 선거권을 행사하려던 자들이다. 그런데 이 사건 선거구구역표상 용인시 각선거구의 평균인구는, 전국 선거구의 평균인구수와 비교하여 약 +128%의 편차를 보이고 있으며, 경기도 내 최소선거구의 평균인구수에 비하여 약 7:1(제1선거구의 경우 최대 8 : 1)의 편차를 보이고 있다. 이에 청구인들은 자신들의 투표가치를 지나치게 과소평가하여 평등선거의 원칙에 반할 뿐만 아니라 헌법상 보장된 평등권과 선거권을 침해하였다고 주장하면서 이 사건 헌법소원심판을 청구하였다.

한편, 청구인 戊등은 군산시 제1선거구에 주소를 두고, 2006. 5. 31. 실시될 예정이었던 전라북도의회의원선거에서 선거권을 행사하려던 자들인데, 자신들이 거주하는 군산시 제1선거구의 인구가 전라북도 전체 선거구의 평균인구수보다 2배가 많고, 최소선거구의 평균인구수에 비해 약 10배를 초과하는 편차를 보이자, 공직선거법 제22조 제1항이 인구비례와 상관없이 자치구·시·군마다 지역구 시·도의원을 2명씩 선출하도록 규정한 것과 이 사건 선거구구역표 중 전라북도 군

산시 제1선거구를 획정한 것은 자신의 투표가치를 지나치게 과소평가하여 헌법상 보장된 평등권과 선거권, 행복청구권 등을 침해하였다고 주장하면서 이 사건 헌법소원심판을 청구하였다.

▢ 심판의 대상

제22조 (시·도의회의 의원정수) ① 지역구시·도의원정수는 그 관할구역 안의 자치구·시·군(하나의 자치구·시·군이 2 이상의 국회의원지역선거구로 된 경우에는 국회의원지역선거구를 말하며, 행정구역의 변경으로 국회의원지역선거구와 행정구역이 합치되지 아니하게 된 때에는 행정구역을 말한다)마다 2인으로 한다.

제26조 (지방의회의원선거구의 획정) ① 시·도의회의원지역선거구(이하 "시·도의원지역구"라 한다)는 인구·행정구역·지세·교통 기타 조건을 고려하여 자치구·시·군(하나의 자치구·시·군이 2 이상의 국회의원지역구로 된 경우에는 국회의원지역구를 말하며, 행정구역의 변경으로 국회의원지역구와 행정구역이 합치되지 아니하게 된 때에는 행정구역을 말한다)을 분할하여 이를 획정하되, 하나의 시·도의원지역구에서 선출할 지역구시·도의원정수는 1인으로 하며, 그 시·도의원지역구의 명칭과 관할구역은 별표 2와 같이 한다.

▢ 주 문

1. 공직선거법 제22조 제1항 및 제26조 제1항에 의한 "별표 2" 「시·도의회의원지역선거구구역표」(2005. 8. 4. 법률 제7681호로 개정된 것) 중 경기도의회의원 선거구들 부분(2006. 3. 2. 법률 제7850호로 개정된 것 포함)과 전라북도의회의원 선거구들 부분은 헌법에 합치되지 아니한다.

2. 위 제22조 제1항 및 위 선거구구역표 부분은 2008. 12. 31.을 시한으로 입법자가 개정할 때까지 계속 적용된다.

▢ 판 단

Ⅰ. 적법요건에 관한 판단

1. 법 제22조 제1항 부분의 직접성

법 제22조 제1항은 시·도의회의 의원정수를 규정하고 있을 뿐 주민들이 거주하는 개별적인 지역선거구를 직접 획정하고 있지는 않으므로, 청구인들의 기본권을 직접 침해할 가능성은 없다고 할 것이다. 그러나 법 제22조 제1항은 자치구·시·군의 인구규모를 고려하지 않은 채 행정구역 혹은 국회의원지역선거구를 기준으로 하여 일률적으로 시·도의원 정수를 2인으로 배분하고 있는바, 이 사건 선거구구역표 부분에서 나타나는 인구편차에 의한 투표가치의 불평등의 문제는 이 법률조항에 의해 시원적으로 발생된다고 볼 수 있다. 그렇다면 **법 제22조 제1항은 비록 기본권침해의 직접성이 결여되어 있다고 하더라도, 그 위헌성 여부가 적법하게 심판대상이 되어 있는 이 사건 선거구구역표 부분에 영향을 미치게 되므로 직권으로 그 위헌성을 심사할 수 있다고 할 것이다.**

2. 권리보호이익

청구인들은 2006. 5. 31. 실시예정이었던 도의원선거와 관련하여 해당 선거구에서의 헌법상 허용된 인구편차기준을 초과한 투표가치의 불평등을 시정하려는 목적으로 이 사건 심판청구를 하였으나 이미 위 선거가 종료되었으므로, 위 법률조항 및 이 사건 선거구구역표 부분에 의한 주관적인 기본권의 침해상태는 종료되었다고 볼 수 있다. 그러나, 이 사건 심판청구는 해당 선거구에서의 헌법상 허용된 인구편차기준을 초과하여 국민들의 평등권과 선거권을 침해하는지 여부를 가리는 **헌**

법적으로 해명할 필요가 있는 중요한 사안일 뿐만 아니라 앞으로도 계속 반복될 수 있는 성질의 것이므로 본안에 나아가 판단하기로 한다.

Ⅱ. 본안에 관한 판단

1. 쟁점의 정리 및 제한되는 기본권

(1) 이 사건 선거구구역표로 획정된 시·도의회의원 지역선거구들 간에는 상당한 인구수의 편차가 존재하고 있는바, 이와 같은 선거구구역표상 인구편차는 투표가치의 불평등, 즉 인구가 많은 선거구에 거주하는 선거권자는 상대적으로 인구가 적은 선거구에 거주하는 선거권자에 비하여 지방의회의원선거에서 자신들의 투표가치가 과소평가되는 결과를 초래하고 있으므로, 이러한 투표가치의 불평등이 헌법상 보장된 평등권과 선거권을 침해하는지가 문제된다.

(2) 헌법 제10조의 행복추구권은 다른 개별적 기본권이 적용되지 않는 경우에 한하여 보충적으로 적용되는 기본권이라 할 것이므로, 이 사건에서 행복추구권에 앞서 적용되는 **선거권이나 평등권의 침해 여부에 대해 판단하는 이상 따로 행복추구권 침해 여부를 판단할 필요는 없다고 할 것이다.**

2. 시·도의회의원 지역선거구 획정에서의 헌법적 요청 사항

(1) 지방의회의원선거와 평등선거의 원칙

평등선거의 원칙은 평등의 원칙이 선거제도에 적용된 것으로서 투표의 수적 평등, 즉 1인 1표의 원칙(one person, one vote)과 투표의 성과가치의 평등, 즉 1표의 투표가치가 대표자선정이라는 선거의 결과에 대하여 기여한 정도에 있어서도 평등하여야 한다는 원칙(one vote, one value)을 그 내용으로 할 뿐만 아니라, 일정한 집단의 의사가 정치과정에서 반영될 수 없도록 차별적으로 선거구를 획정하는 이른바 '게리맨더링'에 대한 부정을 의미하기도 한다. 이러한 **평등선거의 원칙은 헌법 제118조 제2항에서 규정하는 지방의회의원선거에 있어서도 그대로 적용된다고 할 것**이며, 특히 지방자치법 제26조의2는 "지방의회의원은 주민의 보통·평등·직접·비밀선거에 의하여 선출된다"고 규정함으로써 이를 확인하고 있다.

지방자치제도의 성공 여부는 주민들의 의사가 제대로 정치의사결정에 반영되는지 여부에 달려 있으므로, **지방의회의원선거에 있어 선거구의 획정은 선거결과가 가능한 한 주민의 의사를 바르게 반영할 수 있도록 마련되어야 한다.** 따라서 주민의 대표자를 선출하는 절차로서 지방의회의원선거에 있어서 선거권의 평등이 침해된다면 주민의 의사가 왜곡되는 결과가 되고 이로 인하여 지방자치 민주주의의 본질과 정당성이 훼손된다고 할 것이다.

(2) 지방의회의원 선거구획정에 관한 입법재량과 그 한계

우리 헌법 제118조 제2항은 "지방의회의 조직·권한·의원선거와 지방자치단체의 장의 선임방법 기타 지방자치단체의 조직과 운영에 관한 사항은 법률로 정한다"고 규정함으로써 지방의회의원 선거제도와 선거구획정에 관한 구체적인 결정을 국회에 맡기고 있다. 즉 **국회는 지방의회의원 선거구를 획정함에 있어서 투표가치 평등의 원칙을 고려한 선거구 간의 인구의 균형뿐만 아니라, 우리나라의 행정구역, 지세, 교통사정, 생활권 내지 역사적, 전통적 일체감 등 여러 가지 정책적·기술적 요소를 고려할 수 있는 폭넓은 입법형성의 자유를 가진다고 할 것이다.** 그러나 지방의회의원 선거구획정에 관하여 국회의 광범한 재량이 인정된다고 하여도, 선거구획정이 헌법적 통제로부터 자유로울 수는 없으므로, 그 재량에는 평등선거의 실현이라는 헌법적 한계가 존재한다. 즉, 선거구획정에 있어서 인구비례원칙에 의한 투표가치의 평등은 헌법적 요청으로서 다른 요소에 비하여 기본적이고 일차적인 기준이기 때문에, 합리적 이유 없이 투표가치의 평등을 침해하는 선거구획정은 자의적인 것으로서 헌법에 위반된다고 할 것이다. 그러므로 **국회가 실시한 구체적인 선거구획정에서 투표가치의 불평등이 발생한 경우에, 이러한 불평등이 여러 가지 비인구적 요소를 모두 참작한다고 하더라도 합리적이라고 판단할 수 없을 경우에는 국회의 입법재량을 일탈한 것으로서 헌법에 위반된다고 할 것이다.**

(3) 시·도의회의원 선거구획정에서의 고려요소

선거권의 평등은 투표가치의 평등을 의미하므로 **시·도의회의원 선거구획정에 있어서도 인구비례원칙에 의한 투표가치의 평등은 가장 중요하고도 우선적인, 일차적인 기준**으로 고려되어야 한다. 다만 시·도의원이 지방 주민 전체의 대표이기는 하나 지역대표성도 겸하고 있고, 급격한 산업화·도시화의 과정에서 인구의 도시집중으로 인하여 발생한 도시와 농어촌 간의 인구편차와 각 분야에 있어서의 개발불균형이 존재하는 우리나라의 특수성 등을 고려할 때, 시·도의원 지역구 선거구획정에 있어서는 **행정구역 등도 인구비례원칙에 못지않게 함께 고려해야 할 필요성도 크다고 할 것이다.**

3. 이 사건 선거구구역표의 위헌여부

(1) 시·도의회의원 지역선거구 간 인구편차의 허용기준

우선 인구편차의 허용기준에 관하여, 최소선거구의 인구수를 기준으로 할 것인가 아니면 시·도 선거구의 평균인구수를 기준으로 할 것인가가 문제된다. 우리 재판소는 국회의원지역선거구구역표에 관한 95헌마224등 결정에서 전국 선거구의 평균인구수를 기준으로 하여 인구편차의 허용기준을 제시하였으므로, 여기서도 **시·도 선거구의 평균인구수를 기준으로 한다.**

한편 **구체적으로 선거구획정에 있어 입법재량의 한계, 즉 헌법상 용인되는 각 선거구 사이의 인구편차의 한계를 어디까지 용인할 것인가는 인구비례의 원칙 이외에 고려되어야 할 2차적 요소들을 얼마나 고려하여 선거구 사이의 인구비례에 의한 투표가치 평등의 원칙을 완화할 것이냐의 문제이다.** 지금까지 앞에서 살펴본 여러 가지 사정을 종합하여 보건대, 인구편차의 허용한계에 관한 다양한 견해 중 인구편차가 상하 33 1/3% 편차(이 경우 상한 인구수와 하한 인구수의 비율은 2 : 1)를 기준으로 하는 방안, 상하 50% 편차(이 경우 상한 인구수와 하한 인구수의 비율은 3 : 1)를 기준으로 하는 방안, 상하 60% 편차(이 경우 상한 인구수와 하한 인구수의 비율은 4 : 1)를 기준으로 하는 방안 등이 고려될 수 있다.

단순한 논리적 법리만으로 선거구획정의 위헌여부를 결정하는 기준을 정한다면, 적어도 최대선거구의 인구수가 최소선거구의 인구수의 2배를 넘을 경우에는 평등의 원칙에 반하는 것으로서 위헌이라고 볼 여지도 있으나, 시·도의원 지역선거구의 획정에는 인구 외에 행정구역·지세·교통 등 여러 가지 조건을 고려하여야 하므로, 그 기준은 선거구 획정에 있어서 투표가치의 평등으로서 가장 중요한 요소인 인구비례의 원칙과 우리나라의 특수사정으로서 시·도의원의 지역대표성 및 인구의 도시집중으로 인한 도시와 농어촌 간의 극심한 인구편차 등 3개의 요소를 합리적으로 참작하여 결정되어야 할 것이다. **선거구의 획정에 있어서는 인구비례의 원칙이 가장 중요하고 기본적인 기준이며,** 평등선거의 원칙을 엄격히 적용하는 경우에는 적어도 최대선거구의 인구수가 최소선거구

의 인구수의 2배 이상인 때에는 위헌이라고 한다면, 그 여타의 제2차적 고려요소를 아무리 크게 고려한다고 하더라도 그 갑절인 4배를 넘는 경우 즉 최대선거구와 최소선거구의 인구비율이 4 : 1을 넘는 경우에는 헌법합치적 설명이 불가능할 것이고, 이를 각 시 · 도 선거구의 평균인구수를 기준으로 하여 그 상하의 편차를 계산하면 그 평균인구수의 상하 60%의 편차가 되므로, 이를 기준으로 하는 것은 상당한 정도의 합리성을 가지고 있다고 할 것이다. 특히 우리나라의 각 자치구 · 시 · 군이 가지는 역사적 · 문화적 · 경제적인 측면에서의 지역대표성을 반영하고 농촌과 도시 사이에 극심한 인구격차가 존재하고 있다는 특수한 사정을 고려할 때, **시 · 도의원지역선거구 획정에서는 국회의원지역선거구 획정에서 요구되는 기준보다 더 완화된 인구편차 허용기준을 적용하는 것이 타당하다고 할 것이다. 따라서 현시점에서는 상하 60%의 인구편차(이 경우 상한 인구수와 하한 인구수의 비율은 4 : 1) 기준을 시 · 도의원지역선거구 획정에서 헌법상 허용되는 인구편차기준으로 삼는 것이 가장 적절하다고 할 것이다.**

(2) 이 사건 선거구란들이 헌법상 허용된 인구편차기준에 위배되는지 여부

이 사건 선거구구역표 중 용인시 제1선거구의 인구수는 경기도 최소선거구의 인구수 대비 10배, 선거구 평균인구수로부터 +103%의 편차, 용인시 제3선거구의 인구수는 경기도 최소선거구의 인구수 대비 8배, 선거구 평균인구수로부터 +68%의 편차, 용인시 제4선거구의 인구수는 경기도 최소선거구의 인구수 대비 10배, 선거구 평균인구수로부터 +98%의 편차를 각각 보이고 있고, 군산시 제1선거구의 인구수는 전라북도 최소선거구의 인구수 대비 11배, 선거구 평균인구수로부터 +121%의 편차를 보이고 있는바, 이 사건 선거구구역표 중 **용인시 제2선거구를 제외한 이 사건 선거구란들의 인구수는 헌법상 인구편차 허용기준인 상하 60%의 편차를 넘어서는 것이어서, 이러한 인구편차를 통해서 발생한 투표가치의 불평등은 합리적 사유에 의하여 정당화될 수 없다고 할 것이다.** 따라서 이 사건 선거구란들의 획정은 시 · 도의회의원지역선거구 획정에서 헌법상 허용되는 국회의 재량 범위를 일탈한 것으로서 해당 선거구에 거주하는 청구인들의 헌법상 보장된 선거권과 평등권을 침해하는 것임이 분명하다. 그러나 **용인시 제2선거구의 인구수는 경기도 최소선거구의 인구수와 대비하여 6배에 해당할 뿐 경기도 선거구 평균인구수로부터 +27%의 편차를 보이는데 불과하여 이러한 선거구의 획정이 헌법상 허용되는 국회의 재량 범위를 명백히 일탈한 것이라고 단정하기 어려우므로,** 위 선거구에 거주하는 청구인들의 선거권이나 평등권을 침해한다고 보기 어렵다 할 것이다.

(3) 선거구구역표의 가분성 여부와 위헌선언의 범위

청구인들의 헌법상 보장된 평등권 및 선거권을 침해하는 것은 이 사건 선거구구역표 중 "용인시 제1선거구, 제3선거구, 제4선거구 및 군산시 제1선거구란"에 관한 부분이지만, 이 사건 선거구구역표 중 경기도의회의원 지역선거구들 부분과, 전라북도의회의원 지역선거구들 부분 전부에 관하여 위헌선언을 할 것인지 여부, 즉 선거구구역표를 가분적으로 취급할 수 있는지 여부의 문제가 있다. **그런데 각 시 · 도 내의 의회의원 지역선거구들은 각 선거구가 서로 유기적으로 관련을 가짐으로써 한 부분에서의 변동은 다른 부분에도 연쇄적으로 영향을 미치는 성질을 가지며, 이러한 의미에서 각 시 · 도에 해당하는 선거구구역표는 전체가 불가분의 일체를 이루는 것으로서 어느 한 부분에 위헌적인 요소가 있다면 각 시 · 도에 해당하는 선거구구역표 전체가 위헌의 하자를 띠는 것이라고 보아야 할 뿐만 아니라, 제소된 당해 선거구에 대하여만 인구과다를 이유로 위헌선언을 할 경우에**

는 헌법소원 제소기간의 적용 때문에 제소된 선거구보다 인구의 불균형이 더 심한 선거구의 선거구획정이 그대로 효력을 유지하게 되는 불공평한 결과를 초래할 수도 있으므로, 일부 선거구의 선거구획정에 위헌성이 있다면 각 시 · 도에 해당하는 선거구구역표 전부에 관하여 위헌선언을 하는 것이 타당하다고 할 것이다. 따라서 이 사건 선거구구역표 중 경기도의회의원 지역선거구들 부분과 전라북도의회의원 지역선거구들 부분 전체에 대하여 위헌선언을 하는 것이 상당하다.

4. 법 제22조 제1항의 위헌여부

(1) 시 · 도의회 의원정수의 산정 및 배분에 관한 문제

법 제22조 제1항에 의하면 시 · 도의회 의원정수를 원칙적으로 각 행정구역 또는 각 국회의원지역선거구를 기준으로 2인으로 배분하고 있다. 그런데 전국 자치구 · 시 · 군은 관할구역 안의 인구규모에 관계없이, 즉 인구수가 많든 적든 상관없이 일률적으로 2인의 의원정수를 배분받기 때문에 인구편차에 의한 투표가치 불평등의 문제가 발생하게 된다. 결국 법 제22조 제1항이 시 · 도의회 지역구 의원정수의 산정과 배분에 있어 기본적으로 행정구역을 기준으로 시 · 도의원 정수를 일률적으로 정하고 있는 관계로, 시 · 도 내 최소선거구 혹은 시 · 도 선거구 평균인구수와 대비한, 인구편차에 의한 투표가치의 불평등 상황은 불가피하게 발생할 수밖에 없다고 할 것이다.

(2) 시 · 도의회의원지역선거구 획정에 관한 문제

대체로 인구비례 기준에 의하여 각 자치구 · 시 · 군이 두 개의 선거구로 분할, 획정되고 있으므로 동일한 자치구 · 시 · 군 내의 선거구 상호 간에는 비교적 인구편차에 의한 투표가치 불평등의 문제가 발생할 소지가 적으나, 특정한 자치구 · 시 · 군 내의 분할된 시 · 도의원 지역선거구와 다른 자치구 · 시 · 군 내의 분할된 시 · 도의원지역선거구 간에는 여전히 인구편차에 의한 투표가치의 불평등 문제점이 발생하게 된다. 즉, 행정구역별로 2인의 시 · 도의원 정수가 배분된 각 자치구 · 시 · 군이 다시 2개의 지역선거구로 분할됨으로써, 시 · 도의원 정수 산정 및 배분에서 발생한 인구편차상의 문제점(인구편차에 의한 투표가치의 불평등 상황)이 그대로 이전된다고 할 수 있다. 결국 시 · 도의회의원지역선거구, 특히 이 사건 선거구구역표가 인구편차에 의한 투표가치 불평등의 문제를 야기하게 되는 것은 법 제22조 제1항이 인구비례가 아니라 행정구역(국회의원지역선거구)을 기준으로 지역구시 · 도의원정수를 정하는 데에 근본적인 원인이 있다고 할 것이다. 그렇다면, 인구편차에 의한 투표가치의 불평등은 이 사건 선거구구역표 중 용인시 제1, 3, 4선거구 및 군산시 제1선거구 부분의 획정에서뿐만 아니라 행정구역별로 시 · 도의원 정수를 2인으로 배분하고 있는 법 제22조 제1항에서 시원적으로 생기고 있으며, 따라서 **이 사건 선거구구역표 중 해당 부분뿐만 아니라 법 제22조 제1항도 결과적으로 청구인들의 헌법상 보장된 선거권과 평등권을 침해한다고 할 것이다.**

(3) 위헌선언의 구체적 범위와 방법

결국 이 사건 선거구구역표 중 해당 부분이 위헌이라고 하더라도 이에 단초를 제공하는, 즉 시 · 도의회 의원정수를 일률적으로 배분하고 있는 법 제22조 제1항에 대한 위헌선언 없이 선거구구역표만을 위헌선언하는 방법으로는 인구편차에 의한 투표가치 불평등이라는 위헌적 요소를 제거할 수 없게 된다. 따라서 인구편차에 의한 투표가치의 불평등을 해소하기 위해 시 · 도의원 정수를 정하고 있는 이 법률조항을 어떠한 방향으로 개선하도록 할 것인지에 관해서 여러 가지 방안이 고려될 수 있다.

한편, 우리 헌법 제118조 제2항의 취지에 비추어 볼 때, **국회는 지방의회 의원정수 및 지역선거구 등을 정함에 있어서 투표가치 평등의 원칙을 고려한 선거구 간 인구의 균형뿐만 아니라, 우리나라의 행정구역, 지세, 교통사정, 생활권 내지 역사적·전통적 일체감 등 여러 가지 정책적·기술적 요소를 고려할 수 있는 폭넓은 입법형성의 자유를 가진다고 볼 수 있다.** 그렇다면 위와 같은 사정을 종합적으로 고려하여 여기서는 단지 시·도의원정수를 2인으로 일률적으로 규정한 법 제22조 제1항 및 이에 기초한 이 사건 선거구구역표 중 해당 부분에 대한 위헌선언을 하는데 그치기로 한다. 즉 이 사건 선거구구역표뿐만 아니라 법 제22조 제1항에 대해 위헌선언을 하는 경우, 입법자가 그 위헌성을 제거하기 위하여 위 법률조항을 어떠한 방향으로 개선하도록 할 것인지는 어느 정도 국회의 입법재량에 속하기 때문이다.

5. 헌법불합치

원칙적으로 법 제22조 제1항 및 이 사건 선거구구역표 중 경기도의회의원 지역선거구들 부분 및 전라북도 의회의원 지역선거구들 부분에 대하여 **위헌결정을 하여야 할 것이나,** 이미 위 법률조항과 선거구구역표 부분에 기한 시·도의원선거가 실시된 상황에서 단순위헌의 결정을 하게 되면, 정치세력 간의 이해관계가 첨예하게 대립하고 수많은 고려요소를 조정하여 의원정수와 선거구구역표를 정해야 하는 특성상 그 개정입법이 빠른 시일 내에 이루어지기 어렵다고 할 것이어서, 추후 재선거 또는 보궐선거가 실시될 경우 시·도의회 의원정수와 선거구구역표에 관한 규율이 존재하지 않게 되는 **법의 공백이 생기게 될 우려가 큰 점, 시·도의회의 동질성 유지나 의원정수와 선거구구역표의 변경으로 인한 혼란을 방지하기 위하여도 재선거, 보궐선거 등이 치러지는 경우에 위 법률조항과 선거구구역표에 의하여 이를 시행하는 것이 바람직한 점 등에 비추어, 입법자가 2008. 12. 31.을 시한으로 이를 개정할 때까지 위 법률조항과 선거구구역표의 잠정적 적용을 명하는 헌법불합치결정을 하기로 한다.**

Ⅲ. 결 론

위와 같은 이유로 법 제22조 제1항 및 이 사건 선거구구역표 중 경기도 용인시 제1선거구, 제3선거구, 제4선거구, 군산시 제1선거구란 부분은 헌법에 위반된다 할 것이므로, 그 해당 청구인들의 심판청구는 이유 있어 이를 인용하기로 하는바, 위에서 설시한 선거구구역표의 불가분성 등에 따라 이 사건 선거구구역표 중 경기도의회의원 선거구들 및 전라북도의회의원 선거구들 부분은 그 전체에 대하여 위헌선언을 하여야 할 것이나, 법 제22조 제1항 및 위 선거구구역표 부분을 2008. 12. 31.을 시한으로 입법자가 개정할 때까지 계속 적용하도록 하는 내용의 헌법불합치결정을 하기로 하여 주문과 같이 결정한다. 다만, 이 사건 선거구구역표 중 경기도 용인시 제2선거구란에 관한 청구부분은 이유 없는 것으로서 기각하여야 할 것이나, 다른 선거구의 위헌성으로 인하여 이 사건 선거구구역표 중 경기도의회의원 선거구들 부분 전체에 대하여 헌법불합치결정을 하는 이상 위 청구부분도 그러한 범위 내에서 받아들여진 것이 되므로 이에 대하여도 굳이 청구기각의 주문을 내지 아니하기로 한다.

재판관 이공현, 재판관 조대현의 반대의견

공직선거법의 관련규정을 종합해 볼때, 광역자치단체의 의원을 각 기초자치단체의 인구수를 불문하고 각 기초자치단체마다 2인씩 선출하도록 한 규정은, 각 기초자치단체의 인구수에 현저한 차이가 있어 광역자치단체의원을 선출하는 선거인수에 현저한 차이가 생긴다고 하더라도, 기초자치단체와 광역자치단체의 중층적 구조와 기능의 차이를 반영한 것으로서 나름대로 합리성을 가진 선택방안이라고 볼 수 있으므로, 헌법에 위반된다고 보기 어렵다.

그렇다면, 기초자치단체의원 선거의 경우에는 광역자치단체 단위로 각 선거구별 선거인수와 선출정원을 비교하여 투표가치의 평등 여부를 따져야 마땅하지만, 광역자치단체의원 선거의 경우에는 각 기초자치단체(하나의 기초자치단체가 2 이상의 국회의원 선거구로 된 경우에는 국회의원 선거구)마다 2인씩 선출하는 기본원칙이 헌법에 위반된다고 보지 않는 이상 **기초자치단체를 달리하는 선거구 사이에서 선거인수를 비교하여 선거의 평등 여부를 따질 수 없다. 단지 각 기초자치단체(하나의 기초자치단체가 2 이상의 국회의원 선거구로 된 경우에는 국회의원 선거구) 내에서 구획된 선거구 사이에서만 선거인수의 평등 여부를 따질 수 있을 뿐이다.** 그런데 이 사건에서 문제된 용인시(국회의원 선거구가 갑·을로 나누어져 있음)와 군산시의 각 선거구의 인구수는 별표와 같다. 각 기초자치단체(하나의 기초자치단체가 2 이상의 국회의원 선거구로 된 경우에는 국회의원 선거구)별로 대비하여 보면 각 선거구별 인구수에 2 : 1의 편차도 생기지 아니한다.

따라서 **어느 곳이든 선거구별 인구수의 편차가 심하여 헌법상의 평등원칙에 어긋난다고 보기 어렵다.**

⚜ 본 판례에 대한 평가 본 결정은 시·도의원선거에서의 선거구획정의 인구편차에 관한 최초의 위헌심사라는 점에서 큰 의의를 가진다고 할 수 있다. 시·도의원 지역선거구간 인구편차의 허용기준에 대해서 헌법재판소는 선거구 획정에 있어서 투표가치의 평등으로서 가장 중요한 요소인 인구비례의 원칙과 우리나라의 특수사정으로서 시·도의원의 지역대표성 및 인구의 도시집중으로 인한 도시와 농어촌 간의 극심한 인구편차 등 3개의 요소를 합리적으로 참작하여 결정되어야 함을 강조하면서 현시점에서의 시·도의원 지역선거구획정에서 헌법상 허용되는 인구편차의 기준으로 상하 60%의 인구편차(상한 인구수와 하한 인구수의 비율은 4 : 1)기준을 제시하고 있다.

[요약판례] 공직선거및선거부정방지법 제53조 제3항 등 위헌확인: 인용(헌재 1999.5.27. 98헌마214)

지방자치단체의 장에 대해 그 임기 중에 그 직을 사퇴하여 대통령선거, 국회의원선거 등에 입후보할 수 없도록 규정한 동 규정이 헌법에 위반되는지 여부(적극)

지방자치단체의 장이 임기 중에 공직선거에 입후보할 수 있는 경우 어느 정도로 지방행정의 혼란이 우려되는가를 살펴보면, 지방자치단체의 장이 임기 중에 사퇴함으로써 발생하는 행정의 혼란은 그 정도에 있어서 심각하다고 할 수 없고, 직무대리나 보궐선거의 방법으로 대처할 수 있다고 판단된다.

공선법은 선거의 공정성을 실현하기 위하여 이미 여러 가지 다양한 조치를 취하고 있으며, 특히 공선법 제53조 제1항의 '선거전 공직사퇴조항'을 통하여 충분히 선거의 공정성을 확보하고 있다고 판단되므로, 이를 넘어서 포괄적인 입후보금지규정을 두는 것은, 입법목적을 달성하기 위하여 필요한 조치를 넘어 청구인들의 피선거권을 과도하게 제한하는 것이다.

반면에, 이 사건 조항으로 인하여 발생하는 피선거권 제한의 효과, 특히 '민주주의의 실현'에 미치는 부정적인 효과는 매우 크다. 원칙적으로 국민 누구나가 입후보할 수 있고 이로써 다수의 후보자와 다수의 정책방향 중에서 자유로이 선택할 수 있는 가능성이 유권자에게 주어진 경우에만 그 선거는 국민의 정치적 의사를 제대로 반영할 수 있고 이로써 민주적 정당성을 확보할 수 있는 것이다. 뿐만 아니라 유권자가 후보자를 자유로이 선택할 수 있는 기회가 크게 제한된 상태에서 실시되는 선거는 사실상 국민의 선거권에 대한 현저한 제한으로서 경우에 따라서는 선거권이 형해화될 수도 있다.

Ⅲ 선거구제와 대표제

Ⅳ 현행법상 선거제도

Ⅰ 공직선거및선거부정방지법 제56조 위헌확인: 기각(헌재 1996.8.29. 95헌마108)

쟁점 시·도지사 선거에서 기탁금 제도자체와 기탁금 액수의 위헌성 여부

사건의 개요

청구인은 공직선거및선거부정방지법(이하 "공직선거법"이라 한다) 부칙에 의하여 1995. 6. 27. 실시될 예정이던 지방선거에서 제주도지사선거에 입후보하고자 하였는데, 공직선거법은 시·도지사선거에 입후보하려는 자는 후보자등록신청시에 기탁금 5천만원을 관할선거구선거관리위원회에 납부하여야 한다고 규정함으로써, 기탁금을 마련할 수 있는 경제적 능력이 있는 자만이 입후보할 수 있도록 하여 청구인의 평등권, 공무담임권 등을 침해하고 있다는 이유로 위 법률조항의 위헌확인을 구하는 이 사건 헌법소원심판청구를 하였다.

심판의 대상

공직선거및선거부정방지법 제56조 (기탁금) ① 후보자등록을 신청하는 자는 등록신청시에 후보자 1인마다 다음 각호의 기탁금을 중앙선거관리위원회규칙이 정하는 바에 따라 관할선거구선거관리위원회에 납부하여야 한다.

4. 시·도지사선거는 5천만원

주 문

청구인의 심판청구를 기각한다.

판 단

Ⅰ. 적법요건에 관한 판단

1. 기본권 침해의 자기관련성·직접성·현재성

청구인은 1995. 6. 27.에 실시될 예정이던 시·도지사선거에 입후보하려는 사람이므로 자기관련성이 있고, 이 사건 법률조항은 시·도지사 선거에 입후보하려는 사람이 5천만원을 기탁하지 아니할 경우에는 별도의 집행행위의 매개없이 후보자등록신청을 할 수 없도록 규정하고 있으므로 직접성의 요건도 갖추고 있다. 또한 구체적인 기본권의 침해가 있기 전인 1995. 4. 14.에 청구한 이 사건 헌법소원의 경우를 가리켜 후보등록일 이전에 청구한 것이므로 현재성이 없다고 한다면 현행 헌법소원절차에 미루어 기본권구제의 실효성을 기대하기 어렵다. 따라서 후보자등록신청개시일보다 약 두 달 전에 청구한 이 사건 심판청구는 현재성의 요건도 갖춘 것으로 보아야 한다.

2. 권리보호이익

청구인이 헌법소원심판을 청구한 뒤에 청구인이 입후보한 시·도지사선거는 1995. 6. 27. 실시되어 이미 종료하였으므로, 이 사건 법률조항에 대한 위헌결정이 선고되더라도 청구인의 주관적 권리

구제는 불가능하게 되었다고 할 수도 있다. 그러나 헌법소원은 주관적 권리구제뿐 아니라 객관적인 헌법질서보장의 기능도 겸하고 있으므로 심판계속중 발생한 사정변경으로 인하여 주관적인 권리보호이익이 소멸된 경우에도 그러한 기본권침해행위가 반복될 위험이 있거나 당해분쟁의 해결이 헌법질서의 유지·수호를 위하여 긴요한 사항이어서 헌법적으로 그 해명이 중대한 의미를 지니고 있는 때에는 예외적으로 심판청구의 이익을 인정할 수 있다는 것이 우리 재판소의 확립된 판례이다(헌법재판소 1992. 1. 28. 선고, 91헌마111 결정 등 참조). 따라서 **이 사건 법률조항의 위헌 여부에 관한 판단은 위헌적인 법률조항에 의한 기본권침해의 위험을 사전에 제거하는 등 헌법질서의 수호·유지를 위하여 긴요한 사항으로서 헌법적으로 그 해명이 중대한 의미를 지닌다고 할 수 있으므로 이 사건 심판청구는 적법하다고 할 것이다.**

Ⅱ. 이 사건 법률조항의 위헌여부

1. 시·도지사선거에서 기탁금제도 자체의 위헌여부

(1) 기탁금제도의 취지

원래 기탁금제도는 선거를 할 때에 후보자로 하여금 일정금액을 기탁하게 하고 후보자가 선거에서 일정수준의 득표를 하지 못할 때에는 기탁금의 전부 또는 일부를 국고에 귀속시키는 등의 방법으로 금전적 제재를 가함으로써, 후보자의 무분별한 난립을 방지하고 아울러 당선자에게 되도록 다수표를 몰아주어 민주적 정당성을 부여하는 한편 후보자의 성실성을 담보하려는 취지에서 생겨난 것이다(헌법재판소 1991. 3. 11. 선고, 91헌마21 결정 참조).

그러므로 공직선거법에 정한 **기탁금제도는 후보난립을 방지하고 후보사퇴·등록무효 등 후보자의 성실성을 담보하기 위한 제재금 예납의 의미와 함께 공직선거법상 위반행위에 대한 과태료 및 불법시설물 등에 대한 대집행비용과 부분적으로 선전벽보 및 선거공보의 작성비용에 대한 예납의 의미도 아울러 가지고 있다고 할 수 있다.**

(2) 기탁금제도의 위헌여부

대통령선거 등 다른 선거에 있어서와 마찬가지로 시·도지사선거에서도 후보자가 난립할 경우 선거관리가 복잡해짐은 물론 선거운동이 과열·혼탁해지기 쉽고 선거비용이 과다하게 소요되며 유권자의 지지표가 분산되어 당선자의 민주적 정당성이 약화될 뿐 아니라, 나아가 주민들로서는 적절한 후보자를 선택하기 어려워 지방자치 및 선거자체에 대하여 무관심해질 염려도 있으므로 무분별한 후보난립을 방지할 필요성은 크다고 할 수 있다.

공직선거법상 위반행위에 대한 과태료 및 불법시설물 등에 대한 대집행비용은 그 성격상 당락이나 득표율 여하를 불문하고 후보자에게 부담시키는 것이 당연하다. 당선될 가능성이 희박함에도 무리하게 입후보를 한 것으로 보여지는 득표율이 저조한 후보자에 대하여는 선거비용의 일부인 선전벽보 및 선거공보의 작성비용을 부담시키는 것이 부당하다고 할 수 없다. 그러므로 시·도지사선거에서 후보난립을 방지하고, 아울러 위 과태료 및 대집행비용과 선전벽보 및 선거공보의 작성비용 등을 예납하도록 하기 위한 **기탁금제도는 그 기탁금액이 지나치게 많지 않는 한 이를 위헌이라고 할 수는 없다.**

2. 기탁금 액수의 과다여부

(1) 다른 선거와의 차등이 정당한지 여부

기탁금제도 자체의 정당성이 비록 인정된다고 하더라도 기탁금을 납부하지 아니하면 후보자등록신청을 할 수 없게 된다는 점에서 자유로운 입후보에 대한 제한임이 명백하므로, 기탁금액은 기탁금제도에 의하여 달성하려는 공익목적과 그로 인한 기본권제한 사이에 균형과 조화를 이루도록 정하여야 한다.

모든 선거는 각 선거마다 고유의 의미와 목적을 가지고 있고, 선거구의 규모의 차이를 비롯한 여러 가지 특별한 사정이 있다. 이에 따라서 기탁금이 담보해야 할 과태료 및 대집행비용 그리고 선전벽보 및 선고공보의 작성비용이 달라짐은 물론이고 각 선거에 있어 후보자의 난립을 방지하기 위하여 요구되는 제재금의 의미에서의 기탁금의 액수도 당연히 달라질 수밖에 없는 것이다. 그러므로 각 선거마다 기탁금액을 달리 규정하고 있다 하더라도 그 이유만으로 차등의 정도가 현저히 불합리한 것이 아닌 한 위헌이라고 할 수 없다. 따라서 시·도지사선거의 경우 위와 같이 선거구의 규모 및 이에 따른 비용의 면에 있어서 국회의원선거나 다른 지방선거와의 차이가 크고, 성공적인 지방자치제도의 정착을 위하여는 민선 시·도지사의 역할이 매우 중대하며, 이에 따라 후보난립방지의 필요성도 절실하다는 점 등을 고려할 때, 그 기탁금을 비록 다른 선거들에 비하여 많게 규정하고 있다고 하더라도 그것만으로 다른 선거의 기탁금액에 비하여 합리적인 이유 없이 지나치게 많은 것이라고는 할 수 없다. 따라서 이 사건 법률조항은 당선가능성이 있는 자의 후보등록을 불가능하게 하거나 현저히 어렵게 할 정도로 그 금액이 과다하여 공무담임권 등 기본권의 본질적 내용을 침해하는 것으로 볼 수 없다.

(2) 기탁금 액수를 일률적으로 정한 것이 헌법에 위반되는지 여부

입법자가 기탁금의 액수를 정함에 있어서 인구수(선거인수)로 표현되는 선거구의 규모가 중요한 요소이기는 하나 이것만이 유일한 요소라고 할 수는 없고, 각 선거가 갖는 특성 등도 아울러 참작하여야 하므로, 같은 종류의 선거에 있어서 각 선거구의 규모에 따라 기탁금의 액수를 다르게 정하는 것이 반드시 바람직한 것이라고 할 수 없을 뿐만 아니라, 입법기술상으로도 유동적인 선거구의 인구수 등을 매 선거 때마다 이를 반영하는 것은 그리 쉬운 일이 아니다. 그렇다면 **입법자가 각종 선거의 기탁금의 액수를 정함에 있어 평균적인 선거구의 규모 및 선거마다의 특성 등을 고려하여 각 선거마다 달리 기탁금을 정하되, 같은 종류의 선거에 있어서는 선거구간의 인구수나 경제력 등의 차이를 고려하지 아니하고 기탁금을 일률적으로 균등하게 책정하는 것을 나무랄 수 없다.** 따라서 이 사건 법률조항이 법률상 같은 종류의 지방자치단체인 시·도의 장을 선출하는 시·도지사선거에 있어서 그 기탁금을 균등하게 5천만원으로 정하였다고 하여 이를 두고 위헌이라고 할 수는 없다.

3. 결 론

그렇다면 이 사건 법률조항은 시·도지사 선거에 입후보하려는 사람의 기본권의 본질적 내용을 침해하는 정도에 이르지 아니하여 헌법에 위반되지 아니하므로 청구인의 이 사건 심판청구를 기각하기로 하여 주문과 같이 결정한다. 이 결정은 재판관 김진우, 재판관 조승형의 반대의견이 있는 외에 나머지 재판관 전원의 의견이 일치되었다.

재판관 김진우의 반대의견

이 사건 규정은 지나치게 많은 기탁금을 후보자등록요건으로 요구함으로써 헌법 제24조의 공무담임권을 과잉제한하고 있고, 또 재력이 약한 자들을 자의적으로 차별하여 헌법 제11조 제1항의 평등원칙에 반하는 위헌적인 규정이다.

재판관 조승현의 반대의견

기탁금제도 자체가 국민주권 등의 헌법정신에 반하고 보통·평등선거의 본질에 반하며, 헌법 제37조 제2항에 따른 기본권 제한에 있어서 선거질서유지목적·필요성과 기본권 제한의 정도를 비교할 때에 지켜야 할 비례의 원칙·과잉금지의 원칙에 반하고 국민의 공무담임권(피선거권)·평등권·투표를 통하여 참정권을 행사하는 주인인 국민의 선거권의 본질적 내용을 침해하는 제도로서, 헌법에 위반된다고 할 것이다.

본 판례에 대한 평가 기탁금에 관련된 헌법재판소의 결정을 정리하면 아래와 같다.

첫째, 기탁금제도 자체에 대해서 헌법재판소는 입후보자의 난립을 방지하고 후보자의 성실성을 담보하기 위한 목적과, 우리의 정치문화와 선거풍토에 있어서 현실적인 필요성 등을 감안할 때, 필요불가결한 제도라고 판시하고 있다(헌재 2003.8.21. 2001헌마687등).

둘째, 기탁금 액수와 관련하여 헌법재판소의 결정과 입법개선이 순차적으로 이루어져 왔는데, ① 국회의원선거 기탁금과 관련하여, 정당추천후보자와 무소속후보자가 납부해야 할 기탁금의 액수를 각각 1천만 원과 2천만 원으로 불평등하게 규정한 구 국회의원선거법 제33조, 제34조에 대해 헌법재판소의 헌법불합치결정이 있었고(헌재 1989.9.8. 88헌가6), 이후 1994. 3. 16. 공직선거및선거부정방지법(현행 공직선거법)이 제정되어 국회의원입후보자의 기탁금이 1천만 원으로 통일되었다가, 2002. 2. 16. 개정시 다시 2천만 원으로 상향조정되었는데 이에 대하여 헌법재판소의 위헌결정이 있었다(헌재 2001.7.19. 2000헌마91등). 위헌결정으로 다시 현행 공직선거법 제56조 제1항 2호에서는 국회의원후보자의 기탁금이 1천5백만 원으로 개정되었는데 헌법재판소는 동 조항에 대하여 합헌이라고 결정하였다(헌재 2003.8.21. 2001헌마687등). ② 시·도의회의원 선거의 기탁금 700만원에 대하여 헌법재판소의 위헌결정이 있었으며(헌재 1991.3.11. 91헌마21), 이에 따라 400만원으로 인하된 뒤 다시 300만원으로 인하되었다. 공직선거법상 300만원의 기탁금에 대해서는 합헌결정을 하였다(헌재 2004.3.25. 2002헌마383등). ③ 시·도지사 선거의 기탁금 5천만원과 자치구·시·군의원선거 200만원에 대하여 헌법재판소의 합헌결정이 있었다(헌재 2004.3.25. 2002헌마383·396등). ④ 한편 대통령선거 기탁금 3억원에 대해서 헌법재판소는 합헌결정을 하였으며(헌재 1995.5.25. 92헌마269등) 현행 공직선거법 제56조 제1항 1호에서는 대통령선거시 기탁금을 5억원으로 규정하고 있었다. 그러나 이에 대해 헌재가 다시 위헌결정(헌재 2008.11.27. 2007헌마1024)을 내림에 따라 3억원으로 하향조정되었다(개정된 공직선거법 제56조 제1항 제1호).

셋째, 기탁금의 국고귀속과 관련하여, 헌법재판소는 기탁금의 국고귀속 자체는 기탁금제도의 본질적 요소로 보고 있으나 그 기준이 되는 득표율이 지나치게 높은 경우에는 위헌결정을 하였다. 구체적으로 살펴보면, 유효투표총수의 3분의 1이상을 획득하지 못할 경우 기탁금을 국고에 귀속시키도록 한 구 국회의원선거법 제34조에 대해서 헌법 제116조에 위반된다고 하였으며(헌재 1989.9.8. 88헌가6), 구 공직선거및선거부정방지법 제57조의 유효투표총수의 100분의 20이상의 기준에 대해서도 진지한 입후보희망자의 입후보를 가로막는다고 하여 위헌결정을 하였다(헌재 2001.7.19. 2000헌마91등).

이후 개정된 공선법상의 "유효투표총수의 100분의 15"에 대해서는 합헌결정이 있었으며(헌재 2003.8.21. 2001헌마687등) 현행 공선법은 유효투표총수의 100분의 15이상을 득표하면 기탁금 전액을 반환하고, 유효투표총수의 100분의 10 이상 100분의 15 미만을 득표한 경우에는 기탁금의 50%를 반환하도록 하고 있다(공직선거법 제57조 제1항). 공직선거법 제26조 제2항에서 기초의회의원선거의 선거구를 중선거구로 개편하였는데도 동법 제57조 제1항에서는 동일한 기탁금 반환기준을 두고 있는데, 이에 대해서 헌법에 위반되지 않는다고 판단하였다(헌재 2011.6.30. 2010헌마542).

Ⅱ 공직선거법 제37조 제1항 위헌확인 등: 기각,각하(헌재 1999.1.28. 97헌마253등)

쟁점 재외국민에 대하여 선거권을 부여하지 아니하는 공직선거및선거부정방지법 제37조 제1항이 기본권 제한의 입법적 한계를 벗어난 것인지 여부(소극)

사건의 개요

청구인들은 대한민국 국적을 가진 20세 이상의 자로서 현재 일본에 거주하고 있는 재일교포인데, 공직선거및선거부정방지법(이하 '공직선거법'이라 한다)에 재외국민의 선거권 행사 절차에 관한 규정이 없는 관계로 대통령선거에서 선거권을 행사할 수 없게 되자 공직선거법 제37조 제1항은 위헌이거나 적어도 위 절차규정을 두지 아니한 입법부작위에 의하여 청구인들의 선거권이 침해되었음을 이유로 이 사건 헌법소원을 제기하였다.

심판의 대상

공직선거법 제37조 (명부작성) ① 선거를 실시하는 때에는 그 때마다 구청장(자치구의 구청장을 포함하며, 도농복합형태의 시에 있어서는 동지역에 한한다)·시장(구가 설치되지 아니한 시의 시장을 말하며, 도농복합형태의 시에 있어서는 동지역에 한한다)·읍장·면장(이하 "구·시·읍·면의 장"이라 한다)은 대통령선거에 있어서는 선거일 전 28일, 국회의원선거와 지방자치단체의 장 선거에 있어서는 선거일 전 22일, 지방의회의원선거에 있어서는 선거일 전 19일(이하 "선거인명부작성기준일"이라 한다) 현재로 그 관할구역 안에 주민등록이 되어 있는 선거권자를 투표구별로 조사하여 선거인명부작성기준일부터 5일 이내(이하 "선거인명부작성기간"이라 한다)에 선거인명부를 작성하여야 한다.

주 문

이 사건 심판청구 중 공직선거및선거부정방지법 제37조 제1항에 대한 심판청구는 이를 기각하고, 나머지 청구부분은 이를 각하한다.

판 단

Ⅰ. 선거권 제한의 한계

보통선거의 원칙은 선거권자의 능력, 재산, 사회적 지위 등의 실질적인 요소를 배제하고 성년자이면 누구라도 당연히 선거권을 갖는 것을 요구한다. 따라서 **선거권자의 국적이나 선거인의 의사능력 등 선거권 및 선거제도의 본질상 요청되는 사유에 의한 내재적 제한을 제외하고 보통선거의 원칙에 위배되는 선거권 제한 입법을 하기 위해서는 기본권 제한입법에 관한 헌법 제37조 제2항의**

규정에 따라야 한다. 따라서 기본권을 제한하는 입법을 함에 있어서는 입법목적의 정당성과 그 목적달성을 위한 방법의 적정성, 피해의 최소성, 그리고 그 입법에 의해 보호하려는 공공의 필요와 침해되는 기본권 사이의 균형성을 모두 갖추어야 하며 이를 준수하지 않은 법률 내지 법률조항은 기본권제한의 입법적 한계를 벗어난 것으로 헌법에 위반된다.

Ⅱ. 선거권에 관한 거주요건의 필요성 근거

1. 국토분단 상황

가장 현실적인 문제로서 국토가 분단되어 있는 우리나라에서 북한 주민이나 조총련계 재일교포에 대하여 선거권을 인정할 수 없기 때문이다. 대법원 판례에 따르면 북한주민이나 조총련계 재일교포도 우리나라 국민이라는 점에는 의문이 없으므로 재외국민 모두에게 선거권을 인정하는 선거제도를 둔다면, 위 북한주민이나 조총련계 재일교포들이 선거권을 행사하는 것을 저지할 수 없을 뿐만 아니라, 근소한 표 차이로 당락이 결정되는 경우에는 이들이 결정권(casting vote)을 행사할 수 있다는 기이한 현상이 발생할 수도 있는 것이다. 따라서 이러한 현실적인 문제로 재외국민에게 선거권을 부여할 수는 없다고 할 것이다.

2. 선거의 공정성 확보의 필요성

선거의 공정성을 확보하기 어렵기 때문이다.

3. 선거기술상의 문제

선거기술상으로 보아도 불가능하기 때문이다. 즉 공직선거법상 선거운동기간은 대통령 선거가 23일, 국회의원 및 지방자치단체의 장 선거가 17일, 지방의회의원선거가 14일인바, 이러한 선거운동기간의 제한이 헌법에 위배되지 않는 이상 그 기간내에 외국에 있는 모든 국민에게 선거의 실시와 후보자를 홍보하고, 선거운동을 하며, 투표용지를 발송하여 기표된 용지를 회수하는 것이 실무상 불가능하기 때문이다. 선거의 공정성에 관하여 문제가 없다면 영국에서와 같이 대리투표에 의한 투표 또는 컴퓨터에 의한 투표 등에 의하여 선거하는 것도 물론 가능할지 모르나, 지금과 같이 엄격한 선거제도하에서도 선거부정의 시비가 끊이지 않는 우리나라의 정치현실에서는 이와 같은 선거방법을 받아들일 수가 없다고 할 것이다. 또한 우편제도가 발달한 일부 국가에 대하여서만 가능한 재외국민선거제도를 만든다 하더라도 또 다른 평등의 문제가 야기될 수 있기 때문에 역시 받아들일 수는 없다고 할 것이다.

4. 국민의무의 이행여부와의 관련성

선거권이 국가에 대한 납세, 병역, 기타의 의무와 결부되기 때문에 이와 같은 의무이행을 하지 아니하는 재외국민에게 선거권을 인정할 수는 없다고 할 것이다. 재일교포와 같이 타의에 의하여 외국에서 거주하는 사람들은 별론으로 하고, 해외에 이민을 목적으로 거주하고 있는 국민들은 자의에 의하여 국가에 대하여 납세, 병역 등의 의무를 전혀 부담하지 아니하고 있고, 장차 그 국가에 동화되어 생활하게 될 이들에 대하여 선거권을 인정하여야 할 아무런 논거를 찾을 수 없다.

5. 소　　결

재외국민 모두에게 선거권을 인정함으로써 재외국민들에게 대한민국국민으로서의 긍지를 심어주고 국가에 대한 애국심을 고취하며 국가의 운명에 보다 관심을 갖고 생활할 수 있도록 하는 것이 이상적이기는 하나, 이들에 대하여 선거권을 제한하는 것이 반드시 헌법에 위배되는가 하는 문제점은 이와 같은 이상의 문제와 서로 다른 문제라고 할 것이다. 재외국민에 대하여 선거권을 인정하지 아니하는 것이 비록 바람직하지 아니하다고 하더라도 앞에서 본 바와 같이 합리적인 이유가 있다고 한다면 이를 두고 지나친 기본권의 제한이라고는 할 수 없다. 따라서 이 사건 법조항은 헌법 제37조 제2항 소정의 기본권 제한의 한계를 일탈하지 아니하여 헌법에 위반된다고는 볼 수 없다.

Ⅲ. 예비적 청구부분에 대하여

이 사건 법조항은 국민 중 국내에 주민등록이 되어 있는 국민에 대하여 선거권을 인정하고 있을 뿐 국내에 주민등록이 되어 있지 아니한 재외국민에 대하여서는 선거권을 인정할 수 없음을 분명히 하고 있으므로 이른바 부진정입법부작위에 해당하여 이 사건 심판청구는 부적법하다고 할 것이다.

Ⅳ. 결　론

이 사건 심판청구 중 법 제37조 제1항은 헌법에 위반되지 아니하고 나머지 청구부분은 부적법하여 재판관 전원의 일치된 의견으로 주문과 같이 결정한다.

✤ 본 판례에 대한 평가 재외국민에게 공직선거에서의 선거권을 부여할 것인가에 대하여 각국의 입법례는 일반적으로 인정하는 방향으로 정립되어 있다. 프랑스의 경우 재외국민은 대통령선거 때 본인의 요청에 따라 자신의 거주지를 관할하는 재외투표센터의 선거인 명부에 등록을 하고 투표권을 행사할 수 있고, 영국은 출국한 지 20년 이내의 일반국민에게 선거권을 부여하고 있으며, 독일은 유럽평의회가맹국 거주자와 출국 후 10년 미만인 국외정주자에 한해 선거권을 부여하고 있다. 또한 미국은 재외시민의 최종주소지인 주를 관할로 하여 우편투표방식으로 투표하는 것을 인정하고 있다. 일본의 경우 1998. 5. 재외국민이 외국에서도 선거에 참여할 수 있도록 선거법을 개정하였다.

재외국민에게 선거권을 부여하지 않는 공선법 규정에 대하여 종전 헌법재판소는 위에서 본 바와 같이 합헌이라고 결정했다. 그러나 2007년 6월 헌법재판소는 헌재 2007. 6. 28. 2004헌마644·2005헌마360(병합)결정에서 "민주주의국가에서 국민주권과 대의제 민주주의의 실현수단으로서 선거권이 갖는 중요성으로 인해 한편으로 입법자는 선거권을 최대한 보장하는 방향으로 입법을 하여야 하며, 또 다른 한편에서 선거권을 제한하는 법률의 합헌성을 심사하는 경우에는 그 심사의 강도도 엄격하여야 한다. 선거권을 제한하는 입법은 헌법 제24조에 의해서 곧바로 정당화될 수는 없고, 헌법 제37조 제2항의 규정에 따라 국가안전보장·질서유지 또는 공공복리를 위하여 필요하고 불가피한 예외적인 경우에만 그 제한이 정당화될 수 있으며, 그 경우에도 선거권의 본질적인 내용을 침해할 수 없다. 더욱이 보통선거의 원칙은 선거권자의 능력, 재산, 사회적 지위 등의 실질적인 요소를 배제하고 성년자이면 누구라도 당연히 선거권을 갖는 것을 요구하므로 보통선거의 원칙에 반하는 선거권 제한의 입법을 하기 위해서는 헌법 제37조 제2항의 규정에 따른 한계가 한층 엄격히 지켜져야 한다.

선거권의 제한은 불가피하게 요청되는 개별적·구체적 사유가 존재함이 명백할 경우에만 정당화될 수 있고, 막연하고 추상적인 위험이나 국가의 노력에 의해 극복될 수 있는 기술상의 어려움이나 장애 등을 사유로 그 제한이 정당화될 수 없다. 북한주민이나 조총련계 재일동포가 선거에 영향을 미칠 가능성, 선거의 공정성, 선거기술적 이유 등은 재외국민등록제도나 재외국민 거소신고제도, 해외에서의 선거운동방법에 대한 제한이나 투표자 신분확인제도, 정보기술의 활용 등을 통해 극복할 수 있으며, 나아가 납세나 국방의무와 선거권 간의 필연적 견련관계도 인정되지 않는다는 점 등에 비추어 볼 때, 단지 주민등록이 되어 있는지 여부에 따라 선거인명부에 오를 자격을 결정하여 그에 따라 선거권 행사 여부가 결정되도록 함으로써 엄연히 대한민국의 국민임에도 불구하고 주민등록법상 주민등록을 할 수 없는 재외국민의 선거권 행사를 전면적으로 부정하고 있는 법 제37조 제1항은 어떠한 정당한 목적도 찾기 어려우므로 헌법 제37조 제2항에 위반하여 재외국민의 선거권과 평등권을 침해하고 보통선거원칙에도 위반된다"라고 결정함으로써 종전의 판례를 변경하여 주민등록을 요건으로 재외국민의 국정선거권을 제한하고 있는 것, 국내거주자에게만 부재자신고를 허용하고 국외거주자에게 이를 인정하지 않는 것, 주민등록을 요건으로 한 국내거주 재외국민의 선거권과 피선거권을 제한하는 것, 주민등록을 요건으로 재외국민의 국민투표권을 제한하는 것은 헌법 제37조 제2항에 위반하여 재외국민의 선거권과 평등권을 침해하고 보통선거의 원칙에도 위반된다고 결정하였다.

엄연히 대한민국의 국적을 보유한 채 외국에 거주하고 있는 재외국민에게 단순히 선거기술상의 이유 등을 들어 대의제 민주주의에서 주권자가 국정에 참여하는 권리인 선거권을 제한한다는 것은 바람직하지 못하다고 할 것이고, 참정권의 주체와 국가권력의 지배를 받는 국민이 되도록 일치할 것을 요청하는 국민의 참정권에 대한 민주주의적 요청의 결과인 보통선거의 원칙에 의거하여 선거권의 행사주체는 가능한 최대한 넓게 인정되어야 한다. 이러한 측면에서 변경된 헌법재판소 결정은 타당하다.

참고로 헌법재판소는 주민등록을 할 수 없는 국내거주 재외국민에 대하여 주민투표권을 인정하지 않고 있는 주민투표법 제5조 제1항이 국내거주 재외국민의 평등권을 침해한다고 결정하였으며(헌재 2007. 6. 28. 2004헌마643, 주민투표법 제5조 위헌확인(헌법불합치,잠정적용)), 공직선거법이 부재자투표를 할 수 있는 사람과 부재자투표의 방법을 규정하면서 대한민국 국외의 구역을 항해하는 선박에서 장기 기거하는 선원들에 대해서 부재자투표의 대상자로 규정하지 않고 이들이 투표할 수 있는 방법을 정하지 않고 있는 것은 이러한 선원들의 선거권을 침해한다고 결정했다(헌재 2007. 6. 28. 2005헌마772, 공직선거법 제38조 등 위헌확인(헌법불합치,잠정적용)).

[요약판례 1] 공직선거및선거부정방지법 제15조 제2항 등 위헌확인: 헌법불합치(헌재 2007.6.28. 2004헌마644등)

1. 구 '공직선거및선거부정방지법(이하 "법"이라 한다)' 제15조 제2항, 제16조 제3항, 제37조 제1항이 국민의 참정권 행사를 위한 요건으로 주민등록을 요구함으로써 주민등록을 할 수 없는 재외국민의 선거권, 평등권, 공무담임권, 보통선거의 원칙을 위배하는지 여부
2. 주민등록을 요건으로 재외국민의 국민투표권을 제한하는 국민투표법 제14조 제1항이 청구인들의 국민투표권을 침해하는지 여부
3. 법 제38조 제1항의 국내거주자에게만 부재자신고를 허용하는 것이 국외거주자의 선거권・평등권을 침해하고 보통선거원칙을 위반하는지 여부

(1) 민주주의 국가에서 선거권이 갖는 중요성으로 인해 한편으로 입법자는 선거권을 최대한 보장하는 방향으로 입

법을 하여야 하며, 또 다른 한편에서 선거권을 제한하는 법률의 합헌성을 심사하는 경우에는 그 심사의 강도도 엄격하여야 한다. **선거권을 제한하는 입법은 헌법 제24조에 의해서 곧바로 정당화될 수는 없고, 헌법 제37조 제2항의 규정에 따라 국가안전보장·질서유지 또는 공공복리를 위하여 필요하고 불가피한 예외적인 경우에만 그 제한이 정당화될 수 있으며, 그 경우에도 선거권의 본질적인 내용을 침해할 수 없다.** 더욱이 보통선거의 원칙은 선거권자의 능력, 재산, 사회적 지위 등의 실질적인 요소를 배제하고 성년자이면 누구라도 당연히 선거권을 갖는 것을 요구하므로 **보통선거의 원칙에 반하는 선거권 제한의 입법을 하기 위해서는 헌법 제37조 제2항의 규정에 따른 한계가 한층 엄격히 지켜져야 한다.**

(2) 선거권의 제한은 불가피하게 요청되는 개별적·구체적 사유가 존재함이 명백할 경우에만 정당화될 수 있고, 막연하고 추상적인 위험이나 국가의 노력에 의해 극복될 수 있는 기술상의 어려움이나 장애 등을 사유로 그 제한이 정당화될 수 없다. 북한주민이나 조총련계 재일동포가 선거에 영향을 미칠 가능성, 선거의 공정성, 선거기술적 이유 등은 재외국민등록제도나 재외국민 거소신고제도, 해외에서의 선거운동방법에 대한 제한이나 투표자 신분확인제도, 정보기술의 활용 등을 통해 극복할 수 있으며, 나아가 납세나 국방의무와 선거권 간의 필연적 견련관계도 인정되지 않는다는 점 등에 비추어 볼 때, **단지 주민등록이 되어 있는지 여부에 따라 선거인명부에 오를 자격을 결정하여 그에 따라 선거권 행사 여부가 결정되도록 함으로써 엄연히 대한민국의 국민임에도 불구하고 주민등록법상 주민등록을 할 수 없는 재외국민의 선거권 행사를 전면적으로 부정하고 있는 법 제37조 제1항은 어떠한 정당한 목적도 찾기 어려우므로 헌법 제37조 제2항에 위반하여 재외국민의 선거권과 평등권을 침해하고 보통선거원칙에도 위반된다.**

(3) 직업이나 학문 등의 사유로 자진 출국한 자들이 선거권을 행사하려고 하면 반드시 귀국해야 하고 귀국하지 않으면 선거권 행사를 못하도록 하는 것은 헌법이 보장하는 해외체류자의 국외 거주·이전의 자유, 직업의 자유, 공무담임권, 학문의 자유 등의 기본권을 희생하도록 강요한다는 점에서 부적절하며, 가속화되고 있는 국제화시대에 해외로 이주하여 살 가능성이 높아지고 있는 상황에서, 그것이 자발적 계기에 의해 이루어졌다는 이유만으로 국민이면 누구나 향유해야 할 가장 기본적인 권리인 선거권의 행사가 부인되는 것은 타당성을 갖기 어렵다는 점에 비추어 볼 때, **선거인명부에 오를 자격이 있는 국내거주자에 대해서만 부재자신고를 허용함으로써 재외국민과 단기해외체류자 등 국외거주자 전부의 국정선거권을 부인하고 있는 법 제38조 제1항은 정당한 입법목적을 갖추지 못한 것으로 헌법 제37조 제2항에 위반하여 국외거주자의 선거권과 평등권을 침해하고 보통선거원칙에도 위반된다.**

(4) 국내거주 재외국민은 주민등록을 할 수 없을 뿐이지 '국민인 주민'이라는 점에서는 '주민등록이 되어 있는 국민인 주민'과 실질적으로 동일하므로 지방선거 선거권 부여에 있어 양자에 대한 차별을 정당화할 어떠한 사유도 존재하지 않으며, 또한 헌법상의 권리인 국내거주 재외국민의 선거권이 법률상의 권리에 불과한 '영주의 체류자격 취득일로부터 3년이 경과한 19세 이상의 외국인'의 지방선거 선거권에 못 미치는 부당한 결과가 초래되고 있다는 점에서, **국내거주 재외국민에 대해 그 체류기간을 불문하고 지방선거 선거권을 전면적·획일적으로 박탈하는 법 제15조 제2항 제1호, 제37조 제1항은 국내거주 재외국민의 평등권과 지방의회 의원선거권을 침해한다.**

(5) '외국의 영주권을 취득한 재외국민'과 같이 주민등록을 하는 것이 법령의 규정상 아예 불가능한 자들이라도 지방자치단체의 주민으로서 오랜 기간 생활해 오면서 그 지방자치단체의 사무와 얼마든지 밀접한 이해관계를 형성할 수 있고, 주민등록이 아니더라도 그와 같은 거주 사실을 공적으로 확인할 수 있는 방법은 존재한다는 점, 나아가 법 제16조 제2항이 국회의원 선거에 있어서는 주민등록 여부와 관계없이 25세 이상의 국민이라면 누구든지 피선거권을 가지는 것으로 규정함으로써 국내거주 여부를 불문하고 재외국민도 국회의원 선거의 피선거권을 가진다는 사실에 비추어, **주민등록만을 기준으로 함으로써 주민등록이 불가능한 재외국민인 주민의 지방선거 피선거권을 부인하는 법 제16조 제3항은 헌법 제37조 제2항에 위반하여 국내거주 재외국민의 공무담임권을 침해한다.**

(6) 국민투표는 국가의 중요정책이나 헌법개정안에 대해 주권자로서의 국민이 그 승인 여부를 결정하는 절차인데, **주권자인 국민의 지위에 아무런 영향을 미칠 수 없는 주민등록 여부만을 기준으로 하여, 주민등록을 할 수 없는 재외국민의 국민투표권 행사를 전면적으로 배제하고 있는 국민투표법 제14조 제1항은 앞서 본 국정선거권의 제한에 대한 판단에서와 동일한 이유에서 청구인들의 국민투표권을 침해한다.**

(7) 선거기술적 측면과 선거의 공정성 확보 측면에서 충분히 검토하고 준비할 시간이 필요하고, 또한 법 제37조 제1항 등 이 사건 법률조항들이 즉시 효력을 상실하면 향후 선거를 실시할 수 없는 법적 혼란상태를 초래할 것이므

로, **잠정적용 헌법불합치결정을 선고하되, 입법자는 늦어도 2008. 12. 31.까지 개선입법을 하여야 한다.**

[요약판례 2] 주민투표법 제5조 위헌확인: 헌법불합치(헌재 2007.6.28. 2004헌마643)

주민투표권 행사를 위한 요건으로 주민등록을 요구함으로써 국내거소신고만 할 수 있고 주민등록을 할 수 없는 국내거주 재외국민에 대하여 주민투표권을 인정하지 않고 있는 주민투표법 제5조 제1항이 국내거주 재외국민의 평등권을 침해하는지 여부(적극)

법 제5조 제2항은 출입국관리 관계 법령의 규정에 의하여 대한민국에 계속거주할 수 있는 자격을 갖춘 자로서 지방자치단체의 조례가 정하는 '외국인'에게 주민투표권을 부여하고 있는바, 주민투표의 결과가 그 법적 및 사실적 효과라는 측면에서 국내거주 재외국민과 외국인 간에 본질적으로 달리 나타난다고 보기는 어렵다. 주민투표의 대상이 되는 사항과의 관련성 내지 이해관계의 밀접성이라는 점에서 양자 간에 본질적 차이가 존재하지 아니한다.

이 사건 법률조항 부분은 **주민등록만을 요건으로 주민투표권의 행사 여부가 결정되도록 함으로써 '주민등록을 할 수 없는 국내거주 재외국민'을 '주민등록이 된 국민인 주민'에 비해 차별하고 있고, 나아가 '주민투표권이 인정되는 외국인'과의 관계에서도 차별을 행하고 있는바, 그와 같은 차별에 아무런 합리적 근거도 인정될 수 없으므로 국내거주 재외국민의 헌법상 기본권인 평등권을 침해하는 것으로 위헌이다.**

[요약판례 3] 공직선거및선거부정방지법 제38조 등 위헌확인: 헌법불합치(헌재 2007.6.28. 2005헌마772)

해상에 장기 기거하는 선원들에 대해서는 부재자투표 대상자로 규정하지 않고 있으며, 이들이 투표할 수 있는 방법을 정하지 않고 있는 것이 그들의 선거권을 침해하는지 여부(적극)

대한민국 국외의 구역을 항해하는 선박에서 장기 기거하는 선원들이 선거권을 행사할 수 있도록 하는 효과적이고 기술적인 방법이 존재함에도 불구하고, 선거의 공정성이나 선거기술상의 이유만을 들어 선거권 행사를 위한 아무런 법적 장치도 마련하지 않고 있는 것은, 그 입법목적이 국민들의 선거권 행사를 부인할 만한 '불가피한 예외적인 사유'에 해당하는 것이라 볼 수 없고, 나아가 기술적인 대체수단이 있음에도 불구하고 선거권을 과도하게 제한하고 있어 '피해의 최소성' 원칙에 위배되며, 원양의 해상업무에 종사하는 선원들은 아무런 귀책사유도 없이 헌법상의 선거권을 행사할 수 없게 되는 반면, 이와 관련하여 추구되는 공익은 불분명한 것이어서 '법익의 균형성' 원칙에도 위배된다.

Ⅲ 공직선거및선거부정방지법 제84조 등 위헌제청: 위헌(헌재 2003.1.30. 2001헌가4)

쟁점 기초의회의원선거 후보자로 하여금 특정 정당으로부터의 지지 또는 추천 받음을 표방할 수 없도록 한 공직선거및선거부정방지법 제84조 중 "자치구·시·군의회의원선거의 후보자" 부분이 정치적 표현의 자유를 침해하는지 여부(적극)

사건의 개요

청구인은 전국동시지방선거에서 공주시의회의원으로 입후보한 자로서, 자신의 선거사무실 외벽에 자유민주연합 정당의 표장, 현수막 등을 설치하는 등, 공선법 제84조를 위반하여 정당으로부터의 지지 또는 추천받음을 표방하였다는 혐의로 기소되었다. 1심과 2심의 판결이 엇갈린 상황에서 대법원의 파기환송이 있자 대전고등법원은 이 규정이 표현의 자유를 침해하고 평등원칙에 위배된다고 하여 직권으로 이 사건 위헌여부심판을 제청하였다.

심판의 대상

제84조 (무소속후보자등의 정당표방금지) 자치구·시·군의회의원선거의 후보자와 무소속후보자는 특정 정당으로부터의 지지 또는 추천 받음을 표방할 수 없다. 다만, 정당의 당원경력의 표시는 그러하지 아니하다.

주 문

1. 공직선거및선거부정방지법(1995. 4. 1. 법률 제4947호로 개정되고, 2000. 2. 16. 법률 제6265호로 개정되기 전의 것) 제84조 중 "자치구·시·군의회의원선거의 후보자" 부분은 헌법에 위반된다.
2. 나머지 위헌여부심판제청을 각하한다.

제청법원의 위헌심판제청이유

(1) 공직선거에서 특정 후보자를 추천하는 행위는 그 성질상 정치적 의사표현 행위이고, 이를 제한하는 법률은 경제적 기본권을 규제하는 법률보다 더 엄격한 기준에 의해 위헌 여부가 심사되어야 한다.

심판대상조항의 입법목적은 '풀뿌리 민주주의, 지방분권, 주민자치' 등과 같은 추상적, 이념적 구호의 수준을 넘지 못하므로 정당성이 없다. 그리고, 미국식의 예비선거와 같이 지구당과 지역주민들의 여론만으로 공천자를 결정하도록 강제하는 등, 헌법에 더 부합하며 제한의 정도가 더 가벼운 다른 수단들을 강구할 여지가 있으므로, 위 규정들은 최소침해성의 원칙에도 위배된다. 또한, 법 제84조는 단서에 의하여 허용되는 행위와 본문에 의하여 금지되는 행위의 경계선이 불분명하다. 그러므로, 위 규정들은 정당의 정치적 의사표현의 자유의 본질을 침해하는 법률로서 위헌이다.

(2) 정당의 영향력에서 독립할 필요는 지방자치단체장에게 더욱 요구된다 할 것임에도, 위 규정들은 지방자치단체장 후보자에 대하여는 정당으로부터의 지지 또는 추천 받음을 표방할 수 있게 하면서 유독 자치구·시·군의회(이하 '기초의회'라 한다)의원 후보자에 대하여만 이를 금지함으로써 합리적 근거 없이 후자를 차별하고 있다.

(3) 공직선거및선거부정방지법(1998. 4. 30. 법률 제5537호로 개정된 것) 제87조 단서는 노동조합에 대하여는 특정 후보자를 지지·반대하는 것을 허용하고 있음에도 불구하고, 헌법상 특별한 보호를 받으며 정치활동을 본래의 목적으로 하는 정당에 대하여는 기초의회의원선거에 특정 후보자를 추천할 수 없게 함으로써 합리적 근거 없이 정당을 차별하는 것이다.

판 단

Ⅰ. 정당의 지방선거 참여에 관한 입법의 변천 및 법 제84조의 입법취지

1. 1988년 지방의회의원선거법의 제정으로 약 30년 만에 지방선거가 부활되었다. 그러나, 1990년 지방의회의원선거에 즈음하여 지방선거에 정당의 참여를 허용할 것인가를 놓고 여·야가 찬반양론으로 갈렸다. 당시 여당은 정당의 참여는 지방정치의 중앙정치 예속화, 정쟁(政爭)으로 인한 지방행정의 혼란, 지역사회의 분열과 반목 심화 등의 폐해로 말미암아 결과적으로 지방의 자율적 성장을 저해할 것이라며 정당배제를 주장하였다. 이에 반하여 야당은 지방자치가 실질적으로 정착되기 위해서는 지방선거에 정당의 참여가 당연히 허용되어야 하고, 그 적합성 여부는 선거과정에서 주민들의 선택에 맡겨야 한다는 논리로 반대하였다. 결국 논란 끝에 시·도의 선거에서만 정당공천을 허용하고 시·군·자치구의 선거에서는 정당의 공천과 선거운동을 금지하는 선에서 타협이 이루어져,

지방의회의원선거법(법률 제4311호)과 지방자치단체의장선거법(법률 제4312호)이 각각 개정 및 제정되기에 이르렀다.

2. 1994. 3. 16. 기존에 별개의 선거법 체계로 되어 있던 대통령선거법 · 국회의원선거법 · 지방의회의원선거법 · 지방자치단체의장선거법을 단일법으로 통합한 공직선거및선거부정방지법(법률 제4739호)이 제정되었으며, 동법은 광역자치단체선거에서뿐만 아니라 기초자치단체선거에서도 정당의 참여를 허용하였다.

3. 그러나 1995. 6.27 지방선거 직전 여당은 다시 지방행정의 탈정치화를 내세우며 기초지방선거에서의 정당배제를 주장하였고, 이에 반대하던 야당과 절충 끝에, 기초자치단체장선거에서는 정당의 참여를 허용하되 기초의회의원선거에서는 정당의 관여를 불허하는 선에서 관련법령을 개정하기로 합의하였다. 이에 따라 법 제47조 제1항 및 제84조의 개정이 이루어져, 부분적으로 자구(字句)만 수정된 채 오늘에 이르고 있다.

4. 입법변천과정에 비추어 볼 때, 법 제84조는, 기초의회의원선거에 정당이 관여하면 선거가 정당들의 대리전으로 변질되어 지역에서 필요로 하는 유능한 인물을 뽑는 것이 어려워지고 정당이 후보자의 당락뿐만 아니라 의원의 의정활동 전반에까지 영향을 미쳐 기초의회의 자율적 운영이 어렵게 될 것이라는 기본 인식 하에서 제정된 것으로 보인다. 그러므로, 정당의 영향을 배제하고 인물 본위의 투표를 유도함으로써 지방분권 및 지방의 자율성 보장이라는 지방자치 본래의 이념이 충실히 구현될 수 있도록 하자는 게 위 조항의 입법취지라고 할 것이다.

Ⅱ. 법 제84조의 위헌여부

1. 정치적 표현의 자유의 침해여부

(1) 제한되는 기본권

후보자가 소속 정당으로부터 지지 · 추천 받은 사실을 표방하는 것은 유권자들에게 자신의 자질과 능력이 소속 정당에 의해 검증되었고 자신의 정치적 신념, 지향하는 정책노선과 실천적 복안 등이 소속 정당이 내세운 정강 · 정책과 궤를 같이한다는 사실을 알리면서 동시에 자신을 지지해 달라는 의사를 표현하기 위한 것이다. 따라서, 법 제84조가 기초의회의원 후보자에 대해 이러한 정당표방을 금지하는 것은 결국 후보자의 정치적 표현의 자유를 제한하는 결과를 가져온다.

또한, 위 조항은 특정 후보자가 정당의 지지 · 추천을 받았는지에 관한 정보가 유권자들에게 전달되는 것을 원천적으로 봉쇄함으로써 유권자들의 알 권리를 제약하는 측면도 지니고 있다 할 것이다.

(2) 과잉금지원칙 위배여부

주권자인 국민이 선거권을 제대로 행사할 수 있기 위해서는 후보자에 대한 각종 정보의 자유로운 교환이 필연적으로 요청된다. 그러므로, 선거에 있어서는 헌법 제21조의 표현의 자유가 최대한 보장되어야 함은 두말할 나위가 없다. 즉, 후보자로서는 유권자들에게 자신의 정치적 식견과 이념을 비롯한 정치적 정체성을 자유롭게 알릴 수 있어야 하고, 유권자의 입장에서는 후보자에 관한 각종 정보에 자유롭게 접근할 수 있어야 한다. 바꾸어 말하면, 선거의 공정성을 해치지 않는 한도 내에서는 원칙적으로 선거에 있어서 정치적 표현의 자유가 한껏 보장되어야 하고, 선거의 공정성을 위해 불가피하게 이러한 자유를 제한하는 경우에 있어서도 헌법 제37조 제2항에서 도출되는 과잉금지원칙은 준수되어야 한다.

살피건대, 법 제84조의 입법목적과 관련하여 볼 때, 지방분권 및 지방의 자율성이 보장되도록 하겠다는 것 자체에 대하여는 정당성을 부인할 여지가 없으나, 그를 위해 기초의회의원선거에서 정당의 영향을 배제하고 인물 본위의 투표가 이루어지도록 하겠다는 구체적 입법의도에 대하여는 그 정당성이 의심스럽다. 선거에 당하여 정당이냐 아니면 인물이냐에 대한 선택은 궁극적으로 주권자인 국민의 몫이고, 입법자가 후견인적 시각에서 입법을 통하여 그러한 국민의 선택을 대신하거나 간섭하는 것은 민주주의 이념에 비추어 바람직하지 않기 때문이다.

그리고, 법 제84조의 규율내용이 과연 지방분권 및 지방의 자율성 확보라는 목적의 달성에 실효성이 있는지도 매우 의심스럽다. 즉, 후보자가 정당의 지지·추천을 받았는지 여부를 유권자들이 알았다고 하여 이것이 곧 지방분권 및 지방의 자율성 저해를 가져올 것이라고 보기에는 그 인과관계가 지나치게 막연하다. 한편, 위 조항 단서에서는 후보자의 당원경력의 표시를 허용함으로써 유권자들이 정당의 지지·추천 여부를 알 수 있는 우회적 통로를 열어 놓고 있고, 후보자가 정당에 대해 지지를 표방하거나 정당이 독자적으로 후보자에 대한 지지를 밝히는 행위 혹은 후보자가 당선 후에 소속 정당을 위해 의정활동을 벌이는 행위 등에 대해서는 이를 규제할 법적 근거가 없다. 이러한 법적 상황에서 단지 후보자가 유권자들에게 정당의 지지·추천 받은 사실을 알리지 않는다고 하여 과연 정당의 영향이 효과적으로 배제될 수 있을지도 매우 불확실하다. 따라서, 위 조항은 수단의 적합성을 인정하기 어렵다.

또한, 위 조항은 정당표방을 제한함에 있어서 예컨대 파급력이 큰 선전벽보·선거공보·소형인쇄물·현수막 등 특정한 표방수단이나 방법에 한정하여 규제하지 않고 일체의 표방행위를 전면적으로 금지하고 있으므로, 기본권의 제한을 최소화해야 하는 요건을 갖추지 못한 것으로 볼 여지가 있다.

무엇보다도, 법 제84조는 법익의 균형성의 관점에서 문제가 많다고 아니할 수 없다. 우선, 앞에서도 본 바와 같이, 위 조항은 지방자치 본래의 취지 구현이라는 입법목적의 달성에 기여하는 효과가 매우 불확실하거나 미미하다. 또, 위 조항은 우리나라 정당의 지나친 당 수뇌부 위주의 운영과 지역분할구도를 고려하여 만들어진 것으로 보이나, 그럼에도 불구하고 정당의 영향을 배제하는 것이 곧 지방자치의 발전에 보탬이 될 것이라고 단정할 수 없다. 지방자치는 단순히 주민근거리행정(住民近距離行政)의 실현이라는 행정적 기능만 있는 것이 아니라, 지역 내의 가치분배에 관한 갖가지 정책을 지방에서 자율적으로 수립해 나가는 정치형성적 기능도 아울러 가지는데, 이러한 정치형성적 기능과 관련하여 정당은 민의의 결집·인재의 발굴·중앙과 지방의 매개·책임정치의 실현 등 여러 가지 순기능을 담당할 수 있기 때문이다. 영국·프랑스·독일·일본 등 지방자치의 오랜 전통을 가진 선진 민주주의 국가들 대다수가 정당의 지방선거 참여를 허용하고 있는 것도 바로 이러한 이유 때문이라고 할 것이다. 한편, 정당의 지방선거 참여로 파생되는 부작용들은 따지고 보면 정당 내부의 분권화 및 민주화가 덜 이루어진 데에서 기인하는 바가 더 크다. 그런데, 정당의 지방선거 참여는 오히려 지방의 유능한 인원을 정당에 충원하고 정당의 지방조직을 활성화함으로써 정당의 분권화·민주화를 촉진하는 면도 있다. 더구나, 최근 지역주의가 상대적으로 약화되고, 혁신정당이 제도권 정치에 진입하고, 1인 2표의 정당명부식 비례대표제가 시행되며, 국민참여경선제 등 상향식

공천제도가 활용되기 시작하는 등 우리의 정치환경이 급속도로 발전적 변화를 이룩하는 추세에 있는 점에 비추어 볼 때, 향후 정당배제를 통해 얻게 될 이익보다 그로 인한 손실에 더 무게가 실릴 것으로 예측된다. 따라서, 단순히 정당배제라는 미봉책을 통해 정당참여로 인한 역기능뿐 아니라 순기능까지 함께 제거하는 것은 지방자치 발전의 차원에서도 바람직하지 않은 것으로 생각된다.

반면에, 위 조항으로 인해 기본권이 제한되는 정도는 현저하다. 즉, 위 조항은 일체의 정당표방을 금지하고 있으므로, 후보자로서는 심지어 정당의 지지·추천 여부를 물어오는 유권자들에 대해서도 침묵하지 않으면 안 된다.

이러한 점들을 종합할 때, 정당표방을 금지함으로써 얻는 공익적 성과와 그로부터 초래되는 부정적인 효과 사이에 합리적인 비례관계를 인정하기 어려워, 법익의 균형성을 현저히 잃고 있다고 판단된다.

(3) 명확성원칙 위배여부

이에 덧붙여, 이른바 명확성원칙은 표현의 자유를 규제하는 입법에 있어서 특별히 중요한 의미를 가지는데, 법 제84조는 이러한 명확성원칙의 관점에서도 문제가 있다. 즉, 법 제84조 단서에서는 후보자의 당원경력의 표시를 허용하고 있는데, 이러한 당원경력의 표시는 사실상 정당표방의 일환으로 행해지는 것이 통상적이다. 소위 '내천'이 있었던 경우에 그 특정 당직을 부각시키는 행위를 단순히 정당의 당원경력을 표시한 데 불과한 것으로 볼 것인지, 아니면 정당으로부터의 지지·추천받음을 표방한 것으로 볼 것인지 문제된다. 그런데, 이를 단순히 당원경력의 표시로 볼 경우에는 법 제84조 본문의 취지가 몰각될 것이고, 정당표방으로 볼 경우에는 법 제84조 단서의 취지가 몰각될 것이기 때문에, 어느 쪽도 만족스러운 해결책이 되기 어렵다. 위와 같은 행위를 당원경력의 표시로 보아 무죄를 선고한 하급심 법원과 정당표방행위로 보아 유죄를 인정한 대법원이 서로 상반된 해석을 내놓고 있는 것은 바로 이러한 연유인 것으로 보인다.

이처럼 위 조항은 본문과 단서가 서로 중첩되는 규율영역을 가짐으로 말미암아 기초의회의원 후보자로 하여금 선거운동 과정에서 소속 정당에 관한 정보를 어느만큼 표방해도 좋은지 예측하기 힘들게 하고 국가형벌권의 자의적 행사의 빌미마저 제공하고 있으므로, 명확성원칙에 위배되는 측면이 있다.

(4) 소결론

그렇다면, 법 제84조는 불확실한 입법목적을 실현하기 위하여 그다지 실효성도 없고 불분명한 방법으로 과잉금지원칙에 위배하여 후보자의 정치적 표현의 자유를 과도하게 침해하고 있다고 할 것이다.

2. 평등원칙의 위배여부

평등원칙은 입법자에게 본질적으로 같은 것을 자의적으로 다르게, 본질적으로 다른 것을 자의적으로 같게 취급하는 것을 금하고 있다. 그러므로 비교 대상을 이루는 두 개의 사실관계 사이에 서로 상이한 취급을 정당화할 수 있을 정도의 차이가 없음에도 불구하고 두 사실관계를 서로 다르게 취급한다면, 입법자는 이로써 평등권을 침해한 것으로 볼 수 있다. 그러나 서로 비교될 수 있는 두 사실관계가 모든 관점에서 완전히 동일한 것이 아니라 단지 일정 요소에 있어서만 동일한 경우에 비교되는 두 사실관계를 법적으로 동일한 것으로 볼 것인지 아니면 다른 것으로 볼 것인지를 판단하기 위하여 어떠한 요소가 결정적인 기준이 되는가가 문제된다. 두 개의 사실관계가 본질적으로 동일한가의 판단은 일반적으로 당해 법률조항의 의미와 목적에 달려 있다.

이 사건에서, 법 제84조는 4대 지방선거 중 유독 기초의회의원선거의 경우에만 그 후보자에 대해 정당표방을 못하게 하고 있다. 그런데, 위 조항의 의미와 목적이 정당의 영향을 배제하고 인물본위의 선거가 이루어지도록 하여 지방분권 및 지방의 자율성을 확립시키겠다는 것이라면, 이는 기초의회의원선거뿐만 아니라 광역의회의원선거, 광역자치단체장선거 및 기초자치단체장선거에서도 함께 통용될 수 있다. 그러므로, 기초의회의원선거의 경우와 그 외의 세 종류의 지방선거의 경우는 서로 법적으로 동일한 사실관계에 해당한다고 할 것이다.

이러한 관점에서 기초의회의원선거를 그 외의 지방선거와 다르게 취급을 할 만한 본질적인 차이점이 있는가를 볼 때 그러한 차별성을 발견할 수 없다. 우선, 광역자치단체와 기초자치단체의 경우를 나누어 법적으로 달리 취급해야 할 이유가 없는 것은, 광역과 기초의 차이는 지방자치단체의 종류의 차이에 불과할 뿐, 지방분권이라는 자치기능에 있어서는 본질적인 차이가 없기 때문이다.

나아가, 기초자치단체장선거의 경우와는 달리 기초의회의원선거의 경우에만 정당의 영향을 배제해야 할 합리적인 이유도 없다고 보아야 한다. 오히려, 기초자치단체의 기관 중에서 구태여 정당의 영향을 배제해야 할 필요성이 있는 곳이 있다면 그것은 기초의회보다는 집행업무를 담당하는 기초자치단체장이라고 보아야 할 것이다. 왜냐하면, 기초자치단체장은 지방자치단체 소속 공무원의 대부분을 지휘·감독하고, 예산을 편성·집행하며, 그를 통하여 대통령선거나 국회의원선거 등 전국단위의 공직선거에 상당한 영향을 미치는 지역 사업과 현안들을 추진하고 집행할 수 있는 지위에 있기 때문이다. 실제로 단체장선거와 관련해서 정당공천헌금 등 갖가지 부조리가 문제되고 있는 실정에서도 이러한 점을 엿볼 수 있다. 또한, 지방 차원에서의 견제와 균형의 실현이라는 지방자치의 기본이념에 비추어 보더라도, 기초자치단체장선거에서는 정당추천후보자를 인정하면서, 그 상대역이라고 할 수 있는 기초의회의원선거에서는 정당표방을 금지하는 것은 합리적이지 못하다.

그렇다면, 위 조항은 아무런 합리적 이유 없이 유독 기초의회의원 후보자만을 다른 지방선거의 후보자에 비해 불리하게 차별하고 있으므로 평등원칙에 위배된다.

Ⅲ. 결　론

따라서 법 제47조 제1항에 관한 위헌여부심판제청은 각하하고, 제84조 중 "자치구·시·군의회의원선거의 후보자" 부분에 대하여는 위헌선언을 하기로 하여 주문과 같이 결정한다. 이와는 달리 법 제84조 중 "자치구·시·군의회의원선거의 후보자" 부분이 헌법에 위반되지 아니한다고 판시한 헌재 1999. 11. 25. 99헌바28 결정은 이 결정의 견해와 저촉되는 한도 내에서 이를 변경하기로 한다.

재판관 한대현, 재판관 하경철, 재판관 김영일의 반대의견

중앙정부와 지방자치단체간에 권력을 수직적으로 분배하는 문제는 서로 조화가 이루어져야 하고, 이 조화를 도모하는 과정에서 입법 또는 중앙정부에 의한 지방자치의 본질의 훼손은 어떠한 경우라도 허용되어서는 안 된다.

특히 지역적 한계를 극복하지 못하고 있는 우리나라의 정치현실 및 정당운영의 비민주성, 지연·혈연·학연이 좌우하는 선거풍토와 그 위에 지방자치를 실시한 경험이 일천(日淺)하다는 것을 감안하지 않고 그 밖의 공직선거와 마찬가지로 기초의회의원선거에도 정당추천후보자의 참여를 허용한다면, 정당은 그 후보자의 당락뿐만 아니라 선출된 의원의 의정활동 전반에 걸쳐 직·간접으로 영향을 미치게 되어, 지역의 특성에 따라 자율적으로 운영되어야 할 기초의회를 형해화할 수 있다.

생각건대, 이 법률조항은 기초의회의 구성 및 활동에 정당의 영향이 배제된 지역실정에 맞는 순수한 지방자치를 실현하는 필요불가결한 조항이다. 이 조항으로 말미암아 후보자는 직접 선거권자에게 자신이 추구하는 정치적 이념이나 정당과 관련된 정보를 줄 수 없고 선거권자로서는 이러한 정보를 알 기회가 제한된다고 할지라도 간접적이나마 자신의 정치적 이념 및 정당과 관련된 정보는 정당의 당원경력의 표시를 통하여 알리도록 배려하고 있으며(법 제84조 단서), 후보자의 정당표방금지로 인한 지방자치의 제도적 보장이라는 이익은 후보자의 공무담임권 및 선거운동 자유의 침해로 입게 되는 손해보다 이익이 더 크므로, 이 법률조항은 과잉입법금지의 원칙에 위반되지 아니한다.

그 밖의 공직선거와 비교할 때에 기초의회의원선거의 후보자에 한정하여 정당표방금지라는 정치적 생활영역에 있어서의 차별취급을 한 이 조항은 헌법이 추구하는 지방자치의 제도적 보장을 위한 입법목적에 필요불가결한 것으로서, 그 목적달성을 위한 수단 또한 필요·최소한의 부득이한 경우로 인정되므로 평등원칙 위반도 없다.

⚜ 본 판례에 대한 평가 1. 공직선거법 제84조에서는 기초의회의원선거에서의 정당표방을 금지하고 있었다. 대통령선거, 국회의원선거와 다른 지방선거 등 국가적 차원에서 실시되고 있는 모든 선거에서 정당공천제를 실시하고 있음에도 불구하고 유독 기초의회의원 선거에서만 정당표방을 금지하고 있는 공직선거법은 위헌이라는 의견이 제기되어 왔다. 그 논의과정에서 헌법재판소는 종래의 합헌결정을 변경하여 본 결정에서 위헌으로 판시하고 있다.

2. 위헌론: ㉠ 정당표방을 통하여 지방선거에 있어서 지역주민들의 선택이 쉬워진다. ㉡ 중앙당과 지역정당의 유기적인 연계를 통하여 국가와 지방자치단체, 국가사무와 지역사무의 유기적 연계에 기여할 수 있다. ㉢ 지역적 이해관계의 대립이 아닌 국민 의사의 통일적 형성에 기여할 수 있다. ㉣ 우리나라의 취약한 정당의 하부구조를 강화시키는 데 도움이 될 수 있다.

3. 합헌론: ㉠ 당내민주주의가 제대로 되지 않은 상태에서 지방문제는 간과되고 지역 정당이 중앙당에 예속되는 결과를 가져올 수 있다. ㉡ 전국규모 정당의 지방선거 참여는 중앙정치에 있어서의 여·야간 갈등을 지방자치단체에까지 확산시킬 수 있다.

4. 사 견: 지방자치제도의 본질인 주민참여와 정당제 민주주의에서의 정당의 존재의의인 선거참여 사이에 야기되는 갈등관계를 어떻게 조화롭게 해결할 것인지가 문제된다. 지방자치제도와 정당민주주의 모두 헌법이 보장하고 있는 제도로 둘 중 어느 것이 더 우월하다고 보기 어려우므로 국회의 입법재량에 속한다고 헌법재판소는 판시하고 있다. 그러나 이 문제를 입법재량사항으로만 보기보다는 오히려 정당제 민주주의의 활성화를 통한 지방자치의 착근에도 기여할 수 있는 것으로 보아야 한다.

5. 이 결정에 의하여 기초의회의원선거 후보자들도 정당의 지지 또는 추천을 받을 수 있도록 공직선거법이 개정되었다.

[요약판례] 지방의회의원선거법 제28조 등에 대한 헌법소원: 위헌,기각(헌재 1991.3.11. 90헌마28)

각 조합의 조합장들이 지방자치단체의 의원 후보자가 되는 것 및 지방의회 의원의 직을 겸하는 것을 금지하는 지방의회의원선거법 제35조 제1항 제7호 및 지방자치법 제33조 제1항 제6호의 위헌여부

농지개량조합의 조합장에 대한 겸직금지규정 등은 다른 조합의 조합장과 달리 그에 대해 부과될 직무전념의 성실의무 그리고 공법인성 등과 상치된다고 단정할 수 없을 것이며 겸직금지에 의하여 참정권이 제한된다고 하여도 이때에 얻는 이익과 잃는 이익을 비교형량하여 어느 것이 큰지는 매우 판단하기 어려운 일로서, 이 경우에 겸직금지규정을 두느냐의 여부는 입법자의 결단사항이라고 봄이 무방할 것이다. 따라서 이 사건 심판의 대상중 농업협동조합·수산업협동조합·축산업협동조합·산림조합·엽연초생산협동조합·인삼협동조합의 조합장에 관한 부분은 헌법에 위반되고 그 나머지 부분 즉 농지개량조합의 조합장 부분은 헌법에 위반되지 않는다.

Ⅳ 공직선거및선거부정방지법 제56조 제1항 제2호 등 위헌확인: 각하,기각

(헌재 2003.8.21. 2001헌마687)

쟁점 지역구국회의원선거의 기탁금을 1,500만원으로 정한 것이 청구인들의 공무담임권 등을 침해하는지 여부와 기탁금반환기준을 유효투표총수의 100분의 15 이상으로 정한 것이 청구인들의 공무담임권 등을 침해하는지 여부(소극)

사건의 개요

청구인들은 국회의원재선거에 각 사회당후보로 내정된 자로 후보자등록기간에 관할선거구선거관리위원회에 후보자등록을 할 예정이고, 청구인 갑은 위 사회당의 대표자로서 위 국회의원재선거에 소속당원들을 입후보시킬 예정이다. 또한 청구인인 을, 병은 위 국회의원재선거에 후보자등록을 할 입후보예정자들이고, 청구인 A 당은 위 국회의원재선거에 소속당원들을 입후보시킬 예정인 정당이다. 청구인들은 지역구국회의원선거의 입후보기탁금과 그 반환기준을 정하고 있는 공직선거및선거부정방지법 제56조 제1항 제2호 등으로 인하여 자신들의 평등권과 공무담임권이 침해되었다고 주장하면서 위 법률조항들의 위헌확인을 구하는 이 사건 헌법소원심판을 청구하였다.

심판의 대상

공직선거및선거부정방지법 제56조 (기탁금) ① 후보자등록을 신청하는 자는 등록신청시에 후보자 1인마다 다음 각호의 기탁금을 중앙선거관리위원회규칙이 정하는 바에 따라 관할선거구선거관리위원회에 납부하여야 한다.

2. 국회의원선거는 1천500만원

제57조 (기탁금의 반환 등) ① 정당 또는 후보자가 다음 각호에 해당하는 때 또는 후보자(비례대표국회의원후보자와 비례대표시·도의원후보자를 제외한다)가 당선되거나 사망한 때에는 기탁금 중에서 제56조(기탁금) 제3항의 규정에 의하여 기탁금에서 부담하는 비용을 뺀 나머지금액은 선거일 후 30일 이내에 기탁자에게 반환한다.

2. 지역구국회의원선거

후보자의 득표수가 유효투표총수를 후보자수로 나눈 수 이상이거나 유효투표총수의 100분의 15 이상인 때

▢ 주 문

청구인들의 심판청구 중 청구인 원용수의 심판청구부분을 각하하고, 나머지 청구인들의 심판청구를 모두 기각한다.

▢ 판 단

Ⅰ. 청구인 원○○의 심판청구의 적법여부

심판대상조항들은 지역구국회의원선거에 입후보등록을 신청하는 자가 납부하여야 할 기탁금과 기탁금의 반환 및 국가귀속에 관하여 규정하고 있으므로, 이로 인하여 기본권의 침해를 받는 자는 지역구국회의원선거에 입후보하고자 하는 입후보자 또는 소속당원을 선거에 입후보시키고자 하는 정당이라고 할 것이다. 그런데 청구인 원○○는 실시될 예정인 국회의원재선거에 소속당원을 입후보시키려는 정당인 사회당의 대표자에 불과하므로 심판대상조항들에 의하여 자신의 공무담임권 등 기본권이 침해되었다고 볼 수 없다. 따라서 청구인 원○○의 심판청구부분은 심판대상조항을 다툴 수 있는 기본권침해의 자기관련성이 결여되어 부적법하다.

Ⅱ. 본안에 관한 판단

1. 국회의원선거에 있어서 기탁금제도의 목적과 성격

기탁금제도의 목적 및 성격과 관련하여 우리재판소는 "불성실한 입후보자의 난립방지를 통하여 선거의 과열·혼탁을 방지하고, 선거관리비용·업무의 증가를 방지하며, 공영선거비용을 예납하고, 당선자로 하여금 다수표를 획득할 수 있도록 하여 민주적 정당성을 강화시킨다"라고 하여 적극적으로 그 목적을 파악한 사례도 있었고, 또한 "후보자난립의 저지를 통하여 선거관리의 효율성을 꾀하는 한편, 불법행위에 대한 제재금을 사전확보하는 데 그 목적이 있다"라고 하여 기탁금의 목적을 오로지 선거관리차원의 순수한 행정목적으로 파악한 사례도 있었다. 기탁금액이 낮은 경우는 오로지 후보자등록과 선거과정에서 필수적으로 소요되는 행정비용을 사전확보(예납)하는 것에만 그 목적이 있다고 보아야 할 것이고, 비교적 고액인 경우에는 이러한 행정목적에 더하여 선거에 출마하려는 입후보자의 수를 적정한 범위로 제한함으로써 후보자난립으로 인한 선거관리사무와 비용의 증가를 방지하고, 이로써 유권자의 후보자선택을 용이하게 하며, 선거의 신뢰성 및 후보자의 진지성과 성실성을 담보하는 중대한 공익의 실현에도 그 목적이 있다고 할 것이다.

2. 기탁금조항의 위헌여부

(1) 입법형성권의 한계

국회의원을 선출하기 위한 선거에 입후보하기 위한 요건으로서 후보자가 납부하여야 할 기탁금을 어느 정도로 할 것인지, 그리고 그 반환에 필요한 득표수를 어떻게 정할 것인가의 문제 즉, 기탁금의 액수와 그 반환의 요건을 정하는 문제 또한 우리의 선거문화와 풍토, 정치문화와 풍토, 국민경제적 여건, 그리고 국민의 법감정 등 여러 가지 요소를 종합적으로 고려하여 입법자가 정책적으로 결정할 사항이라 할 것이다. 그러나 기탁금을 납부하지 아니하면, 국회의원선거에 출마할 수 없게 된다는 점에서 선거에 자유로이 입후보할 자유가 제한되며, 기탁금이 과다하여 당선가능성이 있음에도 입후보하지 못한다면, 경제적 능력이 부족한 자의 참정권, 공무담임권, 평등권 등이 침해될 수도 있으므로, 기탁금액은 기탁금제도에 의하여 달성하려는 공익목적과 그로 인한 기본권제한 사이에 균형과 조화를 이루도록 적정하게 책정되어야 하는 헌법적 한계가 있다고 할 것이고, 입법자가 정한 구체적인 기탁금액이 입법자에게 허용된 입법형성권의 범위와 한계 내에서 설정되어 그 금액이 현저하게 과다하거나 불합리하지 않다면, 이를 두고 헌법에 위반된다고 단정할 수는 없다고 할 것이다.

(2) 선거의 의의와 기탁금제도의 정당성

선거는 국민이 주권자로서 직접 국가의사를 형성하는 가장 중요한 수단이 된다는 기능도 있지만, 대의기관구성권과 국가의사결정권의 분리(헌법 제41조, 제67조 등), 국가의사결정권의 자유위임(제46조 제1항) 등을 근간으로 하는 우리헌법이 추구하는 대의민주주의의 통치질서에서 선거는 주권자인 국민이 그들의 대의기관을 구성하는 민주적인 방법인 동시에 통치기관으로 하여금 민주적 정당성을 확보하게 함으로써 대의민주주의를 실현하고 책임정치를 보장하는 수단이라는 데 그 본질적인 기능이 있다.

특히 선거를 통하여 국가정책을 결정할 정치세력들간의 세력구도를 결정하게 되는 국회의원선거에 있어서는 그 당선자로 하여금 다수표를 획득하게 함으로써 그 권한에 상응하는 민주적 정당성을 확보하게 하고, 이로써 정국의 안정을 가져오는 것이 무엇보다도 중요하다고 할 것인데, 이를 위해서는 선거의 신뢰성확보와 유권자가 주권자로서 진지하게 그 자신을 대표할 대의기관으로서 국회의원을 선택할 수 있도록 입후보자의 수를 적정한 범위로 제한하는 것이 반드시 필요하다.

(3) 기탁금제도의 필요성

선거에 출마하려는 후보자를 적정한 범위로 제한하는 방법으로는 유권자의 추천을 요구한다거나 유권자의 추천과 기탁금제도를 병행하는 것을 생각할 수 있고, 대의기관으로 하여금 그 권한에 상응하는 민주적 정당성을 확보하게 하는 방법으로는 절대다수대표제 또는 결선투표제를 도입하는 것을 생각할 수 있다. 그러나 우리의 정치문화와 선거풍토에서는 선거의 신뢰성과 공정성을 확보하는 것이 무엇보다도 중요하고 시급한 과제이고, 이를 위해서는 특히 사전선거운동 등 선거운동의 과열을 막는 것이 반드시 필요하다고 할 것인데, 유권자추천제도는 유권자의 추천을 받는 과정에서 사실상 사전선거운동이 행해져 선거가 과열 또는 혼탁하게 될 위험성이 클 뿐 아니라, 진지하지 못한 추천이 남발될 경우에는 애당초 후보자를 적정한 범위로 제한하는 기능을 전혀 할 수 없게 될 가능성도 적지 않은 것이다. 그리고 선거에 소요되는 경비를 원칙적으로 국가가 부담하는 선거공영제(헌법 제116조 제2항) 하에서 결선투표제나 절대다수투표제를 도입하여 민주적 정당성을 확보하는 것도 결국 선거의 반복으로 이어져 국민의 경제적 부담을 가중시키고, 정국의 불안정으로 이어져 쉽게 채택할 것이 못된다. 그렇다면 대의민주주의에서 선거의 기능과 기탁금제도의 목적 및 성격, 그리고 우리의 정치문화와 선거풍토에 있어서 현실적인 필요성 등을 감안할 때, 선거의 신뢰성과 공정성을 확보하고, 유권자가 후보자선택을 용이하게 하며, 입법권과 국정의 통제 및 감시권한에 상응하는 민주적 정당성을 부여하기 위하여 후보자에게 기탁금의 납부를 요구하는 것은 필요불가결한 입후보요건의 설정이라 할 것이다.

(4) 기탁금 액수의 기준

기탁금제도 그 자체의 정당성과 필요성을 긍정하는 한, 기탁금의 액수는 후보자의 난립을 방지하고, 선거의 신뢰성과 선거운동의 성실성을 담보할 정도에 이르는 수준의 금액이어야 한다. 물론 적정한 후보자의 수가 몇 명이며, 후보자가 몇 명 이상일 때, 과연 '후보자의 난립'이라고 평가할 수 있을 것인지의 여부와 관련하여 분명하고 일의적인 기준을 제시하기 어렵고, 기탁금제도가 후보자의 난립방지에 얼마나 효과가 있을 것인지에 관하여 실증적인 연구결과나 통계가 있는 것은 아니지만, 적어도 우리사회의 근간을 이루는 평균적인 생활인이 그의 소득조건에서 국회의원선거에 출마하는 데 어느 정도 부담을 느껴 입후보할 것인지의 여부를 신중하고 진지하게 고려할 정도의 수준에는 머물러야 하고, 불성실한 후보자에게는 실질적인 제재효과가 미칠 수 있는 정도에 이르러야 하는 것이다.

(5) 1,500만원의 기탁금의 위헌여부

1,500만원의 기탁금이 당선가능성이 큰 입후보예정자의 후보등록을 불가능하게 하거나 현저히 어렵게 할 정도로 과다하여 공무담임권의 본질적 내용을 침해하는지의 여부에 관하여 본다. 우리재판소가 국회의원선거에서 기탁금 1,000만원(정당추천후보자)에 대하여 헌법불합치결정을 선고한 1989. 9. 우리나라의 산업별 상용종업원의 월평균 임금은 540,611원이었고, 임금이 비교적 높은 금융·보험업의 경우에도 737,546원에 불과하였으나, 2,000만원의 기탁금에 대하여 위헌결정을 선고한 2001. 7.에는 평균임금이 1,802,909원, 금융·보험업의 경우 2,830,382원으로 인상되었다. 그리고 2003. 1.의 경우에는 평균임금이 2,511,545원이고, 금융·보험업의 경우에는 4,682,667원에까지 이르게 되었다. 이러한 월평균임금의 추이과정에서 볼 때, 현재 1,500만원의 기탁금은 다른 재산이 전혀 없는 통상적인 평균임금을 수령하는 도시근로자가 그 임금을 6개월 정도 저축하면, 어렵지 않게 모을 수 있는 정도이고, 금융·보험업에 종사하는 근로자의 경우에는 불과 3개월 정도 임금을 저축하면, 마련할 수 있는 정도의 금액에 해당하는 것으로 나타나고 있다. 우리의 선거문화와 정치풍토에서 후보자난립의 방지와 선거의 신뢰성을 확보하는 것은 입법자가 추구하여야 할 중대한 공익이라 할 것이고, 이를 위하여 아무리 노력하여도 기탁금을 마련할 수 없거나 기탁금 때문에 입후보를 포기하는 자가 일부 있을 수 있다고 하여도 이를 두고 공무담임권의 본질적 내용을 침해하였다거나 경제력의 차이를 이유로 입후보자들을 합리적 이유도 없이 차별하는 것이라 할 수는 없는 것이다.

그렇다면 기탁금조항이 정한 1,500만원이라는 기탁금은 입법자가 기탁금을 통하여 추구하려는 공익목적과 국민의 공무담임권 및 참정권의 보호, 그리고 우리의 선거풍토와 경제적 여건 등을 고려하여 그 입법형성권의 범위와 한계 내에서 설정한 것으로 청구인들의 공무담임권 등 기본권의 본질적 내용을 침해할 정도로 과도한 것이라 할 수 없으므로 헌법에 위반된다고 할 수 없다.

3. 기탁금반환조항의 위헌여부

(1) 기탁금 국가귀속제도의 필요성

기탁금제도가 단지 행정비용(후보자등록에 필요한 행정비용)을 보전하는 성격만 가지고 있고, 또 실제 기탁금액도 그 범위를 벗어나지 않는 한, 선거 후 기탁금반환기준을 아무리 높게 정하거나 심지어 이를 반환하지 않는다고 하더라도 문제가 될 것은 없다. 그러나 행정비용이나 불법행위에 대한 제재금의 사전확보라는 목적 외에 선거결과에 따라 난립후보로 평가된 경우에는 경제적 제재를 가함으로써 후보자의 난립을 방지하는 효과를 가지도록 기탁금액이 비교적 높게 정해지고, 또 그러한 방향으로 기탁금제도가 운용되는 경우에는 후보자가 난립후보자가 아닌 것으로 선거결과 나타난 경우 이를 반드시 반환하여야 하며, 또한 이러한 기탁금제도의 실효성을 유지하기 위하여 일정한 반환기준에 미달하는 경우에는 기탁금을 국가에 귀속시키는 것 또한 반드시 필요하다고 할 것이다.

(2) 기탁금반환기준의 헌법적 한계와 반환조항의 위헌여부

기탁금반환의 기준이 너무 높아 이를 충족시키기 어렵다면, 이는 결국 고액의 기탁금과 결합하여 피선거권행사의 위축이라는 효과를 가져오게 되므로 기탁금반환의 기준 또한 입후보예정자가 기탁금을 반환받지 못하게 되는 부담에도 불구하고 선거에 입후보할 것인지의 여부를 진지하게 고려할 정도에 이르러야 하고, 지나치게 그 반환기준이 높아 진지하게 입후보자를 고려하는 예정자가 입후보를 포기할 정도로 높아서는 안 될 헌법적 한계를 갖는다. 그러므로 유권자추천제도를 실시할 경우에 후보자난립을 방지할 정도에 이르는 유권자의 추천수, 역대 선거에서의 기탁금반환비율의 추이, 기탁금제도의 취지와 기탁금제도의 실효성을 유지하기 위한다는 기탁금반환제도 및 국가귀속제도의 입법취지 등을 감안하면, 유효투표총수를 후보자수로 나눈 수 또는 유효투표총수의 100분의 15 이상으로 정한 기탁금반환기준은 입법자의 기술적이고 정책적 판단에 근거한 것으로서 현저히 불합리하거나 자의적인 기준이라고 할 수는 없다.

실제 사례를 보면, 기탁금의 반환기준을 100분의 20 이상에서 100분의 15 이상으로 내린 후 처음으로 실시된 국회의원재·보궐선거에서 동대문(을)선거구의 경우에는 4명의 후보자 중 2명이, 구로(을)선거구의 경우에는 6명의 후보자 중 4명이, 강릉시 선거구의 경우에는 5명의 후보자 중 3명이 각 기탁금을 반환받지 못하게 되는 결과가 되어 후보자의 과반수 이상이 결과적으로 난립후보에 해당되어 그 제재로서 기탁금을 반환받지 못하게 되었다. 물론 기탁금을 반환받지 못하게 된 이러한 후보자들을 모두 난립후보라든가 진지하지 못한 후보자라고 평가할 수는 없지만, 이들 기탁금을 반환받지 못하는 후보자의 수가 낮다는 이유만으로 1,500만원의 기탁금이 입법자의 입법형성권의 범위를 일탈하였다고 단정할 수는 없고, 오히려 기탁금반환기준을 낮추는 경우에는 기탁금의 목적과 취지가 훼손된다는 점에서 입법자의 불가피한 입법적 선택이라 아니할 수 없는 것이다.

Ⅲ. 결 론

청구인들의 이 사건 심판청구 중 청구인 원○○의 심판청구부분은 부적법하므로 이를 각하하고, 기탁금조항 및 기탁금반환조항은 헌법에 위반되지 아니하므로 나머지 청구인들의 심판청구는 이를 모두 기각하기로 한다.

※ 현재 공직선거법 제56조 (기탁금) ① 후보자등록을 신청하는 자는 등록신청시에 후보자 1인마다 다음 각호의 기탁금을 중앙선거관리위원회규칙이 정하는 바에 따라 관할선거구선거관리위원회에 납부하여야 한다. 1. 대통령선거는 3억원 2. 국회의원선거는 1천500만원 3. 시·도의회의원선거는 300만원 4. 시·도지사선거는 5천만원 5. 자치구·시·군의 장 선거는 1천만원 6. 자치구·시·군의원선거는 200만원

[요약판례 1] 지방의회의원선거법 제36조 제1항에 대한 헌법소원: 위헌(헌재 1994.4.28. 91헌바15등)

지방의회의원선거법 제36조 제1항의 '시·도의회의원 후보자는 700만원의 기탁금을 관할선거구선거관리위원회에 기탁하여야 한다'는 부분이 선거권, 공무담임권, 평등권 등을 침해하는지 여부(적극)

지방의회의원선거법 제36조 제1항의 "시·도의회의원 후보자는 700만원의 기탁금" 부분은 너무 과다하여, 자연인의 경우는 헌법 제11조의 평등권, 제24조의 선거권, 제25조의 공무담임권 등을 침해하는 것이고, 정당의 경우는 선거

에 있어서 기회균등의 보장을 받을 수 있는 헌법적 권리를 침해한 것이다.

한편 이 사건의 주문에 헌법에 합치하지 아니한다고 선고하면서 일정 기간까지 그 법률의 효력을 지키도록 하는 이유는 기탁금제도 자체는 헌법상 일응 합헌이어서 기탁금액 전부에 대하여 위헌무효를 선고하기가 어렵고 그 구체적인 한도액은 국회가 정하는 것이 바람직한 반면 헌법불합치상태는 지방의회의원선거법 시행 후 최초로 실시되는 시·도의회의원선거 공고일까지는 개정되어야 하기 때문이다.

[요약판례 2] 공직선거법 제56조 제1항 제1호 위헌확인: 헌법불합치(잠정적용)(헌재 2008.11.27. 2007헌마1024)

대통령선거 후보자등록 요건으로 5억원의 기탁금 납부를 규정한 공직선거법 제56조 제1항 제1호가 후보예정자의 공무담임권을 침해하는지 여부(적극)

이 사건 조항이 설정한 5억원의 기탁금은 대통령선거에서 후보자난립을 방지하기 위한 입법목적의 달성수단으로서는 개인에게 현저하게 과다한 부담을 초래하며, 이는 고액 재산의 다과에 의하여 공무담임권 행사기회를 비합리적으로 차별하므로, 입법자에게 허용된 재량의 범위를 넘어선 것이다. … 후보자 난립을 방지하면서도 후보자에게 과도한 금전적 부담을 주지 않기 위하여는, 기탁금 액수를 합헌적 범위 내로 조정하는 것과 함께 무소속후보자의 추천요건을 강화하는 방안이 고려될 수 있는바, 이러한 권한은 입법자에게 있다고 할 것이다.

[요약판례 3] 공직선거법 제57조 제1항 제1호 등 위헌확인: 기각(헌재 2011.6.30. 2010헌마542)

지역구지방의회의원선거에서도 대통령선거나 지역구국회의원선거와 마찬가지로 유효투표 총수의 100분의 15 이상의 득표를 기탁금 및 선거비용 전액의 반환 또는 보전의 기준으로, 유효투표 총수의 100분의 10 이상 100분의 15 미만의 득표를 기탁금 및 선거비용 반액의 반환 또는 보전의 기준으로 규정한 공직선거법 제57조 제1항 제1호 및 제122조의2 제1항 제1호의 '지역구지방의회의원선거' 중 '기초의회의원선거'에 관한 부분의 위헌여부(소극)

현재 기초의회의원선거의 기탁금은 실질임금을 고려할 때, 평균적인 일반 국민의 경제력으로 피선거권의 행사를 위하여 감수할 수 있는 정도이고, 다른 선거에 비하여 낮은 금액이므로, 상대적으로 기탁금반환의 기준이 완화되었다고 할 수 있다. 따라서 이 사건 기탁금반환조항을 두고 필요한 범위를 넘어 자의적으로 과도한 내용을 정한 것이라고 보기 어렵다. 또한, 득표율 10% 내지 15%라는 기탁금의 반환기준은 '난립하는 후보자'라는 평가의 측면에서 보면 지나치게 높다고 볼 수 있으나, 오히려 그 반환기준을 엄격히 한다는 것 자체로 후보자가 난립하는 것을 억제하며, 이를 통해 입후보자의 수를 적정한 범위로 제한하고자 하는 목적 달성이 가능하므로, 엄격한 기준일수록 목적달성에 기여하는 바가 더 크다. 한편, 중선거구제인 선거에서 기탁금반환의 기준을 소선거구제인 다른 선거에 적용되는 기준보다 낮출 수도 있으나, 우리의 정치문화와 선거풍토에서 선거의 신뢰성과 공정성을 확보하고 이를 유지하는 것이 무엇보다 중요하고 시급한 점, 국민들의 경제적 부담을 가중시키고, 정국의 불안정이나 정치에 대한 무관심으로 이어지는 등 부작용을 방지하여야 한다는 점 등을 고려하여 중선거구제를 도입하였음에도 불구하고 종전과 마찬가지 수준의 기탁금반환 기준을 유지함으로써 상대적으로 이러한 문제점을 완화시키려고 하였던 입법자의 판단에는 합리적인 이유가 있다 할 것이다.

헌법 제116조 제2항은 선거공영제에 관하여 입법자에게 입법형성권을 인정하고 있으므로, 입법형성권에 따라 마련된 선거비용보전의 기준은 원칙적으로 존중되어야 한다. 한편, 기초의회의원선거의 선거비용이 계속적으로 증가하는 추세에 있어 선거비용의 보전을 일정한 범위로 제한하는 것이 불가피한데, 그 보전기준을 어느 정도로 정할 때 국가예산을 합리적으로 조정하고 나아가 무분별한 후보난립을 방지할 수 있을 것인지를 두고 입법자로서 10% 혹은 15%의 득표율이란 기준을 정하였다 하여 이를 두고 지나치게 과도한 것이라고 단정할 수 없다.

(재판관 이강국, 재판관 이동흡, 재판관 송두환의 반대의견) 중선거구제를 채택하고 있는 기초의회의원선거의 경우 당

선에 필요한 유효득표율은 여타 선거에 비하여 상대적으로 낮아지는 것이 필연적이므로 소위 '후보자 난립'의 기준이나 후보자의 성실성과 진지성 등을 여타 선거와 동일한 가치로 평가하기 어려움에도 불구하고 이러한 차이를 반영하지 못한 채 기탁금반환기준을 여타 선거와 동일한 기준으로 형성하고 있는 것은 불합리한 차별취급이다. 한편, 전국동시지방선거에서 기초의회의원선거를 제외한 다른 선거의 경우 지금까지 일정한 기탁금 반환율을 유지하고 있으나, 기초의회의원선거의 경우 중선거구제를 도입한 이후 기탁금 반환율이 종전 수준에 크게 미치지 못하고 있는 통계를 살펴볼 때, 중선거구제의 도입에도 불구하고 기탁금반환기준을 조정, 입법하지 않음으로써 체계적으로 불합리한 차별적인 결과가 발생되었다.

[요약판례 4] 공직선거법 제57조 제1항 제1호 다목 등 위헌소원: 기각(헌재 2010.12.28. 2010헌마79)

예비후보자의 기탁금 납부 및 반환에 관한 공직선거법 제57조 제1항 제1호 다목 및 제60조의2 제2항 후단이 과잉금지원칙에 위배하여 공무담임권을 침해하는지 여부(소극)

예비후보자의 기탁금제도는 공식적인 선거운동기간 이전이라도 일정범위 내에서 선거운동을 할 수 있는 예비후보자의 무분별한 난립에 따른 폐해를 예방하고 그 책임성을 강화하기 위한 것으로서 입법목적이 정당하고, 예비후보자에게 일정액의 기탁금을 납부하게 하고 후보자등록을 하지 않으면 예비후보자가 납부한 기탁금을 반환받지 못하도록 하는 것은 예비후보자의 난립 예방이라는 입법목적을 달성하기 위한 적절한 수단이라고 할 것이고, 예비후보자가 납부하는 기탁금의 액수와 국고귀속 요건도 입법재량의 범위를 넘은 과도한 것이라고 볼 수 없으므로 이 사건 법률조항은 청구인의 공무담임권, 재산권을 침해하지 아니한다.

V | 공직선거및선거부정방지법 제53조 제3항 위헌확인: 위헌(헌재 2003.9.25. 2003헌마106)

쟁점 지방자치단체의 장으로 하여금 당해 지방자치단체의 관할구역과 같거나 겹치는 선거구역에서 실시되는 지역구 국회의원선거에 입후보하고자 하는 경우 선거일 전 180일까지 그 직을 사퇴하도록 한 것이 평등권과 공무담임권을 침해하는지 여부

□ 사건의 개요

청구인 甲과 乙은 각각 대구광역시 달서구청장과 장수군수로서, 지방자치단체의 장으로 하여금 당해 지방자치단체의 관할구역과 같거나 겹치는 선거구역에서 실시되는 지역구 국회의원선거에 입후보하고자 하는 경우 당해 선거의 선거일 전 180일까지 그 직을 사퇴하도록 규정하고 있는 공직선거및선거부정방지법 제53조 제3항이 국회의원이 지방자치단체의 장 선거에 입후보하는 경우에 비해 사퇴시한에 현저한 차별을 두는 등으로 헌법상 보장된 청구인들의 평등권과 공무담임권을 침해한다고 주장하면서 이 사건 헌법소원심판을 청구하였다.

□ 심판의 대상

공직선거및선거부정방지법 제53조 (공무원 등의 입후보) ③ 제1항의 규정에 불구하고, 지방자치단체의 장은 선거구역이 당해 지방자치단체의 관할구역과 같거나 겹치는 지역구 국회의원선거에 입후보하고자 하는 때에는 당해 선거의 선거일 전 180일까지 그 직을 그만두어야 한다.

□ 주　문

공직선거및선거부정방지법 제53조 제3항(2000. 2. 16. 법률 제6265호로 개정된 것)은 헌법에 위반된다.

청구인들의 주장

국회의원이나 지방자치단체의 장의 경우 모두 주민들의 직접선거에 의하여 선출된 공무원이라는 점에서 본질적으로 같은 경우라고 해야 할 것임에도 불구하고 국회의원이 지방자치단체의 장 선거에 입후보하는 경우와 지방자치단체의 장이 지역구 국회의원선거에 입후보하는 경우 그 직의 사퇴시한이 현저하게 차이가 나도록 한 것은, 합리적인 이유 없이 청구인들의 피선거권을 제한하여 자의적 차별을 행함으로써 평등의 원칙에 위배되고 국민의 기본권인 공무담임권을 침해하는 것이다.

판 단

Ⅰ. 이 사건 조항의 입법목적

지방자치단체의 장이 그 관할구역과 같거나 겹치는 지역구 국회의원선거에 입후보하는 경우, 그 직위를 이용하여 다른 입후보 희망자가 가지지 못하는 여러 가지 정보를 수집, 활용하거나 부하직원을 선거운동에 이용할 염려가 있고, 자신의 당선에 유리하도록 불공정한 법제정이나 법집행·행정집행을 할 소지도 있는 등 그 지위와 권한을 자기의 선거운동에 남용 또는 악용할 가능성이 있으며, 이것은 곧바로 선거의 공정을 해치게 된다. 또한 지방자치단체의 장이 그 직을 보유한 채로 공직선거에 입후보할 수 있도록 한다면 이는 공무원의 직무전념의무(국가공무원법 제56조, 지방공무원법 제48조 참조)와도 상충된다. 이러한 점에서 이 사건 조항의 입법목적은 선거의 공정성과 공직의 직무전념성 확보에 있다고 할 수 있다. 다만, 지방자치단체장이 그 관할구역이 속하는 지역구 국회의원에 출마하는 경우가 다른 경우에 비하여 그 직위의 남용 내지 악용의 염려가 특히 클 것이라는 우려에서 그로 인해 얻을 불공정한 이익을 배제하려는 것으로 보인다는 점에서 본다면 '직무의 전념성'보다는 '선거의 공정성'에 더 큰 비중을 둔 조항이라고 말할 수 있다.

Ⅱ. 이 사건 조항의 위헌여부

1. 평등권의 침해여부

(1) 평등권침해의 심사기준

평등원칙은 원칙적으로 입법자가 본질적으로 같은 것을 자의적으로 다르게 취급하거나 본질적으로 다른 것을 자의적으로 같게 취급하는 것을 금지하고 있다. 평등권이 요구하는 평등은 절대적 평등이 아니고 합리적으로 근거 있는 차별을 허용하는 상대적 차별을 의미한다. 따라서 **본질적으로 같은 것을 다르게 취급하였다고 하여 그것이 곧 평등권에 위반되는 것은 아니고, 차별대우가 헌법적 정당성을 갖지 못하는 경우, 즉 자의적인 경우에 평등권에 위반된다.**

(2) 본질적 차이의 존재여부

이 사건 조항과 마찬가지로 공선법 제53조 제1항도 자신의 지위와 권한을 선거운동에 남용할 우려가 있는 공무원 등의 일정 집단에 대하여 선거일 전 60일까지 그 직을 그만두도록 함으로써 선거의 공정성을 꾀하고 공무원의 직무전념성도 확보하려는 목적에서 제정되었다. 이러한 입법목적에서 볼 때 공선법 제53조 제1항에서 열거한 공무원의 인적 집단과 지방자치단체의 장은 본질적으로 같은 것으로서 같이 취급되어야 할 것이다. 그런데, 지방자치단체의 장이 공직을 이용해 사전선거운동을 행할 가능성이 있고 그로 인해 선거의 공정성이 위협받을 수 있음은 부정할 수 없지만, 이러한 염려는 다른 공무원의 경우에도 동일하게 발생하는 것이다. 따라서 **지방자치단체장과 그 밖의**

다른 공무원 사이에 피선거권의 제한에 있어 본질적인 차이가 존재한다고 보기는 어렵다.

(3) 합리적 차별이유가 존재하는지 여부

지방자치단체의 장의 경우 이 사건 규정에 의하지 아니하더라도 공선법 제53조 제1항에 따라 선거일 전 60일까지 사퇴하도록 강제되고 있으며, 그 이전이라 할지라도 선거운동기간을 위반한 행위를 처벌하는 규정(공선법 제59조, 제254조 제2항, 제3항)이나 실적찬양성 홍보물의 발행 등을 제한하는 규정(공선법 제86조 제3항) 또는 공무원의 선거에 영향을 미치는 행위를 금지하는 규정(공선법 제86조 제1항) 등을 통해 지방자치단체의 장에 의해 사전선거운동이 행해질 가능성이 광범위하게 방지되고 있으므로, 그에 더하여 특별히 이 사건 규정과 같이 지방자치단체의 장의 사퇴시한을 훨씬 앞당겨 규정해야 할 합리적인 이유를 발견하기 어렵다. 지방자치단체의 장이 선거일 전 180일부터 선거일 전 60일까지 그 직위를 이용하여 행할지도 모르는 사전선거운동의 가능성이 이미 공선법상의 다른 규정들에 의해 차단되고 있는 한, 그 기간 동안 지방자치단체의 장이 직무수행 과정에서 사실상의 이익을 향유한다 하여도 그 직무집행이 정당한 이상 그러한 이익은 직무수행에 당연히 수반되는 자연스러운 현상일 뿐이지 비난의 대상은 아니라고 보아야 한다.

그렇다면, 이 사건 조항이 지방자치단체의 장에 대해 조기사퇴를 강제하는 것은 다른 공무원과의 관계에서 지방자치단체의 장을 합리적 이유 없이 차별하는 것이라 할 것이다.

2. 공무담임권 침해여부

(1) 국민주권의 원리와 선거원칙

우리 헌법은 제1조 제2항에서 "대한민국의 주권은 국민에게 있고, 모든 권력은 국민으로부터 나온다"고 규정함으로써 국민주권의 원리를 천명하고 있다. 민주국가에서의 국민주권의 원리는 무엇보다도 대의기관의 선출을 의미하는 선거와 일정사항에 대한 국민의 직접적 결단을 의미하는 국민투표에 의하여 실현된다. 특히 선거는 오늘날의 대의민주주의에서 주권자인 국민이 주권을 행사할 수 있는 가장 의미 있는 수단이며, 모든 국민이 선거권과 피선거권을 가지며 균등하게 선거에 참여할 기회를 가진다는 것은 민주국가에서 국가권력의 민주적 정당성을 담보하는 불가결의 전제이다. 따라서 **공무담임권의 내용을 이루는 피선거권을 제한하는 것은 이를 정당화하는 사유가 존재할 경우에만 허용될 수 있으며, 설령 제한될 수 있다 할지라도 불가피한 최소한의 정도에 그쳐야 한다.**

(2) 공무담임권 침해여부

이 사건 조항은, 선거일 전 60일까지 사퇴하면 되는 다른 공무원과 비교해 볼 때 지방자치단체장의 사퇴시기를 현저하게 앞당김으로써 청구인들의 공무담임권(피선거권)에 대하여 제한을 가하고 있는 규정이므로, 이 사건 규정은 법치국가원리로부터 도출되는 기본권제한에 관한 비례의 원칙(과잉금지원칙)을 준수하여야 한다.

먼저, 민주주의에서 선거의 기회균등을 통한 공정성을 확보하는 것은 국가가 입법을 통하여 추구할 수 있는 정당한 공익이자 헌법 제116조 제1항에 규정된 국가의 의무이기도 하며, 또한 지방자치행정의 원활을 도모하기 위한 지방자치단체장의 직무전념성 확보 역시 기본권제한입법이 추구할 수 있는 입법목적에 해당하는 것이므로, 앞서 본 이 사건 조항의 **입법목적은 정당하다고 할 수 있다.**

또한, 지방자치단체의 장의 사퇴시기를 앞당기면 앞당길수록 선거의 공정을 해칠 위험성이 줄어들 것이라는 입법자의 판단은 경험칙(經驗則)에 비추어 수긍할 수 있는 것이므로, 이 사건 조항이 입법목적 달성을 위해 선택한 **수단의 적정성은 일응 긍정된다.**

그러나, 이 사건 조항이 침해의 최소성과 법익의 균형성을 갖추었다고 보기는 어렵다. 이미 본 바와 같이, 이 사건 조항이 없다고 하더라도 공선법 제53조 제1항이 지방자치단체장으로 하여금 선거일 전 60일까지는 사퇴하도록 함으로써 선거의 공정성과 직무전념성을 확보하고 있으며, 지방자치단체의 장으로 재직하면서 사전선거운동을 통해 누릴지도 모를 부당한 이익은 사전선거운동을 금지하고 이에 위반시 형사처벌하는 공선법 제59조, 제254조 제2항, 제3항에 의해 차단되고 있고, 공선법 제86조 제3항 전단은 지방자치단체의 사업계획·추진실적 기타 지방자치단체의 활동상황을 알리기 위한 홍보물에 대해 원칙적으로 분기별로 1종 1회를 초과하여 발행·배부 또는 방송할 수 없도록 제한하고 있으며, 또 공선법 제86조 제1항은 공무원에 대해 소속직원 또는 선거구민에게 교육 기타 명목여하를 불문하고 특정 정당이나 후보자(후보자가 되고자하는 자를 포함)의 업적을 홍보하는 행위나 선거운동의 기획에 참여하거나 그 기획의 실시에 관여하는 행위 또는 정당 또는 후보자에 대한 선거권자의 지지도를 조사하거나 이를 발표하는 행위를 하는 것을 금지하고 있다.

또한, 이 사건 조항의 지방자치단체의 장이 당해 지방자치단체의 관할구역과 같거나 겹치는 지역구 국회의원선거에 입후보하고자 하는 경우에 한해 공직사퇴의 시기를 선거일 전 180일까지로 앞당겨 선거에 출마하기 위해 갖추어야 할 요건을 다른 사람에 비해 엄격하게 함으로써 청구인들의 피선거권에 제한을 가함과 동시에, 다른 한편 지방자치단체의 장으로서 공직을 유지할 공무담임권도 제한하고 있다. 이와 같이 이 사건 조항은 지방자치단체장인 청구인들의 기본권을 두 방향에서 강하게 제한하는 반면, 그 조항을 통하여 달성하고자 하는 공익의 실현정도는 미미하다. 이미 살펴 본 바와 같이 공선법이 이 사건 조항 이외에도 다른 여러 조항들을 통하여 선거의 공정성과 직무전념성을 달성할 수 있도록 규정하고 있기 때문에, 이 사건 조항이 선거일 전 180일까지 사퇴하도록 하는 수단을 통해 현실적으로 달성할 수 있는 법률적 효과는 그리 크다고 할 수 없다.

그렇다면, 이 사건 조항은 선거의 공정성과 직무전념성이라는 입법목적 달성을 위해 청구인들의 기본권을 덜 제한하는 적절한 수단들이 이미 공선법에 존재하고 있음에도 불구하고 불필요하고 과도하게 청구인들의 공무담임권을 제한하는 것이라 할 것이므로 **침해의 최소성 원칙에 위반되고,** 이 사건 조항이 입법목적달성에 기여하는 정도는 미미한 반면, 이 사건 조항으로 인하여 침해되는 청구인들의 기본권은 민주주의에서 최대한 존중되어야 할 피선거권 내지 지방자치단체의 장의 직무수행권을 내용으로 하는 공무담임권으로서 이 사건 조항에 의해 청구인들에게 야기되는 효과인 기본권침해의 정도는 매우 중대하므로, 이 사건 조항에 의해 실현되는 공익과 그로 인해 청구인들이 입는 기본권 침해의 정도를 비교형량할 경우 양자간에 적정한 비례관계가 성립하였다고 할 수 없어 **법익의 균형성 원칙에도 위배된다.**

Ⅲ. 결 론

그렇다면, 이 사건 조항은 청구인들에 대한 차별을 정당화시킬 만한 합리적인 이유가 결여되어 평등의 원칙에 위배될 뿐만 아니라, 청구인들의 기본권인 공무담임권을 제한함에 있어 준수하여야 할 비례의 원칙(과잉금지원칙)을 지키지 못하여 헌법에 위반된다 할 것이므로, 관여재판관 전원의 일치된 의견으로 주문과 같이 결정한다.

※ 현행 공직선거법 제53조는 다음과 같다.

제53조 (공무원 등의 입후보) ① 다음 각 호의 어느 하나에 해당하는 사람으로서 후보자가 되려는 사람은 선거일 전 90일까지 그 직을 그만두어야 한다. 다만, 대통령선거와 국회의원선거에 있어서 국회의원이 그 직을 가지고 입후보하는 경우와 지방의회의원선거와 지방자치단체의 장의 선거에 있어서 당해 지방자치단체의 의회의원이나 장이 그 직을 가지고 입후보하는 경우에는 그러하지 아니하다. 〈개정 1995. 4. 1, 1995. 12. 30, 1997. 11. 14, 1998. 4. 30, 2000. 2. 16, 2002. 3. 7, 2005. 8. 4, 2010. 1. 25〉

② 제1항 본문에도 불구하고 다음 각 호의 어느 하나에 해당하는 경우에는 후보자등록신청 전까지 그 직을 그만두어야 한다. 〈신설 2010. 1. 25〉

③ 제1항 단서에도 불구하고 비례대표국회의원이 지역구국회의원 보궐선거등에 입후보하는 경우 및 비례대표지방의회의원이 해당 지방자치단체의 지역구지방의회의원 보궐선거등에 입후보하는 경우에는 후보자등록신청 전까지 그 직을 그만두어야 한다. 〈신설 2010. 1. 25〉

④ 제1항부터 제3항까지의 규정을 적용하는 경우 그 소속기관의 장 또는 소속위원회에 사직원이 접수된 때에 그 직을 그만 둔 것으로 본다. 〈개정 2010. 1. 25.〉

⑤ 제1항 및 제2항에도 불구하고, 지방자치단체의 장은 선거구역이 당해 지방자치단체의 관할구역과 같거나 겹치는 지역구국회의원선거에 입후보하고자 하는 때에는 당해 선거의 선거일전 120일까지 그 직을 그만두어야 한다. 다만, 그 지방자치단체의 장이 임기가 만료된 후에 그 임기만료일부터 90일 후에 실시되는 지역구국회의원선거에 입후보하려는 경우에는 그러하지 아니하다. 〈개정 2000. 2. 16, 2003. 10. 30, 2010. 1. 25〉

✢ 본 판례에 대한 평가

1. **후보자등록**: 국회의원선거에 있어서 후보자의 등록은 선거일 전 15일부터 2일간 관할선거구선거관리위원회에 서면으로 신청하여야 한다. 정당의 당원이 후보자등록을 하고자 할 때에는 소속정당의 추천을 받아야 한다(제49조). 비례대표후보자의 등록은 그 정당이 추천한 비례대표후보자명부와 본인의 동의서를 첨부하여 중앙선거관리위원회에 신청하여야 한다. 비례대표후보자명부는 정당이 그 순위를 정하여 제출하여야 한다(제49조 제2항). 정당의 당원인 자는 무소속후보자로 등록할 수 없으며, 후보자등록기간 중 당적을 이탈·변경하거나 2 이상의 당적을 가지고 있는 때에는 당해 선거에 후보자가 될 수 없다. 소속정당의 해산이나 그 등록의 취소 또는 중앙당의 시·도당창당승인취소로 인하여 당원자격이 상실된 경우에도 또한 같다(제6항). 특히 정당의 비례대표후보자 중 50% 이상은 여성으로 추천하되 후보자명부의 순위의 매홀수에는 여성을 추천하여야 한다(제47조 제3항). 이를 위반한 때에는 등록신청을 수리할 수 없도록 하고 등록 후에는 등록을 무효로 한다(제49조 제8항, 제52조 제1항 제2호). 정당은 선거구별로 선거할 정수범위 안에서 그 소속당원을 후보자로 추천할 수 있다(제47조). 정당은 후보자등록 후에는 등록후보자에 대한 추천을 취소 또는 변경할 수 없다(제50조 제1항). 정당의 당원이 아닌 자는 그 지역구 안에 주민등록이 된 선거권자 300인 이상 500인 이하의 추천장을 첨부하여 무소속으로 입후보할 수 있다(제48조 제2항). 국회의원이 단체장선거에 입후보할 경우에는 후보등록신청 전까지 그 직을 사퇴해야 하며, 단체장이 지역구국회의원선거에 입후보할 경우에는 선거일 전 120일까지 그 직을 사퇴해야 한다(제53조 제1항·제3항). 후보자등록을 신청하는 자는 후보자등록시 공직자윤리법에 따른 등록대상재산에 관한 신고서를 관할선거구선거관리위원회에 제출하여야 하고, 미제출자는 그 등록을 무효로 한다(제49조·제52조). 또한 병역사항, 최근 5년간 후보자와 그 배우자 및 직계존속·비속의 납세 및 체납증명서, 전과기록, 선거운동을 위한 홍보물 등에 게재하고자 하는 학력의 학력증명서를 제출하여야 한다(제49조 제4항).

2. 헌법재판소의 위헌결정 이후 개정된 공직선거및선거부정방지법(현행 공직선거법) 제53조 제3항에서는 선거일 전 120일까지 사퇴하도록 규정하였는데, 헌법재판소는 이에 대해서는 합헌결정을 하였다(헌재 2006.7.27. 2003헌마758등). 헌법재판소는 2003헌마106 결정에서는 180일 전 사퇴조항이 입법목적의 정당성과 수단의 적정성은 인정되나 침해의 최소성과 법익의 균형성에 위배된다고 했지만, 2003헌마758 결정에서는 피해의 최소성도 인정된다고 하여 이 한도에서 종전 2003헌마106결정을 변경하고 나머지 목적의 정당성, 수단의 적절성, 법익의 균형성 모두 인정되어 비례의 원칙에 위배되지 않는다고 합헌결정하였다.

Ⅵ 공직선거및선거부정방지법 제35조 제2항 제1호 등 위헌확인: 기각(헌재 2003.11.27. 2003헌마259등)

쟁점 국회의원 재·보궐선거일을 평일인 목요일로 하고, 투표시간을 오후 6시까지로 정한 것과 최소투표율제의 미도입이 헌법에 위반되는지 여부

사건의 개요

청구인 甲과 乙은 국회의원 재·보궐선거와 관련하여 선출된 정당추천후보자이자, 선거권자인 자들인데, 공직선거및선거부정방지법(이하 '공선법'이라고만 부른다) 중 재·보궐선거일을 규정한 제35조 제2항 제1호, 투표시간을 규정한 제155조 제1항, 당선인 결정방식을 규정한 제188조 제1항 등이 청구인들의 헌법상 기본권을 침해하였다고 주장하며 이 사건 헌법소원심판을 청구하였다.

한편, 청구인 丙등은 甲과 乙이 출마한 재·보궐선거구에 거주하는 사람으로서, 위 국회의원 재·보궐선거에서 선거권을 행사하려 하였으나, 공선법 제155조 제1항이 투표시간을 오전 6시부터 오후 6시까지로 정함으로 인하여 직장에 출근하여 일하여야 되기 때문에 투표권을 행사할 수 없으므로 위 법률조항이 청구인들의 평등권 등을 침해한다고 주장하면서 이 사건 헌법소원심판을 청구하였다.

심판의 대상

공직선거및선거부정방지법 제35조 (보궐선거등의 선거일) ② 보궐선거·재선거·…는 다음 각 호에 의한다.

1. 지역구국회의원…의 보궐선거·재선거…는 전년도 10월 1일부터 3월 31일까지의 사이에 그 선거의 실시사유가 확정된 때에는 4월중 마지막 목요일에 실시하고, 4월 1일부터 9월 30일까지의 사이에 그 선거의 실시사유가 확정된 때에는 10월중 마지막 목요일에 실시한다. 이 경우 선거일에 관하여는 제34조(선거일) 제2항의 규정을 준용한다.

제155조 (투표시간) ① 투표소는 선거일 오전 6시에 열고 오후 6시에 닫는다(단서 생략).

제188조 (지역구국회의원당선인의 결정·공고·통지) ① 지역구국회의원선거에 있어서는 선거구선거관리위원회가 당해 국회의원지역구에서 유효투표의 다수를 얻은 자를 당선인으로 결정한다(단서 생략).

주 문

청구인들의 심판청구를 모두 기각한다.

판 단

Ⅰ. 적법요건에 관한 판단

2003. 4. 3. 이 사건 헌법소원심판청구가 있은 후 그에 대한 헌법재판소의 심리가 진행되는 중이던 같은 달 24. 문제된 국회의원 재·보궐선거가 종료되어 버렸다. 따라서 청구인들이 제기한 이 사건 헌법소원심판청구는 권리보호의 이익이 없어 부적법하다고 볼 여지도 있다. 그러나 **헌법소원심판제도는 청구인들의 개인적인 권리구제뿐만 아니라 객관적인 헌법질서 수호를 목적으로 하기도 하는데 선거제도는 헌법질서를 형성하는 중요한 사항일 뿐만 아니라 국회의원 재·보궐선거가 실시될 때마다 이 사건 공선법 조항의 합헌성 여부에 관해 다툼이 발생할 소지가 많다고 할 것이므로 이에 관하여 헌법적 해명을 할 필요가 있다고 하겠다.** 따라서 이 사건에 관해서는 본안 판단을 하기로 한다.

Ⅱ. 본안에 관한 판단

1. 평등권 침해 주장에 대한 판단

(1) 평등권 침해의 심사기준

헌법상 평등의 원칙은 일반적으로 입법자에게 본질적으로 같은 것을 자의적으로 다르게, 본질적으로 다른 것을 자의적으로 같게 취급하는 것을 금지하고 있는 것으로 해석되고, 평등원칙 위반여부를 심사함에 있어 엄격한 심사척도에 의할 것인지, 완화된 심사척도에 의할 것인지는 입법자에게 허용되는 입법형성권의 정도에 따라서 달라진다. 그리고 입법자의 자의적 취급 여부에 대한 심사기준은 ① 본질적으로 동일한 것을 다르게 취급하고 있는가 하는 차별취급의 존재 여부와 ② 그러한 차별취급이 자의적인가의 여부에 달려 있다.

(2) 차별취급의 존재여부

공선법 제34조나 제35조 제2항 제1호 모두 국회의원 총선거일이나 재·보궐선거일을 모두 목요일로 정하고 있다. 또한 투표시간에 관한 공선법 제155조는 총선거일이나 재·보궐선거일에 동일하게 적용되므로 총선거일의 선거권자 및 후보자와 재·보궐선거일의 선거권자 및 후보자간에 아무런 차별취급도 존재하지 않는다. 또한 공선법은 국회의원 재·보궐선거의 선거권자들이 하는 투표와 총선거의 선거권자들이 하는 투표에 대해 서로 투표가치에 있어 차별을 하지 않고 있을 뿐만 아니라 이들을 서로 비교할 만한 대상이라고 하기도 어렵다. 그러므로 이 사건 **공선법 규정에 의해 투표가치에 대한 차별취급이 존재한다고 할 수도 없다.**

(3) 입법형성권의 일탈여부

우리 헌법 제41조 제2항은 "국회의원의 선거구와 비례대표제 기타 선거에 관한 사항은 법률로 정한다"고 규정하고 있다. 국회의원 재·보궐선거일을 휴무일이나 공휴일로 지정할지 여부, 그 투표시간을 일과후의 시간까지 연장할지 여부는 헌법이 입법자의 입법형성권의 범위에 위임하고 있는 "기타 선거에 관한 사항"에 해당하는 문제라고 할 것이며 따라서 **현행 공선법이 국회의원 재·보궐선거일을 총선거일과 동일하게 평일인 목요일로 지정한 것이라든지 그 투표시간을 총선거와 동일한 시간대로 지정한 것은 그러한 입법자의 입법재량 범위 내에 있다고 보인다.**

(4) 소 결

따라서 이 사건 공선법 각 조항이 국회의원 재·보궐선거에 참여하는 선거권자들과 총선거에 참여하는 선거권자들을 차별하여 평등원칙이나 평등선거원칙에 반한다고 할 수 없으며, 그에 따라 선거권자들의 참정권을 침해한다거나 후보자들의 피선거권을 침해한다거나 국민주권원리에 반한다고 할 수 없다.

2. 선거의 대표성 침해 주장에 대한 판단

(1) 선거의 대표성의 의미

선거는 일정한 절차에 따라 대표자를 선출하는 행위로서 대의기관을 구성하는 민주주의의 실현수단이다. 따라서 선거제도는 대의기관구성과 국가의 정책결정·집행과정에 국민의 의사가 가능한 한 굴절 없이 정확하게 반영될 수 있도록 마련되어야 한다. 그러므로 선거제도가 갖추어야 할 제1차적 요소가 대표형성의 정확성에 있음은 더 말할 나위도 없다.

(2) 최소투표율제를 도입하지 않은 것이 헌법에 위반되는지 여부

입법자가 당선인 결정을 유효하도록 하기 위해 선거권자의 일정비율 이상이 반드시 투표에 참가해야만 한다는 의미의 최소투표율을 법률로 정할 것인지 여부, 또는 그러한 제도를 도입할 때 어느 정도의 수치로 지정할 것인지에 대한 명확한 헌법적 기준은 없으므로 청구인들의 위와 같은 주장은 헌법적으로 정당하지 않은 주장이라고 하지 않을 수 없다.

입법자가 최소투표율을 미리 법정해 둔다고 하더라도 그 투표율에 미치지 못하는 투표율이 나왔을 때 그 투표율에 도달할 때까지 제2차, 제3차 투표 등을 위해 새로이 선거를 실시해야 하는 번거로움과 시간·비용 등의 낭비를 막을 필요도 있다. 그리고 제3차 이상의 투표를 하지 않도록 결선투표제를 도입한다고 하더라도 그 결선투표 자체도 최소투표율에 미달된 투표에 의해 실시된다면 결국 선거의 대표성을 보다 높게 보장하기 위해 최소투표율제를 도입한 취지에 반하게 된다. 그리고 차등 없이 투표참여의 기회를 부여했음에도 불구하고 자발적으로 투표에 참가하지 않은 선거권자들의 의사도 존중해야 할 필요가 있다. 만약 **최소투표율제도를 도입하게 되면 투표실시결과 그러한 최소투표율에 미달하는 투표율이 나왔을 때 그러한 최소투표율에 도달할 때까지 투표를 또다시 실시하지 않을 수 없게 되는데, 그것을 막기 위해 선거권자들로 하여금 투표를 하도록 강제하는 과태료나 벌금 등의 수단을 채택하게 된다면 자발적으로 투표에 참가하지 않은 선거권자들의 의사형성의 자유 내지 결심의 자유를 부당하게 축소하고 그 결과로 투표의 자유를 침해하여 결국 자유선거의 원칙을 위반할 우려도 있게 된다.** 그러므로 저조한 투표율에 의해 실시된 재·보궐선거에서 유효투표의 다수를 얻은 후보자를 당선인으로 결정하는 것이 선거의 대표성을 훼손한다고 하기는 어렵다.

결국 이 사건 공선법 제188조가 이른바 최소투표율제를 택하고 있지 않다는 이유만으로 헌법상 요구된 선거의 대표성의 본질을 침해한다거나 그로 인해 국민주권 원리를 침해하고 있다고 하기 어렵다.

Ⅲ. 결 론

따라서 청구인들의 심판청구는 이유 없으므로 이를 모두 기각하기로 하여 관여 재판관 전원의

일치된 의견으로 주문과 같이 결정한다.

✤ 본 판례에 대한 평가 1. 국회의원 보궐선거의 선거일과 선거시간 등에 대해서는 입법부가 현저히 불합리한 입법을 하지 않는 한 입법 형성의 자유를 광범위하게 가지므로 헌법에 위반되지 않는다. 헌법재판소의 본 결정도 이러한 법리를 확인하고 있다. 특히 매번 실시되는 보궐선거의 투표율이 저조하여 보궐선거로 당선된 국회의원의 국민대표성에 대한 의문이 수차례 제기되었지만 헌법재판소는 본 결정에서, 저조한 투표율로 인한 선거의 대표성의 문제와 이에 따른 최소투표율제 미도입이 헌법에 위반되지 않는다고 선언함으로써 이 부분에 대한 헌법적 해명을 하였다고 할 수 있다.

2. 본 결정에 대하여 헌법재판소의 결정은 심판법률 조항들이 단지 헌법에 위반되지 않는다는 것을 확인했을 뿐, 투표율을 높이기 위해 국회의원 등의 재·보궐선거일을 휴무일로 하고 투표시간을 직장인들의 퇴근 시간 이후로 연장하는 등의 보다 현실적인 개선책을 마련해야 한다는 의견이 제기되었다. 개정 공직선거법에서는 보궐선거의 경우 투표시간을 오후 8시까지 연장함으로써 직장에 근무하는 사람들도 퇴근 후 선거권을 행사할 수 있도록 하여 문제해결에 근접하는 방향으로 나아가고 있다(공직선거법 제155조 제1항).

Ⅶ 공직선거및선거부정방지법 제33조 제1항 제2호 등 위헌확인: 기각,각하

(헌재 2006.7.27. 2004헌마217)

쟁점 지역구국회의원후보자에게는 허용하는 선거운동방법을 비례대표국회의원후보자에게는 허용하지 않는 것이 선거운동의 자유와 평등권 등을 침해하는지 여부

▢ 사건의 개요

청구인 甲은 중앙선거관리위원회에 등록한 정당법상의 정당으로서, 이 사건 심판청구 당시 제17대 비례대표국회의원선거에 참가하기 위해 비례대표국회의원 후보자명부를 작성할 예정에 있었고, 청구인 乙은 심판청구 당시 甲정당의 사무총장으로서 당내 비례대표 경선에 일반명부후보로 등록하여 당내 비례대표 국회의원 후보자 선출을 위한 선거 중에 있었다. 그런데 공직선거및선거부정방지법 제33조 제1항 제2호, 제59조 본문, 단서 제1호, 제60조의2 제1항, 제65조 제1항, 제93조 제1항, 제79조 제1항, 제101조 등은 비례대표국회의원 선거에서 그 선거기간과 선거운동방법을 일정 정도 제한하고 있는바, 청구인들은 위 규정들이 청구인들의 기본권을 침해한다고 주장하며 이 사건 헌법소원심판을 청구하였다. 이후 청구인 乙은 당내 비례대표 경선에서 비례대표 국회의원 후보자로 당선되었고 제17대 국회의원 선거에서 비례대표 국회의원으로 당선되었다.

▢ 심판의 대상

공직선거및선거부정방지법 제33조 (선거기간) ① 선거별 선거기간은 다음 각 호와 같다.

2. 국회의원선거와 지방자치단체의 의회의원 및 장의 선거는 14일

제59조 (선거운동기간) 선거운동은 후보자등록 마감일의 다음날부터 선거일 전일까지에 한하여 이를 할 수 있다. 다만, 다음 각 호의 1에 해당하는 경우에는 그러하지 아니하다.

1. 제60조의2(예비후보자등록)의 규정에 의하여 등록한 예비후보자(이하 "예비후보자"라 한다)가 제60조의3

(예비후보자의 선거운동)의 규정에 의하여 선거운동을 하는 경우

제60조의2 (예비후보자등록) ① 예비후보자가 되고자 하는 자(비례대표국회의원선거 및 비례대표시·도의원선거를 제외한다)는 선거일 전 120일(선거일 전 120일 후에 실시사유가 확정된 보궐선거등에 있어서는 그 선거의 실시사유가 확정된 때)부터 관할선거구선거관리위원회에 피선거권에 관한 증명서류를 첨부하여 예비후보자등록을 서면으로 신청하여야 한다.

제65조 (선거공보) ① 지역구국회의원선거와 지방의회의원 및 지방자치단체의 장의 선거(비례대표시·도의원선거를 제외한다)에 있어서 선거운동에 사용하는 선거공보에는 후보자의 사진·성명·기호·정당추천후보자의 소속정당명(무소속후보자는 "무소속"이라 표시한다)·경력·정견 및 소속정당의 정강·정책 기타 홍보에 필요한 사항(지역구국회의원선거에 있어서는 비례대표국회의원후보자명단을, 지역구시·도의원선거에 있어서는 비례대표시·도의원후보자명단을 포함한다)을 게재하며, 4색도(백색은 1색도로 보지 아니한다) 이내로 인쇄하여야 한다.

제79조 (공개장소에서의 연설·대담) ① 후보자(비례대표국회의원후보자와 비례대표시·도의원후보자를 제외한다. 이하 이 조에서 같다) 또는 연설원 "대통령선거 및 시·도지사선거에 한하며, 후보자(대통령선거에 있어서 정당추천후보자는 그 추천정당을 말한다)가 선거운동을 할 수 있는 자 중에서 각 선거연락소마다 지명한 2인을 말한다. 이하 이 조에서 "후보자 등"이라 한다"은 선거운동기간 중에 소속정당의 정강·정책이나 후보자의 정견 기타 필요한 사항을 홍보하기 위하여 공개장소에서의 연설·대담을 할 수 있다. 이 경우 후보자는 선거사무장·선거연락소장 또는 선거사무원 중에서 사회자 1인을 두어 후보자의 소개 또는 지원연설·대담을 하게 할 수 있다.

제93조 (탈법방법에 의한 문서·도화의 배부·게시 등 금지) ① 누구든지 선거일 전 180일(보궐선거등에 있어서는 그 선거의 실시사유가 확정된 때)부터 선거일까지 선거에 영향을 미치게 하기 위하여 이 법의 규정에 의하지 아니하고는 정당(창당준비위원회와 정당의 정강·정책을 포함한다. 이하 이 조에서 같다) 또는 후보자(후보자가 되고자 하는 자를 포함한다. 이하 이 조에서 같다)를 지지·추천하거나 반대하는 내용이 포함되어 있거나 정당의 명칭 또는 후보자의 성명을 나타내는 광고, 인사장, 벽보, 사진, 문서·도화 인쇄물이나 녹음·녹화테이프 기타 이와 유사한 것을 배부·첩부·살포·상영 또는 게시할 수 없다. 다만, 후보자가 제60조의3(예비후보자의 선거운동) 제2호의 규정에 의한 명함을 선거일 전일까지 직접 주는 경우에는 그러하지 아니하다.

제101조 (타연설회 등의 금지) 누구든지 선거기간 중 선거에 영향을 미치게 하기 위하여 이 법의 규정에 의한 연설·대담 또는 대담·토론회를 제외하고는 다수인을 모이게 하여 개인정견발표회·시국강연회·좌담회 또는 토론회 기타의 연설회나 대담·토론회를 개최할 수 없다.

주 문

이 사건 심판청구 중 공직선거및선거부정방지법(2004. 3. 12. 법률 제7189호로 개정되고, 2005. 8. 4. 법률 제7681호 공직선거법으로 개정되기 전의 것) 제65조 제1항에 대한 심판청구는 각하하고, 나머지 심판청구는 모두 기각한다.

판 단

Ⅰ. 적법요건에 관한 판단

헌법소원심판제도는 기본권침해를 구제하는 제도이므로 헌법소원심판청구가 적법하려면 심판청

구 당시는 물론 그 결정 당시에도 권리보호이익이 있어야 함이 원칙이다. 그런데 청구인들이 출마했던 국회의원선거는 이미 끝이 났고, 청구인 노○찬은 2004. 4. 15. 제17대 국회의원선거에서 비례대표 국회의원으로 당선되었으며, 이 사건 심판대상규정들에 대해서는 청구인들이 헌법소원심판을 청구한 이후인 2005. 8. 4. 일부 개정이 있었으므로 이 사건 심판청구에 대한 주관적 권리보호이익은 소멸되었다고 할 것이다. 그런데 이 사건 심판대상규정들이 정당과 비례대표국회의원후보자의 선거운동 등을 제한하는 것에 대한 헌법적 해명은 아직까지 이루어진 바 없고, 심판청구 이후 일부 조항이 개정되었다고는 하나 개정된 조항은 약간의 문구 수정만 있었을 뿐 그 내용에 있어서 커다란 변화가 있었던 것은 아니므로 앞으로도 이 사건 심판대상규정들을 둘러싼 위헌성 논란은 계속될 가능성이 크다. 그렇다면 이 사건 심판대상규정들의 위헌 여부에 대한 헌법적 해명은 객관적인 헌법질서의 수호·유지를 위하여 중대한 의미를 지닌다고 할 것이고, 따라서 이 사건 심판대상규정들에 대해서는 본안판단의 필요성을 인정할 수 있을 것이다. 다만, 이 사건 심판대상규정들 중 구 공직선거법 제65조 제1항의 선거공보에 관한 규정은 2005. 8. 4. 법률 제7681호 개정으로 비례대표국회의원후보자를 추천한 정당도 그 선거운동을 위하여 책자형 선거공보를 작성할 수 있도록 하여 청구인들이 주장하던 위헌 소지를 해소하였다고 할 것인바, 위 규정에 대한 헌법적 해명은 더 이상 필요 없게 되었다고 할 것이다. 따라서 구 공직선거법 제65조 제1항에 대한 심판청구는 부적법하다.

Ⅱ. 본안에 관한 판단

1. 선거운동의 자유 침해여부

(1) 헌법상 선거운동의 자유와 그 제한

헌법 제116조 제1항은 "선거운동은 각급 선거관리위원회의 관리하에 법률이 정하는 범위 안에서 하되, 균등한 기회가 보장되어야 한다"라고 규정하여 선거운동에 관하여 별도의 규정을 두고 있고, 구 공직선거법은 물론 현행 공직선거법 제58조 제2항도 "누구든지 자유롭게 선거운동을 할 수 있다. 그러나, 이 법 또는 다른 법률의 규정에 의하여 금지 또는 제한되는 경우에는 그러하지 아니하다"고 규정하여 원칙적으로는 선거운동의 자유를 보장하면서도 그것이 제한될 수 있음을 밝히고 있다. 다만 **선거는 민주적 의회정치의 기초이고 선거운동은 국민주권 행사의 일환일 뿐 아니라 정치적 표현의 자유의 한 형태로서 민주사회를 구성하고 움직이게 하는 요소이므로 선거운동의 자유를 제한하는 경우에도 다른 기본권과 마찬가지로 헌법 제37조 제2항에 따라 국가안전보장, 질서유지, 공공복리를 위하여 필요한 경우에 한하여 법률로 제한할 수 있다고 할 것이다.**

(2) 비례대표국회의원후보자 등의 사전 선거운동 제한과 선거운동의 자유 침해여부

구 공직선거법 제33조 제1항 제2호, 제59조, 제60조의2 제1항에 의하면 예비후보자등록을 한 지역구국회의원예비후보자의 경우에는 선거일 전 120일부터 선거운동을 하는 것이 가능하지만, 비례대표국회의원후보자의 경우에는 예비후보자등록제도가 없어 선거기간 전에는 선거운동을 하는 것이 불가능하다. 청구인들은 이것이 비례대표국회의원후보자 등의 선거운동의 자유를 침해한다고 주장한다.

그런데 정당법과 구 공직선거법 및 현행 공직선거법에 의하면 정당은 일정한 요건을 갖춰 정당으로 등록하는 순간, 선거기간 여부를 불문하고 통상적인 정당활동을 통해 정당의 정강이나 정책을 유권자에게 알릴 수 있다. 따라서 정당이 제시한 비례대표명부를 보고 정당에 투표하는 비례대표국회의원선거에 있어서 **정당이 신생정당이라는 이유로 그 정당이나 비례대표국회의원후보자에게 선거기간 전에 선거운동의 기회를 부여해야 할 이유는, 선거기간이 아니면 후보자 자신을 합법적으로 유권자에게 알릴 기회가 없는 정치신인인 지역구국회의원후보자의 경우에 비해 훨씬 적다. 이에 비례대표국회의원후보자의 경우에는 예비후보자등록제도를 인정하지 아니하는 것이므로, 이것이 비례대표국회의원후보자의 선거운동의 자유를 침해하는 것이라고 볼 수는 없다.**

(3) 공개장소에서의 연설, 대담 금지와 선거운동의 자유 침해여부

구 공직선거법 제79조 제1항은 비례대표국회의원후보자가 선거운동기간 중에 소속정당의 정강·정책이나 후보자의 정견 기타 필요한 사항을 홍보하기 위하여 공개장소에서 연설·대담을 하는 것을 금지하고 있고, 제101조는 지역구국회의원선거인지, 비례대표국회의원선거인지를 불문하고 누구든지 선거기간 중에는 법이 정하고 있는 경우 이외에 다수를 모이게 하여 선거에 영향을 미치는 개인정견발표회·시국강연회·좌담회 또는 토론회 기타의 연설회나 대담·토론회를 개최하는 것을 금지하고 있다. 이러한 제한이 정당과 비례대표국회의원후보자의 선거운동의 자유를 침해하는지 여부를 본다.

정당명부식비례대표제하에서 유권자는 정당이 제안한 후보자 명부의 내용이나 순서를 바꿀 수 없고, 이러한 비례대표국회의원선거제도는 정당에 대한 선거로서의 성격을 가지게 된다. 따라서 선거운동방법도 이러한 선거의 성격에 맞춰 고안될 필요가 있는바, 후보자의 인물, 정견, 신념 등을 특정 선거구의 유권자에게 알리는 것이 필요한 지역구국회의원선거에 있어서는 후보자 개인의 홍보에 효과가 있는 선거운동방법이, 정당의 정강, 정책 등을 전국적으로 알리는 것이 필요한 비례대표국회의원선거에 있어서는 전국적으로 정당 홍보에 효과가 있는 선거운동방법이 허용될 필요가 있다. 그런데 구 공직선거법 제79조 제1항과 제101조에서 정하고 있는 선거운동방법은 비례대표국회의원후보자를 추천한 정당이나 그 후보자가 전국의 유권자를 대상으로 하여 그 정강이나 정책을 알리는데 있어 그렇게 효과적인 선거운동방법으로 보이지는 않는다. 따라서 전국이 선거구가 되는 비례대표국회의원선거에 있어서 이러한 선거운동방법이 반드시 허용되어야 하는 것은 아니다.

한편, 구 공직선거법은 비례대표국회의원후보자나 정당을 전국적으로 알릴 수 있는 선거운동방법에 대해서 규정하고 있는데, 제69조 제1항 제2호에 따라 비례대표국회의원선거에서 후보자를 추천한 정당은 소속정당의 정강·정책이나 후보자의 정견, 기타 홍보에 필요한 사항을 일간신문에 게재하여 유권자에게 알릴 수 있고, 제70조에 의하면 선거운동기간 중 소속정당의 정강·정책이나 후보자의 정견 등을 텔레비전 및 라디오 방송시설을 이용하여 유권자에게 알릴 수 있다. 위와 같은 선거운동방법들은 모두 개인 중심의 인물경쟁보다는 정당 중심의 정책경쟁이 주가 되는 비례대표국회의원선거에 적합한 선거운동방법으로, 특히 제69조의 신문광고와 제70조의 방송광고는 전국적인 영향력을 발휘하는 매체라는 특성에 맞게 비례대표국회의원선거에서만 허용되고 있는 선거운동방법이다.

이상에서 본 바와 같이 **비례대표국회의원선거에 있어서 공개장소에서의 연설이나 대담을 금지하고 있더라도 그 대신에 신문이나 방송을 통한 선거운동을 허용하고 있으므로 이러한 금지가 비례대표국회의원후보자나 그를 추천한 정당의 선거운동의 자유를 침해하는 것이라고 볼 수 없다.**

(4) 탈법적 방법에 의한 문서·도화의 배부·게시 등 금지와 선거운동의 자유

구 공직선거법 제93조 제1항은 탈법적 방법에 의한 문서·도화의 배부·게시 등을 금지하여 시각, 청각 또는 시청각에 호소하는 방법에 의한 선거운동을 제한하고 있다. 그런데 법 제93조 제1항에 대해서는 헌법재판소가 99헌바92등 사건, 2000헌마193 사건, 2000헌바96 등 사건에서 합헌이라고 판시한 사실이 있다. 그런데 이 사건에 있어서도 위 결정들과 달리 판단할 사정의 변경이나 필요성은 인정되지 아니한다.

2. 정당활동의 자유 침해와 평등권 침해여부

공직선거법은 선거기간 전에는 정당의 통상적인 활동을 통해, 선거기간 중에는 통상적인 정당활동과 정당의 비례대표국회의원선거에 허용되는 선거운동방법을 통해 그 정강이나 정책을 유권자에게 알릴 수 있는 충분한 제도적 장치를 마련하고 있는바, 이 사건 규정들에서 정하고 있는 선거운동방법을 정당에게 허용하지 않는다 하더라도 이것이 **정당활동의 자유를 침해하는 것이라고 볼 수는 없다.**

또한 위에서 본 바와 같이 비례대표국회의원선거의 경우에는 신문이나 방송과 같은 전국적인 매체를 통하여 보다 효과적으로 유권자 전체에 선거운동의 효과를 가지는 선거운동방법을 허용하고 있는바, **지역구국회의원후보자에게 허용되는 선거운동방법을 비례대표국회의원후보자에게 허용하지 않는다 하더라도 이것이 비례대표국회의원후보자를 자의적으로 차별하는 것이라고는 볼 수 없다.** 그렇다면 청구인들의 평등권을 침해하고 있다고 볼 수 없다.

Ⅲ. 결 론

그러므로 이 사건 심판청구 중 구 공직선거법 제65조 제1항에 대한 청구는 부적법하므로 이를 각하하고, 나머지 청구는 모두 이유 없으므로 이를 기각하기로 하여 주문과 같이 결정한다. 이 결정은 재판관 조대현의 반대의견이 있는 외에는 관여 재판관 전원의 일치된 의견에 의한 것이다.

재판관 조대현의 반대의견

주권자가 선거권을 올바로 행사하여 국민주권주의를 제대로 구현하도록 하기 위하여 구 공직선거법 제33조 제1항 제2호에 대하여 헌법에 합치되지 아니한다고 선언함으로써 선거운동기간을 충분히 보장하도록 개선시킬 필요가 있다. 또한 구 공직선거법 제93조 제1항과 제101조는 입법목적의 정당성을 인정하기 어려운바 국민주권주의에 위배되고, 선거권의 올바른 행사를 제약하며, 정치적 표현의 자유를 부당하게 제한하는 것이라고 선언하여야 한다.

본 판례에 대한 평가 1. 선거운동을 위한 사조직의 설치와 이용, 호별방문, 서명운동, 음식물제공, 기부행위, 비방행위 등은 금지된다(제106조 이하). 또한 선거기간 중 선거구민을 대상으로 하거나 선거가 실시되는 지역 안에서 향우회·종친회 또는 동창회모임과 바르게살기운동협의회 등 국민운동단체의 모임을 개최할 수 없다(제103조 제1항). 문서·도화에 의한 선거운동에도 제한이 있다. 한편 지역구국회의원후보자에게 허용되는 선거운동방법을 비례대표국회의원후보자에게 허용하지 않는다 하더라도 비례대표국회의원후보자를 자의적으로 차별하는 것이라고 볼 수 없다. 다만 지나친 선거운동 규제를 완화하기 위하여 공직선거법에서는 ㉠ 명함교부(제60조의3), ㉡ 부분적 현수막개시(제67조), ㉢ 어깨띠 착용(제68조), ㉣ 모양과 색상이 동일한 모자·티셔츠 착용(제105조) 등

을 허용하고, 나아가서 여론조사공표금지기간을 선거일 전 6일부터 선거일 투표마감시각까지로 연장하고 있다. 한편 선거운동과열을 방지하기 위하여 합동연설회 및 정당·후보자 연설회 등은 폐지하는 대신 언론매체와 인터넷매체를 통한 선거운동을 활성화하고 있다. 논란이 되어 온 선거운동에 있어서 기회균등을 강화하기 위하여 예비후보자등록제도를 마련하고 있다

2. 지역구국회의원후보자와 비례대표국회의원후보자는 입후보방법, 선거운동방법 등 여러 면에서 본질적인 차이를 가지고 있으므로 동일한 평면에서 논의를 한다는 것에는 무리가 있다. 본 결정에서도 헌법재판소는 지역구국회의원후보자와 비례대표국회의원후보자 사이의 차별에 대하여 합리성을 인정하고 지역구국회의원후보자에게 허용되는 선거운동방법을 비례대표국회의원후보자에게 허용하지 않는다 하더라도 비례대표국회의원후보자를 자의적으로 차별하는 것이라고 볼 수 없다고 결정했다.

Ⅷ 공직선거및선거부정방지법 제16조 제2항 위헌확인: 기각(헌재 2005.4.28. 2004헌마219)

쟁점 국회의원의 피선거권 행사연령을 25세 이상의 국민으로 정한 공직선거및선거부정방지법 제16조 제2항이 헌법에 위반되는지 여부

▢ 사건의 개요

청구인들은 제17대 국회의원선거에 후보자로 입후보하고자 하였으나 공직선거및선거부정방지법 제16조 제2항이 국회의원의 피선거권을 선거일 현재 25세 이상인 국민에게만 부여하고 있어 위 선거일 현재 25세에 달하지 못하는 청구인들로서는 위 선거에 후보자로 입후보할 수 없게 되었다. 이에 청구인들은 위 법률조항이 자신들의 평등권과 공무담임권 등을 침해하여 헌법에 위반된다고 주장하면서 그 위헌확인을 구하는 이 사건 헌법소원심판을 청구하였다.

▢ 심판의 대상

공직선거및선거부정방지법 제16조 (피선거권) ② 25세 이상의 국민은 국회의원의 피선거권이 있다.

▢ 주 문

청구인들의 심판청구를 기각한다.

▢ 청구인들의 주장

25세 이상의 국민에게만 국회의원의 피선거권을 부여하는 이 사건 법률조항은 피선거권의 제한연령을 과도하게 높게 설정함으로써 청구인들의 참정권을 제한하고 있을 뿐 아니라 궁극적으로 민주주의의 발전과 국민주권주의의 실현을 방해한다. 또한 병역법, 국가공무원법, 근로기준법이 병역의무의 부담연령, 공무원시험의 응시연령(8급, 9급 공무원), 근로연령을 통상 18세 이상으로 정하고 있는 것에 비추어 볼 때 25세 이상인 국민으로 국회의원의 피선거권을 제한한 것은 법제도의 일관성과 정합성에 반한다.

판 단

Ⅰ. 적법요건에 관한 판단

1. 현재성요건과 청구기간

청구인들이 주장하는 기본권침해는 이 사건 심판청구 당시 이미 확실히 예측된다고 할 것이므로 기본권침해의 현재관련성이 인정된다. 그리고 이와 같이 장래 확실히 기본권침해가 예측되어 현재성을 인정하는 이상 청구기간의 도과 여부는 문제되지 아니한다.

2. 권리보호이익

이 사건이 우리 재판소에 계속되어 있던 중에 제17대 국회의원선거가 실시되어 이미 종료되었는바, 비록 이 사건 법률조항에 대하여 위헌결정이 선고된다고 하더라도 청구인들에 대한 주관적 권리구제는 이미 불가능하여 그 권리보호이익이 없다. 그러나 이 사건 법률조항의 위헌 여부에 관해서는 아직 그 해명이 이루어진 바 없어 향후 국회의원선거에 입후보하고자 하는 같은 입장의 국민들도 동일한 헌법적 의문을 제기할 가능성이 크다. 따라서 이에 관한 판단은 기본권침해의 위험을 사전에 제거하는 등 헌법질서의 수호·유지를 위하여 긴요한 사항으로서 헌법적으로 그 해명이 중대한 의미를 지닌다고 할 것이므로 권리보호이익의 예외사유에 해당한다.

Ⅱ. 본안에 관한 판단

1. 공무담임권의 내용을 구체화하는 입법형성권의 범위와 그 한계

공무담임권은 원하는 경우에 언제나 공직을 담당할 수 있는 현실적인 권리가 아니라 공무담임의 기회를 보장하는 성격을 갖는 것으로서 선거에 당선되거나 또는 공직채용시험에 합격하는 등 일정한 공무담임에 필요한 요건을 충족하는 때에만 그 권리가 구체화되고 현실화되기 때문에 입법자는 이러한 공무담임의 전제조건으로서 각종 공직선거의 내용과 절차, 선거권·피선거권 등 공직선거에 참여할 수 있는 권리 또는 자격을 구체적으로 정하는 권한과 책임을 진다. 따라서 **국회의원선거에 입후보하여 국회의원으로 당선될 권리로서 피선거권을 누구에게, 어떤 조건으로 부여할 것인지는 입법자가 그의 입법형성권의 범위 내에서 스스로 정할 사항이지만, 이 때에도 헌법이 피선거권을 비롯한 공무담임권을 기본권으로 보장하는 취지와 대의민주주의 통치질서에서 선거가 가지는 의미와 기능이 충분히 고려되어야 한다는 헌법적인 한계가 있다.**

2. 이 사건 법률의 위헌여부

(1) 입법형성권의 범위와 한계

국회의원선거에 입후보하여 당선되기 위한 권리로서 피선거권을 누구에게, 어떠한 자격을 갖추었을 때 부여할 것인지의 문제, 즉 피선거권을 부여하기 위한 연령기준을 정하는 문제는 국회의원의 헌법상 지위와 권한, 국민의 정치의식과 교육수준, 우리나라 특유의 정치문화와 선거풍토 및 국민경제적 여건과 국민의 법감정 그리고 이와 관련한 세계 주요국가의 입법례 등 여러 가지 요소를 종합적으로 고려하여 입법자가 정책적으로 결정할 사항이라고 할 것이다. 그런데 피선거권의 행사연령을 지나치게 높게 설정하는 경우에는 국회의원으로서 지위와 권한에 상응하는 직무를 수행하기에 충분한 지적·정치적 능력과 자질을 갖춘 국민이라 할지라도 선거에 참여하여 국회의원으로 당선될 수 없다는 점에서 국민의 공무담임권과 평등권 등이 침해될 수 있으므로 피선거권을 행사

할 수 있는 연령의 설정은 이로써 달성하려는 공익과 그로 인한 기본권에 대한 제한 사이에 서로 균형과 조화를 이루도록 적정하게 정해져야 한다는 헌법적 한계가 있다고 할 것이지만, 입법자가 정한 구체적인 연령기준이 입법형성권의 범위와 한계 내의 것으로 그 기준이 현저히 높다거나 불합리하지 않다면, 이를 두고 헌법에 위반된다고 쉽사리 단정할 것은 아니다

(2) 대의기관으로서 국회의원의 지위 및 권한과 보통선거원칙

현대국가의 헌법은 그 정도에 차이가 있을 뿐, 국가기관구성권과 국가정책결정권의 분리를 전제로 하는 대의민주주의에 그 기초를 두고 있다. 대의민주주의는 치자와 피치자가 다르다는 것을 전제로 치자에게는 '정책결정권'을 부여함으로써 책임정치를 구현하고, 피치자에게는 '기관구성권'을 부여함으로써 치자의 정책결정권 행사에 정당성을 부여하는 한편 이를 통제하는 통치질서의 구성원리이다. 따라서 대의민주주의는 치자와 피치자를 매개하는 합리적인 선거제도를 마련함에 그 기능적인 출발점이 있다고 할 것인데, 이 경우에도 국민 각자의 존엄성을 보장하고 개인을 정치적 단위로 하여 모든 국민에게 국정에 참여할 기회를 보장하려는 보통선거의 원칙이 준수되어야 한다.

자유위임관계에 기초하여 국민의 잠재적 의사로서 부분이익을 넘어 전체이익을 대의하여야 하고, 현대의 산업사회가 요구하는 복잡하고 전문적인 정책사항에 관한 결정권한을 담당하는 현대 대의민주주의 통치구조 아래에서 대의기관의 피선거권을 구체적으로 정함에 있어서는 독자적인 신념과 양식에 기초한 스스로의 판단에 따라 국가의 전체의사를 발견하고, 이를 정책결정과정에 충실히 반영할 수 있는 정치적 대의능력과 전문적인 정책결정능력의 구비 여부가 대의기관으로 선출될 수 있는 자격으로 요구된다고 할 것이다.

(3) 대의능력과 전문적인 지식을 갖추기 위한 최소한 연령기준

국회의원의 피선거권 행사연령을 정함에 있어서는 국회의원의 지위와 직무에 상응하는 대의능력과 전문적인 지식을 갖추고 있는지 여부가 중요한 기준이 된다. 그런데 이와 관련하여 과연 무엇을 기준으로 하여 이러한 능력을 갖추고 있는지 여부를 판단할 것인지가 문제되는데, 적어도 교육기본법이 정하는 정규의 학교교육으로서 유아교육에서 고등교육에까지 이르는 모든 교육과정을 수료하거나 또는 이러한 정규교육과정을 대체하는 직·간접적인 경험을 충분히 쌓을 수 있는 일정한 연령에 도달하는 때에는 이러한 능력을 갖추고 있다고 판단할 수 있을 것이다.

(4) 국회의원이란 공직에 대한 국민의 기대로서 납세의무 및 병역의무의 이행

공선법 제49조의 취지에 비추어 국회의원직을 담당함에 있어서 적어도 소득을 창출하는 경제활동에 종사하여 성실히 납세의무를 이행하였을 것과 국가형성을 위한 기초적인 의무로서 병역의무를 성실히 수행하였을 것을 유권자로서 국민이 그 최소한의 자격요건으로 기대하고 있다고 볼 것이다. 따라서 국회의원의 피선거권 행사연령을 설정함에 있어서도 평균적인 국민이 독자적인 경제생활의 주체로서 경제활동을 영위할 수 있고, 남자의 경우 자신의 신체적 능력에 부합하는 병역의무를 성실히 수행할 수 있는 연령과 기간이 고려되어야 한다.

(5) 국회의원의 피선거권 행사연령에 관한 주요국가의 입법례

국회의원의 피선거권 행사연령에 관한 입법례는 미국이나 영국과 같이 연방제 또는 입헌군주제 국가임을 이유로 상원의 구성방법을 특별히 달리 정하고 있는 경우를 제외하면, 통상 18세에서 30세 사이에서 이를 정하고 있다. 구체적으로 예를 들어 살펴보면, 독일, 스페인, 캐나다 등은 피선거

권의 행사연령을 선거권의 그것과 같이 18세 이상으로 정하고 있고, 영국(21세), 프랑스(23세), 미국(25세), 일본(25세), 이탈리아(25세), 알제리(28세), 터키(30세) 등은 피선거권의 행사연령을 선거권보다도 높게 정하고 있는데 영국의 경우에는 3살 높게, 프랑스, 미국의 경우에는 5살 또는 7살 높게 피선거권의 행사연령을 정하고 있다.

(6) 국가 또는 사회의 형성과 관련한 다른 연령설정규정과의 관계

국민투표법 제7조는 20세 이상의 국민에게 헌법개정안 등에 대한 국민투표권을 인정하고, 국가공무원법 제36조에 근거한 공무원임용시험령 제16조 별표4는 8급 및 9급공무원 또는 기능직 7, 8급 채용시험에 응시할 수 있는 연령의 하한을 18세로 정하고 있다. 그리고 근로기준법 제62조는 최저근로연령을 15세로 정하고, 병역법은 제1국민역에의 편입시기를 18세(제8조 제1항)로 정하고 있다. 그러나 국가나 사회를 형성할 권리와 책임을 부여하는 연령의 설정은 위 각 법률조항들의 입법취지와 각각의 영역에서 고려하여야 할 제반사정, 그리고 대립되는 관련이익들을 서로 교량하여 입법자가 각 영역마다 그에 상응하는 기준을 정하여야 하는 것으로 이러한 연령설정규정 전부에 보편적으로 타당한 일률적인 기준을 찾기란 애당초 불가능하다고 보아야 할 것이다. 따라서 **이러한 연령제한규정들과 비교하여 이 사건 법률조항이 정하는 25세의 기준이 너무 높다는 주장은 이러한 영역에 따른 차이를 무시한 것으로 수긍하기 어렵다.**

(7) 소 결

그렇다면 국가의 기관구성권과 정책결정권을 분리하고 정책결정권을 대의기관에게 자유위임하는 대의민주주의 통치질서에서 국가기능의 확대 및 복잡화에 따른 대의기관의 전문성 확보, 국회의원의 지위변화 및 권한의 확대로 인한 고양된 재의활동능력 및 정치적 인식능력에 대한 요구, 이러한 능력과 자질을 갖추기 위하여 요구되는 정규 또는 비정규적인 교육과정과 직접 또는 간접적인 경험을 쌓는 데 소요되는 최소한의 기간, 국가정책결정권자의 성실한 납세 및 병역 의무의 이행을 요구하는 국민의 기대와 요청 그리고 선거권의 행사연령에 비하여 피선거권의 행사연령을 일반적으로 높게 정하는 주요국가의 입법례 등을 고려 할 때, 국회의원의 피선거권 행사연령을 25세 이상으로 정한 이사건 법률조항은 입법자의 입법형성권의 범위와 한계 내의 것으로 청구인들의 공무담임권 등 기본권의 본질적 내용을 침해할 정도로 과도한 것이라 볼 수 없다.

Ⅲ. 결 론

청구인들의 심판청구는 이유 없으므로 이를 기각하기로 하여 관여 재판관 전원의 일치된 의견으로 주문과 같이 결정한다.

✤ 본 판례에 대한 평가 1. 우리 헌법 제24조와 제25조는 법률이 정하는 바에 의하여 선거권과 공무담임권을 가진다고 규정함으로써, 공직선거에 참여하는 선거권과 공직선거에서 후보자로 입후보할 수 있는 피선거권의 연령을 어떻게 정할 것인가의 문제는 법률사항으로서 법률이 정하는 바에 따르게 된다. 이에 따라 공직선거법이 각종 선거에서의 선거권과 피선거권의 연령을 규정하고 있으며 개별 법률에서도 그 법률이 규율하는 선거의 연령을 규정하고 있다.

2. 종래 각종 선거에서의 선거권과 관련하여 공직선거및선거부정방지법 제15조는 공직선거에 관한 선거권연령을 20세로 규정하였다. 이에 대하여 헌법재판소는 위헌이 아니라는 판시를 수차례 한

적이 있다(헌재 1997.6.26. 96헌마89 등 다수). 한편 개정된 공직선거법은 19세 이상의 국민에게 대통령 및 국회의원 선거권을 부여하고 있다. 다만 주민투표법은 20세 이상의 주민을 선거권자로 규정하고 있으며, 국민투표법은 2007. 5. 17. 개정을 통해 19세 이상의 국민에게 국민투표권을 부여하고 있다.

3. 한편 선거권과 달리 대통령을 제외한 각종 선거의 피선거권을 25세 이상으로 규정한 것이 헌법에 위반되는 것인지에 대해서는 상대적으로 논란이 적었으나 본 결정은 처음으로 이 점에 대하여 명확히 헌법적 해명을 하였다는 점에서 의의를 가진다고 할 것이다.

Ⅸ 공직선거법 제93조 제1항 등 위헌확인: 한정위헌(헌재 2011.12.29. 2007헌마1001)

쟁점 공직선거법 제93조 제1항 및 제255조 제2항 제5호가 표현의 자유 및 선거운동의 자유를 침해하는지 여부

사건의개요

○ 2007헌마1001: 청구인들은 2007. 12. 19. 실시된 대통령 선거와 관련하여 중앙선거관리위원회가 공직선거법 제93조 제1항 및 제255조 제2항 제5호의 규제대상에 UCC가 포함된다는 단속기준을 발표하자, 위 법률조항들이 자신들의 정치적 의사 표현의 자유를 침해한다고 주장하면서 2007. 9. 5. 이 사건 헌법소원심판을 청구하였다.

○ 2010헌바88: 청구인은 2007. 12. 19. 실시된 대통령선거의 특정후보자에 반대하는 글을 인터넷에 수차례 게재하여 공직선거법 제255조 제2항 제5호, 제93조 제1항에 위반하였다는 이유로 재판을 받는 과정에서 위헌법률심판제청신청을 하였다가 기각되자, 위 법률조항들이 청구인의 언론의 자유 등을 침해하고 있다며 2010. 2. 11. 이 사건 헌법소원심판을 청구하였다.

○ 2010헌마173: 청구인은 2010. 6. 2. 실시된 지방선거와 관련하여 한나라당 서울시장 후보로 출마하려던 사람들에 관련된 글들을 자신의 블로그에 게재한 것이 공직선거법 제93조 제1항에 위반된다는 이유로 수사를 받게 되자, 위 법률조항이 자신의 선거권, 언론출판의 자유 등을 침해한다고 주장하며, 2010. 3. 19. 이 사건 헌법소원심판을 청구하였다.

○ 2010헌마191: 청구인들은 2010. 6. 2. 실시된 지방선거와 관련하여 중앙선거관리위원회가 공직선거법 제93조 제1항에 트위터가 포함된다는 단속기준을 발표하자, 위 법률조항 및 공직선거법 제255조 제2항 제5호가 청구인들의 표현의 자유, 선거운동의 자유를 침해한다고 주장하며, 2010. 3. 25. 이 사건 헌법소원심판을 청구하였다.

심판의 대상

공직선거법(2005. 8. 4. 법률 제7681호로 개정되고 2010. 1. 25. 법률 제9974호로 개정되기 전의 것)

제93조 (탈법방법에 의한 문서・도화의 배부・게시 등 금지) ① 누구든지 선거일전 180일(보궐선거 등에 있어서는 그 선거의 실시사유가 확정된 때)부터 선거일까지 선거에 영향을 미치게 하기 위하여 이 법의 규정에 의하지 아니하고는 정당(창당준비위원회와 정당의 정강・정책을 포함한다. 이하 이 조에서 같다) 또는 후보자(후보자가 되고자 하는 자를 포함한다. 이하 이 조에서 같다)를 지지・추천하거나 반대하는 내용이 포함되어 있거나 정당의 명칭 또는 후보자의 성명을 나타내는 광고, 인사장, 벽보, 사진, 문서・도화, 인쇄물이나 녹음・녹화테이프 기타 이와 유사한 것을 배부・첩부・살포・상영 또는 게시할 수 없다. (단서 생략)

공직선거법(2010. 1. 25. 법률 제9974호로 개정된 것)

제93조 (탈법방법에 의한 문서・도화의 배부・게시 등 금지) ① 누구든지 선거일전 180일(보궐선거 등에

있어서는 그 선거의 실시사유가 확정된 때)부터 선거일까지 선거에 영향을 미치게 하기 위하여 이 법의 규정에 의하지 아니하고는 정당(창당준비위원회와 정당의 정강·정책을 포함한다. 이하 이 조에서 같다) 또는 후보자(후보자가 되고자 하는 자를 포함한다. 이하 이 조에서 같다)를 지지·추천하거나 반대하는 내용이 포함되어 있거나 정당의 명칭 또는 후보자의 성명을 나타내는 광고, 인사장, 벽보, 사진, 문서·도화, 인쇄물이나 녹음·녹화테이프 그 밖에 이와 유사한 것을 배부·첩부·살포·상영 또는 게시할 수 없다. (단서 생략)

공직선거법(2005. 8. 4. 법률 제7681호로 개정된 것)

제255조 (부정선거운동죄) ② 다음 각 호의 어느 하나에 해당하는 자는 2년 이하의 징역 또는 400만원 이하의 벌금에 처한다.

5. 제93조(탈법방법에 의한 문서·도화의 배부·게시 등 금지) 제1항의 규정에 위반하여 문서·도화 등을 배부·첩부·살포·게시·상영하거나 하게 한 자, 같은 조 제2항의 규정에 위반하여 광고 또는 출연을 하거나 하게 한 자 또는 제3항의 규정에 위반하여 신분증명서·문서 기타 인쇄물을 발급·배부 또는 징구하거나 하게 한 자.

☐ 주 문

공직선거법 제93조 제1항 및 제255조 제2항 제5호 중 제93조 제1항의 각 '기타 이와 유사한 것'에 정보통신망을 이용하여 인터넷 홈페이지 또는 그 게시판·대화방 등에 글이나 동영상 등 정보를 게시하거나 전자우편을 전송하는 방법'이 포함되는 것으로 해석하는 한 헌법에 위반된다.

☐ 판 단

1. 언론·출판의 자유는 자유로운 인격발현의 수단임과 동시에 합리적이고 건설적인 의사형성 및 진리발견의 수단이며, 민주주의 국가의 존립과 발전에 필수불가결한 기본권이고, 정치적 표현의 자유는 국민이 선거과정에서 정치적 의견을 자유로이 발표·교환함으로써 비로소 그 기능을 다하게 된다 할 것이므로, 정치적 표현 및 선거운동에 대하여는 '자유를 원칙으로, 금지를 예외로' 하여야 하고, '금지를 원칙으로, 허용을 예외로' 해서는 안 된다.

2. 이 사건 금지조항을 포함한 이 사건 법률조항은 헌법 제116조 제1항의 선거운동 기회균등 보장의 원칙에 입각하여 선거운동의 부당한 경쟁 및 후보자들 간의 경제력 차이에 따른 불균형이라는 폐해를 막고, 선거의 평온과 공정을 해하는 결과의 발생을 방지함으로써 선거의 자유와 공정의 보장을 도모하여 선거관계자를 포함한 선거구민 내지는 국민 전체의 공동이익을 달성하고자 하는 것으로 그 입법목적이 정당하다.

3. 그러나, 이 사건 법률조항에서 '인터넷 홈페이지 또는 그 게시판·대화방 등에 정보를 게시하거나 전자우편을 전송하는 방법'으로 후보자와 정당에 관한 일정한 내용의 정보를 표현(이하 '인터넷상 정치적 표현 내지 선거운동'이라 한다)하는 것을 금지하고 처벌하는 것은 아래와 같은 이유로 위 입법목적 달성을 위하여 적합한 수단이라고 볼 수 없다.

(1) 인터넷은 누구나 손쉽게 접근 가능한 매체이고, 이를 이용하는 비용이 거의 발생하지 아니하거나 또는 적어도 상대적으로 매우 저렴하여 선거운동비용을 획기적으로 낮출 수 있는 정치공간으로 평가받고 있고, 오히려 매체의 특성 자체가 '기회의 균형성, 투명성, 저비용성의 제고'라는 공직선거법의 목적에 부합하는 것이라고도 볼 수 있다. 게다가 현행 공직선거법은 후보자나 후보자가

되고자 하는 자, 예비후보자에게 선거운동기간 전이라도 일정한 인터넷 공간에서의 선거운동을 허용하고 있는바(제59조 제3호, 제60조의3 제1항 제3호), 이들이 선거운동기간 전에 인터넷 홈페이지 또는 전자우편을 통한 선거운동을 위하여 확보한 콘텐츠 게시공간을 이 사건에서 문제되고 있는 인터넷 공간으로 전환하여 이용할 수 있고, 그 경우 비용이 특별히 증가할 것으로는 보이지 아니한다. 선거운동원의 고용이나 관리조직의 구성 등으로 인한 비용증가 우려는 이를 직접적으로 규제하는 조항(제61조 내지 제63조, 제135조 제1, 2항, 제230조 제1항 제4호, 제261조 등)에 따라 대처할 문제이다. 따라서 선거일 전 180일부터 선거일까지 인터넷 상 정치적 표현 내지 선거운동을 제한하는 것은 후보자 간의 경제력 차이에 따른 불균형이라는 폐해를 방지한다는 입법목적의 달성을 위한 적절한 수단이라 할 수 없다.

(2) 한편, 후보자에 대한 인신공격적 비난이나 허위사실 적시를 통한 비방, 선거권 없는 19세 미만 국민, 외국인 등 선거운동을 할 수 없는 자의 선거운동을 금지하고 처벌하는 법률규정은 이미 도입되어 있고, 모두 이 사건 처벌조항보다 법정형이 높으므로, 인터넷 상에서 인신공격적 비난이나 허위사실 적시를 통한 비방 등을 하거나 선거운동을 할 수 없는 자가 선거운동에 포함되는 글을 올린 경우에는 위 규정들에 의하여 직접 처벌을 받게 되고, 이에 속하지 않는 경우, 즉 선거운동을 할 수 있는 사람이 후보자나 정당에 대한 지지·반대견해를 표시하였으나 허위사실, 비방 등이 포함되지 아니한 경우만 이 사건 법률조항에 의하여 금지되고 처벌되는 것이 되는바, 이는 이 사건 법률조항의 입법목적, 즉 흑색선전을 통한 부당한 경쟁의 방지라는 목적과의 관련성을 상실한 것이라고 할 것이다.

(3) 또한, 선거운동기간 중에는 누구에게나 인터넷을 이용한 선거운동을 허용하면서(공직선거법 제82조의4 제1항 제1호), 그보다 선거와의 시간적 거리가 있어 흑색선전 등을 교정할 여유를 가질 수 있는 선거운동기간 이전의 일정기간에 있어서 정치적 표현의 자유 행사를, 인터넷 상 의사표현의 신속성·확산성을 경계한다는 이유로 부정할 수는 없다. 나아가 인터넷상 정치적 표현 내지 선거운동의 경우에는 이를 접하는 수용자 또는 수신자가 그 의사에 반하여 정보를 수용하게 되는 것이 아니고, 자발적, 적극적으로 이를 선택(클릭)한 경우에 정보를 수용하게 된다는 점에서 선거의 평온을 해할 가능성이 크지 않으며, 민주주의 사회에서의 선거과정은 국민주권주의의 실현과정, 국민의 가치결단의 표현과정, 국정수행 대표자에 대한 검증과정으로서의 의미를 가지는 것이므로, 그 과정에서 발생하는 정치적 관심과 열정의 표출을 반드시 부정적으로 볼 것은 아니다.

4. 또한, 이 사건 법률조항에서 인터넷 상 정치적 표현을 금지하는 것은 침해의 최소성에도 어긋난다.

(1) 일반유권자는 이 사건 법률조항에 의하여 선거일 전 180일부터 선거일까지(선거운동기간 제외) 후보자나 정당에 대한 정치적 표현 내지 선거운동 일체를 제한받고 있는바, 대통령 선거, 국회의원 선거, 지방선거가 순차적으로 맞물려 돌아가는 현실에 비추어 보면, 기본권 제한의 기간이 지나치게 길다. 특히, 그 긴 기간 '통상적 정당활동'은 선거운동에서 제외됨으로써(공직선거법 제58조 제1항 제4호) 정당의 정보제공 및 홍보는 계속되는 가운데, 정당의 정강·정책 등에 대한 지지, 반대 등 의사표현을 금지하는 것은 일반국민의 정당이나 정부의 정책에 대한 비판을 봉쇄하여 정당정치나 책임정치의 구현이라는 대의제도의 이념적 기반을 약화시키게 될 것이다.

(2) 한편, 사이버선거부정감시단의 상시적 운영, 선거관리위원회의 공직선거법 위반 정보 삭제요청 등 선거운동을 할 수 없는 자의 선거운동, 비방이나 허위사실 공표의 확산을 막기 위한 사전적 조치는 이미 별도로 입법화되어 있고, 선거관리의 주체인 중앙선거관리위원회도 인터넷 선거운동의 상시화 방안을 지속적으로 제시해오고 있으므로, 인터넷의 신속성·확장성으로 인한 폐해나 선거관리의 곤란이라는 이유를 들어 이 사건 법률조항을 정당화시키기는 어렵다. 무엇보다 일반유권자의 정치적 표현 내지 선거운동 속에 비방·흑색선전 등의 부정적 요소가 개입될 여지가 있다 하여 이 사건 법률조항과 같이 일반적·포괄적 금지조항으로써 인터넷 상 정치적 표현 내지 선거운동 일체를 일정한 기간 전면적으로 금지하고 처벌하는 것은 최소침해성의 요건을 충족시키지 못한다 할 것이다.

5. 이 사건 법률조항에 대한 법익균형성 판단에는 이로써 달성하고자 하는 선거의 공정과 평온이라는 공익과 그로 인한 기본권 제한 간의 법익균형성뿐만 아니라, 국민의 선거참여를 통한 민주주의의 발전 및 민주적 정당성의 제고라는 공익 또한 감안하여야 할 것이다. 이에 비추어 볼 때, 이 사건 법률조항이 인터넷 상 정치적 표현 내지 사전선거운동을 금지함으로써 얻어지는 선거의 공정성은 명백하거나 구체적이지 못한 반면, 인터넷을 이용한 의사소통이 보편화되고 각종 선거가 빈번한 현실에서 이 사건 법률조항이 선거일 전 180일부터 선거일까지 장기간 동안 인터넷 상 정치적 표현의 자유 내지 선거운동의 자유를 전면적으로 제한함으로써 생기는 불이익 내지 피해는 매우 크다 할 것이므로, 이 사건 법률조항은 법익균형성의 요건을 갖추지 못하였다고 할 것이다.

6. 따라서, 이 사건 법률조항 중 '기타 이와 유사한 것'에 '정보통신망을 이용하여 인터넷 홈페이지 또는 그 게시판·대화방 등에 글이나 동영상 등 정보를 게시하거나 전자우편을 전송하는 방법'이 포함되는 것으로 해석하여 이를 금지하고 처벌하는 것은 과잉금지원칙에 위배하여 청구인들의 선거운동의 자유 내지 정치적 표현의 자유를 침해한다.

재판관 이동흡, 재판관 박한철의 반대의견

입법자가 선거의 평온과 공정의 확보를 위하여 국가 전체의 정치, 사회적 발전단계와 국민의식의 성숙도, 종래의 선거풍토 등 제반 여건을 종합적으로 고려하여 제한이 필요하다고 본 선거운동에 관하여는 입법자의 판단을 최대한 존중해야 한다.

이 사건 법률조항은 선거운동의 부당한 경쟁 및 후보자들 간의 경제력 차이에 따른 불균형이라는 폐해를 막고, 선거의 과열로 말미암아 선거의 평온과 공정을 해하는 결과가 발생하는 것을 방지함으로써 선거의 자유와 공정의 보장을 도모하려는 정당한 입법목적을 가지고 있고, 인터넷 선거운동의 경우에도 후보자간 조직동원력, 경제력에 따른 불균형이 발생할 소지는 충분하며, 선거운동기간 이전부터 선거일에 이르기까지 일반 유권자들뿐만 아니라 정당, 후보자 등 및 이들과 관련된 단체로부터 허위사실, 비방, 과대선전 등 선거에 영향을 미치는 표현행위가 무제한 쏟아질 경우 선거의 과열로 연결되어 선거의 평온과 공정성을 해할 가능성은 더욱 커질 것이므로, 수단의 적절성도 인정된다.

또한 허위사실공표나 비방 등을 처벌하는 공직선거법 제110조, 제250조, 제251조, 선거관리위원회의 시정조치라든가 사이버선거부정감시단 등 선거관리감독을 위한 제도적 장치만으로 위와 같은 폐해를 막기에 부족하므로, 선거에 영향을 미치는 표현행위 자체를 금지시키는 것 이외에는 입법목적을 효과적으로 달성할 만한 다른 대안이 없다 할 것이므로, 기본권 침해의 범위도 최소한의 범위 내로 제한되어 있다 할 것이다.

후보자들 사이의 선거운동에 있어 기회균등을 보장하고 선거의 과열을 막아 선거의 평온과 공정성을 확보하려는 공익에 비하여, 법에 의하여 허용되는 선거운동기간 이전에 허용되지 않은 방법이나 매체를 통하여 선거운동에 준하는 영향력을 가진 표현행위를 하지 못함으로써 입게 되는 불이익은 그다지 크지 않다고 할 것이므로, 법익의 균형성 요건도 충족한다.

✤ 본 판례에 대한 평가 1. 공직선거법은 선거의 공정이라는 목적에 중점을 두고 있기 때문에 1994년에 법제정 당시의 명칭이 '공직선거및선거부정방지법'이라 되어 있었는데 비록 그 이후 공직선거법으로 개정되었다고 하더라도 선거부정방지에 중점을 두고 있는 법제의 기본흐름에는 변함이 없다. 바로 그러한 이유로 공직선거법은 선거의 자유보다는 선거의 규제법이라 해도 과언이 아니다. 이 사건과 관련된 일련의 행위도 선거부정방지라는 목적으로 제한하고 있다. 그런데 인터넷을 통한 선거운동에 대하여는 폭넓게 인정하자는 게 헌재의 결정취지이다. 즉 "'기타 이와 유사한 것'에 정보통신망을 이용하여 인터넷 홈페이지 또는 그 게시판·대화방 등에 글이나 동영상 등 정보를 게시하거나 전자우편을 전송하는 방법'이 포함되는 것으로 해석하는 한 헌법에 위반된다"라는 한정위헌결정을 내린 것이다. 공직선거법의 경직적 운용에 대해 시대변화를 반영하는 결정이라 할 수 있다.

2. 하지만 현행선거법을 개정하지 않는 한 선거당일에까지 인터넷을 통한 선거운동을 허용한다는 중앙선거관리위원회의 최근 발표는 사안의 본질을 지나치게 확대한 것이라고 하지 않을 수 없다. 즉 선거당일에까지 SNS를 통한 선거운동을 허용하려면 선거당일에는 선거운동을 할 수 없다는 공직선거법의 규정과 정면으로 배치되기 때문에 이는 지나친 확대해석이라 하지 않을 수 없다.

[요약판례 1] 국회의원선거법 제33조, 제34조의 위헌심판: 헌법불합치(헌재 1989.9.8. 88헌가6)

참정권의 법적 성격, 정당추천 후보자와 무소속 후보자의 기탁금에 차등을 둔 국회의원선거법 제33조의 위헌여부(적극)

국민이 국정에 참여하는 참정권은 국민주권의 상징적 표현으로서 국민의 가장 중요한 기본적 권리의 하나이며 다른 기본권에 대하여 우월적 지위를 가진다. 따라서 이러한 국민주권이 현실적으로 행사될 때에는 국민 개인이 가지는 불가침의 기본권으로 보장된다. 그 기본권은 대리 행사를 시킬 수 없는 국민 각자의 고유한 주관적인 권리이고, 참정권의 행사와 보장도 개인주의 사상에 기초를 두고 그 개인의 인격을 기본으로 하고 있다. 참정권의 주체는 국민 각자의 개인의 인격과 그 의사결정을 단위로 하고 있으며, 그것은 개인의 주권성과 인간의 존엄성을 최대한 보장하여 자유계약과 자유경쟁으로 국가조직과 사회 번영을 유지한다는 사회철학에서 비롯된 것이다. 주권자인 국민은 선거를 통하여 직접적으로는 국가기관의 구성원을 선출하고 간접적으로는 여하한 정부를 원하느냐에 관한 국민의 의사를 표시한다. 이러한 정치행위를 참정권이라고 하고, 이를 모아 집합적인 총의로 최종결정을 하는 것을 헌법상 주권의 행사라고 하나 그 본질은 국민 개인이 갖는 기본권이라는 데에서 비롯되기 때문에 본건을 다룸에 있어서도 실질적인 주권행사인 개개인의 참정권을 존중하고 보호한다는 원칙을 망각해서는 안 된다. 그러므로 참정권은 국민이 국가의 구성원으로서 국정에 참여한다는 전체주의적 의미보다 사람은 정치적 동물이다라고 하듯 인간의 본능적인 정치적 욕구를 충족할 수 있도록 국민 각자를 단위로 개개인의 기본권으로서 국정을 창조하고 형성하는 개인의 정치적 권리이며 정치적 의사로서 자기의 권익과 행복을 추구하는 가장 중요한 수단으로서 보장받고, 개인의 정치적 주장과 의사를 선거를 통하여 그 주권을 행사하는데 기초를 둔 것이 민주국가의 생명이며, 민주정치의 장점이기 때문에, 이와 같은 적극적인 의의를 선거제도에 수용하지 않으면 안 된다.

국회의원선거법 제33조의 기탁금은 너무 과다하여 국민주권주의와 자유민주주의의 기본원칙과 관련하여 헌법 제11조의 평등보호원칙, 제24조 참정권, 제25조의 공무담임권을 침해할 뿐만 아니라 정당추천 후보자와 무소속 후보자의 기탁금에 1,000만원과 2,000만원의 차등을 둔 것은 정당인과 비정당인을 불합리하게 차별하는 것으로 헌법 제41조의 선거원칙에 반하고 헌법 제11조의 평등보호규정에 위배된다.

[요약판례 2] 구 지방의회의원선거법 제35조 등에 대한 헌법소원: 한정위헌,기각(헌재 1995.5.25. 91헌마67)

정부투자기관의 직원은 소속 투자기관의 사장의 허가 없이 다른 직무를 겸할 수 없다고 하는 정부투자기관관리기본법 제16조 후단 규정이 공무담임권을 침해하는지 여부(적극)

정부투자기관의 경영에 관한 결정이나 집행에 상당한 영향력을 행사할 수 있는 지위에 있다고 볼 수 없는 직원을 "임원"이나 "집행간부"들과 마찬가지로 취급하여 지방의회의원직을 겸할 수 없도록 규정한 지방자치법 제33조 제1항 제4호는 정부투자기관 직원이라는 사회적 신분에 의하여 합리적인 이유 없이 청구인들을 차별하는 것이어서 헌법 제10조의 평등원칙에 위배되고, 헌법 제37조 제2항의 비례의 원칙에 어긋나서 청구인들의 기본권인 공무담임권을 침해하는 것이므로 헌법에 위반된다.

[요약판례 3] 지방자치단체의 장 선거일 불공고 위헌확인 등: 각하(헌재 1994.8.31. 92헌마174)

대통령의 지방자치단체의 장 선거일 불공고 행위가 헌법에 위반되는지 여부(각하)

헌법소원심판청구 당시 권리보호의 이익이 인정되더라도, 심판 계속 중에 생긴 사정변경 즉 사실관계 또는 법령제도의 변동으로 말미암아 권리보호의 이익이 소멸 또는 제거된 경우에는, 원칙적으로 심판청구는 부적법하게 된다. 다만, 그와 같은 경우에도 그러한 기본권 침해행위가 반복될 위험이 있거나, 그러한 분쟁의 해결이 헌법질서의 수호・유지를 위하여 긴요한 사항이어서 헌법적으로 그 해명이 중대한 의미를 지니고 있는 경우에는, 예외적으로 심판청구의 이익이 있다. 동종행위의 반복가능성은 추상적이고 이론적인 가능성이 아니라, 구체적이고 실제적인 가능성을 뜻하고, 법제의 변동으로 제도가 폐지된 경우 문제해명의 중요성을 판단하는 기준은 계속 헌법적으로 중대한 의미를 갖는지 여부이지 피청구인의 행위의 위헌 여부는 아니다.

이 사건 헌법소원심판 계속 중에 공포된 공직선거및선거부정방지법에 의하여 선거일은 법정화되고 선거일공고제도가 폐지되었으며, 예외적인 보궐선거 등에서는 관할 선거관리위원회에서 선거일을 공고하도록 되어, 피청구인은 선거에 관한 관리사무에 일체 관여할 수 없게 되었으므로, 비록 이 사건에서 피청구인이 위 법에 의하여 폐지된 구 지방자치법 부칙과 구 지방자치단체의장선거법 부칙상 명시된 기일 이전에 지방자치단체장 선거일 공고를 하지 않은 데 대한 위헌확인이 선고되더라도 청구인들의 주관적 권리구제에 아무런 도움이 되지 않을 뿐만 아니라 동종행위의 반복위험이 없음은 물론 불분명한 헌법문제의 해명이 중대한 의미를 지니고 있는 경우에도 해당하지 아니하여 예외적인 심판청구의 이익이 있는 경우에도 해당하지 않는다.

※ 헌법재판소는 1994.8.31. 92헌마184 사건에서도 동일한 판단을 한 바 있다.

[요약판례 4] 대통령선거법 제65조 위헌확인: 각하(헌재 1995.7.21. 92헌마177등)

대통령선거에서 선거일공고일로부터 선거일까지의 선거기간 중에 선거에 관한 여론조사의 결과 등의 공표를 금지하도록 한 법률규정의 위헌 여부

대통령선거의 중요성에 비추어 선거의 공정을 위하여 선거일을 앞두고 어느 정도의 기간 동안 선거에 관한 여론조사결과의 공표를 금지하는 것 자체는 그 금지기간이 지나치게 길지 않는 한 위헌이라고 할 수 없다.

선거에 관한 여론조사결과의 공표금지기간을 어느 정도로 할 것인가는 입법부가 재량에 의하여 정책적으로 결정할 사항이라 할 것인데, **대통령선거의 공정성을 확보하기 위하여 선거일공고일로부터 선거일까지의 선거기간 중에는 선거에 관한 여론조사의 결과 등의 공표를 금지하는 것은 필요하고도 합리적인 범위 내에서의 제한**이라고 할 것이므

로, 이 사건 법률규정이 헌법 제37조 제2항이 정하고 있는 한계인 과잉금지의 원칙에 위배하여 언론·출판의 자유와 알 권리 및 선거권을 침해하였다고 할 수 없다.

[요약판례 5] 지방의회의원선거법 제12조 제3호 위헌확인: 기각(헌재 1993.7.29. 93헌마23)

선거범으로서 형벌을 받은 자에 대하여 일정기간 피선거권을 정지하는 규정의 위헌여부

선거범으로서 형벌을 받은 자에 대하여 일정기간 피선거권을 정지하는 규정 자체는 이로써 선거의 공정을 확보함과 동시에 본인의 반성을 촉구하기 위한 법적 조치로서 국민의 기본권인 공무담임권과 평등권을 합리적 이유 없이 자의적으로 제한하는 위헌규정이라 할 수 없고, 그 경우에 구체적으로 어떤 종류의 형벌을 얼마만큼 선고받은 자에 대하여 어느 정도의 기간 동안 피선거권의 행사를 제한시킬 것인가의 문제는 기본적으로 입법형성권을 갖고 있는 입법권자가 결정할 그 입법재량에 속하는 사항으로서 그것이 합리적 재량의 한계를 벗어난 것이 아닌 한 위헌이라고 볼 수 없다.

[요약판례 6] 공직선거및선거부정방지법 제87조 등 위헌확인: 기각(헌재 1995.5.25. 95헌마105)

단체의 선거운동금지를 규정한 공직선거및선거부정방지법 제87조의 위헌여부(소극)

공직선거에 있어서 후보자를 추천하거나 이를 지지 또는 반대하는 등 선거활동을 함에 있어서 "정당"과 "정당이 아닌 기타의 단체"에 대하여 그 보호와 규제를 달리한다 하더라도 이는 일응 헌법에 근거를 둔 합리적인 차별이라 보아야 할 것이고, 따라서 정당이 아닌 단체에게 정당만큼의 선거운동이나 정치활동을 허용하지 아니하였다 하여 단체의 평등권이나 정치적 의사표현의 자유를 제한한 것이라고는 말할 수 없는 점, 공직선거및선거부정방지법 제87조는 단체에 대하여 특정 정당이나 후보자에 대한 명시적인 지지나 반대 등의 행위만 금지하고 있을 뿐 단체의 정치적 의사표현의 자유를 제한한 것은 아닌 점, 개인(국민)과 정당의 선거운동에 관한 규제와의 균형성, 정당 아닌 각종 시민단체나 사회단체에게 정당과 같은 정도의 정치활동이나 선거운동을 허용할 합리적인 근거가 없는 점 등을 모두 종합하여 보면, **단체의 선거운동 금지를 규정한 위 법 제87조가 청구인들의 평등권이나 정치적 의사표현의 자유의 본질적인 내용을 침해하였거나 이를 과도하게 제한한 것이라고 보기 어렵다.**

[요약판례 7] 공직선거법 제56조 위헌확인: 기각(헌재 1996.8.29. 95헌마108)

시·도지사선거에서 5천만원의 기탁금이 과다하여 헌법에 위반되는지 여부(소극)

시·도지사선거의 경우 선거구의 규모 및 이에 따른 비용의 면에 있어서 국회의원선거나 다른 지방선거와의 차이가 크고, 성공적인 지방자치제도의 정착을 위하여는 민선 시·도지사의 역할이 매우 중대하며, 이에 따라 후보난립방지의 필요성도 절실하다는 점 등을 고려할 때, 그 기탁금을 다른 선거들에 비하여 많게 규정하고 있다고 하더라도 그것만으로 다른 선거의 기탁금액에 비하여 합리적인 이유 없이 지나치게 많은 것이라고는 할 수 없다.

[요약판례 8] 공직선거및선거부정방지법 제48조 등 위헌확인: 기각(헌재 1996.8.29. 96헌마99)

정당추천후보자와 달리 무소속후보자에게 선거권자의 추천을 요건으로 입후보를 허용한 것이 위헌인지 여부

무소속후보자의 입후보에 선거권자의 추천을 받도록 하고 있는 것은 국민인 선거권자의 추천에 의한 일정한 자격을 갖추게 하여 후보자가 난립하는 현상을 방지하는 한편, 후보자등록 단계에서부터 국민의 의사가 반영되도록 함으로써 국민의 정치적 의사가 효과적으로 국정에 반영되도록 하기 위한 것이고, 이에 반하여 일정한 정강정책을 내세워

공직선거에 있어서 후보자를 추천함으로써 국민의 정치적 의사 형성에 참여함을 목적으로 하는 정치적 조직인 정당이 후보자를 추천하는 행위에는 정치적 의사나 이해를 집약한 정강정책을 후보자를 통하여 제시하는 의미가 포함되어 있는 것이어서 무소속후보자의 경우와 같이 선거권자의 추천을 따로 받을 필요가 없으므로 **무소속후보자에게만 선거권자의 추천을 받도록 한 것이 정당후보자와 불합리한 차별을 하는 것이라고 할 수 없다.**

[요약판례 9] 공직선거법 제16조 제3항 위헌확인: 기각(헌재 1996.6.26. 96헌마200)

지방자치단체장의 피선거권 자격요건으로서 90일 이상 관할구역 내에 주민등록이 되어 있을 것을 요구하는 공직선거및선거부정방지법 제16조 제3항의 위헌여부

공직선거및선거부정방지법 제16조 제3항은 헌법이 보장한 주민자치를 원리로 하는 지방자치제도에 있어서 지연적 관계를 고려하여 당해 지역사정을 잘 알거나 지역과 사회적·지리적 이해관계가 있어 당해 지역행정에 대한 관심과 애향심이 많은 사람에게 피선거권을 부여함으로써 지방자치행정의 민주성과 능률성을 도모함과 아울러 우리나라 지방자치제도의 정착을 위한 규정으로서, 그 내용이 공무담임권을 필요 이상으로 과잉제한하여 과잉금지의 원칙에 위배된다거나 공무담임권의 본질적인 내용을 침해하여 위헌적인 규정이라고는 볼 수 없다.

[요약판례 10] 공직선거법 제18조 제3항 등 위헌확인: 기각(헌재 1997.12.24. 97헌마16)

선거범과 다른 죄의 경합범으로 벌금 100만원 이상을 선고받아 확정된 경우 그 전부를 선거범으로 의제함으로써 선거권 및 피선거권이 제한되도록 한 것이 위헌인지 여부

이 사건 법률조항은 선거범에 대한 제재를 강화하여 선거풍토를 일신하고 공정한 선거문화를 정착시키려는 측면에서 입법목적의 정당성이 인정되고, 법원으로서는 선거권 및 피선거권이 제한되는 사정을 고려하여 선고형인 벌금액을 정하게 되므로 선거범죄와 다른 범죄에 대하여 따로 재판하는 경우와 비교하여 현저히 불합리하게 차별하는 자의적인 입법이라고 단정할 수 없다. 경합범으로 재판하는 경우에도 법원이 직권 또는 신청에 의하여 변론의 분리결정을 하여 따로 형을 정할 수 있는 등 선고형량으로 인하여 선거권과 피선거권이 제한되는 여부에 대한 모순 내지 문제점을 회피하는 수단이 마련되어 있는 이상 수단의 적정성, 법익의 균형성도 갖추고 있으므로 과잉제한금지원칙에 위반되지 아니한다.

[요약판례 11] 공직선거및선거부정방지법 제93조 제1항 위헌소원: 합헌(헌재 2001.8.30. 99헌바92)

선거운동기간 전에 국회의원의 의정활동 보고를 허용하는 것이 헌법에 위반되는지 여부(소극)

공선법 제111조 제1항의 해석상 선거운동기간 전에 허용되는 것은 어디까지나 국회의원이 국민의 대표로서의 지위에서 행하는 순수한 의정활동보고에 한정된다고 할 것이다.

선거운동의 공정이라는 법 목적의 달성을 위하여 국회의원이 가지는 고유한 권능과 자유를 어느 정도로 제한할 것인가의 여부는 입법자의 광범위한 형성의 재량에 속하는 사항이라고 할 것이고, 위 조항이 **선거운동기간이 개시된 후에 한하여 국회의원의 의정활동보고를 금지하였다고 하더라도 그를 통하여 국회의원이 아닌 예비후보자에게는 금지되어 있는 선거운동기간 개시전의 선거운동을 허용하는 것이 아닌 한 이를 일컬어 명백히 자의적인 입법이라고 할 수 없다.** 따라서 위 조항이 국회의원이 아닌 예비후보자를 국회의원인 예비후보자에 비하여 불합리하게 차별 대우하는 자의적인 입법으로서 청구인들의 평등권이나 공무담임권 및 선거구민의 표현의 자유를 침해하고 선거운동의 기회균등을 보장한 헌법 제116조 제1항에 반하는 위헌규정이라고는 할 수 없다.

[요약판례 12] 인터넷선거운동 및 인터넷광고대행행위 제한조치 등 위헌확인: 각하(헌재 2001.3.21. 2000헌마37)

컴퓨터 통신을 이용한 선거운동을 규제하는 법률규정이 있는 경우 인터넷을 이용한 선거운동에 대한 진정입법부작위를 다툴 수 있는지 여부(소극)

청구인이 피청구인(중앙선거관리위원회)에게 인터넷을 통한 선거광고대행행위가 법상 허용되는지 여부에 대하여 피청구인이 법에 위반된다고 답변하였다 하더라도 이는 법률적 문제에 대한 해석 및 안내를 위한 단순한 회신에 불과한 것이므로 헌법재판소법 제68조 제1항의 '공권력의 행사'에 해당하지 않는 것으로 보아야 한다.

입법자가 공직선거및선거부정방지법 제94조에서 선거운동을 위한 방송·신문·통신 또는 잡지 기타의 간행물 등 언론매체를 통한 광고를 원칙적으로 금지하고 같은 법 제82조의3에서 컴퓨터 통신을 이용한 선거운동에 대하여 규정하고 있을 뿐, 인터넷을 통한 선거운동 및 광고의 절차와 방법에 관하여는 아무런 규정도 없어, 인터넷을 통한 선거운동과 광고대행행위가 제한되는 경우 청구인이 인터넷을 이용한 선거광고대행행위의 제한을 다투기 위하여는 위와 같은 규정들을 직접 대상으로 하여 헌법소원심판을 청구하여야 하는 것이지 입법부작위를 대상으로 할 수는 없다.

[요약판례 13] 공직선거법 제146조 제2항, 제56조 등, 제189조 위헌확인: 한정위헌(헌재 2001.7.19. 2000헌마91등)

비례대표국회의원 의석배분방식 및 1인 1표제가 민주주의의 원리, 직접선거의 원리 및 평등의 원리에 위반되는지 여부(적극)

국회의원선거에 있어 다수대표제만을 택하고 비례대표제를 택하지 않을 경우 지역구의 개별후보자에 대한 국민의 지지만을 정확하게 반영하여도 민주주의원리에 반하는 것은 아닐 것이다. 그러나 정당명부식 비례대표제를 병행하는 한 정당에 대한 국민의 지지의사를 충실히 반영할 것까지 요구되며, 그 결과 정당에 대한 의석배분도 국민의 지지 및 선호와 일치되어야 한다. 그런데 **현행의 1인 1표제를 전제로 한 비례대표의석배분방식은 오히려 정당에 대한 국민의 지지의사를 적극적으로 왜곡한다. 고정명부식을 채택한 것 자체가 직접선거원칙에 위반된다고는 할 수 없지만 1인 1표제 하에서의 비례대표후보자명부에 대한 별도의 투표 없이 지역구후보자에 대한 투표를 정당에 대한 투표로 의제하여 비례대표의석을 배분하는 것은 직접선거의 원칙에 반한다고 하지 않을 수 없다.** 또한 현행 비례대표의석배분방식에서, 어떤 선거권자가 무소속 지역구후보자를 지지하여 그에 대하여 투표하는 경우 그 투표는 그 무소속후보자의 선출에만 기여할 뿐 비례대표의원의 선출에는 전혀 기여하지 못하므로 투표가치의 불평등이 발생한다. 이런 점에서 **현행 방식은 합리적 이유 없이 정당소속 후보자에게 투표하는 유권자와 무소속 후보자에게 투표하는 유권자를 차별하는 것이라 할 것이므로 평등선거의 원칙에 위배된다.**

[요약판례 14] 공직선거법 제56조 등 위헌확인: 한정위헌(헌재 2001.7.19. 2000헌마91등)

국회의원 후보자등록시 2천만원의 기탁금을 납부토록 한 공직선거및선거부정방지법 제56조 제1항 제2호의 위헌여부(적극)

기탁금의 액수는 불성실한 입후보를 차단하는데 필요한 최소한으로 정하여야지, 진지한 자세로 입후보하려는 국민의 피선거권을 제한하는 정도여서는 아니될 것인바, 공선법 제56조 제1항 제2호는 국회의원 후보자등록을 신청하는 후보자로 하여금 2천만원을 기탁금으로 납부하도록 하고 있는데, 이 금액은 평균적인 일반국민의 경제력으로는 피선거권 행사를 위하여 손쉽게 조달할 수 있는 금액이라고 할 수 없으며, 이와 같이 과도한 기탁금은 기탁금을 마련할 자력이 없으면 아무리 훌륭한 자질을 지니고 있다 할지라도 국회의원 입후보를 사실상 봉쇄당하게 하며, 그로 말미암아 서민층과 젊은 세대를 대표할 자가 국민의 대표기관인 국회에 진출하지 못하게 하는 반면, 재력이 풍부하여 그 정도의 돈을 쉽게 조달·활용할 수 있는 사람들에게는 아무런 입후보 난립방지의 효과를 갖지 못하여 결국 후보자의 난립 방지라는 목적을 공평하고 적절히 달성하지도 못하면서, 진실된 입후보의 의사를 가진 많은 국민들로 하여금 입후보 등록을 포기하지 않을 수 없게 하고 있으므로 이들의 평등권과 피선거권, 이들을 뽑으려는 유권자들의 선택의 자유를 침해하는 것이다.

[요약판례 15] 공직선거법 제15조 제1항 위헌확인: 기각(헌재 2001.6.28. 2000헌마111)

선거권 연령을 20세 이상으로 제한하고 있는 공선법 제15조 제1항이 평등권이나 보통·평등선거의 원칙에 반하는지 여부(소극)

보통선거제도는 일정한 연령에 이르지 못한 국민에 대하여 선거권을 제한하는 것을 당연한 전제로 삼고 있고, 헌법은 제24조에서 모든 국민은 '법률이 정하는바'에 의하여 선거권을 가진다고 규정함으로써 선거권 연령의 구분을 입법자에게 위임하고 있으므로, 보통선거에서 선거권 연령을 몇 세로 정할 것인가의 문제는 입법자가 그 나라의 역사, 전통과 문화, 국민의 의식수준, 교육적 요소, 미성년자의 신체적·정신적 자율성, 정치적 사회적 영향 등 여러 가지 사항을 종합하여 결정하는 것으로서, 이는 입법자가 입법목적 달성을 위한 선택의 문제이고 입법자가 선택한 수단이 현저하게 불합리하고 불공정한 것이 아닌 한 재량에 속하는 것인바, 공선법 제15조 제1항이 선거권 연령을 20세 이상으로 제한하고 있는 것은, 입법자가 미성년자의 정신적 신체적 자율성의 불충분 외에도 교육적인 측면에서 예견되는 부작용과 일상생활 여건상 독자적으로 정치적인 판단을 할 수 있는 능력에 대한 의문 등 여러 가지 사정을 고려하여 규정한 것이어서 이를 입법부에게 주어진 합리적인 재량의 범위를 벗어난 것으로 볼 수 없으므로, 위 법 조항은 18~19세 미성년자들에게 보장된 헌법 제11조 제1항의 평등권이나 제41조 제1항의 보통·평등선거의 원칙에 위반하는 것이 아니다.

[요약판례 16] 공직선거및선거부정방지법 제58조 등 위헌확인: 기각(헌재 2001.8.30. 2000헌마121등)

선거운동으로 보지 아니하는 행위를 규정하면서 "단순한 의견개진 및 의사표시" 또는 "단순한 지지·반대의 의견개진 및 의사표시"라고 규정한 것이 죄형법정주의의 명확성의 원칙에 반하는지 여부(소극)

이 사건 법률조항이 **특정 후보자의 당선을 위한다는 목적이 없는 제3자편의 낙선운동도 선거운동으로 규정하여 그에 따른 규제를 하고 있다 할지라도** 국민의 정치적 의사표현의 자유에 대한 제한이 최소한에 그치도록 여러 보완조항을 두고 있음에 비추어 볼 때 이 규정으로 인한 **표현의 자유에 대한 제한과 선거의 공정이라는 공익 사이에 균형이 유지되고 있다고 할 것이다.**

선거운동이라 함은 특정 후보자의 당선 내지 이를 위한 득표에 필요한 모든 행위 또는 특정 후보자의 낙선에 필요한 모든 행위 중 당선 또는 낙선을 위한 것이라는 목적의사가 객관적으로 인정될 수 있는 능동적, 계획적 행위를 말하는 것으로 풀이할 수 있다. 즉, 단순한 의견개진 등과 구별되는 가벌적 행위로서의 선거운동의 표지로 당선 내지 득표(반대후보자의 낙선)에의 목적성, 그 목적성의 객관적 인식가능성, 능동성 및 계획성이 요구된다 할 것이다. 선거운동을 위와 같이 풀이한다면 법집행자의 자의를 허용할 소지를 제거할 수 있고, 건전한 상식과 통상적인 법감정을 가진 사람이면 누구나 그러한 표지를 갖춘 선거운동과 단순한 의견개진을 구분할 수 있을 것이므로 헌법 제12조 제1항이 요구하는 죄형법정주의의 명확성의 원칙에 위배된다고 할 수 없다.

[요약판례 17] 공직선거및선거부정방지법 제58조 제1항 등 위헌확인: 기각(헌재 2001.10.25. 2000헌마193)

공선법 제89조 제1항 단서가 정당에 대해서만 예외적으로 선거대책기구 등을 설치하도록 한 것이 무소속후보자의 평등권 침해하는지 여부(소극)

공선법 제89조 제1항은 선거사무소와 선거연락소 외의 유사기관설치를 금지하여 후보자간에 선거운동의 균등한 기회를 보장함으로써 선거의 공정성을 확보하기 위한 규정인데, 같은 항 단서는 정당의 중앙당 · 지구당 등의 사무소에 각 1개의 선거대책기구 등을 설치할 수 있도록 예외를 허용함으로써 **무소속 후보자에게는 정당 후보자에 비하여 선거운동의 자유가 상대적으로 제한된다고 볼 수도 있으나,** 이 예외규정은 정당이 전국적인 조직을 가지고 있어 선거에 당해서 전국에 걸쳐 선거운동의 준비 등 선거에 관한 사무를 총괄적으로 처리하기에는 평상적인 운용체제가 적합하지 않기 때문에 정당제 민주주의에서 정당의 활동을 보호하기 위하여 허용된 규정이므로, 그로 인하여 어느 정도의 차별이 생긴다 하더라도 그것은 **정당의 활동을 특별히 보호함으로써 생기는 결과로서 그 차별은 합리적인 근거가 있다.**

[요약판례 18] 정치자금에관한법률 제30조 제1항 등 위헌소원: 합헌(헌재 2001.10.25. 2000헌바5)

개인후원회를 둘 수 있는 자의 범위를 국회의원 또는 국회의원입후보등록을 한 자로 한정한 정치자금에관한법률 제3조 제8호 및 이를 위반한 자를 처벌하는 동법 제30조 제1항이 헌법 제11조 제1항 및 제25조에 위반되는지 여부(소극)

법 제3조 제8호는 "후원회라 함은 정당의 중앙당이나 시 · 도지부, 지구당 · 국회의원 또는 국회의원입후보등록을 한 자에 대한 정치자금의 기부를 목적으로 설립 · 운영되는 단체로서 관할 선거관리위원회에 등록된 것을 말한다"고 규정함으로써 중앙당, 시 · 도지부, 지구당, 국회의원 또는 국회의원입후보등록을 한 자에 대하여만 후원회를 인정하고 있으며, 청구인과 같은 지방자치단체장이나 지방자치단체장 입후보등록을 한 자는 후원회를 가질 수 없도록 되어 있어 이들은 현행법상 국회의원이나 국회의원입후보등록을 한 자와는 달리 개인후원회를 통한 정치자금의 모집을 할 수 없게 된 것이 사실이다. 그러므로 먼저 국회의원 또는 국회의원선거에 입후보하는 자와 지방자치단체장 또는 지방자치단체장 선거에 입후보하는 자를 비교하여 보면, 국회의원은 전 국민을 대표하는 대의기관으로서 본질적으로 전문정치인이며 그 직무수행에 있어서 선거자금 외에도 상당한 정치자금의 소요가 예상되나, 지방자치단체장은 본질적으로 집행기관으로서 그 지위와 성격 및 기능에서 국회의원과 본질적으로 차이가 있고 그 직무수행상 필요한 자금도 개인의 선거비용 이외에는 모두 국가 또는 지방자치단체의 예산으로 책정되어 있다. 뿐만 아니라 집행기관으로서의 염결성을 확보하기 위하여 정치자금의 조달 방법에서도 지방자치단체장 또는 지방자치단체장 선거에 입후보하는 자는 개인후원회를 둘 수 없도록 한 것이므로 이러한 차별은 합리적 근거있는 차별이라고 할 것이다. 한편, 지방자치단체장 선거에 입후보하는 자 사이에서는 개인후원회를 둘 수 없다는 점에서는 실질적으로 아무런 차별이 없고, 또한 정당 추천을 받는 지방자치단체장 입후보자의 경우는 정당을 통한 합법적인 정치자금 조달을 보장하고 있으므로 정치자금의 조달이 전혀 불가능한 것이 아니므로 과잉금지원칙에 위배되어 공무담임권을 침해한다고 볼 수 없다.

[요약판례 19] 공직선거및선거부정방지법 제90조 등 위헌소원: 기각(헌재 2001.12.20. 2000헌바96)

선거운동의 방법에 있어서 제한을 가하고 있는 공직선거및선거부정방지법 규정들이 표현의 자유, 선거운동의 자유, 집회 및 시위의 자유를 침해하는지 여부(소극)

공선법 제90조 전문은 선거일 전 180일부터 선거에 영향을 미치게 하기 위하여 법정의 방법 이외의 방법으로 시설물설치 등을 하는 것을 금지한 규정으로서, 이는 선거의 부당한 과열경쟁으로 인한 사회경제적 손실을 막고 후보자간의 실질적인 기회균등을 보장함과 동시에 탈법적인 선거운동으로 인하여 선거의 공정과 평온이 침해되는 것을 방지하고자 하는 것으로서 이러한 제한은 폐해방지에 필요한 최소한의 정도를 넘지 아니하여 **표현의 자유 등을 침해한다고 할 수 없다.**

공선법 제91조 제1항, 제3항은 선거운동을 함에 있어 확성장치와 자동차 등을 후보자등 한정된 범위에 한하여서만 일부 허용하고 그 외의 사용은 이를 제한하고 있는 규정인 바, 이러한 제한이 **표현의 자유 등을 침해하는 것이라 할 수 없다.**

공선법 제103조 제2항, 제105조 제1항, 제107조는 선거기간 중 선거에 영향을 미치게 하기 위하여 단합대회 등의 집회와 선거운동을 위한 거리행진 및 선거운동을 위한 서명날인을 하는 것을 금지한 규정인바, 선거운동의 내용 그 자체가 아니라 선거운동방법 중 특히 폐해의 우려가 크다고 인정되는 집회, 거리행진, 서명날인 등 특정한 선거운동방법에만 국한되는 부분적인 제한에 불과하므로, 이로써 **선거운동의 자유나 집회 및 시위의 자유를 침해한다고 할 수 없다.**

[요약판례 20] 공직선거및선거부정방지법 제255조 제2항 제5호 등 위헌소원: 합헌(헌재 2002.5.30. 2001헌바58)

탈법행위에 의한 문서·도화의 배부·게시 등을 금지하고 이에 위반한 자를 처벌하는 공직선거및선거부정방지법 제255조 제2항 제5호 등이 표현의 자유와 평등권을 침해하는지 여부(소극)

심판대상조항에 의한 제한은 참된 의미의 선거의 자유와 공정을 보장하기 위한 제도적 장치로서의 의미를 가질 뿐만 아니라 폐해 방지를 위하여 일정 기간 그러한 제한을 가하는 것 외에 달리 효과적인 수단을 상정하기 어렵고, 특히 "선거에 영향을 미치게 하기 위하여"라는 전제 하에 그 제한이 이루어지며, 그 제한은 **선거운동 또는 의사표현의 내용 그 자체나 모든 선거운동방법의 전반에 대한 전면적인 제한이 아니라 선거운동 내지 의사표현에 있어서의 특정한 수단, 방법, 즉 특히 폐해의 우려가 크다고 인정되는 인쇄물, 녹음 등의 배부, 살포 등 선거운동방법에만 국한되는 부분적인 제한에 불과하므로, 이로써 선거운동의 자유 내지 표현의 자유가 전혀 무의미해지거나 형해화된다고 단정할 수 없다.**

사회통념상 허용되는 명함의 수교행위를 벗어나지 않는 통상적인 명함의 수교행위는 심판대상조항에 의한 금지와 처벌의 대상에 당연히 포함되는 것은 아니라고 할 것이므로 이로 인하여 입후보 예정자 등의 일상적인 행동의 자유가 침해되었다고 할 수는 없고, 의정활동보고를 통하여 입후보 예정자와는 달리 현직 국회의원의 경우 사실상 선거운동을 할 수 있는 것은 공직선거및선거부정방지법 제111조 제1항에서 비롯되는 차별의 문제일 뿐이므로 이 사건 법률조항으로 인한 차별의 문제는 아니다.

[요약판례 21] 공직선거법 제15조 제1항 위헌확인: 기각(헌재 2009.10.29. 2007헌마1462)

선거일 현재 금고 이상의 형의 선고를 받고 그 집행이 종료되지 아니한 자는 선거권이 없다고 규정하고 있는 공직선거법 제18조 제1항 제2호 전단이 과잉금지원칙에 위배하여 수형자인 청구인의 선거권 등 기본권을 침해하는지 여부(소극)

헌법재판소는 2009년 10월 29일 '선거일 현재 금고이상의 현의 선고를 받고 그 집행이 종료되지 아니한 자는 선거권이 없다고 규정하고 있는 공직선거법 제18조 제1항 중 제2호 전단부분'이 과잉금지원칙에 위반함으로써 수형자인 청구인의 선거권 등 기본권을 침해하여 위헌인지 여부에 관하여 재판관 5(위헌) : 3(기각) : 1(각하)의 의견으로 위헌의견이 다수이기는 하나 이로써 헌법 제113조 제1항, 헌법재판소법 제23조 제2항 단서 제1호의 재판관의 수에 이르지 못하여 위헌결정을 할 수 없다는 이유로, 이 사건 법률조항에 대한 헌법소원심판 청구를 기각하는 결정을 선고하였다.

(위헌의견) 이 사건 법률조항은 금고 이상의 형을 선고받고 그 집행이 종료되지 아니한 자에 대하여 전면적·획일적으로 선거권을 제한하여 선거권 제한의 대상에, 국가 공동체의 법질서를 해친다는 인식이나 의도가 없는 과실범, 일정한 형기를 경과한 후 가석방심사위원회로부터 범죄의 동기·재범의 위험성 등 제반사정에 관한 충분한 심사를 받고 형기 만료에 앞서 사회에 복귀함으로써 주된 형벌인 '교정시설에의 수용'을 면한 가석방자 등을 포함하고 있다. 나아가 이 사건 법률조항이 민주주의 등 헌법질서를 부정하는 반국가적 성격의 범죄와 무관한 경미한 범죄로 단기자유형을 받은 자에게까지 폭넓게 선거권을 제한하는 것은 세계관의 다원주의를 전제로 다양한 사상이나 전력을 갖는 사람들이 자유롭게 선거에 참여하여 공동체의 질서를 형성하고자 하는 자유민주주의 국가의 선거제도에 부합하지 아니한 측면이 있다. 이러한 사정을 종합해 볼 때, 입법자는 선거권의 중요성을 고려하여 그 제한을 엄격히 하여야 함에도, 범죄자의 선거권을 제한함에 있어 '개개 범죄의 종류나 내용, 불법성의 정도 등이 선거권 제한과 어떤 직접적인 연관성을 갖는지'에 관하여 세심히 살피지 아니한 채 이 사건 법률조항으로써 단지 '금고 이상의 형을 건소받은 자로서 그 형의 집행을 마치지 아니한 자'라는 기준을 설정하여 쉽사리 그리고 일률적으로 수형자의 선거권을 제한하

였다고 볼 수 있으므로, 이 사건 법률조항은 기본권 침해의 최소성의 원칙에 위반하였다 할 것이다.

또한 이 사건 법률조항으로 인한 수형자의 선거권 제한은 앞서 본 바와 같이 지나치게 광범위할 뿐만 아니라 범죄의 성격과 선거권 제한과의 직접적 연관성도 찾기 어려운 부분도 포함하고 있으므로, 이로써 달성하고자 하는 '중대한 범죄자에 대한 제재나 일반 시민들의 법치주의에 대한 존중의식 제고'등의 공익보다 이로 인하여 침해되는 '수형자 개인의 사익 또는 민주적 선거제도의 공익적 가치'가 더 크다 할 것이다.

(기각의견) 이 사건 법률조항은 집행유예 판결이 아닌 '금고 이상의 실형'을 선고받아 형집행 중인 수형자에 대하여 적용되는 것인바, 이러한 중한 형을 선고받은 수형자에 대하여 형집행기간 동안 선거권을 제한하는 것이 입법재량을 일탈한다거나 입법목적의 달성에 필요한 정도를 벗어난 과도한 것이라고 보기 어렵다. 또한, 이 사건에서 금고형 이상의 형을 선고받은 수형자가 입게 되는 선거권 제한이라는 불이익은 금고형보다 가벼운 형벌인 자격상실이나 자격정지의 한 효과에 불과한 점, 이 사건 법률조항에 따른 선거권 제한의 기간은 모든 수형자에게 일률적인 것이 아니라 각 수형자가 선고받은 형량, 즉, 형사책임의 경중에 비례하는 점, 이 사건 법률조항으로써 달성하고자 하는 '중대한 범죄자에 대한 형사적 제재 및 일반 국민들의 법치주의에 대한 존중의식 제고'등의 공익이 수형자 개인의 형집행기간 동안의 선거권 제한이라는 불이익에 비하여 결코 작다고 할 수 없는 점 등에 비추어 보면, 이 사건 법률조항은 법익균형성을 갖추었다고 할 것이다.

[요약판례 22] 공직선거및선거부정방지법 제60조 제1항 제9호 위헌확인: 기각(헌재 2004.4.29. 2002헌마467)

국민건강보험공단 상근직원의 선거운동을 금지하는 것이 선거운동의 자유와 평등권을 침해하는지 여부(소극)

국민건강보험공단은 전국적 규모의 방대한 조직을 가지고 있고 공익적 업무를 담당하고 있으므로 그 구성원들이 각종 선거에서 특정 후보자를 위한 선거활동을 할 수 있도록 허용할 경우 막대한 정보를 유출하여 전국적 규모의 방대한 조직과 함께 선거에 이용할 가능성이 크다 할 것이므로 **선거운동의 금지에 대하여 목적의 정당성이 인정된다.**

국민건강보험공단의 직원에 대하여 정치적 활동을 전면적으로 금지하는 것이 아니라, 선거운동이외의 선거에 관한 의견개진, 입후보와 선거운동을 위한 준비행위, 공천과 관련된 활동, 통상적인 정당활동은 허용되고 있으므로 **일정범위 내에서는 자유롭게 자신의 정치적인 의사를 표현할 자유를 누리고 있다고 할 것이므로 선거운동의 자유의 본질적인 내용을 침해하였다고 보기도 어렵다.**

국민건강보험공단 직원은 신분상의 특수성과 조직의 규모, 개인정보 지득의 정도, 선거개입시 예상되는 부작용 등이 사보험업체 직원이나 다른 공단의 직원의 경우와 현저히 차이가 나는 이상 위와 같은 **선거운동의 금지는 정당한 차별목적을 위한 합리적인 수단을 강구한 것으로서 합헌이다.**

[요약판례 23] 선거구획정위원회위원위촉불이행 등 위헌확인: 각하(헌재 2004.2.26. 2003헌마285)

국회의장이 선거구획정위원회 위원을 선임·위촉하지 않은 부작위 및 선거구획정위원회가 선거구획정안을 국회의장에게 제출하지 않은 부작위가 헌법재판소법 제68조 제1항 소정의 공권력의 행사에 해당하는지 여부(소극)

국회의 기관내부의 행위에 불과하여 국민의 권리 의무에 대하여 직접적인 법률효과를 발생시키는 행위가 아닌 선거구획정위원회 위원 선임 및 선거구획정위원회의 선거구획정안 제출행위를 하지 않은 부작위는, 국가기관의 내부적 의사결정행위에 불과하여 그 자체로 국민에 대하여 직접적인 법률효과를 발생시키는 행위가 아니므로 헌법소원의 대상이 되는 헌법재판소법 제68조 제1항 소정의 공권력의 불행사에 해당되지 아니한다.

[요약판례 24] 공직선거및선거부정방지법 제53조 제3항 위헌확인: 기각(헌재 2006.7.27. 2003헌마758등)

지방자치단체의 장이 당해 지방자치단체의 관할구역과 같거나 겹치는 선거구역에서 실시되는 지역구 국회의원선거에 입후보하고자 하는 경우 선거일 전 120일까지 그 직을 사퇴하도록 규정한 공직선거및선거부정방지법 제53조 제3항이 평등권과 공무담임권을 침해하는지 여부(소극)

지방자치단체장의 지위와 권한의 특수성을 감안할 때 이 사건 조항은 합리성을 벗어난 것이라 볼 수 없고 또한 국회의원과 달리 단체장에게 그러한 공직사퇴시한을 두고 있는 것은 심각한 국정공백을 우려한 것이므로 합리적 이유가 있다. 그러므로 이 사건 조항은 단체장의 평등권을 침해하지 않는다.

단체장의 지위와 권한의 특수성 그리고 지역 주민들에 대한 영향력을 고려할 때 이 사건 조항이 단체장의 공무담임권을 과도하게 제한하는 것으로 볼 수 없다.

※ 2003헌마106 결정에 대한 견해의 변경

2003헌마106 결정은 침해의 최소성과 관련하여, 공선법 제53조 제1항이 공무원에 대하여 '선거일 전 60일까지' 사퇴하도록 규정하고 있고, 또 공선법의 다른 규정들(제59조, 제86조, 제254조 등)에 의하여 선거의 공정성과 직무전념성이라는 입법목적이 달성될 수 있다고 보았다. 따라서 단체장으로 하여금 '선거일 전 180일까지' 사퇴하도록 한 구 공선법 제53조 제3항은 그 "입법목적 달성을 위해 단체장의 기본권을 덜 제한하는 적절한 수단들이 이미 공선법에 존재하고 있음에도 불구하고 불필요하고 과도하게" 공무담임권을 제한하는 것이므로 침해의 최소성원칙에 위반된다는 것이다.

그런데 앞서 본 단체장의 지위와 권한, 지역 주민들에 대한 영향력을 고려할 때, 위 규정들만으로 관할지역의 지역구 국회의원선거 출마를 의식한 단체장의 다양한 직·간접적 선심행정 내지 부당한 법집행을 모두 예방할 수 있다거나 선거의 공정성과 직무전념성이라는 이 사건 조항의 입법목적을 충분히 달성할 수 있다고 볼 수 없다. 따라서 이 사건 조항은 위 규정들과는 별도로 단체장의 지위와 권한의 남용을 방지하고 그 입법목적을 달성하기 위하여 필요하다고 볼 것이다. 그렇다면 2003헌마106 결정의 위 부분 판시는 이러한 견해와 저촉되는 한도 내에서 이를 변경하기로 한다.

[요약판례 25] 공직선거및선거부정방지법 제33조 제1항 제2호 등 위헌확인: 기각(헌재 2005.2.3. 2004헌마216)

국회의원선거의 선거기간을 14일로 정하고 있는 공직선거및선거부정방지법 제33조 제1항 제2호가 정치적 기본권을 침해하거나 평등의 원칙에 위배되는지 여부(소극)

선거운동의 기간을 제한하는 것 자체가 청구인의 정치적 기본권을 과도하게 제한하는 것이 아니라고 할 때, 선거운동의 기간을 어느 정도로 할 것인지 여부는 입법정책에 맡겨져 있다고 볼 수 있고, 그 구체적인 기간이 선거운동의 자유를 형해화할 정도로 과도하게 제한하는 것으로 볼 수 없다면 이 역시 위헌이라고 볼 수 없다. 그렇다면 공직선거법 제33조 제1항 제2호에서 정하는 선거운동 기간은 제한의 입법목적, 제한의 내용, 우리나라에서의 선거의 태양, 현실적 필요성 등을 고려할 때 필요하고도 합리적인 제한이며, 선거운동의 자유를 형해화할 정도로 과도하게 제한하는 것으로 볼 수 없다 할 것이므로 헌법에 위반되지 않는다.

[요약판례 26] 공직선거및선거부정방지법 제16조 제3항 위헌확인: 합헌(헌재 2004.12.16. 2004헌마376)

지방자치단체의 장의 피선거권 자격요건으로서 60일 이상 당해 지방자치단체의 관할구역 내에 주민등록이 되어 있을 것을 요구하는 동법 규정이 공무담임권과 평등권을 침해하는지 여부(소극)

이 사건 법률조항은 헌법이 보장한 주민자치를 원리로 하는 지방자치제도에 있어서 지연적 관계를 고려하여 당해 지역사정을 잘 알거나 지역과 사회적·지리적 이해관계가 있어 당해 지역행정에 대한 관심과 애향심이 많은 사람에게 피선거권을 부여함으로써 지방자치행정의 민주성과 능률성을 도모함과 아울러 우리나라 지방자치제도의 정착을 위한 규정으로서 과잉금지원칙에 위배하여 청구인의 공무담임권을 제한하고 있다고 볼 수 없다.

이 사건 법률조항에서 공무로 외국에 파견되어 선거일 전 60일 후에 귀국한 자에 대하여 예외규정을 두고 있는 것은 이들이 공무수행으로 인하여 불이익을 입지 않도록 하면서 이 사건 법률조항의 입법목적을 달성하기 위한 최소한의 거주요건을 규정한 것이라 할 수 있으므로 합리적 근거 있는 차별이라고 보아야 한다.

[요약판례 27] 공선법 제16조 제2항 위헌소원: 합헌(헌재 2005.4.28. 2004헌마219)

국회의원의 피선거권 행사연령을 25세 이상의 국민으로 정한 공직선거및선거부정방지법 제16조 제2항이 헌법에 위반되는지 여부(소극)

피선거권의 행사연령을 지나치게 높게 설정하는 경우에는 국회의원으로서 지위와 권한에 상응하는 직무를 수행하기에 충분한 지적·정치적 능력과 자질을 갖춘 국민이라 할지라도 선거에 참여하여 국회의원으로 당선될 수 없다는 점에서 국민의 공무담임권과 평등권 등이 침해될 수 있으므로 피선거권을 행사할 수 있는 연령의 설정은 이로써 달성하려는 공익과 그로 인한 기본권에 대한 제한 사이에 서로 균형과 조화를 이루도록 적정하게 정해져야 한다는 헌법적 한계가 있지만, 입법자가 정한 구체적인 연령기준이 입법형성권의 범위와 한계 내의 것으로 그 기준이 현저히 높다거나 불합리하지 않다면, 이를 두고 헌법에 위반된다고 쉽사리 단정할 것은 아니다. 국가의 기관구성권과 정책결정권을 분리하고 정책결정권을 대의기관에게 자유위임하는 대의민주주의 통치질서에서 국가기능의 확대 및 복잡화에 따른 대의기관의 전문성 확보, 국회의원의 지위변화 및 권한의 확대로 인한 고양된 대의활동능력 및 정치적 인식능력에 대한 요구, 이러한 능력과 자질을 갖추기 위하여 요구되는 정규 또는 비정규적인 교육과정과 직접 또는 간접적인 경험을 쌓는 데 소요되는 최소한의 기간, 국가정책결정권자의 성실한 납세 및 병역 의무의 이행을 요구하는 국민의 기대와 요청 그리고 선거권의 행사연령에 비하여 피선거권의 행사연령을 일반적으로 높게 정하는 주요국가의 입법례 등을 고려할 때, 국회의원의 피선거권 행사연령을 25세 이상으로 정한 공직선거및선거부정방지법 제16조 제2항은 입법자의 입법형성권의 범위와 한계 내의 것으로, 청구인들의 공무담임권 등 기본권의 본질적 내용을 침해할 정도로 과도한 것이라 볼 수 없다.

[요약판례 28] 공직선거법 제256조 제2항 제1호 바목 등 위헌소원: 합헌(헌재 2005.10.27. 2004헌바41)

공직선거및선거부정방지법 위반으로 벌금 100만원의 형을 선고받은 경우를 당연퇴직사유로 규정한 당연퇴직조항이 공무담임권을 침해하는지 여부(소극)

이 사건 당연퇴직조항에 의하여 공무원 신분상의 불이익을 받게 되는 범위는 공무원의 정상적인 업무 외의 출장행위 중 '선거기간 중'의 행위로서 '선거에 영향을 미치는' 또는 '선거운동과 관련한' 행위로 국한되므로, 선거에 대한 직접적 개입이 아닌 간접적인 개입을 그 대상으로 하고 있다고 하더라도 그 규율대상의 범위가 지나치게 광범위하다고 볼 수는 없고, 당연퇴직의 기준이 되는 형에 관하여 보더라도 "100만원 이상의 벌금형"은 법정형이나 처단형이 아니라 선고형으로 선거범에 대한 법원의 형사재판을 전제로 하고 있는바, 법원의 형사재판에 있어서 당해 법원이 벌금형을 선택하여 선고하는 경우 그 형량의 결정에는 상당한 범위의 재량이 있기 때문에, 실질적으로 보더라도 이 사건 당연퇴직조항이 청구인의 공무담임권을 자의적으로 제한하고 있다고 보기는 어려우므로, 위 조항은 입법자의 입법재량권의 범위 내의 것으로 공무담임권을 침해하는 것이 아니다.

[요약판례 29] 공직선거및선거부정방지법 제109조 제1항 단서 위헌소원: 합헌(헌재 2007.8.30. 2004헌바49)

서신에 의한 선거운동 자체를 전면적으로 금지한 이 사건 법률조항이 적절성이나 상당성의 범위를 벗어났는지 여부(소극)

이 사건 법률조항에 의하여 제한되는 것은 선거운동 또는 의사표현의 내용 자체가 아니라 선거운동 내지 의사표현에 있어서의 특정한 수단과 방법에 한정되어 있다. 즉 모든 선거운동방법의 전반에 대한 전면적인 제한이 아니라 특히 폐해의 우려가 크다고 인정되는 서신에 의한 선거운동방법을 제한하고 그 이외의 방법은 자유롭게 선택할 수 있는 여지를 남겨 두고 있다. 따라서 **이 사건 법률조항은 침해의 최소성을 갖추었다 할 것이고 법익의 균형성도 갖추었다고 할 것이다.** 그렇다면 이 사건 법률조항은 과잉금지원칙에 위반되지 아니할 뿐만 아니라 이로써 선거운동의 자유 등의 기본권이 전혀 무의미해지거나 형해화된다고 단정할 수 없어 기본권의 본질적 내용을 침해한다고 볼 수도 없다. 또한 이 사건 법률조항은 '누구든지' 선거기간 중 서신을 이용한 선거운동을 할 수 없다고 규정함으로써 선거운동의 특정한 방법에 대한 제한만을 하고 있을 뿐 그 행위주체에 관하여는 아무런 제한도 가하고 있지 아니하다. 따라서 **선거운동을 하고자 하는 청구인은 위 법률조항에 의하여 누구와 비교하여도 부당한 차별대우를 받고 있지 아니하다.**

[요약판례 30] 공직선거및선거부정방지법 제59조 제1호 등 위헌소원: 합헌,각하(헌재 2005.9.29. 2004헌바52)

선거운동기간에 일정한 제한을 두는 것이 선거운동의 자유를 침해하는지 여부(소극)와 선거운동기간 전에 예비후보자를 위하여 선거운동을 할 수 있는 주체에 예비후보자의 배우자를 포함시키지 않은 것이 평등원칙에 위반되는지 여부(소극)

공정한 선거를 실현하기 위하여 선거운동의 기간에 일정한 제한을 두는 것만으로 위헌으로 단정할 수는 없다. 공선법 제59조 제1호에서 정하는 선거운동의 기간제한은 제한의 입법목적, 제한의 내용, 우리나라에서의 선거의 태양, 현실적 필요성 등을 고려할 때 필요하고도 합리적인 제한이며, 예비후보자의 배우자인 청구인의 선거운동의 자유를 형해화할 정도로 과도하게 제한하는 것으로 볼 수 없다.

예비후보자제도의 입법목적을 달성하기 위해 선거운동기간 전에 예비후보자를 위하여 선거운동을 할 수 있는 주체에 예비후보자 본인 외에 반드시 예비후보자의 배우자를 포함시켜야 한다거나 선거운동에 있어서 이들을 똑같이 취급해야 한다는 헌법적 요청이 존재한다고 보기 어렵다. 또한 이 사건 법률조항은 **선거운동기간에 대한 제한을 완화하는 규정이므로 선거운동기간 전에 선거운동을 할 수 있는 자를 누구로 할 것인지, 어느 범위까지 선거운동을 허용할 것인지 등에 대해서는 입법부의 재량에 맡겨야 하고 그것이 명백히 재량권의 한계를 벗어난 자의적인 입법이 아닌 한 입법형성의 자유를 존중하여야 할 것인데 위에서 살펴본 점들에 비추어 이 사건 법률조항이 입법자의 입법재량의 한계를 일탈하였다고 보여지지 아니한다.** 그렇다면 이 사건 법률조항에 의해 예비후보자와 그 배우자간에 선거운동의 자유에 있어 차별이 생긴다고 하더라도 이는 불합리한 것이 아니므로 평등원칙에 위반되지 아니한다.

[요약판례 31] 공직선거및선거부정방지법 제255조 제2항 제5호 등 위헌소원: 합헌(헌재 2007.1.17. 2004헌바82)

탈법방법에 의한 문서배부 등 금지 및 처벌조항이 헌법에 위반되는지 여부(소극)

이 사건 법률 조항에 의한 제한은 선거운동방법의 전반에 대한 전면적인 제한이 아니라 특히 폐해의 우려가 크다고 인정되는 인쇄물, 녹음 등의 배부, 살포 등 특정한 선거운동방법에만 국한되는 부분적인 제한이므로 이로써 선거운동의 자유 내지 언론의 자유가 전혀 무의미해지거나 형해화된다고 단정할 수 없다. 법정외의 방법에 의한 문서·도화의 배부 등의 행위를 무제한적으로 허용할 경우 그로 인하여 선거운동의 과열경쟁을 초래하여 후보자들 간의 경제력의 차이에 따른 불균형이 두드러지게 될 뿐 아니라, 무분별한 흑색선전의 난무로 인하여 선거질서의 혼란이 매우 클 것으로 예상되며 실제로 이러한 폐해와 혼란이 아직도 계속되고 있는 점을 감안하면 이러한 금지규정에 위반하는 행위를 형사처벌의 대상으로 하는 것은 불가피하다.

[요약판례 32] 공직선거법 제265조 위헌확인: 기각(헌재 2011.9.29. 2010헌마68)

배우자의 선거범죄로 300만원 이상의 벌금형을 선고받은 때 그 선거구 후보자의 당선을 무효로 하는 공직선거법 제265조가 헌법 제13조 제3항에서 금지하는 연좌제에 해당되어 위헌인지 여부(소극)

이 사건 법률조항은 '친족인 배우자의 행위와 본인 간의 실질적으로 의미 있는 아무런 관련성을 인정할 수 없음에도 불구하고 오로지 배우자라는 사유 그 자체만으로' 불이익한 처우를 가하는 것이 아니라, 후보자와 불가분의 선거운명공동체를 형성하여 활동하게 마련인 배우자의 실질적 지위와 역할을 근거로 후보자에게 연대책임을 부여한 것이므로, 헌법 제13조 제3항에서 금지하고 있는 연좌제에 해당하지 아니하고, 자기책임의 원칙에도 위배되지 아니한다. 또한, 이 사건 법률조항이 추구하는 공익은 깨끗하고 공명한 선거라는 민주주의의 중핵을 이루는 대단히 중요한 가치인 반면 이 사건 법률조항에 의하여 규제대상이 되는 범죄행위는 금권선거의 중핵을 이루는 상당히 중대한 선거범죄라는 점, 위법한 선거운동이 어느 정도 선거에 영향을 미쳤다면 이에 의한 당선을 정당한 것으로 볼 수 없다는 점, 후보자의 가족 등이 선거의 이면에서 음성적으로 또한 조직적으로 역할을 분담하여 불법·부정을 자행하는 경우가 적지 않은 것이 부정할 수 없는 우리 선거의 현실이라는 점 등을 고려하면, 이 사건 법률조항은 과잉금지원칙에 위배하여 청구인의 공무담임권을 침해한다고 볼 수도 없고, 그 밖에 평등원칙에 위배된다고 할 수도 없다.

이 판결에 대하여 4인의 재판관은 이 사건 법률조항이 위헌이라는 반대의견을 개진하였다. "배우자의 소정 선거관련 범죄행위에 대하여 후보자 본인의 고의 또는 관리·감독상의 책임이 인정되는지 여부를 불문하고, 일체의 면책 가능성조차 부여하지 아니한 채 배우자가 소정 선거범죄로 300만 원 이상의 벌금형을 받기만 하면 후보자의 당선을 확정적으로 무효로 돌리는 이 사건 법률조항은 "자기의 행위가 아닌 친족의 행위로 인하여 불이익한 처우"를 받는 경우에 해당하여, 헌법 제13조 제3항의 연좌제 금지원칙에 위배되는 것이다. 또한 이 사건 법률조항에 의하여 후보자에게 당선무효라는 법적 책임을 지움에 있어 당해 후보자 본인에 대해서는 아무런 재판절차를 거치지 아니함은 물론, 그 배우자에 대한 형사재판 과정에서도 전혀 절차참여권을 보장하지 않는 것은 헌법 제12조 제1항의 적법절차원칙에 위배되는 것이다."

[요약판례 33] 공직선거법 제150조 등 위헌확인: 각하(헌재 2007.8.30. 2005헌마975)

공직선거법이 공직선거에서 투표용지에 후보자들에 대한 '전부거부' 표시방법을 마련하지 않은 것이 선거권자의 선거권과 표현의 자유를 제한하는지 여부(소극)

이 사건 조항이 '전부 거부' 제도를 포함하지 않은 것은 국민의 선거권 행사 자체와는 무관하고, 선거권 행사를 제약하는 것도 아니다. 청구인들의 주장은 후보자 전부에 대한 선거권자의 불신을 표시하는 방법을 입법자가 보장하라는 것인데, 공직자를 선출하는 선거권의 보호범위에 '후보자 전부 거부' 투표방식의 보장까지 포함된다고 보기는 곤란하다. 또 그러한 입법을 하지 않았던 것이 헌법상의 보통·평등·직접·비밀선거 원칙과 충돌되는 것도 아니다. 결국 '전부 거부'와 같은 투표제도를 추가적으로 마련할 것인지 여부는 입법자가 정책적 재량으로 결정할 수 있는 사항일 뿐이며, 이를 마련하지 않고 있는 것을 두고 입법자가 선거권 보장을 위한 입법의무를 제대로 하지 않았다고 볼 수는 없다. 그렇다면 이 사건 조항이 '전부 거부'를 배제하고 있는 것이 청구인들의 선거권을 제한한다고 볼 수 없다.

[요약판례 34] 공직선거법 제62조 제2항 등 위헌확인: 각하,기각(헌재 2009.2.26. 2006헌마626)

공직선거법 제62조 제2항 제4호, 제7호, 제93조 제1항이 중증장애인 후보자들을 비장애인 후보자들과 동일하게 선거사무원 수와 선거운동방법을 제한하고, 후보자나 그 배우자가 중증장애인인 경우 활동보조인에 관한 규정을 두지 않아 평등권 등 헌법상 기본권을 침해하였는지 여부(소극)

공직선거법 제93조 제1항 본문이 중증장애인 후보자에 대하여만 특정한 선거운동방법을 금지·제한하는 것이 아니라 중증장애인 후보자와 비장애인 후보자를 동등하게 취급하였다는 점이 결과적으로 불평등을 초래하였다는 것이어서, 위 법률조항으로 인하여 관련 기본권에 대한 중대한 제한이 초래되었다고 볼 수 없으므로 이 사건에서의 평등심사는 완화된 기준에 의한다. 언어장애가 있는 후보자가 공직선거법에 규정된 방법 이외의 인쇄물, 녹음·녹화물등을 반드시 이용하여야만 언어장애가 없는 후보자와의 동등한 위치를 확보한다고 보기는 어렵고, 설령 인쇄물 등의 선거운동방법을 별도로 허용한다고 하여도 장애인 후보자에게 현저하게 유익하다고 할 수도 없으므로, 공직선거법 제93조 제1항 본문이 장애인과 비장애인 후보자를 구분하지 아니하고 선거운동방법을 제한하였더라도 이를 두고 서로 다른 것을 자의적으로 동일하게 취급함으로써 이 사건 중증장애인 후보자인 청구인들의 평등권 등을 침해하는 것이라 볼 수 없다.

[요약판례 35] 공직선거법 제82조의2 위헌확인: 기각(헌재 2009.3.26. 2007헌마1327)

선거방송 대담토론회 참가기준으로 여론조사 평균지지율 100분의 5를 요구하고 있는 공직선거법 제82조의2 제4항 제1호 및 제3호의 다목이 헌법에 위반되는지 여부(소극)

일정한 지지율을 기초로 방송토론회 초청대상 후보자의 수를 제한하여 방송토론회를 효율적으로 운영함으로써 유권자들에게 각 후보자들의 정책에 대한 효율적인 비교 분석의 기회를 제공하려는 법익은 유권자들의 선거권의 적절한 행사의 전제가 되는 것으로 중대한 공익이다. 반면 이러한 제한에 의해 침해되는 사익, 즉 청구인들이 상대적으로 지지율이 높은 후보자들과 함께 방송토론을 하는 방법으로 선거운동을 할 수 있는 이익은 앞에서 본 바와 같이 상대적으로 경미하다 할 것이다. 따라서 이 사건 법률조항에 의해 보호되는 공익이 침해되는 사익보다 크다 할 것이어서 법익의 균형성도 인정된다. 그렇다면 이 사건 법률조항이 과잉금지 원칙을 위배하여 청구인들의 선거운동의 자유 및 공무담임권을 침해하였다고 볼 수 없다.

[요약판례 36] 공직선거법 제60조 제1항 단서 위헌확인: 기각(헌재 2009.3.26. 2006헌마526)

공직선거법 제60조 제1항 단서 중 '예비후보자의 배우자인 공무원에 대하여 선거운동을 금지하는 부분'이 위헌인지 여부(소극)

공직선거법이 다른 직계가족이 배우자에게 허용된 선거 등을 할 수 있도록 함으로써 그 기본권 제한의 정도를 최소화하고 있으므로 이 사건 법률조항이 청구인의 선거운동의 자유를 침해하는 것이라 할 수 없다.

[요약판례 37] 공직선거법 제200조 제2항 단서 위헌확인: 헌법불합치(헌재 2009.6.25. 2008헌마413)

비례대표국회의원에 궐원이 생긴 때에 비례대표국회의원후보자명부에 의한 승계원칙의 예외를 규정한 공직선거법 제200조 제2항 단서 중 '임기만료일 전 180일 이내에 비례대표국회의원에 궐원이 생긴 때' 부분은 대의제 민주주의 원리에 부합하지 않아 위헌인지 여부(적극)

심판대상조항은 임기만료일 전 180일 이내에 비례대표국회의원에 궐원이 생긴 때에는 정당의 비례대표국회의원후보자명부에 의한 의석 승계를 인정하지 아니함으로써 결과적으로 그 정당에 비례대표국회의원 의석을 할당받도록 한 선거권자들의 정치적 의사표명을 무시하고 왜곡하는 결과가 된다. 더욱이 임기만료일 전 180일 이내에 비례대표국회의원에 상당수의 궐원이 생길 경우에는 의회의 정상적인 기능수행을 부당하게 제약하는 결과를 초래할 수도 있다. 따라서 심판대상조항은 선거권자의 의사를 무시하고 왜곡하는 결과를 낳을 수 있고, 의회의 정상적인 기능 수행에 장애가 될 수 있다는 점에서 헌법의 기본원리인 대의제 민주주의 원리에 부합되지 않는다고 할 것이다.

[요약판례 38] 공직선거법 제82조의6 제1항 등 위헌확인: 각하,기각(헌재 2010.2.25. 2008헌마324)

선거운동기간 중 당해 인터넷홈페이지의 게시판・대화방 등에 정당・후보자에 대한 지지・반대의 글을 게시할 수 있도록 하는 경우 실명인증의 기술적 조치를 할 의무, 위와 같은 글이 "실명인증"의 표시가 없이 게시된 경우 이를 삭제할 의무를 부과한 구 공직선거법 제82조의6 제1항, 제6항, 제7항이 헌법에 위배되는지 여부(소극)

이 사건 법률조항은 소수에 의한 여론 왜곡으로 선거의 평온과 공정이 위협받아 발생하는 사회경제적 손실과 부작용을 방지하고 선거의 공정성을 확보하기 위한 것이므로 목적의 정당성이 인정되고 그 수단의 적합성 또한 인정된다. 나아가 인터넷의 특성상 흑색선전이나 허위사실이 빠르게 유포되어 정보의 왜곡이 쉬운 점, 짧은 선거운동기간 중 이를 치유하기 불가능한 점, 인터넷이용자의 실명이 표출되지 않고, 다만 '실명확인' 표시만이 나타나는 점을 고려하면, 이 사건 법률조항은 피해를 최소화 하기 위한 요건을 갖추었다고 판단된다. 결국 이 사건 법률조항은 과잉금지의 원칙 등에 위배되어 표현의 자유를 침해한다고 할 수 없고, 적법절차의 원칙에 위배되거나 직업수행의 자유를 침해한다고 할 수 없다.

[요약판례 39] 공직선거법 제59조 제3호 위헌소원: 합헌(헌재 2010.6.24. 2008헌마169)

선거운동기간 전의 선거운동을 금지하면서, 다만 후보자와 후보자가 되고자 하는 자가 자신이 개설한 인터넷 홈페이지를 이용하여 선거운동을 할 경우에만 그 예외를 인정하는 것이 선거운동의 기회균등 원칙 및 평등원칙에 위배되는지 여부(소극)

선거 폐해와 선거과열을 방지하기 위해서는 선거운동기간 제한이 불가피하고, 다만 의정활동보고가 허용되는 현역 의원과 그렇지 못한 후보자 간의 선거운동기회 불균형을 시정하고, 인터넷 활용이 확대됨에 따른 새로운 선거풍토 조성함과 동시에 선거 불공정성을 최소화하기 위해 후보자 등에게는 예외를 허용할 필요성이 인정되며, 인터넷 사전 선거운동에 의한 혼탁선거의 우려 및 사후적 선거관리의 어려움 등을 비추어 볼 때 유권자에게는 그 예외를 인정하지 않더라도 선거운동의 자유를 침해한다고 보기 어렵고, 평등원칙 및 선거운동 기회균등 원칙에 위배된다고 볼 수 없다.

[요약판례 40] 공직선거법 제265조의2 제1항 위헌소원: 합헌(헌재 2011.4.28. 2010헌바232)

선거범죄로 처벌받아 당선이 무효로 된 자로 하여금 이미 반환받은 기탁금과 보전받은 선거비용을 다시 반환하도록 한 것이 과잉금지 원칙을 위반한 재산권의 침해인지 여부(소극)

이 사건 법률조항의 제재에 관하여, 선거범죄를 억제하고 공정한 선거문화를 확립할 필요성이 있다는 점과 경미한 선거범죄는 제재대상에서 제외된다는 점을 고려할 때 과잉금지원칙을 위반한 재산권의 침해라고 볼 수 없고, 당선을 목적으로 하는 공직선거의 후보자들은 당선자에 대한 제재를 자신에 대한 제재로 받아들일 것이라서 낙선자를 제재대상에 포함하지 않더라도 입법목적의 달성효과는 동일할 것이므로 당선자의 평등권을 침해하는 자의적인 입법이라고 볼 수 없으며, 이미 선거의 공정을 저해한 자들에 대하여 선거범죄 방지의 필요성과 국가의 재정부담문제를 고려하여 제재를 가하는 것은 선거공영제에 관한 입법형성권을 넘어선 것이라고 볼 수 없다.

[요약판례 41] 공직선거법 제63조의3 제2항 제1호 위헌확인: 기각(헌재 2011.8.30. 2010헌마259)

예비후보자의 선거운동에서 예비후보자 외에 독자적으로 명함을 교부하거나 지지를 호소할 수 있는 주체를 예비후보자의 배우자와 직계존비속으로 제한한 공선법 조항이 선거운동의 자유 및 평등권을 침해하는지 여부(소극)

명함 본래의 기능에 충실한 방법으로 명함 교부 및 지지호소라는 선거운동의 자유를 보장하면서도 선거의 조기과열을 예방하고 예비후보자간의 정치·경제력 차이에 따른 불균등을 방지하고자 예비후보자와 동일시할 수 있는 배우자와 직계존비속으로 그 주체를 제한한 것으로, 달리 선거운동의 자유를 덜 제한하는 합리적 방안을 찾기도 어렵고, 명함교부 또는 지지호소라는 선거운동 자체를 금지한 것은 아니며 예비후보자를 알릴 수 있는 다른 방법이 있는 점 등을 고려하면, 과잉금지원칙에 위배하여 선거운동의 자유를 침해하는 것은 아니고, 위와 같은 입법목적에 비추어 보면 선거운동을 할 배우자나 직계존비속이 없는 예외적인 경우까지 고려하지 않았다고 하여 명백히 재량권의 한계를 벗어난 입법이라고 할 수 없으므로, 평등권을 침해한 것도 아니라는 것이다.

[요약판례 42] 공직선거법 제250조 등 위헌확인: 각하,기각(헌재 2011.12.29. 2009헌마476)

공직선거법 위반 등으로 벌금 100만원 이상의 형이 확정될 경우 피선거권을 5년 동안 제한하고, 당선무효가 되도록 하는 규정이 선거권과 피선거권 및 평등권을 제한하는지 여부(소극)

공직선거법 위반 등으로 벌금 100만원 이상의 형이 확정될 경우 공직선거법 제19조는 피선거권을 5년 동안 제한하고, 제264조는 당선 무효가 되도록 규정하고 있는데 이는 "선거범으로부터 부정선거의 소지를 차단해 공정한 선거가 이뤄지도록 하려면 선거권 및 피선거권을 제한하는 것이 효과적"이다. 또한 "선거의 공정성을 확보하고 불법으로 당선된 국회의원에 대한 부적절한 공직수행을 차단하기 위한 점, 100만원 이상 벌금형을 기준으로 정한 것은 여러 요소를 고려해 입법자가 선택한 결과인 점 등을 고려해볼 때 당선무효 조항은 공무담임권과 평등권을 침해하지 않는다."

대판 1997.4.11. 96도3451

선거사무장 등의 선거범죄로 인한 당선무효를 규정하고 있는 공직선거및선거부정방지법 제265조가 헌법상의 연좌제 금지에 반하는 것인지 여부(소극)

선거사무장 또는 회계책임자가 기부행위를 한 죄로 징역형을 선고받는 경우에 그 후보자의 당선이 무효로 되는 것은 공직선거및선거부정방지법 제265조의 규정에 의한 것일 뿐이고, 그들에 대하여 징역형을 선고하는 것이 연좌제를 금지한 헌법 위반이라고 할 수는 없다.

대판 2004.4.27. 2002도315

낙선운동이 공직선거및선거부정방지법상의 선거운동에 포함되는지 여부(적극)와 시민단체의 특정 후보자에 대한 낙선운동이 시민불복종운동으로서 헌법상 정당행위이거나 형법상 정당행위 또는 긴급피난으로서 정당화될 수 있는지 여부(소극)

3자가 당선의 목적 없이 오로지 특정 후보자의 낙선만을 목적으로 하여 벌이는 낙선운동은 실제의 행동방식과 효과에 있어서는 다른 후보자의 당선을 위하여 하는 선거운동과 다를 것이 없다.

피고인들이 확성장치 사용, 연설회 개최, 불법행렬, 서명날인운동, 선거운동기간 전 집회 개최 등의 방법으로 특정 후보자에 대한 낙선운동을 함으로써 공직선거및선거부정방지법에 의한 선거운동제한 규정을 위반한 피고인들의 같은 법 위반의 각 행위는 위법한 행위로서 허용될 수 없는 것이고, **피고인들의 위 각 행위가 시민불복종운동으로서 헌법**

상의 기본권 행사 범위 내에 속하는 정당행위이거나 형법상 사회상규에 위반되지 아니하는 정당행위 또는 긴급피난의 요건을 갖춘 행위로 볼 수는 없다.

대판 2004.11.12. 2003다52227

구 공직선거및선거부정방지법을 위반하여 특정 후보자에 대한 낙선운동을 한 자의 위 후보자에 대한 위자료 지급책임의 유무(적극)

공직선거에 출마한 후보자로서는 같은 법에서 정한 방법에 따라 다른 후보자들과의 공정한 경쟁을 통하여 선거권자들에 의하여 평가받게 될 것이라고 기대하는 것이 당연하므로, **시민단체가 같은 법을 위반하여 특정 후보자에 대한 낙선운동을 한 행위는 그 낙선운동으로 인하여 후보자가 낙선하였는지 여부에 관계없이 후보자의 위와 같은 합리적인 기대를 침해한 것이고, 이러한 기대는 인격적 이익으로서 보호할 가치가 있다 할 것이므로, 그로 인하여 후보자가 입은 정신적 고통에 대하여 위자료를 지급할 의무가 있다.**

대판 2005.1.27. 2004도7511

공직선거및선거부정방지법상 사전선거운동의 의미 및 그 판단 기준

사전선거운동이라 함은 선거운동 기간 전에 선거운동을 하는 것이라는 목적의사가 객관적으로 인정될 수 있는 능동적·계획적 행위를 말하는데 구체적으로 어떠한 행위가 선거운동에 해당하는지 여부를 판단함에 있어서는 단순히 그 행위의 명목뿐만 아니라 그 행위의 태양, 즉 그 행위가 행하여지는 시기·장소·방법 등을 종합적으로 관찰하여 그것이 특정 후보자의 당선 또는 낙선을 도모하는 목적의지를 수반하는 행위인지 여부를 기준으로 판단하여야 한다.

대판 2004.8.20. 2004수30

지역현안에 관하여 공약을 제시하거나 의정활동을 보고하는 행위가 헌법이나 공직선거및선거부정방지법에 위반되는지 여부(소극)

지역구 국회의원선거 후보자가 지역현안에 관한 공약을 제시하거나 의정활동을 보고하는 것이 헌법 제43조, 제46조 등의 규정에 위반된다고 할 수는 없고, 지역현안이라는 이유만으로 그에 관한 공약의 제시 또는 의정활동의 보고를 금지하거나 제한하는 선거법 또는 다른 법률의 규정은 없으므로, 그러한 행위가 선거법에 위반된다고 볼 수도 없다.

대판 2005.6.9. 2004수54

선거소송에서 선거무효의 사유가 되는 '선거에 관한 규정에 위반된 사실'에 해당하는 후보자 등 제3자에 의한 선거과정상의 위법행위의 범위

선거소송에서 선거무효의 사유가 되는 '선거에 관한 규정에 위반된 사실'에는 후보자 등 제3자에 의한 선거과정상의 위법행위에 대하여 적절한 시정조치를 취함이 없이 묵인·방치하는 등 그 책임에 돌릴 만한 선거사무의 관리집행상의 하자가 따로 있는 경우도 포함되지만, 여기에서 선거관리위원회가 적절한 조치를 취함이 없이 묵인·방치한다 함은 선거관리위원회가 후보자 등 제3자에 의한 선거과정상의 위법행위를 알고서도 적절한 조치를 취하지 아니한 경우를 의미한다고 할 것이지 단속·감시·감독 등을 하였다면 알 수 있었음에도 이를 게을리하여 알지 못한 모든 경우까지 포함한다고 할 수 없다.

피고 선관위가 참가인측으로부터 후보자등록신청을 받았을 당시 후보자정보공개자료등제출서에서 참가인의 체납사실이 누락된 것을 알고 있었음을 인정할 자료가 없으므로 피고 선관위가 이를 밝혀내지 못한 것을 두고 후보자 등 제3자에 의한 선거 과정상의 위법행위에 대하여 피고 선관위가 적절한 시정조치를 취함이 없이 묵인·방치하는 등

그 책임에 돌릴 만한 사유가 따로 있는 경우에 해당한다고 할 수 없다.

대판 2007.2.9. 2006도7417

예비후보자가 관광버스 안에서 명함을 주면서 지지를 호소하는 행위가 공직선거법 제60조의3 제1항 제2호의 규정에 위반되는지 여부(적극)

공직선거법 제60조의3 제1항 제2호 본문은 예비후보자가 명함을 직접 주면서 지지를 호소하는 행위를 허용하면서 그 단서에서는 지하철역 구내 기타 중앙선거관리위원회규칙으로 정하는 다수인이 왕래하거나 집합하는 공개된 장소에서의 그러한 행위는 허용하지 아니하고 있는바 중앙선거관리위원회규칙인 공직선거관리규칙 제26조의2 제1항 제1호는 '여객자동차의 안'을 다수인이 왕래하거나 집합하는 장소의 하나로 규정하고 있으므로 예비후보자가 관광버스 안에서 명함을 주면서 지지를 호소하는 행위는 공직선거법 제60조의3 제1항 제2호의 규정에 위반된다.

대판 2005.8.19. 2005도2245

'사전선거운동'의 의미와 일상적·의례적·사교적인 행위가 사전선거운동에 포함되는지 여부(소극) 및 그 판단기준

'사전선거운동'이라 함은 특정의 선거에 있어서 선거운동기간 전에 특정한 후보자의 당선을 목적으로 투표를 얻거나 얻게 하기 위하여 필요하고 유리한 모든 행위, 또는 반대로 특정한 후보의 낙선을 목적으로 필요하고 불리한 모든 행위 중 선거인을 상대로 당선 또는 낙선을 도모하기 위하여 하는 것이라는 목적의사가 객관적으로 인정될 수 있는 능동적·계획적 행위를 말하며, 일상적·의례적·사교적인 행위는 여기에서 제외되고, 일상적·의례적·사교적인 행위인지 여부는 그 행위자와 상대방의 사회적 지위, 그들 사이의 관계, 행위의 동기, 방법, 내용과 태양 등 제반 사정을 종합하여 사회통념에 비추어 판단하여야 한다.

대판 2007.3.15. 2006도8869

어떠한 행위가 선거운동에 해당하는지 여부를 판단함에 있어서는 단순히 그 행위의 명목뿐만 아니라 그 행위의 태양 즉 그 행위가 행하여지는 시기·장소·방법 등을 종합적으로 관찰하여 그것이 특정 후보자의 당선 또는 낙선을 도모하는 목적의사를 수반하는 행위인지 여부를 판단하여야 하는지 여부(적극)

선거운동은 특정후보자의 당선 내지 득표나 낙선을 위하여 필요하고도 유리한 모든 행위로서 당선 또는 낙선을 도모한다는 목적의사가 객관적으로 인정될 수 있는 능동적·계획적인 행위를 말하는 것으로, 단순히 장래의 선거운동을 위한 내부적·절차적인 준비행위에 해당하는 선거운동의 준비행위나 통상적인 정당활동과는 구별되나 구체적으로 어떠한 행위가 선거운동에 해당하는지 여부를 판단함에 있어서는 단순히 그 행위의 명목뿐만 아니라 그 행위의 태양 즉 그 행위가 행하여지는 시기·장소·방법 등을 종합적으로 관찰하여 그것이 특정후보자의 당선 또는 낙선을 도모하는 목적의사를 수반하는 행위인지 여부를 판단하여야 한다.

대판 2007.3.15. 2006도9042

공직선거법상 호별방문죄의 성립요건

공직선거법 제106조 제1항 소정의 호별방문죄는 연속적으로 두 집 이상을 방문함으로써 성립하고 또 타인과 면담하기 위하여 그 거택 등에 들어간 경우는 물론 타인을 면담하기 위하여 방문하였으나 피방문자가 부재중이어서 들어가지 못한 경우에도 성립한다.

제4항 민주적 정당제도의 보장

I 지방의회의원선거법 제36조 제1항에 대한 헌법소원: 헌법불합치,각하(헌재 1991.3.11. 91헌마21)

쟁점 법률에 대한 헌법소원에 있어서 청구기간과 "사유가 발생한 날"의 의미, 법률에 대한 헌법소원에 있어서 자기관련성, 현재성이 인정되는 사례, 정당의 기본권주체성이 인정되어 청구인 적격을 인정한 사례, 지방의회의원선거법 제36조 제1항의 "시·도의회의원 후보자는 700만원의 기탁금" 부분의 위헌여부, 헌법불합치결정과 입법촉구결정의 의미

사건의 개요

청구인 갑은 A 정당 위원장으로 당시 실시 예정인 서울특별시의회의원선거에 후보자가 되고자 준비 중인 자, 같은 A 정당은 헌법 및 정당법상의 정당으로서 위 선거에 소속당원을 후보자로 추천하고자 하는 자인 바, 지방의회의원선거의 후보자가 되려고 하는 자는 시·도의회의원 후보자의 경우는 700만원, 구·시·군의회의원 후보자의 경우는 200만원의 기탁금을 관할 선거구 선거관리위원회에 기탁하도록 규정하고 있는 지방의회의원선거법 제36조 제1항이 청구인들의 헌법상 보장된 평등권과 공무담임권을 침해하는 위헌규정이라고 주장하면서 헌법소원심판의 청구를 하였다.

심판의 대상

구 지방의회의원선거법 제36조 ① 후보자가 되려고 하는 자는 등록신청 시에 대통령령이 정하는 바에 따라 시·도의회의원 후보자는 700만원, 구·시·군의회의원 후보자는 200만원의 기탁금을 관할선거구 선거관리위원회에 기탁하여야 한다.

주 문

1. 청구인들의 이 사건 헌법소원심판청구 중 지방의회의원선거법 제36조 제1항의 "구·시·군의회의원 후보자는 200만원의 기탁금" 부분을 각하한다.

2. 같은 법률 제36조 제1항의 "시·도의회의원 후보자는 700만원의 기탁금" 부분은 헌법에 합치되지 아니한다.

3. 위 제2항의 법률조항부분은 위 법률시행 후 최초로 실시하는 시·도의회의원 선거일 공고일을 시한으로 입법자가 개정할 때까지 그 효력을 지속한다.

청구인의 주장

지방의회의원선거법의 위 규정이 경제적 기초가 넉넉하지 아니한 서민계층 또는 젊은 세대들에게 과도한 부담이 되어 입후보의 포기를 강제하고, 서민대중을 주요 기반으로 하는 민중당의 공직선거의 후보자 추천기회를 실질적으로 부인하는 결과를 초래하게 하는 규정으로서 헌법상의 평등권, 참정권, 공무담임권 등을 침해하는 위헌 규정이다.

□ 판 단

Ⅰ. 본안 전 판단

1. 법률에 대한 헌법소원심판

모든 법률이 다 헌법소원심판의 대상이 되는 것은 아니고 청구인 스스로가 당해 법률규정과 법적인 관련성이 있어야 할 뿐 아니라 당해 법률의 규정에 의하여 **별도의 구체적 집행행위의 매개 없이 직접적으로 헌법상 보장된 기본권을 현재 침해당하고 있는 경우, 즉 자기성·직접성·현재성이 구비된 경우에 한정됨을 원칙으로 한다.** 그리고 법률에 대한 헌법소원심판의 청구기간은 법률이 시행된 뒤에 비로소 그 법률에 해당되는 사유가 발생하여 기본권의 침해를 받게 된 자는 그 사유가 발생하였음을 안 날로부터 60일 이내에, 그 사유가 발생한 날로부터 180일 이내에 헌법소원심판을 청구하여야 할 것이다. 여기서 “사유가 발생한 날”이라는 것은 당해 법률이 청구인의 기본권을 명백히 구체적으로 현실 침해하였거나 그 침해가 확실히 예상되는 등 실체적 제요건이 성숙하여 헌법판단에 적합하게 된 때를 말한다고 할 것이다. 서울특별시의회에 진출하려는 청구인 갑이나 A 정당은 후술하는 범위 내에서 지방의회의원선거법과 밀접한 이해관계가 인정되므로 자기(관련)성은 의문의 여지가 없고 직접성의 점은 이 사건 지방의회의원선거법 제36조 제1항이 그 법률조항 자체에서 지방의회의원(선거)의 후보요건을 제한하고 있고, 같은 조항 소정의 기탁금을 기탁하지 아니하는 자에 대한 후보등록거부행위라는 당연히 예상되는 별도의 집행행위를 매개로 할 것도 없는 점에서 기본권침해의 직접성을 인정할 수 있다.

2. 청구인 갑의 헌법소원심판청구의 적법여부

이 사건 청구인 갑은 위 지방의회의원선거법 제36조 제1항이 규정한 기탁금이 헌법에 위반된다고 헌법소원심판청구를 하고 있으나 동인은 서울특별시의회의원선거에 후보자가 되고자 하는 자이므로 시·도의회의원 후보자의 기탁금(700만원)을 규정한 부분에 대하여서만 자기 관련성이 인정된다고 할 것이고 나머지 부분에 대하여서는 자기 관련성을 인정할 수 없어 그 부분에 대한 헌법소원심판청구는 부적법하다고 할 것이다.

3. 청구인 A 정당(政黨)의 헌법소원심판청구의 적법여부

현행 지방의회의원선거법은 시·도의회의원선거에 있어서는 정당의 후보자 추천을 인정하고, 정당의 선거운동을 인정하고 있으며, 정당의 선거사무장 등의 선임 및 해임을 규정하는 등 정당의 선거관여를 허용하고 있는데 A 정당은 헌법상의 정당이므로 시·도의회의원선거에 있어서 정당은 직접적인 이해관계를 갖고 있다고 할 것이며, 따라서 자기(관련)성이 있다고 할 것이다. 그러나 **동법은 구·시·군의회의원선거에 있어서는 위와 같은 규정을 두고 있지 않기 때문에 구·시·군의회의원선거에 있어서는 적어도 후보자의 기탁금문제에 관한한 정당이 그와 관련된 법률상의 권리나 이해관계가 있음을 인정하기가 어려운 것이다.** 따라서 지방의회의원선거법 제36조 제1항의 규정 중 구·시·군의 의회의원후보자에게 요구되는 200만원의 기탁금 부분은 정당인 청구인 민중당이 위 법률조항에 의하여 직접 기본권의 침해를 받고 있다고 보기 어렵기 때문에 그 부분에 대한 헌법소원심판청구는 자기관련성을 인정할 수 없어 역시 부적법하다 할 것이다.

Ⅱ. 본안 판단

1. 입헌민주국가의 실현과 지방자치제도의 중요성

지방자치는 국민자치를 지방적 범위 내에서 실현하는 것이므로 지방시정(市政)에 직접적인 관심과 이해관계가 있는 지방주민으로 하여금 스스로 다스리게 한다면 자연히 민주주의가 육성·발전될 수 있다는 소위 "풀뿌리 민주주의"를 그 이념적 배경으로 하고 있는 것이다. 지방자치제도는 현대 입헌민주국가의 통치원리인 권력분립 및 통제·법치주의·기본권보장 등의 제원리를 주민의 직접적인 관심과 참여 속에서 구현시킬 수 있어 바로 자율과 책임을 중시하는 자유민주주의 이념에 부합되는 것이므로 국민(주민)의 자치의식과 참여의식만 제고된다면 권력분립원리의 지방차원에서의 실현을 가져다 줄 수 있을 뿐 아니라(지방분권) 지방의 개성 및 특징과 다양성을 국가전체의 발전으로 승화시킬 수 있고, 나아가 헌법상 보장되고 있는 선거권·공무담임권(피선거권) 등 국민의 기본권의 신장에도 크게 기여할 수 있는 제도라고 할 것이다. 또한 주민의 자치역량도 아울러 배양되어 국민주권주의와 자유민주주의 이념구현에 크게 이바지할 수 있는 것이다.

2. 우리나라의 기탁금제도

원래 기탁금제도는 선거에 있어서 후보자로 하여금 일정금액을 기탁하게 하고 후보자가 선거에서 일정수준의 득표를 하지 못할 때 기탁금의 전부 또는 일부를 국고귀속시킴으로써 후보자의 무분별한 난립을 방지하고 그럼으로써 당선자에게 가급적 다수표를 몰아주어 정국의 안정도 기하고 아울러 후보자의 성실성을 담보하려는 취지에서 생겨난 것이며, 세계 여러 나라의 기탁금제도는 이러한 의미의 기탁금제도이다. 우리나라에서도 이를 인정하는 헌법상의 명문규정은 없지만 대통령선거법(제26조 제1항), 국회의원선거법(제33조 제1항), 지방의회의원선거법(제36조 제1항) 등에 그에 관한 규정을 두고 있으며, 그 중 국회의원 후보자에 대한 기탁금에 대하여서는 그 금액이 과다하다는 이유로 헌법불합치결정이 선고된 바 있다.

기탁금제도 그 자체는 헌법 제25조 및 제37조 제2항의 규정이 그 근거가 될 수 있을 것이므로 그 금액이 과다하지 않는 한 이를 위헌적인 제도라 할 수는 없을 것이다. 그런데 우리나라의 기탁금제도에는 공영비용(에 대한 보증금) 예납의 의미와 후보난립을 방지하고 후보사퇴·등록무효 등 후보자의 성실성을 담보하기 위한 제재금예납의 의미가 혼합되어 있다고 할 수 있으며, 중앙선거관리위원회의 의견에 의하면 공영비용을 기탁금에서 충당하는 국가는 없으며 이는 우리나라 기탁금제도의 특색이라 할 수 있다.

3. 위헌판단의 기준

헌법 제116조 제2항을 보면 선거에 관한 경비를 법률의 규정에 의하여 후보자 등에게 부담시킬 수도 있다는 뜻이 되며, 지방의회의원선거법 제37조 제1항이 바로 그 법률규정이라 할 수 있다. 위 제37조 제1항 소정의(후보자 등에게 부담시키는) 공영비용의 범위가 과연 적정하다고 할 수 있느냐의 점은 이론이 있을 수도 있겠으나 **헌법 제116조 제2항의 선거공영제도의 이념에 비추어 그 범위나 금액이 적을수록 바람직하다고 할 수 있다.** 그리고 위에서 말한 순수한 의미의 기탁금이나 공영비용 충당금액으로서의 기탁금은 헌법 제25조 및 제37조 제2항의 요건이 구비되는 범위 내에서만 그 합헌성이 인정될 수 있다고 할 것이다. 그러나 지방의회의원후보자에게 요구되는 과다한 액수의 기탁금은 그것이 사후에 반환되는 경우이든 지방자치단체에 귀속되는 경우이든 헌법의 기본원리인 국민주권주의와 자유민주주의를 실현하는 제도적 장치인 선거제도의 공정한 운영을 저해하고 경제력이 약한 계층의 지방의회진출을 실질적으로 봉쇄하여 헌법상 보장되고 있는 기본권인 일반 국민의 선거권과 후보자가 되려는 국민의 공무담임권(피선거권)·평등권 등을 침해할 소지가 있기 때문에 헌법의 기본권보장규정에 합치되지 않는다고 할 수 있을 것이다. 국민주권주의와 자유민주주의의 현실적인 실현은 모든 국민이 선거에 참여하고 또 선거를 통하여 공무를 담임하는 기회를 보장받는 것이고, 선거에 의하여 선출된 국회의원이 제정한 법률에 의하여 행정과 사법이 기속되는 형태로 행하여지는 것이다. 국민의 의사가 얼마나 굴절없이 정당하게 반영되었느냐의 여부가 통치권의 정통성과 정당성을 담보하는 핵심이고 생명이라고 할 수 있는 것이다. 그러므로 **선거제도를 지배하는 보통·평등·직접·비밀선거의 4가지 원칙(헌법 제41조 제1항, 제67조 제1항)이 실질적으로 얼마나 잘 보장되느냐가 선거제도의 성패를 가늠하는 갈림길이 되는 것이며, 고액기탁금의 기탁제도는 바로 이와 같은 보통선거원칙 및 평등선거원칙과 관련이 있는 것이다.** 지방의회의원선거법 제36조 제1항의 700만원의 기탁금액에 관하여 그 위헌여부를 판단하려면 위에서 본 국민주권주의와 자유민주주의를 최고이념으로 하고 있는 우리 헌법에서 선거권·공무담임권(피선거권)·평등권 등을 기본권으로서 보장하고 있는 점과 아울러 지방자치제도의 중요성과 선거제도가 갖는 의의와 기능 등을 종합적으로 검토하여 그 금액이 합당하게 책정되었는지의 여부가 판단되어야 하는 것이다.

4. 지방의회의원후보자에 대한 기탁금제도

(1) 외국의 입법례 개관

순수한 의미의 기탁금제도는 선진 외국의 입법례에서도 그 예를 흔히 볼 수 있고, 따라서 기탁금제도 자체는 우리나라 특유의 제도라고 할 수 없으나 그 금액은 후에 살펴보는 바와 같이 외국에서는 매우 근소한 명목상의 금액을 규정하고 있을 뿐인 것이다. **기탁금의 다과(多寡)여부를 따지는데 있어서는 그 기탁금액이 국민의 기본권으로 보장받고 있는 선거권이나 공무담임권(피선거권)을 본질적으로 침해하고 있다고 할 수 있는가의 여부의 판단이 선행되어야 할 것이며, 그러기 위하여서는 우리나라의 경제사정 등 제반사정과 함께 외국의 기탁금제도 및 그 금액을 살펴볼 필요가 있는 것이다.** 기탁금제도에 관하여 제 외국의 실태를 보면, 우리나라처럼 공영비용에 충당되는 금액까지 기탁시키는 나라는 찾아보기 어려우며 일찍이 의회민주주의가 발달한 국가는 물론 중진국이나 심지어 후진국에 있어서도 지방의회의원선거에 있어서는 말할 것도 없고, 국회의원선거에 있어서도(보증금의 의미의 기탁금은 물론) 순수한 의미의 기탁금까지도 그 제도자체가 전혀 없거나 있다고 하더라도 근소한 금액을 규정하고 있을 뿐인 것이다.

(2) 지방의회의원선거법상 기탁금제도 이외의 각종 제한규정 개관

동 선거법에 규정된 전반적인 규제사항을 종합 검토하면 후보자의 선거운동방법은 소형인쇄물의 작성, 현수막, 선전벽보, 선거공보, 합동연설회 개최, 선거인명부 사본작성 등이 거의 그 전부라고 할 수 있는데 그 비용을 전부 후보자에게 부담시키고 있는 셈이다.

(3) 기탁금액의 현실적 타당성 검토

헌법 제116조 제2항이 공영비용을 지방의회의원 후보자에게 부담시키는 근거규정이라고 하더라도 그 참뜻은 앞서 살펴본 바와 같이 선거공영제도의 천명에 있는 만큼 국가와 지방자치단체의 재

정사정 등을 감안하여만 부득이 그 일부를 후보자에게 부담시키는 법률을 제정하더라도 선거제도상 후보자와 직접 관련되는 필수불가분의 선거운동비용에 한정되어야 할 것이고, 그러한 의미에서 지방의회의원선거법 제37조가 규정하고 있는 공영비용의 범위와 금액이 논란의 여지가 있다. 그동안 우리나라가 꾸준히 경제성장을 이룩하여 선진국에 진입하는 단계에 이르렀다고는 하나, 700만원이며 미화 약 10,000달러에 해당하는 큰 금액으로서 미국의 연방대법원에서 1,000달러의 기탁금을 규정한 선거법이 유능한 후보자의 출마기회와 자유를 제한할 수 있다는 이유를 들어 위헌선고를 한 사실과 비교해 보더라도 **시·도의회의원선거에 있어서 700만원의 기탁금은 과다하다는 판단을 피하기 어려우며, 이는 결국 경제력에 따른 실질적 차등선거의 결과가 된다고 아니할 수 없는 것이다.**

(4) 헌법상 보장되고 있는 국민의 기본권침해

이 사건 기탁금의 경우도 헌법의 개별적 법률유보조항(제25조)과 일반적 법률유보조항(제37조 제2항)을 근거로 하여 국회가 그 범위를 정할 수 있다고 할 것이나, 다만 기본권의 본질적인 내용의 침해금지와 비례의 원칙 내지 과잉금지의 원칙이 존중되지 않으면 안 되는 것이다. 국회가 헌법상 보장된 기본권에 대한 규제 내지 제한을 규정하는 법률을 제정함에 있어서는 특정한 법익보호의 필요성이 인정된다는 것만으로는 부족하고 그 때문에 희생되는 법익을 고려하여 비례와 균형이 유지되도록 노력하여야 할 의무를 지니고 있다. 따라서 기탁금의 금액은 필요한 최소한도의 공영비용 부담금에 성실성 담보와 과열방지를 위한 약간의 금액이 가산된 범위에 있어서만 헌법상 그 정당성이 인정될 수 있는 극도액(極度額)이라고 할 것이다. **그러한 관점에서 볼 때, 시·도의회의원 후보자에 대한 700만원의 기탁금 규정은 무자력계층의 지방의회진출을 사실상 봉쇄하고 그 때문에 유권자도 자신이 선출하고 싶은 자를 선출할 수 없게 될 소지가 있어 이는 헌법이 기본권으로 보장하고 있는 선거권·공무담임권·평등권 등을 침해하고 있는 것이며, 아울러 국민주권주의 및 자유민주주의라는 헌법의 최고 이념에도 합치되지 않는다고 할 것이다.**

(5) 선거에 있어서의 정당의 권리

헌법 제8조에 의하여 보장되는 정당제도에 있어서 정당이라 함은 국민의 이익을 위하여 책임 있는 정치적 주장이나 정책을 추진하고 공직선거의 후보자를 추천 또는 지지함으로써 국민의 정치적 의사형성에 참여함을 목적으로 하는 국민의 자발적 조직을 의미한다. 우리 헌법상 정당설립의 자유와 복수정당제는 보장되며, 정당의 목적·조직·활동이 민주적인 한, 정당은 국가의 보호를 받으며 정당운영에 필요한 자금까지도 보조받을 수 있는 것이다. 이렇게 헌법이 보장하고 있는 정당(제도)의 본래적 존재의의가 국민의 정치적의사의 형성에 참여하는데 있으며, 오늘날 대의민주주의에서 이러한 참여의 가장 중요한 형태가 선거를 통한 참여임은 의문의 여지가 없다. 그런데 시·도의회의원선거에 있어서 정당은 후보자의 추천과 후보자를 지원하는 선거운동을 통하여 소기의 목적을 추구하는데, 이 경우 **평등권 및 평등선거의 원칙으로부터 나오는(선거에 있어서의) 기회균등의 원칙은 후보자에 대하여서는 물론 정당에 대하여서도 보장되는 것이며, 따라서 정당추천의 후보자가 선거에서 차등대우를 받는 것은 바로 정당이 선거에서 차등대우를 받는 것과 같은 결과가 된다.** 이와 같이 정당이 선거에 있어서 기회균등의 보장을 받을 수 있는 헌법적 권리는 정당활동의 기회균등의 보장과 헌법상 참정권보장에 내포되어 있다고 할 것이다.

(6) 헌법불합치 결정을 하는 이유

여기서 이 사건 기탁금에 대하여 단순위헌결정을 하지 않고 헌법불합치 결정을 하는 이유는 위 기탁금제도 자체는 헌법상 일응 합헌으로 인정할 수밖에 없고, 다만 그 금액이 너무 다액이어서 헌법의 최고이념 및 기본권(참정권) 보장규정에 저촉되므로 입법형성권을 갖고 있는 국회가 스스로 적절히 하향조정을 하는 것이 온당하다고 사료되기 때문이다. 700만원의 기탁금이 과다한 것은 분명하지만 기탁금액 전체에 대하여 위헌선고를 하게 되면 헌법 제25조, 제37조 제2항, 제116조 제2항 등에 의하여 일부 합헌적으로 봐야하는 금액도 한데 싸여 실효되게 되는 결과가 초래될 수 있기 때문에 헌법의 모든 조문을 체계적·조화적으로 해석하여야 하는 헌법재판에 있어서는 기탁금액 전부에 대하여 위헌무효를 선언하기가 어려운 것이다. 뿐만 아니라 구체적으로 어떤 한도까지의 금액이 합헌적인가 하는 기준액을 헌법재판소가 확정하여 제시할 수 있는 입장도 아니기 때문에 국민의 대표기관인 국회 스스로 위헌적인 상태를 바로 잡는 것이 바람직하다고 할 것이다. 다만, 위와 같은 헌법불합치 상태는 장기간 방치될 수 없으므로 지방의회의원선거법 시행 후 최초로 실시되는 시·도의회의원선거일 공고일까지는 입법자에 의하여 개정이 되어야 하는 것이다.

(7) 헌법불합치 결정의 의의 및 주문에 침해된 기본권을 표시하지 않는 이유

헌법불합치선언은 이 사건의 경우에 있어서는 당해 법률규정이 전체적으로는 헌법규정에 저촉되지만 부분적으로는 합헌적인 부분도 혼재하고 있기 때문에 그 효력을 일응 존속시키면서 헌법합치적인 상태로 개정할 것을 촉구하는 변형결정의 일종으로서 전부부정(위헌)결정권은 일부부정(헌법불합치)결정권을 포함한다는 논리에 터잡은 것이다. 위헌이냐 합헌이냐의 결정 외에 한정합헌 또는 헌법불합치 등 중간영역의 주문(主文)형식은 헌법은 최고법규로 하는 통일적인 법질서의 형성을 위하여서 필요할 뿐 아니라 입법부가 제정한 법률을 위헌이라고 하여 전면폐기하기보다는 그 효력을 가급적 유지하는 것이 권력분립의 정신에 합치하고 민주주의적 입법기능을 최대한 존중하는 것이라 할 것이며, 그것은 국민의 대표기관으로서 입법형성권을 가지는 국회의 정직성·성실성·전문성에 대한 예우이고 배려라고 할 것이다. 그리고 헌법재판소법 제75조 제2항의 규정에 따라 주문에 침해된 기본권을 표시하지 않는 이유는, 법률에 대한 헌법소원은 청구인의 침해된 기본권 구제의 면도 있으나 객관적인 헌법질서의 확립이라는 성질이 더 부각되어야 할 것이고, 동 규정의 취지가 같은 조 제3항 내지 제5항과의 관계에서 볼 때 입법권, 즉 법률에 의한 기본권침해의 경우에 부합하는 규정이라고 보여지지 않고, 오히려 같은 조 제6항이 헌법소원을 인용하여 법률의 위헌을 선고할 경우에는 같은 법 제45조, 제47조의 규정을 준용하도록 하고 있어서 구태여 주문에 침해된 기본권을 표시할 필요까지는 없다고 해석되기 때문이다.

Ⅲ. 결 론

청구인들의 청구 중 구·시·군의회의원 선거 후보자의 기탁금(200만원)에 관한 부분은 청구인들과의 관계에서 자기관련성을 인정할 수 없어 그 부분 청구는 부적법하여 이를 각하하기로 하고, 청구인들의 위 법조항 중 시·도의회의원 선거 후보자의 기탁금(700만원)에 관한 부분은 헌법상 청구인 갑에게 보장되고 있는 공무담임권·평등권과 A 정당에게 보장되고 있는 선거에 있어서 기회균등권·일반 국민에게 보장되고 있는 선거권을 각 침해함으로써 헌법의 최고이념인 국민주권주의·자유민주주의 원리에도 합치되지 않는 것이다. 즉, 지방의회의원선거법 700만원의 기탁금 규정은

헌법 제24조, 제25조, 제11조 제1항, 제8조 제1항의 규정에 저촉되고, 헌법 전문과 제1조의 정신 및 제116조, 동 제37조 제2항, 제41조 제1항, 제67조 제1항의 규정취지에도 반하므로 지방의회의원선거법 시행 후 최초로 실시되는 시·도의회의원선거일 공고일을 시한으로 입법자에 의하여 개정되어야 하며, 그때까지만 효력을 지속하는 것이다.

재판관 변정수의 반대의견

1. 지방의회의원선거법 제36조 제1항의 "구·시·군의회의원 후보자는 200만원의 기탁금" 부분도 본안판단하여야 한다.

2. 헌법결정은 선고일로부터 즉시 그 효력을 발생하는 것이고 헌법재판소가 임의로 그 효력을 변경하거나 효력발생을 유보시킬 수는 없으므로 "헌법에 합치되지 아니한다"라는 주문도 선고일로부터 즉시 법률의 효력을 상실시키는 것이다.

본 판례에 대한 평가 1. 헌법상 정당의 개념에 관한 명시적 규정은 없다. 그런데 헌법상 정당제도의 구체화법인 정당법 제2조에서는 "정당이라 함은 국민의 이익을 위하여 책임 있는 정치적 주장이나 정책을 추진하고, 공직선거의 후보자를 추천 또는 지지함으로써 국민의 정치적 의사형성에 참여함을 목적으로 하는 국민의 자발적 조직을 말한다"라고 정의하고 있다. 정당의 개념요소는 다음과 같다: ㉠ (자유)민주적 기본질서의 긍정, ㉡ 국민의 이익의 실현, ㉢ 책임 있는 정치적 주장이나 정책의 추진, ㉣ 공직선거의 후보자 추천 또는 지지, ㉤ 국민의 정치적 의사형성에 참여, ㉥ 국민의 자발적인 계속적 조직.

2. 기본권의 주체와 관련하여 자연인뿐만 아니라 법인의 경우에도 기본권의 성질을 고려하여 법인에게도 인정될 수 있는 기본권의 경우에는 법인의 기본권주체성을 긍정하여야 한다. 또한 법인격을 보유한 법인뿐만 아니라 비록 법인격을 보유하지 못한 법인 아닌 권리능력 없는 사단이라 하더라도 대표자의 정함이 있고 독립된 사회적 조직체로서 활동하는 때에는 성질상 법인에게 인정되는 기본권의 주체성을 긍정하여야 할 것이다. 정당의 법적 성격을 위와 같이 볼 때, 정당은 당연히 자기와 관련된 기본권침해에 대해서 기본권주체성을 인정할 수 있으며 당해 헌법재판소의 결정은 바로 이러한 점을 분명히 한 점에서 의의가 있다.

관련 문헌: 한수웅, "정당의 개념과 정당등록제도의 헌법적 문제점", 저스티스 제104호(2008. 6.)

Ⅱ 정당법 제3조 등 위헌확인: 기각(헌재 2004.12.16. 2004헌마456)

쟁점 헌법 제8조 제1항이 정당조직의 자유를 포함한 정당의 자유를 보장하는지 여부(적극), 헌법 제8조 제2항이 가지는 의미, 정당법 제3조, 정당법 부칙 제5조, 제7조가 정당의 자유를 제한하는지 여부(적극), 위 제한이 기본권의 본질적 내용을 침해하는지 여부(소극), 위 제한이 비례원칙에 반하는지 여부(소극)

사건의 개요

청구인 A 당은 중앙선거관리위원회에 등록한 정당법상의 정당이고, 청구인 갑은 같은 날 관악구선거관리위원회에 등록한 A 당 지구당의 위원장이었다. 그런데 정당법이 개정되어 공포일인 시행됨에 따라, 정당의 지구당제도가 폐지되고 위 A 지구당의 등록도 말소되었다. 위와 같이 지구당제도가 폐지되고 A 당 지구당의 등록이 말소된 것은, 개정 전의 정당법 제3조가 "정당은 수도에 소재하는 중앙당과 특별시·광역시·도에 각각 소재하는 시·도당으로 구성한다"는 내용의 정당법 제3조로 개정되고 이에 관련된 경과규정인 정당법 부칙 제7조가 규정됨에 따른 것이다. 한편 정당법 부칙 제5조는 폐지되는 지구당의 당원, 재산, 관련서류의 처리에 관하여 규정하고 있다. 이에 청구인들은 정당법 제3조 및 정당법 부칙 제5조, 제7조에 의하여 헌법 제8조 제1항이 보장한 정당설립, 활동의 자유, 같은 조 제2항이 보장한 조직선택과 결성의 자유를 침해당하였다고 주장하면서 위 각 법률조항들의 위헌확인을 구하는 이 사건 헌법소원심판청구를 하였다.

☐ 심판의 대상

정당법 제3조 (구성) 정당은 수도에 소재하는 중앙당과 특별시·광역시·도에 각각 소재하는 시·도당(이하 "시·도당"이라 한다)으로 구성한다.

정당법 부칙 제5조 (지구당에 관한 경과조치) ① 이 법 시행 전의 지구당의 당원은 그 지구당이 소재하는 시·도를 관할하는 시·도당의 당원으로 본다.

② 이 법 시행 전의 지구당의 재산의 처분에 대하여는 제41조의 규정을 준용한다.

③ 이 법 시행 전의 제24조의2의 규정에 의한 지구당의 관련서류는 중앙당 또는 시·도당에 인계한다.

정당법 부칙 제7조 (지구당 등의 등록말소) 이 법 시행 전의 지구당 및 구·시·군연락소는 이 법 시행일에 그 등록이 말소된다.

☐ 주 문

청구인들의 심판청구를 모두 기각한다.

☐ 청구인의 주장

헌법 제8조 제2항 상의 목적을 달성하기 위하여 정당의 조직은 공직 속의 정당, 토대에서의 정당, 중앙당으로서의 정당의 세 가지 구성요소로 이루어져야 한다. 그 중 토대로서의 정당은 상향식 민주주의의 토대가 되는 풀뿌리 당원조직을 보장하는 지구당의 모습으로 나타난다. 그러므로 지구당을 폐지한 것은 정당제도의 본질적 내용을 침해한 것이다. 그리고 고비용 저효율의 문제는 지구당제도 자체의 문제가 아니라, 그 잘못된 운영에서 야기된 것으로 위 청구인의 지구당을 폐지하는 것은 과잉침해이다. 오히려 지구당을 폐지하는 경우 또 다른 고비용구조 창출 등 더 큰 부작용을 가져올 것이다.

☐ 판 단

Ⅰ. 이 사건 법률조항들의 의미

정당법 제3조가 지구당과 당연락소에 관하여 명시적 규정을 두고 있지 아니한 것은 지구당과 당연락소를 임의적인 조직으로 하여 그 설치여부를 정당의 자율에 맡긴다는 취지가 아니라, 기존의 조직을 폐지하고 이후 그 설립을 금지한다는 취지로 해석된다. 이 사건 법률조항들은 기존의 지구당과 당연락소를 강제적으로 폐지하고 이후 지구당을 설립하거나 당 연락소를 설치하는 것을 금지함을 내용으로 하고 있다.

Ⅱ. 이 사건 법률조항들이 정당의 자유를 제한하는지 여부

1. 정당의 자유

헌법 제8조 제1항은 정당설립의 자유, 정당조직의 자유, 정당활동의 자유 등을 포괄하는 정당의 자유를 보장하고 있다. 이러한 **정당의 자유는 국민이 개인적으로 갖는 기본권일 뿐만 아니라, 단체로서의 정당이 가지는 기본권이기도 하다.** 따라서 개인인 국민으로서 청구인 갑이 정당의 자유를 가지고 있음은 물론, 청구인 A 당도 단체로서 정당의 자유를 가지고 있다.

2. 정당조직의 자유가 헌법 제8조 제2항에 의하여 인정되는지 여부

헌법 제8조 제2항은 정당에 대하여 정당의 자유의 한계를 부과한 것이다. 또 이 규정은 정당의 핵심적 기능과 임무를 '국민의 정치적 의사형성에 참여'하는 것으로 선언하면서 동시에 위 기능과 임무를 민주적인 내부질서를 통하여 수행할 수 있도록 그에 필요한 입법을 해야 할 의무를 입법자에게 부과하고 있다. 그러나 헌법 제8조 제2항이 정당조직의 자유를 직접적으로 규정한 것이라고 보기는 어렵다. 앞에서 본 바와 같이 정당조직의 자유는 헌법 제8조 제1항이 보장하는 정당의 자유에 포괄되어 있어 이 규정에 의하여 이미 보장되는 것이기 때문이다. **헌법 제8조 제2항이 정당조직의 자유와 밀접한 관계를 가지고 있는 것은 사실이나, 이는 오히려 그 자유에 대한 한계를 긋는 기능을 하는 것이고, 그러한 한도에서 정당의 자유의 구체적인 내용을 제시한다고는 할 수 있으나, 정당의 자유의 헌법적 근거를 제공하는 근거규범으로서 기능한다고는 할 수 없다.**

3. 정당조직·활동의 자유의 제한

이 사건 법률조항들로 말미암아 정당은 중앙당-시·도당-지구당-당연락소로 이루어지는 정당조직 중 상부조직인 중앙당과 시·도당만 설립할 수 있을 뿐 하부조직인 지구당과 당연락소는 가질 수 없게 되었고, 정당을 설립하려는 국민 개인들도 이러한 조직을 할 수 없게 되었다. 이에 따라 정당조직의 자유가 제한을 받게 되었다. 나아가 정당활동의 자유도 제한받게 되었다. 그러므로 이 사건 법률조항은 정당조직의 자유와 정당활동의 자유를 포함한 청구인들의 정당의 자유를 제한하고 있다.

Ⅲ. 본질적 내용의 침해인지 여부

1. 지구당, 당 연락소의 존재의의

기본권의 본질적 내용은 만약 이를 제한하는 경우에는 기본권 그 자체가 무의미하게 되는 기본권의 근본요소를 의미한다. 그러므로 이 사건 법률조항들이 정당으로 하여금 위와 같은 핵심적인 기능과 임무(국민의 정치적 의사형성에의 참여)를 전혀 수행하지 못하도록 하거나 이를 수행하더라도 전혀 비민주적인 과정을 통할 수밖에 없도록 하는 것이라면, 이는 정당의 자유 그 자체를 무의미하게 하고 이를 형해화하는 것으로서 기본권의 본질적 내용을 침해하는 것이 된다. 정당의 핵심적 기능이 국민의 의사형성에 참여하는 것인 까닭에, 정당이 국민들에게 가까이 다가가면 갈수록 그 기능은 원활히 수행될 것이고, 또한 국민들이나 평당원의 의사를 잘 반영하면 할수록 정당조직과 활동의 민주성은 고양될 것이다. 이러한 측면에서 본다면, 지구당이나 당연락소는 정당의 핵심적 기능을 민주적으로 수행하는 데 매우 효과적인 존재라 아니할 수 없다.

2. 본질적인 침해인지 여부

그러나 지구당을 금지하고 있지 않은 나라에서 지구당이 모든 선거구에 설립되어 있지 않음에도 불구하고 정당이 그 기능을 충실히 수행하고 있는 사례를 흔히 발견할 수 있다는 점, 지구당이 선거기간 동안 활발하게 활동하다가 선거가 끝난 후에는 그 활동이 약화되거나 미미하고 경우에 따라서는 거의 운영되지 않고 있는 것이 많은 나라들의 운영 실태이지만, 정당은 의연하게 그 기능을 하며 존재하고 있다는 점, 특히 오늘날과 같이 교통과 통신(특히, 인터넷) 및 대중매체가 발달한 상황에서는 지구당이 국민과 정당을 잇는 통로로서 가지는 기능 및 의미가 상당부분 완화되었다는 점 등을 고려할 때, 지구당이 없다고 하더라도 정당은 국민의 정치적 의사형성에 참여하여 핵심적 기능과 임무를 수행할 수 있다. **따라서 이 사건 법률조항들이 지구당의 설립을 금지하더라도 이를 들어 정당의 자유의 본질적 내용을 침해한다고는 할 수 없다.**

Ⅳ. 과잉제한인지 여부

1. 목적의 정당성

이 사건 법률조항들은 '고비용 저효율의 정당구조를 개선함'을 그 입법목적으로 하고 있다. 이 사건 법률조항들이 입법될 당시 우리나라 정당구조에 대한 가장 중요한 비판 중의 하나가 비용은 많이 들면서도 효율은 낮고 한편, 막대한 비용의 소요는 정치부패의 원인이 되기도 하였다는 점에 있었다. 이러한 고비용 저효율의 정당구조는 바람직한 정당정치에 대한 장애가 되므로 이를 해소하고자 하는 입법목적은 그 정당성을 인정할 수 있다.

2. 수단의 적정성

한국정치의 고비용 저효율의 문제는 지구당이 아닌 다른 요소 즉, 한국정치의 구조적인 악습과 관행에서 비롯되는 것으로서 지구당제도 자체의 문제는 아니라는 진단도 설득력이 없는 것은 아니다. 그러나 상시조직으로서의 지구당을 폐지한다면 적어도 그로 인한 자금은 소요되지 아니한다는 점, 지구당을 폐지한다면, 합법을 가장한 불법적인 자금유통이 이루어질 가능성을 원천적으로 봉쇄할 수 있다는 점 등을 고려할 때, 앞에서 본 입법목적을 위하여 지구당을 폐지하는 것은 효과적이고 적절한 수단이라고 할 수 있어 수단의 적정성도 인정할 수 있다. 그리고 지구당을 강화할 것인가의 여부에 관한 선택은 법적인 문제라기보다는 헌법의 테두리 안에서 입법자가 합목적적으로 판단할 문제로서 헌법의 테두리를 벗어나지 않는 한 그 선택의 재량을 갖는다고 할 수 있다. 따라서 **가사 지구당을 폐지함으로써 일부 바람직하지 않은 결과가 파생된다 하더라도 그것이 헌법의 테두리를 벗어나지 않는 한, 이는 당·부당의 문제에 그치고 합헌·위헌의 문제로까지 되는 것은 아니므로, 그 구체적인 선택의 당부를 엄격하게 판단하여 위헌여부를 가릴 일은 아니다. 결국 지구당을 폐지한 것에 수단의 적정성이 있는가 하는 것을 판단함에 있어서는 상대적으로 완화된 심사기준에 의하여 판단하여야 한다.** 이러한 관점에서 볼 때, 이 사건 법률조항들에 대하여 그 수단의 적정성은 보다 쉽게 인정될 수 있다.

3. 침해의 최소성

한국 정당정치의 현실을 볼 때, 고비용 저효율의 병폐는 지구당이라는 정당조직에 너무나 뿌리 깊게 고착화되어 양자를 분리할 수 없을 정도의 구조적인 문제로 되어버렸기 때문에 **지구당을 폐**

지하지 않고 위와 같은 보다 완화된 방법만을 채용하여서는 이러한 문제점을 해결할 수 없다는 것이 이 사건 법률조항을 입법할 당시의 한국 정당정치 현실에 대한 입법자의 진단이고, 이러한 진단은 그 타당성을 인정할 수 있다. 더구나 이 사건 법률조항들에 의하더라도, 종전에 지구당에 소속되었던 당원들은 시·도당의 구성원으로서 정당활동을 계속할 수 있을 뿐만 아니라, 교통수단, 인터넷 등 통신수단, 대중매체 등이 고도로 발달된 오늘날 지구당의 부재로 인한 활동의 위축을 최소화할 방법이 널리 열려 있고, 이 사건 법률조항들과 같은 날 공포·시행된 공직선거 및 선거부정방지법에 따라 선거기간 동안에는 선거운동기구와 정당선거사무소를 설치할 수 있어, 적어도 이 기간 동안에는 종래 지구당이 수행하던 기능을 하는 조직을 가질 수 있으므로, **이 사건 법률조항들에 의한 정당자유의 제한을 상당한 정도 완화하고 있다. 침해의 최소성은 이 점에서도 인정될 수 있다.**

4. 법익의 균형성

지구당을 폐지함으로써 달성하려고 하는 공익은 고비용 저효율의 정당구조를 개선하고자 하는 것이고, 이로 인하여 침해되는 사익은 청구인들의 정당의 자유이다. **정당의 자유는 민주정치의 전제인 자유롭고 공개적인 정치적 의사형성을 가능하게 하는 것이므로 그 자유가 최대한 보장되어야 함은 물론이지만, 한편, 정당은 그 자유로운 지위와 함께 '공공(公共)의 지위'를 함께 가지므로 바람직한 정당제도의 실현이라는 공익을 위하여 일정한 제한을 받게 되고 경우에 따라서는 다른 단체에게는 부과되지 아니하는 의무가 정당에게 부과되기도 한다.** 이러한 관점에서 이 사건 법률조항들에 관련된 앞에서 본 공익과 사익을 비교하여 보건대, 양자 사이에 현저한 불균형이 있다고 보기는 어렵다. 그러므로 이 사건 법률조항들은 청구인들이 가지는 정당의 자유를 과잉되게 침해한다고 할 수 없어 비례원칙에 반하지 아니한다.

Ⅴ. 결 론

이 사건 법률조항들에는 청구인들이 주장하는 위헌사유가 없고, 달리 헌법에 위반된다고 볼 사유도 발견되지 아니하여, 청구인들이 이 사건 법률조항들로 인하여 그 기본권을 침해당하였다고 할 수 없으므로 청구인들의 이 사건 심판청구를 모두 기각하기로 하여 관여재판관 전원의 일치된 의견으로 주문과 같이 결정한다.

⚜ 본 판례에 대한 평가 1. 정당의 자유: 정당이 설립에서부터 활동 및 해산에 이르기까지 누리고 있는 광범위한 정당의 자유는 헌법 및 법률을 통하여 보장되고 있다. 헌법 제8조 제1항에서는 정당설립의 자유만 규정하고 있지만, 여기에는 정당설립의 자유뿐만 아니라 정당조직의 자유, 정당 활동의 자유, 정당해산의 자유를 포괄하는 정당의 자유를 의미하는 것으로 이해하여야 한다. 이러한 정당설립의 자유는 비록 헌법 제8조 제1항 전단에 규정되어 있지만 국민 개인과 정당의 '기본권'이라 할 수 있다. "정당은 그 목적·조직과 활동이 민주적이어야 하며, 국민의 정치적 의사형성에 참여하는 데 필요한 조직을 가져야 한다"(제8조 제2항). 제8조 제2항은 제8조 제1항에 의하여 정당의 자유가 보장됨을 전제로 하여, "정당에 대하여 정당의 자유의 한계를 부과하는 것임과 동시에 입법자에 대하여 그에 필요한 입법을 해야 할 의무를 부과하고 있다. 그러나 이에 나아가 정당의 자유의 헌법적 근거를 제공하는 근거규범으로서 기능한다고는 할 수 없다." "정당설립의 자유는 설립할 정당의 조직형태를 어떠한 형태로 할 것인가에 관한 정당조직선택의 자유 및 그와 같

이 선택된 조직을 결성할 자유를 포괄하는 '정당조직의 자유'를 포함한다."

2. 정당(설립)의 자유에 대한 제한: 정당설립의 자유가 보장되어 있다고 하여도 정당설립에 일정한 요건을 요구하는 등록제는 합헌이다. 그러나 등록 및 등록취소의 요건은 정당의 조직·형태 등 형식적 요건에 한정되어야 하며, 실질적 내용을 요건으로 하여서는 아니 된다. 왜냐하면 실질적 요건을 요구하면 그것은 실질적으로 허가제와 다름없기 때문이다. 정당의 등록에 일정한 요건을 요구하고 있는 것과 맞물려, 국민 개개인의 입당 및 탈당의 자유가 보장되어야 한다. 다만 당원이 될 수 있는 자에 대해서는 일정한 제한이 가능하다. "정당활동의 자유를 제한하기 위하여는 헌법 제37조 제2항에 따라 국가안전보장, 질서유지, 공공복리를 위하여 필요한 경우에 법률의 규정에 의하여서만 가능"하다.

관련 문헌: 한수웅, 헌법 제8조 정당조항의 규범적 의미, 중앙법학 제10집 제1호(2008. 4), 21-43면; 김명재, "정당의 자유와 민주적 기본질서(헌법 제8조의 해석을 중심으로), 헌법학연구 제13권 제1호(2007. 3); 한수웅, 정당의 개념과 정당등록제도의 헌법적 문제점(헌재 2006.3.30. 2004헌마246결정에 대한 판례평석을 중심으로), 저스티스 제104호(2008. 6); 음선필, "정당국고보조금제도의 헌법적 검토", 헌법학 연구 제14권 제2호(2008. 6); 강경근, "정당의 본질 및 성립과 소멸의 자유", 고시연구, 2006. 6.

[요약판례 1] 국회의원선거법 제33조, 제34조의 위헌심판: 헌법불합치(헌재 1989.9.8. 88헌가6)

정당국가적 현대 민주주의 사회에서 개인이 정치적으로 의미 있는 활동을 하기 위하여 정당이 중요한 역할을 수행하는지 여부(적극)

우리 헌법은 보통, 평등, 직접, 비밀, 자유선거의 원칙을 명시하고 있어 모든 선거참가인에게 원칙적으로 평등하게 보호를 하고, 자유로운 입후보를 허용하고 있고, 정치적 자유와 그 기회는 정당의 공천자나 무소속의 입후보자에게 차별 없이 균등하게 보장하고 있다. 헌법 제8조에 규정한 정당의 보호규정은 무소속 입후보자의 기회균등을 보장하는 헌법규정을 부정하는 상반된 뜻은 아니다. 오늘과 같은 **정당국가적 현대민주주의 사회에서는 정당 없이는 민주정치가 제대로 기능할 수 없을 정도로 정당은 중요한 역할을 하는데 반해 개인은 정치적으로 여러 가지 제약이 있어 정치적인 의미 있는 활동을 하기에는 어려움이 많다.** 아무리 정당국가적인 민주주의라고 하지만 무소속 입후보를 완전히 봉쇄하거나 차별대우를 하는 데에는 민주주의의 원리상 문제가 있다. 그것은 많은 사람으로부터 참정권과 공무담임권을 박탈하는 것이 되므로 민주헌법은 무소속 입후보를 원칙적으로 보장하고 있다. 더욱이 아직까지 민주적인 정당정치제도가 국민 속에 뿌리내려 확립되지 못한 상황에서는 더욱 그렇다.

[요약판례 2] 지방의회의원선거법 제36조 제1항에 대한 헌법소원: 헌법불합치(헌재 1991.3.11. 91헌마21등)

지방의회의원후보자에게 과다한 액수의 기탁금을 요구하는 것이 헌법의 기본원리인 국민주권주의와 자유민주주의를 실현하는 제도적 장치인 선거제도의 공정한 운영을 저해하고 헌법상 보장되고 있는 기본권인 일반 국민의 선거권과 후보자가 되려는 국민의 공무담임권(피선거권)·평등권 등을 침해할 소지가 있는지 여부(적극)

우리 헌법상 정당설립의 자유와 복수정당제는 보장되며(제8조 제1항), 정당의 목적·조직·활동이 민주적인 한, 정당은 국가의 보호를 받으며 정당운영에 필요한 자금까지도 보조받을 수 있는 것이다(같은 조 제2항 내지 제4항). 이렇게 헌법이 보장하고 있는 정당(제도)의 본래적 존재의의가 국민의 정치적의사의 형성에 참여하는데 있으며(제8조 제2항 후문), 오늘날 대의민주주의에서 이러한 참여의 가장 중요한 형태가 선거를 통한 참여임은 의문의 여지가 없다.

그런데 시·도의회의원선거에 있어서 정당은 후보자의 추천과 후보자를 지원하는 선거운동을 통하여 소기의 목적을 추구하는데, 이 경우 **평등권 및 평등선거의 원칙으로부터 나오는(선거에 있어서의) 기회균등의 원칙은 후보자에 대하여서는 물론 정당에 대하여서도 보장되는 것이며, 따라서 정당추천의 후보자가 선거에서 차등대우를 받는 것은 바로 정당이 선거에서 차등대우를 받는 것과 같은 결과가 되는 것이다.** 이와 같이 정당이 선거에 있어서 기회균등의 보장을 받을 수 있는 헌법적 권리는 정당활동의 기회균등의 보장과 헌법상 참정권보장에 내포되어 있다고 할 것이므로 헌법 제8조 제1항 내지 제3항, 제11조 제1항, 제24조, 제25조는 그 직접적인 근거규정이 될 수 있는 것이며, 헌법 전문과 제1조, 제41조 제1항, 제67조 제1항, 제37조 제2항, 제116조 제2항은 간접적인 근거규정이 될 수 있는 것이다. 그런데 **지방의회의원후보자에게 요구되는 과다한 액수의 기탁금은 그것이 사후에 반환되는 경우이든 지방자치단체에 귀속되는 경우이든 헌법의 기본원리인 국민주권주의와 자유민주주의를 실현하는 제도적 장치인 선거제도의 공정한 운영을 저해하고 경제력이 약한 계층의 지방의회진출을 실질적으로 봉쇄하여 헌법상 보장되고 있는 기본권인 일반 국민의 선거권과 후보자가 되려는 국민의 공무담임권(피선거권)·평등권 등을 침해할 소지가 있기 때문에 헌법의 기본권보장규정에 합치되지 않는다고 할 수 있을 것이다.**

> **[요약판례 3] 국회의원선거법 제55조의3 등에 대한 헌법소원: 한정위헌,기각**(헌재 1992.3.13. 92헌마37등)
>
> 정당추천후보자에게 별도로 정당연설회를 할 수 있도록 하는 것이 선거운동을 하는 데에 있어 불평등하므로 무소속후보자에게도 정당연설회에 준하는 개인연설회를 허용하는 경우에는 위헌성의 소지가 제거될 수 있는지 여부(적극)

정당추천후보자에게 별도로 정당연설회를 할 수 있도록 한 국회의원선거법 제55조의3 규정은 무소속후보자에 비교하여 월등하게 유리한 위치에서 선거운동을 하게 한 불평등한 규정이므로, 헌법전문 헌법 제11조 제1항의 법 앞의 평등), 제25조의 공무담임권, 제41조 제1항의 평등선거의 원칙, 제116조 제1항의 선거운동기회균등의 보장원칙에 위반된다고 할 것이나 **무소속후보자에게도 정당연설회에 준하는 개인연설회를 허용하는 경우에는 위헌성의 소지가 제거될 수 있으므로 제7항은 당해 지역구에서 정당추천후보자를 연설원으로 포함시킨 정당연설회를 개최하는 경우에는 무소속후보자에게도 정당추천후보자에 준하는 선거운동의 기회를 균등하게 허용하지 아니하는 한 헌법에 위반된다.**

> **[요약판례 4] 공직선거및선거부정방지법 제87조 등 위헌확인: 기각**(헌재 1995.5.25. 95헌마105)
>
> 정당의 지구당을 단순한 중앙당의 하부조직이 아니라 어느 정도의 독자성을 가진 단체로서 역시 법인격 없는 사단에 해당한다고 볼 수 있는지 여부(적극)

우리 헌법은 주권재민의 원칙을 선언하고(제1조) 있으며 모든 국민에게 결사의 자유(제21조)를 보장하면서도 결사의 한 형태인 정당에 관하여는 일반단체(일반결사)와는 다른 특별한 보호와 규제를 하고 있다(제8조). **헌법이 정당에 대하여 일반결사와는 다른 특별한 보호와 규제를 하고 있는 이유는 정당이 "국민이 이익을 위하여 책임 있는 정치적 주장이나 정책을 추진하고 공직선거의 후보자를 추천 또는 지지함으로써 국민의 정치적 의사형성에 참여함을 목적으로"하여 조직된 단체이고 또 그러한 목적수행에 필요한 조직을 갖추고 있기 때문인 것으로 이해되고** 반대로 일반결사에 대하여 정당의 경우와 같은 헌법상의 보호와 규제가 없는 것은 그러한 단체는 각기 자기고유의 설립목적이 따로 있고 국민의 정치적 의사형성에 참여함을 직접 목적으로 하여 조직된 것이 아니며 또 그러한 의사형성에 참여하는 데 필요한 조직도 갖추고 있지 않기 때문인 것으로 이해된다. 이렇게 볼 때, **공직선거에 있어서 후보자를 추천하거나 이를 지지 또는 반대하는 등 선거활동을 함에 있어서 "정당"과 "정당이 아닌 기타의 단체"에 대하여 그 보호와 규제를 달리한다 하더라도 이는 일응 헌법에 근거를 둔 합리적인 차별이라 보아야 할 것**이고, 따라서 정당이 아닌 단체에게 정당만큼의 선거운동이나 정치활동을 허용하지 아니하였다 하여 곧 그것이 그러한 단체의 평등권이나 정치적 의사표현의 자유를 제한한 것이라고는 말할 수 없을 것이다.

[요약판례 5] 노동조합법 제12조 등 위헌확인: 위헌,각하(헌재 1999.11.25. 95헌마154)

사용자단체의 정치 헌금을 허용하는 반면 노동단체의 경우 정치자금의 기부를 금지하는 정치자금에 관한법률 제12조 제5호가 노동단체의 표현의 자유 및 결사의 자유를 침해하는지 여부(적극)

이 사건 법률조항은 노동단체가 정당에 정치자금을 기부하는 것을 금지함으로써 청구인이 정당에 정치자금을 기부하는 형태로 정치적 의사를 표현하는 자유를 제한하는 한편, 정치자금의 기부를 통하여 정당에 정치적 영향력을 행사하는 결사의 자유(단체활동의 자유)를 제한하는 규정이므로, 이 사건 법률조항에 의하여 침해된 기본권은 헌법 제33조의 단결권이 아니라 헌법 제21조의 노동조합의 정치활동의 자유, 즉 표현의 자유, 결사의 자유, 일반적인 행동자유권 및 개성의 자유로운 발현권을 그 보장내용으로 하는 행복추구권이라고 보아야 한다. 따라서 노동조합이 근로자의 근로조건과 경제조건의 개선이라는 목적을 위하여 활동하는 한, 헌법 제33조의 단결권의 보호를 받지만, **단결권에 의하여 보호받는 고유한 활동영역을 떠나서 개인이나 다른 사회단체와 마찬가지로 정치적 의사를 표명하거나 정치적으로 활동하는 경우에는 모든 개인과 단체를 똑같이 보호하는 일반적인 기본권인 의사표현의 자유 등의 보호를 받을 뿐이다.** 그런데 이 사건 법률조항의 입법목적인 **'노동단체의 정치화 방지' 나 '노동단체 재정의 부실우려' 는 헌법상 보장된 정치적 자유의 의미에 비추어 입법자가 헌법상 추구할 수 있는 정당한 입법목적의 범위를 벗어난 것으로 판단된다.** 나아가 이 사건 법률조항을 통하여 달성하려는 공익인 '노동단체 재정의 부실 우려'의 비중은 상당히 작다고 판단된다. 따라서 노동단체의 기부금지를 정당화하는 중대한 공익을 인정하기 어려우므로 이 사건 법률조항은 노동단체인 청구인의 표현의 자유 및 결사의 자유의 본질적 내용을 침해하는 위헌적인 규정이다.

[요약판례 6] 공직선거및선거부정방지법 제150조 제3항 등 위헌확인: 기각(헌재 1996.3.28. 96헌마9)

공직선거에 있어서 정당후보자에게 무소속후보자보다 우선순위의 기호를 부여하는 제도가 정당민주주의에 바탕을 둔 헌법의 정당제도의 존재 의의에 비추어 그 목적이 정당한지 여부(적극)

정당제민주주의에 바탕을 둔 우리 헌법은 정당설립의 자유와 복수정당제를 보장하고(헌법 제8조 제1항), 정당의 목적·조직·활동이 민주적인 한 법률이 정하는 바에 의하여 국가의 보호를 받으며, 정당운영에 필요한 자금도 보조받을 수 있도록 하는 등(같은 조 제2항 내지 제4항) 정당을 일반결사에 비하여 특별히 두텁게 보호하고 있다. 그리고 정당이 국민의 정치적 의사형성에 참여하는 가장 중요한 형태는 공직선거에 있어서 후보자를 추천·지지함으로써 행하는 선거 통한 참여라고 할 것이고, 여기에 정당 본래의 존재의의가 있다 할 것이다. 따라서 **공직선거에 있어서 정당후보자에게 무소속후보자보다 우선순위의 기호를 부여하는 제도는 정당제도의 존재 의의에 비추어 그 목적이 정당하다 할 것이다.** 또 정당·의석을 우선함에 있어서도 국회에 의석을 가진 정당의 후보자, 의석이 없는 정당의 후보자, 무소속후보자의 순으로 하고, 국회에 의석을 가진 정당후보자 사이에는 의석순으로 하며, 의석이 없는 정당후보자 및 무소속후보자 사이의 각 순위는 정당명 또는 후보자성명의 "가,나,다"순 등 합리적 기준에 의하고 있으므로 그 방법도 상당하다 할 것이다. 그러므로 위 조항은 평등권을 침해한다고 볼 수 없다.

[요약판례 7] 공직선거및선거부정방지법 제111조 등 위헌확인: 기각(헌재 1996.3.28. 96헌마18등)

정치적 결사로서의 정당이 국민 일반이 정치나 국가작용에 영향력을 행사하는 매개체의 역할을 수행하여 현대의 대의제민주주의에 없어서는 안 될 중요한 공적 기능을 수행하고 있으므로 그 설립과 활동의 자유가 보장되고 국가의 보호를 받아야 하는지 여부(적극), 국회의원의 의정활동보고와 정당의 각종집회를 선거기간개시일 전의 일정기간 동안 금지 또는 제한하지 아니하는 것이 위헌인지의 여부(소극), 정당의 각종 집회에서 음식물 등을 제공하는 것을 공직선거및선거부정방지법에서 금지하는 "기부행위"로 보지 아니하는 것이 위헌인지의 여부(소극)

정치적 결사로서의 정당은 국민의 정치적 의사를 적극적으로 형성하고 각계각층의 이익을 대변하며, 정부를 비판하고 정책적 대안을 제시할 뿐만 아니라, 국민 일반이 정치나 국가작용에 영향력을 행사하는 매개체의 역할을 수행하는 등 현대의 대의제민주주의에 없어서는 안 될 중요한 공적 기능을 수행하고 있으므로 그 설립과 활동의 자유가 보장되고(헌법 제8조 제1항) 국가의 보호를 받는다(같은 조 제3항). 따라서 정당의 통상적인 활동은 선거운동으로 보지 아니하고(법 제58조 제1항) 법 제141조 내지 143조에 규정된 정당의 각종 집회는 모두 정당이 그 조직을 유지·정비하고 당원의 교육·연수 등을 통하여 정치적 결사로서의 목적을 달성하기 위하여 행하는 정당내부적 활동으로서 통상적인 정당활동의 전형적 유형에 불과하다고 보여진다. 그럼에도 불구하고 위 각 법조항들이 선거운동기간 중 국회의원의 의정활동보고나 정당의 각종 집회를 금지하거나 제한하고 있는 것은 선거운동의 방법과 횟수 등에 대하여 엄격한 제한을 가하고 있는 법조항들의 실효성을 확보하기 위하여 국회의원의 의정활동보고나 정당의 각종 집회가 위와 같은 선거운동의 제한을 회피하는 탈법수단으로 악용될 가능성을 사전에 차단함으로써 선거의 공정이라는 궁극적인 법목적의 실현을 도모하기 위한 것이라고 할 수 있을 것이다.

[요약판례 8] 정치자금에관한법률 제5조 등 위헌확인: 기각(헌재 1997.5.29. 96헌마85)

국회의원입후보예정자에 대해서는 후원회 설치를 금지하면서도 국회의원입후보등록자는 후원회를 설치할 수 있도록 하는 정치자금에관한법률 제5조 제1항이 평등원칙에 위반되는지 여부(소극)

정치자금은 애당초 정치활동을 위하여 소요되는 경비로만 지출되어야 하고 사적경비로 지출하거나 부정한 용도로 지출하여서는 아니되는 것이며 또 그 운용에 있어서 국민의 의혹을 사는 일이 없도록 공명정대하여야 하고 그 회계는 공개되어야 하는 것이므로, 그러한 정치자금의 조달이 허용되는 대상자도 위와 같은 요구들에 합당하도록 객관적으로 명확할 것을 요한다. 그런데 **정당이나 국회의원 그리고 국회의원입후보등록자는 이미 정치활동을 위한 경비의 지출이 객관적으로 예상되는 명확한 위치에 있는 자들인 반면, 단순한 국회의원입후보예정자는 어느 시점을 기준으로 그러한 위치를 인정할 것인지가 객관적으로 명확하지 아니하다.** 따라서 엄격한 절차와 방법에 의한 정치자금의 조달을 통하여 정치자금의 적정한 제공을 보장하고 나아가 민주정치의 건전한 발전에 기여함을 그 목적으로 하는 정치자금법으로서는 후원회를 통한 정치자금조달이 허용되는 대상자로서 입후보등록을 한 입후보자만을 그 대상으로 하고 그 특정이 객관적으로 명확하지 아니한 단순한 입후보예정자를 그 대상에서 제외하였다 하더라도, 이는 위와 같은 입법목적을 실현하기 위한 불가피한 선택인 것이며 그것이 우리 재판소가 관여하여야 할 정도로 입법재량을 현저히 불합리하게 또는 자의적으로 행사한 것이라고 단정할 수도 없다.

[요약판례 9] 국회구성권 등 침해 위헌확인: 각하(헌재 1998.10.29. 96헌마186)

국회구성권이라는 것은 오늘날 이해되고 있는 대의제도의 본질에 반하는 것인지 여부 및 대통령의 여야 의석분포행위로 말미암아 바로 헌법상 보장된 청구인들의 구체적 기본권이 침해당하는지 여부(소극)

헌법의 기본원리인 대의제 민주주의 하에서 국회의원 선거권이란 것은 국회의원을 보통·평등·직접·비밀선거에 의하여 국민의 대표자인 국회의원을 선출하는 권리에 그치고, 개별 유권자 혹은 집단으로서의 국민의 의사를 선출된 국회의원이 그대로 대리하여 줄 것을 요구할 수 있는 권리까지 포함하는 것은 아니다. 또한 **대의제도에 있어서 국민과 국회의원은 명령적 위임관계에 있는 것이 아니라 자유위임관계에 있기 때문에 일단 선출된 후에는 국회의원은 국민의 의사와 관계없이 독자적인 양식과 판단에 따라 정책결정에 임할 수 있다.** 그런데 청구인들 주장의 "국회구성권"이란 유권자가 설정한 국회의석분포에 국회의원들을 기속시키고자 하는 것이고, 이러한 내용의 **"국회구성권"이라는 것은 오늘날 이해되고 있는 대의제도의 본질에 반하는 것이므로 헌법상 인정될 여지가 없다.** 따라서 국회구성권의 침해를 주장하는 부분은 존재하지도 않는 기본권의 침해를 주장하는 것으로서 주장자체로 이미 기본권침해성 및 청구인적격을 흠결한 것이다. 요컨대 청구인들 주장과 같은 **피청구인의 행위로 국민주권주의라든지 복수정당제도가 훼손**

될 수 있는지의 여부는 별론으로 하고 그로 인하여 바로 헌법상 보장된 청구인들의 구체적 기본권이 침해당하는 것은 아닐 뿐만 아니라, 국민주권주의, 복수정당제도의 훼손만 주장할 뿐 이로 인한 구체적 기본권의 침해 또는 침해의 가능성을 전혀 주장조차 하지 않고 있는 청구인들은 주장 자체로 이미 청구인적격이 없다.

[요약판례 10] 공직선거및선거부정방지법 제146조 제2항, 제56조, 제189조 등 위헌확인: 한정위헌(헌재 2001.7.19. 2000헌마91등)

지역구 선거결과가 비례대표에 직접적으로 연계되어 있는 것이 직접선거와 평등 선거 원칙에 위반되는지 여부(적극)

비례대표제를 채택하는 경우 직접선거의 원칙은 의원의 선출뿐만 아니라 정당의 비례적인 의석확보도 선거권자의 투표에 의하여 직접 결정될 것을 요구하는바, 비례대표의원의 선거는 지역구의원의 선거와는 별도의 선거이므로 이에 관한 유권자의 별도의 의사표시, 즉 정당명부에 대한 별도의 투표가 있어야 함에도 현행제도는 정당명부에 대한 투표가 따로 없으므로 결국 **비례대표의원의 선출에 있어서는 정당의 명부작성행위가 최종적 · 결정적인 의의를 지니게 되고, 선거권자들의 투표행위로써 비례대표의원의 선출을 직접 · 결정적으로 좌우할 수 없으므로 직접선거의 원칙에 위배된다.** 또한 현행 1인1표제 하에서의 비례대표의석배분방식에서, 지역구후보자에 대한 투표는 지역구의원의 선출에 기여함과 아울러 그가 속한 정당의 비례대표의원의 선출에도 기여하는 2중의 가치를 지니게 되는데 반하여, 무소속후보자에 대한 투표는 그 무소속후보자의 선출에만 기여할 뿐 비례대표의원의 선출에는 전혀 기여하지 못하므로 투표가치의 불평등이 발생하는바, **자신이 지지하는 정당이 자신의 지역구에 후보자를 추천하지 않아 어쩔 수 없이 무소속후보자에게 투표하는 유권자들로서는 자신의 의사에 반하여 투표가치의 불평등을 강요당하게 되는바, 이는 합리적 이유없이 무소속 후보자에게 투표하는 유권자를 차별하는 것이라 할 것이므로 평등선거의 원칙에 위배된다.**

[요약판례 11] 국회의원과 국회의장간의 권한쟁의: 기각(헌재 2003.10.30. 2002헌라1)

다른 상임위원회로의 전임(사 · 보임)하는 조치가 특별한 사정이 없는 한 헌법상 용인될 수 있는 "정당내부의 사실상 강제"의 범위 내에 해당한다고 할 수 있는지 여부(적극)

국회는 중요한 헌법기관으로서 스스로의 문제를 자주적으로 처리할 수 있는 폭넓은 자율권을 갖는다. 국회의 자율권은 의회주의사상에 그 뿌리를 두고 권력분립의 원칙에 입각하여 현대 헌법국가의 의회에서는 당연한 국회기능의 하나로 간주되고 있다. 국회의원의 지위와 관련하여 국회의원의 국민대표성보다는 오늘날 복수정당제하에서 실제적으로 정당에 의하여 국회가 운영되고 있는 점을 강조하려는 견해와, 반대로 대의제 민주주의 원리를 중시하고 정당국가적 현실은 기본적으로 국회의원의 전체국민대표성을 침해하지 않는 범위 내에서 인정하려는 입장이 서로 맞서고 있다. 그런데 **자유위임은 의회 내에서의 정치의사형성에 정당의 협력을 배척하는 것이 아니며, 의원이 정당과 교섭단체의 지시에 기속되는 것을 배제하는 근거가 되는 것도 아니다.** 그렇다면, 당론과 다른 견해를 가진 소속 국회의원을 당해 교섭단체의 필요에 따라 **다른 상임위원회로의 전임(사 · 보임)하는 조치는 특별한 사정이 없는 한 헌법상 용인될 수 있는 "정당내부의 사실상 강제"의 범위 내에 해당한다고 할 것이다.**

[요약판례 12] 공직선거및선거부정방지법 제64조 제1항 등 위헌확인: 기각(헌재 2004.2.26. 2003헌마601)

정당의석을 기준으로 한 기호배정과 교섭단체의 경우 전국적인 통일 기호를 배정하는 것이 청구인들의 기본권을 침해하고 선거 공영제 원칙에 위배되는지 여부(소극)

정당 · 의석수를 기준으로 한 기호배정의 경우 종전결정에서, 비록 그러한 제도가 소수의석 정당이나 무소속후보자 등을 차별하는 것이나, 헌법상의 정당제도 보호 취지를 고려할 때 평등권 등 기본권을 침해하지 않는다고 판단한

바 있다. 이 사건에서 종전 판례가 법리상 중요한 잘못이 있다거나 달리 판단하여야 할만한 사정변경이 있다고 보기 어려워 위 판시취지를 그대로 유지한다. 다만 청구인들은 추가로 인간으로서의 존엄과 가치, 행복추구권, 선거권, 선거운동의 기회균등, 평등권 등이 침해되었다고 주장하나, 그러한 기본권이 침해된다고 볼만한 사정이 없고, 또 앞에서 본 평등권 침해 문제와 같은 맥락에서 선거운동의 기회균등이 침해되었다고 볼 수 없다. 한편 이 사건 조항은 '정당의 기호 게재순위'를 추가로 규정하고 있지만 이는 정당·의석수를 기준으로 한 기호 배정방법의 연장선상에 있는 것이고, 따라서 정당에 대한 기호 배정방법도 청구인들의 기본권을 침해하는 것으로 볼 수 없다.

국회에 교섭단체를 결성한 정당 간에는 결국 '국회에서의 다수결의석으로' 기호 순위가 정해지므로, 이는 결국 다수의석을 가진 정당에게 우선적으로 기호를 배정하는 정당·의석수 기준 기호 배정방법과 동일한 것이다. 다만, 다른 점은 '전국적으로 통일된 기호'를 부여하는 부분이다. 그런데 헌법상 정당제도의 취지를 고려하여야 하고, 교섭단체의 경우 전국적으로 통일된 기호를 부여하는 제도가 유권자에게 혼란을 초래하여 후보자 선택에 착오를 줄 수 있다고 볼 자료가 미비하고, 또한 교섭단체를 구성한 정당이 선거공보나 소형인쇄물의 제작비용에 있어서 미리 기호를 예상 못하는 다른 정당에 비해 유리하다는 경제적 차별 문제는 이 사건 조항에 내재하는 논리적 결과라고 보기는 어려우므로, 이 점만으로 이 제도가 청구인들의 기본권을 침해한다거나 선거공영제의 취지에 반한다고 단정하기 어렵고, 달리 위 부분이 청구인들의 기본권을 침해한다고 볼 수 없다.

[요약판례 13] 정치자금에관한법률 제18조 위헌확인: 기각(헌재 2006.7.27. 2004헌마655)

정당에 보조금을 배분함에 있어 교섭단체의 구성여부에 따라 차등을 두는 것이 허용되지 아니 하는지 여부 (소극)

이 사건 법률조항은 교섭단체를 구성할 정도의 다수 정당에 대해서만 보조금을 배분하는 것이 아니라 그에 미치지 못하는 소수정당에게도 일정 범위의 보조금 배분을 인정하여 소수정당의 보호·육성도 도모하고 있고, 교섭단체의 구성여부만을 보조금 배분의 유일한 기준으로 삼은 것이 아니라 정당의 의석수비율이나 득표수비율도 고려하여 정당에 대한 국민의 지지도도 반영하고 있다. 또한 이 사건 법률조항에 의한 현행의 보조금 배분비율과 의석수비율 또는 득표수비율(비례대표전국선거구 및 지역구에서 당해 정당이 득표한 득표수 비율의 평균)을 비교하면 현행의 보조금 배분비율은 의석수비율보다는 오히려 소수 정당에 유리하고, 득표수비율과는 큰 차이가 나지 않아 결과적으로 교섭단체 구성 여부에 따른 차이가 크게 나타나지 않고 있다. 위와 같은 사정들을 종합해 볼 때, **교섭단체의 구성 여부에 따라 보조금의 배분규모에 차이가 있더라도 그러한 차등정도는 각 정당 간의 경쟁상태를 현저하게 변경시킬 정도로 합리성을 결여한 차별이라고 보기 어렵다.**

[요약판례 14] 정당법 제38조 제1항 제3호 등 위헌확인: 각하(헌재 2006.4.27. 2004헌마562)

등록취소규정에 의하여 곧바로 청구외 사회당이 소멸하여 그 결과 청구인 주장의 기본권이 침해되는 것인지 여부(소극) 및 명칭사용금지규정 자체에 의하여 바로 특정당이 그 정당명칭을 사용하지 못하게 되는 것인지 여부(소극)

이 사건의 경우 **등록취소규정에 의하여 곧바로 청구외 사회당이 소멸하여 그 결과 청구인 주장의 기본권이 침해되는 것이 아니라 위 규정소정의 등록취소사유에 해당되는지 여부에 대한 중앙선거관리위원회의 심사 및 그에 이은 등록취소라는 집행행위에 의하여 비로소 정당이 소멸**하게 된다고 할 것이다. 그리고 **중앙선거관리위원회의 이 사건 사회당에 대한 등록취소처분이 행정소송의 대상이 됨은 명백하다고 할 것이고 그 정당 등록취소처분의 취소소송절차에서 위 규정에 의한 등록취소사유(예컨대 소정의 득표율에 미달되었는지 여부)에 대한 사실관계 확정과 더불어 얼마든지 위 규정에 대한 위헌여부의 제청을 구할 수 있는 것이며** 그 외 달리 그러한 절차경유가 곤란하거나 부당하다고 볼 사정 또는 그러한 절차의 경유가 실효성이 없다고 볼 사정은 찾아보기 어렵다.

그리고 **이 사건 명칭사용금지규정 자체에 의하여 바로 청구외 사회당이 그 정당명칭을 사용하지 못하게 되는 것**

이 아니라 중앙선거관리위원회의 등록취소규정에 의한 정당등록취소라는 집행행위가 있을 때 비로소 그 금지효과가 발생한다. 그렇다면 이 명칭사용금지규정은 기본권 침해의 직접성을 결하는 것이고 따라서 그 위헌확인을 구하는 청구 역시 부적법하다.

[요약판례 15] 정치자금법 제57조 등 위헌확인: 기각(헌재 2008.1.17. 2006헌마1075)

국회의원 당선자가 정치자금을 불법수수하여 100만 원 이상 벌금형을 받은 경우 당연퇴직하도록 한 정치자금법 제57조 해당 부분, 국회법 제136조 제2항 중 구 '공직선거 및 선거부정방지법' 제19조 제1호, 제18조 제1항 중 제3호 준용부분이 국회의원 당선자의 공무담임권이나 평등권을 침해하는지 여부(소극)

심판대상조항은 불법적인 정치자금 수수를 예방하고, 금권・타락선거를 방지하고 선거의 공정성과 공직의 청렴성을 확보하기 위한 것이며, 정치자금을 부정수수한 범죄는 공직선거의 공정성을 침해하는 행위로서 공직의 계속수행에 대한 국민적 신임이 유지되기 어려울 정도로 비난가능성이 크고, 법관이 100만 원 이상의 벌금형을 양정함에 있어서는 형사처벌뿐만 아니라 공직의 계속수행 여부에 대한 합리적 평가를 하게 되며, 기본적으로 선거법이나 정치자금법 위반에 대하여 어떤 신분상 제재를 할 것인지에 대해서는 입법자의 정책적 재량이 존중되는 것이다. 따라서 심판대상조항은 청구인의 공무담임권이나 평등권을 침해하는 것이라 볼 수 없다.

[요약판례 16] 공직선거법 제150조 제3항 등 위헌확인: 각하(헌재 2007.12.27. 2004헌마1393)

대통령선거에 무소속으로 출마한 자에 대한 보조금의 지급에 관한 내용의 법률을 제정함으로써 관련 당사자의 기본권을 보호해야 할 입법자의 행위의무 내지 보호의무가 헌법상 존재한다고 볼 수 있는지 여부(소극)

정치자금법 제27조는 선거보조금을 비롯한 '보조금'의 지급기준에 관하여 규정하고 있고, 정치자금법 상 "보조금"은 정당의 보호・육성을 위하여 국가가 정당에 지급하여(제3조 제6호), 정당의 운영에 소요되는 경비로서, 그 용도가 법률로 엄격히 제한되어 있다(제28조 제1항). 그렇다면 **정당에 대한 보조금의 지급기준을 정한 위 조항으로 인하여 정당과 아무런 관련이 없는 청구인의 기본권이 침해되었다고 보기 어려우므로, 청구인의 자기관련성이 인정되지 않는다.**

한편 청구인의 주장을 대통령 선거에 무소속으로 출마한 자에 대하여 선거보조금을 지급하지 않는 입법부작위의 위헌성을 다투는 취지로 보더라도, **대통령선거에 무소속으로 출마한 자에 대한 보조금의 지급에 관한 내용의 법률을 제정함으로써 관련 당사자의 기본권을 보호해야 할 입법자의 행위의무 내지 보호의무가 헌법상 존재한다고 볼 아무런 근거가 없으므로** 이러한 입법의무가 존재함을 전제로 한 헌법소원심판 청구는 부적법하다.

[요약판례 17] 정치자금법 제21조 제3항 제2호 위헌소원: 위헌(헌재 2009.12.29. 2007헌마1412)

대통령선거경선후보자로서 후원회의 후원금을 받고 당내경선에 참여하지 아니한 경우에 이미 대통령선거경선후보자의 선거운동비용으로 사용한 금액까지 합쳐서 후원금의 총액을 국고에 귀속하게 하는 것이 선거운동의 자유 및 선거과정에서 탈퇴할 자유와 같은 선거의 자유 등 기본권을 침해하는지 여부(적극)

이 사건 법률조항은 공직선거과정에서 대통령선거경선후보자로서 참여하였다가 이탈하는 경우 이미 적법하게 지출한 선거비용까지 모두 국고에 귀속하도록 하고 있는바, 이로써 대통령선거경선후보자들은 중도에서 사퇴하지 못하고 당내경선에 이르기까지 그 지위를 계속 유지할 것이 사실상 강제된다. 따라서 이 사건 법률조항은 대통령 선거경선후보자들이 공직선거에 입후보하지 아니할 자유 내지 공직 선거과정에서 탈퇴할 자유를 제한하고 있다.

… 합리적인 대통령선거경선후보자로서는 이 사건 법률조항에 따라 후원회로부터 기부받은 후원금 총액을 국고에 귀속시켜야 하는 부담을 피하기 위해서는 어떤 상황에서도 경선과정에 이르기까지 사퇴하여서는 아니될 것인바, 이 사건 법률조항은 이와 같이 대통령선거경선후보자의 의사결정을 강제하는 측면이 있다. 대통령선거경선후보자의 정치적 의사결정에 이와 같은 제약을 가하는 것은 법상의 대통령선거경선후보자 제도 및 후원회 제도의 목적과도 조화되기 어려운 제약으로서, 자유로운 민주정치의 건전한 발전을 방해하는 것이라고 할 것이다.

[요약판례 18] 정치자금법 제21조 제3항 제2호 위헌소원: 위헌(헌재 2009.12.29. 2008헌마141)

국회의원예비후보자가 당내경선에 참여하지 아니하여 후원회를 둘 수 있는 자격을 상실한 때에 후원회로부터 기부받은 후원금 총액을 국고에 귀속시키도록 하고 있는 정치자금법 제21조 제3항 제2호가 평등권을 침해하는지 여부(적극)

(1) 이 사건 법률조항은 국회의원 예비후보자로서 후원회를 둘 수 있는 자격을 상실한 경우 중 당내경선에 참여하고 당선 또는 낙선한 자(사용 후 잔액의 소속정당 등에 인계)와 당내경선에 참여하지 못하고 후보자가 되지 아니한 자(기부받은 총액의 국고귀속)의 차별문제가 있다.

(2) 정당 소속 예비후보자가 선거운동을 하면서 후원금을 사용한 뒤에 소속 정당이 당내경선을 실시하지 않기로 결정하는 바람에 당내경선에 참여하지 못한 경우에 이미 선거비용으로 지출한 후원금액까지 내놓으라고 요구하는 것은 합리적이라고 보기 어렵다. 당내경선을 실시하지 아니한 경우에는 소속 정당의 후보자로 되지 못하더라도 탈당하여 무소속 또는 다른 정당의 후보자로 될 수 있지만, 그렇게 하지 않았다고 하여 이미 적법하게 사용한 선거비용에 관하여 불이익을 주는 사유로 삼을 수는 없는 것이다. 이 사건 법률조항은 소속 정당의 당내경선이 실시되지 아니하여 당내경선에 참여하지 못한 청구인들의 평등권을 침해한다고 할 것이다.

[요약판례 19] 정당법 제41조 제4항 위헌확인: 위헌(헌재 2014.1.28. 2012헌마431)

정당법(2005. 8. 4. 법률 제7683호로 개정된 것) 제44조 제1항 제3호 및 제41조 제4항 중 제44조 제1항 제3호에 관한 부분은 헌법에 위반된다.

헌법 제8조 제1항의 정당설립의 자유와 헌법 제8조 제4항의 입법취지를 고려하여 볼 때, 단지 일정 수준의 정치적 지지를 얻지 못한 군소정당이라는 이유만으로 정당을 국민의 정치적 의사형성과정에서 배제하기 위한 입법은 헌법상 허용될 수 없다. 다만 실질적으로 국민의 정치적 의사형성에 참여할 의사나 능력이 없는 정당을 정치적 의사형성과정에서 배제함으로써 정당제 민주주의를 발전시키고자 하는 한도에서 정당등록취소조항의 입법목적의 정당성을 인정할 수 있고, 국회의원선거에서 원내 진출 및 일정 수준의 득표에 실패한 정당의 등록을 취소하는 것은 이러한 입법목적 달성에 유효한 수단이 될 수 있다. 헌법재판소의 결정으로 정당이 해산된 경우와는 달리, 정당등록취소조항에 의해 정당등록이 취소된 경우에는 대체정당의 설립이 가능하고 일정기간이 경과하면 등록취소된 정당의 명칭을 사용할 수 있다고 하더라도, 정당등록의 취소는 정당의 존속 자체를 박탈하여 모든 형태의 정당활동을 불가능하게 하므로, 그에 대한 입법은 필요최소한의 범위에서 엄격한 기준에 따라 이루어져야 한다. 그런데 일정기간 동안 공직선거에 참여할 기회를 수회 부여하고 그 결과에 따라 등록취소 여부를 결정하는 등 덜 기본권 제한적인 방법을 상정할 수 있고, 정당법에서 법정의 등록요건을 갖추지 못하게 된 정당이나 일정기간 국회의원선거 등에 참여하지 아니한 정당의 등록을 취소하도록 하는 등 입법목적을 실현할 수 있는 다른 법적 장치도 마련되어 있으므로, 정당등록취소조항은 침해의 최소성 요건을 갖추지 못하였다. 나아가, 위 조항은 어느 정당이 대통령선거나 지방자치선거에서 아무리 좋은 성과를 올리더라도 국회의원선거에서 일정 수준의 지지를 얻는 데 실패하면 등록이 취소될 수밖에 없어 불합리하고, 신생·군소정당으로 하여금 국회의원선거에의 참여 자체를 포기하게 할 우려도 있어 법익의 균형성 요건도 갖추지 못하였다. 따라서 정당등록취소조항은 과잉금지원칙에 위반되어 청구인들의 정당설립의 자유를 침해한다. 정당명칭사용금지조항은 정당등록취소조항을 전제로 하고 있으므로, 같은 이유에서 정당설립의 자유를 침해한다고 할 것이다.

대판 1994.4.12. 93도2712
대통령선거법이 선거운동기간 전의 정당 활동에 관하여 일정한 제한을 가하고 있는데 전면적인 제한을 하는 경우는 헌법 제37조 제2항에 위반될 수 있는지 여부(적극)

헌법 제8조는 정당설립의 자유를 보장하고 국가의 보호를 받도록 규정하고 있으므로 정당활동의 자유는 헌법에 의하여 보장되고 보호된다고 할 것이고, 이에 터잡아 정당법 제30조는 정당활동의 자유를 명시하여 규정하고 있는바, 이러한 **정당활동의 자유를 제한하기 위하여는 헌법 제37조 제2항에 따라 국가안전보장, 질서유지 또는 공공복리를 위하여 필요한 경우에 법률의 규정에 의하여야만 가능하고, 이를 제한하는 경우에도 정당활동의 자유와 권리의 본질적인 내용을 침해할 수 없는 것인데,** 대통령선거법이 선거운동기간 전의 정당활동에 관하여 일정한 제한을 가하고 있지만 전면적인 제한을 하고 있지는 아니하므로 전면적인 제한을 하는 경우는 헌법 제37조 제2항에 위반될 수가 있다고 본다. 같은 법 제33조 제1항, 제34조에 의하여 금지되는 사전선거운동에는 정당의 통상적인 활동은 포함되지 아니한다.

제 5 항 법치주의

I 형사소송법 제331조 단서 규정에 대한 위헌심판: 위헌(헌재 1992.12.24. 92헌가8)

(쟁점) 법률의 위헌심판과 재판의 전제성, 형사소송법 제331조 단서 규정이 영장주의와 적법절차의 원리에 위배되고, 과잉금지의 원칙에 위배되어 헌법에 위반되는지 여부

▢ 사건의 개요

이 사건 피고인들은 나머지 공동피고인들 2명과 함께 강도상해 및 특수강도의 죄로 구속되어 서울형사지방법원에 각 공소 제기되어 있는 자들인바, 피고인들은 위 법원의 제1회 공판기일에 위 공소사실을 모두 자백하였고 증거조사 등 공판절차를 거친 후 검사로부터 각 징역 장기 10년, 단기 7년의 형에 해당한다는 취지의 의견진술이 있었다. 제청법원은 피고인들에 대한 판결을 함에 있어서 형사소송법 제331조 단서의 규정이 헌법에 위반되는지 여부가 위 피고인들에 대한 피고사건의 재판의 전제가 되고 나아가 위 규정은 헌법에 위반된다고 보아 직권으로 헌법재판소에 위 형사소송법 제331조 단서의 위헌법률심판을 제청하였다.

▢ 심판의 대상

형사소송법 제331조(무죄등선고)와 구속영장의 효력

무죄, 면소, 형의 면제, 형의 선고유예, 형의 집행유예, 공소기각 또는 벌금이나 과료를 과하는 판결이 선고된 때에는 구속영장은 효력을 잃는다. 단 검사로부터 사형, 무기 또는 10년 이상의 징역이나 금고의 형에 해당한다는 취지의 의견진술이 있는 사건에 대하여는 예외로 한다.

▢ 주 문

형사소송법(1954. 9. 23. 법률 제341호) 제331조 단서의 규정은 헌법에 위반된다.

▢ 판 단

I. 위헌심판제청의 적법성

이 법 제331조 단서는 “단 검사로부터 사형, 무기 또는 10년 이상의 징역이나 금고의 형에 해당한다는 취지의 의견진술이 있는 사건에 대하여는 예외로 한다”라고 본문에 대한 예외규정을 두어 법원의 무죄 등의 판결선고에도 불구하고 구속영장의 효력이 상실되지 않는 예외를 설정함으로써 구속취소의 법적 효과를 배제하는 또 다른 이중적 특별규정을 두고 있다. 이러한 경우 법 제331조 단서규정의 위헌여부에 따라 형사판결의 주문 성립과 내용 자체가 직접 달라지는 것은 아니지만 만약 위 규정이 위헌으로 법적 효력이 상실되거나 이 단서 규정이 합헌으로 선언되면 그 재판의 효력과 관련하여 전혀 다른 효과를 가져오는 재판이 될 것이다. 따라서 법 제331조 단서규정의 위헌여부는 제청법원이 검사로부터 장기 10년의 징역형 등에 해당한다는 취지의 의견진술이 있느냐 없느냐 여하에 따라 관련사건의 그 재판주문을 결정하고 기판력의 내용을 형성하는 그 자체에 직접 영향을 주는 것은 아니라 할지라도 그 재판의 밀접 불가결한 실질적 효력이 달라지는 구속영장의 효력에 관계되는 것이어서 재판의 내용이나 효력 중에 어느 하나라도 그에 관한 법률적 의미가

전혀 달라지는 경우에 해당하는 것이므로 재판의 전제성이 있다고 할 것이다.

또한 종국재판과는 별도로 제청법원이 보석의 허가, 구속집행정지, 구속취소 등에 관한 형사소송법 규정에 의하여 관련된 전제사건의 피고인들을 석방할 수 있는 제도적 장치가 되어 있다 하더라도 구속영장의 효력을 실효시키는 종국재판의 효력과는 전혀 다른 것이므로, 이러한 제도적 장치의 유무는 위헌법률심판제청의 적법성의 요건인 재판의 전제성 유무의 판단에 아무런 장애가 되지 않는다고 할 것이다.

Ⅱ. 법 제331조 본문과 법률상의 구속사유 및 그 효력

법관에 의하여 발부된 구속영장이라 할지라도 그 후에 구속의 사유가 부존재하거나 소멸된 것이 법원의 공판절차를 통하여 확인되어 종국재판으로 무죄 등을 선언하는 법원의 판결선고시에는 구속영장의 효력을 당연히 실효시켜 피고인을 석방하는 것이 구속의 법리에 비추어 자명하다. 그러므로 형사소송법상의 구속사유 중, "죄를 범하였다고 의심할 만한 상당한 이유가 있다"는 점은 수사 및 공판절차 등 형사절차가 계속 진행됨에 따라 더욱 더 엄격하게 심사되어야 할 사유에 해당한다. 또한 법원에서 무죄판결, 면소판결, 공소기각의 재판이 선고되는 경우는 공판절차를 통하여 본안판단을 하는 종국판결선고와 동시에 범죄혐의가 없거나 기타 구속사유가 없는 것으로 밝혀진 중요한 사례 중의 하나라고 할 것이므로 그 판결이 선고된 때에는 구속영장이 효력을 잃는 것은 당연하다 할 것이다. 이에 따라서 법원의 무죄판결, 면소판결, 공소기각의 재판은 피고인의 공소사실과 관련하여 제출된 모든 증거자료에 대하여 엄격한 증거조사를 거쳐 판단, 확인된 결과를 토대로 하는 **종국재판이라는 점에서 사법권 행사라는 헌법상의 특별한 의미가 부여되어야 하는 것이고, 위 법 제331조 본문 중 무죄, 면소, 공소기각의 판결이 선고된 때에는 구속영장은 효력을 잃는다는 규정은 이러한 취지를 살펴 보아 당연한 원칙적 규정이며, 위 법 제93조의 구속취소사유가 있는 경우에 해당한다고 하여 법 제97조 제2항, 제3항에 의하여 통상의 구속취소의 경우 거쳐야 하는 절차를 거칠 필요 없이 무죄, 면소, 공소기각의 판결이 선고될 때에 구속취소의 결정이 당연히 포함되어 있는 것으로 보아 판결선고와 동시에 구속영장이 실효되는 것으로 해석함이 상당하다고 할 것이다.** 그렇다면 법 제331조 본문에서 "무죄, 면소, 형의 면제, 형의 선고유예, 형의 집행유예, 공소기각 또는 벌금이나 과료를 과하는 판결이 선고된 때에는 구속영장은 그 효력을 잃는다"고 규정한 취지는 원칙적으로 **법원이 공소사실에 대하여 심리한 결과 무죄, 면소, 공소기각 또는 유죄의 증거가 충분하고 피고인에 대하여 선고할 형량이 도망의 염려가 없을 것으로 인정되는 정도로 낮을 때에는 구속취소의 사유로서 도망의 염려나 증거인멸의 염려가 없거나 소멸된 경우로 보아 법 제93조 등에 정한 구속의 취소와 같은 별도의 절차없이 판결의 선고에 의하여 곧바로 구속취소의 효과를 달성하기 위한 것이라고 해석하여야 할 것이다.** 그러므로 법 제331조 본문의 규정은 국민의 신체의 자유를 보장하는 헌법 제12조 제1항 전문과 구속에 의한 신체의 자유의 제한에 있어서 준수하여야 할 적법절차의 원칙을 규정하는 헌법 제12조 제1항 후문 및 동조 제3항, 과잉입법금지의 원칙에 관한 헌법 제37조 제2항 등에 그 헌법적 근거를 두고 있는 것이며 무죄 등의 판결선고에는 당연히 구속취소의 절차까지 동시에 포함되어 있는 것으로 보아 피고인의 기본권보장을 더욱 충실하게 한 것이라고 할 수 있다.

Ⅲ. 법 제331조 단서 규정과 적법절차의 원칙

법률에 의하여 신체의 자유를 제한하는 구속이 가능하다고 하더라도 이는 국가안전보장, 질서유지, 공공복리 등의 목적이 있는 경우에 한하며, 이때에도 신체의 자유의 본질적인 내용을 침해하면 안 될 뿐만 아니라 입법권자의 입법재량에 있어서 지켜야 할 비례의 원칙 내지는 과잉입법금지의 원칙에 위배되어서는 안 된다는 것을 명시하여 기본권의 제한입법에는 그 한계가 있다는 것을 선언하고 있다. 그러므로 법 제331조 단서규정의 위헌성 여부를 판단하기 위하여는 위 법률조항이 구속에 의한 신체의 자유의 제한에 있어서 헌법상 보장된 적법절차의 원칙이나 신체의 자유의 제한입법이 지켜야 하는 일반적인 한계로서 비례의 원칙 또는 과잉입법금지의 원칙 등에 위배되는지 여부를 다시 심사할 필요가 있다고 할 것이다.

1. 신체의 자유의 보장과 관련하여 우리 헌법상의 적법절차의 원칙을 준수하였는지 여부

대체적으로 적법절차의 원칙은 독자적인 헌법원리의 하나로 수용되고 있으며 이는 형식적인 절차뿐만 아니라 실체적 법률내용이 합리성과 정당성을 갖춘 것이어야 한다는 실질적 의미로 확대해석하고 있으며, 우리 헌법재판소의 판례에서도 이 적법절차의 원칙은 법률의 위헌여부에 관한 심사기준으로서 그 적용대상을 형사소송절차에 국한하지 않고 모든 국가작용 특히 입법작용 전반에 대하여 문제된 법률의 실체적 내용이 합리성과 정당성을 갖추고 있는지 여부를 판단하는 기준으로 적용되고 있음을 보여주고 있다. 나아가 **적법절차의 원칙은 단순히 입법권의 유보제한이라는 한정적인 의미에 그치는 것이 아니라 모든 국가작용을 지배하는 독자적인 헌법의 기본원리로서 해석되어야 할 원칙이라는 점에서 입법권의 유보적 한계를 선언하는 과잉입법금지의 원칙과는 구별된다고 할 것이다.** 따라서 적법절차의 원칙은 모든 입법작용 및 행정작용에도 광범위하게 적용된다고 해석하여야 할 것이고, 나아가 형사소송절차와 관련시켜 적용함에 있어서는 형벌권의 실행절차인 형사소송의 전반을 규율하는 기본원리로 이해하여야 하는 것이다. 즉 법 제331조 단서의 규정은 이러한 적법절차의 원칙에 입각한 해석원리에 따라 그 적정성과 위헌여부를 판단하여야 할 것이고 그 다음에는 헌법 제37조 제2항에서 도출되는 비례의 원칙 내지 과잉입법금지의 원칙이 지켜지고 있는지 여부에 관한 문제로 돌아가 함께 판단하여야 된다고 할 것이다.

Ⅳ. 법 제331조 단서 규정과 과잉입법금지의 원칙

1. 구속된 이후에 구속의 사유가 처음부터 존재하지 않는 사실이 밝혀지거나 그 후 구속의 사유가 소멸한 것으로 인정되는 경우에는 특별한 사정이 없는 한 원칙적으로 형사절차의 어느 단계에서나 구속이 취소되어야 함은 당연함에도 불구하고 계속 구속하여 신체의 자유를 제한하는 것은 목적의 정당성이 없다. 더구나 **법원의 실체적 종국재판에 의하여 무죄 등의 판결이 선고된 경우에는 구속의 사유가 없거나 소멸된 경우에 해당하는 경우임에도 불구하고 법 제331조 단서규정을 두고 있는 것은 구속제도의 본래의 목적에 비추어 합리적인 사유가 없는 한 목적의 정당성이 없는 과잉조치라고 아니할 수 없다.** 법 제331조 단서규정의 입법목적은 앞서 본 바와 같이 피고사건의 중대성과 오판의 가능성 때문에 검사의 구형에 따라 구속영장의 효력이 상실되지 않게 예외규정을 두고 있는 제도인 것으로 요약할 수 있는데, 먼저 그 "피고사건의 중대성"이라는 측면에서 보면 일반적으로 피고사건이 중대하므로 피고인을 구속하여 공판절차를 계속 진행하여야 형사재판을 효과

적으로 확정시킬 수 있다는 구속제도의 본래의 목적에 따라 이해하면 이를 수긍할 점도 없지 아니하나, 검사가 공익의 대표자로서 국가의 소추기관이라고 할지라도 형사공판절차에 있어서는 대립당사자의 일방이며, 그에 따라 검사의 자의적인 구형이 이루어질 가능성을 전혀 배제할 수 없는데 **검사의 구형만을 기준으로 피고사건의 중대성 유무를 인정하여 구속영장의 효력유무를 판가름하는 것은 객관적이고 적절한 소송법적 판단이라고 할 수 없는 것이며, 또 법원이 엄격한 증거조사와 사실심리를 거쳐 무죄 등의 판결을 선고하는 경우에는 피고사건이 중대하지 않다고 판단을 내린 것이라고 보아야 함에도 불구하고 검사의 10년 이상 구형이 있기만 하면 중대한 피고사건으로 간주되어 구속이 계속된다면 권력분립에 의한 사법권의 행사를 통하여 법치주의를 구현하려는 헌법의 기본원칙에 위배되는 것이라 아니할 수 없다.**

2. 중대한 사건에서 법원의 오판으로 국가형벌권 행사가 불가능해지는지 여부

상소절차를 통하여 최종적인 판단이 어떻게 확정될지는 불확실하지만 장차 중대한 사건으로 확정되고 구속집행을 하지 않으면 안 될 중대한 사유가 밝혀질 수 있다는 것인데, 법원에서 무죄 등의 판결을 선고하는 마당에 이러한 불확실한 가능성만을 이유로 피고인의 구속을 계속하는 것은 인신의 자유를 제한하는 구속제도가 헌법상 정당하게 운영되고 있는 경우라고 할 수 없을 것이다. **구속사유의 존부에 관한 판단은 상하급심을 막론하고 오직 그 심급법원 또는 법관에 의하여 그때그때 수집된 증거의 조사에 의하여 결정되어야 하는 것이고, 구속취소사유의 존부에 대한 판단 자체도 법원에 의하여 이루어지는 것이므로 검사로부터 10년 이상의 형의 구형이 있기만 하면 아무런 제한없이 판결확정시까지 구속취소의 법률효과를 차단하도록 하여 구속영장의 효력을 법원의 재판이 아닌 검사의 구형에 의하여 좌우되도록 하고 있는 법 제331조 단서의 규정은 비록 하급심의 오판의 가능성을 방지하려는 것이라 할지라도 그 입법목적과 인신구속방법을 비교 형량하여 볼 때 명백히 헌법 제12조 제1항 및 제3항이 규정하고 있는 적법절차의 원칙에 위배된다고 아니할 수 없으며, 헌법 제37조 제2항에서 금지하고 있는 과잉입법으로서 목적의 정당성뿐 아니라 방법의 적절성, 피해의 최소성 및 법익의 균형성을 잃어 비례의 원칙에 반하는 위헌적인 것이라 아니할 수 없다.**

V. 결 론

그렇다면 이 법 제331조 단서규정은 첫째 헌법에 명시된 적법절차의 원칙에 위배된다. 헌법에 명문으로 규정된 영장주의는 구속의 개시시점에 한하지 않고 구속영장의 효력을 계속 유지할 것인지 아니면 취소 또는 실효시킬 것인지의 여부도 사법권 독립의 원칙에 의하여 신분이 보장되고 있는 법관의 판단에 의하여만 결정되어야 한다는 것을 의미하고 그 밖에 검사나 다른 국가기관의 의견에 의하여 좌우되도록 하는 것은 헌법상의 적법절차의 원칙에 위배된다. 또한 이는 헌법상의 과잉입법금지의 원칙에 위배된다. 즉 법원의 판결에서 무죄 등이 선고되면 구속영장의 효력이 실효되는 것이 원칙임에도 불구하고 검사로부터 사형, 무기 또는 10년 이상의 형의 의견진술이 있으면 예외적으로 구속영장의 효력을 그대로 유지시키는 것은, 구속의 개시 또는 종료시점에 있어서의 구속영장의 효력을 법관이 아닌 형사소송의 당사자로서의 지위를 가지는 검사의 양형에 관한 의견진술에 따라 좌우시키는 것이 되므로 위에서 본 바와 같이 적법절차의 원칙에 위배되어 기본권제한입

법의 기본원칙인 목적의 정당성, 방법의 적절성, 피해의 최소성, 법익의 균형성의 원칙에도 반하는 것이므로 헌법상의 과잉입법금지의 원칙에 위배된다고 아니할 수 없다.

재판관 3인의 보충의견

헌법재판소법 제47조 제2항은 "위헌으로 결정된 법률 또는 법률의 조항은 그 결정이 있는 날로부터 효력을 상실한다. 다만 형벌에 관한 법률 또는 법률의 조항은 소급하여 그 효력을 상실한다"라고 규정하고 있는데 소급효를 인정하는 단서규정의 "형벌에 관한 법률 또는 법률의 조항"은 소급하여 효력을 상실하는 법률은 좁게 해석하는 것이 타당하다고 보아야 한다. 그러므로 이 법 제331조 단서규정은 위헌결정의 소급효가 인정되는 헌법재판소법 제47조 제2항 단서에서 소급효를 인정하는 형벌에 관한 법률조항에는 해당하지 아니한다고 할 것이고, 따라서 위 법률조항에 대한 위헌결정이 선고되더라도 위 결정 이전에 이미 이 법 제331조 단서규정의 적용을 받아 구속영장의 효력이 계속 유지되어 구속된 채로 상소심의 재판을 받아 판결이 확정된 피고사건은 억울하게 구속된 채로 재판을 받았다고 하여 이에 대한 **재심이 허용되지는 아니하므로 이 결정으로 인하여 법적 안정에 문제를 야기시키는 별다른 파급효과는 없다고 할 것이다. 다만 법률이 헌법에 위반되는 여부가 재판의 전제가 된 경우에는 법원은 헌법재판소에 제청하여 그 심판에 의하여 재판하여야 하므로 이 사건 위헌결정의 법규적 효력은 이 사건 위헌법률심판을 제청한 법원이 담당하는 당해사건에는 당연히 미치는 것이고, 더 나아가 당해법률이 재판의 전제가 되어 현재 법원에 계속 중인 모든 동종의 피고사건에도 위 당해사건에 준하여 구속영장의 효력이 실효되도록 하는 것이 법적 안정성과 공평성을 유지하고 조화를 이룩하는 것으로서 법치주의의 이념에 부합하는 것이 될 것이다.** 그러므로 이 사건을 제청한 제청법원에 계속 중인 당해사건은 이 결정에 따라 재판을 선고하면 될 것이고, 이 사건 결정 선고 당시 이 법 제331조 단서에 해당하는 사건으로서 판결이 선고되고 현재 상소심에 계속 중이거나 기타 아직 확정되지 아니한 동종의 피고사건은 이 사건 결정선고와 동시에 구속영장의 효력이 실효되어 즉시 석방되어야 할 것이다.

본 판례에 대한 평가 1. 신체의 자유를 보장하기 위한 원리로서 출발한 적법절차: 헌법 제12조 신체의 자유에 관한 조항에서는 특별히 적법절차원리를 규정하고 있다. 제1항 후문은 "누구든지 …법률과 적법한 절차에 의하지 아니하고는 처벌·보안처분 또는 강제노역을 받지 아니한다"라고 규정하고 있고, 제3항은 "체포·구속·압수 또는 수색을 할 때에는 적법한 절차에 따라 검사의 신청에 의하여 법관이 발부한 영장을 제시하여야 한다"라고 규정하고 있다. 적법절차(due process of law)원리는 원래 1215년 영국의 마그나 카르타에서 유래하여, 미국의 수정헌법 제5조 및 제14조에서 규정하고 있다. 또한 독일기본법 제104조와 일본 헌법 제31조에서도 이를 규정하고 있으며, 한국에서는 1987년 제6공화국헌법에서 최초로 규정하고 있다. 적법절차원리는 원래 신체의 자유보장 내지 형사사법적 원리로서 출발하였다. 따라서 형사사법작용에 있어서 적법 절차원리가 특히 강조된다.

2. 오늘날 헌법 전반을 관류하는 원리로서의 적법절차원리: 오늘날 적법절차의 원리는 첫째, 단순히 신체의 자유에 한정하는 원리가 아니라 모든 공권력작용에 있어서 지켜야 할 기본원리로서의 가치를 가지며, 둘째, 단순히 절차적 정의의 구현을 위한 원리에 머무는 것이 아니라 공권력행사의 근거가 되는 적정한 실체법(due law)의 원리로까지 확장되어 있다. 따라서 적법절차원리는 사법절차뿐만 아니라 입법절차·행정절차에도 적용되어야 한다. 즉 적법절차원리는 입법·행정·사법 등 모든 국가작용은 절차상의 적법성을 갖추어야 할 뿐 아니라 공권력행사의 근거가 되는 법률의 실체적 내용도 합리성과 정당성을 갖추어야 한다는 헌법의 일반원리이다.

3. 적법절차원리와 헌법 제37조 제2항의 관계: "현행헌법상 적법절차의 원칙을 위와 같이 법률이 정한 절차와 그 실체적인 내용이 합리성과 정당성을 갖춘 적정한 것이어야 한다는 것으로 이해한다면, 그 법률이 기본권의 제한입법에 해당하는 한 헌법 제37조 제2항의 일반적 법률유보조항의 해석상 요구되는 기본권 제한법률의 정당성요건과 개념상 중복되는 것으로 볼 수도 있을 것이나, 현행헌법이 명문화하고 있는 적법절차의 원칙은 단순히 입법권의 유보제한이라는 한정적인 의미에 그치는 것이 아니라 모든 국가작용을 지배하는 독자적인 헌법의 기본원리로서 해석되어야 할 원칙이라는 점에서 입법권의 유보적 한계를 선언하는 과잉입법금지의 원칙과는 구별된다고 할 것이다." 하지만 현실적으로 적법절차원리는 과잉금지의 원칙과 더불어 헌법재판에 적용되기도 한다.

※ 이후 해당법률은 다음과 같이 개정됨.

형사소송법 제331조 (무죄등 선고와 구속영장의 효력) 무죄, 면소, 형의 면제, 형의 선고유예, 형의 집행유예, 공소기각 또는 벌금이나 과료를 과하는 판결이 선고된 때에는 구속영장은 효력을 잃는다. 〈개정 1995. 12. 29〉

관련 문헌: 김광수, "헌법상 적법절차보장의 원리와 행정절차", 헌법규범과 헌법현실(권영성교수 정년기념논문집), 법문사, 2000.

[요약판례 1] 음주측정 강제 사건(도로교통법 제41조 제2항 등 위헌제청): 합헌(헌재 1997.3.27. 96헌가11)

주취운전의 혐의자에게 주취여부의 측정에 응할 의무를 지우고 이에 불응한 사람을 처벌하는 것이 헌법 제12조 제1항의 적법절차원칙에 위배되는지 여부(소극)

교통상의 위험을 방지하기 위하여 음주운전 방지와 그 규제는 절실한 공익상의 요청이며 그 규제에는 음주측정이 필수적으로 요청된다.

이 사건 법률조항은 우리나라의 음주문화, 측정방법의 편이성 및 정확성, 측정방법에 관한 국민의 정서 등 여러 가지 요소들을 고려한 것으로서, **추구하는 목적의 중대성**(음주운전 규제의 절실성), **음주측정의 불가피성**(주취운전에 대한 증거확보의 유일한 방법), **국민에게 부과되는 부담의 정도**(경미한 부담, 간편한 실시), 처벌의 요건과 **처벌의 정도에 비추어 헌법 제12조 제1항 후문의 적법절차가 요청하는 합리성과 정당성을 갖추고 있다고 판단된다.** 그러므로 이 사건 법률조항은 헌법 제12조 제1항 후문의 적법절차의 원칙에 위배되지 아니한다.

[요약판례 2] 형사기소된 국가공무원의 임의적 직위해제 사건(국가공무원법 제73조의2 제1항 제4호 위헌소원): 합헌(헌재 2006.5.25. 2004헌바12)

당사자에게 적절한 고지를 행하고, 당사자에게 의견 및 자료 제출의 기회를 부여하는 원칙이 구체적으로 어떠한 절차를 어느 정도로 요구하는지는 일률적으로 말할 수 있는지 여부(소극)

적법절차원칙에서 도출할 수 있는 가장 중요한 절차적 요청 중의 하나로 당사자에게 적절한 고지를 행할 것, 당사자에게 의견 및 자료 제출의 기회를 부여할 것을 들 수 있겠으나 이 원칙이 구체적으로 어떠한 절차를 어느 정도로 요구하는지는 일률적으로 말하기 어렵고, 규율되는 사항의 성질, 관련 당사자의 사익, 절차의 이행으로 제고될 가치, 국가작용의 효율성, 절차에 소요되는 비용, 불복의 기회 등 다양한 요소들을 형량하여 개별적으로 판단할 수밖에 없을 것이다.

이 사건 법률조항의 직위해제처분의 절차에 대해서는 법률에 특별한 정함이 없다. 그러나 구체적이고도 명확한 사실의 적시가 요구되는 처분사유고지서를 반드시 교부하도록 함으로써 해당 공무원에게 방어의 준비 및 불복 기회를 보장하고 임용권자의 판단에 신중함과 합리성을 담보하게 하고, 사후적으로 소청이나 행정소송을 통하여 충분한 의견진술 및 자료제출의 기회를 보장하고 있다는 점에서 이 사건 법률조항이 적법절차원칙에 위배된다고 볼 수 없다.

Ⅱ 5·18민주화운동등에관한특별법 제2조 위헌제청: 합헌(헌재 1996.2.16. 96헌가2등)

쟁점 5·18민주화운동등에관한특별법 제2조가 개별사건법률로서 위헌인지 여부(소극), 특별법 제2조가 소급입법에 해당하는지 여부(소극), 위 법률조항이 형벌불소급의 원칙에 위반되는지 여부(소극), 위 법률조항이 부진정소급효를 갖는 경우 법적 안정성과 신뢰보호의 원칙을 포함하는 법치주의 정신에 위반되는지 여부(소극), 위 법률조항이 진정소급효를 갖는 경우 법적 안정성과 신뢰보호의 원칙을 포함하는 법치주의 정신에 위반되거나 평등의 원칙에 위반되는지 여부(소극)

사건의 개요

서울지방검찰청 검사는 1994. 10. 29. 이른바 12·12 군사반란사건(이하 "12·12사건"이라 한다)과 관련된 피의자 38명에 대하여 기소유예의 불기소처분을 하고, 1995. 7. 18. 이른바 5·18내란사건(이하 "5·18사건"이라 한다)과 관련된 피의자 35명에 대하여 공소권없음의 불기소처분을 하였다. 이후 5·18민주화운동등에관한특별법이 1995년 12월 2일, 제정·공포되자 서울지방검찰청 검사는 위 두 사건과 관련된 피의자들 전원에 대하여 수사를 재기하여 청구인들에 대한 구속영장을 청구하였다. 이에 제청신청인들은 영장청구일에 영장청구 사건에 관한 재판의 전제가 되는 5·18특별법 제2조에 대해서 공소시효가 이미 완성된 그들의 범죄혐의 사실에 대하여 소급하여 그 공소시효 진행 정지사유를 정한 것으로서 형벌불소급의 원칙을 천명하고 있는 헌법 제13조 제1항에 위반되고, 개별사건법률로서 평등의 원칙과 권력분립의 원칙에 위배된다고 주장하면서 위헌법률심판제청을 신청하였다. 법원은 12·12 사건의 경우에는 공소시효가 이미 완성되었으므로 위 특별법의 위헌여부가 재판의 전제가 된다는 이유로 위헌심판을 제청하였으나, 5·18 사건의 경우에는 청구인들의 5·18사건과 관련한 내란중요임무종사 등의 피의사실이 이 법률조항과 관계없이 아직 공소시효가 완성되지 아니하여 그 혐의사실만으로 구속영장을 발부하는 이상 이 법률조항의 위헌 여부는 재판의 전제가 되지 않는다는 이유로 제청신청을 기각하였다. 이에 5·18사건 관련자들은 헌법재판소법 제68조 제2항의 헌법소원을 제기하였다.

심판의 대상

5·18민주화운동등에관한특별법(제정 1995. 12. 21. 법률 제5029호)

제2조 (공소시효의 정지) ① 1979년 12월 12일과 1980년 5월 18일을 전후하여 발생한 헌정질서파괴범죄의공소시효등에관한특별법 제2조의 헌정질서파괴범죄행위에 대하여 국가의 소추권행사에 장애사유가 존재한 기간은 공소시효의 진행이 정지된 것으로 본다.

② 제1항에서 "국가의 소추권행사에 장애사유가 존재한 기간"이라 함은 당해 범죄행위의 종료일부터 1993년 2월 24일까지의 기간을 말한다.

주 문

5·18민주화운동등에관한특별법(1995년 12월 21일 법률 제5029호) 제2조는 헌법에 위반되지 아니한다.

청구인의 주장

헌법은 법률불소급의 원칙과 일사부재리의 원칙을 천명하고 있으며, 형법 제1조 제1항은 법률불소급의 원칙을 다시 명확히 하고 있다. 이러한 법률불소급의 원칙은 비단 형벌법규뿐만 아니라 위 형법규정에서 명백히 한 바와 같이 범죄의 성립 등에 관한 일체의 법률을 함께 포함하는 것이며, 따라서 이러한 적법절차의 원리와 법률불소급의 원칙상 공시시효 기산점의 임의선정, 그 연장 및 그 정지사유의 설정

등을 규정한 이 법률조항은 위헌임이 명백하다. 그리고 공소시효제도와 형사법규의 해석의 기본원칙에 비추어 공소시효의 기산과 그 정지는 법률에 정하여진 바에 엄격히 따라야 할 것이다. 공소시효의 완성으로 그 소추나 처벌이 불가능하게 된 사안에 대하여 새로이 공소시효의 정지사유를 설정하고, 임의의 기간 동안 그 정지사유가 있었던 것으로 보도록 하여 사후입법으로 형사소추와 처벌이 가능하게 한 특별법은 형벌법규의 이념에 반할 뿐만 아니라 실정법에도 반하는 초법적 억지에 지나지 아니하므로, 이 법률조항은 헌법 제13조 제1항에 위반하는 것임이 명백하다. 이 법률조항은 청구인 등 특정인의 특정사건에 대하여 국가형벌권이 특정기간 동안 연장되어 존속하는 것을 규정하고 있는 것이다. 그러므로 이 법률조항은 "개인대상법률"이며 특정개별사건에 대해서만 적용한다는 취지를 명백히 하고 있는 점에서 "개별사건법률"이므로, 이는 전형적인 처분적 법률로서 헌법상 평등의 원칙에 반하는 위헌의 법률조항이다. 나아가 위 두 사건에 관련된 청구인 등의 행위가 헌정질서파괴범죄행위가 되는지의 여부는 법원의 재판을 거쳐야 비로소 확정되는 것이지 입법부가 법률로써 이를 규정할 수는 없는 것이다. 따라서 이 사건 조항은 헌법 제101조 제1항에 의한 법원의 재판권을 침해하고 헌법상 권력분립의 원칙에 위배되며 또한 헌법 제27조 제4항에 의한 무죄추정의 원칙에도 반한다.

▢ 판 단

Ⅰ. 특별법 제2조가 개별사건법률이기 때문에 위헌인지 여부

1. 개별사건법률 자체의 위헌성 여부

당해 법률이 오로지 위 두 사건에 관련된 헌정질서파괴범만을 그 대상으로 하고 있어 특별법 제정당시 이미 적용의 인적범위가 확정되거나 확정될 수 있는 내용의 것이므로 개별사건법률임을 부인할 수는 없다. 그러나 우리 헌법은 개별사건법률에 대한 정의를 하고 있지 않음은 물론 개별사건법률의 입법을 금하는 명문의 규정도 없다. 개별사건법률은 개별사건에만 적용되는 것이므로 원칙적으로 평등원칙에 위배되는 자의적인 규정이라는 강한 의심을 불러일으키는 것이 사실이지만 **개별사건법률금지의 원칙이 법률제정에 있어서 입법자가 평등원칙을 준수할 것을 요구하는 것이기 때문에, 특정규범이 개별사건법률에 해당한다 하여 곧바로 위헌을 뜻하는 것은 아니다.** 따라서 개별사건법률의 위헌 여부는, 그 형식만으로 가려지는 것이 아니라, 나아가 평등의 원칙이 추구하는 실질적 내용이 정당한지 아닌지를 따져야 비로소 가려진다.

2. 당해 사건의 경우

12·12 및 5·18 사건의 경우 그 이전에 있었던 다른 헌정질서파괴범과 비교해보면, 공소시효의 완성 여부에 관한 논의가 아직 진행 중이고, 집권과정에서의 불법적 요소나 올바른 헌정사의 정립을 위한 과거청산의 요청에 미루어볼 때 비록 특별법이 개별적사건법률이라고 하더라도 입법을 정당화할 수 있는 공익이 인정될 수 있다고 판단된다.

Ⅱ. 특별법은 소급효를 가지는 법률인지 여부

1. 쟁 점

국가의 소추권행사에 이러한 장애사유가 있는 때에 공소시효의 진행이 정지되는 것으로 보는 법원의 의견이 명백히 판시된 바 없으므로, 입법을 통하여 이를 규범으로 확인하고자 하는 데 있는 것으로 판단된다. 따라서 이 법률조항이 헌법에 위반되는 여부를 판단함에 있어서는, **먼저 이 법률**

조항이, 공소시효제도의 본질이나 그 제도에 관한 실정법의 해석에 의하여 당연히 도출되는 사유를 확인하여 공소시효정지 사유의 하나로 규정한 것에 지나지 않는 것(확인적 법률)인지, 그런 것이 아니라 **사후에 새로운 공소시효의 정지사유를 규정한 이른바 소급입법에 해당하는 것**(형성적 법률)인지를 가려야 할 필요가 있다. 왜냐하면 만일 이 법률조항이 그 입법취지대로 기존의 실정법 규정에 따른 공소시효의 정지사유를 규범적으로 확인한 것에 지나지 않는 것이라면, 그로 인하여 기존의 법률관계에 아무런 영향을 미치는 것이 아님은 물론 법원의 재판권을 제한하는 것도 아니어서 처음부터 소급입법이나 사법권의 침해 등 헌법적인 문제가 생길 여지가 없기 때문이다.

2. 4인 재판관의 의견 – 판단유보설

원래 공소시효제도는 헌법이 마련하고 있는 제도가 아니라 법률이 규정하고 있는 제도이므로, 그 제도의 구체적인 적용은 사실의 인정과 법률의 해석에 관련된 문제로서 **기본적으로 법원의 전속적인 권한에 속하는 사항이며, 헌법재판소가 관여할 사항이 아니다.** 물론 이 사건 범죄행위를 실행한 자들이 국가권력을 장악하고 있음으로 말미암아 그 기간 동안 국가의 소추권행사에 중대한 장애가 있었음은 의문의 여지가 없다. 그러나 실정법에 명문으로 규정된 바 없음에도, 공소시효제도의 본질에 비추어 이러한 사정을 공소시효가 당연히 정지되는 사유로 보아야 할 것인지의 여부는, **결국 법원의 법률해석을 통하여 가려질 문제인바, 이 점에 관하여 법원의 의견이 명백히 판시된 바 없으므로, 헌법재판소로서는 이 법률조항이 실정법의 해석을 규범적으로 확인한 규정에 지나지 않는다고 단정할 수 있는 처지에 있지 않다.**

3. 3인 재판관의 의견 – 확인법률설

공소시효제도의 본질에 비추어 볼 때 공소시효에 대한 이익은 단순한 반사이익이라고는 할 수 없고, 법률상 보호할 가치가 있는 법적인 이익이라고는 할 것이다. 그렇다고 해서 이를 인간의 존엄과 가치, 신체의 자유, 양심의 자유 등과 같은 기본권과 동일시할 수 없다. 왜냐하면 공소시효에 대한 피고인의 이익은 형사소추에 대한 국가의 이익, 즉 범인필벌의 실체적 정의의 요청과 필연적으로 충돌되는 것이므로 상반되는 두 가지 이익을 상호조정함으로써 그 보호범위와 정도가 결정될 수밖에 없기 때문이다. 즉 공소시효란 본래 소추가능기간을 의미하므로 그 기간 동안 정상적인 소추권의 행사가 가능할 것을 전제로 하는 것이며, 공소시효제도의 근본적인 존재이유가 오랜 동안 소추권행사를 게을리 한 것은 국가 측의 잘못이라고 할 것인데 그로 인한 불이익을 오로지 범인에게만 감수하라고 하는 것은 부당하다. 따라서 공소시효는 소추기관이 유효하게 공소권을 행사하는데 법적·제도적 장애가 없을 때에만 진행할 수 있다고 해석하여야 한다. 나아가 우리 법제상 반란행위자나 내란행위자에 대한 형사소추가 불가능한 경우는 단순한 사실상의 장애를 넘어 법규범 내지 법치국가적 제도 자체에 장애가 있다고 보아야 하며, 이러한 장애로 군사반란행위자와 내란행위자가 불처벌로 남아있을 수밖에 없는 상태로 있는 기간 동안에는 공소시효가 정지된다고 보아야 할 것이고, 또 이것이 공소시효제도의 본질에도 부합하는 해석이라고 할 것이다. 공소시효제도가 본래 범인필벌의 요청과 법적 안정성의 요청 사이에 상반되는 이익에 대한 조정의 문제라고 하는 점에 비추어 보더라도, 헌정질서파괴범죄행위자들이 정권을, 따라서 소추기관을 실효적으로 장악하고 있는 상황 하에서는 역시 이들에 대한 군사반란죄와 내란죄에 대한 공소시효도 정지되는 것이라고 해석하는 것이 성공한 내란도 처벌되어야 한다는 당위성에 합치되고 정의의 관념과 형평의

원칙에도 합치한다. 만약 이와 같이 해석하지 않는다면, 헌정질서파괴범죄행위자들이 시효의 이익을 누리기 위하여 불법적인 방법으로 집권기간을 연장하는 등 오히려 헌법질서의 파괴를 조장하게 되는 모순이 있고 성공한 내란은 처벌할 수 없는 결과가 될 것이기 때문이다. 그렇다면 **이 사건 군사반란죄와 내란죄 등에 대한 공소시효의 진행이 정지된 것으로 본다고 규정한 이 법률조항은 확인입법에 지나지 아니하고 이 점에서도 헌법위반의 법률조항이 아니라고 할 것이다.**

4. 2인 재판관의 의견 – 형성적 법률, 소급입법설

이 법률조항에서 공소시효가 정지되는 것으로 규정한 전 기간, 모든 피의자에 대하여 이 법률조항으로 말미암아 **비로소 공소시효의 진행이 정지되는 것으로 본다.** 그렇다면 이 법률조항은 소급적 효력을 가진 형성적 법률이어서 당연히 위헌 여부의 문제가 제기될 수밖에 없는 것이다.

Ⅲ. 공소시효와 형벌불소급의 원칙

헌법이 제12조 1항과 제13조 1항에서 비록 범죄구성요건만을 언급하고 있으나, 책임 없는 형벌을 금하고 행위의 불법과 행위자의 책임은 형벌과 적정한 비례관계를 유지하여야 한다는 적법절차의 원칙과 법치주의원칙에서 파생되는 책임원칙에 따라 범죄구성요건과 형벌은 불가분의 내적인 연관관계에 있기 때문에, 결국 죄형법정주의는 이 두 가지 요소로 구성되는 "가벌성"을 그 내용으로 하고 있는 것이다. 즉 **가벌성의 조건을 사후적으로 변경할 것을 요구하는 공익의 요청도 개인의 신뢰보호와 법적안정성에 우선할 수 없다는 것을 명백히 규정함으로써,** 위 헌법조항은 소급적인 범죄구성요건의 제정과 소급적인 형벌의 가중을 엄격히 금하고 있다. 그러므로 **우리 헌법이 규정한 형벌불소급의 원칙은 형사소추가 "언제부터 어떠한 조건하에서" 가능한가의 문제에 관한 것이고, "얼마동안" 가능한가의 문제에 관한 것은 아니다. 다시 말하면 헌법의 규정은 "행위의 가벌성"에 관한 것이기 때문에 소추가능성에만 연관될 뿐, 가벌성에는 영향을 미치지 않는 공소시효에 관한 규정은 원칙적으로 그 효력범위에 포함되지 않는다.** 행위의 가벌성은 행위에 대한 소추가능성의 전제조건이지만 소추가능성은 가벌성의 조건이 아니므로 공소시효의 정지규정을 과거에 이미 행한 범죄에 대하여 적용하도록 하는 법률이라 하더라도 그 사유만으로 헌법 제12조 제1항 및 제13조 제1항에 규정한 죄형법정주의의 파생원칙인 형벌불소급의 원칙에 언제나 위배되는 것으로 단정할 수는 없다.

Ⅳ. 특별법과 법치주의의 원칙

1. 쟁 점

공소시효제도가 헌법 제12조 제1항 및 제13조 제1항에 정한 죄형법정주의의 보호범위에 바로 속하지 않는다면, 소급입법의 헌법적 한계는 법적 안정성과 신뢰보호원칙을 포함하는 법치주의의 원칙에 따른 기준으로 판단하여야 한다. 특정한 법률에 의하여 발생한 법률관계는 그 법에 따라 파악되고 판단되어야 하고, 개인은 과거의 사실관계가 그 뒤에 생긴 새로운 법률의 기준에 따라 판단되지 않는다는 것을 믿을 수 있어야 한다. 이 법률조항에 대한 위헌 여부를 판단하기 위하여는 먼저 이 법률조항이 이미 종료된 사실관계(이른바 진정소급효)에 관련된 것인지, 아니면 현재 진행 중인 사실관계(이른바 부진정소급효)에 관련된 것인지를 밝혀야 할 것이고, 이는 결국 특별법 시행당시 특별법 소정 피의자들에 대한 공소시효가 이미 완성되었는지의 여부에 따라 판가름될 성질의 것이다.

그런데 구체적 범죄행위에 관한 공소시효의 완성 여부 및 그 완성시점 등은 당해 사건을 재판하는 법원이 이를 판단할 성질의 것이지 헌법재판소가 판단할 수 있는 사항이 아니다. 따라서 **법원의 판단에 따라 특별법 시행당시 공소시효가 이미 완성되었다면, 특별법은 이미 과거에 완성된 사실 또는 법률관계를 규율대상으로 하여 사후에 그 전과 다른 법적 효과를 생기게 하는(진정소급효) 법률이라 할 것이고, 한편 공소시효가 아직 완성되지 않았다면, 특별법은 과거에 이미 개시되었지만 아직 완결되지 않고 진행과정에 있는 사실 또는 법률관계와 그 법적 효과에 장래적으로 개입하여 법적 지위를 사후에 침해하는(부진정소급효) 법률이라 할 것이다.**

(1) 공소시효가 완성되지 않았다고 보는 경우

만일 법원이 특별법이 처벌하려는 대상범죄의 공소시효가 아직 완성되지 않았다고 판단한다면, 특별법은 단지 진행 중인 공소시효를 연장하는 법률로서 이른바 부진정소급효를 갖게 된다. 형벌규정에 관한 법률 이외의 법률은 부진정소급효를 갖는 경우에는 원칙적으로 허용되고, 단지 소급효를 요구하는 공익상의 사유와 신뢰보호의 요청 사이의 교량과정에서 신뢰보호의 관점이 입법자의 형성권에 제한을 가할 뿐이다. 즉 공소시효제도에 근거한 개인의 신뢰와 공소시효의 연장을 통하여 달성하려는 공익을 비교 형량하여 개인의 신뢰보호이익이 공익에 우선하는 경우에는 소급효를 갖는 법률은 헌법상 정당화될 수 없다. 그러나 특별법의 경우에는 **정의를 회복하여야 한다는 중대한 공익**이 있다. 또한 **특별법은 모든 범죄의 공소시효를 일정시간 동안 포괄적으로 정지시키는 일반적인 법률이 아니고, 그 대상범위를 헌정질서파괴범죄에만 한정함으로써 예외적인 성격을 강조하고 있다.** 이에 비하면 **공소시효는 일정 기간이 경과되면 어떠한 경우이거나 시효가 완성되는 것은 아니며, 행위자의 의사와 관계없이 정지될 수도 있는 것이므로 아직 공소시효가 완성되지 않은 이상 예상된 시기에 이르러 반드시 시효가 완성되리라는 것에 대한 보장이 없는 불확실한 기대일 뿐이므로 공소시효에 의하여 보호될 수 있는 신뢰보호이익은 상대적으로 미약하다 할 것이다.** 따라서 공소시효가 완성되지 아니하고 아직 진행 중이라고 보는 경우에는 헌법적으로 허용될 수 있다 할 것이므로 위에서 본 여러 사정에 미루어 이 법률조항은 헌법에 위반되지 아니한다.

(2) 공소시효가 완성되었다고 보는 경우

법원이 특별법 소정 헌정질서파괴범죄의 공소시효가 이미 완성되었다고 판단한다면, 특별법은 이미 과거에 완성된 사실 또는 법률관계를 규율대상으로 사후에 이전과 다른 법적 효과를 생기게 하는 이른바 진정소급효를 갖게 된다.

(가) 재판관 4인의 합헌의견

우리는 특별법이 처벌하려는 범죄의 공소시효가 이미 완성되었다고 법원이 판단하여, 동법이 진정소급효를 갖게 된다고 하더라도 다음과 같은 이유로 합헌이라고 본다.

1) 진정소급효금지의 예외와 법치국가원리

기존의 법에 의하여 형성되어 이미 굳어진 개인의 법적 지위를 사후입법을 통하여 박탈하는 것 등을 내용으로 하는 진정소급입법은 개인의 신뢰보호와 법적 안정성을 내용으로 하는 법치국가원리에 의하여 헌법적으로 허용되지 않는 것이 원칙이지만, 특단의 사정이 있는 경우, 예외적으로 허용될 수 있다. 그러한 진정소급입법이 허용되는 예외적인 경우로는 일반적으로, **국민이 소급입법을 예상할 수 있었거나, 법적 상태가 불확실하고 혼란스러웠거나 하여 보호할 만한 신뢰의 이익이 적**

은 경우와 소급입법에 의한 당사자의 손실이 없거나 아주 경미한 경우, 그리고 신뢰보호의 요청에 우선하는 심히 중대한 공익상의 사유가 소급입법을 정당화하는 경우를 들 수 있다. 이를 대별하면 진정소급입법이 허용되는 경우는 구법에 의하여 보장된 국민의 법적 지위에 대한 신뢰가 보호할 만한 가치가 없거나 지극히 적은 경우와 소급입법을 통하여 달성하려는 공익이 매우 중대하여 예외적으로 구법에 의한 법적 상태의 존속을 요구하는 국민의 신뢰보호이익에 비하여 현저히 우선하는 경우로 크게 나누어 볼 수 있다. 그런데 이 사건 헌정질서파괴범의 공소시효의 완성으로 인한 법적 지위에 대한 신뢰를 보호하여야 할 필요는 다음과 같은 이유로 매우 미약하다. 즉 이 사건 반란행위 및 내란행위자들이 반란행위 및 내란행위를 통하여 우리 헌법질서의 근간을 이루고 있는 자유민주적 기본질서를 파괴하였고, 그로 인하여 우리의 민주주의가 장기간 후퇴한 것은 말할 것도 없고, 많은 국민의 그 생명과 신체가 침해되었으며, 전 국민의 자유가 장기간 억압되는 등 국민에게 끼친 고통과 해악이 너무도 심대하였다. 그러한 기간 동안에도 공소시효의 진행이 정지되지 않는다고 볼 때에는 형사소송법에 규정된 이 사건 군사반란죄와 내란죄에 대한 공소시효의 대부분이 그 기간 동안에 이미 진행되었다고 볼 수밖에 없다. **뿐만 아니라 공소시효완성으로 인한 이익은 단순한 법률적 차원의 이익이고, 헌법상 보장된 기본권적 법익에 속하지는 않는다. 이에 비하여 이 사건 법률조항을 정당화하는 공익적 필요는 매우 중대하다.** 즉 공소시효완성으로 인한 법적 지위에 대한 신뢰이익이 보호받을 가치가 별로 크지 않음에 비하여 이 법률조항은 위 행위자들의 신뢰이익이나 법적 안정성을 물리치고도 남을 만큼 월등히 중대한 공익을 추구하고 있다고 평가할 수 있다.

2) 평등원칙에의 위반여부(소극)

이 법률조항의 목적은 일반국민과 동 조항에서 확정된 헌정질서파괴범죄행위자들을 차별적으로 취급하는 것이 아니라, 오히려 위 범죄행위자들이 군사반란 및 내란 등의 행위로 헌법질서를 파괴하여 정권을 장악함으로써 일반국민과 위 행위자들 사이에 이미 발생한 형법집행상의 불평등을 제거하고자 하는 데 있다. 법치국가원리의 내용인 법적 안정성 즉, 국민의 신뢰보호와 실질적 정의가 충돌하는 경우 그 어느 쪽을 우선시켜 입법할 것인가는 원칙적으로 입법자가 선택할 문제이고, 그 선택이 자의적이 아닌 한 그 입법을 위헌이라고 할 수는 없다. 그리고 진정소급효가 있는 공소시효정지를 규정한다 하여도 범행 당시의 구성요건 그대로를 타인과 마찬가지로 적용한다는 것이므로 실질적으로도 새로운 구성요건을 규정하는 것이라고 할 수 없다.

3) 적법절차의 원리에의 위반여부(소극)

특별법의 입법목적은 우리나라와 민족의 장래에 사욕에 의한 헌법질서파괴행위로 인한 국민들의 불행한 역사의 경험을 영구히 다시는 없도록 하기 위한 것이므로 이는 영원한 진리와 보편적이고 통상적인 정의를 담고 있는 것이어서 일시적 여론이나 일시적 정치기류에 영합하기 위한 법률이 아니다. 그렇다면 특별법의 이 법률조항은 그 자체 헌법상의 기본권을 제한하는 것도 아니고, 단지 **법률상의 권리인 공소시효 완성 후에는 형사소추를 당하지 않을 법률적 이익을 앞서 살펴본 바와 같은 중대한 공익상의 사유로 제한하는 것이므로 적법절차의 원리에도 반하지 아니한다.**

(나) 재판관 5인의 한정위헌의견

헌법은 형사실체법의 영역에서는 형벌은 바로 신체의 자유와 직결되기 때문에 적어도 범죄구성요건과 형벌에 관한 한, 어떠한 공익상의 이유도, 국가적인 이익도 개인의 신뢰보호의 요청과 법적 안정성에 우선할 수 없다 하여 절대적인 소급효의 금지를 밝히고 있다. 그러므로 소급효의 문제는 신뢰보호를 요청하는 법익이 무엇이냐에 따라 구분하여 다르게 판단되어야 하고, 신체의 자유에 대한 소급적 침해에 대한 신뢰보호의 문제는 다른 권리의 사후적 침해에 대한 신뢰보호의 문제와 같은 잣대로 판단할 수는 없다. 비록 공소시효제도가 헌법 제12조 제1항 후단 및 제13조 제1항 전단에 정한 죄형법정주의의 직접적인 적용을 받는 영역으로 볼 수 없다 하여 절대적 소급효금지의 대상인 것은 아니다. 일반적으로 절차법의 존속에 대한 신뢰가 실체법의 존속에 대한 신뢰보다 헌법적으로 어느 정도 적게 보호된다 하더라도, **절차법적 지위가 경우에 따라서는 그의 의미와 중요성 때문에 실체법적 지위와 동일한 보호를 요청할 수 있고, 공소시효가 완성된 뒤에 새로이 처벌될 수 있도록 하는 경우가 바로 그러한 예라 할 것이다.** 따라서 비록 공소시효에 관한 것이라 하더라도 공소시효가 이미 완성된 경우에 그 뒤 다시 소추할 수 있도록 법률로써 규정하는 것은 헌법 제12조 제1항 후단의 적법절차의 원칙과 제13조 제1항의 형벌불소급의 원칙 정신에 비추어 헌법적으로 받아들일 수 없는 위헌적인 것이라 아니할 수 없다. 따라서 이 법률조항이 특별법 시행일 이전에 특별법 소정의 범죄행위에 대한 공소시효가 이미 완성된 경우에도 적용하는 한 헌법에 위반된다.

4. 결　론

이러한 이유로 이 법률조항은 특별법 시행당시, 공소시효가 아직 완성되지 않았다고 보는 경우에는 재판관 전원이 헌법에 위반되지 아니한다는 의견이고, 공소시효가 이미 완성된 것으로 보는 경우에는 재판관 4인이 헌법에 위반되지 아니하는 의견이고, 재판관 5인이 한정위헌의견이나 이 경우에도 헌법재판소법 제23조 제2항 제1호에 정한 위헌결정의 정족수에 이르지 못하여 합헌으로 선고할 수밖에 없으므로 이에 주문과 같이 결정한다.

✤ 본 판례에 대한 평가 이 사안은 20세기를 마감하면서 한국현대사의 비극적 역사를 청산하고자 하는 국민적 열망이 투영된 역사적 사건이다. 동시에 이 사건은 많은 헌법적, 형사법적인 쟁점을 포함하고 있다.

법치국가형법의 기본원리라 할 수 있는 죄형법정주의의 파생원칙의 하나로서 형벌불소급의 원칙(형벌법규의 소급효금지)은 범죄의 성립과 처벌을 행위시의 법률에 의하게 함으로써 사후 법률에 의한 처벌을 금지하여 국민의 법적 안정성을 도모하려는 데 그 목적이 있다.

형벌불소급의 원칙과 관련하여 실체법인 형법에 대해서 이 원칙이 적용된다는 점에는 이견이 존재하지 않는다. 그런데, 절차법인 형사소송법에 있어서도 형벌불소급의 원칙이 적용되는지 여부가 문제된다. 이에 대해서는 ① 신법 시행 전에 공소시효가 완성된 경우에는 소급효금지의 원칙이 적용되어야 한다는 견해, ② 소송법규정이라고 하더라도 범죄의 가벌성과 연관되는 경우에는 소급효금지의 원칙이 적용되어야 한다는 견해, ③ 절차법인 형사소송법에도 전면적으로 소급효금지의 원칙이 적용되어야 한다는 견해의 대립이 존재한다.

본 결정에서 헌법재판소는 “형벌불소급의 원칙은 ‘행위의 가벌성’ 즉 형사소추가 ‘언제부터 어떠한 조건하에서’ 가능한가의 문제에 관한 것이고, ‘얼마 동안’ 가능한가의 문제에 관한 것은 아니므로, 과거에 이미 행한 범죄에 대하여 공소시효를 정지시키는 법률이라 하더라도 그 사유만으로 헌법 제12조 제1항 및 제13조 제1항에 규정한 죄형법정주의의 파생원칙인 형벌불소급의 원칙에 언제나 위배되는 것으로 단정할 수는 없다"라고 결정함으로써 피고인에게 불리한 형사소송규정의 소급효를 인정할 수 있다고 긍정하는 입장에 서 있음을 분명히 하고 있다.

관련 문헌: 김영환, "공소시효와 형벌불소급의 원칙(상)·(하)", 판례월보 319호·320호(1997), 판례월보사; 노기호, "5·18 특별법의 위헌여부—5·18 특별법 제2조의 위헌심판에 관한 헌법재판소판례평석을 겸하여—", 한양법학 제7집(1996), 한양법학회; 대한변호사협회, "12·12, 5·18재판의 의미와 과제", 인권보고서 11집, 대한변호사협회, 1997; 성낙인, "5·18 특별법의 적헌성여부", 고시계, 고시계사, 1996. 2; 오호택, "5·18특별법과 공소시효", 안암법학 4집, 고려, 1996; 임준호, "5·18특별법과 개별사건법률의 금지 여부", 인권과 정의 237호, 대한변호사협회, 1996.

Ⅲ 구 병역법 제71조 제1항 단서 위헌확인: 합헌(헌재 2002.11.28. 2002헌바45)

쟁점 우리 헌법상 징집대상자의 범위를 결정함에 있어 입법자에게 입법형성권이 광범위하게 인정되는지 여부(적극), 의무사관후보생의 병적에서 제외된 사람의 징집면제연령을 31세에서 36세로 상향조정한 구 병역법 제71조 제1항 단서가 소급입법금지원칙, 신뢰보호원칙 및 평등원칙에 위반되는지 여부(소극)

사건의 개요

청구인은 의무사관후보생의 병적에 편입되었고, 현역병입영대상자가 되었는데, 의사자격을 취득하지 못하였다는 이유로 위 병적에서 제적되었다. 그런데 병무합동수사본부는 청구인에 대한 신체등위 5급 판정에 관하여 담당군의관 등에게 청탁 명목의 금품이 제공되었다는 사실을 적발하고, 병무청장에게 이러한 사실을 통보하였다. 이에 서울지방병무청장은 청구인에게 위 신체등위 5급 판정에 기한 제2국민역 편입처분을 취소함과 아울러 신체검사를 받을 것을 명하는 처분을 하였다. 청구인은 서울지방병무청장을 상대로 서울행정법원에 이 사건 처분을 취소하여 달라는 취지의 행정소송을 제기하였는데 위 법원에서는 청구인의 병적에 편입될 당시 시행되던 구 병역법에 규정된 징병검사의무 등의 연령상한인 30세를 초과하면 그 징병검사의무 등이 면제되는 동시에 보충역에 편입된다고 봄이 상당하기 때문에, 이 부분을 취소한다는 취지의 판결을 하였다. 하지만 서울고등법원에서는 제1심 판결에 대하여 서울지방병무청장이 불복·항소하였는데, 서울고등법원에서는 개정 법령이 기존의 사실·법률관계를 적용대상으로 하면서 종전보다 불리한 법률효과를 규정하고 있는 경우에도 그러한 사실관계 등이 개정 법률이 시행되기 이전 이미 완성된 것이 아니라면 이를 소급입법이라고 할 수 없다는 이유로 서울지방병무청장의 패소부분을 취소하였다. 청구인은 서울고등법원의 판결에 대하여 불복·상고하면서 대법원에 위와 같은 징병검사명령의 근거규정인 이 사건 법률조항에 대한 위헌법률심판제청신청을 하였는데, 대법원은 위 신청을 기각하였다. 이에 청구인은 헌법재판소법 제68조 제2항의 규정에 따라 이 사건 법률조항에 대한 헌법소원심판청구를 하였다.

심판의 대상

구 병역법 제71조 (입영의무등의 감면) ① 징병검사·현역병입영 또는 공익근무요원소집의무는 31세부터 면제되며, 면제된 사람은 제2국민역에 편입한다. 다만, 다음 각 호의 1에 해당하는 사람은 36세부터 면제된다.

4. 제58조 제3항의 규정에 의한 의무·법무·군종사관후보생의 병적에서 제적된 사람

▢ 주 문

구 병역법(1999. 2. 5. 법률 제5758호로 일부 개정되고, 1999. 12. 28. 법률 제6058호로 개정되기 전의 것) 제71조 제1항 제4호에 관련되는 같은 항 단서 부분은 헌법에 위반되지 아니한다.

▢ 청구인의 주장

청구인은 31세 이후에는 징집대상에서 제외될 수 있으리라는 기대 내지 신뢰가 이미 형성되었는데, 징집면제연령이 36세로 상향조정되었다는 이유로 이 사건 법률조항을 청구인에게 적용한 것은 소급입법 금지원칙 및 신뢰보호원칙에 위반된다. 또한 1983년 법률의 시행당시 의무사관후보생 병적에 편입되었던 사람들 중 구 병역법의 시행 이전에 제적된 사람에 대하여는 그 징집면제연령을 31세로 하고, 1993년 법률의 시행 이후 제적된 사람에 대하여는 그 징집면제연령을 36세로 하게 되는데, 이는 제적사유의 발생 시점이라는 우연한 사정에 따라서 징집면제연령기준을 달리 하는 것으로서, 같은 조건에 있는 사람들을 불합리하게 차별하는 결과를 초래한다.

▢ 판 단

Ⅰ. 우리 헌법상 국민의 국방의무와 입법형성권

1. 국방의 의무의 의의

우리 재판소는, '국방의 의무는 외부 적대세력의 직·간접적인 침략행위로부터 국가의 독립을 유지하고 영토를 보전하기 위한 의무로서, 현대전이 고도의 과학기술과 정보를 요구하고 국민전체의 협력을 필요로 하는 이른바 총력전인 점에 비추어 ① 단지 병역법에 의하여 군복무에 임하는 등의 직접적인 병력형성의무만을 가리키는 것이 아니라, ② 간접적인 병력형성의무 및 ③ 병력형성이후 군작전명령에 복종하고 협력하여야 할 의무도 포함하는 개념이다'라는 취지로 판시하였다.

2. 직접적인 병력형성에 있어서의 입법형성권

위와 같은 헌법규정과 우리 재판소의 판례 등에 비추어 볼 때, 일반적으로 국방의무를 부담하는 국민들 중에서 구체적으로 어떤 사람을 국군의 구성원으로 할 것인지 여부를 결정하는 문제는 이른바 '직접적인 병력형성의무'에 관련된 것으로서, ① 원칙적으로 국방의무의 내용을 법률로써 구체적으로 형성할 수 있는 입법자가 국가의 안보상황, 재정능력 등의 여러 가지 사정을 고려하여 국가의 독립을 유지하고 영토를 보전함에 필요한 범위 내에서 결정할 사항이고, ② 예외적으로 국가의 안위에 관계되는 중대한 교전상태 등의 경우에는 대통령이 헌법 제76조 제2항에 근거하여 법률의 효력을 가지는 긴급명령을 통하여 결정할 수도 있는 사항이라고 보아야 한다. **징집대상자의 범위를 결정하는 문제는 본질적으로 입법자 등의 입법형성권이 매우 광범위하게 인정되어야 하는 영역이다.**

Ⅱ. 소급입법금지원칙의 위반여부(소극)

1. 소급입법의 태양

일반적으로 과거의 사실관계 또는 법률관계를 규율하기 위한 소급입법의 태양을 ① 이미 과거에 완성된 사실·법률관계를 규율의 대상으로 하는 '진정소급입법'과, ② 이미 과거에 시작하였으나 아직 완성되지 아니하고 진행과정에 있는 사실·법률관계를 규율의 대상으로 하는 '부진정소급입법'으로 구분하고, 전자는 헌법적으로 허용되지 않는 것이 원칙이며, 특별한 사정이 있는 경우에만 예외적으로 허용될 수 있는 반면, 후자는 원칙적으로 허용되지만 소급효를 요구하는 공익상의 사유와 신뢰보호의 요청 사이의 교량과정에서 신뢰보호의 관점이 입법자의 형성권에 제한을 가하게 된다.

2. 국방의 의무의 경우

입법자는 국방의무의 내용을 법률로써 구체적으로 형성할 수 있으므로, 입법자가 새로운 입법을 하면서 그 시점 이후의 징집대상자의 범위를 정하는 것은 그 입법당시를 기준으로 하여 국민들 중 군복무에 적합한 사람을 선정하는 것일 뿐이고, 과거에 시작되거나 완성된 사실관계 등을 규율대상으로 하는 것이 아니다(부진정소급입법). 따라서 헌법상 소급입법의 문제는 발생하지 않는다.

Ⅲ. 신뢰보호원칙의 위반여부

1. 신뢰보호원칙의 의의

신뢰보호의 원칙은 법률의 제정이나 개정시 구법질서에 대한 당사자의 신뢰가 합리적이고도 정당하며 법률의 제정이나 개정으로 야기되는 당사자의 손해가 극심하여 새로운 입법으로 달성하고자 하는 공익적 목적이 그러한 당사자의 신뢰의 파괴를 정당화할 수 없다면, 그러한 새로운 입법은 신뢰보호의 원칙상 허용될 수 없다는 것이다. 신뢰보호원칙의 위반 여부를 판단하기 위해서는, 한편으로는 침해받은 신뢰이익의 보호가치, 침해의 중한 정도, 신뢰가 손상된 정도, 신뢰침해의 방법 등과 다른 한편으로는 새로운 입법을 통해 실현하고자 하는 공익적 목적을 종합적으로 비교·형량하여 판단하여야 한다.

2. 개인의 신뢰이익의 보호가치

법률의 존속에 대한 개인의 신뢰가 어느 정도로 보호되는지 여부에 대한 주요한 판단기준은 다음과 같다.

(1) 법령개정의 예측성

먼저, **법적 상태의 존속에 대한 개인의 신뢰는 그가 어느 정도로 법적 상태의 변화를 예측할 수 있는지, 혹은 예측하였어야 하는지 여부에 따라 상이한 강도를 가진다.** 그런데, 일반적으로 법률은 현실상황의 변화나 입법정책의 변경 등으로 언제라도 개정될 수 있는 것이기 때문에, 원칙적으로 이에 관한 법률의 개정은 예측할 수 있다고 보아야 한다. 그런데 이 사건 법률조항은 직접적인 병력형성에 관한 영역으로서, 입법자가 급변하는 정세에 따라 적정한 군사력을 유지하여야 하는 강력한 공익상 필요가 있기 때문에, **이에 관한 입법자의 입법형성권의 범위가 매우 넓은 것이며 그에 따라 국민들은 이러한 영역에 관한 법률이 제반 사정에 따라 언제든지 변경될 수 있다는 것을 충분히 예측할 수 있다고 보아야 한다.**

(2) 유인된 신뢰의 행사여부

다음으로, 개인의 신뢰이익에 대한 보호가치는 법령에 따른 개인의 행위가 국가에 의하여 일정 방향으로 유인된 신뢰의 행사인지, 아니면 단지 법률이 부여한 기회를 활용한 것으로서 원칙적으로 사적 위험부담의 범위에 속하는 것인지 여부에 따라 달라진다. 만일 전자의 경우라면 특별히 보호가치가 있는 신뢰이익이 인정될 수 있고, 원칙적으로 개인의 신뢰보호가 국가의 법률개정이익에 우선된다고 볼 여지가 있다. 하지만 이 사건 법률조항의 경우 청구인의 징집면제연령에 관한 기대 또는 신뢰는 단지 법률이 부여한 기회를 활용한 것이다.

(3) 경과규정 등

일반적으로 신뢰보호의 구체적 실현수단으로 사용되는 경과규정에는 기존 법률이 적용되던 사람들에게 신법 대신 구법을 적용하도록 하는 방식과, 적응보조규정을 두는 방식 등이 있다. 이 사건에 관련하여 입법자는 군복무이행이 가지는 기본권제약적인 성격을 감안하여, 의무사관후보생 병적 등에서 제적된 사람의 징집면제연령을 31세에서 36세로 상향조정하는 내용이 포함된 구 병역법의 부칙 제3조에 '이 법 시행 전에 특수병과사관후보생의 병적에 편입된 자는 이 법에 의하여 특수병과사관후보생의 병적에 편입된 것으로 보며, 그 병적에서 제적되는 자에 대한 의무부과는 종전의 규정에 의한다'라고 규정하여 1983년 법률의 시행 당시 위 병적에 편입되었다가 제적된 사람 중 1991년 법률이 시행되기 이전에 이미 종전 법률 소정의 징집면제연령인 31세에 이르렀거나 이에 임박했던 자들이 새로운 법질서를 예측하지 못하고 있다가 갑자기 징집되는 상황에 대비하였다. 또한, 입법자는 위와 같은 1991년 법률 부칙 제3조의 경과규정을 2년 이상 존속시킨 다음, 이러한 경과규정이 삭제된 1993년 법률을 시행하면서 '특수병과사관후보생의 병적에서 제적된 사람으로 현역병으로 입영하여야 할 사람 중 31세 이상인 사람은 공익근무요원으로 복무할 수 있다'라는 취지의 임의적 적응조정규정(제71조 제2항, 제1항 제4호)을 신설함으로써 종전의 법률을 적용받던 사람 등의 기본권제약적 요소를 부분적으로 완화시킬 수 있는 보완조치를 하였다. 따라서 위와 같은 개정 법률로 인하여 개인이 입은 신뢰이익 침해의 정도는 작다고 할 수 있다.

3. 개인의 신뢰이익에 대비되는 공익

이 사건에서 개인의 신뢰이익에 대비되는 공익은 적정한 전투력을 구비한 국군의 편성, 유지라고 하는 중요한 문제에 직접적으로 관련되어 있다. 입법자는 병무행정에서의 형평성 논란 등을 불식시키고 궁극적으로 국군의 적정한 전투력 유지에 악영향을 미칠 수 있는 요소를 제거하기 위하여 위와 같이 법률을 개정한 것으로 보이고, 따라서 **법률의 개정으로 인하여 달성하려는 공익은 이로 인하여 받을 청구인의 불이익에 비하여 훨씬 더 크다고 할 것이다.**

Ⅳ. 평등원칙 위반여부

1. 평등원칙위반의 심사기준

(1) 심사기준의 선택

평등원칙의 위반여부에 관한 심사기준은 입법자에게 인정되는 입법형성권의 범위에 따라서 달라지게 되는데, 위에서 본 바와 같이 **국방의무를 부담하는 국민들 중에서 구체적인 징집대상자를 선정하는 사항은 우리 헌법상 입법자에게 매우 광범위한 입법형성권이 부여된 영역이다.** 따라서, 이 사건 법률조항의 평등원칙위반여부에 관하여는 그 차별에 관하여 현저한 불합리성이 있는지 여부, 즉 **입법자의 자의성이 있는지 여부만을 심사하면 족하다.**

(2) 심사요건

일반적으로 자의금지원칙에 관한 심사요건은 본질적으로 동일한 것을 다르게 취급하고 있는지에 관련된 차별취급의 존재 여부와, 이러한 차별취급이 존재한다면 이를 자의적인 것으로 볼 수 있는지 여부라고 할 수 있다. 한편, 전자의 요건에 관련하여 두개의 비교집단이 본질적으로 동일한가의 판단은 일반적으로 당해 법 규정의 의미와 목적에 달려 있고, 후자의 요건에 관련하여 차별취급의 자의성은 합리적인 이유가 결여된 것을 의미하므로, 차별대우를 정당화하는 객관적이고 합리적인 이유가 존재한다면 차별대우는 자의적인 것이 아니게 된다.

2. 본 사안의 경우

(1) 차별취급의 존재

1983년 법률의 시행당시 의무사관후보생의 병적에 편입되었다가 제적된 사람들의 경우, 이 사건 법률조항 및 관련 조항에 의하여 각자의 제적사유의 발생시점에 따라서 **'징집면제연령기준'이 달라진다는 결과에 주안점을 둔다면, 이 사건 법률조항 등에 의한 차별취급이 존재하였다고 볼 여지가 있다.**

(2) 차별대우에 대한 합리적 이유

그렇지만, 위와 같은 법률개정과정 등에 비추어 볼 때, 우리 입법자는 1983년 법률 등에 대한 개인의 신뢰이익을 일정한 범위 내에서 보호하는 것이 원활한 병무행정에 도움이 되기 때문에, 위와 같은 개인의 신뢰이익 강도의 차이에 따라서 각 개정 법률의 시행시점 당시 일정한 범위에 있는 이해관계자는 '징집대상'에서 제외시키고, 나머지 이해관계자는 '징집대상'에 포함시키는 정책적 판단을 한 것으로서, 이러한 이해관계자들에 대하여 적용되는 구체적인 '징집면제연령기준'이 달라진 것은 위와 같은 정책적 판단의 부산물로 보인다. 그렇다면, 입법자가 여러 차례 법률을 개정하면서 1983년 법률의 시행당시 의무사관후보생 병적에 편입되었던 이해관계자들의 기존 법질서에 대한 신뢰보호 필요성의 차이에 따라서 구체적인 징집대상자의 범위 등을 결정한 것은 합리적 근거에 기초한 것이다. 따라서 **위와 같은 이해관계자들의 제적시점에 따라서 결과적으로 실질적인 법률관계가 달라지는 사례가 발생하더라도, 이러한 입법자의 판단에 합리적 근거가 있는 이상, 이 사건 법률조항이 평등원칙에 위반된다고 할 수는 없다.**

V. 결　론

이에 관여한 재판관 전원의 일치된 의견으로 주문과 같이 결정한다.

♆ 본 판례에 대한 평가 1. 법치주의의 파생원칙으로서의 신뢰보호의 원칙: 공권력행사에 있어서 예측가능성의 보호 내지 신뢰보호의 원칙은 법적 안정성을 추구하는 자유민주주의·법치국가 헌법의 기본원칙이다. 헌법은 집행권과 사법권의 조직에 대한 법률주의(제96조·제89조·제102조 제3항)를 규정함으로써 간접적으로 공권력행사의 예측가능성을 담보하고 있으며, 형벌불소급과 일사부재리원칙을 규정하여 국민의 신뢰를 보호하고 있다(제13조). 또한 신뢰보호의 원칙은 법령의 개정에 있어서도 적용이 된다. "신뢰보호원칙의 위반 여부는 한편으로는 침해받는 신뢰이익의 보호가치, 침해의 중한 정도, 신뢰침해의 방법 등과 다른 한편으로는 새 입법을 통해 실현하고자 하는 공익목적을 종합적으로 비교 형량하여 판단하여야 한다." 신뢰보호의 원칙은 "사회환경이나 경제여건의 변화에 따른 정책적인 필요에 의하여 공권력행사의 내용은 신축적으로 바뀔 수밖에 없고, 그 바뀐 공권력행사에 의하여 발생된 새로운 법질서와 기존의 법질서와의 사이에는 어느 정도 이해관계의 상충이 불가피하므로 국민들이 국가의 공권력행사에 관하여 가지는 모든 기대 내지 신뢰가 절대적인 권리로서 보호되는 것은 아니다."

2. 법치주의의 파생원칙으로서의 소급입법의 금지: "넓은 의미의 소급입법은 신법이 이미 종료된

사실관계에 작용하는지 아니면 현재 진행 중인 사실관계에 작용하는지에 따라 일응 진정소급입법과 부진정소급입법으로 구분되고, 전자는 헌법적으로 허용되지 않는 것이 원칙이며 특단의 사정이 있는 경우에만 예외적으로 허용될 수 있는 반면, 후자는 원칙적으로 허용되지만 소급효를 요구하는 공익상의 사유와 신뢰보호의 요청 사이의 교량과정에서 신뢰보호의 관점이 입법자의 형성권에 제한을 가하게 된다." 다만 "부진정소급입법에 속하는 입법에 대해서는 일반적으로 과거에 시작된 구성요건 사항에 대한 신뢰는 더 보호될 가치가 있다고 할 것이기 때문에 신뢰보호원칙에 대한 심사가 장래 입법에 비해서보다는 일반적으로 더 강화되어야 할 것이다." 또한 일정한 경우 "신뢰보호가 충분히 이루어졌는지 여부가 과잉금지의 원칙의 위반 여부를 판단하는 기준이 된다."

[요약판례 1] 합성수지 재질의 도시락용기 사용금지 사건(자원의 절약과재활용촉진에관한법률시행령 제5조 등 위헌확인): 기각(헌재 2007.2.22. 2003헌마428등)

신뢰보호의 원칙의 심사방법과 시행규칙 개정 전후를 구분하여 종합적으로 판단한 사례

1. 신뢰보호의 원칙의 심사방법

신뢰보호원칙의 위반 여부는 한편으로는 침해받은 신뢰이익의 보호가치, 침해의 중한 정도, 신뢰침해의 방법 등과 다른 한편으로는 새 입법을 통해 실현코자 하는 공익목적을 종합적으로 비교형량하여 판단하여야 한다.

2. 이 사건 시행규칙 개정 후부터 영업한 경우

청구인들 중 이 사건 시행규칙 개정 후 그 시행 전에 식품접객업 영업신고를 하고 영업을 시작한 청구인들은 위 시행규칙의 개정사실을 알고서 위와 같이 식품접객업에 종사하게 되었다는 점에서 합성수지 도시락 용기 규제와 관련하여 **헌법적 보호의 대상이 될 만한 신뢰가 존재한다거나 신뢰보호의 필요성이 있다고 할 수 없다.**

3. 이 사건 시행규칙 개정 이전부터 영업한 경우

(1) 신뢰이익의 존재와 보호의 필요성 여부

시행규칙 개정 이전에 사업자등록을 하고 영업을 시작한 청구인들은 일응 구 시행규칙에 의하여 배달 등의 경우에 합성수지 도시락 용기를 사용할 수 있는 것으로 신뢰하였다고 할 수 있으나, 합성수지 도시락 용기의 사용제한이 확대되어 왔던 점을 고려하면, 위 **청구인들은 배달 등의 경우에 예외를 인정한 종전의 시행규칙 조항이 향후 개정될 것이라고 충분히 예상할 수 있었다고 할 것이어서 위 청구인들의 신뢰는 존재하지 않거나 존재한다고 하더라도 매우 미약하여 헌법적 보호의 대상이 될 만한 현저한 신뢰라고 보기 어렵고 그 신뢰보호의 필요성도 인정하기 어렵다**고 할 것이다.

(2) 이익형량과 신뢰보호방법

합성수지 도시락 용기의 사용금지는 우선적으로 합성수지 폐기물량을 원천적으로 감소하게 하는 직접적인 효과가 있고 그 결과 합성수지의 매립·소각에 따른 환경 문제도 줄게 하는 환경개선과 국민건강 증진 효과를 가져올 수 있어 그 공익적 가치가 매우 크다. 그리고 시행규칙의 개정 후 시행일까지 6개월의 **적응기간을 둠으로써 식품접객업으로 도시락 영업을 하는 자들의 피해를 최소화하고 그 신뢰를 보호하는 방법도 취하고 있다.** 따라서 청구인들이 주장하는 것과 같은 신뢰 내지 신뢰이익이 존재한다고 하더라도 앞에서 본 바와 같은 이유로 구 시행규칙의 존속에 대한 신뢰의 보호가치는 크다고 할 수 없고, 이러한 신뢰이익의 침해를 위 공익과 비교·형량하여 보더라도 위 공익이 더욱 중요하다고 할 것이고 그 신뢰를 보호할 수단도 갖추고 있는 이상 이 사건 심판대상 조항은 신뢰보호의 원칙에 위배되지 않는다.

[요약판례 2] 산업재해보상보험법 제38조 제6항 위헌소원 등: 위헌(헌재 2009.5.28. 2005헌바20등)

2000년 7월 1일부터 시행되는 산업재해보상보험법상의 최고보상제도를 2000년 7월 1일 이전에 장해사유가 발생하여 장해보상연금을 수령하고 있던 수급권자에게도 2년 6월의 유예기간 후 2003년 1월 1일부터 적용하도록 하는 산재법 부칙조항은 신뢰보호원칙에 위배하여 제도 시행 이전에 이미 재해를 입고 산재보상수급권이 확정적으로 발생한 청구인들의 재산권을 침해하는지 여부(적극)

이 사건 심판청구에서 청구인들의 구법에 대한 신뢰이익은 그 보호가치가 중대하고 그 침해의 정도가 극심하여 신뢰침해의 방법이 과중한 것인 반면, 피재 근로자들 간의 소득격차를 완화하고 새로운 산재보상사업을 실시하기 위한 자금을 마련한다는 공익상의 필요성은 청구인들에 대한 신뢰보호의 요청에 우선할 정도로 충분히 크다고 보기 어렵다.

[요약판례 3] 일제강점하 반민족행위 진상규명에 관한 특별법 제2조 제7호 등 위헌소원: 합헌(헌재 2011.11.24. 2009헌바292)

이 사건 법률조항이 소급입법금지 및 과잉금지원칙에 위반하여 재산권을 침해하는지 여부(소극)

친일재산은 취득·증여 등 원인행위 시에 국가의 소유로 한다고 규정하고 있는 '친일반민족행위자 재산의 국가귀속에 관한 특별법' 제3조 제1항 본문은 진정소급입법에 해당하지만, 진정소급입법이라 하더라도 예외적으로 국민이 소급입법을 예상할 수 있었거나 신뢰보호 요청에 우선하는 심히 중대한 공익상 사유가 소급입법을 정당화하는 경우 등에는 허용될 수 있는데, 친일재산의 소급적 박탈은 일반적으로 소급입법을 예상할 수 있었던 예외적인 사안이고, 진정소급입법을 통해 침해되는 법적 신뢰는 심각하다고 볼 수 없는 데 반해 이를 통해 달성되는 공익적 중대성은 압도적이라고 할 수 있으므로 진정소급입법이 허용되는 경우에 해당하고, 따라서 위 귀속조항이 진정소급입법이라는 이유만으로 헌법 제13조 제2항에 위배된다고 할 수 없다.

[요약판례 4] 공무원연금법 부칙 제7조 제1항 위헌소원: 위헌(헌재 2013.8.29. 2011헌바391등)

개정법의 조항이 그 적용시점을 개정 이전으로 소급하여 기지급된 공무원연금 일부를 사후적으로 환수하고 있는 것이 진정소급입법에 해당하여 청구인들의 재산권을 침해하는지 여부(적극)

Ⅳ 명의신탁재산의 증여의제 사건(구 상속세및증여세법 제41조의2 제1항 위헌소원): 합헌(헌재 2005.6.30. 2004헌바40등)

쟁점 헌법상 체계정당성의 원리 및 그 위반에 대한 심사 기준

심판의 대상

구 상속세및증여세법 제41조의2 (명의신탁재산의 증여의제) ① 권리의 이전이나 그 행사에 등기 등을 요하는 재산(토지와 건물을 제외한다. 이하 이 조에서 같다)에 있어서 실제소유자와 명의자가 다른 경우에는 국세기본법 제14조의 규정에 불구하고 그 명의자로 등기 등을 한 날에 그 재산의 가액을 그 명의자가 실제소유자로부터 증여받은 것으로 본다. 다만, 다음 각 호의 1에 해당하는 경우에는 그러하지 아니하다.

1. 조세회피목적없이 타인의 명의로 재산의 등기 등을 한 경우

② 타인의 명의로 재산의 등기 등을 한 경우와 제1항 제2호의 규정에 의한 유예기간중에 주식 등의 명의를 실제소유자명의로 전환하지 아니하는 경우에는 조세회피목적이 있는 것으로 추정한다.

⑤ 제1항 제1호 및 제2항에서 "조세"라 함은 국세기본법 제2조 제1호 및 제7호에 규정된 국세 및 지방세와 관세법에 규정된 관세를 말한다.

▢ 주 문

구 상속세및증여세법 제41조의2 제1항 본문과 단서 제1호, 제2항 중 '타인의 명의로 재산의 등기 등을 한 경우' 및 제5항은 헌법에 위반되지 아니한다.

▢ 판 단

Ⅰ. 체계정당성의 문제

증여의제조항들이 명의신탁을 이용하여 증여세를 회피하려는 목적이 인정되는 경우에 증여의제를 하는 데 그치는 것이 아니라 조세범위확장조항을 통하여 증여세가 아닌 다른 조세를 회피하려는 목적이 인정되는 경우에도, 회피하려는 조세와는 세목과 세율이 전혀 다른, 증여세를 부과하도록 증여의제를 하게 되는데 이러한 경우의 증여세가 비록 과징금의 성격을 갖는다고 하더라도, 이는 체계정당성의 원칙에 위배되는 외관을 보이기 때문이다.

1. 체계정당성의 원리의 의의

'체계정당성'(Systemgerechtigkeit)의 원리라는 것은 동일 규범 내에서 또는 상이한 규범 간에 (수평적 관계이건 수직적 관계이건) 그 규범의 구조나 내용 또는 규범의 근거가 되는 원칙면에서 상호 배치되거나 모순되어서는 안 된다는 하나의 헌법적 요청(Verfassungspostulat)이다. 즉 이는 규범 상호간의 구조와 내용 등이 모순됨이 없이 체계와 균형을 유지하도록 입법자를 기속하는 헌법적 원리라고 볼 수 있다. 이처럼 규범 상호간의 체계정당성을 요구하는 이유는 입법자의 자의를 금지하여 규범의 명확성, 예측가능성 및 규범에 대한 신뢰와 법적 안정성을 확보하기 위한 것이고 이는 국가공권력에 대한 통제와 이를 통한 국민의 자유와 권리의 보장을 이념으로 하는 법치주의원리로부터 도출되는 것이라고 할 수 있다.

2. 체계정당성의 위배와 위헌여부

일반적으로 일정한 공권력작용이 **체계정당성에 위반한다고 해서 곧 위헌이 되는 것은 아니다.** 즉 체계정당성 위반(Systemwidrigkeit) 자체가 바로 위헌이 되는 것은 아니고 이는 비례의 원칙이나 평등원칙위반 내지 입법의 자의금지위반 등의 위헌성을 시사하는 하나의 징후일 뿐이다. 그러므로 **체계정당성위반은 비례의 원칙이나 평등원칙위반 내지 입법자의 자의금지위반 등 일정한 위헌성을 시사하기는 하지만 아직 위헌은 아니고, 그것이 위헌이 되기 위해서는 결과적으로 비례의 원칙이나 평등의 원칙 등 일정한 헌법의 규정이나 원칙을 위반하여야 한다.**

또한 **입법의 체계정당성위반과 관련하여 그러한 위반을 허용할 공익적인 사유가 존재한다면 그 위반은 정당화될 수 있고** 따라서 입법상의 자의금지원칙을 위반한 것이라고 볼 수 없다. 나아가 체계정당성의 위반을 정당화할 합리적인 사유의 존재에 대하여는 입법의 재량이 인정되어야 한다. 다양한 입법의 수단 가운데서 어느 것을 선택할 것인가 하는 것은 원래 입법의 재량에 속하기 때문이다. 그러므로 이러한 점에 관한 **입법의 재량이 현저히 한계를 일탈한 것이 아닌 한 위헌의 문제**

는 생기지 않는다고 할 것이다.

3. 이 사건의 경우

조세범위확장조항을 통하여 증여세가 아닌 다른 조세를 회피하려는 목적이 명의신탁에 인정되는 경우에도 명의신탁을 증여로 의제하여 증여세를 부과하도록 한 입법의 선택에는 합리적인 이유가 존재하고 여기에 **입법재량의 한계를 현저히 일탈한 잘못이 있다고 볼 수 없고 따라서 체계부정합으로 인한 위헌의 문제는 발생하지 않는다**고 할 것이다.

재판관 김경일, 재판관 송인준, 재판관 주선회의 반대의견

구 상속세및증여세법 제41조의2 제1항 본문과 단서 제1호, 같은 법조 제2항, 같은 법조 제5항(이하 '심판대상조항들'이라 한다)이 명의신탁을 이용한 각종 조세의 회피를 방지하여 조세평등과 조세정의를 달성하고자 하는 입법목적은 헌법 제37조 제2항에서 규정하고 있는 공공복리의 증진에 기여한다고 여겨지므로, 그 정당성이 인정되지만, 심판대상조항들이 증여세가 아닌 다른 조세를 회피하려는 목적이 인정된 경우에 회피하려는 조세와는 세목과 세율이 전혀 다른 증여세를 부과하는 것은 체계정당성에도 위배되고, 과징금의 형태로 증여세를 부과하는 형식을 택하는 것은 결코 합리적인 사유가 존재한다고 볼 수 없으므로 적합성원칙에 위배되며, 나아가 심판대상조항들이 행정적 제재로서 과징금을 부과해야 할 사항을 그보다 금전적 부담이 크고 실질에도 맞지 않는 증여세를 부과하는 것은 법체계의 정당성에도 부합하지 않을 뿐만 아니라 최소침해성원칙에 위배되며, 심판대상조항들이 명의신탁을 이용하여 증여세가 아닌 다른 조세의 회피행위에 대하여 지나치게 고율의 증여세를 부과하는 것은 조세정의와 납세의 공평성을 구현하고자 하는 공익을 감안하더라도 막중한 금전적인 부담을 담세능력이 전혀 없는 명의수탁자에게 지우게 되는 과중한 결과를 초래하게 되어, 심판대상조항들에 의하여 입게 되는 명의수탁자의 불이익은 조세정의와 조세공평의 실현이라는 공익에 버해 훨씬 크다고 아니할 수 없으므로, 법익간의 균형성을 잃고 있어서, 심판대상조항들이 증여세가 아닌 다른 조세의 회피목적이 있다고 인정되는 경우에 명의신탁재산에 대하여 증여세를 부과하는 것은 비례의 원칙에 위배된다.

심판대상조항들이 증여세가 아닌 다른 조세를 회피하려는 목적이 있는 경우와 심지어 조세회피를 의도하지 않거나 그러한 인식조차 없이 사실상 명의를 빌려준 경우에 경제적 이익의 이전이 없는 통상의 명의신탁을 일률적으로 증여로 보고 담세능력의 정도를 고려하지 아니한 채 고율의 증여세를 부과함으로써, 명의신탁재산에 대한 실질적인 권리 내지 이익을 취득하지 아니하고 단순히 권리의 외양만을 취득하여 담세능력이 없는 명의신탁자를 재산을 증여받은 자와 동일하게 취급하여 고율의 증여세를 부과하는 것은 명의수탁자를 자의적으로 불리하게 취급하는 것으로서 평등원칙에 위배된다.

V 공직선거및선거부정방지법 부칙 제17조 등 위헌소원: 합헌(헌재 2006.5.25. 2005헌바15)

쟁점 시혜적 소급입법과 입법형성의 자유 및 이에 대한 위헌심사의 한계, 개정된 공직선거및선거부정방지법 부칙 제17조가 '이 법 시행 전의 행위에 대한 벌칙의 적용에 있어서는 종전의 규정에 의한다'고 규정하여 소급하여 적용하지 아니하도록 한 것이 입법자의 합리적 재량의 범위를 벗어난 것인지 여부(소극), 구공직선거및선거부정방지법 제93조 제1항과 제255조 제2항 제5호의 탈법방법에 의한 문서 등의 배부 등 금지조항 및 처벌조항이 선거운동의 기회균등 및 평등권을 침해하는지 여부(소극), 구 공직선거및선거부정방지법 제135조 제3항과 제230조 제1항 제4호의 선거사무관계자에 대한 수당과 실비보상을 제외한 선거운동 관련 일체의 금품제공 등 금지조항 및 처벌조항이 평등권 등을 침해하는지 여부(소극), 구 공선법 제89조 제1항 본문과 제255조 제1항 제13호

의 유사기관설치 금지조항 및 이에 대한 처벌조항이 선거운동의 기회균등 및 평등권을 침해하는지 여부(소극)

사건의 개요

청구인 갑은 제17대 국회의원선거에서 공주 · 연기선거구에 ○○당 후보로 출마하여 당선된 자로서, 청구인을 소장으로 한 '○○연구소'를 만들어 선거운동기간 전에 선거운동을 위한 선거유사사무실로 사용하고, 위 연구소 직원인 을에게 월급을 지급하였으며, 선거구민들에게 자신을 소개하면서 위 선거에서의 지지를 부탁하며 명함 약 13,000장을 배부하였다는 등의 사실로 이 사건 법률위반으로 기소되어, 대전지방법원 공주지원에서 징역 1년 집행유예 2년, 대전고등법원에서 벌금 1,500만 원을 선고받고, 대법원에 상고하였으나 상고기각되었다. 갑은 위 대법원 소송 계속 중 이 사건 법률조항들에 대하여 위헌제청신청하였으나 기각되자, 이 사건 헌법소원심판을 청구하였다.

심판의 대상

구 공직선거및선거부정방지법 제89조 제1항 본문, 제255조 제1항 제13호, 제93조 제1항, 제255조 제2항 제5호(그 중 제93조 제1항에 관한 부분), 제135조 제3항, 제230조 제1항 제4호

공직선거및선거부정방지법 부칙 제17조

주 문

공직선거및선거부정방지법 부칙 제17조, 구 공직선거및선거부정 방지법 제255조 제1항 제13호와 제89조 제1항 본문, 제255조 제2항 제5호와 제93조 제1항, 제230조 제1항 제4호와 제135조 제3항은 헌법에 위반되지 아니한다.

청구인의 주장

이 사건 구 공직선거및선거부정 방지법 법률조항들은 현역의원들에게는 선거개시일 전날까지 의정활동보고회 등을 통하여 무제한의 사전 선거운동을 허용하고 있으면서 국회의원이 아니면서 후보자가 되려고 하는 국민들에 대하여는 이를 철저히 제한하고, 이 사건 공직선거및선거부정방지법 부칙 제17조는 현역의원들이 진입장벽을 그대로 유지하기 위하여 2004. 3. 11.까지의 신진 정치인들의 행위에 대한 처벌조항을 굳이 부칙에 규정하여, 이미 형사처벌대상이 되지 않도록 변경된 위 행위들을 형사처벌되도록 규정한 것으로서 청구인의 평등권 등을 침해하여 위헌이다.

판 단

Ⅰ. 공선법 부칙 제17조에 대한 판단

1. 시혜적 조치 여부 인정에 있어서의 입법자의 재량

시혜적 소급입법을 할 것인지의 여부는 입법재량의 문제로서 그 판단은 일차적으로 입법기관에 맡겨져 있는 것이므로 이와 같은 **시혜적 조치를 할 것인가를 결정함에 있어서는 국민의 권리를 제한하거나 새로운 의무를 부과하는 경우와는 달리 입법자에게 광범위한 입법형성의 자유가 인정된다.** 입법자는 입법목적, 사회실정이나 국민의 법감정, 법률의 개정이유나 경위 등을 참작하여 시혜적 소급입법을 할 것인가 여부를 결정할 수 있고, 그 판단은 존중되어야 하며, 그 결정이 합리적 재량의 범위를 벗어나 현저하게 불합리하고 불공정한 것이 아닌 한 헌법에 위반된다고 할 수 없다.

그런데 이 사건 공선법 부칙조항은 "이 법 시행 전의 행위에 대한 벌칙의 적용에 있어서는 종전의 규정에 의한다"고 규정하고 있는바, 이 조항의 의미는 공선법이 개정된 후 처벌되지 않는 행위라도 개정 전에 행한 범죄에 대한 벌칙의 적용은 개정 전의 공선법 규정에 의하도록 한다는데 있다.

2. 공선법 제정의 이유

공선법을 개정하게 된 이유는 공직선거가 국민의 자유로운 의사와 민주적인 절차에 의하여 공정히 치러지도록 각종 제도적 장치를 신설·보완하고, 합동연설회 및 정당·후보자 등에 의한 연설회를 폐지하는 대신 신문·방송 등 각종 미디어를 통한 선거운동을 확대하며, 고비용 선거구조를 혁신하고 선거비용 지출을 투명화하고, 관할 선관위에 미리 등록하도록 하는 예비후보자를 두어 법이 정한 범위 내에서 홍보 등 선거관련 행위를 하도록 함으로써 정치신인의 정치등용의 문을 넓히는 등 **새로운 선거풍토를 조성함으로써 우리 정치문화를 선진화하고자 함에 있었던 것이지, 공직선거사범에 대한 처벌을 완화하거나 축소하려 한 것이 아니다.** 또한 개정 공선법이 예비후보자등록제도를 신설(제60조의2)함으로써 예비후보자로 등록한 자들에 대하여는 일정시점부터 명함배포를 허용함으로써 이 사건 법률조항들로 처벌하지 않게 된 것으로 이는 **위 제도 신설 및 법률개정에 따른 효과일 뿐, 청구인이 후에 도입된 위 예비후보자제도를 이용해서 행위를 한 것으로 당연히 전제하거나 의제하여 청구인의 행위가 처벌되지 아니하는 행위라고 보기 어렵다.**

3. 소 결 론

이러한 개정 취지와 깨끗하고 공명한 선거풍토 확립을 위해서는 공직선거사범에 대한 엄격한 처벌이 필요하다는 국민의 법감정, 민주적이고 선진적인 선거문화 정착이라는 국민의 염원 등 제반 사정을 고려한다면, 시혜적 소급입법을 하지 아니하였다 하여 입법형성에 관한 합리적 재량의 한계를 벗어난 것이라고 볼 수 없으므로 위 부칙 조항이 헌법에 규정한 평등원칙이나 평등권, 선거운동의 기회균등원칙, 소급입법에 의한 참정권 제한, 직업선택의 자유, 공무담임권 등에 위반된다고 볼 수 없다.

Ⅱ. 구 공선법 제93조 제1항 및 제255조 제2항 제5호

우리 재판소는 구 공선법제93조 제1항에 대한 위헌소원사건에서 각 합헌결정을 선고한 바 있다. 위 각 합헌결정 이후 위 공선법 제93조 제1항은 개정되어 '다만, 선거기간 중 후보자의 성명·사진·주소·전화번호·학력·경력·현직을 게재한 길이 9센티미터, 너비 5센티미터 이내의 명함을 후보자가 직접 주는 경우에는 그러하지 아니하다'는 내용의 단서조항이 신설되었다. 이와 같은 규정을 둔 취지는 정치신인인 후보자의 경우 선거기간에라도 자신을 알릴 기회가 적었다는 비판이 있었던바, 명함제작에 그다지 비용이 많이 들지도 않으며, 후보자의 경우에 선거기간에만 일정한 규격의 명함을 배포하도록 하는 경우 선거의 과열경쟁이나 공정한 선거에 그다지 영향을 미치지 아니하다는 국민적 공감대가 형성되고 개정 여론이 대두됨에 따라 법 개정시 예외적으로 선거기간 중 후보자의 명함배포행위에 대해서만 인정하게 된 것이다. 위 단서조항은 모든 후보자에 대하여 동일하게 같은 조건하에 명함배포를 허용하고, 후보자 아닌 모든 자에게는 명함배포를 허용하지 아니함으로써 후보자와 후보자 아닌 자 간에 차이를 두는 것으로서 이는 앞서 본 입법취지 등을 고려할 때 합리적인 차별이라고 할 수 있으며, 또한 명함 배포를 선거기간 중에 한하여 후보자등록을 마친 후보자 모두에게 허용하고 있어, **선거후보자로 등록하기 전에는 후보자가 되고자 하는 자를 포함하여 '누구든지' 선거에 영향을 미치게 하기 위한 명함 배포가 허용되지 아니하므로 청구인으로서는 이 사건 법률조항에 의하여 그 누구와 대비하여 보아도 부당한 차별대우를 받지 아니한다.** 또한 예비후보자의 명함배포 역시 앞서 본 바와 같이 개정된 공선법이 예비후보자제도 신설 및 이들에 대해 명함 배포를 일정한 요건 하에 허용함에 따른 것이므로, 이 사건 법률조항으로 인한 차별의 문제가 아니다. 그러므로 위 조항이 평등권이나 선거운동의 기회균등의 원칙에 반한다거나 청구인 주장의 기본권을 침해하는 등 헌법에 위반된다고 볼 수 없으며, **위 헌법재판소의 각 결정 이후 이 사건 법률조항의 단서가 개정되었음에도 종전 결정과 달리 판단할 필요성이 인정되지 아니한다.**

Ⅲ. 구 공선법 제135조 제3항 및 제230조 제1항 제4호

2004. 3. 12. 정당법이 개정되어 지구당을 폐지하기 이전, 현역 국회의원이 지역구 지구당 사무실 등을 설치하도록 하고 최소한의 유급직원을 두도록 한 것은 정당제민주주의 및 대의제민주주의 하에서 정당의 활동을 보호하고 국민의 대표인 국회의원의 활동을 보장하기 위한 것으로 그 입법목적이 정당하고, 그로 인하여 현역 국회의원이 아닌 자와 현역 국회의원 사이에 어느 정도의 차별이 생긴다 하더라도 그 차별은 정당이나 현역 국회의원의 활동을 특별히 보호함으로써 생기는 결과라고 할 것이므로 평등선거의 원칙, 선거운동의 기회균등의 원칙에 반하거나 평등권을 침해한다고 할 수 없고, 현역 의원 아닌 후보자나 후보자가 되고자 하는 자의 당선기회를 봉쇄하는 것은 아니므로 공무담임권, 직업선택의 자유 등 청구인 주장의 기본권을 침해하는 것도 아니다. 또한, 앞서 본 바와 같이 공선법 개정으로 예비후보자로 등록한 경우에는 선거사무장을 포함하여 3인 이내의 선거사무원을 두고 그 선거사무원들에게 수당을 지급하고, 실비를 보상할 수 있게 되어, 법 개정 이후에는 예비후보자로 등록한 경우 위와 같은 수당, 실비 등을 지급하더라도 이 사건 법률조항에 의하여 처벌되지 아니하는 행위로 되었으나, 이는 개정된 공선법이 예비후보자등록제도를 신설하여 예비후보자들로 하여금 알릴 기회를 확대하고 선거준비를 위해 최소한의 범위에서 선거사무원을 두고 수당과 실비를 지급토록 한 데 따른 것일 뿐이다.

Ⅳ. 구 공선법 제89조 제1항 본문 및 제255조 제1항 제13호

이 사건 법률조항은 정당 또는 후보자가 선거운동 기타 선거에 관한 사무를 처리하기 위하여 설치할 수 있는 선거사무소와 선거연락소 외에는 유사기관의 설치를 금지하는 것인바, 이는 법정 선거운동기구 이외의 선거운동기구의 난립으로 야기될 과열경쟁과 낭비를 방지하고 선거의 공정성을 확보하기 위한 규정이고, 단서에서 정당의 중앙당 등 사무소에 각 1개의 선거대책기구는 설치할 수 있도록 예외를 허용하고 있는 것은 정당제민주주의에서 정당의 활동을 보호하기 위한 규정으로서, 위 규정의 입법목적은 정당성이 인정된다 할 것이다. 위 조항으로 말미암아 무소속후보자에게는 선거운동기구의 설치가 허용되지 않으므로 정당후보자에 비하여 선거운동의 자유가 상대적으로 제한된다고 볼 수도 있으나, 선거운동이 아닌 입후보와 선거운동을 위한 준비행위는 선거운동기간 개시 전이라도 누구에게나 허용되므로, 선거운동의 준비에 있어서는 불평등이 없다 할 것이고, 또 정당후보자라도 위에서 허용된 선거대책기구를 이용하여 실질적인 선거운동을 할 경우에는 유사기관을 설치한 것이 되어 처벌받게 된다. 다만 **그로 인하여 어느 정도의 차별이 생긴다 하더라도 이는 정**

당의 활동을 특별히 보호함으로써 생기는 결과라 할 것이므로 위와 같은 차별은 합리적인 근거가 있다 할 것이다. 따라서 위 조항이 헌법상 평등선거의 원칙이나 선거운동의 기회균등의 원칙에 반하거나 평등권을 침해한다고 할 수 없다. 또한 이 조항이 무소속후보자의 선거운동의 준비행위를 금지하거나 법정 선거운동을 제한하는 것이 아니며, 또 무소속후보자의 당선기회를 봉쇄하는 것도 아니어서 공무담임권과는 직접 관련이 없다 할 것이므로 공무담임권을 침해하는 것이라고 볼 수 없다.

Ⅴ. 결　론

그렇다면, 이 사건 법률조항들은 헌법에 위반되지 아니하므로 관여 재판관 전원의 일치된 의견으로 주문과 같이 결정한다.

⚜ 본 판례에 대한 평가 개정된 신법이 피적용자에게 유리한 경우에 시혜적인 소급입법을 하여야 한다는 입법자의 의무가 헌법상의 원칙들로부터 당연히 도출되지는 않는다. 그러므로 그러한 시혜적 소급입법을 할 것인지의 여부는 입법재량의 문제로서 당해 판단은 일차적으로 입법기관에 맡겨져 있는 것이므로 그와 같은 시혜적 조치를 할 것인가를 결정함에 있어서는 국민의 권리를 제한하거나 의무를 부과하는 경우와는 달리 입법자에게 보다 광범위한 입법형성의 자유가 인정되는 것이다. 본 판례를 포함하여 헌법재판소의 판례에 일관되게 유지가 되고 있는 사항이다.

[요약판례 1] 국가보위입법회의법 등의 위헌여부에 관한 헌법소원: 위헌,각하(헌재 1989.12.18. 89헌마32등)

진정소급 입법의 경우, 입법권자의 입법형성권보다도 당사자가 구법질서에 기대했던 신뢰보호와 법적 안정성을 위하여 특단의 사정이 없는 한 구법에 의하여 이미 얻은 자격 또는 권리를 그대로 존중할 의무가 있고 그것이 입법의 한계라고 할 수 있는지 여부(적극)

본건의 경우에 있어서는 위 법률이 제정될 당시에 이미 공무원의 신분을 취득하여 이를 보유하고 있는 청구인들에게 적용되었던 것으로서 이는 실질적으로 소급입법에 의한 공무원의 신분보장 규정 침해라고 할 것이다. 무릇 과거의 사실관계 또는 법률관계를 규율하기 위한 소급입법의 태양에는 이미 과거에 완성된 사실 또는 법률관계를 규율의 대상으로 하는 이른바 '진정소급효'의 입법과 이미 과거에 시작하였으나 아직 완성되지 아니하고 진행과정에 있는 사실 또는 법률관계를 규율의 대상으로 하는 이른바 '부진정소급효'의 입법을 상정할 수 있는데, **전자(진정소급 입법)의 경우에는 입법권자의 입법형성권보다도 당사자가 구법질서에 기대했던 신뢰보호와 법적 안정성을 위하여 특단의 사정이 없는 한 구법에 의하여 이미 얻은 자격 또는 권리를 그대로 존중할 의무가 있고 그것이 입법의 한계라고 할 것이다.** 그런데 본건 청구인들의 경우에는 정당한 이유가 있는 경우를 제외하고는 당사자의 귀책사유 없이 인사상 불이익을 받지 않는다는 공무원으로서의 법적 지위를 기존의 법질서에 의하여 이미 확보하고 있었고 그와 같은 법적 지위는 구 헌법의 공무원의 신분보장규정에 의하여 보호되고 있었는데 국가보위입법회의법이라는 새로운 법률에서 공무원의 위와 같은 기득권을 부칙규정으로 박탈하고 있는 것은 신뢰보호의 원칙에 위배되는 것으로서 입법형성권의 한계를 벗어난 위헌적인 것이라 할 것이다.

[요약판례 2] 상속세법 제29조의4 제2항에 대한 위헌심판: 위헌(헌재 1992.2.25. 90헌가69등)

법치주의는 국민의 권리·의무에 관한 사항을 법률로써 정해야 한다는 형식적 법치주의에 그치는 것이 아니라 그 법률의 목적과 내용 또한 기본권보장의 헌법이념에 부합되어야 한다는 실질적 법치주의를 의미하며 조세법률주의도 이러한 실질적 법치주의를 뜻하는 것인지 여부(적극)

조세행정에 있어서의 법치주의 적용은 조세징수로부터 국민의 재산권을 보호하고 법적 생활의 안전을 도모하려는 데 그 목적이 있는 것으로서, 과세요건법정주의와 과세요건명확주의를 그 핵심적 내용으로 하는 것이지만 오늘날의 **법치주의는 국민의 권리 · 의무에 관한 사항을 법률로써 정해야 한다는 형식적 법치주의에 그치는 것이 아니라 그 법률의 목적과 내용 또한 기본권보장의 헌법이념에 부합되어야 한다는 실질적 법치주의를 의미하며** 헌법 제38조, 제59조가 선언하는 **조세법률주의도 이러한 실질적 법치주의를 뜻하는 것이므로** 비록 과세요건이 법률로 명확히 정해진 것일지라도 그것만으로 충분한 것이 아니고 조세법의 목적이나 내용이 기본권보장의 헌법이념과 이를 뒷받침하는 헌법상의 제원칙에 합치되지 아니하면 아니 된다.

[요약판례 3] 특정범죄 가중처벌 등에 관한 법률 제5조의 3 제2항 제1호에 대한 헌법소원: 위헌 (헌재 1992.4.28. 90헌바24)

일반적인 형식적 법치국가의 이념, 법정형벌은 행위의 무거움과 행위자의 부책에 상응하는 정당한 비례성이 지켜져야 하며, 적법절차를 무시한 가혹한 형벌을 배제하여야 한다는 자의금지 및 과잉금지의 원칙이 도출되는 실질적 법치국가의 실현이라는 이념도 포함되는지 여부(적극)

우리 헌법은 국가권력의 남용으로부터 국민의 기본권을 보호하려는 법치국가의 실현을 기본이념으로 하고 있고 그 법치국가의 개념에는 헌법이나 법률에 의하여 명시된 죄형법정주의와 소급효의 금지 및 이에 유래하는 유추해석 금지의 원칙 등이 적용되는 **일반적인 형식적 법치국가의 이념뿐만 아니라 법정형벌은 행위의 무거움과 행위자의 부책에 상응하는 정당한 비례성이 지켜져야 하며, 적법절차를 무시한 가혹한 형벌을 배제하여야 한다는 자의금지 및 과잉금지의 원칙이 도출되는 실질적 법치국가의 실현이라는 이념도 포함되는 것이다.** 이는 국회의 입법재량 내지 입법정책적 고려에 있어서도 국민의 자유와 권리의 제한은 필요한 최소한에 그쳐야 하며, 기본권의 본질적인 내용을 침해하는 입법은 할 수 없는 것을 뜻한다. 형벌을 가중하는 특별법의 제정에 있어서도 형벌위협으로부터 인간의 존엄과 가치를 존중하고 보호하여야 한다는 헌법 제10조의 요구와 그에 따른 입법상의 한계가 있는 것이며 나아가 입법자가 법관들에게 구체적 양형을 선고함에 있어서 **그 책임에 알맞은 형벌을 선고할 수 있도록 형벌개별화(刑罰個別化)의 원칙이 적용될 수 있는 폭넓은 범위의 법정형을 설정하여 실질적 법치국가의 원리를 구현하여야 하는 헌법적 제약이 불가피하다고 할 것이다.**

[요약판례 4] 1994년도 신입생입시선발에 대한 헌법소원: 기각 (헌재 1992.10.1. 92헌마68등)

예측가능성의 보호 내지 신뢰보호의 원칙이 법적 안정성을 추구하는 자유민주주의, 법치주의 헌법의 기본원칙이며 헌법의 법치주의에 관련된 모든 법조항이 그 근거인 것인지 여부(적극)

(김양균 재판관의 반대의견) 피청구인의 입시과목에서 일본어를 제외하고 있는 것은 일본어를 공부하더라도 대학의 입시경쟁에서 다른 제2외국어를 선택한 수험생과 비교하여 전혀 불리할 것이 없다고 믿어온 수험생들의 기대 내지 신뢰에 반하는 것이며 그것은 서울대학교라고 해서 예외가 될 수 없는 것이다. 정부의 교육정책을 전환함에 있어서는 그때까지 정부의 교육정책을 믿고 따랐던 학생들이 불측의 피해를 입지 않도록 예방하는 조처가 아울러 강구되어야 하는 것이다. **예측가능성의 보호 내지 신뢰보호의 원칙은 법적 안정성을 추구하는 자유민주주의, 법치주의 헌법의 기본원칙이며 헌법의 법치주의에 관련된 모든 법조항이 그 근거인 것이다.** 피청구인은 일본어를 종래 입시과목에 포함시켜왔다던가 장차 포함시키겠다는 언질을 준 바가 없으므로 신뢰보호의 전제가 되는 선행행위를 한 바 없어 책임이 없다는 취지의 주장을 하고 있으나 피청구인은 공법상의 영조물이고 피청구인이 작성한 주요요강은 교육부의 개선안을 토대로 하여 그것을 승계한 것으로서 그 요강의 제정발표는 공권력의 행사에 해당되고 **현재 고등학교에 재학 중인 학생은 교육부가 마련한 대학입시제도에 따라 입학한 학생들이기 때문에 피청구인의 주요요강을 교육부의 대학입시제도(선행행위)를 신뢰하고, 이미 고등학교에 입학한 학생에게까지 소급적용하려는 것은 헌법의 기본원리인 법치주의원리에서 파생된 신뢰보호의 원칙에 위배되는 것으로 보지 않을 수 없는 것이다.** 예측가능성 내지 신뢰보호를 위하

여서는 정부나 정부의 지침을 승계한 공공기관이 새로이 시행하고자 하는 정책이 기존의 법질서나 법적상태에 대하여 소급적 침해를 가하는 결과가 되고(부진정 소급효) 특히 그 침해를 피해자가 예견할 수 없어 귀책사유가 없는 경우에는 비록 그 시책이 복지증진에 필요한 경우라 하더라도 침해되는 법익과 비교형량하여 공익의 비중이 현저하지 않는 한, 그 소급효를 정당화시켜서는 안 될 것이다.

[요약판례 5] 조세감면규제법 부칙 제13조 등 위헌소원: 한정위헌(헌재 1995.10.26. 94헌바12)

부진정소급입법에 속하는 입법에 대해서는 일반적으로 과거에 시작된 구성요건 사항에 대한 신뢰는 더 보호될 가치가 있다고 할 것이기 때문에 신뢰보호의 원칙에 대한 심사가 장래입법에 비해서보다는 일반적으로 더 강화되어야 하는지 여부(적극)

부진정소급입법에 속하는 입법에 대해서는 일반적으로 과거에 시작된 구성요건 사항에 대한 신뢰는 더 보호될 가치가 있다고 할 것이기 때문에 신뢰보호의 원칙에 대한 심사가 장래입법에 비해서보다는 일반적으로 더 강화되어야 할 것이다. 우리재판소는 신뢰보호의 원칙의 판단은 신뢰보호의 필요성과 개정법률로 달성하려는 공익을 비교형량하여 종합적으로 판단하여야 한다고 하였는바, 이러한 판시는 부진정 소급입법의 경우에도 당연히 적용되어야 할 것이다. 그런데 우리재판소는 초기에 진정·부진정소급효를 구분하면서 부진정소급효의 경우 "구법질서에 대하여 기대했던 당사자의 신뢰보호보다는 광범위한 입법권자의 입법형성권을 경시해서는 안 될 일이므로 특단의 사정이 없는 한 새 입법을 하면서 구법관계 내지 구법상의 기대이익을 존중하여야 할 의무가 발생하지는 않는다"라고 하여, 부진정소급효의 경우에 신뢰보호의 이익이 존중될 수 없다는 일반원칙을 세우고 있어 신뢰보호원칙의 판단에 대한 위 판례와 조화를 이루지 못함을 볼 수 있다. 그러나 특단의 사정을 인정하는 폭에 따라 능히 조화를 이룰 수 있다 할 것이므로 이 사건의 경우도 이와 같은 측면에서 신뢰보호와 이익과 공익을 비교형량하여 판단하여야 할 것이다(대법원도 부진정 소급입법의 경우 신뢰보호와 입법의 목적을 비교형량하여 판단하고 있다).

[요약판례 6] 종합생활기록부제도개선보완시행지침 위헌확인: 기각(헌재 1997.7.16. 97헌마38)

현존상태의 지속에 대한 신뢰가 우선되어야 한다고 인정되는 경우 규범정립자는 지속적 또는 과도적으로 그 신뢰보호에 필요한 조치를 취하여야 할 의무가 있는지 여부(적극)

헌법상의 법치국가원리의 파생원칙인 신뢰보호의 원칙은 국민이 법률적 규율이나 제도가 장래에도 지속할 것이라는 합리적인 신뢰를 바탕으로 이에 적응하여 개인의 법적 지위를 형성해 왔을 때에는 국가로 하여금 그와 같은 국민의 신뢰를 되도록 보호할 것을 요구한다. 따라서 법규나 제도의 존속에 대한 개개인의 신뢰가 그 법규나 제도의 개정으로 침해되는 경우에 상실된 신뢰의 근거 및 종류와 신뢰이익의 상실로 인한 손해의 정도 등과 개정규정이 공헌하는 공공복리의 중요성을 비교교량하여 **현존상태의 지속에 대한 신뢰가 우선되어야 한다고 인정될 때에는 규범정립자는 지속적 또는 과도적으로 그 신뢰보호에 필요한 조치를 취하여야 할 의무가 있다. 이 원칙은 법률이나 그 하위법규뿐만 아니라 국가관리의 입시제도와 같이 국·공립대학의 입시전형을 구속하여 국민의 권리에 직접 영향을 미치는 제도운영지침의 개폐에도 적용되는 것이다.** "이 사건 제도개선시행지침"은 위 교육개혁방안의 문제점을 보완하기 위하여 그 세부적인 내용을 변경한 데 불과한 것이고 이로 인하여 청구인들의 헌법상 보호할 가치가 있는 신뢰가 침해되었다고는 볼 수 없으므로, 이 지침이 헌법상의 신뢰보호의 원칙을 위반하여 청구인들의 평등권, 균등하게 교육을 받을 권리를 침해하였다는 청구인들의 주장은 이유 없다.

[요약판례 7] 농어촌특별세법 부칙 제3조 제3항 위헌소원: 합헌(헌재 1998.11.26. 97헌바58)

부진정소급입법에 대하여는 법치국가원리에서 도출되는 신뢰보호원칙의 요청을 위반한 것이 아닌지 검토되어야 하는데 신뢰보호원칙의 위반여부는 한편으로는 침해받은 신뢰이익의 보호가치, 침해의 중한 정도, 신뢰침해의 방법 등과 다른 한편으로는 새 입법을 통해 실현코자 하는 공익목적을 종합적으로 비교형량하여 판단하여야 하는지 여부(적극)

이 사건 법률조항은 법인세 및 이를 본세로 하는 농어촌특별세의 과세기간 진행 중에 개정, 시행된 법을 과세기간 개시 일에 소급하여 적용토록 하고 있으므로 이른바 부진정소급입법에 해당할 뿐, 새로운 입법으로 이미 종료된 과거에 소급하여 과세하는 진정소급입법이라 할 수 없으므로 입법방식 그 자체로 헌법 제13조 제2항이나 소급과세금지원칙에 위반된다고는 할 수 없다. 그러나 **이 사건 법률조항과 같은 부진정소급입법에 대하여는 법치국가원리에서 도출되는 신뢰보호원칙의 요청을 위반한 것이 아닌지 검토되어야 한다.** 신뢰보호원칙의 위반여부는 한편으로는 침해받은 신뢰이익의 보호가치, 침해의 중한 정도, 신뢰침해의 방법 등과 다른 한편으로는 새 입법을 통해 실현코자 하는 공익목적을 종합적으로 비교형량하여 판단하여야 한다(납세의무자로서는 구법질서에 의거하여 적극적인 신뢰행위를 하였다든가 하는 사정이 없는 한 원칙적으로 세율 등 현재의 세법이 과세기간 중에 변함없이 유지되리라고 신뢰하고 기대할 수는 없다. 그렇게 되면 국가 조세·재정정책의 탄력적·합리적 운용이 불가능하기 때문이다). 이 사건 법률조항은 위 입법취지에서 엿보이는 공익목적의 중요성, 신뢰침해의 방법과 정도, 침해받은 신뢰의 보호가치 등을 종합적으로 비교·형량할 때 헌법상의 신뢰보호원칙에 위반한 것이라고까지 하기는 어렵다.

[요약판례 8] 국가안전기획부직원법 제22조 등에 대한 헌법소원: 합헌,기각(헌재 1994.4.28. 91헌바15등)

정년규정을 변경하는 입법이 구법질서에 대하여 기대했던 당사자의 신뢰보호 내지 신분관계의 안정이라는 이익을 지나치게 침해하지 않는 한 공익 목적 달성을 위하여 필요한 범위 내에서 입법권자의 입법형성의 재량을 인정하여야 하는지 여부(적극)

공무원이 임용됨으로써 임용당시의 공무원법상의 정년규정까지 근무할 수 있다는 기대 내지 신뢰는 절대적인 권리로서 보호하여야만 한다고 보기는 어렵다고 할 것이다. 청구인들이 공무원(중앙정보부직원)으로 임용될 당시 이미 중앙정보부직원법 제27조(직권면직) 제1항에서 "직원이 다음 각 호의 1에 해당하게 된 때에는 임명권자는 직권에 의하여 면직시킬 수 있다. 3. 직제와 정원의 개폐 또는 예산의 감소에 의하여 폐직 또는 과원이 된 때"라는 규정을 두고 있었다. 또 국가공무원법 제70조 제1항 제3호에도 "직제와 정원의 개폐 또는 예산의 감소 등에 의하여 폐직 또는 과원이 되었을 때"에 임용권자는 공무원을 직권면직시킬 수 있다는 취지의 규정이 있다. 그렇다면 **공무원이 임용당시의 공무원법상의 정년규정까지 근무할 수 있다는 기대와 신뢰는 행정조직, 직제의 변경 또는 예산의 감소 등 강한 공익상의 정당한 근거에 의하여 좌우될 수 있는 상대적이고 가변적인 것에 지나지 않는다고 할 것이므로 정년규정을 변경하는 입법은 구법질서에 대하여 기대했던 당사자의 신뢰보호 내지 신분관계의 안정이라는 이익을 지나치게 침해하지 않는 한 공익 목적 달성을 위하여 필요한 범위 내에서 입법권자의 입법형성의 재량을 인정하여야 할 것이다.**

[요약판례 9] 대학입시기본계획 일부변경처분 위헌확인: 기각(헌재 1996.4.25. 94헌마119)

국민들의 국가의 공권력행사에 관하여 가지는 모든 기대 내지 신뢰가 절대적인 권리로서 보호되는지 여부(소극)

신뢰보호의 원칙은 법치국가원리에 근거를 두고 있는 헌법상의 원칙으로서 특정한 법률에 의하여 발생한 법률관계는 그 법에 따라 파악되고 판단되어야 하고, 과거의 사실관계가 그 뒤에 생긴 새로운 법률의 기준에 따라 판단되지

않는다는 국민의 신뢰를 보호하기 위한 것이나, 사회환경이나 경제여건의 변화에 따른 정책적인 필요에 의하여 공권력행사의 내용은 신축적으로 바뀔 수밖에 없고, 그 바뀐 공권력행사에 의하여 발생된 새로운 법질서와 기존의 법질서와의 사이에는 어느 정도 이해관계의 상충이 불가피하므로 **국민들의 국가의 공권력행사에 관하여 가지는 모든 기대 내지 신뢰가 절대적인 권리로서 보호되는 것은 아니라고 할 것이다.** 청구인들이 이 사건 기본계획에 대하여 가졌던 기대 내지 신뢰는 아직 법률상의 권리로서 확정될 정도에 이르렀다고 보기는 어렵고, 나아가 어떤 고등학교의 학생들에 대하여 언제 어떤 방식의 내신성적 산출방식을 적용할 것인가의 문제는 기본적으로 피청구인의 교육정책적 재량에 속하는 사항이라 할 것이므로, 이 사건 보완통보에 의하여 이 사건 기본계획이 그대로 시행될 것에 대한 청구인들의 기대가 무산되었다고 하여 이를 가리켜 헌법상의 신뢰보호원칙에 반하는 자의적인 처분이라고 할 수는 없다.

[요약판례 10] 가등기담보등에관한법률 부칙 제2조 등 위헌소원: 합헌,각하(헌재 1998.9.30. 97헌바38)

가담법 부칙 제2항이 가담법시행전에 성립한 담보계약에 대하여는 가담법을 적용하지 아니한다고 규정한 것은 진정소급입법금지원칙에 합치되는 것으로서 정당한지 여부(적극)

기존의 법에 의하여 형성되어 이미 굳어진 개인의 법적지위를 사후입법을 통하여 박탈하는 것 등을 내용으로 하는 진정소급입법은 개인의 신뢰보호와 법적안정성을 내용으로 하는 법치국가원리에 의하여 특단의 사정이 있어 예외적으로 허용되는 경우를 제외하고는 헌법적으로 허용되지 아니하는 것이 원칙이며, 진정소급입법이 허용되는 예외적인 경우로는 일반적으로, 국민이 소급입법을 예상할 수 있었거나, 법적상태가 불확실하고 혼란스러웠거나 하여 보호할만한 신뢰의 이익이 적은 경우와 소급입법에 의한 당사자의 손실이 없거나 아주 경미한 경우, 그리고 신뢰보호의 요청에 우선하는 심히 중대한 공익상의 사유가 소급입법을 정당화하는 경우 등을 들 수 있다. **앞에서 본 가담법의 제정배경과 그 내용들을 고려할 때, 가담법 부칙 제2항이 가담법시행전에 성립한 담보계약에 대하여는 가담법을 적용하지 아니한다고 규정한 것은 진정소급입법금지원칙에 합치되는 것으로서 정당하고,** 가담법시행전에 성립한 담보계약에 대하여서까지 가담법을 소급적용하여야 할 특단의 사정있음이 인정되지도 아니하므로(가담법 부칙 제2항의 규정으로 인하여 청구인 등 이해관계인의 기존법적지위가 변동되는 것도 아니다), 가담법 부칙 제2항이 헌법 제23조 제1항 및 제13조 제2항에 위배된다는 청구인의 주장은 그 이유가 없다.

[요약판례 11] 특정범죄가중처벌등에관한법률 부칙 제2항 등 위헌소원: 합헌(헌재 1998.11.26. 97헌바65)

시혜적 소급입법을 할 것인지의 여부는 입법재량의 문제로서 국민의 권리를 제한하거나 새로운 의무를 부과하는 경우와는 달리 입법자에게 보다 광범위한 입법형성의 자유가 인정되는지 여부(적극)

법률이 변경된 경우 구법과 신법 중 어느 법을 적용할 것인가에 관하여 헌법은 "누구든지 법률에 의하지 아니하고는 체포·구속·압수·수색 또는 심문을 받지 아니하며, 법률과 적법한 절차에 의하지 아니하고는 처벌·보안처분 또는 강제노역을 받지 아니한다", "모든 국민은 행위시의 법률에 의하여 범죄를 구성하지 아니하는 행위로 소추되지 아니하며"라고 규정하고 있을 뿐이지 이에 관하여 일반적인 규정은 두고 있지 않다. 헌법상의 기본원칙인 죄형법정주의나 법치주의로부터 도출되는 신체의 자유와 법적 안정성 및 신뢰보호의 원칙상 모든 법규범은 현재와 장래에 한하여 효력을 가지는 것이기 때문에 소급입법에 의한 처벌은 원칙적으로 금지 내지 제한되지만, **신법이 피적용자에게 유리한 경우에 이른바 시혜적인 소급입법을 하여야 한다는 입법자의 의무가 이 원칙들로부터 도출되지는 아니한다. 따라서 이러한 시혜적 소급입법을 할 것인지의 여부는 입법재량의 문제로서 그 판단은 일차적으로 입법기관에 맡겨져 있는 것이므로 이와 같은 시혜적 조치를 할 것인가를 결정함에 있어서는 국민의 권리를 제한하거나 새로운 의무를 부과하는 경우와는 달리 입법자에게 보다 광범위한 입법형성의 자유가 인정된다.** 입법자는 입법목적, 사회실정이나 국민의 법감정, 법률의 개정이유나 경위 등을 참작하여 시혜적 소급입법을 할 것인가 여부를 결정할 수 있고, 그 판단은 존중되어야 하며, 그 결정이 합리적 재량의 범위를 벗어나 현저하게 불합리하고 불공정한 것이 아닌 한 헌법에 위반된다고 할 수 없다.

[요약판례 12] 구 관세법 부칙 제4조 등 위헌소원: 합헌(헌재 1998.11.26. 97헌바67)

시대상황에 따라 부칙 등 구법에서 신법보다 무거운 구법을 적용하도록 규정한 것이 입법형성의 자유 범위 내에 속하는 입법정책의 문제라 할 수 있는지 여부(적극)

시혜적 소급입법을 할 것인지의 여부는 입법재량의 문제로서 그 판단은 일차적으로 입법기관에 맡겨져 있는 것이므로 이와 같은 시혜적 조치를 할 것인가를 결정함에 있어서는 국민의 권리를 제한하거나 새로운 의무를 부과하는 경우와는 달리 입법자에게 보다 광범위한 입법형성의 자유가 인정된다. 입법자는 입법목적, 사회실정이나 국민의 법감정, 법률의 개정이유나 경위 등을 참작하여 시혜적 소급입법을 할 것인가 여부를 결정할 수 있고, 그 판단은 존중되어야 하며, 그 결정이 합리적 재량의 범위를 벗어나 현저하게 불합리하고 불공정한 것이 아닌 한 헌법에 위반된다고 할 수 없다. 관세범 중 밀수범은 반도덕성이나 반사회성을 띤 자연범화된 범죄라고 할 것이고, 관세형벌에 의하여서만으로는 밀수를 근절할 수 없게 되자 특정의 밀수범에 대하여 강력한 형벌을 가하는 제도를 마련할 필요가 있어 관세법 개정을 통한 형벌의 가중과 특가법의 제정을 통한 가중규정을 두게 되었다. 관세형벌은 그 시대의 국가 경제정책, 수출입정책, 국민들의 수출입에 관한 질서의식 등을 고려하여 그 시대의 경제적·사회적 상황에 맞추어 국가재정권과 통관질서의 유지를 보호하기 위한 적절한 형벌의 종류와 범위를 정할 수밖에 없는 제재이므로 **위 시대상황 즉, 관세율이 높고 부정수출입 행위가 국가경제에 미치는 영향이 더 컸던 점 등에 비추어 개정 전에 범한 범죄에 대해 무겁게 처벌할 필요가 있다는 이유에서 위 부칙 제4조가 신법보다 무거운 구법을 적용하도록 규정한 것은 어디까지나 입법형성의 자유 범위내에 속하는 입법정책의 문제라 할 것이다.** 다만 구 관세법 부칙 제4조의 적용으로 특가법이 적용됨에 따라 개정 전의 부정수출입죄의 물품원가가 개정 후의 부정수출입죄의 물품원가보다 적음에도 개정 전의 부정수출입죄에 대하여 특가법이 적용되는 결과 개정 전의 부정수출입죄의 법정형이 더 높아지는 경우가 있을 수 있으나 그것만으로 전체 형벌체계상 현저히 균형을 잃게 되어 다른 범죄자와의 관계에 있어서 평등의 원칙에 반한다거나 그러한 유형의 범죄에 대한 형벌 본래의 기능과 목적을 달성함에 있어 필요한 정도를 일탈함으로써 헌법상의 비례원칙이나 과잉입법금지의 원칙에 위배된다고 할 수도 없거니와 그것이 너무 지나치게 가혹하여 인간으로서의 존엄과 가치를 보장한 헌법 제10조에 위반한 것이라고도 볼 수 없다.

[요약판례 13] 구 수산업법 제2조 제7호 등 위헌소원: 합헌,각하(헌재 1999.7.22. 97헌바76등)

신뢰보호원칙의 위배여부를 판단하기 위하여서는 한편으로는 침해받은 이익의 보호가치, 침해의 중한 정도, 신뢰가 손상된 정도, 신뢰침해의 방법 등과 다른 한편으로는 새 입법을 통해 실현하고자 하는 공익적 목적을 종합적으로 비교·형량하여야 하는지 여부(적극)

헌법상 법치국가의 원칙으로부터 신뢰보호의 원리가 도출된다. 법률의 개정시 구법질서에 대한 당사자의 신뢰가 합리적이고도 정당하며 법률의 개정으로 야기되는 당사자의 손해가 극심하여 새로운 입법으로 달성하고자 하는 공익적 목적이 그러한 당사자의 신뢰의 파괴를 정당화할 수 없다면 그러한 새 입법은 신뢰보호의 원칙상 허용될 수 없다. **이러한 신뢰보호원칙의 위배여부를 판단하기 위하여는 한편으로는 침해받은 이익의 보호가치, 침해의 중한 정도, 신뢰가 손상된 정도, 신뢰침해의 방법 등과 다른 한편으로는 새 입법을 통해 실현하고자 하는 공익적 목적을 종합적으로 비교·형량하여야 한다.** 그러나 헌법적 신뢰보호는 개개의 국민이 어떠한 경우에도 '실망'을 하지 않도록 하여 주는 데까지 미칠 수는 없는 것이며, 입법자는 구법질서가 더 이상 그 법률관계에 적절하지 못하며 합목적적이 아님에도 불구하고 그 수혜자군을 위하여 이를 계속 유지하여 줄 의무는 없다 할 것이다. 이 사건 심판대상조항으로 인하여 청구인들이 침해받은 신뢰이익은 등록에 관계없이 인정받던 권리를 등록하여야 하는 정도이다. 그리고 이 사건 심판대상조항은 종래에 존재하던 관행어업권자를 정리함으로써 관행어업권자의 지위를 공고히 하고 불법어업으로 인한 폐해를 방지하며 불법어업자의 무분별한 관행어업권 주장을 배제하여 어업질서를 확립하기 위하여 개정된 것이다. 그렇다면 이 사건 심판대상조항으로 인하여 관행어업권자들이 침해받은 신뢰이익이 이 사건 심판대상조항으로 달성하고자 하는 공익목적에 우선하여 보호되어야 할 정도로 중대한 것이라고 할 수 없으므로 이 사건 심판대상조항이 헌법상 신뢰보호의 원칙에 위배되는 것으로 볼 수 없다.

[요약판례 14] 음반 · 비디오물및게임물에관한법률 부칙 제3조 제4항 단서 등 위헌확인: 기각 (헌재 2002.7.18. 99헌마574)

입법자가 공익상의 필요에 의하여 직업제도를 개혁함에 있어서는 기존 종사자들의 신뢰를 보호하는 것이 헌법상 법치국가의 원리로부터 요청되고, 신뢰보호가 충분히 이루어졌는지 여부가 과잉금지의 원칙의 위반 여부를 판단하는 기준이 되는지 여부(적극)

직업의 자유도 다른 기본권과 마찬가지로 절대적으로 보호되는 것이 아니라, 공익상의 이유로 제한될 수 있음은 물론이나, 이 경우에도 개인의 자유가 공익실현을 위해서도 과도하게 제한되어서는 아니 되며 개인의 기본권은 꼭 필요한 경우에 한하여 필요한 만큼만 제한되어야 한다는 비례의 원칙(헌법 제37조 제2항)을 준수해야 한다. 직업의 자유의 보장이 입법자로 하여금 이미 형성된 직종을 언제까지나 유지하거나 직업종사의 요건을 계속하여 동일하게 유지할 것까지를 요구하는 것은 아니라고 할 것이나, **입법자가 공익상의 필요에 의하여 직업행사의 요건을 달리 정하거나 강화하는 등 직업제도를 개혁함에 있어서는 기존 종사자들의 신뢰를 보호하는 것이 헌법상 법치국가의 원리로부터 요청되고, 신뢰보호가 충분히 이루어졌는지 여부가 과잉금지의 원칙의 위반 여부를 판단하는 기준이 된다.**

[요약판례 15] 의료법 제5조 등 위헌확인: 기각 (헌재 2003.4.24. 2002헌마611)

신뢰보호원칙의 위반여부는 한편으로는 침해받은 신뢰이익의 보호가치, 침해의 중한 정도, 신뢰침해의 방법 등과 다른 한편으로는 새 입법을 통해 실현코자 하는 공익목적을 종합적으로 비교 형량하여 판단하여야 하는지 여부(적극)

신뢰보호원칙의 위반여부는 한편으로는 침해받은 신뢰이익의 보호가치, 침해의 중한 정도, 신뢰침해의 방법 등과 다른 한편으로는 새 입법을 통해 실현코자 하는 공익목적을 종합적으로 비교 형량하여 판단하여야 한다. 청구인들이 장차 치과의사 면허시험을 볼 수 있는 자격 요건에 관하여 가진 구법에 대한 신뢰는 합법적이고 정당한 것이므로 보호가치 있는 신뢰에 해당하는 것이지만, 한편 **청구인들에게 기존의 면허시험 요건에 추가하여 예비시험을 보게 하는 것은 이미 존재하는 여러 가지 면허제도상의 법적 규제에 추가하여 새로운 규제를 하나 더 부가하는 것에 그치고, 이러한 규제가 지나치게 가혹한 것이라고 하기 어려운 반면, 이러한 제도를 통한 공익적 목적은 위에서 본 바와 같이 그 정당성이 인정되는 것이다.** 결국 이 사건에서 침해된 사익과 공익을 비교형량할 때 경과규정은 청구인들의 신뢰를 지나치게 침해한 것이어서 신뢰보호의 원칙에 위배한 것이라고 보기 어렵다.

[요약판례 16] 하천구역편입토지보상에관한특별조치법 제2조 등 위헌제청: 합헌 (헌재 2004.11.25. 2003헌가16)

시혜적 소급입법을 할 것인지의 여부는 입법재량의 문제로서 그 판단은 일차적으로 입법기관에 맡겨져 있으므로, 그 결정이 합리적 재량의 범위를 벗어나 현저하게 불합리하고 불공정한 것이 아닌 한 헌법에 위반된다고 할 수 없는지 여부(적극)

우리 재판소는 그 동안 시혜적 법률의 제정에 있어 입법자에게 인정되는 광범위한 입법형성의 자유로 인해 입법자는 그 입법의 목적, 수혜자의 상황, 국가예산 등 제반사항을 고려하여 그에 합당하다고 스스로 판단하는 내용의 입법을 할 권한이 있다고 할 것이고, 그렇게 하여 제정된 법률의 내용이 현저하게 합리성이 결여되어 있는 것이 아닌 한 헌법에 위반된다고 할 수는 없고, 또한 **시혜적 소급입법을 할 것인지의 여부 역시 입법재량의 문제로서 그 판단은 일차적으로 입법기관에 맡겨져 있으므로, 입법자가 입법목적, 사회실정, 법률의 개정이유나 경위 등을 참작하여 시혜**

적 소급입법을 할 것인지 여부에 관하여 한 판단은 존중되어야 하기에 그 결정이 합리적 재량의 범위를 벗어나 현저하게 불합리하고 불공정한 것이 아닌 한 헌법에 위반된다고 할 수 없다고 판시하여 왔다. 이러한 태도에 비추어 보더라도 국가가 과거 이 사건 토지와 같은 제외지에 대한 보상이 철저하지 못하였던 점에 대한 반성의 토대 위에서 스스로 시효 및 판결의 이익을 포기하고 소급보상의 길을 택함으로써 하천편입토지 보상에 관한 실질적인 형평성을 확보하고자 한 입법자의 결정은 마땅히 존중되어야 할 것이고, 그러한 조치를 두고 평등원칙에 위배된다거나 법원의 심판권을 침해하는 자의적 입법이라고 할 수는 없는 것이다.

[요약판례 17] 신문등의자유와기능보장에관한법률 제16조 등 위헌확인: 위헌,헌법불합치,기각,각하(헌재 2006.6.29. 2005헌마165등)

이미 종결된 과거의 법률관계를 소급하여 새로이 규율하는 것이 진정 소급입법에 해당하는지 여부(적극)

언론중재법 부칙 제2조 본문은 “이 법은 이 법 시행 전에 행하여진 언론보도에 대하여도 이를 적용한다”라고 규정한다. **소급입법은 이미 종료된 사실관계에 작용하는지 또는 현재 진행 중인 사실관계에 작용하는지에 따라 진정 소급입법과 부진정 소급입법으로 구분된다. 전자는 헌법적으로 허용되지 않는 것이 원칙이며 다만, 기존의 법을 변경해야 할 공익적 필요는 심히 중대한 반면에 그 법적 지위에 대한 개인의 신뢰를 보호하여야 할 필요는 상대적으로 정당화될 수 없는 특단의 사정이 있는 경우에만 예외적으로 허용될 수 있다. 반면, 후자는 원칙적으로 허용되지만 소급효를 요구하는 공익상의 사유와 신뢰보호의 요청 사이의 교량과정에서 신뢰보호의 관점이 입법자의 형성권에 제한을 가하게 된다.** 위 부칙 조항 중 본문 부분은 언론중재법을 소급 적용하도록 함으로써 위에서 본 바와 같은 언론사의 종전의 법적 지위가 새로이 변경되게 되었다. 이것은 **이미 종결된 과거의 법률관계를 소급하여 새로이 규율하는 것이기 때문에 소위 진정 소급입법에 해당한다.** 그렇다면 진정 소급입법은 앞에서 본 바와 같이 헌법적으로 허용되지 않는 것이 원칙이고 이를 예외적으로 허용할 특단의 사정도 이 조항들 부분에 대하여는 인정되지 아니하므로 부칙 제2조 중 ‘제14조 제2항, 제26조 제6항 본문 전단 중 정정보도청구 부분, 제31조 후문’ 부분은 모두 헌법에 위반된다.

[요약판례 18] 주택법 제46조 제1항 등 위헌제청: 위헌,각하(헌재 2008.7.31. 2005헌가16)

주택법 개정 전에 사용검사 또는 사용승인을 얻은 공동주택의 담보책임 및 하자보수에 관하여 주택법 제46조의 하자담보책임을 적용하도록 한 주택법(2005. 5. 26. 법률 제7520호로 개정된 것) 부칙 제3항은 진정소급입법으로서 헌법상의 신뢰보호원칙에 위배되는지 여부(적극)

구법 아래에서 하자가 발생한 경우에 공동주택 소유자들이 지녔던 신뢰이익의 보호가치, 부칙 제3항이 진정소급입법으로서 하자담보청구권을 박탈하는 점에서의 침해의 중대성, 신법을 통하여 실현하고자 하는 공익목적의 중요성 정도를 종합적으로 비교형량하여 볼 때, 부칙 제3항이 신법 시행 전에 발생한 하자에 대하여서까지 주택법을 적용하도록 한 것은 당사자의 신뢰를 헌법에 위반된 방법으로 침해하는 것으로서, 신뢰보호원칙에 위배된다.

대판(전합) 2006.11.16. 2003두12899

법령의 개정에 있어서 구 법령의 존속에 대한 당사자의 신뢰가 합리적이고도 정당하며, 법령의 개정으로 야기되는 당사자의 손해가 극심하여 새로운 법령으로 달성하고자 하는 공익적 목적이 그러한 신뢰의 파괴를 정당화할 수 없다면, 입법자는 경과규정을 두는 등 당사자의 신뢰를 보호할 적절한 조치를 하여야 하는지 여부(적극)

법령의 개정에 있어서 구 법령의 존속에 대한 당사자의 신뢰가 합리적이고도 정당하며, 법령의 개정으로 야기되

는 당사자의 손해가 극심하여 새로운 법령으로 달성하고자 하는 공익적 목적이 그러한 신뢰의 파괴를 정당화할 수 없다면, 입법자는 경과규정을 두는 등 당사자의 신뢰를 보호할 적절한 조치를 하여야 하며, 이와 같은 적절한 조치 없이 새 법령을 그대로 시행하거나 적용하는 것은 허용될 수 없다 할 것인바, 이는 앞서 본 바와 같이 헌법의 기본원리인 법치주의 원리에서 도출되는 신뢰보호의 원칙에 위배되기 때문이다. 이러한 **신뢰보호 원칙의 위배 여부를 판단하기 위하여는 한편으로는 침해받은 이익의 보호가치, 침해의 중한 정도, 신뢰가 손상된 정도, 신뢰침해의 방법 등과 다른 한편으로는 새 법령을 통해 실현하고자 하는 공익적 목적을 종합적으로 비교·형량하여야 할 것이다.**

제3관 경제·사회·문화의 기본원리: 사회복지국가

제1항 사회복지국가원리

I 자동차손해배상보장법 제3조 단서 제2호 위헌제청: 합헌(헌재 1998.5.28. 96헌가4등)

쟁점 승객이 사망하거나 부상한 경우에는 승객이 아닌 자의 경우와는 달리 운행자에게 무과실책임을 지우고 있는 자동차손해배상보장법 제3조 단서 제2호가 자유시장 경제질서에 위반되는지 여부(소극), 위 법률조항이 재산권을 침해하는지 여부(소극), 위 법률조항이 평등의 원칙에 위반되는지 여부(소극)

사건의 개요

청구외 갑이 그 소유의 포터화물차를 운전하던 중 청구외 을이 운전하던 청구외 병 소유의 티코승용차를 들이받아 위 승용차에 타고 있던 청구외 정이 사망하자, 그 상속인들이 위 병의 보험자인 제청신청인 A 보험 주식회사를 상대로 수원지방법원에 손해배상청구소송을 제기하여, 그 소송계속중 위 제청신청인은 자동차손해배상보장법 제3조 단서 제2호가 재판의 전제가 된다고 하여 위 법원에 위헌여부심판의 제청을 신청하였고, 위 법원은 이를 받아들여 이 사건 법률조항에 대하여 위헌여부의 심판을 제청하였다.

심판의 대상

자동차손해배상보장법(1984. 12. 31. 법률 제3774호로 전문개정된 것) 제3조 (자동차손해배상책임) 자기를 위하여 자동차를 운행하는 자는 그 운행으로 말미암아 다른 사람을 사망하게 하거나 부상하게 한 때에는 그 손해를 배상할 책임을 진다. 다만, 다음 각 호의 1에 해당하는 경우에는 그러하지 아니하다.

1. 생략
2. 승객이 사망하거나 부상한 경우에 있어서 그것이 그 승객의 고의 또는 자살행위로 말미암은 것인 때

주 문

자동차손해배상보장법 제3조 단서 제2호는 헌법에 위반되지 아니한다.

청구인의 주장

이 사건 법률조항은 헌법에서 파생되는 과실책임의 원칙에 위반되며 또한 무과실책임주의의 근거로 드는 위험책임론이나 보상책임론에서도 제3자의 과실이 명백한 경우 등에는 예외를 인정하고 있음에도 이 사건 법률조항은 무과실책임주의를 인정할 수 있는 한계를 벗어났다. 그리고 이 사건 법률조항은 재산권 제한의 방법이 적합하지 아니하며 재산권의 본질적 내용을 침해하고 있다. 또한 이 사건 법률조항은 승객과 승객 아닌 자 사이에서, 그리고 운행자들 사이에서 합리적 이유 없이 차별을 규정하여 평등의 원칙에 위반된다.

판 단

Ⅰ. 이 사건 법률조항의 특색

1. 위험책임 원리의 도입

자동차사고는 다른 불법행위와 비교할 때 사고가 순간적으로 발생하기 때문에 사고 당사자들의 책임소재를 명확히 가려내는 것이나 그것을 소송절차에서 입증하는 일이 매우 곤란하다. 또한 자동차사고는 가해자의 고의가 원인이 되어 발생하는 경우는 극히 예외적이고, 대개의 경우는 운전자나 제3자의 부주의, 자동차의 결함, 도로상황 등이 합쳐져 일어난다. 따라서 자동차사고의 경우에는 일반불법행위와는 달리 가해자의 책임문제보다는 피해자에게 어떤 방식으로 공평·타당한 보상을 할 것인가가 법률적으로 중요한 과제이다. 자동차사고의 특수성에 따라 세계 각국에서는 일반적인 불법행위책임과는 별도로 자동차사고로 인한 손해배상을 규율하는 특별법을 제정하고 있고, 우리나라도 자동차손해배상보장법을 제정하였다가, 전문 개정하였다. **이 법은 종래의 과실책임주의를 수정하여 위험원(危險源)을 지배하는 자로 하여금 그 위험이 현실화된 경우의 손해를 보상하게 한다는 위험책임의 원리를 도입하였다는 데 그 특색이 있다.** … 이 사건 법률조항인 그 단서 제2호에서는 승객이 사망하거나 부상한 경우에 있어서 그것이 그 승객의 고의 또는 자살행위로 말미암은 것인 때에 한하여 책임을 지지 아니한다고 규정하여, 승객이 사망하거나 부상한 경우에는 승객이 아닌 자의 경우와는 달리 무과실책임을 지우고 있다.

2. 입법정책

자동차사고에 대한 운행자의 배상책임에 관하여 이를 일반적인 불법행위책임과 달리 규율할 것인지, 달리 규율하는 경우 운행자에게 어느 정도의 책임을 지울 것인지는 원칙적으로 입법정책에 관한 사항으로서 각국의 교통상황이나 법률제도에 따라 입법자가 결정할 문제이다.

Ⅱ. 자유시장 경제질서 위반여부

1. 위험책임의 원리

우리 민법은 헌법 제119조 제1항의 자유시장 경제질서에서 파생된 과실책임의 원칙을 일반불법행위에 관한 기본원리로 삼고 있다. 그런데, 현대산업사회에서는 고속교통수단, 광업 및 원자력산업 등의 위험원(危險源)이 발달하고 산업재해 및 환경오염으로 인한 피해가 증가함에 따라, 헌법이념의 하나인 사회국가원리의 실현을 위하여 과실책임의 원리를 수정하여 위험원을 지배하는 자로 하여금 그 위험이 현실화된 경우의 손해를 부담하게 하는 위험책임의 원리가 필요하게 되었다. **위험책임의 원리는 위험원의 지배를 책임의 근거로 하여 위험을 지배하는 자에게 책임을 지우는 원리로서 단순한 결과책임주의와는 다른 것이다.** 자유시장 경제질서를 기본으로 하면서도 사회국가원리를 수용하고 있는 우리 헌법의 이념에 비추어 일반불법행위책임에 관하여는 과실책임의 원리를 기본원칙으로 하면서 이 사건 법률조항과 같은 특수한 불법행위책임에 관하여 위험책임의 원리를 수용하는 것은 입법정책에 관한 사항으로서 입법자의 재량에 속한다고 할 것이다.

2. 소 결

이 사건 법률조항은 위험험책임의 원리에 기하여 무과실책임을 지운 것만으로 헌법 제119조 제1항의 자유시장 경제질서에 위반된다고 할 수 없다.

Ⅲ. 재산권 침해여부

1. 이 사건 법률조항의 입법목적

이 사건 법률조항은 위에서 본 바와 같이 사회국가원리를 수용한 헌법이념에 따라 위험원인 자동차를 지배하는 운행자에게 승객의 손해에 대한 무과실책임을 지도록 하여 자동차사고로 인한 손해의 공평·타당한 보상을 실현하기 위한 것으로서 그 **입법목적은 정당하다.**

2. 방법의 적정성

이 사건 법률조항에 따라 고의·과실이 없는 운행자는 고의·과실이 있는 제3자나 그 운행자에게 자력이 없을 때에는 그 구상권을 실효성 있게 행사할 수 없게 된다. 위험원인 자동차의 운행을 지배하는 운행자로서는 이러한 경우에 대비하여 보험제도를 이용할 수 있다. 이에 반하여 승객에 대하여는 운행자의 경우와 같이 자동차사고에 대비하여 미리 보험에 가입하는 것을 기대하기는 현실적으로 대단히 어려운 일이다. 따라서 이 사건 법률조항이 그 입법목적 달성을 위하여 자동차의 운행을 지내하고 그 운행이익을 받으면서 승객의 동승에 적어도 추상적·간접적으로 동의하여 승객을 자동차의 직접적인 위험권 안에 받아들인 운행자로 하여금 그 과실 유무를 묻지 않고 무상·호의동승자를 포함한 모든 승객의 손해를 배상하도록 하는 방법은 적정하다고 하겠다.

3. 침해의 최소성 및 법익의 균형성

이 사건 법률조항에 의하여 승객에 대하여 손해배상책임을 지는 운행자와 보험계약을 체결한 보험회사가 승객에 대한 보험금을 지급한 후 과실이 있는 제3자의 무자력으로 말미암아 구상권을 실효성 있게 행사하지 못함으로써 결국 보험료에 전가되는 보험료율은 약 0.18%인 사실을 인정할 수 있다. 따라서 이 사건 법률조항에 의한 운행자의 재산권 침해는 운행자가 그의 선택에 따라 보험제도를 이용하는 경우 약 0.18%의 보험료 추가부담에 불과할 정도로 그다지 크지 않으므로 위에서 본 이 사건 법률조항의 입법목적, 운행자와 승객의 관계에 비추어 침해의 최소성이나 법익의 균형성도 갖추었다고 하겠다.

4. 결 론

그렇다면, 이 사건 법률조항은 사회국가원리를 수용한 헌법이념에 따라 공공복리를 위하여 필요한 최소한도의 합리적인 제한이라고 할 것이므로, 이 사건 법률조항은 운행자의 재산권을 침해하는 규정이라고 할 수 없다.

Ⅳ. 평등의 원칙 위반여부

(1) 이 사건 법률조항은 승객이 사망하거나 부상한 경우에 그 손해에 관하여 운행자에게 무과실책임을 지도록 규정하여 승객이 아닌 자에 비하여 승객을 두텁게 보호하고 있다. 승객과 승객이 아닌 자에 대한 운행자의 책임을 달리한 이유는 승객은 자동차에 동승함으로써 자동차의 위험과 일체화되어 그 위험이 더 크다는 점에 있다. 운행자는 자동차의 운행을 지배하고 그 운행이익을 받으면서 승객의 동승에 적어도 추상적·간접적으로 동의하여 승객을 자동차의 직접적인 위험권 안에 받아들였다는 점에서, 승객과 승객이 아닌 자 사이에 본질적인 차이가 있는 것이다.

(2) 과실 있는 운행자나 과실 없는 운행자는 다 같이 위험원인 자동차를 지배한다는 점에서는

본질적으로 차이가 없으므로 이 사건 법률조항은 그것을 근거로 하여 각자 운행하는 자동차의 승객에 대한 무과실 손해배상책임을 지게 하는 것이고, 이 사건 법률조항에 의한 손해배상책임과는 별도로 과실 있는 운행자는 그 과실을 근거로 하여 자신이 운행하는 자동차의 승객 이외의 자에 대하여 손해배상책임을 지게 되는 것이다. 따라서 이 사건 법률조항이 승객을 승객이 아닌 자와 차별하고 과실 있는 운행자와 과실 없는 운행자에게 다 같이 승객에 대한 무과실책임을 지게 한 데에는 합리적인 이유가 있으므로 평등의 원칙에 위반된다고 할 수 없다.

V. 결 론

그렇다면 이 사건 법률조항은 헌법에 위반되지 아니한다.

관련 문헌: 김형성, "자동차손해배상보장법 제3조 단서 제2호의 위헌성", 판례월보 338호, 판례월보사, 1995. 5. 28; 양승규, "자동차손해배상보장법 제3조 단서 제2호의 위헌성", 법학 제39권 2호, 서울대학교법학연구소, 1998. 8; 전광석, "사회변화와 헌법과제로서의 복지국가의 실현", 공법연구 제31집 1호, 한국공법학회, 2002.

[요약판례 1] 국토이용관리법 제21조의3 제1항, 제31조의2의 위헌심판: 합헌(헌재 1989.12.22. 88헌가13)

헌법이 자유방임적 시장경제를 지향하지 않고 아울러 전체주의국가의 계획통제경제도 지양하면서 국민 모두가 호혜공영하는 실질적인 사회정의가 보장되는 국가(민주복지국가)의 이상을 추구하는지 여부(적극)

헌법은 제119조 제2항에서 "국가는 균형 있는 국민경제의 성장 및 안정과 적정한 소득의 분배를 유지하고, 시장의 지배와 경제력의 남용을 방지하며, 경제주체간의 조화를 통한 경제의 민주화를 위하여 경제에 관한 규제와 조정을 할 수 있다"라고 명시하고 있는데 **이는 헌법이 이미 많은 문제점과 모순을 노정한 자유방임적 시장경제를 지향하지 않고 아울러 전체주의국가의 계획통제경제도 지양하면서 국민 모두가 호혜공영하는 실질적인 사회정의가 보장되는 국가,** 환언하면 자본주의적 생산양식이라든가 시장메커니즘의 자동조절기능이라는 골격은 유지하면서 근로대중의 최소한의 인간다운 생활을 보장하기 위하여 소득의 재분배, 투자의 유도·조정, 실업자 구제 내지 완전고용, 광범한 사회보장을 책임 있게 시행하는 국가 즉 민주복지국가의 이상을 추구하고 있음을 의미하는 것이다.

[요약판례 2] 노동조합법 제12조의2 등에 대한 헌법소원(헌재 1993.3.11. 92헌바33)

헌법 제33조 제1항의 취지가 근로자의 이익과 지위의 향상을 도모하는 사회복지국가 건설의 과제를 달성하고자 함에 있는지 여부(적극)

헌법 제33조 제1항은 "근로자는 근로조건의 향상을 위하여 자주적인 단결권·단체교섭권 및 단체행동권을 가진다"라고 규정하여 근로자의 근로3권을 보장하고 있다. 헌법이 이와 같이 근로3권을 보장하는 취지는 원칙적으로 개인과 기업의 경제상의 자유와 창의를 존중함을 기본으로 하는 시장경제의 원리를 경제의 기본질서로 채택하면서, 노동관계 당사자가 상반된 이해관계로 말미암아 계급적 대립·적대의 관계로 나아가지 않고 활동과정에서 서로 기능을 나누어 가진 대등한 교섭주체의 관계로 발전하게 하여 그들로 하여금 때로는 대립·항쟁하고, 때로는 교섭·타협의 조정과정을 거쳐 분쟁을 평화적으로 해결하게 함으로써, **결국에 있어서 근로자의 이익과 지위의 향상을 도모하는 사회복지국가 건설의 과제를 달성하고자 함에 있다.**

[요약판례 3] 공공용지의취득및손실보상에관한특례법 제4조 위헌제청: 위헌(헌재 1995.11.30. 94헌가2)

공특법의 목적이 "토지 등의 협의에 의한 취득 또는 사용과 이에 따르는 손실보상에 관한 기준과 방법을 정함으로써 공공사업의 원활한 수행과 손실보상의 적정을" 기하는 것이라는 것을 감안을 하면 공특법은 공법적 성격을 지닌 것이라고 할 수도 있으나, '협의취득'이 사업시행자와 소유권자 사이의 사적 자치 영역에 있는 사법적인 성격의 것이라고 할 수 있는지 여부(적극)

헌법상의 복지국가이념을 실천하기 위하여 국가가 공공복리를 위하여 사적 영역에 개입하는 것이 필요하다고 하더라도, 자유주의적 시장경제질서를 근간으로 하고 있는 우리 헌법질서 하에서는 국가는 우선 사적 자치 영역에서 그러한 공공복리의 목적수행이 가능하도록 조장하고, 그것이 여의치 않을 때에만 실질적 법치주의에 따른 목적과 비례성 범위내에서 개입하는 것이 타당하다. 이 사건에서와 같은 공공사업에 필요한 토지 등의 취득에 있어서는 공특법이 대체로 사적 자치의 질서를 규정하고 있는 것이라면, 토지수용법은 주로 공공복리에 대한 규정이라고 할 수 있다. 공특법의 목적은 "토지 등의 협의에 의한 취득 또는 사용과 이에 따르는 손실보상에 관한 기준과 방법을 정함으로써 공공사업의 원활한 수행과 손실보상의 적정을" 기하는 것이다(제1조). 따라서 그러한 기준과 방법을 규율하는 한 공특법은 공법적 성격을 지닌 것이라고 할 수도 있으나, 이 경우 **'협의취득' 자체는 어디까지나 사업시행자와 소유권자 사이의 사적 자치 영역에 놓여져 있는 사법적(私法的)인 성격의 것이라고 할 것이다.**

[요약판례 4] 저상버스 도입의무 불이행 위헌확인: 각하(헌재 2002.12.18. 2002헌마52)

국가에게 헌법 제34조에 의하여 장애인의 복지를 위하여 노력을 해야 할 의무가 있다는 것은, 장애인도 인간다운 생활을 누릴 수 있는 정의로운 사회질서를 형성해야 할 국가의 일반적인 의무를 뜻하는데, 장애인을 위하여 저상버스를 도입해야 한다는 구체적 내용의 의무가 헌법으로부터 나오는지 여부(소극)

우리 헌법은 사회국가원리를 명문으로 규정하고 있지는 않지만, 헌법의 전문, 사회적 기본권의 보장(헌법 제31조 내지 제36조), 경제 영역에서 적극적으로 계획하고 유도하고 재분배하여야 할 국가의 의무를 규정하는 경제에 관한 조항(헌법 제119조 제2항 이하) 등과 같이 사회국가원리의 구체화된 여러 표현을 통하여 사회국가원리를 수용하였다. 사회국가란 한마디로, 사회정의의 이념을 헌법에 수용한 국가, 사회현상에 대하여 방관적인 국가가 아니라 경제·사회·문화의 모든 영역에서 정의로운 사회질서의 형성을 위하여 사회현상에 관여하고 간섭하고 분배하고 조정하는 국가이며, 궁극적으로는 국민 각자가 실제로 자유를 행사할 수 있는 그 실질적 조건을 마련해 줄 의무가 있는 국가이다. 장애인의 복지를 향상해야 할 국가의 의무가 다른 다양한 국가과제에 대하여 최우선적인 배려를 요청할 수 없을 뿐 아니라, 나아가 헌법의 규범으로부터는 '장애인을 위한 저상버스의 도입'과 같은 구체적인 국가의 행위의무를 도출할 수 없는 것이다. 국가에게 헌법 제34조에 의하여 장애인의 복지를 위하여 노력을 해야 할 의무가 있다는 것은, 장애인도 인간다운 생활을 누릴 수 있는 정의로운 사회질서를 형성해야 할 국가의 일반적인 의무를 뜻하는 것이지, 장애인을 위하여 저상버스를 도입해야 한다는 구체적 내용의 의무가 헌법으로부터 나오는 것은 아니다. 국가가 장애인의 복지를 위하여 저상버스를 도입하는 등 국가재정이 허용하는 범위 내에서 사회적 약자를 위하여 최선을 다하는 것은 바람직하지만, 이는 사회국가를 실현하는 일차적 주체인 입법자와 행정청의 과제로서 이를 헌법재판소가 원칙적으로 강제할 수는 없는 것이며, 국가기관간의 권력분립원칙에 비추어 볼 때 다만 헌법이 스스로 국가기관에게 특정한 의무를 부과하는 경우에 한하여, 헌법재판소는 헌법재판의 형태로써 국가기관이 특정한 행위를 하지 않은 부작위의 위헌성을 확인할 수 있을 뿐이다. 이 사건의 경우 저상버스를 도입해야 한다는 구체적인 내용의 국가 의무가 헌법으로부터 도출될 수 없으므로, 이 사건 심판청구는 부적법하다.

제2항 사회적 시장경제주의

I 주세법 제38조의7 등에 대한 위헌제청: 위헌(헌재 1996.12.26. 96헌가18)

쟁점 위헌법률심판절차에 적용되는 위헌심사의 기준, 주세법의 자도소주 구입명령제도가 헌법에 위반되는지 여부(적극)

사건의 개요

정부는 소주제조업체의 통폐합정책을 추진함과 아울러 소위 특정업체의 독과점방지와 지방산업의 균형발전을 위하여 1976년부터 자도소주구입제도를 시행하였다. 자도소주구입제도는 소주도매업자로 하여금 그 영업장소소재지에서 생산되는 자도소주를 의무적으로 총구입액의 100분의 50 이상을 구입하도록 제도화함으로써 경쟁을 억제하고 소주시장의 현상태를 유지하는 데 기여하였다. 제청신청인 A 주식회사는 천안세무서장이 제청신청인의 주세법 위반을 이유로 주세법에 근거하여 한 주류판매업정지처분에 대하여 그 취소를 구하는 주류판매업정지처분취소의 행정소송을 제기하였고 대전고등법원은 제청신청인이 주세법 제38조의7 및 제18조 제1항 제9호가 위헌법률이고 그 위헌 여부가 이 사건의 재판의 전제가 된다며 신청한 위헌법률심판제청신청을 받아들여, 위헌법률심판제청을 하였다.

심판의 대상

주세법 제38조의7 (희석식소주의 자도소주 100분의 50이상 구입명령) ① 국세청장은 주류판매업자에 대하여 매월 제3조의3 제2호에 규정하는 희석식소주의 총구입액의 100분의 50 이상을 당해 주류판매업자의 판매장이 소재하는 지역과 같은 지역에 소재하는 제조장으로부터 구입하도록 명하여야 한다.

② 제1항의 구입명령은 직전년도의 전국시장점유율이 100분의 10 이상인 제조업자가 소재하는 지역내의 주류판매업자에 대하여는 이를 적용하지 아니한다.

③ 제1항 내지 제2항의 규정에 의한 자도소주 구입비율 계산에 있어서는 수출분을 포함하지 아니하고 수입분을 포함한다.

④ 제1항 내지 제3항의 규정에 의한 자도소주구입에 관하여 기타 필요한 사항은 대통령령으로 정한다.

제18조 (주류판매정지 또는 면허취소) ① 주류의 판매업자가 다음 각호의 1에 해당하는 때에는 대통령령이 정하는 구분에 의하여 관할세무서장은 그 판매업을 정지처분하거나 그 면허를 취소하여야 한다.

9. 제38조의 7의 규정에 의한 구입명령을 위반한 때. 다만, 당해 판매업자가 소재하는 지역의 제조장의 생산량이나 출고량이 현저히 감소하는 등 당해 판매업자에게 책임없는 사유로 구입하지 못하는 경우를 제외한다.

주 문

주세법 제38조의7 및 제18조 제1항 제9호는 헌법에 위반된다.

판 단

I. 주세법의 입법목적과 입법형성의 자유

주류는 이를 과도하게 소비하거나 절제하지 아니하면 소비자의 건강을 해침은 물론 제3자에게 피해를 줄 뿐만 아니라 사회의 생산성을 저해하여 국민경제에도 악영향을 미치며 사회적 비용을 증가시킨다. 따라서 먼저 국민보건이라는 공익을 위하여, 그리고 국가의 재정확보를 위한 주세보전을 목적으로 이에 대한 규제를 할 필요가 있다. 그러나 이 사건 법률조항이 규정한 **구입명령제도는 판매업자에게 자도소주의 구입의무를 부과하고 이로써 결과적으로 소비자에게 자도소주의 구매를 일정비율 강제하는 내용의 것이므로 국민보건과는 관계가 없음이 명백하고, 국가의 세수확보의 측면에서도 주세를 제조자로부터 직접 징수하는 것에 비추어 국세보전에 도움이 되는 것도 아니므로** 국민보건과 세수의 보전을 위하여 시행되는 주류산업에 대한 일반적인 규제와는 그 법적 성격이 다른 특수한 것이다.

Ⅱ. 직업의 자유와 소비자의 자기결정권의 침해여부

1. 위헌법률심판절차에 있어서의 심사대상의 확대

헌법재판소는 위헌법률심판절차에 있어서 규범의 위헌성을 제청법원이나 제청신청인이 주장하는 법적 관점에서만이 아니라 심판대상규범의 법적 효과를 고려하여 모든 헌법적인 관점에서 심사한다. 법원의 위헌제청을 통하여 제한되는 것은 오로지 심판의 대상인 법률조항이지 위헌심사의 기준이 아니다. 따라서 이 사건에서의 헌법적 심사는 심판대상인 주세법규정이 주류판매업자에 미치는 기본권제한적 효과에 한하지 아니하고, 그 외의 관련자인 주류제조업자나 소비자에 대한 심판대상규범의 효과까지 헌법적 관점에서 심사하여야 한다.

2. 침해되는 기본권

이 사건 법률조항이 규정한 구입명령제도는 소주판매업자에게 자도소주의 구입의무를 부과함으로써, 어떤 소주제조업자로부터 얼마만큼의 소주를 구입하는가를 결정하는 직업활동의 방법에 관한 자유를 제한하는 것이므로 소주판매업자의 "직업행사의 자유"를 제한하는 규정이다. 또한 구입명령제도는 비록 직접적으로는 소주판매업자에게만 구입의무를 부과하고 있으나 실질적으로는 구입명령제도가 능력경쟁을 통한 시장의 점유를 억제함으로써 소주제조업자의 "기업의 자유" 및 "경쟁의 자유"를 제한하고, 소비자가 자신의 의사에 따라 자유롭게 상품을 선택하는 것을 제약함으로써 소비자의 행복추구권에서 파생되는 "자기결정권"도 제한하고 있다. 입법자가 선택한 수단이 의도하는 입법목적을 달성하기에 적정해야 하고, 입법목적을 달성하기 위하여 똑같이 효율적인 수단 중에서 기본권을 되도록 적게 침해하는 수단을 사용하여야 하며, 침해의 정도와 공익의 비중을 전반적으로 비교형량하여 양자사이에 적정한 비례관계가 이루어져야 한다. 그런데 헌법은 단지 국가가 실현하려고 의도하는 전형적인 경제목표를 예시적으로 구체화하고 있을 뿐이므로 기본권의 침해를 정당화할 수 있는 모든 공익을 아울러 고려하여 법률의 합헌성 여부를 심사하여야 한다.

3. 구입명령제도와 주세보전, 물류비증가와 교통량체증의 방지

소주판매업자가 어느 소주제조업자로부터 구입하는가와 관계없이 징수가 가능하기 때문에 이 사건 법률조항은 주세보전과는 아무런 관계가 없으며 구입명령제도의 도입을 통하여 달성하려는 성과가 직업의 자유에 대한 침해의 정도와 현저한 불균형을 이루고 있다. 즉 소주제품에만 국한된 자도소주구입명령제도는 현재 우리나라의 전체 물동량에 비추어 물류비증가 및 교통량체증을 방지하는 효과가 작은데 반하여, 이로써 소주판매업자, 제조업자, 소비자의 기본권을 침해하는 정도와 침해의 효과는 상당히 크다. … 따라서 침해를 통하여 얻는 성과와 침해의 정도가 합리적인 비례관계를 벗어났다고 아니할 수 없다.

4. 구입명령제도와 독과점규제

헌법은 독과점규제라는 경제정책적 목표를 개인의 경제적 자유를 제한할 수 있는 정당한 공익의 하나로 명문화하고 있다. 국가의 경쟁정책은 시장지배적 지위의 남용방지, 기업결합의 제한, 부당한 공동행위의 제한 등을 통하여 시장경제가 제대로 기능하기 위한 전제조건으로서의 가격과 경쟁의 기능을 유지하고 촉진하려고 하는 것이다. 그러나 이 사건 법률조항이 규정한 구입명령제도로 말미암아 사실상 경쟁이 본래의 기능을 잃고, 경쟁을 통하여 얻으려는 효과는 얻을 수 없게 된다. 그러므로 이 사건 법률조항이 규정한 구입명령제도는 지방소주업체를 경쟁으로부터 직접 보호함으로써 오히려 경쟁을 저해하는 것이기 때문에 공정하고 자유로운 경쟁을 유지하고 촉진하려는 목적인 "독과점규제"라는 공익을 달성하기 위한 적정한 조치로 보기 어렵다. 그러므로 위 법률조항은 비례의 원칙에 위반된다.

5. 구입명령제도와 지역경제의 육성

헌법 제123조가 규정한 지역경제육성의 목적은 일차적으로 지역간의 경제적 불균형의 축소에 있다. 그러나 구입명령제도를 통하여 지방소주업체를 경쟁으로부터 보호하고 그 결과로 각 도에 하나씩의 소주제조기업이 존재한다는 것 그 자체만으로는 헌법 제123조의 "지역경제의 육성"이란 공익을 의미한다고 보기는 어렵다. 즉 전국 각도에 균등하게 하나씩의 소주제조기업을 존속케 하려는 주세법에서는 수정되어야 할 구체적인 지역간의 차이를 확인할 수 없고, 따라서 1도 1소주제조업체의 존속유지와 지역경제의 육성간에 상관관계를 찾아 볼 수 없으므로 "지역경제의 육성"은 이 사건 법률조항의 기본권침해를 정당화할 수 있는 공익으로 고려하기 어렵다고 할 것이다.

6. 구입명령제도와 중소기업의 보호

중소기업의 보호는 넓은 의미의 경쟁정책의 한 측면을 의미하므로, 중소기업의 보호는 원칙적으로 경쟁질서의 범주내에서 경쟁질서의 확립을 통하여 이루어져야 한다. 중소기업의 육성은 세법상의 혜택이나 중소기업기본법 등 중소기업지원을 위한 특별법에 규정된 특수한 중소기업육성책을 통하여 이루어져야 한다. 중소기업의 보호란 공익이 자유경쟁질서안에서 발생하는 중소기업의 불리함을 국가의 지원으로 보완하여 경쟁을 유지하고 촉진시키려는 데 그 목적이 있으므로, 이 사건 법률조항이 규정한 구입명령제도는 이러한 공익을 실현하기에 적합한 수단으로 보기 어렵다.

7. 소 결 론

이 사건 법률조항이 규정한 구입명령제도는 앞서 본 바와 같이 오로지 일정 주류시장의 중소기업을 경쟁으로부터 보호하는 것을 목적으로 하는 것으로밖에 볼 수 없고, 달리 구입명령제도의 정당성을 인정할 수 있는 근거를 찾아 볼 수 없다. 따라서 **이 사건 법률조항은 소주판매업자의 직업의 자유는 물론 소주제조업자의 경쟁 및 기업의 자유, 즉 직업의 자유와 소비자의 행복추구권에서 파생된 자기결정권을 지나치게 침해하는 위헌적인 규정이라 아니할 수 없다.**

Ⅲ. 평등권의 침해여부

1. 평등권 침해여부 판단

서로 비교될 수 있는 두 사실관계가 모든 관점에서 완전히 동일한 것이 아니라 단지 일정 요소에 있어서만 동일인 경우에 비교되는 두 사실관계를 법적으로 동일한 것으로 볼 것인지 아니면 다른 것으로 볼 것인지를 판단하기 위하여는 어떠한 요소가 결정적인 기준이 되는가가 문제된다. 두 개의 사실관계가 본질적으로 동일한가의 판단은 일반적으로 당해 법률조항의 의미와 목적에 달려 있다. 이 사건 법률조항의 의미와 목적을 "독과점규제 및 중소기업의 보호"로 볼 때, 그 중소기업이 주조회사냐 다른 제조기업이냐 하는 것은 본질적인 차이가 될 수 없고, 단지 기업의 형태가 중소이업이고 그 상품시장에 시장지배적 지위나 독과점적 현상이 존재한다는 것이라면, 주조회사와 다른 제조기업은 본질적으로 동일한 것으로 즉 법적으로 동일하게 판단해야 하는 것으로 된다.

2. 본 사건의 경우

구입명령제도는 "독과점규제와 중소기업의 보호"의 관점에서 시장지배적 재벌기업과 경쟁해야 하는 본질적으로 동일한 상황에 처한 다른 모든 중소기업을 제외하고 오로지 소주시장의 중소기업만을 보호하려고 하는 것이므로, 이 사건 법률조항이 규정한 구입명령제도가 자의적인 것이 아니라고 하기 위하여는 이러한 차별을 정당화할 수 있는 합리적인 이유가 존재해야 한다. 그러나 본질적으로 동일한 사실관계를 그 중소기업이 소주제조업자냐 아니면 다른 제조업자냐에 따라 달리 취급함에 있어서 객관적으로 납득할 만한 이유를 찾아 볼 수 없다. 따라서 구입명령제도가 독과점규제와 중소기업의 보호란 입법목적을 실현하기 위한 수단이라면, 소주판매업자에 대하여만 구입의무를 부과함으로써 소주판매업자와 다른 상품의 판매업자를 서로 달리 취급하는 것을 정당화할 수 있는 합리적인 이유가 존재하지 않는다.

3. 소　　결

따라서 소주시장과 다른 상품시장, 소주판매업자와 다른 상품의 판매업자, 중소소주제조업자와 다른 상품의 중소제조업자 사이의 차별을 정당화할 수 있는 합리적인 이유를 찾아 볼 수 없으므로 결국 이 사건 법률조항은 평등원칙에도 위반된다.

Ⅳ. 신뢰보호이익의 침해여부

당해 사건의 경우 국가가 장기간에 걸쳐 추진된 주정배정제도, 1도1사원칙에 의한 통폐합정책 및 자도소주구입명령제도를 통하여 신뢰의 근거를 제공하고 국가가 의도하는 일정한 방향으로 소주제조업자의 의사결정을 유도하려고 계획하였으므로, **자도소주구입명령제도에 대한 소주제조업자의 강한 신뢰보호이익이 인정된다. 그러나 이러한 신뢰보호도 법률개정을 통한 "능력경쟁의 실현"이라는 보다 우월한 공익에 직면하여 종래의 법적 상태의 존속을 요구할 수는 없다 할 것이고, 다만 개인의 신뢰는 적절한 경과규정을 통하여 고려되기를 요구할 수 있는데 지나지 않는다 할 것이다.** 따라서 지방소주제조업자는 신뢰보호를 근거로 하여 결코 자도소주구입명령제도의 합헌성을 주장하는 근거로 삼을 수는 없다 할 것이고, 주어진 경과기간이 장기간 경쟁을 억제하는 국가정책으로 인하여 약화된 지방소주제조업자의 경쟁력을 회복하기에 너무 짧다거나 아니면 지방소주업체에 대한 경쟁력회복을 위하여 위헌적인 것이 아닌 다른 적절한 조치를 주장할 수 있을 뿐이다.

V. 결　론

이러한 이유로 이 사건 법률조항 중 주세법 제38조의7은 주류판매업자 및 소주제조업자의 직업의 자유 및 평등권과 소비자의 자기결정권을 침해하는 규정이므로 헌법에 위반되고, 같은 법 제18조 제1항 제9호는 위헌적인 법률조항을 근거로 이에 위반한 경우 주류판매업자에 대한 주류판매정지 또는 면허취소를 명하는 규정이어서 역시 헌법에 위반된다고 할 것이므로 주문과 같이 결정한다.

재판관 조승형, 재판관 정경식, 재판관 고중석의 반대의견

나. (1) 주류제조·판매와 관련되는 직업의 자유 내지 영업의 자유에 대하여는 폭넓은 국가적 규제가 가능하고 또 입법자의 입법형성권의 범위도 광범위하게 인정되는 분야라고 하지 않을 수 없다. 구입명령제도는 독과점규제와 지역경제육성이라는 헌법상의 경제목표를 실현코자 하는 것이므로 정당한 입법목적을 가진 것이라 아니할 수 없고, 또 그 입법목적을 달성하기에 이상적인 제도라고까지는 할 수 없을지라도 다수의견과 같이 전혀 부적합한 것이라고는 단정할 수 없다.

(2) 독과점규제의 궁극목표가 경쟁질서의 유지라는 점에는 이론의 여지가 있을 수 없겠지만, 경우에 따라서는 경쟁을 다소 완화하여 시장지배자로부터 약자를 보호하는 정책도 훌륭한 독과점규제책이 될 수 있다. 다수의견은 구입명령제도로 말미암아 전국적 자유경쟁이 배제되고 지역적 독과점현상의 고착화를 초래한다고 주장하나, 이는 구입명령제도가 폐지되는 경우에는 지역적 독과점현상 대신에 그보다 더 경계해야 할 전국적 독과점현상이 나타나게 된다는 점을 간과하고 있는 것이다.

(3) 지역경제의 육성이라 함은 경제력이 전국적으로 균형있게 배분된 상태를 지향하는 모든 노력을 이르는 말이라 할 것인데, 이에는 각 지역간의 경제력의 수준을 살펴 그 중 낙후한 지역의 경제력을 향상시키는 일뿐만 아니라 수도권에 비해 상대적으로 경제력이 미약한 수도권 이외의 나머지 지역의 경제력을 향상시키는 일도 포함된다고 보아야 한다. 이 사건 구입명령제도를 통하여 경쟁으로부터 보호되는 소주제조업체의 소재지는 모두 수도권 이외의 지역인바, 이 지역에 각 하나씩의 소주제조업체가 도산하지 않고 건실하게 사업을 할 수 있도록 보호해주는 것만으로도 헌법상의 지역경제육성의 목적에 부합하는 것이다.

(4) 소주에 대하여는 그 특성상 국민보건에 직접적 영향을 미치는 상품이어서 강한 규제를 하지 않을 수 없고, 구입명령제도는 대기업 제조업자의 독과점을 막고 지역소주제조업자를 보호함으로써 독과점규제와 지역경제육성이라는 헌법상의 경제목표를 구체화하고자 하는 제도이므로 이 제도로 인하여 약간의 차별이 생긴다고 하여도 그 차별에는 합리적인 이유가 있다고 할 것이고, 여러 가지 사정을 입법정책적으로 고려하여 입법형성권의 범위내에서 입법한 것으로서 헌법 제37조 제2항이 정한 한계내에서 행한 필요하고 합리적인 기본권제한이라고 할 것이므로 헌법에 위반되지 아니한다.

⚜ 본 판례에 대한 평가 헌법 제119조 제2항의 규정은 제1항의 시장경제원리에 대한 제약적 규정으로서 국가의 "경제에 관한 규제와 조정"을 선언하고 있다. 즉 국가는 ㉠ 균형 있는 국민경제의 성장 및 안정과 소득의 분배를 유지하고, ㉡ 시장의 지배와 경제력의 남용을 방지하며, ㉢ 경제주체간의 조화를 통한 경제의 민주화를 위하여, 경제에 관한 규제와 조정을 할 수 있다. 현행헌법은 종래 사회정의의 실현을 위한 경제에 관한 규제와 조정 대신 경제의 민주화를 실현하기 위한 규제와 조정으로 대체하였으나, 양자가 근본적으로 상이한 것은 아니다.

그런데 이 사건 주세법상 자도소주구입명령제도는 국가의 지나친 경제에 대한 규제라는 점에서 위헌결정을 내린 것이다. 반면에 헌법재판소는 막걸리의 지역적인 판매제한에 대해서는 합헌결정을 내린 바 있다(헌재 1999.7.22. 98헌가5). 이는 같은 주류임에도 그 특성의 상이함을 반영한 것이다.

관련 문헌: 박경신, "자도소주구입명령 판결에 대한 평석", 헌법실무연구 1권, 헌법실무연구회, 2000; 이재후, "주세법의 자도소주 구입명령제도의 위헌성", 재판의 한길: 김용준헌법재판소장화갑기념논문집, 김용준헌법재판소장화갑기념논문집 간행위원회, 박영사, 1998; 전용덕, "자도소주 구입명령제도와 헌법의 경제관련 조항들", 헌법재판소 판례연구, 자유기업원, 2003, 121-143면.

[요약판례 1] 국토이용관리법 제21조의3 제1항, 제31조의2의 위헌심판: 합헌(헌재 1989.12.22. 88헌가13)

토지거래허가제가 헌법이 정하고 있는 경제 질서와 아무런 충돌이 없다고 할 것이므로 이를 사적 자치의 원칙이나 헌법상의 보충의 원리에 위배된다고 할 수 있는지 여부(소극)

헌법은 제119조 제2항에서 "국가는 균형 있는 국민경제의 성장 및 안정과 적정한 소득의 분배를 유지하고, 시장의 지배와 경제력의 남용을 방지하며, 경제주체간의 조화를 통한 경제의 민주화를 위하여 경제에 관한 규제와 조정을 할 수 있다"라고 명시하고 있는데 **이는 헌법이 이미 많은 문제점과 모순을 노정한 자유방임적 시장경제를 지향(指向)하지 않고 아울러 전체주의국가의 계획통제경제도 지양(止揚)하면서 국민 모두가 호혜공영(互惠共榮)하는 실질적인 사회정의가 보장되는 국가, 환언하면 자본주의적 생산양식이라든가 시장메카니즘의 자동조절기능이라는 골격은 유지하면서 근로대중의 최소한의 인간다운 생활을 보장하기 위하여 소득의 재분배, 투자의 유도·조정, 실업자 구제 내지 완전고용, 광범한 사회보장을 책임 있게 시행하는 국가 즉 민주복지국가의 이상을 추구하고 있음을 의미하는 것이다.** 우리 헌법은 재산권은 보장하되 "그 내용과 한계는 법률로 정한다"라고 하여 법률로 재산권을 규제할 수 있음을 명백히 하고 있을 뿐만 아니라 "**재산권의 행사는 공공복리에 적합하도록 하여야 한다"라고 하여 재산권행사의 사회적 의무성도 강조하고 있는 것이다.** 이와 관련 국민의 건전한 양식과 양심에 따른 자율적 규제로 토지투기가 억제되기 어렵다는 것은 수많은 토지투기의 사례와 지가폭등의 현실이 이를 잘 보여 주고 있는 것이며, 그에 대한 정부의 규제는 불가피한 것이라고 아니할 수 없다. 그렇다면 **토지거래허가제는 헌법이 정하고 있는 경제 질서와도 아무런 충돌이 없다고 할 것이므로 이를 사적자치의 원칙이나 헌법상의 보충의 원리에 위배된다고 할 수 없을 것이다.**

[요약판례 2] 공권력행사로 인한 재산권침해에 대한 헌법소원: 인용(위헌확인)(헌재 1993.7.29. 89헌마31)

헌법 제119조 제1항이 기업의 생성·발전·소멸은 어디까지나 기업의 자율에 맡긴다는 기업자유의 표현이며 국가의 공권력은 특단의 사정이 없는 한 이에 대한 불개입을 원칙으로 함을 의미하는지 여부(적극)

헌법 제119조 제1항은 대한민국의 경제질서는 개인과 기업의 경제상의 자유와 창의를 존중함을 기본으로 한다고 하여 시장경제의 원리에 입각한 경제체제임을 천명하였는바, 이는 기업의 생성·발전·소멸은 어디까지나 기업의 자율에 맡긴다는 기업자유의 표현이며 국가의 공권력은 특단의 사정이 없는 한 이에 대한 불개입을 원칙으로 한다는 뜻이다. 나아가 헌법 제126조는 국방상 또는 국민경제상 긴절한 필요로 인하여 법률이 정하는 경우를 제외하고는 사영기업을 국유 또는 공유로 이전하거나 그 경영을 통제 또는 관리할 수 없다고 규정하여 사영기업의 경영권에 대한 불간섭의 원칙을 보다 구체적으로 밝히고 있다. 따라서 국가의 공권력이 부실기업의 처분정리를 위하여 그 경영권에 개입코자 한다면 적어도 긴절한 필요 때문에 정한 법률상의 규정이 없이는 불가능한 일이고, 다만 근거법률은 없지만 부실기업의 정리에 개입하는 예외적인 길은 부실기업 때문에 국가가 중대한 재정·경제상의 위기에 처하게 된 경우 공공의 안녕질서의 유지상 부득이하다하여 요건에 맞추어 긴급명령을 발하여 이를 근거로 할 것이고, 그렇게 하는 것만이 합헌적인 조치가 될 수 있는 것이다. 기업 활동의 자유에 대한 공권력의 개입은 법치국가적 절차에 따라야 할 이치이므로, 만일 공권력이 나서지 않으면 은행마저 부실화를 초래하고 대기업이 부도가 나고 완전도산이 몰고 올 수많은 종업원의 실직위기나 국가경제상 바람직하지 않은 결과가 초래되게 되어도 법률의 규정이나 부득이한 사유가 있어 발하는 긴급명령이나 비상조치에 근거하여야 할 것이다. 법치국가적 절차에 따르지 않는 공권력의 발동개입은 그것이 위정자의 정치적·정책적 결단이나 국가의 금융정책과 관련된다는 이유로 합헌적인 조치가 될 수 없으며, 이 경우는 이른바 관치경제이고 관치금융밖에 될 수 없는 것이다. 대저 사기업인 은행의 자율에 맡기지 않고 공권력이 가부장적·적극적으로 개입함은 기업 스스로의 문제해결능력 즉 자생력만 마비시키는 것이며, 시장경제원리에의 적응력을 위축시킬 뿐인 것이므로 기업의 경제상의 자유와 창의의 존중을 기본으로 하는 헌법 제119조 제1항의 규정과는 합치될 수 없는 것이다.

[요약판례 3] 자동차운수사업법 제24조 등 위헌확인: 기각(헌재 1998.10.29. 97헌마345)

사납금제를 금지하기 위하여 택시운송사업자의 운송수입금 전액 수납의무와 운수종사자의 운송수입금 전액 납부의무를 규정한 자동차운수사업법 제24조 제3항 및 제33조의5 제2항이 기업의 자유·계약의 자유·단체협약체결의 자유를 침해하는지 여부(소극)와 위 법률조항이 사기업의 국공유화를 금지한 헌법 제126조에 위반되는지 여부(소극)

헌법 제126조는 국방상 또는 국민경제상 긴절한 필요로 인하여 법률이 정하는 경우를 제외하고는, 사영기업을 국유 또는 공유로 이전하거나 그 경영을 통제 또는 관리할 수 없다고 규정하고 있다. 여기서 **'사영기업의 국유 또는 공유로의 이전'은 일반적으로 공법적 수단에 의하여 사기업에 대한 소유권을 국가나 기타 공법인에 귀속시키고 사회정책적·국민경제적 목표를 실현할 수 있도록 그 재산권의 내용을 변형하는 것을 말하며, 또 사기업의 '경영에 대한 통제 또는 관리'라 함은 비록 기업에 대한 소유권의 보유주체에 대한 변경은 이루어지지 않지만 사기업 경영에 대한 국가의 광범위하고 강력한 감독과 통제 또는 관리의 체계를 의미한다고 할 것이다.** 그런데 이 사건에 있어서 이 사건 법률조항들이 규정하는 운송수입금 전액관리제로 인하여 청구인들이 기업경영에 있어서 영리추구라고 하는 사기업 본연의 목적을 포기할 것을 강요받거나 전적으로 사회·경제정책적 목표를 달성하는 방향으로 기업활동의 목표를 전환해야 하는 것도 아니고, 그 기업경영과 관련하여 국가의 광범위한 감독과 통제 또는 관리를 받게 되는 것도 아니며, 더구나 청구인들 소유의 기업에 대한 재산권이 박탈되거나 통제를 받게 되어 그 기업이 사회의 공동재산의 형태로 변형된 것도 아니다. 따라서 '국방상 또는 국민경제상 긴절한 필요'에 관한 요건이 충족되는지의 여부를 살펴 볼 필요도 없이, 이 사건에서 헌법 제126조의 사기업의 국·공유화 내지 그 경영의 통제·관리조항이 적용될 여지는 없다고 할 것이다. 그렇다면 이 사건 법률조항들(자동차운수사업법 제24조 제3항 및 제33조의5 제2항)이 헌법 제126조에 위반된다고 볼 수 없다.

[요약판례 4] 금융산업의구조개선에관한법률 제2조 제3호 가목 등 위헌소원: 합헌(헌재 2004.10.28. 99헌바91)

'경제민주화'의 이념이 경제영역에서의 국가행위의 한계를 설정하고 청구인의 기본권을 보호하는 헌법규범이 아닌 개인의 경제적 자유에 대한 제한을 정당화하는 근거규범인 경우 헌법 제119조 제2항의 '경제민주화'가 이 사건 법률 조항의 위헌성을 판단하는 근거로서 고려될 수 있는지 여부(소극)

헌법상의 경제 질서에 관한 규정은, 국가행위에 대하여 한계를 설정함으로써 경제질서의 형성에 개인과 사회의 자율적인 참여를 보장하는 '경제적 기본권'과 경제영역에서의 국가활동에 대하여 기본방향과 과제를 제시하고 국가에게 적극적인 경제정책을 추진할 수 있는 권한을 부여하는 '경제에 대한 간섭과 조정에 관한 규정'으로 구성되어 있다. 특히 헌법 제119조는 개인의 경제적 자유를 보장하면서 사회정의를 실현하는 경제질서를 경제헌법의 지도원칙으로 표명함으로써 국가가 개인의 경제적 자유를 존중하여야 할 의무와 더불어 국민경제의 전반적인 현상에 대하여 포괄적인 책임을 지고 있다는 것을 규정하고 있다. 우리 헌법은 헌법 제119조 이하의 경제에 관한 장에서 경제정책을 통하여 달성하여야 할 '공익'을 구체화하고, 동시에 헌법 제37조 제2항의 기본권제한을 위한 법률유보에서의 '공공복리'를 구체화하고 있다. 따라서 **헌법 제119조 제2항에 규정된 '경제주체간의 조화를 통한 경제민주화'의 이념도 경제영역에서 정의로운 사회질서를 형성하기 위하여 추구할 수 있는 국가목표로서 개인의 기본권을 제한하는 국가행위를 정**

당화하는 헌법규범이다. 그러나 이 사건 법률 조항이 **자본증가와 자본감소의 명령을 할 수 있도록 한 것은 금융거래의 보호와 예금자보호라는 공익을 실현하기 위한 것으로서 헌법 제119조 제2항의 '경제민주화'와 아무런 연관이 없을 뿐이 아니라, '경제민주화'의 이념이 경제영역에서의 국가행위의 한계를 설정하고 청구인의 기본권을 보호하는 헌법규범이 아니라 개인의 경제적 자유에 대한 제한을 정당화하는 근거규범이라는 점에서도** 헌법 제119조 제2항의 '경제민주화'는 이 사건 법률 조항의 위헌성을 판단하는 근거로서 고려될 수 없다.

[요약판례 5] 여객자동차운수사업법 제73조의 2 등 위헌확인: 기각,각하(헌재 2001.6.28. 2001헌마132)

경제적 기본권의 제한을 정당화하는 공익이 헌법에 명시적으로 규정된 목표에만 제한되는 것은 아니고, 헌법은 단지 국가가 실현하려고 의도하는 전형적인 경제목표를 예시적으로 구체화하고 있을 뿐이므로 기본권의 침해를 정당화할 수 있는 모든 공익을 아울러 고려하여 법률의 합헌성 여부를 심사하여야 하는지 여부(적극)

우리 헌법은 전문 및 제119조 이하의 경제에 관한 장에서 "균형 있는 국민경제의 성장과 안정, 적정한 소득의 분배, 시장의 지배와 경제력남용의 방지, 경제주체간의 조화를 통한 경제의 민주화, 균형 있는 지역경제의 육성, 중소기업의 보호육성, 소비자보호" 등 경제영역에서의 국가목표를 명시적으로 규정함으로써 국가가 경제정책을 통하여 달성하여야 할 공익을 구체화하고 있다. 이와 같이 **우리 헌법의 경제 질서는 사유재산제를 바탕으로 하고 자유경쟁을 존중하는 자유시장 경제질서를 기본으로 하면서도 이에 수반되는 갖가지 모순을 제거하고 사회복지·사회정의를 실현하기 위하여 국가적 규제와 조정을 용인하는 사회적 시장경제질서로서의 성격을 띠고 있다.** 그러나 경제적 기본권의 제한을 정당화하는 공익이 헌법에 명시적으로 규정된 목표에만 제한되는 것은 아니고, 헌법은 단지 국가가 실현하려고 의도하는 전형적인 경제목표를 예시적으로 구체화하고 있을 뿐이므로 기본권의 침해를 정당화할 수 있는 모든 공익을 아울러 고려하여 법률의 합헌성 여부를 심사하여야 한다.

[요약판례 6] 무혐의처분취소: 인용(취소)(헌재 2004.6.24. 2002헌마496)

불공정거래행위를 규제하는 목적은 공정하고도 자유로운 거래질서를 확립하는 데 있으므로, 행위의 공정거래저해성을 판단하는 기준도 원칙적으로 공정거래질서 유지의 관점에서 파악하여야 하는지 여부(적극)

불공정거래행위를 규제하는 목적은 공정하고도 자유로운 거래질서를 확립하는 데 있으므로, 행위의 공정거래저해성을 판단하는 기준도 원칙적으로 공정거래질서 유지의 관점에서 파악하여야 할 것이다. 따라서 거래거절의 위법성을 평가함에 있어 사업경영상의 필요성이라는 사유를 다른 주관적·객관적 위법요소들과 대등한 가치를 지닌 독립된 제3의 요소로 취급할 것은 아니므로, 거래거절에 이른 사업경영상의 필요성이 인정된다는 사정만으로 곧 당해 거래거절의 위법성이 부인되는 것은 아니지만, 거래거절의 원인이 된 사업경영상의 필요성은 행위의 객관적·주관적 측면을 이루는 여러 위법요소들 중 하나에 해당하는 참작사유로서, 아니면 적어도 위법성을 부인하기 위한 근거로 내세워지는 행위의 의도·목적을 추단케 하는 간접사실로서 위법성 판단과정에 작용한다고 보아야 할 것이다.

[요약판례 7] 민사집행법 제158조 등 위헌소원: 합헌(헌재 2005.3.31. 2003헌바92)

헌법 제27조에 규정된 재판청구권은 국가에 대하여 재판을 청구할 수 있는 주관적 공권에 관한 것이므로 사적 영역에 적용되는 소비자의 권리를 국가가 제공하는 재판제도의 이용의 문제에 적용할 수 있는지 여부(소극)

청구인은 재판제도는 국가가 국민에게 제공하는 법률서비스인데 이 사건 법률조항이 배당이의의 소에 있어서 법률서비스에 대한 소비자로서의 국민의 권리를 부당하게 제한한다고 주장한다. 하지만 헌법 제124조는 "국가는 건전한 소비행위를 계도하고 생산품의 품질향상을 촉구하기 위한 소비자보호운동을 법률이 정하는 바에 의하여 보장한다"고 규정하고 있는바, **위 조항에 의하여 보호되는 것은 사적 경제영역에서 영리를 추구하는 기업이 제공하는 물품 또는 서비스를 이용하는 소비자가 기업에 대하여 갖는 권리에 관한 것인 반면, 헌법 제27조에 규정된 재판청구권은 국가에 대하여 재판을 청구할 수 있는 주관적 공권에 관한 것이므로 사적 영역에 적용되는 소비자의 권리를 국가가 제공하는 재판제도의 이용의 문제에 적용할 수 없다**고 할 것이다. 따라서 이 사건 조항에 있어서는 법률서비스를 이용하는 소비자의 권리 침해문제가 발생하지 아니한다.

[요약판례 8] 형법 제314조 제1항 등 위헌소원: 각하,합헌(헌재 2011.12.29. 2010헌바54)

명확성원칙과 소비자보호운동을 보장하는 헌법의 취지에 반하는지 여부(소극)

헌법이 보장하는 소비자보호운동이라 함은 공정한 가격으로 양질의 상품 또는 용역을 적절한 유통구조를 통해 적절한 시기에 안전하게 구입하거나 사용할 소비자의 제반 권익을 증진할 목적으로 이루어지는 구체적 활동을 의미한다. 소비자불매운동은 모든 경우에 있어서 그 정당성이 인정될 수는 없고, 헌법이나 법률의 규정에 비추어 정당하다고 평가되는 범위에 해당하는 경우에만 형사책임이나 민사책임이 면제된다고 할 수 있다. 우선, 1) 객관적으로 진실한 사실을 기초로 행해져야 하고, 2) 소비자불매운동에 참여하는 소비자의 의사결정의 자유가 보장되어야 하며, 3) 불매운동을 하는 과정에서 폭행, 협박, 기물파손 등 위법한 수단이 동원되지 않아야 하고, 4) 특히 물품 등의 공급자나 사업자 이외의 제3자를 상대로 불매운동을 벌일 경우 그 경위나 과정에서 제3자의 영업의 자유 등 권리를 부당하게 침해하지 않을 것이 요구된다.

[요약판례 9] 구 농지법 제65조 위헌소원: 합헌(헌재 2010.2.25. 2008헌바80)

농지소유자가 농지를 농업경영에 이용하지 아니하여 농지처분명령을 받았음에도 불구하고 정당한 사유 없이 이를 이행하지 아니하는 경우 당해 농지의 토지가액의 100분의 20에 상당하는 이행강제금을 그 처분명령이 이행될 때까지 매년 1회 부과할 수 있도록 하는 것이 재산권을 침해하는지 여부(소극)

이 사건 법률조항들의 목적은 농지소유자로 하여금 농지를 계속 농업경영에 이용하도록 하고, 비자경농의 농지 소유를 제한하는 것으로 이는 국토의 효율적이고 균형 있는 이용·개발과 보전을 위하여 그에 관한 필요한 제한과 의무를 과할 수 있다는 헌법 제122조와 경자유전의 원칙 및 소작제도 금지를 규정한 헌법 제121조 제1항에 근거를 둔 것으로 정당하다. 농지를 취득한 이후에도 계속 농지를 농업경영에 이용할 의무를 부과하고, 이에 위반하여 농지소유 자격이 없는 자에 대하여 농지를 처분할 의무를 부과하고 이행강제금을 부과하는 것은 입법목적을 달성하기 위한 적절한 수단이다. 농지법은 정당한 사유가 있으면 농지처분의무를 면제하거나 이행강제금을 부과하지 않고, 농지처분명령을 통지받은 농지 소유자에게 매수청구권을 부여하여 피해를 최소화하고 있다. 계속 농지처분명령을 이행하지 않는 경우 반복된 이행강제금의 총액이 농지의 객관적 가치를 넘을 수 있으나, 농지를 농업 경영에 이용하게 하려는 궁극적인 입법목적을 달성하기 위해서는, 농지가 농업 경영에 이용되지 않는 한 계속하여 이행강제금을 부과할 수밖에 없다. 농지를 자유롭게 이용할 수 있는 개인의 권리의 제한에 비하여, 농지의 효율적인 이용과 관리를 통하여 국민의 안정적 식량생산기반을 유지하고 헌법상의 경자유전원칙을 실현한다는 공적 이익이 훨씬 크므로, 법익의 균형성도 충족한다.

제 3 항 문화국가원리

I 구 전통사찰보존법 제6조 제1항 제2호 등 위헌소원: 헌법불합치(잠정적용)
(헌재 2003.1.30. 2001헌바64)

쟁점 전통사찰보존법의 입법목적, 관할 행정관청의 전통사찰 지정의 법적 성격 및 그 헌법적 보호법익, 전통사찰보존법에서 공용수용으로 인한 경내지 등의 소유권변동에 관한 별도의 규제조항을 두지 아니한 것이 전통사찰 소유자 등의 재산권을 침해하는 것인지 여부(소극), 전통사찰의 경내지 등에 대한 모든 유형의 소유권변동이 전통사찰을 훼손할 수 있음에도 불구하고, 다른 소유권변동원인과 달리 '공용수용'으로 인한 소유권변동에 대해서는 아무런 규제를 하지 아니한 것이 평등원칙에 위반되는 것인지 여부(적극)

▢ 사건의 개요

청구인 사찰은 원효대사가 창건한 사찰로서, 문화공보부장관의 지정에 따라서 전통사찰로 등록되었다. 건설부장관은 택지개발예정지구를 지정하였는데 전통사찰 경내지인 청구인 소유의 수 필지의 경내지 및 그 부속 건물 등이 위 예정지구에 편입되었다. 중앙토지수용위원회는 이 사건 토지를 수용하면서 그 손실보상금을 정하고, 수용재결을 하였다. 청구인은 이 사건 처분의 무효확인을 구하는 행정소송을 제기하면서 전통사찰보존법 제6조 제1항 제2호, 제5항이 다른 소유권변동원인과 달리 '공용수용'으로 인한 소유권변동의 경우 아무런 규제를 두지 아니 하는 것은 재산권을 침해하고 평등원칙에 위배된다는 이유로 위헌법률심판제청신청을 하였는데 법원이 '재판의 전제성'요건을 갖추지 못하여 부적법하다"라는 이유로 각하하자 헌법재판소법 제68조 제2항의 규정에 따라 이 사건 헌법소원심판청구를 하였다.

▢ 심판의 대상

구 전통사찰보존법(1977. 4. 10. 법률 제5320호로 개정되기 전의 것) 제6조 (허가사항) ① 전통사찰의 주지가 다음 각 호의 1에 해당하는 행위를 하고자 할 때에는 대통령령이 정하는 바에 따라 문화체육부장관의 허가를 받아야 한다.

2. 동산 또는 대통령이 정하는 부동산의 대여·양도 또는 담보의 제공

⑤ 제1항의 규정에 의한 허가를 받지 아니하고 제1항 제2호의 행위를 한 때에는 이를 무효로 한다.

▢ 주 문

구 전통사찰보존법 제6조 제5항 중 같은 조 제1항 제2호 소정의 '동산 또는 대통령령이 정하는 부동산의 양도'에 관련된 부분은 헌법에 합치하지 아니한다. 위 규정부분은 입법자가 개정할 때까지 계속 적용된다.

▢ 청구인의 주장

우리 헌법 제9조의 규정과 법의 입법취지 등에 비추어 볼 때, 주지가 전통사찰의 경내지를 처분하는 소유권변동과 공용수용으로 인한 소유권변동의 경우 모두 민족문화유산인 전통사찰이 훼손될 수 있다는 점에서 본질적으로 아무런 차이가 없다. 그럼에도 불구하고, 이 사건 법률조항은 전통사찰의 경내지에

대한 주지의 처분행위와 공용수용을 합리적 이유 없이 차별한 것이고, 또한 위 경내지에 대한 공용수용에 관하여 아무런 규제를 하지 아니함으로써 비례의 원칙을 위반하여 청구인의 재산권을 침해한 것이다.

판 단

Ⅰ. 법의 입법목적, 전통사찰의 지정 및 그 헌법적 보호법익 등

1. 입법목적

당해 법은 '민족문화의 유산으로서 역사적 의의를 가진 전통사찰을 보존함으로써 민족문화의 향상에 이바지하게 하는 것'을 입법목적으로 하여 제정된 것이다.

2. 전통사찰의 지정과 그 헌법적 보호법익

당해 법은 '국가는 전통문화의 계승・발전과 민족문화의 창달에 노력하여야 한다'라고 규정한 우리 헌법 제9조에 근거하여 제정된 것으로서, 국가의 문화재에 관한 사무를 관장하던 **관할 행정관청이 어떤 사찰을 전통사찰로 지정하는 행위는 해당 사찰을 국가의 '보존공물(保存公物)'로 지정하는 처분에 해당한다고 보아야 한다. 또한, 헌법 제9조의 규정취지와 민족문화유산의 본질에 비추어 볼 때, 국가가 민족문화유산을 보호하고자 하는 경우 이에 관한 헌법적 보호법익은 '민족문화유산의 존속' 그 자체를 보장하는 것이고, 원칙적으로 민족문화유산의 훼손 등에 관한 가치보상이 있는지 여부는 이러한 헌법적 보호법익과 직접적인 관련이 없다.**

Ⅱ. 이 사건 법률조항의 규정내용

이 사건 법률조항은 '전통사찰의 주지가 그 경내지 등을 양도하고자 할 경우 국가의 문화재에 관한 사무를 관장하는 관할 행정관청의 허가를 받아야 하고, 위와 같은 허가를 받지 아니하고 한 경내지 등의 양도는 무효이다'라는 취지로 규정되어 있다. … 한편 법의 입법목적과 토지에 정착된 전통사찰과 같은 민족문화유산의 성질 등에 비추어 볼 때, 전통사찰의 경내지 등에 대한 모든 소유권변동은 그 변동원인의 종류나 유형에 관계없이 전통사찰을 훼손할 가능성이 있다. 따라서 이 사건 법률조항은 '민족문화유산의 보존'이라는 헌법적 보호법익이 침해될 수 있는 유형 중 하나인 '공용수용'으로 인한 전통사찰 경내지의 소유권변동에 관해서는 아무런 규정을 하지 않고 있는 것이다.

Ⅲ. 이 사건 법률조항의 위헌여부

1. 재산권 침해여부

이 사건에서 건설부장관이 이 사건 토지를 택지개발예정지구에 편입시킴으로써 청구인의 소유권 등을 제한한 행위에 대한 근거법률은 택지개발촉진법이고, 이 사건 법률조항을 비롯한 전통사찰보존법의 경우 헌법 제9조 소정의 '민족문화유산의 보존'에 관련된 내용만을 규율하고 있을 뿐이므로 청구인의 재산권을 침해한다고 할 수 없다.

2. 평등원칙 위반여부

(1) 기본원칙

평등의 원칙은 본질적으로 같은 것은 같게, 본질적으로 다른 것은 다르게 취급할 것을 요구한다. 그렇지만 이러한 평등은 일체의 차별적 대우를 부정하는 절대적 평등을 의미하는 것이 아니라 입법과 법의 적용에 있어서 합리적인 근거가 없는 차별을 배제하는 상대적 평등을 뜻하고 따라서 합리적 근거가 있는 차별은 평등의 원칙에 반하는 것이 아니다.

(2) 심사요건

일반적으로 자의금지원칙에 관한 심사요건은 본질적으로 동일한 것을 다르게 취급하고 있는지에 관련된 차별취급의 존재 여부와, 이러한 차별취급이 존재한다면 이를 자의적인 것으로 볼 수 있는지 여부라고 할 수 있다. 한편, 전자의 요건에 관련하여 두 개의 비교집단이 본질적으로 동일한가의 판단은 일반적으로 관련 헌법규정과 당해 법규정의 의미와 목적에 달려 있고, 후자의 요건에 관련하여 **차별취급의 자의성은 합리적인 이유가 결여된 것을 의미하므로, 차별대우를 정당화하는 객관적이고 합리적인 이유가 존재한다면 차별대우는 자의적인 것이 아니게 된다.**

(3) 차별취급의 존재

국가가 민족문화유산으로 지정한 전통사찰의 보존에 직접적인 영향을 미칠 수 있는 소유권변동은 크게 전통사찰의 소유자가 자의(恣意)로 그 소유권변동을 시도하는 유형(1유형)과 전통사찰 소유자의 의사와 관계없이 제3자가 그 소유권변동을 시도하는 유형으로 구분할 수 있고, 후자의 경우는 다시 사인(私人)인 제3자가 그 소유권변동을 시도하는 유형(2유형)과, 전통사찰의 보존에 관한 사무를 관장하지 아니하는 '제3자적 국가기관' 등이 그 소유권변동을 시도하는 유형(3유형)으로 세분할 수 있다. 이 사건 법률조항에 의하면, 1, 2유형에 대하여는 이를 용인하는 보존공물주체인 국가의 의사표시(관할 행정관청의 허가 등)를 소유권변동의 효력요건으로 하면서, 제3유형에 대하여는 이러한 국가의 의사표시를 그 효력요건으로 하지 않고 있으므로, 일단 제1, 2유형과 제3유형 사이에 차별취급이 존재한다고 할 수 있다.

(4) 차별취급에 대한 합리적 이유

(가) 제2유형과 제3유형의 경우

제2유형과 제3유형은 전통사찰을 직접 관리하는 소유자의 의사와 관계없이 제3자에 의하여 위 전통사찰이 훼손될 수 있는 경내지 등의 소유권변동이 발생될 수 있다는 점에서 본질적으로 아무런 차이가 없다. 그럼에도 불구하고, 이 사건 법률조항은 제2유형에 대하여는 이를 용인하는 공물주체인 국가의 의사표시를 효력요건으로 하면서, 제3유형에 대하여는 이를 효력요건으로 하지 않고 있다. 일반적으로 국가기관이 공용수용절차를 통하여 국민의 소유권 등을 제한하는 것은 헌법 제23조에 근거한 것으로서 원칙적으로 허용되는 것이다. 그렇지만, 헌법 제9조의 규정취지에 비추어 보면, 전통사찰 소유자의 의사 등과 관계없이 그 보존을 훼손하고자 하는 주체가 건설부장관과 같은 제3자적 국가기관이고 그 형식이 택지개발촉진법에 따른 수용절차라는 점은 지극히 우연한 사정에 불과하다. 그러므로 당해 경우, 우연한 사정에 따라 본질적으로 동일한 결과를 가져오는 두 가지 유형을 차별하는 것으로서 도저히 합리적이라고 볼 수 없고, 헌법 제23조를 이유로 하여 헌법 제9조의 규정을 실질적으로 무력화시키는 결과를 초래한다.

(나) 제1유형과 제3유형의 경우

당해 전통사찰에 대한 직접적 이해관계자로서 법에서 규정한 범위 내에서 보존·관리책임 등을 부담하고 있는 소유자가 자의(恣意)로 경내지 등을 처분하는 제1유형과 그 보존에 아무런 이해관계가 없는 제3자적 국가기관이 그 소유권변동을 시도하는 제3유형을 차별하면서, 제3유형에 관하여 위 전통사찰을 실효성 있게 보존할 수 있는 법적 안전장치를 제1유형보다 현저하게 완화시키는 것

역시 아무런 합리성을 가지지 못한다. 더욱 중요한 것은 **민족문화유산을 보존하는 것이 국가의 단순한 은혜적 시혜가 아니라 헌법상 의무이므로, 일단 관할 국가기관에 의하여 민족문화유산으로 지정된 전통사찰의 경우, 사정이 허락하는 한 이를 최대한 빠짐없이 지속적으로 보존하는 것이 헌법 제9조 등의 규정취지에 부합한다는 것이다.** 그렇다면, 그 경내지 등의 소유권변동으로 인한 전통사찰의 훼손이 불가피한 것인지 여부와 이러한 보존 및 훼손에 관한 판단·결정이 헌법 등에 근거하여 정당한 권한을 행사할 수 있는 관할 국가기관에 의하여 이루어지는 것인지 여부 등이 가장 본질적인 문제가 되는 것이고, 전통사찰을 훼손할 수 있는 경내지 등에 대한 소유권변동을 시도한 주체가 사인(私人)인지 아니면 건설부장관과 같은 제3자적 국가기관인지 여부, 또는 그 형식이 양도(혹은 강제집행)인지 아니면 공용수용인지 여부는 본질적인 문제가 될 수 없다.

Ⅳ. 이 사건 법률조항의 위헌성에 대한 판단

이 사건에서 전통사찰을 훼손하고자 시도하는 주체가 제3자적 국가기관이고, 그 형식이 공용수용이라는 점은 지극히 우연한 사정에 불과하다. 그럼에도 불구하고, 이 사건 법률조항은 그 경내지 등의 소유권변동에 관하여 이러한 우연한 사정이 있는지 여부에 따라서, 국가가 이미 민족문화유산으로 지정한 전통사찰을 훼손하는 것이 불가피한 것인지 여부를 관할 국가기관이 실효성 있게 판단·결정할 수 있는 기회를 실질적으로 배제하는 사안과 그렇지 아니한 사안을 구별하는 중요한 차별을 행하는 것이 되어 불합리하다. 결국, 이 사건 법률조항은 평등의 원칙에 어긋나는 위헌적인 법률이다.

Ⅴ. 헌법불합치결정

헌법재판소가 위헌결정 또는 단순한 헌법불합치결정만을 선고할 경우 이 사건 법률조항은 헌법재판소가 결정을 선고한 때부터 더 이상 적용할 수 없게 된다. **이 경우 제한된 범위 내에서 민족문화유산인 전통사찰을 보존하고 있는 근거규정이 효력을 잃게 됨으로써 상당한 법적 공백이 생기게 된다.** 그러므로 이 사건 법률조항의 요건에 따라서 전통사찰을 실효성 있게 보존할 수 있는 제1, 2 유형에 대해서는 이 사건 법률조항을 잠정적으로 적용할 수 있게 하여야 한다. 따라서 입법자는 이 결정에 따라 조속한 시일 내에 이 사건 법률조항을 헌법에 합치하는 내용으로 개정하여, 이 사건과 같이 제3자적 국가기관이 그 소유자의 의사와 관계없이 공용수용 등의 형식으로 그 경내지 등의 소유권을 변동시키려고 시도하는 제3유형에 관하여도 이를 용인하는 관할 국가기관의 의사표시를 그 소유권변동의 효력요건으로 함으로써 해당 전통사찰의 보존을 실질적으로 보장할 수 있는 내용의 입법을 하여야 하고, 그 개정시까지 이 사건 법률조항의 효력은 잠정적으로 존속한다.

Ⅵ. 결 론

이 사건 법률조항은 헌법에 합치하지 아니하지만 **새로운 입법이 이루어질 때까지 잠정적으로 이를 적용하도록 명하기로 하여 주문과 같이 결정한다.**

재판관 하경철, 재판관 송인준의 반대의견

전통사찰의 경내지의 소유권변동의 원인에 따라서 헌법 제9조 소정의 보호법익에 대한 '침해결과'가 달라지는 것은 아니다. 그러나, 공용수용은 '공공의 필요성'이 인정되는 경우에 한하여 헌법 제23조 등에 근거하여 개인의 재산권을 제한하는 것이므로, 양자의 '침해목적'은 분명히 다르고, 사적인 처분행위와 국가 권력을 토대로 하여 이루어지는 공용수용행위는 본질적으로 그 특성을 달리한다. 또한, 공공의 필요성이 인정되는 경우 개인의 재산권을 수용할 수 있도록 허용하고 있는 헌법적 이념에 따라서 택지개발촉진법 등이 별도로 마련되어 있는 마당에, 굳이 입법자에게 전통사찰 경내지 등의 소유권이 변동되는 모든 경우에 대하여 중첩적으로 '관할행정관청'의 의견이 반드시 반영되도록 하는 규정내용을 이 사건 법률조항에 삽입할 의무는 없다. 따라서, 민족문화유산의 '문화적 가치의 본질적인 내용'이 훼손되지 않는 이상, 건설교통부장관의 경우 공공필요에 의하여 과다한 경내지 등에 대하여 관계중앙행정기관의 장과 협의를 거치는 등 일련의 절차를 거쳐서 이를 택지개발예정지구에 포함시킬 수 있고, 이러한 조치는 합헌적이다. 그렇다면, 입법자가 이 사건 법률조항에서는 사인(私人)인 주지의 처분행위에 대해서만 규제를 하고, 별도의 법률을 통하여 적정한 규제를 하고 있는 제3자적 국가기관에 의한 공공수용행위에 대해서까지 이 사건 법률조항에서 실질적으로 동일한 규제를 하지 않았다고 하여 이를 평등의 원칙에 위배되거나 합리성이 결여되었다고 볼 수는 없다.

✢ 본 판례에 대한 평가 "우리나라는 건국헌법 이래 문화국가의 원리를 헌법의 기본원리로 채택하고 있다. 우리 현행헌법은 전문에서 '문화의…영역에 있어서 각인의 기회를 균등히' 할 것을 선언하고 있을 뿐 아니라, 국가에게 전통문화의 계승 발전과 민족문화의 창달을 위하여 노력할 의무를 지우고 있다(제9조)."

문화국가원리의 구현을 위하여 국가는 물질적 측면에서의 인간다운 생활을 할 권리를 뛰어넘어 문화적 측면에서의 인간다운 생활을 할 권리를 구현할 수 있도록 하여야 한다.

헌법재판소는 스크린쿼터제에 대하여 국내문화를 보호·증진하기 위한 합헌적 제한이라고 판시하고 있다. 다만 이 결정에서 헌법 제9조의 문화국가원리를 제한의 근거로 들지 않은 점은 아쉽다.

한편 헌법재판소는 과외교습금지가 "창의와 개성, 최고도의 능력발휘를 교육의 이념으로 삼고 국민 개개인의 개별성과 다양성을 지향하는 헌법상의 문화국가원리에도 위배"된다고 판시한 바 있다. 또한 헌법재판소는 "공연관람자 등이 예술 감상에 의한 정신적 풍요를 느낀다면 그것은 헌법상의 문화국가원리에 따라 국가가 적극 장려할 일이지, 이것을 일정한 집단에 의한 수익으로 인정하여 그들에게 경제적 부담을 지우는 것은 헌법의 문화국가이념(제9조)에 역행하는 것이다"라고 판시하고 있다.

※ 전통사찰보존법의 관련 조항들은 헌법재판소의 결정이 있기 이전인 1997. 4. 10 일부 개정을 통해서 이미 헌법재판소가 지적한 문제점들에 대해서는 거의 해결이 이루어진 상태였다. 관련 조문은 다음과 같다.

전통사찰보존법 [일부개정 1997. 4. 10. 법률 제5320호]

제6조 (허가사항) ① 전통사찰의 주지가 다음 각호의 1에 해당하는 행위를 하고자 할 때에는 대통령령이 정하는 바에 따라 문화체육부장관의 허가를 받아야 한다. 허가받은 사항을 변경하고자 하는 경우에도 또한 같다. 다만, **제2호의 행위를 하고자 할 때에는 소속대표단체의 대표자의 승인서를 첨부하여야 한다.**

2. 동산 또는 대통령령이 정하는 부동산의 대여·양도 또는 담보의 제공

제9조 (경내지의 보호) ① 전통사찰의 경내지에 대하여 다른 법률에 의한 수용·사용 또는 제한의 처분을 하고자 하는 자는 사전에 문화체육부장관의 동의를 얻어야 한다.

② 문화체육부장관은 제1항의 규정에 의한 동의를 하고자 할 때에는 전통사찰의 소속대표단체의 대표자와 협의하여야 한다.

그리고 헌법재판소의 헌법불합치 결정이 있은 후에 있은 해당 조항의 개정(2005. 12. 14)을 통해서 이러한 문제점은 보다 분명하게 해결되었다.

전통사찰보존법 [일부개정 2005. 12. 14. 법률 제7729호]

제6조 (허가사항) ① 전통사찰의 주지는 동산 또는 부동산(당해 전통사찰의 경내지 안에 있는 당해 사찰의 소

유 또는 사찰 소속 대표단체의 소유의 부동산을 말한다. 이하 이 조에서 같다)을 양도하고자 하는 때에는 소속 대표단체의 대표자의 승인서를 첨부하여 문화관광부장관의 허가를 받아야 한다.

② 전통사찰의 주지는 다음 각 호의 어느 하나에 해당하는 행위를 하고자 하는 때에는 시·도지사의 허가를 받아야 한다. 허가 받은 사항을 변경하고자 하는 경우에도 또한 같다. 다만, 제1호의 행위를 하고자 하는 때에는 소속 대표단체의 대표자의 승인서를 첨부하여야 한다.

1. **동산 또는 부동산의 대여·담보의 제공**

③ 문화관광부장관 또는 시·도지사는 제1항 또는 제2항의 규정에 의한 **허가신청 대상 행위가 전통사찰의 보호에 지장을 주지 아니하고 수행환경을 훼손하지 아니하는 경우로서 다음 각 호의 어느 하나에 적합한 경우에 한하여 허가**를 하여야 한다. 이 경우 제2항 제2호 내지 제5호의 규정에 의한 허가신청 대상 행위는 각 해당 법률의 허가기준에도 부합하여야 한다.

1. 전통사찰의 이용가치를 증대하는 행위일 것
2. 주민을 위한 편의 제공 등 공공용 목적일 것
3. 전통문화의 보급 및 활용에 이바지할 것
4. **「공익사업을 위한 토지 등의 취득 및 보상에 관한 법률」 제4조의 규정에 의한 공익사업일 것**

관련 문헌: 정연주, "민족문화유산에 대한 공용수용", 헌법판례연구 6, 박영사, 2004. 11, 143-168면; 김동윤, "사찰의 법률관계", 민사재판의 제문제 제12권, 2003. 12, 301-411면; 김상겸·김성준, "국가의 전통·민족 문화 계승의무와 전통사찰 보존에 관한 헌법적 연구", 토지공법연구 제43집 제2호, 한국토지공법학회, 2009, 461-481면; 류시조, "한국 헌법상의 문화국가 원리에 대한 연구", 헌법학연구 제14권 제3호, 한국헌법학회, 2008, 83-92면; 홍성방, "문화국가원리", 고시연구 1998. 5(통권 제290호), 299-324면.

Ⅱ 학교보건법 제6조 제1항 제2호 위헌제청 등: 위헌,헌법불합치(적용중지)

(헌재 2004.5.27. 2003헌가1등)

쟁점 학교 정화구역 내에서의 극장시설 및 영업을 금지하고 있는 학교보건법 제6조 제1항 본문 제2호 중 '극장'부분 중 대학의 정화구역에서도 극장영업을 일반적으로 금지하고 있는 부분이 직업의 자유를 과도하게 침해하여 위헌인지 여부(적극), 유치원 및 초·중·고등학교의 정화구역 중 극장 영업을 절대적으로 금지하고 있는 절대금지구역 부분이 극장 영업을 하고자 하는 자의 직업의 자유를 과도하게 침해하여 위헌인지 여부(적극), 학교정화구역내의 극장 시설 및 영업을 금지하고 있는 이 사건 법률조항이 정화구역 내에서 극장업을 하고자 하는 자의 표현의 자유 내지 예술의 자유를 침해하는지 여부(적극), 학교정화구역내의 극장 시설 및 영업을 금지하고 있는 이 사건 법률조항이 학생들의 행복추구권을 침해하는지 여부(적극), 법률조항의 일부분에 대하여는 단순위헌결정을 하면서 입법자에게 위헌적인 상태를 제거할 수 있는 여러 가지의 입법수단 선택의 가능성을 인정할 필요성이 있는 부분에 대하여는 헌법불합치결정을 한 사례

사건의 개요

제청신청인 갑은 동인이 운영하는 위 극장이 위치하는 곳은 학교보건법 소정의 학교환경위생 정화구역이므로 극장영업행위 또는 시설을 하여서는 아니되고 기존 시설의 경과조치 규정에 의해 이전·폐쇄 유효기간 내에 이전·폐쇄하여야 하는 시설임에도 불구하고 위 극장을 운영하여 영업행위를 하였다는 이유로 기소되어 그 소송이 광주지방법원에 계속 중이었는데 위 소송계속 중 학교보건법 제6조 제1항 제2호 중 '극장' 부분이 헌법 제15조의 직업의 자유 등의 기본권을 침해하

는 조항으로서 위헌이라고 주장하면서 위 법원에 위헌심판제청신청을 하였고, 위 법원은 위 신청을 받아들여 위헌심판제청결정을 하였다.

▢ 심판의 대상

학교보건법 제6조 (정화구역안에서의 금지행위 등) ① 누구든지 학교환경위생정화구역 안에서는 다음 각호의 1에 해당하는 행위 및 시설을 하여서는 아니 된다. 다만, 대통령령이 정하는 구역 안에서는 제2호, 제4호, 제8호 및 제10호 내지 제14호에 규정한 행위 및 시설중 교육감 또는 교육감이 위임한 자가 학교환경위생정화위원회의 심의를 거쳐 학습과 학교보건위생에 나쁜 영향을 주지 않는다고 인정하는 행위 및 시설은 제외한다.

2. 극장, 총포화약류의 제조장 및 저장소, 고압가스·천연가스·액화석유가스 제조소 및 저장소

▢ 주 문

1. 학교보건법 제6조 제1항 본문 제2호 중 '극장' 부분 가운데 고등교육법 제2조에 규정한 각 학교에 관한 부분은 헌법에 위반된다.

2. 학교보건법 제6조 제1항 본문 제2호 중 '극장' 부분 가운데 초·중등교육법 제2조에 규정한 각 학교에 관한 부분은 헌법에 합치하지 아니한다. 법원 기타 국가기관 및 지방자치단체는 입법자가 개정할 때까지 이 부분 법률조항의 적용을 중지하여야 한다.

▢ 판 단

Ⅰ. 우리 헌법상 문화국가원리와 그 실현

1. 우리 헌법상 문화국가원리의 의의

우리나라는 건국헌법 이래 문화국가의 원리를 헌법의 기본원리로 채택하고 있다. 우리 현행 헌법은 전문에서 "문화의 … 영역에 있어서 각인의 기회를 균등히" 할 것을 선언하고 있을 뿐 아니라, 국가에게 전통문화의 계승 발전과 민족문화의 창달을 위하여 노력할 의무를 지우고 있다. 또한 헌법은 문화국가를 실현하기 위하여 보장되어야 할 정신적 기본권으로 양심과 사상의 자유, 종교의 자유, 언론·출판의 자유, 학문과 예술의 자유 등을 규정하고 있는바, 개별성·고유성·다양성으로 표현되는 문화는 사회의 자율영역을 바탕으로 한다고 할 것이고, 이들 기본권은 견해와 사상의 다양성을 그 본질로 하는 문화국가원리의 불가결의 조건이라고 할 것이다.

2. 문화국가원리의 실현과 문화정책

문화국가원리는 국가의 문화국가실현에 관한 과제 또는 책임을 통하여 실현되는바, 국가의 문화정책과 밀접 불가분의 관계를 맺고 있다. 과거 국가절대주의사상의 국가관이 지배하던 시대에는 국가의 적극적인 문화간섭정책이 당연한 것으로 여겨졌다. **그러나 오늘날에 와서는 국가가 어떤 문화현상에 대하여도 이를 선호하거나, 우대하는 경향을 보이지 않는 불편부당의 원칙이 가장 바람직한 정책으로 평가받고 있다.** 오늘날 문화국가에서의 문화정책은 그 초점이 문화 그 자체에 있는 것이 아니라 문화가 생겨날 수 있는 문화풍토를 조성하는 데 두어야 한다. 문화국가원리의 이러한 특성은 문화의 개방성 내지 다원성의 표지와 연결되는데, **국가의 문화육성의 대상에는 원칙적으로 모든 사람에게 문화창조의 기회를 부여한다는 의미에서 모든 문화가 포함된다. 따라서 엘리트문화뿐만**

아니라 서민문화, 대중문화도 그 가치를 인정하고 정책적인 배려의 대상으로 하여야 한다.

Ⅱ. 교육 및 청소년보호에 대한 국가의 책임

헌법 제31조 제1항은 "모든 국민은 능력에 따라 균등하게 교육을 받을 권리를 가진다"라고 규정하여 국민의 교육을 받을 권리를 보장하고 있다. 교육을 받을 권리는 국민이 인간으로서의 존엄과 가치를 가지며 행복을 추구하고(헌법 제10조) 인간다운 생활을 영위하는 데 필수적인 전제이자 다른 기본권을 의미 있게 행사하기 위한 기초이고, 민주국가에서 교육을 통한 국민의 능력과 자질의 향상은 바로 그 나라의 번영과 발전의 토대가 되는 것이므로, 헌법이 교육을 국가의 중요한 과제로 규정하고 있는 것이다. 헌법은 국가에게 학교제도를 통한 교육을 시행하도록 위임하였고, 이로써 국가는 학교제도에 관한 포괄적인 규율권한과 자녀에 대한 학교교육의 책임을 부여받았다. 따라서 **국가는 헌법 제31조 제6항에 의하여 모든 학교제도의 조직, 계획, 운영, 감독에 관한 포괄적인 권한 즉, 학교제도에 관한 전반적인 형성권과 규율권을 가지고 있다.** 한편, 우리 헌법은 국가의 아동·청소년 보호의무를 개별적으로 규정하고 있다. 따라서 국가는 아동·청소년의 건전한 성장을 위한 정책을 개발하고 실시하여야 한다.

Ⅲ. 이 사건 법률조항의 입법배경과 그 내용

1. 이 사건 법률조항의 의미

학교보건법의 위임에 따라 제정된 대통령령인 학교보건법시행령은 위 법 제5조 제1항의 규정에 의하여 절대정화구역은 학교출입문으로부터 직선거리로 50m까지의 지역으로 하고, 상대정화구역은 학교경계선으로부터 직선거리로 200m까지의 지역 중 절대정화구역을 제외한 지역으로 할 것을 정하고 있으며, 법 제6조 제1항 단서에서 정한 제한이 완화되는 구역이란 위 상대정화구역을 의미하는 것으로 정하고 있다.

2. 학교의 의미

학교보건법은 학교의 정의에 관하여 특별한 규정을 두지 아니하였으므로 이는 결국 관련법령을 종합적으로 해석하여 밝혀야 할 것이다. … 학교의 보건관리와 환경위생정화에 필요한 사항을 규정하여 학생 및 교직원의 건강을 보호·증진하게 함으로써 학교교육의 능률화를 기하고자 하는 학교보건법의 입법목적 및 학교보건법시행령의 규정의 취지를 종합하여 살피면 학교보건법상 학교의 의미는 학교보건법시행령 제2조에 규정된 이들 모든 학교(유치원·초등학교·중학교·고등학교, 대학, 산업대학, 교육대학, 전문대학 등)를 포함하는 것으로 해석함이 타당하다고 할 것이다.

3. 극장의 의미

입법자는 이 사건 법률조항의 입법 당시 공연장과 영화상영관의 양자를 포괄하는 의미로서 '극장'이라는 용어를 사용하였다고 할 것이며, 이 사건 법률조항의 입법취지에 비추어 볼 때 **이를 영화상영시설 또는 무대공연시설의 어느 하나의 시설로 제한하여 볼 수 없는 이상, 양자 모두를 포함하는 것이라고 보는 것이 자연스러운 해석이라고 할 것이다.**

Ⅳ. 이 사건 법률조항의 위헌여부

1. 이 사건 위헌법률심판에서 문제되는 기본권

(1) 문제되는 기본권

이 사건 법률조항은 정화구역 내에서 극장시설 및 영업행위를 금지하고 있는바, 이 사건 위헌법률심판의 쟁점은 우선 이 사건 법률조항이 정화구역 내에서 **극장영업을 하고자 하는 자의 직업의 자유를 침해하여 위헌인지 여부**이다. 아울러 **학생들의 문화향유에 관한 행복추구권도 문제**가 된다고 할 것이다.

(2) 기본권의 경합에 있어서의 위헌심사의 기준

극장의 자유로운 운영에 대한 제한은 공연물·영상물이 지니는 표현물, 예술작품으로서의 성격에 기하여 직업의 자유에 대한 제한으로서의 측면 이외에 표현의 자유 및 예술의 자유의 제한과도 관련성을 가지고 있다. 이와 같이 **하나의 규제로 인해 여러 기본권이 동시에 제약을 받는 기본권경합의 경우에는 기본권침해를 주장하는 제청신청인과 제청법원의 의도 및 기본권을 제한하는 입법자의 객관적 동기 등을 참작하여 사안과 가장 밀접한 관계에 있고 또 침해의 정도가 큰 주된 기본권을 중심으로 해서 그 제한의 한계를 따져 보아야 할 것이다.** 살피건대, **사안과 가장 밀접한 관계에 있고 또 침해의 정도가 가장 큰 주된 기본권은 직업의 자유라고 할 것이다.** 따라서 이하에서는 직업의 자유의 침해여부를 중심으로 살피는 가운데 표현·예술의 자유의 침해여부에 대하여도 부가적으로 살펴보기로 한다.

2. 직업의 자유의 침해여부

(1) 직업의 자유의 제한

이 사건 법률조항은 학교부근의 정화구역 내에서의 극장시설 및 그 운영행위를 금지하는 것으로서 직업수행의 자유를 일부 제한하고 있다고는 할 것이다. 헌법 제37조 제2항에 의하면 기본권제한입법은 입법목적의 정당성과 그 목적달성을 위한 방법의 적정성, 입법으로 인한 피해의 최소성, 그리고 그 입법에 의해 보호하려는 공익과 침해되는 사익의 균형성을 모두 갖추어야 한다는 것이며, 이를 준수하지 않은 법률 내지 법률조항은 기본권제한의 입법적 한계를 벗어난 것으로서 헌법에 위반된다. 일반적으로 직업행사의 자유에 대하여는 직업선택의 자유와는 달리 공익목적을 위하여 상대적으로 폭넓은 입법적 규제가 가능한 것이지만, 그렇다고 하더라도 그 수단은 목적달성에 적절한 것이어야 하고 또한 필요한 정도를 넘는 지나친 것이어서는 아니 된다. **살피건대, 이 사건 법률조항에 의하여 제한되는 기본권은 단순히 직업의 자유만이 제한되는 것이 아니라 제한되는 직업의 성질상 표현의 자유 및 예술(예술표현)의 자유에 대한 제한과 불가분적으로 결합되어 있다.** 또한 이 사건 법률조항의 제한방법은 일정한 지역에서의 극장영업을 금지하는 방법인바, 극장의 시설은 일정한 규모 이상의 건물시설을 반드시 필요로 하기 때문에 단순한 직업수행의 자유에 대한 제한의 효과를 초과하는 경우가 발생할 수 있다. **결국, 직업의 자유에 대한 이 사건 법률조항의 제한은 헌법 제37조 제2항의 비례의 원칙에 기한 기본권제한의 입법적 한계 심사에 의하여야 할 것이다.**

(2) 이 사건 법률조항의 입법목적의 정당성 및 방법의 적정성

이 사건 법률조항의 입법목적은 청소년, 특히 그 가운데 대다수를 형성하고 있는 학생들에게 그들의 주요 활동공간인 학교주변의 일정지역이라는 최소한의 범위를 정하여 그 범위 내에서 유해환경을 방지하고 학생들에게 평온하고, 건강한 환경을 마련해 주어 변별력과 의지력이 미약한 청소년 학생을 보호하여 궁극적으로 학교교육의 능률화를 기하기 위한 취지라고 할 것이며, 이와 같은 **입법목적은 공공복리를 위한 정당한 입법목적이라고 할 것이다.** 학교주변의 유해환경은 학교측과 당국의 자구적인 노력에도 불구하고 여전히 심각한 상태로 남아있기 때문에 학생들의 생활의 중심이 되는 지역인 학교주변을 정화구역으로 지정하여 그 구역 내에 유해환경을 조성하는 시설의 영업을 금지하는 것은 아동 및 청소년의 건강한 성장을 위한 적정한 방법이라고 할 것이다. 나아가 이 사건 조항은 변별력과 의지력이 미약한 청소년학생을 보호하여 궁극적으로 학교교육의 능률화를 기하기 위한 입법목적을 달성하기에 적절한 수단이라고 할 것이다.

(3) 최소침해성원칙의 위반여부

(가) 문화시설로서의 공연장 및 영화상영관의 가치

음악·무용·연극·연예·국악 등 대부분의 무대예술을 포괄적으로 지칭하는 '공연'은 예술의 자유의 핵심적 보호대상이 된다고 할 것이며, 문화정책수립의 중요한 대상이라고 할 것이다. 한편, 과거 순수오락물로서 치부되었던 영화는 오늘날 예술의 한 장르인 영상예술로서의 가치를 인정받고 있다. 따라서 **이와 같은 영화를 관람할 수 있도록 만들어진 공연장과 영화상영관은 단순한 오락시설로서의 의미 이외에 문화·교육시설로서의 의미를 가지고 있다.** 이와 같이 문화시설로서의 특성도 함께 지니고 있는 극장은 비록 아동·청소년에게 유해한 영향을 미치는 환경으로서의 특성도 지니고 있다고 할지라도 이는 절대적이고 보편적인 것이 아니라 상대적인 것이라고 할 것이어서 **극장의 유해환경으로서의 판단기준은 아동·청소년의 연령이나 정신발달의 정도 및 사회적·문화적 환경에 따라 달라질 수 있는 것인데, 각 학교는 교육의 목적·과정이 서로 다를 뿐 아니라, 학생의 연령이나 신체 및 지능의 발달정도에 큰 차이가 있어서 극장이 학교교육에 미치는 영향은 학교의 종류에 따라 크게 다를 수밖에 없다. 그렇다면 이하에서는 각 학교별로 이와 같은 정화구역에서의 극장시설 및 운영금지가 비례의 원칙, 특히 최소침해성 원칙을 준수하는 것인지 여부에 관하여 보기로 한다.**

(나) 학교보건법 제6조 제1항 단서의 예외와 최소침해성원칙의 위반여부

① 대학 및 이와 유사한 교육기관의 경우

이 사건 법률조항이 정하는 학교에는 대학 및 이와 유사한 교육기관도 포함된다고 함은 앞서 살펴본 바와 같다. 따라서 이 사건 법률조항은 대학부근 정화구역 내의 극장도 일반적으로 금지하고 있다. 대학생들은 신체적·정신적으로 성숙하여 자신의 판단에 따라 자율적으로 행동하고 책임을 질 수 있는 시기에 이르렀다고 할 것이다. 그러므로 대학생이 영화의 오락성에 탐닉하여 학습을 소홀히 하고 극장주변의 유해환경으로부터 나쁜 영향을 받을 위험성이 있다고 할 것인지 의문이 아닐 수 없다. 초·중·고등학교 및 유치원의 경우와는 달리 대학의 정화구역에 관한 판단에서는 법 제6조 제1항 단서에서 규율하는 바와 같은 예외조항의 유무와 상관없이 과연 그와 같은 일반적 금지를 둘 필요성을 인정하는 것이 쉽지 아니하다고 할 것이다. 즉 극장이 대학생의 학습에 영향을

미칠 것인가에 관한 사항은 대학생 스스로의 자율적인 판단과 책임에 맡길 사항이라고 할 것이어서 결국, **대학의 정화구역 안에서 극장시설을 금지하는 이 사건 법률조항은 극장운영자의 직업수행의 자유를 필요 · 최소한 정도의 범위에서 제한한 것이라고 보기 어렵다.**

② 초 · 중등교육법상의 유치원, 초등학교, 중학교, 고등학교 및 이와 유사한 교육기관의 경우

초 · 중등교육법상의 유치원, 초등학교, 중학교, 고등학교 및 이와 유사한 교육기관에 재학 중인 학생들은 아직 변별력 및 의지력이 미약한 청소년들이기 때문에 국가의 아동 · 청소년 보호의무 등을 구체적으로 실현하여야 할 책임이 있는 입법자가 학습과 학교보건위생에 나쁜 영향을 주지 않는 경우의 예외를 인정하는 전제 하에서 정화구역 내의 극장을 금지하는 것 **그 자체는 직업수행의 자유 등을 과도하게 침해하는 것이라고 하기 어렵다.**

(다) 예외를 허용하지 않는 절대적 금지와 최소침해성

① 초 · 중등학교법상의 초등학교, 중학교, 고등학교

입법자로서는 청소년들이 쉽게 접근할 수 있는 학교부근에 공연장과 영화상영관이 있는 경우 그 종류 등을 불문하고 모든 공연장과 영화상영관을 일체 금지할 것이 아니라 공연장 및 영화상영관의 종류를 구분하여 그로 인한 폐해와 혜택을 형량하여 그 폐해의 정도가 심하지 않으면서도 아동 · 청소년들의 문화향유에 도움을 줄 수 있는 경우에는 일반적 · 절대적 금지로부터 제외시켜 그 금지에 대한 예외적인 허가를 허용하도록 규정해야 할 것이다. 국가 · 지방자치단체 또는 문화재단 등 비영리단체가 설치한 공연장 및 영화상영관, 순수예술이나 아동 · 청소년을 위한 전용공연장 등을 포함한 예술적 관람물의 공연을 목적으로 하는 공연법상의 공연장 등의 경우에는 정화구역 내에 위치하더라도 초 · 중 · 고등학교 학생들에게 유해한 환경이라고 하기보다는 오히려 이들 학생들의 문화적 성장을 위하여 유익한 시설로서의 성격을 가지고 있어 바람직한 방향으로 활용될 가능성이 높다는 점을 부인하기 어렵다. 그렇다면 정화구역 내의 절대금지구역에서는 이와 같은 유형의 극장에 대한 예외를 허용할 수 있는 가능성을 전혀 인정하지 아니하고 일률적으로 금지하고 있는 이 사건 법률조항은 그 입법목적을 달성하기 위하여 필요한 정도 이상으로 극장운영자의 기본권을 제한하는 법률이라고 하지 않을 수 없다.

② 초 · 중등교육법상의 유치원의 경우

이 사건 법률조항은 절대금지구역에서는 모든 극장을 예외 없이 금지하고 있는 바, 위에서 허용되어야 할 유형으로 살펴본 극장들의 경우에는 아동의 정서에 해를 미칠 수 있는 내용의 광고로 인한 유해환경발생의 가능성 역시 줄어든다고 할 것이다. 그렇다면 절대금지구역에서 이와 같은 유형의 극장을 금지의 예외로서 허용할 수 있는 가능성을 전혀 인정하지 아니하고 일률적으로 금지하고 있는 이 사건 법률조항은 그 입법목적을 달성하기 위하여 필요한 정도 이상으로 극장운영자의 기본권을 제한하는 법률이라고 하지 않을 수 없다.

(4) 법익균형성원칙의 위반여부

입법자는 이 사건 법률조항을 입법함에 있어 상충하는 법익간의 조화를 이루려는 노력을 게을리 하여 **공익에 대하여만 일방적인 우위를 부여함으로써 공익과 사익간의 적정한 균형관계를 달성하지 못하였다.**

(5) 소 결

이 사건 법률조항은 입법목직을 달성하기 위하여 필요한 최소한의 정도를 넘어 직업의 자유를 침해하고 있으며, 법익균형성의 원칙도 위배하였다고 할 것이다.

3. 예술의 자유 · 표현의 자유 등의 침해여부

의사표현 · 전파의 자유에 있어서 의사표현 또는 전파의 매개체는 어떠한 형태이건 가능하며 그 제한이 없다고 하는 것이 우리 재판소의 확립된 견해이다. 즉, 담화 · 연설 · 토론 · 연극 · 방송 · 음악 · 영화 · 가요 등과 문서 · 소설 · 시가 · 도화 · 사진 · 조각 · 서화 등 모든 형상의 의사표현 또는 의사전파의 매개체를 포함한다고 할 것이다. **이 사건 법률조항이 극장운영자의 직업의 자유를 침해하는지 여부와 극장운영자의 표현의 자유 및 예술의 자유를 침해하는지 여부의 문제는 동전의 양면과도 같이 연관되어 있는 문제라고 할 것이다.** 이 사건 법률조항은 위 직업의 자유의 침해여부에서 이미 살펴본 바와 마찬가지로 극장운영자의 표현의 자유 및 예술의 자유를 필요한 이상으로 과도하게 침해하고 있다. 아울러 입법자는 문화국가형성의 기능의 중요성을 간과하고 학교교육의 능률성의 보호라는 입법목적의 측면만을 지나치게 강조함으로써 이 사건 법률조항은 비례의 원칙에 위반되어 표현 · 예술의 자유를 과도하게 제한하는 규정이다.

4. 대학생 및 초 · 중 · 고등학교 학생의 행복추구권 등 침해여부

(1) 대학생의 경우

대학생의 입장에서 문화를 자유롭게 향수하는 것은 직업교육으로서의 의미도 가지고 있다. 또한 문화산업은 넓은 분야의 직업교육으로서의 의미도 갖게 되었다. 따라서 **직업교육이 날로 강조되는 대학교육에 있어서 문화에의 손쉬운 접근가능성은 중요한 의미를 갖는 기본권으로서의 의미를 갖게 된다.** 이 사건 법률조항은 대학생의 자유로운 문화향유에 관한 권리 등 행복추구권을 침해하고 있는바, 그 정당화 사유를 찾기 어렵다. 따라서 이 사건 법률조항은 이 점에서도 위헌적인 법률이라고 할 것이다.

(2) 초 · 중 · 고등학교 학생의 경우

아동과 청소년은 아직 성숙하지 못한 인격체이지만, **부모와 국가에 의한 단순한 보호의 대상이 아닌 독자적인 인격체이며, 그의 인격권은 성인과 마찬가지로 인간의 존엄성 및 행복추구권을 보장하는 헌법 제10조에 의하여 보호된다. 따라서 헌법이 보장하는 인간의 존엄성 및 행복추구권은 국가의 교육권한과 부모의 교육권의 범주 내에서 아동에게도 자신의 교육환경에 관하여 스스로 결정할 권리, 그리고 자유롭게 문화를 향유할 권리를 부여한다고 할 것이다.** 이 사건 법률조항은 학교부근의 극장을 금지하고 있으므로 아동 · 청소년들로서는 학교에서 일정한 거리 이상 떨어져 있는 곳에서 영업을 하고 있는 극장을 방문하여 문화를 향유할 수 있는 가능성을 갖고 있다. 그런데 이 사건 법률조항의 경우 아동 · 청소년의 문화향유에 관한 권리 등 인격의 자유로운 발현과 형성을 고려하지 않은 입시교육을 궁극적인 목적으로 하는 보호위주의 입법정책에도 적지 않은 책임이 있다고 할 것이다. 이 사건 법률조항은 순수예술이나 아동 · 청소년을 위한 전용공연장 등을 포함한 예술적 관람물의 공연을 목적으로 하는 공연장, 영화진흥법상의 전용영화상영관 등과 같은 경우에도 절대금지구역에서의 영업을 예외 없이 금지하고 있는바, **이는 초 · 중 · 고등학교 학생의 자유로운 문화향유에 관한 권리로서 등 행복추구권을 제한하는 입법이라고 할 것이고, 그 제한을 정당화**

하는 사유를 찾기 어렵다고 할 것이므로 이 점에서도 위헌적인 법률이라고 할 것이다.

5. 이 사건 법률조항의 일부에 대한 헌법불합치결정과 적용중지명령

(1) 헌법불합치 결정의 필요성

헌법불합치결정은 변형위헌결정의 주문형식으로 법률이 평등원칙에 위반된 경우가 헌법재판소의 불합치결정을 정당화하는 대표적인 사유라고 할 수 있으나 자유권을 침해하는 법률이 위헌이라고 생각되는 경우에도 **법률의 합헌부분과 위헌부분의 경계가 불분명하여 헌법재판소의 단순위헌결정으로는 적절하게 구분하여 대처하기가 어렵고, 다른 한편으로는 권력분립의 원칙과 민주주의원칙의 관점에서 입법자에게 위헌적인 상태를 제거할 수 있는 여러 가지의 가능성을 인정할 수 있는 경우에는 자유권의 침해에도 불구하고 예외적으로 입법자의 형성권이 헌법불합치결정을 정당화하는 근거가 될 수 있다.**

(2) 당해 사건의 경우

이 사건 법률조항에 대하여 **단순위헌판단이 내려진다면 극장에 관한 초·중·고등학교·유치원 정화구역 내 금지가 모두 효력을 잃게 됨으로써 합헌적으로 규율된 새로운 입법이 마련되기 전까지는 학교정화구역 내에도 제한상영관을 제외한 모든 극장이 자유롭게 설치될 수 있게 될 것이다.** 그 결과 이와 같이 단순위헌의 결정이 내려진 후 입법을 하는 입법자로서는 이미 자유롭게 설치된 극장에 대하여 신뢰원칙보호의 필요성 등의 한계로 인하여 새로운 입법수단을 마련하는 데 있어서 제약을 받게 될 것이다. 그러므로 **이 사건 법률조항 중 초·중등교육법 제2조에 규정한 각 학교에 관한 부분에 대하여는 단순위헌의 판단을 하기보다는 헌법불합치결정을 하여 입법자에게 위헌적인 상태를 제거할 수 있는 여러 가지의 입법수단 선택의 가능성을 인정할 필요성이 있는 경우라고 할 것이다.** 따라서 초·중·고등학교·유치원 정화구역 부분에 관하여는 헌법불합치결정을 함이 타당하다고 판단된다. 다만, 이 사건 법률조항은 학교보건법 제19조와 결합하여 **형사처벌조항을 이루고 있으므로** 잠정적으로 적용하게 할 경우 위헌성을 담고 있는 이 사건 법률조항에 기하여 형사처벌 절차가 진행될 가능성을 부인하기 어려우며 이와 같은 사태가 바람직하지 아니함은 물론이다. 따라서 입법자가 새로운 입법에 의하여 위헌성을 제거할 때까지 법원 기타 국가기관 및 지방자치단체는 헌법불합치결정이 내려진 **이 부분 법률조항의 적용을 중지하여야 한다.**

V. 결 론

이 사건 법률조항 중 고등교육법 제2조에 규정한 각 학교에 관한 부분은 헌법에 위반되고, 이 사건 법률조항 중 초·중등교육법 제2조에 규정한 각 학교에 관한 부분은 헌법에 합치하지 아니한다. 법원 기타 국가기관 및 지방자치단체는 입법자가 개정할 때까지 이 사건 법률조항 중 헌법불합치결정이 내려진 위 부분의 적용을 중지함이 상당하다. 그러므로 관여재판관 전원의 일치된 의견으로 주문과 같이 결정한다.

※ 헌법재판소의 위헌 및 헌법불합치 결정 이후 학교보건법(법률 제11220호 일부개정 2012. 1. 26) 관련 규정은 다음과 같이 규정하고 있다.

제6조 (정화구역안에서의 금지행위 등) ① 누구든지 학교환경위생정화구역안에서는 다음 각호의 1에 해당하는 행위 및 시설을 하여서는 아니된다. 다만, 대통령령이 정하는 구역안에서는 제2호, 제3호, 제6호, 제10호, 제12호부터 제18호까지와 제20호에 규정한 행위 및 시설중 교육감이나 교육감이 위임한 자가 학교환경위생정화위원회의 심의를 거

쳐 학습과 학교보건위생에 나쁜 영향을 주지 아니한다고 인정하는 행위 및 시설은 제외한다.

2. 총포화약류(총포화약류)의 제조장 및 저장소, 고압가스・천연가스・액화석유가스 제조소 및 저장소

4. 「영화 및 비디오물의 진흥에 관한 법률」 제2조제11호의 제한상영관

관련 문헌: 하윤수, "교육환경권에 대한 판례의 추이와 동향", 교육법학연구, 대한교육법학회, 2011, 20면; 손희권, "학교환경위생정화구역 안에 당구장 설치 금지의 위헌성: 헌법재판소의 구학교보건법 제6조 제1항 제13호 합헌 결정에 대한 비판적 고찰", 교육행정학연구 제19권 제2호, 교육행정학회, 2001, 265-228면.

[요약판례 1] 영화법 제26조 등 위헌확인: 기각(헌재 1995.7.21. 94헌마125)

국산영화의무상영제를 두어 직업선택의 자유를 일부 제한하였더라도 공공복리를 위한 목적의 정당성 측면에서 인정이 되는지 여부(적극)

현대사회는 영상문화의 시대이며 영화가 이 시대에 미치고 있는 영향력은 막중하다 할 것이다. 영화는 민족공동체의 문화적 창작력의 중요한 표현양식일 뿐 아니라 텔레비전, 종합유선방송, 위성방송 등 방송매체가 영화를 기반으로 성장하여 왔으며, 비디오, 컴퓨터게임 등의 관련영상산업분야도 영화를 바탕으로 하여 제작 혹은 촉발되어지는 등 영화는 이 산업분야의 기반이 되는 고부가가치산업이라 할 것이다. 그러나 우리 영화계의 실정을 살피면, 국산영화의 창작기반은 극도로 열악한 반면에 대중적 흥행성이 높은 외국산 영화는 무제한으로 수입되어 일정한 통제가 가하여지지 아니하면 우리의 공연장을 독점할 위험이 지대하여 국산영화의 존립자체가 극도로 위태로운 지경에 이르고 있음을 충분히 알 수 있다. 따라서 이와 같은 실정을 감안하면, 이 사건 심판대상 규정이 **국산영화의무상영제를 두어 직업선택의 자유를 일부 제한하였더라도 위와 같은 공공복리를 위한 목적의 정당성은 인정된다고 할 것이다.**

[요약판례 2] 학원의설립・운영에관한법률 제22조 제1항 제1호 등 위헌제청, 동법 제3조 등 위헌 확인: 위헌(헌재 2000.4.27. 98헌가16등)

일부 지나친 고액과외교습을 방지하기 위하여 모든 학생으로 하여금 오로지 학원에서만 사적으로 배울 수 있도록 규율하는 것이 문화국가원리에 위반되는지 여부(적극)

헌법은 가족제도를 특별히 보장함으로써, 양심의 자유, 종교의 자유, 언론의 자유, 학문과 예술의 자유와 같이 문화국가의 성립을 위하여 불가결한 기본권의 보장과 함께, 견해와 사상의 다양성을 그 본질로 하는 문화국가를 실현하기 위한 필수적인 조건을 규정한 것이다.

법익의 균형성의 관점에서 보더라도, 입법자가 법 제3조를 통하여 실현하려는 공익인 '고액과외교습의 방지'가 헌법적으로 허용되는 입법목적인가에 관하여 의문의 여지가 있다는 점에서 설사 오늘의 교육현실과 같은 예외적인 상황을 인정하더라도 그 비중이 그다지 크다고 보기 어렵고, 기본권의 제한을 통하여 얻는 공익실현의 구체적인 효과, 즉, 고액과외교습의 억제효과도 불확실하다. 이에 반하여 법 제3조에 의하여 초래되는 기본권제한의 효과 및 헌법이 지향하는 문화국가의 실현을 저해하는 효과는 매우 크다. 법 제3조에 의하여 부모가 자녀를 자유롭게 가르칠 권리와 자녀의 자유롭게 배울 권리가 큰 제약을 받게 되어, 제도교육 밖의 사교육의 영역에서도 국가에 의하여 규율되는 학원교육 외에는 달리 선택의 여지가 없게 되었다. 그 결과 제도교육의 획일성을 보완하기 위하여 요청되는 '사교육의 다양성'과 각 자녀의 개성과 능력을 고려한 '사교육의 개별성'은 사실상 학교교육과 마찬가지로 집단적・획일적으로 이루어지는 학원교육에 의하여 상실되었다. 단지 **일부 지나친 고액과외교습을 방지하기 위하여 모든 학생으로 하여금 오로지 학원에서만 사적으로 배울 수 있도록 규율한다는 것은 어디에도 그 예를 찾아볼 수 없는 것일 뿐만 아니라 자기결정과 자기책임을 생활의 기본원칙으로 하는 헌법의 인간상이나 개성과 창의성, 다양성을 지향하는 문화국가원리에도 위반되는 것이다.**

[요약판례 3] 구 문화예술진흥법 제19조 제5항 등 위헌제청: 위헌(헌재 2003.12.18. 2002헌가2)

공연관람자 등이 예술감상에 의한 정신적 풍요를 느끼기 때문에 그를 일정한 집단에 의한 수익으로 인정하여 그들에게 경제적 부담을 지우는 것이 헌법의 문화국가이념(제9조)에 역행하는지 여부(적극)

문화시설 이용자를 공연 등을 관람한다는 이유만으로, 역사적·사회적으로 나아가 법적으로, 다른 사람들과 구분할만한 동질성 있는 특별한 집단으로 인정하는 것은 대단히 무리라고 할 것이다. 문예진흥기금의 납입금의무를 지는 사람들이, 똑같은 일반 국민인데도, 우연히 관람기회를 갖는다고 하여 이로써 여타의 다른 국민 또는 일반 납세자보다 문화예술진흥의 목적을 달성하는 데 대하여 객관적으로 더 근접한 위치에 있다고 볼 수는 없다. 공연 등을 관람하는 일부의 국민들은 일반납세자로서 공연 등의 관람료에 포함된 부가가치세를 부담함에도 불구하고, 세금의 부담에서 한 걸음 더 나아가, 문예진흥기금의 납입이라는 추가적인 책임과 부담까지 안고 있는 것이다. 문화예술의 진흥은 모든 국민이 함께 참여하고 함께 책임을 져야 할 전 국민적이고 전 국가적인 과제라고 볼 때 일부 국민들에 대하여 그들이 우연히 갖는 공연관람의 기회를 포착하여 여기에 기금납입의 책임을 지우는 것은 일종의 책임전가라고 할 것이다. **공연관람자 등이 예술감상에 의한 정신적 풍요를 느낀다면 그것은 헌법상의 문화국가원리에 따라 국가가 적극 장려할 일이지, 이것을 일정한 집단에 의한 수익으로 인정하여 그들에게 경제적 부담을 지우는 것은 헌법의 문화국가이념(제9조)에 역행하는 것이다. 그렇다면 이 사건 문예진흥기금의 납입금은 특별부담금의 헌법적 허용한계를 벗어나서 위헌이라 할 것이다.**

[요약판례 4] 민법 제781조 제1항 본문 후단부분 위헌제청 등: 호주제 헌법불합치(헌재 2005.2.3. 2001헌가9등)

전래의 어떤 가족제도가 헌법 제36조 제1항이 요구하는 개인의 존엄과 양성평등에 반한다면 헌법 제9조를 근거로 그 헌법적 정당성을 주장할 수 없는지 여부(적극)

헌법 전문은 “유구한 역사와 전통에 빛나는 우리 대한국민”을 강조하고 있으며, 헌법 제9조는 “국가는 전통문화의 계승·발전과 민족문화의 창달에 노력하여야 한다”고 규정하고 있다. 한편 헌법 제36조 제1항은 “혼인과 가족생활은 개인의 존엄과 양성의 평등을 기초로 성립되고 유지되어야 하며, 국가는 이를 보장한다”고 규정하고 있다. 여기서 헌법 제9조와 제36조 제1항간의 관계를 어떻게 설정할 것인지, 어떻게 조화롭게 해석할 것인지 문제되는바, 그 해답의 단초는 헌법 제36조 제1항의 특별한 입헌취지에 더하여 전통 내지 전통문화의 헌법적 의미를 조명하는 데에서 찾을 수 있다. 헌법 전문과 헌법 제9조에서 말하는 ‘전통’, ‘전통문화’란 역사성과 시대성을 띤 개념으로 이해하여야 한다. 과거의 어느 일정 시점에서 역사적으로 존재하였다는 사실만으로 모두 헌법의 보호를 받는 전통이 되는 것은 아니다. 헌법재판소는 이미 “헌법 제9조의 정신에 따라 우리가 진정으로 계승·발전시켜야 할 전통문화는 이 시대의 제반 사회·경제적 환경에 맞고 또 오늘날에 있어서도 보편타당한 전통윤리 내지 도덕관념이라 할 것이다”(헌재 1997. 7. 16. 95헌가6등, 판례집 9-2, 1, 19)고 하여 전통의 이러한 역사성과 시대성을 확인한바 있다. 따라서 **우리 헌법에서 말하는 ‘전통’, ‘전통문화’란 오늘날의 의미로 재해석된 것이 되지 않으면 안 된다. 따라서 가족제도에 관한 전통·전통문화란 적어도 그것이 가족제도에 관한 헌법이념인 개인의 존엄과 양성의 평등에 반하는 것이어서는 안 된다는 자명한 한계가 도출된다. 결론적으로 전래의 어떤 가족제도가 헌법 제36조 제1항이 요구하는 개인의 존엄과 양성평등에 반한다면 헌법 제9조를 근거로 그 헌법적 정당성을 주장할 수는 없다.**

[요약판례 5] 문화재보호법 제81조 제4항 등 위헌확인: 위헌(헌재 2007.7.26. 2003헌마377)

문화재가 국가의 전통문화 계승·발전과 민족문화 창달에 노력할 의무를 규정한 우리 헌법 제9조의 정신에 비추어 그에 관한 재산권 행사에 일반적인 재산권 행사보다 강한 사회적 의무성이 인정되는지 여부(적극)

문화재는 '인위적·자연적으로 형성된 국가적·민족적·세계적 유산으로서 역사적·예술적·학술적·경관적 가치가 큰 것'으로, 그 성질상 수가 한정적이고, 대체불가능하며, 손상되는 경우 회복이나 재생이 현저히 곤란한 재화라는 점, **국가의 전통문화 계승·발전과 민족문화 창달에 노력할 의무를 규정한 우리 헌법 제9조의 정신에 비추어 그에 관한 재산권 행사에 일반적인 재산권 행사보다 강한 사회적 의무성이 인정된다.** 따라서 일정한 문화재에 대한 보유·보관을 금지하는 것은 문화재에 관한 재산권 행사의 사회적 제약을 구체화한 것으로 재산권의 내용과 한계를 정하는 것이며 헌법 제23조 제3항의 보상을 요하는 수용 등과는 구별된다. 다만 위와 같은 입법 역시 다른 기본권에 대한 제한입법과 마찬가지로 **비례의 원칙을 준수하여야 하며, 재산권의 본질적 내용인 사적 유용성과 처분권을 부인해서는 아니 된다.**

제4관 국제질서의 기본원리: 국제평화주의

제1항 국제평화주의

I 일반사병 이라크 파병 위헌확인: 각하(헌재 2004.4.29. 2003헌마814등)

쟁점 외국에의 국군의 파견결정과 같이 성격상 외교 및 국방에 관련된 고도의 정치적 결단이 요구되는 사안에 대한 국민의 대의기관의 결정이 사법심사의 대상이 되는지 여부(소극), '대통령이 2003. 10. 18. 국군(일반사병)을 이라크에 파견하기로 한 결정'(이하 '이 사건 파견결정'이라 한다)이 헌법에 위반되는지의 여부에 대한 판단을 헌법재판소가 하여야 하는지 여부(소극), 그 성격상 국방 및 외교에 관련된 고도의 정치적 결단을 요하는 이 사건 파견결정이 사법심사의 대상이 되는지 여부(소극)

▢ 사건의 개요

청구인은 대한민국 정부가 국군을 이라크에 파견하기로 한 것은 침략적 전쟁을 부인한다고 규정하고 있는 헌법 제5조에 위반될 뿐만 아니라 특히 의무복무를 하는 일반 사병은 실질적으로 급여를 받지 못하기 때문에 일반사병을 이라크에 파견하는 것은 국가안전보장 및 국방의 의무에 관한 헌법규정에 위반된다는 이유로 헌법재판소법 제68조 제1항에 의하여 위 파병의 위헌확인을 구하는 이 사건 헌법소원심판을 청구하였다.

▢ 심판의 대상

국가안전보장회의는 헌법상 대통령의 자문기관에 불과하며 당해 결정은 대통령에 대한 권고 내지 의견제시에 불과할 뿐 법적 구속력이 있거나 대외적 효력이 있는 행위라고 볼 수는 없지만 그 결정은 실질적으로 대통령의 파병결정이라고 할 것이므로 이 사건의 심판대상을 대통령의 파병결정으로 보아야 옳다고 할 것이므로 이 사건 심판의 대상은 '**대통령이 국군(일반사병)을 이라크에 파견하기로 한 결정**(이하, '이 사건 파견결정'이라고 한다)'의 위헌여부라고 할 것이다.

▢ 주 문

청구인의 심판청구를 각하한다.

▢ 청구인의 주장

이라크전쟁은 침략전쟁이라는 것이 세계 다수국가에서 인정하는 바인데, 침략전쟁에 국군을 파견하기로 한 이번 결정은 "침략적 전쟁을 부인한다"고 규정하고 있는 헌법 제5조 제1항에 위반되며 국군파견이 결정되었다면 국군 사병의 파견이 필수적인데, 그렇게 되면 헌법상 모든 국민은 국방의 의무를 부담하고 있으므로 군복무중인 자나 군입대 예정자나 군대에 복무중인 자녀를 가진 부모들의 평온은 흔들리게 될 것이고, 이는 행복을 추구할 권리를 침해당하게 된다.

▢ 판 단

Ⅰ. 판 단

1. 본 사안의 성격

헌법은 대통령에게 자의적인 전쟁수행이나 해외파병을 방지하도록 하고 있다. 당해 사건과 같은 외국에의 국군의 파견결정은 파견군인의 생명과 신체의 안전뿐만 아니라 국제사회에서의 우리나라의 지위와 역할, 동맹국과의 관계, 국가안보문제 등 궁극적으로 국민 내지 국익에 영향을 미치는 복잡하고도 중요한 문제로서 국내 및 국제정치관계 등 제반 상황을 고려하여 향후 우리나라의 바람직한 위치, 앞으로 나아가야 할 방향 등 미래를 예측하고 목표를 설정하는 등 **고도의 정치적 결단이 요구되는 사안**이다. 나아가 이와 같은 정치적 결단은 신중을 기하는 것이 필요한데 이를 위해 국회의 동의를 요구하고 있는 것은 물론이다. 현행 헌법이 채택하고 있는 대의민주제 통치구조하에서 대의기관인 대통령과 국회의 그와 같은 고도의 정치적 결단은 가급적 존중되어야 한다. 당해 이라크 전쟁의 불법 여부에 대한 판단은 대의기관인 대통령과 국회의 몫이고, 성질상 한정된 자료만을 가지고 있는 우리 재판소가 판단하는 것은 바람직하지 않다고 할 것이다. 나아가 당해 결정을 함에 있어서는 국익과 관련한 여러 가지 사정을 고려하여 국가안전보장회의의 자문을 거쳐 결정한 것으로, 그 후 국무회의 심의·의결을 거쳐 국회의 동의를 얻음으로써 **헌법과 법률에 따른 절차적 정당성을 확보했음을 알 수 있다.**

2. 사법적 심사 자제의 필요성

이 사건 파견결정은 **그 성격상 국방 및 외교에 관련된 고도의 정치적 결단을 요하는 문제로서, 헌법과 법률이 정한 절차를 지켜 이루어진 것임이 명백하므로, 대통령과 국회의 판단은 존중되어야 하고 우리 재판소가 사법적 기준만으로 이를 심판하는 것은 자제되어야 한다.** 오랜 민주주의 전통을 가진 외국에서도 외교 및 국방에 관련된 것으로서 고도의 정치적 결단을 요하는 사안에 대하여는 줄곧 사법심사를 자제하고 있는 것도 바로 이러한 취지에서 나온 것이라 할 것이다. 이에 대하여는 설혹 사법적 심사의 회피로 자의적 결정이 방치될 수도 있다는 우려가 있을 수 있으나 그러한 **대통령과 국회의 판단은 궁극적으로는 선거를 통해 국민에 의한 평가와 심판을 받게 될 것이다.**

Ⅱ. 별개의견

우리는 다수의견의 결론에 동의하나 다음과 같이 그 이유를 달리한다.

우리 헌법은 국민의 권리구제수단의 하나로 헌법소원심판을 명시하고 있고 이에 따라 헌법재판소법 제68조 제1항에서 **기본권을 침해받은 자라 함은 공권력의 행사 또는 불행사로 인하여 자기의 기본권이 현재 그리고 직접적으로 침해받은 자를 의미하며 단순히 간접적이거나 사실적인 이해관계가 있을 뿐인 제3자는 이에 해당하지 않는다**는 것이 입법자의 선택이요 우리 재판소의 일관된 입장이다. **청구인은 이 사건 파견결정으로 인해 파견될 당사자가 아님은 청구인 스스로 인정하는 바와 같고 현재 군복무중이거나 군입대 예정자도 아니다.** 그렇다면, 청구인은 이 사건 파견결정에 관하여 일반 국민의 지위에서 사실상 또는 간접적인 이해관계를 가진다고 할 수는 있으나, 이 사건 파견결정으로 인하여 청구인이 주장하는 바와 같은 행복추구권 등 헌법상 보장된 청구인 자신의 기본권을 현재 그리고 직접적으로 침해받는다고는 할 수 없다.

✤ 본 판례에 대한 평가 통치행위가 사법심사의 대상으로 되는가에 대하여 학설은 크게 통치행위 부정론과 긍정론이 있으며, 후자는 다시 내재적 제약설(권력분립설), 자유재량행위설, 사법적 자기제약설, 통치행위독자성설 등으로 설명되고 있다.

학자들은 대체로 헌법이론상 혹은 헌법해석상으로는 통치행위를 부정하고 있다. 그러나 헌법현실 내지 헌법정책적인 입장에서 사법심사의 한계에 해당하는 통치행위를 최소한 받아들이고 있으며 학설로는 사법자제설을 취하고 있다.

생각건대 사법자제설 그 자체는 통치행위의 존립근거로서 일반화될 수 있는 이론이 아니라, 헌법현실 속에서 구체적 사안에 직면하여 당해 사안에 대하여 사법부가 법선언적 판단을 가하는 것보다는 오히려 정치의 영역으로 남겨 두는 것이 타당하다고 판단할 경우에, 이에 관한 사법심사를 자제한다는 의미로 이해할 수 있다. 결국 통치행위의 존재는 인정하되, 특정 행위의 통치행위성 여부는 구체적 사안에 따라 판단할 수밖에 없다. 만일 통치행위라는 이유로 해서 무조건적으로 사법심사를 하지 않으면 자칫 헌법이 하나의 장식물에 불과하기 때문이다.

[요약판례] 이라크전쟁파견동의안의결 위헌확인: 각하(헌재 2003.12.18. 2003헌마225)

국무회의의 의결이 그 자체로 국민에 대하여 직접적인 법률효과를 발생시키는 헌법재판소법 제68조 제1항에서 말하는 공권력의 행사에 해당하는지 여부(소극)

헌법재판소법 제68조 제1항에 따라 공권력의 행사에 대하여 헌법소원심판을 청구하기 위하여는 공권력의 주체에 의한 권력의 발동으로서 국민의 권리·의무에 대하여 직접적인 법률효과를 발생시키는 행위가 있어야 한다. 국군을 외국에 파견하려면, 대통령이 국무회의의 심의를 거쳐 국회에 파병동의안 제출, 국회의 동의(헌법 제60조 제2항), 대통령의 파병결정, 국방부장관의 파병 명령, 파견 대상 군 참모총장의 구체적, 개별적 인사명령의 절차를 거쳐야 하는바, 이러한 절차에 비추어 파병은 대통령이 국회의 동의를 얻어 파병 결정을 하고, 이에 따라 국방부장관 및 파견 대상 군 참모총장이 구체적, 개별적인 명령을 발함으로써 비로소 해당 국민, 즉 파견 군인 등에게 직접적인 법률효과를 발생시키는 것이고, **대통령이 국회에 파병동의안을 제출하기 전에 대통령을 보좌하기 위하여 파병 정책을 심의, 의결한 국무회의의 의결은 국가기관의 내부적 의사결정행위에 불과하여 그 자체로 국민에 대하여 직접적인 법률효과를 발생시키는 행위가 아니므로 헌법재판소법 제68조 제1항에서 말하는 공권력의 행사에 해당하지 아니한다.** 그렇다면, 이 사건 심판청구는 그 심판대상인 **국무회의의 이 사건 파병동의안 의결이 헌법재판소법 제68조 제1항 소정의 공권력의 행사에 해당하지 아니하여 부적법하므로 이를 모두 각하하기로 하여 재판관 전원의 일치된 의견으로 주문과 같이 결정한다.**

제2항 평화통일주의

I 남북교류협력에 관한 법률 제9조 제3항 위헌소원: 합헌(헌재 2000.7.20. 98헌바63)

쟁점 남북교류협력에관한법률이 평화적 통일을 지향하는 헌법의 제반규정에 부합하는지 여부(적극), 남북교류협력에관한법률 제9조 제3항이 헌법상의 통일조항에 위배되는지 여부(소극), 위 법률조항이 과잉금지의 원칙에 위배되는지 여부(소극), 헌법상의 여러 통일관련 조항들로부터 국민 개개인의 통일에 대한 기본권이 도출될 수 있는지 여부(소극), 남북기본합의서의 법률적 효력 또는 조약으로서의 성격이 있는지 여부(소극), 통일부장관의 승인권에 관한 기준이나 구체적 내용 등을 대통령령 등에 위임하지 아니하는 경우 포괄위임금지의 원칙이 적용될 수 있는지 여부(소극)

사건의 개요

청구인은 북한에 쌀 또는 현금을 보내고자 통일부에 남북교류협력에관한법률 제9조에 따라 북한주민접촉신청을 하였으나, 통일부장관이 이를 불허하자, 위 불허처분의 근거법률인 남북교류협력에관한법률 제9조 제3항에 대하여 위헌심판제청신청을 하였다. 그런데 위 법원이 위헌심판제청신청을 기각하자, 헌법재판소에 이 사건 헌법소원심판을 청구하였다.

심판의 대상

남북교류협력에관한법률(1990. 8. 1. 법률 제4239호로 제정된 것) 제9조 (남・북한 왕래) ③ 남한의 주민이 북한의 주민등과 회합・통신 기타의 방법으로 접촉하고자 할 때에는 통일부장관의 승인을 얻어야 한다.

주 문

남북교류협력에 관한 법률(1990. 8. 1. 법률 제4329호로 개정된 것)은 헌법에 위반되지 아니한다.

청구인의 주장

이 사건 법률조항은 남북한의 자유로운 교류・협력을 지나치게 제한하여 결국 국민의 통일에 대한 기본권을 제한하는 결과에 이르러 헌법에 위반되며 평화적 통일을 이루기 위하여서는 남북 간의 대화, 협조, 교류와 협력은 민간차원에서도 이루어져야 하는데도 이 사건 법률조항은 조국의 평화적 통일을 위하여 필수적인 남북한의 자유로운 교류・협력을 지나치게 제한한다. 그리고 이 사건 법률조항은 통일부장관의 자의적 판단에 근거하여 북한주민 접촉을 승인하도록 함으로써 국민의 참여를 배제하고 있어 헌법 제4조에 위반되며 법적 근거에 의하지 아니한 통일정책을 시행하고, 법적 안정성을 해하고 있으므로 통일에 있어서의 법치주의원칙을 선언한 헌법정신에도 위반된다. 나아가 '남북사이의화해와불가침및교류협력에관한합의서'는 단순한 조약의 효력을 넘어 남북관계를 규율하는 법률 중 헌법 다음으로 최상의 법률이며, 이 사건 법률조항보다 후에 체결된 것이어서 신법우선의 원칙이 적용되므로, 남북합의서의 자유로운 남북교류협력조항에 반하는 이 사건 법률조항은 헌법에 위반된다. 그리고 이 사건 법률조항은 헌법 제10조의 일반적 행동의 자유, 제14조 거주・이전의 자유, 제18조 통신의 자유 등을 침해한다. 또한 이 사건 법률조항은 헌법 제75조 포괄위임금지원칙에 위반되며 헌법 제37조 제2항의 과잉금지의 원칙에도 위반된다.

판 단

Ⅰ. 이 사건 법률조항의 위헌여부

1. 북한과의 상호접촉의 원칙적인 필요성

위와 같은 헌법상 통일관련 규정들은 통일의 달성이 우리의 국민적·국가적 과제요 사명임을 밝힘과 동시에 자유민주적 기본질서에 입각한 평화적 통일 원칙을 천명하고 있는 것이다. 따라서 우리 헌법에서 지향하는 통일은 대한민국의 존립과 안전을 부정하는 것이 아니고, 또 **자유민주적 기본질서에 위해를 주는 것이 아니라 그것에 바탕을 둔 통일인 것**이다. 그러나 평화적 통일을 위하여서는 자유민주적 기본질서에 입각하여 북한과 상호 접촉하고 대화하면서 협력과 교류의 길로 나아가는 것이 평화적 통일을 위한 초석이 되는 것이다.

2. 당해 법률의 성격

이 법은 앞서 본 바와 같이 기본적으로 북한을 평화적 통일을 위한 대화와 협력의 동반자로 인정하면서 남북대결을 지양하고, 자유왕래를 위한 문호개방의 단계로 나아가기 위하여 종전에 원칙적으로 금지되었던 대북한 접촉을 허용하며, 이를 법률적으로 지원하기 위하여 제정된 것으로서, 그 입법목적은 평화적 통일을 지향하는 헌법의 제반규정에 부합하는 것이다. 이 법이 없다면 남북한간의 교류, 협력행위는 국가보안법에 의하여 처벌될 수 있으나, 이 법에서 남북관계에 관한 기본적 용어정리, 통신·왕래·교역·협력사업 등에 관한 포괄적 규정(제9조 내지 제23조)과 타법률에 대한 우선적용(제3조) 등을 규정하고 있는 관계로 그 적용범위 내에서 국가보안법의 적용이 배제된다는 점에서, 이 법은 **평화적 통일을 지향하기 위한 기본법으로서의 성격을 갖고 있다고 할 수 있다.**

3. 남북한 접촉규제의 필요성

그러나 북한과의 접촉이나 교류가 일정한 원칙이나 제한 없이 방만하게 이루어진다면, 평화적 통일을 이루어 나가는 데에 지장을 초래할 수 있으며, 한편으로 북한주민과 접촉·교류하는 개개 당사자들의 목적달성이나 안전에도 장애를 가져올 수 있다. 따라서 정부가 남북한간의 접촉과 대화, 교류·협력의 기본방향을 정하고, 북한주민 등과의 접촉에 대하여 **일정한 조정과 규제를 하는 것은 헌법상의 평화통일의 원칙과 국가안전보장 및 자유민주주의질서의 유지, 국민의 기본권보장이라는 원리들을 조화롭게 실현하기 위한 방편이 될 것이다.**

4. 통일부장관 승인의 필요성

북한주민 등과의 접촉은 때로는 접촉과정에서 불필요한 마찰과 오해를 유발하여 긴장이 조성되거나, 무절제한 경쟁적 접촉으로 남북한 간의 원만한 협력관계에 나쁜 영향을 미칠 수도 있을 것으로 보이며 접촉의 시기와 장소, 대상과 목적 등을 정부에서 전혀 파악하지 못하고 있다면 접촉 당사자의 안위에 관계되는 일이 발생하였을 때 시의적절하게 대처하기 힘들고, 또한 **북한의 정치적 목적에 이용되거나 국가의 안전보장이나 자유민주적 기본질서에 부정적인 영향을 미치는 통로로 이용될 가능성도 완전히 배제할 수 없다.** 따라서 통일부장관이 북한주민 등과의 접촉을 원하는 자로부터 승인신청을 받아 그 접촉의 시기와 장소, 대상과 목적 등 구체적인 내용을 검토하여 승인여부를 결정하는 절차를 규정하는 이 사건 법률조항은 평화통일의 사명을 천명한 헌법 전문이나 평화통일원칙을 규정한 헌법 제4조, 대통령의 평화통일의무에 관하여 규정한 헌법 제66조 제3항의 규정 및 **기타 헌법상의 통일관련조항에 위반된다고 볼 수 없다.**

5. 기본권의 침해여부

이 사건 법률조항은 헌법 제10조에서 유래되는 **일반적인 행동의 자유**나 제14조에서 규정한 **거주·이전의 자유,** 제18조에서 규정한 **통신의 자유** 등을 제한하는 측면이 있으나, 그것은 헌법 제37조 제2항에서 규정하고 있는 **국가안전보장을 위하여 필요한 경우의 제한**으로서, 앞서 본 입법목적의 정당성, 방법의 적절성, 피해의 최소성, 법익의 균형성 등에 비추어 볼 때 과잉금지의 원칙에 위반된다고 볼 수도 없다.

6. 통일관련 조항으로부터 통일에 대한 기본권 도출여부

헌법상의 여러 통일관련 조항들은 국가의 통일의무를 선언한 것이기는 하지만, 그로부터 국민 개개인의 **통일에 대한 기본권, 특히 국가기관에 대하여 통일과 관련된 구체적인 행위를 요구하거나 일정한 행동을 할 수 있는 권리가 도출된다고 볼 수는 없다.**

7. 남북합의서의 법적 성격

헌법재판소는 "남북합의서는 남북관계를 '나라와 나라 사이의 관계가 아닌 통일을 지향하는 과정에서 잠정적으로 형성되는 특수관계'임을 전제로 하여 이루어진 합의문서인바, 이는 한민족공동체 내부의 특수관계를 바탕으로 한 당국간의 합의로서 남북당국의 성의있는 이행을 상호 약속하는 **일종의 공동성명 또는 신사협정에 준하는 성격을 가짐에 불과"하다**고 판시하였고, 대법원도 "남북합의서는 …남북한 당국이 각기 정치적인 책임을 지고 상호간에 그 성의 있는 이행을 약속한 것이기는 하나 법적 구속력이 있는 것은 아니어서 **이를 국가간의 조약 또는 이에 준하는 것으로 볼 수 없고,** 따라서 국내법과 동일한 효력이 인정되는 것도 아니다"고 판시하여, 남북합의서가 법률이 아님은 물론 국내법과 동일한 효력이 있는 조약이나 이에 준하는 것으로 볼 수 없다는 것을 명백히 하였다. 따라서 이 사건 법률조항이 남북합의서의 내용과 배치되는 점을 포함하고 있다고 하더라도, 그것은 이 사건 법률조항이 헌법에 위반되는지의 여부를 판단하는 데에 아무런 관련이 없다고 할 것이다.

8. 포괄위임금지원칙의 위배여부

헌법 제75조에서 규정하고 있는 **포괄위임입법금지의 원칙이란 법률이 대통령령 등의 하위법규에 입법을 위임할 경우에는 법률로써 그 위임의 범위를 구체적으로 정하여야 하며 일반적이고 포괄적인 입법위임은 허용되지 아니한다는 것을 뜻하는 것이므로,** 통일부장관의 승인권에 관한 기준이나 구체적 내용 등을 대통령령 등에 **위임하지 아니하고 있는** 이 사건 법률조항에 관하여 포괄위임금지의 원칙이 적용될 여지는 없다고 할 것이다.

Ⅱ. 결 론

따라서 이 사건 법률조항은 헌법에 위반되지 아니하므로 관여재판관 전원의 일치된 의견으로 주문과 같이 결정한다.

⚜ 본 판례에 대한 평가 남북기본합의서의 법적 성격이 문제되는 본 사안과 관련하여 이는 헌법 제3조의 영토조항과 제4조의 평화통일조항의 해석론이 선결적으로 필요할 것이다. 남북

한의 통일이 무력이 아닌 평화적 방법으로 이루어져야 한다는 헌법적 요청으로 북한과의 대화교류 협력은 불가피하다. 그리고 헌법재판소는 남북기본합의서의 법적 성격에 대해 "일종의 공동성명 또는 신사협정에 준하는 성격을 가짐에 불과하여 법률이 아님은 물론 국내법과 동일한 효력이 있는 조약이나 이에 준하는 것으로 볼 수 없다"라고 하여 정치적 구속력은 있으나 법적 구속력은 없어서 국내법과 동일한 효력이 없다고 판시하였다. 즉 북한이 국가연합에 가입을 하였다고 하더라도 이로써 북한을 완전한 국가로 인정을 할 수 없다는 입장인 헌법재판소는 국제법 주체간의 법적 구속력있는 문서로 된 합의가 조약이므로 남북기본합의서를 조약으로 포섭하기는 어려웠을 것이다. 또한 국제법적으로도 공동성명이나 신사협정은 국가를 직접적으로 구속하는 효력은 없기 때문에 헌법재판소의 태도는 일응 논리적이다.

판례 평석: 강경근, "대한민국과 북한의 헌법상 지위", 고시연구 31권 3호(360호), 2004. 3, 317-329면.

Ⅱ 국가보안법 제7조 제1항 등 위헌소원: 합헌(헌재 2004.8.26. 2003헌바85)

쟁점 국가보안법 제7조 제1항의 구성요건 개념이 불명확한지 여부(소극), 국가보안법 제7조 제5항이 양심 또는 사상의 자유를 침해하는지 여부(소극), 위 조항들이 죄형법정주의나 과잉금지원칙에 위반되는지 여부(소극)

사건의 개요

청구인은 서울중앙지방법원에 국가보안법 제7조 제5항, 제1항 등을 위반하였다는 이유로 기소되어 1심 재판에서 모두 유죄를 선고받고 항소하여 재판계속 중인바, 국가보안법 제7조 제1항 및 제5항이 청구인의 기본권을 침해하고 있다고 주장하며 위 법원에 위헌제청신청을 하였으나 기각되었는바, 이에 청구인은 헌법소원심판을 청구하였다.

심판의 대상

국가보안법(1991. 5. 31. 법률 제4373호로 개정된 것) 제7조 (찬양·고무 등) ① 국가의 존립·안전이나 자유민주적 기본질서를 위태롭게 한다는 정을 알면서 반국가단체나 그 구성원 또는 그 지령을 받은 자의 활동을 찬양·고무·선전 또는 이에 동조하거나 국가변란을 선전·선동한 자는 7년 이하의 징역에 처한다.

⑤ 제1항·제3항 또는 제4항의 행위를 할 목적으로 문서·도화 기타의 표현물을 제작·수입·복사·소지·운반·반포·판매 또는 취득한 자는 그 각 항에 정한 형에 처한다.

주 문

국가보안법 제7조 제1항 및 제5항(1991. 5. 31. 법률 제4373호로 개정된 것)은 헌법에 위반되지 아니한다.

청구인의 주장

개인의 사상이나 생각을 담은 '표현물'을 이유로 형사 처벌을 규정한 국가보안법 제7조 제5항, 제1항은 인간의 존엄과 가치, 행복추구권을 규정한 헌법 제10조 및 사상·양심의 자유를 규정한 헌법 제19조에 위반하며 표현행위를 처벌하기 위해서는 '명백하고도 현존하는 위험' 즉, 구체적이고 현실적으로 가능한 위험이 있는 표현행위라는 특별한 사정이 있어야 함에도 불구하고 국가보안법은 이러한 요건을 갖추지 못하여 언론·출판·학문·예술의 자유를 침해한다. 나아가 국가보안법 제7조는 그 구성요건에서 "찬양, 고무, 선전 또는 이에 동조하거나 국가변란을 선전·선동한 자"를 규정하고 있는데, 이는 법문의 용어가 지나치게 불명확하고 광범위하며 추상적이므로 죄형법정주의에 위배되며 무죄추정의 원칙에도 위반된다. 이적표현물의 '소지'행위를 7년 이하의 징역형에 처하도록 하는 규정은 헌법 제37조 제2항의 과잉금지 원칙에 위반하는 것이며 국가보안법은 남북정상회담을 비롯한 남과 북의 정치, 경제, 문화적 교류의 증대를 비롯한 남북관계의 변화와 발전, 그리고 국가보안법이 폐지되더라도 국가체제를 위협하는 행위에 대하여는 현행 형법 등에 의해 규율될 수 있는 점 등을 고려하면 국가보안법은 폐지되어야 한다.

판 단

Ⅰ. 판 단

1. 심판 대상 조항에 대한 이전 판례 이유의 요지

국가보안법 제7조 제1항을 구법 제7조 제1항과 대비하여 보면, 신법은 "국가의 존립·안전이나 자유민주적 기본질서를 위태롭게 한다는 정을 알면서"라는 주관적 구성요건을 추가하였고, 구법 제7조 제1항 후단의 "기타의 방법으로 반국가단체를 이롭게 한 자"라는 부분을 삭제한 대신 "국가변란을 선전·선동한 자"라는 부분을 삽입하였다. 즉 구법규정보다는 그 구성요건이 훨씬 명확히 규정되었다고 보여지며, 그래도 남는 용어의 추상성은 법적용·집행자의 합리적 해석에 맡겨도 된다. 물론 법 제7조 제1항은 그 소정의 행위가 국가의 존립·안전이나 자유민주적 기본질서에 해악을 끼칠 명백한 위험성이 있는 경우에만 적용되어야 한다. 국가보안법 제7조 제1항 후단에 새로이 신설된 "국가변란을 선전·선동한 자"라는 구성요건 중 "변란"이라는 개념은 구법에서부터 계속 사용되어온 용어이고, 국가보안법 제2조의 "반국가단체"의 정의규정에서도 사용되고 있는 용어로서 이미 판례에 의하여 그 개념이 상당한 정도로 정립되어 있어 개념의 불명확성은 제거되었다고 볼 수 있고, 또 국가보안법 제7조 제1항에서도 "구성원", "활동", "동조"등의 개념이 사용되고 있으나 구법규정과는 달리 이들 개념은 모두 같은 항 앞머리의 "국가의 존립·안전이나 자유민주적 기본질서를 위태롭게 한다는 정을 알면서"라는 주관적 구성요건과 결합하여 하나의 구성요건을 이루고 있고, 이 주관적 구성요건을 우리 재판소의 위 견해와 같이 제한 해석한다면 이들 개념의 다의성과 적용범위의 광범성은 제거되고, **국가보안법 제7조는 형법상의 내란죄 등 규정의 존재와는 별도로 그 독자적 존재의의가 있는 것이어서 표현의 자유에 대한 필요최소한도의 제한원칙에 반하는 것이 아니다.** 그렇다면, 이 사건 법률조항은 표현의 자유의 본질적 내용을 침해하거나 이를 필요이상으로 지나치게 제한할 위험성이 있다고 할 수 없고 또 죄형법정주의에 위배된다고 할 수도 없다.

2. 현 시점에서의 판단

위 결정의 판시 이유는 이 사건 심판에서도 그대로 타당하고 위 결정의 선고 이후에 그 판단을 변경할 만한 사정변경이 있다고 볼 수도 없으므로 따라서 위 견해를 그대로 유지하기로 한다. 청구인이 주장하는 **무죄추정의 원칙은 형사재판 또는 수사에 있어서 증거평가를 마친 후 유죄의 확신이 없는 경우에 적용되는 판단 법칙이므로 국가보안법 제7조의 구성요건을 판단하면서 객관적 사실관계에 기초하여 주관적 구성요건을 인정하는 것은 무죄추정의 원칙과 아무런 관련이 없다.** 또한 국가보안법 제7조 제5항에서 이적표현물 소지행위를 처벌하는 것은 **국가의 존립·안전이나 자유민

주적 기본질서를 위태롭게 하는 행위를 할 목적으로 소지행위에 이른 경우로 제한하고 있으며 일정한 목적을 가진 소지행위는 그 표현물의 이적내용에 대한 전파가능성을 배제하기 어렵고 소지행위 자체도 역시 제작·수입행위 등과 같이 국가의 존립·안전에 대한 위험성이 있다고 할 것이다. 한편, 이러한 위험성을 갖지 아니한 행위 즉, 단순한 학문연구나 순수 예술 활동의 목적으로 이적표현물을 소지·보관하는 경우에는 국가보안법 제7조 제5항이 적용되지 않으므로 국가보안법 제7조 제5항에서 이적표현물의 소지행위를 처벌하는 것이 양심 또는 사상의 자유를 본질적으로 침해하는 것은 아니라고 할 것이다. 요컨대, 이 사건 법률조항들은 **관계 법률의 체계적 해석으로 구체화될 수 있고 법문의 용어가 지나치게 추상적이기 때문에 죄형법정주의에 위반한다고 할 수도 없을 뿐만 아니라 국가의 존립·안전을 위하여 비례의 원칙 범위 내에서 양심, 사상, 학문, 예술, 언론, 출판의 자유를 제한하는 것으로서 그 본질적 내용을 침해하거나 이를 지나치게 제한하는 것이라고는 인정되지 아니하므로** 청구인의 주장은 모두 이유 없다.

Ⅱ. 결 론

국가보안법 제7조 제1항 및 제5항은 모두 헌법에 위반되지 아니한다고 할 것이므로 관여 재판관 전원의 일치된 의견으로 주문과 같이 결정한다.

✤ 본 판례에 대한 평가 국가보안법은 "국가의 안전을 위태롭게 하는 반국가활동을 규제함으로써 국가의 안전과 국민의 생존 및 자유를 확보"하기 위하여 제정이 되었다. 그러나 국가보안법은 냉전체제적인 법적 성격 및 그 규범운용의 지나친 자의적 성격으로 인하여 위헌논의가 지속되어 왔다. 이에 1991년 개정을 통하여 "이 법을 해석적용함에 있어서는 제1항의 목적달성을 위하여 필요한 최소한도에 그쳐야 하며, 이를 확대해석하거나 헌법상 보장된 국민의 기본적 인권을 부당하게 제한하는 일이 있어서는 안 된다(제1조 제1항)"는 조항을 삽입하였다. 그러나 헌법상 평화통일원칙에 비추어 국가보안법의 위헌론과 폐지주장이 계속 제기되고 있다.

헌법재판소는 국민의 의사를 수렴하여 입법과정에 반영하는 것이 필요하다고 하여 국가보안법의 발전적인 입법을 암시하고 있는데 주목을 요한다.

관련 문헌: 김상겸, "국가보안법 개정론", 헌법학 연구 제10권 제4호, 2004. 12; 허영, "남·북한간 조약체결의 헌법적 검토: 동서독 기본조약에 대한 서독 연방헌법재판소 판례의 교훈", 헌법판례연구 3, 2001. 11.

[요약판례 1] 국가보안법 제9조 2항 등에 대한 헌법소원: 한정합헌(헌재 1992.4.14. 90헌바23)

어떤 법률이 국가보위입법회의에서 제정되었다는 이유만으로 위헌인지 여부(소극) 및 1991. 5. 31. 개정 전 국가보안법 제9조 제2항의 위헌 여부

1980. 10. 27. 공포된 구 헌법 부칙 제6조 제1항·제3항, 현행 헌법 부칙 제5조에 의하면 국가보위입법회의에서 제정된 법률의 내용은 별론으로 하되 **현행 헌법하에서도 제정절차에 위헌적 하자가 있음을 다툴 수는 없다고 보아야 할 것이므로, 개정전 국가보안법 제9조 제2항이 국가보위입법회의에서 제정되었다는 이유만으로 헌법에 위반된다고 할 수 없다.** 개정 전 국가보안법 제9조 제2항에서 규제대상이 되는 편의제공은 그 문언해석상 그 적용범위가 넓고 불명확하므로 헌법 제10조 소정의 행복추구권에서 파생하는 일반적 행동자유권과 표현의 자유마저 위축시킬 수 있고, 법운영당국에 의한 편의적·자의적 집행의 소지도 생길 수 있어 법치주의·죄형법정주의에 위배될 소지가 있으며, 국가의 안전과는 무관한 남북간의 경제·사회·문화·체육 등 영역에 있어서의 큰 걸림돌이 될 수밖에 없어 평화통일

정책의 추구에 큰 지장을 줄 수 있다. 하지만 대한민국의 체제전복이나 자유민주적 기본질서의 파괴를 시도하는 자에 대한 협조적 편의제공의 행위까지 기본권이라는 이름으로 보호하는 것이 헌법이 아니다. 그러므로 편의제공행위 가운데서 국가의 존립이나 자유민주적 기본질서에 실질적 해악을 미칠 구체적이고 명백한 위험성이 있는 경우를 처벌 대상으로 하여야 할 것으로 축소제한하여야 할 것이고 이와 같은 해석하에서 위 조항은 헌법에 위반되지 아니한다(이상 다수 의견).

[요약판례 2] 남북교류협력에관한법률 제3조 위헌소원: 각하(헌재 1993.7.29. 92헌바48)

남북교류협력에관한법률과 국가보안법이 상호 입법목적과 규제대상을 달리하고 있는지 여부(적극), 일반법과 특별법의 관계에 있다고 볼 수 있는지 여부(소극)

현 단계에 있어서의 **북한은 조국의 평화적 통일을 위한 대화와 협력의 동반자임과 동시에 대남적화노선을 고수하면서 우리자유민주체제의 전복을 획책하고 있는 반국가단체라는 성격도 함께 갖고 있음이 엄연한 현실인 점**에 비추어, 헌법 제4조가 천명하는 자유민주적 기본질서에 입각한 평화적 통일정책을 수립하고 이를 추진하는 한편 국가의 안전을 위태롭게 하는 반국가활동을 규제하기 위한 법적 장치로서, **전자를 위하여는 남북교류협력에관한법률 등의 시행으로써 이에 대처하고 후자를 위하여는 국가보안법의 시행으로써 이에 대처**하고 있는 것이다. **국가보안법과 남북교류협력에관한법률(이하"남북교류법"이라 약칭한다)은 상호 그 입법목적과 규제대상을 달리하고 있는 관계**로 구 국가보안법 제6조 제1항 소정의 잠입·탈출죄에서의 "잠입·탈출"과 남북교류법 제27조 제2항 제1호 소정의 죄에서의 "왕래"는 그 각 행위의 목적이 다르다고 해석되고, 따라서 **두 죄는 각기 그 구성요건을 달리하고 있다고 보아야 할 것이므로, 위 두 법률조항에 관하여 형법 제1조 제2항의 신법우선의 원칙이 적용될 수 없다**(이상 다수 의견).

[요약판례 3] 국가보안법 위헌소원: 합헌,각하(헌재 2002.4.25. 99헌바27)

국가보안법 제6조 제2항의 구성요건 가운데 "목적수행"이라는 개념과 관련 그 소정의 행위가 국가의 존립·안전이나 자유민주적 기본질서에 해악을 끼칠 명백한 위험성이 있는 경우에만 이를 적용하는 경우 헌법에 합치되는지 여부(적극), 국가보안법 제6조 제1항, 제7조 제1항, 제3항, 제5항, 제8조 제1항의 경우 구법규정과는 달리 주관적 구성요건을 추가하는 등의 방법으로 개념의 불명확성을 제거하여서 헌법에 위반된다고 할 수 있는지 여부(소극)

헌법재판소는 이미, 국가보안법 제6조 제2항의 구성요건 가운데 "목적수행"이라는 개념은 다의적이고 그 적용범위가 광범하며, 제1항(단순잠입·탈출죄)의 경우와는 달리, 잠입죄에 있어서는 잠입전의 출발장소에, 탈출죄에 있어서는 탈출목적지에 아무런 제한이 없어 문리대로만 해석하는 경우에는 국가의 존립·안전이나 자유민주적 기본질서에 해악을 끼칠 위험성이 거의 없는 경우에도 적용될 소지가 있으므로 **위 조항은 그 소정의 행위가 국가의 존립·안전이나 자유민주적 기본질서에 해악을 끼칠 명백한 위험성이 있는 경우에만 이를 적용하는 것으로 그 적용범위를 축소제한하면 헌법에 합치된다고 판시한 사실이 있는데, 지금 위 결정을 변경해야 할 아무런 사정변경도 없으므로 이를 그대로 유지하기로 한다.**

헌법재판소는 국가보안법 제6조 제1항, 제7조 제1항, 제3항, 제5항, 제8조 제1항에 대하여도 위 규정들이 구법규정과는 달리 **"국가의 존립·안전이나 자유 민주적 기본질서를 위태롭게 한다는 정을 알면서" 등의 주관적 구성요건을 추가하는 등의 방법으로 구법에 비해 개념의 불명확성을 제거하여 입법목적을 일탈하는 확대해석의 위험을 제거하였으므로** 헌법에 위반된다고 할 수 없다고 판시한 사실이 있는바, 지금 위 결정을 변경해야 할 아무런 사정변경이 없으므로 이를 그대로 유지하기로 한다.

[요약판례 4] 국가보안법 제8조 제1항 등 위헌소원: 합헌(헌재 2003.5.15. 2000헌바66)

구 국가보안법 제8조 제1항의 구성요건 가운데 '국가의 존립·안전이나 자유민주적 기본질서를 위태롭게 한다는 정을 알면서'라는 주관적 구성요건을 추가함으로써 헌법에 위반된다고 할 수 없는지 여부(적극), 남북간 화해협력 분위기가 조성되었음에도 남북한의 정치·군사적 대결이나 긴장관계가 완전히 해소되지 않고 있는 현실 등에 비추어 볼 때 국가보안법을 유지하여야 하는지 여부(적극)

구법 제8조 제1항의 구성요건 가운데 '이익이 된다는 정을 알면서'라는 부분은 지나치게 포괄적이고 그 적용범위가 광범하여 이 조항을 그 문리대로 해석·적용하면 국가의 존립·안전이나 자유민주적 기본질서 또는 국민의 생존 및 자유에 아무런 해악을 끼칠 우려가 없는 사항에 관한 회합·통신 등마저 처벌대상이 될 우려가 있어 위헌적 소지가 있었으나 신법 제8조 제1항은 **'이익이 된다는 정을 알면서'라는 부분을 삭제하고 그 대신 '국가의 존립·안전이나 자유민주적 기본질서를 위태롭게 한다는 정을 알면서'라는 주관적 구성요건을 추가함으로써 구법규정의 위헌적 요소를 제거하였으므로 국가보안법 제8조 제1항은 헌법에 위반된다고 할 수 없다.** 청구인들은 남북간 화해협력 분위기가 조성되고 남북정상회담이 이루어지는 등 남북한 관계에 중대한 사정변경이 생겼으므로 위 기존의 견해를 변경하여야 한다고 주장하나, **남북한의 정치·군사적 대결이나 긴장관계가 완전히 해소되지 않고 있는 현실 등에 비추어 볼 때 그러한 사정만으로 위 판단을 변경할 만한 사정변경이 있다고 볼 수 없으므로** 위 판시이유를 그대로 유지하기로 한다.

대판 1991.11.22. 91도2341

북한이 아직도 우리나라의 자유민주적 기본질서에 대한 위협이 되고 있는 현 상황에 있어 국가보안법이 북한을 반국가 단체로 규정한 것이 우리 헌법이 천명한 국제평화주의나 평화통일의 원칙과 모순되는지 여부(소극)

북한이 아직도 우리나라의 자유민주적 기본질서에 대한 위협이 되고 있는 현 상황에 있어 국가보안법이 북한을 반국가 단체로 규정한 것이 우리 헌법이 천명한 국제평화주의나 평화통일의 원칙(헌법전문 제4조, 제5조)과 모순되는 법률이라고 볼 수 없고, 또한 국가보안법은 동법 소정의 행위가 국가의 존립, 안전을 위태롭게 하거나 자유민주적 기본질서에 위해를 줄 경우에 적용되는 한에 있어서는 헌법상 보장된 국민의 권리를 침해하는 것이라고 볼 수 없으므로 이를 헌법에 위배된 무효의 법률이라고 할 수 없다.

대판 1993.9.28. 93도1730

우리 헌법이 천명한 국제평화주의와 평화통일의 원칙이 자유민주적 기본질서라는 우리 헌법의 대전제를 해치지 않는 것을 전제로 하는지 여부(적극)

우리 헌법이 천명한 **국제평화주의와 평화통일의 원칙은 자유민주적 기본질서라는 우리 헌법의 대전제를 해치지 않는 것을 전제로 하는 것이므로** 아직도 북한이 막강한 군사력으로 우리와 대치하면서 우리 사회의 자유민주적 기본체제를 전복할 것을 포기하였다는 명백한 징후를 보이지 않고 있어 우리의 자유민주적 기본질서에 대한 위협이 되고 있음이 분명한 상황에서 국가의 안전을 위태롭게 하는 반국가활동을 규제함으로써 **국가의 안전과 국민의 생존 및 자유를 확보함을 목적으로 하는 국가보안법이 평화통일의 원칙과 모순되는 법률이라고 할 수 없고,** 국가보안법은 같은 법 소정의 행위가 국가의 존립, 안전을 위태롭게 하거나 자유민주적 기본질서에 위해를 줄 경우에 적용되는 한에서는 헌법 제12조 제1항이 규정하는 죄형법정주의에 배치되는 무효의 법률이라고 할 수 없으며, 양심의 자유, 언론·출판 등 표현의 자유, 집회·결사의 자유, 거주·이전의 자유, 통신의 자유, 사상의 자유 등은 헌법이 보장하는 기본적 권리이긴 하나 무제한한 것이 아니라 헌법 제37조 제2항에 의하여 국가안전보장, 질서유지 또는 공공복리를 위하여 필요한 경우에는 그 자유와 권리의 본질적인 내용을 침해하지 않는 한도 내에서 제한할 수 있는 것이므로 **국가보안법 규정의 입법목적과 적용한계를 위와 같이 자유와 권리의 본질적인 내용을 침해하지 않는 한도 내에서 이를 제한하는 데에 있는 것으로 해석하는 한 위헌이라고 볼 것이 아니다.**

> **대판 1996.11.12. 96누1221**
>
> 애초에 조선인을 부친으로 하여 출생한 자는 그가 북한법의 규정에 따라 북한국적을 취득하여 중국 주재 북한대사관으로부터 북한의 해외공민증을 발급받은 자라 하더라도 제헌헌법의 공포와 동시에 대한민국 국적을 취득하는지 여부(적극)

조선인을 부친으로 하여 출생한 자는 남조선과도정부법률 제11호 국적에관한임시조례의 규정에 따라 조선국적을 취득하였다가 제헌헌법의 공포와 동시에 대한민국 국적을 취득하였다 할 것이고, 설사 그가 북한법의 규정에 따라 북한국적을 취득하여 중국 주재 북한대사관으로부터 북한의 해외공민증을 발급받은 자라 하더라도 북한지역 역시 대한민국의 영토에 속하는 한반도의 일부를 이루는 것이어서 대한민국의 주권이 미칠 뿐이고, 대한민국의 주권과 부딪치는 어떠한 국가단체나 주권을 법리상 인정할 수 없는 점에 비추어 볼 때, 그러한 사정은 그가 대한민국 국적을 취득하고 이를 유지함에 있어 아무런 영향을 끼칠 수 없다.

출입국관리법 소정의 외국인으로서 대한민국 밖으로 강제퇴거를 시키기 위해서는 상대방이 대한민국의 국적을 가지지 아니한 외국인이라고 단정할 수 있어야 하고, 따라서 **재외 국민이 다른 나라의 여권을 소지하고 대한민국에 입국하였다 하더라도 그가 당초에 대한민국의 국민이었던 점이 인정되는 이상 다른 나라의 여권을 소지한 사실 자체만으로는 그 나라의 국적을 취득하였다거나 대한민국의 국적을 상실한 것으로 추정・의제되는 것이 아니므로,** 다른 특별한 사정이 없는 한 그와 같은 재외 국민을 외국인으로 볼 것은 아니고, 다른 나라의 여권을 소지하고 입국한 재외국민이 그 나라의 국적을 취득하였다거나 대한민국의 국적을 상실한 외국인이라는 점에 대하여는 관할 외국인보호소장 등 처분청이 이를 입증하여야 한다.

> **대판 1998.7.28. 98도1395**
>
> 국제사회에서 북한이 하나의 주권국가로 승인을 받았고, 남・북한 총리들이 남북 사이의 화해, 불가침 및 교류에 관한 합의서에 서명하였다는 등의 사유로 말미암아 북한을 국가보안법상 반국가단체가 아니라고 할 수 있는지 여부(소극)

아직도 북한이 막강한 군사력으로 우리와 대치하면서 우리 사회의 자유민주적 기본질서를 전복할 것을 포기하였다는 명백한 징후가 보이지 아니하고 있어 우리의 자유민주적 기본질서에 위협이 되고 있음이 분명한 상황에서, 국가의 안전을 위태롭게 하는 반국가활동을 규제함으로써 국가의 안전과 국민의 생존 및 자유를 확보함을 목적으로 하는 국가보안법이 헌법에 위배되는 법률이라고 할 수 없고, 국가보안법의 규정을 그 법률의 목적에 비추어 합리적으로 해석하는 한 국가보안법이 정하는 각 범죄의 구성요건의 개념이 애매모호하고 광범위하여 죄형법정주의의 본질적 내용을 침해하는 것이라고 볼 수 없으며, 양심의 자유, 언론・출판의 자유 등은 우리 헌법이 보장하는 기본적인 권리이기는 하지만 아무런 제한이 없는 것은 아니고, 헌법 제37조 제2항에 의하여 국가의 안전보장, 질서유지 또는 공공복리를 위하여 필요한 경우에는 그 자유와 권리의 본질적인 내용을 침해하지 아니하는 범위 내에서 제한할 수 있는 것이므로, 국가보안법의 입법목적과 적용한계를 위와 같이 자유와 권리의 본질적인 내용을 침해하지 아니하는 한도 내에서 이를 제한하는 데에 있는 것으로 해석하는 한 위헌이라고 볼 수 없다. **북한이 우리의 자유민주주의적 기본질서에 대한 위협이 되고 있음이 분명한 상황에서 남・북한이 유엔에 동시 가입하였고 그로써 북한이 국제사회에서 하나의 주권국가로 승인을 받았고, 남・북한 총리들이 남북 사이의 화해, 불가침 및 교류에 관한 합의서에 서명하였다는 등의 사유가 있었다고 하더라도 북한이 국가보안법상 반국가단체가 아니라고 할 수는 없다.** '제5기 한총련'은 반국가단체인 북한공산집단의 활동을 찬양・고무・선전하며 이에 동조하는 행위를 목적으로 하는 단체이다.

대판 2004.8.30. 2004도3212

남북 사이에 정상회담이 개최되고 남·북한 사이의 교류와 협력이 이루어지고 있다고 하여 바로 북한의 반국가단체성이 소멸하였다거나 대한민국의 안전을 위태롭게 하는 반국가활동을 규제함으로써 국가의 안전과 국민의 생존 및 자유를 확보함을 목적으로 하는 국가보안법의 규범력이 상실되었다고 볼 수 있는지 여부(소극)

북한이 여전히 우리나라와 대치하면서 우리나라의 자유민주주의 체제를 전복하고자 하는 적화통일노선을 완전히 포기하였다는 명백한 징후를 보이지 않고 있고, 그들 내부에 뚜렷한 민주적 변화도 보이지 않고 있는 이상, 북한은 조국의 평화적 통일을 위한 대화와 협력의 동반자임과 동시에 적화통일노선을 고수하면서 우리의 자유민주주의 체제를 전복하고자 획책하는 **반국가단체라는 성격도 아울러 가지고 있다고 보아야 하고, 남북 사이에 정상회담이 개최되고 남·북한 사이의 교류와 협력이 이루어지고 있다고 하여 바로 북한의 반국가단체성이 소멸하였다거나 대한민국의 안전을 위태롭게 하는 반국가활동을 규제함으로써 국가의 안전과 국민의 생존 및 자유를 확보함을 목적으로 하는 국가보안법의 규범력이 상실되었다고 볼 수는 없다.**

제3항 국제법존중주의

I 대한민국과아메리카합중국간의상호방위조약제4조에의한시설과구역및대한민국에서의합중국군대의지위에관한협정 제2조 제1의 (나)항 위헌제청: 합헌(헌재 1999.4.29. 97헌가14)

쟁점 이 사건 조약의 절차적 하자 유무(소극), 이 사건 조약 제2조 제1의 (나)항의 의미・내용과 효과 및 재산권침해여부(소극)

사건의 개요

제청신청인의 소유인 위 토지들은 아메리카합중국 군대에 의하여 사용되어왔던 것으로서, 대한민국과아메리카합중국간의상호방위조약제4조에의한시설과구역및대한민국에서의합중국군대의지위에관한협정 제2조 제1의 (나)항에 규정되어 있는 "본 협정의 효력발생시에 합중국 군대가 사용하고 있는 시설과 구역"에 해당된다. 제청신청인들은 대한민국을 피고로 하여, 위 토지들에 관하여 미군의 전용사용권이 존재하지 아니한다는 확인 등을 청구하는 민사소송 계속 중 이 사건 조약 제2조 제1의 (나)항의 위헌여부가 재판의 전제가 된다고 주장하며 위헌제청신청을 하였고, 위 법원은 위헌여부의 심판을 제청하였다.

심판의 대상

대한민국과아메리카합중국간의상호방위조약제4조에의한시설과구역및대한민국에서의합중국군대의지위에관한협정

제2조 (시설과 구역—공여와 반환)

1. (나) 본 협정의 효력발생 시에 합중국 군대가 사용하고 있는 시설과 구역 및 합중국 군대가 이러한 시설과 구역을 재사용할 때에 합중국 군대가 이를 재사용한다는 유보권을 가진 채 대한민국에 반환한 시설과 구역은 전기 (가)항에 따라 양 정부간에 합의된 시설과 구역으로 간주한다. 합중국 군대가 사용하고 있거나 재사용권을 가지고 있는 시설과 구역에 관한 기록은 본 협정의 효력발생 후에도 합동위원회를 통하여 이를 보존한다.

주 문

대한민국과아메리카합중국간의상호방위조약제4조에의한시설과구역및대한민국에서의합중국군대의지위에관한협정 제2조 제1의 (나)항 중 "본협정의 효력발생시에 합중국 군대가 사용하고 있는 시설과 구역은… 전기 (가)항에 따라 양 정부간에 합의된 시설과 구역으로 간주한다"는 부분은 헌법에 위반되지 아니한다.

판 단

I. 판 단

1. 이 사건 조약의 성격과 절차적 하자 유무

(1) 당해사건 조약의 성격

외국군대가 공동방위를 명분으로 자국 내에 주둔할 때, 체류국은 파견국에게 그 주둔군의 특권

과 면제를 합법화시키고 법률적으로 규율하기 위하여 주둔군지위에 관한 조약을 체결할 필요가 생기게 된다. 이 사건 조약은 그 명칭이 "협정"으로 되어 있어 국회의 관여 없이 체결되는 행정협정처럼 보이기도 하나 우리나라의 입장에서 볼 때에는 외국군대의 지위에 관한 것이고, 국가에게 재정적 부담을 지우는 내용과 근로자의 지위, 미군에 대한 형사재판권, 민사청구권 등 입법사항을 포함하고 있으므로 국회의 동의를 요하는 조약으로 취급되어야 하는 것이고, 당시의 헌법 제56조 제1항도 외국군대의 지위에 관한 조약, 국가나 국민에게 재정적 부담을 지우는 조약, 입법사항에 관한 조약의 체결·비준에 대하여는 국회가 동의권을 가진다고 규정하고 있다.

(2) 당해사건 조약의 절차적 하자 유무

위헌제청 이유에 따르면 제청신청인들은 이 사건 조약이 국회의 동의를 얻지 않아 절차적 하자가 있다는 취지로도 다툰 것으로 보이나, 이 사건 조약은 국회의 비준동의와 대통령의 비준 및 공포를 거친 것으로 인정되기 때문에 국내법적 효력을 가짐에 있어서 **성립절차상의 하자로 인하여 헌법에 위반되는 점은 없다.**

2. 이 사건 조항의 의미·내용과 효과

관련규정들과의 연관관계 속에서 볼 때, 이 사건 조약 발효당시 미군이 사용 중인 시설과 구역에 대하여는 이미 공여 합의한 것으로 간주한다는 뜻으로 해석된다. 그런데 이 사건 조항에서는 이 사건 조약의 효력발생 당시 미군이 사용하고 있는 시설과 구역이 **사유재산일 경우를 별도로 규정하고 있지 않으므로 사유재산일 경우에도 마찬가지로 양국가간에 공여합의된 것으로 간주하여 별도의 공여합의를 거치지 아니한다고 일단 해석된다.** 그렇다면 이 사건 조항에 의한 공여합의간주가 당해재산의 소유자에 대한 관계에서 공용수용·사용이나 제한을 한 경우와 같이 **권리의 변동을 초래하는 것으로 해석할 수 있을 것인가가 문제되는데, 결론적으로 그와 같이 볼 수는 없고,** 그 이유는 다음과 같다.

(1) 당해사건 조항이 소유자인 사인과의 관계에서 권리의 변동의 발생을 의미하는지 여부

당해 사건 조항과 이 사건 조약의 다른 규정들에서도 사용공여 및 필요가 없게 된 시설·구역의 반환의 주체 또는 대상으로서 이 사건 조약의 당사자인 양국정부만을 거론할 뿐 당해 재산의 소유자인 사인에 대하여는 언급하고 있지 않다. 즉 **이 사건 조항은 당해재산의 소유자인 사인과의 관계에서 바로 권리의 변동이 일어난다는 의미를 포함하고 있지는 않다.**

(2) 조약체결의 사실상 당사자인 정부의 경우

조약체결의 사실상 당사자인 정부도 제2조 제1의 (나)항은 대한민국과 아메리카합중국간의 약정에 관한 규정일 뿐이며 국가가 소유권 등을 취득하지 못한 사인 소유의 재산에 관하여는 국가가 공여의무를 이행하기 위하여 별도의 법률 즉, 공공용지의취득및손실보상에관한특례법, 토지수용법 등에 의한 권리취득을 하여야 한다는 입장을 취하고 있다.

(3) 즉각적인 권리변동여부

이 사건 조약은 원래 그 시행을 위하여 각종의 입법상, 예산상의 조치 등 국내법상의 조치를 예정하였던 것으로서, 이 사건 조약 체결 후 몇 가지 관련 법률의 입법조치가 있었다. 특히 지방자치단체의 재산에 관하여는 위 법률 없이 이 사건 조항을 포함한 이 사건 조약 제2조 제1의 (가), (나)항만에 의하여 권리의 변동이 일어나는 것이 아니었는데, 그렇다면 국가가 소유권이나 사용권을 취

득하지 못한 사인 소유의 재산이 공여합의 간주되는 시설·구역에 포함되었을 경우 **이 사건 조항의 효력에 의하여 그 사인에 대한 관계에서 바로 권리의 변동이 일어난다고 해석하는 것은 더욱 부적절하다고 할 수 있다.**

3. 이 사건 조항의 위헌성 여부

위에서 본 바와 같이 **이 사건 조항에 의한 사용공여의 합의간주가 당해재산의 소유자에 대한 관계에서 공용수용·사용 또는 제한을 한 경우와 같이 권리의 변동을 초래하는 것으로 해석할 수는 없으므로, 이 사건 조항에 의한 법률효과로서 사인의 재산권에 법률적 제약이 가해짐으로 인한 침해가 발생할 여지는 없다**(즉, 이 단계에서는 아직 그 소유자 또는 그 재산에 대하여 소유권 외의 권리를 가지고 있는 자의 재산권에 대한 제약이 현실화되지 아니하였을 뿐 아니라 장래의 제약 여부도 유동적인 상태에 있어서 재산권침해여부를 논할 수 없다). 그러므로 비록 국가가 미리 적법한 소유권 또는 사용권 취득을 마치지 않은 사인의 특정 재산을 사실상 공여된 시설과 구역으로 취급함으로써 국가(대한민국) 또는 미군이 그 재산을 권원 없이 사용하거나 그 밖의 방법으로 사인의 재산권을 침해하는 사태가 있다 하더라도, 그것은 이 사건 조항 자체에 내재된 위헌성에서 비롯된 결과라고는 볼 수 없는 것이다. 따라서 이 사건 조항이 국민의 재산권을 침해한다고는 할 수 없고, 그 외에 이 사건 조항에 헌법에 위반된다고 할 만한 점이 발견되지 아니한다.

Ⅱ. 결 론

이상과 같은 이유로 이 사건 법률조항은 헌법에 위반되지 아니한다고 할 것이므로 관여재판관 전원의 일치된 의견으로 주문과 같이 결정한다.

✤ 본 판례에 대한 평가 조약이 헌법에 위반된 경우에는 헌법우위설의 입장에서 사법심사의 대상이 된다. 법률적 효력을 갖는 조약의 위헌심사는 헌법재판소가, 명령·규칙의 효력을 갖는 조약의 위헌심사는 최종적으로 대법원이 하게 된다.

절차상·실질상 합헌인 진정합헌조약에 대비되는 절차상·실질상 위헌인 조약은 국내법적 효력이 없다. 그런데 절차상 합헌이나 실질상 위헌인 조약은 국제법상으로는 유효할지 몰라도 국내법상으로는 위헌·무효로 보아야 한다. 한편 절차상 위헌이나 실질상 합헌인 조약도 국제법상으로는 유효할지 몰라도 국내법상으로는 위헌·무효이다. 다만, 조약은 국가 간의 타협과 절충의 결과이므로 그 심사에 있어서 신중을 기하여야 한다.

[요약판례 1] 사립학교법 제55조 제58조 제1항 제4호에 관한 위헌심판: 합헌(헌재 1991.7.22. 89헌가106)

국제연합의 "인권에 관한 세계선언" 및 "시민적 정치적 권리에 관한 국제규약" 그리고 UNESCO와 ILO가 채택한 "교원의지위에관한권고"가 우리나라의 교육현실상 교육제도의 법정주의와 반드시 배치되며, 직접적으로 국내법적인 효력을 가지는 것이라고도 할 수 있는지 여부(소극)

체약국의 가입과 동시에 시행에 필요한 조치를 취하도록 의무화하고 있는 "시민적및정치적권리에관한국제규약"의 제22조 제2항은 유보조항을 두고 있을 뿐 아니라, 특히 위 제22조는 우리의 국내법적인 수정의 필요에 따라 **가입당시 유보되었기 때문에 직접적으로 국내법적 효력을 가지는 것도 아니다. 따라서 위 규약 역시 권리의 본질을 침해하지 아니하는 한 국내의 민주적인 대의절차에 따라 필요한 범위안에서 근로기본권의 법률에 의한 제한은 용인하고 있는**

것으로서 위에서 본 교원의 지위에 관한 법정주의와 정면으로 배치되는 것은 아니라고 할 것이다. UNESCO와 ILO가 채택한 "교원의지위에관한권고"는 우리의 국민적 합의에 의하여 이를 받아들일 수 있는 범위 안에서 가능한 한 그 취지를 폭넓게 참작하여 우리 교육제도의 개선과 발전에 관한 지침으로 삼을 가치를 충분히 담고 있다. 즉, 교육법 제80조가 규정한 교육회처럼 일반노동조합의 형태에 의하지 아니한 교원단체를 두더라도 이에 대하여 교원의 근로조건에 관한 단체적 교섭권을 부여하고 분쟁의 해결을 위한 적절한 합동기구를 설치한다든지 교육정책의 입안에 있어서 교원의 참여와 협력의 폭을 넓히는 것 등은 입법적으로 고려할만한 과제를 제시하여 주고 있다고 할 것이다. 그러나 위 "**교원의지위에관한권고**"는 그 전문에서 교육의 형태와 조직을 결정하는 법규와 관습이 나라에 따라 심히 다양성을 띠고 있어 나라마다 교원에게 적용되는 인사제도가 한결같지 아니함을 시인하고 있듯이 우리사회의 교육적 전통과 현실, 그리고 국민의 법감정과의 조화를 이룩하면서 국민적 합의에 의하여 우리 현실에 적합한 교육제도를 단계적으로 실시·발전시켜 나갈 것을 **그 취지로 하는 교육제도의 법정주의와 반드시 배치되는 것이 아니고, 또한 직접적으로 국내법적인 효력을 가지는 것이라고도 할 수 없다.**

[요약판례 2] 국가배상법 제2조 제1항 등 위헌소원: 합헌,각하(헌재 1995.12.28. 95헌바3)

위헌법률심판의 대상이 되는 법률이 형식적 의미의 법률과 형식적 의미의 법률과 동일한 효력을 갖는 조약 등이 포함되듯이 헌법의 개별규정 자체도 그 대상이 되는지 여부(소극)

헌법 제111조 제1항 제1호 및 헌법재판소법 제41조 제1항은 위헌법률심판의 대상에 관하여, 헌법 제111조 제1항 제5호 및 헌법재판소법 제68조 제2항, 제41조 제1항은 헌법소원심판의 대상에 관하여 그것이 법률임을 명문으로 규정하고 있으며, 여기서 위헌심사의 대상이 되는 법률이 국회의 의결을 거친 이른바 형식적 의미의 법률을 의미하는 것에는 아무런 의문이 있을 수 없다. 따라서 **형식적 의미의 법률과 동일한 효력을 갖는 조약 등은 포함된다고 볼 것이지만 헌법의 개별규정 자체는 그 대상이 아님이 명백하다.**

[요약판례 3] 구 형법 제314조 위헌소원: 합헌(헌재 1998.7.16. 97헌바23)

강제노동의 폐지에 관한 국제노동기구(ILO)의 제105호 조약이 일반적으로 승인된 국제법규로서 헌법적 효력을 갖는 것이라고 볼 수 있는지 여부(소극) 및 노동조합 조합원들이 집단적으로 노무제공을 거부하는 행위를 위력에 의한 업무방해죄로 처벌하는 것이 국제노동기구(ILO)의 제105호 조약과 국제연합 B규약에 위반되는지 여부(소극)

강제노동의 폐지에 관한 국제노동기구(ILO)의 제105호 조약은 우리나라가 비준한 바가 없고, 헌법 제6조 제1항에서 말하는 일반적으로 승인된 국제법규로서 헌법적 효력을 갖는 것이라고 볼 만한 근거도 없으므로 이 사건 심판대상 규정의 위헌성 심사의 척도가 될 수 없다. 그리고 1966년 제21회 국제연합(UN) 총회에서 채택된 시민적및정치적권리에관한국제규약(이른바 B규약) 제8조 제3항은 법원의 재판에 의한 형의 선고 등의 경우를 제외하고 어느 누구도 강제노동을 하도록 요구되지 아니한다는 취지로 규정하고 있고, 여기서 강제노동이라 함은 본인의 의사에 반하여 과해지는 노동을 의미한다고 할 수 있는데, 이는 범죄에 대한 처벌로서 노역을 정당하게 부과하는 경우와 같이 법률과 적법한 절차에 의한 경우를 제외하고는 본인의 의사에 반하는 노역은 과할 수 없다는 의미라고 할 수 있는 우리 헌법 제12조 제1항 후문과 같은 취지라고 할 수 있다. 그렇다면 강제노역금지에 관한 위 규약과 우리 헌법은 실질적으로 **동일한 내용을 규정하고 있다 할 것이므로, 이 사건 심판대상 규정 또는 그에 관한 대법원의 해석이 우리 헌법에 위반되지 않는다고 판단하는 이상 위 규약 위반의 소지는 없다 할 것이다.**

[요약판례 4] 특정범죄가중처벌등에관한법률 부칙 제2항 등 위헌소원: 합헌(헌재 1998.11.26. 97헌바65)

마라케쉬협정에 의하여 관세법위반범에 대한 처벌을 가중하는 것이 죄형법정주의에 어긋나거나 청구인의 기본적 인권과 신체의 자유를 침해하는지 여부(소극)

헌법 제6조 제1항은 "헌법에 의하여 체결·공포된 조약과 일반적으로 승인된 국제법규는 국내법과 같은 효력을 가진다"고 규정하여 적법하게 체결되어 공포된 조약은 국내법과 같은 효력을 가진다고 규정하고 있다. **마라케쉬협정도 적법하게 체결되어 공포된 조약이므로 국내법과 같은 효력을 갖는 것이어서 그로 인하여 새로운 범죄를 구성하거나 범죄자에 대한 처벌이 가중된다고 하더라도 이것은 국내법에 의하여 형사처벌을 가중한 것과 같은 효력을 갖게 되는 것이다.** 따라서 마라케쉬협정에 의하여 관세법위반자의 처벌이 가중된다고 하더라도 이를 들어 법률에 의하지 아니한 형사처벌이라거나 행위시의 법률에 의하지 아니한 형사처벌이라고 할 수 없으므로, 마라케쉬협정에 의하여 가중된 처벌을 하게 된 구 특가법 제6조 제2항 제1호나 농안법 제10조의3이 죄형법정주의에 어긋나거나 청구인의 기본적 인권과 신체의 자유를 침해하는 것이라고 할 수 없다.

[요약판례 5] 부정수표단속법 제2조 제2항 위헌제청: 합헌(헌재 2001.4.26. 99헌가13)

헌법 제6조 제1항의 국제법 존중주의는 우리나라가 가입한 조약과 일반적으로 승인된 국제법규가 국내법과 같은 효력을 가진다는 것인데 조약이나 국제법규가 국내법에 우선하는 것을 의미하는지 여부(소극)

헌법 제6조 제1항의 국제법 존중주의는 우리나라가 가입한 조약과 일반적으로 승인된 국제법규가 국내법과 같은 효력을 가진다는 것으로서 조약이나 국제법규가 국내법에 우선한다는 것은 아니다. 아울러 이 사건 법률조항에서 규정하고 있는 부정수표 발행행위는 지급제시될 때에 지급거절될 것을 예견하면서도 수표를 발행하여 지급거절에 이르게 하는 것이다. 따라서 이 사건 법률조항은 수표의 지급증권성에 대한 일반공중의 신뢰를 배반하는 행위를 처벌하는 것으로 그 보호법익은 수표거래의 공정성인 것이고 나아가 소지인 내지 일반 공중의 신뢰를 이용하여 수표를 발행한다는 점에서 그 죄질에 있어 사기의 요소도 있다 하여 처벌하는 것이다. **결코 '계약상 의무의 이행불능만을 이유로 구금' 되는 것이 아니므로 국제법 존중주의에 입각한다 하더라도 위 규약 제11조의 명문에 정면으로 배치되는 것이 아니다.** 또한 기본적으로 사법적인 채무이행의 강제를 형사적인 수단으로 보장한다는 한 측면만을 강조하여 이 사건 법률규정을 단순한 민사상의 채무불이행에 대한 처벌조항으로 가볍게 단정할 것은 아니다. 왜냐하면 재산범죄라는 것은 형법상의 것이든, 특별법상의 것이든 궁극적으로 채무불이행 또는 그와 유사한 성질의 한 측면은 어느 것이나 다 가지고 있기 때문이다.

[요약판례 6] 지방공무원법 제58조 제1항 등 위헌소원: 합헌(헌재 2005.10.27. 2003헌바50등)

국제노동기구의 제87호 협약, 제98호 협약, 제151호 협약의 경우, 우리나라가 비준한 바가 없는데, 당해 협약에 대해 헌법 제6조 제1항에서 말하는 일반적으로 승인된 국제법규로서 헌법적 효력을 갖는 것이라고 볼 만한 근거가 있다거나 이 사건 심판대상 규정의 위헌성 심사의 척도가 될 수 있는지 여부(소극)

(다수의견) 청구인들이 드는 국제노동기구의 제87호 협약(결사의 자유 및 단결권 보장에 관한 협약), 제98호 협약(단결권 및 단체교섭권에 대한 원칙의 적용에 관한 협약), 제151호 협약(공공부문에서의 단결권 보호 및 고용조건의 결정을 위한 절차에 관한 협약)은 **우리 나라가 비준한 바가 없고, 헌법 제6조 제1항에서 말하는 일반적으로 승인된 국제법규로서 헌법적 효력을 갖는 것이라고 볼 만한 근거도 없으므로, 이 사건 심판대상 규정의**

위헌성 심사의 척도가 될 수 없다.

(재판관 2인의 소수의견) 우리 헌법은 헌법에 의하여 체결·공포된 조약은 물론 일반적으로 승인된 국제법규를 국내법과 마찬가지로 준수하고 성실히 이행함으로써 국제질서를 존중하여 항구적 세계평화와 인류공영에 이바지함을 기본이념의 하나로 하고 있는바(헌법 전문, 제6조 제1항), **우리나라는 국회의 동의를 얻어 국제인권규약들의 대부분을 수락한 체약국이자 국제노동기구의 정식회원국으로서 국제연합의 세계인권선언이나 국제인권규약들, 국제노동기구의 협약들과 권고들을 국제적 협력의 정신을 존중하여 되도록 그 취지를 살릴 수 있도록 노력하여야 하므로 입법권자가 근로3권을 보장하는 공무원의 범위를 정함에 있어서도 이러한 점을 고려하여야 한다.** 국제연합의 세계인권선언을 구체화한 국제인권규약인 "경제적·사회적및문화적권리에관한국제규약", "시민적및정치적권리에관한국제규약" 또한 공무원의 근로3권을 원칙적으로 보장하는 취지로 해석되며, 국제노동기구의 '결사의 자유위원회'나 국제연합의 '경제적·사회적 및 문화적 권리위원회'는 우리나라에 대하여 가능한 한 빨리 모든 영역의 공무원들에게 근로기본권을 보장할 것을 권고하고 있다. 이러한 **선언, 조약, 권고들이 비록 비준한 바 없다거나 유보되었다든지 권고적 효력만 있다는 등 직접적인 구속력이 없다고 하더라도 고도로 추상화된 헌법 규정의 의미나 내용 및 적용범위를 해석함에 있어 중요한 지침이 될 수 있는바,** 이러한 점을 존중하여 우리 헌법을 해석하여 보더라도, 공무원의 근로기본권을 극도로 제한하고 있는 위 법률조항들은 헌법에 부합될 수 없는 것이다.

[요약판례 7] 병역법 제88조 제1항 제1호 위헌제청 등: 합헌(헌재 2011.8.30. 2008헌가22등)

양심적 병역거부권이 법적 구속력을 갖는 국제법규나 국제관습법인지 여부(소극)

우리나라가 1990. 4. 10. 가입한 시민적·정치적권리에관한국제규약(International Covenant on Civil and Political Rights)에 따라 바로 양심적 병역거부권이 인정되거나 양심적 병역거부에 관한 법적인 구속력이 발생한다고 보기 곤란하고, 양심적 병역거부권을 명문으로 인정한 국제인권조약은 아직까지 존재하지 않으며, 유럽 등의 일부국가에서 양심적 병역거부권이 보장된다고 하더라도 전 세계적으로 양심적 병역거부권의 보장에 관한 국제관습법이 형성되었다고 할 수 없어 양심적 병역거부가 일반적으로 승인된 국제법규로서 우리나라에 수용될 수는 없으므로, 이 사건 법률조항에 의하여 양심적 병역거부자를 형사처벌한다고 하더라도 국제법 존중의 원칙을 선언하고 있는 헌법 제6조 제1항에 위반된다고 할 수 없다.

대판 2005.9.9. 2004추10

국회의 동의를 얻어 대통령의 비준을 거쳐 공포된 조약에 위배되는 지방자치단체가 제정한 조례의 위법 여부(적극)

'1994년 관세 및 무역에 관한 일반협정'(General Agreement on Tariffs and Trade 1994, GATT)은 국회의 동의를 얻어 대통령의 비준을 거쳐 공포되고 '세계무역기구(WTO) 설립을 위한 마라케쉬협정'(Agreement Establishing the WTO)(조약 1265호)의 부속협정(다자간 무역협정)이고, '정부조달에 관한 협정'(Agreement on Government Procurement, AGP)은 국회의 동의를 얻어 공포시행된 조약(조약 1363호, 복수국가간 무역협정)으로서 각 헌법 제6조 제1항에 의하여 국내법령과 동일한 효력을 가지므로 지방자치단체가 제정한 조례가 GATT나 AGP에 위반되는 경우에는 그 효력이 없다."

제2편 | 정치제도론

제 1 장 정치제도의 일반이론

제 2 장 국 회

제 3 장 정 부

제 4 장 법 원

제 5 장 헌법재판소

1 정치제도의 일반이론

제 1 절 총 설

> **[요약판례] 지방교육자치에관한법률 제53조등 위헌소원: 합헌**(헌재 2000.3.30. 99헌바113)
>
> 교육위원의 선거에 있어서 선거공보의 발행·배포와 소견발표회의 개최 이외에 일체의 선거운동을 금지하고 있는 구 지방교육자치에관한법률 제5조의4 및 위반한 자에게 2년이하의 징역 또는 벌금에 처하도록 규정한 같은 법 제53조가 평등권·언론의 자유·공무담임권을 침해하는지 여부(소극)

국민주권의 원리는 공권력의 구성·행사·통제를 지배하는 우리 통치질서의 기본원리이므로, 공권력의 일종인 지방자치권과 국가교육권(교육입법권·교육행정권·교육감독권 등)도 이 원리에 따른 국민적 정당성기반을 갖추어야만 한다.

지방교육자치는 민주주의·지방자치·교육자주라고 하는 세 가지 헌법적 가치를 골고루 만족시킬 수 있어야 하므로 지방교육자치기관의 구성에 있어 이 가운데 민주주의의 요구만을 절대시하는 것은 헌법적으로 허용될 수 없다 할 것인바, 이 사건 법률조항의 선거운동제한은 교육위원의 자주성·전문성을 고려하여 그 선출관련 비리를 원천 봉쇄함으로써 공정성을 제고하려는 데 목적이 있는 것으로서 과잉금지의 원칙을 위배하였다고 보기 어려울 뿐만 아니라 평등권을 침해하였다고 볼 수 없고, 후보의 공무담임권이나 국민의 알권리와 후보자선택의 자유의 본질적 내용을 침해한 것이라고 볼 수도 없다.

제 2 절 대의제도(국민대표제)

I 국회의원선거법 제33조, 제34조의 위헌심판: 헌법불합치(헌재 1989.9.8. 88헌가6)

쟁점 국회의원선거시 정당추천 후보자와 무소속 후보자의 기탁금에 차등을 둔 것이 평등권을 침해하는지와 기탁금의 국고귀속 기준의 위헌성 여부

사건의 개요

청구인은 국회의원선거에서 낙선한 후 기탁금을 돌려받기 위해 서울민사지방법원에 부당이득금반환청구소송을 제기하고 동 재판의 전제가 된 국회의원선거법(이하 국선법이라고 약칭한다) 제33조(기탁금제도), 제34조(기탁금의 국고귀속규정)의 위헌여부심판을 제청신청하였는데, 법원이 이를 받아들여 헌법재판소에 위 법률조항들에 대해 위헌여부심판을 제청하였다.

심판의 대상

국회의원선거법 제33조 (기탁금) 지역구 후보자 등록을 신청하는 자는 등록신청시에 2천만원을 대통령령이 정하는 바에 따라 관할지역구 선거관리위원회에 기탁하여야 한다. 다만, 정당의 추천을 받아 지역구후보등록을 신청하는 자는 1천만원을 기탁하여야 한다.

제34조 (기탁금의 국고귀속 등) 후보자가 사퇴하거나 등록이 무효로 된 때 또는 후보자의 득표수가 당해지역구의 유효투표총수의 3분의 1을 초과하지 못하는 때에는 … 그 후보자의 기탁금은 제58조 제1항의 비용을 공제한 후 국고에 귀속한다. 다만 지역구 후보자가 당선된 때와 후보자가 사망한 때에는 그러하지 아니하다.

주 문

1. 국회의원선거법(1988. 3. 17. 법률 제4003호 전문개정) 제33조 및 제34조는 헌법에 합치되지 아니한다.
2. 위 법률 조항은 1991년 5월말을 시한으로 입법자가 개정할 때까지 그 효력을 지속한다.

판 단

Ⅰ. 헌법상의 국민주권론과 선거제도의 기본이념

1. 국민주권과 국민대표제

우리 헌법의 전문과 본문의 전체에 담겨있는 최고 이념은 국민주권주의와 자유민주주의에 입각한 입헌민주헌법의 본질적 기본원리에 기초하고 있다. 기타 헌법상의 제 원칙도 여기에서 연유되는 것이므로 이는 헌법전을 비롯한 모든 법령해석의 기준이 되고, 입법형성권 행사의 한계와 정책결정의 방향을 제시하며, 나아가 모든 국가기관과 국민이 존중하고 지켜가야 하는 최고의 가치규범이다.

그러나 헌법상의 국민주권 원리가 형식논리에 급급하여 그 본질이 제대로 해석 적용되지 못하고 공권력의 남용으로부터 국민의 기본권을 보호하는 데에 실제적으로 충분히 그 기능을 다 하지

못하였는데, 그 본질적인 이유는 국민주권주의가 두 가지의 서로 상반되는 내용 즉, 형식적이고 명목적인 정치용 국민주권주의 이론과 실질적이고 능동적인 국민용 국민주권주의 이론이 혼동되어 헌법적 가치규범으로서 도덕성을 확립하지 못한 데에 기인한다. 지금까지 우리나라의 헌법체제하에서의 국민주권론은 실질적인 국민주권론이 되지 못하고 형식적인 국민주권론을 합리화하는데 공헌하였으며 국민대표론은 민의를 실제로 반영하는 현대적 대표론이 되지 못하고 민의와 동떨어진 권력의 자의적, 독단적 행사만을 합리화하는 전근대적 대표론에 머무르고 있는 점이 적지 않았다. **헌법상의 국민주권론을 추상적으로 보면 전체국민이 이념적으로 주권의 근원이라는 전제 아래 형식적인 이론으로 만족할 수 있으나, 현실적으로 보면 구체적인 주권의 행사는 투표권 행사인 선거를 통하여 이루어지는 것이다. 실질적 국민주권을 보장하기 위하여 유권자들이 자기들의 권익과 전체 국민의 이익을 위해 적절하게 주권을 행할 수 있도록 민주적인 선거제도가 마련되어야 하고, 국민 각자의 참정권을 합리적이고 합헌적으로 보장하는 선거법을 제정하지 않으면 안 된다.**

국민이 국정에 참여하는 참정권은 국민주권의 상징적 표현으로서 국민의 가장 중요한 기본적 권리의 하나이며 다른 기본권에 대하여 우월적 지위를 가진다. 그러므로 참정권은 국민 각자를 단위로 개개인의 기본권으로서 국정을 창조하고 형성하는 개인의 정치적 권리이며 정치적 의사로서 자기의 권익과 행복을 추구하는 가장 중요한 수단으로서 보장받고, 개인의 정치적 주장과 의사를 선거를 통하여 그 주권을 행사하는데 기초를 둔 것이 민주국가의 생명이며, 민주정치의 장점이기 때문에, 이와 같은 적극적인 의의를 선거제도에 수용하지 않으면 안 된다.

2. 선거제도의 기본원칙

민주주의의 기본적 가치라고 할 수 있는 주권재민의 원리(헌법 제1조)가 현실적인 제도로 구체적으로 현출되는 것이 선거제도이고 선거법이다. 공정하고 합리적인 선거를 통해 정치가 사회의 모든 것을 수렴하고 이끌어 가는 정치풍토가 이루어질 때 모든 국가 권력의 권위와 국법질서의 확립을 이룩하게 되고 통치의 정당성이나 법치주의 원칙이 확립될 수 있다. 나아가 선거를 통하여 사회의 모순과 갈등을 정치적으로 수렴하고, 정치적 불만세력을 해소하는 정치문화를 이루게 되는 것이므로 그 기본원리에 따라 본건을 다루지 않을 수 없다.

현대 선거제도를 지배하는 보통, 평등, 직접, 비밀, 자유선거의 다섯가지 원칙은 국민 각자의 인격의 존엄성을 인정하고 그 개인을 정치적 단위로 모든 사람에게 자유로운 선거와 참여의 기회를 균등하게 헌법이 보장하는 데에 기초를 두고 있다. 이러한 선거제도의 근본원칙은 선거인, 입후보자와 정당은 물론 선거절차와 선거관리에도 적용되며, 선거법을 제정하고 개정하는 입법자의 입법형성권 행사에도 당연히 준수하여야 한다는 원리이다. 즉, 보통, 평등, 비밀, 직접, 자유선거의 원칙들은 현대의 제 민주국가에서 채택되고 있는 바와 같이 국민주권이 광범위하게 실질화되고, 또 국민이 능동적으로 평등하게 그 주권을 행사할 수 있도록 하기 위한 것이다. 따라서 국회의원에 입후보할 수 있는 자격과 조건을 법률로 정함에 있어서도 헌법규정과 정신을 침해하는 것이어서는 안 된다는 것은 너무나 당연한 것이다. 그러므로 국선법 제33조, 동 제34조의 기탁금제도에 관하여 위헌여부를 판단하려면 위에서 본 헌법의 기본원리와 국법질서의 기초인 선거의 본질을 파악하여 이 선거법이 선거제도의 근본원리에 맞게 제정 내지 개정되었는지를 보아야 한다.

Ⅱ. 기탁금 제도

1. 현행 선거법의 관계규정과 제정의 연원에 따른 기탁금 제도의 위헌성

현행 기탁금액이 우리의 현 실정에 합당한 금액인가, 모든 국민에게 평등하게 참정권을 보장한 헌법에 위배되지 않는가 하는 점을 우리나라 국민 일반의 소득수준, 임금수준, 저축수준과 비교하여 볼 때 지나치게 과다한 금액이어서 그 액수가 평균적인 일반국민의 경제력으로는 손쉽게 조달할 수 없는 액수임이 명백하여 대다수 국민들에게 입후보의 기회를 사실상 봉쇄하고 있음을 알 수 있다. 국회가 법률로써 선거를 통제할 수 있는 권한은 인정하나 합리적이고 합헌적 방법에 의하여 그 목적을 달성하도록 하여야 하며 결코 일반 서민층이나 젊은 세대들의 의회진출의 길을 막거나 군소정당이나 재력이 없는 무소속 후보자들에게 정치적인 자유와 입후보할 기회를 불합리하게 제한하는 것까지 용인하는 것은 아니다. 그러므로 국회는 선거제도의 원리와 정신에 맞는 범위 내에서 법률로 제한할 수 있는 것이며, 일반국민에게도 헌법상 보장된 피선거권과 참정권을 가질 수 있도록 다른 방법이 제도적으로 보장되지 않는 한 그 다액의 기탁금을 일률적으로 요구하는 것은 위헌을 면할 수 없다. 따라서 헌법 제11조와 헌법 제24조, 제25조에 위배된다고 할 것이다.

2. 보통, 평등 선거제도의 본질

형식적 국민주권론은 차등 선거제도로 선거법이라는 매개수단을 통하여 국민의 실질적 참정권을 제한함으로써 이른바 구시대적 고전적 대표제 또는 순수대표제의 형태를 취하고 있었는데 일반국민 대다수는 국가의사의 결정이나 행사에 전혀 실질적인 영향력을 행사할 수 없었다. 그런데 기탁금으로 입후보의 자유와 기회를 제한하는 우리의 선거제도는 이러한 구시대의 고전적 대표제(순수대표제)하에서 시행하는 차등선거제도의 유물로서 그 궤를 같이 하는 참정권의 제한이 아니냐 하는 의구심을 면하기 어려울 것이다.

실질적 국민주권론은 국민이 실제에 있어서 현실적으로 국가의 최고 의사를 결정함으로써 실질적으로 주인역할을 해야 된다는 것으로서 모든 국민이 평등하게 국민대표를 직접 선출하여 국정을 위임하는 보통선거제도와 언론의 자유를 통한 여론정치로 민의를 국정에 반영하기 위해 자유선거제도를 채택하고 있다. 우리 헌법도 제11조와 관련하여 제1조와 제41조에서 차등선거제도를 부정하는 보통선거제를 제1의 원칙으로 채택함으로써 재력, 신분, 직업 등으로 차별대우를 받지 않고 평등한 참정권을 보장하여 주권을 행사하도록 실질적 국민주권주의를 구현하기 위하여 보통, 평등, 직접, 비밀, 자유선거제도 등 선거의 기본원칙을 설정하고 있다. 그러므로 **국선법 제33조, 제34조에 의한 기탁금제도로 인하여 입후보자의 자유와 기회균등을 침해하고 국민의 참정권을 제한하는 것은 이러한 우리 헌법상의 기본원칙에 위배되고 실질적, 현대적 국민주권론에 반하는 것이다.**

3. 정당후보자와 무소속후보자의 차등규정

우리 헌법은 보통, 평등, 직접, 비밀, 자유선거의 원칙을 명시하고 있어 모든 선거참가인에게 원칙적으로 평등하게 보호를 하고, 자유로운 입후보를 허용하고 있고, 정치적 자유와 그 기회는 정당의 공천자나 무소속의 입후보자에게 차별없이 균등하게 보장하고 있다. 또한 헌법 제8조에 규정한 정당의 보호규정은 무소속 입후보자의 기회균등을 보장하는 헌법규정을 부정하는 상반된 뜻은 아니다. 그럼에도 불구하고 **정당공천자보다 무소속 후보자에게 2배의 기탁금을 요구하고 있는 것은**

아무런 합리적 이유없이 차별취급을 하는 것으로 입후보의 자유와 입후보자의 기회균등을 보장한 헌법상의 보통, 평등, 자유선거의 원칙에 반할 뿐만 아니라 유권자의 선거권의 행사와 자유를 제한하는 것으로 국민의 참정권을 보장한 헌법 규정에도 위반되며, 입법형성권의 한계를 위배한 것으로 위헌이라 아니할 수 없다.

4. 기탁금의 국고귀속제도

기탁금 국고귀속에 관한 현행규정은 후보자의 난립방지와 선거공영제의 확립이라는 본래의 목적을 벗어나 그 기탁금이 고액인데다가 그 국고귀속의 기준이 너무 엄격해서 결과적으로 재산을 가지지 못한 자나 젊은 계층의 후보등록을 현저히 제한하고 있을 뿐만 아니라 기탁금 중 선거비용으로 충당되는 비용이 불과 기탁금액의 10%(무소속의 경우) 20%(정당공천자의 경우)에 불과한데 그 나머지 금액은 국고에 귀속되게 되어 낙선하게 되면 입후보를 한 책임에 따른 제재의 수단으로 국고에 귀속시키는 것으로 볼 수밖에 없다. 이는 선거를 국민의 주권행사라는 차원보다 선거의 질서유지 차원으로만 보고 입안한 것으로 신성한 기본권의 행사가 보장되어야 할 국민 참정권의 본질을 유린하는 규정으로 보지 아니할 수 없다.

따라서 현행기탁금의 국고귀속에 관한 규정은 국민주권의 존엄성을 해치는 것으로 민주주의 원리에 반한다 아니할 수 없다. 또한 고액의 기탁금 국고귀속은 선거의 공공성으로 인하여 선거에 관한 경비는 입후보자에게 부담시킬 수 없다는 헌법정신에도 반한다. 결국 **국선법 제33조, 제34조는 무소속 입후보의 기회균등을 침해하고 정당보다 지나치게 차별대우를 하는 모순을 거듭 가중하는 결과를 가져오는 것으로 국민의 참정권과 공무담임권을 제한하고 입후보자의 기회균등과 국민의 평등권을 이중으로 침해하는 규정이라 헌법 제24조, 동 제25조, 동 제41조, 동 제11조에 반한다고 아니할 수 없고, 나아가 선거에 관한 경비는 원칙적으로 정당이나 입후보자에는 부담시키지 않는다는 헌법 제116조 제2항에도 위배된다.**

Ⅲ. 국회입법권의 한계

국회의 입법권 행사에 있어서도 법률에 정할 사항이 헌법상 기본권을 제한하는 경우에는 입법형성권의 한계를 이탈하는 것이 아니냐 하는 것이 크게 문제될 수 있고 그리고 이 원칙을 준수하도록 헌법 제37조와 헌법전문 및 본문의 제 규정이 이를 요구하고 있다. 헌법상 자유민주주의 기본질서를 실현시키기 위한 선거권의 행사에 있어서는 모든 국민에게 주권자로서의 존엄성과 주권행사는 동일한 가치를 부여하는 것을 국가존립의 본질적 기초로 하고 있다. 그러므로 입법부가 법률로써 선거권을 제한하거나 차별하는 것은 원칙적으로 용인할 수 없는 것이다. 그럼에도 위 기탁금제도는 국민주권에 대한 헌법해석과 그 적용을 오도하여 재력의 유무에 따라 정치적인 차별대우를 하는 규정을 두게 되었고 헌법상 평등보호의 규정을 침해하는 자의금지의 원칙에 반하는 입법이 되고 이로써 세대간의 반목, 빈부간의 감정, 계층간의 대립을 조장하는 결과를 가져와 헌법적 기본가치를 혼동케 함으로써 자유와 권리의 본질적인 내용을 침해하는 입법권의 한계를 위반한 위헌적 규정이라 아니할 수 없다.

Ⅳ. 변형결정을 하는 이유

국선법 제33조의 고액기탁금 제도와 동법 제34조의 높은 기준의 기탁금 국고귀속제도는 위에서 본바와 같이 그 위헌성이 인정되므로, 헌법재판소법 제47조 제2항에 따라 위헌결정이 있는 날로부터 그 효력을 상실한다고 하여야 할 것이다. 그러나, 다음과 같은 이유로 이 법조항을 개정할, 늦어도 1991년 5월말까지 계속 적용될 수 있게 불합치 판결을 하는 것이 타당하다고 판단되어 주문과 같은 변형판결을 하는 것이다.

첫째, **국회의 권위를 존중하고 국민대표기관으로서의 본질적 기능을 보장할 필요가 있기 때문이다.** 법률의 개폐는 원칙적으로 국회의 입법형성권에 의해 이루어지는 것이 헌법상의 권력분립 원칙에 합치된다. 따라서 국회 스스로가 보통, 평등 선거제도와 참정권의 본질에 반하는 선거법을 헌법정신과 사회현실을 종합하여 합리적으로 개정하여, 국민주권 행사의 실질적 보장과 보다 민주적인 선거가 되도록 관계조문을 체계적으로 조정하는 것이 동법의 기본성격과 국회의 본질적 기능에 맞는다고 본다.

둘째, 1988년 4월 26일의 총선거에 의한 제13대 국회는 이 국선법 제33조와 제34조의 기탁금제도 하에서 선출된 의원들로 구성되어 있는바 만약 이 사건 위헌심판 대상이 된 기탁금제도에 대해 당재판소에서 단순 위헌 결정을 선고하면 그 결정이 있는 날로부터 그 효력이 상실되기 때문에, 이후에 재선거나 보궐선거 등에 의해 새로이 당선되어 동원하는 의원은 기왕에 당선되어 국회의원의 직에 있는 다른 의원들과는 달리, 위 기탁금의 제한을 받지 아니하고 선출되게 되어, 제13대 국회의 구성원간에 동질성이 문제가 되고, 그 선출 조건에 있어 다른 의원들 간에 차별이 생기게 된다. 따라서 **국회의 동질성을 보장하고 선출조건에 있어서 평등성을 확보할 필요가 있는 것이다.**

V. 결 론

이상과 같은 제 이유로 위 **국회의원선거법 제33조의 기탁금과 제34조의 기탁금 국고귀속에 관한 규정은 헌법의 기본이념인 국민주권주의와 자유민주주의 기본원칙과 관련하여 헌법 제24조의 참정권, 동 제25조의 공무담임권, 동 제41조의 보통, 평등, 직접, 비밀선거의 원칙 및 동 제11조의 평등보호 규정에 반하고 헌법 제116조, 동 제37조에도 위반되므로 헌법에 합치되지 아니한다.**

※ 이후 1991. 12. 31. 개정 국회의원선거법 제33조는 지역구후보자등록을 신청하는 자는 등록신청시에 1천만원을 대통령령이 정하는 바에 따라 관할지역구선거관리위원회에 기탁하여야 한다고 개정되었고 이후 제정된 공직선거및선거부정방지법 제56조도 동일하게 1천만원으로 규정하고 있었으나, 2000. 2. 16. 개정으로 2천만원으로 상향조정된 바 있다. 이에 대해 헌법재판소는 2001. 7. 19. 2000헌마91등 사건에서 2천만원의 기탁금이 과도하다 하여 위헌 결정을 내린 바, 2001. 10. 8. 현행 1500만원으로 하향 조정되었다. 이 액수가 과다하다 하여 제기한 헌법소원에 대해 헌법재판소는 2003. 8. 21. 2001헌마687등 사건에서는 기각결정을 내렸다.

Ⅱ 국회의장과 국회의원간의 권한쟁의: 기각(헌재 2000.2.24. 99헌라1)

쟁점 국회의원과 국회의장의 권한쟁의심판에서의 당사자능력과 입법절차의 하자로 국회의원의 법률안 심의·표결권이 침해되었는지 여부

▢ 사건의 개요

국회의장(피청구인)을 대리한 국회부의장 甲은 임시회와 본회의에서, 일부의원들이 의사진행을 방해하는 가운데 남녀차별금지및구제에관한법률 등 65건의 안건을 상정하여 각 안건에 대한 이의유무를 물은 후 각 "이의없습니다"하는 의원이 있자 가결되었음을 선포하였다. 이에 청구인들(야당소속 국회의원 135명)은 각 안건에 대하여 이의유무를 물었을 때에 "이의 있습니다"라고 반대의사를 분명히 하였음에도 불구하고 피청구인이 이를 무시하고 전원찬성으로 가결·선포한 것은, 청구인들의 법률안 심의·표결권을 침해한 위법이 있다는 이유로 권한쟁의심판청구를 하였다.

▢ 심판의 대상

피청구인이 1999. 1. 6. 제199회 임시회 제6차 본회의와 1. 7. 제7차 본회의에서 위 법률안들을 가결·선포한 행위가 헌법 또는 법률에 의한 청구인들의 법률안 심의·표결권을 침해하고, 그로 인하여 이 사건 법률안에 대한 가결·선포행위가 무효가 되는지 여부

▢ 주　　문

청구인들의 심판청구를 기각한다.

▢ 청구인의 주장

국회법 제112조 제3항에 의하면, 의장은 안건에 대한 이의유무를 물어서 이의가 없다고 인정한 때에는 가결되었음을 선포할 수 있으나 이의가 있을 때에는 같은 조 제1항 또는 제2항의 방법에 따라 의장이 의원으로 하여금 기립하게 하여 가부를 결정하거나, 기명·전자·호명 또는 무기명투표로 표결하여야 함에도 피청구인의 이 사건 법률안에 대한 가결·선포행위는 국회법 규정을 위반함으로써 청구인들의 법률안 심의·표결권을 침해한 것이며, 헌법 제49조의 다수결원칙에도 위반된 것으로서 무효이다.

▢ 판　　단

Ⅰ. 적법요건에 관한 판단

1. 국회의원과 국회의장의 당사자적격

국회의장과 국회의원 간에 그들의 권한의 존부 또는 범위에 관하여 분쟁이 생길 수 있고, 이와 같은 분쟁은 단순히 국회의 구성원인 국회의원과 국회의장 간의 국가기관 내부문제가 아니라 헌법상 별개의 국가기관이 각자 그들의 권한의 존부 또는 범위를 둘러싼 분쟁인 것이다. 이 분쟁은 권한쟁의심판 이외에 이를 해결할 수 있는 다른 수단이 없으므로 국회의원과 국회의장은 헌법 제111조 제1항 제4호 소정의 권한쟁의심판의 당사자가 될 수 있다고 해석하는 것은 헌법재판소가 당사자적격을 부정하였던 과거의 선례를 변경하면서 새로 채택한 견해이고, 이를 다시 변경할 필요를 느끼지 아니하므로 청구인들은 권한쟁의심판의 당사자가 될 수 있다.

2. 권한의 침해

이 사건 권한쟁의심판청구는 국회의원인 청구인들이 국회의장인 피청구인을 상대로 피청구인이 청구인들의 본회의장에서의 이의제기를 무시하고 이 사건 법률안을 가결·선포한 행위는 자신들의 법률안 심의·표결권을 침해하였다는데 있다. 국회의원은 국민이 직접 선출하는 대표로서 헌법과 법률에서 여러 권한을 부여하고 있지만 그 중에서 가장 중요하고 본질적인 것은 입법에 대한 권한

임은 두말할 필요가 없다. 이 권한에는 법률안 제출권(헌법 제52조)과 법률안 심의·표결권이 포함되는 것이다. 이 **법률안 심의·표결권은 의회민주주의의 원리, 입법권을 국회에 귀속시키고 있는 헌법 제40조, 국회는 국민이 선출한 국회의원으로 구성한다고 규정한 헌법 제41조 제1항으로부터 도출되는 헌법상의 권한이다.**

Ⅱ. 본안에 관한 판단

1. 기각의견(재판관 이재화, 재판관 고중석, 재판관 이영모, 재판관 하경철)

우리 국회의 법률안 심의는 본회의 중심주의가 아닌 소관 상임위원회에서 이루어진다. 소관 상임위원회에서 심사·의결된 내용을 본회의에서는 거의 그대로 통과시키는 이른바 위원회 중심주의를 채택하고 있다. 따라서 대부분의 법률안에 대한 표결은 이의유무에 의한 국회법 제112조 제3항에 따른 '전원일치'의 방법으로 행하여진다. 이러한 전원일치는 출석의원 모두가 찬성할 때에 사용하는 약식의 방법으로, 안건에 대하여 반대하는 의원이 없다고 인정되는 경우에 의장이 의사운영의 신속성과 표결의 명확성을 기하기 위하여 일반적으로 널리 사용하고 있는 방법이다. 표결에 부치는 문제에 다툼이 없고 반대가 없을 때, 의장은 "… 이의없으십니까"라고 물어서 "없습니다"라고 하는 의원이 있고, 이의가 없다고 인정되면 "가결되었음을 선포합니다"라고 하는 것이다. 이러한 이의유무를 묻는 표결방식에서는 이의가 있거나 토론에서 반대발언이 있거나 수정안이 있을 때는 다른 정식의 방법(기립, 거수, 기명, 무기명 투표 등)으로 표결하여야 하므로 **국회법 제112조 제3항에 의한 표결방식은 안건에 대하여 이의가 없어야 한다는 것이 전제가 된다.**

이 사건의 쟁점인 피청구인이 이 사건 법률안을 가결·선포한 의사진행이나 결정이 적법한 것인지 여부, 즉 청구인들이 이의제기를 한 사실이 있는지에 대한 사실인정의 문제에 관하여 살피기로 한다.

이 사건에 제출된 증거를 보건대, 먼저 제199회국회 국회본회의 회의록 제6호와 제7호에는, 피청구인이 의사일정 각 항에 대하여 '이의없으십니까'라고 물었을 때 (「없습니다」하는 의원 있음)의 항목과 (장내소란)의 항목으로 나누어지고 이어서 피청구인이 '가결되었음을 선포합니다'라고 하여 의사일정을 처리한 것으로 되어 있다. 회의록에 (장내소란)으로 된 것을 이의를 한 것으로 인정할 수는 없다. 다음, 방송사의 보도내용을 담은 비디오테이프 또한 본회의장 내에서 일어난 소란을 청구인들이 '이의있습니다'라고 한 것으로 인정할 증거가 되지 아니한다. 더구나 회의록에 기재한 사항과 회의록의 정정에 관한 이의신청은 임시회의록이 배부된 다음날의 오후 5시까지 신청하여야 함에도 청구인들은 이 사건에서 회의록에 기재한 사항에 관하여 이의신청도 하지 아니하였다.

회의록은 회의에 관한 공적 기록이며 회의와 관련하여 문제가 생겼을 때에는 유력한 증거가 된다. 회의에서의 의결, 결정, 선거 그 밖의 효력은 회의록의 기재에 의하여 입증되는 것이므로, 회의록의 기재내용의 진정을 증명하는 취지로 의장, 의장을 대리한 부의장, 임시의장과 사무총장 또는 그 대리자가 서명·날인하여 국회에 보존해 두는 것이다. 국회의 자율권을 존중하여야 하는 헌법재판소로서는 이 사건 법률안 가결·선포행위와 관련된 사실인정은 국회본회의 회의록의 기재내용에 의존할 수밖에 없고 그밖에 이를 뒤집을 만한 다른 증거는 없다. 따라서 피청구인의 이 사건 법률안 가결·선포행위는 헌법 제49조, 국회법 제112조 제3항 위반으로 인정할 수 있는 증거가 없으므로, 청구인들의 법률안 심의·표결권을 침해하는 위법이 있다는 이 사건 권한쟁의심판청구는 기각을 면할 수 없다.

2. 인용의견(재판관 김용준, 재판관 김문희, 재판관 한대현)

헌법재판소가 권한쟁의심판사건의 심리와 관련하여 국회의 회의절차에 관한 사실인정을 함에 있어서, 국회본회의 회의록의 기재내용을 일차적인 자료로 삼아야 한다는 것은 원칙적으로 타당하다. 그러나 이 사건과 같이 위 회의록이 사실대로 정확히 작성된 것인지 그 자체에 관하여 청구인들과 피청구인 사이에 다툼이 있는 등 위 회의록의 기재내용을 객관적으로 신빙할 수 없는 사정이 있는 경우라면, 헌법재판소로서는 위 회의록에 기재된 내용에 얽매일 것이 아니라, 변론에 현출된 모든 자료와 정황을 종합하여 건전한 상식과 경험칙에 따라 객관적·합리적으로 판단하여야 한다. 이러한 법리에 따라, 그 당시 '장내소란'이 있었다는 위 회의록의 기재 등 변론에 현출된 모든 자료와 이 사건을 둘러싼 여러 정황을 종합하여 건전한 상식과 경험칙에 따라 객관적·합리적으로 판단하여 보면, 피청구인의 직무를 대리한 국회부의장이 이 사건 법률안이 포함된 의사일정 각 항에 대하여 이의의 유무를 의원들에게 물었을 때 일부 청구인들이 '이의 있습니다'는 취지의 의사를 표명한 사실을 인정하기에 충분하다고 판단된다. 그럼에도 불구하고 피청구인은 이의가 없다고 인정하여 곧바로 이 사건 법률안이 가결되었음을 선포하였으니, 이는 국회법 제112조를 명백히 위반하였을 뿐만 아니라, 그로 인하여 국회의원인 청구인들이 이 사건 법률안에 대하여 표결할 헌법상의 권한을 침해한 것이다. 그렇다면, 피청구인의 이 사건 법률안의 가결선포행위는 국회법 제112조를 위반하여 청구인들의 이 사건 법률안에 대한 헌법상 권한인 법률안 표결권을 침해한 것임이 분명하므로 그 확인을 구하는 심판청구는 이유 있어 이를 받아들여야 한다.

3. 결 론

이 결정에 관하여는 재판관 이재화, 재판관 고중석, 재판관 이영모, 재판관 하경철은 기각의견, 재판관 김용준, 재판관 김문희, 재판관 한대현은 인용의견, 재판관 정경식, 재판관 신창언은 각하의견이므로 청구인들의 이 심판청구를 기각하기로 하여 주문과 같이 결정한다.

본 판례에 대한 평가 1. 입법절차에 대한 위헌심사: 국회의 법률제정절차도 헌법재판소의 헌법소원심판, 위헌법률심판(또는 헌법재판소법 제68조 제2항의 헌법소원심판), 권한쟁의심판의 대상이 된다.

2. 헌법소원심판: 헌법재판소는 "법률의 입법절차가 헌법이나 국회법에 위반된다고 하더라도 그러한 사유만으로는 그 법률로 인하여 국민의 기본권이 현재, 직접적으로 침해받는다고 볼 수 없으므로 헌법소원심판을 청구할 수 없다"(97헌마8등)라고 하여 원칙적으로 입법절차의 하자를 이유로 한 헌법소원을 제기할 수 없다는 입장이다. 또한 법률안의 소위 날치기통과의 경우, 국회의원 및 교섭단체의 헌법소원은 국기기관 또는 그 일부가 제기한 헌법소원으로 보아서 청구인적격을 부정하였다(90헌마125). 그러나 헌법재판소는 지방자치단체의 폐치·분합의 경우, 대상지역주민들의 정당한 청문권 등을 침해받게 될 수도 있다는 점에서 기본권과의 관련성을 인정하여 헌법소원을 정당하다고 본 바 있다(94헌마201).

즉 헌법재판소는 원칙적으로 국민에게 정당한 입법을 요구할 절차적 기본권이 인정되지 아니하므로, 입법절차의 하자만으로는 국민의 기본권을 침해할 여지가 없다고 보지만, 국민에게 특정의 절차적 기본권이 인정되는 특수한 경우에는, 입법절차의 하자가 그 특정의 절차적 기본권을 침해할 여지가 있어 헌법소원이 적법하다고 본다.

3. **위헌법률심판:** 위헌법률심판의 경우에는, 헌법소원과 달리 국민의 기본권침해가 전제되지 않고, 재판의 전제성 등의 적법요건이 갖추어진 경우라면 본안에서의 위헌적 사유의 심사에는 헌법 명문상 제한이 없으므로, 위헌법률심판을 청구할 자격이 인정되는 자는 법률 내용상의 위헌적 요소와 독립하여 법률 제정절차상의 위헌적 요소를 주장하여 다툴 수 있다고 보아야 한다. 절차상의 위헌요소도 법률의 위헌무효를 인정하는 이유가 될 수 있어야만, 헌법의 최고 규범력을 확보하고, 중대하게 위헌적인 입법행위를 근본적으로 규제할 수 있기 때문이다. 다만 절차상 하자가 사소한 경우에도 당해 법률이 위헌이라고 한다면, 권력분립원칙에 기초한 국회와 헌법재판소의 헌법상 지위에 반할 뿐만 아니라, 현실적으로 위헌성에 대한 소모적인 논쟁 때문에 입법의 목적이 부당하게 저지되는 문제점이 발생할 수 있다. 그러므로 법률의 위헌사유로서 절차상 하자는 명백하고 중대한 경우로 한정하여 해석되어야 한다. 헌법재판소 역시 구 국가보위입법회의에서 제정한 법률에 대한 여러 결정에서, 당해 법률은 절차적 하자가 없으므로 그것을 이유로 위헌을 주장할 수는 없다고 판시하였으므로, 반대해석상 입법의 절차적 하자도 위헌법률심판의 이유가 될 수 있다는 취지로 해석된다.

4. **권한쟁의심판:** 권한쟁의심판의 경우, 헌법재판소는 "국회의장이 야당의원들에게 본 회의 개의 일시를 국회법에 규정된 대로 적법하게 통지하지 않음으로써 그들이 본회의에 출석할 기회를 잃게 되었고, 그 결과 법률안의 심의·표결과정에 참여하지 못하게 되었다면 이로써 야당의원들의 헌법에 의하여 부여된 법률안 심의·표결의 권한이 침해된 것이다"(96헌라2)라고 하였으나, 법률안 가결 선포행위의 위헌 여부에 대해서는 인용의견이 과반수에 이르지 아니하여 기각하였다. 그러나 기각의견에서 헌법에 의하여 부여된 법률안 심의·표결의 권한이 침해되었으나 법률안의 가결선포행위는 입법절차에 관한 헌법의 규정을 명백히 위반한 흠이 없다고 한 것은 납득하기 어렵다. 하지만 헌법재판소의 이러한 태도는 입법절차에 명백한 흠이 있는 경우, 권한쟁의심판을 통하여 법률안이 위헌임을 확인하고 나아가 그 무효를 확인할 수도 있다는 입장으로 볼 수 있다.

5. 본 사안에서 헌법재판소는 국회의원과 국회의장이 권한쟁의심판의 당사자가 될 수 있다는 입장을 그대로 유지하고 있다. 한편 본 사안은 입법절차의 하자문제로 다루어지고 있는데 헌법재판소는 국회의원의 법률안 심의·표결권에 대한 침해를 인정한 적은 있으나(96헌라2), 입법절차의 하자를 이유로 해당법률에 대해 위헌결정을 내린 사례는 아직까지는 없다.

Ⅲ 국회예산결산특별위원회 계수조정소위원회 방청허가불허 위헌확인, 국회 상임위원회 방청불허행위 위헌확인 등: 각하,기각(헌재 2000.6.29. 98헌마443등)

쟁점 국회 위원회 회의와 국정감사에 대해 국회관행이나 공표의 부적절함 등을 이유로 시민단체의 방청을 불허한 것이 알 권리를 침해하는지 여부

사건의 개요

청구인 甲 등은 시민단체인 경제정의실천시민연합 국회예산감시위원회의 위원장, 팀장, 간사 등으로서 1998. 11. 30. 예산안의 내용을 결정하는 국회예산결산특별위원회 계수조정소위원회의 방청을 허가해 줄 것을 신청하였다가 불허통보를 받자 이러한 방청불허처분이 알 권리, 재산권 등의 헌법상 보장된 기본권을 침해한다고 하여 헌법소원심판을 청구하였다.

청구인 乙 등은 국회의원들의 국정감사활동을 감시, 비판함을 목적으로 결성된 국정감사모니터 시민연대의 회원들로서 국정감사활동에 대한 방청을 위하여 방청협조공문을 보냈으나 불허당하자 이 사건 방청불허행위와 그 근거가 된 국회법 제55조 제1항, 국회방청규칙 제3조 제2항, 제6조가 청구인들의 알 권리 등을 침해하는 것이라고 주장하면서 헌법소원심판을 청구하였다.

심판의 대상

국회법 제55조 (위원회에서의 방청 등) ① 위원회에서는 의원이 아닌 자는 위원장의 허가를 받아 방청할 수 있다.

국회방청규칙 제3조 (방청권의 교부) ② 방청권은 의장의 지휘를 받아 사무총장이 그 장수를 정하여 이를 교부한다.

동 규칙 제6조 (일반방청권) 일반방청권은 국회의원·국회소속 기관의 2급상당이상의 별정직 또는 서기관이상의 일반직공무원의 소개에 의하여 교부한다.

주 문

1. 청구인들의 심판청구 중 국회방청규칙에 관한 부분을 각하한다.
2. 청구인들의 나머지 심판청구를 모두 기각한다.

판 단

Ⅰ. 국회방청규칙에 관한 청구의 적법여부

국회방청규칙 제3조 제2항이나 제6조는 이 사건 국감방청불허행위와 아무런 관련이 없다. 이 조항들은 방청권의 교부에 관한 절차적 규정인데, 이 사건 국감방청불허행위는 국정감사및조사에관한법률(이하 "국감법"이라 한다) 제12조와 국회법 제55조에 터잡은 것이고 위 규칙조항들에 근거한 것이 아니므로 이 사건에 있어 청구인들에게 위 규칙조항들에 해당하는 사유가 발생, 그로 인하여 기본권침해를 받았다고는 할 수 없다. 따라서 위 규칙조항들에 대한 심판청구는 기본권침해의 관련성이 없어 부적법하다.

Ⅱ. 의사공개의 원칙과 방청의 자유

1. 의사공개의 원칙의 의의

헌법 제50조 제1항은 "국회의 회의는 공개한다"라고 하여 의사공개의 원칙을 규정하고 있다. 의사공개의 원칙은 의사진행의 내용과 의원의 활동을 국민에게 공개함으로써 민의에 따른 국회운영을 실천한다는 민주주의적 요청에서 유래하는 것으로서 국회에서의 토론 및 정책결정의 과정이 공개되어야 주권자인 국민의 정치적 의사형성과 참여, 의정활동에 대한 감시와 비판이 가능하게 될 뿐더러, 의사의 공개는 의사결정의 공정성을 담보하고 정치적 야합과 부패에 대한 방부제 역할을 하기도 하는 것이다. 의사공개의 원칙은 방청 및 보도의 자유와 회의록의 공표를 그 내용으로 하는데, 다만, 의사공개의 원칙은 절대적인 것이 아니므로, 출석의원 과반수의 찬성이 있거나 의장이 국가의 안전보장을 위하여 필요하다고 인정할 때에는 공개하지 아니할 수 있다(헌법 제50조 제1항 단서).

2. 의사공개의 원칙의 적용범위

의사공개원칙의 헌법적 의미를 고려할 때, 위 헌법조항은 단순한 행정적 회의를 제외하고 국회의 헌법적 기능과 관련된 모든 회의는 원칙적으로 국민에게 공개되어야 함을 천명한 것이다. 오늘날 국회기능의 중점이 본회의에서 위원회로 옮겨져 위원회중심주의로 운영되고 있고, 법안 등의 의안에 대한 실질적인 심의가 위원회에서 이루어지고 있음은 주지의 사실인바, 헌법 제50조 제1항이 천명하고 있는 의사공개의 원칙은 위원회의 회의에도 당연히 적용되는 것으로 보아야 한다. 의사공개에 관한 국회법의 규정 또한 이러한 헌법원칙을 반영하고 있다. 국회법 제75조 제1항은 "본회의는 공개한다"고 하여 본회의공개원칙을, 동법 제65조 제4항은 "청문회는 공개한다"고 하여 위원회에서 개최하는 청문회공개원칙을 분명히 밝히고 있으며, 국회법 제71조는 본회의에 관한 규정을 위원회에 대하여 준용하도록 규정하고 있다. **결국 본회의든 위원회의 회의든 국회의 회의는 원칙적으로 공개하여야 하고, 원하는 모든 국민은 원칙적으로 그 회의를 방청할 수 있는 것이다.**

Ⅲ. 국회법 제55조 제1항의 위헌여부

국회법 제55조 제1항은 "위원회에서는 의원이 아닌 자는 위원장의 허가를 받아 방청할 수 있다"고 규정하고 있는바, 이는 위에서 본 바와 같은 위원회의 공개원칙을 전제로 한 것이다. 청구인들의 주장과 같이 비공개를 원칙으로 하여 위원장의 자의에 따라 공개여부를 결정케 한 것이 아니다. 위 조항은 위원회 회의가 공개되는 경우에도 방청을 허용하여서는 아니 될 사유가 있을 때에는 위원장이 방청을 허가하지 아니할 수 있도록 하고 있는 규정이다.

그러나 위원장이라고 하여 아무런 제한없이 임의로 방청불허 결정을 할 수 있는 것은 아니다. 의사공개원칙에 관한 헌법과 법률의 위와 같은 취지와 국회법 제49조, 제55조 제2항, 국회법 제152조 제2항 등에 비추어 볼 때, **위원장이 방청을 불허하는 결정을 할 수 있는 사유란 회의장의 장소적 제약으로 불가피한 경우, 회의의 원활한 진행을 위하여 필요한 경우 등 결국 회의의 질서유지를 위하여 필요한 경우로 제한된다고 할 것이다.** 이와 달리 국회법 제55조 제1항을 위원장에게 아무런 사유의 제한없이 방청을 불허할 수 있는 재량권을 부여한 것으로 풀이한다면 헌법과 국회법에서 정한 위원회공개의 원칙이 공동화되어 부당하다. **이와 같이 방청불허를 할 수 있는 사유 자체는 제한적이지만 그러한 사유가 구비되었는지에 관한 판단, 즉 회의의 질서유지를 위하여 방청을 금지할 필요성이 있는지에 관한 판단은 국회의 자율권 존중의 차원에서 위원장에게 폭넓은 판단재량을 인정하여야 할 것이다.**

국회법 제55조 제1항을 위와 같이 합당하게 이해하는 한, 이 조항은 헌법에 규정된 의사공개의 원칙에 저촉되지 않으면서도 국민의 방청의 자유와 위원회의 원활한 운영 간에 적절한 조화를 꾀하고 있다고 할 것이므로 이를 두고 국민의 기본권을 침해하는 위헌조항이라 할 수는 없다.

Ⅳ. 계수조정소위원회 방청불허행위의 위헌여부

소위원회는 법률안 기타 안건의 심사를 전문적·효율적으로 하기 위하여 국회법 제57조에 따라 두는 것으로서, 소위원회에서는 법률안에 대한 구체적·실질적 심사, 수정안 작성, 위원회안의 기초작업 등을 하게 되는바, 소위원회가 국회의사과정에서 차지하는 역할과 비중에 비추어 **소위원회의 회의도 가능한 한 국민에게 공개하는 것이 바람직하다.** 반면 전문성과 효율성을 위한 제도인 소위원회의 회의를 공개하면 선거민을 의식한 정치적·홍보성 발언과 표결이 행하여질 우려가 높아 실질적 토론이나 국가 전체의 입장에서 바람직한 결론이 희생될 수 있고, 사회적 압력으로부터 보호된 가운데 정치적 타협을 이끌어 내는 본래의 기능을 수행하기 힘들게 된다는 부정적 측면도 외면할 수 없다. 그러므로 위에서 본 바와 같이 국회회의의 공개여부에 관하여 회의 구성원의 자율적 판단을 허용하는 헌법의 취지에 따라, 소위원회 회의의 공개여부 또한 소위원회 또는 소위원회가 속한 위원회에서 소위원회가 관장하는 업무의 성격, 심사대상인 의안의 특성, 회의공개로 인한 장단점, 그간의 의사관행 등 여러 가지 사정을 종합하여 합리적으로 결정할 수 있다 할 것이다.

예산결산특별위원회의 계수조정소위원회는 예산의 각 장·관·항의 조정과 예산액 등의 수치를 종합적으로 조정·정리하는 소위원회로서, 피청구인들은 예산심의에 관하여 이해관계를 가질 수밖에 없는 많은 국가기관과 당사자들에게 계수조정 과정을 공개할 수는 없으며, 소위원회에 참여하는 위원들에게 허심탄회하고 충분한 토론과 심의를 보장하기 위하여 계수조정소위원회를 비공개로 진행한다고 하며, 이것이 국회의 확립된 관행이라고 한다. 한편 절차적으로는 위원회가 특정안건을 소위원회에 회부할 당시 미리 위원회의 비공개의결이 있거나 위원회 소속 전체의원의 양해 하에 비공개로 이루어지고 있다고 한다.

그렇다면 위와 같은 이유로 계수조정소위원회를 비공개로 함에 관하여는 예산결산특별위원회 위원들의 실질적인 합의 내지 찬성이 있었다고 볼 수 있고, 그 합의를 바탕으로 이 사건 **계수조정소위원회를 비공개로 진행한 것은 헌법이 설정한 국회 의사자율권의 범위를 벗어난 것이라 할 수 없으니, 피청구인들이 그에 터잡아 청구인들의 방청을 불허하였다 하더라도, 이를 가리켜 위헌적인 공권력의 행사라고 할 수는 없다.**

Ⅴ. 국정감사방청불허행위의 위헌여부

1. 국정감사와 방청의 자유

국감법 제12조는 "감사는 비공개로, 조사는 공개로 한다. 다만, 위원회의 의결로 달리 정할 수 있다"고 하여 국정감사비공개주의를 규정하고 있다. 따라서 위원회의 의결이 없는 한 국정감사는 비공개로 하는 것이고, 이에 따라 국민의 방청이 제한된다. 한편 국정감사를 공개로 하는 경우에도 위원장은 국회법 제55조에 따라, 즉 국정감사의 원활한 운영 등 질서유지를 위하여 필요한 때에는 국민의 방청을 불허할 수 있다.

2. 이 사건 국정감사방청불허행위의 위헌성 여부

시민연대는 국정감사장에서의 의원들과 정부 측의 질의답변을 평가하여 소위 "worst 의원"과 "best 의원"을 매일 선정, 언론에 발표하였는데, 피청구인들은 그 평가기준의 공정성에 대한 검증절차가 없었고 모니터 요원들의 전문성이 부족하며, 평가의 언론공표로 의원들의 정치적 평판 내지 명예에 대한 심각한 훼손의 우려가 있어 청구인들의 방청을 허용할 경우 원활한 국정감사의 실현이 불가능하다고 보아 전면적으로 또는 조건부로 방청을 불허하였다.

위에서 본바와 같이 원만한 회의진행 등 회의의 질서유지를 위하여 방청을 금지할 필요성이 있었는지에 관하여는 국회의 자율적 판단을 존중하여야 할 것인 바, 기록에 의하면 피청구인들이 위와 같은 사유를 들어 방청을 불허한 것이 헌법재판소가 관여하여야 할 정도로 명백히 이유없는 자의적인 것이라고는 보이지 아니한다. 그렇다면 피청구인들의 이 사건 국감방청불허행위는 국감법 제12조 또는 국회법 제55조 제1항에 근거한 것으로서, 이를 가리켜 위헌적인 공권력의 행사라고 할 수는 없다.

Ⅵ. 결 론

이상과 같은 이유로 청구인들의 심판청구 중 국회방청규칙에 관한 부분은 부적법하므로 이를 각하하고, 청구인들의 나머지 심판청구는 모두 이유없으므로 기각하기로 하여 주문과 같이 결정한다. 이 결정에는 국정감사방청불허행위 부분에 대한 재판관 이영모, 재판관 하경철의 반대의견과, 계수조정소위원회 방청불허행위 및 국정감사방청불허행위 부분에 대한 재판관 김영일의 반대의견이 있는 외에는 관여재판관 전원의 의견이 일치되었다.

재판관 이영모, 재판관 하경철의 반대의견

99헌마583 사건 중 법령소원부분과 98헌마443 사건에 관하여는 다수의견과 의견을 같이 하나, 99헌마583 사건 중 국감방청불허행위 부분은 위헌이라고 판단하므로 다음과 같이 반대의견을 개진한다.

국감법 제12조는 국정감사 비공개원칙을 규정하고 있으나, 이것은 자의적인 방청불허의 근거 규정이 아니며, 적어도 국정감사를 위원회별로 공개로 하는 경우에는 위원회의 의사공개의 원칙으로 돌아와 그 방청을 불허할 수 있는 사유는 다수의견이 적절히 설시한 바와 같이 "회의장의 장소적 제약으로 불가피한 경우, 회의의 원활한 진행을 위하여 필요한 경우 등 결국 회의의 질서유지를 위하여 필요한 경우"로 한정된다고 할 것이다.

전반적으로 볼 때, 이 사건 국감방청불허행위는 청구인들이 속한 시민단체가 객관적 기준도 없이 국정감사에 임한 의원들을 평가하여 바로 언론을 통해 공표함으로써 "의원들에게 가해지는 과도한 심리적 압박 때문에 국정감사의 원활한 진행과 질서유지를 위하여 방청을 불허한 것으로 이해되는바 이는 단순한 장소적 제약이나 질서유지를 위하여 필요한 경우의 범위를 넘어선 것이라고 할 것이다. 결국 헌법상의 의회공개의 원칙이 예정한 방청제한의 범위를 넘어서서 방청의 자유 내지 알 권리를 침해하고 있다고 하지 않을 수 없다.

✤ 본 판례에 대한 평가

1. 의사공개의 원칙

의사공개의 원칙은 민의의 전당인 국회에서의 의사진행을 공개함으로써, 국민의 비판과 감시를 받게 하는 원칙이다. 이 원칙에 따라 국회본회의뿐만 아니라 위원회도 공개되어야 한다.

의사공개의 원칙은 방청의 자유, 보도의 자유, 국회의사록의 공표·배포의 자유 등을 그 내용으로 한다(국회법 제149조,제149조의2). 의사공개의 구체적 실현을 위하여 국회의사의 중계방송제도를 도입하고 있다. 다만, 의장은 방청권을 발행하여 방청을 허가하며, 질서유지를 위하여 방청인수를 제한하거나 퇴장명령을 내릴 수 있다(제152조, 제154조).

그러나 이러한 공개원칙도 절대적인 원칙이 아니다. "국회의 회의는 공개한다. 다만, 출석의원 과반수의 찬성이 있거나 의장이 국가의 안전보장을 위하여 필요하다고 인정할 때에는 공개하지 아니할 수 있다"(제50조 제1항). "공개하지 아니한 회의내용의 공표에 관하여는 법률이 정하는 바에 의한다"(제2항).

2. 2000년 개정국회법 제57조 제5항에서는 "소위원회의 회의는 공개한다. 다만, 소위원회의 의결로 공개하지 아니할 수 있다"라고 규정하고 있었는데, 2001년도 예산안심의과정에서 위 조항에 의거하여 예산결산특별위원회 계수조정소위원회의 회의도 처음에는 일반에 공개되었다. 그러나 회의가 피상적으로 진행되자 단서조항에 따라 비공개로 예산안이 결정된 사례가 있다. 결국 국회 소위원회의 의사 비공개는 국회의 자율권을 존중해야 하는 문제도 있으나 국민의 알권리와 재산권보장 및 국회의 의사공개의 원칙에 비추어 최대한 공개하는 방향으로 정립되어야 하는 것이 타당하다고 본다. 반대의견은 이러한 점에서 시사하는 바가 크다고 하겠다.

[요약판례 1] 국회구성권 등 침해 위헌확인: 각하(헌재 1998.10.29. 96헌마186)

국회내 정당간의 의석분포를 결정할 권리 내지 국회구성권이 헌법소원으로 다툴 수 있는 국민의 기본권인지 여부(소극)

대의제 민주주의하에서 국민의 국회의원 선거권이란 국회의원을 보통·평등·직접·비밀선거에 의하여 국민의 대표자로 선출하는 권리에 그치며, **국민과 국회의원은 명령적 위임관계에 있는 것이 아니라 자유위임관계에 있으므로, 유권자가 설정한 국회의석분포에 국회의원들을 기속시키고자 하는 내용의 "국회구성권"이라는 기본권은 오늘날 이해되고 있는 대의제도의 본질에 반하는 것이어서 헌법상 인정될 여지가 없고,** 청구인들 주장과 같은 대통령에 의한 여야 의석분포의 인위적 조작행위로 국민주권주의라든지 복수정당제도가 훼손될 수 있는지의 여부는 별론으로 하고 그로 인하여 바로 헌법상 보장된 청구인들의 구체적 기본권이 침해당하는 것은 아니다.

[요약판례 2] 국회법 제57조 제5항 단서 등 위헌소원: 각하,기각(헌재 2009.9.24. 2007헌바17)

국회 소위원회 회의의 비공개 요건을 규정한 국회법 제57조 제5항 단서의 위헌 여부(소극)

헌법 제50조 제1항 본문에서 천명하고 있는 국회 의사공개의 원칙이 소위원회의 회의에 적용되는 것과 마찬가지로, 출석의원 과반수의 찬성이 있거나 의장이 국가의 안전보장을 위하여 필요하다고 인정할 때에는 국회 회의를 공개하지 아니할 수 있다고 규정한 동항 단서 역시 소위원회의 회의에 적용된다. 국회법 제57조 제5항 단서는 헌법 제50조 제1항 단서가 국회의사공개원칙에 대한 예외로서의 비공개 요건을 규정한 내용을 소위원회 회의에 관하여 그대로 이어받아 규정한 것에 불과하므로, 헌법 제50조 제1항에 위반하여 국회 회의에 대한 국민의 알 권리를 침해하는 것이라거나 과잉금지의 원칙을 위배하는 위헌적인 규정이라 할 수 없다.

[요약판례 3] 국회법 제106조의2 등 위헌확인: 각하(헌재 2012.7.31. 2012헌마619)

이 사건 국회법조항은 국회에서 본회의에 안건이 부의된 때에 재적의원 3분의 1 이상이 서명한 요구서에 의하여 무제한 토론을 실시하고, 그 종결은 무제한 토론을 할 의원이 더 이상 없거나 재적의원 5분의 3 이상의 찬성으로 의결한 때에 가능하다는 등 국회에서의 무제한 토론에 관하여 규정하고 있는 조항인바, 청구인들은 이 사건 국회법조항이 국민주권의 원칙과 민주적 책임의 원칙에 위배되어 위헌이라는 취지의 주장을 할 뿐, 이 사건 국회법조항에 의하여 청구인들 자신의 기본권이 현실적으로 침해되었다거나 또는 침해될 가능성이 있다는 것을 인정할 만한 구체적 사정을 주장하지 아니하고 있다. 따라서 이 부분 심판청구는 기본권침해의 법적 관련성을 갖추지 못하여 부적법하다.

제3절 권력분립주의

> **대판 1996.5.10. 95추87**
> 조례로 단체장의 예산안 편성권 또는 국·시비보조금의 예산계상 신청권을 본질적으로 제한하는 내용을 규정할 수 있는지 여부(소극)

지방자치법상 **의결기관과 집행기관 사이의 권한의 분리 및 배분의 취지**에 비추어 보면, 지방의회는 지방자치단체의 예산을 심의·확정할 권한이 있으므로 지방자치단체의 재정 부담을 수반하는 국·시비보조금의 사업이 적절하지 않다고 판단되면 관련 예산안에 대한 심의를 통하여 사후에 감시·통제할 수 있으나, **법령상 지방자치단체의 장에게 예산안 편성 또는 국·시비보조금의 예산계상 신청 등의 사무에 관한 집행권한**을 부여하면서도 그 권한행사에 대한 **의회의 사전 의결 또는 사후 승인을 받도록 하는 등의 권한행사를 견제·제한하는 규정**을 두거나 그러한 내용의 조례를 제정할 수 있다고 규정하고 있지 아니하는 한, 하위법규인 조례로써는 단체장의 예산안 편성권 또는 국·시비보조금의 예산계상 신청권을 본질적으로 제약하는 내용의 규정을 할 수 없고, 이러한 내용의 조례가 제정되었다면 이는 지방자치법에 위배된다.

> **대판 2003.9.23. 2003추13**
> 조례안이 지방의회로 하여금 집행기관의 행정작용에 대하여 그 시정뿐만 아니라 관계자의 문책 등까지 요구할 수 있도록 규정한 경우, 법령에 위반되는지 여부(적극)

지방의회로 하여금 시정뿐만 아니라 관계자의 문책 등까지 요구할 수 있도록 한 개정 조례안은 **지방의회**가 법령에 의하여 주어진 권한의 범위를 넘어 집행기관의 **행정작용에 대하여 직접 간섭하는 것**으로서 법령에 없는 새로운 견제장치를 만드는 것이 되어 결국 상위법령인 지방자치법시행령 제19조 제2항에 위반된다.

제4절 정부형태론

2 국 회

제 1 절 의회주의(의회제)

제 2 절 의회의 조직과 구성

I 입법권침해 등에 대한 헌법소원: 각하(헌재 1995.2.23. 90헌마125)

쟁점 국가기관이나 그 구성원의 지위에 있는 자가 그 직무상 권한을 침해당했다는 이유로 헌법소원을 청구할 수 있는지 여부

사건의 개요

국회 본회의에서 집권당인 여당소속 의원들이 국회를 점거한 가운데 피청구인(국회의장)의 직무를 대리한 국회부의장이 일체의 토론과 질의 등을 생략한 채 불과 33초 만에 26개 의안을 날치기로 가결 또는 폐기한바, 이에 야당소속 국회의원인 甲등은 국회의원의 입법권(구체적으로 질의권, 토론권, 표결권 등)을 침해하여 헌법의 기본원리를 훼손하였고 그로 인하여 자신들의 기본권을 침해받았음을 이유로 이 사건 헌법소원심판을 청구하였다.

참조 조문

헌법 제40조 입법권은 국회에 속한다.

주 문

이 사건 심판청구를 각하한다.

청구인들의 주장

'날치기강행통과작전 시나리오'에 의하여 같은 당 소속 국회의원들이 에워싼 가운데 여당 소속 국회부의장이 국회의장의 직무를 대리하여 일체의 토론과 질의를 생략한 채 26개의 의안을 일괄상정하여 불과 33초만에 가결·폐기처리 한 것은 헌법과 법률에 위반하여 이루어진 것으로서 당연무효이다.

헌법재판소법 제68조 제1항에서 말하는 "헌법상 보장된 기본권의 침해"는 기본권의 상위개념인 국민주권주의, 법치주의, 적법절차원리 등 헌법의 기본원리의 침해도 포함하는 것이다. 따라서 위 변칙처리(날치기통과)는 국회의원인 청구인들의 입법권을 침해하여 헌법의 기본원리를 훼손하였고 그로 인하여 헌법의 기본원리가 보장됨으로써 누릴 수 있는 청구인들의 기본권을 현재 직접 침해받은 것이다.

판 단

Ⅰ. 헌법재판소법 제68조 제1항은 법원의 재판을 제외한 공권력의 행사 또는 불행사로 인하여 헌법상 보장된 기본권을 침해받은 자는 헌법소원심판을 청구할 수 있도록 규정하고 있다. 위 규정에 의한 헌법소원은 헌법이 보장하는 기본권의 주체가 국가기관의 공권력의 행사 또는 불행사로 인하여 그 기본권을 침해받았을 경우 이를 구제하기 위한 수단으로 인정된 것이다. 그러므로 **헌법소원을 청구할 수 있는 자는 원칙적으로 기본권의 주체로서의 국민에 한정되며 국민의 기본권을 보호 내지 실현할 책임과 의무를 지는 국가기관이나 그 일부는 헌법소원을 청구할 수 없다.**

Ⅱ. 입법권은 헌법 제40조에 의하여 국가기관으로서의 국회에 속하는 것이고, **국회의원이 국회 내에서 행사하는 질의권·토론권 및 표결권 등은 입법권 등 공권력을 행사하는 국가기관인 국회의 구성원의 지위에 있는 국회의원에게 부여된 권한으로서 국회의원 개인에게 헌법이 보장하는 권리 즉 기본권으로 인정된 것이라고 할 수는 없다.** 그러므로 국회의 구성원인 지위에서 공권력작용의 주체가 되어 오히려 국민의 기본권을 보호 내지 실현할 책임과 의무를 지는 국회의원이 국회의 의안처리과정에서 위와 같은 권한을 침해당하였다고 하더라도 이는 헌법재판소법 제68조 제1항에서 말하는 "기본권의 침해"에는 해당하지 않으므로, 이러한 경우 국회의원은 개인의 권리구제수단인 헌법소원을 청구할 수 없다고 할 것이다.

Ⅲ. 헌법소원심판 과정에서 공권력의 행사 또는 불행사가 위헌인지 여부를 판단함에 있어서 국민주권주의, 법치주의, 적법절차의 원리 등 헌법의 기본원리 위배 여부를 그 기준으로 적용할 수는 있으나, 공권력의 행사 또는 불행사로 헌법의 기본원리가 훼손되었다고 하여 그 점만으로 국민의 기본권이 직접 현실적으로 침해된 것이라고 할 수는 없고 또한 공권력행사가 헌법의 기본원리에 위반된다는 주장만으로 헌법상 보장된 기본권의 주체가 아닌 자가 헌법소원을 청구할 수도 없는 것이므로, 설사 피청구인의 불법적인 의안처리행위로 헌법의 기본원리가 훼손되었다고 하더라도 그로 인하여 헌법상 보장된 구체적 기본권을 침해당한 바 없는 국회의원인 청구인들에게 헌법소원심판청구가 허용된다고 할 수는 없다.

Ⅳ. 따라서 청구인들이 입법권 등을 행사하는 공권력주체인 국회라는 국가기관의 구성원인 지위에서, 피청구인의 의안처리행위로 인하여 그들의 권한이 침해되고 헌법의 기본원리가 훼손되었음을 이유로 하여 제기한 이 사건 헌법소원심판청구는 현행 법제도상 허용될 수 없는 것이라고 할 것이다.

본 판례에 대한 평가 1. "공권력의 행사 또는 불행사로 인하여 헌법상 보장된 기본권을 침해받은 자는 법원의 재판을 제외하고는 헌법재판소에 헌법소원심판을 청구할 수 있다"(헌재법 제68조 제1항). 이 때 기본권을 침해받은 자는 기본권의 주체에서와 마찬가지로 모든 국민을 의미한다. 이 국민의 범주에는 자연인뿐만 아니라 법인도 포함된다. 또한 권리능력없는 사단이나 정당과 같은 일반적인 단체도 포함된다.

다만 헌법소원의 청구권자가 될 수 있는 단체라고 하더라도 "단체는 원칙적으로 단체 자신의 기본권을 직접 침해당한 경우에만 그의 이름으로 헌법소원심판을 청구할 수 있을 뿐이고 그 구성원을 위하여 또는 그 구성원을 대신하여 헌법소원심판을 청구할 수 없"으므로 자기관련성에 주의를 요한다. 또한 단체 자체가 아닌 단체소속의 분과위원회는 청구권자가 될 수 없다. 그리고 민법상 권리능력이나 민사소송법상 당사자능력이 없는 자도 청구권자가 될 수 없다. 헌법재판소는 "국가나 국가기관 또는 국가조직의 일부" 및 공법인은 기본권의 수범자이지 기본권의 주체가 아니라고 보아, 국회의 구성원인 국회상임위원회, 공법인인 지방자치단체의 교육위원, 국회의원 등에 대한 청구인적격을 부인하고 있다. 다만, 공권력의 주체라고 하더라도 국·공립대학이나 공영방송국과 같이 국가에 대하여 독립성을 가지고 있는 독자적인 기구로서 해당 기본권영역에서 개인들의 기본권실현에도 이바지하는 경우에는 예외적으로 기본권주체가 될 수 있다. 헌법재판소는 국립서울대학교에 대하여 학문의 자유 및 대학의 자치와 관련하여 기본권주체성을 인정하고 있다.

2. 헌법재판소법 제68조 제1항의 헌법소원과 관련하여, 국민의 기본권을 보호 내지 실현할 책임과 의무를 지는 국가기관이나 그 일부는 헌법소원을 청구할 수 없다는 것이 헌법재판소의 일관된 태도이며, 최근에도 지방자치단체가 기본권의 주체가 될 수 없음을 이유로 헌법소원청구능력을 부정한 바 있다(헌재 2006.2.23. 2004헌바50). 다만 유의할 점은 국가기관 등으로서의 자격이 아니라 개인적 자격에 따라 헌법소원을 청구할 경우에는 달리 보아야 한다는 점이다. 위 사건에서도 국회의원의 국가기관으로서의 지위에서는 헌법소원청구를 부정하였으나 국회의원 개인이 별개의 지위에서 기본권주체가 될 수는 있으며 그런 경우 헌법소원심판 청구가 가능할 수 있음을 전제하고 있다. 따라서 헌법재판소는 국회의원의 질의권·토론권 및 표결권 등의 입법권이 국가기관인 국회의 구성원의 지위로서의 국회의원에게 부여된 권한일 뿐 국회의원 개인에게 인정되는 권리가 아님을 이유로 청구인들의 헌법소원을 부적법하다고 보았던 것이다.

[요약판례] 국가보안법 제6조 제1항 등에 대한 헌법소원: 한정합헌,합헌(헌재 1997.1.16. 92헌바6등)

입법절차의 하자(날치기 입법)에 대한 헌법소원심판

관계자료에 의하면, 1991. 5. 10. 속개된 제154회 임시국회 본회의는 당시 의장이 야당의원들의 거듭된 실력저지로 정상적인 의사진행에 의한 표결이 사실상 불가능한 상황이었음을 확인한 후 본회의장내에서 헌법 및 국회법 소정의 의결정족수를 넘는 다수 의원들이 당해 안건에 대하여 찬성의사를 표시함을 확인하고 "국가보안법중 개정법률안"이 가결되었음을 선포하였던 것으로 인정된다. 그렇다면 신법의 개정절차에 헌법 제40조 및 제49조 등을 위반한 위헌적 요소가 있었다고는 볼 수 없다.

제3절 국회의 헌법상 지위

[요약판례 1] 의료보험법 제33조 제1항 위헌제청: 위헌(헌재 1998.5.28. 96헌가1)

의료보험 요양기관 지정의 취소를 규정하고 있는 의료보험법 제33조 제1항이 헌법 제40조, 제75조, 제95조 등에 위반되는지 여부(적극)

헌법 제40조의 의미는 적어도 국민의 권리와 의무의 형성에 관한 사항을 비롯하여 국가의 통치조직과 작용에 관한 기본적이고 본질적인 사항은 반드시 국회가 정하여야 한다는 것이다.

의료보험요양기관의 직업수행의 자유를 제한하는 그 지정취소의 경우, 국회는 그 취소의 사유에 관하여 국민들의 정당한 의료보험수급권의 보호·보험재정의 보호 및 의료보험 수급질서의 확립이라는 공공복리 내지 질서유지의 필요와 그 지정취소로 인하여 의료기관 등이 입게 될 불이익 등을 비교형량하여 **일반 국민이 그 기준을 대강이라도 예측할 수 있도록 법률로서 명확히 정하여야 하고, 하위 법령에 위임하는 경우에도 그 구체적인 범위를 정하였어야 한다.** 그럼에도 불구하고 이 사건 법률조항에서는 그 지정취소 사유의 대강이라도 예측할 수 있게 규정하지 아니한 채 보건복지부장관에게 포괄적으로 백지위임하고 있으므로, 이는 헌법상 위임입법의 한계를 일탈한 것으로서 헌법 제75조 및 제95조에 위반되고, 나아가 우리 헌법상의 기본원리인 권력분립의 원리, 법치주의의 원리, 의회입법의 원칙 등에 위배된다고 할 것이다.

[요약판례 2] 농업기반공사및농지기금관리법 부칙 제6조 단서 위헌확인: 기각(헌재 2001.4.26. 2000헌마122)

농업기반공사및농지관리기금법 부칙 제6조 단서에서 '농업기반공사의 정관이 정하는 바에 따라' 필요한 예우를 하도록 규정한 것이 포괄위임입법금지 원칙 혹은 의회유보의 원칙에 위배하여 청구인들의 직업선택의 자유 등을 침해하는지 여부(소극)

헌법 제75조, 제95조가 정하는 포괄적인 위임입법의 금지는, 그 문리해석상 정관에 위임한 경우까지 그 적용 대상으로 하고 있지 않고, 또 권력분립의 원칙을 침해할 우려가 없다는 점 등을 볼 때, **법률이 정관에 자치법적 사항을 위임한 경우에는 원칙적으로 적용되지 않는다.** 한편 법률이 자치적인 사항을 정관에 위임할 경우 원칙적으로 헌법상의 포괄위임입법금지 원칙이 적용되지 않는다 하더라도, 그 사항이 국민의 권리 의무에 관련되는 것일 경우에는, **적어도 국민의 권리와 의무의 형성에 관한 사항을 비롯하여 국가의 통치조직과 작용에 관한 기본적이고 본질적인 사항은 반드시 국회가 정하여야 한다는 법률유보 내지 의회유보의 원칙이 지켜져야 할 것이다.**

제 4 절 국회의 회의운영과 의사원칙

[요약판례] 국회구성의무불이행 위헌확인: 각하(헌재 1996.11.28. 96헌마207)

법정시한내에 국회의 원구성을 하지 아니한 행위가 기본권을 침해하는 공권력의 불행사에 해당하는지 여부(소극)

헌법소원은 공권력의 행사 또는 불행사로 인하여 헌법상 보장된 기본권을 침해받은 자만이 청구할 수 있는 제도인데, 제15대 국회의원선거 당선인들이 국회법에 규정된 시한내에 의장과 부의장을 선출하지 않는 등 국회의 원구성을 하지 않은 것만으로는 행복추구권 등 헌법상 보장된 청구인들의 기본권이 침해받을 여지가 없으므로 국회구성의 무불이행을 이유로 하는 헌법소원은 부적법하다.

제 5 절 국회의원선거

제1편 헌법총론, 제1장 헌법과 헌법학, 제3절 대한민국헌법의 기본원리, 제2관 정치적 기본원리 : 자유민주주의, 제3항 민주적 선거제도의 보장 부분 참조.

제 6 절 국회의 내부조직

I 국회의원과 국회의장간의 권한쟁의: 기각(헌재 2003.10.30. 2002헌라1)

쟁점 국회의장이 국회의원의 의사에 반하여 국회 보건복지위원회에서 사임시키고 환경노동위원회로 보임한 행위가 국회의원의 법률안 심의·표결 권한을 침해한 것인지 여부

사건의 개요

청구인은 한나라당 소속 국회의원으로서 국회 보건복지위원회 상임위원으로 활동하였다. 그런데, 한나라당은 건강보험재정통합방안에 반대하여 '재정분리'안을 당론으로 결정한 후 이를 정기국회에서 통과시킨다는 방침을 정하였다. 청구인은 평소 건강보험재정문제와 관련하여 '재정통합'이 올바른 길이라는 소신을 가지고 있었는바, 한나라당 지도부는 보건복지위원회 소속한나라당 위원 중 유일하게 당론에 반대하고 있는 청구인을 동 위원회에서 강제로 사임시켜서라도 당론을 관철하고자 하였다. 그리하여 한나라당의 교섭단체대표의원인 원내총무가 국회의장(피청구인)에게 청구인을 보건복지위원회에서 사임시키고 청구인 대신 같은 당 소속 A의원의 보임을 요청하는 서류를 제출하였고, 당일 피청구인이 이 서류에 결재함으로써 그 결과 청구인은 위 위원회에서 강제사임되고 위 A의원이 보임된 후 "건강보험재정분리법안"의 심의·표결이 이루어졌다.

이에 청구인은 피청구인이 한나라당 교섭단체대표의원이 제출한 사·보임 요청서에 결재함으로써 청구인을 국회 보건복지위원회에서 강제 사임시킨 행위로 말미암아 청구인의 국회의원으로서의 법률안 심의·표결권이 침해되었다고 주장하면서, 그 권한침해의 확인 및 피청구인의 위사·보임행위의 무효확인을 구하는 이 사건 권한쟁의심판을 청구하였다.

참조 조문

국회법(2000. 2. 16. 법률 제6266호로 개정된 것, 이하 "법"이라 한다) 제48조 (위원의 선임 및 개선) ① 상임위원은 교섭단체소속의원수의 비율에 의하여 각 교섭단체대표의원의 요청으로 의장이 선임 및 개선한다. (이하 생략)

주 문

청구인의 심판청구를 기각한다.

판 단

I. 적법요건에 대한 판단

1. 당사자능력

헌법재판소는 1997. 7. 16. 선고한 96헌라2 국회의원과 국회의장간의 권한쟁의 사건에서 국회의원과 국회의장을 헌법 제111조 제1항 제4호 소정의 '국가기관'에 해당하는 것으로 해석하고 이들의 당사자능력을 인정한 바 있으며, 이러한 입장은 2000. 2. 24. 선고한 99헌라1 국회의원과 국회의장간의 권한쟁의 사건에서도 이어지고 있다. 따라서 이 사건의 청구인과 피청구인은 권한쟁의심판의

당사자가 될 수 있는 능력이 있다.

2. 피청구인의 행위가 권한쟁의심판의 대상이 될 수 있는지 여부

이 사건은 국회의장인 피청구인이 국회의원인 청구인의 헌법 및 법률상 보장된 법률안 심의·표결권을 침해하였다는 이유로 권한쟁의심판이 청구된 사건이므로, 피청구인의 이 사건 사·보임행위는 헌법재판소가 심사할 수 없는 국회내부의 자율에 관한 문제라고 할 수 없다. 한편, **청구인의 상임위원 신분의 변경을 가져온 피청구인의 이 사건 사·보임 결재행위는 권한쟁의심판의 대상이 되는 처분이라고 할 것이다.**

3. 헌법 또는 법률에 의하여 부여받은 권한의 침해

청구인이 주장하는 **국회의원의 법률안 심의·표결권은 헌법 제41조 제1항에 따라 국민의 선거에 의하여 선출된 헌법상의 국가기관으로서 헌법과 법률에 의하여 부여받은 독자적인 권한임이 틀림없다.** 또한 청구인은 이 사건 사·보임행위로 말미암아 보건복지위원회의 위원으로 법률안, 특히 이 사건 건강보험재정분리법안에 대한 심의·표결권을 행사하지 못하게 되었으므로 일응 이러한 권한 침해의 개연성을 인정할 수 있다.

4. 권리보호이익과 헌법적 해명

청구인은 다시 보건복지위원회에 배정되어 현재까지 동 위원회에서 활동하고 있다. 그러므로 청구인이 이 사건 권한쟁의심판청구에 의하여 달성하고자 하는 목적은 이미 이루어져 청구인이 주장하는 권리보호이익이 소멸하였다. 그러나 헌법소원심판과 마찬가지로 **권한쟁의심판도 주관적 권리구제뿐만 아니라 객관적인 헌법질서 보장의 기능도 겸하고 있으므로, 청구인에 대한 권한침해 상태가 이미 종료하여 이를 취소할 여지가 없어졌다 하더라도 같은 유형의 침해행위가 앞으로도 반복될 위험이 있고, 헌법질서의 수호·유지를 위하여 그에 대한 헌법적 해명이 긴요한 사항에 대하여는 심판청구의 이익을 인정할 수 있다고 할 것이다.** 이 사건과 같이 상임위원회 위원의 개선, 즉 사·보임행위는 국회법 규정의 근거하에 국회관행상 빈번하게 행해지고 있고 그 과정에서 당해 위원의 의사에 반하는 사·보임이 이루어지는 경우도 얼마든지 예상할 수 있으므로 청구인에게뿐만 아니라 일반적으로도 다시 반복될 수 있는 사안이어서 헌법적 해명의 필요성이 있으므로 이 사건은 심판의 이익이 있다고 할 것이다.

5. 소 결

이 사건 심판청구는 권한쟁의심판의 당사자가 될 수 있는 국회의원인 청구인이 국회의장인 피청구인을 상대로, 피청구인이 청구인을 국회 보건복지위원회에서 강제로 사임케 하고 위 A의원을 보임하는 사·보임 요청을 허가함으로써 청구인의 권한을 침해하였다고 주장하여 권한침해의 확인과 아울러 그 행위의 무효확인을 구하는 것으로서 적법하다고 할 것이다.

Ⅱ. 본안에 대한 판단

1. 국회의원의 법률안 심의·표결 권한

청구인이 주장하는 법률안 심의·표결권에 대하여 보면, 이러한 권한은 국회 본회의와 상임위원회(특별위원회 포함. 이하 같다)에서의 그것을 의미한다고 할 것이다. 즉, 국회의원은 2 이상의 상임위원회의 위원이 되므로(법 제39조 제1항), 국회의원은 상임위원회와 본회의에서 의제 또는 의사진행에

관하여 발언하고 동의를 함으로써 의제를 성립시킬 수 있는 권한을 가진다. 여기에는 의제에 대한 찬반토론을 할 수 있는 권리를 포함한다(법 제99조 내지 108조). 또한 국회의원은 상임위원회와 본회의에서 표결에 참가할 권리를 가진다(법 제54조, 제109조 참조).

2. 위원회제도의 의의

상임위원회(Standing Committee)를 포함한 위원회는 의원 가운데서 소수의 위원을 선임하여 구성되는 국회의 내부기관인 동시에 본회의의 심의 전에 회부된 안건을 심사하거나 그 소관에 속하는 의안을 입안하는 국회의 합의제기관이다. 위원회의 역할은 국회의 예비적 심사기관으로서 회부된 안건을 심사하고 그 결과를 본회의에 보고하여 본회의의 판단자료를 제공하는 데 있다. **우리나라 국회의 법률안 심의는 본회의 중심주의가 아닌 소관 상임위원회 중심으로 이루어진다. 소관 상임위원회에서 심사·의결된 내용을 본회의에서는 거의 그대로 통과시키는 이른바 "위원회 중심주의"를 채택하고 있는 것이다.** 오늘날 의회의 기능에는 국민대표기능, 입법기능, 정부감독기능, 재정에 관한 기능 등이 포함된다. 의회가 이러한 본연의 기능을 수행함에 있어서는 국민대표로 구성된 의원 전원에 의하여 운영되는 것이 이상적일 것이나, 의원 전원이 장기간의 회기동안 고도의 기술적이고 복잡다양한 내용의 방대한 안건을 다루기에는 능력과 시간상의 제약이 따른다. 이러한 한계를 극복하기 위한 방안으로 위원회제도가 창설된 것이다.

3. 국회의장의 직무

국회의장은 헌법 제48조에 따라 국회에서 선출되는 헌법상의 국가기관이다. 헌법과 법률에 의하여 국회를 대표하고 의사를 정리하며, 질서를 유지하고 사무를 감독할 지위에 있고(법 제10조), 이러한 지위에서 본회의 개의일시의 변경, 의사일정의 작성과 변경, 의안의 상정, 의안의 가결선포 등의 권한을 행사한다. 이 사건과 같은 상임위원의 선임 또는 개선은 이와 같은 국회의장의 직무 중 의사정리권한에 속하는 것이다.

4. 이 사건 사·보임행위에 대한 평가

(1) 정당은 국민과 국가의 중개자로서 정치적 도관의 기능을 수행하여 주체적·능동적으로 국민의 다원적 정치의사를 유도·통합함으로써 국가정책의 결정에 직접 영향을 미칠 수 있는 규모의 정치적 의사를 형성하고 있다. 이와 같은 정당의 기능을 수행하기 위해서는 무엇보다도 먼저 정당의 자유로운 지위가 전제되지 않으면 안 된다. 즉, 정당의 자유는 민주정치의 전제인 자유롭고 공개적인 정치적 의사형성을 가능하게 하는 것이므로 그 자유는 최대한 보장되지 않으면 안 되는 것이다. **한편, 정당은 그 자유로운 지위와 함께 "공공의 지위"를 함께 가지므로 이 점에서 정당은 일정한 법적 의무를 지게 된다. 현대정치의 실질적 담당자로서 정당은 그 목적이나 활동이 헌법적 기본질서를 존중하지 않으면 안 되며, 따라서 정당의 활동은 헌법의 테두리 안에서 보장되는 것이다.** 또한 정당은 정치적 조직체인 탓에 그 내부조직에서 형성되는 과두적·권위주의적 지배경향을 배제하여 민주적 내부질서를 확보하기 위한 법적 규제가 불가피하게 요구된다. 그러나 **정당에 대한 법적 규제는 위와 같은 한정된 목적에 필요한 범위 안에서 행해져야 하며, 그것이 국민의 정치활동의 자유나 정당의 단체자치에 부당한 간섭으로 작용해서는 안 된다. 특히 정당의 내부질서에 대한 규제는 그것이 지나칠 때에는 정당의 자유에 대한 침해의 위험성이 있으므로 민주적 내부질서에**

필요한 최소한도의 규제로 그쳐야 한다.

(2) 국회는 중요한 헌법기관으로서 스스로의 문제를 자주적으로 처리할 수 있는 폭넓은 자율권을 갖는다. 국회의 자율권은 의회주의사상에 그 뿌리를 두고 권력분립의 원칙에 입각하여 현대 헌법국가의 의회에서는 당연한 국회기능의 하나로 간주되고 있다. 국회의 자율기능은 국회가 갖는 입법・재정・통제・인사기능의 실효성을 높이기 위한 불가결한 전제조건을 뜻하기 때문이다. 이러한 관점에서 볼 때, **이 사건 사・보임행위는 기본적으로 국회의 조직자율권에 해당하는 행위라고 할 수 있고, 따라서 이를 평가함에 있어 헌법이나 법률에 명백히 위반되는 것이 아닌 한 성급하게 위헌이라는 평가를 내려서는 안 된다.**

(3) 현대의 민주주의가 종래의 순수한 대의제 민주주의에서 정당국가적 민주주의의 경향으로 변화하고 있음은 주지하는 바와 같다. 다만, 국회의원의 국민대표성보다는 오늘날 복수정당제하에서 실제적으로 정당에 의하여 국회가 운영되고 있는 점을 강조하려는 견해와, 반대로 대의제 민주주의 원리를 중시하고 정당국가적 현실은 기본적으로 국회의원의 전체국민대표성을 침해하지 않는 범위 내에서 인정하려는 입장이 서로 맞서고 있다.

무릇 국회의원의 원내활동을 기본적으로 각자에 맡기는 자유위임은 자유로운 토론과 의사형성을 가능하게 함으로써 당내민주주의를 구현하고 정당의 독재화 또는 과두화를 막아주는 순기능을 갖는다. 그러나 **자유위임은 의회 내에서의 정치의사형성에 정당의 협력을 배척하는 것이 아니며, 의원이 정당과 교섭단체의 지시에 기속되는 것을 배제하는 근거가 되는 것도 아니다. 또한 국회의원의 국민대표성을 중시하는 입장에서도 특정 정당에 소속된 국회의원이 정당기속 내지는 교섭단체의 결정(소위 '당론')에 위반하는 정치활동을 한 이유로 제재를 받는 경우, 국회의원 신분을 상실하게 할 수는 없으나 "정당내부의 사실상의 강제" 또는 소속 "정당으로부터의 제명"은 가능하다고 보고 있다. 그렇다면, 당론과 다른 견해를 가진 소속 국회의원을 당해 교섭단체의 필요에 따라 다른 상임위원회로의 전임(사・보임)하는 조치는 특별한 사정이 없는 한 헌법상 용인될 수 있는 "정당 내부의 사실상 강제"의 범위 내에 해당한다고 할 것이다.**

(4) 오늘날 교섭단체가 정당국가에서 의원의 정당기속을 강화하는 하나의 수단으로 기능할 뿐만 아니라 정당소속 의원들의 원내 행동통일을 기함으로써 정당의 정책을 의안심의에서 최대한으로 반영하기 위한 기능도 갖는다는 점에 비추어 볼 때, 국회의장이 국회의 의사를 원활히 운영하기 위하여 상임위원회의 구성원인 위원의 선임 및 개선에 있어 교섭단체대표의원과 협의하고 그의 "요청"에 응하는 것은 국회운영에 있어 본질적인 요소라고 아니할 수 없다. 따라서 교섭단체대표의원의 "요청"이 헌법 또는 법률에 명백히 위반되는 것이 아닌 한, 교섭단체대표의원이 상임위원의 개선에 있어 청구인의 주장대로 "당해 위원이 위원회의 구성원으로서의 지위를 계속 유지하기에 적합하지 않다고 판단될 만한 불법 또는 부당한 사유를 가지고 있는 경우에" 한하여 그의 개선을 요청할 수 있다고 볼 것은 아니다. 피청구인은 법 제48조 제1항에 규정된 바와 같이 청구인이 소속된 한나라당 "교섭단체대표의원의 요청"을 서면으로 받고 이 사건 사・보임행위를 한 것으로서 하등 헌법이나 법률에 위반되는 행위를 한 바가 없다.

(5) 요컨대, 피청구인의 이 사건 사・보임행위는 청구인이 소속된 정당내부의 사실상 강제에 터잡아 교섭단체대표의원이 상임위원회 사・보임 요청을 하고 이에 따라 국회의장인 피청구인이 이

른바 의사정리권한의 일환으로 이를 받아들인 것으로서, 그 절차·과정에 헌법이나 법률의 규정을 명백하게 위반하여 재량권의 한계를 현저히 벗어나 청구인의 권한을 침해한 것으로 볼 수 없다.

Ⅲ. 결 론

따라서 청구인의 심판청구는 이유 없으므로 이를 기각하기로 하여 재판관 권성의 반대의견을 제외하고는 관여 재판관 전원의 일치된 의견으로 주문과 같이 결정한다.

재판관 권성의 반대의견

한나라당 교섭단체대표의원의 요청에 따른 피청구인의 이 사건 사·보임행위는 우선 국민의 대표인 국회의원으로서 상임위원회에서 '건강보험의 재정통합' 여부라는 중요한 쟁점, 즉 국민건강보험법중개정법률안에 관한 심의·표결 권한을 침해하였음이 명백하다. 국회의원은 한 정당의 대표만이 아니므로 전체국민의 이익을 희생시키지 않는 범위 내에서만 소속정당의 정책과 결정에 기속된다고 보아야 하고, 따라서 이 사건의 경우 **'정당기속' 내지 '교섭단체기속'보다는 자유위임관계가 우선하는 효력이 있다고 보아야 하기 때문이다.**

또한, 법 제48조는 상임위원의 '개선'은 교섭단체대표의원의 요청이 있는 경우 국회의장이 이를 할 수 있는 것으로 규정하고 있고 그 외 특별한 요건을 규정하지 않고 있으나, 그렇다고 하더라도 일반적이고 내재적인 한계는 법률해석상 당연히 있다고 보아야 한다. 일단 상임위원회의 위원으로 배정되었다면 법이 보장하는 임기 동안에는 본인의 의사에 반하여 강제로 상임위원회에서 배제할 수는 없다고 보아야 한다. 즉, 국회의원은 2 이상의 상임위원회의 위원이 되고(법 제39조 제1항) 상임위원회 위원의 임기는 2년이므로(법 제40조), 청구인의 경우 보건복지위원회의 상임위원으로 배정되었기 때문에 특별한 사정이 없는 한 2년 동안은 동 위원회의 위원으로 활동할 수 있는 권한이 주어진 것이라고 해석해야 마땅하다. 따라서 본인이 계속 동 위원회에서 활동하기를 원하고 있다면 법 제48조 제6항과 같은 사유가 아닌 한 본인의 의사에 반하여 강제로 위원회에서 사임시킬 수는 없다고 보아야 할 것이다.

그렇다면 **국회의장의 청구인에 대한 이 사건 사·보임행위는 국회 보건복지위원회에서 국민건강보험법중개정법률안에 대하여 심의·표결할 청구인의 권한을 침해하고 아울러 특별한 사정이 없는 한 동 위원회의 상임위원으로서 2년의 임기 동안 활동할 수 있는 청구인의 권한을 역시 침해한 것이라 할 것이다.**

본 판례에 대한 평가 1. 국회의원의 국민대표성: 대표민주주의와 자유위임(기속위임금지): 국민의 대표자로서 국회의원이 가지는 대표의 법적 성격에 관하여 정치적 대표설과 헌법적 대표설로 나뉘어지고 있다. 그러나 어느 학설을 취하든지에 관계없이 국회의원의 국민대표자로서의 지위에는 변함이 없다. 국회의원은 헌법 제1조 제2항(국민주권주의), 제7조 제1항(공무원의 국민 전체에 대한 봉사), 제40조(국회입법권), 제41조(국회의원의 선거), 제44조(불체포특권), 제45조(면책특권), 제46조 제2항(국가이익우선의무), 제50조(의사공개원칙) 등의 규정에 비추어 전체국민의 대표자로서의 지위와 더불어 기속위임금지의 법리(자유위임의 법리)에 기초하고 있다. 생각건대 근대입헌주의의 초기단계에서 야기된 국민(Nation)주권론과 인민(Peuple)주권론의 전개과정에서 Nation주권론이 제기한 자유위임의 법리는 곧 대표민주주의의 정당성에 관한 논리적 기초를 제공한 바 있다. 사실 자유위임의 원리에 기초한 대표민주주의의 정착은 Nation주권론의 승리를 의미하는 것이기도 하다. 헌법재판소도 국민대표이론상 자유위임의 원칙을 분명히 밝히고 있다.

2. 정당국가화 경향에 따른 국회의원의 정당대표성과의 조화: 정당은 법적으로 헌법기관도 아니면서 동시에 헌법 제21조의 일반적인 사법상 결사로도 볼 수 없는 특수성이 있기 때문에 정당의 헌

법상 지위를 중개적 권력 또는 제도보장이라고 하지만, 이를 곧바로 국회의원의 국민대표성과 동일시할 수는 없다. 특히 헌법 제46조 제2항에서 "국회의원은 국가이익을 우선하여 양심에 따라 직무를 행한다"라고 규정하고 있고, 국회법에서도 "의원은 국민의 대표자로서 소속정당의 의사에 기속되지 아니하고 양심에 따라 투표한다"(제114조의2)라고 규정하고 있으므로 국회의원의 정당에 대한 기속성은 일정한 한계를 가진다. 하지만 현대의회정치는 정당을 중심으로 형성되고 있으므로 국회의원의 정당 소속원으로서의 지위를 결코 과소평가할 수는 없다. 더구나 국회의원의 선거 그 자체가 정당 소속원으로서의 지위와 직접적으로 연계되어 있기 때문에, 정당 소속원으로서의 지위를 단순히 정치적 의미로만 이해할 수도 없다. 즉 국회의원의 정당소속원으로서의 지위와 국민대표자로서의 지위는 서로 별개로 존재하는 것이 아니라 상호 융합되어 있다. 이에 따라 전통적인 자유위임법리의 현대적 변용 내지 재해석이 불가피하다.

3. 헌법재판소도 본 결정에서, 국회의원의 국민 대표자로서의 지위와 정당 대표자로서의 지위의 상호갈등이 있을 경우에 여러 견해가 대립될 수 있음을 인정하고 있다. 생각건대 국회의원의 국익우선의무(헌법 제46조 제2항 등)에 비추어 본다면 국회의원의 국민 대표자로서의 지위와 정당 대표자로서의 지위의 상호 갈등이 있을 경우에는 국민 대표자로서의 지위가 우선하여야 한다(권성 재판관의 반대의견이 이러한 사실을 적시한 점에서 큰 의미가 있다고 생각된다).

[요약판례] 국회법 제34조 등 위헌확인: 기각(헌재 2008.3.27. 2004헌마654)

교섭단체 소속의원의 입법활동을 보좌하기 위하여 교섭단체에 정책연구위원을 두도록 하는 국회법 제34조 제1항이 교섭단체를 구성한 정당과 그렇지 못한 정당을 차별하는 규정인지 여부(적극) 및 정책연구위원을 교섭단체 구성 여부만을 기준으로 배정하는 것이 소수정당의 평등권을 침해하는지 여부(소극)

입법기능을 담당하고 있는 국회 구성원인 국회의원들이 그 기능을 원활하게 수행하기 위해서는 입법대상에 관한 폭넓은 이해와 전문적 지식을 갖추어야 한다. 그러나 **국회의원 개개인이 입법에 필요한 모든 분야에서 이러한 능력과 정보를 가질 수는 없는 것이므로, 이를 보완하기 위하여 전문성을 가진 외부 인력의 조력을 받게 하는 제도적 장치가 필요하게 된다.** 결국 이 사건 정책연구위원제도는 국회의원들의 결사체인 교섭단체가 필요로 하는 전문가를 국가공무원의 신분을 부여하여 당해 교섭단체에 배정함으로써 소속 국회의원들의 입법작용을 활성화 및 전문화시키기 위한 것이다.

국회의 역할 중 가장 중요한 것은 국민의 요구와 기대를 수렴하여 입법화하는 일이다. 그런데 국민의 의사를 수렴하여 정책을 수립하고 이를 법률안으로 구체화하는 일은 국회의원 개개인보다 그들의 결사체인 정당 등 교섭단체가 하는 것이 더 적절하고 효율적일 것이다. 나아가 원내에서도 법률안을 발의하는 데에는 의원 10인 이상의 찬성이 있어야 하는 점(국회법 제79조 제1항), 이를 심의하기 위한 의사일정에 관하여 교섭단체 간의 타협과 조정이 필요한 점, 법률안 심의는 주로 본회의가 아닌 소관 상임위원회 중심으로 이루어지는데 상임위원회 수가 17개에 달하는 점(같은 법 제37조 제1항), 법안이 의결되기 위하여는 재적의원 과반수의 출석과 출석의원 과반수의 찬성을 필요로 하는 점(같은 법 제109조) 등을 고려하여 볼 때, 일정수 이상의 소속의원을 가진 교섭단체가 입법활동을 주도할 가능성이 높다. **이러한 상황에서 국회 입법활동의 활성화와 효율화를 이루기 위하여는 우선적으로 교섭단체의 전문성을 제고시켜야 하므로, 교섭단체가 필요로 하는 전문인력을 공무원 신분인 정책연구위원으로 임용하여 그 소속의원들의 입법활동을 보좌하도록 할 필요성이 발생한다. 따라서 교섭단체에 한하여 정책연구위원을 배정하는 데에는 합리적인 이유가 있다 할 것이다.**

제7절 국회의원의 지위 · 권한 · 의무

대판 1992.9.22. 91도3317

국회의원 면책특권의 대상이 되는 행위의 범위 및 판단기준

국회의원의 면책특권의 대상이 되는 행위는 직무상의 발언과 표결이라는 의사표현행위 자체에 국한되지 아니하고 이에 통상적으로 부수하여 행하여지는 행위까지 포함하고, 그와 같은 부수행위인지 여부는 결국 구체적인 행위의 목적, 장소, 태양 등을 종합하여 개별적으로 판단할 수밖에 없다.

원고의 내용이 공개회의에서 행할 발언내용이고(**회의의 공개성**), 원고의 배포시기가 당초 발언하기로 예정된 회의 시작 30분전으로 근접되어 있으며(**시간적 근접성**), 원고 배포의 장소 및 대상이 국회의사당 내에 위치한 기자실에서 국회출입기자들만을 상대로 한정적으로 이루어지고(**장소 및 대상의 한정성**), 원고 배포의 목적이 보도의 편의를 위한 것(**목적의 정당성**)이라면, 국회의원이 국회본회의에서 질문할 원고를 사전에 배포한 행위는 면책특권의대상이 되는 직무부수행위에 해당한다.

국회의원의 면책특권에 속하는 행위에 대하여는 공소를 제기할 수 없으며 이에 반하여 공소가 제기된 것은 결국 공소권이 없음에도 공소가 제기된 것이 되어 형사소송법 제327조 제2호의 "공소제기의 절차가 법률의 규정에 위반하여 무효인 때"에 해당되므로 **공소를 기각하여야 한다.**

대판 1996.11.8. 96도1742

국회의원이 국회 내에서 하는 질문 · 질의 및 자료제출요구가 면책특권의 대상이 되는 행위인지 여부(적극)

헌법 제45조는 "국회의원은 국회에서 직무상 행한 발언과 표결에 관하여 국회 외에서 책임을 지지 아니한다"고 규정하여 국회의원의 면책특권을 인정하고 있는바, 그 취지는 **국회의원이 국민의 대표자로서 국회 내에서 자유롭게 발언하고 표결할 수 있도록 보장함으로써 국회가 입법 및 국정통제 등 헌법에 의하여 부여된 권한을 적정하게 행사하고 그 기능을 원활하게 수행할 수 있도록 보장하는 데에 있다.** 따라서 면책특권의 대상이 되는 행위는 국회의 직무수행에 필수적인 국회의원의 국회 내에서의 직무상 발언과 표결이라는 의사표현행위 자체에만 국한되지 않고 이에 통상적으로 부수하여 행하여지는 행위까지 포함된다고 할 것이다. 국회의원이 국회의 위원회나 국정감사장에서 국무위원 · 정부위원 등에 대하여 하는 질문이나 질의는 국회의 입법활동에 필요한 정보를 수집하고 국정통제기능을 수행하기 위한 것이므로 면책특권의 대상이 되는 발언에 해당함은 당연하고, 또한 국회의원이 국회 내에서 하는 정부 · 행정기관에 대한 자료제출의 요구는 국회의원이 입법 및 국정통제 활동을 수행하기 위하여 필요로 하는 것이므로 그것이 직무상 질문이나 질의를 준비하기 위한 것인 경우에는 직무상 발언에 부수하여 행하여진 것으로서 면책특권이 인정되어야 한다.

대판 2007.1.12. 2005다57752

국회의원이 발언 내용이 허위라는 점을 인식하지 못하였다면 비록 발언 내용에 다소 근거가 부족하거나 진위 여부를 확인하기 위한 조사를 제대로 하지 않았다고 하더라도 그것이 직무 수행의 일환으로 이루어진 것인 이상 면책특권이 인정되는지 여부(적극)

헌법 제45조에서 규정하는 국회의원의 면책특권은 국회의원이 국민의 대표로서 국회 내에서 자유롭게 발언하고 표결할 수 있도록 보장함으로써 국회가 입법 및 국정통제 등 헌법에 의하여 부여된 권한을 적정하게 행사하고 그 기능을 원활하게 수행할 수 있도록 보장하는데 그 취지가 있다. 이러한 면책특권의 목적 및 취지 등에 비추어 볼 때, 발언 내용 자체에 의하더라도 직무와는 아무런 관련이 없음이 분명하거나 명백히 허위임을 알면서도 허위의 사실을 적시하여 타인의 명예를 훼손하는 경우 등까지 면책특권의 대상이 될 수는 없지만 **발언 내용이 허위라는 점을 인식하지 못하였다면 비록 발언 내용에 다소 근거가 부족하거나 진위 여부를 확인하기 위한 조사를 제대로 하지 않았다고 하더라도 그것이 직무 수행의 일환으로 이루어진 것인 이상 이는 면책특권의 대상이 된다.** 이 사건에서 국회의원이 국회 예산결산위원회 회의장에서 법무부 장관을 상대로 대정부 질의를 하던 중 대통령 측근에 대한 대선자금 제공 의혹과 관련하여 이에 대한 수사를 촉구하는 과정에서 한 발언은 면책특권의 대상이 된다.

제 8 절 국회의 권한

제 1 항 입 법 권

I 국회의원과 국회의장간의 권한쟁의: 권한침해,기각(헌재 1997.7.16. 96헌라2)

쟁점 국회부의장이 야당의원들에게 개의일시를 통지하지 않은 채 본회의를 개의, 법률안을 가결 처리한 것이 야당의원들의 법률안 심의 표결권 침해 여부 및 가결선포행위의 무효 여부

사건의 개요

국회부의장은 1996. 12. 26. 06 : 00경 피청구인을 대리하여 여당 소속 국회의원 155인이 출석한 가운데 제182회 임시회 제1차 본회의를 개의하고 국가안전기획부법중개정법률안을 비롯한 4개 법률안을 상정, 표결을 하여 가결되었음을 선포하였다. 이에 야당 소속 국회의원인 청구인들은 1996. 12. 30. 피청구인이 야당 국회의원인 청구인들에게 변경된 개의시간을 통지하지도 않은 채 비공개로 본회의를 개의하는 등 헌법 및 국회법이 정한 절차를 위반하여 위 법률안을 가결시킴으로써 독립된 헌법기관인 청구인들의 법률안 심의 · 표결권을 침해하였다고 주장하면서 그 권한침해의 확인과 위 가결선포행위에 대한 위헌확인을 구하는 이 사건 권한쟁의심판을 청구하였다.

심판의 대상

피청구인이 1996. 12. 26. 06 : 00경 제182회 임시회 제1차 본회의(이하 "이 사건 본회의"라고 한다)를 개의하고 5개 법률안(이하 "이 사건 법률안"이라고 한다)을 상정하여 가결선포한 행위가 헌법 또는 법률에 의하여 부여받은 청구인들의 법률안 심의 · 표결의 권한을 침해한 것인지의 여부와 그로 인하여 위 가결선포행위가 위헌인지의 여부

주 문

1. 피청구인이 1996. 12. 26. 06 : 00경 제182회 임시회 제1차 본회의를 개의하고 국가안전기획부법중개정법률안, 노동조합및노동관계조정법안, 근로기준법중개정법률안, 노동위원회법중개정법률안, 노사협의회법중개정법률안을 상정하여 가결선포한 것은 청구인들의 법률안 심의 · 표결의 권한을 침해한 것이다.
2. 청구인들의 나머지 청구를 기각한다.

판 단

I. 심판청구의 적법성에 관한 판단

1. 국회의원과 국회의장이 권한쟁의심판의 당사자가 될 수 있는지 여부

헌법 제111조 제1항 제4호에서 헌법재판소의 관장사항의 하나로 "국가기관 상호간, 국가기관과 지방자치단체간 및 지방자치단체 상호간의 권한쟁의에 관한 심판"이라고 규정하고 있을 뿐 **권한쟁의심판의 당사자가 될 수 있는 국가기관의 종류나 범위에 관하여는 아무런 규정을 두고 있지 않고,**

이에 관하여 특별히 법률로 정하도록 위임하고 있지도 않다. 따라서 입법자인 국회는 권한쟁의심판의 종류나 당사자를 제한할 입법형성의 자유가 있다고 할 수 없고, 헌법 제111조 제1항 제4호에서 말하는 국가기관의 의미와 권한쟁의심판의 당사자가 될 수 있는 국가기관의 범위는 결국 헌법해석을 통하여 확정하여야 할 문제이다.

헌법이 특별히 권한쟁의심판의 권한을 법원의 권한에 속하는 기관소송과 달리 헌법의 최고 해석・판단기관인 헌법재판소에 맡기고 있는 취지에 비추어 보면, '국가기관 상호간'의 권한쟁의심판은 헌법상의 국가기관 상호간에 권한의 존부나 범위에 관한 다툼이 있고 이를 해결할 수 있는 적당한 기관이나 방법이 없는 경우에 헌법재판소가 헌법해석을 통하여 그 분쟁을 해결함으로써 국가기능의 원활한 수행을 도모하고 국가 권력간의 균형을 유지하여 헌법질서를 수호・유지하고자 하는 제도라고 할 것이다. 따라서 **헌법 제111조 제1항 제4호 소정의 '국가기관'에 해당하는지 아닌지를 판별함에 있어서는 그 국가기관이 헌법에 의하여 설치되고 헌법과 법률에 의하여 독자적인 권한을 부여받고 있는지 여부, 헌법에 의하여 설치된 국가기관 상호간의 권한쟁의를 해결할 수 있는 적당한 기관이나 방법이 있는지 여부 등을 종합적으로 고려하여야 할 것**이다.

이 사건 심판청구의 청구인인 국회의원은 헌법 제41조 제1항에 따라 국민의 선거에 의하여 선출된 헌법상의 국가기관으로서 헌법과 법률에 의하여 법률안제출권, 법률안 심의・표결권 등 여러 가지 독자적인 권한을 부여받고 있으며, 피청구인인 국회의장도 헌법 제48조에 따라 국회에서 선출되는 헌법상의 국가기관으로서 헌법과 법률에 의하여 국회를 대표하고 의사를 정리하며, 질서를 유지하고 사무를 감독할 지위에 있고, 이러한 지위에서 본회의 개의시의 변경, 의사일정의 작성과 변경, 의안의 상정, 의안의 가결선포 등의 권한을 행사하게 되어 있다.

따라서 국회의원과 국회의장 사이에 위와 같은 각자 권한의 존부 및 범위와 행사를 둘러싸고 언제나 다툼이 생길 수 있고, 이와 같은 분쟁은 단순히 국회의 구성원인 **국회의원과 국회의장간의 국가기관 내부의 분쟁이 아니라 각각 별개의 헌법상의 국가기관으로서의 권한을 둘러싸고 발생하는 분쟁이라고 할 것인데, 이와 같은 분쟁을 행정소송법상의 기관소송으로 해결할 수 없고 권한쟁의심판이외에 달리 해결할 적당한 기관이나 방법이 없으므로** 국회의원과 국회의장은 헌법 제111조 제1항 제4호 소정의 **권한쟁의심판의 당사자가 될 수 있다**고 보아야 할 것이다.

2. 이 사건 심판의 대상이 헌법재판소가 심사할 수 없는 국회내부의 자율에 관한 문제인지 여부

국회는 국민의 대표기관, 입법기관으로서 폭넓은 자율권을 가지고 있고, 그 자율권은 권력분립의 원칙이나 국회의 지위, 기능에 비추어 존중되어야 하는 것이지만, 한편 **법치주의의 원리상 모든 국가기관은 헌법과 법률에 의하여 기속을 받는 것이므로 국회의 자율권도 헌법이나 법률을 위반하지 않는 범위 내에서 허용**되어야 하고 따라서 국회의 의사절차나 입법절차에 헌법이나 법률의 규정을 명백히 위반한 흠이 있는 경우에도 국회가 자율권을 가진다고는 할 수 없다. 이 사건은 국회의장이 국회의원의 헌법상 권한을 침해하였다는 이유로 권한쟁의심판을 청구한 사건이므로 국회의 자율권이 허용되는 사항이라고 볼 수 없다.

3. 소 결 론

이 사건 심판청구는 적법하다. 우리재판소가 **종전에 1995. 2. 23. 선고, 90헌라1 결정에서 이와 견해를 달리하여 헌법재판소법 제62조 제1항 제1호를 한정적, 열거적인 조항으로 보아 국회의원은**

권한쟁의심판의 청구인이 될 수 없다고 판시한 의견은 이를 변경하기로 한다.

재판관 황도연, 재판관 정경식, 재판관 신창언의 반대의견

권한쟁의심판제도의 목적에 비추어 볼 때 헌법 제111조 제1항 제4호 소정의 '국가기관 상호간의 권한쟁의'는 상호 견제와 균형을 유지하도록 권한이 분배된 대등한 권력행사기관 사이의 권한에 관한 다툼을 의미한다 할 것이다.

위 헌법 규정을 구체화하여 명확히 규정한 헌법재판소법 제62조 제1항 제1호에 열거되지 아니한 기관이나 열거된 기관내의 각급기관은 권한쟁의심판의 당사자가 될 수 없다. 그러므로 국회의 구성원이거나 국회 내의 일부기관인 국회의원 및 교섭단체 등이 국회 내의 다른 기관인 국회의장을 상대로 권한쟁의심판을 청구할 수는 없다.

Ⅱ. 심판청구의 당부에 관한 판단

1. 이 사건 법률안의 처리경위

1996. 12. 23. 신한국당 소속 국회의원들의 소집요구에 따라 제182회 임시회가 소집되었으나 새정치국민회의 및 자유민주연합 소속 국회의원들의 저지로 본회의가 개의되지 못하였고, 같은 사유로 그 다음날에도 본회의가 개의되지 못하였다. 이에 피청구인은 1996. 12. 24. 국회환경노동위원장에게 이 사건 법률안 중 노동관계법안을 같은 날까지 심사보고할 것을 통보하였으나, 환경노동위원회는 위 일시까지 심사를 마치지 아니하였다.

피청구인을 대리한 국회부의장 오세응은 **교섭단체인 새정치국민회의와 자유민주연합의 대표의원과 협의하지 않고 본회의 개의시를 변경하고, 위 교섭단체 소속 국회의원들에게는 뒤에서 보는 바와 같이 회의의 일시를 적법하게 통지하지 아니한 채, 1996. 12. 26. 06 : 00경 신한국당 소속 국회의원 155인만이 출석한 가운데 본회의를 개의하여 이 사건 법률안을 상정한 다음 질의·토론없이 이의의 유무를 묻는 방법으로 표결하여 약 6분만에 이 사건 법률안이 출석의원 전원의 찬성으로 가결되었음을 선포하였다.**

2. 권한침해확인청구에 대한 판단

(1) 국회의원의 법률안 심의·표결권

국회의원의 권한 중 가장 중요하고 본질적인 입법에 대한 권한에는 법률안제출권(헌법 제52조)과 법률안 심의·표결권이 포함된다. **국회의원의 법률안 심의·표결권은 비록 헌법에는 이에 관한 명문의 규정이 없지만 의회민주주의의 원리, 입법권을 국회에 귀속시키고 있는 헌법 제40조, 국민에 의하여 선출되는 국회의원으로 국회를 구성한다고 규정하고 있는 헌법 제41조 제1항으로부터 당연히 도출되는 헌법상의 권한**이다. 그리고 이러한 국회의원의 법률안 심의·표결권은 국회의 다수파 의원에게만 보장되는 것이 아니라 소수파의원과 국회의원 개개인에게 모두 보장되는 것임도 당연하다. 따라서 새정치국민회의 및 자유민주연합 소속 국회의원인 청구인들에게 법률안 심의·표결의 권한이 있음은 의문의 여지가 없다.

(2) 피청구인의 법률안 가결선포행위의 위법성

국회법 제72조에 의하면 본회의는 오후 2시(토요일은 오전 10시)에 개의하되, 국회의장이 각 교섭단체대표의원과 협의하여 그 개의시를 변경할 수 있으며, 동법 제76조에 의하면 국회의장은 의사일정을 작성하고 늦어도 본회의개의 전일까지 본회의에 보고하여야 하고, 의사일정의 작성에 있어서는 국회운영위원회와 협의하되 협의가 이루어지지 아니할 때에는 단독으로 이를 결정하며, 특히 긴급을 요한다고 인정할 때에는 회의의 일시만을 의원에게 통지하고 개의할 수 있다고 규정되어 있으므로, **특히 긴급을 요하여 의사일정 보고절차를 밟을 수 없다고 인정될 때에도 회의의 개의일시만은 상당한 방법으로 국회의원 개개인에게 통지하지 않으면 아니됨이 명백**하다.

피청구인은 그의 요청에 따라 신한국당의 원내수석부총무 하순봉의원이 1996. **12. 26. 05 : 30경** 새정치국민회의의 원내수석부총무인 남궁진의원과 자유민주연합의 원내총무인 이정무의원에게 **전화로 본회의 개의시각이 06 : 00로 변경되었음을 통지**하였다고 하는 반면, 청구인들은 위 전화통지를 받은 것은 같은 날 06 : 10분경이었다고 주장하는바, 설사 **피청구인이 주장하는 대로의 통지가 있었다 하더라도 그러한 통지는 야당 소속 국회의원들의 본회의 출석을 도저히 기대할 수 없는 것으로서 국회법 제76조 제3항에 따른 적법한 통지라고 할 수 없다.**

따라서 **이 사건 본회의의 개의절차에는 위 국회법의 규정을 명백히 위반한 흠**이 있다고 아니할 수 없다. 한편 피청구인이 주장하는 바와 같이 사건 법률안의 의결처리 과정에서 야당의원들이 위력을 행사하여 본회의 개의를 저지함으로써 국회운영의 정상적인 진행을 봉쇄하였다는 이유만으로 이 사건 피청구인의 위법행위가 정당화된다고 할 수 없다.

(3) 청구인의 심의 · 표결권 침해여부

그렇다면 피청구인이 국회법 제76조 제3항을 위반하여 청구인들에게 본회의 개의일시를 통지하지 않음으로써 청구인들은 이 사건 본회의에 출석할 기회를 잃게 되었고 그 결과 이 사건 법률안의 심의 · 표결과정에도 참여하지 못하게 되었다. 따라서 나머지 국회법 규정의 위반여부를 더 나아가 살필 필요도 없이 피청구인의 그러한 행위로 인하여 **청구인들이 헌법에 의하여 부여받은 권한인 법률안 심의 · 표결권이 침해**되었음이 분명하다.

3. 이 사건 법률안 가결선포행위의 위헌확인청구에 대한 판단

(1) 재판관 김용준, 재판관 김문희, 재판관 이영모의 의견

청구인들은 이 사건에서 권한침해여부에 대한 확인을 구함에 그치지 않고 나아가 피청구인의 이 사건 법률안 가결선포행위에 대한 **위헌확인까지 구하고 있는바, 이는 결국 피청구인의 행위의 효력을 제거해 달라는 취지로 보이므로 헌법재판소법 제66조 제2항의 무효확인청구로 받아들여 판단**함이 상당하다.

국회의 입법절차는 여러 과정을 거쳐 진행되며, 그 과정에 국회의 구성원인 다수의 국회의원들이 참여하여 국민의 의사나 상충하는 이익집단간의 이해를 반영하게 된다. 이와 같은 국회 입법절차의 특성상 그 개개의 과정에서 의도적이든 아니든 헌법이나 법률의 규정을 제대로 준수하지 못하는 잘못이 있을 수 있다. 그러한 잘못이 현실로 나타날 경우 그로 인하여 일부 국회의원들의 입법에 관한 각종의 권한이 침해될 수 있는데, 이러한 사정만으로 곧바로 **법률안의 가결선포행위를 무효로 한다면 이는 곧 그 법률의 소급적 무효로 되어 국법질서의 안정에 위해를 초래**하게 된다.

따라서 **국회의 입법과 관련하여 일부 국회의원들의 권한이 침해되었다 하더라도 그것이 입법절차에 관한 헌법의 규정을 명백히 위반한 흠에 해당하는 것이 아니라면 그 법률안의 가결선포행위를 무효로 볼 것은 아니라고 할 것**인바, 우리 헌법은 국회의 의사절차에 관한 기본원칙으로 제49조에서 '다수결의 원칙'을, 제50조에서 '회의공개의 원칙'을 각 선언하고 있으므로, 이 사건 법률안의

가결선포행위의 효력 유무는 결국 그 절차상에 위 헌법규정을 명백히 위반한 흠이 있는지 여부에 의하여 가려져야 할 것이다.

이 사건 법률안은 **재적의원의 과반수인 국회의원 155인이 출석한 가운데 개의된 본회의에서 출석의원 전원의 찬성으로(결국 재적의원 과반수의 찬성으로) 의결처리되었고, 그 본회의에 관하여 일반 국민의 방청이나 언론의 취재를 금지하는 조치가 취하여지지도 않았음이 분명하므로, 그 의결절차에 위 헌법규정을 명백히 위반한 흠이 있다고는 볼 수 없다.**

청구인들은 위 본회의의 소집과정에서 상당수 국회의원들에 대하여 적법한 개회통지가 이루어지지 않았고 또 전격적인 개의로 말미암아 일반 국민의 방청이나 언론의 취재도 사실상 곤란하였다는 점을 들어 이 사건 법률안이 입법절차에 관한 헌법의 규정을 위반하여 가결선포된 것이라고 주장하고 있으나, 이러한 문제는 모두 **의사절차상의 국회법위반 여부나 의사절차의 적정성 여부에 관련된 것에 불과한 것**으로 보아야 할 것이다.

그렇다면 피청구인의 이 사건 법률안의 가결선포행위에는 위에서 본 바와 같은 국회법위반의 하자는 있을지언정 **입법절차에 관한 헌법의 규정을 명백히 위반한 흠이 있다고 볼 수 없으므로, 이를 무효라고 할 수는 없다.**

(2) 재판관 이재화, 재판관 조승형, 재판관 고중석의 의견

의회민주주의의 기본원리의 하나인 **다수결원리는 의사형성과정에서 소수파에게 토론에 참가하여 다수파의 견해를 비판하고 반대의견을 밝힐 수 있는 기회를 보장하여 다수파와 소수파가 공개적이고 합리적인 토론을 거쳐 다수의 의사로 결정을 한다는데 그 정당성의 근거**가 있는 것이다. 따라서 **입법과정에서 소수파에게 출석할 기회를 주지 않고 토론과정을 거치지 아니한 채 다수파만으로 단독 처리하는 것은 다수결원리에 의한 의사결정이라고 볼 수 없다.**

헌법 제49조는 "국회는 헌법 또는 법률에 특별한 규정이 없는 한 재적의원 과반수의 출석과 출석의원 과반수의 찬성으로 의결한다. 가부동수인 때에는 부결된 것으로 본다"고 규정하고 있다.

이 규정은 의회민주주의의 기본원리인 다수결원리를 선언한 것으로서 이는 단순히 재적의원 과반수의 출석과 출석의원 과반수에 의한 찬성을 형식적으로 요구하는 것에 그치지 않는다. **헌법 제49조는 국회의 의결은 통지가 가능한 국회의원 모두에게 회의에 출석할 기회가 부여된 바탕 위에 재적의원 과반수의 출석과 출석의원 과반수의 찬성으로 이루어져야 한다는 것으로 해석하여야 한다.**

이러한 풀이는 의회민주주의와 다수결원리의 헌법적 의미를 고려하면 당연한 것이다. 헌법 제49조를 형식적으로 풀이하여 **재적의원 과반수를 충족하는 다수파에게만 출석의 가능성을 준 다음 그들만의 회의로 국가의사를 결정하여도 헌법위반이 아니라고 해석하는 것은 의회민주주의의 기본원리인 공개와 토론의 원리 및 다수결원리의 정당성의 근거를 외면한 것이고, 복수정당제도를 채택하고 있는 헌법의 정신에 정면 배치될 뿐만 아니라 결과적으로 국민의 다원적 의사를 대표하는 국민대표기관으로서의 국회의 본질적 기능을 무너뜨리는 것**이다.

헌법 제49조의 다수결원리를 구체화하는 규정으로 국회법은 제72조와 제76조에서 국회 본회의의 개의와 의사일정에 관한 규정을 두고 있는 것인데, 위에서 본 바와 같이 피청구인은 위 국회법규정에 위반하여 청구인들에게 본회의 개의 일시를 알리지 않고 본회의를 개의하여, 신한국당 소속의원들만 출석한 가운데 그들만의 표결로 이 사건 법률들이 가결되었음을 선포한 것이므로, **피청구인의**

이 사건 법률안의 가결선포행위는 국회의원인 청구인들의 권한을 침해한 것임과 아울러 다수결원리를 규정한 헌법 제49조에 명백히 위반되는 것이다.

4. 결 론

그러므로 피청구인이 이 사건 본회의를 개의하고 이 사건 법률안을 상정하여 가결선포한 행위는 헌법에 의하여 부여받은 청구인들의 법률안 심의·표결의 권한을 침해한 것이므로 그 확인을 구하는 심판청구는 이유 있어 이를 받아들이고, 청구인들의 나머지 청구는 인용의견이 재판관 과반수에 이르지 못하므로 이를 기각하기로 하여 주문과 같이 결정하는 것이다.

✣ 본 판례에 대한 평가 1. 권한쟁의심판을 청구할 수 있는 기관은 국가기관 또는 지방자치단체이다. 국가기관에는 입법기관, 행정기관, 사법기관 및 중앙선거관리위원회도 포함된다(헌재법 제62조 제1항 제1호). 헌법재판소는 초기에 청구권자의 범위를 매우 좁게 해석하여 결과적으로 권한쟁의의 종류도 좁히게 된다는 지적을 받은 바 있다. 위 헌법재판소의 결정은 헌법에 의하여 일정한 권리의무의 주체로 설치된 헌법기관뿐만 아니라, 국가기관의 구성부분이라고 할 수 있는 국회의 상임위원회, 원내교섭단체, 국회의원 등에게 폭넓게 당사자능력을 인정하는 독일의 예에 비추어 바람직하지 않다는 비판을 받았다. 이에 헌법재판소는 본 결정에서 종전의 판례를 변경하여 국회의원이 국회의장을 상대로 제기한 권한쟁의심판을 적법하다고 판시하고 있다.

변경된 헌법재판소 판례에 의하면 국가기관 상호간의 권한쟁의심판의 구체적 청구권자로서 우선 국회의 경우 전체기관으로서의 국회뿐만 아니라 부분기관으로서 국회의장과 부의장, 국회의원, 국회의 위원회, 원내교섭단체 등도 독립한 헌법기관으로서 당사자능력을 가질 수 있다. 정부의 경우에도 전체기관으로서의 정부뿐만 아니라 대통령, 국무총리, 행정각부의 장 등도 당사자능력을 가질 수 있다. 한편 국가기관과 지방자치단체간의 권한쟁의심판에서 국가 측 당사자로 법률은 정부를 규정하고 있지만, 이 규정 또한 예시적인 것으로 보아 정부 이외의 여타 국가기관(예를 들어 국회) 또는 그 부분기관(예를 들어 국회의 위원회)도 이러한 권한쟁의심판의 당사자로 될 수 있다고 보아야 한다.

2. 헌법재판소는 본 결정에서 종전의 판례를 변경하여 국회의원이 국회의장을 상대로 제기한 권한쟁의심판을 적법하다고 판시하고 있는데 헌법재판소법 제62조 제1항 제1호의 규정을 한정적, 열거적인 조항이 아니라 예시적인 조항으로 해석하여 권한쟁의심판의 청구권자의 범위를 넓게 인정하였다는 점에서 본 결정의 의의를 찾을 수 있다. 이 결정으로 인하여 권한쟁의심판의 종류도 넓어지게 되었다.

Ⅱ 국회의원과 국회의장간의 권한쟁의: 기각(헌재 2006.2.23. 2005헌라6)

쟁점 국회의장이 방위사업청 신설을 내용으로 하는 의안을 복수차관제와 일부청의 차관급 격상을 내용으로 하는 정부조직법 개정안의 수정안으로 보고 처리한 것이 국회법에 위반되는지 여부

▢ 사건의 개요

정부는 2005. 3. 24. 재정경제부 등 4개 부에 복수차관제를 도입하고 통계청과 기상청을 차관급 기구로 격상하며 국방부장관 소속으로 방위사업청을 신설하고 건설교통부의 명칭을 국토교통부로 변경하는 내용의 정부조직법 일부 개정 법률안을 국회에 제출하였다. 국회 행정자치위원회는 위 법률안과 이미 제출되어 있던 법률안들을 검토하여 복수차관제의 도입과 통계청 및 기상청을 차관급 기구로 격상하는 내용의 위원회 대안을 심사·의결하였고 이를 본회의에 부의하였다.

그런데 6. 30. 제254회 임시국회 제8차 본회의에서 위 정부조직법 일부 개정 법률안과 관련하여 열린우리당 및 민주노동당 의원 33인의 명의로 방위사업청 신설을 내용으로 하는 수정안이 제출되었고, 청구인들을 비롯한 한나라당 소속 의원들은 의사진행발언 등을 통하여 위 수정안은 소관 상임위원회에서 폐기된 것이며 복수차관제 도입 등을 내용으로 하는 정부조직법 일부 개정 법률안과 다른 의제를 내용으로 하고 있어 국회법상의 수정안의 범위를 벗어난 별개의 법률안이라고 주장하였다. 피청구인은 위 수정안을 표결처리를 통해 통과시켰고 수정안과 함께 원안인 위 정부조직법 일부 개정 법률안에 대하여 가결을 선포하였다.

이에 청구인들은 같은 해 7. 18. 피청구인의 위와 같은 법률안에 대한 가결선포행위로 말미암아 법률안 심의·표결권이 침해되었으며 그로 인하여 위 가결선포행위는 위헌무효라고 주장하며 이 사건 권한쟁의심판을 청구하였다.

▢ 심판의 대상

피청구인의 2005. 6. 30. 제254회 임시국회 제8차 본회의에서 정부조직법 일부 개정 법률안(이하 '이 사건 원안'이라 한다)과 그에 대한 수정안(이하 '이 사건 수정안'이라 한다)을 가결선포한 행위(이하 '이 사건 가결선포행위'라 한다)가 청구인들의 헌법 또는 법률에 의한 심의·표결권을 침해하고 그로 인하여 이 사건 가결선포행위가 무효가 되는지 여부

▢ 주 문

청구인들의 심판청구를 모두 기각한다.

▢ 판 단

Ⅰ. 법률안 심의·표결권한의 침해 여부

1. 헌법 제64조는 국회가 법률에 저촉되지 아니하는 범위 안에서 의사와 내부규율에 관한 규칙을 제정할 수 있고, 의원의 자격심사·징계·제명에 관하여 자율적 결정을 할 수 있음을 규정하여 국회의 자율권을 보장하고 있다. 이에 따라 국회는 국민의 대표기관이자 입법기관으로서 의사와 내부규율 등 국회운영에 관하여 폭넓은 자율권을 가지며 국회의 의사절차나 입법절차에 헌법이나 법률의 규정을 명백히 위반한 흠이 있는 경우가 아닌 한 그 자율권은 권력분립의 원칙이나 국회의 위상과 기능에 비추어 존중되어야 한다. 특히 국회법 제10조는 국회의장으로 하여금 국회를 대표하고 의사를 정리하며 질서를 유지하고 사무를 감독하도록 하고 있고, 국회법 제6장의 여러 규정들은 개의, 의사일정의 작성, 의안의 상임위원회 회부와 본회의 상정, 발언과 토론, 표결 등 회의절차 전반에 관하여 국회의장에게 폭넓은 권한을 부여하고 있어 **국회의 의사진행에 관한 한 원칙적으로 의장에게 그 권한과 책임이 귀속된다. 따라서 개별적인 수정안에 대한 평가와 그 처리에 대한 피청구인의 판단은 명백히 법에 위반되지 않는 한 존중되어야 한다.**

2. 국회법은 제95조 제1항에서 의안에 대한 수정동의는 그 안을 갖추고 이유를 붙여 의원 30인 이상의 찬성자와 연서하여 의장에게 제출하여야 한다고 규정하고 제96조 제1항에서 수정안의 표결 순서로서 최후로 제출된 수정안, 의원의 수정안, 그리고 원안과 차이가 많은 것부터 먼저 표결하도록 하고 있는 등 수정동의의 제출과 그 안건의 처리순서를 정하고 있다. 또한 제96조 제2항에서 수정안이 전부 부결된 때에만 원안을 표결하도록 하여 수정안이 가결된 경우에는 원안에 대한 표결이 필요없는 것으로 규정하고 있어, 국회법상의 수정안에 해당하는 경우에는 그 표결에 원안의 내용에 대한 표결 역시 포함되어 있는 것으로 볼 수 있다. 다만 구체적으로 어떠한 경우가 국회법상의 수정안에 해당하는 것인지에 관한 명시적인 규정을 찾아볼 수 없으므로 수정안의 개념범위는 위 규정들의 해석에 맡겨져 있는 것으로 보아야 한다. 한편 국회법 제87조는 위원회에서 본회의에 부의할 필요가 없다고 결정된 의안의 경우 본회의에 위원회의 결정이 보고된 날로부터 7일 이내에 의원 30인 이상의 요구가 있을 때에는 그 의안을 본회의에 부의하도록 하여 위원회의 결의 없이도 수정안과는 별도의 안건을 제출할 수 있는 길을 열어 놓고 있다. 이 사건 수정안이 국회법 제95조에 의한 수정안에 해당하지 않는 경우 바로 제87조의 독립된 안건에 해당하게 되므로 그에 대한 표결만으로는 이 사건 원안에 대한 표결이 이루어졌다고 볼 수 없게 된다.

3. **국회법상 수정안의 범위에 대한 어떠한 제한도 규정되어 있지 않은 점과 국회법 규정에 따른 문언의 의미상 수정이란 원안에 대하여 다른 의사를 가하는 것으로 새로 추가, 삭제, 또는 변경하는 것을 모두 포함하는 개념이라는 점에 비추어, 어떠한 의안으로 인하여 원안이 본래의 취지를 잃고 전혀 다른 의미로 변경되는 정도에까지 이르지 않는다면 이를 국회법상의 수정안에 해당하는 것으로 보아 의안을 처리할 수 있는 것으로 볼 수 있다.** 이와 같은 폭넓은 해석에 의하면 이 사건 수정안은 국회법 제95조에 의한 수정안에 해당하게 된다. 물론 이미 이루어진 것의 잘못된 점을 바로잡는다는 수정의 사전적 의미를 감안하여 원안의 목적 또는 성격을 변경하지 않는 범위 내에서 고치는 것을 전제로 하고 수정안은 원안과 동일성이 인정되는 범위 내에서만 인정될 수 있다는 청구인들의 해석도 가능하기는 하다. 그러나 원안의 목적과 성격을 보는 관점에 따라서는 동일성의 인정범위가 달라질 수 있고 또한 너무 좁게 해석하면 국회법 규정에 따른 수정의 의미를 상실할 수도 있다. 이와 같이 국회법 제95조상의 수정의 개념을 폭넓게 보는 해석이 가능하다면 피청구인이 이러한 입장에 따라 이 사건 수정안을 적법한 수정안에 해당하는 것으로 보고 의안을 처리하였다 하더라도 이를 명백히 법률에 위반된다고 할 수는 없다.

게다가 국회속기록에 의하면 피청구인은 국회의 의사절차가 명문의 규정이 없는 경우 과거의 관례에 따르게 되어 있는 점을 전제로 국회사무처로부터 제17대 국회에서 2005. 6. 29.까지의 수정안 12개 중 10개가 원안에 포함되어 있지 않은 새로운 사항을 규정한 것이라는 자료를 보고받고 이에 근거하여 이 사건 수정안을 표결처리하였고, 당해 국회사무처의 보고자료에서 언급한 의안을 살펴보면 실제로 이와 같이 새로운 사항을 규정한 의안들이 아무런 문제없이 수정안으로 처리되어 왔음을 확인할 수 있다. 따라서 피청구인이 아무런 근거 없이 일방적으로 국회법을 해석하여 수정안의 범위에 대한 입장을 정한 것으로 볼 수도 없다.

4. 본회의의 안건 심의에 대하여 국회법 제93조는 위원장의 심사보고를 듣고 질의·토론을 거쳐 표결을 하며, 다만 위원회의 심사를 거친 안건에 대하여는 질의와 토론 또는 그 중 하나를 의결로

생략할 수 있도록 규정하고 있다. 실제 운영상 일단 질의신청이 없으면 토론에 들어가고 질의와 토론신청이 모두 없으면 바로 표결에 들어가며, 질의신청이 있고 이에 대해 질의생략동의가 있는 경우에 비로소 의결로 생략 여부를 결정한다.

2005. 6. 30. 제254회 국회본회의 진행과정을 보면 행정자치위원장 대리 우○황의 이 사건 원안에 대한 제안설명과 이○순 의원의 수정안에 대한 제안설명이 있은 후 질의신청은 없고 토론신청이 있어 질의없이 바로 토론에 들어갔다. 먼저 민주당 이○열 의원이 이 사건 원안과 수정안에 대한 반대토론에서 방위사업청 신설뿐 아니라 복수차관제에 대하여 언급하였고 이어서 열린우리당 김○곤 의원의 이 사건 원안과 수정안에 대한 찬성토론과 민주노동당 조○수 의원의 수정안에 대한 찬성토론이 있은 후 토론이 종결되고 표결이 이루어졌다. 이와 같이 이 사건 원안에 대하여 제안설명이 있은 후 질의신청이 없어 질의는 생략된 채 실제 찬반토론이 이루어졌으므로 국회법상의 안건심의는 실질적으로 행하여졌다고 보아야 한다.

5. 그밖에 청구인들은 이 사건 수정안을 강행처리한 것은 여야합의를 파기한 것으로 합의를 우선한 국회법 정신에 정면으로 위배된다고 주장하나, 행정자치위원회와 원내대표회담에서 이루어진 방위사업청의 신설을 추후 검토하겠다는 것은 단지 여야가 정치적으로 의안처리에 관하여 합의한 것에 불과하여 국회법적으로 의미있거나 법적으로 구속력있는 것이라 볼 수 없다. 따라서 이 사건 가결선포행위가 이러한 합의의 파기 결과 이루어졌다 하더라도 이로써 헌법이나 법률의 규정을 명백히 위반한 경우로 볼 수는 없다.

6. 이와 같이 피청구인이 이 사건 수정안을 국회법상의 수정안으로 보는 입장이 명백히 국회법에 위반되는 것으로 볼 수 없고 이 사건 원안에 대한 본회의에서의 심의 역시 실질적으로 이루어졌으므로 이 사건 수정안에 대한 표결에 이 사건 본안에 대한 의결 역시 포함되어 있는 것으로 볼 수 있다. 따라서 **이 사건 가결선포행위가 국회법에 위반되어 청구인들의 법률안에 대한 심의 · 표결권을 침해하였다고 볼 수는 없다.**

Ⅱ. 가결선포행위의 무효여부

나아가 이 사건 가결선포행위의 무효확인청구의 경우 청구인들의 권한침해를 전제로 한 것이므로 위와 같이 권한침해를 인정하지 않는 이상 더 이상 살펴볼 필요없이 이유없다.

재판관 권성, 재판관 송인준, 재판관 주선회의 인용의견

우리는 이 사건 가결선포행위가 국회법에 위반되며 청구인들의 법률안에 대한 심의 · 표결권을 침해하였다고 생각하므로 다수의견에 반대하여 다음과 같이 의견을 밝힌다.

1. 국회법상 '수정안'은 원안과 동일성이 인정되는 범위 안에서 제출된 경우에만 수정안으로 볼 수 있다. 국회법 제95조 제1항의 수정안은 본질적으로 이미 위원회에서 심사를 마친 원안의 존재를 전제로 하고 당해 원안과 동시에 본회의에서 심의되는 종속적이고 부수적인 성격을 가진다. 개념적으로 보아도 수정은 추가, 삭제, 변경 등 원안을 손질하여 고치는 것이므로 원안의 기본적인 내용을 변경하지 않는 범위 내에서 이루어져야 한다. 따라서 원안과는 전혀 다른 내용이 포함되어 있어 결과적으로 원안이 다른 의미로 변질되는 경우는 수정안으로 볼 수 없고 '별개의 의안'을 제안하는 것으로 보아야 한다. 국회법이 제96조 제2항에서 동일의제에 대하여 수개의 수정안이 제출된 경우 수정안이 전부 부결된 때에만 원안을 표결하도록 하여 수정안이 가결된 경우에는 원안에 대한 표결없이 가결된 것으로 처리하는 것도 원안과 수정안이 서로 연계되어 있어 별도의 표결이

필요없기 때문이며 이러한 점에서 아무런 연계가 없어 개별적으로 표결해야 하는 별개의 의안들과는 구별된다. 따라서 비록 어떤 의안이 본회의에 수정안의 형식으로 제출되었다 하더라도 원안과 동일성이 인정되지 않는 경우에는 별개의 의안으로 처리되어야 한다. 국회법은 이러한 경우를 위해 제87조 제1항에서 위원회에서 본회의에 부의할 필요가 없다고 결정된 의안의 경우에도 별개의 의안으로 본회의에 제출할 수 있는 길을 열어 놓고 있다.

2. 이 사건 수정안은 이 사건 원안과 전혀 다른 별개의 의안으로서 국회법상의 수정안으로 볼 수 없다. 이 사건 원안은 재경부·외교통상부·행정자치부·산업자원부의 복수차관제를 도입하고 통계청 및 기상청을 차관급 기구로 격상시키는 내용인 것에 반하여 이 사건 수정안은 방위사업청을 신설하는 내용으로서, 비록 형식적으로는 수정안의 형태로 제출되었다 하더라도 이 사건 원안과 내용에 있어 동일성이 없으므로 원안과는 다른 별개의 의안에 해당한다. 이 사건 수정안에 대한 표결이 있었다 하더라도 방위사업청의 신설에 대한 국회의원들의 찬반의사만이 표명되었을 뿐 이 사건 원안의 복수차관제나 일부 기구의 차관급 격상에 대한 찬반의사는 전혀 나타난 바가 없다. 따라서 이 사건 수정안이 가결되었다 하더라도 이 사건 원안에 대한 어떠한 의결도 있었다고 할 수 없으므로 그 가결을 선포하려면 마땅히 별도의 의결절차를 거쳐야 하는 것이다.

3. 다수의견은 국회법상 수정안의 범위가 폭넓게 인정될 수 있다고 한다. 그러나 동일성이 인정되지 않는 것까지 수정안의 범위에 포함시키면 자칫 국회의 실질적인 법률안 심사 없이 졸속입법이 이루어지고 합의제 결정기관인 국회 의사결정과정의 근간이 흔들려 대의민주주의의 헌법원칙이 훼손될 위험이 있다. 국회법은 실질적인 의안의 심사가 상임위원회를 통하여 이루어지도록 하고 있다. 의안이 발의 또는 제출된 경우에는 우선적으로 소관 상임위원회에 회부하여 그 심사가 끝난 후 본회의에 부의되며(제81조 제1항) 상임위원회에서는 전문위원의 검토보고를 듣고 대체토론과 축조심사 그리고 찬반토론을 거쳐 표결하고(제58조 제1항) 특정한 사안의 집중적인 심사를 위하여 소위원회를 둘 수 있다(제57조). 위원회는 중요한 안건 또는 전문지식을 요하는 안건을 심사하기 위하여 공청회를 열 수 있고(제64조) 중요한 안건의 심사에 필요한 경우 청문회를 개최할 수 있다(제65조). 특히 법률안의 경우에는 법제사법위원회의 체계와 자구심사 역시 거쳐야 한다(제86조). 따라서 비록 국회의 최종적인 의사결정은 본회의에서 이루어지나 의안의 실질적인 심사나 국민의견의 수렴은 상임위원회의 심사과정을 통하여 이루어질 수밖에 없다. 만약 본회의에서 원안과 동일성이 인정되지 않는 수정안의 제출이 허용되면 당해 법률안에 대하여는 소관 상임위원회의 심사와 법제사법위원회를 거쳐 본회의에 회부되는 국회법상의 입법심의 구조가 형해화되며, 이에 따라 법률안에 대한 집중적인 심사와 토론 또는 필요한 경우 거쳐야 할 전문가 및 이해관계인의 의견수렴 그리고 법적 체계 또는 자구에 대한 심사가 이루어질 수 없다. 이에 의하면 경우에 따라 국회에서의 실질적인 심사가 행해지지 않은 채 중대한 법률안이 통과되는 사태가 발생할 수 있고 이는 대의민주주의를 기본으로 하는 우리 헌법의 기본정신에 반하는 것이라 아니할 수 없다. 따라서 수정안의 폭넓은 인정은 졸속입법 등의 많은 폐해를 불러 오며 결코 국민의 대의기관인 국회의 민주적인 운영을 위한 헌법과 국회법의 정신에 부합하는 것이라 할 수 없다.

4. 한편 다수의견은 헌법상 보장된 국회의 자율권을 근거로 개별적인 수정안에 대한 평가와 그 처리에 대한 피청구인의 판단은 명백히 법에 위반되지 않으므로 존중되어야 한다고 한다. 그러나 국회의 자율권이 존중되어야 한다고 하더라도 국회의 의사절차나 입법절차에 헌법이나 법률의 규정을 명백히 위반한 흠이 있는 경우에는 헌법상 요구되는 법치주의원칙상 자율권을 근거로 정당화될 수는 없다 할 것이다. 바로 그러한 법 위반 여부가 문제되었을 때 헌법재판소는 국회법 관련규정을 어떻게 해석·적용하는 것이 국회의 민주적인 운영을 위한 헌법과 국회법의 정신에 부합하는 것인지를 마땅히 판단하여야 하며 그것이 헌법재판소의 소임이기도 하다. 그런데 다수의견이 국회의 자율권을 존중한다는 명분하에 별개의 의안을 수정안으로 보고 가결한 행위를 정당하다고 판단한 것은 헌법재판소가 헌법으로부터 부여받은 헌법과 법질서 수호의 의무를 포기하는 것이라 하지 않을 수 없다. 또한 다수의견은 지금까지 국회가 관행적으로 원안과 동일성이 인정되지 않는 수정안을 인정하

였고 이와 같은 성격의 많은 법률안들이 아무런 문제없이 국회를 통과하여 시행되고 있는 관행을 근거로 한 피청구인의 판단은 존중되어야 한다고 한다. 그러나 아무리 국회가 관행적으로 이러한 방식으로 수정안을 처리해왔다고 하더라도 이러한 처리가 헌법상 민주주의원칙과 국회법 규정에 명백히 위배된다면 이는 마땅히 철폐되어야 할 관행에 불과하며 단지 관행적으로 행해졌다는 이유만으로 정당화될 수는 없다.

5. 우리 헌법의 기본원리인 민주주의에서는 합의의 결과만큼이나 그것이 도출되는 과정과 절차가 중요시된다. 특히 국가의사를 결정하는 합의체기구인 국회에서는 구성원인 국회의원의 자유로운 참여, 토론, 숙의, 의사표시 등과 합리적인 의사결정과정에 따라 결론을 도출하는 절차가 무엇보다도 중요한 의미를 가진다. 단순히 합의라는 결과가 있다는 것만으로는 의사결정에서 요구되는 민주주의의 요청을 충족시킬 수 없으며 합의에 도달하는 과정과 절차가 합법적이고 합리적일 것이 요구되는 것이다. 그러한 점에서 국회법상의 수정안을 폭넓게 인정하는 다수의견은 국회의 실질적인 의사결정절차를 모두 생략할 수 있게 함으로써 모든 정책이나 쟁점들이 모여 공개적으로 논의되고 수렴되는 과정에서 공론이 형성되는 민의의 전당인 국회의 본질과 결코 일치될 수 없다. 따라서 우리는 이 사건 원안에 대하여는 국회본회의의 표결이 이루어지지 않았고 이 사건 수정안은 국회법상의 수정안이 아닌 별개의 의안임에도 불구하고 수정안으로 처리되었으므로 이들의 가결을 선포한 이 사건 가결선포행위는 국회법에 위반되며 헌법상 보장된 국회의원인 청구인들의 심의·표결권을 침해한 것이라고 생각한다.

Ⅲ 게임산업진흥에관한법률 제32조 제1항 제7호 위헌확인: 기각(헌재 2009.6.25. 2007헌마451)

쟁점 '게임산업진흥에관한법률'(2007. 1. 19. 법률 제8247호로 개정된 것) 제32조 제1항 제7호에 대한 국회의 의결안이 "누구든지 게임물의 이용을 통해 획득한 유·무형의 결과물(점수, 경품, 게임 내에서 사용되는 가상의 화폐로서 대통령령이 정하는 게임머니 및 대통령령이 정하는 이와 유사한 것을 말한다)을 환전 또는 환전알선하거나 재매입을 업으로 하는 행위"라고 공포되었음을 이유로 이 사건 법률조항이 입법절차에 위배되어 성립되었다고 볼 것인지 여부(소극)

사건의 개요

청구인들은 2006. 4. 28. 법률 제7941호로 제정되어 2006. 10. 28. 시행된 '게임산업 진흥에 관한 법률'(이하 '게임산업진흥법'이라 한다)의 규제를 받으며, 종래 '음반·비디오물 및 게임물에 관한 법률'(이하 '음반·비디오·게임법'이라 한다)에 의하여 18세 이용가 등급을 부여받은 바다이야기, 황금성, 오션파라다이스, 다빈치, 그랑블루, 백경 등의 게임물을 이용하여 게임제공업을 운영해 왔다.

국회는 2006. 12. 22. 제263회 임시회 제1차 본회의에서 게임산업진흥법 제32조 제1항에 제7호로 "누구든지 게임물의 이용을 통해 획득한 유·무형의 결과물(점수, 경품, 게임 내에서 사용되는 가상의 화폐로서 대통령령이 정하는 게임머니 및 대통령령이 정하는 이와 유사한 것을 말한다)을 환전 또는 환전알선하거나 재매입하는 행위를 업으로 하여서는 아니 된다"는 내용을 신설하는 등의 게임산업진흥법 일부개정 법률안을 의결하였다.

그런데 위 개정 법률안 부분은 그 후 "누구든지 게임물의 이용을 통하여 획득한 유·무형의 결과물(점수, 경품, 게임 내에서 사용되는 가상의 화폐로서 대통령령이 정하는 게임머니 및 대통령령이 정하는 이와 유사한 것을 말한다)을 환전 또는 환전알선하거나 재매입을 업으로 하는 행위"로 수정되어 정부로 이송되고, 2007. 1. 19. 법률 제8247호로 공포·시행되었다.

이에 청구인들은, 위 개정 내용이 국회 본회의에서 의결된 것과 다르게 공포되어 성립의 형식에 있어 헌법상 적법절차에 위배되고, 그 내용 또한, 청구인들의 일반적 행동의 자유, 신체의 자유와 법률에 의하지 아니하고는 처벌받지 아니할 권리, 직업의 선택과 수행의 자유 및 재산권을 침해하여 헌법에 위반된다며, 2007. 4. 17. 그 위헌확인을 구하는 이 사건 헌법소원심판을 청구하였다.

▢ 심판의 대상

게임산업진흥법(2007. 1. 19. 법률 제8247호로 개정된 것) 제32조 제1항 제7호(이하 '이 사건 법률조항'이라 한다)가 청구인들의 기본권을 침해하는지 여부

▢ 주　문

청구인들의 심판청구를 모두 기각한다.

▢ 판　단

Ⅰ. 입법절차상 하자에 대한 판단

1. 문제의 소재

헌법 제12조 제1항 후문과 제3항에 규정된 적법절차의 원칙은 형사절차상의 제한된 범위뿐만 아니라 국가작용으로서 모든 입법 및 행정작용에도 광범위하게 적용된다. 헌법 제40조는 "입법권은 국회에 속한다"고 규정하여 국회입법의 원칙을 천명하고, 그 절차에 관하여 제49조 전문은 "국회는 헌법 또는 법률에 특별한 규정이 없는 한 재적의원 과반수의 출석과 출석의원 과반수의 찬성으로 의결한다"고, 제53조 제1항은 "국회에서 의결된 법률안은 정부에 이송되어 15일 이내에 대통령이 공포한다"고 규정하는 한편, 국회법 제98조 제1항은 "국회에서 의결된 의안은 의장이 이를 정부에 이송한다"고 규정하고 있다.

이러한 헌법과 국회법의 조항들을 종합하여 보면, 국회 본회의에서 법률안이 의결되면 국회의장은 이를 정부에 이송하고, 대통령은 그 법률안을 공포함으로써 법률로서 확정되는 것이므로, 국회 본회의에서 의결된 법률안과 대통령이 공포하여 확정된 법률은 원칙적으로 그 형식과 내용이 일치되어야 한다. 그런데 앞서 본 바와 같이 이 사건 법률조항에 대한 본회의의 의결안은 "누구든지 게임물의 이용을 통해 획득한 유·무형의 결과물(점수, 경품, 게임 내에서 사용되는 가상의 화폐로서 대통령령이 정하는 게임머니 및 대통령령이 정하는 이와 유사한 것을 말한다)을 환전 또는 환전알선하거나 재매입하는 행위를 업으로 하여서는 아니 된다"는 내용인데 반하여, 그 후 공포된 이 사건 법률조항은 "누구든지 게임물의 이용을 통하여 획득한 유·무형의 결과물(점수, 경품, 게임 내에서 사용되는 가상의 화폐로서 대통령령이 정하는 게임머니 및 대통령령이 정하는 이와 유사한 것을 말한다)을 환전 또는 환전알선하거나 재매입을 업으로 하는 행위"라고 되어 있으므로, 이 사건 법률조항이 헌법상 적법절차 원칙의 적용을 받는 입법절차에 위배되어 성립된 것인지 여부가 문제된다.

2. 국회의장의 법률안 정리

(1) 법률안 정리의 필요성

국회법에 독회(讀會) 절차가 마련되어 있지 않은 관계로, 본회의에서 법률안이 의결된 후라도 그 확인 과정에서 오식·누락 기타 모순·상충되는 내용이 발견되는 등 법률안에 대한 정리가 불가피

한 경우가 적지 않고, 특히, 국회의장이 심사기간을 정하여 법률안을 위원회에 회부하였으나 이유 없이 그 기간 내에 심사를 마치지 아니하여 국회의장이 바로 법률안을 본회의에 부의하거나(국회법 제85조 제2항, 제86조 제2항), 위원회에서 심사한 결과 본회의에 부의할 필요가 없다고 결정된 법률안을 의원 30인 이상의 요구로 본회의에 부의하거나(국회법 제87조 제1항 단서), 본회의 심의과정에서 수정동의에 의하여 법률안이 수정된 경우(국회법 제95조 제1항), 또는 국회 개원의 지연 등 특별한 사정으로 상임위원회를 구성하지 못하여 특별위원회를 구성하고 법률안을 제출하여 이를 바로 본회의에 부의한 경우 등과 같이 국회 법제사법위원회가 법률안에 대한 체계·자구심사를 할 수 없는 때에는 법률안을 반드시 정리할 필요가 있을 것이다.

이에 국회법 제97조는 "본회의는 의안의 의결이 있은 후 서로 저촉되는 조항·자구·숫자 기타의 정리를 필요로 할 때에는 이를 의장 또는 위원회에 위임할 수 있다"고 규정하여, 본회의에서 의결된 법률안 가운데 조문이나 자구·숫자, 법률안의 체계나 형식 등의 정비가 필요한 경우 의결된 내용이나 취지를 변경하지 않는 범위 안에서 국회의장 또는 위원회에 위임하여 정리하도록 하였다.

(2) 법률안 정리의 위임 범위 및 시기

입법절차 등을 규정한 헌법 제40조, 제49조 및 제53조에 의하면, 법률안의 정리를 위임하는 것은 자구·숫자의 수정 또는 법률안의 체계나 형식의 정비 등 **단순한 사항에 국한되는 것이고, 그 범위를 넘어 국회의장이나 위원회에 폭 넓은 수정의 재량 여지를 주는 것은 아니라 할 것**이며, 법률안의 정리가 필요한 경우에는 당해 법률안을 의결할 때나 의결한 후 지체 없이 국회의장이나 위원회에 이를 위임해야 할 것이다.

(3) 본회의의 위임 의결이 없는 경우

국회는 실무상 본회의에서 법률안을 심의·의결하면서 그 정리에 대하여 위임하는 의결을 하지 아니한 경우에도 관행에 따라 국회의장의 명을 받아 법제사법위원회, 전문위원이나 국회사무처 의사국(의안과)에서 법률안을 정리하고 있다. 제17대 국회를 기준으로 연평균 400여 건의 법률안이 가결되고, 그것도 소관위원회의 심사기간이 경과되거나 여·야간 대립으로 충분히 심사하지 못한 채 서둘러 처리되는 예가 많은 상황에서, 규정의 형식이나 체계상 문제가 있는 법률안이 그대로 정부에 이송되어 공포·시행됨으로써 국민에게 혼란과 피해를 주지 않을까 적이 우려되나, 그렇다고 하여 그 **내용을 변경하지 않는 범위 내에서 자구 등을 수정하여 간단히 해결할 수 있는 법률안까지 일일이 본회의에 회부하여 재의결하도록 한다면, 이는 오히려 효율적인 국회 운영을 저해하는 요인이 될 것이다. 이에 본회의의 위임 의결이 없더라도 국회의장은 본회의에서 의결된 법률안의 조문이나 자구·숫자, 법률안의 체계나 형식 등의 정비가 필요한 경우 의결된 내용이나 취지를 변경하지 않는 범위 안에서 이를 정리할 수 있다고 봄이 상당**하고, 이렇듯 국회의장이 본회의의 위임 없이 법률안을 정리하더라도 그러한 정리가 본회의에서 의결된 법률안의 실질적 내용에 변경을 초래하는 것이 아닌 한 헌법이나 국회법상의 입법절차에 위반된다고 볼 수는 없다 할 것이다.

3. 입법절차 위배 여부에 대한 판단

(1) 개정 법률안의 형식과 정리의 필요성

개정 전의 게임산업진흥법 제32조 제1항은 "누구든지 게임물의 유통질서를 저해하는 다음 각 호의 행위를 하여서는 아니 된다"고 규정한 다음, 각 호로 "1. 제21조 제1항의 규정에 의하여 등급을 받지 아니한 게임물을 유통 또는 이용에 제공하거나 이를 위하여 진열·보관하는 행위, 2. 제21조 제1항의 규정에 의하여 등급을 받은 내용과 다른 내용의 게임물을 유통 또는 이용에 제공하거나 이를 위하여 진열·보관하는 행위, 3. 등급을 받은 게임물을 제21조 제2항 각 호의 등급구분을 위반하여 이용에 제공하는 행위, 4. 제22조 제2항의 규정에 따라 사행성게임물에 해당되어 등급분류가 거부된 게임물을 유통시키거나 이용에 제공하는 행위 또는 유통·이용제공의 목적으로 진열·보관하는 행위, 5. 제22조 제3항 제1호의 규정에 의한 등급분류필증을 매매·증여 또는 대여하는 행위, 6. 제33조 제1항 또는 제2항의 규정을 위반하여 등급 및 게임물내용정보 등의 표시사항을 표시하지 아니한 게임물 또는 게임물의 운영에 관한 정보를 표시하는 장치를 부착하지 아니한 게임물을 유통시키거나 이용에 제공하는 행위"를 나열하고 있는데 반하여, 신설된 이 사건 법률조항의 본회의 의결안은 "누구든지 게임물의 이용을 통해 획득한 유·무형의 결과물(점수, 경품, 게임 내에서 사용되는 가상의 화폐로서 대통령령이 정하는 게임머니 및 대통령령이 정하는 이와 유사한 것을 말한다)을 환전 또는 환전알선하거나 재매입하는 행위를 업으로 하여서는 아니 된다"는 내용으로 되어 있다. 즉, 본회의 의결안은 "… 아니 된다"라고 되어 있어 "… 행위"라고 규정된 제32조 제1항의 제1호 내지 제6호와 비교할 때 체계나 형식에 있어 조화되지 아니하므로, 이는 곧 국회의장의 법률안 정리가 필요한 전형적인 경우에 해당한다 할 것이다.

(2) 입법절차 위배 여부

이 사건 법률조항은 국회의장이 본회의의 위임을 받지 아니하고 법률안을 정리한 경우에 해당한다 할 것이다. 그런데 앞서 본 바와 같이 본회의의 위임 의결이 없다 하더라도 국회의장은 본회의에서 의결된 법률안의 체계나 형식 등을 정비할 필요가 있는 경우 의결된 법률안의 내용이나 취지를 변경하지 않는 범위 안에서 이를 정리할 수 있다 할 것이므로, 이 사건 법률조항은 개정 전의 게임산업진흥법 제32조 제1항 중 제1호 내지 제6호의 규정 형식과 조화를 이루도록 그 체계를 정리한 것에 불과하다고 봄이 상당하다 할 것이다.

그리고 그와 같은 법률조항을 해석하는데 있어서는 문리적인 방법 이외에도 당해 조항과 법률의 전체계가 조화되도록 하고, 법률의 개정 및 제도의 목적을 고려하여 타당한 해결을 도모해야 할 것이며, 또한, 해석이 불분명한 부분에 관하여는 관련 법 규정 및 법률 이론에 입각한 법관의 통상적인 법해석 방법을 통해 그 의미를 확정할 수 있고, 그 내용은 법률의 수규자인 일반 국민이 건전하고 통상적인 법 관념을 통하여 어떠한 행위가 규제되고 있는지를 알 수 있는 것으로 족하다 할 것이다. 이러한 입법목적과 법률해석의 기준을 바탕으로 살펴보면, 이 사건 법률조항은 이를 적용하거나 집행하는 국가기관뿐만 아니라 일반 국민들도 그 금지대상이 "게임결과물의 환전업·환전알선업·재매입업"이 된다는 것을 쉽게 알 수 있다 할 것이고, 이는 본회의 의결안이 금지대상으로 삼은 내용과 동일한 것으로서, 결국 이 사건 법률조항은 본회의 의결안과 같이 "게임결과물을 환전·환전알선·재매입하는 것을 업으로 하는 행위"를 금지하고 있을 뿐이라 할 것이다.

설령, 국어의 문법을 엄격하게 적용하여 이 사건 법률조항의 금지대상을 "게임결과물의 환전행위, 게임결과물의 환전알선행위 및 게임결과물의 재매입업"으로 해석하여 본회의 의결안의 금지대상인 "게임결과물의 환전업·환전알선업·재매입업"에 비하여 그 금지대상이 다소 확장된 것처럼 볼 여지가 있다 하더라도, 법원이나 행정관청 등 법집행기관으로서는 앞서 본 이 사건 법률조항의 입법목적에 비추어 당초 예정하였던 대로 그 금지대상을 한정하여 적용할 것이 예상되므로, 이 사건 법률조항의 궁극적인 적용 범위 및 그 결과는 본회의 의결안과 동일하다 할 것이다. 따라서, 이 사건 법률조항은 개정 전의 게임산업진흥법 제32조 제1항 중 제1호 내지 제6호의 다른 금지대상의 규정 형식과 조화를 이루도록 체계를 정리한 것에 불과할 뿐, 본회의에서 의결된 개정 법률안의 내용에 어떠한 변경을 초래한 것이 아니라 할 것이므로, 이 사건 법률조항이 본회의 의결안과 규정의 형식이나 체계가 다소 상이하다는 이유만으로 그 입법절차가 헌법상 적법절차의 원칙에 위배된다 할 수 없다.

Ⅱ. 기본권 침해 주장에 대한 판단

이 사건 법률조항은 사람들로 하여금 게임결과물의 환전업 등을 금지하고 이를 위반하는 경우 형사 처벌하도록 규정하여, 게임제공업자인 청구인들의 직업수행의 자유를 제한하고 있다.

이 사건 법률조항은 게임결과물의 환전·환전알선·재매입을 업으로 하는 행위를 금지하여 게임물의 사행화를 방지하고 건전한 게임문화를 조성하기 위한 것으로서 그 입법목적이 정당하고, 이를 달성하기 위한 적절한 수단이며, 청구인들이 운영하는 게임제공업 그 자체나 게임결과물에 대한 단순한 환전·환전알선·재매입 행위를 금지하는 것이 아니므로 피해의 최소성도 인정될 뿐만 아니라, 이 사건 법률조항으로 인하여 합법적으로 영업하는 게임제공업소에 대한 영업제한의 정도나 영업수익의 감소는 별로 크지 않음에 비하여 게임물의 사행화를 방지하고 건전한 게임문화를 조성하려는 공익적 필요성은 상당히 크다 할 것이어서 법익의 균형성도 인정되므로, 이 사건 법률조항은 과잉금지의 원칙에 위배하여 게임제공업자인 청구인들의 직업수행의 자유를 침해한다고 볼 수 없다.

재판관 이공현, 재판관 조대현, 재판관 송두환의 일부위헌의견

국회에서 의결한 '게임산업진흥에 관한 법률' 일부개정법률안의 문안은 '환전·환전알선·재매입을 업으로 하는 행위'만 금지하는 것인데, 이 사건 법률조항의 문안에 의하면 '업으로 하지 않는 단순한 환전·환전알선 행위'까지 금지되는 것으로 해석되고, 다수의견과 같이 이 사건 법률조항의 문안을 국회에서 의결된 법률안의 문안과 동일하게 '업으로 하는 환전·환전알선 행위'만 금지하는 것이라고 해석하는 것은 문언해석의 한계를 넘는다. 결국, 이 사건 법률조항은 국회가 의결한 내용과는 다른 내용, 즉 국회가 의결한 내용보다 금지되는 행위의 범위가 더 넓혀진 내용으로 공포된 것이고, '업으로 하지 않는 단순한 환전·환전알선 행위'를 금지하는 부분은 국회에서 의결된 바 없는데도 법률로서 공포된 것이다. 그렇다면, 이 사건 법률조항 중 '업으로 하지 않는 단순한 환전·환전알선 행위'에 관한 부분은 "입법권은 국회에 속한다"고 선언한 헌법 제40조 및 '법률은 국회의 의결을 거쳐서 공포되어야 함'을 규정한 헌법 제53조에 위반된 것이라 하지 않을 수 없고, 비록 대통령에 의하여 법률로서 공포되었다고 하더라도 법률로서의 효력을 가질 수 없다 할 것이므로, 이를 확인하는 의미에서 헌법에 위반된다고 선언하여야 한다.

[요약판례 1] (구)국가보위입법회의법등의 위헌여부에 관한 헌법소원: 위헌(헌재 1989.12.18. 89헌마32등)

임명권자의 후임자임명이라는 처분에 의하여 그 직을 상실하는 것으로 규정한 (구)국가보위입법회의법 부칙 제4조 후단이 합리적 근거 없는 처분적 법률로서 헌법상 직업공무원제도의 본질에 반하여 위헌인지 여부(적극)

(구)국가보위입법회의법 부칙 제4항 후단이 규정하고 있는 "… 그 소속 공무원은 이 법에 의한 후임자가 임명될 때까지 그 직을 가진다"라는 내용은 행정집행이나 사법재판을 매개로 하지 아니하고 직접 국민에게 권리나 의무를 발생하게 하는 법률, 즉 법률이 직접 자동집행력을 갖는 처분적 법률의 예에 해당하는 것이며 따라서 국가보위입법회의 의장 등의 면직발령은 위 법률의 후속조치로서 당연히 행하여져야 할 사무적 행위에 불과하다고 할 것이다. 또한 동 규정은 "조직의 변경과 관련이 없음은 물론 소속공무원의 귀책사유의 유무라든가 다른 공무원과의 관계에서 형평성이나 합리적 근거 등을 제시하지 아니한 채 임명권자의 후임자임명이라는 처분에 의하여 그 직을 상실하는 것으로 규정하였"으므로 헌법상 직업공무원제도의 본질에 반하는 위헌적 규정이다.

[요약판례 2] 교육공무원법 제11조 제1항에 대한 헌법소원: 위헌,각하(헌재 1990.10.8. 89헌마89)

별도의 법률집행없이 법률규정 자체에 의하여 직접 기본권이 침해된 경우에 그 법률규정에 대한 헌법소원의 인정여부(적극)

헌법소원심판의 청구사유를 규정한 헌법재판소법 제68조 제1항 본문에 규정된 공권력 가운데는 입법권도 당연히 포함된다고 할 것이므로 **법률에 대한 헌법소원도 가능**하다. 다만, 모든 법률이 다 헌법소원의 대상이 되는 것은 아니고, 그 법률이 별도로 구체적 집행행위를 기다리지 아니하고 **현재 직접적으로 헌법상 보장된 기본권을 침해하는 경우에 한정**됨을 원칙으로 한다.

[요약판례 3] 5·18민주화운동등에관한특별법 제2조 위헌제청 등: 기각(헌재 1996.2.16. 96헌가2등)

5·18 민주화운동 등에 관한 특별법 제2조가 개별사건법률로서 헌법상 평등원칙에 위배되어 위헌인지 여부(소극)

개별사건법률은 개별사건에만 적용되는 것이므로 원칙적으로 평등원칙에 위배되는 자의적인 규정이라는 강한 의심을 불러일으킨다. 그러나 **개별사건법률금지의 원칙이 법률제정에 있어서 입법자가 평등원칙을 준수할 것을 요구하는 것이기 때문에, 특정규범이 개별사건법률에 해당한다 하여 곧바로 위헌을 뜻하는 것은 아니다.** 비록 특정법률 또는 법률조항이 단지 하나의 사건만을 규율하려고 한다 하더라도 이러한 **차별적 규율이 합리적인 이유로 정당화될 수 있는 경우에는 합헌적일 수 있다.** 따라서 개별사건법률의 위헌 여부는, 그 형식만으로 가려지는 것이 아니라, 나아가 평등의 원칙이 추구하는 실질적 내용이 정당한지 아닌지를 따져야 비로소 가려진다. 이른바 12·12 및 5·18 사건의 경우 그 이전에 있었던 다른 헌정질서파괴범과 비교해보면, 공소시효의 완성 여부에 관한 논의가 아직 진행 중이고, 집권과정에서의 불법적 요소나 올바른 헌정사의 정립을 위한 과거청산의 요청에 미루어볼 때 비록 특별법이 **개별적 사건법률이라고 하더라도 입법을 정당화할 수 있는 공익이 인정될 수 있다**고 판단된다. 따라서 이 법률조항은 개별사건법률에 내재된 불평등요소를 정당화할 수 있는 합리적인 이유가 있으므로 헌법에 위반되지 아니한다.

[요약판례 4] 노동조합및노동관계조정법 등 위헌확인: 각하(헌재 1998.8.27. 97헌마8등)

국민이 입법절차의 하자만을 주장하며 법률에 대한 헌법소원심판을 청구할 수 있는지 여부(소극)

법률의 입법절차가 헌법이나 국회법에 위반된다고 하더라도 그와 같은 사유만으로는 이 사건 **법률로 인하여 청구인들이 현재, 직접적으로 기본권을 침해받은 것**으로 볼 수는 없다. 청구인들이 주장하는 이 사건 법률의 입법절차의 하자로 인하여 직접 침해되는 것은 청구인들의 기본권이 아니라 이 사건 법률의 심의 표결에 참여하지 못한 **국회의원의 법률안 심의·표결 등 권한**이라고 할 것이다.

따라서 법률의 실체적 내용으로 인하여 현재, 직접적으로 기본권을 침해받은 경우에 헌법소원심판을 청구하거나 이 사건 법률이 구체적 소송사건에서 재판의 전제가 된 경우에 위헌여부심판의 제청신청을 하여 그 심판절차에서 입법절차에 하자가 있음을 이유로 이 사건 법률이 위헌임을 주장하는 것은 별론으로 하고 단순히 입법절차의 하자로 인하여 기본권을 현재, 직접적으로 침해받았다고 주장하여 헌법소원심판을 청구할 수는 없다고 할 것이다.

대판 1970.7.16. 70누76

법률의 효력 발생의 기준인 "공포한 날"의 의미

공포한 날부터 시행하기로 한 법령 등의 시행일은 그 법령이 수록된 관보의 발행일자가 아니고 그 관보가 정부간행물 판매센타에 배치되거나 관보취급소에 발송된 날이다.

제2항 재 정 권

I 지방세법 제233조의9 제1항 제2호 위헌소원: 헌법불합치(헌재 2001.4.26. 2000헌바59)

쟁점 과세요건명확주의에 위배되는지 여부(소극)
조세평등주의에 위배되는지 여부(적극)
헌법불합치결정을 하고 잠정적으로 그 효력을 지속시키는 이유

사건의 개요

청구인은 외국에서 수입하여 보세구역에 보관하고 있던 제조담배를 1997. 6. 4.부터 1997. 10. 24.까지 사이에 보세구역으로부터 반출하면서 서울특별시에 지방세법상의 담배소비세를 신고, 납부하였다. 청구인은 그 후 판매되지 않고 남아있던 제조담배를 회수하여 1999. 5. 13. 보세구역으로 재반입한 다음 외국으로 다시 수출하였다.

청구인은 서울지방법원에 이미 납부했던 담배소비세 중 위 수출분에 대한 부분의 환급을 구하는 소를 제기하는 한편, "제조장 또는 보세구역에서 반출된 제조담배가 포장 또는 품질의 불량등의 사유로 제조장 또는 수입판매업자의 제조담배의 보관장소로 반입된 경우"를 담배소비세의 공제 및 환급의 사유로 정하고 있는 지방세법(1988. 12. 26. 법률 제4028호로 개정된 것) 제233조의9 제1항 제2호가 헌법상 조세법률주의 및 조세평등주의에 어긋나고 재산권을 침해한다고 주장하면서 같은 법원에 위 법률조항에 대하여 위헌법률심판제청신청을 하였으나 기각되자 이 사건 헌법소원심판을 청구하였다.

심판의 대상

지방세법(1988. 12. 26. 법률 제4028호로 개정된 것, 이하 법이라 한다) 제233조의9 제1항 제2호(이하 이 사건 법률조항이라 한다)의 위헌여부

주 문

지방세법(1988. 12. 26. 법률 제4028호로 개정된 것) 제233조의9 제1항 제2호는 헌법에 합치하지 아니한다. 이 법률조항은 입법자가 개정할 때까지 계속 적용한다.

판 단

I. 과세요건명확주의를 위배한 것인지 여부

법 제233조의9는 담배소비세의 공제 및 환급사유를 3개로 나누어 규정하면서 그 제1호에서는 '멸실 또는 훼손', 제3호에서는 '초과납부'를 각 규정하고 그와 함께 이 사건에서 문제되고 있는 제2호에서는 '포장 또는 품질의 불량 등'을 들고 있는데 그 규정형식이 이처럼 공제 및 환급사유를 구체적 성질에 따라 3개의 경우로 나누어 한정적으로 열거하고 있는 점, 제2호의 규정이 제시하는 기준이 '포장 또는 품질의 불량'이라는 하나의 단일한 문언뿐이고 제1호에서 사용한 '기타'라는 말 같은 것을 쓰고 있지 않다는 점, 담배소비세는 보세구역 등에서 반출될 때 이미 그 납세의무가 성립되고 신고·납부에 의하여 확정되며 환급은 예외적인 일이라는 점, 그리고 조세법은 문언에 따라 엄격하게 해석하는 것이 일반원칙이라는 점 등에 비추어 보면 제2호의 이 사건 법률조항은 보세구

역 등에 재반입되어 환급의 대상이 되는 사유를 포장 또는 품질의 불량으로 한정하고 있음이 명백하고 이곳에서 사용된 '등'이라는 말도 불량을 일으킨 분야가 포장과 품질이라는 두 개 분야로서 복수(複數)임을 표상하는 것일 뿐 '기타'라는 의미로 쓰인 것은 아님이 분명하므로, '포장 또는 품질의 불량 등'이 재반입사유의 한 예시라고는 볼 수는 없다. 그러므로 이 사건 법률조항 자체는 과세요건의 명확을 요구하는 헌법의 원칙에 어긋나는 것이 아니다.

Ⅱ. 조세평등주의를 위배한 것인지 여부

기본적으로 담배소비세는 담배의 소비를 과세물건으로 하는 간접소비세이고 개별소비세인데 단지 징세의 편의를 위하여 보세구역 등에서 반출될 때에 제조자 또는 수입판매업자에게 일괄하여 미리 이를 납부하도록 하는 것이므로 전가에 의하여 이를 실질적으로 부담할 소비자에게 만일 담배가 공급되지 않고 보세구역 등으로 재반입된다면 제조자 또는 수입판매업자에게 귀책사유가 있는 등의 특별한 사정이 없는 한 원칙적으로 재반입사유의 여하를 불문하고 당해 세액을 납부자에게 환급하는 것이 담배의 소비행위를 과세물건으로 하는 담배소비세의 본질에 비추어 볼 때 당연한 것이다. 법 제233조의9 제1호가, 보세구역 등에서 반출된 담배가 부득이한 사유로 멸실 또는 훼손된 경우에 세금을 환부하도록 규정한 것도 실은 과세물건인 담배의 소비행위가 존재하지 않기 때문이라는 당연한 이유에 근거하는 것임을 생각할 때 제2호의 경우도 그와 동일한 이치로 이해할 수 있는 것이다.

보세구역 등으로 담배를 재반입한 제조자 또는 수입판매업자에게 귀책사유가 있는 등의 특별한 사정이 없는 한 재반입사유를 포장 또는 품질이 불량한 경우와 그밖의 경우로 나누어, 전자의 경우에는 환급을 하여 주고 후자의 경우에는 환급을 하여주지 않는다고 하는 본질적이고도 결정적인 차별을 할 만한 무슨 본질적인 차이가 둘 사이에 과연 존재하는 것인지 살펴볼 때에 그와 같은 차이는 찾아볼 수 없으므로 위와 같은 차별은 합리적인 이유가 없는 것이다. 담배의 판매부진 등으로 생긴 판매잔량을 수시로 보세구역 등으로 재반입하여 환급을 하게 되면 조세채권을 확정할 수 없어 조세혼란이 초래된다고 말할지 모르지만 이러한 사유는 위 두 가지 경우의 차별을 합리화할 만한 본질적인 문제가 되지 못한다. 그럼에도 불구하고 **이 사건 법률조항이 재반입사유 중 포장 또는 품질의 불량이라는 하나의 경우에만 환급을 허용하고 그밖의 경우에는, 담배의 소비행위라는 과세물건이 없음에도 불구하고, 일체 이를 불허하는 것은 보세구역 등에서 담배를 반출하였다가 다시 이를 보세구역 등으로 재반입한 납세자들 가운데 포장 또는 품질의 불량이라는 사유 이외의 사유로 재반입한 납세자를 합리적인 이유없이 차별하는 것이 되어 헌법에 위반되고, 종국적으로는 담배의 소비행위라는 과세물건이 없음에도 불구하고 담배소비세를 부과한 셈이 되어 결과에 있어 실질과세의 원칙에도 어긋난다.**

Ⅲ. 헌법불합치

이 사건의 경우 헌법재판소가 위헌결정 또는 단순한 헌법불합치결정만을 선고할 경우 이 사건 법률조항은 헌법재판소가 결정을 선고한 때부터 더 이상 적용할 수 없게 된다. 이 경우 그나마 포장 또는 품질의 불량으로 제조담배를 재반입하는 경우에 담배소비세의 공제 및 환급을 인정하고 있는 근거규정이 효력을 잃게 됨으로써 법치국가적으로 용인하기 어려운 법적 공백이 생기게 된다.

그러므로 이 사건 법률조항의 효력을 당장 상실하게 하거나 적용을 중지하도록 하는 것은 이 사건 법률조항의 잠정적용을 명하는 경우와 비교할 때 더 위헌적인 상황을 초래한다 할 것이므로 입법자가 합헌적인 방향으로 법률을 개선할 때까지 이 사건 법률조항을 존속하게 하여 이를 적용하게 할 필요가 있다고 판단된다. 따라서 입법자는 이 결정에 따라 조속한 시일 내에 이 사건 법률조항을 헌법에 합치하는 내용으로 개정하여야 하고 그 개정시까지 이 사건 법률조항의 효력은, 담배소비세의 공제 및 환급의 근거규정이 되는 범위내에서, 잠정적으로 존속한다.

재판관 하경철, 재판관 김영일, 재판관 김효종의 반대의견

담배소비세가 조세의 최종소비자에의 전가를 예정한 것이기는 하나, 여기서 거꾸로 조세의 전가가 이루어지지 않은 경우에는 반드시 환급되어야 한다는 논리는 성립하지 않는다. 왜냐하면 간접세이냐 직접세이냐, 소비세이냐 유통세이냐 등등의 분류는 기존의 각종 조세에 대한 강학상의 분석과 분류에 그치는 것이며, 이러한 강학상의 분류가 거꾸로 그 조세의 본질을 결정하거나 이를 변질시킬 수는 없는 것이기 때문이다. 또한 이 사건 법률조항이 외국의 입법례와 비교하여 볼 때, 지나치게 환급의 범위가 제한적이라고 볼 여지도 없지 아니하나, 담배소비세는 그 국가의 흡연율, 흡연자의 연령별·계층별 분포, 재정에의 기여도, 다른 조세와의 사이에 환급사유의 균형성 유지 등 각 국가의 고유한 사정에 따라 그 제한의 정도를 달리할 수 있는 것이다. 특히, 순수하게 영업정책상의 필요로 인한 재반입의 경우는 지방세법 제233조의9 제1항이 규정하고 있는 각 환급사유보다 구제의 필요성이 현저히 적다. 요컨대, 담배소비세의 환급규정은 환급의 합리성과 필요성의 정도가 일정한 수준까지 이른 경우를 열거하여 조세의 환급을 인정하고 있는 것이며, 이 사건 법률조항은 그 중 하나로서 국가가 조세의 성격과 목표 등 각종 정책적 요소를 고려하여 환급사유를 일정한 범위로 제한한 것으로 합리적 이유가 분명히 있는 것이라 판단되며, 따라서 헌법상 조세평등주의에 위배된다고 볼 수 없다.

Ⅱ | 지방세법 제121조 제1항 위헌소원: 헌법불합치(헌재 2003.9.25. 2003헌바16)

쟁점 헌법상 비례의 원칙 및 평등의 원칙에 위배되는지 여부(적극), 헌법불합치결정을 선고하면서, 입법자가 이를 개정할 때까지 법원·지방자치단체에 대하여 위 법조항의 적용중지를 명한 사례

사건의 개요

청구인은 2002. 4. 30. 서울시 도봉구 창동 442의 43 대지 및 지상건물을 취득하고 다음 날인 5. 1. 서울특별시 도봉구청장에게 취득세자진신고를 한 뒤 그 납부기한인 2002. 5. 30.을 1일 경과한 5. 31. 취득세 금 4,000,000원, 농특세 금 400,000원 합계 금 4,400,000원을 납부하였다.

도봉구청장은 2002. 7. 10.자로 청구인에게 이 사건 법률조항에 의하여 취득세의 100분의 20에 해당하는 금 800,000원의 가산세를 부과·고지하였다.

청구인은 도봉구청장을 상대로 취득세부과처분취소소송을 제기하고 계속법원에 지방세법 제121조 제1항(1994. 12. 22. 법률 제4794호로 개정된 것)에 대한 위헌법률심판제청을 하였으나 본안청구와 위헌제청신청이 모두 기각되자 2003. 2. 21. 이 사건 헌법소원심판을 청구하였다.

심판의 대상

심판대상법률은 지방세법(1994. 12. 22. 법률 제4794호로 개정된 것, 이하 "법"이라고 한다) 제121조 제1항이고 그 내용은 다음과 같다.

법 제121조 (부족세액의 추징 및 가산세) ① 취득세납세의무자가 제120조의 규정에 의한 신고납부를

하지 아니하거나 신고납부세액이 제111조 및 제112조의 규정에 의한 산출세액에 미달한 때에는 제111조 및 제112조의 규정에 의하여 산출한 세액 또는 그 부족세액에 100분의 20을 가산한 금액을 세액으로 하여 보통징수의 방법에 의하여 징수한다.

주 문

지방세법(1994. 12. 22. 법률 제4794호로 개정된 것) 제121조 제1항은 헌법에 합치되지 아니한다. 이 법률조항은 국회가 이를 개정할 때까지 그 적용을 중지한다.

판 단

Ⅰ. 재산권의 침해여부

1. 취득세의 가산세

취득세의 가산세는 지방세법상의 납세의무자에게 부여된 협력의무위반에 대한 책임을 묻는 행정적 제재를 조세의 형태로 구성한 것이다. 그러므로 가산세는 오직 형식에 있어서만 조세일 뿐이고 본질에 있어서는 본세의 징수를 확보하기 위한 수단이다. 본세가 원칙적으로 납세의무자의 담세력을 바탕으로 하여 그 부담이 결정되어야 하는데 반하여 가산세의 부담은 세법상의 의무위반의 내용과 정도에 따라 달리 결정되어야 한다. 납세자의 자력은 고려의 대상이 되지 않는다. 원래 의무위반에 대한 책임의 추궁에 있어서는 의무위반의 정도와 부과되는 제재 사이에 있어서 적정한 비례관계가 유지되어야 하고 그렇지 못한 경우에는 기본권에 대한 과도한 제한이 되어 위헌이 된다.

2. 비례의 원칙 위반

자진납부의무의 위반정도는 미납기간의 장단과 미납세액의 다과라는 두 가지 요소에 의하여 결정된다고 할 것이다. 그러므로 이러한 두 가지 결정요소를 반영하여(예컨대, 무납부세액×미납일수×3/10,000, 소득세법 제81조 제4항 및 동 시행령 제146조의2 참조) 가산세를 산출하여야 함에도 불구하고 법 제121조 제1항이 산출세액의 100분의 20을 가산세로 획일규정한 것은 의무위반의 정도를 결정하는 두 가지 요소 중 미납세액만을 고려하고 또하나의 요소인 미납기간의 장단은 전혀 고려하지 아니한 것이므로 이는 현저히 합리성을 결하여 헌법상의 비례의 원칙에 어긋난다고 하지 않을 수 없다.

Ⅱ. 조세평등주의의 위반 여부

지방세법 제120조의 '신고납부의무'라는 것은 취득세 과세물건의 취득자에게 취득사실을 신고할 의무와 취득세액을 납부할 의무라는 두 가지 의무를 가리키는 것인데 법 제121조 제1항은 이러한 **두 가지의 의무 중 하나만을 불이행한 사람이거나 두 가지 의무 모두를 불이행한 사람이거나를 구별하지 아니하고 똑같이 산출세액의 100분의 20을 가산세로 납부하도록 규정한다. 또한 자진납부의무를 불이행한 사람들 사이에서도 그 미납기간의 장단을 전혀 고려하지 않고 이들을 똑같이 취급하고 있다.**

이것은 성실협력의무를 불이행한 정도가 완전히 또는 상당히 다를 수 있는 두 사람을 오히려 언제나 똑같이 취급하는 것인데 이와 같이 "서로 다른 것을 같게 취급하여야 할" 무슨 합리적인 이유를 찾아보기 어렵다. 이러한 취급은 사무처리상의 편의를 조세당국에 제공할 것이지만 구별취급에 따르는 사무처리상의 불편의 정도라는 것이 이 경우에는 성질상 그렇게 클 수가 없는 것임에 비추어 이러한 사정은 “서로 다른 것을 다르게 취급할 것”을 명하는 헌법상의 평등의 원칙을 지키지 않아도 좋을 합리적인 사유가 되지 못한다.

소득세나 법인세 등 국세의 경우에 신고의무불이행과 납부의무불이행에 대하여 별개로 가산세를 부과하고 있는 것과 차이가 난다. 그런데 국세의 경우에는 두 가지 협력의무의 불이행에 대하여 별개로 구분하여 대응하여야 하고 지방세의 경우에는 별개로 구분할 필요 없이 하나로 대응하여도 좋은, 또는 하나로 대응하여야만 할, 무슨 합리적인 사정이 있다고 볼 수 없다. 소득세나 법인세 같은 국세와 취득세 같은 지방세는 똑같은 국민이 부담하는 조세라는 측면에서 본질적인 차이가 없는 것이므로 취득세의 납세의무자를 소득세나 법인세 등의 납세의무자에 비하여 이렇게 차별을 하는 것은 합리적인 이유 없이 같은 것을 서로 다르게 취급하여 헌법상의 평등의 원칙을 위반하는 것이다.

Ⅲ. 주문의 형식과 결론

법 제121조 제1항이 위헌이라는 점에 대하여는 관여 재판관들의 의견이 일치되지만 이 조항에 대하여 단순위헌의 선고를 할 것인지 또는 헌법불합치를 선고할 것인지에 대하여는 재판관들의 의견이 일치되지 아니한다.

재판관 하경철, 김영일, 송인준, 주선회 네분은, 만일 단순위헌을 선고하여 이 조항의 효력을 상실시킬 경우에는 취득세의 가산세를 부과할 수 없게 되는 법적 공백이 생겨 지방세 수입을 감소시키는 등 지방자치단체의 재정에 상당한 영향을 주게 되고, 이미 가산세를 납부한 사람과 그렇지 아니한 사람 사이에 형평의 문제를 일으켜 법적 혼란을 야기하며, 이 조항의 위헌성은 국회가 선택가능한 다양한 입법수단 중에서 재량으로 결정하여 제거하는 것이 바람직하므로 헌법불합치를 선고하여야 한다는 의견이다.

한편 재판관 윤영철, 권 성, 김효종, 김경일, 전효숙 다섯분은, 이 사건에서 비록 단순위헌을 선고한다 하더라도 단순위헌의 선고에 통상 수반되는 정도의 법적 혼란과 공백을 훨씬 넘는 보다 큰 혼란과 공백이 야기된다고는 볼 수 없으므로, 헌법불합치를 선고하지 않으면 안될 사정이 있다고 할 수 없고, 단순위헌을 선고한다고 하여 이 조항의 경우에 국회의 입법재량이 제한되는 것도 아니므로 단순위헌을 선고함이 마땅하다는 의견이다.

그렇다면 헌법불합치주문에는 단순위헌의 주문이 성질상 포섭되지 아니하는 데다가 이 사건에서는 단순위헌의 의견에 헌법불합치의견을 가산하여야 비로소 위헌정족수를 충족하게 되므로, 법 제121조 제1항에 대한 헌법불합치를 선고하기로 하여 주문과 같이 결정하고, 관여 재판관 전원의 일치된 의견으로 국회에서 이 조항이 개정될 때까지 이 조항의 적용중지를 명하기로 한다.

재판관 김영일의 법정의견에 관한 보충의견

나는 이 사건 조항에 위헌적인 요소가 개재되어 있다고 하더라도 그 전부가 위헌이라고는 볼 수 없어, 헌법불합치결정의 주문만이 가능하므로 이에 보충의견을 밝히는 바이다.

청구인은 “지방세법 제121조(부족세액의 추징 및 가산세) ① 취득세납세의무자가 제120조의 규정에 의한 신고납부를 하지 아니하거나 신고납부세액이 제111조 및 제112조의 규정에 의한 산출세액에 미달한 때에는 제111조 및 제112조의 규정에 의하여 산출한 세액 또는 그 부족세액에 100분의 20을 가산한 금액을 세액으로 하여 보통징수의 방법에 의하여 징수한다"라는 규정의 위헌여부를 묻고 있다.

이는 청구인이 당해 취득세납부기한인 2002. 5. 30.을 1일 경과한 2002. 5. 31. 취득세를 납부하자 도봉구청장이 위 법률조항에 근거하여 취득세의 100분의 20에 해당하는 금액의 가산세를 부과하였던 데 기인하는 것이다.

100분의 20에 해당하는 금액을 가산세로 지급하도록 한 위 법률조항은 그것이 위헌이냐 헌법불합치냐 하는 것을 검토하여 보기로 한다.

헌법불합치는 통상 어떤 법률조항이 그 내용상 일부가 헌법에 위반되는 경우이기는 하나, 그 위반되는 부분을 명확히 구분해내기가 마땅치 아니한 경우(본질상 불가피한 경우)와 위헌법률의 효력상 잠정조치를 취하는 것이 좋겠다는 경우에 위헌인 법률조항을 헌법불합치로 짐짓 하는 경우(필요에 의한 경우)로 대별하여 볼 수 있겠다.

100분의 20을 가산세로 부과하는 경우에 그것이 정확히 법률조항을 위반한 정도가 어느 정도이어야 할 것이라는 점을 표현할 수는 없겠으나, 어쨌든 그 위반의 정도가 상당히 무거워 100분의 20의 가산세를 부과하는 것이 합당한 경우도 있을 수 있다는 점에서 이 법률조항은 본질상 전부 위헌은 될 수가 없는 것이고, 그런 점에서 위헌의 주문은 불가능하고 헌법불합치의 주문을 낼 수밖에 없는 것이다.

위헌인 것을 헌법불합치로 잠정조치하는 경우는 있을 수 있겠으나, 본질상 헌법불합치인 경우를 위헌으로 결정할 수는 없기 때문이다.

이에 나는 법정의견에 대한 보충의견을 밝힌다.

[요약판례 1] 구 조세특례제한법 제37조 제7항 중 후단부분 위헌소원: 합헌(헌재 2001.11.29. 2000헌바95)

조세의 부과와 징수에 있어서 지켜야 할 기본원칙으로서 조세법률주의의 근거

조세는 국가 또는 지방자치단체가 국민이나 주민의 공공복리의 증진을 위한 각종 공적 임무를 수행할 자금조달의 목적으로 직접적인 반대급부 없이 일방적·강제적으로 국민·주민에 대해서 부과하는 금전급부라고 할 수 있다. 이 같은 조세의 불가피성을 인정할 수 있다 할지라도 **조세의 징수는 국민의 재산권에 대한 중대한 침해를 가져올 수 있는 것이기 때문에**, 이에 대한 것은 국민의 대표기관인 의회의 입법인 법률에 의하도록 하는 것이 국민주권주의와 법치주의를 채택하고 있는 민주국가의 헌법상의 공통된 기본원칙이라고 할 수 있다.

우리 헌법도 "모든 국민은 법률이 정하는 바에 의하여 납세의 의무를 진다"(제38조), "조세의 종목과 세율은 법률로 정한다"(제59조)라고 각 규정하여 조세법률주의를 채택하고 있다. 조세법률주의는 조세법제도의 근본원리로서 법치주의의 조세의 부과·징수면에서의 표현이라고 할 수 있다. 보다 구체적으로 말하면, 과세요건 및 조세의 부과·징수절차가 법률에 의해 정하여질 것을 요구하는 과세요건법정주의, 조세법규의 규정이 가능한 한 명확하고 일의적일 것을 요구하는 과세요건 명확주의 등을 그 주된 내용으로 한다.

[요약판례 2] 상속세법 제8조의2 제6항 위헌소원: 위헌(헌재 1998.3.26. 96헌바57)

조세법률주의의 원칙과 조세위임입법의 근거

그러나 **조세법률주의를 지나치게 철저하게 시행한다면 복잡다양하고도 끊임없이 변천하는 경제상황에 대처하여 적확하게 과세대상을 포착하고 적정하게 과세표준을 산출하기 어려워 담세력에 응한 공평과세의 목적을 달성할 수 없게** 된다. 따라서 조세법률주의를 견지하면서도 조세평등주의와의 조화를 위하여 경제현실에 응하여 공정한 과세를 할 수 있게 하고 탈법적인 조세회피행위에 대처하기 위하여는 납세의무의 중요한 사항 내지 본질적인 내용에 관련된 것이라 하더라도 그 중 **경제현실의 변화나 전문적 기술의 발달 등에 즉응하여야 하는 세부적인 사항에 관하여는 국회 제정의 형식적 법률보다 더 탄력성이 있는 행정입법에 이를 위임할 필요가 있는 것**이다. 이에 우리 헌법은 제75조

에서 "대통령은 법률에서 구체적으로 범위를 정하여 위임받은 사항과 법률을 집행하기 위하여 필요한 사항에 관하여 대통령령을 발할 수 있다"라고 규정하여, 조세행정분야뿐만 아니라 국정 전반에 걸쳐 위임입법의 필요성이 있음을 확인하고 입법권을 대통령령에 위임할 수 있는 길을 열어 놓음으로써 국회가 제정하는 법률에 의하여 모든 사항을 규율할 수는 없는 현실적 어려움을 반영하고 있다.

[요약판례 3] 상속세법 제9조 제2항에 대한 헌법소원: 위헌(헌재 1992.12.24. 90헌바21)

조세법률주의의 의의와 기능

이러한 헌법규정에 근거를 둔 조세법률주의는 조세평등주의(헌법 제11조 제1항)와 함께 조세법의 기본원칙으로서 법률의 근거 없이는 국가는 조세를 부과·징수할 수 없고 국민은 조세의 납부를 요구당하지 않는다는 원칙이다. 이러한 조세법률주의는 조세는 국민의 재산권을 침해하는 것이 되므로 납세의무를 성립시키는 납세의무자, 과세물건, 과세표준, 과세기간, 세율 등의 모든 과세요건과 조세의 부과·징수절차는 모두 국민의 대표기관인 국회가 제정한 법률로 이를 규정하여야 한다는 것(과세요건 법정주의)과 또 과세요건을 법률로 규정하였다고 하더라도 그 규정내용이 지나치게 추상적이고 불명확하면 과세관청의 자의적인 해석과 집행을 초래할 염려가 있으므로 그 규정내용이 명확하고 일의적이어야 한다는 것(과세요건 명확주의)을 그 핵심적 내용으로 하고 있다. 그렇다면 위 헌법규정들에 근거한 조세법률주의의 이념은 과세요건을 법률로 명확하게 규정함으로써 국민의 재산권을 보장함과 동시에 국민의 경제생활에 법적 안정성과 예측가능성을 부여하겠다는 것이라고 이해된다.

[요약판례 4] 소득세법 제60조에 대한 헌법소원: 헌법불합치(헌재 1995.11.30. 91헌바1등)

조세법률주의의 근거와 기능

국민주권주의, 권력분립주의 및 법치주의를 기본원리로 채택하고 있는 우리 헌법하에서는 국민의 헌법상 기본권 및 기본의무와 관련한 중요한 사항 내지 본질적인 내용에 대한 정책형성기능은 원칙적으로 주권자인 국민에 의하여 선출된 대표자들로 구성되는 입법부가 담당하여 법률의 형식으로써 이를 수행하여야 하고, 이와 같이 입법화된 정책을 집행하거나 적용함을 임무로 하는 행정부나 사법부에 그 기능이 넘겨져서는 안 된다고 해석된다. 헌법 제38조 및 제59조의 조세법률주의도 국민의 기본의무인 납세의무의 중요한 사항 내지 본질적 내용에 대하여는 가능한 한 법률로써 명확하게 규정하여 납세의무자로서의 국민에게 예측가능성을 부여하고 그럼으로써 국민에게 경제생활에서의 법적 안정성을 확보하여 주기 위한 것이다.

그러기에 헌법 제59조의 "조세의 종목과 세율"을 넓게 보아 납세의무의 중요한 사항 내지 본질적 내용이라고 여겨지는 "과세요건인 납세의무자, 과세물건, 과세표준 및 세율뿐 아니라 조세의 부과·징수절차까지" 모두 법률로써 가능한 한 명확하게 규정할 것을 요청하는 것으로 해석되고 있는 것이다.

[요약판례 5] 상속세법 제7조의2 제1항 위헌소원: 한정위헌(헌재 1995.7.21. 92헌바27)

조세법률주의의 이념

조세법률주의의 이념은 과세요건을 법률로 규정하여 국민의 재산권을 보장하고, 과세요건을 명확하게 규정하여 국민생활의 법적 안정성과 예측가능성을 보장하기 위한 것이며, 그 핵심적 내용은 과세요건법정주의와 과세요건명확주의이다. 오늘날의 법치주의는 국민의 권리·의무에 관한 사항을 법률로써 정해야 한다는 형식적 법치주의에 그치는 것이 아니라 그 법률의 목적과 내용 또한 기본권 보장의 헌법이념에 부합되어야 한다는 실질적 적법절차를 요구하는 법치주의를 의미하며, 헌법 제38조, 제59조가 선언하는 조세법률주의도 이러한 실질적 적법절차가 지배하는 법치주의를 뜻하므로, 비록 과세요건이 법률로 명확히 정해진 것일지라도 그것만으로 충분한 것은 아니고 조세법의 목적이나 내용이 기본권보장의 헌법이념과 이를 뒷받침하는 헌법상 요구되는 제 원칙에 합치되어야 한다.

[요약판례 6] 구 지방세법 제112조 제2항 위헌소원: 위헌(헌재 1998.7.16. 96헌바52등)

통상의 취득세율의 100분의 750으로 중과세하면서 그 대상을 "대통령령으로 정하는 고급주택" 또는 "대통령령으로 정하는 고급오락장"이라고 규정하여 대통령령에 위임한 것이 조세법률주의와 포괄위임입법금지원칙에 위반되는지 여부(적극)

고급주택, 고급오락장이 무엇인지 하는 것은 취득세 중과세요건의 핵심적 내용을 이루는 **본질적이고도 중요한 사항임에도 불구하고 그 기준과 범위를 구체적으로 확정**하지도 않고 또 그 최저기준을 설정하지도 않고 단순히 "대통령령으로 정하는 고급주택" 또는 "대통령령으로 정하는 고급오락장"이라고 불명확하고 포괄적으로 규정함으로써 실질적으로는 중과세 여부를 온전히 행정부의 재량과 자의에 맡긴 것이나 다름없을 뿐만 아니라, **입법목적, 지방세법의 체계나 다른 규정, 관련법규를 살펴보더라도 고급주택과 고급오락장의 기준과 범위를 예측**해 내기 어려우므로 이 조항들은 **헌법상의 조세법률주의, 포괄위임입법금지원칙에 위배**된다.

[요약판례 7] 구 소득세법 제31조 제3항 위헌소원: 합헌(헌재 2002.6.27. 2000헌바88)

필요경비의 계산에 있어서 필요한 사항을 대통령령으로 정하도록 규정한 구 소득세법 제31조 제3항이 조세법률주의나 포괄위임입법금지의 원칙에 위배되는지 여부(소극)

처벌법규나 조세법규와 같이 국민의 기본권을 직접적으로 제한하거나 침해할 소지가 있는 법규에서는 위임의 구체성·명확성의 요구가 강화되어 그 위임의 요건과 범위가 일반적인 급부행정의 경우보다 더 엄격하게 제한적으로 규정되어야 하는 것은 사실이나, 규율대상이 지극히 다양하거나 수시로 변화하는 성질의 것일 때에는 위임의 구체성·명확성의 요건이 완화되어야 하는 것이고, 특히 조세부담을 정함에 있어 과세요건에 대하여는 극히 전문기술적인 판단을 필요로 하는 경우가 많으므로, 그러한 경우의 **위임입법에 있어서는 기본적인 조세요건과 과세기준이 법률에 의하여 정하여지고 그 세부적인 내용의 입법을 하위법규에 위임한 경우 모두를 헌법상 조세법률주의에 위반된다고 말할 수는 없을 것**이다.

이 사건에 있어서 부동산임대소득, 일시재산소득, 기타소득 또는 산림소득, 특히 사업소득에 있어서의 **각 필요경비의 내용이나 범위는 그 소득의 원천이 되는 경제활동의 복잡·다양성 및 사회·경제적 변화의 계속성에 비추어 입법자가 법률로써 그 기준을 정할 수 없을 만큼 전문성·기술성의 측면에서 극히 다양하거나 수시로 변화하는 성질의 것**이라고 볼 수 있다는 점에서, 이에 관한 입법은 행정입법인 대통령령에 위임될 수밖에 없는 불가피한 사정이 있고 그 **위임에 있어서도 구체성과 명확성이 다소 완화되어도 무방**한 것으로 보여질 뿐 아니라, 위와 같이 필요경비의 의미가 분명한 이상 필요경비의 내용이나 범위 등 그 계산에 관하여 필요한 사항을 법률에 정하지 않고 하위법규에 위임하였다 하더라도 이는 기술적인 사항이나 세부적인 사항으로서 납세의무자인 국민이 그 대강을 쉽게 예측할 수 있는 경우라고 할 것이다.

[요약판례 8] 상속세법 제32조의2의 위헌여부에 관한 헌법소원: 한정합헌(헌재 1989.7.21. 89헌마38)

권리의 이전이나 그 행사에 등기 등을 요하는 재산에 있어서 실질소유자와 명의자가 다른 경우에는 국세기본법 제14조의 규정에 불구하고 그 명의자로 등기 등을 한 날에 실질소유자가 그 명의자에게 증여한 것으로 의제하는 상속세법 제32조의 2 제1항의 위헌여부(한정합헌)

조세는 국민의 재산권 보장을 침해하는 것이 되기 때문에 납세의무를 성립시키는 납세의무자·과세물건·과세표준·과세기간·세율 등의 과세요건과 조세의 부과·징수절차를 모두 국민의 대표기관인 국회가 제정한 법률로 규정하여야 한다는 것이 과세요건 법정주의이고, 또한 과세요건을 법률로 규정하였다고 하더라도 그 규정내용이 지나치게 추상적이고 불명확하면 과세관청의 자의적인 해석과 집행을 초래할 염려가 있으므로 그 규정 내용이 명확하고, 일의적이어야 한다는 것이 과세요건 명확주의라고 할 수 있다.

상속세법 제32조의 2 제1항은 형식상으로나 실질적으로 조세법률주의에 위배되지 아니하고, 위 규정이 실질과세의 원칙에 대한 예외 내지는 특례를 둔 것만으로 조세평등주의에 위배되지도 않는다. 다만 위 법률조항에는 무차별한 증여의제로 인한 위헌의 소지가 있으므로 예외적으로 조세회피의 목적이 없음이 명백한 경우에는 이를 증여로 보지 않는다고 해석하여야 하고, 위와 같이 해석하는 한, 헌법 제38조, 제59조의 조세법률주의 및 헌법 제11조의 조세평등주의에 위배되지 않는다.

[요약판례 9] 소득세법 제60조에 대한 헌법소원: 헌법불합치(헌재 1995.11.30. 91헌바1등)

구 소득세법 제60조가 조세법률주의 및 위임입법의 한계를 규정한 헌법의 취지에 반하는지 여부(적극)

이 사건 위임조항은 **기준시가의 내용 자체에 관한 기준이나 한계는 물론 내용 결정을 위한 절차조차도 규정함이 없이 기준시가의 내용 및 그 결정절차를 전적으로 대통령령이 정하는 바에 의하도록** 하였다. 이는 어떤 사정을 고려하여, 어떤 내용으로, 어떤 절차를 거쳐 양도소득세 납세의무의 중요한 사항 내지 본질적 내용인 기준시가를 결정할 것인가에 관하여 과세권자에게 지나치게 광범한 재량의 여지를 부여함으로써, 국민으로 하여금 소득세법만 가지고서는 양도소득세 납세의무의 존부 및 범위에 관하여 개략적으로나마 이를 예측하는 것조차 불가능하게 하고, 나아가 대통령을 포함한 행정권의 자의적인 행정입법권 및 과세처분권 행사에 의하여 국민의 재산권이 침해될 여지를 남김으로써 국민의 경제생활에서의 법적 안정성을 현저히 해친 입법으로서 조세법률주의 및 위임입법의 한계를 규정한 헌법의 취지에 반한다.

[요약판례 10] 지방세법 제111조 제2항 위헌제청: 헌법불합치,합헌(헌재 1999.12.23. 99헌가2)

토지 외의 과세대상에 대한 시가표준액을 대통령령으로 정하도록 위임한 지방세법 제111조 제2항 제2호가 조세법률주의 및 위임입법의 한계를 규정한 헌법의 취지에 반하는지 여부(적극)

심판대상 위임조항에서는 **시가표준액의 내용 자체에 관한 기준이나 한계는 물론 내용 결정을 위한 절차조차도 규정함이 없이 시가표준액의 내용 및 그 결정절차를 전적으로 대통령령이 정하는 바에 의하도록** 하였다. 이는 어떤 사정을 고려하여, 어떤 내용으로, 어떤 절차를 거쳐 취득세 납세의무의 중요한 사항 내지 본질적 내용인 시가표준액을 결정할 것인가에 관하여 과세권자에게 지나치게 광범한 재량의 여지를 부여함으로써, 국민으로 하여금 지방세법만 가지고서는 취득세 납세의무의 존부 및 범위에 관하여 개략적으로나마 이를 예측하는 것조차 불가능하게 하고, 나아가 대통령을 포함한 행정권의 자의적인 행정입법권 및 과세처분권 행사에 의하여 국민의 재산권이 침해될 여지를 남김으로써 국민의 경제생활에서의 법적 안정성을 현저히 해친 입법으로서 조세법률주의 및 위임입법의 한계를 규정한 헌법의 취지에 반한다.

[요약판례 11] 소득세법 제88조 제1항 위헌소원: 합헌(헌재 2002.6.27. 2001헌바44)

양도소득세과세대상으로서 '양도'의 개념을 정하고 있는 소득세법 제88조 제1항이 과세요건 명확주의 원칙에 반하는지 여부(소극)

조세법률주의 문제는 과세요건을 법률로 규정하여 국민의 재산권을 보장하고 과세요건을 명확하게 규정하여 국민생활의 법적 안정성과 예측가능성을 보장하기 위한 것이며, 과세요건 법정주의와 과세요건 명확주의를 그 핵심내용으로 하고 있다. 따라서 조세법규는 해석상 애매함이 없도록 명확히 규정될 것이 요청되지만, 조세법규에 있어서도 법규 상호간의 해석을 통하여 그 의미를 명백히 할 필요가 있는 것은 다른 법률의 경우와 다를 바 없으므로, 당해 조세법규의 체계 및 입법취지 등에 비추어 그 의미가 분명하여질 수 있다면 이러한 경우에도 명확성을 결여하였다고 하여 그 규정이 과세요건 명확주의에 위반된다고 할 수는 없다. **소득세법 제88조 제1항에서 "유상이전"이란 매도, 교환, 법인에 대한 현물출자 등의 경우는 물론이고 대물변제나 대위변제, 공용수용 등 그 형식에 불문하고 소유권이전의 대가가 있으면 모두 여기에 포함된다고 할 것이다. 따라서 위 조항이 규정하고 있는 양도는 양도소득세 제도 및 입법취지, 당해 문구의 일반적 의미 등을 종합해 볼 때, 자산이 사실상 유상으로 이전되는 경우를 의미함이 분명**하므로 위 조항이 과세요건을 명확하게 규정하지 아니하여 국민생활의 법적 안정성과 예측가능성을 침해하고 있다고 할 수는 없다. 그러므로 위 조항은 과세요건 명확주의원칙에 반하지 아니한다.

[요약판례 12] 부가가치세법 제13조 제1항 제3호 위헌소원: 합헌(헌재 2002.5.30. 2000헌바81)

부당하게 낮은 대가를 받은 경우에 자기가 공급한 재화 또는 용역의 시가를 부가가치세의 과세표준으로 하도록 한 구 부가가치세법 제13조 제1항 중 "부당하게 낮은 대가를 받거나" 부분이 과세요건 명확주의에 위배되는지 여부(소극)

이 사건에서 과세요건 명확주의 문제는, 납세자의 입장에서 어떠한 행위가 당해 문구에 해당하여 과세의 대상이 되는 것인지 예견할 수 있을 것인가, 당해 문구의 불확정성이 행정관청의 입장에서 자의적이고 차별적으로 법률을 적용할 가능성을 부여하는가, 입법 기술적으로 보다 확정적인 문구를 선택할 것을 기대할 수 있을 것인가 여부 등의 기준에 따른 종합적인 판단을 요한다. "부당하게 낮은 대가"란 것은 "정당하지 않거나 이치에 맞지 않게 낮은 대가" 혹은 "현저하게 낮은 대가"라는 의미로 일상생활에서 사용되는 용어로서, 일반인의 관점에서 부가가치세 대상으로 예정하고 있는 행위의 범위를 예측할 수 있으며 과세관청의 자의적 적용가능성도 크지 않다고 보여진다. 한편 법원의 판례에 의하여 예측가능성이 더 확보될 수도 있으며, 입법기술적으로 보다 확정적인 문구의 선택도 쉽게 예상된다고 하기 어렵다. 따라서 이 사건 조항은 과세요건 명확주의 원칙에 반하지 아니한다. 나아가 이 사건 조항이 법인세, 소득세법 등의 다른 유사한 부인제도보다도 더 추상적으로 규정되어 있다 하더라도 법인세법과 소득세법상의 해당 규정과 부가가치세법의 해당 규정은 서로 성격이 다르므로 동일한 차원에서 평면적으로 비교하는 것은 적절치 않으므로, 평등권을 침해한다거나 조세평등주의에 반한다 할 수 없고 나아가 재산권을 침해하는 것이라고도 볼 수 없다.

[요약판례 13] 국세기본법 제35조 제1항 제3호에 관한 위헌심판: 위헌(헌재 1990.9.3. 89헌가95)

국세기본법 제35조 제1항 제3호 중 "으로부터 1년"이라는 부분의 위헌여부(적극)

헌법이 그 전문에서 "…자유민주적 기본질서를 더욱 확고히 하여"라는 표현을 하고, 제1조에서 국민주권주의를 선언하며, 제23조 제1항에서 재산권을 보장하면서, 그 제38조에서 "모든 국민은 법률이 정하는 바에 의하여 납세의 의무를 진다"라고 규정하고 다시 제59조에서 "조세의 종목과 세율은 법률로 정한다"라고 규정하고 있는 것은, 바로 조세의 합법률성의 원칙(조세법률주의)을 천명한 것으로서, 결국 조세의 요건과 그 부과·징수절차는 국민의 대표기관인 국회가 제정한 법률에 의하여 규정되어야 하고, 나아가 그 법률의 집행에 있어서도 이것이 엄격하게 해석·적용되어야 하며 행정편의적인 확장해석이나 유추해석은 허용되지 않음을 명백히 한 것이다.

다른 담보물권보다 후에 성립된 조세채권일지라도 그 조세채권이 우선된다는 국세기본법 제35조 제1항 제3호 중 "으로부터 1년"이라는 부분은 헌법 제23조 제1항이 보장하고 있는 재산권의 본질적인 내용을 침해하는 것으로서 헌법 전문, 제1조, 제10조, 제11조 제1항, 제23조 제1항, 제37조 제2항 단서, 제38조, 제59조의 규정에 위반된다.

[요약판례 14] 구 상속세법 제9조 제1항 위헌소원: 헌법불합치(헌재 2001.6.28. 99헌바54)

상속재산의 가액평가에 관한 구 상속세법 제9조 제1항 중 "상속재산의 가액 … 는 상속개시 당시의 현황에 의한다"는 부분이 헌법상 조세법률주의 및 재산권보장의 원칙에 반하는지 여부(적극)

우리 헌법은 제38조에서 "모든 국민은 법률이 정하는 바에 의하여 납세의 의무를 진다"라고 규정한 데 이어 제59조에서 이를 구체화하여 "조세의 종목과 세율은 법률로 정한다"라고 규정함으로써, 행정부의 일방적이고 자의적인 조세 부과를 금하고 반드시 국회가 제정한 법률에 의하여만 조세를 부과할 수 있다는 조세법률주의의 원칙을 선언하고 있다.

헌법규정에 근거를 둔 이러한 **조세법률주의는 조세평등주의와 함께 조세법의 기본원칙으로서, 그 핵심적 내용은 과세요건 법정주의 및 과세요건 명확주의**라 할 것인바, 과세요건 법정주의는 납세의무를 성립시키는 납세의무자·과세물건·과세표준·과세기간·세율 등의 과세요건과 조세의 부과·징수절차를 모두 국민의 대표기관인 국회가 제정한 법률로 규정하여야 한다는 것으로서, 이와 관련된 가장 중요한 문제는 위임입법의 허용한계에 관한 것이고, 과세요건 명확주의란 과세요건을 법률로 규정하였다고 하더라도 그 규정내용이 지나치게 추상적이고 불명확하면 과세관청의 자의적인 해석과 집행을 초래할 염려가 있으므로 그 규정 내용이 명확하고 일의적이어야 한다는 것으로서, 이러한 내용의 조세법률주의의 이념은 과세요건을 법률로 규정하여 국민의 재산권을 보장하고, 과세요건을 명확하게 규정하여 국민생활의 법적 안정성과 예측가능성을 보장하는 것을 그 기능으로 하고 있는 것으로 이해된다.

상속재산의 가액평가는 상속세제에 있어서 세액산출과 관련하여 매우 중요한 의미를 갖고, 그 평가는 상속의 시점에 하는 것이므로 현실적으로 금전화되지도 않았고 처분되지도 않은 재산을 평가한다는 점에서 객관성이 결여되기 쉽다 할 것인데, 이러한 **상속재산의 가액평가에 관하여 시가주의 원칙을 채택한 것으로 해석되고 있는 구 상속세법 제9조 제1항은 "상속재산의 가액 … 는 상속개시 당시의 현황에 의한다"라는 막연한 규정만 둔 채 그 평가방법에 관한 내용은 위 구 상속세법의 어느 법률조항에도 규정되어 있지 않고,** 심지어 그 내용을 대통령령 등 하위법규에 위임하지 않고 있음에도 **구 상속세법 시행령 제5조는 위임의 근거도 없이 가액평가에 관한 구체적, 세부적 내용을 규정하고 있으므로, 위 제9조 제1항은 과세요건 법정주의에 반할 뿐만 아니라 과세요건 명확주의에도 반하여 조세법률주의에 위반**된다 할 것이고, 이로 인한 과세처분권의 자의적 행사에 의하여 납세의무자의 사유재산에 관한 이용·수익·처분권이 중대한 제한을 받게 될 수 있다는 점에서 헌법상 재산권보장의 원칙에도 반한다.

[요약판례 15] 구 상속세법 제29조의2 제1항 제1호중 이혼한 자의 재산분할 증여세 규정부분 위헌소원: 위헌(헌재 1997.10.30. 96헌바14)

이혼시 재산분할을 청구하여 상속세 인적공제액을 초과하는 재산을 취득한 경우 그 초과부분에 대하여 증여세를 부과하도록 규정하고 있는 상속세법 규정의 위헌여부(적극)

헌법 제38조는 "모든 국민은 법률이 정하는 바에 의하여 납세의 의무를 진다"고 규정하고, 헌법 제59조는 "조세의 종목과 세율은 법률로 정한다"고 규정하여 조세법률주의를 선언하고 있다. 오늘날의 법치주의는 실질적 법치주의를 의미하므로 헌법상의 조세법률주의도 과세요건이 형식적 의미의 법률로 명확히 정해질 것을 요구할 뿐 아니라 나아가 조세법의 목적이나 내용이 기본권보장의 헌법이념과 이를 뒷받침하는 헌법상의 여러 원칙에 합치될 것을 요구한다.

또한 헌법 제11조 제1항에 규정된 평등원칙의 세법영역에서의 구현이라 할 수 있는 **조세평등주의는 조세의 부과와 징수를 납세자의 담세능력에 상응하여 공정하고 평등하게 할 것을 요구하며 합리적 이유없이 특정의 납세의무자를 불리하게 차별하거나 우대하는 것을 허용하지 아니한다.**

이혼시의 재산분할청구로 취득한 재산에 대하여 증여세를 부과하는 주된 입법목적은, 배우자의 사망으로 상속받는 재산에 대하여 상속세를 부과하는 것과 과세상 형평을 유지한다는 데 있다고 하나, 이혼과 배우자의 사망은 비록 혼인관계의 종료를 가져온다는 점에서 공통점이 있다 하더라도 그로 인한 재산관계, 신분관계는 여러 가지 면에서 차이가 있다. 그러므로 증여세의 상속세 보완세적 기능을 관철하는 데에만 집착한 나머지 배우자상속과 이혼시 재산분할의 재산관계의 본질적이고도 다양한 차이점을 무시하고 이를 동일하게 다루는 것은, 본질적으로 다른 것을 같게 다룸으로써 자신의 실질적 공유재산을 청산받는 혼인당사자를 합리적 이유없이 불리하게 차별하는 것이므로 조세평등주의에 위배된다.

[요약판례 16] 구 국세기본법 제39조 위헌소원 등: 한정위헌(헌재 1997.6.26. 93헌바49등)

과점주주 전원에게 일률적으로 제2차 납세의무를 부과하는 것이 헌법에 위반되는지 여부(한정적극)

국세기본법 제39조는 과점주주의 주식의 소유 정도 및 과점주주 소유의 주식에 대한 실질적인 권리의 행사 여부와 법인의 경영에 대한 사실상의 지배 여부 등 제2차 납세의무의 부과를 정당화시키는 실질적인 요소에 대하여는 고려함이 없이, 소정 과점주주 전원에 대하여 일률적으로 법인의 체납액 전부에 대한 무제한의 납세의무를 인정함으로써, 과점주주에 대한 조세형평이나 재산권 보장은 도외시한 채 조세징수의 확보만을 지나치게 강조하여 실질적 조세법률주의에 위반되고 재산권을 과도하게 침해하며 또 과점주주들간에 불합리한 차별을 하여 평등의 원칙과 그 조세분야에서의 실현형태인 조세평등주의에도 위반된다.

그러나 과점주주에 대하여 제2차 납세의무를 부과하는 것 자체가 모두 위헌이라고는 볼 수 없으므로, 실질적 조세법률주의의 원칙에 비추어 제2차 납세의무를 부담하는 과점주주의 범위를 적절하게 제한하거나 과점주주의 책임의 한도를 설정하면 그 위헌성이 제거될 수 있을 것인데, 입법부는 이미 과점주주의 범위를 제한하는 방법으로 법률을 개정함으로써 제도의 입법목적인 조세징수의 확보라는 공익적인 요청과 과점주주의 재산권 보장이라는 요청을 조화시키려는 시도를 하였고, 또 그러한 방법으로 위헌성을 제거하는 것이 가장 합리적이라 보여지는바, 이에 제2차 납세의무를 부과함이 상당하다고 인정되는 과점주주의 범위에 대하여 살펴보면, 그 입법목적에 비추어 이를 주식회사를 실질적으로 운영하면서 이를 조세회피의 수단으로 이용할 수 있는 지위에 있는 자, 즉 법인의 경영을 사실상 지배하거나 과점주주로서의 요건, 즉 당해 법인의 발행주식총액의 100분의 51 이상의 주식에 관한 권리를 실질적으로 행사하는 자로 제한함이 상당하다 할 것이다.

[요약판례 17] 먹는물관리법 제28조 제1항 위헌소원: 합헌(헌재 2004.7.15. 2002헌바42)

부담금의 정당화 요건

부담금은 조세에 대한 관계에서 어디까지나 예외적으로만 인정되어야 하며, 어떤 공적 과제에 관한 재정조달을 조세로 할 것인지 아니면 부담금으로 할 것인지에 관하여 입법자의 자유로운 선택권을 허용하여서는 안 된다. 부담금 납부의무자는 재정조달 대상인 공적 과제에 대하여 일반국민에 비해 **'특별히 밀접한 관련성'을 가져야 하며, 부담금이 장기적으로 유지되는 경우에 있어서는 그 징수의 타당성이나 적정성이 입법자에 의해 지속적으로 심사될 것이 요구**된다.

[요약판례 18] 수도권정비계획법 제2조 제3호 등 위헌소원: 합헌(헌재 2001.11.29. 2000헌바23)

과밀부담금의 부과대상을 규정하고 있는 수도권정비계획법 제12조 제1항, 제2조 제3호중 판매용건축물 해당부분이 불명확하며 위임입법의 한계를 일탈하였는지 여부(소극)

과밀부담금의 부과대상을 규정하고 있는 수도권정비계획법 제12조 제1항, 제2조 제3호의 업무용건축물, 판매용건축물 등에서 사용되고 있는 건축물이라는 단어의 사전적 의미 및 통상적 사용법, 부담금을 부과하여 인구집중을 유발하는 대형건축물을 규제하고자 하는 과밀부담금제도의 취지, 그리고 이 사건 법률조항들의 규정형식 등을 고려할 때 법 제2조 제3호, 제12조 제1항의 판매용건축물 등은 시행령 제3조 제4호의 소정의 요건을 충족하는 독립한 부동산인 당해 건물 자체를 의미함이 분명하며 위 법률조항들이 집행당국에 자의적 해석의 여지를 주거나 수범자의 예견가능성을 해할 정도로 불명확하다고 볼 여지는 없다.

법 제12조 제1항과 제2조 제3호는 인구집중을 유발하는 시설에 해당하는 주요내용들을 열거한 후, 이에 대하여 대통령령에 의한 부분적 보충만을 예정하면서 그 보충될 내용 또한 법률에서 열거하고 있는 구체적 사례들을 통하여 어느 정도의 판단기준을 제시하여, **인구집중유발시설의 종류 및 범위에 관하여 어느 정도 범위를 한정하여 하위법규인 대통령령에 위임함으로써 보다 세부적인 유형과 판정기준을 그때그때의 사회경제적 상황에 따라 탄력적으로 대통령령에서 정할 수 있도록 한 것**이며, 시행령에서 사용된 '주용도'라는 개념은 단지 입법기술상의 편의를 위해 사용하고 있는 것일 뿐, 그 내용은 본법에서 정하고 있는 판매용건축물 등의 의미를 구체화하고 있는 것에 불과하며, 그 구체화된 내용 또한 본법에서 예정하고 있지 아니한 별도의 새로운 내용이나 기준을 제시하고 있는 것은 아니라고 할 것이므로, 따라서 이 사건 법률조항이 헌법이 정한 위임입법의 한계를 일탈한 것이라 볼 수 없다.

[요약판례 19] 서울-춘천고속도로민간투자시설사업관련 2006년도 예산안 의결 위헌확인: 각하 (헌재 2006.4.25. 2006헌마409)

국회가 의결한 예산 또는 국회의 예산안 의결행위가 헌법소원의 대상이 되는지 여부(소극)

예산은 일종의 법규범이고 법률과 마찬가지로 국회의 의결을 거쳐 제정되지만 법률과 달리 국가기관만을 구속할 뿐 일반국민을 구속하지 않는다. 국회가 의결한 예산 또는 국회의 예산안 의결은 헌법재판소법 제68조 제1항 소정의 '공권력의 행사'에 해당하지 않고 따라서 헌법소원의 대상이 되지 아니한다.

[요약판례 20] 구 지방세법 제22조 제2호 (3)목 위헌제청: 위헌 (헌재 2007.6.28. 2006헌가14)

비상장법인의 과점주주 중 주식을 가장 많이 소유하거나 법인의 경영을 사실상 지배하는 자와 생계를 함께 하는 자에게 제2차 납세의무를 부담시키는 구 지방세법 제22조 제2호 (3)목 중 주주에 관한 부분이 조세평등주의에 위반되고 과점주주의 재산권을 침해하는지 여부(적극)

구 국세기본법 제39조 제1항 제2호 다목 중 '주주'에 관한 부분은 과점주주 중 "가목 및 나목에 규정하는 자와 생계를 함께 하는 자" 즉, "주식을 가장 많이 소유하거나 법인의 경영을 사실상 지배하는 자와 생계를 함께 하는 자"는 소유하는 주식이 몇 주(주)인지도 묻지 않고 제2차 납세의무를 지우는 것이다. 따라서 위 다목은 **과점주주 자신이 법인의 경영을 사실상 지배하거나 당해 법인의 발행 주식총액의 100분의 51 이상의 주식에 관한 권리를 실질적으로 행사하는 자에 해당하는지 여부에 관계없이 과점주주 중 주식을 가장 많이 소유한 자와 서로 도와서 일상생활비를 공통으로 부담한다는 이유만으로 책임의 범위와 한도조차 뚜렷하게 설정하지 아니한 채 법인의 체납세액 전부에 대하여 일률적으로 제2차 납세의무를 지우는 것**으로 과점주주들 간에 불합리한 차별을 하여 조세평등주의에 위반되고 과점주주의 재산권을 침해한다.

[요약판례 21] 개발제한구역의지정및관리에관한특별조치법 제22조 등 위헌소원: 각하,기각 (헌재 2007.5.31. 2005헌바47)

훼손부담금이 정책실현목적 부담금의 성격을 갖는지 여부(적극)와 부담금의 부과가 평등원칙에 반하는지 여부(소극) 및 청구인 등 납부의무자의 직업선택의 자유나 거주이전의 자유를 침해하는지 여부(소극)

훼손부담금은 개발제한구역 내에 입지하는 시설 등의 설치에 따른 토지형질변경에 대하여 구역 내·외의 토지가격 차액에 상당하는 경제적 부담을 부과함으로써 구역 내로의 입지선호를 제거함과 동시에 불가피한 경우로 입지를 제한하여 개발제한구역의 훼손을 억제하는 한편, 개발제한구역의 지정·관리를 위한 재원을 확보하는 데 그 목적이 있으므로 정책실현목적 부담금의 성격을 갖는다.

[요약판례 22] 소득세법 제97조 제1항 제2호 등 위헌소원: 합헌(헌재 2010.7.29. 2009헌바192)

양도차익의 계산에 있어서 양도가액에서 공제할 필요경비인 자본적 지출액 및 양도비의 범위를 대통령령에 위임하고 있는 구 소득세법 제97조 제1항 제2호가 조세법률주의 및 포괄위임금지원칙에 위배되는지 여부(소극)

양도가액에서 공제되어야 할 필요경비는 양도자산의 종류, 양도 경위 및 방법 등에 따라 다양할 수밖에 없으므로 국회가 이를 모두 예상하여 형식적 의미의 법률로 규정한다는 것은 기대하기 어렵고, 경우에 따라 경제현실의 변화에 즉시 대응하여야 할 필요성이 많은 영역이므로 행정입법인 대통령령에 위임할 필요가 있다.

자본적 지출액이란 개념은 자산의 취득 또는 완성 이후에 유형자산의 내용연수를 연장시키거나 가치를 실질적으로 증가시키기 위하여 지출한 비용이라는 의미를 가지고 있으며, 양도자산의 취득·보유·처분의 단계에 따라 지출한 비용을 각 호로 구분하여 필요경비로 규정하고 있는 구 소득세법 제97조 제1항을 종합하여 보면, 이 사건 자본적 지출액 규정의 위임에 의하여 대통령령에서 규정될 내용은 양도자산을 보유하고 있는 동안 지출한 비용으로서 양도자산의 내용연수를 연장시키거나 양도자산의 가치를 현실적, 객관적으로 증가시키기 위하여 지출한 비용 및 그와 유사한 성격을 가진 비용이 될 것임을 예상할 수 있다.

또한, 구 소득세법 제88조에 규정된 '양도'의 정의 및 양도비의 문언적 의미에 의하면, 양도비란 자산을 양도하기 위하여 지출한 비용을 의미하는 것으로 충분히 파악할 수 있고, 필요경비라는 것은 소득에 대응하는 비용의 성격을 가지고 있다. 따라서, **이 사건 양도비 규정의 위임에 의하여 대통령령에 규정될 내용은 자산을 양도하면서 양도소득을 얻기 위하여 객관적으로 필요성이 있어 지출한 비용 및 이와 유사한 성격을 가지고 있는 것에 한정될 것임을 충분히 예측할 수 있다.**

그러므로 이 사건 자본적 지출액 규정과 이 사건 양도비 규정이 조세법률주의와 포괄위임금지원칙에 위배된다고 볼 수 없다.

제 3 항 국정통제권

제 4 항 국회 내부사항에 대한 자율적 권한

3 정　　부

제1절 대 통 령

제1항 대통령의 헌법상 지위

제2항 대통령의 신분상 지위

[요약판례 1] 불기소처분취소: 각하,기각(헌재 1995.1.20. 94헌마246)

헌법 제84조에 의하여 대통령 재직 중에는 공소시효의 진행이 당연히 정지되는지 여부(적극)

우리 헌법이 채택하고 있는 국민주권주의(제1조 제2항)와 법 앞의 평등(제11조 제1항), 특수계급제도의 부인(제11조 제2항), 영전에 따른 특권의 부인(제11조 제3항) 등의 기본적 이념에 비추어 볼 때, 대통령의 불소추특권에 관한 헌법의 규정(헌법 제84조)이 대통령이라는 특수한 신분에 따라 일반국민과는 달리 대통령 개인에게 특권을 부여한 것으로 볼 것이 아니라 단지 국가의 원수로서 외국에 대하여 국가를 대표하는 지위에 있는 대통령이라는 특수한 직책의 원활한 수행을 보장하고, 그 권위를 확보하여 국가의 체면과 권위를 유지하여야 할 실제상의 필요 때문에 대통령으로 재직 중인 동안만 형사상 특권을 부여하고 있음에 지나지 않는 것으로 보아야 할 것이다. 위와 같은 헌법 제84조의 규정취지와 함께 공소시효제도나 공소시효정지제도의 본질에 비추어 보면, 비록 **헌법 제84조에는 "대통령은 내란 또는 외환의 죄를 범한 경우를 제외하고는 재직 중 형사상의 소추를 받지 아니한다"고만 규정되어 있을 뿐 헌법이나 형사소송법 등의 법률에 대통령의 재직 중 공소시효의 진행이 정지된다고 명백히 규정되어 있지는 않다고 하더라도, 위 헌법규정은 바로 공소시효 진행의 소극적 사유가 되는 국가의 소추권행사의 법률상 장애사유에 해당하므로, 대통령의 재직 중에는 공소시효의 진행이 당연히 정지되는 것으로 보아야 한다.**

[요약판례 2] 대통령 선거중립의무 준수요청 등 조치 취소: 기각(헌재 2008.1.17. 2007헌마700)

대통령의 정치인으로서의 지위와 선거 중립의무의 관계

대통령도 국민의 한사람으로서 제한적으로나마 기본권의 주체가 될 수 있는바, 대통령은 소속 정당을 위하여 정당활동을 할 수 있는 사인으로서의 지위와 국민 모두에 대한 봉사자로서 공익실현의 의무가 있는 헌법기관으로서의 지위를 동시에 갖는데 최소한 전자의 지위와 관련하여는 기본권 주체성을 갖는다고 할 수 있다.

정당민주주의하에서 대통령후보자는 정당의 당원으로서 정당의 공천을 받아 선거운동을 거쳐 대통령으로 선출되고, 대통령으로 선출된 이후에도 정당의 당원으로 남아 정치활동을 할 수 있고, 이러한 점에서 대통령은 '정치적 헌법기관' 혹은 '정치인'의 지위를 갖고 특정 정파의 정책이나 이익과 밀접하게 관련될 가능성이 존재하게 된다.

오늘날의 대의민주주의하에서 선거는 국민이 통치기관을 결정 · 구성하는 방법이고 선출된 대표자에게 민주적 정당성을 부여함으로써 국민주권주의 원리를 실현하는 핵심적인 역할을 하고 있으므로 **선거에서의 공정성 요청은 매우 중요하고 필연적인바, 공명선거의 책무는 우선적으로 국정의 책임자인 대통령에게 있다.** 또한 선거에 관한 사무는 행정부와는 독립된 헌법기관인 선거관리위원회가 주관하게 되어 있지만(헌법 제114조 제1항), 선거를 구체적으로 실행하는 데 있어서 행정부 공무원의 지원과 협조 없이는 현실적으로 불가능하므로 행정부 수반인 대통령의 선거중립이 매우 긴요하다. 나아가 공무원들이 직업공무원제에 의하여 신분을 보장받고 있다 하여도, 최종적인 인사권과 지휘감독권을 갖고 있는 대통령의 정치적 성향을 의식하지 않을 수 없으므로 대통령의 선거개입은 선거의 공정을 해할 우려가 무척 높다. 결국 **선거활동에 관하여 대통령의 정치활동의 자유와 선거중립의무가 충돌하는 경우에는 후자가 강조되고 우선되어야 한다.**

[요약판례 3] 노무현 대통령의 측근 최도술·이광재·양길승 관련 권력형 비리 의혹 사건 등의 진상규명을위한특별검사의임명등에관한법률 위헌확인: 각하(헌재 2003.12.23. 2003헌마872)

헌법재판소법 제68조 제1항에 의한 헌법소원심판을 청구하기 위해서는 '공권력의 행사 또는 불행사로 인한 기본권 침해의 가능성'이 있어야 한다. 따라서 헌법소원의 심판대상인 "공권력의 행사"는 국민의 권리와 의무에 대하여 직접적인 법률효과를 발생시켜야 하고 청구인의 법적 지위를 그에게 불리하게 변화시키기에 적합해야 한다(헌재 1994. 8. 31. 92헌마174, 판례집 6-2, 249, 264 참조). 공권력의 행사가 법률효과를 발생시키지 않는다면 청구인에게 아무런 부담을 가할 수 없으며, 이에 따라 청구인은 기본권의 침해를 주장할 수 없는 것이다. 청구인은 위 특검법이 한나라당의 불법 대선자금에 대한 검찰수사를 회피하기 위한 의도로 발의되어 재의결까지 이른 것으로서 위헌이라고 주장하고 있을 뿐, 구체적으로 동 법률로 말미암아 청구인의 어떤 기본권이 침해되었는지 지적하고 있지 않을 뿐만 아니라, 위 특검법 제2조(특별검사의 수사대상)에 의하면 동법은 청구인을 포함한 일반국민에 대한 특별검사의 수사를 규정하는 것이 아니라 노무현 대통령의 측근으로서 권력형비리의 의혹이 있다는 위 최도술, 이광재, 양길승에 대한 내용을 규정하고 있는 것이 분명하다. 그렇다면 설사 위 특검법의 발효 내지는 그에 기한 특별검사의 수사로 인하여 권력분립의 원칙과 같은 헌법의 기본원리 혹은 헌법상 보장된 제도의 본질이 훼손될 수 있다고 하더라도 그 점만으로 바로 청구인을 포함한 일반국민의 기본권이 직접 현실적으로 침해된 것이라고 할 수는 없으므로, 이 사건 헌법소원은 청구인의 주장 자체로 이미 청구인적격이 없다고 할 것이다.

제3항 대통령의 권한

[요약판례 1] 대통령 신임투표를 국민투표에 붙이는 행위 위헌확인: 각하(헌재 2003.11.27. 2003헌마694등)

대통령이 국회 본회의에서 행한 시정연설에서 정책과 결부하지 않고 단순히 대통령의 신임 여부만을 묻는 국민투표를 실시하고자 한다고 밝힌 것이 헌법소원의 대상이 되는 "공권력의 행사"에 해당하는지 여부(소극)

헌법재판소법 제68조 제1항은 "공권력의 행사 또는 불행사"로 인하여 헌법상 보장된 기본권을 침해받은 자가 헌법소원을 청구할 수 있다고 규정하고 있으므로, **헌법소원의 대상이 되려면 "공권력의 행사 또는 불행사"에 해당하여야** 하는바, 피청구인인 대통령의 발언내용 및 이를 전후한 여러 사정들을 종합하여 볼 때, 피청구인의 발언의 본의는 재신임의 방법과 시기에 관한 자신의 구상을 밝힌 것에 불과하며, 정치권에서 어떤 합의된 방법을 제시하여 주면 그에 따라 절차를 밟아 국민투표를 실시하겠다는 것이어서 이는 법적인 절차를 진행시키기 위한 정치적인 사전 준비행위 또는 정치적 계획의 표명일 뿐이다.

국민투표라는 것은 대통령이 그 대상이 되는 사항을 구체적으로 정하여 국민투표안을 공고함으로써 비로소 법적인 절차가 개시되므로, 공고와 같이 국민투표에 관한 절차의 법적 개시로 볼 수 있는 행위가 있을 때에 비로소 법적인 효력을 지닌 공권력의 행사가 있게 되고, 그러한 **법적 행위 이전에 국민투표의 실시에 관한 정치적 제안을 하거나 내부적으로 계획을 수립하여 검토하는 등의 조치는 일종의 준비행위에 불과**하여 언제든지 변경·폐기될 수 있다. 이 사건 심판의 대상이 된 피청구인의 발언만으로는 국민투표의 실시에 관하여 법적인 구속력 있는 결정이나 조치가 취해진 것이라 할 수 없으며, 그로 인하여 국민들의 법적 지위에 어떠한 영향을 미친다고 볼 수 없다.

[요약판례 2] 지방자치단체의 장 선거일 불공고 위헌확인 등: 각하(헌재 1994.8.31. 92헌마174)

대통령의 법률안 제출행위가 헌법소원심판의 대상이 되는지 여부(소극)

공권력의 행사에 대하여 헌법소원심판을 청구하기 위하여는, 공권력의 주체에 의한 공권력의 발동으로서 국민의 권리의무에 대하여 직접적인 법률효과를 발생시키는 행위가 있어야 한다. 그런데 대통령의 법률안 제출행위는 국가기관간의 내부적 행위에 불과하고 국민에 대하여 직접적인 법률효과를 발생시키는 행위가 아니므로 헌법재판소법 제68조에서 말하는 공권력의 행사에 해당되지 않는다.

[요약판례 3] 금융산업의구조개선에관한법률 제2조 제3호 가목 등 위헌소원: 합헌(헌재 2004.10.28. 99헌바91)

금융산업의구조개선에관한법률 제2조 제3호 가목, 제10조 제1항 제2호, 제2항에서 입법사항을 금융감독위원회의 고시에 위임한 것이 헌법에 위반되는지 여부(소극)

금융산업의구조개선에관한법률 제2조 제3호 가목은 부실금융기관을 결정할 때 '부채와 자산의 평가 및 산정'의 기준에 관하여, 위 법률 제10조 제1항·제2항은 적기시정조치의 기준과 내용에 관하여 금융감독위원회의 고시에 위임하고 있는바, 위와 같이 입법위임된 사항은 전문적·기술적인 것으로 업무의 성질상 금융감독위원회의 고시로 위임함이 불가피한 사항일 뿐만 아니고, 위 각 법률규정 자체에서 금융감독위원회의 고시로 규제될 내용 및 범위의 기본사항이 구체적으로 규정되어 있어 누구라도 위 규정으로부터 금융감독위원회의 고시에 규정될 내용의 대강을 예측할 수 있다 할 것이어서, 포괄위임입법금지를 선언한 헌법 제75조에 위반되지 아니한다.

[요약판례 4] 주차장법 제19조의4 제1항 위헌소원: 합헌(헌재 1998.2.27. 95헌바59)

부설주차장의 용도변경을 원칙적으로 금지하면서 용도변경의 허용기준을 대통령령에 위임하고 있는 주차장법 제19조의4 제1항이 백지위임금지의 원칙에 위반되는지 여부(소극)

헌법은 제75조에서 "대통령은 법률에서 구체적으로 범위를 정하여 위임받은 사항과 법률을 집행하기 위하여 필요한 사항에 관하여 대통령령을 발할 수 있다"고 규정하여 위임입법의 근거를 마련함과 아울러 위임명령은 "법률에서 구체적으로 범위를 정하여 위임받은 사항"에 관하여만 발할 수 있다고 제한함으로써 위임입법의 범위와 한계를 분명히 해 두고 있다. 즉, 헌법 제75조는 행정입법의 수요와 헌법상 기본권보장의 원칙과의 조화를 기하기 위하여 위임입법은 허용하되 백지위임만은 허용되지 아니한다는 점을 밝히고 있는 것이다.

주차장법 제19조의 4 제1항은 이미 설치된 부설주차장은 주차장외의 용도로 사용할 수 없도록 하는 것이 상당하다는 판단 아래 그 용도변경을 원칙적으로 금지하고, 다만 예외적으로 용도변경을 허용하되 주차장 관련 행정 업무의 기술성·전문성 및 다양성 등에 비추어 그 허용기준까지 법률로써 자세히 정하기는 입법기술상 매우 어렵거니와 그 내용이 국민의 기본권을 제한하는 것이 아니라 그 제한을 해제하는 것이므로 이를 대통령령에 위임한 것이고, 또한 법의 목적을 정한 주차장법 제1조, 부설주차장의 설치에 관한 규정인 같은 법 제19조 등을 종합해 보면 누구라도 대통령령에 위임한 허용기준의 그 대강을 미리 예측할 수 있다 할 것이므로 이 사건 심판대상 조항은 백지위임금지의 원칙에도 위반되지 아니한다.

[요약판례 5] 사회복지사업법 제23조 제2항 등 위헌소원: 합헌(헌재 2005.2.3. 2004헌바10)

사회복지법인의 기본재산을 처분함에 있어 보건복지부장관의 허가를 받도록 규정한 사회복지사업법 제23조 제3항 제1호가 입법형성의 한계를 일탈하거나 기본권제한의 입법한계를 벗어난 것으로서 헌법에 위반되는지 여부(소극)

우리 **헌법 제75조의 규정 취지는 사실상 입법권을 백지위임하는 것과 같은 일반적이고 포괄적인 위임은 의회입법과 법치주의를 부인하는 것이 되어 행정권의 부당한 자의와 기본권행사에 대한 무제한적 침해를 초래할 위험이 있기 때문에, 위와 같은 결과를 사전에 방지**하고자 함에 있다. 따라서 **법률의 위임은 반드시 구체적·개별적으로 한정된 사항에 대하여 행하여져야** 한다. 다만 구체적인 범위는 각종 법령이 규제하고자 하는 대상의 종류와 성격에 따라 달라진다 할 것이므로 일률적 기준을 정할 수는 없지만, 적어도 법률의 규정에 의하여 이미 **위임된 법규명령 등으로 규제될 내용 및 범위의 기본사항이 구체적으로 규정되어 있어 누구라도 당해 법률로부터 법규명령 등에 규정될 내용의 대강을 예측할 수 있어야 하고 이 경우에 있어 그 예측가능성의 유무는 당해 특정조항 하나만을 가지고 판단할 것은 아니고 관련 법조항 전체를 유기적·체계적으로 종합 판단하여야 하며, 각 대상법률의 성질에 따라 구체적·개별적으로 검토**하여야 한다.

이 사건 법률 제23조 제2항은 '법인의 재산은 보건복지부령이 정하는 바에 의하여 기본재산과 보통재산으로 구분하고 기본재산은 그 목록과 가액을 정관에 기재하여야 한다'고 규정하여 위임되는 사항이 무엇인지 명시적으로 밝혀 놓고 있지는 않지만, 위 법률조항에서 보건복지부령에 위임하고자 하는 내용은 사회복지법인의 기본재산과 보통재산이 구체적으로 무엇을 의미하고 어떻게 구분될 것인지, 사회복지법인의 존립과 운영에 필요하여 반드시 갖추어야 할 기본재산의 규모는 어느 정도인지 등이라는 것은 누구라도 충분히 예측할 수 있다고 보일 뿐만 아니라 위와 같은 사항 외에 새로이 국민의 권리를 제한할 가능성이 있는 내용을 담을 것이라고 보여지지도 않는다. 그렇다면, 이 사건 법률 제23조 제2항에 의하여 위임되어 보건복지부령에 규정될 내용의 대강을 예측할 수 있다 할 것이므로, 포괄위임입법금지를 선언한 헌법 제75조에 위반되지 아니한다.

[요약판례 6] 특정범죄가중처벌등에관한법률 제4조 위헌소원: 위헌(헌재 1995.9.28. 93헌바50)

위임입법의 한계 및 특정범죄가중처벌등에관한법률 제4조의 위헌여부(적극)

헌법 제75조에서 "법률에서 구체적으로 범위를 정하여 위임받은 사항에 관하여"라고 함은 법률 그 자체에 이미 대통령령으로 규정될 내용 및 범위의 기본적 사항이 구체적으로 규정되어 있어서 누구라도 당해 법률 그 자체에서 대통령령에 규정될 내용의 대강을 예측할 수 있어야 함을 의미하고, 그렇게 하지 아니한 경우에는 위임입법의 한계를 일탈한 것이라고 아니할 수 없다.

특정범죄가중처벌등에관한법률 제4조 제1항의 "정부관리기업체"라는 용어는 수뢰죄와 같은 이른바 신분범에 있어서 그 주체에 관한 구성요건의 규정을 지나치게 광범위하고 불명확하게 규정하여 전체로서의 구성요건의 명확성을 결여한 것으로 죄형법정주의에 위배되고, 나아가 그 법률 자체가 불명확함으로 인하여 그 법률에서 대통령령에 규정될 내용의 대강을 예측할 수 없는 경우라 할 것이므로 위임입법의 한계를 일탈한 것으로서 위헌이다.

[요약판례 7] 국가기술자격법 제12조 제2항 중 "대통령령이 정하는 바에 의하여 일정한 기간" 부분 위헌제청: 위헌(헌재 2002.6.27. 2000헌가10)

기술자격 보유자에 대한 자격정지 처분의 정지기간의 범위를 대통령령에 위임한 국가기술자격법 제12조 제2항의 규정이 포괄위임입법금지원칙을 규정한 헌법 제75조에 위반되는지 여부(적극)

"대통령령이 정하는 바에 의하여 일정한 기간 그 기술자격을 정지시킬 수 있다"고 규정하고 있는 이 사건 법률조항은 자격정지 기간의 범위에 관하여 법률에 아무런 기준을 두지 않은 채 이를 모두 대통령령에 위임하고 있고, 국가기술자격법의 다른 규정이나 다른 관련 법률에서도 기술자격 정지에 관련된 규정을 찾아 볼 수 없다. 이에 따라 이 사건 법률조항의 내용과 국가기술자격법의 다른 규정 등을 유기적·체계적으로 종합하여 판단해 보아도 이 사건 법률조항의 위임에 따라 시행령에 규정될 자격정지 기간의 범위 특히 상한이 대강 어떤 것이 될지를 전혀 예측할 수 없으므로, 이 사건 법률조항은 자격정지 처분의 정지기간의 범위를 대통령령에 포괄적으로 위임한 것에 해당하여 위임입법의 한계를 규정한 헌법 제75조에 위반된다.

[요약판례 8] 구 공무원및사립학교교직원의료보험법 제34조 제1항 위헌제청: 위헌(헌재 2002.6.27. 2001헌가30)

의료보험요양기관지정취소에 관하여 규정하고 있는 구 공무원및사립학교교직원의료보험법 제34조 제1항이 헌법 제75조, 제95조 등에 위반되는지 여부(적극)

의료보험요양기관지정취소에 관하여 규정하고 있는 구 공무원및사립학교교직원의료보험법 제34조 제1항은 직업수행의 자유를 제한하는 의료보험요양기관의 지정취소 사유등을 법률에서 직접 규정하지 아니하고 보건복지부령에 위임하고 있으므로 이 규정이 기본권 제한규정으로서 헌법에 합치되기 위하여서는 위임의 경우에 요구되는 헌법상 원칙을 지켜야 할 것이나, **이 사건 법률조항은 단지 보험자가 보건복지부령이 정하는 바에 따라 요양기관의 지정을 취소할 수 있다고 규정하고 있을 뿐, 보건복지부령에 정하여질 요양기관지정취소 사유를 짐작하게 하는 어떠한 기준도 제시하고 있지 않으므로** 이는 헌법상 위임입법의 한계를 일탈한 것으로서 헌법 제75조 및 제95조에 위반되고, 나아가 우리 헌법상의 기본원리인 권력분립의 원리, 법치주의의 원리, 의회입법의 원칙 등에 위배된다.

[요약판례 9] 구 소득세법 제23조 제1항 제5호 위헌제청: 위헌(헌재 2003.4.24. 2002헌가6)

양도소득세의 과세대상으로 "제1호 내지 제4호외에 대통령령이 정하는 자산의 양도로 인하여 발생하는 소득"을 규정하고 있는 구 소득세법 제23조 제1항 제5호가 조세법률주의 및 포괄위임입법금지원칙에 위반되는지 여부(적극)

이 사건 법률조항에서 말하는 '자산'의 개념에 대하여는 법상 아무런 규정이 없으므로 자산에 포함될 수 있는 경제적 가치를 지닌 유형·무형의 것들의 범위가 과연 어느 범위까지 확장될 것인가는 아무도 짐작할 수 없고, 특히 자산의 종류는 법률에서 한정하되 다만 그 중 어떠한 범위의 것을 양도소득세의 과세대상으로 할 것인가의 문제를 하위법규에 위임한 것이 아니라, **위 법률조항과 같이 아예 수많은 종류의 자산 중에서 어떤 종류의 것을 양도소득세의 과세대상으로 삼을 것인가의 문제를 위임대상으로 삼은 경우에는 대통령령에 규정될 내용을 짐작하는 것이 더욱 어려워진다.**

또한, 위 구 소득세법이 양도소득세의 과세대상으로 규정한 다른 자산의 종류를 살펴본다 하여도 위 법률조항의 위임에 따라 규정될 자산의 종류나 범위를 짐작할 수 있는 어떠한 기준을 추출해 낼 수가 없으며, 양도소득세의 과세대상이 되는 자산을 결정하는 기준이 사회·경제적 정책의 변화 등의 여러 변수에 따라 변할 수밖에 없다 할지라도, 그 변화의 정도가 법률이 아닌 행정입법으로써 즉시 대응하지 않으면 안될 정도로 강하다고 인정하기는 어렵다. 결국, 이 사건 법률조항은 국민들로 하여금 양도소득세의 과세대상 범위를 전혀 예측할 수 없게 만들고, 행정부의 자의적인 행정입법의 여지를 남김으로써 조세법률주의를 규정한 헌법 제59조와 포괄적인 위임입법을 금지한 헌법 제75조에 위반된다.

[요약판례 10] 구 소송촉진등에관한특례법 제3조 제1항 위헌제청: 위헌(헌재 2003.4.24. 2002헌가15)

금전채무의 이행을 명하는 판결을 선고할 경우 손해배상액 산정의 기준이 되는 법정이율은 소장 또는 이에 준하는 서면이 채무자에게 송달된 날의 다음날부터는 "대통령령으로 정하는 이율에 의한다"고 규정한 소송촉진등에관한특례법 제3조 제1항이 헌법 제75조에서 금지되는 포괄위임에 해당되는지 여부(적극)

이 사건 법률조항은 "대통령령으로 정하는 이율"에 의한다고 규정하고 있을 뿐, 그 이율의 상한이나 하한에 대한 아무런 기준이 제시되지 않아 위임의 범위를 구체적으로 명확하게 정하고 있다고 할 수 없다. 또한 다른 법조항을 유기적·체계적으로 살펴보아도 이 사건 조항이 예측가능성을 가지고 있다고 보기 어렵다. 이 사건 조항에 의한 법정이율은 민사법상의 법정이율보다는 높은 이율로서 소송지연 방지 등을 위한 것이 될 것이지만, 종전의 "이자제한법의 범위 안에서"라는 상한 규정도 삭제된 상태에서, 과연 어느 정도의 높은 이율일 것인지 예측이 어렵다.

이 사건 법률조항은 국민의 기본권을 제한할 소지가 있는 법규이므로 구체성과 명확성의 요구가 강화되어 그 위임의 요건과 범위가 더 엄격하게 제한적으로 규정되어야 한다. 만일 대통령령이 이 사건 법률조항의 입법목적만을 고려하여 법정이율을 정한다면 되도록 높은 이율일수록 소송지연을 방지하고 권리의무의 신속한 실현과 분쟁처리를 촉진한다는 입법목적에 유리할 것이나, 이는 승소한 채권자에게 현실적인 실손해 이상의 이득을 주게 되고 채무자에게는 지나친 지연손해를 강요하는 것이 될 수 있어 바람직하지 않다. 이 사건 법률조항에 따른 시행령이 연 2할5푼으로 그 법정이율을 정하고 있는 것은 은행의 일반적인 연체금리보다도 높은 것이므로 형평상의 문제가 발생될 수 있는데, 이 사건 법률조항은 포괄적으로 법정이율을 대통령령으로 정하도록 위임함으로써 형평상 문제의 발생 소지를 주고 있는 것이다. 이상의 이유에서 이 사건 조항은 헌법 제75조에 위반된다.

[요약판례 11] 공무원연금법 제47조 제3호 위헌소원: 위헌(헌재 2003.9.25. 2000헌바94등)

구 공무원연금법 제47조 제2호, 제3호에서 퇴직연금 지급정지대상기관을 행정자치부령으로 정하도록 위임하고 있는 것이 포괄위임금지의 원칙에 위반되는지 여부(적극) 및 퇴직연금 지급정지의 요건 및 내용을 대통령령으로 정하도록 위임하고 있는 것이 포괄위임금지의 원칙에 위반되는지 여부(적극)

정부투자기관·재투자기관 중에서 그 일부를 대상으로 선별한다면 국회는 정부투자의 규모와 비율에 관한 일정한 기준을 먼저 법률로 정한 다음 그 범위 내에서 하위법규가 이를 선별하도록 위임하였어야 함에도 불구하고, 위 조항은 물론 그 밖의 어느 규정도 이에 관한 아무런 기준을 제시하지 아니함으로써 비록 아무리 투자의 비율 또는 규모가 작더라도 투자가 이루어지기만 하면 행정자치부령이 정하는 바에 따라 지급정지대상기관이 될 수 있게 되어 정부투자기관·재투자기관의 확정을 실질적으로 행정부에 일임한 것이 되었다.

또한 법 제47조 제3호의 경우 정부재정지원기관 중에서 그 일부를 대상으로 선별한다면 국회는 정부재정지원의 규모와 형태에 관한 일정한 기준을 먼저 법률로 정한 다음 그 범위 내에서 하위법규가 이를 선별하도록 위임하였어야 함에도 불구하고, 위 조항은 물론 그 밖의 어느 규정도 재정지원의 방식·형태·규모 등에 관한 아무런 기준을 제시하지 아니함으로써 비록 아무리 적은 규모라도 어떤 형태로든지 정부의 재정지원이 있기만 하면 행정자치부령이 정하는 바에 따라 지급정지대상기관이 될 수 있게 되어 정부재정지원기관의 확정을 실질적으로 행정부에 일임한 결과가 되었다.

결국 법 제47조 제2호 및 제3호는 연금지급정지의 대상이 되는 정부투자기관·재투자기관 및 정부재정지원기관에 관하여 구체적으로 범위를 정하지 아니하고 포괄적으로 행정자치부령에 입법을 위임하고 있는바 이는 헌법상 입법위임의 한계를 일탈한 것으로서 헌법 제75조 및 제95조에 위반된다.

[요약판례 12] 구 문화예술진흥법 제19조 제5항 등 위헌제청: 위헌(헌재 2003.12.18. 2002헌가2)

문예진흥기금 모금의 모금액·모금대행기관의 지정·모금수수료·모금방법 및 관련자료 기타 필요한 사항을 대통령령에 위임하고 있는 구 문화예술진흥법 제19조 제5항 및 제19조의2 제3항이 헌법 제75조상의 포괄위임입법금지의 원칙등에 위배되는지 여부(적극)

문예진흥기금의 모금은 공연 등을 관람하려는 수많은 국민들에게 금전적 부담을 지움으로써 국민의 문화향수권 및 재산권 등을 직접적으로 제한하게 된다. 특히 **모금액 및 모금방법은 기금납입의무자, 모금대상시설과 아울러 문예진흥기금의 모금에 관한 중요하고도 본질적인 입법사항이다. 그러므로 이에 관한 사항을 하위법규에 위임함에 있어서는 위임의 구체성·명확성이 보다 엄격하게 요구된다 할 것이다.**

나아가 모금액은 공연 등을 관람코자 하는 국민들에게 가장 직접적으로 영향을 미치는 입법사항이다. 따라서 입법자가 이에 관하여 법률로써 직접 규정하는 것에 어려움을 느낀다 하더라도, 적어도 모금액의 상한이나 모금액 산정의 대강의 기준이라도 스스로 정하고서 행정입법에 위임하였어야 한다. 그런데도 심판대상 법조항들은 이에 관하여 아무런 한계를 설정하지 않음으로써 모금액에 관하여 행정권의 전적인 재량에 내맡긴 것이나 다름없다.

문예진흥기금의 모금은 국민들에게 금전적 부담을 지운다는 점에서 그 모금방법 또한 가능한 한 구체적이고 명확한 입법적 규율이 필요한 사항이다. 설사 모금액이 낮게 책정되어 그 부담이 비교적 경미하다 하더라도 모금의 방법이나 절차에 관한 최소한의 규율은 근거법률에 유보되어야 한다. 그런데 심판대상 법조항은 모금의 절차와 방법에 관하여 아무런 제한 없이 대통령령에 위임하고 있다. 그리하여 납부고지, 납부시기, 납부방법, 미납시의 조치, 불복방법 등을 어떻게 규율할 것인지는 오로지 행정권의 임의적 판단에 맡겨져 있다. 심판대상 법조항들의 입법목적, 법의 체계나 다른 규정, 관련법규를 살펴보더라도 대통령령 등에 규정될 내용의 대강을 충분히 예측할 수 없다.

[요약판례 13] 공익법인의설립 · 운영에관한법률 제14조 제2항 위헌제청: 위헌(헌재 2004.7.15. 2003헌가2)

대통령령이 정하는 사유가 있는 때에는 주무관청이 공익법인의 이사의 취임승인을 취소할 수 있도록 한 공익법인의설립 · 운영에관한법률 제14조 제2항이 포괄위임금지의 원칙에 반하는지 여부(적극)

공익법인의설립 · 운영에관한법률 제14조 제2항은 공익법인 이사의 취임승인을 취소하는 근거조항으로서 직업수행의 자유를 제한하는 침해행정의 수권규정이므로 위임입법에서의 구체성 · 명확성의 요구가 강화되어 그 위임의 요건과 범위가 급부행정의 경우보다 엄격하고 제한적으로 규정되어야 한다. 그런데 이 사건 법률조항 이외에 관련 법조항 전체를 유기적, 체계적으로 보더라도 법인설립목적(학자금, 장학금 또는 연구비의 보조나 지급, 학술 · 자선에 관한 사업을 목적으로 함)에 어긋나는 행위와 관련하여 주무관청의 감독권이 행사되리라는 점을 예측할 수는 있다고 하더라도 이와 관련하여 구체적으로 어떠한 행위에 대하여 주무관청이 공익법인의 이사의 취임승인을 취소할 것인지는 명확하지 않다. 또한 공익법인의 이사가 금치산자, 파산자, 금고 이상의 형을 받고 집행이 종료되거나 집행을 받지 아니하기로 확정된 후 3년이 경과되지 아니한 자 등에 해당할 경우에는 결격자로서 당연히 이사의 지위를 박탈당하기는 하지만, 위와 같은 자격의 제한이 반드시 수범자인 이사들이 당해 공익법인의 사업목적과 운영에 관한 전문가들로만 임명될 것을 보장하는 것은 아니므로 취임승인취소사유를 하위법령에 위임함에 있어서 구체성 · 명확성의 요건을 대폭 완화시킬 수 없다. 따라서 공익법인의 이사의 취임승인취소로 인하여 침해당하는 직업수행의 자유가 직업결정의 자유에 비하여 상대적으로 침해의 범위가 작고, 공공복리 등 공익상의 목적에 의하여 비교적 넓은 규제가 가능하다고 하더라도 이 사건 법률조항과 같이 포괄적으로 취임승인취소사유를 백지위임하는 것은 허용될 수 없다.

[요약판례 14] 행형법시행령 제145조 제2항 등 위헌확인: 위헌,각하(헌재 2005.2.24. 2003헌마289)

행형법상 징벌의 일종인 금치처분을 받은 자에 대하여 금치기간 중 집필을 전면 금지한 행형법시행령 제145조 제2항 본문 중 "집필" 부분이 법률유보의 원칙에 위반되는지 여부(적극)

행형법상 징벌의 일종인 금치처분을 받은 자에 대하여 금치기간 중 집필을 전면 금지한 행형법시행령 제145조 제2항 본문 부분은, 금치대상자의 자유와 권리에 관한 사항을 규율하는 것이므로 모법의 근거 및 위임이 필요하다. 행형법 제46조 제2항 제5호는 징벌의 일종으로 "2월 이내의 금치"를 규정하고 있으나, 금치의 개념 자체로부터는 그 사전적 의미가 제시하는 징벌실 수용이라는 특수한 구금형태만을 추단할 수 있을 뿐이고 거기에 집필의 전면적 금지와 같은 일정한 처우의 제한 내지 박탈이라는 금치의 효과 내지 집행방법까지 포함되어 있다거나 동 조항으로부터 곧바로 제한되는 처우의 내용이 확정된다고 볼 수 없고, **행형법 제46조 제4항은 징벌을 부과함에 있어 필요한 기준을 법무부장관이 정하도록 규정하고 있으나, 그 위임사항이 "징벌의 부과 기준"이지 "징벌의 효과나 대상자의 처우"가 아님은 문언상 명백하므로, 모두 이 사건 시행령조항의 법률적 근거가 된다고 할 수 없다.** 다만 행형법 제33조의3 제1항은 수용자에 대하여 원칙적으로 집필을 금지하고 있다고 볼 수 있으나, 이 사건 시행령조항은 같은 조항에서 규정하고 있는 접견이나 서신수발 등과 달리 교도소장이 예외적으로라도 이를 허용할 가능성마저 봉쇄하고 있고, 위 행형법 제33조의3 제1항보다 가중된 제한을, 그것도 모법과 상이한 사유를 원인으로 집필의 자유를 박탈하고 있으므로 이 역시 이 사건 시행령조항의 법률적 근거가 된다고 할 수 없어 이 사건 시행령조항은 금치처분을 받은 수형자의 집필에 관한 권리를 법률의 근거나 위임 없이 제한하는 것으로서 법률유보의 원칙에 위반된다.

[요약판례 15] 군인연금법 제21조 제5항 제2호 위헌제청: 위헌(헌재 2003.9.25. 2001헌가22)

구 군인연금법 제21조 제5항 제2호에서 퇴역연금 지급정지대상기관인 정부투자기관·재투자기관을 국방부령으로 정하도록 위임하고 있는 것이 헌법상 포괄위임금지의 원칙에 위반되는지 여부(적극) 및 퇴역연금 지급정지의 요건 및 내용을 대통령령으로 정하도록 위임하고 있는 것이 헌법상 포괄위임금지의 원칙에 위반되는지 여부(적극)

구체적인 지급정지대상기관을 국방부령으로 선별, 결정함에 있어서는 누구든지 예측가능한 일정한 기준이 있어야 함에도 불구하고 심판대상조항은 물론 그 밖의 어느 규정도 이에 관한 아무런 기준을 제시하지 아니함으로 말미암아 천태만상의 정부투자의 전범위에 걸쳐 비록 아무리 투자의 비율 또는 규모가 작더라도 투자가 이루어지기만 하면 국방부령이 정하는 바에 따라 지급정지대상기관이 될 수 있게 위임의 범위가 너무 넓어져버렸고, 결과적으로 연금지급정지의 대상이 되는 정부투자·재투자기관의 확정을 실질적으로 행정부에 일임한 것이 되었다. 따라서 심판대상조항은 퇴역연금 지급정지의 대상이 되는 정부투자기관·재투자기관에 관하여 구체적으로 범위를 정하지 아니하고 포괄적으로 국방부령으로 정하도록 위임하여 헌법상 입법위임의 한계를 일탈한 것으로서 헌법 제75조 및 제95조에 위반된다.

지급정지제도의 본질에 비추어 지급정지의 요건 및 내용을 규정함에 있어서는 소득의 유무뿐만 아니라 소득의 수준에 대한 고려는 필수적인 것임에도 불구하고 이 사건 심판대상조항은 이를 규정함에 있어 지급정지와 소득수준의 상관관계에 관하여 아무런 정함이 없이 대통령령에 포괄적으로 규정을 위임하고 있다. 나아가 퇴역연금 중 본인의 기여금에 해당하는 부분은 임금의 후불적 성격이 강하므로 재산권적 보호가 강조되어야 하는 점을 고려하여, '퇴역연금의 2분의 1의 범위 안에서'라는 구체적 범위를 정하여 위임하여야 함에도 불구하고 심판대상조항은 그러한 범위를 정하지 아니한 채 위임하고 있다는 점에서도 위헌이라고 보아야 한다. 따라서 **심판대상조항은 퇴역연금 지급정지의 요건 및 내용에 관하여 구체적으로 범위를 정하지 아니하고 포괄적으로 대통령령으로 정하도록 위임하여 헌법상 입법위임의 한계를 일탈한 것**으로서 헌법 제75조 및 제95조에 위반된다.

[요약판례 16] 건축법 제78조 제1항 등 위헌소원: 위헌(헌재 1997.5.29. 94헌바22)

처벌법규의 위임의 한계

범죄와 형벌에 관한 사항에 있어서도 위임입법의 근거와 한계에 관한 헌법 제75조는 적용되는 것이고, 다만 법률에 의한 처벌법규의 위임은, 헌법이 특히 인권을 최대한 보장하기 위하여 죄형법정주의와 적법절차를 규정하고, 법률에 의한 처벌을 강조하고 있는 기본권보장 우위사상에 비추어 바람직하지 못한 일이므로, 그 요건과 범위가 보다 엄격하게 제한적으로 적용되어야 하는바, 따라서 처벌법규의 위임을 하기 위하여는 첫째, 특히 긴급한 필요가 있거나 미리 법률로써 자세히 정할 수 없는 부득이한 사정이 있는 경우에 한정되어야 하며, 둘째, 이러한 경우에도 법률에서 범죄의 구성요건은 처벌대상행위가 어떠한 것일 것이라고 예측할 수 있을 정도로 구체적으로 정하고, 셋째, 형벌의 종류 및 그 상한과 폭을 명백히 규정하여야 하되, 위임입법의 위와 같은 예측가능성의 유무를 판단함에 있어서는 당해 특정조항 하나만을 가지고 판단할 것이 아니고 관련 법조항 전체를 유기적·체계적으로 종합하여 판단하여야 한다.

건축법은 건축물의 용도제한에 관하여 그 내용을 아무런 구체적인 기준이나 범위를 정함이 없이 이를 하위법령인 대통령령이나 조례에 백지위임하고 있고, 건축물의 용도변경행위에 관하여도 건축법 제14조는 이를 대통령령이 정하는 바에 따른다고만 규정하고 있을 뿐이며, 건축물의 용도제한에 관한 사항도 모두 하위법령에 백지위임되어 있어서 일반인의 입장에서 보면 건축법 제14조만으로는 실제로 하위법령인 대통령령의 규정내용을 미리 예측하여 자신의 용도변경행위가 건축으로 보아 허가를 받아야 하는 용도변경행위인지 여부를 도저히 알 수가 없다. 따라서 건축법 제78조 제1항 중 제14조의 규정에 의하여 허가 없이 한 대통령령이 정하는 용도변경행위를 건축으로 보아 처벌하는 것은 이에 관련된 법조항 전체를 유기적·체계적으로 종합판단하더라도 그 위임내용을 예측할 수 없는 경우로서 그 구체적인 내용을 하위법령인 대통령령에 백지위임하고 있는 것이므로, 이와 같은 위임입법은 범죄의 구성요건 규정을 위임한 부분에 관한 한 죄형법정주의를 규정한 헌법 제12조 제1항 후문 및 제13조 제1항 전단과 위임입법의 한계를 규정한 헌법 제75조에 위반된다.

[요약판례 17] 구 전기통신사업법 제74조 등 위헌소원: 위헌(헌재 2002.5.30. 2001헌바5)

대통령령이 정하는 경우가 아닌 한 누구든지 전기통신사업자가 제공하는 전기통신역무를 이용하여 타인의 통신을 매개하거나 타인의 통신용에 제공한 자를 형사처벌하도록 규정한 구 전기통신사업법 제32조의 2 및 제74조가 죄형법정주의에서 도출되는 명확성의 원칙에 위배되는지 여부 및 위임입법의 한계를 일탈하였는지 여부(적극)

이 사건 법률조항에 의하면, 전기통신사업자가 제공하는 전기통신역무를 이용하여 타인의 통신을 매개하는 더 한층 발전된 전기통신역무의 제공이나 그 산업발전의 기초가 되는 새로운 기술과 장비의 연구·개발행위 등도 금지될 수 있고, 또한 대가의 수령 여부를 불문하고, 전화나 피씨(PC)통신 등을 위하여 개인이 그 전화기나 컴퓨터를 친지 또는 이웃에게 빌려주든지, 전자제품 매장에서 전시·판매용 전화기나 컴퓨터를 시용하도록 하는 것 등도 모두 금지행위에 해당하게 되는 것은 아닌가 하는 의문이 제기될 여지가 있어 죄형법정주의에서 도출되는 명확성의 원칙에 위배된다.

이 사건 법률조항은 대통령령이 정하는 예외적인 경우에는 타인사용이 가능하도록 규정하고 있는바 이에 관한 대통령령인 전기통신사업법시행령 제10조의2에 의하면, 국가비상사태 하에서 재해의 예방·구조, 교통·통신 및 전력공급의 확보 또는 질서의 유지를 위하여 필요한 경우(제1호)와 기타 공공의 이익을 위하여 필요하거나 전기통신사업자의 사업경영에 지장을 초래하지 아니하는 경미한 사항으로서 정보통신부장관이 인정하는 경우(제2호)가 그 예외라고 규정하고 있으나, 이와 같이 처벌의 대상에서 제외되는 대상행위가 어떤 것일지는 법률에서 도저히 예측할 수 없어 국민들로서는 어떠한 행위가 금지되고 어떠한 행위가 허용되는지를 알 수 없다.

[요약판례 18] 법무사법시행규칙에 대한 헌법소원: 위헌(헌재 1990.10.15. 89헌마178)

사법부에서 제정한 규칙의 헌법소원의 대상성

헌법 제107조 제2항이 규정한 명령·규칙에 대한 대법원의 최종심사권이란 구체적인 소송사건에서 명령·규칙의 위헌여부가 재판의 전제가 되었을 경우 법률의 경우와는 달리 헌법재판소에 제청할 것 없이 대법원이 최종적으로 심사할 수 있다는 의미이며, 명령·규칙 그 자체에 의하여 직접 기본권이 침해되었음을 이유로 하여 헌법소원심판을 청구하는 것은 위 헌법규정과는 아무런 상관이 없는 문제이다.

따라서 입법부·행정부·사법부에서 제정한 규칙이 별도의 집행행위를 기다리지 않고 직접 기본권을 침해하는 것일 때에는 모두 헌법소원심판의 대상이 될 수 있는 것이다.

법무사법시행규칙 제3조 제1항은 법원행정처장이 법무사를 보충할 필요가 없다고 인정하면 법무사시험을 실시하지 아니해도 된다는 것으로서 상위법인 법무사법 제4조 제1항에 의하여 모든 국민에게 부여된 법무사 자격취득의 기회를 하위법인 시행규칙으로 박탈한 것이어서 평등권과 직업선택의 자유를 침해한 것이다.

[요약판례 19] 사면법 제5조 제1항 제2호 위헌소원: 합헌(헌재 2000.6.1. 97헌바74)

징역형의 집행유예에 대한 사면이 병과된 벌금형에도 미치는지 여부가 사면내용에 대한 해석문제인지 여부(적극)

사면에는 일반사면과 특별사면이 있으며(사면법 제2조), 특별사면은 이미 형의 선고를 받은 특정인에 대하여 형의 집행을 면제하거나, 선고의 효력을 상실케 하는 사면이다. 그리고 이 사건 법률조항은 "특별사면은 형의 집행이 면제된다. 단, 특별한 사정이 있을 때에는 이후 형의 언도의 효력을 상실케 할 수 있다"고 규정하고 있고, 제7조도 "형의 집행유예의 언도를 받은 자에 대하여는 형의 언도의 효력을 상실케 하는 특별사면…을 할 수 있다"고 규정하고 있을 뿐, 징역형의 집행유예와 병과된 벌금형에 대하여는 아무런 규정도 두고 있지 않다. 그리고 위와 같은 입법은 위에서 본 사면권의 의의와 성질 등에 비추어 볼 때 입법자의 재량범위를 현저히 일탈한 것이라고 할 수 없다.

따라서 선고된 형 전부를 사면할 것인지 또는 일부만을 사면할 것인지를 결정하는 것은 사면권자의 전권사항에 속하는 것이고, 징역형의 집행유예에 대한 사면이 병과된 벌금형에도 미치는 것으로 볼 것인지 여부는 사면권자의 의사인 사면의 내용에 대한 해석문제에 불과하다 할 것이다.

[요약판례 20] 특별사면 위헌확인: 각하(헌재 2000.4.27. 99헌마499)

특별사면의 헌법소원 대상성 여부(소극)

헌법재판소법 제68조 제1항에 의하면 헌법소원심판은 공권력의 행사 또는 불행사로 인하여 헌법상 보장된 기본권을 침해받은 자가 청구하여야 한다고 규정하고 있는바, 여기에서 기본권을 침해받은 자라 함은 공권력의 행사 또는 불행사로 인하여 자기의 기본권이 현재 그리고 직접적으로 침해받은 자를 의미하며 단순히 간접적, 사실적 또는 경제적인 이해관계가 있을 뿐인 제3자는 이에 해당하지 않는다는 것이 우리 재판소의 확립된 판례이다. 이 사건의 경우, 청구인은 대통령의 특별사면에 관하여 일반국민의 지위에서 사실상의 또는 간접적인 이해관계를 가진다고 할 수는 있으나, **대통령의 청구외인들에 대한 특별사면으로 인하여 청구인 자신의 법적 이익 또는 권리를 직접적으로 침해당한 피해자라고는 볼 수 없으므로,** 이 사건 심판청구는 자기관련성 · 직접성이 결여되어 부적법하다.

[요약판례 21] 국가보위에관한특별조치법 제5조 제4항 위헌제청: 위헌(헌재 1994.6.30. 92헌가18)

입헌주의 헌법하에서 국가긴급권의 근거 및 한계

입헌주의적 헌법은 국민의 기본권 보장을 그 이념으로 하고 그것을 위한 권력분립과 법치주의를 그 수단으로 하기 때문에 국가권력은 언제나 헌법의 테두리 안에서 헌법에 규정된 절차에 따라 발동되지 않으면 안된다. 그러나 입헌주의국가에서도 전쟁이나 내란, 경제공황 등과 같은 비상사태가 발발하여 국가의 존립이나 헌법질서의 유지가 위태롭게 된 때에는 정상적인 헌법체제의 유지와 헌법에 규정된 정상적인 권력행사방식을 고집할 수 없게 된다. 그와 같은 비상사태하에서는 국가적 · 헌법적 위기를 극복하기 위하여 비상적 조치가 강구되지 않을 수 없다. 그와 같은 비상적 수단을 발동할 수 있는 권한이 국가긴급권이다. 즉 국가긴급권은 국가의 존립이나 헌법질서를 위태롭게 하는 비상사태가 발생한 경우에 국가를 보전하고 헌법질서를 유지하기 위한 헌법보장의 한 수단이다.

그러나 국가긴급권의 인정은 국가권력에 대한 헌법상의 제약을 해제하여 주는 것이 되므로 국가긴급권의 인정은 일면 국가의 위기를 극복하여야 한다는 필요성 때문이기는 하지만 그것은 동시에 권력의 집중과 입헌주의의 일시적 정지로 말미암아 입헌주의 그 자체를 파괴할 위험을 초래하게 된다. 따라서 헌법에서 국가긴급권의 발동기준과 내용 그리고 그 한계에 관해서 상세히 규정함으로써 그 남용 또는 악용의 소지를 줄이고 심지어는 국가긴급권의 과잉행사 때는 저항권을 인정하는 등 필요한 제동장치도 함께 마련해 두는 것이 현대의 민주적인 헌법국가의 일반적인 태도이다. 우리 헌법도 국가긴급권을 대통령의 권한으로 규정하면서도 국가긴급권의 내용과 효력 통제와 한계를 분명히 함으로써 그 남용과 악용을 막아 국가긴급권이 헌법보호의 비상수단으로서 제기능을 나타내도록 하고 있다.

이상과 같은 이론에서 볼 때 특별조치법은 초헌법적인 국가긴급권을 대통령에게 부여하고 있다는 점에서 이는 헌법을 부정하고 파괴하는 반입헌주의, 반법치주의의 위헌법률이고, 국가긴급권 발동(비상사태선포)의 조건을 규정한 위 특별조치법 제2조의 "국가안전보장에 대한 중대한 위협에 효율적으로 대처하고 사회의 안녕질서를 유지하여 국가를 보위하기 위하여 신속한 사태대비조치를 취할 필요가 있을 경우"라는 규정내용은 너무 추상적이고 광범위한 개념으로 되어 있어 남용 · 악용의 소지가 매우 크므로 기본권 제한법률 특히 형벌법규의 명확성의 원칙에 반하고 그럼에도 불구하고 국회에 의한 사후통제장치도 전무하다는 점에서 비상사태선포에 관한 위 특별조치법 제2조는 위헌 · 무효이고, 이 사건 심판대상 법률조항을 포함하여 비상사태선포가 합헌·유효인 것을 전제로 하여서만 합헌·유효가 될 수 있는 위 특별조치법의 그 밖의 규정은 모두 위헌이다. 뿐만 아니라 위 특별조치법 제5조 제4항은 "대통령은 동원대상지역내의 토지 및 시설의 사용가 수용에 대한 특별조치를 할 수 있다. 이에 대한 보상은 징발법에 준하되 그 절차는 대통령령으로 정한다"라고 규정하여 보상을 징발법에 준하도록 하고 있을 뿐 토지수용·사용의 요건과 범위 및 한계 등에 관한 기본적인 사항조차도 규정하지 않은 채 포괄적으로 대통령령에 위임하고 있어, 재산권 제한을 법률로써 하도록 규정한 헌법 제23조 제3항 및 위임입법의 한계를 규정한 헌법 제75조에 위반되고, 또 징발법에 의한 보상은 사용에 대한 보상이므로 그 보상규정은 위 특별조치법에 의한 토지수용의 경우에 보상기준이 될 수 없을 뿐만 아니라 징발법의 규정대로 과세표준을 기준으로 보상을 한다면 이는 정당한 보상이 될 수도 없어 위 특별조치법 제5조 제4항은 재산권을 수용하는 경우 정당한 보상을 지급하도록 규정한 헌법 제23조 제3항에 위배된다.

[요약판례 22] 긴급재정명령 등 위헌확인: 기각,각하(헌재 1996.2.29. 93헌마186)

긴급재정경제명령의 발동요건 및 과잉금지원칙과의 관계

긴급재정경제명령은 정상적인 재정운용·경제운용이 불가능한 중대한 재정·경제상의 위기가 현실적으로 발생하여(그러므로 위기가 발생할 우려가 있다는 이유로 사전적·예방적으로 발할 수는 없다) 긴급한 조치가 필요함에도 국회의 폐회 등으로 국회가 현실적으로 집회될 수 없고 국회의 집회를 기다려서는 그 목적을 달할 수 없는 경우에 이를 사후적으로 수습함으로써 기존질서를 유지·회복하기 위하여(그러므로 공공복지의 증진과 같은 적극적 목적을 위하여는 발할 수 없다) 위기의 직접적 원인의 제거에 필수불가결한 최소의 한도내에서 헌법이 정한 절차에 따라 행사되어야 한다.

대통령의 긴급재정경제명령은 평상시의 헌법 질서에 따른 권력행사방법으로서는 대처할 수 없는 재정·경제상의 국가위기 상황에 처하여 이를 극복하기 위하여 발동되는 비상입법조치라는 속성으로부터 일시적이긴 하나 다소간 권력분립의 원칙과 개인의 기본권에 대한 침해를 가져오는 것은 어쩔 수 없는 것이다.

그렇기 때문에 헌법은 긴급재정경제명령의 발동에 따른 기본권침해를 위기상황의 극복을 위하여 필요한 최소한에 그치도록 그 발동요건과 내용, 한계를 엄격히 규정함으로써 그 남용 또는 악용의 소지를 줄임과 동시에 긴급재정경제명령이 헌법에 합치하는 경우라면 이에 따라 기본권을 침해받는 국민으로서도 특별한 사정이 없는 한 이를 수인할 것을 요구하고 있는 것이다.

즉 **긴급재정경제명령이 아래에서 보는 바와 같은 헌법 제76조 소정의 요건과 한계에 부합하는 것이라면 그 자체로 목적의 정당성, 수단의 적정성, 피해의 최소성, 법익의 균형성이라는 기본권제한의 한계로서의 과잉금지원칙을 준수하는 것**이 된다.

[요약판례 23] 국민건강보험법 제63조 제4항 등 위헌소원: 각하,기각(헌재 2007.4.26. 2005헌바51)

이 사건 조항이 규정하고 있는 대상이 보수를 지급받지 아니하는 사용자의 건강보험료 산정의 기초가 되는 표준보수월액에 관한 사항으로서, 이는 사용자가 영위하는 사업의 종류, 규모, 소득의 유형과 수입시기, 소득파악률 등에 따라 매우 다양하고, 여러 가지 사회경제적 상황에 따라 수시로 변화할 수 있는 것이어서 위임의 구체성, 명확성의 요건이 완화되는지 여부(적극)

이 사건 조항이 규정하고 있는 대상은 보수를 지급받지 아니하는 사용자의 건강보험료 산정의 기초가 되는 표준보수월액에 관한 사항으로서, **이는 사용자가 영위하는 사업의 종류, 규모, 소득의 유형과 수입시기, 소득파악률 등에 따라 매우 다양하고, 여러 가지 사회경제적 상황에 따라 수시로 변화할 수 있는 것이다. 따라서 위임의 구체성, 명확성의 요건은 결과적으로 완화된다고 할 것이다.** 사용자의 표준보수월액에 있어서 '보수'란 근로자의 보수에 대응하는 사업 및 자산의 운영 등에서 얻은 수입을 의미하고, 이 사건 법률조항의 입법취지, 근로자인 직장가입자의 등급별 표준보수월액산정을 규정하고 있는 법 제63조 제1항에 비추어 보면, 보수가 지급되지 아니하는 사용자의 표준보수월액의 산정에 있어서 사업 및 자산의 운영 등에서 얻은 수입을 기준으로 등급별로 표준보수월액을 산정하는 구체적인 방법에 대하여 하위법령에 규정될 것이라는 점은 충분히 예측할 수 있다 할 것이므로 포괄위임입법금지원칙에 위배되지 아니한다.

[요약판례 24] 2007년전시증원연습등위헌확인: 각하(헌재 2009.5.28. 2007헌마369)

피청구인 대통령이 한미연합 군사훈련의 일종인 2007년 전시증원연습을 하기로 한 결정(이하 '이 사건 연습결정'이라 한다)이 통치행위에 해당하는지 여부(소극)

한미연합 군사훈련은 1978. 한미연합사령부의 창설 및 1979. 2. 15. 한미연합연습 양해각서의 체결 이후 연례적으로 실시되어 왔고, 특히 이 사건 연습은 대표적인 한미연합 군사훈련으로서, 피청구인이 2007. 3.경에 한 이 사건 연습결정이 새삼 국방에 관련되는 고도의 정치적 결단에 해당하여 사법심사를 자제하여야 하는 통치행위에 해당된다고 보기 어렵다.

청구인들이 평화적 생존권이란 이름으로 주장하고 있는 평화란 헌법의 이념 내지 목적으로서 추상적인 개념에 지나지 아니하고, 평화적 생존권은 이를 헌법에 열거되지 아니한 기본권으로서 특별히 새롭게 인정할 필요성이 있다거나 그 권리내용이 비교적 명확하여 구체적 권리로서의 실질에 부합한다고 보기 어려워 헌법상 보장된 기본권이라고 할 수 없다.

대판 1990.9.28. 89누2493

모법의 위임이 없는 법률의 시행령의 한계

대통령은 법률에서 구체적으로 범위를 정하여 위임받은 사항과 법률을 집행하기 위하여 필요한 사항에 관하여만 대통령령을 발할 수 있는 것이므로(헌법 제75조), 법률의 시행령은 모법인 법률에 의하여 위임받은 사항이나 법률이 규정한 범위내에서 법률을 현실적으로 집행하는데 필요한 세부적인 사항만을 규정할 수 있을 뿐, 법률에 의한 위임이 없는 한 법률이 규정한 개인의 권리·의무에 관한 내용을 변경·보충하거나 법률에 규정되지 아니한 새로운 내용을 규정할 수는 없다고 할 것인바, 일정한 권리에 관하여 법률이 규정한 존속기간을 뜻하는 제척기간은 권리관계를 조속히 확장시키기 위하여 권리의 행사에 중대한 제한을 가하는 것이므로, 모법인 법률에 의한 위임이 없는 한 시행령이 함부로 제척기간을 규정할 수는 없다고 할 것이다.

대판 1996.9.20. 95누8003

조례가 항고소송의 대상이 되는 행정처분에 해당되는 경우

조례가 집행행위의 개입 없이도 그 자체로서 직접 국민의 구체적인 권리의무나 법적 이익에 영향을 미치는 등의 법률상 효과를 발생하는 경우 그 조례는 항고소송의 대상이 되는 행정처분에 해당한다.

대판 1997.10.13. 96모33

징역형의 집행유예와 벌금형을 병과받은 자에 대하여 징역형 부분에 대한 특별사면이 있는 경우, 벌금형 부분에도 사면의 효력이 미치는지 여부(소극)

형법 제41조, 사면법 제5조 제1항 제2호, 제7조 등의 규정의 내용 및 취지에 비추어 보면, 여러 개의 형이 병과된 사람에 대하여 그 병과형 중 일부의 집행을 면제하거나 그에 대한 형의 선고의 효력을 상실케 하는 특별사면이 있은 경우, 그 특별사면의 효력이 병과된 나머지 형에까지 미치는 것은 아니므로 징역형의 집행유예와 벌금형이 병과된 신청인에 대하여 징역형의 집행유예의 효력을 상실케 하는 내용의 특별사면이 그 벌금형의 선고의 효력까지 상실케 하

는 것은 아니다.

대판 1997.7.22. 96도2153

유죄의 확정판결이 특별사면에 의하여 선고의 효력이 상실된 경우, 재심청구를 할 수 있는지 여부(소극)

형사소송법 제420조는 '유죄의 확정판결'에 대하여 일정한 사유가 있는 경우에 재심을 청구할 수 있다고 규정하고 있는바, 특별사면에 의하여 유죄의 판결의 선고가 그 효력을 상실하게 되었다면 이미 재심청구의 대상이 존재하지 아니하여 그러한 판결이 여전히 유효하게 존재함을 전제로 하는 재심청구는 부적법함을 면치 못한다.

대재 1979.12.7. 79초70

계엄선포의 요건의 구비 여부나 선포의 당·부당을 법원이 심사할 수 있는지 여부(소극)

대통령의 계엄선포행위는 고도의 정치적, 군사적 성격을 띠는 행위라고 할 것이어서, 그 선포의 당, 부당을 판단할 권한은 헌법상 계엄의 해제요구권이 있는 국회만이 가지고 있다 할 것이고 그 선포가 당연무효의 경우라면 모르되, 사법기관인 법원이 계엄선포의 요건 구비여부나, 선포의 당, 부당을 심사하는 것은 사법권의 내재적인 본질적 한계를 넘어서는 것이 되어 적절한 바가 못된다.

대판 1985.1.29. 74도3501

구 헌법 당시 선포된 대통령긴급조치 제2호 및 동 제5호에서 해제가 유보된 자에 대한 동 제1호, 제4호의 효력 존속여부(소극)

구 헌법 당시 선포된 대통령긴급조치중 해제에 관한 특별한 조치가 없는 제2호 및 동 제5호에서 해제가 유보된 자에 대한 동 제1호, 제4호라 하더라도 그 근거법인 구 헌법 제5조가 1980. 10. 27 현행 헌법의 제정공포에 따라 폐지됨으로써 일단 실효되었다고 할 것이고, 현행헌법 부칙 제9조와 관련하여 보아도 구 헌법 제53조는 사전 예방적 조치가 규정되어 있는데 비해 현행 헌법 제51조는 이와 같은 사전예방적 조치를 배제하고 있는 구 헌법 제53조의 긴급조치에 대하여는 입법부의 사후 통제기능이 극히 미약하여 실효를 기대할 수 없는 형식적인 규정이 있을 뿐인 반면 헌법 제51조는 비상조치에 대한 국회의 강력한 통제기능을 규정하고 있는 등 그 발동요건이나 국회의 사후통제 기능에서 현저한 차이가 있어 우리 제5공화국의 국가이념이나 헌법정신에 위배됨이 명백하여 그 계속효가 부인될 수밖에 없어 현행 헌법 제51조의 규정은 위 대통령 긴급조치 제1,2,4호의 법적 근거가 될 수도 없으므로 이 점에 있어서도 위 대통령긴급조치 각 호는 현행 헌법의 제정, 공포와 더불어 실효되었다고 봄이 마땅하다.

대판 2010.12.16. 2010도5986

폐지 또는 실효된 형벌 관련 법령이 당초부터 위헌·무효인 경우 그 법령을 적용하여 공소가 제기된 피고사건에 대하여 법원이 취하여야 할 조치(=무죄의 선고) 및 이 경우 면소를 선고한 판결에 대하여 상소가 가능한지 여부(적극)

평상시의 헌법질서에 따른 권력행사방법으로는 대처할 수 없는 중대한 위기상황이 발생한 경우 이를 수습함으로써 국가의 존립을 보장하기 위하여 행사되는 국가긴급권에 관한 대통령의 결단은 가급적 존중되어야 한다. 그러나 앞에서 살펴본 바와 같은 법치주의의 원칙상 통치행위라 하더라도 헌법과 법률에 근거하여야 하고 그에 위배되어서는 아니된다. 더욱이 유신헌법 제53조에 근거한 긴급조치 제1호는 국민의 기본권에 대한 제한과 관련된 조치로서 형벌법규와 국가형벌권의 행사에 관한 규정을 포함하고 있다. 그러므로 기본권 보장의 최후 보루인 법원으로서는 마땅히 긴급조치 제1호에 규정된 형벌법규에 대하여 사법심사권을 행사함으로써, 대통령의 긴급조치권 행사로 인하여 국민의 기본권이 침해되고 나아가 우리나라 헌법의 근본이념인 자유민주적 기본질서가 부정되는 사태가 발생하지 않도록 그 책무를 다하여야 할 것이다.

유신헌법 제53조 제3항은 대통령이 긴급조치를 한 때에는 지체 없이 국회에 통고하여야 한다고 규정하고 있을 뿐, 사전적으로는 물론이거니와 사후적으로도 긴급조치가 그 효력을 발생 또는 유지하는 데 국회의 동의 내지 승인 등을 얻도록 하는 규정을 두고 있지 아니하고, 실제로 국회에서 긴급조치를 승인하는 등의 조치가 취하여진 바도 없다. 따라서 유신헌법에 근거한 긴급조치는 국회의 입법권 행사라는 실질을 전혀 가지지 못한 것으로서, 헌법재판소의 위헌심판대상이 되는 '법률'에 해당한다고 할 수 없고, 긴급조치의 위헌 여부에 대한 심사권은 최종적으로 대법원에 속한다.

긴급조치 제1호는 그 발동 요건을 갖추지 못한 채 목적상 한계를 벗어나 국민의 자유와 권리를 지나치게 제한함으로써 헌법상 보장된 국민의 기본권을 침해한 것이므로, 긴급조치 제1호가 해제 내지 실효되기 이전부터 유신헌법에 위배되어 위헌이고, 나아가 긴급조치 제1호에 의하여 침해된 각 기본권의 보장 규정을 두고 있는 현행 헌법에 비추어 보더라도 위헌이다. 결국 이 사건 재판의 전제가 된 긴급조치 제1호 제1항, 제3항, 제5항을 포함하여 긴급조치 제1호는 헌법에 위배되어 무효이다.

위헌·무효인 대통령 긴급조치 제1호 제5항, 제1항, 제3항을 적용하여 공소가 제기된 이 사건 공소사실 중 각 긴급조치 위반의 점은 형사소송법 제325조 전단의 '피고사건이 범죄로 되지 아니한 때'에 해당하므로 모두 무죄를 선고하였어야 함에도, 같은 법 제326조 제4호를 적용하여 면소를 선고한 원심판결 중 유언비어 날조·유포로 인한 긴급조치 위반 부분에 면소 및 무죄판결에 대한 법리와 긴급조치 제1호의 위헌 여부 판단에 대한 법리를 오해한 위법이 있다.

제 2 절 행 정 부

제 1 항 국무총리

[요약판례] 대통령과 국회의원간의 권한쟁의: 각하(헌재 1998.7.14. 98헌라1)

(1) 국무총리 임명동의안의 처리가 국회에서 무산된 후 대통령이 국회의 동의없이 국무총리서리를 임명한 데 대하여 다수당 소속 국회의원들이 국회 또는 자신들의 권한 침해를 주장하면서 권한쟁의심판을 청구할 수 있는지 여부(소극)
(2) 관여재판관의 과반수인 5인이 이유를 달리하나 결론에 있어 각하의견이어서 심판청구를 각하한 사례

(재판관 김문희, 재판관 이재화, 재판관 한대현의 반대의견) 헌법 제86조 제1항은 "국무총리는 국회의 동의를 얻어 대통령이 임명한다"고 명시하여 대통령이 국무총리를 임명함에 있어서는 "반드시 사전에" 국회의 동의를 얻어야 함을 분명히 밝히고 있다. 이는 법문상 다른 해석의 여지없이 분명하고, 이에 더하여 헌법이 국무총리의 임명에 관하여 규정하고 있는 국회동의제도의 취지를 고려하여 보면 국무총리 임명은 대통령의 단독행위에 국회가 단순히 부수적으로 협력하는 것에 그치지 아니하고 국회가 대통령과 공동으로 임명에 관여하는 것이라고 보아야 한다. 그러므로 **국회의 동의는 국무총리 임명에 있어 불가결한 본질적 요건으로서 대통령이 국회의 동의 없이 국무총리를 임명하였다면 그 임명행위는 명백히 헌법에 위배**되고, 이러한 법리는 국무총리 대신 국무총리 "서리"라는 이름으로 임명하였다고 하여 달라지는 것이 아니다.

정부조직법 제23조는 국무총리가 "사고"로 인하여 직무를 수행할 수 없을 때 직무대행자가 국무총리의 직무를 대행하도록 하고 있는데, 여기서의 "사고"는 국무총리가 직무를 행할 수 없는 일반적인 경우 즉, "사고"와 "궐위"를 포괄하는 넓은 개념으로 해석하는 것이 타당하다. 이 사건의 경우 국무총리의 사퇴로 인하여 국무총리의 직무를 수행할 사람이 없어 국정공백이 우려되었다면 정부조직법에 따라 국무총리 직무대행자를 지명함으로써 이 사건 임명동의안의 처리시까지 국정공백을 방지할 수도 있었다. 이와 같이 국무총리 직무대행체제가 법적으로 완비되어 있어 헌법에 위반함이 없이도 국정공백을 방지할 수 있음에도 불구하고 헌법상, 법률상의 근거가 전혀 없는 국무총리서리를 임명하였으므로 이를 국정공백의 방지라는 명분으로 정당화할 수 없다.

(재판관 이영모의 반대의견) 국무총리의 궐위는 대통령으로 하여금 새 행정부 구성을 할 수 없게 하고 있는데도 **헌법은 궐위된 국무총리의 직무를 누가, 어떤 방법으로 수행하는지에 관하여 아무런 규정을 하지 않고 있다.** 헌법제정자는 이와 같은 특수한 경우를 예상하지 못하였고, 이러한 헌법규정의 흠때문에 **대통령의 국무총리서리 임명이 헌법에 합치되는지 여부는 해석에 의하여 가려볼 수밖에 없다.** 그런데 이 사건의 경우와 같은 조건을 갖춘 특수한 경우에 한하여 대통령은 국무총리 임명동의안을 국회가 표결할 때까지 예외적으로 서리를 임명하여 총리직을 수행하게 할 수 있고, **대통령의 이 국무총리서리 임명행위는 헌법 제86조 제1항의 흠을 보충하는 합리적인 해석범위내의 행위**이므로 헌법상의 정당성이 있다.

정부조직법 제23조에는 국무총리가 '사고'로 직무를 수행할 수 없는 경우에 직무대행을 하는 규정을 두고 있을 뿐, '궐위'된 경우에 관한 규정은 없다. '사고'와 '궐위'의 개념은 대통령(헌법 제71조), 국회의장(국회법 제12조, 제16조), 대법원장(법원조직법 제13조 제3항), 헌법재판소장(헌법재판소법 제12조 제4항)의 경우에 이를 구분하여 규정하고 있으므로 사고의 개념에 궐위를 포함시키는 해석론은 옳다고 볼 수 없다. 신임 대통령의 취임으로 국무총리와 국무위원은 모두 사직서를 제출한 상태이고 국회는 국무총리 임명동의안을 처리하지 못하고 있는 경우에 사직서를 제출한 종전의 국무총리가 총리의 직무를 수행하거나 국무위원이 그 직무를 대행하여야만 헌법과 정부조직법의 관계조항에 부합

한다는 견해는, 현실과 실질적인 면을 도외시한 것이다.

제2항 국무위원

제3항 국무회의

[요약판례] 이라크전쟁파견동의안의결 위헌확인: 각하(헌재 2003.12.18. 2003헌마225)

국무회의의 의결이 헌법소원심판의 대상이 되는지 여부(소극)

이 사건에서 심판의 대상이 되는 국무회의의 이 사건 파병동의안 의결이 이러한 공권력의 행사인지의 점에 관하여 살피건대, 국군을 외국에 파견하려면, 대통령이 국무회의의 심의를 거쳐 국회에 파병동의안 제출, 국회의 동의(헌법 제60조 제2항), 대통령의 파병결정, 국방부장관의 파병 명령, 파견 대상 군 참모총장의 구체적, 개별적 인사명령의 절차를 거쳐야 하는바, 이러한 절차에 비추어 **파병은 대통령이 국회의 동의를 얻어 파병 결정을 하고, 이에 따라 국방부장관 및 파견 대상 군 참모총장이 구체적, 개별적인 명령을 발함으로써 비로소 해당 국민, 즉 파견 군인 등에게 직접적인 법률효과를 발생시키는 것**이고, 대통령이 국회에 파병동의안을 제출하기 전에 대통령을 보좌하기 위하여 파병 정책을 심의, 의결한 **국무회의의 의결은 국가기관의 내부적 의사결정행위에 불과하여 그 자체로 국민에 대하여 직접적인 법률효과를 발생시키는 행위가 아니므로 헌법재판소법 제68조 제1항에서 말하는 공권력의 행사에 해당하지 아니한다.**

제 4 항 행정각부

I 정부조직법 제14조 제1항 등의 위헌여부에 관한 헌법소원: 각하,합헌(헌재 1994.4.28. 89헌마221)

쟁점 국가안전기획부의 설치근거와 그 직무범위를 규정한 정부조직법 제14조 제1항 및 국가안전기획부법 제4조, 제6조의 위헌여부

사건의 개요

청구인들은 국가안전기획부 소속 사법경찰관리에 의하여 군사기밀보호법 위반으로 구속 · 기소되어 각기 유죄선고를 받은 후 항소하여 현재 서울고등법원에 사건이 계속중이다. 청구인들은 군사기밀보호법 위반의 근거가 되는 정부조직법 제14조 제1항과 국가안전기획부법 제4조 및 제6조가 행정각부를 국무총리의 통할하에 두도록 한 헌법규정에 위반된다는 취지로 위헌여부심판제청 신청을 하였으나 제청법원으로부터 기각결정을 받게 되자 헌법재판소법 제68조 제2항에 의거한 이 사건 헌법소원심판을 청구하기에 이르렀다.

심판의 대상

정부조직법 제14조 (국가안전기획부) ① 국가안전보장에 관련되는 정보 · 보안 및 범죄수사에 관한 사무를 담당하기 위하여 대통령 소속하에 국가안전기획부를 둔다.

국가안전기획부법 제4조 (직원) ① 안전기획부에 부장 · 차장 및 기획조정실장과 기타 필요한 직원들을 둔다. 다만, 특히 필요한 경우에는 차장 2인을 둘 수 있다.

② 직원의 정원은 예산의 범위 안에서 대통령의 승인을 얻어 부장이 정한다.

국가안전기획부법 제6조 (부장 · 차장 · 기획조정실장) ① 부장은 대통령이 임명하며, 차장 및 기획조정실장은 부장의 제청에 의하여 대통령이 임명한다.

② 부장은 안전기획부의 업무를 통할하고 소속직원을 지휘 · 감독한다.

③ 차장은 부장을 보좌하며, 부장이 사고가 있을 때에는 그 직무를 대행한다.

④ 기획조정실장은 부장과 차장을 보좌하며, 위임된 사무를 처리한다.

⑤ 부장 · 차장 및 기획조정실장 이외의 직원의 인사에 관하여는 따로 법률이 정하는 바에 의한다.

주 문

1. 청구인들의 이 사건 헌법소원심판청구 중 국가안전기획부법 제15조 및 제16조의 위헌 여부에 관한 부분을 각하한다.
2. 정부조직법 제14조 제1항과 위 국가안전기획부법 제4조 및 제6조는 헌법에 위반되지 아니한다.

청구인들의 주장

우리 헌법상 국무총리의 지위에 관한 헌법 제86조, 제87조 제3항 등의 규정에 비추어 볼 때 국무총리의 통할을 받지 아니하는 행정기구는 헌법에 특별한 규정이 있는 경우이거나(감사원, 국가안전보장회의 등) 대통령의 "비서" 및 "경호"업무를 제외하고는 우리 헌법상 존재할 수 없다. 그런데 정부조직법 제14조 제1항에서 "국가안전보장에 관련되는… 및 범죄수사에 관한 사무를 담당하게 하기 위하여 대통령 소속하에 국가안전기획부"를 두도록 하고 있고, 이에 의거한 국가안전기획부법 제4조와 제6조에서 국가안전기

획부가 국무총리 통할권에서 벗어나도록 규정하고 있는바 이러한 법률의 조항들은 위헌의 행정기구의 조직을 규정하는 것으로서 헌법 제86조 제2항과 제94조에 위반된다.

▢ 판 단

Ⅰ. 적법요건에 관한 판단

1. 국가안전기획부법 제15조 및 제16조에 대한 심판청구에 관한 판단

헌법재판소법 제68조 제2항에 의한 헌법소원심판의 청구는 동법 제41조 제1항의 규정에 의한 적법한 위헌여부심판의 제청신청을 법원이 각하 또는 기각하였을 경우에만 당사자가 직접 헌법재판소에 헌법소원의 형태로써 심판을 청구할 수 있는 것인데 이 사건에 있어서 청구인들의 위헌제청신청사건을 담당하여 이유 없다고 기각한 제청법원의 결정내용에 의하면 청구인들이 이 사건 헌법소원심판청구를 한 국가안전기획부법 제15조 및 제16조에 관하여는 재판 대상으로 삼은 법률조항도 아니어서 이 규정들에 대하여는 제청법원이 위헌제청신청기각의 결정을 한 적이 없는바 따라서 같은 규정들에 대하여는 법 제68조 제2항에 의한 심판의 대상이 될 수 없는 사항에 대한 것으로서 이 부분 청구인들의 심판청구는 부적법하다 할 것이다.

2. 법무부장관의 본안전 항변에 대한 판단

헌법재판소법 제68조 제1항에 의한 헌법소원심판은 주관적 권리구제의 헌법소원으로서 개별적인 공권력의 행사 또는 불행사로 인하여 헌법상 보장된 기본권을 침해받은 자가 청구할 수 있고 이 경우 동법 제75조 제2항 및 제5항에 의한 부수적 위헌심판청구도 할 수 있음에 대하여 동법 제68조 제2항에 의한 헌법소원심판은 구체적 규범통제의 헌법소원으로서 법 제41조 제1항의 규정에 의한 법률의 위헌여부심판의 제청신청이 법원에 의하여 기각된 때에는 그 신청을 한 당사자는 헌법재판소에 제청신청이 기각된 법률의 위헌 여부를 가리기 위한 헌법소원심판을 청구할 수 있는바, 그렇다면 **헌법재판소법 제68조 제1항과 같은 조 제2항에 규정된 헌법소원심판청구들은 그 심판청구의 요건과 그 대상이 각기 다른 것임이 명백하다.**

따라서 이미 계속 중인 89헌마86 사건의 "청구원인"과 이 사건의 "위헌이라고 해석되는 이유"의 내용이 기본적으로 동일하다고 하더라도 위와 같은 제소의 요건이 상이하고, 청구인도 동일하지 않으므로 이 사건 헌법소원은 중복제소로서 부적법하다는 법무부장관의 주장은 이유 없다.

Ⅱ. 본안에 관한 판단

1. 헌법상 국무총리의 지위

헌법상 국무총리는 국회의 동의를 얻어 대통령이 임명(헌법 제86조 제1항)하고 국무총리는 대통령을 보좌하며, 행정에 관하여 대통령의 명을 받아 행정각부를 통할(같은 조 제2항)하며 국무위원은 국무총리의 제청으로 대통령이 임명(헌법 제87조 제1항)하고 행정각부의 장은 국무위원 중에서 국무총리의 제청으로 대통령이 임명(헌법 제94조)하며 대통령의 국법상 행위에 관한 문서에의 부서권(헌법 제82조)이 있는바 국무총리에 관한 헌법상 위의 제 규정을 종합하면 **국무총리의 지위가 대통령의 권한행사에 다소의 견제적 기능을 할 수 있다고 보여지는 것이 있기는 하나,** 우리 헌법이 대통령중심제의 정부형태를 취하면서도 국무총리제도를 두게 된 주된 이유가 부통령제를 두지 않았기 때문에 대통령 유고시에 그 권한대행자가 필요하고 또 대통령제의 기능과 능률을 높이기 위하여 대통령을 보좌하고 그 의견을 받들어 정부를 통할·조정하는 보좌기관이 필요하다는 데 있었던 점과 대통령에게 법적 제한 없이 국무총리해임권이 있는 점(헌법 제78조, 제86조 제1항 참조)등을 고려하여 총체적으로 보면 내각책임제 밑에서의 행정권이 수상에게 귀속되는 것과는 달리 **우리나라의 행정권은 헌법상 대통령에게 귀속되고, 국무총리는 단지 대통령의 첫째 가는 보좌기관으로서 행정에 관하여 독자적인 권한을 가지지 못하고 대통령의 명을 받아 행정각부를 통할하는 기관으로서의 지위만을 가지며, 행정권 행사에 대한 최후의 결정권자는 대통령이라고 해석하는 것이 타당하다고 할 것이다. 이와 같은 헌법상의 대통령과 국무총리의 지위에 비추어 보면 국무총리의 통할을 받는 행정각부에 모든 행정기관이 포함된다고 볼 수 없다 할 것이다.**

2. 헌법 제86조 제2항의 행정각부의 의미

헌법 제86조 제2항에서 "국무총리는 행정에 관하여 대통령의 명을 받아 행정각부를 통할한다"라고, 헌법 제94조에서 "행정각부의 장은 국무위원 중에서 국무총리의 제청으로 대통령이 임명한다"라고 각 규정하고 있을 뿐 그 "행정각부"가 무엇을 가리키는 것인지에 관하여는 헌법상 아무런 직접적 규정이 있음을 볼 수 없고 한편 헌법은 제4장 제2절 제3관에서 별도로 행정각부에 관한 규정을 두면서 제96조에서 "행정각부의 설치·조직과 직무범위는 법률로 정한다"라고만 규정하고 있다. 이와 같이 헌법이 "행정각부"의 의미에 관하여 아무런 규정을 두지 아니하고 그 "설치"에 관한 사항까지도 법률에 위임한 이상 **헌법 제86조 제2항의 "행정각부"가 어떤 행정기관을 가리키는 것인지는 그 위임된 법률의 규정에 의하여 해석, 판단할 수밖에 없다.**

그런데 위에서 본 바와 같이 헌법이 "행정각부"의 의의에 관하여는 아무런 규정도 두고 있지 않지만, "행정각부의 장"에 관하여는 "제3관 행정각부"의 관(款)에서 행정각부의 장은 국무위원 중에서 임명되며(헌법 제94조) 그 소관사무에 관하여 법률이나 대통령령의 위임 또는 직권으로 부령을 발할 수 있다(헌법 제95조)고 규정하고 있는바, 이는 헌법이 "행정각부"의 의의에 관하여 간접적으로 그 개념범위를 제한한 것으로 볼 수 있다. 즉, **성질상 정부의 구성단위인 중앙행정기관이라 할지라도, 법률상 그 기관의 장이 국무위원이 아니라든가 또는 국무위원이라 하더라도 그 소관사무에 관하여 부령을 발할 권한이 없는 경우에는, 그 기관은 우리 헌법이 규정하는 실정법적 의미의 행정각부로는 볼 수 없다**는 헌법상의 간접적인 개념제한이 있음을 알 수 있다. 따라서 정부의 구성단위로서 그 권한에 속하는 사항을 집행하는 모든 중앙행정기관이 곧 헌법 제86조 제2항 소정의 행정각부는 아니라 할 것이다. 또한 입법권자는 헌법 제96조에 의하여 법률로써 행정을 담당하는 행정기관을 설치함에 있어 그 기관이 관장하는 사무의 성질에 따라 국무총리가 대통령의 명을 받아 통할할 수 있는 기관으로 설치할 수도 있고 또는 대통령이 직접 통할하는 기관으로 설치할 수도 있다 할 것이므로 헌법 제86조 제2항 및 제94조에서 말하는 국무총리의 통할을 받는 행정각부는 입법권자가 헌법 제96조의 위임을 받은 정부조직법 제29조에 의하여 설치하는 행정각부만을 의미한다고 할 것이다. 그런데 국가안전기획부는 국가안전보장에 관련되는 정보·보안 및 범죄수사에 관한 사무집행을 위하여 같은 법 제14조에 근거를 두고 이를 바탕으로 국가안전기획부법에 규정된 준칙에 따라서 설치된 기관으로서 그 법적 성격은 대통령직무를 보좌하기 위하여 대통령비서실(위 같은 법 제11조)과 함께 "정부조직법 제2장 대통령"의 장 안에 규정되어 있는 국가안전보장에 관련한 **대통령의 직무를 보좌하는 대통령직속의 특별보좌기관이라 할 것이므로 이는 국무총리의 통할을 받는 행**

정각부에 속하지 아니한다 할 것이다. 따라서 국무총리의 통할을 받지 아니하는 대통령직속기관인 국가안전기획부의 설치근거와 그 직무범위 등을 정한 정부조직법 제14조와 국가안전기획부법 제4조 및 제6조의 규정은 헌법에 위배된다고 할 수 없다.

3. 결 론

그렇다면 이 사건에서 청구인들의 국가안전기획부법 제15조 및 제16조에 대한 헌법소원심판청구 부분은 부적법하므로 각하하고, 국가안전기획부의 설치근거와 그 직무범위를 규정한 정부조직법 제14조 제1항과 이에 의거한 국가안전기획부법 제4조 및 제6조는 헌법에 위반되지 아니한다 할 것이므로 주문과 같이 결정한다.

재판관 변정수의 반대의견

우리 헌법은 정부형태에 관하여 기본적으로는 대통령중심제를 채용하면서도 국무회의와 국무총리를 두고, 국무회의를 단순한 자문기관이 아닌 정책심의기관으로 하고 국무총리에게 국무위원 및 행정각부의 장 임명제청권과 국무위원해임건의권을 주었으며 국회에 대하여 국무총리임명동의권과 국무총리·국무위원의 출석요구권 및 국무총리·국무위원의 해임건의권 등을 부여하고 있는데 이는 **대통령중심제에 의원내각제적 요소를 가미한 것으로서 헌법의 취지는 대통령의 독단을 견제하여 국정을 신중하게 운영토록 하고 행정부에 대한 국회의 통제를 강화하는 등 대통령중심제의 폐단을 보완하고 책임정치를 구현하기 위한 것으로 해석된다.** 그러므로 국무회의 및 국무총리에 관한 헌법규정은 반드시 준수되어야 하고 대통령중심제하에서의 국무총리는 보좌기관에 불과하다는 등의 이론을 내세워 이를 가볍게 생각하여서는 아니 된다.

헌법 제94조의 규정은 행정각부의 장은 반드시 국무위원이어야 한다는 것과 국무총리의 제청에 의하여서만 대통령이 임명할 수 있다는 것을 규정하는 조문이고 헌법 제95조는 행정각부의 장의 부령발포권을 규정하는 조문일 따름이다. 위 두 규정이 헌법상 "행정각부"의 개념범위를 제한하는 것 즉 성질상 행정각부에 해당하는 중앙행정기관이라 하여 다 행정각부로 아니하고 그 중에서 법률이 기관의 장을 국무위원으로 보하도록 하고 또한 부령발포권을 갖게 한 기관에 한정하겠다는 취지가 포함된 규정이라고 해석할 수는 없다.

헌법 제86조 제2항이나 제94조에서 말하는 "행정각부"란 헌법에 특별규정을 둔 감사원, 국가안전보장회의, 민주평화통일자문회의, 국민경제자문회 등을 제외하고 성질상 행정각부에 해당되는 모든 기관 즉 국무회의 심의를 거쳐 또는 단독으로 대통령이 결정한 정책과 그 밖의 집행부의 권한에 속하는 사항, 다시 말하면 권력분립의 원칙에 따라 헌법과 법률의 집행을 통해 국민의 권리와 자유에 영향을 미치는 등 기능상 행정권에 속하는 사항을 집행하는 모든 중앙행정기관을 의미하고 헌법 제96조에 의하여 제정된 법률(정부조직법 제29조)에서 "행정각부"로 명칭지워진 기관만을 의미하는 것은 아니다. **헌법 제96조는 행정각부의 설치·조직·직무범위는 국민의 권리·의무에 영향을 미치기 때문에 그러한 사항은 명령이나 규칙으로 정할 수 없고 국민의 대표기관인 국회에서 제정한 법률로써만 정할 수 있다는 것을 의미한다.**

안전기획부가 "행정각부"에 해당되는가를 보건대, 정부조직법 제14조 제1항의 국가안전기획부 설치의 목적과 안전기획부법 제3조의 업무의 범위 등에 비추어 볼 때, 이는 성질상 국무총리의 통할하에 두어야 할 헌법 제86조 제2항, 제94조 내지 제96조에서 규정한 "행정각부"에 속하는 것이 명백하다. 따라서 안전기획부를 행정각부에 넣지 아니하고 대통령의 직속하에 두어 국무총리의 지휘 감독을 받지 아니하도록 한 정부조직법 제14조 제1항은 헌법 제86조 제2항 및 제94조에 위반된다고 아니할 수 없다.

본 판례에 대한 평가 1. 국무총리의 통할을 받지 않는 행정기관의 설치는 바람직하지 않다. 실제로 국무총리의 통할을 받지 아니하는 정부기관이 대통령 직속으로 설치되고 있어서 국무총리의 통할권의 범위와 한계를 설정하는 것 자체가 쉽지 않다. 특히 헌법규범에 의하지 아니하고 법률에 의하여 국무총리의 통할을 벗어나는 행정기관을 대통령 직속으로 설치하는 것은 헌법상 집행부의 제2인자인 국무총리의 지위와 권한범위에 대한 심각한 도전이다. 실제로 구 기획예산위원회(정부조직법이 개정되어 기획예산처로 변경되었다)는 일반행정기관임에도 불구하고 대통령 직속기관으로 설치됨으로써, 국무총리의 관할로부터 벗어나게 되어 결과적으로 헌법 제82조의 대통령의 국법상 행위는 국무총리와 관계 국무위원이 부서한다는 규정에도 어긋나게 되었다. 또 이들은 국무위원이 될 수 없다는 문제점도 있다. 더구나 이들 장관급인사는 국무총리의 제청을 받지 아니하고 임명될 뿐만 아니라 국회의 국무위원해임건의의 대상에서도 제외된다.

2. 본 결정에서 헌법재판소는 국가안전기획부(현 국가정보원)는 대통령 직속기관이므로 국무총리의 통할을 받을 필요가 없다고 판시하고 있다. 물론 국가안전업무의 특성상 국가안전기획부를 대통령 직속으로 하는 것은 국가원수 본연의 임무와도 부응할 수 있는 여지는 있다. 생각건대 대통령 직속기관으로서 헌법상 기관이나 국가정보원과 같은 특수한 기관이 아닌 일반적 행정업무를 취급하는 기관을 설치하는 것은 헌법상 국무총리제도나 국무위원제도의 본질에 어긋난다. 특히 이들 기관의 행위는 바로 대통령에게 책임이 전가될 수 있기 때문에 국무총리라는 완충장치를 거치지 아니하게 되어 오히려 대통령에게 정치적 부담이 될 뿐이다. 그러므로 대통령실에는 원칙적으로 대통령비서실과 특수한 임무를 가진 기구의 설치에 한정되어야 하며, 대통령실에 일반행정기관을 편의적으로 설치하는 것은 현행헌법의 정신에 어긋난다.

관련 문헌: 정종섭, "한국의 대통령제 정부형태: 그 제도와 현실", 헌법연구3, 박영사, 2001년, 171-203면; 장영수, "현행헌법상의 정부형태와 대통령의 지위 및 권한에 관한 연구", 공법학연구 제9권 제1호, 한국비교공법학회, 2008, 173-193면.

제5항 공무원제도

Ⅰ 구 지방공무원법 제2조 제3항 제2호 나목 등 위헌소원: 합헌(헌재 1997.4.24. 95헌바48)

쟁점 제도적 보장과 기본권 보장의 구별과 직업공무원제도의 위상

사건의 개요

청구인들은 서울시 노원구의 동장으로 근무해 왔으나, 지방공무원법 등 공무원관계법이 동장을 지방공무원법상의 신분보장을 받는 일반직 공무원으로 정하지 아니하고 특수경력직공무원중 별정직공무원으로 정한 탓으로, 공무원관계법의 위임을 받은 서울특별시노원구동장임용등에 관한 규칙이 동장의 근무상한기간을 정함에 따라 서울특별시 노원구청장은 위 연장근무기간이 각 만료되었다는 이유로 청구인들을 동장의 직무에서 각 배제하였다.

심판의 대상

구 지방공무원법 제2조 (공무원의 구분) ③ 특수경력직공무원이라 함은 경력직공무원외의 공무원을 말하며 그 종류는 다음 각호와 같다.

1. 생략

2. 별정직공무원

가. 생략

나. 읍장·면장·동장. 다만, 조례로 일반직공무원으로 정한 경우에는 그러하지 아니하다.

다. 생략

지방공무원법 제2조 (공무원의 구분) ④ 제3항의 규정에 의한 별정직공무원·전문직공무원 및 고용직공무원의 임용조건·임용절차·근무상한연령 기타 필요한 사항은 대통령령 또는 조례로 정한다.

제3조 (적용범위) 이 법의 규정은 제5장 보수 및 제6장 복무의 규정을 제외하고, 이 법 기타 다른 법률에 특별한 규정이 없는 한 특수경력직공무원에게 적용하지 아니한다.

주 문

구 지방공무원법 제2조 제3항 제2호 나목 중 동장부분 및 지방공무원법 제2조 제4항, 제3조 본문은 헌법에 위반되지 아니한다.

판 단

Ⅰ. 공무원의 신분보장에 관한 헌법규정의 의의

헌법 제7조 제2항은 공무원의 신분과 정치적 중립성을 법률로써 보장할 것을 규정하고 있다. **위 조항의 뜻은 공무원이 정치과정에서 승리한 정당원에 의하여 충원되는 엽관제를 지양하고, 정권교체에 따른 국가작용의 중단과 혼란을 예방하며 일관성 있는 공무수행의 독자성과 영속성을 유지하기 위하여 공직구조에 관한 제도적 보장으로서의 직업공무원제도를 마련해야 한다는 것**이다. 직업공무원제도는 바로 그러한 제도적 보장을 통하여 모든 공무원으로 하여금 어떤 특정 정당이나 특

정 상급자를 위하여 충성하는 것이 아니라 국민전체에 대한 봉사자로서(헌법 제7조 제1항) 법에 따라 그 소임을 다할 수 있게 함으로써 공무원 개인의 권리나 이익을 보호함에 그치지 아니하고 나아가 국가기능의 측면에서 정치적 안정의 유지에 기여하도록 하는 제도이다.

헌법이 "공무원은 국민전체에 대한 봉사자이며, 국민에 대하여 책임을 진다. 공무원의 신분과 정치적 중립성은 법률이 정하는 바에 의하여 보장된다"(헌법 제7조)라고 규정한 것은 바로 직업공무원제도가 국민주권원리에 바탕을 둔 민주적이고 법치주의적인 공직제도임을 밝힌 것이고, 국가공무원법(제68조, 지방공무원법 제60조도 같다)이 "공무원은 형의 선고, 징계처분 또는 이 법에 정하는 사유에 의하지 아니하고는 그 의사에 반하여 휴직, 강임 또는 면직을 당하지 아니한다. 다만 1급 공무원은 그러하지 아니하다"고 규정하고 있는 것은 바로 헌법의 위 조항을 법률로써 구체화한 것이다.

Ⅱ. 이 사건 법률조항의 위헌여부

1. 이 사건 법률조항과 구 지방공무원법 제2조 제1항, 제2항, 제3항의 내용을 살펴보면 지방공무원은 실적과 자격에 의하여 임용되고 그 신분이 보장되는 경력직공무원과 그렇지 아니한 특수경력직공무원으로 구분하고, 특수경력직공무원을 다시 정무직공무원(선거에 의하여 취임하거나 임명에 있어서 지방자치단체의 의회의 동의를 요하는 공무원과 기타 다른 법령 또는 조례가 정무직으로 인정하는 공무원), 별정직공무원(가. 비서관·비서, 나. 읍장·면장·동장, 다. 기타 다른 법령 또는 조례가 별정직으로 지정하는 공무원), 전문직공무원(지방자치단체와 채용계약에 의하여 일정한 기간 연구 또는 기술업무에 종사하는 과학자·기술자 및 특수분야의 전문가), 고용직공무원(단순한 노무에 종사하는 공무원)으로 세분하여 별정직공무원·전문직공무원 및 고용직공무원의 임용조건·임용절차·근무상한연령 기타 필요한 사항을 대통령령 또는 조례로서 정하도록 하고, 특수경력직공무원에 대하여는 지방공무원법 중 보수 및 복무의 규정을 제외한 나머지 규정의 적용을 받지 아니하도록 규정함으로써 일정한 범위의 공무원에 대하여는 지방공무원법에 의한 신분보장의 적용을 배제하고 있다.

따라서 이 사건 법률조항에 의하여 임명된 동장은 특별히 조례로 일반직공무원으로 정한 경우가 아니면, 특수경력직공무원의 하나인 별정직공무원으로 분류되어 지방공무원법이 규정한 바에 따른 신분보장을 받을 수 없도록 한 것이 명백하다.

2. 헌법 제7조는 앞서 본바와 같이 공무원의 공무수행의 독자성과 영속성을 유지하기 위하여 공직구조에 대하여 제도적 보장으로서의 직업공무원제도를 마련하도록 규정하고 있다. **제도적 보장은 객관적 제도를 헌법에 규정하여 당해 제도의 본질을 유지하려는 것으로서, 헌법제정권자가 특히 중요하고도 가치가 있다고 인정되고 헌법적으로 보장할 필요가 있다고 생각하는 국가제도를 헌법에 규정함으로써 장래의 법발전, 법형성의 방침과 범주를 미리 규율하려는데 있다. 다시 말하면 이러한 제도적 보장은 주관적 권리가 아닌 객관적 법규범이라는 점에서 기본권과 구별되기는 하지만 헌법에 의하여 일정한 제도가 보장되면 입법자는 그 제도를 설정하고 유지할 입법의무를 지게 될 뿐만 아니라 헌법에 규정되어 있기 때문에 법률로써 이를 폐지할 수 없고, 비록 내용을 제한한다고 하더라도 그 본질적 내용을 침해할 수는 없다.**

그러나 기본권의 보장은 헌법이 "국가는 개인이 가지는 불가침의 기본적 인권을 확인하고 이를 보장할 의무를 진다"(제10조), "국민의 자유와 권리는 헌법에 열거되지 아니한 이유로 경시되지 아니한다. 국민의 모든 자유와 권리는 국가안전보장·질서유지 또는 공공복리를 위하여 필요한 경우에 법률로써 제한할 수 있으며, 제한하는 경우에도 자유와 권리의 본질적인 내용을 침해할 수 없다"(제37조)고 규정하여 '최대한 보장의 원칙'이 적용되는 것임에 반하여, **제도적 보장은 기본권 보장의 경우와는 달리 그 본질적 내용을 침해하지 아니하는 범위 안에서 입법자에게 제도의 구체적인 내용과 형태의 형성권을 폭넓게 인정한다는 의미에서 '최소한 보장의 원칙'이 적용될 뿐**인 것이다.

이 사건에서 문제된 직업공무원제도는 바로 헌법이 보장하는 제도적 보장중의 하나임이 분명하므로 입법자는 직업공무원제도에 관하여 '최소한 보장'의 원칙의 한계 안에서 폭넓은 입법형성의 자유를 가진다.

따라서 청구인들의 주장과 같이 비록 동장이 주민에 대한 최근접 행정조직의 책임자로서 주민생활에 직접적이고 광범위한 영향을 미치는 공무원으로서 어느 공무원보다도 주민들과의 사이에 강한 근무관계가 있고 정치적 중립의 요청이 큰 한편, 그들에게 맡겨진 공무에 특별한 전문성이나 특수성을 찾아보기 어려울 뿐만 아니라 장기간 계속하여 그 직무를 담당하게 하는 것을 회피하여야 할 필요성이 있다거나 한시적인 기간동안만 그 직무를 담당할 것으로 예정되어 있는 것이 아니라고 할지라도 그러한 사정만으로 입법자가 동장의 임용의 방법이나 직무의 특성 등을 고려하여 공직상의 신분을 지방공무원법상 신분보장의 적용을 받지 아니하는 특수경력직공무원 중 별정직공무원의 범주에 넣었다 하여 바로 그 법률조항을 위헌이라고 할 수는 없는 것이다.

✤ 본 판례에 대한 평가 1. 헌법 제7조 제2항은 "공무원의 신분과 정치적 중립성은 법률이 정하는 바에 의하여 보장된다"라고 하여 직업공무원제도를 규정하고 있다. 이는 엽관제에 대비되는 제도로서 직업공무원제도의 확립을 위하여 과학적 계급제, 성적주의, 인사의 공정, 공무원의 신분보장 및 정치적 중립성의 확보가 전제되어야 한다. 직업공무원제도를 헌법이 규정하고 있는 취지는 공무원이 정치과정에서 승리한 정당원에 의하여 충원되는 엽관제를 지양하고, 정권교체에 따른 국가작용의 중단과 혼란을 예방하며 일관성 있는 공무수행의 독자성과 영속성을 유지하기 위하여 공직구조에 관한 제도적 보장으로서의 직업공무원제도를 마련해야 한다는 것이다. 직업공무원제도는 바로 그러한 제도적 보장을 통하여 모든 공무원으로 하여금 어떤 특정 정당이나 특정 상급자를 위하여 충성하는 것이 아니라 국민 전체에 대한 봉사자로서(헌법 제7조 제1항) 법에 따라 그 소임을 다할 수 있게 함으로써 공무원 개인의 권리나 이익을 보호함에 그치지 아니하고 나아가 국가기능의 측면에서 정치적 안정의 유지에 기여하도록 하는 제도이다. 직업공무원제도는 헌법이 보장하는 제도적 보장 중의 하나임이 분명하므로 입법자는 직업공무원제도에 관하여 '최소한 보장'의 원칙의 한계 안에서 폭넓은 입법형성의 자유를 가진다.

2. **직업공무원의 범위**: 신분이 보장되고 정치적 중립성이 보장되는 직업공무원에는 협의의 공무원인 경력직 공무원 즉 일반직·특정직·기능직 공무원 등이 있다.

3. **신분보장과 정치적 중립성**: 공무원은 국민에 대한 봉사자이기 때문에 신분이 보장되어야 한다. 국가공무원법 제3조, 제68조, 제78조 등은 공무원에 대한 부당한 휴직, 강임, 면직, 기타 징계처

분의 금지를 규정하고 있다. 다만 정무직 공무원과 임시직 공무원은 직업공무원으로서의 신분보장을 받지 못한다. 공무원에 대한 정당의 간섭은 배제되며, 공무원의 정당가입 기타 정당활동은 금지된다. 일반직 공무원의 정치적 중립성은 보장되어야 하겠지만, 이를 이유로 정치적 표현의 자유를 제한할 수는 없다. 특히 군대의 정치개입을 금지하기 위하여 헌법 제5조 제2항에서는 특별히 그 정치적 중립성을 규정하고 있다. 이는 제6공화국헌법에서 최초로 도입된 조항이다.

Ⅱ | 국가보위입법회의법 등의 위헌여부에 관한 헌법소원: 위헌(헌재 1989.12.18. 89헌마32등)

쟁점 폐지된 한시법인 국가보위입법회의법이 위헌심판의 대상이 되는지 여부 및 동법이 직업공무원제를 침해하고 있는지 여부

사건의 개요

청구인들은 국가보위입법회의법이 제정되기 이전 국회사무처와 국회도서관에 소속된 공무원으로 근무하여 왔는데, 1980. 10. 28. 위 법률이 제정되면서 인사명령에 의해 면직되었다. 이에 청구인들은 면직처분무효확인청구의 소를 제기하여 소송계속 중 위 법률에 대하여 위헌법률심판제청신청을 하고 위 신청이 각하되자 헌법재판소법 제68조 제2항에 의해 이 건 헌법소원청구를 하게 된 것이다.

판 단

Ⅰ. 폐지된 법률(실효된 법률 포함)이 위헌여부심판의 대상이 되는지 여부

국가보위입법회의법은 1980. 10. 27. 의결되어 같은 달 28. 법률 제3260호로 공포・시행되었고, 같은 법 부칙 제2항에 의거 1981. 4. 10. 폐지된 한시법이다. 그리하여 법률의 시적 효력범위 문제와 관련하여 폐지된 법률이 위헌여부심판의 대상이 될 수 있느냐가 문제된다.

그것은 법률의 위헌결정에 의하여 일반적으로 그 효력이 상실되는 우리나라의 법제 하에서 이미 효력이 상실된 법률에 대하여서는 새삼스럽게 효력을 상실시킬 실익이 없다고 할 수도 있기 때문이다. 그러나 **폐지된 법률에 의한 권리침해가 있고 그것이 비록 과거의 것이라 할지라도 그 결과로 인하여 발생한 국민의 법익침해와 그로 인한 법률상태는 재판시까지 계속되고 있는 경우가 있을 수 있는 것이며, 그 경우에는 헌법소원의 권리보호이익은 존속한다고 하여야 할 것이다.**

법률은 원칙적으로 발효시부터 실효시까지 효력이 있고, 그 시행중에 발생한 사건에 적용되기 마련이므로 법률이 폐지된 경우라 할지라도 그 법률의 시행당시에 발생한 구체적 사건에 대하여서는 법률의 성질상 더 이상 적용될 수 없거나 특별한 규정이 없는 한, 폐지된 법률이 적용되어 재판이 행하여질 수밖에 없는 것이고, 이때 폐지된 법률의 위헌여부가 문제로 제기되는 경우에는 그 위헌여부심판은 헌법재판소가 할 수밖에 없는 것이다. 만일 헌법재판소가 폐지된 법률이라는 이유로 위헌심사를 거부하거나 회피하면 구체적 사건에 대한 법적분쟁을 해결하여야 하는 법원으로서는 법률에 대한 위헌여부결정권이 없다는 것을 이유로 하여 위헌문제가 제기된 법률을 그대로 적용할 수밖에 없는 불합리한 결과가 생겨나게 되기 때문이다.

위헌법률심판에 있어서 문제된 법률이 재판의 전제가 된다 함은 우선 그 법률이 당해 본안사건에 적용될 법률이어야 하고 또 그 법률이 위헌일 때는 합헌일 때와 다른 판단을 할 수밖에 없는 경우 즉 판결주문이 달라질 경우를 뜻한다고 할 것이고 그 법률이 현재 시행중인가 또는 이미 폐지된 것인가를 의미하는 것은 아니라 할 것이므로 폐지된 법률이라는 이유로 위헌여부심판의 대상이 될 수 없다는 주장은 허용될 수 없는 것이다. 따라서 이미 폐지된 법률이라 할지라도 헌법소원심판청구인들의 침해된 법익을 보호하기 위하여 그 위헌 여부가 가려져야 할 필요가 있는 경우 즉 법률상 이익이 현존하는 경우에는 심판을 하여야 한다고 할 것이다(헌법재판소 1989. 7. 14. 선고 88헌가5, 8, 89헌가44(병합) 결정 참조).

Ⅱ. 직업공무원제도의 침해여부

1. 문제의 소지

국가보위입법회의법 부칙 제4항 후단이 규정하고 있는 "… 그 소속 공무원은 이 법에 의한 후임자가 임명될 때까지 그 직을 가진다"라는 내용은 행정집행이나 사법재판을 매개로 하지 아니하고 직접 국민에게 권리나 의무를 발생하게 하는 법률, 즉 법률이 직접 자동집행력을 갖는 처분적 법률의 예에 해당하는 것이며 따라서 국가보위입법회의의 의장 등의 면직발령은 위 법률의 후속조치로서 당연히 행하여져야 할 사무적 행위에 불과하다고 할 것이다. 그런데 위 부칙 제4항은 공무원에게 귀책사유의 유무를 불문하고 면직시키는 것으로 규정하고 있기 때문에 헌법상 보장되고 있는 공무원의 신분보장규정(구 헌법 제6조 제2항, 헌법 제7조 제2항)과의 관계에서 그 위헌여부가 문제되는 것이다.

2. 직업공무원제도의 의의

우리나라는 직업공무원제도를 채택하고 있는데, 이는 공무원이 집권세력의 논공행상의 제물이 되는 엽관제도를 지양하고 정권교체에 따른 국가작용의 중단과 혼란을 예방하고 일관성 있는 공무수행의 독자성을 유지하기 위하여 헌법과 법률에 의하여 공무원의 신분이 보장되는 공직구조에 관한 제도이다. 여기서 말하는 공무원은 국가 또는 공공단체와 근로관계를 맺고 이른바 공법상 특별권력관계 내지 특별행정법관계 아래 공무를 담당하는 것을 직업으로 하는 협의의 공무원을 말하며 정치적 공무원이라든가 임시적 공무원은 포함되지 않는 것이다.

직업공무원제도하에 있어서는 과학적 직위분류제, 성적주의 등에 따른 인사의 공정성을 유지하는 장치가 중요하지만 특히 공무원의 정치적 중립과 신분보장은 그 중추적 요소라고 할 수 있는 것이다. 그러나 보장이 있음으로 해서 공무원은 어떤 특정정당이나 특정상급자를 위하여 충성하는 것이 아니고 국민전체에 대한 공복으로서 법에 따라 그 소임을 다할 수 있게 되는 것으로서 이는 당해 공무원의 권리나 이익의 보호에 그치지 않고 국가통치 차원에서의 정치적 안정의 유지와 공무원으로 하여금 상급자의 불법부당한 지시나 정실에 속박되지 않고 오직 법과 정의에 따라 공직을 수행하게 하는 법치주의의 이념과 고도의 합리성, 전문성, 연속성이 요구되는 공무의 차질 없는 수행을 보장하기 위한 것이다.

헌법이 "공무원은 국민전체에 대한 봉사자이며, 국민에 대하여 책임을 진다. 공무원의 신분과 정치적 중립성은 법률이 정하는 바에 의하여 보장된다"(헌법 제7조, 구 헌법 제6조)라고 명문으로 규정하고 있는 것은 바로 직업공무원제도가 국민주권원리에 바탕을 둔 민주적이고 법치주의적인 공직제도임을 천명하고 정권담당자에 따라 영향 받지 않는 것은 물론 같은 정권하에서도 정당한 이유 없이 해임당하지 않는 것을 불가결의 요건으로 하는 직업공무원제도의 확립을 내용으로 하는 입법의 원리를 지시하고 있는 것으로서 법률로서 관계규정을 마련함에 있어서도 헌법의 위와 같은 기속적 방향 제시에 따라 공무원의 신분보장이라는 본질적 내용이 침해되지 않는 범위 내라는 입법의 한계가 확정되어진 것이라 할 것이다.

3. 공무원의 신분보장

그렇기 때문에 공무원에 대한 기본법인 국가공무원법이나 지방공무원법에서도 이 원리를 받들어 공무원은 형의 선고, 징계 또는 위 공무원법이 정하는 사유에 의하지 아니하고는 그 의사에 반하여 휴직, 강임 또는 면직당하지 아니하도록 하고, 직권에 의한 면직사유를 제한적으로 열거하여 직제와 정원의 개폐 또는 예산의 감소 등에 의하여 폐직 또는 과원이 되었을 때를 제외하고는 공무원의 귀책사유 없이 인사상 불이익을 받는 일이 없도록 규정하고 있는 것이다. 이는 조직의 운영 및 개편상 불가피한 경우 외에는 임명권자의 자의적 판단에 의하여 직업공무원에게 면직 등 불리한 인사조치를 함부로 할 수 없음을 의미하는 것으로서 이에 어긋나는 것일 때에는 직업공무원제도의 본질적 내용을 침해하는 것이 되기 때문이다.

4. 국가보위입법회의법의 직업공무원제도의 침해

그런데 국가보위입법회의법 부칙 제4항 전단은 "이 법 시행 당시의 국회사무처와 국회도서관은 이 법에 의한 사무처 및 도서관으로 보며…"라고 규정하고 있는 바, 같은 법 제7조와 제8조를 모두어 판단하건대, 국회사무처와 국가보위입법회의사무처 상호간, 국회도서관과 국가보위입법회의도서관 상호간에 각 그 동질성과 연속성을 인정하고 있어 적어도 규범상으로는 국가공무원법 제70조 제1항 제3호에서 직권면직사유로 규정하고 있는 직제와 정원의 개폐 등 조직변경의 사정은 인정되지 않는다. 그러함에도 그 후단에서는 "그 소속 공무원은 이 법에 의한 후임자가 임명될 때까지 그 직을 가진다"라고 규정함으로써 조직의 변경과 관련이 없음은 물론 소속공무원의 귀책사유의 유무라던가 다른 공무원과의 관계에서 형평성이나 합리적 근거 등을 제시하지 아니한 채 임명권자의 후임자임명이라는 처분에 의하여 그 직을 상실하는 것으로 규정하였으니, 이는 결국 임기만료되거나 정년시까지는 그 신분이 보장된다는 직업공무원제도의 본질적 내용을 침해하는 것으로서 헌법에서 보장하고 있는 공무원의 신분보장 규정에 정면으로 위반된다고 아니할 수 없는 것이다.

5. 진정소급효입법으로서의 위헌성

또한 본건의 경우에 있어서는 위 법률이 제정될 당시에 이미 공무원의 신분을 취득하여 이를 보유하고 있는 청구인들에게 적용되었던 것으로서 이는 실질적으로 소급입법에 의한 공무원의 신분보장 규정 침해라고 할 것이다. 무릇 과거의 사실관계 또는 법률관계를 규율하기 위한 소급입법의 태양에는 이미 과거에 완성된 사실 또는 법률관계를 규율의 대상으로 하는 이른바 '진정소급효'의 입법과 이미 과거에 시작하였으나 아직 완성되지 아니하고 진행과정에 있는 사실 또는 법률관계를 규율의 대상으로 하는 이른바 '부진정소급효'의 입법을 상정할 수 있는데, 전자의 경우에는 입법권자의 입법형성권보다도 당사자가 구법질서에 기대했던 신뢰보호와 법적안정성을 위하여 특단의 사정이 없는 한 구법에 의하여 이미 얻은 자격 또는 권리를 그대로 존중할 의무가 있고 그것이 입법의 한계라고 할 것이다(헌법재판소 1989. 3. 17. 선고, 88헌마1 결정 참조). 그런데 본건 청구인들의 경우에는 정당한 이유가 있는 경우를 제외하고는 당사자의 귀책사유없이 인사상 불이익을 받지 않는다는 공무원으로서의 법적지위를 기존의 법질서에 의하여 이미 확보하고 있었고 그와 같은 법적지위는 구 헌법의 공무원의 신분보장규정에 의하여 보호되고 있었는데 국가보위입법회의법이라는 새로운 법률에서 공무원의 위와 같은 기득권을 부칙규정으로 박탈하고 있는 것은 신뢰보호의 원칙에 위배되는 것으로서 입법형성권의 한계를 벗어난 위헌적인 것이라 할 것이다.

✤ 본 판례에 대한 평가

헌법재판소의 위헌법률심판의 대상인 법률은 원칙적으로 현행 법률이다. 현행 법률이 위헌법률심판의 대상이 되는 것은 법률의 위헌결정에 의하여 일반적으로 그 효력이 상실되는 우리나라의 법제하에서 이미 효력이 상실된 법률에 대하여서는 새삼스럽게 효력을 상실 시킬 실익이 없다고 할 수도 있기 때문이다.

그러나 폐지되거나 개정된 법률이라 하더라도 이로 인해 국민의 침해된 법익을 보호하기 위하여 그 위헌 여부가 가려져야 할 필요가 있는 때에는 예외적으로 위헌법률심판의 대상이 된다.

관련 문헌: 이승우, 국가보위입법회의법 등의 위헌여부에 관한 헌법소원, 법률신문 1906호, 법률신문사, 11면.

[요약판례 1] 1980년해직공무원의보상등에관한특별조치법 제4조에 대한 헌법소원: 합헌(헌재 1993.9.27. 92헌바21)

1980년해직공무원의보상등에관한특별조치법 제4조에서 1980년도 해직공무원 중 5급이상의 공무원을 특별채용의 대상에서 제외한 것이, 합리적 근거가 없이 그 대상 공무원을 차별하여 평등권을 침해하였는지 여부(소극)

1980년해직공무원의보상등에관한특별조치법 제4조에서 동법 소정의 해직공무원 중 특별채용대상을 6급 이하의 공무원에 한정시킴으로써 5급 이상의 해직공무원을 특별채용대상에서 제외한 것은 공무원 사회의 위계질서와 지휘명령체계를 확립하고 아울러 공직사회의 인적자원의 신진대사와 활성화를 위하여 공익상 부득이한 것이라고 할 것이고, 그들에 대한 보상방법은 원직급에의 복귀 이외의 방법이 될 수밖에 없다고 할 것이므로, 이는 나름대로 합리적인 이유가 있는 것으로서 입법자의 형성재량 범위내의 문제일 뿐 헌법위반이라고까지 단정하기는 어렵다.

[요약판례 2] 1980년해직공무원의보상등에관한특별조치법 제4조에 대한 헌법소원: 위헌(헌재 1992.11.12. 91헌가2)

1980년해직공무원의보상등에관한특별조치법 제2조 제2항 제1호의 "차관급 상당 이상의 보수를 받은 자"에 법관을 포함시키는 것이 헌법에 위반되는지 여부(적극)

위 법 제2조 제2항 제1호의 "차관급 상당 이상의 보수를 받은 자"에 법관을 포함시키는 것은, 법관의 신분을 직접 가중적으로 보장하고 있는 헌법 제106조 제1항의 법관의 신분보장규정에 위반되고, 직업공무원으로서 그 신분이 보장되고 있는 일반직 공무원과 비교하더라도 그 처우가 차별되고 있는 것이어서 헌법 제11조의 평등권의 보장규정에 위반된다.

[요약판례 3] 국가공무원법 제69조등 위헌소원: 합헌(헌재 1997.11.27. 95헌바63등)

금고 이상의 형에 대한 집행유예 판결을 받은 경우를 당연퇴직 사유로 규정한 국가공무원법 제69조의 위헌여부(소극)

공무원에 부과되는 신분상 불이익과 보호하려고 하는 공익이 합리적 균형을 이루는 한 법원이 범죄의 모든 정황을 고려한 나머지 금고 이상의 형에 대한 집행유예의 판결을 하였다면 그 범죄행위가 직무와 직접적 관련이 없거나 과실에 의한 것이라 하더라도 공무원의 품위를 손상하는 것으로 당해 공무원에 대한 사회적비난가능성이 결코 적지 아니할 것이므로 이를 공무원 임용결격 및 당연퇴직사유로 규정한 것을 위헌의 법률조항이라고 볼 수 없다.

[요약판례 4] 지방공무원법 제61조 위헌확인: 합헌(헌재 2005.9.29. 2003헌마127)

법원의 판결에 의하여 자격이 정지된 자를 공무원직으로부터 당연퇴직하도록 하고 있는 동법 규정이 공무담임권을 침해하는지 여부(소극)

법원이 자격정지를 선택하거나 부가하여 판결로서 선고하였다면 범행의 동기와 수단 및 결과, 범행 후의 정황 등을 고려할 때 당해 범죄인이 더 이상 공무원으로서 지위를 유지하지 못하도록 하는 것이 타당하다고 판단하였음을 의미한다. 따라서 공무원신분의 박탈과 관련된 구체적인 사정들은 법원의 재판절차에서 고려되므로 절차적으로도 당연퇴직의 합리성이 보장된다고 할 수 있다.

따라서 비록 당연퇴직으로 인하여 장기간 쌓은 지위가 박탈된다는 점에서 당해 공무원이 받는 불이익이 크다고 하더라도 이 사건 법률조항이 지나치게 공익만을 우선한 입법이라거나 절차적으로 합리성이 보장되지 않는다고 할 수는 없다.

[요약판례 5] 향토예비군설치법시행규칙 제10조 제3항 제5호 위헌확인: 위헌(헌재 2005.12.22. 2004헌마947)

향토예비군 지휘관이 금고 이상의 형의 선고유예를 받은 경우에 당연 해임되도록 규정하고 있는 위 규정이 헌법 제25조의 공무담임권을 침해하는 것인지 여부(적극)

향토예비군 지휘관이 금고 이상의 형의 선고유예를 받은 경우에는 그 직에서 당연해임하도록 규정하고 있는 이 사건 법률조항은 금고 이상의 선고유예의 판결을 받은 모든 범죄를 포괄하여 규정하고 있을 뿐 아니라, 심지어 오늘날 누구에게나 위험이 상존하는 교통사고 관련 범죄 등 과실범의 경우마저 당연해임의 사유에서 제외하지 않고 있으므로 최소침해성의 원칙에 반한다.

오늘날 사회구조의 변화로 인하여 '모든 범죄로부터 순결한 공직자 집단'이라는 신뢰를 요구하는 것은 지나치게 공익만을 우선한 것이며, 오늘날 사회국가원리에 입각한 공직제도의 중요성이 강조되면서 개개 공무원의 공무담임권 보장의 중요성이 더욱 큰 의미를 가지고 있다. 일단 공무원으로 채용된 공무원을 퇴직시키는 것은 공무원이 장기간 쌓은 지위를 박탈해 버리는 것이므로 같은 입법목적을 위한 것이라고 하여도 당연퇴직 또는 당연해임사유를 임용결격사유와 동일하게 취급하는 것은 타당하다고 할 수 없다. 따라서 이 사건 법률조항은 과잉금지원칙에 위배하여 공무담임권을 침해하는 조항이라고 할 것이다.

※ 유사한 내용의 규정에 대해 위헌으로 결정한, 구 국가공무원법 규정에 관한 2002헌마684 등 결정, 지방공무원법 규정에 관한 2001헌마788등 결정과 달리 판단할 특별한 사정이 없다고 판시한 예.

[요약판례 6] 지방공무원법 제66조 제1항 위헌확인: 기각,합헌(헌재 2007.6.28. 2005헌마553)

6급 이하 지방공무원의 정년을 57세, 5급 이상의 지방공무원의 정년을 60세로 한 것이 평등권을 침해하는지 여부(소극)

공무원 정년제도를 어떻게 구성할 것인가, 또 그 구체적인 정년연령은 몇 세로 할 것인가는 특별한 사정이 없는 한 입법정책의 문제로서, 입법권자는 정년제도의 목적, 국민의 평균수명과 실업률 등 사회경제적 여건과 공무원 조직의 신진대사 등 공직 내부의 사정을 종합적으로 고려하여 합리적인 재량의 범위 내에서 이를 규정할 수 있다. 통상 5급 이상과 6급 이하의 지방공무원직은 그 업무내용과 요구되는 업무능력에 있어서 차이가 있다. 5급 이상 공무원의 전문성과 업무내용 수준 등을 고려할 때, 이 사건 조항이 6급 이하 공무원과 5급 이상 공무원을 차별한 것은 합리적 이유가 있는 것이다. 그렇다면 이 사건 조항은 청구인들의 평등권을 침해하지 않으며, 달리 다른 기본권을 침해한다고 볼만한 사정도 없다.

제6항 감 사 원

[요약판례] 공공기관 선진화 추진계획 위헌확인 등: 각하(헌재 2011.12.29. 2009헌마330)

감사원장이 2009. 4.경 60개 공공기관에 대하여 공공기관 선진화 계획의 이행실태, 노사관계 선진화 추진실태 등을 점검하고, 2009. 6. 30. 공공기관 감사책임자회의에서 자율시정하도록 개선방향을 제시한 행위가 공권력행사에 해당하는지 여부(소극)

이 사건 선진화 계획은 그 법적 성격이 행정계획이라고 할 것인바, 국민의 기본권에 직접적인 영향을 미친다고 볼 수 없고, 장차 법령의 뒷받침에 의하여 그대로 실시될 것이 틀림없을 것으로 예상된다고 보기도 어려우므로, 헌법소원의 대상이 되는 공권력의 행사에 해당한다고 할 수 없다. 이 사건 개선요구는 이를 따르지 않을 경우의 불이익을 명시적으로 예정하고 있다고 보기 어렵고, 행정지도로서의 한계를 넘어 규제적·구속적 성격을 강하게 갖는다고 할 수 없어 헌법소원의 대상이 되는 공권력의 행사에 해당한다고 볼 수 없다.

이 사건 점검 및 개선 제시 중, 점검행위는 감사원 내부의 자료수집에 불과하고, 개선 제시는 이를 따르지 않을 경우의 불이익을 명시적으로 예정하고 있다고 보기 어려우므로 행정지도로서의 한계를 넘어 규제적·구속적 성격을 강하게 갖는다고 볼 수 없다. 따라서 이 사건 점검 및 개선 제시는 헌법소원의 대상이 되는 공권력의 행사라고 보기 어렵다.

제 3 절 지방자치제도

I 아산시와 건설교통부장관간의 권한쟁의: 각하(헌재 2006.3.30. 2003헌라2)

쟁점 건설교통부장관이 경부고속철도의 역 이름을 결정한 것이 권한쟁의심판의 대상이 되는지 여부

사건의 개요

이 사건 고속철도역은 행정구역상 전체부지의 약 96%가 아산시에 속하고 나머지 약 4%만이 천안시에 위치하고 있으나, 지리적으로는 아산시의 중심권역보다는 천안시의 중심권역에 더 가까이 위치하고 있다. 아산시가 발족하면서 이 사건 고속철도역의 이름을 아산역으로 하여야 한다는 문제가 제기되는 등 지역간의 갈등이 첨예화되자, 건설교통부장관은 여러 곳에 자문을 구해 이 사건 고속철도역의 명칭을 '천안아산역(온양온천)'으로 결정하였다. 이에 대해 청구인인 아산시는 이 사건 결정의 취소를 구하는 이 사건 권한쟁의심판을 청구하였다.

심판의 대상

이 사건 심판의 대상은, 이 사건 결정이 헌법 또는 법률에 의하여 부여받은 청구인의 권한을 침해하였거나 침해할 현저한 위험이 있는지 여부이다.

청구인의 주장

이 사건 역사건물 부지는 모두 아산시의 행정구역 내에 위치하고 있고 역사구조물(철도교각 등)까지 포함하더라도 이 사건 역사 전체 부지 중 아산시의 행정구역에 속하는 면적은 약 96%인데 반해, 천안시의 행정구역에 속하는 면적은 약 4%에 불과한 점, 이 사건 고속철도역 주변의 철도노선을 보더라도 아산시 행정구역구간은 약 15km인 반면 천안시 행정구역구간은 약 2km에 불과한 점 등에 비추어 볼 때, 이 사건 역사의 명칭을 "천안아산역(온양온천)"으로 정한 피청구인의 이 사건 결정은 재량권을 일탈, 남용하여 청구인에게 헌법상 보장된 지방자치권의 한 내용인 영토고권을 침해하였다.

판 단

Ⅰ. 적법요건에 관한 판단

1. 권한쟁의 심판대상이 되는 처분의 존부

청구인의 권한에 부정적인 영향을 주어서 법적으로 문제되는 경우에는 사실행위나 내부적인 행위도 권한쟁의심판의 대상이 되는 처분에 해당한다고 할 것이므로, 피청구인의 이 사건 결정은, 그것이 행정소송의 대상이 되는 처분인지 여부는 별론으로 하고, 권한쟁의심판의 대상이 되는 처분에 해당한다고 할 것이다.

2. 청구인의 권한의 침해개연성

권한쟁의심판은 피청구인의 처분 또는 부작위가 헌법 또는 법률에 의하여 부여받은 청구인의

권한을 침해하였거나 침해할 현저한 위험이 있는 때에 한하여 허용되는 것이므로, 피청구인의 처분 또는 부작위로 인하여 헌법 또는 법률에 의하여 부여받은 청구인의 권한이 침해될 개연성이 전혀 없는 경우에는 권한쟁의심판청구가 부적법하다고 할 것이다.

지방자치법 제11조 제6호는 지방자치단체가 처리할 수 없는 국가사무로 "우편, 철도 등 전국적 규모 또는 이와 비슷한 규모의 사무"를 열거하고 있으므로, 고속철도의 건설이나 고속철도역의 명칭 결정과 같은 일은 국가의 사무이고 지방자치단체인 청구인의 사무가 아님이 명백하다. 따라서 이 사건에서 청구인 권한이 침해될 개연성이 있는지 여부는 우선 청구인이 주장하는 바와 같은 영토고권이라는 자치권이 헌법 또는 법률에 의하여 청구인에게 부여되어 있는지 여부에 따라 결정된다고 할 것이다.

지방자치제도라 함은 일정한 지역을 단위로 일정한 지역의 주민이 그 지방주민의 복리에 관한 사무·재산관리에 관한 사무·기타 법령이 정하는 사무(헌법 제117조 제1항)를 그들 자신의 책임 하에서 자신들이 선출한 기관을 통하여 직접 처리하게 함으로써 지방자치행정의 민주성과 능률성을 제고하고 지방의 균형 있는 발전과 아울러 국가의 민주적 발전을 도모하는 제도이다. 헌법 제117조, 제118조가 제도적으로 보장하고 있는 지방자치의 본질적 내용은 '자치단체의 보장, 자치기능의 보장 및 자치사무의 보장'이라고 할 것이다(헌재 1994. 12. 29. 94헌마201, 판례집 6-2, 510, 522; 2001. 6. 28. 2000헌마735, 판례집 13-1, 1431, 1438).

그러나 지방자치제도의 보장은 지방자치단체에 의한 자치행정을 일반적으로 보장한다는 것뿐이고, 마치 국가가 영토고권을 가지는 것과 마찬가지로 지방자치단체에게 자신의 관할구역 내에 속하는 영토·영해·영공을 자유로이 관리하고 관할구역 내의 사람과 물건을 독점적·배타적으로 지배할 수 있는 권리가 부여되어 있다고 할 수는 없다. 청구인이 주장하는 지방자치단체의 영토고권은 우리 나라 헌법과 법률상 인정되지 아니한다. 따라서 이 사건 결정이 청구인의 영토고권을 침해한다는 주장은 가지고 있지도 않은 권한을 침해받았다는 것에 불과하여 본안에 들어가 따져볼 필요가 없다.

3. 결 론

그렇다면 이 사건 심판청구는 부적법한 청구로서 그 흠을 보정할 수 없으므로 관여 재판관 전원의 일치된 의견으로 헌법재판소법 제40조, 민사소송법 제219조에 의하여 변론 없이 각하하기로 한다.

✢ 본 판례에 대한 평가 1. 권한쟁의심판청구는 피청구인의 처분 또는 부작위가 헌법 또는 법률에 의하여 부여받은 청구인의 권한을 침해하였거나 침해할 현저한 위험이 있는 때에 한하여 이를 할 수 있다(헌재법 제61조 제2항). 여기서의 처분이라 함은 입법행위와 같은 법률의 제정과 관련된 권한의 존부 및 행사상의 다툼, 행정처분은 물론 행정입법과 같은 모든 행정작용 그리고 법원의 재판 및 사법행정 작용 등을 포함하는 넓은 의미의 공권력 처분을 의미한다. 따라서 헌법재판소는 법률에 대한 권한쟁의심판도 허용된다고 하면서 다만, 권한쟁의심판과 위헌법률심판이 구분되어야 한다는 점에서 법률 그 자체가 아니라 법률의 제정행위를 권한쟁의심판의 대상으로 하여야 한다고 보고 있다. 헌법재판소법은 권한쟁의의 청구사유로서 권한의 침해 또는 그 위험성을 요구하고 있으므로 적극적 권한쟁의만을 규정하고 있다.

그런데 자신의 권한이나 의무 없음을 확인하는 소극적 권한쟁의에 대하여는 헌법재판소법에 명문의 규정이 없기 때문에 논란이 되고 있다. 긍정설은 헌법재판의 국민의 자유와 권리보호기능, 객관적 권한질서 유지기능을 통한 국가업무의 지속적 수행을 위하여 모든 권한쟁의는 헌법재판의 대상이 되어야 한다고 본다. 다만, 법의 흠결은 법의 해석을 통하여 보충될 수 있다는 것이다. 이에 대하여 부정설은 소극적 권한쟁의는 권한이나 의무의 존부만이 문제되고 상대방의 부작위로 청구인의 권한이 침해되지 아니한다고 본다. 특히 헌법재판소법은 소극적 권한쟁의를 고려한 규정으로 볼 수는 없다는 것이다. 생각건대 적어도 현행법상 소극적 권한쟁의를 인정하기는 어려울 것이지만, 앞으로 법개정을 통하여 소극적 권한쟁의도 인정할 수 있을 것이다.

한편 장래처분은 원칙적으로 권한쟁의심판의 대상이 되지 않지만, 장래처분이 확실하게 예정되어 있고 장래처분에 의해서 청구인의 권한이 침해될 위험성이 있어서 청구인의 권한을 사전에 보호해 주어야 할 필요성이 매우 큰 예외적인 경우에는 권한쟁의심판을 청구할 수 있다.

헌법재판소는 국가가 대국민적 의무를 이행하지 않았다는 이유로 지방자치단체가 제기한 권한쟁의심판에서, 국가의 부작위에 의하여 지방자치단체의 권한이 침해되었거나 침해될 현저한 위험이 있다고 할 수 없으므로, 그 심판청구는 헌법재판소법 제61조 제2항 소정의 요건을 갖추지 못한다고 하여 각하하였다. 즉 헌법재판소는 헌법재판소법 제61조 제2항 소정의 요건을 본안요건, 즉 청구를 이유있게 하는 사유로 보고 있다. 이에 대하여 그 요건은 권한쟁의심판의 적법요건이라는 반대의견도 있다. 생각건대, 기본권의 제한은 헌법소원의 적법요건이나 기본권의 침해는 그 본안요건인 것처럼, 피청구인의 처분 또는 부작위로 청구인의 권한이 침해될 가능성이 있다는 요건은 권한쟁의심판의 적법요건이고, 침해가 현실적으로 발생한 것은 본안요건으로 보아야 한다.

2. 본 결정에서 헌법재판소는 지방자치단체의 권한에 부정적인 영향을 주어서 법적으로 문제되는 경우에는 사실행위나 내부적인 행위도 권한쟁의심판의 대상이 되는 처분에 해당한다고 하여 권한쟁의심판의 대상이 되는 처분의 개념을 넓게 보고 있다.

Ⅱ 부천시담배자동판매기설치금지조례 제4조 등 위헌확인, 강남구담배자동판매기설치금지조례 제4조 등 위헌확인: 기각(헌재 1995.4.20. 92헌마264등)

쟁점 조례가 헌법소원의 대상이 되는지 여부 및 조례에 대한 법률의 위임의 정도

사건의 개요

청구인들은 부천시와 서울 강남구에서 각 담배자동판매기(이하 “자판기”라 한다)를 이용하여 담배소매업을 하고 있는 사람들이다. 지방자치단체인 부천시와 서울 강남구는 각 지방의회의 의결을 거쳐 부천시 담배자동판매기설치금지조례(이하 “부천시조례”라 한다)와 강남구 담배자동판매기설치금지조례(이하 “강남구조례”라 한다)를 제정하여, 부천시조례와 강남구조례는 공포 · 시행되었다.

청구인들은 자판기의 설치를 제한하고 설치된 자판기를 철거하도록 한 부천시조례 제4조 및 부칙 제2항과 같은 내용의 강남구조례 제4조 및 부칙 제2항은 위임입법의 한계를 벗어난 무효의 규정으로서 청구인들의 헌법상 보장된 직업선택의 자유 등 기본권을 침해하고 있다고 하여, 각 해당조례에 대하여 헌법재판소에 이 사건 헌법소원심판을 각 청구하였다.

심판의 대상

(1) 부천시조례

제4조 (설치의 제한) 자판기는 부천시 전지역에 설치할 수 없다. 다만, 성인이 출입하는 업소 안에는 제외한다.

부칙 ② (경과조치) 이 조례의 시행 전에 설치된 자판기는 시행일부터 3월 이내에 철거하여야 한다.

(2) 강남구조례

제4조 (설치의 제한) 자판기는 서울특별시 강남구 전지역에 설치할 수 없다. 다만, 성인이 출입하는 업소 안에는 제외한다.

부칙 ② (경과조치) 이 조례의 시행 전에 설치된 자판기는 시행일부터 3월 이내에 철거하여야 한다.

판 단

Ⅰ. 적법요건에 관한 판단

1. 법령소원에 있어서의 경우

조례는 지방자치단체가 그 자치입법권에 근거하여 자주적으로 지방의회의 의결을 거쳐 제정한 법규이기 때문에 조례 자체로 인하여 기본권을 침해받은 자는 그 권리구제의 수단으로서 조례에 대한 헌법소원을 제기할 수 있다고 할 것이다(헌법재판소 1994. 12. 29. 선고, 92헌마216 결정 참조). 다만 이 경우에 그 적법요건으로서 조례가 별도의 구체적인 집행행위를 기다리지 아니하고 직접 그리고 현재 자기의 기본권을 침해하는 것이어야 함을 요한다.

2. 이 사건의 경우

이 사건 심판대상규정은 담배소매인 지정신청인에게 적용되는 기준일 뿐만 아니라 현재 담배소매업을 하고 있는 청구인들에게도 추가적인 자판기 설치를 금지하고 이미 설치한 자판기마저 철거하도록 하고 있으므로 집행행위를 기다리지 아니하고 바로 자유를 제한하고 의무를 부과하는 규정이어서 자기관련성, 현재성 및 직접성의 요건을 모두 갖추고 있다고 할 것이다.

그리고 이 사건의 경우와 같이 조례 자체에 의한 직접적인 기본권침해가 문제될 때에는 그 조례 자체의 효력을 직접 다투는 것을 소송물로 하여 일반법원에 구제를 구할 수 있는 절차가 있는 경우가 아니어서 다른 구제절차를 거칠 것 없이 바로 헌법소원심판을 청구할 수 있는 것이므로 이 사건 헌법소원심판청구는 보충성의 원칙에 반하지 아니하는 적법한 소원심판청구라 할 것이다.

Ⅱ. 위헌여부에 관한 판단

1. 법률의 위임과 관련한 헌법위반여부

헌법 제117조 제1항은 "지방자치단체는 주민의 복리에 관한 사무를 처리하고 재산을 관리하며, 법령의 범위 안에서 자치에 관한 규정을 제정할 수 있다"고 규정하고 있고, 지방자치법 제15조는 이를 구체화하여 "지방자치단체는 법령의 범위 안에서 그 사무에 관하여 조례를 제정할 수 있다. 다만, 주민의 권리제한 또는 의무부과에 관한 사항이나 벌칙을 정할 때에는 법률의 위임이 있어야 한다"고 규정하고 있다.

이 사건 조례들은 담배소매업을 영위하는 주민들에게 자판기 설치를 제한하는 것을 내용으로 하고 있으므로 주민의 직업선택의 자유 특히 직업수행의 자유를 제한하는 것이 되어 지방자치법 제15조 단서 소정의 주민의 권리의무에 관한 사항을 규율하는 조례라고 할 수 있으므로 지방자치단체가 이러한 조례를 제정함에 있어서는 법률의 위임을 필요로 한다.

그런데 **조례의 제정권자인 지방의회는 선거를 통해서 그 지역적인 민주적 정당성을 지니고 있는 주민의 대표기관이고, 헌법이 지방자치단체에 대해 포괄적인 자치권을 보장하고 있는 취지로 볼 때 조례제정권에 대한 지나친 제약은 바람직하지 않으므로 조례에 대한 법률의 위임은 법규명령에 대한 법률의 위임과 같이 반드시 구체적으로 범위를 정하여 할 필요가 없으며 포괄적인 것으로 족하다**고 할 것이다.

이 사건의 경우를 보면, 담배사업법(법률 제4065호)은 제16조 제4항에서 “소매인의 지정기준 기타 지정에 관하여 필요한 사항은 재무부령으로 정한다”고 규정하고 있고, 재무부령인담배사업법시행규칙은 제11조 제1항의 별표 2 “제조담배소매인의 지정기준” 중 자동판매기란에서 “1. 자동판매기는 이를 일반소매인 또는 구내소매인으로 보아 소매인 지정기준을 적용한다. (단서 생략) 2. 청소년의 보호를 위하여 지방자치단체가 조례로 정하는 장소에는 자동판매기의 설치를 제한할 수 있다”고 규정하고 있으며, 이 사건 조례들은 위 규정들에 따라 제정된 것이다.

그렇다면 이 사건 조례들은 법률의 위임규정에 근거하여 제정된 것이라고 할 것이며, 이러한 위임에 의하여 자판기의 설치제한 및 철거에 관하여 규정하고 있는 이 사건 심판대상규정 역시 자판기의 전면적인 설치금지를 내용으로 하는 등의 특별한 사정이 없는 이상 위임의 한계를 벗어난 규정이라고 볼 수 없다.

2. 직업선택의 자유의 침해여부

이 사건 심판대상규정은 담배소매인의 자판기설치를 제한하고 이미 설치한 자판기를 철거하도록 함으로써 자판기를 통한 담배판매라는 담배소매인의 영업수단을 규제하는 것이므로 청구인들을 포함한 담배소매인의 직업선택의 자유 특히 영업의 자유 내지 직업수행의 자유를 제한하는 것이 될 소지가 있다.

직업수행의 자유는 직업결정의 자유에 비하여 상대적으로 그 침해의 정도가 작다고 할 것이므로 이에 대하여는 공공복리 등 공익상의 이유로 비교적 넓은 법률상의 규제가 가능하지만 그 경우에도 헌법 제37조 제2항에서 정한 한계인 과잉금지의 원칙은 지켜져야 할 것이다. 과잉금지의 원칙은 국가가 국민의 기본권을 제한하는 내용의 입법활동을 함에 있어서 지켜야 할 기본원칙으로서 지방의회의 조례입법에 의한 기본권제한의 경우에도 준수되어야 할 것이므로, 이 사건 심판대상규정이 과잉금지의 원칙에 위배된 것인지 여부를 살펴보기로 한다.

담배는 폐암, 심장병, 호흡기질환 등의 직접적인 원인으로 되는 등 그 유해함은 널리 알려진 사실이지만 육체적·정신적으로 미숙한 청소년의 건강에는 더욱 결정적인 해독을 초래할 뿐만 아니라 청소년의 흡연은 이에 그치지 않고 음주, 약물남용으로 이어지고 다시 청소년 범죄로 옮겨가서 청소년들이 육체적으로나 정신적으로 건강하게 성장하는 것을 방해하고 수많은 비행청소년을 양산해 낼 우려마저 있다고 할 수 있다.

그런데 자판기를 통한 담배판매는 구입자가 누구인지를 분별하는 것이 매우 곤란하게 하기 때문에 청소년의 담배구입을 막기 어려워 미성년자보호법 규정의 취지를 몰각시키고 있을 뿐만 아니라, 그 특성상 판매자와 대면하지 않는 익명성, 비노출성으로 인하여 청소년으로 하여금 심리적으로 담배구입을 용이하게 하고, 주야를 불문하고 언제라도 담배구입을 가능하게 하며, 청소년이 쉽게 볼 수 있는 장소에 설치됨으로써 청소년에 대한 흡연유발효과도 매우 크다고 아니할 수 없다.

그렇다면 청소년의 보호를 위하여 자판기설치의 제한은 반드시 필요하다고 할 것이고, 이로 인하여 담배소매인의 직업수행의 자유가 다소 제한되더라도 법익형량의 원리상 감수되어야 할 것이다. 결국 이 사건 심판대상규정은 기본권제한입법에 있어서 반드시 지켜져야 할 과잉금지의 원칙에 위배하여 헌법 제15조에 의하여 보장된 청구인들의 직업선택의 자유를 침해하였다고 볼 수 없다.

3. 평등권의 침해여부

조례에 의한 규제가 지역의 여건이나 환경 등 그 특성에 따라 다르게 나타나는 것은 헌법이 지방자치단체의 자치입법권을 인정한 이상 당연히 예상되는 불가피한 결과이므로, 이 사건 심판대상규정으로 인하여 청구인들이 다른 지역의 주민들에 비하여 더한 규제를 받게 되었다 하더라도 이를 두고 헌법 제11조 제1항의 평등권이 침해되었다고 볼 수는 없다.

또한 이 사건 심판대상규정이 담배의 특수성과 이에 따른 청소년 보호의 필요성을 특히 고려하여 담배소매인들에게 다른 판매업 종사자들에 비하여 자판기에 관한 특별한 규제를 하고 있다 하여도 이러한 제한은 합리성이 인정되어 자의적인 차별이라고 할 수 없으므로 이러한 측면에서도 청구인들의 평등권이 침해되었다고는 볼 수 없다.

4. 소급입법에 의한 재산권의 박탈여부 등

청구인들은 이 사건 조례들의 각 부칙 제2항은 이미 설치되어 있는 자판기마저 시행일로부터 3개월 이내에 철거하도록 하고 있으므로 이는 헌법 제13조 제2항에서 금지하고 있는 소급입법에 의한 재산권의 박탈에 해당한다고 주장한다.

그러나 위 부칙조항은 이 사건 조례들의 시행일 이전까지 계속되었던 자판기의 설치·사용에 대하여는 규율하는 바가 없고, 장래에 향하여 자판기의 존치·사용을 규제할 뿐이므로 그 규정의 법적 효과가 시행일 이전의 시점에까지 미친다고 할 수 없어 헌법 제13조 제2항에서 금지하고 있는 소급입법이라고 볼 수는 없다.

다만 위 부칙조항에서 조례의 시행 전에 청구인들이 적법하게 설치한 자판기에 대하여도 조례의 시행일로부터 3개월 이내에 철거하도록 하는 것이 비록 소급입법에 의한 규제는 아니라고 하더라도 법치주의의 원리에서 파생되는 신뢰보호의 원칙이나 법적안정성의 요구에 어긋나는 것은 아닌가를 살펴보기로 한다.

법규를 새로이 제정하거나 개정함에 있어서는 기존 법질서와의 어느 정도의 마찰은 불가피하다고 할 것인바, 위 부칙조항이 신뢰보호의 원칙에 어긋나는지 여부는 기존 법질서하에서 널리 허용되었던 자판기의 설치·사용에 대한 청구인들의 신뢰를 보호할 필요성 및 법적 안정성의 요청과 조례제정으로 달성하고자 하는 공익목적을 형량하여 판단하여야 할 것이다.

이 사건의 경우 위 부칙조항에서는 자판기의 계속적인 존치·사용을 허용하는 것은 미성년자보호법의 취지를 무색하게 하여 청소년의 보호라는 공익상의 필요에 비추어서 바람직하지 않으므로 자판기를 철거하도록 하되, 3개월의 유예기간을 두어 자판기의 처분경로의 모색 등 경제적 손실을 최소화할 수 있도록 함으로써 이미 자판기를 사용하여 영업을 하고 있는 청구인들을 비롯한 담배소매인에 대하여도 어느 정도의 배려를 하고 있다고 할 것이다. 그렇다면 위 부칙조항에서 이미 설치되어 있는 자판기를 조례의 시행일로부터 3개월 이내에 철거하도록 하였다고 하여 청구인들의 신뢰보호와 법적 안정성을 외면하여 헌법상의 법치주의의 원리에 어긋난 것이라고 볼 수 없다.

5. 결 론

그렇다면 이 사건 심판대상규정으로 인하여 헌법상 보장된 청구인들의 기본권이 침해되었다고 할 수 없으므로 청구인들의 이 사건 심판청구는 이유 없어 이를 모두 기각하기로 한다.

본 판례에 대한 평가 1. **조례와 헌법소원**: 헌법재판소는 "지방자치단체에서 제정하는 조례도 불특정다수인에 대해 구속력을 가지는 법규이므로 조례제정행위도 입법작용의 일종으로서 헌법소원의 대상이 된다." 또한 "조례 자체에 의한 직접적인 기본권침해가 문제될 때에는 그 조례 자체의 효력을 직접 다투는 것을 소송물로 하여 일반법원에 구제를 구할 수 있는 절차가 있는 경우가 아니어서 다른 구제절차를 거칠 것 없이 바로 헌법소원심판을 청구할 수 있는 것이므로 보충성의 원칙에 반하지 아니한다"라고 판시하고 있다. 그런데 대법원은 '두밀분교사건'에서 구체적 집행행위의 개입 없이 직접적으로 국민의 권리의무에 영향을 미치는 조례의 처분성을 인정하고 조례 그 자체의 효력을 다투는 행정소송이 적법하다고 판시한 바 있다. 이에 따라 앞으로 처분적 조례(구체적 집행 행위의 개입 없이 직접적으로 국민의 권리의무에 영향을 미치는 조례)에 대한 헌법소원은 보충성원칙에 대한 예외가 될 수 없으므로 부적법하게 될 가능성이 높다. 또한 행정소송 후 헌법소원을 제기하면, 판결의 기판력이 제거되지 않았고 헌법재판소법 제68조 제1항이 재판에 대한 헌법소원을 금하고 있기 때문에 재판 후 원처분에 대한 헌법소원도 부적법하다는 것이 헌법재판소의 판례이므로, 부적법 판단을 받게 될 것이다. 하지만 국민의 권리의무에 직접 관계되지 않는 조례의 내용에 대한 다툼은 현행제도상 여전히 헌법소원의 대상이 되지 아니한다.

2. **조례제정권과 위임의 정도**: 국민의 기본권제한은 법률로써만 가능하므로(제37조 제2항) 법규사항에 관한 조례는 개별적 법률의 위임이 있어야만 가능하다. 또한 헌법상 지방의회는 "법령의 범위 안에서" 조례제정권을 가지므로 조례가 법령을 위배하여서는 아니된다. 조례 제정권은 "법령의 범위 안에서"라는 헌법규정에 비추어 보건대 법령을 위배하지 않는 범위 내로 엄격히 한정되어야 하겠지만, 지방의회는 주민의 민주적 정당성을 가지고 있으므로 그 위임은 구체적일 필요는 없으며 또한 포괄적이어도 충분하다.

관련 문헌: 정연주, 조례제정권의 헌법적 한계와 통제 「공법학의 현대적 지평」, 헌법판례연구 1권, 박영사, 219면 이하; 김남철, 지방자치단체의 조례제정권과 법률유보, 헌법판례연구 2권, 한국헌법판례연구회 편, 박영사, 497면 이하.

Ⅲ 서울특별시와 정부간의 권한쟁의: 인용(권한침해)(헌재 2009.5.28. 2006헌라6)

쟁점 (1) 중앙행정기관의 지방자치단체의 자치사무에 대한 감사를 법령위반사항으로 한정하는 구 지방자치법 제158조 단서 규정이 사전적·일반적인 포괄감사권인지 여부

(2) 구 지방자치법 제158조 단서 규정이 중앙행정기관의 지방자치단체의 자치사무에 대한 감사개

시요건을 규정한 것인지 여부

(3) 서울특별시의 거의 모든 자치사무를 감사대상으로 하고 구체적으로 어떠한 자치사무가 어떤 법령에 위반되는지 여부를 밝히지 아니한 채 개시한 행정안전부장관 등의 합동감사가 구 지방자치법 제158조 단서 규정상의 감사개시요건을 전혀 충족하지 못하여 헌법 및 지방자치법에 의하여 부여된 지방자치권을 침해한 것인지 여부

사건의 개요

행정자치부장관이 청구인에게 '정부합동감사 실시계획'을 통보하자, 청구인은 감사를 내년으로 연기해줄 것을 요청하였으나 받아들여지지 않았고, 행정자치부 등 5개 부·청이 참가한 정부합동감사반은 예정대로 청구인에 대하여 자치사무 등 해당 분야에 대한 정부합동감사를 실시하였다.

이에 청구인은 '이 사건 합동감사대상으로 지정된 사무 중 청구인의 고유사무인 자치사무가 포함되어 있는데, 그에 관한 법령위반사실이 밝혀지지 아니하였고 법령위반 가능성에 대한 합리적인 의심조차 없는 상황에서 구 지방자치법 제158조 단서에 위반하여 사전적·포괄적으로 이 사건 합동감사를 실시하는 것은 헌법과 지방자치법이 청구인에게 부여한 자치행정권, 자치재정권 등 지방자치권을 침해하였다'고 주장하며 이 사건 권한쟁의심판을 청구하였다.

심판의 대상

구 지방자치법 제9조 (지방자치단체의 사무범위) ① 지방자치단체는 그 관할구역의 자치사무와 법령에 의하여 지방자치단체에 속하는 사무를 처리한다.

제155조 (지방자치단체의 사무에 대한 지도 및 지원) ① 중앙행정기관의 장 또는 시·도지사는 지방자치단체의 자치사무에 관하여 조언 또는 권고하거나 지도할 수 있으며, 이를 위하여 필요할 때에는 지방자치단체에 대하여 자료의 제출을 요구할 수 있다.

② 국가나 시·도는 지방자치단체가 그 지방자치단체의 사무를 처리하는 데에 필요하다고 인정하면 재정지원이나 기술지원을 할 수 있다

제156조 (국가사무 또는 시·도 사무처리의 지도·감독) ① 지방자치단체 또는 그 장이 위임받아 처리하는 국가사무에 관하여는 시·도에 있어서는 주무부장관의, 시·군 및 자치구에 있어서는 1차로 시·도지사의, 2차로 주무부장관의 지도·감독을 받는다.

② 시·군 및 자치구나 그 장이 위임받아 처리하는 시·도의 사무에 관하여는 시·도지사의 지도·감독을 받는다.

제156조의2 (중앙행정기관과 지방자치단체 간 협의조정) ① 중앙행정기관의 장과 지방자치단체의 장이 사무를 처리함에 있어서 의견을 달리하는 경우 이를 협의·조정하기 위하여 국무총리소속하에 협의조정기구를 둘 수 있다.

② 제1항의 규정에 의한 협의조정기구의 구성 및 운영 등에 관하여 필요한 사항은 대통령령으로 정한다.

제157조 (위법·부당한 명령·처분의 시정) ① 지방자치단체의 사무에 관한 그 장의 명령이나 처분이 법령에 위반되거나 현저히 부당하여 공익을 해한다고 인정될 때에는 시·도에 대하여는 주무부장관이, 시·군 및 자치구에 대하여는 시·도지사가 기간을 정하여 서면으로 시정을 명하고 그 기간 내에 이행하지 아니할 때에는 이를 취소하거나 정지할 수 있다. 이 경우 자치사무에 관한 명령이나 처분에 있어서는 법령에 위반하는 것에 한한다.

② 지방자치단체의 장은 제1항의 규정에 의한 자치사무에 관한 명령이나 처분의 취소 또는 정지에 대

하여 이의가 있는 때에는 그 취소 또는 정지처분을 통보받은 날로부터 15일 이내에 대법원에 소를 제기할 수 있다.

제158조 (지방자치단체의 자치사무에 대한 감사) 행정자치부장관 또는 시·도지사는 지방자치단체의 자치사무에 관하여 보고를 받거나 서류·장부 또는 회계를 감사할 수 있다. 이 경우 감사는 법령위반사항에 한하여 실시한다.

▢ 판 단

Ⅰ. 지방자치단체의 자치사무에 관한 감사권

1. 헌법상 보장된 청구인의 지방자치권

헌법은 제117조와 제118조에서 '지방자치단체의 자치'를 제도적으로 보장하고 있는바, 그 보장의 본질적 내용은 자치단체의 보장, 자치기능의 보장 및 자치사무의 보장이다. 이와 같이 헌법상 제도적으로 보장된 자치권 가운데에는 자치사무의 수행에 있어 다른 행정주체(특히 중앙행정기관)로부터 합목적성에 관하여 명령·지시를 받지 않는 권한도 포함된다고 볼 수 있다.

다만, 이러한 헌법상의 자치권의 범위는 법령에 의하여 형성되고 제한된다. 헌법도 제117조 제1항 후단에서 '법령의 범위 안에서 자치에 관한 규정을 제정할 수 있다'고 하였고, 제118조 제2항에서는 '지방자치단체의 조직과 운영에 관한 사항은 법률로 정한다'고 규정하고 있다. 그러나 지방자치단체의 자치권은 헌법상 보장을 받고 있으므로 비록 법령에 의하여 이를 제한하는 것이 가능하다고 하더라도 그 제한이 불합리하여 자치권의 본질을 훼손하는 정도에 이른다면 이는 헌법에 위반된다고 보아야 할 것이다.

한편, 지방자치단체의 사무에는 자치사무와 위임사무가 있다. 위임사무는 지방자치단체가 위임받아 처리하는 국가사무임에 반하여, **자치사무는 지방자치단체가 주민의 복리를 위하여 처리하는 사무이며 법령의 범위 안에서 그 처리 여부와 방법을 자기책임 아래 결정할 수 있는 사무로서 지방자치권의 최소한의 본질적 사항이므로 지방자치단체의 자치권을 보장한다고 한다면 최소한 이 같은 자치사무의 자율성만은 침해해서는 안 된다.**

2. 지방자치단체의 자치사무에 관한 감사권의 범위

자치사무에 관한 한 중앙행정기관과 지방자치단체의 관계가 상하의 감독관계에서 상호보완적 지도·지원의 관계로 변화된 법의 취지, 중앙행정기관의 감독권 발동은 지방자치단체의 구체적 법위반을 전제로 하여 작동되도록 제한되어 있는 점, 그리고 국가감독권 행사로서 지방자치단체의 자치사무에 대한 감사원의 사전적·포괄적 합목적성 감사가 인정되므로 국가의 중복감사의 필요성이 없는 점 등을 종합하여 보면, 지방자치제의 시행이 20년이 지난 지금에 와서도 중앙행정기관이 종래처럼 지방자치단체의 자치사무까지 포괄하여 감독하겠다는 종전 태도는 지양되어야 하고, **지방자치단체가 스스로의 책임하에 수행하는 자치사무에 대해서까지 국가감독이 중복되어 광범위하게 이루어지는 것은 지방자치의 본질을 훼손할 가능성마저 있으므로 지방자치권의 본질적 내용을 침해할 수 없다는 견지에서 중앙행정기관의 지방자치단체의 자치사무에 대한 이 사건 관련규정의 감사권은 사전적·일반적인 포괄감사권이 아니라 그 대상과 범위가 한정적인 제한된 감사권이라 해석함이 마땅하다.**

Ⅱ. 이 사건 합동감사가 지방자치권을 침해하는지 여부

지방자치단체에 대하여 중앙행정기관은 **합목적성 감독보다는 합법성 감독을 지향**하여야 하고 중앙행정기관의 무분별한 감사권의 행사는 헌법상 보장된 지방자치단체의 자율권을 저해할 가능성이 크므로, 이 사건 관련규정상의 감사에 착수하기 위해서는 자치사무에 관하여 특정한 법령위반행위가 확인되었거나 위법행위가 있었으리라는 합리적 의심이 가능한 경우이어야 하고, 또한, 그 감사대상을 특정해야 한다고 봄이 상당하다. 따라서 전반기 또는 후반기 감사와 같은 포괄적·사전적 일반감사나 위법사항을 특정하지 않고 개시하는 감사 또는 법령위반사항을 적발하기 위한 감사는 모두 허용될 수 없다. 왜냐하면 **법령위반 여부를 알아보기 위하여 감사하였다가 위법사항을 발견하지 못하였다면 법령위반사항이 아닌데도 감사한 것이 되어 이 사건 관련규정 단서에 반하게 되며, 이것은 결국 지방자치단체의 자치사무에 대한 합목적성 감사는 안 된다고 하면서 실제로는 합목적성 감사를 하는 셈이 되기 때문이다.**

이 사건 합동감사의 경우를 살펴보면, 피청구인이 감사실시를 통보한 사무는 청구인의 거의 모든 자치사무를 감사대상으로 하고 있어 사실상 피감사대상이 특정되지 아니하였다고 보여질 뿐만 아니라 피청구인은 이 사건 합동감사 실시계획을 통보하면서 구체적으로 어떠한 자치사무가 어떤 법령에 위반되는지 여부를 전혀 밝히지 아니하였는바, 그렇다면 이 사건 합동감사는 위에서 본 이 사건 관련규정상의 감사의 개시요건을 전혀 충족하지 못하였다 할 것이다.

Ⅲ. 결　　론

따라서 피청구인이 2006. 9. 14.부터 2006. 9. 29.까지 청구인의 자치사무에 대하여 실시한 정부합동감사는 헌법 및 지방자치법에 의하여 부여된 청구인의 지방자치권을 침해하였다고 할 것이므로 청구인의 이 사건 심판청구는 이유 있어 이를 인용하기로 한다.

재판관 이동흡, 재판관 목영준의 반대의견

'지방자치단체의 자치사무에 대한 감사'라는 표목하에 규정되어 있는 구 지방자치법 제158조의 입법경위, 자치사무에 대한 조언·권고·지도 등을 위하여도 자료의 제출 요구가 가능하도록 규정하고 있는 구 지방자치법 제155조 제1항과의 관계 등에 비추어 볼 때, 구 지방자치법 제158조는, '행정안전부장관 또는 시·도지사는 자치사무에 관한 법령위반 여부를 판단하기 위한 절차로서 이 사건 관련규정에 의하여 제한없이 피감사대상으로부터 보고를 받거나 자료의 제출을 요구할 수 있되, 감사의 진행 단계에서 법령위반의 가능성이 없으면 감사를 중단하고, 감사에 따른 조치는 위법사항에 한한다'라고 해석하는 것이 타당하고, 그 규정이 감사개시요건을 규정한 것이라고는 도저히 볼 수 없다.

대통령령인 행정감사규정 제26조와 제26조의2, 구 지방자치법 제13조의4 제1항 제3호, 감사원법 제30조의2 제2항 등의 규정으로 지방자치단체에 대하여 중복감사를 제한하기 위한 제도적 장치 또한 마련되어 있고, 합동감사 실시계획 통보서에 나타난 감사범위, 그에 첨부된 정부합동감사관련 요구자료 목록 등에 의하면, 행정안전부장관 등의 합동감사의 감사범위가 특정되지 아니하였다거나 실질적인 합목적성 감사에 해당한다고 단정할 수 없다.

Ⅳ 지방자치법 제111조 제1항 제3호 위헌확인: 헌법불합치(헌재 2010.9.2. 2010헌마418)

쟁점 지방자치단체의 장이 금고 이상의 형을 선고받고 그 형이 확정되지 아니한 경우 부단체장이 그 권한을 대행하도록 규정한 지방자치법 제111조 제1항 제3호가 자치단체장인 청구인의 공무담임권 등 기본권을 침해하는지 여부

사건의 개요

현행 지방자치법 제111조 제1항 제3호는 지방자치단체의 장이 금고 이상의 형을 선고받고 그 형이 확정되지 않은 경우 부단체장이 그 권한을 대행하도록 규정하고 있는바, 청구인은 강원도지사에 취임한 직후부터 직무에서 배제되어 도지사직을 수행하지 못하고 있다. 이에 청구인은 위 지방자치법 제111조 제1항 제3호가 무죄추정의 원칙에 위배될 뿐만 아니라 청구인에게 헌법상 보장된 공무담임권 및 평등권을 침해하여 헌법에 위반된다는 이유로 이 사건 헌법소원심판을 청구하였다.

심판의 대상

지방자치법 제111조 (지방자치단체의 장의 권한대행 등) 지방자치단체의 장이 다음 각 호의 어느 하나에 해당되면 부지사·부시장·부군수·부구청장(이하 이 조에서 "부단체장"이라 한다)이 그 권한을 대행한다.

3. 금고 이상의 형을 선고받고 그 형이 확정되지 아니한 경우

판 단

Ⅰ. 무죄추정의 원칙 위반 여부

이 사건 법률조항은 '금고 이상의 형이 선고되었다'는 사실 자체에 주민의 신뢰와 직무전념성을 해칠 우려가 있다는 이유로 부정적 의미를 부여한 후 그 유죄판결의 존재를 유일한 전제로 하여 형이 확정되지도 않은 상태에서 해당 자치단체장에 대하여 직무정지라는 불이익한 처분을 부과하고 있다. 즉, 유죄의 확정판결이 있기 전이라도 '금고 이상의 형을 선고'받았다면 유죄의 확정판결이 내려질 개연성이 높다는 전제에서 당해 피고인을 죄가 있는 자에 준하여 불이익을 입히고 있는 것이다.

특히 이 사건 법률조항은 오직 '금고 이상의 형을 선고받은 때로부터 금고 이상의 형이 확정될 때까지'에만 적용되는 규정이므로, 형사피고인이라 하여도 유죄의 확정판결이 있기까지는 원칙적으로 죄가 없는 자에 준하여 취급하여야 한다는 무죄추정의 원칙에 반하는 규정이라고 아니할 수 없다.

자치단체장에 대한 '직무정지'는 확정적인 결과를 가져오는 처분이 아니라 잠정적이고 가처분적인 성격을 가진 것이기는 하나, 임기가 정하여져 있는 선거직 공무원에 대한 것이고, 그 종기가 불확실하므로 그 침해의 정도가 가볍다고 단정할 수 없다. 즉, 금고 이상의 형을 선고받은 자치단체장은 그 판결이 확정될 때까지 직무가 정지되는바(물론 상급심에서 그 미만의 형을 선고받거나 무죄판결을 받으면 직무정지상태가 해소된다), 피고인의 뜻대로 형사재판절차의 종기를 조절할 수 없을 뿐 아니라 확정시기를 쉽게 예측할 수도 없으므로 [선거범죄에 관한 재판에 대하여는 3심 재판까지 최대한

1년을 넘지 않도록 법정하고 있으나(공직선거법 제270조 참조), 일반 형사범죄의 경우는 그러한 재판기간의 제한이 없다], 경우에 따라서는 임기 중 상당기간 동안 직무가 정지될 수도 있다.

따라서 선거에 의하여 선출된 자치단체장의 직무를 '금고 이상의 형을 선고받은 사실'만으로 정지시키는 것은 '유죄인정의 효과로서의 불이익'에 해당되어 무죄추정의 원칙에 반한다고 할 것이다.

Ⅱ. 과잉금지원칙 위반 여부

1. 목적의 정당성 및 수단의 적절성

직무전념성이 우려되는 상황에 처한 자치단체장을 직무에서 배제시킴으로써 주민의 복리와 자치단체행정의 원활한 운영을 도모하고 그로 인해 해이해질 수 있는 공직기강을 확립하여 부정적인 국민의 법감정을 회복시키려는 이 사건 법률조항의 입법목적은 입법자가 추구할 수 있는 정당한 공익이라 할 것이고, 이를 실현하기 위하여 해당 자치단체장을 형이 확정될 때까지 잠정적으로 그 직무에서 배제시키는 것은 일응 유효·적절한 수단이라고 볼 수 있다.

2. 침해의 최소성

우선 금고 이상의 형을 선고받은 자치단체장을 다른 추가적 요건없이 직무에서 배제하는 것이 공직기강을 확립하고 자치단체행정에 대한 주민의 신뢰를 지키기 위한 최선의 방안이라고 단정하기 어렵다. 자치단체장의 도덕성에 대한 주민의 신뢰는 법원의 판결이 내려지기 전이라도 수사나 공소제기 및 그에 따른 언론보도에 의하여 상실될 수도 있고, 1심에서 금고 이상의 형을 선고받은 다음 2심에서 그 미만의 형을 선고받거나 무죄판결을 받아 직무정지상태가 해소되더라도 이미 훼손되었던 주민의 신뢰가 다시 이전 단계로 회복되었다고 볼 수도 없으며, 당해 사건이 검사의 상고에 의하여 대법원에 계속 중이라면 다시 직무정지될 가능성도 남아 있으므로, 자치단체장의 도덕성에 대한 주민의 신뢰 여부를 '금고 이상의 형의 선고'를 기준으로 판단하여 직무정지 여부를 결정하는 것은 모호한 기준에 의하여 해당 자치단체장에게 회복할 수 없는 불이익을 주게 될 위험성이 있다.

특히 금고 이상의 형의 선고를 받은 이후 선거에 의하여 자치단체장으로 선출된 경우에는 '자치단체행정에 대한 주민의 신뢰 유지'라는 입법목적은 자치단체장의 공무담임권을 제한할 적정한 논거가 되기 어렵다.

결국 자치단체장에 대하여 금고 이상의 형이 확정되면 해당 자치단체장직에서 당연퇴직되게 하고 있는 이상, 이와 별도로 금고 이상의 형이 선고되기만 하면 형이 확정될 때까지 자치단체장의 직무를 정지시키는 것은 위와 같은 입법목적을 위한 최소한의 기본권제한이라고 볼 수 없다.

다음으로 이 사건 법률조항에 의한 공무담임권의 제한이 자치단체장의 직무전념성을 확보하기 위한 필요최소한의 범위에 그치고 있다고 보기도 어렵다.

이 사건 법률조항은 자치단체장이 불구속으로 재판을 받고 있어 물리적으로 부재이거나 사실상 직무를 수행할 수 없는 상태가 아니므로(자치단체장이 구속되어 재판 중이라면 이 사건 법률조항이 아닌 지방자치법 제111조 제1항 제2호에 해당되어 직무가 정지된다) 부단체장에게 권한을 대행하도록 할 직접적인 필요가 전혀 없다.

또한 자치단체장의 재판절차 수행으로 직무전념성을 해칠 위험성은 형사재판뿐만 아니라 자치단체장이 당사자인 민사재판에도 있고, 1심판결에서 금고 미만의 형 또는 무죄의 선고를 받았어도 검사의 상소에 의하여 상소심이 계속 중인 경우에도 존재한다.

나아가 이 사건 법률조항의 입법목적을 고려하여 볼 때, 금고 이상의 형을 선고받은 자치단체장의 직무를 정지해야 할 필요성은, 위 형이 확정될 때까지 기다릴 수 없을 정도로 지방자치단체행정의 원활한 운영에 대한 상당한 위험이 명백히 예상된다거나 판결이 확정될 때까지 기다릴 경우 회복할 수 없는 공익이 침해될 우려가 있는 경우, 또는 그러한 위험이나 공익침해가 야기될 수 있을 것으로 예상되는 성격의 범죄, 사회·윤리적으로 비난가능성이 큰 범죄로서 형이 확정되기 전이라도 미리 직무를 정지시켜야 할 이유가 명백한 범죄로 한정되어야 할 것이다. 그런데 이 사건 법률조항은 그러한 구체적 위험이나 회복할 수 없는 공익 침해의 우려와는 상관없이 오직 금고 이상의 형을 선고받은 사실만을 유일한 요건으로 직무정지를 부과하고 있을 뿐만 아니라, 범죄가 해당 자치단체장에 선출되는 과정에서 또는 선출된 이후 직무에 관련하여 발생하였는지 여부, 고의범인지 과실범인지 여부, 범죄의 유형과 죄질이 자치단체장의 직무를 수행할 수 없을 정도로 주민의 신뢰를 중차대하게 훼손하는지 여부 등을 가려 입법목적을 달성함에 필요한 범위로 한정하려는 노력도 전혀 하지 않고, 단순히 금고 이상의 형을 선고받을 수 있는 모든 범죄로 그 적용대상을 무한정 확대함으로써, 사안에 따라 직무정지의 필요성이 달리 판단될 수 있는 가능성마저 전혀 배제시키고 있다.

따라서 자치단체장의 직무전념성을 확보하면서도 공무담임권을 최소한으로 제한하기 위하여는, 금고 이상의 형을 선고받은 사실 자체로써 선거직 공무원인 자치단체장 직무의 원활한 운영을 저해하여 직무정지의 필요성이 인정되는 성격의 범죄 유형이나 내용 등으로 그 적용대상을 한정하거나, 지역주민의 대표로 구성된 지방의회 등으로 하여금 금고 이상의 형을 선고받은 자치단체장의 소명기회를 거쳐 위와 같은 내용의 직무정지의 필요성을 심사한 후 직무정지 여부를 결정하도록 하는 등 그 요건을 엄격히 정비하여, 기본권 침해를 최소화하였어야 할 것이다.

3. 법익의 균형성

금고 이상의 형이 선고된 자치단체장은 단지 그 이유만으로 형의 확정이라는 불확정한 기한까지 직무를 정지당함은 물론, 주민들에게 유죄가 확정된 범죄자라는 선입견까지 주게 된다. 더욱이 장차 상급심에서 무죄 또는 금고 미만의 형이 선고되더라도 이미 침해된 당해 자치단체장의 공무담임권은 회복될 수도 없다. 또한 자치단체장에 대한 직무정지기간 동안 주민의 선출에 의하지 않은 부단체장이 실질적으로 지방자치단체의 행정을 운영하게 되므로, 민주주의와 지방자치제도의 원리상 바람직하지 않은 결과가 발생하게 된다.

이처럼 이 사건 법률조항으로 인하여 해당 자치단체장이 입게 되는 불이익은 회복하기 어려울 만큼 매우 중대하므로, 위 법률조항으로 달성될 공익, 즉 지방자치단체행정의 원활한 운영과 공직기강 확립보다 결코 작다고 할 수 없다.

Ⅲ. 평등권 침해 여부

선거직 공무원인 점에 있어서 자치단체장은 국회의원과 본질적으로 동일하다. 또한 선거과정이나 그 직무수행의 과정에서 요구되는 공직의 윤리성이나 신뢰성의 수준 또한 별반 차이가 없다. 그러나 국회의원의 경우에는 금고 이상의 형이 선고되었다는 사실만으로 형이 확정되기도 전에 직무를 정지시키는 제도가 없다.

국회의원의 경우 자치단체장과는 달리 국회라는 합의체의 구성원으로서 독임제 행정기관의 장이 아니고 그 권한대행을 상정할 수 없다는 차이가 있긴 하나, 이는 직무의 외형적인 특징상 차이일 뿐이다. 우리 헌법이 부여한 국회의원 직무의 중차대함을 고려할 때, 금고 이상의 형을 선고받을 경우 자신에게 민주적 정당성을 부여해 준 국민의 신뢰가 훼손되고 원활한 직무운영에 위험이 초래된다는 이 사건 법률조항의 입법목적을 놓고 보면 그 직무정지의 필요성이 본질적으로 다르다고 할 수 없을 뿐 아니라, 국회의원의 직무가 정지되면 권한대행할 자가 없더라도 직무 배제된 국회의원을 국회 정족수에서 제외하면 되므로, 권한대행자를 상정하기 힘들다는 이유만으로 자치단체장의 경우와 달리 취급할 필요성은 없는 것이다. 따라서 이 사건 법률조항이 국회의원과는 달리 자치단체장에게만 직무정지를 부과하는 것은 합리적 이유 없는 차별로서 청구인의 평등권을 침해한다.

Ⅳ. 결 론

그렇다면 이 사건 법률조항은 헌법상 무죄추정의 원칙과 과잉금지원칙에 반하여 청구인의 공무담임권을 침해하고 있을 뿐만 아니라, 청구인의 평등권도 침해하고 있으므로, 헌법에 위반된다 할 것이다.

재판관 조대현의 헌법불합치의견

선거에 의하여 주권자인 국민으로부터 직접 공무담임권을 위임받는 자치단체장의 경우, 그와 같이 공무담임권을 위임한 선출의 정당성이 무너지거나 공무담임권 위임의 본지를 배반하는 직무상 범죄를 저질렀다면, 이러한 경우에도 계속 공무를 담당하게 하는 것은 공무담임권 위임의 본지에 부합된다고 보기 어렵다. 그러므로, 위 두 사유에 해당하는 범죄로 자치단체장이 금고 이상의 형을 선고받은 경우라면, 그 형이 확정되기 전에 해당 자치단체장의 직무를 정지시키더라도 무죄추정의 원칙에 직접적으로 위배된다고 보기 어렵고, 과잉금지의 원칙도 위반하였다고 볼 수 없으나, 위 두 가지 경우 이외에는 금고 이상의 형의 선고를 받았다는 이유로 형이 확정되기 전에 자치단체장의 직무를 정지시키는 것은 무죄추정의 원칙과 과잉금지의 원칙에 위배된다.

따라서, 이 사건 법률조항에는 위헌적인 부분과 합헌적인 부분이 공존하고 있고, 위헌부분에 의하여 청구인의 기본권이 침해되고 있는바, 이를 가려내는 일은 국회의 입법형성권에 맡기는 것이 바람직하므로, 헌법불합치결정을 할 필요성이 있다.

재판관 이공현, 재판관 민형기, 재판관 이동흡의 합헌의견

(1) 이 사건 법률조항은 고위 공직자인 자치단체장이 금고 이상의 형을 선고받음으로써 주민의 신뢰를 훼손시키고 직무전념성을 해쳐 자치단체행정의 원활하고 효율적인 운영에 초래될 수 있는 위험을 미연에 방지하려는 데에 그 주된 입법목적이 있고, 형이 확정되기 이전에 위와 같은 위험을 배제할 방법으로는 해당 자치단체장을 직무에서 배제시키는 것이 절실하고 또한 유일하다 할 것이므로 수단의 적합성 또한 인정된다.

법원이 범죄의 내용과 죄질 등 모든 사정을 종합적으로 고려하여 '금고 이상의 형'을 선고하였다면, 그 시점에 주민의 복리와 자치단체행정의 원활한 운영에 대한 구체적인 위험은 이미 발생하였다고 보기에 충분하므로, '구체적 위험이 있는 경우' 또는 '회복할 수 없는 공익이 침해될 우려가 있는 경우'라는 등의 추가적 요건은 설정할 필요가 없다는 점, 어느 정도의 범죄 유형이 특별한 추가요건 없이 당연히 직무정지의 필요성이 인정되는 것인지 명확히 그 경계를 정하기는 힘든 점, 이 사건 법률조항에 의한 직무정지는 '금고 이상의 형을 선고한 판결' 이후 상급심에서 그 미만의 형이나 무죄가 선고되면 해제되므로 잠정적인 제재에 불과하고, 그 경우에도 단체장으로서의 신분은 계속 유지되므로, 그 불이익이 최소한에 그치고 있다는 점, 선거직 공무원에 대하여 직무정지의 필요성에 관한 소명의 기회를 부여하는 절차를 마련하는 것이 용이하지 않다는 점 등에 비추어 볼 때, 이 사건 법률조항은 최소침해성 요건을 충족하였을 뿐 아니라, 이 사건 법률조항으로 인한 자치단체장이 입는 불이익은 필요최소한에 그치고 있는 반면, 자치단체장이 금고 이상의 형을 선고받을 경우 직무수행에 대한 신뢰가 훼손됨으로써 주민의 복리와 자치단체행정의 원활하고 효율적인 운영에 생길 수 있는 위험을 예방한다는 공익은 그보다 훨씬 크다고 할 것이므로, 법익균형성 요건도 충족하고 있다.

따라서, 이 사건 법률조항은 자치단체장의 공무담임권을 제한함에 있어 과잉금지의 원칙을 위반하였다고 볼 수 없고, 외국의 입법례 중에서도 자치단체장이 일정한 법정형 이상에 처할 수 있는 범죄로 하급심에서 유죄판결을 선고받을 경우 특별한 추가적 요건없이 자동으로 직무를 정지시키는 법제를 다수 발견할 수 있다.

(2) 무죄추정의 원칙은 "유죄의 확정판결이 있기까지 그 유죄인정을 전제로 하는 불이익을 입혀서는 안되며 가사 그 불이익을 입힌다 하여도 필요한 최소한도에 그치도록 비례의 원칙이 존중되어야 하는 것"을 의미하므로, 여하한 형태의 불이익이 존재하기만 하면 모두 무죄추정의 원칙에 반하는 것이 아니라, 그 불이익이 비례의 원칙을 존중한 것으로서 필요최소한도에 그친다면 예외적으로 무죄추정의 원칙에 저촉되지 않는다고 보아야 한다. 이 사건 법률조항이 가하고 있는 직무정지라는 제재는 형사피고인의 지위에 있는 청구인의 공무담임권을 제한하는 것으로서, 개념상으로는 당사자에게 불이익한 효과를 가져오는 처분에 해당한다고 할 수 있겠지만, 직무정지를 부과하는 목적이 유죄판결에 대한 비난이나 제재에 있는 것이 아니라 그로 말미암아 자치단체행정의 원활한 운영에 생길 수 있는 위험을 제거하는 데 있고, 위에서 본 바와 같이 그 불이익의 정도도 필요최소한의 범위에 그치고 있으므로, 비례의 원칙을 준수하였다고 할 것이어서, 위 무죄추정의 원칙에 위배되지 않는다.

(3) 국회의원은, 국회라는 합의체기관의 구성원이므로 독임제 행정기관의 장인 자치단체장과 다르고, 국회의 원직에 대한 권한대행을 상정하기 어렵다는 점에서 직무의 성격 역시 다르다. 게다가 이러한 직무의 차이로 말미암아 이들의 직무수행이 정지될 경우 해당 업무의 원활한 운영에 미치는 영향도 다를 수밖에 없다. 따라서 국회의원과는 달리 자치단체장에게만 이 사건 법률조항과 같은 제한을 부과하는 것은 합리적 이유가 있다고 할 것이므로, 평등원칙이 금지하는 자의적인 차별에 해당하지 않는다.

(4) 지방자치제도의 발전을 위하여 아무리 중요한 공직이라 하더라도 선거에서 승리하였다는 이유만으로 일체의 법적 구속으로부터 자유로울 수는 없는 것이 법치주의원리상 당연하므로, 이 사건 법률조항이 선거에 나타난 지역주민의 의사에 반한다고 볼 수는 없다. 또한 금고 이상의 형을 선고한 법원의 판결에 이 사건 법률조항의 입법자가 부여한 의미, 이 사건 법률조항을 통하여 달성하려고 하는 입법목적이라는 관점에서 보면, 자치단체장이 금고 이상의 형을 선고받은 후 선거에서 당선되었건 당선된 후 그러한 형을 선고받았건 간에, 직무정지의 필요성이 달리 판단될 수는 없다고 할 것이므로, 금고 이상의 형을 선고받은 후 선거에 당선되었다 하여 이 사건 법률조항의 합헌성 판단에 차이가 있을 수도 없다.

2. 가. 이 사건 법률조항이 헌법에 위반된다는 의견이 5인이고, 헌법에 합치되지 아니한다는 의견이 1인이므로 헌법재판소법 제23조 제2항 제1호에 따라 이 사건 법률조항은 헌법에 합치되지 아니한다고 선언하고, 아울러, 종전에 헌법재판소가 이 결정과 견해를 달리하여 이 사건 법률조항에 해당하는 구 지방자치법 조항이 과잉금지원칙을 위반하여 자치단체장의 공무담임권을 제한하는 것이 아니고 무죄추정의 원칙에도 저촉되지 않는다고 판시하였던 2005. 5. 26. 2002헌마699, 2005헌마192(병합) 결정은, 이 결정과 저촉되는 범위 내에서 변경한다.

재판관 조대현의 주문 표시에 관한 보충의견

이 사건 심판은 공권력의 행사로 인하여 기본권이 침해되었음을 이유로 제기한 헌법소원심판이므로, 기본권을 침해하는 법령이 전부 위헌인 경우에는 주문에서 해당 법령이 위헌이라는 선언만 하여도 그 주문에는 그 법령이 청구인의 기본권을 침해하였다고 하는 주문이 포함되어 있다고 볼 수 있으나, 이 사건과 같이 이 사건 법률조항에 합헌부분과 위헌부분이 섞여 있어 헌법에 합치되지 아니한다고 선언하는 경우에는 그 주문만 가지고는 청구인의 기본권을 침해하였는지 여부가 주문에 표시되었다고 보기 어렵다. 따라서, 이 사건 청구인이 정치자금법위반죄로 금고 이상의 형을 선고받고 그 형이 확정되기 전에 이 사건 법률조항에 의하여 강원도지사의 권한을 행사하지 못하고 있는 것이 청구인의 공무담임권을 침해한다는 주문을 주된 주문으로 선고한 후, 이 사건 법률조항이 헌법에 합치되지 아니함을 선고하여야 한다. 청구인들은 이 사건 법률조항으로 인하여 공무담임권이 침해된다고 주장하나, 이 사건 법률조항은 후보자선택을 제한하거나 실효된 금고 이상의 형의 범죄경력을 가진 후보자의 당선기회를 봉쇄하는 것이 아니므로 공무담임권과는 직접 관련이 없다. 그러므로 이 사건 법률조항이 청구인들의 공무담임권을 침해한다고 볼 수 없다.

※ 이후, 개정된 지방자치법에서는 위 제111조 제1항 제3호는 삭제되었다.

[요약판례 1] 지방의회의원선거법 제28조 등에 대한 헌법소원: 일부인용(헌재 1991.3.11. 90헌마28)

농업협동조합, 농지개량조합 등의 조합장에 대한 지방의회의원 선거입후보금지와 겸직금지가 참정권을 침해하는지 여부(일부적극)

농업협동조합·수산업협동조합·축산업협동조합·산림조합·엽연초생산협동조합·인삼협동조합의 조합장에 대한 부분은 국민의 참정권을 제한함에 있어서 합리성 없는 차별대우의 입법이라 할 것이므로 헌법에 위반된다.

농지개량조합의 조합장에 대한 겸직금지 규정 등은 다른 조합의 조합장과 달리 그에 대해 부과될 직무전념의 성실의무 그리고 공법인성 등과 상치된다고 단정할 수 없을 것이며 겸직금지에 의하여 참정권이 제한된다고 하여도 이 때에 얻는 이익과 잃는 이익을 비교형량하여 어느 것이 큰지는 매우 판단하기 어려운 일로서, 이 경우에 겸직금지규정을 두느냐의 여부는 입법자의 결단사항이라고 봄이 무방할 것이다.

[요약판례 2] 지방자치법 제87조 제1항 위헌확인: 합헌(헌재 2006.2.23. 2005헌마403)

지방자치단체의 장의 계속 재임을 3기로 제한한 동 규정이 지방자치단체장들의 공무담임권 등을 침해하여 헌법에 위반되는지 여부(소극)

지방자치단체 장의 계속 재임을 3기로 제한한 규정의 입법취지는 장기집권으로 인한 지역발전저해 방지와 유능한 인사의 자치단체 장 진출확대로 대별할 수 있는바, 그 목적의 정당성, 방법의 적절성, 피해의 최소성, 법익의 균형성이 충족되므로 헌법에 위반되지 아니한다.

같은 선출직공무원인 지방의회의원 등과 비교해볼 때, 지방자치의 민주성과 능률성, 지방의 균형적 발전의 저해요인이 될 가능성이 상대적으로 큰 지방자치단체 장의 장기 재임만을 규제대상으로 삼아 달리 취급하는 데에는 합리적인 이유가 있다고 할 것이므로, 평등권을 침해하지 않는다.

지방자치단체 장에 대한 선거권을 행사함에 있어서 투표할 대상자가 스스로 또는 법률상의 제한으로 입후보를 하지 아니하는 경우 입후보자의 입장에서 공무담임권 제한의 문제가 발생하겠지만, 선거권자로서는 후보자의 선택에 있어서의 간접적이고 사실상의 제한에 불과할 뿐 그로 인하여 선거권자가 자신의 선거권을 행사함에 있어서 침해를 받게 된다고 보기 어렵다.

지방자치단체 장의 계속 재임을 3기로 제한하더라도 그것만으로는 주민의 자치권을 심각하게 훼손한다고 볼 수 없다. 더욱이 새로운 자치단체 장 역시 주민에 의하여 직접 선출되어 자치행정을 담당하게 되므로 주민자치의 본질적 기능에 침해가 있다고 보기 어렵다. 따라서 지방자치단체 장의 계속 재임을 3기로 제한한 규정이 지방자치제도에 있어서 주민자치를 과도하게 제한함으로써 입법형성의 한계를 벗어났다고 할 수 없다.

[요약판례 3] 지방교육자치에관한법률 제62조 제1항 위헌확인: 합헌(헌재 2002.3.28. 2000헌마283등)

교육위원 및 교육감의 선거인단을 학교운영위원회 위원 전원으로 구성하도록 규정하고 있는 동규정이 학교운영위원회 위원이 아닌 주민들의 선거권, 평등권 등을 침해하는지 여부(소극)

지방교육자치의 영역에서는 주민자치의 원칙이라는 민주주의적 요청만을 철저하게 관철하는 것이 반드시 바람직한 것으로 볼 수 없고, 교육자치의 특성상 민주적 정당성에 대한 요청이 일부 후퇴하는 일이 있다 하더라도 이는 헌법적으로 용인될 수 있다고 할 것이다. 따라서 이 사건 법률조항이 교육위원 및 교육감의 선거인단을 학교운영위원회 위원 전원으로 하고 있는 것은, 지방교육자치제에서 요구되는 교육의 자주성에 대한 요청과 민주적 정당성에 대한 요청 사이의 조화를 꾀하기 위한 것으로서, 비록 주민의 대표성이나 주민자치의 원칙의 측면에서는 다소 부족한 점이 있다고 하더라도 이는 입법부에 주어진 합리적인 재량의 범위 내의 것이라고 할 것이므로, 이 사건 법률조항이 주민자치의 원칙을 위배하여 청구인들의 선거권을 침해한 것이라고는 볼 수 없다.

이 사건 법률조항이 초·중등교육법 제31조 소정의 일정한 학교에만 설치되어 있는 학교운영위원회 위원들로 교육위원 및 교육감 선거인단을 구성한 것은, 교육자치의 특성 및 현실적 여건 등을 고려한 것으로서 정당화될 수 있을 뿐만 아니라, 지역주민은 누구든지 지역위원으로 선출되어 교육위원 및 교육감 선거권을 부여받는 길도 열려 있으므로, 이 사건 법률조항이 선거권을 갖지 못한 나머지 지역주민들을 합리적 이유 없이 자의적으로 차별하는 것이라고는 할 수 없다.

[요약판례 4] 지방교육자치에관한법률 제60조 등 위헌확인: 합헌(헌재 2003.3.27. 2002헌마573)

지방교육위원선거에서 다수득표자 중 교육경력자가 선출인원의 2분의 1 미만인 경우에는 득표율에 관계없이 교육경력자 중 다수득표자 순으로 선출인원의 2분의 1까지 우선 당선시킨다는 동 규정이 비경력자인 청구인의 공무담임권을 침해하는지 여부(소극)

이 사건 법률조항은 청구인과 같은 비경력자의 교육위원에의 피선거권, 즉 헌법 제25조가 보장하는 국민의 기본권인 공무담임권을 제한하는 규정이지만 과잉금지의 원칙에 위배되어 공무담임권을 침해하는 것은 아니다.

즉, 이 사건 법률조항의 입법목적은 헌법 제31조 제4항이 보장하는 교육의 자주성과 전문성을 구현하기 위한 것으로서 그 입법목적이 정당하고, 교육위원 중의 절반 이상을 교육경력자가 점하도록 하는 것은 이러한 입법목적을 달성하기 위한 효과적인 수단이 되는 것이므로 수단의 적정성도 갖추고 있으며, 이 사건 법률조항에 의하여 반드시 경력자가 당선되도록 하는 2분의 1 비율 외에서는 비경력자도 민주주의 원칙에 따라 다수득표에 의하여 교육위원으로 당선될 수 있으므로 기본권의 최소침해성에 어긋나지 않는다. 또한, 비록 이 사건 법률조항에 의하여 민주적 정당성의 요청이 일부 후퇴하게 되지만, 교육의 자주성·전문성을 구현함으로 인한 공익이 민주적 정당성의 후퇴로 인하여 침해되는 이익보다 결코 작다고 할 수 없으므로 법익균형성의 원칙에도 어긋나지 않는 것이다.

[요약판례 5] 지방의회의원선거법 제28조 등에 대한 헌법소원: 기각(헌재 1994.12.29. 94헌마201)

지방자치단체의 폐치·분합에 관한 사항이 헌법소원의 대상이 되는지 여부(적극) 및 동 규정이 헌법에 위반되는지 여부(소극)

지방자치단체의 폐치·분합에 관한 것은 지방자치단체의 자치행정권 중 지역고권의 보장문제이나, 대상지역 주민들은 그로 인하여 인간다운 생활공간에서 살 권리, 평등권, 정당한 청문권, 거주이전의 자유, 선거권, 공무담임권, 인간다운 생활을 할 권리, 사회보장·사회복지수급권 및 환경권 등을 침해받게 될 수도 있다는 점에서 기본권과도 관련이 있어 헌법소원의 대상이 될 수 있다.

국회는 중원군과 충주시의 지리적 위치, 역사, 생활권의 동일 여부 등을 고려하여 중원군을 충주시에 편입시키기로 하는 이 사건 법률을 제정하면서, 중원군 주민들이 기존에 누리고 있던 각종 혜택을 그대로 유지시키고 그로 인한 기본권제한의 여지를 필요 최소한도로 그치도록 하고 있으므로, 국회가 위 법률을 제정함에 있어서 공공복리적합성 판단과 비례원칙 적용에 있어서 명백히 잘못되었거나 헌법상의 가치질서를 침해하였다고 볼 수 없다.

지방자치법 제4조 제2항은 지방자치단체를 폐치·분합할 때 관계 지방자치단체의 의회의 의견을 들어야 한다고 규정하고 있고 국회는 위 법률을 제정함에 있어서 중원군 의회의 의견을 들었으므로 위 규정에 의한 절차는 준수된 것이고 그 결과는 국회가 입법할 때 판단의 자료로 기능하는 데 불과하며, 주민투표 실시에 관한 지방자치법 제13조의2는 규정문언상 임의규정으로 되어 있고 아직 주민투표법이 제정되지도 아니하였으며 주민투표절차는 청문절차의 일환이고 그 결과에 구속적 효력이 없으므로, 이 사건 법률의 제정과정에서 주민투표를 실시하지 아니하였다 하여 적법절차원칙을 위반하였다고 할 수 없다.

※ 이 사건 이후 2004. 1. 29. 주민투표법이 제정되었다.

[요약판례 6] 입법부작위위헌확인: 각하(헌재 2001.6.28. 2000헌마735)

지방자치법 제 13조의2 제1항에서 규정한 주민투표권이 헌법이 보장하는 지방자치제도에 포함되는지 여부(소극) 및 위 주민투표권이 참정권에 포함되는지 여부(소극)

헌법 제117조 및 제118조가 보장하고 있는 본질적인 내용은 자치단체의 보장, 자치기능의 보장 및 자치사무의 보장으로 어디까지나 지방자치단체의 자치권으로 헌법은 지역 주민들이 자신들이 선출한 자치단체의 장과 지방의회를 통하여 자치사무를 처리할 수 있는 대의제 또는 대표제 지방자치를 보장하고 있을 뿐이지 주민투표에 대하여는 어떠한 규정도 두고 있지 않다. 따라서 우리의 지방자치법이 비록 주민에게 주민투표권(제13조의2)과 조례의 제정 및 개폐청구권(제13조의3) 및 감사청구권(제13조의4)를 부여함으로써 주민이 지방자치사무에 직접 참여할 수 있는 길을 열어 놓고 있다 하더라도 이러한 제도는 어디까지나 입법자의 결단에 의하여 채택된 것일 뿐, 헌법이 이러한 제도의 도입을 보장하고 있는 것은 아니다. 그러므로 지방자치법 제13조의2가 주민투표의 법률적 근거를 마련하면서, 주민투표에 관련된 구체적 절차와 사항에 관하여는 따로 법률로 정하도록 하였다고 하더라도 주민투표에 관련된 구체적인 절차와 사항에 대하여 입법하여야 할 헌법상 의무가 국회에게 발생하였다고 할 수는 없다.

우리 헌법은 법률이 정하는 바에 따른 '선거권'과 '공무담임권' 및 국가안위에 관한 중요정책과 헌법개정에 대한 '국민투표권'만을 헌법상의 참정권으로 보장하고 있으므로, 지방자치법 제13조의2에서 규정한 주민투표권은 그 성질상 선거권, 공무담임권, 국민투표권과 전혀 다른 것이어서 이를 법률이 보장하는 참정권이라고 할 수 있을지언정 헌법이 보장하는 참정권이라고 할 수는 없다.

※ 이 사건 이후 2004. 1. 29. 주민투표법이 제정되었다.

[요약판례 7] 주민투표법 제7조 제1항 위헌확인: 각하(헌재 2005.12.22. 2004헌마530)

주민투표권을 헌법상 보장되는 기본권 또는 헌법상 제도적으로 보장되는 주관적 공권으로 볼 수 있는지 여부(소극)

청구인은 광주광역시의 주민인데 '지방자치단체의 폐치·분합 또는 구역변경'을 주민투표의 대상으로 규정하지 않은 주민투표법 제7조 제1항 및 제8조 제1항 때문에 광주광역시와 전라남도의 통합을 추진하는 청구인과 같은 주민들이 통합추진을 위한 주민투표를 할 수 없게 되었는바 이는 주민투표에 참여할 청구인의 기본권을 침해한 것이라고 주장한다.

우리 헌법은 간접적인 참정권으로 선거권(헌법 제24조), 공무담임권(헌법 제25조)을, 직접적인 참정권으로 국민투표권(헌법 제72조, 제130조)을 규정하고 있을 뿐 주민투표권을 기본권으로 규정한 바가 없고 제117조, 제118조에서 제도적으로 보장하고 있는 지방자치단체의 자치의 내용도 자치단체의 설치와 존속 그리고 그 자치기능 및 자치사무로서 지방자치단체의 자치권의 본질적 사항에 관한 것이므로 주민투표권을 헌법상 보장되는 기본권이라고 하거나 헌법 제37조 제1항의 "헌법에 열거되지 아니한 권리"의 하나로 보기 어렵다.

지방자치법이 주민에게 주민투표권(제13조의2), 조례의 제정 및 개폐청구권(제13조의3), 감사청구권(제13조의4) 등을 부여함으로써 주민이 지방자치사무에 직접 참여할 수 있는 길을 일부 열어 놓고 있지만 이러한 제도는 어디까지나 입법에 의하여 채택된 것일 뿐 헌법에 의하여 보장되고 있는 것은 아니므로 주민투표권은 법률이 보장하는 권리일 뿐 헌법이 보장하는 기본권 또는 헌법상 제도적으로 보장되는 주관적 공권으로 볼 수 없다.

※ 주민투표권의 법적 성질에 대해 중·저준위방사성폐기물처분시설의유치지역지원에관한특별법 제7조 등 위헌확인(각하) 사건(2005. 10. 4. 2005헌마875)에서도 동일한 판시를 하고 있다.

[요약판례 8] 지방자치법 제111조 제1항 제2호 위헌확인: 기각(헌재 2011.4.28. 2010헌마474)

지방자치단체의 장이 '공소 제기된 후 구금상태에 있는 경우' 부단체장이 그 권한을 대행하도록 규정한 지방자치법 제111조 제1항 제2호가, 자치단체장인 청구인의 공무담임권을 제한함에 있어 과잉금지원칙에 위반되는지 여부(소극)

이 사건 법률조항의 입법목적은 주민의 복리와 자치단체행정의 원활하고 효율적인 운영에 초래될 것으로 예상되는 위험을 미연에 방지하려는 것으로, 자치단체장이 '공소 제기된 후 구금상태'에 있는 경우 자치단체행정의 계속성과 융통성을 보장하고 주민의 복리를 위한 최선의 정책집행을 도모하기 위해서는 해당 자치단체장을 직무에서 배제시키는 방법 외에는 달리 의미 있는 대안을 찾을 수 없고, 범죄의 죄질이나 사안의 경중에 따라 직무정지의 필요성을 달리 판단할 여지가 없으며, 소명의 기회를 부여하는 등 직무정지라는 제재를 가함에 있어 추가적인 요건을 설정할 필요도 없다.

나아가 **정식 형사재판절차를 앞두고 있는 '공소 제기된 후'부터 시작하여 '구금상태에 있는' 동안만 직무를 정지시키고 있어 그 침해가 최소한에 그치도록 하고 있고, 이 사건 법률조항이 달성하려는 공익은 매우 중대한 반면, 일시적·잠정적으로 직무를 정지당할 뿐 신분을 박탈당하지도 않는 자치단체장의 사익에 대한 침해는 가혹하다고 볼 수 없으므로 과잉금지원칙에 위반되지 않는다.**

[요약판례 9] 주민소환에 관한 법률 제1조 등 위헌확인: 기각(헌재 2009.3.26. 2007헌마843)

1. 주민소환의 청구사유에 관하여 아무런 규정을 두지 아니함으로써 과잉금지원칙을 위반하여 청구인의 공무담임권을 침해하는지 여부(소극)
2. 당해 자방자치단체 주민소환투표청구권자 총수의 100분의 15 이상 주민들만의 서명으로 당해 지방자치단체의 장에 대한 주민소환투표를 청구할 수 있도록 함으로써 과잉금지원칙에 위반하여 청구인의 공무담임권을 침해하는지 여부(소극)
3. 이미 적법하게 수리된 주민소환투표청구가 있음에도 불구하고 동일한 사유에 의한 주민소환투표청구를 재차 허용함으로써 청구인의 공무담임권을 침해하는지 여부(소극)
4. 주민소환투표의 청구를 위한 서명요청 활동을 보장하면서 주민소환투표대상자에 대하여는 아무런 반대활동을 보장하지 아니한 것이 과잉금지의 원칙에 위반하여 청구인의 공무담임권을 침해하는지 여부(소극)
5. 주민소환투표가 발의되어 공고되었다는 이유만으로 곧바로 주민소환투표대상자의 권한행사를 정지되도록 한 것이 과잉금지원칙에 위반하여 청구인의 공무담임권을 침해하거나 평등권을 침해하는지 여부(소극)
6. 주민소환투표권자 총수의 3분의 1 이상의 투표와 유효투표 총수 과반수의 찬성만으로 주민소환이 확정되도록 한 것이 과잉금지원칙에 위반하여 청구인의 공무담임권을 침해하거나 평등권을 침해하는지 여부(소극)

1. 입법자는 주민소환제의 형성에 광범위한 입법재량을 가지고, 주민소환제는 대표자에 대한 신임을 묻는 것으로

그 속성이 재선거와 같아 그 사유를 묻지 않는 것이 제도의 취지에도 부합하며, 비민주적, 독선적인 정책추진 등을 광범위하게 통제한다는 주민소환제의 필요성에 비추어 청구사유에 제한을 둘 필요가 없고, 업무의 광범위성이나 입법기술적인 측면에서 소환사유를 구체적으로 적시하기 쉽지 않으며, 청구사유를 제한하는 경우 그 해당 여부를 사법기관에서 심사하게 될 것인데 그것이 적정한지 의문이 있고 절차가 지연될 위험성이 크므로, 법이 주민소환의 청구사유에 제한을 두지 않는 데에는 나름대로 상당한 이유가 있고, 청구사유를 제한하지 아니한 입법자의 판단이 현저하게 잘못되었다고 볼 사정 또한 찾아볼 수 없다.

2. 주민소환투표의 구체적인 요건을 설정하는 데 있어 입법자의 재량이 매우 크고, 이 청구요건이 너무 낮아 남용될 위험이 클 정도로 자의적이라고 볼 수 없으며, 법 제7조 제3항과 법 시행령 제2조가 특정 지역 주민의 의사에 따라 청구가 편파적이고 부당하게 이루어질 위험성을 방지하여 주민들의 전체 의사가 어느 정도 고루 반영되도록 하고 있으므로, 이 조항이 과잉금지원칙에 위반하여 청구인의 공무담임권을 침해한다고 볼 수 없다.

3. 주민소환투표의 청구기간을 제한한 것은, 선출직 공직자의 임기 초에는 소신에 따라 정책을 추진할 수 있는 기회를 주어야 하는 점, 임기 종료가 임박한 때에는 소환의 실익이 없는 점을 고려하고, 주민소환투표가 부결되었음에도 반복적으로 주민소환투표를 청구하는 폐해를 방지하려는데 그 입법목적이 있으므로, 따라서 법 제8조가 사실상 동일한 청구사유에 의하여 주민소환투표를 재청구하는 것을 막는 규정을 두지 아니하였다고 하여 이로써 청구인의 공무담임권이 침해된다고 보기 어렵다.

4. 주민소환투표 청구는 일정 수 이상 주민의 서명을 요하므로, 이와 관련한 서명요청은 필수적으로 보장되어야 하는 활동이나 이를 주민소환투표 운동에 속하는 것으로는 보기 어려운 점, 서명요청 활동이 있더라도 실제로 청구요건을 갖추어 주민소환투표 청구가 이루어질 것인지 사전에 알 수 없기 때문에, 주민소환투표 청구가 이루어지기 전 단계에서부터 소환대상 공직자에게 소환반대 활동의 기회를 보장할 필요가 없고 전체적으로 공정한 반대활동 기회가 보장되고 있는 점 등을 종합적으로 고려하면, 법 제9조 제1항이 과잉금지원칙에 반하여 청구인의 공무담임권을 침해한다고 볼 수 없다.

5. 법 제21조 제1항의 입법목적은 행정의 정상적인 운영과 공정한 선거관리라는 정당한 공익을 달성하려는데 있고, 주민소환투표가 공고된 날로부터 그 결과가 공표될 때까지 주민소환투표 대상자의 권한행사를 정지하는 것은 위 입법목적을 달성하기 위한 상당한 수단이 되는 점, 위 기간 동안 권한행사를 일시 정지한다 하더라도 이로써 공무담임권의 본질적인 내용이 침해된다고 보기 어려운 점, 권한행사의 정지기간은 통상 20일 내지 30일의 비교적 단기간에 지나지 아니하므로, 이 조항이 달성하려는 공익과 이로 인하여 제한되는 주민소환투표 대상자의 공무담임권이 현저한 불균형 관계에 있지 않은 점 등을 고려하면, 위 조항이 과잉금지의 원칙에 반하여 과도하게 공무담임권을 제한하는 것으로 볼 수 없다.

6. 주민소환투표권자 총수의 3분의 1 이상의 투표와 유효투표 총수 과반수의 찬성으로 주민소환이 확정되도록 한 법 제22조 제1항이 객관적으로 볼 때 그 요건이 너무 낮아 주민소환이 아주 쉽게 이루어질 수 있는 정도라고 보기 어려운 점, 일반선거와 달리 주민소환투표에 최소한 3분의 1 이상의 투표율을 요구하여 상대적으로 엄격한 요건을 설정하고 있는 점, 요즈음 지방선거의 투표율이 저조하고, 주민소환투표가 평일에, 다른 선거 등과 연계되지 아니한 채 독자적으로 실시될 가능성이 많은 점 등을 감안해 볼 때 위 요건이 너무 낮다고 볼 수 없고, 근본적으로 이는 입법재량 사항에 속하므로, 이 조항이 과잉금지원칙을 위반하여 청구인의 공무담임권을 침해한다고 볼 수 없다.

또, 제명 대상 국회의원과 주민소환 대상 지방자치단체장을 평등권 침해 여부 판단에 있어 비교의 대상으로 삼을 수는 없으므로, 국회의원의 경우는 재적의원 3분의 2 이상의 찬성이 있어야 제명되는 점에 비추어 평등권이 침해된다는 청구인의 주장도 받아들일 수 없다.

[요약판례 10] 구 지방자치법 제13조의3 제1항 제1호 등 위헌소원: 합헌(헌재 2009.7.30. 2007헌바75)

법령을 위반하는 사항에 관한 주민의 조례제정청구를 지방자치단체의 장이 각하하도록 한 이 사건 조항들이 지방자치의 제도적 보장에 반하는지 여부(소극)

헌법 제117조 제1항의 취지에 따라 조례는 법령의 범위 안에서 제정되어야 하며, 이것은 주민이 자치입법에 직접 관여하는 경우에도 마찬가지이고, 이 사건 법률조항들은 이러한 내용을 확인한 것에 불과하다. 한편, 상위법에 위반한 조례안이 일정한 절차를 거쳐 조례로 제정될 수 있도록 하고, 이에 대한 사후적 사법심사를 통해 무효화시키는 것은 지방행정의 낭비 및 회복하기 어려운 법질서의 혼란을 가져올 수 있으므로 이를 방지하기 위하여 이 사건 법률조항들과 같은 사전차단장치를 둔 것이 입법자의 자의적인 법형성권의 행사로서 지방자치제도의 본질적 내용을 침해한다고 볼 수 없다.

대판 2005.8.19. 2005추48

지방의회의원이 지방자치단체의 장이 조례안으로서 제안한 행정기구를 종류 및 업무가 다른 행정기구로 전환하는 수정안을 발의하여 지방의회가 의결 및 재의결하는 것이 허용되는지 여부(소극)

지방자치법령은 지방자치단체의 장으로 하여금 지방자치단체의 대표자로서 당해 지방자치단체의 사무와 법령에 의하여 위임된 사무를 관리·집행하는 데 필요한 행정기구를 설치할 고유한 권한과 이를 위한 조례안의 제안권을 가지도록 하는 반면 지방의회로 하여금 지방자치단체의 장의 행정기구의 설치권한을 견제하도록 하기 위하여 지방자치단체의 장이 조례안으로서 제안한 행정기구의 축소, 통폐합의 권한을 가지는 것으로 하고 있으므로, 지방의회의원이 지방자치단체의 장이 조례안으로서 제안한 행정기구를 종류 및 업무가 다른 행정기구로 전환하는 수정안을 발의하여 지방의회가 의결 및 재의결하는 것은 지방자치단체의 장의 고유 권한에 속하는 사항의 행사에 관하여 사전에 적극적으로 개입하는 것으로서 허용되지 아니한다.

대판 1992.6.23. 92추17

지방자치단체(청주시)가 정보공개조례안을 제정함에 있어, 지방자치단체가 각 지역의 특성을 고려하여 자기 고유사무와 관련된 행정정보의 공개사무에 관하여 독자적으로 규율할 수 있는지 여부(적극)

지방자치단체는 그 내용이 주민의 권리의 제한 또는 의무의 부과에 관한 사항이거나 벌칙에 관한 사항이 아닌 한 법률의 위임이 없더라도 조례를 제정할 수 있다 할 것인데 청주시의회에서 의결한 청주시행정정보공개조례안은 행정에 대한 주민의 알 권리의 실현을 그 근본내용으로 하면서도 이로 인한 개인의 권익침해 가능성을 배제하고 있으므로 이를 들어 주민의 권리를 제한하거나 의무를 부과하는 조례라고는 단정할 수 없고 따라서 그 제정에 있어서 반드시 법률의 개별적 위임이 따로 필요한 것은 아니다.

행정정보공개조례안이 국가위임사무가 아닌 자치사무 등에 관한 정보만을 공개대상으로 하고 있다고 풀이되는 이상 반드시 전국적으로 통일된 기준에 따르게 할 것이 아니라 지방자치단체가 각 지역의 특성을 고려하여 자기고유사무와 관련된 행정정보의 공개사무에 관하여 독자적으로 규율할 수 있다.

이 사건 행정정보공개조례안은 그 행정정보의 정의규정인 제2조 제1호의 '집행기관이 직무상 작성 또는 취득한 문서 등'이라 함이 집행기관이 지방행정기관으로서의 지위가 아니라 지방자치단체의 집행기관으로서의 지위에서 같은 법 제9조에 규정된 자치사무 및 단체위임 사무에 관하여 작성 또는 취득한 문서 등만을 가리키는 것으로 풀이되고 국가사무에 관하여 작성 또는 취득한 문서까지 포함되는 것으로 보여지지 아니하므로 조례제정권의 범위를 일탈한 것은 아니다.

대판 2006.10.12. 2006추38

군민의 출산을 적극 장려하기 위하여 세 자녀 이상의 세대 중 세 번째 이후 자녀에게 양육비 등을 지원할 수 있도록 하는 내용의 '정선군세자녀이상세대양육비등지원에관한조례안'이 법령에 위반되지 않는다고 한 사례

지방자치법 제15조에 의하면 지방자치단체는 그 내용이 주민의 권리의 제한 또는 의무의 부과에 관한 사항이거나 벌칙에 관한 사항이 아닌 한 법률의 위임이 없더라도 그의 사무에 관하여 조례를 제정할 수 있는바, 지방자치단체의 세 자녀 이상 세대 양육비 등 지원에 관한 조례안은 저출산 문제의 국가적·사회적 심각성을 십분 감안하여 향후 지방자치단체의 출산을 적극 장려토록 하여 인구정책을 보다 전향적으로 실효성 있게 추진하고자 세 자녀 이상 세대 중 세 번째 이후 자녀에게 양육비 등을 지원할 수 있도록 하는 것으로서, 위와 같은 사무는 지방자치단체 고유의 자치사무 중 주민의 복지증진에 관한 사무를 규정한 지방자치법 제9조 제2항 제2호 (라)목에서 예시하고 있는 아동·청소년 및 부녀의 보호와 복지증진에 해당되는 사무이고, 또한 위 조례안에는 주민의 편의 및 복리증진에 관한 내용을 담고 있어 그 제정에 있어서 반드시 법률의 개별적 위임이 따로 필요한 것은 아니다.

지방자치단체는 법령에 위반되지 아니하는 범위 내에서 그 사무에 관하여 조례를 제정할 수 있는 것이고, 조례가 규율하는 특정사항에 관하여 그것을 규율하는 국가의 법령이 이미 존재하는 경우에도 조례가 법령과 별도의 목적에 기하여 규율함을 의도하는 것으로서 그 적용에 의하여 법령의 규정이 의도하는 목적과 효과를 전혀 저해하는 바가 없는 때, 또는 양자가 동일한 목적에서 출발한 것이라고 할지라도 국가의 법령이 반드시 그 규정에 의하여 전국에 걸쳐 일률적으로 동일한 내용을 규율하려는 취지가 아니고 각 지방자치단체가 그 지방의 실정에 맞게 별도로 규율하는 것을 용인하는 취지라고 해석되는 때에는 그 조례가 국가의 법령에 위반되는 것은 아니다.

대판 1999.9.17. 99추30

조례제정권은 원칙적으로 자치사무와 단체위임사무에 한정되며, 기관위임사무에 대해서는 개별법령에서 위임한 경우를 제외하고는 조례를 제정할 수 없다고 한 사례

(1) 헌법 제117조 제1항과 지방자치법 제15조에 의하면 지방자치단체는 법령의 범위 안에서 그 사무에 관하여 자치조례를 제정할 수 있으나 이 때 사무란 지방자치법 제9조 제1항에서 말하는 지방자치단체의 자치사무와 법령에 의하여 지방자치단체에 속하게 된 단체위임사무를 가리키므로 지방자치단체가 자치조례를 제정할 수 있는 것은 원칙적으로 이러한 자치사무와 단체위임사무에 한하므로, 국가사무가 지방자치단체의 장에게 위임된 기관위임사무와 같이 지방자치단체의 장이 국가기관의 지위에서 수행하는 사무일 뿐 지방자치단체 자체의 사무라고 할 수 없는 것은 원칙적으로 자치조례의 제정범위에 속하지 않는다.

(2) 기관위임사무에 있어서도 그에 관한 개별 법령에서 일정한 사항을 조례로 정하도록 위임하고 있는 경우에는 지방자치단체의 자치조례 제정권과 무관하게 이른바 위임조례를 정할 수 있다고 하겠으나 이 때에도 그 내용은 개별법령이 위임하고 있는 사항에 관한 것으로서 개별 법령의 취지에 부합하는 것이라야만 하고, 그 범위를 벗어난 경우에는 위임조례로서의 효력도 인정할 수 없다.

(3) 법령상 지방자치단체의 장이 처리하도록 규정하고 있는 사무가 기관위임사무에 해당하는지 여부를 판단함에 있어서는 그에 관한 법령의 규정 형식과 취지를 우선 고려하여야 할 것이지만 그 외에도 그 사무의 성질이 전국적으로 통일적인 처리가 요구되는 사무인지 여부나 그에 관한 경비부담과 최종적인 책임귀속의 주체 등도 아울러 고려하여 판단하여야 할 것이다.

(4) 발전소주변지역지원에관한법률은 지역개발 외에 전원개발의 촉진과 발전소 및 방사성폐기물관리시설의 원활한 운영 도모를 그 목적에 포함시키고 있고(제1조), 위 법상 발전소 주변지역에 대한 지원사업은 한국전력공사가 전국의 각 주변지역에 대한 장기계획을 각각 수립하여야 하며(제9조), 지원사업은 지방자치단체의 장 외에 위 공사도 그 시행주체가 되어(제11조), 지원사업의 내용에 따라 각각 나누어 시행하게 되어 있고(같은법 시행령 제19조 내지 제25조),

사업시행에 필요한 경비는 기본적으로 위 공사가 출연하여 운용·관리하는 기금에 의하여 충당하게 되어 있는 점을 고려할 때(제4조 내지 제7조), 위 법상 발전소 주변지역에 대한 지원사업은 지방자치단체별로 재정능력에 따른 차등이 없이 통일적으로 시행하여야 할 국가사무에 해당하나 다만 당해 지역의 사정과 지방자치단체가 시행하는 다른 복지시책과 밀접한 관련 하에서 시행할 필요가 있는 점을 고려하여 당해 지방자치단체의 장에게 시행을 위임한 기관위임사무에 해당한다.

(5) 그런데 이 사건 조례는 발전소 주변지역에 대한 지원사업의 일부를 지방자치단체장이 아닌 지역단체가 시행할 수 있도록 규정하여 발전소주변지역지원에관한법률시행령 제30조 제1항, 제36조의 위임 범위를 벗어난 것으로 보아야 하므로 무효라고 본 사례.

대판 2007.2.9. 2006추45

지방의회가 법률에 특별한 규정이 없는 한 견제의 범위를 넘어서 상대방의 고유권한을 침해하는 내용의 조례를 제정할 수 있는지 여부(소극)

지방자치법은 지방의회와 지방자치단체의 장에게 독자적 권한을 부여하고 상호견제와 균형을 이루도록 하고 있으므로 **지방의회는 법률에 특별한 규정이 없는 한 견제의 범위를 넘어서 상대방의 고유권한을 침해하는 내용의 조례를 제정할 수 없다.**

대판(전합) 2007.3.22. 2005추62

지방자치단체의 사무에 관한 그 장의 명령이나 처분이 법령에 위반되는 경우의 의미 및 지방자치법 제157조 제1항에서 정한 지방자치단체장의 명령·처분의 취소 요건인 '법령위반'에 '재량권의 일탈·남용'이 포함되는지 여부(적극)

지방자치법 제157조 제1항 전문 및 후문에서 규정하고 있는 지방자치단체의 사무에 관한 그 장의 명령이나 처분이 법령에 위반되는 경우라 함은 **명령이나 처분이 현저히 부당하여 공익을 해하는 경우, 즉 합목적성을 현저히 결하는 경우와 대비되는 개념으로 시·군·구의 장의 사무의 집행이 명시적인 법령의 규정을 구체적으로 위반한 경우뿐만 아니라 그러한 사무의 집행이 재량권을 일탈·남용하여 위법하게 되는 경우를 포함한다**고 할 것이므로, 시·군·구의 장의 자치사무의 일종인 당해 지방자치단체 소속 공무원에 대한 승진처분이 재량권을 일탈·남용하여 위법하게 된 경우 시·도지사는 지방자치법 제157조 제1항 후문에 따라 그에 대한 시정명령이나 취소 또는 정지를 할 수 있다.

대판 2007.2.9. 2006추45

정부업무평가기본법 제18조에서 지방자치단체의 장의 권한으로 정하고 있는 자체평가업무에 관한 사항에 대하여 지방의회가 사전에 적극적으로 개입하는 내용의 조례를 제정하는 것이 허용되는지 여부(소극)

지방자치법은 지방의회와 지방자치단체의 장에게 독자적 권한을 부여하고 상호견제와 균형을 이루도록 하고 있으므로, 지방의회는 법률에 특별한 규정이 없는 한 견제의 범위를 넘어서 상대방의 고유권한을 침해하는 내용의 조례를 제정할 수 없다.

정부업무평가기본법 제18조에서 **지방자치단체의 장의 권한으로 정하고 있는 자체평가업무에 관한 사항에 대하여 지방의회가 견제의 범위 내에서 소극적·사후적으로 개입한 정도가 아니라 사전에 적극적으로 개입하는 내용을 지방자치단체의 조례로 정하는 것은 허용되지 않는다.**

대판 2013.5.23. 2011추56

법령상 지방자치단체의 장이 처리하도록 하고 있는 사무가 자치사무인지 아니면 기관위임사무인지를 판단하기 위해서는 그에 관한 법령의 규정 형식과 취지를 우선 고려하여야 하지만, 그 밖에 그 사무의 성질이 전국적으로 통일적인 처리가 요구되는 사무인지, 그에 관한 경비부담과 최종적인 책임귀속의 주체가 누구인지 등도 함께 고려하여야 한다.

교육부장관이 '2011년 기본계획'을 수립한 후 각 시·도에 대하여 교원능력개발평가제 추진계획을 제출하게 하자 전라북도교육감이 '전북추진계획'을 제출하였으나 교육부장관이 전북추진계획이 '교원연수규정' 등에 위반된다는 이유로 위 추진계획을 취소하고 시정하여 새로 제출하라는 시정명령과 2011년 전북교육청 교원능력개발평가 추진계획에 대한 직무이행명령을 한 사안에서, 위 시정명령은 기관위임사무에 관하여 행하여진 것이어서, 지방자치법 제169조 제2항 소정의 소를 제기할 수 있는 대상에 해당하지 않으므로, 시정명령에 대한 취소청구 부분은 부적법하고, 전북추진계획이 여러 항목에서 교원연수규정과 이에 따른 2011년 기본계획에 반하므로, 전라북도교육감으로서는 교원연수규정 및 2011년 기본계획을 준수한 2011년 교원능력개발평가 추진계획을 제출하지 않았다고 볼 수 있고 전라북도교육감이 교육부장관으로부터 교원연수규정 등을 준수한 추진계획을 제출하라는 취지의 시정명령을 받았으나 이를 제대로 이행하지 않았으므로, 전라북도교육감은 기관위임사무인 교원능력개발평가 사무의 관리와 집행을 명백히 게을리 하였다고 인정할 수 있어 직무이행명령은 지방자치법 제170조 제1항에 정해진 요건을 충족한 것으로서 적법하다.

제 4 절 선거관리위원회

대판 1996.7.12. 96우16

공직선거관리규칙의 법적 성격(법규명령) 및 개표관리요령의 법적 성격(업무처리지침 내지 사무처리준칙에 불과)

공직선거관리규칙은 중앙선거관리위원회가 헌법 제114조 제6항의 소정의 규칙제정권에 의하여 공직선거및선거부정방지법에서 위임된 사항과 대통령 · 국회의원 · 지방의회의원 및 지방자치단체의 장의 선거의 관리에 필요한 세부사항을 규정함을 목적으로 하여 제정된 법규명령이라고 할 것이나, 1995. 6. 27. 실시한 제1회 전국동시지방선거를 위하여 중앙선거관리위원회가 각급 선거관리위원회에 배포한 **'개표관리요령'은 개표관리 및 투표용지의 유 · 무효를 가리는 업무에 종사하는 각급 선거관리위원회 직원 등에 대한 업무처리지침 내지 사무처리준칙에 불과할 뿐 국민이나 법원을 구속하는 효력은 없다.**

따라서 투표구 위원장의 사인 날인이 누락된 경우로서 그 누락사유가 투표록에 기재되어 있지 아니하더라도 관할 구 · 시 · 군선거관리위원회의 청인이 날인되어 있으며 투표록에 기재된 투표용지 교부매수와 투표수와의 대비, 투표용지 작성 · 관리록 및 투표록 등에 의하여 투표구 위원장이 선거인에게 정당하게 교부한 투표용지로 판단되는 이상 다른 무효사유가 없는 한 선거인의 의사를 존중하여 정규의 투표용지로 보아 유효로 처리하여야 할 것이고, 이는 중앙선거관리위원회가 배포한 위 개표관리요령에 "정당추천위원의 가인과 투표구위원회 위원장의 사인이 모두 없는 것은 무효(투표구위원회의 확인절차 결여)"라고 기재되어 있다 하더라도 마찬가지라고 할 것이다.

4 법 원

제 1 절 법원의 지위와 조직

I 법무사법시행규칙에 대한 헌법소원: 위헌(헌재 1990.10.15. 89헌마178)

쟁점 사법부에서 제정한 규칙이 헌법소원의 대상이 되는지 여부

□ 사건의 개요

청구인은 법무사사무소 사무원으로 15년, 변호사사무소 사무원으로 12년을 종사해 오면서 법무사가 되고자 법무사시험의 준비를 하여 왔는데 법무사법시행규칙 제3조 제1항은 법무사시험을 반드시 정기적으로 실시하도록 한 법무사법 제4조 제1항 제2호의 취지에 반하여 법무사시험의 실시 여부를 전적으로 법원행정처장의 자유재량에 맡김으로써 법원행정처장이 법무사시험을 실시하지 아니할 수도 있게 하였고, 이 때문에 법원행정처장은 법정기간 이상을 근무하고 퇴직한 법원공무원이나 검찰공무원만으로도 법무사 충원에 지장이 없다는 이유로 법무사시험을 실시하지 아니하고 있는 바, 결국 법무사법시행규칙 제3조 제1항은 본법인 법무사법 제4조 제1항 제2호에 의하여 청구인이나 그밖에 법무사가 되고자 하는 사람들에게 부여된 법무사시험 응시의 기회를 박탈함으로써 평등권을 침해한 것이므로 이러한 시행규칙의 취소 또는 그 위헌확인을 구한 것이다.

□ 판 단

I. 헌법 제107조 제2항의 대법원의 명령 · 규칙심사권의 의의

헌법 제107조 제2항이 규정한 명령 · 규칙에 대한 대법원의 최종심사권이란 구체적인 소송사건에서 명령 · 규칙의 위헌 여부가 재판의 전제가 되었을 경우 법률의 경우와는 달리 헌법재판소에 제청할 것 없이 대법원이 최종적으로 심사할 수 있다는 의미이며, 명령 · 규칙 그 자체에 의하여 직접 기본권이 침해되었음을 이유로 하여 헌법소원심판을 청구하는 것은 위 헌법규정과는 아무런 상관이 없는 문제이다. 따라서 입법부 · 행정부 · 사법부에서 제정한 규칙이 별도의 집행행위를 기다리지 않고 직접 기본권을 침해하는 것일 때에는 모두 헌법소원심판의 대상이 될 수 있는 것이다.

이 사건에서 심판청구의 대상이 되는 것은 법원행정처장의 법무사시험 불실시 즉 공권력의 불행사가 아니라 법원행정처장으로 하여금 그 재량에 따라 법무사시험을 실시하지 아니해도 괜찮다고 규정한 법무사법시행규칙 제3조 제1항이다.

Ⅱ. 법령 자체에 의한 기본권 침해 시 헌법소원심판의 청구 가능여부

법령 자체에 의한 직접적 기본권 침해 여부가 문제되었을 경우 그 법령의 효력을 직접 다투는 것을 소송물로 하여 일반 법원에 구제를 구할 수 있는 절차는 존재하지 아니하므로 이 사건에서는 다른 구제절차를 거칠 것 없이 바로 헌법소원심판을 청구할 수 있는 것이다.

법무사법시행규칙 제3조 제1항은 법원행정처장이 법무사를 보충할 필요가 없다고 인정하면 법무사시험을 실시하지 아니해도 된다는 것으로서 상위법인 법무사법 제4조 제1항에 의하여 모든 국민에게 부여된 법무사 자격취득의 기회를 하위법인 시행규칙으로 박탈한 것이어서 평등권과 직업선택의 자유를 침해한 것이다.

재판관 이성렬의 반대의견

법무사의 업무내용의 특수성, 법무사의 자격에 관한 규정방식의 특수성을 검토하여 보면 법무사법 제4조 제2항이 법무사시험의 실시에 관하여 필요한 사항을 대법원규칙으로 정하게 한 것은 법무사시험에 합격한 자는 누구나 법무사업을 선택하여 이를 행사할 수 있게 하려는 데에 있는 것이 아니고, 오히려 시험실시에 관한 구체적 방법과 절차뿐만 아니라 그 실시시기까지 아울러 규정할 수 있도록 위임한 것이라고 해석된다.

시험의 방법에 의하여 법무사의 자격을 취득하는 것을 제한하는 위 규정은 그 제한의 목적 및 필요성, 제한되는 직업의 성질 및 내용, 제한의 정도 및 방법 등 여러 측면에서 이를 검토하여 보면, 방법의 적정성, 제한의 필요성 및 피해의 최소성의 원칙의 어느 것에도 반하지 아니하므로 헌법 제37조 제2항에서 정하는 비례의 원칙에도 저촉되지 아니한다.

법무사제도와 관련하여 그 제도의 본질을 어떻게 이해할 것인지 및 그 업무의 내용은 어떠한 것으로 규정할 것인지에 따라서 그 자격을 어떠한 방법으로 어떠한 능력이나 경력을 가진 자에게 부여할 것인지의 문제는 근본적으로 입법기관의 입법형성의 자유에 속하는 영역으로서 그 판단은 일차적으로 입법기관의 재량에 맡겨져 있으며 그 판단이 명백히 불합리하고 불공정하지 아니하는 한 이는 존중되어야 한다.

⚜ 본 판례에 대한 평가 1. **헌법재판소와 대법원의 관계:** 헌법 제5장에서 법원을, 제6장에서 헌법재판소를 각각 규정하고 있지만, 법원과 헌법재판소는 모두 사법기관으로서의 기능을 가진다는 점에서 동일하다. 다만 헌법재판소의 권한은 헌법에 열거된 사항에 한정되어 있고, 포괄적인 사법권은 법원에 부여되어 있다고 볼 수 있다(법원조직법 제2조 제1항). 특히 법원 중 대법원에는 최고법원으로서의 지위가 부여되어 있기 때문에(제101조 제2항), 대법원과 헌법재판소의 관계설정이 때로는 미묘한 갈등을 야기하고 있다.

2. **명령·규칙심사권의 소재:** 헌법재판소는 법률의 위헌 여부에 대한 심판권을 갖는 반면에 대법원은 명령·규칙·처분에 대한 위헌심판권을 가진다(제107조 제2항). 대법원이 법률에 대한 위헌심판권을 행사하는 경우란 상정하기 어렵지만, 헌법재판소가 명령·규칙·처분에 대한 위헌심판권을 행사하는 경우는 쉽게 예상할 수 있다. 예컨대 헌법재판소가 헌법소원심판을 하는 과정에서, 비록 당해 법률 그 자체는 위헌의 소지가 없다 하더라도, 당해 법률과 연계된 하위규범인 명령이나 규칙이 헌법에 위반되어 결과적으로 헌법상 보장된 기본권이 침해될 경우에는 이에 대한 판단을 하여야 한다. 이 때 헌법재판소가 헌법상 대법원의 권한사항인 명령·규칙에 대한 위헌심판권을 행사하게 된다. 여기에 헌법재판소와 대법원의 갈등요인이 발생한다. 또한 헌법재판소가 위헌법률심판을

함에 있어서 특정 명령·규칙을 적시하지 아니하고 근거 법률에 대한 위헌 또는 한정위헌을 선언함으로써 결과적으로 이와 직접적으로 관련된 명령·규칙을 위헌으로 결정할 수도 있다. 그 외에 명령·규칙이 직접 국민의 기본권을 침해할 경우 헌법소원을 청구할 수 있는지가 문제된다.

3. 본 결정은 헌법재판소는 사법부가 제정한 규칙이 별도의 집행행위를 기다리지 않고 직접 기본권을 침해하는 경우에는 헌법소원의 대상이 됨을 처음으로 밝혔다는 점에서 그 의의를 찾을 수 있다.

관련 문헌: 상기 판례를 비판하는 문헌으로 박정훈, "취소소송의 성질과 「처분」개념", 고시계 46권 9호(2001. 9), 국가고시학회, 6-34면; 이상규, "명령·규칙의 위헌심사권", 헌법재판자료 4집(91. 12): 헌법재판의 전개, 헌법재판소, 99-111면; 정연주, "법규명령에 대한 헌법소원: 법무사법시행규칙에 대한 헌법소원", 헌법판례연구 1(2002. 1), 박영사, 58-78면; 최완주, "헌법재판제도의 재구성: 사법분열 방지를 위한 방안을 중심으로", 법조 55권 3호(2006. 3), 법조협회, 19-60면.

옹호하는 문헌으로 홍성방, "헌법 제107조와 헌법소원-법무사법시행규칙(1990. 2. 20. 대법원규칙 제1108호)에 대한 헌법재판소의 위헌결정(1990. 10. 15. 89헌마178결정)을 계기로 본 명령·규칙에 대한 헌법소원", 한국공법학회 제13회 월례발표회요지집(1990. 12. 14), 13-22면; 김남진, "헌재 89헌마178결정(1990. 10. 15)에 대한 관견", 헌법재판자료 4집(1991. 12): 헌법재판의 전개, 헌법재판소, 363-364면. "명령·규칙에 대한 헌법소원심판", 법률신문 제2018호, 법률신문사(1991. 4), 제11면; 이석연, "명령·규칙에 대한 헌법재판소의 위헌여부 심사권", 저스티스 제23권 제2호(1990. 12), 한국법학원, 193-208면; 이승우, "법무사법시행규칙에 대한 헌재의 위헌결정과 대법원측 견해의 검토", 헌법재판자료 4집(91. 12): 헌법재판의 전개, 헌법재판소, 376-405면; 남복현, "헌법의 최종적인 해석기관(하)", 인권과 정의 178호(1991. 6), 대한변호사협회, 118-129면; 남복현, "헌법재판소와 대법원의 관할문제", 공법연구 제32집 제1호(2003. 11), 한국공법학회, 133-206면; 정종섭, "헌법소송과 행정소송: 현행 명령·규칙에 대한 위헌심판절차의 문제점과 그 해결방안", 헌법논총 3집(1992. 12), 헌법재판소, 333-377면.

Ⅱ 군사법원법 제6조 등 위헌소원: 합헌(헌재 1996.10.31. 93헌바25)

(쟁점) 군사법원의 헌법적 성격, 지위 및 군사법원의 헌법적 한계가 무엇인지 여부

사건의 개요

청구인은 육군 보병 제7사단 의무대 보급계에 근무하는 육군상등병으로서 육군보병제7사단보통군사법원에 폭력행위등처벌에관한법률위반죄로 기소되었다. 청구인은 위 사건이 위 군사법원에 계속 중 위 군사법원에 구 군사법원법 제6조, 제7조, 제23조, 제24조, 제25조가 헌법에 위반된다고 주장하여 위헌여부심판의 제청을 신청하였으나 위 군사법원은 위 신청을 기각하는 결정을 하였고, 청구인은 같은 해 그 결정정본을 송달받고 헌법재판소법 제68조 제2항에 의하여 이 사건 헌법소원심판을 청구하였다.

심판의 대상

제6조 (군사법원의 설치) ① 고등군사법원은 국방부본부 및 각군본부에 설치한다.

② 보통군사법원은 국방부본부 및 국방부직할통합부대와 각군본부 및 예하부대중 편제상 장관급 장교가 지휘하는 부대(수사기관을 제외한다)에 설치한다.

③ 국방부장관은 필요한 때에는 제1항 및 제2항의 규정에 의한 군사법원의 설치를 보류할 수 있으며 전시·사변 또는 이에 준하는 국가비상사태에 즈음하여 편성된 부대에 보통군사법원을 설치할 수 있다.

제7조 (군사법원관할관) ① 군사법원에 관할관을 둔다.

② 고등군사법원의 관할관은 국방부장관 및 각 군 참모총장으로 한다.

③ 보통군사법원의 관할관은 그 설치되는 부대와 지역의 사령관·장 또는 책임지휘관으로 한다. 다만, 국방부본부 보통군사법원의 관할관은 국방부본부 고등군사법원의 관할관이, 각군본부 보통군사 법원의 관할관은 당해 각군본부 고등군사법원의 관할관이 각각 겸임한다.

제23조 (군판사의 임명) ① 군판사는 각군참모총장이 소속 군법무관중에서 임명한다. 다만, 국방부본부 및 국방부직할통합 부대의 군판사는 국방부장관이 소속 군법무관중에서 임명한다.

② 국방부장관은 제1항 본문의 규정에 불구하고 각군참모총장의 의견을 들어 각 군소속 군법무관 중에서 국방부 및 각군의 군판사를 임명할 수 있다.

제24조 (심판관의 임명과 자격) ① 심판관은 다음 각호의 자격을 갖춘 장교중에서 관할관이 임명한다.

1. 법에 관한 소양이 있는 자

2. 재판관으로서의 인격과 학식이 충분한 자

② 관할관의 부하가 아닌 장교를 심판관으로 할 때에는 참모총장이 임명한다.

제25조 (재판관의 지정) 재판관은 관할관이 지정한다.

▢ 판 단

Ⅰ. 헌법상 군사법원의 설치근거

헌법 제101조는 사법권은 법관으로 구성된 법원에 속하고(제1항) 법원은 최고법원인 대법원과 각급 법원으로 조직되며(제2항) 법관의 자격은 법률로 정한다(제3항)고 규정하고 헌법 제102조 제3항은 대법원과 각급법원의 조직은 법률로 정한다고 규정하여 사법권과 일반법원의 조직 및 법관의 자격에 관하여 규정하는 한편 헌법 제110조는 군사재판을 관할하기 위하여 특별법원으로서 군사법원을 둘 수 있고(제1항) 군사법원의 상고심은 대법원에서 관할하며(제2항) 군사법원의 조직·권한 및 재판관의 자격은 법률로 정한다(제3항)고 규정하여 헌법에 직접 특별법원으로서 군사법원을 설치할 수 있는 근거를 두고 있다.

Ⅱ. 군사법원의 지위와 헌법적 한계

1. 그런데 **헌법 제110조 제1항에서 "특별법원으로서 군사법원을 둘 수 있다"는 의미는 군사 법원을 일반법원과 조직 권한 및 재판관의 자격을 달리하여 특별법원으로 설치할 수 있다는 뜻으로 해석되므로 법률로 군사법원을 설치함에 있어서 군사재판의 특수성을 고려하여 그 조직·권한 및 재판관의 자격을 일반법원과 달리 정하는 것은 헌법상 허용**되고 있다.

2. 그러나 아무리 군사법원의 조직·권한 및 재판관의 자격을 일반법원과 달리 정할 수 있다고 하여도 그것이 아무런 한계 없이 입법자의 자의에 맡겨질 수는 없는 것이고 사법권의 독립 등 헌법의 근본원리에 위반되거나 헌법 제27조 제1항의 재판청구권, 헌법 제11조 제1항의 평등권, 헌법 제12조의 신체의 자유 등 기본권의 본질적 내용을 침해하여서는 안 될 헌법적 한계가 있다고 할 것이다.

Ⅲ. 이 사건 법률조항들의 위헌여부

그러므로 이 사건 법률조항들이 위와 같은 헌법적 한계를 일탈한 자의적 입법으로서 헌법에 위반되는가의 여부에 관하여 살펴보기로 한다.

1. 군은 국가의 안전보장과 국토방위의 임무를 수행하기 위하여 외적에 대항하는 전투집단으로서 생명을 걸고 위험한 행동을 하는 특성을 가진다.

이와 같은 군대조직에 있어서 군기의 유지와 군 지휘권 확립은 그 조직을 유지, 운용하는데 있어서 필요불가결한 것인데 군사범죄는 일반적으로 군대조직을 급속도로 오염시켜 군기를 일거에 붕괴시키는 특징을 가지고 있다.

그리고 군은 그 임무의 특성상 전시에는 말할 것도 없고 평시에도 적의 동태나 작전계획에 따라 자주 이동하고, 급박하게 상황이 변화하므로 이에 대응하여 언제, 어디서나 신속히 군사재판을 할 수 있도록 하기 위하여 군사법원을 군부대 등에 설치할 필요가 있고, 군 지휘권을 확립하고 군사범죄를 정확히 심리, 판단할 수 있도록 하기 위하여 군사법원에 군 지휘관을 관할관으로 두고 관할관이 군판사 및 재판관의 인사권을 갖게 하고, 군의 사정을 잘 알고 군사문제에 관하여 경험과 학식이 풍부한 일반장교를 재판에 참여시킬 필요가 있으며 또한 군사법원체제가 전시에 제대로 기능을 할 수 있기 위하여는 그러한 사법체제가 평시에 미리 조직, 운영되고 있어야 할 것이다. 특히 북한과 첨예한 군사적 대치상황에 놓여있는 우리나라의 경우에는 그러한 사법체제의 필요성이 더욱 크다고 할 것이다.

따라서 구 군사법원법 제6조가 군사법원을 군부대 등에 설치하도록 하고, 같은 법 제7조가 군사법원에 군 지휘관을 관할관으로 두도록 하고, 같은 법 제23조, 제24조, 제25조가 국방부장관, 각군 참모총장 및 관할관이 군판사 및 심판관의 임명권과 재판관의 지정권을 갖고 심판관은 일반장교 중에서 임명할 수 있도록 규정한 것은 위에서 본 바와 같이 헌법 제110조 제1항, 제3항의 위임에 따라 군사법원을 특별법원으로 설치함에 있어서 군대조직 및 군사재판의 특수성을 고려하고 군사재판을 신속, 적정하게 하여 군기를 유지하고 군지휘권을 확립하기 위한 것으로서 필요하고 합리적인 이유가 있다고 할 것이다.

2. 한편 헌법에 직접 군사법원을 일반법원과 조직·권한 및 재판관의 자격을 달리하는 특별법원으로 설치할 수 있도록 허용하고 있음은 위에서 본 바와 같고, 헌법 제110조 제2항에 의하면 군사법원의 상고심은 대법원에서 관할한다고 규정하여 대법원을 군사재판의 최종심으로 하고 있고, 군사법원법 제21조 제1항은 "군사법원의 재판관은 헌법과 법률에 의하여 그 양심에 따라 독립하여 재판한다"라고 규정하여 재판관의 재판상의 독립을, 같은 조 제2항은 "군사법원의 재판관은 재판에 관한 직무상의 행위로 인하여 징계 기타 어떠한 불이익한 처분도 받지 아니한다"라고 규정하여 재판관의 신분을 보장하고 있으며, 또한 같은 법 제22조 제3항, 제23조 제1항에 의하면 군사법원의 재판관은 반드시 일반법원의 법관과 동등한 자격을 가진 군판사를 포함시켜 구성하도록 하고 있는바, 이와 같은 사정을 감안하여 보면 군사법원법 제6조가 일반법원과 따로 군사법원을 군부대 등에 설치하도록 하였다는 사유만으로 청구인이 주장하는 바와 같이 헌법이 허용한 특별법원으로서 군사법원의 한계를 일탈하여 사법권의 독립을 침해하고 위임입법의 한계를 일탈한 것이거나 헌법 제

27조 제1항의 재판청구권, 헌법 제11조의 평등권을 본질적으로 침해한 것이라고 할 수 없고 또한 같은 법 제7조, 제23조, 제24조, 제25조가 일반법원의 조직이나 재판부구성 및 법관의 자격과 달리 군사법원에 관할관을 두고 군검찰관에 대한 임명, 지휘, 감독권을 가지고 있는 관할관이 군판사 및 심판관의 임명권 및 재판관의 지정권을 가지며 심판관은 일반장교 중에서 임명할 수 있도록 규정하였다고 하여 바로 위 조항들 자체가 청구인이 주장하는 바와 같이 군사법원의 헌법적 한계를 일탈하여 사법권의 독립과 재판의 독립을 침해하고 죄형법정주의에 반하거나 인간의 존엄과 가치, 행복추구권, 평등권, 신체의 자유, 정당한 재판을 받을 권리 및 정신적 자유를 본질적으로 침해하는 것이라고 할 수 없다.

✤ 본 판례에 대한 평가 1. **특별법원으로서의 군사법원의 지위와 성격:** 군사법원은 그 재판이 법관의 자격이 없는 국군장교에 의하여 행해진다는 점에서 특별법원이다. 군사재판을 관할하는 군사법원은 현행헌법이 명문으로 인정하고 있는 유일한 '특별법원'으로서 이론상 예외법원이다(제110조 제1항). 종전에는 건국 이후에도 유효하였던 군정법령(과도정부법률)인 국방경비법에 의하여 군법회의가 설치·운용되고 있었다. 그러나 특별법원으로서의 군법 회의를 설치하는 것은 위헌이라는 이론이 유력하게 제기되어, 제2차 개헌에서 군법회의의 설치 근거를 헌법에 규정하였다. 군사법원의 상고심은 원칙적으로 대법원의 관할하에 있으므로 이 점에서 군사법원은 대법원의 하급심이다. 그러나 "비상계엄하의 군사재판은 군인·군무원의 범죄나 군사에 관한 간첩죄의 경우와 초병·초소·유독음식물공급, 포로에 관한 죄 중 법률이 정한 경우에 한하여 단심으로 할 수 있다"(제110조 제4항, 군사법원법 제534조)라고 규정하고 있으므로, 이 점에서 군사법원은 전형적인 특별법원의 성격을 갖고 있다. 동 규정은 "비상사태하의 급박한 사정과 신속한 사회질서의 유지를 위하여 부득이한 경우가 예상되므로 이것을 제도화한 것이다. 그리고 동항에 열거된 범죄 중 구체적으로 어떤 범죄가 단심제의 적용을 받게 될 것인지는 법률로 정하게 되는 것이지만 여기서 단심제로 한다는 것은 3심제가 단심제로 되어 심급이 축소된다는 사실 외에 최고법원인 대법원의 심판권도 제한되고 있다는 것을 아울러 주의해야 한다."

한편 헌법 제27조 제2항은 "군인 또는 군무원이 아닌 국민은 대한민국의 영역 안에서는 중대한 군사상 기밀·초병·초소·유독음식물공급·포로·군용물에 관한 죄 중 법률이 정한 경우와 비상계엄이 선포된 경우를 제외하고는 군사법원의 재판을 받지 아니한다"라고 규정하고 있다. 이 규정은 "헌법과 법률이 정한 법관에 의한 재판"에 대한 예외이면서, 동시에 그 예외를 제한·축소한다는 두 가지 의의를 가진다.

2. **군사법원의 헌법상 문제점:** 헌법상 유일한 특별법원으로서 군사법원이 명문화되어 있으며, 그것은 적어도 헌법규정 상호간에 저촉될 소지가 있다 하더라도, 법상 위헌 문제를 제기할 수 없다는 점에서 형식적으로는 위헌문제가 해소되었다. 사실 군사법원은 원칙적으로 군인·군무원이라는 특수신분에 있는 자에게만 관할권이 인정된다. 따라서 일반국민(민간인)이 군사법원의 재판을 받는 경우를 예외의 예외로 한정한 것이 헌법의 배려이다.

그런데 헌법과 법률이 정한 법관에 의한 재판이 아니면서 대법원에도 연결되지 않는 단심제를 채택할 수 있도록 한 것은 국민의 재판을 받을 권리를 사실상 봉쇄하고 있다는 점에서, 헌법의 규정은 최대한 한정・축소 해석되어야 한다. 비록 사형의 경우를 제외한다고는 하지만, 국가의 존립과 안전이 직접적으로 위협받는 경우에 한하여 단심제 군사법원의 재판을 받도록 하여야 한다.

입법론적으로는 프랑스나 독일과 같이 평상시에는 군사법원제도를 폐지하고 일반법원에서 재판하여야 한다는 견해에도 귀를 기울일 필요가 있다. 프랑스에서 형사특별법원이라 할 수 있는 국가안전법원(Cour de sûreté de l'État)은 1981년에 폐지되고, 군사법원(Juridiction militaire)도 1982년의 개혁을 통하여 우리나라의 군사법원과 유사한 관념으로서의 군사법원은 평시에는 사실상 폐지되었다. 군사법원이 헌법상 인정되어 있다 하더라도, 군사법원법에 의하여 설치된 군사법원제도가 헌법에서 특별법원으로 인정한 최소한의 필요성, 즉 헌법정신에 부합한 제도인지도 널리 검토되어야 한다.

※ 헌법재판소 결정 이전인 1994. 1. 5. 군사법원법이 개정되었으나 위 결정의 심판대상이 된 조항의 내용이 크게 달라지지는 않았다(제6조는 국방부장관이 고등군사법원의 설치를 보류할 수 없는 것으로 바뀌었고, 제23조는 국방부본부를 '국방부'로 바꾸고 군판사의 소속을 명시하였을 뿐이다).

관련 문헌: 성낙인, 헌법연습(일반법원과 특별법원), 850-865면; 박일경, 제6공화국헌법, 법경출판사, 1990; 이계수, "군 사법제도, 어떻게 개혁할 것인가", 민주법학 통권26호(2004. 8), 관악사, 302-324면; 강경근, "사법권 독립에 관련한 헌재 결정", 고시연구 33권 10호(2006. 10), 고시연구사, 40-57면; 이만종, "군사법제도 개혁방안에 관한 고찰", 법과 정책연구 제6집 제1호(2006. 6), 한국법정책학회, 311-328면(입법론); 윤상민, "군 수사절차상 인신구속제도의 문제점과 개선방안", 형사정책연구 14권 3호(2003. 9), 한국형사정책연구원 295-322면 참조.

제 2 절 사법절차와 운영

대판 1990.6.8. 90도646

법원이 형사재판에 관하여 방청권을 발행하여 방청인의 수를 제한함이 공개재판주의에 반하는지 여부(소극)

법원이 법정의 규모 · 질서의 유지 · 심리의 원활한 진행 등을 고려하여 방청을 희망하는 피고인들의 가족 · 친지 기타 일반 국민에게 미리 방청권을 발행하게 하고 그 소지자에 한하여 방청을 허용하는 등의 방법으로 방청인의 수를 제한하는 조치를 취하는 것이 공개재판주의의 취지에 반하는 것은 아니다.

제 3 절 법원의 권한

[요약판례 1] 산업재해보상보험법 제94조 제2항 등 위헌소원: 합헌(헌재 2000.6.1. 98헌바8)

행정심판에 관한 헌법 제107조 제3항에서 규정하고 있는 '사법절차의 준용'의 의미, 산업재해보상보험법상의 보험급여결정에 대한 행정소송을 제기하기 위하여 심사청구·재심사청구의 행정심판을 거치도록 한 것이 헌법 제107조 제3항에 위반되는지 여부(소극) 및 위 행정심판전치주의가 재판청구권을 침해하는지 여부(소극)

(1) 헌법 제107조 제3항은 "재판의 전심절차로서 행정심판을 할 수 있다. 행정심판의 절차는 법률로 정하되, 사법절차가 준용되어야 한다"고 규정하고 있으므로, 입법자가 행정심판을 전심절차가 아니라 종심절차로 규정함으로써 정식재판의 기회를 배제하거나, 어떤 행정심판을 필요적 전심절차로 규정하면서도 그 절차에 사법절차가 준용되지 않는다면 이는 헌법 제107조 제3항, 나아가 재판청구권을 보장하고 있는 헌법 제27조에도 위반된다. 여기서 말하는 "사법절차"를 특징지우는 요소로는 판단기관의 독립성·공정성, 대심적(對審的) 심리구조, 당사자의 절차적 권리보장 등을 들 수 있으나, 위 헌법조항은 행정심판에 사법절차가 "준용"될 것만을 요구하고 있으므로 위와 같은 사법절차적 요소를 엄격히 갖춰야 할 필요는 없다고 할지라도, 적어도 사법절차의 본질적 요소를 전혀 구비하지 아니하고 있다면 "준용"의 요구에마저 위반된다.

(2) 산업재해보상보험법이 규정하고 있는 심사청구·재심사청구의 절차와 여기에 보완적으로 적용되는 행정심판법의 심리절차까지 고려하여 살펴보면, 심사청구·재심사청구의 절차는 전체적으로 대심주의 구조에 가깝도록 배려되어 있다고 할 수 있고, 증거조사신청권 등 당사자의 절차적 권리가 상당히 보장되어 있으며, 재결의 절차와 방식, 재결의 효력 등의 면에서도 사법절차를 준용하고 있다. 재결기관의 독립성·공정성에 관하여 보건대, 재심사 청구의 재결기관인 산업재해보상보험심사위원회는 그 구성과 운영에 있어서 심의·재결의 독립성과 공정성을 객관적으로 신뢰할 수 있을 만하고, 심사청구의 경우에도 근로복지공단이 그 재결기관으로 되어 있다는 점만으로 심의·재결의 독립성과 공정성이 본질적으로 배제되어 있다고 하기 어려우며 심사청구에 관한 결정에 불복이 있는 자는 재심사청구의 기회가 보장되어 있다. 그렇다면 전체적으로 볼 때 위 법에서 규정한 심사청구·재심사청구제도는 헌법 제107조 제3항에 위반된다고 할 수 없다.

(3) 헌법 제107조 제3항은 행정심판의 절차를 법률로 정하도록 하고 있으므로 입법자는 행정심판을 통한 권리구제의 효율성, 행정청에 의한 자기시정의 개연성, 문제되는 행정심판사항의 특성 등 여러 가지 요소를 감안하여 입법정책적으로 행정심판절차의 구체적 모습을 형성할 수 있다. 산업재해보상업무에는 업무와 재해간의 의학적 인과관계, 신체장해의 정도, 요양의 필요성 등 고도의 의학적·법학적·보험정책적 전문성과 기술성이 요구되어 이에 관한 행정기관의 전문성을 충분히 살릴 필요가 크므로 다른 일반의 행정처분과는 달리 특수한 전심절차를 둔 것에 합리성을 인정할 수 있고, 심사청구·재심사청구제도는 통상의 소송절차에 비하여 간편한 절차에 의해 시간과 비용을 절약하는 가운데 신속하고도 효율적인 권리구제를 꾀할 수 있다는 장점이 있으며, 비록 국민의 재판청구권을 제약하는 측면이 있는 것도 사실이나, 심사청구·재심사청구의 전치로 인한 노고와 시간, 즉 재판청구권의 제약의 정도는 경미한 데 비하여 그로 인하여 달성되는 공익은 매우 크다고 할 것이므로, 심사청구·재심사청구제도가 행정심판절차 형성에 관한 입법형성권의 한계를 벗어나 국민의 재판청구권을 침해하는 제도라고 할 수 없다.

[요약판례 2] 국가공무원법 제16조 제2항 등 위헌소원: 합헌(헌재 2007.1.17. 2005헌바86)

재심청구가 헌법 제107조 제3항(임의적 행정심판전치주의)에 위반되는지 여부(소극) 및 재심제도가 입법형성권의 한계를 벗어나 국민의 재판청구권 내지 평등권을 침해하는지 여부(소극)

재심청구는 불복절차로 행정소송을 제기할 수 있으므로 재판의 전심절차로서의 한계를 준수하고 있고, 판단기관인 재심위원회의 독립성과 공정성이 확보되어 있으며, 심리절차에 상당한 정도로 사법절차가 준용되므로, 헌법 제107조 제3항에 위반된다고 할 수 없다. 교원에 대한 징계처분은 그 적법성을 판단함에 있어서 전문성과 자주성에 기한 사전심사가 필요하고, 재심절차도 사법절차에 준하는 권리구제절차로서 실효성을 갖추고 있으며, 재판청구권의 제약은 경미한 데 비하여 그로 인하여 달성되는 공익은 크므로, 재심제도는 입법형성권의 한계를 벗어나 국민의 재판청구권 내지 평등권을 침해하는 제도라고 할 수 없다.

제 4 절 사법권의 범위와 한계

I 긴급재정명령 등 위헌확인: 각하,기각(헌재 1996.2.29. 93헌마186)

쟁점 통치행위인 대통령의 긴급재정경제명령이 헌법재판의 대상이 되는지 여부

사건의 개요

대통령은 금융실명거래및비밀보장에관한긴급재정경제명령(대통령 긴급재정경제명령 제16호)을 발하여 같은 날 시행되었고 국회의 승인을 받았는바, 이에 대하여 청구인은 대통령이 헌법 제76조 제1항에 규정한 요건을 갖추지 못하였음에도 긴급명령을 발하였고 국회가 위헌적인 긴급명령을 발한 대통령에 대하여 헌법 제65조의 탄핵소추를 의결하여야 함에도 이를 하지 아니함으로써 청구인의 알권리와 청원권 및 재산권을 침해한다고 주장하면서 이 사건 헌법소원심판을 청구하였다.

심판의 대상

① 대통령이 1993. 8. 12. 발한 이 사건 긴급명령 및 ② 국회가 이 사건 긴급명령을 발한 대통령에 대하여 헌법 제65조에 의한 탄핵소추의결을 하지 아니한 것이 청구인의 헌법상 기본권을 침해하는지 여부

청구인들의 주장

헌법 제76조 제1항은 "대통령은 내우·외환·천재·지변 또는 중대한 재정·경제상의 위기에 있어서 국가의 안전보장 또는 공공의 안녕질서를 유지하기 위하여 긴급한 조치가 필요하고 국회의 집회를 기다릴 여유가 없을 때에 한하여 최소한으로 필요한 재정·경제상의 처분을 하거나 이에 관하여 법률의 효력을 가지는 명령을 발할 수 있다"라고 규정하고 있는바, 대통령은 위 요건들의 어느 하나에도 해당하지 않음에도 이 사건 긴급명령을 발포하였다.

그렇다면, 이 사건 긴급명령은 그 절차에 위헌의 소지가 있어 헌법에 위반되고, 국회로서는 위와 같은 위헌적 행위를 한 대통령에 대하여 탄핵소추를 하여야만 할 것이다. 청구인은 국민의 한 사람으로서 금융실명제의 실시시기, 실시방법, 부작용방지책 등을 숙고하고 의견이 있으면 정부에 청원할 권리를 가지는데 이러한 권리가 대통령의 이 사건 긴급명령 발포로 인하여 원천적으로 침해되었으며, 이 사건 긴급명령의 실시로 인하여 청구인의 소유 주식 11주의 시가가 하락함으로써 재산권도 침해하였다.

판 단

Ⅰ. 적법요건에 관한 판단

1. 이 사건 긴급명령 부분

(1) 통치행위 주장에 대한 판단

통치행위란 고도의 정치적 결단에 의한 국가행위로서 사법적 심사의 대상으로 삼기에 적절하지 못한 행위라고 정의되는 바, 대통령의 긴급재정경제명령은 중대한 재정·경제상의 위기에 처하여

국회의 집회를 기다릴 여유가 없을 때에 국가의 안전보장 또는 공공의 안녕질서를 유지하기 위하여 필요한 경우에 발동되는 일종의 국가긴급권으로서 대통령의 고도의 정치적 결단을 요하고 가급적 그 결단이 존중되어야 할 것이다.

그러나 통치행위를 포함하여 모든 국가작용은 국민의 기본권적 가치를 실현하기 위한 수단이라는 한계를 반드시 지켜야 하는 것이고, 헌법재판소는 헌법의 수호와 국민의 기본권 보장을 사명으로 하는 국가기관이므로 고도의 정치적 결단에 의하여 행해지는 국가작용이라고 할지라도 그것이 국민의 기본권 침해와 직접 관련되는 경우에는 당연히 헌법재판소의 심판대상이 될 수 있는 것일 뿐만 아니라, 긴급재정경제명령은 법률의 효력을 갖는 것이므로 마땅히 헌법에 기속되어야 할 것이다.

(2) 기본권 침해의 직접성 결여 주장에 대한 판단

먼저 청구인이 침해받았다고 주장하는 기본권 중 청원권과 알권리에 대하여 살피건대, 청원권은 국민이 국가기관에 대하여 법률·명령·규칙의 제정·개정 또는 폐지 등 청원법 제4조가 정하는 사항에 관하여 의견이나 희망을 진술할 권리(헌법 제26조)이고, 알권리는 헌법 제21조의 표현의 자유에 의하여 직접 보장되는 권리로서 일반적으로 정보에 접근하고 수집, 처리함에 있어 국가권력의 방해를 받지 아니하는 자유권적 성질과 의사형성이나 여론형성에 필요한 정보를 적극적으로 수집하고 그 방해에 대한 제거를 요구할 수 있는 청구권적 성질을 아울러 가지는 것인바, 1982. 7. 이철희, 장영자 부부의 거액 어음부도 사건 이후 금융실명제에 관한 논의가 되어 1982. 12. 31. 금융실명거래에관한법률(법률 제3607호)이 제정·공포되기까지 위 법률의 시행에 관련된 문제점들 때문에 금융실명제의 실시가 지연되어 왔으나 그 간의 논의 및 대통령의 선거공약 등에 비추어 금융실명제가 조만간 실시될 것이라는 점과 그 대강의 내용은 알 수 있었고 또 그에 따른 청원도 가능하였던 것은 사실이나, 이 사건 금융실명제를 입법예고 등을 거치는 통상의 입법절차에 의하지 아니하고 대통령의 긴급명령의 형태로 전격적으로 시행함으로 인하여 청구인이 구체적으로 실시될 금융실명제의 내용이나 실시시기에 관한 정보에 접근·수집할 권리나 이에 관하여 청원할 권리는 직접 침해되었다고 할 것이다.

다음으로 이 사건 긴급명령의 실시로 인하여 청구인의 소유 주식 11주의 시가가 하락함으로써 재산권이 침해되었다는 청구인의 주장에 관하여 살피건대, 청구인이 주장하는 주식의 소유자는 청구인이 아니라 청구외 최명숙인 점을 알 수 있어 재산권침해 부분은 기본권침해의 자기관련성이 흠결되어 부적법하다.

2. 국회의 부작위 부분

청구인은 국회가 탄핵소추의결을 하지 아니한 것을 위헌적인 공권력의 불행사라고 주장하므로 살피건대, 부작위위헌확인소원은 기본권보장을 위하여 헌법상 명문으로 또는 헌법의 해석상 특별히 공권력주체에게 작위의무가 규정되어 있어 청구인에게 그와 같은 작위를 청구할 헌법상 기본권이 인정되는 경우에 한하여 인정되는 것인 바, 국회에게 대통령의 헌법 등 위배행위가 있을 경우에 탄핵소추의결을 하여야 할 헌법상의 작위의무가 있다거나 청구인에게 탄핵소추의결을 청구할 헌법상 기본권이 있다고 할 수 없다. 왜냐하면 헌법 제65조 제1항 명문규정상 국회의 탄핵소추의결이 국회의 재량행위임을 밝히고 있고 헌법해석상으로도 국정통제를 위하여 헌법상 국회에게 인정된 다양한 권한 중 어떠한 것을 행사하는 것이 적절한 것인가에 대한 판단권은 오로지 국회에 있다고 보아야 할 것이며, 나아가 청구인에게 국회의 탄핵소추의결을 청구할 권리에 관하여도 아무런 명문규정이 없고, 헌법해석상으로도 그와 같은 권리를 인정할 수 없기 때문이다.

Ⅱ. 위헌 여부에 관한 판단

1. 기본권의 침해

이 사건 긴급명령으로 인하여 청구인의 청원권과 알권리가 침해되었는데, 대통령의 긴급재정 경제명령은 평상시의 헌법 질서에 따른 권력행사방법으로서는 대처할 수 없는 재정·경제상의 국가위기 상황에 처하여 이를 극복하기 위하여 발동되는 비상입법조치라는 속성으로부터 일시적이긴 하나 다소간 권력분립의 원칙과 개인의 기본권에 대한 침해를 가져오는 것은 어쩔 수 없는 것이다.

그렇기 때문에 헌법은 긴급재정경제명령 발동에 따른 기본권침해를 위기상황의 극복을 위하여 필요한 최소한에 그치도록 그 발동요건과 내용, 한계를 엄격히 규정함으로써 그 남용 또는 악용의 소지를 줄임과 동시에 긴급재정경제명령이 헌법에 합치되는 경우라면 이에 따라 기본권을 침해받는 국민으로서도 특별한 사정이 없는 한 이를 수인할 것을 요구하고 있는 것이다.

그러므로 이 사건 긴급명령이 헌법 제76조가 정하고 있는 요건과 한계에 부합하는 것인지를 살펴본다.

2. 이 사건 긴급명령의 요건 구비여부

(1) 헌법의 규정

긴급재정경제명령은 정상적인 재정운용·경제운용이 불가능한 중대한 재정·경제상의 위기가 현실적으로 발생하여 긴급한 조치가 필요함에도 국회의 폐회 등으로 국회가 현실적으로 집회될 수 없고 국회의 집회를 기다려서는 그 목적을 달성할 수 없는 경우에 이를 사후적으로 수습함으로써 기존질서를 유지·회복하기 위하여 위기의 직접적 원인의 제거에 필수불가결한 최소의 한도 내에서 헌법이 정한 절차에 따라 행사되어야 한다.

그리고 **긴급재정경제명령은 평상시의 헌법 질서에 따른 권력행사방법으로서는 대처할 수 없는 중대한 위기상황에 대비하여 헌법이 인정한 비상수단으로서 의회주의 및 권력분립의 원칙에 대한 중대한 침해가 되므로 위 요건은 엄격히 해석되어야 할 것**이다.

(2) 이 사건에의 적용

긴급재정경제명령을 발할 수 있는 중대한 재정·경제상의 위기 상황의 유무에 관한 제1차적 판단은 대통령의 재량에 속한다. 그러나 그것이 자유재량이라거나 객관적으로 긴급한 상황이 아닌 경우라도 주관적 확신만으로 좋다는 의미는 아니므로 객관적으로 대통령의 판단을 정당화할 수 있을 정도의 위기상황이 존재하여야 한다.

살피건대 우리 사회는 지난 30여년간 경제성장 제일주의에 매달려 온 결과, 성장에 필요한 자금조달을 극대화하는 과정에서 비실명금융거래가 조장되어 음성불로소득이 만연하고 지하경제가 확산되었으며, 정치·사회·경제 등 모든 분야에서 부정·부조리를 온존·심화시키는 역할을 하여 왔는바, 그로 인하여 금융시장이 왜곡되고 금융정책의 실효성이 떨어져 이른바 이철희·장영자 부부의 거액어음사기 사건 등 대형 금융사고가 빈발하고, 유휴자금이 부동산과 사채시장으로 몰려 투기가 극에 달하였으며 탈세 및 조세의 형평성 문제가 제기되고 기업이 자금조달에 어려움을 겪는 등 건전한 경제발전에 장애가 되어 특히 1980년대 이후 문제가 더욱 심각해져 중대한 사회·경제적 문제로서 더 이상 이를 방치할 수 없는 위기상황에까지 이르렀으며, 이와 같은 위기를 극복하고 정상적인 금융질서를 회복함으로써 지하경제의 범위를 축소시키고 침체되어 있던 생산부문에 활력을 불어넣기 위하여는 금융거래의 실명화 조치가 반드시 필요하였던 사실은 주지하는 바와 같다. 그렇다면 이 사건 긴급명령은 "중대한 재정·경제상의 위기에 있어서 국가의 안전보장 또는 공공의 안녕질서를 유지하기 위하여" 발하여진 것이라고 할 수 있을 것이다.

대통령은 이 사건 긴급명령의 발포를 위한 특별담화에서 기존 금융실명법의 내용으로는 금융실명제를 실시하여도 금융실명제의 참다운 의미와 실효성을 반감시킨다고 하고 있는바, 그렇다면 대통령은 기존의 금융실명법으로는 앞서 본 바와 같은 재정·경제상의 위기상황을 극복할 수 없다고 판단하여 이 사건 긴급명령을 발한 것임을 알 수 있고, 대통령의 그와 같은 판단이 현저히 비합리적이고 자의적인 것이라고는 인정되지 않으므로 이는 존중되어야 할 것이며, 당시 국회는 폐회 중이었을 뿐 아니라 이러한 상황에서 국회를 소집하여 그 논의를 거쳐 기존의 금융실명법을 이 사건 긴급명령과 같은 내용으로 개정한 후 시행하는 경우에는 검은 돈이 금융시장을 이탈하여 부동산시장으로 이동함으로써 한편으로는 금융경색을 초래하여 기업의 자금조달을 어렵게 하여 경기침체를 심화시키고, 다른 한편으로는 부동산투기를 재연시키거나 자금이 해외로 도피할 위험성이 있으며, 특히 사채시장 의존도가 높은 중소기업의 일시적 자금 부족이 우려되고 비실명화율이 높은 증권시장에 혼란이 일어나는 등 큰 부작용이 있을 것임은 충분히 예상할 수 있고, 그렇다고 금융실명제의 실시를 지체하기에는 우리나라의 재정·경제상의 위기상황이 매우 심각하였음은 앞서 본 바와 같다.

그렇다면 이 사건 긴급명령의 발포와 관련하여 "긴급한 조치가 필요함에도 국회의 집회를 기다릴 여유가 없을 때"라는 요건도 충족되었다고 볼 것이다.

그 밖에 국회는 이 사건 긴급명령 발포 후 1983. 8. 19. 최초로 소집된 임시국회에서 이 사건 긴급명령을 승인하였으며 기타 절차적 요건의 구비 여부에 관하여 문제점을 찾아볼 수 없다.

그렇다면 이 사건 긴급명령은 헌법이 정한 절차와 요건에 따라 헌법의 한계 내에서 발포된 것이고 따라서 이 사건 긴급명령 발포로 인한 청구인의 기본권 침해는 헌법상 수인의무의 한계 내에 있다고 할 것이다.

Ⅲ. 결　론

따라서 이 사건 심판청구 중 국회의 탄핵소추의결부작위에 대한 부분은 부적합하므로 이를 각하하고, 이 사건 긴급명령에 대한 부분은 이유 없으므로 이를 기각하기로 하여 관여 재판관 전원의 일치된 의견으로 주문과 같이 결정한다.

✤ 본 판례에 대한 평가 1. 한국에서의 통치행위 이론: 국내학자들이 소개하고 있는 학설은 크게 통치행위 부정론과 긍정론이 있으며, 후자는 다시 내재적 제약설(권력분립설), 자유재량행위설, 사법적 자기제약설, 통치행위독자성설 등으로 설명되고 있다. 부정설에 의하면, ㉠ 법치주의가 지배하고 행정소송의 개괄주의를 채택하고 있는 이상 모든 행정작용은 사법심사의 대상에서 제외될 수 없고, ㉡ 권력분립이론상 사법권에 의한 집행부의 통제수단으로서 통치행위도 사법심사를

하여야 하며, ⓒ 통치행위를 인정하게 되면 헌법이 규정하고 있는 명령·처분에 대한 법원의 위헌심사권(헌법 제107조 제2항, 법원조직법 제2조 제1항, 제7조 제1항)을 부인하게 되어 결과적으로 행정권의 남용으로부터 국민의 기본권보장을 제대로 기할 수 없다고 본다.

긍정설의 권력분립설에 의하면, ㉠ 헌법상 입법·집행·사법작용이 분립되어 있고, ㉡ 통치행위는 집행부의 권한사항이므로 사법심사의 대상이 되지 않으며, ⓒ 정치적인 국가행위의 통제는 정치영역에 맡기는 것이 사법과정과 정치과정을 구별한 권력분립원리에 적합하다고 본다. 그러나 권력분립의 이름으로 사법에서 법을 빼앗을 수 없으며, 오히려 사법심사를 통하여 권력을 견제함으로써 법을 실현하려는 권력분립원리에 배치된다는 비판을 받고 있다. 내재적 한계설에 의하면, ㉠ 사법권에는 그에 내재하는 일정한 한계가 있으므로 통치행위에 대한 사법심사는 부정되어야 하고, ㉡ 동태적인 정치문제는 그 지위가 독립되어 있고 정치적으로 책임을 지지 아니하는 법원이 심사하는 것은 부적합하며, ⓒ 그 문제에 대한 최종적인 판단은 집행부나 국회 또는 국민에게 일임하는 것이 타당하다고 본다. 그러나 이 학설은 결과적으로 사법부의 기능을 축소하게 되어 국민의 권리구제가 미흡해진다는 비판이 제기되고 있다. 자유재량설에 의하면, 통치행위는 행정행위이긴 하나 자유재량행위로 보아 사법심사의 대상이 되지 아니한다고 본다. 즉 "이들 문제는 고도의 정치적 고려를 필요로 하기 때문에 국회나 정부의 자유재량에 일임하고 법원의 개입을 허용하지 않는 것이 타당하며, 법원은 심판할 능력도 없다. 다만 헌법이 허용하는 자유재량의 한계를 넘는 행위는 이른바 월권행위로서 사법권의 심사대상이 되어야 할 것"으로 본다. 그러나 ㉠ 행정소송사항의 개괄주의를 취하고 있으며, ㉡ 현실적으로 통치행위의 대부분이 자유재량행위일지라도 그 개념구성상 통치행위와 자유재량행위는 구별되어야 하고, ⓒ 자유재량행위는 재량권의 한계를 넘지 않는 한 위법의 문제가 생기지 않으나 통치행위는 위법의 문제가 생길 수 있지만 그 위법성을 법원이 심사하지 않을 뿐이라는 비판이 있다. 통치행위독자성설에 의하면, 통치행위는 고도의 정치성을 갖기 때문에 사법권의 판단 밖이라고 본다. 통치란 국가 전체의 지도와 영도를 말하며, 통치행위는 독자적인 정치행위이다. 그러나 통치행위의 성격을 특종의 국가행위로 보아서도 아니되며, 따라서 통치행위를 사법심사의 대상에서 제외시키는 타당근거는 그 행위의 성질에서가 아니라 사법의 본질에서 찾아야 한다고 본다. 사법자제설에 의하면, 통치행위에 대하여 이론상 사법권이 미치지만, 사법부의 자제에 의하여 법원이 정치문제에 대한 판단에 개입하는 것을 회피하여 그 정치문제를 담당하는 각 기관의 결정을 존중하여야 한다고 본다. 즉 통치행위는 정치의 사법화를 피함으로써 사법의 정치화를 막기 위한 수단이라는 것이다. 그러나 헌법상 사법심사의 대상이 되는 것을 법원이 스스로 자제하는 것은 심사권의 포기라는 비판이 있다.

2. 검 토: 학자들은 대체로 헌법이론상 혹은 헌법해석상으로는 통치행위를 부정하고 있다. 그러나 헌법현실 내지 헌법정책적인 입장에서 사법심사의 한계에 해당하는 통치행위를 최소한 받아들이고 있으며 학설로는 사법자제설을 취하고 있다. 생각건대 사법자제설 그 자체는 통치행위의 존립근거로서 일반화될 수 있는 이론이 아니라, 헌법현실 속에서 구체적 사안에 직면하여 당해 사안에 대하여 사법부가 법선언적 판단을 가하는 것보다는 오히려 정치의 영역으로 남겨 두는 것이 타당하다고 판단할 경우에, 이 에 관한 사법심사를 자제한다는 의미로 이해할 수 있다. 결국 통치행위의 존재는 인정하되, 특정 행위의 통치행위성 여부는 구체적 사안에 따라 판단할 수밖에 없다.

3. 통치행위의 범위 및 판례: 국내학자들이 통치행위라고 제시한 일련의 사항은 대체로 유사하며, 그것은 외국의 판례·학설과도 비슷하다. 프랑스에서의 통치행위표(목록)는 국내에서도 통치행위의 범위를 설정하는 유용한 준거가 될 수 있다. 그러나 통치행위의 범위를 설정하면서 한편으로는 그것이 기본권침해와 관련된 경우에는 사법심사를 받아야 한다고 보고 있다. 이는 헌법이론상 제시한 통치행위 부정론과 헌법현실상 수용한 통치행위 긍정론 사이의 타협적 결론이라 할 수 있다. 결국 통치행위의 존재 및 범위는 헌법이론상 논리필연적으로 존재하여야 할 사항이 아니지만, 사법부가 계쟁사안의 구체적·개별적 판단을 통하여 직접 사법심사를 하여야 할 사안인지 아니면 고도의 정치적 사안에 속하므로 사법심사를 자제해야 하는지를 판단하여야 한다. 종래 법원의 판례는 여러 차례 나와 있으나 그 사안은 대통령의 비상계엄선포행위에 한정되어 있었다. 대법원 및 서울고등 법원의 판단은 내재적 제약설, 권력분립설, 자유재량행위설, 사법자제설적으로 이해될 수 있는 소지를 남기고 있었다. 그런데 종래의 대법원의 견해와 달리 이른바 12·12군사반란과 5·18내란 등 사건에서 대법원은 대통령의 비상계엄의 선포나 확대행위의 통치행위성을 인정하면서도 비상계엄의 선포나 확대가 국헌문란의 목적을 달성하기 위하여 행하여진 경우에 법원은 그 자체가 범죄행위에 해당하는지의 여부에 관하여 심사할 수 있다고 판시한 바 있다. 또한 대법원은 대북송금사건 판결에서 통치행위가 사법심사대상에서 제외되는 영역을 최소화시켜 그 개념성을 인정하고 사법자제설의 입장을 취하고 있다.

한편 헌법재판소가 개설되면서 통치행위의 논의는 법원에서 헌법재판소로 넘어가고 있는 양상이다. 헌법재판소는 '금융실명거래및비밀보장에 관한긴급재정경제명령'사건에서 통치행위이론 자체를 인정하면서도 구체적인 요건심리를 하고 있다. 이 사건에서 헌법재판소는 통치행위의 이론적·실제적인 존재를 인정하고 있으면서도 동시에 통치행위에 대해서도 국민의 기본권보호를 위하여 이에 대한 사법심사가 가능하다는 점을 분명히 하고 있다. 헌법재판소와 대법원이 이와 같이 통치행위에 대한 진전된 판례를 보여주고 있는 것은 법치주의의 발전을 위해 다행스러운 일이다. 특히 적어도 통치행위에 관한 한 이제 두 최고사법기관이 같은 이론을 채택하고 있다는 점도 바람직한 일이다. 만일 통치행위라는 이유로 해서 대통령의 국가긴급권발동에 대하여 무조건적으로 사법심사를 하지 않을 경우에는, 헌법에 아무리 국가긴급권발동요건을 강화한다고 해도 그것은 하나의 장식물에 불과하기 때문이다. 다만, 헌법재판소는 "국방 및 외교에 관련된 고도의 정치적 결단을 요하는 문제로서 헌법과 법률이 정한 절차를 지켜 이루어진 이상, 대통령과 국회의 판단은 존중되어야 하고 헌법재판소가 사법적 기준만으로 이를 심판하는 것은 자제되어야 한다"라고 판시하고 있다.

관련 문헌: 김선택, "통치행위의 법리와 사법적 구제가능성", 고시연구 32권 1호, 2005. 1; 김선화 "통치행위의 인정여부와 판단기준 소고", 공법연구 33집 1호, 2004. 11; 정연주, "통치행위에 대한 사법심사", 저스티스(제95호), 29-49면; 고문현, "통치행위에 관한 소고", 헌법학연구 제10권 제3호, 2004. 9; 오호택, "국군의 해외파병에 대한 헌법소원", 고시연구 31권 5호(362호), 2004. 5, 238-247면; 오동석, "국군의 외국 파견에 대한 헌법적 검토", 민주법학, 통권29호(2005. 12), 361-388면; 성낙인, 헌법연습(긴급재정경제명령에 대한 사법심사), 839-849면.

[요약판례 1] 성폭력범죄의처벌및피해자보호등에관한법률 제5조 제1항 위헌소원: 합헌(헌재 2004.6.24. 2003헌바53)

주거침입강간죄가 모두 가정파괴범이 되는 것은 아님에도 불구하고 모든 주거침입강간죄의 법정형을 가중하는 것이 과잉금지원칙을 위반하거나 법관의 양형결정권을 제한하는 것인지 여부(소극)

성폭력법상의 주거침입강간죄는 종종 그 피해가 당사자 본인에게만 국한되지 않고 그가 속한 가정을 파괴하거나 사회의 기초질서를 어지럽힐 정도로 해악이 크다는 점에서 이를 엄단할 필요가 있고, 한편 인간 행복의 최소한의 조건인 주거에서 개인의 인격과 불가분적으로 연결되어 있는 성적 자기결정권을 침해하는 범죄라는 점에서 피해자에 대한 법익침해 또한 중대하므로 이를 무기 또는 5년 이상의 징역에 처하더라도 과도하다고 할 수 없다. 나아가 법정형은 법관으로 하여금 구체적 사건의 정상에 따라 그에 알맞는 적정한 선고형을 이끌어 낼 수 있게끔 하면 족한 것으로 입법자가 법정형 책정에 관한 여러 가지 요소의 종합적 고려에 따라 법률 그 자체로 법관에 의한 양형재량의 범위를 좁혀 놓았다고 하더라도, 그것이 당해 범죄의 보호법익과 죄질에 비추어 범죄와 형벌간의 비례의 원칙상 수긍할 수 있는 정도의 합리성이 있다면 이러한 법률을 위헌이라고 할 수는 없는바, 이 사건 규정의 법정형은 무기 또는 5년 이상의 징역형으로 행위자에게 특별히 고려해야 할 사정이 있다면 작량감경을 통해 집행유예까지도 선고할 수 있으므로 법관의 양형권을 제한하는 것으로 보기 어렵다.

[요약판례 2] 일반사병 이라크파병 위헌확인: 각하(헌재 2004.4.29. 2003헌마814)

외국에의 국군의 파견결정과 같이 성격상 외교 및 국방에 관련된 고도의 정치적 결단이 요구되는 사안에 대한 국민의 대의기관의 결정이 사법심사의 대상이 되는지 여부(소극), "대통령이 2003. 10. 18. 국군(일반사병)을 이라크에 파견하기로 한 결정"이 헌법에 위반되는지의 여부에 대한 판단을 헌법재판소가 하여야 하는지 여부(소극) 및 그 성격상 국방 및 외교에 관련된 고도의 정치적 결단을 요하는 이 사건 파견결정이 사법심사의 대상이 되는지 여부(소극)

외국에의 국군의 파견결정은 고도의 정치적 결단이 요구되는 사안으로서 그 문제에 대해 정치적 책임을 질 수 있는 국민의 대의기관이 관계분야의 전문가들과 광범위하고 심도 있는 논의를 거쳐 신중히 결정하는 것이 바람직하며 우리 헌법도 그 권한을 국민으로부터 직접 선출되고 국민에게 직접 책임을 지는 대통령에게 부여하고 그 권한행사에 신중을 기하도록 하기 위해 국회로 하여금 파병에 대한 동의 여부를 결정할 수 있도록 하고 있는바, 현행 헌법이 채택하고 있는 대의민주제 통치구조 하에서 대의기관인 대통령과 국회의 그와 같은 고도의 정치적 결단은 가급적 존중되어야 한다.

이 사건 파견결정이 헌법에 위반되는지의 여부 즉 국가안보에 보탬이 됨으로써 궁극적으로는 국민과 국익에 이로운 것이 될 것인지 여부 및 이른바 이라크전쟁이 국제규범에 어긋나는 침략전쟁인지 여부 등에 대한 판단은 대의기관인 대통령과 국회의 몫이고, 성질상 한정된 자료만을 가지고 있는 우리 재판소가 판단하는 것은 바람직하지 않다고 할 것이며, 우리 재판소의 판단이 대통령과 국회의 그것보다 더 옳다거나 정확하다고 단정짓기 어려움은 물론 재판결과에 대하여 국민들의 신뢰를 확보하기도 어렵다고 하지 않을 수 없다.

그렇다면 **이 사건 파견결정은 그 성격상 국방 및 외교에 관련된 고도의 정치적 결단을 요하는 문제로서, 헌법과 법률이 정한 절차를 지켜 이루어진 것임이 명백하므로, 대통령과 국회의 판단은 존중되어야 하고 헌법재판소가 사법적 기준만으로 이를 심판하는 것은 자제되어야** 한다. 이에 대하여는 설혹 사법적 심사의 회피로 자의적 결정이 방치될 수도 있다는 우려가 있을 수 있으나 그러한 대통령과 국회의 판단은 궁극적으로는 선거를 통해 국민에 의한 평가와 심판을 받게 될 것이다.

(재판관 윤영철, 재판관 김효종, 재판관 김경일, 재판관 송인준의 별개의견) 헌법재판소법 제68조 제1항에서 기본권을 침해받은 자라 함은 공권력의 행사 또는 불행사로 인하여 자기의 기본권이 현재 그리고 직접적으로 침해받은 자를 의미하며 단순히 간접적이거나 사실적인 이해관계가 있을 뿐인 제3자는 이에 해당하지 않는다.

청구인은 이 사건 파견결정으로 인해 파견될 당사자가 아님은 청구인 스스로 인정하는 바와 같고 현재 군복무중이거나 군입대 예정자도 아니다. 그렇다면, 청구인은 이 사건 파견결정에 관하여 일반 국민의 지위에서 사실상 또는 간접적인 이해관계를 가진다고 할 수는 있으나, 이 사건 파견결정으로 인하여 청구인이 주장하는 바와 같은 행복추구권 등 헌법상 보장된 청구인 자신의 기본권을 현재 그리고 직접적으로 침해받는다고는 할 수 없다.

대판(전합) 1997.4.17. 96도3376

비상계엄의 선포나 확대 행위가 사법심사의 대상이 되는지 여부(한정적극)

(다수의견) 군사반란과 내란을 통하여 폭력으로 헌법에 의하여 설치된 국가기관의 권능행사를 사실상 불가능하게 하고 정권을 장악한 후 국민투표를 거쳐 헌법을 개정하고 개정된 헌법에 따라 국가를 통치하여 왔다고 하더라도 그 군사반란과 내란을 통하여 새로운 법질서를 수립한 것이라고 할 수는 없으며, 우리나라의 헌법질서 아래에서는 헌법에 정한 민주적 절차에 의하지 아니하고 폭력에 의하여 헌법기관의 권능행사를 불가능하게 하거나 정권을 장악하는 행위는 어떠한 경우에도 용인될 수 없다. 따라서 그 군사반란과 내란행위는 처벌의 대상이 된다. 대통령의 비상계엄의 선포나 확대 행위는 고도의 정치적·군사적 성격을 지니고 있는 행위라 할 것이므로, 그것이 누구에게도 일견하여 헌법이나 법률에 위반되는 것으로서 명백하게 인정될 수 있는 등 특별한 사정이 있는 경우라면 몰라도, 그러하지 아니한 이상 그 계엄선포의 요건 구비 여부나 선포의 당·부당을 판단할 권한이 사법부에는 없다고 할 것이나, 비상계엄의 선포나 확대가 국헌문란의 목적을 달성하기 위하여 행하여진 경우에는 법원은 그 자체가 범죄행위에 해당하는지의 여부에 관하여 심사할 수 있다.

(반대의견) 군사반란 및 내란행위가 비록 형식적으로는 범죄를 구성한다고 할지라도 그 책임 문제는 국가사회의 평화와 정의의 실현을 위하여 움직이는 국민의 정치적 통합과정을 통하여 해결되어야 하는 고도의 정치문제로서, 이에 대하여는 이미 이를 수용하는 방향으로 여러 번에 걸친 국민의 정치적 판단과 결정이 형성되어 온 마당에 이제 와서 법원이 새삼 사법심사의 일환으로 그 죄책 여부를 가리기에는 적합하지 아니한 문제라 할 것이므로, 법원으로서는 이에 대한 재판권을 행사할 수 없다.

대판 2004.3.26. 2003도7878

고도의 정치성을 띤 국가행위인 이른바 통치행위가 사법심사의 대상이 되는지 여부(적극) 및 남북정상회담의 개최과정에서 북한 측에 사업권의 대가명목으로 송금한 행위가 사법심사의 대상이 된다고 판단한 원심판결을 수긍한 사례

입헌적 법치주의 국가의 기본원칙은 어떠한 국가행위나 국가작용도 헌법과 법률에 근거하여 그 테두리 안에서 합헌적·합법적으로 행하여질 것을 요구하며, 이러한 합헌성과 합법성의 판단은 본질적으로 사법의 권능에 속하는 것이고, 다만 국가행위 중에는 고도의 정치성을 띤 것도 있고 그러한 고도의 정치행위에 대하여 정치적 책임을 지지 않는 법원이 정치의 합목적성이나 정당성을 도외시 한 채 합법성의 심사를 감행함으로써 정책결정이 좌우되는 일은 결코 바람직한 일이 아니며, 법원이 정치문제에 개입되어 그 중립성과 독립성을 침해당할 위험성도 부인할 수 없으므로, 고도의 정치성을 띤 국가행위에 대하여는 이른바 통치행위라 하여 법원 스스로 사법심사권의 행사를 억제하여 그 심사대상에서 제외하는 영역이 있으나, 이와 같이 통치행위의 개념을 인정한다고 하더라도 과도한 사법심사의 자제가 기본권을 보장하고 법치주의 이념을 구현하여야 할 법원의 책무를 태만히 하거나 포기하는 것이 되지 않도록 그 인정을 지극히 신중하게 하여야 하며, 그 판단은 오로지 사법부만에 의하여 이루어져야 한다.

제5절 사법권의 독립

[요약판례 1] 법원조직법 제45조 제4항 위헌확인: 합헌(헌재 2002.10.31. 2001헌마557)

법관의 정년을 규정하고 있는 동 규정이 청구인의 평등권, 직업선택의 자유 내지 공무담임권을 침해하거나 헌법 제106조의 법관 신분보장 규정에 위배되는지 여부(소극)

이 사건 법률조항은 법관의 정년을 직위에 따라 대법원장 70세, 대법관 65세, 그 이외의 법관 63세로 하여 법관 사이에 약간의 차이를 두고 있는 것으로, 헌법 제11조 제1항에서 금지하고 있는 차별의 요소인 '성별', '종교' 또는 '사회적 신분' 그 어디에도 해당되지 아니할 뿐만 아니라, 그로 인하여 어떠한 사회적 특수계급제도를 설정하는 것도 아니고, 그와 같이 법관의 정년을 직위에 따라 순차적으로 낮게 차등하게 설정한 것은 법관 업무의 성격과 특수성, 평균수명, 조직체 내의 질서 등을 고려하여 정한 것으로 그 차별에 합리적인 이유가 있다고 할 것이므로, 청구인의 평등권을 침해하였다고 볼 수 없다.

이 사건 법률조항과 같이 법관의 정년을 설정한 것은 법관의 노령으로 인한 정신적·육체적 능력 쇠퇴로부터 사법이라는 업무를 제대로 수행함으로써 사법제도를 유지하게 하고, 한편으로는 사법인력의 신진대사를 촉진하여 사법조직에 활력을 불어넣고 업무의 효율성을 제고하고자 하는 것으로 직업선택의 자유 내지 공무담임권을 침해하고 있다고 할 수 없다. 법관의 정년자체를 낮게 설정함으로써 그 결과 법관의 신분보장 규정에 위배된다는 주장이라면, 위에서 살펴본 바와 같이 이 사건 법률조항이 평등권, 직업선택의 자유나 공무담임권을 침해하고 있지 아니하므로, 결과적으로 법관의 신분보장규정에도 위배되지 아니한다고 할 것이다.

[요약판례 2] 법원조직법 제54조 위헌소원: 합헌(헌재 2009.2.26. 2007헌바8)

사법보좌관에 의한 소송비용액 확정결정절차를 규정한 법원조직법 제54조 제2항 제1호 중 "민사소송법상의 소송비용액 확정결정절차에서의 법원의 사무" 부분이 재판청구권을 규정한 헌법 제27조 제1항에 위반되는지 여부(소극)

법원조직법 제54조 제3항 등에서는 사법보좌관의 처분에 대한 이의신청을 허용함으로써 동일 심급 내에서 법관으로부터 다시 재판받을 수 있는 권리를 보장하고 있는데, 이 사건 조항에 의한 소송비용액 확정결정절차의 경우에도 이러한 이의절차에 의하여 법관에 의한 판단을 거치도록 함으로써 법관에 의한 사실 확정과 법률해석의 기회를 보장하고 있다.

이와 같이 **사법보좌관제도는 이의절차 등에 의하여 법관이 사법보좌관의 소송비용액 확정결정절차를 처리할 수 있는 장치를 마련함으로써 적정한 업무처리를 도모함과 아울러 사법보좌관의 처분에 대하여 법관에 의한 사실 확정과 법률의 해석적용의 기회를 보장하고 있는바, 이는 한정된 사법 인력을 실질적 쟁송에 집중하도록 하면서 궁극적으로 국민의 재판받을 권리를 실질적으로 보장한다는 입법목적 달성에 기여하는 적절한 수단임을 인정할 수 있다.**

[요약판례 3] 검사징계법 위헌소원: 합헌(헌재 2011.12.29. 2009헌바282)

법관의 경우와 달리 검사에 대해서만 면직처분을 인정한 것이 평등원칙에 위배되는지 여부(소극)

헌법은 "법관은 탄핵 또는 금고이상의 형의 선고에 의하지 아니하고는 파면되지 아니하며, 징계처분에 의하지 아니하고는 정직·감봉 기타 불리한 처분을 받지 아니한다"(제106조 제1항)고 규정하여 법관의 신분을 헌법상 보장하는 반면, 검사의 신분보장을 규정하고 있지는 아니하다. 이는 사법부에 속한 법관은 삼권분립의 원칙상 재판의 독립을 위하여 엄격한 신분보장이 필요하지만, 검사는 준사법기관의 지위를 가지더라도 행정부 소속으로 검사동일체의 원칙에 따라 직무를 행하도록 예정되어 있기 때문이다. 따라서 법관과 검사 간에 신분보장에 있어 차별이 있더라도, 이에는 앞에서 본 바와 같은 합리적인 이유가 있으므로, 구 검사징계법 제3조 제1항 중 "면직" 부분은 평등원칙에 위배되지 않는다.

대판 2009.4.9. 2008도10572

파기환송 판결의 사실상 및 법률상 판단의 기속력

법원조직법 제8조는 "상급법원의 재판에 있어서의 판단은 당해 사건에 관하여 하급심을 기속한다"고 규정하고, 민사소송법 제436조 제2항 후문도 상고법원이 파기의 이유로 삼은 사실상 및 법률상의 판단은 하급심을 기속한다는 취지를 규정하고 있으며, 형사소송법에서는 이에 상응하는 명문의 규정은 없지만 법률심을 원칙으로 하는 상고심은 형사소송법 제383조 또는 제384조에 의하여 사실인정에 관한 원심판결의 당부에 관하여 제한적으로 개입할 수 있는 것이므로 조리상 상고심판결의 파기이유가 된 사실상의 판단도 기속력을 가진다. 따라서 **상고심으로부터 사건을 환송받은 법원은 그 사건을 재판함에 있어서 상고법원이 파기이유로 한 사실상 및 법률상의 판단에 대하여 환송 후의 심리과정에서 새로운 증거가 제시되어 기속적 판단의 기초가 된 증거관계에 변동이 생기지 않는 한 이에 기속**된다.

환송 후 원심에서의 증인들의 각 증언 내용이 환송 전과 같은 취지여서 그들의 종전 진술을 다시 한번 확인하는 정도에 그쳤고, 그 외에 환송 후 원심에서 추가적인 증거조사가 이루어지지 않았다면, '환송 후의 심리 과정에서 새로운 증거가 제시되어 기속적 판단의 기초가 된 증거관계의 변동이 생긴 경우'에 해당한다고 볼 수 없다.

대판 2009.12.10. 2009도11448

형법 제57조 제1항의 일부에 대한 헌법재판소의 위헌결정에 따라 판결에서 별도로 '판결선고 전 미결구금일수 산입에 관한 사항'을 판단할 필요가 없어졌는지 여부(적극)

형법 제57조 제1항 중 "또는 일부" 부분은 위헌결정으로 효력이 상실되었다. 그리하여 판결선고 전 미결구금일수는 그 전부가 법률상 당연히 본형에 산입하게 되었으므로, 판결에서 별도로 미결구금일수산입에 관한 사항을 판단할 필요가 없다.

법원조직법 제81조의2 이하의 규정에 의하여 마련된 대법원 양형위원회의 양형기준은 법관이 합리적인 양형을 정하는 데 참고할 수 있는 구체적이고 객관적인 기준으로 마련된 것이다. 위 양형기준은 법적 구속력을 가지지 아니하고 단지 위와 같은 취지로 마련되어 그 내용의 타당성에 의하여 일반적인 설득력을 가지는 것으로 예정되어 있으므로 법관의 양형에 있어서 그 존중이 요구되는 것일 뿐이다.

제6절 사법권에 대한 통제

5 헌법재판소

제 1 절 헌법재판의 일반이론

I 헌법재판소법 제68조 제1항 위헌확인 등: 한정위헌(헌재 1997.12.24. 96헌마172등)

쟁점 헌법재판소법 제68조 제1항은 법원의 재판을 헌법소원심판의 대상으로부터 배제하고 있는데, **헌법재판소가 위헌으로 결정한 법령을 적용한 재판의 경우에도 헌법소원의 대상이 되는지 여부 및 재판이 취소되는지 여부**

사건의 개요

96헌마174 사건의 피청구인인 동작세무서장은, 청구인에게 구 소득세법 시행령(1989. 8. 1. 대통령령 제12767호로 개정되기 전의 것) 제170조 제4항 제2호에 해당한다는 이유로 구 소득세법(1990. 12. 31. 법률 제4281호로 개정되기 전의 것) 제23조 제4항 단서, 제45조 제1항 제1호 단서에 따라 **취득가액과 양도가액을 모두 실지거래가액에 의하여 양도차익을 산정하여 이 사건 과세처분을 하였다.**

청구인은 서울고등법원에 위 과세처분의 취소를 구하는 행정소송을 제기하였으나 청구를 기각하는 판결이 선고되자 그 판결에 대해 상고하였고, 상고심 계속 중인 1995. 11. 30.에 헌법재판소는 **"구 소득세법 제23조 제4항 단서, 제45조 제1항 제1호 단서는 실지거래가액에 의할 경우를 그 실지거래가액에 의한 세액이 그 본문의 기준시가에 의한 세액을 초과하는 경우까지를 포함하여 대통령령에 위임하는 것으로 해석하는 한 헌법에 위반된다"**는 결정(94헌바40, 95헌바13)을 선고하였다.

그럼에도 불구 대법원은 1996. 4. 9. 이 사건 과세처분이 위 각 법률조항에 근거한 것이기 때문에 위법한 것이라는 청구인의 주장을 배척하고 위 과세처분이 적법한 것이라고 본 원심판단은 정당한 것이라고 판단하여, 청구인의 상고를 기각하는 판결(95누11405)을 선고하였다.

이에 청구인은, 1996. 5. 6. 이 사건 과세처분은 위헌결정의 선고로 효력을 상실한 위 법률조항에 근거한 것으로서 피청구인의 공권력 행사인 과세처분으로 인하여 헌법상 보장된 기본권을 침해받았다는 이유로 **과세처분의 취소를 구하는 헌법소원심판을 청구(96헌마173)함과 아울러, 헌법소원의 대상에서 법원의 재판을 제외하고 있는 헌법재판소법 제68조 제1항은 헌법상 평등권을 침해하는 것으로 헌법에 위반되는 것이고** 이 사건 과세처분은 헌법에 위반된 것으로 마땅히 취소되어야 할 것인데도 대법원은 **헌법재판소의 위헌결정의 기속력을 무시한 채** 위 과세처분이 위법한 것이라는 청구인의 주장을 배척하고 청구인의 상고를 기각함으로써 헌법상 보장된 자신의 기본권을 침해하였다는 이유로 헌법재판소법 제68조 제1항과 대법원 1996. 4. 9. 선고 95누11405 판결에 대하여 위헌선언을 구하는 헌법소원심판을 청구하였다.

심판의 대상

① 헌법재판소법 제68조 제1항 중 '법원의 재판'을 헌법소원의 대상에서 제외하고 있는 본문, ② 대법원 1996. 4. 9. 선고 95누11405 판결 및 ③ 피청구인 동작세무서장이 1992. 6. 16. 청구인에게 1989년 귀속분 양도소득세 금 736,254,590원과 방위세 금 147,250,910원을 부과한 이 사건 과세처분이 청구인의 기본권을 침해하는지의 여부이다.

청구인의 주장

헌법재판소법 제68조 제1항 본문은 헌법소원의 대상에서 법원의 재판을 제외하고 있는 바, 법원의 재판으로 기본권을 침해받은 경우에 이에 대한 구제수단으로서 헌법소원이 용인되어야 함에도 이를 제외한 것은 다른 공권력에 의하여 기본권의 침해를 받은 국민에 비하여 합리적 이유 없이 차별대우를 하는 것이므로 평등의 원칙에 위배되는 것이다. 또한 헌법 제107조 제2항이 명령, 규칙에 대한 **1차적 심사권을 법원에 준 이상 이에 대한 판단을 그르친 법원의 재판에 대한 통제로 헌법소원이 가능하여야 함에도 이를 제외한 것은 위헌이다.**

이 사건 과세처분은 헌법재판소에 의하여 위헌 결정된 법률조항과 그 위임에 따라 실지거래가액에 의하여 양도차익을 산정할 수 있는 경우를 구체적으로 근거하고 있는 구 소득세법 시행령 제170조 제1항 제2호에 근거한 것이다. **헌법재판소의 위헌결정의 선고로 효력이 상실된 법령에 근거하여 한 이 사건 과세처분은 마땅히 취소되었어야 한다.**

그런데도 이 사건 대법원 판결은 헌법재판소의 위 결정은 일종의 법률해석으로서 법원에 전속되어 있는 법령의 해석, 적용권한에 대하여 어떠한 영향을 미치거나 기속력을 가지지 아니한다는 이유로 위 결정에 따르지 아니하고 청구인의 상고를 기각하였다. 법률의 위헌 여부에 대한 헌법재판소의 결정은 법원 기타 국가기관 및 지방자치단체에 기속력을 가지는 것임에도 불구하고 아무런 근거 없이 이를 배척하여 헌법재판소의 위헌법률심사권을 부정한 이 사건 대법원 판결은 헌법재판소법 제68조 제1항 본문과 함께 청구인의 평등권과 재산권을 침해한 것이다.

판 단

Ⅰ. 헌법재판소법 제68조 제1항의 위헌여부

1. 헌법 제111조 제1항 제5호의 법률이 정하는 헌법소원의 의미

헌법소원에 관한 헌법의 규정은 헌법 제111조 제1항 제5호가 '법률이 정하는 헌법소원에 관한 심판'이라고 규정하여 그 구체적인 형성을 입법자에게 **위임함으로써 입법자에게 헌법소원제도의 본질적 내용을 입법을 통하여 보장할 의무를 부과하고 있다.**

헌법 제111조 제1항 제5호가 '법률이 정하는 헌법소원에 관한 심판'이라고 규정한 뜻은 결국 헌법이 입법자에게 공권력 작용으로 인하여 헌법상의 권리를 침해받은 자가 그 권리를 구제받기 위한 **주관적 권리구제절차**를 우리의 사법체계, 헌법재판의 역사, 법률문화와 정치적·사회적 현황 등을 고려하여 **헌법의 이념과 현실에 맞게 구체적인 입법을 통하여 구현하게끔 위임한 것으로 보아야 할 것**이므로, **헌법소원은 언제나 '법원의 재판에 대한 소원'을 그 심판의 대상에 포함하여야만 비로소 헌법소원제도의 본질에 부합한다고 단정할 수 없다 할 것이다.**

2. 평등권 침해여부

입법작용과 행정작용의 잠재적 기본권 침해자로서의 기능과 **사법작용의 기본권의 보호자로서의 기능**이 바로 법원의 재판을 헌법소원심판의 대상에서 제외한 것을 정당화하는 본질적인 요소이다. 즉, **법원은 기본권을 보호하고 관철하는 일차적인 주체이다.** 모든 국가권력이 헌법의 구속을 받듯이 사법부도 헌법의 일부인 기본권의 구속을 받고, 법원은 그의 재판작용에서 기본권을 존중하고 준수해야 한다.

물론, 법원도 재판절차를 통하여 기본권을 침해할 가능성이 없지 아니하나, 기본권침해에 대한 보호의무를 담당하는 법원에 의한 기본권 침해의 가능성은 입법기관인 국회나 집행기관인 행정부에 의한 경우보다 상대적으로 적고, 법원 내부에서도 상급심법원은 하급심법원이 한 재판의 기본권 침해 여부에 관하여 다시 심사할 기회를 가진다는 점에서 다른 기관에 의한 기본권 침해의 경우와는 본질적인 차이가 있다.

그럼에도 불구하고 법원에 의한 기본권 침해의 가능성은 존재하기 때문에, 법원의 재판을 헌법소원심판의 대상이 될 수 있도록 한다면 또 한번의 기본권 구제절차를 국민에게 제공하게 되는 것이므로 더욱 이상적일 수 있다. 그러나 **입법자가 헌법재판소와 법원의 관계, 기타의 사정 등을 고려하여 행정작용과 재판작용에 대한 기본권의 보호를 법원에 맡겨 헌법재판소에 의한 기본권구제의 기회를 부여하지 아니하였다 하여 위헌이라 할 수는 없는 것이다.**

그렇다면, 헌법재판소법 제68조 제1항이 법원의 재판을 헌법소원의 대상에서 제외한 것은 **평등의 원칙에 위반된 것이라 할 수 없다.**

3. 재판청구권 침해여부

재판청구권은 사실관계와 법률관계에 관하여 최소한 한번의 재판을 받을 기회가 제공될 것을 국가에게 요구할 수 있는 절차적 기본권을 뜻하므로 기본권의 침해에 대한 구제절차가 반드시 헌법소원의 형태로 독립된 헌법재판기관에 의하여 이루어질 것만을 요구하지는 않는다. **법원의 재판은 법률상 권리의 구제절차이자 동시에 기본권의 구제절차를 의미하므로, 법원의 재판에 의한 기본권의 보호는 이미 기본권의 영역에서의 재판청구권을 충족시키고 있기 때문이다.**

헌법재판소법 제68조 제1항은 청구인의 재판청구권을 침해하였다거나 되도록이면 흠결 없는 효율적인 권리구제절차의 형성을 요청하는 법치국가원칙에 위반된다고 할 수 없다.

4. 소 결 론

법원의 재판도 헌법소원심판의 대상으로 하는 것이 국민의 기본권 보호의 실효성 측면에서 바람직한 것은 분명하다. 그러나 현재의 법적 상태가 보다 이상적인 것으로 개선되어야 할 여지가 있다는 것이 곧 위헌을 의미하지는 않는다. 그렇다면 **헌법재판소법 제68조 제1항은 국민의 기본권(평등권 및 재판청구권 등)의 관점에서는 입법형성권의 헌법적 한계를 넘는 위헌적인 법률조항이라고 할 수 없다.**

Ⅱ. 한정위헌결정

1. 헌법재판소법 제68조 제1항이 위와 같이 원칙적으로 헌법에 위반되지 아니한다고 하더라도, 법원이 헌법재판소가 위헌으로 결정하여 그 효력을 전부 또는 일부 상실하거나 위헌으로 확인된

법률을 적용함으로써 국민의 기본권을 침해한 경우에도 법원의 재판에 대한 헌법소원이 허용되지 않는 것으로 해석한다면, 위 법률조항은 그러한 한도 내에서 헌법에 위반된다고 보지 아니할 수 없다. 따라서 **헌법재판소가 위헌으로 결정하여 그 효력을 상실한 법률을 적용하여 한 법원의 재판은 헌법재판소 결정의 기속력에 반하는 것일 뿐 아니라, 법률에 대한 위헌심사권을 헌법재판소에 부여한 헌법의 결단(헌법 제107조 및 제111조)에 정면으로 위배된다.**

한편 헌법이 법률에 대한 위헌심사권을 헌법재판소에 부여하고 있음에도 법원이 헌법재판소의 위헌결정에 따르지 아니하는 것은 실질적으로 법원 스스로가 '입법작용에 대한 규범통제권'을 행사하는 것을 의미하므로, 헌법은 어떠한 경우이든 헌법재판소의 기속력 있는 위헌결정에 반하여 국민의 기본권을 침해하는 법원의 재판에 대하여는 헌법재판소가 다시 최종적으로 심사함으로써 자신의 손상된 헌법재판권을 회복하고 헌법의 최고규범성을 관철할 것을 요청하고 있다. 또한, 청구인과 같이 권리의 구제를 구하는 국민의 입장에서 보더라도, 이러한 결과는 국민이 행정처분의 근거가 된 법률의 위헌성을 헌법재판을 통하여 확인받았으나 헌법재판소의 결정에 위배되는 법원의 재판으로 말미암아 권리의 구제를 받을 수 없는, 법치국가적으로 도저히 받아들일 수 없는, 법적 상태가 발생한다.

2. (1) **헌법재판소의 법률에 대한 위헌결정에는 단순위헌결정은 물론, 한정합헌, 한정위헌과 헌법불합치결정도 포함되고 이들은 모두 기속력을 가진다.**

즉, 헌법재판소는 법률의 위헌 여부가 심판의 대상이 되었을 경우, 재판의 전제가 된 사건과의 관계에서 법률의 문언, 의미, 목적 등을 살펴 한편으로 보면 합헌으로, 다른 한편으로 보면 위헌으로 판단될 수 있는 등 다의적인 해석가능성이 있을 때 일반적인 해석 작용이 용인되는 범위 내에서 종국적으로 어느 쪽이 가장 헌법에 합치되는가를 가려, 한정 축소적 해석을 통하여 합헌적인 일정한 범위 내의 의미내용을 확정하여 이것이 그 법률의 본래적인 의미이며 그 의미 범위 내에 있어서는 합헌이라고 결정할 수도 있고, 또 하나의 방법으로는 위와 같은 합헌적인 한정축소해석의 타당영역 밖에 있는 경우에까지 법률의 적용범위를 넓히는 것은 위헌이라는 취지로 법률의 문언 자체는 그대로 둔 채 위헌의 범위를 정하여 한정위헌의 결정을 선고할 수도 있다.

위 두 가지 방법은 서로 표리관계에 있는 것이어서 실제적으로는 차이가 있는 것이 아니다. **합헌적인 한정축소해석은 위헌적인 해석 가능성과 그에 따른 법적용을 소극적으로 배제한 것이고, 적용범위의 축소에 의한 한정적 위헌선언은 위헌적인 법적용 영역과 그에 상응하는 해석 가능성을 적극적으로 배제한다는 뜻에서 차이가 있을 뿐, 본질적으로는 다 같은 위헌결정이다.**

(2) 명령 · 규칙에 근거한 집행행위가 존재하지 아니한 경우에는 그에 대한 헌법위반 여부를 구체적인 재판절차에서 심사할 수 없기 때문에 직접 국민의 기본권을 침해하는 명령 · 규칙에 대하여는 주관적 권리구제절차로서 헌법소원의 가능성이 열려 있으므로, 헌법재판소에 의하여 명령 · 규칙이 위헌으로 결정되어 그 효력을 상실한 경우에도 법률의 경우와 그 법리가 다를 바 없다.

3. 헌법재판소법 제68조 제1항은 법원이 헌법재판소의 기속력 있는 위헌결정에 반하여 그 효력을 상실한 법률을 적용함으로써 국민의 기본권을 침해하는 경우에는 예외적으로 그 재판도 위에서 밝힌 이유로 헌법소원심판의 대상이 된다고 해석하여야 한다. 따라서 **헌법재판소법 제68조 제1항의 '법원의 재판'에 헌법재판소가 위헌으로 결정하여 그 효력을 상실한 법률을 적용함으로써 국민의**

기본권을 침해하는 재판도 포함되는 것으로 해석하는 한도 내에서, 헌법재판소법 제68조 제1항은 헌법에 위반된다고 하겠다.

4. 헌법소원이 단지 주관적인 권리구제절차일 뿐 아니라 객관적 헌법질서의 수호와 유지에 기여한다는 이중적 성격을 지니고 있으므로, 헌법재판소는 본안판단에 있어서 모든 헌법규범을 심사기준으로 삼음으로써 청구인이 주장한 기본권의 침해 여부에 관한 심사에 한정하지 아니하고 **모든 헌법적 관점에서 심판대상의 위헌성을 심사한다.** 따라서 헌법재판소법 제68조 제1항이 비록 청구인이 주장하는 기본권을 침해하지는 않지만, 헌법 제107조 및 제111조에 규정된 헌법재판소의 권한규범에 부분적으로 위반되는 위헌적인 규정이므로, 이 사건 헌법소원은 위에서 밝힌 이유에 따라 한정적으로 인용될 수 있는 것이다.

Ⅲ. 이 사건 대법원판결의 취소여부

1. 헌법재판소는 1995. 11. 30. 선고 94헌바40, 95헌바13(병합) 결정에서 구 소득세법 제23조 제4항 단서, 제45조 제1항 제1호 단서(각 1982. 12. 21. 법률 제3576호로 개정된 후 1990. 12. 31. 법률 제4281호로 개정되기 전의 것)에 대하여 "**실지거래가액에 의할 경우를 그 실지거래가액에 의한 세액이 그 본문의 기준시가에 의한 세액을 초과하는 경우까지를 포함하여 대통령령에 위임한 것으로 해석하는 한 헌법에 위반된다**"고 선고하여 법률의 문언 자체는 그대로 둔 채 위헌의 범위를 법률이 적용되는 일부 영역을 제한하여 이를 제거하는 한정위헌결정을 하였다.

따라서 헌법재판소의 위 결정의 효력은 헌법에 위반된다는 이유로 그 적용이 배제된 범위 내에서 법원을 비롯하여 모든 국가기관 및 지방자치단체를 기속하므로 이로써 법원은 헌법재판소의 위 결정내용에 반하는 해석은 할 수 없게 되었다 할 것이다.

2. 구체적 사건에서의 법률의 해석·적용 권한이 사법권의 본질적 내용을 이루는 것임은 분명하나, 법률에 대한 위헌심사는 당연히 당해 법률 또는 법률조항에 대한 해석이 전제되는 것이고, 헌법재판소의 한정위헌의 결정은 단순히 법률을 구체적인 사실관계에 적용함에 있어서 그 법률의 의미와 내용을 밝히는 것이 아니라 법률에 대한 위헌성 심사의 결과로서 법률조항이 특정의 적용영역에서 제외되는 부분은 위헌이라는 것을 뜻한다 함은 이미 앞에서 밝힌 바와 같다. 따라서 **헌법재판소의 한정위헌결정은 결코 법률의 해석에 대한 헌법재판소의 단순한 견해가 아니라, 헌법에 정한 권한에 속하는 법률에 대한 위헌심사의 한 유형인 것**이다. 만일, 대법원의 견해와 같이 한정위헌결정을 법원의 고유권한인 법률해석권에 대한 침해로 파악하여 헌법재판소의 결정유형에서 배제해야 한다면, 헌법재판소는 앞으로 헌법합치적으로 해석하여 존속시킬 수 있는 많은 법률을 모두 무효로 선언해야 하고, 이로써 **합헌적 법률해석방법을 통하여 실현하려는 입법자의 입법형성권에 대한 존중과 헌법재판소의 사법적 자제를 포기하는 것이 된다.** 또한, 헌법재판소의 한정위헌결정에도 불구하고 위헌으로 확인된 법률조항이 법률문언의 변화 없이 계속 존속된다고 하는 관점은 헌법재판소 결정의 기속력을 결정하는 기준이 될 수 없다. 헌법재판소의 변형결정의 일종인 헌법불합치결정의 경우에도 개정 입법시까지 심판의 대상인 법률조항은 법률문언의 변화 없이 계속 존속하나, **법률의 위헌성을 확인한 불합치결정은 당연히 기속력을 갖는 것이므로 헌법재판소결정의 효과로서의 법률문언의 변화와 헌법재판소결정의 기속력은 상관관계가 있는 것이 아니다.**

3. 이 사건 대법원판결은 헌법재판소가 이 사건 법률조항에 대하여 한정위헌결정을 선고함으로써 이미 부분적으로 그 효력이 상실된 법률조항을 적용한 것으로서 위헌결정의 기속력에 반하는 재판임이 분명하므로 이에 대한 헌법소원은 허용된다 할 것이고, 또한 이 사건 대법원판결로 말미암아 청구인의 헌법상 보장된 기본권인 재산권 역시 침해되었다 할 것이다. 따라서 **이 사건 대법원판결은 헌법재판소법 제75조 제3항에 따라 취소되어야 마땅하다.**

Ⅳ. 이 사건 과세처분의 취소여부

1. **행정소송으로 행정처분의 취소를 구한 청구인의 청구를 받아들이지 아니한 법원의 판결에 대한 헌법소원심판의 청구가 예외적으로 허용되어 그 재판이 헌법재판소법 제75조 제3항에 따라 취소되는 경우에는 원래의 행정처분에 대한 헌법소원심판의 청구도 이를 인용하는 것이 상당하다.**

2. 이 사건 과세처분은 헌법재판소가 위헌으로 결정하여 그 효력을 상실한 이 사건 법률조항을 적용하여 한 처분임이 분명할 뿐만 아니라, 헌법재판소가 이 사건 법률조항에 대하여 한 위 위헌결정이 피청구인이 한 과세처분의 취소를 구하는 이 사건에 대하여도 **소급하여 그 효력을 미치는 경우에 해당하고,** 이 사건 과세처분에 대한 심판을 위하여 달리 새로운 사실인정이나 법률해석을 할 필요성이 인정되지도 아니한다. 따라서 청구인은 피청구인의 위법한 공권력의 행사인 이 사건 과세처분으로 말미암아 헌법상 보장된 기본권인 재산권을 침해받았다고 할 것이므로, 헌법재판소법 제75조 제3항에 따라 피청구인이 1992. 6. 16. 청구인에게 한 이 사건 과세처분을 취소하기로 한다.

Ⅴ. 결　　론

그러므로 헌법재판소법 제45조에 따라 헌법재판소법 제68조 제1항은 원칙적으로 헌법에 위반되는 것이 아니지만, 위 법률조항의 '법원의 재판'에 헌법재판소가 위헌으로 결정한 법령을 적용함으로써 국민의 기본권을 침해한 재판도 포함되는 것으로 해석하는 한도 내에서 헌법에 위반된 것임을 선언하고, 헌법재판소가 위헌으로 결정한 위 각 구 소득세법 조항이 헌법에 위반된 것이 아님을 전제로 청구인의 상고를 기각한 이 사건 대법원판결과 위 각 법률조항에 근거한 이 사건 과세처분을 헌법재판소법 제75조 제3항에 따라 모두 취소하기로 하여 주문과 같이 결정한다.

재판관 이재화, 재판관 고중석, 재판관 한대현의 반대의견

1. 헌법재판소법 제68조 제1항의 위헌 여부

헌법은 국가의 사법작용 중 구체적 쟁송에 관한 재판 등 고유한 사법기능과 명령·규칙·처분에 대한 위헌심사는 대법원을 최고법원으로 하여 조직된 법원에 맡기는 한편 법원과는 별개의 독립한 헌법재판소를 설치하여 법률에 대한 위헌심판 등 헌법재판기능을 관장하게 하는 이원적인 사법제도를 채택하고 있다.

입법자가 법원의 재판을 헌법소원심판의 대상에서 제외한 것은 이와 같은 이원적 사법제도를 채택하여 구체적 쟁송에 관한 재판을 법원에 맡긴 헌법의 근본취지와 헌법재판소와 법원의 권한 및 상호간의 독립, 우리의 재판제도와 법적 안정성 등 여러 가지 사정을 고려하여 입법 정책적으로 결정한 것이므로 그것이 입법형성권의 범위를 일탈하였다고는 할 수 없다.

헌법상 법원의 고유기능으로 되어 있는 법원의 재판을 다른 공권력행사와 달리 헌법소원심판의 대상에서 제외한 것이 평등의 원칙이나 법치주의 원리에 위반되거나 재판청구권을 침해한 것이라고 할 수도 없으므로 **헌법재판소법 제68조 제1항은 헌법에 위반되지 아니한다.**

2. 이 사건 판결이 헌법소원심판의 대상인지 여부

이 사건 재판과 같이 법원이 헌법재판소가 한 법률에 대한 위헌결정의 효력을 부정하고 위헌으로 결정된 법률을 그대로 적용하여 재판을 한 것은 법원이 실질적으로 헌법상 헌법재판소의 권한으로 되어 있는 법률에 대한 위헌심판을 한 것으로서 법원과 헌법재판소의 기능과 권한을 규정한 헌법 제101조, 제107조, 제111조에 정면으로 위반되는 것이므로 국민의 기본권 보장이나 헌법질서의 수호, 유지를 위하여 도저히 허용될 수 없고, 입법자가 법원의 재판을 헌법소원심판대상에서 제외한 의도는 헌법이 법원에 부여한 구체적 쟁송에 관한 재판이나 명령·규칙·처분에 대한 위헌심사를 제외하려는 것일 뿐 법원이 헌법을 위반하여 법률에 대한 위헌심판을 한 경우까지를 제외하려는 것은 아니라고 할 것이므로 **이 사건 판결은 법원이 스스로 법률에 대한 위헌심판을 하였다는 점에서 헌법재판소법 제68조 제1항이 헌법소원심판의 대상에서 제외한 법원의 재판에 포함되지 않는다**고 보아야 할 것이다.

3. 이 사건 판결의 취소여부

법원의 재판을 헌법소원심판의 대상에서 제외한 헌법재판소법 제68조 제1항은 합헌이지만 이 사건 판결에 대하여는 법원이 헌법재판소가 한 위헌결정의 효력을 부정하고 위헌으로 결정된 법률을 그대로 적용함으로써 실질적으로 법률에 대한 위헌심판을 하였다는 점에서 헌법소원심판청구가 가능하다는 입장에서 보면 대법원의 구체적 사건에 관한 재판인 이 사건 판결 자체를 직접 취소하는 것은 헌법재판소와 법원의 권한 및 상호간의 독립을 규정한 헌법의 취지에 비추어 적당하지 아니할 뿐만 아니라 대법원의 재판을 취소하는 경우의 후속절차에 관하여 아무런 규정이 없어 그 효력을 둘러싸고 법적 혼란이 일어날 우려가 있다.

따라서 **이 사건 판결이 헌법재판소가 위헌으로 결정한 법률을 법원이 위헌결정의 법리를 달리 해석하여 합헌으로 보아 적용한 점에서 위헌이라고 확인만 하고 그 후속조치는 법원에 맡기는 것이 바람직하다.**

4. 이 사건 처분에 대한 심판청구의 적법여부

행정처분이 위헌이라고 주장하고 그 취소를 구하는 행정소송을 제기하였다가 법원이 받아들이지 아니한 후 다시 원래의 그 행정처분에 대한 헌법소원심판을 허용하는 것은 **명령·규칙·처분에 대한 최종적인 위헌심사권을 대법원에 부여하고 있는 헌법 제107조 제2항과 법원의 재판을 헌법소원심판의 대상에서 제외하고 있는 헌법재판소법 제68조 제1항에 배치될 뿐 아니라, 이 사건 처분은 헌법재판소가 문제된 법률에 대하여 위헌결정하기 이전에 행하여 진 것이어서 헌법재판소 결정의 기속력에 반한 것도 아니므로 이 사건 처분은 헌법소원심판의 대상이 될 수 없다.**

따라서 이 사건 처분에 대한 심판청구는 부적법하여 각하하여야 할 것이다.

✤ 본 판례에 대한 평가 1. 법원의 재판에 대한 헌법소원의 문제: 현행헌법상 대법원과 헌법재판소는 상호 독립적이고 수평적인 관계를 유지하고 있다. 헌법재판소법은 헌법소원의 대상에서 법원의 재판을 제외하고 있지만, 만약 법원의 재판을 헌법소원의 대상으로 인정할 경우에는 또 다른 갈등이 야기될 가능성을 배제할 수 없다. 법원의 재판에 대한 헌법소원을 인정할 경우에는 독일과 마찬가지로 헌법재판소가 사실상 최고법원의 지위를 갖게 될 것이다.

2. 법원의 재판에 대한 헌법소원의 원칙적 인정 필요성: 헌법재판소가 적절히 판시하고 있는 바와 같이 법원의 재판에 대해서도 헌법소원을 제기할 수 있는 것이 이상적임은 말할 것도 없다. 그러나 헌법재판소는 헌법상 "법률이 정하는 헌법소원"에서 '법률'이라는 자구에 지나치게 묶여 있음을 지적하지 않을 수 없다. 여기서의 '법률'은 어디까지나 헌법소원을 수식하는 자구에 불과하다. 그것은 곧 헌법소원의 구체적인 의미와 내용을 헌법에서 모두 정할 수 없기 때문에 이를 법률로 정한다는 취지이지, **헌법소원의 본질적 내용에 대한 제한을 법률로 정할 수 있다는 취지로 이해하여서는 아**

니 된다. 그렇다면 이제 헌법소원의 본질이 무엇이냐의 문제로 귀착된다. 헌법소원은 헌법재판소법 제68조 제1항에서 정의하고 있듯이 "공권력의 행사 또는 불행사로 인하여 헌법상 보장된 기본권을 침해받은 자"가 제기하는 권리구제제도이다. **법원의 재판도 헌법상 보장된 기본권을 침해할 수 있음은 충분히 예견된다.** 또한 법원의 재판이 공권력의 행사 또는 불행사에 해당되지 아니한다고 볼 수는 없다. 그렇다면 헌법재판소법 제68조 제1항에서 **법원의 재판을 헌법소원의 대상에서 제외시킨 것은 헌법소원제도의 본질에 반한다는 결론을 쉽게 내릴 수 있다.** 헌법재판소는 헌법상 "법률이 정하는"이라는 규정태도는 입법자에게 재량을 남겨두는 것이라고 판시하고 있다. 그러나 그 입법자의 판단 내지 입법재량은 헌법소원제도의 본질에 부합하는 방향으로 정립하여야 한다는 기속을 받는다고 보아야지, 그 본질과 관계없이 입법자에게 폭넓은 재량을 부여한 것으로 판단할 수는 없다. 다만 법원의 재판을 헌법소원의 대상으로 할 경우 사실상 헌법재판소가 법원의 재판에 대한 최종심으로서의 기능을 수행하는 결과를 초래하여 결국 헌법상 법원과 헌법재판소의 관계에 관하여 본질적인 문제점을 야기시킨다는 점은 이해가 간다. 그러나 법원의 재판에 대한 헌법소원을 인정함으로써 법원과 헌법재판소간의 권한배분 및 역할관계에 관하여 야기되는 문제점은, 입법정책·입법기술적으로 해결되어야 할 과제이지 헌법 본질적인 문제는 아니다. 기술적이고 부수적인 문제에 대하여는 현재 법원이 시행하고 있는 **상고심리불속행제도와 유사한 제도를 법원의 재판에 대한 헌법소원제도에 도입하는 방안을 고려할 수 있다.** 위헌론이 제기된 대법원의 재판을 받을 권리의 제한, 상고허가제나 상고심리불속행제도(上告審理不續行制度)에 관해서 대법원과 헌법재판소는 일관되게 합헌이라고 판시한바 있다. 또한 소액사건심판법 제3조의 상고이유제한에 대하여서도 공익상의 요청과 신속·간편·저렴을 이유로 평등권위반이 아니라고 판시하고 있다. 이러한 대법원과 헌법재판소의 판례는 특허법사건과 관련하여 보건대, 지나치게 사법국가주의적이라는 비판을 면할 수 없을 것이지만, 대법원과 헌법재판소의 입장을 견지하는 전제에서 볼 때 입법정책·입법기술적으로 충분히 해결할 수 있다. 법원은 구체적 사건에 관한 분쟁해결과 권리구제에 그 본질적인 기능이 부여되어 있다면 헌법재판소는 헌법질서의 수호와 국민의 기본권보장에 그 본질적인 기능이 부여되어 있다. 헌법소원제도가 헌법수호와 기본권보호를 위한 제도적 장치이므로, 헌법의 최고규범성과 공권력행사의 기본권기속성을 확보하기 위하여 법원의 재판에 대한 헌법소원을 인정하는 것이 국민의 평등권·재판청구권과 헌법소원심판청구권을 실질적으로 보장하는 길이다.

관련 문헌: 김학성, "법원의 재판에 대한 헌법소원", 법정고시 1997. 4, 18-29면; 방승주, "헌법재판소의 한정위헌결정은 기속력이 없는가?", 공법학회 제66회 학술발표회 1997. 3. 15, 80면 이하; 김문현, "위헌결정심판에 있어서의 변형결정", 고시연구 1997. 8, 74면 이하; 이성환, "한정위헌결정의 기속력", 세계헌법연구 제2호 1997, 543면 이하; 허경·곽순근, "규범통제심판에서 변형결정의 형식과 효력", 연세대학교 법학연구, 1997. 10, 237면 이하; 정연주, "헌법재판소법 제68조 제1항에 대한 한정위헌결정의 문제점", 고시계, 1998. 2, 113면 이하; 성낙인, "법원의 재판에 대한 헌법소원과 헌재의 변형결정의 효력", 고시계, 1998. 3, 128면 이하; 남복현, "한정위헌결정과 기속력, 최근 이와 관련한 대법원 태도의 비판", 법과 사회(법과사회이론연구회) 통권 제14호(1997년 상반기), 1997. 1, 115면 이하; 남복현, "한정위헌결정의 기속력과 대법원판결", 논문집(전북산업대학교) 제19집, 1997. 2, 1면 이하; 남복현, "한정위헌결정에 위반된 대법원판결에 대한 헌법소원의 취소결정", 금랑 김철수교수 정년기념논문집, 한국헌법학의 현황과 과제, 1998, 동 간행위원회, 896면 이하; 남복현, "판례연구: 당해 헌법소원과 관련된 소송사건의 재심 청구와 한정위헌결정", 법률신문 제2715호, 1998. 8. 10, 14면 이하; 남복현, 헌법

판례평석, 만파(2000), 620면 이하; 남복현, "헌법재판관에 의한 법형성과 우리 헌법재판소의 변형결정실제", 미봉 김운용교수 화갑기념논문집, 현대공법의 연구, 1997. 5, 241면 이하; 장영수, "오스트리아의 헌법재판과 변형결정", 판례실무연구(2000), 40면 이하; 부분적 위헌 결정에 대한 문헌으로는 장영철, "헌법재판소의 법률에 대한 "부분적 위헌" 결정", 공법연구 26집 2호(98. 6), 205-223면; 허영, "헌법소원제도의 이론과 우리 제도의 문제점", 고시연구(1989. 4), 51면 이하.

헌법재판소와 대법원의 관계에 대한 문헌: 남복현, "헌법재판소와 대법원의 관할문제", 공법연구 32집 1호(2003. 11), 133-206면; 남복현, "헌법재판소 결정의 기속력", 한양법학 제4·5(종합)집, 151-188면; 황치연, "헌법재판소결정의 효력과 대법원의 판결", 인권과 정의(1997. 11, 제255호), 174-184면; 황도수, "헌법재판소와 대법원의 관계", 고시계, 1997. 5(제483호), 81-97면; 남복현, "헌법재판소의 결정의 효력과 법원의 기속", 공법연구 24권 1호, 247면 이하; 이준일, "대법원과 헌법재판소의 합리적 권한분배", 고려법학, 제48호(2007), 179-201면.

헌재의 한정위헌결정의 기속력을 부인한 대법원 판례로는 대판 2001. 4. 27. 95재다14 등이 있으며 이외에도 법원은 헌재의 불합치결정에 대하여도 준수하지 않은 적이 있다(헌재 1995. 11. 30. 91헌바1등 결정; 대법 1997. 8. 29. 선고97누3538 판결; 헌재 1999. 10. 21. 97헌마301등 결정 등).

Ⅱ 헌법재판소법 제25조 제3항에 대한 헌법소원: 기각(헌재 2010.3.25. 2008헌마439)

쟁점 (1) 헌법소원심판에 있어 반드시 변호사를 대리인으로 선임하도록 규정하고 있는 헌법재판소법(1988. 8. 5. 법률 제4017호로 제정된 것) 제25조 제3항(이하 '이 사건 법률조항'이라 한다)이 과잉금지원칙에 위반하여 재판청구권을 침해하는지 여부(소극)

(2) 이 사건 법률조항이 변호사 자격이 있는 자와 비교하여 변호사 자격이 없는 자를 불합리하게 차별하여 평등권을 침해하는지 여부(소극)

▢ 사건의 개요

청구인은 한국방송통신대학교 법학과에 재학 중인 학생으로서, 변호사를 대리인으로 선임하지 않은 채 공직선거법 제148조 제1항에 대하여 위헌확인을 구하는 헌법소원심판을 청구하는 한편, 헌법재판소법 제25조 제3항이 변호사 강제주의를 규정함으로써 변호사 자격이 없는 청구인의 평등권, 재판청구권, 학문의 자유, 행복추구권에서 파생되는 자기의사결정권 및 일반적 행동자유권 등을 침해한다며 이 사건 헌법소원심판을 청구하였다.

▢ 심판의 대상

헌법재판소법(1988. 8. 5. 법률 제4017호로 제정된 것) 제25조 (대표자·대리인) ③ 각종 심판절차에 있어서 당사자인 사인은 변호사를 대리인으로 선임하지 아니하면 심판청구를 하거나 심판수행을 하지 못한다. 다만, 그가 변호사의 자격이 있는 때에는 그러하지 아니하다.

▢ 주 문

이 사건 심판청구를 기각한다.

▢ 본안에 대한 판단

1. 과잉금지원칙 위배 여부

이 사건 법률조항에 대하여 헌법재판소는 이미 여러 차례에 걸쳐 헌법에 위반되지 않는다고 결정한 바 있는데(헌재 1990. 9. 3. 89헌마120등, 판례집 2, 288, 293-296; 헌재 2001. 9. 27. 2001헌마152, 판례집 13-2, 447, 452-453; 헌재 2004. 4. 29. 2003헌마783, 판례집 16-1, 596, 598-599 등), 그 중 2003헌마783 결정 이유의 요지는 다음과 같다.

변호사 강제주의는 다음과 같은 기능을 수행한다.

첫째, 법률지식이 불충분한 당사자가 스스로 심판을 청구하여 이를 수행할 경우 헌법재판에 특유한 절차적 요건을 흠결하거나 전문적인 주장과 자료를 제시하지 못하여, **침해된 기본권의 구제에 실패할 위험이 있다. 변호사 강제주의는 이러한 위험을 제거하거나 감소시켜 기본권의 침해에 대한 구제를 보장**한다. 둘째, 변호사는 한편으로는 당사자를 설득하여 승소의 가망이 없는 헌법재판의 청구를 자제시키고 다른 한편으로는 헌법재판에서의 주장과 자료를 정리, 개발하고 객관화하는 기능을 수행한다. 이로써 재판소와 관계 당사자 모두가 시간, 노력, 비용을 절감할 수 있고 이렇게 하여 여축된 시간과 노력 등이 **헌법재판의 질적 향상**에 투입되게 된다. 셋째, 변호사는 **헌법재판이 공정하게 진행되도록 감시하는 역할**도 수행하는바, 이는 국가사법의 민주적 운영에 기여한다.

한편 변호사 강제주의 아래에서는 국민은 변호사에게 보수를 지급하여야 하는 경제적 부담을 지고, 자신의 재판청구권을 혼자서는 행사할 수 없게 되는 제약을 받는다. 그러나 이러한 부담과 제약은 개인의 사적 이익에 대한 제한임에 반하여 변호사가 헌법재판에서 수행하는 앞에서 본 기능은 모두 국가와 사회의 공공복리에 기여하는 것이다. 양자를 비교할 때 **변호사의 강제를 통하여 얻게 되는 공공의 복리는 그로 인하여 제한되는 개인의 사익에 비하여 훨씬 크다**고 하지 않을 수 없다.

더구나 헌법재판 중 헌법소원의 경우에는 당사자가 변호사를 대리인으로 선임할 자력이 없는 때 또는 공익상 필요한 때에는 국가의 비용으로 변호사를 대리인으로 선임하여 주는 **광범위한 국선대리인제도가 마련**되어 있다는 점(법 제70조), 변호사가 선임되어 있는 경우에도 당사자 본인이 스스로의 주장과 자료를 헌법재판소에 제출하여 재판청구권을 행사하는 것은 전혀 봉쇄되어 있지 않다는 점, 변호사는 본질적으로 당사자 본인의 재판청구권 행사를 도와주는 것이지 이를 막거나 제한하는 것이 아니라는 점 등을 고려하면 더욱 그렇다.

그렇다면 변호사 강제주의를 규정한 법 제25조 제3항은 공공복리를 위하여 필요한 합리적인 규정이므로 헌법에 위반되지 아니한다. 이 사건에 있어서도 위 선례와 달리 판단하여야 할 사정의 변경이 있다고 보이지 아니하므로, 위 결정 이유를 그대로 유지, 원용하기로 한다.

2. 기타 권리의 침해 여부

(1) 자기의사결정권, 일반적 행동자유권, 학문의 자유 침해 여부: 기각

(2) 평등권 침해 여부

청구인은 이 사건 법률조항이 변호사 자격을 가진 자와 그렇지 아니한 자를 불합리하게 차별하여 청구인과 같이 변호사 자격이 없는 자의 평등권을 침해한다고 주장한다.

그러나 입법자가 변호사제도를 도입하여 법률사무 전반을 변호사에게 독점시키고 그 직무수행을 엄격히 통제하고 있는 것은 전문적인 법률지식과 윤리적 소양을 갖춘 변호사에게 법률사무를 맡김으로써 법률사무에 대한 전문성, 공정성 및 신뢰성을 확보하여 일반 국민의 기본권을 보호하고 사회정의를 실현하려는 데 목적이 있고(헌재 2000. 4. 27. 98헌바95등, 판례집 12-1, 508, 529 참조), 특히 **국가기관과 국민에 미치는 영향력이 큰 헌법재판에 있어서는 법률전문가인 변호사에게 소송을 수행하게 함으로써 얻을 수 있는 공익이 현저히 크다**고 할 것이다.

현실적으로 변호사 선임비용이 고액이라는 점이 지적될 수는 있으나, 이는 헌법재판소법 제70조 소정

의 국선대리인 제도를 통해 보완이 가능하고, 청구인의 주장처럼 변호사 자격을 갖추지 못한 법학전공자들이나 법학자에게 변호사 강제주의의 예외를 인정하는 것이 반드시 변호사 선임비용의 절감이나 효율적인 심판수행을 가져올 수 있는지 여부도 분명치 않다.

따라서 변호사 자격을 갖춘 자만이 헌법재판을 대리하거나 직접 심판청구, 소송수행을 할 수 있도록 하는 것은 합리적인 이유가 있어 부당한 차별이라고 보기 어려우므로, 이 사건 법률조항이 청구인의 평등권을 침해하는 것이라고 볼 수 없다.

3. 결 론

그렇다면 이 사건 법률조항은 헌법에 위반되지 아니하므로, 재판관 조대현, 재판관 송두환의 반대의견이 있는 것을 제외하고 나머지 관여 재판관 전원의 일치된 의견으로 주문과 같이 결정한다.

재판관 조대현, 재판관 송두환의 반대의견

1. 헌법소원의 본질 및 특수성

헌법소원심판은 일반소송과 달리 **원칙적으로 서면심리**에 의하고 예외적으로 재판부가 필요하다고 인정하는 경우에만 구두변론을 통해 당사자, 이해관계인, 기타 참고인의 진술을 들을 수 있도록 하고 있으며, 심리에 있어서도 **직권심리주의**를 취하고 있다. 이러한 특수성 때문에 **헌법소원심판에서는 당사자의 변론능력이 소송의 결과를 좌우할 가능성이 일반사건에 비하여 매우 작다.**

이는 '변론능력의 평등을 추구'하는 변호사 강제주의의 본래 취지가 헌법소원심판의 본질과 심리방법의 특수성에 비추어 적합하지 않음을 의미하며, 따라서 헌법소원심판에서 변호사 강제주의라는 엄격한 제소요건을 유지하는 것이 과연 적정한 것인지, 근본적 의문을 갖지 않을 수 없는 것이다.

2. 이 사건 법률조항에 대한 판단

(1) 재판청구권의 침해

이 사건 법률조항은 변호사가 아닌 자는 변호사를 대리인으로 선임하지 아니하는 한 헌법소원 심판청구 및 심판수행을 하지 못한다고 규정함으로써 일반 사인의 재판청구권을 제한하고 있는바, 위에서 본 헌법소원의 본질 및 특수성에 비추어 보면, 이와 같이 헌법소원심판의 충실성과 적정성을 확보한다는 명분을 내세워 **변호사가 대리하지 않은 헌법소원에 대한 심판을 아예 거부하는 것은 그 목적의 정당성이나 수단의 적합성도 의문스러울 뿐만 아니라, 아래에서 보는 바와 같이 침해의 최소성원칙에 반한다**고 볼 것이다.

(2) 대체수단의 존재

(가) 변호사 선임명령 제도

헌법재판소는 사건의 내용과 성격, 청구인의 구체적인 변론능력 등을 감안하여 필요하다고 인정되는 경우에만 예외적으로 변호사 선임명령을 하면 될 것이다. 그럼에도 불구하고, 이 사건 법률조항은 **청구인의 소송수행능력에 대한 구체적 판단의 여지를 전혀 두지 않고, 일률적으로 변호사 대리를 강제함으로써 본인에 의한 소송수행권을 원천적으로 제한**하고 있다. 이는 법률지식이 불충분한 당사자를 보호한다는 변호사 강제주의의 본래 입법취지와도 부합하지 않는다고 할 것이다.

(나) 대리인 자격요건의 완화

이 사건 법률조항은 헌법소원심판의 대리인 자격을 정함에 있어서도, 이를 변호사 자격이 있는 자에게만 한정하고 있어 문제가 된다.

변호사가 아닌 법학전공자나 법학교수 등의 경우에도 재판자료를 제대로 정리하여 제출할 능력이 있을 수 있는 바, 특히 직권심리주의를 취하는 헌법소원심판의 특수성을 고려할 때, 헌법소원심판의 심리를 함에 있어 특별히 장애가 되지 않는다고 판단될 경우에는 변호사 자격의 유무에 엄격히 구애받지 아니하고 대리인 자격을 인정받을 수 있도록 하여 국민들의 대리인 선택의 폭과 접근가능성을 넓힐 수 있다고 할 것이다.

(다) 기타 방법의 존재

헌법재판소는 헌법소원의 남용을 방지하기 위하여 지정재판부의 업무를 강화하거나, 공탁금 제도의 활성화 또는 변호사 수임료에 대한 보조금 지급 등의 다른 대체수단을 강구할 수 있고, 변론능력이 미흡한 당사자를 보호하기 위하여는 심판청구의 보정요구(법 제28조)나 민사소송법상 석명준비명령(제137조) 등을 적절히 활용할 수 있다.

(라) 이처럼 헌법소원의 남용을 방지하고 재판자료를 제출할 능력이 없는 청구인을 보호할 수 있는 다른 대체수단들을 강구할 수 있음에도 불구하고, 이 사건 법률조항은 헌법재판의 효율성, 신속성만을 강조하여 변호사 강제주의라는 엄격한 제소요건을 둠으로써 **변호사의 선임이 없는 헌법소원 심판청구 자체를 배제하고 있는바, 이는 최소침해성원칙에 위반된다고 할 것이다.**

(3) 현행 국선대리인 제도의 문제점

국선대리인의 선임신청을 위한 요건을 규정한 헌법재판소법 제70조 및 '헌법재판소 국선대리인의 선임 및 보수에 관한 규칙' 제4조의 **'자력' 구비 요건이 비교적 엄격한 상황에서, 국선대리인 제도가 일반국민의 권리보호에 효과적으로 기여하고 있다고 볼 수 있을지는 의문이다.** 실제로 국선대리인 선임신청 건수에 비하여 선임률이 그다지 높지 않다는 사실은, 현실적으로 국선대리인 제도가 변호사 강제주의를 보완하는 역할을 제대로 하고 있지 못함을 보여준다. 따라서 현행 국선대리인 제도의 존재만을 이유로 변호사 강제주의의 정당성을 인정하기는 어렵다고 할 것이다.

3. 결 론

결국 이 사건 법률조항은 헌법소원심판의 본질에 부합하지 않는 규정으로서, 과잉금지원칙에 반하여 헌법상 재판청구권을 침해한다고 할 것이므로 헌법에 위반된다.

Ⅲ 임원취임 승인취소 처분 등 취소: 각하(헌재 2010.4.29. 2003헌마283)

쟁점

가. 법원의 재판을 거쳐 확정된 행정처분에 대한 헌법소원의 예외적 허용사유에 해당하지 않는다고 본 사례

나. 소송에서 패소할 것이 예견된다는 사정만으로 행정소송절차를 거치지 않고 곧바로 행정처분의 취소를 구하는 헌법소원심판을 청구할 수 있는지 여부(소극)

다. 법원의 재판에 대한 헌법소원의 예외적 허용사유가 아니라고 본 사례

사건의 개요

청구인들은 학교법인의 이사장, 이사, 감사로 재직하던 중 피청구인인 교육과학기술부(전 교육인적자원부)장관이 청구인들의 임원취임승인을 취소하고 임시이사를 선임하자 이에 청구인들은 임원취임승인취소처분의 취소를 구하는 소를 제기하였다. 청구인들은 1심에서 승소하였으나 2심에서 모두 청구기각 당하였고, 대법원에서는 2심의 판결을 파기환송하였다.

환송 후 항소심에서는 일부 청구인을 제외한 나머지 청구인들에 대하여 임기가 만료되었고 구 사립학교법상 임원결격 기간[1]마저 경과되어 임원취임승인취소처분의 취소를 구하는 소를 구할 법률상 이익이 없다고 보아 소를 각하하였다. 청구인들은 모두 대법원에 상고하였으나 대법원에서는 위 일부인용된 청구인에 대하여도 나머지 청구인들과 마찬가지로 소의 법률상 이익이 없다

1) 구 사립학교법 [법률 제4226호, 1990. 4. 7, 일부개정]
제22조 (임원의 결격사유) 다음 각호의 1에 해당하는 자는 학교법인의 임원이 될 수 없다.
2. 제20조의2제1항의 규정에 의하여 임원취임승인이 취소된 자로서 2년이 경과하지 아니한 자

고 보아 소를 각하하였고, 나머지 청구인들의 상고를 기각하였다. 청구인들은 피청구인의 이 사건 취임승인 취소처분 및 피청구인이 새로 선임한 임시이사 선임처분[2)]에 대하여 취소를 구하는 헌법소원심판을 제기하였다.

주 문

청구인들의 이 사건 심판청구를 모두 각하한다.

판 단

Ⅰ. 이 사건 취임승인 취소처분에 대한 부분

헌법재판소법 제68조 제1항의 헌법소원이 법원의 재판을 거쳐 확정된 행정처분을 대상으로 하는 경우에는 당해 행정처분을 심판의 대상으로 삼았던 법원의 재판이 헌법재판소가 위헌으로 결정한 법령을 적용하여 국민의 기본권을 침해한 결과 헌법소원심판에 의하여 그 재판 자체가 취소되는 경우가 아니면 허용되지 아니하고, 이와 같은 법리는 **법원의 재판이 소를 각하하는 판결인 경우에도 마찬가지**이다(헌재 1998. 5. 28. 91헌마98등, 공보 98, 481; 헌재 1998. 6. 25. 93헌마205; 헌재 1998. 6. 25. 98헌마17; 헌재 1998. 8. 27. 97헌마150 참조).

이 사건에서 청구인들은 앞서 본 바와 같이 이 사건 취임승인 취소처분의 취소를 구하는 행정소송을 제기하였다가 소의 이익이 없다는 이유로 각하의 판결을 선고받아 확정되었고, 이 사건 각 판결이 헌법재판소가 위헌으로 결정한 법령을 적용한 것도 아니어서 그 재판 자체가 헌법소원심판에 의하여 취소되어야 할 예외적인 경우에 해당한다고 볼 수도 없으므로, 이 사건 취임승인 취소처분에 대한 헌법소원심판 청구는 부적법하다.

Ⅱ. 이 사건 임시이사 선임처분에 대한 부분

이 사건 임시이사 선임처분은 공권력의 행사로서 행정소송의 대상이 됨이 분명하여 다른 법률에 구제절차가 있는 경우에 해당한다 할 것인데도, 청구인들은 이 사건 임시이사 선임처분의 취소를 구하는 행정소송을 제기하지 않고 곧바로 헌법소원심판을 청구하였다. 이에 대하여 청구인들은 법원이 이 사건 임시이사 선임처분과 표리의 관계에 있는 이 사건 취임승인 취소처분의 취소를 구하는 소에 대하여 이를 구할 법률상의 이익이 없어 부적법하다는 이유로 소 각하의 판결을 하였으므로, 청구인들이 법원에 이 사건 임시이사 선임처분의 취소를 구하는 행정소송을 제기하더라도 이로써 구제될 가능성이 없어 곧바로 헌법소원심판을 청구하였다고 주장한다.

그러나 헌법소원심판은 다른 법률에 구제절차가 있는 경우에는 그 절차를 모두 거친 후가 아니면 청구할 수 없으며, 소송에서 패소할 것이 예견된다는 점만으로는 전심절차로 권리가 구제될 가능성이 거의 없어 전심절차 이행의 기대가능성이 없는 경우에 해당한다고 볼 수 없으므로(헌재 1998. 10. 29. 97헌마285, 판례집 10-2, 615, 619 참조), 청구인들로서는 이 사건 임시이사 선임처분에 대한 헌법소원심판을 청구하기에 앞서 행정소송에 의한 구제절차를 거쳤어야 할 것이고, 따라서 이 사건

2) 청구인들은 원래 임원취임승인취소처분의 취소를 구하는 소와 함께 피청구인의 임시이사선임처분 취소의 소를 함께 제기하였으나 제2차 상고심 계속 중에 피청구인이 새로 임시이사선임을 한 부분에 대하여는 그 처분 취소를 구하는 소를 제기하지 아니하고 곧바로 이에 대하여 헌법소원을 제기한 것이다.

선임처분에 대한 헌법소원심판 청구는 부적법하다.

Ⅲ. 이 사건 각 판결에 대한 부분

이 사건 각 판결은 헌법재판소가 위헌으로 결정한 법령을 적용함으로써 국민의 기본권을 침해한 재판에 대하여 헌법재판소법 제68조 제1항에 의한 헌법소원심판을 청구할 수 있는 예외적인 재판에 해당되지 아니함이 분명하므로, 이 사건 각 판결의 취소를 구하는 이 부분 심판청구 또한 부적법하다.

Ⅳ. 결 론

그러므로 청구인들의 이 사건 심판청구를 모두 각하하기로 하여, 재판관 조대현의 별개의견 및 반대의견을 제외한 나머지 관여 재판관 전원의 일치된 의견으로 주문과 같이 결정한다.

판결의 취소를 구하는 부분의 부적법 이유에 관한 재판관 조대현의 별개의견

법원의 재판도 헌법에 위반되는 법률을 적용하거나 기본권을 침해하는 경우에는 헌법수호 및 기본권 구제를 위하여 헌법재판의 대상으로 되므로, 이 사건 심판청구 중 **법원 판결의 취소를 구하는 부분이 부적법한 것은 헌법소원심판의 대상이 되지 않기 때문이 아니라 청구기간을 준수하지 못하였기 때문이다.**

법원의 재판을 거친 행정처분의 헌법소원 대상성에 관한 재판관 조대현의 반대의견

행정재판은 행정처분의 위헌·위법 여부를 판단하는 것이고, 헌법소원심판의 대상은 공권력의 행사가 기본권을 침해하였는지 여부이므로 양자는 심판대상과 효력이 다르다. 헌법이 법원의 행정재판과 헌법재판소의 헌법소원심판을 병존시키고 있는 것은 행정처분에 의한 기본권 침해가 법원의 행정재판에 의하여 구제되지 아니하는 경우에 헌법소원심판에 의하여 구제될 수 있도록 중첩적인 구제절차를 마련한 것으로 보아야 한다. 따라서 **법원의 재판을 거친 행정처분도 그 행정처분에 대한 재판이 취소될 수 있는지 여부에 상관없이 기본권 침해 여부에 관해서는 헌법소원심판의 대상으로 된다**고 보아야 하므로 이와 달리 판시한 헌법재판소 선례는 변경되어야 하고, 나아가 이 사건 심판청구 중 취임승인 취소처분의 취소를 구하는 부분에 대하여는 **법원이 그 위법 여부를 판단한 것이 아니라 소 각하 판결을 하였을 뿐이므로 본안에 들어가 위 행정처분이 청구인들의 기본권을 침해하였는지 여부를 판단하여야 한다.**

> **[요약판례 1] 구 소득세법 제60조 위헌확인 등: 각하**(헌재 1999.9.16. 97헌마160)
>
> 법령에 의한 기본권 침해의 직접성 요건 및 **재판을 거친 원행정처분이** 헌법소원의 대상이 되는지 여부(소극)

헌법재판소법 제68조 제1항의 직접성이란 집행행위에 의하지 아니하고 법규범 그 자체에 의하여 자유의 제한, 의무의 부과, 권리 또는 법적 지위의 박탈이 생긴 경우를 뜻한다.

구 소득세법 제60조는 청구인에게 부과된 양도소득세액 산정의 근거가 되기는 하지만 청구인이 주장하는 기본권 침해는 위 구 소득세법 제60조에 의한 것이 아니고 집행행위인 성남세무서장의 과세처분에 의한 것이므로 구 소득세법 제60조에 대하여 곧바로 헌법소원심판을 청구할 수는 없다.

원행정처분에 대한 헌법소원심판청구를 받아들여 이를 취소하는 것은, 원행정처분을 심판의 대상으로 삼았던 법원의 재판이 예외적으로 헌법소원심판의 대상이 되어 그 재판 자체까지 취소되는 경우에 한하여, 국민의 기본권을 신속하고 효율적으로 구제하기 위하여 가능한 것이고, 이와는 달리 **법원의 재판이 취소되지 아니하는 경우에는 확정판결의 기판력으로 인하여 원행정처분은 헌법소원심판의 대상이 되지 아니한다.**

따라서 법원의 재판이 헌법소원심판의 대상이 되는 예외적인 경우에 해당하여 그 역시 동시에 취소되는 것을 전제로 하지 아니하는 한, 원행정처분의 취소 등을 구하는 헌법소원심판청구는 허용되지 아니한다.

(재판관 조승형의 반대의견) 행정처분은 공권력인 입법·행정·사법작용 중 행정작용의 대표적인 행위형식으로서 그 행사나 불행사로 인하여 기본권을 침해받은 경우에는 비록 권리구제절차로서 행정소송의 '재판'을 거친 행정처분이라 하더라도 헌법소원심판의 대상이 된다.

[요약판례 2] 양도소득세등부과처분취소: 각하(헌재 2001.2.22. 99헌마409)

행정처분의 취소를 구하는 행정소송을 제기하였으나 청구기각의 판결이 확정되어 법원의 소송절차에 의하여서는 더 이상 다툴 수 없게 된 경우에 당해 행정처분 자체의 위헌성 또는 그 근거 법규의 위헌성을 주장하면서 그 취소를 구하는 헌법소원심판을 청구하는 것이 허용되는지 여부(소극)

행정처분의 취소를 구하는 행정소송이 확정된 경우에 그 원행정처분의 취소를 구하는 헌법소원심판 청구를 받아들여 이를 취소하는 것은, 원행정처분을 심판의 대상으로 삼았던 법원의 재판이 예외적으로 헌법소원심판의 대상이 되어 그 재판 자체가 취소되는 경우에 한하여 국민의 기본권을 신속하고 효율적으로 구제하기 위하여 가능한 것이고, 이와는 달리 **법원의 재판이 취소되지 아니하는 경우에는 확정판결의 기판력으로 인하여 원행정처분은 헌법소원심판의 대상이 되지 아니하며,** 뿐만 아니라 **원행정처분에 대한 헌법소원심판청구를 허용하는 것은 "명령·규칙 또는 처분이 헌법이나 법률에 위반되는 여부가 재판의 전제가 된 경우에는 대법원은 이를 최종적으로 심사할 권한을 가진다" 고 규정한 헌법 제107조 제2항이나, 원칙적으로 헌법소원심판의 대상에서 법원의 재판을 제외하고 있는 헌법재판소법 제68조 제1항의 취지에도 어긋난다.**

(재판관 이영모의 별개의견) 원행정처분은 위헌인 법률을 합헌으로 해석·적용함으로써 국민의 기본권을 침해한 당해 재판 자체가 헌법소원심판이 되는 한도 내에서 그 재판과 같이 원행정처분도 헌법소원심판 대상이 되는 것이지 그 **원행정처분만을 따로 떼어 내어 헌법소원심판 대상으로 삼을 수는 없다.**

(재판관 하경철의 반대의견) 원행정처분에 대한 헌법소원의 인정 여부는 기본권을 보다 충실히 보장할 수 있는 해석론에 입각하여 결정되어야 하며, 그러한 관점에서 원행정처분에 대한 헌법소원을 긍정하는 것이 국민의 기본권보장이라는 측면에 더욱 충실하고, 헌법재판소의 본연의 임무에 보다 부합할 것이므로, **원행정처분은 그것을 대상으로 삼은 재판과는 별도로 헌법소원의 심판대상이 된다고 보아야 한다.**

[요약판례 3] 인사명령취소: 각하(헌재 1993.12.23. 92헌마247)

법관인 청구인이 대법원장의 인사처분에 대하여 헌법소원심판을 청구하기 전에 거쳐야 할 다른 법률이 정한 구제절차와 이를 거치지 아니하고 제기된 헌법소원심판청구의 적법 여부(소극) 및 헌법재판소법 제68조 제1항 소정 헌법소원 사건에서 요구되는 "보충성의 원칙"의 적용을 배제할 예외사유가 부인된 사례

국가공무원법 제2조 및 제3조에 의하면 법관은 경력직공무원 중 특정직 공무원으로서, 다른 법률에 특별한 규정이 없는 한, 국가공무원법의 적용을 받도록 규정하고 있고, 같은 법 제9조에는 법원 소속 공무원의 소청에 관한 사항을 심사결정하게 하기 위하여 법원행정처에 소청심사위원회를 두도록 하고 있으며, 같은 법 제9조부터 제15조에는 소청심사위원회의 조직, 심사절차 및 결정의 효력에 관하여 자세한 규정을 두고 있으며, 같은 법 제76조 제1항에는 국가공무원이 그 의사에 반하여 불리한 처분을 받았을 때에는 소청심사위원회에 이에 대한 심사를 청구하여 그 시정을 구할 수 있도록 규정하고 있으므로, 법관인 청구인은 위 각 법률조항이 정한 절차에 따라 인사처분에 대하여 그 구제를 청구할 수 있고, 그 절차에서 구제를 받지 못한 때에는 국가공무원법 제16조, 법원조직법 제70조, 행정소송법 제1조의 규정에 미루어 **다시 행정소송을 제기하여 그 구제를 청구할 수 있음에도 불구하고, 청구인이 이와 같은 구제절차를 거치지 아니한 채 제기한 헌법소원심판청구는 부적법한 심판청구가 아닐 수 없다.**

이른바 "보충성의 원칙"의 적용을 배제할 예외적인 사유가 있다고 하기 위해서는, 그 구제절차가 당해 사건에 관

하여 객관적으로 실효성이 없을 것임이 확실히 예견되는 경우라야 할 것인바, 공무원은 임용권자가 누구인지를 가리지 아니하고 국민에 대한 봉사자이며, 국민에 대하여 책임을 지는 지위에 있고, 특히 법관은 헌법 제103조가 법관의 독립을 보장하고 있을 뿐만 아니라 헌법과 법률에 의하여 그 신분을 두텁게 보장함으로써 이를 뒷받침하고 있는 터이므로 **소청심사위원이나 행정소송의 재판을 담당할 법관에 대한 인사권자와 청구인에 대한 인사처분권자가 동일인이라는 이유만으로 소청이나 행정소송절차에 의하여서는 권리구제의 실효성을 기대하기 어렵다고 할 수 없다.**

(재판관 조규광, 재판관 이시윤의 별개의견) 법관인 청구인이 법원일반직 및 기능직공무원에 대하여 주로 통할하는 법원행정처에 설치된 소청심사위원회에 심사청구를 하여 대법원장의 권한에 속하는 법관보직에 관하여 그 시정을 구할 성질의 것은 아니라 할 것이므로, 청구인이 헌법재판소법 제68조 제1항에 규정된 헌법소원심판청구의 보충성의 원칙에 의하여 먼저 거쳐야 할 선행적 구제절차라면 **이 사건 처분이 대법원장의 사법행정기관으로서의 조치**이니 만큼 법원조직법 제70조에 의한 행정소송을 제기하여 고등법원에서 제1심 재판을 받고 여기에 불복이 있으면 대법원에 상고하여 구제를 구하는 절차라 할 것이다.

청구인이 구제절차의 혼동에 기인하여 직접 이 사건 청구에 이른 면이 엿보이나 대법원장의 처분이 행정소송의 대상이 됨은 법원조직법 제70조의 규정상 명백하다고 할 것이므로 그 혼동에 합리적인 이유가 있는 경우라고 단정하기 어려워서 헌법소원의 보충성의 원칙의 예외라고 볼 수는 없다.

일반 법원에서의 권리구제의 기대가능성이 없다는 것은 구체적 사건에 있어서 최근의 일반 최고법원의 판결에 비추어 구제가능성이 없고 종전 판례를 변경하여 결과를 달리할 것을 기대할 수 없는 경우를 들 수 있다고 할 것인바, 청구인에게 결정적으로 불리한 판례가 확립되어 있는 것도 아니고 **법관에게는 재판직무의 독립성이 보장되었음에 비추어 대법원장의 처분에 대한 행정소송에 있어서 권리구제의 기대가능성이 없는 경우라고 하기 어렵다.**

(재판관 한병채, 재판관 김양균의 반대의견) 법원행정처에 설치되어 있는 소청심사위원회는 모법(국가공무원법)상으로는 법원일반직·기능직공무원 및 법관 모두에게 적용될 수 있는 것이지만 시행령(법원공무원규칙)상으로는 법관은 그 적용대상에서 제외되어 있고, 법관은 일반 공무원과는 달리 그 자격을 별도의 법률로 정하고 있고 또 헌법상 그 신분이 가중 보장되고 있는 점에서 법원일반직이나 기능직공무원과는 근본적으로 다르고 직무상으로도 헌법과 법률에 의하여 그 양심에 따라 독립하여 심판하는 직무를 수행하는 사법부의 핵이라고 할 수 있기 때문에 법원일반직·기능직공무원에 대한 규정을 법관에게 준용 또는 유추 적용하여 처리한다는 것도 허용될 수 없다.

법관이 대법원장의 인사처분에 대하여 행정소송을 제기하는 방법으로 이를 다툴 수 있는 방법은 형식논리로는 일응 열려 있고, 이론상으로는 대법원장의 인사처분에 대한 사항이라 할지라도 소신 있는 재판을 기대할 수 없는 것은 아니겠지만, 실제상으로는 이 사건의 대상은 법관에 대한 인사권자인 피청구인의 처분행위인 점, 이 사건과 같은 재량행위의 성질상 그 면탈·남용 여부의 문제는 쉽게 가려질 수 있는 사항이 아니라는 점 때문에 여러 가지 제약이 따를 수 있다는 것은 예상하기 어렵지 않아 **행정소송의 방법으로 권리가 구제될 전망은 매우 희박한 것이라고 보아야 할 것인바,** 이와 같이 **사실상 전심절차로서 권리구제가 이루어질 가능성이 희박한 경우에도 청구인에게 빠짐없이 보충성의 원칙을 여행하도록 요구하는 것**은 당사자의 권리구제의 측면에서나 국가기능작용의 효율적인 배분의 면에서나 실익이 없다 할 것이므로 이런 때에는 전심절차를 생략하고 곧바로 헌법소원심판청구를 할 수 있다고 보는 것이 헌법소원제도의 본질과 기능에 합당한 것이다.

(재판관 변정수의 반대의견) 현행법상 법관의 소청을 심사 결정할 수 있는 소청심사위원회는 없으므로 청구인에 대하여 소청심사위원회의 소청을 거쳐 오도록 요구할 수는 없고, 다만 청구인이 피청구인의 인사처분취소를 구하는 행정소송을 제기할 수는 있다.

청구인의 경우에 과거와 현재의 법원의 관행과 분위기와 시대상황 및 국민정서 등을 고려해 볼 때 행정소송으로는 **사실상 권리구제의 가능성이 없기 때문에** 보충성의 원칙에 대한 예외를 인정하여야 한다.

헌법 제106조에 규정된 법관의 신분보장상의 **"불리한 처분"에는 법관의 의사에 반하는 전보처분도 당연히 포함되므로,** 청구인에 대한 경우 객관적·합리적 이유에서가 아니라 피청구인에게 잘못 보여 청구인의 의사에 반하여 광주지방법원 목포지원에서 광주지방법원(본원)으로 전보 발령되었다면 이는 불리한 인사처분으로서 피청구인의 법관인사권의 남용이고 헌법 제106조에 의하여 보장된 법관의 신분보장권 침해이며, 청구인은 정당한 이유 없이 다른 법관에 비하여 불합리한 처분을 당한 것이어서 평등권을 침해받은 것이다.

[요약판례 4] 효력정지가처분신청: 일부인용(헌재 2006.2.23. 2005헌사754)

(1) 법률의 위헌확인을 구하는 헌법소원심판에서 법률의 효력을 정지시키는 가처분이 허용되는지 여부(적극)와 법률의 효력을 정지시키는 가처분의 허용기준
(2) 기간임용제 교원 재임용 탈락의 당부에 대하여 다시 심사할 수 있도록 하면서, 재임용 탈락이 부당하였다는 결정에 대하여 청구인은 소송으로 다투지 못하도록 하고 있는 대학교원 기간임용제 탈락자 구제를 위한 특별법 제9조 제1항의 효력을 가처분으로 정지시켜야 할 필요성이 있는지 여부(적극)
(3) 대학교원 기간임용제 탈락자 구제를 위한 특별법 제2조 제2호의 재임용 탈락에 대한 정의규정, 제4조의 특별 재임용 재심사 규정, 제5조의 퇴직·사망자의 재임용 재심사 청구규정, 제9조 제2항의 재임용 재심사 결정의 효력규정의 효력을 가처분으로 정지시킬 필요성이 없다고 판단한 사례

헌법재판소법은 정당해산심판과 권한쟁의심판에 관해서만 가처분에 관한 규정을 두고 있지만(제57조, 제65조) 헌법재판소법 제68조 제1항에 의한 헌법소원심판절차에 있어서도 가처분의 필요성은 있을 수 있고, 달리 가처분을 허용하지 아니할 상당한 이유를 찾아볼 수 없으므로 헌법소원심판청구사건에서도 가처분은 허용된다.

헌법소원심판에서 가처분결정은 다투어지는 '공권력 행사 또는 불행사'의 현상을 그대로 유지시킴으로 인하여 생길 회복하기 어려운 손해를 예방할 필요가 있어야 하고 그 효력을 정지시켜야 할 긴급한 필요가 있어야 한다는 것 등이 그 요건이 된다 할 것이므로, 본안심판이 부적법하거나 이유 없음이 명백하지 않는 한, 위와 같은 가처분의 요건을 갖춘 것으로 인정되고, 이에 덧붙여 가처분을 인용한 뒤 종국결정에서 청구가 기각되었을 때 발생하게 될 불이익과 가처분을 기각한 뒤 청구가 인용되었을 때 발생하게 될 불이익에 대한 비교형량을 하여 후자의 불이익이 전자의 불이익보다 크다면 가처분을 인용할 수 있다.

대학교원 기간임용제 탈락자 구제를 위한 특별법 제9조 제1항(제소금지조항)에 대한 가처분을 인용한 뒤 종국결정에서 청구가 기각되었을 때 침해되는 주된 공익은 부당하게 재임용에서 탈락된 교원들이 입은 불이익이 장기간의 구제 요구에도 불구하고 다시 이 사건의 본안심판청구에 대한 종국결정시까지 기다려야 한다는 점이다. 그러나 위와 같은 공익이 공공복리에 중대한 영향을 미친다고 보기 어렵고, 이를 제소금지조항에 대한 가처분을 기각한 뒤 종국결정에서 청구가 인용되었을 때 신청인이 입게 되는 손해나 권리침해와 비교형량해 볼 때 신청인이 입게 되는 불이익이 더 클 것으로 보인다.

대학교원 기간임용제 탈락자 구제를 위한 특별법 제2조 제2호의 재임용 탈락에 대한 정의규정, 제4조의 특별 재임용 재심사 규정, 제5조의 퇴직·사망자의 재임용 재심사 청구규정, 제9조 제2항의 재임용 재심사 결정의 효력규정의 경우, 그 효력이 그대로 유지된다고 하더라도 이로 인하여 학교법인이 돌이킬 수 없는 손해를 입게 된다거나 그 적용중지 여부가 긴급하게 결정되어야 할 만큼 규율하고자 하는 현상의 발생이 시간적으로 근접해있다고 볼 수 없다.

[요약판례 5] 사법시험령 제4조 제3항 효력정지 가처분신청: 인용(헌재 2000.12.8. 2000헌사471)

헌법재판소법 제68조 제1항 헌법소원심판에서 가처분이 허용되는지 여부(적극), 헌법재판소법 제68조 제1항 헌법소원심판의 가처분 요건 및 헌법재판소법 제68조 제1항 헌법소원심판에서 가처분신청을 인용한 사례

헌법재판소법은 명문의 규정을 두고 있지는 않으나, 같은 법 제68조 제1항 헌법소원심판절차에서도 가처분의 필요성이 있을 수 있고 또 이를 허용하지 아니할 상당한 이유를 찾아볼 수 없으므로, 가처분이 허용된다.

위 **가처분의 요건은 헌법소원심판에서 다투어지는 '공권력의 행사 또는 불행사'의 현상을 그대로 유지시킴으로 인하여 생길 회복하기 어려운 손해를 예방할 필요가 있어야 한다는 것과 그 효력을 정지시켜야 할 긴급한 필요가 있어야 한다는 것** 등이 된다. 따라서 본안심판이 부적법하거나 이유 없음이 명백하지 않는 한, 위와 같은 가처분의 요건

을 갖춘 것으로 인정되면, **가처분을 인용한 뒤 종국결정에서 청구가 기각되었을 때 발생하게 될 불이익과 가처분을 기각한 뒤 청구가 인용되었을 때 발생하게 될 불이익을 비교형량하여 후자가 전자보다 큰 경우에, 가처분을 인용할 수 있다.**

사법시험령 제4조 제3항이 효력을 유지하면, 신청인들은 곧 실시될 차회 사법시험에 응시할 수 없어 합격기회를 봉쇄당하는 돌이킬 수 없는 손해를 입게 되어 이를 정지시켜야 할 긴급한 필요가 인정되는 반면 효력정지로 인한 불이익은 별다른 것이 없으므로, 이 사건 가처분신청은 허용함이 상당하다.

[요약판례 6] 소송절차정지 가처분신청: 기각(헌재 1993.12.20. 93헌사81)

헌법재판소법 제68조 제2항에 의한 헌법소원에서 그 소원의 전제가 된 민사소송절차의 일시정지를 구하는 가처분신청의 인용여부(소극)

헌법재판소법 제68조 제2항에 의한 헌법소원에서 당해 소원의 심판이 있을 때까지 그 소원의 전제가 된 민사소송절차의 일시정지를 구하는 가처분은 이유 없으므로 기각하여야 한다.

(재판관 한병채의 반대의견) 보전절차의 잠정적이고도 가정적인 성질을 감안한다면 가처분신청을 폭넓게 받아들이는 쪽으로 적극적인 해석을 해야 할 뿐만 아니라, 헌법재판소법 제42조 제1항의 규정이나 제40조 규정, 그리고 제68조 제2항 헌법소원심판은 그 실질이 제41조 위헌법률심판청구와 동일한 규범통제심판으로 보고 그와 동일한 심판절차규정에 따라 처리하여 온 헌법재판소의 판례에 비추어 이 사건 가처분신청은 인용되어야 한다.

[요약판례 7] 효력정지 가처분신청: 인용(헌재 2002.4.25. 2002헌사129)

(1) 신분이 군인이거나 군형법의 적용을 받는 구속 피의자에게 군사법경찰관의 조사단계에서 10일의 구속기간 연장을 더 허용하고 있는 군사법원법 제242조 제1항 중 제239조 부분의 효력을 가처분으로 정지시킬 필요가 없다고 판단한 사례
(2) 법령의 위헌확인을 구하는 헌법소원심판에서 법령의 효력을 정지시키는 가처분의 허용 기준
(3) 군사법원법에 따라 재판을 받는 미결수용자의 면회 횟수를 주 2회로 정하고 있는 군행형법시행령 제43조 제2항 본문 중 전단 부분의 효력을 가처분으로 정지시켜야 할 필요성이 있는지 여부(적극)

군사법원법 제242조 제1항 중 제239조 규정에 의하여 신청인에 대하여 한 1차 연장구속기간은 2002. 3. 28.에 이미 끝나 더 이상 군사법경찰관의 조사단계에서 구속기간이 연장될 위험이 없으므로 위 규정의 효력을 가처분으로 당장 정지시켜야 할 필요성이 인정되지 않는다.

헌법재판소법 제40조 제1항에 따라 준용되는 행정소송법 제23조 제2항의 집행정지규정과 민사소송법 제714조의 가처분규정에 의하면, 법령의 위헌확인을 청구하는 헌법소원심판에서의 가처분은 위헌이라고 다투어지는 법령의 효력을 그대로 유지시킬 경우 회복하기 어려운 손해가 발생할 우려가 있어 가처분에 의하여 임시로 그 법령의 효력을 정지시키지 아니하면 안 될 필요가 있을 때 허용되고, 다만 현재 시행되고 있는 법령의 효력을 정지시키는 것일 때에는 그 효력의 정지로 인하여 파급적으로 발생되는 효과가 클 수 있으므로 비록 일반적인 보전의 필요성이 인정된다고 하더라도 **공공복리에 중대한 영향을 미칠 우려가 있을 때에는 인용되어서는 안 될 것이다.**

면회제도는 피구속자가 가족 등 외부와 연결될 수 있는 통로를 적절히 개방, 유지함으로써 한편으로는 가족 등 타인과 교류하는 인간으로서의 기본적인 생활관계가 완전히 단절되어 파멸에 이르는 것을 방지하고, 다른 한편으로는 피고인의 방어권 행사에 조력하고자 존재하는 것으로 군행형법시행령의 적용을 받는 미결수용자들의 면회의 권리를 행형법시행령의 적용을 받아 매일 1회 면회할 수 있는 피구속자와 비교하여 합리적인 이유 없이 차별한다면, 군행형법시행령의 적용을 받는 자들은 이로 인하여 인간으로서의 행복추구권이나 피고인으로서의 방어권 행사에 회복하기 어려운 손상을 입게 될 것이다.

위 규정에 대한 가처분신청이 인용된다면 군인의 신분이거나 군형법의 적용을 받는 미결수용자가 외부인과의 잦은 접촉을 통해 공소제기나 유지에 필요한 증거를 인멸하거나 국가방위와 관련된 중요한 국가기밀을 누설할 우려가 있을 수 있으나, 수용기관은 면회에 교도관을 참여시켜 감시를 철저히 하거나 필요한 경우에는 면회를 일시 불허함으로써 증거인멸이나 국가기밀누설을 방지할 수 있으므로, 이 사건 가처분을 인용한다 하여 공공복리에 중대한 영향을 미칠 우려는 없다.

(재판관 한대현, 재판관 김효종, 재판관 주선회의 반대의견) 위 군형법시행령 규정은 미결수용자에게 외부인과의 면회를 주 2회 허용하고 있으므로 이 기회에 신청인들은 다수의견이 설시하는 바와 같은 면회의 목적을 대체로 달성할 수 있을 것이고, 여기에다 변호인과의 접견이 원칙상 제한 없이 허용되고 있는 점 등을 종합하면 면회제한 규정의 효력을 가처분에 의하여 긴급히 정지하여야 할 급박한 필요성이 인정되지 않는다.

[요약판례 8] 국가공무원법 제69조 위헌제청: 각하(헌재 2004.9.23. 2003헌아61)

위헌법률심판제청에 관한 헌법재판소의 결정에 대해 위헌법률심판제청신청인이 재심청구를 할 수 없다고 한 사례

위헌법률심판의 제청은 법원이 헌법재판소에 대하여 하는 것이기 때문에 당해사건에서 법원으로 하여금 위헌법률심판을 제청하도록 **신청을 한 사람은 위헌법률심판사건의 당사자라고 할 수 없다.** 원래 재심은 재판을 받은 당사자에게 이를 인정하는 특별한 불복절차이므로 청구인처럼 위헌법률심판이라는 재판의 당사자가 아닌 사람은 그 재판에 대하여 재심을 청구할 수 있는 지위 내지 적격을 갖지 못한다.

[요약판례 9] 헌법재판소법 제24조 제3항 등 위헌확인: 각하,기각(헌재 2007.6.28. 2006헌마1482)

헌법재판에서의 일사부재리를 규정한 헌법재판소법 제39조가 재판청구권을 침해하는지 여부(소극)

헌법재판에 있어서 일사부재리 규정을 두고 있는 이유는 법적 분쟁을 조기에 종결시켜 **법적 안정 상태**를 조속히 회복하고, 동일 분쟁에 대해 반복적으로 소송이 제기되는 것을 미연에 방지하여 **소송경제**를 이루기 위함이다. 따라서 법적 안정성의 조기확보나 소송경제를 위해 일사부재리제도를 두는 것은 지나친 재판청구권의 제약이라고 할 수 없다. 헌법재판은 심판의 종류에 따라 그 절차의 내용과 결정의 효과가 한결같지 않기 때문에 재심의 허용 여부나 허용 정도 등은 심판절차의 종류에 따라서 개별적으로 판단될 수밖에 없다. 현행 제도하에서도 권리구제형 헌법소원의 경우, 절차상 중대하고 명백한 하자가 있거나 구체적 타당성의 이익이 더 큰 경우 등에는 헌법재판에 대한 재심이 완전히 불가능한 것은 아닐 것이므로 이 사건 규정이 일사부재리에 관하여 정하고 있다고 하더라도 이것이 지나친 기본권제한 규정이라고 볼 수 없다. 따라서 헌법재판소법 제39조가 청구인들의 재판청구권을 침해한다고 볼 수 없다.

[요약판례 10] 헌법재판소법 제38조에 대한 헌법소원: 기각(헌재 2009.7.30. 2007헌마732)

가. 헌법재판사건의 심판기간을 180일로 정한 헌법재판소법 제38조 본문이 훈시규정으로 해석되는 한 위헌이라는 주장으로 제기된 헌법소원심판청구가 법률조항을 심판대상으로 한 것인지 여부(적극)
나. 훈시규정으로 해석되고 있는 심판대상조항에 대해 기본권침해의 직접성을 인정할 수 있는지 여부(적극)
다. 심판대상조항이 신속한 재판을 받을 권리를 침해하는지 여부(소극)

가. 심판대상조항이 훈시규정임을 전제로 한 소송실무가 정착되어 있다면, 심판대상조항이 훈시규정임을 전제로 청구인의 신속한 재판을 받을 권리를 침해한다고 주장하고 있는 이 사건 헌법소원심판 청구는 법률조항을 대상으로 하여 그 위헌성을 다투는 헌법소원이라 할 것이다.

나. 심판대상조항이 훈시규정으로 해석되는 한, 180일 심판기간이 경과한 이후까지도 종국결정이 선고되지 않는 경우가 발생할 수 있다는 내용이 심판대상조항 자체에 이미 내재되어 청구인의 법적 지위에 영향을 미치고 있다고도 볼 수 있으므로 심판대상조항에 대하여 기본권 침해의 직접성을 인정할 수 있다.

다. 헌법재판이 국가작용 및 사회 전반에 미치는 파급효과 등의 중대성에 비추어 볼 때, 180일의 심판기간은 개별 사건의 특수성 및 현실적인 제반여건을 불문하고 모든 사건에 있어서 공정하고 적정한 헌법재판을 하는 데 충분한 기간이라고는 볼 수 없고, 심판기간 경과 시의 제재 등 특별한 법률효과의 부여를 통하여 심판기간의 준수를 강제하는 규정을 두지 아니하므로, **심판대상조항은 헌법재판의 심판기간에 관하여 지침을 제시하는 훈시적 규정이라 할 것이다.** 신속한 재판을 구현하는 심판기간은 구체적 사건의 개별적 특수성에 따라 달라질 수밖에 없는 것이므로, 종국결정을 하기까지의 심판기간의 일수를 획일적으로 한정하는 것이 신속한 재판을 받을 권리의 내용을 이룬다거나, 심판기간의 일수를 한정한 다음 이를 반드시 준수하도록 강제하는 것이 신속한 재판을 받을 권리의 실현을 위해 필수적인 제도라고 볼 수는 없다. 모든 헌법재판에 대하여 일정한 기간 내에 반드시 종국결정을 내리도록 일률적으로 강제하는 것은 공정한 절차에 따라 실체적으로 적정한 결론을 도출하는 데 필요한 심리를 과도하게 제한할 수 있어, 오히려 헌법상 재판청구권의 중요한 내용 중 하나인 공정하고 적정한 재판을 받을 권리를 침해할 수 있기 때문이다. 따라서 헌법 제27조 제3항이 보장하는 '신속한 재판'의 의미와 심판대상조항의 취지 및 효과 등을 종합하여 보면, 심판대상조항이 헌법상 '신속한 재판을 받을 권리'를 침해하는 것이라고는 볼 수 없다 할 것이다.

(재판관 조대현의 반대의견) 180일 심판기간 조항을 지키기 어렵고 제재규정이 없다는 이유로 이를 훈시규정이라고 해석하는 것은 헌법재판의 신속성을 도모하고자 하는 국회의 입법결정을 무시할 뿐만 아니라 '신속한 헌법재판을 받을 권리'를 보장하여야 하는 의무를 저버리게 될 우려가 있다. 개별사건의 특수성에 따른 심판기간의 장단을 고려하지 않고 일률적으로 강제하는 것은 헌법이 부여한 헌법재판권한을 지나치게 제약할 뿐만 아니라 헌법재판의 적정성을 저해하여 헌법재판을 받을 권리를 침해할 가능성이 있다. 따라서 **심판대상조항은 헌법재판소가 헌법이 부여한 사명을 제대로 담당할 수 없을 정도로 헌법재판소의 심판권을 지나치게 제약하는 것이어서 헌법에 합치되지 아니한다고 선언하고, 사건의 특성에 맞추어 신축적으로 신속한 재판을 도모할 수 있도록 개선하는 입법을 촉구함이 상당**하다.

(재판관 김종대의 반대의견) "헌법재판소는 심판사건을 접수한 날로부터 180일 이내에 종국결정의 선고를 하여야 한다"는 **심판대상조항은 문언상 명백한 의무규정**이다. 헌법재판에서 심판사건의 난이성·다양성·비정형성·복잡성 등에 비추어 180일의 심판기간 내에 모든 사건을 처리하라는 것은 헌법재판이 이루어지는 실정을 고려할 때 사실상 불가능한 것이다. 그런데도 불구하고, 심판대상 조항은 **예외없이 '심판기간준수'에 대해 기대불가능한 것을 요구하고 있는 것이므로 심판대상조항은 현저하게 합리성을 결여**했다고 할 것이다. 또한 충실한 문리적 해석에 입각하여 헌법재판소에게 심판기간준수의 의무를 관철시킨다면, 심판대상조항은 심판기간준수에 대한 법익만을 강조한 나머지, **공정한 재판을 받을 권리, 적법절차에 따른 적정한 재판을 받을 권리를 과도하게 침해하는 결과**가 된다. 따라서 헌법재판에 계류되는 개개사건의 성격 내지 본질을 고려하지 않고 모든 사건의 처리기한을 일률적으로 180일로 강제하고 있는 심판대상조항은 위헌이라고 판단된다.

[요약판례 11] 기소유예처분 취소: 인용(헌재 2011.3.31. 2010헌마312)

헌법재판소의 기소유예처분 취소결정에 따라 검사가 사건을 재기한 후 아무런 추가 수사를 함이 없이 죄명을 방조로 변경하여 다시 기소유예처분을 한 것이 헌법소원 인용결정의 기속력에 위배되는지 여부(적극)

헌법재판소법 제75조 제1항은, 헌법소원의 인용결정은 모든 국가기관과 지방자치단체를 기속한다고 규정하고 있다. 이 규정이 헌법소원의 피청구인에 대하여 가지는 뜻은 헌법소원의 인용결정이 있으면 피청구인은 모름지기 그 인용결정의 취지에 맞도록 공권력을 행사하여야 한다는 데에 있다. 따라서 **검사의 불기소처분을 취소하는 헌법재판소의 결정이 있는 때에는 그 결정에 따라 불기소한 사건을 재기수사하는 검사로서는 헌법재판소가 그 결정의 주문 및 이유에서 밝힌 취지에 맞도록 성실히 수사하여 결정을 하여야 한다.**

그럼에도 불구하고 피청구인이 **아무런 추가 수사를 함이 없이 단지 죄명만을 방조죄로 변경하여 다시 기소유예처분을 한 것은 헌법재판소 결정의 기속력을 규정한 헌법재판소법 제75조 제1항에 위배**되고, 원기소유예처분의 법리오해 및 수사미진의 점은 이 사건 기소유예처분에 있어서도 그대로 남아있는 것이라고 보지 않을 수 없다.

[요약판례 12] 특정경제범죄 가중처벌 등에 관한 법률 적용 등 위헌소원: 합헌(헌재 2009.12.29. 2008헌바64)

가. 청구인이 주장하는 위헌사유와 국선대리인이 주장하는 위헌사유가 다른 경우 헌법재판소가 판단하여야 할 위헌사유

나. 청구인의 독단적인 견해에 의한 위헌사유 주장을 국선대리인이 추인하거나 주장하지 않은 경우 국선대리인 개임의 필요성(소극)(이하 생략)

가. 청구인은 특경법은 금융기관 임·직원에게만 적용되는 것인데 법원이 금융기관의 임·직원이 아닌 청구인에 대하여 특경법 제3조 제1항 제2호를 적용하여 유죄로 판결한 것은 위헌이라고 주장하고, 청구인의 국선대리인은 이 사건 법률조항의 위헌사유로서 청구인이 심판청구서에서 주장한 내용을 내세우지 아니하고, 과잉금지원칙 및 책임비례원칙의 위배와 법관의 양형재량권 침해를 위헌사유로 주장한 경우, **헌법재판소의 각종 심판청구나 심판수행은 변호사의 자격이 없는 한 변호사를 대리인으로 선임하여 하여야 하고, 변호사의 자격이 없는 청구인의 헌법소원심판청구나 청구이유의 주장은 변호사인 대리인이 추인한 경우에만 헌법소원심판의 대상으로 되며, 이러한 취지는 청구인의 대리인이 헌법재판소에 의하여 선임된 국선대리인인 경우에도 마찬가지**이므로, 이 사건 헌법소원심판에서는 국선대리인이 주장한 사유에 대해서만 심판한다.

나. 청구인이 이 사건 법률조항의 위헌사유로 주장한 사유는 청구인의 독단적인 견해라고 할 것이어서 **청구인의 국선대리인이 이를 추인하거나 주장하지 않았다고 하여 국선대리인을 개임할 필요가 생겼다고 볼 수 없다.**

[요약판례 13] 불기소처분취소(재심): 재심대상결정 취소,기각(헌재 2011.2.24. 2008헌아4)

헌법재판소가 적법한 사전구제절차를 거친 불기소처분취소 청구를, 잘못 기재된 사실조회 결과를 근거로 적법한 사전구제절차를 거치지 아니한 것으로 보아 각하한 경우 재심사유에 해당되는지 여부(적극)

청구인이 적법한 사전구제절차를 거쳐 불기소처분의 취소를 구하는 헌법소원심판청구를 하였음에도, 본안 판단을 하지 아니한 채 착오로 잘못 기재된 사실조회 결과를 근거로 적법한 사전구제절차를 거치지 아니한 것으로 잘못 판단하여 각하하는 결정을 한 경우, 이러한 재심대상결정에는 헌법재판소 제40조 제1항에 의하여 준용되는 민사소송법 제451조 제1항 제9호의 '판결에 영향을 미칠 중요한 사항에 관하여 판단을 누락한 때'에 준하는 재심사유가 있다.

대판 2005.11.24. 2005두8061

구 도로교통법 제78조 제1항 단서 제5호에 따라 운전면허 받은 사람이 자동차 등을 이용하여 범죄행위를 한 때에 반드시 면허를 취소하여야 하는지 여부(적극)

자신이 운전하는 택시조수석에 앉아 술에 취해 잠이 든 여자 승객의 가슴을 만졌다는 이유로 운전면허가 취소된 택시기사 원고가 강원지방경찰청장을 상대로 제기한 자동차운전면허 취소처분 취소청구소송에서 구 도로교통법 제78조 제1항 단서 제5호를 그대로 적용, 운전면허 받은 사람이 자동차 등을 이용하여 범죄행위를 한 때에 해당하므로 면허를 취소한 피고의 처분이 정당하다는 취지에서 원고의 상고를 기각, 확정한 사례.

✤ 본 판례에 대한 평가 구 도로교통법 제78조 제1항 단서 제5호의 필요적 면허취소의 위헌 여부가 문제된 2004헌가28이 선고된 2005. 11. 24. 오후에 선고된 대법원 판례로서 헌법재판소

법 제47조 제2항 "위헌으로 결정된 법률 또는 법률의 조항은 그 결정이 있는 날로부터 효력을 상실한다" 규정에 따라 같은 날 오후에 선고된 헌법재판소 결정에 의하여 동 조항은 무효가 되었기 때문에 헌법재판소 결정과 대법원 판례의 우선순위, 대법원이 굳이 헌법재판소와 같은 날 선고할 부득이한 이유가 있었는지 여부 등이 문제된다.

생각건대, 법률의 위헌성 여부에 대한 헌법재판소의 심사권과 구체적으로 확정된 사실에 대한 법률의 해석·적용에 있어서 대법원이 가지는 최종적 권한 간의 충돌을 방지하고, 구체적 사안의 법 적용상 형평을 실현하기 위해서는 **대법원을 비롯한 각급 법원이 동 조항이 문제되고 있는 사건의 선고를 연기한 후, 헌법재판소의 결정에 따라 선고를 하는 입장을 취했어야 한다고 보인다.**

대판 1996.4.9. 95누11405

헌법재판소의 한정위헌 결정의 의미 및 그 기속력, 헌법재판소의 모법에 대한 한정위헌 결정이 구 소득세법 시행령 제170조 제4항 제2호에 미치는 영향 및 구 소득세법 제23조 제4항 단서 및 제45조 제1항 제1호 단서와 구 소득세법 시행령 제170조 제4항 제2호가 위헌인지 여부(소극)

이른바 한정위헌 결정의 경우에는 헌법재판소의 결정에 불구하고 법률이나 법률조항은 그 문언이 전혀 달라지지 않은 채 그냥 존속하고 있는 것이므로 **그 문언이 변경되지 아니한 이상 이러한 한정위헌 결정은 법률 또는 법률조항의 의미, 내용과 그 적용범위를 정하는 법률해석**이라고 이해하지 않을 수 없다. 그런데 구체적 사건에 있어서 당해 법률 또는 법률조항의 의미·내용과 적용범위가 어떠한 것인지를 정하는 권한, 곧 법령의 해석·적용 권한은 사법권의 본질적 내용을 이루는 것으로서, 전적으로 대법원을 최고법원으로 하는 법원에 속한다. 이러한 법리는 우리 헌법에 규정된 국가권력분립구조의 기본 원리와 대법원을 최고법원으로 규정한 헌법의 정신으로부터 당연히 도출되는 이치로서, 만일 법원의 이러한 권한이 훼손된다면 이는 헌법 제101조는 물론이요, 어떤 국가기관으로부터도 간섭받지 않고 오직 헌법과 법률에 의하여 그 양심에 따라 독립하여 심판하도록 사법권 독립을 보장한 헌법 제103조에도 위반되는 결과를 초래한다. 그러므로 **한정위헌 결정에 표현되어 있는 헌법재판소의 법률해석에 관한 견해는 법률의 의미·내용과 그 적용범위에 관한 헌법재판소의 견해를 일응 표명한 데 불과하여 이와 같이 법원에 전속되어 있는 법령의 해석·적용 권한에 대하여 어떠한 영향을 미치거나 기속력도 가질 수 없다.**

법률보다 하위법규인 대통령령의 제정근거가 되는 법률조항(이른바 위임규정)에 대하여 한정위헌결정이 있는 경우에 있어서도, 그 법률조항의 문언이 전혀 변경되지 않은 채 원래의 표현 그대로 존속하고 있는 이상 그 법률조항의 의미·내용과 적용범위는, 역시 법령을 최종적으로 해석·적용할 권한을 가진 최고법원인 대법원에 의하여 최종적으로 정하여질 수밖에 없고, 그 법률조항의 해석은 어디까지나 의연히 존속하고 있는 그 문언을 기준으로 할 수밖에 없다 할 것이므로 그 문언이 표현하고 있는 명백한 위임취지에 따라 제정된 대통령령 조항 역시 의연히 존속한다고 보아야 한다. 따라서 이 사건 양도소득세부과처분에 적용된 구 소득세법 시행령 제170조 제4항 제2호는 그 위임 근거조항인 구 소득세법 제23조 제4항 단서 및 제45조 제1항 제1호 단서의 각 규정이 헌법재판소의 결정에도 불구하고 그 문언의 표현이 전혀 변경되지 아니한 채 존속하고 있는 이상 위 시행령 조항의 헌법 위반 여부와 상위법의 위반 여부에 관하여는 대법원이 최종적으로 판단하여 이 사건에 적용할지 여부를 결정하여야 한다.

구 소득세법 제23조 제4항 단서 및 제45조 제1항 제1호 단서가 대통령령에 위임하는 사항의 범위를 명시적으로 특정하지는 아니하였다 하더라도 위 조항에 있어서의 내재적인 위임의 범위나 한계는 충분히 인정될 수 있다고 할 것이고, 구 소득세법상 종전의 **실지거래가액 과세원칙으로부터 기준시가 과세원칙으로 개정된 입법동기와 연혁, 그리고 다시 기준시가 과세원칙에 대한 예외로서 실지거래가액에 따라 과세할 수 있는 경우를 규정하게 된 입법목적을 두루 고려하여 보더라도,** 위 조항 단서가 기준시가에 의한 과세보다 실지거래가액에 의한 과세가 납세자에게 유리한 경우만을 한정하여 대통령령에 위임한 것이라는 해석에는 도저히 이를 수 없다. 더욱이 이 사건의 사안을 보면 실지거래가액에 의하여 과세하는 경우 모두 금 1,000,000,000원을 초과하는 양도차익이 발생한 것이 되어 납부하여야 할 양도소득세액이 금 600,000,000여 원에 이르게 되는 반면, 기준시가에 의하여 과세하는 경우에는 오히려 양도차손이 발생한 것이 되어 양도소득세를 전혀 부과할 수 없게 되는바, 실제 불과 2년 미만의 기간에 금 400,000,000여 원, 그리고 불과 2월 남짓 되는 기간에 금 600,000,000원의 각 양도차익을 얻은 납세의무자가 헌법재판소 1995. 11. 30. 선고 94헌바40, 95헌바13 한정위헌 결정과 같은 해석으로 말미암아 양도소득세 부과에서 제외된다는 것은 심히 부당한 결과라고 하지 않을 수 없다. 따라서 **이 사건 과세처분에 적용된 구 소득세법 제23조 제4항 단서 및 제45조 제1항 제1호 단서와 구 소득세법 시행령 제170조 제4항 제2호가 헌법상의 조세법률주의와 포괄위임금지원칙에 위배되지 아니하는 유효한 규정이라고 해석하여 온 지금까지의 견해는 변경할 필요가 없다.**

제 2 절 위헌법률심판

Ⅰ 의 의

Ⅱ 법원의 위헌법률심판제청

1. 의 의
2. 위헌법률심판제청의 절차

Ⅰ 형사소송법 제97조 제3항의 위헌제청: 위헌(헌재 1993.12.23. 93헌가2)

쟁점 (1) 법원이 위헌심판제청시 위헌에 대한 확신을 요하는지 여부
(2) 보석허가결정을 한 원심법원이 즉시항고사건에 대해 위헌제청할 자격이 있는지 여부
(3) 위헌제청의 대상인 이 사건 규정의 위헌 여부가 보석에 관한 재판을 함에 있어 재판의 전제성이 인정되는지 여부

사건의 개요

뇌물공여의 혐의로 구속기소된 피고인 甲에 대해 법원이 보석허가결정을 하자, 이에 대해 검사가 형사소송법 제97조 제3항에 의해 즉시항고를 하였고 위 보석결정을 한 법원이 위 규정에 대해 위헌의 의심이 있다 하여 직권으로 위헌심판 제청을 하였다.

심판의 대상

형사소송법(1954. 9. 23. 법률 제341호; 개정 1973. 1. 25. 법률 제2450호) 제97조 제3항 보석을 허가하는 결정 및 구속을 취소하는 결정에 대하여는 검사는 즉시항고를 할 수 있다.

주 문

형사소송법 제97조 제3항 중 "보석을 허가하는 결정"부분은 헌법에 위반된다.

법무부장관의 의견

(1) 법원은 법률이 헌법에 위반되었다는 점에 관하여 합리적으로 의심의 여지가 없을 만큼 명백한 경우에만 위헌법률심판제청을 할 수 있는 것이므로 단지 "의문이 있다"는 이유만으로 위헌심판제청을 한 것은 부적법하다.

(2) 제청법원은 보석허가결정에 대한 항고사건에 관하여 즉시항고가 법률상의 방식에 위배되었는지 여부 등 형식적 요건을 결하였는지만을 판단할 수 있을 뿐 그 항고사건에 대하여 아무런 판단할 권한을 갖지 아니하므로 위헌여부를 제청할 지위에 있지 않다.

(3) 제청법원이 보석허가결정을 함에 있어 검사의 즉시항고가 아무런 영향을 미칠 수 없고, 피고인이 석방되지 않은 것은 즉시항고에 따르는 집행정지의 효력에 의한 것일 뿐이므로, 이 사건 규정의 위헌 여부는 제청법원이 보석허가결정을 함에 있어 주문을 도출하는데 전제가 되지 아니한다.

▢ 판 단

1. 헌법 제107조 제1항과 헌법재판소법 제41조(위헌여부심판의 제청), 제43조(제청서의 기재사항) 등의 각 규정의 취지는, 법원은 문제되는 법률조항이 담당법관 스스로의 법적 견해에 의하여 단순한 의심을 넘어선 합리적인 위헌의 의심이 있으면 위헌여부심판을 제청하라는 것이므로 헌법재판소로서는 제청법원의 이 고유판단을 될 수 있는 대로 존중하여 제청신청을 받아들여 헌법판단을 하는 것이므로 이 사건 제청을 부적법한 것이라고 볼 수 없다.

2. 보석은 판결 전의 소송절차이므로 그 결정에 대해 불복이 있으면 항고할 수 있는데, 보통항고는 재판의 집행을 정지하는 효력이 없으며, 즉시항고는 제기기간이 3일인데 반해 집행정지효가 있다. 형사소송법 제408조 제2항에 의하면, 원심법원이 항고의 전부 또는 일부가 이유없다고 인정하는 때에는 같은 조 제2항에 의하여 의견서를 첨부하여 항고법원에 송부하여야 하는 바, 이러한 규정에 의해 원심법원이 항고의 전부 또는 일부가 이유없다고 인정하는 것도 법관의 판단작용을 거친다는 뜻에서 실질에 있어 원심법원의 재판이라고 할 것이고, 이 사건 규정이 위헌이라고 심판되는 경우에 원심법원은 이 사건 즉시항고를 같은법 제404조의 보통항고로 전환하여 처리하게 될 것이므로 이 사건 규정이 위헌으로 심판되면 위헌으로 심판되기 전과 비교할 때 절차법상으로 기본적인 법률관계를 달리함으로써 다른 내용의 재판을 하게 된다. 따라서 같은법 제407조의 항고기각에 해당하는 여부의 재판기준은 이 사건 규정이 위헌으로 심판되는 경우와 그렇지 않은 경우와의 사이에 항고기간 등 항고 또는 즉시항고의 제기요건에 차이가 있게 마련이므로 이 사건 규정의 위헌여부에 따라 재판의 주문을 달리하게 될 수 있다.

한편, 같은 법 제408조 제1항을 적용하는 경우 형식적으로는 이 사건 규정의 위헌여부에 따라 주문 자체에는 차이가 없으나, 즉시항고의 경우에는 재판의 집행정지의 효력이 있고 보통항고의 경우에는 그렇지 아니함으로써 보석허가결정의 취소 또는 보석허가결정의 변경을 이끌어내는 이유설시에 있어서 이 사건 규정의 위헌여부에 따라 재판의 직접적인 내용과 효력도 달리하게 된다. 같은 법 제408조 제2항에 의하는 경우도 마찬가지이다.

따라서 이 사건 규정의 위헌 여부는 제청법원이 이 사건 즉시 항고에 대하여 원심법원으로서 할 재판 등의 조치의 전제가 되므로 이 사건 위헌제청은 정당한 제청권을 가진 법원에 의하여 제청된 것이다.

✤ 본 판례에 대한 평가 1. **재판의 전제성:** 재판의 전제성이라 함은 첫째 구체적인 사건이 법원에 현재 계속 중이어야 하고, 둘째 위헌 여부가 문제되는 법률이 당해 소송사건의 재판과 관련하여 적용되는 것이어야 하며, 셋째 그 법률이 헌법에 위반되는지의 여부에 따라 당해 사건을 담당한 법원이 다른 내용의 재판을 하게 되는 경우를 말하고, 여기에서 법원이 '다른 내용의' 재판을 하게 되는 경우라 함은 원칙적으로 법원이 심리중인 당해 사건의 재판의 결론이나 주문에 어떠한 영향을 주는 것뿐만이 아니라, 문제된 법률의 위헌 여부가 비록 재판의 주문 자체에는 아무런 영향을 주지 않는다고 하더라도 재판의 결론을 이끌어내는 이유를 달리하는데 관련되어 있거나 또는 재판의 내용과 효력에 관한 법률적 의미가 전혀 달라지는 경우도 포함한다.

2. 본 결정은 법원이 위헌제청심판을 함에 있어 위헌의 의심 정도에 관한 기준(단순한 위헌의 의

심이 아니라 합리적인 위헌의 의심)을 설정해 주었을 뿐만 아니라 재판의 전제성의 요건 중 "문제된 법률의 위헌 여부에 따라 다른 내용의 재판을 하게 되는 경우"로서 헌법재판소가 설시하고 있는 ① 법원이 심리 중인 당해 사건의 재판의 결론이나 주문에 어떤 영향을 주거나 ② 재판의 결론을 이끌어내는 이유를 달리하는데 관련되어 있거나 ③ 재판의 내용과 효력에 관한 법률적 의미가 달라지는 경우에 대해 구체적인 사건에 적용한 사례라는 점에서 의미가 있을 것이다.

※ 제97조 (보석·구속의 취소와 검사의 의견) ③ 구속을 취소하는 결정에 대하여는 검사는 즉시항고를 할 수 있다.

3. 위헌법률심판제청권의 주체

4. 위헌법률심판제청권의 성격: 법원의 합헌결정권 포함여부

Ⅱ 반국가행위자의처벌에관한특별조치법 제5조 등 헌법소원: 위헌,각하(헌재 1993.7.29. 90헌바35)

쟁점 (1) 피고인이 체포되거나 임의로 검사에게 출석하지 아니하면 상소를 할 수 없도록 하고, 상소권회복청구의 길을 전면 봉쇄한 것이 재판청구권을 침해하는지 여부

(2) 헌법재판소법 (이하 "헌재법"이라 한다) 제41조 제4항, 제68조 제2항이 법원의 합헌판단권의 근거가 되는 조항인지 여부

☐ 사건의 개요

(1) 청구인은 서울형사지방법원에서 반국가행위자의처벌에관한특별조치법(이하 "특조법"이라 한다) 궐석재판에 의해 징역 7년 및 자격정지 7년을 선고받은 후 위 법원의 판결에 대해 항소기간 내에 항소하지 못한 것은 자신이 책임질 수 없는 사유에 의한 것이라고 하면서 상소권회복청구를 한 후 상소권회복청구사건에서 재판의 전제가 되는 특조법에 대해 위헌제청신청을 하였다.

(2) 이에 위 법원은 특조법이 헌법에 합치된다는 이유로 이를 기각하였고, 이에 청구인은 위헌제청이 기각된 특조법의 일부조항에 대해 위헌소원(헌재법 제68조 제2항)을 함과 동시에 헌재법 일부조항에 대하여 헌법소원(헌재법 제68조 제1항)을 병합하여 청구하였다.

☐ 심판의 대상

특조법 제11조 (상소에 대한 특칙) ① 피고인 또는 피고인을 위하여 상소할 수 있는 자는 피고인이 체포되거나 임의로 검사에게 출석한 때에 한하여 상소할 수 있다.

특조법 제13조 (형사소송법의 적용배제) ① 형사소송법 중 제345조 내지 제348조는 이 법에 의한 궐석재판절차에 적용하지 아니한다.

헌재법 제41조 (위헌여부심판의 제청) ④ 위헌여부심판의 제청에 관한 결정에 대하여는 항고할 수 없다.

헌재법 제68조 (청구사유) ② 제41조 제1항의 규정에 의한 법률의 위헌여부심판의 제청신청이 기각된 때에는 그 신청을 한 당사자는 헌법재판소에 헌법소원심판을 청구할 수 있다. 이 경우 그 당사자는 당해 사건의 소송절차에서 동일한 사유를 이유로 다시 위헌여부심판의 제청을 신청할 수 없다.

☐ 주 문

1. 반국가행위자의처벌에관한특별조치법(1977. 12. 31. 법률 제3045호, 최종 개정 1987. 12. 4. 법률 제3993호)

제11조 제1항과 제13조 제1항 중 "제345조 내지 제348조"부분은 헌법에 위반된다.

2. 위 같은법 제5조, 제7조 내지 제10조 및 제13조 중 나머지 부분과 헌법재판소법 제41조 제4항 및 제68조 제2항에 대한 심판청구를 모두 각하한다.

청구인의 주장

(1) 특조법 조항 부분

특조법 조항은 형벌법규로서 최소한의 요건조차 갖지 못한 위헌조항으로서 헌법 제10조, 제11조, 제12조, 제23조, 제27조 및 제37조에 위반된다.

(2) 헌재법 조항 부분

헌법 제107조 제1항의 취지와 헌재법 제41조 제1항의 입법경위에 비추어, **법원은 재판과정에서 어떤 법률의 위헌여부가 문제된 때에는 그 법률이 재판의 전제가 되는지 여부에 대한 판단은 할 수 있어도, 스스로 합헌판단을 하여 위헌제청신청을 기각할 수는 없다.** 그럼에도 법원은 헌재법 제41조 제4항과 제68조 제2항을 합헌판단하여 위헌제청신청을 기각할 수 있는 근거조항으로서 주장하고 있는 듯하므로 위 조항은 위헌제청의무를 규정한 헌법 제107조 제1항에 위반되고, 재판청구권을 침해하는 규정이다.

판 단

1. 특조법 조항 부분

형사재판에서 피고인이 중죄를 범한 중죄인이라거나 외국에 도피 중이라는 이유만으로 상소의 제기 또는 상소권회복청구를 전면 봉쇄하는 것은 적법절차위반이고, 재판청구권의 침해임에 틀림이 없다.

2. 헌재법 조항 부분

헌재법 조항에 대한 이 사건 심판청구는 헌재법 제68조 제1항에 의한 법령소원이다. 그런데, 여기서는 무엇보다도 청구인이 주장하는 위 헌재법 조항들이 과연 법원의 합헌판단권을 인정하는 근거조항이 되는 것인가 하는 것이 문제된다.

먼저 헌재법 제41조 제4항은 위헌여부심판의 제청에 관한 결정에 대하여는 항고할 수 없다는 것으로서, 합헌판단권의 인정 여부와는 직접 관계가 없는 조항이므로 그 조항이 바로 법원의 합헌판단권을 인정하는 근거가 된다고 할 수 없다. 또한 헌재법 제68조 제2항은 위헌제청신청이 기각된 때에는 그 신청인이 바로 헌법재판소에 법률의 위헌여부에 관한 심사를 구하는 헌법소원을 제기할 수 있다는 것으로서, 그 경우에 "위헌제청신청이 기각된 때"라는 것은 반드시 합헌판단에 의한 기각결정을 의미하는 것이 아니라 재판의 전제성을 인정할 수 없어 내리는 기각결정도 포함되는 것으로 해석되므로 그 조항 역시 법원의 합헌판단권을 인정하는 근거가 된다고 볼 수 없다. 그렇다면 청구인이 거론하는 헌재법조항은 바로 법원의 합헌판단권이나 그에 따른 위헌제청기각결정의 근거가 되는 법률조항이 아니므로, 청구인이 그로 말미암아 재판청구권이 침해되었다고 주장하여 그 헌재법 조항에 대한 법령소원을 제기할 수는 없다고 본다. 따라서 이 부분에 대한 이 사건 심판청구는 본안심리에 의한 위헌여부의 판단을 할 것 없이 부적법하다고 하여야 할 것이다.

✣ 본 판례에 대한 평가 1. 법원의 위헌법률심판제청권의 성격(법원의 합헌결정권 포함 여부): 법원의 위헌법률심판제청권에 법률의 합헌결정권 내지 합헌판단권이 포함되는지 여부에 관해

서 논란이 있다. 긍정설에 의하면, 헌법 제107조 제1항의 규정에 비추어 보건대, 법원은 법률의 위헌결정권을 행사할 수는 없지만 합헌결정권은 행사할 수 있다는 것이다. 그 근거로서는 ㉠ 사법권의 본질상 법률의 효력에 대한 심사권은 법관의 고유한 권한이고, ㉡ 헌법재판소법 제43조 제4호가 법원의 위헌법률심판제청서에 위헌이라고 해석되는 이유를 기재하도록 규정하고 있으며, ㉢ 헌법재판소법 제68조 제2항이 당사자의 제청신청기각결정에 대하여 헌법소원심판청구를 인정하고 있다는 점 등을 들고 있다(다수설). 부정설에 의하면, ㉠ 현행헌법이 구 헌법 제108조 제1항의 "법률이 헌법에 위반되는 것으로 인정할 때"라는 문구를 삭제하였고, ㉡ 구 헌법 당시 하급법원의 위헌제청에 대한 실질적 심사권(합헌결정권)을 대법원에 부여하였던 헌법위원회법 제15조 제2항 및 법원조직법 제72조 제1항 제4호를 폐지하였다는 점 등을 근거로 하고 있다.

2. 이에 대하여 헌법재판소는 본 결정에서 "헌법재판소법 제41조 제4항은 위헌여부심판의 제청에 관한 결정에 대하여는 항고할 수 없다는 것으로서, 합헌판단권의 인정여부와는 직접 관계가 없는 조항이므로, 그 조항이 바로 법원의 합헌판단권을 인정하는 근거가 된다고 할 수 없다. 또한 헌법재판소법 제68조 제2항은 위헌제청신청이 기각된 때에는 그 신청인이 바로 헌법재판소에 법률의 위헌여부에 관한 심사를 구하는 헌법소원을 제기할 수 있다는 것으로서, 그 경우에 '위헌제청신청이 기각된 때'라는 것은 반드시 합헌판단에 의한 기각결정만을 의미하는 것이 아니라 재판의 전제성을 인정할 수 없어 내리는 기각결정도 포함하는 것으로 해석되므로, 그 조항 역시 법원의 합헌판단권을 인정하는 근거가 된다고 볼 수 없다"고 함으로써 부정설의 입장에 서 있다.

3. 생각건대 ㉠ 사법의 본질상 법원은 구체적인 사건에 적용할 법규범에 대한 독자적 해석권을 고유권한으로 하고 있고, ㉡ 일반법원은 실정법상 당사자의 제청신청을 기각하여 합헌결정을 할 수 있고, ㉢ 법원의 위헌심판제청서에 위헌이라고 해석되는 이유를 기재하도록 하고 있으며, ㉣ 법률은 국민의 대표기관인 국회에서 제정한 것이므로 그 합헌성을 추정하는 방향으로 해석하여야 한다는 합헌성추정의 원칙에 비추어 긍정설이 타당하다.

※ 반국가행위자의처벌에관한특별조치법은 1999. 12. 28. 폐지됨.

관련 문헌: 정종섭, "위헌법률심사절차에 있어서 헌법재판소와 일반법원의 헌법해석권", 헌법논총 제1집, 1990, 323-358면; 유남석, "법원의 법률해석권한과 위헌심판제청", 재판자료 76집(97. 6): 헌법문제와 재판(중), 257-299면; 이부하, "위헌법률심판제청시 이유제시의무 — 독일연방헌법재판소 판결을 분석하며 —", 공법연구 제34집 제3호, 273-292면.

5. 위헌법률심판제청의 대상(위헌법률심판 부분에서 다룸)

6. 위헌법률심판제청의 요건: 재판의 전제성

Ⅲ 형사소송법 제221조의2 위헌소원: 위헌(헌재 1996.12.26. 94헌바1)

쟁점 (1) 재판의 전제성에 있어서의 "재판"의 의미

(2) 형사소송법(이하 "법"이라 한다) 제221조의 2 제5항 중 제2항에 관한 부분이 헌법에 위반되는지 여부

(3) 제도의 핵심적 구성부분인 법률조항이 위헌인 경우 그와 밀접한 관련을 맺고 있는 다른 법률

조항에 대한 위헌선언

▢ 사건의 개요

청구인에 대한 형사재판에서 형사소송법 제221조의2 제2항에 따라 검사의 청구에 의하여 사건의 목격자에 대하여 증인신문이 이루어지고 이때 작성된 조서가 법원에 제출되어 법원은 이를 증거로 채택하였다. 이에 청구인은 위 조항을 위헌제청신청하고 법원이 이를 기각하자 헌재법 제68조 제2항에 따라 헌법소원심판청구를 제기하였다.

▢ 심판의 대상

형사소송법 제221조의2 (증인신문의 청구) ② 전조의 규정에 의하여 검사 또는 사법경찰관에게 임의의 진술을 한 자가 공판기일에 전의 진술과 다른 진술을 할 염려가 있고 그의 진술이 범죄의 증명에 없어서는 아니될 것으로 인정될 경우에는 검사는 제1회 공판기일 전에 한하여 판사에게 그에 대한 증인신문을 청구할 수 있다.

⑤ 판사는 수사에 지장이 없다고 인정할 때에는 피고인, 피의자 또는 변호인을 제1항 또는 제2항의 청구에 의한 증인신문에 참여하게 할 수 있다.

▢ 주 문

형사소송법 제221조의 2(1973. 1. 25. 법률 제2450호 신설) 제2항 및 제5항 중 같은 조 제2항에 관한 부분은 헌법에 위반된다.

▢ 청구인 주장 및 법원의 제청신청기각 이유

(1) 청구인의 주장

(가) 이 사건 법률조항들은 증거능력을 부여하는 규정이므로 그 위헌 여부에 따라 관련소송의 재판결과를 달리할 수 있으므로 재판의 전제성이 인정된다.

(나) 형사소송법 제221조의2 제2항 및 제5항은 피고인의 반대신문권을 보장하지 않고 있음에도 불구하고 이때 작성된 조서는 형사소송법 제311조에 의하여 증거능력이 인정되므로 위 규정은 적법절차, 공정한 재판을 받을 권리를 침해한 위헌적인 규정이다.

(2) 법원의 제청신청기각 이유

(가) 재판의 전제성이 있기 위해서는 이 사건 법률조항이 위헌인지에 따라 당해 사건을 담당한 법원이 다른 내용의 재판을 하게 되어야 하는데, 만일 청구인이 무죄로 인정되는 경우에는 공판기일전 증인신문조서의 증명력이 배척될 것이므로 재판의 전제성이 없고, 청구인이 유죄로 인정되는 경우에도 위 공판기일전 증인신문조서를 제외하고 동일한 내용인 위 형사절차의 공판기일에서 목격자가 한 진술만으로도 유죄로 인정될 수 있는 것이므로 재판의 전제성이 없다.

(나) 위 목격자에 대한 공판기일전 증인신문절차는 청구인 및 그 변호인이 함께 참여하여 반대신문을 한 상태에서 행해졌고, 또한 위 목격자는 4회 공판기일에 출석하여 변호인으로부터 충분한 신문을 받았고, 그 진술내용 역시 위 공판기일전 증인신문절차에서 한 진술내용과 대부분 동일하므로 청구인은 '공정한 재판을 받을 권리'를 침해받지 아니하였다.

▢ 판 단

Ⅰ. 적법성에 관한 판단(재판의 전제성)

헌재법 제68조 제2항에 의한 헌법소원심판은 심판대상이 된 법률조항이 헌법에 위반되는 여부가 관련사건에서 재판의 전제가 된 경우에 한해 청구할 수 있는바, 여기서 "재판"이라 함은 판결·결정·명령 등 그 형식 여하와 본안에 관한 재판이거나 소송절차에 관한 재판이거나를 불문하며 심급을 종국적으로 종결시키는 종국재판뿐만 아니라 중간재판도 이에 포함된다고 하겠다. 그러므로 법원이 행하는 증거채부결정도 당해 사건을 종국적으로 종결시키는 재판은 아니라고 하더라도, 그 자체가 법원의 의사결정으로서 "재판"에 해당한다고 할 것이다.

그리고 일정한 법률조항이 재판의 전제가 된다고 하려면 그 법률조항의 위헌여부에 따라 재판의 결론이 달라지거나 재판의 내용과 효력에 관한 법률적 의미가 달라지는 경우를 말한다. 이 사건 제2항 및 제5항은 관련사건에서 법원의 증거채부결정에 직접 적용되는 법률조항은 아니나 증거채부결정의 대상이 된 조서의 증거능력에 영향을 미침으로써, 그 위헌여부에 따라 법원이 그 조서를 증거로 채택할 수 있느냐 없느냐의 증거채부결정의 결과를 좌우하고 있다 할 것이다. 그러므로 이 사건 법률조항들을 심판대상으로 하는 이 사건 헌법소원심판은 적법하다(이러한 관점에서 볼 때, 추후에 공판기일에서의 증인신문절차에서 반대신문권이 보장되었다는 사실이나 공판기일전 증인신문조서 없이도 피고인을 유죄로 인정하기에 충분하였다는 **사후판단적 사실** 내지 **실제로 위 목격자에 대한 공판기일전 증인신문절차에서 반대신문이 행해졌다는 사실** 등은 위 법원의 증거채부결정의 결론에 아무런 영향이 없는 사실로서 이 사건 재판의 전제성을 판단하는데 아무런 영향을 미치지 못한다고 본다).

Ⅱ. 형사소송법 제221조의2 제5항 중 제2항에 관한 부분의 위헌성

형사소송법 제221조의2 제5항은 공판기일전 증인신문절차에서 피고인 등이 같은 조 제2항의 증인신문절차에 참여할 수 있는지를 판사의 재량사항으로 정하고 있는 바, 이는 당사자의 참여신문권이 포괄적으로 보장되고 있는 통상의 증인신문절차(법 제163조 제1항)에 비해 그 권리의 내용을 제한적으로 규정하고 있음에도 법 제311조 후문의 규정에 의해 위 증인신문절차에서 작성된 조서에 대하여 당연히 증거능력을 부여하고 있으므로 공판절차에서 그 조서가 증거로 제출된 경우 위 증인신문절차에 참여하지 못한 피고인이 그 진술의 신빙성을 탄핵하기 위하여 원진술자에 대한 증인신문을 신청하더라도 그 신청이 반드시 채택되리라는 보장은 없게 되는데, 이는 결과적으로 피고인 등의 증인에 대한 반대신문의 기회를 박탈하는 의미를 가진다.

위 조항의 해석과 관련하여 대법원은 "법 제184조에 의한 증거보전절차와의 균형상 제5항에 의한 증인신문을 함에 있어서 수사에 특별히 지장이 있다고 인정되는 경우가 아니면 피고인, 피의자나 변호인에게 참여의 기회를 주는 것이 옳다"(대법원 1992. 9. 22. 선고 92도1751 판결)라고 판시하고 있으나 이러한 해석에 의하더라도 '수사에 특별한 지장이 있는 때'에는 피고인 등의 절차참여가 배제될 가능성이 존재하게 되어 피고인 등의 반대신문권이 박탈될 소지는 충분하다.

원래 진술증거는 진술자의 기억이나 표현에 오류가 개입할 가능성이 크고 또 당사자의 신문방식이나 기술에 따라서 진술자의 의사와 다른 내용이 전달될 가능성도 큰 것이다. 이를 바로 잡기 위한 가장 기본적 제어장치가 상대당사자의 반대신문권인바, 법은 이를 실질적·적극적으로 보장하기 위하여 직접적으로 공판절차 또는 공판준비절차의 증인신문에서 그 증언의 증명력을 탄핵할 수 있게 하기 위하여 반대신문권을 보장(법 제161조의2 제1항)하는데 그치지 아니하고, 더 나아가 증거능력 부여과정에서도 반대신문권이 행사될 수 있도록 전문증거의 증거능력을 제한하기에 이르고 있는 것이다(법 제310조의 2 이하). 무릇 공소사실에 부합하는 진술증거는 그것이 불리한 자의 면전에서 이루어지고 또 반대신문에 의한 탄핵을 거침으로써 진술내용의 모순이나 불합리가 드러나 비로소 진정한 증거가치를 가질 수 있는 것이다. 따라서 피고인 등의 앞에서 증인신문을 할 경우 수사기관에서 행한 진술이 번복될 염려가 있다는 것은 오히려 피고인 등에게 반대신문권을 보장할 필요가 더욱 커진다는 것을 의미할 뿐 이러한 사정이 피고인 등의 절차참여를 배제하는 이유가 될 수는 없다 할 것이다. 그렇다면, 이 사건 제5항은 피고인들의 공격·방어권을 과다히 제한하는 것으로써 그 자체의 내용이나 대법원의 제한적 해석에 의하더라도 그 입법목적을 달성하기에 필요한 입법수단으로서의 합리성 내지 정당성이 인정될 수 없다.

Ⅲ. 형사소송법 제221조의2 제2항의 위헌성

1. 이 사건 제5항과의 관계에서 본 제2항의 위헌성

헌법소원의 대상이 된 법률조항 중 일정한 법률조항이 위헌선언된 경우 같은 법률의 그렇지 아니한 다른 법률조항들은 효력을 그대로 유지하는 것이 원칙이다. 그러나 예외적으로 위헌으로 선언된 법률조항을 넘어서 다른 법률조항 내지 법률 전체를 위헌선언하여야 할 경우가 있는 바, 합헌으로 남아 있는 나머지 법률조항만으로는 법적으로 독립된 의미를 가지지 못하거나, 위헌인 법률조항이 나머지 법률조항과 극히 밀접한 관계에 있어서 전체적·종합적으로 양자가 분리될 수 없는 일체를 형성하고 있는 경우, 위헌인 법률조항만을 위헌선언하게 되면 전체규정의 의미와 정당성이 상실되는 때가 이에 해당한다.

생각건대, 진술증거에 대한 반대신문권은 형사소송절차에서 공정한 재판을 받을 권리의 핵심적 내용을 이루고, 이 사건 제5항은 이 사건 제2항의 증인신문절차의 핵심적 구성부분이라고 보아야 한다. 이 사건 제5항이 위헌으로 인정될 경우에는 이 사건 제2항의 증인신문절차 전체의 내적 평형이 무너짐으로써 그 제도를 만든 입법자의 의도가 왜곡되기에 이른다고 보아야 하기 때문이다. 따라서 이 사건 제5항을 위헌선언하면서 이 사건 제2항을 유효한 것으로 남겨둘 필요성은 없다고 할 것이므로 이 사건 제5항과 함께 이 사건 제2항도 위헌선언함이 타당하다.

2. 이 사건 제2항 자체의 위헌성

이 사건 제2항의 증인신문절차의 청구권자는 검사로 한정되어 있고, 다른 증거보전절차인 법 제184조에 의한 증거보전절차와는 달리 증인의 사망, 장기여행 등 공판기일의 증인신문절차가 현저히 곤란해지는 경우 기타 미리 증거를 보전하지 아니하면 그 증거를 사용하기 곤란한 사정을 방지하여야 한다는 등의 긴급성이 그 요건에 포함되어 있지 아니함을 알 수 있다. 그렇다면 이 사건 제2항의 목적으로 하는 증거보전은 수사활동상의 긴급한 필요성에 의하여 신속히 증거보전할 필요에 응하기 위한 증거보전이 아니라, 어디까지나 수사기관의 수사활동에 강제력을 부여함으로써 수사활동을 원활하게 하기 위한 넓은 의미의 증거보전을 의미한다. 이와 같은 증인신문제도는 수사단계에서 임의의 진술을 하였는데도 법정에서 다른 진술을 할 염려가 있다는 이유만으로 검사가 다시 같은 수사단계에서 미리 판사로 하여금 증인신문을 하게 하여 증거를 확보하려는 것으로서, 증인이 공판기일에서 법관의 면전에서 자유롭게 진술하는 것을 제약함과 동시에 법관이 공판기일에 법정에서 직접 조사한 증거에 의하여 심증을 형성하는 것을 제약하여 결국 법관이 직접 조사하지 아니한 상태에서 행하여진 증인신문조서의 기재에 의하여 바로 심증을 형성하게 함으로써 증거가치판단의 진실성을 담보함에 흠을 가져오는 결과를 초래할 것이다. 이는 헌법이 보장하는 적법한 절차 내지 공정한 재판을 받을 권리의 형사소송법적 표현인 공판중심주의 내지 자유심증주의의 기본적 내용을 현저히 훼손하는 것으로써 헌법에 위반된다.

⚜ 본 판례에 대한 평가 1. **재판의 전제성의 의의**: 위헌법률심판제청을 하려면 법률의 위헌 여부가 재판의 전제가 되고 있는 경우라야 한다(제107조 제1항). 그러므로 위헌법률심판제청이나 법 제68조 제2항의 규정에 의한 헌법소원심판청구가 적법하기 위하여는 문제된 법률의 위헌 여부가 재판의 전제가 되어야 한다는 재판의 전제성이 요구된다. 이는 위헌법률심판이 갖는 구체적 규범통제제도로서의 본질을 드러내 주는 것이다. 물론 사법의 본질상 사건성(구체적 사건성·당사자 적격성·소의 이익)도 충족하여야 한다.

2. **재판의 의미**: 재판의 전제성에서 재판은 판결·결정·명령 등 형식 여하를 불문하고, 종국재판뿐만 아니라 중간재판도 포함한다. 이에 따라 증거채부결정(證據採否決定), 영장발부도 재판에 포함된다.

3. **전제성**: 재판의 전제성이란 ① 구체적인 사건이 법원에 계속(繫屬)중이어야 하고, ② 위헌여부가 문제되는 법률 또는 법률조항이 당해 사건에 적용되어야 하고, ③ 위헌여부에 따라 당해 법원이 다른 내용의 재판을 하게 되는 경우를 말한다.

4. **전제성 구비여부의 판단**: 재판의 전제성 구비여부에 관한 판단은 원칙적으로 제청 법원이 가진다. 따라서 헌법재판소는 그 전제성에 관한 제청법원의 법률적 견해가 명백히 유지될 수 없을 때에만 이를 직권으로 조사할 수 있으며 제청법원의 견해가 명백한 잘못이 있는 경우를 제외하고는 제청법원의 견해를 존중하여야 한다.

5. **전제성 구비가 요구되는 시기**

재판의 전제성은 법률의 위헌여부심판제청시만 아니라 심판시에도 갖추어져야 함이 원칙이다.

※ 제221조의2 (증인심문의 청구) ⑤ 판사는 특별히 수사에 지장이 있다고 인정하는 경우를 제외하고는 피고인, 피의자 또는 변호인을 제1항 또는 제2항의 청구에 의한 증인신문에 참여하게 하여야 한다(개정 1995. 12. 29).

대판 1992.9.22. 92도1751
형사소송법 제221조의 2에 의한 증인신문절차에 있어서 피고인·피의자나 그 변호인에게 참여의 기회를 주는 것이 옳은지 여부와 그들에게 참여의 기회가 부여되지 아니한 경우의 위법여부(소극)

형사소송법 제184조에 의한 증거보전절차에서는 그 증인신문시 그 일시와 장소를 피의자 및 변호인에게 미리 통지하지 아니하여 증인신문에 참여할 기회를 주지 아니한 경우에는 증거능력이 없고, 같은 법 제221의 2에 의한 증인신문도 제1회 공판기일 전에 하는 증인신문이고, 같은 법 제311조에 의하여 당연히 증거능력이 인정되는 점에 있어서

는 다를 바 없으므로, 법원은 그 균형상으로도 그 제5항에 의한 증인신문을 함에 있어서 수사에 특별히 지장이 있다고 인정되는 경우가 아니면 피고인 피의자나 변호인에게 참여의 기회를 주는 것이 옳다. 그러나, **같은 법 제221의 2 제5항은 판사는 수사에 지장이 없다고 인정할 때에는 피고인 피의자 또는 변호인을 증인신문에 참여하게 할 수 있다고 규정하고 있어, 그 제5항에 의한 증인신문절차에 있어서는 피고인 피의자나 그 변호인의 참여는 필요적 요건이 아니므로 그들에게 참여의 기회가 부여되지 아니하였다 하여 이것만 가지고 위법이라고 할 수는 없다.**

[요약판례 1] 형법 제241조에 관한 위헌심판: 합헌(헌재 1993.3.11. 90헌가70)

헌재법 제41조 제1항의 [재판]에 형소법 제201조에 의한 지방법원판사의 영장발부여부에 관한 재판도 포함되는지 여부(적극)

위헌여부심판의 제청에 관하여 규정하고 있는 헌법재판소법 제41조 제1항의 "재판"에는 종국판결뿐만 아니라 형사소송법 제201조에 의한 지방법원판사의 영장발부 여부에 관한 재판도 포함된다고 해석되므로 지방법원판사가 구속영장발부 단계에서 한 위헌여부심판제청은 적법하다.

[요약판례 2] 인지첩부및공탁제공에관한특례법 제2조에 대한 위헌심판: 기각(헌재 1994.2.24. 91헌가3)

인지첩부를 명하는 보정명령이 헌재법 제41조 제1항의 재판에 해당하는지 여부(적극) 및 제청법률의 위헌선고로 인해 제청법원의 판결주문에 변동사항이 없어도 재판의 전제성이 인정되는지 여부(적극)

헌재법 제41조 제1항에서 말하는 "재판"이라 함은 원칙적으로 그 형식 여하와 본안에 관한 재판이거나 소송절차에 관한 것이거나를 불문하며, 판결과 결정 그리고 명령이 여기에 포함되므로 민사소송법 제368조의2에 의하여 제청법원 또는 그 재판장이 하고자 하는 인지첩부를 명하는 보정명령은 당해 소송사건의 본안에 관한 판결주문에 직접 관련된 것이 아니라고 하여도 위에서 말한 "재판"에 해당한다.

법률이 위헌으로 심판되는 여부가 법원이 앞으로 진행될 소송절차와 관련한 중요한 문제점을 선행결정하여야 하는 여부의 판단에 영향을 주는 경우도 헌재법 제41조 제1항에서 요구하는 재판의 전제성이 있다고 보아야 할 것인바, 이 사건 법률규정이 위헌으로 심판되면 소송당사자인 대한민국은 항소장에 민사소송등인지법 제3조에 정한 인지를 첩부할 의무가 있어서 그 항소장을 심사한 원심법원인 제청법원은 민사소송법 제368조의2 제1항에 의하여 대한민국에 대하여 민사소송등인지법 제3조에 정한 인지를 첩부할 것을 명하는 보정명령을 내리는 재판을 하여야 하고, 만일 대한민국이 이 보정명령에 따른 보정을 하지 않을 경우에는 위 원심법원은 민사소송법 제368조의2 제2항에 의하여 그 항소장을 각하하여야 한다. 만일 이 사건 법률규정이 합헌이라면 위 원심법원은 위 보정명령을 내리는 재판을 할 수 없다. 그러므로 **이 사건 법률규정의 위헌 여부는 앞으로 진행될 항고심 절차에 관련하여 인지보정명령을 내릴 수 있는 여부의 중요한 문제를 선행결정하여야 하는 법원의 판단에 영향을 주는 것이다.**

[요약판례 3] 구 사립학교법 제53조의2 제3항 위헌소원: 각하(헌재 2007.1.17. 2005헌바41등)

헌법소원청구인들이 제기한 당해 사건이 당해법률조항에 대한 헌법불합치결정 당시 그 위헌여부가 쟁점이 되어 법원에 계속 중인 사건에 해당하는데 헌법불합치결정 후 그 취지에 맞추어 당해 법률조항이 개정된 이상 위 법률조항이 청구인들이 제기한 당해 사건의 적용 법률로 볼 수 없으므로 재판의 전제성을 인정할 수 있는지 여부(소극)

헌법불합치결정의 취지나 위헌심판에서의 구체적 규범통제의 실효성 보장이라는 측면을 고려할 때 적어도 헌법불합치결정을 하게 된 당해 사건 및 헌법불합치결정 당시에 이 사건 법률조항의 위헌 여부가 쟁점이 되어 법원에 계속 중인 사건에 대하여는 위 헌법불합치결정의 소급효가 미친다. 그런데 청구인들이 제기한 당해 사건은 이 사건 법률조항에 대한 헌법불합치결정 당시 그 위헌 여부가 쟁점이 되어 법원에 계속 중인 사건에 해당하며 헌법불합치결정 후 그 취지에 맞추어 이 사건 법률조항 관련 부분이 개정된 사실은 앞서 본 바와 같다. 그렇다면 이 사건 법률조항은 청구인들이 제기한 당해 사건의 적용 법률로 볼 수 없다. 헌법재판소는 위 헌법불합치결정에서 이 사건 법률조항의 위헌성은 기간임용제 자체에 있는 것이 아니라 재임용 거부사유 및 그 사전절차, 그리고 부당한 재임용거부에 대하여 다툴 수 있는 사후의 구제절차에 관하여 아무런 규정을 하지 아니함으로써 재임용을 거부당한 교원이 구제를 받을 수 있는 길을 완전히 차단한 데 있음을 밝힌 바 있다. 이와 같이 기간임용제 자체가 위헌이 아니라면 이 사건 법률조항에 관하여 청구인들이 다시 헌법불합치결정을 받는다고 하더라도 청구인들의 교원으로서의 신분관계가 임용기간의 만료로 종료됨에는 변함이 없고 따라서 청구인들이 단지 교수지위의 확인만을 구할 뿐인 당해 사건의 주문이 달라진다거나 재판의 내용과 효력에 관한 법률적 의미가 달라지는 것으로 볼 수 없다.

[요약판례 4] 국민연금법 제3조 제1항 제3호 등 위헌제청 등: 합헌(헌재 2007.4.26. 2004헌가29등)

헌법소원청구인들이 제기한 당해 사건이 당해법률조항에 대한 헌법불합치결정 당시 그 재판의 전제성 구비 여부에 관한 판단을 원칙적으로 제청법원이 가지는지 여부(적극)

사실관계의 인정, 그에 대한 일반법률의 해석·적용은 헌법재판소보다 당해 사건을 직접 재판하고 있는 제청법원이 보다 정확하게 할 수 있다는 점과 일반법률의 해석·적용과 그를 토대로 한 위헌 여부 심사의 기능을 나누어 전자는 법원이 후자는 헌법재판소가 각각 중심적으로 담당하도록 한 우리 헌법의 권력분립적 기능분담을 고려하면, 헌법재판소는 법원이 일반법률의 해석·적용을 충실히 수행한다는 것을 전제하고, 합헌적 법률해석의 요청에 의하여 위헌심사의 관점이 법률해석에 바로 투입되는 경우가 아닌 한 먼저 나서서 일반법률의 해석·적용을 확정하는 일을 가급적 삼가는 것이 바람직하고, 그렇다면 이 사건의 경우에도 헌법재판소로서는 제청법원의 제청취지를 존중하여 재판의 전제성을 긍정함이 상당하다.

[요약판례 5] 구 사립학교법 제20조의2 등 위헌소원: 각하(헌재 2009.4.30. 2006헌바29)

청구인들이 당해 사건 재판에서 승소판결을 받아 확정된 경우 당해 사건에 적용된 법률조항의 위헌 여부가 재판의 전제성을 갖는지 여부(소극)

관할청이 학교법인의 임원취임승인을 취소할 수 있도록 규정한 구 사립학교법 제20조의2 및 임시이사 선임의 근거 조항으로 임시이사의 권한 범위에 관하여 아무런 규정을 두고 있지 아니한 구 사립학교법 제25조 제1항·제2항(이하 '이 사건 법률조항들'이라 한다)이 적용된 당해 사건 재판에서 청구인들이 승소판결을 받아 그 판결이 확정된 이상 청구인들은 재심을 청구할 법률상 이익이 없고, 이 사건 법률조항들에 대하여 위헌결정이 선고되더라도 당해 사건 재판의 결론이나 주문에 영향을 미칠 수 없으므로 이 사건 심판청구는 재판의 전제성이 인정되지 아니한다.

(재판의 전제성에 관한 재판관 조대현, 재판관 김종대의 반대의견) 헌법이 위헌법률심판의 요건으로 재판의 전제성을 요구하는 것은 법률의 위헌성이 구체적 사건에서 문제된 때에 비로소 법률의 위헌 여부를 심판하라는 구체적 규범통제의 요청이지만, 이는 위헌법률심판을 개시하기 위한 요건을 정한 것일 뿐이지 위헌법률심판제도가 구체적인 분쟁의 해결이나 개인의 권리구제를 목적으로 하는 제도임을 의미하는 것은 아니다. 위헌법률심판제도의 근본적인 목적은 헌법에 위반되는 법률을 제거하여 헌법의 최고규범력을 보장하는 것이다.

재판의 전제성은 심판대상 법률이 당해 사건에 적용되고 그 위헌 여부에 따라 논리적·추상적으로 재판의 의미와 내용이 달라질 수 있는 가능성이 있으면 충족된다고 보아야 할 것인데, **이 사건의 경우 당해 사건에서 학교법인의 임시이사들은 이사선임권이 없다는 이유로 청구인들 승소판결이 선고되고 확정되었지만, 이 사건 법률조항들이 위헌이라면 재판의 내용이 달라져야 하는 것**이므로 위 조항들의 위헌 여부는 당해 사건 재판의 전제문제로 된다고 보아야 한다. 따라서 이 사건 심판청구는 재판의 전제성을 갖추었으므로, 본안에 들어가 이 사건 법률조항들의 위헌 여부를 심판하여야 한다.

[요약판례 6] 구 행정심판법 제24조 제4항 등 위헌소원: 각하(헌재 2009.9.24. 2008헌바23)

행정심판 당사자의 증거서류 제출 및 그 송달에 관한 행정심판법(1984. 12. 15. 법률 제3755호로 제정된 것) 제27조가 위헌임을 전제로 국가를 상대로 제기한 손해배상청구소송에서 위 법률조항이 재판의 전제성을 갖는지 여부(소극)

당해 사건에서 문제된 청구인의 전화번호 등 개인정보가 기재된 증거서류의 제출 및 송달에 관한 근거규정인 행정심판법 제27조에 대하여 위헌결정이 선고된다 하더라도, 당시 청구인의 인적사항이 기재된 증거서류의 제출 및 송달에 관여한 **공무원들로서는 그 행위 당시에 위 법률조항이 헌법에 위반되는지 여부를 심사할 권한이 없이 오로지 위 법률조항에 따라 증거자료를 제출하고 이를 송달하였을 뿐이라 할 것이므로 당해 공무원들에게 고의 또는 과실이 있다 할 수 없어 대한민국의 청구인에 대한 손해배상책임은 성립되지 아니한다** 할 것이다. 따라서 행정심판법 제27조가 헌법에 위반되는지 여부는 당해 소송사건의 재판, 즉 대한민국의 청구인에 대한 손해배상책임의 성립 여부에 아무런 영향을 미치지 못하므로, 그 법률이 헌법에 위반되는지의 여부에 따라 당해 소송사건을 담당하는 법원이 다른 내용의 재판을 하게 되는 경우에 해당하지 않는다.

(재판관 조대현의 반대의견) 당해 사건에서 행정심판의 증거서류를 소송당사자에게 교부하게 한 근거 법률인 행정심판법 제27조가 위헌이라면, 그러한 위헌법률을 제정하고 집행하여 온 국가 작용은 위법성을 가진다고 보지 않을 수 없고, **국가가 위헌법률을 제정하고 집행하여 온 이상 헌법의 최고규범력을 무시한 고의 또는 과실이 있다고 봄이 상당**하며, 위헌법률의 집행으로 인하여 피해가 생겼다면 국가가 이를 배상하게 함이 마땅하다. 따라서 행정심판법 제27조의 위헌 여부는 당해 사건의 재판에 영향을 줌이 분명하므로, 재판의 전제성이 갖추어졌다고 보고 본안에 들어가 심판하여야 한다.

Ⅳ 구 경찰공무원법 제21조 위헌제청: 위헌(헌재 2004.9.23. 2004헌가12)

쟁점 구 경찰공무원법에 의해 당연퇴직한 제청신청인이 헌법소원심판 청구기간을 도과한 채 공무원지위확인을 구하는 당사자소송을 제기하여 소송계속 중 이 사건 법률조항에 대하여 위헌법률심판이 제청된 경우 재판의 전제성을 인정할 것인지 여부

사건의 개요

제청신청인은 경찰공무원으로서 대법원에서 자격정지 1년의 선고유예 판결을 선고받아 자격정지 이상의 선고유예 판결을 선고받으면 경찰공무원직에서 당연퇴직한다는 구 경찰공무원법에 의해 당연퇴직되었다. 이후 금고 이상의 형의 선고유예를 받은 경우에는 공무원직에서 당연퇴직 하는 것으로 규정한 구 지방공무원법에 대한 위헌결정, 자격정지 이상의 형의 선고유예를 받은 경우에는 당연제적된다는 구 군인사법의 규정에 대한 위헌결정이 나오자 위 결정취지에 따라 자격정지 이상의 형의 선고유예를 받은 경우를 퇴직 사유에서 제외토록 단서 규정이 신설되었다. 이에 제청신청인은 자신이 경찰공무원 지위에 있다는 확인을 구하는 소를 제기하고 이어 위헌제청신청을 하자 서울행정법원이 이를 받아들여 위헌심판제청결정을 하였다.

심판의 대상

구 경찰공무원법(2001. 3. 28. 법률 제6436호로 개정되기 전의 것) 제21조 (당연퇴직) 경찰공무원이 제7조 제2항 각호의 1에 해당하게 된 때에는 당연히 퇴직한다.

제7조 (임용자격 및 결격사유) ② 다음 각호의 1에 해당하는 자는 경찰공무원으로 임용될 수 없다.

5. 자격정지 이상의 형의 선고유예를 받고 그 선고유예 기간 중에 있는 자

주 문

구 경찰공무원법(2001. 3. 28. 법률 제6436호로 개정되기 전의 것) 제21조 중 제7조 제2항 제5호 부분은 헌법에 위반된다.

법원의 위헌제청이유와 경찰청장의 의견

1. 법원의 위헌제청이유

(가) 헌법소원 심판제도와 위헌법률 심판제도는 그 제도적 취지와 요건이 각각 다르므로 단지 헌법소원 심판의 청구기간이 도과하였다는 사유만으로 위헌법률심판 제청까지 허용되지 않는 것으로는 볼 수 없다. 또한, 제청신청인이 자신에 대한 선고유예 판결이 확정될 무렵에는 이미 헌법재판소의 이 사건 법률조항에 대한 합헌 결정이 있었으므로 즉시 헌법소원을 청구하지 못한 것에 대하여 참작할 점이 있으며, 헌법소원심판의 청구기간을 도과한 후, 지방공무원법, 군인사법 등 비슷한 유형의 법률에 대하여 위헌결정이 선고되고, 이 사건 법률조항마저 실질적으로 폐지된 사실을 안 이후 행정소송 및 위헌법률심판 제청신청을 하였다는 사정만으로는 제청신청인이 이 사건 법률조항의 위헌 여부를 다툴 수 없는 지위에 있게 되었다고 볼 수 없다.

(나) 경찰공무원의 지위확인을 구하는 당사자소송에는 제소기간의 제한이 없으므로 제청신청인이 제기한 이 사건 당사자소송은 적법하고, 위 당연퇴직의 근거가 된 이 사건 법률조항의 위헌 여부에 따라 당해 사건의 결과가 달라지므로, 재판의 전제성이 있다.

2. 경찰청장의 의견

(가) 제청신청인은 별도의 행정처분이 아닌 이 사건 법률조항에 의하여 당연퇴직되었으므로 이를 다투기 위해서는 이 사건 법률조항에 대한 헌법소원 심판청구에 의한 방법밖에 없으나 제청신청인이 헌법소원심판 청구기간을 도과한 것임이 명백하므로 더 이상 이 사건 법률조항에 대하여 다툴 수 없다.

(나) 만일 이 사건과 같이 제소기간의 제한이 없는 당사자소송을 통한 위헌법률심판제청을 인정한다면, 이 사건 법률조항에 대하여 당연퇴직하였던 모든 당사자들이 이와 같은 방법으로 불복할 가능성이 있는바, 이는 헌법소원의 청구기간 제도의 취지를 몰각시키고 법적 안정성을 심히 해치게 되므로 이 사건 제청은 각하되어야 한다.

판 단

1. 이 사건 당사자 소송은 제소기간의 제한이 없고 달리 절차상의 하자를 발견할 수 없어 위 소송을 각하하여야 할 사유를 달리 발견할 수 없으므로 제청법원은 당해사건의 본안에 관하여 판단할 수밖에 없는데, 제청법원이 당해사건 본안을 판단함에 있어서 이 사건 법률조항의 위헌여부에 따라 당해사건의 재판의 결론이나 주문, 더 나아가 최소한 재판의 결론을 이끌어내는 이유를 달리하게 될 것은 명백하다. 이와 같이 해석하는 것이, 위헌법률심판에 있어서 위헌 여부가 문제되는 법률이 재판의 전제성 요건을 갖추고 있는지의 여부는 헌법재판소가 별도로 독자적인 심사를 하기보다는 되도록 법원의 이에 관한 법률적 견해를 존중해야 할 것이며, 다만 그 전제성에 관한 법률적 견해가 명백히 유지될 수 없을 때에만 헌법재판소는 이를 직권으로 조사할 수 있다는 기존 판례에 부합한다.

2. 다만, 이 사건 법률조항 및 유사 공무원 인사 관련 법률조항에 의하여 이미 오래 전에 당연퇴직한 당사자들이 확정된 사실관계에 대하여 이 사건과 같이 당사자소송을 통하여 위헌법률심판

을 제청하는 경우 법적안정성이 문제될 수 있는 바, 이는 재판의 전제성이 없다는 이유로 위헌법률심판제청 자체를 각하할 것이 아니라 위헌결정의 소급효를 적절히 제한함으로써 해결하여야 할 것이다. 즉, 헌법재판소가 위헌선언을 하면서 직접 그 결정 주문에서 소급효의 인정여부를 밝히지 않은 경우에는 당해 위헌결정의 소급효를 인정하는 것이 위와 같은 요건에 해당하는지에 대하여 일반 법원이 구체적 사건에서 해당 법률의 연혁·성질·보호법익 등을 검토하고 제반이익을 형량해서 합리적·합목적적으로 정하여 대처함으로써 법적 안정성을 도모하여야 할 것이다.

✤ 본 판례에 대한 평가 1. 위헌결정의 효력발생시기와 관련하여 헌법재판소의 기본입장은 다음과 같다. 즉, 우리나라 헌법은 헌법재판소에서 위헌으로 선고된 법률 또는 법률의 조항의 시적 효력범위에 관하여 직접적으로 아무런 규정을 두지 아니하고 하위법규에 맡겨 놓고 있는바, 그렇다면 헌법재판소에 의하여 위헌으로 선고된 법률 또는 법률의 조항이 제정 당시로 소급하여 효력을 상실하는가 아니면 장래에 향하여 효력을 상실하는가의 문제는 특단의 사정이 없는 한 헌법적합성의 문제라기보다는 입법자가 법적 안정성과 개인의 권리구제 등 제반이익을 비교형량하여 가면서 결정할 입법정책의 문제인 것으로 보인다. 다시 말하면 위헌결정에 소급효를 인정할 것인가를 정함에 있어 「법적 안정성 내지 신뢰보호의 원칙과 개별적 사건에 있어서의 정의 내지 평등의 원칙」이라는 서로 상충되는 두 가지 원칙이 대립하게 되는데, 이 중 어느 원칙을 더 중요시할 것인가에 관하여는 법의 연혁·성질·보호법익 등을 고려하여 입법자가 자유롭게 선택할 수 있도록 일임된 사항으로 보여진다.

다만 효력이 다양할 수밖에 없는 위헌결정의 특수성 때문에 예외적으로 그 적용을 배제시켜 부분적인 소급효의 인정을 부인해서는 안 될 것이다. 우선 생각할 수 있는 것은, ① 구체적 규범통제의 실효성의 보장의 견지에서 법원의 제청·헌법소원의 청구 등을 통하여 헌법재판소에 법률의 위헌결정을 위한 계기를 부여한 당해사건, ② 위헌 결정이 있기 전에 이와 동종의 위헌 여부에 관하여 헌법재판소에 위헌제청을 하였거나 법원에 위헌제청신청을 한 경우의 당해 사건, ③ 그리고 따로 위헌제청신청을 아니하였지만 당해 법률 또는 법률의 조항이 재판의 전제가 되어 법원에 계속 중인 사건에 대하여는 소급효를 인정하여야 할 것이다. ④ 또 다른 한가지의 불소급의 원칙의 예외로 볼 것은, 당사자의 권리구제를 위한 구체적 타당성의 요청이 현저한 반면에 소급효를 인정하여도 법적 안정성을 침해할 우려가 없고 나아가 구법에 의하여 형성된 기득권자의 이익이 해쳐질 사안이 아닌 경우로서 소급효의 부인이 오히려 정의와 형평 등 헌법적 이념에 심히 배치되는 때라고 할 것으로, 이 때에 소급효의 인정은 법 제47조 제2항 본문의 근본취지에 반하지 않을 것으로 생각한다.

결론적으로 "법 제47조 제2항 본문의 규정을 특별한 예외를 허용하는 원칙규정으로 이해·해석하는 한, 헌법에 위반되지 아니하며, 따라서 일률적 소급효를 인정하여야 합헌이 된다는 전제하에 법 제47조 제2항 본문의 규정이 헌법위반이 된다는 주장은 그 이유 없다."

2. 한편 대법원은 위헌결정의 효력발생시기와 관련하여 헌법재판소가 판시한 내용 중 위 ①-③의 경우 외에 "위헌 결정 이후에 위와 같은 이유로 제소된 일반사건에도 미친다"라고 하여, 위헌결정의 소급효를 대폭 확대하는 경향이 있다. 다만 대법원도 일반사건의 경우 기판력과 행정행위의

확정력에 의해 위헌결정의 소급효를 제한할 수 있다는 태도이다.

V 도시 및 주거환경정비법 제47조 제1호 위헌소원: 각하(헌재 2010.9.30. 2009헌바101)

쟁점 당해 사건에서 쟁송기간이 경과한 행정처분의 무효확인을 구하는 경우에 그 행정처분의 근거법률이 위헌임을 다투는 헌법소원심판청구에 대하여 재판의 전제성을 인정할 수 있는지 여부

사건의 개요

청구인은 정비구역 내인 서울 서대문구 남가좌동 지상 건물의 지하층 일부를 취득한 이래 현재까지 소유하고 있는 ○○뉴타운 제4구역 주택재개발정비사업조합의 조합원이다. 이 사건 조합은 주택재개발 사업시행인가를 받고, 조합원들에게 분양신청을 할 것을 통지하였으나, 청구인은 위 기간 내에 분양신청을 하지 않았다. 이 사건 조합은 총회를 개최하여 '도시 및 주거환경정비법'(이하 '도시정비법'이라 한다) 제47조 제1호에 따라 기간 내에 분양신청을 하지 않은 청구인을 현금청산 대상으로 분류하는 내용을 포함한 관리처분계획을 의결하였고, 서대문구청장은 위와 같이 의결된 관리처분계획을 그대로 인가하였다(이하 위와 같이 의결·인가된 관리처분계획을 '이 사건 관리처분계획'이라 한다). 청구인은 서울행정법원에 이 사건 조합을 상대로 이 사건 관리처분계획 중 청구인을 현금청산 대상으로 분류한 부분의 무효확인을 구하는 행정소송을 제기하고, 그 소송계속 중에 토지 등 소유자가 분양신청을 하지 아니한 경우에 현금으로 청산하도록 규정하고 있는 도시정비법 제47조 제1호에 대하여 위헌법률심판제청신청을 하였으나, 위 법원은 청구인의 무효확인청구 및 위헌법률심판제청신청을 모두 기각하였다. 이에 청구인은 도시정비법 제47조 제1호가 청구인의 재산권 등 기본권을 침해하여 위헌이라고 주장하며 헌법재판소법 제68조 제2항에 의한 이 사건 헌법소원 심판을 청구하였다.

심판의 대상

도시 및 주거환경정비법(2002. 12. 30. 법률 제6852호로 제정된 것) 제47조 (분양신청을 하지 아니한 자 등에 대한 조치) 사업시행자는 토지등소유자가 다음 각호의 1에 해당하는 경우에는 그 해당하게 된 날부터 150일 이내에 대통령령이 정하는 절차에 따라 토지·건축물 또는 그 밖의 권리에 대하여 현금으로 청산하여야 한다.

1. 분양신청을 하지 아니한 자

주 문

이 사건 심판청구를 각하한다.

판 단

Ⅰ. 재판의 전제성의 의미

헌법재판소법 제68조 제2항의 헌법소원심판 청구가 적법하려면 당해 사건에 적용될 법률이 헌법에 위반되는지 여부가 재판의 전제가 되어야 하고, 여기에서 법률의 위헌 여부가 재판의 전제가 된다 함은 그 법률이 당해 사건에 적용되고, 그 위헌 여부에 따라 재판의 주문이 달라지거나 재판의 내용과 효력에 관한 법률적 의미가 달라지는 것을 말한다.

이 사건 법률조항은 이 사건 관리처분계획 중 청구인을 현금청산 대상으로 분류한 부분의 근거

규정이므로 당해 사건에 적용되는 법률조항임은 분명하나, 이 사건 심판청구가 적법하기 위해서는 나아가 이 사건 법률조항의 위헌 여부에 따라 당해 사건 재판의 주문이나 내용과 효력에 관한 법률적 의미가 달라져야 한다.

Ⅱ. 위헌인 법률에 근거한 행정처분의 효력과 재판의 전제성

1. 원칙적으로, 행정처분의 근거가 된 법률이 헌법재판소에서 위헌으로 선고된다고 하더라도 그 전에 이미 집행이 종료된 행정처분이 당연무효가 되지는 않는다. 따라서 행정처분에 대한 쟁송기간이 경과한 후에 행정처분의 근거법률이 위헌임을 이유로 무효확인소송 등을 제기하고 위 법률의 위헌 여부에 대한 심판청구를 한 경우에는 당해 사건을 담당하는 법원이 그 법률에 대한 위헌결정이 있는 경우 다른 내용의 재판을 할 예외적인 사정이 있는지 여부에 따라 재판의 전제성 유무가 달라진다고 할 것이다. 즉, **그 법률에 대한 위헌결정이 행정처분의 효력에 영향을 미칠 여지가 없는 경우에는 그 법률의 위헌 여부에 따라 당해 사건에 대한 재판의 주문이 달라지거나 재판의 내용과 효력에 관한 법률적 의미가 달라질 수 없는 것이므로 재판의 전제성을 인정할 수 없게 된다. 한편, 위와 같은 경우 행정처분이 무효인지 여부는 당해 사건을 재판하는 법원이 판단할 사항이다.**

2. 대법원은, 행정처분이 당연무효로 되는 요건 및 그 판단기준에 관하여, "**하자 있는 행정처분이 당연무효가 되기 위하여는 그 하자가 법규의 중요한 부분을 위반한 중대한 것으로서 객관적으로 명백한 것이어야 하며 하자가 중대하고 명백한 것인지 여부를 판별함에 있어서는 그 법규의 목적, 의미, 기능 등을 목적론적으로 고찰함과 동시에 구체적 사안 자체의 특수성에 관하여도 합리적으로 고찰함을 요한다**"라는 입장을 유지해 오고 있다(대법원 1995. 7. 11. 선고 94누4615 전원합의체 판결; 대법원 2004. 10. 15. 선고 2002다68485 판결; 대법원 2006. 10. 26. 선고 2005다31439 판결 등 참조).

또한 대법원은, 행정청이 어떠한 법률조항에 근거하여 행정처분을 한 후 헌법재판소가 그 조항을 위헌으로 결정한 경우 그 행정처분은 결과적으로 법률의 근거 없이 행하여진 것과 마찬가지여서 하자 있는 것으로 되지만, 일반적으로 법률이 헌법에 위반된다는 사정은 헌법재판소의 위헌결정이 있기 전에는 객관적으로 명백한 것이라고 할 수는 없으므로, 특별한 사정이 없는 한 그러한 하자는 행정처분의 취소사유일 뿐 당연무효사유는 아니라고 판시해 오고 있다(대법원 1994. 10. 28. 선고 92누9463 판결; 대법원 2001. 3. 23. 선고 98두5583 판결; 대법원 2009. 5. 14. 선고 2007두16202 판결 등 참조).

Ⅲ. 이 사건 심판청구가 재판의 전제성을 갖추고 있는지 여부

우선, 당해 사건은 이 사건 관리처분계획에 대한 쟁송기간이 경과한 후에 제기되었으므로 이 사건 법률조항에 대하여 위헌결정이 있다 하여 이 사건 관리처분계획이 취소될 수 없다. 또한 이 사건 관리처분계획이 인가될 당시 이미 이 사건 법률조항의 위헌성이 명백하였다고 볼만한 특별한 사정도 없다.

나아가 하자가 중대하지만 반드시 명백하지는 않은 때에 이를 당연무효로 보더라도 법적 안정성이 크게 저해되지 않는 반면, 상대방의 권리구제수단은 미비하여 그 행정처분으로 인한 불이익을 감수시키는 것이 현저히 부당한 경우가 있을 수 있으므로 그와 같은 경우에는 예외적으로 당연무효가 될 수 있다 하더라도, 이 사건 법률조항에 근거한 관리처분계획은, 이를 신뢰하는 다수의 이해관계가 걸려 있어 법적 안정성이 강하게 요청될 뿐만 아니라 그에 대한 권리구제수단이 미흡하다고 할 수도 없으므로 위와 같은 경우에 해당한다고 볼 여지가 없다.

결국 설사 **이 사건 법률조항에 대하여 헌법재판소의 위헌결정이 내려진다고 하여도, 당해 법원이 이 사건 관리처분계획을 당연무효로 볼 특별한 사정이 없으므로, 이 사건 심판청구는 이 사건 법률조항의 위헌 여부에 따라 당해 사건 재판의 주문이 달라지거나 재판의 내용과 효력에 관한 법률적 의미가 달라지는 경우로 볼 수 없고, 따라서 재판의 전제성을 갖추지 못하였다.**

재판관 조대현의 반대의견

Ⅰ. 행정처분의 무효사유와 근거법률의 위헌성

다수의견은 대법원 판례가 채택한 중대명백설을 따른 것이라고 보이지만, **중대명백설은 행정처분의 무효사유로서 하자의 중대성 외에 객관적 명백성까지 요구하는 것이 과연 타당한 것인지 의문이 있을 뿐만 아니라 다수의견은 헌법의 최고규범성에 비추어 보아도 타당하지 아니하므로 동의하기 어렵다.**

Ⅱ. 헌법의 최고규범성

헌법은 모든 국가기관과 모든 국가작용을 기속하는 최고규범이고, 헌법은 헌법의 최고규범력을 보장하기 위하여 위헌법률심판제도를 마련하면서, 위헌법률심판권을 헌법재판소에만 부여하고 있다. 따라서 헌법재판소가 어느 법률을 위헌으로 결정하기 전에는, 행정부나 법원은 그 법률이 헌법에 위반되지 않는 것으로 보고 적용하게 된다. 그러나 헌법재판소가 어느 법률을 위헌이라고 결정하면 그 법률은 효력을 상실하고 행정부나 법원도 그 법률을 적용할 수 없게 된다.

Ⅲ. 이 사건 법률조항이 위헌이라면 이 사건 관리처분계획이 무효로 되는가?

이 사건 법률조항은 이 사건 관리처분계획의 직접적인 근거이므로, 이 사건 법률조항이 위헌결정으로 실효되면 이 사건 관리처분계획의 존재 근거가 없어지게 된다. 따라서 대법원 판례에 따르더라도 이 사건 관리처분계획은 **중대한 하자**가 있는 것으로 보아야 할 것이다.

그리고 헌법재판소의 심판에 의하여 이 사건 법률조항들이 위헌이라고 결정되면, 위와 같은 **하자가 객관적으로 명백해진다**고 보지 않을 수 없다. 위헌결정이 있기 전에는 이 사건 법률조항의 위헌 여부가 객관적으로 명백하지 않다고 하더라도, **헌법재판소의 위헌결정이 있는 날부터는 객관적으로 명백해진다**고 보아야 한다.

따라서 대법원 판례에 따르더라도 **이 사건 법률조항에 대한 위헌결정이 있는 날부터는 이 사건 법률조항에 근거한 이 사건 관리처분계획에 무효사유가 있음이 명백해진다**고 할 수 있다.

Ⅳ. 위헌결정의 효력과 법적 안정성

법률의 위헌 여부는 헌법재판소의 심판에 의하여 비로소 밝혀지는 것이지만, 그 위헌성은 헌법재판소의 심판에 의하여 비로소 생기는 것이 아니라 법률이 위헌적인 내용으로 제정될 때부터 존재하는 것이다.

따라서 **헌법의 최고규범력을 철저히 보장하려면 법률의 위헌성이 생긴 때(위헌인 법률이 제정된 때)부터 위헌법률의 효력을 부정하여야 한다.** 위헌법률의 효력을 헌법재판소의 위헌결정이 선고된 이후부터 부인한다면, 위헌선고가 있기 전에는 헌법에 위반되는 법률의 효력을 허용하는 셈이 되어 헌법의 최고규범성을 해치게 된다.

그러나 헌법에 위반되는 법률도 헌법재판소가 위헌이라고 심판하기 전에는 합헌적인 법률로 간주되어 적용되므로, 그로 인하여 형성된 법률관계의 법적 안정성을 보호할 필요가 있다. 그래서 헌법재판소법 제47조 제2항은 위헌법률의 소급적 실효를 제한하고 있다. 즉 헌법재판소의 위헌결정을 받은 법률이라도 형벌에 관한 법률만 소급적으로 실효되고, 그 밖의 법률은 위헌결정이 있는 날로부터 효력을 상실하도록 하고 있다.

Ⅴ. 근거법률에 대한 위헌결정에 의하여 행정처분이 무효로 되는 시기

이 사건 법률조항이 헌법재판소에 의하여 위헌이라고 결정되면, 헌법재판소법 제47조 제2항 본문에 의하여 그 위헌결정이 있는 날로부터 이 사건 법률조항의 효력이 상실된다. 따라서 이 사건 법률조항을 근거로 한 이 사건 관리처분계획은 이 사건 법률조항에 대한 위헌결정이 있는 날로부터 법적 근거를 상실하게 되는 중대한 하자를 가지게 되고 객관적으로 명백하게 된다.

그러므로 **이 사건 관리처분계획이 취소청구기간의 도과로 형식적으로 확정되었다고 하더라도, 그 처분의 근거법률인 이 사건 법률조항에 대하여 위헌결정이 있는 날부터는 무효로 된다고 보아야 한다.** 근거법률에 대한 위헌결정이 선고된 경우에, 헌법재판소법 제47조 제2항 본문의 제한으로 인하여 위헌결정 전에 이루어진 이 사건 관리처분계획이 소급하여 무효로 되지는 않는다고 하더라도, 위헌결정으로 이 사건 관리처분계획의 근거법률이 사라진 이후에는 이 사건 관리처분계획이 장래에 향하여 무효로 되고, 위헌법률에 근거한 관리처분계획이 확정되지 않은 경우에는 그 확정이 차단되며, 관리처분계획이 확정된 경우라도 그에 따른 수용 등의 후속처분은 허용되지 않는다고 보아야 한다. **법률이 위헌결정으로 실효된 경우에 그 법률에 근거한 처분의 효력을 계속 존속시키거나 실현시키는 것을 허용하면, 이는 위헌결정에 의하여 구체화된 헌법의 최고규범력과 위헌결정의 기속력을 무시하는 것이다.**

Ⅵ. 이 사건 심판청구와 재판의 전제성

이처럼 이 사건 법률조항에 대하여 위헌결정이 선고될 경우에 이 사건 법률조항을 근거로 이루어진 이 사건 관리처분계획이 위헌결정이 있는 날부터 장래에 향하여 무효로 된다고 보면, **이 사건 법률조항을 근거로 이루어진 이 사건 관리처분계획의 일부무효확인을 구하는 당해 사건에서 이 사건 법률조항의 위헌 여부는 당연히 재판의 전제로 된다고 보아야 한다.** 이 사건 법률조항에 대한 위헌결정에 의하여 이 사건 관리처분계획이 처음부터 소급적으로 무효로 되는 것이 아니라 위헌결정 이후의 장래에 향하여 무효로 됨에 그친다고 하여 재판의 전제성을 부인할 수는 없다.

따라서 이 사건 심판청구가 재판의 전제성을 갖추지 못하였다는 이유로 각하할 수는 없다.

재판관 김종대의 반대의견

헌법재판소로서는 행정처분의 근거가 된 법률의 위헌 여부가 그 처분의 무효확인을 구하는 당해 사건에 대하여 재판의 전제성이 인정되는지 여부를 판단함에 있어서, 행정처분의 무효사유에 관해 제시되는 여러 기준 가운데 하나인 이른바 '중대명백설'을 들어 전면적으로 재판의 전제성을 부정할 것이 아니라, 특별한 사정이 없는 한 **궁극적인 무효 여부는 당해 사건 법원의 판단에 맡기고 일응 재판의 전제성을 인정하여 본안 판단에 나아가야 할 것이다.**

이 사건 법률조항은 당해 사건에서 청구인이 일부무효확인을 구하고 있는 이 사건 관리처분계획의 근거가 되는 법률조항으로서, **헌법재판소가 이 사건 법률조항을 헌법에 위반되는 것으로 결정할 경우 당해 사건의 법원이 이 사건 관리처분계획을 무효로 판단할 가능성을 완전히 배제할 수는 없고, 현재 대법원이 취하는 중대명백설 아래서도 이 가능성은 여전히 남아 있다.**

실제로 당해 사건의 법원은 재판의 전제성이 인정됨을 전제로 이 사건 법률조항의 위헌 여부에 대한 판단을 하였다. 그렇다면 이 사건 심판청구에 대하여 마땅히 재판의 전제성을 인정하고 본안 판단에 나아가야 할 것이다.

[요약판례 1] 구 국가공무원법 제33조에 대한 위헌심판: 각하(헌재 2003.10.30. 2002헌가24)

당연퇴직된 이후, 징계시효기간까지 경과한 경우, 당연퇴직의 내용과 상반되는 처분을 해 줄 것을 구할 수 있는 조리상의 신청권이 인정되는지 여부(소극)

당해사건은 국가공무원법상의 당연퇴직 규정에 의하여 공무원 신분을 잃은 제청신청인의 복직신청에 대한 행정청의 거부행위에서 비롯된 소송이다. 대법원 판례에 따르면 국민의 적극적 행위 신청에 대하여 행정청이 그 신청에 따른 행위를 하지 않겠다고 거부한 행위가 항고소송의 대상이 되는 행정처분이 되기 위해서는, 그 신청한 행위가 공권력의 행사 또는 이에 준하는 행정작용이어야 하고, 그 거부행위가 신청인의 법률관계에 어떤 변동을 일으키는 것이어야 하며, 그 국민에게 그 행위발동을 요구할 법규상 또는 조리상의 신청권이 있어야 한다.

국가공무원법상 당연퇴직은 법에 정한 결격사유가 있을 때 법률상 당연히 퇴직하는 것이지 공무원관계를 소멸시키기 위한 별도의 행정처분을 요하는 것이 아니며, 당연퇴직의 인사발령은 법률상 당연히 발생하는 퇴직사유를 공적으로 확인하여 알려주는 이른바 관념의 통지에 불과하다. 그렇다면, 과거에 이미 법률상 당연한 효과로서 당연퇴직 당한 제청신청인이 자신을 복직시켜줄 것을 요구하는 신청에 대한 거부행위는 당연퇴직의 효과가 법률상 계속하여 존재하는 사실을 알려주는 일종의 안내에 불과한 것이므로 제청신청인의 실체상의 권리관계에 직접적인 변동을 일으키는 것으로 해석되기는 어렵다. 또한 제청신청인과 같이 당연퇴직된 이후 오랜 시간이 흘러 징계시효기간까지도 경과한 경우에 당연퇴직의 내용과 상반되는 처분을 해줄 것을 구하는 조리상의 신청권을 인정할 수 없다. 따라서 당해사건은 각하를 하여야 할 사건이라고 할 것이므로 이 사건 법률조항의 재판의 전제성은 인정될 수 없다.

[요약판례 2] 국회의 입법과정하자에 관한 위헌심판: 각하(헌재 1997.9.25. 97헌가4)

법률의 위헌여부심판의 제청대상 법률에 제청 당시에 공포는 되었으나 시행되지 않았고 결정 당시 폐지되어 효력이 상실된 법률이 포함되는지 여부(소극)

법률이 재판의 전제가 되는 요건을 갖추고 있는지의 여부는 제청법원의 견해를 존중하는 것이 원칙이나, 재판의 전제와 관련된 법률적 견해가 유지될 수 없는 것으로 보이면 헌법재판소가 직권으로 조사할 수도 있는 것이다.

노동관계법개정법은 1996. 12. 31. 공포되었으나 1997. 3. 1.부터 시행하기로 된 법률이었다. 그러나 이 심판 계속 중인 1997. 3. 13. 공포된 노동관계법폐지법률에 의하여 폐지되고, 근로기준법, 노동조합및노동관계조정법, 노동위원회법, 근로자참여및협력증진에관한법률이 새로 제정 시행되었다. 그러므로 노동관계법개정법은 제청당시에는 아직 시행되지 아니하였고 이 결정당시에는 이미 폐지되어 효력이 상실된 법률인 것이다.

우리 헌법이 채택하고 있는 구체적 규범통제인 위헌법률심판제도의 기능의 속성상 법률의 위헌여부심판의 제청대상 법률은 특별한 사정이 없는 한 현재 시행중이거나 과거에 시행하였던 것이어야 하기 때문에 제청당시에 공포는 되었으나 시행되지 않았고 이 결정 당시에는 이미 폐지되어 효력이 상실된 법률은 위헌여부심판의 대상법률에서 제외되는 것으로 해석함이 상당하다. 더욱이 노동관계법개정법은 당해사건 재판에 적용되는 법률이 아닐 뿐만 아니라 피신청인 조합원들이 쟁의행위를 하게 된 계기가 된 것에 불과한 것으로 동 개정법의 위헌여부는 다른 내용의 재판을 하게 되는 관계에 있지도 아니함으로 재판의 전제가 되는 법률이라고 볼 수 없다.

(재판관 4인의 반대의견) 제청한 법률의 위헌여부가 당해 사건의 재판의 전제가 되는지 안되는지는 당해사건의 구체적인 재판의 내용이나 과정을 알지 못하는 헌법재판소보다는 재판을 직접 진행하여 당해사건을 종국적으로 해결하는 법원이 더 잘 판단할 것이고 법원이 재판에 필요하다고 판단하여 제청한 법률에 대하여 헌법재판소가 위헌여부의 실체판단보다는 형식적인 전제성 판단에 치중하여 그 법률의 위헌여부에 따라 재판의 결론이나 이유가 달라지는 경우가 아닌가를 일일이 규명하는 것은 매우 어려울 뿐만 아니라 법원의 재판에 장애가 될 수 있기 때문이다.

이 사건의 제청법원은 당해 쟁의행위금지가처분신청사건을 재판함에 있어 이 사건 심판대상 법률의 위헌여부가 피신청인의 쟁의행위의 정당성을 판단하는데 필요하고 그에 따라 위 사건의 결론이나 이유가 달라질 수 있으므로 전제성이 있다고 판단하여 이 사건 위헌심판제청을 하였는바, 제청법원의 위와 같은 판단이 명백히 유지될 수 없는 것이라고 단정할 수도 없으므로 재판의 내용이나 과정을 구체적으로 알지 못하는 헌법재판소로서는 법원의 위와 같은 전제성에 관한 판단을 받아들여 제청한 법률의 위헌여부를 심판하여야 할 것이다.

대판 2005.11.10. 2003두14963

위헌결정의 소급효를 제한하는 것이 법치주의의 원칙상 요청되는 경우에 해당한다고 한 사례

원고가 퇴직할 당시 국가공무원법, 경찰공무원법 등 다수의 공무원 관계 법령이 구 지방공무원법과 같은 내용의 당연퇴직제도를 두고 있고 원고 이외의 다른 많은 공무원들이 징역형의 선고유예를 받고 당연퇴직한 점, 당시에는 징역형의 선고유예 판결이 있으면 공무원의 신분이 상실된다고 일반적으로 받아들여졌는데, 새삼스럽게 이 사건 위헌결정에 소급효를 인정하여 이미 발생한 당연퇴직의 효력을 소멸시키고 공무원의 신분을 회복하게 하여 공직에 복직시키는 것은 공무원 조직에 상당한 부담을 주어, 결국에는 국가 또는 지방자치단체의 사무의 적정한 행사 및 조직의 안정에도 악영향을 미칠 것이 경험칙상 명백한 점, 이 사건 위헌결정의 소급효를 인정하는 것이 뇌물범죄에 대한 입법자의 입법태도나 법원이 수뢰후부정처사죄를 범한 공무원에 대하여 선고유예 판결을 함으로써 기하였던 구체적 타당성의 실현의지에 반하는 결과가 되는 점 등을 종합하면, **비록 이 사건이 위헌결정의 예외적 소급효가 인정되는 경우 중 '위헌결정 이후에 같은 이유로 제소된 일반사건'에 해당한다고 하더라도, 이 사건의 경우 원고의 권리구제를 위한 구체적 타당성의 요청이 현저한 경우에 해당한다거나 소급효의 부인이 정의와 형평 등 헌법적 이념에 심히 배치되는 때에 해당한다고 보기 어려우며, 오히려 위헌결정의 소급효를 인정할 경우 구 지방공무원법에 의해 형성된 공무원의 신분관계에 관한 법적 안정성이 심하게 침해될 것으로 보여서, 이 사건은 위헌결정의 소급효를 제한하는 것이 법치주의의 원칙상 요청되는 경우에 해당**한다고 할 것이다.

대판 1994.10.28. 92누9463

위헌법률에 근거하여 발하여진 행정처분의 효력 및 행정처분의 근거법률이 위헌이라는 이유로 행정처분무효확인의 소가 제기된 경우, 법원의 조치

법률에 근거하여 행정처분이 발하여진 후에 헌법재판소가 그 행정처분의 근거가 된 법률을 위헌으로 결정하였다면 결과적으로 위 행정처분은 법률의 근거가 없이 행하여진 것과 마찬가지가 되어 하자가 있는 것이 된다고 할 것이다. 그러나 하자 있는 행정처분이 당연무효가 되기 위하여는 그 하자가 중대할 뿐만 아니라 명백한 것이어야 하는데, 일반적으로 법률이 헌법에 위반된다는 사정이 헌법재판소의 위헌결정이 있기 전에는 객관적으로 명백한 것이라고 할 수는 없으므로 헌법재판소의 위헌결정 전에 행정처분의 근거되는 당해 법률이 헌법에 위반된다는 사유는 특별한 사정이 없는 한 그 행정처분의 취소소송의 전제가 될 수 있을 뿐 당연무효사유는 아니라고 봄이 상당하다. 만일 이와는 달리 위헌인 법률에 근거한 행정처분이 일반적으로 당연무효라고 한다면 이는 법적 안정성을 크게 위협하는 결과를 초래하게 되어 법치주의의 원리에 비추어 보더라도 부당하다고 하지 않을 수 없다.

그리고 이처럼 **위헌인 법률에 근거한 행정처분이 당연무효인지의 여부는 위헌결정의 소급효와는 별개의 문제로서, 위헌결정의 소급효가 인정된다고 하여 위헌인 법률에 근거한 행정처분이 당연무효가 된다고는 할 수 없고 오히려 이미 취소소송의 제기기간을 경과하여 확정력이 발생한 행정처분에는 위헌결정의 소급효가 미치지 않는다고 보아야 할 것**이므로, 어느 행정처분에 대하여 그 행정처분의 근거가 된 법률이 위헌이라는 이유로 무효확인청구의 소가 제기된 경우에는 다른 특별한 사정이 없는 한 **법원으로서는 그 법률이 위헌인지 여부에 대하여는 판단할 필요 없이 위 무효확인청구를 기각하여야 할 것**이다. 그러므로 원심판결이 위 국세기본법의 조항이 위헌이라는 이유만으로 피고의 이 사건 압류처분이 당연무효라고는 할 수 없다고 판단한 것은 위와 같은 법리에 비추어 볼때 정당하고 거기에 소론과 같은 위헌결정의 소급효 내지 행정처분의 당연무효에 관한 법리를 오해한 위법이 있다고 할 수 없다. 논지는 모두 이유 없다.

[요약판례 3] 형사소송법 제331조 단서 규정에 대한 위헌심판: 위헌(헌재 1992.12.24. 92헌가8)

법률의 위헌심판과 재판의 전제성

재판의 전제성이라 함은, 첫째 구체적인 사건이 법원에 계속중이어야 하고, 둘째 위헌여부가 문제되는 법률이 당해 소송사건의 재판과 관련하여 적용되는 것이어야 하며, 셋째 그 법률이 헌법에 위반되는지의 여부에 따라 당해 사건을 담당한 법원이 다른 내용의 재판을 하게 되는 경우를 말한다.

법률의 위헌여부에 따라 법원이 "다른 내용의" 재판을 하게 되는 경우라 함은 원칙적으로 제청법원이 심리 중인 당해 사건의 재판의 결론이나 주문에 어떠한 영향을 주는 것뿐만이 아니라, 문제된 법률의 위헌여부가 비록 재판의 주문 자체에는 아무런 영향을 주지 않는다고 하더라도 재판의 결론을 이끌어내는 이유를 달리 하는데 관련되어 있거나 또는 재판의 내용과 효력에 관한 법률적 의미가 전혀 달라지는 경우에는 재판의 전제성이 있는 것으로 보아야 한다.

[요약판례 4] 국가보안법 제3조 제1항 제2호 위헌소원: 각하(헌재 2008.7.31. 2004헌바28)

당해사건인 형사사건에서 청구인이 무죄의 확정판결을 선고받은 경우 해당 적용법조에 대한 재판의 전제성의 인정 여부(소극)

헌법재판소법 제75조 제7항은 '제68조 제2항의 규정에 의한 헌법소원이 인용된 경우에 당해 헌법소원과 관련된 소송사건이 이미 확정된 때에는 당사자는 재심을 청구할 수 있다'고 규정하면서 같은 조 제8항에서 위 조항에 의한 재심에 있어 형사사건에 대하여는 형사소송법의 규정을 준용하도록 하고 있다. 한편, 형사소송법 제420조, 제421조는 '유죄의 확정판결에 대하여 그 선고를 받은 자의 이익을 위하여', '항소 또는 상고기각판결에 대하여는 그 선고를 받은 자의 이익을 위하여' 재심을 청구할 수 있다고 각 규정하고 있다. 따라서 **당해사건인 형사사건에서 무죄의 확정판결을 받은 때에는 처벌조항의 위헌확인을 구하는 헌법소원이 인용되더라도 재심을 청구할 수 없고, 청구인에 대한 무죄판결은 종국적으로 다툴 수 없게 되므로 더 이상 재판의 전제성이 인정되지 아니하는 것으로 보아야 할 것이다.**

그렇다면 당해 사건에서 국가보안법 제3조 제1항 제2호에 해당하는 공소사실에 관하여 무죄판결이 확정된 청구인의 위 규정에 대한 이 사건 헌법소원심판청구는 재판의 전제성이 인정되지 아니하여 부적법하다.

(재판관 조대현, 재판관 김종대의 반대의견) 헌법이 위헌법률심판의 요건으로 재판의 전제성을 요구하는 것은 법률의 위헌성이 구체적 사건에서 문제된 때에 비로소 법률의 위헌 여부를 심판하라는 것이다. 그것은 위헌법률심판을 개시하기 위한 요건을 정한 것일 뿐, 위헌법률심판제도가 구체적인 분쟁의 해결이나 개인의 권리구제를 목적으로 하는 제도임을 의미하는 것은 아니다. **위헌법률심판제도의 근본적인 목적은 어디까지나 헌법에 위반되는 법률을 제거하여 헌법의 최고규범력을 보장하는 것이지, 구체적인 분쟁 해결이나 개인의 권리보호에 있는 것이 아니다.**

따라서 **청구인에 대한 무죄 판결이 확정되어 그 적용법조에 대한 위헌결정을 받아도 무죄판결에 대한 재심청구가 허용되지 아니한다고 하여, 그 재판에 적용되는 법률조항의 위헌 여부가 재판의 전제로 되지 않는다거나 그 위헌 여부를 심판할 필요가 없다고 보는 것은, 재심청구의 가능 여부로써 위헌심판청구의 적법 여부를 판단하자는 것으로서, 위헌법률심판제도가 본질적으로 객관적인 헌법질서를 보호하기 위한 제도임을 간과하고, 구체적인 분쟁해결이나 권리구제를 도모하는 제도로 전락시키거나, 위헌법률을 실효시켜 헌법의 최고규범력을 확보하려는 헌법 정신을 외면하는 결과를 가져올 수 있다.** 결국 이 사건 법률조항의 위헌 여부는 당해 사건 재판의 전제로 되는 것이므로 본안에 들어가 이 사건 법률조항의 위헌 여부를 심판하여야 한다.

[요약판례 5] 구 변호사법 제34조 제2항 등 위헌소원: 각하(헌재 2011.3.31. 2009헌바286)

변호사법 위반으로 유죄확정판결을 받은 청구인이 수사검사의 불법행위를 이유로 검사와 국가에 대하여 손해배상을 구하는 당해사건에서, 유죄판결의 근거가 된 법률조항이 재판의 전제성을 갖지 않는다고 본 사례

유죄판결의 근거가 된 구 변호사법 제109조 제2호(2000. 1. 28. 법률 제6207호로 개정되고 2005. 1. 27. 법률 제7357호로 개정되기 전의 것) 및 구 변호사법 제34조 제2항(2000. 1. 28. 법률 제6207호로 개정되고 2008. 3. 28. 법률 제8991호로 개정되기 전의 것)은 **당해 사건에서 직접 적용되지 않으며, 설사 적용된다고 하더라도, 법률이 헌법에 위반되는지 여부는 헌법재판소의 위헌결정이 있기 전까지는 객관적으로 명백한 것이라 할 수 없어, 그 법률을 적용한 공무원에게 고의 또는 과실이 있다고 단정할 수 없다.** 따라서 이 사건 법률조항이 헌법에 위반되는지 여부는 검사 및 국가의 손해배상책임이 성립할지 여부에 아무런 영향을 미치지 못한다. 그러므로 이 사건 심판청구는 재판의 전제성이 인정되지 않는다.

[요약판례 6] 구 변호사법 제34조 제2항 등 위헌소원: 각하(헌재 2011.3.31. 2009헌바286)

문화재청장으로 하여금 매장문화재 조사용역대가의 기준과 산정방법에 관하여 필요한 사항을 정하도록 한 구 문화재보호법 제45조의2와 구 문화재보호법 제58조가 매장문화재 조사용역대가액 중 실제 투입비용을 초과한 부분을 편취하였다는 청구인에 대한 사기 공소사실에 대한 형사재판에 적용되는 법률조항이 아니라고 본 사례

당해 사건을 재판한 법원이 청구인에 대한 사기죄를 유죄로 인정한 근거는 청구인이 의뢰인들에게 문화재청장이 정한 '매장문화재 조사용역대가의 기준'에 따라 용역비를 산출한 것처럼 하여 이에 따른다는 **신뢰를 준 행위와 이에 기한 신의성실의 원칙에 기한 것일 뿐, 위 기준에서 바로 준수의무나 정산의무가 도출된다고 보아 그 효력으로서 인정된 것은 아니다.** 따라서 위 기준이 당해 사건 재판에 규범으로서 적용되었다고 할 수 없으므로 그 수권법률인 **이 사건 법률조항 역시 당해 사건 재판에 적용되었다고 할 수 없다.**

(재판관 이강국, 재판관 이공현, 재판관 조대현의 반대의견) 당해 사건을 재판한 법원은, 청구인이 '매장문화재 조사용역대가의 기준'에 따라 용역비를 산출한 것처럼 하면서도 예산 내역서에 부당과다금액을 기재함으로써 위 기준 상의 금액과 실제 지출금액과의 차액을 편취하였다고 인정하여 **위 기준을 청구인에 대한 사기죄 성립의 판단기초로 삼았으므로 이 사건 법률조항은 그 위임에 의하여 제정된 이 사건 기준과 함께 당해 사건에 적용**되었다고 할 것이다.

[요약판례 7] 구 주택건설촉진법 제44조의3 제7항 위헌제청: 합헌(헌재 2010.9.30. 2008헌가3)

재판의 전제성을 인정한 제청법원의 법률적 견해를 존중하여 재판의 전제성을 인정한 사례

제청법원의 견해와 같이 이 사건 법률조항이 주상복합동의 경우에도 적용된다는 해석을 전제로 하면, 이 사건 법률조항이 위헌으로 무효가 될 경우, 이 사건 재건축과 관련된 추인 결의에 이 사건 법률조항이 적용되지 않게 됨으로써 위 추인 결의는 의결정족수를 갖추게 되어 유효하게 될 수 있다. 나아가 위 추인 결의가 유효하게 된다면, 종전의 재건축 결의들의 무효확인을 구하는 당해 사건은 확인의 소로서의 권리보호요건을 결여하여 각하되어야 할 것이다. 그런데 **이 사건 법률조항과 관련하여 아직 대법원에 의해 그 해석이 확립된 바 없고, 제청법원은 이 사건 법률조항의 위헌 여부에 따라 당해 사건의 결론이 달라질 수 있다는 이유로 재판의 전제성을 인정하였는바, 이러한 제청법원의 법률적 견해가 명백히 유지될 수 없다고 볼 수 없으므로 이를 존중하여야 할 것**이다.

[요약판례 8] 구 공유수면관리법 제23조 위헌제청: 각하(헌재 2010.11.25. 2010헌가22)

재심청구의 대상이 된 원판결에 적용된 법률이 재심청구에 대한 심판에서 재판의 전제성이 인정되지 않는다고 본 사례

재심의 청구를 받은 법원은 재심의 심판에 들어가기 전에 먼저 재심의 청구가 이유 있는지 여부를 가려 이를 기각하거나 재심개시의 결정을 하여야 하고, 재심개시의 결정이 확정된 뒤에 비로소 법원은 재심대상인 사건에 대하여 다시 심판을 하게 되는 등 **형사소송법은 재심의 절차를 "재심의 청구에 대한 심판"과 "본안사건에 대한 심판"이라는 두 단계 절차로 구별하고 있으므로,** 당해 재심사건에서 아직 재심개시결정이 확정된 바 없는 이 사건의 경우 위헌법률심판제청이 적법하기 위해서는 이 사건 법률조항의 위헌 여부가 "본안사건에 대한 심판"에 앞서 "재심의 청구에 대한 심판"의 전제가 되어야 하는데, **"재심의 청구에 대한 심판"은 원판결에 형사소송법 제420조, 헌법재판소법 제47조 제3항 등이 정한 재심사유가 있는지 여부만을 우선 결정하는 재판이어서, 원판결에 적용된 법률조항일 뿐 "재심의 청구에 대한 심판"에 적용되는 법률조항이라고 할 수는 이 사건 법률조항에 대해서는 재판의 전제성이 인정되지 아니한다.**

(재판관 조대현의 반대의견) 모든 국민은 행위시의 법률에 의하여 범죄를 구성하지 아니하는 행위로 인하여 소추되지 아니하고 처벌되지 아니하며 **범죄와 형벌에 관한 법률이 헌법에 위반되는 경우에는 헌법재판소의 위헌결정에 의하여 소급적으로 효력이 상실되고, 그 위헌법률에 근거한 유죄의 확정판결에 대하여는 재심을 청구할 수 있으므로, 유죄의 확정판결을 받은 사람은 형사처벌의 근거로 된 법률이 위헌이라고 주장하여 재심청구를 할 수 있고, 그 재심소송절차에서 그 법률의 위헌 여부에 대한 심판의 제청을 신청하거나 헌법소원심판을 청구할 수 있다**고 보아야 한다. 형사처벌의 근거로 된 법률의 위헌 여부는 확정된 유죄판결에 대한 재심사유의 존부와 재심청구의 당부에 대하여 직접적인 영향을 미치는 것이므로, 그 재심재판의 전제로 된다고 보아야 한다.

[요약판례 9] 도시 및 주거환경정비법 부칙 제2조 등 위헌소원: 각하(헌재 2011.7.28. 2009헌바24)

전소의 기판력 있는 법률효과가 후소인 당해사건의 선결문제로 되어 재판의 전제성이 부인된 사례

청구인은 서울특별시장을 상대로 하여 이 사건재개발구역지정처분이 구 도시재개발법(2002. 12. 30. 법률 제6852호로 폐지되기 전의 것) 제11조 제1항(이하 '이 사건 실효조항'이라 한다)에 의해 그 효력을 상실하였음을 이유로 이 사건 재개발구역 지정처분의 무효확인을 구하는 소를 제기하였다가 원고 패소의 이 사건 확정판결을 받았으므로 이 사건 재개발구역 지정처분이 실효되지 아니하였다는 점에 대하여 기판력이 발생하였다. 그런데 **전소의 기판력 있는 법률효과가 후소의 선결문제로 되는 때에는 후소는 전소의 기판력을 받게 되어 법원은 전소판결의 내용에 어긋나는 판단을 할 수 없는 것**인데, 청구인은 이 사건 심판청구의 당해 사건에서 종로구청장을 상대로 사업시행인가처분의 취소를 구하면서 그 선행처분인 이 사건 재개발구역 지정처분이 실효되었다고 주장하고 있으므로, 이 사건 재개발구역 지정처분이 실효되었는지 여부는 당해 사건에 있어서의 선결문제라고 할 것이다. 따라서 전소인 이 사건 확정판결의 기판력은 후소인 이 사건 심판청구의 당해 사건에도 미치게 되므로, 청구인이 당해 사건에서 이 사건 재개발구역 지정처분이 실효되었다고 주장하는 것은 이 사건 확정판결의 기판력에 저촉되어 허용될 수 없고, 이는 이 사건 확정판결의 피고와 당해 사건의 피고가 다르다고 하여 달리 볼 수 없다.

그렇다면, 청구인의 주장과 같이 이 사건 실효조항에 대응하는 규정 또는 그에 관한 경과규정을 두지 아니한 구 도시 및 주거환경정비법(2002. 12. 30. 법률 제6852호) 부칙 제2조, 제3조, 제5조 제2항(이하 '이 사건 심판대상조항' 이라 한다)이 **위헌이라고 하더라도 이 사건 확정판결의 기판력 때문에 당해 사건에서 이 사건 재개발구역 지정처분이 실효되었다고 판단할 수 없고, 결국 이 사건 심판청구는 이 사건 심판대상조항의 위헌 여부에 따라 당해 사건의 주문이 달라지거나 재판의 내용과 효력에 관한 법률적 의미가 달라지는 경우에 해당한다고 할 수 없으므로 재판의 전제성 요건을 갖추지 못하였다.**

[요약판례 10] 구 공유수면매립법 제26조 제1항 등 위헌소원(헌재 2010.9.30. 2008헌바100)

당해 사건의 가정적 판단에 적용된 심판대상조항이 당해 사건에 적용될 여지가 없어져 재판의 전제성이 부인된 사례

어떤 법률조항이 법원의 구체적 사건에 적용되는지 여부를 확인하기 위해서는 그 사건에서 인정된 사실을 바탕으로 할 수밖에 없다. 청구인은 당해 사건에서 자신이 이 사건 토지를 조성하였음에도 국가가 아무런 보상 없이 이를 국유화하였으므로 국가는 청구인에게 이 사건 토지의 시가 또는 조성비용 상당을 부당이득으로 반환할 의무가 있다고 주장하였다. 이에 대하여 당해 사건 법원은 청구인이 이 사건 토지를 조성한 사실이 인정되지 않는다고 판단하였고, 다만 가정적 판단으로 설사 청구인이 이 사건 토지를 조성하였다고 하더라도 면허 없이 공유수면을 매립한 자는 원상회복의무를 부담할 뿐 매립지에 대하여 아무런 권한이 없으므로 국가가 이 사건 토지의 소유권을 취득한 것이 부당이득에 해당하지 않는다는 이유로 청구인의 부당이득반환청구를 기각하였다. 그리고 이러한 판단은 상고심에서도 변경됨이 없이 그대로 확정되었다. 이 사건 심판대상조항들은 매립면허를 받지 아니하고 공유수면을 매립한 경우에 그 무면허 매립자가 매립공사에 투여한 시설 기타의 물건을 국가가 취득·보유할 수 있도록 하는 근거규정이므로, 당해 사건 법원의 주된 판단과 같이 청구인이 이 사건 토지를 조성한 사실이 인정되지 않는 경우에는 이 사건 심판대상조항들이 적용될 여지가 없고, 다만 가정적으로 한 판단에 대해서만 그 위헌 여부가 관련을 가질 뿐이다. 그런데 청구인이 이 사건 토지를 조성한 사실이 인정되지 않는다고 하는 당해 사건 법원의 주된 판단이 대법원에서 그대로 확정된 이상 이와 양립할 수 없는 사실관계를 전제로 한 당해 사건 법원의 가정적 판단이 주된 판단으로 바뀔 가능성은 없어졌으므로, 이 사건 심판대상조항들이 당해 사건에 적용될 여지도 없게 되었다 할 것이다. 따라서 이 사건 심판대상조항들은 당해 사건에 적용되는 법률조항이 아니라 할 것이므로, 이 사건 심판청구는 재판의 전제성을 갖추지 못하였다.

Ⅵ 하천법 위헌소원: 각하(헌재 2005.3.31. 2003헌바113)

쟁점 (1) 당해소송의 행정처분취소 청구(예비적 청구)가 부적법하여 각하되는 경우 재판의 전제성을 인정할 수 있는지 여부(소극)

(2) 쟁송기간이 경과하거나 적법한 전심절차를 거치지 아니한 후에 행정처분의 무효확인 청구(주위적 청구)를 하고, 그 행정처분의 근거법률이 위헌이라고 다투는 경우에 재판의 전제성을 인정할 수 있는지 여부(소극)

☐ 사건의 개요

하남시장은 청구인이 한강의 하천구역 부지를 무단점용하였다는 이유로 청구인에게 약 2,000만원의 부당이득금 납부고지(1차 처분)를 하였으나 납부하지 않자 부당이득금에 가산금을 더하여 납부하라는 내용의 독촉장(2차 처분)을 청구인에게 발부하였다. 이에 청구인은 하남시장을 상대로 주위적으로는 이 사건 처분의 무효확인을 구하고, 예비적으로는 동 처분의 취소를 구하는 소송을 제기하였고, 하천법 제33조 제4항이 구체적으로 범위를 정하거나 한계를 설정하지 아니하고 포괄적으로 조례에 모든 권한을 위임하고 있어 명확성의 원칙에 위반된다는 이유로 위헌제청신청을 한 바, 법원이 예비적 청구를 각하하고 주위적 청구와 위헌제청신청을 각 기각하자 바로 헌재법 제68조 제2항에 따라 헌법소원심판 청구하였다.

▢ 심판의 대상

하천법 제33조 (점용료의 징수) ④ 제1항 내지 제3항에 의한 점용료 등의 금액과 징수방법 등은 특별시 · 광역시 또는 도의 조례로 정한다.

지방자치법 제131조 (사용료등의 부과 · 징수, 이의신청) ② 사용료 · 수수료 또는 분담금의 징수는 지방세 징수의 예에 의한다.

③ 사용료 · 수수료 또는 분담금의 부과 또는 징수에 대하여 이의가 있는 자는 그 처분의 통지를 받은 날로부터 60일 이내에 그 지방자치단체의 장에게 이의신청할 수 있다.

④ 지방자치단체의 장은 제3항의 이의신청을 받은 날로부터 60일 이내에 이를 결정 · 통지하여야 한다.

⑤ 사용료 · 수수료 또는 분담금의 부과 또는 징수에 대하여 행정소송을 제기하고자 하는 때에는 제4항의 규정에 의한 결정의 통지를 받은 날부터 90일 이내에 처분청을 당사자로 하여 소를 제기하여야 한다.

▢ 주 문

이 사건 심판청구를 각하한다.

▢ 판 단

Ⅰ. 예비적 청구 부분

위 예비적 청구부분은 이러한 제소기간이 경과한 2000. 7. 25. 행정소송이 제기되었거나(1차 처분), 지방자치법 제131조의 규정에 따른 이의신청을 하지 아니하고 행정심판을 거친 후 행정심판의 대상이 아니라는 이유로 각하재결을 받은 후 행정소송을 제기한 것(2차 처분)이어서 적법한 전심절차를 밟지 않았으므로 모두 부적법하다고 할 것이다.

살피건대, 법원에서 당해 소송사건에 적용되는 재판규범 중 위헌제청신청대상이 아닌 관련법률에서 규정한 소송요건을 구비하지 못하였기 때문에 부적법하다는 이유로 소각하 판결을 선고하고 그 판결이 확정되거나, 소각하판결이 확정되지 않았더라도 당해 소송사건이 부적법하여 각하될 수 밖에 없는 경우에는 당해 소송사건에 관한 재판의 전제성 요건이 흠결되어 부적법하다.

Ⅱ. 주위적 청구 부분

법률에서 조례로 위임하는 경우에 포괄위임금지원칙이 적용되는지 여부에 관하여 "조례의 제정권자인 지방의회는 선거를 통해서 지역적인 민주적 정당성을 지니고 있는 주민의 대표기관이고 헌법이 지방자치단체에 포괄적인 자치권을 보장하고 있는 취지로 볼 때, 조례에 대한 법률의 위임은 법규명령에 대한 법률의 위임과 같이 반드시 구체적으로 범위를 정하여 할 필요가 없으며 포괄적인 것으로 족하다"고 판시한 헌법재판소의 판례(헌재 1995. 4. 20. 92헌마264)에 비추어 볼 때 이 사건 법률조항이 위헌이라고 섣불리 단정할 수 없을 뿐만 아니라, 설사 위헌이라고 하더라도 국회에서 헌법과 법률이 정한 절차에 의하여 제정 · 공포된 법률이 헌법에 위반된다는 사정은 헌법재판소의 위헌결정이 있기 전에는 객관적으로 명백한 것이라고 할 수는 없으므로 특별한 사정이 없는 한 이러한 하자는 행정처분의 취소사유에 해당할 뿐 당연무효 사유는 아니라 할 것이므로 이 사건 헌법소원은 재판의 전제성 요건을 충족하지 못한다고 보아야 할 것이다.

재판관 권성, 재판관 이상경의 반대의견

행정처분상에 존재하는 하자가 그 행정처분의 효력에 관하여 무효사유인지 취소사유인지는 법원의 법률행위 해석의 문제로서 법원판단의 몫이고 그것이 법원의 판단에 의하여 무효가 될 가능성이 존재한다면 재판의 전제성을 인정하여 본안판단을 하여야 할 것인바, 이 사건 처분은 이와 같은 가능성이 있다고 보여지므로 재판의 전제성을 인정하여 본안판단을 하여야 한다.

본 판례에 대한 평가 위 판례는 구체적 규범통제 제도를 취하고 있는 우리 위헌법률심판제도의 체계상 위헌제청의 전제가 된 재판이 부적법하여 각하되거나 각하를 면할 수 없는 경우에는 위헌제청신청 또는 헌재법 제68조 제2항의 헌법소원 역시 부적법하다는 논리적 귀결을 확인한 것이다.

[요약판례] 형사소송법 제201조의2 제8항에 대한 위헌소원: 각하(헌재 2005.9.29. 2003헌바101)

헌법재판소법 제68조 제2항의 헌법소원이 적법하기 위해서는 해당 법률조항의 위헌여부가 당해 사건 재판의 전제가 되어야 하고, 재판의 전제성이 있다고 하려면 그 법률의 위헌 여부에 따라 재판의 주문이 달라지거나 재판의 내용과 효력에 관한 법률적 의미가 달라지는 경우여야 하는지 여부(적극)

헌법재판소법 제68조 제2항의 헌법소원이 적법하기 위해서는 해당 법률조항의 위헌여부가 당해 사건 재판의 전제가 되어야 하고, 재판의 전제성이 있다고 하려면 그 법률의 위헌 여부에 따라 재판의 주문이 달라지거나 재판의 내용과 효력에 관한 법률적 의미가 달라지는 경우여야 한다.

청구인이 당해 사건에서 구속연장기간을 다툰 것은, 이 사건 법률조항을 적용하여 계산한 결과 2일이 더 길게 연장된 구속수사기간 중 2일을 단축하고자 함에 있다. 그런데 2003. 11. 15.에 이루어진 검사의 기소로 인해 청구인이 당해 사건을 통하여 '구속수사기간만료일을 2003. 11. 17.에서 같은달 15.로 정정함'으로써 달성하고자 했던 '연장된 구속수사기간 중 2일 단축'이라는 목적이 달성되었고, 이러한 목적성취로 당해 사건은 신청의 이익이 소멸되었으므로 이 사건 법률조항의 위헌여부는 당해 사건의 결론에 아무런 영향을 미칠 수 없게 된다.

7. 위헌법률심판제청결정

8. 위헌법률심판제청의 효과: 재판의 정지

9. 위헌법률심판제청권행사의 한계

III 헌법재판소의 위헌법률심판

1. 의 의

2. 위헌법률심판의 대상

(1) 헌법규범

I 헌법 제29조 제2항 등 위헌소원: 합헌,각하(헌재 1996.6.13. 94헌바20)

쟁점 헌법의 개별규정이 헌법재판소법 제68조 제2항에 의한 헌법소원심판의 대상이 되는지 여부(소극)

사건의 개요

甲은 향토예비군대원으로서 동원훈련소집 중 포탄용 폭약폭발사고로 현장에서 사망하였다. 청구인들은 위 甲의 부모, 배우자, 형제자매들로서 위 폭약폭발사고는 현역군인들의 안전주의의무 위반으로 발생하였다고 주장하여 국가를 상대로 한 손해배상청구의 소를 제기하고 같은 법원에 향토예비군대원의 국가배상청구권을 제한하는 근거조항인 헌법 제29조 제2항 중 〈기타 법률이 정하는 자〉 부분 및 국가배상법 제2조 제1항 단서규정 중 〈향토예비군대원〉 부분에 대한 위헌심판제청신청을 하였으나, 법원은 위 신청을 기각하였다. 이에 청구인들은 헌법재판소법 제68조 제2항에 따라 이 사건 헌법소원심판을 청구하였다.

▢ 심판의 대상

헌법(1987. 10. 29. 전문개정) 제29조 ② 군인·군무원·경찰공무원 기타 법률이 정하는 자가 전투·훈련 등 직무집행과 관련하여 받은 손해에 대하여는 법률이 정하는 보상 외에 국가 또는 공공단체에 공무원의 직무상 불법행위로 인한 배상은 청구할 수 없다.

국가배상법(1967. 3. 3. 법률 제1899호로 제정되어 1981. 12. 17. 법률 제3464호로 개정된 것) 제2조 (배상책임) ① 국가 또는 지방자치단체는 공무원이 그 직무를 집행함에 당하여 고의 또는 과실로 법령에 위반하여 타인에게 손해를 가하거나, 자동차손해배상보장법의 규정에 의하여 손해배상의 책임이 있는 때에는 이 법에 의하여 그 손해를 배상하여야 한다. 다만, 군인·군무원·경찰공무원 또는 향토예비군대원이 전투·훈련 기타 직무집행과 관련하거나 국방 또는 치안유지의 목적상 사용하는 시설 및 자동차·함선·항공기 기타 운반기구 안에서 전사·순직 또는 공상을 입은 경우에 본인 또는 그 유족이 다른 법령의 규정에 의하여 재해보상금·유족연금·상이연금 등의 보상을 지급받을 수 있을 때에는 이 법 및 민법의 규정에 의한 손해배상을 청구할 수 없다.

▢ 주 문

1. 청구인들의 헌법 제29조 제2항 중 '기타 법률이 정하는 자' 부분에 대한 심판청구를 각하한다.
2. 국가배상법 제2조 제1항 단서 중 '향토예비군대원' 부분은 헌법에 위반되지 아니한다.

▢ 판 단

헌법 제111조 제1항 제1호, 제5호 및 헌법재판소법 제41조 제1항, 제68조 제2항은 위헌심사의 대상이 되는 규범을 '법률'로 명시하고 있으며, 여기서 "법률"이라 함은 국회의 의결을 거쳐 제정된 이른바 형식적 의미의 법률을 의미한다. 따라서 위와 같은 형식적 의미의 법률과 동일한 효력을 갖는 조약 등이 위헌심사의 대상에 포함되는 것은 별론으로 하고 헌법의 개별규정 자체가 위헌심사의 대상이 될 수 없음은 위 각 규정의 문언에 의하여 명백하다. 이에 대하여 청구인들은 위 헌법조항부분은 국민이 헌법상의 기본권으로 향유하는 국가배상청구권을 행사할 수 없는 자를 법률에 의하여 정할 수 있도록 규정하고 있으므로 이는 헌법 제11조, 제23조 제1항, 제29조 제1항, 제37조 제2항으로 표현되는 헌법정신 내지는 헌법핵에 위반되어 무효라고 주장한다.

살피건대, 헌법은 전문과 단순한 개별조항의 상호관련성이 없는 집합에 지나지 않는 것이 아니고 하나의 통일된 가치체계를 이루고 있으며 헌법의 제규정 가운데는 헌법의 근본가치를 보다 추상적으로 선언한 것도 있고 이를 보다 구체적으로 표현한 것도 있으므로, 이념적·논리적으로는 헌법규범상호간의 가치의 우열을 인정할 수 있을 것이다. 그러나 이 때 인정되는 헌법규범상호간의 우열은 추상적 가치규범의 구체화에 따른 것으로서 헌법의 통일적 해석을 위하여 유용한 정도를 넘어 헌법의 어느 특정규정이 다른 규정의 효력을 전면 부인할 수 있는 정도의 효력상의 차등을 의미하는 것이라고는 볼 수 없다.

더욱이 헌법개정의 한계에 관한 규정을 두지 아니하고 헌법의 개정을 법률의 개정과는 달리 국민투표에 의하여 이를 확정하도록 규정하고 있는(헌법 제130조 제2항) 현행의 우리 헌법상으로는 과연 어떤 규정이 헌법핵 내지는 헌법제정규범으로서 상위규범이고 어떤 규정이 단순한 헌법개정규범으로서 하위규범인지를 구별하는 것이 가능하지 아니하며, 달리 헌법의 각 개별규정 사이에 그 효력상의 차이를 인정하여야 할 아무런 근거도 찾을 수 없다. 나아가 헌법은 그 전체로서 주권자인 국민의 결단 내지 국민적 합의의 결과라고 보아야 할 것으로, 헌법의 개별규정을 헌법재판소법 제68조 제1항 소정의 공권력 행사의 결과라고 볼 수도 없다.

✣ 본 판례에 대한 평가 헌법전에 규정되어 있는 규범 중에는 헌법핵에 해당되는 근본규범이 아닌 헌법률적 가치를 갖는 규범이 있다. 이들 헌법률에 해당하는 규범이 헌법핵에 위반할 경우에 위헌법률심판 혹은 헌법소원심판이 가능할 것인가에 관하여는 이를 인정하려는 학계의 이론도 제시되고 있지만, 헌법재판소는 본 결정에서 살펴본 바와 같이 부정적 입장이다.

관련 문헌: 정연주, "헌법 제29조 제2항에 대한 헌법소원: 국가배상법 제2조 제1항 등 위헌소원사건과 관련하여", 헌법판례연구Ⅰ 1(2002. 1), 292-324면; 오호택, 헌법소송법, 동방문화사(2004), 237면 이하.

(2) 폐지된 법률과 개정된 법률조항

Ⅱ 구 대부업의 등록 및 금융이용자보호에 관한 법률 제20조 위헌제청 등: 각하 (헌재 2010.9.2. 2009헌가15등)

쟁점 양벌규정에 면책조항이 추가되는 형식으로 법률이 개정되었으나 개정법 시행 전의 범죄행위에 대하여 종전 규정에 따른다는 취지의 경과규정이 없는 경우, 개정 전 법률조항에 대하여 재판의 전제성이 인정되는지 여부(소극)

사건의 개요

당해사건의 피고인인 ○○ 주식회사는 대부업의 등록 및 금융이용자보호에 관한 법률 의 양벌규정 위반을 이유로 서울동부지방법원에 기소된 후 항소심에 이르러 구 '대부업의 등록 및 금융이용자보호에 관한 법률'에 대하여 위헌제청신청을 하였고, 제청법원은 위 제청신청을 받아들여 이 사건 위헌법률심판제청을 하였다.

그런데 이 사건 법률조항은 당해사건에서의 범죄행위가 있은 후 양벌규정에 면책조항이 추가되는 형식으로 개정되었으나, 개정법 시행 전의 범죄행위에 대하여 종전 규정에 따른다는 취지의 경과규정은 두지 아니하였다.

심판의 대상

구 대부업의 등록 및 금융이용자보호에 관한 법률(2005. 5. 31. 법률 제7523호로 개정되고, 2009. 1. 21. 법률 제9344호로 개정되기 전) 제20조 (양벌규정) **법인의 대표자나 법인 또는 개인의 대리인·사용인 그 밖의 종업원이 그 법인 또는 개인의 업무에 관하여 제19조의 위반행위를 한 때에는 행위자를 벌하는 외에 그 법인 또는 개인에 대하여도 동조의 벌금형을 과한다.**

주 문

이 사건 각 위헌여부심판제청을 모두 각하한다.

판 단(재판관 5인의 다수의견)

Ⅰ. 법률의 개정

심판대상법률인 구 대부업법은 제청법원의 제청 전인 2009. 1. 21. 법률 제9344호로 개정, 공포되었는데, 개정된 '대부업 등의 등록 및 금융이용자보호에 관한 법률'에서는 제20조에 단서조항을 신설하여 법인이 그 위반행위를 방지하기 위하여 해당 업무에 관하여 상당한 주의와 감독을 게을리하지 아니한 경우에는 법인을 벌하지 않는 것으로 개정하였고, 그 부칙에서 위 개정조항은 공포 후 3개월이 경과한 날부터 시행한다고 규정하였을 뿐, 개정법 시행 전의 범죄행위에 대한 벌칙의 적용은 종전의 규정에 따른다는 취지의 경과규정은 두지 아니하였다.

Ⅱ. 양벌규정이 개정된 경우 구법에 대한 재판의 전제성 인정 여부

위와 같이 양벌규정에 면책조항이 추가되는 형식으로 법률이 개정되었으나 개정법 시행 전의 범죄행위에 대하여 종전 규정에 따른다는 취지의 경과규정이 없는 경우, 당해 사건에 신법이 적용되는지, 신법이 적용된다면 구법은 재판의 전제성을 상실하게 되는지 여부가 문제 된다.

살피건대, 형법 제1조 제2항은 "범죄 후 법률의 변경에 의하여 그 행위가 범죄를 구성하지 아니하거나 형이 구법보다 경한 때에는 신법에 의한다"라고 규정하고 있고, 여기서 "범죄 후 법률의 변경에 의하여 그 행위가 범죄를 구성하지 아니하는 경우"란 구성요건 전부가 폐지된 경우에 한하지 않고 구성요건 일부가 폐지된 경우도 여기에 해당한다 할 것이다. 이와 관련하여 **형법 제1조 제2항의 문언 그대로 '그 행위가 범죄를 구성하지 아니하는 경우'에만 적용되는지, 아니면 전체적으로 보아 신법이 구법보다 피고인에게 유리하게 변경된 경우에도 적용되는지 문제되나,** 형법 제1조 제2항에서 말하는 '범죄를 구성하지 아니하는 경우'란 행위의 가벌성이 폐지된 경우뿐만 아니라 가벌성의 전제가 행위자에게 유리하게 변경된 경우도 포함된다고 해석하는 학계의 견해 및 피해자의 의사에 상관없이 처벌할 수 있었던 죄가 반의사불벌죄로 개정된 경우 개정 법률이 피고인에게 더 유리할 것이므로 형법 제1조 제2항에 의하여 개정 법률이 적용되어야 한다고 판시한 대법원 판결(대법원 2005. 10. 28. 선고 2005도4462 판결), 일반적으로 두 개의 형을 선고하는 것보다는 하나의 형을 선고하는 것이 피고인에게 유리하므로, 형법 제37조 후단의 '판결이 확정된 죄'가 '금고 이상의 형에 처한 판결이 확정된 죄'로 개정된 경우, 개정 법률을 적용하는 것이 오히려 피고인에게 불리하게 되는 등의 특별한 사정이 없는 한 형법 제1조 제2항을 유추적용하여야 한다고 판시한 대법원 판결(대법원 2004. 2. 13. 선고 2003도7554 판결) 등을 종합하여 볼 때, **형법 제1조 제2항은 '전체적으로 보아 신법이 구법보다 피고인에게 유리하게 변경된 것이라면 신법을 적용하여야 한다'는 취지라고 봄이 상당하다. 한편, 이 경우 법률이 행위자에게 유리하게 변경되었는지 여부는 법률 자체의 내용만을 비교하여 판단하여야 하고, 가사 구법에 대하여 위헌 여부를 판단하는 경우 위헌으로 판단될 것으로 예상되는지 여부까지 고려할 것은 아니다.**

그렇다면 위에서 본 바와 같이 **양벌규정에 면책조항이 추가되는 형식으로 법률이 개정된 경우,**

행위자에 대한 선임감독상의 과실이 없는 영업주나 법인은 처벌의 대상에서 제외되게 되었으므로 이 점에 있어서 신법이 구법상의 구성요건 일부를 폐지한 것으로 볼 수 있고, 과실책임규정인 신법은 무과실책임규정인 구법에 비하여 전체적으로 보아 피고인에게 유리한 법 개정이라 할 것이므로, 구체적으로 각 당해 사건의 피고인에게 과실이 있는지 여부를 불문하고 당해 사건에는 형법 제1조 제2항에 의하여 신법이 적용된다고 보아야 할 것이다.

더욱이, 양벌규정에 대한 기존 헌법재판소 위헌결정(헌재 2009. 7. 30. 2008헌가14)의 취지는 아무런 면책사유도 규정하지 아니한 점이 책임주의원칙에 반한다는 것이었는바, 그 후 입법자가 이 사건 심판대상법률조항들을 개정한 것은 위 헌법재판소 결정의 취지에 맞추어 개정한 것으로 보이고, 나아가, 이 사건 각 심판대상법률을 개정하면서 경과규정을 두지 아니한 것은 영업주의 귀책사유를 불문하고 처벌하였던 종전의 조치가 부당하다는 반성적 고려에서 위와 같이 면책조항이 신설된 신법을 적용하도록 하기 위한 것으로 보아야 할 것이다. 이 점과 관련하여, **개선입법의 부칙조항에 '개정법 시행 전의 행위에 대한 벌칙을 적용함에 있어서는 종전의 규정에 따른다'는 내용의 규정을 둔 경우와 그러한 규정을 두지 않은 경우 사이에 불합리한 차별이 초래된다는 의견이 있으나,** 입법자가 각 당해 범죄의 법적 성격과 보호법익 등을 고려하여 개정법 시행 전의 행위에 대하여 **여전히 구법을 적용하도록 입법적 결단을 내린 경우와 개정법 시행 전의 행위에 대하여도 개정법을 적용하도록 입법적 결단을 내린 경우는 명백히 구별되는 것이고, 따라서 그 적용 결과가 달라지는 것은 당연하다 할 것이므로, 이를 가리켜 불합리한 차별이 초래되는 것이라고는 볼 수 없다.**

이와 같이 **당해 사건에 신법이 적용되는 이상, 당해 사건에 적용되지 않는 구법은 재판의 전제성을 상실**하게 되었다 할 것이다. 헌법재판소의 위헌결정 전까지는 법률의 합헌성이 추정되므로, 법원과 헌법재판소는 구법이 합헌임을 전제로 하여 신법이 행위자에게 유리하게 변경된 것인지 여부만을 판단하여 신법을 적용하면 족하고, **구법의 위헌성이 매우 의심스럽다고 하여 구법이 위헌인 경우까지 가정하여 판단할 것은 아니다.** 재판의 전제성 판단은 논리적으로 본안 판단에 앞서 이루어지는 것인데, 구법에 대한 본안 판단의 결과가 재판의 전제성 판단에 영향을 주는 것은 불합리하다는 점에서도 그러하다. 또한, 법률 개정으로 인하여 더 이상 당해 사건에 적용되지 않는 법률임에도 불구하고 헌법재판소가 굳이 본안에 들어가 위헌판단을 하는 것은 법적 안정성을 해하는 결과를 초래할 수도 있다. 따라서, **법률이 개정되어 종전 규정보다 유리한 신법이 소급적용되게 되었다면, 당해 사건에 적용되지 않는 구법은 재판의 전제성을 상실하게 되었다고 할 것이다**(헌재 2006. 4. 27. 2005헌가2, 판례집 18-1상, 478, 483-484 참조).

결국, 이 사건 각 위헌여부심판제청은 이 사건 심판대상법률조항들이 각 당해 사건에 적용될 여지가 없게 됨으로써 재판의 전제성을 상실하였다고 할 것이다.

재판관 조대현, 재판관 김종대, 재판관 목영준의 반대의견(재판의 전제성 인정)

Ⅰ. 당해 사건에 형법 제1조 제2항이 적용되는지 여부

다수의견은 '전체적으로 보아 신법이 구법보다 피고인에게 유리하게 변경된 것이라면 신법을 적용하여야 한다'는 해석을 함으로써, 형법 제1조 제2항에 의하여 이 사건 각 당해 사건에 신법이 소급 적용된다고 보고 있다.

그러나 이 사건 심판대상법률조항들과 같이 **'양벌규정에 면책조항이 신설되는 형식으로 법률이 개정된 경우'가 형법 제1조 제2항 전단에서 말하는 '법률의 변경에 의하여 범죄를 구성하지 아니하게 된 경우'에 해당한다**

고 말할 수는 없다.

신법이 구성요건의 일부 폐지에 해당한다 하더라도, 형법 제1조 제2항이 적용되려면 피고인의 행위가 '폐지되거나 축소된 구성요건'에 해당하여 면소판결을 받을 수 있는 경우여야 하고 자신과 무관한 부분이 개정된 경우에는 피고인에게 유리해진 것이 없으므로 형법 제1조 제2항이 적용될 수 없는 것이다. 따라서 **종업원에 대한 선임감독상의 과실이 없는 피고인에게는 신법이 유리하게 변경되었다고 할 수 있겠지만, 종업원에 대한 선임감독상의 과실이 있는 피고인에게는 구법을 적용하든 신법을 적용하든 범죄를 구성하게 되므로 신법이 유리하게 변경되었다고 볼 수 없으므로, 신법이 피고인에게 직접 적용되는 법률이 될 수 없다. 오히려 이 경우 신법을 소급 적용하게 되면 피고인에게 불리한 결과를 초래할 여지마저 있게 된다.** 즉, 당해 사건에 구법이 적용된다고 보면 헌법재판소가 구법의 위헌 여부에 관한 본안판단으로 들어가 종전 선례와 마찬가지로 구법에 대하여 위헌결정을 할 것이 명백하여 당해 사건의 피고인에게는 무죄가 선고될 것인데, 피고인에게 유리하게 변경되었다는 이유로 신법을 소급 적용한다면 피고인에게는 유죄가 선고될 수 있고 이는 피고인에게 불리한 결과가 되기 때문이다.

따라서 **종업원 등에 대한 선임감독상의 과실이 있는 피고인의 경우라면 행위시법인 구법이 적용될 뿐 신법이 소급하여 적용될 수는 없다.**

Ⅱ. 구법이 형법 제1조 제2항 적용의 전제 문제로서 재판의 전제성이 있는지 여부

1. 형법 제1조 제2항 전단 '범죄 후'의 의미

행위시점에 그 행위를 처벌할 '유효한' 법률이 존재하지 않았다면 행위자를 처벌할 수 없고, 행위시 이후에는 그 행위를 처벌하는 법률을 유효하게 제정하였다 하더라도 이를 행위시로 소급하여 처벌할 수는 없다. 행위 당시에 그 행위를 처벌할 유효한 법률이 없었음에도 불구하고 사후입법에 의하여 처벌한다면 이는 헌법 제12조 제1항 및 제13조 제1항이 천명하고 있는 죄형법정주의 원칙의 한 내용인 **형벌불소급의 원칙**에 반하기 때문이다.

따라서 **형법 제1조 제2항에서 '범죄 후'의 의미는 '행위시에 유효한 법률에 의하여 범죄가 성립한 후'라고 해석하여야 하고, 따라서 '구법에 의하여 유효하게 범죄를 성립시킨 후에 그 행위가 사후 신법에 의하여 범죄를 구성하지 않게 된 경우'에만 사후에 제정된 신법을 적용하여야 한다.** 이것이 죄형법정주의와 형벌불소급의 원칙의 본질에 부합하는 타당한 해석이다.

2. 형법 제1조 제2항 적용의 전제로서의 구법

(1) 법률이 개정된 결과 신법이 소급 적용됨으로써 구법이 더 이상 적용될 소지가 없는 경우에는 구법에 대한 위헌제청은 제청대상의 소멸로 말미암아 부적법하게 된다고 할 수 있다. 그러나 이것은 구법이 유효한 법률임을 전제로 법개정을 통해 신법이 구법에 비해 피고인에게 유리하게 변경되어 형법 제1조 제2항에 의해 신법이 소급 적용될 때에 그렇다는 것이지, 구법이 위헌 무효인 경우에는 앞서 본 형벌불소급금지의 원칙상 형법 제1조 제2항에 의한 신법의 소급적용과 구법의 적용배제 문제는 생겨날 여지가 없는 것이다. 따라서 **구법에 대한 위헌 여부의 문제는 형법 제1조 제2항에 의한 신법의 소급 적용 여부에 있어 전제문제가 될 수밖에 없다**(헌재 1989. 7. 14. 88헌가5, 판례집 1, 69, 82-82 참조). 피고인에 대한 재판에 적용될 근거법률이 구법인지 신법인지를 판단하기 위해서는 반드시 구법이 합헌적으로 유효한 것인지를 전제로 하여 신법이 구법에 비해 피고인에게 더 유리하게 변경되었는지를 신·구법을 대조해 가며 함께 살펴봐야 하기 때문이다.

따라서 이 경우 구법은 신법의 적용여부를 결정하기 위한 전제로서 간접 적용되는 법률이므로, 신법뿐 아니라 구법에 대해서도 재판의 전제성이 인정된다 할 것이다.

(2) 다수의견은 "법원과 헌법재판소는 구법이 합헌임을 전제로 하여 신법이 행위자에게 유리하게 변경된 것인지 여부만을 판단하여 신법을 적용하면 족하고 구법의 위헌인 경우까지 가정하여 판단할 것은 아니며 재판의 전제성 판단은 논리적으로 본안 판단에 앞서 이루어지는 것인데, 구법에 대한 본안 판단의 결과가 재판의

전제성 판단에 영향을 주는 것은 불합리하다"고 한다.

그러나 이러한 **다수의견은 앞서 본 바와 같이 행위시법주의에 따라 당해 사건에서 직접 적용되는 법률은 원칙적으로 행위시법인 '구법'이며, 예외적으로 '신법'이 직접 적용되려면 '구법이 위헌이 아니라는 사정'이 반드시 심사되어야 한다는 점을 간과한 해석이다.** 뿐만 아니라, 당해 재판에 적용되는 법률을 확정짓기 위한 목적으로 구법과 신법과의 유·불리를 먼저 판단할 필요가 생겨서 구법에 대해 재판의 전제성을 인정한 것을 두고, 구법에 대한 본안 판단의 결과가 재판의 전제성 판단에 영향을 주는 불합리한 것이라고 해서는 안 된다.

Ⅲ. 구법의 위헌 여부를 심사하지 않음으로써 초래되는 불합리한 결과들

이처럼 다수의견은 논리적인 부정합성을 지니고 있을 뿐만 아니라 실제적인 적용에 있어서도 큰 문제점을 지니고 있다.

1. 우선, 다수의견처럼 법률이 추상적으로(다수의견은 이를 '전체적으로 보아'라고 판시하고 있다) 피고인들에게 유리하게 개정되었다는 이유로 구법에 대한 위헌제청을 각하한다면, **범행시에는 위헌의 소지가 있는 법률밖에 없어 무죄가 선고될 수밖에 없었던 피고인도 개선입법이 소급적용되게 되어 구체적으로 오히려 유죄로 선고될 가능성이 생기게 된다. 국회의 개선입법 사실로 말미암아 국민의 헌법적 지위에 이와 같은 극심한 불평등이 발생할 수 있다는 것은 옳지 않다.**

동일한 형식의 양벌규정이 적용되는 경우라면 동일하게 처벌되거나 아니 되어야 함에도 불구하고, '재판시까지 법률이 개정되었는지 여부'나 '법률이 개정되기 전에 헌법재판소가 위헌결정을 하였는지 여부' 등과 같은 우연적인 사정에 따라 재판의 결과나 재심의 가부가 달라지는 것은 부당하다. 피고인에 대한 유무죄 여부는 행위시법 자체에 의하여 달라져야지 개선입법 여부에 따라 달라져서는 아니 되기 때문이다.

2. 또한 다수의견은 신법이 종전 조치에 대한 반성적 고려로서 경과규정을 두지 아니하였으므로 신법을 적용해야 한다고 하나, 그와 같은 해석은 **개선입법의 부칙조항에 '종전의 행위에 대하여는 종전의 규정을 적용한다'는 규정을 둔 것과 그러한 규정을 두지 않은 경우 사이에 불합리한 차별을 초래할 뿐이다.**

우리 헌법재판소는 구법의 양벌규정에 대한 개선입법의 부칙조항에 '종전의 행위에 대하여는 종전의 규정을 적용한다'는 규정이 있는 법률들에 대한 위헌법률심판청구사건에서, 당해 사건의 피고인들에게 적용되는 법률은 구법이므로 구법의 양벌규정에 대하여 위헌을 선고한 바 있다(헌재 2010. 7. 29. 2009헌가18 등 참조). 그런데 개선입법의 부칙조항에 위와 같은 규정을 두지 않은 이 사건에 있어서는 다수의견이 당해 사건의 피고인들에게 적용되는 법률은 신법이므로 구법에 대하여는 재판의 전제성이 없어 구법에 대해서는 위헌선고를 할 수 없다 하는데, 이같이 개선입법의 부칙에서 경과규정을 두는지 여부에 따라 당해 사건의 피고인들 및 해당 구법들에 의하여 유죄판결을 받았던 자들에게 위와 같이 불합리한 결과의 차이가 생기도록 해석하는 것은 이해하기 어렵다.

결국 **다수의견은 구법이 책임주의원칙에 반한다는 반성적 고려에서 경과규정을 두지 않은 것으로 보면서도, 구법에 대한 위헌제청을 각하함으로써 종전의 위헌적인 처벌조항에 의하여 처벌받은 자를 그대로 방치해 두는 모순을 초래하고 있다.**

3. 또 '구법에 대한 본안판단의 결과가 법적안정성을 해한다'는 다수의견의 설명 역시 타당하지 않다. **행위시에는 무슨 행위가 범죄로 구성되는지 명확하지 아니하여 국가형벌권의 부과근거로서의 책임을 물을 수 없는 법률이었는데, 피고인에 대한 재판과정에서 명확하게 범죄유형을 적시하는 방식으로 법률이 개선되었다 하여 이를 범행시로 소급하여 적용하는 것은 사후에 제정된 신법에 의한 소급처벌의 가능성을 열어두는 것으로서, 오히려 법적불안정성을 가중시키는 결과를 가져온다**고 할 것이다.

Ⅳ. 결 론

이 사건 심판대상법률조항들은 당해 사건의 피고인들에 대한 형사사건에 직접적용 되거나 형법 제1조 제2항

적용의 전제로서 간접 적용되어 재판의 전제성이 있다고 할 것이고, 따라서 본안판단에 들어가 자기책임의 원칙에 반하여 무효인 위 양벌규정 법률들을 위헌으로 선고함으로써, 당해 사건의 피고인들에 대하여는 물론이고 그에 의하여 이미 유죄판결을 선고받았던 자들에게까지 위헌적 법률에 기한 기본권 침해 결과를 회복할 수 있도록 하는 것이 마땅하다.

재판관 이동흡의 반대의견(합헌의견)

나는 법인에 대한 양벌규정의 위헌 여부에 대하여 이미 헌재 2009. 7. 30. 2008헌가14 결정(판례집 21-2상, 77, 94-96)과 같은 날 선고 2008헌가16 결정(판례집 21-2상, 97, 113-115), 2008헌가17 결정(공보 154, 1418, 1425-1427), 2008헌가18 결정(공보 154, 1427, 1433-1434), 2008헌가24 결정(공보 154, 1435, 1441-1442)에서 **양벌규정의 문언상 '법인의 종업원 등에 대한 선임감독상의 과실 기타 귀책사유'가 명시되어 있지 않더라도 그와 같은 귀책사유가 있는 경우에만 법인을 처벌하는 것으로 합헌적으로 해석할 수 있고 이러한 해석을 전제로 할 경우 책임주의원칙에 반하지 않는다**고 판단하였다.

그렇다면, 비록 이 사건 심판대상법률조항들이 면책조항이 신설되는 형식으로 개정되었다 하더라도, 그러한 **법률개정은 종업원 등의 위법행위에 대하여 법인에게 선임감독상의 과실 기타 귀책사유가 있는 경우에만 법인을 처벌하는 것임을 명문으로 밝힌 것에 불과하고, 신·구법 사이에 실질적으로 변경된 내용이 없으므로, 이러한 법률 개정은 형법 제1조 제2항에서 말하는 '그 행위가 범죄를 구성하지 아니하거나 형이 구법보다 경한 때'에 해당한다고 할 수 없다. 결국, 위 각 당해 사건에는 행위시법인 구법이 적용되므로, 이 사건 심판대상법률조항들은 재판의 전제성이 인정**된다 할 것이고, 나아가 이 사건 심판대상법률조항들에 대하여 합헌 선언을 함이 상당하다.

다만, 법적 효력을 갖는 법정의견을 전제로 이 사건 심판대상법률조항들이 재판의 전제성을 상실하였는지 여부에 관한 나의 의견을 추가적으로 밝힌다면, 면책조항이 신설되는 형식으로 법률이 개정된 경우, 신법은 구법에 비하여 피고인에게 유리하게 변경된 것이 분명하므로, 형법 제1조 제2항에 의하여 당해 사건에는 신법이 적용되고, 구법은 당해 사건에 적용되는 조항이 아니므로 이 사건 심판대상법률조항들은 재판의 전제성을 상실하였다고 보아야 할 것이다.

참고 문헌: 정주백, "법률 개정으로 구성요건이 감축된 경우, 구법에 대한 재판 전제성", 법률신문, 2010. 11. 4.자; 권순건, "양벌규정 위헌결정에 따른 업무처리와 관련 쟁점", 법률신문, 2009. 9. 21.자; 유지현, "양벌규정에 관한 헌법적 고찰: 법인을 중심으로", 성균관대학교 석사논문, 2011.

[요약판례 1] 사회보호법 제5조의 위헌심판: 위헌,합헌(헌재 1989.7.14. 88헌가5)

법률이 개정된 결과 신법이 소급 적용됨으로써 구법이 더 이상 적용될 소지가 없는 경우에는 구법에 대한 위헌제청은 제청대상의 소멸로 말미암아 부적법하게 되나, 구법이 개정되었다고 하더라도 법원이 당해 소송사건을 재판함에 있어서는 행위 시에도 처분의 적법한 근거법률이 있어야 하는지 여부(적극)

사회보호법 제5조에 대한 위헌여부의 심판이 제청되어 헌법재판소에서 심리하던 중 법이 일부개정 되었고, 신법 부칙 제1조에 따르면 **신법은 공포한 날로부터 효력을 발생하고, 부칙 제4조에는 개정법률 시행당시 재판이 계속 중인 감호사건에 대하여는 개정법률 규정을 적용하도록 되어 있다.**

비록 신법이 그 부칙 제4조에서 신법시행 당시 이미 재판이 계속 중인 감호사건에 대하여는 신법을 적용하여 처리하도록 규정하고 있지만, **이와 같이 신법이 구법당시 재판이 계속중이었던 사건에까지 소급하여 적용될 수 있는 것은 실체적인 규정에 관한 한 오로지 구법이 합헌적이어서 유효하였다는 것을 전제로 하고 다시 그 위에 신법이 보다 더 피감호청구인에게 유리하게 변경되었을 경우에 한하는 것이다.**

법률이 개정된 결과 신법이 소급 적용됨으로써 구법이 더 이상 적용될 소지가 없는 경우에는 구법에 대한 위헌제청은 제청대상의 소멸로 말미암아 부적법하게 되나, **구법이 개정되었다고 하더라도 법원이 당해 소송사건을 재판함에 있어서는 행위 시에도 처분의 적법한 근거법률이 있어야 하므로, 구법이 위헌이었느냐의 문제와 신·구법 중 어느 법률의 조항이 더 피감호청구인에게 유리하느냐의 문제가 판단된 뒤에 비로소 결정될 수 있는 것이다.**

[요약판례 2] 국가보위입법회의법 등의 위헌여부에 관한 헌법소원: 위헌(헌재 1989.12.18. 89헌마32)

폐지된 법률이라 하더라도 그에 의해 권리침해가 있고, 그 결과로 인하여 국민의 법익침해가 발생하고 그로 인한 법률상태가 재판시까지 계속될 수 있는지 여부(적극)

국가보위입법회의법은 1980. 10. 27. 의결되어 같은달 28. 공포 시행되었고, 1981. 4. 10. 폐지된 한시법이기에, 폐지된 법률이 위헌여부심판의 대상이 되는지 여부가 문제되는 바, 폐지된 법률에 의한 권리침해가 있고 그것이 비록 과거의 것이라 할지라도 그 결과로 인하여 발생한 국민의 법익 침해와 그로 인한 법률상태는 재판시까지 계속되고 있는 경우가 있을 수 있는 것이며, 그 경우에는 헌법소원의 권리보호이익은 존속하여야 한다고 할 것이다. 본건의 경우, 재임용된 청구인들은 면직 당시의 직급으로 근무중이기 때문에 그들에게 권리보호이익이 있는지가 문제되는데, 재임용된 청구인들이 9년전 직급으로 신규임용된 결과 승진에 불이익을 받았음은 물론 면직처분의 무효를 전제로 한 복직이 아니기 때문에 명예회복이 되지 않고 면직기간 중의 보수, 급여 등 경제적 손실도 회복할 수 없으므로 소의 이익이 있는 것으로 보아야 할 것이다.

[요약판례 3] 국가보위에관한특별조치법 제5조 제4항에 대한 위헌제청: 위헌,각하(헌재 1994.6.30. 92헌가18)

특별조치법조항이 위헌결정이 되면 자동적으로 이 위헌법률조항에 근거한 특별조치령도 위헌·무효가 되고, 위헌·무효인 특별조치령에 근거한 수용처분도 위헌·무효인지 여부(적극)

특별조치법이 폐지되었다고는 하나 앞서 제2항에서 설명한 바와 같이 특별조치법 폐지법률 부칙 제2항(명령 등에 관한 경과조치)에 의하여 특별조치령은 아직 그 효력을 지속하고 있고 그 한도에서 특별조치법도 살아 있는 법과 같다. 제청신청인은 특별조치법 제5조 제4항이 위헌임을 이유로 하여 대한민국을 상대로 소유권이전등기말소청구소송을 제기한 것이므로 특별조치법 제5조 제4항의 위헌 여부는 위 소송 재판에서의 승패 여부의 전제가 된다. 왜냐하면, 상위법인 특별조치법 제5조 제4항의 위헌 여부는 하위법인 특별조치령의 위헌 여부 및 효력 유무의 전제가 되고 특별조치법 제5조 제4항에 대하여 위헌결정이 되면 자동적으로 이 위헌법률조항에 근거한 특별조치령도 위헌·무효가 되고 아울러 위헌무효인 특별조치령에 근거한 수용처분도 위헌무효가 될 수 있기 때문이다.

(3) 입법부작위

[요약판례] 구 변호사법 제91조 제1호 위헌소원 등: 기각(헌재 2004.1.29. 2002헌바36등)

입법부작위를 헌법재판소법 제68조 제2항 헌법소원심판청구의 대상으로 삼을 수 있는지 여부(소극)

헌법재판소법 제68조 제2항에 의한 헌법소원은 '법률'의 위헌성을 적극적으로 다투는 제도이므로 '법률의 부존재' 즉, 입법부작위를 다투는 것은 그 자체로 허용되지 아니한다. 다만 법률이 불완전·불충분하게 규정되었음을 근거로 법률 자체의 위헌성을 다투는 취지로 이해될 경우에는 그 법률이 당해사건의 재판의 전제가 된다는 것을 요건으로 허용될 수 있다.

(4) 조 약

Ⅲ 국제통화기금조약 제9조 제3항 등 위헌소원: 각하(헌재 2001.9.27. 2000헌바20)

쟁점 조약이 위헌법률심판의 대상이 되는지 여부

사건의 개요

국제통화기금의 구제금융의 대가로 실시된 금융감독원의 5개 은행 퇴출 조치에 따라 직장을 잃은 근로자들 중 청구인들은 국제통화기금이 그 본래의 목적 범위를 벗어나 불법행위를 함으로써 직장을 잃는 등 피해를 입었다며 법원에 손해배상의 소를 제기한 후, 소송계속 중 국제통화기금 혹은 전문(專門)기구의 재산과 자산에 대한 사법절차 면제 및 그 직원의 공적 행위에 대한 사법절차 면제를 규정한, 국제통화기금협정 제9조 제3항, 제8항 및 전문기구의특권과면제에관한협약 제4절 본문, 제19절 (a)의 위헌 여부를 제청신청하였으나 법원은 이를 기각하였고, 이에 청구인들은 위헌소원을 제기하였다.

심판의 대상

국제통화기금협정 제9조 (지위, 면제 및 특권)

③ (사법절차의 면제) 기금 및 소재지와 소지자의 여하를 불문하고 그 재산 및 자산은 기금이 모든 형식의 사법절차의 면제를 포기하거나 또는 계약의 조건에 의하여 그 면제를 포기한다는 것을 명시한 경우를 제외하고는 모든 형식의 사법절차에서 면제된다.

⑧ (직원 및 피용자의 면제와 특권) 모든 기금의 각국위원, 이사, 대리자, 직원 및 피용자는 다음의 면제 및 특권을 가진다.

1. 공적 자격으로 행한 행위에 관하여는, 기금이 면제를 포기하였을 때를 제외하고는, 법적 절차로부터 면제된다.

전문기구의특권과면제에관한협약

제4절 전문기구 및 그 재산과 자산은 그 소재지와 보유자의 여하에 관계없이 특정의 사건에 있어서 명시적으로 면제를 포기한 경우를 제외하고는 여하한 형태의 법적 절차로부터의 면제를 향유한다.

제19절 전문기구의 직원은 다음과 같이 취급된다.

(a) 공적 자격으로 그들이 행한 구두 또는 서면의 기술 및 모든 행위에 관하여 법적 절차로부터 면제된다.

주 문

이 사건 심판청구를 각하한다.

청구인의 주장

국제통화기금과 그 직원의 재판권 면제는 필요한 최소한에 그쳐야 하고 따라서 불법행위를 원인으로 손해배상을 구하는 경우까지 재판권이 면제되는 것으로 보아서는 아니되며, 만일 이렇게 이해되지 않는다면 위 조약 등의 규정은 헌법 제27조 제1항이 정하는 국민의 재판청구권을 침해하는 것이 되어 위헌이다.

즉, 청구인은 이 사건 조항의 전반적인 내용에 관하여 그 위헌 여부를 다투는 것이 아니라 이 사건 조항의 재판권 면제에 불법행위 소송까지 포함하는 한 위헌이라는 한정위헌을 구하고 있다.

▢ 판 단

헌법재판소는 국내법과 같은 효력을 가지는 조약이 헌법재판소의 위헌법률심판대상이 된다고 전제하여 그에 관한 본안판단을 한 바 있다. 이 사건 조항은 각 국회의 동의를 얻어 체결된 것이므로 헌법 제6조 제1항에 따라 국내법적 효력을 가지며, 그 효력의 정도는 법률에 준하는 효력이라고 이해된다. 한편 이 사건 조항은 재판권 면제에 관한 것이므로 성질상 국내에 바로 적용될 수 있는 법규범으로서 위헌법률심판의 대상이 된다고 할 것이다.

✤ 본 판례에 대한 평가 1. 국회의 비준동의를 얻어 체결된 조약이 위헌심사의 대상이 되는지와 관련하여 조약체결이 가지는 통치행위적 성격, 조약에 대한 위헌결정이 국제관계에 미칠 파장, 이를 긍정하는 명문의 규정이 없는 점 등을 고려하여 이를 부인하는 견해도 있을 수 있다. 하지만 조약도 국내법률과 동일한 효력을 가질 뿐이고, 규범체계상 헌법의 하위에 위치하므로(제6조 제1항) 위헌판단의 대상이 된다.

다만 조약도 그 효력에 차이가 있는바, 이를 일률적으로 헌법재판소의 위헌법률심판의 대상으로 할 수 있는 것은 아니다. 법률보다 하위의 효력을 가지는 행정협정 등은 명령·규칙과 같이 헌법 제107조 제2항에 따라 원칙적으로 대법원이 최종적으로 심판한다. 따라서 주로 헌법 제60조에 의해 체결된 조약이 위헌법률심판의 대상이 된다.

한편 유엔헌장과 같이 헌법적 가치를 갖는 조약은 위헌심판의 대상이 아니라 위헌심판의 기준이 된다는 견해도 있다. 하지만 유엔인권선언에 대하여 헌법재판소는 법적 구속력을 부인하고 있어 논란이 되고 있다.

2. 헌법재판소의 본 결정은 조약도 위헌법률심판의 대상이 됨을 분명히 하였다는 점에서 그 의의를 발견할 수 있다.

※ 본문에서 헌재는 "**성질상 국내에 바로 적용될 수 있는 법규범으로서 위헌법률심판의 대상이 된다고 할 것이다**"라는 설시를 하고 있는데 이와 관련한 문헌으로는 배종인, "외교행위에 대한 헌법적 통제의 주요 문제", 국제법학회논총 51권 3호(2006. 12), 91-118면; 정상익, "미국 헌법상의 국제적 합의의 종류", 세계헌법연구 제13권 제1호, 311-312면; 이명웅, "국제인권법과 헌법재판", 저스티스 통권 제83호, 181-197면; 그리고 국제조약과 헌법조약의 문제를 비교법적으로 상세히 논하고 있는 단행본으로는 남복현 외 3인, 국제조약과 헌법재판, 헌법재판소(헌법재판연구 제18권)(2007).

(5) 사전적·예방적 위헌심사

(6) 법률의 해석

Ⅳ 구 특정범죄 가중처벌 등에 관한 법률 제2조 제1항 위헌소원 등: 한정위헌 (헌재 2012.12.27. 2011헌바117)

쟁점 (1) 원칙적으로 한정위헌청구가 적법한지 여부

(2) 형법 제129조 제1항 중 "공무원"에 구 '제주특별자치도 설치 및 국제자유도시 조성을 위한 특별법'(2007. 7. 27. 법률 제8566호로 개정되기 전의 것) 제299조 제2항의 제주특별자치도 통합영향평

가 심의위원회 심의위원 중 위촉위원('제주자치도 위촉위원'이라 한다)이 포함되는 것으로 해석하는 것이 죄형법정주의원칙에 위배되는지 여부

사건의 개요

청구인은 ○○대학교 ○○공학과 교수로서 '2003. 2. 1.경부터 제주도 통합(환경·교통·재해) 영향평가위원회 재해분과심의위원으로 위촉되어 ○○골프장, □□골프장 등의 재해영향평가 심의를 하는 과정에서 재해영향평가 심의위원의 직무와 관련하여, 용역비 명목으로 억대의 금품을 수수하였다'는 구 '특정범죄 가중처벌 등에 관한 법률'위반죄의 범죄사실로 1심에서 징역 4년에 추징금 1억 5,265만 원을 선고받았으나, 항소심에서 □□골프장 관련 금품 수수 등 일부 범죄사실에 대하여 무죄를 선고받았으며, 수뢰액에 관하여는 '용역비 상당액'이 아닌 '용역계약을 체결할 기회 또는 이에 참여하여 그 대금의 일부를 지급받을 수 있는 기회의 제공'으로 보아야 한다고 하여 구 '특정범죄 가중처벌 등에 관한 법률' 위반(뇌물)죄에 대하여 무죄가 선고됨으로써, 결국 형법 제129조 제1항만이 적용되어 징역 2년을 선고받았다.

청구인은 항소심 계속 중인 형법 제129조 제1항과 구 '특정범죄가중처벌 등에 관한 법률' 제2조 제1항의 '공무원'에 일반공무원이 아닌 지방자치단체 산하 위원회의 심의위원이 포함된다고 해석하는 한도에서 헌법에 위반된다는 취지 등의 위헌법률심판 제청신청을 하였으나, 기각되었다. 이에 청구인은 위 법률조항들에 대하여 헌법재판소법 제68조 제2항에 의한 이 사건 헌법소원심판을 청구하였으며, 한편 대법원은 청구인의 상고를 기각하여 위 형이 확정되었다.

심판의 대상

형법(1953. 9. 18. 법률 제293호로 제정된 것) 제129조 (수뢰, 사전수뢰) ① 공무원 또는 중재인이 그 직무에 관하여 뇌물을 수수, 요구 또는 약속한 때에는 5년 이하의 징역 또는 10년 이하의 자격정지에 처한다.

주 문

형법(1953. 9. 18. 법률 제293호로 제정된 것) 제129조 제1항의 '공무원'에 구 '제주특별자치도 설치 및 국제자유도시 조성을 위한 특별법'(2007. 7. 27. 법률 제8566호로 개정되기 전의 것) 제299조 제2항의 제주특별자치도통합영향평가심의위원회 심의위원 중 위촉위원이 포함되는 것으로 해석하는 한 헌법에 위반된다.

판 단

Ⅰ. 적법요건 판단

1. 청구인은, 주위적 청구취지로서 형법 제129조 제1항의 공무원에 국가, 지방자치단체, 공법인 산하 위원회의 위원이기는 하나 공무원이 아닌 외부 위촉위원이면서 벌칙 적용에 있어서 공무원의 제 규정에 의하여 공무원으로 의제되지 않는 위원을 포함시키는 범위에서, 제1차 예비적 청구취지로서 형법 제129조 제1항의 공무원에 국가, 지방자치단체, 공법인 산하 위원회의 위원이기는 하나 공무원이 아닌 외부 위촉위원이면서 벌칙 적용에 있어서 공무원 의제규정에 공무원 의제대상으로 명시되지 아니한 위원을 포함시키는 범위에서, 제2차 예비적 청구취지로서 형법 제129조 제1항의 공무원에 이 사건 특별법의 제주자치도 위촉위원을 포함시키는 범위에서, 각각 위헌이라는 취지의 한정위헌청구를 하고 있다.

먼저 청구취지부분에 관하여 살피건대, 헌법재판소법(이하 '법'이라 한다) 제41조의 위헌법률심판절

차와 '법' 제68조 제2항의 헌법소원 등 구체적 규범통제절차에서는, 특히 형벌조항에 대하여 위헌결정이 선고되는 경우에는 그 소급효와 법원 등 국가기관에 대한 기속력 때문에 심판대상과 심판범위를 가능한 한 최소한으로 제한하여 명백히 하는 것이 원칙이며, 당해 사건에서 청구인에게 적용된 부분도, 이 사건 법률조항의 '공무원'에 이 사건 특별법상의 제주자치도 위촉위원이 포함되는 것으로 해석・적용된 부분이고, 청구인의 주된 청구이유도 이 부분에 집중되어 있으므로 청구취지의 순서에 관계없이 청구인의 청구취지 중 제2차 예비적 청구취지에 따라 판단하기로 한다.

2. 한정위헌청구의 적법성 여부

(1) 종래 선례의 입장

종래 헌법재판소와 법원의 선례들은, '법' 제41조 제1항의 위헌법률심판제청신청과 제68조 제2항의 헌법소원의 대상은 '법률'이지 '법률의 해석'이 아니므로 법률조항 자체의 위헌판단을 구하는 것이 아니라 '법률조항을 …으로(이라고) 해석하는 한 위헌'이라고 청구하는 소위 한정위헌청구는 원칙적으로 부적법하고, 다만 ① 법률조항 자체의 불명확성을 다투는 것으로 볼 수 있는 경우(헌재 2000. 6. 1. 97헌바74, 공보 46, 448, 449 등), ② 심판대상규정에 대한 일정한 해석이 상당기간에 걸쳐 형성・집적되어 법원의 해석에 의하여 구체화된 심판대상규정이 위헌성을 지닌 경우(헌재 1995. 5. 25. 91헌바20, 판례집 7-1, 615, 626 등), ③ 위 두 가지 경우에 해당되지는 않지만 법률조항 자체에 대한 위헌의 다툼으로 볼 수 있는 경우(헌재 2000. 6. 29. 99헌바66등, 판례집 12-1, 848, 865) 등, 3가지의 경우에는 예외적으로 적법한 청구로 보고 있다.

(2) '법률'과 '법률의 해석'

법률조항과 그에 대한 해석은 서로 별개의 다른 것이 아니라 동전의 양면과 같은 것이어서 서로 분리될 수 없는 것이다. 따라서 '법' 제41조 제1항의 '법률'이나 '법' 제68조 제2항의 '법률'의 의미는 당해 사건과는 관계없는 일반적・추상적인 법률규정 그 자체가 아니라, 당해 사건 재판의 전제가 되고, 해석에 의하여 구체화・개별화된 법률의 의미와 내용을 가리키는 것이다. 그리고 이러한 법리는 구체적 규범통제절차인 위헌법률심판절차에 관한 '법' 제43조와 이를 준용하고 있는 '법' 제71조 제2항에서도 잘 나타나 있다. 즉, '법' 제43조에서는, 법원이 법률의 위헌여부를 헌법재판소에 제청하는 경우, 제청서에는 "위헌이라고 해석되는 법률 또는 법률의 조항"(제3호)을 기재하여야 할 뿐만 아니라, 나아가서 "위헌이라고 해석되는 이유"를 기재하도록 규정(제4호)하고 있는바, 이는 '법률 또는 법률조항'과 '법률 또는 법률조항의 해석'은 결코 분리된 별개의 것이 아니며, 따라서 당해 사건 재판의 전제가 되는 법률 또는 법률조항에 대한 규범통제는 결국 해석에 의하여 구체화된 법률 또는 법률조항의 의미와 내용에 대한 헌법적 통제라는 점을 보여주는 것이다.

(3) 구체적 규범통제절차에서 법률조항에 대한 해석・적용과 헌법재판소의 권한

일반적으로 민사・형사・행정재판 등 구체적 법적 분쟁사건을 재판함에 있어 재판의 전제가 되는 법률 또는 법률조항에 대한 해석과 적용권한은 사법권의 본질적 내용으로서 대법원을 최고법원으로 하는 법원의 권한에 속하는 것이다. 그러나 다른 한편 헌법과 헌법재판소법은 구체적 규범통제로서의 위헌법률심판권과 '법' 제68조 제2항의 헌법소원심판권을 헌법재판소에 전속적으로 부여하고 있다. 그리고 헌법재판소가 이러한 전속적 권한인 위헌법률심판권 등을 행사하기 위해서는 당해 사건에서 재판의 전제가 되는 법률조항이 헌법에 위반되는지의 여부를 심판하여야 하는 것이고,

이때에는 필수적으로 통제규범인 헌법에 대한 해석·적용과 아울러 심사대상인 법률조항에 대한 해석·적용을 심사하지 않을 수 없는 것이다. 그러므로 일반적인 재판절차에서와는 달리, 구체적 규범통제절차에서의 법률조항에 대한 해석과 적용권한은 (대)법원이 아니라 헌법재판소의 고유권한인 것이다.

(4) 한정위헌결정

헌법재판소가 구체적 규범통제권을 행사하기 위하여 법률조항을 해석함에 있어 당해 법률조항의 의미가 다의적이거나 넓은 적용영역을 가지는 경우에는 가능한 한 헌법에 합치하는 해석을 선택함으로써 법률조항의 효력을 유지하도록 하는 것(헌법합치적 법률해석의 원칙)은 규범통제절차에 있어서의 규범유지의 원칙이나 헌법재판의 본질에서 당연한 것이다. 나아가 구체적 규범통제절차에서 당해 사건에 적용되는 법률조항이 다의적 해석가능성이나 다의적 적용가능성을 가지고 있고 그 가운데 특정한 해석이나 적용부분만이 위헌이라고 판단되는 경우, 즉 부분적·한정적으로 위헌인 경우에는 그 부분에 한정하여 위헌을 선언하여야 하는 것 역시 당연한 것이다. 그리고 이러한 한정위헌결정도 위헌결정의 한 형태이고, 일부 위헌결정의 한 방식인 이상, 법 제47조 제1항에 의하여 법원 기타 국가기관을 기속하는 것이다. 따라서 한정위헌결정이 선고된 경우에는 심판대상인 법률조항 그 자체의 법문에는 영향이 없지만 법원 기타 국가기관은 장래에는 한정적으로 위헌으로 선언된 내용으로 해석하거나 집행하지 못하게 되는 법적 효력이 발생하는 것이다.

(5) 한정위헌청구

구체적 규범통제절차에서 제청법원이나 헌법소원청구인이 심판대상 법률조항의 특정한 해석이나 적용부분의 위헌성을 주장하는 한정위헌청구 역시 원칙적으로 적법한 것으로 보아야 할 것이다. 그 이유는 다음과 같다.

첫째, 규범통제절차에 있어서 한정위헌결정은 법리상 당연하면서도 불가피한 것이고, 따라서 그러한 취지에서 헌법재판소는 한정위헌결정을 계속해 오면서도 제청법원이나 헌법소원청구인은 원칙적으로 한정위헌청구를 할 수 없고, 예외적인 경우에만 한정위헌청구를 할 수 있다고 하는 종래의 선례들은 사리상으로도 합당하지 않은 것이다.

둘째, 제청법원이나 헌법소원청구인이 당해 사건 재판의 근거가 되는 법률조항 그 자체나 그 전체의 위헌성을 주장하지 않고 당해 법률조항의 특정한 해석 가능성이나 적용 가능성에 대하여만 제한적·한정적으로 위헌을 주장한다면 헌법재판소로서는 제청법원 등이 주장하는 범위 내에서 위헌여부를 심판하는 것이 원칙이며, 그 이외의 부분까지 위헌여부를 심판하게 된다면 그것은 헌법재판에서 요구되는 직권주의를 감안하더라도, 헌법재판소법상의 신청주의나 적법요건으로서의 재판의 전제성에 위반될 수 있는 것이다. 그러므로 제청법원 등이 하는 한정위헌청구는 자칫 헌법재판소가 소홀히 할 수 있는 당해 법률조항에 대한 한정위헌결정 여부를 헌법재판소로 하여금 주의 깊게 심사하도록 촉구하여 위헌의 범위와 그에 따른 기속력의 범위를 제한적으로 정확하게 한정할 수 있게 할 것이고, 그 결과 규범통제절차에 있어서 위헌여부심판권의 심사지평을 넓힐 수 있게 될 것이어서, 금지되어서는 안 될 뿐만 아니라 오히려 장려되어야 할 것이다.

셋째, 한정위헌청구는 입법권에 대한 자제와 존중의 표현이다. 즉 헌법재판소를 포함한 모든 국가기관과 국민은 헌법상의 권력분립원리에서 파생된 입법권에 의한 입법을 존중하여야 하는 것인바, 한정위헌청구에 따른 한정위헌결정은 당해 법률조항 중 위헌적인 해석이나 적용부분만을 제거하고 그 이외의 (합헌인) 부분은 최대한 존속시킬 수 있는 것이어서 입법권에 대한 자제와 존중의 결과가 되는 것이고 따라서 헌법질서에도 더욱 부합하게 되는 것이다.

(6) 한정위헌청구가 부적법한 경우

다만 구체적 규범통제절차에서 법률조항에 대한 특정적 해석이나 적용부분의 위헌성을 다투는 한정위헌청구가 원칙적으로 적법하다고 하더라도, 재판소원을 금지하고 있는 '법' 제68조 제1항의 취지에 비추어 한정위헌청구의 형식을 취하고 있으면서도 실제로는 당해 사건 재판의 기초가 되는 사실관계의 인정이나 평가 또는 개별적·구체적 사건에서의 법률조항의 단순한 포섭·적용에 관한 문제를 다투거나 의미있는 헌법문제를 주장하지 않으면서 법원의 법률해석이나 재판결과를 다투는 경우 등은 모두 현행의 규범통제제도에 어긋나는 것으로서 허용될 수 없는 것이다.

(7) 소 결

그렇다면 종래 이와 견해를 달리하여 한정위헌청구를 원칙적으로 부적법하다고 판시한 우리 재판소 결정들(헌재 2000. 7. 20. 98헌바74; 헌재 2001. 9. 27. 2000헌바20; 헌재 2003. 11. 27. 2002헌바102; 헌재 2005. 7. 21. 2001헌바67; 헌재 2007. 4. 26. 2004헌바19 등)은 위의 판시취지와 저촉되는 한도 내에서 변경하기로 한다.

3. 재판의 전제성 인정 여부

이 사건 특별법상의 제주자치도 위촉위원인 청구인이 이 사건 법률조항의 '공무원'에 해당된다고 한 법원의 해석·적용에 대하여(이 사건 법률조항의 '공무원' 부분과 이 사건 특별법상의 제주자치도 위촉위원에 관한 규정은 각각 그 자체로서는 위헌성이 있다고 보기 어렵다) 위헌결정이 선고되는 경우에는 그 범위에서는 처벌근거가 없어지게 되어 재판의 결론이나 내용에 영향을 미치게 되는 것이므로 재판의 전제성이 인정된다.

Ⅱ. 본안 판단

1. 죄형법정주의원칙과 법률해석

죄형법정주의원칙은, 누구나 법률이 처벌하고자 하는 행위가 무엇이며 그에 대한 형벌이 어떠한 것인지를 예견할 수 있고 그에 따라 자신의 행위를 결정지을 수 있도록 구성요건이 명확할 것을 요구하는 '명확성의 원칙'과 범죄와 형벌에 대한 규정이 없음에도 해석을 통하여 유사한 성질을 가지는 사항에 대하여 범죄와 형벌을 인정하는 것을 금지하는 '유추해석금지의 원칙'이 도출된다. 형벌조항을 해석함에 있어서는 헌법상 규정된 죄형법정주의원칙 때문에 입법목적이나 입법자의 의도를 감안하는 확대해석이나 유추해석은 일체 금지되고 형벌조항의 문언의 의미를 엄격하게 해석해야 하는 것이다.

2. 이 사건 법률조항 중 '공무원'의 의미내용

이 사건 법률조항 중 '공무원'이라 함은 문리해석 및 입법연혁 그리고 법규범의 체계적 구조 등을 종합하여 볼 때 국가공무원법·지방공무원법에 따른 공무원이거나 나아가 관련 법률규정에 의하여 이 사건 법률조항의 '공무원'으로 간주(의제)되는 사람만을 의미한다고 보아야 하고, 이 사건 법률조항은 이와 같은 의미의 '공무원'이 직무와 관련하여 금품을 수수하는 행위 등을 처벌하는 규정이라고 보아야 할 것이다.

3. 이 사건 쟁점에 관한 판단

(1) 이 사건 법률조항의 '공무원'의 범위에 대한 법원의 판단

대법원 판례에 따라 법령에 기하여 국가 또는 지방자치단체 및 이에 준하는 공법인의 사무에 종사하는 자인 경우에는 관련 법률에서 공무원으로 간주하는 공무원 의제규정이 없는 경우에도 이 사건 법률조항의 '공무원'에 포함되는 것으로 해석·적용되어 왔다.

(2) 공무원 의제규정이 없는 경우와 유추해석금지의 원칙

우리 형법이 뇌물죄의 주체가 될 수 있는 '공무원'의 의미에 관하여 외국의 입법례처럼 특별한 개념규정을 두고 있지 않은 이상, 위 '공무원'의 범위는 국가공무원법이나 지방공무원법에 따른 공무원과 나아가 관련 법률에 벌칙적용 등에 있어서 공무원 의제규정이 있는 경우에 한하여 이 사건 법률조항의 '공무원'으로 엄격하게 제한해석·적용되어야 할 것이다. 그렇지 않고 '법령에 기하여 담당하는 업무의 공정성'을 기준으로 하여 처벌대상을 확대하는 것은, 국가공무원법이나 지방공무원법에 따른 공무원과 관련법률상의 공무원 의제규정에 따라 이 사건 법률조항의 '공무원'으로 간주되는 사람 이외의 사인도 뇌물죄로 처벌될 위험성이 있게 되는바, 이는 실질적으로 법관에 의한 범죄구성요건의 창설이거나 확대에 해당하고, 이러한 확대해석이나 유추해석을 허용할 경우에는 수범자인 국민으로서도 자신이 어떤 경우에 이 사건 법률조항의 '공무원'에 해당되는지를 예측할 수 없게 될 것이어서, 결국 법관에 의한 자의적인 형사처벌을 받게 될 위험성이 있게 되는바, 이는 헌법 제12조 제1항, 제13조 제1항이 규정하고 있는 죄형법정주의의 원칙을 위반하게 되는 것이다. 그러므로 청구인이 이 사건 특별법상의 제주자치도 위촉위원의 직무와 관련하여 금품을 수수하였다고 인정된 이 사건에서, 제주자치도 위촉위원은 그 자체 국가공무원법이나 지방공무원법상의 공무원이 아닐 뿐만 아니라 이 사건 특별법상 벌칙적용에 있어서 공무원으로 의제되고 있지 아니함에도 청구인을 이 사건 법률조항의 '공무원'에 포함되는 것으로 해석·적용한 것은 헌법상의 죄형법정주의에 위반된다고 아니할 수 없는 것이다.

Ⅲ. 결 론

그렇다면 이 사건 법률조항의 '공무원'에 이 사건 특별법의 제주특별자치도통합영향평가심의위원회 심의위원 중 위촉위원이 포함된다고 해석하는 한 헌법에 위반된다고 할 것이다. 이 점에 관하여는 재판관 이진성, 재판관 김창종, 재판관 강일원의 아래와 같은 반대의견을 제외한 나머지 관여 재판관 전원의 일치된 의견으로 주문과 같이 결정한다.

재판관 이진성, 재판관 김창종, 재판관 강일원의 반대의견

Ⅰ. 한정위헌청구의 적법성과 심판의 대상

1. 구체적 규범통제절차에서 법률조항에 대한 특정한 해석이나 적용부분의 위헌성을 다투는 한정위헌청구가 허용된다고 하더라도, 재판소원을 금지하고 있는 '법' 제68조 제1항의 취지에 비추어 한정위헌청구의 형식을 취하고 있으면서도 실제로는 당해 사건 재판의 기초가 되는 사실관계의 인정이나 평가 또는 개별적·구체적 사건에서의 법률조항의 단순한 포섭·적용에 관한 문제를 들어 법원의 '재판'을 다투는 것은 현행의 규범통제제도에 어긋나는 것으로 허용될 수 없다.

2. 첫째, 심판대상을 당사자가 청구하는 대로 한정하는 것은 하나의 법률조항에 대하여 수없이 많은 후행의 한정위헌청구를 허용하게 되므로 이는 규범통제절차에 있어 바람직한 모습은 아니며, 후행의 한정위헌청구가 선행의 한정위헌청구와 그 심판대상이 동일한 것인지 여부의 판단에도 실무상 많은 어려움이 가중될 것이다. 둘째, 한정위헌청구에 있어 심판대상을 당사자가 청구하는 대로 한정하는 것은 심리방식이나 최종 결론을 도출함에 있어 문제가 있다. 또한, 심리결과 당사자가 한정한 법률조항에 대한 특정한 해석보다는 그 해석과 관련된 법률조항 자체가 위헌성을 지니고 있는 경우에는 어떻게 할 것인지도 문제이다. 그 경우에 당사자가 청구한 범위에 기속되어 단순 위헌결정을 할 수 없다고 한다면, 이는 헌법재판소의 위헌법률심판 권한을 부당하게 제약하는 결과에 이르게 된다. 반대로 당사자가 청구한 범위에 기속되지 않고 단순 위헌결정을 할 수 있다고 한다면, 심판대상을 한정하는 것과는 모순된다. 셋째, 법률조항의 질적 일부 위헌청구라고 할 수 있는 한정위헌청구도 허용될 수는 있으나, 그것이 재판소원의 모습을 띠거나 재판소원을 우회하는 심판청구에 해당하는 경우에는 부적법하다고 생각한다. 한정위헌청구는 결국 법원의 재판을 심판의 대상으로 하는 것이고, '법' 제68조 제2항의 헌법소원심판 사건에서 대부분의 한정위헌청구가 이런 모습을 띠고 있는 현실을 감안할 때, 한정위헌청구의 적법성 여부를 판단하는데 필요한 객관적이고 구체적인 기준을 제시하지도 아니한 채 한정위헌청구의 심판대상을 당사자가 청구하는 대로 한정하면서 한정위헌청구를 허용하는 것은 결국 재판소원을 전면적으로 허용하는 결과에 이르게 될 가능성이 크므로 찬성하기 어렵다. 넷째, 한정위헌청구를 허용한다고 하더라도, 헌법재판소가 일반적 사법권을 행사하는 법원의 정당한 법률의 해석과 적용의 영역에 개입하는 것을 자제하여야 하는 원칙은 준수되어야 하고, 법원의 해석을 통하여 확인된 객관화된 입법자의 입법작용이 잘못되었는지 여부를 심판하는 구체적 규범통제절차의 제도적 취지에서 벗어나 재판을 통제하는 수단으로 이를 변용하여서는 아니 된다.

3. 따라서 법률조항에 대한 특정한 해석을 심판대상으로 하는 한정위헌청구라고 하더라도 여전히 심판대상은 규범, 즉 구체적 법률조항으로 보거나, 적어도 그 법률조항에 대하여 상당기간에 걸쳐 형성·집적된 일정한 해석으로서 법률조항의 가분된 의미영역이라고 하여야 한다.

Ⅱ. 이 사건 법률조항의 위헌 여부에 대하여

1. 죄형법정주의의 명확성원칙 위반 여부

우리 형법에 공무원의 특별한 개념규정이 없기 때문에, '공무원'의 의미내용은 그 문언뿐만 아니라 뇌물죄의 입법목적이나 입법취지, 입법연혁, 그리고 법규범의 체계적 구조 등을 종합적으로 고려하는 해석방법에 의하여 구체화할 수밖에 없다고 생각한다. 제주자치도 위촉위원이 이 사건 법률조항의 '공무원'에 해당하는지 여부는 결국 구체적 사건에서 법원이 법률의 해석·적용을 통하여 판단하여야 할 문제이고, 이를 다투는 것은 단순히 법률조항에 대한 법원의 해석을 다투는 이른바 재판소원에 해당한다고 보아야 한다.

형벌법규에 있어서도 형법 고유의 판단에 따라 뇌물죄의 주체로서 공무원을 해석할 수 있고, 국가공무원법·지방공무원법에 따른 공무원이나 다른 법률에 따라 이 사건 법률조항의 공무원으로 간주되는 사람 이외의 사람이라 하더라도 국가 또는 지방자치단체, 이에 준하는 공법인의 사무에 종사한다면 그러한 공무의 공정성이나 불가매수성 역시 보호되어야 하므로 뇌물죄의 주체인 공무원의 개념에 포섭될 수 있다고 볼 수 있다.

따라서 이 사건 법률조항 중 '공무원' 부분은 죄형법정주의의 명확성원칙에 위배되지 않는다. 그리고 제주자치도 위촉위원인 청구인을 이 사건 법률조항 중 '공무원'에 포함시키는 해석이 죄형법정주의의 유추적용(해석) 금지의 원칙에도 반하지 않는다.

2. 과잉금지원칙 위반 여부

(가) 목적의 정당성 및 수단의 적합성

이 사건 법률조항은 '공무집행의 공정과 이에 대한 사회의 신뢰 및 직무행위의 불가매수성'을 보호법익으로 하는 것으로 그 입법목적의 정당성이 인정되고 이러한 입법목적을 달성하기 위해 금품 등의 수수를 금지시키고 이를 위반한 경우 형사처벌하는 것으로 수단의 적합성 또한 인정된다.

(나) 침해의 최소성 및 법익의 균형성

이 사건 법률조항의 입법취지, 여전히 공직부패에 대한 분명한 대처가 필요한 상황에서 마련된 관련 법률의 규정내용 등에 비추어 볼 때, 이 사건 법률조항에서 '공무원'의 개념은 신분 중심이 아니라 '공무' 중심으로 파악할 필요성을 부정할 수 없다. 제주자치도 위촉위원으로 위촉된 때부터 이 사건 법률조항의 공무원에 해당한다고 보아 형사처벌을 하더라도 지나치다고 할 수 없으며, 달리 이보다 덜 제약적이면서 이 사건 법률조항과 같은 효과를 지닌 수단이 명백히 존재한다고 볼 수도 없어 이 사건 법률조항은 피해최소성 원칙에 위반된다고 보기도 어렵다.

한편 이 사건 법률조항은 법령에 의해 위촉된 국가 또는 지방자치단체의 위촉위원이 높은 청렴성을 필요로 하는 공무를 집행함에 있어 금품 등을 수수하는 행위를 처벌함으로써 공무집행의 공정성과 불가매수성을 확보하고 이에 대한 사회일반의 신뢰를 조성하려고 하는 공익보다 공무를 담당하는 제주자치도 위촉위원이 이 사건 법률조항에 의해 공무원으로서 처벌받음으로써 받게 되는 개인적 불이익이 더 크다고 할 수 없다.

따라서 이 사건 법률조항에 의해 제주자치도 위촉위원인 청구인을 형사처벌하는 것이 과잉금지원칙에 위배되지 아니한다.

3. 평등원칙 위반 여부

이 사건 법률조항은 공무집행의 공정과 이에 대한 사회의 신뢰 및 직무행위의 불가매수성을 보호법익으로 하고 있으므로 국가공무원법이나 지방공무원법에서 정한 공무원과 제주자치도 위촉위원은 모두 공무를 수행한다는 점에서 서로 상이한 비교집단이라고 보기는 어렵고, 뇌물죄에 있어 공무원으로 의제되는 자치단체 위촉위원도 이 사건 제주자치도 위촉위원과 마찬가지로 해당 위원회의 심의 등과 관련된 부분에 국한하여 직무관련성이 인정되고, 법령에 따라 위촉되며, 공무에 긴밀히 관여하고 있어 뇌물죄로 형사처벌된다는 점에서 평등원칙 위반을 논할 비교집단으로 보기 어렵다.

4. 결　　론

이 사건 법률조항 중 '공무원' 부분은 죄형법정주의의 명확성원칙에 위반되지 아니하고, 국가공무원법 · 지방공무원법에 따른 공무원이나 다른 법률에 따라 이 사건 법률조항의 공무원으로 간주되는 사람 이외의 사람에 이 사건 법률조항이 적용되는 것으로 해석하는 것이 유추적용에도 해당하지 아니하므로 죄형법정주의의 원칙에 위반되지 아니한다. 그리고 제주자치도 위촉위원을 이 사건 법률조항의 공무원에 포함시키는 해석을 하더라도 과잉금지원칙이나 평등원칙에 위배되지 아니한다. 따라서 청구인의 이 사건 한정위헌청구의 심판대상을 다수의견과 같이 한정하는 경우에는 결국 제주자치도 위촉위원인 청구인을 이 사건 법률조항의 '공무원'으로 포섭 · 적용한 당해 사건의 재판결과를 다투는 재판소원을 우회하는 심판청구에 지나지 아니하므로, 이는 부적법하여 각하되어야 한다. 그리고 설사 이 사건 심판대상을 이 사건 법률조항 중 '공무원' 부분으로 한정하거나 또는 이 사건 법률조항 중 '공무원'에 국가공무원법 · 지방공무원법에 따른 공무원이나 다른 법률에 따라 이 사건 법률조항의 공무원으로 간주되는 사람 이외의 사람이 포함되는 것으로 해석 · 적용하는 것이 헌법에 위반되는지 여부로 한정하더라도, 이들은 모두 헌법에 위반되지 아니한다.

관련 문헌: 남복현, "한정위헌청구의 적법성과 위헌결정의 법적 효과", 공법학연구 제14권 제1호, 2013, 71면 이하; 허완중, "한정위헌청구의 허용 여부", 법조 제62권 제1호, 2013, 214면 이하; 김래영, "판례평석: 한정위헌청구의 적법성에 관한 헌법재판소 결정 비판", 한양법학 제24권 제2집, 2013, 31면 이하.

3. 위헌법률심판의 요건

(1) 위헌법률심판제청

V | 행형법 제29조 제1항 위헌소원 등: 각하(헌재 2005.2.24. 2004헌바24)

쟁점 (1) 소송 재판장의 기일지정행위 등 재판진행이 부당하다고 주장하면서 그 재판을 위헌심판제청의 대상으로 삼을 수 있는지 여부

(2) 행형법 제29조가 당해 사건의 재판에 적용되는 법률인지 여부

(3) 당사자가 위헌법률심판 제청신청의 대상으로 하지 않고, 법원 또한 이에 대하여 심사하지 않은 법률조항에 대하여 헌법소원심판청구에 이르러 비로소 위헌이라고 주장하는 경우 그 법률조항의 위헌심판대상 적격 여부

사건의 개요

형사재판에서 실형을 받고 복역 중인 교도소에서 사고로 골절상을 입은 청구인은 교도소 밖의 병원에서 치료를 받고 자비로 치료비를 지급하였다. 이후 청구인은 교도소 소속 공무원들이 시설물관리를 게을리 하여 정신적 피해를 입었다는 취지로 법원에 치료비 상당의 부당이득금의 반환과 정신적 피해에 대한 손해배상소송을 제기하였고, 위 소송에서 청구인은 계속 불출석하였고, 이에 법원이 피고만 출석한 상태에서 변론을 종결하고 선고기일을 지정하자 청구인은 민사소송법 제268조, 행형법 제29조에 대해 위헌제청신청을 하였고, 법원이 이를 각하하자 다시 이 사건 헌법소원심판을 청구하였다.

심판의 대상

민사소송법 제268조 (양 쪽 당사자가 출석하지 아니한 경우) ① 양 쪽 당사자가 변론기일에 출석하지 아니하거나 출석하였다 하더라도 변론하지 아니한 때에는 재판장은 다시 변론기일을 정하여 양 쪽 당사자에게 통지하여야 한다.

② 제1항의 새 변론기일 또는 그 뒤에 열린 변론기일에 양 쪽 당사자가 출석하지 아니하거나 출석하였다 하더라도 변론하지 아니한 때에는 1월 이내에 기일지정신청을 하지 아니하면 소를 취하한 것으로 본다.

③ 제2항의 기일지정신청에 따라 정한 변론기일 또는 그 뒤의 변론기일에 양쪽 당사자가 출석하지 아니하거나 출석하였다 하더라도 변론하지 아니한 때에는 소를 취하한 것으로 본다.

④ 상소심의 소송절차에는 제1항 내지 제3항의 규정을 준용한다. 다만, 상소심에서는 상소를 취하한 것으로 본다.

행형법 제28조 (자비치료) 수용자가 자비로써 치료를 원하는 때에는 필요에 의하여 당해소장은 이를 허가할 수 있다.

제29조 (병원이송) ① 소장은 수용자에 대한 적당한 치료를 하기 위하여 필요하다고 인정하는 때에는 당해 수용자를 교도소 등의 밖에 있는 병원(정신질환을 치료하기 위한 경우에는 의료기관 개설허가를 받은 치료감호소를 포함한다)에 이송할 수 있다.

주 문

이 사건 심판청구를 각하한다.

청구인의 주장

청구인은 당해소송의 재판장이 민사소송법 제268조에 따라 당해소송을 취하한 것으로 보고 소송을 종료하였어야 하나 오히려 변론을 종결하고 선고기일을 지정한 것은 청구인에게 보장된 헌법 제11조의 평등권과 헌법 제27조 제1항의 재판을 받을 권리를 침해하여 헌법에 위반된다는 취지로 주장한다.

다음으로, 청구인은 교도소의 수용자는 신체의 자유 등이 박탈되어 교도소에서 제공하는 생필품 등을 사용하여야 하고 건강보험의 대상자도 아님에도 불구하고 교정소 내의 의료기관에서 치료를 받을 수 없어 부득이 외부의 병원에서 치료를 받을 경우 그 치료비를 국가에서 부담하지 아니하고 자비로 부담하게 하는 행형법 제28조, 제29조는 헌법 제10조의 인간의 존엄성 조항, 헌법 제34조 제5항의 생활능력이 없는 국민에 대한 국가의 보호의무에 위반된다는 취지로 주장한다.

판 단

Ⅰ. 민사소송법 제268조에 대한 청구

청구인은 당해사건의 담당재판부의 기일지정행위 등 재판진행의 부당성에 대하여 다투고 있을 뿐 그 근거가 되는 민사소송법 제268조 자체가 위헌이라는 주장은 기록을 모두 살펴보아도 찾아볼 수 없다.

그렇다면, 이 사건 심판청구 중 위 부분은 청구인이 일반법원에 계속된 구체적 사건에 적용될 법률조항인 민사소송법 제268조 자체에 대하여 위헌심판제청신청을 한 것이 아니고, 당해소송 재판장의 기일지정행위 등 재판진행이 부당하다고 주장하면서 그 재판을 위헌심판제청신청의 대상으로 삼은 것인데, 이 사건 심판은 헌법재판소법 제68조 제2항의 헌법소원으로서 법률조항 자체의 위헌성을 다투는 것이 아니라 법원의 재판을 다투는 것일 때에는 원칙으로 부적법하여 허용되지 않는다 할 것이다.

Ⅱ. 행형법 제29조에 대한 청구

청구인은 당해소송에서 교도소의 수용자로서 교정기관 외에서 치료를 받을 경우 그 치료비는 국가에서 부담하여야 함에도 불구하고 위 교도소 소속 공무원들이 청구인에게 치료비를 부담하게 하였다고 주장하면서 국가를 상대로 그 치료비 상당의 부당이득의 반환을 구하므로, **당해사건에서 직접적, 일차적으로 적용될 법률조항은 부당이득에 관한 민법 제741조이고, 위 법률조항은 당해소송에서 직접 적용되는 법률이 아님은 명백**하다.

그런데, 우리 재판소는 제청 또는 청구된 법률조항이 **법원의 당해사건의 재판에 직접 적용되지는 않더라도 그 위헌 여부에 따라 당해사건의 재판에 직접 적용되는 법률조항의 위헌 여부가 결정되거나, 당해사건 재판의 결과가 좌우되는 경우 등과 같이 양 규범 사이에 내적 관련이 있는 경우**에는 간접 적용되는 법률규정에 대하여도 재판의 전제성을 인정할 수 있다고 판시한 바 있다.

청구인이 교도소장에게 자신의 질병을 치료하기 위하여 외부병원에 이송할 것을 신청하였으나 교도소장으로부터 위 법률조항을 근거로 '적당한 치료를 하기 위하여 필요하다고 인정하는 때에 해당하지 않는다'하면서 이를 거부하여 부득이 자비치료를 받은 경우, 교도소장의 거부처분이 없었더라면 청구인은 교도소장의 병원이송처분에 따라 외부병원에서 치료를 받고 원칙적으로 국가의 예산에서 치료비가 지급될 수 있었을 것이다. 한편, **부당이득 반환청구사건에서 행정행위의 무효여부가 선결문제가 되는 경우가 있는데, 이 때 심사결과 행정행위가 위법하더라도 무효가 아닌 한 청구는 인용될 수 없을 것이다.** 왜냐하면, 행정행위가 존재하는 이상 국가 등이 '법률상 원인없이' 부당이득을 한 것이 되지 않기 때문이다.

그러나, 우리 재판소에서 청구인의 의도대로 위 법률조항이 위헌이라고 선언한다고 가정하더라도 일반적으로 법률이 헌법에 위반된다는 사정이 헌법재판소의 위헌결정이 있기 전에는 객관적으로 명백한 것이라고 할 수는 없으므로 특별한 사정이 없는 한 이러한 하자는 위 행정처분의 취소사유에 해당할 뿐 당연무효사유는 아니기에, 교도소장의 거부행위는 아래와 같은 이유로 당연 무효가 될 수 없어 위와 같은 가정은 그 전제 자체가 성립될 여지가 없으므로, 위 법률조항의 위헌여부가 당해사건 재판의 결과가 좌우되는 경우로 인정될 수 없다.

그렇다면, 위 법률조항은 당해사건인 부당이득반환청구 재판에 직접 적용되는 법률이 아닐 뿐 아니라, 비록 직접 적용되는 법률규정은 아니지만 그 위헌 여부에 따라 당해사건의 재판에 직접 적용되는 법률조항의 위헌 여부가 결정되거나, 당해사건 재판의 결과가 좌우되는 경우 등과 같이 양 규범 사이에 내적 관련이 있는 법률규정이라고 할 수도 없으므로 재판의 전제성을 인정할 수 없다 할 것이다.

Ⅲ. 행형법 제28조에 대한 청구

청구인 작성의 위헌심판제청신청서에 의하면, 청구인이 위헌이라고 생각하여 제청신청한 법률은 민사소송법 제268조, 행형법 제29조라고 명시하였으나, 행형법 제28조에 대하여는 이 사건 헌법소원 심판청구에 이르러서야 비로소 위헌법률이라고 주장하고 있다. 그런데, 헌재법 제68조 제2항의 헌법소원은 법률의 위헌여부심판의 제청신청을 하여 그 신청이 기각된 때에만 청구할 수 있는 것이므로, **청구인이 특정 법률조항에 대한 위헌여부심판의 제청신청을 하지 않았고 따라서 법원의 기각결정도 없었다면 그 부분 심판청구는 심판청구요건을 갖추지 못하여 부적법한 것**이다.

다만, 우리 재판소는 당사자가 위헌법률심판 제청신청의 대상으로 삼지 않았고 또한 법원이 기각 또는 각하결정의 대상으로도 삼지 않았음이 명백한 법률조항이라 하더라도 **예외적으로 위헌제청신청을 기각 또는 각하한 법원이 위 조항을 실질적으로 판단하였거나 위 조항이 명시적으로 위헌제청신청을 한 조항과 필연적 연관관계를 맺고 있어서 법원이 위 조항을 묵시적으로나마 위헌제청신청으로 판단을 하였을 경우에는 헌법재판소법 제68조 제2항의 헌법소원으로서 적법한 것**이라고 판시한 바 있다.

이 사건의 경우 먼저 법원이 행형법 제28조를 실질적으로 판단하였는지 살펴보면, 청구인은 위헌심판제청을 할 때 행형법 제28조의 위헌여부를 명시적으로 다투지 않았고, 청구인의 위헌심판제청신청을 심리한 법원도 각하이유에 대하여 민사소송법 제268조 및 행형법 제29조에 대하여만 재판의 전제성이 없다고 판단했을 뿐이므로, 위 법원이 행형법 제28조를 실질적으로 판단하였다는 흔적이 없다.

다음으로 행형법 제28조와 제29조가 필연적 연관관계를 맺고 있는지 살펴보면, 행형법 제29조는 수용자에 대한 외부병원의 이송에 관한 규정이고 제28조는 자비치료에 관한 규정으로 위 두 규정이 함께 규율복합체의 일부를 이루거나, 밀접한 관계에 있는 법률조항이라고 볼 수 없어, 필연적 연관관계를 맺고 있다고 할 수 없다. 그렇다면, 행형법 제28조에 관한 심판청구는 심판청구의 요건을 갖추지 못한 것으로 부적법하다 할 것이다.

✤ 본 판례에 대한 평가 1. **위헌심사형 헌법소원심판의 대상**: 헌법재판소법 제68조 제2항의 위헌심사형 헌법소원은 원칙적으로 법률의 위헌여부심판의 제청신청을 하여 그 신청이 기각된 때에만 청구할 수 있는 것이므로, 청구인이 특정 법률조항에 대한 위헌여부심판의 제청신청을 하지 않았고 따라서 법원의 기각결정도 없었다면 그 부분 심판청구는 심판청구요건을 갖추지 못하여 부적법한 것이다. 다만, 헌법재판소는 당사자가 위헌법률심판제청신청의 대상으로 삼지 않았고 또한 법원이 기각 또는 각하결정의 대상으로도 삼지 않았음이 명백한 법률조항이라 하더라도 예외적으로 위헌제청신청을 기각 또는 각하한 법원이 위 법률조항을 실질적으로 판단하였거나 위 법률조항이 명시적으로 위헌제청신청을 한 조항과 필연적 연관관계를 맺고 있어서 법원이 위 법률조항을 묵시적으로나마 위헌제청신청으로 판단을 하였을 경우에는 헌법재판소법 제68조 제2항의 헌법소원으로서 적법한 것이다.

2. **권리구제형 헌법소원심판의 대상**: 권리구제형 헌법소원의 대상은 "공권력의 행사 또는 불행사"이다. 공권력의 행사인 이상 입법·사법·행정 등이 적극적인 공권력을 행사한 경우는 물론 부작위에 의한 공권력의 불행사도 포함된다. "공권력의 불행사에 대한 헌법소원은 공권력의 주체에게 헌법에서 유래하는 작위의무가 특별히 구체적으로 규정되어 있어 이에 의거하여 기본권의 주체가 공권력의 행사를 청구할 수 있음에도 공권력의 주체가 그 의무를 해태하는 경우에 허용되는 것이므로, 작위의무가 없는 공권력의 불행사에 대한 헌법소원은 부적법하다." 그러나 무엇이 공권력의 행사 또는 불행사로서 헌법소원의 대상이 되는 사항인가는 논란이 있다.

[요약판례 1] 수표법 제28조 제2항 등 위헌소원: 각하,합헌(헌재 2001.1.18. 2000헌바29)

심판대상조항을 헌재가 직권으로 판단한 사안

청구인은 앞에서 본 바와 같이 선일자수표의 경우 그 지급제시기간을 수표에 기재된 발행일자가 아닌 실제발행일로부터 기산하여야 한다는 주장을 하면서 위헌제청신청 및 이 사건 심판청구에 이른 것인데, 수표법 제29조 제1항은 국내수표의 지급제시기간은 10일간이라는 것으로, 이것만으로는 청구인이 다투는 선일자수표의 기산일에 관한 아무런 규율이 되지 않을 뿐 아니라, 여기에 반드시 기산일에 관한 규정인 같은 조 제4항을 보태어 보아야만 비로소 의미를 갖게 된다. 즉 **수표법 제29조 제4항은 같은 조 제1항을 보충하는 규정으로서 이 두 규정은 이 사건에서 서로 필연적 연관관계에 있다고 할 것이므로, 비록 묵시적으로나마 선일자수표의 기산일에 관한 법률조항인 같은 조 제4항에 대하여도 위헌제청신청이 있었고, 그에 대한 법원의 기각결정도 있었다고 못 볼 바 아니므로 이를 심판대상에 포함**시켜 함께 판단하기로 한다.

[요약판례 2] 정치자금에관한법률 제30조 제1항 등 위헌소원: 각하,합헌(헌재 2001.10.25. 2000헌바5)

당해조항의 위헌여부에 따라 당해사건의 재판에 직접적용되는 규범의 의미가 달라짐으로 인하여 재판에 영향을 미친다고 판단한 사안

어떤 법률규정이 위헌의 의심이 있다고 하더라도 그것이 당해사건에 적용될 것이 아니라면 재판의 전제성 요건은 충족되지 않으므로, 공소가 제기되지 아니한 법률조항의 위헌여부는 당해 형사사건의 재판의 전제가 될 수 없다. 그러나 제청 또는 청구된 법률조항이 법원의 당해사건의 재판에 직접 적용되지는 않더라도 그 위헌여부에 따라 당해사건의 재판에 직접 적용되는 법률조항의 위헌여부가 결정되거나, 당해재판의 결과가 좌우되는 경우 등과 같이 양 규범 사이에 내적 관련이 있는 경우에는 간접 적용되는 법률규정에 대하여도 재판의 전제성을 인정할 수 있다. **정치자금에 관한법률 제3조 제8호는 비록 위 당해사건에서 공소가 제기된 법률조항은 아니지만, '후원회에 관한 정의규정'으로서 정치자금을 주거나 받을 수 있는 주체를 정하고 있는 규정이므로 이 조항의 위헌여부에 따라 당해사건의 재판에 직접 적용되는 규범(법 제30조 제1항)의 의미가 달라짐으로써 재판에 영향을 미치는 경우에 해당한다.** 따라서 법 제3조 제8호는 재판의 전제성이 있다.

4. 위헌심판의 관점

[요약판례] 특정경제범죄 가중처벌 등에 관한 법률 적용 등 위헌소원: 기각(헌재 2009.12.29. 2008헌바64)

청구인이 주장하는 위헌사유와 국선대리인이 주장하는 위헌사유가 다른 경우 헌법재판소가 판단하여야 할 위헌사유

청구인은 특경법은 금융기관 임·직원에게만 적용되는 것인데 법원이 금융기관의 임·직원이 아닌 청구인에 대하여 특경법 제3조 제1항 제2호를 적용하여 유죄로 판결한 것은 위헌이라고 주장하고, 청구인의 국선대리인은 이 사건 법률조항의 위헌사유로서 청구인이 심판청구서에서 주장한 내용을 내세우지 아니하고, 과잉금지원칙 및 책임비례원칙의 위배와 법관의 양형재량권 침해를 위헌사유로 주장한 경우, **헌법재판소의 각종 심판청구나 심판수행은 변호사의 자격이 없는 한 변호사를 대리인으로 선임하여 하여야 하고, 변호사의 자격이 없는 청구인의 헌법소원심판청구나 청구이유의 주장은 변호사인 대리인이 추인한 경우에만 헌법소원심판의 대상으로 되며, 이러한 취지는 청구인의 대리인이 헌법재판소에 의하여 선임된 국선대리인인 경우에도 마찬가지이므로, 이 사건 헌법소원심판에서는 국선대리인이 주장한 사유에 대해서만 심판한다.**

5. 위헌심판의 결정

VI 소득세법 제61조 위헌소원 등: 위헌(헌재 2002.8.29. 2001헌바82)

쟁점 심판대상에 관련되는 부수조항에 대하여 위헌선언을 할 수 있는지 여부

사건의 개요

청구인은 종합소득세경정청구거부처분의 취소를 구하는 소송을 서울행정법원에 제기하였고, 이 사건의 계속중에 자산소득의 부부합산과세를 규정한 소득세법 제61조 제1항이 헌법 제11조, 제36조 제1항 등을 침해하여 헌법에 위반된다는 이유로 위 법률조항에 대한 위헌제청신청을 하였으나 위 법원이 이를 기각하자, 위 법원의 기각결정문을 송달받은 후 이 사건 헌법소원심판청구를 하였다.

심판의 대상

소득세법 제61조 (자산소득합산과세) ① 거주자 또는 그 배우자가 이자소득·배당소득 또는 부동산임대소득(이하 "자산소득"이라 한다)이 있는 경우에는 당해 거주자와 그 배우자 중 대통령령이 정하는 주된 소득자(이하 "주된 소득자"라 한다)에게 그 배우자(이하 "자산합산대상배우자"라 한다)의 자산소득이 있는 것으로 보고, 이를 주된 소득자의 종합소득에 합산하여 세액을 계산한다.

② 주된 소득자의 판정은 당해 연도 과세기간종료일 현재의 상황에 의한다.

③ 제1항의 규정에 의하여 자산소득을 주된 소득자의 종합소득에 합산하여 세액을 계산하는 경우에 자산합산대상배우자에 대하여는 그 자산소득 외의 소득에 한하여 세액을 계산한다.

④ 제1항에 규정하는 주된 소득자의 종합소득금액에 대한 세액의 계산에 있어서는 주된 소득자의 종합소득금액과 자산합산대상배우자의 자산소득금액의 합계액을 주된 소득자의 종합소득금액으로 보고, 대통령령이 정하는 바에 의하여 계산한 금액에서 주된 소득자의 종합소득금액과 자산합산대상배우자의 자산소득금액에 대하여 이미 납부한 세액(가산세액을 제외한다)의 합계액을 공제한 금액을 그 세액으로 한다.

주 문

소득세법 제61조(1994. 12. 22. 법률 제4803호로 전문 개정된 것)는 헌법에 위반된다.

청구인의 주장

부부의 자산소득을 주된 소득자의 자산소득으로 보고 **주된 소득자의 종합소득에 합산하여 세액을 산출하는 단순합산과세방식은 우리 소득세법의 누진세율체계에 비추어 개인단위 과세방식에 의할 경우보다 조세부담을 가중시킨다.** 특히 부부의 자산소득합산과세로 인하여 혼인을 한 부부는 혼인하지 아니한 성인 남녀보다 조세부담의 점에서 현저하게 불이익을 받게 된다. 이는 혼인한 부부를 혼인하지 않은 성인 남녀보다 조세부담의 점에서 아무런 합리적인 이유 없이 차별하는 것이다.

법원의 위헌제청신청기각결정의 요지

이 사건 법률조항의 취지는 (가) 자산소득에 대하여는 부부를 같은 소비단위로 담세력을 고려하는 것이 개인단위별 과세보다 생활실태에 합당하고, (나) 원래 자산소득은 그 명의를 가족구성원에게 분산함으로써 세부담을 경감하기가 쉬우므로 부부를 과세단위로 보는 것이 조세회피행위를 방지할 수 있고, (다) 자산소득을 합산하여 누진세율을 적용함으로써 담세력에 부응한 공평한 세부담을 실현할 수 있으며, (라) 소득불평등의 직접적 원인이 되고 있는 자본 및 재산소유의 불평등을 소득세에 의하여 시정할 수 있기 때문에 소득의 재분배기능을 강화할 수 있다는 데 있다.

판 단

Ⅰ. 이 사건 법률조항에 의한 혼인한 부부의 차별취급이 헌법상 정당화되는지 여부

부부간의 인위적인 자산 명의의 분산과 같은 가장행위 등은 상속세및증여세법상 증여의제규정 등을 통해서 방지할 수 있고, 부부의 공동생활에서 얻어지는 절약가능성을 담세력과 결부시켜 조세의 차이를 두는 것은 타당하지 않으며, 자산소득이 있는 모든 납세의무자 중에서 혼인한 부부가 혼인하였다는 이유만으로 혼인하지 않은 자산소득자보다 더 많은 조세부담을 하여 소득을 재분배하도록 강요받는 것은 부당하며, 부부 자산소득 합산과세를 통해서 혼인한 부부에게 가하는 조세부담의 증가라는 불이익이 자산소득합산과세를 통하여 달성하는 사회적 공익보다 크다고 할 것이므로, 소득세법 제61조 제1항이 자산소득합산과세의 대상이 되는 혼인한 부부를 혼인하지 않은 부부나 독신자에 비하여 차별취급하는 것은 헌법상 정당화되지 아니하기 때문에 헌법 제36조 제1항에 위반된다.

Ⅱ. 부수적 위헌선언

헌법심판의 대상이 된 법률조항 중 일정한 법률조항이 위헌선언된 경우 같은 법률의 그렇지 아니한 다른 법률조항들은 효력을 그대로 유지하는 것이 원칙이나, 다음과 같은 예외적인 경우에는 위헌인 법률조항 이외의 나머지 법률조항들도 함께 위헌선언할 수가 있다. 즉, **합헌으로 남아 있는 나머지 법률조항만으로는 법적으로 독립된 의미를 가지지 못하거나, 위헌인 법률조항이 나머지 법률조항과 극히 밀접한 관계에 있어서 전체적·종합적으로 양자가 분리될 수 없는 일체를 형성하고 있는 경우**, 위헌인 법률조항만을 위헌선언하게 되면 전체규정의 의미와 정당성이 상실되는 때가 이에 해당된다고 할 것이다.

이 사건 법률조항인 소득세법 제61조 제1항은 거주자 또는 그 배우자가 자산소득이 있는 경우에 자산합산대상배우자의 자산소득을 주된 소득자의 종합소득에 합산하여 세액을 계산하도록 정하는 자산소득합산과세제도의 근간을 이루는 핵심적 요소이다. 따라서 자산합산과세제도의 근간이 되는 소득세법 제61조 제1항이 위헌이라면, 그에 부수되는 같은 조 제2항 내지 제4항은 같은 조 제1항과 전체적·종합적으로 양자가 분리될 수 없는 밀접한 일체를 형성하고 있으므로 독자적인 규범적 존재로서의 의미를 잃게 되므로 그에 대하여도 아울러 위헌을 선언한다.

✤ 본 판례에 대한 평가 자산소득의 부부합산과세제도에 대하여 헌법재판소가 헌법 제36조 제1항의 혼인한 자의 차별금지 규정에 위반하는 것으로 본 것은 합당한 결정이라고 생각된다. 다만, 헌법재판소의 결정문에서도 밝힌 바와 같이 자산소득의 부부합산과세제도는 일응 소득분산이 용이한 소득에 대하여 담세력에 맞는 공평한 과세를 실현하는 데에 그 목적이 있으므로 이러한 목적을 달성할 수 있는 범위 내에서의 부부합산과세제도 즉, 배우자간의 증여에 의하여 발생된 자산소득에 대하여 합산과세하는 것은 헌법에 위반하는 것이 아닌지의 여부에 대하여 별도의 검토가 있었으면 하는 아쉬움이 있다.

관련 문헌: 최갑선, "소득세법 제61조 위헌소원: 부부자산소득합산과세제도", 헌법재판소결정해설집 2002(2003. 10), 377-404면; 한만수, "부부 자산소득 합산과세조항의 위헌결정의 타당 여부", 조세판례백선(2005. 8), 227-233면; 이창희, "부부자산소득합산과세는 위헌인가?", 헌법실무연구 4권(2003. 12), 139-161면; 이성식, "부부의 자산소득에 대한 합산과세: 소득세법 제61조(자산소득합산과세) 위헌소원", 조세 175호(2002. 12), 57-68면.

[요약판례] 음반및비디오물에관한법률 제17조 제1항 등 위헌제청: 위헌(헌재 1999.9.16. 99헌가1)

착오법률조항에 대하여도 위헌결정을 함으로써 당해사건과 관련된 법률문제를 일거에 해결하는 것이 바람직하다고 판단한 사안

이 사건 위헌법률심판에서 음반법 제17조 제1항과 제25조 제2항 제3호에 대하여서만 위헌결정을 하게 된다면 이 사건 위헌제청의 목적을 달성할 수 없게 되므로 위 법률조항에 대하여서만 위헌결정을 하는 것은 소송목적의 달성을

위하여 적절한 것이라고 할 수 없다. 헌법재판소에서 위 법률조항에 대하여서만 위헌결정을 한다면 법원으로서는 다시 착오로 제청하지 못한 법률조항에 대하여 위헌제청을 하여 그에 대한 위헌결정을 선고받은 후 당해사건을 처리하여야 하는 번거로운 절차를 거쳐야 하기 때문이다. 이와 같이 번거로운 절차를 다시 밟도록 하기보다는 이 사건 결정을 함에 있어서 착오법률조항에 대하여도 위헌결정을 함으로써 당해사건과 관련된 법률문제를 일거에 해결하는 것이 바람직하다고 판단된다.

6. 위헌법률심판의 결정유형과 효력

(1) 주문과 합의제의 방식

Ⅶ 구 국세기본법 제42조 제1항 단서에 대한 헌법소원: 위헌불선언(헌재 1994.6.30. 92헌바23)

쟁점 (1) 불가쟁력이 발생한 행정처분에 대하여 그 근거법규가 위헌임을 이유로 무효확인의 소를 제기한 경우 위 근거법규의 위헌여부가 재판의 전제가 되는지 여부

(2) 헌법재판소의 합의제의 방식

사건의 개요

청구인이 은행의 대출금채무를 보증한 A회사가 이를 변제하지 못하자 청구인은 대위변제하고 甲은행으로부터 A회사 소유의 기계류에 대한 양도담보권을 이전받았다. 그런데 마포세무서장이 이에 앞서 A회사로부터 징수할 부가가치세, 법인세, 방위세의 물적 납세의무자로서 甲은행을 지정하고, 이 사건 기계류를 압류처분하였다. 즉, 청구인은 위 물적 납세의무를 부담한 채로 이 사건 기계류에 대한 양도담보의 권리를 甲은행으로부터 양수한 것이다. 이에 위 납세의무를 부담한 청구인은 위 물적납세의무자 지정 및 압류처분의 이해관계인으로서 그 무효확인을 구하면서 그 전제로서 구 국세기본법 제42조 제1항 단서의 부분이 헌법에 위반된다고 주장하여 법원에 위헌제청신청을 하고, 법원이 이를 각하하자 헌재법 제68조 제2항의 헌법소원심판을 청구한 것이다.

심판의 대상

구 국세기본법(1990. 12. 31. 법 제4277호로 개정되기 전의 것) 제42조 제1항 단서

"그 국세의 납부기한으로부터 1년 전에 담보의 목적이 된 양도담보재산에 대하여는 그러하지 아니하다"라는 규정 중 '으로부터 1년'의 규정부분

주 문

구 국세기본법 제42조 제1항 단서 중 "으로부터 1년"이라는 부분은 이 사건에 있어서 헌법에 위반된다고 선언할 수 없다.

청구인의 주장

모든 국민은 납세의무가 있으나 납세의무자 이외의 제3자의 재산에서 이를 징수하는 것은 합리적인 이유가 인정되어야 할 것이며, 양도담보권을 설정함으로써 그 목적물의 소유권을 완전히 취득하였음에도 불구하고, 그 후에 성립한 조세채권이 양도담보 설정 후 1년 동안 양도담보권자의 권리보다 우선하도록 한 것은 합리적인 이유 없이 공시의 원칙을 깨뜨리고 국민의 재산권의 본질적 내용을 침해한 것이다.

판 단

Ⅰ. 재판의 전제성에 대한 판단

이 사건에 있어서 청구인이 위 법원에 압류처분 등의 무효확인을 구하는 행정소송을 제기한 날은 1990. 11. 15.이고 마포세무서장의 물적 납세의무자 지정 및 압류처분일은 각 1990. 4. 3. 및 같은 달 4.이므로 위 소송은 위 압류처분 등에 대하여 행정심판 및 취소소송을 제기할 수 있는 기간이 경과한 후에 제기되었음이 역수상 분명하다. 그리고 일반적으로 행정처분의 집행이 이미 종료되었고 그것이 번복될 경우 법적 안정성을 크게 해치게 되는 경우에는 후에 행정처분의 근거가 된 법규가 헌법재판소에서 위헌으로 선고된다고 하더라도 (처분의 근거법규가 위헌이었다는 하자는 중대하기는 하나 명백한 것이라고는 할 수 없다는 의미에서) 그 행정처분이 당연무효가 되지는 않는다고 할 수 있을 것이다.

그러나, 행정처분 자체의 효력이 쟁송기간 경과 후에도 존속 중인 경우, 특히 **그 처분이 위헌법률에 근거하여 내려진 것이고 그 행정처분의 목적달성을 위하여서는 후행(後行) 행정처분이 필요한데 후행행정처분은 아직 이루어지지 않은 경우, 그 행정처분을 무효로 하더라도 법적 안정성을 크게 해치지 않는 반면에 그 하자가 중대하여 그 구제가 필요한 경우**에 대하여서는 그 예외를 인정하여 이를 당연무효사유로 보아서 쟁송기간 경과 후에라도 무효확인을 구할 수 있는 것이라고 봐야 할 것이다. 위와 같은 예외를 인정한다면 행정처분이 근거 법규의 위헌의 정도가 심각하여 그 하자가 중대하다고 보여지는 경우, 그리고 그 때문에 국민의 기본권 구제의 필요성이 큰 반면에 법적 안정성의 요구는 비교적 적은 경우에까지 그 구제를 외면하게 되는 불합리를 제거할 수 있게 될 것이다.

이 사건 심판대상규정과 관련된 규정이 이미 헌법재판소에 의하여 위헌선고가 되어 있는 터이고 계쟁사건의 행정처분의 진행정도를 보더라도 마포세무서장의 압류만 있는 상태이고 압류처분의 만족을 위한 환가 및 청산이라는 후행처분은 아직 집행되지 않고 있는 경우이므로 위 예외에 해당되는 사례로 볼 여지가 있다고 할 것이다.

Ⅱ. 합의제의 방식

헌법재판소법 제23조 제2항 단서의 규정상 6인 이상의 찬성을 필요로 하는 경우 이외의 사항에 관한 재판에 있어서는 원래의 재판원칙대로 재판관 과반수의 찬성으로 결정되어야 하는 것이고 그에 대하여서는 이론의 여지가 있을 수 없는 것이다. 즉, 본안재판의 전제로서 예컨대, 헌법재판소법 제41조 제1항의 '**재판의 전제성**'이라든가 **헌법소원의 적법성의 유무에 관한 재판은 재판관 과반수의 찬성으로 족한 것**이다.

따라서 이 사건에 있어서 재판관 5인이 '재판의 전제성'을 인정하였다면 이 사건 헌법소원은 일응 적법하다고 할 것이고 **이 사건 헌법소원이 적법한 이상, 재판의 전제성을 부인하는 재판관 4인도 본안결정에 참여**하는 것이 마땅하며 만일 본안에 대해 다수와 견해를 같이하는 경우 그 참여는 큰 의미를 갖는 것이라 할 것이다. 더욱이 이 사건의 경우, 기존에 재판관의 의견이 과반수이면서도 정족수에 미달이어서 위헌선언할 수 없었던 사례와 달리, 이 사건 심판대상규정과 밀접한 관련이 있는 저당권 또는 가등기담보와 국세의 우선순위, 저당권과 지방세의 우선순위에 관한 관계규정

중 "…으로부터 1년"이라는 부분이 이미 헌법재판소에서 위헌선고되어 **소수의견도 본안에 관하여서는 위헌의견을 갖고 있음이 분명하기 때문이다.**

재판관 4인의 반대의견

Ⅰ. 재판의 전제성에 대한 판단

불복기간이 경과함으로써 그 행정처분을 더 이상 다툴 수 없게 된 뒤에도 당사자 또는 이해관계인이 그 처분의 무효확인소송이나 처분의 효력 유무를 선결문제로서 다투는 민사소송 등에서 언제든지 그 처분의 근거법률이 위헌이라는 이유를 들어 그 처분의 효력을 부인할 수 있도록 한다면, 그 처분으로 불이익을 받은 개인의 권리구제에는 더 없는 장점이 되기는 하겠지만, **이로 말미암아 제소기간의 규정을 두고 있는 현행의 행정쟁송제도가 뿌리째 흔들리게 됨은 물론, 기존의 법질서에 의하여 형성된 법률관계와 이에 기초한 다른 개인의 법적 지위에 심각한 불안정을 초래할 수 있다.** 이러한 결과는 우리 헌법재판소법이 위헌결정의 효력을 원칙적으로 장래에 미치도록 규정한 것에 반하는 것일 뿐만 아니라 위헌인 법률이라 하더라도 헌법재판소의 위헌결정이 있기 전에는 어느 누구도 그 법률의 효력을 부인할 수는 없다는 이치에도 어긋나는 것이다.

이렇게 본다고 하여 위헌법률심판에 의한 구체적 규범통제의 실효성 확보나 개인의 권리구제에 심각한 지장이 생긴다고 단정할 수 없다. 행정처분의 당사자 또는 법적 이해관계인은 그 처분에 대한 법령상의 불복기간이 경과하기 전에 적법한 소송을 제기하고 그 사건에서 그 처분의 근거가 된 법률이 위헌이라고 주장하여 법원에 이에 대하여 위헌여부심판의 제청신청을 하거나 그 제청신청이 기각되는 경우 헌법재판소법 제68조 제2항에 따라 헌법소원심판을 청구하여 위헌법률 및 이에 근거한 행정처분의 효력을 당해 사건에서 소급적으로 제거할 수 있는 길이 열려 있기 때문이다.

더구나 이 사건 법률조항은 92헌가18 국가보위에관한특별조치법 제5조 제4항 위헌제청신청사건과는 달리 위 가항에 기재된 바와 같이 관련사건을 심리하는 법원이 스스로 재판의 전제성이 있지 아니함을 밝히고 있음에야 더 말할 나위도 없다.

Ⅱ. 합의제의 방식

또한 위헌의견은 헌법재판의 합의방법에 관하여 쟁점별 합의를 하여야 한다는 이론을 펴고 있다. 그러나 우리 재판소는 발족 이래 오늘에 이르기까지 예외 없이 주문합의제를 취해 왔다. 우리는 **위헌의견이 유독 이 사건에서 주문합의제에서 쟁점별 합의제로 변경하여야 한다는 이유를 이해할 수 없고, 새삼 판례를 변경하여야 할 다른 사정이 생겼다고 판단되지 아니한다.**

본 판례에 대한 평가 1. 재판의 전제성: 불가쟁력이 발생한 행정처분에 대하여 근거법규가 위헌임을 이유로 제기한 무효확인의 소에 있어 그 법규의 위헌여부가 재판의 전제성이 있는지에 관해 이 사건의 다수의견은 구체적인 사건에 따라 법적 안정성보다 구체적 타당성의 요청이 더 큰 경우 행정처분의 당연무효사유로 볼 수 있다는 전제하에 재판의 전제성을 인정하였다. 즉, 행정처분의 근거법규가 위헌무효가 됨에 따라 '다른 내용'의 재판을 할 가능성이 있다면, 본안판단으로 들어가 그 근거법규의 위헌 여부를 판단해야 한다고 판시한 점에 그 의의가 있다 하겠다. 그러나 이후에 헌법재판소 결정례를 보면, 이 사건의 다수의견보다 반대의견, 즉 불복기간의 경과 등 그 처분에 대하여 더 이상 다툴 수 없게 된 때에는 비록 위헌인 법률에 근거한 행정처분이라 하더라도 되도록 그 효력을 유지하도록 함으로써 법적 안정성을 중시하는 입장을 따르고 있는 것으로 보인다.

2. 합의제의 방식: 다수의견이 자인했다시피, 이 사건 심판대상규정과 밀접한 연관이 있는 다른

관계법령에 대해 위헌선언한 헌법재판소의 판결례가 있어 본안 판단에 들어가면, 이 사건 규정이 위헌이 될 가능성이 크다는 이유만으로 쟁점별 합의제를 채택하자는 것은 기존에 채택해 왔던 주문합의제를 변경할 합리적인 이유가 되지 못한다. 더욱이 다수의견에 의하면, 특정 사건에 대해 부적법하다고 판단한 재판관으로 하여금 다수결이라는 명분으로 본안판단을 강제하는 결과에 이른다. 이는 법관의 양심의 자유에 대한 심각한 침해일 뿐만 아니라 헌법재판관의 독립에도 큰 문제가 될 것이다.

관련 문헌: 최갑선, "한국 헌법재판에서의 평결방식 고찰: 독일 재판에서의 평결방식을 기초로", 헌법논총 8집(97. 12), 243-277면.

(2) 위헌심판제청 각하결정

[요약판례 1] 집회및시위에관한법률 제3조 · 제14조 위헌심판: 각하(헌재 1989.5.24. 88헌가12)

폐지된 법률에 대해 재판의 전제성을 인정할 수 있는지 여부(소극)

집회및시위에관한법률은 1989. 3. 29. 개정되었고, 개정된 법률에 의하여 현저히 사회적 불안을 야기시킬 우려가 있는 집회 및 시위의 금지규정이나 그와 같은 집회 및 시위의 예비, 음모, 선전 또는 선동행위 금지규정 그리고 위 각 금지규정 위반행위의 처벌규정은 **모두 폐지되었으니 그 위헌여부가 더 이상 재판의 전제가 될 수 없게 되었을 뿐더러, 폐지된 법률의 위헌여부를 판단해야 할 만한 별다른 이익이 있다고 인정되지도 아니한다.**

[요약판례 2] 지방세법 제31조 제1항에 관한 위헌심판: 한정합헌(헌재 1994.8.31. 91헌가1)

이미 위헌선언한 법률조항에 대한 위헌심판제청

이 사건 법률조항의 본문 중 "으로부터 1년"이라는 부분에 관하여는 당재판소가 1991. 11. 25. 선고한 91헌가6 사건의 결정에서 그 부분은 헌법에 위반된다고 선고한 바 있으므로 헌법재판소법 제47조 제2항에 의하여 그 부분 법률규정은 그 날로부터 효력을 상실하였다 할 것이고 따라서 그 부분의 위헌여부는 더 이상 위헌여부심판의 대상이 될 수 없다고 할 것이므로 이 부분에 대한 위헌여부심판의 제청은 부적법하다.

[요약판례 3] 정부조직법 제14조 제1항 등의 위헌소원: 각하,합헌(헌재 1994.4.28. 89헌마221)

(1) 헌재법 제68조 제2항에 따른 헌법소원에 있어 청구인들의 위헌제청신청을 기각한 제청법원의 법정내용에 포함되어 있지 않은 법률조문에 관한 심판청구가 적법한지 여부
(2) 청구원인이 기본적으로 동일한 사건들이지만 심판청구요건 및 대상이 달라 중복제소라고 보지 않은 사례

(1) 청구인들은 국가안전기획부 직원의 사법경찰권을 규정한 국가안전기획부법 제15조와 같은 직원의 무기사용을 규정한 같은 법 제16조에 관하여서도 이 사건 헌법소원심판청구를 하고 있으나, 헌재법 제68조 제2항에 의한 헌법소원심판의 청구는 헌재법 제41조 제1항의 규정에 의한 적법한 위헌여부심판의 제청신청을 법원이 각하 또는 기각하였을 경우에만 당사자가 직접 헌법재판소에 헌법소원의 형태로써 심판을 청구할 수 있는 것인데, 이 사건에 있어서 **청구인들의 위헌제청신청사건을 담당하여 이유 없다고 기각한 제청법원의 결정내용에 의하면 청구인들이 이 사건 헌법소원심판청구를 한 국가안전기획부법 제15조 및 제16조에 관하여는 재판 대상으로 삼은 법률조항도 아니어서 이 규정들에 대하여는 제청법원이 위헌제청신청기각의 결정을 한 바 없음을 알 수 있다.** 따라서 같은 규정들에 대하여는 법 제68조 제2항에 의한 심판의 대상이 될 수 없는 사항에 대한 것으로서 이 부분 청구인들의 심판청구는 부적법하

다 할 것이다.

(2) 89헌마86 소원심판사건은 법 제68조 제1항에 의하여 침해된 권리를 신체의 자유(헌법 제12조)로 하고, 침해의 원인이 된 공권력의 행사를 "국가안전기획부 소속 사법경찰관 수사관이 1989. 5. 6. 23:00 청구인 甲을 군사기밀보호법위반 등 혐의로 경찰서에 구금조치한 행위"로 하여 청구인 甲이 청구한 것이고, 이 사건 소원심판청구는 법 제68조 제2항에 의하여, 위헌이라고 해석되는 법률의 조항을 "정부조직법 제14조 제1항 등"으로 하여 청구인 甲, 乙이 공동으로 청구한 것으로서 **설사 이미 계속 중인 89헌마86 사건의 "청구원인"과 이 사건의 "위헌이라고 해석되는 이유"의 내용이 기본적으로 동일하다고 하더라도 위와 같은 제소의 요건이 상이하고, 청구인도 동일하지 않을 뿐 아니라, 89헌마86 사건에서는 정부조직법 제14조에 대하여서만 부수적 위헌심판을 구함에 대하여 이 사건에서는 국가안전기획부법 제4조 및 제6조의 위헌 여부도 함께 심판을 구함**에 비추어 두 사건의 심판청구 요건이나 그 대상이 반드시 동일하다고 단정할 수 없다 할 것이므로 이 사건 헌법소원은 중복제소로서 부적법하다는 법무부장관의 주장은 이유 없다.

[요약판례 4] 형사소송법 제224조 등 위헌소원: 각하(헌재 2012.7.26. 2011헌바121)

배우자의 고소 및 고발에 따라 공소가 제기된 당해 사건에서 청구인에게 인정된 범죄가 모두 비친고죄인 경우, 형사소송법 제224조, 제235조가 배우자에 대한 고소, 고발을 제한하지 않은 것의 위헌여부가 당해사건의 재판의 전제가 되는지 여부(소극)

청구인은 처인 이○선의 고소 및 고발에 따라 사기, 사문서위조, 위조사문서행사, 정보통신망 이용촉진 및 정보보호 등에 관한 법률 위반으로 공소 제기된 자인바, 청구인은 형사소송법 제224조, 제235조가 자기 또는 배우자의 직계존속에 대한 고소고발을 금지하고 있는 것과 관련하여 이는 직계존속에 대한 존경과 사랑이라는 우리 사회윤리의 본질적 가치와 유교적 전통 문화를 계승 발전시키려는 입법 취지에 따른 것인데, 배우자에 대한 고소 및 고발도 같은 이유에서 제한되어야 하므로 배우자를 고소 및 고발 제한 대상에서 제외한 이 사건 심판대상 조항들은 헌법 제11조의 평등원칙과 헌법 제36조 제1항의 혼인과 가족생활의 보장에 위반된다고 주장하며 헌법소원을 제기하였다. 그러나, 청구인에게 인정된 범죄는 모두 비친고죄로서, 이에 대한 고소 및 고발은 사실상의 수사단서로 취급되어 공소제기가 가능하여, 이 사건 심판대상 조항들이 청구인이 주장하는 바와 같이 헌법에 위반된다고 판단되더라도 당해사건의 재판의 결론에 영향을 미치지 아니하므로, 이 사건 심판청구는 재판의 전제성 요건을 갖추지 못한 것으로 보아 각하되어야 한다.

(3) 합헌결정

Ⅷ 1980년 해직공무원의보상등에관한특별조치법 제2조 및 제5조에 대한 헌법소원: 합헌(헌재 1993.5.13. 90헌바22등)

쟁점 (1) 헌재법 제68조 제2항의 헌법소원에 있어 재판의 전제성

(2) 1980년 해직공무원의보상등에관한특별조치법 제2조 및 제5조의 위헌여부

(3) 위헌결정 정족수 미달인 경우의 주문형태

사건의 개요

청구인들은 정부산하기관에서 임원 및 직원으로 근무 중 1980. 7. 23. 국가보위비상대책위원회의 정화계획에 의해 강제해직되었음을 이유로 1980년해직공무원의보상등에관한특별조치법(이하 "특별조치법"이라 한다)제2조 및 제5조를 근거로 하여 회사에 보상금을 청구하는 소송을 제기하고 위 법률조항들에 관하여 위헌제청신청을 하였으나 법원이 이를 기각하자 다시 이 사건 헌법소원심판 청구를 한 것이다.

▢ 심판의 대상

특별조치법 제2조 ① 이 법에 의한 보상대상자는 1980년 7월 1일부터 동년 9월 30일까지의 기간중 정화계획에 의하여 해직된 공무원으로 한다. 다만, 정화계획에 의하여 해직된 공무원으로서 그 해직일이 위 기간 이외의 시기에 해당하는 자에 대하여는 대통령령이 정하는 절차에 따라 보상대상자로 한다.

제5조 (행정지도) 정부는 정부산하기관의 직원중 정화계획에 의하여 해직된 자에 대하여 해직공무원과 상응한 조치가 이루어질 수 있도록 행정지도를 한다.

▢ 주 문

특별조치법 제2조 중 정화계획에 의하여 강제해직된 정부산하기관의 임직원을 보상대상자에 포함시키지 아니한 부분과 제5조는 헌법에 위반된다고 선언할 수 없다.

▢ 판 단(재판관 5인의 다수의견)

Ⅰ. 적법성 요건에 대한 검토

이 사건은 헌법재판소법 제68조 제2항에 의한 것으로서 이른바 위헌제청성 헌법소원이므로 그 적법요건으로 헌법소원의 대상이 된 법률이 헌법에 위반되는 여부가 재판의 전제가 되어 있을 것이 필요하다. 그러므로 이 사건 헌법소원의 대상인 **특별조치법 제2조 및 제5조의 헌법위반여부가 청구인들이 법원에 제기한 보상금 등 청구소송에서 재판의 전제가 될 수 있는 것인가**에 대하여 직권으로 판단한다.

비록 현행 특별조치법 규정에 의하여서는 청구인들을 비롯한 정부산하기관 임직원들은 정부를 상대로 하여 보상금을 청구할 수 없으나 청구할 수 없는 이유가 정부산하기관 임직원을 공무원과 차별적으로 취급하여 그들에 대한 정부의 직접 보상의무를 규정하지 아니한 위헌법률 때문이어서 이는 마땅히 시정되어야 할 법률이고 만약 헌법재판소에서 위와 같은 차별적 취급부분에 대하여 위헌결정이 내려지고 그에 따라서 국회가 특별조치법의 위헌부분을 개정한다면 정부산하기관 임직원들은 직접 정부를 상대로 보상청구가 가능하게 될 것이므로 정부산하기관 임직원인 청구인들이 위와 같은 결과를 기대하고 특별조치법을 근거로 해서 정부를 상대로 하여 보상금청구소송을 제기하고 해직공무원만을 정부의 직접 보상대상자로 규정한 제2조 중 정부산하기관 임직원을 보상대상자에서 제외시킨 부분과 해직된 정부산하기관 직원에 대하여 해직공무원과 상응한 조치가 이루어지도록 행정지도하도록 규정한 데 그친 특별조치법 제5조의 위헌여부제청신청을 하였다면 특별조치법의 위 규정들의 위헌여부는 청구인들이 제기한 보상금청구소송의 재판의 전제가 된다고 보아야 할 것이다. 이 경우 **법원으로서는 헌법재판소에서 내려질 위헌여부심판의 결과를 기다려서 재판을 하여야 할 것이며 만약 위헌결정이 내려지면 그에 따른 입법시정의 결과를 보고 재판하여야 하는 것으로서 만일 위헌선언에 따라 입법시정이 되었다면 법원으로서는 원고들의 청구를 기각하는 주문을 낼 수는 없을 것이므로 이러한 의미에서 위헌여부의 판단에 따라 당해 본안사건의 재판의 주문이 달라질 수밖에 없는 것이라면 재판의 전제성은 갖춘 것**이라고 보아야 하는 것이다.

Ⅱ. 본안에 대한 검토

〈특별조치법의 제2조 및 제5조의 위헌여부〉

특별조치법의 제정경위와 입법취지는 소위 12·12 쿠데타로 권력을 잡은 정치군인들이 1980년 정당한 민주적 절차도 없이 국가보위비상대책위원회를 설치하고 국가통치권력을 행사하면서 개혁정치라는 명목으로 각 분야에 걸쳐 여러 가지 조치를 자행하였는데 그 중 하나가 공직사회기강을 확립(소위 숙정)한다고 하여 이른바 "정화계획"에 의하여 단행된 공무원과 정부산하기관 임직원들에 대한 강제해직조치로서, 국가보위비상대책위원회는 비상계엄하의 공포분위기 아래서 많은 공무원과 정부산하기관 임직원 등에 대하여 강제로 사직원을 제출케 하여 면직하였는바, 제6공화국 출범 후 5공비리 청산으로 제5공화국 시대에 저질러진 위법·부당한 조치들의 시정작업 중 하나가 바로 강제해직된 공무원과 정부산하기관 직원들의 명예회복과 피해보상을 위한 특별조치법인 것이다. 위와 같은 제정경위와 입법취지로 볼 때 **특별조치법은 헌법 제34조 제2항의 규정에 의한 사회보장법의 성질과 함께 공권력의 불법행위로 인하여 피해를 입은 국민들에 대한 손해배상법의 성질을 아울러 갖고 있는 법률이라고 할 수 있다.**

따라서 특별조치법의 목적은 비단 정화계획에 의하여 해직된 공무원의 보상 및 특별채용에 관한 사항만이 아니라 정화계획에 의하여 해직된 정부산하기관 직원에 대한 보상 및 특별채용에 관하여도 규정하는 것을 목적으로 하면서 다만 보상 및 특별채용의 방법에 있어서 정부산하기관의 직원에 대하여는 공무원과 차별하여 그들의 보상 및 특별채용에 관해서 정부가 책임을 지지 아니하고 다만 해직공무원과 상응한 조치가 이루어질 수 있도록 행정지도하도록 하는 데 그친 것인바, 위와 같은 특별조치법의 입법취지로 볼 때, 똑같은 공권력행사로 인한 피해자에 대하여 그 신분이 공무원이냐 정부산하기관의 직원이냐에 따라서 국가의 보상 또는 배상책임에 차별을 두어서는 아니 될 것이다. 또한, 정부산하기관의 직원과 임원 사이에 차별을 두는 것도 다 같은 피해자인 이상 합리적 근거가 없을 것이다.

즉, 국가공권력이 어느 때는 그 직접소속공무원도 아닌 정부산하기관의 임직원에 대하여 강제해직을 위한 월권행위를 자행하였으면서, 이제 와서는 특별조치법을 제정하여 그 소속공무원에 대하여는 응분의 보상을 해주면서도 정부산하기관의 임직원은 그 소속공무원이 아니라는 이유로 그 구제대상에서 아예 제외시켜 버리거나(임원의 경우) 구제대상으로 삼으면서도 법적 구속력이 없는 행정지도에 그치도록 하는 것은(직원의 경우) 국가가 헌법적 책무를 저버리는 것으로서 신의칙과 자연적 정의에 반하는 차별적 처사라고 할 것이므로 이는 헌법 제11조 제1항의 평등의 원칙에 반한다고 아니할 수 없으므로 결국 특별조치법 제2조 중 정화계획에 의하여 강제해직된 정부산하기관 임직원을 보상대상자에 포함시키지 아니한 부분과 같은 법 제5조는 헌법에 위반된다.

재판관 4인의 반대의견

특별조치법의 입법경위를 살펴보면, 국회는 1989. 3.경 "1980년해직공직자의복직및보상에관한특별조치법"이라는 이름의 법률안을 마련하고, 정화계획에 의하여 해직된 자 전원을 대상으로 하는 복직 및 보상에 관한 특별법을 제정하려고 시도하였으나, 정부는 사법상의 계약관계에 의하여 고용되는 정부산하기관 또는 사기업체의 임직원까지 그 적용대상에 포함시켜 복직 또는 보상책임을 법적으로 강제하는 것은 법체계상 있을 수 없다는 이유로 이의를 제기하고 헌법 제53조의 규정에 따라 재의를 요구하였고, 이에 따라 국회는 원래의 법률안을 폐기하고 정화계획에 의하여 해직된 공무원만을 적용대상으로 하는 현행의 특별조치법으로 대체하여 입법하였음을 알 수 있다.

특별조치법의 규정취지를 살펴보면, 그 명칭부터 위 폐기법률안과는 달리 "1980년해직공무원의보상등에관한특별조치법"이라 명명하였고, 그 목적조항인 제1조에서는 그 법의 적용대상이 이른바 해직공무원에 국한된다는 뜻을 명시하였으며, 그 실체조항이라고 할 수 있는 제2조 내지 제4조에서는 해직공무원에 한하여 일정한 범위 내 또는 조건하에서 보상 또는 특별채용의 혜택을 받을 수 있도록 규정하고 있다. 제5조 역시 정부가 정부산하기관에게 정화계획에 의하여 해직된 정부산하기관 직원들에 대하여도 가급적 해직공무원과 상응한 조치가 이루어질 수 있도록 "행정지도(行政指導)"를 하라는 선언적 규정을 둔 것에 불과하다. 또한 행정지도란 원래 법적 구속력 없이 상대방의 임의적 협력을 기대하여 행하는 권고적 성질의 사실행위이며, **그 규정에 의한 행정지도의 상대방은 정부산하기관 자체이지 그 직원들이 아니므로, 그 규정만으로 해직된 정부산하기관 직원들에 대한 국가의 어떤 법적 책임이 생긴다거나, 그들에게 직접 어떤 청구권이 발생한다고 볼 수 없다.**

그렇다면 이 사건 법률조항은 처음부터 청구인들이 제기한 당해 소송사건에 적용할 법률이 아니므로, 그 위헌여부와는 관계없이 재판의 전제성이 거론될 여지가 없다.

더욱이, 기록에 의하면 청구인 甲을 제외한 나머지 청구인들은 국가 또는 정부를 상대로 어떤 소송도 제기한 사실이 없으며, 청구인 갑은 정부산하기관과 국가를 공동피고로 하여 보상금 청구소송을 제기하였으나, 그 청구원인으로서는 특별조치법 제5조의 행정지도 규정에 의하여 직접 피고들의 연대채무인 보상금 지급의무가 발생하였다고 주장하였을 뿐임을 알 수 있다. 그렇다면 이 사건 법률조항에 대하여 설사 위헌결정이 내려진다고 하더라도, 현재의 당사자와 청구내용만으로는 법원이 당해 소송사건에서 어떤 국가책임을 인정하는 재판을 할 여지가 없다. 결국 이 사건 법률조항은 당해 소송사건에서 재판의 전제성이 부인될 수밖에 없다.

♣ 본 판례에 대한 평가 위헌불선언결정은 법률의 위헌결정은 재판관 6인 이상의 찬성이 있어야 한다는 헌법규정(제113조 제1항)으로 인하여, 비록 재판관 과반수이상이 위헌의견을 내더라도 위헌결정정족수미달로 위헌선언을 할 수 없는 경우에 헌법재판소가 내리는 독특한 결정형식이다. 즉 위헌불선언결정은 재판관 5인이 위헌의견을 4인이 합헌의견을 제시할 때 내리는 결정형식이다. 위헌불선언결정을 할 경우에 "헌법에 위반된다고 선언할 수 없다"라는 주문형식을 취한다. 위헌불선언결정과 단순합헌결정은 아무런 법적 차이가 없기 때문에, 넓은 의미의 합헌결정의 일종이다.

재판관 과반수 이상이 위헌의견을 제시하고 있음에도 불구하고 단순합헌결정과 동일한 법적 효과를 갖는 것은 합헌적 법률해석과 법적 안정성의 고려라는 측면에서 긍정적으로 이해할 수 있지만, 과반수의 재판관이 제시하는 위헌의견은 입법부의 입법작용을 통하여 반영될 수 있어야 한다. 그 점에서 단순합헌 결정이 아닌 위헌불선언결정이 갖는 헌법적 의의가 있다.

헌법재판소는 초기에 토지공개념과 관련된 토지거래허가제 조항의 위헌 여부에 관한 심판에서 "위헌의견이 종국 심리에 관여한 재판관 과반수가 되지만 위헌결정의 정족수인 6인에 미달인 때에는 주문에 '헌법에 위반된다고 선언할 수 없다'라고 표시한다"라고 하여 이 유형을 인정한 바 있다. 그러나 1993년 해직공무원법과 관련한 사안에서 주문의 결정형식은 국토이용관리법사안과 거의 동일함에도 그 분류를 합헌결정으로 함으로써 위헌불선언결정유형을 인정하지 않는 듯한 태도를 취한 바 있고, 마침내 5·18특별법사건 이래 결정의 주문 자체에서 위헌불선언결정형식을 포기하고 (단순)합헌결정이나 기각결정의 형식을 취하고 있다. 이는 헌법재판소 스스로 결정형식으로 분명히 제시한 바 있는 위헌불선언결정이 단순합헌결정으로 대치된 것을 의미한다. 헌법재판소가 아무런 공식적인 의견도 제시하지 않은 채 기존 결정주문의 형식을 변경한 것은 바람직하지 않다.

생각건대 비록 실질적인 법적 효과가 동일하다 하더라도 단순합헌결정과 위헌불선언결정과의 분명한 차이를 부각시켜 주는 것이 유익하다. 헌법재판이 갖는 특성상 헌법질서의 안정을 위하여 합헌적 법률해석의 원리에 입각하여 재판관 6인 이상의 찬성이 있어야 위헌결정을 할 수 있도록 되어 있다 하더라도, 헌법재판관 과반수가 위헌의견을 제시하고 있다는 사실은 민주주의의 다수결 원리에 비추어 장차 입법자들이 충분히 참조할 수 있는 기회가 되어야 한다. 그런 점에서 위헌불선언결정형식은 그 실질적 효과를 떠나서 존중되어야 한다.

[요약판례 1] 구 상속세법 제34조의2 제2항 위헌소원: 합헌(헌재 2001.8.30. 99헌바90)

법률이 일정한 사항을 대통령령으로 정하도록 명시적으로 위임하지 아니한 경우에 포괄위임금지의 원칙이 적용될 수 있는지 여부(소극) 및 구 상속세법 제34조의2 제2항 중 "현저히 높은 가액" 부분이 과세요건 명확주의에 위반되는지 여부(소극, **위헌의견에 찬성한 재판관이 5인이어서 다수이나 헌법소원에 관한 위헌결정을 위한 심판정족수에 이르지 못한다는 이유로 합헌결정을 한 사례**)

청구인은 주식회사 ○○의 출자자 겸 부회장으로서 청구인 소유의 토지를 위 회사에게 60억여원에 매도하자, 그곳 세무서장은 구 상속세법 제34조의2 제2항 및 구 상속세법시행령 제41조 제4항의 규정에 따라 위 취득가액과 위 토지의 감정가인 40억여원과의 차액에 상당한 금원을 양도자인 청구인에게 증여한 것으로 보고 증여세 부과 처분을 하였고, 이에 청구인은 위 처분을 취소하는 소를 제기한 다음 소송계속 중 구 상속세법 제34조의2 제2항의 위헌여부가 재판의 전제가 된다면서 법원에 위헌심판제청신청을 하였으나 기각되자 이 사건 헌법소원심판을 제기한 것이다.

(1) 위임입법의 한계 위반여부

청구인은 이 사건 법률조항이 '현저히 높은 가액'의 구체적 내용이나 범위에 관한 사항을 하위법규인 대통령령에서 정하도록 위임하지 않았다. 그러함에도 시행령 제41조 제4항이 그 구체적 내용과 범위를 규정하고 있음을 들어 이것이 포괄위임금지의 원칙 내지 위임입법의 한계에 위반된다는 취지로 주장한다.

이러한 원칙이 적용되기 위해서는 법률이 일정한 사항을 하위법규인 대통령령에 위임하였을 것이 논리적 전제로서 요구된다 할 것이다. 그런데 이 사건 법률조항은 문언의 내용 및 형식에 비추어 볼 때 '특수관계에 있는 자'에 관한 사항에 대하여는 이를 대통령령에서 정하도록 위임하였으나, '현저히 높은 가액'에 관한 사항에 대하여도 그러한 위임을 하였다고 볼 수 없다. 그러므로 이 사건 법률조항에 대하여는 포괄위임금지의 원칙 또는 위임입법의 한계에 관한 원칙이 적용될 여지가 없어 이 부분 주장은 이유 없다.

(2) 조세법률주의 위반여부

(가) 5인의 위헌의견

이 사건 법률조항이 사용하고 있는 '현저히 높은 가액'의 개념은 아무리 조세법의 일반이론이나 그 체계 및 입법취지 등은 물론 다른 규정들과의 유기적인 관계 등을 두루 살펴본다 한들 도대체 무엇을 기준으로 '현저히 높은 가액' 여부를 판단한다는 것인지 알 수 없고, 또 그 구체적 내용이나 범위가 불분명하며, 나아가 그에 대한 사회통념이나 경험칙이 형성되어 있다고 볼 수도 없다. 따라서 법관의 법보충작용으로서의 해석만으로 그 내용이나 범위를 구체화, 명확화할 수 없다.

특히 처벌법규나 조세법규 등 국민의 기본권을 직접적으로 제한하거나 침해할 소지가 있는 법규의 경우에는 구체성, 명확성의 요구가 한층 더 강화되어 있는 점에 비추어 볼 때, 이 사건 법률조항 중 '현저히 높은 가액' 부분은 과세요건 명확주의가 요구하는 명확성을 갖추지 못하였음이 분명하다.

(나) 4인의 합헌의견

불확정개념이 과세요건 명확주의의 원칙에 반하여 허용될 수 없는 것인가 여부는 일률적으로 판단할 수 없고 개별적인 경우에 과세요건 명확주의의 이념과 조세법의 성질에 따른 불확정개념 사용의 불가피성을 비교형량하여 판단하여야 할 것이다. 결국 그 구체적인 판단은 **납세자의 입장**에서 어떠한 행위가 당해 문구에 해당하여 과세의 대상이 되는 것인지 예견할 수 있을 것인가, 당해 문구의 불확정성이 **행정관청의 입장**에서 자의적이고 차별적으로 법률을 적용할 가능성을 부여하는가, **입법 기술적**으로 보다 확정적인 문구를 선택할 것을 기대할 수 있을 것인가 여부 등의 기준에 따른 종합적인 판단을 요한다고 할 것이다.

[요약판례 2] 지방교육자치에관한법률 제60조 등 위헌확인: 기각(헌재 2003.3.27. 2002헌마573)

위헌의견을 표명한 재판관이 5인으로 다수이지만 위헌정족수를 채우지 못하여 합헌으로 선고된 사례

(재판관 4인의 기각의견) 이 사건 법률조항은 청구인과 같은 비경력자의 교육위원에의 피선거권, 즉 헌법 제25조가 보장하는 국민의 기본권인 공무담임권을 제한하는 규정이지만 과잉금지의 원칙에 위배되어 공무담임권을 침해하는 것은 아니다.

즉, 이 사건 법률조항의 입법목적은 헌법 제31조 제4항이 보장하는 교육의 자주성과 전문성을 구현하기 위한 것으로서 그 입법목적이 정당하고, 교육위원 중의 절반 이상을 교육경력자가 점하도록 하는 것은 이러한 입법목적을 달성하기 위한 효과적인 수단이 되는 것이므로 수단의 적정성도 갖추고 있으며, 이 사건 법률조항에 의하여 반드시 경력자가 당선되도록 하는 2분의 1 비율 외에서는 비경력자도 민주주의 원칙에 따라 다수득표에 의하여 교육위원으로 당선될 수 있으므로 기본권의 최소침해성에 어긋나지 않는다. 또한, 비록 이 사건 법률조항에 의하여 민주적 정당성의 요청이 일부 후퇴하게 되지만, 교육의 자주성·전문성을 구현함으로 인한 공익이 민주적 정당성의 후퇴로 인하여 침해되는 이익보다 결코 작다고 할 수 없으므로 법익균형성의 원칙에도 어긋나지 않는 것이다.

이 사건 법률조항은 교육위원 선거에서 비경력자를 교육경력자에 비하여 차별취급하고 있고, 이로 인하여 비경력자가 다수득표를 하고도 낙선하게 되는 것은 공무담임권에 대한 중대한 제한을 초래하는 것이므로 평등권에 관한 엄격한 기준인 비례성원칙에 따른 심사를 함이 타당하지만, 엄격한 심사기준에 의하여 살펴보더라도 이 사건 법률조항에 의한 차별은 헌법상 보호되는 교육의 자주성·전문성을 보장하기 위한 것으로서 입법목적이 정당하고, 입법목적을 달성하기 위한 적정한 방법으로서 차별취급의 적합성을 갖고 있으며, 차별취급으로 인한 공익과 침해되는 이익간의 비례성도 있다고 인정되므로, 이 사건 법률조항이 헌법상의 평등원칙에 위배된다고 볼 수 없다.

이 사건 법률조항에 대하여 재판관 5인이 위헌의견이고 재판관 4인이 합헌의견이어서 위헌의견이 다수이긴 하지만, 헌법 제113조 제1항, 헌법재판소법 제23조 제2항 단서 제1호에서 정한 위헌결정을 위한 심판정족수 6인에는 이르지 못하여 위헌결정을 할 수 없으므로 청구인의 심판청구를 기각한다.

(재판관 5인의 인용의견) 이 사건 법률조항의 입법목적은 지방교육자치제도를 구현함에 있어서 교육의 전문성 및 자주성을 실현하고자 하는 것이므로 그 입법목적의 정당성은 인정되지만, 이 사건 법률조항이 이러한 목적을 달성하기 위하여 교육위원의 2분의 1 이상을 반드시 교육경력자가 차지하도록 함으로써 선거인의 표를 더 많이 얻는 비경력자가 낙선하는 결과를 초래하는 것은 선거의 기본원칙에 어긋나는 것으로서 민주주의의 가치를 크게 훼손하는 것이고, 지방교육자치가 추구하는 민주주의, 지방자치, 교육자주라는 세 가지의 헌법적 가치의 조화를 현저하게 훼손하는 것이므로 입법목적을 위한 수단으로서의 적합성을 인정하기 어렵다.

설령 교육의 전문성을 보장하기 위한 수단으로서 교육위원 중 일정부분을 교육경력자가 점하게 할 필요성이 있다 하더라도, 그 수단으로서는 처음부터 경력자후보와 비경력자 후보를 분리하여 각각 투표하게 하는 등의 방법이 있을 수 있고 이렇게 하면 비경력자인 후보자의 공무담임권이 침해되는 정도가 훨씬 약한데도 이 사건 법률조항과 같은 수단을 택하는 것은 기본권의 최소침해성 원칙에 어긋나며, 이 사건 법률조항에 의하여 교육위원의 자주성·전문성이 확보되는 효과에 비하여 민주주의가 훼손되고 비경력자의 공무담임권 등 기본권이 침해됨으로 인한 불이익은 훨신 크다고 할 수 있으므로 이 사건 법률조항은 법익의 균형성도 갖추고 있지 못하다.

그러므로 이 사건 법률조항은 과잉금지의 원칙에 위배하여 청구인과 같은 비경력자의 공무담임권을 침해하는 것이고, 또한 교육위원 선거에서 비경력자를 차별함에 있어 입법목적 달성에 별 효과가 없고 헌법적으로 허용되기 어려운 수단을 사용하고 있어 차별취급의 적합성을 갖추고 있지 않으며, 차별취급으로 인한 공익보다 침해되는 이익이 훨씬 커서 이익간의 비례성도 없으므로 비경력자의 헌법상의 평등권을 침해하는 조항이다.

[요약판례 3] 공직선거법 제93조 제1항 위헌소원: 기각(헌재 2009.5.28. 2007헌바24)

위헌의견을 표명한 재판관이 5인으로 다수이지만 위헌정족수를 채우지 못하여 합헌으로 선고된 사례

1. 이 사건 조항은 매체의 형식에 중점을 두고 있는 것이 아니라 사람의 관념이나 의사를 시각이나 청각 또는 시청각에 호소하는 방법으로 다른 사람에게 전달하는 것에 중점을 두고 있는 것이고, 일반조항으로서의 '기타 이와 유사한 것'은 선거에 영향을 미치게 하기 위하여 정당 또는 후보자를 지지, 추천하거나 반대하는 내용을 포함할 수 있는 가독성 내지 가청성을 가진 공직선거법 제93조 제1항에 열거된 매체와 유사한 매체, 관념이나 의사전달의 기능을 가진 매체나 수단을 의미하는 것으로 볼 수 있으므로 죄형법정주의의 명확성의 원칙에 반하지 아니한다.

2. 이 사건 조항에 따라 휴대전화 문자메시지 전송을 금지하는 것은 선거운동의 부당한 경쟁 및 후보자들 간의 경제력 차이에 따른 불균형이라는 폐해를 막고, 선거의 평온과 공정을 해하는 결과의 발생을 방지함으로써 선거의 자유와 공정의 보장을 도모하는 것으로서 정당한 목적달성을 위한 적절한 수단에 해당한다. 한편, 문자메시지에 의한 선거운동이 무제한적으로 허용된다면 선거의 공정이나 평온을 심히 저해하는 결과를 초래할 것이므로 이에 관한 제한은 불가피한데, 공직선거법은 제82조의5에서 전화를 이용한 선거 운동을 일정기간 허용하여 기본권 제한을 최소화하고 있고, 달리 이 사건 조항에 비하여 덜 제약적이면서 같은 효과를 지닌 수단이 명백하다고 볼 수 없으므로 이 사건 조항은 최소침해성원칙에도 반하지 않는다. 또한, 이 사건 조항에 의하여 달성되는 선거의 공정과 평온이라는 공익은 민주국가에서 매우 크고 중요하다고 할 수 있는 반면, 그로 인한 기본권 제한은 수인이 불가능할 정도로 큰 것은 아니라고 할 것이어서 법익균형성도 인정된다. 따라서 이 사건 조항은 과잉금지원칙에 위배하여 선거운동의 자유를 침해하지 않는다.

이 사건 법률조항에 대하여 **재판관 4인이 합헌의견, 재판관 5인이 위헌의견으로 비록 위헌의견이 다수이긴 하나 법률의 위헌선언에 필요한 정족수 6인에 미달하므로 이 사건 법률조항은 헌법에 위반되지 않는다는 선언**을 하기로 하여 주문과 같이 결정한다

(재판관 김종대, 재판관 민형기, 재판관 목영준, 재판관 송두환의 반대의견) 1. 공직선거법 제93조 제1항의 구성요건 행위가 시간적·내용적으로 한정되어 있다는 이유만으로 '기타 이와 유사한 것'에 '관념이나 의사전달의 기능을 가진 모든 매체나 수단'이 포함된다고 해석할 수는 없으며, 위 조항의 구체적인 예시만으로는 표현의 형식, 방법, 파급력 등이 다양한 많은 매체 중에서 어느 것이 일반조항인 '기타 이와 유사한 것'에 포함될지를 추론하기도 쉽지 않다. 이 사건 조항은 구체적 예시에 의하여 그 범위와 한계가 명백하게 드러나지 않는바, 헌법상 명확성의 원칙에 위배된다.

2. 이 사건 조항의 입법목적의 정당성은 인정되나, 휴대전화 문자메시지 전송의 경우 후보자의 경제력에 따른 불균형 문제가 심각하지 않고, 후보자 간 공정성을 해치거나 선거의 평온을 깨뜨린다고 보기 어려우므로 이를 금지하는 것이 목적달성을 위한 적절한 수단이라 할 수 없으며, 목적 달성을 위한 다른 덜 제약적인 수단들도 존재한다는 점에서 최소침해성원칙에도 위배된다. 나아가 휴대전화 문자메시지 전송의 무조건 금지로 인하여 얻어지는 선거의 공정성은 명백하거나 구체적이지 못한 반면, 후보자가 선거운동의 자유를 제한받음으로써 생기는 불이익은 적지 아니하므로, 공익과 사익 간의 균형성도 인정되지 않으므로 결국 이 사건 조항은 과잉금지원칙에 위배하여 선거운동의 자유를 침해한다.

(재판관 조대현의 반대의견) 문서·도화 등을 이용한 선거운동은 후보자를 가장 정확하게 알리고 가장 정확하게 파악할 수 있는 선거운동방법이며 비용도 저렴하고 선거의 공정성을 해칠 위험도 적기 때문에, 정치적 표현의 자유로서 보장되어야 하고, 이를 금지하는 것은 선거운동의 자유를 정당한 사유도 없이 제한하는 것으로 헌법에 위반되며, 휴대전화의 문자메시지를 이용한 선거운동 역시 마찬가지이다.

[요약판례 4] 공직선거법 제251조 위헌소원: 합헌(헌재 2013.6.27. 2011헌바75)

공직선거법 제251조 중 '후보자가 되고자 하는 자'와 '공공의 이익'이라는 부분이 죄형법정주의의 명확성원칙에 위배되는지 여부(소극) 및 심판대상조항이 과잉금지원칙에 위배되어 선거운동의 자유나 정치적 표현의 자유를 침해하는지 여부(소극, 위헌의견이 다수이나 위헌정족수에 미달하여 합헌결정을 한 사례)

1. 심판대상조항에서 규정하는 '후보자가 되고자 하는 자'는 비방행위자가 당선되거나 당선되게 하거나 되지 못하게 할 목적을 가지고 있었던 선거를 기준으로, 비방행위 당시 후보자가 되고자 하는 의사를 인정할 수 있는 객관적 징표가 존재하는 자를 의미한다고 할 것인바, 심판대상조항이 규정하는 '후보자가 되고자 하는 자' 부분이 명확성원칙에 위배된다고 단정하기 어렵다. 또한, 심판대상조항의 단서에서 규정하는 위법성조각사유 중 '공공의 이익'이란 사회상황의 변화에 따라 그 의미가 변화할 수 있어서 그 의미하는 바를 구체적, 서술적으로 열거하여 범위를 한정하는 것이 입법기술상 현저히 곤란한데, '공공의 이익'의 의미는 건전한 상식과 통상적인 법감정을 가진 수범자와 법적용자에 의해 일의적으로 파악될 수 있고, 법관의 자의적인 해석으로 확대될 염려도 없다고 할 것이므로, 심판대상조항 단서의 '공공의 이익' 부분 역시 명확성원칙에 위배되지 아니한다.

2. 심판대상조항은 과도한 인신공격을 방지함으로써 후보자가 되고자 하는 자와 그 가족의 명예를 보호하고, 공직선거법상 선거운동기간 제한의 회피를 방지함과 동시에, 유권자들로 하여금 장차 후보자가 될 가능성이 있는 자에 대하여 올바른 판단을 하게 함으로써 선거의 공정성을 보장하고자 하는 것으로 그 목적의 정당성과 수단의 적절성이 인정된다. 후보자나 예비후보자로 '등록'을 하기 훨씬 이전부터 '후보자가 되고자 하는 자'로서 객관적 징표가 존재하는 경우는 얼마든지 많이 있고, 비례대표 국회·지방의회 의원 선거와 관련해서는 예비후보자등록제도가 마련되어 있지 아니하므로, '후보자가 되고자 하는 자'의 범위나 시기를 합리적으로 제한하기 어렵다. 또한, 근거가 희박한 의혹 등의 제기를 광범위하게 허용할 경우 후보자가 되고자 하는 자의 명예가 훼손됨은 물론 유권자들의 선택을 오도하는 결과가 야기될 수 있으므로 이를 방지하고자 하는 공익은 현저한 반면, 적시한 사실이 진실한 사실로서 공공의 이익을 위한 때에는 처벌되지 아니하는 이상, 심판대상조항으로 인하여 선거운동의 자유나 정치적 표현의 자유를 제한하는 정도가 선거의 공정을 해하는 행위를 방지하려는 공익에 비해 중하다고 볼 수 없으므로, 법익의 균형성원칙에 위배된다고 볼 수 없다. 그러므로 심판대상조항은 과잉금지원칙에 위배되어 선거운동의 자유나 정치적 표현의 자유를 침해하지 아니한다.

3. 심판대상조항에 대하여 재판관 4인이 합헌의견을 표시하고 재판관 5인이 위헌의견을 표시하여 위헌의견이 다수이긴 하지만 법률의 위헌선언에 필요한 정족수 6인에 미달하므로, 심판대상조항은 헌법에 위반되지 아니한다.

(재판관 5인의 반대의견) 심판대상조항은 '후보자가 되고자 하는 자'나 그 비방행위의 시기에 대하여 아무런 제한을 두지 않고 있다. 이러한 시기를 합리적으로 제한하지 아니한 채 비방행위를 처벌하는 것은 장차 실시될 선거를 혼탁하게 할 수 있고, 유권자들이 후보자가 될 수 있는 자들의 능력과 자질을 판단할 자료를 얻을 기회를 제한한다는 점에서 선거의 공정성이라는 입법목적을 달성하기 위한 적합한 수단에 해당하지 아니한다.

심판대상조항은 '후보자가 되고자 하는 자'의 의미를 알 수 있는 객관적 기준이나 징표를 전혀 규정하지 않고 있다. 선거에 출마하려는 자의 목표·성격·성향의 다양성이나 우리의 선거과정의 심한 변동성을 고려할 때 '후보자가 되고자 하는 자'의 신분·접촉대상·언행 등의 객관적 징표도 역시 가변적이고 불확정적일 수밖에 없으므로, 이것으로 '후보자가 되고자 하는 자'인지를 판단하기는 매우 어렵다. 또한 심판대상조항은 '후보자가 되고자 하는 자'가 출마하려는 선거가 어떤 선거인지에 대한 기준 역시 제시하지 않고 있으므로 '후보자가 되고자 하는 자'의 범위가 무한정 확대될 가능성이 있다.

공직선거법은 예비후보자등록 제도를 마련하고 있고 예비후보자로 등록한 자는 후보자가 되려는 의사를 객관적·확정적으로 외부에 표출하였다고 할 것이므로 예비후보자에 대한 비방행위를 심판대상조항으로 처벌하는 것만으로도 선거의 공정성 확보라는 심판대상조항의 입법목적을 충분히 달성할 수 있고, 심판대상조항의 '후보자가 되고자 하는 자'를 예비후보자로 한정한다고 해도, 예비후보자등록을 마친 자 이외의 자에 대한 비방행위는 여전히 형법상 명예훼손죄의 적용대상이 될 수 있으므로, 처벌에 공백이 발생하는 것도 아니다. 그러므로 심판대상조항에 예비후보자등록을 마친 자 이외의 자에 관한 부분을 포함시키는 것은 침해의 최소성원칙에 반한다. 예비후보자등록을 마친 자 이외의 자에 관한 명예보호나 선거의 공정성 확보라는 공익은 추상적이고 구체적이지 못하고, 심판대상조항으로 제한되는 행위자의 선거운동의 자유나 정치적 표현의 자유에 비하여 매우 중하다고 보기 어려우므로, 심판대상조항은 법익의 균형성요건을 갖추지 못하였다.

[참고 1] 5 : 4 합헌사건

① 헌재 2010.3.25. 2008헌가5, 식품위생법 제77조 제5호 위헌제청

구 식품위생법 제77조 제5호의 범죄구성요건에 해당하는 구 식품위생법 제31조 제1항은 식품접객영업자 등의 준수사항을 보건복지가족부령에 규정하도록 위임하고 있는바, 이는 법률에서 구체적으로 범위를 정하여 식품접객영업자가 영업의 위생적 관리 및 질서유지와 국민보건을 위하여 지켜야 할 사항의 구체적 내용을 위임하고 있는 것이므로 헌법상 포괄위임입법금지원칙이나 죄형법정주의의 명확성 원칙에 반하지 않는다는 이유로 헌법에 위반되지 아니한다는 결정을 선고한 사례

② 헌재 2010.4.29. 2008헌가8, 건설산업기본법 제83조 단서 제3호 위헌제청

건설업자가 '금고 이상의 실형을 선고받고 그 집행이 종료되거나 그 집행이 면제된 날부터 3년이 경과하지 아니한 자 또는 그 형의 집행유예선고를 받고 그 유예기간 중에 있는 자(법인의 경우 임원이 여기에 해당되는 경우 포함)'에 해당하는 경우 건설업 등록을 필요적으로 말소하도록 한 구 건설산업기본법 제83조 단서 제3호 본문 중 제13조 제1항 제4호에 관한 부분은 과잉금지원칙에 위배하여 건설업자의 직업선택의 자유를 침해한다고 볼 수 없다는 이유로 헌법에 위반되지 아니한다는 결정을 선고한 사례

③ 헌재 2010.7.29. 2008헌가19, 구 의료법 제25조 제1항 위헌제청 등

무면허의료행위를 금지 및 처벌하는 의료법 및 '보건범죄단속에 관한 특별조치법' 관련 조항들에 대하여, 위 조항들 중 '의료행위' 및 '한방의료행위' 부분은 죄형법정주의의 명확성 원칙에 반하지 아니하고, 위 조항들은 과잉금지의 원칙에 위배하여 비의료인의 직업선택의 자유 내지 일반적 행동의 자유 및 의료소비자의 의료행위 선택권을 침해하지 않으므로 헌법에 위반되지 아니한다는 결정을 선고한 사례

④ 2011.2.24. 2008헌바56, 형사소송법 제224조 위헌확인

자기 또는 배우자의 직계존속을 고소하지 못하도록 규정한 형사소송법 제224조가 비속을 차별취급하여 평등권을 침해하지 아니하므로 헌법에 위반되지 아니한다는 결정을 선고한 사례

[참고 2] 4 : 4 합헌사건

① 헌재 2011.3.31. 2009헌가12, 군형법 제47조 위헌제청

정당한 명령 또는 규칙을 준수할 의무가 있는 자가 이를 위반하거나 준수하지 아니한 때에 형사처벌하도록 규정한 구 군형법 제47조가 죄형법정주의의 명확성원칙에 위배되거나 위임입법의 한계를 벗어난 것인지 여부(소극)

② 헌재 2011.9.29. 2010헌바250, 민법 제1066조 제1항 위헌소원

민법상 자필증서에 의한 유언의 유효요건으로 '주소의 자서'를 규정하고 있는 민법 제1066조 제1항 중 '주소' 부분이 유언자의 인적 동일성을 명확히 함으로써 상속재산을 둘러싼 이해 당사자들 사이의 법적 분쟁과 혼란을 예방하기 위한 것으로서 이러한 유언의 요식주의를 관철하기 위한 불가피한 선택이라고 볼 수 있으므로 헌법에 위반되지 아니한다는 결정을 선고한 사례

(4) 위헌결정

IX 공무원연금법 제47조 제3호 위헌소원, 공무원연금법 제47조 제2호 위헌제청: 위헌(헌재 2003.9.25. 2000헌바94등)

쟁점 (1) 퇴직연금 지급정지제도 자체가 헌법에 위반되는지 여부(소극)

(2) 구 공무원연금법 제47조 제2호, 제3호의 포괄위임금지의 원칙에 위반되는지 여부(적극)

(3) 부수적 위헌결정을 한 사례

▢ 사건의 개요

청구인들은 공무원 퇴직 후 근로복지공단, 아시아나 항공주식회사에서 근무하고 있는데 위 복지공단 및 회사가 공무원연금법 제47조 제2,3호의 연금지급정지대상기관으로 새로 지정되면서 공무원연금관리공단이 청구인들의 매월 퇴직연금액 중 2분의 1의 지급을 정지하였다. 청구인들은 공무원연금관리공단을 상대로 법원에 퇴직연금 지급거부처분 취소소송을 제기하고 공무원연금법 제47조 제2,3호에 대한 위헌제청을 신청하였는데, 일부는 법원이 이를 받아들여 위헌심판제청을 하고 일부는 기각하자 이 소원을 제기하였다.

▢ 심판의 대상

공무원연금법 제47조 (퇴직연금 또는 조기퇴직연금의 지급정지) 퇴직연금 또는 조기퇴직연금의 수급자가 다음 각호의 1에 해당하는 기관으로부터 보수 기타 급여를 지급받고 있는 때에는 그 지급기간 중 대통령령이 정하는 바에 따라 퇴직연금 또는 조기퇴직연금의 전부 또는 일부의 지급을 정지할 수 있다.

1. 국가나 지방자치단체의 기관 또는 사립학교교직원연금법 제3조의 학교기관

2. 국가·지방자치단체가 자본금의 전부 또는 일부를 출자한 기관 및 한국은행(이하 "정부투자기관"이라 한다)과 정부투자기관이 자본금의 전부 또는 일부를 출자한 기관으로서 행정자치부령이 정하는 기관

3. 국가 또는 지방자치단체가 직접 또는 간접으로 출연금·보조금 등 재정지원을 하는 기관으로서 행정자치부령이 정하는 기관

4. 국·공유재산의 귀속·무상양여 및 무상대부에 의하여 설립된 기관 또는 국가·지방자치단체의 출연에 의하여 설립된 기관으로서 행정자치부령이 정하는 기관

5. 법령의 규정에 의하여 대통령·중앙행정기관의 장, 지방자치단체의 장 또는 그 권한의 위임을 받은 자가 임원을 선임하거나 그 선임의 승인을 하는 기관으로서 행정자치부령이 정하는 기관

▢ 주 문

구 공무원연금법(2000. 12. 30. 법률 제6328호로 개정되기 전의 것) 제47조 제2호 내지 제5호는 헌법에 위반된다.

▢ 판 단

Ⅰ. 퇴직연금 지급정지제도 자체의 위헌여부

이 조항의 위헌 여부를 판단함에 있어, 우선 사회보험급여의 하나로서 헌법상 재산권의 보호대상이 되는 퇴직연금을 연금수급권자에게 임금 등 소득이 있는 경우 그 소득과 연계하여 퇴직연금 일부의 지급을 정지하는 것이 과연 헌법적 정당성을 가질 수 있는지 여부가 문제된다.

퇴직연금수급권은 전체적으로 재산권적 보호의 대상이기는 하지만 이 제도는 ① 기본적으로 그 목적이 퇴직 후의 소득상실보전에 있고 ② 그 제도의 성격이 사회보장적인 것이므로, 연금수급권자에게 임금 등 소득이 퇴직 후에 새로 생겼다면 이러한 소득과 연계하여 퇴직연금 일부의 지급을 정지함으로써 지급정도를 입법자가 사회정책적 측면과 국가의 재정 및 기금의 상황 등 여러 가지 사정을 참작하여 폭넓은 재량으로 축소하는 것은 원칙적으로 가능한 일이어서 이 제도 자체가 위

헌이라고 볼 수는 없다.

Ⅱ. 포괄위임금지원칙의 위반여부

심판대상조항은 지급정지대상기관을 행정자치부령으로, 지급정지의 요건 및 내용을 대통령령으로 정하도록 위임하고 있으므로 포괄위임금지원칙의 위반 여부가 문제된다.

1. 지급정지대상기관의 문제

(1) 법 제47조 제2호의 경우

법 제47조 제2호는 재산권의 성격을 갖고 있는 퇴직연금수급권을 제한하는 규정으로서 그 제한대상이 되는 정부투자기관·재투자기관을 직접 법률로 규정하지 아니하고 행정자치부령에 위임하고 있으므로, 법 제47조 제2호가 기본권 제한규정으로서 헌법에 합치되기 위하여는 위임의 경우에 헌법상 요구되는 포괄위임금지의 원칙을 준수하여야 할 것이다.

헌법은 제75조에서 "대통령은 법률에서 구체적으로 범위를 정하여 위임받은 사항…에 관하여 대통령령을 발할 수 있다"라고 규정함으로써, 입법위임의 근거를 마련함과 동시에 위임은 '구체적으로 범위를 정하여' 하도록 하여 그 한계를 제시하고 있다. 한편, 헌법 제95조는 "…행정각부의 장은 소관사무에 관하여 법률이나 대통령령의 위임…으로…부령을 발할 수 있다"라고 규정하고 있는바, 이 때의 위임도 '구체적으로 범위를 정하여' 하여야 함은 물론이다.

'구체적으로 범위를 정하여'라고 하는 것은 **법률에 대통령령 등 하위법규에 규정될 내용 및 범위의 기본사항이 가능한 한 구체적이고도 명확하게 규정되어 있어서 누구든지 당해 법률 그 자체로부터 대통령령 등에 규정될 내용의 대강을 예측할 수 있음을 의미**하고, 다만 예측가능성의 유무는 당해 특정조항 하나만을 가지고 판단할 것이 아니라 관련 법조항 전체를 유기적·체계적으로 종합하여 판단하여야 하되 대상법률의 성질에 따라 구체적·개별적으로 검토하여야 할 것이다.

앞에서 본 바와 같이 지급정지제도 자체의 합헌성은 인정된다고 하더라도 구체적인 지급정지대상기관을 행정자치부령으로 선별, 결정함에 있어서는 누구든지 예측가능한 일정한 기준이 있어야만 할 것이므로 정부투자기관·재투자기관 중에서 그 일부를 대상으로 선별한다면 국회는 정부투자의 규모와 비율에 관한 일정한 기준을 먼저 법률로 정한 다음 그 범위 내에서 하위법규가 이를 선별하도록 위임하였어야 한다.

그럼에도 불구하고 **법 제47조 제2호는 물론 그 밖의 어느 규정도 이에 관한 아무런 기준을 제시하지 아니함으로 말미암아 천태만상의 정부투자의 전범위에 걸쳐 비록 아무리 투자의 비율 또는 규모가 작더라도 투자가 이루어지기만 하면 행정자치부령이 정하는 바에 따라 지급정지대상기관이 될 수 있게 위임의 범위가 너무 넓어져버렸고 결과적으로 연금지급정지의 대상이 되는 정부투자기관·재투자기관의 확정을 실질적으로 행정부에 일임**한 것이 되었다.

(2) 법 제47조 제3호의 경우

법 제47조 제2호와 마찬가지로 법 제47조 제3호도 재산권의 성격을 갖고 있는 퇴직연금수급권을 제한하는 규정으로서 그 제한대상이 되는 정부재정지원기관을 직접 법률로 규정하지 아니하고 행정자치부령에 위임하고 있으므로, 법 제47조 제3호가 기본권 제한규정으로서 헌법에 합치되기 위하여는 위임의 경우에 헌법상 요구되는 포괄위임금지의 원칙을 준수하여야 할 것이다.

앞에서 본 바와 같이 구체적인 지급정지대상기관을 행정자치부령으로 선별, 결정함에 있어서는 누구든지 예측가능한 일정한 기준이 있어야만 할 것이므로 정부재정지원기관 중에서 그 일부를 대상으로 선별한다면 국회는 정부재정지원의 규모와 형태에 관한 일정한 기준을 먼저 법률로 정한 다음 그 범위 내에서 하위법규가 이를 선별하도록 위임하였어야 한다.

그렇다면, 법 제47조 제3호는 물론 그 밖의 어느 규정도 재정지원의 방식·형태·규모 등에 관한 아무런 기준을 제시하지 아니함으로 말미암아 천태만상의 정부재정지원의 전범위에 걸쳐 비록 아무리 적은 규모라도 어떤 형태로든지 정부의 재정지원이 있기만 하면 행정자치부령이 정하는 바에 따라 지급정지대상기관이 될 수 있게 위임의 범위가 너무 넓어져버렸고 결과적으로 연금지급제한의 대상이 되는 정부재정지원기관의 확정을 실질적으로 행정부에 일임한 결과를 초래하였다.

Ⅲ. 법 제47조 제2호 및 제3호 중 법 제47조 본문에 의한 지급정지의 요건 및 내용의 문제

지급정지제도의 본질에 비추어 지급정지의 요건 및 내용을 규정함에 있어서는 소득의 유무뿐만 아니라 소득의 수준에 대한 고려는 필수적인 것임에도 불구하고 이 사건 심판대상조항은 이를 규정함에 있어 지급정지와 소득수준의 상관관계에 관하여 아무런 정함이 없이 대통령령에 포괄적으로 규정을 위임하고 있다.

이에 따라 이 사건 심판대상조항만으로는 일정수준 이상의 소득자만을 지급정지의 대상으로 할 것인지 여부 및 소득의 수준에 따라 지급정지율 내지 지급정지금액을 달리할 것이지 여부가 불분명하게 되었을 뿐만 아니라 이와 관련한 일체의 규율을 행정부에 일임한 결과가 되어 아무리 적은 보수 또는 급여를 받는 경우에도 대통령령에서 연금지급을 정지할 수 있도록 정하거나 재취업 소득의 수준에 관계없이 지급정지율 내지 지급정지금액을 일률적으로 정하는 것이 가능하게 되었다.

이에 따라 현행 제도하에서는 소득액보다 지급정지되는 연금액이 더 큰 경우도 발생할 수 있게 될 뿐만 아니라 소득이 적은 자와 많은 자를 가리지 아니하고 무조건 연금의 2분의 1에 해당하는 금액을 감액하도록 함으로써 지급정지제도의 본질 및 취지와 어긋나는 결과를 초래하였다고 할 것이고 이는 이 사건 심판대상조항에서 지급정지의 요건 및 내용을 규정함에 있어 소득수준에 관한 아무런 정함이 없이 포괄적으로 대통령령에 입법을 위임함으로 말미암은 것이라고 할 수 있다.

나아가 이 사건 심판대상조항은 '퇴직연금 또는 조기퇴직연금의 2분의 1의 범위 안에서'라는 구체적 범위를 정하여 위임하여야 함에도 불구하고 그러한 범위를 정하지 아니한 채 위임하고 있다는 점에서도 위헌이라고 보아야 한다.

Ⅳ. 부수적 위헌결정

그런데 **법 제47조 제4호 및 제5호가 규정하고 있는 지급정지대상기관은 그 종류만 다를 뿐 구체적인 대상기관의 선정을 행정자치부령에 위임하고 지급정지의 요건 및 내용을 대통령령에 위임하면서 구체적으로 범위를 정하지 않고 위임을 하고 있는 점에서는 법 제47조 제2호 및 제3호와 전적으로 동일하다.**

따라서 법 제47조 제2호 및 제3호가 포괄위임금지의 원칙에 위반된다는 이유로 위헌으로 인정되는 이상 법 제47조 제4호 및 제5호 부분도 같은 이유로 위헌이라고 보아야 할 것이고 그럼에도 불구하고 **이들 부분을 따로 분리하여 존속시켜야 할 이유가 없으므로 헌법재판소법 제45조 단서 및 제75조 제6항에 의하여 이들 조항에 대하여도 아울러 위헌을 선고하기로 한다.**

✤ 본 판례에 대한 평가 1. 위헌법률심판은 법원의 위헌법률심판제청에 따라 "헌법재판소는 제청된 법률 또는 법률조항의 위헌 여부만을 결정한다. 다만, 법률조항의 위헌결정으로 인하여 당해법률 전부를 시행할 수 없다고 인정될 때에는 그 전부에 대하여 위헌의 결정을 할 수 있다"(헌재법 제45조). 또한 "위헌제청되지 아니한 법률조항이라 하더라도 위헌제청된 법률조항과 일체를 형성하고 있는 경우에는 그에 대한 판단을 할 수 있다."

2. 이 사안은 재판에 적용되는 법률이 아닐 뿐만 아니라 위헌제청되지도 않은 법률에 대해 위헌제청된 법률과 동일한 구조이고, 위헌제청된 법률이 포괄위임금지의 원칙위반으로 위헌선고되는 마당에 동일한 체계의 위헌제청되지 않은 법률을 그대로 유지할 필요가 없다는 이유로 부수적으로 위헌선고를 한 사례라는 점에 의의가 있다.

※ 제47조 (퇴직연금 또는 조기퇴직연금의 지급정지) ① 퇴직연금 또는 조기퇴직연금의 수급자가 이 법, 군인연금법 또는 사립학교교직원연금법의 적용을 받는 공무원·군인 또는 사립학교교직원으로 임용된 때에는 그 재직기간 중 해당 연금의 전부의 지급을 정지한다.

② 퇴직연금 또는 조기퇴직연금 수급자가 연금 외의 「소득세법」 제19조제2항의 규정에 의한 사업소득금액(대통령령이 정하는 사업소득금액을 제외한다) 또는 같은 법 제20조제2항의 규정에 의한 근로소득금액이 있고, 각 소득금액 또는 이를 합산한 소득금액의 월평균금액(이하 "소득월액"이라 한다)이 전년도 평균임금월액을 초과한 때에는 퇴직연금 또는 조기퇴직연금에서 다음의 금액을 지급정지한다. 이 경우 지급정지액은 퇴직연금 또는 조기퇴직연금의 2분의 1을 초과할 수 없다.

③ 제2항의 "평균임금월액"이라 함은 상시 5인 이상의 근로자를 사용하는 사업 또는 사업장(농업·임업 및 수산업을 제외한다)을 기준으로 「통계법」 제3조의 규정에 따라 노동부장관이 작성하는 매월 노동통계보고서상의 근로자 1인의 임금총액의 연평균금액을 말한다. 〈신설 2005. 5. 31, 2007. 4. 27〉

④ 제2항의 규정에 따른 소득월액 및 평균임금월액의 산정과 지급정지방법 등에 관하여 필요한 사항은 대통령령으로 정한다. 〈신설 2005. 5. 31〉

관련 문헌: 성기용, "공무원연금법 제47조 제3호 위헌소원 등: 퇴직연금 지급정지제도와 포괄위임금지의 원칙", 헌법재판소결정해설집 2003(2004. 11), 429-458면; 관련 논문: 문주형, "공무원연금법상 퇴직연금 지급정지규정에 대한 위헌결정의 소급효", 재판자료 제108집: 행정재판실무연구집 108집(2005. 12), 13-58면; 관련 문헌으로는 최대권, "판례연구: 헌법재판소의 위헌결정과 그 근거의 제시", 서울대학교 법학 제30권 3·4호, 246-256면; 박인수, "위헌법률심판의 기준", 공법연구 26집 1호(98. 5), 285-327면; 남복현, "법률에 관한 위헌여부 결정의 법규적 효력", 공법연구 21집(93. 7), 313-334면; 박인수, "위헌법률심판의 기준", 공법연구 26집 1호(98. 5), 285-327면; 남복현, "헌법재판소 결정의 확정력", 한양법학 제3집(92. 2), 213면 이하; 남복현, "법률에 관한 위헌여부 결정의 법규적 효력", 공법연구 제21집(93. 7), 313면 이하; 위헌법률심판의 기준에 대한 논문으로는 박인수, "위헌법률심판의 기준", 공법연구(제26집 제1집), 285-327면; 김경제, "위헌법률심판에서 심판의 기준", 헌법학연구 제12권 제2호(2006. 6), 347-378면; 위헌법률심사의 유형에 대한 논문으로는 권형준, "위헌법률심사의 유형", 세계헌법연구(제8호), 153-166면; 강승식, "위헌법률심사제의 유형에 관한 연구", 한양법학(제16집), 235-255면; 이외 관련 논고로는 이동훈, "위헌법률심사의 사법소극주의·적극주의", 고시계(96. 9), 89-103면.

[요약판례] 구 헌법 제53조 등 위헌소원: 위헌(헌재 2013.3.21. 2010헌바70등)

1. 유신헌법을 부정·반대·왜곡 또는 비방하거나, 유신헌법의 개정 또는 폐지를 주장·발의·제안 또는 청원하는 일체의 행위, 유언비어를 날조·유포하는 행위 등을 전면적으로 금지하고, 이를 위반하면 비상군법회의 등에서 재판하여 처벌하도록 하는 것을 주된 내용으로 한, 유신헌법 제53조에 근거하여 발령된 대통령긴급조치 제1호, 제2호, 제9호에 대한 위헌심사권한이 헌법재판소에 전속하는지 여부(적극)
2. 이 사건 긴급조치들에 대한 위헌 심사의 준거규범(현행헌법)
3. 예외적으로 이 사건 긴급조치들이 무죄판결이 확정되었거나 재심청구가 기각된 당해 사건 재판의 전제성이 있는지 여부(적극)
4. 긴급조치 제1호, 제2호가 입법목적의 정당성이나 방법의 적절성을 갖추지 못하고, 참정권, 표현의 자유, 영장주의 및 신체의 자유, 법관에 의한 재판을 받을 권리 등을 침해하는지 여부(적극)
5. 긴급조치 제9호가 입법목적의 정당성이나 방법의 적절성을 갖추지 못하고, 참정권, 표현의 자유, 집회·시위의 자유, 영장주의 및 신체의 자유, 학문의 자유 등을 침해하는지 여부(적극)

X 헌법재판소법 제47조 제2항 위헌소원: 합헌(헌재 2000.8.31. 2000헌바6)

쟁점 형벌법규를 제외하고는 위헌결정의 소급효를 인정하지 않는 헌법재판소법 제47조 제2항이 위헌인지 여부

사건의 개요

청구인은 1998. 9. 19. 법률 제5571호로 폐지되기 전의 택지소유상한에관한법률에 의하여 그에게 부과된 택지초과소유부담금 1994년도분 금 124,369,380원, 1995년도분 금 147,081,250원 및 1996년도분 금 225,448, 860원 등 합계 금 496,899,490원을 각 납기내에 납부하였는데, 헌법재판소는 1999. 4. 29. 94헌바37등 결정에서 위 택지소유상한에관한법률은 헌법에 위반된다고 선고하였다.

청구인은 헌법재판소의 위 위헌결정일 이후인 1999. 8. 10. 법원에 국가를 상대로 부당이득금 반환청구소송을 제기하여 국가가 위와 같이 징수하여 간 돈 상당액은 헌법재판소의 위 위헌결정으로 말미암아 부당이득이 된다고 주장하여 그 반환을 청구하였다. 청구인은 위 소송에서 헌법재판소법 제47조 제2항 본문의 규정이 위헌결정의 소급효를 부정하고 있기 때문에 자신의 청구가 인용될 수 없는 것이라면서 위 헌법재판소법의 규정은 헌법에 위반된다고 주장하여 위 법원에 위헌여부심판의 제청신청을 하였으나 위 법원은 위 제청신청을 기각하였고, 이에 청구인은 헌법재판소법 제68조 제2항의 규정에 의한 이 사건 헌법소원심판을 청구하였다.

심판의 대상

헌법재판소법 제47조 (위헌결정의 효력) ② 위헌으로 결정된 법률 또는 법률의 조항은 그 결정이 있는 날로부터 효력을 상실한다. 다만, 형벌에 관한 법률 또는 법률의 조항은 소급하여 그 효력을 상실한다.

주 문

헌법재판소법 제47조 제2항 본문은 헌법에 위반되지 아니한다.

▢ 판 단

헌법재판소에 의하여 위헌으로 선고된 법률 또는 법률의 조항이 제정 당시로 소급하여 효력을 상실하는가, 아니면 장래에 향하여 효력을 상실하는가의 문제는 특단의 사정이 없는 한 헌법적합성의 문제라기보다는 입법자가 법적 안정성과 개인의 권리구제 등 제반이익을 비교형량하여 가면서 결정할 입법정책의 문제인 것으로 보인다. 우리의 입법자는 법 제47조 제2항 본문의 규정을 통하여 형벌법규를 제외하고는 법적 안정성을 더 높이 평가하는 방안을 선택하였는바, 이에 의하여 구체적 타당성이나 평등의 원칙이 완벽하게 실현되지 않는다고 하더라도 헌법상 법치주의의 원칙의 파생인 법적 안정성 내지 신뢰보호의 원칙에 의하여 정당화된다 할 것이고, 특단의 사정이 없는 한 이로써 헌법이 침해되는 것은 아니라 할 것이다.

그렇지만 효력이 다양할 수밖에 없는 위헌결정의 특수성 때문에 예외적으로 부분적인 소급효의 인정을 부인해서는 안 될 것이다. 첫째, 구체적 규범통제의 실효성의 보장의 견지에서 법원의 제청·헌법소원의 청구 등을 통하여 **헌법재판소에 법률의 위헌결정을 위한 계기를 부여한 당해 사건, 위헌결정이 있기 전에 이와 동종의 위헌여부에 관하여 헌법재판소에 위헌제청을 하였거나 법원에 위헌제청신청을 한 경우의 당해 사건**, 그리고 따로 위헌제청신청을 아니하였지만 **당해 법률 또는 법률의 조항이 재판의 전제가 되어 법원에 계속 중인 사건**에 대하여는 소급효를 인정하여야 할 것이다. 둘째, **당사자의 권리구제를 위한 구체적 타당성의 요청이 현저한 반면에 소급효를 인정하여도 법적 안정성을 침해할 우려가 없고, 나아가 구법에 의하여 형성된 기득권자의 이득이 해쳐질 사안이 아닌 경우로서 소급효의 부인이 오히려 정의와 형평 등 헌법적 이념에 심히 배치되는 때**에도 소급효를 인정할 수 있다. 어떤 사안이 후자와 같은 테두리에 들어가는가에 관하여는 본래적으로 규범통제를 담당하는 헌법재판소가 위헌선언을 하면서 직접 그 결정주문에서 밝혀야 할 것이나, 직접 밝힌 바 없으면, 그와 같은 경우에 해당하는가의 여부는 일반법원이 구체적 사건에서 해당 법률의 연혁·성질·보호법익 등을 검토하고 제반이익을 형량해서 합리적·합목적적으로 정하여 대처할 수밖에 없을 것으로 본다.

⚜ 본 판례에 대한 평가 위 결정 이전에 헌법재판소는 1993. 5. 13. 92헌가10등 사건에서 헌법재판소법 제47조 제2항 본문이 헌법에 위반되지 아니한다고 선고한 바 있다. 이 사안은 헌법재판소 판결 이후에 청구한 헌법소원으로서 헌법재판소가 예외적 소급효가 인정되는 경우로서 당해 사건 내지 헌법재판소 판결 당시 당해 법률이 재판에 계속 중인 사건에 해당하지 않을 뿐만 아니라 당사자의 권리구제를 위한 구체적 타당성의 요청이 현저한 반면 소급효를 인정하여도 법적 안정성을 침해할 우려가 없는 사안에 해당하지 않는다는 재판소의 판단은 정당하다 할 것이다.

※ 헌법재판소법 제68조 제2항에 따른 헌법소원에 대한 재심허용여부

XI 민사소송법 제118조에 대한 위헌소원: 각하(헌재 1992.6.26. 90헌아1)

쟁점 헌법재판소법 제68조 제2항에 의한 헌법소원심판청구사건에서 선고된 헌법재판소의 결정에 대하여 재심이 허용되는지 여부

사건의 개요

재심청구인은 ○○회사에 재해보상금을 청구하는 소송을 제기함과 동시에 같은 법원에 위 소송과 관련하여 민사소송법 제118조에 의한 소송상 구조신청을 하였으나 위 구조신청이 기각되자 법원에 소송상 구조의 근거가 되는 법률조항인 민사소송법 제118조에 대해 위헌여부심판제청을 신청하였으나 법원은 위 위헌법률심판제청신청을 각하하였다. 이에 재심청구인은 헌재법 제68조 제2항에 의하여 헌법소원심판을 청구하였으나 재심청구인이 변호사인 대리인을 선임하지 아니하고 이 사건 심판청구를 하였다고 판단하여 위 헌법소원을 각하하였다. 이에 청구인은 본 각하판결에 대하여 재심을 청구하였다.

재심청구인 주장의 요지

헌법재판소의 심판절차에 관하여는 헌법재판소법 제40조 제1항의 규정에 의하여 민사소송법의 규정이 준용된다. 따라서 헌법소원심판절차에 관하여도 민사소송법 제422조 이하의 재심절차에 관한 규정에 의하여 재심청구가 가능하다.

재심청구인이 재심대상결정으로 내세우는 당 재판소 1990. 5. 26.자 90헌바14 각하결정에는, 첫째 법률상 그 결정에 관여하지 못할 일부 재판관이 관여하였고, 둘째 결정에 영향을 미칠 중요한 사항에 대한 판단을 유탈하였으므로, 민사소송법 제422조 제1항 제2호 및 제9호의 규정에 의한 재심사유가 있다.

주 문

이 사건 재심청구를 각하한다.

판 단

재심제도가 인정되는 근거는 재판의 종결·확정이라는 법적 안정성의 요청에도 불구하고 구체적 타당성의 측면에서 확정재판에 대한 구제가 더욱 절실하게 요청되는 예외적인 사정에서 찾아야 할 것이다. 그러나 헌법재판소법 제68조 제2항에 의한 헌법소원심판청구사건에 있어서 선고되는 헌법재판소의 결정은 구체적·개별적 쟁송사건에 관하여 내려지는 법원의 재판과 구별되는 특수한 효력이 인정되고 있음을 주목할 필요가 있다.

헌법재판소법 제68조 제2항에 의한 헌법소원에 있어서 인용결정은 위헌법률심판의 경우와 마찬가지로 이른바 일반적 기속력과 대세적·법규적 효력을 가진다. 이러한 효력은 법원에서의 구체적·개별적 소송사건에서 확정된 판결이 그 기속력이나 확정력에 있어서 원칙적으로 소송당사자에게만 한정하여 그 효력이 미치는 것과 크게 다른 것이다.

따라서 만약 헌법재판소법 제68조 제2항에 의한 헌법소원심판청구사건에 있어서 선고된 헌법재판소의 결정에 대하여 재심에 의한 불복방법이 허용된다면, 종전에 헌법재판소의 위헌결정으로 효

력이 상실된 법률 또는 법률조항이 재심절차에 의하여 그 결정이 취소되고 새로이 합헌결정이 선고되어 그 효력이 되살아날 수 있다거나 종래의 합헌결정이 후일 재심절차에 의하여 취소되고 새로이 위헌결정이 선고될 수 있다 할 것이다. 그러나 이러한 결과는 그 문제된 법률 또는 법률조항과 관련되는 모든 국민의 법률관계에 이루 말할 수 없는 커다란 혼란을 초래하거나 그 법적 생활에 대한 불안을 가져오게 할 수도 있다.

물론, 헌법재판소의 이러한 결정 역시 거기에 어떠한 하자가 있을 경우 이를 시정함으로써 얻을 수 있는 구체적 타당성의 이익을 전혀 고려의 대상에서 제외할 수는 없을 것이다. 그러나 법원의 확정재판에 대하여 재심을 허용하는 근거가 되는 구체적 타당성의 요청은, 위 확정재판의 기속력·확정력 등의 효력이 원칙적으로 구체적·개별적 쟁송사건에서 당해 소송의 당사자에게만 미친다는 것과 아울러 위헌법률심판을 구하는 헌법소원에 대한 헌법재판소의 결정에 대하여 재심을 허용할 경우에 초래되는 위와 같은 법적 불안정에 따른 혼란을 감안하여 본다면, 위와 같은 헌법재판소의 결정에 대하여 법원의 확정판결과 결코 동등한 정도로 받아들여질 수는 없다 할 것이다.

결국 위헌법률심판을 구하는 헌법소원에 대한 헌법재판소의 결정에 대하여는 재심을 허용하지 아니함으로써 얻을 수 있는 법적 안정성이 이익이 재심을 허용함으로써 얻을 수 있는 구체적 타당성의 이익보다 훨씬 높을 것으로 쉽사리 예상할 수 있고, 따라서 헌법재판소의 이러한 결정에는 재심에 의한 불복방법이 그 성질상 허용될 수 없다고 보는 것이 상당하다고 할 것이다.

나아가 **비록 이 사건 재심대상결정이 위헌법률심판을 구하는 헌법소원심판의 절차에서 요구되는 적법요건을 갖추지 아니하였음을 이유로 하여 헌법소원심판청구를 각하하는 내용의 것이라고 하여도 그 결정에 대한 재심의 허용여부에 관하여 위와 결론을 달리하는 것은 아니라고 할 것이다.**

⚜ 본 판례에 대한 평가 헌법재판소법은 헌법재판소의 결정에 대한 재심의 허용 여부에 대하여 명문의 규정을 두고 있지 않다. 따라서 헌법재판소법 제39조의 일사부재리의 원칙과 헌법재판소의 결정의 효력 특히 확정력과의 관계에서 헌법재판소의 결정에 대하여 재심이 허용되는지 여부가 문제된다. 재심이란 확정된 종국결정에 재심사유에 해당하는 중대한 하자가 있는 경우에 그 결정의 취소와 이미 종결되었던 사건의 재심판을 구하는 비상의 불복신청방법이다. 법적 안정성과 구체적 정의라는 상반된 요청을 조화시키기 위하여 마련된 것이 바로 재심제도이다. 헌법재판소법에서는 재심에 관하여 명문의 규정을 두고 있지 않으므로 헌법재판소법 제40조에 따라 민사소송법이 준용되어 재심에 관하여도 민사소송법의 규정이 법적 준거가 될 수밖에 없다.

헌법재판에서 재심이 허용되는가의 문제는 헌법재판은 그 심판의 종류에 따라 절차의 내용과 효과가 한결같지 않기 때문에 재심의 허용 여부와 허용의 정도 등은 심판절차의 종류에 따라서 개별적으로 판단할 수밖에 없다. 헌법재판소의 결정에 대하여 재심이 문제되는 구체적인 경우로는 헌법재판소법 제68조 제1항에 의한 헌법소원과 제68조 제2항의 헌법소원을 들 수 있다. 전자는 적극적으로 후자는 소극적인 입장이다.

[요약판례] 공소권 불행사 위헌확인: 각하(헌재 1993.7.28. 93헌마157)

헌법소원심판청구의 각하결정에 대한 불복소원의 적법여부(소극)

청구인의 재소원은 그 실질에 있어서 당 재판소 지정재판부의 각하결정에 대한 불복소원이라 할 것인 바, **헌법재판소의 결정은 자기기속력 때문에 취소·변경될 수 없는 것**이므로 재소원의 형식에 의하여서도 그 취소를 구할 수 없다고 할 것이다.

※ 공권력의 작용을 대상으로 하는 권리구제형 헌법소원의 재심 허용 여부

XII 불기소처분취소재심: 기각(헌재 2001.9.27. 2001헌아3)

쟁점 공권력의 작용을 대상으로 하는 권리구제형 헌법소원절차에서 '판단유탈'을 이유로 한 재심이 허용되는지 여부(적극)

▢ 사건의 개요

> 甲은 A와 소송계속중 위 A와 그의 인척인 B가 재심청구인의 재산을 강취하거나 재심청구인을 살해할 의사를 가지고 수차에 걸쳐 폭행, 협박하였다는 내용의 고소장을 제출하였으나 이를 수사한 검사는 그 중 일부의 사실만을 폭행죄로 약식기소하고 나머지 고소사실에 대하여는 폭력행위등처벌에관한법률위반, 폭행, 협박, 재물손괴 등으로 의율하여 공소시효완성 또는 범죄혐의없음의 이유로 불기소처분하였다.
>
> 甲은 이에 불복하여 검찰청법에따라 항고, 재항고하였으나 모두 기각되자 헌법소원심판청구를 제기하였고 동 심판청구는 기각되었다. 이에 甲은 위 헌법재판소의 결정에는 판단유탈의 잘못이 있다며 이 사건 재심청구를 하였다.

▢ 재심청구인 甲 주장의 요지

甲은 위 A, B가 수차례에 걸쳐 폭행, 협박, 자동차타이어손괴를 한 것은 단순 폭행, 협박이 아니라 재심청구인의 재산을 강취하거나 재심청구인을 살해하려는 의사를 가지고 범한 것이어서 강도 및 살인미수로 고소하였는데도 검사는 이 점에 대한 아무런 판단을 하지 않은 채 단순히 폭력행위등처벌에관한법률위반, 폭행, 협박 등의 점만을 대상으로 하여 공소시효완성 또는 범죄혐의없음의 이유로 불기소처분하였다.

甲은 검사의 이러한 수사미진을 주장하여 헌법소원심판을 청구하였으나 헌법재판소는 이에 대한 아무런 판단을 하지 않은 채 심판청구를 기각하였기 때문에 이는 민사소송법 제422조 제1항 제9호 "판결에 영향을 미칠 중요한 사항에 관하여 판단을 유탈한 때"에 해당하므로 재심을 구한다는 취지이다.

▢ 주 문

이 사건 재심청구를 기각한다.

▢ 판 단

이 사건의 재심대상사건과 같이 **헌법재판소법 제68조 제1항에 의한 헌법소원 중 공권력의 작용을 대상으로 하는 권리구제형 헌법소원절차에 있어서는, 그 결정의 효력이 원칙적으로 당사자에게만 미치기 때문에 법령에 대한 헌법소원과는 달리 일반법원의 재판과 같이 민사소송법의 재심에 관한 규정을 준용하여 재심을 허용함이 상당하다**고 할 것이다.

다만 재심을 허용할 경우 민사소송법 제422조 제1항 제9호 소정의 "판결에 영향을 미칠 중요한 사항에 관하여 판단을 유탈한 때"를 재심사유로 허용하는 것이 공권력의 작용을 대상으로 하는 권리구제형 헌법소원의 성질에 반하는가 여부가 문제가 된다고 할 것이다. 종래 우리 재판소는 이러한 "판단유탈"이라는 재심사유가 권리구제형 헌법소원의 성질에 반하여 허용되지 않는다고 판시한 바 있다.

그러나 비록 헌법소원심판절차에서 직권주의가 적용되고 있는 것은 사실이지만, 직권주의가 적용된다는 의미는 당사자가 주장하지 아니한 적법요건 및 기본권침해 여부에 관하여도 직권으로 판단할 수 있다는 것이지 당사자가 주장한 사항에 대하여 판단하지 않아도 된다는 의미는 아닐 뿐만 아니라, **직권주의가 적용된다고 하여 당사자의 주장에 대한 판단유탈이 원천적으로 방지되는 것도 아니므로 헌법소원심판절차에 직권주의가 적용된다고 하더라도 이는 "판단유탈"을 재심사유에서 배제할 만한 합당한 이유가 되지 못한다.** 특히 민사소송법 제422조 제1항 제9호 소정의 "판단유탈"의 재심사유는 모든 판단유탈을 그 사유로 함에 있지 아니하고 판결에 영향을 미칠 중요한 사항에 대한 판단유탈만을 그 사유로 하고 있으므로 더욱 그러하다. 더욱이 헌법재판소법 제71조 제1항 제4호의 규정에 따르면 같은 법 제68조 제1항의 규정에 의한 헌법소원의 심판청구서에는 반드시 청구이유를 기재하도록 되어 있는데, 그 취지는 청구인의 청구이유에 대하여 유탈함이 없이 판단할 것을 요구함에 있다 할 것이다. 이와 같은 점들을 고려할 때, **공권력의 작용에 대한 권리구제형 헌법소원심판절차에 있어서 '헌법재판소의 결정에 영향을 미칠 중대한 사항에 관하여 판단을 유탈한 때'를 재심사유로 허용하는 것이 헌법재판의 성질에 반한다고 볼 수는 없다.**

또한 **공권력의 작용을 대상으로 하는 권리구제형 헌법소원의 경우**에는 법령에 대한 헌법소원과는 **달리 사실의 판단이나 그에 대한 법령의 적용을 바탕으로 하여 헌법해석을 하게 되는 것**이고, 사전구제절차를 거친다 하여 헌법재판시의 판단유탈을 예방할 수 있는 것도 아니므로 헌법의 해석을 주된 임무로 하고 있는 헌법재판의 특성이나 사전구제절차를 거친 뒤에야 비로소 헌법소원을 제기할 수 있다고 하는 사정도 "판단유탈"을 재심사유에서 배제할 합당한 이유가 되지 못한다고 하겠다.

따라서 **종전에 이와 견해를 달리하여 헌법재판소법 제68조 제1항에 의한 헌법소원 중 행정작용에 속하는 공권력 작용을 대상으로 한 권리구제형 헌법소원에 있어서 민사소송법 제422조 제1항 제9호 소정의 판단유탈은 재심사유가 되지 아니한다는 취지로 판시한 우리 재판소의 의견(헌재 1995. 1. 20. 93헌아1; 1998. 3. 26. 98헌아2)은 이를 변경하기로 한다.**

재판관 한대현, 재판관 김효종의 반대의견

종전의 헌법재판소의 견해를 변경할 만한 사정변경을 발견할 수 없다. 즉, 헌법소원심판절차에서는 필요한 경우 청구인이 주장하는 청구이유 이외의 적법요건 및 기본권침해 여부에 관련되는 이유에 관하여 직권으로도 판단하고 있고, 또한 헌법재판이 헌법의 해석을 주된 임무로 하고 있으며, 사전구제절차를 모두 거친 뒤에야 비로소 적법하게 헌법소원심판을 청구할 수 있다고 하는 사정 등을 고려할 때, 헌법재판소법 제68조 제1항에 의한 헌법소원심판절차 중 행정작용에 속하는 공권력 작용을 대상으로 하는 권리구제형 헌법소원에 있어서는 민사소송법 제422조 제1항 제9호 소정의 판단유탈은 적어도 헌법재판소의 결정에 대한 재심사유는 되지 아니하는 것이다.

본 판례에 대한 평가 헌법재판소는 처음에는 헌법재판소법 제68조 제1항에 의한 헌법소원 가운데 행정작용에 속하는 공권력작용을 대상으로 하는 권리구제형 헌법소원에 있어서는 사안의 성질상 헌법재판소의 결정에 대한 재심은 재판부의 구성이 위법한 경우 등 절차상 중대하고 명백한 위법이 있어 재심을 허용하지 아니하면 현저히 정의에 반하는 경우에 한하여 제한적으로 허용될 수 있을 뿐이라고 하여 민사소송법 제451조 소정의 판단유탈은 재심의 사유로 되지 않는다는 입장이었다.

그러나 그 후 헌법재판소는 본 결정에서 공권력작용에 대한 권리구제형 헌법소원절차에 있어서 헌법재판소의 결정에 영향을 미칠 중대한 사항에 관하여 판단을 유탈한 때를 재심사유로 허용하는 것이 헌법재판의 성질에 반한다고 볼 수 없다고 함으로써 판례를 변경하여 판단유탈도 헌법재판소 결정에 대한 재심사유로 인정하였다.

판례 평석: 박상훈, "헌법재판소 결정에 대한 재심규정의 신설필요성에 관하여", 재판자료 92집(2001. 11)(헌법재판제도의 이해), 733-744면.

[요약판례 1] 국가공무원법 제69조 위헌제청(재심): 각하(헌재 2004.9.23. 2003헌아61)

위헌법률심판제청에 관한 헌법재판소의 결정에 대해 위헌법률심판제청인이 재심청구를 할 수 있는지 여부(소극)

위헌법률심판의 제청은 법원이 헌법재판소에 대하여 하는 것이기 때문에 당해사건에서 법원으로 하여금 위헌법률심판을 제청하도록 신청을 한 사람 자신은 위헌법률심판사건의 당사자라고 할 수 없다. 원래 재심은 재판을 받은 당사자에게 이를 인정하는 특별한 불복절차이므로 청구인처럼 위헌법률심판이라는 재판의 당사자가 아닌 사람은 그 재판에 대하여 재심을 청구할 수 있는 지위 내지 적격을 갖지 못한다.

그렇다면, 청구인의 이 사건 심판청구는 청구인적격을 결한 사람이 제기한 것이어서 부적법하고 그 흠결을 보정할 수 없는 경우에 해당하므로 이를 각하하기로 하여 관여재판관 전원의 일치된 의견으로 주문과 같이 결정한다.

[요약판례 2] 헌법재판소법 제68조 제1항 위헌확인등(재심): 각하(헌재 2006.9.26. 2006헌아37)

법령에 관한 헌재법 제68조 제1항의 헌법소원에 대해 재심이 허용되는지 여부(소극)

헌법재판소법 제40조 제1항은 "헌법재판소의 심판절차에 관하여는 이 법에 특별한 규정이 있는 경우를 제외하고는 헌법재판의 성질에 반하지 아니하는 한도 내에서 민사소송에 관한 법령의 규정을 준용한다. 이 경우 탄핵심판의 경우에는 형사소송에 관한 법령을, 권한쟁의심판 및 헌법소원심판의 경우에는 행정소송법을 함께 준용한다"라고 규정하고 있을 뿐, 헌법재판소의 결정에 대한 재심절차의 허용 여부에 관하여는 별도의 명문규정을 두고 있지 않다. 따라서 민사소송법상의 재심에 관한 규정을 준용하여 헌법재판소의 결정에 대한 재심을 허용할 수 있을 것인지 여부에 관하여 논의가 있을 수 있으나, **헌법재판은 그 심판의 종류에 따라 그 절차의 내용과 결정의 효과가 한결같지 아니하기 때문에 재심의 허용 여부 내지 허용 정도 등은 심판절차의 종류에 따라서 개별적으로 판단될 수밖에 없다.**

헌법재판소법 제68조 제1항에 의한 헌법소원 중 법령에 대한 헌법소원의 경우 헌법재판소의 인용(위헌)결정은 이른바 일반적 기속력과 대세적·법규적 효력을 가지는 것이므로 그 효력 면에서 같은 법 제68조 제2항의 헌법소원과 유사한 성질을 지니고 있다. 헌법재판소는 헌재법 제68조 제2항에 의한 헌법소원에 있어서 재심에 의한 불복방법이 그 성질상 허용될 수 없다고 판시한 바 있는 바, 헌법재판소법 제68조 제1항에 의한 헌법소원 중 법령에 대한 헌법소원 역시 위 같은 법 제68조 제2항에 의한 헌법소원의 경우와 동일한 근거로써 재심을 허용하지 아니함이 상당하다.

[요약판례 3] 재판취소 등(재심): 각하(헌재 2013.2.28. 2012헌아99)

1. 법원의 판결들 및 민사소송 법령들에 대해 헌법소원심판을 청구하였으나 헌법재판소로부터 각하결정을 받자, 다시 위 법원의 판결들, 민사소송 법령들, 헌법재판소 각하결정, 일사부재리조항에 대해 심판을 청구한 경우, 사안의 핵심을 재심으로 보아 심판대상을 헌법재판소 각하결정으로 정리한 사례
2. 재심대상사건에서 재판소원 금지 및 법령소원 청구기간 도과를 이유로 각하결정을 받은 청구인이 재심을 청구하면서, 그 재심대상결정이 청구인의 본안주장에 대해 판단을 하지 않은 것이 판단누락이라는 취지로 주장하는 경우, 적법한 재심사유에 해당하는지 여부(소극)

※ 위헌결정의 효력발생시기: 장래효와 소급효

XIII 헌법재판소법 제47조 제2항 위헌소원: 합헌(헌재 2001.12.20. 2001헌바7등)

쟁점 위헌결정의 소급효를 인정하지 않은 헌법재판소법 제47조 제2항 본문이 위헌인지 여부

▢ 사건의 개요

청구인 甲은 택지소유상한에관한법률에 의하여 그에게 부과된 1994년부터 1996년까지의 택지초과소유부담금 합계 약 12억원을 각 납기내에 납부하였는데, 헌법재판소는 1999. 4. 29. 94헌바37등 결정에서 위 법이 헌법에 위반된다고 선고하였다. 위 청구인은 헌법재판소의 위 위헌결정일 이후에 법원에 국가를 상대로 위 부담금 상당액의 반환을 구하는 부당이득금반환청구소송을 제기하였으나 기각되었고, 항소 역시 기각되었으며 그 상고심에서 헌법재판소법 제47조 제2항이 헌법에 위반된다고 주장하면서 위헌여부심판의 제청신청을 하였으나, 대법원은 상고를 기각함과 아울러 위 제청신청을 기각하였고, 이에 위 청구인은 이 사건 헌법소원심판을 청구하였다.

▢ 심판의 대상

헌재법 제47조 (위헌결정의 효력) ② 위헌으로 결정된 법률 또는 법률의 조항은 그 결정이 있는 날로부터 효력을 상실한다. 다만, 형벌에 관한 법률 또는 법률의 조항은 소급하여 그 효력을 상실한다.

▢ 청구인 甲 주장의 요지

헌재법 제47조 제2항 단서가 "형벌에 관한 법률 또는 법률의 조항"에 대한 위헌결정의 소급효를 인정하고 있는바, **위 법 소정의 부담금은 형벌의 경우와 마찬가지로 국민에게 일정한 행위를 금지하고 이에 위반한 경우 그에 대한 재산상의 불이익을 가하는 제도이므로 그 부과근거에 관한 법률인 위 법이나 그 규정들이 법 제47조 제2항 단서 소정의 "형벌에 관한 법률 또는 법률의 조항"에 해당된다고 해석하여야 한다.** 만일 그렇게 해석하지 않으면 위헌인 형벌법규에 의하여 재산권을 침해받은 국민(위헌인 형벌규정이 정한 바에 따라 벌금 또는 과료를 선고받은 경우)과 위헌법률에 의하여 재산권을 침해받은 국민을 아무런 합리적인 이유 없이 차별하게 되므로 이는 헌법 제11조 소정의 평등의 원칙, 헌법 제23조 소정의 재산권 보장의 규정에 위반할 뿐만 아니라 국가의 기본권 보장의무를 규정한 헌법 제10조로부터 유래하는 법률로 인한 기본권의 침해를 막고 그 권리를 회복시킬 국가의 책무와도 부합되지 않는 것으로서 헌법에 위반된다.

주 문

헌법재판소법 제47조 제2항은 헌법에 위반되지 아니한다.

판 단

Ⅰ. 헌재법 제47조 제2항 단서에 대한 심판청구가 한정위헌청구인지 여부

청구인들의 주장취지를 보면 법 제47조 제2항 단서의 규정이 벌금이나 과료를 받은 자와 택상법상의 부담금을 받은 자를 차별하고, 이로 인하여 청구인들의 평등권 등을 침해하고 있다는 것이다. 그렇다면 청구인들의 위 조항에 대한 심판청구는 위헌으로 결정된 법률조항 중 형벌에 관한 법률 또는 법률의 조항에만 위헌결정의 소급효를 인정하고 있는 **법 제47조 제2항 단서 자체의 위헌성(평등의 원칙 위반)에 관한 청구로 이해**되고 한정위헌을 구하는 취지는 아니라고 보이므로 헌법재판소법 제68조 제2항 소정의 법률에 대한 청구로서 적법하다고 할 것이다.

Ⅱ. 헌재법 제47조 제2항 본문에 대한 판단

우리 헌법재판소는 1993. 5. 13. 92헌가10, 헌재 2000. 8. 31. 2000헌바6사건에서 위헌결정의 소급효를 제한한 헌재법 제47조 제2항 본문이 헌법에 위반되지 아니한다고 선고하였는바, 이 사건에 있어서도 위 각 결정과 달리 판단할 사정의 변경이나 필요성이 있다고 인정되지 아니하므로 법 제47조 제2항 본문은 헌법에 위반되지 아니한다.

Ⅲ. 헌재법 제47조 제2항 단서에 대한 판단

형벌은 범죄에 대한 국가의 단순한 사실상의 제재가 아니라, 규범적인 평가행위로서의 성질을 갖고 있고 따라서 형벌에는 본질상 사회윤리적인 불승인과 행위자 개인에 대한 비난이 포함된다. 이러한 형벌은 이미 발생한 규범침해사건을 출발점으로 하여 이미 발생한 법위반사건에 대한 국가의 반작용을 의미하므로 **단지 미래지향적인 제재는 형벌이라고 할 수 없다**. 이에 비하여 택지소유상한에관한법률상의 부담금은 위 법 정한 상한을 초과하여 택지를 소유하고 있는 자에 대하여 의무위반에 대한 제재로서 부과하는 금전적인 부담으로서 **위 법의 목적을 실현하기 위한 이행강제수단이라고 할 것**인데, 현대 행정이 복잡·다양해지고 복리행정이 확대됨에 따라 간접적 수단에 의하여 국민의 행위를 일정한 방향으로 유도·조정함으로써 사회·경제적인 정책목적을 효율적으로 달성하기 위하여 도입된 새로운 유형의 공과금이라고 할 수 있다.

양자간의 이러한 본질적인 차이 외에도 형벌을 받은 자는 전과기록(수형인명부, 수형인명표, 수사자료표)에 기재되기 때문에 집행을 종료한 후에도 공무원에의 임용 제한, 선거권 및 피선거권의 제한 등의 법률상의 불이익을 받을 뿐만 아니라 전과가 있다는 사실만으로 사회적으로 사실상의 불이익을 받을 수 있으므로 형벌에 관한 법률 또는 법률의 조항에 대하여 위헌결정이 선고된 경우에는 그 소급효를 인정하여 그 조항으로 인한 국민의 불이익을 해소할 필요가 더욱더 크다고 하겠다. 이에 비하여 택지소유상한에관한법률상의 부담금을 부과받은 자는 전과기록에 기재되지도 않고, 위와 같은 법률상·사실상의 불이익도 받지 않는다.

그러므로 비록 법 제47조 제2항 단서가 형벌에 관한 법률 또는 법률의 조항에 한하여 위헌결정의 소급효를 인정하였다고 하더라도 이는 형벌과 택상법상의 부담금과의 위와 같은 본질적 차이

내지 법률상·사실상의 차이로 인하여 생기는 것으로 이를 두고 자의적인 차별이라고 할 수 없으므로 위 조항은 평등의 원칙에 위반된 위헌적인 규정이라고 할 수 없다.

대판 1993.1.15. 92다12377

헌법재판소의 위헌결정의 효력이 위헌제청을 한 당해사건, 위헌결정이 있기 전에 이와 동종의 위헌여부에 관하여 헌법재판소에 위헌여부심판제청을 하였거나 법원에 위헌여부심판제청신청을 한 경우의 당해사건과, 따로 위헌제청신청은 아니하였지만 당해법률의 조항이 재판의 전제가 되어 법원에 계속 중인 사건뿐만 아니라, 위헌결정 이후에 같은 이유로 제소된 일반 사건에도 미치는지 여부(적극)

헌법재판소의 위헌결정의 효력은 **위헌제청을 한 당해 사건, 위헌결정이 있기 전에 이와 동종의 위헌 여부에 관하여 헌법재판소에 위헌여부심판제청을 하였거나 법원에 위헌여부심판제청신청을 한 경우의 당해 사건과 따로 위헌제청신청은 아니하였지만 당해 법률 또는 법률의 조항이 재판의 전제가 되어 법원에 계속 중인 사건**뿐만 아니라 **위헌결정 이후에 위와 같은 이유로 제소된 일반사건에도 미친다**고 봄이 타당하다 할 것이므로, 원심이 잡종재산에 관한 한 헌법재판소의 위헌결정으로써 이미 그 효력을 상실한 국유재산법 제5조 제2항을 적용하지 아니하였음은 옳고, 한편 취득시효기간 중 계속해서 등기명의자가 동일한 경우에는 그 기산점을 어디에 두든지 간에 취득시효의 완성을 주장할 수 있는 시점에서 보아 그 기간이 경과한 사실만 확정되면 충분하므로, 원심이 이 사건 각 부동산에 관한 취득시효기간 중 그 등기명의자가 동일한 이상 소외 망인이 점유를 개시한 후로서 원고가 주장하는 1971. 6. 14.을 그 기산점으로 삼았음은 옳으며, 거기에 국유재산법 제5조 제2항, 헌법재판소법 제47조 제2항, 취득시효의 기산점에 관한 법리오해의 위법은 없다.

대판 2000.2.25. 99다54332

국유재산법상의 행정재산이란 국가가 소유하는 재산으로서 직접 공용, 공공용, 또는 기업용으로 사용하거나 사용하기로 결정한 재산을 말하는 것이고, 그 중 도로와 같은 인공적 공공용 재산은 법령에 의하여 지정되거나 행정처분으로써 공공용으로 사용하기로 결정한 경우, 또는 행정재산으로 실제로 사용하는 경우의 어느 하나에 해당하여야 비로소 행정재산이 되는 것인데, 특히 도로는 도로로서의 형태를 갖추고, 도로법에 따른 노선의 지정 또는 인정의 공고 및 도로구역 결정·고시를 한 때 또는 도시계획법 또는 도시재개발법 소정의 절차를 거쳐 도로를 설치하였을 때에 공공용물로서 공용개시행위가 있다고 할 것이므로, 토지의 지목이 도로이고 국유재산대장에 등재되어 있다는 사정만으로 바로 그 토지가 도로로서 행정재산에 해당한다고 할 수는 없다.

원심이 잡종재산이라고 판단한 이 사건 계쟁 토지에 관하여 헌법재판소의 위헌결정으로써 **이미 그 효력을 상실한 구 국유재산법 제5조 제2항을 적용하지 아니하고 원고들의 이 사건 계쟁 토지에 대한 취득시효기간을 산정한 조치는 정당**하고, 거기에 위헌결정의 효력에 관한 법리를 오해한 위법이 없다.

※ 위헌결정의 소급효가 제한되는 경우

XIV 지방공무원법 제29조의3 위헌소원: 각하(헌재 2004.6.24. 2003헌바30)

(쟁점) 쟁송기간이 경과한 후에 행정처분의 근거법률의 위헌 여부를 다투는 경우 재판의 전제성 인정여부

▢ 사건의 개요

청구인은 남양주시의 지방공무원으로 근무 중 청구인의 동의 없이 지방공무원법 제29조의3에 의해 양평군수와 남양주시장 사이에 청구인을 양평군으로 전출하도록 합의하고 청구인에게 양평군 소속 지방공무원으로의 전출을 명하였다. 청구인은 이 사건 전출명령에 불복하여 남양주시장을 상대로 이 사건 전출명령의 취소 및 무효를 구하는 소송을 제기하고, 재판계속 중 이 사건 전출명령의 근거가 되는 위 법에 대해 위헌법률심판제청신청을 하고, 법원이 이를 기각하자 이 사건 헌법소원심판에 이르게 된 것이다.

▢ 심판의 대상

지방공무원법 제29조의3 (전입) 지방자치단체의 장은 다른 지방자치단체의 장의 동의를 얻어 그 소속 공무원을 전입할 수 있다.

▢ 청구인 주장의 요지

이 사건 법률조항은 선거에 의하여 취임한 지방자치단체의 장 사이의 의사일치만으로 지방공무원을 본인의 동의 없이 전출・전입할 수 있도록 하여, 정당한 이유 없이는 해임될 수 없다는 직업공무원제도의 본질적 내용을 침해하였고, 직업선택의 자유, 신체의 자유, 거주・이전의 자유, 행복추구권 등을 침해한다.

▢ 주 문

청구인의 심판청구를 각하한다.

▢ 판 단

행정처분의 근거가 된 법률이 헌법재판소에서 위헌으로 선고된다고 하더라도 원칙적으로 그 전에 이미 집행이 종료된 행정처분이 당연무효가 되는 것은 아니므로 행정처분에 대한 쟁송기간 내에 그 취소를 구하는 소를 제기한 경우는 별론으로 하고 쟁송기간이 경과한 후에는 행정처분의 근거법률이 위헌임을 이유로 무효확인소송 등을 제기하더라도 행정처분의 효력에는 영향이 없다.

그러므로 행정처분에 대한 쟁송기간이 경과된 후에 그 행정처분의 근거가 된 법률의 위헌여부에 대한 심판을 구한 경우에는 당해사건을 담당하는 법원이 그 법률에 대한 위헌결정이 있는 경우 다른 내용의 재판을 할 예외적인 사정이 있는지 여부에 대하여 내린 판단에 따라 재판의 전제성유무가 달라지게 된다고 할 것인데, **그 법률에 대한 위헌결정이 행정처분의 효력에 영향을 미칠 여지가 없는 경우에는 그 법률의 위헌여부에 따라 당해사건에 대한 재판의 주문이 달라지거나 재판의 내용과 효력에 관한 법률적 의미가 달라질 수 없는 것이므로 재판의 전제성을 인정할 수 없게 된다.** 한편, 위와 같은 경우 행정처분이 무효인지 여부는 당해사건을 재판하는 법원이 판단할 사항이

라고 할 것이다.

우선 **이 사건 전출명령에 대한 청구인의 당해소송이 그 쟁송기간을 경과한 이후 제기된 것인지 여부**에 관하여 보기로 한다.

이 사건 심판청구의 당해사건 판결문 기재내용에 따르면 청구인이 이 사건 전출명령이 있음을 안 시점은 1997. 5. 3.경이며, 청구인이 당해소송을 제기한 것은 그 날로부터 쟁송기간인 90일을 이미 경과한 2003. 1. 24.인 사실을 알 수 있다. 그렇다면 청구인이 당해소송을 제기한 시점은 이 사건 전출명령에 대한 쟁송기간이 이미 경과한 시점임을 알 수 있다.

다음으로 당해사건을 담당하는 법원이 그 법률에 대한 위헌결정이 내려질 경우 다른 내용의 재판을 할 예외적인 사정이 있다고 판단하였는지 여부에 관하여 보기로 한다.

이 사건 당해법원의 판결문 기재내용에 따르면 당해사건 법원은 "지방공무원법 제29조의3 규정에 의하여 동의를 한 지방자치단체의 장이 소속 공무원을 전출하는 것은 임명권자를 달리하는 지방자치단체로의 이동인 점에 비추어 반드시 당해공무원 본인의 동의를 전제로 하는 것인데도 이 사건 전출명령은 원고의 동의 없이 이루어진 것이므로 이 사건 전출명령은 위법하다 할 것이나, **이와 같은 하자는 중대하고 객관적으로 명백한 하자라고 할 수 없으므로, 이 사건 전출명령의 취소사유가 될 수 있을 뿐 당연무효의 사유가 될 수는 없다고 할 것이다**"라고 판시하였다. 결국, 당해사건을 담당하는 법원이 이미 쟁송기간이 도과하여 불가쟁력이 발생한 이 사건 전출명령의 근거법률인 이 사건 법률조항의 위헌여부에 따라 다른 내용의 재판을 할 예외적인 사정이 있는 것으로 판단한 경우라고 할 수 없다.

✣ 본 판례에 대한 평가 위 판례는 헌법재판소가 쟁송기간이 경과한 행정처분에 대해 무효확인의 소를 제기한 후 그 적용 법률에 대해 위헌제청을 한 경우, 재판의 전제성이 없다는 이유로 각하결정을 한 일련의 판결을 충실히 따른 것으로 보인다. 이 경우 재판의 전제성이 인정되지 않는 이유로 헌법재판소는 "**불복기간이 경과함으로써 그 행정처분을 더 이상 다툴 수 없게 된 뒤에도 당사자 또는 이해관계인이 그 처분의 무효확인소송이나 처분의 효력 유무를 선결문제로서 다투는 민사소송 등에서 언제든지 그 처분의 근거 법률이 위헌이라는 이유를 들어 그 처분의 효력을 부인할 수 있도록 한다면**, 그 처분으로 불이익을 받은 개인의 권리구제에는 더 없는 장점이 되지만, 이로 말미암아 제소기간의 규정을 두고 있는 현재의 행정쟁송제도가 뿌리채 흔들리게 됨은 기존의 법질서에 의해 형성된 법률관계와 이에 기초한 다른 개인의 법적 지위에 심각한 불안정을 초래할 수 있다. **이러한 결과는 헌재법이 위헌결정의 효력을 장래에 미치도록 규정한 것에 반하는 것일 뿐만 아니라 위헌인 법률이라 하더라도 헌법재판소의 위헌결정이 있기 전에는 어느 누구도 그 법률의 효력을 부인할 수 없다는 이치에도 어긋나는 것이다**"라고 하고 있다.

대판 1994.10.25. 93다42740

위헌결정의 효력은 그 미치는 범위가 무한정일 수는 없고 법원이 위헌으로 결정된 법률 또는 법률의 조항을 적용하지는 않더라도 다른 법리에 의하여 그 소급효를 제한하는 것까지 부정되는 것은 아니라 할 것이며, 법적 안정성의 유지나 당사자의 신뢰보호를 위하여 불가피한 경우에 위헌결정의 소급효를 제한하는 것은 오히려 법치주의의 원칙상 요청되는 바라 할 것이다.

구 국세기본법 제35조 제1항 제3호에 대한 위헌결정 이전에 그 위헌부분에 근거하여 국가가 교부받은 경락대금을 부당이득으로 반환청구한 이 사건은 장래효 원칙의 예외로서 당사자의 권리구제를 위한 구체적 타당성의 요청이 현저하고 위헌결정의 소급효를 인정함으로 인하여 법적 안정성을 침해할 우려가 없으며 구법에 의한 기득권자의 이득이 해쳐지지 않을 경우에 해당한다고 볼 수 없다.

대판 1994.10.28. 92누9463

위헌인 법률에 근거한 행정처분이 당연무효인지의 문제는 위헌결정의 소급효와는 별개의 문제인지 여부(적극)

법률에 근거하여 행정처분이 발하여진 후에 헌법재판소가 그 행정처분의 근거가 된 법률을 위헌으로 결정하였다면 결과적으로 위 행정처분은 법률의 근거가 없이 행하여진 것과 마찬가지가 되어 하자가 있는 것이 된다고 할 것이다. 그러나 하자 있는 행정처분이 당연무효가 되기 위하여는 그 하자가 중대할 뿐만 아니라 명백한 것이어야 하는데, **일반적으로 법률이 헌법에 위반된다는 사정이 헌법재판소의 위헌결정이 있기 전에는 객관적으로 명백한 것이라고 할 수는 없으므로 헌법재판소의 위헌결정 전에 행정처분의 근거되는 당해 법률이 헌법에 위반된다는 사유는 특별한 사정이 없는 한 그 행정처분의 취소소송의 전제가 될 수 있을 뿐 당연무효사유는 아니라고 봄이 상당하다.**

위헌인 법률에 근거한 행정처분이 당연무효인지의 여부는 위헌결정의 소급효와는 별개의 문제로서, 위헌결정의 소급효가 인정된다고 하여 위헌인 법률에 근거한 행정처분이 당연무효가 된다고는 할 수 없고 오히려 **이미 취소소송의 제기기간을 경과하여 확정력이 발생한 행정처분에는 위헌결정의 소급효가 미치지 않는다고 보아야 할 것**이므로, 어느 행정처분에 대하여 그 행정처분의 근거가 된 법률이 위헌이라는 이유로 무효확인청구의 소가 제기된 경우에는 다른 특별한 사정이 없는 한 법원으로서는 그 법률이 위헌인지 여부에 대하여는 판단할 필요 없이 위 무효확인청구를 기각하여야 할 것이다.

대판 2005.11.10. 2003두14963

원고가 직무 관련 범죄인 수뢰후부정처사죄로 기소되어 징역형의 선고유예를 받고 당연퇴직한 점, 원고가 퇴직할 당시 국가공무원법, 경찰공무원법 등 다수의 공무원 관계 법령이 구 지방공무원법과 같은 내용의 당연퇴직제도를 두고 있어 원고 이외의 다른 많은 공무원들이 징역형의 선고유예를 받고 당연퇴직한 점, 당시에는 징역형의 선고유예 판결이 있으면 공무원의 신분이 상실(당연퇴직)된다고 일반적으로 받아들여졌는데, 새삼스럽게 이 사건 위헌결정에 소급효를 인정하여 이미 발생한 당연퇴직의 효력을 소멸시키고 공무원의 신분을 회복하게 하여 공직에 복직시키는 것은 공무원 조직에 상당한 부담을 주어, 결국에는 국가 또는 지방자치단체의 사무의 적정한 행사 및 조직의 안정에도 악영향을 미칠 것임이 경험칙상 명백한 점, 이 사건 위헌결정의 소급효를 인정하는 것이 형법 및 구 지방공무원법상의 뇌물범죄에 대한 입법자의 입법 태도나 법원이 수뢰후부정처사죄를 범한 공무원에 대하여 선고유예 판결을 함으로써 기하려 했던 구체적 타당성의 실현의지에 반하는 결과가 되는 점 등을 종합하면, 비록 **이 사건이 위헌결정의 예외적 소급효가 인정되는 경우 중 '위헌결정 이후에 같은 이유로 제소된 일반사건'에 해당한다고 하더라도**, 이 사건의 경우 **원고의 권리구제를 위한 구체적 타당성의 요청이 현저한 경우에 해당한다거나 소급효의 부인이 정의와 형평 등 헌법적 이념에 심히 배치되는 때에 해당한다고 보기 어려우며, 오히려 위헌결정의 소급효를 인정할 경우 구 지방공무원법에 의해 형성된 공무원의 신분관계에 관한 법적 안정성이 심하게 침해될 것으로 보여서, 이 사건은 위헌결정의 소급효를 제한하는 것이 법치주의의 원칙상 요청되는 경우에 해당한다**고 할 것이고, 또 이 사건의 제소시점, 당사자, 사건내용 등을 종합하면, 이 사건이 위헌결정의 예외적 소급효가 인정되는 경우 중 '위헌제청을 한 당해사건', '위헌결정이 있기 전에 이와 동종의 위헌 여부에 관하여 헌법재판소에 위헌여부심판제청을 하였거나 법원에 위헌여부심판제청신청을 한 당해사건'에도 해당하지 아니한다고 할 것이므로, 결국 이 사건 위헌결정의 효력은 이 사건에 미치지 아니한다고 판단하였다.

대판 1993.2.26. 92누12247

헌법재판소의 위헌결정의 효력은 위헌제청을 한 당해사건은 물론 위헌제청신청은 아니하였지만 당해 법률 또는 법률의 조항이 재판의 전제가 되어 법원에 계속 중인 사건뿐만 아니라 위헌결정 이후에 위와 같은 이유로 제소된 일반사건에도 미친다고 봄이 타당하다 할 것이므로 헌법재판소의 1989. 12. 28.자 국가보위입법회의법 부칙 제4항 후단에 관한 위헌결정의 효력은 그 이후에 제소된 이 사건에도 미친다고 할 것이다. 따라서 위헌결정의 소급효가 이 사건에 미치는 이상, 위헌결정된 국가보위입법회의법 부칙 제4항 후단의 규정에 의하여 이루어진 원고에 대한 1980. 11. 16. 자 면직처분은 당연무효의 처분이라 할 것이다.

(5) 변형결정

(가) 헌법불합치결정

XV 국가정보원직원법 제17조 제2항 위헌제청: 헌법불합치(헌재 2002.11.28. 2001헌가28)

쟁점 위헌상태의 제거방안으로 헌법불합치 결정을 선고할 수 있는지 여부

사건의 개요

당해사건의 원고들은 국가정보원 직원으로 근무하던 자들로서, 국가정보원직원법 제21조 제1항 제3호에 의하여 직권면직처분을 받았다. 이에 위 원고들은 위 처분이 위법하고 부당하다고 주장하면서 국가정보원장을 상대로 그 취소를 구하는 소송을 제기하여 서울행정법원에 계속 중이다.

당해사건의 소제기 이후 원고들은 국가정보원직원법 제17조 제2항에 의하여 피고인 국가정보원장에게 진술의 허가를 구하였는데 **국가정보원장은 신청내용 중 일부에 대하여는 그 진술내용이 불특정하다는 이유로 불허가하였고, 나머지 신청내용에 대하여는 직무상 비밀에 대한 비공개재판 등 국가기밀보호에 협조등의 조건을 붙여 조건부허가를 하였다.**

이에 서울행정법원은 당해사건의 원고들이 소장진술을 함에 있어 피고인 국가정보원장의 허가를 받아야 하는 제약에 대한 근거규정이 되는 국가정보원직원법 제17조 제2항이 당해사건 재판의 전제가 되며 위헌 여부에 의문이 있다고 하여 직권으로 이 사건 위헌 여부에 대한 심판을 제청하였다.

심판의 대상

국가정보원직원법 제17조 (비밀의 엄수) ② 직원(퇴직한 자를 포함한다)이 법령에 의한 증인·참고인·감정인 또는 사건당사자로서 직무상의 비밀에 속한 사항을 증언 또는 진술하고자 할 때에는 미리 원장의 허가를 받아야 한다.

제청법원의 제청이유

이 사건 법률조항으로 인하여 원고들은 이 사건 소송절차에서 직무상 비밀에 속한 사항에 대하여 사건당사자로서 자신에게 유리한 주요사실에 관한 진술이나 처분의 위법사유에 관한 진술을 하려면 국가정보원장인 피고의 허가를 받지 않으면 안되고 따라서 피고의 허가여부에 따라 사건당사자로서의 진술을 할 수 있는지 여부가 결정되는 바, 이는 원고들의 공격방어권을 제한하는 것은 물론, 신속한 재판을 받을 권리도 제한한다. 이 사건 법률조항은 원고들이 국가정보원장이 아닌 제3자를 피고로 하여 소송을 제기한 경우와 국가정보원장을 피고로 하여 소송한 경우를 구별하지 아니하고, 국가정보원장을 피고로 하여 소송을 제기한 경우조차도 예외없이 직무상 비밀에 속하는 사항을 진술하고자 할 때에는 소송상대

방에 해당하는 피고의 허가를 받도록 규정한 결과 원고들이 재판절차에서 소송당사자로 진술하는 것을 필요이상으로 곤란하게 함으로써 결국 재판청구권을 제한함에 있어서 갖추어야 할 방법의 적합성, 침해의 최소성, 법익의 균형성을 갖추지 못하였거나 재판청구권의 본질적 내용을 침해하였다는 의심이 든다.

▢ 주 문

1. 국가정보원직원법 제17조 제2항(1999. 1. 21. 법률 제5682호로 개정된 것) 중 "직원(퇴직한 자를 포함한다)이 사건당사자로서 직무상의 비밀에 속한 사항을 진술하고자 할 때에는 미리 원장의 허가를 받아야 한다"는 부분은 헌법에 합치되지 아니한다.

2. 위 법률조항 부분은 2003. 12. 31.을 시한으로 입법자가 개정할 때까지 계속 적용된다.

▢ 판 단

Ⅰ. 이 사건 법률조항에 의하여 제한되는 기본권의 내용

이 사건 법률조항은 국가정보원 직원이 **사건 당사자로서 직무상 비밀에 속한 사항을 진술하고자 할 때 국가정보원장의 사전허가를 받도록 함으로써 직원의 재판상 진술을 제한**하고 있고, 이는 법관의 면전에서 모든 자료가 신속히 진술되지 못하게 하고 나아가 이에 대하여 진술인이 적절히 공격·방어할 수 있는 재판상의 기회를 박탈하게 됨을 의미한다. 따라서 이 사건 법률조항은 결국 헌법상의 권리인 **공정하고 신속한 재판을 받을 권리를 제한**하는 효과를 가지는 것이라고 할 것이다.

그렇다면 이 사건 법률조항에 의하여 발생하는 위 권리의 제한이 과연 소송절차법상 갖추어야 할 합리성과 정당성을 가지는 것인지 여부를 따져 보아야 할 것인 바, 아래에서 이를 헌법 제37조 제2항에 따라 요구되는 과잉금지의 원칙에 적합한지 여부를 기준으로 하여 살펴보기로 한다.

Ⅱ. 과잉금지원칙 위반여부

1. 목적의 정당성

국가정보원은 국내외 정보의 수집 및 국가기밀의 보안업무를 수행하는 것을 그 주요한 직무로 하고 있는 국가기관이며(국가정보원법 제3조), 이 사건 법률조항은 재판절차내에서 국가정보원의 업무활동과 관련된 국가기밀의 유지를 충분히 보장하여 국가정보원의 정보수집 및 관리활동에 지장을 받지 아니하게 함으로써 국가이익을 도모함을 목적으로 한다.

2. 방법의 적합성

국가정보원장을 피고로 하여 소송을 제기한 경우에는 일방 당사자인 국가정보원장이 상대 당사자의 소송상 진술의 가부를 판단·결정하게 하는 결과가 되어 재판의 공정성을 고려할 때 방법상 부적절하지 않는지 여부가 문제될 수 있다. 그러나 비록 국가정보원장이 피고로 소송의 상대방이 된다고 하더라도 동 소송상 국가비밀의 개시 내지 공개 여부가 문제되는 경우에는 이에 대한 전문적 정책판단주체로서 국가정보원장이 적합한 점에는 아무런 차이가 없으며, **소송당사자로서의 지위와 국가비밀의 보호주체로서의 지위는 서로 구분되는 것이므로 동 지위가 우연히 중복된다는 사실만으로 위 허가의 결정권을 국가정보원장에게 부여하고 있는 이 사건 법률조항의 방법이 반드시 부적절한 것이라고는 할 수 없다.**

3. 피해의 최소성

이 사건 법률조항은 사건당사자가 직무상 비밀에 관한 소송상 진술을 하기 위하여는 국가정보원장의 사전허가를 받도록 하고만 있을 뿐이며 국가정보원장이 동 허가 혹은 불허가를 함에 있어서는 어떠한 요건을 갖출 것도 요구하고 있지 아니하다. 그리하여 이러한 비밀사항의 소송상 주장의 가능 혹은 불가능의 여부는 오로지 국가정보원장의 전문성에 기초한 재량적 판단에 따라 이루어지도록 하고 있다. 그러나 이러한 내용의 입법은 **국가이익의 명분하에 국민의 재판청구권을 과도하게 침해할 소지를 내포하고 있는 것으로써 결국 동 기본권을 필요 이상으로 침해하고 있는 것이라고 할 것이다.**

이를 일반적으로 국가정보원이 아닌 다른 행정관서의 공무원 혹은 그 퇴직자가 사건 당사자가 아닌 증인으로 소송에 출석하여 직무상 비밀에 관하여 증언하는 경우와 비교하여 보더라도, 위 공무원등이 증언을 하는 경우 민사소송의 경우에는 민사소송법 제306조 및 제307조, 그리고 형사소송의 경우에는 형사소송법 제147조의 적용을 받게 되는데, 동 조항들에 의하면 증언을 하고자 하는 현직 혹은 퇴직 공무원은 소속 공무소 등의 동의 혹은 승낙을 받아야 하며, 나아가 '국가의 중대한 이익을 해치는 경우'를 제외하고는 동의 혹은 승낙을 거부하지 못하게 된다. 이 경우에는 **소송법상의 증언의무와 공무원법상의 비밀준수의무가 서로 충돌하게 되며 양 가치의 조화를 위하여 앞서본 '국가의 중대한 이익의 침해 여부'가 어느 가치를 우선할 것인지 판단함에 있어서 기준이 되고 있는 것**이라고 할 수 있다.

이에 반하여 국가정보원의 현직 혹은 퇴직의 직원이 사건당사자가 되어 진술하고자 하는 경우에는 앞서본 바와 같은 의무의 충돌은 없으나, **자신의 재판청구권이 국가정보원장의 허가 여부에 의하여 직접 제한되므로 자신의 기본권 보장의 문제와 국가기밀 보호라는 공익유지의 문제가 서로 대립되게 된다.** 위 직원의 재판상 이익에 대한 보호는 단순한 의무충돌의 문제가 아니라 기본권 보장의 문제이므로 그 보호의 필요성은 앞서본 바와 같이 증언을 하는 경우에 비하여 헌법적으로 더욱 중요하며 헌법 제37조 제2항에 내재된 과잉금지의 원칙의 적용을 받아 관계된 당사자의 기본권 제한이 최소화되는 정도로 그 제한의 수준이 결정되지 않으면 안 된다.

이와 같은 기준에서 볼 때 이 사건 법률조항에서 국가정보원장이 그 직원 등의 소송상 진술의 허가여부를 결정함에 있어서 공익상 필요성 여부 등에 관한 아무런 제한요건을 정하고 있지 아니함으로 인하여 국가정보원장의 재량으로 동 허가여부에 대한 판단을 할 수 있도록 한 것은 국가비밀 보호라는 공익유지에 편중하여 동 허가의 대상자인 위 직원 등의 재판청구권을 지나치게 광범위하게 제한하는 것이라고 할 것이다.

이상을 종합할 때 직원이 사건당사자로서의 진술에 대하여 국가정보원장이 이 사건 법률조항에 따라 심사하여 그 허가를 거부하기 위하여는 **일반적인 증언을 할 경우에 요청되는 요건인 '국가의 중대한 이익을 침해하는 경우'에 해당**하여야 함은 물론이고 나아가 **사건 당사자의 재판청구권의 제한을 정당화하기에 충분한 정도가 되기 위하여 '직무상 고려에 의하여 불가피하게 요청되는 경우'**에도 해당되어야만 할 것이다. 따라서 이 사건 법률조항은 비록 국가비밀의 보호라는 입법목적에는 부합하는 것이라고 하더라도 기본권에 대한 침해가 불합리하게 과도한 것으로써 기본권 침해의 최소성의 요건을 충족하였다고 할 수 없다.

4. 법익의 균형성

이 사건 법률조항에 의하여 보호되는 공익은 국가정보원의 직무활동과 관련된 국가비밀의 보호라고 할 것이고 이에 대립되는 사익은 사건당사자인 직원들이 공정한 재판을 통하여 실현하고자 하는 개인적인 이익이라고 할 것이다. 그런데 이 사건 법률조항의 내용만으로는 문제되는 국가비밀의 국가이익에 대한 중대성 여부를 전혀 고려할 수 없고, 아무리 사소한 대외비라고 하더라도 국가정보원장의 재량적 판단에 의하여 공정한 재판을 통하여 실현하고자 하는 사익의 비중에 관계없이 동 사익에 우선할 수 있게 되어있다. 국가정보원은 국가의 중추적인 정보수집기관으로써 그 활동 전체에 일반적으로 보안이 요구되며, 경우에 따라서는 그 수집정보의 국가이익을 기준으로 한 정보가치 여하에 관계없이 국가정보원의 활동과 관련되었다는 사실만으로도 대외비가 될 수 있는 것도 사실이다. 그렇다면 **국가이익에 대한 중요도와 비공개의 불가피성 여부를 기준으로 한 엄격한 비교형량의 판단을 도외시한 채 정보가치가 희박한 보안사항까지 국가정보원장의 판단에 의하여 소송당사자의 사익의 가치와 중요도에 관계없이 동 사익에 우선할 수 있도록 허용하는 것은 공익과 사익간에 합리적인 비례관계를 형성하지 못하고 있는 것**이라고 할 것이다.

나아가 전·현직 국가정보원 직원이 국가정보원장을 피고로 하여 소송을 제기한 경우 국가정보원장이 직무상 비밀에 속하는 위 직원의 소송상 진술을 불허하면 동 진술이 행하여지지 못한데 대한 소송상 불이익은 동 불허처분의 주체인 피고 국가정보원장이 아니라, 그 소송상대방인 위 직원이 받게 된다. 이와 같은 상황은 미국의 판례이론에서 보는 바와 같이 국가가 비밀사항을 소송상 개시되지 못하게 하는 경우 그 대신 국가가 그 불이익을 감수하고 소송을 포기하여야 한다는 이른바 '특권포기론'의 결론과는 정반대의 결과가 되며, 위 직원의 소송상 이익에 대하여 공익을 현저하게 우선시키는 것이라고 할 것이다. 따라서 이러한 불균형한 결과를 최소화하기 위하여서라도 **소송당사자의 진술에 대한 국가정보원장의 허가에 대하여는 국가이익에 대한 중요도와 비공개의 불가피성 여부를 기준으로 한 엄격한 요건이 설정되어야 하며, 이 요건을 준수하였는지 여부에 대한 사법적 통제가 이루어질 수 있도록 하여야 할 것이다.** 국가정보원장의 위 허가권한에 대한 이와 같은 통제가 이루질 수 있는 경우에만 비로소 국가비밀의 보호와 당사자의 소송상 사익간의 합리적인 법익교량이 이루어졌다고 할 수 있는 것이다.

Ⅲ. 헌법불합치결정과 잠정적용명령

이 사건 법률조항은 헌법에 위반되므로 원칙으로 위헌결정을 하여야 할 것이나, 이에 대하여 **위헌결정을 하여 당장 그 효력을 상실시킬 경우에는 국가정보원 직원이 사건당사자로서 직무상의 비밀을 진술할 때에 사전에 이를 통제할 법적 근거가 상실되는 법적 공백상태가 발생**하고, 이로 말미암아 특히 **소송당사자로 진술하는 내용 중에서 중대한 국가비밀사항이 공개되어 국가이익을 침해하는 경우가 발생하는 등 법적 혼란을 초래할 우려가 있다.** 그리고 위헌적인 규정을 합헌적으로 조정하는 임무는 원칙적으로 입법자의 형성재량에 속하는 사항이라고 할 것인데, 이 사건 법률조항의 위헌성을 어떤 방법으로 제거하여 새로운 입법을 할 것인가에 관하여는 여러 가지 방안이 있을 수 있고, 그 중에서 어떤 방안을 채택할 것인가는 입법자가 여러 가지 사정을 고려하여 입법정책적으로 결정할 사항이라 할 것이다. 이러한 **사정들을 감안한다면 이 사건 법률조항은 헌법에 합치되지**

아니하나 입법개선시까지 잠정적으로 적용하는 것이 바람직하다고 할 것이며, 입법자는 되도록 빠른 시일 내에, 늦어도 2003. 12. 31.까지는 새 입법을 마련함으로써 이 사건 법률조항의 위헌적 상태를 제거하도록 함이 상당하다.

✤ 본 판례에 대한 평가 1. 헌법불합치결정이란 비록 위헌성이 인정되는 법률이라 하더라도 국회의 입법권을 존중하고, 위헌결정의 효력을 즉시 발생시킬 때 오는 법의 공백을 막아 법적 안정성을 유지하기 위하여 일정기간 당해 법률의 효력을 지속시키는(계속효) 결정형식이다. 헌법불합치결정의 주문형식은 "헌법에 합치되지 아니한다"로 하고 있으며, "입법자가 개정할 때까지 효력을 지속한다"라고 하는 것이 보통이다. 이 경우 헌법불합치결정은 입법촉구결정과 각기 독자적인 결정형식이라기보다는 결합된 것으로 이해할 수 있다. 그러나 문제의 법률 또는 법률의 조항이 이미 개정되었을 경우에는 그 개정의 취지를 존중하여 따로 입법촉구결정을 할 필요는 없다.

2. 헌법불합치결정의 필요성: 단순위헌결정으로 법적 공백과 혼란이 우려되어 법적 안정성을 도모할 필요가 있는 경우, 위헌적 상태를 해결하기 위하여 다양한 방법이 가능하여 그 선택을 입법자의 입법형성권에 맡겨야 하는 경우에 불합치결정이 필요하다. 구체적으로 헌법불합치결정은 ㉠ 평등원칙에 위반된 법률에 대하여 단순위헌결정을 하게 되면 입법자의 의사와 관계없이 헌법적으로 규정되지 않은 법적 상태를 일방적으로 형성하는 결과를 초래할 경우, ㉡ 자유권이라 하더라도 법률의 합헌부분과 위헌부분의 경계가 불분명하여 단순위헌결정으로는 적절하게 구분하여 대처하기가 어려운 경우, 혹은 ㉢ 단순위헌선언을 한다면 법적 공백상태가 야기되고 법적 혼란을 초래할 우려가 있어 잠정적용(暫定適用)을 명할 필요가 있는 경우에 이용될 수 있다.

3. 헌법불합치결정의 효력: 헌법불합치결정도 위헌결정과 마찬가지로 확정력과 법규적 효력을 가진다. 위헌결정과 달리 헌법불합치결정이 내려지면 법률은 일정 기간 형식적으로 존속한다. 따라서 불합치결정된 법률에 근거한 처분 등은 그 기간 동안 하자 없는 처분으로 존속하게 된다. 또한 불합치결정은 입법자의 입법형성권을 존중하여 합헌적 상태의 실현을 입법자에게 맡긴 점에 그 본질이 있으므로, 입법자는 입법개선의무를 진다. 불합치결정의 경우 원칙적으로 당해 법률의 적용이 금지되고, 결정 당시 법원 및 행정청에 계속된 모든 유사사건의 절차는 정지되어야 한다. 헌법불합치결정도 본질적으로 위헌결정의 일종이므로 소급효를 가지며, 그 범위도 단순위헌결정과 같다. 그러나 그 의미와 내용은 위헌결정과 같을 수 없다. 즉 위헌결정의 경우 소급효가 미치는 당해 사건 등에 대하여 법원은 당해 규정의 무효를 전제로 재판을 해야 하지만, 불합치결정의 경우(예외적으로 잠정적용이 명해진 경우가 아니라면) 소급효가 미치는 사건에 대해서는 입법자의 결정(개정법 또는 법률의 폐지 등)을 기다려 그에 따라 재판을 해야 한다. 이는 합헌적 상태의 실현을 입법자에게 맡긴다는 불합치결정의 본질에 비추어 당연한 것이다. 그럼에도 개정 전의 사건에 개정법률을 소급적용할 것인지 여부와 관련하여 실무상의 혼선이 있었다. 헌법재판소는 구 소득세법의 위임규정에 대하여 "이 사건 위임조항을 적용하여 행한 양도소득세부과처분 중 확정되지 아니한 모든 사건과 앞으로 행할 양도소득세부과처분 모두에 대하여 위 개정법률을 적용할 것을 내용으로 하는 헌법불합치결정을 하기로 한다"라고 판시하였으나, 대법원은 "위의 헌법불합치결정은 그 위헌성이 제거된 개정법률이 시행되기 이전까지는 종전 구 소득세법 제60조를 그대로 잠정 적용하는 것을 허용하는 취

지의 결정이라고 이해함이 상당하다"라는 이유로 양도소득세부과처분에 대하여 개정법률을 적용하지 않고 구법을 적용한 바 있다. 그런데 개정법률의 적용은 불합치결정의 본질상 당연히 인정되는 효력이라 할 것이고, 위 헌법재판소의 결정을 예외적으로 잠정적용을 명한 사안으로 보기도 어렵다. 따라서 이에 관한 대법원의 태도는 타당하지 않다고 판단된다. 그러나 불합치결정과 적용중지만으로는 극복할 수 없는 법적 공백상태가 발생할 수 있다. 이러한 경우 예외적으로 법률의 잠정적용이 허용된다. 다만 주의할 점은 ㉠ 이러한 잠정적용은 국민의 기본권과 헌법의 규범력에 대한 중대한 침해가 되므로 헌법재판소가 명확히 잠정적용을 명한 경우에만 인정되어야 한다. 실제로 헌법재판소가 주문에 이를 명시한 예는 없다. 그러나 적어도 판결이유에서는 명확히 잠정적용 여부가 드러나야 할 것이며, 잠정적용은 제청신청인의 권리구제를 거부하는 결과가 되므로 되도록 주문에 명시하여야 한다. ㉡ 헌법재판소도 안이하게 잠정적용을 명해서는 안 되며 헌법의 규범력·국민의 기본권침해의 중대성과 법적 안정성의 요구를 엄격히 교량해 후자가 월등히 우월한 경우에만 잠정적용을 명하여야 한다. 헌법재판소가 잠정적용을 명한 경우에 법률은 형식적으로 유효할 뿐만 아니라 적용이 가능한 것이므로 법원은 위헌으로 선언된 법률을 그대로 적용하여 판결하여야 한다. 다만, 잠정적용의 범위가 문제된다. 즉 위헌제청을 한 당해 사건까지 위헌인 법률을 잠정적용하는 것은 구체적 규범통제의 실효성에 반할 소지가 있다. 그러나 위헌심판의 계기를 제기한 사건에 대해서만 예외를 인정한다면, 위헌제청을 조금 늦게 하였거나 기본권침해가 조금 늦게 발생한 다른 사건들과의 형평성문제가 제기되고, 권리의 구제 여부가 우연에 의해 좌우되게 되어 불합리하다. 반대로 그러한 불균형을 시정하기 위해 잠정적용의 예외를 인정하는 범위를 넓히면 넓힐수록 헌법의 규범력에도 불구하고 잠정적용을 명한 취지는 몰각된다. 따라서 심판의 계기를 부여한 당해 사건을 포함한 유사사건 모두가 위헌인 법률의 적용을 받는다고 보는 것이 타당하다.

4. 이와 관련하여 대법원은 헌법재판소가 불합치결정을 하면서 잠정적용을 명한 사건임에도 불구하고 위헌결정의 소급효를 인정한 원심판결을 유지한 바 있다. 이러한 대법원의 판례는 잠정적용을 명한 헌법재판소결정의 효력을 오해한 것으로 부당하다.

※ 국가정보원직원법 제17조 (비밀의 엄수) ② 직원(퇴직한 자를 포함한다)이 법령에 의한 증인·참고인·감정인 또는 사건당사자로서 직무상의 비밀에 속한 사항을 증언 또는 진술하고자 할 때에는 미리 원장의 허가를 받아야 한다.

④ 원장은 제2항 또는 제3항의 규정에 의하여 허가여부를 결정함에 있어서 국가의 중대한 이익을 해하는 경우 또는 군사외교대북관계 등 국가안위에 중대한 영향을 미치는 경우를 제외하고는 허가를 거부하지 못한다 (개정 2003. 12. 30).

관련 문헌: 김승대, "국가정보원직원법 제17조 제2항 위헌제청: 국정원직원의 재판상 진술에 대한 국정원장의 허가와 재판청구권", 헌법재판소결정해설집, 2002(2003. 10), 621-638면: 이부하, "헌법 제107조 1항에 있어서 재판의 전제성의 존재요건", 공법연구 제33집 제1호(2004. 11), 425-444면; 이상훈, "위헌결정과 헌법불합치결정의 효력 및 그 재판실무상 적용", 사법논집, 제38집(2004. 12), 5-110면; 이중엽, "헌법재판소의 변형결정의 문제와 실효성 확보방안", 사회과학논총 19집(2003. 2), 93-122면; 김현철, "헌법불합치결정의 이론과 실제", 헌법논총 14집(2003. 12), 201-268면; 남복현, "판례평석: 구 소득세법 제60조의 헌법불합치결정과 그와 관련한 후속처리 방안", 한양법학 제10집, 1997. 10, 139면 이하; 방승주, "구 소득세법 제60조에 대한 헌법불합치 결정의 법적 성격과 그 효력: 헌재 1999. 10. 21. 96헌마61등", 판례집 11-2, 461, 헌법실무연구 제1권, 박영사(2000), 263면 이하;

한수웅, "위헌법률의 잠정적용을 명한 헌법불합치결정의 효력," 김용준헌법재판소장회갑기념논문집, 1988, 307면 이하.

[요약판례 1] 재외동포의출입국과법적지위에관한법률 제2조 제2호 위헌확인: 헌법불합치(헌재 2001.11.29. 99헌마494)

평등원칙에 위반된 법률에 대해 헌법불합치결정과 잠정적용을 명한 경우

법률이 헌법에 위반되는 경우 헌법의 규범성을 보장하기 위하여 원칙적으로 그 법률에 대하여 위헌결정을 하여야 하는 것이지만, 위헌결정을 통하여 법률조항을 법질서에서 제거하는 것이 법적 공백이나 혼란을 초래할 우려가 있는 경우에는 위헌조항의 잠정적 적용을 명하는 헌법불합치결정을 할 수 있다. 즉 위헌적인 법률조항을 잠정적으로 적용하는 위헌적인 상태가 위헌결정으로 말미암아 발생하는 법이 없어 규율 없는 합헌적인 상태보다 오히려 헌법적으로 더욱 바람직하다고 판단되는 경우에는, 헌법재판소는 **법적 안정성의 관점에서 법치국가적으로 용인하기 어려운 법적 공백과 그로 인한 혼란을 방지하기 위하여 입법자가 합헌적인 방향으로 법률을 개선할 때까지 일정 기간 동안 위헌적인 법규정을 존속케 하고 또한 잠정적으로 적용하게 할 필요가 있다.**

또한 **이 사건과 같이 법률이 평등원칙에 위반된다고 판단되는 경우에도 그것이 어떠한 방법으로 치유되어야 하는가에 관하여는 헌법에 규정되어 있지 않고, 그 위헌적 상태를 제거하여 평등원칙에 합치되는 상태를 실현할 수 있는 여러 가지 선택가능성이 있을 수 있으며, 그러한 선택의 문제는 입법자에게 맡겨진 일이다.** 그러한 경우에 헌법재판소가 평등원칙에 위반되었음을 이유로 단순위헌결정을 한다면 위헌적 상태가 제거되기는 하지만 입법자의 의사와 관계없이 헌법적으로 규정되지 않은 법적 상태를 일방적으로 형성하는 결과가 되고, 결국 입법자의 형성의 자유를 침해하게 된다. 이러한 이유 때문에 헌법재판소로서는 입법자의 형성권을 존중하여 법률의 위헌선언을 피하고 단지 법률의 위헌성만을 확인하는 결정으로서 헌법불합치결정을 하게 되는 것이다.

이 사건의 경우 앞에서 본 바와 같이 재외동포법은 이미 1999. 12. 3.부터 시행되었고, 법무부 자료에 의하면 2001. 8. 30. 현재 동법 제6조 소정의 국내거소신고를 한 자가 23,664명에 이르렀다. 이 중 재외국민은 10,532명이고 외국국적동포는 13,132명이다. 따라서 이들은 재외동포법에서 보장하는 여러 가지 혜택을 누리고 있는바, **헌법재판소가 이 사건 심판대상규정에 대하여 단순위헌결정을 선고하면 이들 중 외국국적동포의 경우는 재외동포법이 부여하는 지위가 그 순간부터 상실되어 당장 출국을 해야 하고 이들이 그동안 국내에서 행한 취업 기타 경제활동, 부동산의 취득, 국내 금융기관의 이용, 의료보험혜택 등이 일시에 정지되게 된다.** 이와 같은 상태는 법적 안정성의 관점에서 법치국가적으로 용인하기 어려운 법적 공백과 그로 인한 혼란을 야기할 수 있으므로, 입법자가 합헌적인 방향으로 법률을 개선할 때까지 일정 기간 동안 위헌적인 법규정을 존속케 하고 또한 잠정적으로 적용하게 할 필요가 있는 것이다.

[요약판례 2] 지적법 제28조 제2항 위헌확인: 헌법불합치(헌재 2002.5.30. 2000헌마81)

자유권을 제한하는 법률의 합헌부분과 위헌부분의 경계가 불분명하여 헌법불합치결정을 한 경우

이 법률조항은 초벌측량을 대행하려면 비영리법인을 설립하도록 강제하고 있는바, 그러한 요건은 측량성과의 정확성을 확보한다는 입법목적 달성과는 무관한 수단으로 보이고, 법인의 형태와 개인인 지적기술자의 업무영역을 나눈다거나 같은 법인형태라도 자본규모나 소속 지적기술자의 수에 따라, 그리고 개인인 지적기술자의 경우는 그 자격의 차이에 따라 업무영역을 나누는 등 덜 제한적인 방법이 가능하다는 점에서 기본권침해의 최소성을 충족시키지 못하고 있고, 나아가 그 입법목적에 비추어 볼 때 직업선택의 자유를 제한당하는 청구인 등 지적기술자의 기본권과의 법익의 균형성도 상실하고 있으므로, 과잉금지의 원칙에 위배되는 위헌적인 법률이라고 할 것이다.

헌법불합치결정은 헌법재판소법 제47조 제1항에 정한 위헌결정의 일종으로서(헌재 1989. 9. 8. 88헌가6) 심판대상이 된 법률조항이 실질적으로는 위헌이라 할지라도 그 법률조항에 대하여 단순위헌결정을 선고하지 아니하고 헌법에 합치하지 아니한다는 선언에 그침으로써 헌법재판소법 제47조 제2항 본문의 효력상실을 제한적으로 적용하는 변형위

헌결정의 주문형식이다. 법률이 평등원칙에 위반된 경우가 헌법재판소의 불합치결정을 정당화하는 대표적인 사유라고 할 수 있다. 반면에, 자유권을 침해하는 법률이 위헌이라고 생각되면 무효선언을 통하여 자유권에 대한 침해를 제거함으로써 합헌성이 회복될 수 있고, 이 경우에는 평등원칙 위반의 경우와는 달리 헌법재판소가 결정을 내리는 과정에서 고려해야 할 입법자의 형성권은 존재하지 않음이 원칙이다. 그러나 그 경우에도 **법률의 합헌부분과 위헌부분의 경계가 불분명하여 헌법재판소의 단순위헌결정으로는 적절하게 구분하여 대처하기가 어렵고, 다른 한편으로는 권력분립의 원칙과 민주주의원칙의 관점에서 입법자에게 위헌적인 상태를 제거할 수 있는 여러 가지의 가능성을 인정할 수 있는 경우에는, 자유권의 침해에도 불구하고 예외적으로 입법자의 형성권이 헌법불합치결정을 정당화하는 근거가 될 수 있다.**

이 사건의 경우 이른바 초벌측량의 대행을 비영리법인(사실상 재단법인 대한지적공사)에게만 대행하는 전담대행체제가 위헌이라는 것이지 **비영리법인에게 초벌측량의 대행을 할 수 없다는 것이 아니다.** 또한 초벌측량의 대행을 모든 지적기술자에게 허용하는 이른바 경쟁체제를 택하는 경우에 대행자가 법인인지 또는 개인인지 여부에 따라, 같은 법인인 경우에도 소속 지적기술자의 수나 자본금의 크기, 개인의 경우에는 그 자격의 차이 등 합리적인 기준에 따라 대행할 수 있는 초벌측량의 범위를 제한할 수는 있다 할 것이고 **이는 입법자가 입법형성의 범위내에서 자유롭게 정할 수 있는 것이다.** 그러므로 입법자가 합헌적인 방향으로 법률을 개선할 때까지 일정 기간 동안 위헌적인 법규정을 존속케 하고 또한 잠정적으로 적용하게 할 필요가 있는 것이다.

※ 제41조의2 (지적측량업의 등록) ① 지적측량업을 영위하고자 하는 자는 기술자격·기술능력·설비 등의 등록기준을 갖추어 국토해양부장관에게 지적측량업의 등록을 하여야 한다. 다만, 제41조의9의 규정에 의하여 설립된 대한지적공사의 경우에는 그러하지 아니하다. 〈개정 2008. 2. 29.〉 [본조 신설 2003. 12. 31.]

[요약판례 3] 약사법 제16조 제1항 등 위헌소원: 헌법불합치(헌재 2002.9.19. 2000헌바84)

단순위헌선언을 하면 법적 공백상태가 야기되고 법적 혼란을 초래할 우려가 있어 잠정적용을 명할 필요가 있는 경우

"**약사 또는 한약사가 아니면 약국을 개설할 수 없다**"고 규정한 약사법 제16조 제1항은 자연인 약사만이 약국을 개설할 수 있도록 함으로써, 약사가 아닌 자연인 및 일반법인은 물론, 약사들로만 구성된 법인의 약국 설립 및 운영도 금지하고 있는바, 국민의 보건을 위해서는 약국에서 실제로 약을 취급하고 판매하는 사람은 반드시 약사이어야 한다는 제한을 둘 필요가 있을 뿐, 약국의 개설 및 운영 자체를 자연인 약사에게만 허용할 합리적 이유는 없다. 입법자가 약국의 개설 및 운영을 일반인에게 개방할 경우에 예상되는 장단점을 고려한 정책적 판단의 결과 약사가 아닌 일반인 및 일반법인에게 약국개설을 허용하지 않는 것으로 결정하는 것은 그 입법형성의 재량권 내의 것으로서 헌법에 위반된다고 볼 수 없지만, **법인의 설립은 그 자체가 간접적인 직업선택의 한 방법으로서 직업수행의 자유의 본질적 부분의 하나**이므로, 정당한 이유 없이 본래 약국개설권이 있는 약사들만으로 구성된 법인에게도 약국개설을 금지하는 것은 입법목적을 달성하기 위하여 필요하고 적정한 방법이 아니고, 입법형성권의 범위를 넘어 과도한 제한을 가하는 것으로서, 법인을 구성하여 약국을 개설·운영하려고 하는 약사들 및 이들로 구성된 법인의 직업선택(직업수행)의 자유의 본질적 내용을 침해하는 것이고, 동시에 약사들이 약국경영을 위한 법인을 설립하고 운영하는 것에 관한 결사의 자유를 침해하는 것이다.

변호사, 공인회계사 등 여타 전문직과 의약품제조업자 등 약사법의 규율을 받는 다른 직종들에 대하여는 법인을 구성하여 업무를 수행할 수 있도록 하면서, 약사에게만 합리적 이유 없이 이를 금지하는 것은 헌법상의 평등권을 침해하는 것이다.

이 사건 법률조항에는 약사가 아닌 일반인이나 일반인으로 구성된(구성원 중 일부가 일반인인 경우를 포함한다) 법인의 약국설립을 금지하는 부분이 포함되어 있는데, **이 부분은 입법자가 입법형성권의 범위 내에서 합헌적으로 규정한 부분이므로 이 사건 법률조항에 대하여 전면적으로 단순위헌결정을 선고할 수는 없다.** 만일 이 사건 법률조항에 대하여 단순위헌을 선고하여 당장 이 사건 법률조항의 효력을 상실시킬 경우에는 약국을 개설할 수 있는 자격에 대

한 아무런 제한이 없게 되어 약사가 아닌 일반인이나 그들로 구성된 법인도 약국을 개설할 수 있는 기이한 상태가 됨으로써 입법자가 입법형성권의 범위 내에서 설정한 제약이 무너지게 되고, **위헌적인 이 사건 법률조항을 존속시킬 때보다 단순위헌의 결정으로 인해서 더욱 헌법적 질서와 멀어지는 법적 혼란을 초래하게 될 우려**가 있는 것이다.

또한 이 사건 법률조항에 있는 **위헌적인 요소를 제거하고 합헌적으로 조정하는 데에는 여러 가지 선택가능성이 있을 수 있다.** 약사들만으로 구성되는 법인의 형태로 합명회사나 유한회사를 취할 수도 있고, 주주의 자격을 약사로 제한하는 주식회사의 형태로 하는 것도 가능하며, 법인이 운영할 수 있는 약국의 수나 지역범위를 제한할 수도 있다. 이러한 선택의 문제는 입법형성권을 갖고 있는 입법자가 제반사정을 고려하여 결정하여야 할 문제이므로 입법자가 이 사건 법률조항을 대체할 합헌적 법률을 입법할 때까지는 일정 기간 동안 위헌적인 법규정을 존속케 하고, 또한 잠정적으로 적용하게 할 필요가 있는 것이다.

[요약판례 4] 특허법 제186조 제1항 등 위헌제청: 헌법불합치(헌재 1995.9.28. 92헌가11)
심판대상 법률조항이 법정선고 전에 합헌적으로 개정된 경우의 헌법불합치선언

(1) 법관에 의한 재판을 받을 권리를 보장한다고 함은 결국 법관이 사실을 확정하고 법률을 해석·적용하는 재판을 받을 권리를 보장한다는 뜻이고, 그와 같은 법관에 의한 사실확정과 법률의 해석적용의 기회에 접근하기 어렵도록 제약이나 장벽을 쌓아서는 아니된다고 할 것이며, 만일 그러한 보장이 제대로 이루어지지 아니한다면 헌법상 보장된 재판을 받을 권리의 본질적 내용을 침해하는 것으로서 우리 헌법상 허용되지 아니한다.

(2) 특허청의 심판절차에 의한 심결이나 보정각하결정은 특허청의 행정공무원에 의한 것으로서 이를 헌법과 법률이 정한 법관에 의한 재판이라고 볼 수 없으므로 특허법 제186조 제1항은 법관에 의한 사실확정 및 법률적용의 기회를 박탈한 것으로서 헌법상 국민에게 보장된 "법관에 의한" 재판을 받을 권리의 본질적 내용을 침해하는 위헌규정이다.

(3) 특허법 제186조 제1항이 행정심판임이 분명한 특허청의 항고심판심결이나 결정에 대한 법원의 사실적 측면과 법률적 측면에 대한 심사를 배제하고 대법원으로 하여금 특허사건의 최종심 및 법률심으로서 단지 법률적 측면의 심사만을 할 수 있도록 하고 재판의 전심절차로서만 기능하게 하고 있는 것은, 앞서 본 바와 같이 일체의 법률적 쟁송에 대한 재판기능을 대법원을 최고법원으로 하는 법원에 속하도록 규정하고 있는 헌법 제101조 제1항 및 제107조 제3항에 위반된다.

(4) 심판대상 법률조항에 기초한 현행 특허쟁송제도는 앞서 본 바와 같은 위헌성에도 불구하고 1946년 이래 지금까지 거의 반세기에 이르도록 지속적으로 시행되어 온 제도인데, 위 심판대상 법률조항에 대한 **헌법재판소의 위헌선언은 바로 위와 같이 장기간 유효하게 존속하여 온 산업재산권관계의 쟁송절차에 대한 전반적인 일대변혁을 의미하는 것이므로 그로 인한 충격과 혼란이 매우 심각하고 또 광범위할 것으로 예상**된다.

또한, 현행 특허쟁송제도에 위 심판대상 법률조항에서 보는 바와 같은 위헌적인 요소가 있다고 하더라도 그 위헌적인 요소를 제거한 합헌적인 특허쟁송제도의 방안은 여러가지가 있을 수 있고, 그 **여러 가지의 방안들 중에서 어느 것을 선택할 것인가 하는 것은 결국 입법자의 정책적인 결단에 맡겨진 문제**라고 할 것이므로 헌법재판소의 결정이 있기 전에 명백히 밝혀진 입법자의 의사가 있다면 그것이 또 다른 위헌성을 내포하고 있지 아니하는 한 존중되어야 할 것이다. 그런데 **입법자는 스스로 심판대상 법률조항 및 이에 근거한 현행 특허쟁송제도에 관한 관련 법규정들을 헌법합치적으로 개정한 바 있다.** 다만 입법자는 위 각 개정법의 시행일을 1998. 3. 1.로 정함으로써 위 시점 이전까지는 현행 특허쟁송제도를 유지하도록 하고 있는바, 이는 앞서 본 바와 같이 장기간 유효하게 존속하여 온 특허쟁송제도를 갑자기 바꿈으로 인하여 초래될 여러 가지 충격과 혼란을 막고 특허쟁송이 갖는 고도의 전문성의 요청에 부응할 수 있는 조직 및 기능과 인력을 확보하기 위한 현실적 배려로 판단되고 그 기간의 설정 또한 명백히 자의적인 것이라고는 보여지지 아니한다.

그러므로 당 재판소는 특허쟁송제도에 관련된 위와 같은 강한 법적 안정성의 요구와 이미 확인된 입법자의 합헌적인 의사를 존중하여 **입법자가 마련한 합헌적인 제도가 유효하게 시행될 수 있을 때까지는 비록 위헌성이 내포되어 있기는 하나 현행제도를 그대로 유지하는 것이 오히려 여러 가지 충격과 혼란을 방지**하고 과학기술자들의 권리를 두텁게 보호하는 효과적인 방안이 될 것이라고 판단되므로 심판대상 법률조항에 대하여 헌법불합치를 선언함에 그친다.

(5) **헌법불합치선언의 목적은 1차적으로는 위헌결정의 경우 위헌적 법률 또는 법률조항이 바로 그 효력을 상실하게 되는 법률효과를 회피하고 이를 형식적으로 존속하게 하는 데 있다.** 다만, 헌법재판이 구체적 규범통제로서의 그 실효성을 확보하기 위하여는 헌법불합치가 선언된 경우에도 위헌제청의 당해 사건과 심판대상 법률조항이 재판의 전제가 되어 법원에 계속중인 모든 병행사건에 대하여는 결정의 선고와 동시에 불합치로 선언된 법률의 적용이 배제되어야 할 것이나, 그렇게 되어서는 **이 사건의 당해사건과 이 사건 결정이 선고되는 시점에 법원에 계속중인 모든 특허 및 의장쟁송사건에 대하여 현실적으로 재판을 담당할 준비를 갖추지 못한 일반법원에 대하여 재판의 담당을 강제하는 결과로 되어 버릴 가능성이 크기 때문**에 헌법재판소가 심판대상 법률조항의 위헌성을 인정하면서도 굳이 위헌선언을 피하고 헌법불합치선언을 선택한 목적의 달성이 어렵게 될 것이다.

그러므로 당 재판소는, 심판대상 법률조항이 헌법에 불합치함을 선언하면서도, **합헌적인 개정법률이 시행될 때까지는 이를 잠정적으로 그대로 계속 적용할 것을 명함과 동시에, 헌법불합치선언이 당해 사건 등에 미칠 효과로 인한 법률적 혼란과 충격을 막기 위하여 이 사건 위헌여부심판제청의 당해 사건을 포함한 모든 특허 및 의장쟁송사건에 대하여 위 심판대상 법률조항의 적용을 명하는 것이다.**

※ 개정 전, 구 특허법(1995. 1. 5. 법률 제4892호로 개정되기 전의 것) 제186조 (상고대상 등) ① 항고심판의 심결을 받은 자 또는 제170조 제1항의 규정에 의하여 준용되는 제51조 제1항의 규정에 의한 각하결정을 받은 자가 불복이 있는 때에는 그 심결이나 결정이 법령에 위반된 것을 이유로 하는 경우에 한하여 심결 또는 결정등본을 송달받은 날부터 30일 이내에 대법원에 상고할 수 있다.

→ 제186조 (심결 등에 대한 소) ① 심결에 대한 소와 제 170조 제1항의 규정(제184조의 규정에 의하여 준용되는 경우를 포함한다)에 의하여 준용되는 제51조 제1항의 규정에 의한 각하결정 및 심판청구서나 재심청구서의 각하결정에 대한 소는 특허법원의 전속관할로 한다. 〈개정 1995. 1. 5.〉

→ 특허법 제186조 (심결 등에 대한 소) ① 심결에 대한 소 및 심판청구서나 재심청구서의 각하결정에 대한 소는 특허법원의 전속관할로 한다. 〈개정 2001. 2. 3.〉

[요약판례 5] 민법 제847조 제1항 위헌제청: 헌법불합치(헌재 1997.3.27. 95헌가14등)

위헌상태의 제거방안으로 해당 법률의 적용을 중지시키는 헌법불합치 결정

민법 제847조 제1항은 친생부인의 소의 제척기간과 그 기산점에 관하여 '그 출생을 안 날로부터 1년내'라고 규정하고 있으나, 일반적으로 친자관계의 존부는 특별한 사정이나 어떤 계기가 없으면 이를 의심하지 아니하는 것이 통례임에 비추어 볼 때, 친생부인의 소의 제척기간의 기산점을 단지 그 '출생을 안 날로부터'라고 규정한 것은 부에게 매우 불리한 규정일 뿐만 아니라, '1년'이라는 제척기간 그 자체도 그 동안에 변화된 사회현실여건과 혈통을 중시하는 전통관습 등 여러 사정을 고려하면 현저히 짧은 것이어서, 결과적으로 **위 법률조항은 입법재량의 범위를 넘어서 친자관계를 부인하고자 하는 부로부터 이를 부인할 수 있는 기회를 극단적으로 제한함으로써 자유로운 의사에 따라 친자관계를 부인하고자 하는 부의 가정생활과 신분관계에서 누려야 할 인격권, 행복추구권 및 개인의 존엄과 양성의 평등에 기초한 혼인과 가족생활에 관한 기본권을 침해**하는 것이다.

민법 제847조 제1항을 **단순위헌선언을 한다면 친생부인의 소의 제척기간의 제한이 일시적으로 전혀 없게 되는 법적 공백상태가 되고 이로 인하여 출생 후 상당기간이 경과되어 이미 번복할 수 없는 신분관계로서 이해관계인들에게 받아들여지고 있던 부자관계에 대하여도 개정입법이 행하여지기까지는 언제든지 다시 재론할 수 있게 됨으로써 적지 않은 법적 혼란을 초래할 우려**가 있을 뿐만 아니라 위헌적인 규정에 대하여 **합헌적으로 조정하는 임무는 원칙적으로 입법자의 형성재량**에 속하는 사항인 것이므로, 우리 재판소는 입법자가 이 사건 심판대상조항을 적어도 이 결정에서 밝힌 위헌이유에 맞추어 새로이 개정할 때까지는 법원 기타 국가기관은 민법 제847조 제1항 중 '그 출생을 안 날로부터 1년 내'라는 부분을 더 이상 적용·시행할 수 없도록 중지하되 그 형식적 존속만을 잠정적으로 유지하게 하기 위하여 이 사건 심판대상 조항에 대하여 단순위헌결정을 선고하지 아니하고 헌법재판소법 제47조 제2항 본문의 효력상실을 제한적으로 적용하는 변형위헌결정으로서의 헌법불합치결정을 선고하는 것이다.

※ 제847조 (친생부인의 소) ① 친생부인(親生否認)의 소(訴)는 부(夫) 또는 처(妻)가 다른 일방 또는 자(子)를 상대로 하여 그 사유가 있음을 안 날부터 2년내에 이를 제기하여야 한다. [전문개정 2005. 3. 31.]

[요약판례 6] 소득세법 제60조 등에 대한 위헌소원: 헌법불합치(헌재 1995.11.30. 91헌바1등)

헌법불합치 결정으로 당해 법률의 적용이 금지되고 개정법률의 적용을 명한 사안

헌법 제38조 및 제59조의 조세법률주의도 국민의 기본의무인 납세의무의 중요한 사항 내지 본질적 내용에 대하여는 가능한 한 법률로써 명확하게 규정하여 납세의무자로서의 국민에게 예측가능성을 부여하고 그럼으로써 국민에게 경제생활에서의 법적 안정성을 확보하여 주기 위한 것이다. 그러기에 헌법 제59조의 "**조세의 종목과 세율**"을 넓게 보아 납세의무의 중요한 사항 내지 본질적 내용이라고 여겨지는 "**과세요건인 납세의무자, 과세물건, 과세표준 및 세율뿐 아니라 조세의 부과·징수절차**까지" 모두 법률로써 가능한 한 명확하게 규정할 것을 요청하는 것으로 해석되고 있는 것이다.

이 사건 위임조항에서는 **기준시가의 내용 자체에 관한 기준이나 한계는 물론 내용 결정을 위한 절차조차도 규정함이 없이 기준시가의 내용 및 그 결정절차를 전적으로 대통령령이 정하는 바에 의하도록 하였다**. 이는 어떤 사정을 고려하여, 어떤 내용으로, 어떤 절차를 거쳐 양도소득세 납세의무의 중요한 사항 내지 본질적 내용인 기준시가를 결정할 것인가에 관하여 과세권자에게 지나치게 광범한 재량의 여지를 부여함으로써, 국민으로 하여금 소득세법만 가지고서는 양도소득세 납세의무의 존부 및 범위에 관하여 개략적으로나마 이를 예측하는 것조차 불가능하게 하고, 나아가 대통령을 포함한 행정권의 자의적인 행정입법권 및 과세처분권 행사에 의하여 국민의 재산권이 침해될 여지를 남김으로써 국민의 경제생활에서의 법적 안정성을 현저히 해친 입법으로서 조세법률주의 및 위임입법의 한계를 규정한 헌법의 취지에 반한다고 하지 않을 수 없다.

위와 같이 이 사건 위임조항은 헌법에 위반되므로 원칙으로 위헌결정을 하여야 할 것이나 이에 대하여 단순위헌결정을 선고하여 당장 그 효력을 상실시킬 경우에는 **기준시가에 의한 양도소득세를 부과할 수 없게 됨**은 물론, 이 법률 조항의 위임에 근거한 소득세법시행령 제115조를 인용하고 있는 구 법인세법시행령 제124조의2 제8항 등도 이를 시행할 수 없게 되는 등 **법적 공백 상태를 야기하게 되고 이에 따라 조세수입을 감소시키고 국가재정에 상당한 영향**을 줌과 아울러 이미 이 조항에 따른 양도소득세를 납부한 납세의무자들과 사이에 **형평에 어긋나는 결과**를 초래하는 데다가 이 사건 위임조항의 위헌성을 **국회에서 법률로 제정하지 아니한 단지 입법형식의 잘못에 기인하는 것으로서 이를 한시적으로 계속 적용한다고 하더라도 그것이 반드시 구체적 타당성을 크게 해쳐 정의와 형평 등 헌법적 이념에 심히 배치되는 것이라고는 생각되지 아니하고** 더욱이 이 사건의 경우에는 1994. 12. 22. 법률 제4803호로 헌법에 합치하는 내용의 개정입법이 이미 행하여져 **위헌조항이 합헌적으로 개정되어 시행**되고 있으므로 당재판소는 단순위헌결정을 하지 아니하고 이 사건 위임조항을 적용하여 행한 양도소득세 부과처분 중 확정되지 아니한 모든 사건과 앞으로 향할 **양도소득세 부과처분 모두에 대하여 위 개정법률을 적용할 것을 내용으로 하는 헌법불합치결정을 하기로 한다.**

[요약판례 7] 공직선거법 제261조 제5항 제1호 위헌제청: 헌법불합치(헌재 2009.3.26. 2007헌가22)

위헌상태의 제거방안으로 해당 법률의 적용을 중지시키는 헌법불합치 결정

이 사건 구법 조항[구 공직선거법(2004. 3. 12. 법률 제7189호로 개정되고, 2008. 2. 29. 법률 제8879호로 개정되기 전의 것) 제261조 제5항 제1호] 및 이 사건 신법 조항[공직선거법(2008. 2. 29. 법률 제8879호로 개정된 것) 제261조 제5항 제1호, 이하 이를 합쳐 '이 사건 심판대상조항'이라 한다]은 의무위반자에 대하여 부과할 과태료의 액수를 감액의 여지없이 일률적으로 '제공받은 금액 또는 음식물·물품 가액의 50배에 상당하는 금액'으로 정하고 있는데, 이 사건 심판대상조항이 적용되는 '기부행위금지규정에 위반하여 물품·음식물·서적·관광 기타 교통편의를 제공받은 행위'의 경우에는 그 위반의 동기 및 태양, 기부행위가 이루어진 경위와 방식, 기부행위자와 위반자와의 관계, 사후의 정황 등에 따라 위법성 정도에 큰 차이가 있을 수밖에 없음에도 이와 같은 **구체적, 개별적 사정을 고려하지 않고 오로지 기부받은 물품 등의 가액만을 기준으로 하여 일률적으로 정해진 액수의 과태료를 부과한다는 것은 구체적 위반행위**

의 책임 정도에 상응한 제재가 되기 어렵다. 더욱이 이 사건 구법 조항은 형벌조항인 공직선거법 제257조 제2항과 구별되는 경미한 사안에 관한 구체적 기준을 명확히 규정하지 아니함으로써, 소액의 기부행위를 규제하겠다는 애초의 입법의도와는 달리 죄형법정주의 내지 형사법규에 대한 엄격해석의 원칙 등에 비추어 고가의 물품 등을 기부 받은 경우에도 적용된다고 해석할 수밖에 없게 되어 **책임원칙에 상응한 제재가 되기 어려울 뿐만 아니라, 위반행위자 간에도 현저히 형평에 어긋나는 결과를 초래하게 된다.** 또한, 이러한 획일적인 기준에 따른 과태료의 액수는 제공받은 금액 또는 음식물·물품 가액의 '50배'에 상당하는 금액으로서 **제공받은 물품 등의 가액 차이에 따른 과태료 액수의 차이도 적지 아니한 데다가 그와 같은 50배의 과태료가 일반 유권자들에게 소액의 경미한 제재로 받아들여질 수도 없는 것이다.** 특히 이 사건 심판대상조항이 규정한 과태료 제재의 과중성은 형벌조항인 공직선거법 제257조 제2항에서 규정한 벌금형의 법정형의 상한이 500만 원인데 비하여, 이보다 경미한 사안, 예컨대 100만 원의 물품을 제공받은 경우 이 사건 심판대상조항에 따라 일률적으로 5000만 원의 과태료를 부담하게 된다는 점에서 분명해진다. 나아가 **소액의 위법한 기부행위를 근절함으로써 선거의 공정성을 확보한다는 입법목적의 달성은,** 반드시 과태료의 액수가 '50배'에 상당하는 금액이 되어야만 가능한 것이 아니고, **과태료의 액수를 '50배 이하'로 정하는 등 보다 완화된 형식의 입법수단을 통하여도 얼마든지 가능한 것이다.**

이 사건 심판대상조항은 헌법에 위반되므로 원칙적으로 위헌결정을 하여야 할 것이나, 이 사건 심판대상조항의 위헌성은 과태료 제재 자체에서가 아니라 과태료의 기준 및 액수의 획일성, 과중성에서 비롯된 것인데, **이 사건 심판대상조항에 대하여 단순위헌결정을 선고하여 당장 그 효력을 상실시킬 경우에는 입법자가 위헌의 취지에 맞추어 이 사건 심판대상조항을 개정하게 될 때까지 법적 규제의 공백상태가 되어 법 집행상의 혼란과 형평의 문제가 발생할 수 있고, 위헌적인 조항들을 합헌적으로 조정하는 임무는 원칙적으로 입법자의 형성재량**에 속하는 사항이라는 점 등을 고려하여 헌법불합치결정을 선고하되, 입법자가 개선 입법에 의하여 위헌성을 제거할 때까지 법원 기타 국가기관 및 지방자치단체는 이 사건 심판대상조항의 적용을 중지하고 위헌성이 제거된 개정조항을 기다려 이를 적용하도록 하는 것이 상당하다.

※ 공직선거법 제261조 (과태료의 부과·징수등) ⑥ 제116조를 위반하여 다음 각 호의 어느 하나에 해당하는 자(그 제공받은 금액 또는 음식물·물품 가액이 100만원을 초과하는 자는 제외한다)는 그 제공받은 금액 또는 음식물·물품 가액의 10배 이상 50배 이하에 상당하는 금액(주례의 경우에는 200만원)의 과태료를 부과하되, 그 상한은 3천만원으로 한다. 다만, 제1호 및 제2호에 해당하는 자가 그 제공받은 금액 또는 음식물·물품(제공받은 것을 반환할 수 없는 경우에는 그 가액에 상당하는 금액을 말한다)을 선거관리위원회에 반환하고 자수한 경우에는 중앙선거관리위원회규칙으로 정하는 바에 따라 그 과태료를 감경 또는 면제할 수 있다. 〈신설 2004. 3. 12, 2008. 2. 29, 2010. 1. 25〉〈제5항에서 이동, 종전 제6항은 제7항으로 이동: 2010. 1. 25 일부 개정〉

[요약판례 8] 형의 집행 및 수용자의 처우에 관한 법률 제41조 등 위헌확인: 헌법불합치
(헌재 2013.8.29. 2011헌마122)

1. 변호사와 접견하는 경우에도 수용자의 접견은 원칙적으로 접촉차단시설이 설치된 장소에서 하도록 규정하고 있는 형의 집행 및 수용자의 처우에 관한 법률 시행령 제58조 제4항이 재판청구권을 침해하는지 여부(적극)
2. 헌법불합치결정을 하고, 잠정 적용을 명한 사례

1. 이 사건 접견조항에 따르면 수용자는 효율적인 재판준비를 하는 것이 곤란하게 되고, 특히 교정시설 내에서의 처우에 대하여 국가 등을 상대로 소송을 하는 경우에는 소송의 상대방에게 소송자료를 그대로 노출하게 되어 무기대등의 원칙이 훼손될 수 있다. 변호사 직무의 공공성, 윤리성 및 사회적 책임성은 변호사 접견권을 이용한 증거인멸, 도주 및 마약 등 금지물품 반입 시도 등의 우려를 최소화시킬 수 있으며, 변호사접견이라 하더라도 교정시설의 질서 등을 해할 우려가 있는 특별한 사정이 있는 경우에는 예외를 두도록 한다면 악용될 가능성도 방지할 수 있다. 따라서 이 사건 접견조항은 과잉금지원칙에 위배하여 청구인의 재판청구권을 지나치게 제한하고 있으므로, 헌법에 위반된다.

2. 이 사건 접견조항의 효력을 즉시 상실시킬 경우 수용자 일반을 접촉차단시설이 설치된 장소에서 접견하게 하는 장소 제한의 일반적 근거조항 및 미결수용자가 변호인을 접견하는 경우의 예외 근거조항마저 없어지게 되어 법적 안정성에서 문제가 있을 수 있으므로, 행정입법자가 합헌적인 내용으로 위 조항을 개정할 때까지 계속 적용하게 할 필요가 있다.

[요약판례 9] 재판취소: 각하(헌재 2013.9.26. 2012헌마806)

1. 위헌으로 선언한 법률조항의 계속 적용을 명하는 헌법불합치결정의 기속력
2. 재판의 전제가 되어 법원에 위헌여부심판의 제청신청이 되어 있었던 사건에 대한 재판에서 헌법불합치결정의 취지에 따라 해당 법률조항을 그대로 적용한 경우, 헌법재판소 결정의 기속력에 반하여 예외적으로 헌법소원심판의 대상이 되는 법원의 재판에 해당하는지 여부(소극)

1. 법률에 대한 헌법재판소의 위헌결정에는 단순위헌결정은 물론, 한정합헌, 한정위헌결정과 헌법불합치결정도 포함되고 이들은 모두 당연히 기속력을 가진다. 헌법재판소가 위헌으로 판단한 법률의 적용을 중지하는 헌법불합치결정을 하는 경우, 위헌적 법률은 효력을 상실하여 법질서에서 소멸하는 것이 아니라 형식적으로 존속하게 되나 원칙적으로 위헌적 법률의 적용이 금지되고, 헌법심판의 계기를 부여한 당해 사건은 물론 심판대상 법률이 적용되어 법원에 계속 중인 모든 사건의 재판절차가 정지된다. 이는 입법자가 위헌법률을 합헌적인 상태로 개정할 때까지 법원의 판단이 보류되어야 하며 법원이 개정된 법률에 의하여 판단을 함으로써 사건의 당사자가 개정 법률의 결과에 따른 혜택을 받을 수 있는 기회를 그 때까지 열어 놓아야 한다는 것을 뜻한다. 그러나 헌법재판소가 헌법불합치결정을 하면서 예외적으로 위헌으로 판단한 법률을 계속 적용할 것을 명하는 경우가 있다. 헌법재판소는 위헌결정을 통하여 위헌법률을 법질서에서 제거하는 것이 법적 공백이나 혼란을 초래할 우려가 있는 경우, 즉 위헌법률을 잠정적으로 적용하는 위헌적인 상태가 오히려 위헌결정으로 인하여 초래되는 법적 공백 또는 혼란이라는 합헌적인 상태보다 예외적으로 헌법적으로 더욱 바람직하다고 판단되는 경우에, 법적 안정성의 관점에서 법치국가적으로 용인하기 어려운 법적 공백과 그로 인한 혼란을 방지하기 위하여 입법자가 합헌적인 방향으로 법률을 개선할 때까지 일정 기간 동안 위헌법률을 잠정적으로 적용할 것을 명할 수 있고, 이와 같이 헌법불합치결정을 하면서 계속 적용을 명하는 경우 모든 국가기관은 그에 기속되고, 법원은 이러한 예외적인 경우에 위헌법률을 계속 적용하여 재판을 할 수 있다.

2. 헌법재판소는 도시계획시설사업의 대상이 되는 기반시설의 한 종류를 정한 구 국토의 계획 및 이용에 관한 법률 제2조 제6호 라목 중 체육시설 부분에 대하여 헌법불합치결정을 하면서, "2012. 12. 31.을 시한으로 입법자가 개정할 때까지 계속 적용한다"고 결정하였는바, 청구인들이 취소를 구하는 이 사건 심판대상판결들이 위 헌법불합치결정 당시 이 사건 체육시설조항의 위헌 여부가 재판의 전제가 되어 법원에 그 위헌여부심판의 제청신청이 되어 있었던 사건에 대한 판결들이라 하더라도, 모두 헌법재판소가 정한 개정 시한 이전에 선고되었고 위 헌법불합치결정의 취지에 따라 재판한 것이므로 헌법재판소 결정의 기속력에 반하는 재판이라 할 수 없고, 따라서 예외적으로 헌법소원심판의 대상이 되는 법원의 재판에 해당하지 않는다.

대판 1997.3.28. 95누17960

당해법률의 적용을 금지한 헌법재판소 결정에도 불구하고 그 법률을 적용한 사례

헌법재판소는 1995. 11. 30. 91헌바1 등 병합사건의 결정에서 피고가 기준시가에 의하여 이 사건 부과처분을 하면서 적용한 구 소득세법 제60조에 대하여 헌법불합치결정을 하였는바, 헌법재판소가 위와 같이 구 소득세법 제60조가 위헌임에도 불구하고 굳이 헌법불합치결정을 한 것은 단순위헌결정을 하는 경우 그 결정의 효력이 당해 사건 등에 광범위하게 미치는 결과 구 법령에 근거한 양도소득세부과처분이 모두 취소되어 그 지적하는 바와 같은 법적 공백의 발생, 조세수입의 감소로 인한 국가재정의 차질, 기납세자와의 형평 위배 등의 불합리가 발생하므로 **이러한 부작용을 회피하기 위하여 개정법령의 시행일 전에 종전의 법령을 적용하여 한 부과처분을 그대로 유지시키고 또 그 시행일**

전에 과세할 소득세에 대하여도 종전의 법령을 적용함이 옳다는 판단에서 나온 것임이 분명하다.

따라서 **이 사건 헌법불합치결정은 그 위헌성이 제거된 개정법률이 시행되기 이전까지는 종전 구 소득세법 제60조를 그대로 잠정 적용하는 것을 허용하는 취지의 결정**이라고 이해함이 상당하고, 이 사건 부과처분 당시 구 소득세법 제60조를 적용하여 양도소득세를 산정하였다고 하여 이를 위법하다고 할 수 없으므로 이와 반대의 취지를 전제로 한 논지는 이유가 없다.

✤ 본 판례에 대한 평가 이 사건에 있어 대법원이 헌법재판소의 적용중지명령에도 불구하고 위헌판결된 종전 법령의 적용을 수긍한 것은 헌법재판소의 위헌판결이 구 소득세법 제60조가 실체적인 내용의 헌법위반으로 선고된 것이 아니라 포괄위임금지원칙 위반 즉, 국회에서 법률로 제정하지 아니한 단지 입법형식의 잘못에 기인하였다는 점에 초점을 두지 않았나 싶다. 특히 헌법재판소 스스로도 이유 부분에서 '**이를 한시적으로 계속 적용한다고 하더라도 그것이 반드시 구체적 타당성을 크게 해쳐 정의와 형평 등 헌법적 이념에 심히 배치되는 것이라고는 생각되지 아니하고**'라고 함으로써 종전 법령의 적용 가능성을 열어두고 있는 듯한 인상을 준다. 그러나 헌법재판소가 결론 부분에서 종전 법률의 적용 중지와 개정 법률의 적용을 명하였고, 개정법률의 적용은 불합치결정의 본질상 당연히 인정되는 효력이라는 점에서 위 대법원의 판단은 재고해 볼 필요가 있다.

> **대판 1991.6.11. 90다5450**
> 헌법재판소의 위헌법률의 잠정적용을 명한 헌법불합치결정에도 불구하고 위헌결정의 소급효를 인정하여 원고의 청구를 인정한 사례

헌법재판소법이 제45조 본문에서 "**헌법재판소는 제청된 법률 또는 법률조항의 위헌여부만을 결정한다**"고 규정하고 있는 취지에 비추어 볼 때, 헌법재판소의 위 결정은 같은법 제45조 본문 및 제47조 제1항 소정의 위헌결정임이 틀림없고, 다만 "위헌으로 결정된 법률 또는 법률의 조항은 그 결정이 있는 날로부터 효력을 상실한다"는 같은법 제47조 제2항 본문의 예외로서 위헌결정으로 인한 법률조항의 효력상실 시기만을 일정기간 뒤로 미루고 있음에 지나지 아니한다고 볼 것**인데, 같은법 제47조 제2항은 위헌으로 결정된 법률 또는 법률의 조항은 형벌에 관한 법률 또는 법률의 조항을 제외하고는 그 결정이 있은 날로부터 효력을 상실한다고 규정함으로써 위헌결정의 소급효를 인정하지 아니하고, 법률의 위헌여부의 심판을 제청하게 된 당해 소송사건에 대하여 위헌결정의 효력이 소급하는지의 여부에 관하여는 헌법이나 헌법재판소법에 명문으로 규정된 바는 없지만, **법률의 위헌여부의 심판제청은 결국 그 전제가 된 당해사건에서 위헌으로 결정된 법률조항을 적용받지 않으려는 데에 그 목적이 있고, 헌법 제107조 제1항에도 "법률이 헌법에 위반되는 여부가 재판의 전제가 된 경우에는 법원은 헌법재판소에 제청하여 그 심판에 의하여 재판한다"고 규정하고 있어, 위헌결정의 효력이 일반적으로는 소급하지 아니하더라도 당해사건에 한하여는 소급하는 것**으로 보아, 위헌으로 결정된 법률조항의 적용을 배제한 다음 당해사건을 재판하도록 하려는 취지가 포함되어 있다고 보여질 뿐만 아니라, **만일 제청을 하게 된 당해사건에 있어서도 소급효를 인정하지 않는다면, 제청당시 이미 위헌여부 심판의 전제성을 흠결하여 제청조차 할 수 없다고 해석되어야 하기 때문에, 구체적 규범통제의 실효성을 보장하기 위하여서라도 적어도 당해사건에 한하여는 위헌결정의 소급효를 인정하여야 한다고 해석**되고, 이와 같은 해석은 이 사건에 있어서와 같이 헌법재판소가 실질적으로 위헌결정을 하면서도 위헌결정으로 인한 법률조항의 효력상실시기만을 일정기간 뒤로 미루고 있는 경우에도 마찬가지로 적용된다고 보여지므로, 위헌여부의 심판대상이 된 위법률조항들 역시 당해 사건인 이 사건에 있어서는 소급하여 그 적용이 배제된다고 할 것이고, 따라서 원고의 기탁금 10,000,000원 중 금 8,079,640원이 국고에 귀속된 것은 그 법률적 근거가 상실되었다고 할 것이므로, 피고는 법률상 원인없이 타인의 재산으로 인하여 그만큼의 이익을 얻고, 이로 인하여 원고에게 그 만큼의 손해를 가하였다고 할 것이어서, 원고에게 위 금 8,079,640원을 부당이득으로서 반환하여야 할 의무가 있는 것이다.

✤ 본 판례에 대한 평가 위 대법원 판례는 위헌법률심판의 '구체적 규범통제'의 실질에 충실하게 해석한 것으로 보이나 헌법재판소의 잠정적용을 명하는 헌법불합치결정에도 불구하고 위헌심판의 계기를 제기한 사건에 대

해서만 위헌결정의 효력의 소급효를 인정한다면, 위헌결정이 있기 전에 이와 동종의 위헌 여부에 관해 위헌제청을 하였거나 기본권침해가 조금 늦게 발생한 다른 사건들과의 형평성 문제가 발생하고, 권리의 구제 여부가 우연에 의해 좌우되게 되어 불합리하다. 따라서 심판의 계기를 부여한 당해 사건을 포함한 유사사건 모두가 위헌인 법률의 적용을 받는다고 보는 것이 타당하다.

(나) 한정합헌 · 한정위헌 결정

XVI 보훈기금법 부칙 제5조 및 한국보훈복지공단법 부칙 제4조 제2항 후단에 관한 위헌제청: 한정위헌,한정합헌(헌재 1994.4.28. 92헌가3)

쟁점 헌법재판소가 한정위헌 또는 한정합헌선언을 한 경우에 위헌적인 것으로 배제된 해석가능성 또는 축소된 적용범위의 판단이 단지 법률해석의 지침을 제시하는 데 그치는 것이 아니라 본질적으로 부분적 위헌선언의 효과를 가지는지 여부

사건의 개요

원호대상자정착직업재활조합 서울목공분조합(이하에서는 '이 사건 분조합'이라 한다)의 소유이던 이 사건 부동산은, 보훈기금법 부칙 제5조에 의하여 대한민국으로 소유권이전등기가 경료된 다음, 한국보훈복지공단법 부칙 제4조 제2항 후단에 의하여 권리귀속을 원인으로 한국보훈복지공단(이하에서는 '복지공단'이라 한다)으로 소유권이전등기가 경료되었다.

이 사건 분조합의 분조합원 내지 사망한 분조합원의 승계인이라는 신청인들은, 이 사건 부동산이 신청인들의 합유에 속하고 보훈기금법 부칙 제5조 및 한국보훈복지공단법 부칙 제4조 제2항 후단은 위헌이므로 이를 등기원인으로 하여 경료된 위 각 소유권이전등기는 무효라고 주장하면서, 법원에 대한민국 및 복지공단을 피고로 하여 위 각 소유권이전등기의 말소등기절차이행의 소를 제기하였고, 그 소송에서 위 각 법률조항에 대하여 같은 법원에 위헌법률심판의 제청신청을 하였으며, 법원은 그 신청을 이유 있다고 받아들여 헌법재판소에 위 각 법률조항의 위헌 여부에 대한 심판을 제청하였다.

심판의 대상

보훈기금법 부칙 제5조 (해산된 조합재산의 귀속) 이 법 시행 전에 해산된 원호대상자직업재활법에 의한 원호대상자정착직업재활조합 서울목공분조합의 자산 및 부채는 기금에 귀속한다.

한국보훈복지공단법 부칙 제4조 (국유재산의 귀속) 제2항 후단 원호기금법 부칙 … 제5조의 규정에 의하여 원호기금에 귀속된 … 자산 및 부채는 공단의 설립일에 공단에 귀속된다.

주 문

1. 보훈기금법 부칙 제5조는, 이를 자산 및 부채 귀속의 근거규정으로 해석하는 한, 헌법에 위반된다.

2. 한국보훈복지공단법 부칙 제4조 제2항 중 구 원호기금법 부칙 제5조에 관한 부분은, "원호대상자정착직업재활조합 서울목공분조합"으로부터 "원호기금"(현재의 보훈기금)에로의 자산 및 부채 귀속이 정당한 한, 헌법에 위반되지 아니한다.

제청법원의 제청이유

(1) 재판의 전제성

이 사건 분조합의 재산이던 이 사건 부동산에 관하여 대한민국 및 복지공단 앞으로 경료된 위 각 소유권이전등기의 등기원인이 보훈기금법 부칙 제5조 및 한국보훈복지공단법 부칙 제4조 제2항 후단에 터

잡은 "귀속" 내지는 "권리귀속"인 한 신청인들의 이 사건 분조합 탈퇴 및 지분권 포기 또는 이 사건 분조합에서의 제명이 유효한 것인지 여부는 별론으로 하고, 위 각 법률조항이 헌법에 위반되는지 여부는 위 민사소송에 있어서 재판의 전제가 된다.

(2) 본안에 대한 판단

보훈기금법 부칙 제5조는 결국 이 사건 분조합의 재산을 청산절차를 거치지 아니하고 바로 대한민국이 설치, 관리하는 원호기금에 귀속시키도록 하여 분조합원의 사적인 합유재산을 대한민국의 국유로 귀속시키는 내용을 담고 있어 국민의 사유재산에 관한 사적인 이용, 수익, 처분권 등의 본질적인 내용을 침해함으로써 모든 국민의 재산권을 보장하고 있는 헌법 제23조 제1항 전문, 제37조 제2항, 제23조 3항을 위반한 것으로 인정되고, 보훈기금법 부칙 제5조에 터잡아 제정된 **한국보훈복지공단법 부칙 제4조 제2항 후단**은 "원호기금법 부칙 … 제5조의 규정에 의하여 원호기금에 귀속된 … 자산 및 부채는 공단의 설립일에 공단에 귀속된다"고 규정하여 결국 이 사건 분조합의 재산을 복지공단에 귀속시키도록 하고 있어 한국보훈복지공단법 부칙 제4조 제2항 후단 역시 그 전제되는 보훈기금법 부칙 제5조와 마찬가지로 위 각 헌법 조항에 위반될 소지가 있다.

▢ 판 단

Ⅰ. 적법요건에 대한 검토(재판의 전제성)

위헌여부심판의 대상인 각 법률조항에 관하여 제청법원에 계속 중인 당해 사건의 원고인 신청인들은 국민의 재산권을 침해하는 위헌규정이라고 주장하고 그 피고인 대한민국 등은 실체적으로 대한민국의 소유로 된 재산의 회계와 관리청을 지정하는 행정법규에 지나지 않는다고 주장함에 대하여, 제청법원은 위 각 법률조항을 이 사건 분조합 내지는 그 조합원 혹은 그 승계인들의 재산권 자체의 득실변경을 직접 대상으로 한 개별적인 처분법규로 해석할 가능성을 인정하고 그러한 경우 위 각 법률조항의 위헌 여부에 따라서 이 사건 부동산에 관한 대한민국 및 복지공단으로의 각 소유권이전등기의 유·무효가 판정되기 때문에 재판의 주문이 달라질 수 있다고 보고 위 각 법률조항에 대하여 이 사건 위헌심판제청에 이른 것이다. 위와 같은 제청법원의 재판의 전제성에 대한 판단은 수긍이 가므로 제청법원의 이 사건 위헌법률심판제청은 적법하다고 할 것이다.

Ⅱ. 본안에 대한 검토

1. 보훈기금법 부칙 제5조에 대한 판단

이 사건 분조합의 법률적 성격이 국가기관이라고는 할 수 없을 뿐만 아니라 그 법률적 성격이 공공조합 또는 단순한 민법상의 조합 중 어느 것에 해당하는지 여부와 관계없이 이 사건 **분조합의 자산은 헌법 제23조 제1항에 의하여 보장되는 재산권의 객체**가 된다고 할 것이다.

만약 대한민국 등이 주장하는 바와 같이 보훈기금법 시행 전에 대한민국이 이 사건 분조합 재산에 관한 처분권 내지 소유권을 적법절차에 따라 정당하게 취득하였다면, 보훈기금법 부칙 제5조는 대한민국에 귀속된 이 사건 분조합 자산의 회계와 관리청을 지정하기 위하여 제정된 정부내부의 행정절차적인 규정으로 해석할 수 있고, 이와 같이 해석하는 한 보훈기금법 부칙 제5조는 이 사건 분조합원들의 재산권을 침해하는 것이 아니므로 보훈기금법 부칙 제5조는 합헌이라고 할 것이다. 그러나 신청인들이 주장하는 바와 같이 **보훈기금법 시행 전에는 여전히 이 사건 분조합원이 분조합 자산에 관한 소유권을 합유하고 있었다면, 보훈기금법 부칙 제5조는 이 사건 분조합 또는 분조**

합원의 사유재산을 박탈하여 보훈기금에 귀속시키기 위한 개별적 처분법률이고, 사유재산권의 공용징수는 헌법 제23조 제3항의 제한 범위 내에서만 가능한 것인데 보훈기금법의 어디에도 이 사건 분조합의 자산을 수용하기 위하여 헌법이 정한 요건과 절차를 규정하고 있지 아니하다. 따라서 후자의 취지로 해석하는 한 보훈기금법 부칙 제5조는 국민의 재산권을 보장하는 헌법 제23조 제1항, 제3항에 위반된다고 아니할 수 없다.

또한 이 사건의 전제가 되는 제청법원에 계속되어 있는 민사소송절차에서의 소송물은 이 사건 분조합의 자산에 한정되지만, 법률의 위헌여부심판에 있어서는 그 대상범위가 전제되는 당해 사건에서의 소송물 자체에 직접 관련되는 부분에 국한할 것이 아니라 **위헌법률심판이 제청된 당해 법률조항에 내포되어 있고 그 소송물 자체와 체계적으로 밀접불가분의 일체를 이루고 있는 부분까지 판단**할 수 있으며, 보훈기금법 부칙 제5조는 이 사건 분조합의 자산과 부채를 일괄하여 대한민국에 귀속시키고 있으므로 법적 문제 해결을 위하여는 이를 일괄판단함이 옳다고 본다.

이리하여, 보훈기금법 부칙 제5조는, 이를 이 사건 분조합의 자산 및 부채 귀속의 근거규정으로 해석하는 한, 헌법 제23조 제1항, 제3항에 위반되는 법률이라고 한정위헌선언을 하는 것이다.

2. 한국보훈복지공단법 부칙 제4조 제2항 후단에 대한 판단

한국보훈복지공단법 부칙 제4조 제2항 후단은, 보훈기금법 부칙 제5조를 전제로 하는 규정이므로 전제되는 보훈기금법 부칙 제5조의 위헌 여부에 따라서 그에 의존한 위 한국보훈복지공단법 부칙 규정의 위헌 여부가 결정되는 조건관계에 있다. 그리하여 보훈기금법 부칙 제5조가 자산 및 부채 귀속의 근거규정으로 해석되어 위헌이라고 한다면 그 한도 내에서 이 규정도 위헌임을 면할 수 없다. 다만 보훈기금법 시행 전에 이미 이 사건 분조합의 자산 및 부채가 대한민국에 정당히 귀속되었다면 그 귀속은 실체적 권리의무관계에 부합할 수 있는 것이다. 그렇다면, 한국보훈복지공단법 부칙 제4조 제2항 중 구 원호기금법 부칙 제5조에 관한 부분은, "원호대상자정착직업재활조합 서울목공분조합"으로부터 "원호기금"(현재의 보훈기금)에로의 자산 및 부채 귀속이 정당한 한, 헌법에 위반되지 않는다고 한정합헌선언을 하는 것이 타당할 것이다.

법률의 다의적(多義的)인 해석가능성이나 다기적(多岐的)인 적용범위가 문제될 때 위헌적인 것을 배제하여 합헌적인 의미 혹은 적용범위를 확정하기 위하여 한정적으로 합헌 또는 위헌을 선언할 수 있다. 양자는 다 같이 질적인 부분위헌선언이며 실제적인 면에서 그 효과를 달리하는 것은 아니다. 다만 양자는 법문의미가 미치는 사정거리를 파악하는 관점, 합헌적인 의미 또는 범위를 확정하는 방법 그리고 개개 헌법재판사건에서의 실무적인 적의성 등에 따라 그 중 한 가지 방법을 선호할 수 있을 따름이다. **헌법재판소가 한정위헌 또는 한정합헌선언을 한 경우에 위헌적인 것으로 배제된 해석가능성 또는 축소된 적용범위의 판단은 단지 법률해석의 지침을 제시하는 데 그치는 것이 아니라 본질적으로 부분적 위헌선언의 효과를 가지는 것**이며, **헌법재판소법 제47조에 정한 기속력을 명백히 하기 위하여는 어떠한 부분이 위헌인지 여부가 그 결정의 주문에 포함되어야 하므로, 이러한 내용을 결정의 이유에 설시하는 것만으로는 부족하고 결정의 주문에까지 등장시켜야 한다.**

반대의견

1. 재판관 변정수의 의견

재판의 주문은 명확성이 그 생명이다. 재판의 주문이 명확하지 않다면 그러한 재판은 효력을 발생할 수 없

으므로 무효이다. 보훈기금법 부칙 제5조는 그 문언내용이 이 규정에 의하여 서울목공분조합의 자산 및 부채를 기금에 확실히 귀속시키고자 하는 규정이라고 해석하는 외에 달리 해석할 여지가 없는 법률조항이다. 그러므로 헌법재판소로서는 서울목공분조합의 자산 및 부채를 이처럼 법률로써 기금에 귀속시켜 버리는 것이 위헌인지 합헌인지의 여부를 가려야 하고 이 사건 제청법원도 바로 그 점을 가려 달라고 제청한 것이다. 한국보훈복지공단법 부칙 제4조 제2항에 관한 주문 제2항 또한 그렇다. 그 규정은 (국유재산의 귀속)이라는 제목 아래 "원호기금법 부칙 제5조의 규정에 의하여 원호기금에 귀속된 자산 및 부채는 공단의 설립일에 공단에 귀속된다"라고 되어 있고 그 문언내용이 원호기금법 부칙 제5조에 의하여 원호기금에 귀속된 서울목공분조합의 자산 및 부채를 이 부칙 규정에 의하여 다시 공단에 귀속시키고자 하는 규정이라고 해석하는 외에 달리 해석할 여지가 없는 법률조항인 것이다.

그럼에도 불구하고 헌법재판소가 그러한 점을 명확히 판단하지 아니하고 "정당하다면 헌법에 위반되지 아니한다"라는 조건부 내지 가정적 합헌선언을 하여 문제(위헌여부)의 회답을 슬쩍 회피해 버리고 만 것이다.

2. 재판관 한병채의 의견

다수의견이 합의하여 결정한 이 사건의 주문형식은 변형재판의 남용이라고 지적하지 않을 수 없다. 그 이유의 첫째는 이 사건의 내용과 심판대상인 법률을 살펴보면 변형재판을 하여야 할 성질의 것이 아닌데도 한정위헌과 한정합헌을 이중으로 변형하는 주문을 만들어 선고하는 것은 규범통제의 본질을 잘못 이해하고 있다고 아니할 수 없다.

제청법원은 보훈기금법 부칙 제5조 및 한국보훈복지공단법 부칙 제4조 제2항이 이 사건 분조합의 자산 및 부채를 보훈기금에 귀속시키는 근거규정을 두고 나아가 그 자산 및 부채를 복지공단에 귀속시키도록 하고 있는 근거규정으로 보아야 할 것인지 아닌지의 여부와 그에 따라 이 규정들이 헌법에 위반되는지의 여부를 심판하여 달라고 이 사건 위헌법률심판을 제청한 것인데, 이를 심사판단하여 선고하지 아니하고 오히려 제청법원이 스스로 위헌심사를 한 후 그 해석에 따라 재판하라고 하는 식의 결정을 함으로써 헌법재판소가 하여야 할 헌법해석과 위헌 여부의 심판을 포기하는 재판을 하고 있는 것이라 아니할 수 없다.

보훈기금법 부칙 제5조에 터잡아 제정된 한국보훈복지공단법 부칙 제4조 제2항 후단은 보훈기금법 부칙 제5조에 관한 판단과 동일한 선상에서 동일한 항으로 다루어야 할 사항임에도 불구하고 주문을 제1항, 제2항으로 나누어 제1항에서는 한정위헌을, 제2항에서는 "원호기금(현재의 보훈기금)에로의 자산 및 부채귀속이 정당한 한, 헌법에 위반되지 않는다"는 한정합헌을 선언함으로써 우스꽝스러운 주문형식을 채택하고 그에 따른 내용의 재판을 한 것이라 아니할 수 없고, 이러한 기교는 헌법재판소에서의 금기사항으로 되어 있는 헌법질서의 통일성을 왜곡하고 법적안정성을 혼란케 하는 것임을 지적하지 아니할 수 없다.

♣ 본 판례에 대한 평가 법률의 합헌적 해석은 헌법의 최고규범성에서 나오는 법질서의 통일성에 바탕을 두고, 법률이 헌법에 조화하여 해석될 수 있는 경우에는 위헌으로 판단하여서는 아니 된다는 것을 뜻하는 것으로서 권력분립과 입법권을 존중하는 정신에 그 뿌리를 두고 있다. 따라서 법률 또는 법률의 위 조항은 원칙적으로 가능한 범위 안에서 합헌적으로 해석함이 마땅하나 그 해석은 법의 문구와 목적에 따른 한계가 있다. 즉, 법률의 조항의 문구가 간직하고 있는 말의 뜻을 넘어서 말의 뜻이 완전히 다른 의미로 변질되지 아니하는 범위 내이어야 한다는 문의적 한계와 입법권자가 그 법률의 제정으로써 추구하고자 하는 입법자의 명백한 의지와 입법의 목적을 헛되게 하는 내용으로 해석할 수 없다는 법목적에 따른 한계가 바로 그것이다. 왜냐하면, 그러한 범위를 벗어난 합헌적 해석은 그것이 바로 실질적 의미에서의 입법작용을 뜻하게 되어 결과적으로 입법권자의 입법권을 침해하는 것이 되기 때문이다.

관련 평석: 장영철, "헌법재판소의 법률에 대한 '부분적 위헌' 결정", 공법연구 26집 2호(98. 6), 205-223면 중 당해 판례 평석 부분(217-218면).

XVII 1980년해직공무원의보상등에관한특별조치법 제2조 위헌심판: 한정위헌(헌재 1992.11.12. 91헌가2)

쟁점 법조문은 그대로 둔 채 그 법조문의 적용례에 대해서만 위헌선언을 한 경우

사건의 개요

청구인 甲은 부산지방법원장으로, 같은 乙은 서울고등법원 부장판사로, 같은 丙는 대구고등법원 부장판사로, 같은 丁은 광주고등법원 부장판사로 각 재직하고 있던 중 국가보위비상대책위원회(이하 "국보위"라 한다)에서 추진한 정화계획에 의하여 각 그 의사에 반하여 해직되었다. "1980년해직공무원의보상등에관한특별조치법"(이하 "특조법"이라 한다)이 제정되자 청구인들은 법원행정처장에게 특조법 제3조 및 같은 법시행령 제4조의 규정을 근거로 하여 보상금지급신청서를 제출하였는데, **법원행정처장은 같은 해 8. 1. 청구인들이 특조법 제2조 제2항 제1호에 해당하는 사람들이라는 이유를 들어 그 보상의 대상자로 인정하지 아니한다는 통지를 하였다.**

그러자 청구인들은 법원에 청구인들에 대한 1980년 해직공무원 보상대상자 제외처분취소청구의 소를 제기하고 그 재판의 전제가 된 특조법 제2조 제2항 제1호의 위헌여부심판 제청을 신청하고 법원은 위 신청을 받아들여 헌법재판소에 위 법조항에 대한 위헌여부의 심판을 제청하였다.

심판의 대상

특조법 제2조 ① 이 법에 의한 보상대상자는 1980년 7월 1일부터 동년 9월 30일까지의 기간 중 정화계획에 의하여 해직된 공무원으로 한다.

② 제1항의 규정에 의한 보상대상자 중 다음 각 호의 1에 해당하는 자에게는 이 법을 적용하지 아니한다.

1. 장관, 차관 및 차관급 상당 이상의 보수를 받은 자

주 문

1980년해직공무원의보상등에관한특별조치법(1989. 3. 29. 법률 제4101호) 제2조 제2항 제1호의 "차관급 상당 이상의 보수를 받은 자"에 법관을 포함시키는 것은 헌법에 위반된다.

제청법원의 제청이유

특조법 제2조 제2항 제1호에서 장관·차관 등과 같이 신분보장이 되지 아니하는 정무직 공무원을 보상대상에서 제외함은 별론으로 하고, 신청인들과 같이 헌법 제106조에 의하여 신분보장을 받는 법관으로서 차관급 상당이상의 보수를 받은 자까지도 정무직 공무원과 같이 보상대상에서 제외하는 것은 이들이 단순히 차관급 상당이상의 보수를 받았다는 사유만으로 합리적 이유 없이 다른 법관이나 공무원과 차별하는 결과가 되어 헌법 제11조에 위반되지 않는가 하는 의문이 있다.

판 단

헌법 제7조 제2항은 공무원의 신분과 정치적 중립성을 법률이 정하는 바에 의하여 보장할 것을 규정하고 있는데, 이는 공무원이 집권세력의 논공행상의 제물이 되는 엽관제도를 지양하고, 정권교

체에 따른 국가작용의 중단과 혼란을 예방하며 일관성 있는 공무수행의 독자성 및 영속성을 유지하기 위하여 헌법과 법률로써 공무원의 신분을 보장하려는 공직구조에 관한 제도 즉 직업공무원제도인 것이다. 그러한 보장이 있음으로 해서 모든 공무원은 어떤 특정정당이나 특정상급자를 위하여 충성하는 것이 아니고 국민전체에 대한 공복으로서(헌법 제7조 제1항) 법에 따라 그 소임을 다할 수 있게 되는 것으로서, 이는 당해 공무원의 권리나 이익의 보호에 그치지 않고 국가통치 차원에서의 정치적 안정의 유지에 기여할 수 있게 되는 것이다.

법관은 헌법과 특별법(법원조직법)에 의하여 그 신분이 별도로 가중 보장되고 있으니 헌법 제106조 제1항은 "법관은 탄핵 또는 금고이상의 형의 선고에 의하지 아니하고는 파면되지 아니하며, 징계처분에 의하지 아니하고는 정직, 감봉 기타 불리한 처분을 받지 아니한다"고 규정하고 있고, 하위법인 법원조직법 제46조는 "법관은 탄핵 또는 금고이상의 형의 선고에 의하지 아니하고는 파면되지 아니하며, 법관징계위원회의 징계처분에 의하지 아니하고는 정직, 감봉 기타 불리한 처분을 받지 아니한다"고 규정하고 있는 것이다. 모든 공무원의 신분은 헌법 제7조 제2항에 의하여 법률이 정하는 바에 의하여 보장되고 있고, **법관도 공무원이므로 당연히 그 신분이 보장되고 있음에도 헌법이 별도의 규정을 두어 특별히 가중 보장하고 있는 것은, 법관은 일반공무원에 비하여 그 신분이 더욱 두텁게 보장되어야 하기 때문이다.**

법관이 다른 국가기관 특히 행정부에 의하여 함부로 그 지위가 박탈될 수 있다거나 기타 불이익한 처분을 받을 수 있게 된다면 법관은 행정부의 압력을 배제하기 어려울 것이며 실질적으로 행정부에 예속하게 되어 소신있는 재판업무의 수행이 불가능하게 되는 것이다. 따라서 **법관의 신분보장은 그의 직무인 재판상의 독립을 유지하는데 있어서 필수불가결의 조건으로서 사법권의 독립을 보장하는 중요한 구성요소라고 하지 않을 수 없는 것이다.**

모든 직업공무원의 신분은 보장되어야 하지만 그 중에서도 시비선악을 가리는 판관인 법관은 더욱 두텁게 그 신분이 보장되어야 하는 것이며 그것이 헌법이 법관에 대하여 일반적인 공무원 신분보장규정과는 별도로 제헌 헌법 당시부터 그 신분보장규정을 두고 있는 이유인 것이다. 따라서 특조법의 해석 및 그 적용에 있어서도 위와 같은 법관의 특수 지위를 고려에 넣지 않을 수 없는 것이다.

이 사건 심판의 대상이 되고 있는 규정은 법원장과 같은 중책을 수행하는 법관이었던 신청인들을 종전의 직위에 복귀시키는 문제와 관련된 규정이 아니고 보상을 해주는 문제와 관련된 규정이기 때문에 그 사례에 해당되는 법관의 인원수로 볼 때 예산사정을 운위할 것은 못되는 것은 물론 인사질서에 문제가 야기될 여지도 없고 따라서 그에 따른 파장도 거의 없다고 할 것이므로 질서유지·공공복리 등 공익을 앞세워 그들의 희생을 강요할 명분과 이유는 없다고 할 것이다. **만일 법관의 위 비적용대상에 포함된다면 법관의 신분을 직접 가중적으로 보장하고 있는 헌법의 규정취지에 정면으로 배치되게 될 것**이며, **직업공무원으로서 그 신분이 보장되고 있는 일반직 공무원과 비교하더라도 그 처우가 차별되고 있는 것이라 할 수 있는 것이어서 평등권의 보장규정에도 저촉된다**고 할 것이다.

⚜ 본 판례에 대한 평가 위헌결정에는 법률 또는 법률조항 전체에 대한 위헌결정을 하

는 것이 아니라 그 일부에 대한 위헌선언을 하는 경우도 있다. 일부무효의 대상은 독립된 법조문 전부일 수도 있고, 법조문 중 특정의 항일 수도 있고, 일정한 문(文) 또는 문(文)의 일부분일 수도 있다.

일부위헌결정에는 위헌선언으로 법조문의 일부분이 삭제되는 효과를 갖는 양적(量的) 일부위헌결정과, 법조문은 그대로 둔 채 그 법조문의 적용례에 대해서만 위헌선언을 하는 질적(質的) 일부위헌결정이 있다. 그런데 질적 일부위헌결정은 변형결정의 한 유형으로 볼 수 있는 한정합헌결정과 그 내용의 구별이 불투명하다. 이에 법률에 대한 위헌심판의 결정유형으로는 합헌적 법률해석의 의미가 보다 분명히 나타나는 한정위헌결정의 주문형식으로 통일하는 것이 바람직하다.

대판 2001.4.27. 95재다14

원고는 재심대상 소송사건이 항소심인 서울고등법원에 계속 중인 때에 그 사건에서 적용 여부가 문제된 국가배상법 제2조 제1항 단서에 대하여 위헌심판의 제청신청을 하였다가 그 신청이 기각되자, 제68조 제2항의 규정에 의하여 헌법재판소에 헌법소원심판을 청구하였다. 그 후 재심대상 소송사건에 관하여 서울고등법원이 같은 해 12월 1일 원고의 청구를 기각한 제1심판결을 유지하여 원고의 항소를 기각하고, 이어 대법원도 원고의 상고를 기각하는 재심대상판결을 선고함으로써 그 소송사건이 확정되었다. 그런데 헌법재판소는 원고가 제기한 93헌바21 헌법소원사건에서 '심판대상 조항에 대해 **일반국민이 직무집행 중인 군인과의 공동불법행위로 직무집행 중인 다른 군인에게 공상을 입혀 그 피해자에게 공동의 불법행위로 인한 손해를 배상한 다음 공동불법행위자인 군인의 부담 부분에 관하여 국가에 대하여 구상권을 행사하는 것을 허용하지 아니한다고 해석하는 한, 헌법에 위반된다**'는 결정을 선고하였다. 이에 원고는 재심대상판결의 선고에 의하여 그 소송사건이 확정된 후 헌법재판소가 원고의 헌법소원을 인용하여 위헌결정인 이 사건 결정을 선고하였으므로, 재심대상판결에 헌법재판소법 제75조 제7항에 정한 재심사유가 있다고 주장하면서 이 사건 재심의 소를 제기하였다.

헌법재판소법 제41조 제1항 및 제68조 제2항, 제75조 제7항에 의하면 재판의 당사자가 그 재판에 전제가 되는 법률 또는 법률조항의 위헌 여부에 관하여 헌법재판소에 제기한 헌법소원이 인용된 경우에 당해 소송사건이 이미 확정된 때에는 당사자는 재심을 청구할 수 있는바, 여기에서 '헌법소원이 인용된 경우'라 함은 **법원에 대하여 기속력이 있는 위헌결정이 선고된 경우**를 말한다.

그런데 이 사건 결정과 같이, 그 주문에서 헌법소원의 대상인 법률이나 법률조항의 전부 또는 일부에 대하여 위헌결정을 선고함으로써 그 효력을 상실시켜 법률이나 법률조항의 전부 또는 일부가 폐지되는 것과 같은 결과를 가져오는 것이 아니라, 그에 대하여 **특정의 해석기준을 제시하면서 그러한 해석에 한하여 위헌임을 선언하는 이른바 한정위헌결정이 선고된 경우는 '헌법소원이 인용된 경우'에 해당하지 아니한다.** 위와 같은 한정위헌결정은 기속력이 없기 때문이다.

첫째, 한정위헌결정의 경우에는 **헌법재판소의 결정에 불구하고 법률이나 법률조항은 그 문언이 전혀 달라지지 않은 채 효력을 상실하지 않고 존속**하게 되므로, 이러한 한정위헌결정은 유효하게 존속하는 법률이나 법률조항의 의미·내용과 그 적용 범위에 관한 해석기준을 제시하는 법률해석이라고 이해하지 않을 수 없다.

그런데 헌법 제101조는, 사법권은 법관으로 구성된 법원에 속하고(제1항), 법원은 최고법원인 대법원과 각급법원으로 조직된다(제2항)고 규정하고 있는바, 구체적 분쟁사건의 재판에 즈음하여 법률 또는 법률조항의 의미·내용과 적용 범위가 어떠한 것인지를 정하는 권한, 곧 법령의 해석·적용 권한은 사법권의 본질적 내용을 이루는 것이고, 법률이 헌법규범과 조화되도록 해석하는 것은 법령의 해석·적용상 대원칙이므로, **합헌적 법률해석을 포함하는 법령의 해석·적용 권한은 대법원을 최고법원으로 하는 법원에 전속하는 것**이다.

이러한 법원의 권한에 대하여 다른 국가기관이 법률의 해석기준을 제시하여 법원으로 하여금 그에 따라 당해 법률을 구체적 분쟁사건에 적용하도록 하는 등의 간섭을 하는 것은 우리 헌법에 규정된 국가권력 분립구조의 기본원리와 사법권 독립의 원칙상 허용될 수 없다. 따라서 **법률의 해석기준을 제시하는 헌법재판소의 한정위헌결정은 법원에 전속되어 있는 법령의 해석·적용 권한에 대하여 기속력을 가질 수 없는 것이다.**

둘째, 우리 헌법이 설정한 법률의 위헌여부심판제도 및 헌법소원제도를 구체화하고 있는 **헌법재판소법의 규정내용으로 보더라도, 법률이나 법률조항의 전부 또는 일부의 효력을 상실시키지 않고 단지 그 해석기준을 제시할 뿐인 한정위헌결정에는 기속력이 없음을 알 수 있다.**

즉, 헌법재판소법은 헌법재판소로 하여금 제청된 법률 또는 법률조항의 위헌 여부만을 결정하도록 하고(제45조), 법률의 위헌결정에 기속력을 부여하면서(제47조 제1항) 위헌으로 결정된 법률 또는 법률조항은 효력을 상실하도록 규정하고 있으므로(제47조 제2항), **법률 또는 법률조항 자체의 효력을 상실시키는 위헌결정은 기속력이 있지만, 한정위헌결정과 같은 해석기준을 제시하는 형태의 헌법재판소 결정은 기속력을 인정할 근거가 없다.** 또한 헌법재판소법은 **법원의 재판을 헌법소원심판의 대상에서 제외하도록 규정**하면서(제68조 제1항), 그 당연한 귀결로서 법원의 재판을 헌법소원심판의 대상으로 할 경우의 심판내용 및 후속절차 등에 관하여 아무런 규정을 두고 있지 않는바, 이 점에서도 헌법재판소가 법원의 재판을 취소하는 경우 사건을 법원에 환송하도록 하는 규정을 두고 있는 독일의 경우와는 제도상 현격한 차이가 있다.

XVIII 헌법재판소법 제68조 제1항 위헌확인 등: 취하(헌재 2003.4.24. 2001헌마386)

쟁점 (1) 헌법소원심판절차에 소의 취하에 관한 민사소송법규정이 준용되는지 여부

(2) 헌재법 제75조 제7항 중 "법 제68조 제2항의 규정에 의한 헌법소원이 인용된 경우"에 헌법재판소의 한정위헌결정이 포함되는지 여부

☐ 사건의 개요

위 대법원판례사안에서 대법원이 이른바 한정위헌결정이 선고된 경우는 "헌법소원이 인용된 경우"에 해당되지 아니하여 기속력이 없다는 이유로 청구인의 재심청구를 기각하는 판결을 선고하자 원고(이 사건의 '청구인')가 헌법재판소법 제68조 제1항 본문, 제75조 제7항 및 대법원 판결이 청구인의 기본권을 침해한다면서 이 사건 헌법소원심판을 청구하였다.

한편, 금융감독위원회가 금융산업의구조개선에관한법률에 의하여 청구인에 대하여 부실금융기관에 대한 계약이전의 결정을 함에 따라, 다보장보험주식회사가 피보험자와 청구인간의 자동차보험계약을 인수하였다. 위 보험회사 청구인의 지위를 승계하는 심판절차승계참가신청서를 제출한 후, 같은 날 청구인의 헌법소원심판청구 취하동의서를 첨부하여 이 사건 헌법소원에 대한 심판청구 취하서를 제출하였다.

☐ 심판의 대상

법 제68조 (청구사유) ① 공권력의 행사 또는 불행사로 인하여 헌법상 보장된 기본권을 침해받은 자는 법원의 재판을 제외하고는 헌법재판소에 헌법소원심판을 청구할 수 있다. 다만, 다른 법률에 구제절차가 있는 경우에는 그 절차를 모두 거친 후가 아니면 청구할 수 없다.

제75조 (인용결정) ① 헌법소원의 인용결정은 모든 국가기관과 지방자치단체를 기속한다.

⑦ 제68조 제2항의 규정에 의한 헌법소원이 인용된 경우에 당해 헌법소원과 관련된 소송사건이 이미 확정된 때에는 당사자는 재심을 청구할 수 있다.

☐ 주 문

이 사건 헌법소원심판절차는 청구인들의 심판청구의 취하로 2003. 2. 11. 종료되었다.

판 단

이 사건 헌법소원심판청구가 취하될 당시, 이 사건에 관한 헌법재판소의 최종 평결결과는 **재판관 전원의 일치된 의견**으로, 법 제75조 제7항에 대한 이 사건 심판청구에 관하여는 '법 제75조 제7항은 법 제68조 제2항의 헌법소원이 인용된 경우에 한정위헌결정이 포함되지 않는다고 해석하는 한도 내에서 헌법에 위반된다'는 한정위헌결정을 선언하고, 헌법재판소의 한정위헌결정의 효력을 부인하여 청구인의 재심청구를 기각한 이 사건 대법원판결을 취소하면서, 법 제68조 제1항 본문에 대한 심판청구는 각하한다는 것이었다. 헌법재판소가 어떠한 이유로 위와 같은 평결결과에 이르게 되었는가 하는 것에 관하여는, 아래 반대의견에서 밝히고 있다.

한편, 법 제40조 제1항은 "헌법재판소의 심판절차에 관하여는 이 법에 특별한 규정이 있는 경우를 제외하고는 민사소송에 관한 법령의 규정을 준용한다. 이 경우 탄핵심판의 경우에는 형사소송에 관한 법령을, 권한쟁의심판 및 헌법소원심판의 경우에는 행정소송법을 함께 준용한다"고 규정하고, 같은 조 제2항은 "제1항 후단의 경우에 형사소송에 관한 법령 또는 행정소송법이 민사소송에 관한 법령과 저촉될 때에는 민사소송에 관한 법령은 준용하지 아니한다"고 규정하고 있다. 그런데 **헌법재판소법이나 행정소송법에 헌법소원심판청구의 취하와 이에 대한 피청구인의 동의나 그 효력에 관하여 특별한 규정이 없으므로, 소의 취하에 관한 민사소송법 제266조는 이 사건과 같은 헌법소원절차에 준용된다고 보아야 한다.**

기록에 의하면 청구인과 승계참가인이 2003. 1. 8. 서면으로 이 사건 헌법소원심판청구를 공동으로 취하하였고, 이미 본안에 관한 답변서를 제출한 피청구인에게 취하의 서면이 2003. 1. 27. 송달되었는바, 피청구인이 그 날로부터 2주일 내에 이의를 하지 아니하였음이 분명하므로, 민사소송법 제266조에 따라 피청구인이 청구인과 승계참가인의 심판청구의 취하에 동의한 것으로 본다.

그렇다면 이 사건 헌법소원심판절차는 청구인과 승계참가인의 심판청구의 취하로 2003. 2. 11. 종료되었으므로, 이 사건 헌법소원심판절차가 이미 종료되었음을 명확하게 선언하기로 하여 주문과 같이 결정한다.

재판관 2인의 반대의견

1. 법 제75조 제7항의 위헌여부

(1) 법 제68조 제2항의 헌법소원이 인용된 경우

이 사건 헌법소원심판청구는 단순히 청구인의 기본권침해에 대한 구제라는 주관적인 권리구제의 측면 외에, **헌법재판소 한정위헌결정의 효력, 한정위헌결정이 법 제68조 제2항에 의한 헌법소원이 인용된 경우에 해당하는지의 여부, 어떠한 경우에 법 제75조 제7항에 의하여 재심을 청구할 수 있는지의 문제**, 예외적으로 헌법소원심판의 대상이 될 수 있는 법원재판의 범위 등 헌법적으로 중대한 문제를 제기하고 있다. 그런데 이와 같은 문제들은 헌법재판권을 분리하여 각 헌법재판소와 법원에 부여하고 있는 현행 헌법재판제도에서 두 헌법기관 사이의 관할에 관한 근본적인 문제로서 헌법질서의 수호와 유지를 위하여 그 해명이 헌법적으로 특히 중대한 의미를 지니는 사안이라고 할 것이다.

사법기능을 담당하는 국가기관은 가능한 한 입법자의 입법권을 존중하여 입법자가 제정한 규범이 계속 존속하고 효력이 유지될 수 있도록 해석해야 한다는 점에서, 합헌적 법률해석은 헌법재판소뿐이 아니라 법원에 부과된 의무이지만, **헌법상의 권력분립원칙에 비추어 볼 때 법률의 구속을 받는 법집행기관인 법원이 스스로 법률을 수정할 권한은 합헌적 법률해석에 관한 헌법재판소의 최종적인 결정권에 의하여 제한되고 통제되어야 함**

은 당연하다. 법원이 헌법재판소와 동등하게 최종적인 합헌적 법률해석권을 가지고 있다는 주장은, 법원도 합헌적 법률해석에 의하여 실질적으로 수반되는 입법작용에 대한 수정권한을 가지고 있다는 것을 의미하는데, 이는 '법원은 법률의 구속을 받는다'는 헌법상의 권력분립질서에 정면으로 위반되는 것이다.

따라서 **합헌적 법률해석 및 그의 결과로서 나타나는 결정유형인 한정위헌결정은 헌법상 법률에 대한 위헌심사권을 가진 헌법재판소의 권한에 속한다**. 헌법재판소만이 법률이 위헌으로 선언되어야 하는지 아니면 헌법합치적 해석을 통하여 유지될 수 있는지에 관하여 최종적으로 결정할 수 있다. 비록 헌법이나 법이 이에 관한 권한을 명시적으로 부여한 바는 없으나, 헌법재판소의 합헌적 법률해석에 관한 최종적 결정권은 헌법 및 법에 의하여 부여받은 규범통제에 관한 포괄적인 권한(법 제41조의 위헌법률심판, 제68조 제1항의 법률소원, 제75조 제5항의 부수적 규범통제, 제68조 제2항 및 제75조 제7항의 '실질적 재판소원')으로부터 나오는 필연적인 결과이다.

즉, 법 제75조 제7항에서 말하는 '법 제68조 제2항의 헌법소원이 인용된 경우'란 법원이 위헌적인 법률을 적용한 경우를 의미하는 것이며, 여기서 법원이 '위헌적인 법률'을 적용한 경우란, **헌법재판소가 어떠한 주문형식으로든 법원이 적용한 법률의 위헌성을 확인한 모든 경우를 말하는 것**인데, 이러한 위헌성확인의 결과를 법원에 대하여 절차적으로 강제하고자 하는 규정이 바로 법 제75조 제7항의 재심허용규정인 것이다.

(2) 법 제75조 제7항에 대한 한정위헌결정

위에서 본 바와 같이, **한정위헌결정이 단순한 법률해석이 아니라 단순위헌결정과 마찬가지로 법률의 위헌성을 심사한 규범통제절차의 산물이라는 점, 법이 제68조 제2항의 헌법소원을 통하여 위헌적인 법률을 적용하는 재판에 대한 통제를 가능하게 하고자 한 점**, 이로써 법 제68조 제2항 및 제75조 제7항에 의한 헌법소원제도가 헌법재판소에게 합헌적 법률해석에 관한 최종적 결정권과 한정위헌결정의 기속력을 강제할 수 있는 가능성을 부여하고 있다는 점 등을 고려할 때, 법 제75조 제7항에서의 '인용된 경우'란 합헌적 법률해석의 결과로서의 한정위헌결정도 함께 포함하는 것이다.

물론 헌법재판소는 이미 2000. 6. 29. 99헌바66등 결정에서 법 제75조 제7항에 대하여 합헌으로 판단한 바 있다. 그러나 이 사건 대법원 판결에서 드러난 바와 같이 법원이 위 규정을 잘못 해석·적용하고 있으므로, 헌법재판소는 위 규정의 원칙적인 합헌성에도 불구하고 부득이 결정주문의 형식으로 법원에 의한 이와 같은 위헌적인 해석·적용을 배제해야 할 필요성이 있다. 따라서 이 사건의 경우, 법원에 의한 법률적용에서 드러난 위헌적인 해석방법을 배제하면서 위 규정의 효력을 유지시키기 위하여, "법 제75조 제7항은 '법 제68조 제2항의 헌법소원이 인용된 경우'에 한정위헌결정이 포함되지 않는다고 해석하는 한, 헌법에 위반된다"는 한정위헌결정을 해야 한다.

2. 이 사건 대법원판결의 취소여부

이 사건 대법원판결은 헌법재판소가 한정위헌결정을 선고한 국가배상법 제2조 제1항 단서가 아니라 법 제75조 제7항을 적용한 것이므로 "헌법재판소가 위헌으로 결정한 법령을 적용한 재판"은 아니나, **헌법재판소의 한정위헌결정에도 불구하고 한정위헌결정은 위헌결정이 아니라는 이유로 그 결정의 효력을 부인하여 청구인의 재심청구를 기각한 것**이므로, 이는 국가배상법 제2조 제1항 단서에 대하여 내린 **한정위헌결정의 기속력에 반하는 것**일 뿐 아니라, 법률의 위헌여부에 대한 최종적 심사권을 헌법재판소에 부여한 헌법의 결단(헌법 제107조 및 제111조)에 정면으로 위배되는 것이다. 따라서 이 사건 대법원판결로 말미암아 청구인의 헌법상 보장된 기본권인 재판청구권 역시 침해되었다 할 것이다. 따라서 이 사건 대법원판결은 법 제75조 제3항에 따라 취소되어야 마땅하다.

3. 법 제68조 제1항의 위헌여부

헌법재판소는 1997. 12. 24. 선고된 96헌마172, 173(병합) 사건에서 법 제68조 제1항 본문에 대하여 **"법 제68조 제1항 본문의 '법원의 재판'에 헌법재판소가 위헌으로 결정한 법령을 적용함으로써 국민의 기본권을 침해한 재판도 포함되는 것으로 해석하는 한도 내에서, 법 제68조 제1항은 헌법에 위반된다"**는 주문의 한정위헌결정을 한 바 있고, 이미 위에서 서술한 바와 같이, **위 결정의 주문은 문언의 표현을 넘어서 '헌법재판소의 위헌결정에 반하여 그 효력을 부인하는 모든 재판'을 포함하는 것으로 이해되어야 한다.** 따라서 법 제68조 제1항 본문의 위헌여부에 대한 이 사건 심판청구는, 헌법재판소가 이미 한정위헌결정을 선고함으로써 위헌성이 제거된 부분에 대하여 다시 위헌선언을 구하는 청구로서 부적법하다.

✤ 본 판례에 대한 평가 1. 헌법재판소의 심판절차에 관하여는 헌법재판소법에 특별한 규정이 있는 경우를 제외하고는 헌법재판의 성질에 반하지 아니하는 한도 내에서 민사소송에 관한 법령의 규정을 준용한다. 이 경우 탄핵심판의 경우에는 형사소송에 관한 법령을, 권한 쟁의심판 및 헌법소원심판의 경우에는 행정소송법을 함께 준용하며, 형사소송에 관한 법령 또는 행정소송법이 민사소송에 관한 법령과 저촉될 때에는 민사소송에 관한 법령은 준용하지 아니한다(제40조).

2. 헌법재판소는 본 결정에서 헌법재판소법이나 행정소송법에 헌법소원심판청구의 취하와 이에 대한 피청구인의 동의나 그 효력에 관하여 특별한 규정이 없으므로, 소의 취하에 관한 민사소송법 제266조는 헌법소원절차에 준용된다고 보아야 한다고 결정했다. 따라서 헌법소원청구인이 헌법소원청구를 취하하는 경우에 절차를 종료하는 결정을 내려야 함을 분명히 한 점에서 본 결정의 의의를 찾을 수 있다. 그러나 이에 대해 헌법소원의 주관적 권리구제뿐만 아니라 객관적 헌법질서보장의 측면에서 헌법소원청구 취하의 경우에도 본안판단을 할 수 있다는 견해도 있다.

판례 평석: 정연주, "헌법소원심판청구취하의 효과 — 헌법재판소 1995. 12. 15, 95헌마221 · 233 · 297(병합)결정과 관련하여 —", 공법연구 제28집 제4호 제2권, 191-207면.

[요약판례] 헌법재판소법 제68조 제1항 위헌확인: 한정위헌,취소(헌재 1997.12.24. 96헌마172등)

청구인은 세무서장으로부터 양도소득세과세처분을 받자 법원에 이 과세처분의 취소를 구하는 행정소송을 제기하였으나 청구인의 청구를 기각하는 판결이 선고되자 그 판결에 대하여 상고를 하여 그 사건이 상고심에 계속 중에, 헌법재판소는 "구 소득세법 제23조 제4항 단서, 제45조 제1항 제1호 단서는 실지거래가액에 의할 경우를 그 실지거래가액에 의한 세액이 그 본문의 기준시가에 의한 세액을 초과하는 경우까지를 포함하여 대통령령에 위임한 것으로 해석하는 한 헌법에 위반된다"는 결정(94헌바40, 95헌바13병합)을 선고하였다.

그런데 대법원은 헌법재판소의 **위 법령조항들에 대한 한정위헌결정에도 불구하고 위 법률조항들이 헌법상의 조세법률주의와 포괄위임금지원칙에 위배되지 아니하는 유효한 규정이라고 본 끝에, 이 사건 과세처분이 위 각 법률조항에 근거한 것이기 때문에 위법한 것이라는 청구인의 주장을 배척하고 위 과세처분이 적법한 것이라고 본 원심의 판단은 정당한 것이라고 판단**하여, 청구인의 상고를 기각하는 판결을 선고하였다. 이에 청구인은 이 사건 과세처분은 헌법재판소의 위헌결정의 선고로 효력이 상실된 위 법률조항에 근거한 것이라는 이유로 위 과세처분의 취소를 구하는 헌법소원심판을 청구함과 아울러, 헌법소원의 대상에서 법원의 재판을 제외하고 있는 헌법재판소법 제68조 제1항과 헌법재판소의 위헌결정의 기속력을 무시한 채 청구인의 상고를 기각한 법원 1996. 4. 9. 선고 95누11405 판결의 위헌선언을 구하는 헌법소원심판을 청구하였다.

(1) 헌법재판소법 제68조 제1항의 위헌여부

헌법재판소법 제68조 제1항이 원칙적으로 헌법에 위반되지 아니한다고 하더라도, 법원이 헌법재판소가 위헌으로 결정하여 그 효력을 전부 또는 일부 상실하거나 위헌으로 확인된 법률을 적용함으로써 국민의 기본권을 침해한 경우에도 법원의 재판에 대한 헌법소원이 허용되지 않는 것으로 해석한다면, 위 법률조항은 그러한 한도내에서 헌법에 위반된다고 보지 아니할 수 없다.

헌법재판소의 법률에 대한 위헌결정에는 단순위헌결정은 물론, 한정합헌, 한정위헌결정과 헌법불합치결정도 포함되고 이들은 모두 당연히 기속력을 가진다.

즉, 헌법재판소는 법률의 위헌여부가 심판의 대상이 되었을 경우, 재판의 전제가 된 사건과의 관계에서 법률의 문언, 의미, 목적 등을 살펴 한편으로 보면 합헌으로 다른 한편으로 보면 위헌으로 판단될 수 있는 등 다의적인 해석가능성이 있을 때 일반적인 해석작용이 용인되는 범위내에서 종국적으로 어느 쪽이 가장 헌법에 합치되는가를 가려, 한정축소적 해석을 통하여 합헌적인 일정한 범위내의 의미내용을 확정하여 이것이 그 법률의 본래적인 의미이며 그 의미 범위내에 있어서는 합헌이라고 결정할 수도 있고, 또 하나의 방법으로는 위와 같은 합헌적인 한정축소 해석의 타당영역 밖에 있는 경우에까지 법률의 적용범위를 넓히는 것은 위헌이라는 취지로 법률의 문언자체는 그대로 둔 채 위헌의 범위를 정하여 한정위헌의 결정을 선고할 수도 있다.

헌법재판소법 제68조 제1항은 법원이 헌법재판소의 기속력있는 위헌결정에 반하여 그 효력을 상실한 법률을 적용함으로써 국민의 기본권을 침해하는 경우에는 예외적으로 그 재판도 위에서 밝힌 이유로 헌법소원심판의 대상이 된다고 해석하여야 한다. 따라서 **헌법재판소법 제68조 제1항의 '법원의 재판'에 헌법재판소가 위헌으로 결정하여 그 효력을 상실한 법률을 적용함으로써 국민의 기본권을 침해하는 재판도 포함되는 것으로 해석하는 한도내에서, 헌법재판소법 제68조 제1항은 헌법에 위반된다고 하겠다.**

(2) 이 사건 대법원판결의 취소여부

헌법재판소는 1995. 11. 30. 선고 94헌바40, 95헌바13(병합) 결정에서 구 소득세법 제23조 제4항 단서, 제45조 제1항 제1호 단서에 대하여 "실지거래가액에 의할 경우를 그 실지거래가액에 의한 세액이 그 본문의 기준시가에 의한 세액을 초과하는 경우까지를 포함하여 대통령령에 위임한 것으로 해석하는 한 헌법에 위반된다"고 선고하여 법률의 문언자체는 그대로 둔 채 위헌의 범위를 법률이 적용되는 일부영역을 제한하여 이를 제거하는 한정위헌결정을 하였다.

다시 말하면, **헌법재판소의 위 한정위헌의 결정은 위 법률조항의 문언자체는 그대로 둔 그 적용범위를 제한하여 실지거래가액에 의하여 산출한 세액이 그 본문의 기준시가에 의하여 산출한 세액을 초과하는 경우에는 이를 적용할 수 없다는 내용의 부분위헌**인 것이다. 따라서 **헌법재판소의 위 결정의 효력은 헌법에 위반된다는 이유로 그 적용이 배제된 범위내에서 법원을 비롯하여 모든 국가기관 및 지방자치단체를 기속**하므로 이로써 법원은 헌법재판소의 위 결정내용에 반하는 해석은 할 수 없게 되었다 할 것이다.

그런데 이 사건 대법원판결은 헌법재판소가 이 사건 법률조항에 대하여 앞서 본 바와 같이 이미 한정위헌결정을 선고하였음에도 단지 법률문언이 그대로 존속한다는 이유를 들어 법적용영역에서 이미 배제된 부분까지 여전히 유효하다는 전제 아래 이를 적용하여, 청구인의 상고를 기각하였다. 그렇다면 **이 사건 대법원판결은 위헌결정의 기속력에 반하는 재판임이 분명하므로 앞에서 밝힌 이유대로 이에 대한 헌법소원은 허용된다 할 것이고, 또한 이 사건 대법원판결로 말미암아 청구인의 헌법상 보장된 기본권인 재산권 역시 침해**되었다 할 것이다. 따라서 이 사건 대법원판결은 헌법재판소법 제75조 제3항에 따라 취소되어야 마땅하다.

(3) 이 사건 과세처분의 처분여부

이 사건의 경우와 같이 행정소송으로 행정처분의 취소를 구한 청구인의 청구를 받아들이지 아니한 법원의 판결에 대한 헌법소원심판의 청구가 예외적으로 허용되어 그 재판이 헌법재판소법 제75조 제3항에 따라 취소되는 경우에는 원래의 행정처분에 대한 헌법소원심판의 청구도 이를 인용하는 것이 상당하다.

이 사건 심판기록에 의하면, 이 사건 과세처분은 **헌법재판소가 위헌으로 결정하여 그 효력을 상실한 이 사건 법률조항을 적용하여 한 처분임이 분명**할 뿐만 아니라, 헌법재판소가 이 사건 법률조항에 대하여 한 위 **위헌결정이 피청구인이 한 과세처분의 취소를 구하는 이 사건에 대하여도 소급하여 그 효력이 미치는 경우에 해당**하고, 이 사건 과세처분에 대한 심판을 위하여 **달리 새로운 사실인정이나 법률해석을 할 필요성이 인정되지도 아니한다.** 따라서 청구인은 피청구인의 위법한 공권력의 행사인 이 사건 과세처분으로 말미암아 헌법상 보장된 기본권인 재산권을 침해받았다고 할 것이므로, 헌법재판소법 제75조 제3항에 따라 피청구인이 청구인에게 한 이 사건 과세처분을 취소하기로 한다.

제 3 절 헌법소원심판

I 의 의

1. 의 의

2. 법적 성격: 헌법소원의 이중성

I 변호인의 조력을 받을 권리에 대한 헌법소원: 인용(위헌확인),위헌(헌재 1992.1.28. 91헌마111)

쟁점 헌법소원의 대상이 된 침해행위의 종료와 심판청구의 이익 유무

사건의 개요

청구인은 17시부터 그날 18시경까지 국가안전기획부 면회실에서, 그의 변호인과 접견하였는데, 이때 수사관이 참여하여 대화내용을 듣거나 기록하였다. 이러한 수사기관에 의한 변호인의 조력을 받을 권리의 침해가 종료한 후 청구인은 이 사건과 관련 행형법 조문에 대하여 헌법소원심판을 청구하였다. 이에 헌법재판소는 이미 종료한 수사기관의 기본권 침해 행위에 대하여 심판청구의 이익을 인정하고, 위헌확인 결정을 내린다. 관련 행형법 조문에 대하여도 위헌결정이 내려졌다.

주 문

1. 청구인이 1991. 6. 14. 17시부터 그날 18시경까지 국가안전기획부 면회실에서, 그의 변호인과 접견할 때 피청구인 소속직원(수사관)이 참여하여 대화내용을 듣거나 기록한 것은 헌법 제12조 제4항이 규정한 변호인의 조력을 받을 권리를 침해한 것으로서 위헌임을 확인한다.

2. 행형법(1950. 3. 2. 법률 제105호, 최근개정 1980. 12. 22. 법률 제3289호) 제62조는 그 중 행형법 제18조 제3항을 미결수용자의 변호인 접견에도 준용하도록 한 부분은 헌법에 위반된다.

판 단

헌법소원의 대상이 된 침해행위가 이미 종료하여서 이를 취소할 여지가 없기 때문에 헌법소원이 주관적 권리구제에는 별 도움이 안 되는 경우라도 그러한 침해행위가 앞으로도 반복될 위험이 있거나 당해분쟁의 해결이 헌법질서의 수호·유지를 위하여 긴요한 사항이어서 헌법적으로 그 해명이 중대한 의미를 지니고 있는 경우에는 심판청구의 이익을 인정하여 이미 종료한 침해행위가 위헌이었음을 선언적 의미에서 확인할 필요가 있다.

본 판례에 대한 평가 헌법소원제도는 위헌적인 공권력행사로부터 국민의 기본권을 보장함으로써 객관적 헌법질서를 확립하려는 제도이다. 따라서 청구인에게 권리보호이익이 있어야 함이 원칙이다. 그러나 헌법소원제도는 주관적 권리구제뿐만 아니라 객관적인 헌법질서 보장의 기능을 겸하고 있으므로 비록 청구인의 주관적 권리구제에는 도움이 되지 아니한다고 하더라도 침해행위가 앞으로도 반복될 위험이 있거나 당해 분쟁의 해결이 헌법질서의 수호·유지를 위하여 긴요

한 사항이어서 헌법적으로 그 해명이 중대한 의미를 가지고 있는 경우에는 심판청구의 이익을 인정하여야 할 것이다(헌재 1992. 1. 28. 91헌마111 참조). 여기서 침해행위가 반복될 위험이란 단순히 추상적·이론적인 가능성이 아니라 구체적·실제적인 것이어야 하며 이러한 점에 대한 입증책임은 헌법소원청구인에게 있다. 이러한 권리보호이익은 헌법소원제기시뿐만 아니라 헌법재판소의 결정선고시에도 존재하여야 한다.

[요약판례 1] 1980년 해직공무원의보상등에관한특별조치법 제4조에 대한 헌법소원: 합헌(헌재 1993.9.27. 92헌바21)

청구인에게는 주관적으로 권리보호의 이익이 없지만, 객관적 헌법질서 수호를 위하여 본안판단의 필요성이 있다고 한 사례

청구인은 이 사건이 헌법재판소에 적법 계속중인 1992. 12. 31.로서 공무원 연령정년이 되었으므로 이 사건 헌법소원이 가사 인용된다고 할지라도 공직에 복귀할 수 없어 소원의 전제가 된 법원에서의 쟁송사건과의 관련에서 볼 때 권리보호의 이익이 없다고 할 것이나, 헌법소원제도는 개인의 주관적인 권리구제에만 그 목적이 있는 것이 아니고 객관적인 헌법질서의 유지 수호에도 있다고 할 것인 바, 이 사건 헌법소원에서 문제되고 있는 5급이상 공무원 특별채용 배제 문제는 **비단 청구인 한 사람에게만 국한된 것이 아니고 비슷한 처지에 있는 1980년도 해직공무원 1,367명에게 이해관계가 있고 헌법적 해명이 필요**한 중요한 의미를 지니고 있는 사안이므로 본안판단의 필요성이 있다.

[요약판례 2] 서신검열 등 위헌확인: 인용(위헌확인),한정위헌,기각,각하(헌재 1995.7.21. 92헌마144)

헌법소원의 대상이 된 침해행위가 종료되었어도 심판청구의 이익이 있다고 인정한 사례

헌법소원의 본질은 개인의 주관적 권리구제뿐만 아니라 객관적인 헌법질서의 보장도 겸하고 있는 것인데, **미결수용자의 서신에 대한 검열이나 지연발송 및 지연교부행위**는 헌법상 보장된 통신의 자유나 비밀을 침해받지 아니할 권리 및 변호인의 조력을 받을 권리와의 관계에서 해명되어야 할 중요한 문제이고, 또 검열행위는 행형법의 규정에 따라 앞으로도 계속될 것으로 보이므로, 이러한 침해행위가 아미 종료되었다 하더라도, 이 사건 심판청구는 헌법질서의 수호·유지를 위하여 긴요한 사항으로서 **그 해명이 중대한 의미**를 지니고 있고 **동종행위의 반복위험성**도 있어서 심판청구의 이익이 있다.

3. 유 형

Ⅱ 헌법재판소법 제75조 제7항 위헌소원: 합헌(헌재 2000.6.29. 99헌바66등)

쟁점 심판대상법조항에 대한 한정위헌청구가 적법하기 위한 요건 및 헌법재판소법 제75조 제7항의 위헌여부

□ 사건의 개요

청구인들은 행정소송 등에서 패소하고, 그 패소의 원인이 되었던 법률(택지소유상한에관한법률)이 위헌결정을 받자 재심의 소를 제기하면서, 재심청구의 범위를 정한 헌법재판소법 제75조 제7항이 평등의 원칙 등을 위배하여 위헌이라고 주장하면서 위 조항에 대한 위헌법률심판제청신청을 하였다. 법원은 청구인들의 재심의 소를 각하하면서 위 신청 또한 이유없다고 기각하였다. 이에 청구인들은 위 신청의 기각결정을 송달받고, 헌법재판소법 제68조 제2항에 따라 헌법재판소법 제75조 제7항에 대한 한정위헌결정을 요구하는 헌법소원심판을 청구하였다.

▢ 심판의 대상

헌법재판소법 제75조 ⑦ 제68조 제2항의 규정에 의한 헌법소원이 인용된 경우에 당해 헌법소원과 관련된 소송사건이 이미 확정된 때에는 당사자는 재심을 청구할 수 있다.

▢ 주 문

헌법재판소법 (1997. 12. 13. 법률 제5454호) 제75조 제7항은 헌법에 위반되지 아니한다.

▢ 청구인들의 주장

심판대상법조항에 의하여 공교롭게 헌법소원을 제기한 자에게는 재심의 길을 열어주고 헌법소원을 제기하지 않은 사람에게는 재심의 길을 막는 것은 평등권을 선언한 헌법 제11조 제1항, 재산권 보장에 관한 헌법 제23조 제1항과 제3항, 헌법 제27조 제1항, 행복추구권 및 국가의 개인이 가지는 기본적 인권을 보장할 의무를 규정한 헌법 제10조, 열거되지 아니한 기본권의 보장을 규정한 헌법 제37조에 위반된다.

▢ 판 단

Ⅰ. 적법요건에 관한 판단

1. 법률 조항의 한정위헌결정을 구하는 헌법소원 청구가 적법하기 위한 요건

이 사건에서 청구인의 주장취지는 헌법재판소법 제68조 제2항의 헌법소원이 인용된 경우에, 당해사건의 당사자뿐만 아니라 헌법소원을 제기한 바는 없으나 위헌선언된 법률조항의 적용을 받았던 다른 사건의 당사자도 이미 확정된 관련사건의 재심을 구할 수 있다는 것으로 심판대상법조항을 해석하지 않으면 헌법에 위반된다는 것으로서 **심판대상법조항 자체의 위헌성에 관한 청구로 받아들일 것이므로 적법하다.**

2. 재판의 전제성 인정여부

이 사건 청구인의 헌법소원이 인용되는 경우, "심판대상법조항을 헌법소원의 전제가 된 당해사건의 당사자에 한하여서만 재심을 청구할 수 있다는 것으로 해석하는 한 헌법에 위반된다"는 한정위헌결정이 내려질 것이고, 청구인의 재심은 적법한 것이 될 수 있으므로 재판의 전제성을 갖추었다.

Ⅱ. 본안에 관한 판단 – 심판대상법조항이 청구인의 재판청구권, 평등권, 재산권 및 행복추구권을 침해하여 위헌인지 여부(소극)

재심은 확정판결에 대한 특별한 불복방법이고, 확정판결에 대한 법적 안정성의 요청은 미확정판결에 대한 그것보다 훨씬 크다고 할 것이므로 재심을 청구할 권리가 헌법 제27조에서 규정한 재판을 받을 권리에 당연히 포함된다고 할 수 없고, 심판대상법조항에 의한 재심청구의 혜택은 일정한 적법요건 하에 헌법재판소법 제68조 제2항에 의한 헌법소원을 청구하여 인용된 자에게는 누구에게나 일반적으로 인정되는 것이고, **헌법소원청구의 기회가 규범적으로 균등하게 보장**되어 있기 때문에, 심판대상법조항이 헌법재판소법 제68조 제2항에 의한 헌법소원을 청구하여 인용결정을 받지 않은 사람에게는 재심의 기회를 부여하지 않는다고 하여 청구인의 **재판청구권이나 평등권, 재산권과 행복추구권을 침해하였다고는 볼 수 없다.**

✤ 본 판례에 대한 평가 헌법재판소법 제75조 제7항에서는 헌법재판소법 제68조 제2항

의 규정에 의한 헌법소원이 인용된 경우에 당해 헌법소원과 관련된 소송사건이 확정된 때에는 당사자는 재심을 청구할 수 있다고 규정하고 있다. 일단 헌법재판소는 동 조항에 대한 헌법소원 사건에서 동 조항의 '당사자'를 헌법재판소법 제68조 제2항의 헌법소원을 제기한 자로 제한하여 해석하고 있다.

이에 따르면 헌법재판소법 제41조 이하의 위헌법률심판의 위헌결정이 가지는 소급효와 제68조 제2항의 헌법소원(이른바 위헌소원)의 소급효가 일치하지 않게 된다. 이 점에서 문제를 제기할 수 있다고 생각된다. 다만 위헌법률심판의 경우에 제청 신청한 사건의 재판이 중지되는 반면, 제68조 제2항에 의한 헌법소원에서는 당해 재판 절차가 중지되지 않는 현행 헌법재판소법의 태도와 일관된 해석을 위해서는 헌법재판소와 같이 해석하는 수밖에 없어 보인다. 궁극적으로는 헌법재판소법의 정비를 통해서, 위헌법률심판과 제68조 제2항의 헌법소원의 위헌결정의 효력범위의 균형을 맞추어야 하는 문제이다.

[요약판례 1] 형사소송법 제93조 등 위헌소원: 합헌,각하(헌재 2004.2.26. 2003헌바31)

(1) 대법원규칙이 헌법재판소법 제68조 제2항의 규정에 의한 헌법소원심판청구의 대상이 될 수 있는지 여부(소극) — 형사소송규칙 제178조에 대한 심판청구는 각하됨.

(2) 구속취소청구 기각결정에 대한 피고인의 즉시항고권을 형사소송법 제97조 제3항에 규정하지 않은 입법부작위가 헌법에 위반된다는 헌법소원심판청구를 부진정입법부작위의 위헌을 주장하는 것으로 받아들일 수 있는지 여부와 위 조항이 당해사건 재판의 전제가 되는 법조항인지 여부(소극) — 형사소송법 제97조 제3항에 대한 심판청구도 각하됨.

(1) 헌법재판소법 제68조 제2항의 규정에 의한 헌법소원심판청구의 심판대상은 재판의 전제가 되는 법률이지 규칙은 그 대상이 될 수 없으므로 형사소송규칙 제178조에 대한 헌법소원심판청구는 부적법하다.

(2) 검사에게 즉시항고권을 인정한 것은 법원의 구속취소결정으로 피고인이 즉시 석방되는 효과를 저지하겠다는 것이고, 법원의 구속취소청구 기각결정에 의해서는 피고인의 구속상태가 계속될 뿐 피고인의 신병에 어떠한 변화가 생기는 것이 아니므로, 검사의 즉시항고권과 피고인의 즉시항고권을 같은 차원에서 논하여 구속취소청구 기각결정에 대한 피고인의 즉시항고권을 형사소송법 제97조 제3항에 규정하지 않은 입법부작위가 헌법에 위반된다는 헌법소원심판청구를 입법행위에 결함이 있는 부진정입법부작위의 위헌을 주장하는 것으로 받아들일 수는 없다. 또한 당해사건인 구속취소청구 기각결정에 대한 항고사건에서 문제된 것은 청구인에게 발부된 구속영장의 적법성 및 구속취소사유의 존부이므로 피고인에게 구속취소청구 기각결정에 대한 즉시항고권을 인정하지 않은 위 조항이 당해사건의 재판에 적용된다고 보기도 어렵다.

[요약판례 2] 도시계획법 부칙 제10조 제3항 위헌소원: 각하(헌재 2004.6.24. 2001헌바104)

헌법재판소법 제68조 제2항에 의한 헌법소원의 당해사건이 부적법하여 각하될 사안인 경우 재판의 전제성 유무(소극)

헌법재판소법 제68조 제2항에 의한 헌법소원심판의 청구는 같은 법 제41조 제1항의 규정에 의한 적법한 위헌여부심판의 제청신청을 법원이 각하 또는 기각하였을 경우에만 제기할 수 있는 것이고 위헌여부심판의 제청신청이 적법한 것이 되려면 제청신청된 법률의 위헌여부가 법원에 제기된 당해사건의 재판의 전제가 된 때라야 하므로, **만약 당해사건이 부적법한 것이어서 법률의 위헌여부를 따져 볼 필요조차 없이 각하를 면할 수 없는 것일 때에는 위헌여부**

심판의 제청신청은 적법요건인 재판의 전제성을 흠결한 것으로서 각하될 수밖에 없고 이러한 경우 제기된 헌법소원심판청구는 결국 재판의 전제성을 갖추지 못하여 부적법하다(당해사건에 대한 소각하 판결이 확정된 사안).

[요약판례 3] 구 금융산업의구조개선에관한법률 제14조의3 제1항 위헌소원: 각하(헌재 2005.7.21. 2001헌바67)

단순히 법률의 구체적 해석·적용을 다투는 경우로서 법률조항 자체의 위헌성을 다투는 것으로 볼 여지가 없는 경우 헌법재판소법 제68조 제2항에 의거한 심판청구로서 부적법하다고 본 사례

청구인들의 주장은 … **법원의 재판결과를 다투는 것**이다. 이는 단순한 법률의 구체적 해석·적용상의 문제에 지나지 않는다. 따라서 청구인들의 위와 같은 한정위헌 청구는 단순히 **법률의 구체적인 해석·적용을 다투는 것**일 뿐, **법률조항 자체의 위헌성을 다투는 것으로 볼 여지가 없으므로 헌법재판소법 제68조 제2항에 의거한 심판청구로서 부적법**하다.

(재판관 3인의 반대의견) 법률조항의 불명확성을 다투는 경우 또는 법률조항의 의미를 구체화하는 법원의 선례가 집적되어 있는 경우뿐만 아니라, 법률조항의 의미가 다의적일 수 있고 그 적용대상이 상당한 영역을 가질 때 그 의미나 적용대상 중 다른 것과 유형적으로, 그리고 추상적으로, 구별이 되는 특정한 범위의 것에 한정하고 이에 대하여 위헌 여부의 심판을 하는 것이 재판의 전제가 되는 한도에서, 법률에 대한 부분적 위헌 여부의 심판에 해당하므로 이는 헌법재판소의 권한에 속하고 또한 전부 청구는 일부 청구를 포함하므로 청구인들의 청구에 이러한 부분적 위헌심판청구도 포함되어 있다면 헌법재판소는 이러한 청구를 적법한 것으로 인정하여 그 부분적 위헌청구에 대하여도 판단할 의무가 있다.

[요약판례 4] 민사집행법 제130조 제3항 위헌소원: 각하(헌재 2007.7.26. 2006헌바40)

항고심 소송절차에서 위헌법률심판제청신청을 하여 그 신청이 기각되었는데도 이에 대하여 헌법소원심판을 청구하지 아니하고 있다가 다시 그 재항고심 소송절차에서 대법원에 같은 이유를 들어 위헌법률심판제청신청을 하였고 그 신청이 기각되자 헌법소원심판청구를 한 것이 헌법재판소법 제68조 제2항 후문의 규정에 위배되는지 여부(적극)

헌법재판소법 제68조 제2항은 법률의 위헌여부심판의 제청신청이 기각된 때에는 그 신청을 한 당사자는 헌법재판소에 헌법소원심판을 청구할 수 있으나, 다만 이 경우 그 당사자는 당해 사건의 소송절차에서 동일한 사유를 이유로 다시 위헌여부심판의 제청을 신청할 수 없다고 규정하고 있는바, 이 때 당해 사건의 소송절차란 당해 사건의 상소심 소송절차를 포함한다 할 것이다. 청구인들은 **항고심 소송절차에서 위헌법률심판제청신청을 하여 그 신청이 기각되었는데도 이에 대하여 헌법소원심판을 청구하지 아니하고 있다가 다시 그 재항고심 소송절차에서 대법원에 같은 이유를 들어 위 법조항이 위헌이라고 주장하면서 위헌법률심판제청신청을 하였고, 그 신청이 기각되자, 헌법소원심판청구를 한 이 사건은 헌법재판소법 제68조 제2항 후문의 규정에 위배된 것으로서 부적법하다고 할 것이다.**

II 헌법소원심판의 청구권자

[요약판례 1] 영화법 제12조 등에 대한 헌법소원: 각하(헌재 1991.6.3. 90헌마56)

단체 내부의 분과위원회에 헌법소원능력이 있는지 여부(소극) 및 단체가 그 구성원들의 기본권침해를 주장하는 경우 자기관련성 인정여부(소극)

청구인 한국영화인협회 감독위원회는 영화인협회로부터 독립된 별개의 단체가 아니고, 영화인협회의 내부에 설치된 8개의 **분과위원회 가운데 하나에 지나지 아니하며**, 달리 단체로서의 실체를 갖추어 당사자능력이 인정되는 법인

아닌 사단으로 볼 자료가 없으므로 **헌법소원심판청구능력이 있다고 할 수 없다.**

단체는 원칙적으로 단체자신의 기본권을 직접 침해당한 경우에만 그의 이름으로 헌법소원심판을 청구할 수 있을 뿐이고 그 구성원을 위하여 또는 구성원을 대신하여 헌법소원심판을 청구할 수 없다 할 것인데, 청구인 사단법인 한국영화인협회는 그 자신의 기본권이 침해당하고 있음을 이유로 하여 이 사건 헌법소원심판을 청구한 것이 아니고, 그 단체에 소속된 회원들인 영화인들의 헌법상 보장된 예술의 자유와 표현의 자유가 침해당하고 있음을 이유로 하여 이 사건 헌법소원심판을 청구하여 자기관련성의 요건을 갖추지 못하였다.

(재판관 변정수의 반대의견) 사단법인은 구성원전체의 이익을 위한 것일 때에는 구성원의 권리구제를 위하여 자기의 이름으로 헌법소원을 제기할 수 있으므로 청구인 영화인협회는 자기 자신의 기본권은 직접침해된 것이 아니라고 하더라도 자기 구성원의 기본권구제를 위하여 헌법소원을 제기할 수 있다.

청구인 협회가 자기 자신이 향유하고 있는 언론·출판의 자유, 예술의 자유가 직접 침해되었다고 주장하고 헌법소원심판을 청구할 수 있는 지위에 있는 이상 위 협회가 주장하는 청구이유 가운데에는 자기 자신의 기본권침해주장이 당연히 포함되어 있다고 볼 수 있다.

(재판관 한병채의 반대의견) 청구인 감독위원회는 별도의 대표자를 갖고 독립적인 기능과 업무를 수행하는 권리능력 없는 사단으로서의 법률적 지위를 가지고 있으므로 실질적인 요건을 검토하여 권리능력 없는 사단의 경우와 같이 헌법소원심판을 청구할 수 있다고 보는 것이 합당하다.

헌법재판에 있어서는 청구의 내용에 따라 집단의 당사자적격을 인정하여야 하는 것이 헌법적 정의실현에 합당한 경우도 있을 수 있으므로 청구인들의 당사자능력과 적격의 문제는 헌법심판의 본질적 기능에 보다 실질적으로 심리 검토하여야 한다.

[요약판례 2] 1994학년도신입생선발입시안에 대한 헌법소원: 기각(헌재 1992.10.1. 92헌마68등)

서울대학교가 "94학년도 대학입학고사주요요강"을 제정하여 발표한 것에 대해 기본권 침해의 현재성이 인정될 수 있는지 여부(적극)

입학고사 주요요강은 1994학년도 신입생선발고사때부터 적용할 예정으로 마련된 것일 뿐더러 그 이전에 현행 교육법시행령 제71조의2가 그 요강을 뒷받침할 수 있는 내용으로 개정될 때에만 시행될 수 있는 것이다. 더구나 청구인 신○진은 현재 고등학교 1학년생이어서 1995년도 대학입학시험에 응시할 수 있는 자이다. 그러므로 청구인들이 그 요강에 의하여 현재 자기의 기본권이 침해되었다고 주장하여 헌법소원심판청구를 할 만한 이익이 있다고 볼 수 있을 것인가가 문제된다.

서울대학교가 위 요강을 작성하여 발표하게 된 경위에 비추어 볼 때 그 요강은 1994학년도 서울대학교 신입생선발부터 실시될 것이 틀림없어 보이고 1995학년도 신입생선발에도 적용될 가능성을 충분히 예측할 수 있다. 그리고 고등학교에서 일본어를 배우고 있는 청구인들은 서울대학교 대학별 고사의 선택과목에서 일본어가 제외되어 있는 입시요강으로 인하여 그들이 94학년도 또는 94학년도에 서울대학교 일반계열 입학을 지원할 경우 **불이익을 입게 될 수도 있다는 것을 현재의 시점에서 충분히 예측할 수 있는 이상 기본권침해의 현재성을 인정하여 헌법소원심판청구의 이익을 인정하는 것이 옳을 것이다. 기본권 침해가 눈앞에 닥쳐올 때를 기다렸다가 헌법소원을 하라고 요구한다면 기본권구제의 실효성을 기대할 수 없기 때문이다.**

[요약판례 3] 지방의회의원선거법 제36조 제1항에 대한 헌법소원: 헌법불합치, 각하(헌재 1993.3.11. 91헌마21)

정당의 기본권주체성이 인정되어 청구인적격을 인정한 사례

시·도의회의원선거에서 정당이 후보자의 추천과 후보자를 지원하는 선거운동을 통하여 소기의 목적을 추구하는 경우, **평등권 및 평등선거원칙으로부터 나오는 선거에 있어서의 기회균등의 원칙은 후보자는 물론 정당에 대해서도 보장되는 것**이므로 정당추천의 후보자가 선거에서 차등대우를 받는 것은 정당이 선거에서 차등대우를 받는 것과 같

은 결과가 된다.

[요약판례 4] 구 법인세법 제59조의 3, 같은 법 시행령 제124조의8에 대한 헌법소원: 각하 (헌재 1993.7.29. 89헌마123)

민법상 권리능력이나 민사소송법상 당사자능력이 없는 자가 제기한 헌법소원심판청구의 적법성

청구인 남문중·상업고등학교는 교육을 위한 시설에 불과하여 우리 민법상 권리능력)이나 민사소송법상 당사자능력이 없다고 할 것인바, 위 시설에 관한 권리의무의 주체로서 당사자능력이 있는 청구인 **남문학원이 헌법소원을 제기하여 권리구제를 받는 절차를 밟음으로써 족하다**고 할 것이고, **위 학교에 대하여 별도로 헌법소원의 당사자능력을 인정하여야 할 필요는 없다**고 할 것이므로 동 학교의 이 사건 헌법소원심판청구는 부적법하다.

[요약판례 5] 불기소처분취소: 각하 (헌재 1994.12.29. 93헌마120)

국회노동위원회의 헌법소원청구인적격을 부인한 사례

헌법재판소법 제68조 제1항에서 "…기본권을 침해받은 자는 헌법소원의 심판을 청구할 수 있다"고 규정한 것은 기본권의 주체라야만 헌법소원을 청구할 수 있고, 기본권의 주체가 아닌 자는 헌법소원을 청구할 수 없다는 것을 의미한다 할 것인데, 기본권의 보장에 관한 각 헌법규정의 해석상 국민(또는 국민과 유사한 지위에 있는 외국인과 사법인)만이 기본권의 주체라 할 것이고, **국가나 국가기관 또는 국가조직의 일부나 공법인은 기본권의 '수범자(Adressat)'이지 기본권의 주체로서 그 '소지자(Trager)'가 아니고 오히려 국민의 기본권을 보호 내지 실현해야 할 '책임'과 '의무'를 지니고 있는 지위에 있을 뿐이므로, 국가기관인 국회의 일부조직인 국회의 노동위원회는 기본권의 주체가 될 수 없고 따라서 헌법소원을 제기할 수 있는 적격이 없다.**

(재판관 김문희, 재판관 황도연의 반대의견) 국회에서의증언·감정등에관한법률 제15조는 일정한 요건 아래 청구인이 채택한 증인에 대한 고발권을 인정하고 있지만, 이는 통상의 고발권과 달리 채택한 증인의 불출석으로 말미암아 청구인이 직접 피해를 입기 때문에 인정된 것이므로 그 실질은 고소권과 동일하게 볼 수 있고, 청구인은 피고발인이 소추되면 법원에 피해자로서 의견을 진술할 수 있는 권리가 있다. 이와 같은 이 사건의 특수한 사정을 고려하면, 청구인은 피청구인의 불기소처분으로 말미암아 청구인이 범죄의 피해자로서 갖는 재판절차진술권 및 평등권을 침해받았다는 이유를 들어 헌법소원을 제기할 수 있다고 보아야 한다.

[요약판례 6] 입법권침해 등에 대한 헌법소원: 각하 (헌재 1995.2.23. 90헌마125)

국가기관이나 그 구성원의 지위에 있는 자가 그 직무상 권한을 침해당했다는 이유로 헌법소원을 청구할 수 있는지 여부(소극)

헌법 제68조 제1항의 규정에 의한 헌법소원은, 헌법이 보장하는 기본권의 주체가 국가기관의 공권력의 행사 또는 불행사로 인하여 그 기본권을 침해받았을 경우 이를 구제하기 위한 수단으로 인정된 것이므로, 헌법소원을 청구할 수 있는 자는 원칙으로 기본권의 주체로서의 국민에 한정되며 국민의 기본권을 보호 내지 실현할 책임과 의무를 지는 국가기관이나 그 일부는 헌법소원을 청구할 수 없다. 국회의원이 국회 내에서 행하는 **질의권·토론권 및 표결권** 등은 입법권 등 공권력을 행사하는 국가기관인 국회의 구성원의 지위에 있는 국회의원에게 부여된 권한이지 **국회의원 개인에게 헌법이 보장하는 권리 즉 기본권으로 인정된 것이라고 할 수 없으므로**, 설사 국회의장의 불법적인 의안처리행위로 헌법의 기본원리가 훼손되었다고 하더라도 그로 인하여 헌법상 보장된 구체적 기본권을 침해당한 바 없는 국회의원인 청구인들에게 헌법소원심판청구가 허용된다고 할 수 없다.

[요약판례 7] 대통령선거법 제65조 위헌확인: 각하,기각(헌재 1995.7.21. 92헌마177등)

단체가 그 구성원들의 기본권침해를 주장하는 경우 자기관련성 인정여부(소극)

단체는 원칙적으로 **단체 자신의 기본권을 직접 침해당한 경우에만** 그의 이름으로 헌법소원심판을 청구할 수 있을 뿐이고 **그 구성원을 위하여 또는 구성원을 대신하여 헌법소원심판을 청구할 수 없다**고 할 것인데, 청구인 한국신문편집인협회는 그 자신의 기본권이 직접 침해당하였다는 것이 아니고 청구인협의의 회원인 언론인들의 언론·출판의 자유가 침해당하고 있어 청구인협회도 간접적으로 기본권을 침해당하고 있음을 이유로 하여 이 사건 헌법소원심판을 청구하고 있는 것으로 보이므로 **자기관련성을 갖추지 못하여 부적법**하다고 할 것이다.

[요약판례 8] 지방교육자치에관한법률 제13조 제1항에 대한 헌법소원: 각하(헌재 1995.9.28. 92헌마23등)

지방교육위원회(地方教育委員會)의 구성원인 교육위원이 기본권의 주체인지 여부(소극)

교육위원인 청구인들은 기본권의 주체가 아니라 공법인인 지방자치단체의 합의체기관인 **교육위원회의 구성원으로서 "공법상 권한"을 행사하는 공권력의 주체일 뿐**이다.

[요약판례 9] 재외동포의 출입국과 법적 지위에 관한 법률 제2조 제2호 헌법소원(헌재 2001.11.29. 99헌마494)

인간의 존엄과 가치, 행복추구권이 '인간의 권리'로서 외국인도 주체가 될 수 있다고 보아야 하고, 평등권도 인간의 권리로서 참정권 등에 대한 성질상의 제한 및 상호주의에 따른 제한이 있을 뿐인지 여부(적극)

청구인들이 침해되었다고 주장하는 인간의 존엄과 가치, 행복추구권은 대체로 '인간의 권리'로서 외국인도 주체가 될 수 있다고 보아야 하고, 평등권도 인간의 권리로서 참정권 등에 대한 성질상의 제한 및 상호주의에 따른 제한이 있을 수 있을 뿐이다. 이 사건에서 청구인들이 주장하는 바는 대한민국 국민과의 관계가 아닌, 외국국적의 동포들 사이에 재외동포법의 수혜대상에서 차별하는 것이 평등권침해라는 것으로서 성질상 위와 같은 제한을 받는 것이 아니고 상호주의가 문제되는 것도 아니므로, 청구인들에게 기본권주체성을 인정함에 아무런 문제가 없다.

[요약판례 10] 형의집행및수용자의처우에관한법률 제43조 제3항 등 위헌확인: 각하,위헌(헌재 2012.2.23. 2009헌마333)

1. 교도소장으로 하여금 수용자가 주고받는 서신에 금지 물품이 들어 있는지를 확인할 수 있도록 규정하고 있는 '형의집행및수용자의처우에관한법률'(2007. 12. 21. 법률 제8728호로 개정된 것) 제43조 제3항(이하 '이 사건 법률조항'이라 한다)이 청구인의 기본권을 직접 침해하는지 여부(소극)
2. 수용자가 밖으로 내보내는 모든 서신을 봉함하지 않은 상태로 교정시설에 제출하도록 규정하고 있는 '형의집행및수용자의처우에관한법률시행령'(2008. 10. 29. 대통령령 21095호로 개정된 것) 제65조 제1항(이하 '이 사건 시행령조항'이라 한다)이 청구인의 통신 비밀의 자유를 침해하는지 여부(적극)

1. 이 사건 법률조항에 대한 심판청구

법률 또는 법률조항 자체가 헌법소원의 대상이 되기 위해서는 구체적인 집행행위를 기다리지 아니하고 당해 법률 또는 법률조항에 의하여 직접 기본권을 침해받아야 한다. 여기서 말하는 기본권 침해의 직접성이란 구체적인 집행행위에 의하지 아니하고 법률 그 자체에 의해 직접 자유의 제한, 의무의 부과, 권리 또는 법적 지위의 박탈이 생긴 경우를 뜻한다. 이 사건 법률조항은 "소장은 수용자가 주고받는 서신에 법령에 따라 금지된 물품이 들어 있는지 확인할 수 있다"고 규정하고 있다. 이 규정에 의하면 수용자의 서신에 금지물품이 들어 있는지 확인할 것인지 여부는 교도소장의 재량에 좌우되는 것이므로, 교도소장의 금지물품 확인이라는 구체적인 집행행위가 있을 때 비로소 수용자인 청구인의 권리에 영향을 미치게 된다. 그리고 이 사건 법률조항은 교도소장이 수용자의 서신에 금지물품이 들어 있는지 여부를 확인하는 구체적인 방법으로 수용자가 주고받는 서신을 봉함하지 않은 상태로 제출하도록 규정하고 있지도 아니하다. 따라서 이 사건 법률조항은 청구인의 기본권을 직접 침해한다고 할 수 없으므로 이에 대한 심판청구는 부적법하다.

2. 이 사건 시행령조항에 대한 심판청구

이 사건 시행령조항은 "수용자는 보내려는 서신을 봉함하지 않은 상태로 교정시설에 제출하여야 한다"고 규정하고 있는데, 이 규정에 의해서 수용자는 교도소장 등의 다른 집행행위가 없더라도 서신을 봉함하지 않은 상태로 제출할 의무를 부과 받게 되므로 이 사건 시행령조항은 수용자의 기본권을 직접적으로 제한한다. 다만 이 사건에서 청구인에 대한 형집행은 이미 종료되었으므로 청구인의 침해된 기본권 구제와 관련하여 권리보호이익이 문제될 수 있는데, 헌법소원제도는 주관적인 권리구제뿐만 아니라 객관적인 헌법질서 보장의 기능도 겸하고 있으므로, 설사 주관적인 권리보호의 이익이 없는 경우라고 하더라도 동종의 기본권 침해가 반복될 위험이 있거나 헌법질서의 유지·수호를 위하여 헌법적 해명이 중대한 의미를 지니고 있을 때에는 예외적으로 심판청구의 이익이 인정되는 것으로 보는 것이 우리 재판소의 확립된 판례이다. 그런데 청구인의 경우 이미 형집행이 종료되어 더 이상 이 사건 시행령조항에 의한 기본권 제한을 받지는 아니하나, 이 사건 시행령조항이 존재하는 한 청구인의 경우와 같은 유형의 기본권 제한이 앞으로도 반복될 위험이 있고, 수용자의 서신 무봉함 제출제도의 헌법적 타당성 여부는 헌법질서의 수호·유지를 위해 그 헌법적 해명이 필요한 중요한 사안이라고 할 것이므로, 심판청구의 이익을 인정하여야 할 것이다. 한편, 그 밖에 청구기간을 비롯한 다른 적법 요건의 흠결은 발견되지 않으므로 이 사건 시행령조항에 대한 심판청구는 적법하다.

Ⅲ 헌법소원심판의 대상

I 행형법 제29조 제1항 등 위헌소원: 각하(헌재 2005.2.24. 2004헌바24)

(쟁점) 당사자가 위헌법률심판 제청신청의 대상으로 삼지 않았고, 법원 또한 기각 또는 각하결정의 대상으로 삼지 않은 법률조항에 대한 위헌소원심판청구의 적법여부

사건의 개요

청구인은 구속된 이후 형사재판에서 실형을 선고받고 광주교도소에 구금되어 있는바, 광주교도소 수용시설 내에서 각종 부상을 당하여 광주교도소 밖의 병원에서 치료를 받고 그 치료비를 자비로 지급하였다.

이에 청구인은, 광주교도소 소속 공무원들이 시설물관리를 게을리 하였고, 청구인에게 자비로 치료를 하지 않으면 외부에서 치료를 받지 못하도록 강요함으로써, 청구인이 제때 치료를 받지 못하여 후유증을 얻는 등 정신적 피해를 입었다는 취지로 광주지방법원에 국가를 상대로 청구인이 이미 지급한 위 치료비 합계액 상당의 부당이득금의 반환과 정신적 피해에 대한 손해배상금의 지급을 구하는 소송을 제기하였다.

청구인은 위 소송에서 제1회 변론기일에 불출석하였고, 제2회 변론기일에는 출석하였으나 담당재판장의 변론진행에 불만을 품고 제3회 이후의 변론기일에는 출석하지 않았다. 담당재판부는 기일의 추정을 반복하다 피고만 출석한 상태에서 변론을 진행한 다음 종결하고 선고기일을 지정하였다가 선고를 연기하고 선고기일을 다시 지정하였다.

청구인은 담당재판부가 위 소송을 민사소송법 제268조에 따라 취하간주하지 않고 변론을 진행하여 선고기일을 지정한 것은 청구인에게 헌법상 보장된 평등권과 재판청구권을 침해하는 것으로 헌법에 위반되고, 행형법 제29조는 교도소의 수용자가 외부의 병원에서 치료받기를 원할 때 그

치료비를 국가에서 부담하지 않을 수 있도록 규정되어 있다고 주장하면서 결국 위 조항은 청구인에 대한 인간의 존엄과 가치, 인간다운 생활을 할 권리를 침해하여 헌법에 위반된다는 취지로 위 법원에 위헌심판제청을 하였으나 위 법원은 재판의 전제성을 결여하였다는 이유로 이를 각하한 후, 당해소송에서 청구인의 청구를 기각하는 판결을 선고하였다.
청구인은 위 제청신청 각하결정을 송달받고 민사소송법 제268조, 행형법 제28조, 제29조의 위헌 여부에 대하여 이 사건 헌법소원심판을 청구하였다.

심판의 대상

민사소송법 제268조 (양 쪽 당사자가 출석하지 아니한 경우) ① 양 쪽 당사자가 변론기일에 출석하지 아니하거나 출석하였다 하더라도 변론하지 아니한 때에는 재판장은 다시 변론기일을 정하여 양 쪽 당사자에게 통지하여야 한다.
② 제1항의 새 변론기일 또는 그 뒤에 열린 변론기일에 양 쪽 당사자가 출석하지 아니하거나 출석하였다 하더라도 변론하지 아니한 때에는 1월 이내에 기일지정신청을 하지 아니하면 소를 취하한 것으로 본다.
③ 제2항의 기일지정신청에 따라 정한 변론기일 또는 그 뒤의 변론기일에 양쪽 당사자가 출석하지 아니하거나 출석하였다 하더라도 변론하지 아니한 때에는 소를 취하한 것으로 본다.
④ 상소심의 소송절차에는 제1항 내지 제3항의 규정을 준용한다. 다만, 상소심에서는 상소를 취하한 것으로 본다.
행형법 제28조 (자비치료) 수용자가 자비로써 치료를 원하는 때에는 필요에 의하여 당해 소장은 이를 허가할 수 있다.
행형법 제29조 (병원이송) ① 소장은 수용자에 대한 적당한 치료를 하기 위하여 필요하다고 인정하는 때에는 당해 수용자를 교도소등의 밖에 있는 병원(정신질환을 치료하기 위한 경우에는 의료기관 개설허가를 받은 치료감호소를 포함한다)에 이송할 수 있다.
② 제1항의 규정에 의하여 이송된 자는 수용자에 준하여 처우한다.

주 문

이 사건 심판청구를 각하한다.

판 단

1. 민사소송법 제268조에 대한 청구

헌법재판소법 제41조 제1항에 의하면, 법률이 헌법에 위반되는 여부가 재판의 전제가 된 때에는 당해 사건을 담당하는 법원은 직권 또는 당사자의 신청에 의한 결정으로 헌법재판소에 위헌여부의 심판을 제청한다고 규정하고 있고 같은 법 제68조 제2항에 의하면, 법률에 대한 위헌심판제청신청이 법원에서 기각된 경우에 한하여 같은 법 제68조 제2항 소정의 헌법소원심판을 청구할 수 있다 할 것인바, 여기에서 법률조항 자체의 위헌성을 다투는 것이 아니라 법원의 재판을 다투는 것일 때에는 원칙으로 부적법하여 허용되지 않는다 할 것이다.

이 사건에서 청구인은 당해사건의 담당재판부의 기일지정행위 등 재판진행의 부당성에 대하여 다투고 있을 뿐 그 근거가 되는 민사소송법 제268조 자체가 위헌이라는 주장은 기록을 모두 살펴보아도 찾아볼 수 없다. 그렇다면, 이 사건 심판청구 중 위 부분은 청구인이 일반법원에 계속된 구체적 사건에 적용될 법률조항인 민사소송법 제268조 자체에 대하여 위헌심판제청신청을 한 것이 아니고, **당해소송 재판장의 기일지정행위 등 재판진행이 부당하다고 주장하면서 그 재판을 위헌심판제청신청의 대상으로 삼은 것**뿐이므로, 헌법재판소법 제68조 제2항의 헌법소원으로서는 부적법하다 할 것이다.

2. 행형법 제29조에 대한 청구

헌법재판소법 제68조 제2항의 헌법소원에 있어서는 법원에 계속된 구체적 사건에 적용할 법률의 위헌여부가 재판의 전제로 되어 있어야 하고, 이 경우에 재판의 전제가 된다고 함은 문제되는 법률이나 법률조항이 당해 소송사건의 재판에 적용되는 것이어야 하며, 그 법률이나 법률조항의 위헌여부에 따라 재판의 주문이 달라지거나 재판의 내용과 효력에 관한 법률적 의미가 달라지는 경우를 말한다.

청구인은 당해소송에서 광주교도소의 수용자로서 교정기관 외에서 치료를 받을 경우 그 치료비는 국가에서 부담하여야 함에도 불구하고 위 교도소 소속 공무원들이 청구인에게 치료비를 부담하게 하였다고 주장하면서 국가를 상대로 그 치료비 상당의 부당이득의 반환을 구하므로, 당해사건에서 직접적, 일차적으로 적용될 법률조항은 부당이득에 관한 민법 제741조이고, 위 법률조항은 당해소송에서 직접 적용되는 법률이 아님은 명백하다.

그런데, 우리 재판소는 제청 또는 청구된 법률조항이 법원의 당해사건의 재판에 직접 적용되지는 않더라도 그 위헌 여부에 따라 당해사건의 재판에 직접 적용되는 법률조항의 위헌 여부가 결정되거나, 당해사건 재판의 결과가 좌우되는 경우 등과 같이 양 규범 사이에 내적 관련이 있는 경우에는 간접 적용되는 법률규정에 대하여도 재판의 전제성을 인정할 수 있다고 판시한 바 있다.

먼저, 위 법률조항의 위헌 여부에 따라 당해사건의 재판에 직접 적용되는 민법 제741조의 위헌여부가 결정되는 것이 아님은 분명하다. 그러므로, 우리 재판소가 위 법률조항에 대하여 위헌결정을 선고하는 경우에 당해사건 재판의 결과가 좌우되는 경우 등과 같이 양 규범 사이에 내적 관련이 있는 경우에 해당하는지 여부에 대하여 살펴본다.

청구인이 광주교도소장에게 외부병원 이송신청을 하였으나 거부되어 부득이 자비로 치료를 받은 후 **당해소송의 재판부가 교도소장의 위 거부처분행위가 무효라고 판단한 경우에는 청구인의 부당이득 반환청구를 받아들일 수 있는 가능성**이 없는 것은 아니다.

그러나, 우리 재판소에서 청구인의 의도대로 **위 법률조항이 위헌이라고 선언한다고 가정하더라도 광주교도소장의 거부행위는 아래와 같은 이유로 당연히 무효가 될 수 없어** 위와 같은 가정은 그 전제 자체가 성립될 여지가 없으므로, 위 법률조항의 위헌여부가 당해사건 재판의 결과가 좌우되는 경우로 인정될 수 없다.

즉, **법률에 근거하여 행정청이 행정처분을 한 후에 헌법재판소가 그 법률을 위헌으로 결정**하였다면 결과적으로 그 행정처분은 법률의 근거가 없이 행하여진 것과 마찬가지가 되어 하자 있는 것이 된다고는 할 것이나, 하자있는 행정처분이 당연 무효가 되기 위해서는 그 하자가 중대할 뿐만 아니라 명백한 것이어야 하는바, **일반적으로 법률이 헌법에 위반된다는 사정이 헌법재판소의 위헌결정이 있기 전에는 객관적으로 명백한 것이라고 할 수는 없으므로** 특별한 사정이 없는 한 **이러한 하자는 위 행정처분의 취소사유에 해당할 뿐 당연무효사유는 아니기** 때문이다.

그렇다면, 위 법률조항은 당해사건인 부당이득반환청구 재판에 직접 적용되는 법률이 아닐 뿐 아니라, 비록 직접 적용되는 법률규정은 아니지만 그 위헌 여부에 따라 당해사건의 재판에 직접 적용되는 법률조항의 위헌 여부가 결정되거나, 당해사건 재판의 결과가 좌우되는 경우 등과 같이 양 규범 사이에 내적 관련이 있는 법률규정이라고 할 수도 없으므로 재판의 전제성을 인정할 수 없다 할 것이다.

3. 행형법 제28조에 대한 청구

청구인 작성의 위헌심판제청신청서에 의하면, 청구인이 위헌이라고 생각하여 제청신청한 법률은 민사소송법 제268조, 행형법 제29조라고 명시하였으나, 행형법 제28조에 대하여는 이 사건 헌법소원 심판청구에 이르러서야 비로소 위헌법률이라고 주장하고 있다.

그런데, 헌법재판소법 제68조 제2항의 헌법소원은 법률의 위헌여부심판의 제청신청을 하여 그 신청이 기각된 때에만 청구할 수 있는 것이므로, 청구인이 특정 법률조항에 대한 위헌여부심판의 제청신청을 하지 않았고 따라서 법원의 기각결정도 없었다면 그 부분 심판청구는 심판청구요건을 갖추지 못하여 부적법한 것이다.

다만, 우리 재판소는 당사자가 위헌법률심판 제청신청의 대상으로 삼지 않았고 또한 법원이 기각 또는 각하결정의 대상으로도 삼지 않았음이 명백한 법률조항이라 하더라도 **예외적으로 위헌제청신청을 기각 또는 각하한 법원이 위 조항을 실질적으로 판단하였거나 위 조항이 명시적으로 위헌제청신청을 한 조항과 필연적 연관관계를 맺고 있어서 법원이 위 조항을 묵시적으로나마 위헌제청신청으로 판단을 하였을 경우**에는 헌법재판소법 제68조 제2항의 헌법소원으로서 적법한 것이라고 판시한 바 있으므로, 과연 이 사건이 위와 같은 경우에 해당하는지 살펴본다.

먼저, 법원이 행형법 제28조를 실질적으로 판단하였는지 살펴보면, 청구인은 위헌심판제청을 할 때, 행형법 제29조가 위헌이라고 주장하면서 수용자의 병원비를 청구인측이 부담하는 것은 헌법 제34조 제5항에 위반된다는 듯한 취지를 기재하기는 하였지만 행형법 제28조의 위헌여부를 명시적으로 다투지 않았고, 청구인의 위헌심판제청신청을 심리한 광주지방법원도 각하이유에 대하여 민사소송법 제268조 및 행형법 제29조에 대하여만 재판의 전제성이 없다고 판단했을 뿐이므로, 위 법원이 행형법 제28조를 실질적으로 판단하였다는 흔적이 없다.

다음으로, 행형법 제28조와 제29조가 필연적 연관관계를 맺고 있는지 살펴보면, 행형법 제29조는 수용자의 치료를 위하여 적당한 때에는 외부치료를 위하여 이송할 수 있다는 규정이고, 행형법 제28조는 수용자가 원하면 소장이 자비치료를 받도록 허가할 수 있다는 규정이다. 즉, 행형법 제29조는 수용자에 대한 외부병원의 이송에 관한 규정이고 제28조는 자비치료에 관한 규정으로 위 두 규정이 함께 규율복합체의 일부를 이루거나, 밀접한 관계에 있는 법률조항이라고 볼 수 없어, 필연적 연관관계를 맺고 있다고 할 수 없다.

그렇다면, 청구인이 위헌제청신청을 함에 있어 민사소송법 제268조 및 행형법 제29조의 위헌 여부를 다투고 있을 뿐, 위 법률조항들과 필연적 연관관계도 없는 **행형법 제28조에 관한 위헌여부를 명시적으로 다툰 바 없고, 광주지방법원의 위헌제청신청 각하결정도 민사소송법 제268조 및 행형법 제29조에 대하여만 판단했을 뿐**, 다른 법률조항에 관하여 판단한 바 없으므로, 행형법 제28조에 관한 심판청구는 심판청구의 요건을 갖추지 못한 것으로 부적법하다 할 것이다.

[요약판례 1] 구 방문판매등에관한법률 제18조 제1항 등 위헌소원: 기각,각하(헌재 1997.11.27. 96헌바12)

법원에 위헌여부심판의 제청신청을 하지 않은 법률조항에 대하여 헌법재판소법 제68조 제2항에 의한 헌법소원을 제기한 경우의 심판청구의 적법성(소극)

헌법재판소법 제68조 제2항의 헌법소원은 법률의 위헌여부심판의 제청신청을 하여 그 신청이 기각된 때에만 청구할 수 있는 것인데 기록에 첨부된 서울지방법원 남부지원의 위헌제청신청기각결정(94초1188)에 의하면 청구인은 구 방문판매등에관한법률 부칙 제3항에 대한 **위헌여부심판의 제청신청을 하지 않았고 따라서 법원의 기각결정도 없었으므로 청구인의 이 부분 심판청구는 그 심판청구요건을 갖추지 못하여 부적법하다.**

[요약판례 2] 하천법 제2조 제1항 제2호 다목 위헌소원: 합헌(헌재 1998.3.26. 93헌바12)

직권으로 심판의 대상을 변경한 사례

청구인들이 이 사건 청구취지로서 위헌확인을 구하는 것은 하천법 제2조 제1항 제2호 다목이나, 헌법재판소는 심판청구서에 기재된 청구취지에 구애됨이 없이 청구인의 주장요지를 종합적으로 판단하여야 하며, 청구인이 주장하는 침해된 기본권과 침해의 원인이 되는 공권력을 직권으로 조사하여 피청구인과 심판대상을 확정하여 판단하여야 하는데, 당해사건에서의 청구인들의 청구취지는 이 사건 토지들이 국유가 아니라 청구인들의 사유토지임을 전제로 그 소유권확인을 구하는 것이므로 **당해사건의 재판에 보다 직접적으로 관련을 맺고 있는 법률조항**은 제외지를 하천구역에 편입시키고 있는 위 하천법 제2조 제1항 제2호 다목이라기보다 오히려 하천구역을 포함하여 하천을 국유로 한다고 규정함으로써 직접 제외지의 소유권귀속을 정하고 있는 동법 제3조라 할 것이므로 **직권으로 이 사건 심판의 대상을 위 하천법 제2조 제1항 제2호 다목에서 동법 제3조로 변경한다.**

[요약판례 3] 민사소송법 제48조 등 위헌소원: 각하(헌재 2000.7.20. 98헌바74)

(1) 청구인의 한정위헌결정을 구하는 청구에 대하여 청구인이 주장하는 위헌사유는 법원이 심판대상 법률조항의 규율범위 밖에서 이를 유추적용함으로써 비로소 발생한 것이므로, 이 사건 심판청구는 법률 자체에 대한 위헌확인을 구하는 것으로 볼 여지가 없고, 심판대상 법률조항을 유추적용한 사법작용의 정당성 여부를 다투는 것에 불과하므로 부적법하다고 하여 각하한 사례
(2) 위헌제청신청 기각결정을 받음이 없이 제기한 헌법재판소법 제68조 제2항에 의한 헌법소원의 적부(소극)

(1) 심판대상 법률조항 중 민법 제70조 제3항은 사단법인의 경우에만 적용되고 법인 아닌 사단의 경우에는 적용되지 아니하고, 민사소송법 제48조(현행 민사소송법 제52조)는 소송사건의 경우에만 적용되고 비송사건의 경우에는 적용되지 아니함이 문언상 명백하며, 여기에 다의적 해석가능성이나 다양한 적용범위가 문제될 여지가 없고, **청구인이 위 각 법률조항에 관하여 다투는 것은 위 각 법률조항 자체에 내포된 어떤 위헌적 해석방법이나 적용범위가 아니라 이를 법인 아닌 사단의 비송사건에 적용하는 것의 위헌여부**이므로, 이 부분 심판청구는 **이 법률조항 자체의 위헌성을 다투는 것으로 볼 수 있는 한정위헌청구로 받아들일 여지도 없다.** 청구인이 주장하는 위헌사유는 위 각 법률조항의 규율범위 내에서 발생한 것이 아니라, 그 밖에서, 법원이 위 각 법률조항을 유추적용함으로써 비로소 발생한 것이므로, 이 부분 심판청구는 법률 자체에 대한 위헌확인을 구하는 것으로 볼 여지가 없고, 위 각 법률조항을 유추적용한 사법작용의 정당성 여부를 다투는 것에 불과하다고 볼 수밖에 없으므로, 그 심판청구의 요건을 갖추지 못하여 부적법하다.

(2) 헌법재판소법 제68조 제2항의 헌법소원은 법률의 위헌여부심판의 제청신청을 하여 그 신청이 기각된 때에 청

구할 수 있는 것인데, 청구인은 위헌제청신청을 함에 있어 민법 제70조 제2항이나 비송사건절차법 제34조의 적용에 관한 위헌 여부를 다툰 바 없고, 대법원 역시 그에 대하여 아무런 판단도 한 바 없으므로, 그 부분 심판청구의 요건을 갖추지 못하여 부적법하다.

(재판관 이영모, 재판관 하경철의 반대의견) 헌법은 재량영역인 법원의 법률적용에 관하여, 위헌인 법률을 합헌으로 판단할 권한을 주지 아니한 것처럼, 권력분립의 원칙에 따라 법률적용을 빌미로 입법형성영역을 침해하지 못하도록 명하고 있다. 법률의 유추적용이 법원의 재량영역으로서 헌법상의 정당성과 합리성이 있는 적정한 것인지, 입법형성영역을 침해한 것은 아닌지 등에 대한 심사는, 헌법을 정점으로 하는 법체계의 통일성과 정합성을 유지·도모하는 것을 주된 임무로 하는 헌법재판소의 심판영역에 속하는 것이다. 유추적용의 대상이 되는 법률에 대한 위헌심사는, 행정부가 법률을 집행하기 위한 하위규범을 만들면서 법률조항과는 전혀 관계없고 예측도 할 수 없는 사항까지 규정하여 이를 근거로 국민의 기본권을 침해하는 공권력 행사를 한 경우 그 공권력 행사의 근거규정에 대한 위헌여부 심판에서 실질적인 판단을 하여 한정위헌선언을 함으로써 그 법률조항 자체에 내재된 효력범위를 헌법이 명령하는 바에 따라 그 경계를 설정하는 것과 마찬가지로, 법원이 유추적용한 법률이 법률조항과는 전혀 관계없고 예측도 할 수 없는 사항에 해당한다면 그것은 바로 해석이 아닌 입법형성영역으로서 권력분립 원칙에 어긋나는 입법권의 침해에 다름 아니므로, 한정위헌선언을 하여야 한다.

[요약판례 4] 수표법 제28조 제2항 등 위헌소원: 각하,합헌(헌재 2001.1.18. 2000헌바29)

헌법재판소법 제68조 제2항의 헌법소원사건에서, 당초 위헌제청신청과 그에 대한 법원의 기각결정에서 다루어지지 않은 법률조항을 심판대상조문에 포함시켜 함께 판단한 예

청구인이 수표법 제28조 제2항, 제29조 제1항에 대하여만 위헌제청신청을 하였고, 법원의 기각결정 역시 위 조항들에 한정되었으나, 청구인이 다투는 취지로 보건대 수표법 제29조 제1항에 같은 조 제4항을 보태어 보아야만 비로소 의미를 가지므로 **묵시적으로나마 수표법 제29조 제4항에 대하여도 청구인의 위헌제청신청이 있었고 그에 대한 법원의 기각결정까지 있었다고 보아**, 이 사건 심판대상에 포함시켜 함께 판단한다.

[요약판례 5] 재직기간산입거부처분취소: 각하(헌재 2004.8.26. 2003헌마916)

(1) 공권력의 불행사에 대한 헌법소원 심판청구의 요건
(2) 퇴직급여를 산정함에 있어 공무원으로 임용받기 전의 교육 및 실무수습기간도 재직기간에 포함하여 계산하여 달라는 신청에 대한 공무원연금관리공단의 거부행위가 헌법소원 심판청구의 대상이 되는지 여부(소극)

(1) **공권력의 불행사에 대한 헌법소원은 공권력의 주체에게 헌법에서 유래하는 작위의무가 특별히 구체적으로 규정되어 있어 이에 의거하여 기본권의 주체가 공권력의 행사를 청구할 수 있음에도 공권력의 주체가 그 의무를 해태하는 경우에 허용**되는 것이므로, 작위의무가 없는 공권력의 불행사에 대한 헌법소원은 부적법하다. 따라서, 기본권의 주체가 행정기관의 내부적 의사결정에 불과하여 직접 국민의 권리의무에 영향을 미치지 아니하는 행위를 청구한 것에 대하여 공권력의 주체가 이를 거부하였다 하더라도 그 거부행위는 헌법소원의 대상이 되는 공권력의 불행사에 해당하지 않는 것이다.

(2) 공무원인 청구인은 공무원연금관공단이 청구인의 퇴직급여를 산정할 때 공무원으로 임용받기 전에 이수한 교육 및 실무수습기간도 재직기간에 포함하여 계산하여 달라는 신청을 거부하는 내용의 처분을 하였다고 주장하면서 기본권 침해여부를 다투고 있는 이 사건에 있어서, 재직기간의 계산행위는 공무원연금관리공단이 장차 청구인에게 지급하여야 할 퇴직급여를 결정을 하기 위한 준비행위 또는 부수적 행위로 그 자체로는 직접 국민의 권리의무에 영향을 미치지 아니하는 행위로서 비권력적 사실행위에 불과한 것이므로, 청구인이 퇴직급여의 결정에 관하여 행정소송을

제기하여 다툴 수 있음은 별론으로 하고, 그 결정에 필요한 준비행위 또는 부수적 행위에 불과한 재직기간의 계산을 제대로 하여 달라는 청구는 공무원연금관리공단에게 공권력의 행사를 구하는 것이 아니다. 따라서, 위와 같은 공무원연금관리공단의 거부행위는 헌법소원의 대상이 되는 공권력의 불행사라 할 수 없으므로, 그에 대한 헌법소원 심판청구는 부적법하다.

[요약판례 6] 공직선거및선거부정방지법 제15조 제2항 등 위헌확인: 헌법불합치(헌재 2007.6.28. 2004헌마644등)

구법 조항들을 대상으로 한 심판청구였음에도 불구하고 현행법의 해당조항을 심판의 대상으로 삼은 사례

청구인들은 구 '공직선거 및 선거부정방지법'(2005. 8. 4. 법률 제7681호로 개정되기 전의 것) 조항들에 대하여 이 사건 헌법소원을 제기하였으나, 위 법률은 그 동안에 2005. 8. 4. 법률 제7681호로 법명이 "공직선거법"으로 바뀌었고 그 내용에도 변화가 있었다. 그런데 개정 전의 제15조 제2항의 경우 개정 후에는 제15조 제2항 제1호로 **조문의 위치가 조정된 것에 불과하고**, 제37조 제1항의 경우에도 조문내용에 일부 추가가 있었지만 **청구인들과 관련된 부분에서는 아무런 변화가 없으며**, 제38조 제1항의 경우에도 부재자투표를 할 수 있는 국내거주자의 범위 제한을 폐지하는 방향으로 개정이 이루어졌지만 **국외거주자에 대하여는 부재자투표를 인정하지 않고 있다는 점에서는 개정 전후에 아무런 변화가 없다**. 그렇다면 이 사건에서는 **심판의 대상을 현행 공직선거법 해당 조항으로 함이 상당**하다.

[요약판례 7] 한나라당 대통령 후보 경선 시 여론조사 적용 위헌확인: 각하(헌재 2007.10.30. 2007헌마1128)

정당이 대통령선거 후보경선과정에서 여론조사 결과를 반영한 것을 헌법소원심판의 대상이 되는 공권력의 행사에 해당한다고 할 수 있는지 여부(소극)

정당은 국민의 이익을 위하여 책임 있는 정치적 주장이나 정책을 추진하고 공직선거의 후보자를 추천 또는 지지함으로써 국민의 정치적 의사형성에 참여함을 목적으로 하는 국민의 자발적 조직으로(정당법 제2조), 그 법적 성격은 일반적으로 사적·정치적 결사 내지는 법인격 없는 사단으로 파악되고 있고, 이러한 정당의 법률관계에 대하여는 정당법의 관계 조문 이외에 일반 사법 규정이 적용되므로, **정당은 공권력 행사의 주체가 될 수 없다**. 정당이 공권력 행사의 주체가 아니고, 정당의 대통령선거 후보선출은 자발적 조직 내부의 의사결정에 지나지 아니하므로, 청구인들 주장과 같이 **A당이 대통령선거 후보경선과정에서 여론조사 결과를 반영한 것을 일컬어 헌법소원심판의 대상이 되는 공권력의 행사에 해당한다 할 수 없다**.

[요약판례 8] 도시 및 주거환경정비법 제2조 제11호 나목 등 위헌소원: 기각(헌재 2012.4.24. 2010헌바1)

당사자가 위헌법률심판제청신청의 대상으로 삼지 않았고 법원이 기각 또는 각하결정의 대상으로 삼지 않은 법률조항에 대하여 위헌제청신청을 한 법률조항과 필연적 연관관계를 맺고 있어 법원이 실질적으로 판단한 것으로 볼 수 있다고 한 사례

청구인들의 위헌법률심판제청신청에 대하여 법원이 이 사건 동의요건조항을 명시적인 기각결정대상으로 삼지는 않았지만, 이 사건 동의요건조항은 청구인들의 위헌제청신청에 대하여 법원이 기각한 '도시 및 주거환경정비법' 제2조 제11호 나목과 필연적 연관관계를 맺고 있고, 위헌제청신청 이유와 기각결정 이유 역시 실질적으로 이 사건 동의요건조항과 관련된 것이라고 볼 수 있으므로, 이 사건 동의요건조항에 대한 심판청구는 헌법재판소법 제68조 제2항에 따른 적법요건을 갖추었다.

[요약판례 9] 교도소 내 두발규제 위헌확인: 각하(헌재 2012.4.24. 2010헌마751)

피청구인이 한달간 청구인에 대하여 지속적이고 조직적으로 실시한 생활지도 명목의 이발 지도행위(이하 '이 사건 이발지도행위'라 한다) 및 2010. 11. 17.경 앞머리는 눈썹이 보이도록, 옆머리는 귀를 가리지 않도록, 뒷머리는 목을 가리지 않도록 실시한 이발행위(이하 '이 사건 이발행위'라 한다)가 공권력 행사에 해당하는지 여부 및 권리보호이익이 인정되는지 여부(소극)

이 사건 이발지도행위는 피청구인이 두발 등을 단정하게 유지할 것을 지도·교육한 것에 불과하고 피청구인의 우월적 지위에서 일방적으로 청구인에게 이발을 강제한 것이 아니므로, 헌법소원심판의 대상인 공권력의 행사라고 보기 어렵다. 이 사건 이발행위 역시 청구인의 자발적 참여를 전제로 이발을 하도록 한 것으로서 피청구인의 우월적 지위에서 일방적으로 이발을 강제한 것이 아니므로, 헌법소원심판의 대상인 공권력의 행사라고 보기 어렵다.

[요약판례 10] 공직선거법 제93조 제1항 위헌확인: 각하(헌재 2011.3.31. 2008헌마738)

서면에 의한 명시적인 위헌제청 신청이 없어 헌법재판소법 제68조 제2항의 헌법소원으로 보지 아니한 사례

위헌법률심판의 제청을 신청하려면 사건 및 당사자, 위헌이라고 해석되는 법률 또는 법률의 조항, 위헌이라고 해석되는 이유를 기재한 서면으로 신청하여야 하는데(헌법재판소법 제41조 제2항, 제43조 제2호 내지 제4호), 청구인은 그러한 서면으로 제청신청을 한 바 없고, 따라서 법원으로부터 위헌제청신청에 대한 기각결정도 받지 못하였기 때문에 이 사건 심판청구는 헌법재판소법 제68조 제2항의 헌법소원으로 볼 수 없다.

[요약판례 11] 국군부대 이라크주둔 위헌확인: 각하(헌재 2004.7.14. 2004헌마508)

이라크에 파견한 국군을 계속 주둔시키는 행위가 헌법소원의 대상인지 여부

헌법재판소법 제68조 제1항에 의한 헌법소원심판청구의 대상이 되는 공권력의 행사는 국민의 기본권을 침해하는 독자적인 공권력 작용에 한하고 그 공권력 행사에 의하여 당연히 수반되거나 공권력 행사에 의하여 유지되는 행위는 새로운 독자적인 공권력 작용이 아니어서 헌법소원심판청구의 대상이 된다고 할 수 없다. 외국에 파견된 국군을 그 나라에 주둔시키는 행위는 당초의 파견 또는 파견연장이라는 공권력 행사에 당연히 수반되거나 유지되는 것에 불과하지 독자적인 공권력 작용이라고 할 수 없다. 다만, 파견기간을 연장하는 행위는 새로운 파견과 같은 효과를 갖는 행위로서 독자적인 공권력 작용으로 볼 수 있다. 따라서 국군의 외국에의 파견 또는 파견연장을 헌법소원심판의 대상으로 삼아 다투는 것은 별론으로 하고 파견된 국군을 주둔시키는 행위는 독자적인 공권력 행사라고 할 수 없어 이를 다투는 헌법소원심판청구는 부적법하다고 할 것이다.

1. 입법작용에 대한 헌법소원

(1) 법 률

[요약판례 1] 사회안전법에 관한 헌법소원: 각하(헌재 1989.10.27. 89헌마105등)

보안처분을 받은 자의 사회안전법에 대한 헌법소원의 적법여부(소극)

법률에 대하여 바로 헌법소원심판을 청구하려면 직접 당해 법률에 의해 권리침해를 받아야만 하므로 청구인들이 현재 사회안전법 소정의 보안처분을 받고 있다고 하더라도 그것은 **법무부장관의 보안처분결정에 의한 것이므로 사회안전법에 의한 권리침해의 직접성을 갖추었다고 할 수 없어 부적법**하다.

[요약판례 2] 지방의회의원선거법 제28조 등에 대한 헌법소원: 위헌,기각(헌재 1991.3.11. 90헌마28)

법규에 대한 헌법소원의 적법요건

법규 때문에 기본권의 침해를 받았다하여 헌법소원의 형태로 그 위헌여부의 심판을 구하는 **법규에 대한 헌법소원**은 구체적인 소송사건에서 전제된 경우도 아니고 단순히 어느 법규가 위헌인가의 여부에 대한 의문이 있어 제기하는 **추상적 규범통제제도와는 근본적으로 다른 것**으로서 자기관련성, 현재성, 그리고 직접성의 요건을 갖추게 되면 그것만으로 적법한 소원심판청구로 되어 허용이 된다.

[요약판례 3] 국가보안법 제19조에 대한 헌법소원: 위헌(헌재 1992.4.14. 90헌마82)

법률에 대한 헌법소원의 직접성과 구체적 집행행위와의 관계

헌법소원심판의 대상이 될 수 있는 법률은 **그 법률에 기한 다른 집행행위를 기다리지 않고 직접 국민의 기본권을 침해하는 법률**이어야 하지만 구체적 집행행위가 존재한다고 하여 언제나 반드시 법률 자체에 대한 헌법소원심판청구의 적법성이 부정되는 것은 아니고, 예외적으로 **집행행위가 존재하는 경우에도 그 집행행위를 대상으로 하는 구제절차가 없거나 구제절차가 있다고 하더라도 권리구제의 기대가능성이 없고 다만 기본권 침해를 당한 자에게 불필요한 우회절차를 강요하는 것밖에 되지 않는 경우**로서 당해 법률에 대한 전제관련성이 확실하다고 인정되는 때에는 당해 법률을 헌법소원의 직접대상으로 삼을 수 있다.

[요약판례 4] 수도법 제52조의2 위헌확인: 각하(헌재 2000.11.30. 2000헌마79)

지방자치단체에게 상수도 정수시설 비용을 부담하도록 한 법률 규정 자체에 대하여 지방자치단체의 주민이 그로 인하여 자신의 헌법상 기본권이 침해되었음을 이유로 위헌확인을 구하는 헌법소원의 적법여부(소극)

충주댐 광역상수도의 정수시설 설치비용을 부담하는 자는 위 상수도의 물을 공급받는 수도사업자인 충주시 등 10여 개 지방자치단체이며, 밀양댐 광역상수도의 경우는 밀양시 등의 지방자치단체임이 명백하고, 따라서 위 충주시, 밀양시에 거주하는 주민들에 불과한 청구인들이 위 법률조항에 의한 비용 부담을 하는 것이 아니며, 달리 위 법률조항이 청구인들에게 직접 적용된다고 볼 자료도 없다. 뿐만 아니라 위 법률조항으로 청구인들에게 **영향이 있다 하더라도** 이는 모두 위 충주시나 밀양시가 위 정수시설 설치비용을 부담하게 됨으로써 발생하는 시 재정악화에 따라 그 지역 주민들에게 끼쳐지는 **간접적, 사실적 또는 경제적 불이익에 불과한 것**이어서 이러한 사정만으로는 청구인들의 기본권이 현재, 그리고 직접적으로 침해당한 경우라고 할 수 없다.

(재판관 이영모의 반대의견) 위 법률조항은 상수도의 물을 공급받는 수도사업자(이 사건의 경우, 지방자치단체인 충주시, 밀양시)를 규율 상대방(수규자)으로 삼고 있으나, 그 설치비용은 수도요금으로 주민들에게 전가(轉嫁)하게 되므로, 실질적인 면에서 보면 그 주민들(청구인들)이 위 법률조항의 규율 상대방이다. 또한 위 법률조항은 그 자체에서 설치비용 부담의 법적 의무가 현재·직접적으로 지방자치단체에게 있음을 명시하고 있고, 그 지방자치단체가 위 법률조항에 대한 위헌 여부를 다툴 수 있는지 분명하지 아니하므로, 현재성과 직접성 또한 있다고 보는 것이 합리적인 해석이다. 국회에서 만든 법률이 국민의 권리를 제한하거나 의무를 부담하게 하는 등 기본권을 침해하는 경우 이의 위헌 여부를 심사한다는 것은 헌법의 명령이므로, 위 법률조항을 다수의견처럼 자기관련성, 현재성, 직접성을 부정하여 헌법재판소의 통제범위 외에 둘 것이 아니라 마땅히 본안에 들어가서 그 당부를 판단해 주는 것이 옳다.

[요약판례 5] 세무사법 제5조의2 위헌확인: 기각(헌재 2007.5.31. 2006헌마646)

행정사무에 종사한 자 등에 대하여 시험의 일부를 면제하는 세무사법 제5조의2에 대한 법령소원에서 기본권침해의 관련성을 인정한 예

이 사건 법률조항은 별도의 집행행위를 요하지 아니하고 일정한 요건을 갖춘 자에 대해 곧바로 세무사 자격시험의 제1차시험 또는 제2차시험의 일부 과목의 시험에 대한 면제를 받을 수 있도록 규정하고 있으므로 기본권침해의 **직접성**은 인정된다.

다만, 청구인은 현재 공무원으로 세무사 자격시험에 응시한 것은 아니므로 이 사건 법률조항으로 인한 기본권침해를 현실적으로 받고 있다고 할 수는 없으나, 청구인이 언제든지 세무사자격시험에 응시한다면 국세에 관한 행정사무에 종사한 자보다 불리한 지위를 가지게 될 것임은 현재로서도 확실하게 예측되므로 기본권침해의 **현재성**과 **자기관련성**을 인정할 수 있다.

(2) 헌법규범

(3) 긴급명령, 긴급재정·경제명령

[요약판례] 긴급재정경제명령 등 위헌확인: 기각,각하(헌재 1996.2.29. 93헌마186)

통치행위(대통령긴급재정경제명령)의 헌법재판 대상성

대통령의 긴급재정경제명령은 국가긴급권의 일종으로서 고도의 정치적 결단에 의하여 발동되는 행위이고 그 결단을 존중하여야 할 필요성이 있는 행위라는 의미에서 이른바 통치행위에 속한다고 할 수 있으나, 통치행위를 포함하여 모든 국가작용은 국민의 기본권적 가치를 실현하기 위한 수단이라는 한계를 반드시 지켜야 하는 것이고, 헌법재판소는 헌법의 수호와 국민의 기본권 보장을 사명으로 하는 국가기관이므로 비록 고도의 정치적 결단에 의하여 행해지는 국가작용이라고 할지라도 그것이 국민의 기본권 침해와 직접 관련되는 경우에는 당연히 헌법재판소의 심판대상이 된다.

(4) 입법의 부작위

[요약판례 1] 사법서사법시행규칙에 관한 헌법소원: 기각,각하(헌재 1989.3.17. 88헌마1)

(1) 구 사법서사법시행규칙 제1조의 폐지에 따르는 경합자 환산경과규정 불비의 입법부작위에 대한 헌법소원의 적법여부(소극)
(2) 법령에 대한 헌법소원의 직접성의 요건을 갖춘 예
(3) 법령에 대한 헌법소원과 보충성의 원칙
(4) 사법서사법 제4조 제1항 제1호의 위헌여부(소극)

(1) **입법행위의 소구청구권은 원칙적으로 인정될 수 없고 다만** 헌법에서 기본권보장을 위하여 법령에 **명시적인 입법위임**을 하였을 때, 그리고 **헌법해석상 특정인에게 구체적인 기본권**이 생겨 이를 보장하기 위한 국가의 행위의무 내지 보호의무가 발생하였을 때에는 입법부작위가 헌법소원의 대상이 되지만, 이른바 부진정소급효입법의 경우에는 특단의 사정이 없는 한 구법관계 내지 구법상의 기대이익을 존중하여야 할 입법의무가 없으므로 헌법소원심판청구는 부적법하다.

(2) 사법서사의 자격부여가 경력에 치중하여 운영되고 있다면 기본권침해의 소지는 사법서사법 제4조 제1항 제1호 전단의 경력규정 부분에서 직접 생길 수 있는 것이고, 또한 위 전단규정만에 의하여 사법서사직을 선택하여서는 안될 의무가 생긴다면 이른바 기본권침해의 직접성의 요건도 갖추어진 것이다.

(3) 법령자체에 의한 기본권침해가 문제되어 법령자체에 대한 헌법소원심판청구를 하였을 때에는 이른바 헌법재판소법 제68조 제1항 단서 소정의 보충성의 예외적인 경우에 해당한다.

(4) 사법서사법의 개정으로 서기직 종사기간이 전혀 주사직 종사기간으로 환산되지 아니함으로써 사법서사자격의 문호를 좁혀 직업선택의 자유를 제한하는 결과가 되었다 해도 이와 같은 제한은 공공복리를 위한 제한으로 보아야 할 것이고 그 제한이 헌법상의 비례의 원칙 내지 과잉금지의 원칙의 위배로 보여지지 않고, 나아가 사법서사법이 환산근거규정을 두지 않았다 하여도 이는 입법자의 결정사항에 속한다.

[요약판례 2] 사법서사법시행규칙에 관한 헌법소원: 각하(헌재 1989.7.28. 89헌마1)

구 사법서사법시행규칙 제1조의 폐지에 따르는 경합자 환산경과규정 불비의 입법부작위에 대한 헌법소원의 적법여부(소극) 및 법원행정처장의 질의회신에 대한 헌법소원의 적법여부(소극)

(1) 널리 입법부작위에는 기본권보장을 위한 법규정을 전혀 두고 있지 않은 경우와 이에 관한 규정은 두고 있지만 불완전하게 규정하여 그 보충을 요하는 경우를 상정할 수 있는데, 결국 이 사건은 후자의 범주에 속한다고 할 것이며, 이 경우는 그 불완전한 법규 자체를 대상으로 하여 그것이 헌법위반이라는 적극적인 헌법소원은 별론으로 하고, 입법부작위로서 헌법소원의 대상으로 삼을 수 없다 할 것이다. 따라서 이 부분 청구는 부적법하다.

(2) 법원행정처장의 민원인에 대한 법령 질의회신이란 법규나 행정처분과 같은 법적 구속력을 갖는 것이라고는 보여지지 아니하므로 이에 대한 헌법소원심판청구는 부적법하다.

[요약판례 3] 민사소송법 제422조 위헌확인: 각하(헌재 2001.12.20. 2001헌마484)

민사소송법이 "판단 유탈을 재심사유로 하는 재심재판에 있어서 원심재판부의 법관은 전심재판에 관여한 것으로 간주한다"는 내용의 규정을 갖고 있지 아니한 입법부작위 등이 헌법소원의 대상이 되는지 여부(소극)

입법부작위에 관한 부분은 모두 헌법상 재판청구권의 보장과 관련되어 있다고 할 수 있으나, 헌법에서 위 기본권의 보장을 위하여 재심과 상소의 양립이나 하급심 판결에 대한 자유로운 재심청구, 전심재판 관여 간주 등에 관한 명시적인 입법위임을 한 바 없고, 위 각 사유들과 관련하여 헌법해석상 이러한 내용의 입법의무가 국가에 대하여 발생하였다고 볼 수도 없으며, 오히려 청구인의 주장과 같은 기본권 침해는 재심청구에 관한 위 제422조의 입법이 불완전·불충분하게 이루어짐으로써 입법의 결함이 생겼기 때문이라고 말할 수 있으므로, 위 입법부작위는 헌법소원의 대상이 될 수 있는 진정한 의미에서의 입법부작위가 아니고 이른바 부진정입법부작위임이 분명하다.

[요약판례 4] 입법부작위 위헌확인: 각하(헌재 2003.1.30. 2002헌마358)

(1) 입법부작위에 대한 헌법소원의 적법요건
(2) 국가가 1980년 공권력의 부당한 행사를 통하여 헌납 명목으로 청구인들의 재산을 강제 취득한 것과 관련하여, 입법자에게 그 보상 등을 위한 특별 입법의 의무가 발생하였는지 여부(소극)

(1) 입법부작위에 대한 헌법소원은 헌법에서 기본권보장을 위해 명시적으로 입법위임을 하였거나 헌법 해석상 특정인에게 구체적인 기본권이 생겨 이를 보장하기 위한 국가의 입법의무가 발생하였음이 명백함에도 불구하고 입법자가 전혀 아무런 입법조치를 취하지 않고 있는 경우가 아니면 원칙적으로 인정될 수 없고, 또한 입법자가 헌법상 입법의무가 있는 어떤 사항에 관하여 입법은 하였으나 그 입법의 내용·범위·절차 등을 불완전·불충분 또는 불공정하게 규율함으로써 입법행위에 결함이 있는 이른바 부진정입법부작위의 경우에는 그 불완전한 규정을 대상으로 하여 그것이 헌법위반이라는 적극적인 헌법소원을 청구할 수 있을 뿐 입법부작위로서 헌법소원의 대상으로 삼을 수 없다.

(2) 국가는 헌법 제10조 제2문 및 헌법 제29조 제1항 제1문에 따라, 국가 자체의 불법행위로 국민의 기본권을 침해

하는 경우 그 손해배상을 하기 위하여 필요한 입법을 할 의무를 갖는다. 그런데 입법부는 국가배상법 및 민법의 규정을 통하여 이미 청구인들이 주장하는 바와 같은 국가 스스로의 불법행위로 인한 기본권 침해시 국가가 손해를 배상함으로써 그 피해를 회복하여 주는 제도를 마련해 놓음으로써 자신의 입법의무를 이행하였다. 입법부가 위와 같이 입법 의무를 이행한 이상, 청구인들이 입은 기본권 침해의 특수한 성격에 비추어 기존 법 체계가 그 침해에 따른 피해구제에 적절하지 않다는 주장만을 근거로, 기존의 입법 외에 청구인들이 주장하는 피해에 대하여 이를 배상 또는 보상을 실시하는 내용의 입법 의무가 헌법 위임이나 헌법 해석상 새로이 발생하였다고 할 수는 없다.

(재판관 권성의 위헌 의견) 전쟁이나 쿠데타등 위난의 시기에 국가조직에 의하여 이루어지는 또는 그 비호나 묵인하에 이루어지는 조직적이고 집단적인 개인의 기본권침해가 있었고 이에 대한 구제가 통상의 법체계에 의하여 적절히 이루어지지 않는 법 부재적 상황이 발생한 때에는 헌법 제10조 제2문의 기본권보장의무를 근거로 하여 그 구제를 위한 국회의 특별한 입법의무가 발생한다고 해석하는 것이 마땅하고, 이 사건의 경우가 바로 여기에 해당한다. 따라서 청구인들의 기본권침해가 발생한 날로부터 이미 22년이 경과하였고 헌정을 중단시킨 세력의 집권이 종료된 날로부터 이미 10년이상이 경과한 오늘에 이르기까지 국회가 아무런 특별입법이나 개정입법을 하지 아니한 것은 명백한 입법의무의 위반이어서 헌법에 위반된다.

[요약판례 5] 입법부작위 위헌확인: 각하(헌재 2003.5.15. 2000헌마192)

국군으로 추정되는 자들에 의하여 1949. 12. 24. 경북 문경군 석달동 및 1950. 11.부터 1951. 3. 사이 전남 함평군 월야면, 해보면, 나산면에서 발생한 민간인 학살사건에 대하여 국회가 진상규명 및 피해보상을 하지 않고 있는 입법부작위의 위헌확인을 구하는 헌법소원을 각하한 사례

(1) 입법부작위가 헌법소원의 대상이 되려면, ① 헌법에서 기본권보장을 위해 법률에 명시적으로 입법위임을 하였음에도 불구하고 입법자가 이를 이행하지 않고 있는 경우 또는 ② 헌법 해석상 특정인의 기본권을 보호하기 위한 국가의 입법의무가 발생하였음이 명백함에도 불구하고 입법자가 아무런 입법조치를 취하지 않고 있는 경우이어야 한다.

(2) 헌법은 국가배상법을 제정할 입법위임규정을 두고 있으나 문경학살사건 및 함평학살사건에 관한 특별법과 같은 법률을 제정해야 할 명시적인 입법위임은 두고 있지 않다. 또한 헌법 제10조 제2문은 "국가는 개인이 가지는 불가침의 기본적 인권을 확인하고 이를 보장할 의무를 진다"고 규정하고 있는데, 국가는 국민의 기본권을 침해하지 않고 이를 최대한 보호해야 할 의무를 가지며 만약 국가가 불법적으로 국민의 기본권을 침해하는 경우 그러한 기본권을 보호해주어야 할 행위의무를 진다. 그런데 비록 문경학살사건 및 함평학살사건으로 인한 피해가 매우 중대하고 피해자의 범위도 넓어 상당한 특수성이 있지만, 이미 수사제도 및 국가배상법제가 마련되어 있는 이상, 그 외에 청구인들이 주장하는바 이 사건의 진상규명이나 피해자들에 대한 배상을 위한 국가의 입법의무가 헌법해석상 새로이 발생하였다고 할 수는 없다.

(3) **헌법 제11조 제1항의 평등원칙은 입법자에게 헌법적으로 구체적인 입법의무를 부과하는 것은 아니며 입법자가 평등원칙에 반하는 입법을 하게 되면 이로써 피해를 입은 자는 당해 법률조항을 대상으로 평등원칙의 위반여부를 다툴 수 있다는 것**이 헌법재판소의 판례이므로, 이 사건과 같은 입법부작위 헌법소원에서 평등권 침해 주장은 이유가 없다.

(4) 그렇다면 형사소송법상 국가 공권력에 의한 살인행위에 대한 공소시효와 국가배상법상의 청구기간이 너무 짧거나 불완전하여 문경학살사건 및 함평학살사건과 같은 특수한 경우 효과적인 수사가 이루어질 수 없고, 손해배상청구권이 제대로 행사될 수 없는 것을 이유로 다투는 것, 즉 그 불완전한 법규정 자체를 대상으로 하여 그것이 헌법위반이라는 적극적인 헌법소원심판을 청구하는 것은 별론으로 하고, 문경학살사건 및 함평학살사건에 대한 진상조사, 피해배상 등을 위한 특별법을 제정하지 아니한 부작위가 헌법에 위반된다는 헌법소원 청구는 부적법하다.

(재판관 권성의 반대의견) (1) 전쟁이나 내란 또는 군사쿠데타에 의하여 조성된 위난(危難)의 시기에 개인에 대하여 국가기관이 조직을 통하여 집단적으로 자행한, 또는 국가권력의 비호나 묵인 하에 조직적으로 자행된, 기본권침해에 대한 구제는 통상의 법절차에 의하여서는 사실상 달성하기 어렵다는 것을 역사는 보여주고 있다. 그 이유는 첫째로

통상의 법절차가 제공하는 구제절차는 평상시의 일상적 분규에 의하여 야기된 권리침해 등에 대한 구제를 목표로 하여 제정된 것이므로 위난의 시기에 발생하는 국가조직에 의한 기본권침해와 같은 특수한 문제의 처리에 대하여는 그 규정이 제대로 들어맞지 아니하기 때문이다. 둘째로 기본권침해의 사태를 야기한 국가권력이 집권을 계속하는 동안에는 국가를 상대로 개인이 적기(適期)에 권리를 행사하거나 통상의 쟁송을 제기하여 구제를 받는 것이 대개는 불가능하기 때문이다.

(2) 이 사건은 국민을 보호하여야 하는 국가가 오히려 군병력을 통하여 무고한 아녀자와 노인까지 조직적으로 살해하였다고 의심받는 것으로서, 만일 그렇다면 이는 집단살해에 유사한 행위(genocide-like act)이므로 집단살해와 같이 취급되거나 반인륜적 범죄(crimes against humanity)로 취급되어야 마땅하기 때문에 국가배상법상의 소멸시효 제도와 같은 통상적인 법체계는 적용이 배제되어야 할 것이다. 그러므로 전쟁을 전후한 혼란한 시기에 국가조직에 의하여 이루어진 또는 그 비호나 묵인 하에 이루어진 조직적이고 집단적인 개인의 기본권침해가 있었고 이에 대한 구제가 통상의 법체계에 의하여 적절히 이루어지지 못한 법부재적 상황이 발생한 때에는 헌법 제10조 제2문의 기본권보장의무를 근거로 하여 그 구제를 위한 의회의 특별한 입법의무(특히 국가배상청구권을 실효적으로 보장할 의무)가 발생한다고 해석하는 것이 마땅하고, 이 사건의 경우가 바로 여기에 해당한다.

(3) 또한 의회의 보호의무 내지 입법의무에는 새로운 법률의 제정의무뿐만 아니라 기존의 관계법률을 개정할 의무도 포함되어야 한다. 기존의 관계법률을 개정하지 않고는 기본권의 침해를 도저히 구제할 수 없는 경우를 의회의 보호의무에서 제외하여야 할 아무런 이유도 없기 때문이다. 따라서 특별법의 제정의무이든 기존의 관계법률의 개정의무이든 이러한 입법의무를 정당한 이유 없이 게을리 하는 것은 모두 입법부작위에 해당하여 위헌확인의 대상이 된다.

(4) 광풍노도와 같은 시련의 시기가 모두 지나가면 그 와중에서 불운을 겪은 일부 국민들의 상처를 치료하고 보상하여 주는 것은 민주주의를 추구하는 문명국가의 마땅한 의무이고 이러한 의무는 의회와 정부의 책임으로 귀속된다. 전쟁으로 위축되었던 헌정질서를 복구하는 과정에서 의회가 처참한 불운과 불행을 겪은 국민들을 구제하는 입법을 하는 것은 국민을 다시 통합하고 국가를 전진시키기 위하여 의회가 반드시 하지 않으면 안되는 기본적인 의무이다. 사건발생 후 50여년이 경과한 이 시점에서조차 계속 입법을 지연하여 우리 국민의 일부인 이들 피해자나 그 유족들의 고통과 좌절을 방치한다면, 이는 '정의를 부정하는 것'(Justice Denied)과 동일한 '정의의 지연(Justice Delayed)'으로 평가될 것이다.

[요약판례 6] 입법부작위 위헌확인: 각하(헌재 2006.4.27. 2005헌마968)

대한민국정부와미합중국정부간의범죄인인도조약에 의한 인도 절차 진행 중 미국 정부에 의해 구금된 기간을 판결 선고 전 구금일수로 산입할 수 있는 근거조항을 마련하지 아니한 입법부작위에 대한 헌법소원심판청구의 적법여부(소극)

진정입법부작위가 헌법소원의 대상인 '공권력의 불행사'에 해당하기 위하여는 권력분립원칙 및 민주주의원칙과의 관계에서 **입법자에게 헌법상 입법의무가 인정되어야 한다.** 무릇 헌법재판소가 헌법에 명시적으로 표현된 명백한 위임을 넘어 헌법해석을 통하여 입법자의 헌법적 의무를 폭넓게 인정하면 할수록 입법자의 입법형성의 자유는 축소되는 관계에 있으므로 **입법자의 입법형성의 자유를 보장하기 위하여 입법자의 헌법적 입법의무는 예외적으로만 이를 인정하고, 되도록이면 헌법에 명시적인 위임이 있는 경우만으로 제한되어야 할 것이다.** 이러한 이유에서 입법부작위에 대한 헌법재판소의 재판관할권은 한정적으로 인정할 수밖에 없으며, 헌법에서 기본권보장을 위하여 법령에 명시적인 입법위임을 하였음에도 불구하고 입법자가 이를 이행하지 아니한 경우이거나, 헌법해석상 특정인에게 구체적인 기본권이 생겨 이를 보장하기 위한 국가의 행위의무 내지 보호의무가 발생하였음이 명백함에도 불구하고 입법자가 아무런 입법조치를 취하지 아니한 경우에 한하여 입법자에게 입법의무가 있다.

헌법이 입법자에게 우리나라의 형사재판관할권하에 있는 국민이 외국으로 도주한 경우 대한민국정부와미합중국정부간의범죄인인도조약에 의한 인도 대상이 되는지의 여부를 심사하기 위하여 외국에서 구금된 기간을 형기에 산입하도록 하는 조항을 마련할 **명시적인 입법의무를 부여하지 않았음은 명백**하고, **헌법해석상으로도** 입법자에게 위와 같은

입법의무가 발생하지는 않는다. 왜냐하면, 비록 범죄인인도절차의 개시단계에서 우리 정부의 요청이 있었다고 하더라도 미국법원에 의하여 이루어진 구금의 직접적인 목적은 도주자를 우리나라로 인도할 것인가의 여부를 심사하기 위한 것이며 수사기관에 대한 영장발부, 체포·구금의 절차와 기간, 불복절차 등 구체적인 절차 또한 미국의 국내법에 의하여 규율되는 것으로 이를 국내 형사사법절차상의 미결구금과 동일한 것으로는 볼 수 없고, 설사 범죄인인도구금을 국내의 일반 형사사법절차에서 이루어지는 미결구금과 동일한 성질의 절차로 볼 수 있다고 하더라도 헌법해석상 입법자에게 이를 형기에 산입하여야 할 입법의무가 발생한다고 볼 수는 없기 때문이다. 그렇다면 대한민국정부와미합중국정부간의범죄인인도조약에 의거하여 범죄인의 인도심사를 위하여 미국에서 구금된 기간을 형기에 산입할 것인지의 여부는 입법형성의 자유의 영역에 해당하고 입법자에게 이 사건 입법을 하여야 할 헌법의 명문상 또는 해석상 작위의무가 존재한다고 할 수 없으므로 이 사건 입법부작위 위헌확인심판청구는 부적법하다.

[요약판례 7] 입법부작위 위헌확인 등: 각하(헌재 2009.2.10. 2009헌마65)

(1) 행정사 자격시험 학원을 개원한 청구인과 제17대 국회가 행정사법 개정법률안을 의결하지 아니한 입법부작위 사이에 자기관련성이 있는지 여부(소극)
(2) 국회가 행정사 자격시험을 즉시 실시하는 내용의 행정사법 개정법률안을 입법할 헌법상 의무가 있는지 여부(소극)
(3) 행정안전부 장관이 행정사법 개정법률안을 제출하지 아니한 부작위가 공권력 행사성이 있는지 여부(소극)
(4) 학원 개원비용에 관한 손해전보를 구하는 심판청구가 헌법소원심판의 대상이 되는지 여부(소극)

(1) 학원 개원비용을 지출하여 그 액 상당의 손해를 입었다는 사정은 행정사법 개정법률안를 의결하지 아니한 입법부작위라는 공권력의 작용과 관련하여 단순히 간접적, 사실적 또는 경제적인 이해관계에 지나지 아니하므로, 청구인과의 자기관련성이 인정되지 아니한다.

(2) 헌법상 국회에게 행정사 자격시험을 즉시 실시하는 내용의 행정사법 개정법률안의 입법의무를 명시적으로 위임하거나 명백히 발생하였다고 해석할 규정은 없다.

(3) 비록 정부가 법률안을 제출할 수 있다 하더라도 법률로서 확정되기 위하여서는 반드시 국회의 의결과 대통령의 공포절차를 거쳐야 하므로, 법률안의 제출은 국가기관 상호간의 내부적인 행위에 불과하고 이로써 국민에 대하여 직접적인 법률효과를 발생시키는 것이 아니어서, 그 불행사는 헌법소원심판의 대상이 되는 공권력의 불행사에 해당되지 아니한다.

(4) 헌법소원심판의 대상이 되는 것은 '공권력의 행사 또는 불행사가 청구인의 기본권을 침해하는지 여부'이지, '공권력의 행사 또는 불행사로 말미암은 손해를 전보하는 것'은 그 대상이 될 수 없다.

[요약판례 8] 형사소송법 제242조 등 위헌소원: 각하(헌재 2004.7.14. 2004헌마508)

입법의 부존재를 다투는 청구로서 헌법재판소법 제68조 제2항에 의한 헌법소원심판의 대상이 아니라고 본 사례

청구인은 제242조, 제260조, 제262조를 포함한 형사소송법 조항들이 재정신청 사건의 재판에서 검사의 피의자신문조서 제출을 강제하고 이를 위반한 검사를 처벌하는 규정을 두지 않은 것이 위헌이라고 주장하고 있는바, 청구인이 주장하는 내용의 입법부작위는 청구인이 구체적으로 지적한 조항들을 포함하여 형사소송법 조항들의 불완전 또는 불충분한 규율의 문제라기보다는 입법의 부존재에 해당하는 것으로 보는 것이 타당하므로, 이 사건 심판청구는 헌법재판소법 제68조 제2항에 의한 헌법소원에서는 허용되지 않는 입법부작위를 다투는 것이어서 부적법하다.

(5) 폐지된 법률과 개정된 법률조항

> **[요약판례 1] 구 지방의회의원선거법 제35조 등에 대한 헌법소원: 한정위헌,기각**(헌재 1995.5.25. 91헌마67)
>
> 폐지된 법률에 대하여도 본안판단의 필요성을 인정한 판례

선거법이 폐지되어 다음 지방의회의원선거가 공직선거법에 의하여 치러질 것이라고 하더라도 지방의회의원선거에 있어서 정부투자기관 직원의 입후보를 제한하는 이 사건 규정부분의 위헌여부에 관하여 **아직 그 해명이 이루어진 바가 없고, 또한 위 규정이 청구인들의 기본권을 침해하는 것으로 판단된다면, 이 법을 폐지한 공직선거법은** 그 제53조 제1항 제4호에서 **이 사건 규정부분과 유사한 내용을 규정하고 있으므로**, 위 공직선거법에 의한 선거에 입후보하고자 하는 사람들의 기본권이 위 신규정에 의하여 침해될 것이 확실히 예상된다. 따라서, 이 사건 분쟁의 해결은 **위 신규정의 개정을 촉진하여 위헌적인 법률에 의한 기본권침해의 위험을 사전에 제거하는 등 헌법질서의 수호유지를 위하여 긴요한 사항이어서 헌법적으로 그 해명이 중대한 의미를 지닌다고 할 것이므로**, 결국 폐지된 선거법 제35조 제1항 제6호에 대하여도 **본안판단의 필요성이 인정된다.**

> **[요약판례 2] 구 지방세법 제187조 제1항 등 위헌소원: 합헌,각하**(헌재 2001.4.26. 99헌바99)
>
> (1) 헌법불합치결정으로 인한 개정법의 시행·적용으로 구법조항에 대하여는 재판의 전제성이 없다고 본 사례
> (2) 재산세의 과세표준을 재산가액으로 하고 재산가액을 시가표준액으로 하도록 한 지방세법 제187조 제1항, 제2항이 헌법에 위반되는지 여부(소극)

(1) 지방세법 제111조 제2항 제2호(1995. 12. 6. 법률 제4995호로 개정되고, 2000. 2. 3. 법률 제6260호로 개정되기 전의 것)에 대하여는 헌법재판소에서 이미 1999. 12. 23. **헌법불합치결정을 하였고, 이에 따라 합헌적으로 개정된 법률이 적용되게 되었으므로 개정전의 위 조항은 그 효력을 상실하였을 뿐만 아니라 당해사건에 적용될 여지도 없게 되어 더 이상 재판의 전제성이 인정되지 않는다.**

(2) 재산세는 재산의 크기를 과세표준으로 하는 조세이므로 재산세의 과세표준은 재산을 일정하게 평가하여 금전적으로 환산한 가액이 될 수밖에 없는바, 지방세법 제187조 제1항은 이러한 법리에 따라 재산세의 과세표준이 "재산가액"임을 법률로 분명히 규정하고 있고, 지방세법 제187조 제2항은 그러한 "재산가액"을 "제111조 제2항 제2호의 규정에 의한 시가표준액으로 한다"고 규정하고 있는데, 2000. 2. 3. 개정된 현행 지방세법 제111조 제2항 제2호는 시가표준액 결정의 기준과 방법의 대강을 법률로 직접 규율하고 있으며, 그 내용을 보아도 거래가격, 신축·건조·제조가격 등을 참작하여 정한 기준가격에 종류·구조·용도·경과연수 등의 과세대상별 특성을 감안하여 시가표준액을 결정하도록 함으로써, 재산의 평가방식에 있어 갖춰야 할 합리적 평가요소들을 갖추어 재산의 객관적 가치를 나름대로 적정히 반영할 수 있도록 하고 있으므로, 지방세법 제187조 제1항, 제2항은 제111조 제2항 제2호와 결합하여 재산세의 과세표준이 무엇이며 이를 어떻게 산정할 것인지를 법률로 명확히 규정하고 있다고 할 것이어서 조세법률주의에 위반된다고 할 수 없고, 포괄위임입법금지 등 다른 헌법의 규정이나 취지에 위반되는 점을 발견할 수도 없다.

(6) 조 약

(7) 명령·규칙에 대한 헌법소원

> **[요약판례 1] 법무사법시행규칙에 대한 헌법소원: 위헌**(헌재 1990.10.15. 89헌마178)
>
> 사법부에서 제정한 규칙의 헌법소원의 대상성 및 위 규칙에 대한 헌법소원과 보충성의 원칙

헌법 제107조 제2항이 규정한 명령·규칙에 대한 대법원의 최종심사권이란 구체적인 소송사건에서 명령·규칙의 위헌여부가 재판의 전제가 되었을 경우 법률의 경우와는 달리 헌법재판소에 제청할 것 없이 대법원이 최종적으로 심사할 수 있다는 의미이며, **명령·규칙 그 자체에 의하여 직접 기본권이 침해되었음을 이유로 하여 헌법소원심판을 청구하는 것은 위 헌법규정과는 아무런 상관이 없는 문제**이다. 따라서 **입법부·행정부·사법부에서 제정한 규칙이 별도의 집행행위를 기다리지 않고 직접 기본권을 침해하는 것일 때에는 모두 헌법소원심판의 대상이 될 수 있는 것**이다.

이 사건에서 심판청구의 대상으로 하는 것은 법원행정처장의 법무사시험 불실시 즉 공권력의 불행사가 아니라 법원행정처장으로 하여금 그 재량에 따라 법무사시험을 실시하지 아니해도 괜찮다고 규정한 법무사법시행규칙 제3조 제1항이다. 법령자체에 의한 직접적인 기본권침해 여부가 문제되었을 경우 그 법령의 효력을 직접 다투는 것을 소송물로 하여 일반 법원에 구제를 구할 수 있는 절차는 존재하지 아니하므로 이 사건에서는 다른 구제절차를 거칠 것 없이 바로 헌법소원심판을 청구할 수 있는 것이다.

[요약판례 2] 공무원임용령 제35조의2 등에 대한 헌법소원: 각하(헌재 1992.6.26. 91헌마25)

행정규칙이 법규명령으로서 기능하게 되어 헌법소원심판청구의 대상이 되는 경우

법령의 직접적인 위임에 따라 위임행정기관이 그 법령을 시행하는데 필요한 구체적 사항을 정한 것이면, 그 제정형식은 비록 법규명령이 아닌 고시, 훈령, 예규 등과 같은 행정규칙이더라도 그것이 상위법령의 위임한계를 벗어나지 아니하는 한, 상위법령과 결합하여 대외적인 구속력을 갖는 법규명령으로서 기능하게 된다고 보아야 할 것인바, 청구인이 법령과 예규의 관계규정으로 말미암아 직접 기본권침해를 받았다면 이에 대하여 바로 헌법소원심판을 청구할 수 있다.

[요약판례 3] 체육시설의설치·이용에관한법률 시행규칙(문화체육부령) 제5조에 대한 헌법소원: 위헌(헌재 1993.5.13. 92헌마80)

명령·규칙의 헌법소원의 대상성

명령·규칙 그 자체에 의하여 직접 기본권이 침해되었을 경우에는 그것을 대상으로 하여 헌법소원심판을 청구할 수 있고, 그 경우 제소요건으로서 당해 법령이 구체적 집행행위를 매개로 하지 아니하고 **직접적으로 그리고 현재적으로 국민의 기본권을 침해하고 있어야** 한다.

[요약판례 4] 공탁금의이자에관한규칙에 대한 헌법소원: 기각(헌재 1995.2.23. 90헌마214)

대법원규칙에 대한 헌법소원의 적법성을 인정한 사례

대법원규칙도 그 자체에 의하여 직접 기본권이 침해되었음을 이유로 하는 때에는 헌법소원심판의 대상이 된다.

헌법소원심판의 대상이 되는 법령은 그 **법령에 기한 다른 집행행위를 기다리지 않고 직접 기본권을 침해**하는 법령이어야 하나, **예외적으로 법령이 일의적이고 명백한 것이어서 집행기관이 심사와 재량의 여지 없이 그 법령에 따라 일정한 집행행위를 하여야 하는 때**에는 당해 법령을 헌법소원의 직접대상으로 삼을 수 있다.

법령 자체에 의한 직접적인 기본권침해 여부가 문제되었을 경우 그 법령의 효력을 직접 다투는 것을 소송물로 하여 일반법원에 구제를 구할 수 있는 절차는 존재하지 아니하므로 이 경우에는 **보충성의 예외**로서 다른 구제절차를 거칠 것이 없이 바로 헌법소원심판을 청구할 수 있다.

이 사건 대법원규칙 제4조가 폐지되었더라도 개정된 위 규칙의 부칙에서 "…이 규칙 시행 전에 공탁한 공탁금으로서 이 규칙 시행일 이후에 지급되는 것에 대하여도 적용한다"고 규정되어 있으므로 위 폐지 전 규칙 제4조의 적용을 받는 청구인의 경우 헌법소원심판 청구이익이 있다.

[요약판례 5] 형사소송규칙 제40조에 대한 헌법소원: 기각(헌재 1995.12.28. 91헌마114)

법령에 대한 헌법소원의 구체적 집행행위와의 관계

피고인이나 변호인의 공판정에서의 녹취허가신청에 대한 법원의 녹취불허결정은 판결전의 소송절차에 관한 법원의 결정으로서 즉시항고를 인정하는 명문의 규정이 없고, 항소나 상고는 판결 자체에 대한 불복방법일 뿐 판결전 소송절차상의 결정에 대한 직접적인 불복방법이 아니어서 결국 **법원의 녹취불허결정에 대하여는 직접적인 구제절차가 없다 할 것이므로, 그 녹취허부결정의 근거규정인 형사소송규칙 제40조에 대하여 직접 헌법에 위반되는지 여부의 심판을 청구할 수 있다.**

(8) 자치입법(조례)

[요약판례 1] 학원의설립 · 운영에관한법률 제8조 등 위헌확인: 각하(헌재 1994.12.29. 92헌마216)

(1) 심판대상의 확정방법
(2) 조례가 헌법소원의 대상이 될 수 있는지 여부(적극)
(3) 법령에 대한 헌법소원에 있어서의 청구기간의 산정

(1) 헌법재판소는 **심판청구서에 기재된 청구취지에 구애됨이 없이 청구인의 주장요지를 종합적으로 판단**하여 심판대상을 확정하여야 한다.

(2) 헌법재판소법 제68조 제1항에서 말하는 **"공권력"에는 입법작용이 포함**되며, 지방자치단체에서 제정하는 조례도 불특정다수인에 대해 구속력을 가지는 법규이므로 **조례제정행위도 입법작용의 일종으로서 헌법소원의 대상이 된다.**

(3) 법령에 대한 헌법소원은 그 법령이 시행된 사실을 안 날로부터 60일 이내에, 법령이 시행된 날로부터 180일 이내에 청구하여야 하나, 법령이 시행된 뒤에 비로소 그 법령에 해당되는 사유가 발생하여 기본권의 침해를 받게 된 자는 그 사유가 발생한 날로부터 180일 이내에 헌법소원을 청구하여야 하며, 여기서 "사유가 발생한 날"이란 당해 법령이 청구인의 기본권을 명백히 구체적으로 현실 침해하였거나 그 침해가 확실히 예상되는 등 실제적 제요건이 성숙하여 헌법판단에 적합하게 된 때를 말한다. 이 사건 청구인으로서는 심판대상인 법령들로 말미암아 늦어도 청구인이 학원등록을 한 1990. 10. 10.부터는 대학생이나 입시계 학원이 아닌 이상 입시교과목에 대한 과외교습을 할 수 없다는 제한을 현실적으로 받게 되었다고 할 것이므로, 그 때부터 청구인에 대한 기본권침해의 "사유가 발생"하였다고 할 것이다.

[요약판례 2] 부천시담배자동판매기설치금지조례 제4조 등 위헌확인: 기각(헌재 1995.4.20. 92헌마264등)

조례에 대한 헌법소원심판청구 사건의 적법성을 긍정한 예

조례는 지방자치단체가 그 자치입법권에 근거하여 자주적으로 지방의회의 의결을 거쳐 제정한 법규이기 때문에 **조례 자체로 인하여 기본권을 침해받은 자는 그 권리구제의 수단으로서 조례에 대한 헌법소원을 제기할 수 있다**고 할 것이다. 다만 이 경우에 그 적법요건으로서 **조례가 별도의 구체적인 집행행위를 기다리지 아니하고 직접 그리고 현재 자기의 기본권을 침해하는 것**이어야 함을 요한다.

이 사건 심판대상규정은 담배소매인 지정신청인에게 적용되는 기준일 뿐만 아니라 현재 담배소매업을 하고 있는 청구인들에게도 추가적인 자판기 설치를 금지하고 이미 설치한 자판기마저 철거하도록 하고 있으므로 집행행위를 기다리지 아니하고 바로 자유를 제한하고 의무를 부과하는 규정이어서 자기관련성, 현재성 및 직접성의 요건을 모두 갖추고 있다고 할 것이다.

그리고 이 사건의 경우와 같이 조례 자체에 의한 직접적인 기본권침해가 문제될 때에는 그 조례 자체의 효력을

직접 다투는 것을 소송물로 하여 일반법원에 구제를 구할 수 있는 절차가 있는 경우가 아니어서 다른 구제절차를 거칠 것 없이 바로 헌법소원심판을 청구할 수 있는 것이므로 이 사건 헌법소원심판청구는 보충성의 원칙에 반하지 아니하는 적법한 소원심판청구라 할 것이다.

대판 1996.9.20. 95누8003

(1) 조례가 항고소송의 대상이 되는 행정처분에 해당되는 경우 및 그 경우 조례무효확인소송의 피고적격(지방자치단체의 장)

(2) 교육에 관한 조례 무효확인소송에 있어서 피고적격(교육감)

(1) 조례가 집행행위의 개입 없이도 그 자체로서 직접 국민의 구체적인 권리의무나 법적 이익에 영향을 미치는 등의 법률상 효과를 발생하는 경우 그 조례는 항고소송의 대상이 되는 행정처분에 해당하고, 이러한 조례에 대한 무효확인소송을 제기함에 있어서 행정소송법 제38조 제1항, 제13조에 의하여 피고적격이 있는 처분 등을 행한 행정청은, 행정주체인 지방자치단체 또는 지방자치단체의 내부적 의결기관으로서 지방자치단체의 의사를 외부에 표시한 권한이 없는 지방의회가 아니라, 구 지방자치법(1994. 3. 16. 법률 제4741호로 개정되기 전의 것) 제19조 제2항, 제92조에 의하여 지방자치단체의 집행기관으로서 조례로서의 효력을 발생시키는 공포권이 있는 지방자치단체의 장이다.

(2) 구 지방교육자치에관한법률(1995. 7. 26. 법률 제4951호로 개정되기전의 것) 제14조 제5항, 제25조에 의하면 시·도의 교육·학예에 관한 사무의 집행기관은 시·도 교육감이고 시·도 교육감에게 지방교육에 관한 조례안의 공포권이 있다고 규정되어 있으므로, 교육에 관한 조례의 무효확인소송을 제기함에 있어서는 그 집행기관인 시·도 교육감을 피고로 하여야 한다.

(9) 기타 국회의 의결 등

Ⅱ 경기도남양주시등33개도농복합형태의시설치에관한법률 제4조 위헌확인: 기각 (헌재 1994.12.29. 94헌마201)

쟁점 입법절차의 하자를 주장하는 헌법소원이 가능한지 여부 및 임의적 주민투표를 거쳐야 하는 법률의 제정과정에서 주민투표를 거치지 않은 경우 적법절차원칙 위반 여부

사건의 개요

1994. 3. 16. 공포된 지방자치법에 따라 역사적으로 동질성을 갖거나 생활권이 같은 시와 군을 통합하여 새로운 시를 만들 수 있는 법적 근거가 마련되었고, 정부는 전국 49개시 43개군을 통합권유대상지역으로 선정하였다.

충주시와 중원군도 위 통합권유대상지역으로 선정되었고, 중원군수는 그 통합 여부에 관한 공청회 및 주민의견조사(94. 4. 21.~4. 25.: 참가 92.9%, 찬성 61.8%, 반대 38.2%)를 실시하였고, 중원군의회의 의견(재적의원 13, 찬성 5, 반대 7, 무효 1)을 들은 다음 통합에 관한 기본계획을 수립하여 충청북도 도지사에게 건의하였다. 이어서 내무부는 충주시와 중원군의 통합을 포함한 도농복합형태의시설치등에관한법률안을 입안하여 국회에 제출하였고, 국회는 경기도남양주시등 33개도농복합형태의시설치등에관한법률(이하 "이 사건 법률"이라 한다)을 제정하였다. 이 사건 법률은 1994. 8. 3. 공포되었고 1995. 1. 1.부터 시행된다.

청구인들은 중원군이 이 사건 법률 제4조에 의하여 곧바로 폐지되고 인근 충주시에 흡수·편입된다는 점 및 위 법률조항이 1995. 1. 1.부터 시행되는 것이 확실시된다는 점에서 따로 구체적인 집행행위를 기다리지 않더라도 위 법률조항 자체에 의하여 청구인들의 기본권을 현재·직접 침해당하고 있다고 하여 이 사건 심판청구를 하기에 이르렀다.

심판의 대상

제4조 (충청북도 충주시등의 설치) ① 충청북도의 충주시·제천시·중원군 및 제천군을 각각 폐지한다.
② 충청북도에 충주시 및 제천시를 각각 다음과 같이 설치한다.

—시의 명칭 및 관할구역—
충주시: 제1항의 규정에 의하여 폐지되는 충청북도 충주시 일원과 중원군 일원

주 문

청구인들의 청구를 기각한다.

판 단

Ⅰ. 적법성요건에 관한 판단

1. 기본권 관련성에 관한 판단

지방자치단체의 폐치·분합에 관한 것은 지방자치단체의 자치행정권 중 지역고권의 보장문제임과 동시에, 다른 한편으로는 그로 인하여 다음과 같은 기본권의 침해문제가 발생하게 된다. 즉, 이 사건 법률제정으로 인하여 청구인들의 고향인 중원군이 충주시에 편입됨으로써 청구인들은 헌법 제10조의 인간의 존엄과 가치 및 행복추구권에서 파생되는 인간다운 생활공간에서 살 권리(자신이 태어난 고장에 대한 애착을 가지고 전통문화를 기리면서 삶을 영위하는 권리), 헌법 제11조의 평등권(중원군 주민으로서 지방자치단체통합에 있어서 다른 시·군의 주민과 비교하여 균등한 대우를 받을 권리), **헌법 제12조의 적법절차보장에서 파생되는 정당한 청문권(모든 국민은 자신의 이해관계에 관하여 불이익한 결과를 초래할 수 있는 공권력행사에 있어서 의견을 개진할 권리)**, 헌법 제14조의 거주이전의 자유(지역개발이나 국가시책 등에 의하여 고향을 떠나 이주하거나 강요하거나 고향이 상실된다), 헌법 제24조의 선거권, 헌법 제25조의 공무담임권(중원군이 충주시에 편입됨으로써 상대적으로 참정의 기회가 제한된다), 헌법 제34조의 인간다운 생활을 할 권리, 사회보장·사회복지 수급권(도시위주의 통합으로 농촌지역인 중원군은 상대적으로 행정급부에서 소외된다) 및 헌법 제35조의 환경권(분뇨처리장·쓰레기매립장 등 혐오시설이 설치되고 지역개발의 낙후로 인하여 침해되는 건강하고 쾌적한 환경에서 살아갈 권리)을 침해받게 될 수도 있다.

2. 기본권침해의 현재성·직접성에 대한 판단

(1) 현재성

이와 관련하여 우리 재판소는 서울대학교 신입생선발입시안에 대한 헌법소원에서 "현재 고등학교에서 일본어를 배우고 있는 청구인들은 서울대학교 대학별 고사의 선택과목에서 일본어가 제외되어 있는 그 입시요강으로 인하여 94학년도 또는 95학년도에 서울대학교 일반계열 입학을 지원할 경우 불이익을 입게 될 수도 있다는 것을 현재의 시점에서 충분히 예측할 수 있는 이상 기본권침해의 현재성을 인정하여 헌법소원심판청구의 이익을 인정하는 것이 옳다"고 판시하였다(헌재 1992. 10. 1. 선고, 92헌마68, 76(병합) 결정 참조).

이 사건 법률은 1994. 8. 3. 법률 제4774호로 공포되었고 1995. 1. 1.부터 시행된다. 이 사건 법률이 시행되면 즉시 중원군은 폐지되고 충주시에 흡수되므로, **이 사건 법률이 효력발생하기 이전에**

이미 청구인들의 권리관계가 침해될 수도 있다고 보여지고 현재의 시점에서 청구인들이 불이익을 입게 될 수도 있다는 것을 충분히 예측할 수 있으므로 기본권침해의 현재성이 인정된다.

(2) 직접성

법률 또는 법률조항 자체가 헌법소원의 대상이 될 수 있으려면 그 법률 또는 법률조항에 의하여 구체적인 집행행위를 기다리지 아니하고 직접·현재 자기의 기본권을 침해받아야 하는 것을 요건으로 하고, 여기서 말하는 기본권의 침해의 직접성이란 집행행위에 의하지 아니하고 법률 그 자체에 의하여 자유의 제한, 의무의 부과, 권리 또는 법적 지위의 박탈이 생긴 경우를 뜻한다(헌재 1992. 11. 12. 선고, 91헌마192 결정 참조).

이 사건의 경우, **다른 집행행위의 매개 없이 이 사건 법률조항 자체에 의하여 중원군이 폐지되어 충주시에 편입되므로 그로 인한 기본권침해의 직접성은 인정**된다.

Ⅱ. 본안에 관한 판단

1. 공공복리적합성·비례의 원칙 준수여부

(1) 구체적 기준

이 사건 법률의 위헌여부를 판단함에 있어서는 ① 국회가 이 사건 법률을 제정함에 있어서 중요한 의미를 갖는 사항을 적절하고 완벽하게 조사하고 그것을 입법의 기초로 삼고 있는가, ② 국회가 법률의 모든 공익적 근거 및 긍정적·부정적 효과를 포괄적이고도 합리적으로 형량하였는가, ③ 국회에 의한 제한이 필요하고 적절한가, 비례의 원칙을 준수하였는가 그리고 사항적합성·체계정당성을 참작하고 있는가를 고려하여야 하고, 이에 관하여 판단함에 있어서는 위와 같은 사항을 종합 고려하여 ① 국회의 판단과 결정이 명백히 잘못되었거나 분명히 반박될 수 있는가 ② 헌법상 가치질서에 위배되는가 여부를 심사하여야 한다.

(2) 판 단

중원군과 충주시는 역사적으로 볼 때 한 고장이었고, 지형적으로도 중원군의 한복판에 충주시가 있고, 중원군청과 충주시청이 모두 충주시에 위치하고 있는 동일생활권이다. 그렇다면, 국회는 **잘못된 사실적인 전제를 입법의 기초로 삼지 아니한 것**이다.

충주시와 중원군의 통합목적은 현재 시평균 재정자립도가 64%인데 비하여 군이 25% 수준인 점을 고려할 때 예산절감을 하여 지방자치단체의 경쟁력을 제고시키고, 도시계획·교통·상하수도·환경문제 등 광역행정 수행상 애로를 해소하고 지역간 균형발전을 도모하기 위한 것이다. 또한 충청북도의 시군통합추진지침에 의하면 중원군와 충주시의 통합으로 인하여 생길 수 있는 **부작용을 최소화하기 위하여** 종래에 군지역의 특성을 감안, 읍면지역은 동으로 명칭을 변경시키지 않고 읍면 그대로 두도록 하고 종래 군으로서 누리던 각종 혜택을 그대로 유지하며 지방자치단체의회의원과 공무원의 신분은 그대로 유지시키려 하고 있다. 이 사건 법률 제정 후 후속조치로 제정된 도농복합형태의시설치에따른행정특례등에관한법률 역시 이와 같은 취지에서 군 지역을 배려하는 조치들을 규정하고 있다.

그렇다면 중원군이 충주시에 편입됨으로써 청구인들은 보다 나은 행정급부, 사회보장, 생존배려, 환경 및 개발계획을 기대할 수 있고, 생활공간과 행정구역을 일치시켜 보다 효과적인 주거환경이 만들어지고, 중원군의 전통문화 계승·발전에 적절하고, 오히려 중원군의 기존 최소행정단위의 존치 등 중원군 주민이 기존에 누리고 있던 각종 혜택을 그대로 유지시키고 기존 공무원의 지위 유지 등 참정의 기회를 인정함으로써 기본권 제한조치를 필요 최소한도록 그치고 있으므로, 국회가 이 사건 법률을 제정함에 있어서 **공공복리적합성 판단과 비례원칙 적용에 있어서 명백히 잘못되었거나 헌법상의 가치질서를 침해하였다고 볼 수 없다.**

2. 적법절차원칙 위배여부

(1) 적법절차 원칙이 입법에도 적용되는지 여부

적법절차원칙과 관련하여 우리 재판소는 "**헌법 제12조 제3항 본문은 동조 제1항과 함께 적법절차원리의 일반조항에 해당하는 것으로서, 형식절차상의 영역에 한정되지 아니하고 입법, 행정 등 국가의 모든 공권력의 작용에는 절차상의 적법성뿐만 아니라 법률의 실체적 내용도 합리성과 정당성을 갖춘 실체적인 적법성이 있어야 한다는 것을 헌법의 기본원칙으로 명시**하고 있다"고 판시하였다(헌재 1992. 12. 24. 선고, 92헌가9 결정 참조).

(2) 이 사건에서의 적법절차

이 사건 법률은 지방자치단체의 폐치(廢置)·분합(分合)에 관한 것으로, 이에 관한 현행법 규정은 다음과 같다. 즉 지방자치법 제4조는 "① 지방자치단체의 명칭과 구역은 종전에 의하고 이를 변경하거나 지방자치단체를 폐치·분합한 때에는 법률로써 정하되, ② 관계지방자치단체의 의회(이하 "지방의회"라 한다)의 의견을 들어야 한다……"고 규정하고 있고, 같은 법 제13조의2는, "① **지방자치단체의 장은 지방자치단체의 폐치·분합 또는 주요결정사항 등에 대하여 주민투표를 붙일 수 있다. ② 주민투표의 대상, 발의자, 발의요건, 기타 투표절차에 관하여는 따로 법률로 정한다**"고 규정하고 있다.

그런데 **이 사건 법률제정절차와 관련한 적법절차는 이른바 청문절차로서 국민은 자신의 이해관계와 관련하여 그 법적 지위를 확보하기 위하여 국가적인 재편계획에 대하여 입장을 표명할 기회를 주어야 한다는 것**이다. 또한 입법자가 공공복리를 이유로 지방자치와 관련하여 특정지역을 변경하는 결정을 내리기 전에 일반적으로 상반되는 이익들간의 형량이 선행되어야 하는데, 이러한 이익형량은 이해관계자들의 참여 없이는 적절하게 이루어질 수 없다. 국회는 이러한 절차를 통하여 비로소 자신의 결정에 앞서 중요한 사항들에 관한 포괄적이고 신빙성 있는 지식을 얻게 된다. 따라서 이 사건과 관련하여 헌법상 보장하고 있는 청문절차는 중원군과 충주시 통합의 본질적 내용에 관한 사항과 그 근거에 관하여 이해관계인에게 고지하고 그에 관한 의견의 진술기회를 부여하는 것으로 족하고 그 진술된 의견은 국회에 입법자료를 제공하여 주는 기능은 하되, 입법자가 그 의견에 반드시 구속되는 것은 아니다.

지방자치법 제4조상 지방자치단체의회의 의견청취절차 역시 의견을 들은 것 자체로서 적법절차는 준수되었다고 보아야 하고, 단지 그 결과는 국회가 입법할 때 판단의 자료로 기능하는데 불과하다 해석하여야 한다.

주민투표실시에 관한 지방자치법 제13조의2는 규정문언상 **임의규정**으로 되어 있고, 실시 여부도 지방자치단체의 장의 재량사항으로 되어 있으며 아직 주민투표법이 제정되지도 아니하였으며, **주민투표절차는 위에서 살펴본 바와 같이 청문절차의 일환이고 그 결과에 구속적 효력이 없다. 따라서**

이 사건 법률의 제정과정에서 주민투표를 실시하지 아니하였다고 하여 적법절차원칙을 위반하였다고는 할 수 없다.

중원군수가 **주민투표에 갈음하여 실시한 중원군과 충주시의 통합에 관한 주민의견조사**는 위에서 살펴본 바와 같이 **청문절차의 일종으로서 중원군과 충주시의 통합에 관한 중요한 사항과 그 근거에 관하여 청구인들을 비롯한 주민들에게 고지하고 의견을 진술할 기회를 부여한 것으로 족한 것**이다. 기록에 의하면 그와 같은 정도의 의견조사를 충분히 하였음이 인정되고, 그 외 중원군청에서 중원군과 충주시의 통합에 관한 **공청회도 개최한 사실이 인정되므로 주민의견조사 절차에 하자가 없다.**

3. 결 론

그렇다면 이 사건 법률은 청구인들의 행복추구권에서 파생된 인간다운 생활공간에서 살 권리, 정당한 청문권, 평등권, 거주이전의 자유, 선거권, 공무담임권, 인간다운 생활을 할 권리, 사회보장·사회복지 수급권 및 환경권을 침해하지 아니하였으므로 청구인의 청구는 이유 없어 이를 기각하기로 하여 주문과 같이 결정한다. 이 결정은 재판관 조승형의 반대의견이 있는 외 관여재판관 전원의 일치에 의한 것이다.

재판관 조승형의 반대의견

나는 다수의견 중 적법절차원칙이 준수되었다는 견해에 대하여 반대한다.

지방자치법 제1조는 "… 지방자치행정의 민주성 … 을 도모하며 … 대한민국의 민주적 발전을 기함을 목적으로 한다"라고 규정하고 헌법 제118조 제2항은 "… 기타 지방자치단체의 조직과 운영에 관한 사항은 법률로 정한다"라고 규정하여 **지방자치단체의 조직과 운영에 관한 사항은 민주적인 주민의사를 들어 법률로 정할 것을 천명**하고 있다 할 것이고, 지방자치법 제4조 제2항이 지방자치단체를 폐치·분합하거나 그 명칭 또는 구역의 변경할 때에는 관계 **지방자치단체의회의 의견을 들어야 한다고 규정하고 있는 취지는 원칙적으로는 의회의 의견에 따라야 하고 예외적으로는 위 의회의 의견에 반하여서라도 입법하여야 할 특단의 사정이 있을 때에 한하여 위 의견에 반하여 비로소 입법할 수 있다**는 것이다. 만약 이와 같은 해석을 허용하는 취지가 아니라면 국회가 위 의견에 구속됨이 없이 국회 임의로 입법할 수 있기 때문에 굳이 위와 같은 법조항을 설치할 필요가 없는 것이다.

또한 국회는, 이 사건 법률을 제정하기 이전에 최우선적으로 지방자치법 제13조의2 제2항 소정의 **주민투표에 관한 법률을 제정하고 그 시행 후 지방자치단체의 장이 주민투표를 부치는지 여부를 지켜보고** 주민투표에 부쳤다면 그 투표결과를 확인한 후 주민의 의사를 최우선적으로 존중하고 의회의 의견을 부차적으로 고려하며 최종적으로 국회 자신의 입장을 생각하여 입법해야 할 것이며 이와 같은 순차로 입법사전절차를 밟아야 함은 헌법상의 적법절차원칙에 의하여 요구되는 것이다.

이 사건의 경우 국회는 우선 입법을 하여야 할 앞서 본 주민투표법을 제정하지 아니하고, 따라서 적법한 주민투표에 의한 주민의사를 확인하지 아니하였음이 명백하다. **다수의견은 주민투표에 갈음하여 주민의견조사 및 공청회를 실시하였으므로 적법절차를 취하였다고 주장하나 이는 법률에 없는 절차로서 부적법**함은 명백하다. 따라서 **이 사건 법률은, 적법한 절차를 밟지 아니한 채 국회 임의로 제정한 것에 불과하다. 즉 적법절차원칙을 위반하였으므로 위헌 무효**이다.

본 판례에 대한 평가 본 결정은 하자 있는 입법절차로 인한 절차적 기본권의 침해가 자기관련성, 현재성, 직접성을 모두 만족하여 본안 판단에까지 이른 독특한 사안이다. 보통의 경우 입법절차의 하자를 이유로 한 헌법소원은 청구인적격이 없다는 이유로 각하된다. 본안판단에 있어 **다수의견은 정당한 청문권은 어떠한 형태로든 보장되었으면 그것으로 족하고, 반드시 주민투표를 거쳐야 하는 것은 아니라는 취지**이다. 반면 반대의견은 지방자치제의 취지상 주민투표절차가 비록 임의적이라 하더라도 법에 규정된 대로 지방자치단체장에게 주민투표 부의 여부를 결정할 실질적 기회를 주어야만 비로소 적법절차를 준수한 것인데 주민투표법이 제정되지 않아 그 기회가 원천 봉쇄되었으므로 적법절차 위반이라는 취지이다.

적법절차의 준수는 부정할 수 없는 헌법적 가치이나 사소한 절차상 하자만으로 법률을 무효화하는 것도 법적 안정성, 효율성의 견지에서 부당하다. 따라서 이 사건에서 적법절차, 특히 청문절차의 준수 여부는 주민투표에 갈음하여 실시한 주민의견조사가 얼마나 신뢰성 있고 공정하게 이루어졌는지를 면밀히 검토하여 판단할 문제라 생각된다. 다수의견이나 반대의견 모두 이에 대한 면밀한 판단을 결하고 있는 점에서 아쉬움이 있다.

[요약판례 1] 노동조합및노동관계조정법 등 위헌확인: 각하(헌재 1998.8.27. 97헌마8등)

국민이 입법절차의 하자만을 주장하며 법률에 대한 헌법소원심판을 청구할 수 있는지 여부(소극)

법률의 입법절차가 헌법이나 국회법에 위반된다고 하더라도 그러한 사유만으로는 그 법률로 인하여 국민의 기본권이 현재, 직접적으로 침해받는다고 볼 수 없으므로 헌법소원심판을 청구할 수 없다. 청구인들이 주장하는 입법절차의 하자는 야당소속 국회의원들에게는 개의시간을 알리지 않고 국회의장이 본회의를 개의하여 법률안을 상정하고 가결선포하였다는 것이므로 법률안의 심의 표결에 참여하지 못한 국회의원이 국회의장을 상대로 권한쟁의에 관한 심판을 청구하여 해결하여야 할 사항이다.

[요약판례 2] 선거구획정위원회위원위촉불이행 등 위헌확인: 각하(헌재 2004.4.26. 2003헌마285)

2003. 4. 16.까지 제17대 국회의원 총선거에 관하여 국회의장이 선거구획정위원회 위원을 선임·위촉하지 않은 부작위 및 선거구획정위원회가 선거구획정안을 국회의장에게 제출하지 않은 부작위가 헌법재판소법 제68조 제1항 소정의 공권력의 행사에 해당하는지 여부(소극)

헌법재판소법 제68조 제1항에 의하면, 공권력의 행사 또는 불행사로 인하여 헌법상 보장된 기본권을 침해받은 자는 법원의 재판을 제외하고는 헌법재판소에 헌법소원심판을 청구할 수 있고, 공권력의 행사에 대하여 헌법소원심판을 청구하기 위하여는 공권력의 주체에 의한 권력의 발동으로서 국민의 권리 의무에 대하여 직접적인 법률효과를 발생시키는 행위가 있어야 하는바, 헌법소원심판의 대상이 될 수 있는 이러한 공권력성 내지 기본권관련성은, 헌법소원이 기본권침해에 대한 권리구제수단이라는 본질적 성격에서 도출되는 것이므로 공권력의 불행사에 대하여 헌법소원심판을 청구하기 위하여도 마찬가지로 요구된다. 따라서 **헌법소원심판의 대상이 될 수 있는 공권력의 불행사는 국민의 권리 의무에 대하여 직접적인 법률효과를 발생시키는 공권력의 행사를 하여야할 헌법상 작위의무를 해태한 것이어야 한다.** 그런데, 국회의 기관내부의 행위에 불과하여 국민의 권리 의무에 대하여 직접적인 법률효과를 발생시키는 행위가 아닌 선거구획정위원회 위원 선임 및 선거구획정위원회의 선거구획정안 제출행위를 하지 않은 부작위는, 국가기관의 내부적 의사결정행위에 불과하여 그 자체로 국민에 대하여 직접적인 법률효과를 발생시키는 행위가 아니므로 헌법소원의 대상이 되는 헌법재판소법 제68조 제1항 소정의 공권력의 불행사에 해당되지 아니한다.

2. 행정에 대한 헌법소원

(1) 통치행위

[요약판례] 긴급재정경제명령 등 위헌확인: 기각,각하(헌재 1996.2.29. 93헌마186)

통치행위(대통령긴급재정경제명령)의 헌법재판 대상성

대통령의 긴급재정경제명령은 국가긴급권의 일종으로서 고도의 정치적 결단에 의하여 발동되는 행위이고 그 결단을 존중하여야 할 필요성이 있는 행위라는 의미에서 이른바 통치행위에 속한다고 할 수 있으나, 통치행위를 포함하여 모든 국가작용은 국민의 기본권적 가치를 실현하기 위한 수단이라는 한계를 반드시 지켜야 하는 것이고, 헌법재판소는 헌법의 수호와 국민의 기본권 보장을 사명으로 하는 국가기관이므로 비록 고도의 정치적 결단에 의하여 행해지는 국가작용이라고 할지라도 그것이 국민의 기본권 침해와 직접 관련되는 경우에는 당연히 헌법재판소의 심판대상이 된다.

(2) 행정입법부작위

Ⅲ 입법부작위 위헌확인: 인용(위헌확인)(헌재 2004.2.26. 2001헌마718)

쟁점 구 군법무관임용법 제5조 제3항 및 군법무관임용등에관한법률 제6조가 군법무관의 봉급과 그 밖의 보수를 법관 및 검사의 예에 준하여 지급하도록 하는 대통령령을 제정할 것을 규정하였는데, 대통령이 지금까지 해당 대통령령을 제정하지 않는 것이 청구인들(군법무관들)의 기본권을 침해하는지 여부(적극)

☐ 사건의 개요

청구인들은 군법무관임용시험 혹은 사법시험에 합격한 후 현재 군법무관으로 근무 중이고, 청구인 류관석은 군법무관으로 근무하다가 전역하였는바, 청구인들은 구 군법무관임용법(이하 '구법'이라 한다) 제5조 제3항 및 군법무관임용등에관한법률(이하 법이라 한다) 제6조의 위임에 따라 피청구인이 군법무관의 봉급과 그 밖의 보수를 법관 및 검사의 대우(예)에 준하여 지급하도록 하는 시행령을 제정할 의무가 있음에도 불구하고 이를 이행하지 아니함으로써 자신들의 기본권을 침해하고 있다며 이 사건 헌법소원을 청구하였다.

☐ 심판의 대상

구 군법무관임용법 제5조 제3항 및 법 제6조의 위임에 따라 군법무관의 대우(봉급과 그 밖의 보수)를 법관 및 검사의 대우(예)에 준하여 지급하도록 하는 대통령령을 제정하지 아니하는 부작위의 위헌 여부이다.

구 군법무관임용법 제5조 ③ 군법무관의 대우는 법관 및 검사의 대우에 준하여 대통령령으로 정한다.

법 제6조 (군법무관의 보수) 군법무관의 봉급과 그 밖의 보수는 법관 및 검사의 예에 준하여 대통령령으로 정한다.

☐ 주 문

피청구인이 구 군법무관임용법 제5조 제3항 및 군법무관임용등에관한법률 제6조의 위임에 따라 군법무관의 봉급과 그 밖의 보수를 법관 및 검사의 예에 준하여 지급하도록 하는 대통령령을 제정하지 아니하는 입법부작위는 위헌임을 확인한다.

▢ 청구인들의 주장

구 군법무관임용법(1952. 4. 24. 법률 제243호로 제정된 것)은 "군법회의의 법무사(군판사), 검찰관, 변호인으로 임명될 군법무과 장교의 자격 등에 관한 사항을 정할 목적"으로 제정되었다. 그러나 사법시험에 합격하여 군법무관으로 임용된 자들이 3년의 의무복무기간만 마치면 전원 전역을 하게 되어 장기적인 군법무관 확보에 어려움이 있고, 군법무관들이 법관이나 검사와 같은 자격을 가진 자임에도 보수 등 처우에 있어서 여전히 일반 현역군인과 동일한 조건의 급여를 받는 등 상대적으로 불이익이 있다는 지적이 일게 되자, 정부에서는 군법무관들의 처우문제를 해결하기 위하여 1967. 3. 3.자 법률 제1904호로 동법을 개정하면서, 제5조 제3항에서 "군법무관의 대우는 법관 및 검사의 대우에 준하여 대통령령으로 정하도록 한다"는 대우 조항을 신설하기에 이르렀다.

이에 따라 피청구인은 군법무관의 대우에 관하여 동 조항의 위임조항에 따른 시행령을 제정하였어야 함에도 현재까지 30여년 동안 대통령령의 제정을 하지 않아 왔다. 이러한 입법부작위는 청구인의 행복추구권, 평등권, 직업선택의 자유, 재산권을 침해하는 것이다.

▢ 판 단

Ⅰ. 적법요건에 관한 판단

1. 자기관련성

법 제2조는 '군법무관'을 '육·해·공군의 법무과장교'로 정의하고 있으므로 법무과장교로 임용된 이상 군법무관의 신분을 가지게 되는 것이라고 보아야 할 것이고, 국방부장관의 의견과 같이 법무과장교로서 10년을 근무하여야만 비로소 그러한 자기관련성이 인정된다고 볼 수 없다.

2. 진정행정입법부작위에 해당하는지 여부

국방부장관은 공무원보수규정, 공무원수당등에관한규정 등을 들어 법 제6조에 따른 입법의무는 상당 부분 이행되고 있으므로, 이 사건은 입법은 있으나 불완전한 경우(부진정 입법부작위)에 해당된다고 답변한다. 그러나, 위 규정들이 법 제6조 내지 구법 제5조 제3항에 따라 제정되어야 할 대통령령을 대체하거나 보완하는 것이라고 단정하기 어렵다. 그렇다면 이 사건에서 문제되는 것은 부진정 입법부작위가 아니라 **진정 입법부작위에 해당**되는 것이다. 한편 진정 입법부작위에 대해서는 **청구기간의 제한이 없으며**, 국방부장관이 의견서에서 기재한 고충심사제도는 대통령령의 미제정이 문제된 이 사건에서 **효과적인 사전구제절차에 해당된다고 볼 수 없다**.

3. 권리보호이익

청구인 류관석의 경우 이 사건 심리 도중 전역하였지만, 이 사건은 헌법적으로 해명할 필요가 있는 중요한 사안이므로 동 청구인의 경우만 따로 부적법 각하할 것이 아니라 권리보호이익을 인정함이 상당하다.

Ⅱ. 본안에 대한 판단

1. 행정입법의무의 성격

행정권력의 부작위에 대한 헌법소원은 공권력의 주체에게 헌법에서 유래하는 작위의무가 특별히 구체적으로 규정되어 이에 의거하여 기본권의 주체가 행정행위를 청구할 수 있음에도 공권력의 주체가 그 의무를 해태하는 경우에 허용되고, 특히 행정명령의 제정 또는 개정의 지체가 위법으로 되어 그에 대한 법적 통제가 가능하기 위하여는 첫째, 행정청에게 시행명령을 제정(개정)할 법적 의무가 있어야 하고 둘째, 상당한 기간이 지났음에도 불구하고 셋째, 명령제정(개정)권이 행사되지 않아야 한다.

이 사건에 있어서 대통령령의 제정의무는 구법 제5조 제3항 내지 법 제6조에 의한 위임에 의하여 부여된 것이지만, **입법부가 법률로써 행정부에게 특정한 사항을 위임했음에도 불구하고 행정부(대통령)가 이러한 법적 의무를 이행하지 않는다면 이는 위법한 것인 동시에 위헌적인 것이 된다**. 우리 헌법은 국가권력의 남용으로부터 국민의 기본권을 보호하려는 법치국가의 실현을 기본이념으로 하고 있고, 근대 자유민주주의 헌법의 원리에 따라 국가의 기능을 입법 · 행정 · 사법으로 분립하여 상호간의 견제와 균형을 이루게 하는 권력분립제도를 채택하고 있다.

따라서 행정과 사법은 법률에 기속되므로, 국회가 특정한 사항에 대하여 행정부에 위임하였음에도 불구하고 행정부가 정당한 이유 없이 이를 이행하지 않는다면 권력분립의 원칙과 법치국가 내지 법치행정의 원칙에 위배되는 것이다. **따라서 이 사건과 같이 군법무관의 보수의 지급에 관하여 대통령령을 제정하여야 하는 것은 헌법에서 유래하는 작위의무를 구성**한다.

2. 행정입법 부작위의 정당성 유무

(1) 입법부작위 기간의 기산점

구법 제5조 제3항은 1967. 3. 3. 일부 개정시 처음 신설되었고, 법 제6조는 2000. 12. 26. 전문개정 당시에 위 구법의 규정이 개정된 것이다(공포 후 3개월 후부터 시행). 그러나 해당 시행령은 지금까지 제정된 바 없다. 법이 2000. 12. 26. 개정되었으므로 입법부작위 상태로 있는 기간을 구법 당시부터 기산할 것인지, 신법 시행 후부터 볼 것인지가 문제된다.

그런데 구법의 내용과 신법의 내용은 자구의 변동에 불과한바, 종전의 “군법무관의 대우는 법관 및 검사의 대우에 준하여 대통령령으로 정한다”는 규정이 “군법무관의 봉급과 그 밖의 보수는 법관 및 검사의 예에 준하여 대통령령으로 정한다”로 바뀐 것에 불과하다. 그러므로 시행령 제정의무의 측면에서 보면 그 불이행 기간은 구법과 신법 시행시의 기간을 합쳐서 보아야 할 것이다. 만일 구법이 이미 신법에 의하여 효력이 정지되었다는 이유로 신법 시행 이후에만 입법부작위 기간을 계산한다면, 자구 수정만 이루어지는 법개정이 있기만 해도 구법상의 입법부작위 기간은 무시된다는 불합리한 결과가 발생하기 때문이다.

그러므로 현재 구법 시행 기간 동안인 약 34년 간과 신법 시행 기간인 약 3년 간 입법부작위의 상태가 지속되고 있다고 볼 것이며, 또한 달리 현재 해당 시행령의 제정이 추진되고 있다고 볼 만한 사정도 발견되지 않는다.

(2) 행정입법부작위에 정당한 이유가 있는지 여부 – 입법위임조항의 위헌 여부 등

행정부가 위임 입법에 따른 시행명령을 제정하지 않거나 개정하지 않은 것에 정당한 이유가 있었다면 그런 경우에는 헌법재판소가 위헌확인을 할 수는 없을 것이다. 그런데 그러한 정당한 이유가 인정되기 위해서는 그 위임입법 자체가 헌법에 위반된다는 것이 누가 보아도 명백하거나, 위임입법에 따른 행정입법의 제정이나 개정이 당시 실시되고 있는 전체적인 법질서 체계와 조화되지

아니하여 그 위임입법에 따른 행정입법 의무의 이행이 오히려 헌법질서를 파괴하는 결과를 가져옴이 명백할 정도는 되어야 할 것이다.

구법 제5조 제3항 및 법 제6조는 군법무관의 보수 수준에 관한 것으로서, 이러한 사항은 헌법에서 특별히 평등을 요구하고 있는 경우라거나, 차별적 취급으로 인하여 다른 기본권에 대한 중대한 제한을 초래하는 경우가 아니므로 엄격한 비례성 심사가 아니라 자의금지원칙에 따른 합리적 이유 유무의 심사가 필요한바, 이 심사 기준에 따라 위헌성 여부를 살펴보면, 이 사건 규정은 문제점이 없는 것은 아니지만 위헌임이 명백할 만큼 자의적이라고는 할 수 없고, 군법무관 직무의 특수성을 고려할 때 위 규정이 입법자의 입법형성의 헌법적 한계를 벗어난 것이라고도 볼 수 없으며, 청구인들도 위 규정이 합헌이라고 전제하여 이 사건 청구를 하고 있다.

국방부장관은 답변서에서 '타 병과 장교들과의 형평성 및 사기 고려', '예산상 제약'을 거론하면서 이를 해당 시행령의 제정의무 불이행의 사유로 삼고 있다. 그러나 위에서 본 바와 같이 이 사건 규정이 비합리적이라거나 입법자의 입법형성의 헌법적 한계를 벗어났다고 볼 수 없는 한, '타 병과 장교와의 형평성 문제'는, 필요하다면 새로이 입법(법률)적 개선을 추구하는 계기가 될 수는 있겠지만 시행령 제정을 거부할 사유는 될 수 없고, '예산상의 제약'도, 정부가 법률에 근거하여 군법무관의 보수를 상향조정하는 예산안을 편성하게 되면, 예산의 심의・확정권을 가진 국회는 이를 거부할 수 없을 것이므로 위와 같은 이유들은 모두 입법부작위의 정당한 사유가 될 수 없다. 그렇다면 입법부가 일단 해당 시행령의 제정을 아무런 유보조항 없이 행정부에 명한 이상, 대통령(소관 국방부장관)은 그 시행령을 제정하여야 할 헌법상의 의무가 있는 것이다.

통상 상위법령을 시행하기 위하여 하위법령을 제정하거나 필요한 조치를 함에 있어서는 상당한 기간을 필요로 하며 합리적인 기간내의 지체를 위헌적인 부작위로 볼 수 없지만, 이 사건의 경우 구법 조항이 신설된 때로부터 현재까지 약 37년 간 행정입법 부작위의 상태가 지속되고 있다. 이러한 기간은 합리적인 기간내의 지체라고 볼 수 없다.

3. 침해되는 기본권

(1) 문제되는 기본권

청구인들은 이 사건 입법부작위로 인하여 직업의 자유, 평등권, 재산권, 행복추구권이 침해되었다고 주장한다. 그런데 시행령이 제정되지 않아 법관, 검사와 같은 보수를 받지 못한다 하더라도, 직업의 자유에 '해당 직업에 합당한 보수를 받을 권리'까지 포함되어 있다고 보기 어려우므로 **청구인들의 직업선택이나 직업수행의 자유가 침해되었다고 할 수 없다**. 또한 이 사건 입법부작위가 **평등권을 침해한다고 보기도 어렵다**. 군법무관이 처음부터 법관, 검사와 똑같은 보수를 받을 권리를 가진다고 전제하기 어렵고, 달리 시행령 제정상의 차별이라는 비교 관점도 성립하기 어려운 것이다.

(2) 재산권의 침해여부

그러나 이 사건 입법부작위는 청구인들의 재산권을 침해하고 있는 것이라 할 것이다.

관련 법조항들은 군법무관의 보수의 내용을 법률로써 일차적으로 형성한 것이고, 이 법률들에 의하여 상당한 수준의 보수(급료)청구권이 인정되는 것이라 해석될 여지가 있다. 그렇다면 그러한 **보수청구권은 단순한 기대이익을 넘어서는 것으로서 법률의 규정에 의하여 인정된 재산권의 한 내용**으로 봄이 상당하다. 따라서 대통령이 정당한 이유 없이 해당 시행령을 만들지 않아 그러한 보수청구권이 보장되지 않고 있다면 이는 **재산권의 침해**에 해당된다고 볼 것이다.

(3) 행복추구권의 침해여부

한편 청구인들은 행복추구권 침해를 주장하나, 동 기본권은 일반조항적 성격을 지니며, 보충적 성격을 지닌 기본권이므로 같은 사항에 대하여 **재산권 침해를 판단한 이상 행복추구권의 침해 여부를 독자적으로 판단할 필요는 없는 것**이다.

재판관 권성의 반대의견

이 사건에서는 국방부장관의 의견에 나타난 바와 같은 군인보수체계상의 형평성 파괴 문제 그리고 법관과 군법무관의 기계적 일체시(一體視)의 가부(可否) 문제라는 헌법상의 의문이 존재함이 명백하다. 그러므로 헌법재판소로서는 이러한 헌법상의 문제를 안고 있는 군법무관임용등에관한법률 제6조의 위헌 여부를 먼저 따져보고 그것이 위헌으로 확인되면 이 소원청구를 각하하고 위헌이 아니라고 확인되면 그 때 비로소 행정입법부작위의 위헌 여부를 따져보아야 할 것이다.

이상과 같은 논거에 의거하여 군법무관임용등에관한법률 제6조의 위헌 여부를 검토하면 이 규정은 다음과 같은 이유로 위헌이라고 생각한다. 첫째, 헌법상의 국방의무를 수행한다는 동일한 법적 근거에서 군복무를 하고 있는 군의 장교들은 전투력의 확보 및 증대라는 공통의 목표를 달성하기 위하여 횡으로는 분업적으로 협력하고 종으로는 계급적으로 지휘통솔되는 특수한 조직이고 군법무관은 이러한 특수조직의 한 구성요소인데, 법관과의 평준화라고 하는 군조직의 울타리를 뛰어넘어서는 기준을 내세워서, 군법무관을 군조직의 다른 요소로부터 분리시킨 다음 이들만을 기본적인 보수에 있어 군조직의 다른 요소에 비하여 우대적 차별을 한다면 이것은 군조직의 횡적 협력관계와 종적 지휘관계를 뒤틀리게 하여 불합리하다.

둘째로, 헌법에서 그 지위와 신분보장을 명백히 하고 있는 법관과 그렇지 아니한 군법무관을 평준화의 관점에서 비교하는 것은 불합리하다.

셋째로, 국민의 기본권보장을 그 사명의 하나로 하는 법관과 전투조직으로서의 군의 기강확립을 그 사명의 하나로 하는 군법무관은 그 역할에 중대한 차이가 있음에도 불구하고 양자의 기본적 보수를 평준화의 관점에서 비교하는 것은 그 역할이 다른 것을 같은 것으로 평가하는 전제에 기초하는 것이므로 불합리하다.

나는 군법무관임용등에관한법률 제6조가 위헌이라고 생각하고 따라서 이 법을 시행하기 위한 구체적인 행정입법이 없는 것을 위헌이라고 선언하는 것은, 위헌법률을 집행하라고 행정부에게 명령할 것을 헌법재판소에 대하여 청구하는 것인데, 이는 헌법재판소의 권한에 속하지 아니하므로 이 사건 청구는 각하되어야 한다고 생각한다.

✤ 본 판례에 대한 평가 1. 헌법재판소는 대법원이 행정부작위에 대하여 행정소송의 대상에서 제외시키고 있음에 비추어 행정부작위에 대하여 헌법소원을 인정하고 있는데, 다만 행정권력의 부작위에 대한 헌법소원의 경우에 있어서는 공권력의 주체에게 헌법에서 유래하는 작위의무가 특별히 구체적으로 규정되어 이에 의거하여 기본권의 주체가 행정행위를 청구할 수 있음에도 공권력의 주체가 그 의무를 해태하는 경우에 허용된다고 한다.

2. 본 결정은 행정입법부작위가 청구인들의 기본권을 침해하여 위헌이라는 몇 안 되는 헌법재판소의 결정 중 하나이다. 한편 대법원은 헌법재판소의 본 결정의 취지를 반영하여 "입법부가 법률로써 행정부에게 특정한 사항을 위임했음에도 불구하고 행정부가 정당한 이유 없이 시행령을 제정하지 않음으로써 이를 이행하지 않는 것은 불법행위에 해당된다"라고 판시했다(대판 2007. 11. 29. 2006다3561).

[요약판례 1] 전문의 자격시험불실시 위헌확인 등: 인용(위헌확인),각하(헌재 1998.7.16. 96헌마246)

(1) 진정입법부작위에 대한 헌법소원심판청구의 청구기간 및 보충성의 원칙

(2) 보건복지부장관이 의료법과 대통령령의 위임에 따라 치과전문의자격시험제도를 실시할 수 있도록 시행규칙을 개정하거나 필요한 조항을 신설하는 등 제도적 조치를 마련하지 아니하는 부작위가 청구인들의 기본권을 침해한 것으로서 헌법에 위반되는지 여부(적극)

(1) (가) 치과의사로서 전문의가 되고자 하는 자는 대통령령이 정하는 수련을 거쳐 보건복지부장관의 자격인정을 받아야 하고(의료법 제55조 제1항) 전문의의 자격인정 및 전문과목에 관하여 필요한 사항은 대통령령으로 정하는바(동조 제3항), 위 대통령령인 '규정' 제2조의2 제2호(개정 1995. 1. 28)는 치과전문의의 전문과목을 "구강악안면외과 · 치과보철과 · 치과교정과 · 소아치과 · 치주과 · 치과보존과 · 구강내과 · 구강악안면방사선과 · 구강병리과 및 예방치과"로 정하고, 제17조(개정 1994. 12. 23)에서는 전문의자격의 인정에 관하여 "일정한 수련과정을 이수한 자로서 전문의자격시험에 합격"할 것을 요구하고 있는데도, '시행규칙'이 위 규정에 따른 개정입법 및 새로운 입법을 하지 않고 있는 것은 진정입법부작위에 해당하므로 이 부분에 대한 심판청구는 청구기간의 제한을 받지 않는다.

(나) 입법부작위에 대한 행정소송의 적법여부에 관하여 대법원은 "행정소송은 구체적 사건에 대한 법률상 분쟁을 법에 의하여 해결함으로써 법적 안정을 기하자는 것이므로 부작위위법확인소송의 대상이 될 수 있는 것은 구체적 권리의무에 관한 분쟁이어야 하고, 추상적인 법령에 관하여 제정의 여부 등은 그 자체로서 국민의 구체적인 권리의무에 직접적 변동을 초래하는 것이 아니어서 행정소송의 대상이 될 수 없다"고 판시하고 있으므로, 피청구인 보건복지부장관에 대한 청구 중 위 시행규칙에 대한 입법부작위 부분은 다른 구제절차가 없는 경우에 해당한다.

(2) (가) 삼권분립의 원칙, 법치행정의 원칙을 당연한 전제로 하고 있는 우리 헌법하에서 행정권의 행정입법 등 법집행의무는 헌법적 의무라고 보아야 한다. 왜냐하면 행정입법이나 처분의 개입 없이도 법률이 집행될 수 있거나 법률의 시행여부나 시행시기까지 행정권에 위임된 경우는 별론으로 하고, 이 사건과 같이 치과전문의제도의 실시를 법률 및 대통령령이 규정하고 있고 그 실시를 위하여 시행규칙의 개정 등이 행해져야 함에도 불구하고 행정권이 법률의 시행에 필요한 행정입법을 하지 아니하는 경우에는 행정권에 의하여 입법권이 침해되는 결과가 되기 때문이다. 따라서 보건복지부장관에게는 헌법에서 유래하는 행정입법의 작위의무가 있다.

(나) 상위법령을 시행하기 위하여 하위법령을 제정하거나 필요한 조치를 함에 있어서는 상당한 기간을 필요로 하며 합리적인 기간 내의 지체를 위헌적인 부작위로 볼 수 없으나, 이 사건의 경우 현행 규정이 제정된 때(1976. 4. 15)로부터 이미 20년 이상이 경과되었음에도 아직 치과전문의제도의 실시를 위한 구체적 조치를 취하고 있지 아니하고 있으므로 합리적 기간내의 지체라고 볼 수 없고, 법률의 시행에 반대하는 여론의 압력이나 이익단체의 반대와 같은 사유는 지체를 정당화하는 사유가 될 수 없다.

(다) 청구인들은 치과대학을 졸업하고 국가시험에 합격하여 치과의사 면허를 받았을 뿐만 아니라, 전공의수련과정을 사실상 마쳤다. 그런데 현행 의료법과 위 규정에 의하면 치과전문의의 전문과목은 10개로 세분화되어 있고, 일반치과의까지 포함하면 11가지의 치과의가 존재할 수 있는데도 이를 시행하기 위한 시행규칙의 미비로 청구인들은 일반치과의로서 존재할 수밖에 없는 실정이다. 따라서 이로 말미암아 청구인들은 직업으로서 치과전문의를 선택하고 이를 수행할 자유(직업의 자유)를 침해당하고 있다. 또한 청구인들은 전공의수련과정을 사실상 마치고도 치과전문의자격시험의 실시를 위한 제도가 미비한 탓에 치과전문의자격을 획득할 수 없었고 이로 인하여 형벌의 위험을 감수하지 않고는 전문과목을 표시할 수 없게 되었으므로(의료법 제55조 제2항, 제69조 참조) 행복추구권을 침해받고 있고, 이 점에서 전공의수련과정을 거치지 않은 일반 치과의사나 전문의시험이 실시되는 다른 의료분야의 전문의에 비하여 불합리한 차별을 받고 있다.

[요약판례 2] 입법부작위 위헌확인: 각하(헌재 2005.12.22. 2004헌마66)

(1) '성적의 세부산출방법 그 밖에 합격결정에 필요한 사항'을 법무부령으로 정하도록 한 사법시험법 시행령 제5조 제5항이 기본권침해의 직접성 요건을 갖추고 있는지(소극)

(2) 상위 법령의 규정만으로도 집행이 이루어질 수 있는 경우 하위 행정입법을 하여야 할 헌법적 작위의무가 인정되는지 여부(소극)

(3) 법무부장관이 사법시험의 '성적세부산출 및 그 밖에 합격결정에 필요한 사항'에 관한 법무부령을 제정하여야 할 헌법상의 작위의무가 인정되는지 여부(소극)

(4) 제45회 사법시험 제2차 시험에서 과락점수를 받아 불합격된 청구인들이, 사법시험의 '성적세부산출 및 그 밖에 합격결정에 필요한 사항'에 관하여 법무부령을 제정하지 아니한 법무부장관의 부작위에 대하여 위헌확인을 구할 권리보호의 이익이 있는지 여부(소극)

(1) **사법시험법시행령 제5조 제5항은 '성적의 세부산출방법 그 밖에 합격결정에 필요한 사항'을 법무부령으로 정하도록 위임하는 규정일 뿐, 그 자체로 응시생에게 어떤 의무를 부과하거나 그들의 권리 또는 법적 지위에 어떤 제약을 가하고 있지 아니하므로 기본권침해의 직접성을 갖추지 못하고 있다.**

(2) 삼권분립의 원칙, 법치행정의 원칙을 당연한 전제로 하고 있는 우리 헌법 하에서 행정권의 행정입법 등 법집행의무는 헌법적 의무라고 보아야 할 것이다. 그런데 이는 행정입법의 제정이 법률의 집행에 필수불가결한 경우로서 행정입법을 제정하지 아니하는 것이 곧 행정권에 의한 입법권 침해의 결과를 초래하는 경우를 말하는 것이므로, **만일 하위 행정입법의 제정 없이 상위 법령의 규정만으로도 집행이 이루어질 수 있는 경우라면 하위 행정입법을 하여야 할 헌법적 작위의무는 인정되지 아니한다.**

(3) 사법시험법과 동법시행령이 '성적의 세부산출방법 그 밖에 합격결정에 필요한 사항'에 대하여 법무부령에 의한 규율을 예정하고 있지만, 사법시험법과 동법시행령이 사법시험의 성적을 산출하여 합격자를 결정하는데 지장이 없을 정도로 충분한 규정을 두고 있기 때문에, '성적의 세부산출방법 그 밖에 합격결정에 필요한 사항'에 관한 법무부령의 제정이 사법시험법의 집행에 필수불가결한 것이라고 보기 어렵다. 따라서 **법무부장관이 사법시험의 '성적의 세부산출방법'에 관한 법무부령을 제정하여야 할 헌법적 작위의무가 있다고 보기 어렵다.**

(4) 사법시험법과 사법시험법시행령은 정원제와 과락제를 모두 기본원칙으로 하면서도 상호간의 우열관계에 관하여는 아무런 규정을 두고 있지 않고, 정원제를 유지하기 위하여 과락제의 적용을 제한하는 조치를 하위명령에 위임하지도 아니하였으므로 법무부령으로 '성적의 세부산출방법 그 밖에 합격결정에 필요한 사항'으로서 정원제를 유지하기 위하여 과락제의 적용을 제한하는 조치를 정하는 것은 하위명령에 의한 모법의 내용변경을 의미하여 허용되지 아니한다. 그러므로 법무부령에 '성적의 세부산출방법'을 규정하였더라면 청구인들이 제45회 사법시험 제2차 시험에서 과락을 면하여 합격할 수 있었을 것이라고 보기 어렵고, 따라서 청구인들이 사법시험의 '성적의 세부산출방법 그 밖에 합격결정에 필요한 사항'에 관한 법무부령을 제정하지 아니한 법무부장관의 부작위에 대하여 위헌 확인을 구할 권리보호의 이익이 없다.

[요약판례 3] 교원자격검정 실무편람 부분 위헌확인: 각하(헌재 2013.2.28. 2010헌마438)

초·중등교육법 제21조 제2항 [별표 2]에서 초등학교 정교사(2급) 자격취득기준으로 '교육대학원 또는 교육과학기술부장관이 지정하는 대학원의 교육과에서 초등교육과정을 전공하고 석사학위를 받은 자'(이하 '이 사건 대학원과정 조항'이라 한다)를 정하면서 대통령령 등에서 교육대학원 등의 초등교사양성과정개설 등에 관하여 규정하지 아니한 입법부작위가 헌법소원심판청구의 대상이 되는 행정입법부작위에 해당하는지 여부(소극)

이 사건 대학원과정 조항은 초등학교 정교사(2급) 무시험 자격취득 기준의 하나일 뿐 대학에서의 전공을 불문하고 누구나 교육대학원의 초등교육 석사학위과정만으로 초등학교 정교사(2급) 자격을 취득할 수 있도록 대통령령 등 하위 법령에 해당과정을 개설하는 내용의 입법을 위임하고 있다고 보기 어렵다. 따라서 대통령령 등 하위 법령에 교육대학원 등의 초등교사양성개설 등에 관한 사항을 규정하지 아니한 부작위는 헌법소원심판청구의 대상이 되는 행정입법부작위라고 할 수 없다.

[요약판례 4] 입법부작위 위헌확인: 각하(헌재 2013.5.30. 2011헌마198)

소득세법 시행규칙에 구 액화석유가스의 안전관리 및 사업법(2003. 9. 29. 법률 제6976호로 개정되고, 2007. 4. 11. 법률 제8358호로 개정되기 전의 것, 이하 '구 액화석유가스사업법'이라 한다)에 의하여 액화석유가스충전사업을 영위하는 데 요구되는 토지를 비사업용 토지에서 제외하도록 규정할 헌법상 작위의무가 인정되는지 여부(소극)

소득세법 시행규칙에 구 액화석유가스사업법에 의하여 액화석유가스충전사업을 영위하는 데 요구되는 토지를 비사업용 토지에서 제외하도록 규정하지 아니하여 이 사건에서 구 액화석유가스사업법상 요구되는 안전거리 내에 있는 일부 토지가 비사업용 토지로서 실지거래가액에 의하여 양도차익이 산정되었다는 점은 인정된다. 그러나 소득세법에 별도합산과세대상이 되는 토지를 비사업용 토지에서 제외하도록 하는 규정을 두어 가스충전시설의 일정 면적의 부속토지는 반드시 별도합산과세대상 토지로서 비사업용 토지에서 제외된다는 점, 그리고 소득세법 시행령에 비사업용 토지에서 제외되는 토지를 열거한 규정을 두고 있다는 점을 고려하면, 위 입법부작위로 인하여 사업과 직접 관련이 있는 액화석유가스충전소 부지가 모두 비사업용 토지로서 중과세되거나 또는 비사업용 토지에서 제외되는 토지의 범위를 확정할 수 없는 것과 같은 결과가 초래되지 않으므로, 청구인이 주장하는 소득세법 시행규칙의 제정이 일정 토지를 비사업용 토지에서 제외하도록 한 소득세법의 집행에 필수불가결하다고 할 수 없다. 따라서 위 입법부작위로 인하여 행정권에 의한 입법권 침해의 결과가 발생한다고 볼 수 없으므로, 위와 같은 시행규칙을 제정하여야 할 헌법상 작위의무가 있다고 보기 어렵다.

(3) 행정규칙

[요약판례 1] 전라남도 교육위원회의 1990학년도 인사원칙(중등)에 대한 헌법소원: 각하(헌재 1990.9.3. 90헌마13)

교육위원회의 인사관리원칙(중등)에 대한 헌법소원의 적법여부(소극)

행정규칙이 법령의 규정에 의하여 행정관청에 법령의 구체적 내용을 보충할 권한을 부여한 경우, 또는 재량권행사의 준칙인 규칙이 그 정한 바에 따라 되풀이 시행되어 행정관행이 이룩되게 되면, 평등의 원칙이나 신뢰보호의 원칙에 따라 행정기관은 그 상대방에 대한 관계에서 그 규칙에 따라야할 자기구속을 당하게 되고, 그러한 경우에는 대외적인 구속력을 가지게 된다 할 것이다.

그러나, 이 사건 인사관리원칙은 중등학교 교원등에 대한 임용권을 적정하게 행사하기 위하여 그 기준을 일반적·추상적형태로 제정한 조직 내부의 사무지침에 불과하므로, 그 변경으로 말미암아 청구인(교원)의 기본권이나 법적 이익이 침해당한 것이 아니다.

[요약판례 2] 공무원임용령 제35조의2 등에 대한 헌법소원: 각하(헌재 1992.6.26. 91헌마25)

(1) 법령에 대한 헌법소원의 청구기간
(2) 행정규칙이 법규명령으로서 기능하게 되어 헌법소원심판청구의 대상이 되는 경우
(3) 법규정립행위로 기본권침해행위가 계속되는지 여부

(1) 공권력의 행사가 법령을 제정 또는 개정하는 것과 같은 법규정립작용이고, 그로 인한 기본권침해가 법령공포 후 해당사유가 발생하여 비로소 생기게 된 자는 그 사유가 발생하였음을 안 날로부터 60일 이내에, 그 사유가 발생한 날로부터 180일 이내에 헌법소원심판을 청구하여야 한다. 여기서 "그 사유가 발생한 날"이라 함은 당해 법률이 청구인의 기본권을 명백히 구체적으로 현실 침해하였거나 침해할 것이 확실히 예상되는 등 구체적인 여러 요건이 성숙하여 헌법재판에 적합하게 된 때를 말한다.

(2) **법령의 직접적인 위임에 따라 위임행정기관이 그 법령을 시행하는데 필요한 구체적 사항을 정한 것이면, 그 제정형식은 비록 법규명령이 아닌 행정규칙이더라도 그것이 상위법령의 위임한계를 벗어나지 아니하는 한, 상위법령과 결합하여 대외적인 구속력을 갖는 법규명령으로서 기능하게 된다**고 보아야 할 것인바, 청구인이 **법령과 예규의 관계규정으로 말미암아 직접 기본권침해를 받았다면 이에 대하여 바로 헌법소원심판을 청구할 수 있다**.

(3) 법규정립행위(입법행위)는 그것이 국회입법이든 행정입법이든 막론하고 일종의 법률행위이므로 행위의 속성상 행위 자체는 한번에 끝나는 것이고, 그러한 입법행위의 결과인 권리침해상태 계속될 수 있을 뿐이라고 보아야 한다.

[요약판례 3] 공직선거및선거부정방지법 제179조 제3항 제3호 등 위헌확인: 각하(헌재 2000.6.29. 2000헌마325)

(1) "무효로 하지 아니하는 투표"의 기준을 규정하고 있는 공직선거및선거부정방지법 제179조 제3항이 직접성의 요건을 갖추고 있는지 여부(소극)
(2) 공직선거에관한사무처리예규의 법규적 효력유무(소극)

(1) 심판대상조항이 포함된 공직선거및선거부정방지법 제179조 제3항은 "무효로 하지 아니하는 투표"의 기준을 나열하고 있는데, 이 법률조항 자체로는 국회의원입후보자에게 어떤 자유의 제한이나 의무를 부담하게 하는 것이 아니고, 권리 또는 법적 지위의 장애 내지 박탈의 불이익을 입히는 것도 아니다. 청구인들은 각 선거구의 투표함을 개함하는 **개표사무원(법 제174조)의 개표와 선거관리위원회위원(법 제172조, 제180조)의 결정에 따라** 투표용지에 한 기표의 유효 여부가 가려지게 되고 그 개표결과에 따라 당락이 결정되는 것이므로, **개표사무원이나 선거관리위원회위원의 집행행위가 있을 때 비로소 기본권의 침해라는 문제가 생기고**, 이 기본권 침해행위에 대하여는 **법 제180조 소정의 개표소에서 투표의 효력에 관한 이의**를 하는 이외에 **선거 및 당선소송**(법 제222조, 제223조) 등의 쟁송을 할 수 있는 길이 열려 있다. 따라서 청구인들의 이 법률조항에 대한 헌법소원 심판청구는 직접성의 요건에 흠이 있는 것이다.

(2) **공직선거에관한사무처리예규는**, 각급선거관리위원회와 그 위원 및 직원이 공직선거에 관한 사무를 표준화·정형화하고, 관련법규의 구체적인 운용기준을 마련하는 등 선거사무의 처리에 관한 통일적 기준과 지침을 제공함으로써 공정하고 원활한 선거관리를 기함을 목적으로 하는 것이므로, 개표관리 및 투표용지의 유·무효를 가리는 업무에 종사하는 각급 선거관리위원회 직원 등에 대한 **업무처리지침 내지 사무처리준칙에 불과할 뿐 국민이나 법원을 구속하는 효력이 없는 행정규칙이라고 할 것이어서 이 예규부분은 헌법소원 심판대상이 되지 아니한다**.

[요약판례 4] 한약관련과목의 범위 및 이수인정기준 위헌확인: 각하(헌재 2001.2.22. 2000헌마29)

보건복지부장관이 구 약사법시행령 제3조의2에서 정한 한약관련과목의 해석과 관련하여 산하기관인 한국보건의료인국가시험원장에게 시달한 '한약관련과목의 범위 및 이수인정기준'이 헌법소원의 대상이 되는 공권력의 행사에 해당하는지 여부(소극)

이 사건 심판대상이 된 위 이수인정기준은 그 형식을 보면 보건복지부장관이 한약사국가시험 응시자격과 관련한 구 약사법시행령 제3조의2의 한약관련과목 규정을 구체적으로 해석하기 위한 기준으로서 국가시험원장에게 발한 훈령·통첩에 해당한다. 그렇다면 위 이수인정기준은 구 약사법시행령 제3조의2 소정의 한약관련과목에 해당하는지 여부를 판단하기 위한 **행정관청 내부의 해석지침에 불과하여 대외적 구속력이 없다 할 것이므로 헌법소원 심판청구의 대상이 될 수 없다**.

[요약판례 5] 정보통신망이용촉진및정보보호등에관한법률 제42조 등 위헌확인: 기각,각하(헌재 2004.1.29. 2001헌마894)

'청소년유해매체물의 표시방법'에 관한 정보통신부고시가 헌법소원의 대상이 된다고 본 사례

'청소년유해매체물의 표시방법'에 관한 정보통신부고시는 청소년유해매체물을 제공하려는 자가 하여야 할 전자적 표시의 내용을 정하고 있는데, 이는 정보통신망이용촉진및정보보호등에관한법률 제42조 및 동법시행령 제21조 제2항, 제3항의 위임규정에 의하여 제정된 것으로서 국민의 기본권을 제한하는 것인바 **상위법령과 결합하여 대외적 구속력을 갖는 법규명령으로 기능하고 있는 것이므로 헌법소원의 대상이 된다.**

[요약판례 6] 외국인전용카지노업 신규허가계획 위헌확인: 합헌(헌재 2006.7.27. 2004헌마924)

(1) 신규카지노업 허가에 앞서 문화관광부장관이 공고한 '외국인전용 신규카지노업 허가계획'의 성격과 헌법소원심판의 보충성의 예외에 해당하는지 여부(적극)

(2) 이 사건 공고에서 허가대상기관을 한국관광공사로 한정한 것이 관광진흥법시행령 제28조 제2항 제1호 마목의 '기타 카지노업의 건전한 육성을 위하여'에 포섭되는지 여부(적극)

(3) 이 사건 공고에서 허가대상기관을 한국관광공사로 한정한 것이 기존 카지노업자들인 청구인들의 직업선택의 자유, 평등권을 침해하였는지 여부(소극)

(1) **이 사건 공고는** 관광진흥법 제20조, 법시행령 제28조 제2항·제4항의 위임에 따라 전년도 외래관광객 유치실적과 카지노업의 건전한 육성을 위한 기준 등의 허가 요건의 일부와 허가신청기간 및 요령을 포함한 것으로서 **상위의 관광진흥법 및 법시행령과 결합하여 대외적인 구속력을 지니므로 형식에 불구하고 법규명령의 기능을 한다. 그리고 이러한 법규명령의 기능을 하는 공고에 관하여는 항고소송이 허용되는 지가 명확하지 않으므로 직접 헌법소원심판청구를 할 수 있다.**

(2) 카지노업이 형법이 금지한 도박개장행위를 오로지 '관광진흥'이라는 공익실현을 위해서 '관광사업'의 하나로 예외적인 경우에 허가되는데, 한국관광공사가 '관광진흥' 등의 목적으로 설립되어 그와 관련된 사업을 하는 공기업이고, 도박개장업이라는 금지된 시장에 사기업이 진입하여 영리추구를 도모하는 것은 바람직하다고 할 수 없으며, 예외적으로 허용되는 시장에 사기업의 진입이 허가될 경우 그 회사에 대한 특혜시비가 일어날 수 있고, 당해 신규카지노업의 허가 목적에는 부수적으로 그 이익금을 공익사업의 재원으로 활용하여 다른 공익을 추구하기 위한 것도 있는데 정부지분에 대한 이익배당이 가능한 공기업을 통하는 것이 공익사업의 재원마련에 보다 용이하며, 청구인들에게 신규카지노업 시장에 진출할 수 없다고 하여 새로 설비투자를 하는 등 비용지출을 한 것은 아니므로 현실화된 손해도 없다. 이러한 점을 고려한다면, 이 사건 공고 중 '허가대상기관을 한국관광공사'로 한정한 것은 문화관광부장관이 재량범위 내에서 '카지노업의 건전한 육성을 위하여' 허가대상을 한정하는 방법으로 허가요건을 정한 것으로 법시행령 제28조 제2항 제1호 마목의 '기타 카지노업의 건전한 육성을 위한 기준'에 포섭된다.

(3) 한국관광공사는 '관광진흥' 등의 목적으로 설립되어 그와 관련된 사업을 하는 공기업이고, 청구인들은 '영리추구'를 목적으로 하는 사기업이다. 평등권은 불합리한 차별을 받아서는 아니된다는 상대적·실질적 평등을 뜻하고, 카지노업은 형법이 금지한 도박개장행위를 오로지 '관광진흥'이라는 공익실현을 위해서 '관광사업'의 하나로 예외적인 경우에 허가되므로, 신규카지노업 허가대상자를 공익실현을 목적사업으로 하는 한국관광공사로 한정한 것은 합리적인 이유가 있고 자의적인 차별이라고 하기 어려워 청구인들의 평등권을 침해하였다고 할 수 없다. 청구인들이 신규카지노업 허가대상자에서 제외됨으로써 신규 시장에 대한 직업선택의 자유를 제한받았다고 할 수 있다. 그러나, 카지노업은 '관광진흥'의 공익실현을 위하여 '관광사업'으로 예외적으로 허용되는바, 영리 추구의 사익실현을 목적으로 하는 사기업에게 허가가 이루어질 경우 예외의 적용으로 특혜시비가 따를 수밖에 없고, 형법이 금지한 시장에 진입하기 위하여 경쟁을 하는 것이 바람직하다고 볼 수만은 없으며, 공익재원을 마련하는 것은 정부지분에 이익배당이 가능한 공기업이 보다 용이하므로, 공기업으로서 '관광진흥'을 사업목적으로 하고 있는 한국관광공사를 허가대상기관으로 한정한

것은 신청·허가 과정의 투명성을 확보하고, 특혜시비와 국민일반에게 미치는 충격을 완화하는 한편 신규카지노업에서 발행하는 이익금은 다른 공익재원으로 마련하기 위한 것이라는 목적의 정당성이 인정된다. 아울러, 종래의 지위를 유지하되 예외적으로 허용되는 새로운 시장에는 그 진입을 허용하지 않는 수단을 선택할 수도 있다. 한편, 이 사건 공고는 당해 신규허가에만 1회적으로 적용되는 것이고, 신규 시장에 진입하지 못하였다고 하여 그것만으로 청구인들에게 직접적인 권리의 침해나 경제적인 손실이 현실화된 것은 아니므로 신규시장에 대한 진입제한의 효과가 비교적 경미하다. 이에 비하여, '관광진흥'을 목적으로 설립된 한국관광공사로 하여금 관광사업의 하나로 신규카지노업을 운영함으로써 관광진흥에 이바지하고, 그 이익금을 다른 공익재원으로 활용할 수 있다면 그로 인한 공익실현의 효과는 보다 극대화된다고 할 수 있다. 이러한 점에서 직업의 자유의 제한에 대한 과잉금지원칙에 위배되지 않는다.

(재판관 권성, 재판관 김효종의 반대의견) 이 사건 공고는 형식적으로 추상성을 흠결하고 있어 행정입법이라고 할 수 없고, 내용적으로 다른 집행행위의 개입없이 한국관광공사와 신청인들의 지위에 구체적으로 영향을 미치고 있으므로 항고소송의 대상이 되는 행정처분이다. 따라서, 항고소송을 구제절차를 거치지 않고 제기된 이 사건 헌법소원심판 청구는 보충성의 요건을 결여하여 부적법하므로 각하되어야 한다.

[요약판례 7] 산업기술연수생 도입기준 완화결정 등 위헌확인: 위헌(헌재 2007.8.30. 2004헌마670)

노동부 예규인 '외국인산업기술연수생의 보호 및 관리에 관한 지침'이 대외적인 구속력을 갖는 공권력의 행사로서 헌법소원의 대상이 되는지 여부(적극)

행정규칙이라도 재량권행사의 준칙으로서 그 정한 바에 따라 되풀이 시행되어 행정관행을 이루게 되면, 행정기관은 평등의 원칙이나 신뢰보호의 원칙에 따라 상대방에 대한 관계에서 그 규칙에 따라야 할 자기구속을 당하게 되는 바, 이 경우에는 대외적 구속력을 가진 공권력의 행사가 된다. 산업연수생이 연수라는 명목 하에 사업주의 지시·감독을 받으면서 사실상 노무를 제공하고 수당 명목의 금품을 수령하는 등 실질적인 근로관계에 있는 경우에도, 근로기준법이 보장한 근로기준 중 주요사항을 외국인 산업연수생에 대하여만 적용되지 않도록 하는 것은 합리적인 근거를 찾기 어렵다(자의적인 차별). 근로기준법 제5조와 '국제연합의 경제적·사회적 및 문화적 권리에 관한 국제규약' 제4조에 따라 '동등한 가치의 노동에 대하여 동등한 근로조건을 향유할 권리'를 제한하기 위하여서는 법률에 의하여만 하는바, 이를 행정규칙에서 규정하고 있으므로 위 법률유보의 원칙에도 위배된다. 그렇다면, 이 사건 노동부 예규는 청구인의 평등권을 침해한다고 할 것이다.

(4) 행정처분

Ⅳ 헌법재판소법 제68조 제1항 위헌확인 등: 한정위헌, 인용(취소)(헌재 1997.12.24. 96헌마172등)

쟁점 법원의 재판을 헌법소원의 대상에서 제외하고 있는 헌법재판소법 제68조 제1항의 위헌여부 등

사건의 개요

동작세무서장은, 타인의 명의로 임야를 유상으로 취득한 후 1년 이내에 양도한 청구인에게 구 소득세법 제23조 제4항 단서, 제45조 제1항 제1호 단서에 따라 취득가액과 양도가액을 모두 실지거래가액에 의하여 양도차익을 산정하여, 양도소득세 및 방위세를 부과하는 이 사건 과세처분을 하였다. 청구인이 이 사건 과세처분의 취소를 구하는 행정소송이 상고심에 계속중 헌법재판소는 동 조항에 의한 과세처분을 할 경우 실지거래가액에 의한 세액이 기준시가에 의한 세액을 초과하는 경우까지를 포함하여 대통령령에 위임한 것으로 해석하는 한 헌법에 위반된다는 한정위헌결정(94헌바40 등)을 하였다. 그러나 대법원은 위 법률조항들이 헌법상의 조세법률주의와 포괄위임금지원칙에 위배되지 아니하는 유효한 규정이라고 보아, 청구인의 상고를 기각(95누11405)하였다.

이에 청구인은 첫째, 이 사건 과세처분은 헌법재판소의 위헌결정의 선고로 효력이 상실된 위 법률조항에 근거한 것으로서 위 과세처분으로 인하여 헌법상 보장된 자신의 기본권을 침해받았다는 이유로 위 과세처분의 취소를 구하는 헌법소원심판을 청구(96헌마173)하였고, 둘째, 헌법소원의 대상에서 법원의 재판을 제외하고 있는 헌법재판소법 제68조 제1항은 헌법상 보장된 자신의 평등권을 침해한 것이므로 헌법에 위반되고, 이 사건 과세처분은 헌법에 위반된 것으로 취소되어야 할 것인데도 대법원은 헌법재판소의 위헌결정의 기속력을 무시한 채 위 과세처분이 위법한 것이라는 청구인의 주장을 배척하고 청구인의 상고를 기각함으로써 헌법상 기본권을 침해하였다는 이유로 헌법재판소법 제68조 제1항과 대법원 판결(95누11405)의 위헌선언을 구하는 헌법소원심판을 청구(96헌마172)하였다.

심판의 대상

헌법재판소법 제68조 제1항 본문과 대법원 1996. 4. 9. 선고, 95누11405 판결(이하 '이 사건 대법원 판결'이라 함) 및 피청구인 동작세무서장이 1992. 6. 16. 청구인에게 1989년 귀속분 양도소득세 금736,254,590원과 방위세 금 147,250,910원을 부과한 이 사건 과세처분이 청구인의 기본권을 침해하였는지의 여부인바, 헌법재판소법 제68조 제1항 본문의 내용은 다음과 같다.

헌법재판소법 제68조 (청구사유) ① 공권력의 행사 또는 불행사로 인하여 헌법상 보장된 기본권을 침해받은 자는 법원의 재판을 제외하고는 헌법재판소에 헌법소원심판을 청구할 수 있다.

주 문

1. 헌법재판소법 제68조 제1항 본문의 '법원의 재판'에 헌법재판소가 위헌으로 결정한 법령을 적용함으로써 국민의 기본권을 침해한 재판도 포함되는 것으로 해석하는 한도내에서, 헌법재판소법 제68조 제1항은 헌법에 위반된다.
2. 대법원 1996. 4. 9. 선고, 95누11405 판결은 청구인의 재산권을 침해한 것이므로 이를 취소한다.
3. 피청구인 동작세무서장이 1992. 6. 16. 청구인에게 양도소득세 금 736,254,590원 및 방위세 금 147,250,910원을 부과한 처분은 청구인의 재산권을 침해한 것이므로 이를 취소한다.

판 단

Ⅰ. 헌법재판소법 제68조 제1항의 위헌여부

1. 헌법 제111조 제1항 제5호의 '법률이 정하는 헌법소원'의 의미

헌법은 제107조 제1항과 제2항을 통해서 구체적 규범통제절차에서의 법률에 대한 위헌심사권과 명령·규칙·처분에 대한 위헌심사권을 분리하여 각각 헌법재판소와 대법원에 귀속시킴으로써 **헌법의 수호 및 기본권의 보호가 오로지 헌법재판소만의 과제가 아니라 헌법재판소와 법원의 공동과제**라는 것을 밝히고 있다.

헌법소원제도는 일반사법제도와 같이 보편화된 제도가 아니고 헌법소원을 채택하고 있는 나라마다 헌법소원제도를 구체적으로 형성함에 있어서, 특히 헌법소원의 심판범위에 있어서도 그 내용을 서로 달리하는 경우가 많으므로 **일반적으로 인정된 보편·타당한 형태가 있는 것이 아니다**. 그러나 오늘날 헌법소원제도를 두고 있는 나라들은 모두 한결같이 헌법소원이 공권력작용으로 인하여 헌법상의 권리를 침해받은 자가 그 권리를 구제받기 위한 **이른바 주관적 권리구제절차라는 것을 그 본질적 요소**로 하고 있다.

헌법 제111조 제1항 제5호가 '법률이 정하는 헌법소원에 관한 심판'이라고 규정한 뜻은 결국 헌법이 입법자에게 공권력작용으로 인하여 헌법상의 권리를 침해받은 자가 그 권리를 구제받기 위한 주관적 권리구제절차를 우리의 사법체계, 헌법재판의 역사, 법률문화와 정치적·사회적 현황 등을 고려하여 헌법의 이념과 현실에 맞게 구체적인 입법을 통하여 구현하게끔 위임한 것으로 보아야 할 것이므로, **헌법소원은 언제나 '법원의 재판에 대한 소원'을 그 심판의 대상에 포함하여야만 비로소 헌법소원제도의 본질에 부합한다고 단정할 수 없다** 할 것이다.

2. 평등권의 침해여부

법원의 재판을 헌법소원심판의 대상에서 제외한 것은 사법부에 대한 특권을 인정한 것으로서, 이러한 특권의 인정은 결국 **다른 공권력으로 인하여 기본권의 침해를 받은 국민에 비하여** 법원의 재판으로 인하여 기본권의 침해를 받은 국민을 합리적인 이유없이 차별대우하는 것이므로 평등의 원칙에 위반되는 것이 아니냐는 의문이 생길 수 있다.

차별을 정당화할 수 있는 합리적인 이유가 있는지 문제되는데, **입법작용과 행정작용의 잠재적인 기본권침해자로서의 기능과 사법작용의 기본권의 보호자로서의 기능이 바로 법원의 재판을 헌법소원심판의 대상에서 제외한 것을 정당화하는 본질적인 요소**이다.

법원도 재판절차를 통하여 기본권을 침해할 가능성이 없지 아니하나, 기본권침해에 대한 보호의무를 담당하는 법원에 의한 기본권침해의 가능성은 입법기관인 국회나 집행기관인 행정부에 의한 경우보다 상대적으로 적고, 또한 법원내부에서도 상급심법원은 하급심법원이 한 재판의 기본권침해여부에 관하여 다시 심사할 기회를 가진다는 점에서 다른 기관에 의한 기본권침해와는 본질적인 차이가 있다.

그럼에도 불구하고 법원에 의한 기본권침해의 가능성은 존재하기 때문에, 법원의 재판을 헌법소원심판의 대상이 될 수 있도록 한다면 또 한 번의 기본권 구제절차를 국민에게 제공하게 되는 것이므로 더욱 이상적일 수 있다. 그러나 입법자가 헌법재판소와 법원의 관계, 기타의 사정 등을 고려하여 행정작용과 재판작용에 대한 기본권의 보호를 법원에 맡겨 헌법재판소에 의한 기본권구제의 기회를 부여하지 아니하였다 하여 위헌이라 할 수는 없는 것이다.

그 결과, 법원의 최고심급에 의한 기본권침해의 경우에는 권리구제의 사각지대가 발생한다. 그러나 법적 안정성의 관점에서 최종심급이 존재해야 하고, 최종심급이 있는 한 최종심급에 의한 권리침해의 가능성은 언제나 존재하는 것이기 때문에 이러한 침해가능성에 대한 또 다른 안전장치는 법치국가적으로 불가피한 것이 아닐 뿐만 아니라 궁극적으로 가능한 것도 아니다.

그렇다면, 헌법재판소법 제68조 제1항이 법원의 재판을 헌법소원의 대상에서 제외한 것은 **평등의 원칙에 위반된 것이라 할 수 없다**.

3. 재판청구권의 침해여부

재판청구권은 법치국가의 실현을 위한 중요한 요소이다. 재판청구권은 국민의 헌법상의 기본권과 법률상의 권리가 법원의 재판절차에서 관철되는 것을 요청하는 것이기 때문에, 헌법이 특별히 달리 규정하고 있지 아니하는 한 하나의 독립된 법원이 법적 분쟁을 사실관계와 법률관계에 관하여 적어도 한번 포괄적으로 심사하고 결정하도록 소송을 제기할 수 있는 권리를 보장하는 기본권이다.

따라서 **재판청구권은 사실관계와 법률관계에 관하여 최소한 한번의 재판을 받을 기회가 제공될 것을 국가에게 요구할 수 있는 절차적 기본권**을 뜻하므로 기본권의 침해에 대한 구제절차가 **반드시 헌법소원의 형태로 독립된 헌법재판기관에 의하여 이루어 질 것만을 요구하지는 않는다.**

이로써 볼 때, 헌법재판소법 제68조 제1항은 청구인의 재판청구권을 침해하였다거나 되도록이면 흠결없는 효율적인 권리구제절차의 형성을 요청하는 법치국가원칙에 위반된다고 할 수 없다.

4. 소 결 론

법원의 재판도 헌법소원심판의 대상으로 하는 것이 국민의 기본권보호의 실효성 측면에서 바람직한 것은 분명하다. 법원의 재판을 헌법소원심판의 대상에 포함시켜야 한다는 견해는 기본권보호의 측면에서는 보다 이상적이지만, 이는 헌법재판소의 위헌결정을 통하여 이루어질 문제라기보다 입법자가 해결해야 할 과제이다.

5. 한정위헌결정

(1) 헌법재판소법 제68조 제1항이 위헌으로 되는 경우

헌법재판소법 제68조 제1항이 위와 같이 원칙적으로 헌법에 위반되지 아니한다고 하더라도, **법원이 헌법재판소가 위헌으로 결정하여 그 효력을 전부 또는 일부 상실하거나 위헌으로 확인된 법률(이하 단순히 '그 효력을 상실한 법률'이라 한다)을 적용함으로써 국민의 기본권을 침해한 경우에도 법원의 재판에 대한 헌법소원이 허용되지 않는 것으로 해석한다면, 위 법률조항은 그러한 한도내에서 헌법에 위반된다**고 보지 아니할 수 없다.

모든 국가기관은 헌법의 구속을 받고 헌법에의 기속은 헌법재판을 통하여 사법절차적으로 관철되므로, 헌법재판소가 헌법에서 부여받은 위헌심사권을 행사한 결과인 **법률에 대한 위헌결정은 법원을 포함한 모든 국가기관과 지방자치단체를 기속**한다. 따라서 헌법재판소가 위헌으로 결정하여 그 효력을 상실한 법률을 적용하여 한 법원의 재판은 헌법재판소 결정의 기속력에 반하는 것일 뿐 아니라, 법률에 대한 위헌심사권을 헌법재판소에 부여한 헌법의 결단(헌법 제107조 및 제111조)에 정면으로 위배된다.

또한, 청구인과 같이 권리의 구제를 구하는 국민의 입장에서 보더라도, 이러한 결과는 국민이 행정처분의 근거가 된 법률의 위헌성을 헌법재판을 통하여 확인받았으나 헌법재판소의 결정에 위배되는 법원의 재판으로 말미암아 권리의 구제를 받을 수 없는, 법치국가적으로 도저히 받아들일 수 없는, 법적 상태가 발생한다.

(2) 한정위헌결정의 기속력

헌법재판소의 법률에 대한 위헌결정에는 단순위헌결정은 물론, 한정합헌, 한정위헌결정과 헌법불합치결정도 포함되고 이들은 모두 당연히 기속력을 가진다.

즉, 헌법재판소는 법률의 위헌여부가 심판의 대상이 되었을 경우, 재판의 전제가 된 사건과의 관계에서 법률의 문언, 의미, 목적 등을 살펴 한편으로 보면 합헌으로, 다른 한편으로 보면 위헌으로 판단될 수 있는 등 다의적인 해석가능성이 있을 때 일반적인 해석작용이 용인되는 범위내에서 종국적으로 어느 쪽이 가장 헌법에 합치되는가를 가려, 한정축소적 해석을 통하여 합헌적인 일정한 범위내의 의미내용을 확정하여 이것이 그 법률의 본래적인 의미이며 그 의미 범위내에 있어서는 합헌이라고 결정할 수도 있고, 또 하나의 방법으로는 위와 같은 합헌적인 한정축소 해석의 타당영

역밖에 있는 경우에까지 법률의 적용범위를 넓히는 것은 위헌이라는 취지로 법률의 문언자체는 그대로 둔 채 위헌의 범위를 정하여 한정위헌의 결정을 선고할 수도 있다.

위 두 가지 방법은 서로 표리관계에 있는 것이어서 실제적으로는 차이가 있는 것이 아니다. 합헌적인 한정축소해석은 위헌적인 해석 가능성과 그에 따른 법적용을 소극적으로 배제한 것이고, 적용범위의 축소에 의한 한정적 위헌선언은 위헌적인 법적용 영역과 그에 상응하는 해석 가능성을 적극적으로 배제한다는 뜻에서 차이가 있을 뿐, 본질적으로는 다 같은 부분위헌결정이다.

한편, **대법원은 구체적 사건에서의 법령의 해석·적용권한은 사법권의 본질적 내용을 이루는 것**이므로 비록 어떤 법률조항에 대한 헌법재판소의 한정위헌의 결정이 있다 하더라도 **법률문언의 변화가 없는 한** 당해 법률조항에 대한 해석권은 여전히 대법원을 최고법원으로 하는 **법원에 전속되는 것이라고 주장한다**. 물론 구체적 사건에서의 법률의 해석·적용권한은 사법권의 본질적 내용을 이루는 것임이 분명하다. 그러나 **법률에 대한 위헌심사는 당연히 당해 법률 또는 법률조항에 대한 해석이 전제되는 것**이고, 헌법재판소의 한정위헌의 결정은 단순히 법률을 구체적인 사실관계에 적용함에 있어서 그 법률의 의미와 내용을 밝히는 것이 아니라 **법률에 대한 위헌성심사의 결과로서 법률조항이 특정의 적용영역에서 제외되는 부분은 위헌이라는 것**을 뜻한다. 따라서 헌법재판소의 한정위헌결정은 결코 법률의 해석에 대한 헌법재판소의 단순한 견해가 아니라, 헌법에 정한 권한에 속하는 법률에 대한 **위헌심사의 한 유형**인 것이다.

만일, 대법원의 견해와 같이 한정위헌결정을 법원의 고유권한인 법률해석권에 대한 침해로 파악하여 헌법재판소의 결정유형에서 배제해야 한다면, 헌법재판소는 앞으로 헌법합치적으로 해석하여 존속시킬 수 있는 많은 법률을 모두 무효로 선언해야 하고, 이로써 **합헌적 법률해석방법을 통하여 실현하려는 입법자의 입법형성권에 대한 존중과 헌법재판소의 사법적 자제를 포기하는 것**이 된다. 또한, 헌법재판소의 한정위헌결정에도 불구하고 위헌으로 확인된 법률조항이 법률문언의 변화없이 계속 존속된다고 하는 관점은 헌법재판소결정의 기속력을 결정하는 기준이 될 수 없다. 헌법재판소의 변형결정의 일종인 헌법불합치결정의 경우에도 개정입법시까지 심판의 대상인 법률조항은 법률문언의 변화없이 계속 존속하나, 법률의 위헌성을 확인한 불합치결정은 당연히 기속력을 갖는 것이므로 헌법재판소결정의 효과로서의 **법률문언의 변화와 헌법재판소결정의 기속력은 상관관계가 있는 것이 아니다**.

(3) 헌법재판소법 제68조 제1항에 대한 한정위헌의견

헌법재판소법 제68조 제1항은 법원이 헌법재판소의 기속력 있는 위헌결정에 반하여 그 효력을 상실한 법률을 적용함으로써 국민의 기본권을 침해하는 경우에는 예외적으로 그 재판도 위에서 밝힌 이유로 헌법소원심판의 대상이 된다고 해석하여야 한다. 따라서 **헌법재판소법 제68조 제1항의 '법원의 재판'에 헌법재판소가 위헌으로 결정하여 그 효력을 상실한 법률을 적용함으로써 국민의 기본권을 침해하는 재판도 포함되는 것으로 해석하는 한도내에서, 헌법재판소법 제68조 제1항은 헌법에 위반된다**고 하겠다.

헌법소원이 단지 주관적인 권리구제절차일 뿐이 아니라 객관적 헌법질서의 수호와 유지에 기여한다는 이중적 성격을 지니고 있으므로, 헌법재판소는 본안판단에 있어서 모든 헌법규범을 심사기준으로 삼음으로써 **청구인이 주장한 기본권의 침해여부에 관한 심사에 한정하지 아니하고 모든 헌**

법적 관점에서 심판대상의 위헌성을 심사한다. 따라서 헌법재판소법 제68조 제1항이 비록 청구인이 주장하는 **기본권을 침해하지는 않지만**, 헌법 제107조 및 제111조에 규정된 **헌법재판소의 권한규범에 부분적으로 위반되는 위헌적인 규정**이므로, 이 사건 헌법소원은 위에서 밝힌 이유에 따라 한정적으로 인용될 수 있는 것이다.

Ⅱ. 이 사건 대법원판결의 취소여부

위에서 판단한 바와 같이 헌법재판소법 제68조 제1항의 '법원의 재판'에 헌법재판소가 위헌으로 결정하여 그 효력을 상실한 법률을 적용함으로써 국민의 기본권을 침해한 재판을 포함하는 것은 헌법에 위반되므로, 그러한 재판에 대한 헌법소원심판은 허용되는 것이다. 그러므로 먼저 이 사건 대법원판결이 예외적으로 헌법소원심판의 대상이 되는 바로 그러한 재판에 해당하는지를 본다.

헌법재판소는 1995. 11. 30. 선고, 94헌바40, 95헌바13(병합) 결정에서 구 소득세법 제23조 제4항 단서, 제45조 제1항 제1호 단서(각 1982. 12. 21. 법률 제3576호로 개정된 후 1990. 12. 31. 법률 제4281호로 개정되기 전의 것)에 대하여 "실지거래가액에 의할 경우를 그 실지거래가액에 의한 세액이 그 본문의 기준시가에 의한 세액을 초과하는 경우까지를 포함하여 대통령령에 위임한 것으로 해석하는 한 헌법에 위반된다"고 선고하여 법률의 문언자체는 그대로 둔 채 위헌의 범위를 법률이 적용되는 일부영역을 제한하여 이를 제거하는 한정위헌결정을 하였다.

다시 말하면, 헌법재판소의 위 한정위헌의 결정은 위 법률조항의 문언자체는 그대로 둔 채 그 적용범위를 제한하여 실지거래가액에 의하여 산출한 세액이 그 본문의 기준시가에 의하여 산출한 세액을 초과하는 경우에는 이를 적용할 수 없다는 내용의 부분위헌인 것이다. 따라서 헌법재판소의 위 결정의 효력은 헌법에 위반된다는 이유로 그 적용이 배제된 범위내에서 법원을 비롯하여 모든 국가기관 및 지방자치단체를 기속하므로 이로써 법원은 헌법재판소의 위 결정내용에 반하는 해석은 할 수 없게 되었다 할 것이다.

그런데 이 사건 대법원판결은 헌법재판소가 이 사건 법률조항에 대하여 앞서 본 바와 같이 이미 한정위헌결정을 선고하였음에도 단지 법률문언이 그대로 존속한다는 이유를 들어 법적용영역에서 이미 배제된 부분까지 여전히 유효하다는 전제 아래 이를 적용하여, 이 사건 과세처분이 헌법에 위반된 위 법률조항을 근거로 한 것이기 때문에 위법한 것이라는 청구인의 주장을 배척하고 위 과세처분이 적법한 것이라고 본 원심의 판단을 정당한 것이라고 판단한 끝에 청구인의 상고를 기각하였다.

그렇다면 **이 사건 대법원판결은 헌법재판소가 이 사건 법률조항에 대하여 한정위헌결정을 선고함으로써 이미 부분적으로 그 효력이 상실된 법률조항을 적용한 것으로서 위헌결정의 기속력에 반하는 재판임이 분명**하므로 앞에서 밝힌 이유대로 **이에 대한 헌법소원은 허용**된다할 것이고, 또한 **이 사건 대법원판결로 말미암아 청구인의 헌법상 보장된 기본권인 재산권 역시 침해되었다 할 것이다. 따라서 이 사건 대법원판결은 헌법재판소법 제75조 제3항에 따라 취소**되어야 마땅하다.

Ⅲ. 이 사건 과세처분의 취소여부

공권력의 행사로 인하여 헌법상 보장된 기본권을 침해받은 자는 원칙적으로 법원의 재판을 제외하고는 헌법재판소에 헌법소원심판을 청구할 수 있는 것이므로(헌법 제111조 제1항 제5호, 헌법재판소법 제68조 제1항 본문), 행정처분에 대하여도 헌법소원심판을 청구할 수 있음이 원칙이라고 하겠다. 다만, 행정소송의 대상이 되는 행정처분의 경우에는, 헌법재판소법 제68조 제1항 단서에 의하여 헌법소원심판을 청구하기에 앞서 행정소송절차를 거치도록 되어 있고, 이러한 경우 **행정소송절차에서 선고되어 확정된 판결과 헌법재판소가 헌법소원심판절차에서 선고하게 될 인용결정의 기속력과의 관계, 법원의 재판을 원칙적으로 헌법소원심판의 대상에서 제외한 헌법재판소법 제68조 제1항의 입법취지** 등에 비추어 그에 대한 **헌법소원심판청구의 적법성**이 문제되어 왔다.

행정처분이 헌법에 위반되는 것이라는 이유로 그 취소를 구하는 행정소송을 제기하였으나 법원에 의하여 그 청구가 받아들여지지 아니한 후 다시 원래의 행정처분에 대하여 헌법소원심판을 청구하는 것이 **원칙적으로 허용될 수 있는지의 여부에 관계없이, 이 사건의 경우와 같이 행정소송으로 행정처분의 취소를 구한 청구인의 청구를 받아들이지 아니한 법원의 판결에 대한 헌법소원심판의 청구가 예외적으로 허용되어 그 재판이 헌법재판소법 제75조 제3항에 따라 취소되는 경우에는 원래의 행정처분에 대한 헌법소원심판의 청구도 이를 인용하는 것이 상당하다**. 이는 법원의 재판과 행정처분이 다 같이 헌법재판소의 위헌결정으로 그 효력을 상실한 법률을 적용함으로써 청구인의 기본권을 침해한 경우에는 그 처분의 위헌성이 명백하므로 원래의 행정처분까지도 취소하여 보다 신속하고 **효율적으로 국민의 기본권을 구제하는 한편, 기본권침해의 위헌상태를 일거에 제거함으로써 합헌적 질서를 분명하게 회복하는 것이 법치주의의 요청에 부응**하는 길이기도 하다.

이 사건 과세처분은 **헌법재판소가 위헌으로 결정하여 그 효력을 상실한 이 사건 법률조항을 적용**하여 한 처분임이 분명할 뿐만 아니라, 헌법재판소가 이 사건 법률조항에 대하여 한 위 **위헌결정이 피청구인이 한 과세처분의 취소를 구하는 이 사건에 대하여도 소급하여 그 효력이 미치는 경우에 해당**하고, 이 사건 과세처분에 대한 심판을 위하여 달리 새로운 사실인정이나 법률해석을 할 필요성이 인정되지도 아니한다. 따라서 청구인은 피청구인의 위법한 공권력의 행사인 이 사건 과세처분으로 말미암아 헌법상 보장된 기본권인 재산권을 침해받았다고 할 것이므로, 헌법재판소법 제75조 제3항에 따라 피청구인이 1992. 6. 16. 청구인에게 한 이 사건 과세처분을 취소하기로 한다.

Ⅳ. 결 론

헌법재판소법 제45조에 따라 헌법재판소법 제68조 제1항은 원칙적으로 헌법에 위반되는 것이 아니지만, 위 법률조항의 "법원의 재판"에 헌법재판소가 위헌으로 결정한 법령을 적용함으로써 국민의 기본권을 침해한 재판도 포함되는 것으로 해석하는 한도내에서 헌법에 위반된 것임을 선언하고, 헌법재판소가 위헌으로 결정한 위 각 구 소득세법조항이 헌법에 위반된 것이 아님을 전제로 청구인의 상고를 기각한 이 사건 대법원판결과 위 각 법률조항에 근거한 이 사건 과세처분을 헌법재판소법 제75조 제3항에 따라 모두 취소하기로 하여 주문과 같이 결정한다. 이 결정에는 재판관 이재화, 재판관 고중석, 재판관 한대현의 다음 V.와 같은 반대의견이 있는 이외에는 나머지 관여재판관의 의견이 일치되었다.

재판관 이재화, 재판관 고중석, 재판관 한대현의 반대의견

1. 헌법재판소법 제68조 제1항 본문의 위헌여부

헌법은 국가의 사법작용 중 구체적 쟁송에 관한 재판 등 고유한 사법기능과 명령 규칙 처분에 대한 위헌심사는 대법원을 최고법원으로하여 조직된 법원에 맡기는 한편 법원과는 별개의 독립한 헌법재판소를 설치하여 법률에 대한 위헌심판 등 헌법재판기능을 관장하게 하는 **이원적인 사법제도**를 채택하고 있다.

입법자가 법원의 재판을 헌법소원심판의 대상에서 제외한 것은 위에서 본 바와 같이 이원적인 사법제도를 채택하여 구체적 쟁송에 관한 재판을 법원에 맡긴 헌법의 근본취지와 헌법재판소와 법원의 권한 및 상호간의 독립, 우리의 재판제도와 법적안정성 등 여러 가지 사정을 고려하여 **입법정책적으로 결정**한 것이므로 그것이 입법형성권의 범위를 일탈하였다고는 할 수 없다.

그리고 위와같이 헌법상 법원의 고유기능으로 되어있는 법원의 재판을 다른 공권력행사와 달리 헌법소원심판의 대상에서 제외한 것이 평등의 원칙이나 법치주의 원리에 위반되거나 재판청구권을 침해한 것이라고 할 수도 없으므로 **헌법재판소법 제68조 제1항은 헌법에 위반되지 아니한다.**

2. 이 사건 판결의 취소여부

(1) 이 사건 판결이 헌법소원심판의 대상이 되는지 여부

이 사건 판결은 다수의견이 밝힌바와 같이 헌법재판소가 위헌으로 결정하여 이미 효력을 상실한 법률을 적용하여 한 재판으로서 청구인의 기본권을 침해한 공권력행사에 해당함은 명백하다.

그런데 다수의견도 지적하고 있듯이 이 사건 재판과 같이 법원이 헌법재판소가 한 법률에 대한 위헌결정의 효력을 부정하고 위헌으로 결정된 법률을 그대로 적용하여 재판을 한 것은 법원이 실질적으로 헌법상 헌법재판소의 권한으로 되어있는 법률에 대한 위헌심판을 한 것으로서 법원과 헌법재판소의 기능과 권한을 규정한 헌법 제101조, 제107조, 제111조에 정면으로 위반되는 것이므로 국민의 기본권 보장이나 헌법질서의 수호, 유지를 위하여 도저히 허용될 수 없고, 한편 입법자가 법원의 재판을 헌법소원심판대상에서 제외한 의도는 헌법이 법원에 부여한 구체적 쟁송에 관한 재판이나 명령 규칙 처분에 대한 위헌심사를 제외하려는 것일뿐 법원이 헌법을 위반하여 법률에 대한 위헌심판을 한 경우까지를 제외하려는 것은 아니라고 할 것이므로 이 사건 판결은 법원이 스스로 법률에 대한 위헌심판을 하였다는 점에서 헌법재판소법 제68조 제1항이 헌법소원심판의 대상에서 제외한 법원의 재판에 포함되지 않는다고 보아야 할 것이다. 그러므로 **이 사건 판결에 대하여는 위 법 제68조 제1항이 합헌인 것과는 상관없이 헌법소원심판을 청구할 수 있다.**

(2) 이 사건 판결의 취소여부

법원의 재판을 헌법소원심판의 대상에서 제외한 헌법재판소법 제68조 제1항은 합헌이지만 이 사건 판결에 대하여는 법원이 헌법재판소가 한 위헌결정의 효력을 부정하고 위헌으로 결정된 법률을 그대로 적용함으로써 실질적으로 법률에 대한 위헌심판을 하였다는 점에서 헌법소원심판청구가 가능하다는 입장에서 보면 대법원의 구체적 사건에 관한 재판인 이 사건 판결자체를 직접 취소하는 것은 위에서 본 바와 같은 **헌법재판소와 법원의 권한 및 상호간의 독립을 규정한 헌법의 취지에 비추어 적당하지 아니할 뿐만 아니라** 대법원의 재판을 취소하는 경우의 후속절차에 관하여 아무런 규정이 없어 **그 효력을 둘러싸고 법적 혼란**이 일어날 우려가 있다.

따라서 다수의견과 같이 이 사건 판결자체를 직접 취소할 것이 아니라 이 사건 판결이 헌법재판소가 위헌으로 결정한 법률을 법원이 위헌결정의 법리를 달리 해석하여 합헌으로 보아 적용한 점에서 **위헌이라고 확인만 하고 그 후속조치는 법원에 맡기는 것이 바람직**하다.

3. 이 사건 처분이 헌법소원의 대상이 되는지 여부

다수의견도 밝히고 있는 바와 같이 행정처분이 위헌이라고 주장하고 그 취소를 구하는 행정소송을 제기하였다가 법원이 받아들이지 아니한 후 다시 원래의 그 행정처분에 대한 헌법소원심판을 허용하는 것은 명령 규칙 처분에 대한 최종적인 위헌심사권을 대법원에 부여하고 있는 헌법 제107조 제2항과 법원의 재판을 헌법소원심판의 대상에서 제외하고 있는 헌법재판소법 제68조 제1항에 배치될 뿐 아니라, 이 사건 처분은 헌법재판소가 문제된 법률에 대하여 위헌결정하기 이전에 행하여진 것이어서 헌법재판소 결정의 기속력에 반한 것도 아니므로 **이 사건 처분은 헌법소원심판의 대상이 될 수 없다.**

따라서 이 사건 처분에 대한 심판청구는 부적법하여 각하하여야 할 것인데도 다수의견이 본안에 들어가 취

소한 것은 부당하다.

✤ 본 판례에 대한 평가 1. 헌법 제111조 헌법재판소의 권한에서는 제1항 제5호에서 "법률이 정하는 헌법소원에 관한 심판"을 규정하고 있다. 헌법재판소법 제68조(청구사유) 제1항은 "공권력의 행사 또는 불행사로 인하여 헌법상 보장된 기본권을 침해받은 자는 법원의 재판을 제외하고는 헌법재판소에 헌법소원심판을 제기할 수 있다"라고 규정하고 있다. 여기서 법원의 재판이라 함은 소송법상 법원이 행하는 공권적 법률판단 또는 의사의 표현을 지칭하는 것이며, 종국판결 외에 본안전 종국판결 및 중간판결 기타 소송절차의 파생적·부수적 사항, 예를 들어 재판장의 소송지휘에 관한 사항에 대한 공권적 판단도 포함된다. 그런데 헌법재판소법과 같은 법률을 통하여 헌법소원의 대상을 제한하는 것이 헌법에 합치하는 것이냐의 여부에 관하여 논란이 계속되어 왔다.

2. **법원의 재판에 대한 헌법소원의 원칙적 부인:** 헌법재판소는 헌법 제111조 제1항 제5호의 '법률이 정하는 헌법소원'의 의미에 법원의 재판이 당연히 포함되는 것은 아니라고 판시하고 있다. 이에 따라, 법률로써 법원의 재판을 헌법소원의 대상에서 제외시킨다고 해서 헌법상 평등권과 재판청구권을 침해하는 것은 아니라고 판시하고 있다. 이에 따라 헌법재판소는 "법원의 재판도 헌법소원심판의 대상으로 하는 것이 국민의 기본권보호의 실효성 측면에서 바람직한 것은 분명하다. 그러나 현재의 법적 상태가 보다 이상적인 것으로 개선되어야 할 여지가 있다는 것이 곧 위헌을 의미하지는 않는다. 법원의 재판을 헌법소원심판의 대상에 포함시켜야 한다는 견해는 기본권보호의 측면에서는 보다 이상적이지만, 이는 헌법재판소의 위헌결정을 통하여 이루어질 문제라기보다 입법자가 해결하여야 할 과제이다"라는 결론을 도출하고 있다.

3. **법원의 재판에 대한 헌법소원의 예외적 인정:** 헌법재판소는 법원의 재판에 대한 헌법소원을 부인하면서도, 다만 예외적으로 헌법재판소결정의 기속력을 담보하기 위하여 법원의 재판에 대한 헌법소원을 인정하고 있다. 이와 같은 헌법재판소의 결정은 결국 법원의 재판에 대한 헌법소원을 인정하지 않았기 때문에 야기되는 문제점을 극복하려는 불가피한 선택으로 보인다. 그러나 이러한 예외적 인정이 대법원과의 관계에서 실효성을 담보할 수 있는 해결책이 될 수 있을지는 의문이다.

관련 문헌: 한수웅, "헌법재판소법 제68조 제1항의 위헌여부", 헌법논집 10호, 1999, 283-338면; 장영수, "헌법재판소의 변형결정의 구속력", 고려대 판례연구 9호, 1998, 45-80면; 황도수, "헌법의 본질과 헌재법 제68조 제1항중 재판소원 제외부분의 위헌성", 재판의 한 길: 김용준 헌법재판소장 화갑기념문집, 박영사, 1998, 261-282면.

V | 양도소득세 등 부과처분에 대한 헌법소원: 각하(헌재 1998.5.28. 91헌마98등)

쟁점 이른바 원행정처분에 대한 헌법소원이 적법한지 여부

▢ 사건의 개요

청구인은 甲토지를 취득하여 소유하다가 주택건설등록업자에게 국민주택 건설요지로 매도한 후, 구 조세감면규제법 제62조에 의하여 양도소득세를 50% 감면하여 예정신고를 하고 자진납부하였다. 그러나 부산진세무서장은 이 사건 대지가 양도일 현재 토초세의 과세대상이 된다고 하여 구 조세감면규제법 상의 양도소득세의 감면을 배제하고 소득세법 소정의 세액을 산출하여 추가납

부하여야 할 양도소득세액을 부과하였다.

이에 청구인은 국세청에 심사청구, 국세심판소에 심판청구, 고등법원에 양도소득세부과처분취소를 구하는 소송을 제기하였으나 모두 청구기각되었고, 대법원에 상고하였으나 상고기각 판결이 내려졌다. 청구인은 위 과세처분의 위헌확인 및 취소를 구하고자 이 사건 헌법소원심판청구를 하였다.

▢ 주 문

청구인들의 이 사건 청구를 모두 각하한다.

▢ 판 단

Ⅰ. 다수의견

원행정처분에 대하여 법원에 행정소송을 제기하여 패소판결을 받고 그 판결이 확정된 경우에는 당사자는 그 판결의 기판력에 의한 기속을 받게 되므로, 별도의 절차에 의하여 위 판결의 기판력이 제거되지 아니하는 한, **행정처분의 위법성을 주장하는 것은 확정판결의 기판력에 어긋나므로 원행정처분은 헌법소원심판의 대상이 되지 아니한다**고 할 것이며, 뿐만 아니라 원행정처분에 대한 헌법소원심판청구를 허용하는 것은, "명령·규칙 또는 처분이 헌법이나 법률에 위반되는 여부가 재판의 전제가 된 경우에는 대법원은 이를 최종적으로 심사 할 권한을 가진다"고 규정한 **헌법 제107조 제2항이나, 원칙적으로 헌법소원심판의 대상에서 법원의 재판을 제외하고 있는 헌법재판소법 제68조 제1항의 취지에도 어긋난다**.

Ⅱ. 재판관 이영모의 의견

법원의 재판을 거친 원행정처분의 경우에, 그 원행정처분이 헌법소원 심판대상이 되려면 위헌인 법률을 합헌으로 해석·적용함으로써 **국민의 기본권을 침해한 당해 재판 자체가 헌법소원 심판대상이 되는 한도내에서, 그 재판과 같이 원행정처분도 헌법소원 심판대상으로 되는 것이지, 그 원행정처분만을 따로 떼어내어 헌법소원 심판대상으로 삼을 수는 없는 것**이다. 왜냐하면 법원의 재판을 취소하지 않고, 원행정처분만을 취소하는 결정을 하는 것은 확정판결의 기판력에 저촉되어 법적 안정성을 해칠 뿐만 아니라 헌법과 헌법재판소법의 각 규정을 살펴보아도 이와 같은 결정을 할 수 있는 근거가 없기 때문이다.

Ⅲ. 재판관 이재화, 고중석, 한대현의 별개의견

헌법재판소법 제68조 제1항이 헌법소원의 심판대상에서 '법원의 재판'을 제외한 것은 위 조항 단서의 보충성의 원칙과 결합하여 법원의 재판자체뿐만 아니라 재판의 대상이 되었던 원행정처분도 제외하는 것으로 봐야한다. 왜냐하면 원행정처분에 대하여 헌법소원심판을 하는 것은 단순한 행정작용에 대한 심사가 아니라 사법작용에 대한 심사와 행정작용에 대한 심사를 동시에 행하는 것이 되고, 결국 헌법소원심판의 대상에서 제외됨에 따라 금지된 사법작용에 대한 심사를 행하는 것이 되어 결과적으로 **법원의 재판에 대한 헌법소원을 사실상 허용하는 것이 되기 때문이어서, 원행정처분은 언제나 헌법소원심판의 대상이 될 수 없다**.

Ⅳ. 재판관 조승형의 반대의견

'법원의 재판'에 대한 직접적인 소원과 헌법재판소법 제68조 제1항 단서에 규정하고 있는 '권리구제절차로서의 재판'을 거친 원공권력작용에 대한 소원은 명백히 구분하여야 할 것이므로 구제절차로서 '재판'을 거친 원공권력작용도 헌법소원의 대상이 되며, 따라서 행정처분은 공권력인 입법·행정·사법작용 중 행정작용의 대표적인 행위형식으로써 그 행사나 불행사로 인하여 기본권을 침해 받은 경우에는 비록 권리구제절차로서 행정소송의 '재판'을 거친 행정처분의 경우라 하더라도 헌법소원심판의 대상이 된다. 또한 헌법 제107조 제2항은 "명령·규칙 또는 처분이 헌법이나 법률에 위반되는 여부가 재판의 전제가 되는 경우에는 대법원은 이를 최종적으로 심사할 권한을 가진다"라고 규정하고 있는바, 위 헌법조항의 문언에 따르더라도 처분자체의 위헌·위법성이 재판의 전제가 된 경우만을 규정하고 있으므로 그 경우를 제외하고는 처분자체에 의한 직접적인 기본권 침해를 다투는 헌법소원이 모두 가능하다.

✤ 본 판례에 대한 평가 1. 헌법재판소가 대법원판결을 취소할 수 있는지 여부: 헌법재판소법 제75조(인용결정)는 다음과 같이 규정하고 있다. "② 제68조 제1항의 규정에 의한 헌법소원을 인용할 때에는 인용결정서의 주문에서 침해된 기본권과 침해의 원인이 된 공권력의 행사 또는 불행사를 특정하여야 한다. ③ 제2항의 경우에 헌법재판소는 기본권 침해의 원인이 된 공권력의 행사를 취소하거나 그 불행사가 위헌임을 확인할 수 있다." 이에 따라 헌법재판소가 예외적으로 재판에 대한 헌법소원을 인정한 이상 문제의 대법원판결을 취소하는 결정을 내린 것은 당연한 논리적 결과이다. 그러나 반대의견은 헌법재판소와 법원의 권한 및 상호간의 독립을 규정한 헌법의 취지와 대법원의 재판을 취소하는 경우의 후속절차에 관하여 아무런 규정이 없어 그 효력을 둘러싸고 법적 혼란이 일어날 우려가 있음을 지적한다. 생각건대 이와 같이 법원의 판결에 대하여 위헌결정과 동시에 동 판결을 취소한 전례도 없을 뿐 아니라 이와 관련된 입법적 정비도 이루어지지 아니한 상황이라 헌법재판소의 반대의견도 일응 수긍이 가지 않는 바는 아니다. 그러나 헌법재판소가 법원의 판결을 취소하지 않는 한 청구인의 권리구제가 전혀 이루어지지 않을 뿐 아니라 이루어질 가능성도 없게 된다. 즉 청구인의 권리구제를 위하여 대법원판결은 취소됨이 마땅하다. 그렇지 않아도 검사의 불기소처분에 대한 헌법소원에 대하여 헌법재판소가 이를 인용하였음에도 불구하고 검찰에서 재수사한 후에 다시금 불기소처분을 내리는 예가 문제되고 있다. 이에 헌법재판소의 인용결정은 재수사명령이 아니라 기소명령으로 이해하여야 한다는 논의가 있으나 실현되지 못하고 있다. 마찬가지로 법원의 재판에 대한 취소결정이 어떠한 효과를 거둘 수 있을지 의문이다.

2. 행정처분의 취소여부: 헌법 제107조 제2항은 "명령·규칙 또는 처분이 헌법이나 법률에 위반되는 여부가 재판의 전제가 된 경우에는 대법원은 이를 최종적으로 심사할 권한을 가진다"라고 규정하고 있으므로 행정처분에 대한 최종적인 심사권은 원칙적으로 대법원이 가진다. 하지만 적어도 위 사건에 관한 한 헌법재판소 결정의 실효성을 담보하기 위하여 원행정처분에 대하여서도 취소결정을 내리고 있다. 이에 대해서도 헌법재판소의 반대의견은 역시 부정적이다.

대법원판결의 취소가 어떠한 현실적 결과를 초래할지 또는 어떠한 권리구제를 담보할 수 있을지에 관한 의문이 제기되고 있는 상황에서, 행정처분을 내린 원처분청을 기속하는 결정을 동시에 내린 것은 일리가 있다. 그러나 원처분에 대한 판단은 헌법 제107조 제2항에 비추어 법원에 맡기자는 견해에도 귀를 기울일 필요가 있다.

> **[요약판례] 양도소득세 등 부과처분취소: 각하**(헌재 2001.2.22. 99헌마409)
>
> 행정처분의 취소를 구하는 행정소송을 제기하였으나 청구기각의 판결이 확정되어 법원의 소송절차에 의하여서는 더 이상 다툴 수 없게 된 경우에 당해 행정처분 자체의 위헌성 또는 그 근거법규의 위헌성을 주장하면서 그 취소를 구하는 헌법소원심판을 청구하는 것이 허용되는지 여부(소극)

행정처분의 취소를 구하는 행정소송이 확정된 경우에 그 원행정처분의 취소를 구하는 헌법소원심판 청구를 받아들여 이를 취소하는 것은, 원행정처분을 심판의 대상으로 삼았던 법원의 재판이 예외적으로 헌법소원심판의 대상이 되어 그 재판 자체가 취소되는 경우에 한하여 국민의 기본권을 신속하고 효율적으로 구제하기 위하여 가능한 것이고, 이와는 달리 **법원의 재판이 취소되지 아니하는 경우에는 확정판결의 기판력으로 인하여 원행정처분은 헌법소원심판의 대상이 되지 아니하며, 뿐만 아니라 원행정처분에 대한 헌법소원심판청구를 허용하는 것은 "명령·규칙 또는 처분이 헌법이나 법률에 위반되는 여부가 재판의 전제가 된 경우에는 대법원은 이를 최종적으로 심사할 권한을 가진다" 고 규정한 헌법 제107조 제2항이나, 원칙적으로 헌법소원심판의 대상에서 법원의 재판을 제외하고 있는 헌법재판소법 제68조 제1항의 취지에도 어긋난다.**

(재판관 이영모의 별개의견) 원행정처분은 위헌인 법률을 합헌으로 해석·적용함으로써 국민의 기본권을 침해한 당해 재판 자체가 헌법소원심판이 되는 한도 내에서 그 재판과 같이 원행정처분도 헌법소원심판 대상이 되는 것이지 그 원행정처분만을 따로 떼어 내어 헌법소원심판 대상으로 삼을 수는 없다. 재판관 하경철의 반대의견 원행정처분에 대한 헌법소원의 인정여부는 기본권을 보다 충실히 보장할 수 있는 해석론에 입각하여 결정되어야 하며, 그러한 관점에서 원행정처분에 대한 헌법소원을 긍정하는 것이 국민의 기본권보장이라는 측면에 더욱 충실하고, 헌법재판소의 본연의 임무에 보다 부합할 것이므로, 원행정처분은 그것을 대상으로 삼은 재판과는 별도로 헌법소원의 심판대상이 된다고 보아야 한다.

(5) 행정부작위

> **[요약판례 1] 공권력에 의한 재산권침해에 대한 헌법소원: 인용(위헌확인),기각**(헌재 1989.9.4. 88헌마22)
>
> 이른바 사실상의 부작위에 대한 헌법소원에서 보충성의 예외를 인정한 사례

대법원의 판례를 종합해 보면 행정청 내부의 사실행위나 사실상의 부작위에 대하여 일관하여 그 행정처분성을 부인함으로써 이를 행정쟁송 대상에서 제외시켜 왔음을 알 수 있어 본건과 같은 경우도 행정쟁송에서 청구인의 주장이 받아 들여질 가능성은 종래의 판례 태도를 변경하지 않는 한 매우 희박함을 짐작하기에 어렵지 않는 것이다. 과연 그렇다면 **사실상의 부작위**에 대하여 행정소송을 할 수 있는지의 여부를 잠시 접어두고 그에 관한 대법원의 태도가 소극적이고 아울러 학설상으로도 그 가부가 확연하다고 할 수 없는 상황에서 법률의 전문가가 아닌 일반국민에 대하여 전심절차의 예외없는 이행을 요구하는 것이 합당하겠는가의 의문이 생겨나는 것이다. 그러나 헌법소원심판 청구인이 그의 불이익으로 돌릴 수 없는 정당한 이유있는 착오로 전심절차를 밟지 않은 경우 또는 전심절차로 권리가 구제될 가능성이 거의 없거나 권리구제절차가 허용되는지의 여부가 객관적으로 불확실하여 전심절차 이행의 기대가능성이 없을 때에는 그 예외를 인정하는 것이 청구인에게 시간과 노력과 비용의 부담을 지우지 않고 헌법소원심판제도의 창설취지를 살리는 방법이라고 할 것이므로, 본건의 경우는 위의 **예외의 경우에 해당하여 적법하다**고 할 것이다.

[요약판례 2] 약사관리제도 불법운용과 한약업사업권침해에 대한 헌법소원: 인용(위헌확인),기각 (헌재 1991.9.16. 89헌마163)

(1) 헌법소원심판절차에 있어서 공동소송참가신청의 적법요건
(2) 행정권력의 부작위에 대한 헌법소원의 요건
(3) 약사관리제도에 있어서 양약과 한약을 이원적으로 양분할 것인가가 헌법의 규제대상인지 여부
(4) 입법부작위에 관한 헌법재판소의 재판관할의 범위

(1) 민사소송법 제76조(현행 민사소송법 제83조)가 준용되는 헌법소원심판절차에 있어서 공동소송참가신청이 적법하기 위하여는 **피참가인인 청구인과 마찬가지로 청구인 적격을 가져야** 한다.

(2) 행정권력의 부작위에 대한 소원의 경우에는 **공권력의 주체에게 헌법에서 유래하는 작위의무가 특별히 구체적으로 규정**되어, 이에 의거하여 **기본권의 주체가 행정행위를 청구할 수 있음에도 공권력의 주체가 그 의무를 해태하는 경우에 허용된다 할 것이므로 단순한 일반적인 부작위 주장만으로써는 족하지 않다.**

(3) 양약에 관해서는 약사에게, 한약에 관하여는 새로 한약사제도를 만들거나 기존의 한약업사에게 각 전속적으로 조제・판매권을 부여하여 이원적으로 양분하는 입장을 취할 것인가는 광범위한 입법형성권을 가진 입법자가 국민보건향상이라는 공공복리를 고려하여 합목적적으로 정할 재량사항이고, 그렇게 되지 않았다 하여 헌법의 기본가치를 도외시한 것이라 할 수 없다.

(4) 입법부작위에 관한 헌법재판소의 재판관할권은, 헌법에서 기본권보장을 위해 법령에 명시적인 입법위임을 하였음에도 입법자가 이를 이행하지 않을 때, 그리고 헌법해석상 특정인에게 구체적인 기본권이 생겨 이를 보장하지 위한 국가의 행위의무내지 보호의무가 발생하였음이 명백함에도 불구하고 입법자가 전혀 아무런 입법조치를 취하고 있지 않는 경우에 한하여 제한적으로 인정할 것이다.

[요약판례 3] 고발권불행사 위헌확인: 기각 (헌재 1995.7.21. 94헌마136)

공정거래위원회의 고발권불행사에 대한 헌법소원과 보충성의 예외

공정거래법은 고발에 대한 이해관계인의 신청권을 인정하는 규정을 두고 있지 아니할 뿐만 아니라, 법해석상으로도 공정거래위원회의 고발권행사가 청구인의 신청이나 동의 등의 협력을 요건으로 하는 것이라고 보아야 할 아무런 근거도 없으므로 행정부작위는 행정심판 내지 **행정소송의 대상이 되는 "부작위"로서의 요건을 갖추지 못하였다고 할 것이고, 이러한 경우에도 청구인에게 행정쟁송절차의 사전 경유를 요구한다면 이는 무용한 절차를 강요하는 것으로 되어 부당하다.**

[요약판례 4] 입법부작위 위헌확인: 각하 (헌재 1996.6.13. 93헌마276)

(1) 입법부작위(立法不作爲)에 대한 헌법소원의 허용범위
(2) 1980년 삼청교육의 피해보상에 대한 입법부작위 헌법소원이 가능한지 여부

(1) **입법부작위에 대한 헌법소원**은 **헌법에서 기본권 보장을 위해 법령에 명시적인 입법위임**을 하였음에도 입법자가 아무런 입법조치를 하고 있지 않거나, **헌법해석상 특정인에게 구체적인 기본권이 생겨 이를 보장하기 위한 국가의 작위의무 내지 보호의무가 발생**하였음이 명백함에도 입법자가 아무런 입법조치를 취하고 있지 않은 경우가 아니면 원칙적으로 인정될 수 없으며, **기본권 보장을 위한 법규정이 불완전하여 그 보충을 요하는 경우에는 그 불완전한 법규 자체를 대상으로 하여 그것이 헌법위반이라는 적극적인 헌법소원을 함은 별론으로 하고 입법부작위를 헌법소원의 대상으로 삼을 수 없다.**

(2) 국가보위입법회의에 의해 주도된 삼청교육이 법적 근거가 없는 공권력의 남용행위인 점은 인정되나, 이에 대

한 국가의 배상에 관해 헌법이 명시적인 위임입법을 한 바는 없고, 이미 국가배상법이 마련되어 있는 이상 삼청교육의 피해자들에 대한 특별한 보상을 위한 국가의 입법의무가 헌법해석상 새로이 발생하였다고 할 수 없다. 그러므로 국가배상법률의 규정상의 청구기간이 너무 짧거나 불완전하여 삼청교육과 같은 특수한 경우 효과적인 배상청구권이 행사될 수 없는 것을 이유로 다투는 것은 별론으로 하고, 삼청교육피해에 대한 보상입법의 부작위 자체를 이유로 입법부작위의 위헌확인을 구하는 헌법소원을 청구할 수 없다.

[요약판례 5] 불공정거래행위무혐의처분취소: 기각(헌재 2002.6.27. 2001헌마381)

공정거래위원회의 무혐의처분이 헌법소원의 대상이 되는 공권력의 행사인지 여부(적극)

불공정거래혐의에 대한 공정거래위원회의 무혐의 조치는 혐의가 인정될 경우에 행하여지는 중지명령 등 시정조치에 대응되는 조치로서 공정거래위원회의 공권력 행사의 한 태양에 속하여 **헌법재판소법 제68조 제1항 소정의 '공권력의 행사'에 해당**하고, 따라서 공정거래위원회의 자의적인 조사 또는 판단에 의하여 결과된 **무혐의 조치는 헌법 제11조의 법 앞에서의 평등권을 침해하게 되므로 헌법소원의 대상이 된다**.

[요약판례 6] 항소부제기 위헌확인: 각하(헌재 2004.2.26. 2003헌마608)

재정신청사건의 공소유지담당변호사가 무죄판결에 대하여 항소를 제기하지 않은 것이 헌법소원의 대상이 되는 공권력의 불행사에 해당하는지 여부(소극)

공권력의 불행사에 대한 헌법소원은 공권력의 주체에게 헌법에서 유래하는 작위의무가 특별히 구체적으로 규정되어 있어서 이에 의거하여 기본권의 주체가 행정행위를 청구할 수 있음에도 공권력의 주체가 그 의무를 해태하는 경우에 허용되고 그렇지 아니한 경우에 기본권의 침해가 없는 단순한 공권력의 불행사에 대하여는 헌법소원 심판청구를 할 수 없는바, **헌법이나 형사소송법 또는 공선법상 피청구인에게 무죄판결에 대해 상소를 제기하여야 할 작위의무가 구체적으로 규정되어 있지 아니하고 청구인이 직접 그 상소의 제기를 청구할 수 있는 권리가 있다고 볼 근거도 없으므로**, 이 사건 헌법소원 심판청구는 **피청구인의 단순한 공권력의 불행사를 대상으로 한 것으로서 부적법**하다.

[요약판례 7] 무혐의처분취소 헌법소원: 기각,각하(헌재 2004.3.25. 2003헌마404)

(1) 공정거래위원회의 심사불개시결정이 헌법소원의 대상이 된다고 본 사례
(2) 공정거래위원회의 심사불개시결정이 있었으나 독점규제및공정거래에관한법률이 정한 시정조치나 과징금 부과 시효 5년이 경과한 경우에 권리보호의 이익을 부정한 사례
(3) 공정거래위원회의 심사불개시결정에 대한 심판청구를 이유 없다며 기각한 사례

(1) **공정거래위원회의 심사불개시결정은 공권력의 행사**에 해당되며, **자의적인 경우 피해자인 신고인의 평등권을 침해할 수 있으므로 헌법소원의 대상이 된다**.

(2) 공정거래위원회의 심사불개시결정이 잘못되었다 하더라도 독점규제및공정거래에관한법률 제49조 제4항이 정한 5년의 시효가 경과되어 공정거래위원회가 더 이상 시정조치나 과징금 등을 부과할 수 없게 되었다면 그 부분 심판청구는 권리보호의 이익을 인정할 수 없다.

(3) 공정거래위원회가 심사불개시결정을 할 수 있도록 한 공정거래위원회의운영및사건절차등에관한규칙 제12조는 법률에 따른 정당한 근거를 지닌 것이라 볼 것인바, 청구인의 '허위자료제출'에 대한 심판청구는 동 규칙이 정한, "동일한 내용을 3회 이상 신고한" 것인 점이 인정되고, '우월적 지위 남용' 부분은 공정거래위원회가 판단한 5년의 시효 경과가 자의적이라고 볼 수 없으므로 각 이유 없다. 재판관 김영일, 재판관 송인준, 재판관 이상경의 일부각하의견 '우월적 지위 남용' 부분은 이미 5년의 시효가 경과된 것이므로 실체관계를 따져볼 필요 없이 권리보호의 이익이 없

다고 보아 각하하여야 할 것이다.

[요약판례 8] 토지매수 · 보상 불이행 등 위헌확인: 각하(헌재 2005.9.29. 2005헌마437)

(1) 행정권력의 부작위에 대한 헌법소원의 적법요건
(2) 구 공원법 제3조 제1항의 규정에 의하여 국립공원의 지정 및 고시, 국립공원계획(용도지구계획상 자연환경지구)의 결정 및 고시까지 이루어졌으나 공원사업시행계획의 결정 및 고시가 이루어지지 아니한 토지에 대하여 행정청이 수용의무를 부담하는지 여부(소극)

(1) **행정권력의 부작위**에 대한 헌법소원은 **공권력의 주체에게 헌법에서 유래하는 작위의무가 특별히 구체적으로 규정되어 이에 의거하여 기본권의 주체가 행정행위를 청구할 수 있음에도 불구하고 공권력의 주체가 그 의무를 게을리하는 경우**에 한하여 허용된다고 할 것이며, 따라서 의무위반의 부작위 때문에 피해를 입었다는 단순한 일반적인 주장만으로는 족하지 않다고 할 것이므로 기본권의 침해없는 행정행위의 **단순한 부작위의 경우는 헌법소원으로서 부적법**하다.

(2) 공원사업시행계획의 전단계로서 단지 구 공원법(1967. 3. 3. 법률 제1909호로 제정되어 1980. 1. 4. 법률 제3243호로 제정된 자연공원법 부칙 제2조의 규정에 의하여 폐지된 것) 제3조 제1항의 규정에 의하여 국립공원의 지정 및 고시, 국립공원계획(용도지구계획상 자연환경지구)으로의 결정 및 고시의 절차까지만 이루어지고 구체적인 공원사업시행계획의 결정 및 고시가 이루어지지 아니한 토지에 대하여는, 관할 행정청(공원관리청)이 이를 수용할 수 있는 법률적 근거가 없을 뿐만 아니라 헌법상 보장된 재산권으로부터 직접 이러한 토지에 대한 수용의무 등이 도출된다고 볼 수도 없다.

[요약판례 9] 토지보상 부작위 위헌확인: 각하(헌재 2007.7.26. 2005헌마501)

도시계획시설사업 실시계획의 인가·고시가 없는 토지에 대하여 행정청이 이를 수용할 수 있는 법적인 근거가 없어 행정청이 이러한 토지를 매수하여 보상하여야 할 구체적인 작위의무가 법률로 구체화되어 있는지 여부(소극)

행정권력의 부작위에 대한 헌법소원은 공권력의 주체에게 헌법에서 유래하는 작위의무가 특별히 구체적으로 규정되어 있고, 이에 의거하여 기본권의 주체가 행정행위를 청구할 수 있음에도, 공권력의 주체가 그 의무를 게을리 하는 경우에 한하여 허용되고, **이러한 작위의무가 인정되지 않는 경우 그 헌법소원은 부적법한 청구가 되므로, 공권력의 부작위 때문에 피해를 입었다는 단순하고 일반적인 주장만으로 헌법소원심판을 청구하는 것은 부적법하다**. 도시계획시설에 편입된 토지에 대한 수용 및 사용은 당해 도시계획시설사업에 대한 실시계획의 인가·고시가 있어야 가능하므로 **도시계획시설사업 실시계획의 인가·고시가 없는 토지에 대하여 행정청은 이를 수용할 수 있는 법적인 근거가 없어 행정청이 이러한 토지를 매수하여 보상하여야 할 구체적인 작위의무가 법률로 구체화되어 있다고 할 수 없다.**

[요약판례 10] 보조장구 사용요구 심의 · 의결 취소: 기각(헌재 2009.2.26. 2008헌마275)

(1) 국가인권위원회 진정 기각결정이 공권력의 행사로서 헌법소원의 대상이 되고 헌법소원 심판청구의 보충성 요건을 충족하는지 여부(적극)
(2) 국가인권위원회에 제기한 진정의 대상이 교도관의 행위인 경우 청구인이 헌법소원 심판청구 이후 출소하였더라도 헌법소원 심판청구의 권리보호이익이 인정되는지 여부(적극)
(3) 이 사건 국가인권위원회의 진정 기각결정이 현저히 정의와 형평에 반하여 청구인의 평등권이나 헌법상 기본권을 침해하는지 여부(소극)

(1) 국가인권위원회의 진정 기각결정은 헌법재판소법 제68조 제1항에서 규정하는 공권력의 행사로서 헌법소원심판의 대상이 되고, 국가인권위원회법은 국가인권위원회의 진정 각하 또는 기각결정에 대한 불복수단으로 어떠한 구제절차도 마련해 놓고 있지 않으며 법원의 확립된 판례에 의하여 국가인권위원회의 진정 각하 또는 기각결정의 행정처분성이 인정되고 있다고 보기는 어려우므로 보충성 요건도 충족한다.

(2) 이 사건의 심판대상은 교도관의 행위가 아니라 국가인권위원회의 진정 기각 결정이고 만약 이 사건 심판청구가 인용될 경우 국가인권위원회는 교도관의 행위가 인권침해행위임을 확인하고 손해배상의 권고 등 국가인권위원회법에 규정된 여러 조치를 취할 수 있으므로 헌법소원 심판청구의 권리보호이익이 인정된다.

(3) 청구인은 위 구치소 입소 당시와 그 이후 실시한 신체검사에서 모두 정상으로 진단되었고 교도관이 출정준비과정에서 정상인 청구인에게 계구를 사용한 것은 구 행형법 제14조 등 관련규정에 따른 적법한 조치인 점 등을 종합할 때 피청구인이 청구인의 진정에 대하여 현저히 정의와 형평에 반하는 결정을 하였거나 달리 피청구인의 결정이 헌법재판소가 관여할 만큼의 자의적 공권력의 행사라고 볼 자료가 없으므로 청구인의 평등권이나 헌법상 기본권이 침해되었다고 볼 수 없다.

[요약판례 11] 진정각하결정취소: 기각(헌재 2009.9.24. 2009헌마63)

(1) 국가인권위원회의 진정각하결정이 헌법소원의 대상이 되는지 여부(적극)

(2) 국가인권위원회가 대법원장의 행위를 청구인의 인권을 침해할 만한 공권력 작용이라고 보기 어렵다는 이유로 내린 진정각하결정이 무죄추정의 원칙과 청원심사의 성실·공정의무 등 헌법원칙에 위반하여 행복추구권, 청원권 등 청구인의 기본권을 침해하는지 여부(소극)

(1) 국가인권위원회는 공권력을 행사하는 주체에 해당하므로, 피청구인 국가인권위원회의 진정각하결정은 헌법재판소법 제68조 제1항에서 규정하는 공권력의 행사로서 헌법소원심판의 대상이 된다.

(2) 대법원장은 2008. 3. 7.자 전국 법원 수석부장판사회의에 참석하지 아니하였을 뿐만 아니라, 달리 대법원장이 청구인의 석궁사건에 대하여 어떠한 다른 지시를 내렸다는 점을 인정할 아무런 자료가 없으므로 대법원장의 행위를 청구인의 인권을 침해할 만한 공권력 작용이라고 보기 어렵다.

따라서 이 사건 진정의 대상이 된 사안은 무죄추정의 원칙에 반하여 헌법 제10조 내지 제22조에서 보장된 청구인의 인권을 침해할 만한 공권력 작용이라고 보기 어려우므로, 피청구인이 이 사건 진정을 인권위법 제32조 제1항 제1호의 각하사유인 '진정의 내용이 위원회의 조사대상에 해당하지 아니하는 경우'에 해당한다고 판단하여 각하한 조치는 무죄추정의 원칙과 청원심사의 성실·공정의무 등 헌법원칙에 위반하여 행복추구권, 청원권 등 청구인의 기본권을 침해하였다고 보기 어렵다.

[요약판례 12] 서훈추천부작위 등 위헌확인: 각하(헌재 2005.6.30. 2004헌마859)

(1) 국가에게 독립유공자와 그 유족에 대한 예우를 해 줄 헌법상 의무가 있는지 여부(적극)

(2) 국가보훈처장이 독립유공자(순국선열 및 애국지사)로 인정받기 위한 전제로서 요구되는 서훈추천을 거부한 것에 대하여 행정부작위 헌법소원이 가능한지 여부(소극)

(3) 대통령의 영전 미수여 행위에 대해 행정부작위 헌법소원으로 다툴 수 있는지 여부(소극)

(1) 헌법은 **국가유공자 인정에 관하여 명문 규정을 두고 있지 않으나 전문(前文)에서 "3.1운동으로 건립된 대한민국임시정부의 법통을 계승"한다고 선언**하고 있다. 이는 대한민국이 일제에 항거한 독립운동가의 공헌과 희생을 바탕으로 이룩된 것임을 선언한 것이고, 그렇다면 **국가는 일제로부터 조국의 자주독립을 위하여 공헌한 독립유공자와 그 유족에 대하여는 응분의 예우를 하여야 할 헌법적 의무를 지닌다.**

(2) **독립유공자의 구체적 인정절차**는 입법자가 헌법의 취지에 반하지 않는 한 입법재량으로 정할 수 있다. 독립유

공자 인정의 전 단계로서 상훈법에 따른 서훈추천은 해당 후보자에 대한 공적심사를 거쳐서 이루어지며, 그러한 공적심사의 통과 여부는 해당 후보자가 독립유공자로서 인정될만한 사정이 있는지에 달려 있다. 이에 관한 판단에 있어서 국가는 나름대로의 재량을 지닌다. 따라서 **국가보훈처장이 서훈추천 신청자에 대한 서훈추천을 하여 주어야 할 헌법적 작위의무가 있다고 할 수는 없으므로, 서훈추천을 거부한 것에 대하여 행정권력의 부작위에 대한 헌법소원으로서 다툴 수 없다.**

(3) 영전수여에 앞서 법률상 요구되는 서훈추천이 거부됨에 따라 대통령이 영전수여신청자에 대하여 영전을 수여하지 않은 것은 그 전제가 되는 법적 절차의 미개시에 따른 것일 뿐 대통령이 공권력의 행사를 하여야 함에도 하지 않고 방치하고 있는 것이라 할 수 없다. 그러므로 대통령의 영전 미수여를 다투는 심판청구 역시 행정부작위를 다투는 헌법소원으로서 부적법하다.

(6) 검사의 불기소처분 등

[요약판례 1] 검사의 공소권행사에 대한 헌법소원: 각하(헌재 1989.4.17. 88헌마3)

자의적인 검사의 불기소처분에 대한 헌법소원의 적법여부, 헌법재판소법 제68조 제1항 단서의 "다른 권리구제절차"의 의미 및 공소시효가 완성된 이후에 제기된 검사의 불기소처분에 대한 헌법소원의 적법여부(소극)

검사의 불기소처분은 공권력의 행사에 포함되고, 검사의 자의적인 수사 또는 판단에 의하여 불기소처분이 이루어진 경우에는 헌법 제11조, 제27조 제5항, 제30조에 정한 기본권을 침해하게 된다.

헌법재판소법 제68조 제1항 단서 소정의 다른 권리구제절차라 함은 공권력의 행사 또는 불행사를 직접대상으로 하여 그 효력을 다툴 수 있는 권리구제절차를 의미하고, 사후적·보충적 구제수단을 뜻하는 것은 아니다.

불기소처분의 대상이 된 피의사실의 공소시효가 이미 완성되었으면 그에 대한 헌법소원심판청구는 권리보호의 이익이 없다.

[요약판례 2] 공소취소처분 위헌확인: 각하(헌재 1997.3.27. 96헌마219)

공소취소처분에 대한 헌법소원의 적법여부(소극)

검사의 공소취소처분에 따라 법원이 공소기각결정을 하여 동결정이 확정된 경우에는 설사 검사의 **공소취소처분이 다시 취소된다고 하더라도 이는 형사소송법 제420조 소정의 재심사유에 해당되지 아니하여 원래의 공소제기로 인한 소송계속상태가 회복될 수 있는 가능성이 없으므로 공소취소처분의 취소를 구하는 이 사건 심판청구는 권리보호의 이익이 없어 부적법**하다.

[요약판례 3] 검사의 피의자신문조서의 일부내용삭제제출행위 등 위헌확인: 각하(헌재 2004.9.23. 2000헌마453)

(1) 검사가 청구인에 대한 형사재판에서 검사 및 사법경찰관 작성의 피의자신문조서의 내용 중 일부를 삭제한 복사문서(피의자신문조서초본)를 증거로 제출하는 행위가 독립하여 헌법소원심판의 청구대상이 될 수 있는지 여부(소극)
(2) 검사가 청구인에 대한 형사재판에서 구속영장에 기재된 범죄사실 중 일부만을 기소하면서 법정형이 더 중한 나머지 범죄사실에 대하여는 계속 수사 중이라는 사실을 중형 구형 사유로 주장하는 행위가 독립하여 헌법소원심판의 청구대상이 될 수 있는지 여부(소극)

(1) 피청구인(검사)이 검사 및 사법경찰관 작성의 피의자신문조서의 내용 중 일부를 삭제한 복사문서(피의자신문조

서초본)를 증거로 제출한 행위는 형사소송법 제294조에 규정되어 있는 검사의 증거신청에 해당하는 것으로, 이러한 피청구인의 증거신청에 대하여 청구인은 형사소송법 및 형사소송규칙에 규정되어 있는 '증거결정에 관한 의견진술', '증거조사에 관한 이의신청', '보관서류송부신청' 등을 통하여 재판절차에서 피의자신문조서초본의 증거능력을 부정하고, 그 원본이나 등본을 현출시킬 수 있도록 제도적으로 보장되어 있고, 또한 법원도 이에 대하여 형사소송법에 규정되어 있는 증거법 규정 등에 의하여 충분한 사법적 심사를 할 수 있으며, 또 법원이 청구인의 주장을 받아들이지 않고 판결을 선고하더라도 청구인으로서는 채증법칙 위반 등을 이유로 상소를 하여 다툴 수 있는 등 피청구인이 피의자신문조서초본을 증거신청한 것에 대하여는 청구인에 대한 형사재판절차에서 그 적법성에 대하여 충분한 사법적 심사가 가능하므로 **피청구인의 위와 같은 증거신청 자체에 대하여는 독립하여 헌법소원심판의 청구대상이 될 수 없다.**

(2) 피청구인(검사)의 구형은 양형에 관한 의견진술에 불과하여 법원이 그 의견에 구속된다고 할 수 없으므로 피청구인의 구형 그 자체로는 청구인에게 직접적으로 어떠한 법률적 효과를 발생한다고 할 수 없고, 선고된 형량에 대하여 불복이 있을 경우 형사소송법 규정에 의한 상소를 하여 다툴 수 있는 등 형의 양정에 관하여는 재판절차를 통하여 충분한 사법적 심사를 받게 되므로 **검사의 구형 그 자체는 독립하여 헌법소원심판의 청구대상이 될 수 없다.**

(7) 권력적 사실행위 · 행정계획안

[요약판례 1] 1994학년도 신입생선발입시안에 대한 헌법소원: 기각(헌재 1992.10.1. 92헌마68등)

서울대학교가 "94학년도 대학입학고사주요요강"을 제정하여 발표한 것에 대하여 제기된 헌법소원심판 청구의 적법여부(적극)

국립대학인 서울대학교의 "94학년도 대학입학고사주요요강"은 사실상의 준비행위 내지 사전안내로서 행정쟁송의 대상이 될 수 있는 행정처분이나 공권력의 행사는 될 수 없지만 **그 내용이 국민의 기본권에 직접 영향을 끼치는 내용이고 앞으로 법령의 뒷받침에 의하여 그대로 실시될 것이 틀림없을 것으로 예상되어 그로 인하여 직접적으로 기본권 침해를 받게 되는 사람에게는 사실상의 규범작용으로 인한 위험성이 이미 현실적으로 발생하였다**고 보아야 할 것이므로 **이는 헌법소원의 대상이 되는 헌법재판소법 제68조 제1항 소정의 공권력의 행사에 해당된다**고 할 것이며, 이 경우 헌법소원외에 달리 구제방법이 없다.

[요약판례 2] 공권력행사로 인한 재산권침해에 대한 헌법소원: 인용(위헌확인)(헌재 1993.7.29. 89헌마31)

헌법재판소법 제68조 제1항에 의한 위헌소원의 적법요건인 공권력의 행사의 의미

재무부장관이 제일은행장에 대하여 한 국제그룹의 해체준비착수지시와 언론발표 지시는 상급관청의 하급관청에 대한 지시가 아님은 물론 동 은행에 대한 임의적 협력을 기대하여 행하는 비권력적 권고·조언 등의 단순한 행정지도로서의 한계를 넘어선 것이고, 이와 같은 공권력의 개입은 주거래 은행으로 하여금 공권력에 순응하여 제3자 인수식의 국제그룹 해체라는 결과를 사실상 실현시키는 행위라고 할 것으로, 이와 같은 유형의 행위는 형식적으로는 사법인인 주거래은행의 행위였다는 점에서 **행정행위는 될 수 없더라도 그 실질이 공권력의 힘으로 재벌기업의 해체라는 사태변동을 일으키는 경우인 점에서 일종의 권력적 사실행위로서 헌법소원의 대상이 되는 공권력의 행사에 해당한다.**

[요약판례 3] 서신검열 등 위헌확인: 인용(위헌확인),한정위헌,기각,각하(헌재 1995.7.21. 92헌마144)

헌법소원의 대상이 된 침해행위가 종료되었어도 심판청구의 이익이 있다고 인정한 사례

헌법소원의 본질은 개인의 주관적 권리구제뿐만 아니라 객관적인 헌법질서의 보장도 겸하고 있는 것인데, **미결수용자의 서신에 대한 검열이나 지연발송 및 지연교부행위**는 헌법상 보장된 통신의 자유나 비밀을 침해받지 아니할 권리 및 변호인의 조력을 받을 권리와의 관계에서 해명되어야 할 중요한 문제이고, 또 검열행위는 행형법의 규정에 따

라 앞으로도 계속될 것으로 보이므로, 이러한 침해행위가 이미 종료되었다 하더라도, 이 사건 심판청구는 헌법질서의 수호·유지를 위하여 긴요한 사항으로서 그 해명이 중대한 의미를 지니고 있고 동종행위의 반복위험성도 있어서 심판청구의 이익이 있다.

[요약판례 4] 1999년도 공무원채용시험계획 위헌확인: 인용(취소)(헌재 2000.1.27. 99헌마123)

공무원채용시험 시행계획공고가 공권력의 행사에 해당하는지 여부(적극)

공고가 어떠한 법률효과를 가지는지에 대해서는 일률적으로 말할 수 없고 개별 공고의 내용과 관련 법령의 규정에 따라 개별적·구체적으로 판단하여야 하는바, 지방고등고시 시행계획공고는 당해 지방고등고시의 직렬 및 지역별 모집인원과 응시연령의 기준일 등을 구체적으로 결정하여 알리는 것으로 이에 따라 해당 시험의 모집인원과 응시자격의 상한연령 및 하한연령의 세부적인 범위 등이 확정되므로 이는 공권력의 행사에 해당한다.

[요약판례 5] 개발제한구역제도개선방안확정발표 위헌확인: 각하(헌재 2000.6.1. 99헌마538등)

(1) 건설교통부장관이 구역지정의 실효성이 적은 7개 중소도시권은 개발제한구역을 해제하고 구역지정이 필요한 7개 대도시권은 개발제한구역을 부분조정 하는 등의 내용을 담은 '개발제한구역제도개선방안'을 발표한 것이 공권력행사에 해당하는지 여부(소극)
(2) 비구속적 행정계획안이나 행정지침이 예외적으로 헌법소원의 대상이 되는 공권력행사에 해당될 수 있는 요건
(3) 비구속적 행정계획안인 이 사건 개선방안의 발표가 예외적으로 헌법소원의 대상이 되는 공권력행사에 해당되는지 여부(소극)

(1) 1999. 7. 22. **발표한 개발제한구역제도개선방안**은 건설교통부장관이 개발제한구역의 해제 내지 조정을 위한 일반적인 기준을 제시하고, 개발제한구역의 운용에 대한 국가의 기본방침을 천명하는 정책계획안으로서 비구속적 행정계획안에 불과하므로 공권력행위가 될 수 없으며, **이 사건 개선방안을 발표한 행위도 대내외적 효력이 없는 단순한 사실행위에 불과하므로 공권력의 행사라고 할 수 없다.**

(2) **비구속적 행정계획안이나 행정지침이라도 국민의 기본권에 직접적으로 영향을 끼치고, 앞으로 법령의 뒷받침에 의하여 그대로 실시될 것이 틀림없을 것으로 예상될 수 있을 때에는, 공권력행위로서 예외적으로 헌법소원의 대상이 될 수 있다.**

(3) 이 사건 개선방안은 7개 중소도시권과 7개 대도시권에서 개발제한구역을 해제하거나 조정하기 위한 추상적이고 일반적인 기준들만을 담고 있을 뿐, 개발제한구역의 해제지역이 구체적으로 확정되어 있지 않아서, 해당지역 주민들은 개발제한구역을 해제하는 구체적인 도시계획결정이 내려진 이후에야 비로소 법적인 영향을 받게 되므로, 이 사건 개선방안이 청구인들의 기본권에 직접적으로 영향을 끼칠 가능성이 없다. 그리고 이 사건 개선방안의 내용들은 건설교통부장관이 마련한 후속지침들에 반영되었고, 해당 지방자치단체들이 이 지침들에 따라서 관련 절차들을 거친 후 내려지는 도시계획결정을 통하여 실시될 예정이지만, 예고된 내용이 그대로 틀림없이 실시될 것으로 예상할 수는 없다. 따라서 이 사건 개선방안의 발표는 예외적으로 헌법소원의 대상이 되는 공권력의 행사에 해당되지 아니한다.

[요약판례 6] 유치장 내 화장실설치 및 관리행위 위헌확인: 인용(위헌확인)(헌재 2001.7.19. 2000헌마546)

유치인으로 하여금 유치실 내 화장실을 사용하도록 강제한 피청구인의 행위가 헌법재판소법 제68조 제1항의 공권력의 행사 또는 불행사에 해당하는지 여부(적극)

이 사건 심판대상행위는 피청구인이 우월적 지위에서 일방적으로 강제하는 성격을 가진 것으로서 권력적 사실행

위라 할 것이며, 이는 헌법소원심판청구의 대상이 되는 헌법재판소법 제68조 제1항의 공권력의 행사에 포함된다.

[요약판례 7] 신체과잉수색행위 위헌확인: 인용(위헌확인)(헌재 2002.7.18. 2000헌마327)

(1) 현행범으로 체포된 청구인들을 경찰서 유치장에 수용하는 과정에서 흉기 등 위험물 및 반입금지 물품의 소지·은닉 여부를 확인하기 위하여 실시한 피청구인의 청구인들에 대한 정밀신체수색이 헌법재판소법 제68조 제1항의 공권력의 행사에 해당하는지 여부(적극)

(2) 헌법소원의 대상이 된 침해행위가 종료되었어도 심판청구의 이익이 있다고 인정한 사례

(1) 유치장 수용자에 대한 신체수색은 유치장의 관리주체인 경찰이 피의자 등을 유치함에 있어 피의자 등의 생명·신체에 대한 위해를 방지하고, 유치장 내의 안전과 질서유지를 위하여 실시하는 것으로서 **그 우월적 지위에서 피의자 등에게 일방적으로 강제하는 성격을 가진 것이므로 권력적 사실행위라 할 것이며, 이는 헌법소원심판청구의 대상의 되는 헌법재판소법 제68조 제1항의 공권력의 행사에 포함된다.**

(2) 청구인들에 대한 침해행위는 이미 종료되어 이 사건 신체수색에 대하여 위헌확인을 하더라도 청구인들에 대한 권리구제는 불가능한 상태여서 주관적 권리보호의 이익은 이미 소멸되었다 할 것이나, 이 사건 이후에 이 사건 신체수색의 근거가 된 구 피의자유치및호송규칙이 개정되었지만 현재에도 전국의 일선 경찰서에서 유치장에 수용되는 피의자들에 대한 신체검사가 빈번하게 이루어지고 있고, 개정된 규칙에 의하더라도 정밀신체검사의 요건을 자의적으로 해석하여 청구인들에 대한 이 사건 신체수색과 동일 또는 유사한 조치로 인한 기본권 침해행위가 여러 사람에 대하여, 그리고 반복하여 일어날 위험이 여전히 있다고 보여지므로 심판청구의 이익이 인정된다.

[요약판례 8] 고소사건처리지연 위헌확인: 기각,각하(헌재 2002.10.31. 2002헌마369)

(1) 청구인의 진정취소장 작성이 강요되었거나 권력적 사실행위에 의한 것이라고 볼 수 없다고 한 사례

(2) 검사가 고소장을 진정으로 처리한 것에 자의성이 없었다고 본 사례

(3) 검사의 진정종결처분이 자의적인 처분이 아니라고 본 사례

(1) 진정취소장 내용이 구체적이고, 당시 법원의 관련 재판이 계속중이었고, 별도의 고소를 통하여 그 주장사실을 다툴 수도 있었던 것인 점 등을 감안하면, 청구인을 강요하여 진정취소장을 작성시킨 것이라 단정하기 어렵고, 달리 이것이 피청구인의 권력적 사실행위에 기인한 것이라고 볼 자료도 없다면, 이는 헌법소원의 대상이 될 수 있는 공권력 행사에 해당하지 아니한다.

(2) 청구인의 고소장은 어느 정도 범죄사실이 특정되고는 있으나 민원의 형식으로 대검찰청에 제출된 뒤 이첩되었고, 당시 청구인에 대한 관련 형사사건 재판이 계속되었고, 이미 처리된 같은 취지의 민원이 있었던 점 등을 감안하면, 청구인의 고소장을 진정사건으로 처리하게 된 것이 자의적인 것이라 보기 어렵다.

(3) 청구인의 진정(고소)이 다소 불명확한 내용으로 되어 있고, 자발적인 의사에 가까운 경위로 진정취소장을 작성하고 있는 점 등을 고려하면 피청구인이 진정종결처분을 한 것이 자의적인 것이라 볼 수 없다.

[요약판례 9] 새만금간척사업에 대한 정부조치계획의 확정발표 등 취소: 각하(헌재 2003.1.30. 2001헌마579)

국무총리의 새만금간척사업에 대한 정부조치계획·지시사항시달, 농림부장관의 그 후속 세부실천계획 및 새만금간척사업 공사재개행위가 헌법소원의 대상이 되는 공권력 행사에 해당되는지 여부(소극)

피청구인 국무총리의 2001. 5. 25.자 새만금간척사업에 대한 정부조치계획 및 지시사항시달은 당초 시행중인 새만금간척종합개발사업에 관한 국무총리의 관계부처에 대한 지휘·감독권의 행사의 일환으로 행해진 것으로, 당초 1991. 11. 16. 사업시행인가가 고시되고 공사진행 중인 농림수산부장관의 새만금간척종합개발사업을 변경시키거나 그 사업

을 대체하는 것이 아니라, 동 사업을 계획대로 계속 시행하되, 다만, 환경친화적인 개발이 되도록 관계부처에 보완대책을 수립·추진하라는 것을 내용으로 하고 있고, 피청구인 농림부장관의 2001. 8. 6. 자 새만금간척사업에 대한 후속 세부실천계획 또한 위 국무총리의 지시사항을 이행한 실천계획을 정한 것으로, 동 사업에 대한 환경친화적인 개발의 이행계획을 내용으로 하고 있으며, 그리고 새만금간척사업에 대한 공사재개행위는 당초 새만금간척사업시행계획에 따라 진행되다 중단된 공사를 재개하는 것에 불과하여, 위 각 행위 자체로 독립하여 새로이 직접 청구인들의 기본권을 침해하고 있는 것이 아니므로, **피청구인들의 위 각 행위는 헌법소원심판의 대상이 되는 공권력행사에 해당되지 아니한다**고 할 것이다.

[요약판례 10] 대통령신임투표를 국민투표에 붙이는 행위 위헌확인, 대통령 재신임 국민투표실시계획 위헌확인, 대통령재신임을 국민투표에 붙이는 결정취소: 각하(헌재 2003.11.27. 2003헌마694)

대통령이 국회 본회의에서 행한 시정연설에서 정책과 결부하지 않고 단순히 대통령의 신임 여부만을 묻는 국민투표를 실시하고자 한다고 밝힌 것이 헌법소원의 대상이 되는 "공권력의 행사"에 해당하는지 여부(소극)

헌법재판소법 제68조 제1항은 "공권력의 행사 또는 불행사"로 인하여 헌법상 보장된 기본권을 침해받은 자가 헌법소원을 청구할 수 있다고 규정하고 있으므로, 헌법소원의 대상이 되려면 "공권력의 행사 또는 불행사"에 해당하여야 하는바, 피청구인인 대통령의 발언내용 및 이를 전후한 여러 사정들을 종합하여 볼 때, **피청구인의 발언의 본의는 재신임의 방법과 시기에 관한 자신의 구상을 밝힌 것에 불과하며, 정치권에서 어떤 합의된 방법을 제시하여 주면 그에 따라 절차를 밟아 국민투표를 실시하겠다는 것이어서 이는 법적인 절차를 진행시키기 위한 정치적인 사전 준비행위 또는 정치적 계획의 표명일 뿐**이다.

국민투표라는 것은 대통령이 그 대상이 되는 사항을 구체적으로 정하여 국민투표안을 공고함으로써 비로소 법적인 절차가 개시되므로, 공고와 같이 국민투표에 관한 절차의 법적 개시로 볼 수 있는 행위가 있을 때에 비로소 법적인 효력을 지닌 공권력의 행사가 있게 되고, 그러한 법적 행위 이전에 국민투표의 실시에 관한 정치적 제안을 하거나 내부적으로 계획을 수립하여 검토하는 등의 조치는 일종의 준비행위에 불과하여 언제든지 변경·폐기될 수 있다. 이 사건 심판의 대상이 된 피청구인의 발언만으로는 국민투표의 실시에 관하여 법적인 구속력 있는 결정이나 조치가 취해진 것이라 할 수 없으며, 그로 인하여 국민들의 법적 지위에 어떠한 영향을 미친다고 볼 수 없다.

그렇다면 비록 피청구인이 대통령으로서 국회 본회의의 시정연설에서 자신에 대한 신임국민투표를 실시하고자 한다고 밝혔다 하더라도, 그것이 공고와 같이 법적인 효력이 있는 행위가 아니라 단순한 정치적 제안의 피력에 불과하다고 인정되는 이상 이를 두고 헌법소원의 대상이 되는 "공권력의 행사"라고 할 수는 없으므로, 이에 대한 취소 또는 위헌확인을 구하는 청구인들의 심판청구는 모두 부적법하다.

(재판관 김영일, 재판관 권성, 재판관 김경일, 재판관 송인준의 반대의견) (1) 피청구인의 행위는 헌법소원의 대상이 되는 "공권력의 행사"에 해당한다. 가. 국민투표의 실시를 결정하는 것은 피청구인의 독자적 권한인바, 피청구인이 국회에서의 시정연설을 통하여 국민 앞에 공표한 것은 국민투표에 관한 단순한 준비행위나 의견표명 내지 정치적 제안의 수준을 넘어서는 것이고, "정치적 합의가 이루어지면" 등과 같은 완곡한 표현에도 불구하고 피청구인의 발언의 전체적 맥락은, 헌법 제72조에 규정된 국민투표의 요건을 폭넓게 해석하면 신임국민투표도 가능하므로 이를 그대로 추진하겠다는 피청구인의 결단을 분명히 보여주고 있으므로 피청구인의 공표행위는 대통령의 권한으로 국민투표를 실시하겠다는 명백한 의사결정을 대외적으로 표시한 것에 해당한다. 나. 피청구인의 공표행위는 전체로서 일련의 포괄적 절차를 이루고 있는 국민투표 실시라는 커다란 절차의 도입부를 구성하는 것으로서, 그 진지성이 인정되는 한도 내에서, 국민투표안의 공고가 아직 없다고 하더라도 헌법소원의 대상이 되는 공권력의 행사에 해당한다고 보아야 한다.

(2) 피청구인이 자신에 대한 국민의 신임여부를 국민투표에 부치는 행위는 위헌이며, 이로 인하여 국민들의 참정권 등의 기본권이 침해된다.

(가) 헌법은 국민에 의하여 직접 선출된 대통령과 국회의원이 국민을 대신하여 국가의사를 결정하는 대의제를 원

칙으로 하면서, 헌법 제72조 및 제130조 제2항에서 '국가안위에 관한 중요정책'과 '헌법개정안'에 관하여 국민투표의 가능성을 규정함으로써 예외적으로 직접민주주의적 요소를 가미하고 있다.

(나) 헌법 제72조는 "대통령은 필요하다고 인정할 때에는 외교·국방·통일 기타 국가안위에 관한 중요정책을 국민투표에 붙일 수 있다"고 규정하여 피청구인에게 국민투표부의권을 부여하면서, 국민투표의 대상을 '외교·국방·통일 기타 국가안위에 관한 중요정책'으로 한정하고 있는바, 여기서의 '중요정책'은 '구체적이고 특정한 정책'을 뜻한다고 보아야 한다.

(다) 대통령의 임기를 절대적으로 보장하는 헌법 제70조나 궐위사유를 한정적으로 규정하는 헌법 제68조 제2항 등 헌법규범에 비추어볼 때, 대통령에 대한 국민의 신임여부는 헌법 제72조의 '중요정책'에 포함되지 않는다고 보아야 한다.

(라) 역사적으로 볼 때 다수의 국가에서 집권자가 국민투표를 통하여 자신에 대한 국민의 신임을 물음으로써, 자신의 정치적 입지를 강화하는 데 이용한 사례가 허다하였다. 이러한 점에서 우리 헌법은 제72조의 국민투표의 대상을 명시적으로 '정책'에 한정하고 이로써 국민투표가 역사상 민주주의의 발전에 해악을 끼친 신임투표가 되어서는 아니될 것임을 선언하고 있는 것이다.

(마) 그렇다면, 피청구인이 이미 지난 선거를 통하여 획득한 자신에 대한 신임을 국민투표의 형식으로 재차 확인하고자 하는 것은 헌법 제72조의 국민투표제를 헌법이 허용하지 않는 방법으로 위헌적으로 사용하는 것이며, 이로 말미암아 국민이 국민투표를 통하여 특정한 국정사안에 대하여 자유로운 의사결정에 따라 국가권력의 행사과정에 정당하게 참여하는 것이 침해되고, 이로써 국민의 한 사람들인 청구인들의 참정권 내지 국민투표권과 정치적 의사표명을 강요받지 아니할 자유가 침해된다.

[요약판례 11] 2002학년도 대전광역시 공립중학교 교사임용후보자 선정 경쟁시험 시행요강 취소: 인용(위헌확인)(헌재 2004.3.25. 2001헌마882)

대전광역시 교육감이 가산점 항목에 관하여 한 '2002학년도 대전광역시 공립중등학교 교사임용후보자 선정경쟁시험 시행요강'의 공고를 공권력의 행사로 볼 수 있는지 여부(적극)

교육공무원임용후보자선정경쟁시험규칙 제8조 제3항은 가산점의 부여 여부와 그 대상자 및 배점에 관한 세부적 내용을 시험실시기관으로 하여금 정하도록 하고 있기 때문에 **이 사건 가산점 항목의 공고는 법령에 이미 확정적으로 규정되어 있는 것을 단순히 알리는 데 불과한 것이 아니라 위와 같은 세부적 내용을 구체적으로 확정하는 효과**가 있다. 그러므로 이는 **국민의 기본권 상황에 변동을 초래하는 공권력의 행사로 볼 수 있다.**

[요약판례 12] 수갑 및 포승 시용(施用) 위헌확인: 인용(위헌확인)(헌재 2005.5.26. 2001헌마728)

(1) 구속된 피의자가 검사조사실에서 수갑 및 포승을 시용한 상태로 피의자신문을 받은 경우 이에 대하여 바로 헌법소원을 제기한 것이 보충성의 원칙에 어긋나는지 여부(소극)
(2) 청구인이 이 사건 심판청구 후 확정판결을 받고 구치소에서 출소하였기 때문에 이 사건 헌법소원이 권리보호이익이 없어 부적법한지 여부(소극)

(1) 구속된 피의자가 검사조사실에서 수갑 및 포승을 시용한 상태로 피의자신문을 받도록 한 이 사건 수갑 및 포승 사용행위는 이미 종료된 **권력적 사실행위**로서 행정심판이나 행정소송의 대상으로 인정되기 어려워 헌법소원심판을 청구하는 외에 달리 효과적인 구제방법이 없으므로 보충성의 원칙에 대한 예외에 해당한다.

(2) 청구인에 대한 검사의 조사가 끝난 상태이고 또 청구인은 이미 2001. 11. 9. 출소하였기 때문에 청구인에 대한 이 사건 기본권침해는 종료하였다. 그러나 이 사건 계구사용행위는 법무부훈령인 계호근무준칙에 의거한 점에서 앞으로도 반복될 것이 확실시될 뿐만 아니라 헌법질서의 수호·유지를 위하여 그 해명이 중요한 의미를 가지고 있으므로 심판청구의 이익을 인정할 수 있다.

[요약판례 13] 국민감사청구기각결정취소: 기각(헌재 2006.2.23. 2004헌마414)

(1) 부패방지법(제40조)상의 국민감사청구에 대한 감사원장의 기각결정이 헌법소원의 대상이 되는 공권력행사에 해당하는지 여부(적극)
(2) 국민감사청구에 대한 기각결정에 대하여 바로 헌법소원심판을 청구한 것이 보충성 요건을 충족하는지 여부(적극)
(3) 국민감사청구기각결정이 청구인들의 헌법상 보장된 기본권을 침해하는 자의적인 공권력행사에 해당하지 않는다고 판단한 사례

(1) 부패방지법(제40조)상의 국민감사청구제도는 일정한 요건을 갖춘 국민들이 감사청구를 한 경우에 감사원장으로 하여금 감사청구된 사항에 대하여 감사실시 여부를 결정하고 그 결과를 감사청구인에게 통보하도록 의무를 지운 것이므로(동법 제42조·제43조), 이러한 **국민감사청구에 대한 기각결정은 공권력주체의 고권적 처분이라는 점에서 헌법소원의 대상이 될 수 있는 공권력행사라고 보아야 할 것이다.**

(2) 감사원장의 국민감사청구기각결정의 처분성 인정 여부에 대하여 대법원판례는 물론 하급심판례도 아직 없으며 부패방지법상 구체적인 구제절차가 마련되어 있는 것도 아니므로, 청구인들이 행정소송을 거치지 않았다고 하여 보충성 요건에 어긋난다고 볼 수는 없다.

(3) 이 사건 기각결정 당시 법원은 증권 주식회사의 유상증자 과정에서 허위유가증권신고서 제출 등 위법행위가 있는지 여부에 대하여, "피고회사(증권)가 소액주주인 원고를 기망하였다거나 유상증자 공모청약 안내서 등에 허위사실을 기재하여 고의로 재무상태를 은폐하였다고 인정하기에 부족하다"고 인정하였고(대구고등법원 2003. 4. 11. 선고 2002나5393 판결), 이 판결은 그 무렵 확정되었다. 따라서, 금융감독위원회나 금융감독원이 관련 법령상의 감독의무를 해태한 것으로 인정하기 어렵다고 판단하여 감사를 실시하지 않기로 한 이 사건 기각결정이 자의적인 것이라고 볼 수는 없다. 또한, 증권에 대한 공적자금의 투입과 매각작업은 향후 국내 투신산업의 경쟁력 강화와 금융 및 자본시장의 안정에 기여하고 여타 증권사의 매각 등 증권 및 투신산업의 구조조정을 촉진하며 외국인의 국내투자 확대를 유도하는 계기가 되는 등 우리 나라의 대외신인도 제고에도 긍정적인 효과를 미칠 것으로 기대되어 이루어진 것이고, 이러한 점을 고려할 때 동 사항에 대한 감사실시는 증권의 매각추진에 예상치 못한 영향을 미칠 우려가 있었고, 2005년에도 공적자금에 대한 감사가 예정되어 있으므로 당시로서는 감사의 대상으로 삼는 것이 부적절하다고 판단하여 감사를 실시하지 않기로 한 이 사건 기각결정이 자의적인 것이라고 볼 수는 없다.

[요약판례 14] 항문내 검사 위헌확인: 기각,합헌(헌재 2006.6.29. 2004헌마826)

(1) 마약류사범이 구치소에 수용되는 과정에서 반입금지물품의 소지·은닉 여부를 확인하기 위하여 실시한 구치소 수용자에 대한 정밀신체검사가 헌법재판소법 제68조 제1항의 공권력의 행사에 해당하는지 여부(적극)
(2) 헌법소원의 대상이 된 침해행위가 종료되었어도 심판청구의 이익이 있다고 인정한 사례
(3) 교도관이 마약류사범에게 검사의 취지와 방법을 설명하고 반입금지품을 제출하도록 안내한 후 외부와 차단된 검사실에서 같은 성별의 교도관 앞에 돌아서서 하의속옷을 내린 채 상체를 숙이고 양손으로 둔부를 벌려 항문을 보이는 방법으로 실시한 정밀신체검사가 마약류 사범인 청구인의 기본권을 침해하였는지 여부(소극)

(1) 마약류사범이 구치소에 수용되는 과정에서 반입금지물품의 소지·은닉 여부를 확인하기 위하여 구치소 수용자에 대하여 하는 정밀신체검사는 구치소의 관리주체인 구치소장이 수용자를 유치함에 있어 수용자의 생명·신체에 대한 위해를 방지하고 구치소 내의 안전과 질서유지를 위하여 실시하는 것으로서 그 우월적 지위에 기하여 수용자에게

일방적으로 강제하는 성격을 가지는 **권력적 사실행위로서 헌법재판소법 제68조 제1항의 공권력의 행사에 해당한다.**

(2) 청구인에 대한 침해행위(정밀신체검사)는 이미 종료되어 위헌확인을 하더라도 청구인에 대한 권리구제는 불가능한 상태여서 주관적 권리보호의 이익은 이미 소멸되었다 할 것이나, 같은 방법의 정밀신체검사가 구치소나 교도소에 신입하는 수용자들에 대하여 신입수용절차의 하나로서 현재 및 앞으로 계속하여 반복적으로 행하여질 것이므로, 헌법적으로 그 해명이 중대한 의미를 가지고 있어 심판청구의 이익을 인정할 수 있다.

(3) 교도관이 마약류사범에게 검사의 취지와 방법을 설명하고 반입금지품을 제출하도록 안내한 후 외부와 차단된 검사실에서 같은 성별의 교도관 앞에 돌아서서 하의속옷을 내린 채 상체를 숙이고 양손으로 둔부를 벌려 항문을 보이는 방법으로 실시한 정밀신체검사는 수용자에 대한 생명 · 신체에 대한 위해를 방지하고 구치소 내의 안전과 질서를 유지하기 위한 것이고(목적의 정당성), 청구인은 메스암페타민(일명 필로폰)을 음용한 전과가 있고 이번에 수감된 사유도 마약류 음용이며, 마약류 등이 항문에 은닉될 경우 촉수검사, 속옷을 벗고 가운을 입은 채 쪼그려 앉았다 서기를 반복하는 방법 등에 의하여는 은닉물을 찾아내기 어려우며(수단의 적절성), 다른 사람이 볼 수 없는 차단막이 쳐진 공간에서 같은 성별의 교도관과 1 대 1의 상황에서 짧은 시간 내에 손가락이나 도구를 사용하지 않고 시각적으로 항문의 내부를 보이게 한 후 검사를 마쳤고, 그 검사 전에는 검사를 하는 취지와 방법 등을 설명하면서 미리 소지한 반입금지품을 자진 제출하도록 하였으며(최소침해성), 청구인이 수인하여야 할 모욕감이나 수치심에 비하여 반입금지품을 차단함으로써 얻을 수 있는 수용자들의 생명과 신체의 안전, 구치소 내의 질서유지 등의 공익이 보다 크므로(법익 균형성), 과잉금지의 원칙에 위배되었다고 할 수 없다.

[요약판례 15] 소변강제채취 위헌확인: 합헌(헌재 2006.7.27. 2005헌마277)

(1) 마약류 관련 수형자에 대하여 마약류반응검사를 위하여 소변을 받아 제출하게 한 것이 헌법재판소법 제68조 제1항의 공권력의 행사에 해당하는지 여부(적극)
(2) 헌법소원의 대상이 된 침해행위가 종료되었어도 심판청구의 이익이 있다고 인정한 사례

(1) 교도소 수형자에게 소변을 받아 제출하게 한 것은, 형을 집행하는 우월적인 지위에서 외부와 격리된 채 형의 집행에 관한 지시, 명령을 복종하여야 할 관계에 있는 자에게 행해진 것으로서 그 목적 또한 교도소 내의 안전과 질서유지를 위하여 실시하였고, 일방적으로 강제하는 측면이 존재하며, 응하지 않을 경우 직접적인 징벌 등의 제재는 없다고 하여도 불리한 처우를 받을 수 있다는 심리적 압박이 존재하리라는 것을 충분히 예상할 수 있는 점에 비추어, **권력적 사실행위로서 헌법재판소법 제68조 제1항의 공권력의 행사에 해당한다.**

(2) 청구인이 출소하여 소변채취의 침해행위가 종료되었다고 하더라도, 마약류 수형자에 대한 정기적인 소변채취는 현재 및 앞으로 계속하여 반복적으로 행하여질 것이므로, 헌법적으로 그 해명이 중대한 의미를 가지고 있어 심판청구의 이익을 인정할 수 있다.

[요약판례 16] 사법시험법시행령 제4조 제3항 등 위헌확인 등: 기각,각하(헌재 2007.4.26. 2003헌마947)

2004년도 사법시험 실시계획공고 중 영어대체시험공고 및 학점인정기준공고가 헌법소원의 대상이 되는 공권력의 행사에 해당하는지 여부(소극)

(1) **이 사건 영어대체시험공고**는 법무부장관이 법 제3조의 위임에 따라 사법시험 제1차시험의 영어대체시험 관련 사항을 불특정 다수에게 사전에 안내하는 통지행위로서 그 내용은 법 제9조 제1항, 제2항 및 시행령에 이미 규정되어 있는 사항과 실질적으로 동일하여 그에 대한 **확인적인 의미만을 갖고 있을 뿐이며, 위 법령에서 규정하고 있는 사항에 대한 아무런 변경을 가져오는 것이 아니므로** 청구인들의 기본권을 새로이 침해하는 공권력의 행사에 해당하지 아니한다. 따라서 이 사건 영어대체시험공고에 대한 헌법소원 심판청구는 부적법하다.

(2) **이 사건 학점인정기준공고**는 사법시험응시예정자의 이해를 돕기 위하여 법령의 내용을 **확인한 것에 불과하고, 이 사건 학점인정기준공고가 위 법령에서 규정하고 있는 사항에 대해 아무런 변경을 가져오는 것이 아니어서** 청구인

들의 기본권을 새로이 침해하는 공권력의 행사에 해당한다고 볼 수 없다. 따라서, 이 사건 학점인정기준공고를 대상으로 한 헌법소원심판청구는 부적법하다.

[요약판례 17] 산업안전보건법 시행규칙 제3조의2 제6호 위헌확인 등: 기각,각하(헌재 2007.5.31. 2003헌마579)

노동부장관의 2006. 6. 30.자 '2002년도 건설업체 재해율 산정행위'가 헌법소원의 대상이 되는 공권력의 행사에 해당하는지 여부(소극)

일반적으로 행정청이 우월적 지위에서 일방적으로 강제하는 권력적 사실행위는 헌법소원의 대상이 되는 공권력 행사에 해당한다는 것이 우리 재판소의 판례이며, 권력적 사실행위가 행정처분의 준비단계로서 행하여지거나 행정처분과 결합된 경우에는 행정처분에 흡수·통합되어 불가분의 관계에 있다고 할 것이므로 행정처분만이 취소소송의 대상이 되고, 처분과 분리하여 따로 권력적 사실행위를 다툴 실익은 없다. 그러나 권력적 사실행위가 항상 행정처분의 준비행위로 행하여지거나 행정처분과 결합되는 것은 아니며 그러한 사실행위에 대하여는 다툴 실익이 있음에도 법원의 판례에 따르면 일반쟁송 절차로는 다툴 수 없는 경우가 있으므로 이 때는 헌법소원의 제기가 가능한 경우로 볼 수 있다.

보건대, **산정행위는 행정기관 내부에서 이루어지는 행위에 불과**하고 노동부장관의 구체적인 통보행위가 있기 전까지는 외부에서 이를 알 수 있는 방법이 없으며 **통보행위가 있어야 직접적인 기본권제한의 문제가 발생하는** 점, 청구인들의 이 사건 심판청구의 중요한 이유 중의 하나인 산정행위와 통보행위의 결과로 받게 되는 환산재해율에 의한 구체적인 불이익의 **타당성 여부는 그 불이익을 구체적으로 정한 관련규정의 위헌 여부를 통하여 판단하면 족한 점**, 그리고 청구인들이 주장하는 산정행위의 위헌성은 위헌으로 의심되는 산안법 시행규칙의 산정기준을 적용하였다는 점에 있는 것이나 앞에서 본 바와 같이 그 산정기준 자체는 기본권침해 가능성이 없는 점 등을 고려하면 **산정행위의 공권력행사성이나 직접성을 인정하기 어렵다.**

[요약판례 18] 군미필자 응시자격 제한 위헌확인: 기각(헌재 2007.5.31. 2006헌마627)

국가정보원의 2005년도 7급 제한경쟁시험 채용공고 중 '남자는 병역을 필한 자' 부분이 헌법소원 대상인지 여부(적극)

이 사건 공고는 시험실시기관의 장이 신규채용경쟁시험을 실시함에 있어 직무수행에 필요한 자격요건을 정할 수 있다는 국가공무원법 제36조 등 법령의 내용을 바탕으로 응시자격을 구체적으로 결정하여 알리는 것이므로, 헌법소원의 대상이 되는 공권력 행사에 해당한다.

[요약판례 19] 학군사관 선발요강 및 세부계획 위헌확인: 각하(헌재 2007.5.31. 2004헌마243)

이 사건 선발계획이 육군참모총장으로부터 학군사관후보생 선발의 구체적인 실시를 위임받은 학생중앙군사학교장이 각 학군단에 하달한 문서로서 헌법소원의 대상이 되는 공권력의 행사에 해당하는지 여부(소극)

심판청구가 적법하기 위하여는 먼저 이 사건 심판대상이 공권력의 행사에 해당하는 것이어야 한다. 그런데 공고, 요강, 지침, 계획 등의 형식으로 이루어지는 공권력 작용들에 대하여 그것이 어떠한 법률효과를 가지는지, 즉 헌법소원의 대상이 되는 공권력 행사에 해당하는지는 일률적으로 말할 수 없고, 개별적인 내용과 관련 법령의 규정에 따라 구체적으로 판단하여야 한다. **육군참모총장으로부터 학군사관후보생 선발의 실시를 위임받은 학생중앙군사학교장이 육군규정 제105호 '장교획득 및 임관규정'이 정하고 있는 내용과 동일한 내용으로 수능성적의 배점을 정해 공고한 경우 그 공고는 헌법소원의 대상이 되는 공권력의 행사에 해당**하지만, **이 사건 선발계획은 육군참모총장으로부터 학군**

사관후보생 선발의 구체적인 실시를 위임받은 학생중앙군사학교장이 각 학군단에 하달한 문서로서, 수능성적배점 기준을 구체적으로 적용하는 데에 필요한 절차와 기술적인 산정 방법을 규정하고 있는 행정청 내부의 해석지침과도 같은 성격을 지닌다. 이는 학군사관후보생의 선발 기준이 되는 배점에 관하여 이 사건 모집공고의 내용에 어떠한 변경을 가하거나 새로운 내용을 추가하여 확정한 것이 아니다. 그리고 이 사건 선발계획에서 수시 또는 특별전형자라도 수능고사에 응시한 사람은 본인의 수능성적을 그대로 반영하도록 규정하고 있는 것은 이 사건 모집공고의 내용을 그대로 확인하는 것에 지나지 않는다. **따라서 이 사건 선발계획은 헌법소원의 대상이 되는 공권력의 행사에 해당하지 않는다.**

(8) 행정청의 사법상 행위

[요약판례 1] 하천부지교환에 관한 헌법소원: 각하(헌재 1992.11.12. 90헌마160)

(1) 공공용지의취득및손실보상에관한특례법에 의한 토지 등의 협의취득에 따르는 보상금의 지급행위가 헌법소원심판의 대상이 되는 공권력의 행사인지 여부(소극)
(2) 하천관리청의 하천부지교환의무불이행이 헌법소원심판의 대상이 되는 공권력의 불행사인지 여부(소극)

(1) 공공용지의취득및손실보상에관한특례법에 의한 토지 등의 협의취득은 공공사업에 필요한 토지 등을 공공용지의 절차에 의하지 아니하고 협의에 의하여 사업시행자가 취득하는 것으로서 그 법적성질은 사법상의 매매계약과 다를 것이 없는바, 그 **협의취득에 따르는 보상금의 지급행위**는 토지 등의 권리이전에 대한 반대급여의 교부행위에 지나지 아니하므로 그 역시 **사법상의 행위라고 볼 수밖에 없으므로 이는 헌법소원심판의 대상이 되는 공권력의 행사라고 볼 수 없다.**

(2) **폐천부지의 교환행위**는 하천관리청이 하천의 신설 또는 개축으로 말미암아 생긴 폐천부지를 새로인 하천부지로 된 타인의 토지와 교환하여 주는 것으로서 공법상의 행정처분이 아니라 사경제주체로서 행하는 **사법상의 법률행위**에 지나지 않으므로 **폐천부지의 교환의무불이행 역시 헌법소원심판의 대상이 되는 공권력의 불행사라고 볼 수 없다.**

[요약판례 2] 어업권침해에 대한 헌법소원: 각하(헌재 1992.12.24. 90헌마182)

(1) 처분행정청이 아닌 피청구인에 대하여 청구된 헌법소원심판의 적법 여부(소극)
(2) 공공용지의취득및손실보상에관한특례법에 의한 토지 등의 협의취득에 따르는 보상금의 지급행위가 헌법소원의 대상이 되는 공권력의 행사에 해당하는지 여부(소극)
(3) 재결신청서 반려처분에 대한 헌법소원과 보충성

(1) 헌법재판소법 제40조 제1항에 의하여 준용되는 행정소송법 제13조 제1항에서는 피고적격을 처분행정청으로 한정하고 있어 대한민국을 피청구인으로 삼을 것이 아니므로 피청구인을 대한민국으로 한 헌법소원심판청구는 부적법하다.

(2) 피청구인이 공공용지의취득및손실보상에관한특례법에 의거하여 공공사업에 필요한 토지 등을 협의취득하고 그 **협의취득에 따르는 보상금을 지급하는 행위**는 토지 등 권리이전에 대한 반대급부의 교부행위에 불과하므로 공법상의 행정처분이 아니라 **사경제주체로서 행하는 사법상의 법률행위이므로 헌법소원의 대상이 되는 공권력의 행사라고 볼 수 없다.**

(3) 재결신청요건이 불비되었다는 이유로 어업권 손실보상에 관한 재결신청서를 반려시킨 것은 소극적 행정처분인 거부처분에 해당되므로 청구인들은 헌법재판소법 제68조 제1항에 따라 피청구인을 상대로 위와 같은 거부처분에 대한 행정심판 및 행정소송 등 절차를 모두 거쳐서 비로소 헌법소원심판을 청구할 수 있다.

(9) 기타 헌법재판소가 대상성을 부인한 사례

[요약판례 1] 대한민국어린이헌장에 대한 헌법소원: 각하(헌재 1989.9.2. 89헌마170)

어린이헌장의 제정, 선포행위에 대한 헌법소원의 적법여부(소극)

어린이헌장의 제정, 선포행위는 헌법재판소법 제68조 제1항 소정의 공권력의 행사로 볼 수 없어 헌법소원심판청구의 대상이 되지 아니한다.

[요약판례 2] 감호의 재집행 등에 대한 헌법소원: 각하(헌재 1990.3.28. 90헌마47)

적용법조에 대하여 구문하는 헌법소원의 적법여부(소극)

감호잔기가 남은 상태에서 가출소된 청구인이 다시 무기징역형을 선고받아 그 형의 집행중에 있는 경우, 장래 무기징역에서 유기징역으로 감형되어 그 형의 집행이 종료되면 청구인에 대하여 감호잔기의 집행이 있게 되는지의 여부와 그 법적 근거에 대한 구문은 헌법소원의 대상이 되지 아니할 뿐만 아니라 감호잔기에 대한 새로운 집행이 장래에 발생할 경우에 대비한 심판청구이므로 부적법하다.

[요약판례 3] 진정사건 내사종결처리에 대한 헌법소원: 각하(헌재 1990.12.26. 89헌마277)

수사기관의 내사사건 종결처리에 대한 헌법소원의 적법여부(소극)

진정에 기하여 이루어진 내사사건의 종결처리는 진정사건에 대한 구속력이 없는 수사기관의 내부적 사건처리방식에 지나지 아니하므로 진정인의 고소 또는 고발의 권리행사에 아무런 영향을 미치는 것이 아니어서 헌법소원심판의 대상이 되는 공권력의 행사라고 할 수 없다.

[요약판례 4] 불기소처분에 대한 헌법소원: 각하,기각(헌재 1993.5.13. 91헌마213)

원래의 불기소처분의 구제절차에서 내려진 항고기각 및 재항고기각결정에 대하여도 헌법소원심판을 청구할 수 있는지 여부(소극)

원래의 불기소처분의 구제절차에서 내려진 결정인 항고기각 및 재항고기각결정에 대하여 그 고유한 위헌사유를 밝히지 아니한 채 그 불기소처분과 함께 취소를 구하는데 불과한 경우에는, 항고 또는 재항고기각결정을 별도로 소원심판청구의 대상으로 할 수 없다.

[요약판례 5] 1993년도정부투자기관예산편성공동지침 위헌확인: 각하(헌재 1993.11.25. 92헌마293)

정부투자기관 예산편성공통지침 통보행위의 헌법소원대상여부(소극)

경제기획원장관이 정부투자기관에 통보한 1993년도 정부투자기관 예산편성공통지침은 각 정부투자기관의 출자자인 정부가 정부투자기업의 경영합리화와 정부출자의 효율적인 관리를 도모하기 위하여 예산편성에 관한 일반적 기준을 제시하여 출자자로서의 의견을 개진하는 것에 지나지 아니한다고 할 것이고 이는 마치 주식회사인 일반 사기업의 주주가 그 경영진에 대하여 경영에 관한 일반적 지침을 제시하는 것과 방불하다고 할 것이므로 이러한 예산편성공통지침의 통보행위는 성질상 정부의 그 투자기관에 대한 내부적 감독작용에 해당할 뿐이고 국민에 대하여 구체적으로 어떠한 권리를 설정하거나 의무를 명하는 법률적 규제작용으로서의 공권력작용에 해당한다고 볼 수 없으며 나아가 위 예산편성지침에 임금에 관한 부분이 포함되어 있다 하더라도 이는 사용자측이라고 할 수 있는 정부가 그 투자기관에 대하여 내부적 지시로서 임금에 관한 예산편성의 공통지침을 시달하여 임금협상에 관한 **유도적 기준**을 제시한 것이지, 단체교섭에 직접 개입하거나 이를 강제하는 것은 아니며, 설사 위 예산편성지침이 정부투자기관의 **노동조합인 청구인측에 대하여도 간접적으로 어떤 영향을 미치게 된다 가정하더라도**, 그것은 단체교섭의 일방 당사자인 **사용자(정부)측의 내부적행위**에 지나지 아니하는 것이므로, 단체교섭의 상대방인 근로자(노동조합)측에서 이를 탓할 일이 되지 못할 뿐만 아니라, 그것을 가리켜 공권력의 행사라고 일컬을 수도 없을 것이므로 위 예산편성공통지침의 통보행위는 헌법소원의 대상이 되지 아니한다.

(재판관 한병채, 재판관 이시윤, 재판관 김양균의 반대의견) 위 예산편성공통지침 통보는 정부의 내부기관이 아니라 정부와는 별개의 법인체에 대한 대외적 작용으로서 국민에 대한 공권력의 행사임에 틀림없고, 동 예산편성공통지침은 법률에 근거하여 경제기획원장관이 작성, 통보하는 것이고, 각 투자기관의 사장은 이 지침에 따라 예산을 편성·확정하여야 하며 나아가 그 결과까지도 경제기획원장관에게 보고하여야 한다는 점에서 이는 **단순한 유도적 기준이 아니라, 구속적, 규제적 기준**이라 보아야 할 뿐만 아니라 청구인들이 위 지침에 대하여 행정소송을 제기하였다가 이는 행정소송의 대상이 될 수 없다는 이유로 소각하의 판결이 나고 대법원의 판결로서 확정됨으로써 동 지침에 대하여 더 이상 행정소송으로 다툴 수 있는 길이 없게 되어 이에 대해 헌법소원의 대상적격마저 없다는 이유로 헌법소원청구를 각하한다면 이 지침에 의하여 자기의 기본권에 불이익한 영향을 받은 당사자에게는 아무런 구제절차가 없게 되므로 결국 이 사건 예산편성공통지침은 헌법소원의 대상이 된다고 보아야 한다.

(재판관 변정수의 반대의견) 위 예산편성공통지침이 비록 공기업 주체에 대한 감독기관의 내부적 지시라 하더라도 그 지시는 법률의 규정에 의하여 그리고 상부 감독관청에 의하여 발하여지는 것이어서 정부투자기관의 사장은 그에 따르지 않을 수 없는 것이므로 이는 확실히 시행될 것이 예상된 내부적 지시로서 **그대로 실시될 것이 틀림없고, 그 내용도 근로자의 기본권에 직접 영향을 끼치는 내용**이므로 정부투자기관의 근로자단체인 청구인들로서는 정부투자기관의 사장이 위 지침에 따라 1993년도 예산편성을 할 것을 기다릴 것 없이 동 지침의 통보행위(공권력행사)에 의하여 그들에 대하여 사실상 기본권침해의 위험성이 이미 발생하였다고 보아 헌법재판소로서는 마땅히 그 위헌 여부를 판단하여야 한다.

[요약판례 6] 환매거부위헌확인 등: 각하(헌재 1994.2.24. 92헌마283)

서울특별시장이 환매권의 발생을 부인하는 취지로 민원에 대한 회신문서를 발송하고, 민사소송절차에서 응소행위를 한 것만으로 공권력의 행사가 있었다고 볼 것인지 여부(소극)

청구인들이 주장하는 환매권의 행사는 그것이 공공용지의취득및손실보상에관한특례법 제9조에 의한 것이든, 토지수용법 제71조에 의한 것이든, 환매권자의 일방적 의사표시만으로 성립하는 것이지, 상대방인 사업시행자 또는 기업자의 동의를 얻어야 하거나 그 의사 여하에 따라 그 효과가 좌우되는 것은 아니다. 따라서 이 사건의 경우 피청구인이 설사 청구인들의 **환매권 행사를 부인하는 어떤 의사표시**를 하였다 하더라도, **이는 환매권의 발생 여부 또는 그 행사의 가부에 관한 사법관계의 다툼을 둘러싸고 사전에 피청구인의 의견을 밝히고, 그 다툼의 연장인 민사소송절차에서 상대방의 주장을 부인하는 것에 불과하므로, 그것을 가리켜 헌법소원심판의 대상이 되는 공권력의 행사하고 볼 수는 없다.**

[요약판례 7] 집유질서유지대책에 대한 헌법소원: 각하(헌재 1994.4.28. 91헌마55)

농림수산부장관이 각 시·도지사를 상대로 집유질서 확립을 위한 대책지시를 한 행위가 공권력행사에 해당하는지 여부(소극)

이 사건 **집유질서 확립을 위한 대책지시**는 농림수산부장관이 각 시·도지사에 대하여 행한 행정기관 내부의 행위로서, 개개의 국민에 대하여는 직접 효력을 가지는 것이 아니고 이 사건 **대책지시에 따라 각 시·도지사가 구체적 처분을 하였을 때에 비로소 국민의 권리의무에 어떠한 영향을 미치게 되는 것이므로, 이 사건 대책지시만으로는 아직**

헌법재판소법 제69조 제1항에서 정하는 "공권력행사"에 해당한다고 볼 수 없다.

[요약판례 8] 인터넷선거운동 및 인터넷광고대행행위 제한조치 등 위헌확인: 각하(헌재 2001.3.21. 2000헌마37)

(1) 법률에 의하여 제한된 인터넷 선거광고대행행위가 허용되는지 여부에 관한 질의에 대하여 법에 위반된다고 답변한 것이 공권력의 행사에 해당되는지 여부(소극)

(2) 컴퓨터 통신을 이용한 선거운동을 규제하는 법률규정이 있는 경우 인터넷을 이용한 선거운동에 대한 진정입법부작위를 다툴 수 있는지 여부(소극)

(1) 청구인이 피청구인에게 인터넷을 통한 선거광고대행행위가 법상 허용되는지 여부에 대하여 질의할 당시는 선거운동기간 이전이므로 인터넷 선거광고대행행위를 하지 못한 이유는 동 행위가 사전선거운동에 해당되어 공직선거및선거부정방지법 제82조의3에 의해 직접 금지되어 있었기 때문이며 피청구인의 답변에 의한 것이 아니다. 따라서 **피청구인이 위 질의에 대하여 법에 위반된다고 답변**하였다 하더라도 **그 자체로 청구인의 권리를 제한하는 공권력작용으로 볼 수 없고, 다만 법률적 문제에 대한 해석 및 안내를 위한 단순한 회신에 불과한 것이므로 헌법재판소법 제68조 제1항의 '공권력의 행사'에 해당하지 않는 것으로 보아야 한다.**

(2) 입법자가 공직선거및선거부정방지법 제94조에서 선거운동을 위한 방송·신문·통신 또는 잡지 기타의 간행물 등 언론매체를 통한 광고를 원칙적으로 금지하고 같은 법 제82조의3에서 컴퓨터 통신을 이용한 선거운동에 대하여 규정하고 있을 뿐, 인터넷을 통한 선거운동 및 광고의 절차와 방법에 관하여는 아무런 규정도 없어, 인터넷을 통한 선거운동과 광고대행행위가 제한되는 경우 청구인이 인터넷을 이용한 선거광고대행행위의 제한을 다투기 위하여는 위와 같은 규정들을 직접 대상으로 하여 헌법소원심판을 청구하여야 하는 것이지 입법부작위를 대상으로 할 수는 없다.

[요약판례 9] 선거법위반행위에대한 중지촉구 등 위헌확인: 각하(헌재 2003.2.27. 2002헌마106)

(1) 서울특별시 선거관리위원회 위원장(피청구인)의 '선거법위반행위에 대한 중지촉구'가 '공권력의 행사'에 해당하는지의 여부(소극)

(2) 행정청에 의한 잘못된 법률해석·적용이 어떠한 경우에 헌법재판소의 심사대상이 되는지 여부

(3) 인터넷신문인 '오마이뉴스'가 개최하고자 한 대선 예비주자 초청 대담·토론회를 저지한 피청구인의 행위('열린 인터뷰 방해행위')에 대한 심판청구가 헌법재판소의 관할에 속하는지의 여부

(4) 위 대담·토론회 저지행위에 대한 심판청구와 관련하여 권리보호이익이 존재하는지의 여부(소극)

(5) 헌법재판소는 행정청행위의 근거가 되는 법률조항의 위헌성을 확인함으로써 그를 적용한 행정청 행위의 위헌성을 확인할 수 있는지 여부(적극)

(6) 위 대담·토론회의 저지행위의 근거가 되는 법률조항의 위헌성을 심사해야 하는지의 여부(소극)

(1) 피청구인이 2002. 2. 1. 발송한 '선거법위반행위에 대한 중지촉구' 공문은 그 형식에 있어서 '안내' 또는 '협조요청'이라는 표현을 사용하고 있으며, 또한 그 내용에 있어서도 청구인이 계획하는 행위가 공선법에 위반된다는, 현재의 법적 상황에 대한 행정청의 의견을 단지 표명하면서, 청구인이 공선법에 위반되는 행위를 하는 경우 피청구인이 취할 수 있는 조치를 통고하고 있을 뿐이다. 따라서 **피청구인의 2002. 2. 1.자 '중지촉구' 공문은 국민에 대하여 직접적인 법률효과를 발생시키지 않는 단순한 권고적, 비권력적 행위로서, 헌법소원의 심판대상이 될 수 있는 '공권력의 행사'에 해당하지 않으므로, '선거법위반행위에 대한 중지촉구'에 대한 이 사건 심판청구는 부적법**하다.

(2) 사실관계의 확정과 평가, 법률을 해석하고 개별사건에 구체적으로 적용하는 것은 법원의 고유한 과제로서, 헌법재판소에 의한 심사의 대상이 아니다. 한편, 행정청은 법률, 특히 사법상의 일반조항, 불확정 법개념이나 행정청의 재량행사규정 등을 해석을 통하여 구체화하는 과정에서 기본권을 비롯한 헌법의 기본결정을 내용적 지침으로서 고려

해야 하는데, 법적용기관이 법률에 미치는 헌법의 영향을 간과하거나 또는 오인하여 소송당사자에게 불리하게 판단함으로써 헌법의 정신을 고려하지 않은 법적용을 통하여 그의 기본권을 침해한다면, 바로 이러한 경우에 법률의 해석·적용은 헌법재판소의 심사대상이 되는 것이다. 그러나 행정청이 법률을 잘못 해석·적용하였는지의 여부가 헌법에 의해서가 아니라 적용된 법률에 근거하여 판단된다면, 즉 헌법이 아니라 법률이 행정청에 의한 해석·적용의 타당성을 심사하는 규범이 된다면, 이 경우 법률의 해석·적용에 대한 판단은 법원의 관할에 속하는 것이다.

(3) 청구인이 이 사건 심판청구를 통하여 다투고자 하는 것은, '행정청이 적용법률의 해석에 있어서 법규정에 미치는 기본권의 효력을 간과하거나 오해함으로써 법규정을 위헌적으로 해석·적용하였는가' 하는 행정청 행위 자체의 위헌성에 관한 판단이 아니라, '청구인이 개최하려는 열린 인터뷰가 사전선거운동에 해당하는가', '인터넷 신문인 청구인이 정간법 제2조 제9호 및 동법시행령 제1조의2 제2호에 의하여 정간법상의 언론기관에 해당하는가', 이로써 '청구인이 후보자를 초청하여 대담·토론회를 개최할 수 있는 공선법 제82조의 언론기관에 해당하는가', 나아가 '피청구인이 물리적 수단을 이용하여 청구인의 열린 인터뷰를 무산시킨 것이 법률이 정한 피청구인의 권한을 남용한 것인가'에 관한 판단이다. 그러나 이러한 판단은 헌법상 보장된 기본권인 정치적 표현의 자유나 언론의 자유에 비추어 선거운동을 제한하는 법률규정을 해석하는 문제라기보다는 공선법상의 선거운동을 규율하는 여러 조항들을 체계적으로 고려하여 '사전선거운동'의 개념과 범위를 정하는 문제라고 할 수 있고, 마찬가지로 정간법상의 '정기간행물'의 개념과 범위를 정하는 문제, 법률에 의하여 부여받은 피청구인 '권한'의 범위와 한계를 정하는 문제, 즉 단순히 법률의 해석과 적용의 문제인 것이다. 그런데 이러한 판단은 헌법재판소의 관할이 아니라 일차적으로 법원의 과제에 속하는 것이다.

(4) 청구인은 2002. 2. 20.부터 2002. 3. 5.까지 7차례 대선예비후보를 초청하여 열린 인터뷰를 개최하였으므로, 헌법소원심판청구를 통하여 달성하고자 하는 주관적 목적을 이미 달성하였고, 그 결과 청구인의 주관적 권리구제를 위해서는 본안에 관하여 심판의 이익이 없다. 또한, **피청구인이 법률을 잘못 해석·적용하였는지의 여부가 헌법규범이 아닌 적용된 법률에 근거하여 판단된다는 점에서, 이 사건 심판청구는 헌법질서의 수호·유지를 위하여 긴요한 사항이어서 위헌여부의 해명이 헌법적으로 중요한 의미를 지니고 있는 경우라고 볼 수 없으므로, 권리보호이익이 없어 부적법하다.** 설사 **유사한 침해행위가 앞으로도 반복될 위험이 있다 하더라도, 공권력행사의 위헌성이 아니라 단지 위법성이 문제되는 경우에는 공권력행사의 위헌여부를 확인할 실익이 없고, 이에 따라 심판청구의 이익이 부인된다**고 할 것이다.

(5) 헌법재판소법 제75조 제5항은 '위 법 제68조 제1항에 의한 헌법소원을 인용하는 경우 헌법재판소는 공권력의 행사가 위헌인 법률조항에 기인한 것이라고 인정될 때에는 인용결정에서 당해 법률조항이 위헌임을 선고할 수 있다'고 하여, 소위 '부수적 규범통제'를 규정하고 있다. 따라서 행정청 행위의 위헌성이 위헌적인 법률에 기인한다고 판단된다면, 헌법재판소는 행정청 행위의 근거가 되는 법률조항의 위헌성을 확인함으로써 그를 적용한 행정청 행위의 위헌성을 확인할 수 있는 것이다.

(6) 공선법 제82조 제1항 단서규정에 의하여 2002. 12.에 실시된 대통령선거에서 법률상 언론기관의 후보자초청 대담·토론회는 선거일 전 120일(2002. 8. 21.)부터 허용된다는 점을 고려할 때, 피청구인의 행위시(2002. 2. 5.)에는 청구인뿐만 아니라 다른 모든 언론기관에게도 대선후보의 인터뷰를 하는 것은 법률상 허용되지 않으므로, 이 사건의 경우 공선법 제82조가 2002. 2. 5.의 피청구인 행위의 근거법률로서 적용될 여지가 없는 것이다. 따라서 이 사건 공권력행사의 근거가 된 법률조항은 사전선거운동을 금지하는 공선법 제59조 및 제254조이고, 위 규정의 위헌여부에 관하여는 헌법재판소가 1994. 7. 29. 93헌가4등 결정 및 2001. 8. 30. 2000헌마121등 결정에서 합헌으로 판단한 바 있어 이미 헌법적으로 해명이 되었으므로, '피청구인 행위의 위헌성이 그 행위의 근거가 된 법률의 위헌성에 기인하는지'에 관한 판단을 할 필요도 없다.

[요약판례 10] 제44회 사법시험 제1차 시험 출제방향 및 기준에 관한 심의사항 취소: 각하 (헌재 2004.8.26. 2002헌마107)

(1) 사법시험 출제업무를 담당하는 시험위원이 문제의 유형, 문제의 내용 등 시험문제의 구체적 내용을 자유롭게 정할 수 있는지 여부(적극)
(2) 사법시험관리위원회가 사법시험 제1차 시험에 정답개수형 문제를 출제하기로 한 심의·의결이 시험출제위원을 법적으로 구속하는 헌법소원심판청구의 대상이 되는 공권력의 행사인지 여부(소극)

(1) **행정행위로서 시험출제업무를 담당하는 시험위원은 법령규정의 허용범위 내에서** 어떠한 내용의 문제를 출제할 것인가, 어떤 유형의 문제를 출제할 것인가, 특정 문제유형을 어느 정도 출제할 것인가 등 시험문제의 구체적인 내용을 **자유롭게 정할 수 있다**고 할 것이다. 입법자가 사법시험 제1차 시험의 시험방법에 대하여 출제담당시험위원에게 요구하는 것은 논술형이나 면접이 아닌 선택형 또는 선택형과 일부 기입형을 요구하고 있을 뿐이고, 그 외 시험방법에 관한 구체적인 내용, 즉 시험의 난이도, 문항수, 문제유형, 출제비율, 배점비율, 시험시간, 출제범위 **등은 시험위원들의 재량에 맡겨져 있다**고 할 것이다.

(2) 사법시험관리위원회가 **정답개수형 문제를 출제하기로 한 심의·의결**은 장차 시험출제의 권한을 갖고 있는 시험위원들에 대한 권고사항을 채택한 것으로 법적 효력이 없는 사실상의 **내부적인 준비행위**에 불과하고 설사 그 내용이 공고의 형식으로 게시되었다고 하더라도 이는 법무부장관이 행정정보의 공개차원에서 알려준 것에 불과하거나 앞으로 시험위원들에게 그와 같이 권고될 수도 있으니 그에 대비하라는 일종의 **사전안내**에 불과하다. 따라서 이 사건 심의·의결은 행정심판이나 행정쟁송의 대상이 될 수 있는 행정처분이나 헌법소원심판청구의 대상이 되는 공권력의 행사에 해당한다고 볼 수 없다.

[요약판례 11] 감사결과통보불이행 위헌확인: 각하 (헌재 2005.2.3. 2004헌마34)

(1) 부패방지법이 발효되기 전인 2002. 1. 17.에 감사원에 위 법상의 국민감사청구를 한 경우 그 감사결과통보불이행이 공권력의 불행사에 해당하는지 여부(소극)
(2) 감사원이 부패방지위원회로부터 이첩받은 신고사항에 대한 감사결과를 위 위원회에 통보하지 않은 행위가 공권력의 불행사에 해당하는지 여부(소극)
(3) 위와 같은 감사결과통보불이행이 감사원장의 소속 공무원에 대한 지휘 감독에 대한 태만으로 인한 것이라고 주장하는 경우 감사원장의 이러한 직무유기가 공권력의 불행사에 해당하는지 여부(소극)

(1) 부패방지법은 2001. 7. 24. 법률 제6494호로 공포되어 그 부칙에 따라 공포 후 6개월이 경과한 2002. 1. 25.부터 시행되었으므로 **청구인들의 2002. 1. 17.자 감사청구는 부패방지법에 따른 국민감사청구로 보기 어렵다** 할 것이어서 피청구인에게 부패방지법상의 통보의무를 인정하기 어렵고, 청원법상의 결과통지의무와 관련하여 보더라도 감사원은 그 감사청구를 수리한 사실 및 그 처리방향 등을 청구인들의 대표자를 통하여 청구인들에게 통지한 것으로 볼 수 있으므로 비록 그 통지내용이 미흡하여 청구인들의 기대한 바에 미치지 못한다고 하더라도 **헌법소원의 대상이 되는 공권력의 불행사가 있다고 볼 수 없다**.

(2) 감사원이 감사를 실시한 것이 분명한 경우 특별한 사정이 없는 한 감사의 착수 및 실시에 상당한 기간이 경과된 것만을 가지고 바로 감사의무의 해태를 인정하기 어려워 감사의 해태라는 공권력의 불행사를 인정할 수 없고, **감사원이 부패방지위원회에 감사결과를 통보하는 것은 국가기관간의 내부적 행위에 불과하고 국민에 대하여 직접적인 법률효과를 발생시키는 행위가 아니므로 이를 공권력의 불행사라고 볼 수 없다**.

(3) 감사원장의 소속 공무원에 대한 지휘 감독상의 직무유기 주장은 감사원의 통보의무불이행이 공권력의 불행사로 인정됨을 전제로 하는 것인데 그러한 전제가 인정되지 아니하므로 이러한 직무유기라는 공권력불행사는 인정되지 않는다.

[요약판례 12] 전공노대책 관련 긴급지시취소: 각하(헌재 2005.5.26. 2005헌마22)

행정자치부 자치행정과장이 지방자치단체 담당과장에게 '전공노 대책 관련 긴급지시'라는 제하에 "사태종료시까지 전공노 조합원의 병·연가 불허" 등을 내용으로 하는 업무연락공문을 발송한 행위가 헌법소원의 대상이 되는 공권력 행사에 해당하는지 여부(소극)

행정자치부 자치행정과장이 지방자치단체 담당과장에게 '전공노 대책 관련 긴급지시'라는 제하에 "사태종료시까지 전공노 조합원의 병·연가 불허" 등을 내용으로 하는 업무연락공문을 발송한 행위는 행정자치부 소속 자치행정과장이 전국 공무원노조에 대한 대책과 관련한 상호 협조 차원에서 각 지방자치단체의 담당과장에게 업무연락을 한 것으로 행정기관 내부의 행위일 뿐 대외적으로 효력이 있는 명령이나 지시가 아니므로 헌법소원의 대상이 되는 공권력 행사에 해당하지 아니한다.

[요약판례 13] 주권상장폐지확정결정취소: 각하(헌재 2005.2.24. 2004헌마442)

(1) 한국증권거래소의 법적 지위
(2) 한국증권거래소의 상장법인인 청구인회사에 대한 상장폐지확정결정이 헌법소원의 대상이 되는 공권력의 행사에 해당되는지 여부(소극)

(1) **피청구인(한국증권거래소)**은 유가증권의 공정한 가격형성과 안정 및 그 유통의 원활을 기하기 위하여 증권거래법 제71조의 규정에 따라 일반 사인인 증권회사를 회원으로 설립되어 유가증권시장의 개설과 유가증권의 상장, 매매거래, 공시 등에 관한 업무에 종사하는 기관으로서, 그 기본적인 성격은 **민법상 사단법인**에 준하는 것이다.

(2) 피청구인은 증권회사를 회원으로 하여 설립된 법인이고(증권거래법 제76조의2), 원칙적으로 피청구인의 회원이 아닌 자는 유가증권시장에서의 매매거래를 하지 못하며(동법 제85조 제1항), 유가증권시장에 유가증권을 상장하려는 법인은 피청구인과의 사이에 피청구인이 제정한 유가증권상장규정 등을 준수하겠다는 상장계약을 체결하는 것이다. 따라서 유가증권의 상장은 피청구인과 상장신청법인 사이의 "상장계약"이라는 사법상의 계약에 의하여 이루어지는 것이고, 상장폐지결정 및 상장폐지확정결정 또한 그러한 **사법상의 계약관계를 해소하려는 피청구인의 일방적인 의사표시**라고 봄이 상당하다고 할 것이다. 따라서, **피청구인의 청구인회사에 대한 이 사건 상장폐지확정결정은 헌법소원의 대상이 되는 공권력의 행사에 해당하지 아니하므로 이를 대상으로 한 심판청구는 부적법**하다.

[요약판례 14] 자원의절약과재활용촉진에관한법률시행령 제5조 등 위헌확인: 각하,기각(헌재 2007.2.22. 2003헌마428등)

권고결정이 내려졌다 하여 이를 근거로 이해관계인인 국민이 직접 상대방 행정기관에게 그 권고내용대로 조치할 것을 청구할 권한이 발생하는 것이 아니므로 환경부장관이 위 권고대로 이행하지 아니하였더라도 그것이 위 청구인들의 기본권을 침해하는 공권력의 불행사에 해당하는지 여부(소극)

이 사건 심판대상 규정은 식품접객업소에서의 합성수지 도시락 용기의 사용을 금지하는 것으로서 그 직접적인 수범자는 식품접객업주이므로 청구인들 중 합성수지 도시락 용기의 생산업자들은 원칙적으로 제3자에 불과하며, 또한 합성수지 도시락 용기의 사용제한으로 인하여 입게 되는 영업매출의 감소 위험은 직접적, 법률적인 이해관계로 보기는 어렵고 간접적, 사실적 혹은 경제적인 이해관계라고 볼 것이므로 자기관련성을 인정하기 어렵다. 그리고 행정규제기본법 제14조는 기본적으로 행정기관의 장이 규제개혁위원회의 권고를 존중하여 자발적으로 그 내용에 부응하는 조치를 할 것을 독려하는 내용이라고 보이고 행정규제위원회의 권고결정이 그 상대방인 환경부장관에 대하여 어떠한 법적 구속력이나 강제력을 갖는다고 보기는 어렵다. 또한 위 법상으로 상대방 행정기관이 규제개혁위원회의 '권고'대로 이행할 것을 강제하기 위한 어떠한 절차규정도 두고 있지 아니하고, **규제개혁위원회의 권고결정이 내려졌다 하여**

이를 근거로 이해관계인인 국민이 직접 상대방 행정기관에게 그 권고내용대로 조치할 것을 청구할 권한이 발생하는 것도 아니므로 환경부장관이 위 규제개혁위원회의 삭제 권고대로 이행하지 아니하였더라도 그것이 위 청구인들의 기본권을 침해하는 공권력의 불행사에 해당한다고 할 수 없다.

[요약판례 15] 가석방심사대상 제외 위헌확인: 각하(헌재 2007.7.26. 2006헌마298)

가석방이 수형자의 개별적인 요청이나 희망에 따라 행하여지는 것이 아니라 행형기관의 교정정책 혹은 형사정책적 판단에 따라 이루어지는 재량적 조치인지 여부(적극)

가석방은 수형자의 개별적인 요청이나 희망에 따라 행하여지는 것이 아니라 행형기관의 교정정책 혹은 형사정책적 판단에 따라 이루어지는 재량적 조치이므로, **어떤 수형자가 형법 제72조 제1항에 규정된 요건을 갖추었다고 하더라도 그것만으로 행형당국에 대하여 가석방을 요구할 주관적 권리를 취득하거나 행형당국이 그에게 가석방을 하여야 할 법률상의 의무를 부담하게 되는 것이 아니다.** 수형자는 행형당국의 가석방이라는 구체적인 행정처분이 있을 때 비로소 형기만료 전 석방이라는 사실상의 이익을 얻게 될 뿐이다. 이 사건 청구인이 형법 제72조와 행형법 제51조에 따라 '일정한 기간을 경과한 수형자로서 행형성적이 우수하고 재범의 위험성이 없는 자'에 해당하여 가석방 심사대상자로 인정될 수 있는지 여부는 안양교도소장의 재량적 판단에 달려 있고, 청구인에게 가석방 심사를 청구할 권리가 있는 것이 아니다. 따라서 안양교도소장이 청구인을 가석방 심사대상에 포함시키지 않았다고 하더라도 청구인의 법적 지위를 불리하게 변경하는 것이라고 할 수 없다. 그렇다면 **안양교도소장이 청구인을 가석방 심사대상에 포함시키지 아니한 행위는 헌법소원의 대상이 되는 공권력의 행사 또는 불행사라고 볼 수 없다.**

(10) 행정소송법상 '처분' 또는 '부작위'와의 관계

[요약판례 1] 지목변경신청반려처분취소: 기각(헌재 2004.6.24. 2003헌마723)

(1) 지목변경신청반려행위에 대한 헌법소원심판청구에 있어서 보충성의 요건이 적용되는지 여부(적극)
(2) 대법원 판례 변경 전에 제기된 지목변경신청반려행위에 대한 헌법소원심판청구가 보충성의 요건을 갖추지 못하였는지 여부(소극)

(1) 지목변경신청반려행위가 항고소송의 대상이 되는 처분행위에 해당한다는 **변경된 대법원 판례에 따르면, 지목변경신청반려행위에 대하여 행정소송을 거치지 않고 제기된 헌법소원심판청구는 보충성의 요건을 흠결하여 각하되어야 한다.**

(2) 지목변경신청반려행위의 처분성을 부인하던 **종래의 대법원 판례가 변경되기 전에 제기된 지목변경신청반려행위에 대한 헌법소원심판청구**의 경우, 변경된 대법원 판례에 따라 보충성의 요건을 판례변경 전까지 소급하여 엄격하게 적용하면 헌법재판소로서는 청구인의 청구를 각하해야 될 뿐만 아니라, 청구인이 별도로 제기할 지목변경신청반려행위의 취소를 구하는 행정소송에서도 그 청구는 제소기간 도과로 각하될 것이 분명하므로 청구인으로서는 지목변경신청반려행위에 대하여 더 이상 다툴 수 없게 되고, 따라서 **청구인의 권리를 구제받을 길이 없게 된다.** 이와 같이 **종전의 대법원 판례를 신뢰하여 헌법소원의 방법으로 권리구제를 구하던 중 대법원 판례가 변경되고, 변경된 대법원 판례에 따를 경우 제소기간의 도과로 법원에 의한 권리구제를 받을 수 없게 되는 예외적인 경우라면, 그 이전에 미리 제기된 권리구제의 요청 즉, 청구인의 헌법소원심판청구는** 헌법상 보장된 실질적인 재판청구권의 형해화를 막기 위하여 허용되어야 할 것이고, 이렇게 해석하는 것은 기본권 침해에 대한 마지막 구제수단으로서 허용된다는 보충성의 원칙에 어긋나는 것이 아니므로 **보충성 요건의 흠결이 있다고 할 수 없다.**

3. 사법에 대한 헌법소원

(1) 의 의

[요약판례 1] 국선대리인선임신청기각결정에 대한 헌법소원: 각하(헌재 1989.7.10. 89헌마144)

헌법재판소의 국선대리인 선임신청 기각결정에 대한 헌법소원의 적법여부

헌법재판소의 국선대리인 선임신청 기각결정에 대한 헌법소원 심판청구는 헌법재판소의 결정을 대상으로 한 것이므로 부적법하다.

[요약판례 2] 사법서사법시행규칙에 대한 헌법소원: 각하(헌재 1989.7.28. 89헌마1)

법원행정처장의 질의회신에 대한 헌법소원의 적법여부

법원행정처장의 민원인에 대한 법령 질의회신이란 법규나 행정처분과 같은 법적 구속력을 갖는 것이라고는 보여지지 아니하므로 이에 대한 헌법소원심판청구는 부적법하다.

[요약판례 3] 재판청구권 등의 침해에 대한 헌법소원: 각하(헌재 1991.11.25. 89헌마235)

법원사무관 등의 접수처분과 헌법소원의 보충성

민사소송법 제209조(현행 민사소송법 제223조)는 법원사무관 등의 처분에 대한 이의는 그 소속법원이 결정으로 재판한다고 규정하고 있으므로 청구인으로서는 헌법소원심판을 청구하기에 앞서 위 규정이 정한 바에 따라 위 접수담당자의 소속법원인 대법원에 위 접수처분에 대한 이의신청의 구제절차를 거친 뒤 헌법소원심판을 청구하여야 한다.

[요약판례 4] 변론의 제한에 대한 헌법소원: 각하(헌재 1992.6.26. 89헌마271)

재판장의 변론의 제한에 대한 헌법소원의 적법여부

재판장의 소송지휘권의 행사에 관한 사항은 그 자체가 재판장의 명령으로서 법원의 재판에 해당하거나, 또는 그것이 비록 재판의 형식이 아닌 사실행위로 행하여졌다고 하더라도 법원의 종국판결이 선고된 이후에는 위 종국판결에 흡수, 포함되어 그 불복방법은 판결에 대한 상소에 의하여만 가능하므로, 재판장의 변론지휘권의 부당한 행사를 그 대상으로 하는 헌법소원심판청구는 결국 법원의 재판을 직접 그 대상으로 한 경우에 해당하여 부적법하다.

[요약판례 5] 재심소장 민원처리 위헌확인: 각하(헌재 2007.2.22. 2005헌마645)

(1) 청구인이 제출한 재심소장을 피청구인인 법원행정처 송무국장이 '민원에 대한 회신'형식으로 반려하였을 경우 공권력행사성이 인정되는지 여부(적극)
(2) 본건 헌법소원 제기 이후 대법원에서 청구인의 재심소장을 정식으로 접수한 경우 권리보호이익이 인정되는지 여부(소극)

(1) **피청구인 명의의 '민원에 대한 회신'은 비록 제목**은 민원에 대한 단순한 질의회신의 형식을 띠고 있어 공권력행사성이 부정될 소지가 있어 보이나, **실질적으로는 청구인의 재심청구에 대한 반려처분의 성격을 가지며, 청구인이 재심을 청구할 수 있는 법적 지위 및 권리관계에 직접적인 영향을 미친다고 보아야 할 것이므로 공권력행사성이 인정된다.**

(2) 헌법소원 제기 이후 대법원이 청구인의 재심소장을 소로 접수하여 사건번호를 부여하였으므로 청구인이 기본권을 침해당하였다고 주장하고 있는 피청구인의 재심소장에 대한 반려처분은 그 효력이 상실되었다. 따라서 이 사건 헌법소원심판은 권리보호이익이 인정되지 않아 부적법하다.

(2) 법원의 재판에 대한 헌법소원

(가) 의 의

> **[요약판례 1] 판결의 저촉여부에 관한 헌법소원: 각하**(헌재 1992.12.24. 90헌마158)
>
> 법원의 유죄형사판결의 헌법소원의 대상성을 부인한 예

헌법재판소법 제68조 제1항에서 규정하고 있는 "법원의 재판"이라 함은 사건을 종국적으로 해결하기 위한 종국판결 외에 본안전 소송판결 및 중간판결이 모두 포함되는 것이고 기타 소송절차의 파생적·부수적인 사항에 대한 공권적 판단도 포함되는 것으로 일반적으로 보고 있는바, 청구인이 주장하는 유죄의 형사판결에 대한 헌법소원은 법원의 종국적 재판에 대한 헌법소원심판청구로서 이에 대하여는 본안 전 제소요건을 흠결한 것이므로 부적법하다.

> **[요약판례 2] 위헌제청불행사 위헌확인: 각하**(헌재 2004.8.26. 2003헌마412)
>
> 법원의 재판에 대한 헌법소원으로서 헌법소원의 대상성을 부인한 예

헌법재판소가 위헌으로 결정한 법령을 적용함으로써 국민의 기본권을 침해한 재판을 제외하고는 원칙적으로 법원의 재판을 대상으로 하는 헌법소원 심판청구는 허용되지 아니하고, 여기서의 "법원의 재판"에는 재판 자체뿐만 아니라 재판절차의 파생적 부수적인 사항에 대한 공권적 판단도 포함된다.

청구인이 기본권침해 사유로 주장하는 위헌법률심판제청 불행사는 재판에 관한 법원의 공권적 판단이라 할 것이고, 나아가 이 사건 위헌법률심판제청 불행사가 헌법소원심판의 대상이 되는 예외적인 재판에 해당한다고 볼 수도 없으므로, 결국 이 사건 심판청구는 헌법재판소법 제68조 제1항이 금지하고 있는 법원의 재판에 대한 헌법소원으로서 부적법하다.

> **[요약판례 3] 재판 등 위헌확인: 각하**(헌재 2004.9.23. 2003헌마19)
>
> 소액사건의 판결을 선고함에 있어 담당판사가 판결이유의 요지를 구술로 설명하지 아니한 것이 헌법소원의 대상이 되는 공권력의 행사에 해당하는지 여부(소극)

소액사건의 판결을 선고하면서 이유를 설명하는 것이나 그 설명을 다하지 아니한다는 부작위는 그 자체로 독자적인 의미와 기능을 갖고 있다기보다는 판결의 선고행위를 구성하는 행위에 불과하여 이들을 판결로부터 분리하여 독자적으로 헌법소원의 대상이 되는 공권력의 행사 또는 불행사로 취급하기 곤란한 측면이 있다. 이렇게 보면 이 사건 부작위가 청구인의 재판청구권 등 기본권을 침해하여 위헌이라는 주장은 곧 법률에 규정된 방식을 따르지 아니한 **판결 선고행위**의 하자를 탓하는 것이라고 볼 수 있는바, 이와 같이 헌법소원의 대상을 전체로서 '이유를 설명하지 않은 채 이루어진 판결 선고'로 파악하게 되면 이는 전형적인 '법원의 재판'에 해당하는 것이다.

설령 판결이유를 설명하지 아니한 이 사건 부작위를 전체로서의 판결 선고행위에서 따로 떼어 **독자적인 의미와 기능을 갖는 공권력의 불행사로 취급한다 하더라도**, 이유의 설명은 판결의 선고라는 재판절차의 진행에 관한 사항으로서 포괄적으로 종국판결에 흡수·포함된다고 봄이 상당하므로 그 부작위에 대하여는 **판결에 대한 상소의 방법으로만 불복할 수 있을 뿐 헌법소원의 대상으로 삼을 여지는 없다**고 보아야 한다.

(나) 법원의 재판에 대한 헌법소원의 원칙적 부인

Ⅵ 양도소득세부과처분취소 등, 헌법재판소법 제68조 제1항 위헌확인 등: 합헌, 각하(헌재 1999.10.21. 96헌마61등)

쟁점 원처분을 심판대상으로 삼은 재판이 취소되지 아니하는 경우 원처분이 헌법소원의 대상이 되는지 여부 등

사건의 개요

청구인들은 1990. 9. 1.을 전후하여, 부동산을 양도한 자들로서, 관할 세무서장은 구 소득세법 제60조를 적용하여 기준시가에 의해 부동산 양도차익을 산정하여 이를 기초로 청구인들에게 양도소득세부과처분을 하였다. 이에 청구인들은 양도소득세부과처분취소소송을 제기한 후 구 소득세법 제60조에 대하여 위헌제청신청을 하였으나 기각되자 헌법재판소에 위헌소원심판을 청구하였다. 취소소송에서 법원은 청구인들의 청구를 기각하는 판결이 확정되었는데, 1995. 11. 30. 구 소득세법 제60조에 대한 헌법불합치결정(91헌바1 등)이 내려지자, 청구인들은 위 판결들에 대하여 재심의 소를 제기하였으나 역시 패소하였다. 이에 청구인들은 패소판결 및 부과처분이 자신들의 기본권을 침해하였다고 주장하면서 그 취소를 구하는 이 사건 심판청구에 이르게 된 것이다.

심판의 대상

구 소득세법(1982. 12. 21. 법률 제3576호로 개정되어 1990. 12. 31. 법률 제4281호로 개정되기 전의 것) 제23조 (양도소득) ④ 양도가액은 그 자산의 양도 당시의 기준시가에 의한다. 다만 대통령령이 정하는 경우에는 그 자산의 실지거래가액에 의한다.

제45조 (양도소득의 필요경비계산) ① 거주자의 양도차익의 계산에 있어서 양도가액에서 공제할 필요경비는 다음 각호에 게기하는 것으로 한다.

1. 당해 자산의 취득당시의 기준시가에 의한 금액. 다만, 대통령령이 정하는 경우에는 그 자산의 취득에 소요된 실지거래가액

헌법재판소법 제68조 (청구사유) ① 공권력의 행사 또는 불행사로 인하여 헌법상 보장된 기본권을 침해받은 자는 법원의 재판을 제외하고는 헌법재판소에 헌법소원심판을 청구할 수 있다. 다만 다른 법률에 구제절차가 있는 경우에는 그 절차를 모두 거친 후가 아니면 청구할 수 없다.

청구인들이 자신들의 기본권을 침해한 것이라고 주장하는 판결들(이하 "이 사건 판결들"이라 한다) 및 위 부과처분들(이하 "이 사건 부과처분들"이라 한다)의 각 위헌 여부

주 문

1. 헌법재판소법 제68조 제1항은 그 본문의 '법원의 재판'에 헌법재판소가 위헌으로 결정한 법령을 적용함으로써 국민의 기본권을 침해한 재판을 포함하는 부분 이외에는 헌법에 위반되지 아니한다.
2. 청구인들의 나머지 심판청구를 모두 각하한다.

판 단

Ⅰ. 구 소득세법 제23조 제4항 단서, 제45조 제1항 제1호 단서의 위헌확인청구

청구인이 한정위헌이라고 주장하는 이 사건 심판대상 법률조항들의 규정에 따라 과세처분이 이

루어진 이 사건의 경우, 위 청구인이 그 과세처분에 의하여 그 주장의 기본권이 침해되었는지의 여부는 별론으로 하고 이 사건 심판대상 법률조항들의 규정 자체로 인하여 바로 위 청구인의 기본권이 침해된 것이라고 볼 수는 없으므로, 이 부분 심판청구는 헌법소원심판청구에 있어서의 **직접성의 요건을 구비하고 있다고 할 수 없어 부적법하다**고 할 것이다.

Ⅱ. 헌법재판소법 제68조 제1항 중 법원의 재판을 제외하고는 부분의 위헌확인청구

헌법재판소법 제68조 제1항에 대하여 헌법재판소는 "헌법재판소법 제68조 제1항 본문의 '법원의 재판'에 헌법재판소가 위헌으로 결정한 법령을 적용함으로써 국민의 기본권을 침해한 재판도 포함되는 것으로 해석하는 한도 내에서 헌법재판소법 제68조 제1항은 헌법에 위반된다"는 내용의 **한정위헌결정을 선고한 바** 있는데, 그 이유의 요지는, 법원의 재판을 헌법소원심판의 대상에서 제외하고 있는 헌법재판소법 제68조 제1항은 **국민의 기본권(평등권 및 재판청구권 등)의 관점에서는 입법형성권의 헌법적 한계를 넘는 위헌적인 법률조항이라고 할 수 없으나**, 다만 헌법재판소가 위헌으로 결정하여 그 효력을 상실한 법률을 적용하여 한 법원의 재판은 **헌법재판소 결정의 기속력에 반하는 것**일 뿐만 아니라, **법률에 대한 위헌심사권을 헌법재판소에 부여한 헌법의 결단(헌법 제107조 및 제111조)에 정면으로 위배**되므로, 그 본문의 '법원의 재판'에 헌법재판소가 위헌으로 결정한 법령을 적용함으로써 국민의 기본권을 침해한 재판도 포함되는 것으로 해석하는 한도 내에서만 헌법 제107조 및 제111조에 규정된 헌법재판소의 권한규범에 위반된다는 것이다.

이 사건에서 위 한정위헌결정과 달리 판단하여야 할 아무런 사정변경도 없다. 따라서 헌법재판소법 제68조 제1항은 위 한정위헌결정에 의하여 위헌으로 선고되어 이미 그 효력을 상실한 부분, 즉 헌법재판소법 제68조 제1항 본문의 '법원의 재판'에 헌법재판소가 위헌으로 결정한 법령을 적용함으로써 국민의 기본권을 침해한 재판을 포함하는 부분 이외에는 헌법에 위반되지 아니한다고 할 것이다.

Ⅲ. 이 사건 판결들의 취소청구에 관하여

1. 이 사건 판결들이 헌법소원심판의 대상이 되는지 여부

본안에 나아가 판단하기에 앞서 이 사건 판결들이 예외적으로 헌법소원심판의 대상으로 되는 '헌법재판소가 위헌으로 결정한 법령을 적용함으로써 국민의 기본권을 침해한 재판'에 해당하는지의 여부에 관하여 본다.

2. 구 소득세법 조항들에 대한 헌법재판소의 결정과 그 효력

(1) 구 소득세법 제60조 등에 대한 헌법불합치결정

헌법재판소는 1995. 11. 30. 91헌바1등 사건에서 구 소득세법 제60조가 조세법률주의 및 위임입법의 한계에 위반된다는 이유로 위헌임을 지적하면서, "이 사건 위임조항(구 소득세법 제60조)은 헌법에 위반되므로 원칙으로 위헌결정을 하여야 할 것이나 이에 대하여 단순위헌결정을 선고하여 당장 그 효력을 상실시킬 경우에는 기준시가에 의한 양도소득세를 부과할 수 없게 됨은 물론, 이 법률조항의 위임에 근거한 소득세법시행령 제115조를 인용하고 있는 구 법인세법시행령 제124조의2 제8항(1978. 12. 30. 대통령령 제9230호로 개정된 후 1994. 12. 31. 대통령령 제14468호로 삭제되기 전의 것) 등도 이를 시행할 수 없게 되는 등 법적 공백 상태를 야기하게 되고 이에 따라 조세수입을 감소시키고 국가재정에 상당한 영향을 줌과 아울러 이미 이 조항에 따른 양도소득세를 납부한 납세의무자들과 사이에 형평에 어긋나는 결과를 초래하는 데다가 이 사건 위임조항(구 소득세법 제60조)의 위헌성은 국회에서 법률로 제정하지 아니한 단지 입법형식의 잘못에 기인하는 것으로서 이를 한시적으로 계속 적용한다고 하더라도 그것이 반드시 구체적 타당성을 크게 해쳐 정의와 형평 등 헌법적 이념에 심히 배치되는 것이라고는 생각되지 아니하고, 더욱이 이 사건의 경우에는 1994. 12. 22. 법률 제4803호로 헌법에 합치하는 내용의 개정입법이 이미 행하여져 위헌조항이 합헌적으로 개정되어 시행되고 있으므로 당재판소는 단순위헌결정을 하지 아니하고 이 사건 위임조항(구 소득세법 제60조)을 적용하여 행한 양도소득세 부과처분 중 확정되지 아니한 모든 사건과 앞으로 행할 양도소득세 부과처분 모두에 대하여 위 개정법률을 적용할 것"을 내용으로 하는 헌법불합치결정을 하였다.

(2) 헌법불합치결정의 사유 및 효력

헌법재판소가 헌법불합치결정을 하는 경우, **위헌적 법률**은 효력을 상실하여 법질서에서 소멸하는 것이 아니라 **형식적으로 존속**하게 되나, 원칙적으로 **위헌적 법률의 적용이 금지**되고, **헌법심판의 계기를 부여한 당해사건은 물론 심판대상 법률이 적용되어 법원에 계속중인 모든 사건의 재판절차가 정지**된다. 헌법재판소가 헌법불합치결정을 하는 주된 이유는, 권력분립원칙과 민주주의원칙의 관점에서 볼 때 입법자가 입법개선을 통하여 위헌적 상태를 궁극적으로 제거하는 것이 바람직하다는 판단에 따른 것이므로, 헌법불합치결정은 위헌적 상태를 조속한 시일 내에 제거하여야 할 **입법자의 입법개선의무**를 수반하게 된다.

위헌법률의 적용금지는 법원에 계속중인 사건에 있어서는 당연히 재판절차의 정지라는 형태로 나타난다. 이는 입법자가 위헌법률을 합헌적인 상태로 개정할 때까지 법원의 판단이 보류되어야 하며, 법원이 개정된 법률에 의하여 판단을 함으로써 사건의 당사자가 개정법률의 결과에 따른 혜택을 받을 수 있는 기회를 그 때까지 열어 놓아야 한다는 것을 뜻한다.

다만, 위헌결정을 통하여 위헌법률을 법질서에서 제거하는 것이 법적 공백이나 혼란을 초래할 우려가 있는 경우, 즉 위헌법률을 잠정적으로 적용하는 위헌적인 상태가 오히려 위헌결정으로 인하여 초래되는 법적 공백 또는 혼란이라는 합헌적인 상태보다 예외적으로 헌법적으로 더욱 바람직하다고 판단되는 경우에는, 헌법재판소는 **법적 안정성의 관점에서** 법치국가적으로 용인하기 어려운 법적 공백과 그로 인한 혼란을 방지하기 위하여 **입법자가 합헌적인 방향으로 법률을 개선할 때까지 일정 기간 동안 위헌법률을 잠정적으로 적용할 것을 명할 수 있다**. 법원은 이러한 예외적인 경우에 한하여 위헌법률을 계속 적용하여 재판을 할 수 있다고 할 것이다.

(3) 구 소득세법 제60조 등에 대한 헌법불합치결정의 의미

헌법재판소는 앞서 본 바와 같이 구 소득세법 제60조에 대하여 헌법불합치결정을 함에 있어서, 위 법률조항이 비록 위헌적 법률이기는 하나 이에 대하여 단순위헌결정을 선고하여 당장 그 효력을 상실시킬 경우에는 위 규정을 형식적으로나마 존속시킬 때보다 위헌결정으로 인하여 더욱 헌법적 질서와 멀어지는 법적 상태가 발생하는 데다가, 위 법률조항의 위헌성은 그 내용에 기인한 것이 아니라 오로지 입법형식의 잘못에 있는 것으로서 위 법률조항을 한시적으로 계속 적용한다고 하더라도, 그것이 반드시 구체적 타당성을 크게 해쳐 정의와 형평 등 헌법적 이념에 심히 배치되는 것이 아니라고 하는 한편, 다만 위 법률조항이 이미 1994. 12. 22. 합헌적으로 개정되어 시행되고 있

으므로 단순위헌결정을 하지 아니하고 헌법불합치결정을 한다고 하면서 **합헌적으로 개정된 소득세법 제99조를 적용할 것을 명한 바** 있다. 이는 기준시가에 의하여 양도가액이나 취득가액을 산정함에 있어서 원칙적으로 구 소득세법 제60조의 위헌적 요소를 제거한 개정 소득세법 제99조를 적용하여야 할 것이나, 다만 **개정 소득세법 제99조를 적용하여서는** 기준시가에 의하여 양도가액이나 취득가액을 산정할 수 없어 그 **양도차익의 산정이 불가능하게 되는 예외적인 사정이 있는 경우**에는 구 소득세법 제60조의 위헌적 요소를 제거하는 **개정법률이 시행되기 전까지는 위 법률조항의 잠정적인 적용을 허용하는 취지**인 것이다.

그러므로 나아가 개정 소득세법의 시행일인 1995. 1. 1. 전에 토지를 양도한 경우로서, 국가기관이 위 헌법불합치결정의 기속력에 따라 개정 소득세법 제99조를 적용하여야 할 경우와 구 소득세법 제60조를 잠정적으로 적용할 수 있는 경우를 나누어 본다.

먼저 공시지가제도가 시행된 1990. 9. 1. 이후에 토지를 양도한 경우에는 개정 소득세법 제99조와 그에 따른 개정 소득세법시행령 제164조 등의 규정을 적용하여 기준시가에 의하여 그 양도차익을 산정할 수 있다고 할 것이다.

그러나, **공시지가제도가 시행된 1990. 9. 1. 전에 토지를 양도한 경우**에는 개정 소득세법 제99조에서 양도 당시의 기준시가를 산정하는 방법에 관하여 직접 규정하지 아니하고 있고, 개정 소득세법시행령 제164조에서도 새로운 기준시가가 고시되기 전에 취득 또는 양도하는 경우에는 직전의 기준시가에 의한다고만 규정하고 있을 뿐, 양도 당시의 기준시가를 산정하는 방법에 관하여는 아무런 규정을 두지 아니함으로써, 개정 소득세법 제99조와 그에 따른 개정 소득세법시행령 제164조 등의 규정을 적용하여서는 **양도 당시의 기준시가를 산정할 수 없어 결국 그 양도차익을 산정할 수 없게 된다**고 할 것이다.

따라서 법원으로서는 위 **헌법불합치결정의 기속력에 따라** 개정 소득세법 제99조를 적용하여 그 양도차익을 산정할 수 있는 **1990. 9. 1. 이후 양도한 토지에 대한 양도소득세부과처분취소사건에 있어서는 당연히 개정 소득세법 제99조를 적용**하여 그 부과처분의 적법 여부를 판단하여야 하고, 개정 소득세법 제99조를 적용하여서는 그 양도차익을 산정할 수 없는 **1990. 9. 1. 전에 양도한 토지에 대한 양도소득세부과처분취소사건에 있어서는 구 소득세법 제60조의 위헌적 요소를 제거하는 개정법률이 시행되기 전까지 구 소득세법 60조를 잠정적으로 적용**하여 그 부과처분의 적법 여부를 판단할 수 있다고 할 것이다.

그러나 한편, 개정 소득세법 제99조, 그에 따른 개정 소득세법시행령 제164조, 개정 소득세법시행규칙(1995. 5. 3. 총리령 제505호로 전문개정된 것) 제80조의 각 규정과 구 소득세법 제60조, 그에 따른 구 소득세법시행령(1990. 5. 1. 대통령령 제12994호로 개정된 것) 제115조, 구 소득세법시행규칙(1995. 5. 3. 총리령 제505호로 전문개정되기 전의 것) 제56조의 5의 각 규정을 비교하여 보면, 양자는 기준시가에 의하여 양도차익을 산정하는 방법이 동일하므로, 가사 **법원이 개정 소득세법 제99조를 적용하여야 할 사건에서 구 소득세법 제60조를 적용하였다고 하더라도 그 세액이 동일하게 되어 결과적으로 그로 말미암아 기본권이 침해되었다고 할 수는 없다**고 할 것이다.

사정이 이와 같다면, 법원이 공시지가제도가 시행된 1990. 9. 1. 전에 양도한 토지에 대한 양도소득세부과처분취소사건에서 구 소득세법 제60조를 적용하여 그 부과처분의 적법 여부를 판단한 것은 헌법재판소 1995. 11. 30. 91헌바1등 헌법불합치결정의 기속력에 따른 것이고, **그 이후에 양도한 토지에 대한 양도소득세부과처분취소사건에서 구 소득세법 제60조를 적용**하여 그 부과처분의 적법 여부를 판단**한 것은** 위 **헌법불합치결정의 기속력에 어긋나기는 하나 그로 말미암아 기본권의 침해가 있다고 볼 수 없다.**

따라서 그 어느 것이나 예외적으로 헌법소원의 대상이 되는 재판, 즉 '위헌으로 결정한 법령을 적용함으로써 국민의 기본권을 침해한 재판'에 해당하지 아니하여 헌법소원심판의 대상이 될 수 없다고 할 것이다. **이 사건 판결들의 취소를 구하는 이 부분 심판청구는 모두 부적법하다**고 할 것이다.

Ⅳ. 이 사건 부과처분들의 취소청구에 관하여

이 사건 부과처분들과 같은 원처분에 대하여 헌법소원심판청구를 받아들여 이를 취소하는 것은, 원처분을 심판의 대상으로 삼았던 법원의 재판이 예외적으로 헌법소원심판의 대상이 되어 그 재판 자체까지 취소되는 경우에 한하고, 이와는 달리 법원의 재판이 취소되지 아니하는 경우에는 확정판결의 기판력으로 인하여 원처분은 헌법소원심판의 대상이 되지 아니한다고 할 것이다.

그런데 이 사건 부과처분들은 그에 대한 법원의 재판인 **이 사건 판결들이 앞서 본 바와 같이 헌법소원심판의 대상이 될 수 없어 취소될 수 없으므로 모두 헌법소원심판의 대상이 될 수 없는 것**이어서 이 사건 부과처분들의 취소를 구하는 이 부분 심판청구 역시 모두 부적법하다고 할 것이다.

재판관 김용준, 재판관 신창언의 Ⅲ, Ⅳ에 대한 반대의견

이 사건 대법원 판결들은 헌법재판소의 헌법불합치결정으로 인하여 더 이상 적용하면 안되는 위헌적인 법률을 적용한 것으로서 위헌결정의 하나인 **헌법불합치결정의 기속력에 반**하는 재판임이 분명하므로 이에 대한 헌법소원은 허용된다 할 것이고, 나아가 위헌적 법률을 적용한 이 사건 대법원 판결들로 말미암아 **청구인들의 헌법상 보장된 기본권인 재산권이 침해**되었다 할 것이다. 따라서 **이 사건 대법원 판결들은 헌법재판소법 제75조 제3항에 따라 취소**함이 마땅하다.

위에서 본 바와 같이 이 사건 **대법원 판결들을 취소하여야 하는 이상 이 사건 과세처분들 역시 헌법 제75조 제3항에 따라 취소**함이 마땅하다.

재판관 조승형의 Ⅲ, Ⅳ에 대한 반대의견

헌법불합치결정은 합헌결정의 변형이 아닌 위헌결정의 변형이므로, 그 결정에서 명시적으로 심판대상법률의 잠정적용을 명하거나 경과규정을 두지 않는 한, 헌법불합치로 선언된 법률의 잠정적용은 허용할 수 없는 것이다.

91헌바1등 결정에서 개정법률을 적용하라고 설시한 취지는 구법의 헌법불합치성이 입법자에 의하여 합치적으로 개정된 것으로 보고 구법이 적용되어야 할 사건 모두에 개정법률을 적용하게 하려는 데 있었다.

1990. 9. 1. 이후에 양도한 재산에 대하여는 개정된 소득세법 제99조에 따라, 그 이전에 양도한 재산에 대하여는 입법자가 만든 위헌적 상태가 제거된 새로운 법률에 따라 각 재판을 하여야 할 의무가 있음에도 불구하고, 개정법률의 흠을 법률해석이라는 명목으로 위헌심판을 한 구법을 다시 적용하여 청구인들에 대한 이 사건 부과처분의 당부를 판결한 것은 헌법불합치결정의 법리를 오해한 위법이 있다고 보지 않을 수 없다.

이상의 이유로, **이 사건 판결들 및 부과처분들은 헌법불합치결정을 한 위헌인 법률을 적용하여 국민의 재산권을 침해한 것이므로 모두 취소결정을 하여 청구인들의 이 심판청구를 인용하는 것이 옳다**고 생각한다.

재판관 이영모의 Ⅱ에 대한 반대의견

다수의견이 주문 제1항에서 "헌법재판소법 제68조 제1항은 그 본문의 '법원의 재판'에 헌법재판소가 위헌으로 결정한 법령을 적용함으로써 국민의 기본권을 침해한 재판을 포함하는 부분 이외에는 헌법에 위반되지 아니한다"라는 부분은 그 범위가 좁기 때문에 **"헌법재판소법 제68조 제1항 본문의 '법원의 재판'에 위헌인 법률을 적용함으로써 국민의 기본권을 침해하는 재판을 포함하는 것으로 해석하는 한도 내에서 헌법에 위반된다"고 넓혀서 해석하는 것이 옳다**는 견해를 갖고 있다.

그 이유는, 우리 헌법은 재판의 전제가 되는 법률에 대한 위헌제청의무는 재판당사자가 아닌 법원에 부담시키고 있음은 헌법 제111조 제1항 제1호, 제107조 제1항의 규정상 명백하고, 위헌인 법률을 합헌으로 해석할 권한이 없는 법원의 재판에 대하여는 당해 법률과 그 법률을 적용한 법원의 재판 또한 헌법소원 심판대상으로 삼는 것이 견제와 균형을 본질로 하는 권력분립의 원리와 헌법재판소에 위헌법률심판권을 부여한 헌법의 이념에 부합하며, 헌법을 정점으로 하는 법체계의 정합성(整合性)도 도모할 수 있기 때문이다.

✤ 본 판례에 대한 평가 본 판례에서는 근거법률이 위헌으로 선언된 원행정처분 및 그에 대한 재판에 대한 헌법소원심판 청구의 적법성이 다투어졌다. 원행정처분에 대한 헌법소원심판 청구가 적법하기 위하여는 헌법재판소가 헌재 1998. 5. 28. 91헌마98 등에서 판시한바, 원행정처분을 심판의 대상으로 삼았던 법원의 재판이 예외적으로 헌법소원심판의 대상이 되어 그 재판자체까지 취소되는 경우이어야 한다. 법원의 재판이 예외적으로 헌법소원심판의 대상이 되는 경우란 헌재 1997. 12. 24. 96헌마172 등에서 밝히고 있듯이, **첫째, 헌법재판소가 위헌으로 결정한 법령을 적용함으로써 둘째, 국민의 기본권을 침해한 재판이어야 한다.**

본 판례의 다수의견은 이 사건 원행정처분 등은 공시지가제도가 시행된 1990. 9. 1.을 기준으로 하여 그 이전에 양도한 토지에 대한 양도소득세부과처분에 대한 재판은 1995. 11. 30. 91헌바1 등의 헌법불합치결정의 기속력에 따른 것으로 헌법소원의 대상이 되는 재판이 아니라고 하였다. 한편, 1990. 9. 1. 이후에 양도한 토지에 대한 양도소득세부과처분에 대한 재판은 91헌바1 등의 헌법불합치결정의 기속력에는 반하지만 국민의 기본권을 침해하지는 않기 때문에 역시 헌법소원의 대상이 되는 재판이 아니라고 판단하였다. 이에 원행정처분과 그 재판에 대한 헌법소원심판 청구를 모두 각하하였다.

이 사건은 **변형결정의 일종인 헌법불합치결정의 기속력의 의미, 재판과 원행정처분에 대한 헌법소원의 허부**라는 헌법소송법적으로 중요한 논점에 관하여 그동안의 판시를 확인하고 적용하여 결론을 이끌어 내었다는 점에서 주목할 만하다.

관련 문헌: 성낙인, 헌법연습(법원의 재판에 대한 헌법소원과 헌재의 변형결정의 효력), 897-912면; 정연주, "헌법재판소법 제68조 제1항에 대한 한정위헌결정의 문제점," 고시계 1998. 2, 125면 이하.

[요약판례 1] 헌법재판소법 제68조 제1항 위헌확인 등: 한정위헌,인용(취소)(헌재 1997.12.24. 96헌마172등)

법원의 재판을 헌법소원심판의 대상으로부터 배제하는 헌법재판소법 제68조 제1항의 위헌여부(한정적극) 및 헌법재판소가 위헌으로 결정한 법령을 적용함으로써 국민의 기본권을 침해한 법원판결의 취소 여부(적극)

(1) 헌법 제111조 제1항 제5호가 '법률이 정하는 헌법소원에 관한 심판'이라고 규정한 뜻은 구체적인 입법을 통하여 구현하게끔 위임한 것으로 보아야 할 것이므로, 헌법소원은 언제나 '법원의 재판에 대한 소원'을 그 심판의 대상에 포함하여야만 비로소 헌법소원제도의 본질에 부합한다고 단정할 수 없다. **입법작용과 행정작용의 잠재적인 기본권침해자로서의 기능과 사법작용의 기본권의 보호자로서의 기능이 법원의 재판을 헌법소원심판의 대상에서 제외한 것을 정당화하는 본질적인 요소이므로, 헌법재판소법 제68조 제1항은 평등의 원칙에 위반된 것이라 할 수 없다. 다만, 헌법**

재판소법 제68조 제1항이 원칙적으로 헌법에 위반되지 아니한다고 하더라도, 법원이 헌법재판소가 위헌으로 결정하여 그 효력을 전부 또는 일부 상실하거나 위헌으로 확인된 법률을 적용함으로써 국민의 기본권을 침해한 경우에도 법원의 재판에 대한 헌법소원이 허용되지 않는 것으로 해석한다면, 위 법률조항은 그러한 한도 내에서 헌법에 위반된다.

(2) 헌법재판소의 법률에 대한 위헌결정에는 단순위헌결정은 물론, 한정합헌, 한정위헌결정과 헌법불합치결정도 포함되고 이들은 모두 당연히 기속력을 가진다.

(3) 법률에 대한 위헌심사는 당연히 당해 법률 또는 법률조항에 대한 해석이 전제되는 것이고, 헌법재판소의 한정위헌의 결정은 단순히 법률을 구체적인 사실관계에 적용함에 있어서 그 법률의 의미와 내용을 밝히는 것이 아니라 법률에 대한 위헌성심사의 결과로서 법률조항이 특정의 적용영역에서 제외되는 부분은 위헌이라는 것을 뜻한다. 따라서 헌법재판소의 한정위헌결정은 결코 법률의 해석에 대한 헌법재판소의 단순한 견해가 아니라, 헌법에 정한 권한에 속하는 법률에 대한 위헌심사의 한 유형인 것이다.

(4) 행정처분이 헌법에 위반되는 것이라는 이유로 그 취소를 구하는 행정소송을 제기하였으나 법원에 의하여 그 청구가 받아들여지지 아니한 후 다시 원래의 행정처분에 대하여 헌법소원심판을 청구하는 것이 원칙적으로 허용될 수 있는지의 여부에 관계없이, 이 사건의 경우와 같이 행정소송으로 행정처분의 취소를 구한 청구인의 청구를 받아들이지 아니한 법원의 판결에 대한 헌법소원심판의 청구가 예외적으로 허용되어 그 재판이 헌법재판소법 제75조 제3항에 따라 취소되는 경우에는 원래의 행정처분에 대한 헌법소원심판의 청구도 이를 인용하는 것이 상당하다.

[요약판례 2] 헌법재판소법 제68조 제1항 위헌확인 등: 기각,각하(헌재 2001.2.22. 99헌마461등)

(1) 법원의 재판을 헌법소원심판의 대상으로부터 배제하는 헌법재판소법 제68조 제1항의 위헌 여부(한정적극)

(2) 위헌이기는 하지만 아직 헌법재판소에 의하여 위헌으로 선언된 바가 없는 법률이 적용된 재판이 헌법소원의 대상이 되는지 여부(소극)

(1) 헌법재판소법 제68조 제1항은 법원이 헌법재판소의 기속력 있는 위헌결정에 반하여 그 효력을 상실한 법률을 적용함으로써 국민의 기본권을 침해하는 경우에는 예외적으로 그 재판도 헌법소원심판의 대상이 된다고 해석하여야 한다. 따라서 헌법재판소법 제68조 제1항의 '법원의 재판'에 **헌법재판소가 위헌으로 결정하여 그 효력을 상실한 법률을 적용함으로써 국민의 기본권을 침해하는 재판도 포함되는 것으로 해석하는 한도내에서, 헌법재판소법 제68조 제1항은 헌법에 위반된다**고 하겠다.

(2) 법률의 위헌 여부를 심사하는 헌법재판절차를 헌법과 법률에 의하여 따로 제도화하고 있는 우리나라의 경우에는 헌법재판소가 위헌을 선언하기 전까지는 모든 법률은 합헌으로 인정되어 법원에서도 그 적용을 거부할 수 없다. 위헌의 의심이 있어 헌법재판소에 위헌제청신청을 하여 그 적용을 일시 유보하는 수는 있지만 그렇지 아니한 경우에는 그 적용을 거부할 수는 없는 것이다. 그러므로 **비록 후일 그 법률이 헌법재판소에 의하여 위헌으로 판명된 경우라고 하더라도 그 이전의 단계에 있어서는 그 법률을 판사가 적용하는 것은 제도적으로 정당성이 보장된 것이다. 따라서 비록 위헌이기는 하지만 아직 헌법재판소에 의하여 위헌으로 선언된 바가 없는 법률이 적용된 재판을 위법한 공권력의 행사라고 하여 헌법소원의 대상으로 삼을 수는 없는 것이다.**

(재판관 이영모의 위 (1), (2)에 대한 별개의견) 법원은 헌법에 따라 정당한 판단을 할 것을 조건으로 법률에 대한 합헌적인 해석권만을 가지고 있으므로 위헌인 법률을 합헌으로 해석하여 국민의 기본권을 침해한 법원의 재판도 헌법소원 심판대상으로 삼아야 하고, 헌법재판소법 제68조 제1항 본문의 '법원의 재판'에 위헌인 법률을 적용함으로써 국민의 기본권을 침해한 재판도 포함되는 것으로 해석하는 한도 내에서, 헌법재판소법 제68조 제1항은 헌법에 위반된다.

[요약판례 3] 상고심절차에관한특례법 제2조 등 위헌확인: 기각,각하(헌재 2002.5.30. 2001헌마781)

(1) 행정소송의 경우에도 심리불속행 제도를 적용하도록 한 상고심절차에관한특례법 제4조 제1항, 제3항 및 제5조 제1항, 제2항 중 행정소송에 관한 부분의 위헌여부(소극)
(2) 재판소원을 금지하고 있는 헌법재판소법 제68조 제1항 본문 중 "법원의 재판을 제외하고는" 부분의 위헌여부(한정적극)
(3) 법무사시험불합격처분취소 청구소송에 대하여 심리불속행제도에 의한 대법원 판결이 헌법소원심판의 대상이 되는 예외적인 재판에 해당하지 아니한다고 판시한 사례
(4) 원행정처분을 심판대상으로 삼은 재판이 취소되지 아니하는 경우 당해 행정처분이 헌법소원의 대상이 되는지 여부(소극)

(1) 재판을 받을 권리가 사건의 경중을 가리지 않고 모든 사건에 대하여 대법원을 구성하는 법관에 의한 균등한 재판을 받을 권리를 의미한다거나 또는 상고심재판을 받을 권리를 의미하는 것이라고 할 수는 없고, 심급제도는 원칙적으로 입법자의 형성의 자유에 속하는 사항이다. 이 사건 **상고심절차에관한특례법 조항은 비록 국민의 재판청구권을 제약하고 있기는 하지만 심급제도와 대법원의 기능에 비추어 볼 때, 헌법이 요구하는 대법원의 최고법원성을 존중하면서 민사, 가사, 행정 등 소송사건에 있어서 상고심재판을 받을 수 있는 객관적 기준을 정함에 있어 개별적 사건에서의 권리구제보다 법령해석의 통일을 더 우위에 둔 규정으로서 그 합리성이 있다고 할 것이므로 헌법에 위반되지 아니한다.**

(2) 헌법재판소는 헌법재판소법 제68조 제1항 중 "**법원의 재판을 제외하고는" 부분은 이 '법원의 재판'에 헌법재판소가 위헌으로 결정한 법령을 적용함으로써 국민의 기본권을 침해한 재판을 포함되는 것으로 해석하는 한도 내에서 헌법에 위반된다.**

(3) 법원의 재판자체는 헌법재판소가 위헌으로 결정한 법령을 적용함으로써 국민의 기본권을 침해한 재판에 대하여만 예외적으로 헌법소원심판을 청구할 수 있는 것인바, 법무사시험불합격처분의 취소를 구하는 행정소송에서 상고심절차에관한특례법 제4조 소정의 심리불속행에 의하여 상고를 기각한 이 사건 대법원 판결은 위와 같은 예외적인 재판에 해당되지 아니한다.

(4) 원행정처분에 대한 헌법소원심판청구를 받아들여 이를 취소하는 것은, 원행정처분을 심판의 대상으로 삼았던 법원의 재판이 예외적으로 헌법소원심판의 대상이 되어 그 재판 자체가 취소되는 경우에 한하는바, 이 사건 불합격처분을 심판대상으로 삼았던 이 사건 대법원 판결은 헌법소원심판의 대상이 되는 경우에 해당하지 않아 취소될 수 없으므로, 이 사건 불합격처분 역시 헌법소원심판의 대상이 될 수 없다. 재판관 하경철의 별개의견 구제절차로서의 재판을 거친 원행정처분은 그 재판과는 별도로 헌법소원의 심판대상이 된다. 다만 이 부분 심판청구는 청구인이 이 사건 판결정본을 송달받고 그 날로부터 30일이 지난 후에 청구하였으므로 청구기간이 도과된 것으로 부적법하다 할 것이다.

대판 1996.4.9. 95누11405

(1) 헌법재판소의 한정위헌결정의 의미 및 그 기속력
(2) 헌법재판소의 모법에 대한 한정위헌결정이 구 소득세법시행령 제170조 제4항 제2호에 미치는 영향

(1) 헌법재판소의 결정이 그 주문에서 당해 법률이나 법률조항의 전부 또는 일부에 대하여 위헌 결정을 선고함으로써 그 효력을 상실시켜 법률이나 법률조항이 폐지되는 것과 같은 결과를 가져온 것이 아니라, 그에 대하여 특정의 해석 기준을 제시하면서 그러한 해석에 한하여 위헌임을 선언하는, 이른바 **한정위헌결정의 경우에는 헌법재판소의 결정에 불구하고 법률이나 법률조항은 그 문언이 전혀 달라지지 않은 채 그냥 존속하고 있는 것이므로 이와 같이 법률이나 법률 조항의 문언이 변경되지 아니한 이상 이러한 한정위헌결정은 법률 또는 법률조항의 의미, 내용과 그 적용**

범위를 정하는 법률해석이라고 이해하지 않을 수 없다. 그런데 구체적 사건에 있어서 당해 법률 또는 법률조항의 의미·내용과 적용범위가 어떠한 것인지를 정하는 권한, 곧 법령의 해석·적용 권한은 바로 사 법권의 본질적 내용을 이루는 것으로서, 전적으로 대법원을 최고법원으로 하는 법원에 전속한다. 이러한 법리는 우리 헌법에 규정된 국가권력분립구조의 기본 원리와 대법원을 최고법원으로 규정한 헌법의 정신으로부터 당연히 도출되는 이치로서, 만일 법원의 이러한 권한이 훼손된다면 이는 헌법 제101조는 물론이요, 어떤 국가기관으로부터도 간섭받지 않고 오직 헌법과 법률에 의하여 그 양심에 따라 독립하여 심판하도록 사법권 독립을 보장한 헌법 제103조에도 위반되는 결과를 초래한다. 그러므로 한정위헌결정에 표현되어 있는 헌법재판소의 법률해석에 관한 견해는 법률의 의미·내용과 그 적용범위에 관한 헌법재판소의 견해를 일응 표명한 데 불과하여 이와 같이 법원에 전속되어 있는 법령의 해석·적용 권한에 대하여 어떠한 영향을 미치거나 기속력도 가질 수 없다.

(2) 법률보다 하위법규인 대통령령의 제정근거가 되는 법률조항(이른바 위임 규정)에 대하여 한정위헌결정이 있는 경우에 있어서도, 앞에서 본 바와 같이 그 법률조항의 문언이 전혀 변경되지 않은 채 원래의 표현 그대로 존속하고 있는 이상 그 법률조항의 의미·내용과 적용범위는, **역시 법령을 최종적으로 해석·적용할 권한을 가진 최고법원인 대법원에 의하여 최종적으로 정하여질 수밖에 없고, 그 법률조항의 해석은 어디까지나 의연히 존속하고 있는 그 문언을 기준으로 할 수밖에 없다 할 것이므로 그 문언이 표현하고 있는 명백한 위임취지에 따라 제정된 대통령령 조항 역시 의연히 존속한다**고 보아야 한다.

대판 1997.3.28. 96누15602
기준시가결정에 관한 구 소득세법 제60조에 대한 헌법재판소의 헌법불합치결정의 취지 및 개정법률의 소급적용여부(소극)

헌법재판소가 1995. 11. 30. 91헌바1, 95헌바12 등 병합사건에서 구 소득세법(1994. 12. 22. 법률 제4803호로 전문 개정되기 전의 것) 제60조가 위헌임에도 불구하고 굳이 헌법불합치결정을 한 것은 단순위헌결정을 하는 경우 그 결정의 효력이 당해 사건 등에 광범위하게 미치는 결과 구 법령에 근거한 양도소득세 부과처분이 모두 취소되게 되어 법적 공백의 발생, 조세수입 감소로 인한 국가 재정의 차질, 기납세자와의 형평 위배 등의 불합리가 발생하므로 이러한 부작용을 회피하기 위하여 개정법령의 시행일 이전에 종전의 법령을 적용하여 한 부과 처분을 그대로 유지함이 옳다는 판단에서 나온 것임이 분명하다. 그런데 위 결정 이유의 전단에서는 종래의 법령의 계속 적용이 가능하다고 하면서도 후단에 서는 개정법률이 위헌성이 제거되었다는 이유로 이를 당해 사건 등에 소급하여 적용할 것을 설시하고 있으나, 이를 소급적용할 법리상 근거도 없을 뿐만 아니라 개별공시지가 시행 이전에 이미 양도가 이루어진 사건에 있어서는 위 개정 법률은 양도 당시의 과세시가표준액 등에 의한 기준시가를 위 개정법률이 정하고 있는 개별공시지가로 환산하는 규정을 결하고 있으므로, 그와 같은 사례에 있어서는 그 처분이 전부 취소될 수밖에 없어 헌법불합치결정을 채택하는 근거 로 내세운 법적 공백의 회피, 국가의 재정차질 방지 및 납세자 사이의 형평 유지에 정면으로 모순되는 결과가 발생하게 된다. 그렇다면 **결국 위 헌법불합치 결정은 당해 조항의 위헌성이 제거된 개정법률이 시행되기 이전까지는 종전 구 소득세법 제60조를 그대로 잠정 적용하는 것을 허용하는 취지의 결정이라고 이해할 수밖에 없고, 그것이 당해 사건이라고 하여 달리 취급하여야 할 이유가 없다.**

(다) 법원의 재판에 대한 헌법소원의 예외적 인정

(라) 소결: 법원의 재판에 대한 헌법소원의 원칙적 인정 필요성

[요약판례 1] 소액사건심판법 제3조에 대한 헌법소원: 합헌(헌재 1992.6.26. 90헌바25)

(1) 헌법상 재판을 받을 권리의 기본적인 내용
(2) 대법원의 재판을 받을 권리가 헌법상 기본권인지 여부
(3) 소액사건심판법 제3조의 위헌여부

(1) 재판이란 사실확정과 법률의 해석적용을 본질로 함에 비추어 **법관에 의하여 사실적 측면과 법률적 측면의 한 차례의 심리검토의 기회는 적어도 보장되어야 할 것은 물론, 또 그와 같은 기회에 접근하기 어렵도록 제약이나 장벽을 쌓아서는 안 된다** 할 것인바, 만일 그러한 보장이 제대로 안되면 헌법상 재판을 받을 권리의 본질적 침해의 문제가 생길 수 있다 할 것이다.

(2) 상소심에서 재판을 받을 권리를 **헌법상 명문화한 규정이 없고 상고문제가 일반법률에 맡겨진 우리의 법제**에서는 헌법 제27조에서 규정한 재판을 받을 권리에 모든 사건에 대해 상고법원의 구성법관에 의한, 상고심절차에 의한 재판을 받을 권리까지도 포함된다고 단정할 수 없을 것이고, 모든 사건에 대해 획일적으로 상고할 수 있게 하느냐 않느냐는 특단의 사정이 없는 한 **입법정책의 문제**라고 할 것이다.

(3) 소액사건에 관하여 일반사건에 비하여 상고 및 재항고를 제한하고 있는 소액사건심판법 제3조는 헌법 제27조의 재판을 받을 권리를 침해하는 것이 아니고, 상고제도라고 한다면 산만하게 이용되기보다 좀 더 크고 국민의 법률생활의 중요한 영역의 문제를 해결하는데 집중적으로 투입 활용되어야 할 공익상의 요청과 신속·간편·저렴하게 처리되어야 할 **소액사건절차 특유의 요청** 등을 고려할 때 현행 소액사건상고제한 제도가 결코 위헌적인 차별대우라 할 수 없으며, **소액사건심판법 제3조는 대법원에 상고할 수 있는 기회를 제한하는 것이지 근본적으로 박탈하고 있는 것이 아니므로, 결국 위 법률조항은 헌법에 위반되지 아니한다.**

(재판관 변정수의 반대의견) 대법원의 재판을 받을 권리, 즉 상고권은 헌법 제27조 제1항에서 도출되는 기본권으로서 일종의 헌법상 보장된 절차적 기본권이다.

소액사건심판법 제3조는 헌법 제27조 제1항에서 도출되는 기본권인 대법원의 재판을 받을 권리의 본질적 내용을 침해하는 것이고 또한 단순히 소송가액만을 기준으로 하여 획일적으로 상고권을 제한하는 것이어서 헌법 제11조 제1항의 평등의 원칙에도 위배되는 위헌의 법률이고, 위 법률조항과 불가분의 관계에 있는 소액사건심판법 제2조 제1항도 헌법상 법치주의의 원리, 특히 그 중에서도 법률유보의 원칙에 정면으로 위배되는 위헌의 법률이다.

[요약판례 2] 소송촉진등에관한특례법 제11조 및 제12조의 위헌여부에 관한 헌법소원: 합헌 (헌재 1995.1.20. 90헌바1)

상고이유 제한 및 상고허가제를 규정한 구 소송촉진등에관한특례법 제11조 및 제12조의 위헌여부

헌법이 대법원을 최고법원으로 규정하였다고 하여 대법원으로 하여금 모든 사건을 상고심으로서 관할할 것을 요구하는 것은 아니며, "헌법과 법률이 정한 법관에 의하여 법률에 의한 재판을 받을 권리"가 사건의 경중을 가리지 않고 모든 사건에 대하여 대법원을 구성하는 법관에 의한 균등한 재판을 받을 권리를 의미한다거나 또는 상고심재판을 받을 권리를 의미하는 것이라고 할 수는 없다. 심급제도는 사법에 의한 권리보호에 관하여, 한정된 법발견 자원의 합리적인 분배의 문제인 동시에 재판의 적정과 신속이라는 서로 상반되는 두 가지의 요청을 어떻게 조화시키느냐의 문제로 돌아가므로 기본적으로 입법자의 형성의 자유에 속하는 사항이고, 상고 허용 여부의 객관적 기준은 상고제도를 어떠한 목적으로 운용할 것인가에 따라 달라지게 되는바, **상고제도의 목적**을 **법질서의 통일과 법발전 또는 법창조에 관한 공익의 추구**에 둘 것인지 **구체적 사건의 적정한 판단에 의한 당사자의 권리구제**에 둘 것인지 아니면 양자를 다 같이 고려할 것인지는 역시 입법자의 형성의 자유에 속하는 사항으로서 그 중 어느 하나를 더 우위에 두었다 하여 헌법에 위반되는 것은 아니다. **위 특례법 제11조 및 제12조**는 헌법이 요구하는 대법원의 최고법원성을 존중하면서 다른 한편 대법원의 민사소송사건에 대한 상고심으로서의 기능 중 **법질서의 통일 및 법발전을 통한 공익의 추구라는 측면을 구체적 사건에서의 적정한 판단에 의한 당사자의 권리구제보다 더 우위에 둔 규정으로서 합리성이 있다**고 할 것이므로 헌법에 위반되지 아니한다.

[요약판례 3] 특허법 제186조 제1항 등 위헌제청: 헌법불합치(헌재 1995.9.28. 93헌가8등)

(1) 재판청구권의 의미

(2) 특허쟁송절차와 법관에 의한 재판을 받을 권리

(3) 특허쟁송절차와 사법국가주의

(1) **법관에 의한 재판을 받을 권리**를 보장한다고 함은 결국 **법관이 사실을 확정하고 법률을 해석·적용하는 재판을 받을 권리를 보장한다는 뜻이고, 그와 같은 법관에 의한 사실확정과 법률의 해석적용의 기회에 접근하기 어렵도록 제약이나 장벽을 쌓아서는 아니 된다**고 할 것이며, 만일 그러한 보장이 제대로 이루어지지 아니한다면 헌법상 보장된 재판을 받을 권리의 본질적 내용을 침해하는 것으로서 우리 헌법상 허용되지 아니한다.

(2) 특허청의 심판절차에 의한 심결이나 보정각하결정은 특허청의 행정공무원에 의한 것으로서 이를 헌법과 법률이 정한 법관에 의한 재판이라고 볼 수 없으므로 **특허법 제186조 제1항은 법관에 의한 사실확정 및 법률적용의 기회를 박탈한 것으로서 헌법상 국민에게 보장된 "법관에 의한" 재판을 받을 권리의 본질적 내용을 침해하는 위헌규정**이다.

(3) **특허법 제186조 제1항이 행정심판임이 분명한 특허청의 항고심판심결이나 결정에 대한 법원의 사실적 측면과 법률적 측면에 대한 심사를 배제하고 대법원으로 하여금 특허사건의 최종심 및 법률심으로서 단지 법률적 측면의 심사만을 할 수 있도록 하고 재판의 전심절차로서만 기능하게 하고 있는 것**은, 앞서 본 바와 같이 일체의 법률적 쟁송에 대한 재판기능을 대법원을 최고법원으로 하는 법원에 속하도록 규정하고 있는 **헌법 제101조 제1항 및 제107조 제3항에 위반된다**.

[요약판례 4] 소액사건심판법 제3조에 대한 헌법소원: 합헌(헌재 1995.10.26. 94헌바28)

법률에 의한 재판을 받을 권리와 상고심재판을 받을 권리 및 소액사건 상고제한제도의 합리성

"**법률에 의한 재판을 받을 권리**"라 함은 법관에 의한 재판을 받되 법에 정한 대로의 재판, 즉 절차법이 정한 절차에 따라 실체법이 정한 내용대로 재판을 받을 권리를 보장하는 취지로서 자의와 전단에 의한 재판을 배제한다는 것이므로 **여기에서 곧바로 상고심재판을 받을 권리가 생겨난다고 보기 어렵다**.

재판제도 이용의 효율화의 측면에서나, 사익에 관한 분쟁해결방식인 민사소송에 있어서 얻어질 이익과 지출하여야 할 비용·노력과의 비례균형 유지의 요청, 신속·저렴하게 처리되어야 할 **소액사건절차 특유의 요청**들을 함께 고려할 때 **현행 소액사건 상고제한제도가 결코 합리성이 없다거나 입법자의 위헌적인 차별이라고 할 수 없다**.

[요약판례 5] 헌법재판소법 제68조 제1항 위헌확인 등: 한정위헌,인용(취소)(헌재 1997.12.24. 96헌마172등)

대법원의 재판을 받을 권리와 헌법재판소의 심판을 받을 권리

헌법 제107조 제1항은 "법률이 헌법에 위반되는 여부가 재판의 전제가 된 경우에는 법원은 헌법재판소에 제청하여 그 심판에 의하여 판단한다"고 규정하고, 제2항은 "명령·규칙 또는 처분이 헌법이나 법률에 위반되는 여부가 재판의 전제가 된 경우에는 대법원은 이를 최종적으로 심사할 권한을 가진다"고 규정하여 구체적 규범통제절차에서의 법률에 대한 위헌심사권과 명령·규칙·처분에 대한 위헌심사권을 분리하여 각각 헌법재판소와 대법원에 귀속시킴으로써 헌법의 수호 및 기본권의 보호가 오로지 헌법재판소만의 과제가 아니라 헌법재판소와 법원의 공동과제라는 것을 밝히고 있다.

대판 1976.11.9. 76도3076

상고이유를 제한한 형사소송법 제384조 제4호가 헌법 제24조, 제100조 제2항에 위반되는지 여부(소극)

헌법 24조, 100조, 105조 2항, 108조 2항, 101조에서 규정되어 있는 외에는 법률은 대법원의 재판권에 관해서 합리적인 범위내에서 적의 규정할 수 있다고 할 것이므로 형사소송법 383조 4호가 형사사건에 관해서 상고할 수 있는 사유를 제한하였다고 해서 그것이 곧 헌법 24조, 100조에서 보장하고 있는 대법원에 이르기까지 재판을 받을 권리를 제한하는 것이라고 할 것이 아니다.

대판 1989.10.24. 89카55
소액사건심판법 제3조 제1호의 위헌여부(소극)

소액사건심판법 제3조 제1호는 소액의 민사사건을 간이한 절차에 따라 신속히 처리하기 위하여 상고이유를 일반 민사소송법에서의 그것에 비하여 제한한 바 있으나 그로 인하여 상고권을 박탈하였다고 볼 수 없으니 위 조항이 헌법 제11조 제1항(평등권)이나 제27조 제1항(재판을 받을 권리)에 위배된 위헌규정이라고는 할 수 없다.

대판 1989.12.15. 88카75
소송촉진등에관한특별법 제12조의 상고허가제도에 관한 규정이 헌법 제27조 제1항(재판을 받을 권리)에 위배되는지 여부(소극)

헌법 제27조 제1항에 규정된 국민의 재판청구권은 법률에 의한 재판을 받을 권리를 의미하는 것으로서 헌법 제102조 제3항은 대법원과 각급 법원의 구체적인 재판관할권은 법률로써 정하도록 규정하고 있으므로 특히 헌법이 대법원의 재판관할을 명시하고 있는 헌법 제107조 제2항, 제110조 제2항의 경우 이외에 법률로써 대법원의 재판관할권이 미치는 상고범위를 제한하더라도 헌법에 위반된다고 볼 수 없을 뿐 아니라 소송촉진등에관한특례법 제12조에 의한 상고허가제도는 대법원에 의한 재판을 받을 수 있는 기회를 합리적인 방법으로 부여하고 있는 것이므로 위 특례법에 정한 상고허가제도에 관한 규정이 헌법에 정한 국민의 재판청구권을 박탈하는 위헌규정이라고 할 수 없다.

대판 1995.7.14. 95카기41
상고심절차에관한특례법 제4조 제1항이 헌법에 위배되는지 여부(소극)

헌법 제27조 제1항에서 규정하고 있는 헌법과 법률이 정한 법관에 의하여 법률에 재판을 받을 국민의 권리에 모든 사건에 대해 상고법원의 구성 법관에 의한, 상고심절차에 의한 재판을 받을 권리까지 포함된다고 단정할 수 없을 뿐 아니라, 상고심절차에관한특례법 제4조 제1항은 상고이유에 관한 주장이 동조항 제1호 내지 제6호의 사유를 포함하지 아니한다고 인정되는 때에는 더 나아가 심리를 하지 않고 상고기각의 판결을 할 수 있다는 것에 불과하므로, 위 특례법 조항이 헌법 제27조 제1항에 위배된다고 볼 수 없다.

(3) 결정의 효력

(가) 의의: 단순위헌결정의 확정력 · 일반적 효력 · 기속력

(나) 한정위헌결정과 같은 변형결정의 기속력(羈束力)

대판 1991.6.11. 90다5450
(1) "1. 국회의원선거법 제33조 및 제34조는 헌법에 합치되지 아니한다. 2. 위 법률 조항은 1991년 5월 말을 시한으로 입법자가 개정할 때까지 그 효력을 지속한다"라고 한 헌법재판소 결정의 의미
(2) 헌법재판소의 위헌결정이 법률의 위헌심판제청을 하게 된 당해 사건에 있어 소급효를 가지는지 여부(적극)

(1) "1. 국회의원선거법 제33조 및 제34조는 헌법에 합치되지 아니한다. 2. 위 법률 조항은 1991년 5월 말을 시한으로 입법자가 개정할 때까지 그 효력을 지속한다"라고 한 헌법재판소의 결정은 헌법재판소법 제45조 본문 및 같은 법 제47조 제1항 소정의 위헌결정임이 틀림없고, 이는 다만 같은법 제47조 제2항 본문의 예외로서 위헌결정으로 인한 법률 조항의 효력상실시기만을 일정기간 뒤로 미루고 있음에 지나지 아니한다.

(2) 법률의 위헌 여부의 심판제청은 그 전제가 된 당해 사건에서 위헌으로 결정된 법률 조항을 적용받지 않으려는 데에 그 목적이 있고, 헌법 제107조 제1항에도 위헌결정의 효력이 일반적으로는 소급하지 아니하더라도 당해 사건에 한하여는 소급하는 것으로 보아, 위헌으로 결정된 법률 조항의 적용을 배제한 다음 당해 사건을 재판하도록 하려는 취지가 포함되어 있다고 보여질 뿐만 아니라, 만일 제청을 하게 된 당해 사건에 있어서도 소급효를 인정하지 않는다면, 제청 당시 이미 위헌 여부 심판의 전제성을 흠결하여 제청조차 할 수 없다고 해석되어야 하기 때문에, 구체적 규범통제의 실효성을 보장하기 위하여서라도 적어도 당해 사건에 한하여는 위헌결정의 소급효를 인정하여야 한다고 해석되고, 이와 같은 해석은 이 사건에 있어서와 같이 헌법재판소가 실질적으로 위헌결정을 하면서도 그로 인한 법률 조항의 효력상실시기만을 일정기간 뒤로 미루고 있는 경우에도 마찬가지로 적용된다.

(다) 검 토

(4) 헌법재판소가 법원의 판결을 취소하는 결정의 효력

(가) 대법원판결의 취소여부

(나) 행정처분의 취소여부

(5) 사법부작위(司法不作爲)

[요약판례 1] 재판지연 위헌확인: 각하(헌재 1999.9.16. 98헌마75)

(1) 공권력의 불행사에 대한 헌법소원의 요건

(2) 국민의 재판청구행위에 대하여 법원이 헌법 및 법률상으로 신속한 재판을 해야 할 작위의무가 존재하는지 여부(소극)

(1) **공권력의 불행사**에 대한 헌법소원은 공권력의 주체에게 **헌법에서 직접 도출되는 작위의무나 법률상의 작위의무가 특별히 구체적으로 존재하여 이에 의거하여 기본권의 주체가 그 공권력의 행사를 청구할 수 있음에도 불구하고 공권력의 주체가 그 의무를 해태하는 경우**에 한하여 허용되므로, 이러한 작위의무가 없는 공권력의 불행사에 대한 헌법소원은 부적법하다.

(2) 법원은 **민사소송법 제184조(현행 민사소송법 제199조)**에서 정하는 기간내에 판결을 선고하도록 **노력해야 하겠지만, 이 기간 내에 반드시 판결을 선고해야 할 법률상의 의무가 발생한다고 볼 수 없으며, 헌법 제27조 제3항 제1문에 의거한 신속한 재판을 받을 권리의 실현을 위해서는 구체적인 입법형성이 필요하고, 신속한 재판을 위한 어떤 직접적이고 구체적인 청구권이 이 헌법규정으로부터 직접 발생하지 아니하므로**, 보안관찰처분들의 취소청구에 대해서 법원이 그 처분들의 효력이 만료되기 전까지 신속하게 판결을 선고해야 할 헌법이나 법률상의 작위의무가 존재하지 아니한다.

[요약판례 2] 항소부제기 위헌확인: 각하(헌재 2004.2.26. 2003헌마608)

재정신청사건의 공소유지담당변호사가 무죄판결에 대하여 항소를 제기하지 않은 것이 헌법소원의 대상이 되는 공권력의 불행사에 해당하는지 여부(소극)

공권력의 불행사에 대한 헌법소원은 공권력의 주체에게 헌법에서 유래하는 작위의무가 특별히 구체적으로 규정되어 있어서 이에 의거하여 기본권의 주체가 행정행위를 청구할 수 있음에도 공권력의 주체가 그 의무를 해태하는 경우에 허용되고 그렇지 아니한 경우에 기본권의 침해가 없는 단순한 공권력의 불행사에 대하여는 헌법소원 심판청구를 할 수 없는바, **헌법이나 형사소송법 또는 공선법상 피청구인에게 무죄판결에 대해 상소를 제기하여야 할 작위의무가 구체적으로 규정되어 있지 아니하고 청구인이 직접 그 상소의 제기를 청구할 수 있는 권리가 있다고 볼 근거도 없으므로**, 이 사건 헌법소원 심판청구는 피청구인의 단순한 공권력의 불행사를 대상으로 한 것으로서 부적법하다.

(6) 기 타

> **[요약판례 1] 법무사법시행규칙에 대한 헌법소원: 위헌**(헌재 1990.10.15. 89헌마178)
>
> 사법부에서 제정한 규칙의 헌법소원의 대상성

헌법 제107조 제2항이 규정한 명령·규칙에 대한 대법원의 최종심사권이란 구체적인 소송사건에서 명령·규칙의 위헌여부가 재판의 전제가 되었을 경우 법률의 경우와는 달리 헌법재판소에 제청할 것 없이 대법원이 최종적으로 심사할 수 있다는 의미이며, **명령·규칙 그 자체에 의하여 직접 기본권이 침해되었음을 이유로 하여 헌법소원심판을 청구하는 것은 위 헌법규정과는 아무런 상관이 없는 문제이다. 따라서 입법부·행정부·사법부에서 제정한 규칙이 별도의 집행행위를 기다리지 않고 직접 기본권을 침해하는 것일 때에는 모두 헌법소원심판의 대상이 될 수 있는 것**이다.

> **[요약판례 2] 국유재산법 제5조 제2항에 대한 위헌심판: 한정위헌**(헌재 1991.5.13. 89헌가97)
>
> 국유잡종재산에 대하여도 시효제도의 적용이 있는지 여부(적극)

국유잡종재산은 사경제적 거래의 대상으로서 **사적 자치의 원칙**이 지배되고 있으므로 시효제도의 적용에 있어서도 동일하게 보아야 하고, 국유잡종재산에 대한 시효취득을 부인하는 동규정은 합리적 근거없이 **국가만을 우대하는 불평등한 규정으로서 헌법상의 평등의 원칙과 사유재산권 보장의 이념** 및 **과잉금지의 원칙에 반한다**.

> **[요약판례 3] 화재로인한재해보상과보험가입에관한법률 제5조 제1항의 위헌여부에 관한 헌법소원: 한정위헌**(헌재 1991.6.3. 89헌마204)
>
> 4층 이상의 건물에 대하여 의무적으로 보험에 가입하도록 하는 것이 헌법에 위반되는지 여부(적극)

화재로인한재해보상과보험가입에관한법률 제5조의 "특수건물"부분에 동법 제2조 제3항 가목 소정의 "4층 이상의 건물"을 포함시켜 보험가입을 강제하는 것은 개인의 경제상의 자유와 창의의 존중을 기본으로 하는 경제질서와 과잉금지의 원칙에 합치하지 아니하여 헌법에 위반된다.

> **[요약판례 4] 지방재정법 제72조 제2항에 대한 위헌심판: 한정위헌**(헌재 1992.10.1. 92헌가6등)
>
> 지방자치단체 소유의 공유재산은 시효취득의 대상이 되지 아니한다고 규정한 지방재정법 제74조 제2항을 공유재산 중 잡종재산에 적용하는 것이 헌법에 위반되는지 여부(적극)

지방재정법 제74조 제2항이 같은 법 제72조 제2항에 정한 **공유재산 중 잡종재산**에 대하여까지 시효취득의 대상이 되지 아니한다고 규정한 것은, 사권을 규율하는 법률관계에 있어서는 그 권리주체가 누구냐에 따라 차별대우가 있어서는 아니되며 비록 지방자치단체라 할지라도 사경제적 작용으로 인한 민사관계에 있어서는 사인과 대등하게 다루어져야 한다는 헌법의 기본원리에 반하고, 공유재산의 사유화로 인한 잠식을 방지하고 그 효율적인 보존을 위한 적정한 수단도 되지 아니하여 법률에 의한 기본권 제한에 있어서 비례의 원칙 또는 과잉금지의 원칙에 위배된다.

[요약판례 5] 토지초과이득세법 제10조 등 위헌소원, 토지초과이득세법의 제8조 등 위헌소원: 헌법불합치(헌재 1994.7.29. 92헌바49등)

법률 전체에 대하여 헌법불합치 결정을 한 사례

토지초과이득세법(제정 1989. 12. 30. 법률 제4177호, 개정 1993. 6. 11. 법률 제4561호, 1993. 6. 11. 법률 제4563호)은 헌법에 합치되지 아니한다.

[요약판례 6] 기소유예처분취소(헌재 2013.2.28. 2012헌마427)

심판대상인 기소유예처분의 기본권 침해 여부를 판단하기 위하여 그 기소유예처분의 근거가 되는 법령의 위헌 여부를 판단한 사례

이 사건 심판대상은 이 사건 기소유예처분이 청구인의 기본권을 침해하는지 여부이다. 그런데 청구인은 이 사건 기소유예처분의 근거가 되는 처벌조항 등이 헌법에 위반된다고 주장하는바, 헌법에 위반되는 법령을 기초로 이루어진 기소유예처분은 정당성을 가질 수 없으므로, 위 조항들의 위헌 여부에 관하여 살펴볼 필요가 있다.

[요약판례 7] 약사법 제37조 등 위헌확인: 각하(헌재 1996.3.28. 93헌마198)

법령에 대한 헌법소원의 청구기간에 대하여 "상황성숙성이론"을 폐기한 사례

법령에 대한 헌법소원의 청구기간도 기본권을 침해받은 때로부터 기산하여야 할 것이지 기본권을 침해받기도 전에 그 침해가 확실히 예상되는 등 실체적 제요건이 성숙하여 헌법판단에 적합하게 된 때로부터 기산할 것은 아니다.

기본권의 침해가 확실히 예상되는 때부터 청구기간을 기산하면 청구기간의 기산점이 불명확할 뿐만 아니라 청구기간을 단축하는 결과가 되어 국민에게 불리하고, 기본권의 침해가 확실히 예상되는 때에는 이미 헌법판단에 적합할 정도의 실체적 요건이 성숙한 것으로 본다는 취지의 이른바 **상황성숙성 이론**은, 법령에 대한 헌법소원을 기본권침해를 받은 때를 기다렸다가 청구하라고만 요구한다면 기본권구제의 실효성을 기대할 수 없는 경우가 있으므로, 헌법소원의 적법요건 중 하나인 **현재성 요건과 관련하여** 구체적인 기본권의 침해가 있기 전이라도 그 침해가 확실히 예상될 때에는 미리 헌법소원을 청구할 수 있도록 하여 국민의 **기본권보장의 실효성을 높이자는 것**으로서, 법령에 대한 헌법소원의 **청구기간의 기산점과 관련하여 이를 적용할 것은 아닌 것**이다.

따라서 종전에 이와 견해를 달리하여 법령에 대한 헌법소원의 청구기간의 기산점에 관하여 기본권의 침해가 확실히 예상되는 때로부터 청구기간을 기산한다는 취지로 판시한 우리 재판소의 의견은(1990. 6. 25. 선고, 89헌마220 결정; 1996. 2. 29. 선고, 94헌마213 결정 등) 이를 변경하기로 한다.

[요약판례 8] 택지소유상한에관한법률 제2조 제1호 나목 등 위헌소원: 위헌(헌재 1999.4.29. 94헌바37)

헌법재판소법 제45조 단서에 따라 법률 전체에 대하여 위헌결정을 한 사례

택지소유의 상한을 정한 법 제7조 제1항, 법 시행 이전부터 이미 택지를 소유하고 있는 택지소유자에 대하여도 택지소유 상한을 적용하고 그에 따른 처분 또는 이용·개발의무를 부과하는 부칙 제2조, 그리고 부담금의 부과율을 정한 법 제24조 제1항이 위헌으로 결정된다면 법 전부를 시행할 수 없다고 인정되므로, 헌법재판소법 제45조 단서의 규정취지에 따라 법 전부에 대하여 위헌결정을 하는 것이 보다 더 합리적이다.

[요약판례 9] 지방공무원법 제31조 제5호 등 위헌확인: 위헌(헌재 2002.8.29. 2001헌마788)

헌법재판소가 판례를 변경한 사례

일단 공무원으로 채용된 공무원을 퇴직시키는 것은 공무원이 장기간 쌓은 지위를 박탈해 버리는 것이므로 같은 입법목적을 위한 것이라고 하여도 당연퇴직사유를 임용결격사유와 동일하게 취급하는 것은 타당하다고 할 수 없다. 결국, 지방공무원법 제61조 중 제31조 제5호 부분은 헌법 제25조의 공무담임권을 침해하였다고 할 것이다. 따라서 헌법재판소가 종전에 1990. 6. 25. 89헌마220 결정에서 위 규정이 헌법에 위반되지 아니한다고 판시한 의견은 이를 변경하기로 한다.

[요약판례 10] 공직선거및선거부정방지법 제15조 제2항 등 위헌확인: 헌법불합치(헌재 2007.6.28. 2004헌마644등)

헌법재판소가 판례를 변경한 사례

구 '공직선거 및 선거부정방지법' 제16조 제3항이 헌법에 위반되지 않는다고 판시한 헌재 1996. 6. 26. 96헌마200 결정, 위 법 제37조 제1항이 헌법에 위반되지 않는다고 판시한 헌재 1999. 1. 28. 97헌마253, 270(병합) 결정, 위 법 제38조 제1항이 헌법에 위반되지 않는다고 판시한 헌재 1999. 3. 25. 97헌마99 결정은 이 결정과 저촉되는 범위 내에서 이를 각 변경한다.

[요약판례 11] 저소득가구 전세자금 지원기준: 기각(헌재 2011.10.25. 2009헌마588)

이 사건 전세자금 지원기준은 국토해양부장관이 국민주택기금 중 저소득세입자의 주거안정을 위한 저소득가구 전세자금 대출제도의 운용을 위하여 그 대출대상 및 대출 절차 등을 정하고 있는 행정규칙이므로 원칙적으로 헌법소원의 대상이 되는 '공권력의 행사'에 해당하지 않는다. 다만 행정규칙이 재량권행사의 준칙으로서 그 정한 바에 따라 되풀이 시행되어 행정관행을 이루게 되어 평등의 원칙이나 신뢰보호의 원칙에 따라 행정기관이 그 상대방에 대한 관계에서 그 규칙에 따라야 할 자기구속을 당하게 되는 경우에는 대외적인 구속력을 갖게 되어 헌법소원의 대상이 된다. 이 사건 전세자금 지원기준 역시 그 직접적인 상대방은 기금수탁자인 농협중앙회와 우리은행이지, 기금의 운용에 따라 지원을 받는 국민은 아니다. 그러나 국민주택기금의 기금수탁자인 농협중앙회와 우리은행은 실질적으로 이러한 지원기준에 따라 전세자금 지원에 관한 사무를 처리할 수밖에 없고, 이 사건에서도 농협중앙회와 우리은행이 청구인들에게 각 대출자격이 없다고 결정한 것은 이들이 파산면책자로서 이 사건 심판대상조항에서 정한 신용관리대상자와 여신취급 제한대상자에 해당하기 때문이다. 그렇다면, 이 사건 심판대상조항은 대외적 구속력이 있는 공권력의 행사로서 헌법소원의 대상이 되는 공권력의 행사라고 보아야 할 것이다.

[요약판례 12] 일본군위안부의 배상청구권 분쟁해결 부작위 위헌확인: 인용(헌재 2011.8.30. 2006헌마788)

이 사건에서 문제되는 공권력의 불행사는 이 사건 협정에 의하여 일본군위안부 피해자들의 일본에 대한 배상청구권이 소멸되었는지 여부에 관한 해석상의 분쟁을 해결하기 위하여 이 사건 협정 제3조의 분쟁해결절차로 나아갈 의무의 불이행을 가리키는 것이므로, 일본에 대한 위 피해자들의 배상청구권 문제를 도외시한 외교적 조치는 이 사건 작위의무의 이행에 포함되지 않는다. 또한, 청구인들의 인간으로서의 존엄과 가치를 회복한다는 관점에서 볼 때, 가해자인 일본국이 잘못을 인정하고 법적 책임을 지는 것과 우리 정부가 위안부 피해자들에게 사회보장적 차원의 금전을 제공하는 것은 전혀 다른 차원의 문제이므로, 우리 정부가 피해자들에게 일부 생활지원 등을 하고 있다고 하여 위 작위의무의 이행으로 볼 수는 없다. 피청구인의 주장에 의하더라도, 우리 정부는 1990년대부터 일본 정부에 대해서 금전적인 배상책임은 묻지 않는다는 방침을 정하였고, 한·일협정 관련문서의 전면공개가 이루어진 후에도 2006. 4. 10.

"일본 측과 소모적인 법적 논쟁으로 발전될 가능성이 크므로 이와 관련되어 일본 정부를 상대로 문제해결을 위한 조치를 하지 않겠다"고 관련단체에 회신한 바 있으며, 이 사건 청구가 제기된 이후 제출한 서면에서도 이 사건 협정의 해석과 관련한 분쟁에 대해서는 아무런 조치를 취하지 않겠다는 의사를 거듭 밝힌 바 있다. 한편, 우리 정부는 앞서 본 바와 같이 2005. 8. 26. '민관공동위원회'의 결정을 통해 일본군위안부 문제는 이 사건 협정에 의하여 해결된 것으로 볼 수 없다고 선언한 바 있는데, 이것이 이 사건 협정 제3조의 외교상 경로를 통한 분쟁해결조치에 해당된다고는 보기 어렵고, 가사 해당된다고 보더라도 이러한 분쟁해결노력은 지속적으로 추진되어야 하고 더 이상 외교상의 경로를 통하여 분쟁을 해결할 수 있는 방법이 없다면 이 사건 협정 제3조에 따라 중재회부절차로 나아가야 할 것인데, 피청구인은 2008년 이후 일본군위안부 문제를 직접적으로 언급하지도 않을 뿐만 아니라 이를 해결하기 위한 별다른 계획도 없다는 것이므로, 어느 모로 보더라도 작위의무를 이행한 것이라고는 할 수 없다.

[요약판례 13] 원자폭탄 피폭피해자의 배상청구권 분쟁해결 부작위 위헌확인: 인용(헌재 2011.8.30. 2008헌마648)

이 사건 기록에 의하면, 피청구인은 위와 같은 작위의무의 이행으로서 원폭피해자들의 일본국에 대한 배상청구권이 이 사건 협정에 의하여 소멸된 것인지 여부에 관한 한·일 양국간 해석상의 분쟁을 해결하기 위하여 이 사건 협정 제3조에 의한 분쟁해결절차로서의 조치를 특별히 취한 바 없는 것으로 보인다. 피청구인은 이에 대하여, 우리 정부가 청구인들의 피해구제를 위하여 일본 정부에 대해 지속적으로 문제제기를 함으로써 일본 정부로부터 원폭피해자들에 대한 지원금을 받았고, 이를 기초로 기금을 마련하여 원폭피해자들에 대한 지원서비스를 제공하여 왔으며, 일본 내의 차별적인 법령 개정 및 합리적인 법 적용을 촉구하는 등 청구인들의 지위향상 및 실질적인 경제적 지원을 위해 노력해 오고 있는바, 이는 우리 정부에 폭넓게 인정되는 외교적 재량권을 정당하게 행사한 것으로서 이 사건 협정 제3조 제1항의 '외교상의 경로'를 통한 분쟁해결조치에 당연히 포함되는 것이므로 공권력의 불행사가 아니라고 주장한다. 그러나 이 사건에서 문제되는 공권력의 불행사는 이 사건 협정에 의하여 원폭피해자들의 일본에 대한 배상청구권이 소멸되었는지 여부에 관한 해석상의 분쟁을 해결하기 위하여 이 사건 협정 제3조의 분쟁해결절차로 나아갈 의무의 불이행을 가리키는 것이므로, 이를 제외한 그 밖의 외교적 조치는 이 사건 작위의무의 이행에 포함되지 않는다 할 것이다.

[요약판례 14] 현금청산 불이행 위헌확인: 각하(헌재 2011.3.29. 2011헌마128)

'도시 및 주거환경정비법'에 따른 주택재건축정비사업조합은 관할 행정청의 감독 아래 주택재건축사업을 시행하는 공법인으로서 그 목적 범위 내에서 법령이 정하는 바에 따라 일정한 행정작용을 행하는 행정주체의 지위를 가지게 되나, 이 사건에서 문제되는 동법 제47조의 현금청산의무 불이행이란 행정주체로서의 공권력 불행사가 아니라 분양신청을 하지 아니한 자의 권리제한등기 없는 소유권 이전의무와 동시이행관계에 있는 사법상(私法上) 금전지급의무 불이행에 불과하여 헌법소원의 대상이 되는 공권력 불행사라고 볼 수 없다.

[요약판례 15] 신체검사서 제출 요구 행위 위헌확인 등: 각하(헌재 2011.9.29. 2009헌마358)

피청구인 수원출입국관리사무소장이 2회에 걸쳐 청구인에게 한 출석요구는 단지 출석을 요구하고 있을 뿐, 인간면역 결핍 바이러스(HIV)와 마약검사 결과가 포함된 신체검사서의 제출 요구에 관한 언급이 전혀 없다. 나아가 청구인이 출석하는 경우를 상정해 보면, 위 피청구인은 출석한 청구인에게 신체검사서를 제출하라고 따로 요구할 것으로 보인다. 따라서 청구인이 신체검사서를 제출할 의무는 피청구인이 할 별도의 제출요구행위에 의하여 발생하는 것이지, 이 사건 각 출석요구가 그 자체로 제출의무를 부과하는 효과를 갖는 행위에 해당한다고 할 수 없다. 또한 위 피청구인이 청구인 소속 대학교에 보낸 공문도 청구인을 출입국관리사무소에 출석하도록 안내 또는 권고해 줄 것을 요청하는 것이고, 더구나 위 요청의 상대방은 청구인이 아니라 청구인의 사용자인 대학교일 뿐이어서 그 공문의 발송행위만으로 청구인에게 어떠한 의무를 부과하는 법적 효과가 발생한다고 볼 수 없다. 따라서 위 행위들은 청구인의 기본권이 침해될 가능성 있는 공권력 행사에 해당한다고 볼 수 없다.

[요약판례 16] 행정부작위 위헌확인: 기각(헌재 2011.12.29. 2009헌마621)

행정권력의 부작위에 대한 헌법소원은 공권력의 주체에게 헌법에서 유래하는 작위의무가 특별히 구체적으로 규정되어 이에 의거하여 기본권의 주체가 행정행위 내지 공권력의 행사를 청구할 수 있음에도 공권력의 주체가 그 의무를 해태하는 경우에 한하여 허용된다. 징발재산정리법 제20조의2 제1항(이하 '이 사건 매각조항'이라 한다)은 징발재산정리법 제20조 제1항의 환매권과 달리 환매기간이 경과한 징발재산에 대하여 국가가 국유재산법의 규정에도 불구하고 피징발자에게 수의계약으로 매각할 수 있다는 취지일 뿐, 피징발자에게 환매권을 인정하는 것은 아니므로 이 사건 매각조항이 피청구인으로 하여금 환매기간이 경과한 이 사건 토지에 대하여 청구인들에게 매각하여야 할 구체적 작위의무를 부담시키는 규정이라고 할 수는 없고, 달리 그러한 법적 의무를 발생시키는 규정을 찾아볼 수 없다. 그리고 징발목적이 소멸한 징발재산에 대하여 원래의 소유자가 그 소유권을 회복할 수 있는 방법을 정하는 것은 헌법 제23조 제1항이 입법자에게 부여한 재산권의 내용과 한계에 관한 폭넓은 입법재량의 영역에 속하므로, 헌법상의 재산권 등 기본권 규정으로부터 직접 피청구인이 이 사건 토지를 청구인들에게 매각하여야 할 구체적 작위의무가 도출된다고 볼 수 없고, 달리 그러한 구체적인 작위의무를 인정할 만한 헌법의 명시적인 규정을 찾을 수 없으며, 헌법 해석상 그러한 구체적인 작위의무가 발생하였다고 볼 아무런 근거가 없다.

[요약판례 17] 방송통신위원회의 설치 및 운영에 관한 법률 제21조 제4호 위헌제청: 합헌(헌재 2012.2.23. 2011헌가13)

행정기관인 방송통신심의위원회의 시정요구는 정보통신서비스제공자 등에게 조치결과 통지의무를 부과하고 있고, 정보통신서비스제공자 등이 이에 따르지 않는 경우 방송통신위원회의 해당 정보의 취급거부·정지 또는 제한명령이라는 법적 조치가 예정되어 있으며, 행정기관인 방송통신심의위원회가 표현의 자유를 제한하게 되는 결과의 발생을 의도하거나 또는 적어도 예상하였다 할 것이므로, 이는 단순한 행정지도로서의 한계를 넘어 규제적·구속적 성격을 갖는 것으로서 헌법소원 또는 항고소송의 대상이 되는 공권력의 행사라고 봄이 상당하다.

[요약판례 18] 고졸(입)검정고시 합격자의 재응시 제한 위헌확인: 인용(헌재 2012.5.31. 2010헌마139등)

이 사건 고졸(입)검정고시 시행계획 공고의 근거가 되는 고졸(입)검정고시 규칙은 고시의 시행 전에 고시의 기일·장소·원서접수 기타 고시시행에 관한 사항을 공고하여야 한다고만 각각 정하고 있을 뿐, 구체적인 고시의 시행에 대하여는 정하고 있지 아니하고, 2010년도 제1회, 제2회 고졸(입)검정고시의 구체적인 시행은 이 사건 공고에 따라 비로소 확정되므로, 이 사건 공고 및 그 일부분인 이 사건 응시제한은 헌법소원의 대상이 되는 공권력의 행사에 해당한다.

[요약판례 19] 통·폐합 승인처분 취소: 각하(헌재 2012.7.26. 2011헌마601)

행정처분이 헌법에 위반된다는 등의 이유로 그 취소를 구하는 행정소송을 제기하였으나 그 청구가 받아들여지지 아니하는 판결이 확정되어 법원의 소송절차에서는 더 이상 이를 다툴 수 없게 된 경우에, 당해 행정처분(이하 '원행정처분'이라 한다)에 대한 헌법소원심판청구를 받아들여 이를 취소하는 것은, 원행정처분을 심판의 대상으로 삼았던 법원의 재판이 예외적으로 헌법소원심판의 대상이 되어 그 재판 자체까지 취소되는 경우에 한하고, 이와는 달리 법원의 재판이 취소되지 아니하는 경우에는 확정판결의 기판력으로 인하여 원행정처분은 헌법소원 심판대상이 되지 아니한다(헌재 1998. 5. 28. 91헌마98 등, 판례집 10-1, 660, 670). 청구인들은 이 사건 헌법소원심판을 청구함과 동시에 이 사건 처분의 취소를 구하는 행정소송(서울행정법원 2011구합33679)을 제기하였는데, 위 법원은 2012. 4. 6. 청구인 경원

대학교 총동문회의 소를 각하하였고, 나머지 청구인들의 청구를 기각하였으며, 이 판결은 그 무렵 확정되었다. 살피건대 이 사건 심판대상은 이미 법원의 재판의 대상이 되었던 이 사건 처분이고, 이 처분을 심판의 대상으로 삼았던 법원의 재판이 예외적으로 헌법소원심판의 대상이 되어 그 재판 자체까지 취소되는 경우에도 해당하지 않으므로, 이 사건 처분의 취소를 구하는 이 사건 심판청구는 부적법하다.

[요약판례 20] 공권력행사 위헌확인: 각하(헌재 2012.10.25. 2011헌마429)

이 사건 기록에 의하면, 청구인의 경우 이미 외부병원 진료가 종료한 상황이었으므로 더 이상 병원 안에 머무를 이유가 없었고, 청구인이 구치소 환소차에 탑승하기 위하여는 주차장으로 이동할 필요가 있었으며, 이는 외부병원 진료 시 예정된 자연스러운 절차로서 그로 인한 새로운 기본권 침해행위가 있었다고 보기 어려운 점, 청구인도 외부병원 진료를 신청하였을 때 그 진료 후 환소차 탑승 과정에서 주차장으로 이동할 것을 당연히 예상할 수 있었던 점, 외부병원은 안팎에 일반인의 출입이 빈번하여 외부인과의 접촉가능성을 완벽하게 차단하는 것이 사실상 곤란한 점, 피청구인은 청구인에게 주차장으로 이동하여 환소차가 도착할 때까지 잠시 동안 앉아 있을 것을 지시한 외에 달리 강제력을 행사하지 아니하였고 청구인도 이에 응하여 주차장으로 이동하였던 사실이 인정된다. 이러한 당시의 구체적 사정을 종합적으로 고려하면, 이 사건 지시행위는 청구인의 신청에 의한 외부의료시설 진료에 이미 예정되어 있던 부수적 행위로서 강제성의 정도가 미약한 단순한 비권력적 사실행위에 불과하다 할 것이다. 따라서 청구인의 이 사건 심판청구는 헌법소원의 대상이 되는 공권력의 행사에 해당한다고 보기 어려우므로 부적법하다.

Ⅳ 헌법상 보장된 기본권침해

1. 헌법상 보장된 기본권

Ⅰ 경부고속철도역사명칭결정취소: 각하(헌재 2006.3.30. 2003헌마837)

쟁점 경부고속철도 역사의 명칭 결정에 대하여 역 소재지 주민들이 주장하는 자치권 또는 주민권이 헌법상 보장된 기본권인지 여부

사건의 개요

건설교통부장관이 청구인들 소재지역의 고속철도 역사 명칭을 '천안아산역(온양온천)'으로 결정(이하 '이 사건 역사명칭결정'이라 한다)하였다. 아산시에 주민등록을 두고 거주하는 청구인들은 이 사건 역사명칭결정이 청구인들의 행복추구권, 평등권을 침해하고 헌법 제117조에 따른 자치권과 주민권에 위반된다고 주장하며 그 취소를 구하는 헌법소원심판을 청구하였다.

주 문

이 사건 심판청구를 각하한다.

판 단

Ⅰ. 지방자치단체 주민으로서의 자치권 또는 주민권의 침해를 주장하며 국가사무에 속하는 고속철도 역의 명칭 결정에 대하여 헌법소원심판을 청구할 수 있는지 여부(소극)

고속철도의 건설이나 그 역의 명칭 결정과 같은 일은 국가의 사무임이 명백하고, 국가의 사무에 대하여는 지방자치단체의 주민들이 **자치권 또는 주민권을 내세워 다툴 수 없다고 할 것이다. 청구**

인들이 주장하는 지방자치단체 주민으로서의 자치권 또는 주민권은 "헌법에 의하여 직접 보장된 개인의 주관적 공권"이 아니어서, 그 침해를 이유로 헌법소원심판을 청구할 수 없다.

Ⅱ. 고속철도의 역의 명칭 결정이 역 소재지 주민들의 기본권에 영향을 주는지 여부(소극)

고속철도 역의 명칭은 역 소재지 주민들의 권리관계나 법적 지위에 영향을 주는 것이 아니므로, "천안아산역(온양온천)"이라는 역명 결정은 아산시에 거주하는 주민들에 대하여 어떠한 기본권 기타 법률상 지위를 변동시키거나 지역 자긍심을 저하시키거나 기타 불이익한 영향을 준다고 볼 수 없다.

✤ 본 판례에 대한 평가 이 사건에서 청구인들인 아산시 주민들이 기본권으로서 주장한 권리는 자치권 또는 주민권 그리고 행복추구권과 평등권이다. 헌법재판소는 자치권 또는 주민권에 대하여는 이러한 권리가 기본권이 아니라는 점을 근거로 하여 배척하였다. 그리고 후자에 관하여는 고속철도의 역 명칭 결정은 청구인들의 행복추구권과 평등권을 침해할 우려가 없음을 이유로 배척하였다.

주민의 기본권 침해가 인정되지 않는다면 지방자치단체의 권리를 내세워서 이 문제를 다툴 여지는 없는가. 이에 대하여 아산시는 건설교통부장관을 피청구인으로 하여 권한쟁의심판을 청구하였는데 역시 각하되었다. 자세한 것은 동일한 날짜에 선고된 헌재 2006. 3. 30. 2003헌라2 사건을 보기 바란다.

[요약판례 1] 공권력에 의한 재산권침해에 대한 헌법소원: 인용(위헌확인),기각(헌재 1989.9.4. 88헌마22)

헌법소원심판에 있어서 헌법재판소의 판단의 범위

헌법소원심판이 청구되면 헌법재판소로서는 청구인의 주장에만 판단을 한정할 것이 아니라 가능한 모든 범위에서 헌법상의 기본권침해의 유무를 직권으로 심사하여야 한다.

[요약판례 2] 국회구성의무불이행 위헌확인: 각하(헌재 1996.11.28. 96헌마207)

법정시한내에 국회의원구성을 하지 아니한 행위가 기본권을 침해하는 공권력의 불행사에 해당하는지 여부(소극)

헌법소원은 공권력의 행사 또는 불행사로 인하여 헌법상 보장된 기본권을 침해받은 자만이 청구할 수 있는 제도인데, **第15대 국회의원선거 당선인들이 국회법에 규정된 시한내에 의장과 부의장을 선출하지 않는 등 국회의원구성을 하지 않은 것만으로는 행복추구권 등 헌법상 보장된 청구인들의 기본권이 침해받을 여지가 없으므로 국회구성의무불이행을 이유로 하는 헌법소원은 부적법하다.**

[요약판례 3] 청원기각처분 취소: 각하(헌재 2004.10.28. 2004헌마512)

(1) 헌법소원의 적법요건으로서의 헌법상 보장된 기본권의 침해
(2) 청원기각결정이 헌법소원의 대상이 되는 공권력의 행사 내지 불행사에 해당하는지 여부(소극)

(1) 헌법소원은 공권력의 행사 또는 불행사로 인하여 헌법상 보장된 기본권을 침해받은 자가 제기하는 권리구제수

단이므로, 공권력의 행사를 대상으로 하는 헌법소원에 있어서는 적어도 기본권침해의 원인이 되는 행위가 공권력의 행사에 해당하여야 하고, 그러하지 아니하면, 그 심판청구는 부적법임을 면할 수 없게 된다고 함이 우리 재판소의 확립된 판례이다.

(2) **피청구인의 청원기각결정 자체에 의하여 청구인의 권리의무나 법률관계가 영향을 받는 것이라고 볼 수는 없으므로** 비록 그 기각결정의 내용이 청원인이 기대하는 바에는 미치지 못한다고 하더라도 그러한 조치가 헌법소원의 대상이 되는 구체적인 공권력의 행사 내지 불행사라고 볼 수는 없다.

[요약판례 4] 정당법 제25조 등 위헌확인: 기각(헌재 2006.3.30. 2004헌마246)

정당법상 정당등록요건을 다투는 정당(청구인)이 청구한 헌법소원 사건에서 침해 여부가 문제되는 기본권이 헌법 제8조 제1항 전단의 '정당설립의 자유'인지 여부(적극)

정당설립의 자유는 비록 헌법 제8조 제1항 전단에 규정되어 있지만 국민 개인과 정당의 '기본권'이라 할 수 있고, 당연히 이를 근거로 하여 헌법소원심판을 청구할 수 있다. 정당법상 정당등록요건을 다투는 정당(청구인)이 청구한 사건에서도 헌법 제21조 제1항 결사의 자유의 특별규정으로서, 헌법 제8조 제1항 전단의 '정당설립의 자유'가 침해 여부가 문제되는 기본권이라고 할 것이다.

[요약판례 5] 주민투표법 제5조 위헌확인: 헌법불합치(헌재 2007.6.28. 2004헌마643)

주민투표권이 헌법상 기본권이 아닌 법률상의 권리에 해당한다 하더라도 비교집단 상호간에 차별이 존재할 경우에 헌법상의 평등권 심사까지 배제되는지 여부(소극)

주민투표권이 헌법상 기본권이 아닌 법률상의 권리에 해당한다 하더라도 비교집단 상호간에 차별이 존재할 경우에 헌법상의 평등권 심사까지 배제되는 것은 아니다. 이 사건 법률조항 부분은 주민등록만을 요건으로 주민투표권의 행사 여부가 결정되도록 함으로써 '주민등록을 할 수 없는 국내거주 재외국민'을 '주민등록이 된 국민인 주민'에 비해 차별하고 있고, 나아가 '주민투표권이 인정되는 외국인'과의 관계에서도 차별을 행하고 있는바, 그와 같은 차별에 아무런 합리적 근거도 인정될 수 없으므로 **국내거주 재외국민의 헌법상 기본권인 평등권을 침해하는 것으로 위헌이다.** 이 사건 법률조항 부분이 위헌으로 선언되어 즉시 효력을 상실할 경우 지방자치단체가 향후 주민투표를 제대로 실시할 수 없게 되는 법적 혼란상태가 초래될 뿐만 아니라, 주민투표권 행사의 요건으로서 일정기간의 거주요건을 부과할 것인지, 부과한다면 그 최소기간을 어느 정도로 할 것인지 등에 대한 검토가 필요하며, 그와 같은 문제들은 궁극적으로 입법형성의 권한을 가진 입법자가 충분한 사회적 합의를 거쳐 결정해야 할 사항에 속한다 할 것이므로, 잠정적용 헌법불합치결정을 선고하되, 입법자는 늦어도 2008. 12. 31.까지 개선입법을 하여야 한다.

[요약판례 6] 재판누락 위헌확인: 각하(헌재 2007.7.30. 2007헌마837)

청구인에게 헌법재판소에 중간결정을 신청할 권리가 인정되는지 여부(소극)

공권력의 행사 또는 불행사로 인하여 헌법상 보장된 기본권을 침해받은 경우에 제기할 수 있는 것인바, **헌법재판소가 종국결정을 하기에 앞서 쟁점사항에 대하여 미리 정리·판단을 하여 종국결정을 용이하게 하고 이를 준비하는 결정인 중간결정을 할 것인지 여부는 전적으로 헌법재판소의 재량에 달려 있는 것이어서 청구인에게는 헌법재판소에 중간결정을 신청할 권리가 인정되지 아니하므로** 청구인이 그 심판청구사건의 종국결정에 앞서 중간결정을 하여줄 것을 헌법소원심판의 형식으로 구하는 것은 공권력의 행사 또는 불행사로 인하여 헌법상 보장된 기본권을 침해받은 경우에 해당하지 아니하여 부적법하다. 청구인은 현재 헌법재판소에 계속 중인 헌법소원심판사건의 일부 심판대상인 대법원판결이 재판누락의 재판임을 확인한다는 취지의 중간확인결정을 구하고 있는바, 이는 계속 중인 위 헌법소원심판사건에서의 주장과 동일한 주장을 반복하여 되풀이하고 있는 것에 불과하므로 중복하여 헌법소원을 제기한 경우에 해당하여 부적법하다.

[요약판례 7] 수의사법 제10조 등 위헌확인: 각하(헌재 2008.2.28. 2006헌마582)

수의사가 아니더라도 자기가 사육하는 동물에 대한 진료행위를 할 수 있도록 한 수의사법 제10조 및 같은 법 시행령 제12조 제3호 중 '자기가 사육하는 동물에 대한 진료행위' 부분으로 인하여 수의사인 청구인들의 기본권이 침해될 가능성이 있는지 여부(소극)

청구인들은 수의사로서 동물을 진료하는 데에 아무런 법률상 장애를 받고 있지 않을 뿐만 아니라, 국민보건 또는 기타 공익을 위한 법령상의 규제 때문에 종전에 사실상 독점하고 있던 영업행위를 관계법의 개정에 따라 다른 사람들도 할 수 있게 됨으로써 종전에 누리고 있던 독점적 영업이익이 상실된다고 하여도 이는 사실상 기대되던 반사적 이익이 실현되지 않게 된 것에 불과한 것이지 어떠한 헌법상 기본권의 제한 또는 침해의 문제가 생기는 것은 아니다.

[요약판례 8] 대한민국건국60년기념사업위원회의 설치 및 운영에 관한 규정 위헌확인: 각하(헌재 2008.11.27. 2008헌마517)

정부의 대한민국 건국60년 기념사업위원회의 설치·운영 및 건국60년 기념사업 추진행위가 역사학자, 국회의원, 독립운동단체, 시민사회단체의 구성원들인 청구인들의 기본권을 침해할 가능성이 있는지 여부(소극)

건국60년 기념사업 추진행위가 독도 영유권 포기에 관한 사업내용을 전혀 포함하고 있지 아니하므로 영토권이라는 기본권의 침해가능성 또한 존재하지 않는다. 기념사업 추진에 거액의 예산이 확보되었다고 하더라도 헌법상 조세의 효율성과 타당한 사용에 대한 감시는 국회의 주요책무이자 권한이고 국민은 선거를 통하여 간접적이고 보충적으로만 관여할 수 있고, 재정지출의 합리성과 타당성 판단은 재정분야의 전문성을 필요로 하는 정책판단의 영역으로서 사법적으로 심사하는데 어려움이 있을 수 있는 점을 고려하면, 청구인들에게 납세자로서의 권리라는 헌법상 기본권을 인정하기 어려우며, 세부담이 증가할 수 있다는 막연한 가능성만으로 재산권 침해의 가능성 또한 인정할 수 없다.

[요약판례 9] 최저임금법 제6조 제5항 위헌확인: 기각(헌재 2011.8.30. 2008헌마477)

'논리적이고 정제된 법률의 적용을 받을 권리'가 헌법상 보장되는 기본권인지 여부(소극)

헌법에 열거되지 아니한 기본권을 새롭게 인정하려면, 그 필요성이 특별히 인정되고, 그 권리내용(보호영역)이 비교적 명확하여 구체적 기본권으로서의 실체 즉, 권리내용을 규범 상대방에게 요구할 힘이 있고 그 실현이 방해되는 경우 재판에 의하여 그 실현을 보장받을 수 있는 구체적 권리로서의 실질에 부합하여야 할 것이다. 그런데 논리적이지 않고 정제되지 않은 법률조항이라고 하더라도 일반적인 법률해석방법에 따른 해석을 통하여 어느 정도의 비논리성이나 비정제성은 해소될 수도 있는 것이고, 이러한 해석을 통해서도 해소할 수 없는 비논리성이나 비정제성이 있는 법률조항이라면 명확성의 원칙 등 기존의 헌법상 원칙에 의하여 위헌선언이 가능할 것이므로 이러한 법률조항의 적용을 배제하기 위하여 굳이 청구인들이 주장하는 기본권을 인정할 필요가 있다고 할 수 없다. 그리고 다른 법률조항들과 어느 정도로 충돌될 때에 논리성이나 정제성을 부인할 수 있는지의 기준이 명확하지 아니할 뿐만 아니라, 단지 다른 법률조항과의 법률체계상 불합치가 있다고 하여 바로 위헌이라고 할 수는 없는 것이어서 이러한 이유만으로 일반 국민이 당해법률조항의 적용을 배제해달라고 요구할 힘을 갖는다고 인정하기도 어려우므로 이러한 권리가 구체적 권리로서 실효적으로 보호받으리라는 가능성도 긍정하기 쉽지 않다. 따라서 헌법 제37조 제1항에 의하여 기본권으로 인정되기 위한 요건을 갖추지 못한 '논리적이고 정제된 법률의 적용을 받을 권리'는 헌법상 보장되는 기본권이라고 할 수 없다.

2. 자기관련성

[요약판례 1] 검사의 공소권행사에 관한 헌법소원: 각하(헌재 1989.12.22. 89헌마145)

검사의 불기소처분에 대하여 고발인이 제기한 헌법소원의 적법여부(소극)

범죄 피해자가 아닌 고발인에게는 개인적 주관적인 권리나 재판절차에서의 진술권 따위의 기본권이 허용될 수 없으므로 검사가 자의적으로 불기소처분을 하였다고 하여 **달리 특별한 사정이 없으면 헌법소원심판청구의 요건인 자기관련성이 없다.**

(재판관 변정수, 김진우의 반대의견) 검사가 고발사건을 소홀히 다루었다면 검찰권을 행사함에 있어 당해 고발인 자신을 차별대우하여 평등권을 침해하는 것이 된다.

[요약판례 2] 동해시 재선거에 관한 헌법소원: 각하(헌재 1990.9.3. 89헌마90)

선거에 입후보한 사실도 없고, 당해 지역구의 선거권도 없는 당사자의 자기관련성 유무

이 사건 동해시 재선거에 있어서 청구인의 동해시 지역구에 대한 선거인의 자격은 인정되지 아니하고 또 청구인 자신이 동 재선거에 입후보였다고 인정할 증거가 없으므로 동 재선거로 인하여 청구인 자신의 선거권이나 공무담임권이 침해되었다고 보기 어려워 심판청구요건인 자기관련성을 갖추었다고 인정하기 어렵다 할 것이다.

[요약판례 3] 불기소처분에 대한 헌법소원: 기각,각하(헌재 1991.4.1. 90헌마65)

주식회사의 주주인 고발인의 헌법소원이 적법한 사례

주식회사의 주주가 고발할 사건인 주식회사 임원의 업무상횡령사건에서 **직접적으로 회사가 피해자**라고 할 수 있지만 **동시에 그 회사의 주주 모두가 피해자**라고 할 수 있으며 그가 제기한 헌법소원심판청구는 적법하다.

[요약판례 4] 영화법 제12조 등에 대한 헌법소원: 각하(헌재 1991.6.3. 90헌마56)

단체가 그 구성원들의 기본권침해를 주장하는 경우 자기관련성 인정여부(소극)

단체는 원칙적으로 **단체자신의 기본권을 직접 침해당한 경우에만 그의 이름으로 헌법소원심판을 청구할 수 있을 뿐**이고 **그 구성원을 위하여 또는 구성원을 대신하여 헌법소원심판을 청구할 수 없다 할 것인데,** 청구인 사단법인 한국영화인협회는 그 자신의 기본권이 침해당하고 있음을 이유로 하여 이 사건 헌법소원심판을 청구한 것이 아니고, 그 단체에 소속된 회원들인 영화인들의 헌법상 보장된 예술의 자유와 표현의 자유가 침해당하고 있음을 이유로 하여 이 사건 헌법소원심판을 청구하여 **자기관련성의 요건을 갖추지 못하였다.**

[요약판례 5] 도로부지점용허가처분 등에 대한 헌법소원: 각하(헌재 1993.3.11. 91헌마233)

헌법재판소법 제68조 제1항 소정의 "공권력의 행사 또는 불행사로 인하여 기본권의 침해를 받은 자"의 의미

헌법재판소법 제68조 제1항에서 규정하는 "공권력의 행사 또는 불행사로 인하여 기본권의 침해를 받은 자"는 공권력의 행사 또는 불행사로 인하여 자기의 기본권이 현재 그리고 직접적으로 침해받은 자를 의미하므로 원칙적으로

공권력의 행사 또는 불행사의 **직접적인 상대방**이 청구인적격이 있으나, 공권력의 작용의 직접적인 상대방이 아닌 제3자라고 하더라도 **공권력의 작용이 그 제3자의 기본권을 직접적이고 법적으로 침해하고 있는 경우에는 그 제3자**에게 자기관련성이 있다. 반대로 타인에 대한 공권력의 작용이 단지 간접성, 사실적 또는 경제적인 이해관계로만 관련되어 있는 제3자에게는 자기관련성은 인정되지 않는다고 보아야 할 것이다.

[요약판례 6] 불기소처분에 대한 헌법소원: 기각(헌재 1993.3.11. 92헌마48)

헌법 제27조 제5항에 의한 재판절차진술권이 보장되는 형사피해자의 범위

헌법 제27조 제5항에서 형사피해자의 재판절차진술권을 독립된 기본권으로 보장한 취지는 피해자 등에 의한 사인소추를 전면 배제하고 형사소추권을 검사에게 독점시키고 있는 현행 기소독점주의의 형사소송체계 아래에서 형사피해자로 하여금 당해 사건의 형사재판절차에 참여할 수 있는 청문의 기회를 부여함으로써 형사사법의 절차적 적정성을 확보하기 위한 것이므로, 위 헌법조항의 형사피해자의 개념은 반드시 형사실체법상의 보호법익을 기준으로 한 피해자개념에 한정하여 결정할 것이 아니라 형사실체법상으로는 직접적인 보호법익의 향유주체로 해석되지 않는 자라 하더라도 문제된 범죄행위로 말미암아 법률상 불이익을 받게 되는 자의 뜻으로 풀이하여야 할 것이다.

교통사고로 사망한 사람의 부모는 형사소송법상 고소권자의 지위에 있을 뿐만 아니라, 비록 교통사고처리특례법의 보호법익인 생명의 주체는 아니라고 하더라도, 그 교통사고로 자녀가 사망함으로 인하여 극심한 정신적 고통을 받은 법률상 불이익을 입게 된 자임이 명백하므로, **헌법상 재판절차진술권이 보장되는 형사피해자의 범주에 속한다.**

[요약판례 7] 구 법인세법 제59조의3, 같은 법 시행령 제124조의8에 대한 헌법소원: 각하(헌재 1993.7.29. 89헌마123)

헌법재판소법 제68조 제1항의 헌법소원에서의 적법요건인 소위 "자기관련성"의 의미와 그 구체적 적용 예

헌법재판소법 제68조 제1항에 규정된 "공권력의 행사 또는 불행사로 인하여 기본권의 침해를 받은 자"라는 것은 공권력의 행사 또는 불행사로 인하여 자기의 기본권이 현재 그리고 직접적으로 침해받은 경우를 의미하므로 **원칙적으로 공권력의 행사 또는 불행사의 직접적인 상대방만이 이에 해당한다** 할 것인바, 이 사건 과세처분의 상대방은 청구인 남문학원이고, **위 과세처분으로 말미암아 위 학교에 재학중인 학생들인 청구인들은 단지 간접적이고 사실적이며 경제적인 이해관계가 있는 자들일 뿐, 법적인 이해관계인이 아니라고 할 것**이므로 그들에게는 동 처분에 관하여 자기관련성이 인정되지 않는다.

[요약판례 8] 불기소처분취소: 기각(헌재 1993.7.29. 92헌마234)

피해자인 고소인이 고소 후에 사망한 경우 피보호법익인 재산권의 상속인이 피해자가 제기한 당해 고소사건에 관하여 헌법소원심판청구를 할 수 있는지 여부(적극)

형사소송법 제225조 제2항에서 피해자가 사망한 경우 그 배우자, 직계친족 또는 형제자매에게 고소권을 인정하고 있는 취지에 비추어 볼 때, 피해자인 고소인이 고소 후에 사망한 경우 피보호법익인 재산권의 상속인은 자신들이 따로 고소를 할 것 없이 피해자 지위를 수계하여 피해자가 제기한 당해 고소사건에 관한 검사의 불기소처분에 대하여 항고, 재항고도 할 수 있고 또한 헌법소원심판도 청구할 수 있다.

[요약판례 9] 불기소처분취소: 기각(헌재 1993.7.29. 92헌마262)

정당의 지구당의 부위원장이 그 지구당 소유물에 관한 재물손괴죄 또는 직권남용죄의 피해자로서 그 범죄에 대한 불기소처분에 관하여 헌법소원을 제기할 수 있는 청구인적격이 있는지 여부(적극)

정당이나 그 지구당은 적어도 그 소유재산의 귀속관계에 있어서는 법인격 없는 사단으로 보아야 하므로, 청구인이 지구당의 당원일 뿐만 아니라 부위원장으로서 위원장의 명에 따라 지구당 소유의 플래카드를 설치·관리하는 책임자라면 청구인은 그 물건의 총유자 중 1인일 뿐만 아니라 그 물건을 적법하게 설치·관리하던 사람으로서, 그 물건에 대한 재물손괴죄가 성립하는 경우에는 그 피해자에 해당한다고 볼 수 있어 이 사건 심판청구 중 **재물손괴죄 부분에 관하여 청구인적격을 갖추었다**.

범죄피해자의 개념 또는 범위를 정함에 있어서는 보호법익의 주체만이 아니라 범죄의 수단이나 행위의 상대방도 포함되는 것으로 해석되고, 청구인은 정당의 지구당 부위원장으로서 위원장 유고시에 그 직무를 대행하며, 평상시에도 법에서 규정하는 제1차적 보조기관인 간부로서 정당활동에 중요한 임무를 담당함과 동시에, 위 플래카드의 관리자일 뿐만 아니라 피고발인으로부터 플래카드의 자진철거를 요구받았던 사실이 있는 자이어서 국가기능의 공정한 행사를 보호법익으로 하는 직권남용죄의 보호법익의 주체는 아니지만, 행위의 상대방 또는 위 플래카드의 권리자로서 이 사건 직권남용죄의 피해자에 해당한다고 할 것이므로, **직권남용죄 부분에 있어서도 청구인적격을 갖추었다**.

[요약판례 10] 불기소처분취소: 기각,각하(헌재 1993.11.25. 93헌마81)

검사의 불기소처분에 대하여 범죄의 피해자가 아닌 자가 제기한 헌법소원심판청구의 적법여부(소극)

이 사건 심판청구인 중 청구인 갑은 이 사건 의료사고의 피해자인 을의 아버지일 뿐 의료사고의 직접적인 법률상의 피해자가 아니므로 결국 청구인 갑은 이 사건 불기소처분으로 인하여 자기의 헌법상 보장된 기본권을 직접 침해받은 자가 아니며 이 사건 불기소처분에 대하여 자기관련성이 없는 자라 할 것이고 따라서 청구인 갑의 심판청구 부분은 심판청구를 할 적격 없는 자의 청구로서 부적법하다.

[요약판례 11] 불기소처분취소: 기각(헌재 1994.12.29. 93헌마86)

공무원의 직무유기죄, 직권남용죄, 허위공문서작성죄, 동 행사죄에 대한 불기소처분에 관하여 고발인의 헌법소원청구적격을 인정한 사례

공무원의 직무유기, 직권남용에 의하여 청구인 소유 토지의 지적공부의 정정이 이루어지지 않아서 건축허가를 받지 못하였고, 공무원의 허위공문서작성, 동 행사로 말미암아 **청구인 소유토지상의 건물신축이 중지당하는 불이익을 입었다면, 청구인은 공무원의 위 각죄에 관하여 재판절차진술권의 주체인 형사피해자가 된다**고 할 것이므로, 청구인은 위 각죄에 대한 불기소처분에 관하여 헌법소원청구적격이 인정된다.

[요약판례 12] 대통령선거법 제65조 위헌확인: 각하(헌재 1995.7.21. 92헌마177등)

단체가 그 구성원들의 기본권침해를 주장하는 경우 자기관련성 인정여부

단체는 원칙적으로 **단체 자신의 기본권을 직접 침해당한 경우에만 그의 이름으로 헌법소원심판을 청구할 수 있을 뿐**이고 **그 구성원을 위하여 또는 구성원을 대신하여 헌법소원심판을 청구할 수 없다고 할 것인데**, 청구인 한국신문편집인협회는 그 자신의 기본권이 직접 침해당하였다는 것이 아니고 청구인협의의 회원인 언론인들의 언론·출판의 자유가 침해당하고 있어 청구인협회도 간접적으로 기본권을 침해당하고 있음을 이유로 하여 이 사건 헌법소원심판을

청구하고 있는 것으로 보이므로 **자기관련성을 갖추지 못하여 부적법하다**고 할 것이다.

[요약판례 13] 고발권불행사 위헌확인: 기각(헌재 1995.7.21. 94헌마136)

불공정거래행위 상대방의 자기관련성

헌법상 재판절차진술권의 주체인 형사피해자의 개념은 반드시 형사실체법상의 보호법익을 기준으로 한 피해자의 개념에 의존할 필요가 없고, 형사실체법상으로는 직접적인 보호법익의 주체로 해석되지 않는 자라 하더라도 문제되는 범죄 때문에 법률상의 불이익을 받게 되는 자라면 헌법상 형사피해자의 재판절차진술권의 주체가 될 수 있다고 할 것인바, 청구인은 청구외 회사와의 사이에 존재하였던 대리점계약의 일방당사자로서 청구외 회사의 이 사건 불공정거래행위라는 범죄로 인하여 위와 같은 대리점계약상의 지위를 상실하는 법률상의 불이익을 받고 있으므로, 청구인이 비록 공정거래법이라는 **형사실체법상의 보호법익의 주체는 아니라고 하더라도 헌법상 재판절차진술권의 주체인 피해자에는 해당한다**고 보아야 한다.

[요약판례 14] 1995학년도 고신대학교 신입생지원자격 제한조치에 대한 부작위 위헌확인: 각하(헌재 1997.3.27. 94헌마277)

사인에 의한 기본권침해 상태를 방치하고 있는 공권력의 부작위에 대한 헌법소원에서의 자기관련성

이 사건의 경우 **공권력의 불행사로 인한 기본권침해는, 국가가 그 공권력을 행사하였더라면 사인에 의한 기본권의 침해상태가 제거될 수 있었음에도 불구하고 이를 행사하지 아니함으로써 사인에 의한 기본권의 침해상태가 계속되고 있음을 전제로 하는 것**이므로, 원칙적으로 현재 직접적으로 사인으로부터 기본권을 침해당하고 있는 자만이 헌법소원심판을 청구할 수 있다고 할 것이고 제3자는 특단의 사정이 없는 한 기본권침해에 직접 관련되었다고 볼 수 없다.

청구인들은 **고신대학교의 재학생들이므로 신입생자격 제한조치의 직접적인 상대방이 아닌 제3자이다.** 청구인들은 신입생자격제한으로 인하여 재학생인 자신들의 학문의 자유, 대학자치에의 참여권이 침해당했다고 주장하나, 고신대학교의 신입생자격제한으로 인하여 고신대학교에 입학하고자 하는 자의 기본권이 직접 침해되었는지 여부는 별론으로 하고, 신입생자격제한으로 인하여 이미 고신대학교에 입학한 재학생들인 청구인들의 기본권이 침해될 여지는 없다고 보이므로 청구인들에게는 교육부장관의 부작위가 위헌인지의 여부를 다툴 기본권침해의 **자기관련성이 결여되었다**고 할 것이다.

[요약판례 15] 검찰청법 제12조 제4항 등 위헌확인: 위헌,각하(헌재 1997.7.16. 97헌마26)

헌법소원심판에서 자기관련성

고등검사장이 장차 검찰총장에 임명될 가능성이 있다는 사정만으로는 검찰총장이었던 자의 기본권을 제한하고 있는 법률조항이 고등검사장의 직위에 있는 청구인들의 **기본권을 직접 그리고 현재 침해하고 있다고 볼 수 없다.**

[요약판례 16] 불기소처분취소: 각하(헌재 1999.3.25. 98헌마242)

의학대학 다른 구성원들이 리베이트 명목으로 뇌물을 받고 구입한 의료장비들의 사용, 기타 이와 관련한 의과대학내의 내부분쟁으로 징계를 받고 징계처분무효확인소송 중에 있는 고발인인 청구인에게, 혐의자인 구성원들에 대한 기소유예처분에 대한 헌법소원심판청구의 자기관련성을 부정한 사례

청구인의 동료의사들인 피의자들이 뇌물을 수수한 행위가 청구인에게 법률상 피해나 불이익을 준 것이라고 볼 수

없으며, 한편 청구인이 범죄의 수단이나 행위의 상대방이라거나 그러한 범죄행위에 관련된 것이라고 할 수 없다. 청구인은 겸직해제의 징계처분을 받은 바 있지만, 기록에 의하면 그 징계사유는 이 사건 고발 내지 고발사실과 관련이 없다. 또한 피청구인의 불기소처분으로 인하여 청구인 자신이 진행중인 징계처분무효확인소송에서 불이익한 재판을 받게된다고 할 수 없으며, 달리 법률상 불이익을 받을 특별한 사정이 있다고도 인정되지 아니한다.

[요약판례 17] 방송법 부칙 제7조 제2항 위헌확인: 각하(헌재 2000.12.14. 2000헌마308)

회사의 기본권이 침해된 경우 그 대표자 개인이 헌법소원의 자기관련성을 갖는지 여부(소극)

헌법재판소법 제68조 제1항에 의하면, 헌법소원심판은 공권력의 행사 또는 불행사로 인하여 기본권을 침해받은 자가 청구하여야 하는데, 방송법 부칙 제7조 제2항은 방송법 제9조 제3항에서 규정한 중계유선방송 '사업자'에 대한 종합유선방송사업의 승인을 일정 기간 유예할 수 있다는 규정으로서 규율대상을 '사업자'로 하고 있고, 방송법 제2조 제6호는 '중계유선방송사업자'라 함은 중계유선방송을 하기 위하여 제9조 제2항의 규정에 의하여 '허가를 받은 자'로 하고 있으므로, **회사와 그 대표자 개인을 엄격히 구별하고 있는 우리 법제상 청구인들이 이 사건에서 침해되었다고 주장하는 기본권의 주체는 허가 명의자인 위 각 회사라 할 것이니, 중계유선방송사업허가를 받은 주식회사의 대표자인 청구인들은 기본권 침해의 제3자에 불과하여 이 사건 헌법소원은 자기관련성이 없다.**

[요약판례 18] 행정자치부고시 제1999-58호 「지방자치단체표준정원」 2. 시 · 군 · 자치구 중 ③ 자치구 부분 위헌확인: 각하(헌재 2001.1.18. 2000헌마149)

지방공무원의 정원을 규정한 행정자치부장관의 고시(지방자치단체 표준정원: 1999. 12. 31. 행정자치부고시 제1999-58호)가 그 정원을 자치구에 따라 불합리하게 차별취급하였다는 이유로 인천 부평구의 주민, 공무원 등이 제기한 헌법소원을 자기관련성이 없다며 각하한 사례

주민으로서의 청구인들의 경우, 이 사건 규정은 조직규범으로서 그 수범자는 당해 지방자치단체이고, 청구인들에게 직접 의무를 부과하거나 행위를 금지하는 것은 아니며 단지 간접적으로 관련될 뿐이다. 지방공무원 정원 자체가 다른 지역에 비하여 적음으로 인하여 상대적으로 행정서비스가 열악하여 불편을 겪을 수 있고, 공무원시험에 합격할 가능성이 줄어들어 청구인들의 행복추구권과 공무담임권 등 기본권이 사실상 제한되는 결과가 초래될 수 있으나, **헌법소원의 관점에서 그러한 불편과 불이익은 단순히 간접적이고 사실적인 것**이며, 이 사건 규정의 입법목적, 규율대상, 청구인들에게 미치는 효과나 진지성의 정도 및 원칙적으로 **권한쟁의 심판의 대상이 될 수 있다는 점** 등을 종합 고려하면 청구인들의 **자기관련성은 이를 인정하기 어렵다.**

공무원으로서의 청구인들의 경우, 일반적으로 국가기관이나 그 일부는 국민의 기본권을 보호 내지 실현할 책임과 의무를 지는 것이며 기본권의 침해를 받는 당사자라 볼 수 없으므로 **공무원 신분에 기한 헌법소원심판청구는 허용되지 않는다.**

[요약판례 19] 신문업에있어서의불공정거래행위및시장지배적지위남용행위의유형및기준 제3조 제1항 등 위헌확인: 기각,각하(헌재 2002.7.18. 2001헌마605)

신문구독자 혹은 신문판매업자가 신문발행업자의 행위를 제한하는 규정의 위헌여부를 다툴 기본권 침해의 자기관련성이 있는지 여부(소극)

청구인들은 단지 **신문구독자이거나 신문판매업자**인바, 이 사건 규정들 중 신문고시 제3조 제1항 제1호와 제3호, 제10조 제1항과 제2항은 모두 신문발행업자를 규율대상으로 하여 신문발행업자의 행위를 제한하는 조항들로서 이들로부터 신문을 공급받아 판매하거나 이를 구독하는 청구인들은 동 규정들의 적용을 받지 아니하며 **단지 신문발행업자**

와 거래함으로써 간접적, 사실적, 경제적 이해관계만을 가질 뿐이므로 동 조항들을 대상으로 한 헌법소원 심판청구부분에 대하여는 **위 청구인들은 자기관련성이 없다.**

[요약판례 20] 국립대학 재정지원행위 위헌확인: 각하(헌재 2003.6.26. 2002헌마312)

(1) 국가의 국립대학에 대한 재정지원행위에 대하여 그 공권력행사의 상대방이 아닌 사립대학측에서 평등권위반을 이유로 헌법소원심판을 청구할 자기관련성이 인정될 수 있는지 여부(적극)
(2) 사립대학의 학생 및 교수인 청구인들이 국가의 국립대학에 대한 재정지원은 청구인들의 평등권, 행복추구권, 교육의 기회균등 등을 침해한다는 이유로 헌법소원심판을 청구할 기본권침해의 자기관련성이 있는지 여부(소극)

(1) **국가의 국립대학에 대한 재정지원행위는** 당해 국립대학을 수급자로 하여 행해지는 것이지 **사립대학에 대한 것이 아니지만**, 이와 같이 혜택을 주는 법규정 또는 공권력행사의 경우에는 **수혜범위에서 제외된 청구인이 국가가 다른 집단에게 부여한 혜택으로부터 자신이 속한 집단을 평등원칙에 위배되게 배제하였다는 주장을 하여 헌법재판소가 심판대상의 평등권위반을 확인한다면 그 결과로 혜택규정에 의하여 배제되었던 혜택에 참여할 가능성이 있는 경우에는 청구인의 자기관련성을 인정할 수 있다.**

(2) 위와 같은 자기관련성은 사립대학의 경영주체인 학교법인에 대하여는 인정될 수 있지만, 청구인들은 사립대학을 운영하는 학교법인과의 계약관계에 의하여 대학에 재학하거나 근무하는 **재학생 또는 교수일 뿐 학교법인의 구성원도 아니고** 학교법인에 대한 법률적 규율에 의하여 청구인들의 법적 지위나 권리·의무관계에 직접 영향이 미칠 만큼 밀접한 관계에 있지도 않으며 **단지 간접적·반사적 이해관계를 가질 뿐이므로 청구인들에게는 자기관련성이 없어** 이 사건 심판청구는 부적법하다.

[요약판례 21] 학칙시정요구 등 위헌확인: 각하(헌재 2003.6.26. 2002헌마337등)

(1) 교육인적자원부장관의 국·공립대학총장들에 대한 학칙시정요구가 헌법소원의 대상이 되는 공권력행사인지 여부(적극)
(2) 위 학칙시정요구에 대하여 해당대학의 교수회나 그 소속 교수들에게 헌법소원을 청구할 자기관련성이 인정될 수 있는지 여부(소극)
(3) 학칙의 제정 및 개정권을 학교의 장에게 부여하고 있는 고등교육법 제6조 제1항이 청구인들의 기본권침해에 대한 자기관련성이 있는지 여부(소극)

(1) 교육인적자원부장관의 대학총장들에 대한 이 사건 학칙시정요구는 고등교육법 제6조 제2항, 동법시행령 제4조 제3항에 따른 것으로서 그 법적 성격은 대학총장의 임의적인 협력을 통하여 사실상의 효과를 발생시키는 행정지도의 일종이지만, 그에 따르지 않을 경우 일정한 불이익조치를 예정하고 있어 사실상 상대방에게 그에 따를 의무를 부과하는 것과 다를 바 없으므로 단순한 행정지도로서의 한계를 넘어 규제적·구속적 성격을 상당히 강하게 갖는 것으로서 헌법소원의 대상이 되는 공권력의 행사라고 볼 수 있다.

(2) 이 사건 학칙시정요구는 각 해당대학의 총장들을 상대로 한 공권력의 행사이므로 원칙적으로 그 위헌확인을 구할 자기관련성을 가지는 자는 시정요구를 받은 대학의 총장들이라 할 것이고, **대학의 교수회**나 그 소속 교수인 청구인들에게 자기관련성이 인정되려면 위 시정요구가 청구인들의 기본권을 직접적이고 법적으로 침해하고 있음이 인정되어야 한다. 그런데 청구인들이 이 사건 학칙시정요구와 관련을 갖는 것은 시정요구의 내용이 학칙 중 교수회의 지위를 의결기구로 정한 것을 심의기구나 자문기구로 개정하라는 것이어서, 이에 따라 학칙이 개정된다면 교수회와 그 구성원인 교수들의 학칙제정 등 학교운영에 대한 참여권이 제한되는 영향을 받는다는 점인바, 청구인들이 시정요구에 의하여 받는 영향이 적지 않다 하더라도 **그 영향은 시정요구의 대상이 교수회의 지위 내지 성격에 관한 것이라**

는 점에 의하여 간접적 · 반사적 관계로 미치는 것일 뿐, 시정요구가 청구인들에 대하여 어떠한 권리 · 의무를 부담시키는 등으로 법적 지위의 변동을 직접 초래하는 것은 아니므로 청구인들에게는 위 학칙시정요구에 대하여 헌법소원을 청구할 자기관련성이 인정되지 않는다.

(3) 고등교육법 제6조 제1항은 학칙의 제정 및 개정권을 학교의 장에게 부여하고 있는 규정으로서, 청구인들을 규율대상으로 하는 것이 아니고 청구인들의 기본권을 직접적이고 법적으로 침해한다고 볼 수도 없으므로 청구인들에게는 그 위헌확인을 구할 자기관련성이 없다.

[요약판례 22] 이라크전쟁파병결정 등 위헌확인: 각하(헌재 2003.12.18. 2003헌마255등)

시민단체, 정당의 간부들 및 일반시민들인 청구인들이 국군의 이라크 전쟁 파견결정에 의하여 기본권이 제한됨으로써 자기관련성이 존재하는지 여부(소극)

청구인들은 **시민단체나 정당의 간부 및 일반 국민들**로서 이 사건 파견결정으로 인해 파견될 당사자가 아님은 청구인들 스스로 인정하는 바와 같다. 그렇다면, 청구인들은 이 사건 파견결정에 관하여 **일반 국민의 지위에서 사실상의 또는 간접적인 이해관계를 가진다**고 할 수는 있으나, 이 사건 파견결정으로 인하여 청구인들이 주장하는 바와 같은 인간의 존엄과 가치, 행복추구권 등 헌법상 보장된 청구인들 자신의 기본권을 현재 그리고 직접적으로 침해받는다고는 할 수 없다. 또한 청구인들은 '이 사건 파견결정으로 인해 타인의 생명을 존중하고 타인과 공존하는데서 자신의 인간다움을 확인하려는 양심과 인간성에 심각한 타격을 받게 되고 앞으로 한반도에서의 부시행정부의 부적절한 대응으로 긴장이 고조되면 피해자로서 무력충돌에 휘말리게 될 위험성도 배제할 수 없게 됨으로써 헌법상 보장된 청구인들의 평화적 생존권을 침해받는다'는 취지의 주장을 하고 있으나 그러한 내용의 피해는 **국민의, 또는 인류의 일원으로서 입는 사실상의, 또는 간접적인 성격을 지닌 것**이거나 하나의 가설을 들고 있는 것이어서 이 사건 파병으로 인하여 청구인들의 기본권이 현재, 직접 침해되었다고 볼 근거가 될 수 없다. 따라서 청구인들은 이 사건 파견결정에 대해 적법하게 헌법소원을 제기할 수 있는 **자기관련성이 있다고 할 수 없어** 이 사건 헌법소원 심판청구는 모두 부적법하다.

(재판관 김영일, 재판관 권성, 재판관 주선회, 재판관 전효숙의 별개의견) 이 사건 파견결정은 그 성격상 국방 및 외교에 관련된 고도의 정치적 결단을 요하는 문제로서, 헌법과 법률이 정한 절차를 지켜 이루어진 것임이 명백한 이 사건에 있어서는, 대통령과 국회의 판단은 존중되어야 하고 우리 재판소가 사법적 기준만으로 이를 심판하는 것은 자제되어야 한다. 오랜 민주주의 전통을 가진 외국에서도 외교 및 국방에 관련된 것으로서 고도의 정치적 결단을 요하는 사안에 대하여는 줄곧 사법심사를 자제하고 있는 것도 바로 이러한 취지에서 나온 것이라 할 것이다. 이에 대하여는 설혹 사법적 심사의 회피로 자의적 결정이 방치될 수도 있다는 우려가 있을 수 있으나 그러한 대통령과 국회의 판단은 궁극적으로는 선거를 통해 국민에 의한 평가와 심판을 받게 될 것이다.

[요약판례 23] 성매매방지및피해자보호등에관한법률 등 위헌소원: 각하(헌재 2005.12.22. 2004헌마827)

(1) 공권력의 행사가 헌법소원을 청구하고자 하는 자의 법적 지위에 아무런 영향을 미치지 않는 경우 그 공권력 행사를 대상으로 한 헌법소원이 적법한지 여부(소극)
(2) 특정한 형벌 규정을 위반하여 처벌받은 바도 없고, 장래에 그 규정에 반하는 행위를 할 의사가 전혀 없음에도 직업선택의 자유 등을 들어 위헌성을 다투는 경우에 그 헌법소원이 적법한지 여부(소극)
(3) 성매매 알선에 관여한 바가 없을 뿐 아니라 앞으로도 관여할 의사가 전혀 없는 청구인이 성매매알선 등을 처벌하는 성매매알선등행위의처벌에관한법률의 위헌성을 다툴 자기관련성이 인정되는지 여부(소극)

(1) 헌법재판소법 제68조 제1항 본문에 의하면 공권력의 행사 또는 불행사로 인하여 헌법상 보장된 자신의 기본권

을 현재 직접적으로 침해당한 자만이 헌법소원심판을 청구할 수 있으므로 공권력의 행사가 헌법소원을 청구하고자 하는 자의 법적 지위에 아무런 영향을 미치지 않는다면 애당초 기본권침해의 가능성이나 위험성이 없으므로 그 공권력의 행사를 대상으로 헌법소원을 청구하는 것은 허용되지 아니한다.

(2) 특정행위를 하고자 하지만 당해 형벌규정 때문에 못하고 있거나 당해 형벌규정으로 처벌을 받게 된 경우에는 직업선택의 자유와 관련하여 자기관련성을 가질 수 있다. 그러나 **형벌규정에 반하는 행위에 관여한 바가 없을 뿐 아니라 앞으로도 관여할 의사가 전혀 없다면, 기본권이 침해되거나 앞으로 침해될 가능성이 없다 할 것이므로 이를 다투는 헌법소원심판 청구는 부적법하다.**

(3) 성매매알선등행위의처벌에관한법률(2004. 3. 22. 법률 제7196호로 제정되어, 2005. 3. 24. 법률 제7404호로 개정되기 전의 것)은 성매매 알선 등을 처벌하고 있으나, 청구인은 성매매 등에 관여한 바가 없을 뿐 아니라 앞으로도 성매매에 관여할 의사가 전혀 없음을 분명히 밝히고 있어서, 성매매알선등행위의처벌에관한법률에 의하여 기본권이 침해되거나 앞으로 침해될 가능성이 없다 할 것이므로 위 법의 위헌성을 다투는 헌법소원심판청구는 부적법하다.

[요약판례 24] 신문등의자유와기능보장에관한법률 제16조 등 위헌확인 등: 위헌,기각,각하 (헌재 2006.6.29. 2005헌마165등)

(1) 독자 또는 국민의 한 사람인 청구인들이 신문등의자유와기능보장에관한법률 및 언론중재및피해구제등에관한법률의 일부 조항에 대한 헌법소원심판청구에 자기관련성이 없다고 판단한 사례
(2) 신문사의 대표자인 청구인이 신문법의 일부 조항에 대한 헌법소원심판청구에 자기관련성이 없다고 판단한 사례
(3) 신문사의 기자인 청구인들이 신문법 및 언론중재법의 일부 조항에 대한 헌법소원심판청구에 자기관련성이 없다고 판단한 사례

(1) **독자** 또는 국민의 한 사람인 청구인들은 신문법상의 "정기간행물사업자"나 "일간신문을 경영하는 법인"이 아니고, 나아가 언론중재법상의 "언론"에도 해당하지 않는다. 따라서 위 청구인들은 신문법과 언론중재법의 심판대상조항에 대하여 간접적·사실적 이해관계를 가지는데 불과할 뿐 직접적·법률적 이해관계를 가진다고 할 수 없으므로, 기본권침해의 자기관련성이 인정되지 않는다.

(2) **신문사의 대표이사**인 청구인이 심판대상으로 청구한 신문법 제16조, 제17조, 제33조, 제34조 제2항, 제37조 제5항은 "정기간행물사업자"를 그 규율대상으로 하고 있는바, 회사와 그 대표자 개인을 엄격히 구별하고 있는 우리 법제상 동 청구인은 이들 조항에 대하여 자기관련성이 인정되지 않는다.

(3) 신문법은 정기간행물사업자, 즉 일간신문을 경영하는 법인으로서의 신문사를 규율대상으로 하고 있고, 언론중재법도 언론사와 언론보도로 인한 피해자 사이의 분쟁을 해결하고자 규율하는 법률로서, 그 규율의 대상이 되는 주체는 언론사에 소속되어 있는 기자가 아니라 언론사 자체이다. 따라서 **신문사의 기자**인 청구인들은 심판대상조항에 대하여 자기관련성이 인정되지 않는다.

[요약판례 25] 자원의절약과재활용촉진에관한법률시행령 제5조 등 위헌확인: 각하,기각 (헌재 2007.2.22. 2003헌마428등)

식품접객업소에서 합성수지 도시락 용기 사용을 금지한 심판대상규정에 대한 합성수지 도시락용기의 생산업자의 자기관련성 인정여부(소극)

심판대상 규정의 직접적인 수범자는 식품접객업주이므로 합성수지 도시락 용기의 생산업자는 원칙적으로 제3자에 불과하며, 또한 합성수지 도시락 용기의 사용제한으로 인하여 입게되는 영업매출의 감소 위험은 직접적·법률적인 이해관계로 보기는 어렵고 간접적·사실적 혹은 경제적인 이해관계라고 볼 것이므로 자기관련성을 인정하기 어렵다.

[요약판례 26] 근로기준법 제9조 위헌확인: 각하(헌재 2007.5.31. 2004헌마305)

근로자가 근로시간 중에 공민권을 행사하는 것을 보장할 사용자의 의무를 규정한 근로기준법 제9조에 대하여 근로자가 자기관련성을 가지는지 여부(소극)

헌법재판소법 제68조 제1항의 헌법소원은 공권력의 행사 또는 불행사로 말미암아 자기의 기본권이 침해받은 자가 제기할 수 있는데, 근로기준법 제9조 본문(이하 '이 사건 법률조항'이라 한다)은 근로자가 공민권의 행사 등에 필요한 시간을 청구하는 경우에 사용자가 거부하지 못하도록 의무를 부과하고 있으므로, **이 사건 법률조항의 수범자는 '사용자'이고, 청구인과 같은 근로자는 원칙적으로 이 사건 법률조항에 대해 헌법소원을 제기할 수 있는 자기관련성이 인정되지 아니한다.**

[요약판례 27] 공직선거법 제50조 제1항 위헌확인: 각하(헌재 2007.10.9. 2007헌마1032)

청구인이 단순히 정당원 또는 국민 개인의 지위에서 제기한 심판청구의 경우 자기관련성이 인정되는지 여부(소극)

공직선거법 제50조 제1항은 후보자 등록 후에 정당으로 하여금 그 후보자에 대한 추천을 취소 또는 변경할 수 없도록 하고 있을 뿐, 정당원이나 국민 개인이 정당을 지지하고 정당을 통해 의사를 표현할 권리 자체를 제한하지는 않고 있다. 따라서 **청구인이 단순히 정당원 또는 국민 개인의 지위에서 제기한 이 사건 심판청구는 자기관련성이 없는 자가 제기한 것으로서 부적법하다.**

[요약판례 28] 공직선거법 제57조의2 제2항 위헌확인: 각하(헌재 2007.9.18. 2007헌마989)

대통령에 대한 선거권을 행사함에 있어 투표할 대상자가 스스로 또는 법률상의 제한으로 입후보를 하지 아니하는 경우 그로 인하여 선거권자가 자신의 선거권을 행사함에 있어서 침해를 받게 되는지 여부(소극)

대통령에 대한 선거권을 행사함에 있어 투표할 대상자가 스스로 또는 법률상의 제한으로 입후보를 하지 아니하는 경우 입후보자의 입장에서 공무담임권 제한의 문제가 발생하겠지만, 선거권자로서는 후보자의 선택에 있어서의 간접적이고 사실상의 제한을 받게 될 뿐 그로 인하여 선거권자가 자신의 선거권을 행사함에 있어서 침해를 받게 된다고 보기 어렵다.

그렇다면 심판대상조항으로 인하여 선거권자인 청구인에게 구체적인 기본권침해 사유가 발생하였다고 볼 수 없다. 또한 심판대상조항은 정당후보자 추천을 위한 경선절차에 참여한 자를 그 적용대상으로 하고 있어 청구인은 심판대상조항의 직접적인 수범자가 될 수 없고 단지 간접적, 사실적 이해관계만을 가지고 있을 뿐이므로, 청구인에게 법적 자기관련성이 있다고 볼 수 없다. 그렇다면 심판대상조항으로 인하여 청구인에게 구체적인 기본권침해 사유가 발생하지 않았고, 청구인이 자유롭게 대통령을 선택하지 못한다는 이유만으로는 자기관련성을 인정할 수 없다고 할 것이다.

[요약판례 29] 주민투표법 제8조 제4항 위헌확인: 기각(헌재 2009.3.26. 2006헌마99)

(1) 중준위 방사성폐기물 처분시설(이하 '이 사건 처분시설'이라 한다)의 유치여부에 관한 주민투표가 발의된 지역의 주민이 아닌 사람들에게 국가정책사항에 관한 주민투표에 있어서 주민투표소송을 배제하도록 규정한 주민투표법(2004. 1. 29 법률 제7124호로 제정된 것) 제8조 제4항 중 제25조, 제26조 제1항, 제2항의 규정을 적용하지 아니하도록 한 부분(이하 '이 사건 법률조항'이라 한다)이 자기관련성이 인정되는지 여부(소극)

(2) 이 사건 법률조항이 재판청구권 및 평등권을 침해하는지 여부(소극)

(1) 주민투표 발의일 현재 이 사건 처분시설의 유치 여부에 관하여 주민투표가 발의된 각 지방자치단체의 관할구역에 주민등록이 되어 있지 아니한 청구인들은 주민투표권자의 지위에 있지 아니하므로 이 사건 법률조항과 자기관련성을 인정하기 어렵다.

(2) 주민투표법은 국가정책에 관한 주민투표의 경우에 지방자치단체의 결정사항에 관한 주민투표와 동일하게 주민투표운동의 원칙 내지 금지사항을 규정하고 그에 위반한 행위에 대하여 관할 선거관리위원회에 의한 행정제재처분이나 사법기관에 의한 형사처벌을 가하도록 규정하는 등 공정성과 절차적 정당성을 확보하도록 하는 한편, 지방자치단체의 주요결정사항에 관한 주민투표와 국가정책사항에 관한 주민투표 사이의 본질적인 차이를 감안하여, 이 사건 법률조항에 의하여 지방자치단체의 주요결정사항에 관한 주민투표와는 달리 주민투표소송의 적용을 배제하고 있는 것이므로, 이 사건 법률조항이 현저히 불합리하게 입법재량의 범위를 벗어나 청구인들의 주민투표소송 등 재판청구권을 침해하였다고 보기는 어렵다. 나. 이 사건 법률조항이 국가정책에 관한 주민투표의 경우에 주민투표소송을 배제함으로써 지방자치단체의 주요결정사항에 관한 주민투표의 경우와 달리 취급하였다 하더라도, 이는 양자 사이의 본질적인 차이를 감안한 것으로서 입법자의 합리적인 입법형성의 영역 내의 것이라 할 것이고, 따라서 자의적인 차별이라고는 보기 어려우므로, 이 사건 법률조항이 청구인들의 평등권을 침해한다고 볼 수 없다.

[요약판례 30] 뉴스통신진흥에관한법률 제10조 등 위헌확인: 기각(헌재 2005.6.30. 2003헌마841)

연합뉴스만을 국가기간뉴스통신사로 지정한 것이 평등원칙에 위배된다며 다른 경쟁회사가 헌법소원 심판을 청구한 경우에 자기관련성이 인정되는지 여부(적극)

(1) 심판대상조항이 경쟁관계에 있는 다른 뉴스통신사를 국가기간뉴스통신사로 지정하여 이에 대하여 재정지원 등 각종 혜택을 부여하는 경우에는 이러한 혜택에서 제외된 청구인 회사의 경우 그 영업활동이 부당하게 축소되는 결과가 되므로 그러한 범위에서 기본권에 대하여 직접 법적인 제한을 받는 것으로 보아야 한다. 그리고 경업자 중 어느 일방에게 특별한 혜택을 부여하는 심판대상조항으로 인하여 다른 일방은 사실상 영업활동에 큰 제약을 받게 되고, 이러한 사실상의 제약이 당해 시장의 구조와 특성에 따라 영업의 수행을 현저히 곤란하게 하거나 불가능하게 할 정도에 이를 경우에는 그 침해의 효과나 진지성 또한 크다고 할 것인바, 후술하는 바와 같은 뉴스통신시장의 구조와 특성에 비추어 볼 때 이로 인한 직업선택의 자유 등 기본권침해의 효과나 그 진지성이 결코 경미하다고 단정할 수는 없다.

(2) 국가기간뉴스통신사에 대한 재정지원 등 혜택의 부여는 오로지 국가기간뉴스통신사인 연합뉴스사를 수급자로 하여 행해지는 것인바, 이러한 시혜적 법률의 경우에는 법률의 수규자가 당사자로서 기본권침해를 주장하는 침해적 법률의 경우와는 달리, 수혜의 범위에서 제외된 청구인이 '국가가 다른 집단에게 부여한 혜택으로부터 자신이 속한 집단을 평등원칙에 반하여 부당하게 제외하였다'라는 취지의 위헌주장을 할 수 있고, 이에 대하여 헌법재판소가 평등권위반을 확인한다면 그 결과로서 청구인도 혜택규정에 의하여 배제되었던 혜택에 참여할 가능성이 있으므로 청구인의 자기관련성을 인정할 수 있다. 이 사건에서도 만약 헌법재판소가 '연합뉴스사만을 국가기간뉴스통신사로 지정하여 재정지원을 하는 것은 청구인 회사의 평등권을 침해한다'라는 위헌취지의 결정을 하는 경우, 연합뉴스사에 대한 재정

지원을 박탈하거나 또는 감축하는 방향으로 평등을 실현할 수도 있겠지만, 이와 달리 경업자인 청구인 회사에게도 국가기간뉴스통신사의 지위를 부여하는 방향으로 평등이 이루어질 수도 있으므로 제3자인 청구인들에게도 자기관련성을 인정할 수 있다.

[요약판례 31] 방송법 제32조 제2항 등 위헌확인: 위헌(헌재 2008.6.26. 2005헌마506)

방송위원회로부터 위탁을 받은 한국광고자율심의기구로 하여금 텔레비전 방송광고의 사전심의를 담당하도록 한 것에 대해 방송을 통해 광고를 하고자 하는 광고주의 자기관련성이 인정되는지 여부(적극)

이 사건 규정들은 방송광고의 사전심의 주체로 방송위원회만을, 이러한 절차를 거친 방송광고물에 대한 방송의 주체로 방송사업자만을 정하여 이 사건 청구인과 같은 광고주를 그 법규 수범자 범위에서 제외하고 있다. 이러한 규정 형식과 관련하여 이 사건 규정들에 대한 청구인의 자기관련성에 의문이 제기될 수 있으나, 청구인과 같이 방송을 통해 광고를 하고자 하는 자는 이 사건 규정들 때문에 반드시 사전에 심의를 거쳐야 하고, 그렇지 않을 경우 자신이 원하는 방송광고를 할 수 없게 되므로 청구인과 같은 광고주의 경우도 이 사건 규정들에 의해 자신의 기본권을 제한받고 있다고 할 것이다.

[요약판례 32] 법학전문대학원 설치 예비인가 배제결정 취소: 각하(헌재 2008.11.27. 2008헌마372)

교육과학기술부장관이 2008. 2. 4. 학교법인 국민학원에 대하여 한 법학전문대학원 설치 예비인가 배제결정에 대하여, 위 국민학원 소속 국민대학교 법과대학 교수들이 기본권 침해의 자기관련성을 갖는지 여부(소극)

이 사건 예비인가 배제결정의 직접적 규율대상은 법학전문대학원의 설치인가 신청을 한 국민학원이다. 청구인들은 국민학원의 구성원도 아니고 단지 국민학원과의 계약관계에 의하여 국민대학에 근무하는 교수들이므로 이 사건 예비인가 배제결정이 규율하려는 직접적 상대방이 아닌 제3자에 불과하다. 청구인들이 법학전문대학원의 교수로서 활동할 수 있는 기회를 갖지 못하게 됨으로써 구체적으로 담당할 법률과목 등에 다소 변동이 있을 수 있고 법학전문대학원이 설치될 경우와 비교하여 교수로서의 지위에 불이익이 발생할 여지는 있을 수 있으나, 이는 학교법인 국민학원이 법학전문대학원 예비인가를 받지 못함에 따른 반사적 결과로서 사실적·간접적·경제적 불이익에 지나지 않는다.

[요약판례 33] 변리사법 제3조 제1항 제2호 등 위헌확인: 기각(헌재 2010.2.25. 2007헌마956)

변리사 시험을 통해 변리사가 되고자 하는 청구인들이 변호사로서 변리사 등록을 한 자에게 변리사 자격을 부여하는 변리사법 제3조 제1항 제2호를 다툴 자기관련성을 갖는지 여부(적극)

변리사법 제3조 제1항은 신규 변리사의 수요를 충당하는 두 개의 공급원, 즉 하나는 변리사시험에 합격한 자이고 다른 하나는 변호사법에 의하여 변호사의 자격을 가진 자로서 변리사등록을 한 자를 규정하고 있으므로 이 두 개의 공급원은 어떤 형태와 정도에 의해서든 개념상 서로 상관관계를 가질 수밖에 없다. 그러므로 변호사에 의한 신규 변리사의 충원이 중단된다면 제2차시험의 최소합격인원을 늘이는 등의 방법으로 시험합격자에 의한 충원의 기회는 개념상 늘어날 수밖에 없고 따라서 제2차시험에 응시한 청구인들의 법적 지위가 상대적으로 향상된다고 볼 여지가 있는바, 변리사법 제3조 제1항 제2호에 대한 심판청구는 자기관련성이 인정된다.

[요약판례 34] 병역법 제26조 제1항 제3호 등 위헌확인: 각하(헌재 2010.4.29. 2009헌마340)

행정지원업무를 행하는 공익근무요원인 청구인에게 예술·체육 분야 특기자에게 공익근무요원의 병역혜택을 부여한 구 병역법 제26조 제1항 제3호 등 관련조항의 위헌 여부를 다툴 자기관련성이 인정되는지 여부(소극)

청구인은 예술·체육 분야 특기자들에게 이 사건 법령조항에 따른 병역 혜택을 주어서는 안된다는 주장을 하고 있을 뿐, 청구인 자신이 그 전공 분야에서 이 사건 법령조항에 준하는 특기를 가진 사람으로서 예술·체육 분야 특기자들과 동일한 병역 혜택을 받아야 함에도 평등원칙에 반하여 수혜대상에서 제외되었다는 주장을 하고 있지 아니하다. 또한 예술·체육 분야 특기자들과 전공 분야가 다른 청구인이 직업선택이나 그 수행과 관련하여 서로 경쟁관계에 있어 예술·체육 분야 특기자들에 대한 병역 혜택의 부여가 동시에 청구인에게 불이익을 의미하는 관계에 있다고 인정하기 어려울 뿐만 아니라, 이 사건 법령조항에 따른 병역 혜택을 받은 자가 전체 병역대상자 중 극히 일부에 불과한 점에 비추어 보면, 이 사건 법령조항이 위헌이라고 선고되어 예술·체육 분야 특기자들에 대한 병역 혜택이 제거되더라도, 현재 공익근무요원으로 소집되어 병역의무를 수행 중인 청구인의 직업선택이나 그 수행 또는 병역의무의 기간이나 정도 등에 영향을 미침으로써 청구인의 법적 지위가 상대적으로 향상된다고 보기도 어려우므로 기본권침해의 자기관련성이 인정되지 아니한다.

3. 직 접 성

[요약판례 1] 사법서사법시행규칙에 관한 헌법소원: 기각,각하(헌재 1989.3.17. 88헌마1)

법령에 대한 헌법소원의 직접성의 요건을 갖춘 예

사법서사의 자격부여가 경력에 치중하여 운영되고 있다면 기본권침해의 소지는 사법서사법 제4조 제1항 제1호 전단의 경력규정 부분에서 직접 생길 수 있는 것이고, 또한 위 **전단규정만에 의하여 사법서사직을 선택하여서는 안 될 의무가 생긴다면 이른바 기본권침해의 직접성의 요건도 갖추어진 것**이다.

[요약판례 2] 사회안전법에 관한 헌법소원: 각하(헌재 1989.10.27. 89헌마105등)

보안처분을 받은 자의 사회안전법에 대한 헌법소원의 적법여부(소극)

법률에 대하여 바로 헌법소원심판을 청구하려면 직접 당해 법률에 의해 권리침해를 받아야만 하므로 청구인들이 현재 사회안전법 소정의 보안처분을 받고 있다고 하더라도 그것은 **법무부장관의 보안처분결정에 의한 것이므로 사회안전법에 의한 권리침해의 직접성을 갖추었다고 할 수 없어** 부적법하다.

[요약판례 3] 지방의회의원선거법 제36조 제1항에 대한 헌법소원: 헌법불합치,각하(헌재 1991.3.11. 91헌마21)

(1) 법률에 대한 헌법소원에 있어서 자기관련성, 현재성이 인정되는 사례
(2) 정당의 기본권주체성이 인정되어 청구인적격을 인정한 사례

(1) 서울특별시의회에 진출하려는 청구인들은 지방의회의원선거법과 밀접한 이해관계가 인정되므로 자기성이 인정되고, 위 법 제36조 제1항이 그 법률조항 자체에서 지방의회의원(선거)의 후보요건을 제한하고 있고, 같은 조항 소정의 **기탁금을 기탁하지 아니하는 자에 대한 후보등록거부행위라는 당연히 예상되는 별도의 집행행위를 매개로 할 것도 없으므로 기본권침해의 직접성이 인정**되고, 지방자치법 부칙 제2조가 동법에 의한 최초의 지방의회의원선거를 1991. 6. 30. 이내에 실시할 것을 규정하고 있고 정부도 상반기내에 실시할 것을 공약하고 있는 점에 비추어 수개월내

에 실시할 것이 명백하므로 현재성 역시 인정된다.

(2) 시·도의회의원선거에서 정당이 후보자의 추천과 후보자를 지원하는 선거운동을 통하여 소기의 목적을 추구하는 경우, 평등권 및 평등선거원칙으로부터 나오는 (선거에 있어서의) 기회균등의 원칙은 후보자는 물론 정당에 대해서도 보장되는 것이므로 정당추천의 후보자가 선거에서 차등대우를 받는 것은 정당이 선거에서 차등대우를 받는 것과 같은 결과가 된다.

[요약판례 4] 도시계획법 제21조 및 동법시행령 제20조에 관한 헌법소원: 각하(헌재 1991.7.22. 89헌마174)

법령에 대한 헌법소원의 직접성이 부인된 사례

도시계획법 제21조 및 동법시행령 제20조의 경우는 **건설부장관의 개발제한구역의 지정·고시라는 별도의 구체적인 집행행위에 의하여 비로소 재산권 침해여부의 문제가 발생할 수 있는 것**이므로 위 법령의 조항에 대한 헌법소원 심판청구는 직접성을 갖지 못하여 부적법하다.

[요약판례 5] 공권력행사로 인한 재산권침해에 대한 헌법소원: 인용(위헌확인)(헌재 1993.7.29. 89헌마31)

공권력의 행사과정에서 청구인 개인에 대해 행사한 바는 없으나 청구인의 개인재산권을 직접 대상으로 하여 행사하였다 하여 헌법소원의 자기관련성 직접성을 인정한 사례

이 사건 공권력의 행사가 청구인 주도의 계열기업 전면해체와 그 경영권의 제3자 인수를 내용으로 하고 있는 이상 청구인 자신의 기본권과 무관한 것이었다 할 수 없으며, 이 사건 공권력의 행사과정에서 청구인 개인을 직접 상대방으로 하여 **대인적으로 행사한 바는 없으나** 청구인의 개인주식 등 재산권과 기업경영권을 직접 대상으로 하여 **대물적으로 행사하였는 바, 이러한 사실관계하에서는 공권력의 행사 자체에 의하여 청구인의 기본권이 직접 침해당한 경우**라고 볼 것이다.

[요약판례 6] 경기도남양주시등33개도농복합형태의시설치등에관한법률 제4조 위헌확인: 기각(헌재 1994.12.29. 94헌마201)

법률에 대한 헌법소원에서 직접성을 인정한 사례

법률 또는 법률조항 자체가 헌법소원의 대상이 될 수 있으려면 그 법률 또는 법률조항에 의하여 구체적인 집행행위를 기다리지 아니하고 직접·현재 자기의 기본권을 침해받아야 하는 것을 요건으로 하고, 여기서 말하는 기본권의 침해의 직접성이란 집행행위에 의하지 아니하고 법률 그 자체에 의하여 자유의 제한, 의무의 부과, 권리 또는 법적 지위의 박탈이 생긴 경우를 뜻한다. 이 사건의 경우, **다른 집행행위의 매개 없이 이 사건 법률조항 자체에 의하여 중원군이 폐지되어 충주시에 편입되므로 그로 인한 기본권침해의 직접성은 인정**된다고 보아야 할 것이다.

[요약판례 7] 독점규제및공정거래에관한법률 제71조 위헌확인: 각하(헌재 1995.7.21. 94헌마191)

공정거래법 제71조의 위헌 여부에 대한 헌법소원의 적부

공정거래법 제71조는 공정거래법 위반이라는 범죄행위에 대하여 **공정거래법의 집행기관인 공정거래위원회의 고발이 있어야 공소를 제기할 수 있다는 규정, 즉 공정거래법위반죄의 소추요건을 규정하고 있는 것에 불과**하므로, 위 조항 자체를 대상으로 하는 헌법소원청구는 **직접관련성이 결여**된 부적법한 것이다.

[요약판례 8] 부산직할시검안계약서실시에 따른 시세불균일과세에 관한 헌법소원: 기각(헌재 1995.10.26. 94헌마242)

부진정입법부작위에 대한 헌법소원으로 적법한 사례

청구인은 위 부동산의 원 매수인의 지위를 양수한 자로서, 위 부동산에 대한 취득세, 등록세의 납부의무자이다. 그런데 청구인은 위 조례가 개인과 개인사이의 거래만을 적용대상으로 하고 있으며 따라서 법인과 거래한 청구인의 경우 그 적용대상에서 제외되고 있어 위 조례는 차별적인 입법에 해당된다고 주장하고 있다. 그렇다면 이러한 청구는 일응 **"기본권 보장을 위한 법규정이 불완전하여 그 보충을 요하는 경우에 그 불완전한 법규 자체를 대상으로 하여 그것이 헌법위반이라는 적극적인 헌법소원"을 제기한 경우 즉, 부진정부작위 입법에 대한 헌법소원에 해당된다고 볼 수 있을 것이므로 청구인은 위 조례에 대한 자기관련성이 있다고 볼 것**이다. 그리고 이 사건 조례는 소정의 과세요건을 충족하는 거래사실이 발생하는 경우에 그 **집행행위의 매개없이 직접 불균형과세를 발생시키므로 기본권침해의 직접성도 있다**고 할 것이다.

[요약판례 9] 풍속영업의규제에관한법률 제3조 제5호 등 위헌확인: 기각,각하(헌재 1996.2.29. 94헌마13)

법령에 대한 헌법소원심판청구가 직접성의 요건을 결여하여 부적법하다고 본 사례

풍속영업의규제에관한 법률시행규칙 제8조 제1항의 풍속영업소에 대한 행정처분기준"별표 3"에 수록되어 있는 2. 개별기준의 마. 노래연습장 (1)의 (다)부분은 노래연습장에 대한 행정처분의 기준을 정한 것으로서 **청구인의 위반행위가 있을 경우에 이에 대한 행정기관의 행정처분에 의하여 비로소 기본권침해 여부의 문제가 발생할 수 있는 것**이므로 행정처분을 받은 사실조차 없는 청구인이 제기한 위 시행규칙 조항부분에 대한 심판청구는 직접성의 요건을 갖추지 못한 것으로 부적법하다.

[요약판례 10] 의문사진상규명에관한특별법 제1조 등 위헌확인: 각하(헌재 2004.9.23. 2002헌마563)

"정의규정" 또는 "선언규정" 등에 해당하는 법령에 대한 헌법소원이 직접성 요건을 구비하였는지 여부(소극)

법률 또는 법률조항 자체가 헌법소원의 대상이 될 수 있으려면 구체적인 집행행위를 기다리지 아니하고 그 법률 또는 법률조항 자체에 의하여 직접·현재·자기의 기본권을 침해받아야 하는 것을 요건으로 하고, 여기서 말하는 기본권침해의 직접성이란 집행행위에 의하지 아니하고 법률 그 자체에 의하여 자유의 제한, 의무의 부과, 권리 또는 법적 지위의 박탈이 생긴 경우를 뜻한다. 따라서 청구인 스스로가 헌법소원의 대상인 법률조항과 법적으로 관련되어 있어야 하며, **"정의규정" 또는 "선언규정" 등과 같이 그 법률조항 자체에 의하여는 기본권의 침해가 발생할 수 없는 경우 또는 법률 또는 법률조항이 구체적인 집행행위를 예정하고 있는 경우에는 직접성의 요건이 결여**된다.

[요약판례 11] 방송법 제78조 제1항 등 위헌확인: 각하(헌재 2005.5.26. 2002헌마356등)

위성방송사업자가 동시재송신하도록 의무화된 지상파방송 이외의 지상파방송을 재송신하고자 하는 때에는 방송위원회의 승인을 얻도록 한 방송법 제78조 제2항·제4항에 대한 헌법소원심판청구가 기본권침해의 직접성 요건을 갖추었는지 여부(소극)

법률 또는 법률조항 자체가 헌법소원의 대상이 될 수 있으려면 그 법률 또는 법률조항에 의하여 구체적인 집행행위를 기다리지 아니하고 직접 기본권을 침해받아야 한다. 그런데, 방송법 제78조 제2항, 제4항은 그 자체로서 직접 청구인들의 기본권을 침해하는 것이 아니라, **위 규정에 근거한 방송위원회의 승인 또는 승인거부라는 구체적인 집행행**

위를 매개로 하여 비로소 기본권침해 여부의 문제가 발생할 수 있는 것이다. 즉, 위 규정은 방송위원회의 승인 또는 승인거부의 근거가 될 수 있을 뿐 그 자체의 효력으로써 청구인들의 기본권에 직접 영향을 미치는 것은 아니다. 또한, 승인 여부의 결정시 심사할 사항을 정하고 있는 방송법시행령 제61조 제3항도 심사사항으로서, 가치관련적인 불확정개념을 사용하고 있다. 따라서 이에 대한 심판청구는 **기본권침해의 직접성 요건을 흠결**하여 부적법하다.

[요약판례 12] 헌법재판소법 제68조 제1항 등 위헌확인: 기각(헌재 2005.5.26. 2004헌마671)

(1) 헌법소원에 대한 적법요건 규정이 입법자의 입법형성의 영역에 속하는 것인지 여부(적극)

(2) 헌법소원심판청구의 적법요건으로 기본권 침해의 직접성을 요구하고 있는 헌법재판소법 제68조 제1항 본문 중 '기본권을 침해받은' 부분이 재판청구권을 침해하는지 여부(소극)

(1) 재판청구권의 실현은 법원의 조직과 절차에 관한 입법에 의존하고 있기 때문에 입법자에 의한 재판청구권의 구체적 형성은 불가피하므로 원칙적으로 소송법상의 재판청구권과 관계되는 제 제도는 입법자의 광범위한 입법형성 권하에 놓여 있는 것인바, **헌법 제111조 제1항 제5호도 헌법재판소의 다른 관장사항과 달리 '법률이 정하는' 헌법소원에 관한 심판이라고 규정하여 헌법소원제도의 구체적 형성을 입법자에게 위임하고 있다. 그러므로 헌법소원의 적법요건을 어떻게 규정할 것인가는 원칙적으로 입법자의 입법형성의 자유에 속하는 것**이다.

(2) 헌법소원심판의 **직접성 요건**은 다른 권리구제수단에 의해서는 구제되지 않는 **기본권 보장을 위한 특별하고도 보충적인 수단이라는 헌법소원의 본질로부터 비롯된 것**이므로, 이 사건 조항이 **헌법소원심판청구의 적법요건 중 하나로 기본권 침해의 직접성을 요구하는 것이 재판청구권을 침해하는 것은 아니다.**

[요약판례 13] 공직선거법 제26조 제1항에 의한 [별표 2] 위헌확인 등: 헌법불합치(헌재 2007.3.29. 2005헌마985등)

시·도의회의원 정수를 일률적으로 2인으로 정하고 있는 공직선거법 제22조 제1항을 직권으로 심판의 대상으로 삼은 사례

법 제22조 제1항은 시·도의회의 의원정수(議員定數)를 규정하고 있을 뿐 주민들이 거주하는 개별적인 지역선거구를 직접 획정하고 있지는 않으므로, 청구인들의 기본권을 직접 침해할 가능성은 없다고 할 것이다. 그러나 법 제22조 제1항은 자치구·시·군의 인구규모를 고려하지 않은 채 행정구역 혹은 국회의원지역선거구를 기준으로 하여 일률적으로 시·도의원 정수를 2인으로 배분하고 있는바, 이 사건 선거구구역표 부분에서 나타나는 인구편차에 의한 투표가치의 불평등의 문제는 이 법률조항에 의해 시원적(始原的)으로 발생된다고 볼 수 있다. 그렇다면 **법 제22조 제1항은 비록 기본권침해의 직접성이 결여되어 있다고 하더라도, 그 위헌성 여부가 적법하게 심판대상이 되어 있는 이 사건 선거구구역표 부분에 영향을 미치게 되므로 직권으로 그 위헌성을 심사할 수 있다**고 할 것이다.

[요약판례 14] 한국철도공사법 부칙 제8조 위헌확인: 각하,기각(헌재 2007.7.26. 2004헌마914)

어떤 법령조항이 헌법소원을 청구하고자 하는 사람에 대하여 시혜적인 내용을 담고 있는 경우, 당해 법령조항을 대상으로 헌법재판소법 제68조 제1항이 정한 권리구제형 헌법소원심판을 청구하는 것이 허용되는지 여부(소극)

어떤 법령조항이 헌법소원을 청구하고자 하는 사람에 대하여 시혜적인 내용을 담고 있는 경우라면, 그 법령조항은 적용 대상자에게 자유의 제한, 의무의 부과, 권리 또는 법적 지위의 박탈을 초래하지 아니하여 애당초 기본권침해의 가능성이나 위험성이 없다 할 것이므로, 당해 법령조항을 대상으로 헌법재판소법 제68조 제1항이 정한 권리구제형 헌법소원심판을 청구하는 것은 허용되지 아니한다. 시혜적인 법률은 국민의 권리를 제한하거나 새로운 의무를 부과하는 법률과는 달리 입법자에게 보다 광범위한 입법형성의 자유가 인정되므로, 입법자는 그 입법의 목적, 수혜자의 상

황, 국가예산 등 제반사항을 고려하여 그에 합당하다고 스스로 판단하는 내용의 입법을 할 권한이 있다 할 것이고, 그렇게 하여 제정된 법률의 내용이 현저하게 합리성이 결여되어 있다고 보이지 아니하는 한 헌법에 위반된다 할 수 없다.

[요약판례 15] 법인세법 제29조 제1항 제4호 등 위헌확인: 각하(헌재 2009.4.30. 2006헌마1261)

신고납세방식의 과세법령에 대하여 기본권침해의 직접성이 인정되지 않는다고 본 사례

조세법령의 경우에는 과세관청의 부과처분에 의하여 조세채무가 확정되는 부과과세 방식이나 납세의무자가 스스로 조세채무 성립요건의 충족을 확인하고 이에 관계 세법을 적용하여 과세표준과 세액을 신고함으로써 조세채무를 확정시키는 신고납세 방식을 불문하고 과세처분이라는 구체적인 집행행위를 매개로 하여 기본권을 침해하는 것이고, 그 자체로 직접 기본권을 침해하는 것이 아니므로 직접성이 인정되지 않는다.

[요약판례 16] 일제강점하반민족행위진상규명에관한특별법 제2조 제9호 위헌확인: 각하(헌재 2010.9.30. 2009헌마631)

친일반민족행위결정의 근거가 된 일제강점하 반민족행위 진상규명에 관한 특별법 제2조 제9호에 대한 헌법소원심판청구가 기본권 침해의 직접성요건을 갖추었는지 여부(소극)

청구인의 기본권침해는 친일반민족행위결정의 근거가 된 심판대상조항 자체에 의한 것이 아니라 반민규명위원회의 조사결과에 따른 친일반민족행위결정과 이에 수반되는 조사보고서 및 사료의 공개라는 구체적인 집행행위를 매개로 하여 비로소 발생한 것이고, 이에 대하여는 친일반민족행위결정이라는 구체적 집행행위에 대한 일반 행정쟁송의 방법을 통하여 구제받을 수 있는 것이므로, 결국 청구인의 이 사건 심판청구는 기본권침해의 직접성을 인정할 수 없다.

[요약판례 17] 군인사법 제47조의2 위헌확인 등: 기각,각하(헌재 2010.10.28. 2008헌마638)

군인의 복무에 관하여 '이 법에 관한 것을 제외하고' 대통령령에 위임하고 있는 군인사법 제47조의2에 대하여 기본권침해의 직접성이 인정되는지 여부(소극)

이 사건 법조항은 군인의 복무에 관하여는 이 법에 규정한 것을 제외하고는 따로 대통령령이 정하는 바에 의한다고 규정하여 기본권침해에 관하여 아무런 규율도 하지 아니한 채 이를 대통령령에 위임하고 있으므로, 그 내용이 국민의 권리관계를 직접 변동시키거나 법적 지위를 결정적으로 정하여 국민의 권리관계를 확정한 것이라고 보기 어렵고, 따라서 이 사건 심판청구 중 이 사건 법조항에 관한 부분은 기본권침해의 직접성 요건을 흠결하였다 할 것이다.

[요약판례 18] 공무원보수규정 제5조 중 별표 13 등 위헌확인: 기각,각하(헌재 2012.10.25. 2011헌마307)

병영생활관에의 학습기기 반입금지, 병의 휴대전화 소지 및 사용 금지를 규정한 육군규정 120 병영생활규정 제37조에 대한 헌법소원심판청구가 기본권침해의 직접성 요건을 갖추었는지 여부(소극)

병영생활규정 중 제3항은 주변 전우에게 영향을 미치거나 군사보안에 저촉될 수 있는 라디오, 카메라, VTR, MP3, PC, 휴대전화 등은 영내 반입을 금하며 공무상 영내반입이 필요시에는 장관급 지휘관 승인하에 이를 허용할 수 있다는 규정이고, 제4항은 주류, 불량서적, 폭발물, 가발 등 허가되지 아니한 물품을 반입해서는 아니 된다는 규정으로서, 육군 병의 내무생활 중 학습용 전자기기 및 휴대전화의 반입을 금지하거나 소지, 사용을 제한하는 것은 해당 부대 지휘관 등의 반입금지처분 혹은 전화사용금지처분이라는 별도의 집행행위에 의한 것이지 위 병영생활규정 조항 자체에 의하여 직접적으로 이루어진 것으로 볼 수 없으므로, 이 부분 심판청구는 기본권침해의 직접성을 결하여 부적법하다.

[요약판례 19] 형법 제69조 제2항 등 위헌확인: 각하(헌재 2012.10.25. 2012헌마107)

노역장유치처분의 근거조항인 형법 제69조 제2항, 제70조에 대해 기본권침해의 직접성이 인정되는지 여부(소극)

이 사건 법률조항들은, 벌금형 미납자를 일정 기간 동안 노역장에 유치하여 작업에 복무하게 하도록 규정하면서(제69조 제2항) 아울러 형 집행당국이 벌금형 집행 과정에서 자의적으로 노역장유치기간을 결정하지 않도록 할 목적으로 벌금형을 선고할 때에 벌금을 납입하지 아니한 경우의 유치기간을 정하여 동시에 선고하도록 규정하고 있다(제70조). 이와 같이 노역장유치는 구체적인 유치기간을 정한 법원의 노역장유치명령에 의하여 이루어지는바, 노역장유치로 인한 청구인의 기본권의 제한은 그와 같은 법원의 판결, 즉 노역장유치명령과 그 노역장유치명령에 대한 검사의 집행처분에 의하여 비로소 발생하는 것이지 이 사건 법률조항들 자체에서 직접 발생하는 것이라고 볼 수 없다.

4. 현 재 성

[요약판례 1] 형사소송법개정 등에 대한 헌법소원: 각하(헌재 1989.7.21. 89헌마12)

권리침해의 현재성이 없는 청구인의 법률에 대한 헌법소원의 적법여부

법률에 대하여 바로 헌법소원을 제기하려면 우선 청구인 스스로가 당해 규정에 관련되어야 할 뿐만 아니라 당해 규정에 의해 현재 권리침해를 받아야 한다는 것을 요건으로 하는바, **청구인이 고소 또는 고발을 한 사실은 없고 단순히 장래 잠재적으로 나타날 수 있는 권리침해의 우려에 대하여 헌법소원심판을 청구한 것에 불과하다면 본인의 관련성과 권리침해의 현재성이 없는 경우에 해당**하여 부적법하다.

[요약판례 2] 지방의회선거법 제36조 제1항에 대한 헌법소원: 헌법불합치,각하(헌재 1991.3.11. 91헌마21)

법률에 대한 헌법소원에 있어서 직접성, 현재성이 인정되는 사례

서울특별시의회에 진출하려는 청구인들은 지방의회의원선거법과 밀접한 이해관계가 인정되므로 자기성이 인정되고, 위 법 제36조 제1항이 그 법률조항 자체에서 지방의회의원(선거)의 후보요건을 제한하고 있고, 같은 조항 소정의 기탁금을 기탁하지 아니하는 자에 대한 후보등록거부행위라는 당연히 예상되는 별도의 집행행위를 매개로 할 것도 없으므로 기본권침해의 직접성이 인정되고, **지방자치법 부칙 제2조가 동법에 의한 최초의 지방의회의원선거를 1991. 6. 30. 이내에 실시할 것을 규정하고 있고 정부도 상반기내에 실시할 것을 공약하고 있는 점에 비추어 수개월내에 실시할 것이 명백하므로 현재성 역시 인정**된다.

[요약판례 3] 1994년도 신입생선발입시안에 대한 헌법소원: 기각(헌재 1992.10.1. 92헌마68등)

서울대학교가 "94학년도 대학입학고사주요요강"을 제정하여 발표한 것에 대하여 제기된 헌법소원심판청구의 적법여부(공권력행사 해당여부, 보충성)

국립대학인 서울대학교의 **"94학년도 대학입학고사주요요강"**은 사실상의 준비행위 내지 사전안내로서 행정쟁송의 대상이 될 수 있는 행정처분이나 공권력의 행사는 될 수 없지만 그 내용이 국민의 기본권에 직접 영향을 끼치는 내용이고 **앞으로 법령의 뒷받침에 의하여 그대로 실시될 것이 틀림없을 것으로 예상되어 그로 인하여 직접적으로 기본권 침해를 받게 되는 사람에게는 사실상의 규범작용으로 인한 위험성이 이미 현실적으로 발생하였다**고 보아야 할 것이므로 이는 헌법소원의 대상이 되는 헌법재판소법 제68조 제1항 소정의 공권력의 행사에 해당된다고 할 것이며, 이 경우 헌법소원 외에 달리 구제방법이 없다.

[요약판례 4] 경기도남양주시등33개도농복합형태의시설치에관한법률 제4조 위헌확인: 기각(헌재 1994.12.29. 94헌마201)

공포 후 시행 전인 법률에 대하여 현재성을 인정한 사례

이 사건 법률은 1994. 8. 3. 법률 제4774호로 공포되었고 1995. 1. 1.부터 시행된다. 이 사건 법률이 시행되면 즉시 중원군은 폐지되고 충주시에 흡수되므로, **이 사건 법률이 효력발생하기 이전에 이미 청구인들의 권리관계가 침해될 수도 있다고 보여지고 현재의 시점에서 청구인들이 불이익을 입게 될 수도 있다는 것을 충분히 예측할 수 있으므로 기본권침해의 현재성이 인정된다.**

[요약판례 5] 증권거래법 제33조 제2항 제3호 위헌확인: 기각(헌재 2001.3.21. 99헌마150)

기본권제한의 가능성이 구체적으로 현출된 단계에서 헌법소원심판청구의 적법 여부(적극)

청구인에 대한 증권거래법위반죄의 유죄판결이 미확정의 상태에 있어 기본권의 제한이 아직 현실화된 것은 아니지만 형사재판절차가 현재 계속중에 있어 기본권제한의 가능성이 구체적으로 현출된 단계에 있는 이 사건과 같은 경우에는 신속한 기본권구제를 위하여 현재 기본권이 침해되고 있는 경우와 마찬가지로 헌법소원이 허용된다고 할 것이다.

[요약판례 6] 공직선거법 제148조 제1항 위헌확인: 기각(헌재 2010.4.29. 2008헌마438)

장래의 선거에서 부재자투표 여부가 확정되는 선거인명부작성 기간이 아직 도래하지 않아 부재자투표를 할 것인지 여부가 확정되지 않은 상태에서, 부재자투표소 투표의 기간을 제한하고 있는 법률조항에 대해 제기한 헌법소원이 기본권침해의 현재성을 갖추었는지 여부(적극)

청구인은 지난 제17대 대통령선거 부재자투표를 하였고, 제18대 국회의원선거에서는 부재자투표를 하고자 하였으나 사전투표의 불이익을 피하려고 부득이 선거일에 주민등록지의 투표소에 직접 가 투표하였다는 것이므로 앞으로 다가올 선거에서도 부재자투표를 할 가능성은 충분히 있으며, 부재자투표 여부가 확정되는 선거인명부 작성기간은 선거일에 매우 근접해 있어, 선거인명부 작성기간 중에 부재자신고를 한 경우에만 부재자투표 절차에 관해 헌법소원심판을 청구할 수 있다고 한다면, 그 헌법소원에 대해 헌법재판소가 결정을 하기 이전에 부재자투표 절차가 모두 종료될 것이 확실시된다. 그러므로 청구인이 비록 장래의 선거에 관해 아직 부재자투표 여부가 확정되지 않았다 하더라도 주기적으로 반복되는 선거의 특성과 기본권 구제의 실효성 측면을 고려할 때, 기본권 침해의 현재성을 갖춘 것으로 보아야 할 것이다.

[요약판례 7] 공직선거법 제122조의2 등 위헌확인: 기각,각하(헌재 2010.5.27. 2008헌마491)

지역구국회의원에 궐원 또는 궐위가 생긴 때 이전 선거의 후보자 중 차순위 득표자를 승계시키지 아니하고 보궐선거를 실시하도록 규정하고 있는 공직선거법 제200조 제1항 중 "지역구국회의원" 부분에 대한 현재성이 인정되는지 여부(소극)

청구인은, 지역구국회의원에 결원이 생긴 때에는 보궐선거를 실시할 것이 아니라 종전 선거의 후보자 중 차순위로 다수득표한 자에게 의원직의 당선을 승계시킴이 국가경제의 거시적 측면에서 합당하므로, 지역구국회의원에 궐원 또는 궐위가 생긴 때 보궐선거를 실시하도록 규정하고 있는 공선법 제200조 제1항이 헌법에 위반된다고 주장한다. 그런데 청구인이 출마한 지역구에서는 국회의원에 결원이 생긴 사실이 없고, 청구인은 제18대 국회의원선거에 출마하여 3순위로 낙선하였을 뿐이므로, 청구인이 공선법 제200조 제1항과 법적인 관련성이 있다 할 수 없을 뿐 아니라, 청구인

이 장차 언젠가는 위 규정에 의하여 권리침해를 받을 가능성이 있다고 하더라도 그러한 권리침해의 우려는 단순히 장래 잠재적으로 나타날 수 있는 것에 불과하여 권리침해의 현재성도 구비하지 못하였다.

5. 권리보호의 이익

[요약판례 1] 검사의 공소권행사에 대한 헌법소원: 각하(헌재 1989.4.17. 88헌마3)

공소시효가 완성된 이후에 제기된 검사의 불기소처분에 대한 헌법소원의 적법여부(소극)

불기소처분의 대상이 된 **피의사실의 공소시효가 이미 완성되었으면 그에 대한 헌법소원심판청구는 권리보호의 이익이 없다.**

[요약판례 2] 재산권침해 등에 대한 헌법소원: 각하(헌재 1990.1.6. 89헌마269)

헌법소원심판청구의 요건으로서의 권리보호의 이익이 없는 경우

헌법소원제도는 국민의 기본권침해를 구제해주는 제도이므로 그 제도의 목적상 권리보호의 이익이 있어야 제기할 수 있는 바, **법무부장관이 청구인에 대하여 행한 출국금지조치는 이 사건 심판청구 이전에 해제되었으므로 청구인의 이 사건 청구는 권리보호의 이익이 없어** 부적법하다.

[요약판례 3] 불기소처분에 대한 헌법소원: 기각(헌재 1990.12.26. 90헌마2)

피의사실의 공소시효 완성을 이유로 한 공소권없음의 불기소처분에 대한 헌법소원에서 고소인인 청구인의 청구를 기각한 사례

이 사건 불기소처분의 대상이 된 청구인 주장의 피의사실들은 각 법정형이 5년 이하의 징역에 해당하는 범죄(형법 제231조; 사문서위조죄, 동법 제234조; 위조사문서 행사죄)로서 그 공소시효기간이 각 5년이므로, 위 피의사실들은 모두 1989. 5. 25.에 이미 공소시효가 완성되었음이 계산상 분명하다. 따라서 **공소시효의 완성을 이유로 한 피청구인의 이 사건 "공소권없음" 결정에 대하여는 이를 자의적으로 행하여졌다고 볼 자료가 없고 달리 피청구인의 불기소처분으로 말미암아 청구인의 기본권이 침해되었다고 볼 여지도 없다.**

[요약판례 4] 변호사의 조력을 받을 권리에 대한 헌법소원: 인용(위헌확인),위헌(헌재 1992.1.28. 91헌마111)

헌법소원의 대상이 된 침해행위의 종료에도 불구하고 심판청구의 이익을 인정하여 위헌임을 확인한 사례

헌법소원의 대상이 된 침해행위가 이미 종료하여서 이를 취소할 여지가 없기 때문에 헌법소원이 주관적 권리구제에는 별 도움이 안 되는 경우라도 그러한 **침해행위가 앞으로도 반복될 위험**이 있거나 당해분쟁의 해결이 헌법질서의 수호·유지를 위하여 긴요한 사항이어서 **헌법적으로 그 해명이 중대한 의미**를 지니고 있는 경우에는 심판청구의 이익을 인정하여 이미 종료한 침해행위가 위헌이었음을 선언적 의미에서 확인할 필요가 있다.

청구인이 1991. 6. 14. 17시부터 그날 18시경까지 국가안전기획부 면회실에서, 그의 변호인과 접견할 때 피청구인 소속직원(수사관)이 참여하여 대화내용을 듣거나 기록한 것은 헌법 제12조 제4항이 규정한 변호인의 조력을 받을 권리를 침해한 것으로서 위헌임을 확인한다.

[요약판례 5] 국가보안법 제19조에 대한 헌법소원: 위헌(헌재 1992.4.14. 90헌마82)

(1) 사법경찰관이나 검사가 국가보안법 제19조에 의하여 지방법원판사로부터 연장허가를 받은 청구인들에 대한 구속기간은 이미 끝났고 청구인들은 모두 1990. 4. 4. 법원에 공소제기되어 수사기관의 손을 이미 떠났는데, 그럼에도 불구하고 심판청구의 이익을 긍정한 사례

(2) 헌법소원의 대상인 침해행위의 종료와 심판청구의 이익 유무

(1) 국가보안법 제19조에 의한 구속기간연장은 앞으로도 계속 반복될 것이고 수사기관에서의 구속기간연장은 피의자의 신체자유에 대한 중대한 제약으로서 그에 대한 위헌 여부의 해명은 비록 청구인들의 권리구제에는 직접 도움을 주지 못한다 할지라도 인권보장을 최고이념으로 하고 있는 우리 헌법질서의 수호를 위하여 매우 중요한 의미를 지니고 있는 일이므로 **국가보안법 제19조에 대한 이 사건 헌법소원은 심판청구의 이익이 있는 것**이다. 더구나 수사단계에서의 인신구속이라는 것은 형사소송에서의 절차적 중간적인 처분이며 피의자가 장차 기소되었을 때 그 형사책임유무를 가리는 본안에서는 판단될 수 없는 사항이고 만약 이미 피구속자가 공소제기되었다는 이유로 헌법소원심판청구의 이익이 없다고 한다면 인신구속에 관한 중요한 사항에 대하여 적용될 법률의 위헌 여부를 판단받을 기회는 상실되고 만다는 점도 유의해야 할 필요가 있다.

(2) 헌법소원의 본질은 **주관적 권리구제** 뿐만 아니라 **객관적인 헌법질서의 보장**도 겸하고 있으므로 **침해행위가 이미 종료하여서 이를 취소할 여지가 없기 때문에 헌법소원이 주관적 권리구제에는 별 도움이 안 되는 경우라도** 그러한 침해행위가 앞으로도 **반복될 위험**이 있거나 당해 분쟁의 해결이 헌법질서의 수호·유지를 위하여 긴요한 사항이어서 **그 해명이 헌법적으로 중대한 의미**를 지니고 있는 경우에는 헌법소원의 이익을 인정하여야 한다.

[요약판례 6] 불기소처분에 대한 헌법소원: 각하(헌재 1992.7.23. 92헌마103)

검사의 불기소처분에 대한 헌법소원심판청구 후에 그 불기소처분의 대상이 된 피의사실에 대한 공소시효가 완성된 경우 그 헌법소원심판청구에 권리보호의 이익이 있는지 여부(소극)

검사의 불기소처분에 대한 **헌법소원심판청구 후에 그 불기소처분의 대상이 된 피의사실에 대하여 공소시효가 완성된 경우에는 그 불기소처분에 대한 헌법소원심판청구는 권리보호의 이익이 없어 부적법하다.**

[요약판례 7] 공권력행사로 인한 재산권침해에 대한 헌법소원: 인용(위헌확인)(헌재 1993.7.29. 89헌마31)

이미 종료한 기본권 침해행위에 대한 헌법소원심판청구이기는 하나 그 기본권 침해행위가 위헌임을 선언적 의미에서 확인할 필요가 있는 경우에 해당한다고 본 사례

당해사건에 대한 헌법재판이 헌법질서의 수호·유지를 위하여 긴요한 사항이어서 헌법적으로 그 해명이 중요한 의미를 지니고 있는 경우에는 이미 종료된 기본권 침해행위가 위헌이었음을 선언적 의미에서 확인할 필요가 있는바, 이 사건에서도 **권력적 사실행위가 이미 종료되어 나름대로 새 질서가 형성되었지만, 이 사건은 재산권보장과 사영기업의 자유를 골간으로 하는 시장경제질서하에서 제반 기업활동에 대한 공권력 개입의 헌법적 한계가 판시될 수밖에 없는 중요한 사안이고, 여기에서 아직 미결인 헌법상 중요한 문제가 해명될 것이라는 의미에서 그 심판의 필요성이 충분**하다.

[요약판례 8] 1980년해직공무원의복직등에관한특별조치법 제4조에 대한 헌법소원: 합헌(헌재 1993.9.27. 92헌바21)

청구인에게는 주관적으로 권리보호의 이익이 없지만, 객관적 헌법질서 수호를 위하여 본안판단의 필요성이 있다고 한 사례

청구인은 이 사건이 헌법재판소에 적법 계속중인 1992. 12. 31.로서 공무원 연령정년이 되었으므로 이 사건 헌법소원이 가사 인용된다고 할지라도 공직에 복귀할 수 없어 소원의 전제가 된 법원에서의 쟁송사건과의 관련에서 볼 때 권리보호의 이익이 없다고 할 것이나, 헌법소원제도는 개인의 주관적인 권리구제에만 그 목적이 있는 것이 아니고 객관적인 헌법질서의 유지 수호에도 있다고 할 것인 바, 이 사건 헌법소원에서 문제되고 있는 **5급이상 공무원 특별채용 배제 문제는 비단 청구인 한 사람에게만 국한된 것이 아니고 비슷한 처지에 있는 1980년도 해직공무원 1,367명에게 이해관계가 있고 헌법적 해명이 필요한 중요한 의미**를 지니고 있는 사안이므로 본안판단의 필요성이 있다.

[요약판례 9] 지방자치단체의 장 선거일불공고 위헌확인: 각하(헌재 1994.8.31. 92헌마174)

헌법소원심판청구 이후 법률이 개정되어 구법에 따른 피청구인의 작위의무가 소멸함으로써 권리보호 이익이 없다고 본 사례

이 사건 헌법소원심판 계속중에 공포된 공직선거및선거부정방지법에 의하여 선거일은 법정화되고 선거일공고제도가 폐지되었으며, 예외적인 보궐선거 등에서는 관할 선거관리위원회에서 선거일을 공고하도록 되어, 피청구인은 선거에 관한 관리사무에 일체 관여할 수 없게 되었으므로, 비록 이 사건에서 **피청구인이 위 법에 의하여 폐지된 구 지방자치법 부칙과 구 지방자치단체의장선거법 부칙상 명시된 기일 이전에 지방자치단체장 선거일 공고를 하지 않은 데** 대한 위헌확인이 선고되더라도 청구인들의 주관적 권리구제에 아무런 도움이 되지 않을 뿐만 아니라 동종행위의 반복위험이 없음은 물론 불분명한 헌법문제의 해명이 중대한 의미를 지니고 있는 경우에도 해당하지 아니하여 **예외적인 심판청구의 이익이 있는 경우에도 해당하지 않는다**.

[요약판례 10] 지방의회의원선거법 제41조 등에 대한 헌법소원: 각하(헌재 1994.12.29. 91헌마57)

헌법소원심판청구 후 심판대상 법률이 폐지된 경우 심판의 이익이 있는지 여부(소극)

헌법소원심판청구 후 심판대상인 선거법이 다른 법률의 시행으로 효력을 상실하여 더 이상 청구인에게 적용될 여지가 없게 되었고, 그 선거법에 근거한 것으로서 청구인이 입후보하고자 하였던 특정선거도 심판청구 후 이미 실시되어 버려 청구인으로서는 그 선거에 당선될 수 있는 길이 없을 뿐만 아니라 폐지된 선거법에 의하여는 장차 보궐선거 또는 차기선거에서 당선될 가능성도 없게 되었으므로 그 선거법 조항의 위헌여부에 관하여 본 날에 나아가 심판할 이익이 없다.

[요약판례 11] 불기소처분취소: 기각,각하(헌재 1995.1.20. 94헌마246)

공소시효완성을 이유로 한 형법상 내란에 관한 죄에 대한 불기소처분에 대한 헌법소원심판청구를 각하한 사례

청구인들의 이 사건 심판청구 중, 내란수괴죄, 내란목적살인죄 및 내란목적살인미수죄에 관한 부분은 이를 모두 각하하고, 그 나머지 죄들에 관한 부분은 이를 모두 기각한다.

[요약판례 12] 지방의회의원선거법 제36조 제1항에 대한 헌법소원: 기각(헌재 1995.5.25. 91헌마44)

주관적인 권리보호이익이 소멸된 경우에도 예외적으로 헌법소원심판청구의 이익을 인정한 사례

헌법소원은 주관적 권리구제뿐 아니라 객관적인 헌법질서보장의 기능도 겸하고 있으므로 심판 계속중 발생한 사정변경으로 인하여 주관적인 권리보호이익이 소멸된 경우에도 그러한 기본권침해행위가 반복될 위험이 있거나 당해 분쟁의 해결이 헌법질서의 유지·수호를 위하여 긴요한 사항이어서 헌법적으로 그 해명이 중대한 의미를 지니고 있는 때에는 예외적으로 심판청구의 이익을 인정할 수 있다. 그런데 **기초의회의원선거에서 후보등록신청시에 기탁금 200만원을 기탁하도록 하는 이 사건 법률조항의 위헌여부**에 관하여는 아직 그 해명이 이루어진 바 없고, 비록 이 사건 심판청구 후 청구인들이 입후보하려 한 기초의회의원선거가 이미 종료되었고 이 사건 법률도 폐지되었지만, **신법인 공직선거및선거부정방지법의 시행으로 동종의 기본권침해의 위험이 상존**하고 있어 위 법률조항의 위헌여부에 관한 헌법적 해명이 중대한 의미를 지니고 있는 경우에 해당한다.

[요약판례 13] 구 지방의회의원선거법 제35조 등에 대한 헌법소원: 한정위헌,기각(헌재 1995.5.25. 91헌마67)

폐지된 법률조항을 심판대상으로 하는 헌법소원심판청구의 권리보호이익 유무

지방의회의원선거에 있어서 정부투자기관 직원의 입후보를 제한하는 지방의회의원선거법 제35조 제1항 제6호의 위헌 여부에 관하여 아직 그 해명이 이루어진 바가 없고, 신법인 공직선거및선거부정방지법 제53조 제1항 제4호에서도 이 사건 규정부분과 유사한 내용을 규정하고 있다. 따라서 이 사건 분쟁의 해결은 위 신규정의 개정을 촉진하여 위헌적인 법률에 의한 기본권침해의 위험을 사전에 제거하는 등 헌법질서의 수호·유지를 위하여 긴요한 사항이어서 헌법적으로 그 해명이 중대한 의미를 지닌다고 할 것이므로, **결국 폐지된 위 법률규정에 대하여도 본안판단의 필요성이 인정**된다.

[요약판례 14] 대통령선거법 제26조 제1항 등 위헌확인·대통령선거법 제26조등 위헌확인 등: 기각(헌재 1995.5.25. 92헌마269등)

헌법소원심판청구 후 심판대상 법률규정이 폐지되었으나 심판청구가 적법한 예

청구인들이 입후보한 제14대 대통령선거는 1992. 12. 18.에 **실시되어 이미 종료**되었고 또 1994. 3. 16. 공정선거및선거부정방지법의 시행으로 **구 대통령선거법도 폐지**되었으므로 이 사건 심판대상인 구 대통령선거법 제26조 제1항 등에 대한 위헌결정이 선고되더라도 청구인들의 주관적 권리구제는 불가능하게 되었으나, **신법인 공직선거및선거부정방지법** 제56조 등에서 이 사건 법률규정과 **같은** 액수의 기탁금과 득표율에 따른 기탁금의 반환 등을 **규정**하고 있어 위 법률규정이 청구인들의 기본권을 침해하는 것이라면 그러한 기본권침해가 **신법에 의하여** 대통령선거에 입후보하고자 하는 사람들에게도 **반복될 것임을 예상**할 수 있으므로 그 위헌 여부에 관한 헌법적 해명이 중대한 의미를 지니고 있는 경우에 해당한다.

[요약판례 15] 서신검열 등 위헌확인: 인용(위헌확인), 한정위헌,기각,각하(헌재 1995.7.21. 92헌마144)

헌법소원의 대상이 된 침해행위가 종료되었어도 심판청구의 이익이 있다고 인정한 사례

헌법소원의 본질은 개인의 주관적 권리구제뿐만 아니라 객관적인 헌법질서의 보장도 겸하고 있는 것인데, **미결수용자의 서신에 대한 검열이나 지연발송 및 지연교부행위**는 헌법상 보장된 통신의 자유나 비밀을 침해받지 아니할 권리 및 변호인의 조력을 받을 권리와의 관계에서 해명되어야 할 중요한 문제이고, 또 **검열행위**는 행형법의 규정에 따라 앞으로도 계속될 것으로 보이므로, 이러한 침해행위가 아미 종료되었다 하더라도, 이 사건 심판청구는 헌법질서의

수호·유지를 위하여 긴요한 사항으로서 그 해명이 중대한 의미를 지니고 있고 동종행위의 반복위험성도 있어서 심판청구의 이익이 있다.

[요약판례 16] 대통령선거법 제65조 위헌확인, 대통령선거법 제26조 등 위헌확인 등: 기각 (헌재 1995.7.21. 92헌마177등)

헌법소원심판청구 후 심판대상법률규정이 폐지되었어도 심판청구의 이익이 있다고 인정한 사례

헌법소원심판 계속중에 이 사건 여론조사의 대상이 되었던 제14대 대통령선거가 1992. 12. 18. **이미 실시**되었고, 1994. 3. 16. 공직선거및선거부정방지법의 시행으로 **대통령선거법도 폐지**되었으므로 이 사건 심판대상인 대통령선거법 제65조 제1항의 위헌 여부에 관한 심판을 구할 청구인의 주관적인 권리보호이익은 소멸되었다고 할 수 있으나, **새로 제정된 공직선거및선거부정방지법** 제108조 제1항이 그와 **거의 같거나 유사한 내용을 규정**하고 있어 이러한 새로운 법규정에 의하여 앞으로도 이 사건과 유사한 사태나 기본권침해 여부를 둘러싼 헌법적 분쟁이 반복되리라는 것은 쉽게 예상할 수 있으므로 이 사건 법률규정은 당해 사건을 넘어서서 일반적인 의미를 가지는 헌법문제를 내포하고 있다고 할 수 있고, 이 사건에 대한 헌법적 해명은 객관적인 헌법질서의 수호·유지를 위하여 긴요하다고 할 것이어서 심판청구의 이익이 인정된다.

[요약판례 17] 국채법 제7조 위헌확인: 위헌 (헌재 1995.10.26. 93헌마246)

폐지된 법률이지만 계속 적용하도록 한 경우 헌법소원심판에서의 권리보호의 이익을 긍정한 사례

구 국채법 제7조는 이 사건 심판청구 이후인 1993. 12. 31. 법률 제4675호로 전문개정되면서 삭제되었고 개정법은 1994. 1. 1.부터 발효되었으므로 과연 권리보호의 이익이 있는지의 여부가 의문이다. 그러나 위 개정법의 부칙 제7조는 "이 법 시행 전에 멸실한 국채증권 및 그 이권에 대하여는 종전의 규정을 적용한다"고 규정하고 있는 바 이 사건의 경우 청구인은 위 개정법 시행 이전인 1993. 9. 10. 국채인 국민주택 채권을 도난당하였으므로 동 부칙조항에 따라 위 개정법의 적용을 받을 수 없게 되고 구 국채법 제7조의 적용을 계속 받게 되어 있다. 따라서 이 사건 심판청구에 있어서는 위 법개정에도 불구하고 그대로 그 권리보호의 이익이 있다고 보아야 할 것이다.

[요약판례 18] 소송기록지연송부 등에 대한 헌법소원: 위헌 (헌재 1995.11.30. 92헌마44)

소송기록송부가 이루어진 이후에 이와 관련된 형사소송법 규정에 대하여 심판청구의 이익을 인정한 사례

이 사건 법률조항에 따른 기록송부행위가 이미 이루어졌고, 청구인이 항소심의 제1회 공판기일에서 정치적인 주장을 하면서 재판을 거부하고 임의 퇴정함으로써 변론이 종결된 후 항소심의 판결이 선고되고 이미 확정까지 되었으므로, 이 사건 심판청구를 인용하더라도 청구인의 주관적 권리구제에는 도움이 되지 않는다.

그러나, 헌법소원이 주관적 권리구제에는 별 도움이 되지 않는 경우라도 ① 그러한 침해행위가 앞으로도 반복될 위험이 있거나 ② 당해 분쟁의 해결이 헌법질서의 수호 유지를 위하여 긴요한 사항이어서 헌법적으로 그 해명이 중대한 의미를 지니고 있는 경우에는 심판청구의 이익을 인정하여야 할 것인바, **이 사건 법률조항에 기한 기록송부행위**는 앞으로도 계속 반복될 수 있고 이 사건의 해결이 비록 청구인의 권리구제에는 직접 도움이 되지 않는다고 하더라도 형사소송에 있어서 피고인의 방어권보호를 헌법상 보장하고 있는 우리 헌법질서의 수호를 위하여 매우 중요한 의미를 지니고 있으므로 이 사건은 심판청구의 이익이 있다고 할 것이다.

[요약판례 19] 국가보위입법회의법, 국가보안법의 위헌여부에 관한 헌법소원: 한정합헌,각하(헌재 1997.1.16. 89헌마240)

청구인의 사망과 관계없이 그의 헌법소원심판청구가 권리보호의 이익이 있다고 인정한 예

청구인이 비록 이 사건 심판절차 계속중에 사망하였다고 하더라도 헌법재판소가 이 사건 헌법소원을 인용한다면 그 배우자나 직계친족 등은 확정된 유죄판결에 대하여 **재심을 청구**할 수 있는 것이므로 권리보호의 이익이 있다.

[요약판례 20] 기소유예처분취소: 기각(헌재 1997.5.29. 95헌마188)

기소유예처분을 받은 피의자가 이에 불복하여 헌법소원을 제기하였으나 그 처분의 대상이 된 범죄의 공소시효가 완성된 경우 그 헌법소원이 권리보호이익이 있는지의 여부(적극)

검사의 불기소처분에 대하여 헌법소원을 제기하였으나 그 처분의 대상이 된 범죄의 공소시효가 완성된 경우(헌법소원 제기의 전후를 불문하고) 그 헌법소원에 관하여 권리보호의 이익이 있다고 할 것인가 하는 문제는 사건의 유형별로 달리 보아야 할 것이다. 우선 검사의 "혐의없음" 불기소처분에 대하여 기소처분을 구하는 취지에서 당해 범죄의 피해자나 고소인이 헌법소원을 제기한 경우에는, 헌법재판소가 이를 인용하여 그 처분을 취소한다고 하더라도 이미 그 범죄에 대한 공소시효가 완성된 것이므로 원처분청 검사로서는 "공소권없음"의 처분을 할 수 있을 뿐 기소처분은 할 수 없는 것이어서 원칙적으로 권리보호의 이익이 없다고 보아야 할 것이다. 그러나 기소유예처분을 받은 피의자가 검사의 피의사실의 인정에 불복하고 자기의 무고함을 주장하여 헌법소원을 제기한 경우 그 피의사실에 대한 공소시효가 완성된 때에는, 헌법재판소가 이를 인용하여 그 처분을 취소하더라도 검사로서는 **"공소권없음"의 처분**을 할 것으로 보이나, 기소유예처분이 그 피의자에 대하여 피의사실을 인정하는 것과는 달리 "공소권없음"의 처분은 범죄혐의의 유무에 관한 실체적 판단을 하는 것이 아니고 단지 공소권이 없다는 형식적 판단을 하는 것으로서 **기소유예처분보다는 피의자에게 유리한 것이므로**, 비록 그 범행에 관한 **공소시효가 이미 완성되었다고 하더라도, 그 사실만으로 피의자가 제기한 헌법소원이 권리보호의 이익이 없다고 할 수 없다**.

[요약판례 21] 형법 제314조 위헌소원: 각하(헌재 1997.6.26. 97헌바4)

(1) 기본권 침해의 종료에도 불구하고 심판청구의 이익이 인정되기 위한 요건
(2) 기본권 침해행위의 반복위험성과 헌법적 해명의 필요성이 부정된 사례

(1) 헌법소원은 심판**청구당시** 권리보호이익이 있다 하더라도 **심판계속중**에 사실관계 또는 법률관계의 변동으로 **기본권의 침해가 종료된 경우에는 부적법한 것이 된다**. 다만, 권리침해 상태가 종료되었더라도 위헌 여부의 **해명이 헌법적으로 중요**하거나 기본권 침해행위의 **반복위험성**이 있는 경우에는 예외적으로 심판청구의 이익이 있으나, 여기서 말하는 **침해의 반복위험성이란 단순히 추상적, 이론적인 가능성이 아닌 구체적 실제적인 것이어야 하고 이 점은 청구인이 입증할 책임이 있다**.

(2) 청구인에게 구속영장이 발부될 당시와는 달리 이 심판계속중 노동관계법개정법이 폐지되고 새로이 제정되었으며, 청구인이 경제난 극복을 위한 공동대책회의의 구성원으로 활동하고 있는 사실 등 제반여건이 변동된 점과 구속영장이 실효되어 반환된 다음 다시 영장이 청구되는 이른바 권리침해의 반복위험성에 관하여 청구인측에서 아무런 주장 입증을 하기 않고 있는 점 등을 종합하면 특단의 사정이 없는 한 권리침해의 반복위험성은 부정할 수밖에 없다. 그리고 수사기관에 계류중인 이 사건 법률규정에 대한 헌법적 해명을 고려하는 것은 상당하지 않다.

(재판관 조승형, 재판관 고중석의 반대의견) 이 사건의 경우 청구인에 대한 업무방해 피의사건의 수사가 종결되지 않은 상태이므로 청구인이 주장하는 기본권의 침해가 종료되었다고 단정할 수 없고, 가사 기본권침해가 종료된 것으로 보더라도, 이 사건에서 문제되고 있는 노동관계법개정법의 재개정을 촉구하기 위한 전면파업 선언행위는 비단 청구인 한 사람에게만 국한된 것이 아니고 민노총 소속 근로자로서 파업행위에 가담한 모든 근로자들과 이해관계가 있

다 할 것이고 작금의 노동운동의 실태에 비추어 이와 같은 성질의 파업선언행위는 앞으로도 계속 반복될 가능성이 충분히 예상될 뿐만 아니라, 이 사건 법조항이 개괄적이고 일반조항적인 성질인 점, 이 사건에서 문제된 파업선언행위에 대한 수사가 아직 종결되지 않은 점 등 제반사정을 종합하면, 이 사건 법조항이 청구인 주장과 같은 기본권침해의 법률규정이라면 그로 인한 침해행위가 반복될 위험이 있고 또한 이 사건 법조항에 대한 위헌 여부의 해명은 헌법적으로 중요한 의미가 있는 경우에 해당한다.

[요약판례 22] 음반·비디오물및게임물에관한법률 제2조 제5호 다목 등 위헌확인: 각하(헌재 2001.12.20. 99헌마630)

법령조항에 대한 헌법소원심판의 계속 중 당해 법령조항이 개정되어 그로 인한 기본권침해의 여지가 없어진 경우 권리보호이익이 인정되는지 여부(소극)

이 사건 법률과 그 시행령 및 시행규칙에 의하면, 청구인들이 경영하는 인터넷피씨방은 멀티게임장으로서 게임제공업의 일종으로 규정되어 있고, 이에 따라 문화관광부령이 정하는 시설을 갖추고 등록을 해야 할 뿐만 아니라, 업소의 전용바닥면적을 500㎡ 이상으로 하는 등의 시설기준을 갖추어 시·도지사로부터 종합게임장의 지정을 받지 아니하면, 18세이용가 등급의 게임물을 오락제공할 수 없게 되는 제한을 받게 되었다. **청구인들은 위 관련규정들에 대하여 헌법소원을 제기하였으나, 그 후 법령이 개정되어** 인터넷피씨방 영업의 경우 종전의 게임제공업이 아닌 멀티미디어문화컨텐츠 설비제공업이라는 별개의 업종으로 취급되게 되었고, 종전과 달리 등록을 하지 않게 되었을 뿐만 아니라, 18세이용가 등급의 게임물을 제공함에 있어 바닥면적 등의 시설기준을 갖추어 종합게임장으로 지정을 받아야 할 필요도 없어지게 되었다. 따라서 **이 사건의 경우 청구인들이 더 이상 이 사건 심판대상조항으로 인한 기본권침해를 받을 여지가 없게 되었으므로, 본안에 대하여 심판을 받을 이익이 없다.**

[요약판례 23] 현수막철거이행명령취소: 각하(헌재 2002.7.18. 99헌마592)

지역구 국회의원 입후보예정자인 청구인이 동료변호사들과 함께 무료법률상담을 하는 행위를 알리기 위하여 현수막을 게시하는 행위가 사전선거운동에 해당하는가에 관한 판단이 문제된 헌법소원사건에서 권리보호이익의 존부(소극)

청구인은 이 사건 헌법소원심판청구를 통하여 사전선거운동을 제한하는 국가행위의 위헌성을 문제삼는 것이 아니라, 단지 청구인들의 현수막 게시행위가 사전선거운동에 해당하는지의 여부를 다투고 있는 것이다. 이에 관한 판단은 사전선거운동의 개념과 범위를 정하는 문제, 즉 법률의 해석과 적용의 문제로서 헌법재판소의 관할이 아니라 일차적으로 법원의 과제에 속하는 것이다. 따라서 이 사건은 헌법질서의 수호·유지를 위하여 긴요한 사항이어서 위헌여부의 해명이 헌법적으로 중요한 의미를 지니고 있는 경우라고 볼 수 없다.

[요약판례 24] 신체과잉수색행위 위헌확인: 인용(위헌확인)(헌재 2002.7.18. 2000헌마327)

헌법소원의 대상이 된 침해행위가 종료되었어도 심판청구의 이익이 있다고 인정한 사례

청구인들에 대한 침해행위는 이미 종료되어 이 사건 신체수색에 대하여 위헌확인을 하더라도 청구인들에 대한 권리구제는 불가능한 상태여서 주관적 권리보호의 이익은 이미 소멸되었다 할 것이나, 이 사건 이후에 이 사건 신체수색의 근거가 된 구 피의자유치및호송규칙이 개정되었지만 현재에도 전국의 일선 경찰서에서 유치장에 수용되는 피의자들에 대한 신체검사가 빈번하게 이루어지고 있고, 개정된 규칙에 의하더라도 정밀신체검사의 요건을 자의적으로 해석하여 청구인들에 대한 이 사건 신체수색과 동일 또는 유사한 조치로 인한 기본권 침해행위가 여러 사람에 대하여, 그리고 **반복하여 일어날 위험**이 여전히 있다고 보여지므로 심판청구의 이익이 인정된다.

[요약판례 25] 변호사법 제23조 제2항 등 위헌확인: 각하(헌재 2002.7.18. 2000헌마490)

변호사업무광고의 규제에 관한 변호사업무광고에관한규정, 변호사업무광고에관한시행세칙, 변호사법, 대한변호사협회 회칙의 해당 규정에 대한 헌법소원을 법개정으로 인하여 권리보호이익이 없다며 각하한 사례

이 사건 심리가 진행 중 대한변호사협회는 변호사업무광고에관한규정 및 변호사업무광고에관한시행세칙을 전면 개정하였는데, 이에 따르면 청구인에게 문제된 변호사업무광고가 이제는 허용되거나 대한변호사협회 차원의 규제가 없는 상태가 되었고, 또한 변호사징계규칙상의 징계청구시효 2년이 경과되어 청구인에 대해 구 규정이 적용될 가능성도 없게 되었다. 그렇다면 청구인이 이 사건 청구 당시 달성하고자 하는 주관적 목적은 이미 달성되었고, 이로써 심판대상의 위헌여부를 가릴 실익이 없어졌다고 할 것이고, 또한 변호사법 및 대한변호사협회 회칙의 관련 규정만 따로 떼어 판단할 실익도 없다. 한편 현재로서는 **위 규정들에 대한 본안 판단이 헌법질서의 수호·유지를 위하여 그 해명이 헌법적으로 중요한 의미를 지니고 있다거나, 침해행위가 반복될 위험이 있는 경우라고 보기 어렵다. 그렇다면 이 사건 심판청구는 권리보호의 이익이 없어** 부적법하다.

[요약판례 26] 평균임금결정·고시부작위 위헌확인: 인용(위헌확인)(헌재 2002.7.18. 2000헌마707)

주관적인 권리보호의 이익이 없는 경우라고 하더라도 동종의 기본권침해가 반복될 위험이 있거나 헌법질서의 유지·수호를 위하여 헌법적 해명이 중대한 의미를 지니고 있어 예외적으로 심판청구의 이익이 인정된다고 본 사례

헌법소원제도는 주관적인 권리구제뿐만 아니라 객관적인 헌법질서보장의 기능도 겸하고 있으므로, 설사 주관적인 권리보호의 이익이 없는 경우라고 하더라도 동종의 기본권침해가 반복될 위험이 있거나 헌법질서의 유지·수호를 위하여 헌법적 해명이 중대한 의미를 지니고 있을 때에는 예외적으로 심판청구의 이익이 인정된다.

[요약판례 27] 지방교육자치에관한법률 제2항 [별표 2] 등 위헌확인: 각하(헌재 2002.8.29. 2002헌마4)

폐지된 조항에 대한 헌법소원심판청구가 권리보호의 이익이 있는지 여부(소극)

폐지된 조항에 의한 기본권 침해의 반복위험이 있다거나 위헌 여부의 해명이 헌법적으로 중요한 의미가 있는 경우라고 볼 수 없는 사안에서, 이미 폐지된 조항의 효력을 상실시키고자 하는 헌법소원심판청구는 그 위헌 여부를 가릴 실익이 없는 것으로 권리보호의 이익이 없어 부적법하다.

[요약판례 28] 정보비공개결정 위헌확인: 인용(위헌확인)(헌재 2003.3.27. 2000헌마474)

구속적부심사건 피의자의 변호인이 수사기록 중 고소장과 피의자신문조서의 열람·등사를 신청하자 해당 경찰서장이 정보비공개결정을 하였고, 이에 위 변호인이 행정소송을 제기하지 않고 위 정보비공개결정의 위헌확인을 구하는 헌법소원을 제기한 경우 헌법소원의 제기요건인 보충성의 원칙 및 권리보호의 이익을 충족하는지 여부(적극)

고소장과 피의자신문조서에 대한 열람은 기소전의 절차인 구속적부심사에서 피구속자를 변호하기 위하여 필요한 것인데, 그 열람불허를 구제받기 위하여 행정소송을 제기하더라도 그 심판에 소요되는 통상의 기간에 비추어 볼 때 이에 의한 구제가 기소 전에 이루어질 가능성이 거의 없고 오히려 기소된 후에 이르러 권리보호이익의 흠결을 이유로 행정소송이 각하될 것이 분명한 만큼, 변호인인 청구인에게 이러한 구제절차의 이행을 요구하는 것은 불필요한 우

회절차를 강요하는 셈이 되어 부당하다. 또한 고소장과 피의자신문조서에 대한 경찰의 열람거부는 앞으로도 있을 수 있는 성질의 것이고, **"경찰의 고소장과 피의자신문조서에 대한 공소제기전의 공개거부"가 헌법상 정당한지 여부**의 해명은 기본권을 보장하는 헌법질서의 수호를 위하여 매우 긴요한 사항으로 중요한 의미를 지니고 있는 것이며, 이 문제에 대하여는 아직 헌법적 해명이 없는 상태이므로 비록 청구인의 주관적 권리구제에는 도움이 되지 아니하지만 이 문제의 위헌여부를 확인할 필요가 있다.

[요약판례 29] 계구사용행위 위헌확인: 인용(위헌확인),각하(헌재 2003.12.18. 2001헌마163)

헌법소원심판 청구 후 계구사용행위가 종료된 경우 동종의 기본권 침해가 반복될 위험이 있고 그 해명이 헌법질서의 수호・유지를 위하여 긴요한 사항으로 중대한 의미가 있어 심판청구의 이익을 인정할 수 있는지 여부(적극)

각종 수용시설 내에서 질서유지 및 수용자의 보호를 위한 금속수갑 및 가죽수갑의 사용은 행형법상 허용되고 있으므로 계구사용행위와 같은 종류의 조치는 많은 수용자들에게 계속하여 반복될 가능성이 크고 청구인의 경우에도 계속하여 구금되어 있으므로 앞으로 **다시 계구사용이 행해질 가능성이 있다.** 그리고 이미 수용시설 내에 구금되어 기본권이 제한되고 있는 수용자들에게 계구의 사용으로 신체의 자유 등 기본권을 부가적으로 제한하는 것은 **기본적 처우와 관련된 매우 중요한 문제**로서 그 한계에 대한 헌법적 해명은 헌법질서 수호를 위하여 중대한 의미를 가지므로 이 사건 **계구사용행위에 대한 헌법소원심판청구는 심판의 이익이 인정된다.**

[요약판례 30] 행정소송법 제8조 제2항 등 위헌확인: 각하(헌재 2004.6.24. 2003헌마612)

(1) 법원의 기피신청 각하결정이 헌법소원의 대상이 될 수 있는지 여부(소극)
(2) 기피신청에 대한 재판이 이미 확정되고 그 기피재판의 본안사건에 대한 종국재판이 이미 내려진 경우 기피재판의 근거가 된 법률에 대한 헌법소원의 적법여부(소극)

(1) 법원이 기피신청에 대하여 한 각하결정은 법원의 재판을 헌법소원심판의 대상에서 제외하고 있는 헌법재판소법 제68조 제1항에 따라 헌법소원심판의 대상이 되지 아니한다.

(2) **기피신청에 대한 재판이 이미 확정되고 그 기피재판의 본안사건에 대하여 이미 종국재판이 내려진 경우, 기피재판의 근거가 된 법률에 대한 헌법소원은 권리보호의 이익이 없어** 부적법하다.

[요약판례 31] 변호인의 조력을 받을 권리 등 침해 위헌확인: 인용(위헌확인)(헌재 2004.9.23. 2000헌마138)

청구인이 이 사건 헌법소원심판을 청구할 당시 이미 이 사건 거부행위의 대상이 된 사실행위(피의자신문)가 종료되었다 하더라도 심판청구의 이익이 있는지 여부(적극)

청구인이 이 사건 헌법소원심판을 청구할 당시 이미 **이 사건 행위의 대상이 된 피청구인의 사실행위(피의자신문)가 종료**되었고 이로써 청구인이 주장하는 기본권의 침해도 종료되었기 때문에, 이 사건 심판청구가 인용된다 하더라도 청구인의 주관적 권리구제에는 도움이 되지 아니한다고 할 수 있다. 그러나 이 사건 심판청구를 통하여 청구인들이 다투고자 하는 것은, 헌법상 보장된 '변호인의 조력을 받을 권리'가 신체구속을 당하지 아니한 피의자의 신문에 변호인이 참여할 권리를 함께 포함하는지의 여부이고, 이러한 문제는 '변호인의 조력을 받을 권리'라는 기본권의 보호범위에 관한 근본적인 문제로서 위헌 여부의 해명이 헌법적으로 중요한 의미를 가지고 있는 사안이라고 할 수 있다. 따라서 비록 헌법소원의 대상이 된 이 사건 행위로 인하여 빚어진 위헌・위법상태는 이미 종료되었지만 그의 위헌 여부를 확인할 필요가 있으므로, 이 사건 헌법소원은 심판청구의 이익이 있어 적법하다.

[요약판례 32] 한중국제결혼절차 위헌확인: 기각,각하(헌재 2005.3.31. 2003헌마87)

헌법소원청구 이후 피청구인이 위 사증을 발급하여 이를 청구외인 갑에게 교부하였다 하더라도 심판의 이익이 있는지 여부(적극)

피청구인은 청구인의 이 헌법소원 청구이후 위 결혼동거목적거주 사증을 2003. 2. 13. 발급하여 같은 달 17. 이를 청구외인 갑에게 교부하였다. 그러나, **한국인과 결혼한 중국인 배우자가 결혼동거목적거주 사증을 신청하고자 하는 경우에 당해 한국인에게 결혼경위 등을 기재하도록 요구하는 제도는 청구외인 갑에 대하여 동 사증을 발급·교부한 것과는 관계없이 앞으로도 계속 시행될 것이 예상**되므로, 청구인과 같이 중국인 배우자와 결혼하려는 자들에게 대하여 **침해반복의 위험성**이 여전히 존재하고 이에 대하여는 아직 헌법적 해명이 이루어진 바 없어 이에 대한 **해명의 필요성**이 있는 등 심판의 이익이 있다.

[요약판례 33] 공직선거법 제22조 제1항 등 위헌확인: 각하(헌재 2006.1.26. 2005헌마474)

법률규정에 대한 헌법소원의 심판계속 중 당해 법률규정이 개정되어 그 조항으로 인한 기본권침해 여지가 없게 된 경우 권리보호이익이 인정되는지 여부(소극)

헌법소원심판**청구 당시** 권리보호이익이 인정되더라도 **심판계속중**에 사실관계 또는 법률관계의 변동으로 말미암아 **청구인이 주장하는 기본권의 침해가 종료된 경우에는 원칙적으로 권리보호이익이 없으므로 헌법소원이 부적법한 것으로 된다.** 청구인은 2005. 2. 11. 인천광역시로 전입한 후 장차 실시될 예정인 제4회 인천광역시의회의원선거에서 구 공직선거및선거부정방지법(2004. 3. 12. 법률 제7189호로 개정되고, 2005. 8. 4. 법률 제7681호 공직선거법으로 개정되기 전의 것) 제26조 제1항 별표 2 시·도의회의원지역선거구구역표가 적용될 것을 전제로 이 사건 헌법소원을 제기하였던 것이나, **위 선거구구역표는 청구인이 헌법소원을 제기한 이후 2005. 8. 4.자 공직선거법(법률 제7681호) 개정시 변경되어 더 이상 유효하지 않게 되었고, 한편, 인천광역시의회의원선거와 관련하여 선거구간 선거인수 편차를 초래하는 지역선거구 획정에 있어서 이 사건 심판대상 법률조항 전체가 서로 불가분적으로 영향을 미치고 있으므로, 개정 전의 선거구구역표가 적용될 것을 전제로 하는 이 사건 헌법소원심판청구는 더 이상 주관적 권리보호이익을 인정할 수 없게 되어 부적법**하다.

[요약판례 34] 국가유공자등예우및지원에관한법률 제16조의2 제1항 위헌확인: 기각(헌재 2007.3.29. 2004헌마207)

60세 이상의 무공수훈자에 대해서만 무공영예수당을 지급하는 국가유공자등예우에관한법률 제16조의2 제1항에 대하여 심판 계속 중 60세가 된 청구인에게 심판청구의 이익을 인정한 사례

이 사건 심판 계속 중 청구인은 60세가 됨으로써 이 사건 법률조항에 의한 주관적인 기본권의 침해상태는 종료되었으나, 이 사건 법률조항의 위헌 여부에 관하여는 아직 그 해명이 이루어진 바가 없고 **앞으로도 60세 미만의 무공수훈자가 동일한 헌법적 의문을 제기할 가능성이 있다.** 따라서 이 사건 심판청구는, 국가가 국가유공자인 무공수훈자에게 무공영예수당을 지급함에 있어서 연령에 기하여 차별하는 것이 헌법상 평등의 원칙에 반하는지 여부를 헌법적으로 해명할 필요가 있는 사안으로 앞으로도 계속 반복될 성질이 있는 것이므로, 예외적으로 심판청구의 이익을 인정한다.

[요약판례 35] 경찰공무원임용령시행규칙 제34조 제7항 [별표 5] 위헌확인: 각하(헌재 2007.3.29. 2005헌마253)

경찰공무원 임용시험 응시에 필요한 신체조건과 관련한 심판대상 조항이 심판청구 후 개정됨으로써 기본권 침해의 가능성이 해소된 경우 권리보호이익이 있는지 여부(소극)

헌법소원심판제도는 국민의 기본권침해를 구제하기 위한 것이므로 그 제도의 목적에 비추어 권리보호이익이 있는 경우에만 이를 청구할 수 있고, 권리보호이익은 헌법소원심판을 청구할 당시뿐만 아니라 헌법재판소의 결정 당시에도 존재해야 한다. 경찰공무원(경정) 특별채용시험에 있어서 색약의 정도나 종류에 관계없이 색약을 색맹과 동일하게 채용시험에 응시할 수 없도록 응시에 필요한 신체조건으로 "색맹(색약을 포함한다)이 아니어야 한다"고 규정하고 있는 경찰공무원임용령시행규칙(1999. 8. 3. 행정자치부령 제62호로 개정되고, 2006. 11. 8. 행정자치부령 제355호로 개정되기 전의 것) 제34조 제7항 "별표 5" '색신' 항목 중 "(색약을 포함한다)" 부분은 이 사건 심판청구 이후인 2006. 11. 8. "색신 이상(약도 색신 이상을 제외한다)이 아니어야 한다"로 개정되었는바, 이로써 약도의 색신 이상의 경우에는 경찰공무원으로 채용될 수 있게 됨으로써 청구인이 주장하는 기본권침해의 가능성이 해소되었다고 할 것이고, 그밖에 달리 색약자의 경찰공무원 임용시험 응시자격에 대한 헌법적 해명이 긴요하다고 판단할만한 사정도 보이지 아니하므로, 이 사건 심판청구는 더 이상 본안에 대하여 심판을 받을 이익이 없다.

[요약판례 36] 문화재 관람료 통합징수 행위 취소: 각하(헌재 2007.3.29. 2006헌마363)

국립공원관리공단이 국립공원 입장료와 문화재 관람료를 통합징수한 행위를 다투는 헌법소원에서 그러한 통합징수가 이미 폐지되어 권리보호이익이 없다고 판단한 사례

이 사건에서는 청구인에게 문제된 통합징수 행위가 이미 종료되었고, 앞서 본 바와 같이 2007. 1. 1.부터 국립공원 입장료가 폐지되어 현재로서는 국립공원 입장료와 문화재 관람료의 통합징수가 다시 반복될 여지가 없게 되었다. 그렇다면 **문화재 관람료의 징수와 관련된 기본권 침해행위가 반복될 가능성이 있다고 볼 수 없고, 또 사안을 볼 때 헌법적 해명이 긴요한 경우에 해당한다고 보기도 어려우므로**, 결국 이 사건 심판청구의 이익을 인정할 수 없다.

(재판관 조대현의 반대의견) 청구인은 국립공원에 입장하면서 4차례에 걸쳐 국립공원 입장료와 문화재 관람료를 통합징수 당하였다는 것이므로, 그러한 통합징수가 청구인의 기본권을 침해하는 것인지 여부를 심판받을 필요가 있다. 2007. 1. 1. 이후 청구인의 기본권침해로 인한 손해와 불만이 해소되었다거나 청구인이 심판청구를 취하하였다고 볼만한 자료가 없다. 따라서 본안에 들어가 청구의 당부에 관하여 심판하여야 한다.

[요약판례 37] 불기소처분취소: 각하(헌재 2007.1.16. 2006헌마1475)

고소하는 일을 되풀이하면서 각 불기소에 대하여 항고·재항고를 거쳐 헌법소원심판을 청구하는 일을 반복하는 것이 권리남용에 해당되는지 여부(적극)

사건의 수사나 처분에 관여한 경찰관과 검사들을 직권남용권리행사방해 또는 직무유기 등의 죄로 고소하고, 청구인의 고소를 각하한 검사를 고소하는 일을 되풀이하면서 각 불기소에 대하여 항고·재항고를 거쳐 헌법소원심판을 청구하는 일을 반복하는 것은 권리남용에 해당됨이 명백하므로, 그 일환으로 청구된 이 사건 헌법소원심판은 권리보호이익이 없어 부적법하다.

[요약판례 38] 열람·등사 거부처분취소: 인용(헌재 2010.6.24. 2009헌마257)

법원의 열람·등사 허용 결정에도 불구하고 검사가 변호인들의 수사서류에 대한 열람·등사 신청을 거부한 행위를 대상으로 하는 헌법소원심판청구에서 권리보호이익이 인정되는지 여부(적극)

청구인들의 변호인들이 이 사건 수사서류에 대하여 이미 열람·등사를 마쳤으므로, 이 사건 헌법소원이 인용된다고 하더라도 청구인들의 주관적 권리구제에는 더 이상 도움이 되지 않는다. 그러나 형사소송법이 2007. 6. 1. 법률 제8496호로 개정됨에 따라 공소제기 후 검사가 보관하고 있는 수사서류 등에 대하여 피고인의 열람·등사신청권이 인정되고, 검사의 열람·등사 거부처분에 대한 불복절차가 마련되었는바, 이 사건의 경우 이러한 불복절차에 따른 법원의

열람·등사 허용 결정에 대하여 검사가 따르지 않은 경우로서 이 사건과 유사한 사건에 대하여 헌법적 해명이 이루어진 바 없고, 이 사건과 같은 유형의 침해행위가 앞으로도 반복될 가능성이 크다고 할 것이므로, 비록 청구인들의 주관적 권리보호의 이익이 소멸하였다 하더라도 이 사건 심판청구에 있어서는 심판의 이익이 여전히 존재한다.

[요약판례 39] 열람·등사 불허결정 위헌확인: 각하(헌재 2012.6.27. 2011헌마360)

서울중앙지방법원 영장전담판사가 2011. 7. 7. 구속 전 피의자심문을 앞둔 변호인에게 구속영장청구서의 열람을 제한한 조치에 관한 심판청구에 대하여, 예외적으로 심판의 이익을 인정할 것인지 여부(소극)

구 형사소송규칙 제96조의21 제1항은, "변호인은……구속영장청구서 및 그에 첨부된 고소·고발장, 피의자의 진술을 기재한 서류와 피의자가 제출한 서류를 열람할 수 있다"고 규정하고, 제2항은 "……지방법원 판사는……제1항에 규정된 서류의 전부 또는 일부의 열람을 제한할 수 있다"고 규정하였는바, 피청구인은 제2항에서 지방법원 판사가 그 전부 또는 일부의 열람을 제한할 수 있는 '제1항에 규정된 서류'에 구속영장청구서도 포함된다고 해석하여 이 사건 열람제한조치를 한 것이다. 그런데 대법원은 이 사건 헌법소원 심판청구 이후인 2011. 12. 30. 형사소송규칙 제96조의21 제2항을 개정하여 2012. 1. 1.부터 시행하고 있는바, 개정된 형사소송규칙 제96조의21 제2항은 구속 전 피의자심문절차에서 지방법원 판사가 열람을 제한할 수 있는 서류를 구속영장청구서에 첨부된 서류에 한하고 구속영장청구서를 명시적으로 제외하였다. 따라서 앞으로는 이 사건과 같은 유형의 침해행위가 반복될 가능성이 있다고 보기 어렵고 개정 전 형사소송규칙으로 회귀할 가능성도 없어 이에 관한 헌법적 해명의 필요성도 인정하기 어려우므로, 심판의 이익이 인정되지 아니한다.

V 보충성의 원칙과 예외

1. 원 칙

[요약판례 1] 검사의 공소권행사에 대한 헌법소원: 각하(헌재 1989.4.17. 88헌마3)

헌법재판소법 제68조 제1항 단서의 "다른 권리구제절차"의 의미

헌법재판소법 제68조 제1항 단서 소정의 **다른 권리구제절차**라 함은 **공권력의 행사 또는 불행사를 직접대상으로 하여 그 효력을 다툴 수 있는 권리구제절차를 의미**하고, **사후적·보충적 구제수단을 뜻하는 것은 아니다.**

[요약판례 2] 국유지양여신청거부처분 위헌확인: 각하(헌재 2004.7.15. 2002헌마676)

피청구인 서산시장이 가분배된 토지에 관한 무상분배 절차를 이행완료하지 아니하는 부작위의 위헌확인을 구하는 헌법소원심판이 보충성의 요건을 갖춘 것인지 여부(소극)

이 사건의 경우, 청구인들은 피청구인 서산시장이 이 사건 토지를 청구인들에게 무상분배하는 절차를 이행완료하지 아니하는 부작위의 위헌확인을 구하고 있는바, 이에 대하여는 우선 청구인들이 피청구인의 그와 같은 부작위가 위법하다고 하여 행정심판법 제4조에 의한 의무이행심판이나, 행정소송법 제4조에 의한 부작위위법확인소송을 제기할 수 있을 것이다. 따라서 청구인들이 이 사건 헌법소원심판에서 피청구인이 하였다는 이 사건 토지에 대한 가분배조치가 그 효력이 있음을 전제로 하여 이 사건 토지의 분배절차를 이행하지 아니하는 부작위의 위헌확인을 구하는 것은, 그 이유의 당부가 어떻든 **행정소송으로 다툴 사항을 이 사건 헌법소원심판에 이른 것이라 볼 것이므로, 이 사건 심판청구는 결국 헌법소원심판의 대상이 되는 것이 아니다.**

[요약판례 3] 소유권 반환 방치 위헌확인: 각하(헌재 2007.1.16. 2006헌마1478)

소유권이전등기청구의 민사소송이 수용토지에 대한 환매권 행사에 불응하는 공권력 불행사의 위헌확인을 구하는 헌법소원의 보충성 요건상의 다른 권리구제절차가 될 수 있음을 인정한 사례

수용당한 토지에 대한 청구인의 환매권 행사에 불응하는 국방부장관의 부작위로 인하여 침해받은 청구인의 기본권은 청구인이 법원에 당해 토지에 대한 환매청구권의 발생 및 행사를 법적 권원으로 주장하면서 **소유권이전등기소송을 제기하여 그 권리구제를 도모할 수 있다**고 할 것인데 **이와 같은 절차를 흠결한 이 사건 심판청구는 다른 법률에 의한 구제절차를 모두 거친 후에 제기된 것이라고 볼 수 없어 보충성의 요건을 결한다.**

[요약판례 4] 피의자접견등금지결정 위헌확인: 각하(헌재 2007.5.31. 2006헌마1131)

피의자의 구금에 관한 처분에 대하여 형사소송법상의 준항고절차를 거치지 아니하고 제기한 헌법소원심판청구를 부적법하다고 판단한 사례

증거인멸 및 공범도피의 우려가 있음을 이유로 피청구인으로부터 기소 시까지 변호인 및 가족을 제외한 일체의 접견을 금지하는 것을 내용으로 하는 피의자접견등금지결정(이하 '이 사건 결정'이라 한다)은 "피의자의 구금에 관한 처분"이라 할 것인데, **형사소송법 제417조**는 "검사 또는 사법경찰관의 구금, 압수 또는 압수물의 환부에 관한 처분에 대하여 불복이 있으면 그 직무집행지의 관할 법원 또는 검사의 소속 검찰청에 대응한 법원에 그 처분의 취소 또는 변경을 청구할 수 있다"고 규정하고 있다. 따라서 **이 사건 결정에 대해서는 준항고가 가능함에도 불구하고 청구인은 이러한 형사소송법상의 준항고절차를 거치지 아니하고 바로 이 사건 헌법소원심판청구를 제기하였으므로, 적법한 구제절차를 거치지 아니하여 부적법하다.**

[요약판례 5] 경고의결처분취소: 각하(헌재 2012.6.27. 2010헌마508)

공정거래위원회의 경고의결에 대한 헌법소원 심판청구가 보충성 요건을 충족하는지 여부(소극)

'표시·광고의 공정화에 관한 법률' 위반을 이유로 한 공정거래위원회의 경고는 준사법기관이라 할 수 있는 공정거래위원회가 '독점규제 및 공정거래에 관한 법률' 제55조의2에 따라 제정된 '공정거래위원회 회의운영 및 사건절차 등에 관한 규칙' 제50조에 의거하여 행한 의결인바, 청구인들의 권리의무에 직접 영향을 미치는 처분으로서 행정소송의 대상이 된다고 봄이 상당하다. 그렇다면 이 사건 경고에 대하여 행정소송을 통한 구제절차를 모두 거치지 아니한 채 제기된 이 사건 헌법소원심판청구는 법률이 정한 구제절차를 거치지 않고 제기된 것이므로 부적법하다.

2. 예 외

[요약판례 1] 공권력에 의한 재산권침해에 대한 헌법소원: 인용(위헌확인),기각(헌재 1989.9.4. 88헌마22)

헌법소원에 있어서 보충성의 원칙의 예외사유

헌법소원심판청구인이 **그의 불이익으로 돌릴 수 없는 정당한 이유있는 착오**로 전심절차를 밟지 않은 경우 또는 **전심절차로 권리가 구제될 가능성이 거의 없거나 권리구제절차가 허용되는지의 여부가 객관적으로 불확실하여 전심절차이행의 기대가능성이 없을 때**에는 예외적으로 헌법재판소법 제68조 제1항 단서 소정의 전심절차이행요건은 배제된다.

[요약판례 2] 불기소처분에 대한 헌법소원: 기각,각하(헌재 1991.4.1. 90헌마194)

검사의 불기소처분에 대한 헌법소원에서 전치요건흠결의 하자의 치유를 인정한 사례

동일한 피의사실에 대하여 2회 고소하고 그에 대한 검사의 각 불기소처분에 대하여 항고, 재항고를 하여, 한 사건에 대하여는 대검찰청의 재항고기각이 있었고 다른 한 사건을 대검찰청에 계류중인 상태에서 대검찰청에 계류중인 사건에 대한 헌법소원심판청구가 있은 경우, **헌법재판계류중에 대검찰청의 재항고기각결정이 있으면 동 심판청구는 전치요건흠결의 하자가 치료되어 적법하다.**

[요약판례 3] 불기소처분에 대한 헌법소원: 각하(헌재 1992.1.28. 90헌마227)

범죄피해자가 고소를 제기하지 않고 곧바로 헌법소원심판을 청구할 수 있는지 여부(적극)

청구인이 피의사건의 범죄피해자로서 피청구인의 불기소처분으로 말미암아 헌법상 재판절차진술권과 평등권을 침해받았다고 주장하고 있으며, 청구인이 피의사건에 관하여 고소를 제기한 바 없어 **피청구인의 불기소처분에 대하여 헌법소원을 제기하는 수단 이외에 달리 검찰청법에 정한 항고, 재항고의 제기에 의한 구제를 받을 방법도 없다고 한다면**, 청구인은 피의사건에 대하여 고소를 제기하든가 피청구인의 불기소처분에 대하여 **헌법소원심판을 청구할 수 있다.**

[요약판례 4] 국가보안법 제19조에 대한 헌법소원: 위헌(헌재 1992.4.14. 90헌마82)

법률에 대한 헌법소원의 직접성과 구체적 집행행위와의 관계

헌법소원심판의 대상이 될 수 있는 법률은 그 법률에 기한 다른 집행행위를 기다리지 않고 직접 국민의 기본권을 침해하는 법률이어야 하지만 구체적 집행행위가 존재한다고 하여 언제나 반드시 법률 자체에 대한 헌법소원심판청구의 적법성이 부정되는 것은 아니고, 예외적으로 집행행위가 존재하는 경우에도 그 집행행위를 대상으로 하는 구제절차가 없거나 구제절차가 있다고 하더라도 권리구제의 기대가능성이 없고 다만 기본권 침해를 당한 자에게 불필요한 우회절차를 강요하는 것밖에 되지 않는 경우로서 당해 법률에 대한 전제관련성이 확실하다고 인정되는 때에는 당해 법률을 헌법소원의 직접대상으로 삼을 수 있다.

[요약판례 5] 고발권불행사 위헌확인: 기각(헌재 1995.7.21. 94헌마136)

공정거래위원회의 고발권불행사에 대한 헌법소원과 보충성의 예외

공정거래법은 고발에 대한 이해관계인의 신청권을 인정하는 규정을 두고 있지 아니할 뿐만 아니라, 법해석상으로도 공정거래위원회의 고발권행사가 청구인의 신청이나 동의 등의 협력을 요건으로 하는 것이라고 보아야 할 아무런 근거도 없으므로 행정부작위는 행정심판 내지 **행정소송의 대상이 되는 "부작위"로서의 요건을 갖추지 못하였다고 할 것이고, 이러한 경우에도 청구인에게 행정쟁송절차의 사전 경유를 요구한다면 이는 무용한 절차를 강요하는 것으로 되어 부당하다.**

[요약판례 6] 전투경찰대설치법 등에 대한 위헌소원: 기각,각하(헌재 1995.12.28. 91헌마80)

구제절차가 있다고 하더라도 권리구제의 기대가능성이 없고 기본권 침해를 당한 자에게 불필요한 우회절차를 강요하는 것밖에 되지 않는 경우이어서 보충성의 예외를 인정한 사례

이 사건 진압명령은 특정 일시의 특정 집회와 관련된 시위의 진압을 내용으로 하는 것으로서 이 사건 심판청구 당시에 이미 청구인 등에 의하여 그 실행이 완료된 것이다. 따라서 **이 사건 진압명령에 대한 행정소송은 소의 이익이 없다 하여 각하될 가능성이 매우 크므로 이와 같은 경우에는 구제절차가 있다고 하더라도 권리구제의 기대가능성이 없고 다만 기본권 침해를 당한 자에게 불필요한 우회절차를 강요하는 것밖에 되지 않는 경우**로서 **헌법재판소법 제68조 제1항 단서의 예외의 경우에 해당**하여 이 사건 진압명령에 대한 심판청구부분은 권리구제절차를 밟지 아니하였다고 하더라도 적법하다.

[요약판례 7] 부가가치세부과처분 등 위헌확인: 각하(헌재 1998.10.29. 97헌마285)

대법원의 확립된 판례에 비추어 패소가 예견될 경우 행정소송절차를 거치지 않고 과세처분에 대하여 곧바로 헌법소원을 청구할 수 있는지 여부(소극)

대법원의 확립된 판례에 비추어 패소할 것이 예견된다는 점만으로는 전심절차로 권리가 구제될 가능성이 거의 없어 전심절차이행의 기대가능성이 없는 경우에 해당한다고 볼 수 없으므로, 과세처분에 대하여 국세기본법에 따른 이의신청 등의 구제절차와 행정소송에 의한 구제절차를 거치지 아니하고 곧바로 헌법소원을 청구하는 것은 헌법소원의 **보충성의 요건을 갖추지 못하여 부적법**하다.

[요약판례 8] 예비판사임용거부처분취소: 각하(헌재 2001.12.20. 2001헌마245)

대법원장의 예비판사임용거부처분이 헌법소원의 대상이 되는지 여부(소극)

대법원은 1991. 2. 12. 선고 90누5825 검사임용거부처분취소 사건에서 검사 지원자 중 한정된 수의 임용대상자에 대한 임용결정만을 하는 경우 임용대상에서 제외된 자에 대하여 임용거부의 소극적 의사표시를 한 것으로 보아야 하고 이러한 검사임용거부처분은 항고소송의 대상이 된다고 판시한 바 있으므로, **대법원장의 청구인에 대한 2001. 2. 12.자 예비판사임용거부는 항고소송의 대상이 되는 행정처분에 해당된다**고 판단되고, 실제로 청구인은 위 예비판사임용거부처분에 대하여 행정심판을 거쳐 2001. 5. 12. 서울행정법원에 행정소송을 제기(2001구18076 예비판사임용거부처분 무효확인 등)한 상태이다. 따라서 이 사건은 법원의 재판관할하에 있는 사건으로서 **헌법소원의 대상이 아니라 할 것이어서 부적법**한 심판청구라고 할 것이다.

[요약판례 9] 춘천교육대학교특별전형편입대상자공개경쟁선발시험불합격처분취소: 각하(헌재 2002.8.29. 2002헌마26)

위 불합격처분에 대한 헌법소원심판청구가 보충성 요건을 충족하는지 여부(소극)

이 사건 불합격처분은 행정소송법 제2조의 처분으로서 같은 법 제19조의 취소소송의 대상이 되어 이의 취소를 구할 수 있는 사전적 구제절차가 있음이 명백하다 할 것이므로, 행정심판 내지 행정소송의 절차를 거치지 아니한 채 바로 제기한 본건 심판청구는 **보충성의 요건이 결여**되어 부적법하다.

[요약판례 10] 명예회복신청기각결정취소: 각하(헌재 2002.10.31. 2002헌마213)

민주화운동관련자명예회복및보상심의위원회의 명예회복신청기각결정에 대한 헌법소원심판청구가 보충성 요건을 충족하는지 여부(소극)

민주화운동관련자명예회복및보상심의위원회의 명예회복신청기각결정에 대하여는 행정소송법에 의하여 행정소송을 제기할 수 있으므로 청구인은 그 절차에 따라 구제를 받았어야 하고 그 절차없이 막바로 제기한 이 사건 헌법소원심판청구는 부적법하며, 나아가 청구인이 내세우는 여러 사정을 참작하더라도 이 사건에서 **보충성 원칙의 예외를 인정**

할 수 없다.

[요약판례 11] 지목변경신청반려처분취소: 기각(헌재 2004.6.24. 2003헌마723)

(1) 지목변경신청반려행위에 대한 헌법소원심판청구에 있어서 보충성의 요건이 적용되는지 여부(적극)
(2) 대법원 판례 변경 전에 제기된 지목변경신청반려행위에 대한 헌법소원심판청구가 보충성의 요건을 갖추지 못하였는지 여부(소극)

(1) 지목변경신청반려행위가 항고소송의 대상이 되는 처분행위에 해당한다는 **변경된 대법원 판례에 따르면, 지목변경신청반려행위에 대하여 행정소송을 거치지 않고 제기된 헌법소원심판청구는 보충성의 요건을 흠결하여 각하되어야 한다.**

(2) 지목변경신청반려행위의 처분성을 부인하던 종래의 대법원 판례가 변경되기 전에 제기된 지목변경신청반려행위에 대한 헌법소원심판청구의 경우, 변경된 대법원 판례에 따라 보충성의 요건을 판례변경 전까지 소급하여 엄격하게 적용하면 헌법재판소로서는 청구인의 청구를 각하해야 될 뿐만 아니라, 청구인이 별도로 제기할 지목변경신청반려행위의 취소를 구하는 행정소송에서도 그 청구는 제소기간 도과로 각하될 것이 분명하므로 청구인으로서는 지목변경신청반려행위에 대하여 더 이상 다툴 수 없게 되고, 따라서 청구인의 권리를 구제받을 길이 없게 된다. 이와 같이 **종전의 대법원 판례를 신뢰하여 헌법소원의 방법으로 권리구제를 구하던 중 대법원 판례가 변경되고, 변경된 대법원 판례에 따를 경우 제소기간의 도과로 법원에 의한 권리구제를 받을 수 없게 되는 예외적인 경우**라면, **그 이전에 미리 제기된 권리구제의 요청 즉, 청구인의 헌법소원심판청구는 헌법상 보장된 실질적인 재판청구권의 형해화를 막기 위하여 허용되어야 할 것이고, 이렇게 해석하는 것은 기본권 침해에 대한 마지막 구제수단으로서 허용된다는 보충성의 원칙에 어긋나는 것이 아니므로 보충성 요건의 흠결이 있다고 할 수 없다.**

[요약판례 12] 장애인운동능력측정검사불합격처분취소 등: 각하(헌재 2005.3.31. 2003헌마746)

(1) 운전적성을 검사하기 위한 장애인 운동능력측정검사 불합격처분의 취소를 구하는 헌법소원심판청구의 적법여부(소극)
(2) 이 사건 불합격처분의 근거가 되는 도로교통법시행령 제45조 제2항과 같은법시행규칙 별표 13의5 중 핸들조작기준에 대한 헌법소원심판청구의 적법여부(소극)
(3) 청각장애인에 대하여 제1종 대형면허를 취득하지 못하도록 하고 있는 도로교통법 제70조 제1항 제3호와 같은법시행규칙 별표 13의3 중 가의 12 및 13에 대한 헌법소원심판청구의 적법여부(소극)

(1) 운전적성판정을 위하여 장애인에 대하여 실시하는 **운동능력측정검사에서의 불합격처분은 그 자체가 청구인에게 직접 법률상의 불이익을 초래하는 행위로서 행정처분에 해당하여 그 취소를 구하는 행정소송을 제기하는 것이 가능하다**고 할 것이므로 이 부분 심판청구는 **헌법소원의 대상이 되지 않는 공권력 행사에 대한 청구로서 부적법**하다.

(2) 도로교통법시행령 제45조 제2항과 이 사건 핸들조작기준에 대한 심판청구는 위 법령조항들에 의한 기본권침해사실이 발생한 날로부터 1년, 청구인들이 기본권침해사실의 발생을 안 날로부터 90일이 훨씬 경과한 후에 제기된 것으로서 청구기간을 도과하여 부적법하다.

(3) 청각장애인에 대하여 제1종 운전면허의 취득을 제한하는 법 제70조 제1항 제3호와 이 사건 청각장애규정은 청구인이 장애인으로 등록되고 난 후인 1995. 7. 1.과 1999. 4. 30.부터 각 시행되었으므로 위 법령조항들의 시행에 의해 위 청구인에 대한 기본권침해가 발생하였다고 할 것인데, 이 부분 심판청구는 위 법령조항들이 시행된 날로부터 각 1년이 훨씬 경과한 후에 제기된 것으로서 청구기간을 도과하여 부적법하다.

[요약판례 13] 지목정정신청반려처분취소: 각하(헌재 2005.9.13. 2005헌마829)

(1) 행정청의 지목정정신청 반려처분의 취소를 구하는 헌법소원 심판청구에 대하여 보충성의 요건이 적용되는지 여부(적극)

(2) 지목정정신청 반려처분이 항고소송의 대상이 된다는 변경된 대법원 판결 선고 후 제기된 위 반려처분의 취소를 구하는 헌법소원심판청구에 대하여 보충성의 흠결을 이유로 각하한 사례

(1) 지목변경신청반려행위가 항고소송의 대상이 되는 처분행위에 해당한다는 **변경된 대법원 판례에 따르면, 지목변경신청반려행위에 대하여 행정소송을 거치지 않고 제기된 헌법소원심판청구는 보충성의 요건을 흠결하여 각하되어야 한다.**

(2) 지목정정신청 반려처분이 항고소송의 대상이 된다는 **변경된 대법원 판결 선고 후** 법원에 위 반려처분의 취소를 구하는 행정소송을 거치지 않은 채 바로 위 반려처분의 취소를 구하는 헌법소원심판청구가, 다른 권리구제 절차를 모두 거치지 않은 것으로서 **보충성의 요건을 흠결하였다.**

[요약판례 14] 기소유예처분취소 등: 인용,기각(헌재 2010.6.24. 2008헌마716)

피해자의 고소가 아닌 수사기관의 인지 등에 의하여 수사가 개시된 피의사건에서 검사의 불기소처분이 이루어진 경우 그 불기소처분의 취소를 구하기 위해 별도의 고소 없이 곧바로 제기된 피해자의 헌법소원이 보충성원칙의 예외에 해당하여 적법한지 여부(적극)

피해자의 고소가 아닌 수사기관의 인지 등에 의해 수사가 개시된 피의사건에서 검사의 불기소처분이 이루어진 경우, 고소하지 아니한 피해자로 하여금 별도의 고소 및 이에 수반되는 권리구제절차를 거치게 하는 방법으로는 종래의 불기소처분 자체의 취소를 구할 수 없고 당해 수사처분 자체의 위법성도 치유될 수 없다는 점에서 이를 본래 의미의 사전 권리구제절차라고 볼 수 없고, 고소하지 아니한 피해자는 검사의 불기소처분을 다툴 수 있는 통상의 권리구제수단도 경유할 수 없으므로, 그 불기소처분의 취소를 구하는 헌법소원의 사전 권리구제절차라는 것은 형식적·실질적 측면에서 모두 존재하지 않을 뿐만 아니라, 별도의 고소 등은 그에 수반되는 비용과 권리구제가능성 등 현실적인 측면에서 볼 때에도 불필요한 우회절차를 강요함으로써 피해자에게 지나치게 가혹할 수 있으므로, 고소하지 아니한 피해자는 예외적으로 불기소처분의 취소를 구하는 헌법소원심판을 곧바로 청구할 수 있다.

[요약판례 15] 유치장 구금행위 위헌확인: 각하(헌재 2010.9.30. 2008헌마628)

현행범인으로 체포되어 경찰서 유치장에 구금되어 체포된 때로부터 48시간이 경과하기 전에 석방된 자가 자신에 대한 구금은 불필요하게 장시간 계속된 것으로서 기본권을 침해하였다며 제기한 헌법소원의 적법 여부(소극)

체포에 대하여는 헌법과 형사소송법이 정한 체포적부심사라는 구제절차가 존재함에도 불구하고, 체포적부심사절차를 거치지 않고 제기된 헌법소원심판청구는 법률이 정한 구제절차를 거치지 않고 제기된 것으로서 보충성의 원칙에 반하여 부적법하다. 한편 헌법과 형사소송법이 정하고 있는 체포적부심사절차의 존재를 몰랐다는 점은 보충성의 예외로 인정될 만큼 정당한 이유 있는 착오라고 볼 수 없으며, 헌법과 형사소송법이 규정하고 있는 체포적부심사의 입법목적, 청구권자의 범위, 처리기관, 처리절차 및 석방결정의 효력 등을 고려하여 볼 때, 자신이 부당하게 현행범인으로 체포되었다거나 더 이상 구금의 필요가 없음에도 계속 구금되고 있다고 생각하는 피의자에게 있어서 체포적부심사절차는 가장 강력하고 실효성있는 권리구제수단으로서 피의자에게 체포적부심사절차를 이행하도록 하는 것이 그 절차로 권리가 구제될 가능성이 거의 없거나 대단히 우회적인 절차를 요구하는 것밖에 되지 않는 경우에 해당한다고

볼 수 없다.

Ⅵ 헌법소원심판의 절차

1. 청구기간

[요약판례 1] 상속세법 제32조의2의 위헌여부에 관한 헌법소원: 한정합헌(헌재 1989.7.21. 89헌마38)

수소법원이 2. 15. 청구인의 위헌제청신청을 기각하는 결정을 하고, 청구인은 같은 해 2. 23. 위 결정의 정본을 송달받고, 같은 해 3.3. 헌법재판소에 위헌심사를 구하는 헌법소원을 제기한 사실관계에서 청구인이 헌법소원의 청구기간을 준수하였는지 여부(적극)

헌법재판소법 제41조 제1항, 제68조 제2항 및 제69조 제2항에 의하면, 법원은 법률이 헌법에 위반되는 여부가 재판의 전제가 된 때에는 직권 또는 당사자의 신청에 의한 결정으로 헌법재판소에 위헌법률심판을 제청할 수 있고, 법원이 당사자의 위헌법률심판의 제청을 기각한 때에는 그 당사자는 그 제청신청이 기각된 날로부터 14일 이내에 헌법소원의 형식으로 직접 헌법재판소에 그 법률에 대한 위헌여부의 심판을 청구할 수 있다. 위 **헌법재판소법 제69조 제2항에 규정한 "제청신청이 기각된 날"이란 특단의 사정이 없는 한 제청신청에 대한 기각결정을 송달받은 날이라고 해석**하여야 할 것인 바, 위 인정사실에 의하면 청구인의 이 사건 심판청구는 법정기간 내에 적법한 절차를 거쳐 제기된 것으로 인정되고, 달리 그 청구가 부적법하다고 볼 사정은 엿보이지 아니한다.

※ '헌바' 사건으로 표시되었어야 할 사건이다. 헌법재판소 초창기 판례라 이러한 점이 거슬린다.

[요약판례 2] 증여세 등 부과처분에 대한 헌법소원: 각하(헌재 1992.6.26. 89헌마161)

다른 법률에 의한 구제절차를 거친 헌법소원심판의 청구기간

공권력의 행사 또는 불행사로 인하여 헌법상 보장된 기본권을 침해받은 자가 제기하는 헌법소원심판이 **다른 법률에 의한 구제절차를 거친 경우에는 그 최종결정을 통지받은 날로부터 30일 이내에 청구하여야 한다.**

[요약판례 3] 공권력행사로 인한 재산권침해에 대한 헌법소원: 인용(위헌확인)(헌재 1993.7.29. 89헌마31)

헌법소원심판청구권 행사의 기산점인 "사유가 있음을 안 날"의 의미와 제소기간을 도과한 헌법소원심판청구를 허용할 수 있는 예외적 사유로서의 "정당한 사유"의 의미

헌법소원의 제기기간으로서 "사유가 있음을 안 날로부터 60일"이라 함에 있어 **"사유가 있음을 안 날"이라고 함은 적어도 공권력행사에 의한 기본권**침해의 사실관계를 특정할 수 있을 정도로 현실적으로 인식하여 심판청구가 가능해진 경우를 뜻하나, 헌법재판소법 제40조 제1항에 의하여 **행정소송법 제20조 제2항 단서가 헌법소원심판에 준용됨에 따라 정당한 사유가 있는 경우에는 제소기간의 도과에도 불구하고 헌법소원심판청구는 적법하다고 할 것인바, 여기의 정당한 사유라 함은 청구기간 도과의 원인 등 여러 가지 사정을 종합하여 지연된 심판청구를 허용하는 것이 사회통념상으로 보아 상당한 경우**를 뜻한다.

[요약판례 4] 조선철도(주) 주식의 보상금청구에 관한 헌법소원: 인용(위헌확인)(헌재 1994.12.29. 89헌마2)

입법부작위에 대한 헌법소원에서의 청구기간

공권력의 불행사로 인한 기본권침해는 그 불행사가 계속되는 한 기본권침해의 부작위가 계속된다 할 것이므로,

공권력의 불행사에 대한 헌법소원심판은 그 불행사가 계속되는 한 기간의 제약이 없이 적법하게 청구할 수 있다.

[요약판례 5] 입법부작위 위헌확인: 각하(헌재 1996.10.31. 94헌마204)

부진정입법부작위에 대한 헌법소원의 제기방법

이른바 **부진정입법부작위를 대상으로 헌법소원을 제기하려면 그것이 평등의 원칙에 위배된다는 등 헌법위반을 내세워 적극적인 헌법소원을 제기하여야 하며, 이 경우에는 헌법재판소법 소정의 청구기간을 준수하여야** 한다.

[요약판례 6] 주차장법 제19조 등 위헌확인: 각하(헌재 2001.1.18. 2000헌마66)

(1) 기본권침해사유가 발생하였음을 안 날로부터 60일이 지난 후에 제기된 심판청구는 청구기간이 도과된 청구로서 부적법하다고 한 사례

(2) 법령조항이 정한 기준을 강화 또는 완화하는 조례가 그 법령조항에 따라 제정되어 있는 경우 그 법령조항의 직접성이 인정되는지 여부(소극)

(1) 부설주차장의 설치의무와 그 설치기준을 규정하고 있는 주차장법 제19조 제1항, 제3항의 시행 후 청구인이 이 사건 건물을 업무시설로 용도변경을 하고자 용도변경허가신청서를 제출하였으나, 강남구청장으로부터 위 법률조항의 규정에 의한 부설주차장 확보 여부를 확인할 수 있는 부설주차장 설치계획서의 미비 등을 이유로 위 신청서의 반려통보를 받고, 이와 관련하여 업무시설로 용도변경시의 주차장 증설에 관하여 질의한 결과, 강남구청장으로부터 용도변경시 증설해야 할 주차대수에 대한 회신을 받았다면, **청구인은 늦어도 위 질의를 한 1999. 3. 25.에는 위 법률조항과 관련하여 기본권침해사유가 발생하였음을 알았다고 할 것**이므로, 그로부터 60일이 훨씬 지난 2000. 1. 26. 제기한 이 부분 심판청구는 청구기간이 도과된 청구로서 부적법하다.

(2) 주차장법시행령 제6조의 제1항 본문과 제2항의 별표1 중 "업무시설-시설면적 150㎡당 1대"부분은 부설주차장의 설치기준을 구체적으로 정한 다음, 그 기준의 2분의 1의 범위안에서 조례로 이를 강화하거나 완화할 수 있도록 규정하고 있고, 그에 따라 서울특별시주차장설치및관리조례가 제정되어 있다면, 청구인에게 부설주차장의 설치기준으로서 직접적으로 적용되는 것은 위 조례가 정한 설치기준이고, 위 조례의 정함에 따라 업무시설로의 용도변경시 추가적인 주차장 설치의 필요성 여부 및 그 증설대수가 판가름나게 된다고 할 것이다. 따라서 위 시행령조항은 그 자체로 직접 청구인의 기본권을 침해하고 있지 않으므로 직접성의 요건이 흠결되어 부적법하다.

[요약판례 7] 기소유예처분취소: 기각(헌재 2001.12.20. 2001헌마39)

(1) 행정소송법 제20조 제2항 소정의 "정당한 사유"의 의미

(2) 검사가 불기소처분을 한 경우 피의자에게 그 취지를 통지하여야 하는지 여부(적극)

(3) 검사가 기소유예처분을 함에 있어 피의자로부터 반성문도 징구하지 아니하고, 피의자에게 그 취지도 통지하지 않은 사정은 행정소송법 제20조 제2항 소정의 정당한 사유에 해당한다고 인정한 사례

(1) 헌법재판소법 제68조 제1항의 헌법소원 중 권리구제형 헌법소원심판이 비록 180일의 **청구기간을 경과하여서 한 것이라 하더라도 정당한 사유가 있는 경우에는 이를 허용하는 것이 헌법소원제도의 취지와 헌법재판소법 제40조에 의하여 준용되는 행정소송법 제20조 제2항 단서에 부합하는 해석**이라 할 것이다. 여기서 **정당한 사유**라 함은 청구기간 도과의 원인 등 여러 가지 사정을 종합하여 지연된 심판청구를 허용하는 것이 사회통념상으로 보아 상당한 경우를 뜻하는 것으로 **민사소송법 제160조(불변기간)(현행 민사소송법 제173조)**의 "당사자가 그 책임을 질 수 없는 사유"나 **행정심판법 제18조 제2항** 소정의 "천재, 지변, 전쟁, 사변 그밖에 불가항력적인 사유"**보다는 넓은 개념**이라고 할 것이므로 일반적으로 천재 기타 피할 수 없는 사정과 같은 객관적 불능의 사유와 이에 준할 수 있는 사유뿐만 아

니라 **일반적 주의를 다하여도 그 기간을 준수할 수 없는 사유를 포함한다**고 할 것이다. 따라서 검사의 불기소처분을 다투는 헌법소원의 심판에 있어서 청구인이 특별한 과실 없이 불기소처분이 있은 사실을 알지 못하여 헌법소원의 청구기간을 준수할 수 없었을 때에는 정당한 사유가 있다고 봄이 상당하다.

(2) 형사소송법 제258조 제2항은 검사가 불기소처분을 한 때에는 피의자에게 즉시 그 취지를 통지하여야 한다고 규정하고 있음에도 불구하고 검사는 동조항 소정의 "불기소처분"은 고소·고발 있는 사건에 대한 불기소처분만을 의미하는 것으로 보는 검찰의 관행에 따라 이 사건에서도 피의자인 청구인에게 불기소처분의 취지를 통지하지 아니하였다. 그러나 동조항이 고소관련 조항들 가운데 규정되어 있기는 해도 제1항과 달리 제2항은 법문 자체가 고소·고발 있는 사건에 대한 불기소처분으로 한정하고 있지 아니하므로 동조항 소정의 "불기소처분"을 고소·고발 있는 사건에 대한 불기소처분만을 의미한다고 보아야 할 이유는 없다. 또한 1988년 9월부터는 헌법재판소가 창설되어 기소유예처분을 받은 피의자도 헌법소원을 제기하는 것이 가능하게 되었으므로 고소·고발사건 이외의 다른 사건의 피의자도 기소유예처분의 취지를 통지받을 필요와 실익이 생겼다 할 것이다. 그러므로 검사는 불기소처분을 하는 경우 모든 피의자에게 불기소처분의 취지를 통지하여야 할 것이다.

(3) **검사가 청구인에 대하여 기소유예처분을 함에 있어 그 처분사실을 통지하지 아니하고, 별도의 고지절차도 취하지 아니하였을 뿐만 아니라 사전에 청구인을 소환하여 조사하지도 않았고, 반성문이나 서약서조차 징구하지 아니하였다면, 비록 피의자라 하더라도 그 불기소처분이 있음을 쉽게 알 수 있는 처지에 있다고는 할 수 없으므로 피의자였던 청구인은 불기소처분이 있음을 알지 못하는 데에 과실이나 책임이 있다고 할 수 없으므로, 청구인이 불기소처분사실을 알았거나 쉽게 알 수 있어서 심판청구기간 내에 심판청구가 가능하였다는 특별한 사정이 없는 한 정당한 사유가 있는 때에 해당한다**고 보아야 할 것이다.

(재판관 한대현, 재판관 주선회의 반대의견-각하의견) 청구기간제도는 일정한 기간이 경과하면 국가공권력행사의 효력을 다툴 수 없도록 하기 위한 제도로서 이와 같은 청구기간을 두는 것은 공권력행사의 효력을 오랜기간 불확정한 상태에 둠으로써 발생하는 헌법질서 및 헌법생활에 있어 국민의 권리의무관계의 불안정을 조속히 제거하기 위한 것이다. 입법자가 헌법소원심판에 청구기간제도를 두기로 한 이상 청구기간이 지나치게 단기로 규정되어 있어 초래되는 불합리한 사정은 당사자의 주관적인 과실이나 책임 여부를 일일이 가리어 해결할 것이 아니라, 근본적으로는 예컨대 "그 사유가 있은 날부터 180일 이내"의 규정 중 '180일'을 '1년'으로 늘인다거나 하여 시정해야 옳다고 생각한다. 기소유예처분을 포함한 불기소처분은 이를 외부에 대하여 표시하여야 한다거나 상대방에게 고지를 요하는 처분이 아니고 담당 검사가 불기소처분 결정문에 서명날인함으로써 바로 성립하고 효력이 발생하므로, 그 처분사실을 알지 못하였고 그 알지 못한 데 대하여 과실이나 책임이 없다고 주장하는 당사자는 공소시효가 남아 있는 한 언제라도 헌법소원심판을 청구할 수 있다고 한다면 법적안정성의 요청은 크게 훼손될 수밖에 없고, 이와 같은 사정은 대외적인 공포나 고지를 요하지 아니하는 다른 공권력행사의 경우에도 마찬가지라고 할 것이기 때문이다.

[요약판례 8] 교육공무원법 제47조 위헌확인: 각하(헌재 2002.1.31. 2000헌마274)

법령이 시행된 후에 비로소 그 법령에 해당하는 사유가 발생한 경우에 법령에 대한 헌법소원의 청구기간은 언제나 법령시행일이 아닌 해당사유발생일로부터 기산하여야 하는지 여부(소극)

우리 재판소의 결정례(헌재 1996. 3. 28. 93헌마198)는, 법령에 대한 헌법소원의 청구기간은 **법령이 시행된 후에 비로소 그 법령에 해당하는 사유가 발생한 경우에는 언제나 법령시행일이 아닌 해당사유발생일로부터 기산하여야 한다는 것이 아니라, 법령시행일을 청구기간 기산일로 하는 것이 기본권구제의 측면에서 부당하게 청구기간을 단축하는 결과가 되거나, 침해가 확실히 예상되는 때로부터 기산한다면 오히려 기산일을 불확실하게 하여 청구권의 유무를 불안정하게 하는 결과를 가져올 경우 등에는, 법령시행일이 아닌 법령이 적용될 해당사유가 발생하여 기본권침해가 비로소 현실화된 날부터 기산함이 상당하다는 취지이다. 청구인은 이 사건 법률조항의 시행으로 인하여 그 즉시 정년이 62세로 단축된 중등교원의 지위를 갖게 된 것이지, 이후 62세에 달하여 실제 정년퇴직에 이르러서야 비로소 기본권의 제한을 받게 되었다고 할 것은 아니므로, 청구기간의 기산점은 이 사건 법률조항의 공포일(시행일)로 보는 것이 타당**하다.

[요약판례 9] 헌법재판소법 제69조 제1항 위헌확인: 각하(헌재 2003.7.24. 2003헌마97)

(1) 헌법소원의 청구기간이 종전보다 청구인에게 더 유리하게 개정된 신 헌법재판소법 제69조 제1항 본문이 구법 시행 당시에 청구되었지만 신법 시행 후에 종결되는 헌법소원 사건에 대해서도 적용되는지 여부(적극)
(2) 헌법소원의 청구기간을 규정한 구 헌법재판소법 제69조 제1항 본문을 다투는 헌법소원을 권리보호이익이 없다고 본 사례

(1) **신 헌법재판소법 제69조 제1항은 2003. 3. 12. 개정되어 공포 후 3월이 경과한 날부터 시행되었는데, 헌법재판소법 제68조 제1항의 규정에 의한 헌법소원의 청구기간이 "사유가 있음을 안 날부터 90일 이내에, 그 사유가 있은 날부터 1년 이내"로 개정됨으로써 종전의 각 "60일", "180일"보다 더 연장되었다.** 그런데 신법은 청구기간 조항이 구법 시행 당시 청구된 사건으로서 신법 시행 이후에 종결될 헌법소원 사건들에 대해서도 적용될 것인지에 관해서 **아무런 경과규정을 두고 있지 않으나, 청구기간이 헌법소원 청구인에게 유리하게 개정되었고, 그러한 사건들에 대해서도 신법상 청구기간을 적용한다고 해서 헌법소원 청구인들 간에 심한 형평성 문제가 있다거나 법적 안정성이 침해되는 것이라 볼 만한 사정이 없으므로 그러한 사건들에 대해서도 신법의 청구기간 규정이 적용된다고 봄이 상당하다.**

(2) 청구인은 구법 시행 당시 심판청구 되었으나 아직 심리 중인, 청구인이 심판청구한 다른 헌법소원 사건(2003헌마24)에서 구법상의 청구기간 규정이 적용될 것을 전제로 하여 이 사건에서 해당 구법 규정의 위헌성을 다투나, 구법 시행 당시 심판청구가 되었지만 신법 시행 후 결정되는 사건에 대해서도 위와 같이 신법이 적용될 것이므로, 이 사건에서 구법상의 청구기간 규정을 다툴 권리보호의 이익이 없게 되었으며, 한편 그 위헌성 여부에 대한 해명이 헌법적으로 중요한 의미를 지니고 있다거나 추후 구법 조항과 같은 입법이 반복될 소지가 있다고 보기 어려워 권리보호이익을 예외적으로 인정할만한 사정도 없다.

[요약판례 10] 건축법 제21조 제1항 위헌확인: 각하(헌재 2004.4.29. 2003헌마484)

법령에 대한 헌법소원심판에 있어서, 청구기간이 '법령에 해당하는 사유가 발생'하여 진행이 개시된 이후에 다시 '법령에 해당하는 사유가 발생'하면 새로이 청구기간의 진행이 개시되는지 여부(소극)

법령에 대한 헌법소원심판은 법령의 시행과 동시에 기본권의 침해를 받은 자는 그 법령이 시행된 사실을 안 날로부터 90일 이내에, 그 법령이 시행된 날로부터 1년 이내에 청구하여야 하고, 법령이 시행된 후에 비로소 그 법령에 해당하는 사유가 발생하여 기본권의 침해를 받게 된 경우에는 그 사유가 발생하였음을 안 날로부터 90일 이내에, 그 사유가 발생한 날로부터 1년 이내에 청구하여야 한다(헌법재판소법 제69조 제1항 참조). 여기서 청구기간산정의 기산점이 되는 **'법령에 해당하는 사유가 발생한 날'이란 법령의 규율을 구체적이고 현실적으로 적용받게 된 최초의 날**을 의미하는 것으로 보는 것이 상당하다. 즉, **일단 '법령에 해당하는 사유가 발생'하면 그 때로부터 당해 법령에 대한 헌법소원의 청구기간의 진행이 개시되며, 그 이후에 새로이 '법령에 해당하는 사유가 발생'한다고 하여서 일단 개시된 청구기간의 진행이 정지되고 새로운 청구기간의 진행이 개시된다고 볼 수는 없다.** 여기에서 더 나아가 '법령에 해당하는 사유가 발생'한 이후에 당해 법령의 규율을 적용받게 되는 사유가 발생하는 때마다 새로이 청구기간이 진행된다고 본다면 사실상 법령에 대한 헌법소원에 대하여는 청구기간의 제한이 적용되지 아니하는 것으로 보는 결과를 초래하게 될 것이고, 이는 법령소원의 경우에도 헌법재판소법 제69조 제1항의 청구기간요건이 적용되어야 함을 일관되게 판시하고 있는 우리 헌법재판소의 입장에 반한다.

[요약판례 11] 민사소송법 제501조 위헌확인: 각하(헌재 2004.4.29. 2003헌마641)

헌법소원심판청구에 대한 청구취지변경이 이루어진 경우 청구기간의 준수여부 판단의 기준시점(추가 또는 변경된 청구서가 제출된 시점)

헌법소원심판청구에 대한 청구취지변경이 이루어진 경우 **청구기간의 준수여부는 법 제40조 제1항 및 민사소송법 제265조에 의하여 추가 또는 변경된 청구서가 제출된 시점을 기준으로 판단하여야 한다.** 청구취지 등 정정서를 낸 경우도 마찬가지이다.

[요약판례 12] 구 경찰공무원법 제21조 위헌확인: 위헌(헌재 2004.9.23. 2004헌가12)

구 경찰공무원법 제21조 중 제7조 제2항 제5호 부분에 의하여 당연퇴직한 제청신청인이 헌법소원 심판 청구기간을 도과한 채 공무원지위확인을 구하는 당사자소송을 제기하여 소송계속 중 이 사건 법률조항에 대하여 위헌법률심판이 제청된 경우 재판의 전제성을 인정할 것인지 여부(적극)

이 사건 법률조항에 의하여 당연퇴직한 제청신청인이 헌법소원 심판 청구기간을 도과한 채 공무원지위확인을 구하는 당사자소송을 제기하여 소송계속 중 당해법원이 이 사건 법률조항에 대하여 위헌법률심판을 제청한 경우, 제청법원은 당해사건 본안을 판단함에 있어서 이 사건 법률조항의 위헌 여부에 따라 당해사건의 재판의 결론이나, 주문, 이유 등을 달리하게 될 것이 명백하므로 **재판의 전제성을 인정할 수 있다.** 다만, 이미 오래 전에 이 사건 법률조항과 유사한 공무원 인사 관련 법률조항에 의하여 당연퇴직된 당사자들이 이 사건과 같이 당사자소송을 통하여 위헌법률심판제청을 다수 하는 경우 법적 안정성이 문제될 수 있는데, 이는 재판의 전제성이 없다는 이유로 위헌법률심판제청 자체를 각하할 것이 아니라 위헌결정의 소급효를 적절히 제한함으로써 해결하여야 한다.

[요약판례 13] 형사소송법 제246조 등 위헌확인: 각하(헌재 2005.3.31. 2004헌마436)

(1) 사인소추를 금지하고 있는 형사소송법 제246조의 규정에 의한 기본권 침해를 안 날을 '고소한 때'로 볼 것인지 여부(적극)
(2) 기소편의주의를 규정한 형사소송법 제247조 제1항과 자기관련성 여부(소극)

(1) 형사소송법 제246조와 관련된 청구인의 주장을 보면 청구인이 직접 피고소인을 형사공판에 붙여 그를 처벌받게 하고 싶어도 국가의 기소독점으로 이것이 불가능하므로 부득이 수사기관에 고발하여 그 처벌을 요구한 것인데 검사가 불기소처분을 해버려 그 처벌이 불가능하게 되었으니 국가의 기소독점을 규정한 동법 제246조는 청구인의 재판청구권 등을 침해한 것에 해당한다는 것이다. 이러한 분석에 따른다면 청구인은 소추권의 국가독점사실, 즉 법률에 의한 기본권침해사유의 발생을, **청구인이 피고소인을 고소한 때**에 이미 알았다고 보아야 한다.

(2) 기소편의주의를 규정한 형사소송법 제247조 제1항은 검사의 기소유예처분의 근거가 되는 규정이다. 그리고 이 사건에서 검사는 청구인에 대하여 기소유예처분을 한 것이 아니고 혐의없음의 불기소처분을 한 것이므로 이 조항은 검사의 이 사건 처분의 근거가 된 것이 아니고 따라서 청구인에게 구체적으로 그리고 현실적으로 그 권리나 법률상의 지위에 아무런 영향을 미칠 수가 없다고 할 것이다. 그렇다면 이 부분 심판청구는 청구인에 대한 관계에서 기본권 침해의 자기관련성이 없다.

(재판관 권성, 재판관 이상경의 반대의견) 고소를 제기하는 범죄피해자의 인식의 내용을 들여다보면 "고소를 해야 가해자에 대한 형사처벌절차가 시작될 수 있다"라는 통상적인 관념에 따라 고소를 한 것에 불과한 경우도 있다. 이러한 사람들은 그 이상의 사실 즉 소추권이 국가에 독점되어 있어 사인(私人)의 지위에서는 직접 가해자를 형사공판절차에 불러내는 길이 막혀 있다는 것까지는 모르고 있는 것이다. 그렇다면 고소한 때를 청구기간의 기산점으로 삼는

다수의견은 옳지 않다. 그렇게 하는 것보다는 검사의 불기소처분을 안 때를, 만일 불기소처분에 대하여 항고 및 재항고를 한 때라면 그 절차의 종료를 안 때를, 기산점으로 삼는 것이 옳을 것이다. 일반 국민으로서는 법률의 존재와 문제점을 나름대로 어느 정도 파악하지 않고서는, 그러한 파악이 정당한 것이든 또는 부당한 것이든 간에, 법률에 대한 헌법재판을 청구하는 행위를 한다는 것은 있을 수 없는 일이고 따라서 일반 국민에게 그러한 행위에 나아올 것을 기대하는 것은 매우 부당한 것이다. 그러므로 고소인이, 검사는 더 이상 기소를 하지 않을 것이고 가해자의 처벌을 관철하기 위하여는 **고소인 자신이 직접 기소를 하여야 하는데 막상 알고보니 이것은 법률에 의하여 봉쇄되어 있다는 사실을 절실하게 깨닫게 되는 것은, 검찰의 불기소 및 그에 대한 항고 및 재항고의 절차가 종료된 사실을 알게 되었을 때** 비로소 가능하게 되는 경우가 적지 않을 것이므로, 이 때를 기본권침해사유의 발생을 안 때로 보아야 할 것이다.

[요약판례 14] 공직선거및선거부정방지법 제15조 제2항 등 위헌확인: 헌법불합치(헌재 2007.6.28. 2004헌마644등)

구법 조항들을 대상으로 한 심판청구였음에도 불구하고 선거의 속성 등을 고려하여 장래의 기본권침해를 다투는 것으로 본 사례

이 사건 심판청구는 2005. 8. 4. 개정되기 전의 구 '공직선거 및 선거부정방지법' 조항들에 대해 제기되었으나, 주기적으로 반복되는 선거의 경우 매번 새로운 후보자들이 입후보하고 매번 새로운 범위의 선거권자들에 의해 투표가 행해질 뿐만 아니라 선거의 효과도 차기 선거에 의한 효과가 발생할 때까지로 한정되므로, 매선거는 새로운 선거에 해당한다는 점, 청구인들의 진정한 취지는 장래 실시될 선거에서 발생할 수 있는 기본권침해를 문제 삼고 있는 것으로 볼 수 있다는 점을 고려하면 이 사건 심판청구는 향후 실시될 각종 선거에서 청구인들이 선거에 참여하지 못함으로써 입게 되는 기본권침해, 즉 **장래 그 도래가 확실히 예측되는 기본권침해를 미리 앞당겨 다투는 것으로 볼 수 있다. 그렇다면 기본권침해의 사유가 이미 발생한 사실을 전제로 한 청구기간 도과의 문제는 발생할 여지가 없다.**

[요약판례 15] 헌법재판소법 제69조 제1항 위헌확인: 기각(헌재 2007.10.25. 2006헌마904)

헌법소원심판청구의 청구기간을 제한하고 있는 헌법재판소법 제69조 제1항이 재판청구권을 침해하는지 여부(소극)

이 사건 심판대상조항은 공권력 행사로 인한 법률관계를 신속하게 확정함으로써 공익의 실현을 확보하고 법적 안정성을 도모하기 위한 것으로서 그 입법목적이 정당하며, 헌법소원심판을 청구할 수 있는 기간을 제한하는 것은 이러한 입법목적을 달성하기 위하여 적절한 수단으로 보인다. 비록 이 조항이 헌법소원심판의 청구기간을 제한하여 국민의 재판청구권을 제한하고 있음은 사실이나, 헌법소원심판의 청구인이 자신의 기본권이 침해된 사실을 안 날부터 기산하여 90일 이내로 제한하는 것이므로 국민의 헌법재판청구권 행사를 현저히 곤란하게 하거나 사실상 불가능하게 할 정도로 과도하게 제한하는 것이라고는 볼 수 없다. 나아가 이 사건 심판대상조항은 국민의 기본권을 구제하는 절차와 공익 실현의 법적 안정성을 아울러 보장할 수 있도록 균형 있게 조정하고 있다. 따라서 이 사건 심판대상조항이 헌법소원심판의 청구기간을 지나치게 짧게 규정함으로써 청구인의 재판청구권을 침해한 것으로 볼 수 없다.

[요약판례 16] 주택법 제55조 제2항 등 위헌확인: 각하(헌재 2011.3.31. 2010헌마45)

기존에 임대주택의 관리사무소장으로 근무해 오던 자들에게도 주택관리사등 자격을 취득할 것을 요구하고 다만 그 시행을 법 시행일로부터 2년간 유예하고 있는 주택법 부칙 제2항에 관한 헌법소원심판에서 청구기간의 준수 여부(소극)

종래 합법적으로 영위하여 오던 직업의 행사를 유예기간 이후 금지 또는 제한하는 법규정의 경우, 이미 이 법규정의 시행에 의하여 종래의 법적 지위가 유예기간의 종료 후에는 자동 소멸되어 당사자에게 불리하게 구체적으로 형

성되는 것이기 때문에, 유예기간이 경과한 후에야 비로소 기본권에 대한 침해가 발생하는 것이 아니라 이미 법규정의 시행 당시에 기본권이 현실적·구체적으로 침해되는 것으로 보아야 한다. 그렇다면 이 사건 청구인들의 경우, 비록 법 시행일로부터 2년간의 유예기간이 있어 2010. 6. 22.까지는 청구인들이 임대주택의 기존 관리사무소장으로 근무할 수 있게 됨으로써 기본권 침해가 발생하지 않은 듯 보이지만, 주택관리사등 자격을 취득하지 못하면 2010. 6. 22.부터 관리사무소장직에서 배제될 것이라는 기본권 제한 내지 법적 강제는 이 사건 법률조항이 개정·시행된 2008. 6. 22.에 이미 구체적이고 현실적으로 발생하였다고 봄이 상당하다. 그러므로 이 사건 법률조항에 대한 헌법소원심판 청구기간의 기산점은 법 시행일인 2008. 6. 22.로 보아야 할 것이고, 그로부터 1년이 지난 2010. 1. 22. 제기된 청구인들의 이 사건 심판청구는 청구기간을 도과하여 제기된 것으로서 부적법하다.

[요약판례 17] 형법 제347조 제1항 등 위헌확인: 각하(헌재 2011.7.28. 2010헌마432)

(1) 형사법 조항에 대한 헌법소원심판청구의 청구기간 기산점과 형법 제347조 제1항 "기망하여" 부분에 대한 심판청구의 청구기간 준수 여부(소극)

(2) 국민참여재판을 받을 수 있는 대상을 규정하고 있는 구 '국민의 형사재판 참여에 관한 법률' 제5조 제1항에 대한 심판청구의 청구기간 준수 여부(소극)

(1) 형사법 조항에 의한 기본권침해 사유가 발생한 시점은 청구인의 행위가 당해 법령의 위반행위에 해당한다는 이유로 형사처벌을 받을 가능성이 발생하는 시점, 즉, 당해 법령의 위반을 이유로 검사가 공소제기한 시점이고, '공소장 부본을 송달받은 날'이 당해 법령에 의하여 기본권침해 사유가 발생하였음을 안 날이라고 보아야 한다. 그렇다면 이 사건 공소장 부본이 송달된 날로부터 90일이 경과된 날에 국선대리인선임신청을 한 이 사건 형법 조항에 대한 심판청구는 청구기간을 도과하였다.

(2) 헌법재판소법 제69조 제1항의 "그 사유가 있음을 안 날"은 공권력의 행사에 의한 기본권침해의 사실관계를 안 날을 뜻하는 것이므로 청구인은 제1회 공판기일에 국민참여재판의 대상사건에 사기죄가 포함되지 않는다는 것도 알았다고 보아야 한다. 그렇다면 제1회 공판기일로부터 90일이 경과된 날에 국선대리인선임신청을 한 이 사건 재판참여법률 조항에 대한 심판청구는 청구기간을 도과하였다.

[요약판례 18] 헌법소원 심판청구 제출기간 제한 위헌확인: 각하(헌재 2013.2.28. 2011헌마666)

헌법소원심판을 청구할 수 있는 기간을 제한하는 헌법재판소법(2011. 4. 5. 법률 제10546호로 개정된 것) 제69조 제1항의 위헌확인을 구하는 사건에서 바로 그 조항에 근거하여 청구기간이 지났음을 이유로 각하결정을 할 수 있는지 여부(적극)

이 사건 심판청구는 심판대상조항으로 인하여 기본권침해의 사유가 발생하였음을 알게 된 날부터 90일이 지났음이 명백한 시점에 제기되었으므로 적법한 청구기간이 지난 후 제기된 것이다. 심판대상조항의 위헌확인을 구하는 헌법소원심판이 제기되었다는 이유만으로 그 조항의 효력이 자동적으로 정지된다거나 헌법재판소가 심판대상조항을 적용할 수 없게 되는 것은 아니므로, 청구기간을 제한하고 있는 심판대상조항의 위헌확인을 구하고 있다는 이유만으로, 명백하게 청구기간이 지난 후에 제기된 헌법소원심판청구를 각하하지 않고 본안판단으로 나아가는 것은 허용될 수 없다.

2. 청구형식

> **[요약판례] 한국철도공사법 부칙 제8조 위헌확인: 각하(헌재 2007.11.29. 2005헌마347)**
>
> 여러 사람이 공동으로 헌법소원심판을 청구한 경우, 헌법소원심판의 대상인 공권력의 행사 또는 불행사와 침해된 권리가 특정되어 있는지 여부는 청구인별로 개별적으로 판단하여야 하는지 여부(적극)

헌법소원심판을 청구하는 사람은 그 심판청구의 취지나 이유에서 침해되었다고 주장하는 기본권을 특정하고, 침해의 원인으로 간주하는 공권력 담당기관의 작위 또는 부작위 등을 특정하여 밝힘으로써, 침해된 기본권을 구제받을 수 있는지 여부에 대한 헌법적 판단을 구해야 한다. **여러 사람이 공동으로 헌법소원심판을 청구한 경우, 그들은 원래 개별적으로 청구할 수도 있었으나 편의상 하나의 절차에 병합하여 공동헌법소원 형태로 심판을 청구한 것으로서 각자 독립된 지위를 가지므로, 헌법소원심판의 대상인 공권력의 행사 또는 불행사와 침해된 권리가 특정되어 있는지 여부는 청구인별로 개별적으로 판단하여야 한다.** 이 사건 청구인들은 철도공사 직원 임용 당시 공무원 재직기간에 의하여 3개의 집단으로 분류되는 데, 기본권침해의 원인이 되는 구체적 법 조항 및 청구이유 역시 서로 달라진다. 그런데 청구인들은 각자 자신이 어느 집단에 속하는지 밝히지 아니한 채, 공통적으로 한국철도공사법 부칙 제8조를 심판의 대상으로 삼은 다음, 청구이유에서는 위 각 집단별 주장을 섞어서 나열하는 방식으로 심판청구서 및 청구이유보충서를 작성하여 제출하였다. 청구인들에게 보정명령을 하였으나, 청구인들은 이에 응하지 않아 결국 이 사건 심판청구는 헌법재판소법 제71조 제1항에 위배된 부적법한 심판청구라 할 것이다.

3. 변호사강제주의

I 헌법재판소법 제25조 제3항에 대한 헌법소원: 기각(헌재 2010.3.25. 2008헌마439)

쟁점 (1) 헌법소원심판에 있어 반드시 변호사를 대리인으로 선임하도록 규정하고 있는 헌법재판소법(1988. 8. 5. 법률 제4017호로 제정된 것) 제25조 제3항(이하 '이 사건 법률조항'이라 한다)이 과잉금지원칙에 위반하여 재판청구권을 침해하는지 여부(소극)

(2) 이 사건 법률조항이 변호사 자격이 있는 자와 비교하여 변호사 자격이 없는 자를 불합리하게 차별하여 평등권을 침해하는지 여부(소극)

사건의 개요

> 청구인은 한국방송통신대학교 법학과에 재학 중인 학생으로서, 변호사를 대리인으로 선임하지 않은 채 공직선거법 제148조 제1항에 대하여 위헌확인을 구하는 헌법소원심판을 청구하는 한편, 헌법재판소법 제25조 제3항이 변호사 강제주의를 규정함으로써 변호사 자격이 없는 청구인의 평등권, 재판청구권, 학문의 자유, 행복추구권에서 파생되는 자기의사결정권 및 일반적 행동자유권 등을 침해한다며 이 사건 헌법소원심판을 청구하였다.

심판의 대상

헌법재판소법(1988. 8. 5. 법률 제4017호로 제정된 것) 제25조 (대표자·대리인) ③ 각종 심판절차에 있어서 당사자인 사인은 변호사를 대리인으로 선임하지 아니하면 심판청구를 하거나 심판수행을 하지 못한다. 다만, 그가 변호사의 자격이 있는 때에는 그러하지 아니하다.

▢ 주 문

이 사건 심판청구를 기각한다.

▢ 판 단

1. 과잉금지원칙 위배 여부

이 사건 법률조항에 대하여 헌법재판소는 이미 여러 차례에 걸쳐 헌법에 위반되지 않는다고 결정한 바 있는데(헌재 1990. 9. 3. 89헌마120등, 판례집 2, 288, 293-296; 헌재 2001. 9. 27. 2001헌마152, 판례집 13-2, 447, 452-453; 헌재 2004. 4. 29. 2003헌마783, 판례집 16-1, 596, 598-599 등), 그 중 2003헌마783 결정 이유의 요지는 다음과 같다.

변호사 강제주의는 다음과 같은 기능을 수행한다.

첫째, 법률지식이 불충분한 당사자가 스스로 심판을 청구하여 이를 수행할 경우 헌법재판에 특유한 절차적 요건을 흠결하거나 전문적인 주장과 자료를 제시하지 못하여, **침해된 기본권의 구제에 실패할 위험이 있다. 변호사 강제주의는 이러한 위험을 제거하거나 감소시켜 기본권의 침해에 대한 구제를 보장**한다. 둘째, 변호사는 한편으로는 당사자를 설득하여 승소의 가망이 없는 헌법재판의 청구를 자제시키고 다른 한편으로는 헌법재판에서의 주장과 자료를 정리, 개발하고 객관화하는 기능을 수행한다. 이로써 재판소와 관계 당사자 모두가 시간, 노력, 비용을 절감할 수 있고 이렇게 하여 여축된 시간과 노력 등이 **헌법재판의 질적 향상**에 투입되게 된다. 셋째, 변호사는 **헌법재판이 공정하게 진행되도록 감시하는 역할**도 수행하는바, 이는 국가사법의 민주적 운영에 기여한다.

한편 변호사 강제주의 아래에서는 국민은 변호사에게 보수를 지급하여야 하는 경제적 부담을 지고, 자신의 재판청구권을 혼자서는 행사할 수 없게 되는 제약을 받는다. 그러나 이러한 부담과 제약은 개인의 사적 이익에 대한 제한임에 반하여 변호사가 헌법재판에서 수행하는 앞에서 본 기능은 모두 국가와 사회의 공공복리에 기여하는 것이다. 양자를 비교할 때 **변호사의 강제를 통하여 얻게 되는 공공의 복리는 그로 인하여 제한되는 개인의 사익에 비하여 훨씬 크다**고 하지 않을 수 없다.

더구나 헌법재판 중 헌법소원의 경우에는 당사자가 변호사를 대리인으로 선임할 자력이 없는 때 또는 공익상 필요한 때에는 국가의 비용으로 변호사를 대리인으로 선임하여 주는 **광범위한 국선대리인제도가 마련**되어 있다는 점(법 제70조), 변호사가 선임되어 있는 경우에도 당사자 본인이 스스로의 주장과 자료를 헌법재판소에 제출하여 재판청구권을 행사하는 것은 전혀 봉쇄되어 있지 않다는 점, 변호사는 본질적으로 당사자 본인의 재판청구권 행사를 도와주는 것이지 이를 막거나 제한하는 것이 아니라는 점 등을 고려하면 더욱 그렇다.

그렇다면 변호사 강제주의를 규정한 법 제25조 제3항은 공공복리를 위하여 필요한 합리적인 규정이므로 헌법에 위반되지 아니한다. 이 사건에 있어서도 위 선례와 달리 판단하여야 할 사정의 변경이 있다고 보이지 아니하므로, 위 결정 이유를 그대로 유지, 원용하기로 한다.

2. 기타 권리의 침해 여부

(1) 자기의사결정권, 일반적 행동자유권, 학문의 자유 침해 여부: 기각

(2) 평등권 침해 여부

청구인은 이 사건 법률조항이 변호사 자격을 가진 자와 그렇지 아니한 자를 불합리하게 차별하여 청구인과 같이 변호사 자격이 없는 자의 평등권을 침해한다고 주장한다.

그러나 입법자가 변호사제도를 도입하여 법률사무 전반을 변호사에게 독점시키고 그 직무수행을 엄격히 통제하고 있는 것은 전문적인 법률지식과 윤리적 소양을 갖춘 변호사에게 법률사무를 맡김으로써 법률사무에 대한 전문성, 공정성 및 신뢰성을 확보하여 일반 국민의 기본권을 보호하고 사회정의를 실현하려는 데 목적이 있고(헌재 2000. 4. 27. 98헌바95등, 판례집 12-1, 508, 529 참조), 특히 **국가기관과 국민에 미치는 영향력이 큰 헌법재판에 있어서는 법률전문가인 변호사에게 소송을 수행하게 함으로써 얻을 수 있는 공익이 현저히 크다**고 할 것이다.

현실적으로 변호사 선임비용이 고액이라는 점이 지적될 수는 있으나, 이는 헌법재판소법 제70조 소정의 국선대리인 제도를 통해 보완이 가능하고, 청구인의 주장처럼 변호사 자격을 갖추지 못한 법학전공자들이나 법학자에게 변호사 강제주의의 예외를 인정하는 것이 반드시 변호사 선임비용의 절감이나 효율적인 심판수행을 가져올 수 있는지 여부도 분명치 않다.

따라서 변호사 자격을 갖춘 자만이 헌법재판을 대리하거나 직접 심판청구, 소송수행을 할 수 있도록 하는 것은 합리적인 이유가 있어 부당한 차별이라고 보기 어려우므로, 이 사건 법률조항이 청구인의 평등권을 침해하는 것이라고 볼 수 없다.

3. 결 론

그렇다면 이 사건 법률조항은 헌법에 위반되지 아니하므로, 재판관 조대현, 재판관 송두환의 반대의견이 있는 것을 제외하고 나머지 관여 재판관 전원의 일치된 의견으로 주문과 같이 결정한다.

재판관 조대현, 재판관 송두환의 반대의견

1. 헌법소원의 본질 및 특수성

헌법소원심판은 일반소송과 달리 **원칙적으로 서면심리**에 의하고 예외적으로 재판부가 필요하다고 인정하는 경우에만 구두변론을 통해 당사자, 이해관계인, 기타 참고인의 진술을 들을 수 있도록 하고 있으며, 심리에 있어서도 직권심리주의를 취하고 있다. 이러한 특수성 때문에 **헌법소원심판에서는 당사자의 변론능력이 소송의 결과를 좌우할 가능성이 일반사건에 비하여 매우 작다.**

이는 '변론능력의 평등을 추구'하는 변호사 강제주의의 본래 취지가 헌법소원심판의 본질과 심리방법의 특수성에 비추어 적합하지 않음을 의미하며, 따라서 헌법소원심판에서 변호사 강제주의라는 엄격한 제소요건을 유지하는 것이 과연 적정한 것인지, 근본적 의문을 갖지 않을 수 없는 것이다.

2. 이 사건 법률조항에 대한 판단

(1) 재판청구권의 침해

이 사건 법률조항은 변호사가 아닌 자는 변호사를 대리인으로 선임하지 아니하는 한 헌법소원 심판청구 및 심판수행을 하지 못한다고 규정함으로써 일반 사인의 재판청구권을 제한하고 있는바, 위에서 본 헌법소원의 본질 및 특수성에 비추어 보면, 이와 같이 헌법소원심판의 충실성과 적정성을 확보한다는 명분을 내세워 **변호사가 대리하지 않은 헌법소원에 대한 심판을 아예 거부하는 것은 그 목적의 정당성이나 수단의 적합성도 의문스러울 뿐만 아니라, 아래에서 보는 바와 같이 침해의 최소성원칙에 반한다**고 볼 것이다.

(2) 대체수단의 존재

(가) 변호사 선임명령 제도

헌법재판소는 사건의 내용과 성격, 청구인의 구체적인 변론능력 등을 감안하여 필요하다고 인정되는 경우에만 예외적으로 변호사 선임명령을 하면 될 것이다. 그럼에도 불구하고, 이 사건 법률조항은 **청구인의 소송수행능력에 대한 구체적 판단의 여지를 전혀 두지 않고, 일률적으로 변호사 대리를 강제함으로써 본인에 의한 소송수행권을 원천적으로 제한**하고 있다. 이는 법률지식이 불충분한 당사자를 보호한다는 변호사 강제주의의 본래 입법취지와도 부합하지 않는다고 할 것이다.

(나) 대리인 자격요건의 완화

이 사건 법률조항은 헌법소원심판의 대리인 자격을 정함에 있어서도, 이를 변호사 자격이 있는 자에게만 한정하고 있어 문제가 된다.

변호사가 아닌 법학전공자나 법학교수 등의 경우에도 재판자료를 제대로 정리하여 제출할 능력이 있을 수 있는 바, 특히 직권심리주의를 취하는 헌법소원심판의 특수성을 고려할 때, 헌법소원심판의 심리를 함에 있어 특별히 장애가 되지 않는다고 판단될 경우에는 변호사 자격의 유무에 엄격히 구애받지 아니하고 대리인 자격을 인정받을 수 있도록 하여 국민들의 대리인 선택의 폭과 접근가능성을 넓힐 수 있다고 할 것이다.

(다) 기타 방법의 존재

헌법재판소는 헌법소원의 남용을 방지하기 위하여 지정재판부의 업무를 강화하거나, 공탁금 제도의 활성화 또는 변호사 수임료에 대한 보조금 지급 등의 다른 대체수단을 강구할 수 있고, 변론능력이 미흡한 당사자를 보호하기 위하여는 심판청구의 보정요구(법 제28조)나 민사소송법상 석명준비명령(제137조) 등을 적절히 활용할 수 있다.

(라) 이처럼 헌법소원의 남용을 방지하고 재판자료를 제출할 능력이 없는 청구인을 보호할 수 있는 다른 대체수단들을 강구할 수 있음에도 불구하고, 이 사건 법률조항은 헌법재판의 효율성, 신속성만을 강조하여 변호사 강제주의라는 엄격한 제소요건을 둠으로써 **변호사의 선임이 없는 헌법소원 심판청구 자체를 배제하고 있는 바, 이는 최소침해성원칙에 위반된다고 할 것이다.**

(3) 현행 국선대리인 제도의 문제점

국선대리인의 선임신청을 위한 요건을 규정한 헌법재판소법 제70조 및 '헌법재판소 국선대리인의 선임 및 보수에 관한 규칙' 제4조의 **'자력' 구비 요건이 비교적 엄격한 상황에서, 국선대리인 제도가 일반국민의 권리보호에 효과적으로 기여하고 있다고 볼 수 있을지는 의문이다.** 실제로 국선대리인 선임신청 건수에 비하여 선임률이 그다지 높지 않다는 사실은, 현실적으로 국선대리인 제도가 변호사 강제주의를 보완하는 역할을 제대로 하고 있지 못함을 보여준다. 따라서 현행 국선대리인 제도의 존재만을 이유로 변호사 강제주의의 정당성을 인정하기는 어렵다고 할 것이다.

3. 결 론

결국 이 사건 법률조항은 헌법소원심판의 본질에 부합하지 않는 규정으로서, 과잉금지원칙에 반하여 헌법상 재판청구권을 침해한다고 할 것이므로 헌법에 위반된다.

[요약판례 1] 국선대리인선임신청기각결정에 대한 헌법소원: 각하(헌재 1989.7.10. 89헌마144)
헌법재판소의 국선대리인 선임신청 기각결정에 대한 헌법소원의 적법여부(소극)

헌법재판소의 국선대리인 선임신청 기각결정에 대한 헌법소원심판청구는 헌법재판소의 결정을 대상으로 한 것이므로 부적법하다.

[요약판례 2] 불기소처분에 대한 헌법소원: 기각(헌재 1992.4.14. 91헌마156)

헌법소원심판청구 후 청구인의 대리인인 변호사가 사임한 경우 심판청구의 적법여부(적극)

변호사강제주의를 채택하고 있는 헌법재판소법 제25조 제3항의 취지는 헌법소원심판청구인을 보호하려는 것이고 청구인의 헌법재판청구권을 제한하려는데 목적이 있는 것이 아니므로 **변호사인 대리인에 의한 헌법소원심판청구가 있었다면 그 이후 심리과정에서 대리인이 사임하였더라도 기왕의 대리인의 소송행위가 무효로 되는 것은 아니어서 심판청구는 그 범위에서 적법하다.**

[요약판례 3] 헌법재판소법 제25조 제3항 등 위헌확인: 기각(헌재 2004.4.29. 2003헌마783)

헌법재판소법 제25조의 규정에 의한 대리인의 선임없이 헌법소원이 청구된 경우 지정재판부가 재판관 전원의 일치된 의견에 의한 결정으로 헌법소원을 각하하도록 규정한 헌법재판소법 제72조 제3항 제3호가 청구인의 재판청구권을 침해하는지 여부(소극)

헌법재판소법 제72조 제3항 제3호가 변호사의 선임이 없는 헌법소원을 지정재판부가 각하하도록 규정하였다 하더라도 **변호사의 선임이라는 소송요건은 그 구비여부가 객관적으로 명백히 드러나서 누구나 그 구비여부를 쉽게 판별할 수 있기 때문에 이를 구비하지 아니한 소원을 지정재판부에서 바로 각하하여도 그 재판이 잘못될 염려가 없고**, 오히려 이렇게 하는 것이 **전원재판부의 업무부담을 줄여주고 소송의 결과에 대한 관계 당사자들의 공연한 기대를 조기에 차단하여 그들로 하여금 선후책을 강구할 수 있도록 도와주는 이점**이 있으므로 위 규정은 합리적인 이유가 있는 것이고 재판청구권의 본질을 침해할 정도로 입법의 재량을 현저히 일탈한 것이라고 볼 수 없다.

4. 공탁금의 납부

Ⅶ 헌법소원심판의 심리

1. 서면심리의 원칙

2. 지정재판부의 사전심사

3. 이해관계인 등의 의견제출

Ⅷ 헌법소원심판의 결정

1. 심판절차종료선언결정

[요약판례 1] 불기소처분에 대한 헌법소원: 기타(헌재 1992.11.12. 90헌마33)

헌법소원심판절차의 계속 중에 청구인이 사망하여 심판절차의 종료를 선언한 사례

청구인 제기의 단순한 해고무효확인의 민사소송에서 증인인 피고소인이 위증하였다는 고소사건에 대하여 검사가 불기소처분을 하자 이에 대하여 청구인이 헌법소원심판을 청구하였는데 헌법소원심판절차의 계속 중에 청구인이 사망한 경우에, 원래 **고용계약상의 노무공급의무는 일신전속적인 것이고(민법 제657조), 노무자가 사망하면 고용관계는 종료될 권리관계라고 할 것이어서 검사의 불기소처분 때문에 침해되었다 할 고용계약상의 지위는 노무자인 청구인의 사망에 의하여 종료되고 상속인에게 승계될 것이 아니므로 이에 관련된 심판절차 또한 수계될 성질이 못되어 청구인이 사망함과 동시에 당연히 그 심판절차가 종료되었다**고 할 것이다.

[요약판례 2] 형법 제338조 등에 대한 헌법소원: 기타(종료선언)(헌재 1994.12.29. 90헌바13)

(1) 형사재판절차에서 청구인에게 적용될 형법 규정에 대하여 헌법재판소법 제68조 제2항에 의한 헌법소원심판을 청구한 후 유죄판결이 확정되고 청구인도 사망한 경우의 사건처리방법
(2) 헌법소원심판절차의 계속 중에 청구인이 사망하여 심판절차의 종료를 선언한 사례

(1) 헌법소원심판을 청구할 당시의 전제되는 재판이 종료된 경우에도 헌법소원이 인용되면 **헌법재판소법 제75조 제7항**에 의하여 유죄의 확정판결에 대하여 재심을 청구할 수 있으므로 **같은 법 제40조 민사소송법 제211조 제1항(현행 민사소송법 제233조)에 따라 청구인의 사망 후에 재심을 청구할 수 있는 자는 헌법소원심판절차를 수계할 수 있다.** 그러나 **수계할 당사자가 없거나 수계의사가 없는 경우에는 청구인의 사망에 의하여 헌법소원심판절차는 원칙적으로 종료된다고 할 것이고, 다만 수계의사표시가 없는 경우에도 이미 결정을 할 수 있을 정도로 사건이 성숙되어 있고, 그 결정에 의하여 유죄판결의 흠이 제거될 수 있음이 명백한 경우 등 특별히 유죄판결을 받은 자의 이익을 위하여 결정의 필요성이 있다고 판단되는 때에 한하여 종국결정을 할 수 있다.**

(2) 이 사건 헌법소원심판절차에서 청구인은 헌법재판소법 제68조 제2항에 의하여 사형을 법정형으로 규정한 형법 제338조 등에 대하여 헌법소원심판을 청구하였으나, **그 후 청구인에 대한 사형집행이 되었고 그로부터 4년이 지났는데도 수계신청이 없을 뿐만 아니라 특별히 종국결정을 할 필요성이 있는 경우에도 해당하지 아니하여 청구인의 사망으로 인하여 그 심판절차가 종료되었다.**

[요약판례 3] 불기소처분취소(5·18관련): 취하(헌재 1995.12.15. 95헌마221등)

헌법소원심판청구가 취하되면 헌법소원심판절차가 종료되는지 여부(적극)

헌법재판소법이나 행정소송법이나 헌법소원심판청구의 취하와 이에 대한 피청구인의 동의나 그 효력에 관하여 특별한 규정이 없으므로, **소의 취하에 관한 민사소송법 제239조(현행 민사소송법 제266조)는 검사가 한 불기소처분의 취소를 구하는 헌법소원심판절차에 준용**된다고 보아야 한다. 따라서 **청구인들이 헌법소원심판청구를 취하하면 헌법소원심판절차는 종료되며, 헌법재판소로서는 헌법소원심판청구가 적법한 것인지 여부와 이유가 있는 것인지 여부에 대하여 판단할 수 없게 된다.**

(재판관 신창언의 반대의견) 헌법소원제도는 본질상 청구인 개인의 주관적인 권리구제뿐만 아니라 객관적인 헌법질서를 수호·유지하는 기능도 함께 가지고 있는 것이므로, 헌법소원 사건에 대한 심판이 청구인의 권리구제에는 도움이 되지 않는다 하더라도 헌법질서의 수호·유지를 위하여 중요한 의미가 있는 경우에는 예외적으로 청구인이 심판청구를 취하하여도 심판절차는 종료되지 않는다고 보아야 할 것이다. 따라서 헌법재판소로서는 재판부에서 평의한 대로 종국결정을 선고하는 것이 옳다.

(재판관 김진우, 재판관 이재화, 재판관 조승형의 반대의견) 1. 헌법소원심판청구 중 주관적 권리구제에 관한 점 이외에, 헌법질서의 수호·유지를 위하여 긴요한 사항으로서 그 해명이 헌법적으로 특히 중대한 의미를 지니고 있는 부분이 있는 경우에는, 비록 심판청구의 취하가 있는 경우라 하더라도, 전자의 부분에 한하여 민사소송법 제239조(현행 민사소송법 제266조)의 준용에 따라 사건의 심판절차가 종료될 뿐이고, 후자의 부분에 대하여서는 헌법소원심판의 본질에 반하는 위 법률조항의 준용은 배제된다고 할 것이므로 위 취하로 말미암아 사건의 심판절차가 종료되는 것이 아니라 할 것이다. 따라서 청구인이 심판청구를 취하하면, 전자에 부분에 대하여는 심판절차의 종료선언을 하되, 후자의 부분에 대하여는 헌법적 해명을 하는 결정선고를 함이 마땅하다.

2. 집권에 성공한 내란의 가벌 여부는 헌법질서를 파괴하는 방법에 의한 집권이 우리의 헌법상 허용되는지 여부에 관한 것이므로 국가운명과 전국민의 기본권에 직접 관련되어 특히 중대한 의미를 갖는 헌법적 해명이 요청되는 경우이다. 이 부분은 헌법재판소의 재판관회의에서 집권에 성공한 내란의 가벌성을 인정하는 의견이 헌법재판소법상 인용결정에 필요한 정족수를 넘었다. 따라서 심판청구의 취하가 있었다고 하더라도, 이 부분에 대하여는 헌법적 해명

을 하는 결정을 선고함이 마땅하다.

> **[요약판례 4] 헌법재판소법 제68조 제1항 위헌확인 등: 취하**(헌재 2003.2.11. 2001헌마386)
>
> (1) 헌법소원심판절차에 소의 취하에 관한 민사소송법규정이 준용되는지 여부(적극)
>
> (2) 심판청구의 취하로 인하여 심판절차가 종료되었음을 선언하면서, 동시에 심판청구가 취하될 당시의 헌법재판소의 최종 평결결과와 그 이유를 밝힌 사례

(1) 헌법재판소법 제40조 제1항은 "헌법재판소의 심판절차에 관하여는 이 법에 특별한 규정이 있는 경우를 제외하고는 민사소송에 관한 법령의 규정을 준용한다. 이 경우 탄핵심판의 경우에는 형사소송에 관한 법령을, 권한쟁의심판 및 헌법소원심판의 경우에는 행정소송법을 함께 준용한다"고 규정하고, 같은 조 제2항은 "제1항 후단의 경우에 형사소송에 관한 법령 또는 행정소송법이 민사소송에 관한 법령과 저촉될 때에는 민사소송에 관한 법령은 준용하지 아니한다"고 규정하고 있다. 그런데 **헌법재판소법이나 행정소송법에 헌법소원심판청구의 취하와 이에 대한 피청구인의 동의나 그 효력에 관하여 특별한 규정이 없으므로, 소의 취하에 관한 민사소송법 제266조는 이 사건과 같은 헌법소원절차에 준용된다**고 보아야 한다.

(2) 이 사건 헌법소원심판청구가 취하될 당시, 이 사건에 관한 헌법재판소의 최종 평결결과는 재판관 전원의 일치된 의견으로, 법 제75조 제7항에 대한 이 사건 심판청구에 관하여는 '법 제75조 제7항은 법 제68조 제2항의 헌법소원이 인용된 경우에 한정위헌결정이 포함되지 않는다고 해석하는 한도 내에서 헌법에 위반된다'는 한정위헌결정을 선언하고, 헌법재판소의 한정위헌결정의 효력을 부인하여 청구인의 재심청구를 기각한 이 사건 대법원판결을 취소하면서, 법 제68조 제1항 본문에 대한 심판청구는 각하한다는 것이었다. 다만, 재판관 한대현은 이 사건 대법원판결에 대한 심판청구와 관련하여 '이 사건 대법원판결도 법 제68조 제1항에 의한 헌법소원의 대상이 되나, 헌법재판소는 이 사건 대법원판결을 직접 취소할 것이 아니라 단지 위 판결의 위헌성만을 확인하는데 그쳐야 한다'는 견해를 밝혔다. 헌법재판소가 어떠한 이유로 위와 같은 평결결과에 이르게 되었는가 하는 것에 관하여는, 아래 반대의견에서 밝히고 있다.

(재판관 김영일, 재판관 송인준의 반대의견) 우리는 청구인과 승계참가인의 심판청구의 취하로 인하여 민사소송법 제266조의 준용에 따라 이 사건 헌법소원심판절차가 종료되었다고 보는 **다수의견에 대하여 다음과 같은 이유로 반대**한다.

(1) **심판청구가 주관적 권리구제의 차원을 넘어서 헌법질서의 수호·유지를 위하여 긴요한 사항으로서 그 해명이 헌법적으로 특히 중대한 의미를 지니고 있는 경우**에는, 비록 헌법소원심판청구의 취하가 있는 경우라 하더라도 **민사소송법 제266조의 준용은 헌법소원심판의 본질에 반하는 것으로서 배제된다고 할 것**이므로, 위 취하로 말미암아 사건의 심판절차가 종료되는 것이 아니다. 이 사건 헌법소원심판청구는 단순히 청구인의 기본권침해에 대한 구제라는 주관적인 권리구제의 측면 외에, 헌법재판소 한정위헌결정의 효력, 한정위헌결정이 법 제68조 제2항에 의한 헌법소원이 인용된 경우에 해당하는지의 여부, 어떠한 경우에 법 제75조 제7항에 의하여 재심을 청구할 수 있는지의 문제, 예외적으로 헌법소원심판의 대상이 될 수 있는 법원재판의 범위 등 헌법적으로 중대한 문제를 제기하고 있다. 그런데 이와 같은 문제들은 헌법재판권을 분리하여 각 헌법재판소와 법원에 부여하고 있는 현행 헌법재판제도에서 두 헌법기관 사이의 관할에 관한 근본적인 문제로서 헌법질서의 수호와 유지를 위하여 그 해명이 헌법적으로 특히 중대한 의미를 지니는 사안이라고 할 것이다.

(2) 법 제68조 제2항의 헌법소원은 재판소원을 배제하는 우리 헌법재판제도에서 법원이 그의 재판에서 위헌적인 법률을 적용하는 경우, 다시 말하자면, 법원의 재판이 위헌적인 법률에 기인하는 경우에도 법률의 위헌성심사를 가능하게 하기 위하여 도입된 것이다. 세계에서도 유사한 형태를 찾아 볼 수 없는 **법 제68조 제2항의 헌법소원제도가 도입된 이유는 재판소원을 배제하는 우리 헌법소원제도의 특수성**에 있으며, 이와 같은 헌법소원제도는 **'기능상으로는' 재판소원의 일부분을 대체하고 있다**고 하겠다. 법 제75조 제7항에서 재판에 적용된 법률의 위헌성이 확인된 경우 당해사건의 당사자가 재심을 청구할 수 있도록 함으로써 비록 헌법재판소가 법원의 재판을 직접 취소하지는 못하지만, 법원이 스스로 재판을 취소하도록 한 것은 **사실상 헌법재판소의 결정에 의한 '간접적인 재판의 취소'**에 해당하는

것이다.

(3) 헌법합치적 법률해석 및 그의 결과로서 나타나는 결정유형인 한정위헌결정은 단순히 법률을 해석하는 것에 지나지 않는 것이 아니라, 헌법규범을 기준으로 하여 법률의 위헌성여부를 심사하는 작업이며, 그 결과 특정한 해석방법을 위헌적인 것으로 배척함으로써 비록 법문의 변화를 가져오는 것은 아니나 **사실상 일부위헌선언의 의미를 지니는 것이다. 법률에 대하여 실질적인 일부위헌선언을 함으로써 법률을 수정하는 권한은 규범통제에 관한 독점적인 권한을 부여받은 헌법재판소에 유보되어야 한다.** 법 제68조 제2항에 의한 헌법소원제도는 그 기능이나 실질에 있어서 재판소원에 갈음하는 것이며, 이로써 법원의 합헌적 법률해석을 심사하고 통제할 수 있는 제도이다. 입법자는 법 제68조 제2항 및 제75조 제7항의 헌법소원제도를 통하여 법원의 재판이 위헌적인 법률에 기인하는 경우 재심을 허용함으로써, 헌법재판소에게 합헌적 법률해석에 관한 최종적인 결정권을 보장하고 동시에 한정위헌결정의 기속력을 강제하고자 한 것이다. 법 제75조 제7항에서 말하는 '법 제68조 제2항의 헌법소원이 인용된 경우'란 법원이 위헌적인 법률을 적용한 경우를 의미하는 것이며, 여기서 **법원이 '위헌적인 법률'을 적용한 경우란, 헌법재판소가 어떠한 주문형식으로든 법원이 적용한 법률의 위헌성을 확인한 모든 경우를 말하는 것인데, 이러한 위헌성확인의 결과를 법원에 대하여 절차적으로 강제하고자 하는 규정이 바로 법 제75조 제7항의 재심허용규정인 것이다.**

(4) 법 제75조 제7항에서의 '인용된 경우'란 합헌적 법률해석의 결과로서의 한정위헌결정도 함께 포함하는 것인데, 법원이 '한정위헌결정은 기속력을 가지는 위헌결정이 아니므로, 헌법소원이 인용된 경우에 해당하지 아니한다'는 내용으로 법 제75조 제7항을 해석·적용하는 것은, 헌법과 법이 부여한 헌법재판소의 포괄적인 규범통제권한, 특히 법 제68조 제2항 및 제75조 제7항에 의하여 부여받은 규범통제권한에 명백하게 위배되는 것이다. 따라서 이 사건의 경우, 법원에 의한 법률적용에서 드러난 위헌적인 해석방법을 배제하면서 위 규정의 효력을 유지시키기 위하여, **"법 제75조 제7항은 '법 제68조 제2항의 헌법소원이 인용된 경우'에 한정위헌결정이 포함되지 않는다고 해석하는 한, 헌법에 위반된다"는 한정위헌결정을 해야 한다.**

(5) 헌법재판소는 이미 1997. 12. 24. 선고된 96헌마172, 173(병합) 사건에서 법원의 재판도 예외적으로 헌법소원의 대상이 된다는 것을 인정하였는데, **위 결정의 근본취지는 '헌법재판소의 기속력있는 위헌결정에 반하여 국민의 기본권을 침해하는 법원의 재판에 대하여는 어떠한 경우이든 헌법재판소가 최종적으로 다시 심사함으로써 헌법의 최고규범성을 관철하고 자신의 손상된 헌법재판권을 회복해야 한다'는 것이다.** 이 사건 대법원판결은 헌법재판소의 한정위헌결정에도 불구하고 한정위헌결정은 위헌결정이 아니라는 이유로 그 결정의 효력을 부인하여 청구인의 재심청구를 기각한 것이므로, 예외적으로 헌법소원의 대상이 되는 재판에 해당한다. 법 제75조 제7항이 '헌법소원이 인용된 경우' 소송당사자에게 재심을 허용하고 있고, 여기서 "인용된 경우"란 헌법재판소가 법원이 적용한 법률에 대하여 위헌성을 확인한 모든 경우에 해당함에도, 대법원이 이 사건 판결에서 위 법규정의 의미를 오해하여 '인용결정'에 한정위헌결정이 포함되지 않는 것으로 자의적으로 해석함으로써 재심사유를 부인한 것은 소송당사자의 재판청구권을 침해하는 것이다. 따라서 이 사건 대법원판결은 법 제75조 제3항에 따라 취소되어야 마땅하다.

(6) 법 제68조 제1항 본문의 위헌여부에 대한 이 사건 심판청구는, 헌법재판소가 이미 헌재 96헌마172, 173(병합) 사건에서 한정위헌결정을 선고함으로써 위헌성이 제거된 부분에 대하여 다시 위헌선언을 구하는 청구로서 부적법하므로, 각하되어야 한다.

[요약판례 5] 종교집회행사참여금지 위헌확인: 취하(헌재 2005.3.31. 2004헌마911)
기망에 의한 헌법소원심판청구의 취하를 취소할 수 있는지 여부(소극)

헌법소원심판청구의 취하는 청구인이 제기한 심판청구를 철회하여 심판절차의 계속을 소멸시키는 청구인의 **헌법재판소에 대한 소송행위이고 소송행위는 일반 사법상의 행위와는 달리 내심의 의사보다 그 표시를 기준으로 하여 그 효력 유무를 판정할 수밖에 없는 것인바, 청구인의 주장대로 청구인이 피청구인의 기망에 의하여 이 사건 헌법소원심판청구를 취하하였다고 가정하더라도 이를 무효라 할 수도 없고, 청구인이 이를 임의로 취소할 수도 없다.**

2. 심판청구각하결정

[요약판례] 상속세법시행령 부칙 제2항 위헌확인 등: 각하(헌재 2001.6.28. 98헌마485)

이미 심판을 거친 동일한 사건에 대하여 다시 헌법소원심판을 청구할 수 있는지 여부(소극)

헌법소원심판청구가 부적법하다고 하여 헌법재판소가 각하결정을 하였을 경우에는, 그 각하결정에서 판시한 요건의 흠결을 보정할 수 있는 때에 한하여 그 요건의 흠결을 보정하여 다시 심판청구를 하는 것은 모르되, 그러한 요건의 흠결을 보완하지 아니한 채로 동일한 내용의 심판청구를 되풀이하는 것은 허용될 수 없고, 헌법재판소는 이미 심판(審判)을 거친 동일한 사건에 대하여는 다시 심판할 수 없으므로, 헌법재판소의 결정에 대하여는 원칙적으로 불복신청이 허용되지 아니한다. 그런데 이 사건과 동일한 청구인들이 동일한 내용으로 1996. 4. 22. 우리 헌법재판소에 바로 이 사건 시행령 조항인 구 상속세법시행령(1990. 5. 1. 대통령령 제12993호로 개정된 것) 부칙 제2항의 위헌확인을 구하는 헌법소원심판을 청구하였고, 헌법재판소는 이에 대하여 1998. 5. 28. 직접성 요건 결여를 이유로 부적법 각하하는 결정을 하였으며 그 결정에서 판시한 요건의 흠결은 보정할 수 있는 것이 아니었다. 그렇다면 이 사건 심판청구는 결국 이미 심판을 거친 동일한 사건에 대하여 다시 심판청구한 것으로 부적법하다고 아니할 수 없다.

3. 심판회부결정

4. 청구기각결정

5. 인용결정

6. 법률의 위헌여부결정

Ⅸ 인용결정의 효력

1. 기 속 력

[요약판례] 불기소처분취소: 인용(취소)(헌재 1993.11.25. 93헌마113)

(1) 헌법소원인용결정의 기속력

(2) 헌법재판소의 불기소처분취소결정에 따라 수사를 재기하였다가 다시 불기소처분을 한 사안에 대하여 헌법소원인용결정의 기속력을 간과하였다 하여 그 불기소처분을 재차 취소한 사례

(1) **헌법재판소법 제75조 제1항이 헌법소원의 피청구인에게 가지는 뜻은 헌법소원의 인용결정이 있으면 피청구인은 모름지기 그 인용결정의 취지에 맞도록 공권력을 행사하여야 한다는 데 있다.**

(2) 헌법재판소가 검사의 불기소처분에 대하여 객관적으로 유지될 수 없는 자의적인 증거판단으로 명백히 사안의 진상에 상응치 아니한 판단을 한 것이라는 이유로 이를 취소하는 결정을 한 때에는 **재기수사하는 검사로서는 헌법재판소가 그 취소결정에서 검사의 수사상의 잘못에 관하여 설시한 제반판단을 존중하여 그 취지에 맞도록 성실히 수사하여 결정을 하여야** 하는데도, **헌법재판소법 제75조 제1항에서 명시된 헌법소원인용결정의 기속력을 간과하고 거듭 자의적인 증거판단을 하거나, 마땅히 조사하였어야 할 중요한 사항을 조사하지 아니한 무성의하고 자의적인 수사를 하여 다시 불기소처분을 한 것은, 불기소처분취소결정에 따라 재기된 피의사건에 대하여 차별 없이 성실한 수사를 요구할 수 있는 청구인의 평등권과 재판절차진술권을 침해한 것**이다.

2. 재처분의무

3. 재판에 대한 재심청구

[요약판례] 헌법재판소법 제75조 제7항 위헌소원: 합헌(헌재 2000.6.29. 99헌바66등)

심판대상법조항이 청구인의 재판청구권, 평등권, 재산권 및 행복추구권을 침해하여 위헌인지 여부(소극)

재심은 확정판결에 대한 특별한 불복방법이고, **확정판결에 대한 법적 안정성의 요청**은 미확정판결에 대한 그것보다 훨씬 크다고 할 것이므로 **재심을 청구할 권리가 헌법 제27조에서 규정한 재판을 받을 권리에 당연히 포함된다고 할 수 없고**, 심판대상법조항에 의한 재심청구의 혜택은 일정한 적법요건하에 헌법재판소법 제68조 제2항에 의한 헌법소원을 청구하여 인용된 자에게는 누구에게나 일반적으로 인정되는 것이고, **헌법소원청구의 기회가 규범적으로 균등하게 보장되어 있기 때문에, 심판대상법조항이 헌법재판소법 제68조 제2항에 의한 헌법소원을 청구하여 인용결정을 받지 않은 사람에게는 재심의 기회를 부여하지 않는다고 하여 청구인의 재판청구권이나 평등권, 재산권과 행복추구권을 침해하였다고는 볼 수 없다.**

X 헌법소원심판의 비용과 공탁금의 국고귀속

1. 비 용

2. 공탁금의 국고귀속

3. 가 처 분

[요약판례] 사법시험령 제4조 제3항 효력정지 가처분신청: 인용(헌재 2000.12.8. 2000헌사471)

(1) 헌법재판소법 제68조 제1항 헌법소원심판에서 가처분이 허용되는지 여부(적극)

(2) 헌법재판소법 제68조 제1항 헌법소원심판의 가처분 요건

(3) 헌법재판소법 제68조 제1항 헌법소원심판에서 가처분신청을 인용한 사례

(1) **헌법재판소법은 명문의 규정을 두고 있지는 않으나**, 같은 법 **제68조 제1항 헌법소원심판절차에서도 가처분의 필요성이 있을 수 있고 또 이를 허용하지 아니할 상당한 이유를 찾아볼 수 없으므로, 가처분이 허용된다.**

(2) 위 가처분의 요건은 헌법소원심판에서 다투어지는 **'공권력 행사 또는 불행사'의 현상을 그대로 유지시킴으로 인하여 생길 회복하기 어려운 손해를 예방할 필요가 있어야** 한다는 것과 **그 효력을 정지시켜야 할 긴급한 필요가 있어야** 한다는 것 등이 된다. 따라서 본안심판이 부적법하거나 이유없음이 명백하지 않는 한, **위와 같은 가처분의 요건을 갖춘 것으로 인정되면, 가처분을 인용한 뒤 종국결정에서 청구가 기각되었을 때 발생하게 될 불이익과 가처분을 기각한 뒤 청구가 인용되었을 때 발생하게 될 불이익을 비교형량하여 후자가 전자보다 큰 경우에, 가처분을 인용할 수 있다.**

(3) **사법시험령 제4조 제3항이 효력을 유지하면, 신청인들은 곧 실시될 차회 사법시험에 응시할 수 없어 합격기회를 봉쇄당하는 돌이킬 수 없는 손해를 입게 되어 이를 정지시켜야 할 긴급한 필요가 인정되는 반면 효력정지로 인한 불이익은 별다른 것이 없으므로, 이 사건 가처분신청은 허용함이 상당하다.**

제 4 절 권한쟁의심판

Ⅰ 의 의

1. 의 의
2. 종 류
3. 헌법재판소의 권한쟁의심판권과 법원의 행정재판권

Ⅱ 권한쟁의심판의 청구

1. 청구권자

(1) 청구권자의 범위

> **[요약판례 1] 국회의원과 국회의장간의 권한쟁의: 인용(권한침해),기각**(헌재 1997.7.16. 96헌라2)
>
> 국회의원과 국회의장이 권한쟁의심판의 당사자가 될 수 있는지 여부(적극)

(1) **헌법재판소법 제62조 제1항 제1호**가 국가기관 상호간의 권한쟁의심판을 "국회, 정부, 법원 및 중앙선거관리위원회 상호간의 권한쟁의심판"이라고 규정하고 있더라도 **이는 한정적, 열거적인 조항이 아니라 예시적인 조항**이라고 해석하는 것이 헌법에 합치되므로 이들 기관외에는 권한쟁의심판의 당사자가 될 수 없다고 단정할 수 없다.

(2) **헌법 제111조 제1항 제4호** 소정의 "**국가기관**"에 해당하는지 여부는 그 국가기관이 **헌법에 의하여 설치**되고 **헌법과 법률에 의하여 독자적인 권한**을 부여받고 있는지, 헌법에 의하여 설치된 국가기관 상호간의 **권한쟁의를 해결할 수 있는 적당한 기관이나 방법이 있는지** 등을 종합적으로 고려하여야 할 것인바, 이러한 의미에서 **국회의원과 국회의장은** 위 헌법조항 소정의 "**국가기관"에 해당하므로 권한쟁의심판의 당사자가 될 수 있다**.

(3) 우리 재판소가 종전에 이와 견해를 달리하여 국회의원은 권한쟁의심판의 청구인이 될 수 없다고 한 의견은 이를 변경한다.

(재판관 황도연, 재판관 정경식, 재판관 신창언의 반대의견) 우리 재판소는 종전에 관여재판관 전원의 일치된 의견으로 국회의원이나 교섭단체는 권한쟁의심판의 청구인이 될 수 없다고 한 바 있는데, 그간 위 결정을 변경하여야 할 특별한 사정변경이 있었다고 볼 수도 없고, 이 사건 권한쟁의심판청구에 위 결정과는 다른 법리가 적용되어야 할 사유가 있다고 보기도 어려우므로 위 결정은 그대로 유지되어야 한다.

> **[요약판례 2] 국회의원과 대통령 등 간의 권한쟁의: 각하**(헌재 2008.1.17. 2005헌라10)
>
> 국회의원의 심의·표결 권한이 국회의장이나 다른 국회의원이 아닌 국회 외부의 국가기관에 의하여 침해될 수 있는지 여부(소극)

국회의 동의권이 침해되었다고 하여 동시에 국회의원의 심의·표결권이 침해된다고 할 수 없고, 또 **국회의원의 심의·표결권은 국회의 대내적인 관계에서 행사되고 침해될 수 있을 뿐** 다른 국가기관과의 대외적인 관계에서는 침해될 수 없는 것이므로, **국회의원들 상호간 또는 국회의원과 국회의장 사이와 같이 국회 내부적으로만 직접적인 법적 연관성을 발생시킬 수 있을 뿐**이고 대통령 등 국회 이외의 국가기관과 사이에서는 권한침해의 직접적인 법적 효과를 발생시키지 아니한다. 그렇다면 **정부가 국회의 동의 없이 예산 외에 국가의 부담이 될 계약을 체결하였다 하더라도**

국회의 동의권이 침해될 수는 있어도 **국회의원인 청구인들 자신의 심의·표결권이 침해될 가능성은 없다.**

[요약판례 3] 경상남도 등과 정부간의 권한쟁의: 각하(헌재 2008.3.27. 2006헌라1)

지정항만이면서 무역항인 부산항의 일부 항만구역에 건설된 신항만의 명칭결정과 관련하여 부산지방해양수산청장이 권한쟁의심판청구의 당사자로서 능력과 적격을 갖추고 있는지 여부(소극)

부산지방해양수산청장은 해양수산부장관의 명을 받아 소관사무를 통할하고 소속공무원을 지휘·감독하는 자로서 지방에서의 해양수산부장관의 일부 사무를 관장할 뿐, 항만에 관한 독자적인 권한을 가지고 있지 못하므로 항만구역의 명칭결정에 관한 이 사건 **권한쟁의심판의 당사자가 될 수 없다.** 또한 부산지방해양수산청장 명의의 '부산항만시설운영세칙 제2조 제5호(부산지방해양수산청 고시 제2005호-146호)' (이하 '이 사건 고시'라 한다)는 해양수산부장관이 중앙항만정책심의회의 심의를 거쳐 결정한 사항을 구 항만법 제71조의 위임에 따라 외부에 알린 것에 불과하므로 피청구인 부산지방해양수산청장은 이 사건 명칭결정에 관하여 아무런 권한이 없을 뿐 아니라 그 과정에서 어떠한 권한을 행사한 바도 없으므로 이 사건 권한쟁의심판사건에서 피청구인으로서의 적격도 갖추지 못하였다고 할 것이다.

[요약판례 4] 국회의원과 국회의장간의 권한쟁의: 인용(권한침해),기각(헌재 2011.8.30. 2009헌라7)

국회부의장이 권한쟁의심판의 당사자가 될 수 있는지 여부(소극)

(1) 권한쟁의심판에 있어서는 **처분 또는 부작위를 야기하여 법적인 책임을 지는 기관만이 피청구인 적격**을 가지므로 권한쟁의심판은 이들 기관을 상대로 제기하여야 한다.

(2) **국회부의장은 국회의장의 직무를 대리하여 법률안 가결 선포행위를 할 수 있을 뿐, 법률안 가결 선포행위에 따른 법적 책임을 지는 주체가 될 수 없으므로 피청구인 적격을 갖지 않는다.** 헌법 제48조에 따라 국회에서 선출되는 헌법상의 국가기관으로서 헌법과 법률에 의하여 국회를 대표하고 의사를 정리하며, 질서를 유지하고 사무를 감독할 지위에 있으며, 이러한 지위에서 의안의 상정, 가결 선포 등의 권한을 갖는 국회의장만이 피청구인 적격을 갖는다.

(3) 국회의원이 국회의장의 직무를 대리하여 법률안 가결선포행위를 한 국회부의장을 상대로 자신의 법률안 심의 표결권의 침해를 이유로 권한쟁의심판을 청구한 것은 피청구인적격이 인정되지 아니한 자를 상대로 제기한 것으로 부적법하다.

[요약판례 5] 국회의원과 국회의장 등 간의 권한쟁의: 인용(권한침해),기각,각하(헌재 2010.12.28. 2008헌라7)

국회의원과 국회상임위원회 위원장 간의 권한쟁의심판의 성립 여부(적극)

(1) 권한쟁의심판에 있어서는 처분 또는 부작위를 야기한 기관으로서 법적 책임을 지는 기관만이 피청구인적격을 가지므로, 권한쟁의심판청구는 이들 기관을 상대로 제기하여야 한다. 피청구인 **외교통상통일위원회 위원장은 외통위 의사절차의 주재자로서 질서유지권, 의사정리권의 귀속주체**이므로 이 사건 심판청구의 **피청구인적격이 인정**될 것이다.

(2) 우리나라 국회의 의안 심의는 본회의 중심이 아닌 소관 상임위원회 중심으로 이루어지며, 이른바 '**위원회 중심주의**'를 채택하고 있다. 상임위원회는 그 소관에 속하는 의안, 청원 등을 심사하므로, 국회의장이 안건을 위원회에 회부함으로써 상임위원회에 심사권이 부여되는 것이 아니고, **심사권 자체는 법률상 부여된 위원회의 고유한 권한**으로 볼 수 있다(국회법 제36조, 제37조 참조). 따라서 **국회의장에 대한 이 사건 심판청구는 피청구인적격이 없는 자를 상대로 한 청구로서 부적법하다.**

[요약판례 6] 국가인권위원회와 대통령 간의 권한쟁의: 각하(헌재 2010.10.28. 2009헌라6)

법률에 의하여 설치된 국가기관인 청구인에게 권한쟁의심판의 당사자능력이 인정되는지 여부(소극)

(1) 헌법 제111조 제1항 제4호 소정의 "국가기관"에 해당하는지 아닌지를 판별함에 있어서는 그 국가기관이 헌법에 의하여 설치되고 헌법과 법률에 의하여 독자적인 권한을 부여받고 있는지 여부, 헌법에 의하여 설치된 국가기관 상호간의 권한쟁의를 해결할 수 있는 적당한 기관이나 방법이 있는지 여부 등을 종합적으로 고려하여야 할 것이다(헌재 1997. 7. 16. 96헌라2)

(2) **헌법상 국가에게 부여된 임무 또는 의무를 수행하고 그 독립성이 보장된 국가기관이라고 하더라도, 오로지 법률에 설치근거를 둔 국가기관**이라면 국회의 입법행위에 의하여 존폐 및 권한범위가 결정될 수 있으므로, 이러한 국가기관은 '**헌법에 의하여 설치되고 헌법과 법률에 의하여 독자적인 권한을 부여받은 국가기관'이라고 할 수 없다.** 즉 청구인이 수행하는 업무의 헌법적 중요성, 기관의 독립성 등을 고려한다고 하더라도, 국회가 제정한 국가인권위원회법에 의하여 비로소 설립된 청구인은 국회의 위 법률 개정행위에 의하여 존폐 및 권한범위 등이 좌우되므로, 헌법 제111조 제1항 제4호 소정의 헌법에 의하여 설치된 국가기관에 해당한다고 할 수 없다. 결국, **권한쟁의심판의 당사자능력은 헌법에 의하여 설치된 국가기관에 한정하여 인정**하는 것이 타당하므로, **법률에 의하여 설치된 청구인 국가인권위원회에게는 권한쟁의심판의 당사자능력이 인정되지 아니한다.**

(재판관 조대현, 재판관 김종대, 재판관 송두환의 반대의견) 권한쟁의심판에 관한 헌법 및 헌법재판소법의 관련 규정, 권한쟁의심판과 기관소송의 관계 등에 비추어, 비록 법률에 의해 설치된 국가기관이라고 할지라도 그 권한 및 존립의 근거가 헌법에서 유래하여 헌법적 위상을 가진다고 볼 수 있는 독립적 국가기관으로서 달리 권한침해를 다툴 방법이 없는 경우에는 헌법재판소에 의한 권한쟁의심판이 허용된다고 보아야 할 것인바, 청구인은 바로 이 경우에 해당하므로 권한쟁의심판청구의 당사자 능력이 마땅히 인정되어야 한다.

[요약판례 7] 강남구 등과 국회 등 간의 권한쟁의: 기각,각하(헌재 2008.6.26. 2005헌라7)

(1) 국회와 지방자치단체 간의 권한쟁의 성립 여부(적극)

(2) 중앙선거관리위원회 이외에 각급 구시군 선거관리위원회도 권한쟁의심판 당사자능력이 인정되는지 여부(적극)

(1) 헌법재판소법 제62조 제1항 제2호는 국가기관과 지방자치단체간의 권한쟁의심판에 대한 국가기관측 당사자로 '정부'만을 규정하고 있지만, 이 규정의 '정부'는 예시적인 것이므로 대통령이나 행정각부의 장 등과 같은 정부의 부분기관뿐 아니라 국회도 국가기관과 지방자치단체간 권한쟁의심판의 당사자가 될 수 있다(헌재 2003. 10. 30. 2002헌라1, 헌재 2005. 12. 22. 2004헌라3). 따라서 피청구인 국회는 당사자 능력이 인정된다.

(2) 권한쟁의 심판에 있어서 당사자가 될 수 있는 '국가기관'에 해당하는지 여부를 판별함에 있어서는, 그 국가기관이 헌법에 의하여 설치되고 헌법과 법률에 의하여 독자적인 권한을 부여받고 있는지 여부, 헌법에 의하여 설치된 국가기관 상호간의 권한쟁의를 해결할 수 있는 적당한 기관이나 방법이 있는지 여부 등을 종합적으로 고려하여야 할 것이다(헌재 1997. 7. 16. 96헌라2).

(3) 우리 헌법은 중앙선거관리위원회와 각급 선거관리위원회를 통치구조의 당위적인 기구로 전제하고, 각급 선거관리위원회의 조직, 직무범위 기타 필요한 사항을 법률로 정하도록 하고 있는 것이다. 따라서 중앙선거관리위원회 외에 **각급 구·시·군 선거관리위원회도 헌법에 의하여 설치된 기관으로서 헌법과 법률에 의하여 독자적인 권한을 부여받은 기관에 해당**하고, 따라서 피청구인 **강남구선거관리위원회도 당사자 능력이 인정**된다.

[요약판례 8] 경기도 안산시 의회 의원과 의회 의장 간의 권한쟁의: 각하(헌재 2010.4.29. 2009헌라11)

지방자치단체를 구성하는 의결기관 내부에서 그 구성원들인 지방의회 의원과 그 대표자인 지방의회 의장 간의 권한쟁의심판 성립 여부(소극)

(1) 헌법 제111조 제1항 제4호는 지방자치단체 상호간의 권한쟁의에 관한 심판을 헌법재판소가 관장하도록 규정하고 있고, 헌법재판소법 제62조 제1항 제3호는 이를 구체화하여 헌법재판소가 관장하는 지방자치단체 상호간의 권한쟁

의심판의 종류를, ① 특별시·광역시 또는 도 상호간의 권한쟁의심판, ② 시·군 또는 자치구 상호간의 권한쟁의심판, ③ 특별시·광역시 또는 도와 시·군 또는 자치구간의 권한쟁의심판 등으로 규정하고 있으므로, 헌법재판소가 담당하는 지방자치단체 상호간의 권한쟁의심판의 종류는 헌법 및 법률에 의하여 명확하게 규정되어 있다. 또한 헌법 및 헌법재판소법은 명시적으로 지방자치단체 '상호간'의 권한쟁의에 관한 심판을 헌법재판소가 관장하는 것으로 규정하고 있는바, 위 규정의 '상호간'은 '서로 상이한 권리주체간'을 의미한다고 할 것이다. 따라서 **지방자치단체의 의결기관인 지방의회를 구성하는 지방의회 의원과 그 지방의회의 대표자인 지방의회 의장간의 권한쟁의심판은 헌법 및 헌법재판소법에 의하여 헌법재판소가 관장하는 지방자치단체 상호간의 권한쟁의심판의 범위에 속한다고 볼 수 없다.**

(2) 헌법은 '국가기관'과는 달리 '지방자치단체'의 경우에는 그 종류를 법률로 정하도록 규정하고 있고(제117조 제2항), 지방자치법은 위와 같은 헌법의 위임에 따라 지방자치단체의 종류를 특별시, 광역시, 도, 특별자치도와 시, 군, 구로 정하고 있으며 헌법재판소법은 지방자치법이 규정하고 있는 지방자치단체의 종류를 감안하여 권한쟁의심판의 종류를 정하고 있으므로, 지방자치단체 상호간의 권한쟁의심판을 규정하고 있는 헌법재판소법 제62조 제1항 제3호의 경우에는 이를 예시적으로 해석할 필요성 및 법적 근거가 없다.

[요약판례 9] 경상남도와 정부 간의 권한쟁의: 각하(헌재 2011.8.30. 2011헌라1)

(1) 헌법재판소법 제61조 제1항은 "국가기관 상호간, 국가기관과 지방자치단체 간 및 지방자치단체 상호간에 권한의 존부 또는 범위에 관하여 다툼이 있을 때에는 당해 국가기관 또는 지방자치단체는 헌법재판소에 권한쟁의심판을 청구할 수 있다"고 규정하고, 같은 조 제2항은 "제1항의 심판청구는 피청구인의 처분 또는 부작위가 헌법 또는 법률에 의하여 부여받은 청구인의 권한을 침해하였거나 침해할 현저한 위험이 있는 경우에만 할 수 있다"고 규정하고 있다. 따라서 청구인과 피청구인 상호간에 헌법 또는 법률에 의하여 부여받은 권한의 존부 또는 범위에 관하여 다툼이 있는 경우가 아니거나, 피청구인의 처분 또는 부작위가 헌법 또는 법률에 의하여 부여받은 청구인의 권한을 침해할 가능성이 없는 경우에 제기된 권한쟁의심판청구는 부적법하다(헌재 1998. 6. 25. 94헌라1; 헌재 2004. 9. 23. 2000헌라2; 헌재 2010. 12. 28. 2009헌라2).

(2) 권한의 존부와 범위에 관한 다툼을 대상으로 하는 권한쟁의심판에서의 '**권한**'이란 주관적 권리의무가 아니라 국가나 지방자치단체 등 공법인 또는 그 기관이 **헌법 또는 법률에 의하여 부여되어 법적으로 유효한 행위를 할 수 있는 능력 또는 그 범위**를 말한다. '**국가하천의 유지·보수**'는 사무수행의 편의와 능률 그리고 지방자치단체가 담당하는 업무와의 연관성을 고려해 국가가 지방자치단체의 장에게 위임한 **기관위임사무에 불과**하여 기본적으로 '**국가사무**'일 뿐 지방자치단체인 청구인의 권한이라고 할 수 없다. 그러므로 이와 같이 **헌법과 법률에 의하여 지방자치단체에게 부여된 권한이 아닌 것**을 자신의 권한인 자치사무라고 주장하면서 제기한 권한쟁의심판청구는 '청구인의 권한'이 침해될 개연성이 전혀 없어 부적법하다.

[요약판례 10] 서울특별시 은평구와 기획재정부장관 간의 권한쟁의: 각하(헌재 2010.12.28. 2009헌라2)

지방자치단체인 청구인이 기관위임사무를 수행하면서 지출한 경비에 대하여 기획재정부장관인 피청구인에게 예산배정요청을 하였으나 피청구인이 이를 거부한 경우 위 거부처분에 대한 권한쟁의심판청구의 적법여부(소극)

국유지에 대한 관리권한이 수임관청인 청구인에게 있음은 법률상 명백하다. 그리고 이 사건 분쟁의 본질은, 국유지를 관리하면서 발생한 비용의 최종 부담자가 직접 관리행위를 한 청구인인지 아니면 그 권한을 위임한 피청구인인지의 문제인데, 이와 같은 문제는 주관적인 권리·의무에 관한 다툼, 즉 관리비용 부담을 둘러싼 청구인과 피청구인 사이의 단순한 채권채무관계에 관한 다툼에 불과하다. 따라서 이 사건 심판청구는 이 사건 토지에 대한 관리권한이나 자치재정권 등 권한 존부 또는 범위에 관한 다툼이라고 할 수 없다. 또한, 기관위임사무에 관한 경비는 이를 위임한 국가가 부담하고, 그 소요되는 경비 전부를 당해 지방자치단체에 교부하여야 하므로(지방재정법 제21조 제2항, 지방자치법 제141조 단서), 청구인이 자신의 비용으로 기관위임사무인 이 사건 공사를 하였다면, 국가는 청구인에게 그 비용 상당의 교부금을 지급할 의무가 있고, 청구인은 공법상의 비용상환청구소송 등 소정의 권리구제절차를 통하여 국가로부터 이를 보전받을 수 있으므로 청구인이 그 비용을 최종적으로 부담하게 되는 것도 아니다. 따라서 이 사건 거부처분으로 말미암아 청구인의 자치재정권 등 헌법 또는 법률이 부여한 청구인의 권한이 침해될 가능성도 인정되지 아니한다. 결국, 이 사건 권한쟁의심판청구는 권한쟁의심판을 청구할 수 있는 요건을 갖추지 못한 것으로 부적법하다.

[요약판례 11] 경기도와 국회 등 간의 권한쟁의: 각하(헌재 2012.7.26. 2010헌라3)

피청구인 교육과학기술부장관의 '2011학년도 대학 및 산업대학 학생정원 조정계획'이 청구인 경기도의 권한을 침해하는지 여부(소극)

고등교육법 및 같은 법 시행령, 사립학교법, 지방자치법의 관련 규정을 종합하면, 청구인의 학교 설치, 운영 및 지도에 관한 사무는 지역적 특성에 따라 달리 다루어야 할 필요성이 있는 사무로서 유아원부터 고등학교 및 이에 준하는 학교에 관한 사무에 한하여 이를 자치사무로 보아야 할 것이고, 대학의 설립 및 대학생정원 증원 등 운영에 관한 사무는 국가적 이익에 관한 것으로서 전국적인 통일을 기할 필요성이 있는 국가사무로 보아야 할 것이다. 따라서 국가사무인 사립대학의 신설이나 학생정원 증원에 관한 이 사건 수도권 사립대학 정원규제는 청구인의 권한을 침해하거나 침해할 현저한 위험이 있다고 할 수 없으므로, 이 사건 심판청구는 부적법하다.

I 성남시와 경기도간의 권한쟁의: 인용(무효확인),인용(권한침해),각하(헌재 1999.7.22. 98헌라4)

쟁점 인용재결에 포함되지 아니한 부분에 대한 경기도지사의 직접처분이 청구인의 권한을 침해하여 무효인지 여부

사건의 개요

청구외 갑은 서현근린공원 내에 골프연습장을 설치·관리하기 위한 도시계획사업시행자지정신청 및 실시계획인가신청(이하 "지정·인가신청"이라 한다)을 하였으나 성남시장은 이를 반려하였다. 갑은 행정심판을 신청하여 경기도지사로부터 인용재결(인용재결의 주문에 포함된 것은 골프연습장에 관한 것뿐이고, 이 사건 공원구역외 진입도로에 관한 판단은 포함되어 있지 않았다)을 받았다. 인용재결이 있었음에도 불구하고 성남시장이 도시계획사업시행자지정처분 및 실시계획인가처분을 하지 아니하자, 갑은 1997. 3. 5. 행정심판법 제37조 제2항에 의한 인용재결의 이행신청을 하였다. 재결청인 피청구인은 성남시장에게 1997. 4. 3. 및 5. 22. 두 차례에 걸쳐 시정명령을 하였으나 이에 응하지 아니하였다. 이에 경기도지사는 골프연습장, 공원구역내의 진입도로, 공원구역외의 이 사건 진입도로의 세 부분에 대하여 직접처분을 하기로 하고 도시계획시설결정 및 변경절차를 거친 다음 골프연습장, 공원구역내의 진입도로, 공원구역외의 이 사건 진입도로에 관한 도시계획사업시행자지정처분 및 실시계획인가처분을 하였다. 이에 성남시장은 경기도지사의 직접처분 중 공원구역외의 이 사건 진입도로에 관한 도시계획사업시행자지정처분 및 실시계획인가처분이 청구인의 권한을 침해하였다고 주장하면서 그 권한침해의 확인과 위 처분들의 무효확인을 구하는 이 사건 권한쟁의심판을 청구하였다.

심판의 대상

피청구인이 1998. 4. 16. 경기도고시 제1998-142호로 행한 성남도시계획시설(서현근린공원내 골프연습장·도시계획도로)에 대한 도시계획사업시행자지정처분 및 실시계획인가처분(이하 "지정·인가처분"이라 한다) 중,

공원구역외의 이 사건 진입도로에 대한 부분과 그 선행절차로서 행한 도시계획입안이 청구인의 권한을 침해하였는지 여부와 그로 인하여 위 처분들 및 입안행위가 무효인지의 여부

주 문

1. 피청구인이 1998. 4. 16. 경기도고시 제1998-142호로 행한 성남도시계획시설(서현근린공원내 골프연습장·도시계획도로)에 대한 도시계획사업시행자지정 및 실시계획인가처분 중, 동 **공원구역외의 도시계획도로**(등급 : 소로, 류별 : 3, 번호 : 200, 폭원 : 6m, 기능 : 골프연습장 진입도로, 연장 : 21m, 면적 : 149㎡, 기점 및 종점 : 성남시 분당구 이매동 128의 11 일원)**에 대한** 도시계획사업시행자지정**처분은** 도시계획법 제23조 제5항에 의한 **청구인의 권한을 침해한 것이다**.

2. 피청구인의 위 처분은 무효임을 확인한다.

3. 청구인의 나머지 청구를 각하한다.

판 단

Ⅰ. 적법요건에 대한 판단

1. 청구기간을 도과한 청구 부분 – 도시계획입안

권한쟁의의 심판은 그 사유가 있음을 안 날로부터 60일 이내에, 그 사유가 있은 날로부터 180일 이내에 청구하여야 한다(헌법재판소법 제63조 제1항).

청구인은 1998. 11. 2. 심판청구서 정정신청서에서 이 사건 진입도로에 대한 도시계획입안부분의 청구를 추가하였다. 그러나 **변경에 의한 새로운 청구는 정정신청서를 제출한 때 제기한 것으로 보아야 할 것**인데, 위 도시계획입안이 이 사건 진입도로에 관한 도시계획시설(도로, 공공공지)결정 및 변경결정이 있은 1997. 12. 22. 이전에 행해진 것이 명백한 이 사건에 있어서, 그로부터 180일이 지난 뒤에 제기한 위 추가청구부분은 부적법하다고 할 것이다.

2. 권한의 침해를 인정할 수 없는 국가사무(기관위임사무) – 인가처분

도시계획사업실시계획인가사무는 시장·군수에게 위임된 기관위임사무로서 국가사무라고 할 것이므로, 청구인의 이 사건 심판청구 중 인가처분에 대한 부분은 지방자치단체의 권한에 속하지 아니하는 사무에 관한 것으로서 부적법하다고 할 것이다.

3. 적법한 심판의 대상 – 도시계획사업시행자지정처분

이상과 같이 청구인의 이 사건 심판청구 중 도시계획입안에 관한 부분은 청구기간을 도과하였고, 인가처분에 관한 부분은 청구인에게 이에 관하여 헌법 또는 법률에 의하여 부여받은 권한이 존재하지 아니하여 부적법하므로, **이하에서는 도시계획사업시행자지정처분**(이하 "지정처분"이라 한다)**에 관한 부분에 한정**하여 살펴보기로 한다.

Ⅱ. 본안에 대한 판단

1. 권한침해확인청구에 대한 판단

(1) 도시계획법 제23조 제5항은 "제1항 내지 제4항의 규정에 의하여 시행자가 될 수 있는 자 외의 자는 대통령령이 정하는 바에 의하여 관할시장 또는 군수로부터 시행자 지정을 받아 도시계획사업을 시행할 수 있다"고 규정하고 있으므로, 지정처분의 권한이 청구인에게 있음은 명백하다. 피

청구인도 이 점에 관하여는 다투지 않고, 다만 인용재결이 있었음에도 청구인이 이를 이행하지 아니하여 피청구인이 행정심판법 제37조 제2항의 규정에 따라 직접처분을 한 것이라고 주장하고 있고, 청구인은 피청구인이 행한 이 사건 진입도로에 대한 지정처분은 인용재결의 범위를 벗어난 것으로서 청구인의 권한을 침해하였다고 주장하고 있다.

행정심판청구가 인용되더라도 행정청이 재결의 취지에 반하는 태도를 취한다면 청구인의 권리구제를 달성할 수 없으므로, 행정심판법 제37조 제1항은 "재결은 피청구인인 행정청과 그 밖의 관계행청청을 기속한다"고 규정하고, 같은 조 제2항은 "당사자의 신청을 거부하거나 부작위로 방치한 처분의 이행을 명하는 재결이 있는 경우에는 행정청은 지체없이 그 재결의 취지에 따라 다시 이전의 신청에 대한 처분을 하여야 한다. 이 경우 재결청은 당해 행정청이 처분을 하지 아니하는 때에는 당사자의 신청에 따라 기간을 정하여 서면으로 시정을 명하고 그 기간내에 이행하지 아니하는 경우에는 당해 처분을 할 수 있다"고 규정하여 이행재결의 실효성을 확보하고 있는바, 위와 같은 피청구인의 이 사건 진입도로에 관한 지정처분이 인용재결의 취지에 따른 것인지 여부가 문제된다.

(2) 이 사건 기록에 의하여 살펴 보면, 도시계획사업(서현근린공원내골프연습장)시행자지정신청 불허가처분을 취소하고, 지정처분을 이행하라'는 취지이다. 따라서 두 차례의 인용재결 모두 재결의 주문에 포함된 것은 골프연습장에 관한 것뿐이고, 이 사건 진입도로에 관한 판단은 포함되어 있지 아니함이 명백하다.

그렇다면 청구인은 인용재결내용에 포함되어 있지 아니한 이 사건 진입도로에 대한 지정처분을 할 의무는 없으므로, 피청구인이 이 사건 진입도로에 대하여까지 청구인의 불이행을 이유로 지정처분을 한 것은 인용재결의 범위를 넘어 청구인의 권한을 침해한 것이라고 하지 않을 수 없다.

2. 무효확인청구에 대한 판단

이 사건 지정처분의 권한은 청구인에게 있음이 명백하고, 앞에서 본 바와 같이 이 사건 진입도로부분에 대하여는 장○수의 신청이 없었으므로 청구인의 반려 및 거부처분이 있을 수 없으며, 나아가 피청구인의 인용재결이 있을 여지가 없다. 그러함에도 피청구인이 청구인이 인용재결의 취지에 따른 처분을 하지 않았다는 이유로 이 사건 진입도로에 대하여 지정처분을 한 것은 그 처분에 중대하고도 명백한 흠이 있어 무효라고 할 것이다.

3. 결 론

그러므로 피청구인이 행한 이 사건 진입도로에 대한 지정처분은 도시계획법 제23조 제5항에 의한 청구인의 권한을 침해한 것으로서 무효라고 할 것이므로, 그 권한침해 및 무효의 확인을 구하는 심판청구는 이유있어 이를 받아들이고, 청구인의 나머지 청구는 부적법하므로 이를 각하하기로 하여 주문과 같이 결정한다. 이 결정은 재판관 이영모의 별개의견이 있는 외에는 관여재판관 전원의 일치된 의견에 따른 것이다.

재판관 이영모의 별개의견

피청구인의 제1, 2차 재결에 이 사건 진입도로 부분이 포함된 여부에 상관없이 재결청인 피청구인이 행정심판법 제37조 제2항에 의하여 위에서 본 절차를 밟아 이 사건 진입도로를 개설한 직접처분은 위에서 본 도시계획법 및 지방자치법의 조항에 의한 청구인의 권한을 침해하고 있음이 분명하므로 당연무효인 피청구인의 위법한 직접처분에 대한 권한쟁의 심판으로 이의 시정을 구할 수 있는 것이다.

✤ 본 판례에 대한 평가 1. **권한쟁의심판의 결정정족수**(일반정족수): 권한쟁의의 결정은 재판관 7인 이상이 참석하고 참석재판관 과반수의 찬성으로써 한다. 즉 특별정족수가 적용되지 아니 한다. 다만, 종전에 헌법재판소가 판시한 헌법 또는 법률의 해석적용에 관한 의견을 변경하는 경우 재판관 6인 이상의 찬성이 있어야 한다(헌재법 제23조 제2항 제2호).

2. **권한쟁의심판결정의 내용**: 헌법재판소는 심판의 대상이 된 국가기관 또는 지방자치단체의 권한의 존부 또는 범위에 관하여 판단한다. 이 경우 헌법재판소는 권한침해의 원인이 된 피청구인의 처분을 취소하거나 그 무효를 확인할 수 있고, 헌법재판소가 부작위에 대한 심판청구를 인용하는 결정을 한 때에는 피청구인은 결정취지에 따른 처분을 하여야 한다(헌재법 제66조). 결정서에는 심판에 관여한 재판관의 의견이 표시되어야 한다(제36조 제3항). 헌법재판소는 국회의원과 국회의장간의 권한쟁의에서 권한의 침해를 확인하였으나 법률안 가결선포행위가 위헌이나 무효가 아니라고 하였다.

3. **결정의 효력**: 권한쟁의심판의 결정은 모든 국가기관과 지방자치단체를 기속한다. 국가기관 또는 지방자치단체의 처분을 취소하는 결정은 그 처분의 상대방에 대하여 이미 발생한 효력에는 영향을 미치지 아니한다(장래효)(헌재법 제67조). 헌법재판소법 제67조 제2항은 당해 처분의 유효성을 믿은 제3자의 법적 안정성을 보호하기 위하여 처분의 상대방에 대한 관계에서는 헌법재판소의 취소결정의 소급효를 제한하기 위한 것이므로, 법률관계가 청구인·피청구인·제3자라는 관계가 형성된 경우 청구인과 피청구인간의 권한분쟁으로 인하여 선의의 제3자가 피해를 받지 않도록 배려를 한다는 규정이다. 그러므로 당해 처분의 상대방이 곧 청구인인 경우 법 제67조 제2항은 적용되지 않는다고 보아야 한다(소급효 인정).

4. 본 결정에서 피청구인이 행한 두 차례의 인용재결에서 재결의 주문에 포함된 것은 골프연습장에 관한 것뿐으로서, 이 사건 진입도로에 관한 판단은 포함되어 있지 아니함이 명백하고, 재결의 기속력의 객관적 범위는 그 재결의 주문에 포함된 법률적 판단에 한정되는 것이다. **청구인은 인용재결내용에 포함되지 아니한 이 사건 진입도로에 대한 도시계획사업시행자지정처분을 할 의무는 없으므로, 피청구인이 이 사건 진입도로에 대하여까지 청구인의 불이행을 이유로 행정심판법 제37조 제2항에 의하여 도시계획사업시행자지정처분을 한 것**은 인용재결의 범위를 넘어 **청구인의 권한을 침해**한 것으로서, 그 **처분에 중대하고도 명백한 흠이 있어 무효**라고 할 것이다.

관련 문헌: 명재진, “국가기관간의 권한쟁의에 관한 독일의 이론과 판례”, 연세법학연구 제5집 제1권, 1998, 77-101면; 김명규, “국가기관간의 권한쟁의”, 고시계 33권 10호(380호), 1988, 66-76면; 류지태·신봉기, “국가기관과 지방자치단체간의 권한쟁의에 관한 연구”, 헌법재판연구(I) 9권, 1997, 123-396면; 김원주, “국가기관과 지방자치단체간의 권한쟁의에 관한 연구”, 한국행정법학의 어제·오늘·내일: 문연 김원주 교수 정년기념 논문집 1권, 2000, 582-650면; 김남철, “국가와 지방자치단체간의 권한쟁의 -헌재결 1998. 6. 25, 94헌라1을 중심으로-”, 헌법재판연구(I), 박영사, 1999, 303-325면; 김상겸, “권한쟁의에 관한 연구-비교법적 관점에서-”, 아·태공법연구 9집, 2001, 153-184면; 김기진, “기관소송과 권한쟁의의 관계”, 헌법판례연구 6, 박영사, 2004, 297-324면.

Ⅱ 강남구청과 대통령간의 권한쟁의: 기각(헌재 2002.10.31. 2001헌라1)

쟁점 지방공무원수당등에관한규정(이하 '문제조항')이 강남구의 지방자치권한을 침해하는지 여부 등

사건의 개요

피청구인은 대통령령 제17113호로 "시간외근무수당의 지급기준 · 지급방법 등에 관하여 필요한 사항은 행정자치부장관이 정하는 범위 안에서 지방자치단체의 장이 정한다"라는 내용의 지방공무원수당등에관한규정 제15조 제4항을 신설, 제정하였는데 이로 말미암아 청구인은 그 소속 지방공무원들의 시간외근무수당의 지급기준 · 지급방법 등을 정함에 있어서 행정자치부장관이 정하는 범위내에서 이를 하여야 하는 제약을 받게 되었다.

청구인은 헌법 제117조, 제118조 및 지방자치법에 근거하여 설립된 지방자치단체로서 자치입법권, 인적고권 및 재정고권의 헌법상의 지방자치권한을 가지며 지방자치법 제9조 제2항 제1호 마목 및 사목에 의하여 청구인 소속 지방공무원의 수당에 관한 지급기준, 절차, 방법 등을 구체화하는 규칙의 제정 및 시행에 관한 권한과 이에 관련된 예산의 편성 및 집행에 관한 권한을 가지는데, 피청구인이 위와 같은 규정을 제정하여 청구인의 이 권한들을 침해하였다고 청구인은 주장하면서 그 침해의 확인과 위 규정의 무효확인 또는 취소를 구하는 권한쟁의심판을 제기하였다.

심판대상조문

지방공무원수당등에관한규정(2001. 1. 29. 대통령령 제17113호로 신설된 것) 제15조 (시간외근무수당) ①~③ 생략

④ 시간외근무수당의 지급기준 · 지급방법 등에 관하여 필요한 사항은 행정자치부장관이 정하는 범위 안에서 지방자치단체의 장이 정한다.

주 문

청구인의 심판청구를 기각한다.

판 단

Ⅰ. 헌법 제117조 제1항이 보장하는 지방자치권한의 내용과 한계

헌법 제117조 제1항은 "지방자치단체는 주민의 복리에 관한 사무를 처리하고 재산을 관리하며, 법령의 범위안에서 자치에 관한 규정을 제정할 수 있다"고 규정하여 지방자치제도의 보장과 지방자치단체의 자치권을 규정하고 있다. **헌법이 규정하는 이러한 자치권 가운데에는** 자치에 관한 규정을 스스로 제정할 수 있는 **자치입법권**은 물론이고 그밖에 그 **소속 공무원에 대한 인사와 처우**를 스스로 결정하고 **이에 관련된 예산을 스스로 편성하여 집행**하는 권한이 성질상 당연히 포함된다. 다만, 이러한 헌법상의 자치권의 범위는 법령에 의하여 형성되고 제한된다. 헌법도 제117조 제1항에서 법령의 범위안에서 자치에 관한 규정을 제정할 수 있다고 하였고 **제118조 제2항**에서 지방자치단체의 조직과 운영에 관한 사항은 법률로 정한다고 규정하고 있다.

Ⅱ. 헌법 제117조 제1항에서 규정하고 있는 법령의 의미

헌법 제117조 제1항에서 규정하고 있는 '법령'에 법률 이외에 헌법 제75조 및 제95조 등에 의거

한 '대통령령', '총리령' 및 '부령'과 같은 법규명령이 포함되는 것은 물론이지만, 헌법재판소의 "법령의 직접적인 위임에 따라 수임행정기관이 그 법령을 시행하는데 필요한 구체적 사항을 정한 것이면, 그 제정형식은 비록 법규명령이 아닌 고시, 훈령, 예규 등과 같은 행정규칙이더라도, 그것이 상위법령의 위임한계를 벗어나지 아니하는 한, 상위법령과 결합하여 대외적인 구속력을 갖는 법규명령으로서 기능하게 된다고 보아야 한다"고 판시 한 바에 따라, 헌법 제117조 제1항에서 규정하는 '법령'에는 법규명령으로서 기능하는 행정규칙이 포함된다.

Ⅲ. 시간외근무수당의 지급기준 · 지급방법 등에 관하여 필요한 사항은 행정자치부장관이 정하는 범위 안에서 지방자치단체의 장이 정하도록 규정하고 있는 지방공무원수당등에관한규정 제15조 제4항(이하 문제조항이라 한다)이 헌법 제117조 제1항에 위반되는지 여부(소극)

문제조항에서 말하는 '행정자치부장관이 정하는 범위'라는 것은 '법규명령으로 기능하는 행정규칙에 의하여 정하여지는 범위'를 가리키는 것이고 법규명령이 아닌 단순한 행정규칙에 의하여 정하여지는 것은 이에 포함되지 않는다고 해석되므로 문제조항은 헌법 제117조 제1항에 위반되는 것이 아니다.

Ⅳ. 법률에서 위임받은 것을 재위임하는 것의 한계

법률에서 위임받은 사항을 전혀 규정하지 않고 모두 재위임하는 것은 '위임받은 권한을 그대로 다시 위임할 수 없다'는 복위임금지의 법리에 반할 뿐 아니라 수권법의 내용변경을 초래하는 것이 되고, 대통령령 이외의 법규명령의 제정 · 개정절차가 대통령령에 비하여 보다 용이한 점을 고려할 때 하위의 법규명령에 대한 재위임의 경우에도 대통령령에의 위임에 가하여지는 헌법상의 제한이 마땅히 적용되어야 할 것이다. 따라서 법률에서 위임받은 사항을 전혀 규정하지 아니하고 그대로 하위의 법규명령에 재위임하는 것은 허용되지 않으며 위임받은 사항에 관하여 대강(大綱)을 정하고 그 중의 특정사항을 범위를 정하여 하위의 법규명령에 다시 위임하는 경우에만 재위임이 허용된다.

Ⅴ. 문제조항이 재위임의 한계를 일탈한 것인지 여부(소극)

문제조항은 법률에서 위임받은 사항을 전면적으로 재위임한 것이 아니라 위임받은 사항의 대강을 규정한 다음 단지 그 세부사항의 범위만을 재위임한 것이므로 결코 재위임의 한계를 일탈한 것이 아니다.

Ⅵ. 문제조항이 청구인의 헌법상 자치권한을 본질적으로 침해한 것인지 여부(소극)

문제조항은 시간외근무수당의 대강을 스스로 정하면서 단지 그 지급기준 · 지급방법 등의 범위만을 행정자치부장관이 정하도록 하고 있을 뿐이므로 청구인은 그 한계 내에서 자신의 자치입법권을 행사하여 시간외근무수당에 관한 구체적 사항을 자신의 규칙으로 직접 제정하고 이를 위하여 스스로 예산을 편성, 집행하고 또 이를 토대로 하여 관련된 인사문제를 결정할 수 있는 것이다. 또한 행정자치부장관이 정하게 되는 '범위'라는 것이, 지방자치단체장의 구체적인 결정권 행사의 여지를 전혀 남기지 않는 획일적인 기준을 의미하는 것으로 볼 근거는 전혀 없는 것이므로, 문제조항은 그 형식이나 내용면에서 결코 지방자치단체장의 규칙제정권, 인사권, 재정권 등을 부정하는 것이

아니므로 청구인의 헌법상 자치권한을 본질적으로 침해한다고 볼 수 없다.

Ⅶ. 지방자치법 제9조 제2항 제1호 마목 및 사목에서 규정하는 자치권한의 내용과 한계

지방자치법 제9조 제2항 제1호 마목은 청구인에게 소속공무원의 인사・후생복지 및 교육에 관한 자치사무를 처리할 수 있는 권한을 부여하고 있고 여기의 '인사・후생복지'에는 보수와 수당의 지급이 포함된다고 볼 수 있다. 따라서 청구인은 지방자치법 제9조 제2항 제1호 마목에 근거하여 청구인 소속 지방공무원의 수당에 관한 지급기준, 금액, 절차, 방법 등을 구체화하는 규칙의 제정 및 시행에 관한 권한을 가진다. 또한 지방자치법 제9조 제2항 제1호 사목은 청구인에게 자치사무에 관한 예산의 편성・집행 권한을 부여하고 있으므로 청구인은 위 법조항에 근거하여 그 소속 공무원의 수당에 관한 예산의 편성 및 집행권한을 가진다. **이러한 청구인의 권한들은 "지방자치단체는 법령의 범위 안에서 자치에 관한 규정을 제정할 수 있다"고 한 헌법 제117조 제1항에 따라 그 내용과 범위가 법령에 의하여 확정**된다.

Ⅷ. 문제조항이 청구인의 위 지방자치법상 자치권한을 침해한 것인지 여부(소극)

헌법 제117조 제1항은 "지방자치단체는 법령의 범위 안에서 자치에 관한 규정을 제정할 수 있다"고 하여 법령의 규정이 지방자치단체의 자치입법권에 우선하고 있음을 명시하고 있거니와 여기서 말하는 '법령' 가운데에는 법규명령으로서 기능하는 행정규칙이 포함되는 것이므로 문제조항이 법규명령으로 기능하는 행정규칙에 의하여 청구인의 법률상의 권한을 제한하도록 한 것이라면, 그 제한이 지방자치의 본질을 침해하는 것이 아닌 한, 이는 청구인의 권한을 침해하는 것이 아니다. 그리고 **문제조항에서 말하는 '행정자치부장관이 정하는 범위'라는 것은 '법규명령으로 기능하는 행정규칙에 의하여 정하여지는 범위'를 가리키는 것이고 법규명령이 아닌 단순한 행정규칙에 의하여 정하여지는 것은 이에 포함되지 않는다**고 해석되므로 **문제조항은 법규명령에 의한 자치권의 제한 이상을 의미하는 것이 아니므로, 청구인의 법률상 권한을 침해하는 것이 아니다.**

판례 평석: 최갑선, "강남구청과 대통령간의 권한쟁의-지방자치단체의 헌법상 및 법률상 자치권한의 내용과 한계", 헌법재판소결정해설집 2002, 2003, 489-516면; 이광윤, "지방자치권에 대한 헌법상의 보장 - 강남구청과 대통령간의 권한쟁의(2002. 10. 31. 2001헌라1) -", 헌법실무연구 5권, 2004, 332-343면; 신봉기, "강남구청과 대통령간의 권한쟁의", 법률신문 3172호, 2003, 15면.

최갑선, "강남구청과 대통령간의 권한쟁의-지방자치단체의 헌법상 및 법률상 자치권한의 내용과 한계", 헌법재판소결정해설집 2002, 2003, 489-516면: "이 결정은 대통령이 지방공무원의 수당 중에서 시간외근무수당의 지급기준, 지급방법 등을 구체적으로 정한 것이 지방자치단체의 헌법상 및 법률상의 자치 권한을 침해하지 않는다는 판단을 내린 것이다. 이 결정은 지방자치제도가 실시된 이후 **지방자치단체가 인사권한이나 예산편성집행권한 등을 행사함에 있어서 중앙정부와의 관계에서 과연 어느 정도의 자율성을 가지고 있는지를 확인**한 데에 그 의의가 있다고 할 것이다. 지방자치단체는 지방공무원의 보수 및 수당 등을 지급함에 있어서 중앙정부가 정한 법령 및 지침의 범위를 넘어설 수가 없으므로 이 영역에서는 자율적인 형성권한이 계속해서 제한당할 수밖에 없을 것이다."

Ⅲ 당진군과 평택시간의 권한쟁의: 인용(권한확인),각하(헌재 2004.9.23. 2000헌라2)

쟁점 기관위임사무를 집행하는 국가기관 또는 다른 지방자치단체의 장을 상대로 권한쟁의심판청구를 할 수 있는지 여부 및 장래처분에 대한 심판청구가 적법한지 여부

사건의 개요

당진군과 평택시의 경계 지역에 위치한 제방(이하 '이 사건 제방'이라 한다)에 대한 자치권이 문제된 사건이다.

청구인은 ① 이 사건 제방에 대한 자치권이 청구인에게 속하고, ② 피청구인 평택시장이 이 사건 제방에 대한 토지대장 등록을 말소하지 아니하고 있는 부작위는 위법임을 확인해 달라는 청구취지로, 헌법재판소에 권한쟁의심판청구를 하였다.

그 후 청구인은 ① 이 사건 제방은 청구인의 관할구역에 속하고, ② 청구인이 이 사건 제방에 대한 피청구인 평택시장의 토지대장 등록을 말소할 것을 요구한 것에 대해 피청구인 평택시장이 거부한 처분을 취소해 달라는 청구를 추가하였다.

그 후 청구인은 2002. 6. 21. 평택시를 새로운 피청구인으로 지정하고, ① 피청구인 평택시의 이 사건 제방에 대한 장래처분이 청구인의 자치권한을 침해할 위험성이 있으므로, ② 이 사건 제방에 대한 자치권한이 청구인에게 속한다는 것을 확인해 달라는 청구취지를 추가하였다.

심판의 대상

청구인의 권한쟁의심판청구서(2000. 9. 7.)에서의 청구, 청구취지변경서(2001. 6. 2.)에서의 청구, 그리고 피청구인 및 청구취지 변경신청서(2002. 6. 21.)에서의 청구를 종합하여 이 사건의 심판대상을 다음과 같이 특정한다.

(1) 피청구인 평택시장의 부작위에 대한 심판청구

이 심판청구의 심판대상은 ① 별지도면 표시 "가, 나, 다, 라, 마, 바, 사, 아, 자, 차, 카, 타, 가" 각 점을 순차적으로 연결한 선내 부분에 해당하는 면적 32,834.8㎡의 제방(이하 '이 사건 제방'이라 한다)에 대한 자치권한이 청구인에게 속하는지 여부와, ② 피청구인 평택시장이 이 사건 제방을 자신의 토지대장에 등록한 것을 말소하지 아니한 부작위가 청구인의 위 자치권한을 침해한 것인지 여부이다.

(2) 피청구인 평택시장의 거부행위(처분)에 대한 심판청구

이 심판청구의 심판대상은 ① 이 사건 제방에 대한 자치권한이 청구인에게 속하는지 여부와, ② 피청구인 평택시장이 이 사건 제방을 자신의 토지대장에 등록한 것을 청구인이 말소해달라고 요구하였으나 피청구인이 이를 거부한 행위(처분)가 청구인의 위 자치권한을 침해한 것인지 여부이다.

(3) 피청구인 평택시의 장래처분에 대한 심판청구

이 심판청구의 심판대상은 ① 이 사건 제방에 대한 자치권한이 청구인에게 속하는지 여부와, ② 피청구인 평택시가 이 사건 제방에 대해서 행사할 장래처분이 청구인의 위 자치권한을 침해할 위험성이 있는지 여부이다.

주 문

1. 청구인의 피청구인 평택시장에 대한 심판청구를 각하한다.

2. 별지도면 표시 "가, 나, 다, 라, 마, 바, 사, 아, 자, 차, 카, 타, 가" 각 점을 순차적으로 연결한 선내 부분에 해당하는 면적 32,834.8㎡의 제방에 대한 관할권한은 청구인에게 있음을 확인한다.

판 단

Ⅰ. 심판청구의 적법성

1. 평택시장에 대한 청구의 적법성 – 부적법

(1) 기관위임사무에 대한 심판청구

지방자치법 제9조 제1항은 "지방자치단체는 그 관할구역의 자치사무와 법령에 의하여 지방자치단체에 속하는 사무를 처리한다"고 규정하였다. 즉, 지방자치단체의 사무는 자치사무(고유사무)와 법령에 의하여 그 단체에 소속된 위임사무이다. 위임사무에는 단체위임사무와 기관위임사무가 있는바, 기관위임사무란 국가 등이 지방자치단체의 장 기타의 기관에 대하여 위임한 사무이다. 기관위임사무는 국가의 사무가 지방자치단체의 장 등에게 위임된 것이므로 그 처리의 효과가 국가에 귀속되는 국가의 사무이다. 지방자치단체의 장 기타의 기관은 기관위임사무를 처리하는 범위 안에서는 지방자치단체의 기관이 아니고, 그 사무를 위임한 국가 등의 기관의 지위에 서게 된다. 지방자치단체의 장은 기관위임사무의 집행권한과 관련된 범위에서는 그 사무를 위임한 국가기관의 지위에 서게 될 뿐 지방자치단체의 기관이 아니다. 따라서 **지방자치단체는 기관위임사무의 집행에 관한 권한의 존부 및 범위에 관한 권한 분쟁을 이유로 기관위임사무를 집행하는 국가기관 또는 다른 지방자치단체의 장을 상대로 권한쟁의심판청구를 할 수 없다**.

(2) 토지대장등록 관련사무의 성격 — 기관위임사무

지적법 제3조 제1항, 제2조 제2호, 제3조 제2항, 제8조 제1항 등을 종합하여 보면 지적공부에의 등록과 관련된 국가사무가 법률 그 자체에 의해서 시장·군수에게 지정되어 있으므로, **지적공부의 등록·비치·보관·보존 등 등록관련의 집행행위는 기관위임사무에 속하고, 지적공부의 등록사무를 관장하는 소관청인 시장·군수는 그 권한과 관련하여서는 국가기관으로서의 지위를 갖는다고 할 것**이다.

(3) 권한 "침해"여부

결국 지방자치단체인 청구인 당진군이 국가사무인 지적공부의 등록사무에 관한 권한의 존부 및 범위에 관하여 다투고 있는 청구인의 **피청구인 평택시장에 대한 심판청구는 지방자치단체인 청구인의 권한에 속하지 아니하는 사무에 관한 권한쟁의심판청구**라고 할 것이고, 따라서 청구인이 헌법 또는 법률에 의하여 부여받은 권한을 침해받은 경우라고 할 수 없다.

(4) 지방자치권에 대한 "침해가능성"여부

이 사건 제방과 관련하여 청구인과 피청구인 평택시장 상호간에는 피청구인 평택시장이 국가기관의 지위에서 집행한 토지대장등록 등의 사무처리의 적부를 둘러싼 분쟁이 존재할 뿐 그 토지에 대한 지방자치권 자체에 관한 분쟁은 존재한다고 보기 어렵다. 왜냐하면 토지대장등록사무 등 기관위임사무를 집행하는 국가기관으로서의 피청구인 평택시장은 해당토지의 등록사무를 담당할 뿐 지방자치단체인 청구인 및 피청구인 평택시와 같이 자치권한을 행사하거나 다른 지방자치단체의 자치권한을 침해할 지위에 있지 아니하기 때문이다. **그러므로 이 사건 제방에 대한 지방자치권의 존부 또는 범위에 관한 다툼은 청구인과 피청구인 평택시 상호간에 존재하는 다툼이라고 할 수 있을 뿐 청구인과 피청구인 평택시장 상호간의 다툼이라고 보기 어렵다.** 가사 청구인과 피청구인 평택시장 상호간에 청구인의 지방자치권의 침해를 이유로 한 분쟁이 존재한다고 하여도 이는 피청구인 평택시의 장래의 처분 또는 부작위를 매개로 하는 잠재적이며 간접적인 분쟁에 불과하다고 할 것이다.

(5) 소 결

지방자치단체인 청구인의 이 부분 심판청구는 청구인의 권한에 속하지 아니하는 사무에 관한 권한쟁의심판청구라고 할 것이므로 더 나아가 살펴볼 필요도 없이 부적법하다 할 것이다.

2. 평택시에 대한 청구의 적법성－적법

(1) 피청구인의 장래처분이 헌법재판소법 제61조 제2항의 처분으로서 인정되는지 여부

피청구인이 아직 행사하지 아니한 장래처분이 헌법재판소법 제61조 제2항에서 규정하는 처분에 포함되는지 여부가 문제된다.

피청구인의 장래처분에 의해서 청구인의 권한침해가 예상되는 경우에 청구인은 원칙적으로 이러한 장래처분이 행사되기를 기다린 이후에 이에 대한 권한쟁의심판청구를 통해서 침해된 권한의 구제를 받을 수 있으므로, 피청구인의 장래처분을 대상으로 하는 심판청구는 원칙적으로 허용되지 아니한다.

그러나 피청구인의 **장래처분이 확실하게 예정**되어 있고, 피청구인의 **장래처분에 의해서 청구인의 권한이 침해될 위험성이 있어서** 청구인의 권한을 **사전에 보호해 주어야 할 필요성이 매우 큰 예외적인 경우**에는 피청구인의 장래처분에 대해서도 권한쟁의심판을 청구할 수 있다고 할 것이다. 왜냐하면 권한의 존부와 범위에 대한 다툼이 이미 발생한 경우에는 피청구인의 장래처분이 내려지기를 기다렸다가 권한쟁의심판을 청구하게 하는 것보다는 사전에 권한쟁의심판을 청구하여 권한쟁의심판을 통하여 권한다툼을 사전에 해결하는 것이 **권한쟁의심판제도의 목적에 더 부합**되기 때문이다.

그렇다면 피청구인의 장래처분도 위와 같은 예외적인 경우에는 헌법재판소법 제61조 제2항에서 규정하는 피청구인의 처분으로 인정된다고 할 것이다.

(2) 피청구인 평택시의 장래처분이 권한쟁의심판의 처분으로 인정되는지 여부

(가) 피청구인 평택시의 장래처분이 확실하게 존재하는지 여부

아산/평택항만 건설을 계속하기 위하여 국가가 이 사건 제방을 준공한 이후에, 국가의 토지대장에 등록하지 않고 있는 동안 평택시장은 2002. 5. 1. 이 매립토지위에 건설된 창고시설(평택항 서부두 다목적 창고)에 대해서는 이를 일반건축물대장에 등록하였다. 이에 따라 피청구인 평택시는 이 사건 제방과 위 항만 창고시설에 대한 관할권한을 언제든지 행사할 수 있다고 할 것이다. 그렇다면 이 사건 제방과 항만 창고시설 등에 대한 피청구인 평택시의 관할권한 행사가 확실하게 예정되어 있으므로, **피청구인 평택시의 장래처분이 확정적으로 존재한다**고 할 것이다.

(나) 청구인의 권한을 사전에 보호해야 할 필요성이 존재하는지 여부

살피건대 피청구인 평택시는 이 사건 제방에 대한 관할권한 행사를 언제든지 할 수 있기 때문에, 이로 인한 청구인의 권한이 침해될 현저한 위험성이 존재한다. 이러한 상황에서 피청구인이 구체적인 관리권한을 행사하기를 기다렸다가 권한쟁의심판청구를 하도록 하는 것은 청구인에게 기대할 만한 일이라고 볼 수 없다. 따라서 비록 피청구인 평택시의 처분이 아직 존재하지 않더라도, 권

한의 존부 및 범위에 대한 다툼이 있으므로, 장래처분에 대한 권한쟁의심판청구를 허용함으로써 이 사건 제방에 대한 관할권한분쟁을 사전에 해결하여 **청구인의 권한을 사전에 보호해야 할 필요성이 매우 크다**고 할 것이다. 또한 피청구인의 처분이 존재하지 않는다고 이를 각하하고, 피청구인이 장래에 구체적인 처분을 내리게 되면, 이에 대해서 다시 권한쟁의심판을 청구하도록 하는 것은 소송절차와 소송비용이 중복되어 소송경제에 반하게 된다.

그렇다면 피청구인 평택시의 장래처분은 헌법재판소법 제61조 제2항에서 규정하고 있는 처분에 해당된다고 할 것이다.

(3) 당사자적격

국가기관으로서의 평택시장이 이 사건 제방을 자신의 토지대장에 등록함으로써, 이 사건 제방에 대한 관할권한의 다툼이 당진군과 평택시간에 발생하였으므로, 지방자치단체 상호간의 권한쟁의가 성립한다. 따라서 **청구인 당진군과 피청구인 평택시는 청구인적격과 피청구인적격을 각각 가진다**.

(4) 청구인의 헌법상 및 법률상 권한의 존재 가능성 여부

이 사건 제방이 청구인의 관할권한에 속하는지 여부는 본안판단 단계에서 확정될 것이므로, 적법요건단계에서는 이 사건 제방에 대한 자치권한이 청구인에게 부여될 수 있는 가능성이 존재하기만 하면 충분하다. 살피건대 **이 사건에서 청구인이 이 사건 제방에 대한 헌법상 및 법률상 자치권한을 가질 수 있는 가능성이 충분히 존재한다**고 할 것이다.

(5) 청구인의 권한이 침해될 현저한 위험성의 존재여부

헌법재판소법 제61조 제2항은 청구인의 권한이 침해되었거나 현저한 침해위험이 있어야 한다고 규정하고 있다. 권한쟁의는 발생이 임박한 처분을 통한 권한침해의 형태로 나타날 수 있다.

이 사건에서 피청구인이 이 사건 제방에 대한 관할권한을 언제든지 행사할 수 있으므로, 피청구인의 장래처분으로 인하여 청구인의 권한이 침해될 현저한 위험성이 존재한다고 할 것이다.

(6) 피청구인 평택시의 장래처분에 대한 심판청구가 청구기간을 준수한 것인지 여부

피청구인의 장래처분에 의한 권한침해 위험성이 발생하는 경우에는 장래처분이 내려지지 않은 상태이므로 청구기간의 제한이 없다고 보아야 한다.

이 사건에서 피청구인의 이 사건 제방에 대한 관할권한 행사가 확실하게 예정되어 있으나, 장래처분이 아직 행사되지 않고 있으므로, 청구기간의 제한이 적용되지 아니한다.

그렇다면 청구인의 피청구인 평택시의 장래처분에 대한 심판청구는 청구기간을 준수하였다고 할 것이다.

(7) 소결론

그러므로 청구인의 피청구인 평택시의 장래처분에 대한 심판청구는 적법하다.

Ⅱ. 본안에 대한 판단

이 사건 해역에 대한 관할권한이 청구인에게 귀속되므로, 이 사건 해역에 건설된 이 사건 제방에 대한 관할권한도 청구인에게 귀속된다. 이상과 같이 청구인의 피청구인 평택시장에 대한 심판청구는 각하하고, 이 사건 제방에 대한 관할권한은 청구인에게 귀속된다고 할 것이므로, 주문과 같이 결정한다.

Ⅰ.1.에 대한 재판관 권성, 재판관 송인준, 재판관 전효숙, 재판관 이상경의 반대의견

청구인은 이 사건 제방에 대한 지적법상의 토지대장관리권한이 아니라 이 사건 제방에 대한 토지관할권한을 다투고 있는데, 청구인과 피청구인 평택시장 사이에서 피청구인 평택시장의 토지대장 등록행위는 청구인의 토지관할권한을 침해하는 행위가 될 수 있으므로, 청구인은 피청구인 평택시장을 상대로 ① 이 사건 제방에 대한 자치권한이 청구인에게 있다는 확인을 구할 수 있고, ② 침해상태의 제거를 위하여 그 등록의 말소를 청구할 수도 있을 것이므로, 청구인의 피청구인 평택시장에 대한 자치권한 확인청구부분과 토지등록말소청구부분은 적법하다.

2.에 대한 재판관 김경일, 재판관 주선회, 재판관 전효숙, 재판관 이상경의 반대의견

이 사건의 경우와 같이 바다를 매립하여 생성된 토지는 종전에는 존재하지 아니하였던 새로운 토지가 생겨난 것이므로, 종전에 존재하던 것에 의하여 정하여진 기준이 적용될 여지가 처음부터 없다. 그런데 새로 조성된 육지의 행정구역을 어떻게 정할 것인지에 대하여는 아무런 법률 규정이 없으며, 시·도간 구역의 변경을 법률로 정해야 한다면 구역이 확정되어 있지 아니한 지역을 시·도로 편입하는 것도 법률로 정해야 할 것이다. 그렇다면 이 사건 제방에 대한 행정구역을 법률로 정하기 전에는 이 사건 제방은 어느 자치단체의 구역에 속한다고 확정할 수 없는데, 현재로서는 이 사건 제방에 대한 자치권한이 청구인에게 부여되어 있다고 볼 법률상의 근거가 없다.

판례 평석: 김영구, "당진군과 평택시간의 권한쟁의에 관하여", 헌법재판자료집 제11집, 2005, 175-194면; 이수호, "당진군과 평택시간의 권한쟁의에 관하여", 헌법재판자료집 제11집, 2005, 195-222면.

Ⅳ 서울특별시와 정부간의 권한쟁의: 기각,각하(헌재 2005.12.22. 2004헌라3)

쟁점 정부의 법률안 제출행위가 권한쟁의심판의 대상이 될 수 있는 '처분'에 해당하는지 여부 및 의무교육 경비의 중앙정부 부담원칙이 헌법상 도출되는지 여부 등

사건의 개요

피청구인 정부는 지방교육자치에관한법률중개정법률안(이하 '자치법안'이라 한다), 지방교육재정교부금법중개정법률안(이하 '교부금법안'이라 한다)을 제출하였고, 이 법안들은 같은 달 15. 국회 교육위원회에 회부되었다.

자치법안의 제안이유는, 의무교육에 관련되는 경비를 국가가 부담하고 단지 중학교 의무교육 경비의 일부를 지방자치단체로 하여금 부담시킬 수 있도록 하고 있던 당시의 지방교육자치에관한 법률(이하 구 '자치법'이라 한다) 제39조 제1항을 개정하여, 의무교육 관련 경비의 부담주체를 국가 및 지방자치단체로 변경하려는 것이다.

교부금법안의 제안이유는, 중학교에 대한 의무교육이 전면 실시됨에 따라 지방교육재정의 지원구조를 재조정하려는 것이다.

청구인 서울특별시는 피청구인 정부를 상대로, 위 개정법안은 의무교육 경비의 국가부담을 규정하고 있는 헌법 제31조 제3항, 지방자치의 보장에 관한 헌법 제117조 제1항, 지방재정의 건전운영을 보장하는 지방자치법 제113조 제2항에 위배되는데, 이러한 법안을 국회에 제출함으로써 청구인의 자주재정권을 침해하였거나 침해할 위험이 발생하였다고 하면서 ① 피청구인 정부의 위 개정법안 제출행위, ② 그로 인하여 개정될 법률들이 모두 청구인의 권한을 침해하는 것이며, 나아가 무효라는 확인을 구하는 권한쟁의심판을 헌법재판소에 청구하였다.

피청구인 정부가 제출한 위 개정법률안은 교육위원회에 회부되어 다소 수정되어 국회 본회의

에서 위원회안대로 각 의결되어, 같은 해 일부 개정된 지방교육자치에관한법률(이하 '교육자치법'이라 한다) 및 지방교육재정교부금법(이하 '교부금법'이라 한다)이 각각 공포되었다.

이에 청구인 서울특별시는 이 사건 심판청구의 대상에는 피청구인 정부의 위 개정법률안 제출행위뿐만 아니라 그로 인하여 개정된 위 개정법률들도 포함되어 있다면서 '피청구인 정부'를 '피청구인 정부 및 국회'로 경정하여 달라는 신청을 하였고, 헌법재판소는 같은 달, 이를 허가하였다.

▢ 심판의 대상

① 피청구인 정부가 2004. 11. 12. 자치법안과 교부금법안을 제250회 국회(정기회)에 제출한 행위가 청구인의 권한을 침해하는지, 나아가 무효인지 여부

② 피청구인 국회가 교육자치법(법률 제7252호) 제39조 제1항에서 의무교육 관련 경비의 부담주체를 국가 및 지방자치단체로 규정한 것, 교부금법(법률 제7251호) 제11조 제1항에서 의무교육 경비를 교부금과 지방자치단체의 일반회계로부터의 전입금으로 충당토록 규정한 것 및 같은 조 제2항 제3호에서 서울특별시와 그 밖의 지방자치단체를 구분하여 서울특별시의 경우에는 특별시세 총액의 100분의 10에 해당하는 금액을 일반회계예산에 계상하여 교육비특별회계로 전출하도록 규정한 것이 청구인의 권한을 침해하는지, 나아가 무효인지 여부

▢ 주 문

피청구인 정부에 대한 심판청구를 각하하고, 피청구인 국회에 대한 심판청구를 기각한다.

▢ 판 단

Ⅰ. 정부에 대한 심판청구의 적법성

1. 헌법재판소법 제61조 제2항의 "처분"의 의미

헌법재판소법 제61조 제1항은 "권한의 존부 또는 범위에 관하여 다툼이 있을 때에는 당해 국가기관 또는 지방자치단체는 헌법재판소에 권한쟁의심판을 청구할 수 있다"고 규정하고 있지만, 제2항은 "제1항의 심판청구는 피청구인의 처분 또는 부작위가 헌법 또는 법률에 의하여 부여받은 청구인의 권한을 침해하였거나 침해할 현저한 위험이 있는 때에 한하여 이를 할 수 있다"라고 규정하고 있으므로 권한쟁의심판을 청구하려면 피청구인의 처분 또는 부작위가 존재하여야 한다. 여기서 '처분'이란 법적 중요성을 지닌 것에 한하므로, 청구인의 법적 지위에 구체적으로 영향을 미칠 가능성이 없는 행위는 '처분'이라 할 수 없어 이를 대상으로 하는 권한쟁의심판청구는 허용되지 않는다.

2. 정부의 법률안 제출행위가 "처분"에 해당하는지 여부

정부가 법률안을 제출하였다 하더라도 그것이 법률로 성립되기 위해서는 국회의 많은 절차를 거쳐야 하고, 법률안을 받아들일지 여부는 전적으로 헌법상 입법권을 독점하고 있는 의회의 권한이다. 따라서 정부가 법률안을 제출하는 행위는 입법을 위한 하나의 사전 준비행위에 불과하고, 권한쟁의심판의 독자적 대상이 되기 위한 법적 중요성을 지닌 행위로 볼 수 없다. 그렇다면 피청구인 정부가 2004. 11. 12. 자치법안과 교부금법안을 제250회 국회(정기회)에 제출한 행위를 다투는 심판청구 부분은 부적법하다.

Ⅱ. 국회에 대한 심판청구에 대한 본안 판단

1. 의무교육 경비의 중앙정부 부담원칙이 헌법상 도출되는지 여부(소극)

헌법 제31조 제2항·제3항으로부터 직접 의무교육 경비를 중앙정부로서의 국가가 부담하여야 한다는 결론은 도출되지 않으며, 그렇다고 하여 의무교육의 성질상 중앙정부로서의 국가가 모든 비용을 부담하여야 하는 것도 아니므로, 지방교육자치에관한법률 제39조 제1항이 의무교육 경비에 대한 지방자치단체의 부담 가능성을 예정하고 있다는 점만으로는 헌법에 위반되지 않는다.

2. 교육재정제도에 관한 헌법의 위임과 입법형성권

헌법 제31조 제4항·제6항은 교육제도와 교육재정제도의 형성에 관하여 헌법이 직접 규정한 사항 외에는 입법자에게 위임하고 있으므로, 입법자는 중앙정부와 지방정부의 재정상황, 의무교육의 수준 등의 여러 가지 요소와 사정을 감안하여 교육 및 교육재정의 충실을 위한 여러 정책적 방안들을 구상하고 그 중의 하나를 선택할 수 있으며, 이에 관한 **입법자의 정책적 판단·선택권은 넓게 인정**된다.

3. 의무교육 경비를 교부금과 지방자치단체의 일반회계로부터의 전입금으로 충당토록 규정한 지방교육재정교부금법 제11조 제1항 등이 교육재정제도에 관한 헌법의 위임취지에 명백히 반하여 위헌인지 여부(소극)

지방교육재정교부금법 제11조 제1항에서 의무교육 경비를 교부금과 지방자치단체의 일반회계로부터의 전입금으로 충당토록 규정한 것 및 같은 조 제2항 제3호에서 서울특별시·부산광역시와 그 밖의 지방자치단체를 구분하여 서울특별시의 경우에는 당해 시·도세 총액의 100분의 10에 해당하는 금액을 일반회계예산에 계상하여 교육비특별회계로 전출하도록 규정한 것은 교육재정제도를 형성함에 있어 의무교육을 받을 권리를 골고루 실질적으로 보장하라는 헌법의 위임취지에 명백히 반하는 자의적인 것이라 할 수 없어 **위헌이 아니다**.

4. 권한의 침해여부(소극)

권한쟁의심판의 심판대상은 '피청구인의 처분 또는 부작위로 인하여 청구인의 헌법상 또는 법률상의 권한이 침해되었는지 여부'인바(헌법재판소법 제61조 제2항), 이 사건 본안판단의 대상으로 된 것은 피청구인 국회의 법률제정행위로서 그 위헌 여부가 문제되는데, 앞에서 본바와 같이 거기에 교육 및 지방자치에 관한 헌법에 위반되는 점이 없으므로 그로 인한 청구인 **서울특별시의 권한침해는 인정되지 않는다**.

[요약판례] 국회의원과 대통령 등 간의 권한쟁의: 각하(헌재 2008.3.27. 2006헌라4)

피청구인 대통령이 피청구인 외교통상부장관에게 위임하여 2006. 1. 19.경 워싱턴에서 미합중국 국무장관과 발표한 '동맹 동반자 관계를 위한 전략대화 출범에 관한 공동성명(이하 '이 사건 공동성명'이라 한다)이 조약에 해당하는지 여부(소극)

조약은 '국가·국제기구 등 국제법 주체 사이에 권리의무관계를 창출하기 위하여 서면형식으로 체결되고 국제법에 의하여 규율되는 합의'인데, 이러한 조약의 체결·비준에 관하여 헌법은 대통령에게 전속적인 권한을 부여하면서(헌법 제73조), 조약을 체결·비준함에 앞서 국무회의의 심의를 거쳐야 하고(헌법 제89조 제3호), 특히 중요한 사항에 관한 조약의 체결·비준은 사전에 국회의 동의를 얻도록 하는 한편(헌법 제60조 제1항), 국회는 헌법 제60조 제1항에 규정된 일정한 조약에 대해서만 체결·비준에 대한 동의권을 가진다.

이 사건 공동성명은 한국과 미합중국이 상대방의 입장을 존중한다는 내용만 담고 있을 뿐, **구체적인 법적 권리·의무를 창설하는 내용을 전혀 포함하고 있지 아니하므로, 조약에 해당된다고 볼 수 없으므로** 그 내용이 헌법 제60조 제1항의 조약에 해당되는지 여부를 따질 필요도 없이 **이 사건 공동성명에 대하여 국회가 동의권을 가진다거나 국회의원인 청구인이 심의표결권을 가진다고 볼 수 없다.**

V 제주시 등과 행정자치부장관 등간의 권한쟁의: 각하(헌재 2005.12.22. 2005헌라5)

쟁점 제주도 단위의 주민투표가 청구인(제주도 내 3개의 지방자치단체)의 권한을 침해하는지 여부

사건의 개요

행정자치부장관은 2005. 6. 21. 제주도지사에게 제주도 행정구조 개편을 위한 주민투표실시를 요구하고, 제주도지사는 2005. 7. 5. 주민투표일은 2005. 7. 27.로, 주민투표안은 현행 도와 시·군의 자치계층 유지, 자치단체 장 및 지방의원 직접선출, 도와 시·군의 기능과 역할 조정을 내용으로 하는 안 "현행유지안(점진적 대안)"과, 도를 하나의 광역자치단체로 개편, 2개 시로 통합, 시장 임명, 시·군의회 폐지 및 도의회 확대를 내용으로 하는 안 "단일광역자치안(혁신적 대안)"의 두 가지 안으로, 투표실시구역은 제주도 전역, 투표형식은 위 두 가지 안 중 하나를 선택하는 방식으로 실시하는 것을 내용으로 하는 주민투표발의공고를 하였다.

이에 청구인들(제주시, 서귀포시, 남제주군)은 2005. 7. 8. 주위적으로, 피청구인 행정자치부장관의 위 주민투표요구행위와 피청구인 제주도지사의 위 주민투표발의공고행위가 청구인들의 자치권한을 침해할 현저한 위험이 있고, 주민투표법 제8조 제1항에서 나오는 청구인들의 주민투표실시권한을 침해하였다고 주장하면서 그 확인 및 피청구인들의 위 행위들의 무효확인을, 예비적으로, 제주도지역 내의 모든 기초지방자치단체의 폐치는 헌법 제117조 제1항, 지방자치법 제2조 제1항 및 같은 법 제10조 제1항에 근거한 청구인들의 존립과 자치권한을 본질적으로 침해하여 헌법에 위반된다고 주장하면서 그 확인을 구하는 이 사건 심판청구를 하였다.

심판의 대상

주위적 심판의 대상: 피청구인 행정자치부장관의 위 주민투표요구행위와 제주도지사의 위 주민투표발의공고행위가 청구인들의 자치권한을 침해하거나 주민투표법 제8조 제1항에 따른 주민투표실시권한을 침해하는지, 나아가 무효인지 여부

예비적 심판의 대상: 제주도 내의 모든 기초지방자치단체의 폐치로 청구인들의 자치권한이 침해되는지 여부

주 문

이 사건 심판청구를 모두 각하한다.

판 단

Ⅰ. 주민투표법 제8조에 의한 주민투표실시사무의 성격

1. 관련 법규정

(1) 주민투표법

주민투표법은 지방자치단체의 주요결정에 대한 주민의 직접참여를 보장하기 위하여 지방자치법

제13조의2 규정에 의한 주민투표의 대상・발의자・발의요건・투표절차 등에 관한 사항을 규정함을 목적으로 한다(주민투표법 제1조 참조).

주민투표대상이 되는 지방자치단체의 주요결정사항은 주민투표법 제7조 제1항에서 규정하고 있는데, '주민에게 과도한 부담을 주거나 중대한 영향을 미치는 지방자치단체의 주요결정사항으로서 그 지방자치단체의 조례로 정하는 사항'이라고 규정하고, 한편 같은 조 제2항 제2호에서는 국가 또는 다른 지방자치단체의 권한 또는 사무에 속하는 사항에 대해서는 주민투표에 부칠 수 없다고 규정하고 있다.

제8조의 주민투표는 국가정책에 관해 주민의 의견을 참고하기 위한 주민투표에 대한 규정인데, 위 같은 법 제7조의 주민투표와 달리 중앙행정기관장의 요구에 의해 실시되고 구속력이 없으며 절차적으로 이를 확정하거나 다투기 위한 근거규정들도 적용이 배제된다(제8조 제4항 참조).

(2) 지방자치법

한편 지방자치단체의 폐치・분합에 관해서는 지방자치법 제4조 제1항・제2항에서 이를 법률로 하도록 하고 관계 지방자치단체 의회의 의견을 듣도록 하되 다만 주민투표법 제8조의 주민투표를 실시한 경우 그렇지 않다고 규정하고 있다. 1994. 3. 16. 법률 제4741호로 개정되었을 때의 지방자치법 제13조의2 제1항은 "지방자치단체의 장은 지방자치단체의 폐치・분합 또는 주민에게 과도한 부담을 주거나 중대한 영향을 미치는 지방자치단체의 주요 결정사항 등에 대하여 주민투표에 붙일 수 있다"라고 규정하였는데 2004. 1. 29. 법률 제7128호로 개정시 현행과 같이 지방자치단체의 폐치・분합에 관한 부분이 삭제되었다. 그 대신 주민투표법 제8조 제1항에서 이를 규정하였다. 즉 과거의 지방자치법에서는 지방자치단체의 폐치・분합시 주민의 의견을 듣기 위한 주민투표는 지방자치단체장의 주도로 실시하게 규정하였으나 주민투표법을 제정하면서 이를 국가정책에 관한 주민투표로 예시하고 중앙행정기관의 장이 요구하였을 때 실시하도록 규정한 것이다.

2. 주민투표법 제8조에 의한 주민투표실시사무의 양면성

(1) 국가사무의 측면

지방자치단체의 폐치・분합이라는 국가정책 수립에 참고하기 위한 투표이고, 중앙행정기관장의 요구에 의해 비로소 실시계기가 부여되며, 시행 여부와 투표구역에 관해서도 중앙행정기관장에게 재량이 있는 점, 비용을 국가가 부담하는 점(주민투표법 제27조 제1항 참조)은 이 투표사무가 국가사무라는 주장을 뒷받침한다고 할 수 있는 측면이다.

(2) 자치사무의 측면

그러나 한편 투표할 사안이 국가정책으로서 국가사무에 대한 것이라 해서 주민의 의견수렴인 투표실시 자체까지 반드시 국가사무라고 볼 필연성은 없다. 주민투표법 제8조에서 국가정책에 관해서 주민의 의견을 참고하도록 하는 이유도 그 국가정책이 지방자치단체의 자치권 및 주민의 복리에 긴밀한 연관이 있어서 주민투표제도를 활용하여 주민의 의견을 듣고 또 지방의회의 의견도 반영할 수 있도록 하려는 것이므로 지방자치단체와 주민으로서도 이러한 제도를 통해 정확한 의사를 전달하는 데 깊은 이해관계를 가지고 있는 점, 그리고 지방자치단체의 폐치・분합에 관한 주민투표에 관련된 규정들의 위와 같은 연혁이나 주민투표법의 목적에 비추어보면 제8조의 주민투표 실시사무도 자치사무의 성격을 가질 수 있다고 판단된다. 또한 같은 조항은 중앙행정기관장의 투표요구

가 있더라도 지방자치단체 장이 무조건 이를 따르도록 되어 있는 것이 아니라 발의 여부에 재량이 있고, 지방의회의 의견도 듣게 되어 있는 점도 위와 같은 판단을 뒷받침할 수 있는 측면들이다.

(3) 검 토

제8조의 주민투표 실시사무에 자치사무로서의 성격이 없다고 단정할 수 없고, 또 자치사무인 경우 구체적으로는 지방자치단체 장이 수행하는 사무라도 지방자치단체 장이 아닌 지방자치단체가 권한쟁의의 당사자로서 그 침해 여부를 다투어야 하므로 이 점에 관해 적법성을 다투는 피청구인들의 주장은 받아들이지 않는다.

Ⅱ. 주위적 청구에 대한 적법성 판단

1. 청구인들의 투표실시권한에 대한 침해여부

(1) 청구인들의 주장

청구인들은 피청구인 행정자치부장관이 이 사건 주민투표 실시요구를 하면서 폐치·분합이 검토되는 당해 지방자치단체들인 청구인들에게 요구를 하지 않고 피청구인 제주도에게 이 사건 주민투표 실시요구를 한 것과 제주도가 이를 실시한 것은 청구인들의 투표실시권한을 침해한 것이라는 주장을 한다.

(2) 판 단

주민투표법 제8조는 국가정책의 수립에 참고하기 위한 주민투표에 대해 규정하고 있는데 규정의 문언으로 볼 때 중앙행정기관의 장은 실시 여부 및 구체적 실시구역에 관해 상당한 범위의 재량을 가진다고 볼 수 있다. 이를 감안할 때 중앙행정기관의 장으로부터 실시요구를 받은 지방자치단체 내지 지방자치단체장으로서는 주민투표 발의에 관한 결정권한, 의회의 의견표명을 비롯하여 투표시행에 관련되는 권한을 가지게 된다고 하더라도, 나아가 지방자치단체가 중앙행정기관장으로부터 **제8조의 주민투표 실시요구를 받지 않은 상태에서 일정한 경우 중앙행정기관에게 실시요구를 해 줄 것을 요구할 수 있는 권한까지 가지고 있다고 보기는 어렵다**. 그렇다면 피청구인 행정자치부장관이 청구인들에게 주민투표 실시요구를 하지 않은 상태에서 청구인들에게 실시권한이 발생하였다고 볼 수는 없으므로 그 권한의 발생을 전제로 하는 침해 여지도 없어서 이를 다투는 청구는 부적법하다.

2. 투표실시 단위의 문제

한편 이 사건의 경우 도 단위의 투표실시와 시·군 단위의 투표실시가 서로 배타적인 관계에 있어서 제주도에 의한 주민투표실시가 청구인들의 주민투표실시를 불가능하게 하는 효과를 가진다고 평가할 수 있어서 실질적으로 실시권한이 침해되었다고 주장할 여지가 있는지를 본다.

피청구인들에 의해 이루어진 이 사건 주민투표가 지방자치법 제4조 제2항 단서에 규정된 폐치·분합시의 지방의회의 의견청취를 대체할 수 있는 주민투표에 해당하는지 여부를 떠나서, 적어도 주민투표법 제8조의 요건에 부합하지 않는다고 할 수는 없다. 즉, 투표대상인 국가정책사안이 단순히 제주도 내 4개 시·군의 폐치에 그치는 것이 아니라 **제주도 전체의 행정구조개편과 개발에 관련된 문제**여서 주민투표법 제8조의 해석상 **제주도 또한 제8조 제1항에서 가리키는 '관계 지방자치단체'에 포함될 수 있다**.

그리고 **현실적으로 행정자치부장관이 다시 청구인들에게 주민투표를 요구할** 의사가 있는지 여

부는 사실의 문제로서 이 사건 주민투표실시 때문에 청구인들에 대한 주민투표실시요구와 그 실시가 불가능하게 된 것도 아닌 이상 법적으로는 이를 배제하거나 불가능하게 하는 효과가 있다고 할 수도 없다. 그렇다면 이 사건 주민투표실시로 인해 청구인들의 제8조의 주민투표실시권한이 침해되었다고 볼 여지는 없다.

3. 소 결

그렇다면 피청구인 행정자치부장관의 이 사건 주민투표 실시요구 및 피청구인 제주도의 **이 사건 주민투표실시로 인해 청구인들의 제8조에 의한 주민투표실시권한 또는 지방자치권의 침해나 그 위험을 인정할 여지는 없다.**

Ⅲ. 예비적 청구에 대한 적법성 판단

1. 청구인들의 주장

청구인들은, 제주도 지역 내의 모든 기초지방자치단체의 폐치로 인해 헌법 제117조 제1항, 지방자치법 제2조 제1항 및 같은 법 제10조 제1항에 의하여 부여된 청구인들의 존립과 자치권한이 침해된다고 주장하면서 그 확인을 구한다.

2. 판 단

지방자치단체의 폐치는 국회의 입법에 의해 이루어지고 주민투표법 제8조에 의한 주민투표 실시만으로는 이러한 폐치의 위험성조차 인정할 수 없음은 위에서 본 바와 같다. **이 부분 청구는 아직 존재하지 않고, 피청구인들에 의해 이루어질 수도 없는 행위를 대상으로 하므로 부적법하다.**

Ⅳ. 결 론

따라서 청구인의 이 사건 심판청구는 모두 부적법하므로 이를 각하하기로 하여 주문과 같이 결정한다. 이 결정은 재판관 주선회의 아래와 같은 반대의견이 있는 외에는 나머지 관여 재판관 전원의 일치된 의견에 의한 것이다.

재판관 주선회의 반대의견

나는 주위적 청구 중 제8조의 '주민투표 실시권한' 침해에 관한 청구에 대해서는 다수의견과 견해를 달리하여 이를 인용하여야 한다고 생각한다.

주민투표법 제8조 제1항에 따르면 중앙행정기관장은 투표실시여부에 관해 재량을 가지는 것이 분명하다. 그러나 지방자치단체의 폐치·분합에 참고로 하기 위한 제8조의 주민투표 실시요구를 하지 않는다면 모르되, 실시요구를 하는 이상 폐치·분합되는 당사자인 지방자치단체를 배제할 수는 없다는 것이 나의 생각이다.

현재 제주도는 도 단위 지방자치단체와 청구인들 시·군을 포함한 4개의 시·군 단위 지방자치단체들이 있다. 청구인들이 반대하는 이른바 "혁신적 대안"은 시·군 단위 지방자치단체들을 폐치하여 도 단위 지방자치단체만을 남김으로써 지방자치단체를 단층화 한다는 것이 골자이다.

그렇다면 투표대상 사안에 대해서는 피청구인 제주도도 사무와 권한확대, 의회확대, 나아가 제주도의 향후의 전반적 개발방향 등 "혁신적 대안"의 내용에 관련되지만 폐치될 4개 시·군이 깊은 이해관계를 가지고 있음은 말할 것도 없으므로 **제주도와 4개 시·군 모두 주민투표법 제8조 제1항의 "관계 지방자치단체"에 해당된다**고 보아야 한다.

지방자치단체의 폐치·분합에 관하여 지방자치단체 및 그 주민의 의견을 반영하는 절차를 폐치·분합되는 당사자인 지방자치단체가 진행하게 하는 것은 그 나름의 특별한 의미가 있다. 또 투표발의 주체가 누구인가에 따라 투표참여와 결과에 큰 영향이 있음은 말할 필요도 없다. 특히 제주도의 경우 도에서 4개 시 · 군의 폐치를 강력히 추진하는 입장이고 폐치가 검토되는 당사자인 청구인들은 이에 격렬히 반대하는 입장이므로 더욱 그러하다.

지방자치법 제4조 제2항은 본문에서 "제1항의 규정에 의하여 지방자치단체를 폐치 · 분합하거나 그 명칭 또는 구역을 변경할 때에는 관계지방자치단체의 의회(이하 '지방의회'라 한다)의 의견을 들어야 한다"라고 규정하여 폐치 · 분합되는 지방자치단체의 의회의견 청취를 필요적으로 하고 있고, 다만 단서에서 주민투표법 제8조의 주민투표를 실시한 경우 폐치 · 분합되는 지방자치단체 의회의 의견청취에 갈음할 수 있도록 하고 있는데, 두 조항의 상호관계를 고려할 때 **지방자치단체 폐치 · 분합시 투표실시요구를 하지 않는다면 모르되 실시요구를 하는 이상 폐치 · 분합되는 지방자치단체를 배제하고 그 권한을 승계할 당사자에게만 요구하는 것으로 위와 같은 절차를 모두 거친 것으로 된다고 볼 수는 없을 것**이다. 지방자치제도의 보장이 곧 특정 자치단체의 존속을 보장한다는 것은 아니므로 지방자치단체를 폐치 · 분합하는 것은 가능하다. 그러나 그럴수록 지방자치권을 존중하기 위한 법정절차는 준수되어야 하므로 지방자치법 제4조 제2항에 따라 지방의회의 의견을 청취하거나 주민투표법 제8조의 주민투표를 거치는 것은 자치제도의 보장을 위해 필수적으로 거쳐야 할 법정 절차로 보아야 한다.

그러므로 **이 사건에서는 제주도와 청구인들을 포함한 4개 시 · 군 모두 주민투표법 제8조 제1항의 관계 지방자치단체로 보아야 하고 투표실시요구를 하고 이를 실시하는 이상 폐치되는 당사자인 청구인들이 배제되어서는 안 될 것**인데, 이해관계가 대립되는 당사자인 제주도에게만 투표실시요구를 하여 이를 실시하고 그 결과를 참고하였다는 외관을 갖추어 원래 의도한 정책을 계속 추진하는 것은 곧 폐치가 검토되는 **당사자인 청구인들의 제8조의 주민투표실시권한을 침해한 것이라고 보는 것이 사안의 실질에 부합한다**. 피청구인 행정자치부장관이 피청구인 제주도에게만 주민투표실시요구를 하고 제주도가 이를 실시한 것은 청구인들 시 · 군의 폐치과정에서 청구인들 및 청구인들 시 · 군 소속 주민의 의견을 반영하기 위해 마련된 법정 절차를 회피하기 위한 것이라고 볼 수밖에 없고, 이는 곧 청구인들의 주민투표실시권한 침해를 의미한다.

판례 평석: 강경근, "국가기관과 지방자치단체간 권한쟁의에 있어서의 처분성", 고시연구 33권 3호(384호), 2006년, 93-105면.

Ⅵ 강남구 등과 국회간의 권한쟁의: 각하(헌재 2006.5.25. 2005헌라4)

(쟁점) 국회의 법률제정행위가 권한쟁의심판의 대상인 "처분"에 해당하는지 여부 등

사건의 개요

피청구인 국회는 종합부동산세법을 통과시켰으며, 동 법률은 공포되었다. 이에 청구인은 위 법률의 제정으로 헌법 제117조, 지방자치법 제126조, 지방세법 제2조, 지방분권특별법 제11조에 의하여 부여된 자신들의 자치재정권이 침해되었다고 주장하며 이러한 침해의 확인을 구하는 이 사건 권한쟁의심판을 헌법재판소에 청구하였다.

주 문

청구인들의 심판청구를 각하한다.

☐ 판 단

Ⅰ. 국회의 법률제정행위가 권한쟁의심판의 대상인 '처분'에 해당하는지 여부

1. 헌법재판소법 제61조 제2항의 '처분'의 의미

헌법재판소법 제61조 제2항에 따라 권한쟁의심판을 청구하려면, 피청구인의 처분 또는 부작위가 존재하여야 한다. 여기서의 **처분은 입법행위와 같은 법률의 제정과 관련된 권한의 존부 및 행사상의 다툼, 행정처분은 물론 행정입법과 같은 모든 행정작용 그리고 법원의 재판 및 사법행정작용 등을 포함하는 넓은 의미의 공권력 처분을 의미하는 것**으로 보아야 할 것이므로, **법률에 대한 권한쟁의심판도 허용된다**고 봄이 일반적이다.

2. 국회의 법률제정행위가 '처분'에 해당하는지 여부

다만 권한쟁의심판과 위헌법률심판은 원칙적으로 구분되어야 한다는 점에서, 법률에 대한 권한쟁의심판은 **'법률 그 자체'가 아니라, '법률의 제정행위'를 그 심판대상으로 해야 할 것**이다(2004헌라3). 따라서 이 사건의 경우 피청구인이 이 사건법률을 제정한 행위는, 헌법재판소법 제61조 제2항의 '처분'에 해당되어 권한쟁의심판의 대상이 될 수 있다.

Ⅱ. 권한의 침해 또는 현저한 침해가능성

1. 헌법재판소법 제61조 제2항의 "권한의 침해 또는 현저한 침해가능성"

'권한의 침해'란 피청구인의 처분 또는 부작위로 인한 청구인의 권한침해가 과거에 발생하였거나 현재까지 지속되는 경우를 의미하며, '현저한 침해의 위험성'이란 아직 침해라고는 할 수 없으나 침해될 개연성이 상당히 높은 상황을 의미한다. 권한쟁의심판청구의 적법요건 단계에서 요구되는 권한침해의 요건은, 청구인의 권한이 구체적으로 관련되어 이에 대한 침해가능성이 존재할 경우 충족되는 것으로 볼 수 있다. 권한의 침해가 실제로 존재하고 위헌 내지 위법한지의 여부는 본안의 결정에서 판단되어야 할 것이다.

2. 침해가능성 충족

피청구인이 제정한 이 사건 법률이 시행됨으로 인해 종래 지방세에 속하던 부동산 보유세가 국세로 전환된다면, 지방자치단체가 중앙정부의 간섭을 받지 아니하고 그 재원을 조달·관리·운영하는 청구인 지방자치단체의 자치재정권이 침해될 개연성은 존재한다고 볼 수 있을 것이다. 뿐만 아니라, 지방자치단체의 중앙정부에로의 종속 가능성 및 세수감소의 예측가능성 등도 전혀 부인할 수는 없다고 할 수 있을 것이다. 따라서 이 사건 심판청구의 권한침해가능성 요건은 충족되었다고 봄이 상당하다.

Ⅲ. 청구기간 도과여부

1. 청구기간의 기산점

헌법재판소법 제63조 제1항에 따라 권한쟁의심판은 그 사유가 있음을 안 날로부터 60일 이내에, 그 사유가 있은 날로부터 180일 이내에 청구하여야 한다. 이 사건에서 이 사건 법률이 피청구인 국회에서 의결된 것은 2005. 1. 1.이고, 공포된 것은 2005. 1. 5.이다. 반면 청구인은 2005. 7. 1. 이 사건 심판청구를 접수하였다. 여기서 문제되는 청구기간의 준수 여부와 관련하여 핵심적인 것은 청구기간의 기산점을 어느 시점으로 보느냐의 문제라고 할 수 있다.

이 사건과 같은 법률의 제정에 대한 권한쟁의심판의 경우, **청구기간은 법률이 공포되거나 이와 유사한 방법으로 일반에게 알려진 것으로 간주된 때부터 기산**되는 것이 일반적이다. 일정한 법률안이 법률로 성립하기 위해서는 국회의 의결을 거쳐 관보에 게재·공포되어야 하고, 이로써 이해당사자 및 국민에게 널리 알려지는 것이기 때문이다.

이 사건 법률은 2005. 1. 5. 관보에 게재되어 공포되었으며, 부칙 제1조에 따라 같은 날 시행되었다. 그러므로 이 사건의 경우에도 이 사건 법률이 관보에 게재되어 공포·시행된 **2005. 1. 5. 청구인들은 자신들의 권한침해 내지 권한침해의 가능성을 충분히 예상했다**고 보아야 할 것이다. 청구인들이 2005. 1. 5. 이 사건법률의 공포·시행을 **몰랐다고 하더라도, 법률의 공포일로부터 청구기간이 기산된다는 점에는 영향을 미칠 수 없다**. 관보규정 제14조에 따라 지방자치단체는 관보를 열람할 수 있도록 비치할 의무를 지고 있으며, 같은 규정 제17조와 관보규정시행규칙 제9조에 따라 법령공포의 통지에 대한 관보는 공문에 대체하는 것이므로, 이 사건 법률의 공포사실을 몰랐다는 주장은 허용되지 않을 것이다.

2. 청구기간의 도과

그러므로 이 사건 법률이 공포·시행되어 청구인들이 자신들의 권한침해 여부를 알았음이 분명한 2005. 1. 5.이 헌법재판소법 제63조 제1항이 정한 '그 사유가 있음을 안 날'에 해당되어, 청구기간은 이때부터 60일 이내인 2005. 3. 5.까지로 보아야 할 것이다. 따라서 그 기간이 경과한 2005. 7. 1. 접수된 **이 사건 심판청구는 청구기간을 준수하지 아니한 것**이다.

[요약판례 1] 강남구와 행정자치부장관간의 권한쟁의: 기각(헌재 2002.10.31. 2002헌라2)

(1) 헌법 제117조 제1항이 보장하는 지방자치권한의 내용과 한계

(2) 지방자치단체장의 지방공무원에 대한 시간외근무수당규칙 제정권한과 시간외근무수당을 위한 예산편성 및 집행권한의 내용과 한계

(3) 헌법 제117조 제1항에서 규정하고 있는 '법령'의 의미

(4) 행정자치부장관이 2002. 1. 25.자 지방공무원수당업무처리지침 중에서 [Ⅵ. 초과근무수당 5. 초과근무수당 지급대상자 및 초과근무 인정범위 나. 일반대상자(시간외근무수당) 지급시간수의 계산(영 제15조 제4항) — 평일은 1일 2시간 이상 시간외근무한 경우에 2시간을 공제한 후 4시간 이내에서 매분단위까지 합산함]이라는 부분을 규정한 행위가 헌법 제117조 제1항을 위반하여 청구인의 권한을 침해한 것인지 여부(소극)

(5) 이 사건 지침부분이 청구인의 지방자치권한을 본질적으로 침해하는지 여부(소극)

(1) **헌법 제117조 제1항이 규정하는 자치권** 가운데에는 자치에 관한 규정을 스스로 제정할 수 있는 **자치입법권**은 물론이고 그밖에 **그 소속 공무원에 대한 인사와 처우를 스스로 결정하고 이에 관련된 예산을 스스로 편성하여 집행하는 권한**이 성질상 당연히 포함되지만, 이러한 자치권의 범위는 법령에 의하여 형성되고 제한된다.

(2) 지방자치법 제9조 제2항 제1호 마목 및 사목, 지방공무원법 제45조 제1항 제2호 및 지방공무원수당등에관한규정 제15조 제4항을 종합하여 보면, 지방자치단체의 장은 소속공무원에게 지급할 시간외근무수당을 자신의 규칙으로 정하여 지급하고 이를 위하여 스스로 예산을 편성, 집행할 권한을 갖으며, **이러한 권한은 헌법 제117조에서 정한 '법령의 범위 안에서'라는 제한을 받는다**.

(3) 헌법 제117조 제1항에서 규정하고 있는 '법령'에 법률 이외에 헌법 제75조 및 제95조 등에 의거한 '대통령령', '총리령' 및 '부령'과 같은 법규명령이 포함되는 것은 물론이지만, 헌법재판소의 "법령의 직접적인 위임에 따라 수임행정기관이 그 법령을 시행하는데 필요한 구체적 사항을 정한 것이면, 그 제정형식은 비록 법규명령이 아닌 고시, 훈령, 예규 등과 같은 행정규칙이더라도, 그것이 상위법령의 위임한계를 벗어나지 아니하는 한, 상위법령과 결합하여 대외적인 구속력을 갖는 법규명령으로서 기능하게 된다고 보아야 한다"고 판시한 바에 따라, **헌법 제117조 제1항에서 규정하는 '법령'에는 법규명령으로서 기능하는 행정규칙이 포함된다.**

(4) **지방공무원수당등에관한규정 제15조 제4항의 위임을 받아 만들어진 이 사건 지침부분은** 비록 그 제정형식은 법규명령이 아닌 행정규칙이지만 그 내용으로 볼 때 그것이 상위법령의 위임한계, 즉 지급기준과 지급방법 등의 범위를 설정하도록 한 한계를 벗어난 것은 아니라고 인정되므로 이는 **상위법령인 위 수당규정과 결합하여 대외적인 구속력을 갖는 법규명령으로서 기능하게 된다고 보아야 할 것이므로, 이 사건 지침부분은 헌법 제117조 제1항을 위반한 것이 아니고 청구인의 권한도 침해하는 것이 아니다.**

(5) 이 사건 지침부분이 "평일 1일 2시간 이상 시간외근무한 경우에 2시간을 공제한 후 4시간 이내에서 합산"하도록 하여 근무시간 전후 2시간을 공제하도록 한 이유는 실제로 업무를 수행하는 것이 아닌 석식 및 휴게시간 등의 시간을 공제하여, 지방공무원의 시간외수당 지급시간수를 실제에 근접시켜 계산하도록 규정하는 내용이라고 볼 수 있어 그 합리성을 인정할 수 있으며, 이 사건 지침 부분은 지방자치단체가 시간외근무수당에 대한 예산을 자유롭게 편성하고 집행하는 것을 제한하는 측면이 있으나, 그 내용으로 볼 때 지방자치단체의 무분별한 재정운영을 제한하는 정도일 뿐이지 예산편성과 재정지출에 대한 지방자치단체의 고유한 권한을 유명무실하게 할 정도의 지나친 규율이라고는 볼 수 없으므로, 청구인의 자치권을 본질적으로 침해하는 것이 아니다.

[요약판례 2] 국회의원과 정부간의 권한쟁의: 각하(헌재 2007.7.26. 2005헌라8)

국회의원의 심의·표결권이 대통령 등 국회 이외의 국가기관과 사이에서 권한침해의 직접적인 법적 효과를 발생시키는지 여부(소극)

국회의 의사가 다수결에 의하여 결정되었음에도 다수결의 결과에 반대하는 소수의 국회의원에게 권한쟁의심판을 청구할 수 있게 하는 것은 다수결의 원리와 의회주의의 본질에 어긋날 뿐만 아니라, 국가기관이 기관 내부에서 민주적인 방법으로 토론과 대화에 의하여 기관의 의사를 결정하려는 노력 대신 모든 문제를 사법적 수단에 의해 해결하려는 방향으로 남용될 우려도 있으므로, 국가기관의 부분 기관이 자신의 이름으로 소속기관의 권한을 주장할 수 있는 '제3자 소송담당'을 명시적으로 허용하는 법률의 규정이 없는 현행법 체계 하에서는 국회의 구성원인 국회의원이 국회의 조약에 대한 체결·비준 동의권의 침해를 주장하는 권한쟁의심판을 청구할 수 없다. 또한 **국회의원의 심의·표결권은 국회의 대내적인 관계에서 행사되고 침해될 수 있을 뿐 다른 국가기관과의 대외적인 관계에서는 침해될 수 없는 것이므로, 국회의원들 상호간 또는 국회의원과 국회의장 사이와 같이 국회 내부적으로만 직접적인 법적 연관성을 발생시킬 수 있을 뿐이고 대통령 등 국회 이외의 국가기관과 사이에서는 권한침해의 직접적인 법적 효과를 발생시키지 아니한다.** 따라서 피청구인인 대통령이 국회의 동의 없이 조약을 체결·비준하였다 하더라도 국회의원인 청구인들의 심의·표결권이 침해될 가능성은 없다.

(2) 제3자소송담당

[요약판례 1] 대통령과 국회의원간의 권한쟁의: 각하(헌재 1998.7.14. 98헌라1)

일정한 경우 국회의원 등 국회의 부분기관에 의한 국회의 제3자소송담당을 부인한 의견

(재판관 김용준의 각하의견) 정부에 의하여 국회의 권한이 침해가 된 때에, 국회가 권한쟁의심판을 청구하는 점에 관하여 다수의원이 찬성하지 아니함으로써 국회의 의결을 거칠 수 없는 경우에는, 침해된 국회의 권한을 회복하고자

하는 소수의원에게도 권한쟁의심판을 통하여 국회의 권한을 회복시킬 수 있는 기회를 주어야만 할 것이다. 그러나 위와 같이 국회의 부분기관에게 국회를 위한 '제3자소송담당'을 허용하는 것은 소수자를 보호하기 위한 것이므로, 일정 수 이상의 소수의원이나 소수의원으로 구성된 교섭단체에게만 국회를 위하여 권한쟁의심판을 청구할 적격이 인정되는 것이지, **재적의원 과반수를 이루는 다수의원이나 그들 의원으로 구성된 교섭단체의 경우**에는 그들 스스로 국회의 의결을 거쳐 침해된 국회의 권한을 회복하기 위한 방법을 강구할 수 있으므로, 이들에게까지 굳이 법률에 규정되어 있지도 아니한 **'제3자소송담당'을 허용할 필요성은 없는 것**이다.

(다수의견) 국회법상 수정안의 범위에 대한 명시적 규정이 없으므로, **어떠한 의안으로 인하여 원안이 본래의 취지를 잃고 전혀 다른 의미로 변경되는 정도에까지 이르지 않는다면 이를 국회법상의 수정안에 해당**하는 것으로 보아 의안을 처리할 수 있는 것으로 볼 수 있다. 따라서 이 사건 수정안을 원안에 대한 적법한 수정안에 해당하는 것으로 보고 처리하였다 하더라도 이를 명백히 법률에 위반된다고 할 수는 없다.

(반대의견) 국회법상 **'수정안'은 원안과 동일성이 인정되는 범위 안에서 제출된 경우에만 수정안**으로 볼 수 있다. 왜냐하면 수정안은 이미 위원회에서 심사를 마친 원안의 존재를 전제로 하여 원안과 함께 본회의에서 심의되는 종속적인 성격을 가지고, 개념적으로도 수정은 원안을 손질하여 고치는 것이기 때문이다. **이 사건 수정안은 원안과 일치되는 내용을 담고 있지 않으므로** 수정안이 아니라 **원안과는 다른 별개의 의안**으로 보아야 한다. **이 사건 수정안에 대한 표결이 있었다 하더라도** 방위사업청의 신설에 대한 국회의원들의 찬반의사만이 표명되었을 뿐 이 사건 **원안의 복수차관제나 일부 기구의 차관급 격상에 대한 찬반의사는 전혀 나타난 바가 없다**. 따라서 이 사건 수정안이 가결되었다 하더라도 이 사건 원안에 대한 어떠한 의결도 있었다고 할 수 없으므로 **원안에 대한 가결을 선포하려면 마땅히 별도의 의결절차를 거쳐야** 하는 것이다. 따라서 이들의 가결을 선포한 행위는 국회법에 위반되며 헌법상 보장된 국회의원인 청구인들의 심의·표결권을 침해한 것이다.

[요약판례 2] 국회의원과 정부간의 권한쟁의: 각하(헌재 2007.7.26. 2005헌라8)

국회의원의 제3자 소송담당의 인정여부(소극)

국회의 의사가 다수결에 의하여 결정되었음에도 다수결의 결과에 반대하는 소수의 국회의원에게 권한쟁의심판을 청구할 수 있게 하는 것은 다수결의 원리와 의회주의의 본질에 어긋날 뿐만 아니라, 국가기관이 기관 내부에서 민주적인 방법으로 토론과 대화에 의하여 기관의 의사를 결정하려는 노력 대신 모든 문제를 사법적 수단에 의해 해결하려는 방향으로 남용될 우려도 있으므로, **국가기관의 부분기관이 자신의 이름으로 소속기관의 권한을 주장할 수 있는 '제3자 소송담당'을 명시적으로 허용하는 법률의 규정이 없는 현행법 체계하에서는 국회의 구성원인 국회의원이 국회의 조약에 대한 체결·비준 동의권의 침해를 주장하는 권한쟁의심판을 청구할 수 없다**.

2. 청구기간

[요약판례 1] 강남구청과 행정자치부간의 권한쟁의: 각하(헌재 2001.10.25. 2000헌라3)

청구기간의 경과로 권한쟁의심판의 청구가 부적법한 사례

권한쟁의의 심판은 그 사유가 있음을 안 날로부터 60일 이내에, 그 사유가 있은 날로부터 180일 이내에 청구하여야 하는바, 심판대상처분인 「지방공무원수당업무처리요령」 및 「2001년도 지방자치단체예산과목구분과 설정」이 청구인에게 시달되어 그에 의거하여 업무를 처리하였다면 그 때부터 청구인이 주장하는 권한침해의 사유가 있음을 알았다고 할 것인데, 그로부터 60일이 경과한 후에야 제기된 심판청구는 부적법하다.

[요약판례 2] 동래구청장과 건설교통부장관간의 권한쟁의: 각하(헌재 2007.3.29. 2006헌라7)

권한쟁의심판청구에 있어 '그 사유가 있음을 안 날'이 처분의 내용이 확정적으로 변경될 수 없게 된 것까지를 요하는 것인지 여부(소극)

권한쟁의심판청구에 있어 '그 사유가 있음을 안 날'은 다른 국가기관 등의 처분에 의하여 자신의 권한이 침해되었다는 사실을 특정할 수 있을 정도로 현실적으로 인식하고 이에 대하여 심판청구를 할 수 있게 된 때를 말하고, 그 처분의 내용이 확정적으로 변경될 수 없게 된 것까지를 요하는 것은 아니라 할 것이다. 이 사건 처분은 관보 게재를 통하여 확정적으로 고시되었고, 청구인은 지방자치단체의 장으로 이 사건 도로의 무상귀속과 관련하여 피청구인과 사전협의를 거친 바 있어 이미 그 내용을 알고 있었으므로, 특단의 사정이 없는 한 청구인으로서는 이날 이 사건 처분이 있었고 이로써 이 사건 도로의 무상귀속 협의결정과 관련하여 자신의 권한이 침해되었다는 사정을 알았다 할 것이다. 또한 권한쟁의심판은 그 청구기간이 경과되더라도 이에 관하여 정당한 사유가 있는 때에는 이를 청구할 수 있고, 여기에 '정당한 사유'라 함은 청구기간이 경과된 원인 등 여러 가지 사정을 종합하여 지연된 심판청구를 허용하는 것이 사회통념상으로 보아 상당한 경우를 뜻한다. 그런데, 이 사건 처분이 확정적으로 고시된 후 청구인이 주장하는 바와 같이 피청구인에게 일방적으로 그 사업계획 승인의 내용을 변경해 줄 것을 요청하였다는 것만으로는 권한쟁의심판청구가 지연될 만큼의 상당한 사정이 있었다고 볼 수 없으므로, 이 사건 심판에 있어 그 청구기간이 경과된 것에 대하여 청구인에게 정당한 사유가 있었다고도 할 수 없다.

[요약판례 3] 국회의원과 대통령 등 간의 권한쟁의: 각하(헌재 2008.3.27. 2006헌라4)

피청구인 대통령이 2003. 11.경 합동참모의장을 통하여 미합중국 측과 합의각서를 교환하면서 전략적 유연성에 합의한 행위에 대한 권한쟁의심판청구 부분이 청구기간을 준수하였는지 여부(소극)

권한쟁의의 심판은 그 사유가 있은 날로부터 180일 이내에 청구하여야 하며, 이 사건에 있어서 **'사유가 있은 날'은 이 사건 합의각서 교환행위가 있었던 2003. 11. 경**이라고 할 것이다. 따라서 이 사건 합의각서에 대한 청구 부분은, **사유가 있은 날인 2003. 11. 경으로부터 180일이 지난 2006. 3. 20. 청구된 것이므로 부적법**하다.

[요약판례 4] 화성시와 서울특별시 종로구 등 간의 권한쟁의: 각하(헌재 2009.9.24. 2008헌라5)

청구기간의 경과로 권한쟁의심판의 청구가 부적법한 사례

(1) 헌법재판소법 제63조 제1항은 "**권한쟁의의 심판은 그 사유가 있음을 안 날로부터 60일 이내에, 그 사유가 있은 날로부터 180일 이내에 청구하여야 한다**"고 규정하고 있고, 같은 조 제2항은 위 기간을 불변기간으로 하고 있다.

(2) 청구인은 2006. 5. 4. 피청구인들의 이 사건 심판대상 행위에 따른 분쟁을 이유로 중앙분쟁조정위원회에 조정을 신청하였으므로 청구인으로서는 적어도 그 때부터 주장과 같은 권한침해의 사유가 있음을 알았다고 할 것이다. 그런데 이 사건 심판청구는 청구인이 심판청구의 사유를 안 날로부터 2년 이상이 경과한 2008. 8. 28.경에야 청구되었다. 따라서 이 사건 권한쟁의심판은 청구기간이 경과된 후에 제기되었음이 역수상 명백하다.

[요약판례 5] 경상남도 등과 대한민국 정부 등 간의 권한쟁의: 인용(권한확인),기각,각하(헌재 2010.6.24. 2005헌라9등)

장래처분에 의한 권한침해를 청구원인으로 하는 권한쟁의심판에서는 아직 장래 처분이 현실화되지 않은 상태이므로 청구기간의 제한이 없다고 보아야 한다.

3. 청구사유

Ⅶ 시흥시와 정부간의 권한쟁의: 기각(헌재 1998.8.27. 96헌라1)

쟁점 공공시설에 대한 관리에 따르는 재정적 부담을 감수해야 하는 것이 청구인의 권한을 침해하였는지 여부

사건의 개요

시화공단 조성 작업에 의해 준공된 시흥시 소재 공공시설에 대한 관리비가 문제가 된 사건이다. 청구인 시흥시는 피청구인 정부가 이 사건 공공시설을 관리하지 아니하는 부작위로 인하여 시흥시가 이 사건 공공시설을 관리하여야 할 의무를 부담하거나 그러한 의무를 부담할 현저한 위험에 놓이게 됨으로써 시흥시로서는 감당하기 어려운 재정적 부담을 지게 될 위험에 처하였고, 시흥시의 지방자치권 또는 자치재정권과 재산권 등을 침해받았거나 침해받을 현저한 위험에 처했다고 주장하며 이 사건 심판청구에 이르렀다.

심판의 대상

이 사건 공공시설의 관리권자가 피청구인임에도 불구하고 피청구인이 이 사건 공공시설을 관리하지 아니함으로 인하여 청구인의 권한을 침해하거나 침해할 현저한 위험이 있는지 여부

주 문

청구인의 심판청구를 기각한다.

판 단

Ⅰ. 다수의견

1. 시화공업단지내의 공공시설(이하 '이 사건 공공시설'이라 한다)의 관리권자가 정부(피청구인)임에도 불구하고 정부가 이 사건 공공시설을 관리하지 아니함으로 인하여 시흥시(청구인)의 권한을 침해하거나 침해할 현저한 위험이 있는지 여부(소극)

이 사건 공공시설은 특별히 공업단지의 기능을 유지하기 위하여 설치된 것이 아니라 일반 행정구역에서도 설치되어 사용되고 있는 것으로서 불특정 다수의 사용에 제공되고 있는 공공시설이므로 이를 관리하는 것은 공업단지의 기능을 유지하기 위한 업무라기보다는 일반적인 행정업무라고 하여야 할 것이다. 따라서 이 사건 공공시설의 관리권자는 일반 행정구역의 공공시설에 적용되는 관련 법규를 적용하여 결정하여야 할 것이므로, 청구인은 도로법, 하천법, 하수도법, 수도법 등에 따라 이 사건 공공시설을 관리하여야 할 것이다. **그렇다면 청구인이 이 사건 공공시설의 관리권자**이므로 피청구인이 이 사건 공공시설을 관리하지 아니하고 있다고 하여 청구인의 권한이 침해되거나 침해될 위험이 있다고 할 수 없을 것이다.

2. 권한 침해 내지 침해의 현저한 위험이 없는 경우 헌법재판소의 판단

이 사건 공공시설의 관리권한이 누구에게 있는가에 관계없이 피청구인의 부작위에 의하여 청구인의 권한이 침해되었거나 침해될 현저한 위험이 있다고 할 수 없으므로, 이 사건 심판청구는 헌법

재판소법 제61조 제2항 소정의 요건을 갖추지 못하였고, 청구인의 권한이 침해된 바 없어서 이를 기각한다.

Ⅱ. 재판관 김용준, 재판관 조승형, 재판관 고중석의 반대의견

1. 청구인의 주장과 같이 이 사건 공공시설의 관리권한이 피청구인에게 있음에도 불구하고 피청구인이 이를 관리하지 않는 것이라면, 피청구인이 그로 인한 책임을 부담하게 되는 것일 뿐, 이로 인하여 청구인이 이 사건 공공시설을 관리하여야 할 책임이 발생하게 되는 것은 아니므로, 피청구인의 부작위로 인하여 청구인의 권한이 침해될 우려가 전혀 없고, 이 사건 공공시설이 청구인에게 귀속되게 됨으로써 청구인이 그 관리권한과 책임을 부담하게 된 것이라면, 피청구인의 부작위로 인하여 청구인의 권한이 침해된 것은 아니라 할 것이므로, 청구인으로서는 이 사건 공공시설이 청구인에게 귀속하게 된 원인인 위 귀속처분이나 그 근거조항인 위 법률조항 자체에 대하여 다투는 것은 별론으로 하고, 청구인의 권한침해와는 관계없는 피청구인의 부작위를 다투는 것은 아무런 이익이 없는 것이다.

2. 이 사건 공공시설의 관리권한이 청구인과 피청구인 중 누구에게 있는지에 관계없이 피청구인의 부작위에 의하여 청구인의 권한이 침해되었거나 침해될 현저한 위험이 있다고 할 수 없으므로, 이 사건 심판청구는 헌법재판소법 제61조 제2항 소정의 적법요건을 갖추지 못하기 때문에 각하하여야 한다.

Ⅲ. 재판관 이영모의 반대의견

1. 청구인은 피청구인이 이 사건 공공시설을 관리하지 아니하는 부작위가 청구인의 권한을 침해하거나 침해할 현저한 위험이 있다고 주장하고 있으나, 청구인의 주장요지를 종합적으로 판단하여 볼 때, 피청구인이 이 사건 공공시설을 아무런 재정지원도 없이 청구인에게 무상 귀속시킨 것이 청구인의 권한을 침해하고 있다는 점이 청구인의 청구취지를 제대로 반영하므로, 이를 이 사건의 심판대상으로 삼아야 한다.

2. 피청구인이 이 사건 공공시설을 청구인에게 귀속시킨 것은 헌법 제117조 제1항 및 지방자치법 제9조 제2항, 제113조에 규정된 지방자치권(자치재정권)을 침해하였거나 침해할 현저한 위험이 있는 때에 해당되어, 헌법재판소법 제62조 제1항 제2호, 제61조 제2항 소정의 정부와 지방자치단체간의 권한쟁의심판 요건을 갖추고 있다.

3. 청구인이 시화공단내의 이 공공시설의 유지·관리에 대한 수지균형의 현저한 차이로 인하여 5년간에 걸쳐 729억원(연평균 146억원)에 달하는 예산상의 재정부담을 하여야 한다면, 피청구인이 이 사건 공공시설을 재정지원도 없이 청구인에게 무상귀속시킨 것은 헌법 제117조 제1항 및 지방자치법 제9조 제2항, 제113조에 의한 청구인의 지방자치권(자치재정권)을 침해한 것으로 볼 수밖에 없다. 따라서 이 사건 심판청구를 인용하여야 한다.

Ⅷ 아산시와 건설교통부장관간의 권한쟁의: 각하(헌재 2006.3.30. 2003헌라2)

쟁점 고속철도역명칭결정이 권한쟁의심판의 대상이 되는 처분인지 여부(적극) 및 청구인의 권한침해의 개연성 인정여부(소극)

사건의 개요

> 피청구인 건설교통부장관은 자문위원회에 자문을 문의하고 주민투표 등을 실시하여 그 결과를 참작하여 이 사건 경부고속철도역명을 "천안아산역(온양온천)"으로 결정하였다. 청구인 아산시는 이 사건 역의 명칭을 "아산역"으로 바꾸어 줄 것을 요구하였다. 피청구인이 받아들이지 않자 청구인은 이 사건 역의 명칭을 "천안아산역(온양온천)"으로 결정한 것은 자신의 영토고권이라는 자치권을 침해한다는 이유로, 위 결정의 취소를 구하는 권한쟁의심판을 청구하였다.

심판의 대상

건설교통부장관이 경부고속철도 제4-1공구 역의 이름을 "천안아산역(온양온천)"으로 결정한 것이 헌법 또는 법률에 의하여 부여받은 청구인의 권한을 침해하였거나 침해할 현저한 위험이 있는지 여부

주 문

이 사건 심판청구를 각하한다.

판 단

Ⅰ. 이 사건 역명칭 결정이 권한쟁의심판의 대상이 되는 처분인지 여부(적극)

지방자치단체의 권한에 부정적인 영향을 주어서 법적으로 문제되는 경우에는 사실행위나 내부적인 행위도 권한쟁의심판의 대상이 되는 처분에 해당한다고 할 것이므로, 건설교통부장관의 이 사건 역명 결정은 권한쟁의심판의 대상이 되는 처분에 해당한다.

Ⅱ. 청구인의 권한 침해의 개연성(소극)

지방자치법 제11조 제6호는 지방자치단체가 처리할 수 없는 국가사무로 "우편, 철도 등 전국적 규모 또는 이와 비슷한 규모의 사무"를 열거하고 있으므로, **고속철도의 건설이나 고속철도역의 명칭 결정과 같은 일은 국가의 사무이고 지방자치단체인 청구인의 사무가 아님이 명백하다.** 따라서 이 사건에서 청구인 권한이 침해될 개연성이 있는지 여부는 우선 청구인이 주장하는 바와 같은 **영토고권이라는 자치권이 헌법 또는 법률에 의하여 청구인에게 부여되어 있는지 여부에 따라 결정된다**고 할 것이다.

헌법 제117조, 제118조가 제도적으로 보장하고 있는 지방자치의 본질적 내용은 '자치단체의 보장, 자치기능의 보장 및 자치사무의 보장'이라고 할 것이나, **지방자치제도의 보장**은 지방자치단체에 의한 자치행정을 **일반적으로 보장**한다는 것뿐이고 **특정자치단체의 존속을 보장한다는 것은 아니므로**, 마치 국가가 영토고권을 가지는 것과 마찬가지로, **지방자치단체에게 자신의 관할구역 내에 속하는 영토, 영해, 영공을 자유로이 관리하고 관할구역 내의 사람과 물건을 독점적, 배타적으로 지배할 수 있는 권리가 부여되어 있다고 할 수는 없다.** 청구인이 주장하는 **지방자치단체의 영토고권은**

우리나라 헌법과 법률상 인정되지 아니한다. 따라서 이 사건 결정이 청구인의 영토고권을 침해한다는 주장은 가지고 있지도 않은 권한을 침해받았다는 것에 불과하여 본안에 들어가 따져볼 필요가 없다.

✤ 본 판례에 대한 평가 헌재 2006. 3. 30. 2003헌마837 사건과 같은 사실관계에서 청구된 권한쟁의심판이다. 따라서 이 사건에서는 권한쟁의심판사건이므로 헌법소원심판 청구사건과 달리 기본권이 아닌 지방자치단체의 헌법 또는 법률상의 권한의 침해 또는 침해의 우려를 주장하여야 한다.

헌법재판소는 이 사건 역 명칭 결정이 권한쟁의심판의 대상이 되는 "처분"임을 인정하였으나, 청구인의 주장하는 지방자치단체의 영토고권이 헌법 또는 법률에 의하여 인정되지 않는다는 이유로 심판청구를 각하하였다. 영토고권을 부인하는 논거로, 이 사건에서 헌법재판소는 "헌법상 지방자치제도의 보장은 특정자치단체의 존속을 보장하는 것이 아니다"라는 명제를 다시 한 번 확인하고 있다.

[요약판례 1] 강남구 등과 국회 등 간의 권한쟁의: 각하(헌재 2008.6.26. 2005헌라7)

강남구선거관리위원회가 2006년 지방선거를 앞두고 강남구의회가 다음해 예산을 편성할 때 지방선거에 소요되는 비용을 산입하도록 예상되는 비용을 미리 통보한 행위는 서울특별시 강남구의 법적 지위에 어떤 변화도 가져온다고 볼 수 없으므로 권한쟁의 심판의 대상이 되는 처분에 해당한다고 볼 수 없다.

[요약판례 2] 국회의원과 법원 간의 권한쟁의: 각하(헌재 2010.7.29. 2010헌라1)

국회의원이 교원들의 교원단체 가입현황을 자신의 인터넷 홈페이지에 게시하여 공개하려 하였으나, 법원이 그 공개로 인한 기본권침해를 주장하는 교원들의 신청을 받아들려 그 공개의 금지를 명하는 가처분 및 그 가처분에 따른 의무이행을 위한 간접강제 결정을 한 것에 대해 국회의원이 법원을 상대로 제기한 권한쟁의심판청구의 적법 여부(소극)

(1) 권한쟁의심판에서 다툼의 대상이 되는 권한이란 헌법 또는 법률이 특정한 국가기관에 대하여 부여한 독자적인 권능을 의미하므로, 국가기관의 모든 행위가 권한쟁의심판에서 의미하는 권한의 행사가 될 수는 없으며, 국가기관의 행위라 할지라도 헌법과 법률에 의해 그 국가기관에게 부여된 독자적인 권능을 행사하는 경우가 아닌 때에는 비록 국가기관이 그 행위를 함에 있어 제한을 받더라도 권한쟁의심판에서 말하는 권한이 침해될 가능성은 없다.

(2) 특정 정보를 인터넷 홈페이지에 게시하거나 언론에 알리는 것과 같은 행위는 헌법과 법률이 특별히 국회의원에게 부여한 국회의원의 독자적인 권능이라고 할 수 없고 국회의원 이외의 다른 국가기관은 물론 일반 개인들도 누구든지 할 수 있는 행위로서, 그러한 행위가 제한된다고 해서 국회의원의 권한이 침해될 가능성은 없다.

(3) 청구인은 이 사건 가처분재판과 이 사건 간접강제재판으로 인해 입법에 관한 국회의원의 권한과 국정감사 또는 조사에 관한 국회의원의 권한이 침해되었다는 취지로 주장하나, 이 사건 가처분재판이나 이 사건 간접강제재판에도 불구하고 청구인으로서는 얼마든지 법률안을 만들어 국회에 제출할 수 있고 국회에 제출된 법률안을 심의하고 표결할 수 있어 입법에 관한 국회의원의 권한인 법률안 제출권이나 심의표결권이 침해될 가능성이 없으며, 이 사건 가처분재판과 이 사건 간접강제재판은 국정감사 또는 조사와 관련된 국회의원의 권한에 대해서도 아무런 제한을 가하지 않고 있어, 국정감사 또는 조사와 관련된 국회의원으로서의 권한이 침해될 가능성 또한 없다. 따라서 이 사건 권한쟁의심판청구는 청구인의 권한을 침해할 가능성이 없어 부적법하다.

[요약판례 3] 서울특별시 강남구와 관악구간의 권한쟁의: 각하(헌재 2009.11.26. 2008헌라4)

피청구인(관악구)이 서울시의 동·통 폐합 및 기능개편계획에 따라 행정동을 통·폐합하면서 기존의 '신림4동'이라는 행정동 명칭을 '신사동'으로, 기존의 '신림6동', '신림10동'이라는 행정동 명칭을 '삼성동'으로 각 변경하는 조례를 개정한 것이 청구인(강남구)의 행정동 명칭에 관한 권한을 침해한 것인지 여부(소극)

(1) 시와 구(자치구를 포함한다)의 관할구역 내에 있는 동의 명칭도 지적제도, 도로교통 등 공익과 관련성을 갖긴 하지만, 이와 같은 동의 명칭은 특정 지방자치단체의 명칭과는 구분되는 것으로서, 그 동 명칭이 지방자치단체의 정체성과 불가분의 관계를 이루는 것으로 보기 어렵다. 더욱이 행정동은 행정사무를 원활히 하기 위해 조례로 정한 동으로 주민들의 거주 지역을 행정상의 편의에 의하여 설정한 행정구역의 단위를 뜻하므로, 행정동의 명칭이 당해 지방자치단체의 동일성·정체성과 직접 연관되어 있다고 보기 어려울 뿐만 아니라 이러한 행정동 명칭이 변경된다 하더라도, 주민등록주소나 등기부등본, 토지대장, 건축물대장 등 각종 공부상의 동(법정동) 주소가 변경되는 것도 아니어서, 행정동의 명칭 변경이 공익에 미치는 영향도 상대적으로 미약하다고 할 것이다.

(2) 행정동 명칭의 변경은 지방자치단체의 관할구역 안 행정구역의 명칭에 관한 사무로서 지방자치단체의 자치사무에 속하는 것이므로 그 지방자치단체의 조례로 정할 수 있다고 할 것이고, 지방자치단체가 행정동의 명칭을 정함에 있어 관계법령에서 내용상의 한계를 규정하거나 인접 지방자치단체 및 그 관할구역 내 주민의 이익을 보호하기 위한 특별한 제한규정을 두고 있지도 아니하다. 이와 같은 점 등을 종합해 보면, 지방자치단체와 견련성이 인정되는 명칭이 거래시장에서 상표 등에 해당하여 상표법 또는 부정경쟁방지법 등에 의하여 구체적, 개별적으로 보호될 수 있는지의 여부는 별론으로 하고, 적어도 지방자치단체와 다른 지방자치단체의 관계에서 어느 지방자치단체가 특정한 행정동 명칭을 독점적·배타적으로 사용할 권한이 있다고 볼 수는 없다. 따라서 **행정동 명칭에 관한 독점적·배타적 권한을 인정할 수 없는 이상, 피청구인의 행정동 명칭 변경에 관한 이 사건 조례로 인하여 청구인의 행정동 명칭에 관한 권한이 침해될 가능성이 있다고 볼 수 없다.**

[요약판례 4] 강남구 등과 국회 간의 권한쟁의: 기각(헌재 2010.10.28. 2007헌라4)

특별시의 관할구역 안에 있는 구(區)의 재산세를 '특별시 및 구세'로 하여 특별시와 자치구가 공동과세하도록 하는 지방세법을 국회가 제정한 행위가 헌법상 보장된 청구인들의 지방자치권을 침해하였는지 여부(소극)

(1) 헌법 제117조 제1항에 의해 지방자치단체에게 보장된 지방자치권은 절대적인 것이 아니고 법령에 의하여 형성되는 것이므로, 입법자는 지방자치에 관한 사항을 형성하면서 지방자치단체의 지방자치권을 제한할 수 있다. 그러나 법령에 의하여 지방자치단체의 지방자치권을 제한하는 것이 가능하다고 하더라도, 지방자치단체의 존재 자체를 부인하거나 각종 권한을 말살하는 것과 같이 그 제한이 불합리하여 지방자치권의 본질적인 내용을 침해하여서는 아니된다.

(2) 이 사건 법률조항들은 종래 구(區)세였던 재산세를 구와 특별시의 공동세로 변경하였는데, 재산세를 반드시 기초자치단체에 귀속시켜야 할 헌법적 근거나 논리적 당위성이 있다고 할 수 없다. 그리고 이 사건 법률조항들로 인해 구의 재산세 수입이 종전보다 50% 감소하게 되지만 이 사건 법률조항들 및 서울특별시세조례에 의하여 특별시분 재산세가 각 자치구에 배분되므로 이를 감안하면 종전에 비하여 실질적으로 감소되는 청구인들의 재산세 수입 비율은 50% 미만이 될 것이다. 이 사건 법률조항들로 인하여 청구인들의 수입이 감소함으로써 청구인들의 자치재정권에 제한이 가해진다고 하더라도, 그로 인하여 청구인의 자치재정권이 유명무실하게 될 정도로 지나친 침해되었다고는 할 수 없다. 따라서 피청구인 국회가 이 사건 법률조항들을 제정한 행위는 헌법상 보장된 청구인들의 지방자치권의 본질적 내용을 침해하였다고 할 수 없다.

[요약판례 5] 북제주군과 완도군 등 간의 권한쟁의: 인용(권한확인), 각하(헌재 2008.12.26. 2005헌라11)

(1) 청구인이 피청구인 완도군수를 상대로 동경 126° 38′, 북위 33° 55′에 위치한 섬에 대한 관할권한의 확인과 그 임야대장 등록말소의 부작위가 위법하다는 확인을 구하는 심판청구의 적법 여부(소극)

(2) 이 사건 섬에 대한 지방자치단체의 관할구역 판단기준

(3) 이 사건 섬에 대한 관할권한이 청구인에게 귀속되는지 여부(적극)

(1) 청구인의 피청구인 완도군수에 대한 심판청구는 지방자치단체인 청구인이 국가사무인 지적공부의 등록사무에 관한 권한의 존부 및 범위에 관하여 국가기관의 지위에서 국가로부터 사무를 위임받은 피청구인 완도군수를 상대로 다투고 있는 것임이 분명하므로, 이 부분 심판청구는 그 다툼의 본질을 지방자치권의 침해로 보기 어렵고, 따라서 청구인의 권한에 속하지 아니하는 사무에 관한 권한쟁의심판 청구로서 부적법하다

(2) 지방자치법 제4조 제1항에서 정한 관할구역의 기준과 관련하여 다양한 해석론이 제시될 수 있으나, 토지(육지)에 대한 지방자치단체의 관할구역의 경우 지적법에 의하여 공부상 정리되어 있고, 지적법에 따라 임야대장 등 지적공부에 토지를 등록하면서 토지 특정의 한 방법으로 소재지의 지번을 기재하는 행정구역의 표시는 당해 토지를 관할하는 지방자치단체의 특정이라는 의미도 가진다고 할 것이므로, 토지(육지)에 대한 지방자치단체의 관할구역을 결정함에 있어서는 원칙적으로 '지적공부상의 기재'를 기준으로 하되 지적공부상 기재에 명백한 오류가 있거나 그 기재내용을 신뢰하기 어려운 특별한 사정이 있는 경우에는 지형도, 기타 역사적, 행정적 관련 자료 등을 종합하여 판단하여야 할 것이다.

(3) 지적공부상으로 이 사건 섬은 현재 청구인과 피청구인 완도군 모두에게 등록되어 있으나, 지방자치법 제4조 제1항에 따라 1948. 8. 15. 당시를 기준으로 할 경우 당시 지적공부인 임야대장과 토지등기부, 임야도에 청구인만이 이 사건 섬을 등록하고 있고, 나아가 위 지적공부상 기재에 명백한 오류가 있거나 그 기재 내용을 신뢰하지 못할 만한 다른 사정이 있다고 보기 어려운 점 등에 비추어 이 사건 섬에 대한 자치권한은 청구인에게 귀속된다 할 것이다.

(재판관 조대현의 반대의견(피청구인 완도군수에 대한 청구 부분)) 피청구인 완도군수가 청구인의 관할권한 행사를 방해하고 있는 이상, 청구인의 위와 같은 청구는 피청구인 완도군수가 청구인의 관할권한을 침해하는 상태를 제거시키는 적절한 수단이라고 할 것이고, 이를 인용(認容)함이 상당하다. 이러한 청구는 이 사건 섬에 대한 임야대장 등록권한이 피청구인 완도군수에게 귀속되지 않음을 전제로 하는 것이지만, 청구인이 이 사건 청구원인으로 내세운 것은 이 사건 섬에 대한 관할권한의 침해이고 임야대장 등록권한에 관한 다툼이 아니다. 청구인에게 이 사건 섬에 관한 임야대장 등록권한이 없으므로 피청구인 완도군수에 대한 청구는 부적법하다고 판단하는 것은 청구인의 피청구인 완도군수에 대한 청구의 취지를 오해하거나 이 사건 권한분쟁의 본질을 간과하는 것이다 .청구인의 피청구인 완도군수에 대한 심판청구는 적법하고 이유 있으므로, 각하해서는 안 되고 인용하여야 한다.

[요약판례 6] 옹진군과 태안군 등 간의 권한쟁의: 인용(권한확인),각하(헌재 2009.7.30. 2005헌라2)

(1) 피청구인 태안군수가 청구인의 관할구역에 속하는 '인천-충남간 해상광업지역 내 행정경계구역도' 표의 "A, B, C, D"의 각 점을 순차적으로 연결한 선내부분 해역에 대하여 바다골재채취허가처분을 하고, 바다골재채취허가처분에 따른 법적 상태를 제거하지 않고 있는 부작위가 청구인의 자치권한을 침해한 것이라는, 청구인의 피청구인 태안군수에 대한 심판청구가 적법한 것인지 여부(소극)
(2) 피청구인의 장래처분에 대하여 권한쟁의심판을 청구할 수 있는지 여부(한정적극)
(3) 피청구인 태안군이 이 사건 쟁송해역에 대하여 행사할 장래처분이 청구인의 이 사건 쟁송해역에 대한 자치권한을 침해할 위험성이 있다는, 청구인의 피청구인 태안군에 대한 심판청구가 적법한 것인지 여부(적극)
(4) 공유수면에 대한 지방자치단체의 관할구역 경계 및 그 기준
(5) 이 사건 쟁송해역에서 1948. 8. 15. 당시와 가장 시기적으로 근접한 풍도 해상광구의 1965년 발행 국가기본도상의 해상경계선, 선갑도 해상광구의 경우 1971년 발행 국가기본도상의 해상경계선, 가덕도와 이곡 해상광구의 경우 1969년 발행 국가기본도상의 해상경계선을 가장 합리적으로 연결한 선을 기준으로 청구인과 피청구인 태안군 사이의 관할구역 경계를 확인한 사례

(1) 청구인의 피청구인 태안군수에 대한 심판청구는 그 심판청구의 본질을 지방자치권의 침해로 볼 수 없으며, 지방자치단체인 청구인이 국가사무인 골재채취허가사무에 관한 권한의 존부 및 범위에 관하여 국가기관의 지위에서 국가로부터 사무를 위임받은 피청구인 태안군수를 상대로 다투고 있는 청구라고 할 것이므로, 지방자치단체인 청구인의 이 부분 심판청구는 청구인의 권한에 속하지 아니하는 사무에 관한 권한쟁의심판청구라고 할 것이므로 부적법하다.

(2) 피청구인의 장래처분에 의해서 청구인의 권한침해가 예상되는 경우에 청구인은 원칙적으로 이러한 장래처분이 행사되기를 기다린 이후에 이에 대한 권한쟁의심판청구를 통해서 침해된 권한의 구제를 받을 수 있으므로, 피청구인의 장래처분을 대상으로 하는 심판청구는 원칙적으로 허용되지 아니한다. 그러나 피청구인의 장래처분이 확실하게 예정되어 있고, 피청구인의 장래처분에 의해서 청구인의 권한이 침해될 위험이 있어서 청구인의 권한을 사전에 보호해 주어야 할 필요성이 매우 큰 예외적인 경우에는 피청구인의 장래처분에 대해서도 헌법재판소법 제61조 제2항에 의거하여 권한쟁의심판을 청구할 수 있다.

(3) 태안군수가 이 사건 쟁송해역에 대하여 바다골재(해사)채취허가처분을 하고 그에 따른 점용료 및 사용료를 부과, 징수하였는바, 이에 대하여 청구인이 이 사건 쟁송해역에 대한 관할권한이 청구인에게 있다고 주장하고 있는 반면, 피청구인 태안군은 이 사건 쟁송해역에 대한 관할권한이 오히려 자신에게 있고, 태안군수의 이 사건 해사채취허가처분 및 그에 따른 점용료 및 사용료의 부과는 정당하다고 주장하고 있으므로, 이 사건 쟁송해역에 대한 피청구인 태안군의 관할권한 행사가 확실하게 예정되어 있다고 할 것이고, 피청구인 태안군의 장래처분이 확정적으로 존재하고, 피청구인 태안군의 장래처분에 의하여 청구인의 이 사건 쟁송해역에 대한 관할권한이 침해될 위험성이 있어서 청구인의 권한을 사전에 보호해야 할 필요성이 매우 크다고 할 것이므로, 피청구인 태안군의 장래처분은 헌법재판소법 제61조의 제2항에서 규정하고 있는 처분에 해당된다고 할 것이며, 기타의 적법요건도 갖추고 있으므로, 청구인의 피청구인 태안군에 대한 장래처분에 대한 심판청구는 적법하다.

(4) 현행 지방자치법 제4조 제1항에 의하여 지방자치단체의 관할구역 경계를 결정함에 있어서 위 조항은 '종전'에 의하도록 하고 있고, 앞서 본 위 조항의 개정 연혁에 비추어 보면 그 '종전'이라는 기준은 최초로 제정된 법률조항까지 순차 거슬러 올라가게 되므로, 1948. 8. 15. 당시 존재하던 관할구역의 경계가 원천적인 기준이 된다. 따라서 다른 특별한 사정이 없는 이상 조선총독부 육지측량부가 제작한 지형도상의 해상경계선이 그 기준이 될 것이나, 위 지형도가 현재 존재하지 않거나 위 지형도상에 해상경계선이 제대로 표시되어 있지 않더라도, 주민, 구역과 자치권을 구성요소로 하는 지방자치단체의 본질에 비추어 지방자치단체의 관할구역에 경계가 없는 부분이 있다는 것은 상정할 수

없고, 조선총독부 육지측량부가 제작한 지형도는 해방 이후 국토지리정보원이 발행한 국가기본도에 대부분 그대로 표시되었으므로, 국토지리정보원이 발행한 국가기본도(지형도) 중 1948. 8. 15.에 가장 근접한 것을 기준으로 하여 종전에 의한 해상경계선을 확인하여야 하고, 지형도상에 해상경계선이 명시적으로 표시되지 않은 경우에는 행정관습법이 존재한다면 이에 의하고, 행정관습법이 성립하지 아니한 경우에는 지형도에 표시된 해상경계선에서 합리적으로 추단할 수 있는 해상경계선에 의하여야 할 것이다.

(5) 국토지리정보원에서 발행된 국가기본도에 이 사건 쟁송해역 및 그 인근 해역에는 모두 11개의 해상경계선 표시가 존재하고, 각 해상경계선들은 모두 부분적으로 표시되어 있다. 그런데 11개의 해상경계선 중 이 사건 쟁송해역에서 1948. 8. 15. 당시와 시기적으로 가장 근접한 것은 풍도 해상광구의 경우에는 1965년 발행된 국가기본도상의 해상경계선이고, 선갑도 해상광구의 경우에는 1971년 발행된 국가기본도상의 해상경계선이며, 가덕도 해상광구와 이곡 해상광구의 경우에는 1969년 발행된 국가기본도상의 해상경계선인바, 이 사건 쟁송해역의 해상경계선은 다른 사정이 없다면 풍도 해상광구의 1965년 해상경계선, 선갑도 해상광구의 1971년 해상경계선, 가덕도와 이곡 해상광구의 1969년 해상경계선을 가장 합리적으로 연결한 선이 청구인과 피청구인 태안군의 관할구역 경계라고 볼 가능성이 크다. 그런데 청구인이 제출한 '인천-충남간 해상 광업지적 내 행정경계구역도' 표시 "A, C"의 각 점을 연결한 선이 위 3개의 해상경계선을 연결한 선상에 있고, 다른 해상경계선들이 위 "A, C"의 각 점을 연결 한 선상에 있음에 비추어 볼 때, 이를 풍도 해상광구의 1965년 발행된 국가기본도상의 해상경계선, 선갑도 해상광구의 1971년 발행된 국가기본도상의 행상경계선, 가덕도와 이곡 해상광구의 1969년 해상경계선을 가장 합리적으로 연결한 선이라고 할 것이고, 법률 또는 대통령령의 개폐, 행정관습법의 성립 등으로 적법하게 변경되었다고 볼만한 특별한 사정이 존재하지 않으므로 이를 지방자치법 제4조 제1항이 정한 '종전'에 의한 관할구역의 경계로 봄이 상당하다

(재판관 조대현, 재판관 송두환의 반대의견) 지방자치단체의 관할구역에 관한 법령은 대한민국 건국 이후 현재까지 지방자치단체의 관할구역을 "단기 4281년 8월 15일 현재에 의한다" 또는 "종전에 의한다"라고만 규정하여 왔다. 그런데, 육지와 섬에 대해서는 1948. 8. 15. 현재 지방자치단체의 관할구역이 정해져 있었지만, 영해구역의 해역에 대해서는 1948. 8. 15. 현재나 그 전후에 지방자치단체의 관할구역이 정해진 적이 없다.

영해구역을 지방자치단체별 관할구역으로 구분하려면 현행 지방자치법 제4조 제1항에 의하여 영해구역에 대한 지방자치단체의 관할구역과 경계가 법령으로 정해져야 하지만, 아직까지 영해구역에 대한 관할구역에 관한 법령이 정비되지 않은 것이다. 또 그 동안의 행정관습에 의하여 영해구역 내에 지방자치단체의 관할구역과 경계가 명확하게 형성되었다고 보기도 어렵다.

국토지리정보원도 영해구역에 대한 지방자치단체의 관할구역 경계선은 획정되어 있지 않다고 확인하고 있다. 그런데도 다수의견은 영해구역에 대한 지방자치단체의 관할구역이 정해져 있다고 주장하면서 국가기본도나 지형도를 근거로 내세우지만, 그러한 지도에도 섬(육지)의 행정구역을 표시하기 위한 구분선만 섬 부근에 표시되어 있을 뿐이고, 그 구분선의 위치나 모양도 지도마다 다르다. 이러한 사실은 오히려 영해구역에 대한 지방자치단체의 관할구역이 정해지지 않았음을 증명하는 것이라고 보아야 할 것이다.

이처럼 영해구역에 대한 지방자치단체의 관할구역이 정해지지 않았기 때문에 이 사건 쟁송해역이 옹진군의 관할구역에 속하는지 태안군의 관할구역에 속하는지 알 수 없다. 따라서 태안군수의 이 사건 해사채취허가처분이 옹진군의 해역관할권한이나 골재채취허가권한을 침해하였는지 여부도 판단할 수 없다. 영해구역에 대하여 지방자치단체의 관할구역과 경계가 법령으로 정해져야 비로소 판단할 수 있게 될 것이다. 따라서 이 사건 심판청구는 청구인의 해역관할권의 범위와 그 관할권이 침해되었는지 여부를 판단할 수 없기 때문에 기각할 수밖에 없다.

4. 청구서의 기재사항

5. 심판청구의 취하

[요약판례 1] 국회의장등과 국회의원간의 권한쟁의: 취하(헌재 2001.6.28. 2000헌라1)

(1) 권한쟁의심판절차에 소의 취하에 관한 민사소송법 제239조(현행 민사소송법 제266조)가 준용되는지 여부(적극)

(2) 권한쟁의심판의 공익적 성격만을 이유로 심판청구의 취하를 배제할 수 있는지 여부(소극)

(1) 헌법재판소법 제40조 제1항은 "헌법재판소의 심판절차에 관하여는 이 법에 특별한 규정이 있는 경우를 제외하고는 민사소송에 관한 법령의 규정을 준용한다. 이 경우 탄핵심판의 경우에는 형사소송에 관한 법령을, 권한쟁의심판 및 헌법소원심판의 경우에는 행정소송법을 함께 준용한다"고 규정하고, 같은 조 제2항은 "제1항 후단의 경우에 형사소송에 관한 법령 또는 행정소송법이 민사소송에 관한 법령과 저촉될 때에는 민사소송에 관한 법령은 준용하지 아니한다"고 규정하고 있다. 그런데 **헌법재판소법이나 행정소송법에 권한쟁의심판청구의 취하와 이에 대한 피청구인의 동의나 그 효력에 관하여 특별한 규정이 없으므로, 소의 취하에 관한 민사소송법 제239조(현행 민사소송법 제266조)는 이 사건과 같은 권한쟁의심판절차에 준용된다**고 보아야 한다.

(2) 비록 권한쟁의심판이 개인의 주관적 권리구제를 목적으로 삼는 것이 아니라 헌법적 가치질서를 보호하는 객관적 기능을 수행하는 것이고, 특히 국회의원의 법률안에 대한 심의·표결권의 침해 여부가 다투어진 이 사건 권한쟁의심판의 경우에는 국회의원의 객관적 권한을 보호함으로써 헌법적 가치질서를 수호·유지하기 위한 쟁송으로서 공익적 성격이 강하다고는 할 것이다. 그러나 법률안에 대한 심의·표결권의 행사 여부가 국회의원 스스로의 판단에 맡겨져 있는 사항일 뿐만 아니라, 그러한 심의·표결권이 침해당한 경우에 **권한쟁의심판을 청구할 것인지 여부도 국회의원의 판단에 맡겨져 있어서 심판청구의 자유가 인정되고 있는 만큼, 권한쟁의심판의 공익적 성격만을 이유로 이미 제기한 심판청구를 스스로의 의사에 기하여 자유롭게 철회할 수 있는 심판청구의 취하를 배제하는 것은 타당하지 않다.**

(재판관 권성, 재판관 주선회의 반대의견) 이 사건 권한쟁의심판에 대하여는 이미 실체적 심리가 다 마쳐져 더 이상의 심리가 필요하지 아니한 단계에 이른 이후에야 비로소 이 사건 심판청구가 취하되었으며, 그 때까지 심리한 내용만을 토대로 판단하더라도 이 사건 권한쟁의심판은 향후 우리나라 국회, 특히 상임위원회가 준수하여야 할 의사절차의 기준과 한계를 구체적으로 밝히는 것으로서 헌법질서의 수호·유지를 위하여 긴요한 사항일 뿐만 아니라, 그 해명이 헌법적으로 특히 중대한 의미를 지닌다고 하지 않을 수 없다. 그러므로 이 사건의 경우에는 비록 청구인들이 심판청구를 취하하였다 하더라도 소의 취하에 관한 민사소송법 제239조(현행 민사소송법 제266조)의 규정의 준용은 예외적으로 배제되어야 하고, 따라서 위 심판청구의 취하에도 불구하고 이 사건 심판절차는 종료되지 않는다고 보아야 한다.

III 권한쟁의심판의 절차

1. 심판의 방식

2. 가 처 분

[요약판례] 직접처분 효력정지 가처분신청: 인용(헌재 1999.3.25. 98헌사98)

(1) 권한쟁의심판의 가처분 요건

(2) 권한쟁의심판에서 가처분신청을 인용한 사례(본안사건은 98헌라4임)

(1) 권한쟁의심판에서의 가처분결정은 피청구기관의 처분 등이나 그 집행 또는 절차의 속행으로 인하여 생길 **회복하기 어려운 손해를 예방할 필요**가 있거나 **기타 공공복리상의 중대한 사유**가 있어야 하고 그 처분의 효력을 정지시켜야 할 **긴급한 필요**가 있는 경우 등이 그 요건이 되고, **본안사건이 부적법하거나 이유없음이 명백하지 않은 한**, 가

처분을 인용한 뒤 종국결정에서 청구가 기각되었을 때 발생하게 될 불이익과 **가처분을 기각한 뒤 청구가 인용되었을 때 발생하게 될 불이익에 대한 비교형량을** 하여 행한다.

(2) 이 사건 진입도로에 관한 피신청인의 도시계획입안과 지정·인가처분의 효력을 정지시키는 가처분결정을 하였다가 신청인에게 불리한 종국결정을 하였을 경우, 처분의 상대방에게는 공사지연으로 인한 손해가 발생하고 또 골프연습장을 이용하려는 잠재적 수요자의 불편이 예상된다는 점 외에 다른 불이익은 없는 반면, 가처분신청을 기각하였다가 신청인의 청구를 인용하는 종국결정을 하였을 경우, 피신청인의 직접처분에 따른 처분의 상대방의 공사진행으로 교통불편을 초래하고 공공공지를 훼손함과 동시에 이의 원상회복을 위한 비용이 소요되는 등의 불이익이 생기게 되므로, **종국결정이 기각되었을 경우의 불이익과 가처분신청을 기각한 뒤 결정이 인용되었을 경우의 불이익을 비교형량할 때 이 사건 가처분신청은 허용함이 상당하다.**

Ⅳ 권한쟁의심판의 결정

1. 결정정족수: 일반정족수

[요약판례] 국회의원과 국회의장간의 권한쟁의: 인용(권한침해),기각(헌재 1997.7.16. 96헌라2)

권한쟁의심판 사건에서 종전의 의견을 변경하는 경우에 필요한 정족수(재판관 6인 이상)

따라서 우리재판소가 종전에 1995. 2. 23. 선고, 90헌라1 결정에서 이와 견해를 달리하여 헌법재판소법 제62조 제1항 제1호를 한정적, 열거적인 조항으로 보아 국회의원은 권한쟁의심판의 청구인이 될 수 없다고 판시한 의견은 재판관 황도연, 재판관 정경식, 재판관 신창언을 제외한 나머지 재판관 6인의 찬성으로 이를 변경하기로 한다.

2. 결정의 내용

I | 강서구와 진해시간의 권한쟁의: 인용(취소),인용(권한확인),인용(위헌확인)
(헌재 2006.8.31. 2004헌라2)

쟁점 지방자치단체를 상대로 한 권한쟁의심판절차에서 지방자치단체 사무에 관해 단체장이 행한 처분을 취소할 수 있는지 여부 등

사건의 개요

청구인 강서구는 서울특별시광진구등9개자치구설치및특별시·광역시·도간관할구역변경등에관한법률(이하 '이 사건 법률'이라 한다)에 의해 진해시 용원동 일원(이하 '갑구역'이라 한다)을 관할하게 되었다고 주장하며, 피청구인 진해시에게 해당지역의 도로, 제방, 섬들에 대한 사무와 재산을 인계할 것을 요청하였다. 피청구인은 갑구역이 여전히 자신의 관할구역에 해당한다고 주장하면서 현재까지 청구인에게 그 사무 및 재산을 인계하지 아니하고 있다(이하 '이 사건 부작위'라 한다). 그리고 피청구인은 갑구역상의 1307도로를 점용하고 있는 청구외인 등에게 도로점용료를 부과하는 처분을 하였다(이하 '이 사건 점용료부과처분'이라 한다). 이에 청구인은 이 사건 부작위가 위법함을 확인해 줄 것과 이 사건 점용료부과처분의 취소를 구하는 권한쟁의심판을 청구하였다.

심판의 대상

이 사건 도로들, 제방, 섬들에 대한 관할권이 이 사건 법률조항에 의한 관할구역 변경으로 인하여 청구인에게 귀속되었는지 여부, 이 사건 부작위 및 점용료부과처분이 위법한지 여부

주 문

1. 진해시 용원동 1307 도로 32,094.3㎡ 중 별지 도면 표시 1 내지 6, 1의 각 점을 순차로 연결한 선 안쪽 '가'부분 3,323.1㎡ "서울특별시광진구등9개자치구설치및특별시·광역시·도간관할구역변경등에관한 법률(1994. 12. 22. 법률 제4802호로 제정된 것) 제8조 제1항에 규정된 진해시 용원동 1142의 3 도로 1,983.8㎡, 1143의 1 구거 50.4㎡, 1145의 2 도로 1,288.9㎡가 1999. 8. 31. 환지된 부분", 같은 동 1145 도로 1,432.3㎡, 같은 동 1146 제방 117.9㎡, 같은 동 산 222 임야 1,289㎡ 및 같은 동 산 223 임야 198㎡는 청구인의 관할 구역에 속함을 확인한다.

2. 피청구인이 위 각 토지에 관하여 지방자치법 제5조에 의한 사무와 재산의 인계를 청구인에게 행하지 아니하는 부작위는 위법함을 확인한다.

3. 피청구인이 2004. 3. 10. 진해시 용원동 1307 도로에 대한 점용을 이유로 청구외 박○원, 황○규, 김○균, 이○화, 유○옥에게 행한 각 점용료부과처분은 이를 취소한다.

판 단

Ⅰ. 심판청구의 적법성

1. 당사자적격

(1) 청구인적격

지방자치단체 상호 간의 권한쟁의심판에 있어서 **청구인적격은 침해당하였다고 주장하는 헌법상 내지 법률상 권한과 적절한 관련성이 있는 자**에게 인정된다.

청구인은 이 사건 법률조항에 의하여 이 사건 도로들, 제방, 섬들이 자신의 관할구역으로 변경되었는데 피청구인의 이 사건 부작위 및 점용료부과처분으로 위 토지들에 대한 청구인의 자치권한이 침해되었다고 주장하고 있는바, **주장 자체에서 일응 청구인이 주장하는 피침해권한과 청구인이 무관하다고 볼 수 없으므로** 청구인에게 이 사건 심판의 **청구인적격이 인정**된다.

(2) 피청구인적격

지방자치단체 상호 간의 권한쟁의심판의 피청구인적격은 **권한을 침해하는 처분 또는 부작위를 행하여 법적 책임을 지게 되는 자**에게 인정된다. 청구인이 권한침해를 야기하였다고 주장하는 이 사건 부작위 및 점용료부과처분은 **모두 피청구인의 이름과 책임으로 행해진 것**이므로 피청구인에게는 이 사건 심판의 피청구인적격이 인정된다.

(3) 피청구인의 주장에 대한 판단

피청구인은 이 사건 점용료부과처분은 피청구인이 행한 처분이 아니라 청구외 진해시장이 행정청으로서 행한 처분이므로 피청구인은 이 사건 심판의 피청구인적격이 없다고 주장하나, 이 사건 점용료부과처분은 지방자치단체인 피청구인의 대표이자 집행기관인 진해시장이 1307도로가 피청구인의 관할구역임을 전제로 지방자치법 제9조 소정의 지방자치단체의 사무 처리의 일환으로 도로법 제43조에 따라 **진해시의 이름과 책임으로 한 것**이므로 피청구인의 위 주장은 이유 없다.

2. 처분 또는 부작위의 존재

(1) 처분의 존재

적법요건으로서의 "처분"에는 개별적 행위뿐만 아니라 규범을 제정하는 행위도 포함되며, 입법영역에서는 법률의 제정행위 및 법률 자체를, 행정영역에서는 법규명령 및 모든 개별적인 행정적 행위를 포함한다. **이 사건 점용료부과처분**은 행정소송법상의 처분에 해당하므로 처분요건을 충족한다.

(2) 부작위의 존재

적법요건으로서의 "부작위"는 단순한 사실상의 부작위가 아니고 헌법상 또는 법률상의 작위의무가 있는데도 불구하고 이를 이행하지 아니하는 것을 말한다. 청구인의 주장과 같이 이 사건 도로들, 제방, 섬들에 대한 관할권한이 청구인에게 귀속된다면, 피청구인은 지방자치법 제5조에 의하여 청구인에게 그 사무와 재산을 승계할 의무를 부담하게 되므로 이를 이행하지 않고 있는 **이 사건 부작위**는 부작위요건을 충족한다.

3. "권한의 침해 또는 현저한 침해위험"의 가능성

청구인의 주장과 같이 이 사건 도로들, 제방, 섬들을 관할구역으로 하는 자치권한이 청구인에게 귀속된다고 가정한다면, 지방자치법 제5조에 의하여 그 사무와 재산을 인계할 의무를 위반한 피청구인의 이 사건 부작위 및 청구인의 관할구역에 대하여 행한 이 사건 점용료부과처분은 모두 청구인의 관할구역에 대한 자치권한을 침해하는 것이 되므로, 일응 주장 자체에서 권한침해의 가능성이 있다고 인정된다.

4. 청구기간

(1) 이 사건 부작위의 경우

현재까지 부작위가 계속됨으로써 청구인 주장의 권한침해상태가 계속되고 있어 청구기간이 계속 새롭게 진행되고 있으므로 청구기간도과의 문제가 생기지 않는다.

(2) 이 사건 점용료부과처분의 경우

이 사건 점용료부과처분은 2004. 3. 10. 행하여진 것인데, 이 사건 심판은 처분일로부터 180일이 경과하기 전인 2004. 9. 1. 청구되었으므로 **청구기간을 도과하지 아니하였다**.

5. 행정자치부장관의 지정권 행사에 대한 판단

지방자치법 제5조는 지방자치단체의 관할구역 변경에 따라 사무 및 재산의 분리가 필요한 경우 행정자치부장관에게 그에 관련된 지정권을 준 것에 불과하고, 지방자치단체 사이에 관할구역 자체에 관한 다툼이 있을 때 행정자치부장관에게 이를 해결할 지정권을 준 것으로는 해석할 수는 없다. 그렇게 해석하는 것은 지방자치법 제4조 제1항에서 지방자치단체 간의 구역을 변경할 때에는 특별시와 광역시 및 도의 경우는 법률로써 정하고, 시·군 및 자치구의 관할구역 변경은 대통령령으로 정하도록 한 것과 모순되기 때문이다. 따라서, 지방자치단체의 관할구역 다툼의 문제는 행정자치부장관의 지정권 행사와는 관련이 없다.

Ⅱ. 본안에 대한 판단

1. 이 사건 도로들, 제방, 섬들을 관할구역으로 하는 자치권한의 귀속 판단

지방자치단체의 관할구역은 인적요건으로서의 주민 및 자치를 위한 권능으로서 자치권한과 더불어 지방자치의 3요소를 이루는 것으로, '지방자치단체가 자치권한을 행사할 수 있는 장소적 범위'를 뜻한다. 이것은 적극적으로는 그 구역 안에 주소를 가진 주민을 구성원으로 하여 이를 지방자치단체의 권한에 복종하게 하고, 소극적으로는 자치권한이 일반적으로 미치는 범위를 장소적으로 한

정하는 효과를 가진다. 지방자치단체의 관할구역은 종전에 형성된 구역을 그대로 이어받음을 원칙으로 하면서도 자치행정의 효율성, 행정력의 증대와 관련하여 구역변경이 이루어질 수 있고, 지방자치단체의 경계변경이 이루어질 경우 행정구역도 같이 달라지고 있다. **이 사건 도로들, 제방, 섬들은** 이 사건 법률조항에 의한 관할구역 변경 요건을 모두 충족하였으므로 **청구인의 관할구역으로 변경되었다**.

2. 이 사건 부작위와 점용료부과처분이 청구인의 권한을 침해하는지 여부

(1) 이 사건 부작위

이 사건 도로들, 제방, 섬들은 청구인의 관할구역으로 변경되었으므로, 피청구인은 지방자치법 제5조에 따라 새로 그 지역을 관할하게 된 지방자치단체인 청구인에게 그 사무와 재산을 인계할 의무(법률상 작위의무)가 있다. 지방자치법 제5조 소정의 의무는 관할구역 변경으로 인한 행정의 공백이나 혼란을 제거하고 행정의 안정성과 지속성을 유지함으로써 주민을 위한 행정에 소홀하지 않도록 하는데 그 목적이 있는 것이다.

따라서 **피청구인이 청구인에게 현재까지 위 토지들에 대한 사무와 재산을 인계하지 않고 있는 이 사건 부작위는 지방자치법 제5조를 위반한 위법이 있고, 이러한 위법한 부작위는 위 토지들을 관할구역으로 하는 청구인의 자치권한을 침해하는 것**이다.

(2) 이 사건 점용료부과처분

이 사건 1307 도로는 이 사건 법률조항에 의하여 청구인의 관할구역으로 변경되었고, 위 도로는 총길이가 463.9m 정도인 보도로서 부산광역시 강서구청장이 2002. 10. 24. 도로법 제17조의2, 제19조에 의하여 노선을 인정한 구도의 부속물인 사실이 인정된다.

그렇다면, **이 사건 점용료부과처분은 피청구인이 자신의 관할구역이 아닌 청구인의 관할구역에 대하여 권한 없이 행한 것으로서 위법할 뿐만 아니라 청구인의 자치권한을 침해한 것**이다.

(3) 소 결

따라서 이 사건 부작위 및 점용료부과처분은 위법하고, 또한 청구인의 관할구역인 이 사건 도로, 제방, 섬들에 대한 자치권한을 침해하고 있다. 그러므로 피청구인의 **이 사건 부작위는 위법함을 확인**하고, **이 사건 점용료부과처분은 청구인이 주장하는 청구취지에 따라 취소**되어야 한다.

Ⅲ. 결 론

그렇다면 청구인의 심판청구는 이유 있으므로 관여 재판관 전원의 일치된 의견으로 주문과 같이 결정한다.

Ⅱ 국회의원과 국회의장 등간의 권한쟁의: 인용(권한침해),기각,각하(헌재 2009.10.29. 2009헌라8등)

사건의 개요

청구인은 진보신당, 민주당, 창조한국당, 민주노동당 소속 국회의원들이다. 국회부의장은 민주당 소속 국회의원들의 출입문 봉쇄로 국회본회의장에 진입하지 못한 국회의장으로부터 의사진행을 위임받아 제283회 국회임시회 제2차 본회의의 개의를 선언한 다음, 15:37경 '신문 등의 자유와 기능보장에 관한 법률'(이하 '신문법'이라 한다) 전부개정법률안, 방송법 일부개정법률안, 인터넷멀티미디어 방송사업법 일부개정법률안을 일괄 상정한다고 선언하고, 심사보고나 제안설명은 단말기 회의록, 회의자료로 대체하고 질의와 토론도 실시하지 않겠다고 했다. 그 후 신문법 원안에 대하여 수정안에 대한 표결이 이루어져 재적 294인, 재석 162인, 찬성 152인, 반대 0인, 기권 10인의 표결결과가 나오자 국회부의장은 신문법 수정안이 가결되었으므로 신문법 전부개정법률안은 수정안 부분은 수정안대로, 나머지 부분은 신문법 원안의 내용대로 가결되었다고 선포하였다. 방송법은 원안이 아닌 수정안에 대하여 표결을 진행하였고, 몇 분이 경과한 후 "투표를 종료합니다"라고 선언하여 투표종료버튼이 눌러졌는데, 전자투표 전광판에는 국회 재적 294인, 재석 145인, 찬성 142인, 반대 0인, 기권 3인이라고 표시되었다. 이에 국회부의장은 "수정안에 대해서 투표를 다시 해 주시기 바랍니다." "재석의원이 부족해서 표결 불성립되었으니 다시 투표해 주시기 바랍니다"라고 하여 다시 투표가 진행되었고, "투표 종료를 선언합니다"라고 말한 후 전자투표 전광판에 재적 294인, 재석 153인, 찬성 150인, 반대 0인, 기권 3인으로 투표결과가 집계되자 방송법 수정안이 가결되었으므로 방송법 일부개정 법률안은 수정된 부분은 수정안대로, 나머지 부분은 원안대로 가결되었다고 선포하였다. 그 이후 인터넷멀티미디어 법안과 금융지주회사법 일부개정법률안에 대해서도 표결이 이루어져 가결·선포되었다. 위 신문법안, 방송법안, 인터넷멀티미디어 법안 및 금융지주회사법안은 정부로 이송되어 국무회의를 거쳐 공포되었다.

심판의 대상

피청구인들이 2009. 7. 22. 15:35경 개의된 제283회 국회임시회 제2차 본회의에서 신문법안, 방송법안, 인터넷멀티미디어법안, 금융지주회사법안의 각 가결을 선포한 행위가 청구인들의 법률안 심의·표결 권한을 침해하였는지 여부 및 나아가 위 각 법률안에 대한 가결선포행위가 무효인지 여부

주 문

(1) 청구인들의 피청구인 국회부의장에 대한 심판청구를 모두 각하한다.

(2) 피청구인 국회의장이 2009. 7. 22. 15:35경 개의된 제283회 국회임시회 제2차 본회의에서 '신문 등의 자유와 기능보장에 관한 법률 전부개정법률안'의 가결을 선포한 행위 및 '방송법 일부개정법률안'의 가결을 선포한 행위는 청구인들의 법률안 심의·표결권을 침해한 것이다.

(3) 청구인들의 피청구인 국회의장에 대한 '인터넷멀티미디어 방송사업법 일부개정 법률안' 및 '금융지주회사법 일부개정법률안'의 각 가결선포행위로 인한 권한침해 확인청구를 모두 기각한다.

(4) 청구인들의 피청구인 국회의장에 대한 '신문 등의 자유와 기능보장에 관한 법률 전부개정법률안,' '방송법 일부개정법률안,' '인터넷멀티미디어 방송사업법 일부개정법률안' 및 '금융지주회사법 일부개정법률안'의 각 가결선포행위에 관한 무효확인 청구를 모두 기각한다.

▢ 판 단

Ⅰ. 국회부의장에 대한 심판청구는 부적법

권한쟁의심판에서는 처분 또는 부작위를 야기한 기관으로서 법적 책임을 지는 기관만이 피청구인적격을 가지므로, 이 사건 권한쟁의심판은 의안의 상정·가결선포 등의 권한을 갖는 피청구인 국회의장을 상대로 제기되어야 한다. 피청구인 국회부의장은 국회법 제12조 제1항에 따라 국회의장의 직무를 대리하여 법률안을 가결선포할 수 있을 뿐이고 법률안 가결선포행위에 따른 법적 책임을 지는 주체가 될 수 없다. 따라서 피청구인 국회부의장에 대한 이 사건 심판청구는 피청구인 적격이 인정되지 않는 자를 상대로 제기되어 부적법하다.

Ⅱ. 신문법안 가결선포행위로 인한 심의·표결권의 침해

피청구인의 신문법안 가결선포행위와 관련하여, 김희옥, 김종대, 송두환은 심의절차의 제안취지 설명 절차부분이 국회법 제93조에 위배되어 청구인들의 심의·표결권을 침해했다고 보았고, 이강국, 조대현, 김희옥, 김종대, 이동흡, 송두환 재판관은 심의절차의 질의·토론 절차부분이 국회법 제93조에 위배되어 청구인들의 심의·표결권을 침해하였다고 보았으며, 특히 이강국, 이공현, 조대현, 김희옥, 송두환 재판관은 신문법 수정안에 대한 표결절차가 자유와 공정이 현저히 저해된 상태에서 이루어졌으며, 표결과정에서 무권투표가 발생하는 등의 현저한 무질서와 불합리 내지 불공정이 표결결과의 정당성에 영향을 미쳤을 개연성이 있다고 판단되므로, 피청구인의 신문법 수정안의 가결선포행위는 헌법 제49조 및 국회법 제109조의 다수결 원칙에 위배되어 청구인들의 표결권을 침해했다고 보았다. 따라서, 피청구인의 신문법안 가결선포행위가 청구인들의 심의·표결권을 침해하였다는 의견이 관여 재판관 9인 중 7인으로 과반수를 충족하므로 이 부분 심판청구는 인용되었다.

Ⅲ. 방송법안 가결선포행위로 인한 심의·표결권의 침해

방송법안과 관련해서는 1차 투표결과가 부결로서 2차 투표가 일사부재의원칙에 반하는지 및 1차 투표에 대한 표결불성립 선언 전에 이루어진 68명의 찬성투표가 사전투표로 무효이므로 2차 투표도 무효인지가 쟁점이다.

조대현, 김종대, 이동흡, 송두환 재판관은 방송법안 심의절차에 있어 질의·토론 절차부분이 국회법 제93조에 위배되어 청구인들의 심의·표결권을 침해하였다고 보았다. 또한 조대현, 김종대, 민형기, 목영준, 송두환 재판관은 헌법 제49조 및 국회법 제109조가 의결을 위한 출석정족수와 찬성을 위한 정족수를 단계적으로 규정하고 있는 독일, 일본 등과는 달리, 의결정족수에 관하여 의결을 위한 출석정족수와 찬성정족수를 병렬적으로 규정하고 있고 나아가 '재적의원 과반수의 출석'과 '출석의원의 과반수의 찬성'이라는 규정의 성격이나 흠결의 효력을 별도로 구분하여 규정하고 있지도 않기 때문에 표결이 종료되어 '재적의원 과반수의 출석'에 미달하였다는 결과가 확인된 이상, '출석의원 과반수의 찬성'에 미달한 경우와 마찬가지로 국회의 의사는 부결로 확정되었다고 보아야 한다고 보았다. 따라서 방송법안 표결결과 부결이 확정되었음에도 부결을 선포하지 않은 채 재표결을 실시하고, 재표결결과에 따라 방송법안의 가결을 선포한 것이 국회법 제92조에 위배하여 청구인들의 표결권을 침해하였다는 입장을 개진했다.

사전투표 주장과 관련해서는 이강국, 이공현, 김희옥, 이동흡 재판관이 "수정안에 대해서 투표를 다시 해 주시기 바랍니다"는 발언을 제1발언, "재석의원이 부족해서 표결 불성립되었으니 다시 투표해 주시기 바랍니다"는 발언을 제2발언이라고 했을 때 피청구인의 방송법안에 대한 재표결 선포 시점은 제1발언이 있은 때로 봄이 상당하기 때문에 방송법안에 대한 재표결에 있어 청구인들이 문제 삼는 68인의 투표는 피청구인의 방송법안에 대한 재표결 선포 이후에 이루어진 것으로 사전투표에 해당하지 않는다고 보았다.

이를 종합해 봤을 때 피청구인의 방송법안 가결선포행위가 청구인들의 심의·표결권을 침해하였다는 의견이 관여 재판관 9인 중 6인으로 과반수를 충족하므로 이 부분 심판청구도 인용되었다.

Ⅳ. 인터넷멀티미디어법안 및 금융지주회사법안의 가결선포행위는 심의·표결권을 침해하지 않음.

이강국, 이공현, 김희옥, 민형기, 목영준 재판관은 이 법안들에 대한 심의·표결절차가 헌법이나 국회법에 위배되지 않으므로 위 각 법안의 가결선포행위가 청구인들의 심의·표결권을 침해하였다고 볼 수 없다고 보았고, 조대현, 김종대, 이동흡, 송두환 재판관은 심의·표결절차가 질의·토론에 관한 국회법 제93조에 위배되어 위 법안의 각 가결선포행위가 청구인들의 심의·표결권을 침해하였다고 보았다. 그러므로 침해하였다는 의견이 관여 재판관 9인 중 4인으로 과반수에 이르지 못하여 이 부분 심판청구는 기각되었다.

Ⅴ. 신문법안 가결선포행위 무효확인청구는 기각

이강국, 이공현, 김종대, 이동흡, 민형기, 목영준의 6인 재판관은 신문법안 가결선포행위에 대한 무효확인 청구를 기각하여야 한다고 보았다. 그 가운데 민형기, 목영준 재판관은 신문법안 가결선포행위 자체가 법률안 심의·표결권을 침해하지 않았다고 보았기 때문에 이런 결론에 이르렀다. 반면에 이강국, 이공현 재판관은 신문법 가결선포행위가 법률안 심의·표결권을 침해한 것은 인정하면서도, 권한쟁의심판 결과 드러난 위헌·위법 상태를 제거함에 있어 피청구인에게 정치적 형성의 여지가 있는 경우 헌법재판소는 피청구인의 정치적 형성권을 가급적 존중하여야 하며 헌법재판소법 제66조 제2항도 헌법재판소가 권한 침해의 발견시에 권한 침해의 원인이 된 피청구인의 처분을 취소하거나 "그 무효를 확인할 수 있고"라고 규정하고 있는 점에 주목했다. "무효를 확인할 수 있"기 때문에 권한 침해가 있다고 반드시 의무적으로 무효선언을 해야하는 것은 아니고 무효선언 여부가 헌법재판소의 재량사항이라는 것이다. 그러면서 이 재량적 판단에 의한 무효확인 또는 취소를 통하여 피청구인의 처분의 효력을 직접 결정하는 것은 권한질서의 회복을 위하여 헌법적으로 요청되는 예외적인 경우에 한정되어야 한다고 하면서 이 사건에 있어서도 기능적 권력분립과 국회의 자율권을 존중하는 의미에서 헌법재판소는 원칙적으로 처분의 권한 침해만 확인하고, 권한 침해로 야기된 위헌·위법상태의 시정은 피청구인에게 맡기는 것이 바람직함을 기각의 이유로 들었다.

이에 비해 조대현, 송두환 재판관은 인용의견을 통해 신문법안 가결선포행위가 제안취지 설명이나 질의·토론 절차를 거치지 않은 채 표결된 것이므로 국회의 의결을 국민의 의사로 간주하는 대의효과를 부여하기 위한 실질적 요건을 갖추지 못했다는 점, 표결과정이 극도로 무질서하게 진행되어 표결절차의 공정성, 표결결과의 진정성을 의심하지 않을 수 없다는 점을 근거로 무효라고 보았다. 더 나아가 법률안에 대한 국회의 의결이 국회의원들의 심의·표결권한을 침해한 경우 그러한 권한침해행위를 제거하기 위해서는 권한침해행위들이 집약된 결과로 이루어진 가결선포행위의 무효를 확인하거나 취소하여야 한다고 하였고, 가결선포행위의 심의·표결권한 침해를 확인하면서 그 시정은 국회의 자율에 맡기는 것은, 모든 국가작용이 헌법질서에 맞추어 행사되도록 통제하여야 하는 헌법재판소의 사명을 포기하는 것이라고 보았다.

김희옥 재판관도 인용의견을 통해, 권한쟁의심판제도는 국가권력의 통제를 통한 권력분립의 실현과 소수의 보호를 통한 민주주의의 실질화, 객관적 헌법질서 유지 및 관련 국가기관의 주관적 권한의 보호를 목적으로 한다고 전제하면서, 헌법재판소법 제61조 제2항이 국가기관 등의 주관적 권한이익이 침해된 때로 청구사유를 제한하고, 제66조 제1항이 권한의 존부 또는 범위에 관하여 판단한다고 하면서, 제66조 제2항에서 피청구인의 처분 등이 청구인의 권한을 이미 침해한 때에는 이를 취소하거나 그 무효를 확인할 수 있다고 규정한 것은 권한쟁의심판이 헌법적 권한질서에 관한 객관적 확인이라는 객관적 쟁송의 성격과 직접 침해된 청구인의 권한을 구제하도록 한 주관적 쟁송의 성격을 동시에 지니고 있음을 나타낸다고 보면서 이것이 독일연방헌법재판소법 제67조 제1항에서 피청구인의 행위가 기본법에 위배되는지 여부만을 심판하도록 규정한 것과 다름을 지적했다. 따라서 신문법안의 가결을 선포한 피청구인의 행위가 헌법과 국회법에 위배되는 것으로 인정한 이상 무효확인 청구를 인용해야 한다고 보았다. 그러므로 기각의견이 관여 재판관 9인 중 6인에 이르러 이 부분 심판청구는 기각되었다.

Ⅵ. 방송법안 가결선포행위의 무효확인청구도 기각

이강국, 이공현, 김희옥 재판관은 애초에 방송법안 가결선포행위가 청구인들의 법률안 심의·표결권을 침해하지 않았다고 보았기 때문에 기각의견을 개진했다. 민형기, 이동흡, 목영준 재판관은 청구인들의 심의·표결권은 침해되었지만 그것이 입법절차에 관한 헌법규정을 위반하는 등 가결선포행위를 취소 또는 무효로 할 정도의 하자에 해당한다고 보기는 어렵다는 이유로 기각의견을 냈다. 김종대 재판관은 신문법안 가결선포행위의 무효확인청구를 기각한 것과 같은 이유로 방송법안 가결선포행위에 대한 무효확인청구도 기각하였다. 이에 비해 조대현, 송두환 재판관은 질의·토론 절차가 생략된 점 외에도 국회법 제92조의 일사부재의에 위반하여 청구인들의 심의·표결권을 침해한 잘못이 부가되어 있으므로 이를 종합하여 가결선포행위의 무효를 선언해야 한다는 인용의견을 개진했다.

[요약판례 1] 국회의원과 국회의장간의 권한쟁의: 인용(권한침해),기각(헌재 1997.7.16. 96헌라2)

국회의원의 심의·표결권 침해를 인정하면서도 법률안 가결선포행위는 위헌이나 무효가 아니라고 한 예

(재판관 김용준, 재판관 김문희, 재판관 이영모의 의견-기각의견) 이 사건 법률안은 재적의원의 과반수인 국회의원 155인이 출석한 가운데 개의된 본회의에서 출석의원 전원의 찬성으로 의결처리되었고, 그 본회의에 관하여 일반국민의 방청이나 언론의 취재를 금지하는 조치가 취하여지지도 않았음이 분명한바, 그렇다면 이 사건 법률안의 가결선포행위는 입법절차에 관한 헌법의 규정을 명백히 위반한 흠이 있다고 볼 수 없으므로 이를 무효라고 할 수 없다.

(재판관 이재화, 재판관 조승형, 재판관 고중석의 의견-인용의견) 의회민주주의와 다수결원리의 헌법적 의미를 고려할 때, 헌법 제49조는 단순히 재적의원 과반수의 출석과 출석의원 과반수에 의한 찬성을 형식적으로 요구하는 것에

그치지 않고, 국회의 의결은 통지가 가능한 국회의원 모두에게 회의에 출석할 기회가 부여된 바탕위에 재적의원 과반수의 출석과 출석의원 과반수의 찬성으로 이루어져야 함을 뜻하는 것으로 해석하여야 하는바, 헌법 제49조를 구체화하는 국회법규정에 위배하여 야당의원들에게 본회의 개의일시를 알리지 않음으로써 출석가능성을 배제한 가운데 본회의를 개의하여, 여당의원들만 출석한 가운데 그들만의 표결로 법률안을 가결선포한 행위는 야당의원들의 헌법상의 권한을 침해한 것임과 아울러 헌법 제49조에 명백히 위배되는 것이다.

(재판관 황도연, 재판관 정경식, 재판관 신창언 – 각하의견) 국회의원은 권한쟁의심판청구의 당사자능력이 없다는 90헌라1의 의견을 유지하였음.

[요약판례 2] 성남시와 경기도간의 권한쟁의: 인용(무효확인), 인용(권한침해), 각하(헌재 1999.7.22. 98헌라4)

청구인의 권한의 침해를 확인하면서 피청구인의 처분이 무효임을 확인한 예

피청구인이 행한 두 차례의 인용재결에서 재결의 주문에 포함된 것은 골프연습장에 관한 것뿐으로서, 이 사건 진입도로에 관한 판단은 포함되어 있지 아니함이 명백하고, 재결의 기속력의 객관적 범위는 그 재결의 주문에 포함된 법률적 판단에 한정되는 것이다. 청구인은 인용재결내용에 포함되지 아니한 이 사건 진입도로에 대한 도시계획사업시행자지정처분을 할 의무는 없으므로, 피청구인이 이 사건 진입도로에 대하여까지 청구인의 불이행을 이유로 행정심판법 제37조 제2항에 의하여 도시계획사업시행자지정처분을 한 것은 인용재결의 범위를 넘어 **청구인의 권한을 침해**한 것으로서, 그 **처분에 중대하고도 명백한 흠이 있어 무효**라고 할 것이다.

[요약판례 3] 국회의원과 국회의장간의 권한쟁의: 기각(헌재 2012.2.23. 2010헌라5등)

1. 피청구인(국회의장)이 제294회 국회(정기회) 제15차 본회의(이하 '이 사건 본회의'라 한다)에서 2011년도 예산안, 국군부대의 아랍에미리트군 교육 훈련 지원 등에 관한 파견 동의안 외 4건의 법률안(이하 '이 사건 의안들'이라 한다)을 상정하고 심의·의결하는 과정에서 국회법을 위반한 사정이 있는지 여부(소극)
2. 피청구인이 이 사건 본회의에서 이 사건 의안들에 관하여 가결을 선포한 행위가 청구인들(국회의원)의 심의·표결권을 침해하였는지 여부(소극)
3. 피청구인이 한 이 사건 가결선포행위가 무효인지 여부(소극)

1. 국회법상 '협의'의 개념은 의견을 교환하고 수렴하는 절차로서 다양한 방식으로 이루어질 수 있고, 그에 대한 판단과 결정 역시 종국적으로 국회의장에 맡겨져 있다. 피청구인이 이 사건 파견 동의안, 법률안들에 대하여 심사기간을 지정하기 전에 교섭단체대표의원과 전화통화를 하였고, 이 사건 법률안을 이 사건 본회의에 직권상정하기 전에 교섭단체대표의원에게 팩시밀리로 의사일정안을 송부한 이상, 피청구인이 이 사건 의안들을 본회의에 상정함에 있어 국회법 제85조, 제93조의2 제1항에서 말하는 협의 절차를 거치지 않았다고 할 수 없다. 또한 지정된 심사기간이 2시간 남짓 밖에 되지 않는다는 사정만으로 국회법 제85조에서 말하는 심사기간 지정제도의 취지에 반한다고 할 수도 없다. 위원회의 심사를 거치지 않고 곧바로 본회의에 상정된 안건에 대하여 제안자가 취지 설명을 하고 질의·토론 절차를 생략할 수 없도록 규정한 국회법 제93조상의 '취지 설명'은 서면이나 컴퓨터 단말기에 의한 설명 등으로 대체될 수 있고, 이 사건 본회의에 상정된 의안들에 관한 정보는 이 사건 본회의 개의 직전부터 본회의장 컴퓨터 단말기 시스템을 통하여 그 취지와 내용을 알 수 있는 상태에 있었으므로, 이 사건 의안들에 관한 제안자의 취지 설명 또는 심사보고가 컴퓨터 단말기로 대체되었다는 사정만으로는 국회법 제93조를 위반하였다고 할 수 없다. 또한 위와 같이 이 사건 의안들에 관하여 국회의안정보시스템을 통하여 그 내용과 취지에 대한 조회가 가능하였던 점, 이 사건 법률안 중 하나에 관하여는 의원 1인의 토론신청이 사전에 있었고 실제로 토론이 이루어졌던 점 등에 비추어 볼 때, 청구인들은 이 사건 의안들에 대한 본회의 심의과정에서 서면으로든 구두로든 미리 질의·토론을 신청할 수 있는 기회가 충분하

였음에도 질의신청을 하지 않은 것으로 보아야 할 것이므로, 질의·토론 신청이 없다는 이유로 그 절차를 생략하고 곧바로 표결로 나아간 피청구인의 행위 역시 국회법 제93조에 위반된다고 볼 수 없다.

2. 피청구인이 이 사건 의안들을 이 사건 본회의에 상정하는 과정은 물론 심의·의결하는 과정에서 국회법에 위반된 사정이 없으므로, 피청구인의 이 사건 가결선포행위는 청구인들의 심의·표결권을 침해한 것이 아니다.

3. 피청구인의 이 사건 가결선포행위가 청구인들의 심의·표결권을 침해하였다고 볼 수 없으므로, 그 무효확인을 구하는 청구 역시 이유 없다.

제5절 탄핵심판

I 대통령(노무현) 탄핵: 기각(헌재 2004.5.14. 2004헌나1)

(쟁점) 탄핵심판절차의 구체적 의미와 노무현대통령의 헌법과 법률 위반행위에 대한 평가

사건의 개요

국회는 본회의에서 갑 의원 외 157인이 발의한 '대통령(노무현)탄핵소추안'을 상정하여 재적의원 271인 중 193인의 찬성으로 가결하였다. 소추위원인 국회 법제사법위원회 위원장 을은 헌법재판소법 제49조 제2항에 따라 소추의결서의 정본을 같은 날 헌법재판소에 제출하여 피청구인에 대한 탄핵심판을 청구하였다.

심판의 대상

(1) 이 사건 심판의 대상은 대통령이 직무집행에 있어서 헌법이나 법률에 위반했는지의 여부 및 대통령에 대한 파면결정을 선고할 것인지의 여부이다.

(2) **헌법재판소는 사법기관으로서 원칙적으로 탄핵소추기관인 국회의 탄핵소추의결서에 기재된 소추사유에 의하여 구속을 받는다. 따라서 헌법재판소는 탄핵소추의결서에 기재되지 아니한 소추사유를 판단의 대상으로 삼을 수 없다.**

그러나 탄핵소추의결서에서 그 위반을 주장하는 **'법규정의 판단'에 관하여 헌법재판소는 원칙적으로 구속을 받지 않으므로, 청구인이 그 위반을 주장한 법규정 외에 다른 관련 법규정에 근거하여 탄핵의 원인이 된 사실관계를 판단할 수 있다.** 또한, 헌법재판소는 소추사유의 판단에 있어서 국회의 탄핵소추의결서에서 분류된 소추사유의 체계에 의하여 구속을 받지 않으므로, 소추사유를 어떠한 연관관계에서 법적으로 고려할 것인가의 문제는 전적으로 헌법재판소의 판단에 달려있다.

주 문

이 사건 심판청구를 기각한다.

판 단

Ⅰ. 탄핵소추의 적법여부에 관한 판단

1. 국회의 의사절차 자율권

국회는 국민의 대표기관이자 입법기관으로서 의사와 내부규율 등 국회운영에 관하여 폭넓은 자율권을 가지므로 국회의 의사절차나 입법절차에 헌법이나 법률의 규정을 명백히 위반한 흠이 있는 경우가 아닌 한, 그 자율권은 권력분립의 원칙이나 국회의 위상과 기능에 비추어 존중되어야 하며, 따라서 그 자율권의 범위 내에 속하는 사항에 관한 국회의 판단에 대하여 다른 국가기관이 개입하여 그 정당성을 가리는 것은 바람직하지 않고, 헌법재판소도 그 예외는 아니다.

2. 의사절차상 헌법이나 법률의 규정을 명백히 위반한 흠이 있는지 여부

(1) 국회에서의 충분한 조사 및 심사가 결여되었다는 주장에 관하여

국회가 탄핵소추를 하기 전에 소추사유에 관하여 충분한 조사를 하는 것이 바람직하나, 국회법 제130조 제1항에 의하면 "탄핵소추의 발의가 있은 때에는 …본회의는 의결로 법제사법위원회에 회부하여 조사하게 할 수 있다"고 하여, 조사의 여부를 국회의 재량으로 규정하고 있으므로, 이 사건에서 국회가 별도의 조사를 하지 않았다 하더라도 헌법이나 법률을 위반하였다고 할 수 없다.

(2) 투표의 강제, 투표내역의 공개, 국회의장의 대리투표가 이루어졌다는 주장에 관하여

한나라당과 민주당이 "탄핵소추안의 의결에 참여하지 않는 소속 국회의원들을 출당시키겠다"고 공언하였다 하더라도, 그것이 오늘날의 정당민주주의 하에서 허용되는 국회의원의 정당기속의 범위를 넘어 국회의원의 양심에 따른 표결권행사(헌법 제46조 제2항, 국회법 제114조의2)를 실질적으로 방해할 정도의 압력 또는 협박이었다고 볼 수 없다.

개표소의 가림막이 내려지지 않은 채 투표를 하였다든지, 일부 국회의원들이 기표내역을 소속 정당의 총무에게 보여 주었다든지 한 것이 사실이라 하더라도 그로 인하여 국회 표결의 효력에 어떤 영향을 미치는지는 의사절차에 관한 자율권을 가진 국회의 판단을 존중할 사항이라 할 것인데, 국회의장이 투표의 유효성을 인정하여 탄핵소추안의 가결을 선포하였고, 달리 이에 관하여 헌법이나 법률을 명백히 위반한 흠이 있다고 볼 뚜렷한 근거나 자료가 없으므로 헌법재판소로서는 그러한 사유만으로 이 사건 탄핵소추안에 대한 투표 및 가결의 효력을 부인할 수 없다.

대리투표라 함은 '본인이 기표를 하지 않고 제3자로 하여금 대신하여 투표용지에 기표하도록 하는 것'을 말하는 것이나, 국회의장이 국회의 관례에 따라 의장석에서 투표용지에 직접 기표를 하고 기표내용을 다른 사람들이 알지 못하도록 투표용지를 접은 후 의사직원에게 전달하여 그로 하여금 투표함에 넣게 한 사실이 인정될 뿐이므로, 대리투표에 해당하지 않는다.

(3) 본회의 개의시각이 무단 변경되었다는 주장에 관하여

국회법은 개의시각과 관련하여 제72조에서 "본회의는 오후 2시(토요일은 오전 10시)에 개의한다. 다만 의장은 각 교섭단체 대표의원과 협의하여 그 개의시를 변경할 수 있다"고 하여 개의시각을 변경하는 경우에는 각 교섭단체 대표의원과 협의하도록 규정하고 있다.

여기서 '협의'는 의견을 교환하고 수렴하는 절차라는 그 성질상 다양한 방식으로 이루어질 수 있으며, 그에 대한 판단과 결정은 종국적으로 국회의장에게 맡겨져 있다.

(4) 투표의 일방적 종료가 선언되었다는 주장에 관하여

국회 본회의 회의록에 의하면 당시 의장이 2, 3 차례에 걸쳐 투표를 하지 아니한 국회의원들에게 투표를 할 것을 촉구하면서, 투표를 더 이상 안 하면 투표를 종료할 것이라고 선언한 사실이 인정된다. 그렇다면 의장이 일방적으로 투표를 종료하여 열린우리당 소속 의원들의 투표권 행사를 방해한 것이라 볼 수 없다.

(5) 질의 및 토론절차가 생략되었다는 주장에 관하여

질의 및 토론절차를 생략한 것에 관하여 본다. 국회법 제93조는 '본회의는 안건을 심의함에 있어서 질의·토론을 거쳐 표결할 것'을 규정하고 있으므로 탄핵소추의 중대성에 비추어 국회 내의 충분한 질의와 토론을 거치는 것이 바람직하다. 그러나 법제사법위원회에 회부되지 않은 탄핵소추안에 대하여 "본회의에 보고된 때로부터 24시간 이후 72시간 이내에 탄핵소추의 여부를 무기명투표로 표결한다"고 규정하고 있는 국회법 제130조 제2항을 탄핵소추에 관한 특별규정인 것으로 보아, '탄핵소추의 경우에는 질의와 토론 없이 표결할 것을 규정한 것'으로 해석할 여지가 있기 때문에, 국회의 자율권과 법해석을 존중한다면, 이러한 법해석이 자의적이거나 잘못되었다고 볼 수 없다.

(6) 탄핵소추사유별로 의결하지 않았다는 주장에 관하여

탄핵소추의결은 개별 사유별로 이루어지는 것이 국회의원들의 표결권을 제대로 보장하기 위해서 바람직하나, 우리 국회법상 이에 대한 명문 규정이 없으며, 다만 제110조는 국회의장에게 표결할 안건의 제목을 선포하도록 규정하고 있을 뿐이다. 이 조항에 따르면 탄핵소추안의 안건의 제목을 어떻게 잡는가에 따라 표결범위가 달라질 수 있으므로, 여러 소추사유들을 하나의 안건으로 표결할 것인지 여부는 기본적으로 표결할 안건의 제목설정권을 가진 국회의장에게 달려있다고 판단된다. 그렇다면 이 부분 피청구인의 주장은 이유가 없다고 할 것이다.

(7) 적법절차원칙에 위배되었다는 주장에 관하여

피청구인은 이 사건 탄핵소추를 함에 있어서 피청구인에게 혐의사실을 정식으로 고지하지도 않았고 의견 제출의 기회도 부여하지 않았으므로 적법절차원칙에 위반된다고 주장한다.

여기서 피청구인이 주장하는 적법절차원칙이란, 국가공권력이 국민에 대하여 불이익한 결정을 하기에 앞서 국민은 자신의 견해를 진술할 기회를 가짐으로써 절차의 진행과 그 결과에 영향을 미칠 수 있어야 한다는 법원리를 말한다. 국민은 국가공권력의 단순한 대상이 아니라 절차의 주체로서, 자신의 권리와 관계되는 결정에 앞서서 자신의 견해를 진술할 수 있어야만 객관적이고 공정한 절차가 보장될 수 있고 당사자간의 절차적 지위의 대등성이 실현될 수 있다는 것이다. 그런데 이 사건의 경우, **국회의 탄핵소추절차는 국회와 대통령이라는 헌법기관 사이의 문제이고, 국회의 탄핵소추의결에 의하여 사인으로서의 대통령의 기본권이 침해되는 것이 아니라, 국가기관으로서의 대통령의 권한행사가 정지되는 것이다.** 따라서 **국가기관이 국민과의 관계에서 공권력을 행사함에 있어서 준수해야 할 법원칙으로서 형성된 적법절차의 원칙을 국가기관에 대하여 헌법을 수호하고자 하는 탄핵소추절차에는 직접 적용할 수 없다고 할 것이고,** 그 외 달리 탄핵소추절차와 관련하여 피소추인에게 의견진술의 기회를 부여할 것을 요청하는 명문의 규정도 없으므로, 국회의 탄핵소추절차가 적법절차원칙에 위배되었다는 주장은 이유 없다.

Ⅱ. 헌법 제65조의 탄핵심판절차의 본질 및 탄핵사유

1. 탄핵심판절차의 본질

탄핵심판절차는 행정부와 사법부의 고위공직자에 의한 헌법침해로부터 헌법을 수호하고 유지하기 위한 제도이다. 헌법 제65조는 대통령도 탄핵대상 공무원에 포함시킴으로써, 비록 국민에 의하여 선출되어 직접적으로 민주적 정당성을 부여받은 대통령이라 하더라도 헌법질서의 수호를 위해서는 파면될 수 있으며, 파면결정으로 인하여 발생하는 상당한 정치적 혼란조차도 국가공동체가 자유민주적 기본질서를 수호하기 위하여 불가피하게 치러야 하는 민주주의 비용으로 간주하는 결연한 자세를 보이고 있다.

우리 헌법은 헌법수호절차로서의 탄핵심판절차의 기능을 이행하도록 하기 위하여, 제65조에서 **탄핵소추의 사유를 '헌법이나 법률에 대한 위배'로 명시하고 헌법재판소가 탄핵심판을 관장하게 함**

으로써 탄핵절차를 정치적 심판절차가 아니라 규범적 심판절차로 규정하였고, 이에 따라 탄핵제도의 목적이 '정치적 이유가 아니라 법위반을 이유로 하는' 대통령의 파면임을 밝히고 있다.

2. 탄핵사유

헌법은 제65조 제1항에서 "대통령 …이 그 직무집행에 있어서 헌법이나 법률에 위배한 때에는 국회는 탄핵의 소추를 의결할 수 있다"고 하여 탄핵사유를 규정하고 있다.

(1) 헌법이나 법률의 위배

모든 국가기관은 헌법의 구속을 받으며, 특히 입법자는 입법작용에 있어서 헌법을 준수해야 하고, 행정부와 사법부는 각 헌법상 부여받은 국가권력을 행사함에 있어서 헌법과 법률의 구속을 받는다. 헌법 제65조는 행정부와 사법부의 국가기관이 헌법과 법률의 구속을 받는다는 것을 다시 한 번 강조하면서, 바로 이러한 이유에서 탄핵사유를 헌법위반에 제한하지 아니하고 헌법과 법률에 대한 위반으로 규정하고 있다. **행정부·사법부가 입법자에 의하여 제정된 법률을 준수하는가의 문제는 헌법상의 권력분립원칙을 비롯하여 법치국가원칙을 준수하는지의 문제와 직결되기 때문에, 행정부와 사법부에 의한 법률의 준수는 곧 헌법질서에 대한 준수를 의미하는 것이다.**

'헌법'에는 명문의 헌법규정뿐만 아니라 헌법재판소의 결정에 의하여 형성되어 확립된 불문헌법도 포함된다. '법률'이란 단지 형식적 의미의 법률 및 그와 등등한 효력을 가지는 국제조약, 일반적으로 승인된 국제법규 등을 의미한다.

(2) 직무집행에 있어서의 의미

여기서 헌법 제65조에 규정된 탄핵사유를 구체적으로 살펴보면, '직무집행에 있어서'의 '직무'란, 법제상 소관 직무에 속하는 고유 업무 및 통념상 이와 관련된 업무를 말한다. 따라서 직무상의 행위란, 법령·조례 또는 행정관행·관례에 의하여 그 지위의 성질상 필요로 하거나 수반되는 모든 행위나 활동을 의미한다. 이에 따라 **대통령의 직무상 행위는 법령에 근거한 행위뿐만 아니라, '대통령의 지위에서 국정수행과 관련하여 행하는 모든 행위'를 포괄하는 개념**으로서, 예컨대 각종 단체·산업현장 등 방문행위, 준공식·공식만찬 등 각종 행사에 참석하는 행위, 대통령이 국민의 이해를 구하고 국가정책을 효율적으로 수행하기 위하여 방송에 출연하여 정부의 정책을 설명하는 행위, 기자회견에 응하는 행위 등을 모두 포함한다.

Ⅲ. 피청구인이 직무집행에 있어서 헌법이나 법률에 위반했는지의 여부

1. 기자회견에서 특정정당을 지지한 행위

(1) 선거에서의 공무원의 정치적 중립의무

선거에서의 공무원의 정치적 중립의무는 공무원의 지위를 규정하는 헌법 제7조 제1항, 자유선거원칙을 규정하는 헌법 제41조 제1항 및 제67조 제1항 및 정당의 기회균등을 보장하는 헌법 제116조 제1항으로부터 나오는 헌법적 요청이다.

(2) 공선법 제9조(공무원의 중립의무 등)의 위반 여부

(가) 대통령이 공선법 제9조의 '공무원'에 해당하는지의 문제

공선법 제9조의 '공무원 기타 정치적 중립을 지켜야 하는 자'에 대통령과 같은 정무직 공무원도 포함되는지의 문제가 제기된다. 공선법 제9조의 '공무원'이란, 위 헌법적 요청을 실현하기 위하여

선거에서의 중립의무가 부과되어야 하는 모든 공무원 즉, 구체적으로 '자유선거원칙'과 '선거에서의 정당의 기회균등'을 위협할 수 있는 모든 공무원을 의미한다. 그런데 사실상 모든 공무원이 그 직무의 행사를 통하여 선거에 부당한 영향력을 행사할 수 있는 지위에 있으므로, 여기서의 공무원이란 원칙적으로 국가와 지방자치단체의 모든 공무원 즉, 좁은 의미의 직업공무원은 물론이고, 적극적인 정치활동을 통하여 국가에 봉사하는 정치적 공무원(예컨대, 대통령, 국무총리, 국무위원, 도지사, 시장, 군수, 구청장 등 지방자치단체의 장)을 포함한다. 특히 직무의 기능이나 영향력을 이용하여 선거에서 국민의 자유로운 의사형성과정에 영향을 미치고 정당간의 경쟁관계를 왜곡할 가능성은 정부나 지방자치단체의 집행기관에 있어서 더욱 크다고 판단되므로, **대통령, 지방자치단체의 장 등에게는 다른 공무원보다도 선거에서의 정치적 중립성이 특히 요구된다. 다만, 정당의 대표자이자 선거운동의 주체로서의 지위로 말미암아, 선거에서의 정치적 중립성이 요구될 수 없는 국회의원과 지방의회의원은 공선법 제9조의 '공무원'에 해당하지 않는다.**

(나) 정치적 헌법기관으로서의 대통령과 '선거에서의 정치적 중립의무'

대통령이 '정치적 헌법기관이라는 점'과 '선거에 있어서 정치적 중립성을 유지해야 한다는 점'은 서로 별개의 문제로서 구분되어야 한다.

대통령은 통상 정당의 당원으로서 정당의 추천과 지지를 받아 선거운동을 하고 대통령으로 선출된다. 그러므로 대통령은 선출된 후에도 일반적으로 정당의 당원으로 남게 되고, 특정 정당과의 관계를 그대로 유지하게 된다. 현행 법률도 정당의 당원이 될 수 없는 일반 직업공무원과는 달리, 대통령에게는 당원의 자격을 유지할 수 있도록 규정하여(정당법 제6조 제1호) 정당활동을 허용하고 있다.

그러나 대통령은 여당의 정책을 집행하는 기관이 아니라, 행정권을 총괄하는 행정부의 수반으로서 공익실현의 의무가 있는 헌법기관이다. 대통령은 지난 선거에서 자신을 지지한 국민 일부나 정치적 세력의 대통령이 아니라, 국가로서 조직된 공동체의 대통령이고 국민 모두의 대통령이다. 대통령은 자신을 지지하는 국민의 범위를 초월하여 국민 전체에 대하여 봉사함으로써 사회공동체를 통합시켜야 할 책무를 지고 있는 것이다. 국민 전체에 대한 봉사자로서의 대통령의 지위는 선거와 관련하여 공정한 선거관리의 총책임자로서의 지위로 구체화되고, 이에 따라 공선법은 대통령의 선거운동을 허용하고 있지 않다(공선법 제60조 제1항 제4호).

(다) 선거에서의 대통령의 '정치적 중립의무'와 '정치적 의견표명의 자유'

정당활동이 금지되어 있는 다른 공무원과는 달리, 대통령은 정당의 당원이나 간부로서, 정당 내부의 의사결정과정에 관여하고 통상적인 정당 활동을 할 수 있으며, 뿐만 아니라 전당대회에 참석하여 정치적 의견표명을 할 수 있고 자신이 소속된 정당에 대한 지지를 표명할 수 있다. 다만, 대통령이 정치인으로서 표현의 자유를 행사하는 경우에도, 대통령직의 중요성과 자신의 언행의 정치적 파장에 비추어 그에 상응하는 절제와 자제를 하여야 하며, 국민의 시각에서 볼 때, 직무 외에 정치적으로 활동하는 대통령이 더 이상 자신의 직무를 공정하게 수행할 수 없으리라는 인상을 주어서는 안 된다. 따라서, 대통령은 국가의 원수 및 행정부 수반으로서의 지위에서 직무를 수행하는 때에는 원칙적으로 정당정치적 의견표명을 삼가야 하며, 나아가, 대통령이 정당인이나 정치인으로서가 아니라 국가기관인 대통령의 신분에서 선거관련 발언을 하는 경우에는 선거에서의 정치적 중립의무의 구속을 받는다.

(라) 대통령의 발언이 공무원의 정치적 중립의무에 위반되는지의 여부

여기서 문제되는 기자회견에서의 대통령의 발언은 공직자의 신분으로서 직무수행의 범위 내에서 또는 직무수행과 관련하여 이루어진 것으로 보아야 한다. 위 기자회견들은 대통령이 사인이나 정치인으로서가 아니라 대통령의 신분으로서 가진 것이며, 대통령은 이 과정에서 대통령의 지위가 부여하는 정치적 비중과 영향력을 이용하여 특정 정당을 지지하는 발언을 한 것이다. 따라서 위 **기자회견에서의 대통령의 발언은 헌법 제65조 제1항의 의미에서의 '그 직무집행에 있어서' 한 행위에 해당**한다.

이 부분 대통령의 발언은 그 직무집행에 있어서 반복하여 특정 정당에 대한 자신의 지지를 적극적으로 표명하고, 나아가 국민들에게 직접 그 정당에 대한 지지를 호소하는 내용이라 할 수 있다. 따라서 대통령이 위와 같은 발언을 통하여 특정 정당과 일체감을 가지고 자신의 직위에 부여되는 정치적 비중과 영향력을 특정 정당에게 유리하게 사용한 것은, 국가기관으로서의 지위를 이용하여 국민 모두에 대한 봉사자로서의 그의 과제와 부합하지 않는 방법으로 선거에 영향력을 행사한 것이고, 이로써 선거에서의 중립의무를 위반하였다.

선거에 대한 영향력 행사가 인정될 수 있는지의 판단은 또한 특정 정당을 지지하는 발언이 행해진 시기에 따라 다르다. 선거에 임박한 시기이기 때문에 공무원의 정치적 중립성이 어느 때보다도 요청되는 때에, 공정한 선거관리의 궁극적 책임을 지는 대통령이 기자회견에서 전 국민을 상대로, 대통령직의 정치적 비중과 영향력을 이용하여 특정 정당을 지지하는 발언을 한 것은, 대통령의 지위를 이용하여 선거에 대한 부당한 영향력을 행사하고 이로써 선거의 결과에 영향을 미치는 행위를 한 것이므로, 선거에서의 중립의무를 위반하였다.

(3) 공선법 제60조(공무원의 선거운동금지) 위반여부

헌법재판소의 판례에 의하면, 공선법 제58조 제1항의 '선거운동'이란, 특정 후보자의 당선 내지 이를 위한 득표에 필요한 모든 행위 또는 특정 후보자의 낙선에 필요한 모든 행위 중 당선 또는 낙선을 위한 것이라는 목적의사가 객관적으로 인정될 수 있는 능동적, 계획적 행위를 말한다.

공선법 제58조 제1항은 '당선'의 기준을 사용하여 '선거운동'의 개념을 정의함으로써, '후보자를 특정할 수 있는지의 여부'를 선거운동의 요건으로 삼고 있다. 따라서 선거운동의 개념은 '특정한' 또는 적어도 '특정될 수 있는' 후보자의 당선이나 낙선을 위한 행위여야 한다는 것을 전제로 하고 있다. 물론, 특정 정당의 득표를 목적으로 하는 행위도 필연적으로 그 정당의 추천을 받은 지역구 후보자의 당선을 목표로 하는 행위를 의미한다는 점에서, 특정 정당을 지지하는 발언도 선거운동의 개념을 충족시킬 수 있으나, 이 경우에도 특정 정당에 대한 지지발언을 통하여 당선시키고자 하는 정당 후보자가 특정될 수 있어야 한다. 아직 정당의 후보자가 결정되지 아니하였으므로, 후보자의 특정이 이루어지지 않은 상태에서 특정 정당에 대한 지지발언을 한 것은 선거운동에 해당한다고 볼 수 없다.

또한, 선거운동에 해당하기 위해서는 특정 후보자의 당선이나 낙선을 목적으로 한다는 행위의 '목적성'이 인정되어야 하는데, 이 사건 발언에 대해서는 그러한 목적의사가 인정될 수 없다.

(4) 공선법 제85조 제1항, 제86조 제1항 위반 여부

공선법 제85조 제1항은 공무원이 그 지위를 이용하여 선거운동을 할 수 없도록 하고 있으며, 공무원이 그 소속직원이나 특정기관·업체 등의 임·직원을 대상으로 한 선거운동은 그 지위를 이용한 선거운동으로 보고 있다. 그러나 위에서 본바와 같이 피청구인의 위 발언들은 선거운동에 해당하지 않으므로 더 나아가 살필 것 없이 공선법 제85조 제1항에 위반되지 않는다. 공선법 제86조 제1항은 공무원의 여러 가지 선거관련 행위를 금지하고 있는바, 먼저, 그 제1호는 소속직원 또는 선거구민에게 특정 정당이나 후보자의 업적을 홍보하는 행위를 금지하고 있는데, 피청구인의 발언들에 열린 우리당의 업적을 홍보하는 내용은 없으므로 여기에 해당하지 않는다. 다음으로 제2호 내지 제7호는 구성요건 그 자체로서 피청구인의 발언들과 무관함이 분명하다. 따라서 공선법 제86조 제1항 위반도 인정되지 않는다.

2. 헌법을 준수하고 수호해야 할 의무(헌법 제66조 제2항 및 제69조)와 관련하여 문제되는 행위

(1) 헌법을 준수하고 수호해야 할 대통령의 의무

'헌법을 준수하고 수호해야 할 의무'가 이미 법치국가원리에서 파생되는 지극히 당연한 것임에도, 헌법은 국가의 원수이자 행정부의 수반이라는 대통령의 막중한 지위를 감안하여 제66조 제2항 및 제69조에서 이를 다시 한번 강조하고 있다. 이러한 헌법의 정신에 의한다면, 대통령은 국민 모두에 대한 '법치와 준법의 상징적 존재'인 것이다. 이에 따라 대통령은 헌법을 수호하고 실현하기 위한 모든 노력을 기울여야 할 뿐만 아니라, 법을 준수하여 현행법에 반하는 행위를 해서는 안 되며, 나아가 입법자의 객관적 의사를 실현하기 위한 모든 행위를 해야 한다. 행정부의 법존중 의무와 법집행 의무는 행정부가 위헌적인 것으로 간주하는 법률에 대해서도 마찬가지로 적용된다. 위헌적인 법률을 법질서로부터 제거하는 권한은 헌법상 단지 헌법재판소에 부여되어 있으므로, 설사 행정부가 특정 법률에 대하여 위헌의 의심이 있다 하더라도, 헌법재판소에 의하여 법률의 위헌성이 확인될 때까지는 법을 존중하고 집행하기 위한 모든 노력을 기울여야 한다.

(2) 중앙선거관리위원회의 선거법위반 결정에 대한 대통령의 행위

(가) 2004. 3. 4. 노무현 대통령은 이병완 청와대 홍보수석을 통하여 자신의 선거개입을 경고하는 중앙선거관리위원회의 결정에 대하여, "이 번 선관위의 결정은 납득하기 어렵다는 점을 분명히 밝혀두고자 한다", "이제 우리도 선진민주사회에 걸맞게 제도와 관행이 바뀌어야 한다", "과거 대통령이 권력기관을 …동원하던 시절의 선거관련법은 이제 합리적으로 개혁되어야 한다", "선거법의 해석과 결정도 이러한 달라진 권력문화와 새로운 시대흐름에 맞게 맞춰져야 한다"고 청와대의 입장을 밝힌 사실이 인정된다.

(나) 대통령이 현행법을 '관권선거시대의 유물'로 폄하하고 법률의 합헌성과 정당성에 대하여 대통령의 지위에서 공개적으로 의문을 제기하는 것은 헌법과 법률을 준수해야 할 의무와 부합하지 않는다. 대통령이 국회에서 의결된 법률안에 대하여 위헌의 의심이나 개선의 여지가 있다면, 법률안을 국회로 환부하여 재의를 요구해야 하며(헌법 제53조 제2항), **대통령이 현행 법률의 합헌성에 대하여 의문을 가진다면, 정부로 하여금 당해 법률의 위헌성여부를 검토케 하고 그 결과에 따라 합헌적인 내용의 법률개정안을 제출하도록 하거나 또는 국회의 지지를 얻어 합헌적으로 법률을 개정하는 방법(헌법 제52조) 등을 통하여 헌법을 실현해야 할 의무를 이행해야지, 국민 앞에서 법률의 유효**

성 자체를 문제 삼는 것은 헌법을 수호해야 할 의무를 위반하는 행위이다.

결론적으로, 대통령이 국민 앞에서 현행법의 정당성과 규범력을 문제 삼는 행위는 법치국가의 정신에 반하는 것이자, 헌법을 수호해야 할 의무를 위반한 것이다.

(3) 2003. 10. 13. 재신임 국민투표를 제안한 행위

(가) 헌법 제72조는 대통령에게 국민투표의 실시 여부, 시기, 구체적 부의사항, 설문내용 등을 결정할 수 있는 임의적인 국민투표발의권을 독점적으로 부여함으로써, 대통령이 단순히 특정 정책에 대한 국민의 의사를 확인하는 것을 넘어서 자신의 정책에 대한 추가적인 정당성을 확보하거나 정치적 입지를 강화하는 등, 국민투표를 정치적 무기화하고 정치적으로 남용할 수 있는 위험성을 안고 있다. 이러한 점을 고려할 때, 대통령의 부의권을 부여하는 헌법 제72조는 가능하면 대통령에 의한 국민투표의 정치적 남용을 방지할 수 있도록 엄격하고 축소적으로 해석되어야 한다. 이러한 관점에서 볼 때, **헌법 제72조의 국민투표의 대상인 '중요정책'에는 대통령에 대한 '국민의 신임'이 포함되지 않는다.** 대통령이 이미 지난 선거를 통하여 획득한 자신에 대한 신임을 국민투표의 형식으로 재확인하고자 하는 것은, 헌법 제72조의 국민투표제를 헌법이 허용하지 않는 방법으로 위헌적으로 사용하는 것이다.

(나) 대통령은 헌법상 국민에게 자신에 대한 신임을 국민투표의 형식으로 물을 수 없을 뿐만 아니라, **특정 정책을 국민투표에 붙이면서 이에 자신의 신임을 결부시키는 대통령의 행위도 위헌적인 행위로서 헌법적으로 허용되지 않는다.** 물론, 대통령이 특정 정책을 국민투표에 붙인 결과 그 정책의 실시가 국민의 동의를 얻지 못한 경우, 이를 자신에 대한 불신임으로 간주하여 스스로 물러나는 것은 어쩔 수 없는 일이나, 정책을 국민투표에 붙이면서 "이를 신임투표로 간주하고자 한다"는 선언은 국민의 결정행위에 부당한 압력을 가하고 국민투표를 통하여 간접적으로 자신에 대한 신임을 묻는 행위로서, 대통령의 헌법상 권한을 넘어서는 것이다. 헌법은 대통령에게 국민투표를 통하여 직접적이든 간접적이든 자신의 신임여부를 확인할 수 있는 권한을 부여하지 않는다.

(다) 뿐만 아니라, 헌법은 **명시적으로 규정된 국민투표 외에 다른 형태의 재신임 국민투표를 허용하지 않는다.** 이는 주권자인 국민이 원하거나 또는 국민의 이름으로 실시하더라도 마찬가지이다. 국민은 선거와 국민투표를 통하여 국가권력을 직접 행사하게 되며, 국민투표는 국민에 의한 국가권력의 행사방법의 하나로서 명시적인 헌법적 근거를 필요로 한다. 따라서 국민투표의 가능성은 국민주권주의나 민주주의원칙과 같은 일반적인 헌법원칙에 근거하여 인정될 수 없으며, 헌법에 명문으로 규정되지 않는 한 허용되지 않는다.

(라) 결론적으로, 대통령이 자신에 대한 재신임을 국민투표의 형태로 묻고자 하는 것은 헌법 제72조에 의하여 부여받은 국민투표부의권을 위헌적으로 행사하는 경우에 해당하는 것으로, 국민투표제도를 자신의 정치적 입지를 강화하기 위한 정치적 도구로 남용해서는 안 된다는 헌법적 의무를 위반한 것이다. 물론, 대통령이 위헌적인 재신임 국민투표를 단지 제안만 하였을 뿐 강행하지는 않았으나, 헌법상 허용되지 않는 재신임 국민투표를 국민들에게 제안한 것은 그 자체로서 헌법 제72조에 반하는 것으로 헌법을 실현하고 수호해야 할 대통령의 의무를 위반한 것이다.

(4) 국회의 견해를 수용하지 않은 행위

대통령이 2003. 4. 25. 국회 인사청문회가 고영구 국가정보원장에 대하여 부적격 판정을 하였음

에도 이를 수용하지 아니한 사실, 2003. 9. 3. 국회가 행정자치부장관 해임결의안을 의결하였음에도 이를 즉시 수용하지 아니한 사실이 인정된다.

대통령이 국회인사청문회의 결정이나 국회의 해임건의를 수용할 것인지의 문제는 대의기관인 국회의 결정을 정치적으로 존중할 것인지의 문제이지 법적인 문제가 아니다. 따라서 대통령의 이러한 행위는 헌법이 규정하는 권력분립구조 내에서의 대통령의 정당한 권한행사에 해당하거나 또는 헌법규범에 부합하는 것으로서 헌법이나 법률에 위반되지 아니한다.

3. 대통령 측근의 권력형 부정부패

헌법 제65조 제1항은 '대통령 … 이 그 직무집행에 있어서'라고 하여, 탄핵사유의 요건을 '직무' 집행으로 한정하고 있으므로, 위 규정의 해석상 **대통령의 직위를 보유하고 있는 상태에서 범한 법위반행위만이 소추사유가 될 수 있다고 보아야 한다.** 따라서 당선 후 취임 시까지의 기간에 이루어진 대통령의 행위도 소추사유가 될 수 없다. 비록 이 시기 동안 대통령직인수에관한법률에 따라 법적 신분이 '대통령당선자'로 인정되어 대통령직의 인수에 필요한 준비작업을 할 수 있는 권한을 가지게 되나, 이러한 대통령당선자의 지위와 권한은 대통령의 직무와는 근본적인 차이가 있고, 이 시기 동안의 불법정치자금 수수 등의 위법행위는 형사소추의 대상이 되므로, 헌법상 탄핵사유에 대한 해석을 달리할 근거가 없다.

4. 불성실한 직책수행과 경솔한 국정운영으로 인한 정국의 혼란 및 경제파탄

헌법 제65조 제1항은 탄핵사유를 '헌법이나 법률에 위배한 때'로 제한하고 있고, 헌법재판소의 탄핵심판절차는 법적인 관점에서 단지 탄핵사유의 존부만을 판단하는 것이므로, 이 사건에서 청구인이 주장하는 바와 같은 정치적 무능력이나 정책결정상의 잘못 등 직책수행의 성실성여부는 그 자체로서 소추사유가 될 수 없어, 탄핵심판절차의 판단대상이 되지 아니한다.

5. 소 결 론

(1) 대통령의 2004. 2. 18. 경인지역 6개 언론사와의 기자회견에서의 발언, 2004. 2. 24. 한국방송기자클럽 초청 대통령 기자회견에서의 발언은 공선법 제9조의 공무원의 중립의무에 위반하였다.

(2) 2004. 3. 4. 중앙선거관리위원회의 선거법 위반결정에 대한 대통령의 행위는 법치국가이념에 위반되어 대통령의 헌법수호의무에 위반하였고, 2003. 10. 13. 대통령의 재신임 국민투표 제안행위는 헌법 제72조에 반하는 것으로 헌법수호의무에 위반하였다.

Ⅳ. 피청구인을 파면할 것인지의 여부

1. 헌법재판소법 제53조 제1항의 해석

헌법은 제65조 제4항에서 "탄핵결정은 공직으로부터 파면함에 그친다"고 규정하고, 헌법재판소법은 제53조 제1항에서 "탄핵심판청구가 이유 있는 때에는 헌법재판소는 피청구인을 당해 공직에서 파면하는 결정을 선고한다"고 규정하고 있는데, 여기서 '탄핵심판청구가 이유 있는 때'를 어떻게 해석할 것인지의 문제가 발생한다.

헌법재판소법 제53조 제1항은 헌법 제65조 제1항의 탄핵사유가 인정되는 모든 경우에 자동적으로 파면결정을 하도록 규정하고 있는 것으로 문리적으로 해석할 수 있으나, 이러한 해석에 의하면 피청구인의 법위반행위가 확인되는 경우 법위반의 경중을 가리지 아니하고 **헌법재판소가 파면결정**

을 해야 하는바, 직무행위로 인한 모든 사소한 법위반을 이유로 파면을 해야 한다면, 이는 피청구인의 책임에 상응하는 헌법적 징벌의 요청 즉, 법익형량의 원칙에 위반된다. 따라서 헌법재판소법 제53조 제1항의 '탄핵심판청구가 이유 있는 때'란, 모든 법위반의 경우가 아니라, 단지 공직자의 파면을 정당화할 정도로 '중대한' 법위반의 경우를 말한다.

2. '법위반의 중대성'에 관한 판단기준

(1) '법위반이 중대한지' 또는 '파면이 정당화되는지'의 여부는 그 자체로서 인식될 수 없는 것이므로, 결국 파면결정을 할 것인지의 여부는 공직자의 '법위반 행위의 중대성'과 '파면결정으로 인한 효과' 사이의 법익형량을 통하여 결정된다고 할 것이다. 그런데 탄핵심판절차가 헌법의 수호와 유지를 그 본질로 하고 있다는 점에서, '법위반의 중대성'이란 '헌법질서의 수호의 관점에서의 중대성'을 의미하는 것이다. 따라서 한편으로는 '법위반이 어느 정도로 헌법질서에 부정적 영향이나 해악을 미치는지의 관점'과 다른 한편으로는 '피청구인을 파면하는 경우 초래되는 효과'를 서로 형량하여 탄핵심판청구가 이유 있는지의 여부 즉, 파면여부를 결정해야 한다.

(2) 그런데 대통령은 국가의 원수이자 행정부의 수반이라는 막중한 지위에 있고(헌법 제66조), 국민의 선거에 의하여 선출되어 직접적인 민주적 정당성을 부여받은 대의기관이라는 점에서(헌법 제67조) 다른 탄핵대상 공무원과는 그 정치적 기능과 비중에 있어서 본질적인 차이가 있으며, 이러한 차이는 '파면의 효과'에 있어서도 근본적인 차이로 나타난다.

대통령의 경우, 국민의 선거에 의하여 부여받은 '직접적 민주적 정당성' 및 '직무수행의 계속성에 관한 공익'의 관점이 파면결정을 함에 있어서 중요한 요소로서 고려되어야 하며, 대통령에 대한 파면효과가 이와 같이 중대하다면, 파면결정을 정당화하는 사유도 이에 상응하는 중대성을 가져야 한다. 그 결과, **대통령을 제외한 다른 공직자의 경우에는 파면결정으로 인한 효과가 일반적으로 적기 때문에 상대적으로 경미한 법위반행위에 의해서도 파면이 정당화될 가능성이 큰 반면, 대통령의 경우에는 파면결정의 효과가 지대하기 때문에 파면결정을 하기 위해서는 이를 압도할 수 있는 중대한 법위반이 존재해야 한다.**

(3) '대통령을 파면할 정도로 중대한 법위반이 어떠한 것인지'에 관하여 일반적으로 규정하는 것은 매우 어려운 일이나, 한편으로는 탄핵심판절차가 공직자의 권력남용으로부터 헌법을 수호하기 위한 제도라는 관점과 다른 한편으로는 파면결정이 대통령에게 부여된 국민의 신임을 박탈한다는 관점이 함께 중요한 기준으로 제시될 것이다. 즉, 탄핵심판절차가 궁극적으로 헌법의 수호에 기여하는 절차라는 관점에서 본다면, 파면결정을 통하여 헌법을 수호하고 손상된 헌법질서를 다시 회복하는 것이 요청될 정도로 대통령의 법위반행위가 헌법수호의 관점에서 중대한 의미를 가지는 경우에 비로소 파면결정이 정당화되며, 대통령이 국민으로부터 선거를 통하여 직접 민주적 정당성을 부여받은 대의기관이라는 관점에서 본다면, 대통령에게 부여한 국민의 신임을 임기 중 다시 박탈해야 할 정도로 대통령이 법위반행위를 통하여 국민의 신임을 저버린 경우에 한하여 대통령에 대한 탄핵사유가 존재하는 것으로 판단된다.

3. 이 사건의 경우 파면결정을 할 것인지의 여부

(1) 법위반의 중대성에 관한 판단

(가) '공무원의 중립의무'에 위반한 사실

대통령은 특정 정당을 지지하는 발언을 함으로써 '선거에서의 중립의무'를 위반하였고, 이로써 국가기관이 국민의 자유로운 의사형성과정에 영향을 미치고 정당간의 경쟁관계를 왜곡해서는 안 된다는 헌법적 요청에 위반하였다.

그러나 이와 같은 위반행위가 국가조직을 이용하여 관권개입을 시도하는 등 적극적·능동적·계획적으로 이루어진 것이 아니라, 기자회견의 자리에서 기자들의 질문에 응하여 자신의 정치적 소신이나 정책구상을 밝히는 과정에서 답변의 형식으로 소극적·수동적·부수적으로 이루어진 점, 정치활동과 정당활동을 할 수 있는 대통령에게 헌법적으로 허용되는 '정치적 의견표명'과 허용되지 않는 '선거에서의 중립의무 위반행위' 사이의 경계가 불분명하며, 종래 '어떠한 경우에 선거에서 대통령에게 허용되는 정치적 활동의 한계를 넘은 것인지'에 관한 명확한 법적 해명이 이루어지지 않은 점 등을 감안한다면, 자유민주적 기본질서를 구성하는 '의회제'나 '선거제도'에 대한 적극적인 위반행위에 해당한다고 할 수 없으며, 이에 따라 공선법 위반행위가 헌법질서에 미치는 부정적 영향은 크다고 볼 수 없다.

(나) 대통령의 헌법수호의무를 위반한 사실

1) 대통령이 현행 선거법을 '관권선거시대의 유물'로 폄하하는 취지의 발언을 한 것은 현행법에 대한 적극적인 위반행위에 해당하는 것이 아니라, 중앙선거관리위원회의 결정에 대하여 소극적·수동적으로 반응하는 과정에서 발생한 법위반행위이다. 물론, 이러한 발언이 결과적으로 현행법에 대한 경시의 표현이라는 점에서 헌법을 수호해야 할 의무에 위반했다는 비난을 면할 길이 없으나, 위의 발언이 행해진 구체적인 상황을 전반적으로 고려하여 볼 때, 자유민주적 기본질서에 역행하고자 하는 적극적인 의사를 가지고 있다거나 법치국가원리를 근본적으로 문제 삼는 중대한 위반행위라 할 수 없다.

2) 대통령이 헌법의 대통령제와 대의제의 정신에 부합하게 국정을 운영하는 것이 아니라, 여소야대의 정국에서 재신임 국민투표를 제안함으로써 직접 국민에게 호소하는 방법을 통하여 직접민주주의로 도피하려고 하는 행위는 헌법 제72조에 반할 뿐만 아니라 법치국가이념에도 반하는 것이다. 그러나 이 경우에도 대통령이 단지 위헌적인 재신임 국민투표의 제안만을 하였을 뿐, 이를 강행하려는 시도를 하지 않았고, 한편으로는 헌법 제72조의 '국가안위에 관한 중요정책'에 재신임의 문제가 포함되는지 등 그 해석과 관련하여 학계에서도 논란이 있다는 점을 감안한다면, 민주주의원리를 구성하는 헌법상 기본원칙에 대한 적극적인 위반행위라 할 수 없고, 이에 따라 헌법질서에 미치는 부정적인 영향이 중대하다고 볼 수 없다.

(3) 소결론

결국, 대통령의 법위반이 헌법질서에 미치는 효과를 종합하여 본다면, 대통령의 구체적인 법위반행위에 있어서 헌법질서에 역행하고자 하는 적극적인 의사를 인정할 수 없으므로, 자유민주적 기본질서에 대한 위협으로 평가될 수 없다.

따라서 파면결정을 통하여 헌법을 수호하고 손상된 헌법질서를 다시 회복하는 것이 요청될 정도로, 대통령의 법위반행위가 헌법수호의 관점에서 중대한 의미를 가진다고 볼 수 없고, 또한 대통령에게 부여한 국민의 신임을 임기 중 다시 박탈해야 할 정도로 국민의 신임을 저버린 경우에 해당한다고도 볼 수 없으므로, 대통령에 대한 파면결정을 정당화하는 사유가 존재하지 않는다.

V. 결 론

1. 이 심판청구는 헌법재판소법 제23조 제2항에서 요구하는 탄핵결정에 필요한 재판관 수의 찬성을 얻지 못하였으므로 이를 기각하기로 하여, 헌법재판소법 제34조 제1항, 제36조 제3항에 따라 주문과 같이 결정한다.

2. 헌법재판소법 제34조 제1항에 의하면 헌법재판소 심판의 변론과 결정의 선고는 공개하여야 하지만, 평의는 공개하지 아니하도록 되어 있다. 이 때 헌법재판소 재판관들의 평의를 공개하지 않는다는 의미는 평의의 경과뿐만 아니라 재판관 개개인의 개별적 의견 및 그 의견의 수 등을 공개하지 않는다는 뜻이다. 그러므로 개별 재판관의 의견을 결정문에 표시하기 위해서는 이와 같은 평의의 비밀에 대해 예외를 인정하는 특별규정이 있어야만 가능하다. 그런데 법률의 위헌심판, 권한쟁의심판, 헌법소원심판에 대해서는 평의의 비밀에 관한 예외를 인정하는 특별규정이 헌법재판소법 제36조 제3항에 있으나, **탄핵심판에 관해서는 평의의 비밀에 대한 예외를 인정하는 법률규정이 없다. 따라서 이 탄핵심판사건에 관해서도 재판관 개개인의 개별적 의견 및 그 의견의 수 등을 결정문에 표시할 수는 없다고 할 것이다.**

※ 헌법재판소법 제36조 (종국결정)

① 재판부가 심리를 마친 때에는 종국결정을 한다.

② 종국결정을 할 때에는 다음의 사항을 기재한 결정서를 작성하고 심판에 관여한 재판관 전원이 이에 서명·날인하여야 한다.

1. 사건번호와 사건명
2. 당사자와 심판수행자 또는 대리인의 표시
3. 주문
4. 이유
5. 결정일자

③ 심판에 관여한 재판관은 결정서에 의견을 표시하여야 한다. 〈개정 2005. 7. 29〉

④ 종국결정이 선고되면 서기는 지체없이 결정서 정본을 작성하여 이를 당사자에게 송달하여야 한다.

⑤ 종국결정은 관보에 게재함으로써 이를 공시한다.

〈개정경과 및 내용〉

본 헌법재판소결정이 선고된 2004년 5월 14일에는 헌법재판소법 제36조 제3항에서 "법률의 위헌심판, 권한쟁의심판 및 헌법소원심판에 관여한 재판관은 결정서에 의견을 표시하여야 한다"고 하였으나, [일부개정 2005. 7. 29 법률 제7622호]으로 위와 같이 변경되었다. 이후 [일부개정 2007. 12. 21 법률 제8729호]과 [일부개정 2008. 3. 14 법률 제8893호]이 있었으나, 당해 조문은 위와 같이 유지되었다.

⚜ 본 판례에 대한 평가 1. 탄핵제도는 고위공직자의 직무상 중대한 위법행위에 대하여 일반적인 사법절차가 아닌 특별한 절차를 통해서 처벌하거나 파면하는 제도를 말한다. 탄핵제도는 민주주의발전의 초기단계에서 반대파에 대한 숙청책의 일환으로 자행되기도 하였으나, 오늘날 세계 각국 헌법에서는 탄핵제도가 갖는 정치적 평화유지기능을 인정하여 널리 채택하고 있다. 그러

나 탄핵제도를 통하여 공직에서 추방되는 경우는 매우 이례적이고 드물기 때문에 그 실효를 제대로 거두지 못하고 있다. 이에 프랑스에서는 공화국사법법원을 설치하여 정부의 각료급고위공직자에 대한 특별재판제도를 도입하고 있다. 현행헌법상 탄핵소추의결은 국회에서, 탄핵심판은 헌법재판소에서 담당한다. 국회의 탄핵소추제도는 한편으로 국회에 정부와 사법부에 대한 통제기능을, 다른 한편 국가권력의 사실상 행사자인 고위공직자에 의한 헌법침해를 방지하는 기능을 수행하는데, 헌법보장기관으로서의 헌법재판소의 성격에 비추어 이는 당연한 것이다.

2. **국회의 탄핵소추권:** 헌법 제65조 제1항은 "국회는 탄핵의 소추를 의결할 수 있다"고 하여 국회를 탄핵소추기관으로 규정하고 있다. 이는 국민대표기관으로서의 국회로 하여금 국민을 대신하여 책임을 추궁할 수 있도록 그 권능을 부여한 것이다.

3. **헌법재판소의 탄핵심판:** "탄핵심판청구가 이유 있는 때"에 대하여 단순히 '법위반'의 경우에 언제나 탄핵심판청구가 이유 있는 것으로 볼 것인지 견해가 대립하나 적어도 대통령의 경우에는 헌법수호의 관점에서 중대한 법위반이 있는 경우만을 의미한다고 봄이 타당하다. 탄핵심판청구가 이유 있는 때에는 헌법재판소는 피청구인을 당해 공직에서 파면하는 결정을 선고한다(헌재법 제53조). 이상과 같은 이유가 없는 때에는 탄핵심판청구를 기각한다. 또한 피청구인이 결정선고 전에 당해 공직에서 파면된 때에는 심판의 이익이 없으므로 역시 심판청구를 기각하여야 한다(헌재법 제53조).

4. **탄핵결정의 효과:** 탄핵결정은 공직으로부터 파면함에 그친다. 그러나 탄핵의 결정으로 민사상의 책임이나 형사상의 책임이 면제되는 것은 아니다(제65조 제4항). 즉 현행헌법에서 탄핵은 민·형사상의 책임을 부과하는 것이 아니라 공직에서 파면함에 그치는 징계적 성격을 가지므로, 탄핵심판과 민·형사재판 사이에는 일사부재리의 원칙이 적용되지 아니한다(헌재법 제54조 제1항). 그런데 헌법재판소법 제54조 제2항에서는 "탄핵결정에 의하여 파면된 자는 결정선고가 있는 날로부터 5년이 경과하지 아니하면 공무원이 될 수 없다"라고 하여 공직취임제한 규정도 두고 있다. 이것은 헌법상 공무담임권을 침해하여 위헌이라는 견해도 있을 수 있으나, 탄핵제도의 실효성과 공직사회 정화의 차원에서 합헌이라고 보아야 한다. 또한 탄핵결정을 받은 자에 대하여 대통령이 사면할 수 있는지 여부에 관한 명문의 금지규정(미국 헌법)은 없지만, 제도의 취지상 사면은 불가능하다고 본다.

5. 본 사안은 우리 헌정사에서 탄핵심판이 실제적으로 이루어진 최초의 예로서 탄핵제도와 관련된 여러 가지 논점들이 구체화된 판례이다. 더 나아가 대통령과 국회와의 관계에 있어서 통치구조에 관한 다양한 쟁점들에 대한 헌법재판소의 입장을 표명하고 있다. 탄핵심판절차와 관련하여 본 결정은 헌법재판소에 의한 판단의 대상, 탄핵심판절차의 본질, 탄핵사유의 의미, 탄핵결정을 위한 요건으로서 법위반의 중대성의 문제, 탄핵심판절차에서 소수의견을 밝힐 수 있는지 여부 등을 구체화하여 탄핵심판절차를 구체화하였으며, 통치구조와 관련하여 공무원의 정치적 중립의무, 헌법을 준수하고 수호해야 할 대통령의 의무의 구체적 내용을 밝히고, 신임투표의 허용여부, 국회의 해임결의안의 효과 등에 대해서 언급하고 있다는 점에서 헌법적으로 아주 중요한 헌법재판소의 결정 가운데 하나라고 할 수 있다.

판례 평석: 이승우, "권력충돌의 관점에서 본 우리나라 탄핵심판제도의 문제점과 개선방향", 시민과 변호사

통권 124호, 서울지방변호사회, 2004, 45-56면; 강경근, "대통령 탄핵심판 기각결정", 고시연구 31권 6호(363호), 2004, 300-313면; 김종철, "노무현대통령탄핵심판사건에서 헌법재판소의 주요논지에 대한 비판적 검토", 세계헌법연구 9호, 국제헌법학회 한국학회, 2004, 1-22면; 이승우, "대통령노무현에 대한 탄핵심판결정의 평석", 헌법판례연구 6, 박영사, 2004, 261-296면; 정종섭, "탄핵심판에 있어 헌법재판소의 탄핵여부결정권", 법학 46권 1호, 서울대학교 법학연구소, 2005, 514-544면.

관련 문헌: 허영, "노무현 대통령에 대한 탄핵심판", 헌법판례연구 6, 박영사, 2004, 237-260면; 송기춘, "대통령노무현탄핵심판사건결정의 몇 가지 문제점", 민주법학 통권 26호, 관악사, 2004, 332-362면; 차강진, "대통령에 대한 탄핵심판", 공법학연구 3권 3호, 한국비교공법학회, 2004, 189-216면; 한수웅, "대통령에 대한 탄핵심판절차", 헌법학연구 11권 1호, 한국헌법학회, 2005, 469-510면; 정종섭, "탄핵심판에 있어 헌법재판소의 탄핵여부결정권", 헌법실무연구 6권, 헌법실무연구회, 2005, 189-223면; 이승우, "현행 탄핵심판제도와 노대통령에 대한 탄핵사유의 부당성", 민주사회를 위한 변론 57호, 2004, 34-50면; 김하열, 탄핵심판에 관한 연구, 고려대학교 대학원 박사학위논문, 2005.

제 6 절 위헌정당해산심판

[요약판례] 경찰법 제11조 제4항 등 위헌확인: 위헌,기각(헌재 1999.12.23. 99헌마135)

자유민주적 기본질서를 부정하고 이를 적극적으로 제거하려는 조직도, 국민의 정치적 의사형성에 참여하는 한, '정당의 자유'의 보호를 받는 정당에 해당하는지 여부 및 오로지 헌법재판소가 그의 위헌성을 확인한 경우에만 정당은 정치생활의 영역으로부터 축출될 수 있는지 여부(적극)

헌법 제8조 제4항은 "정당의 목적이나 활동이 민주적 기본질서에 위배될 때에는 정부는 헌법재판소에 그 해산을 제소할 수 있고, 정당은 헌법재판소의 심판에 의하여 해산된다"고 규정하고 있다. 정당의 해산에 관한 위 헌법규정은 민주주의를 파괴하려는 세력으로부터 민주주의를 보호하려는 소위 '방어적 민주주의'의 한 요소이고, 다른 한편으로는 헌법 스스로가 정당의 정치적 성격을 이유로 하는 정당금지의 요건을 엄격하게 정함으로써 되도록 민주적 정치과정의 개방성을 최대한으로 보장하려는 것이다. 즉, 헌법은 정당의 금지를 민주적 정치과정의 개방성에 대한 중대한 침해로서 이해하여 오로지 제8조 제4항의 엄격한 요건하에서만 정당설립의 자유에 대한 예외를 허용하고 있다. 이에 따라 **자유민주적 기본질서를 부정하고 이를 적극적으로 제거하려는 조직도, 국민의 정치적 의사형성에 참여하는 한, '정당의 자유'의 보호를 받는 정당에 해당하며, 오로지 헌법재판소가 그의 위헌성을 확인한 경우에만 정당은 정치생활의 영역으로부터 축출될 수 있다.** 그렇다면 민주적 의사형성과정의 개방성을 보장하기 위하여 정당설립의 자유를 최대한으로 보호하려는 헌법의 정신에 비추어, 정당의 설립 및 가입을 금지하는 법률조항은 이를 정당화하는 사유의 중대성에 있어서 적어도 '민주적 기본질서에 대한 위반'에 버금가는 것이어야 한다고 판단된다. 다시 말하면, 오늘날의 의회민주주의가 정당의 존재 없이는 기능할 수 없다는 점에서 심지어 '위헌적인 정당을 금지해야 할 공익'도 정당설립의 자유에 대한 입법적 제한을 정당화하지 못하도록 규정한 것이 헌법의 객관적인 의사라면, 입법자가 그 외의 공익적 고려에 의하여 정당설립금지조항을 도입하는 것은 원칙적으로 헌법에 위반된다. 따라서 **정당설립금지의 규정이 정당의 위헌성이나 정치적 성격 때문이 아니라 비록 다른 공익을 실현하기 위하여 도입된다 하더라도, 금지규정이 달성하려는 공익은 매우 중대한 것이어야 한다는 것을 뜻한다.**

제3편 | 기본권론

제 1 장　기본권 일반이론

제 2 장　인간의 존엄과 가치 및 행복추구권

제 3 장　평 등 권

제 4 장　자 유 권

제 5 장　참정권(정치권)

제 6 장　사회권(생존권)

제 7 장　청구권적 기본권

제 8 장　국민의 기본의무

1 기본권 일반이론

제 1 절 기본권의 개념

제 2 절 기본권의 범위

[요약판례 1] 편입생특별전형대상자선발시험시행계획 및 공개경쟁시험공고취소: 각하(헌재 2003.9.25. 2001헌마814등)

중등교사자격자들 중 교육대학교 3학년에 특별편입학시킬 대상자를 선발하기 위한 시험의 공고로 인해 당해 교육대학교 재학생들이 직접 기본권을 침해당할 가능성이 없다고 본 사례

이 사건 공고들이 고등교육법시행령 제29조 제2항 제3호를 위반한 것이라고 주장하고 있으나, 위 조항에 의해 막바로 교육대학교 재학생들에게 가령 '학칙에서 정한 입학생 또는 편입생 정원 범위 내에서만 수업을 받을 권리' 등이 부여된다든가 기타 법률상 이익이 인정되는 것은 아니므로, 결국 청구인들은 위 조항의 위반 여부에 관하여 단지 **사실적 · 반사적 이익**을 가지는 데 그치는 것으로 볼 것이다. 그러므로 이 사건 공고들이 위 조항을 위반하였다고 하여 곧 청구인들의 기본권을 침해할 가능성이 있다고 인정할 수 없다.

[요약판례 2] 군사기밀보호법 제6조 등에 대한 위헌심판: 한정합헌(헌재 1992.2.25. 89헌가104)

군사기밀보호법 제6조, 제7조, 제10조가 언론 · 출판의 자유 내지 "알 권리"의 본질적 내용을 침해하거나 과잉규제의 우려가 있어 기본권제한입법의 한계를 벗어난 것인지 여부(소극)

군사기밀의 범위는 국민의 표현의 자유 내지 "**알 권리**"의 대상영역을 최대한 넓혀줄 수 있도록 필요한 최소한도에 한정되어야 할 것이며 따라서 군사기밀보호법 제6조, 제7조, 제10조는 동법 제2조 제1항의 "군사상의 기밀"이 비공지의 사실로서 적법절차에 따라 군사기밀로서의 표지를 갖추고 그 누설이 국가의 안전보장에 명백한 위험을 초래한다고 볼 만큼의 실질가치를 지닌 것으로 인정되는 경우에 한하여 적용된다 할 것이므로 그러한 해석하에 헌법에 위반되지 아니한다.

I 2007년 전시증원연습 등 위헌확인: 각하(헌재 2009.5.28. 2007헌마369)

쟁점 가. 피청구인 대통령이 한미연합 군사훈련의 일종인 2007년 전시증원연습을 하기로 한 결정이 통치행위에 해당하는지 여부(소극)

나. 평화적 생존권이 헌법상 보장된 기본권인지 여부(소극)

사건의 개요

한미연합사령부는 2007. 3. 6. '2007 전시증원연습인 RSOI 연습과 이와 연계된 연합/합동 야외기동 훈련인 독수리 연습을 2007. 3. 25.부터 같은 달 31.까지 대한민국 전역에서 실시하며, 이는 방어적인 연습으로서 외부의 공격으로부터 대한민국을 방어할 수 있는 연합사의 능력을 향상시키는데 중점을 둔 것'이라는 취지를 발표하였다. 청구인들은 '위 군사연습이 북한에 대한 선제적 공격연습으로서 한반도의 전쟁발발 위협을 고조시켜 동북아 및 세계 평화를 위협하므로, 이로써 청구인들은 헌법 제10조 및 헌법 제37조 제1항으로부터 인정되는 평화적 생존권을 침해받았다'고 주장하면서 이 사건 헌법소원심판을 청구하였다.

주 문

청구인들의 심판청구를 각하한다.

판 단

I. 평화적 생존권이 헌법상 보장된 기본권인지 여부

(1) 우리 헌법은 전문에서 "조국의 평화적 통일", "항구적인 세계평화"를 추구할 이념 내지 목적으로 규정하고 있고, 제1장 총강에서 평화적 통일정책에 관하여(제4조), 국제평화 유지의 노력과 침략전쟁의 부인에 관하여(제5조 제1항), 국제법규 존중에 관하여(제6조 제1항) 각 규정하고 있을 뿐, 제2장 국민의 권리와 의무에서 "평화적 생존권"이란 기본권을 따로 규정하고 있지는 않다. 따라서 "평화적 생존권"이 헌법상 보장된 기본권인지 여부는 이를 헌법상 열거되지 아니한 기본권으로 인정할 것인지 여부의 문제이다.

(2) 헌법 전문 및 제1장 총강에 나타난 "평화"에 관한 규정에 의하면, 우리 헌법은 침략적 전쟁을 부인하고 조국의 평화적 통일을 지향하며 항구적인 세계평화의 유지에 노력하여야 함을 이념 내지 목적으로 삼고 있음은 분명하다. 따라서 국가는 국민이 전쟁과 테러 등 무력행위로부터 자유로운 평화 속에서 생활을 영위하면서 인간의 존엄과 가치를 지키고 헌법상 보장된 기본권을 최대한 누릴 수 있도록 노력하여야 할 책무가 있음은 부인할 수 없다.

(3) 그러나 평화주의가 헌법적 이념 또는 목적이라고 하여 이것으로부터 국민 개인의 평화적 생존권이 바로 도출될 수 있는 것은 아니다. 헌법에 열거되지 아니한 기본권을 새롭게 인정하려면, 그 필요성이 특별히 인정되고, 그 권리내용(보호영역)이 비교적 명확하여 구체적 기본권으로서의 실체 즉, 권리내용을 규범 상대방에게 요구할 힘이 있고 그 실현이 방해되는 경우 재판에 의하여 그 실현을 보장받을 수 있는 구체적 권리로서의 실질에 부합하여야 할 것이다.

그런데 평화적 생존권을 구체적 기본권으로 인정한다고 가정할 때, 그 권리내용이란 우선 "침략전쟁에 대한 것"에서 찾을 수밖에 없을 것이다. 왜냐하면 "침략전쟁이나 방어전쟁을 불문하고 전쟁이 없는 평화"란 자국의 노력만으로 이룰 수 있는 것이 아니라 세계 각국이 함께 노력하여 형성하는 평화로운 국제질서의 확립에 의해 달성할 수 있는 것일 뿐만 아니라 우리 헌법이 세계평화의 원칙을 규정하면서도 침략전쟁만을 부인하고 있기 때문이다. 따라서 평화적 생존권의 권리내용으로서 상정할 수 있는 것은 "침략전쟁에 강제로 동원되지 아니할 권리", "침략전쟁을 위한 군사연습, 군사기지 건설, 살상무기의 제조·수입 등 전쟁준비 행위가 국민에게 중대한 공포를 초래할 경우 관련 공권력 행사의 정지를 구할 권리" 등일 것이다.

그러나 침략전쟁과 방어전쟁의 구별이 불분명할 뿐만 아니라 전시나 전시에 준한 국가비상 상황에서의 전쟁준비나 선전포고 등 행위가 침략전쟁에 해당하는지 여부에 관한 판단은 고도의 정치적 결단에 해당하여 사법심사를 자제할 대상으로 보아야 할 경우가 대부분일 것이다(헌재 2004. 4. 29. 2003헌마814 판례집 16-1, 601, 607 참조). 또한, 평상시의 군사연습, 군사기지 건설, 무기의 제조·수입 등 군비확충 등의 행위가 "침략적" 전쟁준비에 해당한다고 볼 수 있는 경우란 거의 없거나 "침략적 성격"·"중대한 공포" 등에 관한 규명이 사실상 곤란하므로, 이에 대하여 평화적 생존권이라는 이름으로 관련 공권력 행사를 중지시키려는 것은 실효적으로 보호받을 가능성을 긍정하기 쉽지 않다.

이러한 사정을 종합적으로 고려해 보면, 평화적 생존권을 헌법에 열거되지 아니한 기본권으로서 특별히 새롭게 인정할 필요성이 있다거나 그 권리내용이 비교적 명확하여 구체적 권리로서의 실질에 부합한다고 보기 어렵다 할 것이다.

(4) 우리 헌법은 일본 헌법과 같이 평화적 생존권을 직접적으로 도출할 표현을 두고 있지 아니하고, 다만 전문이나 총강에서 "평화적 통일", "세계평화", "국제평화", "침략전쟁의 부인" 등의 규정을 갖고 있을 뿐이다. 앞서 본 바와 같이 평화적 생존권을 헌법에 열거되지 아니한 기본권으로서 새롭게 인정할 필요성이 있다거나 평화적 생존권이 구체적 권리로서의 실질에 부합한다고 보기 어려운 이상, 우리 헌법 전문이나 총강에 나타난 평화에 관한 몇몇 규정에 기초하여 헌법 제10조 및 제37조 제1항을 근거로 평화적 생존권을 헌법상 보장된 기본권으로 쉽사리 인정할 수는 없다고 할 것이다. 우리 헌법보다 더 강한 평화에 관한 규정을 기본법에 두고 있는 독일의 경우 평화적 생존권에 관한 논의가 학계나 실무에서 이루어지지 않은 것도 같은 이유일 것이다.

(5) 결국 청구인들이 평화적 생존권이란 이름으로 주장하고 있는 평화란 헌법의 이념 내지 목적으로서 추상적인 개념에 지나지 아니하고, 개인의 구체적 권리로서 국가에 대하여 침략전쟁에 강제되지 않고 평화적 생존을 할 수 있도록 요청할 수 있는 효력 등을 지닌 것이라고 볼 수 없다. 따라서 평화적 생존권은 헌법상 보장되는 기본권이라고 할 수는 없다 할 것이다.

그렇다면, 청구인들이 자신들의 헌법상 보장된 기본권의 침해가 있었음을 전제로 하여 구하는 이 사건 심판청구는 더 나아가 살펴 볼 필요 없이 부적법하다.

Ⅱ. 결 론

이 사건 심판청구는 부적법하므로 이를 각하하기로 하여 주문과 같이 결정한다.

종전에 헌법재판소가 이 결정과 견해를 달리하여 '평화적 생존권을 헌법 제10조와 제37조 제1항에 의하여 인정된 기본권으로서 침략전쟁에 강제되지 않고 평화적 생존을 할 수 있도록 국가에 요청할 수 있는 권리'라고 판시한 2003. 2. 23. 2005헌마268결정은 이 결정과 저촉되는 범위 내에서 이를 변경한다.

이 결정에는 재판관 김종대의 다수의견에 대한 보충의견, 재판관 조대현, 재판관 목영준, 재판관 송두환의 별개의견과 재판관 조대현의 별개의견에 대한 보충의견이 있는 외에는 나머지 관여 재판관들의 의견이 일치되었다.

재판관 김종대의 다수의견에 대한 보충의견

(1) 기본권이란 헌법에서 어떤 법익을 기본적 권리로 인정하고 이를 보장할 때 생겨나는 것이어서 헌법을 떠나 기본권이란 개념을 생각할 수 없고, 헌법은 국가의 존립을 전제로 하므로, 결국 기본권은 국가의 존립을 떠나서 관념할 수 없다. 따라서 국가의 존립은 기본권의 개념적 기초이자 기본권 보장의 전제라 할 것이다.

국가 간에 전쟁이 일어나면 기본권의 전제가 된 국가의 존립이 위협받게 된다. 전쟁의 승패에 따라 국가의 생존도 국민의 기본권도 기약 없이 될 수밖에 없으므로, 국민은 전쟁에서 승리하거나 휴전하여 국가의 존립을 유지한 때에만 헌법을 지켜내고 기본권을 향유할 수 있는 것이지 패전하면 송두리째 기본권을 잃어버리고 마는 위험 속에 빠지고 만다. 또한, 오늘날 전쟁은 복잡 미묘한 국제정세 속에서 당사국의 주관적 국익과 명분 아래 갑작스럽게 발발하게 되므로 실제 어느 전쟁이 침략적 전쟁인지 방어적 전쟁인지 그 구별이 명백하지도 않다.

이와 같이 국가비상 사태라 할 수 있는 전쟁이 어떤 이유로든 일단 발발하게 되면 그 승패에 따라 국가의 존립을 좌우할 수밖에 없는 엄청난 결과를 초래하므로 국가는 반드시 군사훈련을 지속하는 등 전쟁에 대비한 준비를 소홀히 해서는 안 되고, 따라서 국군통수권자인 대통령은 국가의 독립·영토의 보전·국가의 계속성과 헌법을 수호할 책무를 지고 있으므로 언제 발발할지 모르는 전쟁에 대비해 평소 군사훈련, 군비확충등으로 전력을 최고조로 유지하고 병사들로 하여금 필승의 신념으로 국가를 수호할 수 있도록 정신전력을 강화시켜나가야 한다.

(2) 피청구인의 이 사건 연습결정은 전쟁에 대비해 연합국과 함께 적국을 물리치는 훈련을 하도록 한 것이다. 이와 같이 전쟁으로부터 국민의 생존과 기본권을 지키기 위해 군사훈련을 할 수밖에 없다면 그 훈련에 필연적으로 따라오는 기본권의 제한적 상황을 두고 이를 기본권(평화적 생존권)의 침해라고 관념해 국가에 대한 군사훈련의 금지를 요청할 수는 없다고 해야 할 것이다.

평화적 생존권을 구체적 기본권으로 인정하자는 견해는 평화적 생존권을 "침략전쟁에 강제로 동원되지 않고 평화적 생존을 할 수 있도록 국가에 요청할 수 있는 권리"로 관념하고 있다. 그런데 앞서 지적한 바와 같이 전쟁은 그 특성상 침략적 전쟁인지 방어적 전쟁인지의 구분이 불명확하여 그 같은 관념의 전제 자체가 성립하기 어려울 뿐만 아니라, 명백하지도 아니한 "침략전쟁"임을 내세워 전시 상황에 대비한 준비행위를 막을 수 있는 권리를 인정하려는 것은 어떤 전쟁에서도 일단 항복하자는 뜻이 아니라면 전쟁이라는 특수상황, 즉 전쟁발발의 불가예측성과 비윤리성 및 패전의 참혹성을 간과한 생각에서 비롯된 것이라고 하지 않을 수 없다.

(3) 우리 헌법은 평화를 중요한 이념으로 표방하고 침략전쟁을 부인하고 있다. 따라서 국가의 모든 기능은 전쟁이 아니라 평화를 향해 이루어져야 한다는 것은 우리 헌법의 기본원리상으로도 당연한 이치이다.

그러나 여기서의 평화가 전쟁 없이 적국에 예속되는 것까지 감수하는 평화를 의미한다고 볼 수 없는 이상, 전쟁에 대비한 군사훈련을 하지 말아야 한다는 명분이 되어서는 안 된다.

그러므로 나는 청구인들이 주장하는 평화적 생존권도 우리 헌법의 기초적 가치로서 이 같은 테두리 속에서 관념하면 되지 굳이 이를 구체적 기본권으로 관념하여 이를 근거로 전시에 대비한 군사훈련마저 저지하기 위한 독립된 대국가적 권리로 인정할 이유는 없다고 본다.

재판관 조대현, 재판관 목영준, 재판관 송두환의 별개의견

우리는 다수의견과 달리, '평화적 생존권'이 우리 국민이 향유하고 있는 헌법상 기본권이자, 국민이 그에 대한 침해를 이유로 헌법소원심판에 의한 법적 구제를 구할 수 있는 재판규범이라고 생각하므로, 다음과 같이 별개의견을 밝힌다.

1. 우리 헌법의 규정

우리 헌법은 전문에서 "… 우리 대한민국은 … 평화적 통일의 사명에 입각하여 … 밖으로는 항구적인 세계평화와 인류공영에 이바지함으로써 …"라고 규정하고 있고, 제4조에서 "… 자유민주적 기본질서에 입각한 평화적 통일정책을 수립하고 …"라고 규정하고 있으며, 제5조 제1항에서 "대한민국은 국제평화의 유지에 노력하고 침략적 전쟁을 부인한다"라고 규정함으로써, '평화'를 우리 헌법상 최고의 가치 중 하나로 명시하고 있다.

한편, 헌법 제10조는, "모든 국민은 인간으로서의 존엄과 가치를 가지며 행복을 추구할 권리를 가진다. 국가는 개인이 가지는 불가침의 기본적 인권을 확인하고 이를 보장할 의무를 진다"라고 규정함으로써, 국가는 국민이 인간으로서의 존엄과 가치를 유지하고 행복을 추구할 일반적 행동의 자유를 보장하도록 하고 있다.

나아가 헌법 제37조 제1항은, "국민의 자유와 권리는 헌법에 열거되지 아니한 이유로 경시되지 아니한다"라고 규정하여 헌법상 보호하여야 할 가치에 대하여는 비록 헌법에 문언상 명시되지 않았더라도 헌법상 기본권으로 보장하여야 한다고 선언하고 있다.

2. 평화적 생존권의 의미

위와 같은 헌법 규정에 비추어 볼 때, 국민은 인간으로서의 존엄과 가치를 유지하면서 행복을 추구하기 위하여 침략전쟁이나 테러 등의 위해를 받지 않고 평화롭게 살아갈 권리, 즉 평화적 생존권을 가지고, 국가는 국민들의 이러한 권리를 보장하기 위하여 침략전쟁 · 테러 · 범죄 등으로부터 국민의 생명과 신체의 안전을 보호하여야 의무가 있을 뿐 아니라, 불가피하거나 불가항력적이지 않은 침략전쟁을 회피하거나 부인하여야 할 책무도 가지고 있다고 할 것이다.

물론 전쟁이 없는 평화가 자국(自國)의 의지와 노력만으로 이룰 수 있는 것이 아니므로, 평화적 생존권이라고 하여 일체의 전쟁 없이 살 권리를 의미하는 것도 아니고 일체의 전쟁수행이나 군사활동을 모두 부인하는 권리도 아니다. 국민의 모든 기본권은 국가의 존립과 자유민주적 기본질서를 전제로만 존재할 수 있으므로, 국민의 기본권을 보장하기 위해서라도 국토와 국민을 방위하고 자유민주주의를 지키기 위한 전쟁수행 기타 군사활동은 불가피하다. 그러므로 이를 위하여 국민에게 국토방위의 의무를 부과하고 국군을 조직 · 유지하며 군사활동의 훈련을 실시하는 것도 허용된다.

그러나 국가가 위와 같은 목적을 현저히 벗어나 국민에게 국제적 평화를 파괴하는 침략적 전쟁에 참여하도록 요구할 수는 없다(헌법 제5조 제1항). 또한, 침략전쟁과 테러 혹은 무력행위로부터 자유로워야 하는 것은 인간의 존엄과 가치를 실현하고 행복을 추구하기 위한 기본 전제이므로(헌재 2006. 2. 23. 2005헌마268, 판례집 18-1상, 298, 302-304), 국민을 침략적 전쟁에 동원하거나 테러의 위해 속에 방치하는 것은 헌법 제10조가 선언한 국가의 헌법상 책무에도 반한다. 그러므로 국민은 국가에 대하여 침략전쟁에 강제되지 않고 테러 등의 위해를 받지 않으면서 평화적 생존을 할 수 있도록 요청할 수 있는 권리를 가지고 있고, 이는 헌법상 기본권으로서 비록 헌법상 문언에 명시되어 있지 않다 하더라도, 국가에 대하여 요청할 수 있는 구체적 권리라고 할 것이다.

3. 통치행위와 실효성 문제

다수의견은, 침략전쟁과 방어전쟁의 구별이 불분명할 뿐 아니라 국가의 행위가 침략전쟁에 해당하는지 여부에 대한 판단은 고도의 정치적 결단에 해당하여 사법심사를 자제할 대상, 이른바 통치행위인 경우가 대부분일 것이고, 침략적 성격에 대한 규명이 사실상 곤란하므로 이를 평화적 생존권이란 이름으로 중지시키려는 것은 실효적으로 보호받기 어렵기 때문에, 헌법 제37조 제1항에 의하여 평화적 생존권을 특별히 새롭게 인정할 필요성이 없다고 주장한다.

그러나 평화적 생존권을 국민의 기본권으로 인정할지의 문제와, 국가의 군사적 행위가 통치행위로서 사법심사의 대상이 되는지 또는 침략적 성격의 규명이 사실상 곤란한지의 문제는 전혀 차원이 다른 별개의 문제이다. 앞에서 본 바와 같이, 국민의 평화적 생존권은 우리 헌법의 문언상 열거되어 있지는 않지만 헌법 자체에 내재되어 있는 국민의 기본권으로 보호되어야 하는 것이고, 이를 침해할 가능성이 있는 국가의 군사적 행위가 통치행위인지 여부 및 침략적 전쟁인지 여부는 이를 심사하는 사법절차에서 판단될 문제인 것이다.

4. 소 결

결국, 국민은 국가에 대하여 침략전쟁이나 테러 등의 위해를 받지 않고 평화롭게 생존할 수 있도록 국가에 요청할 수 있는 권리, 즉 평화적 생존권을 가지고 있다고 할 것이고, 국가 공권력이 이러한 기본권을 부당하게 침해한다면 이는 헌법에 위반된다고 할 것이다.

재판관 조대현의 별개의견에 대한 보충의견

다수의견은 평화적 생존권이 헌법상 기본권으로 규정되어 있지 않고 그것을 기본권으로 인정할 필요가 없으며 그 내용의 실현을 보장받기 어려운 이념에 불과하다는 이유로 평화적 생존권의 기본권성을 부인하지만, 찬성하기 어렵다.

인간의 존엄과 가치 및 행복추구권은 국가나 헌법에 의하여 창설되거나 인정되는 것이 아니고 국가와 헌법 이전에 천부적(天賦的)으로 보유하는 것이다. 국가는 인간의 존엄과 가치 및 행복추구권을 확인하고 존중하여야 하며, 이를 위하여 기본적 인권을 보장할 의무를 지고(헌법 제10조), 개인의 기본적 인권은 헌법에 열거된 것이든 아니든 존중되고 보장되어야 하는 것이다(헌법 제37조 제1항).

인간이 존엄과 가치를 누리면서 행복을 추구하려면 생명과 신체의 안전을 위협받지 않고 평화롭게 생존할 수 있어야 한다. 이처럼 "인간이 생명과 신체의 안전을 위협받지 않고 평화롭게 생존할 수 있는 자유와 권리"를 평화적 생존권이라고 부를 수 있고, 그것은 인간의 존엄과 가치를 누리면서 행복을 추구하기 위하여 필요하고 불가결한 기본조건이기 때문에, 인간의 활동의 자유나 재산권이나 인간다운 생활을 할 권리와 같은 다른 기본권보다 우선적으로 보장되어야 한다. 생명과 신체의 안전이 폭력범죄로부터 보호되어야 함은 물론, 전쟁·테러·무력행위 등에 의하여 인간의 평화적 생존이 위협받지 않도록 국제적 평화와 국내의 평화가 아울러 보장되어야 한다. 생명·신체의 안전권이 기본권으로 보장된다고 하여 그와 별도로 평화적으로 생존할 자유와 권리를 기본권으로 인정할 필요가 없는 것은 아니다.

이처럼 인간이 생명과 신체의 안전을 위협받지 않고 평화롭게 생존할 수 있는 권리는 인간이 국가와 헌법 이전에 천부적으로 가지는 기본권이라고 보아야 한다. 대한민국헌법에 평화적 생존권을 보장하는 명문규정이 없다고 하여 그 기본권성을 부인해서는 안 된다. 우리 헌법상 평화적 생존권은 인간의 존엄과 가치 및 행복추구권을 보장하는 제10조와 열거되지 아니한 기본권도 존중하라는 제37조 제1항에 의하여 보장되는 기본권이라고 보아야 한다. 더 나아가 국가와 헌법은 국민들의 평화적 생존권을 보장하기 위하여 존재하는 것이라고 보아야 하고, 국민들이 국가를 세우고 통치조직을 만들고 군대와 경찰을 유지하는 것도 모두 평화적 생존권을 보장받기 위한 것이라고 보아야 한다.

그러나 평화적 생존권도 국가안전보장이나 질서유지를 위하여 필요한 경우에는 최소한의 범위에서 제한될 수 있다(헌법 제37조 제2항). 국가가 국군을 유지하고 미군을 주둔시키며 함께 군사훈련을 하는 것은 국가안전보장을 위하여 필요한 것이지만, 그러한 군사훈련이 국민의 생명과 신체의 안전을 해치거나 위협하는 경우에는 평화적 생존권을 침해하는 것이므로 헌법 제37조 제2항의 통제를 받아야 한다. 그리고 그러한 군사훈련이 침략전쟁을 위한 것이라면, 국제평화의 유지에 노력하고 침략적 전쟁을 부인하도록 요구하는 헌법 제5조 제1항에 위반되는 것이므로, 평화적 생존권의 침해를 정당화하는 사유로 되지 못한다고 할 것이다.

그런데 이 사건 연습은 외적의 침략전쟁에 대비하여 국가와 국민들의 안전을 방어하기 위한 훈련으로서 국가안전보장을 위하여 필요한 것이라고 생각되고, 그로 인하여 청구인들의 평화적 생존권이 침해되었거나 침해될 위험이 있었다는 점을 엿볼 수 없으므로, 이 사건 연습은 청구인들의 평화적 생존권을 침해할 가능성이 있다고 보기 어렵다.

판례 평석: 종전에 헌법재판소는 2003. 2. 23. 2005헌마268결정에서, "오늘날 전쟁과 테러 혹은 무력행위로부터 자유로워야 하는 것은 인간의 존엄과 가치를 실현하고 행복을 추구하기 위한 기본 전제가 되는 것이므로, 달리 이를 보호하는 명시적 기본권이 없다면 헌법 제10조와 제37조 제1항으로부터 평화적 생존권이라는 이름으로 이를 보호하는 것이 필요하다. 그 기본 내용은 침략전쟁에 강제되지 않고 평화적 생존을 할 수 있도록 국가에 요청할 수 있는 권리라고 볼 수 있을 것이다"라고 하여 평화적 생존권의 기본권성을 명시적으로 인정하였다. 그러던 것이 위 결정에 이르러 번복되어 평화적 생존권의 기본권성을 부인하였다.

평화적 생존권을 부인하는 헌재의 입장에 대하여 대부분의 평석은 비판적인 입장을 취하며 평화적 생존권을 기본권으로 인정하는바, 그 중에서도 정혜인, "평화적 생존권의 보호영역에 관한 연구", 한양법학 제22권 제3집(2011. 8.), 한양법학회, 2011, 383-418면에서는 헌법 전문, 헌법 제4조, 제5조, 제10조, 제37조 제1항 등을 평화적 생존권의 헌법상 근거로 들고 있다. 이와 동일하게 평화적 기본권을 인정하는 평석 및 논문으로서, 이경주, "평화적 생존권의 헌법실천적 의의", 민주법학 Vol.41(2009. 11.), 민주주의 법학연구회, 2009, 175-217면; 정혜인, "대한민국 헌법상 평화적 생존권의 인정가능성", 법학논총 Vol.28 No.1(2011), 한양대학교 법학연구소, 2011, 145-165면; 강경근, "평화적 생존권", 고시계(2001. 6.), 고시계사, 2001, 176-178면.

[요약판례 3] 형법 제250조등 위헌소원: 합헌(헌재 1996.11.28. 95헌바1)

사형제도가 헌법에 위반되는지 여부(소극)

인간의 생명은 고귀하고, 이 세상에서 무엇과도 바꿀 수 없는 존엄한 인간존재의 근원이다. 이러한 생명에 대한 권리는 비록 헌법에 명문의 규정이 없다 하더라도 인간의 생존본능과 존재목적에 바탕을 둔 선험적이고 자연법적인 권리로서 헌법에 규정된 모든 기본권의 전제로서 기능하는 기본권 중의 기본권이라 할 것이다. 그러나 현실적인 측면에서 볼 때 정당한 이유 없이 타인의 생명을 부정하거나 그에 못지 아니한 중대한 공공이익을 침해한 경우에 국법은 그 중에서 타인의 생명이나 공공의 이익을 우선하여 보호할 것인가의 규준을 제시하지 않을 수 없게 되고, 이러한 경우에는 비록 생명이 이념적으로 절대적 가치를 지닌 것이라 하더라도 생명에 대한 법적 평가가 예외적으로 허용될 수 있다고 할 것이므로, 생명권 역시 헌법 제37조 제2항에 의한 일반적 법률유보의 대상이 될 수밖에 없다 할 것이다.

이에 대하여 청구인은 사형이란 헌법에 의하여 국민에게 보장된 생명권의 본질적 내용을 침해하는 것으로 되어 헌법 제37조 제2항 단서에 위반된다는 취지로 주장한다. 그러나 생명권에 대한 제한은 곧 생명권의 완전한 박탈을 의미한다 할 것이므로, 사형이 비례의 원칙에 따라서 최소한 동등한 가치가 있는 다른 생명 또는 그에 못지 아니한 공공의 이익을 보호하기 위한 불가피성이 충족되는 예외적인 경우에만 적용되는 한, 그것이 비록 생명을 빼앗는 형벌이라 하더라도 헌법 제37조 제2항 단서에 위반되는 것으로 볼 수는 없다 할 것이다. 그러나 우리는 형벌로서의 사형이 과연 행위의 불법과의 간에 적정한 비례관계를 유지하고 있는지를 개별적으로 따져야 할 것임은 물론 나아가 비록 법정형으로서의 사형이 적정한 것이라 하더라도 이를 선고함에 있어서는 특히 신중을 기하여야 한다는 생각이며, 한 나라의 문화가 고도로 발전하고 인지가 발달하여 평화롭고 안정된 사회가 실현되는 등 시대상황이 바뀌어 생명을 빼앗는 사형이 가진 위하에 의한 범죄예방의 필요성이 거의 없게 된다거나 국민의 법감정이 그렇다고 인식하는 시기에 이르게 되면 사형은 곧바로 폐지되어야 하며, 그럼에도 불구하고 형벌로서 사형이 그대로 남아 있다면 당연히 헌법에도 위반되는 것으로 보아야 한다는 의견이다.

제3절 기본권의 법적 성격

[요약판례] 형사소송법 제312조 제1항 단서 위헌소원: 합헌(헌재 1995.6.29. 93헌바45)

검사 작성의 피의자신문조서에 대한 증거능력의 인정요건을 정한 형사소송법 제312조 제1항 단서의 위헌여부(소극)

국민의 기본권은 국가권력에 의하여 침해되어서는 아니 된다는 의미에서 소극적 방어권으로서의 의미를 가지고 있을 뿐만 아니라, 헌법 제10조에서 국가는 개인이 가지는 불가침의 기본적 인권을 확인하고 이를 보장할 의무를 진다고 선언함으로써, 국가는 나아가 적극적으로 국민의 기본권을 보호할 의무를 부담하고 있다는 의미에서 **기본권은 국가권력에 대한 객관적 규범 내지 가치질서로서의 의미를 함께 갖는다**. 객관적 가치질서로서의 기본권은 입법·사법·행정의 모든 국가기능의 방향을 제시하는 지침으로서 작용하므로, 국가기관에게 기본권의 객관적 내용을 실현할 의무를 부여한다.

제4절 기본권과 제도보장

[요약판례 1] 구 지방공무원법 제2조 제3항 제2호 나목 등 위헌소원: 합헌(헌재 1997.4.24. 95헌바48)

제도적 보장의 의의

제도적 보장은 객관적 제도를 헌법에 규정하여 당해 제도의 본질을 유지하려는 것으로서 헌법제정권자가 특히 중요하고도 가치가 있다고 인정되고 헌법적으로도 보장할 필요가 있다고 생각하는 국가제도를 헌법에 규정함으로써 장래의 법발전, 법형성의 방침과 범주를 미리 규율하려는 데 있다. 이러한 제도적 보장은 주관적 권리가 아닌 **객관적 법규범**이라는 점에서 기본권과 구별되기는 하지만 헌법에 의하여 일정한 제도가 보장되면 입법자는 그 제도를 설정하고 유지할 입법의무를 지게 될 뿐만 아니라 헌법에 규정되어 있기 때문에 법률로써 이를 폐지할 수 없고, 비록 내용을 제한하더라도 그 본질적 내용을 침해할 수 없다. 그러나 기본권 보장은 "최대한 보장의 원칙"이 적용됨에 반하여, 제도적 보장은 그 본질적 내용을 침해하지 아니하는 범위 안에서 입법자에게 제도의 구체적 내용과 형태의 형성권을 폭넓게 인정한다는 의미에서 **"최소한 보장의 원칙"**이 적용될 뿐이다.

[요약판례 2] 경기도남양주시등33개도농복합형태의시설치등에관한법률 제4조 위헌확인: 기각(헌재 1994.12.29. 94헌마201)

지방자치단체의 폐치·분합에 관한 사항이 헌법소원의 대상이 되는지 여부(적극)

지방자치단체의 폐치·분합에 관한 것은 지방자치단체의 자치행정권 중 지역고권의 보장문제이나, 대상지역 주민들은 그로 인하여 인간다운 생활공간에서 살 권리, 평등권, 정당한 청문권, 거주이전의 자유, 선거권, 공무담임권, 인간다운 생활을 할 권리, 사회보장·사회복지수급권 및 환경권 등을 침해받게 될 수도 있다는 점에서 기본권과도 관련이 있어 헌법소원의 대상이 될 수 있다.

[요약판례 3] 구 지방공무원법 제2조 제3항 제2호 나목 등 위헌소원: 합헌(헌재 1997.4.24. 95헌바48)

구 지방공무원법 제2조 제3항 제2호 나목 중 동장 부분의 위헌여부(소극)

직업공무원제도는 헌법이 보장하는 제도적 보장 중의 하나임이 분명하므로 입법자는 직업공무원제도에 관하여 '최소한 보장'의 원칙의 한계 내에서 폭넓은 입법형성의 자유를 가진다. 따라서 입법자가 동장의 임용의 방법이나 직무의 특성 등을 고려하여 이 사건 법률조항에서 동장의 공직상의 신분을 지방공무원법상 신분보장의 적용을 받지 아니하는 별정직공무원의 범주에 넣었다 하여 바로 그 법률조항부분을 위헌이라고 할 수는 없다.

[요약판례 4] 도시재개발법 제10조 제1항 위헌소원: 합헌(헌재 1996.3.28. 95헌바47)

구 도시재개발법 제10조 제1항 제1호 전단이 재산권의 본질적 내용을 침해하거나 기본권제한입법에 관한 과잉금지의 원칙에 위배되는 것인지 여부(소극)

헌법은 제23조 제1항에서 재산권 보장에 관한 규정을 두어 국민 개개인이 재산권을 향유할 수 있는 법제도로서의 사유재산제도를 보장함과 동시에 그 기조위에서 구체적 재산권을 개인의 기본권으로 보장하는 한편 같은 조항 후단에서는 재산권의 내용과 한계를 법률로 정하도록 하고, 같은조 제2항은 재산권의 행사는 공공복리에 적합하도록 하여야 한다고 규정하고 있으며, 또 헌법 제37조 제2항은 기본권제한에 관한 일반적 법률유보를 두어 국가안전보장·질서유지 또는 공공복리를 위하여 필요한 경우에 법률로써 기본권을 제한할 수 있으며 다만 그 본질적인 내용을 침해할 수 없도록 규정하고 있다. 따라서 공공의 이익을 위한 재산권의 제한 가능성을 비교적 폭넓게 인정하고 있다 할 것이다.

[요약판례 5] 교육법 제8조의2에 관한 위헌심판: 합헌(헌재 1991.2.11. 90헌가27)

중등교육에 대한 헌법상의 권리성

헌법상 초등교육에 대한 의무교육과는 달리 중등교육의 단계에 있어서는 어느 범위에서 어떠한 절차를 거쳐 어느 시점에서 의무교육으로 실시할 것인가는 입법자의 형성의 자유에 속하는 사항으로서 국회가 입법정책적으로 판단하여 법률로 구체적으로 규정할 때에 비로소 헌법상의 권리로서 구체화되는 것으로 보아야 한다.

[요약판례 6] 세무대학설치법폐지법률 위헌확인: 기각,각하(헌재 2001.2.22. 99헌마613)

이 사건 폐지법으로 인하여 청구인들의 행복추구권, 대학의 자율권과 교수의 자유, 신뢰보호의 원칙 및 교육을 받을 권리, 평등권 등의 기본권이 침해되었는지 여부(소극)

세무대학의 자율성은 법률의 목적에 의해서 세무대학이 수행해야 할 과제의 범위 내에서만 인정되는 것으로서, 세무대학의 설립과 폐교가 국가의 합리적인 고도의 정책적 결단 그 자체에 의존하고 있는 이상 세무대학의 계속적 존립과 과제수행을 자율성의 한 내용으로 요구할 수는 없다. 또한 이 사건 폐지법(부칙 제4조 제3항)은 세무대학소속 교수·부교수·조교수 및 전임강사의 신분보장에 관하여 교육공무원법의 해당 조항을 준용함으로써 세무대학을 폐지하더라도 교수들의 지속적인 학문활동을 보장하는 등 기존의 권리를 최대한 보장하고 있다. 따라서 이 사건 폐지법에 의해서 세무대학이 폐교된다고 해서 세무대학의 자율성이 침해되거나 곧바로 세무대학 교수의 진리탐구와 연구발표 및 교수의 자유가 침해되는 것은 아니다.

[요약판례 7] 학원의설립·운영에관한법률 제22조 제1항 제1호 등 위헌제청, 학원의설립·운영에관한법률 제3조 등 위헌확인: 위헌(헌재 2000.4.27. 98헌가16, 98헌마429등)

부모의 자녀교육권 및 법 제3조에 의하여 제한되는 기본권

자녀의 양육과 교육은 일차적으로 부모의 천부적인 권리인 동시에 부모에게 부과된 의무이기도 하다. '부모의 자녀에 대한 교육권'은 비록 헌법에 명문으로 규정되어 있지는 아니하지만, 이는 모든 인간이 누리는 불가침의 인권으로서 **혼인과 가족생활**을 보장하는 헌법 제36조 제1항, 행복추구권을 보장하는 헌법 제10조 및 "국민의 자유와 권리는 헌법에 열거되지 아니한 이유로 경시되지 아니한다"고 규정하는 헌법 제37조 제1항에서 나오는 중요한 기본권이다. 부모는 자녀의 교육에 관하여 전반적인 계획을 세우고 자신의 인생관·사회관·교육관에 따라 자녀의 교육을 자유롭게 형성할 권리를 가지며, 부모의 교육권은 다른 교육의 주체와의 관계에서 원칙적인 우위를 가진다.

[요약판례 8] 형법 제259조 제2항 위헌소원: 합헌(헌재 2002.3.28. 2000헌바53)

형법 제259조 제2항이 사생활의 자유 등 다른 기본권을 침해하는지 여부(소극)

존속상해치사죄와 같은 범죄행위가 … 가중처벌에 의하여 가족 개개인의 존엄성 및 양성의 평등이 훼손되거나 인간다운 생활을 보장받지 못하게 되리라는 사정은 찾아볼 수 없고, 오히려 패륜적·반도덕적 행위의 가중처벌을 통하여 친족 내지 가족에 있어서의 자연적·보편적 윤리를 형법상 보호함으로써 개인의 존엄과 가치를 더욱 보장하고 이

를 통하여 올바른 사회질서가 형성될 수 있다고 보아야 할 것이므로, 이 사건 법률조항은 **혼인제도와 가족제도**에 관한 헌법 제36조 제1항에 위배되거나 인간으로서의 존엄과 가치 또는 행복추구권도 침해하지 아니한다.

[요약판례 9] 경기도남양주시등33개도농복합형태의시설치등에관한법률 제8조 위헌확인: 기각 (헌재 1995.3.23. 94헌마175)

지방자치단체의 폐치·분합이 기본권 침해문제를 발생시키는지 여부(소극) 및 경기도남양주시등33개도농복합형태의시설치등에관한법률 제8조의 위헌여부(소극)

지방자치단체의 의회의 의견청취절차를 밟은 것 자체로 헌법적 의미의 적법절차는 준수되었다고 보아야 하고, … 군 및 도의회의 결의에 반하여 법률로 군을 폐지하고 타시에 병합하여 시를 설치한다 하여 주민들의 자치권을 침해하는 결과가 된다거나 헌법 제8장에서 보장하는 **지방자치제도의 본질을 침해하는 것이라고 할 수 없다**. 더구나 이 사건의 경우는 주민의견조사 결과 주민의 압도적 다수가 영일군의 폐지와 포항시와의 통합에 찬성하였으므로 지방자치단체의 의회(군·도)의 의견에 반하여 영일군을 폐지하고 폐지된 영일군 일원과 포항시를 통합하여 포항시를 설치하였다 하여 적법절차에 흠이 있거나 지방자치제도의 본질을 침해한 것이라고 할 수 없다.

[요약판례 10] 정기간행물의등록등에관한법률 제16조 제3항 등의 위헌여부에 관한 헌법소원: 합헌 (헌재 1991.9.16. 89헌마165)

정정보도청구권의 법적 성질 및 헌법상의 의의

정기간행물의등록등에관한법률상의 정정보도청구권은 정기간행물의 보도에 의하여 인격권 등의 침해를 받은 피해자가 반론의 게재를 요구할 수 있는 권리, 즉 이른바 "**반론권**"을 뜻하는 것으로서 헌법상 보장된 인격권, 사생활의 비밀과 자유에 그 바탕을 둔 것이며, 나아가 피해자에게 반박의 기회를 허용함으로써 언론보도의 공정성과 객관성을 향상시켜 **제도로서의 언론보장**을 더욱 충실하게 할 수도 있다는 뜻도 함께 지닌다.

[요약판례 11] 주세법 제38조의 7 등에 대한 위헌제청: 위헌 (헌재 1996.12.26. 96헌가18)

주세법의 자도소주 구입명령제도가 헌법에 위반되는지 여부(적극)

우리 헌법은 제123조 제3항에서 중소기업이 국민경제에서 차지하는 중요성 때문에 "**중소기업의 보호**"를 국가경제정책적 목표로 명문화하고, 대기업과의 경쟁에서 불리한 위치에 있는 중소기업의 지원을 통하여 경쟁에서의 불리함을 조정하고, 가능하면 균등한 경쟁조건을 형성함으로써 대기업과의 경쟁을 가능하게 해야 할 국가의 과제를 담고 있다. 중소기업의 보호는 넓은 의미의 경쟁정책의 한 측면을 의미하므로 중소기업의 보호는 원칙적으로 경쟁질서의 범주내에서 경쟁질서의 확립을 통하여 이루어져야 한다. 중소기업의 보호란 공익이 자유경쟁질서안에서 발생하는 불리함을 국가의 지원으로 보완하여 경쟁을 유지하고 촉진시키려는데 그 목적이 있으므로, 구입명령제도는 이러한 공익을 실현하기에 적합한 수단으로 보기 어렵다.

제 5 절 기본권의 주체

I 불기소처분취소: 각하(헌재 1994.12.29. 93헌마120)

(쟁점) 국회노동위원회의 헌법소원청구적격 인정여부

사건의 개요

피고발인은 주식회사 한라일보사 대표이사인바, 92년도 국회노동위원회 국정감사에 증인으로 출석하라는 국회노동위원회 위원장 명의의 증인출석요구서를 받고도 정당한 이유 없이 출석하지 아니하자, 국회노동위원회는 대검찰청에 국회에서의증언·감정에관한법률 위반죄로 피고발인을 고발하였다. 대검찰청으로부터 고발장을 송부받은 검사는 피고발인이 증인으로 출석하지 아니한 것은 사실이나, 피고발인에 대한 증인출석요구서가 출석요구일 7일 전에 송달되지 못한 사실을 인정할 수 있어 피고발인에 대한 출석요구는 적법한 출석요구라고 할 수 없으므로 범죄혐의 없다는 결정을 하였다.

국회노동위원회는 검사의 위 범죄혐의없음의 불기소처분에 대하여 검찰청이 규정한 항고·재항고 절차를 밟았으나 대검찰청에서 재항고가 기각되고, 재항고기각결정 통지를 받고, 위 불기소처분의 취소를 구하는 이 사건 헌법소원심판을 청구하였다.

주 문

이 사건 심판청구를 각하한다.

청구인들의 주장

국회법 제165조에 의하면 "이 법에 의한 기간의 계산에는 초일을 산입한다"고 규정하고 있는바, 국회에서의증언·감정등에관한법률 제5조 제3항에 의한 "제1항의 요구서는 늦어도 … 증인 등의 출석요구일 7일 전에 송달되어야 한다"는 규정에도 마땅히 위 국회법 제165조가 적용되어야 하므로 위 7일의 기간계산에는 초일을 산입하여야 함에도 불구하고, 피청구인은 이 사건 증인출석요구서의 송달이 출석요구일 7일 전에 피고발인에게 송달되지 아니하였음을 인정하여 이는 피고발인에 대한 적법한 출석요구라고 할 수 없다 하여 무혐의의 불기소처분을 하였음은 부당한 공권력행사이고, 이로 인하여 청구인은 헌법상 보장된 재판절차진술권과 평등권을 침해받았다는 것이다.

판 단

I. 기본권의 주체성

헌법재판소법 제68조 제1항은 "공권력의 행사 또는 불행사로 인하여 기본권을 침해받은 자는 헌법소원의 심판을 청구할 수 있다"고 규정하고 있다. 여기서 기본권을 침해받은 자만이 헌법소원을 청구할 수 있다는 것은 곧 기본권의 주체라야만 헌법소원을 청구할 수 있고, 기본권의 주체가 아닌 자는 헌법소원을 청구할 수 없다는 것을 의미하는 것이다. 기본권 보장규정인 헌법 제2장의 제목이

"국민의 권리와 의무"이고 그 제10조 내지 제39조에서 "모든 국민은 … 권리를 가진다"고 규정하고 있으므로 국민(또는 국민과 유사한 지위에 있는 외국인과 사법인)만이 기본권의 주체라 할 것이다.

Ⅱ. 국회노동위원회의 기본권주체성 여부

한편 국가나 국가기관 또는 국가조직의 일부나 공법인은 기본권의 '수범자(Adressat)'이지 기본권의 주체로서 그 '소지자(Träger)'가 아니고 오히려 국민의 기본권을 보호 내지 실현해야 할 '책임'과 '의무'를 지니고 있는 지위에 있을 뿐이다. 그런데 청구인은 국회의 노동위원회로 그 일부조직인 상임위원회 가운데 하나에 해당하는 것으로 **국가기관인 국회의 일부조직이므로 기본권의 주체가 될 수 없고** 따라서 헌법소원을 제기할 수 있는 적격이 없다고 할 것이다.

반대의견

검사의 불기소처분에 대하여 헌법소원을 제기할 수 있는 근거는 문제된 범죄행위로 말미암아 피해를 입은 자의 헌법상 보장된 재판절차진술권 및 평등권을 보장하려는 데 있다 함이 우리 재판소의 확립된 판례이다.

그런데 이 사건에서 청구인은, 국가기관으로서의 권한의 존부나 범위에 관한 다툼이 있어서가 아니라, 피고발인을 국회노동위원회 국정감사에 증인으로 채택하였지만 피고발인이 정당한 이유 없이 출석하지 아니함으로써 청구인의 직무수행에 방해를 받았다고 하는 피해자의 위치에서 국회에서의증언·감정등에관한법률 제15조에 의하여 피고발인을 고발한 것이며, 이에 피청구인이 불기소처분한 것이 잘못이라고 다투는 것이다. 또한 위 법률 제15조가 일정한 요건 아래 청구인이 채택한 증인에 대한 고발권을 인정하고 있지만, 이는 통상의 고발권(告發權)과 달리 채택한 증인의 불출석으로 말미암아 청구인이 직접 피해를 입기 때문에 인정된 것이므로 그 실질은 고소권(告訴權)과 동일하게 볼 수 있고, 청구인은 피고발인이 소추되면 법원에 피해자로서 의견을 진술할 수 있는 권리가 있다.

이와 같은 청구인의 위 법률 제15조에 의한 고발권의 본질, 청구인이 고발 후 재판절차상 행사할 수 있는 구체적인 권리 등 이 사건의 특수한 사정을 고려하면, 청구인은 피청구인의 불기소처분으로 말미암아 청구인이 범죄의 피해자로서 갖는 재판절차진술권 및 평등권을 침해받았다는 이유를 들어 헌법소원을 제기할 수 있다고 보아야 할 것이다. 그런데도 불구하고 다수의견이 위와 같은 특수한 사정을 고려하지 아니한 채 단지 청구인이 국가기관이라는 이유만으로 경우와 조건을 따지지 아니하고 국가기관의 헌법소원청구인의 당사자적격을 부인한 것은 잘못이라고 생각한다. 이를테면 행정소송사건에서 위증을 한 증인을 행정기관인 피고가 고소를 제기한 경우 사인이 고소한 경우와 무엇이 다르단 말인가.

우리는 위에서 본 이유로 다수의견에 반대하는 것이다.

본 판례에 대한 평가 "공권력의 행사 또는 불행사로 인하여 헌법상 보장된 기본권을 침해받은 자는 법원의 재판을 제외하고는 헌법재판소에 헌법소원심판을 청구할 수 있다"(헌재법 제68조 제1항). 이 때 기본권을 침해받은 자는 기본권의 주체에서와 마찬가지로 모든 국민을 의미한다. 이 국민의 범주에는 자연인뿐만 아니라 법인도 포함된다. 또한 권리능력없는 사단이나 정당과 같은 일반적인 단체도 포함된다. 다만 헌법소원의 청구권자가 될 수 있는 단체라고 하더라도 "단체는 원칙적으로 단체 자신의 기본권을 직접 침해당한 경우에만 그의 이름으로 헌법소원심판을 청구할 수 있을 뿐이고 그 구성원을 위하여 또는 그 구성원을 대신하여 헌법소원심판을 청구할 수 없"으므로 자기관련성에 주의를 요한다. 또한 단체 자체가 아닌 단체소속의 분과위원회는 청구권자가 될 수 없다.

공법상 법인 즉 공법인은 원칙적으로 기본권주체성이 부인된다. 공법인에 대하여 기본권주체성을 인정할 경우 기본권의 반전을 초래할 우려가 있기 때문이다. "국가나 국가기관 또는 국가조직의 일부나 공법인은 기본권의 '수범자'(Adressat)이지 기본권의 주체로서 그 '소지자'(Träger)가 아니고 오히려 국민의 기본권을 보호 내지 실현해야 할 '책임'과 '의무'를 지니고 있는 지위에 있을 뿐이다".

그러나 대학, 언론기관, 축협중앙회 등 일정한 공법인 내지 공법인에 준하는 단체에 대해서는 이들 단체가 가지는 특성을 고려하여 기본권주체성을 인정하여도 무방하다. 그러므로 공법인도 예외적으로 기본권에 의하여 보호되는 생활영역에 속하거나, 자연인의 개인적 기본권의 실현에 기여하거나, 조직법상 국가로부터 독립되어 있을 경우에는 그 기본권주체성을 인정할 수 있다.

헌법재판소는 국가·국가기관·국가조직의 일부 및 공법인은 기본권의 수범자이지 기본권의 주체가 아니라고 보아, 국회의 구성원인 국회상임위원회, 공법인인 지방자치단체의 교육위원, 국회의원 등에 대한 청구인적격을 부인하고 있다. 다만, 공권력의 주체라고 하더라도 국·공립대학이나 공영방송국과 같이 국가에 대하여 독립성을 가지고 있는 독자적인 기구로서 해당 기본권영역에서 개인들의 기본권실현에도 이바지하는 경우에는 예외적으로 기본권주체가 될 수 있다. 헌법재판소는 국립서울대학교에 대하여 학문의 자유 및 대학의 자치와 관련하여 기본권주체성을 인정하고 있다.

관련 문헌: 김승환, "기본권의 주체", 법학과 행정학의 현대적 과제: 유소 이방기 교수 정년기념논문집, 2000. 2; 계희열, "기본권의 주체", 고시연구 제22권 제11호, 1995. 11; 곽상진, "공법인의 기본권주체성에 관한 소고", 공법연구 30집 4호, 2002, 159-182면; 강경근, "법인의 기본권 주체와 헌법소원", 월간고시 20권 12호, 1993; 김선택, "공법인의 기본권주체성과 기본권제한의 특수문제로서 기본권충돌의 법리", 판례연구 7집, 1995. 9, 65-92면.

[요약판례 1] 재외동포의출입국과법적지위에관한법률 제2조 제2호 위헌확인: 헌법불합치 (헌재 2001.11.29. 99헌마494)

외국인의 기본권 주체성이 인정되는지 여부(적극) 및 재외동포법의 적용대상에서 정부수립이전 이주동포, 즉 대부분의 중국동포와 구 소련동포 등을 제외한 것이 평등원칙에 위반되는 것인지 여부(적극)

우리 재판소는, 헌법재판소법 제68조 제1항 소정의 헌법소원은 기본권을 침해받은 자만이 청구할 수 있고, 여기서 기본권을 침해받은 자만이 헌법소원을 청구할 수 있다는 것은 곧 기본권의 주체라야만 헌법소원을 청구할 수 있고 기본권의 주체가 아닌 자는 헌법소원을 청구할 수 없다고 한 다음, '국민' 또는 국민과 유사한 지위에 있는 '외국인'은 기본권의 주체가 될 수 있다 판시하여 원칙적으로 외국인의 기본권 주체성을 인정하였다. 청구인들이 침해되었다고 주장하는 **인간의 존엄과 가치, 행복추구권**은 대체로 '인간의 권리'로서 외국인도 주체가 될 수 있다고 보아야 하고, 평등권도 인간의 권리로서 참정권 등에 대한 성질상의 제한 및 상호주의에 따른 제한이 있을 수 있을 뿐이다.

재외동포법은 외국국적동포등에게 광범한 혜택을 부여하고 있는바, 이 사건 심판대상규정은 대한민국 **정부수립이전에 국외로 이주한 동포와 그 이후 국외로 이주한 동포**를 구분하여 후자에게는 위와 같은 혜택을 부여하고 있고, 전자는 그 적용대상에서 제외하고 있다. … 요컨대, 이 사건 심판대상규정이 청구인들과 같은 정부수립이전이주동포를 재외동포법의 적용대상에서 제외한 것은 합리적 이유없이 정부수립이전이주동포를 차별하는 자의적인 입법이어서 헌법 제11조의 평등원칙에 위배된다.

[요약판례 2] 영화법 제12조 등에 대한 헌법소원: 각하 (헌재 1991.6.3. 90헌마56)

단체내부의 분과위원회에 헌법소원능력이 있는지 여부(소극)

우리 헌법은 법인의 기본권향유능력을 인정하는 명문의 규정을 두고 있지 않지만, 본래 자연인에게 적용되는 기본권규정이라도 언론·출판의 자유, 재산권의 보장 등과 같이 **성질상 법인이 누릴 수 있는 기본권을 당연히 법인에게도 적용**하여야 한 것으로 본다. 따라서 법인도 사단법인·재단법인 또는 영리법인·비영리법인을 가리지 아니하고 위 한계 내에서는 헌법상 보장된 기본권이 침해되었음을 이유로 헌법소원심판을 청구할 수 있다. 또한, 법인 아닌 사단·재단이라고 하더라도 대표자의 정함이 있고 독립된 사회적 조직체로서 활동하는 때에는 성질상 법인이 누릴 수 있는 기본권을 침해당하게 되면 그의 이름으로 헌법소원심판을 청구할 수 있다(민사소송법 제48조 참조).

그러나 청구인 **한국영화인협회 감독위원회**는 영화인협회로부터 독립된 별개의 단체가 아니고, 영화인협회의 내부에 설치된 8개의 분과위원회 가운데 하나에 지나지 아니하며(사단법인 한국영화인협회의 정관 제6조), 달리 단체로서의 실체를 갖추어 당사자 능력이 인정되는 법인 아닌 사단으로 볼 자료도 없다. 따라서 감독위원회는 그 이름으로 헌법소원심판을 청구할 수 있는 헌법소원심판청구능력이 있다고 할 수 없는 것이므로 감독위원회의 이 사건 헌법소원심판청구는 더 나아가 판단할 것 없이 부적법하다.

[요약판례 3] 대통령선거법 제65조 위헌확인: 각하(헌재 1995.7.21. 92헌마177등)

단체가 그 구성원들의 기본권침해를 주장하는 경우 자기관련성 인정 여부(소극)

단체는 원칙적으로 **단체 자신의 기본권**을 직접 침해당한 경우에만 그의 이름으로 헌법소원심판을 청구할 수 있을 뿐이고 그 구성원을 위하여 또는 구성원을 대신하여 헌법소원심판을 청구할 수 없다고 할 것인데, 청구인 **한국신문편집인협회**는 그 자신의 기본권이 직접 침해당하였다는 것이 아니고 청구인협의의 회원인 언론인들의 언론·출판의 자유가 침해당하고 있어 청구인협회도 간접적으로 기본권을 침해당하고 있음을 이유로 하여 이 사건 헌법소원심판을 청구하고 있는 것으로 보이므로 자기관련성을 갖추지 못하여 부적법하다고 할 것이다.

[요약판례 4] 구 농촌근대화촉진법 제16조 위헌소원: 합헌(헌재 2006.2.23. 2004헌바50)

지방자치단체가 재산권 등의 주체가 될 수 있는지 여부(소극)

기본권 보장규정인 헌법 제2장의 제목이 "국민의 권리와 의무"이고 그 제10조 내지 제39조에서 "모든 국민은 … 권리를 가진다"고 규정하고 있으므로 이러한 기본권의 보장에 관한 각 헌법규정의 해석상 국민만이 기본권의 주체라 할 것이고, 공권력의 행사자인 국가, 지방자치단체나 그 기관 또는 국가조직의 일부나 공법인은 기본권의 "수범자"이지 기본권의 주체가 아니고 오히려 국민의 기본권을 보호 내지 실현해야 할 '책임'과 '의무'를 지니고 있을 뿐이다. 그렇다면 이 사건에서 **지방자치단체인 청구인은 기본권의 주체가 될 수 없고** 따라서 청구인의 재산권 침해 여부는 더 나아가 살펴볼 필요가 없다.

[요약판례 5] 지방자치단체의행정기구와정원기준등에관한규정 제14조 제1항 등 위헌확인: 각하(헌재 1998.3.26. 96헌마345)

서울시의회가 헌법소원을 제기할 수 있는 청구인적격을 보유하는지 여부(소극)

기본권의 보장에 관한 각 헌법규정의 해석상 국민(또는 국민과 유사한 지위에 있는 외국인과 사법인)만이 기본권의 주체라 할 것이고, 국가나 국가기관 또는 국가조직의 일부나 공법인은 기본권의 '수범자'이지 기본권의 주체로서 그 '소지자'가 아니고 오히려 국민의 기본권을 보호 내지 실현해야 할 책임과 의무를 지니고 있는 지위에 있을 뿐이므로, 공법인인 지방자치단체의 의결기관인 청구인 의회(**서울시의회)는 기본권의 주체가 될 수 없고** 따라서 헌법소원을 제기할 수 있는 적격이 없다.

[요약판례 6] 1994학년도 신입생선발입시안에 대한 헌법소원: 기각(헌재 1992.10.1. 92헌마68등)

헌법 제31조 제4항 소정의 교육의 자주성, 대학의 자율성 보장의 헌법적 의의

헌법 제31조 제4항이 규정하고 있는 교육의 자주성, **대학의 자율성** 보장은 대학에 대한 공권력 등 외부세력의 간섭을 배제하고 대학인 자신이 대학을 자주적으로 운영할 수 있도록 함으로써 대학인으로 하여금 연구와 교육을 자유롭게 하여 진리탐구와 지도적 인격의 도야라는 대학의 기능을 충분히 발휘할 수 있도록 하기 위한 것으로서 이는 **학문의 자유**의 확실한 보장수단이자 **대학에 부여된 헌법상의 기본권**이다.

여기서 대학의 자율은 대학시설의 관리·운영만이 아니라 학사관리 등 전반적인 것이라야 하므로 연구와 교육의 내용, 그 방법과 그 대상, 교과과정의 편성, 학생의 선발, 학생의 전형도 자율의 범위에 속해야 하고 따라서 입학시험제도도 자주적으로 마련될 수 있어야 한다. 서울대학교가 1994학년도 대학입학고사주요요강을 정함에 있어 인문계열의 대학별고사과목에서 … 일본어를 선택 과목에서 제외시킨 것은 교육법 제111조의2 및 앞으로 개정될 교육법시행령 제71조의2의 제한범위(법률유보)내에서의 적법한 대학의 자율권 행사이다.

[요약판례 7] 농업협동조합법 위헌확인: 기각(헌재 2000.6.1. 99헌마553)

회원의 임의탈퇴나 임의해산이 불가능하고 반드시 법률로 따로 정하여 해산하도록 하고 있는 등 사법인에서 볼 수 없는 공법인적 특성을 많이 가지고 있는 축협중앙회가 기본권의 주체가 될 수 있는 법인인지 여부(적극)

축협중앙회 및 축협(지역별·업종별 축협)의 특성들에 의하면, 이들은 공법인적 성격과 사법인적 성격을 함께 구비하고 있는 중간적 성격의 단체인 것은 분명하나, 우선 "지역별·업종별 축협"은 그 "존립목적" 및 "설립형식"에서의 자주성에 비추어 볼 때, 오로지 국가의 목적을 위하여 존재하고 국가에 의하여 설립되는 공법인이라기보다는 사법인에 가깝다고 할 수밖에 없을 것이다.

그러나 "축협중앙회"는 지역별·업종별 축협과 비교할 때, 회원의 임의탈퇴나 임의해산이 불가능한 점 등 그 공법인성이 상대적으로 크다고 할 것이지만, 이로써 축협중앙회를 공법인이라고 단정할 수는 없을 것이고, 이 역시 그 존립목적 및 설립형식에서의 자주적 성격에 비추어 사법인적 성격을 부인할 수 없다. 따라서 **축협중앙회는 공법인성과 사법인성을 겸유한 특수한 법인으로서 이 사건에서 기본권의 주체**가 될 수 있다고는 할 것이지만, 위와 같이 두드러진 공법인적 특성이 축협중앙회가 가지는 기본권의 제약요소로 작용하는 것만은 이를 피할 수 없다고 할 것이다.

[요약판례 8] 불기소처분취소: 기각(헌재 1993.7.29. 92헌마262)

정당의 지구당의 부위원장이 그 지구당 소유물에 관한 재물손괴죄 또는 직권남용죄의 피해자로서 그 범죄에 대한 불기소처분에 관하여 헌법소원을 제기할 수 있는 청구인적격이 있는지 여부(적극)

정당이나 그 지구당은 적어도 그 소유재산의 귀속관계에 있어서는 법인격 없는 사단으로 보아야 하므로, 청구인이 지구당의 당원일 뿐만 아니라 부위원장으로서 위원장의 명에 따라 지구당 소유의 플래카드를 설치·관리하는 책임자라면 청구인은 그 물건의 총유자 중 1인일 뿐만 아니라 그 물건을 적법하게 설치·관리하던 사람으로서, 그 물건에 대한 재물손괴죄가 성립하는 경우에는 그 피해자에 해당한다고 볼 수 있어 이 사건 심판청구 중 재물손괴죄 부분에 관하여 청구인적격을 갖추었다.

[요약판례 9] 공직선거및선거부정방지법 제84조 위헌소원: 합헌(헌재 1999.11.25. 99헌바28)

기초의회 의원선거의 후보자에 한정하여 정당표방을 금지하는 것이 평등원칙에 위반되는지 여부(소극)

헌법이 보장하고 있는 정당(제도)의 본래적 존재 의의가 국민의 정치적 의사 형성에 참여하는 데 있으며(제8조 제2항 후문), 대의민주주의에서 이러한 참여의 가장 중요한 형태가 선거를 통한 참여임은 의문의 여지가 없다. 그런데 각종 선거에 정당은 후보자의 추천과 후보자를 지원하는 선거운동을 통하여 소기의 목적을 추구하는데, 이 경우 평등권 및 평등선거의 원칙으로부터 나오는 **기회균등의 원칙은 후보자는 물론 정당에 대하여서도 보장**되는 것이다.

기초의회의원선거의 후보자에 한정하여 정당표방금지라는 정치적 생활영역에 있어서의 차별취급을 한 이 조항은 헌법이 추구하는 지방자치의 제도적 보장을 위한 입법목적에 필요불가결한 것으로써, 그 목적달성을 위한 수단 또한 필요·최소한의 부득이한 경우로 인정되므로 평등원칙에 위반되지 않는다.

[요약판례 10] 대통령의 선거 중립의무 준수요청 등 조치취소: 기각(헌재 2008.1.17. 2007헌마700)

대통령도 국민의 한사람으로서 제한적으로나마 기본권의 주체가 될 수 있는지 여부(적극)

심판대상조항이나 공권력 작용이 넓은 의미의 국가 조직영역 내에서 공적 과제를 수행하는 주체의 권한 내지 직무영역을 제약하는 성격이 강한 경우에는 그 기본권 주체성이 부정될 것이지만, 그것이 일반 국민으로서 국가에 대하여 가지는 헌법상의 기본권을 제약하는 성격이 강한 경우에는 기본권 주체성을 인정할 수 있다.

개인의 지위를 겸하는 국가기관이 기본권의 주체로서 헌법소원의 청구적격을 가지는지 여부는, 심판대상조항이 규율하는 기본권의 성격, 국가기관으로서의 직무와 제한되는 기본권 간의 밀접성과 관련성, 직무상 행위와 사적인 행위 간의 구별가능성 등을 종합적으로 고려하여 결정되어야 할 것이다.

그러므로 **대통령도 국민의 한사람으로서 제한적으로나마 기본권의 주체가 될 수 있는바, 대통령은 소속 정당을 위하여 정당활동을 할 수 있는 사인으로서의 지위와 국민 모두에 대한 봉사자로서 공익실현의 의무가 있는 헌법기관으로서의 지위를 동시에 갖는데 최소한 전자의 지위와 관련하여는 기본권 주체성을 갖는다**고 할 수 있다.

[요약판례 11] 교육공무원법 제24조 제4항 등 위헌확인: 기각(헌재 2006.4.27. 2005헌마1047등)

대학의 자치의 주체를 기본적으로 대학으로 볼 경우 교수나 교수회의 주체성이 부정되는지 여부(소극)

헌법재판소는 대학의 자율성은 헌법 제22조 제1항이 보장하고 있는 학문의 자유의 확실한 보장수단으로 꼭 필요한 것으로서 대학에게 부여된 헌법상의 기본권으로 보고 있다(헌재 1992. 10. 1. 92헌마68등, 판례집 4, 659, 670). 그러나 대학의 자치의 주체를 기본적으로 대학으로 본다고 하더라도 교수나 교수회의 주체성이 부정된다고 볼 수는 없고, 가령 학문의 자유를 침해하는 대학의 장에 대한 관계에서는 교수나 교수회가 주체가 될 수 있고, 또한 국가에 의한 침해에 있어서는 대학 자체 외에도 대학 전 구성원이 자율성을 갖는 경우도 있을 것이므로 문제되는 경우에 따라서 대학, 교수, 교수회 모두가 단독, 혹은 중첩적으로 주체가 될 수 있다고 보아야 할 것이다.

[요약판례 12] 생명윤리 및 안전에 관한 법률 제13조 제1항 등 위헌확인: 기각,각하(헌재 2010.5.27. 2005헌마346)

초기배아의 기본권 주체성 여부(소극)

출생 전 형성 중의 생명에 대해서 헌법적 보호의 필요성이 크고 일정한 경우 그 기본권 주체성이 긍정된다고 하더라도, 어느 시점부터 기본권 주체성이 인정되는지, 또 어떤 기본권에 대해 기본권 주체성이 인정되는지는 생명의 근원에 대한 생물학적 인식을 비롯한 자연과학·기술 발전의 성과와 그에 터 잡은 헌법의 해석으로부터 도출되는 규범적 요청을 고려하여 판단하여야 할 것이다. 초기배아는 수정이 된 배아라는 점에서 형성 중인 생명의 첫걸음을 떼었다고 볼 여지가 있기는 하나 아직 모체에 착상되거나 원시선이 나타나지 않은 이상 현재의 자연과학적 인식 수준에서 독립된 인간과 배아 간의 개체적 연속성을 확정하기 어렵다고 봄이 일반적이라는 점, 배아의 경우 현재의 과학기술 수준에서 모태 속에서 수용될 때 비로소 독립적인 인간으로의 성장가능성을 기대할 수 있다는 점, 수정 후 착상 전의 배아가 인간으로 인식된다거나 그와 같이 취급하여야 할 필요성이 있다는 사회적 승인이 존재한다고 보기 어려운 점 등을 종합적으로 고려할 때, 기본권 주체성을 인정하기 어렵다. 다만, 오늘날 생명공학 등의 발전과정에 비추어 인간의 존엄과 가치가 갖는 헌법적 가치질서로서의 성격을 고려할 때 인간으로 발전할 잠재성을 갖고 있는 초기배아라는 원시생명체에 대하여도 위와 같은 헌법적 가치가 소홀히 취급되지 않도록 노력해야 할 국가의 보호의무가 있음을 인정하지 않을 수 없다 할 것이다.

[요약판례 13] 산업기술연수생 도입기준 완화 결정 등 위헌확인: 위헌(헌재 2007.8.30. 2004헌마670)

근로의 권리 중 일할 환경에 관한 권리에 대하여 외국인의 기본권 주체성(한정 적극)

[요약판례 14] 외국인근로자의 고용 등에 관한 법률 제25조 제4항 등 위헌확인 등: 합헌(헌재 2011.9.29. 2007헌마1083등)

직장 선택의 자유에 대한 외국인의 기본권 주체성(한정 적극)

직업의 자유 중 이 사건에서 문제되는 직장선택의 자유는 인간의 존엄과 가치 및 행복추구권과도 밀접한 관련을 가지는 만큼 단순히 국민의 권리가 아닌 인간의 권리로 보아야 할 것이므로 외국인도 제한적으로라도 직장 선택의 자유를 향유할 수 있다고 보아야 한다. 청구인들이 이미 적법하게 고용허가를 받아 적법하게 우리나라에 입국하여 우리나라에서 일정한 생활관계를 형성, 유지하는 등, 우리 사회에서 정당한 노동인력으로서의 지위를 부여받은 상황임을 전제로 하는 이상, 이 사건 청구인들에게 직장 선택의 자유에 대한 기본권 주체성을 인정할 수 있다 할 것이다.

제 6 절 기본권의 효력

제 7 절 기본권의 경합과 충돌

I 국민건강증진법시행규칙 제7조 위헌확인: 기각(헌재 2004.8.26. 2003헌마457)

쟁점 (1) 흡연권과 혐연권의 우열

(2) 상하의 위계질서가 있는 기본권끼리 충돌하는 경우 제한될 수 있는 기본권

(3) 흡연권을 법률로써 제한할 수 있는지 여부(적극)

(4) 국민건강증진법시행규칙 제7조가 과잉금지원칙에 위반되는지 여부(소극)

(5) 국민건강증진법시행규칙 제7조가 평등원칙에 위반되는지 여부(소극)

사건의 개요

국민건강증진법 제9조 제6항, 제4항은 공중이 이용하는 시설 중 시설의 소유자·점유자 또는 관리자(이하 위 소유자·점유자·관리자를 통칭하여 '시설관리자'라고 한다)가 당해 시설의 전체를 금연구역으로 지정하거나 당해 시설을 금연구역과 흡연구역으로 구분하여 지정하여야 하는 시설을 보건복지부령에 의하여 정하도록 규정하고 있고, 이에 기하여 보건복지부령인 국민건강증진법시행규칙 제7조는 각 해당시설을 구체적으로 규정하고 있으며, 국민건강증진법 제9조 제5항은 시설이용자가 이와 같이 지정된 금역구역에서 흡연하는 것을 금지하고 있다. 이에 청구인은 2003. 7. 11. 국민건강증진법시행규칙 제7조가 청구인의 기본권을 침해한다는 이유로 위 조문이 위헌임을 확인하여 달라는 이 사건 심판청구를 하였다.

심판의 대상

국민건강증진법시행규칙 제7조 (금연구역의 지정기준 및 방법) ① 공중이용시설 중 청소년·환자 또는 어린이에게 흡연으로 인한 피해가 발생할 수 있는 다음 각 호의 시설 소유자 등은 당해 시설의 전체를 금연구역으로 지정하여야 한다.

1. 제6조 제6호의 규정에 의한 학교 중 초·중등교육법 제2조의 규정에 의한 학교의 교사
2. 제6조 제8호의 규정에 의한 의료기관, 보건소·보건의료원·보건지소
3. 제6조 제16호의 규정에 의한 보육시설

② 제1항의 규정에 의한 시설 외의 공중이용시설의 소유자 등은 당해 시설 중 이용자에게 흡연의 피해를 줄 수 있는 다음 각 호에 해당하는 구역을 금연구역으로 지정하여야 한다.

1.~15. 생략

③ 제1항의 규정에 따라 소유자 등이 당해 시설의 전체를 금연구역으로 지정한 경우에는 당해 시설의 전체가 금연구역이라는 사실을 알리는 표지를 설치 또는 부착하여야 한다.

④ 제2항의 규정에 따라 소유자 등이 당해 시설을 금연구역과 흡연구역으로 구분하여 지정한 경우에

는 금연구역 또는 흡연구역으로 지정된 장소에 이를 알리는 표지를 설치 또는 부착하여야 한다.

⑤ 제3항 및 제4항의 규정에 의한 금연구역과 흡연구역의 표시 및 흡연구역의 시설기준은 별표 3과 같다.

(별표 3 생략)

▢ 주 문

청구인의 심판청구를 기각한다.

▢ 청구인의 주장

흡연은 건강에 해로운 점도 있지만 정신적 스트레스를 해소하여 주고 창의력 신장에 기여하며 국가와 지방자치단체의 재정수입의 중요한 세원이 되는 등 순기능이 많이 있고 오랜 역사와 전통을 지닌 인간 생활에 없어서는 안 될 관습인바, 납세를 통하여 국가의 재정에 기여하고 있는 흡연자들을 위하여 흡연 구역을 증설하고 편의시설을 제공하는 등 이들의 권익을 옹호하여야 한다.

그런데도 도리어 흡연장소를 제한하고 비흡연자들의 권익만을 위한 이 사건 조문은 헌법 제9조(전통문화의 계승·발전), 제10조(인간의 존엄과 가치 및 행복추구권), 제12조(신체의 자유), 제17조(사생활의 자유), 제34조 제1항(인간다운 생활권)에 위반된다.

▢ 판 단

Ⅰ. 흡 연 권

1. 흡연권의 헌법적 근거

흡연자들이 자유롭게 흡연할 권리를 흡연권이라고 한다면, 이러한 흡연권은 인간의 존엄과 행복추구권을 규정한 헌법 제10조와 사생활의 자유를 규정한 헌법 제17조에 의하여 뒷받침된다.

우선 헌법 제17조가 근거가 될 수 있다는 점에 관하여 보건대, 사생활의 자유란 사회공동체의 일반적인 생활규범의 범위 내에서 사생활을 자유롭게 형성해 나가고 그 설계 및 내용에 대해서 외부로부터의 간섭을 받지 아니할 권리를 말하는바, 흡연을 하는 행위는 이와 같은 사생활의 영역에 포함된다고 할 것이므로, 흡연권은 헌법 제17조에서 그 헌법적 근거를 찾을 수 있다.

또 인간으로서의 존엄과 가치를 실현하고 행복을 추구하기 위하여서는 누구나 자유로이 의사를 결정하고 그에 기하여 자율적인 생활을 형성할 수 있어야 하므로, 자유로운 흡연에의 결정 및 흡연행위를 포함하는 흡연권은 헌법 제10조에서도 그 근거를 찾을 수 있다.

2. 그 밖의 헌법적 근거에 관한 청구인 주장에 관하여

청구인은 이 사건 조문이 위 헌법규정 외에도 헌법 제9조, 제12조, 제34조 제1항에 위반된다고 한다.

그러나 흡연을 전통문화라고 할 수는 없으므로 헌법 제9조에 의하여 흡연권이 보장된다고 할 수는 없다.

또 헌법 제12조가 규정한 신체의 자유는 적법절차에 의하지 않고는 국가의 공권력으로부터 '신체적 완전성'과 '신체활동의 임의성'을 제한당하지 않을 권리를 의미하는 것으로서 주로 형사절차에 관한 권리이지 흡연을 할 자유와는 별다른 관련이 없다.

나아가 헌법 제34조 제1항이 보장하는 인간다운 생활권은 자유권적 기본권이 아닌 사회권적 기본권의 일종으로서, 헌법적 권리로서는 인간의 존엄에 상응하는 '최소한의 물질적인 생활'의 유지에 필요한 급부를 요구할 수 있는 권리를 의미하므로, 자유로이 흡연을 할 흡연권은 이에 포섭되지 아니한다.

그러므로 흡연권에 관련된 이 사건 조문은 헌법 제9조, 제12조, 제34조 제1항과는 무관하고, 따라서 이 점에 관한 청구인의 주장은 더 나아가 살펴볼 필요도 없이 이유 없다. 이하에서는 위 헌법 조항을 고려하지 아니하고 판단한다.

Ⅱ. 흡연권의 제한 가능성

1. 기본권의 충돌

위와 같이 흡연자들의 흡연권이 인정되듯이, 비흡연자들에게도 흡연을 하지 아니할 권리 내지 흡연으로부터 자유로울 권리가 인정된다(이하 이를 '혐연권'이라고 한다).

혐연권은 흡연권과 마찬가지로 헌법 제17조, 헌법 제10조에서 그 헌법적 근거를 찾을 수 있다. 나아가 흡연이 흡연자는 물론 간접흡연에 노출되는 비흡연자들의 건강과 생명도 위협한다는 면에서 혐연권은 헌법이 보장하는 건강권과 생명권에 기하여서도 인정된다.

흡연자가 비흡연자에게 아무런 영향을 미치지 않는 방법으로 흡연을 하는 경우에는 기본권의 충돌이 일어나지 않는다. 그러나 흡연자와 비흡연자가 함께 생활하는 공간에서의 흡연행위는 필연적으로 흡연자의 기본권과 비흡연자의 기본권이 충돌하는 상황이 초래된다.

그런데 흡연권은 위와 같이 사생활의 자유를 실질적 핵으로 하는 것이고 혐연권은 사생활의 자유뿐만 아니라 생명권에까지 연결되는 것이므로 혐연권이 흡연권보다 상위의 기본권이라 할 수 있다. 이처럼 상하의 위계질서가 있는 기본권끼리 충돌하는 경우에는 상위기본권우선의 원칙에 따라 하위기본권이 제한될 수 있으므로, 결국 흡연권은 혐연권을 침해하지 않는 한에서 인정되어야 한다.

2. 공공복리를 위한 제한

흡연은 비흡연자들 개개인의 기본권을 침해할 뿐만 아니라 흡연자 자신을 포함한 국민의 건강을 해치고 공기를 오염시켜 환경을 해친다는 점에서 개개인의 사익을 넘어서는 국민 공동의 공공복리에 관계된다. 따라서 공공복리를 위하여 개인의 자유와 권리를 제한할 수 있도록 한 헌법 제37조 제2항에 따라 흡연행위를 법률로써 제한할 수 있다.

나아가 국민은 헌법 제36조 제3항이 규정한 보건권에 기하여 국가로 하여금 흡연을 규제하도록 요구할 권리가 있으므로, 흡연에 대한 제한은 국가의 의무라고까지 할 수 있다.

3. 이 사건 조문의 흡연권 제한

이 사건 조문은 위와 같은 근거에서 청구인을 포함한 흡연자의 흡연권을 일정부분 제한하고 있다.

Ⅲ. 과잉금지원칙의 위반여부

입법작용에 의하여 국민의 기본권을 제한함에 있어서는, 국민의 기본권을 제한하려는 입법의 목적이 헌법 및 법률의 체제상 그 정당성이 인정되어야 하고(목적의 정당성), 그 목적의 달성을 위하여 그 방법이 효과적이고 적절하여야 하며(방법의 적정성), 입법권자가 선택한 기본권제한의 조치가 입법목적달성을 위하여 설사 적절하다 할지라도 보다 완화된 형태나 방법을 모색함으로써 기본권의 제한은 필요한 최소한도에 그치도록 하여야 하고(피해의 최소성), 그 입법에 의하여 보호하려는 공익과 침해되는 사익을 비교형량할 때 보호되는 공익이 더 커야 한다(법익의 균형성)는 과잉금지원칙 내지 비례원칙이 지켜져야 한다.

이 사건 조문은 국민의 건강을 보호하기 위한 것으로서(국민건강증진법 제1조 및 국민건강증진법시행규칙 제1조 참조) 목적의 정당성을 인정할 수 있고, 흡연자와 비흡연자가 생활을 공유하는 곳에서 일정한 내용의 금연구역을 설정하는 것은 위 목적의 달성을 위하여 효과적이고 적절하여 방법의 적정성도 인정할 수 있다. 또한 이 사건 조문으로 달성하려고 하는 공익(국민의 건강)이 제한되는 사익(흡연권)보다 크기 때문에 법익균형성도 인정된다.

나아가 이 사건 조문이 일부 시설에 대하여는 시설 전체를 금연구역으로 지정하도록 하였지만, 이러한 시설은 세포와 신체조직이 아직 성숙하는 단계에 있는 어린이나 청소년들의 경우 담배로 인한 폐해가 심각하다는 점을 고려하여 규정한 보육시설과 초·중등교육법에 규정된 학교의 교사 및 치료를 위하여 절대적인 안정과 건강한 환경이 요구되는 의료기관, 보건소·보건의료원·보건지소에 한하고 있다는 점, 시설의 일부를 금연구역으로 지정하여야 하는 시설도 모두 여러 공중이 회합하는 장소로서 금역구역을 지정할 필요성이 큰 시설이라는 점, 이 사건 조문은 '청소년·환자 또는 어린이에게 흡연으로 인한 피해가 발생할 수 있는 다음 각 호의 시설' 또는 '이용자에게 흡연의 피해를 줄 수 있는 다음 각 호에 해당하는 구역'을 금연구역지정의 요건으로 함으로써, 형식적으로 이 사건 조문의 각 호에 규정된 시설에 해당하더라도 실제로 피해를 주지 않는 곳에서는 금연구역 지정의 의무를 부과하지 않고 있는 점 등에 비추어 볼 때, 흡연자들의 흡연권을 최소한도로 침해하고 있다고 할 수 있다.

그렇다면 이 사건 조문은 과잉금지원칙에 위반되지 아니한다.

Ⅳ. 평등권의 침해여부

이 사건 조문이 비흡연자들의 이익을 도모하는 반면 흡연자들의 권리는 제한하고 있어 흡연자들의 평등권을 침해하였다고 할 것인지에 관하여 본다.

헌법 제11조 제1항의 평등의 원칙은 일체의 차별적 대우를 부정하는 절대적 평등을 의미하는 것이 아니라 입법과 법의 적용에 있어서 합리적 근거 없는 차별을 하여서는 아니된다는 상대적 평등을 뜻하고, 따라서 합리적 근거 있는 차별 내지 불평등은 평등의 원칙에 반하는 것이 아니다. 그런데 앞서 본 바와 같이 이 사건 조문은 국민의 건강과 혐연권을 보장하기 위하여 흡연권을 제한하는 것으로서 그 제한에 합리적인 이유가 있다 할 것이므로 평등권을 침해하였다고 할 수 없다.

Ⅴ. 결　　론

따라서 이 사건 헌법소원심판청구는 이유 없어 이를 기각하기로 하여 관여재판관 전원의 일치된 의견으로 주문과 같이 결정한다.

⚜ 본 판례에 대한 평가 　1. 기본권의 충돌은 서로 상이한 기본권주체가 서로 각기 충돌하는 권익을 실현하기 위하여 서로 대립되는 기본권의 적용을 국가에 대하여 주장하는 것이다. 예컨대 인공임신중절의 경우 모의 행복추구권과 태아의 생명권이 충돌하게 된다. 기본권충돌이론은 기본법에서 기본권간에 우열관계를 인정하고 있는 독일에서 발전된 이론이다.

2. 기본권충돌의 해결의 이론과 판례: 기본권충돌의 해결을 위한 이론은 학자마다 다소 차이가 있다. 대체로 국내학자들은 이익(법익)형량의 원칙과 규범조화적 해석에 입각하여 기본권의 충돌의 문제를 해결하고 있다. 한편 헌법재판소와 대법원의 판례는 대체로 이익형량의 원칙에 입각하여 규범조화적 해석을 도모함으로써 기본권충돌을 해결하려고 하고 있다. 그 밖에도 기본권의 서열가능성을 엿보인 판례도 있다. 본 결정은 기본권의 서열가능성을 적시한 대표적인 결정이라는 점에서 그 의의를 찾을 수 있다.

3. 사 견: 이익형량의 원칙에 따라 기본권 상호간의 우열을 정하는 경우 생명권·인격권, 자유권 우선의 원칙 등을 제시할 수 있다. 그러나 기본권간의 우열을 확정할 수 없는 경우가 있을 수 있다. 이때에는 형평성의 원칙에 따라 공평한 제한의 원칙·대안 발견의 원칙(권영성교수)이나, 규범조화적 해석의 원칙에 따라 과잉금지의 원칙·대안적 해결방법·최후수단억제방법(허영교수) 등을 동원할 수밖에 없다. 결국 기본권의 충돌이론에 의하면 과잉금지의 원칙이나 비례의 원칙 등에 입각하여 규범조화적인 해석을 하는 것이 바람직할 것이나, 실제로는 이를 통해서도 명확한 결론을 도출하기란 쉽지 않다.

기본권의 충돌이 입법에 의해 구체적으로 규율되어 그 입법 자체가 문제되는 경우, 기본권의 충돌문제는 그 입법의 합헌성문제로 해결할 수 있다. 이익형량의 원칙이나 규범조화적 해석의 원칙은 비례의 원칙, 특히 그 중에서 협의의 비례의 원칙이나 최소침해의 원칙에서 충분히 고려된다. 따라서 이 경우 기본권의 충돌문제는 입법을 통하여 기본권제한의 한계문제로 전화된다. 그런데 이를 규율하는 입법이 없거나, 그 입법만으로는 규율이 불충분하여, 행정청의 처분 등 입법이 아닌 국가의 다른 작용이 문제되는 경우에도 또한 비례의 원칙으로 해결이 가능하다. 왜냐하면 비례의 원칙은 입법 외의 모든 국가작용에 적용되는 원칙이기 때문이다. 이러한 점에서 기본권의 충돌문제는 그 중요성이 반감된다.

관련 문헌: 장영수, "기본권의 대사인적 효력과 기본권의 충돌", 고려대학교 법학연구원, 2002; 장영철, "기본권경합에 관한 연구", 공법연구 제32집 제3호 2004년 2월, 한국공법학회, 2004, 135면 이하; 최갑선, "자유권적 기본권의 침해여부 판단구조 및 판단기준", 헌법논총 10집, 헌법재판소, 1999, 338-429면; 홍성방, "기본권의 충돌과 경합", 「안암법학」 제9호, 1999, 1면 이하.

[요약판례 1] 경찰법 제11조 제4항 등 위헌확인: 위헌,각하(헌재 1999.12.23. 99헌마135)

이 사건 법률조항으로 말미암아 침해된 기본권

경찰청장으로 하여금 퇴직 후 2년간 정당의 설립과 가입을 금지하는 이 사건 법률조항은, '누구나 국가의 간섭을 받지 아니하고 자유롭게 정당을 설립하고 가입할 수 있는 자유'를 국민의 기본권으로서 보장하는 '정당의 자유'(헌법 제8조 제1항 및 제21조 제1항)를 제한하는 규정이다. **정당에 관한 한, 헌법 제8조는 일반결사에 관한 헌법 제21조에 대한 특별규정**이므로, 정당의 자유에 관하여는 헌법 제8조 제1항이 우선적으로 적용된다. 그러나 정당의 자유를 규정하는 헌법 제8조 제1항이 기본권의 규정형식을 취하고 있지 아니하고 또한 '국민의 기본권에 관한 장'인 제2장에 위치하고 있지 아니하므로, 이 사건 법률조항으로 말미암아 침해된 기본권은 '정당설립과 가입에 관한 자유'의 근거규정으로서 '정당설립의 자유'를 규정한 헌법 제8조 제1항과 '결사의 자유'를 보장하는 제21조 제1항에 의하여 보장된 기본권이라 할 것이다.

청구인들은 직업의 자유도 침해되었다고 주장하나, **공무원직에 관한 한 공무담임권은 직업의 자유에 우선하여 적**

용되는 특별법적 규정이고, 위에서 밝힌 바와 같이 공무담임권(피선거권)은 이 사건 법률조항에 의하여 제한되는 청구인들의 기본권이 아니므로, 직업의 자유 또한 이 사건 법률조항에 의하여 제한되는 기본권으로서 고려되지 아니한다.

[요약판례 2] 교육공무원법 제47조 제1항 위헌확인, 교육공무원법 제47조 제1항 본문 위헌확인: 기각(헌재 2000.12.14. 99헌마112등)

공무담임권과 직업선택의 자유의 관계

공직의 경우 **공무담임권은 직업선택의 자유에 대하여 특별기본권**이어서 후자의 적용을 배제하므로, 사립학교 교원의 청구를 부적법한 것으로 보는 한 직업선택의 자유는 문제되지 아니한다.

[요약판례 3] 학원의설립·운영및과외교습에관한법률 제13조 제1항 등 위헌확인: 기각(헌재 2003.9.25. 2002헌마519)

직업의 자유와 행복추구권의 관계

어떠한 법령이 수범자의 직업의 자유와 행복추구권 양자를 제한하는 외관을 띠는 경우 두 기본권의 경합 문제가 발생하는데, 보호영역으로서 '직업'이 문제되는 경우 **직업의 자유와 행복추구권은 서로 특별관계**에 있어 기본권의 내용상 특별성을 갖는 직업의 자유의 침해 여부가 우선하므로, 행복추구권 관련 위헌 여부의 심사는 배제된다고 보아야 한다. 이를 학원강사로서의 교습행위와 관련하여 보면, 직업의 자유는 '생활의 기본적 수요를 충족시키기 위한 계속적인 소득활동으로서의 교습행위'를 자유롭게 행할 자유를 의미하고, 행복추구권은 일반적 행동의 자유에 속하는 것으로서 '생활수단성'과 '계속성'이라는 개념표지를 결하여 단지 일시적·일회적이거나 무상으로 가르치는 행위를 보호영역으로 하는 권리라고 말할 수 있다. 따라서 이 사건에 있어 문제되는 학원강사로서의 교습행위가 직업의 자유의 보호영역에 포함되는 이상 이 사건 심판대상 조항들로 인한 기본권침해는 직업의 자유에 한하여 문제된다.

[요약판례 4] 공직선거및선거부정방지법 제60조 제1항 제9호 위헌확인: 기각(헌재 2004.4.29. 2002헌마467)

표현의 자유 및 선거권과 행복추구권의 관계

보호영역으로서의 '선거운동'의 자유가 문제되는 경우 **표현의 자유 및 선거권과 일반적 행동자유권으로서의 행복추구권은 서로 특별관계**에 있어 기본권의 내용상 특별성을 갖는 표현의 자유 및 선거권이 우선 적용된다.

[요약판례 5] 경비업법 제7조 제8항 등 위헌확인: 위헌(헌재 2002.4.25. 2001헌마614)

하나의 규제로 인해 여러 기본권이 동시에 제약을 받는 기본권경합의 경우의 판단방법

하나의 규제로 인해 여러 기본권이 동시에 제약을 받는다고 주장하는 경우에는 기본권침해를 주장하는 청구인의 의도 및 기본권을 제한하는 입법자의 객관적 동기 등을 참작하여 먼저 사안과 **가장 밀접한 관계에 있고 또 침해의 정도가 큰 주된 기본권을 중심**으로 해서 그 제한의 한계를 따져 보아야 한다. 청구인들의 주장취지 및 입법자의 동기를 고려하면 이 사건 법률조항으로 인한 규제는 직업의 자유와 가장 밀접한 관계에 있다.

[요약판례 6] 학교보건법 제6조 제1항 제2호 위헌제청, 학교보건법 제19조 등 위헌제청: 위헌, 법불합치(헌재 2004.5.27. 2003헌가1등)

하나의 규제로 인해 여러 기본권이 동시에 제약을 받는 기본권경합의 경우의 판단방법

하나의 규제로 인해 여러 기본권이 동시에 제약을 받는 기본권경합의 경우에는 기본권침해를 주장하는 제청신청

인과 제청법원의 의도 및 기본권을 제한하는 입법자의 객관적 동기 등을 참작하여 사안과 가장 밀접한 관계에 있고 또 침해의 정도가 큰 주된 기본권을 중심으로 해서 그 제한의 한계를 따져 보아야 할 것이다.

살피건대, 이 사건 법률조항에 의한 표현 및 예술의 자유의 제한은 극장 운영자의 직업의 자유에 대한 제한을 매개로 하여 간접적으로 제약되는 것이라 할 것이고, 입법자의 객관적인 동기 등을 참작하여 볼 때 사안과 **가장 밀접한 관계에 있고 또 침해의 정도가 가장 큰 주된 기본권은 직업의 자유**라고 할 것이다.

[요약판례 7] 교육공무원법 제47조 제1항 위헌확인 교육공무원법 제47조 제1항 본문 위헌확인: 기각(헌재 2000.12.14. 99헌마112등)

보충적 기본권의 기본권 경합시 판단방법

행복추구권은 다른 기본권에 대한 보충적 기본권으로서의 성격을 지니므로, 공무담임권이라는 우선적으로 적용되는 기본권이 존재하여(청구인들이 주장하는 불행이란 결국 교원직 상실에서 연유하는 것에 불과하다) 그 침해여부를 판단하는 이상, 행복추구권 침해 여부를 독자적으로 판단할 필요가 없다.

[요약판례 8] 출판사및인쇄소의등록에관한법률 제5조의2 제5호 등 위헌제청: 부분위헌(헌재 1998.4.30. 95헌가16)

하나의 규제로 인해 여러 기본권이 동시에 제약을 받는 기본권경합의 경우 해결방법

이 사건 법률조항은 언론·출판의 자유, 직업선택의 자유 및 재산권을 경합적으로 제약하고 있다. 이처럼 하나의 규제로 인해 여러 기본권이 동시에 제약을 받는 기본권경합의 경우에는 기본권침해를 주장하는 제청신청인과 제청법원의 의도 및 기본권을 제한하는 입법자의 객관적 동기 등을 참작하여 사안과 **가장 밀접한 관계에 있고 또 침해의 정도가 큰 주된 기본권을 중심**으로 해서 그 제한의 한계를 따져 보아야 할 것이다. 이 사건에서는 제청신청인과 제청법원이 언론·출판의 자유의 침해를 주장하고 있고, 입법의 일차적 의도도 출판내용을 규율하고자 하는 데 있으며, 규제수단도 언론·출판의 자유를 더 제약하는 것으로 보이므로 언론·출판의 자유를 중심으로 해서 이 사건 법률조항이 그 헌법적 한계를 지키고 있는지를 판단하기로 한다.

[요약판례 9] 주민등록법 제17조의8 등 위헌확인 등: 합헌(헌재 2005.5.26. 99헌마513등)

하나의 규제로 인해 여러 기본권이 동시에 제약을 받는 기본권경합의 경우 해결방법

청구인들은 심판대상인 이 사건 시행령조항 및 경찰청장의 보관 등 행위에 의하여 침해되는 기본권으로서 인간의 존엄과 가치, 행복추구권, 인격권, 사생활의 비밀과 자유 등을 들고 있으나, 위 기본권들은 모두 개인정보자기결정권의 헌법적 근거로 거론되는 것들로서 청구인들의 개인정보에 대한 수집·보관·전산화·이용이 문제되는 이 사건에서 그 보호영역이 **개인정보자기결정권의 보호영역과 중첩되는 범위에서만 관련되어 있다**고 할 수 있으므로, 특별한 사정이 없는 이상 개인정보자기결정권에 대한 침해 여부를 판단함으로써 위 기본권들의 침해 여부에 대한 판단이 함께 이루어지는 것으로 볼 수 있어 그 침해 여부를 별도로 다룰 필요는 없다고 보인다.

[요약판례 10] 지방자치법 제87조 제1항 위헌확인: 기각(헌재 2006.2.23. 2005헌마403)

하나의 규제로 인해 여러 기본권이 동시에 제약을 받는 기본권경합의 경우 해결방법

하나의 규제로 인해 여러 기본권이 동시에 제약을 받는 경우에는 기본권 침해를 주장하는 청구인의 의도 및 기본권을 제한하는 입법자의 객관적 동기 등을 참작하여 먼저 사안과 가장 밀접한 관계에 있고 또 침해의 정도가 큰 주된 기본권을 중심으로 해서 그 제한의 한계를 따져 보아야 할 것이다. 이 사건에서 청구인들의 주장, 입법자의 동기

를 고려하면 이 사건 법률조항으로 인한 규제는 **공무담임권과 가장 밀접한 관계에 있고, 제한의 정도가 가장 큰 주된 기본권도 공무담임권**으로 보이므로, 행복추구권 침해 여부에 대한 청구인들의 주장은 공무담임권 침해 여부에 대한 위 판단을 원용함으로써 족하다고 할 것이다.

[요약판례 11] 사립학교법 제55조 제58조 제1항 제4호에 관한 위헌심판: 합헌(헌재 1991.7.22. 89헌가106)

교사의 수업권과 학생의 학습권이 충돌하는 경우 이익형량의 원칙에 입각한 기본권충돌의 해결

교원의 교수 내지 수업에 관련된 권리는 **피교육자의 교육을 받을 권리 이른바 학습권**과 앞뒤면을 이루는 것이다. 특히 수업의 소극적 거부는 피교육자의 교육받을 권리와 정면으로 상충되는 것으로서 교육의 계속성 유지의 중요성은 나라 일의 그 어느 것에도 뒤지지 아니하며, 교육의 공공성에 비추어 보거나 피교육자인 학생이나 학부모 등 교육제도의 다른 한편의 주체들의 **이익과 교량**해 볼 때 고의로 수업을 거부할 자유는 어떠한 경우에도 인정되지 아니한다.

따라서 교원은 계획된 수업을 지속적으로 성실히 이행할 의무를 지고 있다고 해석되므로 위와 같은 각 직무상의 성실의무를 위반하는 행위에 대한 적정한 제재는 필요하고 정당하다.

[요약판례 12] 정기간행물의등록등에관한법률 제16조 제3항, 제19조 제3항의 위헌여부에 관한 헌법소원: 합헌(헌재 1991.9.16. 89헌마165)

기본권 충돌의 해결방법으로서 규범조화적 해석에 입각한 과잉금지의 원칙

반론권은 보도기관이 사실에 대한 보도과정에서 타인의 인격권 및 사생활의 비밀과 사유에 대한 중대한 침해가 될 직접적 위험을 초래하게 되는 경우 이러한 법익을 보호하기 위한 적극적 요청에 의하여 마련된 제도인 것이지 언론의 자유를 제한하기 위한 소극적 필요에서 마련된 것은 아니기 때문에 이에 따른 보도기관이 누리는 언론의 자유에 대한 제약의 문제는 결국 피해자의 반론권과 서로 충돌하는 관계에 있는 것으로 보아야 할 것이다.

이와 같이 두 기본권이 서로 충돌하는 경우에는 헌법의 통일성를 유지하기 위하여 **상충하는 기본권 모두가 최대한으로 그 기능과 효력을 나타낼 수 있도록 하는 조화로운 방법**이 모색되어야 할 것이고, 결국은 이 법에 규정한 정정보도청구제도가 **과잉금지의 원칙**에 따라 그 목적이 정당한 것인가 그러한 목적을 달성하기 위하여 마련된 수단 또한 언론의 자유를 제한하는 정도가 인격권과의 사이에 적정한 비례를 유지하는 것인가의 여부가 문제된다 할 것이다.

[요약판례 13] 집회및시위에관한법률 제11조 제1호 중국내주재 외국의 외교기관 부분 위헌소원, 집회및시위에관한법률 제11조 위헌소원: 위헌(헌재 2003.10.30. 2000헌바67등)

국내주재 외교기관 청사의 경계지점으로부터 1백미터 이내의 장소에서의 예외를 허용하지 않는 전면적인 집회금지가 비례의 원칙의 위반 여부(적극)

특정장소에서의 집회가 이 사건 법률조항에 의하여 보호되는 법익에 대한 직접적인 위협을 초래한다는 일반적 추정이 구체적인 상황에 의하여 부인될 수 있다면, 입법자는 '**최소침해의 원칙**'의 관점에서 금지에 대한 예외적인 허가를 할 수 있도록 규정해야 한다.

입법자가 '외교기관 인근에서의 집회의 경우에는 일반적으로 고도의 법익충돌위험이 있다'는 예측판단을 전제로 하여 이 장소에서의 집회를 원칙적으로 금지할 수는 있으나, 일반·추상적인 법규정으로부터 발생하는 과도한 기본권 제한의 가능성이 완화될 수 있도록 일반적 금지에 대한 예외조항을 두어야 할 것이다. 그럼에도 불구하고 이 사건 법률조항은 전제된 위험상황이 구체적으로 존재하지 않는 경우에도 이를 함께 예외 없이 금지하고 있는데, 이는 입법목적을 달성하기에 **필요한 조치의 범위를 넘는 과도한 제한**인 것이다. 그러므로 이 사건 법률조항은 최소침해의 원칙에 위반되어 집회의 자유를 과도하게 침해하는 위헌적인 규정이다.

[요약판례 14] 신문업에있어서의불공정거래행위및시장지배적지위: 기각,각하(헌재 2002.7.18. 2001헌마605)

신문고시 조항이 재산권을 제한함에 있어서 준수하여야 할 헌법 제37조 제2항에 근거한 과잉금지의 원칙에 위배되거나 헌법 제119조 제1항에 정한 자유경제질서에 반하여 위헌인지 여부(소극)

침해되는 사익은 신문판매업자가 발행업자로부터 공급받은 신문을 무가지로 활용하고 구독자들에게 경품을 제공하는데 있어서 누리는 사업활동의 자유와 재산권 행사의 자유라고 할 수 있는 반면, 동 조항에 의하여 보호하고자 하는 공익은 경제적으로 우월적 지위를 가진 신문발행업자를 배경으로 한 신문판매업자가 무가지와 경품등 살포를 통하여 경쟁상대 신문의 구독자들을 탈취하고자 하는 신문업계의 과당경쟁상황을 완화시키고 신문판매구독시장의 경쟁질서를 정상화하여 민주사회에서 신속정확한 정보제공과 올바른 여론형성을 주도하여야 하는 신문의 공적 기능을 유지하고자 하는데 있는바, 이러한 공익과 사익을 서로 비교할 때 신문판매업자가 거래상대방에게 제공할 수 있는 무가지와 경품의 범위를 유료신문대금의 20% 이하로 제한하고 있는 이 사건 조항은 그 보호하고자 하는 **공익**이 침해하는 **사익**에 비하여 크다고 판단되므로 동 조항은 양쪽의 **법익교량**의 측면에서도 균형을 도모하고 있다고 할 것이어서 결국 과잉금지의 원칙에 위배되지 아니하며, 헌법 제119조 제1항을 포함한 우리 헌법의 경제질서조항에도 위반되지 아니한다.

대판 1988.10.11. 85다카29

개인의 명예의 보호와 표현의 자유의 보장이란 두 법익이 충돌할 경우 그 조정방법

인격권으로서의 개인의 명예의 보호(헌법 제9조 후단)와 표현의 자유의 보장(헌법 제20조 제1항)이라는 두 법익이 충돌하였을 때 그 조정을 어떻게 할 것인지는 **구체적인 경우에 사회적인 여러가지 이익을 비교**하여 표현의 자유로 얻어지는 이익, 가치와 인격권의 보호에 의하여 달성되는 **가치를 형량**하여 그 규제의 폭과 방법을 정해야 할 것이다.

위와 같은 취지에서 볼 때 형사상이나 민사상으로 타인의 명예를 훼손하는 행위를 한 경우에도 그것이 공공의 이해에 관한 사항으로서 그 목적이 오로지 공공의 이익을 위한 것일 때에는 진실한 사실이라는 증명이 있으면 위 행위에 위법성이 없으며 또한 그 증명이 없더라도 행위자가 그것을 진실이라고 믿을 상당한 이유가 있는 경우에는 위법성이 없다고 보아야 할 것이다.

이렇게 함으로써 **인격권으로서의 명예의 보호와 표현의 자유의 보장과의 조화**를 꾀할 수 있다 할 것이다.

대판 1998.7.14. 96다17257

개인의 명예의 보호와 표현의 자유의 보장이라는 두 법익이 충돌할 때 그 조정 방법

민주주의 국가에서는 여론의 자유로운 형성과 전달에 의하여 다수의견을 집약시켜 민주적 정치질서를 생성·유지시켜 나가는 것이므로 표현의 자유, 특히 공익사항에 대한 표현의 자유는 중요한 헌법상의 권리로서 최대한 보장을 받아야 하지만, 그에 못지 않게 개인의 명예나 사생활의 자유와 비밀 등 사적 법익도 보호되어야 할 것이므로, 인격권으로서의 개인의 명예의 보호와 표현의 자유의 보장이라는 두 법익이 충돌하였을 때 그 조정을 어떻게 할 것인지는 **구체적인 경우에 사회적인 여러 가지 이익을 비교**하여 표현의 자유로 얻어지는 이익, 가치와 인격권의 보호에 의하여 달성되는 **가치를 형량**하여 그 규제의 폭과 방법을 정하여야 한다.

[요약판례 15] 노동조합및노동관계조정법 제81조 제2호 단서 위헌소원: 합헌(헌재 2005.11.24. 2002헌바95등)

당해 사업장에 종사하는 근로자의 3분의 2 이상을 대표하는 노동조합의 경우 단체협약을 매개로 한 조직강제 이른바 “유니언 샵(Union Shop) 협정”의 체결을 용인하고 있는 노동조합및노동관계조정법 제81조 제2호 단서가 근로자의 단결권을 보장한 헌법 제33조 제1항 등에 위반되는지 여부(소극)

개인적 단결권과 집단적 단결권이 충돌하는 경우 기본권의 서열이론이나 법익형량의 원리에 입각하여 어느 기본권이 더 상위기본권이라고 단정할 수는 없다. 왜냐하면 개인적 단결권은 헌법상 단결권의 기초이자 집단적 단결권의 전제가 되는 반면에, 집단적 단결권은 개인적 단결권을 바탕으로 조직·강화된 단결체를 통하여 사용자와 사이에 실질적으로 대등한 관계를 유지하기 위하여 필수불가결한 것이기 때문이다. 즉 개인적 단결권이든 집단적 단결권이든 기본권의 서열이나 법익의 형량을 통하여 어느 쪽을 우선시키고 다른 쪽을 후퇴시킬 수는 없다고 할 것이다.

따라서 이러한 경우 헌법의 통일성을 유지하기 위하여 **상충하는 기본권 모두가 최대한으로 그 기능과 효력을 발휘할 수 있도록 조화로운 방법**을 모색하되(규범조화적 해석), 법익형량의 원리, 입법에 의한 선택적 재량 등을 종합적으로 참작하여 심사하여야 한다.

[요약판례 16] 불기소처분취소: 기각(헌재 1999.6.24. 97헌마265)

공적 인물의 공적 활동에 관한 신문보도가 명예훼손적 표현을 담고 있는 경우 언론자유와 명예보호의 이익조정의 기준 및 김일성의 죽음을 애도한다는 표현을 사용한 바가 없음에도 “김일성애도편지”라는 제목을 계속 사용하여 편지관련 수사상황을 수차례 보도한 경우에 신문기자 등에 대한 명예훼손죄 무혐의 불기소처분의 당부(소극)

개인의 기본권인 언론의 자유와 타인의 인격권인 명예는 모두 인간으로서의 존엄과 가치, 행복추구권에 그 뿌리를 두고 있으므로 두 권리의 **우열은 쉽사리 단정할 성질의 것이 아니다**. 그러나 자기의 사상과 의견 표현에 아무런 제한도 받지 않고 타인의 인격권인 명예를 함부로 침해할 수 있다고 한다면 언론의 자유는 자기모순에서 헤어나지 못하므로, 헌법은 언론·출판의 자유(이하 ‘언론의 자유’라 한다)는 보장하되 명예 보호와의 관계에서 일정한 제한을 받는 것을 분명히 한 것이다.

신문보도의 명예훼손적 표현의 피해자가 공적 인물인지 아니면 사인인지, 그 표현이 공적인 관심 사안에 관한 것인지 순수한 사적인 영역에 속하는 사안인지의 여부에 따라 헌법적 심사기준에는 차이가 있어야 한다. … 이 사건 편지는 애도가 주된 목적이 아니라고 하더라도 그 당시 공적 토론의 쟁점이었던 애도의 뜻이 담긴 인사말 부분이 있었기 때문에 신문사가 사건의 성격을 “김일성 사망 애도 편지”라고 평가·규정한 것이 비합리적이었다고 보기 어렵다.

대판 2002.1.22. 2000다37524,37531

표현내용이 사적 관계 또는 공적 관계에 관한 것인지 여부에 따른 언론·출판의 자유와 명예 보호사이의 한계설정 기준의 차이

언론·출판의 자유와 명예보호 사이의 한계를 설정함에 있어서 표현된 내용이 사적관계에 관한 것인가 공적 관계에 관한 것인가에 따라 차이가 있는바, 즉 당해 표현으로 인한 피해자가 공적인 존재인지 사적인 존재인지, 그 표현이 공적인 관심사안에 관한 것인지 순수한 사적인 영역에 속하는 사안에 관한 것인지, 그 표현이 객관적으로 국민이 알아야 할 공공성, 사회성을 갖춘 사안에 관한 것으로 여론형성이나 공개토론에 기여하는 것인지 아닌지 등을 따져보아 **공적 존재에 대한 공적 관심사안과 사적인 영역에 속하는 사안 간에는 심사기준에 차이**를 두어야 하며, 당해 표현이 사적인 영역에 속하는 사안에 관한 것인 경우에는 언론의 자유보다 명예의 보호라는 인격권이 우선할 수 있으나, 공공적·사회적인 의미를 가진 사안에 관한 것인 경우에는 그 평가를 달리하여야 하고 언론의 자유에 대한 제한이

완화되어야 하며, 피해자가 당해 명예훼손적 표현의 위험을 자초한 것인지의 여부도 또한 고려되어야 한다.

[요약판례 17] 택지소유상한에관한법률 제2조 제1호 나목 등 위헌소원: 위헌(헌재 1999.4.29. 94헌바37등)

법 시행 이전부터 소유하고 있는 택지에 대하여도 일률적으로 소유상한을 적용하는 것이 헌법에 위반되는 것은 아닌지 여부(적극)

기본권을 보장하는 목적은 인간의 존엄성을 실현하기 위한 것이다. 그러므로 우리 헌법구조에서 보다 **더 중요한 자유영역과 덜 중요한 자유영역**을 나눌 수 있다면, 이를 판단하는 유일한 기준은 “인간의 존엄성”이다. 따라서 인간의 존엄성을 실현하는 데 있어서 불가결하고 근본적인 자유는 더욱 강하게 보호되어야 하고 이에 대한 제한은 더욱 엄격히 심사되어야 하는 반면에, 인간의 존엄성의 실현에 있어서 부차적이고 잉여적인 자유는 공익상의 이유로 보다 더 광범위한 제한이 가능하다고 할 것이다.

대판 2007.9.20. 2005다25298

학생의 학습권이 왜곡되지 않고 올바로 행사될 수 있도록 하기 위해서 교원의 수업권이 일정한 범위 내에서 제약을 받을 수 있는지 여부(적극)

학교교육에 있어서 학생의 학습권은 어디까지나 학생 개개인의 개인적 기본권이지 특정 학교에 재학중인 학생 전체의 집단적인 기본권이 아니어서 다수결에 의한 학생자치단체의 의사결정에 따라 함부로 제한될 수 있는 것이 아니다. 초·중·고교의 학생들의 수업거부 결의가 초·중등교육법 제17조에 의하여 권장·보호되는 ‘학생의 자치활동’에 포함되는 것이라고 볼 수는 없고, 또 이와 같이 미성숙한 학생들이 지식·덕성 및 체력의 함양과 향상을 통하여 그가 속한 시대와 사회의 건전한 인격체로서 독립·발전할 수 있도록 가르치고 보살피는 숭고한 직책을 수행하는 교원들로서는 자신들의 위법한 행위가 학생들의 자율적인 의사에 따른 것임을 내세워 그 정당성을 주장할 수 없다고 보아야 한다. 나아가 학교교육에 있어서 교원의 가르치는 권리를 수업권이라고 한다면, 이것은 교원의 지위에서 생기는 학생에 대한 일차적인 교육상의 직무권한이지만 어디까지나 학생의 학습권 실현을 위하여 인정되는 것이므로, 학생의 학습권은 교원의 수업권에 대하여 우월한 지위에 있다. 따라서 **학생의 학습권이 왜곡되지 않고 올바로 행사될 수 있도록 하기 위해서라면 교원의 수업권은 일정한 범위 내에서 제약을 받을 수밖에 없고, 학생의 학습권은 개개 교원들의 정상을 벗어난 행동으로부터 보호되어야 한다.**

제8절 기본권의 제한

Ⅰ 의 의

Ⅱ 기본권제한의 유형

Ⅰ 건설산업기본법 제83조 제1호 위헌소원: 합헌(헌재 2004.7.15. 2003헌바35등)

쟁점 (1) 건설업자가 부정한 방법으로 건설업의 등록을 한 경우 건설업 등록을 필요적으로 말소하도록 규정한 건설산업기본법 제83조 단서 중 제1호 부분이 법률의 명확성원칙에 위반되는지 여부(소극)

(2) 위 법률조항이 직업의 자유를 침해하는지 여부(소극)

(3) 위 법률조항이 평등원칙에 위반되는지 여부(소극)

사건의 개요

청구인은 자본금 5억 3천만 원으로 설립되어 토목공사업 등록을 하고 사업을 하던 중, 자본금을 10억 3천만 원으로 증자하여 건축사업면허를 추가로 얻어 토목건축공사업 등록을 한 후 각종 토목·건축공사 등의 사업을 영위하여 왔다. 도지사는 청구인이 부정한 방법(자본금 납입가장)으로 위 토목건축공사업 등록을 하였다는 이유로 건설산업기본법 제83조 제1호에 따라 위 건설업 등록을 말소하는 처분을 하였다.

이에 청구인은 법원에 위 처분의 취소를 구하는 소송을 제기하였으나 패소판결을 받고, 고등법원에 항소하여 소송계속 중 건설산업기본법 제83조 제1호가 국민의 기본권을 침해하는 위헌적인 규정이라는 주장으로 위 법률조항에 대하여 위헌여부심판의 제청신청을 하였다. 그러나 위법원이 청구인의 위 신청을 기각하자, 청구인은 헌법재판소법 제68조 제2항에 의하여 위 법률조항의 위헌확인을 구하는 이 사건 헌법소원심판을 청구하였다.

심판의 대상 및 관련규정

건설산업기본법 제83조 (건설업의 등록말소등) 건설교통부장관 또는 시·도지사는 건설업자가 다음 각 호의 1에 해당하게 된 때에는 당해건설업자(제9호의 경우 중 하도급한 때에는 그 수급인을 포함한다)의 건설업의 등록을 말소하거나 1년 이내의 기간을 정하여 영업의 정지를 명할 수 있다. 다만, 제1호·제5호 또는 제7호에 해당하는 때에는 건설업의 등록을 말소하여야 한다.

1. 부정한 방법으로 제9조의 규정에 의한 건설업의 등록을 한 때
2. 내지 10. 생략

건설산업기본법 제9조 (건설업의 등록 등) ① 건설업을 영위하고자 하는 자는 일반건설업은 건설교통부장관에게, 전문건설업은 특별시장·광역시장 또는 도지사(이하 "시·도지사"라 한다)에게 대통령령이 정하는 업종별로 등록을 하여야 한다. 다만, 대통령령이 정하는 경미한 건설공사를 업으로 하고자 하는 경우에는 그러하지 아니하다.

② 및 ③ 생략

제10조 (건설업의 등록기준) 제9조 제1항의 규정에 의한 일반건설업 또는 전문건설업의 등록기준이 되는 기술능력·자본금(개인인 경우에는 자산평가액을 말한다. 이하 같다)·시설 및 장비와 기타 필요한 사항은 대통령령으로 정한다.

건설산업기본법시행령(1999. 8. 6. 대통령령 제16512호로 개정된 것. 이하 '시행령'이라 한다) 제13조 (건설업의 등록기준) ① 법 제10조의 규정에 의한 일반건설업 또는 전문건설업의 등록기준은 다음 각호와 같다.

1. 별표 2의 규정에 의한 기술능력·자본금(개인인 경우에는 건설업에 제공되는 자산의 평가액을 말한다. 이하 같다)·시설 및 장비를 갖출 것

제2호 내지 제6호 생략

② 생략

별표 2 건설업의 면허기준(제13조 관련) 중 토목건축공사업의 법인 자본금에 관한 부분은 다음과 같다.

토목건축공사업—법인: 10억 원 이상(1998년 6월 30일까지는 공제조합출자증권이 500좌 이상, 1998년 7월 1일부터 1999년 6월 30일까지는 공제조합출자증권이 400좌 이상, 1999년 7월 1일부터 2000년 6월 30일까지는 200좌 이상 포함되어야 한다)

주 문

건설산업기본법(1999. 4. 15. 법률 제5965호로 개정된 것) 제83조 단서 중 제1호 부분은 헌법에 위반되지 아니한다.

판 단

Ⅰ. 법률의 명확성원칙의 위반여부

청구인들은, 이 사건 법률조항이 '부정한 방법'이라는 불명확한 용어를 사용함으로써 '어떠한 경우가 부정한 방법으로 건설업의 등록을 한 때에 해당하는지'에 관하여 구체적으로 규정하지 않았고, 이로 인하여 등록말소의 처분 여부가 행정청의 자의적인 판단에 달려있으므로 법률의 명확성원칙에 위반된다고 주장한다.

1. 법률의 명확성원칙의 내용

법률이란 그 구성요건을 충족시키는 모든 사람과 모든 개별적인 경우에 대하여 적용되는 일반·추상적 규범으로서 그 본질상 규율하고자 하는 생활관계에서 발생가능한 모든 법적 상황에 대하여 구체적이고 서술적인 방식으로 법률의 내용을 규정하는 것은 불가능하며, 어느 정도 추상적이고 개괄적인 개념 또는 변화하는 사회현상을 수용할 수 있는 개방적인 개념을 사용하는 것이 불가피하다.

그러므로 법률의 명확성원칙은 입법자가 법률을 제정함에 있어서 개괄조항이나 불확정 법개념의 사용을 금지하는 것이 아니다. 입법자는 불확정 법개념을 사용할 수 있으나 이로 인한 법률의 불명확성은 법률해석의 방법을 통하여 해소될 수 있어야 한다. 따라서 법률이 불확정 개념을 사용하는 경우라도 법률해석을 통하여 행정청과 법원의 자의적인 적용을 배제하는 객관적인 기준을 얻는 것이 가능하다면 법률의 명확성원칙에 부합하는 것이다.

2. 이 사건 법률조항이 법률의 명확성원칙에 위반되는지의 여부

법 제83조 제1호에서의 '부정한 방법'이란, 실제로는 기술능력·자본금·시설·장비 등에 관하여 법령이 정한 건설업 등록요건을 갖추지 못하였음에도 자본금의 납입을 가장하거나 허위신고를 통하여 기술능력이나 시설, 장비 등의 보유를 가장하는 수단을 사용함으로써 등록요건을 충족시킨 것처럼 위장하여 등록하는 방법을 말하는 것으로 그 내용이 충분히 구체화되고 제한된다고 판단된다.

이에 대하여 법 제83조 제2호에 규정된 '건설업의 등록기준에 미달하게 된 때'란, '건설업등록시에는 등록기준을 충족시켜 정상적인 방법으로 등록하였으나 그 후 상황의 변화로 인하여 법령이 정한 등록기준에 미달하게 된 경우'를 말하는 것임을 어렵지 않게 확인할 수 있다.

따라서 이 사건 법률조항에 규정된 '부정한 방법'의 개념이 약간의 모호함에도 불구하고 법률해석을 통하여 충분히 구체화될 수 있고, 이로써 행정청과 법원의 자의적인 법적용을 배제하는 객관적인 기준을 제공하고 있으므로 이 사건 조항은 법률의 명확성원칙에 위반되지 않는다.

Ⅱ. 직업의 자유에 대한 침해여부

1. 직업선택의 자유에 대한 제한

이 사건 법률조항은 '부정한 방법으로 건설업의 등록을 한 경우에 대하여' 건설업의 등록을 말소하도록 규정함으로써 건설업을 자유롭게 직업으로 삼을 수 있는 자유, 즉 청구인들의 직업선택의 자유를 제한하고 있다.

등록기준을 법으로 정하고 일정한 등록기준을 충족시켜야 등록을 허용하는 건설업의 등록제(법 제9조, 제10조)는 '건설업'이란 직업의 정상적인 수행을 담보하기 위하여 요구되는 최소한의 요건을 규정하는 소위 '주관적 사유에 의한 직업허가규정'에 속하는 것으로서 직업선택의 자유를 제한하는 규정이다. 이와 마찬가지로, 등록자격을 갖추지 못한 자가 등록을 하여 건설업을 영위하는 경우에 대하여 등록을 사후적으로 박탈하는 이 사건 법률조항도 등록요건을 갖춘 자에게만 건설업이란 직업의 선택을 가능하게 하고자 하는 등록제도를 관철하기 위한 부수적 조항으로서 직업행사의 방법을 규율하고자 하는 것이 아니라, 기술능력·자본금·시설·장비 등의 요건의 구속을 받지 않고 건설업을 직업으로서 자유롭게 선택하는 자유, 즉 직업선택의 자유에 대한 제한을 의미하는 것이다.

2. 이 사건 법률조항의 입법목적

법은 제9조 및 제10조에서 일정한 기술능력·자본금·시설 및 장비를 갖춘 업체에 한하여 건설업등록을 허용하고 있는데, 그 주된 취지는 적정한 시공을 담보할 수 있는 최소한의 요건을 갖춘 건설업자로 하여금 공사를 하게 함으로써 부실공사를 방지하고 국민의 생명과 재산을 보호하고자 하는 것이다. 그런데 법이 정하는 등록기준을 충족시키지 못하는 자가 자본금의 납입가장, 기술자의 허위보유 등 부정한 방법으로 건설업을 등록하는 경우, 이는 건설업 등록제도의 취지를 형해화하는 것이자 건설공사의 적정한 시공과 건설산업의 건전한 발전을 도모하고자 하는 법의 목적에 반하는 것이다. 따라서 이 사건 법률조항은 부정한 방법으로 건설업을 등록하는 경우를 필요적 등록말소사유로 규정함으로써 법률이 정한 인적·물적 시설을 갖추고 등록한 자만이 건설업을 영위할 수 있는 건설업등록제도의 근간을 유지하고, 무자격자에 의한 부실공사를 방지하여 국민의 생명과 재산을 보호하고자 하는 것이다.

3. 비례의 원칙에 대한 위반여부

직업의 자유도 다른 기본권과 마찬가지로 절대적으로 보호되는 것이 아니라, 공익상의 이유로 제한될 수 있음은 물론이나 이 경우에도 개인의 자유가 공익실현을 위해서도 과도하게 제한되어서는 아니 되며 개인의 기본권은 꼭 필요한 경우에 한하여 필요한 만큼만 제한되어야 한다는 비례의 원칙(헌법 제37조 제2항)을 준수해야 한다.

(1) 위에서 확인한 입법목적이 헌법상 허용되는 정당한 목적임에는 의문의 여지가 없으며, 부정한 방법으로 건설업의 등록을 한 자의 등록을 말소하는 것은 위 입법목적을 달성하는데 크게 기여한다는 점에서 이 사건 법률조항의 수단으로서의 적정성도 인정된다.

(2) 입법자가 임의적 규정으로도 법의 목적을 실현할 수 있는 경우에 구체적 사안의 개별성과 특수성을 고려할 수 있는 가능성을 일체 배제하는 필요적 규정을 둔다면 이는 비례의 원칙의 한 요소인 "최소침해성의 원칙"에 위배된다는 점에서 부정한 방법으로 건설업 등록을 한 경우에 대하여 행정청에 의한 재량행사의 여지없이 필요적으로 등록을 말소하도록 규정하는 이 사건 법률조항이 최소침해성의 원칙에 부합하는지의 문제가 제기된다.

법이 정한 최소한의 등록요건을 갖추지 못하였음에도 부정한 방법으로 등록을 함으로써 건설업을 영위하는 자에 대하여 필요적으로 그 등록을 말소케 하는 것은 건설업등록제도의 목적을 실현하기 위하여 불가피하다. 부정한 방법에 의한 건설업등록행위가 국민의 생명과 재산에 미치는 위험의 정도와 그 위험방지의 중요성·긴급성을 고려할 때 1년 이내의 기간을 정하여 영업의 정지를 명하는 수단을 선택해서는 그 목적의 효율적인 달성을 기대하기 어려울 것이므로, 건설업자에게 부정한 방법에 의한 등록행위를 금지하고 이를 위반한 경우 필요적으로 건설업등록을 말소하도록 하는 조치는 입법목적의 달성을 위하여 반드시 필요한 최소한의 것이다.

또한 등록이 말소된 후에도 5년이 경과하면 다시 건설업등록을 할 수 있도록(법 제13조 제1항 제3호) 하여 등록말소처분의 효력을 제한하고 있을 뿐 아니라, 등록말소처분을 받기 전에 도급계약을 체결하였거나 관계법령에 의하여 허가·인가를 받아 착공한 건설공사에 대하여는 이를 계속 시공할 수 있도록 하여(법 제14조 제1항) 건설업자의 직업의 자유에 대한 제한을 최소화하는 조치를 마련하고 있다는 점에서도 이 사건 법률조항은 최소침해성의 원칙에 위반되지 않는다.

더욱이 부정한 방법으로 등록을 한 자는 처음부터 등록의 요건을 갖추지 못하여 등록을 할 수 없는 자에 해당하므로 무자격자의 등록을 사후적으로 박탈하는 것은 사실상 무자격자의 원래의 법적 지위를 확인하는 조치에 지나지 않는 것으로, 법이 도입한 등록제에 의하여 직업의 자유가 제한되는 것 외에 이 사건 법률조항으로 인하여 청구인들의 직업의 자유가 추가적으로 제한된다고 볼 수 없다. 이러한 측면에서도 이 사건 법률조항은 최소침해성의 원칙에 부합하는 것이다.

(3) 나아가 입법을 통하여 달성하려는 공익은 그의 중요함에 있어서 기본권제한의 정도와 적정한 비례관계를 유지하여야 한다. 그런데 이 사건 법률조항에 의하여 실현하고자 하는 공익은 부실공사로부터 국민의 생명과 재산을 보호하고 등록제를 통하여 건설산업의 건전한 발전을 도모하고자 하는 중대한 법익인 반면, 부정한 방법으로 등록을 하여 건설업을 영위한 자의 경우 이 사건 법률조항으로 인하여 추가적으로 발생하는 기본권의 제한이 없을 뿐만 아니라 헌법상 기본권에 의하여 보호받을만한 이익도 사실상 거의 없다는 점을 감안한다면, 기본권제한의 정도는 매우 경미하다

고 할 것이다.

따라서 이 사건 법률조항이 직업의 자유에 대한 제한을 통하여 실현하고자 하는 공익의 비중과 이 사건 법률조항에 의하여 발생하는 직업의 자유에 대한 제한의 정도를 전반적으로 비교형량하였을 때 법익균형성의 요건 또한 충족되었다.

(4) 그렇다면 이 사건 법률조항은 그 제한의 목적이 정당할 뿐 아니라 목적달성을 위한 방법이 적정하고 피해의 최소성 및 법익의 균형성 등 모든 요건을 충족하였다고 보여지므로 과잉금지원칙에 위배하여 청구인들의 직업의 자유를 침해하였다고 볼 수 없다.

Ⅲ. 재산권의 침해여부

이 사건의 경우와 같이 부정한 방법으로 건설업등록을 함으로써 건설업을 영위한 경우에 청구인들은 자신의 불법적인 건설업 등록이 언제라도 다시 말소될 수 있다는 것을 예측해야 하므로 청구인들의 법적 지위의 존속과 관련하여 보호받을만한 신뢰이익이 처음부터 존재하지 않는다. 따라서 청구인들이 폐업으로 인하여 입는 재산상의 손실은 헌법상 보호되는 재산권의 범위에 속하지 않는다고 할 것이다.

Ⅳ. 평등권의 위반여부

1. 법 제83조는 각 호에서 건설업에 대한 필요적 등록말소사유 외에도 임의적 등록말소사유를 규정하고 있는데, '부정한 방법으로 등록을 한 경우'가 임의적 등록말소사유보다 그 위반의 성격에 있어서 경한 사유임에도 이를 필요적 등록말소사유로 정하고 있다면 이는 이 사건 법률조항을 위반한 건설업자를 자의적으로 차별취급하는 것이라 할 것이다.

헌법 제11조 제1항의 평등원칙은 입법자에게 본질적으로 같은 것을 자의적으로 다르게, 본질적으로 다른 것을 자의적으로 같게 취급하는 것을 금지하고 있다. 두 개의 사실관계가 '본질적으로 동일한가'의 판단은 일반적으로 당해 법규정의 의미와 목적에 달려 있으므로, 법 제83조의 각 호가 정하는 사유들이 본질적으로 동일한가, 즉 위 사유들 중 무엇이 본질적으로 동일하게 경한 위반사유 또는 중대한 위반사유인가 하는 것은 건설공사의 적정한 시공을 담보하여 국민의 생명과 재산을 보호하고 등록제도를 유지·실현하고자 하는 법 제83조의 목적에 의하여 판단된다.

2. 법 제83조는 필요적 등록말소사유로서 부정한 방법으로 건설업 등록을 한 때(제1호), 명의대여행위금지를 위반한 때(제5호), 영업정지처분을 위반한 때(제7호)의 세 가지 유형을 규정하고 있다. 제1호, 제5호 및 제7호의 사유는 등록제를 침탈하거나 형해서 함으로써 그 근간을 흔드는 중대한 위반이거나 건설공사의 적정한 시공을 담보하기 위하여 불가피한 경우에 해당하는 것으로 판단된다.

3. 또한 법 제83조는 임의적 등록말소사유로서 건설업의 등록기준에 미달하게 된 때(제2호), 건설업등록을 한 후 1년이 경과할 때까지 영업을 개시하지 아니하거나 계속하여 1년 이상 휴업한 때(제8호), 고의 또는 과실로 건설공사의 시공을 조잡하게 함으로써 시설물의 구조상 주요부분에 중대한 손괴를 야기하여 공중의 위험을 야기하게 한 때(제9호) 및 다른 법령에 의하여 국가 또는 지방자치단체의 기관으로부터 등록말소의 요구가 있는 때(제10호) 등 네 가지 사유를 정하고 있다. 살피건대, 이러한 사유들은 건설업등록제도의 근본취지에 정면으로 반하는 사유는 아니라고 할 것이다.

4. 그렇다면 등록제를 규정하는 법 제9조, 제10조의 의미와 목적 및 법 제83조의 취지에 비추어 볼 때, 등록제의 취지에 정면으로 배치되는 행위인 '부정한 방법으로 등록을 한 경우'를 법 제83조 제9호 등 임의적 등록말소사유와 달리 필요적 등록말소사유로 규정한 것은 본질적으로 다른 것을 달리 규정한 것으로서 차별대우를 정당서 하는 합리적인 이유에 기인한다고 판단되므로 이 사건 법률조항은 평등의 원칙에 위배되지 아니한다.

✤ 본 판례에 대한 평가 **1. 기본권제한의 일반원칙:** 헌법 제37조 제2항은 "국민의 모든 자유와 권리는 국가안전보장·질서유지 또는 공공복리를 위하여 필요한 경우에 한하여 법률로써 제한할 수 있으며, 제한하는 경우에도 자유와 권리의 본질적 내용을 침해할 수 없다"라고 규정하고 있다. 이것은 헌법상 기본권제한의 일반원칙과 기본권제한의 한계를 규정한 것이다. 이 조항은 헌법상 기본권제한에 있어서 일반적 법률유보조항이다. 헌법상 개별적 법률유보조항은 본 조항과 특별법과 일반법의 관계에 있다.

2. 법률의 명확성·구체성의 원칙: 기본권을 제한하는 법률은 명확하여야 한다(불명확(막연)하기 때문에 무효의 원칙). 그러므로 법률로써 기본권을 제한할 경우에, 제한되는 기본권이 구체적으로 특정되어야 한다. 명확성·구체성원칙의 준수 여부는 당해 법률의 입법목적에 비추어 "건전한 상식과 통상적인 법감정을 통하여 판단할 수 있으며, 구체적인 사건에서는 법관의 합리적인 해석에 의하여 판단할 수 있다." 특히 당해 법률조항의 명확성의 여부를 판단함에 있어서는 당해 법률의 "입법목적과 다른 조항과의 연관성, 합리적인 해석가능성, 입법기술상의 한계 등을 고려"하여 판단하여야 한다.

[요약판례 1] 민법 제245조 제1항에 대한 헌법소원: 합헌(헌재 1993.7.29. 92헌바20)

우리 헌법상의 재산권 규정의 성격

우리 헌법상의 재산권에 관한 규정은 다른 기본권규정과는 달리 그 내용과 한계가 법률에 의해 구체적으로 형성되는 기본권 형성적 법률유보의 형태를 띠고 있으므로, **재산권의 구체적 모습은 재산권의 내용과 한계를 정하는 법률에 의하여 형성**되고, 그 법률은 재산권을 제한한다는 의미가 아니라 재산권을 형성한다는 의미를 갖는다.

[요약판례 2] 사립학교법 제55조 제58조 제1항 제4호에 관한 위헌심판: 합헌(헌재 1991.7.22. 89헌가106)

헌법 제31조 제6항의 의미

우리 헌법 제31조 제4항은 "교육의 자주성·전문성·정치적 중립성 및 대학의 자율성은 법률이 정하는 바에 의하여 보장된다"고 규정하는 한편 제31조 제6항은 "학교교육 및 평생교육을 포함한 교육제도와 그 운영, 교육재정 및 **교원의 지위에 관한 기본적인 사항은 법률로** 정한다"라고 규정함으로써 교육의 물적 기반이 되는 교육제도와 아울러 교육의 인적기반으로서 가장 중요한 교원의 근로기본권을 포함한 모든 지위에 관한 기본적인 사항을 국민의 대표기관인 입법부의 권한으로 규정하고 있다.

이 헌법조항에 근거하여 교원의 지위를 정하는 법률을 제정함에 있어서는 교원의 기본권보장 내지 지위보장과 함께 국민의 교육을 받을 권리를 보다 효율적으로 보장하기 위한 규정도 반드시 함께 담겨 있어야 할 것이다. 그러므로 위 헌법조항을 근거로 하여 제정되는 법률에는 교원의 신분보장·경제적·사회적 지위보장 등 교원의 권리에 해당하는 사항뿐만 아니라 국민의 교육을 받을 권리를 저해할 우려있는 행위의 금지 등 교원의 의무에 관한 사항도 당연히 규정할 수 있는 것이므로 결과적으로 **교원의 기본권을 제한**하는 사항까지도 규정할 수 있게 되는 것이다.

(재판관 이시윤의 반대의견) 헌법 제31조 제6항의 규정을 든다. 동 조항에서는 "학교교육 및 평생교육을 포함한 교육제도와 그 운영, 교육재정 및 교원의 지위에 관한 기본적인 사항은 법률로 정한다"고 규정하여 교육제도와 교원의 지위에 관하여 개별적 법률유보를 하고 있는 바, 이는 교육제도와 교원의 기본권을 제31조의 전체 조문과의 관련성을 고려할 때 법률로써 더 강화하고 보호하려는 취지인 것으로 보여지며 따라서 여기의 법률의 유보는 침해적 법률유보라기보다는 형성적 법률유보로 보아야 할 것이다.

Ⅲ 기본권제한의 일반원칙

1. 의 의

2. 기본권제한의 형식: '법률로써'

[요약판례 1] 형법 제241조(간통죄)의 위헌여부에 관한 헌법소원: 합헌(헌재 1990.9.10. 89헌마82)

형법 제241조의 위헌여부(소극)

헌법 제10조는 "모든 국민은 인간으로서의 존엄과 가치를 가지며, 행복을 추구할 권리를 가진다. 국가는 개인이 가지는 불가침의 기본적 인권을 확인하고 이를 보장할 의무를 진다"라고 규정하여 모든 기본권을 보장의 종국적 목적(기본이념)이라 할 수 있는 인간의 본질이며 고유한 가치인 개인의 인격권과 행복추구권을 보장하고 있다. 그리고 개인의 인격권·행복추구권에는 개인의 자기운명결정권이 전제되는 것이고, 이 자기운명결정권에는 성행위여부 및 그 상대방을 결정할 수 있는 성적자기결정권이 또한 포함되어 있으며 간통죄의 규정이 개인의 성적자기결정권을 제한하는 것임은 틀림없다. 그러나 개인의 성적자기결정권도 국가적·사회적·공공복리 등의 존중에 의한 내재적 한계가 있는 것이며, 따라서 절대적으로 보장되는 것은 아닐 뿐만 아니라 헌법 제37조 제2항이 명시하고 있듯이 질서유지(사회적 안녕질서), 공공복리(국민공동의 행복과 이익) 등 공동체 목적을 위하여 그 제한이 불가피한 경우에는 성적자기결정권의 본질적 내용을 침해하지 않는 한도에서 법률로써 제한할 수 있는 것이다.

[요약판례 2] 국세기본법 제35조 제1항 제3호의 위헌심판: 위헌(헌재 1990.9.3. 89헌가95)

국세기본법 제35조 제1항 제3호 중 "으로부터 1년"이라는 부분의 위헌여부(적극)

조세우선의 원칙의 헌법적 근거라고 할 수 있는 헌법 제37조 제2항의 규정은 **기본권 제한입법의 수권 규정**이지만, 그것은 동시에 **기본권 제한입법의 한계 규정**이기도 하기 때문에, 입법부도 수권의 범위를 넘어 자의적인 입법을 할 수 있는 것은 아니며, 사유재산권을 제한하는 입법을 함에 있어서도 그 본질적인 내용의 침해가 있거나 과잉금지의 원칙에 위배되는 입법을 할 수 없음은 자명한 것이다.

국세기본법 제35조 제1항 제3호 중 "으로부터 1년"이라는 부분은 헌법 제23조 제1항이 보장하고 있는 재산권의 본질적인 내용을 침해하는 것으로서 헌법 전문, 제1조, 제10조, 제11조 제1항, 제23조 제1항, 제37조 제2항 단서, 제38조, 제59조의 규정에 위반된다.

[요약판례 3] 한국방송공사법 제35조 등 위헌소원: 헌법불합치,합헌(헌재 1999.5.27. 98헌바70)

텔레비전방송수신료의 금액에 대하여 국회가 스스로 결정하거나 결정에 관여함이 없이 한국방송공사로 하여금 결정하도록 한 한국방송공사법 제36조 제1항이 법률유보원칙에 위반되는지 여부(적극)

오늘날 법률유보원칙은 단순히 행정작용이 법률에 근거를 두기만 하면 충분한 것이 아니라, **국가공동체와 그 구**

성원에게 기본적이고도 중요한 의미를 갖는 영역, 특히 국민의 **기본권실현과 관련된 영역**에 있어서는 국민의 대표자인 **입법자가 그 본질적 사항에 대해서 스스로 결정**하여야 한다는 요구까지 내포하고 있다(의회유보원칙). 그런데 텔레비전방송수신료는 대다수 국민의 재산권 보장의 측면이나 한국방송공사에게 보장된 방송자유의 측면에서 국민의 기본권실현에 관련된 영역에 속하고, 수신료금액의 결정은 납부의무자의 범위 등과 함께 수신료에 관한 본질적인 중요한 사항이므로 국회가 스스로 행하여야 하는 사항에 속하는 것임에도 불구하고 한국방송공사법 제36조 제1항에서 국회의 결정이나 관여를 배제한 채 한국방송공사로 하여금 수신료금액을 결정해서 문화관광부장관의 승인을 얻도록 한 것은 법률유보원칙에 위반된다.

※ 이 위헌결정에 따라, 구 한국방송공사법 제36조 제1항 "수신료의 금액은 이사회가 심의·결정하고, 공사가 공보처장관의 승인을 얻어 이를 부과·징수한다"는 통합 방송법 제정시 다음과 같이 규정되었다.

방송법(2000. 1. 12. 법률 제6139호로 폐지제정) 제65조 (수신료의 결정) 수신료의 금액은 이사회가 심의·의결한 후 방송위원회를 거쳐 국회의 승인을 얻어 확정되고, 공사가 이를 부과·징수한다.

[요약판례 4] 출판사및인쇄소의등록에관한법률 제5조의2 제5호 등 위헌제청: 부분위헌(헌재 1998.4.30. 95헌가16)

음란간행물을 발간한 출판사에 대해 등록취소를 가능케 한 규제의 위헌 여부(소극) 및 저속간행물을 발간한 출판사에 대해 등록취소를 가능케 한 규제의 위헌여부(적극)

법치국가원리의 한 표현인 명확성의 원칙은 기본적으로 모든 기본권제한입법에 대하여 요구된다. 규범의 의미내용으로부터 무엇이 금지되는 행위이고 무엇이 허용되는 행위인지를 수범자가 알 수 없다면 **법적 안정성과 예측가능성**은 확보될 수 없게 될 것이고, 또한 법집행 당국에 의한 자의적 집행을 가능하게 할 것이기 때문이다.

명확성의 원칙이란 기본적으로 최대한이 아닌 최소한의 명확성을 요구하는 것이다. 그러므로 법문언이 해석을 통해서, 즉 법관의 보충적인 가치판단을 통해서 그 의미내용을 확인해낼 수 있고, 그러한 보충적 해석이 해석자의 개인적인 취향에 따라 좌우될 가능성이 없다면 명확성의 원칙에 반한다고 할 수 없다 할 것이다.

이 사건 법률조항의 "음란" 개념은 적어도 수범자와 법집행자에게 적정한 지침을 제시하고 있다고 볼 수 있고 또 법적용자의 개인적 취향에 따라 그 의미가 달라질 수 있는 가능성도 희박하다고 하지 않을 수 없다. 따라서 이 사건 법률조항의 "음란" 개념은 그것이 애매모호하여 명확성의 원칙에 반한다고 할 수 없다.

"음란"의 개념과는 달리 "저속"의 개념은 그 적용범위가 매우 광범위할 뿐만 아니라 법관의 보충적인 해석에 의한다 하더라도 그 의미내용을 확정하기 어려울 정도로 매우 추상적이다. 이 "저속"의 개념에는 출판사등록이 취소되는 성적 표현의 하한이 열려 있을 뿐만 아니라 폭력성이나 잔인성 및 천한 정도도 그 하한이 모두 열려 있기 때문에 출판을 하고자 하는 자는 어느 정도로 자신의 표현내용을 조절해야 되는지를 도저히 알 수 없도록 되어 있어 명확성의 원칙 및 과도한 광범성의 원칙에 반한다.

※ 이 위헌결정에 따라, 이 사건 법률조항은 "5. 음란한 간행물이나 아동에 유해한 만화 등을 출판하여 공중도덕이나 사회윤리를 침해하였다고 인정되는 경우"로 개정되었다.

[요약판례 5] 방송법 제64조등 위헌소원: 각하,합헌(헌재 2008.2.28. 2006헌바70)

국민에게 이익을 부여하는 수익적 규정에 해당하는 경우 이에 대하여 요구되는 위임입법의 구체성·명확성의 정도가 상대적으로 완화되는지 여부(적극)

현행 방송법은 첫째, 수신료의 금액은 한국방송공사의 이사회에서 심의·의결한 후 방송위원회를 거쳐 국회의 승인을 얻도록 규정하고 있으며(제65조), 둘째, 수신료 납부의무자의 범위를 '텔레비전방송을 수신하기 위하여 수상기를 소지한 자'로 규정하고(제64조 제1항), 셋째, 징수절차와 관련하여 가산금 상한 및 추징금의 금액, 수신료의 체납 시 국세체납처분의 예에 의하여 징수할 수 있음을 규정하고 있다(제66조). 따라서 수신료의 부과·징수에 관한 본질적인 요소들은 방송법에 모두 규정되어 있다고 할 것이다.

한편, 수신료 징수업무를 한국방송공사가 직접 수행할 것인지 제3자에게 위탁할 것인지, 위탁한다면 누구에게 위탁하도록 할 것인지, 위탁받은 자가 자신의 고유 업무와 결합하여 징수업무를 할 수 있는지는 징수업무 처리의 효율성 등을 감안하여 결정할 수 있는 사항으로서 국민의 기본권제한에 관한 본질적인 사항이 아니라 할 것이다. 따라서 방송법 제64조 및 제67조 제2항은 법률유보의 원칙에 위반되지 아니한다.

방송법 제64조 단서는 등록면제 또는 수신료가 감면되는 수상기의 범위에 관하여 아무런 조건 없이 단순히 대통령령에서 정하도록 하고 있으나, 등록면제 또는 수신료감면에 관한 규정은 국민에게 이익을 부여하는 수익적 규정에 해당하는 것이어서 이에 대하여 요구되는 위임입법의 구체성·명확성의 정도는 상대적으로 완화될 수 있는 것이고, 또한 수신료 납부의무자의 범위가 '텔레비전방송을 수신하기 위하여' 수상기를 소지한 자로 되어 있으며, 수신료의 징수목적이 공사의 경비충당에 있다는 점을 감안하면 대통령령에서 정할 수신료감면 대상자의 범위는 텔레비전방송의 수신이 상당한 기간 동안 불가능하거나 곤란하다고 볼만한 객관적 사유가 있는 수상기의 소지자, 공사의 경비충당에 지장이 없는 범위 안에서 사회정책적으로 수신료를 감면하여 줄 필요가 있는 수상기소지자 등으로 그 범위가 정하여질 것임을 예측할 수 있다. 따라서 방송법 제64조는 포괄위임금지의 원칙에 위반되지 아니한다.

[요약판례 6] 국가를당사자로하는계약에관한법률 제27조 제1항 위헌제청: 헌법불합치(헌재 2005.6.30. 2005헌가1)

국가를당사자로하는계약에관한법률 제27조 제1항 중 '입찰참가자격의 제한기간을 대통령령이 정하는 일정기간으로 규정하고 있는 부분'이 명확성의 원칙에 위반되는지 여부(적극)

국가를당사자로하는계약에관한법률 제27조 제1항 중 '입찰참가자격의 제한기간을 대통령령이 정하는 일정기간으로 규정하고 있는 부분'(이하 '이 사건 법률조항'이라 한다)은 기간을 특정하지 않은 채 단지 "일정기간"이라고만 규정함으로써 입찰참가자격 제한기간의 상한을 정하지 않고 있다. 물론 부정당업자의 입찰참가자격 제한제도의 입법목적에 비추어 볼 때 "일정기간"을 '경쟁의 공정한 집행과 계약의 적정한 이행을 위하여 필요한 범위 내의 일정한 기간'이라고 해석할 수도 있으나 이러한 해석에 따른다고 하더라도 여전히 기간의 상한은 전혀 예측할 수 없을 뿐 아니라 국가를당사자로하는계약에관한법률의 입법목적과 다른 규정들과의 상호관계를 고려해 보더라도 제한기간의 상한을 미루어 알 수 있는 단서를 전혀 찾아볼 수 없다. 입찰참가자격 제한기간은 제한사유 못지않게 자격제한의 핵심적·본질적 요소라고 할 것임에도 이 사건 법률조항은 그 상한을 전혀 규정하지 않음으로써 자격제한사유에 해당하는 자로 하여금 이 조항의 내용만으로는 자격제한의 기간을 전혀 예측할 수 없게 하고 동시에 국가기관의 자의적인 집행을 가능하게 하므로 이 사건 법률조항은 명확성의 원칙에 위반된다.

※ 이 위헌결정에 따라, 법 제27조 제1항은 "각 중앙관서의 장은 경쟁의 공정한 집행 또는 계약의 적정한 이행을 해칠 염려가 있거나 기타 입찰에 참가시키는 것이 부적합하다고 인정되는 자에 대하여서는 2년 이내의 범위에서 대통령령이 정하는 바에 따라 입찰참가자격을 제한하여야 하며, …"로 개정되었다. 이는 기존에 대통령령에 있던 내용이 그대로 법률로 자리를 옮긴 것이다.

[요약판례 7] 근로기준법 제110조 위헌소원: 합헌(헌재 2005.3.31. 2003헌바12)

근로기준법 제110조 중 "제30조 제1항의 규정에 위반한 자는 5년 이하의 징역 또는 3,000만 원 이하의 벌금에 처한다"라고 규정한 것 가운데 "근로자에 대하여 정당한 이유없이 해고를 함으로써 제30조 제1항을 위반한 사용자"에 대한 부분이 형사처벌의 대상이 되는 해고의 기준을 일반추상적 개념인 "정당한 이유"의 유무에 두고 있는 것이 헌법상 명확성의 원칙에 반하는지 여부(소극)

이 사건 법률조항은 정당한 사유없이 근로자를 해고한 사용자를 5년 이하의 징역 또는 3,000만 원 이하의 벌금에 처하는 것으로 그 수범자를 제재하는 처벌조항이다. 그런데 근로자의 해고에 관하여 법문상 요건이 되고 있는 "정당한 이유"에 대하여는 오랜 기간 그것의 의미에 대한 학문적 연구가 진행되어 그 성과가 쌓여있고 다수의 행정해석과 관련 판례들이 풍부하게 집적되어 왔다. 그렇다면 이 사건 법률조항이 형사처벌의 대상이 되는 해고의 기준을 일반추상적 개념인 "정당한 이유"의 유무에 두고 있기는 하지만, 그 의미에 대하여 법적 자문을 고려한 예견가능성이 있고, 집행자의 자의가 배제될 정도로 의미가 확립되어 있으며, 입법 기술적으로도 개선가능성이 있다는 특별한 사정이 보이지 아니하므로 헌법상 명확성의 원칙에 반하지 아니한다.

[요약판례 8] 구 증권거래법 제207조의2 제2호 등 위헌제청: 위헌(헌재 2005.5.26. 2003헌가17)

대통령령에 정하는 바에 위반하여 행하여지는 유가증권의 시세고정·안정 목적의 매매거래 등을 금하고 있는 구 증권거래법 제188조의4 제3항이 명확성의 원칙에 위배되는지 여부(적극) 및 위 조항이 위임입법의 한계를 일탈하였는지 여부(적극)

구 증권거래법 제188조의4 제3항 중 "대통령령이 정하는 바에 위반하여"는 '대통령령에서 구체적으로 금지하는 바에 위반하여'의 의미로 해석하는 것과 '대통령령에서 예외적으로 허용하는 경우를 제외하고'의 의미로 해석하는 것 모두 가능한바, 위 조항의 수권을 받은 증권거래법시행령 제83조의8 제1항은 법 제188조의4 제3항이 금지하고 있는 유가증권 시세의 고정·안정행위의 범위를 유가증권의 모집 또는 매출과 관련된 안정조작 또는 시장조성에 한정되는 것으로 규정하고 있을 뿐, 안정조작 또는 시장조성이 법 제188조의4 제3항이 금지하는 행위의 구체적 대상인지 아니면 예외적으로 허용되는 경우인지에 관하여 언급하지 않고 있으므로 법 제188조의4 제3항의 불명확성은 시행령 제83조의8 제1항에 의하더라도 해결되지 않고, 관련 법률조항들의 전체를 종합하여 유기적으로 해석한다고 하더라도 위 조항의 의미가 일의적으로 파악된다고 할 수 없으므로, 법 제188조의4 제3항은 명확성의 원칙에 반한다.

법 제188조의4 제3항은 거래소 및 협회중개시장에서의 안정조작행위 전체를 광범위하게 규율 대상으로 삼게 되는바, 법 제188조의4 제3항은 규율대상인 안정조작행위에 관하여 아무런 위임기준을 두고 있지 않으므로 위와 같이 광의의 안정조작행위 중 어떠한 형태의 행위가 대통령령에서 허용되고 금지될 것인지를 위 조항 자체로부터 예측하기 어렵고, 관련 법조항 전체를 유기적·체계적으로 종합하여 판단하더라도 대통령령에 규정될 내용의 범위가 도출되지 아니하므로, 위임입법의 한계도 일탈한 것이다.

[요약판례 9] 건축법 제79조 제4호 중 '제26조의 규정에 위반한 자' 부분의 위헌제청: 위헌(헌재 1997.9.25. 96헌가16)

죄형법정주의의 명확성의 원칙 및 "건축물의 소유자 또는 관리자는 그 건축물·대지 및 건축설비를 항상 이 법 또는 이 법의 규정에 의한 명령이나 처분과 관계법령이 정하는 기준에 적합하도록 유지·관리하여야 한다"는 건축법 제26조의 규정에 위반한 자를 처벌하도록 규정하고 있는 건축법 제79조 제4호의 위헌여부(적극)

범죄의 구성요건이 추상적 또는 모호한 개념으로 이루어지거나, 그 적용범위가 너무 광범위하고 포괄적이어서 불명확하게 되어 통상의 판단능력을 가진 국민이 법률에 의하여 금지된 행위가 무엇인가를 알 수 없는 경우에는 죄형법정주의의 원칙에 위배된다.

건축법 제79조 제4호 중 '제26조의 규정을 위반한 자' 부분은 위임을 받는 법규명령의 범위에 관하여 아무런 제한을 가하지 아니하고 있을 뿐만 아니라, 법규명령에 규정될 내용 및 범위에 관한 기본사항이 구체적으로 규정되어 있지 않아 이러한 규정만으로써는 어떠한 법규명령에 어떠한 내용의 범죄구성요건이 정해질지를 전혀 예측할 수 없다. 따라서 이 사건 법률규정은 예측할 수 있는 어떠한 기준도 정함이 없이 범죄의 요건을 하위의 법규명령에 포괄적으로 위임하는 것이어서 위임입법의 한계를 벗어난 것일 뿐만 아니라 죄형법정주의의 명확성의 원칙에도 반하는 것이라 아니할 수 없다.

[요약판례 10] 문화재보호법 제80조 제2항 등 위헌소원: 합헌(헌재 2000.6.29. 98헌바67)

문화재보호법 제2조 제1항 제2호 중 "유형의 문화적 소산으로서 역사상 또는 예술상 가치가 큰 것과 이에 준하는 고고자료" 부분이 불명확하여 형벌법규의 명확성의 원칙에 위배되는지 여부(소극)

"유형의 문화적 소산으로서 역사상 또는 예술상 가치가 큰 것"이라 함은 이 법률조항의 입법목적에 비추어 볼 때, '보존하고 활용할 가치가 있는 것'을 가리키고, 그와 같은 가치가 있는지 여부는 그 물건이 지닌 시대성, 희귀성, 예술성 및 화폐단위로 환산된 가치 등을 종합적으로 고려하여 건전한 상식과 통상적인 법감정을 통하여 판단할 수 있으며, 구체적인 사건에서는 법관의 합리적인 해석에 의하여 판단할 수 있다. 또한 법 제76조 제1항의 비지정동산유형문화재는 시행령과 시행규칙에 구체적인 범위가 규정되어 있고, 법 제76조 제2항은 문화재로 오인될 우려가 있는 동산을 국외로 수출 또는 반출하고자 하는 경우에는 미리 문화체육부장관의 확인을 받도록 규정하여 문화재의 개념을 오인한 자로 하여금 형사처벌을 받을 위험을 제거하는 제도적 장치를 하고 있으므로, 이 법률조항은 입법목적과 다른 조항과의 연관성, 합리적인 해석가능성, 입법기술상의 한계 등을 고려할 때, 어떤 행위가 이에 해당하는지 의심을 가질 정도로 불명확한 개념이라고 볼 수 없으므로 형벌법규의 명확성의 원칙에 반하지 아니한다.

[요약판례 11] 노동조합및노동관계조정법 제91조 제1호 등 위헌확인: 합헌(헌재 2005.6.30. 2002헌바83)

노동조합및노동관계조정법 제42조 제2항 및 제91조 제1호 중 '제42조 제2항' 부분("사업장의 안전보호시설에 대하여 정상적인 유지·운영을 정지·폐지 또는 방해하는 행위는 쟁의행위로서 이를 행할 수 없다")이 명확성원칙에 위반되는지 여부(소극)

법규범이 명확한지 여부는 그 법규범이 수범자에게 법규의 의미내용을 알 수 있도록 공정한 고지를 하여 예측가능성을 주고 있는지 여부 및 그 법규범이 법을 해석·집행하는 기관에게 충분한 의미내용을 규율하여 자의적인 법해석이나 법집행이 배제되는지 여부, 다시 말하면 예측가능성 및 자의적 법집행 배제가 확보되는지 여부에 따라 이를 판단할 수 있는데, 법규범의 의미내용은 그 문언뿐만 아니라 입법목적이나 입법취지, 입법연혁, 그리고 법규범의 체계적 구조 등을 종합적으로 고려하는 해석방법에 의하여 구체화하게 되므로, 결국 법규범이 명확성원칙에 위반되는지 여부는 위와 같은 해석방법에 의하여 그 의미내용을 합리적으로 파악할 수 있는 해석기준을 얻을 수 있는지 여부에 달려 있다.

이 사건 법률조항들은 그 문언, 사람의 생명·신체의 안전 보호라는 입법목적, 입법연혁 및 법규범의 체계적 구조 등으로부터, 입법목적의 최대실현 추구에서 오는 완화된 해석의 요청과 기본권 제한성에서 오는 엄격한 해석의 요청을 서로 조화시키는 조화로운 해석기준으로서 합리적 해석기준을 찾을 수 있고, 이러한 해석기준은 이 사건 법률조항들의 수범자에게 예측가능성을 제공하는 한편 이 사건 법률조항들을 해석·집행하는 기관들에게 충분한 의미내용을 규율하여 자의적인 법해석이나 법집행을 배제하고 있으므로 명확성원칙에 위반되지 아니한다.

[요약판례 12] 도로교통법 제107조의2 제1호 위헌소원: 합헌(헌재 2005.9.29. 2003헌바94)

운전이 금지되는 술에 취한 상태의 기준을 대통령령에 위임하고 있는 구 도로교통법 제41조 제1항 및 제4항이 포괄위임입법금지에 위배되는지 여부(소극)

구 도로교통법 제41조 제4항은 일률적으로 가벌적인 주기정도(체내에 함유된 알콜 농도, 취기와는 별개의 개념)를 대통령령에 위임하고 있기는 하나, 같은 조 제1항과 결합하여 해석하면, 위 법률 제41조 제1항 및 제4항은 '술에 취한 상태', 즉 술에 취하여 정상적인 운전을 할 수 없는 상태로 볼 수 있는 주기정도로서 대통령령에 정해진 기준 이상의 알콜을 체내에 보유한 상태로 운전을 하여서는 아니 된다는 의미로 이해되고, 사회적, 기술적 변화에 대응하기 위하여 술에 취한 상태의 기준을 대통령령에 위임할 필요성도 인정된다.

[요약판례 13] 구 공무원연금법 제47조 제2호 등 위헌제청: 위헌(헌재 2005.10.27. 2004헌가20)

법 제47조 제2호·제3호에서 퇴직연금 지급정지대상기관을 총리령으로 정하도록 위임하고, 퇴직연금 지급정지의 요건 및 내용을 대통령령으로 정하도록 위임하고 있는 것이 포괄위임금지의 원칙에 위반되는지 여부(적극)

법 제47조 제3호의 경우 정부재정지원기관 중에서 그 일부를 대상으로 선별한다면 국회는 정부재정지원의 규모와 형태에 관한 일정한 기준을 먼저 법률로 정한 다음 그 범위 내에서 하위법규가 이를 선별하도록 위임하였어야 함에도 불구하고, 위 조항은 물론 그 밖의 어느 규정도 재정지원의 방식·형태·규모 등에 관한 아무런 기준을 제시하지 아니함으로써 비록 아무리 적은 규모라도 어떤 형태로든지 정부의 재정지원이 있기만 하면 총리령이 정하는 바에 따라 지급정지대상기관이 될 수 있게 되어 정부재정지원기관의 확정을 실질적으로 행정부에 일임한 결과가 되었다.

지급정지제도의 본질에 비추어 지급정지의 요건 및 내용을 규정함에 있어서는 소득의 유무뿐만 아니라 소득의 수준에 대한 고려는 필수적인 것임에도 불구하고, 법 제47조 제2호·제3호는 이를 규정함에 있어 지급정지와 소득수준의 상관관계에 관하여 아무런 정함이 없이 대통령령에 포괄적으로 입법을 위임한 것으로서 헌법 제75조가 정하는 포괄위임금지의 원칙에 위반된다. 나아가 퇴직연금 중 본인의 기여금에 해당하는 부분은 임금의 후불적 성격이 강하므로 재산권적 보호가 강조되어야 하는 점을 고려하여, '퇴직연금 또는 조기퇴직연금의 2분의 1의 범위 안에서'라는 구체적 범위를 정하여 위임하여야 함에도 불구하고 그러한 범위를 정하지 아니한 채 위임하고 있다는 점에서도 위헌이라고 보아야 한다.

[요약판례 14] 구 군인연금법 제21조 제5항 제3호 위헌제청: 위헌(헌재 2005.12.22. 2004헌가24)

구 군인연금법 제21조 제5항 제3호에서 퇴역연금 지급정지대상기관을 국방부령으로 정하도록 위임하고, 퇴역연금 지급정지의 요건 및 내용을 대통령령으로 정하도록 위임하고 있는 것이 포괄위임금지의 원칙에 위반되는지 여부(적극)

이 사건 법률조항이 정부재정지원기관 중에서 그 일부를 대상으로 선별한다면 국회는 정부재정지원의 규모와 형태에 관한 일정한 기준을 먼저 법률로 정한 다음 그 범위 내에서 하위법규가 이를 선별하도록 위임하였어야 함에도 불구하고, 이 사건 법률조항은 물론 그 밖의 어느 규정도 재정지원의 방식·형태·규모 등에 관한 아무런 기준을 제시하지 아니함으로써 비록 아무리 적은 규모라도 어떤 형태로든지 정부의 재정지원이 있기만 하면 국방부령이 정하는 바에 따라 지급정지대상기관이 될 수 있게 되어 정부재정지원기관의 확정을 실질적으로 행정부에 일임한 결과가 되었다.

지급정지제도의 본질에 비추어 지급정지의 요건 및 내용을 규정함에 있어서는 소득의 유무뿐만 아니라 소득의 수준에 대한 고려는 필수적인 것임에도 불구하고, 이 사건 법률조항은 이를 규정함에 있어 지급정지와 소득수준의 상관관계에 관하여 아무런 정함이 없이 대통령령에 포괄적으로 입법을 위임한 것으로서 헌법 제75조가 정하는 포괄위임금지의 원칙에 위반된다. 나아가 퇴역연금 중 본인의 기여금에 해당하는 부분은 임금의 후불적 성격이 강하므로 재산권적 보호가 강조되어야 하는 점을 고려하여, '퇴역연금의 2분의 1의 범위 안에서'라는 구체적 범위를 정하여 위임하여야 함에도 불구하고 그러한 범위를 정하지 아니한 채 위임하고 있다는 점에서도 위헌이라고 보아야 한다.

[요약판례 15] 조세특례제한법 제120조 제1항 제6호 등 위헌제청: 합헌(헌재 2005.4.28. 2003헌가23)

조세특례제한법 제120조 제1항 제6호에 적용되는 같은 법 제38조 제1항 제2호 중 "대통령령이 정하는 자산" 부분이 헌법상 조세법률주의와 포괄위임입법금지원칙에 위배되는지 여부(소극)

이 사건 법률조항은 조세특례제한법 제120조 제1항 제6호에 의거하여 취득세 감면이 되는 대상과 현물출자 과세특례가 되는 대상을 "주식"과는 달리 "자산"은 이를 특정하지 아니한 채 "대통령령이 정하는 자산"이라고만 규정하고 있어서 자산의 개념 자체가 추상적이고 불분명하여 어떠한 종류의 자산을 의미하는 것인지를 구체적으로 예측하기가 쉽지 않다. 그러나 현물출자를 통한 기업의 구조조정을 세제상으로 지원하기 위하여 일정한 요건을 갖춘 현물출자에 대하여는 현물출자에 따른 자산양도차익 상당액을 손금에 산입하여 과세를 이연받을 수 있는 특례를 제공하고자 한 이 사건 법률조항의 입법취지와 이 사건 법률조항과 관련되는 조세특례제한법 제4조 제1항 제1호, 같은 법 제32조, 같은 법 제120조 제1항 제3호, 법인세법 제23조를 종합하여 판단하건대, 대통령령에 규정될 자산으로는 기존 법인이 사업에 직접 사용하던 사업용 자산으로서 현물출자의 대상이 될 수 있는 토지, 건축물 등의 유형고정자산이나 특허권 등의 무형고정자산이 해당된다고 할 것이므로 이 사건 법률조항이 예정하고 있는 내재적인 위임의 범위를 객관적으로 확정할 수 있고, 과세특례대상이 되는 "자산"은 사회경제적인 여건과 정부의 정책 등에 따라 수시로 변경될 수 있으므로 이를 대통령령으로 정하도록 위임해야 할 불가피성도 존재하므로, 이 사건 법률조항은 헌법상의 조세법률주의와 포괄위임입법금지원칙에 위배되지 아니한다.

[요약판례 16] 구 대통령선거법 제36조 제1항 및 구 대통령선거법 제34조 등 위헌제청: 위헌,합헌(헌재 1994.7.29. 93헌가4등)

죄형법정주의에 의한 명확성의 정도

처벌법규의 구성요건이 명확하여야 한다고 하여 입법권자가 모든 구성요건을 단순한 의미의 서술적인 개념에 의하여 규정하여야 한다는 것은 아니다. 처벌법규의 구성요건이 다소 광범위하여 어떤 범위에서는 법관의 보충적인 해석을 필요로 하는 개념을 사용하였다고 하더라도, 그 점만으로 헌법이 요구하는 처벌법규의 명확성에 반드시 배치되는 것이라고는 볼 수 없다. 그렇지 않으면, 처벌법규의 구성요건이 지나치게 구체적이고 정형적이 되어 부단히 변화하는 다양한 생활관계를 제대로 규율할 수 없게 될 것이기 때문이다. 다만, 자의를 허용하지 않는 통상의 해석방법에 의하더라도 당해 처벌법규의 보호법익과 그에 의하여 금지된 행위 및 처벌의 종류와 정도를 누구나 알 수 있도록 규정되어 있어야 하는 것이다. 따라서 처벌법규의 구성요건이 어느 정도 명확하여야 하는가는 일률적으로 정할 수 없고, 각 구성요건의 특수성과 그러한 법적규제의 원인이 된 여건이나 처벌의 정도 등을 고려하여 종합적으로 판단하여야 한다.

[요약판례 17] 군형법 제47조에 대한 헌법소원: 합헌(헌재 1995.5.25. 91헌바20)

군형법 제47조가 죄형법정주의 원칙에 위배되는지 여부(소극)

군형법 제47조에서 말하는 "정당한 명령 또는 규칙"은 군의 특성상 그 내용을 일일이 법률로 정할 수 없어 법률의 위임에 따라 군통수기관이 불특정다수인을 대상으로 발하는 일반적 효력이 있는 명령이나 규칙 중 그 위반에 대하여 형사처벌의 필요가 있는 것, 즉 법령의 범위 내에서 발해지는 군통수작용상 필요한 중요하고도 구체성 있는 특정한 사항에 관한 것을 의미한다고 보아야 할 것이며, 대법원도 일찍부터 위 법률규정을 위와 같이 해석·적용해 옴으로써 정당한 명령이나 규칙의 범위에 관하여 자의적인 법집행을 방지하고 있으므로, 위 법률규정이 불명확하여 죄형법정주의 원칙에 위배된다고 할 수 없다.

[요약판례 18] 도로교통법 제20조의2 제2호 등 위헌제청: 합헌(헌재 2000.2.24. 99헌가4)

앞지르기 금지장소로서 규정된 도로교통법 제20조의2 제2호의 "도로의 구부러진 곳"이라는 표현이 명확성의 원칙에 반하여 위헌인지 여부(소극)

도로교통법 제20조의2 제2호 "도로의 구부러진 곳"이라는 규정에 "위험을 초래할 정도로" 또는 "시야가 가린" 내지 "전망할 수 없는" 등의 내용을 추가하는 입법형식이 이 사건 법률규정의 명확성을 더욱 담보할 수 있는 바람직한 입법으로 생각되지만, 위와 같은 내용은 입법목적에서 어느 정도 도출될 수 있는 것이어서 이 사건 법률규정에 관하여 보다 구체적인 입법이 가능하다는 이유만으로 곧바로 이 사건 법률규정이 죄형법정주의에 위반된다고 할 수는 없다. 결국 이 사건 법률규정은 입법목적과 다른 조항과의 관련하에서의 합리적인 해석의 가능성, 입법기술상의 한계 등을 고려할 때, 어떠한 행위가 이에 해당하는지 의심을 가질 정도로 불명확한 개념이라고 볼 수 없으므로 죄형법정주의의 한 내용인 형벌법규의 명확성의 원칙에 반한다고 할 수는 없다.

[요약판례 19] 소송촉진등에관한특례법 제23조 위헌소원: 위헌(헌재 1998.7.16. 97헌바22)

소송촉진등에관한특례법 제23조 규정이 헌법 제12조 제1항 후문의 적법절차원칙에 반하는지 여부(적극)

피고인의 공판기일출석권을 제한하고 있는 법률조항이 피고인의 방어권이 전혀 행사될 수 없는 상태에서 재판이 진행되어 사형이나 무기와 같은 중형선고가 가능하도록 규정하고 있다면, 이는 그 법률조항이 비록 위에서 본 바와 같은 정당한 입법목적을 지닌 것이라고 할지라도 그 목적 달성에 필요한 최소한의 범위를 넘어서 피고인의 공정한 재판을 받을 권리를 과도하게 침해하는 것이라고 하겠고, 또한 피고인에게 불출석에 대한 개인적 책임을 전혀 물을 수 없는 경우까지 피고인에게 답변과 입증 및 반증을 위한 기회조차 부여하지 아니한 채 궐석재판을 행할 수 있다면 이는 절차의 내용이 심히 적정하지 못한 경우로서 위에서 본 적법절차의 원칙에도 반한다고 할 것이다.

자기에게 아무런 책임없는 사유로 출석하지 못한 피고인에 대하여 별다른 증거조사도 없이 곧바로 유죄판결을 선고할 수 있도록 한 것은 그 절차의 내용이 심히 적정치 못한 경우로서 헌법 제12조 제1항 후문의 적법절차원칙에 반한다.

[요약판례 20] 새마을금고법 제66조 제2항 제6호 등 위헌소원: 합헌,각하(헌재 2004.8.26. 2004헌바14)

처벌법규의 위임의 한계

위임입법에 관한 헌법 제75조는 처벌법규에도 적용되는 것이지만, 우리 재판소가 밝히고 있는 바와 같이 법률에 의한 처벌법규의 위임은 헌법이 특히 인권을 최대한으로 보장하기 위하여 죄형법정주의와 적법절차를 규정하고, 법률에 의한 처벌을 특별히 강조하고 있는 기본권보장 우위사상에 비추어 바람직하지 못한 일이므로, 그 요건과 범위가 보다 엄격하게 제한적으로 적용되어야 한다. 따라서 처벌법규의 위임은 첫째, 특히 긴급한 필요가 있거나 미리 법률로써 자세히 정할 수 없는 부득이한 사정이 있는 경우에 한정되어야 하고, 둘째, 이러한 경우일지라도 법률에서 범죄의 구성요건은 처벌대상인 행위가 어떠한 것일 거라고 이를 예측할 수 있을 정도로 구체적으로 정하고, 셋째, 형벌의 종류 및 그 상한과 폭을 명백히 규정하여야 한다.

[요약판례 21] 수산업법 제52조 제2항 등 위헌제청: 합헌(헌재 1994.6.30. 93헌가15,16,17)

수산업법상의 어선·어구에 관한 제한 또는 금지규정과 처벌법규의 위임규정이 예측가능성이 없어 위임입법의 한계를 일탈하였는지 여부(소극)

오늘날 행정법 분야에 있어서 수많은 범죄의 구성요건을 모법(법률)에서 완전히 명확하게 규정한다는 것은 현실적으로 불가능하며, 특히 이 사건 관련 어법질서 유지 및 어족자원 보호를 위한 각종 행정명령은 수온·해류·염분·농도·수색·먹이생물 등의 상태에 따라 수산동식물의 서식장소가 이루어지므로 그에 상응하게 발하여져야 할 이치인데 그러한 상태들이 시간적(월별, 계절별)·공간적(해역별, 수심별)으로 다양하게 변동되기 때문에 법률로 일일이 규정할 경우 그러한 변화에 적의 대처할 수 없게 될 우려가 생겨날 수 있는 것이다. 그렇다면 시행령에서 규정될 범죄의 구성요건이 당해 위임법률조문 하나만으로는 예측이 다소 어렵더라도 다른 법률조항과 법률의 입법취지를 종합적으로 고찰할 때 합리적으로 그 대강이 예측될 수 있는 것이라면 위임의 한계를 일탈하지 아니한 것으로 판단되어야 할 것이다.

[요약판례 22] 교통안전공단법 제17조 위헌제청: 위헌(헌재 1999.1.28. 97헌가8)

교통안전기금의 재원의 하나로 운송사업자 등에 대하여 부과되는 분담금의 분담방법 및 분담비율에 관한 사항을 대통령령으로 정하도록 규정한 교통안전공단법 제17조가 포괄적 위임입법으로 헌법에 위반되는지 여부(적극)

위임입법의 구체성, 명확성의 요구 정도는 그 규율대상의 종류와 성격에 따라 달라질 것이지만, 특히 국민의 기본권을 직접적으로 제한하거나 침해할 소지가 있는 법규에서는 구체성, 명확성의 요구가 강화되어 그 위임의 요건과 범위가 일반적인 급부행정법규의 경우보다 더 엄격하게 제한적으로 규정되어야 하는 반면에, 규율대상이 지극히 다양하거나 수시로 변화하는 성질의 것일 때에는 위임의 구체성, 명확성의 요건이 완화되어야 할 것이다.

위 분담금의 분담방법 및 분담비율에 관한 사항을 대통령령으로 정하도록 규정한 교통안전공단법 제17조는 국민의 재산권과 관련된 중요한 사항 내지 본질적인 요소인 분담금의 분담방법 및 분담비율에 관한 기본사항을 구체적이고 명확하게 규정하지 아니한 채 시행령에 포괄적으로 위임함으로써, 분담금 납부의무자로 하여금 분담금 납부의무의 내용이나 범위를 전혀 예측할 수 없게 하고, 나아가 행정부의 자의적인 행정입법권 행사에 의하여 국민의 재산권이 침해될 여지를 남김으로써 경제생활의 법적 안정성을 현저히 해친 포괄적인 위임입법으로서 헌법 제75조에 위반된다.

※ 이 결정에 따라, **대통령령에 규정되어 있는 내용이 법 제14조 제2항의 내용으로 자리를 옮겨서 규정되었다.**

[요약판례 23] 의료법 제5조 제3호 등 위헌소원: 합헌(헌재 2001.6.28. 99헌바34)

의료법 제5조 제3호중 "보건복지부장관이 인정하는 외국의 제2호에 해당하는 학교" 부분, 의료법 부칙 제4조중 "보건사회부장관이 인정하는 외국의 해당 대학" 부분, 구 의료법 제5조 제3호중 "보건사회부장관이 인정하는 외국의 제2호에 해당하는 학교" 부분이 헌법상 포괄위임입법금지원칙에 위배되는지 여부(소극)

의료법 제5조 제3호중 "보건복지부장관이 인정하는" 부분은 보건복지부장관이 외국의 학교를 우리나라의 한방의학을 전공하는 대학에 상당하는 것이라고 구체적으로 인정할 수 있는 권한을 법률로써 직접 부여하고 있으므로, 이 사건 법률조항들은 외국의 학교 중에서 우리나라의 한방의학을 전공하는 대학을 인정하는 것을 보건복지부장관이 보건복지부령 등으로 정하도록 입법위임하고 있다고는 볼 수 없어서, 포괄위임입법금지원칙에 위배되지 아니한다.

[요약판례 24] 공익법인의설립 · 운영에관한법률 제14조 제2항 위헌제청: 위헌(헌재 2004.7.15. 2003헌가2)

대통령령이 정하는 사유가 있는 때에는 주무관청이 공익법인의 이사의 취임승인을 취소할 수 있도록 한 공익법인의설립 · 운영에관한법률 제14조 제2항이 포괄위임금지의 원칙에 반하는지 여부(적극)

공익법인의설립 · 운영에관한법률 제14조 제2항(이하 이 '사건 법률조항'이라 한다)은 공익법인 이사의 취임승인을 취소하는 근거조항으로서 직업수행의 자유를 제한하는 침해행정의 수권규정이므로 위임입법에서의 구체성 · 명확성의 요구가 강화되어 그 위임의 요건과 범위가 급부행정의 경우보다 엄격하고 제한적으로 규정되어야 한다. 그런데 이 사건 법률조항 이외에 관련 법조항 전체를 유기적, 체계적으로 보더라도 법인설립목적(학자금, 장학금 또는 연구비의 보조나 지급, 학술 · 자선에 관한 사업을 목적으로 함)에 어긋나는 행위와 관련하여 주무관청의 감독권이 행사되리라는 점을 예측할 수는 있다고 하더라도 이와 관련하여 구체적으로 어떠한 행위에 대하여 주무관청이 공익법인의 이사의 취임승인을 취소할 것인지는 명확하지 않다. 또한 공익법인의 이사가 금치산자, 파산자, 금고 이상의 형을 받고 집행이 종료되거나 집행을 받지 아니하기로 확정된 후 3년이 경과되지 아니한 자 등에 해당할 경우에는 결격자로서 당연히 이사의 지위를 박탈당하기는 하지만, 위와 같은 자격의 제한이 반드시 수범자인 이사들이 당해 공익법인의 사업목적과 운영에 관한 전문가들로만 임명될 것을 보장하는 것은 아니므로 취임승인취소사유를 하위법령에 위임함에 있어서 구체성·명확성의 요건을 대폭 완화시킬 수 없다. 따라서 공익법인의 이사의 취임승인취소로 인하여 침해당하는 직업수행의 자유가 직업결정의 자유에 비하여 상대적으로 침해의 범위가 작고, 공공복리 등 공익상의 목적에 의하여 비교적 넓은 규제가 가능하다고 하더라도 이 사건 법률조항과 같이 포괄적으로 취임승인취소사유를 백지위임하는 것은 허용될 수 없다.

※ 이 결정으로 인하여, 대통령령에 있던 내용이 법 제14조 제2항으로 자리를 옮겼다.

※ 이 결정에 따라 처분청은 이사취임승인취소처분을 취소하였다.

[요약판례 25] 교육공무원법 제24조 제4항 등 위헌확인: 기각(헌재 2006.4.27. 2005헌마1047등)

대학의장임용추천위원회의 구성·운영 등에 관하여 필요한 사항을 대통령령에 정하도록 위임한 교육공무원법 제24조 제7항이 포괄위임입법금지의 원칙에 반하는 것인지 여부(소극)

대상법률이 형성법률인 경우 위헌성 판단은 기본권 제한의 한계 규정인 헌법 제37조 제2항에 따른 과잉금지 내지 비례의 원칙의 적용을 받는 것이 아니라, 그러한 형성법률이 그 재량의 한계인 자유민주주의 등 헌법상의 기본원리를 지키면서 관련 기본권이나 객관적가치질서의 보장에 기여하는지 여부에 따라 판단된다.

법 제24조 제7항은 위원회의 구성, 운영 등에 관하여 구체적인 위임의 범위를 정하지 아니하고 시행령에 위임하였으나, 이 위원회는 대학의 장 후보자를 추천하기 위한 위원회임은 목적상 명백하고, 또한 위원회는 대학의 모든 구성원이 아닌 해당 대학 교원을 중심으로 구성될 것임을 알 수 있어 그 대강의 내용을 예측할 수 있고, 각 대학마다 규모나 지역 등의 사정에 따라 탄력적으로 위원수나 위원자격을 정하도록 할 필요가 있어 구성과 운영 등에 관한 사항을 시행령에 위임하여야 할 합리적인 이유가 있으므로 위임입법의 한계를 일탈하였다고 할 수 없다.

[요약판례 26] 공직선거법 제93조 제1항 위헌소원: 합헌(헌재 2009.5.28. 2007헌바24)

선거일 전 180일부터 선거일까지 선거에 영향을 미치게 하기 위하여 일정한 내용의 문서 기타 이와 유사한 것의 배부하는 등의 행위를 금지하는 공직선거법 제93조 제1항 중 '기타 유사한 것' 부분이 명확성원칙에 위배되는지 여부(소극)

이 사건 조항은 매체의 형식에 중점을 두고 있는 것이 아니라 사람의 관념이나 의사를 시각이나 청각 또는 시청각에 호소하는 방법으로 다른 사람에게 전달하는 것에 중점을 두고 있는 것이고, 일반조항으로서의 '기타 이와 유사한 것'은 선거에 영향을 미치게 하기 위하여 정당 또는 후보자를 지지, 추천하거나 반대하는 내용을 포함할 수 있는 가독성 내지 가청성을 가진 공직선거법 제93조 제1항에 열거된 매체와 유사한 매체, 관념이나 의사전달의 기능을 가진 매체나 수단을 의미하는 것으로 볼 수 있으므로 죄형법정주의의 명확성의 원칙에 반하지 아니한다.

I 정부투자기관관리기본법 제20조 제2항 등 위헌소원: 헌법불합치(헌재 2005.4.28. 2003헌바40)

쟁점 (1) 정부투자기관이 계약을 체결함에 있어서 공정한 경쟁 또는 계약의 적정한 이행을 해칠 것이 명백하다고 판단되는 자에 대하여 일정기간 입찰참가자격을 제한할 수 있도록 한 정부투자기관관리기본법 제20조 제2항이 명확성의 원칙에 위반되는지 여부(적극)

(2) 입찰참가자격의 제한 등에 관하여 필요한 사항을 재정경제부령으로 정하도록 한 정부투자기관관리기본법 제20조 제3항 중 "입찰참가자격의 제한기간을 재정경제부령으로 정하도록 한

부분"이 포괄위임금지원칙에 위반되는지 여부(적극)

(3) 입찰참가자격제한의 근거규정의 전면적 효력 상실을 막기 위하여 헌법불합치결정을 하고 그 계속적용을 명한 사례

☐ 사건의 개요

청구인은 토목건축공사업을 영위하는 법인으로서 대한주택공사가 설계시공일괄입찰방식으로 발주한 '○○운전면허시험장 이전공사'의 실시설계적격자로 선정되었다. 대한주택공사의 사장은 청구인이 실시설계적격자로 선정되었음에도 정당한 이유 없이 실시설계도서를 제출하지 않음으로써 계약을 체결하지 않았음을 이유로 정부투자기관관리기본법 제20조 제2항·제3항, 정부투자기관회계규칙 제23조에 따라 청구인에게 6개월간 정부투자기관 등이 발주하는 공사에의 입찰참가자격을 제한하는 처분을 하였다. 청구인은 수원지방법원에 위 처분의 취소를 구하는 행정소송을 제기하였으나, 위 법원은 청구인의 청구를 기각하는 판결을 선고하였고, 청구인은 서울고등법원에 위 판결에 대하여 항소하여 현재 소송계속중이다.

청구인은 당해사건의 1심 소송이 계속중 수원지방법원에 이 사건 처분의 근거규정인 정부투자기관관리기본법 제20조 제2항·제3항에 대한 위헌심판제청신청을 하였으나 위 법원은 위헌심판제청신청을 기각하였고, 청구인에게 기각결정문이 송달되었다. 이에 청구인은 이 사건 헌법소원심판을 청구하였다.

☐ 심판의 대상 및 관련규정

정부투자기관관리기본법 제20조 (회계원칙 등) ② 투자기관은 계약을 체결함에 있어서 공정한 경쟁 또는 계약의 적정한 이행을 해칠 것이 명백하다고 판단되는 자에 대하여는 일정기간 입찰참가자격을 제한할 수 있다.

③ 제1항 및 제2항의 규정에 의한 회계처리 및 계약의 기준·절차 및 입찰참가자격의 제한 등에 관하여 필요한 사항은 재정경제부령으로 정한다.

정부투자기관관리기본법 제2조 (적용범위) ① 이 법의 적용대상이 되는 정부투자기관(이하 "투자기관"이라 한다)은 정부가 납입자본금의 5할 이상을 출자한 기업체로 한다.

정부투자기관회계규칙 제23조 (부정당업자의 입찰참가자격 제한) ① 투자기관의 사장은 경쟁의 공정한 집행 또는 계약의 적정한 이행을 해할 우려가 있거나 입찰에 참가시키는 것이 부적합하다고 인정되는 자로서 다음 각 호에 해당되는 계약상대자 또는 입찰참가자(계약상대자 또는 입찰참가자의 대리인·지배인 기타 사용인을 포함한다)에 대하여는 1월 이상 2년 이하의 범위 내에서 그 입찰참가자격을 제한하여야 한다.

1.~14. 생략

☐ 주 문

1. 정부투자기관관리기본법 제20조 제2항 및 같은 조 제3항의 '제2항의 규정에 의한 입찰참가자격의 제한 등에 관하여 필요한 사항은 재정경제부령으로 정한다'고 한 규정 중 '입찰참가자격의 제한기간을 재정경제부령으로 정하도록 한 부분'은 헌법에 합치되지 아니한다.

2. 위 법률조항은 2006. 4. 30.을 시한으로 입법자가 개정할 때까지 계속 적용된다.

▢ 판 단

Ⅰ. 정부투자기관의 부정당업자에 대한 입찰참가자격제한제도의 위헌성 여부

1. 직업의 자유의 침해여부

정부투자기관의 부정당업자에 대한 입찰참가자격제한은 투자기관이 '공정한 경쟁 또는 계약의 적정한 이행을 해칠 것이 명백하다고 판단되는 자'에 대하여 일정 기간 입찰참가자격을 제한할 수 있도록 하는 것이므로 직업의 자유를 제한받게 된다.

그러나 직업의 자유도 다른 기본권과 마찬가지로 절대적으로 보호되는 것이 아니며 공익상의 이유로 제한될 수 있다. 그러나 이 경우에도 개인의 자유가 공익실현을 위해서 과도하게 제한되어서는 안 되며 개인의 기본권은 꼭 필요한 경우에 한하여 필요한 만큼만 제한되어야 한다는 비례의 원칙이 준수되어야 한다.

(1) 입법목적의 정당성과 방법의 적정성

정부투자기관의 부정당업자 입찰참가자격제한제도의 목적은 정부투자기관의 사업이 갖는 공공성과 공익성에 비추어 보아 투자기관과의 계약체결의 공정성과 그 이행을 확보하기 위함이다. 공익을 증진시키고 국민생활의 편익을 도모하며 국민경제를 직·간접적으로 지원하는데 목적을 둔 정부투자기관이 체결하는 계약에 있어서 공정성과 이행의 확보는 필수적인 것이다. 공개입찰에 있어서 공정한 경쟁을 해하거나 계약 후 적정한 이행을 담보하기 어려운 부적격자들이 낙찰에만 집착하여 행하는 많은 불법행위들을 그대로 방치한다면 이는 궁극적으로 공정성을 담보로 하는 공개입찰원칙을 무의미하게 만들게 될 것이다. 또한 일반의 사적인 계약과는 달리 정부투자기관과의 계약이행의무의 위반 등이 가져오는 공익에 대한 침해의 정도나 사회적 파급효과는 비교할 수 없을 정도로 크기에 적어도 그 계약을 체결함에 있어 최소한의 공정성과 적정한 이행의 보장은 필수적이라 할 것이다.

따라서 경쟁의 공정한 집행이나 계약의 적정한 이행을 해칠 것이 명백한 자에 대하여 정부투자기관이 공개입찰의 공정성 확보와 계약에 따른 충실한 이행을 담보할 목적으로 부정당업자에 대하여 입찰참가자격을 제한하는 것은 그 입법목적의 정당성이 인정되며 이러한 입법목적에 비추어 볼 때 방법의 적정성도 인정된다.

(2) 최소침해성과 법익의 균형성

정부투자기관이 계약을 체결함에 있어서 공정성 및 이행을 확보하기 위해서는 다양한 수단이 있을 수 있고 각각의 수단이 독자적인 목적과 효과를 가질 수 있기 때문에 단지 다양한 수단이 존재한다는 이유만으로는 입찰참가자격 제한제도가 최소침해성원칙에 반하는 것이라고 단정하기 어렵다. 또한 입찰참가자격제한제도는 부정당업자에 대하여 정부투자기관이 발주한 입찰공고에 따라 청약을 할 수 있는 법적 지위를 부정당업자 지정 이후로 완전히 박탈하는 것이 아니라 일정기간 동안 제한할 뿐이고, 그 제한도 정부투자기관이 행하는 입찰참가자격에 한정하고 있을 뿐 이와 다른 경제활동을 제한하는 것도 아니다. 또한 관계법령은 입찰참가자격의 제한을 당한 자에 대하여 사전의견진술의 기회를 제공하고 있고 사후에 이의신청권도 인정하고 있으며(정부투자기관회계규칙 제23조 제9항, 제24조), 정부투자기관의 입찰참가자격제한에 관한 법률 자체도 강행규정이 아니라 임의규정으로 하고 있다는 점에서도 최소침해성의 원칙에 반한다고 보기 어렵다.

나아가 단지 일정한 기간 동안 정부투자기관이 발주하는 공개입찰에의 참가가 금지되는 부정당업자가 입는 피해는 부정당업자를 일정기간 동안 정부투자기관이 발주하는 공개입찰에서 배제함으로써 정부투자기관의 계약의 공정성과 적정한 이행을 담보하고 이를 통해 궁극적으로 정부투자기관이 수행하고 있는 공적 목적을 달성하고자 하는 공익보다 더욱 중요하다고는 볼 수 없어 법익균형성도 갖추고 있다.

2. 평등권 침해여부

정부투자기관은 국가의 출자에 의해 설립되어 대부분 국민생활과 밀접한 국가공익사업을 담당하고 있는 기관이므로 정부투자기관의 계약이 그 성질, 목적, 규모, 사회적 영향력 등에 있어서 단순한 사인의 계약과는 많은 차이가 있다. 외견상 국가의 행위는 아닐지라도 정부투자기관의 계약체결의 효과는 국민에게 직접적인 영향을 미칠 수 있고 계약이행의 대가로 지급되는 예산도 국민의 세금에 의해 조성된 것인 탓에, 정부투자기관의 계약을 기관 자체의 영리적 이익추구만을 목적으로 한 주관적인 판단에만 의존하게 방치할 수 없으며 정부투자기관을 일반사인과 마찬가지로 계약자치를 자유롭게 향유하는 주체로 인정할 수도 없다. 그러므로 정부투자기관의 계약을 국가계약과 동일시하여 일반경쟁입찰원칙을 적용하고 일정한 요건을 갖춘 자는 제한 없이 입찰에 참여할 수 있게 함으로써 정부투자기관의 자의에만 의존한 계약자 선정을 금하고 있으며 계약의 전 과정에 있어서 공정하고 투명한 절차의 확립을 도모하고 있는 것이다.

나아가 이와 같은 정부투자기관의 계약에 있어서의 공정성과 투명한 절차의 보장이나 계약 후 그것의 적정한 이행의무는 단지 투자기관에만 적용되는 것이 아니라 계약당사자인 입찰참가자 또는 낙찰자 등에도 적용되어야 한다. 앞서 살핀 바와 같이 정부투자기관의 계약상 일반경쟁입찰원칙의 목적은 공정한 경쟁원리에 따라 계약의 상대자가 될 것을 희망하는 자로 하여금 동일한 조건으로 공평한 경쟁을 시키고 정부투자기관이 요구하는 품질을 만족시킬 수 있는 적격자를 선정함으로써 공공사업의 시행과 공공서비스의 제공을 원활하게 하기 위한 것이다. 따라서 정부투자기관이 계약의 목적달성에 중대한 차질을 가져올 수 있는 부정당업자들에 대하여 일정기간 공개입찰에 참가할 자격을 제한할 수 있도록 하는 것은 합리적 차별의 범위를 벗어난 것이라 하기 어렵다.

3. 소 결

그렇다면 정부투자기관이 부정당업자에 대하여 입찰참가자격을 제한할 수 있도록 한 제도 자체가 비례의 원칙에 위반되어 직업의 자유를 침해한다거나 평등원칙에 위반된다고 볼 수 없다.

Ⅱ. 이 사건 자격제한조항에 대한 명확성의 원칙 위반여부

1. 법치국가원리의 한 표현인 명확성의 원칙은 기본적으로 모든 기본권 제한입법에 대하여 요구된다. 그러나 명확성의 원칙은 모든 법률에 있어서 동일한 정도로 요구되는 것은 아니고 개개의 법률이나 법조항의 성격에 따라 요구되는 정도에 차이가 있을 수 있으며 각각의 구성요건의 특수성과 그러한 법률이 제정되게 된 배경이나 상황에 따라 달라질 수 있다. 일반론으로는 어떠한 규정이 부담적 성격을 가지는 경우에는 수익적 성격을 가지는 경우에 비하여 명확성의 원칙이 더욱 엄격하게 요구되고, 죄형법정주의가 지배하는 형사 관련 법률에서는 명확성의 정도가 강화되어 더 엄격

한 기준이 적용되지만, 일반적인 법률에서는 명확성의 정도가 그리 강하게 요구되지 않기 때문에 상대적으로 완화된 기준이 적용된다.

이 사건 자격제한조항은 "투자기관은 계약을 체결함에 있어서 공정한 경쟁 또는 계약의 적정한 이행을 해칠 것이 명백하다고 판단되는 자에 대하여는 일정기간 입찰참가자격을 제한할 수 있다"고 규정하고 있는바, 이는 직업의 자유를 직접 제한하는 내용이므로 명확성의 요구가 보다 강화된다.

2. 이 사건 자격제한조항은 투자기관의 입찰참가자격 제한대상자를 '공정한 경쟁 또는 계약의 적정한 이행을 해칠 것이 명백하다고 판단되는 자'로 규정하여 다소 광의의 개념을 포함하는 용어를 사용하고 있다. 명확성의 원칙이 불확정개념의 사용을 일체 금지하는 것은 아니며, 행정부로 하여금 다양한 과제를 이행하게 하고 개별적인 경우의 특수한 상황을 고려하여 현실의 변화에 적절하게 대처할 수 있도록 하기 위하여 입법자는 불확정개념을 사용할 수 있고 이로 인한 법률의 불명확성은 법률해석의 방법을 통하여 해소될 수 있다.

'공정한 경쟁'과 '계약의 적정한 이행'의 사전적 의미가 불명확하다고 볼 수는 없지만, 다양한 유형의 행위가 공정한 경쟁 또는 계약의 적정한 이행을 해치는 행위에 포함될 수 있어 명확성의 원칙에 위반되는 것은 아닌지 하는 의문이 있을 수 있다. 그러나, 정부투자기관의 계약이 일반경쟁입찰방식으로 이루어진다는 점에 비추어 본다면 '공정한 경쟁을 해치는 행위'에 입찰을 방해하는 행위, 입찰에 있어서의 담합행위, 낙찰을 위한 뇌물공여행위, 입찰서류 위조행위 등이 포함될 것임은 쉽사리 예측할 수 있다. 형법 제315조도 "위계 또는 위력 기타 방법으로 경매 또는 입찰의 공정을 해한 자는 2년 이하의 징역 또는 700만 원 이하의 벌금에 처한다"라고 규정하여 입찰방해죄를 처벌하고 있는데, 대법원은 입찰의 공정을 해하는 행위란 "공정한 자유경쟁을 방해할 염려가 있는 상태를 발생시키는 것, 즉 공정한 자유경쟁을 통한 적정한 가격형성에 부당한 영향을 주는 상태를 발생시키는 행위"라고 판시하고 있다.

따라서 정부투자기관관리기본법의 입법목적과 앞서 본 관련 법규정들의 내용과 연관성 등을 고려해 본다면 '공정한 경쟁을 해치는 행위'의 개념과 범위를 충분히 예측할 수 있다.

다음으로 '계약의 적정한 이행을 해치는 행위'에 대하여 보면, 이러한 행위란 낙찰자로 결정된 이후에 계약을 체결하지 않거나 체결된 계약을 계약내용대로 이행하지 못하는 행위를 말하므로 결국 일반 민법상의 계약책임(채무불이행책임이나 불법행위책임)으로 돌아와 해석할 수 있다.

그렇다면, '공정한 경쟁 또는 계약의 적정한 이행을 해칠 것이 명백하다고 판단되는 자'는 정부투자기관의 계약당사자가 계약체결과 그 이행과정에서 불공정한 행위를 하여 계약의 공정성과 적정성을 해치고 투자기관이 계약을 통해 달성하려는 목적을 해할 수 있는 자임을 넉넉히 예측할 수 있다.

3. 반면, 이 사건 자격제한조항은 기간을 특정하지 않은 채 단지 '일정기간'이라고만 규정함으로써 입찰참가자격제한기간의 상한을 정하지 않고 있다. 물론 이 사건 자격제한규정의 입법목적에 비추어 볼 때 '일정기간'을 '공정한 경쟁과 계약의 적정한 이행을 위하여 필요한 범위 내의 일정한 기간'이라고 해석할 수도 있으나 이러한 해석에 따른다고 하더라도 여전히 기간의 상한은 전혀 예측할 수 없을 뿐 아니라 정부투자기관관리기본법의 입법목적과 다른 규정들과의 상호관계를 고려해 보더라도 제한기간의 상한을 미루어 알 수 있는 단서를 전혀 찾아볼 수 없다.

입찰참가자격제한기간은 제한사유 못지않게 자격제한의 핵심적·본질적 요소라고 할 것임에도 이 사건 자격제한조항은 그 상한을 전혀 규정하지 않음으로써 자격제한사유에 해당하는 자로 하여금 이 조항의 내용만으로는 자격제한의 기간을 전혀 예측할 수 없게 하고 동시에 정부투자기관의 자의적인 집행을 가능하게 한다.

따라서 이 사건 자격제한조항은 명확성의 원칙에 위반된다.

Ⅲ. 이 사건 위임조항에 대한 포괄위임금지원칙의 위반여부

1. 이 사건 위임조항은 이 사건 자격제한조항이 규정하고 있는 입찰참가자격의 제한 등에 관하여 필요한 사항, 즉 입찰참가자격의 제한요건 및 제한기간을 재정경제부령에 위임하고 있다.

헌법은 제75조에서 "대통령은 법률에서 구체적으로 범위를 정하여 위임받은 사항과 법률을 집행하기 위하여 필요한 사항에 관하여 대통령령을 발할 수 있다"고 규정하여 위임입법의 근거를 마련하는 한편 대통령령으로 입법할 수 있는 사항을 법률에서 구체적으로 범위를 정하여 위임받은 사항으로 한정함으로써 위임입법의 범위와 한계를 제시하고 있다.

2. 이 사건 위임조항은 직업의 자유를 제한하는 내용이므로 위임에 있어서 구체성과 명확성의 요구는 강화된다고 보아야 한다. 그런데, 위에서 본 바와 같이 입찰참가자격의 제한요건인 '공정한 경쟁 또는 계약의 적정한 이행을 해칠 것이 명백하다고 판단되는 자'에 대하여는 그 개념과 범위를 예측할 수 있고 따라서 여기에 대하여 하위법령인 재정경제부령에 구체화될 내용도 충분히 예측이 가능하다.

반면, 앞서 본 바와 같이 모법인 이 사건 자격제한조항의 '일정기간'의 개념은 매우 불명확하여 수범자인 국민으로 하여금 재정경제부령에 기간의 상한이 어느 정도로 정하여질지 전혀 그 대강을 예측할 수 없도록 되어 있으므로, 이 사건 위임조항 중 '입찰참가자격의 제한기간을 재정경제부령으로 정하도록 한 부분'은 포괄위임금지원칙에 위반된다. 구체적으로 살피면 다음과 같다.

첫째, 정부투자기관의 입찰참가자격제한은 직업의 자유에서 도출되는 경쟁의 자유에 대한 제한이므로 이러한 기본권의 제한입법은 적어도 급부행정영역보다 위임의 요건이 좀 더 엄격하여야 하고 특히 기간을 상정하고 있는 경우 제한기간은 당사자에게 아주 중요한 사항이므로 제한기간이 언제나 명확하게 법률로 정해질 수는 없다고 하더라도 적어도 제한기간의 상한정도는 법률로 정하여야할 것이 요구된다. '일정기간'은 사전적으로는 '정해져 있는 기간'을 의미하나 사실상은 기간의 제한이 없는 것과 다를 바 없어 결국 하위법령에 자격제한기간을 전적으로 모두 위임하는 것과 같으며, 관련법조항을 종합적으로 살펴보아도 '일정기간의 상한'을 예측할 수 없다.

둘째, 일정한 자격이나 면허 등에 관한 사항을 규정하고 있는 각종 법률은 그 자격이나 면허 또는 그에 기하여 수행할 수 있는 업무와 관련하여 일정한 법규위반행위나 부정행위가 있을 경우 자격이나 면허를 취소하거나 정지시킬 수 있도록 규정하고 있다. 그러한 법률이 자격 등의 정지에 관하여 규정하는 형식을 살펴보면, 정지기간의 범위, 바꾸어 말하면 정지기간의 상한을 법률에 규정한 경우(의료법, 수의사법, 건축사법, 변호사법, 공인노무사법, 공인회계사법, 관세사법, 변리사법, 법무사법, 세무사법, 약사법)와 정지기간의 범위를 법률에 규정하지 않고 하위법령에 위임한 경우(국가를당사자로한계약에관한법률, 지방재정법)로 나눌 수 있는바, 대다수의 법률은 전자의 형식을 취하고 있다. 일례를 들어보면 약사법의 경우도 구약사법은 과거 "보건복지부장관은 … 기간을 정하여 … 약사 또는 한약사의 자격정지를 명할 수 있다"고 규정하고 있었으나(구 약사법 제71조 제2항) 2002. 3. 30. "보건복지부장관은 약사 또는 한약사가 다음 각 호의 1에 해당한 때에는 그 면허를 취소하거나 1년의 범위 내에서 그 기간을 정하여 약사 또는 한약사의 자격정지를 명할 수 있다"라고 개정되었다(제71조 제2항).

물론 이 사건 위임조항은 정부투자기관이 부정당업자에게 대하여 단순히 입찰참가자격을 제한할 수 있게 하는 것에 불과하여 자격 혹은 면허의 취소나 정지에 이를 정도의 중한 행정제재는 아니라고 볼 수도 있다. 그러나 하위법령 및 관계법령은 투자기관의 장이 입찰참가가 제한된 자에 관한 사항을 각 중앙관서의 장, 특별시장, 광역시장, 도지사 및 다른 투자기관의 사장에게 통보하도록 하고 관보에 게재하도록 하고 있으므로(정부투자기관회계규칙 제23조 제5항) 입찰참가가 제한된 자는 제한기간 내에 정부투자기관에서 집행하는 입찰에의 참가만 금지되는 것이 아니라(정부투자기관회계규칙 제23조 제6항) 국가를당사자로하는계약에관한법률시행령 제76조 제8항과 지방재정법시행령 제71조에 따라 모든 국가계약 및 지방자치단체 계약에도 입찰참가가 금지된다.

이렇게 본다면 관급계약이 증가하고 있고 관급계약에 대한 선호와 의존도가 높아가고 있는 건축업계의 현실에서 정부투자기관의 입찰참가자격제한은 부정당업자로 지정된 자나 기업으로 하여금 국가, 지방자치단체 및 정부투자기관 등에서 실시하는 모든 입찰에 참가할 수 없게 하므로 사실상 법률이 예정한 제재의 효과나 제한의 정도가 매우 심각할 정도로 크다고 할 수 있다. 여기에 법령에 의한 부정당업자지정 요건에는 '감독 또는 검사에 있어서 그 직무의 수행을 방해한 자(정부투자기관회계규칙 제23조 제13호)'나 '정당한 이유 없이 계약이행능력의 심사에 필요한 서류의 전부 또는 일부를 제출하지 않은 자(정부투자기관회계규칙 제23조 제14호)' 등 행정당국의 판단재량이 개입될 여지가 있는 부분도 있고 부정당업자의 재지정과 관련된 경우 기간의 가중문제도 발생할 수 있으므로 입찰참가자격제한기간이 갖는 의미는 더욱 크다.

따라서 이와 같은 제재처분의 경우 그 기간이 갖는 의미는 요건만큼이나 핵심적이면서 본질적인 중요성을 갖는다 할 것이므로 적어도 법률에 제한기간의 예측이 가능하도록 상한 정도는 규정하고 있어야 한다. 또한 이 사건 자격제한조항의 규율대상이 지극히 다양하거나 수시로 변화하는 성질의 것이어서 법률로 정하는 것이 심히 곤란한 경우라고 단정하기도 어렵고, 설령 그렇다고 하더라도 제한기간의 범위와 같은 핵심적·본질적 사항까지도 행정입법에 위임할 수밖에 없는 특별한 사정이 있다고 할 수는 없다.

결국 이 사건 위임조항 중 '입찰참가자격의 제한기간을 재정경제부령으로 정하도록 한 부분'은 입찰참가자격제한제도와 관련된 핵심적이고도 본질적인 요소라 할 수 있는 제한기간에 대하여 이를 구체적이고 명확하게 규정하지 않은 채 하위법령에 포괄적으로 위임함으로써 포괄위임금지원칙에 위배된다.

Ⅳ. 헌법불합치결정

법률이 헌법에 위반되는 경우 헌법의 규범성을 보장하기 위하여 원칙적으로 그 법률에 대하여 위헌결정을 하여야 하는 것이지만, 위헌결정을 통하여 법률조항을 법질서에서 제거하는 것이 법적 공백이나 혼란을 초래할 우려가 있는 경우에는 위헌조항의 잠정적 적용을 명하는 헌법불합치결정을 할 수 있다.

이 사건의 경우, 부정당업자가 정부투자기관의 계약에 관여함에 따라 발생할 우려가 있는 공적 폐해를 예방하고, 정부투자기관이 추구하는 공적 목표 달성을 위한 계약의 충실한 이행을 확보하기 위해서는 부정당업자에 대한 입찰참가자격을 제한하는 법규정이 반드시 필요한데, 헌법재판소가 입찰참가자격제한 제도 자체의 합헌성을 인정하면서도 단지 제한기간을 정한 입법형식의 잘못을 들어 단순위헌결정을 함으로써 당장 이 사건 자격제한조항 및 위임조항의 제한기간 부분(이하 '이 사건 법률조항'이라 한다)의 효력을 소멸시킨다면, 부정당업자에 대한 입찰참가자격제한을 할 수 없게 되어 부정당업자의 계약 관여에 따라 발생할 공적 폐해의 예방이 불가능하게 되는 결과를 초래함으로써 도리어 헌법적 질서와 멀어지는 바람직하지 못한 법적 상태가 야기될 우려가 있다. 따라서 이 사건 법률조항을 대체할 합헌적 법률을 입법할 때까지 일정 기간 동안 위헌적인 법규정을 존속하게 하고 또한 잠정적으로 적용하게 할 필요가 있다.

입법자는 입찰참가자격제한기간의 상한을 법률에 명시하지 아니한 채 하위법령에 이를 포괄적으로 위임하고 있는 이 사건 법률조항을 더 이상 그대로 존치시켜서는 아니되며, 법률에 입찰참가자격제한기간의 상한을 명확하게 규정하고 제한기간에 대하여 하위법령에 구체적으로 범위를 정하여 위임하는 입법을 만들어 위헌적 상태를 제거할 의무가 있다 할 것이므로, 입법자는 되도록 빠른 시일 내에, 늦어도 2006. 4. 30.까지 대체입법을 마련함으로써 이 사건 법률조항의 위헌적인 상태를 제거하여야 할 것이다.

✤ 본 판례에 대한 평가 위임명령은 헌법에 근거하여 법률에서 구체적으로 범위를 정하여 위임한 경우에 행정기관이 발하는 명령이다. 위임명령은 법률이 위임한 사항을 실질적으로 보충한다는 의미에서 보충명령이라고도 한다. 헌법상 국회의 법률제정사항 예컨대 국적취득의 요건(제2조 제1항), 조세의 종목과 세율(제59조), 지방자치단체의 종류(제117조 제2항) 등은 이를 다시 명령으로 위임할 수 없다. 이른바 의회유보원칙에 따라 국민의 기본권과 관련된 본질적 사항은 법률로 규정되어야 한다. 벌칙규정에 관해서는 죄형법정주의와 적법절차의 원리에 비추어 처벌의 대상이 될 행위는 법률로써 규정하여야 하지만, 처벌의 수단과 정도는 법률이 최고한도를 정한 후 그 범위 안에서 명령으로 정할 수 있다. 법률에서 위임받은 사항을 위임명령에서 다시 하부기관에 재위임할 경우에, 위임받은 사항의 대강을 정하고 특수사항을 범위를 정해서 재위임하는 것은 가능하나, 법률에서 위임받은 사항을 그대로 재위임하는 무조건적 백지 재위임은 금지된다.

[요약판례 1] 경고및관계자경고처분취소: 각하,인용(헌재 2007.11.29. 2004헌마290)

법률의 위임에 따라 정할 수 있는 '제재조치'의 범위를 벗어난 경우 그 사건 경고가 기본권 제한에서 요구되는 법률유보원칙에 위배되는지 여부(적극)

피청구인(방송위원회)이 2004. 3. 9. 청구인 주식회사 ○○방송에게 한 '경고 및 관계자 경고'는 방송사업자에게 방송표현 내용에 대한 경고를 함으로써 해당 방송에 대하여 제재를 가하는 것이라고 볼 때, 그러한 제재는 방송의 자유를 제한하는 것이므로 헌법 제37조 제2항에 따라 법률적 근거를 지녀야 한다. 2006. 1. 24. 개정되기 전의 구 '선거방송심의위원회의 구성과 운영에 관한 규칙' 제11조 제2항은 "심의위원회는 심의기준을 위반한 정도가 경미하다고 판단되는 경우 주의 또는 경고를 정할 수 있다"고 하였다. 그런데 이 사건 규칙에 의한 그러한 '주의 또는 경고'는 2006.

10. 27. 개정되기 전 구 방송법 제100조 제1항에 나열된 제재조치에 포함되지 아니한 것이었으며, **법률의 위임에 따라 정할 수 있는 '제재조치'의 범위를 벗어난 것이었다. 따라서 이 사건 규칙 제11조 제2항에 근거한 이 사건 경고는 기본권 제한에서 요구되는 법률유보원칙에 위배된 것이므로** 더 나아가 살펴볼 필요 없이 청구인 ○○방송의 방송의 자유를 침해하므로 이를 취소한다.

[요약판례 2] 건설산업기본법 제10조 위헌소원: 합헌(헌재 2008.4.24. 2004헌바48)

처벌법규와 같이 법률전속적 요구가 강한 규율영역에는 해당하지 아니하고 사회변화 등에 따른 건설업 등록기준의 가변성을 고려하는 경우 위임의 구체성·명확성의 요구가 완화되는지 여부(적극)

일반건설업 또는 전문건설업의 등록기준이 되는 기술능력·자본금·시설 및 장비와 기타 필요한 사항을 대통령령으로 정하도록 규정한 구 건설산업기본법 제10조는 **처벌법규와 같이 법률전속적 요구가 강한 규율영역에는 해당하지 아니한다는 점, 사회변화 등에 따른 건설업 등록기준의 가변성을 고려할 때 위임의 구체성·명확성의 요구는 완화된다.** 한편 건설산업기본법의 여러 규정들을 종합하면 건설업의 등록기준으로 건설업자의 사업수행을 위한 자본금의 유지 및 보증에 관한 사항이 규정될 수 있음을 예측할 수 있다고 할 것이므로 이 사건 법률조항은 포괄위임금지원칙에 위배되지 않는다.

[요약판례 3] 학교보건법 제19조등 위헌소원 등: 합헌(헌재 2008.4.24. 2006헌바60등)

구성요건에 의하여 금지하고자 하는 대상을 충분히 예견할 수 있는 경우 죄형법정주의 또는 명확성의 원칙에 위반된다고 볼 수 있는지 여부(소극)

건전한 상식과 통상적인 법감정을 가진 사람이라면, 이 사건 금지조항이 '미풍양속을 해하는 행위 및 시설'이라는 **구성요건에 의하여 금지하고자 하는 대상을 충분히 예견할 수 있다고 할 것이므로, 이 부분이 죄형법정주의 또는 명확성의 원칙에 위반된다고 보기 어렵다.** 또한 대통령령으로 규정될 행위 및 시설은 법률에서 구체적으로 규정하고 있는 행위 및 시설과 유사한 행위 및 시설이어야 하고, 학교보건법의 입법목적, 학교정화구역을 설정한 취지에 비추어 학생 및 교직원의 보건위생 및 학습환경에 좋지 않은 영향을 미치는 행위 및 시설이어야 한다. 따라서 **그 위임의 범위는 구체적으로 제한되어 있고, 누구든지 쉽게 예측할 수 있다고 할 것이다. 나아가 건전한 상식을 갖춘 통상인이 이 사건 금지조항에 따라 대통령령에서 금지대상으로 규정될 수 있는 '미풍양속을 해하는 행위 및 시설'의 범위를 예측할 수 없다고 보기는 어렵다.** 그러므로 이 사건 금지조항은 헌법 제75조에 위반된다고 볼 수 없다.

[요약판례 4] 영화진흥법 제21조 제3항 제5호 등 위헌제청: 헌법불합치(헌재 2008.7.31. 2007헌가4)

제한상영가 영화가 어떤 영화인지를 알 수가 없는 경우 규정의 경우 명확성원칙에 위배되는지 여부(적극) 및 위임 규정에서 위임하고 있는 사항이 그 내용이 사회현상에 따라 급변하는 내용들도 아니고, 특별히 전문성이 요구되는 것도 아니며, 기술적인 사항도 아닐 뿐만 아니라, 더욱이 표현의 자유의 제한과 관련되어 있다는 경우임에도 영상물등급위원회 규정에 위임하는 경우 그 자체로서 포괄위임금지원칙을 위반한다고 할 수 있는지 여부(적극)

영화진흥법 제21조 제3항 제5호는 '제한상영가' 등급의 영화를 '상영 및 광고·선전에 있어서 일정한 제한이 필요한 영화'라고 규정하고 있는데, **이 규정은 제한상영가 등급의 영화가 어떤 영화인지를 말해주기보다는 제한상영가 등급을 받은 영화가 사후에 어떠한 법률적 제한을 받는지를 기술하고 있는바, 이것으로는 제한상영가 영화가 어떤 영화인지를 알 수가 없고, 따라서 영진법 제21조 제3항 제5호는 명확성원칙에 위배된다.**

한편, 영진법 제21조 제7항 후문 중 '제3항 제5호' 부분의 위임 규정은 영화상영등급분류의 구체적 기준을 영상물등급위원회의 규정에 위임하고 있는데, 이 사건 위임 규정에서 위임하고 있는 사항은 제한상영가 등급분류의 기준에 대한 것으로 **그 내용이 사회현상에 따라 급변하는 내용들도 아니고, 특별히 전문성이 요구되는 것도 아니며, 그렇다고 기술적인 사항도 아닐 뿐만 아니라, 더욱이 표현의 자유의 제한과 관련되어 있다는 점에서 경미한 사항이라고도 할 수 없는데도, 이 사건 위임 규정은 영상물등급위원회 규정에 위임하고 있는바, 이는 그 자체로서 포괄위임금지원칙을 위반하고 있다고 할 것이다.** 나아가 이 사건 위임 규정은 등급분류의 기준에 관하여 아무런 언급 없이 영상물등급위원회가 그 규정으로 이를 정하도록 하고 있는바, 이것만으로는 무엇이 제한상영가 등급을 정하는 기준인지에 대해 전혀 알 수 없고, 다른 관련규정들을 살펴보더라도 위임되는 내용이 구체적으로 무엇인지 알 수 없으므로 이는 포괄위임금지원칙에 위반된다 할 것이다.

영진법 제21조 제3항 제5호가 전환된 '영화 및 비디오물 진흥에 관한 법률' 제29조 제2항 제5호도 제한상영가 등급의 영화를 종전과 똑 같이 규정하고 있는바, 이 역시 명확성원칙에 위반된다.

3. 기본권제한의 목적: 헌법 제37조 제2항의 국가안전보장, 질서유지, 공공복리

[요약판례 1] 등사신청거부처분취소: 위헌확인(헌재 1997.11.27. 94헌마60)

등사신청에 대하여 정당한 사유를 밝히지 아니한 채 이를 전부 거부한 것이 헌법에 위반하여 기본권을 침해하는 것인지 여부(적극)

수사기록에 대한 열람·등사권이 헌법상 피고인에게 보장된 신속·공정한 재판을 받을 권리와 변호인의 조력을 받을 권리 등에 의하여 보호되는 권리라 하더라도 무제한적인 것은 아니며, 또한 헌법상 보장된 다른 기본권과 사이에 조화를 이루어야 한다.

즉, 변호인의 수사기록에 대한 열람·등사권도 기본권제한의 일반적 법률유보조항인 국가안전보장·질서유지 또는 공공복리를 위하여 제한되는 경우가 있을 수 있으며, 검사가 보관중인 수사기록에 대한 열람·등사는 당해 사건의 성질과 상황, 열람·등사를 구하는 증거의 종류 및 내용 등 제반 사정을 감안하여 그 열람·등사가 피고인의 방어를 위하여 특히 중요하고 또 그로 인하여 국가기밀의 누설이나 증거인멸, 증인협박, 사생활침해, 관련사건 수사의 현저한 지장 등과 같은 폐해를 초래할 우려가 없는 때에 한하여 허용된다고 할 것이다.

[요약판례 2] 군사기밀보호법 제6조 등에 대한 위헌심판: 한정합헌(헌재 1992.2.25. 89헌가104)

군사기밀보호법 제6조, 제7조, 제10조의 위헌 여부(한정소극)

헌법 제37조 제2항에서 기본권 제한의 근거로 제시하고 있는 국가의 안전보장의 개념은 국가의 존립·헌법의 기본질서의 유지 등을 포함하는 개념으로서 결국 국가의 독립, 영토의 보전, 헌법과 법률의 기능, 헌법에 의하여 설치된 국가기관의 유지 등의 의미로 이해될 수 있을 것이다.

군사기밀의 범위는 국민의 표현의 자유 내지 "알 권리"의 대상영역을 최대한 넓혀줄 수 있도록 필요한 최소한도에 한정되어야 할 것이며 따라서 군사기밀보호법 제6조, 제7조, 제10조는 동법 제2조 제1항의 "군사상의 기밀"이 비공지의 사실로서 적법절차에 따라 군사기밀로서의 표지를 갖추고 그 누설이 국가의 안전보장에 명백한 위험을 초래한다고 볼 만큼의 실질가치를 지닌 것으로 인정되는 경우에 한하여 적용된다 할 것이므로 그러한 해석하에 헌법에 위반되지 아니한다.

[요약판례 3] 주세법 제38조의7 등에 대한 위헌제청: 위헌(헌재 1996.12.26. 96헌가18)

주세법의 자도소주 구입명령제도가 헌법에 위반되는지 여부(적극)

우리 헌법은 법 제119조 이하의 경제에 관한 장에서 "균형있는 국민경제의 성장과 안정, 적정한 소득의 분배, 시장의 지배와 경제력남용의 방지, 경제주체간의 조화를 통한 경제의 민주화, 균형있는 지역경제의 육성, 중소기업의 보호육성, 소비자보호 등"의 경제영역에서의 국가목표를 명시적으로 규정함으로써 국가가 경제정책을 통하여 달성하여야 할 "공익"을 구체화하고, 동시에 헌법 제37조 제2항의 기본권제한을 위한 일반 법률유보에서의 "공공복리"를 구체화하고 있다. 그러나 경제적 기본권의 제한을 정당화하는 공익이 헌법에 명시적으로 규정된 목표에만 제한되는 것은 아니고, 헌법은 단지 국가가 실현하려고 의도하는 전형적인 경제목표를 예시적으로 구체화하고 있을 뿐이므로 기본권의 침해를 정당화할 수 있는 모든 공익을 아울러 고려하여 법률의 합헌성 여부를 심사하여야 한다.

[요약판례 4] 주세법 제5조제3항위헌제청: 합헌(헌재 1999.7.22. 98헌가5)

탁주의 공급구역제한제도를 규정하고 있는 주세법 제5조 제3항이 헌법에 위반되는지 여부(소극)

공급구역제한제도의 폐지로 영세한 탁주제조업체가 도산하게 될 경우 그 지역의 주민은 탁주를 원활하게 공급받지 못하게 될 가능성이 충분히 있고, 나아가 기존의 대형주류제조업체가 시장에 참가하여 전국적인 독과점을 형성하게 되면 사실상 소비자 결정권이 형해화되는 결과가 초래될 수도 있다는 점을 고려할 때, 탁주의 공급구역을 탁주제조장이 소재하는 시·군의 행정구역으로 제한하고 있는 이 사건 공급구역제한제도로 인하여 부득이 발생하는 다소간의 소비자선택권의 제한을 두고 헌법에 위반되는 것이라고 할 수는 없다.

[요약판례 5] 서신검열 등 위헌확인: 인용(위헌확인),한정위헌,기각(헌재 1995.7.21. 92헌마144)

미결수용자와 변호인이 아닌 자 사이의 서신을 검열한 행위가 헌법에 위반되는지 여부(소극)

질서유지 또는 공공복리를 위하여 구속제도가 헌법 및 법률상 이미 용인되어 있는 이상, 미결수용자는 구속제도 자체가 가지고 있는 일면의 작용인 사회적 격리의 점에 있어 외부와의 자유로운 교통과는 상반되는 성질을 가지고 있으므로, 증거인멸이나 도망을 예방하고 교도소 내의 질서를 유지하여 미결구금제도를 실효성 있게 운영하고 일반사회의 불안을 방지하기 위하여 미결수용자의 서신에 대한 검열은 그 필요성이 인정된다고 할 것이고, 이로 인하여 미결수용자의 통신의 비밀이 일부 제한되는 것은 질서유지 또는 공공복리라는 정당한 목적을 위하여 불가피할 뿐만 아니라 유효적절한 방법에 의한 최소한의 제한으로서 헌법에 위반된다고 할 수 없다.

4. 기본권제한의 대상

5. 기본권제한의 필요: 과잉금지의 원칙(비례의 원칙)

Ⅱ 도로교통법 제78조 제1항 단서 제5호 위헌제청: 위헌(헌재 2005.11.24. 2004헌가28)

쟁점 (1) '운전면허를 받은 사람이 자동차등을 이용하여 범죄행위를 한 때'라는 도로교통법 제78조 제1항 제5호의 법문이 명확성원칙을 위반하고 있는지 여부(적극)

(2) 위와 같은 경우에 반드시 운전면허를 취소하도록 하는 것이 직업의 자유 등을 침해하는 것인지 여부(적극)

사건의 개요

제청신청인은 서울에서 승합차에 김○옥을 강제로 태우고 약 20킬로미터를 운행하여 동인을 감금하였다는 이유로 도로교통법 제78조 제1항 제5호에 의하여 서울특별시지방경찰청장으로부터 제1종보통, 제1종특수(레커), 제2종보통, 제2종원동기장치자전거 자동차 운전면허를 취소당하였다.

이에 제청신청인은 위 자동차 운전면허 취소처분이 위 행위에 이르게 된 경위나 행위태양 및 제청신청인의 구체적 불이익 등을 고려하지 않은 채 행하여진 것이라 하여 서울행정법원에 취소소송을 제기하는 한편, 위 도로교통법 규정이 명확성원칙 등을 위반하는 규정이라 하여 위헌법률심판제청신청을 하였고, 동 법원은 위 신청을 받아 들여 헌법재판소에 위 규정에 대한 위헌여부심판을 제청하였다.

심판의 대상

도로교통법 제78조 (면허의 취소·정지) ① 지방경찰청장은 운전면허(연습운전면허를 제외한다. 이하 이 조에서 같다)를 받은 사람이 다음 각 호의 1에 해당하는 때에는 행정자치부령이 정하는 기준에 의하여 운전면허를 취소하거나 1년의 범위 안에서 그 운전면허의 효력을 정지시킬 수 있다. 다만, 제1호·제2호·제3호(정기적성검사기간이 경과된 때를 제외한다), 제5호 내지 제8호, 제10호·제11호·제13호 및 제14호에 해당하는 때에는 그 운전면허를 취소하여야 한다.

1.~4. 생략

5. 운전면허를 받은 사람이 자동차등을 이용하여 범죄행위를 한 때

6.~17. 생략

주 문

도로교통법 제78조 제1항 제5호(2001. 12. 31. 법률 제6565호로 일부 개정되고 2005. 5. 31. 법률 7545호로 전문개정되기 전의 것)는 헌법에 위반된다.

판 단

Ⅰ. 이 사건 규정이 지나치게 광범위하여 명확성원칙에 위반되는지 여부

1. 법률이란 그 구성요건을 충족시키는 모든 사람과 모든 개별적인 경우에 대하여 적용되는 일반·추상적 규범으로서 본질상 규율하고자 하는 모든 법적 상황에 대하여 구체적이고 서술적인 방식으로 그 내용을 규정하는 것이 불가능하기 때문에 어느 정도 추상적이고 개괄적인 개념 또는 변화하는 사회현상을 수용할 수 있는 개방적인 개념을 사용하는 것이 불가피하다. 다만 입법자가 개방적인 법 개념을 사용할 수 있다 하더라도 이러한 경우에는 법률이 규제하고자 하는 행위가 무엇인지에 대해 법률해석을 통해 알 수 있도록 규정하여야 한다.

법치국가원리의 한 표현인 명확성의 원칙은 기본적으로 모든 기본권제한 입법에 대하여 요구되는데, 규범의 의미 내용으로부터 무엇이 금지되는 행위이고 무엇이 허용되는 행위인지를 수범자가 알 수 없다면, 법적 안정성과 예측가능성은 확보될 수 없게 될 것이고, 법집행 당국에 의한 자의적 집행을 가능하게 할 것이다. 다만 명확성의 정도는 모든 법률에 있어서 동일한 정도로 요구되는 것은 아닌데, 어떤 규정이 부담적 성격을 가지는 경우에는 수익적 성격을 가지는 경우에 비하여 명확성의 원칙이 더욱 엄격하게 요구될 것이다.

2. 한편, 이 사건 규정의 법문은 '운전면허를 받은 사람이 자동차등을 이용하여 범죄행위를 한 때'를 필요적 운전면허 취소사유로 규정하고 있는바, 일반적으로 '범죄행위'란 형벌법규에 의하여 형벌을 과하는 행위로서 사회적 유해성 내지 법익을 침해하는 반사회적 행위를 의미한다 할 것이므로 이 사건 규정의 범죄행위에는 예비나 음모는 물론이고 과실범죄도 모두 포함된다 할 것이고, 이러한 범죄에 자동차등을 이용하면 운전면허를 취소당하게 될 것이다. 예컨대, 자동차를 살인죄의 범행 도구나 감금죄의 범행장소 등으로 이용하는 경우는 물론이고, 범행의 모의 장소나 범행에 필요한 도구를 보관하는 장소로 이용하는 경우나 목적한 범죄행위가 끝난 후 도주하는 행위에 이용하는 경우와 같이 주된 범죄의 전후에 행해지는 범죄에 이용하는 경우에도 운전면허를 취소당하게 될 것이며, 자동차를 이용하여 과실범죄를 범하는 경우에도 역시 운전면허를 취소당하게 될 것이다.

3. 그런데 입법자가 이 사건 규정에서 과실범죄와 같은 사소한 범죄에 자동차등을 이용하는 경우까지 운전면허를 취소하도록 하려는 의도를 가지고 있었다고 보기는 어렵다. 오늘날 자동차는 생업의 수단 또는 대중적인 교통수단으로서 일상생활에 없어서는 안 될 필수품으로 자리 잡고 있기 때문에 그 운행과 관련하여 여러 가지 특례제도를 두고 있는 취지를 보면 이를 쉽게 짐작할 수 있다. 자동차의 운행으로 타인의 신체와 재산에 피해를 주는 것은 틀림없는 범죄행위지만, 이러한 범죄행위는 약간의 부주의만으로도 발생할 수 있어 그 처벌에 중점을 두게 되면 많은 문제가 발생할 수 있으므로 이에 대한 형사정책적 고려로서 특례제도를 두고 있다. 예컨대, 교통사고처리특례법 제3조는 원칙적으로는 차의 운전자가 교통사고로 인하여 형법 제268조의 업무상과실 또는 중과실로 사람을 사상에 이르게 한 경우에 5년 이하의 금고 또는 2천만 원 이하의 벌금에 처하도록 규정하고 있지만(제3조 제1항), 한편, 차의 교통으로 업무상과실치상죄 또는 중과실치상죄를 범한 경우나 도로교통법상의 업무상과실손괴죄 또는 중과실손괴죄를 범한 경우에는 운전자에 대해 피해자의 명시한 의사에 반하여 공소를 제기할 수 없도록 하고 있고(제3조 제2항), 또한 가해 운전차량이 보험등에 가입한 경우에도 공소를 제기할 수 없도록 하고 있는 것이다(제4조). 이러한 특례 규정은 피해보상에 아무런 문제가 없다면 형사처벌을 면하게 하여 자동차의 운행에 지장이 없도록 함으로써 일상생활이 지속적으로 영위될 수 있도록 하기 위한 것이다. 그럼에도 불구하고 이 사건 규정이 범죄의 중함 정도나 고의성 여부 측면을 전혀 고려하지 않고 자동차등을 범죄행위에 이용하기만 하면 운전면허를 취소하도록 하고 있는 것은 그 포섭범위가 지나치게 광범위한 것으로서 명확성원칙에 위반된다.

Ⅱ. 직업의 자유 등을 침해하는지 여부

1. 이 사건 도로교통법은 도로에서 일어나는 교통상의 모든 위험과 장해를 방지·제거하여 안전하고 원활한 교통을 확보함을 목적으로 한다(제1조). 그런데 자동차등의 운전과 관련하여 누구에게나 이를 자유롭게 할 수 있도록 한다면 도로교통의 안전과 원활한 교통은 위협받게 될 것이다. 따라서 일반적으로는 도로에서의 자동차등의 운전은 금지되지만, 만약 일정한 자격의 취득으로 도로교통에 위험과 장해를 줄 염려가 없다고 인정되면 행정청은 이의 금지를 해제하여 자동차등을 운전할 수 있도록 허가하게 된다. 이것이 운전면허제도이다(제68조). 이러한 자동차 운전 자격은 도로

의 안전한 운행을 방해할 가능성이 객관적으로 드러날 경우에는 언제든지 일정한 절차를 밟아 그 자격을 취소할 수 있다. 자동차 운전면허 취소는 운전자가 장차 자동차 운전으로 인하여 인적, 물적 침해를 가할 위험성이 있다고 여겨질 정도로 행위자에게 적성 흠결이 나타날 것을 전제조건으로 하여 운전 부적합자에게 행해진다.

2. 한편, 자동차 운전에 적성 흠결이 나타나 이미 운전면허를 취득한 자의 운전면허를 취소하고자 할 경우라도 운전면허의 취소가 지나친 기본권 제한이 되지 않도록 해야 한다. 우리 헌법 제37조 제2항은 국민의 자유와 권리는 국가안전보장, 질서유지 또는 공공복리를 위하여 필요한 경우에 한해 법률로써 제한할 수 있고, 그 경우에도 자유와 권리의 본질적인 내용을 침해할 수 없다고 규정하고 있다. 그런데 이 사건 규정은 자동차등을 이용하여 범죄행위를 한 경우에 그 운전면허를 취소하여 운전을 할 수 없도록 하고 있어 운전을 생업으로 하는 자에 대해서는 직업의 자유를 제한하게 되고, 운전을 업으로 하지 않는 자에 대해서는 일반적 행동자유권을 제한하게 되는바, 이러한 기본권 제한을 정당화하기 위해서는 헌법 제37조 제2항의 비례의 원칙을 지켜야 한다. 기본권제한입법은 입법목적의 정당성과 그 목적달성을 위한 방법의 적정성, 입법으로 인한 피해의 최소성, 그리고 그 입법에 의해 보호하려는 공익과 침해되는 사익의 균형성을 모두 갖추어야 하며, 이를 준수하지 않으면 기본권제한의 입법적 한계를 벗어난 것으로서 헌법에 위반될 것이다.

3. 도로교통법상 운전면허는 신체적 조건이나 도로교통과 관련된 법령 등에 대한 지식 및 자동차의 운전 능력 등을 종합적으로 평가하여 도로에서의 자동차등의 운전행위를 허가해 주는 것으로 운전면허 취득자는 자동차등을 운행할 수 있는 권리를 부여받음과 동시에 도로교통법상의 목적에 맞게 운전을 해야 할 의무를 지게 된다. 그러므로 이러한 의무를 이행하지 않을 경우, 즉 운전면허를 본래의 목적에 배치되는 용도로 사용하는 경우에는 일정한 제재로서 운전면허를 취소할 필요성이 있다. 현대 생활에 있어 자동차는 일상생활에 많은 편리함을 가져다 준 반면에, 각종 범죄에도 이용됨으로써 국민의 생명과 재산에 심각한 위협을 초래하고도 있는데, 만약 자동차등을 도로교통법 및 운전면허 본래의 목적과 배치되는 범죄행위에 이용하는 것을 그대로 방치하게 되면 국민의 생명과 재산에 큰 위협이 된다. 따라서 이 사건 규정이 자동차등을 교통이라는 그 고유의 목적에 이용하지 않고 범죄를 위한 수단으로 이용하여 교통상의 위험과 장해를 유발하고 국민의 생명과 재산에 심각한 위협을 초래하는 것을 방지하여 안전하고 원활한 교통을 확보함과 동시에 차량을 이용한 범죄의 발생을 막고자 운전면허를 취소하도록 한 것은 그 목적이 정당하다 할 것이다.

또한 자동차등을 이용하여 범죄행위를 하였다는 이유로 운전면허를 취소당하게 되면 일정 기간 동안 운전면허의 취득이 금지되기 때문에 자동차등을 이용한 범죄 행위의 재발을 방지하는데 효과가 있을 것으로 예상되고, 이러한 면허의 취소는 자동차등을 운전하는 일반 국민에게도 그 불이익을 사전에 경고하는 효과가 있을 것이므로 자동차등의 이용 범죄를 어느 정도 억제할 수 있을 것이어서 입법목적을 달성하기 위한 수단으로서도 적합한 측면이 있다.

4. 그러나 한편, 어떤 법률의 입법목적이 정당하고 그 목적을 달성하기 위해 선택한 수단이 어느 정도 적합하다고 하더라도 입법자가 임의적 규정으로 법의 목적을 실현할 수 있음에도 불구하고 구체적 사안의 개별성과 특수성을 고려할 수 있는 가능성을 일체 배제하는 필요적 규정으로 법

의 목적을 실현하려 한다면 이는 비례원칙의 한 요소인 "최소침해성의 원칙"에 위배된다.

그런데 이 사건 규정은 자동차등을 이용하여 범죄행위를 하기만 하면 그 범죄행위가 얼마나 중한 것인지, 그러한 범죄행위를 행함에 있어 자동차등이 당해 범죄 행위에 어느 정도로 기여했는지 등에 대한 아무런 고려 없이 무조건 운전면허를 취소하도록 하고 있으므로 이는 구체적 사안의 개별성과 특수성을 고려할 수 있는 여지를 일체 배제하고 그 위법의 정도나 비난의 정도가 극히 미약한 경우까지도 운전면허를 취소할 수밖에 없도록 하는 것으로 최소침해성의 원칙에 위반된다고 할 것이다. 물론 자동차등이 경우에 따라서는 흉악 범죄의 도구로 사용될 수 있고, 이것이 범죄의 도구로 이용될 때 피해자가 느끼는 두려움이나 공포는 극에 달할 수 있으며, 그 피해 또한 심각하여 회복이 불가능한 경우가 생길 수 있고, 때로는 현저히 교통을 방해하는 결과를 낳기도 한다. 이와 같이 자동차등이 흉악 범죄에 이용되거나 법익에 중대한 침해를 야기한 경우 등에는 그 운전면허를 반드시 취소하여 일정기간 운전을 하지 못하도록 할 필요성이 있다. 그러나 자동차등을 이용하여 범죄를 저질렀다는 이유로 그 경중에 따라 제재의 정도를 달리할 수 있는 여지없이 모든 경우에 운전면허를 취소하도록 하는 것은 지나친 제재에 해당한다. 입법자는 이 사건 규정에서 자동차등이 이용된 범죄의 경중 등에 따라 그 제재의 정도를 달리할 수 있는 여지를 주거나 또는 반드시 운전면허의 취소가 필요한 범죄를 한정하여 취소하도록 함으로써 기본권 침해가 최소화될 수 있는 방안을 강구하였어야 함에도 불구하고 그러한 노력을 전혀 기울이지 않고 이 사건 규정과 같이 자동차등을 이용하여 범죄행위를 하기만 하면 운전면허를 취소하도록 하고 있는 것이다. 그러므로 이는 기본권 침해의 최소침해성원칙을 위반하고 있다.

5. 또한 현대생활에 있어서 자동차를 운행하는데 필요한 운전면허를 취소하는 것은 자동차등의 운행을 직업으로 삼고 있는 자에게는 생계에 지장을 초래할 만큼 중대한 제약이 되고, 일반인의 입장에서 보더라도 자동차가 대중교통의 필수적인 수단인 현실에서 심대한 불편을 주게 될 것인데, 이 사건 규정은 자동차등이 범죄행위에 이용되기만 하면 모두 필요적으로 면허를 취소하도록 하여 2년 동안은 운전면허를 다시 발급 받을 수 없게 하고 있는바(제70조 제2항 제5호), 이는 이 사건 규정을 통해 보호하고자 하는 공익에 비해 지나치게 기본권을 제한하는 것으로 법익균형성원칙을 위반하고 있다고 할 것이다.

6. 따라서 이 사건 규정은 직업의 자유 내지 일반적 행동자유권을 침해하여 헌법에 위반된다.

재판관 조대현의 합헌의견

이 사건 심판대상 법률조항 중 "자동차등을 이용하여 범죄행위를 한 때"란 자동차등을 직접 범죄 실행행위의 수단으로 이용한 경우를 의미한다고 해석될 수 있으므로 그 의미가 불명확하다고 보기 어렵다. 따라서 이 사건 심판대상 법률조항이 헌법상의 적법절차가 요구하는 명확성의 원칙에 위반된다고 보기 어렵다.

그리고 이 사건 심판대상인 도로교통법 제78조 제1항 제5호가 운전면허의 필요적 취소사유의 기준을 도로교통법시행규칙에 위임하고 있는 것은 제청법원이 지적하고 있는 바와 같다. 도로교통법 제78조 제1항 본문 중 "행정자치부령이 정하는 기준에 의하여" 부분은 도로교통법 제78조 제1항의 본문과 단서에 모두 적용되는 규정이다. 그 본문에서는 운전면허의 취소·정지 여부를 임의적인 것으로 규정하면서 취소기준과 정지기준을 모두 위임하였지만, 그 단서에서 특정한 11개 사항에 대해서는 운전면허의 필요적 취소사유로 규정하면서 취소기준만 위임하고 있을 뿐이다. 이 사건 심판대상 법률조항 역시 운전면허의 필요적 취소사유 중 하나에 해당된다.

이러한 법률의 위임에 따라 도로교통법시행규칙 제53조 제1항 별표 16 제9호에서 자동차등을 이용한 범죄행위 중에서 운전면허의 필요적 취소의 기준으로 삼을 범죄의 종류를 열거하고 있고, 그 기준으로 열거된 범죄들은 국가보안법위반죄, 살인 · 사체유기 · 방화, 강도 · 강간 · 강제추행, 약취 · 유인 · 감금, 집단교통방해 등으로서 모두 중대한 범죄들이다. 이러한 범죄 실행행위의 수단으로 자동차를 이용한 경우에 운전면허를 필요적으로 취소하도록 기준을 세웠다고 하여 헌법상의 기본권을 부당하게 제한하거나 도로교통법 제78조 제1항의 위임의 취지를 벗어났다고 보기도 어렵다. 이러한 기준에 대하여 대법원은 행정청 내부의 사무처리기준에 불과하고 대외적으로 국민이나 법원을 기속하는 법규적 효력은 없다고 보고 있다. 따라서 운전면허의 필요적 취소사유를 행정자치부령에 위임한 것도 포괄위임으로서 헌법 제75조에 위반된다고 보기 어렵다. 이 사건 심판대상 법률조항이 "자동차등을 이용하여 범죄행위를 한 때"라고 규정함으로써 운전면허의 필요적 취소사유의 대강을 "자동차등을 직접 범죄 실행행위의 수단으로 이용한 경우"로 범위를 한정하여 위임하였고, 운전면허 취소의 "기준"을 위임하였을 뿐이기 때문이다.

그리고 운전면허가 취소되면 2년간 운전면허를 받을 수 없게 된다고 하더라도, 자동차를 직접적인 범죄 실행행위의 수단으로 이용하는 것은 위험성이 매우 크고 죄질도 지극히 불량하다고 볼 수 있기 때문에, 이를 운전면허의 필요적 취소사유로 규정하였다고 하여 자동차를 직접적인 범죄 실행행위의 수단으로 이용한 사람의 기본권을 과도하게 제한하는 것이라고 보기도 어렵다. 자동차의 이용과 운전면허는 밀접한 관계에 있으므로 자동차를 범죄 실행행위의 수단으로 이용한 사람의 운전면허를 취소하는 것은 사회질서 유지를 위해서 필요하고도 적절한 조치라고 생각되기 때문이다.

결국 이 사건 심판대상 법률조항은 헌법에 위반된다고 보기 어렵다.

✤ 본 판례에 대한 평가 입법자는 공익실현을 위해 기본권을 제한하는 경우에도 입법목적을 실현하기에 적합한 여러 수단 중에서 되도록 국민의 기본권을 가장 존중하고 기본권을 최소로 침해하는 수단을 선택해야 한다. 기본권을 제한하는 규정은 기본권행사의 '방법'에 관한 규정과 기본권행사의 '여부'에 관한 규정으로 구분할 수 있다. 침해의 최소성의 관점에서, 입법자는 그가 의도하는 공익을 달성하기 위하여 우선 기본권을 보다 적게 제한하는 단계인 기본권행사의 '방법'에 관한 규제로써 공익을 실현할 수 있는가를 시도하고 이러한 방법으로는 공익달성이 어렵다고 판단되는 경우에 비로소 그 다음 단계인 기본권행사의 '여부'에 관한 규제를 선택해야 한다. 입법자가 임의적 규정으로도 법의 목적을 실현할 수 있는 경우에 구체적 사안의 개별성과 특수성을 고려할 수 있는 가능성을 일체 배제하는 필요적 규정을 둔다면, 이는 비례의 원칙의 한 요소인 '최소침해성의 원칙'에 위배된다. 하지만 가장 합리적이며 효율적인 수단을 선택하여야 하는 것은 아니고 적어도 현저하게 불합리하고 불공정한 수단의 선택이 아니라면 반드시 피해최소의 원칙에 어긋나는 것은 아니다.

※ 이 결정으로 인하여 '운전면허를 받은 사람이 자동차등을 이용하여 범죄행위를 한 때'는 '운전면허를 받은 사람이 자동차등을 이용하여 살인 또는 강간 등 행정안전부령이 정하는 범죄행위를 한 때'로 개정되었다.

관련 문헌: 김형성, "과잉금지의 원칙과 적용상의 문제점", 헌법실무연구 3; 한수웅, "헌법 제37조 제2항의 과잉금지원칙의 의미와 적용범위", 저스티스 95.

[요약판례 1] 계호근무준칙 제298조 등 위헌확인: 위헌,인용(위헌확인)(헌재 2005.5.26. 2004헌마49)

검사조사실에서의 구속 피의자에 대한 계구사용에 관한 원칙

수형자나 미결수용자에 대한 계호의 필요에 따라 수갑, 포승 등의 계구를 사용할 수 있지만 구금된 자라는 이유만으로 계구사용이 당연히 허용되는 것이 아니고 계구사용으로 인한 신체의 자유의 추가적 제한 역시 과잉금지원칙에 반하지 않아야 한다. 그러므로 구속 피의자에 대한 계구사용은 도주, 폭행, 소요 또는 자해나 자살의 위험이 분명하고 구체적으로 드러난 상태에서 이를 제거할 필요가 있을 때 이루어져야 하며, 필요한 만큼만 사용하여야 한다. 검사가 검사조사실에서 피의자신문을 하는 절차에서는 피의자가 신체적으로나 심리적으로 위축되지 않은 상태에서 자기의 방어권을 충분히 행사할 수 있어야 하므로 계구를 사용하지 말아야 하는 것이 원칙이고 다만 도주, 폭행, 소요, 자해 등의 위험이 분명하고 구체적으로 드러나는 경우에만 예외적으로 계구를 사용하여야 할 것이다.

[요약판례 2] 폭력행위등처벌에관한법률 제3조 제2항 위헌제청: 위헌(헌재 2004.12.16. 2003헌가12)

야간에 흉기 기타 위험한 물건을 휴대하여 형법 제283조 제1항(협박)의 죄를 범한 자를 5년 이상의 유기징역에 처하도록 규정한 폭력행위등처벌에관한법률 제3조 제2항 부분이 형벌과 책임 간의 비례성원칙에 위반되는지 여부(적극)

폭처법 제3조 제2항은 지나치게 과중한 형벌을 규정함으로써 죄질과 그에 따른 행위자의 책임 사이에 비례관계가 준수되지 않아 인간의 존엄과 가치를 존중하고 보호하려는 실질적 법치국가 이념에 어긋나고, 형벌 본래의 기능과 목적을 달성하는데 필요한 정도를 현저히 일탈하여 과잉금지원칙에 위배되며, 형벌체계상의 균형성을 상실하여 다른 범죄와의 관계에서 평등의 원칙에도 위반된다.

따라서, 이와는 달리 폭처법 제3조 제2항은 헌법에 위반되지 아니한다고 판시한 헌재 1995. 3. 23. 94헌가4 결정은 이 결정의 견해와 저촉되는 한도내에서 이를 변경하기로 한다.

[요약판례 3] 특정경제범죄가중처벌등에관한법률 제5조 제4항 제1호 등 위헌제청: 위헌(헌재 2006.4.27. 2006헌가5)

특정경제범죄가중처벌등에관한법률 제5조 제4항 중 제1호 및 제2호 부분이 책임과 형벌 간의 비례성원칙에 위반되는지 여부(적극)

이 사건 법률조항은 지나치게 과중한 형벌을 규정함으로써 죄질과 그에 따른 행위자의 책임 사이에 비례관계가 준수되지 않아 인간의 존엄과 가치를 존중하고 보호하려는 실질적 법치국가의 이념에 어긋나고, 형벌체계상 균형성을 상실하여 다른 범죄와의 관계에서 평등의 원칙에 위반된다.

이와는 달리 특경법 제5조 제4항 제1호가 헌법에 위반되지 아니한다고 판시한 헌재 2005. 6. 30. 2004헌바4등 결정은 이 결정의 견해와 저촉되는 한도 내에서 이를 변경하기로 한다.

[요약판례 4] 주택건설촉진법 제3조 제8호 등 위헌소원: 합헌(헌재 2005.2.24. 2001헌바71)

경제적 활동을 규제하는 경제사회적 입법사항에 대한 위헌심사기준

전기간선시설의 설치비용을 누구에게, 어느 정도로 부담시킬 것인지의 문제는 개인의 본질적이고 핵심적 자유영역에 속하는 사항이라기보다는 사회적 연관관계에 놓여지는 경제적 활동을 규제하는 경제사회적인 입법사항에 해당하므로 비례의 원칙을 적용함에 있어서도 보다 완화된 심사기준이 적용된다고 할 것이다.

[요약판례 5] 민법 제766조 제1항 위헌소원: 합헌(헌재 2005.5.26. 2004헌바90)

피해자나 그 법정대리인이 "피해 및 가해자"를 안 때에는 불법행위로 인한 손해배상청구권의 소멸시효기간을 단기 3년으로 정한 민법 제766조 제1항이 헌법상 보장된 피해자의 재산권을 침해하는지 여부(소극)

불법행위로 인한 손해배상청구권에 대하여 단기소멸시효기간을 정한 민법 제766조 제1항은 피해자나 그 법정대리인이 "피해 및 가해자"를 안 때에는 그 권리행사가 그만큼 용이하여 불법행위로 인한 손해배상청구권과 관련된 민사상의 법률관계를 조속히 확정함으로써 법적 안정성을 도모하기 위한 것으로서 합리적인 이유가 있고, 3년간의 단기시효기간도 입법자가 입법형성권을 현저히 자의적으로 행사하여 지나치게 짧게 정한 것으로 볼 수 없으므로, 위 법률조항이 불법행위로 인한 손해배상청구권이라는 피해자의 재산권을 합리적인 이유 없이 지나치게 제한함으로써 헌법 제37조 제2항의 기본권제한에 관한 입법적 한계를 일탈하였다고 볼 수 없다.

[요약판례 6] 구 상속세및증여세법 제41조의2 제1항 위헌소원: 합헌(헌재 2005.6.30. 2004헌바40등)

구 상속세및증여세법 제41조의2 제1항 본문과 단서 제1호, 제2항 중 '타인의 명의로 재산의 등기 등을 한 경우' 부분(명의신탁이 증여세 회피의 목적으로 이용되는 경우에 증여세를 부과하도록 규정한 것)이 비례의 원칙에 위배되는지 여부(소극)

'타인의 명의로 재산의 등기 등을 한 경우'가 명의신탁을 내세워 증여세를 회피하는 것을 방지하여 조세정의와 조세평등을 관철하고 실질과세의 원칙이 형식에 흐르지 않고 진정한 실질과세가 이루어지도록 이를 보완하려는 목적을 가진 것이어서 입법목적의 정당성이 인정되며, 증여세회피의 목적을 가진 명의신탁에 대하여 증여세를 부과하는 것은 증여세의 회피를 방지하고자 하는 증여의제조항의 목적을 달성하는 데 적합한 수단이고, 명의신탁을 이용한 조세회피행위를 방지하는 데 있어서 적합한 다른 대체수단으로는 명의신탁을 아예 금지하면서 그 사법적 효력을 부인하고 위반자에 대하여 형사처벌을 가하는 방법과 증여세 회피목적이 있는 명의신탁에 대하여 증여세 대신 과징금을 부과하는 방법이 있으나, 증여세를 회피하는 명의신탁의 제재방법으로 증여세를 부과하는 것이 다른 대체수단보다 납세의무자에게 더 많은 피해를 준다고 볼 수 없으므로 최소침해의 원칙에 어긋나지 않음과 동시에, 명의신탁을 이용한 증여세 회피행위에 대하여 증여세 부과를 통하여 명의수탁자가 입는 불이익은 그 책임을 고려할 때 크게 부당하지 않는 데 반하여, 명의신탁에 대한 증여세 부과가 명의신탁이 증여세를 회피하는 수단으로 이용되는 것을 방지하는 데 기여함으로써 조세정의와 조세공평이라는 공익을 실현하는 것은 다대하여 법익비례의 원칙에도 위배되지 않으므로, 심판대상조항들은 비례의 원칙에 위배되지 않는다.

[요약판례 7] 구 지방세법 제177조의2 제4항 위헌제청: 위헌(헌재 2005.10.27. 2004헌가21)

소득세할 주민세의 납부불성실가산세 산정시에 미납된 기간을 전혀 고려하지 않은 구 지방세법 제177조의2 제4항이 헌법상 비례의 원칙에 위반되는지 여부(적극)

소득세할 주민세의 가산세는 지방세법상의 납세의무자에게 부여된 협력의무위반에 대한 책임을 묻는 행정적 제재를 조세의 형태로 구성한 것으로 형식에 있어서만 조세일 뿐이고 본질에 있어서는 본세의 징수를 확보하기 위한 수단이므로 가산세의 부담은 세법상의 의무위반의 내용과 정도에 따라 달리 결정되어야 할 것인 바, 소득세할 주민세의 자진납부의무 위반정도는 미납기간의 장단과 미납세액의 다과라는 두 가지 요소에 의하여 결정되어야 함에도 불구하고 구 지방세법 제177조의2 제4항이 산출세액의 100분의 20을 가산세로 획일적으로 규정하여 의무위반의 정도를 결정하는 두 가지 요소 중 미납세액만을 고려하고 또 하나의 요소인 미납기간의 장단을 전혀 고려하지 아니한 것은 의무위반의 정도와 부과되는 제재 사이에 적정한 비례관계를 결한 것으로서 헌법상 비례의 원칙에 위배된다.

[요약판례 8] 지방세법 제177조의2 제3항 위헌제청: 위헌(헌재 2005.10.27. 2004헌가22)

법인세할 주민세의 신고의무와 납부의무 중 하나만을 불이행한 사람과 두 가지 의무 모두를 불이행한 사람을 구별하지 아니하고 동일한 율로 가산세를 부과하고, 납부불성실가산세 산정시에 미납된 기간을 전혀 고려하지 않은 구 지방세법 제177조의2 제3항이 헌법상 비례의 원칙에 위반되는지 여부(적극)

법인세할 주민세의 가산세는 지방세법상의 납세의무자에게 부여된 협력의무위반에 대한 책임을 묻는 행정적 제재를 조세의 형태로 구성한 것으로 형식에 있어서만 조세일 뿐이고 본질에 있어서는 본세의 징수를 확보하기 위한 수단이므로 가산세의 부담은 세법상의 의무위반의 내용과 정도에 따라 달리 결정되어야 할 것인 바, 법인세할 주민세의 자진납부의무 위반정도는 미납기간의 장단과 미납세액의 다과라는 두 가지 요소에 의하여 결정되어야 함에도 불구하고 구 지방세법 제177조의2 제3항이 산출세액의 100분의 20을 가산세로 획일적으로 규정하여 의무위반의 정도를 결정하는 두 가지 요소 중 미납세액만을 고려하고 또 하나의 요소인 미납기간의 장단을 전혀 고려하지 아니한 것은 의무위반의 정도와 부과되는 제재 사이에 적정한 비례관계를 결한 것으로서 헌법상 비례의 원칙에 위배된다.

[요약판례 9] 형사소송법 제331조 단서 규정에 대한 위헌심판: 위헌(헌재 1992.12.24. 92헌가8)

우리 헌법상의 과잉입법금지의 원칙

국가작용 중 특히 입법작용에 있어서의 과잉입법금지의 원칙이라 함은 국가가 국민의 기본권을 제한하는 내용의 입법활동을 함에 있어서 준수하여야 할 기본원칙 내지 입법활동의 한계를 의미하는 것으로서, 국민의 기본권을 제한하려는 입법의 목적이 헌법 및 법률의 체제상 그 정당성이 인정되어야 하고(목적의 정당성), 그 목적의 달성을 위하여 그 방법이 효과적이고 적절하여야 하며(방법의 적정성), 입법권자가 선택한 기본권제한의 조치가 입법목적달성을 위하여 설사 적절하다 할지라도 보다 완화된 형태나 방법을 모색함으로써 기본권의 제한은 필요한 최소한도에 그치도록 하여야 하며(피해의 최소성), 그 입법에 의하여 보호하려는 공익과 침해되는 사익을 비교형량할 때 보호되는 공익이 더 커야한다(법익의 균형성)는 법치국가의 원리에서 당연히 파생되는 헌법상의 기본원리의 하나인 비례의 원칙을 말하는 것이다. 이를 우리 헌법은 제37조 제1항에서 "국민의 자유와 권리는 헌법에 열거되지 아니한 이유로 경시되지 아니한다" 제2항에서 "국민의 모든 자유와 권리는 국가안전보장, 질서유지 또는 공공복리를 위하여 필요한 경우에 한하여 법률로써 제한할 수 있으며, 제한하는 경우에도 자유와 권리의 본질적인 내용을 침해할 수 없다"라고 선언하여 입법권의 한계로서 과잉입법금지의 원칙을 명문으로 인정하고 있으며 이에 대한 헌법위반여부의 판단은 헌법 제111조와 제107조에 의하여 헌법재판소에서 관장하도록 하고 있다.

[요약판례 10] 재소자용수의착용처분 위헌확인: 인용(위헌확인),기각(헌재 1999.5.27. 97헌마137등)

미결수용자가 수감되어 있는 동안 수사 또는 재판을 받을 때에도 사복을 입지 못하게 하고 재소자용 의류를 입게 한 행위로 인하여 기본권침해가 있는지 여부(적극)

수사 및 재판단계에서 유죄가 확정되지 아니한 미결수용자에게 재소자용 의류를 입게 하는 것은 미결수용자로 하여금 모욕감이나 수치심을 느끼게 하고, 심리적인 위축으로 방어권을 제대로 행사할 수 없게 하여 실체적 진실의 발견을 저해할 우려가 있으므로, 도주 방지 등 어떠한 이유를 내세우더라도 그 제한은 정당화될 수 없어 헌법 제37조 제2항의 기본권 제한에서의 비례원칙에 위반되는 것으로서, 무죄추정의 원칙에 반하고 인간으로서의 존엄과 가치에서 유래하는 인격권과 행복추구권, 공정한 재판을 받을 권리를 침해하는 것이다.

[요약판례 11] 소득세법 제81조 제1항 위헌소원: 합헌(헌재 2005.2.24. 2004헌바26)

종합소득과세표준의 과소신고에 대하여 20%의 가산세를 부과하도록 규정한 소득세법 제81조 제1항 본문이 헌법에 위반되는지 여부(소극)

종합소득과세표준의 과소신고에 대하여 가산세를 부과하는 것은 신고납세제도를 채택하고 있는 종합소득세에 있어서 납세의무자의 성실한 신고를 독려하고 납세의무확정의 효과가 있는 과세표준확정신고의 정확성을 기함으로써 신고납세제도의 실효성을 확보하기 위한 것으로서 그 입법목적은 정당하다. 그리고, 이러한 입법목적을 달성하기 위하여 의무위반자에 대하여 납세자가 납부하여야 할 세액의 일정 비율에 상당한 금액을 추가하여 납부하도록 하는 제재방법은 적절하다.

또한, 과소신고금액이 전체소득금액에서 차지하는 비율에 따라 가산세액에 차등을 둠으로써 납세의무자의 의무위반의 정도에 비례하여 가산세를 부과하는 것은 의무위반의 정도와 제재 사이에 적정한 균형을 이루는 것이다. 나아가 20%의 가산세율은 신고납세제도를 취하고 있는 소득세법의 체계에 비추어 볼 때 과실로 인한 과소신고를 규제하는데 적당한 수준이라고 판단되며, 신고불성실가산세를 산출함에 있어 미신고 기간의 장단을 고려하지 않고 미달신고세액의 일정비율 상당액으로 하는 것은 과세표준 신고의무의 성질에 상응하는 조치라 할 것이다. 게다가 관계법령과 법원의 판결을 통하여 가산세 감면의 가능성이 어느 정도 열려 있어 종합소득 과세표준의 과소신고에 대하여 부과되는 가산세가 과실에 의한 과소신고자에 대하여 세율이 지나치게 높아 부당하다고 할 수는 없다.

결국, 종합소득과세표준의 과소신고에 대하여 20%의 가산세를 부과하는 것은 의무위반의 정도와 부과되는 제재 사이에 적정한 비례관계를 유지하고 있어 비례의 원칙에 위배된다고 볼 수 없다.

[요약판례 12] 노동조합법 제12조 등 위헌확인: 위헌,각하(헌재 1999.11.25. 95헌마154)

'노동단체의 정치화방지'란 입법목적의 정당성 여부(소극) 및 '노동단체 재정부실의 방지'란 입법목적의 정당성 여부(소극)

노동단체가 단지 단체교섭 및 단체협약 등의 방법으로 '근로조건의 향상'이라는 본연의 과제만을 수행해야 하고 그외의 모든 정치적 활동을 해서는 안된다는 사고에 바탕을 둔 이 사건 법률조항의 입법목적은, 법의 개정에 따라 그 근거를 잃었을 뿐만 아니라 헌법상 보장된 정치적 자유의 의미 및 그 행사가능성을 공동화시키는 것이다.

정치헌금으로 인하여 우려되는 노동단체 재정의 부실이나 조합원의 과중한 경제적 부담을 방지하고자 하는 **입법목적도 노동단체의 정치자금의 기부에 대한 금지를 정당화할 수 없다.** 노동조합의 재정이 빈약하다는 것은 노사단체가 근로조건에 관한 사적 자치를 통하여 근로조건을 형성함에 있어서 사적 자치가 기능할 수 있는 조건인 '세력의 균형'이나 '무기의 대등성'이 근로자에 불리하게 깨어졌다는 것을 의미할 뿐, 이에 더하여 국가가 사회단체의 정치헌금 가능성을 노동조합에게 불리하게 규율함으로써 다른 사회단체에 비하여 노동단체의 지위를 더욱 약화시키는 것을 정당화하지는 않는다.

[요약판례 13] 공직선거및선거부정방지법 제47조 제1항 중 앞괄호부분 등 위헌제청: 위헌,각하(헌재 2003.1.30. 2001헌가4)

기초의회의원선거 후보자로 하여금 특정 정당으로부터의 지지 또는 추천 받음을 표방할 수 없도록 한 공직선거및선거부정방지법 제84조 중 "자치구·시·군의회의원선거의 후보자" 부분이 정치적 표현의 자유를 침해하는지 여부(적극)

선거에 당하여 정당이냐 아니면 인물이냐에 대한 선택은 궁극적으로 주권자인 국민의 몫이고, 입법자가 후견인적

시각에서 입법을 통하여 그러한 국민의 선택을 대신하거나 간섭하는 것은 민주주의 이념에 비추어 바람직하지 않기 때문에, 기초의회의원선거에서 정당의 영향을 배제하고 인물 본위의 투표가 이루어지도록 하겠다는 구체적 입법의도는 그 정당성이 의심스럽다.

그리고, 후보자가 정당의 지지·추천을 받았는지 여부를 유권자들이 알았다고 하여 이것이 곧 지방분권 및 지방의 자율성 저해를 가져올 것이라고 보기에는 그 인과관계가 지나치게 막연하므로, 법 제84조의 규율내용이 과연 지방분권 및 지방의 자율성 확보라는 목적의 달성에 실효성이 있는지도 매우 의심스럽다.

[요약판례 14] 경찰법 제11조 제4항 등 위헌확인: 위헌(헌재 1999.12.23. 99헌마135)

입법목적의 정당성 여부(적극) 및 본 조항으로 인한 정당설립·가입의 자유 침해 여부(적극)

'경찰청장의 직무의 독립성과 정치적 중립의 확보'라는 입법목적이 입법자가 추구할 수 있는 헌법상 공익이라는 점에서는 의문의 여지가 없고, 이러한 공익은 매우 중요한 것이라고 보아야 하며, 이러한 공익을 실현해야 할 현실적 필요성도 존재하므로 이 사건 법률조항의 입법목적의 정당성은 인정된다.

정당설립의 자유를 제한하는 법률의 경우에는 입법수단이 입법목적을 달성할 수 있다는 것을 어느 정도 확실하게 예측될 수 있어야 한다. 그런데 선거직이 아닌 다른 공직에 취임하거나 공기업의 임원 등이 될 수 있는 그외의 다양한 가능성을 그대로 개방한 채 단지 정당의 공천만을 금지한 점, 경찰청장의 경우에는 검찰총장과 달리 임기를 보장하는 조항이나 중임금지조항 등 재임중의 정치적 중립성을 확보하기 위하여 전제되어야 하는 기본적인 규정이 없는 점, 1980년 이래 현재까지(1999. 11. 1.) 퇴직한 총 18명의 경찰총수 중에서 퇴임후 2년 이내에 정당공천을 통하여 국회의원이나 지방자치단체의 장으로서 선출된 경우가 한번도 없다는 사실, 본질적으로 경찰청장의 정치적 중립성은 그의 직무의 정치적 중립을 존중하려는 집권세력이나 정치권의 노력이 선행되지 않고서는 결코 실현될 수 없다는 사실 등에 비추어 볼 때, 경찰청장이 퇴임후 공직선거에 입후보하는 경우 당적취득금지의 형태로써 정당의 추천을 배제하고자 하는 이 사건 법률조항이 어느 정도로 입법목적인 '경찰청장 직무의 정치적 중립성'을 확보할 수 있을지 그 실효성이 의문시된다. 따라서 이 사건 법률조항은 정당의 자유를 제한함에 있어서 갖추어야 할 적합성의 엄격한 요건을 충족시키지 못한 것으로 판단되므로 이 사건 법률조항은 정당설립 및 가입의 자유를 침해하는 조항이다.

[요약판례 15] 국토이용관리법 제21조의3 제1항, 제31조의2의 위헌심판: 합헌(헌재 1989.12.22. 88헌가13)

토지거래허가제와 헌법상 과잉금지의 원칙의 위배 여부(소극)

무릇 국가가 입법, 행정 등 국가작용을 함에 있어서는 합리적인 판단에 입각하여 추구하고자 하는 사안의 목적에 적합한 조치를 취하여야 하고, 그때 선택하는 수단은 목적을 달성함에 있어서 필요하고 효과적이며 상대방에게는 최소한의 피해를 줄 때에 한해서 그 국가작용은 정당성을 가지게 되고 상대방은 그 침해를 감수하게 되는 것이다.

그런데 국가작용에 있어서 취해진 어떠한 조치나 선택된 수단은 그것이 달성하려는 사안의 목적에 적합하여야 함은 당연하지만 그 조치나 수단이 목적달성을 위하여 유일무이한 것일 필요는 없는 것이다.

국가가 어떠한 목적을 달성함에 있어서는 어떠한 조치나 수단 하나만으로서 가능하다고 판단할 경우도 있고 다른 여러 가지의 조치나 수단을 병과하여야 가능하다고 판단하는 경우도 있을 수 있으므로 과잉금지의 원칙이라는 것이 목적달성에 필요한 유일의 수단선택을 요건으로 하는 것이라고 할 수는 없는 것이다.

결국 토지거래허가제가 과잉금지의 원칙에 위반되느냐는 이미 살펴본 토지소유권의 상대성, 토지소유권 행사의 사회적 의무성, 우리나라의 토지문제와 그와 밀접히 결부된 산업·경제상의 애로, 주택문제의 심각성, 토지의 거래실태, 투기적 거래의 정도 등을 종합하여 판단하지 않을 수 없고, 또 현재 그것이 전혀 목적에 적합하지 아니하다거나 따로 최소침해의 요구를 충족시켜 줄 수 있는 최선의 방법이 제시되어 있다거나 아니면 쉽게 찾을 수 있다거나 함과 같은 사정이 없는 상황에서는 토지거래허가제를 비례의 원칙 내지 과잉금지의 원칙에 어긋난다고 할 수는 없다고 할 것이다.

[요약판례 16] 축산업협동조합법 제99조 제2항 위헌소원: 위헌(헌재 1996.4.25. 92헌바47)

정책목표를 달성하기 위한 수단의 선택이 현저하게 불합리하고 불공정하여 입법재량의 한계를 일탈하였다고 한 예

입법목적을 달성하기 위한 수단의 선택 문제는 기본적으로 입법재량에 속하는 것이기는 하지만 적어도 현저하게 불합리하고 불공정한수단의 선택은 피하여야 할 것인바, 복수조합의 설립을 금지한 구 축산업협동조합법 제99조 제2항은 입법목적을 달성하기 위하여 결사의 자유 등 기본권의 본질적 내용을 해하는 수단을 선택함으로써 입법재량의 한계를 일탈하였으므로 헌법에 위반된다.

[요약판례 17] 주세법 제38조의7 등에 대한 위헌제청: 위헌(헌재 1996.12.26. 96헌가18)

주세법의 자도소주 구입명령제도가 헌법에 위반되는지 여부(적극)

우리 헌법은 제123조 제3항에서 중소기업이 국민경제에서 차지하는 중요성 때문에 "중소기업의 보호"를 국가경제정책적 목표로 명문화하고, 대기업과의 경쟁에서 불리한 위치에 있는 중소기업의 지원을 통하여 경쟁에서의 불리함을 조정하고, 가능하면 균등한 경쟁조건을 형성함으로써 대기업과의 경쟁을 가능하게 해야 할 국가의 과제를 담고 있다. 중소기업의 보호는 넓은 의미의 경쟁정책의 한 측면을 의미하므로 중소기업의 보호는 원칙적으로 경쟁질서의 범주내에서 경쟁질서의 확립을 통하여 이루어져야 한다. 중소기업의 보호란 공익이 자유경쟁질서안에서 발생하는 불리함을 국가의 지원으로 보완하여 경쟁을 유지하고 촉진시키려는 데 그 목적이 있으므로, 구입명령제도는 이러한 공익을 실현하기에 적합한 수단으로 보기 어렵다.

[요약판례 18] 군인사법 제40조 제1항 제4호 위헌확인: 위헌(헌재 2003.9.25. 2003헌마293등)

자격정지 이상의 형의 선고유예를 받은 경우에 군공무원직에서 당연히 제적하도록 규정한 군인사법 제40조 제1항 제4호 중 제10조 제2항 제6호 부분이 헌법 제25조의 공무담임권을 침해하는지 여부(적극)

직업군인이 자격정지 이상의 형의 선고유예를 받은 경우에 군공무원직에서 당연히 제적하도록 규정되어 있는 이 사건 법률조항은 자격정지 이상의 선고유예 판결을 받은 모든 범죄를 포괄하여 규정하고 있을 뿐 아니라, 심지어 오늘날 누구에게나 위험이 상존하는 교통사고 관련범죄 등 과실범의 경우마저 당연제적의 사유에서 제외하지 않고 있으므로 최소침해성의 원칙에 반한다.

오늘날 사회구조의 변화로 인하여 "모든 범죄로부터 순결한 공직자 집단"이라는 신뢰를 요구하는 것은 지나치게 공익만을 우선한 것이며, 오늘날 사회국가원리에 입각한 공직제도의 중요성이 강조되면서 개개 공무원의 공무담임권 보장의 중요성은 더욱 큰 의미를 가지고 있다. 일단 공무원으로 채용된 공무원을 퇴직시키는 것은 공무원이 장기간 쌓은 지위를 박탈해 버리는 것이므로 같은 입법목적을 위한 것이라고 하여도 당연제적사유를 임용결격사유와 동일하게 취급하는 것은 타당하다고 할 수 없다. 결국 이 사건 법률조항은 헌법 제25조의 공무담임권을 침해하였다고 할 것이다.

[요약판례 19] 무작위 음주운전단속 위헌확인: 기각(헌재 2004.1.29. 2002헌마293)

도로를 차단하고 불특정 다수인을 상대로 실시하는 일제단속식 음주단속이 그 자체로 국민의 기본권을 침해하는 위헌적인 경찰작용인지 여부(소극)

음주운전으로 인한 피해를 예방하여야 하는 공익은 대단히 중대하며, 그러한 단속방식이 그 공익을 보호함에 효율적인 수단임에 반하여, 일제단속식 음주단속으로 인하여 받는 국민의 불이익은 비교적 경미하다. 검문을 당하는 국

민의 불이익은 교통체증으로 인한 약간의 시간적 손실, 주관적·정서적 불쾌감 정도에 불과하고, 음주측정을 실시하는 경우라 할지라도 그것은 단속현장에서 짧은 시간 내에 간단히 실시되고 측정결과도 즉석에서 알 수 있는 호흡측정 방법에 의하여 실시되므로 편이성이 높다. 따라서 도로를 차단하고 불특정 다수인을 상대로 실시하는 일제단속식 음주단속은 그 자체로는 도로교통법 제41조 제2항 전단에 근거를 둔 적법한 경찰작용이다.

그러나 그 경우에도 과잉금지원칙은 준수되어야 하므로, 음주단속의 필요성이 큰, 즉 음주운전이 빈발할 것으로 예상되는 시간과 장소를 선정하여야 할 것이고, 운전자 등 관련국민의 불편이 극심한 단속은 가급적 자제하여야 하며, 전방지점에서의 사전 예고나 단시간내의 신속한 실시 등과 같은 방법상의 한계도 지켜야 할 것이다.

[요약판례 20] 도로교통법 제78조 제1항 단서 위헌소원: 합헌(헌재 2004.12.16. 2003헌바87)

도로교통법 제78조 제1항 단서 제14호 중 '제41조 제1항의 규정을 2회 이상 위반한 사람이 다시 제41조 제1항의 규정을 위반하여 운전면허 정지사유에 해당된 때' 부분이 직업의 자유 내지 일반적 행동의 자유를 침해하는지 여부(소극)

이 사건 법률조항은 국민의 생명, 신체 및 재산을 보호하고 도로교통과 관련된 안전을 확보하고자 하는데 입법목적이 있는바 그 정당성이 인정되고, 주취중 운전금지 규정을 3회 위반한 자는 교통법규준수에 관한 책임의식, 교통관여자로서의 안전의식 등이 현저히 결여되어 있다고 볼 수 있으므로 이러한 자에 대하여 운전면허를 취소하도록 한 것은 위와 같은 입법목적의 달성에 적절한 수단이라고 할 것이다. 한편 도로교통법이 증가하는 교통사고에 대응하여 교통질서를 확립하고자 필요적 면허취소 규정을 두고 이를 계속 확대하는 과정에서 이 사건 법률조항이 신설된 점, 이 사건 법률조항에 해당하여 운전면허가 취소되는 경우 그 면허취소 후 결격기간이 법이 정한 운전면허결격기간 중 비교적 단기간인 2년인 점, 음주단속에 있어서의 시간적·공간적 한계를 고려할 때 음주운전으로 3회 이상 단속되었을 경우에는 음주운전행위 사이의 기간에 관계없이 운전자에게 교통법규에 대한 준법정신이나 안전의식이 현저히 결여되어 있음을 충분히 인정할 수 있는 점 등에 비추어 보면, 이 사건 법률조항이 필요적 면허취소를 규정하고 있다거나 위반행위 3회를 한정할 수 있는 기간에 제한을 두고 있지 않다고 하여 직업의 자유 내지 일반적 행동의 자유를 제한함에 있어 필요 최소한의 범위를 넘었다고 볼 수는 없다. 또한 음주운전으로 인하여 개인과 사회 그리고 국가가 입는 엄청난 피해를 방지하여야 할 공익적 중대성은 아무리 강조하여도 결코 지나치다고 할 수 없고 이 사건 법률조항에 해당하여 운전면허를 필요적으로 취소당함으로써 입는 개인적인 불이익 내지 그로부터 파생되는 여타의 간접적 피해의 정도는 이러한 공익의 중대함에 결코 미치지 못하므로 이 사건 법률조항은 법익균형성의 원칙에도 반하지 아니한다. 따라서 이 사건 법률조항은 과잉금지의 원칙에 반하여 직업의 자유 내지 일반적 행동의 자유를 침해하지 아니한다.

[요약판례 21] 파산법 제38조 제2호 위헌제청: 위헌(헌재 2005.12.22. 2003헌가8)

파산법 제38조 제2호 본문의 '국세징수의 예에 의하여 징수할 수 있는 청구권' 중에서 「구 산업재해보상보험법 제74조 제1항, 구 임금채권보장법 제14조 및 구 고용보험법 제65조에 의하여 국세체납처분의 예에 따라 징수할 수 있는 청구권으로서 파산선고 전의 원인에 의하여 생긴 채권에 기하여 파산선고 후에 발생한 연체료 청구권 부분」이 과잉금지의 원칙에 위배되는지 여부(적극)

이 사건 법률조항은 채무초과로 인하여 채무 전체의 변제가 불가능하여진 상황에서 채무자에 의한 임의적인 재산정리를 금지하고 파산재단의 관리처분권을 파산관재인의 공정·타당한 정리에 일임하여 불충분하더라도 채권자들 간의 적정하고 공평한 만족을 도모한다는 공익적 목적을 추구하고 있고 파산제도가 갖는 공익적 기능에 비추어 볼 때 이 사건 법률조항에 의한 재산권의 제한은 헌법 제37조 제2항에서 규정하고 있는 공공복리를 위하여 필요한 경우에 해당한다 할 것이므로 그 목적정당성은 인정된다.

이 사건 법률조항이 '국세징수의 예에 의하여 징수할 수 있는 청구권'을 일률적으로 재단채권으로 규정함으로써 파산선고 후 연체료 청구권이 파산법상 재단채권으로서 우선적 지위를 갖도록 한 것을 정당화할만한 특별한 공익적·정책적 필요나 파산절차상 특성을 고려한 조정의 필요를 인정하기 어려우므로 채권자 간의 공평한 분배라는 파산절차의 목적을 달성하는데 있어 적합한 수단을 채택한 것이라고 보기 어렵다.

또한 일률적 취급에 따라 다른 채권자들이 입게 될 재산권 침해를 최소화하는 합리적인 조치가 가능함에도 불구하고, 이 사건 법률조항은 아무런 제한없이 '국세징수의 예에 의하여 징수할 수 있는 청구권'을 일률적으로 재단채권으로 규정함으로써 파산선고 후 연체료 청구권을 재단채권으로 인정하고 있으므로 다른 채권자들의 재산권 침해를 최소화하기 위한 수단을 채택하였다고 보기도 어렵다. 나아가 이 사건 법률조항으로 인하여 실현될 수 있는 공익이 채권자들이 입게 될 불이익보다 크다고 할 수 없으므로 이 사건 법률조항은 법익균형성을 갖추었다고도 할 수 없을 것이다.

결론적으로 이 사건 법률조항은 그 입법목적의 정당성은 인정되지만 입법목적을 달성하는데 적합한 수단을 채택한 것이라고 보기 어려우며 피해의 최소성 및 법익의 균형성 요청에도 저촉되므로 과잉금지의 원칙에 위배된다고 할 것이다.

[요약판례 22] 기부금품모집금지법 제3조 등 위헌제청: 위헌(헌재 1998.5.28. 96헌가5)

기부금품 모집행위의 허가여부를 행정청의 자유로운 재량행위로 한 것의 위헌 여부(적극), 최소침해성의 원칙, 기부금품의 모집목적을 제한하는 허가절차의 위헌성 여부(적극)

법은 제3조에 규정된 경우가 존재하는 때에만 행정청이 허가를 하도록 규정하여 그 규정에 열거한 사항에 해당하지 아니한 경우에는 허가할 수 없다는 것을 소극적으로 밝히면서 한편, 어떠한 경우에 행정청이 허가를 할 의무가 있는가 하는 구체적인 허가요건을 규정하지 아니하고, 허가여부를 오로지 행정청의 자유로운 재량행사에 맡기고 있다. 따라서 기부금품을 모집 하고자 하는 자는 비록 법 제3조에 규정된 요건을 충족시킨 경우에도 허가를 청구할 법적 권리가 없다. 법 제3조는 기부금품을 모집하고자 하는 국민에게 허가를 청구할 법적 권리를 부여하지 아니 함으로써 국민의 기본권—행복추구권—을 침해하는 위헌적인 규정이다.

실현을 위하여 기본권을 제한하는 경우에도 입법목적을 실현하기에 적합한 여러 수단 중에서 되도록 국민의 기본권을 가장 존중하고 기본권을 최소로 침해하는 수단을 선택해야 한다. 기본권을 제한하는 규정은 기본권행사의 '방법'에 관한 규정과 기본권행사의 '여부'에 관한 규정으로 구분할 수 있다. 침해의 최소성의 관점에서, 입법자는 그가 의도하는 공익을 달성하기 위하여 우선 기본권을 보다 적게 제한하는 단계인 기본권행사의 '방법'에 관한 규제로써 공익을 실현할 수 있는가를 시도하고 이러한 방법으로는 공익달성이 어렵다고 판단되는 경우에 비로소 그 다음 단계인 기본권행사의 '여부'에 관한 규제를 선택해야 한다.

모집목적에 대하여 원칙적으로 제한을 두지 않으면서, 공공의 안녕과 질서를 침해할 위험이 없고 모집행위의 합법적인 시행과 모집목적에 따른 기부금품의 사용이 충분히 보장되는 경우에는 허가를 해주는 질서유지행정 차원의 허가절차를 통해서도 충분히 법이 의도하는 목적을 실현할 수 있다. 따라서 법이 의도하는 목적인 국민의 재산권보장과 생활안정은 모집목적의 제한보다도 기본권을 적게 침해하는 모집행위의 절차 및 그 방법과 사용목적에 따른 통제를 통해서도 충분히 달성될 수 있다 할 것이므로, 모집목적의 제한을 통하여 모집행위를 원칙적으로 금지하는 법 제3조는 입법목적을 달성하기에 필요한 수단의 범위를 훨씬 넘어 국민의 기본권을 과도하게 침해하는 위헌적인 규정이다.

[요약판례 23] 구 국가공무원법 제73조의2 제1항 단서 위헌제청: 위헌(헌재 1998.5.28. 96헌가12)

형사사건으로 기소되면 필요적으로 직위해제처분을 하도록 한 국가공무원법규정의 위헌여부(적극) 및 필요적 규정에 의한 과잉금지원칙의 위반가능성

형사사건으로 기소되기만 하면 그가 국가공무원법 제33조 제1항 제3호 내지 제6호에 해당하는 유죄판결을 받을 고도의 개연성이 있는가의 여부에 무관하게 경우에 따라서는 벌금형이나 무죄가 선고될 가능성이 큰 사건인 경우에

대해서까지도 당해 공무원에게 일률적으로 직위해제처분을 하지 않을 수 없도록 한 이 사건 규정은 헌법 제37조 제2항의 비례의 원칙에 위반되어 직업의 자유를 과도하게 침해하고 헌법 제27조 제4항의 무죄추정의 원칙에도 위반된다.

입법자가 임의적 규정으로도 법의 목적을 실현할 수 있는 경우에 구체적 사안의 개별성과 특수성을 고려할 수 있는 가능성을 일체 배제하는 필요적 규정을 둔다면, 이는 비례의 원칙의 한 요소인 '최소침해성의 원칙'에 위배된다.

[요약판례 24] 구 관세법 제198조 제2항 등 위헌소원: 위헌(헌재 2004.3.25. 2001헌바89)

타소장치의 허가를 받고 물품반입신고를 하였으나 수입신고 없이 물품을 반출한 경우 당해 물품을 필요적으로 몰수·추징하는 것이 과잉금지원칙에 반하는지 여부(적극)

타소장치의 허가를 받고 수입물품을 반입하기 위해서는 적하목록, 수량 및 가격 등 제반사항을 신고하여야 하므로, 관세당국은 타소장치 허가를 받은 곳에 반입된 물품을 파악할 수 있고, 물품이 신고없이 반출된다고 하더라도 관세의 징수를 확보할 수 있다.

관세법의 입법목적은 타소장치 허가를 받고 장치한 물품을 무신고수입한 행위자의 책임에 따라서 법관의 개별적·구체적인 양형에 따라 임의적인 몰수·추징을 함으로써 얼마든지 달성될 수 있다. 그런데 구 관세법 제198조 제2항 및 제3항 중 제179조 제2항 제1호 가운데 제67조 제1항의 허가를 받아 보세구역이 아닌 장소에 장치한 물품을 제137조 제3항, 제1항에 의한 신고를 하지 아니하고 수입한 자에 관하여 적용되는 부분(이하 '이 사건 법률조항'이라 한다)은 타소장치 허가를 받고 장치한 물품에 대한 수입신고를 단순히 업무상 착오나 과실로 해태하고 반출한 경우와 같이 행위자의 책임이 무겁지 않은 경우에도, 일률적으로 해당 물품 전부를 필요적으로 몰수·추징하고 있으므로, 형벌 본래의 기능과 목적을 달성함에 있어 필요한 정도를 현저히 일탈함으로써 "최소침해성의 원칙"에 위배되어 헌법 제37조 제2항의 과잉금지원칙에 반한다.

[요약판례 25] 학원의설립·운영에관한법률 제22조 제1항 제1호 등 위헌제청: 위헌(헌재 2000.4.27. 98헌가16등)

수단의 최소침해성, 법익의 균형성

법 제3조는 원칙적으로 허용되고 기본권적으로 보장되는 행위에 대하여 원칙적으로 금지하고 예외적으로 허용하는 방식의 '원칙과 예외'가 전도된 규율형식을 취한데다가, 그 내용상으로도 규제의 편의성만을 강조하여 입법목적달성의 측면에서 보더라도 금지범위에 포함시킬 불가피성이 없는 행위의 유형을 광범위하게 포함시키고 있다는 점에서, 입법자가 선택한 규제수단은 입법목적의 달성을 위한 최소한의 불가피한 수단이라고 볼 수 없다.

법 제3조와 같은 형태의 사교육에 대한 규율은, 사적인 교육의 영역에서 부모와 자녀의 기본권에 대한 중대한 침해라는 개인적인 차원을 넘어서 국가를 문화적으로 빈곤하게 만들며, 국가간의 경쟁에서 살아남기 힘든 오늘날의 무한경쟁시대에서 문화의 빈곤은 궁극적으로는 사회적·경제적인 후진성으로 이어질 수밖에 없다. 따라서 법 제3조가 실현하려는 입법목적의 실현효과에 대하여 의문의 여지가 있고, 반면에 법 제3조에 의하여 발생하는 기본권제한의 효과 및 문화국가실현에 대한 불리한 효과가 현저하므로, 법 제3조는 제한을 통하여 얻는 공익적 성과와 제한이 초래하는 효과가 합리적인 비례관계를 현저하게 일탈하여 법익의 균형성을 갖추지 못하고 있다.

[요약판례 26] 구 법인세법 제41조 제14항 위헌소원 등: 위헌(헌재 2006.6.29. 2002헌바80등)

의무규정에 대한 최소침해성 판단방법

어떤 법률의 입법목적이 정당하고 그 목적을 달성하기 위해 국민에게 의무를 부과하고 그 불이행에 대해 제재를 가하는 것이 적합하다고 하더라도 입법자가 그러한 수단을 선택하지 아니하고도 보다 덜 제한적인 방법을 선택하거나, 아예 국민에게 의무를 부과하지 아니하고도 그 목적을 실현할 수 있음에도 불구하고 국민에게 의무를 부과하고 그 의무를 강제하기 위하여 그 불이행에 대해 제재를 가한다면 이는 과잉금지원칙의 한 요소인 "최소침해성의 원칙"에 위배된다.

과세관청이 이미 법인의 거래자료를 확보하고 있으면서 다시 법인으로 하여금 자료제출을 요구하고 이를 이행하지 아니하는 경우 가산세의 제재를 가하는 구 법인세법 제41조 제14항 제1호 중 "제66조 제1항의 규정에 의하여 계산서를 교부하지 아니한 경우" 부분 등 조항들 중 토지 또는 건축물의 공급에 관련된 부분이 법인의 재산권을 침해한다.

[요약판례 27] 접견불허처분 등 위헌확인: 위헌(헌재 2004.12.16. 2002헌마478)

금치 처분을 받은 수형자에 대하여 금치 기간 중 운동을 금지하는 행형법시행령 제145조 제2항 중 운동 부분이 수형자의 인간의 존엄과 가치, 신체의 자유 등을 침해하는지 여부(적극)

실외운동은 구금되어 있는 수형자의 신체적·정신적 건강 유지를 위한 최소한의 기본적 요청이라고 할 수 있는데, 금치 처분을 받은 수형자는 일반 독거 수용자에 비하여 접견, 서신수발, 전화통화, 집필, 작업, 신문·도서열람, 라디오청취, 텔레비전 시청 등이 금지되어(행형법시행령 제145조 제2항 본문) 외부세계와의 교통이 단절된 상태에 있게 되며, 환기가 잘 안 되는 1평 남짓한 징벌실에 최장 2개월 동안 수용된다는 점을 고려할 때, 금치 수형자에 대하여 일체의 운동을 금지하는 것은 수형자의 신체적 건강뿐만 아니라 정신적 건강을 해칠 위험성이 현저히 높다.

따라서 금치 처분을 받은 수형자에 대한 절대적인 운동의 금지는 징벌의 목적을 고려하더라도 그 수단과 방법에 있어서 필요한 최소한도의 범위를 벗어난 것으로서, 수형자의 헌법 제10조의 인간의 존엄과 가치 및 신체의 안전성이 훼손당하지 아니할 자유를 포함하는 제12조의 신체의 자유를 침해하는 정도에 이르렀다고 판단된다.

※ 헌법재판소가 "행형법시행령(2000. 3. 28. 대통령령 제16759호로 개정된 것) 제145조 제2항 중 "금치의 처분을 받은 자는 …운동…을 금지한다" 부분은 헌법에 위반된다"고 결정하였음에도 불구하고, 위 조항은 개정되지 않고 있다.

[요약판례 28] 국세기본법 제35조 제1항 제3호의 위헌심판: 위헌(헌재 1990.9.3. 89헌가95)

과잉금지원칙의 의의

과잉금지의 원칙이라는 것은 국가가 국민의 기본권을 제한하는 내용의 입법활동을 함에 있어서, 준수하여야 할 기본원칙 내지 입법활동의 한계를 의미하는 것으로서 국민의 기본권을 제한하려는 입법의 목적이 헌법 및 법률의 체제상 그 정당성이 인정되어야 하고(목적의 정당성), 그 목적의 달성을 위하여 그 방법(조세의 소급우선)이 효과적이고 적절하여야 하며(방법의 적절성), 입법권자가 선택한 기본권 제한(담보물권의 기능상실과 그것에서 비롯되는 사유재산권 침해)의 조치가 입법목적달성을 위하여 설사 적절하다 할지라도 보다 완화된 형태나 방법을 모색함으로써 기본권의 제한은 필요한 최소한도에 그치도록 하여야 하며(피해의 최소성), 그 **입법에 의하여 보호하려는 공익과 침해되는 사익을 비교형량할 때 보호되는 공익이 더 커야 한다**(법익의 균형성)는 헌법상의 원칙이다.

이 사건 심판대상의 규정은 방법의 적정성의 원칙에 반하는 것은 물론, 법익의 균형성 또는 피해의 최소성의 원칙에도 문제가 있는 것이라고 아니할 수 없는 것이다.

[요약판례 29] 형법 제337조 위헌소원: 합헌(헌재 2001.4.26. 99헌바43)

형법 제337조의 위헌 여부(소극)

죄질이 서로 다른 둘 또는 그 이상의 범죄를 동일선상에 놓고 그 중 어느 한 범죄의 법정형을 기준으로 하여 단순한 평면적인 비교로써 다른 범죄의 법정형의 과중여부를 판정하여서는 안되고, 어느 범죄에 대한 법정형의 하한도 여러 가지 기준의 종합적 고려에 의해 정해지는 것으로서, 강도상해죄의 법정형의 하한을 살인죄의 그것보다 높였다고 해서 바로 헌법상의 합리성과 비례성의 원칙을 위배하였다고 볼 수는 없다.

[요약판례 30] 성폭력범죄의처벌및피해자보호등에관한법률 제5조 제2항 위헌제청: 합헌(헌재 2001.11.29. 2001헌가16)

특수강도강제추행죄의 법정형을 특수강도강간죄의 그것과 같이 사형·무기 또는 10년 이상의 징역형으로 정한 것이 형벌체계상의 균형상실 또는 과잉처벌인지 여부(소극)

가정파괴범죄를 예방하고 척결하려는 이 사건 법률조항의 입법배경과 가정의 평화와 안전이라는 보호법익의 중대성 및 성범죄의 피해자인 여성의 수치심을 악용하여 자신의 범행을 은폐한다는 동기의 불법성과 특수강도범행으로 인하여 극도로 반항이 억압된 상태라는 범행당시의 정황등을 종합적으로 고려해 보면, 특수강도가 피해자를 강제추행한 경우에 대한 비난가능성의 정도가 피해자를 강간한 경우에 비하여 반드시 가볍다고 단정할 수는 없고 오히려 구체적인 추행행위의 태양에 따라서는 강간의 경우보다도 더 무거운 처벌을 하여야 할 필요도 있다고 할 것이므로, 이 사건 법률조항이 양 죄의 법정형을 동일하게 정하였다고 하여 이를 두고 형벌체계상의 균형을 잃은 자의적인 입법이라고는 할 수 없다.

[요약판례 31] 특정범죄가중처벌등에관한법률 제5조의3 제2항 제1호에 대한 헌법소원: 위헌(헌재 1992.4.28. 90헌바24)

본 법률조항의 법정형이 살인죄와 비교하여 형벌체계상의 정당성과 균형을 상실한 것인지 여부(적극)

본 법률조항에서 과실로 사람을 치상하게 한 자가 구호행위를 하지 아니하고 도주하거나 고의로 유기함으로써 치사의 결과에 이르게 한 경우에 살인죄와 비교하여 그 법정형을 더 무겁게 한 것은 형벌체계상의 정당성과 균형을 상실한 것으로서 헌법 제10조의 인간으로서의 존엄과 가치를 보장한 국가의 의무와 헌법 제11조의 평등의 원칙 및 헌법 제37조 제2항의 과잉입법금지의 원칙에 반한다.

[요약판례 32] 국가보안법 제13조 위헌제청: 위헌(헌재 2002.11.28. 2002헌가5)

반국가적 범죄를 반복하여 저지른 자에 대한 법정형의 최고를 사형으로 하도록 규정한 국가보안법 제13조 중 다시 범한 죄가 찬양·고무등죄인 경우에도 법정형의 최고를 사형으로 하도록 규정한 부분이 비례의 원칙에 반하는지 여부(적극)

법정형의 종류와 범위를 정하는 것은 기본적으로 입법자의 권한에 속하는 것이지만 이러한 입법재량은 무제한한 것이 될 수는 없는바, 법정형의 종류와 범위를 정할 때는 형벌 위협으로부터 인간의 존엄과 가치를 존중하고 보호하여야 한다는 헌법 제10조의 요구에 따라야 하고 형벌개별화의 원칙이 적용될 수 있는 범위의 법정형을 설정하여 실질적 법치국가의 원리를 구현하도록 하여야 하며 형벌이 죄질과 책임에 상응하도록 적절한 비례성을 지켜야 한다. 반국가적 범죄를 저지른 자가 그로 인한 처벌을 받았음에도 불구하고 다시 반국가적 범죄를 저질렀다면 그에 대한 비난가능성이 높고 따라서 책임이 가중되어야 할 것이나, 단지 반국가적 범죄를 반복하여 저질렀다는 이유만으로 다시 범한 죄가 국가보안법 제7조 제5항, 제1항과 같이 비교적 경미한 범죄라도 사형까지 선고할 수 있도록 한 것은 그 법정형이 형벌체계상의 균형성을 현저히 상실하여 정당성을 잃은 것이고, 이러한 형의 불균형은 반국가적 범죄로부터 국가 및 국민을 보호한다는 입법목적으로도 극복할 수는 없는 것이다.

[요약판례 33] 실화책임에 관한 법률 위헌제청: 헌법불합치,적용중지(헌재 2007.8.30. 2004헌가25)

경과실로 인한 화재의 경우에 실화자의 손해배상책임을 감면하여 조절하는 방법이 아닌 실화자의 배상책임을 전부 부정하고 실화피해자의 손해배상청구권도 부정하는 방법을 채택하는 것이 과잉금지원칙에 위반되는지 여부(적극)

실화책임법은 경과실로 인한 화재의 경우에 실화자의 손해배상책임을 감면하여 조절하는 방법을 택하지 아니하고, 실화자의 배상책임을 전부 부정하고 실화피해자의 손해배상청구권도 부정하는 방법을 채택하였다. 그러나 화재피해의 특수성을 고려하여 과실 정도가 가벼운 실화자를 가혹한 배상책임으로부터 구제할 필요가 있다고 하더라도, 그러한 입법목적을 달성하기 위하여 실화책임법이 채택한 방법은 입법목적의 달성에 필요한 정도를 벗어나 지나치게 실화자의 보호에만 치중하고 실화피해자의 보호를 외면한 것이어서 합리적이라고 보기 어렵고, 실화피해자의 손해배상청구권을 입법목적상 필요한 최소한도를 벗어나 과도하게 많이 제한하는 것이다. 또한 일률적으로 실화자의 손해배상책임과 피해자의 손해배상청구권을 부정하는 것은, 일방적으로 실화자만 보호하고 실화피해자의 보호를 외면한 것으로서 실화자 보호의 필요성과 실화피해자 보호의 필요성을 균형 있게 조화시킨 것이라고 보기 어렵다. 실화책임법이 위헌이라고 하더라도, 화재와 연소(延燒)의 특성상 실화자의 책임을 제한할 필요성이 있고, 그러한 입법목적을 달성하기 위한 수단으로는 구체적인 사정을 고려하여 실화자의 책임한도를 경감하거나 면제할 수 있도록 하는 방안, 경과실 실화자의 책임을 감면하는 한편 그 피해자를 공적인 보험제도에 의하여 구제하는 방안 등을 생각할 수 있을 것이고, 그 방안의 선택은 입법기관의 임무에 속하는 것이다.

실화책임법에 대하여 헌법에 합치되지 아니한다고 선언하고, 입법자가 실화책임법의 위헌성을 제거할 때까지 법원 기타 국가기관 및 지방자치단체는 실화책임법의 적용을 중지하도록 결정한다. 이 결정과 달리 실화책임법이 헌법에 위반되지 아니한다고 결정한 헌법재판소 1995. 3. 23. 선고 92헌가4등 결정은 이 결정의 견해와 저촉되는 한도에서 변경한다.

[요약판례 34] 공직선거법 제261조 제5항 제1호 위헌제청: 헌법불합치(헌재 2009.3.26. 2007헌가22)

구 공직선거법(2004. 3. 12. 법률 제7189호로 개정되고, 2008. 2. 29. 법률 제8879호로 개정되기 전의 것) 제261조 제5항 제1호 및 공직선거법(2008. 2. 29. 법률 제8879호로 개정된 것) 제261조 제5항 제1호가 과잉금지원칙에 위배되는지 여부(적극)

이 사건 심판대상조항은 의무위반자에 대하여 부과할 과태료의 액수를 감액의 여지없이 일률적으로 '제공받은 금액 또는 음식물·물품 가액의 50배에 상당하는 금액'으로 정하고 있는데, 이 사건 심판대상조항이 적용되는 '기부행위 금지규정에 위반하여 물품·음식물·서적·관광 기타 교통편의를 제공받은 행위'의 경우에는 그 위반의 동기 및 태양, 기부행위가 이루어진 경위와 방식, 기부행위자와 위반자와의 관계, 사후의 정황 등에 따라 위법성 정도에 큰 차이가 있을 수밖에 없음에도 이와 같은 구체적, 개별적 사정을 고려하지 않고 오로지 기부받은 물품 등의 가액만을 기준으로 하여 일률적으로 정해진 액수의 과태료를 부과한다는 것은 구체적 위반행위의 책임 정도에 상응한 제재가 되기 어렵다. 더욱이 이 사건 구법 조항은 형벌조항인 공직선거법 제257조 제2항과 구별되는 경미한 사안에 관한 구체적 기준을 명확히 규정하지 아니함으로써, 소액의 기부행위를 규제하겠다는 애초의 입법의도와는 달리 죄형법정주의 내지 형사법규에 대한 엄격해석의 원칙 등에 비추어 고가의 물품 등을 기부 받은 경우에도 적용된다고 해석할 수밖에 없게 되어 책임원칙에 상응한 제재가 되기 어려울 뿐만 아니라, 위반행위자 간에도 현저히 형평에 어긋나는 결과를 초래하게 된다.

또한, 이러한 획일적인 기준에 따른 과태료의 액수는 제공받은 금액 또는 음식물·물품 가액의 '50배'에 상당하는 금액으로서 제공받은 물품 등의 가액 차이에 따른 과태료 액수의 차이도 적지 아니한 데다가 그와 같은 50배의 과태료가 일반 유권자들에게 소액의 경미한 제재로 받아들여질 수도 없는 것이다. 특히 이 사건 심판대상조항이 규정한 과태료 제재의 과중성은 형벌조항인 공직선거법 제257조 제2항에서 규정한 벌금형의 법정형의 상한이 500만 원인데 비하여, 이보다 경미한 사안, 예컨대 100만 원의 물품을 제공받은 경우 이사건 심판대상조항에 따라 일률적으로 5000만 원의 과태료를 부담하게 된다는 점에서 분명해진다.

나아가 소액의 위법한 기부행위를 근절함으로써 선거의 공정성을 확보한다는 입법목적의 달성은, 반드시 과태료의 액수가 '50배'에 상당하는 금액이 되어야만 가능한 것이 아니고, 과태료의 액수를 '50배 이하'로 정하는 등 보다 완화된 형식의 입법수단을 통하여도 얼마든지 가능한 것이다.

[요약판례 35] 구 파산법 제38조 제2호 위헌제청: 위헌(헌재 2009.11.26. 2008헌가9)

구 파산법 제38조 제2호 본문의 "국세징수의 예에 의하여 징수할 수 있는 청구권" 중에서, "구 독점규제법 제55조의5 제2항에 의하여 국세체납처분의 예에 따라 징수할 수 있는 청구권으로서 제24조의2의 규정에 의한 불공정거래행위에 대한 과징금 및 제55조의5 제1항의 규정에 의한 위 과징금에 대한 가산금에 해당하는 부분"이 과잉금지의 원칙에 위반되어 재산권을 침해하는지 여부(적극)

파산절차에서 이 사건 과징금 및 가산금 채권을 특별히 취급하여 다른 파산채권보다 먼저 변제받게 하는 것은 창의적인 기업활동을 조장하고, 소비자를 보호함과 아울러 국민경제의 균형있는 발전을 도모하는 수단이 되는 과징금을 능률적으로 확보하기 위한 것으로서 그 입법목적의 정당성이 인정되고, 이 사건 법률조항은 위와 같은 입법목적을 달성하기 위한 적절한 수단이다.

그러나 실체법상 우선권이 인정되지 않고 있는 이 사건 과징금 및 가산금 채권을 구 파산법상 일반우선파산채권으로 취급하는 것에서 더 나아가 재단채권으로까지 이를 인정할 강한 공익성과 정책적 필요성을 인정하기는 어렵고, 파산절차상의 특성을 고려하여 볼 때에도 이 사건 과징금 및 가산금 채권이 일반적으로 파산절차의 진행을 위하여 필수불가결한 것, 채권자 전체의 이익을 도모하기 위한 것이라고 보거나 또는 파산절차상 형평의 이념상 우선적 지위를 인정하는 것이 필요한 경우라고 보기도 어렵다. 따라서 이 사건 법률조항은 최소침해성의 원칙을 충족하지 못한다. 또한 이 사건 법률조항으로 실현되는 이 사건 과징금 및 가산금 채권의 징수확보라는 공익이 일반 파산채권자들의 불이익보다 크다고 할 수 없으므로 이 사건 법률조항은 법익균형성원칙을 충족하지 못한다. 그러므로 이 사건 법률조항은 헌법상 과잉금지원칙에 위반되어 재산권을 침해한다.

[요약판례 36] 형법 제304조 위헌소원: 위헌(헌재 2009.11.26. 2008헌바58등)

형법 제304조 중 "혼인을 빙자하여 음행의 상습 없는 부녀를 기망하여 간음한 자" 부분이 헌법 제37조 제2항의 과잉금지원칙을 위반하여 남성의 성적자기결정권 및 사생활의 비밀과 자유를 침해하는지 여부(적극)

이 사건 법률조항의 경우 입법목적에 정당성이 인정되지 않는다. 첫째, 남성이 위력이나 폭력 등 해악적 방법을 수반하지 않고서 여성을 애정행위의 상대방으로 선택하는 문제는 그 행위의 성질상 국가의 개입이 자제되어야 할 사적인 내밀한 영역인데다 또 그 속성상 과장이 수반되게 마련이어서 우리 형법이 혼전 성관계를 처벌대상으로 하지 않고 있으므로 혼전 성관계의 과정에서 이루어지는 통상적 유도행위 또한 처벌해야 할 이유가 없다. 다음 여성이 혼전 성관계를 요구하는 상대방 남자와 성관계를 가질 것인가의 여부를 스스로 결정한 후 자신의 결정이 착오에 의한 것이라고 주장하면서 상대방 남성의 처벌을 요구하는 것은 여성 스스로가 자신의 성적자기결정권을 부인하는 행위이다. 또한 혼인빙자간음죄가 다수의 남성과 성관계를 맺는 여성 일체를 '음행의 상습 있는 부녀'로 낙인찍어 보호의 대상에서 제외시키고 보호대상을 '음행의 상습없는 부녀'로 한정함으로써 여성에 대한 남성우월적 정조관념에 기초한 가부장적·도덕주의적 성 이데올로기를 강요하는 셈이 된다. 결국 이 사건 법률조항은 남녀 평등의 사회를 지향하고 실현해야 할 국가의 헌법적 의무(헌법 제36조 제1항)에 반하는 것이자, 여성을 유아시(幼兒視)함으로써 여성을 보호한다는 미명 아래 사실상 국가 스스로가 여성의 성적자기결정권을 부인하는 것이 되므로, 이 사건 법률조항이 보호하고자 하는 여성의 성적자기결정권은 여성의 존엄과 가치에 역행하는 것이다.

결혼과 성에 관한 국민의 법의식에 많은 변화가 생겨나 여성의 착오에 의한 혼전 성관계를 형사법률이 적극적으로 보호해야 할 필요성은 이미 미미해졌고, 성인이 어떤 종류의 성행위와 사랑을 하건, 그것은 원칙적으로 개인의 자유 영역에 속하고, 다만 그것이 외부에 표출되어 명백히 사회에 해악을 끼칠 때에만 법률이 이를 규제하면 충분하며, 사생활에 대한 비범죄화 경향이 현대 형법의 추세이고, 세계적으로도 혼인빙자간음죄를 폐지해 가는 추세이며 일본, 독일, 프랑스 등에도 혼인빙자간음죄에 대한 처벌규정이 없는 점, 기타 국가 형벌로서의 처단기능의 약화, 형사처벌로 인한 부작용 대두의 점 등을 고려하면, 그 목적을 달성하기 위하여 혼인빙자간음행위를 형사처벌하는 것은 수단의 적절성과 피해의 최소성을 갖추지 못하였다.

이 사건 법률조항은 개인의 내밀한 성생활의 영역을 형사처벌의 대상으로 삼음으로써 남성의 성적자기결정권과 사생활의 비밀과 자유라는 기본권을 지나치게 제한하는 것인 반면, 이로 인하여 추구되는 공익은 오늘날 보호의 실효성이 현격히 저하된 음행의 상습없는 부녀들만의 '성행위 동기의 착오의 보호'로서 그것이 침해되는 기본권보다 중대하다고는 볼 수 없으므로, 법익의 균형성도 상실하였다.

결국 이 사건 법률조항은 목적의 정당성, 수단의 적절성 및 피해최소성을 갖추지 못하였고 법익의 균형성도 이루지 못하였으므로, 헌법 제37조 제2항의 과잉금지원칙을 위반하여 남성의 성적자기결정권 및 사생활의 비밀과 자유를 과잉제한하는 것으로 헌법에 위반된다.

[요약판례 37] 형사보상법 제7조 위헌제청: 헌법불합치(헌재 2010.7.29. 2008헌가4)

형사보상의 청구는 무죄재판이 확정된 때로부터 1년 이내에 하도록 규정하고 있는 형사보상법 제7조가 헌법 제28조에 위반되는지 여부(적극)

권리의 행사가 용이하고 일상 빈번히 발생하는 것이거나 권리의 행사로 인하여 상대방의 지위가 불안정해지는 경우 또는 법률관계를 보다 신속히 확정하여 분쟁을 방지할 필요가 있는 경우에는 특별히 짧은 소멸시효나 제척기간을 인정할 필요가 있으나, 이 사건 법률조항은 위의 어떠한 사유에도 해당하지 아니하는 등 달리 합리적인 이유를 찾기 어렵고, 일반적인 사법상의 권리보다 더 확실하게 보호되어야 할 권리인 형사보상청구권의 보호를 저해하고 있다.

또한, 이 사건 법률조항은 형사소송법상 형사피고인이 재정하지 아니한 가운데 재판할 수 있는 예외적인 경우를 상정하고 있는 등 형사피고인은 당사자가 책임질 수 없는 사유에 의하여 무죄재판의 확정사실을 모를 수 있는 가능성이 있으므로, 형사피고인이 책임질 수 없는 사유에 의하여 제척기간을 도과할 가능성이 있는바, 이는 국가의 잘못된 형사사법작용에 의하여 신체의 자유라는 중대한 법익을 침해받은 국민의 기본권을 사법상의 권리보다도 가볍게 보호하는 것으로서 부당하다.

[요약판례 38] 수산자원보호령 제9조 위헌확인: 기각(헌재 2011.8.30. 2009헌마638)

일정 해역에서 대게포획을 전면적·포괄적으로 제한하는 경우 기본권 침애 여부(소극)

일정 해역에서 대게포획을 전면적·포괄적으로 제한받는다 하더라도 이에 의하여 제한되는 기본권은 직업선택의 자유가 아닌 직업행사의 자유이다. 일단 선택한 직업의 행사방법을 제한하는 경우에는 개성신장에 대한 침해의 정도가 상대적으로 적어 핵심적 자유영역에 대한 침해로 볼 것은 아니므로, 비례심사의 강도는 다소 완화될 필요가 있고, 특히 개인이 기본권 행사를 통하여 일반적으로 타인과 사회적 연관관계에 놓여지는 경제적 활동을 규제하는 사회·경제정책적 법률을 제정함에 있어서는 입법자에게 보다 광범위한 형성권이 인정되므로, 이 경우 피해의 최소성 판단에 있어서는 '입법자의 판단이 현저하게 잘못되었는가'라고 하는 명백성의 통제에 그치는 것이 타당할 것이다. 이 사안에서는 입법자의 판단이 현저하게 잘못되었다고 볼 수 없고 청구인들의 피해를 줄이기 위한 조치도 취하였다 할 것이어서, 피해의 최소성 및 법익의 균형성도 갖추었다고 인정되므로, 이 사건 시행령조항은 과잉금지원칙에 반하여 청구인들의 직업수행의 자유를 침해하였다고 할 수 없다.

[요약판례 39] 서울특별시 서울광장통행저지행위 위헌확인: 위헌확인(헌재 2011.6.30. 2009헌마406)

경찰청장이 2009. 6. 3. 경찰버스들로 서울특별시 서울광장을 둘러싸 통행을 제지한 행위가 과잉금지원칙을 위반하여 청구인들의 일반적 행동자유권을 침해한 것인지 여부(적극)

이 사건 통행제지행위는 서울광장에서 개최될 여지가 있는 일체의 집회를 금지하고 일반시민들의 통행조차 금지하는 전면적이고 광범위하며 극단적인 조치이므로 집회의 조건부 허용이나 개별적 집회의 금지나 해산으로는 방지할 수 없는 급박하고 명백하며 중대한 위험이 있는 경우에 한하여 비로소 취할 수 있는 거의 마지막 수단에 해당한다. 서울광장 주변에 노무현 전 대통령을 추모하는 사람들이 많이 모여 있었다거나 일부 시민들이 서울광장 인근에서 불법적인 폭력행위를 저지른 바 있다고 하더라도 그것만으로 폭력행위일로부터 4일 후까지 이러한 조치를 그대로 유지해야 할 급박하고 명백한 불법·폭력 집회나 시위의 위험성이 있었다고 할 수 없으므로 이 사건 통행제지행위는 당시 상황에 비추어 필요최소한의 조치였다고 보기 어렵고, 가사 전면적이고 광범위한 집회방지조치를 취할 필요성이 있었다고 하더라도, 서울광장에의 출입을 완전히 통제하는 경우 일반시민들의 통행이나 여가·문화 활동 등의 이용까지 제한되므로 서울광장의 몇 군데라도 통로를 개설하여 통제 하에 출입하게 하거나 대규모의 불법·폭력 집회가 행해질 가능성이 적은 시간대라든지 서울광장 인근 건물에의 출근이나 왕래가 많은 오전 시간대에는 일부 통제를 푸는 등 시민들의 통행이나 여가·문화활동에 과도한 제한을 초래하지 않으면서도 목적을 상당 부분 달성할 수 있는 수단이나 방법을 고려하였어야 함에도 불구하고 모든 시민의 통행을 전면적으로 제지한 것은 침해의 최소성을 충족한다고 할 수 없다. 또한 대규모의 불법·폭력 집회나 시위를 막아 시민들의 생명·신체와 재산을 보호한다는 공익은 중요한 것이지만, 당시의 상황에 비추어 볼 때 이러한 공익의 존재 여부나 그 실현 효과는 다소 가상적이고 추상적인 것이라고 볼 여지도 있고, 비교적 덜 제한적인 수단에 의하여도 상당 부분 달성될 수 있었던 것으로 보여 일반 시민들이 입은 실질적이고 현존하는 불이익에 비하여 결코 크다고 단정하기 어려우므로 법익의 균형성 요건도 충족하였다고 할 수 없다. 따라서 이 사건 통행제지행위는 과잉금지원칙을 위반하여 청구인들의 일반적 행동자유권을 침해한 것이다.

(재판관 김종대, 재판관 송두환의 보충의견) 경찰관직무집행법 제5조 제2항의 '소요사태'는 '다중이 집합하여 한 지방의 평화 또는 평온을 해할 정도에 이르는 폭행·협박 또는 손괴행위를 하는 사태'를 의미하고, 같은 법 제6조 제1항의 '급박성'은 '당해행위를 당장 제지하지 아니하면 곧 범죄로 인한 손해가 발생할 상황이라서 그 방법 외에는 결과를 막을 수 없는 절박한 상황일 경우'를 의미하는 것으로 해석되는바, 경찰청장이 청구인들에 대한 이 사건 통행제지행위를 한 2009. 6. 3. 당시 서울광장 주변에 '소요사태'가 존재하였거나 범죄발생의 '급박성'이 있었다고 인정할 수 없으므로 위 조항들은 이 사건 통행제지행위 발동의 법률적 근거가 된다고 할 수 없다. 경찰의 임무 또는 경찰관의 직무 범위를 규정한 경찰법 제3조, 경찰관직무집행법 제2조는 그 성격과 내용 및 아래와 같은 이유로 '일반적 수권조항'이라 하여 국민의 기본권을 구체적으로 제한 또는 박탈하는 행위의 근거조항으로 삼을 수는 없으므로 위 조항 역시 이 사건 통행제지행위 발동의 법률적 근거가 된다고 할 수 없다. 우선 우리 헌법이 국민의 자유와 권리를 제한하는 경우 근거하도록 한 '법률'은 개별적 또는 구체적 사안에 적용할 작용법적 조항을 의미하는 것이지, 조직법적 규정까지 포함하는 것이 아니다. 다음으로 이를 일반적 수권조항이라고 보는 것은 각 경찰작용의 요건과 한계에 관한 개별적 수권조항을 자세히 규정함으로써 엄격한 요건 아래에서만 경찰권의 발동을 허용하려는 입법자의 의도를 법률해석으로 뒤집는 것이다. 또한 국가기관의 임무 또는 직무에 관한 조항을 둔 다른 법률의 경우에는 이를 기본권제한의 수권조항으로 해석하지 아니함에도 경찰조직에만 예외를 인정하는 것은 법치행정의 실질을 허무는 것이다. 마지막으로 만약 위 조항들이 일반적 수권조항에 해당한다고 인정하더라도 명확성의 원칙 위반이라는 또 다른 위헌성을 피할 수 없으므로 결국 합헌적인 법률적 근거로 볼 수 없게 된다. 따라서 경찰청장의 이 사건 통행제지행위는 법률적 근거를 갖추지 못한 것이므로 법률유보원칙에도 위반하여 청구인들의 일반적 행동자유권을 침해한 것이다.

(재판관 이동흡, 재판관 박한철의 반대의견) 시의적절하고 효율적인 경찰권 행사를 위한 현실적 필요성이 있다는 점과 경찰권 발동의 근거가 되는 일반조항을 인정하더라도 경찰권 발동에 관한 조리상의 원칙이나 법원의 통제에 의해 그 남용이 억제될 수 있다는 점을 종합해 보면, 경찰 임무의 하나로서 '기타 공공의 안녕과 질서유지'를 규정한 경찰법 제3조 및 경찰관직무집행법 제2조는 일반적 수권조항으로서 경찰권 발동의 법적 근거가 될 수 있다고 할 것이므로, 위 조항들에 근거한 이 사건 통행제지행위는 법률유보원칙에 위배된 것이라고 할 수 없다. 시민분향소가 위치한 덕수궁뿐만 아니라 중요한 공공기관과 가까운 서울광장 주변 곳곳에서 소규모 추모집회가 열리고 있던 상황에서 서울광장에 대규모 군중이 운집할 경우 자칫 불법·폭력 집회나 시위로 나아갈 수 있고, 그 경우 사회에 미치는 혼란과

위험이 상당히 클 것이므로 이와 같은 위험을 사전에 예방하여 시민들의 생명·신체와 재산을 보호하기 위하여 한 이 사건 통행제지행위를 현저히 불합리한 공권력 행사로 보기 어렵다. 나아가 이 사건 통행제지행위는 서울광장이라는 한정된 곳에서 일시적으로 일반이용을 제한한 것에 불과하고, 우회로를 통행하거나 다른 공간에서의 여가활동을 막는 것도 아니었으며, 향후 그 제한의 범위가 확대될 가능성도 없었으므로 이를 과도한 제한이라고 보기 어렵다. 다수의견의 주장대로 조건부 또는 개별적으로 집회를 허용할 경우, 집회 참가자들의 배타적 사용으로 일반시민들의 일반적 행동자유권은 마찬가지로 제한될 것이고, 일부 통로를 개설하여 개별적인 통행이나 여가활동을 허용할 경우, 불법 집회의 목적을 가진 자들이 그 출입 목적을 속여 서울광장을 이용할 가능성도 있어 당초의 경찰권 행사의 목적을 달성할 수 없게 될 것이며, 특정 시간대에 통행을 허용하는 것은 상시적으로 대규모 불법·폭력 집회가 발생할 위험이 존재하던 당시 상황에서는 현실성 있는 대안으로 보기 어려우므로, 이들을 보다 덜 침해적인 수단으로 보아 최소침해성 원칙에 위반된다고 보는 것은 타당하지 않다. 나아가 불법·폭력 집회로부터 시민의 생명과 신체, 재산을 보호하려는 공익에 비해 일시적으로 서울광장에서 여가활동이나 통행을 하지 못하는 불편함이 크다고 할 수 없어 법익균형성도 갖추었다고 할 것이다. 따라서 이 사건 통행제지행위는 청구인들의 일반적 행동자유권을 침해한 것이라 볼 수 없으므로 청구인들의 이 사건 심판청구는 기각되어야 할 것이다.

Ⅳ 기본권제한의 한계: 기본권의 본질적 내용침해금지

[요약판례 1] 국토이용관리법 제21조의3 제1항, 제31조의2의 위헌심판: 합헌(헌재 1989.12.22. 88헌가13)

토지재산권의 본질적인 내용 및 국토이용관리법 제21조의3 제1항의 위헌여부(소극) 및 기본권의 본질적 내용의 침해금지원칙과 과잉금지의 원칙

토지재산권의 본질적인 내용이라는 것은 토지재산권의 핵이 되는 실질적 요소 내지 근본요소를 뜻하며, 따라서 재산권의 본질적인 내용을 침해하는 경우라고 하는 것은 그 침해로 **사유재산권이 유명무실해지고 사유재산제도가 형해화되어 헌법이 재산권을 보장하는 궁극적인 목적을 달성할 수 없게 되는 지경**에 이르는 경우라고 할 것이다.

국토이용관리법 제21조의3 제1항의 토지거래허가제는 사유재산제도의 부정이 아니라 그 제한의 한 형태이고 토지의 투기적 거래의 억제를 위하여 그 처분을 제한함은 부득이한 것이므로 재산권의 본질적인 침해가 아니며, 헌법상의 경제조항에도 위배되지 아니하고 현재의 상황에서 이러한 제한수단의 선택이 헌법상의 비례의 원칙이나 과잉금지의 원칙에 위배된다고 할 수도 없다.

사유재산제도의 전면적인 부정, 재산권의 무상몰수, 소급입법에 의한 재산권박탈 등이 본질적인 침해가 된다는데 대하여서는 이론의 여지가 없으나 본건 심판대상인 토지거래허가제는 헌법의 해석이나 국가, 사회공동체에 대한 철학과 가치관의 여하에 따라 결론이 달라질 수 있는 것이다. 그리고 헌법의 기본정신(헌법 제37조 제2항)에 비추어 볼 때 기본권의 본질적인 내용의 침해가 설사 없다고 하더라도 과잉금지의 원칙에 위반되면 역시 위헌임을 면하지 못한다고 할 것이다.

[요약판례 2] 구 지방의회의원선거법 제181조 제2호 등 위헌소원: 합헌(헌재 1995.4.20. 92헌바29)

구 지방의회의원선거법 제57조, 제67조 제1항에 의한 선거운동방법의 제한규정이 헌법에 위반되는지 여부(소극)

기본권을 국가안전보장, 질서유지와 공공복리를 위하여 필요한 경우에는 법률로써 제한할 수 있으나 그 본질적인 내용은 침해할 수 없다(헌법 제37조 제2항). 기본권의 본질적 내용은 만약 이를 제한하는 경우에는 기본권 그 자체가 무의미하여지는 경우에 그 본질적인 요소를 말하는 것으로서, 이는 개별 기본권마다 다를 수 있을 것이다.

위 규정들에 의하여 제한되는 것은 의사표현의 자유 그 자체가 아니라 표현의 특정한 수단·방법에 불과하고 그

와 같은 방법 이외의 방법은 자유롭게 선택될 수 있는 여지를 남겨두고 있으므로, 이로써 선거운동의 자유가 전혀 무의미해지거나 형해화된다고 단정할 수 없어 위 기본권의 본질적 내용을 침해하는 것이라 할 수 없다.

[요약판례 3] 국세기본법 제35조 제1항 제3호의 위헌심판: 위헌(헌재 1990.9.3. 89헌가95)

기본권의 본질적 내용의 침해금지원칙과 과잉금지의 원칙

헌법은 제23조 제1항에서 "모든 국민의 재산권은 보장된다. 그 내용과 한계는 법률로 정한다"고 규정하여 국민의 재산권을 보장하면서, 이에 대한 일반적 법률유보조항으로 헌법 제37조 제2항에서 "국민의 모든 자유와 권리는 국가안전보장·질서유지 또는 공공복리를 위하여 필요한 경우에 한하여 법률로서 제한할 수 있으며, 제한하는 경우에도 자유와 권리의 본질적인 내용을 침해할 수 없다"고 규정하고 있다.

이와 같은 헌법의 규정취지는, 국민의 재산권은 원칙적으로 보장되어야 하고, 예외적으로 공공복리 등을 위하여 법률로써 이것이 제한될 수도 있겠으나 그 본질적인 내용은 침해가 없을지라도 비례의 원칙 내지는 과잉금지의 원칙에 위배되어서는 아니되는 것을 확실히 하는데 있는 것이다.

[요약판례 4] 공직선거및선거부정방지법 제90조 등 위헌소원: 합헌(헌재 2001.12.20. 2000헌바96)

기본권의 본질적 내용의 침해금지원칙과 과잉금지의 원칙

공선법 제91조 제1항, 제3항이 선거운동을 함에 있어 확성장치와 자동차의 사용을 제한하는 것은 사회의 안정과 질서를 유지하고 선거비용의 과다한 지출을 방지하기 위한 것이다. 위와 같은 목적은 정당할 뿐 아니라, 위와 같은 목적을 달성하기 위하여 소음과 도로교통의 무질서를 가져오는 확성장치와 자동차의 사용을 제한하는 것 외에 달리 효과적인 수단을 상정할 수 없고, 그 제한이 선거운동 또는 의사표현의 내용 그 자체나 모든 선거운동방법의 전반에 대한 전면적인 제한이 아니라 선거운동 내지 의사표현에 있어서의 특정한 수단, 방법, 즉 국민생활의 안녕과 질서에 위해가 될 우려가 크다고 인정되는 확성장치 및 자동차등에 의한 선거운동방법에만 국한되는 부분적인 제한에 불과하며, 전면적인 금지가 아니라 후보자등 일정 범위에 한하여서는 사용을 일부 허용하고 있으므로, 이로써 선거운동의 자유 내지 표현의 자유가 전혀 무의미해지거나 형해화된다고 할 수 없다.

그러므로, 공선법 제91조 제1항, 제3항은 과잉금지의 원칙이나 본질적 내용의 침해금지원칙에 반하여 선거운동 내지 의사표현의 자유를 침해하는 것이라고 할 수 없어 헌법에 위반되지 아니한다.

[요약판례 5] 형사소송법 제55조 제1항 등 위헌소원: 합헌(헌재 1994.12.29. 92헌바31)

비례의 원칙과 본질적 내용침해금지를 동일시하는 경향

피고인 등이 상당한 이유 없이 상소를 제기함으로써 불가피하게 소요되는 미결구금기간에 대하여 이를 피고인의 불이익으로 하여 본형에 산입하지 않도록 한 소송촉진등에관한특례법 제24조는 명백히 이유 없는 남상소를 방지하여 재판제도의 효율성을 높이기 위한 것으로서 그 입법목적에서 정당하고 그 제한의 정도 역시 적정하여 피고인의 재판청구권의 본질적 내용을 침해하는 것이라 할 수 없다.

[요약판례 6] 공중위생법시행규칙 [별표3] 중 2의 나의 (2)의 (다)목 위헌확인: 기각(헌재 1998.2.27. 97헌마64)

비례의 원칙과 본질적 내용침해금지를 동일시하는 경향

터키탕업소 안에 이성의 입욕보조자를 두면서 윤락행위 등 퇴폐행위를 단속하는 데에는 막대한 인력과 비용이 필요한데다가 터키탕영업의 특수성으로 인하여 단속에 한계가 있는데 비하여 터키탕업소 안에 이성의 입욕보조자를 둘 수 없도록 하는 경우에는 인력과 비용이 크게 들지 아니하면서도 퇴폐행위를 원천적으로 근절할 수 있어 입법목적을 달성하는데 효과적이고, 이 사건 규칙조항은 이성의 입욕보조자를 둘 수 없도록 제한하고 있을 뿐 터키탕영업을 금지시키거나 입욕보조자 자체를 둘 수 없도록 제한하고 있지도 아니하여 터키탕 영업에 종사하는 청구인들의 재산권이나 직업의 자유를 본질적으로 침해한 것이라고 할 수도 없다.

따라서 이 사건 규칙조항에 의한 기본권제한은 입법목적의 달성을 위하여 합리적이고 적정한 방법으로서 과잉입법금지원칙에 위반된다고 할 수 없다.

[요약판례 7] 지방자치법 제65조 위헌확인: 기각(헌재 1999.11.25. 97헌마54)

비례의 원칙과 본질적 내용침해금지를 동일시하는 경향

이 법률조항은 불필요한 청원을 억제하여 청원의 효율적인 심사·처리를 제고하는 데 있고, 또 청원의 소개의원은 1인으로 족한 점 등을 감안할 때 그 제한은 헌법 제37조 제2항이 규정한 공공복리를 위한 필요·최소한의 것으로 청원권의 본질적 내용을 침해하는 것이 아니므로 기본권 제한의 한계를 벗어나는 위법이 있다고 볼 수 없다.

[요약판례 8] 민법 제999조 제2항 위헌소원: 위헌(헌재 2001.7.19. 99헌바9등)

비례의 원칙과 본질적 내용침해금지를 동일시 하는 경향

상속개시일부터 10년이 경과하면 진정상속인은 상속재산에 대한 권리를 상실하고 참칭상속인이 권리를 취득하도록 하여 마치 이 사건 법률규정이 참칭상속인을 오히려 보호하는 규정으로 역할을 하게 한 것은 입법목적 달성에 필요한 정도 이상으로 상속인의 기본권을 제한한 것으로서 기본권제한의 입법한계인 피해의 최소성, 공공필요와 침해되는 상속인의 기본권 사이의 균형성을 갖추었다고 볼 수 없다.

그러므로 진정상속인의 상속회복청구권에 관한 권리행사기간을 상속개시일부터 10년의 제척기간으로 규정한 이 사건 법률조항은 기본권제한의 입법한계를 일탈한 것으로 재산권을 보장한 헌법 제23조 제1항, 사적자치권을 보장한 헌법 제10조 제1항, 재판청구권을 보장한 헌법 제27조 제1항, 기본권의 본질적 내용의 침해를 금지한 헌법 제37조 제2항에 위반된다.

대판 2005.1.27. 2004도7511

과잉금지원칙과 본질적 내용침해 금지

구 공직선거및선거부정방지법 제255조 제2항 제5호 및 제93조 제1항은 탈법방법에 의한 문서·도화의 배부·게시 등의 행위를 처벌의 대상으로 삼고 있는바, 같은 법 제93조 제1항이 선거와 관련하여 그에 정한 행위를 제한하고 있는 것은 선거의 자유와 공정을 보장하여 선거관계자를 포함한 선거구민 내지는 국민 전체의 공동이익을 위한다는 합목적적 제한이므로 그 입법목적의 정당성이 인정되고, 그 제한은 참된 의미에서 선거의 자유와 공정을 보장하기 위한 제도적 장치로서의 의미를 가질 뿐만 아니라, 폐해 방지를 위하여는 일정 기간 그와 같은 행위를 금지하는 것 외에 달리 효과적인 수단을 상정하기 어렵고, 특히 '선거에 영향을 미치게 하기 위하여'라는 전제 아래 그 제한이 이루어진다는 점에서 수단의 상당성 내지 적정성이 인정되며, 이러한 제한은 선거의 공정성 확보를 위한 필요·최소한의 조치이자 불가피한 규제로서 최소 침해의 원칙에도 위반되지 아니하고, 보호되는 공익과 제한되는 표현의 자유, 공무담임권 등 기본권과의 사이에 현저한 불균형이 있다고도 볼 수 없어 균형의 원칙에도 어긋나지 아니하므로, **이 법률조항은 과잉금지의 원칙에 반하지 아니**할 뿐만 아니라 이로써 선거운동의 자유 내지 언론의 자유가 전혀 무의미해지거나 형해화된다고 단정할 수 없어 **그 기본권의 본질적 내용을 침해한다고는 볼 수 없**으며, 같은 법 제93조 제1항은 행위주체에 관하여 아무런 제한도 가하고 있지 않으므로 일반인들 또는 현직 의원들과 비교하여 선거운동에서의 평등권을 침해하는 것도 아니다.

대판 1982.7.27. 80누86

특별신분관계와 사법적 구제

동장과 구청장과의 관계는 이른바 행정상의 특별권력관계에 해당되며 이러한 특별권력관계에 있어서도 위법 부당한 특별권력의 발동으로 말미암아 권력을 침해당한 자는 행정소송법 제1조의 규정에 따라 그 위법 또는 부당한 처분의 취소를 구할 수 있다.

Ⅴ 기본권제한의 예외

Ⅵ 기본권제한의 원칙일탈에 대한 통제

제9절 기본권의 보호

제1항 국가의 기본권보장의무

I 교통사고처리특례법 제4조 제1항 등 위헌확인: 위헌(헌재 2009.2.26. 2005헌마764등)

쟁점 (1) 교통사고처리특례법 제4조 제1항 본문 중 업무상과실 또는 중대한 과실로 인한 교통사고로 말미암아 피해자로 하여금 상해에 이르게 한 경우 공소를 제기할 수 없도록 한 부분이 교통사고 피해자의 재판절차진술권을 침해하는지 여부(일부 적극)

(2) 이 사건 법률조항이 교통사고 피해자의 평등권을 침해하는지 여부(일부 적극)

(3) 이 사건 법률조항이 교통사고 피해자에 대한 국가의 기본권보호의무에 위반하는지 여부(소극)

(4) 구 교통사고처리특례법 제4조 제1항에 대해 합헌결정을 하였던 것을 판례 변경한 사례

사건의 개요

(1) 2005헌마764 사건

청구인은 대학생으로 2004. 9. 5. 12:59경 서울 강남구 도곡동 467 소재 타워팰리스 E동 아파트 앞 3차선 도로를 횡단하던 중 청구외 이○주 운전의 승용차 왼쪽 앞 휀더 및 유리창 부분에 부딪혀 약 12주간의 치료를 요하는 폐쇄성두개천장골절 등의 상해를 입었다. 그 이후 청구인은 뇌손상으로 인한 좌측 편마비와 안면마비가 오는 등 심각한 교통사고 후유증을 앓게 되었고, 결국 학업마저 중단하였다. 위 교통사고를 담당한 검사는 2004. 12. 13. 교통사고처리특례법 제4조 제1항 규정에 따라 가해운전자에 대하여 공소권 없음 결정을 하였고, 이에 청구인은 교통사고처리특례법 제4조 제1항이 국가의 기본권보호의무에 관한 과소보호금지원칙에 위배되고, 청구인의 평등권 및 재판절차진술권을 침해하였다고 주장하면서 2005. 8. 16. 이 사건 헌법소원심판을 청구하였다.

(2) 2008헌마118 사건

청구인 송○문은 2007. 12. 14. 12:50경 처 황○희, 친구인 청구인 김○경과 그의 처 정○신을 태우고 자신의 소나타 승용차를 운전하여 제천시 금성면 포전리 소재 중앙고속도로 271.2km지점을 춘천방면에서 대구 방면으로 3차로를 따라 진행하던 중, 뒤따라오면서 졸음운전을 한 청구외 손○원 운전의 5톤 대형화물차에 추돌당하여 위 황○희, 정○신은 모두 하악골 개방성 골절 또는 두개골 골절 등으로 사망하고, 청구인 송○문은 목디스크, 두정부 두피 열상 등을, 청구인 김○경은 늑골 골절, 다발성 두피 열상 등의 상해를 입었다. 그 이후 청구인들은 외상성 스트레스 증후군이나 불면증과 같은 심각한 교통사고 후유증을 앓게 되었다.

위 교통사고사건을 담당한 검사는 교통사고처리특례법 제4조 제1항 규정에 따라 2007. 12. 28. 가해운전자에 대하여 공소권 없음 결정을 하였고(사망사고 부분에 관하여는 같은 날 구속 기소되었다), 이에 청구인들은 교통사고처리특례법 제4조 제1항이 국가의 기본권보호의무에 관한 과소보호금지 원칙에 위배되고, 청구인들의 평등권 및 재판절차진술권을 침해하였다고 주장하면서 2008. 1. 24. 이 사건 헌법소원심판을 청구하였다.

심판의 대상 및 관련조문

교통사고처리특례법(2003. 5. 29. 법률 제6891호로 개정된 것) 제4조 (보험 등에 가입된 경우의 특례) ① 교통사고를 일으킨 차가 보험업법 제4조 및 제126조 내지 제128조, 육운진흥법 제8조 또는 화물자동차운수사업법 제36조의 규정에 의하여 보험 또는 공제에 가입된 경우에는 제3조 제2항 본문에 규정된 죄를 범한 당해 차의 운전자에 대하여 공소를 제기할 수 없다. 다만, 제3조 제2항 단서에 해당하는 경우나 보험계약 또는 공제계약이 무효 또는 해지되거나 계약상의 면책규정 등으로 인하여 보험사업자 또는 공제사업자의 보험금 또는 공제금 지급의무가 없게 된 경우에는 그러하지 아니하다.

교통사고처리특례법(2005. 5. 31. 법률 제7545호로 개정되고, 2007. 12. 21. 법률 제8718호로 개정되기 전의 것) 제3조 (처벌의 특례) ② 차의 교통으로 제1항의 죄 중 업무상과실치상죄 또는 중과실치상죄와 도로교통법 제151조의 죄를 범한 운전자에 대하여는 피해자의 명시한 의사에 반하여 공소를 제기할 수 없다. 다만, 차의 운전자가 제1항의 죄중 업무상과실치상죄 또는 중과실치상죄를 범하고 피해자를 구호하는 등 도로교통법 제54조 제1항의 규정에 의한 조치를 하지 아니하고 도주 하거나 피해자를 사고장소로부터 옮겨 유기하고 도주한 경우와 다음 각 호의 1에 해당하는 행위로 인하여 동죄를 범한 때에는 그러하지 아니하다.

1.~10. 생략

주 문

교통사고처리특례법(2003. 5. 29. 법률 제6891호로 개정된 것) 제4조 제1항 본문 중 업무상 과실 또는 중대한 과실로 인한 교통사고로 말미암아 피해자로 하여금 중상해에 이르게 한 경우에 공소를 제기할 수 없도록 규정한 부분은 헌법에 위반된다.

청구인들의 주장

(1) 국가의 기본권보호의무 위반

생명 · 신체의 안전에 대한 기본권은 다른 모든 기본권들이 존재하기 위한 토대가 되는 중대한 것이다. 교특법 제4조 제1항의 입법취지가 교통사고로 인하여 가해운전자에 대하여 전과자를 양산하는 것을 방지하고, 종합보험을 정착시켜 교통사고 피해자에 대하여 손해의 전보를 신속히 한다는 데 있다 하더라도, 가해운전자의 중과실 여부나 피해자에 대한 중상해 여부를 나누지 아니하고 일률적으로 교통사고를 낸 운전자의 행위가 교특법 제3조 제2항 단서에 해당하지 아니하고 가해차량이 종합보험에 가입되어 있기만 하면 공소제기 자체를 하지 못하도록 한 것은, 교통사고 피해자의 생명 · 신체의 안전에 대한 기본권보다 가해운전자의 전과자가 되지 아니할 이익을 더 우선시하는 것으로 국가의 기본권보호의무에 있어서 과소보호금지원칙을 위반한 것이다.

(2) 평등권 침해

이 사건 법률조항은 교특법 제3조 제2항 단서조항에 해당하는 교통사고의 피해자들과 위 단서조항에 해당하지 않는 중과실로 인한 교통사고로 중상해를 입은 피해자를 그 생명 · 신체의 보호에 있어서 차별하고 있고, 위와 같은 차별을 정당화할 만한 중대한 공익의 실현을 위한 불가피한 사유가 존재한다고 볼 수 없으므로 청구인의 평등권을 침해한다.

(3) 재판절차진술권 침해

중과실로 인하여 중상해의 결과를 발생시킨 교통사고에 있어서는 피해자의 생활기반이 무너지는 등 피해자 본인이나 그 가족들이 받아야 하는 정신적·경제적 고통은 사망의 경우보다 결코 가볍다고 볼 수 없음에도 불구하고 이러한 경우마저 이 사건 법률조항에 따라 불기소처분이 내려짐으로써 피해자는 형사피해자로서 재판절차에서의 진술권을 전혀 행사할 수 없게 되는바, 이는 헌법 제37조 제2항에 근거한 과잉금지의 원칙에 위반된다.

판 단

Ⅰ. 적법요건에 관한 판단

1. 자기관련성, 현재성, 직접성

이 사건 법률조항은 교특법 제3조 제2항 단서조항(이하 '단서조항'이라고만 한다)에 해당되는 사고가 아닌 한 가해자가 보험업법 제4조 및 제126조 내지 제128조, 육운진흥법 제8조 또는 화물자동차 운수사업법 제36조의 규정에 의하여 보험 또는 공제에 가입된 경우(이하 '종합보험 등'이라고만 한다) 공소제기를 하지 못하도록 하고 있어 가해운전자에 대하여 검사의 불기소처분이 내려졌고, 이는 이 사건 법률조항이 재량의 여지없이 기계적으로 적용된 결과이므로, 청구인들에 대하여 자기관련성과 기본권 침해의 현재성, 직접성이 모두 인정된다.

2. 권리보호이익

(1) 헌법재판소법 제47조 제2항은 "위헌으로 결정된 법률 또는 법률조항은 그 결정이 있는 날로부터 효력을 상실한다. 다만, 형벌에 관한 법률 또는 법률의 조항은 소급하여 그 효력을 상실한다"라고 규정하고 있다. 그런데 이 사건 법률조항은 비록 형벌에 관한 것이기는 하지만 불처벌의 특례를 규정한 것이어서 위헌결정의 소급효를 인정할 경우 오히려 그 조항에 의거하여 형사처벌을 받지 않았던 자들에게 형사상의 불이익이 미치게 되므로 이와 같은 경우까지 헌법재판소법 제47조 제2항 단서의 적용범위에 포함시키는 것은 법적 안정성과 이미 면책받은 가해자의 신뢰보호의 이익을 크게 해치게 되므로 그 규정취지에 반한다. 따라서 이 사건 법률조항에 대하여 위헌선언을 하더라도 그 소급효는 인정되지 아니하므로, 가해자인 피의자들에 대한 불기소처분을 취소하고 그들을 처벌할 수는 없어 이 사건 심판청구는 주관적인 권리보호이익을 결여하고 있다.

(2) 그러나 헌법소원은 개인의 주관적 권리구제 기능뿐 아니라 객관적인 헌법질서의 보장기능도 수행하기 때문에 주관적 권리구제에 도움이 되지 않는 경우에도 그러한 침해행위가 앞으로도 반복될 위험이 있거나 당해분쟁의 해결이 헌법질서의 수호·유지를 위하여 긴요한 사항이어서 그 해명이 헌법적으로 중대한 의미를 지니고 있는 경우에는 헌법소원의 이익을 인정할 수 있는바, 이 사건 법률조항에 대하여 위헌성이 엿보이는 경우에도 주관적 권리보호이익이 없다는 이유로 헌법적 해명을 하지 아니한다면 향후 교통사고 피해자는 헌법소원을 제기할 수 없고, 위헌적인 법률조항에 의한 불기소처분이 반복될 우려가 있으므로 헌법재판소로서는 이 사건 법률조항에 대하여 예외적으로 심판을 할 이익 내지는 필요성이 인정된다.

Ⅱ. 본안에 대한 판단

1. 관련 기본권

이 사건의 쟁점은 이 사건 법률조항이 재판절차진술권 및 평등권을 침해한 것인지의 여부, 그리고 생명·신체의 안전에 관한 국가의 기본권보호의무를 위반한 것인지 여부이다.

이하에서는 각 기본권 침해 여부를 판단함에 있어 업무상 과실 또는 중대한 과실로 인한 교통사고로 말미암아 피해자가 중상해를 입은 경우와 그 이외의 경우로 나누어 살펴보기로 한다.

2. 재판절차진술권의 침해 여부

(1) 업무상 과실 또는 중대한 과실로 인하여 중상해를 입은 경우

헌법 제27조 제5항에 의한 형사피해자의 재판절차에서의 진술권은 피해자 등에 의한 사인소추를 전면 배제하고 형사소추권을 검사에게 독점시키고 있는 현행 기소독점주의의 형사소송체계 아래에서 형사피해자로 하여금 당해 사건의 형사재판절차에 참여하여 증언하는 이외에 형사사건에 관한 의견진술을 할 수 있는 청문의 기회를 부여함으로써 형사사법의 절차적 적정성을 확보하기 위하여 이를 기본권으로 보장하는 것이다.

피해자가 교통사고로 인하여 생명에 대한 위험이 발생하거나 또는 불구 또는 불치나 난치의 질병에 이르게 된 경우, 즉 중상해를 입은 경우(형법 제258조 제1항 및 제2항 참조)에도 그 교통사고가 단서조항에 해당하지 않는다면, 검사로서는 이 사건 법률조항으로 말미암아 교통사고를 발생시킨 차량의 운전자에 대하여 기계적으로 공소권없음을 이유로 불기소처분을 하지 않을 수 없는데, 이 때 교통사고로 중상해를 입은 피해자는 직장을 잃거나 학업을 중단하게 되는 등 정상적 생활기반이 무너지고 평생 불구의 몸으로 또는 질병의 고통 속에서 살아가야 하는 육체적, 정신적 고통이 매우 크고, 가족 등 주변인이 받아야 하는 정신적·경제적 고통도 심대하여 사망의 경우에 비견될 정도인데도, 이 사건 법률조항으로 인하여 형사재판절차에서 그 피해에 대하여 진술할 기회조차 가지지 못하게 된다.

따라서, 이 사건 법률조항 중 업무상 과실 또는 중대한 과실로 인한 교통사고로 피해자가 중상해를 입은 경우에 공소를 제기할 수 없도록 한 부분이 과잉금지의 원칙에 위반하여 재판절차진술권을 침해한 것인지 여부를 살펴보기로 한다.

(가) 목적의 정당성 및 수단의 적절성

교특법은 업무상 과실 또는 중대한 과실로 교통사고를 일으킨 운전자에 관한 형사처벌 등의 특례를 정함으로써 교통사고로 인한 피해의 신속한 회복을 촉진하고 국민생활의 편익을 증진함을 목적으로 한다(교특법 제1조).

특히 이 사건 법률조항은 자동차 수의 증가 및 자가운전 확대에 즈음하여 운전자들의 종합보험 가입을 유도하여 교통사고 피해자의 손해를 신속하고 적절하게 구제하고, 교통사고로 인한 전과자 양산을 방지하기 위하여 추진된 것이라 할 수 있어 그 목적의 정당성이 인정되며, 그 이후 자동차 종합보험가입률이 꾸준히 증가하여 2005년 현재 전체 등록차량의 87%에 이르는 점 및 2005년 기준 교통사고사건의 기소율이 34.2%에 불과한 점 등으로 보아 이 사건 법률조항이 그 입법목적에 부응하는 역할을 하였음을 알 수 있으므로 수단의 적절성도 인정된다고 하겠다.

(나) 피해의 최소침해성 및 법익의 균형성

그러나 교통사고로 인하여 피해자에게 중상해를 입힌 경우에도 사고의 발생 경위, 피해자의 특이성(노약자 등)과 사고발생에 관련된 피해자의 과실 유무 및 정도 등을 살펴 정식 기소 이외에도 약식기소 또는 기소유예 등 다양한 처분이 가능하고 정식 기소된 경우에는 피해자의 재판절차진술권을 행사할 수 있게 하여야 함에도, 종합보험 등에 가입하였다는 이유로 단서조항에 해당하지 않는 한 무조건 면책되도록 한 것은 최소침해성에 위반된다고 아니할 수 없다.

한편, 우리나라는 국제적으로 비교하여도 각종 통계상 교통사고율이 매우 높은바, 2004년 기준 OECD 국가별 인구 10만 명당 교통사고 발생건수는 일본(745.7건), 미국(647.0건), 오스트리아(521.8건), 캐나다(437.3건), 벨기에(468.2건) 다음으로 우리나라(459.1건)가 6위, 자동차 1만 대당 교통사고 발생건수는 우리나라가 119.3건으로 가장 많고, 전체 교통사고 사망자 중 보행 중 사망자의 비율은 우리나라가 39.3%로 가장 높다('OECD 회원국 교통사고 비교', 도로교통안전관리공단, 2006).

이러한 심각한 교통사고율에도 불구하고, 사망사고나 단서조항에 해당하지 않는 한 교통사고 가해자들을 종합보험 등의 가입을 이유로 형사처벌을 무조건적으로 면책하여 주는바, 이와 같이 교통사고를 야기한 차량이 종합보험 등에 가입되어 있다는 이유만으로 그 차량의 운전자에 대하여 공소제기를 하지 못하도록 한 입법례는 선진 각국의 사례에서 찾아보기 힘들다. 또한 교통사고발생 후에도 대부분 사고관련자들은 보험사에만 사고발생사실을 알려 사건을 해결하고 경찰에는 신고하지 아니하여 보험사의 교통사고 통계가 경찰의 그것과 현저히 차이가 나며 현재에도 교통사고는 계속 증가하고 있다는 주장이 제기되고 있다.

가해자는 단서조항에 해당하는 과실만 범하지 않는다면 교통사고를 내더라도 종합보험 등에 가입함으로써 처벌을 면할 수 있으므로 자칫 사소한 교통법규위반을 대수롭지 않게 생각하여 운전자로서 요구되는 안전운전에 대한 주의의무를 해태하기 쉽고, 교통사고를 내고 피해자가 중상해를 입은 경우에도 보험금 지급 등 사고처리는 보험사에 맡기고 피해자의 실질적 피해회복에 성실히 임하지 않는 풍조가 있음을 부인할 수 없다.

그러한 측면에서 이 사건 법률조항에 의하여 중상해를 입은 피해자의 재판절차진술권의 행사가 근본적으로 봉쇄됨으로써 교통사고의 신속한 처리 또는 전과자의 양산 방지라는 공익을 위하여 위 피해자의 사익이 현저히 경시된 것이므로 법익의 균형성을 위반하고 있다고 할 것이다.

(2) 업무상 과실 또는 중대한 과실로 인하여 중상해가 아닌 상해를 입은 경우

그러나 이 사건 법률조항이 교통사고로 인한 피해자에게 중상해가 아닌 상해의 결과만을 야기한 경우 가해 운전자에 대하여 가해차량이 종합보험 등에 가입되어 있음을 이유로 공소를 제기하지 못하도록 규정한 한도 내에서는, 그 제정목적인 교통사고로 인한 피해의 신속한 회복을 촉진하고 국민생활의 편익을 도모하려는 공익과 동 법률조항으로 인하여 침해되는 피해자의 재판절차에서의 진술권과 비교할 때 상당한 정도 균형을 유지하고 있으며, 단서조항에 해당하지 않는 교통사고의 경우에는 대부분 가해 운전자의 주의의무태만에 대한 비난가능성이 높지 아니하고, 경미한 교통사고 피의자에 대하여는 비형벌화하려는 세계적인 추세 등에 비추어도 위와 같은 목적의 정당성, 방법의 적절성, 피해의 최소성, 이익의 균형성을 갖추었으므로 과잉금지의 원칙 내지 비례의 원칙에도 반하지 않는다고 할 것이다.

(3) 소 결

따라서 이 사건 법률조항은 과잉금지원칙에 위반하여 업무상 과실 또는 중대한 과실에 의한 교통사고로 중상해를 입은 피해자의 재판절차진술권을 침해한 것이라고 할 것이다.

3. 평등권 침해 여부

교통사고에 의하여 피해자가 사망하였는지의 여부 및 교통사고가 단서조항에 해당하는지의 여

부에 따라 교통사고로 인한 피해자들 사이에 재판절차진술권을 행사함에 있어 차별이 발생하게 되는바, 이러한 차별이 헌법적으로 정당한지가 문제된다.

(1) 업무상 과실 또는 중대한 과실로 인하여 중상해를 입은 경우

이 사건 법률조항으로 인하여 단서조항에 해당하지 않는 교통사고로 중상해를 입은 피해자를 단서조항에 해당하는 교통사고의 중상해 피해자 및 사망사고의 피해자와 재판절차진술권의 행사에 있어서 달리 취급한 것이 평등권을 침해하였는지의 여부를 살펴보기로 한다.

(가) 심사기준

일반적으로 차별에 대한 정당성 여부에 대해서는 자의성 여부를 심사하지만, 헌법에서 특별히 평등을 요구하고 있는 경우나 차별적 취급으로 인하여 관련 기본권에 대한 중대한 제한을 초래하게 된다면 입법형성권은 축소되어 보다 엄격한 심사척도가 적용된다.

자의심사의 경우에는 차별을 정당화하는 합리적인 이유가 있는지만을 심사하기 때문에 그에 해당하는 비교대상간의 사실상의 차이나 입법목적(차별목적)의 발견·확인에 그치는 반면에, 비례심사의 경우에는 단순히 합리적인 이유의 존부 문제가 아니라 차별을 정당화하는 이유와 차별 간의 상관관계에 대한 심사, 즉 비교대상 간의 사실상의 차이의 성질과 비중 또는 입법목적(차별목적)의 비중과 차별의 정도에 적정한 균형관계가 이루어져 있는가를 심사한다.

국민의 생명·신체의 안전은 다른 모든 기본권의 전제가 되며, 인간의 존엄성에 직결되는 것이므로, 단서조항에 해당하지 않는 교통사고로 중상해를 입은 피해자 와 단서조항에 해당하는 교통사고의 중상해 피해자 및 사망사고 피해자 사이의 차별 문제는 단지 자의성이 있었느냐의 점을 넘어서 입법목적과 차별 간에 비례성을 갖추었는지 여부를 더 엄격하게 심사하는 것이 바람직하고, 교통사고 운전자의 기소 여부에 따라 피해자의 헌법상 보장된 재판절차진술권이 행사될 수 있는지 여부가 결정되어 이는 기본권 행사에 있어서 중대한 제한을 구성하기 때문에, 이 사건에 대하여는 종전 선례인 헌법재판소 1997. 1. 16. 90헌마110 등 사건의 결정 이후에 변화된 판례에 따라 엄격한 심사기준에 의하여 판단하기로 한다.

(나) 판 단

이 사건 법률조항에 따르면 교통사고로 인하여 피해자가 중상해를 입은 경우에도, 가해 운전자가 어떠한 태양의 주의의무를 위반하였느냐에 따라 기소 여부가 달라진다. 즉 단서조항에 해당하는 교통사고라면 가해 운전자는 기소될 것이고, 단서조항에 해당하지 않으면 종합보험 등에 가입한 조건으로 면책된다. 이 때 단서조항에 해당하지 않는 교통사고로 인하여 중상해를 입은 피해자는, 자신에게 발생한 교통사고의 유형이 단서조항에 해당하지 않는다는 우연한 사정에 의하여 형사재판절차에서의 진술권을 전혀 행사하지 못하게 되는바, 이는 역시 우연하게도 단서조항에 해당하는 교통사고를 당한 중상해 피해자가 재판절차진술권을 행사하게 되는 것과 비교할 때 합리적인 이유 없이 차별취급을 당하는 것이다.

한편, 교특법은 피해자가 사망한 경우에는 단서조항에 해당하는 사고인지의 여부와 관계없이 기소하게 되어 있고(교특법 제3조 제1항, 형법 제268조 참조), 이는 사고관련자들의 주의의무 위반의 정도나 태양이 어떠하든 간에 생명권의 침해라는 크나큰 불법적 요소 때문이라 할 것이다. 그런데 교통사고로 인하여 중상해를 입은 결과, 식물인간이 되거나 평생 심각한 불구 또는 난치의 질병을 안고

살아가야 하는 피해자도 비록 생명권이 침해된 것은 아니지만 이에 비견될 정도의 육체적, 정신적 고통을 받게 되고, 정상적인 생활이 불가능해짐에 따라 가족 등 주변인들의 정신적, 경제적 고통도 이루 말할 수 없는 것이므로, 그 결과의 불법성이 사망사고보다 결코 작다고 단정할 수 없다. 따라서 교통사고로 인하여 피해자가 사망한 경우와 달리 중상해를 입은 경우 가해 운전자를 기소하지 않음으로써 그 피해자의 재판절차진술권을 제한하는 것 또한 합리적인 이유가 없는 차별취급이라고 할 것이다.

그리고 위와 같은 중상해 피해자 간 및 사망사고 피해자와의 차별취급은 중상해 피해자의 재판절차진술권 행사를 사고관련자들의 주의의무의 위반 정도 및 결과의 불법성의 크기 등에 관계없이, 사고유형이 단서조항에 해당하는지의 여부만으로 달리 취급하는 것이므로 신속한 피해회복이라는 이 사건 법률조항의 입법목적이라는 측면에서 보아도 그 차별의 정도에 적정한 균형관계를 이루고 있다고 보기 어렵다.

(2) 업무상 과실 또는 중대한 과실로 인하여 중상해가 아닌 상해를 입은 경우

업무상 과실 또는 중대한 과실로 인한 교통사고로 피해자에게 중상해가 아닌 상해의 결과만을 야기한 경우에는, 위 2. 나. 부분에서 살펴본 바와 같은 이유로 재판절차진술권의 행사에 있어 중상해 피해자와 비교하여 달리 취급할 만한 정당한 사유가 있다 할 것이므로 피해자 보호 및 가해 운전자의 처벌에 있어서 평등의 원칙에 반하지 아니한다고 할 것이다.

(3) 소 결

이 사건 법률조항으로 인하여 단서조항에 해당하지 아니하는 교통사고로 중상해를 입은 피해자를 단서조항에 해당하는 교통사고의 중상해 피해자 및 사망사고의 피해자와 재판절차진술권의 행사에 있어서 달리 취급한 것은, 단서조항에 해당하지 아니하는 교통사고로 중상해를 입은 피해자들의 평등권을 침해하는 것이라 할 것이다.

4. 기본권보호의무 위반 여부

(1) 의의 및 심사기준

기본권 보호의무란 기본권적 법익을 기본권 주체인 사인에 의한 위법한 침해 또는 침해의 위험으로부터 보호하여야 하는 국가의 의무를 말하며, 주로 사인인 제3자에 의한 개인의 생명이나 신체의 훼손에서 문제되는데, 이는 타인에 의하여 개인의 신체나 생명 등 법익이 국가의 보호의무 없이는 무력화될 정도의 상황에서만 적용될 수 있다.

이 사건에서는 교통사고를 방지하는 다른 보호조치에도 불구하고 국가가 형벌권이란 최종적인 수단을 사용하여야만 가장 효율적으로 국민의 생명과 신체권을 보호할 수 있는가가 문제된다. 만일 형벌이 법익을 가장 효율적으로 보호할 수 있는 유일한 방법임에도 불구하고 국가가 형벌권을 포기한 것이라면 국가는 기본권보호의무를 위반함으로써 생명·신체의 안전과 같은 청구인들의 중요한 기본권을 침해한 것이 될 것이다.

그런데 국가가 국민의 생명·신체의 안전을 보호할 의무를 진다 하더라도 국가의 보호의무를 입법자 또는 그로부터 위임받은 집행자가 어떻게 실현하여야 할 것인가 하는 문제는 원칙적으로 권력분립과 민주주의의 원칙에 따라 국민에 의하여 직접 민주적 정당성을 부여받고 자신의 결정에 대하여 정치적 책임을 지는 입법자의 책임범위에 속하므로, 헌법재판소는 단지 제한적으로만 입법

자 또는 그로부터 위임받은 집행자에 의한 보호의무의 이행을 심사할 수 있는 것이다.

따라서 국가가 국민의 생명・신체의 안전에 대한 보호의무를 다하지 않았는지 여부를 헌법재판소가 심사할 때에는 국가가 이를 보호하기 위하여 적어도 적절하고 효율적인 최소한의 보호조치를 취하였는가 하는 이른바 '과소보호금지원칙'의 위반 여부를 기준으로 삼아, 국민의 생명・신체의 안전을 보호하기 위한 조치가 필요한 상황인데도 국가가 아무런 보호조치를 취하지 않았든지 아니면 취한 조치가 법익을 보호하기에 전적으로 부적합하거나 매우 불충분한 것임이 명백한 경우에 한하여 국가의 보호의무의 위반을 확인하여야 하는 것이다.

(2) 과소보호금지원칙 위반 여부

국가의 신체와 생명에 대한 보호의무는 교통과실범의 경우 발생한 침해에 대한 사후처벌뿐이 아니라, 무엇보다도 우선적으로 운전면허취득에 관한 법규 등 전반적인 교통관련법규의 정비, 운전자와 일반국민에 대한 지속적인 계몽과 교육, 교통안전에 관한 시설의 유지 및 확충, 교통사고 피해자에 대한 보상제도 등 여러가지 사전적・사후적 조치를 함께 취함으로써 이행된다. 그렇다면 이 사건에서는 교통사고를 방지하는 다른 보호조치에도 불구하고 국가가 형벌권이란 최종적인 수단을 사용하여야만 가장 효율적으로 국민의 생명과 신체권을 보호할 수 있는가가 문제된다. 이를 위하여는 무엇보다도 우선적으로 형벌권의 행사가 곧 법익의 보호로 직결된다는 양자 간의 확연하고도 직접적인 인과관계와 긴밀한 내적인 연관관계가 요구되고, 형벌이 법익을 가장 효율적으로 보호할 수 있는 유일한 방법인 경우, 국가가 형벌권을 포기한다면 국가는 그의 보호의무를 위반하게 된다.

그러나 교통과실범에 대한 국가형벌권의 범위를 확대한다고 해서 형벌권의 행사가 곧 확실하고도 효율적인 법익의 보호로 이어지는 것은 아니다. 형벌의 일반예방효과와 범죄억제기능을 어느 정도 감안한다 하더라도 형벌을 통한 국민의 생명・신체의 안전이라는 법익의 보호효과는 그다지 확실한 것이 아니며, 결국 이 경우 형벌은 국가가 취할 수 있는 유효적절한 수많은 수단 중의 하나일 뿐이지, 결코 형벌까지 동원해야만 보호법익을 유효적절하게 보호할 수 있다는 의미의 최종적인 유일한 수단이 될 수는 없는 것이다.

(3) 그러므로 이 사건 법률조항을 두고 국가가 일정한 교통사고범죄에 대하여 형벌권을 행사하지 않음으로써 도로교통의 전반적인 위험으로부터 국민의 생명과 신체를 적절하고 유효하게 보호하는 아무런 조치를 취하지 않았다든지, 아니면 국가가 취한 현재의 제반 조치가 명백하게 부적합하거나 부족하여 그 보호의무를 명백히 위반한 것이라고 할 수 없다.

Ⅲ. 결 론

이상의 이유로 이 사건 법률조항 중 업무상과실 또는 중대한 과실로 인한 교통사고로 말미암아 피해자로 하여금 중상해에 이르게 한 경우에 공소를 제기할 수 없도록 규정한 부분은 청구인들의 재판절차진술권 및 평등권을 침해하여 헌법에 위반되는바, 종전에 헌법재판소가 이 결정과 견해를 달리하여 구 교통사고처리특례법(1984. 8. 4. 법률 제3744호로 개정되고, 1997. 8. 30. 법률 제5480호로 개정되기 전의 것) 제4조 제1항이 헌법에 위반되지 아니한다고 판시한 1997. 1. 16. 90헌마110 등 결정은 이 결정과 저촉되는 범위 내에서 이를 변경하기로 하여 주문과 같이 결정한다.

재판관 조대현, 재판관 민형기의 반대의견

우리는 다수의견과 달리 이 사건 법률조항이 헌법에 위반되지 않는다고 보므로 다음과 같은 견해를 밝힌다.

1. 헌법재판소는 1997. 1. 16. 이 사건의 선례인 90헌가110・136(병합) '교통사고처리특례법 제4조 등에 대한 헌법소원' 사건에서 구 교통사고처리특례법 제4조 제1항이 평등권 및 재판절차진술권을 침해하지 아니하고 국가의 기본권 보호의무를 위반하지 아니하여 헌법에 위반되지 아니한다고 결정하였는바, 그와 같은 결론은 정당하고 이를 변경하여야 할 사정이나 필요성이 있다고 보이지 아니하므로 그 결정 이유를 이 사건에서도 그대로 원용하고, 다만 이와 별개로 다음과 같은 이유를 추가하기로 한다.

2. 교특법은 자동차 운전이 일상에 있어 필수적인 상황임을 고려하여 운전자로 하여금 종합보험 등의 가입을 유도함으로써 교통사고로 인한 피해의 신속한 회복을 촉진하고 국민생활의 편익을 증진하려는 목적으로 제정된 것이기는 하나, 비록 명시되어 있지는 않지만 그 입법취지 속에는 교통사고를 일으킨 운전자가 중대한 과실을 범하지 않은 경우 형사처벌의 위험에서 벗어날 수 있도록 하려는 부수적이지만 중요한 의도 또한 포함하고 있으며, 이는 이미 교통사고와 관련하여 모든 국민이 잠재적인 가해자이자 피해자로서 피해의 회복 못지않게 매우 중요한 의미를 가진다 할 것이다.

그런데 교특법의 위 두 가지 입법목적 중에서는 교통사고 피해자에 대한 신속하고도 확실한 피해회복이 물론 우선되어야 할 것으로서, 교특법상 단서조항에 해당하지 않는 교통사고로 인한 피해에 대하여 실질적이고도 충분한 피해회복이 이루어지거나 피해자가 가해 운전자의 처벌을 원하지 아니하는 경우에는 그 범위 내에서 굳이 가해 운전자를 처벌할 필요가 없다고 보여지므로 가해 운전자가 단서조항에 해당하는 정도의 중대한 주의의무를 위반하지 아니하는 한 종합보험 등에 가입한 경우에는 공소를 제기할 수 없도록 한 것은 위와 같은 입법목적을 달성하기 위하여 적절한 수단이라고 아니할 수 없다.

이와 달리 다수의견이 밝힌 바와 같이 교통사고에 있어 가해 운전자에 대하여 공소를 제기하여 처벌할 수 있는 범위를 확대한다면, 이는 강력한 심리적인 압박으로 작용하여 가해 운전자는 처벌을 경감받기 위하여 피해자의 피해회복에 보다 성실히 임할 가능성은 있다 할 것이나, 그렇다고 하여 일반적으로 피해회복이 보다 원만하고 신속하게 이루어질 것이라고 단정할 수는 없는 것이고, 오히려 종합보험 등에 가입하여 개관적인 손해의 담보가 예정되어 있는데도 피해자가 처벌을 빌미로 좀 더 많은 배상을 받기 위하여 가해 운전자를 압박하는 등 또 다른 크고 작은 폐해가 초래될 가능성을 배제할 수 없다.

또한 단서조항에 해당하지 않은 교통사고로 중상해를 입은 피해자에 대하여 재판절차에서 진술할 권리를 보장한다 하더라도, 피해자가 피해보상을 받은 경우에는 선처를 구하는 내용이 될 것인 반면 피해보상을 받지 못한 경우에는 그러한 사정과 함께 엄벌하여 달라는 호소가 그 주된 내용이 될 것으로, 재판절차진술권을 보장함으로써 피해자의 신원(伸寃)을 이루어주는 것 이외에는 현실적으로 피해회복을 담보하기에 쉽지 않을 것이다.

결국 교통사고로 인한 피해의 신속한 회복은 특단의 사정이 없는 한 그와 별개의 문제로 보여지는 가해 운전자에 대한 형사처벌을 통하여서가 아니라 민사적인 수단과 방법으로, 특히 종합보험 등에 의하여 손해를 담보함으로써 해결되도록 함이 바람직하고, 피해자에 대한 신속하고도 완전한 회복을 위하여는 보험료를 인상하고 사고차량에 대한 보험료 할증제도를 보완하며 보험금 지급수준을 현실화하는 등 교통사고 피해자의 손해의 담보를 확충하는 제도적인 정비가 필수적으로 뒤따라야 함은 두말할 나위가 없다 할 것이다.

그럼에도 불구하고 다수의견이 교특법 제4조 제1항 중 업무상과실 또는 중과실로 인한 교통사고로 인하여 중상해에 이르게 한 경우 피해자의 명시적인 처벌의사가 있거나 가해자가 종합보험 등에 가입되었다 하더라도 공소를 제기할 수 있도록 하여 교통사고 가해자에 대한 형사처벌의 범위를 확대하려는 것은 이에 반하는 것으로서, 형사책임과 민사책임을 분리하여 후자를 강조하는 시대적인 조류를 거스르는 조치가 아닌지 의문이 든다.

3. 또한 교특법의 위와 같은 입법목적을 달성하기 위하여는 공소제기의 요건이 명확하여야 할 것이다.

다수의견과 같이 단서조항에 해당하지 않는데도 피해자에게 중상해를 입혔다 하여 공소를 제기할 수 있도록 한다면, 교통사고로 피해자가 크게 다친 경우 운전자나 경찰관이 피해자의 상해 정도가 기소에 해당하는 중상해인지 여부를 명백히 판단하기 어렵고, 교통사고로 인한 상해 정도는 운전자의 과실 정도에 비례하는 것이 아니라 피해자의 나이, 성별, 부상부위, 신체적 특이성 등 우연한 사정에 의하여 달라질 수 있는 것이므로, 수사기관으로서는 사고 관련자의 과실 유무 및 정도에 대한 수사와 의사의 감정이 마쳐져야 공소제기 여부를 결정할 수 있게 될 것이며, 공소제기 후에도 중상해에 관한 법률적 평가는 종국적으로 법관의 판단에 따라 달라질 수 있을 것이다.

결국 가해 운전자에 대한 공소제기 요건이 구비되었는지 여부가 공소를 제기하는 검사의 판단에 따라 달라지고 형사재판 절차까지 마쳐야 비로소 확정될 수 있게 되어 법 적용의 예측 가능성과 통일성을 확보하기 어렵게 될 것이다.

4. 그리고 형사피해자는 법률이 정하는 바에 의하여 당해 사건의 재판절차에서 진술할 수 있고(헌법 제27조 제5항), 법원은 범죄로 인한 피해자의 신청이 있는 경우에는 그 피해자를 증인으로 신문하여야 하며(형사소송법 제294조의 2 제1항), 피해자를 신문하는 경우 피해의 정도 및 결과, 피고인의 처벌에 관한 의견, 그 밖에 당해 사건에 관한 의견을 진술할 기회를 주어야 하나(형사소송법 제294조의 2 제2항), 이러한 피해자의 재판절차진술권은 피의자가 이미 공소제기된 것을 전제로 하는 것으로서, 종합보험 등 가입을 이유로 검사의 공소권 없음의 불기소처분이 내려진 교통사고 사건의 피해자는 재판절차진술권을 가지고 있다고 볼 수 없다 할 것이므로, 이러한 피해자의 재판절차진술권을 보장하기 위하여 수사기관에 공소제기를 요구할 수는 없는 것이다.

따라서 종합보험 등에 가입한 경우 공소제기할 수 없도록 하여 소추조건을 제한하였다 하더라도 이것이 곧바로 피해자의 재판절차진술권이 침해되는 것이라고 보기는 어렵다 할 것이다.

5. 그러므로 이 사건 법률조항은 헌법에 위반되지 아니한다.

✤ 본 판례에 대한 평가 1. **국가의 기본권보장의무의 의의**: 국가의 기본권보장의무란 기본권에 의하여 보호받을 법익을 국가나 사인에 의해 위법하게 침해받지 않도록 보호해야 할 국가의 의무를 말한다. 헌법 제10조 후문에서는 "국가는 개인이 가지는 불가침의 기본적 인권을 확인하고 이를 보장할 의무를 진다"라고 규정하고 있다. 즉 국민의 기본적 인권은 국가 이전에 존재하는 천부인권적 성질을 가지는 것이며 이를 최대한으로 보장하는 것이 국가의 중대한 책무라는 점을 밝히고 있다. 이로써 기본권에 대한 보호의무자로서의 국가는 국민의 기본권에 대한 침해자로서의 지위에 서는 것이 아니라 국민과 동반자로서의 지위에 서게 된다.

2. **기본권보장의무의 내용**: 기본권보장의무의 수범자는 입법 · 행정 · 사법 등 모든 국가기관이다. 그 중에서 특히 입법자의 입법행위를 통하여 기본권보장의무가 적극적으로 구현될 수 있다. 기본권보장의무의 구체적 내용으로는 국가의 기본권침해금지의무, 기본권의 적극적 실현의무, 사인간의 기본권침해방지의무로 나누어 볼 수 있다.

특히 기본권의 실현이 모든 영역에서 이루어질 수 있도록 국가는 사인에 의한 기본권침해를 방지하고 나아가 실효성 있는 피해구제수단을 마련하여야 한다. 이러한 기본권보장의무는 기본권의 대사인적 효력과도 관련이 있다. 기본권의 효력은 사인 간에도 미치므로, 법원은 사인 간의 법적 분쟁을 해결함에 있어서 기본권의 최대한 보장이라는 헌법상의 요청을 적극적으로 수용하여야 한다. 이것은 곧 국가기관의 기본권실현의무에 부응하는 것이기도 하다.

이와 관련하여 독일에서는 사인 상호간에 기본권침해가 발생할 경우에 국가의 적극적 개입을 정당화하는 기본권보호의무이론이 전개되고 있다. 헌법재판소도 당해 결정에서 교통사고처리특례법 사건에서 이와 같은 논리를 수용하고 있다.

3. **국가의 기본권보장의무에 대한 헌법재판소의 심사기준**(과소보호금지의 원칙): 국가권력에 의하여 국민의 기본권이 침해당하는 경우와 달리, 국가의 기본권보장의무의 이행 여부를 판단함에 있어서 헌법재판소는 단지 제한적으로만 입법자에 의한 보호의무의 이행을 심사할 수 있을 뿐이다. 즉, 국가권력에 의한 기본권침해의 경우와는 달리 권력분립원칙과 민주주의원칙까지 충분히 고려하면서, 과소보호금지의 원칙을 그 심사기준으로 삼아야 한다. 과소보호금지의 원칙이란 국가가 국민의 법익보호를 위하여 적어도 적절하고 효율적인 최소한의 보호조치를 취했는가를 기준으로 심사해야 한다는 것으로, 이에 의하면 입법부작위나 불완전한 입법에 의한 기본권침해는 입법자의 보호의무에 대한 명백한 위반이 있는 경우에만 인정될 수 있다.

4. **2011. 4. 12.에 개정된 교통사고처리특례법 제4조 제1항의 내용**: 제4조 (보험 등에 가입된 경우의 특례) ① 교통사고를 일으킨 차가 「보험업법」 제4조, 제126조, 제127조 및 제128조, 「여객자동차 운수사업법」 제60조, 제61조 또는 「화물자동차 운수사업법」 제51조에 따른 보험 또는 공제에 가입된 경우에는 제3조제2항 본문에 규정된 죄를 범한 차의 운전자에 대하여 공소를 제기할 수 없다. 다만, 다음 각 호의 어느 하나에 해당하는 경우에는 그러하지 아니하다.

1. 제3조제2항 단서에 해당하는 경우
2. 피해자가 신체의 상해로 인하여 생명에 대한 위험이 발생하거나 불구(不具)가 되거나 불치(不治) 또는 난치(難治)의 질병이 생긴 경우
3. 보험계약 또는 공제계약이 무효로 되거나 해지되거나 계약상의 면책 규정 등으로 인하여 보험회사, 공제조합 또는 공제사업자의 보험금 또는 공제금 지급의무가 없어진 경우

판례 평석: 정태호, "「법집행 편의」를 고려한 입법의 헌법적 한계 - 헌재 1997. 1. 16. 90헌마110 등에 대한 법정의견의 유형화논거에 대한 비판", 인권과 정의 통권 306호(2002. 2), 대한변호사협회; 윤진수, "교통사고처리특례법 제4조 제1항 및 그에 근거한 불기소처분에 대한 헌법소원의 적법성: 위헌결정의 소급효 문제를 중심으로", 헌법실무연구 제1권(2000); 윤진수, "교통사고처리특례법 제4조 제1항 및 그에 근거한 불기소처분에 대한 헌법소원의 적법성 - 위헌결정의 소급효 문제를 중심으로", 판례월보(2000. 1); 이종원 외, "교통사고처리특례법 제4조 등에 대한 헌법소원", 헌법판례평석, 광장서적출판부(1999); 김상겸, "교통사고처리특례법 제4조 제1항의 위헌성", 한국고시, 2009. 3. 5.자; 방승주, "교통사고처리특례법 제4조 제1항의 위헌여부 심사기준", 법률신문 2009. 3. 26.자; 이효원, "교통사고처리특례법 제4조 제1항 위헌확인 결정에 대한 비판적 분석, 서울대학교 법학 제50권 제2호 통권 제151호(2009. 6); 이수영, 헌법재판소 결정해설집, 헌법재판소(2010).

관련 문헌: 송기춘, 국가의 기본권보장의무에 관한 연구, 서울대 박사학위논문(1999); 정태호, "기본권보호의무", 인권과 정의(1997. 8); 전광석, "사회변화와 헌법과제로서의 복지국가의 실현", 공법연구 제31집 제1호(2002. 11); 이흥용 · 이발래, "국가의 기본권보호의무로서의 과소보호금지의 원칙", 건국대 사회과학연구 13.

[요약판례 1] 검사의 공소권행사에 대한 헌법소원: 각하(헌재 1989.4.17. 88헌마3)

검사의 불기소처분으로 인하여 기본권을 침해받을 수 있는 것인지 여부(적극)

불기소처분의 실질을 살펴보면, 불기소처분은 처분의 형식상 피의자를 대상으로 하는 적극적 처분이라고 할 수 있으나, 피해자를 중심으로 생각하여 보면 피해자에 대한 보호를 포기한 소극적인 부작위처분이라는 실질을 함께 가

지고 있다.

국가기관이 공소권을 독점하고 피해자에 의한 복수를 허용하지 아니하면서 자력구제를 아주 제한적으로만 인정하고 있는 법제도는 국가에 의한 피해자 보호가 충분히 이루어질 때 비로소 그 존재의의가 있는 것이다. 따라서 **범죄로부터 국민을 보호하여야 할 국가의 의무**가 이루어지지 아니할 때 국가의 의무위반을 국민에 대한 기본권 침해로 규정할 수 있다. 이 경우 개인의 법익을 직접 침해하는 것은 국가가 아닌 제3자의 범죄행위이므로 위와 같은 원초적인 행위 자체를 기본권침해 행위라고 규정할 수는 없으나, 이와 같은 침해가 있음에도 불구하고 이것을 배제하여야 할 국가의 의무가 이행되지 아니한다면 이 경우 국민은 국가를 상대로 헌법 제10조, 제11조 제1항 및 제30조(이 사건과 같이 생명・신체에 대한 피해를 받은 경우)에 규정된 보호의무 위반 또는 법 앞에서의 평등권 위반이라는 기본권 침해를 주장할 수 있는 것이다.

그런데, 이 사건 불기소처분의 대상이 된 피의사실은 헌법재판소 창설 이전인 1988. 3. 27. 공소시효가 이미 완성되었음이 관계기록에 의하여 명백하므로 결국 이 사건 헌법소원은 권리보호의 이익이 없다 할 것이다.

[요약판례 2] 국세기본법 제56조 제2항 등에 대한 헌법소원: 위헌(헌재 1992.7.23. 90헌바2등)

국세기본법 제56조 제2항 중 괄호부분의 위헌 여부(적극)

위법한 처분에 대한 행정소송은 심판청구에 대한 "결정의 통지를 받지 못한 경우에는 제81조 단서의 결정기간이 경과한 날"로부터 60일내에 제기하여야 한다고 규정하고 있는 국세기본법 제56조 제2항 중 괄호부분은, 위법한 과세처분에 대한 국민의 재판을 받을 권리에 직접 관련된 불변기간에 관한 규정으로서, 그 기간계산에 있어서 나무랄 수 없는 법의 오해로 재판을 받을 권리를 상실하는 일이 없도록 쉽게 이해되게, 그리고 명확하게 규정되어야 함에도 불구하고, 법률전문가의 입장에서도 그 내용파악이 어렵고 모호할 정도로 불명확하고 모호하게 규정함으로써 그 기산점에 관하여 혼선을 일으키게 하고 있으므로, 헌법 제27조 제1항의 재판을 받을 권리의 파생인 불변기간 명확화의 원칙에 반하고, 또한 헌법으로 확보된 기본권이 그 하위법규로 인하여 잃기 쉽게 하였다는 점에서 헌법 제10조 후문이 규정하는 국가의 기본권보장의무에도 위반된다.

[요약판례 3] 구 국세기본법 제61조 제1항 단서 위헌제청: 위헌(헌재 1996.11.28. 96헌가15)

구 국세기본법 제61조 제1항 단서 중 괄호 내인 "결정의 통지를 받지 못한 경우에는 동조 동항 단서에 규정하는 결정기간이 경과한 날" 부분이 헌법에 위반되는지 여부(적극)

제소기간과 같은 불변기간은 국민의 기본권인 재판받을 권리의 행사와 직접 관련되는 사항이므로 제소기간에 관한 규정은 국민들이 나무랄 수 없는 법의 오해로 재판을 받을 권리를 상실하는 일이 없도록 알기 쉽고, 여러 가지 해석이 나오지 않게끔 명확하게 규정되어야 하며, 그것이 바로 재판을 받을 권리의 기본권행사에 있어서 예측가능성의 보장일 뿐만 아니라 재판을 받을 권리의 실질적인 존중이며 나아가 법치주의의 이상을 실현시키는 것이기도 할 것인바, 위법한 과세처분에 대한 국세청장에의 심사청구기간을 정한 이 사건 심판대상 규정 중 세무서장의 이의신청에 대한 결정의 통지를 받지 못한 경우의 청구기간에 관한 괄호부분은 어구가 모호하고 불완전하여 그 기산일에 관하여 여러 가지 해석이 나올 수 있고, 일반인의 주의력으로는 쉽사리 정확하게 이해하기도 어렵거니와 중요한 규정을 괄호내에 압축하여 불충실하고 불완전하게 규정함으로써 그 적용을 받은 국민으로 하여금 재판권행사에 착오와 혼선을 일으키게 하였으므로 법치주의의 한 내용인 명확성의 원칙에 반할 뿐만 아니라 재판을 받을 권리의 파생인 불변기간 명확화의 원칙에도 반하고, 또한 헌법으로 확보된 기본권이 그 하위법규로 인하여 잃기 쉽게 된다면 이는 입법과정에서 국가의 기본권 보장의무를 현저히 소홀히 한 것이라 할 것이므로 위 괄호규정은 헌법 제10조 후문에도 저촉된다.

[요약판례 4] 의료기사법시행령 제2조에 대한 헌법소원: 기각(헌재 1993.11.25. 92헌마87)

의료법상 의료인의 의료권이 헌법 제22조 제2항의 과학기술자의 권리와 제36조 제3항의 국민의 보건에 관한 권리에 의하여 보장되는 권리인지 여부(소극)

과학기술자의 특별보호를 명시한 헌법 제22조 제2항은 과학·기술의 자유롭고 창조적인 연구개발을 촉진하여 이론과 실제 양면에 있어서 그 연구와 소산을 보호함으로써 문화창달을 제고하려는 데 그 목적이 있는 것이므로, 이는 국민의 건강을 보호증진함을 목적으로 국민의료에 관한 사항을 규정한 의료법에 의하여 보호되는 의료인과는 보호의 차원이 다르고, 또한 **국가의 국민보건에 관한 보호의무를 명시한 헌법 제36조 제3항에 의한 권리를 헌법소원을 통하여 주장할 수 있는 자는 직접 자신의 보건이나 의료문제가 국가에 의해 보호받지 못하고 있는 의료 수혜자적 지위에 있는 국민**이라고 할 것이므로 청구인과 같은 의료시술자적 지위에 있는 안과의사가 자기 고유의 업무범위를 주장하여 다투는 경우에는 위 헌법규정을 원용할 수 없다.

[요약판례 5] 입법부작위 위헌확인: 각하(헌재 1998.5.28. 96헌마44)

외교관계에관한비엔나협약에 의하여 외국의 대사관저에 대하여 강제집행이 불가능하게 된 경우 국가가 그 손실을 보상할 입법의무가 있는지 여부(소극)

외국의 대사관저에 대하여 강제집행을 할 수 없다는 이유로 집달관이 청구인들의 강제집행의 신청의 접수를 거부하여 강제집행이 불가능하게 된 경우 국가가 청구인들에게 손실을 보상하는 법률을 제정하여야 할 헌법상의 명시적인 입법위임은 인정되지 아니하고, 헌법의 해석으로도 그러한 법률을 제정함으로써 청구인들의 기본권을 보호하여야 할 입법자의 행위의무 내지 보호의무가 발생하였다고 볼 수 없다.

[요약판례 6] 미국산 쇠고기 및 쇠고기 제품 수입위생조건 위헌확인: 기각,각하(헌재 2008.12.26. 2008헌마419등)

2008. 6. 26. 농림수산식품부 고시 제2008-15호 '미국산 쇠고기 수입위생조건'과 국민의 생명·신체의 안전을 보호할 국가의 기본권 보호의무 및 이 사건 고시가 청구인들의 생명·신체의 안전을 보호할 국가의 의무를 명백히 위반하였는지 여부(소극)

소해면상뇌증의 위험성, 미국 내에서의 발병사례, 국내에서의 섭취가능성을 감안할 때 미국산 쇠고기가 수입·유통되는 경우 소해면상뇌증에 감염된 것이 유입되어 소비자의 생명·신체의 안전이라는 중요한 기본권적인 법익이 침해될 가능성을 전적으로 부정할 수는 없으므로, 국가로서는 미국산 쇠고기의 수입과 관련하여 소해면상뇌증의 원인물질인 변형 프리온 단백질이 축적된 것이 유입되는 것을 방지하기 위하여 적절하고 효율적인 조치를 취함으로써 소비자인 국민의 생명·신체의 안전을 보호할 구체적인 의무가 있다. 이 사건 고시는 가축전염병예방법 제34조 제2항에 근거하여 미국산 쇠고기 수입으로 인한 소해면상뇌증 발병 가능성 등에 대응하기 위하여 취해진 보호조치의 일환으로, 이 사건에 있어서는 고시상의 보호조치가 국가의 기본권 보호의무를 위반함으로써 생명·신체의 안전과 같은 청구인들의 중요한 기본권적 법익이 침해되었는지 여부가 문제된다.

국가가 국민의 생명·신체의 안전에 대한 보호의무를 다하지 않았는지 여부를 헌법재판소가 심사할 때에는 국가가 이를 보호하기 위하여 적어도 적절하고 효율적인 최소한의 보호조치를 취하였는가 하는 이른바 '과소보호 금지원칙'의 위반 여부를 기준으로 삼아, 국민의 생명·신체의 안전을 보호하기 위한 조치가 필요한 상황인데도 국가가 아무런 보호조치를 취하지 않았든지 아니면 취한 조치가 법익을 보호하기에 전적으로 부적합하거나 매우 불충분한 것임이 명백한 경우에 한하여 국가의 보호의무의 위반을 확인하여야 한다.

이 사건 고시가 개정 전 고시에 비하여 완화된 수입위생조건을 정한 측면이 있다 하더라도, 미국산 쇠고기의 수입과 관련한 위험상황 등과 관련하여 개정 전 고시 이후에 달라진 여러 요인들을 고려하고 지금까지의 관련 과학기술 지식과 OIE 국제기준 등에 근거하여 보호조치를 취한 것이라면, 이 사건 고시상의 보호조치가 체감적으로 완벽한 것은 아니라 할지라도, 위 기준과 그 내용에 비추어 쇠고기 소비자인 국민의 생명·신체의 안전을 보호하기에 전적으로 부적합하거나 매우 부족하여 그 보호의무를 명백히 위반한 것이라고 단정하기는 어렵다 할 것이다.

[요약판례 7] 태평양전쟁 전후 국외 강제동원희생자 등 지원에 관한 법률 제2조 등 위헌확인: 기각(헌재 2011.2.24. 2009헌마94)

1. 태평양전쟁 전후 강제동원된 자 중 국외 강제동원자에 대해서만 의료지원금을 지급하도록 규정하고 있는 이 사건 법률조항이 평등권을 침해하는지 여부(소극)
2. 이 사건 법률조항이 국민에 대한 국가의 기본권보호의무에 위배되는지 여부(소극)

비록 태평양전쟁 관련 강제동원자들에 대한 국가의 지원이 충분하지 못한 점이 있다하더라도, 이 사건은 국가가 국내 강제동원자들을 위하여 아무런 보호조치를 취하지 아니하였다거나 아니면 국가가 취한 조치가 전적으로 부적합하거나 매우 불충분한 것임이 명백한 경우라고 단정하기 어려우므로, 구 '태평양전쟁 전후 국외 강제동원희생자 등 지원에 관한 법률' 제6조 제1항 중 "강제동원생환자" 정의에 관한 제2조 제2호가 의료지원금 지급 대상의 범위에서 국내 강제동원자를 제외하고 있는 것이 국민에 대한 국가의 기본권보호의무에 위배된다고 볼 수 없다.

제2항 기본권의 침해와 구제

대판 1997.6.13. 96다56115

국회의원의 입법행위가 국가배상법 제2조 제1항의 위법행위에 해당되는지 여부(소극)

우리 헌법이 채택하고 있는 의회민주주의하에서 국회는 다원적 의견이나 각가지 이익을 반영시킨 토론과정을 거쳐 다수결의 원리에 따라 통일적인 국가의사를 형성하는 역할을 담당하는 국가기관으로서 그 과정에 참여한 국회의원은 입법에 관하여 원칙적으로 국민 전체에 대한 관계에서 정치적 책임을 질 뿐 국민 개개인의 권리에 대응하여 법적 의무를 지는 것은 아니므로, 국회의원의 입법행위는 그 **입법 내용이 헌법의 문언에 명백히 위반됨에도 불구**하고 국회가 굳이 당해 입법을 한 것과 같은 특수한 경우가 아닌 한 국가배상법 제2조 제1항 소정의 위법행위에 해당된다고 볼 수 없다.

[요약판례 1] 입법부작위 위헌확인: 각하(헌재 1996.10.31. 94헌마108)

이른바 진정입법부작위와 부진정입법부작위의 의미

넓은 의미의 입법부작위에는, 입법자가 헌법상 입법의무가 있는 어떤 사항에 관하여 전혀 입법을 하지 아니함으로써 '**입법행위의 흠결이 있는 경우**'와 입법자가 어떤 사항에 관하여 입법은 하였으나 그 입법의 내용 범위 절차 등이 당해 사항을 불완전, 불충분 또는 불공정하게 규율함으로써 '**입법행위에 결함이 있는 경우**'가 있는데, 일반적으로 전자를 진정입법부작위, 후자를 부진정입법부작위라고 부르고 있다.

(재판관 김진우, 이재화, 조승형의 반대의견) 다수의견은 입법부작위를 진정·부진정의 두 경우로 나누고 있으며, 그 판단기준을 어떤 사항에 관하여 "입법이 있었느냐"의 여부에만 두고 있으나, 이와 같은 2분법적 기준은 애매모호하여 국민의 기본권 보호에 실효성이 없으며, 가사 2분법에 따른다 하더라도, 헌법상 입법의무의 대상이 되는 입법사항이 여러가지로 나누어져 있을 때에 각 입법사항을 모두 규율하고 있으나 입법자가 **질적·상대적으로 불완전·불충분하게 규율하고 있는 경우를 부진정입법부작위**로, 위 입법사항들 중 **일부의 입법사항에 대하여는 규율하면서 나머지 일부의 입법사항에 관하여서는 전혀 규율하고 있지 아니한 경우 즉 양적·절대적으로 규율하고 있지 아니한 경우에는 진정입법부작위**로 보아야 한다.

[요약판례 2] 의료법시행규칙에 관한 헌법소원: 각하(헌재 1993.3.11. 89헌마79)

진정입법부작위에 대한 헌법소원의 적법요건 및 침구사 자격취득의 경과규정을 두지 않은 불완전입법에 대한 헌법소원의 제기방법

아무런 입법을 하지 않은 채 방치되어 있는 진정입법부작위가 헌법소원의 대상이 되려면 헌법에서 기본권보장을 위하여 **명시적인 입법위임**을 하였음에도 입법자가 이를 이행하지 않을 때, 그리고 헌법해석상 특정인에게 구체적인 기본권이 생겨 이를 보장하기 위한 **국가의 행위의무 내지 보호의무**가 발생하였음이 명백함에도 불구하고 입법자가 아무런 입법조치를 취하고 있지 않은 경우라야 한다.

구 의료법 부칙 제3항의 경과규정은 종래의 침구사 제도를 폐지하는 마당에 이미 자격취득한 침구사 등 의료유사업자등 기득권만은 그대로 보호해 준다는 경과규정이고, 합격여부가 미정인 침구사 시험준비중이던 사람의 이른바 기대이익은 고려하지 않는다는 뜻도 포함된 것으로 보여지며, 그렇다면 청구인과 같은 입장에 처해 있는 사람에게 아무런 입법을 하지 않은 채 방치되어 있는 진정입법부작위의 경우라기보다는 입법은 하였으나 문언상 명백히 하지 않고 반대해석으로 그 규정의 취의를 알 수 있도록 한 경우에 해당할 것으로, 이처럼 불완전입법에 대하여 재판상 다툴 경

우에는 그 입법규정 즉, 이 사건의 경우는 위 부칙 제3항 자체를 대상으로 하여 그것이 헌법위반이라는 적극적인 헌법소원을 제기하여야 한다.

[요약판례 3] 사법서사법시행규칙에 관한 헌법소원: 기각,각하(헌재 1989.3.17. 88헌마1)

구 사법서사법시행규칙 제1조의 폐지에 따르는 경합자 환산경과규정 불비의 입법부작위에 대한 헌법소원의 적법여부(소극)

입법행위의 소구청구권은 원칙적으로 인정될 수 없고 다만 헌법에서 기본권보장을 위하여 법령에 명시적인 입법위임을 하였을 때, 그리고 헌법해석 특정인에게 구체적인 기본권이 생겨 이를 보장하기 위한 국가의 행위의무 내지 보호의무가 발생하였을 때에는 입법부작위가 헌법소원의 대상이 되지만, 이른바 부진정소급효입법의 경우에는 특단의 사정이 없는 한 구법관계 내지 구법상의 기대이익을 존중하여야 할 입법의무가 없으므로 헌법소원심판청구는 부적법하다.

[요약판례 4] 조선철도(주) 주식의 보상금청구에 관한 헌법소원: 인용(위헌확인)(헌재 1994.12.29. 89헌마2)

군정법령에 따른 보상절차가 이루어지지 않은 단계에서 조선철도의통일폐지법률에 의하여 군정법령을 폐지하고 그 보상에 관하여 아무런 입법조치를 취하지 않은 것이 위헌인지 여부(적극)

우리 헌법은 제헌 이래 현재까지 일관하여 재산의 수용, 사용 또는 제한에 대한 보상금을 지급하도록 규정하면서 이를 법률이 정하도록 위임함으로써 국가에게 명시적으로 수용 등의 경우 그 보상에 관한 입법의무를 부과하여 왔는바, 해방 후 사설철도회사의 전 재산을 수용하면서 그 보상절차를 규정한 군정법령 제75호에 따른 보상절차가 이루어지지 않은 단계에서 조선철도의통일폐지법률에 의하여 위 군정법령이 폐지됨으로써 대한민국의 법령에 의한 수용은 있었으나 그에 대한 보상을 실시할 수 있는 절차를 규정하는 법률이 없는 상태가 현재까지 계속되고 있으므로, 대한민국은 위 군정법령에 근거한 수용에 대하여 보상에 관한 법률을 제정하여야 하는 입법자의 헌법상 명시된 입법의무가 발생하였으며, 위 폐지법률이 시행된 지 30년이 지나도록 입법자가 전혀 아무런 입법조치를 취하지 않고 있는 것은 입법재량의 한계를 넘는 입법의무불이행으로서 보상청구권이 확정된 자의 헌법상 보장된 재산권을 침해하는 것이므로 위헌이다.

[요약판례 5] 평균임금결정 · 고시부작위 위헌확인: 인용(위헌확인)(헌재 2002.7.18. 2000헌마707)

산업재해보상보험법 제4조 제2호 단서 및 근로기준법시행령 제4조가 정하는 경우에 관하여 노동부장관이 평균임금을 정하여 고시하지 아니하는 부작위가 청구인들의 기본권을 침해한 것으로서 헌법에 위반되는지 여부(적극)

산업재해보상보험법 제4조 제2호 단서 및 근로기준법시행령 제4조는 근로기준법과 같은법시행령에 의하여 근로자의 평균임금을 산정할 수 없는 경우에 노동부장관으로 하여금 평균임금을 정하여 고시하도록 규정하고 있으므로, 노동부장관으로서는 그 취지에 따라 평균임금을 정하여 고시하는 내용의 행정입법을 하여야 할 의무가 있다고 할 것인바, 노동부장관의 그러한 작위의무는 직접 헌법에 의하여 부여된 것은 아니나, 법률이 행정입법을 당연한 전제로 규정하고 있음에도 불구하고 행정권이 그 취지에 따라 행정입법을 하지 아니함으로써 법령의 공백상태를 방치하고 있는 경우에는 행정권에 의하여 입법권이 침해되는 결과가 되는 것이므로, 노동부장관의 그러한 **행정입법 작위의무는 헌법적 의무**라고 보아야 한다.

산업재해보상보험법이 개정되어 행정입법의 작위의무가 발생한 때로부터 이미 30년 정도가 경과되어 그동안 충분한 시간적 여유가 있었음에도 불구하고 아직도 행정입법의 작위의무를 이행하지 아니하고 있으므로 이는 합리적인 기간 내의 지체라고 볼 수 없다.

피청구인이 헌법에서 유래하는 행정입법의 작위의무가 있음에도 불구하고 상당한 기간이 경과하도록 이를 이행하지 아니하고 있다면, 향후 그 행정입법의 내용에 의하여 청구인들에 대한 보험급여액이 달라질 것인지의 여부와는 관계없이 그 자체로 청구인들의 재산권을 침해하는 것이다.

[요약판례 6] 입법부작위위헌확인: 각하(헌재 2006.4.27. 2005헌마968)

대한민국정부와미합중국정부간의범죄인인도조약에 의한 인도 절차 진행 중 미국 정부에 의해 구금된 기간을 판결 선고 전 구금일수로 산입할 수 있는 근거조항을 마련하지 아니한 입법부작위에 대한 헌법소원심판청구의 적법여부(소극)

헌법이 입법자에게 우리나라의 형사재판관할권하에 있는 국민이 외국으로 도주한 경우 대한민국정부와미합중국정부간의범죄인인도조약에 의한 인도 대상이 되는지의 여부를 심사하기 위하여 외국에서 구금된 기간을 형기에 산입하도록 하는 조항을 마련할 명시적인 입법의무를 부여하지 않았음은 명백하고, 헌법해석상으로도 입법자에게 위와 같은 입법의무가 발생하지는 않는다.

그렇다면 대한민국정부와미합중국정부간의범죄인인도조약에 의거하여 범죄인의 인도심사를 위하여 미국에서 구금된 기간을 형기에 산입할 것인지의 여부는 입법형성의 자유의 영역에 해당하고 입법자에게 이 사건 입법을 하여야 할 헌법의 명문상 또는 해석상 작위의무가 존재한다고 할 수 없으므로 이 사건 입법부작위 위헌확인심판청구는 부적법하다.

[요약판례 7] 헌법재판소법 제68조 제1항 위헌확인 등: 한정위헌,인용(취소)(헌재 1997.12.24. 96헌마172등)

법원의 재판을 헌법소원심판의 대상으로부터 배제하는 헌법재판소법 제68조 제1항의 위헌여부(한정적극)

헌법소원은 언제나 '법원의 재판에 대한 소원'을 그 심판의 대상에 포함하여야만 비로소 헌법소원제도의 본질에 부합한다고 단정할 수 없다.

입법작용과 행정작용의 잠재적인 기본권침해자로서의 기능과 사법작용의 기본권의 보호자로서의 기능이 법원의 재판을 헌법소원심판의 대상에서 제외한 것을 정당화하는 본질적인 요소이므로, 헌법재판소법 제68조 제1항은 평등의 원칙에 위반된 것이라 할 수 없고, 청구인의 재판청구권을 침해하였다거나 되도록이면 흠결없는 효율적인 권리구제절차의 형성을 요청하는 법치국가원칙에 위반된다고 할 수 없으며, 국민의 기본권(평등권 및 재판청구권등)의 관점에서는 입법형성권의 헌법적 한계를 넘는 위헌적인 법률조항이라고 할 수 없다.

헌법재판소법 제68조 제1항이 원칙적으로 헌법에 위반되지 아니한다고 하더라도, 법원이 헌법재판소가 **위헌으로 결정하여 그 효력을 전부 또는 일부 상실하거나 위헌으로 확인된 법률을 적용함으로써 국민의 기본권을 침해**한 경우에도 법원의 재판에 대한 헌법소원이 허용되지 않는 것으로 해석한다면, 위 법률조항은 그러한 한도내에서 헌법에 위반된다.

[요약판례 8] 국가인권위원회법 제30조 제1항 제1호 등 위헌확인: 기각,각하(헌재 2004.8.26. 2002헌마302)

법원의 재판을 국가인권위원회에 진정할 수 있는 대상에서 제외하는 것이 국민의 기본권을 과도하게 침해하는지 여부(소극) 및 법원의 재판을 국가인권위원회에 진정할 수 있는 대상에서 제외하는 것이 평등권을 침해하는지 여부(소극)

국가인권위원회는 제대로 운영되고 있는 기존의 국가기관들과 경합하는 것이 아니라 보충하는 방법으로 설립되고 운영되는 것이 바람직하며, 법원의 재판을 포함하여 모든 인권침해에 관한 진정을 빠짐없이 국가인권위원회의 조사대상으로 삼아야만 국가인권기구의 본질에 부합하는 것은 아니다. 입법례를 살피더라도 국가인권기구가 각 나라의 실정에 따라 진정대상을 제한하는 것이 보편적이다.

입법자가 법원의 재판을 국가인권위원회의 조사대상에 포함시키지 않은 것이 국민의 기본적 인권보장을 다하지 못한 것이라고 단언할 수는 없어, 국가인권위원회법 제30조 제1항 제1호 중 '법원의 재판을 제외한다' 부분이 청구인의 기본권을 과도하게 침해하는 것이라고 할 수 없다.

법원의 재판도 국민의 기본권을 침해할 가능성이 없지 아니하나, 기본권침해에 대한 보호의무를 담당하는 법원에 의한 기본권침해의 가능성은 입법기관인 국회나 집행기관인 행정부에 의한 경우보다 상대적으로 적고, 상급심법원이 하급심법원이 한 재판이 기본권을 침해하는지 여부에 관하여 다시 심사할 기회가 있다는 점에서 다른 기관에 의한 기본권침해의 경우와는 본질적인 차이가 있어 차별을 정당화하므로, 평등의 원칙에 위반된 것이라고 할 수 없다.

2 인간의 존엄과 가치 및 행복추구권

제 1 절 인간의 존엄과 가치

[요약판례 1] 기부금품모집금지법 제3조 등 위헌제청: 위헌(헌재 1998.5.28. 96헌가5)

기부금품의 모집목적을 제한하는 허가절차의 위헌성 여부(적극)

우리 국민은 자신이 스스로 선택한 인생관·사회관을 바탕으로 사회공동체안에서 각자의 생활을 자신의 책임하에서 스스로 결정하고 형성하는 성숙한 민주시민으로 발전하였다. 그럼에도 불구하고 법 제3조의 모집목적의 제한을 통한 모집행위의 원칙적인 금지는 바로 우리 헌법의 인간상인 자기결정권을 지닌 창의적이고 성숙한 개체로서의 국민을 마치 다 자라지 아니한 어린이처럼 다룸으로써, 오히려 국민이 기부행위를 통하여 사회형성에 적극적으로 참여하는 자아실현의 기회를 가로 막고 있다.

결국 법 제3조는 어떠한 경우에 국민이 기본권을 행사할 필요가 있는가를 규정함으로써 국민의 기본권행사의 여부와 방향을 통제하게 되고, 기본권에 대한 이러한 통제방법은 기본권에 대한 매우 심각한 침해이므로 그에 상응하는 중대한 공익에 의하여 정당화되지 아니하는 한 헌법상 허용될 수 없는 것이다.

[요약판례 2] 기부금품모집금지법 제3조 등 위헌제청: 위헌(헌재 1998.5.28. 96헌가5)

기부금품 모집행위의 허가여부를 행정청의 자유로운 재량행위로 한 것의 위헌 여부(적극)

법은 제3조에 규정된 경우가 존재하는 때에만 행정청이 허가를 하도록 규정하여 그 규정에 열거한 사항에 해당하지 아니한 경우에는 허가할 수 없다는 것을 소극적으로 밝히면서 한편, 어떠한 경우에 행정청이 허가를 할 의무가 있는가 하는 구체적인 허가요건을 규정하지 아니하고, 허가여부를 오로지 행정청의 자유로운 재량행사에 맡기고 있다. 따라서 기부금품을 모집 하고자 하는 자는 비록 법 제3조에 규정된 요건을 충족시킨 경우에도 허가를 청구할 법적 권리가 없다. 법 제3조는 기부금품을 모집하고자 하는 국민에게 허가를 청구할 법적 권리를 부여하지 아니 함으로써 국민의 기본권인 "행복추구권"을 침해하는 위헌적인 규정이다.

[요약판례 3] 구 기부금품모집규제법 제15조 제1항 제1호 등 위헌소원: 합헌(헌재 2010.2.25. 2008헌바83)

1. 기부금품의 모집에 허가를 받도록 한 구 기부금품모집규제법(1999. 1. 18. 법률 제563호로 개정되고, 2006. 3. 24. 법률 제7809호로 개정되기 전의 것) 제4조 제1항, 제2항(이하 '이 사건 허가조항'이라 한다)이 과잉금지원칙에 위반하여 기부금품을 모집할 일반적 행동의 자유를 침해하는지 여부(소극)
2. 허가를 받지 아니하고 기부금품을 모집한 자를 형사처벌하는 구 기부금품모집규제법(1999. 1. 18. 법률 제563호로 개정되고, 2006. 3. 24. 법률 제7809호로 개정되기 전의 것) 제15조 제1항 제1호(이하 '이 사건 처벌조항'이라 한다)가 과잉제재를 규정하고 있는지 여부(소극)

[요약판례 4] 불기소처분에 대한 헌법소원: 기각(헌재 1992.10.1. 91헌마31)

인간의 존엄과 가치의 기본원리적 성격

(재판관 한병채의 반대의견) 우리 헌법 제10조는 "모든 국민은 인간으로서의 존엄과 가치를 가지며, 행복을 추구할 권리를 가진다. 국가는 개인이 가지는 불가침의 기본적 인권을 확인하고 이를 보장할 의무를 진다"라고 하여 인간으로서의 존엄과 가치를 핵으로 하는 헌법상의 기본권보장이 다른 헌법규정을 기속하는 **최고의 헌법원리**임을 규정하고 있으며, 나아가 우리 헌법은 여러 규정에서 국가는 국민의 생명·재산·자유를 보장할 질서유지의 책무를 지고 있음을 명백히 하고 있다.

[요약판례 5] 형법 제241조 위헌제청 등: 합헌(헌재 2008.10.30. 2007헌가17등)

배우자있는 자의 간통행위 및 그와의 상간행위를 처벌하는 형법 제241조의 위헌 여부(소극)

헌법 제10조는 "모든 국민은 인간으로서의 존엄과 가치를 가지며, 행복을 추구할 권리를 가진다. 국가는 개인이 가지는 불가침의 기본적 인권을 확인하고 이를 보장할 의무를 진다"라고 규정하여 개인의 인격권과 행복추구권을 보장하고 있다. 개인의 인격권·행복추구권에는 개인의 자기운명결정권이 전제되는 것이고, 이 자기운명결정권에는 성행위 여부 및 그 상대방을 결정할 수 있는 성적자기결정권이 또한 포함되어 있으며 간통죄의 규정이 개인의 성적자기결정권을 제한하는 것임은 틀림없다. 나아가 이 사건 법률조항은 개인의 성생활이라는 내밀한 사적 생활영역에서의 행위를 제한하므로 우리 헌법 제17조가 보장하는 사생활의 비밀과 자유 역시 제한하는 것으로 보인다. 그러나 위와 같은 기본권도 절대적으로 보장되는 것은 아니며, 헌법 제37조 제2항에 따라 국가안전보장, 질서유지 또는 공공복리를 위하여 필요한 경우에는 그 본질적 내용을 침해하지 않는 한도에서 법률로써 제한할 수 있는 것이다(헌재 1990. 9. 10. 89헌마82 참조).

[요약판례 6] 정기간행물의등록등에관한법률 제16조 제3항의 위헌여부에 관한 헌법소원: 합헌(헌재 1991.9.16. 89헌마165)

정정보도청구권의 헌법상의 근거

우리 헌법 제10조는 "모든 국민은 인간으로서의 존엄과 가치를 가지며, 행복을 추구할 권리를 가진다"라고 규정하고 있고 제17조는 "모든 국민은 사생활의 비밀과 자유를 침해받지 아니한다"고 규정하고 있으며, 한편 제21조의 제1항은 "모든 국민은 언론·출판의 자유를 가진다"라고 규정하고, 제4항은 "언론·출판이 타인의 명예나 권리 또는 공중도덕이나 사회윤리를 침해하여서는 아니 된다"고 규정함으로써 언론·출판의 자유를 보장하는 동시에 언론·출판의 자유가 민주사회에서 비록 중요한 기능을 수행한다고 하더라도 그것이 인간의 존엄성에서 유래하는 개인의 일반적 인격권 등의 희생을 강요할 수는 없음을 분명히 밝히고 있다.

헌법의 위 조항들을 종합해 볼 때 언론기관에 의하여 일반적인 인격권이나 사생활의 비밀과 자유를 침해받은 피해자에게 인간의 존엄과 가치 및 사생활의 비밀과 자유권을 보호하기 위하여 신속하고도 적절한 방어의 수단이 주어져야 함이 형평의 원리에 부합한다고 할 것이다. 그러므로 이 법이 규정한 반론권으로서의 **정정보도청구권은 바로 헌법상 보장된 인격권에 그 바탕을 둔 것**으로서, 피해자에게 보도된 사실적 내용에 대하여 반박의 기회를 허용함으로써 피해자의 인격권을 보호함과 동시에 공정한 여론의 형성에 참여할 수 있도록 하여 언론보도의 객관성을 향상시켜 제도로서의 언론보장을 더욱 충실하게 할 수도 있을 것이라는 취지 아래 헌법의 위에 든 각 조항들을 근거로 하여 제정된 것이다.

[요약판례 7] 민법 제847조 제1항 위헌제청 등: 헌법불합치(헌재 1997.3.27. 95헌가14등)

민법 제847조 제1항 중 '그 출생을 안 날로부터 1년내' 부분의 위헌여부(적극)

인간의 존엄과 행복추구권(헌법 제10조 전문)으로부터 도출되는 일반적 인격권은 각 개인에게 그 개성을 발현시키고 유지하기 위하여 그 삶을 사적으로 형성함에 있어서 필요한 자율영역을 보장한다. 자신의 혈통에 입각한 친자관계의 형성은 개인의 인격발현에 있어서 중대한 의미를 지니는 요소들 중의 하나이다. 부와 자의 관계가 부의 혈통에 입각해 있는가의 문제는 부의 자와의 관계 및 부부의 관계를 비롯한 가족관계의 형성과 유지에 결정적 의미를 가질 수 있기 때문이다. 그러므로 자기의 혈통이 아닌 자와의 친자관계를 부인할 수 없도록 법이 강요하는 것은 부의 일반적 인격권에 대한 중대한 제한이라고 할 것이며, 친생부인의 소를 제기할 기회를 실질적으로 주지 않은 채 그 의사에 반하여 법적인 친자관계를 지속케 하는 경우 이는 재판청구권도 제한하는 것이라고 할 것이다.

부에게 친생자부인의 소를 제기할 기회를 주지 않는 결과가 생기는 입법은 부의 일반적 인격권과 재판청구권을 심각하게 제한하는 반면, "자의 이익에도 실제적으로 부합한다고만 볼 수 없는" 자의 지위의 조속한 확정에만 치우친 것이어서 과잉금지원칙의 한 요소인 법익의 균형성의 원칙에 위반된다.

[요약판례 8] 민법 제764조의 위헌여부에 관한 헌법소원: 한정위헌(헌재 1991.4.1. 89헌마160)

민법 제764조와 양심의 자유 및 인격권의 침해여부(적극)

민법 제764조가 사죄광고를 포함하는 취지라면 그에 의한 기본권제한에 있어서 그 선택된 수단이 목적에 적합하지 않을 뿐만 아니라 그 정도 또한 과잉하여 비례의 원칙이 정한 한계를 벗어난 것으로 헌법 제37조 제2항에 의하여 정당화될 수 없는 것으로서 헌법 제19조에 위반되는 동시에 헌법상 보장되는 인격권의 침해에 이르게 된다.

[요약판례 9] 신체과잉수색행위 위헌확인: 인용(위헌확인)(헌재 2002.7.18. 2000헌마327)

피청구인이 청구인들로 하여금 경찰관에게 등을 보인 채 상의를 속옷과 함께 겨드랑이까지 올리고 하의를 속옷과 함께 무릎까지 내린 상태에서 3회에 걸쳐 앉았다 일어서게 하는 방법으로 실시한 정밀신체수색으로 인하여 청구인들의 기본권이 침해되었는지 여부(적극)

피청구인이 유치장에 수용되는 자에게 실시하는 신체검사는 수용자의 생명·신체에 대한 위해를 방지하고 유치장 내의 안전과 질서를 유지하기 위하여 흉기 등 위험물이나 반입금지물품의 소지·은닉 여부를 조사하는 것으로서, 위 목적에 비추어 일정한 범위 내에서 신체수색의 필요성과 타당성은 인정된다 할 것이나, 이러한 행정목적을 달성하기 위하여 경찰청장이 일선 경찰서 및 그 직원에 대하여 그 직무권한 행사의 지침을 발한 피의자유치및호송규칙에 따른 신체검사가 당연히 적법한 것이라고는 할 수 없고, 그 목적 달성을 위하여 필요한 최소한도의 범위 내에서 또한 수용자의 명예나 수치심을 포함한 기본권이 침해되는 일이 없도록 충분히 배려한 상당한 방법으로 이루어져야 한다. 그런데 피청구인의 청구인들에 대한 이러한 과도한 이 사건 신체수색은 그 수단과 방법에 있어서 필요한 최소한도의 범위를 벗어났을 뿐만 아니라, 이로 인하여 청구인들로 하여금 인간으로서의 기본적 품위를 유지할 수 없도록 하는 것으로서 수인하기 어려운 정도라고 보여지므로 **헌법 제10조의 인간의 존엄과 가치로부터 유래하는 인격권** 및 제12조의 신체의 자유를 침해하는 정도에 이르렀다고 판단된다.

대판 2006.10.13. 2004다16280

초상권이 헌법상 보장되는 권리인지 여부(적극)

사람은 누구나 자신의 얼굴 기타 사회통념상 특정인임을 식별할 수 있는 신체적 특징에 관하여 함부로 촬영 또는 그림으로 묘사되거나 공표되지 아니하며 영리적으로 이용당하지 않을 권리를 가지는데, 이러한 초상권은 우리 헌법 제10조 제1문에 의하여 헌법적으로 보장되는 권리이다.

[요약판례 10] 민주화운동관련자명예회복및보상등에관한법률 제2조 제1호 등 위헌확인: 각하 (헌재 2005.10.27. 2002헌마425)

일반적 인격권의 내용으로서 명예권

헌법 제10조로부터 도출되는 일반적 **인격권에는 개인의 명예에 관한 권리도 포함**될 수 있으나, '명예'는 사람이나 그 인격에 대한 '사회적 평가', 즉 객관적·외부적 가치평가를 말하는 것이지 단순히 주관적·내면적인 명예감정은 포함되지 않는다.

이 사건 결정 및 그 근거 법률의 목적과 내용, 이 사건 결정이 청구인들에게 미치는 실질적 효과 등을 종합적으로 고려할 때 이 사건 결정은 청구인들의 내면의 명예감정에 관계될지언정 법적으로 의미있는 명예를 직접 훼손한다고 할 수 없으므로 청구인들은 이 사건에서 간접적·사실적인 이해관계로만 관련되어 있고, 따라서 기본권 침해의 자기관련성이 인정되지 않는다.

대판 2005.11.16. 2005스26

인격권의 내용으로서 성명권

이름(성명)은 특정한 개인을 다른 사람으로부터 식별하는 표지가 됨과 동시에 이를 기초로 사회적 관계와 신뢰가 형성되는 등 고도의 사회성을 가지는 일방, 다른 한편 인격의 주체인 개인의 입장에서는 자기 스스로를 표시하는 인격의 상징으로서의 의미를 가지는 것이고, 나아가 이름(성명, 이하에서는 '이름'이라고 한다)에서 연유되는 이익들을 침해받지 아니하고 자신의 관리와 처분아래 둘 수 있는 권리인 성명권의 기초가 되는 것이며, 이러한 **성명권은 헌법상의 행복추구권과 인격권의 한 내용을 이루는 것**이어서 자기결정권의 대상이 되는 것이므로 본인의 주관적인 의사가 중시되어야 하는 것이다. 따라서 개명허가 여부를 결정함에 있어서는 이름이 가지는 사회적 의미와 기능, 개명을 허가할 경우 초래될 수 있는 사회적 혼란과 부작용 등 공공적 측면뿐만 아니라, 개명신청인 본인의 주관적 의사와 개명의 필요성, 개명을 통하여 얻을 수 있는 효과와 편의 등 개인적인 측면까지도 함께 충분히 고려되어야 할 것이다.

개명을 엄격하게 제한할 경우 헌법상의 개인의 인격권과 행복추구권을 침해하는 결과를 초래할 우려가 있는 점 등을 종합하여 보면, 개명을 허가할 만한 상당한 이유가 있다고 인정되고, 범죄를 기도 또는 은폐하거나 법령에 따른 각종 제한을 회피하려는 불순한 의도나 목적이 개입되어 있는 등 개명신청권의 남용으로 볼 수 있는 경우가 아니라면, 원칙적으로 개명을 허가함이 상당하다고 할 것이다.

[요약판례 11] 유치장내 화장실설치 및 관리행위 위헌확인: 인용(위헌확인)(헌재 2001.7.19. 2000헌마546)

차폐시설이 불충분하여 사용과정에서 신체부위가 다른 유치인들 및 경찰관들에게 관찰될 수 있고 냄새가 유출되는 유치실 내 화장실을 사용하도록 강제한 피청구인의 행위로 인하여 기본권의 침해가 있는지 여부(적극)

보통의 평범한 성인인 청구인들로서는 내밀한 신체부위가 노출될 수 있고 역겨운 냄새, 소리 등이 흘러나오는 가운데 용변을 보지 않을 수 없는 상황에 있었으므로 그때마다 수치심과 당혹감, 굴욕감을 느꼈을 것이고 나아가 생리적 욕구까지도 억제해야만 했을 것임을 어렵지 않게 알 수 있다.

이 사건 청구인들로 하여금 유치기간동안 위와 같은 구조의 화장실을 사용하도록 강제한 피청구인의 행위는 인간으로서의 기본적 품위를 유지할 수 없도록 하는 것으로서, 수인하기 어려운 정도라고 보여지므로 전체적으로 볼 때 비인도적·굴욕적일 뿐만 아니라 동시에 비록 건강을 침해할 정도는 아니라고 할지라도 헌법 제10조의 인간의 존엄과 가치로부터 유래하는 인격권을 침해하는 정도에 이르렀다고 판단된다.

[요약판례 12] 계구사용행위 위헌확인: 인용(위헌확인),각하(헌재 2003.12.18. 2001헌마163)

교도소장이 392일(가죽수갑 388일) 동안 교도소에 수용되어 있는 청구인에게 상시적으로 양팔을 사용할 수 없도록 금속수갑과 가죽수갑을 착용하게 한 것이 청구인의 신체의 자유 등 기본권을 침해하였다고 판시한 사례

피청구인이 수용시설의 안전과 질서유지를 책임지는 교도소의 소장으로서 청구인의 도주 및 자살, 자해 등을 막기 위하여 수갑 등의 계구를 사용한 목적이 정당하고 이 사건 계구사용행위가 이를 위한 적합한 수단이라 볼 수 있다. 그러나 청구인은 1년이 넘는 기간 동안 일주일에 1회 내지 많으면 수회, 각 약 30분 내지 2시간 동안 탄원서나 소송서류의 작성, 목욕, 세탁 등을 위해 일시적으로 해제된 것을 제외하고는 항상 이중금속수갑과 가죽수갑을 착용하여 두 팔이 몸에 고정된 상태에서 생활하였고 이와 같은 상태에서 식사, 용변, 취침을 함으로써 일상생활을 정상적으로 수행할 수 없었으므로 그로 인하여 신체적, 정신적으로 건강에 해를 입었을 가능성이 높고 인간으로서 최소한의 품위유지조차 어려운 생활을 장기간 강요당했다. 또한 적어도 기본적인 생리현상을 해결할 수 있도록 일시적으로 계구를 해제하거나 그 사용을 완화하는 조치가 불가능하였다고 볼 수도 없고, 청구인에게 도주의 경력이나 정신적 불안과 갈등으로 인하여 자살, 자해의 위험이 있었다 하더라도 그러한 전력과 성향이 1년 이상의 교도소 수용기간동안 상시적으로 양팔을 몸통에 완전히 고정시켜둘 정도의 계구사용을 정당화 할 만큼 분명하고 구체적인 사유가 된다고 할 수 없다. 따라서 이 사건 계구사용행위는 기본권제한의 한계를 넘어 필요 이상으로 장기간, 그리고 과도하게 청구인의 신체거동의 자유를 제한하고 최소한의 인간적인 생활을 불가능하도록 하여 청구인의 신체의 자유를 침해하고, 나아가 인간의 존엄성을 침해한 것으로 판단된다.

[요약판례 13] 의료법 제19조의2 제2항 위헌확인 등: 헌법불합치,잠정적용,당해사건적용중지 (헌재 2007.7.31. 2004헌마1010)

태아의 성별에 대하여 이를 고지하는 것을 금지하는 것이 의료인의 직업수행의 자유와 부모의 태아 성별정보에 대한 접근을 방해받지 않을 권리를 침해하는 것인지 여부(적극)

가족의 구성원이 될 태아의 성별 정보에 대한 접근을 국가로부터 방해받지 않을 부모의 권리는 헌법 제10조로부터 도출되는 일반적 인격권에 의하여 보호된다고 보아야 하며 따라서 태아 성별 고지 금지는 최소침해성 원칙과 법익균형성 원칙에 위배하여 의료인의 직업수행의 자유와 부모의 태아성별정보에 대한 접근을 방해받지 않을 권리를

침해한다.

[요약판례 14] 생명윤리 및 안전에 관한 법률 제13조 제1항 등 위헌확인: 기각,각하(헌재 2010.5.27. 2005헌마346)

배아생성자가 배아의 관리 또는 처분에 대해 갖는 기본권과 그 제한의 필요성

배아는 정자 및 난자의 제공과 그 결합에 의해 생성되므로, 정자 및 난자 제공자는 배아생성자라 일컫을 수 있다. 배아생성자는 배아에 대해 자신의 유전자정보가 담긴 신체의 일부를 제공하고, 또 배아가 모체에 성공적으로 착상하여 인간으로 출생할 경우 생물학적 부모로서의 지위를 갖게 되므로, 배아의 관리 또는 처분에 대한 결정권을 가진다고 할 것이다. 이러한 배아생성자의 배아에 대한 결정권은 헌법상 명문으로 규정되어 있지는 아니하지만, 헌법 제10조로부터 도출되는 일반적 인격권의 한 유형으로서의 헌법상 권리라 할 것이다. 한편, 배아의 이익을 가장 잘 보호할 수밖에 없는 입장에 있는 배아생성자는 배아에 대한 결정권을 가짐으로써 타인으로부터 가해지는 배아에 대한 위험을 배제할 수 있게 되고, 이를 통해 헌법질서가 요구하는 배아에 대한 충실한 법적 보호를 도모할 수 있다.

[요약판례 15] 형법 제41조 등 위헌제청: 합헌,각하(헌재 2010.2.25. 2008헌가23)

사형제도가 인간의 존엄과 가치를 규정한 헌법 제10조에 위반되는지 여부(소극)

사형제도가 범죄자의 생명권 박탈을 그 내용으로 하고 있으므로 인간의 존엄과 가치를 규정한 헌법 제10조에 위배되는지에 관하여 보건대, 앞서 살펴본 바와 같이, 사형제도 자체는 우리 헌법이 적어도 문언의 해석상 간접적으로나마 인정하고 있는 형벌의 한 종류일 뿐만 아니라, 사형이 극악한 범죄에 한정적으로 선고되는 한, 기본권 중의 기본권이라고 할 생명권을 제한함에 있어서 헌법상 비례원칙에 위배되지 아니한다고 할 것인바, 이와 같이 사형제도가 인간존엄성의 활력적인 기초를 의미하는 생명권 제한에 있어서 헌법 제37조 제2항에 의한 헌법적 한계를 일탈하였다고 볼 수 없는 이상, 사형제도가 범죄자의 생명권 박탈을 내용으로 한다는 이유만으로 곧바로 인간의 존엄과 가치를 규정한 일반조항인 헌법 제10조에 위배되어 위헌이라고 할 수는 없다.

또한 사형은 형벌의 한 종류로서, 앞서 살펴본 바와 같이, 다수의 무고한 생명을 박탈하는 살인범죄 등의 극악한 범죄에 예외적으로 부과되는 한, 그 내용이 생명권 제한에 있어서의 헌법적 한계를 일탈하였다고 볼 수 없을 뿐만 아니라, 사형제도는 공익의 달성을 위하여 무고한 국민의 생명을 그 수단으로 삼는 것이 아니라, 형벌의 경고기능을 무시하고 극악한 범죄를 저지른 자에 대하여 그 중한 불법 정도와 책임에 상응하는 형벌을 부과하는 것으로서 이는 당해 범죄자가 스스로 선택한 잔악무도한 범죄행위의 결과라 할 것인바, 이러한 형벌제도를 두고 범죄자를 오로지 사회방위라는 공익 추구를 위한 객체로만 취급함으로써 범죄자의 인간으로서의 존엄과 가치를 침해한 것으로 보아 위헌이라고 할 수는 없다.

[요약판례 16] 공권력행사 위헌확인 등: 기각,각하(헌재 2011.2.24. 2009헌마209)

이 사건 운동화착용불허행위가 청구인의 인격권과 행복추구권을 침해한 것인지 여부(소극)

이 사건 운동화착용불허행위는 시설 바깥으로의 외출이라는 기회를 이용한 도주를 예방하기 위한 것으로서 그 목적이 정당하고, 위와 같은 목적을 달성하기 위한 적합한 수단이라 할 것이다. 또한 신발의 종류를 제한하는 것에 불과하여 법익침해의 최소성과 균형성도 갖추었다 할 것이므로, 이 사건 운동화착용불허행위가 기본권제한에 있어서의 과잉금지원칙에 반하여 청구인의 인격권과 행복추구권을 침해하였다고 볼 수 없다.

[요약판례 17] 수용자 신체검사 위헌확인: 각하,기각(헌재 2011.5.26. 2010헌마775)

수용자를 교정시설에 수용할 때마다 전자영상 검사기를 이용하여 수용자의 항문 부위에 대한 신체검사를 하는 것이 수용자의 인격권 등을 침해하는지 여부(소극)

이 사건 신체검사는 교정시설의 안전과 질서를 유지하기 위한 것으로 그 목적이 정당하고, 항문 부위에 대한 금지물품의 은닉여부를 효과적으로 확인할 수 있는 적합한 검사방법으로 그 수단이 적절하다. 교정시설을 이감·수용할 때마다 전자영상 신체검사를 실시하는 것은, 수용자가 금지물품을 취득하여 소지·은닉하고 있을 가능성을 배제할 수 없고, 외부관찰 등의 방법으로는 쉽게 확인할 수 없기 때문이다. 이 사건 신체검사는 사전에 검사의 목적과 방법을 고지한 후, 다른 사람이 볼 수 없는 차단된 장소에서 실시하는 등 검사받는 사람의 모욕감 내지 수치심 유발을 최소화하는 방법으로 실시하였는바, 기본권 침해의 최소성 요건을 충족하였다. 또한 이 사건 신체검사로 인하여 수용자가 느끼는 모욕감이나 수치심이 결코 작다고 할 수는 없지만, 흉기 기타 위험물이나 금지물품을 교정시설 내로 반입하는 것을 차단함으로써 수용자 및 교정시설 종사자들의 생명·신체의 안전과 교정시설 내의 질서를 유지한다는 공적인 이익이 훨씬 크다 할 것이므로, 법익의 균형성 요건 또한 충족된다. 이 사건 신체검사는 필요한 최소한도를 벗어나 과잉금지원칙에 위배되어 청구인의 인격권 내지 신체의 자유를 침해한다고 볼 수 없다.

제2절 행복추구권

Ⅰ 의 의

Ⅱ 기본권체계상 행복추구권

[요약판례 1] 민법 제809조 제1항 위헌제청: 헌법불합치(헌재 1997.7.16. 95헌가6등)

우리 헌법상 행복추구권의 존재를 부정적으로 보는 견해

(재판관 이재화, 재판관 조승형의 반대의견) 행복추구권이란 소극적으로는 고통과 불쾌감이 없는 상태를 추구할 권리, 적극적으로는 만족감을 느끼는 상태를 추구할 수 있는 권리라고 일반적으로 해석되고 있으나, 행복이라는 개념 자체가 역사적 조건이나 때와 장소에 따라 그 개념이 달라질 수 있으며, 행복을 느끼는 정신적 상태는 생활환경이나 생활조건, 인생관, 가치관에 따라 각기 다른 것이므로 일률적으로 정의하기가 어려운 개념일 수밖에 없고, 이와 같이 불확실한 개념을 헌법상의 기본권으로 규정한데 대한 비판적 논의도 없지 아니하며 우리 헌법은 인간의 기본권리로서 인간의 존엄과 가치의 존중, 사생활의 비밀의 자유, 환경권 등 구체적 기본권을 따로 규정해 놓고 있으면서 또 다시 그 개념이나 법적성격, 내용 등에 있어서 불명확한 행복추구권을 규정한 것은 추상적 권리를 중복하여 규정한 것이고 법해석의 혼란만 초래할 우려가 있다는 비난도 나오고 있다.

[요약판례 2] 군검찰관의 공소권행사에 관한 헌법소원: 인용(취소)(헌재 1989.10.27. 89헌마56)

행복추구권만을 떼어서 독자적인 기본권성을 인정한 사례

검찰관이 명백한 혐의무 불기소처분을 하여야 할 사안인데도 경솔하게 범죄의 충분한 혐의가 있다고 보아 기소유예처분을 하면 차라리 공소제기되어 헌법 제27조 소정의 재판을 받을 권리의 행사에 의하여 무죄판결을 받아 완전히 범죄의 혐의를 벗고 그 혐의사실에 대해서는 수사당국으로 하여금 앞으로 재론 못하게 하는 길만 막아버리는 결과가 되어 공소를 제기한 것보다 더 불리할 수 있으며, 더 나아가 보면 공소제기에 충분한 혐의가 있다고 인정한 기소유예처분이 유죄판결에 준하는 취급을 받아 법률적, 사실적 측면에서 사회생활에 유형, 무형의 불이익과 불편을 주는 것이 실상이라면 어느모로 보아도 혐의없고 무고함에 의심없는 사안에 대해 군검찰관이 자의로 기소유예처분에 이른 것은 헌법 제10조 소정의 **행복추구권을 침해한 것으로 봄이 상당할 것이다.**

[요약판례 3] 훈장치탈의무불이행 위헌확인: 각하(헌재 1998.9.30. 97헌마263)

행복추구권만을 떼어서 독자적인 기본권성을 인정한 사례

헌법재판소법 제68조 제1항의 규정에 의하면, 헌법소원은 공권력의 행사 또는 불행사로 인하여 헌법상 보장된 기본권을 침해받은 자만이 청구할 수 있는 제도인바, 이 사건의 경우 피청구인이 위 청구외인들에게 수여한 모든 훈장을 치탈하지 아니하고 있는 것만으로는 청구인들이 주장하는 바와 같이 **행복추구권 등 헌법상 보장된 청구인들의 기본권이 침해받을 여지가 없다고 할 것이므로** 청구인들로서는 헌법소원심판을 청구할 수 없는 것이다.

[요약판례 4] 가정의례에관한법률 제4조 제1항 제7호 위헌확인: 위헌,각하(헌재 1998.10.15. 98헌마168)

하객들에 대한 음식접대를 일반적 행동자유권으로 인정한 사례

결혼식 등의 당사자가 자신을 축하하러 온 하객들에게 주류와 음식물을 접대하는 행위는 인류의 오래된 보편적인 사회생활의 한 모습으로서 개인의 일반적인 행동의 자유 영역에 속하는 행위이므로 이는 헌법 제37조 제1항에 의하여 경시되지 아니하는 기본권이며 헌법 제10조가 정하고 있는 **행복추구권에 포함되는 일반적 행동자유권으로서 보호되어야 할 기본권이다.**

[요약판례 5] 주세법 제38조의 7 등에 대한 위헌제청: 위헌(헌재 1996.12.26. 96헌가18)

행복추구권 속에 함축된 소비자의 자기결정권

구입명령제도는 소주판매업자의 직업의 자유는 물론 소주제조업자의 경쟁 및 기업의 자유, 즉 직업의 자유와 **소비자의 행복추구권에서 파생된 자기결정권**을 지나치게 침해하는 위헌적인 규정이다. 소주시장과 다른 상품시장, 소주판매업자와 다른 상품의 판매업자, 중소소주제조업자와 다른 상품의 중소제조업자 사이의 차별을 정당화할 수 있는 합리적인 이유를 찾아 볼 수 없으므로 이 사건 법률조항은 평등원칙에도 위반된다. 지방소주제조업자는 신뢰보호를 근거로 하여 구입명령제도의 합헌성을 주장할 수는 없다 할 것이고, 다만 개인의 신뢰는 적절한 경과규정을 통하여 고려되기를 요구할 수 있는데 지나지 않는다.

III 행복추구권의 법적 성격

[요약판례 1] 교육공무원법 제47조 제1항 위헌확인: 기각(헌재 2000.12.14. 99헌마112등)

행복추구권의 보충적 기본권으로서의 성격

행복추구권은 다른 기본권에 대한 보충적 기본권으로서의 성격을 지니므로, 공무담임권이라는 우선적으로 적용되는 기본권이 존재하여(청구인들이 주장하는 불행이란 결국 교원직 상실에서 연유하는 것에 불과하다) 그 침해여부를 판단하는 이상, 행복추구권 침해 여부를 독자적으로 판단할 필요가 없다.

[요약판례 2] 민법 제809조 제1항 위헌제청: 헌법불합치(헌재 1997.7.16. 95헌가6등)

행복추구권의 포괄적 기본권으로서의 성격

어떻든 이 행복추구권의 법적 성격에 관하여 자연권적 권리이고 인간으로서의 존엄과 가치의 존중 규정과 밀접 불가분의 관계가 있고, 헌법에 규정하고 있는 모든 개별적, 구체적 기본권은 물론 그 이외에 헌법에 열거되지 아니하는 모든 자유와 권리까지도 그 내용으로 하는 포괄적 기본권으로 해석되고 있다. 그러나 이와 같은 성격을 지닌 행복추구권이라 할지라도 반사회적 내지 반자연적 행위를 금지하는 규범이나 전통문화로 인식되어 온 국민의 법감정에 반하여 이를 남용할 수 없음은 물론 타인의 행복추구권을 침해하거나 방해할 수 없음은 너무나 당연하다고 할 것이며 적어도 국민의 의사에 정면으로 반하지 아니하는 한 전통·관습에 반한 행복추구권을 추구할 수는 없다고 할 것이다.

[요약판례 3] 국가유공자예우등에관한법률 제9조 본문 위헌제청: 합헌(헌재 1995.7.21. 93헌가14)

행복추구권의 포괄적 기본권으로서의 성격

헌법 제10조의 행복추구권은 국민이 행복을 추구하기 위하여 필요한 급부를 국가에게 적극적으로 요구할 수 있는 것을 내용으로 하는 것이 아니라, 국민이 행복을 추구하기 위한 활동을 국가권력의 간섭없이 자유롭게 할 수 있다는 **포괄적인 의미의 자유권**으로서의 성격을 가지므로 국민에 대한 일정한 보상금의 수급기준을 정하고 있는 이 사건 규정이 행복추구권을 침해한다고 할 수 없다.

예우법이 각종 보호와 지원을 하고 있는 사정과 "인간다운 생활"이라고 하는 개념이 사회의 경제적 수준 등에 따라 달라질 수 있는 상대적 개념이라는 점을 고려하면, 이 사건 법률조항이 예우법 제6조에 의한 등록신청일이 속한 달 이후의 보상금만 지급하는 것으로 규정하였다고 하여도 헌법 제34조 제1항의 인간의 존엄에 상응하는 "최소한의 물질생활"의 보장을 내용으로 하는 인간다운 생활을 할 권리를 침해하였다거나, 헌법 제34조 제2항 소정의 헌법상의 사회보장, 사회복지의 이념이나 이를 증진시킬 국가의 의무에 명백히 반한다거나 헌법 제32조 제6항 소정의 국가유공자에 대한 우선적 보호이념에도 반한다고 할 수 없어 입법재량의 범위를 일탈한 규정이라고 할 수 없다.

[요약판례 4] 편입생특별전형대상자선발시험시행계획 및 공개경쟁시험공고취소: 각하(헌재 2003.9.25. 2001헌마814등)

행복추구권의 포괄적 기본권으로서의 성격

이 사건 공고들에 따른 편입학은 비록 재학생들에게 다소 수강환경의 불편을 초래할 수는 있을지언정 진리의 탐구와 관련된 활동 그 자체를 방해하는 것은 아니라고 할 것이므로, 이 사건 공고들이 청구인들의 학문의 자유를 침해할 여지가 있다고 볼 것은 아니며, 행복추구권은 국민이 행복을 추구하기 위하여 필요한 급부를 국가에게 적극적으로 요구할 수 있는 것을 내용으로 하는 것이라기보다는 국민이 행복을 추구하기 위한 활동을 국가권력의 간섭 없이 자유롭게 할 수 있다는 **포괄적인 의미의 자유권**적 성격을 가지는바, 이 사건 공고들이 청구인들의 행동의 자유를 제한하지 않는 이상, 행복추구권의 침해 문제도 발생할 여지가 없다.

[요약판례 5] 도로교통법 제70조 제2항 제2호 위헌소원: 합헌(헌재 2005.4.28. 2004헌바65)

행복추구권의 포괄적 기본권으로서의 성격

헌법 제10조에 의거한 행복추구권은 헌법에 열거된 기본권으로서 행복추구의 수단이 될 수 있는 개별적 기본권들을 제외한 헌법에 열거되지 아니한 권리들에 대한 포괄적인 기본권의 성격을 가지며, '일반적 행동자유권', '개성의 자유로운 발현권', '자기결정권', '계약의 자유' 등이 그 보호영역 내에 포함된다. 일반적 행동의 자유는 개인의 인격발현과 밀접히 관련되어 있으므로 최대한 존중되어야 하는 것이지만 헌법 제37조 제2항에 따라 국가안전보장·질서유지 또는 공공복리를 위하여는 제한될 수 있다.

[요약판례 6] 국민기초생활 보장법 시행령 제2조 제2항 제3호 위헌확인 등: 기각(헌재 2011.3.31. 2009헌마617)

헌법 제10조의 행복추구권은 국민이 행복을 추구하기 위한 활동을 국가권력의 간섭 없이 자유롭게 할 수 있다는 포괄적인 의미의 자유권으로서의 성격을 가진다고 할 것이므로 자유권이나 자유권의 제한영역에 관한 규정이 아닌 '국민기초생활 보장법 시행령' 제2조 제2항 제3호가 행복추구권을 침해하는 규정이라고 할 수도 없다.

IV 행복추구권의 주체

V 행복추구권의 효력

VI 행복추구권의 내용

[요약판례 1] 2007년 전시증원연습 등 위헌확인: 각하(헌재 2009.5.28. 2007헌마369)

1. 평화적 생존권이 헌법상 보장된 기본권인지 여부(소극)
2. 평화적 생존권을 헌법상 보장된 기본권으로 인정하였던 판례를 변경한 사례

헌법에 열거되지 아니한 기본권을 새롭게 인정하려면 그 필요성이 특별히 인정되고 그 권리내용(보호영역)이 비교적 명확하여 구체적 기본권으로서의 실체 즉, 권리내용을 규범 상대방에게 요구할 힘이 있고 그 실현이 방해되는 경우 재판에 의하여 그 실현을 보장받을 수 있는 구체적 권리로서의 실질에 부합하여야 할 것이다. 평화적 생존권이란 이름으로 주장하고 있는 평화란 헌법의 이념 내지 목적으로서 추상적인 개념에 지나지 아니하고, 평화적 생존권은 이를 헌법에 열거되지 아니한 기본권으로서 특별히 새롭게 인정할 필요성이 있다거나 그 권리내용이 비교적 명확하여 구체적 권리로서의 실질에 부합한다고 보기 어려워 헌법상 보장된 기본권이라고 할 수 없다.

종전에 헌법재판소가 이 결정과 견해를 달리하여 '평화적 생존권을 헌법 제10조와 제37조 제1항에 의하여 인정된 기본권으로서 침략전쟁에 강제되지 않고 평화적 생존을 할 수 있도록 국가에 요청할 수 있는 권리'라고 판시한 2003. 2. 23. 2005헌마268 결정은 이 결정과 저촉되는 범위 내에서 이를 변경한다.

I 대한민국과 미합중국간의 미합중국군대의 서울지역으로부터의 이전에 관한 협정 등 위헌확인: 각하(헌재 2006.2.23. 2005헌마268)

쟁점 (1) 미군기지의 이전이 헌법상 자기결정권의 보호범위에 포함되는지 여부(소극)

(2) '대한민국과 미합중국 간의 미합중국 군대의 서울역지역으로부터의 이전에 관한 협정'과 '대한민국과 미합중국 간의 미합중국 군대의 서울지역으로부터의 이전에 관한 협정의 이행을 위한 합의권고에 관한 합의서' 및 '2002년 3월 29일 서명된 대한민국과 미합중국 간의 연합토지관리계획협정에 관한 개정협정'(이하 이들을 '이 사건 조약들'이라 한다)이 평화적 생존권의 침해가능성이 있는지 여부(소극)

(3) 권리침해를 받을 우려가 있다 하더라도 장래에 잠재적으로 나타날 수 있는 것이므로 권리침해의 '직접성'이나 '현재성'을 부인한 사례

(4) 단순히 일반 헌법규정(제6조 제60조)이나 헌법원칙에 위반된다는 주장이 기본권침해에 대한 구제라는 헌법소원의 적법요건을 충족시키지 못하였다는 사례

사건의 개요

피청구인은 미합중국과 '대한민국과 미합중국 간의 미합중국 군대의 서울지역으로부터의 이전에 관한 협정'(이하 '이전협정'이라 한다)과 '대한민국과 미합중국 간의 미합중국 군대의 서울지역으로부터의 이전에 관한 협정의 이행을 위한 합의권고에 관한 합의서'(이하 '이행합의서'라 한다) 및 대한민국과 미합중국 간의 연합토지관리계획협정에 관한 개정협정'(이하 '토지계획협정'이라 한다)을 체결하였다(이하 이들을 '이 사건 조약들'이라 한다). 이 사건 조약들은 각 서명되었고, 이행합의서를 제외한 이전협정과 토지계획협정은 국회 본회의에서 비준동의를 받았다. 이전협정, 이행합의서, 토지계획협정은 모두 관보에 게재되었다.

피청구인은 이 사건 조약들과 '대한민국과 아메리카합중국 간의 상호방위조약 제4조에 의한 시설과 구역 및 대한민국에서의 합중국 군대의 지위에 관한 협정(SOFA)' 제2조에 따라 미합중국에 평택시에 있는 K-6 기지 부근과 K-55(오산비행장) 기지 부근의 토지를 미군측에 제공하기 위하여 토지매수와 수용절차를 진행 중이다.

청구인 갑은 이 사건 조약들에 따라 수용될 평택시 팽성읍에 있는 K-6 미군기지 인근에 토지나 건물을 소유하였거나 거주하는 사람이고, 청구인 을은 위 조약들에 따라 평택지역에 미군기지가 확장 이전되면 기지에 바로 인접한 마을에 거주하는 사람이고, 청구인 병은 위 지역을 제외한 평택시에 거주하는 사람이고, 청구인 정은 평택시 밖에 거주하는 사람이며, 청구인들은 모두 대한민국 국민들이다.

청구인들은 이 사건 조약들이 헌법상 보장된 청구인들의 평등권, 평화적 생존권 등을 침해한 것이라고 주장하면서 이 사건 헌법소원심판을 청구하였다.

심판의 대상

대한민국과 미합중국 간의 미합중국 군대의 서울지역으로부터의 이전에 관한 협정(조약 제1701호)

대한민국과 미합중국 간의 미합중국 군대의 서울지역으로부터의 이전에 관한 협정의 이행을 위한 합의권고에 관한 합의서(조약 제1702호)

2002년 3월 29일 서명된 대한민국과 미합중국 간의 연합토지관리계획 협정에 관한 개정협정(조약 제1703호)

주 문

이 사건 심판청구를 각하한다.

판 단

Ⅰ. 헌법소원의 일반적 적법요건

헌법재판소법 제68조 제1항 본문은 "공권력의 행사 또는 불행사로 인하여 헌법상 보장된 기본권을 침해받은 자는 … 헌법재판소에 헌법소원심판을 청구할 수 있다"고 규정하고 있는바, 헌법소원은 공권력의 행사 또는 불행사로 인하여 헌법상 보장된 기본권을 침해받은 자가 그 심판을 구하는 제도로서, 심판을 구하는 자는 심판의 대상인 공권력의 행사 또는 불행사로 인하여 자기의 기본권이 현재 그리고 직접적으로 침해받고 있어야 한다.

여기서 '기본권을 침해받은 자'라 함은 공권력의 행사 또는 불행사로 인하여 자기의 기본권이 현재 그리고 직접적으로 침해받은 자를 의미하며 단순히 간접적, 사실적 또는 경제적인 이해관계가 있을 뿐인 제3자는 이에 해당하지 않는다.

Ⅱ. 기본권침해 주장에 대한 판단

1. 청구인들은 이 사건 조약들에 의하여 평택시의 미군기지가 늘어나면 평택 주민들의 생활에 직접적인 영향을 미치게 되는 것임에도 평택 시민들의 의사가 반영되지 않은 채 조약들이 체결됨으로써, 청구인들의 자기결정권과 자치권이 침해당하였다고 주장한다.

인간은 누구나 자기 운명을 스스로 결정할 수 있는 자기결정권을 가진다. 그런데 미군기지의 평택이전은 공공정책의 결정 내지 시행에 해당하는 것으로서 인근 지역에 거주하는 사람들의 삶을 결정함에 있어서 사회적 영향을 미치게 됨은 부인할 수 없으나, 이것이 개인의 인격이나 운명에 관한 사항은 아니며 또한 각자의 개성에 따른 개인적 선택에 직접적인 제한을 가하는 것도 아니다. 따라서 위와 같은 사항은 헌법상 자기결정권의 보호범위에 포함된다고 볼 수 없다.

한편, 자치권은 원칙적으로 개별 주민들에게 인정된 권리라 볼 수 없으며, 청구인들의 주장을 주민들의 지역에 관한 의사결정에 참여 내지 주민투표에 관한 권리침해로 이해하더라도 이러한 권리를 헌법이 보장하는 참정권이라고 할 수도 없는 것이다. 따라서 국가는 입법이나 조약체결을 통하여 특정 지역주민들에게 불리한 영향을 미치는 의사결정을 함에 있어서 당해 지역 주민들의 의견을 사전에 충분히 수렴하는 것이 바람직하기는 하나, 지방자치단체의 폐치·분합 등과 같은 예외적인 사항이 아닌 한, 그것이 헌법상 필수적으로 요구되는 것이라 할 수 없다.

2. 청구인들은 이 사건 조약들에 따른 미군부대의 이전은 주한미군을 방어적 군사력에서 공세적 군사력으로 변경하기 위한 것이고, 따라서 이는 행복추구권으로부터 인정되는 평화적 생존권, 즉 각 개인이 무력충돌과 살상에 휘말리지 않고 평화로운 삶을 누릴 권리를 침해하는 것이라고 주장한다.

오늘날 전쟁과 테러 혹은 무력행위로부터 자유로워야 하는 것은 인간의 존엄과 가치를 실현하고 행복을 추구하기 위한 기본 전제가 되는 것이므로, 달리 이를 보호하는 명시적 기본권이 없다면 헌법 제10조와 제37조 제1항으로부터 평화적 생존권이라는 이름으로 이를 보호하는 것이 필요하다. 그 기본 내용은 침략전쟁에 강제되지 않고 평화적 생존을 할 수 있도록 국가에 요청할 수 있는 권리라고 볼 수 있을 것이다.

그런데 이 사건 조약들은 미군기지의 이전을 도모하기 위한 것이고, 그 내용만으로는 장차 우리나라가 침략적 전쟁에 휩싸이게 된다는 것을 인정하기 곤란하다. 그러므로 이 사건에서 평화적 생존권의 침해가능성이 있다고 할 수 없다.

3. 청구인들은 미군기지의 대규모 이전에 따라 환경권이 침해될 우려가 높고, 미군범죄의 피해자가 될 수 있음에도 수사권 및 재판권이 제약되므로 재판절차진술권, 행복추구권, 평등권이 침해될 우려가 있고, 주변 토지나 건물이 개발제한구역에 포함됨으로써 재산권을 제한받게 된다고 주장한다.

이 사건 조약들은 평택지역으로 미군부대가 이전한다는 내용을 담고 있을 뿐이므로 이에 의하여 청구인들의 환경권, 재판절차진술권, 행복추구권, 평등권, 재산권이 바로 침해되는 것이 아니다. 또한 미군부대의 이전 후에 권리침해를 받을 우려가 있다 하더라도 그러한 권리침해의 우려는 다른 법률에 의하여 장래에 잠재적으로 나타날 수 있는 것에 불과하다. 따라서 이 사건 조약들에 대하여 환경권 등의 권리침해의 '직접성'이나 '현재성'을 인정할 수 없다.

Ⅲ. 헌법규정위반 주장에 대한 판단

청구인들은 기본권 침해주장 이외에 이 사건 조약들이 일반 헌법규정(제5조, 제60조)에 위반된다는 주장을 하고 있다. 그러나 앞서 살펴본 바와 같이 기본권 침해의 가능성이 없이 단순히 일반 헌법규정이나 헌법원칙에 위반된다는 주장은 기본권침해에 대한 구제라는 헌법소원의 적법요건을 충족시키지 못하는 것으로서 받아들일 수 없다.

♣ 본 판례에 대한 평가 행복추구권이 비록 헌법조문상 인간의 존엄과 가치와 병렬적으로 규정되고 있기는 하지만, 행복추구권과 인간의 존엄과 가치를 동일시하는 것은 바람직하지 않다. 따라서 헌법상 행복추구권을 인간의 존엄과 가치와 구별하여 독자적인 기본권으로서 인정하여

야 한다. 헌법재판소는 인간의 존엄과 가치 및 행복추구권을 헌법재판의 준거규범으로서 병렬적으로 적시하기도 하고, 때로는 행복추구권만을 떼어서 독자적인 기본권성을 인정하기도 한다. 이에 따라 헌법재판소는 기본권으로서의 행복추구권 속에 "일반적 행동자유권"과 "개성의 자유로운 발현권", 성적 자기결정권, 소비자의 자기결정권이 함축되어 있으며, 일반적 행동자유권으로부터는 계약의 자유도 파생된다고 판시하고 있으며 때로는 둘 이상을 동시에 거론하면서 행복추구권을 설명하기도 한다. 이외에도 신체의 불훼손권과 생명권 · 휴식권 · 수면권 · 일조권 · 스포츠권 등도 행복추구권의 내용이 될 수 있다.

다만 헌법재판소는 평화적 생존권과 관련하여서는 "평화적 생존권이란 이름으로 주장하고 있는 평화란 헌법의 이념 내지 목적으로서 추상적인 개념에 지나지 아니하고, 평화적 생존권은 이를 헌법에 열거되지 아니한 기본권으로서 특별히 새롭게 인정할 필요성이 있다거나 그 권리내용이 비교적 명확하여 구체적 권리로서의 실질에 부합한다고 보기 어려워 헌법상 보장된 기본권이라고 할 수 없다"라고 변경하였다(헌재 2009.5.28. 2007헌마369).

Ⅱ 독점규제및공정거래에관한법률 제27조 위헌소원: 위헌(헌재 2002.1.31. 2001헌바43)

쟁점 (1) 사업자단체의 독점규제및공정거래에관한법률 위반행위가 있을 때 공정거래위원회가 당해사업자단체에 대하여 '법위반사실의 공표'를 명할 수 있도록 한 동법 제27조 부분이 양심의 자유를 침해하는지 여부(소극)

(2) 위 조항부분이 과잉금지의 원칙에 위반하여 당해 행위자의 일반적 행동의 자유 및 명예권을 침해하는지 여부(적극)

(3) 위 조항부분이 무죄추정의 원칙에 반하는지 여부(적극)

사건의 개요

청구인은 병원급 이상의 의료기관, 국공립병원 및 군병원의 병원장 또는 그 의료책임자 등을 구성사업자로 하여 설립된 결합체로서 독점규제및공정거래에관한법률 제2조 제4호의 규정에 의한 사업자단체에 해당한다.

보건복지부가 의약분업 시행을 앞두고 의약품유통구조의 투명화를 위하여 '의약품실거래가상환제'를 실시하자, 청구인과 청구외 사단법인 대한의사협회의는 제1차 의사대회를 개최하고, 이어서 제2차 의사대회를 개최하였다.

이에 청구외 공정거래위원회는 청구인들의 위 행위가 구성사업자들로 하여금 휴업 또는 휴진을 하게 함으로써 구성사업자의 사업내용 또는 활동을 부당하게 제한하는 행위로 보아 독점규제및공정거래에관한법률 제26조 제1항 제3호에 해당한다는 이유로 청구인에게 동 행위를 금지함과 동시에 4대 중앙일간지에 동 법위반사실을 공표하도록 함과 아울러 청구인을 고발하는 내용의 시정명령 등 처분을 하였다.

청구인은 서울고등법원에 공정거래위원회를 상대로 위 처분의 무효 또는 취소를 구하는 소송을 제기하고, 그 소송 계속중 위 처분의 근거조항인 독점규제및공정거래에관한법률 제27조의 위헌여부심판의 제청신청을 하였으나, 위 제청신청을 기각하자 이 사건 헌법소원심판을 청구하였다.

심판의 대상

독점규제및공정거래에관한법률 제27조 (시정조치) 공정거래위원회는 제26조(사업자단체의 금지행위)의 규정에 위반하는 행위가 있을 때에는 당해 사업자단체(필요한 경우 관련 구성사업자를 포함한다)에 대하여 당해 행위의 중지, 법위반사실의 공표 기타 시정을 위한 필요한 조치를 명할 수 있다.

제26조 (사업자단체의 금지행위) ① 사업자단체는 다음 각 호의 1에 해당하는 행위를 하여서는 아니된다.

1, 2호 생략

3. 구성사업자(사업자단체의 구성원인 사업자를 말한다. 이하 같다)의 사업내용 또는 활동을 부당하게 제한하는 행위

의료법(2000. 1. 12. 법률 제6157호로 개정되기 전의 것) 제33조 (휴업·폐업의 신고) 의료기관의 개설자는 의료업을 휴업하거나 폐업한 때에는 지체없이 관할 도지사 또는 시장·군수·구청장에게 신고하여야 한다.

동법 제71조 (과태료) 다음 각호의 1에 해당하는 자는 100만원 이하의 과태료에 처한다.

1 내지 3호 생략

4. 제33조(제61조 제3항에서 준용하는 경우를 포함한다)의 규정에 의한 휴업 또는 폐업을 하지 아니한 자

주 문

독점규제및공정거래에관한법률(1999. 2. 5. 법률 제5813호로 개정된 것) 제27조 중 "법위반사실의 공표"부분은 헌법에 위반된다.

판 단

Ⅰ. 양심의 자유의 침해여부

헌법 제19조는 "모든 국민은 양심의 자유를 가진다"라고 하여 양심의 자유를 기본권의 하나로 보장하고 있다. 여기에서의 양심은 옳고 그른 것에 대한 판단을 추구하는 가치적·도덕적 마음가짐으로, 개인의 소신에 따른 다양성이 보장되어야 하고 그 형성과 변경에 외부적 개입과 억압에 의한 강요가 있어서는 아니 되는 인간의 윤리적 내심영역이다. 보호되어야 할 양심에는 세계관·인생관·주의·신조 등은 물론, 이에 이르지 아니하여도 보다 널리 개인의 인격형성에 관계되는 내심에 있어서의 가치적·윤리적 판단도 포함될 수 있다. 그러나 단순한 사실관계의 확인과 같이 가치적·윤리적 판단이 개입될 여지가 없는 경우는 물론, 법률해석에 관하여 여러 견해가 갈리는 경우처럼 다소의 가치관련성을 가진다고 하더라도 개인의 인격형성과는 관계가 없는 사사로운 사유나 의견 등은 그 보호대상이 아니라고 할 것이다. 이 사건의 경우와 같이 경제규제법적 성격을 가진 공정거래법에 위반하였는지 여부에 있어서도 각 개인의 소신에 따라 어느 정도의 가치판단이 개입될 수 있는 소지가 있고 그 한도에서 다소의 윤리적 도덕적 관련성을 가질 수도 있겠으나, 이러한 법률판단의 문제는 개인의 인격형성과는 무관하며, 대화와 토론을 통하여 가장 합리적인 것으로 그 내용이 동화되거나 수렴될 수 있는 포용성을 가지는 분야에 속한다고 할 것이므로 헌법 제19조에 의하여 보장되는 양심의 영역에 포함되지 아니한다고 봄이 상당하다. 한편 누구라도 자신이 비행을 저질렀다고 믿지 않는 자에게 본심에 반하여 사죄 내지 사과를 강요한다면 이는 윤리적 도의적 판단을 강요하는 것으로서 경우에 따라서는 양심의 자유를 침해하는 행위에 해당한다고 할 여지가 있으나, '법위반사실의 공표명령'은 법규정의 문언상으로 보아도 단순히 법위반사실 자체를 공표하라

는 것일 뿐, 사죄 내지 사과하라는 의미요소를 가지고 있지는 아니하다. 공정거래위원회의 실제 운용에 있어서도 '특정한 내용의 행위를 함으로써 공정거래법을 위반하였다는 사실'을 일간지 등에 공표하라는 것이어서 단지 사실관계와 법을 위반하였다는 점을 공표하라는 것이지 행위자에게 사죄 내지 사과를 요구하고 있는 것으로는 보이지 않는다. 따라서 이 사건 법률조항의 경우 사죄 내지 사과를 강요함으로 인하여 발생하는 양심의 자유의 침해문제는 발생하지 않는다.

그렇다면 이 사건 법률조항 중 '법위반사실의 공표' 부분은 위반행위자의 양심의 자유를 침해한다고 볼 수 없다.

Ⅱ. 일반적 행동의 자유 등 헌법에 열거되지 아니한 자유의 침해여부

헌법 제37조 제1항은 "국민의 자유와 권리는 헌법에 열거되지 아니한 이유로 경시되지 아니한다"고 규정하고 있다. 이는 헌법에 명시적으로 규정되지 아니한 자유와 권리라도 헌법 제10조에서 규정한 인간의 존엄과 가치를 위하여 필요한 것일 때에는 이를 모두 보장함을 천명하는 것이다.

이러한 기본권으로서 일반적 행동자유권과 명예권 등을 들 수 있다. 그리하여 이 사건에서와 같이 만약 행위자가 자신의 법위반 여부에 관하여 사실인정 혹은 법률적용의 면에서 공정거래위원회와는 판단을 달리하고 있음에도 불구하고 불합리하게 법률에 의하여 이를 공표할 것을 강제당한다면 이는 행위자가 자신의 행복추구를 위하여 내키지 아니하는 일을 하지 아니할 일반적 행동자유권과 인격발현 혹은 사회적 신용유지를 위하여 보호되어야 할 명예권에 대한 제한에 해당한다고 할 것이다.

Ⅲ. 과잉금지원칙의 위배여부

이와 같이 이 사건 법위반사실의 공표명령 제도는 행위자의 일반적 행동의 자유와 명예권 등 기본권을 제한하는 조치에 해당하는바, 이러한 제한이 헌법 제37조 제2항에 의한 헌법적 한계내의 것인지의 여부를 일반적 심사원칙에 따라 살펴보기로 한다.

1. 입법목적의 정당성

공정거래법 제1조는 공정하고 자유로운 경쟁을 촉진하여 창의적인 기업활동을 조장하고 소비자를 보호함과 아울러 국민경제의 균형있는 발전을 도모함을 목적으로 한다고 밝히고 있다. 그리고 이 사건 공표명령은 '계속되는 공공의 손해와 과거 위법행위의 효과를 종식시키고 위법행위가 재발하는 것을 방지'할 필요에서 규정한 것으로 판단된다. 이러한 입법목적은 입법자가 추구할 수 있는 헌법상 정당한 공익이라고 할 것이고, 또한 중요한 것으로서 이러한 공익을 실현하여야 할 현실적 필요성이 존재한다는 것도 명백하다.

2. 수단의 적합성과 침해의 최소성

기본권제한법률은 그 합헌성과 관련, '수단의 적합성' 및 '침해의 최소성'이 요구된다. 그리고 그 여부는 입법자의 판단이 명백히 잘못되었다는 소극적 심사에 그치는 것이 아니라, 입법자로 하여금 법률이 공익의 달성이나 위험의 방지에 적합하고 최소한의 침해를 가져오는 수단이라는 것을 어느 정도 납득시킬 것이 요청된다.

공정거래법 위반행위의 내용 및 형태에 따라서는 일반공중이나 관련 사업자들이 그 위반여부에 대한 정보와 인식의 부족으로 말미암아 공정거래위원회의 시정조치에도 불구하고 위법사실의 효과가 지속되고 피해가 계속되는 사례가 발생할 수 있다. 이러한 경우 조속히 법위반에 관한 중요 정보를 공개하는 등의 방법으로 일반공중이나 관련 사업자들에게 널리 경고함으로써 계속되는 공공의 손해를 종식시키고 위법행위가 재발하는 것을 방지하는 조치를 할 필요가 있다. 그러기 위해서는 일반공중이나 관련 사업자들의 의사결정에 중요하거나, 그 권리를 보호하기 위하여 실질적으로 필요하고 적절하다고 인정될 수 있는 구체적 정보내용을 알려주는 것이 보다 효과적일 것이다. 그런데 소비자보호를 위한 이러한 보호적, 경고적, 예방적 형태의 공표조치를 넘어서 형사재판이 개시되기도 전에 공정거래위원회의 행정처분에 의하여 무조건적으로 법위반을 단정, 그 피의사실을 널리 공표토록 한다면 이는 지나치게 광범위한 조치로서 앞서 본 입법목적에 반드시 부합하는 적합한 수단이라고 하기 어렵다.

나아가 이 사건 공표명령이 기본권에 대한 침해를 최소화하고 있다고 할 수도 없다. 재판을 통한 유죄판결을 받기 이전에 공정거래위원회가 법위반사실의 공표를 명령하는 것은, 만약 그 행위가 재판에서 무죄가 선고되어 확정된다면 이는 결국 행위자에게 죄가 되지 아니하는 사실에 대하여 죄가 되는 것으로 일반에 공표하도록 강제하는 것이 되어 행위자에게 회복할 수 없는 권리침해를 가져오기 때문이다. 이를 회복시켜 주는 방안으로 '법위반사실의 공표'에 대한 정정광고가 가능할지 모르나 이것만으로는 이미 침해된 행위자의 권리가 완전히 회복될 수 없음은 물론이다.

한편 '법위반사실의 공표'는 해석상 행위자가 '공정거래법을 위반하였다는 사실을 인정하여 공표'하라는 의미로 보아야 할 것이며, 이 사건의 경우에도 공정거래위원회는 이를 위와 같은 의미로 해석・운용하였다. 이는 '법위반사실을 행위자가 스스로 인정하고 이를 공표한다'는 점에서 '법위반으로 공정거래위원회로부터 시정명령을 받은 사실의 공표'와는 개념상 구분된다.

그러므로 가령 공정거래위원회가 행위자로 하여금 '공정거래법을 위반하였다는 사실을 인정하여 공표'하라는 과잉조치 대신 '법위반 혐의로 인하여 시정명령을 받은 사실의 공표'라는, 보다 가벼운 수단을 택하게 하는 방안도 검토될 수 있을 것이다. 그러더라도 앞서 본 입법목적의 달성에 어떤 장애가 올 것 같지는 않다. 이와 같은 방법에 의한다고 하더라도 공정거래위원회가 어떠한 사실관계에 대하여 법위반을 문제삼은 것인지 일반공중에게 충분히 인식시킬 수 있고, 그 인식의 정도도 '법위반사실의 공표'의 방법에 의한 경우와 별다른 차이가 없기 때문이다. 따라서 '법위반으로 인한 시정명령을 받은 사실의 공표'에 의할 경우, 입법목적을 달성하면서도 행위자에 대한 기본권 침해의 정도를 현저히 감소시키고 재판 후 발생가능한 무죄로 인한 혼란과 같은 부정적 효과를 최소화할 수 있는 것이므로, 법위반사실을 인정케 하고 이를 공표시키는 이 사건과 같은 명령형태는 앞서 본 기본권을 과도하게 제한하는 것이 된다.

3. 법익의 균형성

법위반사실의 공표 후 만약 행위자의 법위반사실 인정여부에 대한 재판이 진행되어 무죄판결이 선고되는 경우에는 공표된 내용 자체가 법위반이 아님이 판명되는 것이므로 공표명령 자체가 위법한 상황이 된다. 이러한 경우 보호하여야 할 공익은 전무한 것이 되므로 두말 할 필요없이 법익의 균형성은 무너지고 만다.

법위반사실의 공표가 그에 대한 법원의 재판이 확정되기 전에 행하여지는 한 이와 같은 무죄의 위험성은 상존한다. 따라서 이 단계에서의 이 사건 공표명령에 의하여 얻는 공익적 효과는 확정적인 것이 아니어서 실로 불안한 것이다. 이러한 불확정적 공익의 보호와 행위자가 입는 기본권 제한의 확정적 피해를 교량하여 보더라도 그 사이에는 합리적인 비례관계가 형성되지 못하고 있다.

4. 소　　결

그리하여 앞서 본 바와 같이 예컨대 '법위반으로 공정거래위원회로부터 시정명령을 받은 사실의 공표'로서도 입법목적을 충분히 달성할 수 있음에도 불구하고 굳이 나아가 공정거래법을 위반하였다는 사실을 인정하여 공표하라는 의미의 이 사건 '법위반 사실의 공표' 부분은 기본권제한법률이 갖추어야 할 수단의 적합성 및 침해의 최소성 원칙과 법익균형성의 원칙을 지키지 아니한 것이어서, 결국 헌법 제37조 제2항의 과잉입법금지원칙에 위반하여 행위자의 일반적 행동의 자유 및 명예를 지나치게 침해하는 것이라 할 것이다.

Ⅳ. 무죄추정원칙의 위배여부

헌법 제27조 제4항은 "형사피고인은 유죄의 판결이 확정될 때까지는 무죄로 추정된다"고 규정하여 이른바 무죄추정의 원칙을 선언하고 있다. 무죄추정의 원칙은 형사절차와 관련하여 아직 공소가 제기되지 아니한 피의자는 물론 비록 공소가 제기된 피고인이라 할지라도 유죄의 판결이 확정될 때까지는 원칙적으로 죄가 없는 자로 다루어져야 하고, 그 불이익은 필요최소한에 그쳐야 한다는 원칙을 말한다. 이 원칙은 언제나 불리한 처지에 놓여 인권이 유린되기 쉬운 피의자나 피고인의 지위를 옹호하여 형사절차에서 그들의 불이익을 필요한 최소한에 그치게 하자는 것으로서 인간의 존엄성 존중을 궁극의 목표로 하고 있는 헌법이념에서 나온 것이다. 이 원칙과 관련하여, 헌법재판소는 형사사건으로 공소제기가 되었다는 사실만으로 변호사에 대하여 업무정지명령을 내리거나, 교원 혹은 공무원에 대하여 무조건적인 직위해제처분을 하도록 한 것은 아직 유무죄가 가려지지 아니한 상태에서 유죄로 추정하는 것이 되며 이를 전제로 한 불이익한 처분이라고 판시한 바 있다.

이 사건 법률조항의 법위반사실 공표명령은 행정처분의 하나로서 형사절차내에서 행하여진 처분은 아니다. 그러나 공정거래위원회의 고발조치 등으로 장차 형사절차내에서 진술을 해야할 행위자에게 사전에 이와 같은 법위반사실의 공표를 하게 하는 것은 형사절차내에서 법위반사실을 부인하고자 하는 행위자의 입장을 모순에 빠뜨려 소송수행을 심리적으로 위축시키거나, 법원으로 하여금 공정거래위원회 조사결과의 신뢰성 여부에 대한 불합리한 예단을 촉발할 소지가 있고 이는 장차 진행될 형사절차에도 영향을 미칠 수 있다. 결국 법위반사실의 공표명령은 공소제기조차 되지 아니하고 단지 고발만 이루어진 수사의 초기단계에서 아직 법원의 유무죄에 대한 판단이 가려지지 아니하였는데도 관련 행위자를 유죄로 추정하는 불이익한 처분이라고 아니할 수 없다.

Ⅴ. 진술거부권의 침해여부

헌법 제12조 제2항은 "모든 국민은 형사상 자기에게 불리한 진술을 강요당하지 아니한다"라고 하여 진술거부권을 보장하였는바, 이는 피고인이나 피의자가 수사절차 또는 공판절차에서 수사기관 또는 법원의 신문에 대하여 진술을 거부할 수 있는 권리를 말한다. 이러한 진술거부권은 형사절차뿐만 아니라 행정절차나 국회에서의 조사절차에서도 보장된다. 진술거부권은 고문 등 폭행에 의한 강요는 물론 법률로서도 진술을 강요당하지 아니함을 의미한다.

이와 같이 진술거부권은 형사절차뿐만 아니라 행정절차나 법률에 의한 진술강요에서도 인정되는 것인바, 이 사건 공표명령은 '특정의 행위를 함으로써 공정거래법을 위반하였다'는 취지의 행위자의 진술을 일간지에 게재하여 공표하도록 하는 것으로서 그 내용상 행위자로 하여금 형사절차에 들어가기 전에 법위반행위를 일단 자백하게 하는 것이 되어 진술거부권도 침해하는 것이다.

✤ 본 판례에 대한 평가 일반적 행동자유권이란 모든 국민이 행복을 추구하기 위하여 자유롭게 행동할 수 있는 자유권이다. 일반적 행동자유권에는 적극적으로 자유롭게 행동하는 것은 물론 소극적으로 행동을 하지 않을 부작위의 자유도 포함된다. 헌법재판소도 일반적 행동자유권은 개성의 자유로운 발현권과 더불어 행복추구권 속에 함축되어 있다고 판시하고 있다.

일반적 행동자유권은 개인이 행위를 할 것인가의 여부에 대하여 자유롭게 결단하는 것을 전제로 하여 이성적이고 책임감 있는 사람이라면 자기에 관한 사항은 스스로 처리할 수 있을 것이라는 생각에서 인정된다.

헌법재판소는 법률행위의 영역에 있어서 계약의 자유는 일반적 행동자유권으로부터 파생되므로, 4층 이상의 건물에 대한 획일적 화재보험가입강제, 기부금품모집행위의 과도한 법적 제한 등은 행복추구권에 의하여 보호되는 계약의 자유를 침해한 것이라고 판시한 바 있다.

그러나 퇴직금을 퇴직일로부터 14일 이내에 지급하도록 하는 부분 및 임금을 매월 1회 이상 정기에 지급하도록 하는 부분은 계약의 자유・기업활동의 자유를 침해하지 아니하며, 평등원칙에도 위반되지 아니한다고 판시한 바 있다.

또한 18세 미만의 자에 대한 당구장출입금지, 결혼식 하객에게 주류와 음식물을 접대하는 행위, 자신이 마실 물을 선택할 자유의 제한, 사적 자치권의 제한 등은 일반적 행동자유권의 침해라고 판시한 바 있다.

하지만 일정한 시력기준에 미달하는 사람에 대한 제1종 운전면허취득의 제한, 운전자의 좌석안전띠착용을 의무화 하고 이를 어겼을 때 범칙금을 부과하는 것, 국민건강보험의 가입강제와 보험료의 차등부과, 마약류사범에 대한 소변강제채취, 주취 중 운전금지규정을 3회 위반한 자에 대한 운전면허취소, 대학교원기간임용제탈락자에 대한 구제 등은 일반적 행동자유권의 침해가 아니라고 판시하고 있다.

나아가서 헌법재판소는 휴식권, 자유롭게 문화를 향유할 권리 등도 행복추구권의 내용으로 보고 있다. 헌법재판소는 사회복지법인의 운영의 자유도 행복추구권의 내용으로 보고 있다.

대법원은 행복추구권의 내용으로서, 만나고 싶은 사람을 만날 권리(구속된 피고인 또는 피의자의 타인과의 접견권), 자신이 먹고 싶은 음식이나 마시고 싶은 음료수를 자유롭게 선택할 권리, 일시오락의 정도에 불과한 도박행위 등을 들고 있다.

일반적 행동자유권도 헌법질서, 타인의 권리 및 도덕률에 위반되지 않는 한도 내에서 인정된다. 일반적 행동의 자유는 개인의 인격발현과 밀접히 관련되어 있으므로 최대한 존중되어야 하는 것이지만 헌법 제37조 제2항에 따라 국가안전보장・질서유지 또는 공공복리를 위하여는 제한될 수 있다.

관련 문헌: 이승택, "독점규제 및 공정거래에 관한 법률 제23조 제1항 제7호에 정한 현저히 유리한 조건의 거래에 해당하는지 여부의 판단 방법 및 급부와 반대급부가 현저히 유리한지 여부를 판단하는 기준이 되는 정상금리의 의미", 대법원판례해설 64호(2006 하반기)(2007. 7); 손동환, "사업자단체에 대한 독점규제법적용", 재판실무연구 3권; 박해식, "공정거래법상 시정조치의 문제점", 경쟁저널 통권 108호(2004. 8), 한국공정거래협회;

박해식, "사이버몰 운영자의 광고행위 주체성의 요건", 대법원판례해설 제58호; 박해식, "부당한 공동행위의 추정과 실질적 경쟁제한의 의미", 경제법판례연구 제1권 1권(2004. 7), 법문사; 박수영, "부당한 표시·광고행위의 성립요건과 유형", 기업법연구 제13집, 사단법인 한국기업법학회.

[요약판례 1] 사회간접자본시설에대한민간투자법 제3조 등 위헌소원: 합헌(헌재 2005.12.22. 2004헌바64)

일반적 행동자유권

헌법 제10조 전문은 "모든 국민은 인간으로서의 존엄과 가치를 가지며, 행복을 추구할 권리를 가진다"라고 규정하여 행복추구권을 보장하고 있는데 행복추구권에는 그 구체적인 표현으로서 일반적 행동자유권과 개성의 자유로운 발현권이 포함된다.

일반적 행동자유권은 개인이 행위를 할 것인가의 여부에 대하여 자유롭게 결단하는 것을 전제로 하여 이성적이고 책임감 있는 사람이라면 자기에 관한 사항은 스스로 처리할 수 있을 것이라는 생각에서 인정되는 것이다. 일반적 행동자유권에는 적극적으로 자유롭게 행동을 하는 것은 물론 소극적으로 행동을 하지 않을 자유, 즉 부작위의 자유도 포함되는 것으로서 법률행위의 영역에 있어서는 계약의 체결을 강요받지 않을 자유인 계약자유의 원칙이 포함된다.

[요약판례 2] 화재로인한재해보상과보험가입에관한법률 제5조 제1항의 위헌여부에 관한 헌법소원: 한정위헌(헌재 1991.6.3. 89헌마204)

일반적 행동자유권

이른바 계약자유의 원칙이란 계약을 체결할 것인가의 여부, 체결한다면 어떠한 내용의, 어떠한 상대방과의 관계에서, 어떠한 방식으로 계약을 체결하느냐 하는 것도 당사자자신이 자기의사로 결정하는 자유뿐만 아니라, 원치 않으면 계약을 체결하지 않을 자유를 말하여, 이는 헌법상의 행복추구권속에 함축된 일반적 행동자유권으로부터 파생되는 것이라 할 것이다.

화재로인한재해보상과 보험가입에 관한 법률 제5조의 "특수건물" 부분에 동법 제2조 제3항 가목 소정의 "4층 이상의 건물"를 포함시켜 보험가입을 강제하는 것은 개인의 경제상의 자유와 창의의 존중을 기본으로 하는 경제질서와 과잉금지의 원칙에 합치되지 아니하여 헌법에 위반된다.

[요약판례 3] 근로기준법 제36조 등 위헌소원: 합헌,각하(헌재 2005.9.29. 2002헌바11)

일반적인 행동자유권으로부터 파생되는 계약의 자유

계약의 자유는 일반적 행동자유권으로부터 파생되며 계약을 체결할 것인지 여부, 체결한다면 어떠한 내용의, 어떠한 상대방과의 관계에서, 어떠한 방식으로 계약을 체결하느냐를 결정할 자유를 말한다.

헌법 제32조 제3항은 계약자유의 원칙에 대한 수정조항으로 그에 따라 사용자의 계약의 자유 및 기업활동의 자유를 제한하게 되는데, 근로기준법 제36조 본문 중 퇴직금을 퇴직일로부터 14일 이내에 지급하도록 하는 부분 및 같은 법 제42조 제2항 본문 중 임금을 매월 1회 이상 정기에 지급하도록 하는 부분(이하 '이 사건 법률조항'이라 한다)은 입법목적이 정당하고, 입법목적의 달성에 적합한 수단이며, 최소침해의 원칙에 부합되고, 법익의 균형성도 갖추었다.

따라서 이 사건 법률조항은 필요한 범위를 넘어 사용자의 계약의 자유 및 기업활동의 자유를 침해하지 아니한다.

[요약판례 4] 체육시설의설치·이용에관한법률시행규칙 제5조에 대한 헌법소원: 위헌(헌재 1993.5.13. 92헌마80)

18세 미만인 자에 대한 당구장출입금지와 일반적 행동자유권

당구장을 이용하는 고객 중 출입이 제지되는 18세 미만 소년의 입장에서 침해되는 기본권은 무엇인지 잠시 살펴보고자 한다. 특히 어떤 소년이 운동선수로 대성할 수 있는 재질로 출생하였고 그 중에서도 당구에 선천적으로 비상한 소질이 있어 그 방면에서 자신의 능력을 발휘해 보고자 하는 경우 다른 종류의 운동 지망생과의 관계에서 평등의 원칙이 문제될 수 있음은 물론이다.

요컨대 당구장 출입자의 자숙이나 시설, 환경의 정화로 당구의 실내 스포츠로서의 이미지 개선은 가능한 것으로 사료되며 당구자체에 청소년이 금기시해야 할 요소가 있는 것으로는 보여지지 않기 때문에 당구를 통하여 자신의 소질과 취미를 살리고자 하는 소년에 대하여 당구를 금하는 것은 헌법상 보장된 행복추구권의 한 내용인 일반적인 행동자유권의 침해가 될 수 있을 것이다.

[요약판례 5] 가정의례에관한법률 제4조 제1항 제7호 위헌확인: 위헌,각하(헌재 1998.10.15. 98헌마168)

결혼식 하객에게 주류와 음식물을 접대하는 행위와 일반적 행동자유권

결혼식 등의 당사자가 자신을 축하하러 온 하객들에게 주류와 음식물을 접대하는 행위는 인류의 오래된 보편적인 사회생활의 한 모습으로서 개인의 일반적인 행동의 자유 영역에 속하는 행위이므로 이는 헌법 제37조 제1항에 의하여 경시되지 아니하는 기본권이며 헌법 제10조가 정하고 있는 행복추구권에 포함되는 일반적 행동자유권으로서 보호되어야 할 기본권이다.

하객들에 대한 음식접대에 있어서 "가정의례의 참뜻"이란 개념은, 결혼식 혹은 회갑연의 하객들에게 어떻게 음식이 접대되는 것이 그 참뜻에 맞는 것인지는 종래 우리 관습상 혼례식의 성격 등을 볼 때 쉽게 예상되기 어렵고, 그간 가정의례에관한법률이 오랫동안 시행되어 가정의례의 참뜻에 대한 인식은 확립되었다고 볼 수도 없어, 결국 그 대강의 범위를 예측하여 이를 행동의 준칙으로 삼기에 부적절하다. 또한 "합리적인 범위안"이란 개념도 가정의례 자체가 우리나라의 관습 내지 풍속에 속하고, 성격상 서구적 의미의 "합리성"과 친숙할 수 있는 것도 아니며, 또한 양과 질과 가격에 있어 편차가 많고 접대받을 사람의 범위가 다양하므로 주류 및 음식물을 어떻게 어느 만큼 접대하는 것이 합리적인 범위인지를 일반국민이 판단하기란 어려울 뿐 아니라 그 대강을 예측하기도 어렵다. 이 사건 규정은 결국 죄형법정주의의 명확성 원칙을 위배하여 청구인 이병규의 일반적 행동자유권을 침해하였다.

[요약판례 6] 구 먹는물관리법 제28조 제1항 위헌제청: 합헌(헌재 1998.12.24. 98헌가1)

자신이 마실 물을 선택할 자유와 일반적 행동자유권

자신이 마실 물을 선택할 자유, 수돗물 대신 먹는샘물을 음용수로 이용할 자유는 헌법 제10조에 규정된 행복추구권의 내용을 이룬다. 그런데 먹는샘물제조업자에게 부과되는 수질개선부담금은 먹는샘물 판매가격의 상승을 초래하여 결국 소비자의 부담으로 전가(轉嫁)될 가능성을 내포하고 있고, 그리하여 그만큼 먹는샘물을 음용수로 선택할 국민의 행복추구권에 영향을 미치게 될 소지가 있다.

그러나 이 사건 법률조항은 먹는샘물에 대한 선택권을 박탈하거나 봉쇄하는 것이 아니고 국민에게 먹는샘물에 대한 원칙적 선택권을 인정하는 가운데 가격전가를 통하여 먹는샘물의 소비자에게 경제적 부담을 가하는 것에 그치고 있으며, 그 부담의 정도도 지나치지 아니하다. 더욱이 먹는샘물을 마시는 사람은 유한재화인 지하수, 즉 환경재화를 소비하는 사람이므로 이들에 대하여 환경보전에 대한 비용을 부담하게 할 수도 있다는 점을 감안한다면 이 사건 법률조항이 국민의 행복추구권을 침해하는 것이라고 볼 수는 없다.

[요약판례 7] 민법 제1026조 제2호 위헌제청: 헌법불합치(헌재 1998.8.27. 96헌가22등)

사적자치권과 일반적 행동자유권

헌법 제119조 제1항은 사유재산제도와 사적자치의 원칙 및 과실책임의 원칙을 기초로 하는 자유시장경제질서를

기본으로 하고 있음을 선언하고, 헌법 제23조 제1항은 국민의 재산권을, 헌법 제10조는 국민의 행복추구권과 여기서 파생된 일반적 행동자유권 및 사적자치권을 보장하는 한편, 헌법 제37조 제2항은 기본권을 제한하는 입법을 함에 있어서 지켜야 할 한계를 규정하고 있다.

상속인이 귀책사유없이 상속채무가 적극재산을 초과하는 사실을 알지 못하여 고려기간내에 한정승인 또는 포기를 하지 못한 경우에도 이 사건 법률조항이 단순승인을 한 것으로 본 것은 기본권제한의 입법한계를 일탈한 것으로 재산권을 보장한 헌법 제23조 제1항, 사적자치권을 보장한 헌법 제10조에 위반된다.

[요약판례 8] 민법부칙 제3항 위헌제청: 헌법불합치(헌재 2004.1.29. 2002헌가22등)

사적자치권과 일반적 행동자유권

헌법재판소는 1998. 8. 27.에 상속개시 있음을 안 날로부터 3월의 기간이 경과하면 상속을 단순승인한 것으로 본다고 규정한 구 민법 제1026조 제2호에 대하여 헌법불합치결정을 선고하였고, 입법자는 2002. 1. 14. 구 민법을 개정하여 상속인이 중대한 과실 없이 상속개시 있음을 안 날로부터 3월 내에 상속채무초과사실을 알지 못하여 단순승인 또는 단순승인 의제된 경우에는 그 사실을 안 날로부터 3월 내에 한정승인신고를 할 수 있도록 하는 조항을 신설하고(이하 '특별한정승인'이라 한다), 이렇게 신설한 조항의 효력은 개정민법 시행일부터 발생하고 소급적용되지 않음을 명확히 밝히면서, 위 결정시부터 개정민법 시행 사이의 한정승인에 관한 법적 규율의 공백에 대하여 부칙 제3항을 두었다. 부칙조항은 1998. 5. 27. 전에 상속개시 있음을 안 상속인을 종전 불합치결정 당시 구 민법 규정에 의하여 이미 단순승인의제의 법률요건이 완성되었다고 하여 특별한정승인의 소급적용의 범위에서 일률적으로 제외하고 있다.

이 사건 법률조항이 청구인들과 같이 1998. 5. 27. 전에 상속개시 있음을 알았으나, 위 일자 이후에 상속채무초과사실을 안 자를 포함하지 않음으로써 위와 같은 상속인은 소급적인 특별한정승인으로 구제받을 수 없고 단순승인 의제되어 상속채무에 대한 무한책임을 부담하게 되는 것은 기본권 제한의 입법한계를 일탈하여 헌법상 보장되는 청구인들의 재산권, 사적자치권을 침해하므로 헌법 제23조 제1항, 제10조에 위반된다 할 것이다.

[요약판례 9] 도로교통법시행령 제45조 위헌확인: 기각(헌재 2003.6.26. 2002헌마677)

일정한 시력기준에 미달하는 사람에 대한 제1종 운전면허취득의 제한

운전은 직업과는 무관하게 이동의 수단 또는 취미생활과 같이 일상 생활의 한 부분으로서 이루어지는 경우도 많은데 이 사건 조문에서 정한 시력기준에 미달하여 제1종 운전면허 대상 차량을 운전하지 못하게 되는 것은 행복추구권인 일반적 행동의 자유에 대한 제한이 될 수 있다. 그러나, 일반적 행동의 자유는 개인의 인격발현과 밀접히 관련되어 있어 최대한 존중되어야 하는 것이지만 헌법 제37조 제2항에 따라 제한될 수 있는 것인바, 이 사건 조문이 추구하는 질서유지 및 공공복리의 증진이라는 공익은 이로써 제한되는 일반적 행동의 자유라는 사익보다 훨씬 더 크다고 할 것이어서 기본권 제한의 입법한계인 비례의 원칙을 준수하였으므로 이 사건 조문은 행복추구권인 일반적 행동자유권을 침해하지 아니한다.

[요약판례 10] 국민건강보험법 제62조 제3항 등 위헌확인: 기각(헌재 2003.10.30. 2000헌마801)

국민에게 건강보험에의 가입의무를 강제로 부과하고 경제적 능력에 따른 보험료를 납부하도록 하는 것이 헌법상의 행복추구권과 재산권을 침해하는지 여부(소극)

건강보험의 문제를 시장경제의 원리에 따라 사보험에 맡기면 상대적으로 질병발생위험이 높거나 소득수준이 낮은 사람들은 보험에 가입하는 것이 매우 어렵거나 불가능하게 되어, 국가가 소득수준이나 질병위험도에 관계없이 모든 국민에게 동질의 의료보장을 제공하고자 하는 목적을 달성할 수 없으므로, 국민건강보험법 제5조, 제31조 제1항 · 제2항, 제62조 제1항 · 제3항 · 제4항은 원칙적으로 전국민을 강제로 보험에 가입시키고 경제적 능력에 비례하여 보험료를

납부하도록 함으로써 의료보장과 동시에 소득재분배 효과를 얻고자 하는 것이다.

이와 같이 국가가 국민을 강제로 건강보험에 가입시키고 경제적 능력에 따라 보험료를 납부하도록 하는 것은 행복추구권으로부터 파생하는 일반적 행동의 자유의 하나인 공법상의 단체에 강제로 가입하지 아니할 자유와 정당한 사유 없는 금전의 납부를 강제당하지 않을 재산권에 대한 제한이 되지만, 이러한 제한은 정당한 국가목적을 달성하기 위하여 부득이한 것이고, 가입강제와 보험료의 차등부과로 인하여 달성되는 공익은 그로 인하여 침해되는 사익에 비하여 월등히 크다고 할 수 있으므로, 위의 조항들이 헌법상의 행복추구권이나 재산권을 침해한다고 볼 수 없다.

Ⅲ 소변강제채취 위헌확인: 기각,각하(헌재 2006.7.27. 2005헌마277)

쟁점 (1) 마약류 관련 수형자에 대하여 마약류반응검사를 위하여 소변을 받아 제출하게 한 것이 헌법재판소법 제68조 제1항의 공권력의 행사에 해당하는지 여부(적극)

(2) 헌법소원의 대상이 된 침해행위가 종료되었어도 심판청구의 이익이 있다고 인정한 사례

(3) 마약류사범인 청구인에게 마약류반응검사를 위하여 소변을 받아 제출하게 한 것이 영장주의에 반하는지 여부(소극)

(4) 마약류사범인 청구인에게 마약류반응검사를 위하여 소변을 받아 제출하게 한 것이 청구인의 일반적인 행동자유권, 신체의 자유를 침해하였는지 여부(소극)

▢ 사건의 개요

청구인은 마약류관리법위반(향정) 혐의로 구속기소되어 대구지방법원에서 징역 10월을 선고받고 그 형이 확정되었고, 그 형기를 마치고 대구교도소에서 출소하였다.

청구인은 대구구치소, 대구교도소에서 각각 마약류반응검사[T.B.P.E. 검사, 검사대상자로부터 종이컵에 소변을 받아 제출하도록 하여 T.B.P.E. 시약을 떨어뜨려 반응(붉은색으로 변하면 양성)을 살피는 검사]를 받았는데, 각 음성으로 판정되었다.

청구인은 국선대리인 선임신청을 하고, 선임된 국선대리인을 통하여, 헌법소원심판을 청구하면서, 형집행 중 피청구인들이 마약류반응검사를 위하여 소변을 제출하게 한 행위(이를 '이 사건 소변채취'라고 한다)는 헌법에 의하여 보장되는 인간의 존엄성과 행복추구권, 신체의 자유를 침해하고, 영장주의에 반하는 것이며, 장래에도 매월 1회씩 마약류반응검사를 위해 소변강제채취가 계속될 것이므로 그 위헌확인을 구한다고 주장한다.

▢ 심판의 대상 및 관련조항

피청구인들이 '청구인으로 하여금 2004. 12. 24. 마약류반응검사를 위하여 소변을 제출하도록 한 행위'의 위헌 여부이다.

행형법 제17조의2 (신체검사 등) ① 교도관은 교도소등의 안전과 질서유지를 위하여 필요한 경우에는 수용자의 신체·의류·휴대품·거실 및 작업장을 검사할 수 있다.

▢ 주 문

청구인의 피청구인 법무부장관에 대한 심판청구를 각하하고, 피청구인 대구교도소장에 대한 심판청구를 기각한다.

▢ 판　단

Ⅰ. 적법요건에 대한 판단

1. 피청구인 법무부장관에 대하여

청구인에 대한 마약류반응검사를 실시하게 한 주체는 대구교도소장이고, 법무부장관은 그 주체가 아니므로, 법무부장관을 피청구인으로 한 헌법소원심판청구는 나머지 점에 나아가 판단할 필요 없이 부적법하다.

2. 피청구인 대구교도소장에 대하여

(1) 일반적으로 어떤 행정행위가 헌법소원의 대상이 되는 권력적 사실행위에 해당하는지의 여부는 당해 행정주체와 상대방과의 관계, 그 사실행위에 대한 상대방의 의사・관여정도・태도, 그 사실행위의 목적・경위, 법령에 의한 명령・강제수단의 발동 가부 등 그 행위가 행하여질 당시의 구체적 사정을 종합적으로 고려하여 개별적으로 판단하여야 한다.

마약류 수용자에 대한 소변채취는 청구인 등 검사대상자의 협력행위를 통하여 이루어질 수밖에 없는 것이고, 이를 거부하였다고 하여 징벌이나 다른 제재가 이루어지지 않으나, 피청구인 대구교도소장은 교정시설의 관리주체로서 청구인에 대하여 형을 집행하는 우월적인 지위에 있고, 청구인 등 수용자들은 외부와 격리된 채 피청구인의 형의 집행에 관한 지시, 명령에 복종하여야 할 관계에 있으며, 소변채취의 목적이 수용자들의 마약류 음용 등의 방지와 조기 발견을 통한 교정시설의 안전과 질서유지를 위한 것이고, 소변을 채취하여 제출할 것으로 일방적으로 강제하는 측면이 존재하는 것 또한 사실이며, 소변채취에 응하지 않을 경우 무엇인가 불리한 처우를 받을 수 있다는 심리적 압박이 존재하리라 예상할 수 있고, 실제로 거부하는 경우가 극히 미미한 점에 비추어, 헌법소원심판의 대상이 되는 권력적 사실행위로서 헌법재판소법 제68조 제1항의 심판대상이 되는 공권력 행사에 해당한다.

(2) 이 사건 소변채취는 권력적 사실행위로서 행정소송의 대상이 되는지 명확하지 않고, 그 대상이 된다고 하여도 당해 침해행위는 즉시 종료되어 그 침해행위에 대한 소의 이익이 부정될 것이며, 청원이나 소장에 대한 면담신청권은 처리기관이나 절차 및 효력 면에서 권리구제절차로서는 불충분하고 우회적인 제도여서 헌법소원에 앞서 반드시 거쳐야 하는 사전구제절차라고 보기 어려우므로, 청구인으로서는 헌법소원청구를 하는 외에 달리 효과적인 구제방법이 있다고 할 수 없다.

아울러 청구인이 2005. 3. 31. 출소하여 청구인에 대한 침해행위는 종료되었으므로 소변채취행위에 대한 위헌확인을 하더라도 청구인에 대한 권리구제는 불가능한 상태여서 주관적 권리보호이익은 이미 소멸되었다고 할 것이나, 헌법소원이 주관적 권리구제에는 별 도움이 되지 않는다 하더라도 그러한 침해행위가 앞으로도 반복될 위험이 있어 헌법적으로 그 해명이 중대한 의미를 지니고 있는 경우에는 심판청구의 이익을 인정할 수 있다.

이 사건의 자료에 의하면, 소변채취는 구치소나 교도소별로 마약류사범에게 신입시와 월 1회 혹은 분기에 1회씩 정기적, 반복적으로 행하여지는 것이므로, 헌법적으로 그 해명이 중대한 의미를 가진다고 할 것이므로 심판청구의 이익을 인정할 수 있다.

Ⅱ. 본안에 대한 판단

1. 마약반응검사의 개요

(1) 법령의 근거

(가) 행형법 제17조의2 (신체검사 등) 제1항은 "교도관은 교도소등의 안전과 질서유지를 위하여 필요한 경우에는 수용자의 신체·의류·휴대품·거실 및 작업장을 검사할 수 있다"고 규정하여 수용자에 대한 신체검사를 할 수 있도록 하고 있고, 마약반응검사를 위하여 수용자로부터 소변을 채취하는 것 역시 위 신체검사의 하나라고 할 것이므로 위 조항이 이 사건 소변채취의 법률상의 근거가 된다.

(나) 한편 교정시설에서 소변채취를 통한 마약류반응검사는 1989. 8. 26. 향정관련사범의 수용관리를 위하여 T.B.P.E. 시약검사를 활용하도록 한 법무부장관의 지시와 1990. 5. 1. 매월 1회 이상 T.B.P.E. 시약검사를 실시하고 그 처리결과를 보고하도록 한 지시에 따라 일반적으로 실시되고 있다.

(2) 내 용

소변채취를 통한 마약류반응검사의 검사대상자는 마약류사범, 입소 전 유흥업소 등에 근무한 경력이 있는 자, 외항선원 등 해외여행이 잦았던 자, 기타 마약관련 범죄경력자 등 마약을 사용할 개연성이 있어 마약반응검사가 필요하다고 인정되는 수용자 등으로서, 구치소와 교도소에 신규로 입소할 때와 매월 1회 실시되는 것이 일반적이고, 예외적으로 필요한 경우 검사하기도 한다. 그 검사방법은 수용자가 타인이 볼 수 없는 곳에서 종이컵에 소변을 받아 제출하면 그 중 3−5cc에 붕산나트륨 0.3cc와 T.B.P.E. 시약 0.5㎖를 떨어뜨려 1 내지 3분 내에 붉은색으로 변하는지(양성반응) 여부를 확인하는 것이며, 검사가 있을 때마다 그 시기와 결과를 건강진단부에 기록하고, 교정청 및 법무부에 보고하며, 양성반응 시 유관기관에 혈청검사, 모발검사 등의 정밀검사를 의뢰하게 된다.

2. 소변채취의 헌법적 한계

(1) 이 사건 소변채취와 청구인의 기본권

청구인이 그 주장과 같이 법률상 근거 없이 의무도 없는 소변채취를 강요당하였다면 헌법 제10조의 인간의 존엄과 가치 및 행복추구권에 의하여 보장되는 일반적인 행동의 자유권 [하기 싫은 일(소변을 받아 제출하는 일)을 하지 않을 자유, 자기 신체상태나 정보에 대하여 외부에 알리지 않을 자유]과 헌법 제12조에 의하여 보장되는 신체의 자유의 침해 여부가 문제가 된다고 할 것이다.

(2) 영장주의와의 관계

헌법 제12조 제3항은 체포·구속·압수 또는 수색을 할 때에는 적법한 절차에 따라 검사의 신청에 의하여 법관이 발부한 영장을 제시하도록 함으로써 영장주의를 헌법적 차원에서 보장하고 있고, 이 영장주의는 법관이 발부한 영장에 의하지 아니하고는 수사에 필요한 강제처분을 하지 못한다는 원칙을 말한다.

이 사건 소변채취는 교정시설의 안전과 질서유지를 위한 목적에서 행하는 것으로 수사에 필요한 처분이 아닐 뿐만 아니라 청구인과 같은 검사대상자에게 소변을 종이컵에 채취하여 제출하도록 한 것으로서 당사자의 협력이 불가피하므로 이를 두고 강제처분이라고 할 수도 없을 것이다.

따라서, 이 사건 소변채취를 법관의 영장을 필요로 하는 강제처분이라고 할 수 없어 구치소 등

교정시설 내에서 위와 같은 방법에 의한 소변채취가 법관의 영장이 없이 실시되었다고 하여 헌법 제12조 제3항의 영장주의에 위배하였다고 할 수는 없다.

(3) 과잉금지원칙의 위배 여부

마약류사범인 청구인에 대한 이 사건 소변채취가 행형법 제17조의2에 근거하여 교정시설 내의 안전과 질서유지를 위하여 불가피하다고 하더라도, 기본권의 본질적인 내용을 침해하거나, 목적의 정당성, 방법의 적정성, 피해의 최소성 및 법익의 균형성 등을 의미하는 과잉금지의 원칙에 위배되어서는 아니 된다.

마약류의 특징 중의 하나가 중독성에 있고, 마약류사범 또한 재범 이상이 대다수를 차지하는 점 등을 고려하여 보면, 교정시설 내부로 마약이 반입되거나 이를 마약류사범이 복용하게 될 위험성이 항상 존재하고, 그 경우 당해 수용자에 대한 교정의 목적이 근본적으로 훼멸될 뿐만 아니라 다른 수용자들에 대한 위해로 인하여 또 다른 사고가 발생할 수 있다. 이러한 가능성 및 위험성이 상존하는 이상 마약류사범 등 이에 접근할 가능성이 있는 수용자들에 대한 정기적인 검사는 마약류의 반입 및 복용사실을 조기에 발견할 수 있고, 정기적인 검사의 실시가 모든 수용자들에게 인식됨으로써 마약류를 반입하려는 시도를 사전에 차단할 수 있으며, 수용자들 입장에서도 마약류의 반입시도의 포기는 재활교육 등 본래의 교정목적에 응할 수 있는 가능성이 높아지는 등 정기적으로 소변채취를 통하여 마약반응검사를 실시하는 것은 교정시설 내의 안전과 질서유지 및 교정목적에 기여하는 측면이 높다는 점에서 그 목적의 정당성이 인정된다.

또한 마약의 반입 여부는 의류, 휴대품, 거실, 작업장에 대한 검사와 신체의 외부나 체강 등에 대한 육안관찰을 통하여 확인할 수 있으나 그 또한 완벽하게 할 수는 없는 것이고(이러한 검사 또한 수용자들의 기본권을 침해할 수 있고, 체강 등의 검사는 오히려 기본권을 침해할 소지가 더 크다), 그 복용 여부는 육안으로 판별할 수 없다는 점에서 소변채취를 통한 마약반응검사는 그 방법의 적절성도 인정할 수 있다.

아울러 이 사건 소변채취는 청구인 등 검사대상자들의 협력행위를 통하여 이루어지고, 이에 응하지 않는다고 하여 징벌 등 제재수단도 없다. 짧은 시간(1 내지 3분) 내에, 간단한 방법(소변이 채취된 종이컵에 붕산나트륨과 T.B.P.E. 시약을 떨어뜨림)에 의하여 실시되며, 그 결과도 즉석에서 알 수 있다. 이러한 점에서, 피해의 최소성의 원칙도 지켜졌다고 볼 수 있다.

마지막으로 이 사건 소변채취는 청구인 등 검사대상자에게 정기적으로 자기 신체에서 배출되는 오줌을 채취하여 제출하여야 하는 불이익, 즉 신체에 대한 자기결정권이 제한되고 하기 싫은 일을 하여야 하는 등의 사익의 제한이 있으나, 앞에서 본 바와 같이 검사대상자들에 대한 교정목적의 실현가능성의 제고(이는 사익의 증대라는 측면도 있다) 및 교정시설의 안전과 질서유지라는 공익이 훨씬 크다고 할 것이므로 법익의 균형성도 갖추었다.

따라서 마약류사범인 청구인에 대한 이 사건 소변채취는 과잉금지의 원칙에 위반되지 아니한다.

⚜ 본 판례에 대한 평가 1. 영장주의와 그 예외: "체포·구속·압수 또는 수색을 할 때에는 적법한 절차에 따라 검사의 신청에 의하여 법관이 발부한 영장을 제시하여야 한다. 다만, 현행범인인 경우와 장기 3년 이상의 형에 해당하는 죄를 범하고 도피 또는 증거인멸의 염려가 있는

때에는 사후에 영장을 청구할 수 있다"(제12조 제3항).

영장에는 체포영장과 구속영장이 있다. 형사소송법에서는 체포영장제도를 신설하여 체포시에도 영장을 발부하도록 의무화하고 영장 없이 긴급체포한 경우에는 사후에 구속영장을 청구하도록 하고 있다. 또한 체포영장에 의하여 체포한 경우에도 구속이 필요하고 도주 또는 증거인멸의 우려가 있는 경우에는 구속영장을 청구할 수 있다(제200조의2, 제200조의3, 제200조의4, 제201조). 하지만 수사의 편의상 이용되기도 하는 별건체포·구속제도에 대하여는 논란이 있다. 별건체포·구속제도란 중대한 본건의 수사를 목적으로 이미 증거자료를 확보한 경미한 별건으로 체포·구속하여 본건을 조사하는 수사방법이다. 이러한 별건체포는 인권보장을 목적으로 하는 영장주의의 원칙에 비추어 위헌이다(통설). 한편 구속영장의 실질적 심사를 도모하고 피의자의 인신의 자유를 보장하기 위하여 구속영장의 발부에 있어서 법관의 피의자심문을 가능하게 하는 구속전 피의자심문제도(영장실질심사제도)를 도입하였다. 구속영장을 청구받은 판사는 지체 없이 피의자를 심문하여야 하며 특별한 사정이 없는 한 구속영장이 청구된 날의 다음날까지 심문하여야 한다(제201조의2). 구속사유를 심사함에 있어서 판사는 범죄의 중대성, 재범의 위험성, 피해자 및 중요 참고인 등에 대한 위해우려 등을 고려하여야 한다(제209조, 제70조 제2항). 종래 구속 전 피의자심문제도는 피의자 등의 신청이 있는 경우에만 가능하도록 형사소송법이 규정하고 있었는데 이에 대하여 법관의 대면권 보장 등 피의자의 기본권보장에 충실하지 못하다는 비판이 있었다. 이러한 비판을 수용하고 피의자의 방어권 보장에 충실을 기하기 위하여 필요적 영장실질심사제로 형사소송법이 개정되었다.

그러나 긴급체포(제200조의4)·현행범인 및 준현행범인(제213조의2, 제200조의2 제5항)·비상계엄의 경우에는 영장주의의 예외가 인정된다. 일단 현행범인으로 체포된 경우라 하더라도 검사는 구속할 필요가 있다고 인정하면 관할지방법원판사에게 48시간 이내에 구속영장을 청구하여야 하고, 검사가 구속영장을 청구하지 아니하거나 법원의 영장을 발부받지 못하였을 때에는 피의자를 즉시 석방하여야 한다. 행정상 즉시강제를 할 때에도 법관이 발부한 영장이 필요한가에 관하여 논란이 있다. 그러나 행정목적을 달성하기 위하여 불가피하고 합리적 이유가 있는 경우에 한하여 예외적으로 영장주의가 배제될 수 있을 뿐이다.

2. 형사절차에서 영장주의는 강제처분의 경우에 적용되는 것인바, 소변채취의 경우 당사자의 협력이 불가피하므로 이는 강제처분이라고 할 수 없고 따라서 법관의 영장 없이 소변채취가 실시되었다고 하여도 헌법 제12조 제3항의 영장주의에 반하는 것으로 볼 수는 없다고 할 것이다.

[요약판례 1] 도로교통법 제78조 제1항 제14호 위헌소원: 합헌(헌재 2006.5.25. 2005헌바91)

도로교통법 제78조 제1항 단서 제14호 중 '제41조 제1항의 규정을 2회 이상 위반한 사람이 다시 제41조 제1항의 규정을 위반하여 운전면허 정지사유에 해당된 때' 부분이 일반적 행동의 자유를 침해하는지 여부(소극)

이 사건 법률조항은 국민의 생명, 신체 및 재산을 보호하고 도로교통과 관련된 안전을 확보하고자 하는데 입법목적이 있는바 그 정당성이 인정되고, 주취중 운전금지 규정을 3회 위반한 자에 대하여 운전면허를 취소하도록 한 것은 위와 같은 입법목적의 달성에 적절한 수단이라고 할 것이다. 한편 이 사건 법률조항이 필요적 면허취소를 규정하고 있다거나 위반행위 3회를 한정할 수 있는 기간에 제한을 두고 있지 않다고 하여 일반적 행동의 자유를 제한함에 있어 필요 최소한의 범위를 넘었다고 볼 수는 없다. 또한 음주운전으로 인하여 개인과 사회 그리고 국가가 입는 엄청난 피해를 방지하여야 할 공익적 중대성은 아무리 강조하여도 결코 지나치다고 할 수 없고 이 사건 법률조항에 해당하여 운전면허를 필요적으로 취소당함으로써 입는 개인적인 불이익 내지 그로부터 파생되는 여타의 간접적 피해의 정도는 이러한 공익의 중대함에 결코 미치지 못하므로 이 사건 법률조항은 법익균형성의 원칙에도 반하지 아니한다. 따라서 이 사건 법률조항은 과잉금지의 원칙에 반하여 일반적 행동의 자유를 침해하지 아니한다.

[요약판례 2] 대학교원기간임용제탈락자구제를위한특별법 위헌확인: 기각,각하(헌재 2006.4.27. 2005헌마1119)

이 사건 구제규정이 대학의 자율성 또는 일반적 행동자유권을 침해하는지 여부(소극)

헌법상 교원지위법정주의가 교원의 신분이 부당하게 박탈되지 않도록 하는 최소한의 보호의무를 부과하고 있고, 이 사건 구제규정은 위 의무를 준수하기 위한 반성적 고려에서 도입되었다는 점, 그리고 과거의 재임용 거부처분이 부당하였음을 확인하는 정도의 제한적인 효력만 가지므로 이 사건 구제규정에 의한 실질적인 구제의 폭이 넓지 않을 것으로 보이는 점 등을 고려하면 이로 인하여 학교법인의 자율성이 현저하게 제한받게 된다고 보기 어려우므로, 이 사건 구제규정이 학교법인의 자율성이나 일반적 행동자유권을 침해한다고 할 수 없다.

[요약판례 3] 도로교통법 제58조 위헌확인: 기각,합헌(헌재 2007.1.17. 2005헌마1111등)

이륜차의 고속도로 등 통행을 전면적으로 금지한 것이 청구인의 고속도로 등 통행의 자유(일반적 행동의 자유)를 헌법 제37조 제2항에 반하여 과도하게 제한하는지 여부(소극)

이 사건 법률조항은 이륜차의 구조적 특성에서 비롯되는 사고위험성과 사고결과의 중대성에 비추어 이륜차 운전자의 안전 및 고속도로 등 교통의 신속과 안전을 위하여 이륜차의 고속도로 등 통행을 금지하기 위한 것이므로 입법목적은 정당하고, 이 사건 법률조항이 이륜차의 고속도로 등 통행을 전면적으로 금지한 것도 입법목적을 달성하기 위하여 필요하고 적절한 수단이라고 생각된다. 이륜차의 주행 성능(배기량과 출력)이 4륜자동차에 뒤지지 않는 경우에도 이륜차의 구조적 특수성에서 우러나오는 사고발생 위험성과 사고결과의 중대성이 완화된다고 볼 수 없으므로, 이륜차의 주행 성능(배기량과 출력)을 고려하지 않고 포괄적으로 금지하고 있다고 하여 부당하거나 지나치다고 보기 어렵다. 이륜차에 대하여 고속도로 등의 통행을 전면적으로 금지하더라도 그로 인한 기본권 침해의 정도는 경미하여, 이 사건 법률조항이 도모하고자 하는 공익에 비하여 중대하다고 보기 어렵다. **따라서 이 사건 법률조항은 청구인의 고속도로 등 통행의 자유(일반적 행동의 자유)를 헌법 제37조 제2항에 반하여 과도하게 제한한다고 볼 수 없다.**

[요약판례 4] 제42회 사법시험 제1차시험 시행일자 위헌확인: 기각(헌재 2001.9.27. 2000헌마159)

행정자치부장관이 제42회 사법시험 제1차시험의 시행일자를 일요일로 정하여 공고한 2000년도 공무원임용시험시행계획 공고가 휴식권을 침해하는지 여부(소극)

휴식권은 헌법상 명문의 규정은 없으나 포괄적 기본권인 행복추구권의 한 내용으로 볼 수 있을 것이다. 이 행복추구권은 헌법 제10조에 의하여 보장되는 것으로 포괄적이고 일반조항적인 성격을 가지며 또한 그 구체적인 표현으로서 일반적인 행동자유권과 개성의 자유로운 발현권을 포함한다.

사법시험 시행일을 일요일로 정한 피청구인의 이 사건 공고는 청구인 등에게 공무담임의 기회를 제공하는 것이어서 행복추구의 한 방편이 될지언정 거꾸로 이를 침해한다고 볼 수는 없다.

[요약판례 5] 학교보건법 제6조 제1항 제2호 위헌제청, 학교보건법 제19조 등 위헌제청: 위헌, 헌법불합치(헌재 2004.5.27. 2003헌가1등)

학교정화구역내의 극장 시설 및 영업을 금지하고 있는 이 사건 법률조항이 학생들의 자유로운 문화향유에 관한 권리 등 행복추구권을 침해하는지 여부(적극)

오늘날 영화 및 공연을 중심으로 하는 문화산업은 높은 부가가치를 실현하는 첨단산업으로서의 의미를 가지고 있다. 따라서 직업교육이 날로 강조되는 대학교육에 있어서 문화에의 손쉬운 접근가능성은 중요한 기본권으로서의 의미를 갖게 된다. 이 사건 법률조항은 대학생의 자유로운 문화향유에 관한 권리 등 행복추구권을 침해하고 있다.

아동과 청소년은 부모와 국가에 의한 단순한 보호의 대상이 아닌 독자적인 인격체이며, 그의 인격권은 성인과 마찬가지로 인간의 존엄성 및 행복추구권을 보장하는 헌법 제10조에 의하여 보호된다. 따라서 헌법이 보장하는 인간의 존엄성 및 행복추구권은 국가의 교육권한과 부모의 교육권의 범주 내에서 아동에게도 자신의 교육환경에 관하여 스스로 결정할 권리, 그리고 자유롭게 문화를 향유할 권리를 부여한다고 할 것이다. 이 사건 법률조항은 아동·청소년의 문화향유에 관한 권리 등 인격의 자유로운 발현과 형성을 충분히 고려하고 있지 아니하므로 아동·청소년의 자유로운 문화향유에 관한 권리 등 행복추구권을 침해하고 있다.

Ⅳ 사회복지사업법 제23조 제2항 등 위헌소원: 합헌(헌재 2005.2.3. 2004헌바10)

쟁점 (1) 사회복지법인의 재산을 보건복지부령이 정하는 바에 따라 기본재산과 보통재산으로 구분하도록 규정한 사회복지사업법 제23조 제2항의 규정내용 중 기본재산과 보통재산의 의미가 불명확하여 명확성의 원칙에 위반되는지 여부(소극)

(2) 사회복지사업법 제23조 제2항이 포괄위임금지의 원칙에 위반되는지 여부(소극)

(3) 사회복지법인의 기본재산을 처분함에 있어 보건복지부장관의 허가를 받도록 규정한 사회복지사업법 제23조 제3항 제1호와 사회복지법인의 운영자유, 재산권과의 관계

(4) 사회복지사업법 제23조 제3항 제1호가 입법형성의 한계를 일탈하거나 기본권제한의 입법한계를 벗어난 것으로서 헌법에 위반되는지 여부(소극)

사건의 개요

청구외 사회복지법인 ○○사회복지개발원(이하 "청구외 법인"이라고 한다)은 사회복지시설 운영지원사업 및 어린이집 위탁운영사업 등을 목적으로 사회복지사업법 제16조의 규정에 의하여 설립된 사회복지법인이다.

당해소송의 계쟁 부동산은 청구외 법인 명의로 소유권이전등기가 경료된 다음 청구외 법인의 기본재산으로 편입되었다가, 청구외 법인의 채권자의 신청에 따라 위 부동산에 대한 강제경매절차가 진행되어 청구인이 위 부동산을 낙찰받은 다음, 위 부동산에 관하여 소유권이전등기를 경료하였다.

그러자, 청구외 법인은 위 부동산에 관하여 청구인이 위 낙찰을 받을 때까지 사회복지사업법 제23조 제3항, 제52조 제1항에 의한 주무관청인 서울시장의 허가를 받은 바는 없이 청구인 명의로 강제경매절차에서의 경락을 원인으로 하여 소유권이전등기가 되었으므로 위 소유권이전등기는 원인무효라고 주장하면서 서울지방법원에 청구인을 상대로 소유권이전등기의 말소등기절차를 이행하라는 소를 제기하였고, 청구인은 위 소송중 사회복지법인의 기본재산에 관하여 처분을 제한하는 취지의 사회복지사업법의 관련조항들이 포괄위임입법금지의 원칙 등에 위반되고, 청구인

의 재산권 등을 침해한다고 주장하면서 같은 법원에 위헌제청신청을 하였으나 기각되자, 이 사건 헌법소원심판을 청구하였다.

▢ 심판의 대상

사회복지사업법 제23조 (재산 등) ① 법인은 사회복지사업의 운영에 필요한 재산을 소유하여야 한다.

② 법인의 재산은 보건복지부령이 정하는 바에 의하여 기본재산과 보통재산으로 구분하며, 기본재산은 그 목록과 가액을 정관에 기재하여야 한다.

③ 법인은 기본재산에 관하여 다음 각 호의 1에 해당하는 경우에는 보건복지부장관의 허가를 받아야 한다. 다만, 보건복지부령으로 정하는 사항에 대하여는 그러하지 아니하다.

1. 매도 · 증여 · 교환 · 임대 · 담보제공 또는 용도변경하고자 할 때
2. 보건복지부령이 정하는 금액 이상을 1년 이상 장기차입하고자 할 때

▢ 주 문

사회복지사업법 제23조 제2항, 제3항 제1호는 헌법에 위반되지 아니한다.

▢ 판 단

Ⅰ. 적법요건에 대한 판단

보건복지부장관은 사회복지법인이 기본재산을 처분할 때 이 사건 법률 제23조 제3항 제1호에 따른 허가요건을 갖추지 않은 경우 그 거래행위의 사법적 효력이 부인되는지 여부는 전적으로 법률의 해석과 적용의 문제인데, 청구인의 이 사건 헌법소원은 위 법률조항을 사회복지법인의 기본재산은 채권자의 공취력에 복종하지 않는다고 해석하는 한 헌법에 위반된다는 것이므로, 이는 법률의 해석과 적용에 대하여 다투는 것이니 부적법하다고 주장한다.

그러나, 청구인이 제출한 이 사건 헌법소원 심판청구서의 청구취지는 위 법률조항 자체가 헌법에 위반된다고 명시되어 있다. 또한 청구이유에 나타난 청구인의 주장은, 대법원의 기존판례를 살펴보면 위 법률조항이 사회복지법인의 기본재산에 대한 임의처분뿐만 아니라 강제경매의 경우에도 적용되어 사회복지법인의 기본재산은 채권자의 공취력에 복종하지 않는다고 해석될 것이므로, 그러한 해석을 할 수밖에 없게 하는 위 법률조항은 헌법상 보장된 재산권 및 평등권을 침해한다는 것임을 알 수 있다.

따라서, 청구인은 보건복지부장관의 의견과는 달리 위 법률조항의 해석을 다투고 있다고 볼 수 없고 위 법률조항 자체의 위헌 여부를 다투는 것이 명백하므로, 이 사건 청구가 부적법하다고 할 수 없다.

Ⅱ. 이 사건 법률 제23조 제2항의 위헌여부

1. 명확성의 원칙의 위반여부

(1) 명확성의 원칙은 모든 법률에 있어서 동일한 정도로 요구되는 것은 아니고 개개의 법률이나 법조항의 성격에 따라 요구되는 정도에 차이가 있을 수 있으며 각각의 구성요건의 특수성과 그러한 법률이 제정되게 된 배경이나 상황에 따라 달라질 수 있다. 이러한 명확성의 원칙을 산술적으로 엄격히 관철하도록 요구하는 것은 입법기술상 불가능하거나 현저히 곤란하므로 어느 정도의 보편

적 내지 일반적 개념의 용어사용은 부득이하다고 할 수밖에 없으며, 당해 법률이 제정된 목적과 타 규범과의 연관성을 고려하여 합리적인 해석이 가능한지의 여부에 따라 명확성의 구비 여부가 가려져야 한다.

(2) 이 사건 법률 제23조 제2항은 같은 조 제3항 제1호와 결합하여 사회복지법인이 기본재산을 처분할 때 보건복지부장관의 허가를 받도록 규정하고 있어 기본권을 제한하는 성질을 가지고 있으므로, 그 입법에 있어서 명확성의 원칙을 준수할 것이 요구된다. 그런데, 이 사건 법률 제23조 제2항은 법인의 재산을 기본재산과 보통재산이라는 개념을 사용하여 구분하고 있는데 그 개념을 선뜻 파악할 수 없는지 살펴본다.

사회복지법인의 기본재산에는, 사회복지시설의 운영을 목적으로 하는 법인이라면, 건물이나 운동장 등 사회복지시설 등을 설치하는데 직접 사용되는 재산(목적사업용 기본재산)과 임대수입이 있는 건물이나 주식 등 그 수익으로 목적사업의 수행에 필요한 경비를 충당하기 위한 재산(수익용 기본재산)이 속할 것이고, 일정한 출연재산에서 얻어지는 과실 등으로 다른 시설이나 보호대상자 등 사회복지사업을 지원하는 것을 목적으로 하는 법인이라면, 법인의 운영경비의 전액을 충당할 수 있는 재산이 될 것이다. 한편, 사회복지법인의 보통재산은 기본재산 이외의 재산으로 법인의 운용에 소요되는 재산으로 집기, 비품, 현금 등이 될 것임을 알 수 있다.

(3) 따라서, 이 사건 법률 제23조 제2항에서 사용하고 있는 기본재산과 보통재산은 위와 같은 의미로 충분히 해석이 가능하여 집행당국에 의한 자의적 해석의 여지를 주거나 수범자의 예견가능성을 해할 정도로 불명확하다고 볼 여지는 없다고 할 것이다.

2. 포괄위임금지의 원칙의 위반여부

(1) 우리 헌법 제75조의 규정 취지는 사실상 입법권을 백지위임하는 것과 같은 일반적이고 포괄적인 위임은 의회입법과 법치주의를 부인하는 것이 되어 행정권의 부당한 자의와 기본권행사에 대한 무제한적 침해를 초래할 위험이 있기 때문에, 위와 같은 결과를 사전에 방지하고자 함에 있다. 따라서 법률의 위임은 반드시 구체적・개별적으로 한정된 사항에 대하여 행하여져야 한다. 다만 구체적인 범위는 각종 법령이 규제하고자 하는 대상의 종류와 성격에 따라 달라진다 할 것이므로 일률적 기준을 정할 수는 없지만, 적어도 법률의 규정에 의하여 이미 위임된 법규명령 등으로 규제될 내용 및 범위의 기본사항이 구체적으로 규정되어 있어 누구라도 당해 법률로부터 법규명령 등에 규정될 내용의 대강을 예측할 수 있어야 하고, 이 경우에 있어 그 예측가능성의 유무는 당해 특정조항 하나만을 가지고 판단할 것은 아니고 관련 법조항 전체를 유기적・체계적으로 종합 판단하여야 하며, 각 대상법률의 성질에 따라 구체적・개별적으로 검토하여야 한다.

이 사건 법률 제23조 제2항은 '법인의 재산은 보건복지부령이 정하는 바에 의하여 기본재산과 보통재산으로 구분하고 기본재산은 그 목록과 가액을 정관에 기재하여야 한다'고 규정하여 위임되는 사항이 무엇인지 명시적으로 밝혀놓고 있지는 않지만, 위 법률조항에서 보건복지부령에 위임하고자 하는 내용은 사회복지법인의 기본재산과 보통재산이 구체적으로 무엇을 의미하고 어떻게 구분될 것인지, 사회복지법인의 존립과 운영에 필요하여 반드시 갖추어야 할 기본재산의 규모는 어느 정도인지 등이라는 것은 누구라도 충분히 예측할 수 있다고 보일 뿐만 아니라 위와 같은 사항 외에 새로이 국민의 권리를 제한할 가능성이 있는 내용을 담을 것이라고 보여지지도 않는다.

(2) 그렇다면, 이 사건 법률 제23조 제2항에 의하여 위임되어 보건복지부령에 규정될 내용의 대강을 예측할 수 있다 할 것이므로, 포괄위임입법금지를 선언한 헌법 제75조에 위반되지 아니한다.

Ⅲ. 이 사건 법률 제23조 제3항 제1호의 위헌여부

1. 국가의 사회보장 · 사회복지 증진의무와 사회복지법인과의 관계

우리 헌법 제34조 제1항은 모든 국민에게 '인간다운 생활을 할 권리'를 보장하면서 이 권리의 실효성을 확보하기 위하여 같은 조 제2항에서는 국가의 '사회보장 · 사회복지의 증진에 노력할 의무'를 규정하고 있다. 따라서, 국가는 모든 국민이 인간다운 생활을 할 수 있도록 최저생활을 보장하고 국민 개개인이 생활의 수준을 향상시킬 수 있도록 제도와 여건을 조성하여 그 시행에 있어 형평과 효율의 조화를 기함으로써 복지사회를 실현하도록 노력하여야 한다(사회보장기본법 제2조 참조).

이 사건 법률의 입법목적은 사회복지사업에 관한 기본적 사항을 규정하여 사회복지를 필요로 하는 사람의 인간다운 생활을 할 권리를 보장하고 사회복지의 전문성을 높이며, 사회복지사업의 공정 · 투명 · 적정을 기하고, 지역사회복지의 체계를 구축함으로써 사회복지의 증진에 이바지하는 것이다(제1조). 사회복지 증진의 책임은 현대사회의 사회문제가 국가 · 사회적 원인에 기인하는 것이 많고 사회복지의 궁극적 목표가 사회통합을 통한 국민국가의 형성에 있다고 볼 때 당연히 국가에 있다 할 것이므로, 이 사건 법률 제4조 제1항에는 국가와 지방자치단체는 사회복지를 증진할 책임이 있다고 규정하여 이를 명백히 하고 있다. 이 사건 법률은 제2조 제2호에서 사회복지사업을 행할 목적으로 설립된 법인을 사회복지법인이라고 정의하고, 제2장에서 사회복지법인의 설립과 정관에 관한 사항, 임원 및 재산에 관한 사항, 해산 및 합병에 관한 사항 등을 규정하고 있다.

따라서, 사회복지법인은 국가의 사회복지증진의무를 분담하고 있으므로, 이를 지원하고 보호하기 위하여 국가는 사회복지법인에게 필요한 비용의 전부 또는 일부를 보조금으로 지급하여 직접적으로 지원하고(제42조 제1항), 사회복지법인이 운영하는 사업에 출연 또는 기부한 재산은 상속세와 증여세, 소득세, 법인세 및 지방세가 감면되고, 사회복지법인의 고유목적사업에 대하여는 법인세가 면제되는 등 세제상의 간접적인 지원을 주고 있으며, 사회복지관련 법률에 의하여 지급된 금품과 이를 받을 권리는 압류하지 못하도록 되어 있다(제48조).

2. 사회복지법인에 대한 규제의 필요성

그러나, 사회복지법인에 대하여 위와 같은 혜택이 주어지는 한편, 이를 기화로 사회복지법인의 설립자나 운영자가 이것을 사적인 목적에 이용함으로써 사회복지법인을 통한 각종 탈법행위가 이루어질 가능성이 있고, 방만하고 자의적인 경영을 한 결과 공익의 중요한 역할을 분담하는 사회복지법인 자체의 존속을 위협할 수 있어, 오히려 사회에 폐해를 끼치는 결과를 초래할 수 있다. 따라서, 국가는 사회복지법인의 자율성을 침해하지 않는 범위 내에서 사회복지법인이 사회복지사업을 공명하고 적정하게 행하고 있는지를 살필 필요가 있다.

이 사건 법률 제23조 제3항 제1호는 사회복지법인의 기본재산에 관하여 매도 · 증여 · 교환 · 임대 · 담보제공 또는 용도변경을 하고자 할 때 보건복지부장관의 허가를 받도록 규정하고 있어, 국가가 사회복지법인의 재산관리에도 직접적인 규제를 가하는 제도를 마련하고 있다. 이는 사회복지법인의 특수성을 고려하여 그 재산의 원활한 관리 및 유지 보호와 재정의 적정을 기함으로써 사회복지법인의 건전한 발달을 도모하고 사회복지법인으로 하여금 그 본래의 사업목적사업에 충실하게 하려는데 그 목적이 있다 할 것이다.

3. 사회복지법인의 운영의 자유와 재산권을 침해하는지 여부

(1) 위 법률조항과 사회복지법인의 운영의 자유 및 재산권과의 관계

자유민주주의사회는 다양한 가치관과 능력을 가진 사람들의 창의적이고 자발적인 노력이 모여 균형과 조화를 이루는 것을 주요한 특징으로 한다. 사회복지법인은 설립자의 자발적인 의사와 재산출연으로 다양하고 특색 있는 목적을 구현하기 위하여 설립·운영되는 것으로서 독자적인 운영방침에 따라 개성 있는 복지사업을 실시할 수 있도록 그 설립의 자유와 물적·인적시설 운영의 자율성을 보장하는 것은 헌법이념실현에 이바지하는 것이다. 이에 따라 모든 국민에게 사회복지법인을 설립할 자유가 인정되고 사회복지법인은 복지사업의 주체로서 이용자들에 대한 자율적인 복지사업을 행하기 위한 포괄적인 법인운영권을 보장받아야 한다. 이러한 '사회복지법인의 운영의 자유'는 헌법 제10조에서 보장되는 행복추구권의 구체적인 한 표현인 일반적인 행동자유권 내지 사적자치권으로 보장되는 것이다.

그런데, 이 사건 법률조항에 의하면 사회복지법인은 그 기본재산을 처분하기 위하여는 보건복지부장관의 허가를 받지 않으면 안 되도록 규정하고 있으므로, 사회복지법인의 운영에 관련된 각종 경제활동, 특히 물적·인적 시설의 관리와 운영에 있어 보건복지부의 관여를 받게 됨으로써 사회복지법인의 운영의 자유의 한 내용인 재산을 자유롭게 관리할 권리를 제한받고 있다고 볼 수 있다.

한편, 위 법률조항은 사회복지법인의 기본재산에 대한 처분에 관하여 보건복지부장관의 허가를 받도록 되어 있고, 허가를 받지 못한 처분의 사법적 효력은 일반적으로 무효라고 해석하는 것이 대법원 판례의 경향이다. 따라서, 사회복지법인의 처분행위로 인하여 권리를 취득한 거래의 상대방이나 경매 등을 통하여 사회복지법인의 재산을 취득하려는 자는 보건복지부장관의 허가가 결여되었다는 이유로 사후에 권리의 취득이 무효로 돌아감으로써 경제적 손실을 입게 될 수 있으므로, 이럴 경우 그들이 실질적으로 재산권에 영향을 받는 것으로 볼 수 있다.

(2) 사회복지법인의 운영의 자유 및 재산권의 침해 여부

그러므로 아래에서는, 입법자가 사회복지법인의 재산관리를 규제할 때 입법형성권을 자의적으로 행사하여 헌법 제37조 제2항에 의한 합리적인 입법한계를 일탈함으로써, 사회복지법인의 운영의 자유와 재산권의 본질적인 내용을 과도하게 침해하고 있는지 여부를 살펴보도록 한다.

(가) 입법목적의 정당성과 수단의 적절성

이미 앞에서 본바와 같이 국가는 헌법 제34조 제2항에 의하여 사회복지를 증진시킬 의무를 부담하고 있어 사회복지법인의 운영에 필요한 비용의 상당부분을 보조하고 세제상의 혜택을 주는 등 직간접적인 지원을 하고 있고, 사회복지법인도 국가와 더불어 복지사업이라는 공익사업의 한축을 담당하고 있기 때문에, 사회복지를 증진시켜야 할 책무를 진 국가가 일정한 범위 안에서 사회복지법인의 운영을 감독·통제할 권한과 책임을 지므로, 국가는 사회복지법인의 운영에 있어서 자율성을 인정하면서도 감독과 통제의 제약을 부과할 수 있다. 특히, 사회복지법인이 설립자나 법인 운영자의 사익이나 자의적 경영을 방지하기 위하여 국가가 관여하여 사회복지법인의 재산관리에 관여할 수 있어야 할 것이다.

이 사건 법률 제23조 제3항 제1호는 사회복지법인의 기본재산에 관하여 매도·증여·교환·임대·담보제공 또는 용도변경을 하고자 할 때 보건복지부장관의 허가를 받도록 규정하고 있어, 국가가 사회복지법인의 재산관리에도 직접적인 규제를 가하는 제도를 마련하고 있다. 이는 사회복지법인의 특수성을 고려하여 그 재산의 원활한 관리 및 유지 보호와 재정의 적정을 기함으로써 사회복지법인의 건전한 발달을 도모하고 사회복지법인으로 하여금 그 본래의 사업목적사업에 충실하게 하려는데 그 목적이 있다 할 것이다.

따라서, 위 법률조항의 입법목적은 정당하다 할 것이고, 법인의 기본재산을 처분함에 있어 사회복지법인이 설립자나 법인 운영자의 사익이나 자의적 경영을 방지하기 위하여 보건복지부장관의 허가를 받도록 하는 것은 그 목적을 달성하는데 적절한 수단이라 하지 않을 수 없다.

(나) 피해의 최소성

위 법률조항 및 시행규칙 제14조 제2항으로 말미암아 사회복지법인의 기본재산에 관한 임대계약을 갱신하는 경우를 제외한 기본재산에 대한 그 밖의 처분은 보건복지부장관의 허가를 받아야 하는 제한이 따르고, 대법원 판례의 경향을 살펴보면 보건복지부장관의 허가를 얻지 아니한 거래행위의 사법적 효력은 무효가 될 소지가 크다.

그런데, 보건복지부장관의 허가가 필요한 것은 사회복지법인의 재산 모두에 적용되는 것이 아니고 사회복지법인의 기본재산만이 그 대상이 될 뿐이다. 즉, 사회복지법인의 보통재산은 제한 없이 처분 및 거래의 대상이 될 수 있다. 또한, 이 사건 법률 제28조 제1항 및 제3항에 따르면, 사회복지법인은 목적사업의 경비에 충당하기 위하여 필요한 때에는 법인의 설립목적 수행에 지장이 없는 범위 안에서 수익사업을 할 수 있고 수익사업에 대한 회계는 법인의 다른 회계와 분리하여 계리하여야 하는 바, 그와 같은 수익사업용 재산도 기본재산과는 달리 제한 없이 처분 및 거래의 대상이 될 수 있다.

한편, 기본재산의 대상이 되더라도 이 사건 법률 제23조 제2항에 의하면 처분 및 거래의 제한이 되는 기본재산은 정관에 그 목록과 가액이 기재되어야 하므로, 거래의 상대방으로서는 사회복지법인의 정관을 열람하여 이 사건 법률로 인한 불측의 손해를 어느 정도 예방할 수 있다.

또한, 사회복지법인의 기본재산이라고 하더라도 이 사건 법률조항으로 인하여 그 처분이 완전히 금지되어 있는 것도 아니고, 보건복지부장관의 허가를 득하면 이를 처분할 수 있는 것이고, 사회복지법인은 보건복지부장관의 위법·부당한 불허가에 대하여 행정소송 등을 통하여 이를 다툴 수 있는 길이 열려 있다.

다음으로, 법인의 채권자들이 법인의 기본재산을 강제경매하는 외에 자신의 채권을 보전할 수 있는 방법으로 사회복지법인의 기본재산이 아닌 그 밖의 재산을 강제집행하거나 사회복지법인이 채무초과상태가 되어 기본재산을 처분하지 않으면 채무변제가 불가능한 경우에는 파산법에 의한 파산신청을 하여 그 절차에서 채권을 변제받는 방법도 없는 것은 아니다. 한편, 강제경매와 관련하여서도 경락인이 대금을 납입한 후 소유권이전등기를 마쳤으나 보건복지부장관의 허가요건을 갖추지 못하여 위 소유권이전등기의 말소등기절차를 이행하여야 하더라도 사후에 위 경매절차에서 배당받은 자들에 대하여 그 배당금에 대하여 반환을 구할 수 있을 것이므로, 그 피해가 상당부분 회복될 수 있다.

위와 같은 점을 감안하여 보면, 사회복지법인의 모든 재산에 대하여 보건복지부장관의 허가를 요하는 것이 아니라 정관에 등재된 기본재산만을 허가의 대상으로 제한하고 있고, 파산법에 의한 파산절차를 통한 채권변제절차를 막고 있는 것도 아니므로, 위 법률규정은 피해의 최소성이라는 요건을 갖추었다고 보아야 할 것이다.

(다) 법익의 균형성

먼저, 사회복지법인의 운영자유의 측면에서 본다.

국가와 지방자치단체는 인간다운 생활을 할 권리의 보장을 위하여 사회복지를 증진할 책임이 있고 사회복지사업의 운영 또는 지원이 공동체 다수의 이익과 밀접하게 연관되어 있다. 특히 사회복지법인과 관련된 각종 재산권은 사회복지법인이 운영하는 시설의 이용자 등 다수의 생활에 큰 영향을 미치는 것이다. 한편, 우리나라의 사회복지시설의 현황을 보면 1885년 최초의 사회복지시설로서 '천주교 고아원'이 설립된 이래 개인과 종교단체 등 민간에 의한 사회복지시설사업이 펼쳐졌고, 해방과 6·25이후 수많은 피난민과 전쟁고아들에 대한 구제사업과 시설보호사업 등이 민간에 의하여 이루어졌으며, 현재에도 사회복지법인이 사회복지시설을 다수 경영하고 있는 실정이다.

그리하여, 국가는 사회복지법인에게 보조금을 지급하는 등 직접적인 지원 외에도 세제혜택을 주는 등 간접적인 지원을 하는 한편, 사회복지법인이 올바르게 운영될 수 있도록 지도·감독할 책임도 있다 할 것이므로, 회계감사와 업무감독뿐만 아니라 사회복지법인의 재산의 운용에 대하여도 일정한 규제를 할 권한이 주어져야 한다. 그렇지 않으면, 사회복지법인의 설립자나 운영자의 자의나 방만한 운영으로 인하여 사회복지법인의 기본재산이 처분된다면 사회복지법인의 시설 및 지원을 이용하는 사회적 약자들에 대한 보호가 방기될 위험이 있다.

따라서, 사회복지법인의 재산의 원활한 관리 및 유지 보호와 재정의 적정을 기함으로써 사회복지법인의 건전한 발달을 도모하고 사회복지법인으로 하여금 그 본래의 사업목적사업에 충실하게 하기 위하여 사회복지법인의 기본재산을 처분하는데 보건복지부장관의 허가를 받도록 하는 공익은 사회복지법인의 운영자유 못지않은 중요성을 가지고 있다 하지 않을 수 없다.

다음으로 사회복지법인에 대한 채권자나 거래의 상대방 및 사회복지법인의 재산을 취득하고자 하는 자와 관련하여 본다.

사회복지법인이 채무를 부담하여 이를 변제하지 못하거나 사회복지법인의 기본재산을 취득하려고 하는 자에게 위 법률조항은 불측의 손해를 줄 수도 있다. 그러나, 위에서 살펴본 바와 같이 이 사건 법률 제23조 제3항 제1호는 사회복지법인의 영속성을 보장하기 위한 수단으로서 그 공익이 매우 크다는 점, 사회복지법인의 채권자는 사회복지법인의 기본재산외의 다른 재산으로 채권을 만족시킬 수 있고, 경우에 따라서는 파산절차를 통하여 채권을 만족시킬 수도 있다는 점, 사회복지법인의 기본재산 중 가장 문제가 되는 부동산의 경우에는 이를 취득하려는 자는 거래의 통념상 부동산의 현상태가 어떠한가를 조사하여야 할 일반적인 주의의무가 있다고 할 것이므로 외관상 사회복지법인의 기본재산에 관하여는 정관을 열람하여 이를 살펴볼 의무가 있다는 점 등을 고려하여 보면, 이 역시 사회복지법인의 기본재산에 대한 처분제한의 공익을 능가한다고 보기 어렵다.

(라) 소결론

그렇다면, 입법자가 위 법률조항의 입법을 통하여 사회복지법인의 운영자유와 거래의 안전이나 거래의 상대방의 재산권보다 사회복지법인의 재정의 건전화에 대한 공익적 요구를 더욱 중요한 가치로 선택한 것을 두고 합리적인 근거가 없는 기본권의 침해라 할 수 없다.

4. 평등의 원칙위반여부

청구인은 사회복지법인의 기본재산은 그 처분을 함에 있어 보건복지부장관의 허가를 받도록 하고 있으므로, 사회복지법인이 채무를 지더라도 보건복지부장관의 허가가 없으면, 그 채권자는 사회복지법인의 기본재산으로 채권을 만족받을 수 없게 되는 결과를 초래하는 바, 이는 사회복지법인을 부당하게 우대하는 것으로 평등의 원칙에 위배되는 것이라고 주장한다.

평등의 원칙은 입법자에게 본질적으로 같은 것을 자의적으로 다르게, 본질적으로 다른 것을 자의적으로 같게 취급하는 것을 금하고 있는 것이다. 이 사건 법률조항으로 인하여 청구인의 주장처럼 사회복지법인의 기본재산에 대한 강제경매로 인하여 권리를 취득한 경락인이 보건복지부장관의 허가가 없다는 이유로 사후에 권리변동의 효력이 없는 것으로 귀결되더라도, 이는 앞에서 본 바와 같이 사회복지법인의 특수성을 고려하여 그 재산의 원활한 관리 및 유지 보호와 재정의 적정을 기함으로써 사회복지법인의 건전한 발달을 도모하고 사회복지법인으로 하여금 그 본래의 사업목적사업에 충실하게 하려는 공익을 고려한 것으로 합리적 이유 없이 자의적으로 차별하는 것이라고는 할 수 없다.

✤ 본 판례에 대한 평가 명확성의 원칙과 포괄위임금지의 원칙의 위반여부는 기존의 헌법재판소의 견해를 그대로 적용하여 결론을 도출하였다. 본 판례에서 특이할 점은 '사회복지법인의 운영의 자유'의 헌법적 근거이다. 헌법재판소는 헌법 제10조에서 보장되는 행복추구권의 구체적인 한 표현인 일반적인 행동자유권 내지 사적자치권으로 보장되는 것이라고 판시하였다. 위헌 여부의 판단은 헌법 제37조 제2항의 비례원칙에 따라 판단하였다.

관련 문헌: 정진경, "사회복지법 관련 헌법재판소 판례 분석: 1987~2004년 헌법판례 현황과 내용을 중심으로", 한국사회복지학 제58권 제1호(2006. 2), 395-423면; 문광섭, "사회복지법인의 기본재산에 대한 경매와 보건복지부장관의 허가 및 민법 제365조의 저당지상 건물에 대한 일괄경매 등의 관계", 대법원판례해설 67호(2007 상반기), 673-723면.

[요약판례 1] 군사법원법 제242조 제1항 등 위헌확인: 위헌(헌재 2003.11.27. 2002헌마193)

미결수용자의 접견교통권이 헌법상의 기본권인지 여부(적극)

구속된 피의자 또는 피고인이 갖는 변호인 아닌 자와의 접견교통권은 가족 등 타인과 교류하는 인간으로서의 기본적인 생활관계가 인신의 구속으로 인하여 완전히 단절되어 파멸에 이르는 것을 방지하고, 또한 피의자 또는 피고인의 방어를 준비하기 위해서도 반드시 보장되지 않으면 안 되는 인간으로서의 기본적인 권리에 해당하므로 이는 성질상 헌법상의 기본권에 속한다고 보아야 할 것이다.

미결수용자의 접견교통권은 헌법재판소가 법 제10조의 행복추구권에 포함되는 기본권의 하나로 인정하고 있는 일반적 행동자유권으로부터 나온다고 보아야 할 것이고, 무죄추정의 원칙을 규정한 헌법 제27조 제4항도 그 보장의 한 근거가 될 것이다.

대판 1992.5.8. 91누7552: 접견허가거부처분취소

구속된 피고인 또는 피의자의 타인과의 접견권의 성격(=헌법상의 기본권)

만나고 싶은 사람을 만날 수 있다는 것은 인간이 가지는 가장 기본적인 자유 중 하나로서, 이는 헌법 제10조가 보장하고 있는 인간으로서의 존엄과 가치 및 행복추구권 가운데 포함되는 헌법상의 기본권이라고 할 것인바, 구속된 피고인이나 피의자도 이러한 기본권의 주체가 됨은 물론이며 오히려 구속에 의하여 외부와 격리된 피고인이나 피의자의 경우에는 다른 사람과 만남으로써 외부와의 접촉을 유지할 수 있다는 것이 더욱 큰 의미를 가지게 되는 것이고, 또한 무죄추정의 원칙을 규정한 헌법 제27조 제4항의 규정도 구속된 피고인이나 피의자가 위와 같은 헌법상의 기본권을 가진다는 것을 뒷받침하는 규정이라 할 수 있으므로 형사소송법 제89조 및 제213조의2가 규정하고 있는 구속된 피고인 또는 피의자의 타인과의 접견권은 위와 같은 헌법상의 기본권을 확인하는 것일 뿐 형사소송법의 규정에 의하여 비로소 피고인 또는 피의자의 접견권이 창설되는 것으로는 볼 수 없다.

대판 1983.3.22. 82도2151

일시 오락정도에 불과한 도박행위를 처벌하지 아니하는 이유

형법 제246조 도박죄를 처벌하는 이유는 정당한 근로에 의하지 아니한 재물의 취득을 처벌함으로써 경제에 관한 건전한 도덕법칙을 보호하기 위한 것인바, 그 처벌은 헌법이 보장하는 국민의 행복추구권이나 사생활의 자유를 침해할 수 없고, 동조의 입법취지가 건전한 근로의식을 배양 보호함에 있다면 일반 서민대중이 여가를 이용하여 평소의 심신의 긴장을 해소하는 오락은 이를 인정함이 국가정책적 입장에서 보더라도 허용된다 할 것으로, 일시 오락에 불과한 도박행위를 처벌하지 아니하는 이유가 여기에 있다.

[요약판례 2] 도로교통법 제70조 제2항 제2호 위헌소원: 합헌(헌재 2005.4.28. 2004헌바65)

일반적 행동자유권의 제한

이 사건 법률조항에서 정한 결격사유에 해당하는 사람은 일정한 기간동안 운전면허를 취득할 수 없어 적법하게 자동차 등을 운전하지 못하게 되므로 이는 일반적 행동의 자유에 대한 제한이 될 수 있다. 그러나 앞서 본 바와 같이 국민의 생명, 신체 및 재산에 대한 위험을 제거하고 안전하고 원활한 도로교통을 확보하려는 이 사건 법률조항의 입법목적의 달성을 통한 질서 유지 또는 공공복리의 증진이라는 공익은 이 사건 법률조항에 의하여 제한되는 일반적 행동의 자유에 대한 제한이라는 사익보다 훨씬 더 크다고 할 것이므로, 이 사건 법률조항은 행복추구권에 대한 제한의 측면에서도 기본권 제한의 입법한계인 비례의 원칙을 준수하였다.

[요약판례 3] 기부금품모집금지법 제3조 등 위헌제청: 한정위헌(헌재 1998.5.28. 96헌가5)

행복추구권에 포함된 일반적인 행동자유권과 개성의 자유로운 발현권

우리 헌법 제10조 전문은 "모든 국민은 인간으로서의 존엄과 가치를 지니며, 행복을 추구할 권리를 가진다"고 규정하여 행복추구권을 보장하고 있고, 행복추구권은 그의 구체적인 표현으로서 일반적인 행동자유권과 개성의 자유로운 발현권을 포함하기 때문에, 기부금품의 모집행위는 행복추구권에 의하여 보호된다. 계약의 자유도 헌법상의 행복추구권에 포함된 일반적인 행동자유권으로부터 파생하므로, 계약의 자유 또한 행복추구권에 의하여 보호된다.

단체의 재정확보를 위한 모금행위가 단체의 결성이나 결성된 단체의 활동과 유지에 있어서 중요한 의미를 가질 수 있기 때문에 기부금품 모집행위의 제한이 결사의 자유에 영향을 미칠 수 있다는 것은 인정된다. 그러나 결사의 자유에 대한 제한은 법 제3조가 가져오는 간접적이고 부수적인 효과일 뿐이다. 법 제3조가 규율하려고 하는 국민의 생

활영역은 기부금품의 모집행위이므로, 모집행위를 보호하는 기본권인 행복추구권이 우선적으로 적용된다.

[요약판례 4] 자동차운수사업법 제24조 등 위헌확인: 기각(헌재 1998.10.29. 97헌마345)

행복추구권에 포함된 일반적인 행동자유권과 개성의 자유로운 발현권

헌법 제10조 전문은 모든 국민은 인간으로서의 존엄과 가치를 지니며, 행복을 추구할 권리를 가진다고 규정하여 행복추구권을 보장하고 있고, 행복추구권은 그의 구체적인 표현으로서 일반적인 행동자유권과 개성의 자유로운 발현권을 포함한다. 계약의 자유도 헌법상의 행복추구권에 포함된 일반적인 행동자유권으로부터 파생하므로, 계약의 자유 또한 행복추구권에 의하여 보호된다. 그런데 이 사건 법률조항들은 운송수입금 전액납부 및 수납의무를 부과할 뿐 임금의 수준 결정 등 근로조건의 결정에 관한 계약의 자유를 직접적으로 제한하는 규정이 아니다. 이에 대하여 청구인들의 주장대로 이 사건 법률조항들이 사납금제에 근거를 둔 노사간의 임금 및 근로조건의 자율적 형성을 사실상 제한하기 때문에 계약의 자유에 대한 제한이라 주장하고 있으나 계약의 자유도 모든 기본권과 마찬가지로 헌법 제37조 제2항에 근거하여 공익상의 이유로 제한될 수 있으므로 이미 위 기업의 자유의 침해여부 부분에서 살펴 본 바와 같이 이 사건 법률조항들은 공익을 실현하기 위하여 계약의 자유를 필요한 범위 내에서 최소한도로 제한하는 규정으로 헌법에 위반된다고 할 수 없다.

[요약판례 5] 노동조합법 제12조 등 위헌확인: 위헌,각하(헌재 1999.11.25. 95헌마154)

일반적인 행동자유권 및 개성의 자유로운 발현권을 그 보장내용으로 하는 행복추구권

이 사건 법률조항은 노동단체가 정당에 정치자금을 기부하는 것을 금지함으로써 청구인이 정당에 정치자금을 기부하는 형태로 정치적 의사를 표현하는 자유를 제한하는 한편, 정치자금의 기부를 통하여 정당에 정치적 영향력을 행사하는 결사의 자유(단체활동의 자유)를 제한하는 규정이므로, 이 사건 법률조항에 의하여 침해된 기본권은 헌법 제33조의 단결권이 아니라 헌법 제21조의 노동조합의 정치활동의 자유, 즉 표현의 자유, 결사의 자유, 일반적인 행동자유권 및 개성의 자유로운 발현권을 그 보장내용으로 하는 행복추구권이라고 보아야 한다.

따라서 노동조합이 근로자의 근로조건과 경제조건의 개선이라는 목적을 위하여 활동하는 한, 헌법 제33조의 단결권의 보호를 받지만, 단결권에 의하여 보호받는 고유한 활동영역을 떠나서 개인이나 다른 사회단체와 마찬가지로 정치적 의사를 표명하거나 정치적으로 활동하는 경우에는 모든 개인과 단체를 똑같이 보호하는 일반적인 기본권인 의사표현의 자유 등의 보호를 받을 뿐인 것이다.

[요약판례 6] 국민연금법 제75조 등 위헌확인: 기각(헌재 2001.2.22. 99헌마365)

행복추구권에 포함된 일반적인 행동자유권과 개성의 자유로운 발현권

우리 헌법 제10조는 모든 국민이 인간으로서의 존엄과 가치를 가지고 있으며 행복추구권을 가진다고 규정하고 있고, 행복추구권은 그 구체적인 표현으로서 일반적인 행동자유권과 개성의 자유로운 발현권을 포함하며 또한 일반적인 행동자유권에는 당사자 자신이 자유롭게 계약을 체결할 수 있고 원하지 않는 계약을 체결하지 않을 자유인 이른바 계약자유의 원칙이 포함되므로 개인의 의사를 묻지 않고 강제 가입과 연금보험료의 강제징수를 전제로 한 국민연금제도는 국민연금에 가입하지 않고 자신 스스로 사회적 위험에 대처하고자 하는 개인들의 행복추구권을 침해한다고 볼 수도 있다.

그러나 강제가입과 강제징수를 전제로 한 국민연금제도는 그 입법목적이 정당하고 그 기본권제한의 방법 내지 수단에 있어서도 과잉금지의 원칙에 위배되지 아니하므로 청구인들의 위 행복추구권 침해가 헌법에 위반된다고 할 수 없다.

[요약판례 7] 전투경찰대설치법 등에 대한 헌법소원: 기각,각하(헌재 1995.12.28. 91헌마80)

행복추구권에 포함된 일반적인 행동자유권과 개성의 자유로운 발현권

(재판관 김문희, 황도연, 이재화, 조승형의 주문 제2항에 대한 반대의견) 경찰의 순수한 치안업무인 집회 및 시위의 진압의 임무는 결코 국방의무에 포함된 것이라고 볼 수 없으므로, 이 진압명령은 곧 헌법 제39조 제1항 소정의 국방의무 이외에 헌법상 아무런 근거가 없는 또 다른 의무를 청구인에게 부과하는 것이 된다. 따라서 이는 누구든지 병역의무의 이행으로 인하여 불이익한 처우를 받지 아니한다는 헌법 제39조 제2항 규정에 위반되며, 이로 인하여 일반적인 행동자유권과 개성의 자유로운 발현권을 함축하고 있는 헌법 제10조 소정의 행복추구권을 침해한 것이다. 가사 다수의견과 같이 입법목적과 필요성이 있다고 가정하더라도 정부 부처간의 업무공조체제 등의 대체성이 있으므로 국민의 행복추구권을 제한할 필요성은 없다고 할 것이며 그 점에서 위 법률조항부분은 헌법 제37조 제2항 소정의 비례의 원칙에 반하는 것이다.

[요약판례 8] 노동쟁의조정법 제13조의 등에 의한 위헌심판: 합헌(헌재 1990.1.15. 89헌가103)

행복추구권 속에 함축된 일반적인 행동자유권과 개성의 자유로운 발현권

(재판관 김진우 및 재판관 이시윤의 한정합헌의견) 헌87법 제10조 전문은 "모든 국민은 인간으로서의 존엄과 가치를 가지며, 행복을 추구할 권리를 가진다"고 규정하고 있다. 이러한 행복추구권 속에 함축된 일반적인 행동자유권과 개성의 자유로운 발현권은 국가안전보장·질서유지 또는 공공복리에 반하지 않는 한 입법 기타 국정상 최대의 존중을 필요로 하는 것이라고 볼 것이다. 보다 구체적으로 본다면 이러한 기본권은 행동이 남의 권리를 침해하거나 합헌적 질서에 위배되거나 또는 선량한 풍속 기타 사회질서에 반하지 않는 한 입법자도 제약해서는 안되는 기본권인 것으로 표현의 자유도 그 하나의 예시에 속한다. 하고자 하는 바를 자유스럽게 할 수 있는 자유이며 자유사회(free society)의 이념이기도 한 행동자유권은, 자기이익추구의 행동자유는 물론 타인의 이익추구에 협력하는 행동자유도 포함한다고 볼 것이다.

V | 지방세법 제225조 제1항 등 위헌제청: 위헌(헌재 2004.6.24. 2002헌가27)

쟁점 담배소비세가 면제된 담배를 공급받은 자가 이를 당해 용도에 사용하지 않은 경우 면세담배를 공급한 제조자에게 담배소비세와 이에 대한 가산세의 납부의무를 부담시키는 지방세법 제233조의7 제2항 제1호 중 제232조 제1항(이하 '이 사건 법률조항'이라 한다)에 관한 부분이 헌법에 위반되는지 여부(적극)

사건의 개요

당해사건의 피고인 한국담배인삼공사는 담배제조자로서 담배소매업자들과 특수용제조담배(외항선 및 원양어선의 선원에 대한 판매용 면세담배) 공급계약을 각 체결하고, 제조담배를 각 공급하였다.

부산세관은, 위 담배소매업자들은 위 특수용제조담배에 관하여 부산세관장으로부터 내국물품 선용품 선박적재허가를 받은 후 실제로는 이를 선박에 적재하지 않고, 모두 시중에 불법 유통시켰다며 이를 검찰에 고발함과 아울러 부산광역시장에게 통보하였다.

부산광역시장은 위 통보내용에 따라 지방세법 제225조 제1항 및 제233조의7 제2항 제1호 등의 규정에 따라 한국담배인삼공사에게 위 담배소매업자들이 불법유통시킨 담배의 수량에 해당하는

담배소비세와 가산세 및 교육세의 부과처분을 하였다.

한국담배인삼공사는 부산지방법원에 위 부과처분의 취소를 구하는 소송을 제기하였고 그 소송 계속 중 부과처분의 근거가 된 지방세법 제225조 제1항 및 제233조의7 제2항 제1호가 헌법에 위반된다고 주장하면서 위헌여부심판의 제청신청을 하였는바, 위 법원이 이를 받아들여 헌법재판소에 위헌여부심판의 제청을 하였다.

심판의 대상

지방세법(2001. 4. 7. 법률 제6460호로 개정된 것) 제233조의7 (가산세) ② 다음 각호의 1에 해당하는 경우에는 그 산출세액 또는 부족세액의 100분의 30에 상당하는 금액을 징수하여야 할 세액에 가산하여 징수한다.

1. 제231조 및 제232조의 규정에 의하여 반출된 담배를 당해 용도에 사용하지 아니하고 매도·판매·소비 기타 처분을 한 경우

제232조 (과세면제) ① 제조자 또는 수입판매업자가 담배를 다음 각호의 용도에 제공하는 경우에는 담배소비세를 면제한다.

1. 수출
2. 국군·전투경찰·교정시설경비교도 및 주한외국군에의 납품
3. 보세구역에서의 판매
4. 외항선 및 원양어선의 선원에 대한 판매
5. 국제항로에 취항하는 항공기 또는 여객선의 승객에 대한 판매
6. 시험분석 및 연구용
7. 기타 대통령령이 정하는 것

주 문

지방세법(2001. 4. 7. 법률 제6460호로 개정된 것) 제233조의7 제2항 제1호 중 제232조 제1항에 관한 부분은 헌법에 위반된다.

판 단

Ⅰ. 이 사건 담배소비세와 가산세의 성격

조세법은 조세행정의 원활과 조세의 공평부담을 실현하기 위하여 본래적 의미의 납세의무 이외에 과세표준의 신고의무, 성실납부의무, 원천징수의무, 과세자료 제출의무 등과 같은 여러 가지 협력의무를 부과하면서 동시에 이러한 협력의무의 위반을 방지하고 그 위반의 결과를 시정하기 위한 제도적 장치를 함께 마련하고 있는데 그 중 하나는 성실한 의무이행에 대하여 세제상 혜택을 부여하는 것이고 다른 하나는 의무불이행에 대하여 제재를 가하는 것이다. 전자의 예로는, 자산양도차익 예정신고납부세액 공제, 상속세 및 증여세신고세액 공제 등을 들 수 있고, 후자의 예로는 세금의 형태로 제재를 가하는 가산세제도를 들 수 있다.

국세기본법은 "가산세라 함은 세법에 규정하는 의무의 성실한 이행을 확보하기 위하여 그 세법에 의하여 산출한 세액에 가산하여 징수하는 금액을 말한다"고 정의하고(제2조 제4호 본문) "정부는 세법에 규정하는 의무를 위반한 자에 대하여 세법이 정하는 바에 의하여 가산세를 부과할 수 있

다"(제47조 제1항)고 규정하면서 "가산세는 당해 세법이 정하는 국세의 세목으로 한다"(제47조 제2항 본문)고 하여 가산세가 세금의 형태로 과징되는 것임을 밝히고 있다. 지방세법도 제82조가 지방세의 부과와 징수에 관하여 국세기본법과 국세징수법을 준용하면서, 제1조 제1항 제13의2호에서 국세기본법과 유사한 내용으로 가산세를 정의하고 개별 조항에서 가산세를 각 규정하고 있다.

이와 같이 가산세는 그 형식이 세금이기는 하나 그 법적 성격은 과세권의 행사 및 조세채권의 실현을 용이하게 하기 위하여 납세자가 정당한 이유 없이 법에 규정된 신고·납세의무 등을 위반한 경우에 법이 정하는 바에 의하여 부과하는 행정상의 제재이고, 이 사건 법률조항 소정의 담배소비세 역시 원래는 면제되었던 것을 가산세와 함께 부과하는 것이므로, 이 사건 법률조항이 정하는 담배소비세와 가산세는 면세담배의 용도 외 처분에 대하여 세금의 형식으로 제재를 가함으로써 장래의 위반행위를 예방하는 기능을 가지고 있다 할 것이다. 그 외 조세수입의 확보 등의 기능은 전혀 없다고 보기는 어렵지만 적어도 주된 기능은 아니라고 볼 것이다.

Ⅱ. 자기책임의 원리 위반여부

1. 헌법원리로서의 자기책임의 원리

어떠한 행위를 법률로 금지하고 그 위반을 어떻게 제재할 것인가 하는 문제는 원칙적으로 위반행위의 성질, 위반이 초래하는 사회적 경제적 해악의 정도, 제재로 인한 예방효과 기타 사회적 경제적 현실과 그 행위에 대한 국민의 일반적 인식이나 법감정 등을 종합적으로 고려하여 입법자가 결정하여야 할 분야이나, 법적 제재가 위반행위에 대한 책임의 소재와 전혀 상관없이 이루어지도록 법률이 규정하고 있다면 이는 자기책임의 범위를 벗어나는 제재로서 헌법위반의 문제를 일으킨다.

헌법 제10조가 정하고 있는 행복추구권에서 파생되는 자기결정권 내지 일반적 행동자유권은 이성적이고 책임감 있는 사람의 자기의 운명에 대한 결정·선택을 존중하되 그에 대한 책임은 스스로 부담함을 전제로 한다. 자기책임의 원리는 이와 같이 자기결정권의 한계논리로서 책임부담의 근거로 기능하는 동시에 자기가 결정하지 않은 것이나 결정할 수 없는 것에 대하여는 책임을 지지 않고 책임부담의 범위도 스스로 결정한 결과 내지 그와 상관관계가 있는 부분에 국한됨을 의미하는 책임의 한정원리로 기능한다. 이러한 자기책임의 원리는 인간의 자유와 유책성, 그리고 인간의 존엄성을 진지하게 반영한 원리로서 그것이 비단 민사법이나 형사법에 국한된 원리라기보다는 근대법의 기본이념으로서 법치주의에 당연히 내재하는 원리로 볼 것이고 헌법 제13조 제3항은 그 한 표현에 해당하는 것으로서 자기책임의 원리에 반하는 제재는 그 자체로서 헌법위반을 구성한다고 할 것이다.

2. 이 사건 법률조항의 경우

(1) 특수용도에 제공된 담배를 당해 용도에 사용하지 아니한 경우 면세된 산출세액에 해당하는 담배소비세를 납부하도록 하는 것은 특수용담배의 과세면제제도의 취지상 정당하다고 할 것인바, 위에서 살펴본 바와 같이 이 사건 법률조항에 의한 가산세가 부가된 담배소비세의 취지가 '제재를 통한 위반행위의 억지'에 그 주된 초점을 두고 있는 이상 입법자는 누구에게 가산세가 부가된 담배소비세를 부과하는 것이 위반행위를 보다 효율적으로 차단하고 시장의 경제질서를 효과적으로 회복·유지하게 될 것인가라는 관점에서 세금부과의 객체를 정하여야 할 것이다.

그런데, 제조자가 제조한 담배는 그 제조자가 도매업자(다른 도매업자 또는 소매인에게 담배를 판매하는 영업을 하는 자) 또는 소매인에게 이를 판매하고, 소매인이 아니고는 담배를 소비자에게 판매할 수 없도록 되어 있어(담배사업법 제12조) 제조자는 면세담배를 공급받은 자가 이를 용도 외로 사용하는지 여부에 관하여 이를 관리하거나 감독할 수 있는 법적 권리나 의무가 없다. 그럼에도 불구하고 공급받은 면세담배를 용도 외로 처분한 데에 대한 책임이 누구에게 있는지에 대한 고려 없이 징세절차의 편의만을 위해 무조건 원래의 납세의무자였던 제조자에게 담배소비세와 가산세를 부과하는 것은 자신의 통제권 내지 결정권이 미치지 않는 데 대하여까지 책임을 지게 하는 것으로서 자기책임의 원리에 부합한다고 보기 어렵다.

뿐만 아니라 이 사건 법률조항이 정하는 가산세율이 30%로 상당히 높은 수준임을 감안하면 이 사건 법률조항의 가산세는 그만큼 비난가능성이 큰 의무불이행에 대한 제재임을 전제로 한다 할 것인데, 의무위반행위의 주체도 아니고 의무위반에 대한 귀책사유도 없는 제조자에게 면세된 산출세액의 30%에 상당하는 가산세를 납부할 의무를 지우는 것은 가산세제도의 취지에도 어긋난다.

지방세법 제233조의7 규정내용을 전체적으로 살펴보아도, 지방세법 제233조의7 제1항 및 제2항 제2호는 신고불성실가산세에 관한 것이고, 제2항 제3호는 부정한 방법으로 세액의 공제 또는 환부를 받은 경우에 관한 것이며, 제2항 제4호는 과세표준액 기초사실을 은폐하거나 위장한 경우에 관한 것으로서 모두 제조자(또는 수입판매업자)가 그 행위주체가 된다는 점에서 그들에게 책임을 돌릴 수 있는 경우지만, 이 사건 법률조항은 그 행위주체부터 제조자를 전제로 하지 않는다는 점에서 지방세법 제233조의7의 다른 규정들과는 달리 보아야 할 것이다. 미국, 독일 등 외국의 입법례를 살펴보아도 면세담배를 용도 외로 사용한 경우 그 행위자에게 납세의무를 부담시키고 있다.

(2) 행정자치부장관은 담배사업법 제19조 제2항을 근거로 제조자에게 특별한 주의의무가 있으므로 특수용담배를 제공한 데에 따른 책임을 져야 한다고 주장하나, 담배사업법 제19조가 제조업자로 하여금 대통령령이 정하는 특수용담배를 제조·판매할 수 있도록 하고(제1항), 특수용담배는 당해 용도 외의 목적으로 이를 판매하여서는 아니 된다고 규정한 것(제2항)은 제조자이든 도매업자이든 또는 소매인이든 용도 외 목적의 판매를 금지한다는 일반조항으로서, 제조자에게는 특수용도의 목적을 제시하지 않은 도매업자나 소매인에게 특수용 담배를 판매하지 말라는 금지의무를 부과하는 것일 뿐, 더 나아가 이 조항이 제조자의 관리·감독의무의 근거조항까지 될 수는 없다. 그밖에 관련 법규를 살펴보아도 제조자가 용도에 적합하게 판매하였으나 그 후 도매업자나 소매인이 용도에 위반하여 판매한 경우에 관한 규율 내용이 전혀 없어 제조자에게 관리·감독의무나 주의의무를 지울만한 근거가 없다.

오히려, 제조자가 특수용담배를 공급할 수 있는 상대방은 담배사업법시행령 제7조 제2항에 따라 담배사업법시행규칙 제13조 제1항이 정하는 자로 한정되어 있어 그 이외의 상대방에게는 특수용담배를 공급할 수 없고, 또 관계법령이 제조자가 특수용담배를 제조·판매할 경우 "면세용, Duty Free"의 표시를 하도록 의무지우고 있으므로(담배사업법시행령 제7조 제3항, 담배사업법시행규칙 제13조 제2항) 제조자는 위와 같이 법령이 정한 일정한 자격을 갖춘 상대방에게 특수용담배임을 표시하여 특수용담배공급계약에 따라 담배를 제공함으로써 일응의 책임을 다 한 것으로 볼 것이고, 그 이후의 단계에서 이루어진 용도 외의 처분에 관하여 제조자에게 귀책사유가 있다는 등의 특별한 사정이 없는 한 그 책임을 제조자에게 묻는 것은 자기책임의 원리에 반한다 할 것이며, 나아가 제조자와 면세담배를 공급받은 자 사이에 용도 외 처분에 대한 책임귀속에 따른 구상관계를 유발시켜 법률관계를 복잡하게 만들 우려도 있다.

(3) 우리나라의 대표적인 개별소비세로는 지방세인 담배소비세 이외에 국세인 특별소비세, 주세 등이 있는데, 특별소비세법과 주세법에서는 면세물품이 면세 목적 외로 사용된 경우 납세의무자에 대한 특별규정이 있다.

주세의 경우, 주류를 제조하여 제조장으로부터 출고하는 자 등에게 주세의 납부의무가 있으나(주세법 제2조), 면세주류가 출고된 후 당초의 목적에 사용되지 아니한 때에는 당해 면세주류를 보유한 자를 주류를 제조한 자로 보아 주세를 징수하고(제31조), 면세용 주정을 당초의 목적에 사용하지 아니한 때에는 입고지 또는 인수장소를 주류제조장으로, 입고지 또는 인수장소의 영업자를 주류를 제조한 자로 보아 주세를 징수하도록 규정하고 있다(제32조).

특별소비세의 경우, 외국인전용판매장에서 특별소비세 면세물품을 구입한 자가 출국당시 그 물품을 소지하지 아니한 때에는 그 구입자로부터 특별소비세를 징수하고, 특별소비세 면세물품을 구입할 수 없는 자가 면세물품을 소지한 경우 소지자로부터 특별소비세를 징수하도록 규정하고 있다(특별소비세법 제17조).

그런데 위 규정들은 위반행위의 주체로부터 가산세가 부가되지 아니한 본세를 징수하도록 하고 있음에 반해, 이 사건 법률조항은 과세면제 되었던 본세인 담배소비세만을 징수하는 것이 아니라 행정상 제재로서의 성격을 지닌 가산세가 부가된 담배소비세를 징수하도록 하고 있다. 따라서 이 사건 법률조항의 경우 위 주세법 규정이나 특별소비세법 규정보다 위반행위에 대한 책임이 있는 자로부터 징수하여야 할 필요성이 더 크다 할 것이다.

(4) 행정자치부장관은 담배소비세의 개별소비세로서의 성격을 이유로 이 사건 법률조항에 의한 담배소비세도 원래의 납세의무자인 제조자에게서 징수하는 것이 납세 및 징세의 편의상 납세자와 담세자를 분리하여 납세의무자를 규정하는 개별소비세의 일반원칙에 부합한다고 주장한다. 그러나 담배소비세는 담배의 소비를 과세물건으로 하는 간접소비세로서 단지 징세의 편의를 위하여 제조장으로부터 반출될 때에 제조자에게 이를 미리 납부하도록 하는 것이므로, 담배의 반출 이후 제233조의7 제2항 제1호의 경우에 해당하여 담배소비세의 수시부과의 요건을 갖추게 되는 경우(제233조의8 제1항 제2호)에는 담배소비세의 징수를 제조자로부터 하는 것이 반드시 징세의 편의로 연결되는 것도 아니다. 나아가 이 사건 법률조항이 정하는 담배소비세는 간접소비세로서의 성격은 희석되고 행정상 제재로서의 성격을 더 강하게 띄고 있다고 할 것이므로 간접소비세의 일반원칙만을 근거로 납세의무자를 정하여야 한다는 논리는 받아들이기 어렵다.

(5) 따라서 이 사건 법률조항은 세법상 의무위반행위의 주체도 아니고 위반행위에 대한 통제권 내지 결정권이 없는 자에게 불이익을 가하는 것으로서 헌법상의 자기책임의 원리에 반한다.

본 판례에 대한 평가 1. 자기결정권의 의의: 헌법재판소가 행복추구권의 내용으로서 자기결정권을 적시함에 따라 이에 대한 논의가 확산되고 있다. 자기결정권을 광의로 이해할 경우에는 헌법 제17조의 사생활의 비밀과 자유 등을 포괄하는 포괄적 기본권으로서의 성격을 갖기 때문에 개별적 기본권과 상호중첩적일 수 있다. 바로 그런 의미에서 행복추구권의 한 내용으로서의 자기결정권은 좁은 의미의 자기결정권으로만 이해하여야 한다. 즉 자기결정권이란 개인이 자신의 삶에 관한 중대한 사항에 대하여 스스로 자유롭게 결정하고 그 결정에 따라 행동할 수 있는 권리를 의미한다.

2. **법적 성격**: 자기결정권을 개인의 인격적 생존의 핵심영역 또는 인격의 발전에 관계되는 행위와 관련된 영역에 한정된다고 볼 수도 있으나(人格的 利益說), 인간은 자신의 운명이나 인생을 스스로 결정하고 그에 따라 행동할 수 있어야 인격적 가치의 존중과 고유한 개성의 발현이 가능하다는 점에서 자기결정권은 일반적 자유와 관련되는 것으로 보는 것이 타당하다(一般的 自由說). 자기결정권은 결정의 측면을, 일반적 행동자유권은 행동의 측면을 강조한다는 점에서 양자는 구별된다.

3. **헌법상근거**: **자기결정권은** 헌법에 열거되지 아니한 기본권으로서 포괄적 기본권이라 할 수 있다. 그런데 우리 헌법상 자기결정권의 내용은 대부분 개별적 기본권에 의해 포섭되고 있다. 가령 생명·양심·종교·직업 등의 선택과 관련한 자기결정은 생명권·양심의 자유·종교의 자유·직업선택의 자유 등에 의해 보장되고 있고, 사생활에 관련된 영역도 대부분 헌법 제17조의 사생활의 자유에 의해 규율될 수 있다. 이러한 점에서 자기결정권은 보충적 기본권이라 할 수 있다. 이러한 보충적 관계를 전제로 할 때 자기결정권의 법적 근거는 헌법 제10조 제1문 후단의 행복추구권에서 구할 수 있다.

헌법재판소는 자기결정권을 헌법 제10조 인간의 존엄과 가치로부터 비롯되는 인격권 및 행복추구권으로부터 도출되는 권리로 판시하고 있다.

4. **내 용**: 광의의 자기결정권은 ㉠ 결혼·이혼·출산·피임 등 인생의 전반에 걸친 설계에 관한 사항, ㉡ 머리모양·복장·음주 등 개인의 생활방식(life style)이나 취미에 관한 사항, ㉢ 혼전성교·혼외성교·동성애 등 성인 간의 합의에 의한 성적 행동, ㉣ 생명 연장치료의 거부·존엄사·자살·장기이식 등 삶과 죽음에 관한 사항 등과 관련된다고 할 수 있다. 하지만 협의의 자기결정권은 낙태나 치료, 장기기증 등 생명과 신체에 관한 문제와 같이 헌법 제17조에 의해 포섭되기 어려운 사항에 관한 결정을 보호 영역으로 한다.

5. **자기책임의 원리**: 자기 운명에 대한 결정선택권을 보장함은 그 결과에 대한 책임부담을 전제로 하며 이를 '자기책임의 원리'라 한다. 헌법 제10조가 정하고 있는 행복추구권에서 파생되는 자기결정권 내지 일반적 행동자유권은 이성적이고 책임감 있는 사람의 자기의 운명에 대한 결정·선택을 존중하되 그에 대한 책임은 스스로 부담함을 전제로 한다. 자기책임의 원리는 이와 같이 자기결정권의 한계논리로서 책임부담의 근거로 기능하는 동시에 자기가 결정하지 않은 것이나 결정할 수 없는 것에 대하여는 책임을 지지 않고 책임부담의 범위도 스스로 결정한 결과 내지 그와 상관관계가 있는 부분에 국한됨을 의미하는 책임의 한정원리로 기능한다. 이러한 자기책임의 원리는 인간의 자유와 유책성, 그리고 인간의 존엄성을 진지하게 반영한 원리로서 그것이 비단 민사법이나 형사법에 국한된 원리라기보다는 근대법의 기본이념으로서 법치주의에 당연히 내재하는 원리로 볼 것이고 헌법 제13조 제3항은 그 한 표현에 해당하는 것으로서 자기책임의 원리에 반하는 제재는 그 자체로서 헌법위반을 구성한다고 할 것이다.

관련 문헌: 정훈, "경찰상 위험개념의 법치국가적·기본권 보장적 기능", 공법연구 34집 2호(2005. 12), 397-422면; 조재현, "개인정보보호와 프라이버시영향평가", 헌법판례연구 7(2005. 12), 박영사, 113-132면.

[요약판례 1] 형법 제304조 위헌소원: 위헌(헌재 2009.11.26. 2008헌바58등)

성적자기결정권

개인의 인격권·행복추구권에는 개인의 자기운명결정권이 전제되는 것이고, 이 자기운명결정권에는 성행위 여부 및 그 상대방을 결정할 수 있는 성적(性的) 자기결정권이 포함되어 있다. 이 사건 법률조항이 혼인빙자간음행위를 형사처벌함으로써 남성의 성적자기결정권을 제한하는 것임은 틀림없고, 나아가 이 사건 법률조항은 남성의 성생활이라는 내밀한 사적 생활영역에서의 행위를 제한하므로 우리 헌법 제17조가 보장하는 사생활의 비밀과 자유 역시 제한하는 것으로 보인다(헌재 2008. 10. 30. 2007헌가17등; 헌재 2002. 10. 31. 99헌바40등 참조).

[요약판례 2] 민법 제809조 제1항 위헌제청: 헌법불합치(헌재 1997.7.16. 95헌가6등)

혼인의 자유와 혼인에 있어서 상대방을 결정할 자유

중국의 동성금혼 사상에서 유래하여 조선시대를 거치면서 법제화되고 확립된 동성동본금혼제는 그 제도 생성 당시의 국가정책, 국민의식이나 윤리관 및 경제구조와 가족제도 등이 혼인제도에 반영된 것으로서, 충효정신을 기반으로 한 농경중심의 가부장적, 신분적 계급사회에서 사회질서를 유지하기 위한 수단의 하나로서의 기능을 하였다. 그러나 자유와 평등을 근본이념으로 하고 남녀평등의 관념이 정착되었으며 경제적으로 고도로 발달한 산업사회인 현대의 자유민주주의사회에서 동성동본금혼을 규정한 민법 제809조 제1항은 이제 사회적 타당성 내지 합리성을 상실하고 있음과 아울러 "인간으로서의 존엄과 가치 및 행복추구권"을 규정한 헌법이념 및 "개인의 존엄과 양성의 평등"에 기초한 혼인과 가족생활의 성립·유지라는 헌법규정에 정면으로 배치될 뿐 아니라 남계혈족에만 한정하여 성별에 의한 차별을 함으로써 헌법상의 평등의 원칙에도 위반되며, 또한 그 입법목적이 이제는 혼인에 관한 국민의 자유와 권리를 제한할 "사회질서"나 "공공복리"에 해당될 수 없다는 점에서 헌법 제37조 제2항에도 위반된다 할 것이다.

[요약판례 3] 주세법 제38조의 7 등에 대한 위헌제청: 위헌(헌재 1996.12.26. 96헌가18)

소비자의 행복추구권에서 파생되는 자기결정권

이 사건 법률조항이 규정한 구입명령제도는 소주판매업자에게 자도소주의 구입의무를 부과함으로써, 어떤 소주제조업자로부터 얼마만큼의 소주를 구입하는가를 결정하는 직업활동의 방법에 관한 자유를 제한하는 것이므로 소주판매업자의 "직업행사의 자유"를 제한하는 규정이다. 또한 구입명령제도는 비록 직접적으로는 소주판매업자에게만 구입의무를 부과하고 있으나 실질적으로는 구입명령제도가 능력경쟁을 통한 시장의 점유를 억제함으로써 소주제조업자의 "기업의 자유" 및 "경쟁의 자유"를 제한하고, 소비자가 자신의 의사에 따라 자유롭게 상품을 선택하는 것을 제약함으로써 소비자의 행복추구권에서 파생되는 "자기결정권"도 제한하고 있다.

[요약판례 4] 보건범죄단속에 관한 특별조치법 제6조 위헌제청: 위헌(헌재 2007.11.29. 2005헌가10)

영업주가 고용한 종업원이 그 업무와 관련하여 무면허의료행위를 한 경우 그 종업원을 처벌하는 동시에 자동적으로 영업주도 종업원과 동일한 법정형으로 처벌하도록 하는 양벌규정이 헌법에 위반되는지 여부(적극)

이 사건 법률조항은 영업주가 고용한 종업원이 그 업무와 관련하여 무면허의료행위를 한 경우에, 그와 같은 종업원의 범죄행위에 대해 영업주가 비난받을 만한 행위가 있었는지 여부, 가령 종업원의 범죄행위에 실질적으로 가담하였거나 지시 또는 도움을 주었는지, 아니면 영업주의 업무와 관련한 종업원의 행위를 지도하고 감독하는 노력을 게을리 하였는지 여부와는 전혀 관계없이 종업원의 범죄행위가 있으면 자동적으로 영업주도 처벌하도록 규정하고 있다. 이것은 아무런 비난받을 만한 행위를 한 바 없는 자에 대해, 다른 사람의 범죄행위를 이유로 처벌하는 것으로서 형벌에 관한 책임주의에 반하는 것이라 하지 않을 수 없다.

[요약판례 5] 입법부작위 위헌확인: 각하(헌재 2009.11.26. 2008헌마385)

죽음에 임박한 환자에게 '연명치료 중단에 관한 자기결정권'이 헌법상 보장된 기본권인지 여부(적극)

'죽음에 임박한 환자'는 전적으로 기계적인 장치에 의존하여 연명할 수밖에 없고, 전혀 회복가능성이 없는 상태에서 결국 신체의 다른 기능까지 상실되어 기계적인 장치에 의하여서도 연명할 수 없는 상태에 이르기를 기다리고 있을 뿐이다. 따라서 '죽음에 임박한 환자'에 대한 연명치료는 의학적인 의미에서 치료의 목적을 상실한 신체침해 행위가 계속적으로 이루어지는 것이라 할 수 있고, 죽음의 과정이 시작되는 것을 막는 것이 아니라 자연적으로는 이미 시작된 죽음의 과정에서의 종기를 인위적으로 연장시키는 것으로 볼 수 있다(대법원 2009. 5. 21. 선고 2009다17417 판결 참조).

'죽음에 임박한 환자'에 대한 연명치료에 대한 규범적 평가가 이와 같다면, 비록 연명치료 중단에 관한 결정 및 그 실행이 환자의 생명단축을 초래한다 하더라도 이를 생명에 대한 임의적 처분으로서 자살이라고 평가할 수 없고, 오히려 인위적인 신체침해 행위에서 벗어나서 자신의 생명을 자연적인 상태에 맡기고자 하는 것으로서 인간의 존엄과 가치에 부합한다고 할 것이다.

그렇다면 환자가 장차 죽음에 임박한 상태에 이를 경우에 대비하여 미리 의료인 등에게 연명치료 거부 또는 중단에 관한 의사를 밝히는 등의 방법으로 죽음에 임박한 상태에서 인간으로서의 존엄과 가치를 지키기 위하여 연명치료의 거부 또는 중단을 결정할 수 있다 할 것이고, 위 결정은 헌법상 기본권인 자기결정권의 한 내용으로서 보장된다 할 것이다.

[요약판례 6] 구 의료법 제70조 등 위헌제청 등: 위헌,각하(헌재 2010.9.30. 2009헌가23등)

구 약사법 제78조 부분, 의료기사 등에 관한 법률 제32조 부분, 성매매알선 등 행위의 처벌에 관한 법률 제27조 부분이 형벌에 관한 책임주의에 반하는지 여부(적극)

형벌은 범죄에 대한 제재로서 그 본질은 법질서에 의해 부정적으로 평가된 행위에 대한 비난이다. 만약 법질서가 부정적으로 평가한 결과가 발생하였다고 하더라도 그러한 결과의 발생이 어느 누구의 잘못에 의한 것도 아니라면, 부정적인 결과가 발생하였다는 이유만으로 누군가에게 형벌을 가할 수는 없다. 이와 같이 '책임없는 자에게 형벌을 부과할 수 없다'는 형벌에 관한 책임주의는 형사법의 기본원리로서, 헌법상 법치국가의 원리에 내재하는 원리인 동시에, 헌법 제10조의 취지로부터 도출되는 원리이다.

그런데 이 사건 법률조항들에 의할 경우, 개인 영업주가 종업원 등의 위반행위와 관련하여 선임·감독상의 주의의무를 다하여 아무런 잘못이 없는 경우까지에도 영업주에게 형벌을 부과할 수밖에 없게 된다. 이처럼 이 사건 법률조항들은 종업원 등의 범죄행위에 관하여 비난할 근거가 되는 개인 영업주의 의사결정 및 행위구조, 즉 종업원 등이 저지른 행위의 결과에 대한 영업주 개인의 독자적인 책임에 관하여 전혀 규정하지 않은 채, 단순히 개인 영업주가 고용한 종업원 등이 업무에 관하여 범죄행위를 하였다는 이유만으로 영업주 개인에 대하여 형사처벌을 과하고 있는바, 이 사건 법률조항들은 아무런 비난받을 만한 행위를 한 바 없는 자에 대해서까지, 다른 사람의 범죄행위를 이유로 처벌하는 것으로서 형벌에 관한 책임주의에 반하는 것이라 하지 않을 수 없다(헌재 2009. 7. 30. 2008헌가10 참조). 따라서 이 사건 법률조항들은 법치국가의 원리와 헌법 제10조에 반한다.

[요약판례 7] 반민족행위 진상규명에 관한 특별법 제2조 제7호 등 위헌소원: 합헌(헌재 2011.3.31. 2008헌바111)

1. 이 사건 심판대상조항을 비롯한 반민규명법은 역사의 진실과 민족의 정통성을 확인하기 위하여 우리 사회의 민주적 숙의과정 및 공론적 토대로부터 성립되었다는 점, 이 사건 심판대상조항에서는 단순히 일제로부터 작위를 받거나 포상 또는 훈공을 받은 행위가 아니라 '한일합병의 공으로' 작위를 받거나, '일제에 현저히 협력한 행위'를 친일반민족행위로 규정함으로써 입법자가 친일반민족행위를 정의함에 있어 세심한 주의를 기울였음을 알 수 있는 점, 반민규명법에는 조사대상자 등의 불이익을 최소화하기 위한 장치가 마련되어 있으며, 친일반민족행위에 대한 진상규명 외에 조사대상자나 그 후손 등에 대한 불이익처우를 규정하고 있지 않은 점 등에 비추어 보면, 이 사건 심판대상조항은 과잉금지원칙에 위배하여 인격권을 침해한다고 할 수 없다.

2. 이 사건 심판대상조항은 친일반민족행위를 정의하고 있을 뿐이고, 반민규명법의 관련조항에서도 반민규명위원회의 조사결과를 토대로 한 보고서 작성 및 그 공개를 통하여 친일반민족행위의 진상을 규명하는 것 외에 친일반민족행위자나 그 후손에게 구체적인 불이익을 규정하고 있는 것도 아니므로, 이 사건 심판대상조항이나 이에 근거한 친일반민족행위결정이 헌법 제11조 제2항에 반하여 어떠한 사회적 특수계급을 인정하거나 창설한 것으로 볼 여지가 없음은 물론이고, 헌법 제11조 제3항의 영전1대의 원칙이나 영전세습금지원칙에 위반될 여지도 없다고 할 것이며, 헌법 제13조 제2항의 소급입법금지나 헌법 제13조 제3항이 정한 연좌제금지에 위반된다고 볼 수도 없다.

VII 행복추구권의 제한

I 도로교통법 제118조 위헌확인: 기각(헌재 2003.10.30. 2002헌마518)

쟁점 (1) 자동차 운전자에게 좌석안전띠를 매도록 하고, 이를 위반했을 때 범칙금을 납부하도록 통고하는 것이 일반적 행동자유권을 침해하는지 여부(소극)

(2) 자동차 운전자에게 좌석안전띠를 매도록 하고, 이를 위반했을 때 범칙금을 납부하도록 통고하는 것이 사생활의 비밀과 자유를 침해하는지 여부(소극)

(3) 자동차 운전자에게 좌석안전띠를 매도록 하고, 이를 위반했을 때 범칙금을 납부하도록 통고하는 것이 양심의 자유를 침해하는지 여부(소극)

사건의 개요

청구인은 좌석안전띠를 착용하지 않고 승용차를 운전하던 중 경찰관에게 적발되어 범칙금 납부통고를 받고 이를 납부하였다. 청구인은 좌석안전띠를 매도록 의무화하는 도로교통법 제48조의2 제1항 및 이를 어겼을 경우에 범칙금을 납부하도록 통고하는 도로교통법 제118조의 해당부분은 청구인의 사생활의 비밀과 자유, 양심의 자유, 헌법 제10조의 기본적 인권을 침해한다고 주장하면서 그 위헌확인을 구하는 이 사건 헌법소원심판을 청구하였다.

심판의 대상

도로교통법 제48조의2 (운전자의 특별한 준수사항) ① 행정자치부령이 정하는 자동차의 운전자는 그 자동차를 운전할 때에는 좌석안전띠를 매어야 하며, 그 옆좌석의 승차자에게도 좌석안전띠(유아인 경우에는 유아보호용장구를 장착한 후의 좌석안전띠를 말한다. 이하 같다)를 매도록 하여야 한다. 다만, 질병 등으로 인하여 좌석안전띠를 매는 것이 곤란하거나 행정자치부령이 정하는 사유가 있는 때에는 그러하지 아니하다.

② 자동차의 운전자는 그 옆좌석 외의 좌석의 승차자에게도 좌석안전띠를 매도록 주의를 환기하여야 하며, 승용자동차에 있어서 유아가 그 옆좌석 외의 좌석에 승차하는 경우에는 좌석안전띠를 매도록 하여야 한다.

제118조 (통고처분) 경찰서장은 범칙자로 인정되는 사람에 대하여는 그 이유를 명시한 범칙금납부통고서로 범칙금을 납부할 것을 통고할 수 있다. 다만, 다음 각 호의 1에 해당하는 사람에 대하여는 그러하지 아니하다.

1. 성명 또는 주소가 확실하지 아니한 사람
2. 달아날 염려가 있는 사람
3. 범칙금납부통고서를 받기를 거부한 사람

주 문

청구인의 심판청구를 기각한다.

판 단

Ⅰ. 이 사건 심판대상조항들이 청구인의 일반적 행동자유권을 침해하는지의 여부

1. 일반적 행동자유권에 대한 제한의 존재

헌법 제10조 전문은 모든 국민은 인간으로서의 존엄과 가치를 지니며, 행복을 추구할 권리를 가진다고 규정하여 행복추구권을 보장하고 있고, 행복추구권은 그의 구체적인 표현으로서 일반적인 행동자유권과 개성의 자유로운 발현권을 포함한다. 일반적 행동자유권은 개인이 행위를 할 것인가의 여부에 대하여 자유롭게 결단하는 것을 전제로 하여 이성적이고 책임감 있는 사람이라면 자기에 관한 사항은 스스로 처리할 수 있을 것이라는 생각에서 인정되는 것이다. 일반적 행동자유권에는 적극적으로 자유롭게 행동을 하는 것은 물론 소극적으로 행동을 하지 않을 자유 즉, 부작위의 자유도 포함되며, 포괄적인 의미의 자유권으로서 일반조항적인 성격을 가진다.

즉 일반적 행동자유권은 모든 행위를 할 자유와 행위를 하지 않을 자유로 가치있는 행동만 그 보호영역으로 하는 것은 아닌 것으로, 그 보호영역에는 개인의 생활방식과 취미에 관한 사항도 포함되며, 여기에는 위험한 스포츠를 즐길 권리와 같은 위험한 생활방식으로 살아갈 권리도 포함된다.

따라서 좌석안전띠를 매지 않을 자유는 헌법 제10조의 행복추구권에서 나오는 일반적 행동자유권의 보호영역에 속한다. 이 사건 심판대상조항들은 운전할 때 좌석안전띠를 매야 할 의무를 지우고 이에 위반했을 때 범칙금을 부과하고 있으므로 청구인의 일반적 행동의 자유에 대한 제한이 존재한다.

2. 일반적 행동자유권의 제한이 헌법적으로 정당화되는지의 여부

일반적 행동의 자유는 개인의 인격발현과 밀접히 관련되어 있으므로 최대한 존중되어야 하는 것이지만, 헌법 제37조 제2항에 따라 국가안전보장, 질서유지 또는 공공복리를 위하여 법률로 제한될 수 있다. 다만 제한하는 경우에도 기본권제한입법의 한계를 준수하여야 할 것이다.

(1) 입법목적의 정당성

일반도로에서 운전할 때 운전자가 좌석안전띠를 매도록 한 입법자의 목적은, 자동차의 급격한 증가에 따른 교통사고인명피해를 줄이기 위한 것이다. 즉, 일반도로의 운전자에게 좌석안전띠를 맬 의무를 부과함으로써 일반도로에서 발생하는 교통사고사상자의 발생을 줄이고, 안전운전에 대한 인식을 제고하기 위한 것으로 교통사고로 인한 공동체의 불이익과 비용부담을 감소시키려는 것이다.

앞에서 살핀 바와 같이 우리나라의 교통사고의 발생률과 사망자수는 다른 나라에 비하여 높은 편이며, 교통사고발생건수에 대한 사망자수의 비율도 교통안전선진국에 비하여 높아 교통사고발생시에 인명피해를 최소화할 필요성이 있다. 또한 승차위치별 사상자의 통계에 따르면 앞좌석에 승차한 사람 그 중에서도 운전자의 사망과 부상의 확률이 높으며, 특히 운전자가 동승자보다 사망할 확률은 매우 높았다.

그렇다면 이 사건 심판대상조항들이 좌석안전띠를 맬 의무를 부담시키는 것은 교통사고로부터 국민의 생명 또는 신체에 대한 위험과 장애를 방지·제거하고 사회적 부담을 줄여 교통질서를 유지하고 사회공동체의 상호이익을 보호하는 공공복리를 위한 것이므로 입법목적의 정당성이 인정된다.

(2) 방법의 적절성

1999년 우리나라에서 인명피해가 발생한 교통사고를 분석한 결과 좌석안전띠착용으로 17.8%의 치사율 감소효과가 나타나는 등 여러 연구에 따르면 좌석안전띠착용은 교통사고발생시 자동차승차자의 사망과 중상 위험을 감소시키는 것으로 나타나는 것은 앞에서 살핀 바와 같다.

그렇다면 이 사건 심판대상조항들이 좌석안전띠착용을 의무화하고 그 의무를 위반한 경우에 범칙금납부를 통고하는 것은 교통사고사상자의 발생률을 감소시켜 국민의 생명 또는 신체에 대한 위험과 장애를 방지하고 공동체의 불이익을 줄이려는 입법목적달성 및 그 의무이행의 실효성확보를 위한 적절한 수단이다.

(3) 법익의 균형성

우리 헌법질서가 예정하는 인간상은 "자신이 스스로 선택한 인생관·사회관을 바탕으로 사회공동체 안에서 각자의 생활을 자신의 책임 아래 스스로 결정하고 형성하는 성숙한 민주시민"인바, 이는 사회와 고립된 주관적 개인이나 공동체의 단순한 구성분자가 아니라, 공동체에 관련되고 공동체에 구속되어 있기는 하지만 그로 인하여 자신의 고유가치를 훼손당하지 아니하고 개인과 공동체의 상호연관 속에서 균형을 잡고 있는 인격체라 할 것이다.

헌법질서가 예정하고 있는 이러한 인간상에 비추어 볼 때, 인간으로서의 고유가치가 침해되지 않는 한 입법자는 사회적 공동생활의 보존과 육성을 위하여 주어진 상황에서 일반적으로 기대할 수 있는 범위 내에서 개인의 일반적 행동자유권을 제한할 수 있는바, 운전자가 좌석안전띠를 착용하여야 하는 의무는 이러한 범위 내에 있다 할 것이다.

좌석안전띠를 매지 않는 행위는 그로 인하여 받을 위험이나 불이익을 운전자 스스로 회피하지 못하고 매우 큰 사회적 부담을 발생시키는 점, 좌석안전띠를 매지 않고 운전하는 행위에 익숙해진다고 하여 위험이 감소하지도 않는다는 점, 동승자의 피해를 증가시키는 점 등에 비추어 볼 때, 운전자 자신뿐만이 아니라 사회공동체 전체의 이익에 해를 끼치고 있으므로 국가의 개입이 정당화된다.

이 사건 심판대상조항들로 인하여 청구인은 운전 중 좌석안전띠를 착용할 의무를 지게 되는바, 이는 운전자의 약간의 답답함이라는 경미한 부담이고 좌석안전띠미착용으로 청구인이 부담하는 범칙금이 소액인 데 비하여, 좌석안전띠착용으로 인하여 달성하려는 공익인 동승자를 비롯한 국민의 생명과 신체의 보호는 재산적인 가치로 환산할 수 없는 것일 뿐만 아니라 교통사고로 인한 사회적인 비용을 줄여 사회공동체의 이익을 증진하기 위한 것이므로, 달성하고자 하는 공익이 침해되는 청구인의 좌석안전띠를 매지 않을 자유의 제한이라는 사익보다 크다고 할 것이어서 법익의 균형성도 갖추었다고 하겠다.

(4) 침해의 최소성

(가) 국가가 좌석안전띠착용의 이점을 국민에게 홍보하고, 교통사고발생시 손해배상액의 산정에서 좌석안전띠미착용을 감안하는 등의 덜 침해적인 방법으로 입법목적을 달성할 수는 없는지가 문제된다.

우리나라의 교통사고현황에 나타난 그 동안의 경과를 보면 좌석안전띠미착용에 대한 경찰청의 집중적인 단속이 있을 때 좌석안전띠착용률이 높아지고 이에 따라 교통사고사망자수가 크게 감소한 사실을 알 수 있다. 일반도로에서 운전하는 경우 뒷좌석승차자에 대한 좌석안전띠착용은 현재 강제되고 있지 않고 계몽 및 홍보활동만 이루어지고 있는데, 앞좌석승차자에 비하여 뒷좌석승차자가 좌석안전띠를 매는 경우가 적은 것도 좌석안전띠의 착용의무화를 정당화한다.

그렇다면 이러한 사정에 따라 좌석안전띠착용을 의무화하는 것보다 청구인의 기본권을 덜 제한하면서 입법목적을 효과적으로 달성하는 수단이 없다고 본 입법자의 판단이 잘못이라고 하기 어렵다.

(나) 또한 이 사건 심판대상조항들은 획일적으로 모든 운전자에게 좌석안전띠를 매게 하는 것이 아니고, 도로교통법 제48조의2 제1항 단서 및 도로교통법시행규칙 제24조 제2항에 따라서 부상·질병·장해·임신·신체의 상태에 의하여 좌석안전띠의 착용이 적당하지 아니하다고 인정되는 자가 자동차를 운전하는 때 등 광범위한 좌석안전띠착용의무의 예외를 두고 있으므로, 청구인이 과도한 부담을 지고 있다고 하기도 어렵다.

(다) 정체구간과 같이 교통사고발생의 위험이 거의 없는 곳에서도 좌석안전띠를 매도록 강제하는 것은 교통사고발생위험이 없다는 합리적인 판단 아래서 좌석안전띠를 매지 않을 일반적 행동자유권을 과도하게 침해하는 것이 아닌가 문제된다.

그러나 저속으로 운전하는 경우에도 좌석안전띠의 인명피해감소의 효용은 존재하는 점, 정체구간을 지난 다음에는 고속으로 운행하게 될 것인데 통상적으로 운전 중에 좌석안전띠를 매는 것을 기대하기가 어려우며 또한 고속으로 운전하게 되는 순간 좌석안전띠를 매는 경우 사고위험이 높아지리라는 것을 예상할 수 있는 점, 국민의 생명과 신체 보호라는 입법목적의 달성을 위해서는 법위반여부에 대한 도로 위에서의 다툼을 방지할 일의적이고 명시적인 기준의 필요성이 인정되는 점, 안전운전에 대한 인식을 높일 필요성이 있는 점 등을 고려하면 저속으로 운전하는 경우를 좌석안전띠착용의무의 예외로 하지 않았다고 하여 이 사건 법률조항이 기본권을 과도하게 침해한다고 할 수 없다.

(라) 다음으로 좌석안전띠미착용에 대한 제재로 범칙금을 부과하는 것이 청구인의 기본권에 대한 과도한 침해인지가 문제된다.

어떤 행정법규위반의 행위에 대하여 이를 단지 간접적으로 행정상의 질서에 장애를 줄 위험성이 있음에 불과한 경우로 보아 행정질서벌인 과태료를 과할 것인지, 아니면 직접적으로 행정목적과 공익을 침해한 행위로 보아 행정형벌을 과할 것인지, 행정형벌을 과할 경우 그 법정형의 형종과 형량을 어떻게 정할 것인가는 당해 위반행위가 위의 어느 경우에 해당하는가에 대한 법적 판단을 그

르친 것이 아닌 한 그 처벌내용은 기본적으로 입법권자가 제반 사정을 고려하여 결정할 입법재량에 속하는 문제이며, 특정한 인간행위에 대하여 그것이 불법이며 범죄라 하여 국가가 형벌권을 행사하여 이를 규제할 것인지, 아니면 단순히 도덕률에 맡길 것인지의 문제는 인간과 인간, 인간과 사회와의 상호관계를 함수로 하여 시간과 공간에 따라 그 결과를 달리할 수밖에 없는 것이고, 결국은 그 사회의 시대적인 상황·사회구성원들의 의식 등에 의하여 결정될 수밖에 없다.

따라서 좌석안전띠를 매지 않은 행위에 대하여 손해배상액의 산정 및 보험관련법상의 불이익만을 가할 것인지, 형사적 제재도 가할 것인지의 여부 및 형사적 제재방법의 선택은 기본적으로 입법권자의 의지 즉, 입법정책의 문제로서 입법권자의 입법형성의 자유에 속한다.

교통범칙금통고처분은 형사절차의 사전절차로서의 성격을 갖는 점 등으로 일반행정행위와 다른 법적 성질을 가지지만, 다른 한편으로 교통범칙금통고처분은 도로교통법에 위반된 행위에 대하여 벌칙을 정하면서 특정된 비교적 경미한 위반행위에 대하여는 형사절차에 앞서 행정적 처분에 의하여 일정액의 범칙금을 납부하는 기회를 부여하여 그 범칙금을 납부한 자에 대하여는 기소를 하지 아니하고 사건을 신속, 간이하게 처리하는 절차로서 법원이 공판절차를 통하여 기소된 범죄사실의 유무를 심리, 판단하는 재판절차와는 제도적 취지 및 법적 성질 면에서 큰 차이가 있다.

이 사건 통고처분조항은 국민의 자유와 권리를 제한하는 정도가 가장 큰 기본권제한수단이라고 볼 수 있는 행정형벌을 과하기 이전에 좌석안전띠착용의무위반행위에 대하여 범칙금납부로 법적 제재가 종결되도록 하고 있으므로, 청구인의 기본권을 과도하게 침해한다고 할 수 없다.

행정질서벌인 과태료를 부과하는 것이 범칙금납부통고처분보다 기본권을 덜 침해한다고 할 수 있으나, 어떤 행정법규위반의 행위에 대하여 행정질서벌인 과태료를 과할 것인지, 아니면 행정형벌을 과할 것인지는 기본적으로 입법권자가 제반 사정을 고려하여 결정할 입법재량에 속하는 문제이다.

오늘날 질서위반법의 영역이 확장되어 일상생활의 상당부분이 질서위반법의 테두리 속으로 들어와 법익침해를 보호하고, 형법도 여러 영역에서 행정명령위반적 성격을 가지는 행위태양들을 범죄구성요건으로 파악하고 있기에, 범죄행위와 질서위반행위를 그 본질적인 속성만으로 구별하는 것은 타당하지 않다. 따라서 범죄행위와 질서위반행위는 행위유형의 속성뿐만 아니라 그 행위의 불법내용 및 책임내용의 경중을 함께 검토하여야 할 것이다. 따라서 좌석안전띠미착용행위가 본질적으로 과태료를 부과하여야 할 질서위반행위라고 단정할 수는 없다.

입법권자는 운전자의 좌석안전띠미착용행위는 동승자의 좌석안전띠미착용행위에 비하여 행정목적과 공익을 침해하는 정도와 위험성이 다르다고 판단하였고, 일정한 경우에 운전면허를 취소하거나 정지하는 행정처분의 기초자료로 삼을 여지를 두고자 한 것으로, 이러한 입법자의 판단이 현저히 불합리하거나 자의적인 입법재량의 행사라고 보여지지 않는다.

또한 앞에서 본 바와 같이 범칙금은 행정형벌이 아니며 비범죄화의 정신에 접근하는 제도로서 범칙금을 납부한 교통범칙자의 기본권이 제한되는 정도는 행정질서벌인 과태료를 납부한 자의 기본권이 제한되는 정도와 크게 다르지 않다. 그렇다면 좌석안전띠착용을 의무화하고 이에 대한 제재방법으로 행정질서벌인 과태료보다는 그 정도가 강하지만 행정형벌보다는 그 정도가 약한 범칙금을 선택한 입법자의 판단이 입법재량의 한계를 벗어난 과중한 것이라고 보기 어렵다.

(마) 다음으로 이 사건 통고처분조항에 의하여 납부하여야 할 범칙금의 액수가 과다한 것인지의

여부에 대하여 살피면, 좌석안전띠미착용으로 청구인이 부담하는 범칙금 30,000원은 자동차운전에 드는 연료대금, 유료도로통행료, 책임보험료, 자동차세 등 제반비용에 비추어 과도한 부담이라고 하기 어려워, 의무위반행위와 그에 대한 책임이 현저하게 균형을 잃었거나 다른 행정법규위반자와의 사이에서 헌법상의 평등의 원리에 위반하는 것으로 평가되는 등 헌법재판소가 관여할 정도로 입법재량을 현저히 불합리하게 또는 자의적으로 행사한 것이라 할 수 없다.

(바) 그렇다면 운전자의 좌석안전띠착용을 의무화하고 이를 어겼을 때 범칙금을 부과하는 것은 청구인의 일반적 행동자유권을 헌법 제37조 제2항의 비례의 원칙에 위반되어 과도하게 침해하지 않는다 할 것으로 침해의 최소성요건을 준수하였다 할 것이다.

3. 소 결

이 사건 심판대상조항들에 의한 청구인의 일반적 행동자유권의 제한은 정당한 공익의 실현을 위하여 필요한 정도의 제한에 해당하는 것으로서 헌법 제37조 제2항의 비례의 원칙에 위반되어 국민의 일반적 행동자유권을 과도하게 침해하는 위헌적인 규정이라 할 수 없다.

Ⅱ. 이 사건 심판대상조항들이 청구인의 사생활의 비밀과 자유를 침해하는지의 여부

1. 사생활의 비밀과 자유의 보호영역

사생활의 비밀은 국가가 사생활영역을 들여다보는 것에 대한 보호를 제공하는 기본권이며, 사생활의 자유는 국가가 사생활의 자유로운 형성을 방해하거나 금지하는 것에 대한 보호를 의미한다. 구체적으로 사생활의 비밀과 자유가 보호하는 것은 개인의 내밀한 내용의 비밀을 유지할 권리, 개인이 자신의 사생활의 불가침을 보장받을 수 있는 권리, 개인의 양심영역이나 성적 영역과 같은 내밀한 영역에 대한 보호, 인격적인 감정세계의 존중의 권리와 정신적인 내면생활이 침해받지 아니할 권리 등이다.

우리 재판소는 '사생활의 자유'란 사회공동체의 일반적인 생활규범의 범위 내에서 사생활을 자유롭게 형성해 나가고 그 설계 및 내용에 대해서 외부로부터의 간섭을 받지 아니할 권리이며, 사생활과 관련된 사사로운 자신만의 영역이 본인의 의사에 반해서 타인에게 알려지지 않도록 할 수 있는 권리인 '사생활의 비밀'과 함께 헌법상 보장되고 있는 것이라고 판시한 바 있다.

즉, 헌법 제17조가 보호하고자 하는 기본권은 '사생활영역'의 자유로운 형성과 비밀유지라고 할 것이며, 공적인 영역의 활동은 다른 기본권에 의한 보호는 별론으로 하고 사생활의 비밀과 자유가 보호하는 것은 아니라고 할 것이다.

2. 운전 중 좌석안전띠착용이 사생활의 영역인지의 여부

자동차는 단순히 사람이나 화물을 장소적으로 떨어진 곳으로 이동시켜 주는 교통수단 또는 운송수단의 역할 이외에도, 여가시간의 여행과 오락활동 등에 이용되고 일상생활에서도 상당한 시간을 자동차 안에서 보내는 경우가 많으므로, 자동차 안에서 이루어지는 활동 중 일부는 사생활의 영역에 속할 수도 있을 것이다.

일반교통에 사용되고 있는 도로는 국가와 지방자치단체가 그 관리책임을 맡고 있는 영역이며, 수많은 다른 운전자 및 보행자 등의 법익 또는 공동체의 이익과 관련된 영역으로, 그 위에서 자동차를 운전하는 행위는 더 이상 개인적인 내밀한 영역에서의 행위가 아니다. 또한 자동차를 도로에서 운전하는 중에 좌석안전띠를 착용할 것인가의 여부의 생활관계가 개인의 전체적 인격과 생존에 관계되는 '사생활의 기본조건'이라거나 자기결정의 핵심적 영역 또는 인격적 핵심과 관련된다고 보기 어렵다.

그렇다면 운전할 때 운전자가 좌석안전띠를 착용하는 문제는 더 이상 사생활영역의 문제가 아니어서 사생활의 비밀과 자유에 의하여 보호되는 범주를 벗어난 행위라고 볼 것이므로, 이 사건 심판대상조항들은 청구인의 사생활의 비밀과 자유를 침해하는 것이라 할 수 없다.

Ⅲ. 이 사건 심판대상 조항들이 청구인의 양심의 자유를 침해하는지의 여부

헌법 제19조에서 말하는 양심에는 세계관・인생관・주의・신조 등은 물론 이에 이르지 아니하여도 널리 개인의 인격형성에 관계되는 내심에 있어서의 가치적・윤리적 판단도 포함되며, 양심의 자유는 널리 사물의 시시비비나 선악과 같은 윤리적 판단에 국가가 개입해서는 안 되는 내심적 자유는 물론 이와 같은 윤리적 판단을 국가권력에 의하여 외부에 표명하도록 강제 받지 아니할 자유까지 포함한다.

다만, 헌법이 보호하려는 양심은 어떤 일의 옳고 그름을 판단함에 있어서 그렇게 행동하지 아니하고는 자신의 인격적인 존재가치가 허물어지고 말 것이라는 강력하고 진지한 마음의 소리이지, 막연하고 추상적인 개념으로서의 양심은 아니라고 할 것이다.

자동차를 운전하며 좌석안전띠를 맬 것인지의 여부에 대하여 고민할 수는 있겠으나, 그 고민 끝에 제재를 받지 않기 위하여 어쩔 수 없이 좌석안전띠를 매었다 하여 청구인이 내면적으로 구축한 인간양심이 왜곡・굴절되고 청구인의 인격적인 존재가치가 허물어진다고 할 수는 없다.

따라서 운전 중 운전자의 좌석안전띠착용은 양심의 자유의 보호영역에 속하지 아니하므로 이 사건 심판대상조항들은 청구인의 양심의 자유를 침해하는 것이라 할 수 없다.

Ⅳ. 이 사건 심판대상조항들이 청구인의 인간의 존엄과 가치를 침해하는지의 여부

운전 중 좌석안전띠의 착용은 운전자에게 정신적・육체적으로 경미한 부담을 가하는 것에 불과하므로 인간으로서의 인격적 주체성을 박탈한다거나 인간의 존귀성을 짓밟는 것이라고는 할 수 없다. 더욱이 교통사고로 야기될 생명・신체에 대한 위험과 손해의 방지라는 절실한 공익목적을 위한 제약이라는 점을 생각하면 이 사건 심판대상조항들이 인간의 존엄과 가치를 침해하는 것이라고 볼 수 없다.

Ⅴ. 이 사건 통고처분조항이 청구인의 재판을 받을 권리 등을 침해하는지의 여부

통고처분만으로 범칙금을 부과하는 것은 법관이 아닌 행정기관의 처분이 바로 형사처분으로 되어 헌법상의 재판을 받을 권리와 헌법이 보장한 적법절차에 의하지 아니하고는 처벌되지 않는다는 헌법상 기본권을 침해하는 것인지가 문제된다.

교통범칙금의 통고처분은 강제집행에 의하여 실현되지 않고 범칙자는 그 처분에 따르기를 거부할 자유를 가지며, 결국 형사소송법에 의거한 정식재판을 받을 권리를 박탈당하지 아니한다. 자동차의 격증으로 인해 혼란이 격심해지고 법규위반사례가 격증하고 있는 현실에서 위반행위에 대한 제재를 오직 법관만 다룬다면 과중한 업무부담으로 인해 산적한 범칙사건의 처리가 곤란 내지 정체되어 범칙행위의 억제력도 상실되고 교통사고의 방지가 곤란해진다고 할 것이다.

그렇다면 교통범칙금 통고처분에 대하여 별도로 행정쟁송을 제기할 수 없는 점이 법관에 의한 재판 받을 권리 등을 침해하는가가 문제되는 이 사건에서도 헌재 1998. 5. 28. 96헌바4 사건에서 표명한 위 합헌결정의 이유는 그대로 적용될 수 있을 것이어서, 이 사건 통고처분조항은 청구인의 재판청구권 등을 침해하지 않는다.

✤ 본 판례에 대한 평가 행복추구권은 타인의 권리나 도덕률 및 헌법질서를 침해하여서는 아니된다. "행복추구권이라 할지라도 반사회적 내지 반자연적 행위를 금지하는 규범이나 전통문화로 인식되어 온 국민의 법감정에 반하여 이를 남용할 수 없음은 물론 타인의 행복추구권을 침해하거나 방해할 수 없음은 너무나 당연하다고 할 것이며 적어도 국민의 의사에 정면으로 반하지 아니하는 한 전통·관습에 반한 행복추구권을 추구할 수는 없다." 또한 "헌법이 보장하는 행복추구권이 공동체의 이익과 무관하게 무제한의 경제적 이익의 도모를 보장하는 것이라고 볼 수 없다."

행복추구권도 헌법 제37조 제2항의 기본권제한의 일반원칙에 의거하여 국가안전보장·질서유지 또는 공공복리를 위하여 필요한 경우에 법률로써 제한될 수 있다. 법률로써 제한하는 경우에도 행복추구권의 본질적 내용은 침해할 수 없다.

본 결정은 행복추구권에 해당하는 행위라 할지라도 기본권제한의 일반원칙에 의하여 제한될 수 있음을 분명히 하면서 자동차 안전띠 착용의무의 부과가 일반적 행동자유권에 대한 침해가 아니라고 한 점에 의의가 있다.

[요약판례 1] 영화법 제26조 등 위헌확인: 기각(헌재 1995.7.21. 94헌마125)

국산영화의무상영제가 공연장 경영자의 행복추구권을 침해하는지 여부(소극)

헌법 제119조 제2항의 규정은 대한민국의 경제질서가 개인과 기업의 창의를 존중함을 기본으로 하도록 하고 있으나, 그것이 자유방임적 시장경제질서를 의미하는 것은 아니다. 따라서 입법자가 외국영화에 의한 국내 영화시장의 독점이 초래되고, 국내 영화의 제작업은 황폐하여진 상태에서 외국영화의 수입업과 이를 상영하는 소비시장만이 과도히 비대하여질 우려가 있다는 판단하에서, 이를 방지하고 균형있는 영화산업의 발전을 위하여 국산영화의무상영제를 둔 것이므로, 이를 들어 헌법상 경제질서에 반한다고는 볼 수 없다.

헌법이 보장하는 행복추구권이 공동체의 이익과 무관하게 무제한의 경제적 이익의 도모를 보장하는 것이라고 볼 수 없으므로, 위와 같은 경제적 고려와 공동체의 이익을 위한 목적에서 비롯된 국산영화의무상영제가 공연장 경영자의 행복추구권을 침해한 것이라고 보기 어렵다.

[요약판례 2] 도로교통법 제41조 제2항 등 위헌제청: 합헌(헌재 1997.3.27. 96헌가11)

행복추구권의 제한

이 사건 법률조항이 하기 싫은 일(음주측정에 응하는 일)을 하지 아니할 수 없도록 하는 속박의 요소가 있으므로 하기 싫은 일을 강요당하지 아니할 권리, 즉 행복추구권에 포함되어 있는 일반적 행동의 자유를 침해하는 것은 아닌지 여부를 본다.

이 사건 음주측정에 응하는 행위는 자신의 주취운전을 입증하는 강력한 증거를 스스로 제출하는 일에 다름 아니므로 내키지 아니하는 일일 것이다. 그럼에도 불구하고 이 사건 법률조항에 의해 음주측정에 응할 의무가 부과되고 이를 거부할 경우 형사처벌되므로 일반적 행동의 자유에 대한 제한이 될 수도 있다. 그러나 일반적 행동의 자유는 개인의 인격발현과 밀접히 관련되어 있으므로 최대한 존중되어야 하는 것이지만 헌법 제37조 제2항에 따라 국가안전보장, 질서유지 또는 공공복리를 위하여는 제한될 수 있다. 그런데 이 사건 법률조항이 과연 헌법 제37조 제2항의 한계 내에서 일반적 행동의 자유를 제한하는 것인지 보건대, 이미 위 헌법 제12조 제1항의 적법절차 위배여부에 관한 설시에서 자세히 본 바와 같이 추구하는 목적의 중대성, 음주측정의 불가피성, 국민에게 부과되는 부담의 정도, 처벌의 요건과 정도에 비추어 헌법 제37조 제2항의 과잉금지의 원칙에 어긋나는 것이라 할 수 없다.

그러므로 이 사건 법률조항은 헌법 제10조에 규정된 행복추구권에서 도출되는 일반적 행동의 자유를 침해하는 것이라고도 할 수 없다.

[요약판례 3] 풍속영업의규제에관한법률 제3조 제5호 등 위헌확인: 기각,각하(헌재 1996.2.29. 94헌마13)

행복추구권의 제한

행복추구권도 국가안전보장·질서유지 또는 공공복리를 위하여 제한될 수 있는 것이고, 18세 미만자에 대하여 노래연습장의 출입을 금지하고 있는 이 사건 법령조항들은 직업선택의 자유와 관련하여 살펴본 바와 같이 목적의 정당성, 방법의 적정성 등의 요건을 모두 갖추고 있으므로 위 조항들이 청구인이나 18세 미만의 청소년들의 행복추구권을 침해한 것이라고 볼 수도 없다.

[요약판례 4] 표준어 규정 제1장 제1항 등 위헌확인: 기각,각하(헌재 2009.5.28. 2006헌마618)

공공기관의 공문서를 표준어 규정에 맞추어 작성하도록 하는 구 국어기본법 제14조 제1항 및 초·중등교육법상 교과용 도서를 편찬하거나 검정 또는 인정하는 경우 표준어 규정을 준수하도록 하고 있는 제18조 규정이 청구인들의 행복추구권을 침해하는 것인지 여부(소극)

서울의 역사성, 문화적 선도성, 사용인구의 최다성 및 지리적 중앙성 등 다양한 요인에 비추어 볼 때, 서울말을 표준어의 원칙으로 삼는 것이 기본권을 침해하는 것이라 하기 어렵고, 또한 서울말에도 다양한 형태가 존재하므로 교양 있는 사람들이 사용하는 말을 기준으로 삼는 것은 합리적인 기준이라 할 수 있다. 결국, 이 사건 심판대상인 이 사건 법률조항들이 과잉금지원칙에 위배하여 행복추구권을 침해하는 것으로 보기 어렵다.

VIII 행복추구권의 침해와 구제

3 평 등 권

Ⅰ 의 의

Ⅱ 헌법상 평등원리의 구체화

Ⅰ 제대군인지원에관한법률 제8조 제1항 등 위헌확인: 위헌(헌재 1999.12.23. 98헌마363)

쟁점 제대군인 가산점제도로 인하여 여성, 신체장애자 등의 평등권과 공무담임권이 침해되는지 여부 (적극)

사건의 개요

청구인 甲은 A대학교를 졸업한, 청구인 乙은 같은 대학교 4학년에 재학중이던 여성들로서 모두 7급 또는 9급 국가공무원 공개경쟁채용시험에 응시하기 위하여 준비중에 있으며, 청구인 丙은 B대학교 4학년에 재학중이던 신체장애가 있는 남성으로서 역시 7급 국가공무원 공개경쟁채용시험에 응시하기 위하여 준비중에 있다.

청구인들은 제대군인이 6급 이하의 공무원 또는 공·사기업체의 채용시험에 응시한 때에 필기시험의 각 과목별 득점에 각 과목별 만점의 5퍼센트 또는 3퍼센트를 가산하도록 규정하고 있는 제대군인지원에관한법률 제8조 제1항, 제3항 및 동법시행령 제9조가 자신들의 헌법상 보장된 평등권, 공무담임권, 직업선택의 자유를 침해하고 있다고 주장하면서 이 사건 헌법소원심판을 청구하였다.

심판의 대상

제대군인지원에관한법률 제8조 (채용시험의 가점) ① 제7조 제2항의 규정에 의한 취업보호실시기관이 그 직원을 채용하기 위한 시험을 실시할 경우에 제대군인이 그 채용시험에 응시한 때에는 필기시험의 각 과목별 득점에 각 과목별 만점의 5퍼센트의 범위안에서 대통령령이 정하는 바에 따라 가산한다. 이 경우 취업보호실시기관이 필기시험을 실시하지 아니한 때에는 그에 갈음하여 실시하는 실기시험·서류전형 또는 면접시험의 득점에 이를 가산한다.

③ 취업보호실시기관이 실시하는 채용시험의 가점대상직급은 대통령령으로 정한다.

시행령 제9조 (채용시험의 가점비율 등) ① 법 제8조 제1항의 규정에 의하여 제대군인이 채용시험에 응시하는 경우의 시험만점에 대한 가점비율은 다음 각호의 1과 같다.

1. 2년 이상의 복무기간을 마치고 전역한 제대군인: 5퍼센트

2. 2년 미만의 복무기간을 마치고 전역한 제대군인: 3퍼센트

② 법 제8조 제3항의 규정에 의한 채용시험의 가점대상직급은 다음 각호와 같다.

1. 국가공무원법 제2조 및 지방공무원법 제2조에 규정된 공무원중 6급이하 공무원 및 기능직공무원의 모든 직급

2. 국가유공자등예우및지원에관한법률 제30조 제2호에 규정된 취업보호실시기관의 신규채용 사원의 모든 직급

주 문

제대군인지원에관한법률 제8조 제1항, 제3항 및 동법시행령 제9조는 헌법에 위반된다.

판 단

Ⅰ. 적법요건에 관한 판단

청구인 甲이 1997년도 7급 국가공무원 채용시험에 응시하였다가 가산점제도와 관계없이 불합격할 수밖에 없는 성적으로 불합격한 바 있으므로 청구인적격이 없다고 하나, 동 청구인이 심판청구 당시 재차 국가공무원 시험을 준비하고 있지 않다고 볼 만한 사정이 없는 이상 청구인적격이 없다고 할 수 없다.

심판청구 당시 청구인들은 국가공무원 채용시험에 응시하기 위하여 준비하고 있는 단계에 있었으므로 이 사건 심판대상조항으로 인한 기본권침해를 현실적으로 받았던 것은 아니다. 그러나 청구인들은 심판청구 당시 국가공무원 채용시험에 응시하기 위한 준비를 하고 있었고, 이들이 응시할 경우 장차 그 합격여부를 가리는 데 있어 가산점제도가 적용될 것임은 심판청구 당시에 이미 확실히 예측되는 것이었다. 따라서 기본권침해의 현재관련성이 인정된다.

Ⅱ. 본안에 관한 판단

1. 가산점제도의 근거

(1) **헌법 제39조 제1항에 규정된 국방의 의무는 외부 적대세력의 직·간접적인 침략행위로부터 국가의 독립을 유지하고 영토를 보전하기 위한 의무로서, 헌법에서 이러한 국방의 의무를 국민에게 부과하고 있는 이상 병역법에 따라 군복무를 하는 것은 국민이 마땅히 하여야 할 이른바 신성한 의무를 다 하는 것일 뿐, 국가나 공익목적을 위하여 개인이 특별한 희생을 하는 것이라고 할 수 없다.** 국민이 헌법에 따라 부과되는 의무를 이행하는 것은 국가의 존속과 활동을 위하여 불가결한 일인데, 그러한 의무를 이행하였다고 하여 이를 특별한 희생으로 보아 일일이 보상하여야 한다고 할 수는 없는 것이다.

그러므로 헌법 제39조 제2항은 병역의무를 이행한 사람에게 보상조치를 취하거나 특혜를 부여할 의무를 국가에게 지우는 것이 아니라, 법문 그대로 병역의무의 이행을 이유로 불이익한 처우를 하는 것을 금지하고 있을 뿐이다. 그리고 이 조항에서 금지하는 "불이익한 처우"라 함은 단순한 사실상, 경제상의 불이익을 모두 포함하는 것이 아니라 법적인 불이익을 의미하는 것으로 보아야 한다. 그렇지 않으면 병역의무의 이행과 자연적 인과관계를 가지는 모든 불이익 —그 범위는 헤아릴 수도 예측할 수도 없을 만큼 넓다고 할 것인데— 으로부터 보호하여야 할 의무를 국가에 부과하는

것이 되어 이 또한 국민에게 국방의 의무를 부과하고 있는 헌법 제39조 제1항과 조화될 수 없기 때문이다.

그런데 가산점제도는 이러한 헌법 제39조 제2항의 범위를 넘어 제대군인에게 일종의 적극적 보상조치를 취하는 제도라고 할 것이므로 이를 헌법 제39조 제2항에 근거한 제도라고 할 수 없다.

(2) 헌법 제32조 제6항은 "국가유공자·상이군경 및 전몰군경의 유가족은 법률이 정하는 바에 의하여 우선적으로 근로의 기회를 부여받는다"고 규정하고 있으나, 제대군인은 여기서 말하는 "국가유공자·상이군경 및 전몰군경의 유가족"에 해당하지 아니한다. 구 국가유공자예우등에관한법률에 의하더라도 국가유공자에 해당하지 아니하며(제4조), 단지 입법의 편의상 국가유공자를 위한 가산점제도를 제대군인에게 준용하였을 뿐이었고(제70조), 이 법이 제정되면서부터는 제대군인을 국가유공자와 분리하여 별도로 규율하고 있다. 그러므로 헌법 제32조 제6항도 가산점제도의 근거가 될 수 없고, 달리 헌법상의 근거를 찾아볼 수 없다.

2. 평등권 침해여부

(1) 차별의 대상

가산점제도는 제대군인과 제대군인이 아닌 사람을 차별하는 형식을 취하고 있다. 그러나 제대군인, 비(非)제대군인이라는 형식적 개념만으로는 가산점제도의 실체를 분명히 파악할 수 없다. 현행 법체계상 제대군인과 비제대군인에 어떤 인적 집단이 포함되는지 구체적으로 살펴보아야만 한다. 제대군인에는 ① 현역복무를 마치고 전역(퇴역·면역 포함)한 남자 ② 상근예비역 소집복무를 마치고 소집해제된 남자 ③ 지원에 의한 현역복무를 마치고 퇴역한 여자, 이 세 집단이 포함되고, 비제대군인에는 ① 군복무를 지원하지 아니한 절대다수의 여자 ② 징병검사 결과 질병 또는 심신장애로 병역을 감당할 수 없다는 판정을 받아 병역면제처분을 받은 남자(병역법 제12조 제1항 제3호, 제14조 제1항 제3호) ③ 보충역으로 군복무를 마쳤거나 제2국민역에 편입된 남자, 이 세 집단이 포함된다.

그러므로 먼저 무엇보다도 가산점제도는 실질적으로 남성에 비하여 여성을 차별하는 제도이다. 다음으로 가산점제도는 현역복무나 상근예비역 소집근무를 할 수 있는 신체건장한 남자와, 질병이나 심신장애로 병역을 감당할 수 없는 남자, 즉 병역면제자를 차별하는 제도이다. 마지막으로 가산점제도는 보충역으로 편입되어 군복무를 마친 자를 차별하는 제도이기도 하다.

(2) 심사의 척도

(가) 평등위반 여부를 심사함에 있어 엄격한 심사척도에 의할 것인지, 완화된 심사척도에 의할 것인지는 입법자에게 인정되는 입법형성권의 정도에 따라 달라지게 될 것이다. **먼저 헌법에서 특별히 평등을 요구하고 있는 경우 엄격한 심사척도가 적용될 수 있다. 헌법이 스스로 차별의 근거로 삼아서는 아니되는 기준을 제시하거나 차별을 특히 금지하고 있는 영역을 제시하고 있다면 그러한 기준을 근거로 한 차별이나 그러한 영역에서의 차별에 대하여 엄격하게 심사하는 것이 정당화된다. 다음으로 차별적 취급으로 인하여 관련 기본권에 대한 중대한 제한을 초래하게 된다면 입법형성권은 축소되어 보다 엄격한 심사척도가 적용되어야 할 것이다.**

(나) 그런데 가산점제도는 엄격한 심사척도를 적용하여야 하는 위 두 경우에 모두 해당한다. 헌법 제32조 제4항은 "여자의 근로는 특별한 보호를 받으며, 고용·임금 및 근로조건에 있어서 부당한 차별을 받지 아니한다"고 규정하여 "근로" 내지 "고용"의 영역에 있어서 특별히 남녀평등을 요

구하고 있는데, 가산점제도는 바로 이 영역에서 남성과 여성을 달리 취급하는 제도이기 때문이고, 또한 가산점제도는 헌법 제25조에 의하여 보장된 공무담임권이라는 기본권의 행사에 중대한 제약을 초래하는 것이기 때문이다(가산점제도가 민간기업에 실시될 경우 헌법 제15조가 보장하는 직업선택의 자유가 문제될 것이다).

이와 같이 가산점제도에 대하여는 엄격한 심사척도가 적용되어야 하는데, 엄격한 심사를 한다는 것은 자의금지원칙에 따른 심사, 즉 합리적 이유의 유무를 심사하는 것에 그치지 아니하고 비례성원칙에 따른 심사, 즉 차별취급의 목적과 수단간에 엄격한 비례관계가 성립하는지를 기준으로 한 심사를 행함을 의미한다.

(3) 가산점제도의 평등위반성

(가) 가산점제도의 입법목적

가산점제도의 주된 목적은 군복무 중에는 취업할 기회와 취업을 준비하는 기회를 상실하게 되므로 이러한 불이익을 보전해 줌으로써 제대군인이 군복무를 마친 후 빠른 기간내에 일반사회로 복귀할 수 있도록 해 주는 데에 있다. 인생의 황금기에 해당하는 20대 초·중반의 소중한 시간을 사회와 격리된 채 통제된 환경에서 자기개발의 여지없이 군복무 수행에 바침으로써 국가·사회에 기여하였고, 그 결과 공무원채용시험 응시 등 취업준비에 있어 제대군인이 아닌 사람에 비하여 상대적으로 불리한 처지에 놓이게 된 제대군인의 사회복귀를 지원한다는 것은 입법정책적으로 얼마든지 가능하고 또 매우 필요하다고 할 수 있으므로 이 입법목적은 정당하다.

(나) 차별취급의 적합성 여부

어떤 입법목적을 달성하기 위한 수단이 헌법이념과 이를 구체화하고 있는 전체 법체계와 저촉된다면 적정한 정책수단이라고 평가하기 어려울 것이다. 여성에대한모든형태의차별철폐에관한협약 등의 각종 국제협약, 위 헌법규정과 법률체계에 비추어 볼 때 여성과 장애인에 대한 차별금지와 보호는 이제 우리 법체계내에 확고히 정립된 기본질서라고 보아야 한다. 그런데 가산점제도는 아무런 재정적 뒷받침없이 제대군인을 지원하려 한 나머지 결과적으로 이른바 사회적 약자들의 희생을 초래하고 있으므로 우리 법체계의 기본질서와 체계부조화성을 일으키고 있다고 할 것이다.

요컨대 제대군인에 대하여 여러 가지 사회정책적 지원을 강구하는 것이 필요하다 할지라도, 그것이 사회공동체의 다른 집단에게 동등하게 보장되어야 할 균등한 기회 자체를 박탈하는 것이어서는 아니 되는데, 가산점제도는 공직수행능력과는 아무런 합리적 관련성을 인정할 수 없는 성별 등을 기준으로 여성과 장애인 등의 사회진출기회를 박탈하는 것이므로 정책수단으로서의 적합성과 합리성을 상실한 것이라 하지 아니할 수 없다.

(다) 차별취급의 비례성 여부

차별취급을 통하여 달성하려는 입법목적의 비중에 비하여 차별로 인한 불평등의 효과가 극심하므로 가산점제도는 차별취급의 비례성을 상실하고 있다.

1) 가산점제도는 우선 양적으로 수많은 여성들의 공무담임권을 제약하는 것이다.

2) 공무원 채용시험의 합격여부에 미치는 효과가 너무나 크다. 각 과목별 득점에 각 과목별 만점의 5% 또는 3%를 가산한다는 것은 합격여부를 결정적으로 좌우하는 요인이 된다. 더욱이 7급 및 9급 국가공무원 채용시험의 경우 경쟁률이 매우 치열하고 합격선도 평균 80점을 훨씬 상회하고 있

으며 그 결과 불과 영점 몇 점 차이로 합격, 불합격이 좌우되고 있는 현실에서 각 과목별로 과목별 만점의 3% 또는 5%의 가산점을 받는지의 여부는 결정적으로 영향을 미치게 되고, 가산점을 받지 못하는 사람은 시험의 난이도에 따라서는 만점을 받고서도 불합격될 가능성이 없지 아니하다.

3) 뿐만 아니라 가산점제도는 제대군인에 대한 이러한 혜택을 몇 번이고 아무런 제한없이 부여하고 있다. 채용시험 응시횟수에 무관하게, 가산점제도의 혜택을 받아 채용시험에 합격한 적이 있었는지에 관계없이 제대군인은 계속 가산점혜택을 받을 수 있다. 이는 한 사람의 제대군인을 위하여 몇 사람의 비제대군인의 기회가 박탈당할 수 있음을 의미하는 것이다.

4) 가산점제도는 승진, 봉급 등 공직내부에서의 차별이 아니라 공직에의 진입 자체를 어렵게 함으로써 공직선택의 기회를 원천적으로 박탈하는 것이기 때문에 공무담임권에 대한 더욱 중대한 제약으로서 작용하고 있다.

5) 더욱이 심각한 것은 공무원 채용시험이야말로 여성과 장애인에게 거의 유일하다시피 한 공정한 경쟁시장이라는 점이다. 사회적·문화적 편견으로 말미암아 여성과 장애인에게 능력에 맞는 취업의 기회를 민간부문에서 구한다는 것은 매우 어려운 실정이다.

이들을 공무원채용시험에 있어서마저 차별을 가한다면 그만큼 이들에게 심각한 타격을 가하는 것이 된다. 그런데 공직부문에서 여성의 진입이 봉쇄되면 국가전체의 역량발휘의 면에서도 매우 부조화스러운 결과를 야기한다. 국민의 절반인 여성의 능력발휘 없이 국가와 사회 전체의 잠재적 능력을 제대로 발휘할 수는 없다. 더구나 정보화시대에 있어 여성의 능력은 보다 소중한 자원으로 인식되어 이를 개발할 필요성이 점증하고 있다는 점까지 생각해 보면, 가산점제도는 미래의 발전을 가로막는 요소라고까지 말할 수 있다.

6) **위에서 본 바와 같이 가산점제도가 추구하는 공익은 입법정책적 법익에 불과하다. 그러나 가산점제도로 인하여 침해되는 것은 헌법이 강도높게 보호하고자 하는 고용상의 남녀평등, 장애인에 대한 차별금지라는 헌법적 가치이다. 그러므로 법익의 일반적, 추상적 비교의 차원에서 보거나, 차별취급 및 이로 인한 부작용의 결과가 위와 같이 심각한 점을 보거나 가산점제도는 법익균형성을 현저히 상실한 제도라는 결론에 이르지 아니할 수 없다.**

(4) 여성공무원채용목표제와의 관계

여성공무원채용목표제(이하 "채용목표제"라고 한다)는 공무원임용시험령 제11조의3, 지방공무원임용령 제51조의2에 근거를 두고 1996년부터 실시되었는데, 행정·외무고등고시, 7급 및 9급 국가공무원 채용시험 등에서 연도별 여성채용목표비율을 정해놓고, 여성합격자가 목표비율 미만인 경우 5급 공채는 -3점, 7·9급 공채는 -5점의 범위 내에서 목표미달 인원만큼 추가로 합격처리하는 제도이다.

채용목표제는 이른바 잠정적 우대조치의 일환으로 시행되는 제도이다. 잠정적 우대조치라 함은, 종래 사회로부터 차별을 받아 온 일정집단에 대해 그동안의 불이익을 보상하여 주기 위하여 그 집단의 구성원이라는 이유로 취업이나 입학 등의 영역에서 직·간접적으로 이익을 부여하는 조치를 말한다. 잠정적 우대조치의 특징으로는 이러한 정책이 개인의 자격이나 실적보다는 집단의 일원이라는 것을 근거로 하여 혜택을 준다는 점, 기회의 평등보다는 결과의 평등을 추구한다는 점, 항구적 정책이 아니라 구제목적이 실현되면 종료하는 임시적 조치라는 점 등을 들 수 있다. 여성채용목표제는 가산점제도와는 제도의 취지, 기능을 달리 하는 별개의 제도이며, 그 효과가 매우 제한적이

라는 점에서 여성채용목표제의 존재를 이유로 가산점 제도의 위헌성이 제거되거나 감쇄된다고 할 수 없다.

3. 공무담임권의 침해여부

(1) 공무담임권과 능력주의

선거직공직과 달리 직업공무원에게는 정치적 중립성과 더불어 효율적으로 업무를 수행할 수 있는 능력이 요구되므로, 직업공무원으로의 공직취임권에 관하여 규율함에 있어서는 임용희망자의 능력·전문성·적성·품성을 기준으로 하는 이른바 능력주의 또는 성과주의를 바탕으로 하여야 한다. 헌법은 이 점을 명시적으로 밝히고 있지 아니하지만, 헌법 제7조에서 보장하는 직업공무원제도의 기본적 요소에 능력주의가 포함되는 점에 비추어 헌법 제25조의 공무담임권 조항은 모든 국민이 누구나 그 능력과 적성에 따라 공직에 취임할 수 있는 균등한 기회를 보장함을 내용으로 한다고 할 것이다. 따라서 공직자선발에 관하여 능력주의에 바탕한 선발기준을 마련하지 아니하고 해당 공직이 요구하는 직무수행능력과 무관한 요소, 예컨대 성별·종교·사회적 신분·출신지역 등을 기준으로 삼는 것은 국민의 공직취임권을 침해하는 것이 된다.

(2) 가산점제도의 공무담임권 침해성

(가) 위에서 본 바와 같이 제대군인 지원이라는 입법목적은 예외적으로 능력주의를 제한할 수 있는 정당한 근거가 되지 못하는데도 불구하고, 가산점제도는 능력주의에 기초하지 아니하는 불합리한 기준으로 공무담임권을 제한하고 있다.

1) 가산점제도는 제대군인에 해당하는 대부분의 남성을 위하여 절대 다수의 여성들을 차별하는 제도이고, 그 기준을 형식적으로는 제대군인 여부에 두고 있으나 실질적으로는 성별에 두고 있는 것과 마찬가지임은 앞에서 본 바와 같다. 그러나 공직수행능력에 관하여 남녀간에 생리적으로 극복할 수 없는 차이가 있는 것이 아니므로 공직자선발에 있어서 적성·전문성·품성 등과 같은 능력이 아니라 성별을 기준으로 공직취임의 기회를 박탈하는 것은 명백히 불합리한 것이어서 헌법적으로 그 적정성을 인정받을 수 없다.

2) 가산점제도는 또한 제대군인에 해당하는 남자와 병역면제자, 보충역복무자를 차별하는 제도이고, 이 경우 차별의 실질적 기준은 현역복무를 감당할 수 있을 정도로 신체가 건강한가에 있으므로 역시 공무수행능력과는 별다른 관계도 없는 기준으로 공직취임의 기회를 박탈하는 것이다. 공직을 수행함에 있어서도 상당한 정도의 건강을 필요로 함은 물론이나, 공직수행에 필요한 건강의 정도와 현역복무를 감당할 수 있는 건강의 정도는 애초에 다를 수밖에 없기 때문이다.

(나) 가산점제도에 의한 공직취임권의 제한은 위 평등권침해 여부의 판단부분에서 본 바와 마찬가지 이유로 그 방법이 부당하고 그 정도가 현저히 지나쳐서 비례성원칙에 어긋난다.

(다) 부가적으로 가산점제도는 능력주의와 무관한 불합리한 기준으로 여성과 장애인 등의 공직취임권을 지나치게 제약하는 것으로서 헌법 제25조에 위배되고, 이로 인하여 청구인들의 공무담임권이 침해된다.

4. 결 론

그렇다면 제대군인지원에관한법률 제8조 제1항 및 제3항, 동법시행령 제9조는 청구인들의 평등권과 공무담임권을 침해하는 위헌인 법률조항이므로 관여재판관 전원의 일치된 의견으로 주문과 같이 결정한다.

♣ 본 판례에 대한 평가 1. 헌법재판소는 본 결정에서 평등원칙 내지 평등권 침해 여부에 대한 엄격심사기준을 확립하였다. 본 결정 이후 헌법재판소는 다음과 같이 2개의 유형으로 나누어 평등관련 심사를 하고 있다.

2. **합리적 심사기준:** 합리적 심사기준은 자의금지원칙에 의한 심사를 의미하는데, 자의금지원칙에 관한 심사요건은 차별취급의 존재 여부와 차별취급의 자의성 유무를 들 수 있다. 첫째, 차별취급의 존재 여부는 본질적으로 동일한 비교 대상을 서로 다르게 취급하고 있는가와 관련되는데 본질적으로 동일한 비교 대상인지 여부는 일반적으로 관련 헌법규정과 당해 법률규정의 의미와 목적에 의하여 판단한다. 둘째, 차별 취급이 자의적이라는 것은 차별에 합리적인 이유가 결여된 것을 의미한다. 그리하여 차별적 취급을 정당화하는 객관적이고 합리적인 이유가 존재한다면 그러한 취급은 자의적인 것이 아니게 된다.

3. **엄격한 심사기준:** 엄격한 심사기준이라 함은 비례성원칙에 따른 심사, 즉 정당한 차별목적·차별취급의 적합성·차별취급의 불가피성 또는 필요성·법익균형성이 인정되는지를 기준으로 평등권 침해여부 심사를 행함을 의미한다. 엄격한 심사기준이 적용되는 경우는 ① 헌법에서 특별히 평등을 요구하고 있는 경우, 즉 헌법이 스스로 차별의 근거로 삼아서는 아니 되는 기준을 제시하거나 차별을 특히 금지하고 있는 영역을 제시하고 있는 경우와 ② 차별적 취급으로 인하여 관련기본권에 대한 중대한 제한을 초래하게 되는 경우이다. 엄격한 심사를 한다는 것은 자의금지원칙에 따른 심사, 즉 합리적 이유의 유무를 심사하는 것에 그치지 아니하고 비례성원칙에 따른 심사, 즉 차별취급의 목적과 수단 간에 엄격한 비례관계가 성립하는지를 기준으로 한 심사를 행함을 의미한다.

4. 본 결정에 따라 가산점은 폐지되었지만 이 법률은 제대군인의 채용시험 응시연령을 3년의 범위 내에서 연장할 수 있고 군복무기간을 근무경력으로 포함할 수 있도록 개정되었고, 최근까지 군가산점제 부활 논의가 계속되고 있다.

판례 평석: 한수웅, "엄격한 기준에 의한 평등원칙 위반여부의 심사 : 헌법재판소 ―제대군인 가산점 결정―(헌재 1999. 12. 23. 98헌마363)에 대한 판례평석을 겸하여", 법학연구 제6호(2004), 홍익대학교법학연구소, 2005, 149-185면; 박경신, "평등의 원초적 해석과 실질적 평등의 논리적 건재 ― 제대군인가산점 위헌결정 평석 ―", 헌법실무연구 제2권, 헌법실무연구회, 2001, 67-90면; 김하열, "제13회 발표회 지정토론문Ⅰ", 헌법실무연구 제2권, 헌법실무연구회, 2001, 91-93면; 김엘림, "제대군인가산점제도와 고용차별: 헌법재판소 1999. 12. 23. 선고 98헌마363 결정", 노동법연구 9(2000. 12), 서울대학교노동법연구회, 2000, 202-226면; 정연주, 가산점제도의 헌법적 문제점 "헌재결 1999. 12. 23, 98헌마363을 중심으로", 헌법판례연구 2, 박영사, 2000; 이준일, "법적 평등과 사실적 평등: 제대군인 가산점 제도에 관한 헌법재판소의 결정을 중심으로", 안암법학 통권 제12호(2001. 2), 안암법학회, 2001, 1-28면; 정혜영, "여성의 병역의무: 제대군인가산점 부활 논의에 대한 비판적 고찰", 토지공법연구 제37집 제2호(2007년 8월), 한국토지공법학회, 2007, 503-523면; 김주환, "병역의무와 성차별금지 ― 병역법 제3조 제1항, 제8조 제1항의 위헌 여부 ―", 헌법실무연구 제8권, 헌법실무연구회, 2007, 362-384면; 윤진숙, "병역법 제3조 제1항에 관한 소고", 헌법실무연구 제8권, 헌법실무연구회, 2007, 385-396면; 이종수, "병역법 사건 발제에 대한 토론문", 헌법실무연구 제8권, 헌법실무연구회, 2007, 401-409면; 양현아, "병역법 제3조 제1항의 헌법상의 성차별 금지 침해여부 판단에서 고려되어야 할 측면들" 헌법실무연구 제8권, 헌법실무연구회, 2007, 397-400면.

관련 문헌: 송석윤, “차별의 개념과 법의 지배”, 사회적 차별과 법의 지배, 박영사, 2004, 3-23면; 장영철, “기본권체계내에서 평등권의 기능에 관한 연구”, 공법연구 제34집 제4호 제1권(2006. 6), 한국공법학회, 2006, 193-220면; 조홍석, “평등권에 관한 헌법재판소 판례의 분석과 전망”, 공법연구 제33집 제4호(2005. 6), 한국공법학회, 2005; 황도수, “헌법재판의 심사기준으로서의 평등”, 박사학위논문, 서울: 서울대학교 대학원, 1996.

[요약판례 1] 소송촉진등에관한특례법 제6조의 위헌심판: 위헌(헌재 1989.1.25. 88헌가7)

국가를 상대로 하는 재산권의 청구에 관하여는 가집행의 선고를 할 수 없다는 규정이 평등의 원칙에 위배하는지 여부(적극)

평등의 원칙은 국민의 기본권 보장에 관한 우리 헌법의 최고원리로서 국가가 입법을 하거나 법을 해석 및 집행함에 있어 따라야할 기준인 동시에, 국가에 대하여 합리적 이유없이 불평등한 대우를 하지 말 것과, 평등한 대우를 요구할 수 있는 모든 국민의 권리로서, 국민의 기본권 중의 기본권인 것이다. 다만, “국가를 상대로 하는 재산권의 청구에 관하여는 가집행의 선고를 할 수 없다”고 규정한 소송촉진등에관한특례법 제6조 제1항 중 단서 부분은, 재산권과 신속한 재판을 받을 권리의 보장에 있어서 합리적 이유 없이 소송당사자를 차별하여 국가를 우대하고 있는 것이므로 헌법 제11조 제1항에 위반된다.

[요약판례 2] 특정범죄가중처벌등에관한법률 제5조의3 제2항 제1호에 대한 헌법소원: 위헌(헌재 1992.4.28. 90헌바24)

본 법률조항의 법정형이 살인죄와 비교하여 형벌체계상의 정당성과 균형을 상실한 것인지 여부(적극)

우리 헌법이 선언하고 있는 “법 앞에 평등”은 행정부나 사법부에 의한 법적용상 평등만을 의미하는 것이 아니고, 입법권자에게 정의와 형평의 원칙에 합당하게 합헌적으로 법률을 제정하도록 하는 것을 명하는 법내용상의 평등을 의미하고 있기 때문에 그 입법내용이 정의와 형평에 반하거나 자의적으로 이루어진 경우에는 평등권 등의 기본권을 본질적으로 침해한 입법권의 행사로서 위헌성을 면하기 어렵다.

위 결정에 따라, 피해자를 치사하고 도주하거나 도주 후에 피해자가 사망한 때에는 “사형 · 무기 또는 10년 이상의 징역에 처한다”고 규정했던 제1호는 “사형 · 무기 또는 5년 이상의 징역에 처한다”고 개정되었다.

[요약판례 3] 주세법 제38조의7 등에 대한 위헌제청: 위헌(헌재 1996.12.26. 96헌가18)

주세법의 자도소주 구입명령제도가 평등원칙에 위반되는지 여부(적극)

평등의 원칙은 입법자에게 본질적으로 같은 것을 자의적으로 다르게, 본질적으로 다른 것을 자의적으로 같게 취급하는 것을 금하고 있다. 그러므로 비교의 대상을 이루는 두 개의 사실관계 사이에 서로 상이한 취급을 정당화할 수 있을 정도의 차이가 없음에도 불구하고 두 사실관계를 서로 다르게 취급한다면, 입법자는 이로써 평등권을 침해하게 된다. 그러나 서로 비교될 수 있는 두 사실관계가 모든 관점에서 완전히 동일한 것이 아니라 단지 일정 요소에 있어서만 동일인 경우에 비교되는 두 사실관계를 법적으로 동일한 것으로 볼 것인지 아니면 다른 것으로 볼 것인지를 판단하기 위하여는 어떠한 요소가 결정적인 기준이 되는가가 문제된다. 두 개의 사실관계가 본질적으로 동일한가의 판단은 일반적으로 당해 법률조항의 의미와 목적에 달려 있다.

[요약판례 4] 특정경제범죄가중처벌등에관한법률 제5조 제1항 위헌소원: 합헌(헌재 1999.5.27. 98헌바26)

일반사인에 해당하는 금융기관 임 · 직원이 직무와 관련하여 수재행위를 한 경우 공무원의 뇌물죄와 마찬가지로 별도의 배임행위가 없더라도 이를 처벌하도록 한 것이 평등의 원칙에 반하는지 여부(소극)

평등의 원칙은 일체의 차별적 대우를 부정하는 절대적 평등을 의미하는 것이 아니라 입법과 법의 적용에 있어서 합리적인 근거가 없는 차별을 하여서는 아니 된다는 상대적 평등을 뜻하고 따라서 합리적 근거가 있는 차별 또는 불평등은 평등의 원칙에 반하는 것이 아니다.

금융기관의 임 · 직원에게는 공무원에 버금가는 정도의 청렴성과 업무의 불가매수성(不可買收性)이 요구되고, 이들이 직무와 관련하여 금품수수 등의 수재(收財)행위를 하였을 경우에는 별도의 배임행위가 있는지를 불문하고 형사제재를 가함으로써 금융업무와 관련된 각종 비리와 부정의 소지를 없애고, 금융기능의 투명성 · 공정성을 확보할 필요가 있으므로 특정경제범죄가중처벌등에관한법률 제5조 제1항에서 금융기관의 임 · 직원의 직무와 관련한 수재행위에 대하여 일반 사인과는 달리 공무원의 수뢰죄와 동일하게 처벌한다고 하더라도 거기에는 합리적인 근거가 있다.

[요약판례 5] 입법부작위 위헌확인: 각하(헌재 2003.1.30. 2002헌마358)

국가가 1980년 공권력의 부당한 행사를 통하여 헌납 명목으로 청구인들의 재산을 강제 취득한 것과 관련하여, 입법자에게 그 보상 등을 위한 특별 입법의 의무가 발생하였는지 여부(소극)

평등원칙은 원칙적으로 입법자에게 헌법적으로 아무런 구체적인 입법의무를 부과하지 않고, 다만, 입법자가 평등원칙에 반하는 일정 내용의 입법을 하게 되면, 이로써 피해를 입게 된 자는 직접 당해 법률조항을 대상으로 하여 평등원칙의 위반여부를 다툴 수 있을 뿐이다.

[요약판례 6] 공무원임용및시험시행규칙 제12조의3 위헌확인: 기각(헌재 2003.9.25. 2003헌마30)

국가공무원 7급 시험에서 기능사 자격증에는 가산점을 주지 않고 기사 등급 이상의 자격증에는 가산점을 주도록 한 공무원임용및시험시행규칙 제12조의3 중 별표 10 및 별표 11이 청구인의 공무담임권 및 평등권을 침해하는지 여부(소극)

입법자가 설정한 차별이 국민들 간에 단순한 이해관계의 차별을 넘어서서 기본권에 관련된 차별을 가져온다면 헌법재판소는 그러한 차별에 대해서는 자의금지 내지 합리성 심사를 넘어서 목적과 수단 간의 엄격한 비례성이 준수되었는지를 심사하여야 할 것이다. 나아가 사람이나 사항에 대한 불평등대우가 기본권으로 보호된 자유의 행사에 불리한 영향을 미칠 수 있는 정도가 크면 클수록, 입법자의 형성의 여지에 대해서는 그만큼 더 좁은 한계가 설정되므로, 헌법재판소는 보다 엄격한 심사척도를 적용함이 상당하다.

헌법재판소는 제대군인 가산점 사건에서 "차별적 취급으로 인하여 관련 기본권에 대한 중대한 제한을 초래하게 된다면 입법형성권은 축소되어 보다 엄격한 심사척도가 적용되어야 할 것이다"고 한 바 있는데(헌재 1999. 12. 23. 98헌마363), 이러한 판시는 차별적 취급으로 인하여 기본권에 중대한 제한을 초래할수록 보다 엄격한 심사척도가 적용되어야 한다는 취지이며, 기본권에 대한 제한이기는 하나 중대하지 않은 경우에는 엄격한 심사척도가 적용되지 않는다는 취지는 아니라고 볼 것이다.

III 평등권의 구체적 내용

I 국가유공자등예우및지원에관한법률 제31조 제1항 등 위헌확인: 헌법불합치
(헌재 2006.2.23. 2004헌마675등)

쟁점 국 · 공립학교의 채용시험에 국가유공자와 그 가족이 응시하는 경우 만점의 10퍼센트를 가산하도록 규정하고 있는 국가유공자등예우및지원에관한법률 제31조 제1항 · 제2항, 독립유공자예우에관한법률 제16조 제3항 중 국가유공자등예우및지원에관한법률 제31조 제1항 · 제2항 준용 부분, 5 ·

18민주유공자예우에관한법률 제22조 제1항 · 제2항(이하 이들을 '이 사건 조항'이라 한다)이 기타 응시자들의 평등권과 공무담임권을 침해하는지 여부(적극)

사건의 개요

청구인들은 7급 혹은 9급 국가공무원시험 및 지방공무원시험을 준비하던 중, 국가유공자등예우및지원에관한법률 제29조 제1항 제1호 중 '가족' 부분 · 제3호, 제31조 제1항이 국가유공자와 그 가족들이 공무원시험에 응시하는 경우 만점의 10퍼센트에 해당하는 가산점을 주는 것은 평등권, 공무담임권, 행복추구권 등을 침해하는 것이라며 헌법소원심판을 청구하였다.

심판의 대상

국가유공자등예우및지원에관한법률 제31조 (채용시험의 가점 등) ① 취업보호실시기관이 그 직원을 채용하기 위하여 채용시험을 실시하는 경우에는 당해 채용시험에 응시한 취업보호대상자의 득점에 만점의 10퍼센트를 가점하여야 한다.

② 제1항의 채용시험이 필기 · 실기 · 면접시험 등으로 구분되어 실시되는 시험의 경우에는 각 시험마다 만점의 10퍼센트를 가점하여야 하며, 2 이상의 과목으로 실시되는 시험에 있어서는 각 과목별 득점에 각 과목별 만점의 10퍼센트를 가점하여야 한다.

독립유공자예우에관한법률 제16조 (취업보호) ① 국가는 독립유공자와 그 유족 또는 가족에 대하여 취업보호를 실시한다.

③ 제1항 및 제2항의 규정에 의한 취업보호를 함에 있어서 이 법에 특별한 규정이 있는 것을 제외하고는 「국가유공자등예우및지원에관한법률」 제30조 내지 제33조 · 제33조의2 · 제33조의3 · 제34조 · 제34조의2 · 제35조의2 · 제36조 · 제37조 · 제37조의2 및 제38조 제2항 · 제3항의 규정을 준용한다.

5 · 18민주유공자예우에관한법률 제22조 (채용시험의 가점 등) ① 취업지원실시기관이 그 직원을 채용하기 위하여 채용시험을 실시하는 경우에는 당해 채용시험에 응시한 취업지원대상자의 득점에 만점의 10퍼센트를 가점하여야 한다.

② 제1항의 채용시험이 필기 · 실기 · 면접시험 등으로 구분되어 실시되는 시험의 경우에는 각 시험마다 만점의 10퍼센트를 가점하여야 하며, 2 이상의 과목으로 실시되는 시험에 있어서는 각 과목별 득점에 각 과목별 만점의 10퍼센트를 가점하여야 한다.

주 문

1. 국가유공자등예우및지원에관한법률 제31조 제1항 · 제2항, 독립유공자예우에관한법률 제16조 제3항 중 국가유공자등예우및지원에관한법률 제31조 제1항 · 제2항 준용 부분, 5 · 18민주유공자예우에관한법률 제22조 제1항 · 제2항은 헌법에 합치되지 아니한다.
2. 위 법률조항들은 2007. 6. 30.을 시한으로 입법자가 개정할 때까지 계속 적용된다.

청구인들의 주장

이 사건 조항은 전상군경 · 공상군경 · 무공수훈자 · 보국수훈자 · 재일학도의용군인 · 4.19 혁명부상자 · 4.19 혁명공로자 · 공상공무원 · 특별공로상이자 및 특별공로자 · 독립유공자 · 5.18민주유공자와 그 가족까지 가산점 수혜대상자로 광범위하게 인정하고 있다. 그런데 헌법 제32조 제6항은 "국가유공자 · 상이군경 및 전몰군경의 유가족은 법률이 정하는 바에 의하여 우선적으로 근로의 기회를 부여받는다"라고 규정하고 있으므로 동 규정의 "유가족"에는 생존자의 가족은 포함되지 않는다.

또한, 그 가산의 정도가 과잉될 뿐만 아니라 응시횟수와 기존의 합격 여부에 관계없이 가산점을 부여함으로써 청구인들과 같은 일반 응시자의 공무담임권과 평등권을 과도하게 침해하고 있다.

판 단

Ⅰ. 적법요건에 관한 판단

청구인들은 이미 2004년도 공무원시험 혹은 국·공립학교 채용시험에 응시하였고 그 중 일부는 국·공립학교 채용시험에서 1차시험에 합격한 것으로 보이나, 이 사건 조항은 채용시험이 필기·실기·면접시험 등으로 구분되어 실시되는 경우 각 시험마다 만점의 10퍼센트를 가점하도록 하며, 이미 시험에 합격한 자가 다른 채용시험에 응시할 때에도 가산점 부여에 제약을 두지 않으므로, 청구인들이 해당 채용시험에 이미 응시하였거나 1차시험에 합격하였다는 사정이 있더라도, 이 사건 조항의 가산점제도가 지니는 기본권침해성 여부는 앞으로도 계속 반복하여 나타날 것이고, 이 사건에서 그러한 가산점제도에 대한 헌법적 해명을 할 필요성도 있으므로, 청구인들에게 이 사건 조항의 위헌 여부를 다툴 권리보호의 이익을 인정함이 상당하다.

Ⅱ. 본안에 관한 판단

1. 가족에 대한 가산점의 법적 근거 문제

종전 결정에서 헌법재판소는 헌법 제32조 제6항의 "국가유공자·상이군경 및 전몰군경의 유가족은 법률이 정하는 바에 의하여 우선적으로 근로의 기회를 부여받는다"는 규정을 넓게 해석하여, 이 조항이 국가유공자 본인뿐만 아니라 가족들에 대한 취업보호제도(가산점)의 근거가 될 수 있다고 보았다.

그러나 오늘날 가산점의 대상이 되는 국가유공자와 그 가족의 수가 과거에 비하여 비약적으로 증가하고 있는 현실과, 취업보호대상자에서 가족이 차지하는 비율, 공무원시험의 경쟁이 갈수록 치열해지는 상황을 고려할 때, 위 조항의 폭넓은 해석은 필연적으로 일반 응시자의 공무담임의 기회를 제약하게 되는 결과가 될 수 있다. 그렇다면 **위 조항은 엄격하게 해석할 필요가 있다. 이러한 관점에서 위 조항의 대상자는 조문의 문리해석대로 "국가유공자", "상이군경", 그리고 "전몰군경의 유가족"이라고 봄이 상당하다.**

이러한 해석에 의할 때 전몰군경의 유가족을 제외한 국가유공자의 가족이 헌법적 근거를 지닌 보호대상에서 제외되지만, 입법자는 위 조항 및 헌법 전문(前文)에 나타난 대한민국의 건국이념 등을 고려하여 취업보호대상자를 국가유공자 등의 가족에까지 넓힐 수 있는 입법정책적 재량을 지니며, 이 사건 조항 역시 그러한 입법재량의 행사에 해당하는 것이다. 그러나 그러한 보호대상의 확대는 어디까지나 법률 차원의 입법정책에 해당하며 명시적 헌법적 근거를 갖는 것은 아니다.

2. 평등권의 침해여부

(1) 심사의 기준

이 사건 조항은 일반 응시자들의 공직취임의 기회를 차별하는 것이며, 이러한 기본권 행사에 있어서의 차별은 차별목적과 수단 간에 비례성을 갖추어야만 헌법적으로 정당화될 수 있다. **종전 결정은 국가유공자와 그 가족에 대한 가산점제도는 모두 헌법 제32조 제6항에 근거를 두고 있으므로**

평등권 침해 여부에 관하여 보다 완화된 기준을 적용한 비례심사를 하였으나, 국가유공자 본인의 경우는 별론으로 하고, 그 가족의 경우는 위에서 본 바와 같이 헌법 제32조 제6항이 가산점제도의 근거라고 볼 수 없으므로 그러한 완화된 심사는 부적절한 것이다.

(2) 차별목적과 수단 간의 비례성 유무

이 사건 조항이 규정하는 가산점제도의 목적은 국가에 공헌하면서 신체적・정신적, 재정적 어려움을 겪어 통상 일반인에 비해 수험준비가 상대적으로 미흡하게 되는 국가유공자 등과 그 유・가족에게 가산점을 부여함으로써 우선적 근로기회를 제공하여 생활안정을 도모하고, 이들이 국가에 봉사할 수 있는 기회를 부여하는 데 있다. 이러한 입법목적은 헌법 제32조 제6항의 취지를 반영한 것이거나, 헌법 제37조 제2항의 공공복리의 달성을 위한 것으로서 정당하다. 또한 그러한 가산점제도는 국가유공자와 그 유족 등이 공직에 채용될 수 있도록 지원하는 역할을 함으로써 입법목적의 달성을 촉진하고 있다고 할 것이므로 정책수단으로서의 적합성도 가지고 있다.

이 사건에서 볼 때 **헌법 제32조 제6항은 '국가유공자 본인'에 대하여 우선적 근로기회를 용인하고 있으며, 이러한 우선적 근로기회의 부여에는 공직 취업에 상대적으로 더 유리하게 가산점을 부여받는 것도 포함된다고 볼 수 있다. 그러나 '국가유공자의 가족'의 경우 그러한 가산점의 부여는 헌법이 직접 요청하고 있는 것이 아니다. 다만 보상금급여 등이 불충분한 상태에서 국가유공자의 가족에 대한 공무원시험에서의 가산점제도는 국가를 위하여 공헌한 국가유공자들에 대한 '예우와 지원'을 확대하는 차원에서 입법정책으로서 채택된 것이라 볼 것이다.**

그러한 입법정책은 능력주의 또는 성과주의를 바탕으로 하여야 하는 공직취임권의 규율에 있어서 중요한 예외를 구성하며, 이는 능력과 적성에 따라 공직에 취임할 수 있는 균등한 기회를 보장받는 것을 뜻하는 일반 국민들의 공무담임권을 제약하는 것이다. **헌법적 요청이 있는 경우에는 합리적 범위 안에서 능력주의가 제한될 수 있지만, 단지 법률적 차원의 정책적 관점에서 능력주의의 예외를 인정하려면 해당 공익과 일반응시자의 공무담임권의 차별 사이에 엄밀한 법익형량이 이루어져야만 할 것이다.**

이 사건 조항으로 인한 공무담임권의 차별효과는 앞서 본 바와 같이 심각한 반면, 국가유공자 가족들에 대하여 아무런 인원제한도 없이 매 시험마다 10%의 높은 가산점을 부여해야만 할 필요성은 긴요한 것이라고 보기 어렵다. 2002년에서 2004년까지 공무원시험에서 가산특전자의 평균합격률이 15.3%에 이르고, 2004년도 7급 국가공무원시험의 경우 국가유공자 가산점을 받은 합격자가 전체 합격자의 30%를 넘고 있는 것은 입법목적을 감안하더라도 일반 응시자들의 공무담임권에 대한 차별효과가 지나친 것이다. 매년 많은 일반 응시자들이 가산점 수혜자들 때문에 공무원시험에서 합격점수를 받고도 본인의 귀책사유 없이 탈락한다는 것은 쉽게 정당화되기 어렵다.

이 사건 조항의 경우 역시 명시적인 헌법적 근거 없이 국가유공자의 가족들에게 만점의 10%라는 높은 가산점을 부여하고 있는바, 그러한 가산점 부여 대상자의 광범위성과 가산점 10%의 심각한 영향력과 차별효과를 고려할 때, 그러한 입법정책만으로 헌법상의 공정경쟁의 원리와 기회균등의 원칙을 훼손하는 것은 부적절하며, 국가유공자의 가족의 공직 취업기회를 위하여 매년 수많은 젊은이들에게 불합격이라는 심각한 불이익을 받게 하는 것은 정당화될 수 없다. 이 사건 조항의 차별로 인한 불평등 효과는 입법목적과 달성수단 간의 비례성을 현저히 초과하는 것이다.

3. 공무담임권의 침해여부

이 사건 조항이 공무담임권의 행사에 있어서 일반 응시자들을 차별하는 것이 평등권을 침해하는 것이라면, 같은 이유에서 이 사건 조항은 일반 공직시험 응시자의 공무담임권을 침해하는 것이다.

4. 종전 결정의 변경

종전 결정의 심판대상과 이 사건 심판대상은 구분되나 그 내용이 중복되는바, 이 사건 조항이 일반 응시자의 공무담임권과 평등권을 침해한다는 판단과는 달리, 국가기관이 채용시험에서 국가유공자의 가족에게 10%의 가산점을 부여하는 규정이 기본권을 침해하지 아니한다고 판시한 종전 결정(2001. 2. 22. 선고 2000헌마25 결정)은 이 결정의 견해와 저촉되는 한도 내에서 이를 변경한다.

5. 헌법불합치 결정

이 사건 조항의 위헌성은 국가유공자 등과 그 가족에 대한 가산점제도 자체가 입법정책상 전혀 허용될 수 없다는 것이 아니고, 그 차별의 효과가 지나치다는 것에 기인한다. 그렇다면 입법자는 공무원시험에서 국가유공자의 가족에게 부여되는 가산점의 수치를, 그 차별효과가 일반 응시자의 공무담임권 행사를 지나치게 제약하지 않는 범위 내로 낮추고, 동시에 가산점 수혜 대상자의 범위를 재조정 하는 등의 방법으로 그 위헌성을 치유하는 방법을 택할 수 있을 것이다. 따라서 이 사건 조항의 위헌성의 제거는 입법부가 행하여야 할 것이므로 이 사건 조항에 대하여는 헌법불합치결정을 하기로 한다. 한편 입법자가 이 사건 조항을 개정할 때까지 가산점 수혜대상자가 겪을 법적 혼란을 방지할 필요가 있으므로, 그때까지 이 사건 조항의 잠정적용을 명한다.

입법자는 되도록 빠른 시일 내에, 늦어도 2007. 6. 30.까지 대체입법을 마련함으로써 이 사건 조항의 위헌적인 상태를 제거하여야 할 것이며, 그때까지 대체입법이 마련되지 않는다면 2007. 7. 1.부터 이 사건 조항은 효력을 잃는다.

6. 결　　론

이 사건 조항은 헌법에 합치되지 아니하나 이 사건 조항의 대체입법이 이루어질 때까지 잠정적으로 적용하도록 함이 상당하므로 재판관 윤영철, 재판관 권성의 반대의견을 제외하고 나머지 관여 재판관의 일치된 의견으로 주문과 같이 결정한다.

재판관 윤영철, 재판관 권성의 반대의견

국가유공자에 대한 예우는 유공자에 대한 현창(顯彰)과 포상(褒賞)을 그 본질로 한다. 국가의 통합·존속·발전을 지향하는 목표를 가진 우리 헌법이 국가유공자예우의 문제를 특별히 규정하고 있는 깊은 뜻은, 유공자 예우의 문제가 국가의 통합·존속·발전에 얼마나 긴요한 것인가를 분명히 일깨우려 하는 데 있는 것이다.

부당한 예우로 인한 부담과 부작용을 고려하면서 가능한 한 최대의 성의로 현창과 포상을 하는 것이 국가유공자에 대한 예우의 원칙이다. 국가유공자 본인의 사망, 부상 등이 그 가족에게 불가피하게 정신적·경제적 고통을 주고, 그 자녀가 성장과 교육의 과정에서 큰 장애를 겪기 때문에 가산점부여의 방법으로 도와주지 않으면 유공자 본인에 대한 지원과 배려가 사실상 빛이 바래고 말 위험이 있다. 이 사건 조항이 국가유공자 본인뿐만 아니라 그 가족에게도 가산점 혜택을 주는 것은 기본적으로 헌법 제32조 제6항의 의미와 내용에 부합한다.

이 사건 조항에 의한 차별은 헌법 제32조 제6항으로부터 당연히 도출되는 결과이므로 차별 자체는 평등의 원칙에 위반되는 것이 아니다. 다만 구체적 수단이 현저하게 불합리하고 제도의 본질을 벗어난 무리한 것이라고 인정될 경우에만 평등의 원칙에 어긋나서 위헌이 된다.

국가유공자와 그 가족에게 채용시험에서 가산점을 주는 것은 그들의 생계와 사회적 지위를 안정시키고 금전적 지원이 일시적 효과로 그치고 말 위험이 있는 점, 가산점 없이는 국가유공자와 그 가족의 공직 취업률은 극히 저조하게 될 것인 점을 생각하면 그 적절성이 인정된다. 한편, 실제의 상황을 보면 현재의 공무원 인원 중 이 가산점으로 합격한 사람의 수는 약 3%에 불과할 뿐인 데다가, 2005. 7. 29. 개정된 법률이 선발예정인원의 30퍼센트를 초과할 수 없게 상한을 한정하고 있어, 이 가산점의 비율이 다른 국민이 수인할 수 없을 정도로 다른 국민의 권리나 기회를 제약한다거나 국가의 운영에 중대한 지장을 초래할 정도로 크다고 볼 수는 없다.

유공자에 대한 가산점 부여의 제도는 이를 현저히 불합리하고 제도의 본질을 벗어나는 무리한 것이라고 볼 자료가 없다. 유공자의 범위에 만일 문제가 있다면 그 범위를 입법으로 조정하면 될 것이다. 결론적으로 이 사건 조항에 의한 가산점 제도는 공무원시험에 응시하는 일반 국민의 공무담임권을 평등의 원칙에 위배하여 침해하는 것이 아니다.

✤ 본 판례에 대한 평가 종전결정에서 헌법재판소는 헌법 제32조 제6항의 '국가유공자·상이군경 및 전몰군경의 유가족은 법률이 정하는 바에 의하여 우선적으로 근로의 기회를 부여받는다'는 규정을 넓게 해석하여, 헌법 제32조 제6항이 국가유공자 본인뿐만 아니라 가족들에 대한 취업보호제도(가산점)의 근거가 될 수 있다고 보아 앞에서 본 제대군인가산점 결정과 달리 국가유공자 등의 가족에 대한 가산점 부여에 대하여 합헌으로 결정했다.

그러나 오늘날 가산점의 대상이 되는 국가유공자와 그 가족의 수가 과거에 비하여 비약적으로 증가하고 있는 현실과, 취업보호대상자에서 가족이 차지하는 비율, 공무원시험의 경쟁이 갈수록 치열해지는 상황을 고려할 때, 위 조항은 엄격히 해석할 필요가 있고, 위 조항의 대상자는 조문의 문리해석대로 '국가유공자', '상이군경', 그리고 '전몰군경의 유가족'이라고 봄이 상당하다고 하여 종전 판례를 변경하여 국가유공자의 자녀에 대한 공무원채용에 있어서의 일정한 우대는 위헌이라고 판시하였다.

※ 본 결정으로 국가유공자 등 예우 및 지원에 관한 법률 제31조는 다음과 같이 개정되었다.

제31조 (채용시험의 가점 등) ① 취업보호실시기관이 그 직원을 채용하기 위하여 채용시험을 실시하는 경우에는 당해 채용시험에 응시한 취업보호대상자의 득점에 다음 각 호의 구분에 따라 가점하여야 한다. 〈개정 2007. 3. 29〉

1. 만점의 10퍼센트를 가점하는 취업보호대상자
   가. 제29조 제1항 제1호에 해당하는 자 중 국가유공자
   나. 제29조 제1항 제2호에 해당하는 자
2. 만점의 5퍼센트를 가점하는 취업보호대상자
   가. 제29조 제1항 제1호에 해당하는 자 중 국가유공자의 가족 및 같은 항 제3호에 해당하는 자
   나. 제29조 제2항 각 호의 어느 하나에 해당하는 자

판례 평석: 강경근, "국가의 국민보호 — 국가유공자 등의 보호", 고시연구 통권 제390호(2006. 9), 고시연구사, 2006, 81-94면; 전광석, "국가유공자보상에 대한 헌법적 보호의 가능성", 헌법판례연구 3(2001. 11), 박영사, 2001, 111-140면; 전광석, "국가유공자보상의 범위결정 및 보상의 원칙", 헌법학연구 제10권 제4호(2004. 12), 2004, 225-262면; 장영수, "헌법상 평등의 요청과 국가유공자 유가족에 대한 가산점의 문제점", 헌법실무연구 제3권, 헌법실무연구회, 2002; 이인호, "국가유공자 가산점제도의 법리적 검토", 한국경제연구원 IssuePaper 제23호(2006. 1), 한국경제연구원, 2006, 4-86면; 남정희, "국가유공자 등의 취업보호 가점제도에 관한 검토", 국회보 477호(2006. 8), 국회사무처, 2006, 102-104면.

[요약판례 1] 폭력행위등처벌에관한법률의 위헌여부에 관한 헌법소원: 합헌(헌재 1989.9.29. 89헌마53)

폭력행위등처벌에관한법률 제2조 제1항의 평등원칙 위배여부(소극)

폭력행위등처벌에관한법률 제2조 제1항이 각 상습범들에 대하여 일률적으로 1년이상의 유기징역형에 처하도록 규정하였다 하여 형평에 반하거나 가혹한 형벌을 정한 것이라 볼 수 없다.

[요약판례 2] 교육공무원법 제11조 제1항에 대한 헌법소원: 위헌(헌재 1990.10.8. 89헌마89)

교육공무원법 제11조 제1항의 평등원칙 위배여부(적극)

국·공립사범대학 등 출신자를 교육공무원인 국·공립학교 교사로 우선하여 채용하도록 규정한 교육공무원법 제11조 제1항은 사립사범대학졸업자와 일반대학의 교직과정이수자가 교육공무원으로 채용될 수 있는 기회를 제한 또는 박탈하게 되어 결국 교육공무원이 되고자 하는 자를 그 출신학교의 설립주체나 학과에 따라 차별하는 결과가 되는바, 이러한 차별은 이를 정당화할 합리적인 근거가 없으므로 헌법상 평등의 원칙에 어긋난다.

[요약판례 3] 법무사법시행규칙에 대한 헌법소원: 위헌(헌재 1990.10.15. 89헌마178)

법무사법시행규칙의 평등원칙의 침해여부(적극)

법무사법시행규칙 제3조 제1항은 법원행정처장이 법무사를 보충할 필요가 없다고 인정하면 법무사시험을 실시하지 아니해도 된다는 것으로서 상위법인 법무사법 제4조 제1항에 의하여 모든 국민에게 부여된 법무사 자격취득의 기회를 하위법인 시행규칙으로 박탈한 것이어서 평등권과 직업선택의 자유를 침해한 것이다.

[요약판례 4] 교육법 제8조의2에 관한 위헌심판: 합헌(헌재 1991.2.11. 90헌가27)

중학교 의무교육의 단계적 실시와 실질적 평등의 원칙

중학교 의무교육을 일시에 전면실시하는 대신 단계적으로 확대실시하도록 한 것은 주로 전면실시에 따르는 국가의 재정적 부담을 고려한 것으로 실질적 평등의 원칙에 부합된다.

[요약판례 5] 민사소송법 제128조 제1항 단서 위헌소원: 합헌(헌재 2013.2.28. 2010헌바450등)

패소할 것이 분명한 경우에는 소송구조를 하지 않을 수 있게 하는 민사소송법 제128조 제1항 단서가 형사피고인과 달리 취급함으로써 평등권을 침해하는지 여부(소극)

형벌권의 적정한 실현을 목적으로 하는 형사소송절차와 대등한 주체 사이의 민사분쟁 해결을 목적으로 하는 민사소송절차는 그 목적과 수단에 있어서 본질적인 차이가 있으므로, 자력이 없는 형사피고인에 대한 국가의 보호체계가 자력이 없는 민사소송 당사자에 대한 보호체계와 차이가 있다는 사정만으로 자력이 없는 민사소송 당사자의 평등권이 침해된다고 볼 수 없다.

[요약판례 6] 국유재산법 제5조 제2항의 위헌심판: 한정위헌(헌재 1991.5.13. 89헌가97)

국유잡종재산에 대하여도 시효제도의 적용이 있는지 여부(적극)

국유잡종재산은 사경제적 거래의 대상으로서 사적 자치 원칙이 지배되고 있으므로 시효제도의 적용에 있어서도 동일하게 보아야 하고, 국유잡종재산에 대한 시효취득을 부인하는 동규정은 합리적 근거없이 국가만을 우대하는 불평등한 규정으로서 헌법상의 평등의 원칙에 반한다.

[요약판례 7] 약사법 제37조 제2항의 위헌여부에 관한 헌법소원: 합헌(헌재 1991.9.16. 89헌마231)

한약업사의 허가 및 영업행위에 대하여 지역적 제한을 가한 내용의 약사법 제37조 제2항이 헌법 제11조의 평등의 원칙에 위배되는지 여부(소극)

[요약판례 8] 상속세법 제29조의4 제2항에 대한 위헌심판: 위헌(헌재 1992.2.25. 90헌가69)

상속세법 제29조의4 제2항이 평등권, 재산권, 재판청구권 등을 침해하는지 여부(적극)

배우자 또는 직계존·비속간의 부담부증여인 것이 아무리 명백한 경우라도 위 법률조항 단서의 경우에 해당되지 아니하면 채무인수가 부인되고 억울한 조세부과에 대하여 쟁송의 길마저 막아버리는 상속세법 제29조의4 제2항의 규정은 결국 실지조사와 쟁송의 번거로움을 피하고 편리한 세금징수의 방법만을 강구한 나머지 조세형평이나 국민의 기본권 보장은 도외시한 채 오직 조세행정의 편의만을 위주로 하여 제정된 매우 불합리한 법률이고 기본권 경시와 행정편의주의 및 획일주의의 정도가 지나쳐 평등권, 재산권, 재판청구권 등 중대한 기본권을 제한함으로써 얻어지는 공익과 제한되는 기본권사이에 합리적인 비례관계가 유지되었다고 볼 수 없다.

[요약판례 9] 토지초과이득세법 제10조 등 위헌소원, 토지초과이득세법 제8조 등 위헌소원: 헌법불합치(헌재 1994.7.29. 92헌바49)

50%의 단일비례세로 규정된 토초세의 세율이 헌법상 재산권보장조항과 평등권조항에 위배되는지 여부(적극)

토초세는 그 계측(計測)의 객관성 보장이 심히 어려운 미실현이득을 과세대상으로 삼고 있는 관계로 토초세 세율을 현행법과 같이 고율로 하는 경우에는 자칫 가공이득(架空利得)에 대한 과세가 되어 원본잠식으로 인한 재산권침해의 우려가 있고, 또한 적어도 토초세와 같은 이득에 대한 조세에 있어서는, 조세의 수직적 공평을 이루어 소득수준이 다른 국민들 사이의 실질적인 평등을 도모하여야 할 뿐만 아니라, 토초세는 어느 의미에서 양도소득세의 예납적 성격을 띠고 있음에도 불구하고 굳이 토초세의 세율체계를 단일비례세로 한 것은 소득이 많은 납세자와 소득이 적은 납세자 사이의 실질적인 평등을 저해하는 것이다.

[요약판례 10] 형법 제35조(누범가중처벌) 등 위헌소원: 합헌(헌재 1995.2.23. 93헌바43)

누범가중과 평등의 원칙

누범을 가중처벌하는 것은 전범에 대한 형벌의 경고적 기능을 무시하고 다시 범죄를 저질렀다는 점에서 비난가능성이 많고, 누범이 증가하고 있다는 현실에서 사회방위, 범죄의 특별예방 및 일반예방이라는 형벌목적에 비추어 보아, 더 나아가 사회의 질서유지의 목적을 달성하기 위한 하나의 수단이기도 하는 것이므로 이는 합리적 근거 있는 차별이어서 헌법상의 평등의 원칙에 위배되지 아니한다.

[요약판례 11] 영화법 제26조 등 위헌확인: 기각(헌재 1995.7.21. 94헌마125)

영화법 제26조에 의한 국산영화의무상영제가 평등권을 침해하는지 여부(소극)

[요약판례 12] 주택건설촉진법 제3조 제9호 위헌소원: 합헌(헌재 1997.5.29. 94헌바5)

주택건설촉진법 제3조 제9호가 "직장조합"의 구성원자격을 "주택이 없는 근로자"로 한정한 것이 헌법의 평등원칙 내지 과잉금지원칙에 저촉되는 것인지의 여부(소극)

[요약판례 13] 도시계획법 제21조에 대한 위헌소원: 헌법불합치(헌재 1998.12.24. 89헌마214)

'토지를 종래의 지목과 그 현황에 따라 사용할 수 있는가'의 여부를 가리지 아니하고 일률적으로 구역 내의 모든 토지소유자에게 아무런 보상 없이 재산권의 제한을 수인해야 할 의무를 부과한 이 사건 법률조항이 평등원칙에 위반되는지 여부(적극)

개발제한구역의 지정으로 인하여 구역 내 토지소유자에게 발생하는 재산권에 대한 제한의 정도는 '토지를 종래의 지목과 그 현황에 따라 사용할 수 있는가'의 여부에 따라 현저히 상이한데도, 이를 가리지 아니하고 일률적으로 규정하여 구역 내의 모든 토지소유자에게 아무런 보상 없이 재산권의 제한을 수인해야 할 의무를 부과하는 이 사건 법률조항은, 재산권의 제한에 있어서 보상을 필요로 하는 예외적인 범위 안에서 개별 토지소유자에게 발생한 재산적 부담의 정도를 충분히 고려하여 본질적으로 같은 부담은 같게 다른 부담은 다르게 규율할 것을 요청하는 평등원칙에도 위반된다.

[요약판례 14] 조세감면규제법 제67조 제1항 위헌소원: 합헌(헌재 2000.7.20. 98헌바99)

임대주택을 소정기간 이상 임대한 후 양도하는 경우에 개인에 대하여는 양도소득세를 감면하고, 법인에 대하여는 특별부가세만 감면함에 따라 결과적으로 법인은 양도소득에 대한 법인세를 납부하도록 규정한 구 조세감면규제법 제67조 제1항이 개인과 법인을 불합리하게 차별하는 규정인지 여부(소극)

[요약판례 15] 국적법 제2조 제1항 제1호 위헌제청: 헌법불합치(헌재 2000.8.31. 97헌가12)

출생에 의한 국적취득에 있어 부계혈통주의를 규정한 구 국적법 제2조 제1항 제1호가 헌법상 평등의 원칙에 위배되는지 여부(적극)

부계혈통주의 원칙을 채택한 구법조항은 출생한 당시의 자녀의 국적을 부의 국적에만 맞추고 모의 국적은 단지 보충적인 의미만을 부여하는 차별을 하고 있다. 이렇게 한국인 부와 외국인 모 사이의 자녀와 한국인 모와 외국인 부 사이의 자녀를 차별취급하는 것은, 모가 한국인인 자녀와 그 모에게 불리한 영향을 끼치므로 헌법 제11조 제1항의 남녀평등원칙에 어긋난다.

한국인과 외국인 간의 혼인에서 배우자의 한쪽이 한국인 부인 경우와 한국인 모인 경우 사이에 성별에 따른 특별한 차이가 있는 것도 아니고, 양쪽 모두 그 자녀는 한국의 법질서와 문화에 적응하고 공동체에서 흠없이 생활해 나갈 수 있는 동등한 능력과 자질을 갖추었는데도 불구하고 전체 가족의 국적을 가부(家父)에만 연결시키고 있는 구법조항은 헌법 제36조 제1항이 규정한 "가족생활에 있어서의 양성의 평등원칙"에 위배된다.

부칙조항은 신법이 구법상의 부계혈통주의를 부모양계혈통주의로 개정하면서 구법상 부가 외국인이기 때문에 대한민국 국적을 취득할 수 없었던 한국인 모의 자녀 중에서 신법 시행 전 10년 동안에 태어난 자에게 신고 등 일정한 절차를 거쳐 대한민국 국적을 취득하도록 하는 경과규정으로서, 구법조항의 위헌적인 차별로 인하여 불이익을 받은 자를 구제하는 데 신법 시행 당시의 연령이 10세가 되는지 여부는 헌법상 적정한 기준이 아닌 또 다른 차별취급이므로, 부칙조항은 헌법 제11조 제1항의 평등원칙에 위배된다.

그러나 헌법재판소가 위헌결정 또는 단순한 헌법불합치결정만을 선고할 경우 부칙조항은 헌법재판소가 결정을 선고한 때부터 더 이상 적용할 수 없게 되고, 이 경우 그나마 신법 시행 전 10년 동안에 태어난, 모가 한국인인 자녀에게 국적취득의 길을 열어 놓고 있는 근거규정(부칙조항)이 효력을 잃게 됨으로써 법치국가적으로 용인하기 어려운 법적 공백이 생기게 된다. 따라서 부칙조항은 헌법에 합치하지 아니하나 입법자가 새로운 입법을 할 때까지 이를 잠정적으로 적용하도록 명하는 것이다.

[요약판례 16] 제42회 사법시험 제1차시험 시행일자 위헌확인: 기각(헌재 2001.9.27. 2000헌마159)

행정자치부장관이 제42회 사법시험 제1차시험의 시행일자를 일요일로 정하여 공고한 2000년도 공무원임용시험시행계획 공고가 기독교를 신봉하는 청구인의 종교의 자유를 침해하고 평등의 원칙에 위배되는지 여부(소극)

우리나라에서는 일요일은 특별한 종교의 종교의식일이 아니라 일반적인 공휴일로 보아야 할 것이고 앞서 본 여러 사정을 참작한다면 사법시험 제1차 시험 시행일을 일요일로 정한 피청구인의 이 사건 공고가 청구인이 신봉하는 종교를 다른 종교에 비하여 불합리하게 차별대우하는 것으로 볼 수도 없다.

[요약판례 17] 형법 제259조 제2항 위헌소원: 합헌(헌재 2002.3.28. 2000헌바53)

형법 제259조 제2항(존속상해치사죄의 가중처벌 규정)이 평등의 원칙에 위배되는지 여부(소극)

비속의 직계존속에 대한 존경과 사랑은 봉건적 가족제도의 유산이라기보다는 우리 사회윤리의 본질적 구성부분을 이루고 있는 가치질서로서, 특히 유교적 사상을 기반으로 전통적 문화를 계승·발전시켜 온 우리나라의 경우는 더욱 그러한 것이 현실인 이상, '비속'이라는 지위에 의한 가중처벌의 이유와 그 정도의 타당성 등에 비추어 그 차별적 취급에는 합리적 근거가 있으므로, 이 사건 법률조항은 헌법 제11조 제1항의 평등원칙에 반한다고 할 수 없다.

[요약판례 18] 법원조직법 제45조 제4항 위헌확인: 기각(헌재 2002.10.31. 2001헌마557)

법관의 정년을 규정하고 있는 법원조직법 제45조 제4항이 청구인의 평등권, 직업선택의 자유 내지 공무담임권을 침해하거나 헌법 제106조의 법관 신분보장 규정에 위배되는지 여부(소극)

법관의 정년을 직위에 따라 대법원장 70세, 대법관 65세, 그 이외의 법관 63세로 하여 법관 사이에 약간의 차이를 두고 있는 것으로, 헌법 제11조 제1항에서 금지하고 있는 차별의 요소인 '성별', '종교' 또는 '사회적 신분' 그 어디에도 해당되지 아니할 뿐만 아니라, 그로 인하여 어떠한 사회적 특수계급제도를 설정하는 것도 아니고, 그와 같이 법관의 정년을 직위에 따라 순차적으로 낮게 차등하게 설정한 것은 법관 업무의 성격과 특수성, 평균수명, 조직체 내의 질서 등을 고려하여 정한 것으로 그 차별에 합리적인 이유가 있다고 할 것이므로, 청구인(법관)의 평등권을 침해하였다고 볼 수 없다.

[요약판례 19] 공직선거및선거부정방지법 제53조 제3항 위헌확인: 위헌(헌재 2003.9.25. 2003헌마106)

지방자치단체의 장으로 하여금 당해 지방자치단체의 관할구역과 같거나 겹치는 선거구역에서 실시되는 지역구 국회의원선거에 입후보하고자 하는 경우 당해 선거의 선거일 전 180일까지 그 직을 사퇴하도록 규정하고 있는 공직선거및선거부정방지법 제53조 제3항이 평등의 원칙에 위배되는지 여부(적극)

[요약판례 20] 특정범죄가중처벌등에관한법률 제11조 제1항 위헌소원: 위헌(헌재 2003.11.27. 2002헌바24)

마약의 단순매수를 영리매수와 동일한 법정형으로 처벌하는 규정이 책임과 형벌간의 비례성 원칙 및 실질적 법치국가원리의 위반되는지 여부(적극) 및 향정신성의약품관리법위반사범에 대하여는 가중하지 않으면서 마약사범에 대하여만 중형으로 가중하는 것이 평등원칙에 위반되는지 여부(적극)

마약류법에서 단순범과 영리범을 구별하는 취지는 오히려 단순매수와 영리매수는 죄질에 있어서 질적으로 차이가 있음을 명확히 하는 것이라 하겠다. 실무상으로도 마약사범에 대하여 영리범과 단순범을 구별하고 있는 마약류법의 법조를 올바르게 적용하고 그 죄질에 상응하는 적정한 형벌을 과하기 위해서는 수사 및 재판과정을 통하여 마약거래의 유형이 마땅히 규명되어야 한다. 그런데, 거래되는 마약의 양 등의 정황으로 미루어 비영리매수인지 여부는 비교적 어렵지 않게 구별할 수 있다고 할 것이다. 따라서 단순매수를 영리매수와 같은 법정형에 처하도록 하는 것은 어느 모로 보나 합리적 근거가 없는 것이다.

마약류 자체가 가지는 위험성의 측면이나 우리 사회에서 차지하고 있는 비중에 있어서도 향정신성의약품관리법위반사범과 달리 마약사범에 대하여만 가중을 하여야 할 정도로 마약이 향정신성의약품에 비해 더욱 위험하다고 볼 수는 없으며, 범죄의 실태와 검찰에서의 기소율이나 형사재판의 결과 등을 감안하고 마약류 규제법규의 연혁을 살펴보면 마약사범만을 가중하여야 할 합리적 근거를 찾아보기 어렵다고 할 것인데, 위 특가법 조항은 아무런 합리적 근거 없이 매수와 판매목적소지의 마약사범만을 가중하고 있으므로 형벌체계상의 균형성을 현저히 상실하여 평등원칙에 위반된다 할 것이다.

[요약판례 21] 군사법원법 제242조 제1항 등 위헌확인: 위헌(헌재 2003.11.27. 2002헌마193)

군행형법시행령 제43조 제2항 규정이 평등권을 침해하는지 여부(적극)

이 사건 시행령규정은 위와 같은 입법목적의 관점에서 볼 때 동일한 처지에 있다고 할 수 있는 미결수용자 중 군행형법의 적용을 받는 자의 면회횟수를 행형법의 적용을 받는 자에 비하여 감축하고 있는바, 전자의 경우라고 하여 후자의 경우에 비하여, 특히 도주나 증거인멸을 막아야 할 필요성이 크다거나 그 수용시설 내의 질서유지가 더욱 절실히 요청된다고 보기는 어렵기 때문에 양자를 달리 취급함에 있어서 객관적으로 납득할 만한 합리적 이유를 찾아볼 수 없다. 따라서 이 사건 시행령규정은 군행형법시행령의 적용을 받는 미결수용자를 행형법시행령의 적용을 받는 미결수용자에 비하여 자의적으로 다르게 취급하는 것으로서 평등권을 침해하는 것이다.

[요약판례 22] 공직선거및선거부정방지법 제15조 위헌확인, 공직선거및선거부정방지법 제15조 제1항 등 위헌확인: 기각(헌재 2003.11.27. 2002헌마787)

공직선거에 관한 선거권연령을 20세로 규정한 공직선거및선거부정방지법 제15조 제1항이 헌법에 위반되는지 여부(소극)

[요약판례 23] 구 병역법 제71조 제1항 단서 제6호 위헌소원: 합헌(헌재 2004.11.25. 2004헌바15)

통상 31세가 되면 입영의무 등이 감면되나 해외체제를 이유로 병역연기를 한 사람에게는 36세가 되어야 이에 해당되도록 한 구 병역법 제71조 제1항 단서 제6호가 평등권을 침해하는지 여부(소극)

[요약판례 24] 한중국제결혼절차 위헌확인: 기각(헌재 2005.3.31. 2003헌마87)

한국인(청구인)과 결혼한 중국인 배우자가 한국에 입국하기 위하여 결혼동거목적거주(F-2) 사증발급을 신청함에 있어 피청구인이 중국인 배우자와의 교제과정, 결혼하게 된 경위, 소개인과의 관계, 교제경비내역 등 기재요구행위가 평등원칙에 위배되는지 여부(소극)

[요약판례 25] 독거수용자 텔레비전시청제한 취소: 기각(헌재 2005.5.26. 2004헌마571)

독거수용실에만 텔레비전시청시설을 설치하지 않음으로써 독거수용중인 청구인이 TV시청을 할 수 없도록 한 피청구인 교도소장의 행위가 TV시청시설을 갖춰 텔레비전시청을 허용하고 있는 혼거실 수용자와 차별대우하여 청구인의 평등권을 침해하였는지 여부(소극)

[요약판례 26] 근로기준법 제36조 등 위헌소원: 합헌(헌재 2005.9.29. 2002헌바11)

근로기준법 제36조 본문 중 퇴직금을 퇴직일로부터 14일 이내에 지급하도록 하는 부분 및 같은 법 제42조 제2항 본문 중 임금을 매월 1회 이상 정기에 지급하도록 하는 부분이 평등원칙에 위반되는지 여부(소극)

[요약판례 27] 소방공무원법 제14조의2 제1항 등 위헌소원: 합헌(헌재 2005.9.29. 2004헌바53)

경찰공무원은 교육훈련 또는 직무수행 중 사망한 경우 국가유공자등예우및지원에관한법률상 순직군경으로 예우받을 수 있는 것과는 달리, 소방공무원은 화재진압, 구조·구급 업무수행 또는 이와 관련된 교육훈련 중 사망한 경우에 한하여 순직군경으로서 예우를 받을 수 있도록 하는 소방공무원법 제14조의2 제1항과 제2항이 합리적 근거 없는 차별로서 청구인들의 평등권을 침해하는지 여부(소극)

[요약판례 28] 고등학교입학자격검정고시규칙 제15조 위헌확인: 합헌(헌재 2005.11.24. 2003헌마173)

중학교 졸업자에게는 졸업과 동시에 학력을 인정하면서 중학교에 상응하는 교육과정인 3년제 고등공민학교 졸업자에 대하여는 중학교 학력을 인정하지 않는 것이 합리적 이유 없이 고등공민학교 졸업자를 차별 취급하는 것으로써 헌법 제11조 평등원칙에 위반되는지 여부(소극)

[요약판례 29] 화의법 제61조 위헌소원: 합헌(헌재 2005.11.24. 2004헌바95)

화의법에 의한 화의절차에 있어서 보증인 및 담보제공자 등을 화의인가에 따른 면책 등의 효력이 미치는 범위에서 제외하도록 한 '화의법 제61조 중 파산법 제298조 제2항을 준용하는 부분'이 평등의 원칙에 위반되는지 여부(소극)

[요약판례 30] 구 소득세법 제89조 제3호 등 위헌소원: 합헌(헌재 2006.2.23. 2004헌바80)

임대사업자가 임대주택법의 강제규정에 의해 임대할 주택을 매입한 경우, 구 소득세법 제89조 제3호의 1세대 1주택 규정을 적용함에 있어서 위 임대주택을 제외한 나머지 주택이 그 임대사업자 1세대에 1주택뿐이라면 그 1주택의 양도에 대한 양도소득세는 비과세 된다고 해석하지 아니하는 것이 임대사업자를 다른 국민과 차별하는 것이 되어 평등원칙에 위배되는지 여부(소극)

[요약판례 31] 국가유공자등예우및지원에관한법률 제29조 위헌확인: 기각(헌재 2006.6.29. 2006헌마87)

국가유공자의 자녀가 생존한 경우 국가유공자의 손자녀가 예외적으로 취업보호를 받을 수 있도록 규정하면서도 국가유공자의 자녀가 사망한 경우 그 자녀, 즉 국가유공자의 손자녀를 이러한 취업보호의 대상에 포함시키지 아니한 국가유공자 등 예우 및 지원에 관한 법률 제29조 제2항 제2호 본문이 평등권을 침해하는지 여부(소극)

국가보훈적 예우의 방법과 내용, 범위 등은 입법자가 국가의 경제수준, 재정능력, 전체적인 사회보장의 수준, 국민감정 등을 종합적으로 고려하여 구체적으로 결정해야 하는 입법정책의 문제로서 폭넓은 입법재량의 영역에 속한다. 또한, 헌법상 평등의 원칙은 국가가 언제 어디에서 어떤 계층을 대상으로 하여 기본권에 관한 사항이나 제도의 개선을 시작할 것인지를 선택하는 것을 방해하지 않는다. 말하자면 국가는 합리적인 기준에 따라 능력이 허용하는 범위내에서 법적 가치의 상향적 구현을 위한 제도의 단계적인 개선을 추진할 수 있는 길을 선택할 수 있어야 한다.

이 사건에서 청구인과 같은 국가유공자의 손자녀가 취업보호의 수혜를 받지 못하는 것은 근본적으로 국가가 예우법에 의하여 보상을 받는 국가유공자의 유족 또는 가족의 범위에 국가유공자의 손자녀는 원칙적으로 포함시키지 않았기 때문이다. 그리고 이 사건 법률조항에 해당하는 국가유공자의 손자녀가 취업보호의 혜택을 받는 것은 그 자신에 대한 고유한 보상 내지 보호가 아니라 예우법 제29조 제1항에서 취업보호의 대상으로 규정한 국가유공자의 유족 중 이 사건 법률조항에서 정한 "1953년 7월 27일 이전 및 「참전유공자예우에 관한 법률」별표의 규정에 의한 전투 중 전사하거나 순직한 군인 또는 경찰공무원의 자녀"의 경우에는 현실적으로 신규취업연령을 초과하는 등으로 취업이 어려운 점을 고려하여 이들에 대한 보상 내지 보호가 실질적으로 이루어지도록 하기 위해 이들을 대신하여 그 자녀, 즉 국가유공자의 손자녀 중 1인을 예외적으로 취업보호의 대상에 포함시킨 것에 따른 결과이다.

예우법 제9조 제2항에 의하면 국가유공자, 그 유족 또는 가족이 사망한 경우에는 예우법에 의해 보상을 받을 권리가 소멸하는바, 국가유공자의 유족에 해당하는 국가유공자의 자녀(이 사건에서 청구인의 아버지)가 사망한 경우에는 예우법에 의해 보상을 받을 권리가 소멸하므로 이러한 경우는 이 사건 법률조항의 입법취지상 동 조항이 보호하고자 하는 범위에 포섭되지 않는다. 그렇다면 이 사건 법률조항이 결과적으로 국가유공자의 자녀가 생존한 경우 국가유공자의 손자녀가 예외적으로 취업보호를 받을 수 있도록 규정하면서도 국가유공자의 자녀가 사망한 경우 그 자녀, 즉 국가유공자의 손자녀를 이러한 취업보호의 대상에 포함시키지 아니하였다 하여 입법재량의 영역을 벗어났다거나 현저히 합리성을 결여한 자의적 기준에 의한 차별이라고 보기 어렵다. 따라서 이 사건 법률조항은 평등권을 침해하지 않는다.

[요약판례 32] 산업기술연수생 도입기준 완화결정 등 위헌확인: 위헌(헌재 2007.8.30. 2004헌마670)

사업주의 지시·감독을 받으면서 사실상 노무를 제공하고 수당 명목의 금품을 수령하는 등 실질적인 근로관계에 있는 산업연수생에 대하여 일반 근로자와 달리 근로기준법의 일부 조항의 적용을 배제하는 것이 자의적인 차별인지 여부(적극)

산업연수생이 연수라는 명목 하에 사업주의 지시·감독을 받으면서 사실상 노무를 제공하고 수당 명목의 금품을 수령하는 등 실질적인 근로관계에 있는 경우에도, 근로기준법이 보장한 근로기준 중 주요사항을 외국인 산업연수생에 대하여만 적용되지 않도록 하는 것은 합리적인 근거를 찾기 어렵다. 특히 연수업체는 이 사건 중소기업청 고시가 정한 요건을 갖추어야 하고, 연수업체의 규모에 상응한 인원만을 배정받을 수 있어, 사용자의 법 준수능력이나 국가의 근로감독능력 등 사업자의 근로기준법 준수와 관련된 제반 여건이 갖추어졌다 할 것이므로, **이러한 사업장에서 실질적 근로자인 산업연수생에 대하여 일반 근로자와 달리 근로기준법의 일부 조항의 적용을 배제하는 것은 자의적인 차별이라 아니할 수 없다.**

[요약판례 33] 사립학교법 제60조의3 위헌확인: 기각(헌재 2007.4.26. 2003헌마533)

사립학교 교·직원 가운데 교원에 대해서만 명예퇴직수당의 지급에 관한 근거를 법률에 두고 사무직원에 대해서는 법률에 근거를 두지 아니한 것이 평등원칙에 위배되는지 여부(소극)

입법자는 국민들의 요청과 시대적인 상황 등을 참작하여 최적의 교육기반을 조성함에 있어 광범위한 재량을 가진다. 교원의 신분과 정년의 보장은 교육환경의 변화에 따라 새로운 교원을 확보하고 신속하게 교원을 재배치하는 등의 필요에 용이하게 대처하기 어렵게 한다. 따라서 교원의 경우 정년 전에 조기퇴직을 유도할 수 있는 제도적인 장치를 마련하는 것이 필요하다. 이에 입법자는 20년 이상 장기근속한 사립학교 교원에 대하여 명예퇴직제도를 마련한 것이다. 한편, 청구인과 같은 사립학교 사무직원의 신분과 정년은 법률로 보장되어 있지 않고 학교의 정관 내지 규칙으로 정하도록 하고 있어 인사적체나 고령화 등의 해소나 신속하고 적절한 인력수급을 위하여 법률이 관여할 필요성이 교원에 비하여 적다고 할 수 있다. **입법자가 사립학교 교·직원 가운데 교원에 대하여만 명예퇴직수당의 지급 근거를 두고 사무직원에 대하여는 이에 대한 법적 근거를 두지 않고 학교의 정관 또는 규칙으로 정하도록 구별한 것은 위에서 본 바와 같이 합리적인 이유가 있다고 할 것**이므로, 사립학교의 종사자인 교·직원 가운데 교원만을 우대하고 사무직원을 차별하려는 자의적인 입법으로 헌법 제11조 제1항의 평등원칙에 위배된다고 볼 수 없다.

[요약판례 34] 개발제한구역의지정및관리에관한특별조치법 제22조 등 위헌소원: 각하,합헌(헌재 2007.5.31. 2005헌바47)

개발제한구역 내에서 토지형질변경을 수반하는 행위허가를 받은 사람에게 개발제한구역훼손부담금을 부과하는 것이 평등원칙에 위배되는지 여부(소극)

훼손부담금은 개발제한구역 내에 입지하는 시설 등의 설치에 따른 토지형질변경에 대하여 구역 내·외의 토지가격 차액에 상당하는 경제적 부담을 부과함으로써 구역 내로의 입지선호를 제거함과 동시에 불가피한 경우로 입지를 제한하여 개발제한구역의 훼손을 억제하는 한편, 개발제한구역의 지정·관리를 위한 재원을 확보하는 데 그 목적이 있으므로 정책실현목적 부담금의 성격을 갖는다. 개발제한구역 내에서 토지형질변경 또는 이를 수반하는 행위허가를 받은 훼손부담금의 납부의무자 집단은 개발제한구역의 훼손억제와 그 관리라는 특수한 공적 과제에 대하여 객관적이고 밀접한 관련성을 가질 뿐 아니라, 이로써 개발제한구역의 관리를 위한 특별한 재정책임을 부담하고 있다. 따라서 **개발제한구역 내에서 토지형질변경을 수반하는 행위허가를 받은 사람에게 훼손부담금을 부과하는 것은 평등원칙에 위배되지 아니한다.** 또한 주택이나 근린생활시설의 경우 훼손부담금을 감면해 주는 것과 달리 공장의 경우 이를 전액 부과하는 것은 합리적 이유 있는 차별에 해당하므로, 평등의 원칙에 위배되지 아니한다. 나아가 개발제한구역 내의 입지선호가 주로 개발제한구역 내의 저렴한 토지가격에서 비롯되므로 구역 내·외의 지가차액을 기준으로 부담금을 산정하는 것은 청구인의 재산권을 과잉금지원칙에 위반하여 침해하지 아니하고, 나아가 청구인 등 납부의무자의 직업선택의 자유나 거주이전의 자유를 침해하지도 아니한다.

[요약판례 35] 공직선거법 제150조 제4항 위헌확인 등: 기각(헌재 2007.10.4. 2006헌마364등)

지방선거에서 통일된 기호를 부여받는 정당이 같은 선거구에 2인 이상의 후보자를 추천하는 경우 후보자 성명의 가나다순 기준으로 기호를 배정하는 것이 평등권을 침해하는지 여부(소극)

법 제150조 제5항 후문은 선거운동의 준비, 홍보효과 등의 점에 있어서 선순위 기호를 가진 후보자를 유리하게 하고, 후순위 기호를 가진 후보자를 상대적으로 불리하게 하는 등 차별을 두고 있으나, 정당이 복수의 후보자를 추천하는 경우 그 후보자 간에 후보자 성명의 가나다순을 기준으로 기호를 배정하는 것은 기호배정과 관련하여 일정한 기준을 마련하고, 선거의 원활한 운영을 도모하기 위한 것이어서 그 입법목적이 정당하며, 입법목적 달성을 위한 방법 또한 추첨이나 당내경선에 의한 득표수순에 의한 방법과 비교하더라도 적정하다고 할 것이므로 위 조항은 청구인들의 평등권을 침해하지 않는다. 또한 위 조항은 같은 선거구에 등록한 동일한 정당의 후보자에 대하여 후보자 성명의 가나다순에 따라 기호배정을 하고 있는 것일 뿐 청구인들의 공무담임권 내지 성명권을 제한하는 것이라고 볼 수 없다.

[요약판례 36] 세무사법 제5조의2 위헌확인: 각하,기각(헌재 2007.5.31. 2006헌마646)

세무사자격시험의 일부 시험 면제에 있어서 지방세에 관한 행정사무에 종사한 경력이 있는 자들을 국세에 관한 행정사무에 종사한 경력이 있는 자들에 비해 불리하게 취급하는 것이 평등권과 청구인의 직업의 자유를 침해하는지 여부(소극)

국세에 관한 행정사무에 종사하는 자와 지방세에 관한 행정사무에 종사하는 자는 공무원으로의 임용과 보직에 있어 다소 차이가 있다. 또한 국세는 국가 전체의 총생산에서 차지하는 비율이나 과세권이 미치는 범위 등에 있어서 지방세에 비해 그 규모가 현저히 크고, 국세는 경제활동을 하여 얻는 수입 또는 소득에 대한 과세인 반면, 지방세는 대부분 재산에 대하여 일정률의 세율을 과세하는 단순세목이라는 점을 고려할 때, 국세와 지방세의 성질 및 그 규모에 따른 세무행정의 난이도에 차이가 있다. 임용과 보직, 담당하는 세무행정의 난이도와 세무사자격시험과의 연관성 등에 있어서의 차이점 및 세무사제도의 소비자인 국민의 입장까지도 고려해, 국세에 관한 행정사무에 종사한 자와 지방세에 관한 행정사무에 종사한 자를 달리 취급하여 세무사자격시험의 일부 시험 면제대상 요건을 달리 정한 것이 세무사자격제도에 관한 입법형성권을 벗어난 자의적인 입법이라고 할 수 없다. 나아가 이 사건 법률조항은 세무사자격시험의 일부 면제라는 혜택을 부여하는 대상을 선정하면서 국세에 관한 행정사무에 종사한 자에 비해 지방세에 관한 행정사무에 종사한 자를 차별하고 있을 뿐이고, 지방세에 관한 행정사무에 종사한 자가 세무사자격시험을 치거나 세무사 자격을 취득하여 그 업무를 수행하는 데에 어떠한 제한을 가하고 있는 조항이 아니므로, 이 사건 법률조항은 지방세에 관한 행정사무에 종사하고 있는 청구인의 직업선택의 자유를 침해하지 않는다.

[요약판례 37] 사법시험법시행령 제4조 제3항 등 위헌확인 등: 기각(헌재 2007.4.26. 2003헌마947등)

영어대체시험제도와 법학과목이수제도로 인하여 청구인들의 평등권을 침해하는지 여부(소극)

영어대체시험제도의 정당성이 인정되고 나아가 영어대체시험제도에 적응할 수 있는 **충분한 유예기간을 법이 정해 두고 있으므로 청구인들의 평등권이 침해되었다고 할 수는 없다.**

위 법학과목이수제도 자체에 합리적인 근거가 있고, 아울러 응시자격요건의 충족을 위한 **다양한 대체제도가 마련되어 있으며 그 자격요건 자체가 사법시험준비와 무관한 것이 아니라 할 것이므로,** 일부 사법시험응시자가 요건충족을 위해 별도의 노력을 기울여야 한다고 하더라도 법학과목이수관련 법령이 청구인들의 평등권을 침해하였다고 할 수 없다.

[요약판례 38] 공직선거법 제150조 제4항 위헌확인 등: 기각(헌재 2007.10.4. 2006헌마364등)

정당이 복수의 후보자를 추천하는 경우 그 후보자 간에 후보자 성명의 가나다순을 기준으로 기호를 배정하는 것이 청구인들의 평등권을 침해하는지 여부(소극)

제150조 제5항 후문은 선거운동의 준비, 홍보효과 등의 점에 있어서 선순위 기호를 가진 후보자를 유리하게 하고, 후순위 기호를 가진 후보자를 상대적으로 불리하게 하는 등 차별을 두고 있으나, 정당이 복수의 후보자를 추천하는 경우 그 후보자 간에 후보자 성명의 가나다순을 기준으로 기호를 배정하는 것은 기호배정과 관련하여 일정한 기준을 마련하고, 선거의 원활한 운영을 도모하기 위한 것이어서 그 입법목적이 정당하며, 입법목적 달성을 위한 방법 또한 추첨이나 당내경선에 의한 득표수순에 의한 방법과 비교하더라도 적정하다고 할 것이므로 위 조항은 청구인들의 평등권을 침해하지 않는다. 또한 위 조항은 같은 선거구에 등록한 동일한 정당의 후보자에 대하여 후보자 성명의 가나다순에 따라 기호배정을 하고 있는 것일 뿐 청구인들의 공무담임권 내지 성명권을 제한하는 것이라고 볼 수 없다.

[요약판례 39] 공무원연금법 제64조 제1항 제1호 위헌소원: 헌법불합치(헌재 2007.3.29. 2005헌바33)

단지 금고 이상의 형을 받았다는 이유만으로 이미 공직에서 퇴출당할 공무원에게 더 나아가 일률적으로 그 생존의 기초가 될 퇴직급여 등까지 반드시 감액하는 것이 지나치게 공익만을 강조한 입법이라고 할 수 있는지 여부(적극)

공무원의 신분이나 직무상 의무와 관련이 없는 범죄의 경우에도 퇴직급여 등을 제한하는 것은, 공무원범죄를 예방하고 공무원이 재직중 성실히 근무하도록 유도하는 입법목적을 달성하는 데 적합한 수단이라고 볼 수 없다. 그리고 특히 과실범의 경우에는 공무원이기 때문에 더 강한 주의의무 내지 결과발생에 대한 가중된 비난가능성이 있다고 보기 어려우므로, 퇴직급여 등의 제한이 공무원으로서의 직무상 의무를 위반하지 않도록 유도 또는 강제하는 수단으로서 작용한다고 보기 어렵다. 입법자로서는 입법목적을 달성함에 반드시 필요한 범죄의 유형과 내용 등으로 그 범위를 한정하여 규정함이 최소침해성의 원칙에 따른 기본권 제한의 적절한 방식이다. **단지 금고 이상의 형을 받았다는 이유만으로 이미 공직에서 퇴출당할 공무원에게 더 나아가 일률적으로 그 생존의 기초가 될 퇴직급여 등까지 반드시 감액하도록 규정한다면 그 법률조항은 침해되는 사익에 비해 지나치게 공익만을 강조한 입법이라고 아니할 수 없다. 나아가 이 사건 법률조항은 퇴직급여에 있어서는 국민연금법상의 사업장 가입자에 비하여, 퇴직수당에 있어서는 근로기준법상의 근로자에 비하여 각각 차별대우를 하고 있는바, 이는 자의적인 차별에 해당한다.**

이상과 같은 이유로 이 사건 법률조항은 헌법에 위반되나, 단순위헌선언으로 그 효력을 즉시 상실시킬 경우에는 여러 가지 혼란과 부작용이 발생할 우려가 있고, 또한 이미 급여를 감액당한 다른 퇴직공무원과의 형평성도 고려하여야 한다. 그러므로 입법자는 합헌적인 방향으로 법률을 개선하여야 하고 그때까지 일정 기간 동안은 위헌적인 법규정을 존속케 하고 또한 잠정적으로 적용하게 할 필요가 있으므로 헌법불합치결정을 하는 것이다.

[요약판례 40] 의료법 제2조 등 위헌확인: 헌법불합치(헌재 2007.12.27. 2004헌마1021)

복수면허 의료인들에게 단수면허 의료인과 같이 하나의 의료기관만을 개설할 수 있다고 한 이 사건 법률조항은 '다른 것을 같게' 대우하는 것으로서 합리적인 이유를 찾을 수 있는지 여부(소극)

의료인 면허를 취득한 것은 그 면허에 따른 직업선택의 자유를 회복한 것이고, 이렇게 회복된 자유에 대하여 전문분야의 성격과 정책적 판단에 따라 면허를 실현할 수 있는 방법이나 내용을 정할 수는 있지만 이를 다시 전면적으로 금지하는 것은 입법형성의 범위 내라고 보기 어렵다. 양방 및 한방 의료행위가 중첩될 경우 인체에 미치는 영향에 대한 과학적 검증이 없다는 점을 고려한다 하여도 위험영역을 한정하여 규제를 하면 족한 것이지 진단 등과 같이 위험이 없는 영역까지 전면적으로 금지하는 것은 지나치다. 복수면허 의료인이든, 단수면허 의료인이든 '하나의' 의료기관만을 개설할 수 있다는 점에서는 '같은' 대우를 받는다. 그런데 복수면허 의료인은 의과 대학과 한의과 대학을 각각 졸업하고, 의사와 한의사 자격 국가고시에 모두 합격하였다. 따라서 단수면허 의료인에 비하여 양방 및 한방의 의료행위에 대하여 상대적으로 지식 및 능력이 뛰어나거나, 그가 행하는 양방 및 한방의 의료행위의 내용과 그것이 인체에 미치는 영향 등에 대하여도 상대적으로 더 유용한 지식과 정보를 취득하고 이를 분석하여 적절하게 대처할 수 있다고 평가될 수 있다. **복수면허 의료인들에게 단수면허 의료인과 같이 하나의 의료기관만을 개설할 수 있다고 한 이 사건 법률조항은 '다른 것을 같게' 대우하는 것으로 합리적인 이유를 찾기 어렵다.** 그러므로 이 사건 심판대상 법률조항은 복수면허 의료인인 청구인들의 직업의 자유, 평등권을 침해한다. 다만, 이 조항이 단수면허의 의료인에게도 적용되고, 위헌으로 선언되어 효력을 잃으면 의료인이 직접 의료행위를 수행할 수 있는 장소적 제한마저 풀리게 되어 법적 공백이 발생할 것이 명백하다. 또한 복수면허 의료인이 의사 및 한의사로서 각 직업을 모두 수행할 수 있도록 함에 있어서 어느 범위에서 어떠한 방식에 의할 것인지는 궁극적으로 입법자가 충분한 사회적 합의를 거쳐 형성해야 할 사항에 속한다. 따라서 이 조항에 대하여 2008. 12. 31.을 시한으로 계속 적용을 명하는 헌법불합치를 선언한다.

[요약판례 41] 대통령의 선거중립의무 준수요청 등 조치 취소: 기각(헌재 2008.1.17. 2007헌마700)

국회의원과 지방의회의원이 대통령과 달리 이 사건 법률조항의 적용을 받지 않는 것이 대통령의 선거개입은 선거의 공정을 해칠 우려가 높기 때문에 합리적인 차별인지 여부(적극)

대통령은 국정의 책임자이자 행정부의 수반이므로 공명선거에 대한 궁극적 책무를 지고 있고, 공무원들은 최종적인 인사권과 지휘감독권을 갖고 있는 대통령의 정치적 성향을 의식하지 않을 수 없으므로 대통령의 선거개입은 선거의 공정을 해칠 우려가 높다. 이에 반하여 국회의원이나 지방의회의원은 공무원의 선거관리에 영향을 미칠 가능성이 높지 않고, 국회의원은 국회의 구성원임과 동시에 정당소속원으로서 선거에 직접 참여하는 당사자가 될 수도 있고, 복수정당제나 자유선거의 원칙을 실현하기 위하여 정책홍보 등 광범위한 선거운동의 주체가 될 필요도 있으므로 선거에서의 중립성을 요구하는 것이 적절하지 않다. 결국 **국회의원과 지방의회의원이 대통령과 달리 이 사건 법률조항의 적용을 받지 않는 것은 합리적인 차별이라고 할 것이므로, 위 법률조항은 평등의 원칙에 반하지 아니한다.**

[요약판례 42] 공직선거법 제86조 제1항 제2호 등 위헌확인: 한정위헌(헌재 2008.5.29. 2006헌마1096)

공무원이 그 지위를 이용하지 않고 사적인 지위에서 선거운동의 기획행위를 하는 것까지 금지하는 것이 선거의 공정성을 보장하려는 입법목적을 달성하기 위한 합리적인 차별취급이라고 볼 수 있는지 여부(소극)

공무원이 그 지위를 이용하여 한 선거운동의 기획행위를 금지하는 것은 선거의 공정성을 보장하기 위한 것인바, 이로써 **공무원인 입후보자와 공무원이 아닌 다른 입후보자, 지방자치단체의 장과 국회의원과 그 보좌관, 비서관, 비서 및 지방의회의원을 차별하는 것은 합리적 이유가 있다.** 그러나 이 사건 법률조항이 **공무원이 그 지위를 이용하지 않고 사적인 지위에서 선거운동의 기획행위를 하는 것까지 금지하는 것은 선거의 공정성을 보장하려는 입법목적을 달성하기 위한 합리적인 차별취급이라고 볼 수 없으므로 평등권을 침해한다.**

[요약판례 43] 국가공무원법 제36조 등 위헌확인: 각하,헌법불합치(헌재 2008.5.29. 2007헌마1105)

특정 자격요건이 비교의 대상이 된다고 볼 수 없는 경우, 애당초 평등권 침해 문제를 야기하는지 여부(소극)

5급 공무원 공채시험의 응시연령 상한은 32세까지이고 6급 및 7급 공무원 공채시험의 응시연령 상한은 35세까지이지만, 5급 공무원의 자격요건과 6급 또는 7급 공무원의 자격요건은 **비교의 대상이 된다고 볼 수 없어 애당초 평등권 침해**

문제를 야기하지 아니하므로, 위와 같은 점을 들어 이 사건 시행령 조항이 평등의 원칙에 위반된다고 보기는 어렵다.

[요약판례 44] 의료법 제61조 제1항 중 「장애인복지법」에 따른 시각장애인 중 부분 위헌확인: 기각(헌재 2008.10.30. 2006헌마1098등)

이 사건 법률조항이 헌법 제37조 제2항에서 정한 기본권제한입법의 한계를 벗어나서 비시각장애인의 직업선택의 자유를 침해하거나 평등권을 침해한다고 볼 수 있는지 여부(소극) 및 종전에 헌법재판소가 선고가 위헌결정의 기속력에 저촉되는 것인지 여부(소극)

이 사건 법률조항은 신체장애자 보호에 대한 헌법 제34조 제5항의 헌법적 요청 등에 바탕을 두고 시각장애인의 생계를 보장하기 위한 것으로, 이러한 헌법적 요청과 일반국민의 직업선택의 자유 등 기본권이 충돌하는 상황이 문제될 수 있는바, 위 법률조항이 헌법 제37조 제2항에 의한 기본권제한입법의 한계를 벗어났는지 여부를 심사함에 있어서, 구체적인 최소침해성 및 법익균형성 심사과정에서 이러한 헌법적 요청뿐만 아니라, 일반국민의 기본권 제약 정도, 시각장애인을 둘러싼 기본권의 특성과 복지정책의 현황, 시각장애인을 위한 직업으로서의 안마사제도와 그와 다른 대안의 가능성 등을 종합하여 형량할 필요가 있을 것이다. 한편 이 사건 법률조항과 같이 시각장애인에 대한 우대처우로 인하여 비시각장애인의 직업선택의 자유 등 기본권이 제한받는 경우 직업선택의 자유에 대한 과잉제한 여부와 평등권 침해 여부가 동시에 문제되는데, 그러한 경우에는 직업선택의 자유 침해 여부와 평등권 침해 여부를 따로 분리하여 심사할 것이 아니라 하나로 묶어 판단함이 상당하다.

이 사건 법률조항은 시각장애인에게 삶의 보람을 얻게 하고 인간다운 생활을 할 권리를 실현시키려는 데에 그 목적이 있으므로 입법목적이 정당하고, 다른 직종에 비해 공간이동과 기동성을 거의 요구하지 않을 뿐더러 촉각이 발달한 시각장애인이 영위하기에 용이한 안마업의 특성 등에 비추어 시각장애인에게 안마업을 독점시킴으로써 그들의 생계를 지원하고 직업활동에 참여할 수 있는 기회를 제공하는 이 사건 법률조항의 경우 이러한 입법목적을 달성하는데 적절한 수단임을 인정할 수 있다. 나아가 시각장애인에 대한 복지정책이 미흡한 현실에서 안마사가 시각장애인이 선택할 수 있는 거의 유일한 직업이라는 점, 안마사 직역을 비시각장애인에게 허용할 경우 시각장애인의 생계를 보장하기 위한 다른 대안이 충분하지 않다는 점, 시각장애인은 역사적으로 교육, 고용 등 일상생활에서 차별을 받아온 소수자로서 실질적인 평등을 구현하기 위해서 이들을 우대하는 조치를 취할 필요가 있는 점 등에 비추어 최소침해성원칙에 반하지 아니하고, 이 사건 법률조항으로 인해 얻게 되는 시각장애인의 생존권 등 공익과 그로 인해 잃게 되는 일반국민의 직업선택의 자유 등 사익을 비교해 보더라도, 공익과 사익 사이에 법익 불균형이 발생한다고 단정할 수도 없다. 따라서 이 사건 법률조항이 헌법 제37조 제2항에서 정한 기본권제한입법의 한계를 벗어나서 비시각장애인의 직업선택의 자유를 침해하거나 평등권을 침해한다고 볼 수는 없다.

헌법재판소법 제47조 제1항 및 제75조 제1항에 규정된 법률의 위헌결정 및 헌법소원 인용결정의 기속력과 관련하여, 입법자인 국회에게 기속력이 미치는지 여부, 나아가 결정주문뿐 아니라 결정이유에까지 기속력을 인정할지 여부는 헌법재판소의 헌법재판권 내지 사법권의 범위와 한계, 국회의 입법권의 범위와 한계 등을 고려하여 신중하게 접근할 필요가 있다. 설령 결정이유에까지 기속력을 인정한다고 하더라도, 결정주문을 뒷받침하는 결정이유에 대하여 적어도 위헌결정의 정족수인 재판관 6인 이상의 찬성이 있어야 할 것이고(헌법 제113조 제1항 및 헌법재판소법 제23조 제2항 참조), 이에 미달할 경우에는 결정이유에 대하여 기속력을 인정할 여지가 없는데, 헌법재판소가 2006. 5. 25. '안마사에 관한 규칙'(2000. 6. 16. 보건복지부령 제153호로 개정된 것) 제3조 제1항 제1호와 제2호 중 각 "앞을 보지 못하는" 부분에 대하여 위헌으로 결정한 2003헌마715등 사건의 경우(헌재 2006. 5. 25. 2003헌마715등) 그 결정이유에서 비맹제외기준이 과잉금지원칙에 위반한다는 점과 관련하여서는 재판관 5인만이 찬성하였을 뿐이므로 위 과잉금지원칙 위반의 점에 대하여 기속력이 인정될 여지가 없다.

[요약판례 45] 국세징수법 제78조 제2항 후문 위헌제청: 헌법불합치(헌재 2009.4.30. 2007헌가8)

국세징수법상 공매절차에서 매각결정을 받은 매수인이 기한 내에 대금납부의무를 이행하지 아니하여 매각결정이 취소되는 경우 그가 납부한 계약보증금을 국고에 귀속하도록 규정한 국세징수법 제78조 제2항 후문이 민사집행법상 경매절차에서의 매수신청보증금을 국고에 귀속하지 않고 배당재원에 포함시키는 것과 비교하여 국세징수절차상 체납자 및 담보권자를 민사집행절차상 집행채무자 및 담보권자에 대하여 합리적 이유 없이 차별함으로써 평등원칙에 위반되는지 여부(적극)

국세징수법 등 관련 규정의 체계 및 운영 형태에 비추어 볼 때, 국세징수법상 공매는 체납자와 매수인 사이의 사법상 매매계약을 체납처분청이 대행하는 성격을 가지고, 계약보증금 제도는 이러한 매매의 조건을 법정한 것으로서 위약금약정과 유사한 성격이 있으며, 이러한 점은 민사집행법상 매수신청보증 제도와 본질적으로 동일하다.

사유재산제도의 보장, 사적자치의 원칙, 법치국가원리에 따른 과잉금지원칙 등의 정신에 비추어볼 때, 채권실현을 위하여 사적인 거래 영역에 부득이하게 국가기관의 강제력이 개입됨을 전제로 하는 체납처분절차 및 민사집행절차를 형성하는 경우 적어도 대상재산의 현금화 단계에서는 최대한 사적인 거래 영역을 존중하여야 한다. 국가 등에 조세채권의 자력집행권을 인정하는 취지는, 절차를 직접 개시할 수 있도록 하고 현금화된 대상재산의 교환가치에 의한 채권의 만족에 일정 정도 우선적 지위를 가지도록 하는 데에 있을 뿐, 대상재산의 현금화 단계에서 조세채권 및 절차비용 이외에 별도의 이익을 취득하도록 허용하는 것은 아니다.

따라서, 이 사건 법률조항은 위약금약정의 성격을 가지는 매각의 법정조건으로서 민사집행법상 매수신청보증금과 본질적으로 동일한 성격을 가지는 국세징수법상 계약보증금을 절차상 달리 취급함으로써, 국세징수법상 공매절차에서의 체납자 및 담보권자를 민사집행법상 경매절차에서의 집행채무자 및 담보권자에 비하여 그 재산적 이익의 영역에서 합리적 이유 없이 자의적으로 차별하고 있으므로 헌법상 평등원칙에 위반된다.

[요약판례 46] 군인연금법 제7조 위헌소원 등: 합헌(헌재 2009.7.30. 2007헌바139등)

2분의 1의 범위에서 압류가 허용되는 연금・퇴직연금수급권자(일반연금・퇴직연금 수급권자)의 채권자와 달리 전액에 대하여 압류를 금지한 이 사건 심판대상조항이 청구인들의 평등권을 침해하는지 여부(소극) 및 국가나 지방자치단체의 경우 국세 징수법이나 지방세법의 규정에 의하여 체납처분을 할 수 있는 것과 달리 전액 압류를 금지하고 있는 것이 국가 또는 지방자치단체와 사법상의 채권자를 차별하는 것으로서 사법상 채권자들인 청구인들의 평등권을 침해하는지 여부(소극)

이 사건 심판대상조항이 민사집행법 제246조 제1항 제4호와 달리 퇴역연금수급권 전액에 대하여 압류를 금지한 것은 입법자가 군인연금법상 퇴역연금수급권의 사회보장적인 성격, 군인은 특정직 공무원으로서 국민 전체의 봉사자의 지위에 있으며 국방의 의무를 수행한다는 직무상의 특수성이 인정되고 조기퇴직의 기조로 인한 생활안정의 필요성이 크다는 점과 군인이 실제로 수령하는 퇴역연금의 액수가 그다지 크지 않고, 채권자의 강제집행가능성이 완전히 봉쇄되어 있는 것은 아니라는 점 등 여러 가지 사정을 종합적으로 고려하여 연금수급권자로 하여금 그로 인한 수익을 직접 향유할 수 있도록 한 것인바 '일반연금・퇴직연금 수급권자의 채권자'와 '군인연금법상의 퇴역연금수급권자의 채권자'를 달리 취급하는 것은 합리적인 이유가 있다고 할 것이며, 자의적인 차별에 해당한다고 볼 수 없다.

군인연금법 제7조 단서 후단에서 군인연금법상 퇴역연금수급권을 국세징수법 등 법률에 의한 체납처분의 대상으로 할 수 있도록 허용하고 있는 것과는 달리, 이 사건 심판대상조항에서 사법상(*私法上*)의 채권의 실현을 위해서는 그 전액에 대하여 압류를 금지하고 있는 것은 조세채권 등이 지니는 고도의 공익성과 공공성을 고려한 조치로서 합리적인 이유가 있다고 할 것이므로, 자의적인 차별에 해당한다고 볼 수 없다.

[요약판례 47] 구 지방세법 제112조 제2항 제4호 위헌소원: 한정위헌(헌재 2009.9.24. 2007헌바87)

이 사건 법률조항을 고급오락장으로 사용할 목적이 없는 취득의 경우에도 적용하는 것이 평등원칙에 위반되는지 여부(적극)

이 사건 법률조항의 주된 목적이 사치성 재산의 소비를 억제하고 국민의 건전한 소비생활 정착을 도모하는 데에 있는 한, '고급오락장으로 사용할 목적을 가지는 취득행위'와 '고급오락장으로 사용할 목적을 가지지 않는 취득행위'는 본질적으로 상이한 집단이라고 하지 않을 수 없다. 그렇다면 그 취득목적에 따라 취득세 중과세 여부가 달라져야 할 것인바, 이러한 양자의 차이가 반영되지 아니한 채 이 사건 법률조항이 '고급오락장으로 사용할 목적을 가지지 않은 취득행위'에 대하여도 적용되는 것은 불합리한 차별취급에 해당하여 평등원칙에 위반된다 할 것이다.

[요약판례 48] 공직선거법 제59조 제3호 위헌소원: 합헌(헌재 2010.6.24. 2008헌바169)

이 사건 법률조항이 후보자나 후보자가 되고자 하는 자와 일반 유권자를 합리적 이유 없이 차별하여 평등원칙 및 선거운동 기회균등 원칙에 위배되는지 여부(소극)

이 사건 법률조항은 원칙적으로 금지되어 있는 선거운동기간 전의 선거운동을 예외적으로 후보자 등이 자신이 개설한 인터넷 홈페이지를 통해 하는 경우에 이를 허용함으로써 선거운동기간에 대한 제한을 완화하는 규정인바, 선거운동기간 전에 선거운동을 할 수 있는 자를 누구로 할 것인지, 어느 범위까지 선거운동을 허용할 것인지 등에 대해서는 입법부의 재량에 맡겨야 하고, 그것이 명백히 재량권의 한계를 벗어난 자의적인 입법이 아닌 한 입법형성의 자유를 존중하여야 할 것이다.

그런데 유권자는 후보자와는 달리 전적으로 타인(후보자)에 대한 정보 및 의견 등을 게시하는 경우라 할 것이므로, 후보자 본인이 자기 자신의 정보를 게시하는 경우에 비하여 정보의 신뢰성 담보가 어렵고, 허위정보에 의해 선의의 유권자의 의사결정을 왜곡할 가능성이 적지 않다. 또한 온라인의 빠른 전파가능성 때문에 게시글의 원작성자를 알 수 없는 경우가 많아 사후적인 선거관리 및 규제가 어려우므로, 유권자에 비하여 신원확인이 용이하여 선거관리가 상대적으로 쉽고, 허위정보에 대한 시정조치나 형사제재가 즉각적으로 이루어질 수 있는 후보자의 경우와 차이가 있다. 따라서 후보자 등과 유권자에게 인터넷을 이용한 사전선거운동 허용여부를 달리 취급할 합리성이 인정되므로, 이 사건 법률조항은 평등원칙 및 선거운동 기회균등 원칙에 반하지 않는다.

[요약판례 49] 병역법 제35조 제2항 등 위헌제청: 헌법불합치(헌재 2010.7.29. 2008헌가28)

국가공무원 임용 결격사유에 해당하여 공중보건의사 편입이 취소된 사람을 현역병으로 입영하게 하거나 공익근무요원으로 소집함에 있어 의무복무기간에 기왕의 복무기간을 전혀 반영하지 아니하는 구 병역법 제35조 제3항과 병역법 제35조 제3항 중 각 공중보건의사 관련 부분이 평등의 원칙에 반하여 위헌인지 여부(적극)

공중보건의사와 의무분야의 현역 장교는 보충역과 현역이라는 차이만 있을 뿐 선발대상과 의무복무기간이 동일하고, 공중보건의사의 편입취소 사유인 국가공무원 임용 결격사유와 군의관의 제적 또는 신분 상실 사유인 군인사법상 임용 결격사유는 서로 유사하나 복무 중 군인사법 임용 결격사유에 해당하여 제적되거나 그 신분이 상실되면 보충역의 장교에 편입될 뿐 더 이상 실역에 복무하지 않는데 반하여 이 사건 법률조항은 국가공무원 임용 결격사유에 해당하여 공중보건의사 편입이 취소된 사람을 의무복무기간에 기왕의 복무기간을 전혀 반영하지 않고서 현역병으로 입영하게 하거나 공익근무요원으로 소집하도록 하여 합리적 이유 없이 차별하고 있다.

한편 국가공무원 임용 결격사유에 해당하여 공중보건의사 편입이 취소된 사람은 이 사건 법률조항에 따라 의무복무기간에 기왕의 복무기간이 전혀 반영되지 않는데 반하여 정당한 사유 없이 통상 8일 이상 복무를 이탈하여 편입이 취소된 사람은 대통령령이 정하는 바에 따라 기왕의 복무기간을 공제한 잔여복무기간을 행정관서요원으로 소집되어 복무하는바, 양자의 사유가 공중보건의사제도의 운영에 미치는 위해의 정도를 달리 평가할 수 없고, 기왕에 수행한 공중보건업무에 차이가 있다고 볼 수 없는 등 양자를 차별할 합리적 이유를 발견할 수 없다. 따라서 이 사건 법률조항은 평등원칙에 반하여 헌법에 위배된다.

[요약판례 50] 부동산 실권리자명의 등기에 관한 법률 제8조 위헌소원: 합헌(헌재 2010.12.28. 2009헌바400)

구 '부동산 실권리자명의 등기에 관한 법률' 제5조에 의한 과징금 부과 특례대상을 부동산에 관한 물권을 법률혼 배우자의 명의로 등기한 경우로 한정한 같은 법 제8조 제2호 중 '제5조를 적용하지 아니한다'는 부분이 사실혼 배우자 명의로 부동산에 관한 물권을 등기한 사람의 평등권을 침해하여 헌법에 위반되는지 여부(소극)

투기나 탈세 등을 방지하고 부동산거래의 정상화와 부동산가격의 안정을 도모하려는 '부동산 실권리자명의 등기에 관한 법률'의 입법목적은 정당하고, 사실혼 배우자 사이에서도 특례를 인정한다면 공부상으로나 외관상으로 쉽게 확인이 안 되는 사실혼관계를 가장하여 명의신탁을 행하는 탈법행위를 막기가 어려우므로 특례대상을 법률혼관계의 부부 사이의 명의신탁에 한정하여야 할 필요가 크다. 또, 자발적으로 사실혼을 선택하거나 중혼 등 법률상 금지되는 혼인을 한 경우 명의신탁을 금지하는 규정을 위반한 결과 부과되는 공적 규제로 인한 불이익을 감수하는 것이 불합리하다고 보기 어렵다.

그리고 고용보험법 등 각종 사회보장법에서 사실혼 배우자를 배우자로 인정하여 일정한 범위 안에서 법률혼에 준하여 보호하고 있는 것은 사실혼관계의 부부 중 일방이 사망한 경우 잔존 배우자의 경제적 안정을 도모하기 위한 것에 불과할 뿐이고, 사실혼에 대하여 혼인의 효과 가운데 신고를 전제로 하는 것이 인정되지 아니하는 것과 마찬가지로 조세나 과징금 부과 등의 공법관계에서는 획일성이 요청되므로 사실혼을 법률혼과 동일하게 취급할 수 없다. 따라서 이 사건 법률조항이 사실혼 배우자에게 명의신탁한 사람을 법률혼 배우자에게 명의신탁한 사람에 비하여 불리하게 차별취급하는 데는 합리적인 이유가 있고 이를 가리켜 자의적인 차별이라고 할 수 없다.

[요약판례 51] 형사소송법 제232조 제1항 위헌소원: 합헌(헌재 2011.2.24. 2008헌바40)

친고죄에 있어서 고소 취소가 가능한 시기를 제1심 판결선고전까지로 제한한 형사소송법 제232조 제1항이 평등권을 침해하는지 여부(소극)

친고죄의 고소 취소를 인정할 것인지의 문제 및 이를 인정한다고 하더라도 형사소송절차 중 어느 시점까지 이를 허용할 것인지의 문제는 국가형벌권과 국가소추주의에 대한 국민 일반의 가치관과 법감정, 범죄피해자의 이익보호 등을 종합적으로 고려하여 정할 수 있는 입법정책의 문제이다.

이 사건 법률조항은 고소인과 피고소인 사이에 자율적인 화해가 이루어질 수 있도록 어느 정도의 시간을 보장함으로써 국가형벌권의 남용을 방지하는 동시에 국가형벌권의 행사가 전적으로 고소인의 의사에 의해 좌우되는 것 또한 방지하는 한편, 가급적 고소 취소가 제1심 판결선고전에 이루어지도록 유도함으로써 남상소를 막고, 사법자원이 효율적으로 분배될 수 있도록 하는 역할을 한다. 또한, 경찰·검찰의 수사단계에서부터 제1심 판결선고전까지의 기간이 고소인과 피고소인 상호간에 숙고된 합의를 이루어낼 수 없을 만큼 부당하게 짧은 기간이라고 하기 어렵고, 현행 형사소송법상 제1심과 제2심이 모두 사실심이기는 하나 제2심은 제1심에 대한 항소심인 이상 두 심급이 근본적으로 동일하다고 볼 수는 없다. 따라서 이 사건 법률조항이 항소심 단계에서 고소 취소된 사람을 자의적으로 차별하는 것이라고 할 수는 없다.

(재판관 김종대, 재판관 민형기의 반대의견) 친고죄에 있어 고소기간이나 고소취소기간을 제한할 필요가 있다 할지라도, 형벌의 보충성에 비추어 국가의 형벌권 행사에 영향을 미치는 모든 요소는 원칙적으로 속심인 항소심의 재판에 반영되어야 한다. 또한, 이 사건 법률조항은 제1심에서 비친고죄로 유죄가 선고되었으나 항소심에서 공소장변경을 거

쳐 공소사실이 친고죄로 변경된 경우나 간통사건에 대한 제1심 판결이 선고된 후 항소심 계속중 고소인이 피고인을 상대로 제소한 이혼심판청구 사건이 취하되거나 각하된 경우에 있어서 법리적으로 불합리한 결과를 초래한다. 따라서 이 사건 법률조항은 항소심에서 고소 취소를 받은 피고인을 제1심 판결선고 전에 고소 취소를 받은 피고인 등에 비하여 현저히 불리하게 취급하므로 청구인의 평등권을 침해한다.

[요약판례 52] 형사소송법 제224조 등 위헌소원: 합헌(헌재 2011.2.24. 2008헌바56)

자기 또는 배우자의 직계존속을 고소하지 못하도록 규정한 형사소송법 제224조가 비속을 차별 취급하여 평등권을 침해하는지 여부(소극)

범죄피해자의 고소권은 형사절차상의 법적인 권리에 불과하므로 원칙적으로 입법자가 그 나라의 고유한 사법문화와 윤리관, 문화전통을 고려하여 합목적적으로 결정할 수 있는 넓은 입법형성권을 갖는다. 가정의 영역에서는 법률의 역할보다 전통적 윤리의 역할이 더 강조되고, 그 윤리에는 인류 공통의 보편적인 윤리와 더불어 그 나라와 사회가 선택하고 축적해 온 고유한 문화전통과 윤리의식이 강하게 작용할 수밖에 없다. 우리는 오랜 세월동안 유교적 전통을 받아들이고 체화시켜 이는 현재에 이르기까지 일정한 부분 엄연히 우리의 고유한 의식으로 남아 있다. 이러한 측면에서 '효'라는 우리 고유의 전통규범을 수호하기 위하여 비속이 존속을 고소하는 행위의 반윤리성을 억제하고자 이를 제한하는 것은 합리적인 근거가 있는 차별이라고 할 수 있다. 따라서, 이 사건 법률조항은 헌법 제11조 제1항의 평등원칙에 위반되지 아니한다.

(재판관 이공현, 재판관 김희옥, 재판관 김종대, 재판관 이동흡, 재판관 목영준의 위헌의견) 유교적 전통을 기반으로 한 가족제도의 기본질서 유지라는 이 사건 법률조항의 입법목적에 정당성은 있지만, 고소권을 박탈하여 기본권을 제한한다는 방식은 차별의 목적과 정도의 비례성과 관련하여 문제점이 있다. 존비속이라는 신분관계는 범죄의 죄질과 책임의 측면에서 경중을 고려할 수 있는 요소는 될 수 있을지언정 국가형벌권의 행사 자체를 부정할 이유는 되지 못한다. 법이 보호할 가치가 없는 존속에 대해서까지 국가의 형벌권 행사를 포기하고 범죄피해자인 비속에 대한 보호의무를 저버리는 것은 차별의 목적과 수단 간에 합리적인 균형관계가 있다고 볼 수 없으며, 고소권을 박탈하는 것만이 가족제도의 기본질서를 유지하기 위한 유일하고 불가결한 수단이라고 할 수도 없다. 따라서, 이 사건 법률조항은 차별 목적의 비중과 차별의 정도 간에 비례성을 갖춘 것이라고 할 수 없으므로, 헌법상 평등원칙에 위배된다.

[요약판례 53] 형사소송법 제194조의4 제1항 위헌소원: 합헌(헌재 2012.3.29. 2011헌바19)

무죄판결이 확정된 피고인에게 국선변호인 보수를 기준으로 비용보상을 하는 형사소송법(2007. 6. 1. 법률 제8496호로 개정된 것) 제194조의4 제1항 후문의 "변호인이었던 자에 대하여는 국선변호인에 관한 규정을 준용한다" 부분 중 보수에 관한 부분이 평등원칙에 위반되는지 여부(소극)

민사소송에서 패소자에게 소송비용을 부담시키는 제도와 형사소송에서 무죄판결의 확정에 의한 비용보상제도는 그 입법취지가 서로 다른 점, 형사소송에는 민사소송과 달리 '소송목적의 값'이 존재하지 않으므로 같은 기준을 적용할 수 없는 점, 형사소송에는 국선변호인 제도가 활성화되어 있으며, 무죄의 확정판결을 받은 자가 국선변호인의 변호를 받은 경우 국가가 그 비용을 부담하므로 사선변호인을 선임한 경우에도 국선변호인이 선정된 경우와 같은 정도의 부담을 국가가 하는 것이 합리적인 점, 국선변호인 보수도 사안의 난이 등을 참작하여 기준금액의 5배까지 증액될 수 있으므로 상당한 금액이 인정될 수 있는 점 등을 고려할 때 형사소송에서 민사소송과 달리 국선변호인 보수를 기준으로 변호인보수를 산정하여 보상하는 것이 평등원칙에 위반된다고 볼 수 없다.

[요약판례 54] 형법 제239조 제1항 등 위헌소원: 합헌(헌재 2011.11.24. 2010헌바472)

행사할 목적으로 타인의 서명을 위조하고 이를 행사한 자를 처벌하는 형법 제239조 제1항 및 제2항 부분의 법정형이 형벌체계의 균형성 및 평등원칙에 위반되는지 여부(소극)

보호법익이 유사한 범죄라 하더라도 구체적인 범죄의 종류 및 그 죄질에 따라 법정형의 종류와 범위에 차이가 있을 수 있으므로 이 사건 법률조항에서 벌금형을 선택형으로 규정하고 있지 않다고 하여, 이것만으로 이 사건 법률조항의 법정형이 유사범죄에 비하여 균형을 상실할 정도로 가혹하다고 단정하기는 곤란하다. 특히 사문서위조의 경우 구체적 사안에 따라 마땅히 중형으로 처단하여야 할 경우가 있는가 하면, 타인의 인장, 서명 등을 사용하거나 위조한 타인의 인장, 서명 등을 사용한 사문서위조(유인위조)인지 그렇지 아니한 사문서위조(무인위조)인지 등에 따라 문서의 진정에 대한 공공의 신용이라는 보호법익의 침해 정도가 각각 다르고 그 행위태양도 다양할 수 있다는 점에서, 형 선택의 폭을 징역형과 벌금형으로 비교적 넓게 규정한 것은 형사체계상 그 나름대로 수긍할 만한 합리적인 이유가 있고, 그와 비교하면 이 사건 법률조항이 정하고 있는 사서명위조죄 등은 그 피해 정도가 경미한 경우도 간혹 있을 수는 있으나, 그 행위태양이 비교적 단순하여 죄질과 정상의 폭이 넓지 않고, 일반적으로 행위자의 책임에 대한 비난가능성도 크다고 할 수 있으므로, 사문서위조죄와의 관계에서 보더라도 이 사건 법률조항의 법정형이 형벌체계상 균형성을 상실하여 헌법상 평등원칙에 위반된다고 볼 수 없다.

[요약판례 55] 민사집행법 제130조 위헌소원: 합헌(헌재 2012.7.26. 2011헌바283)

매각허가결정에 대하여 항고를 하고자 하는 사람은 매각대금의 10분의 1에 해당하는 금전 또는 법원이 인정한 유가증권을 공탁하도록 하고, 이를 이행하지 않을 경우 항고를 각하하도록 정한 민사집행법 제130조 제3항 및 제4항(이하 '이 사건 법률조항들'이라 한다)이 재판청구권, 재산권 및 평등권을 침해하는지 여부(소극)

헌법재판소는 이미 이 사건 법률조항들에 대하여, 이 사건 법률조항들은 무익한 항고의 제기로 강제집행절차가 지연되는 것을 방지하기 위한 것으로서 항고권의 남용을 억제할 만한 부담을 항고인에게 부과하고 있고, 항고가 인용된 경우에는 공탁금을 반환받을 수 있으므로 재판청구권이나 재산권을 침해하는 것이 아니며, 항고보증금을 공탁하여야 하는 항고인의 범위를 '모든 항고인'으로 정하였으므로 평등원칙에 반하지 않는다고 합헌결정을 한 바 있다(헌재 2009. 12. 29. 2009헌바25, 판례집 21-2하, 838 참조). 이 사건의 청구인이 주채무자나 소유자가 아닌 임차인이라 하더라도 위 선례를 변경할 만한 사정변경이나 필요성은 인정되지 않는다.

[요약판례 56] 보건복지부 고시 제2009-79호 위헌확인: 위헌(헌재 2012.6.27. 2010헌마716)

1983. 1. 1. 이후 출생한 A형 혈우병 환자에 한하여 유전자재조합제제에 대한 요양급여를 인정하는 '요양급여의 적용기준 및 방법에 관한 세부사항'(2010. 1. 29. 보건복지가족부고시 제2010-20호) II. 약제 2. 약제별 세부인정기준 및 방법 [339] 기타의 혈액 및 체액용약 Recombinant blood coagulation factor vIII 주사제(품명: 리콤비네이트주, 애드베이트주 등)의 대상환자 중 "83. 1. 1. 이후에 출생한" 부분이 1983. 1. 1. 이전에 출생한 A형 혈우병 환자들인 청구인들의 평등권을 침해하는지 여부(적극)

종래에는 A형 혈우병 환자들에 대하여 유전자재조합제제를 요양급여 대상으로 인정하지 아니하다가 처음 혈우병 약제를 투여받는 자와 면역능이 저하되어 감염의 위험성이 큰 HIV 양성 환자에게도 유전자재조합제제를 요양급여 대상으로 확대, 개선하고 다시 이 사건 고시 조항에서 '1983. 1. 1. 이후에 출생한 환자'도 요양급여를 받을 수 있도록 규정한 것은 제도의 단계적인 개선에 해당한다고 볼 수 있으므로 요양급여를 받을 환자의 범위를 한정한 것 자체는 평등권 침해의 문제가 되지 않으나, 그 경우에도 수혜자를 한정하는 기준은 합리적인 이유가 있어 그 혜택으로부터 배제되는 자들의 평등권을 해하지 않는 것이어야 한다. 그런데 이 사건 고시조항이 수혜자 한정의 기준으로 정한 환자의 출생 시기는 그 부모가 언제 혼인하여 임신, 출산을 하였는지와 같은 우연한 사정에 기인하는 결과의 차이일 뿐, 이러한 차이로 인해 A형 혈우병 환자들에 대한 치료제인 유전자재조합제제의 요양급여 필요성이 달라진다고 할 수는 없으므로, A형 혈우병 환자들의 출생 시기에 따라 이들에 대한 유전자재조합 제제의 요양급여 허용 여부를 달리 취급하는 것은 합리적인 이유가 있는 차별이라고 할 수 없다. 따라서 이 사건 고시 조항은 청구인들의 평등권을 침해하는 것이다.

[요약판례 57] 공무원연금법 부칙 제14조 제2항 위헌소원: 합헌(헌재 2012.8.23. 2011헌바169)

순직공무원의 적용 범위를 확대한 개정 공무원연금법 제3조 제1항 제2호 라목 규정을 소급하여 적용하지 아니하도록 한 위 개정 법률 부칙 제14조 제2항이 평등원칙에 위배되는지 여부(소극)

소방공무원이 재난·재해현장에서 화재진압이나 인명구조작업 중 입은 위해뿐만 아니라 그 업무수행을 위한 긴급한 출동·복귀 및 부수활동 중 위해에 의하여 사망한 경우까지 그 유족에게 순직공무원보상을 하여 주는 제도를 도입하면서 이 사건 부칙조항이 신법을 소급하는 경과규정을 두지 않았다고 하더라도 소급적용에 따른 국가의 재정부담, 법적 안정성 측면 등을 종합적으로 고려하여 입법정책적으로 정한 것이므로 입법재량의 범위를 벗어나 불합리한 차별이라고 할 수 없다.

대판 1967.2.28. 67도1

강간죄의 객체를 부녀만으로 규정한 경우의 위헌여부(소극)

형법 제297조 강간죄에 있어서 그 객체를 부녀로 한 것은 남녀의 생리적, 육체적 차이에 의하여 강간이 남성에 의하여 감행됨을 보통으로 하는 실정에 비추어 사회적, 도덕적 견지에서 피고자인 부녀를 보호하려는 것이고 이로 인하여 일반 사회관념상 합리적인 근거없는 특권을 부녀에게만 부여하고 남성에게 불이익을 주었다고는 할 수 없다.

대판 2005.7.21. 2002다1178

공동선조와 성과 본을 같이 하는 후손은 성별의 구별 없이 성년이 되면 당연히 종중의 구성원이 되는지 여부(적극)

종원의 자격을 성년 남자로만 제한하고 여성에게는 종원의 자격을 부여하지 않는 종래 관습에 대하여 우리 사회 구성원들이 가지고 있던 법적 확신은 상당 부분 흔들리거나 약화되어 있고, 무엇보다도 헌법을 최상위 규범으로 하는 우리의 전체 법질서는 개인의 존엄과 양성의 평등을 기초로 한 가족생활을 보장하고, 가족 내의 실질적인 권리와 의무에 있어서 남녀의 차별을 두지 아니하며, 정치·경제·사회·문화 등 모든 영역에서 여성에 대한 차별을 철폐하고 남녀평등을 실현하는 방향으로 변화되어 왔으며, 앞으로도 이러한 남녀평등의 원칙은 더욱 강화될 것인바, 종중은 공동선조의 분묘수호와 봉제사 및 종원 상호간의 친목을 목적으로 형성되는 종족단체로서 공동선조의 사망과 동시에 그 후손에 의하여 자연발생적으로 성립하는 것임에도, 공동선조의 후손 중 성년 남자만을 종중의 구성원으로 하고 여성은 종중의 구성원이 될 수 없다는 종래의 관습은, 공동선조의 분묘수호와 봉제사 등 종중의 활동에 참여할 기회를 출생에서 비롯되는 성별만에 의하여 생래적으로 부여하거나 원천적으로 박탈하는 것으로서, 위와 같이 변화된 우리의 전체 법질서에 부합하지 아니하여 정당성과 합리성이 있다고 할 수 없으므로, 종중 구성원의 자격을 성년 남자만으로 제한하는 종래의 관습법은 이제 더 이상 법적 효력을 가질 수 없게 되었다.

대판 2007.10.29. 2005두14417

개발제한구역 훼손부담금의 부과율을 규정함에 있어 전기공급시설 등과는 달리 집단에너지공급시설에 차등을 두는 것이 평등원칙에 위배되어 무효라고 한 판례

개발제한구역 훼손부담금 제도의 입법목적상 집단에너지공급시설과 전기공급시설 등의 사이에는 아무런 차이가 없고, 또 그들 사이에 사실상의 차이도 찾아볼 수 없으므로, 위 시행령 규정에서 집단에너지공급시설을 전기공급시설 등과 구별하여 그 부과율을 전기공급시설 등의 다섯 배로 정한 것은 과도한 차등을 둔 것으로서, 합리적 근거 없는 차별에 해당하므로 헌법상 평등원칙에 위배되어 무효이고, 그 규정에 의해 산정된 훼손부담금을 부과한 피고의 이 사건 처분도 위법하다(전원합의체판결, 개발제한구역훼손부담금부과처분취소).

Ⅳ 평등권의 제한

[요약판례 1] 국가유공자예우등에관한법률 제4조 등에 대한 헌법소원: 기각(헌재 1994.6.30. 91헌마161)

국가유공자인 공상공무원의 범위에 사립학교교원을 포함시키지 아니한 것이 사립학교 교원인 청구인의 평등권을 침해하는지 여부(소극)

국가유공자예우등에관한법률 제4조 제1항 제12호 소정의 국가유공자인 공상공무원에 국·공립학교 교원만을 포함시키고 사립학교교원을 포함시키지 아니한 것은 보훈대상의 범위, 내용 등에 관한 입법자의 입법형성 자유에 속하는 입법정책 문제로서 합리적인 근거와 이유 있는 차별이므로 청구인의 평등권을 침해하였다고 볼 수 없다.

[요약판례 2] 구 국가유공자예우등에관한법률 제12조 제1항 위헌소원: 합헌(헌재 2001.6.28. 99헌바32)

공상공무원을 국가유공자로 예우하되 공상군경 등과 달리 연금지급대상자에는 포함시키지 아니한 구 국가유공자예우등에관한법률 제12조 제1항이 평등의 원칙이나 평등권을 침해하는지 여부(소극)

일반 공상공무원의 경우 위와 같은 생활보조수당, 간호수당, 보철구수당, 학자금지급 등의 혜택은 주어지되, 국가에 대한 공헌과 희생, 업무의 위험성의 정도, 국가의 재정상태 등을 고려하여 군인·경찰상이공무원과 달리 연금 및 사망일시금은 지급하지 않는다고 해서 이를 합리적인 이유 없는 차별이라고 단정할 수 없다. 그리고 군인, 경찰 이외의 일반 공상공무원의 경우도 그 업무의 중요성, 위험성뿐만 아니라 공무원의 총체적인 처우개선, 사기진작을 위하여 연금지급을 확대하는 것이 바람직하다고 하더라도, 국가예산이나 재정, 전체적인 사회보장의 수준 등을 고려하여 단계적인 입법을 통하여 해결하는 것이 합리적이고 타당한 방안이라고 할 것이며, 위와 같은 이유로 이를 평등의 원칙이나 평등권을 침해하여 위헌이라고 할 수는 없다고 할 것이다.

[요약판례 3] 국가공무원법 제66조 제1항 등 위헌소원 등: 합헌(헌재 2007.8.30. 2003헌바51등)

사실상 노무에 종사하는 공무원에 대하여서만 노동3권을 보장하고 그 이외의 공무원들에 대하여는 노동3권의 행사를 제한함으로써 일반 근로자 또는 사실상 노무에 종사하는 공무원의 경우와 달리 취급하는 것이 평등원칙에 위배되는지 여부(소극)

공무원의 근로관계는 근로자와 사용자의 이원적 구조 아래서 서로 투쟁과 타협에 의하여 발전되어온 노동법관계에 의하여 규율하는 것보다는 오히려 공무원의 지위와 직무의 공공성에 적합하도록 형성·발전되도록 하는 것이 보다 합리적이고 합목적적일 수 있다. 따라서 위 법률조항이 사실상 노무에 종사하는 공무원에 대하여서만 노동3권을

보장하고 그 이외의 공무원들에 대하여는 노동3권의 행사를 제한함으로써 일반 근로자 또는 사실상 노무에 종사하는 공무원의 경우와 달리 취급하는 것은 헌법 제33조 제2항에 명문의 근거를 두고 있을 뿐만 아니라 위에서 본 바와 같은 합리적인 이유 또한 있다 할 것이므로 헌법 제11조 제1항에서 정한 평등의 원칙에 위반된다고 하기 어렵다. 나아가 교원노조법에 의한 교원은 단결권과 단체교섭권이 보장되고 있음에도 이 사건 법률조항이 그 외의 공무원들에게 노동3권을 보장하지 않는 것은 일반 공무원의 업무와 교원의 업무가 직역 및 처리업무의 성격에 있어서 다르고, 노동기본권을 행사하였을 때 국민 생활에 미치는 영향도 차이가 있어서 교원에 대하여 근로에 관한 권리를 부여한 것인데 이를 두고 자의적인 차별을 가하는 것이라 할 수는 없다. 그렇다면, 법 제66조 제1항은 차별을 정당화할 만한 합리적 이유가 있으므로, 헌법 제11조 제1항에 위반되지 아니한다.

[요약판례 4] 군인사법 제48조 제4항 위헌확인: 기각(헌재 2009.4.30. 2007헌마290)

군인이 자비 해외유학을 위하여 휴직하는 경우 다른 국가공무원과 달리 봉급을 지급하지 않도록 하고 있는 군인사법 제48조 제4항 본문 중 같은 법 제48조 제3항 제2호 부분이 청구인의 평등권을 침해하는지 여부(소극)

국방의 사명을 수행하여야 하는 군인은 복무하는 동안 정신적·신체적 지향점을 전투력 배양을 통한 국방능력의 향상에 둘 것이 요구되므로 군인 개개인이 전투력 배양과 직접적인 관련을 갖는다고 보기 어려운 자기계발의 기회를 충분히 부여받지 못하더라도 이는 그 직무의 특성상 부득이하고, 직무와 관련하여서는 국비 유학의 기회가 일반 공무원에 비하여 더 넓게 부여되고 있으며, 군인의 정원을 유지하는 것이 중요함에도 결원을 보충하는 것은 쉽지 않다. 이 사건 법률조항은 입법자가 점진적 제도개선의 과정에서 군인이 수행하는 직무의 특수성, 자비 해외유학 휴직제도와 군인의 직무와의 연관성, 결원보충의 문제, 제도 도입에 따른 국가부담의 증가 등 다양한 측면을 고려하여 현 단계에서 군인에 대하여 자비 해외유학을 위한 휴직기간 중에 봉급을 지급하지 않는 것으로 정한 것으로 이와 같이 군인을 다른 공무원과 차별하는 데에는 그 차별을 정당화할 합리적인 이유가 있으므로, 청구인의 평등권을 침해한다고 볼 수 없다.

Ⅴ 평등권의 침해와 구제

Ⅵ 적극적 평등실현조치

Ⅶ 간접차별

Ⅷ 결　　어

4 자 유 권

제 1 절 자유권 일반론

제 2 절 인신의 안전과 자유

제 1 항 생 명 권

I 형법 제41조 등 위헌제청: 합헌,각하(헌재 2010.2.25. 2008헌가23)

쟁점 1. 재판의 전제성에 관한 제청법원의 법률적 견해가 명백히 유지될 수 없어 재판의 전제성이 부인된 사례

2. 사형제도에 대한 위헌심사의 범위
3. 사형제도의 헌법적 근거
4. 헌법 제37조 제2항에 의하여 생명권을 제한할 수 있는지 여부(적극) 및 생명권의 제한이 곧 생명권의 본질적 내용에 대한 침해인지 여부(소극)
5. 사형제도가 헌법 제37조 제2항에 위반하여 생명권을 침해하는지 여부(소극)
6. 사형제도가 인간의 존엄과 가치를 규정한 헌법 제10조에 위반되는지 여부(소극)
7. 가석방이 불가능한 이른바 '절대적 종신형'이 아니라 가석방이 가능한 이른바 '상대적 종신형' 만을 규정한 현행 무기징역형제도가 평등원칙이나 책임원칙에 위반되는지 여부(소극)
8. 형법 제250조 제1항 중 '사형, 무기의 징역에 처한다'는 부분이 비례의 원칙이나 평등원칙에 위반되는지 여부(소극)
9. 구 '성폭력범죄의 처벌 및 피해자보호 등에 관한 법률'(1997. 8. 22. 법률 제5343호로 개정되고 2008. 6. 13. 법률 제9110호로 개정되기 전의 것) 제10조 제1항 중 "사형 또는 무기징역에 처한다"는 부분이 비례의 원칙이나 평등원칙에 위반되는지 여부(소극)

사건의 개요

당해 사건의 피고인인 제청신청인 오○근은 2회에 걸쳐 4명을 살해하고 그 중 3명의 여성을 추행한 범죄사실로 구속기소되어, 1심인 광주지방법원 순천지원(2007고합143)에서 형법 제250조 제1항, '성폭력범죄의 처벌 및 피해자보호 등에 관한 법률' 제10조 제1항 등이 적용되어 사형을 선고받은 후 광주고등법원에 항소하였다.

제청신청인은 항소심 재판 계속 중(2008노71) 형법 제250조 제1항, 사형제도를 규정한 형법 제41조 제1호 등에 대하여 위헌법률심판제청신청을 하였고(2008초기29), 광주고등법원은 2008. 9. 17. 형법 제41조 중 '1. 사형 2. 징역' 부분, 형법 제42조(무기금고, 유기징역, 유기금고 부분 제외), 형법 제72조 제1항(무기금고, 유기징역, 유기금고 부분 제외), 형법 제250조 제1항 중 '사형, 무기의 징역에 처한다'는 부분, '성폭력범죄의 처벌 및 피해자보호 등에 관한 법률' 제10조 제1항 중 '사형 또는 무기징역에 처한다'는 부분이 각 위헌이라고 의심할 만한 상당한 이유가 있다며 위헌법률심판제청결정을 하였다.

심판의 대상

형법(1953. 9. 18. 법률 제293호로 제정된 것) 제41조 (형의 종류) 형의 종류는 다음과 같다.

1. 사형
2. 징역

3.~9. 생략

제42조 (징역 또는 금고의 기간) 징역 또는 금고는 무기 또는 유기로 하고 유기는 1월 이상 15년 이하로 한다. 단, 유기징역 또는 유기금고에 대하여 형을 가중하는 때에는 25년까지로 한다.

제72조 (가석방의 요건) ① 징역 또는 금고의 집행중에 있는 자가 그 행상이 양호하여 개전의 정이 현저한 때에는 무기에 있어서는 10년, 유기에 있어서는 형기의 3분의 1을 경과한 후 행정처분으로 가석방을 할 수 있다.

② 생략

형법 제250조 (살인, 존속살해) ① 사람을 살해한 자는 사형, 무기 또는 5년 이상의 징역에 처한다.

② 생략

구 성폭력범죄의 처벌 및 피해자보호 등에 관한 법률(1997. 8. 22. 법률 제5343호로 개정되고, 2008. 6. 13. 법률 제9110호로 개정되기 전의 것) 제10조 (강간등 살인·치사) ① 제5조 내지 제8조, 제12조(제5조 내지 제8조의 미수범에 한한다)의 죄 또는 형법 제297조(강간) 내지 제300조(미수범)의 죄를 범한 자가 사람을 살해한 때에는 사형 또는 무기징역에 처한다.

② 생략

주 문

1. 형법(1953. 9. 18. 법률 제293호로 제정된 것) 제41조 제1호, 제41조 제2호 및 제42조 중 각 '무기징역' 부분, 제250조 제1항 중 '사형, 무기의 징역에 처한다'는 부분, 구 '성폭력범죄의 처벌 및 피해자보호 등에 관한 법률'(1997. 8. 22. 법률 제5343호로 개정되고 2008. 6. 13. 법률 제9110호로 개정되기 전의 것) 제10조 제1항 중 '사형 또는 무기징역에 처한다'는 부분은 각 헌법에 위반되지 아니한다.

2. 형법(1953. 9. 18. 법률 제293호로 제정된 것) 제72조 제1항 중 '무기징역' 부분에 대한 위헌법률심판제청을 각하한다.

판 단

Ⅰ. 형법 제72조 제1항 중 '무기징역' 부분의 재판의 전제성 여부

헌법재판소는 "법원의 위헌법률심판제청에 있어서 위헌 여부가 문제되는 법률 또는 법률조항이 재판의 전제성 요건을 갖추고 있는지의 여부는 되도록 제청법원의 이에 관한 법률적 견해를 존중" 해야 하는 것을 원칙으로 삼고 있다(헌재 1996. 10. 4. 96헌가6, 판례집 8-2, 308, 321; 헌재 1999. 9. 16. 98헌가6, 판례집 11-2, 228, 235; 헌재 2007. 6. 28. 2006헌가14, 판례집 19-1, 783, 792). 그러나 헌법재판소는 재판의 전제성에 관한 제청법원의 법률적 견해가 명백히 유지될 수 없을 때에는 이를 직권으로 조사할 수 있으며(헌재 1993. 5. 13. 92헌가10등, 판례집 5-1, 226, 239; 헌재 1999. 9. 16. 99헌가1, 판례집 11-2, 245, 252), 그 결과 전제성이 없다고 판단되면 그 제청을 부적법하다 하여 각하할 수 있다.

형법 제72조 제1항은 징역 또는 금고의 집행 중에 있는 수형자 가운데 그 행상이 양호하여 개전의 정이 현저한 자에 대하여 무기징역형에 있어서 10년을 경과한 후 행정처분으로 가석방을 할 수 있도록 규정하고 있으며, 이에 관한 구체적 절차는 '형의 집행 및 수용자의 처우에 관한 법률' 제119조부터 제122조까지에서 규정하고 있다. 이러한 가석방제도는 이미 법원으로부터 구체적인 범죄사실의 확정과 함께 제반 양형요소의 참작과정을 거쳐 그의 위법성 및 책임에 상응하는 형을 선고받은 수형자에 대하여 그 행상이 양호하여 개전의 정이 현저한 경우에 형기만료 전에 행정청의 행정처분으로 석방하는 제도인바, 위와 같은 가석방의 요건에 관한 규정은 사법부에 의하여 형이 선고·확정된 이후의 집행에 관한 문제일 뿐 이 사건 당해 재판 단계에서 문제될 이유는 없고, 달리 위 규정이 당해 사건에 적용될 법률조항임을 인정할 자료를 찾아볼 수 없다.

그렇다면 위 규정의 위헌 여부에 따라 당해 사건 재판의 주문이 달라지거나 재판의 내용과 효력에 관한 법률적 의미가 달라지게 되는 경우라고 볼 수 없다 할 것이므로, 이 사건 위헌제청 중 형법 제72조 제1항 중 '무기징역' 부분은 재판의 전제성이 없어 부적법하다.

Ⅱ. 형법 제41조 제1호(사형제도)의 위헌여부

1. 사형제도의 의의 및 현황

형법 제41조 제1호는 형의 종류의 하나로서 사형을 규정하고 있고, 사형은 인간존재의 바탕인 생명을 빼앗아 사람의 사회적 존재를 말살하는 형벌이므로 생명의 소멸을 가져온다는 의미에서 생명형이자, 성질상 모든 형벌 중에서 가장 무거운 형벌이라는 의미에서 극형인 궁극의 형벌이다.

2. 생명권의 의의 및 사형제도 자체의 위헌성 심사에 있어서의 쟁점

인간의 생명은 고귀하고, 이 세상에서 무엇과도 바꿀 수 없는 존엄한 인간 존재의 근원이다. 이러한 생명에 대한 권리는 비록 헌법에 명문의 규정이 없다 하더라도 인간의 생존본능과 존재목적에 바탕을 둔 선험적이고 자연법적인 권리로서 헌법에 규정된 모든 기본권의 전제로서 기능하는 기본권 중의 기본권이라 할 것이다(헌재 1996. 11. 28. 95헌바1, 판례집 8-2, 537, 545 참조). 따라서 인간의 생명권은 최대한 존중되어야 하고, 국가는 헌법상 용인될 수 있는 정당한 사유 없이 생명권을 박탈하는 내용의 입법 등을 하여서는 아니될 뿐만 아니라, 한편으로는 사인의 범죄행위로 인해 일반국민의 생명권이 박탈되는 것을 방지할 수 있는 입법 등을 함으로써 일반국민의 생명권을 최대한 보호할 의무가 있다.

사형은 이러한 생명권에 대한 박탈을 의미하므로, 만약 그것이 형벌의 목적달성에 필요한 정도를 넘는 과도한 것으로 평가된다면 우리 헌법의 해석상 허용될 수 없는 위헌적인 형벌이라고 하지 않을 수 없을 것이다(헌재 1996. 11. 28. 95헌바1, 판례집 8-2, 537, 545 참조).

그런데 사형제도가 위헌인지 여부의 문제와 형사정책적인 고려 등에 의하여 사형제도를 법률상 존치시킬 것인지 또는 폐지할 것인지의 문제는 서로 구분되어야 할 것이다. 즉, 사형제도가 위헌인지 여부의 문제는 성문 헌법을 비롯한 헌법의 법원(法源)을 토대로 헌법규범의 내용을 밝혀 사형제도가 그러한 헌법규범에 위반하는지 여부를 판단하는 것으로서 헌법재판소에 최종적인 결정권한이 있는 반면, 사형제도를 법률상 존치시킬 것인지 또는 폐지할 것인지의 문제는 사형제도의 존치가 필요하거나 유용한지 또는 바람직한지에 관한 평가를 통하여 민주적 정당성을 가진 입법부가 결정할 입법정책적 문제이지 헌법재판소가 심사할 대상은 아니라 할 것이다. 유럽의 선진 각국을 비롯하여 사형제도를 폐지한 대다수의 국가에서 헌법해석을 통한 헌법재판기관의 위헌결정이 아닌 헌법개정이나 입법을 통하여 사형제도의 폐지가 이루어졌다는 점은 위와 같은 구분과 관련하여 시사하는 바가 크다.

또한 사형제도 자체의 위헌성 여부를 심사하는 것과 사형을 법정형으로 규정하고 있는 개별 형벌조항의 위헌성 여부를 심사하는 것 역시 구분되어야 할 것이다. 즉, 사형제도 자체가 위헌이라고 선언되려면, 잔혹한 방법으로 수많은 인명을 살해한 연쇄살인범이나 테러범, 대량학살을 주도한 자, 계획적이고 조직적으로 타인의 생명을 박탈한 살인범 등 타인의 생명을 박탈한 범죄 중에서도 극악한 범죄 및 이에 준하는 범죄에 대한 어떠한 사형 선고조차도 모두 헌법에 위반된다고 인정할 수 있어야 한다. 따라서 만약, 극악한 범죄 중 극히 일부에 대하여서라도 헌법질서내에서 사형이 허용될 수 있다고 한다면, 사형제도 자체가 위헌이라고 할 수는 없고, 다만, 사형제도 자체의 합헌성을 전제로 하여 사형이 허용되는 범죄유형을 어느 범위까지 인정할 것인지가 문제될 뿐이며, 이는 개별 형벌조항의 위헌성 여부의 판단을 통하여 해결할 문제라고 할 것이다.

따라서 위와 같은 구분을 전제로 하여, 우리 헌법이 명문으로 사형제도를 인정하고 있는지, 생명권이 헌법 제37조 제2항에 의한 일반적 법률유보의 대상이 되는지, 사형제도가 생명권 제한에 있어서의 헌법상 비례원칙에 위배되는지, 사형제도가 인간의 존엄과 가치를 규정한 헌법 제10조에 위배되는지를 차례로 살펴본다.

3. 우리 헌법이 명문으로 사형제도를 인정하고 있는지 여부

우리 헌법은 사형제도에 대하여 그 금지나 허용을 직접적으로 규정하고 있지는 않다. 그러나, 헌법 제12조 제1항은 “모든 국민은 … 법률과 적법절차에 의하지 아니하고는 처벌·보안처분 또는 강제노역을 받지 아니한다”고 규정하는 한편, 헌법 제110조 제4항은 “비상계엄하의 군사재판은 군인·군무원의 범죄나 군사에 관한 간첩죄의 경우와 초병·초소·유독음식물공급·포로에 관한 죄 중 법률이 정한 경우에 한하여 단심으로 할 수 있다. 다만, 사형을 선고한 경우에는 그러하지 아니하다”고 규정하고 있다. 이는 법률에 의하여 사형이 형벌로서 규정되고, 그 형벌조항의 적용으로 사형이 선고될 수 있음을 전제로 하여, 사형을 선고한 경우에는 비상계엄하의 군사재판이라도 단심으로 할 수 없고, 사법절차를 통한 불복이 보장되어야 한다는 취지의 규정이라 할 것이다. 따라서 우리 헌법은 적어도 문언의 해석상 사형제도를 간접적으로나마 인정하고 있다고 할 것이다(헌재

1996. 11. 28. 95헌바1, 판례집 8-2, 537, 544-545 참조).

4. 생명권이 헌법 제37조 제2항에 의한 일반적 법률유보의 대상이 되는지 여부

인간의 생명에 대하여는 함부로 사회과학적 혹은 법적인 평가가 행하여져서는 아니되고, 각 개인의 입장에서 그 생명은 절대적 가치를 가진다고 할 것이므로 생명권은 헌법 제37조 제2항에 따른 제한이 불가능한 절대적 기본권이 아닌지가 문제될 수 있다.

그런데 우리 헌법은 절대적 기본권을 명문으로 인정하고 있지 아니하며, 헌법 제37조 제2항에서는 국민의 모든 자유와 권리는 국가안전보장·질서유지 또는 공공복리를 위하여 필요한 경우에 한하여 법률로써 제한할 수 있도록 규정하고 있는바, 어느 개인의 생명권에 대한 보호가 곧바로 다른 개인의 생명권에 대한 제한이 될 수밖에 없거나, 특정한 인간에 대한 생명권의 제한이 일반국민의 생명 보호나 이에 준하는 매우 중대한 공익을 지키기 위하여 불가피한 경우에는 비록 생명이 이념적으로 절대적 가치를 지닌 것이라 하더라도 생명에 대한 법적 평가가 예외적으로 허용될 수 있다고 할 것이므로, 생명권 역시 헌법 제37조 제2항에 의한 일반적 법률유보의 대상이 될 수밖에 없다.

예컨대 생명에 대한 현재의 급박하고 불법적인 침해 위협으로부터 벗어나기 위한 정당방위로서 그 침해자의 생명에 제한을 가하여야 하는 경우, 모체의 생명이 상실될 우려가 있어 태아의 생명권을 제한하여야 하는 경우, 국민 전체의 생명에 대하여 위협이 되는 현재적이고 급박한 외적의 침입에 대한 방어를 위하여 부득이하게 국가가 전쟁을 수행하는 경우, 정당한 이유 없이 타인의 생명을 부정하거나 그에 못지 아니한 중대한 공공이익을 침해하는 극악한 범죄의 발생을 예방하기 위하여 범죄자에 대한 극형의 부과가 불가피한 경우 등 매우 예외적인 상황 하에서 국가는 생명에 대한 법적인 평가를 통해 특정 개인의 생명권을 제한할 수 있다 할 것이다.

한편, 헌법 제37조 제2항에서는 자유와 권리를 제한하는 경우에도 자유와 권리의 본질적인 내용을 침해할 수 없다고 규정하고 있다. 그런데 생명권의 경우, 다른 일반적인 기본권 제한의 구조와는 달리, 생명의 일부 박탈이라는 것은 상정할 수 없기 때문에 생명권에 대한 제한은 필연적으로 생명권의 완전한 박탈을 의미하게 되는바, 이를 이유로 생명권의 제한은 어떠한 상황에서든 곧바로 개인의 생명권의 본질적인 내용을 침해하는 것으로서 기본권 제한의 한계를 넘는 것으로 본다면, 이는 생명권을 제한이 불가능한 절대적 기본권으로 인정하는 것과 동일한 결과를 가져오게 된다.

그러나 앞서 본 바와 같이 생명권 역시 그 제한을 정당화할 수 있는 예외적 상황 하에서는 헌법상 그 제한이 허용되는 기본권인 점 및 생명권 제한구조의 특수성을 고려한다면, 생명권 제한이 정당화될 수 있는 예외적인 경우에는 생명권의 박탈이 초래된다 하더라도 곧바로 기본권의 본질적인 내용을 침해하는 것이라 볼 수는 없다. 따라서 사형이 비례의 원칙에 따라 최소한 동등한 가치가 있는 다른 생명 또는 그에 못지 아니한 공공의 이익을 보호하기 위한 불가피성이 충족되는 예외적인 경우에만 적용됨으로써 생명권의 제한이 정당화될 수 있는 경우에는, 그것이 비록 생명권의 박탈을 초래하는 형벌이라 하더라도 이를 두고 곧바로 생명권이라는 기본권의 본질적인 내용을 침해하는 것이라 볼 수는 없다.

5. 사형제도가 생명권 제한에 있어서의 헌법상 비례원칙에 위배되는지 여부

(1) 앞서 본 바와 같이, 생명권 역시 헌법 제37조 제2항에 의한 일반적 법률유보의 대상이 될 수

있다 할 것이므로, 생명권의 제한을 형벌의 내용으로 하는 사형제도의 위헌성 여부를 판단하기 위하여 사형제도가 생명권 제한에 있어서의 헌법상 비례원칙에 위배되는지 여부를 살펴본다.

(2) 입법목적의 정당성 및 수단의 적합성

사형은, 이를 형벌의 한 종류로 규정함으로써, 일반국민에 대한 심리적 위하를 통하여 범죄의 발생을 예방하며, 이를 집행함으로써 극악한 범죄에 대한 정당한 응보를 통하여 정의를 실현하고, 당해 범죄인 자신에 의한 재범의 가능성을 영구히 차단함으로써 사회를 방어한다는 공익상의 목적을 가진 형벌인바, 이러한 사형제도의 입법목적은 정당하다고 할 것이다.

나아가 사형은 인간의 죽음에 대한 공포본능을 이용한 가장 냉엄한 궁극의 형벌로서 이를 통한 일반적 범죄예방효과가 있다고 볼 수 있으므로 일반적 범죄예방목적을 달성하기 위한 적합한 수단이라 할 것이다. 또한 잔혹한 방법으로 다수의 인명을 살해하는 등의 극악한 범죄의 경우, 그 법익침해의 정도와 범죄자의 책임의 정도는 가늠할 수 없을 만큼 심대하다 할 것이며, 수많은 피해자 가족들의 형언할 수 없는 슬픔과 고통, 분노 및 일반국민이 느낄 불안과 공포, 분노까지 고려한다면, 이러한 극악한 범죄에 대하여는 우리 헌법질서가 허용하는 한도 내에서 그 불법정도와 책임에 상응하는 강력한 처벌을 함이 정의의 실현을 위하여 필수불가결하다 할 것인바, 가장 무거운 형벌인 사형은 이러한 정당한 응보를 통한 정의의 실현을 달성하기 위한 적합한 수단이라 할 것이다.

(3) 피해의 최소성

특정 범죄와 그 법정형 사이에 적정한 비례관계가 존재하는 일반적인 상황하에서는, 형벌이 무거울수록, 즉, 형벌 부과에 의한 범죄자의 법익침해 정도가 커질수록 범죄를 실행하려는 자의 입장에서는 범죄를 통하여 얻을 수 있는 이익에 비하여 범죄로 인하여 부과될 수 있는 불이익이 보다 커지게 됨으로써 그 범죄행위를 포기하게 될 가능성이 커진다고 볼 수 있다. 따라서, 우리 형법체계에 비추어 보면, 일반적으로 벌금형보다는 징역형이, 단기의 징역형보다는 장기의 징역형이, 유기징역형보다는 무기징역형이 범죄억지효과가 크다고 봄이 상당하다. 특히, 무기징역형이나 사형의 대체형벌로 논의될 수 있는 가석방이 불가능한 종신형을 선고받은 범죄자의 경우 사회로부터의 격리라는 자유형의 집행 목적에 반하지 아니하는 한도 내에서는 인격권 등의 기본권을 그대로 가지는 반면, 사형을 선고받은 범죄자는 사형집행으로 인하여 생명을 박탈당함으로써 인간의 생존을 전제로 한 모든 자유와 권리까지 동시에 전면적으로 박탈당한다는 점에 비추어 보면, 한 인간에게 있어서 가장 소중한 생명을 박탈하는 내용의 사형은 무기징역형이나 가석방이 불가능한 종신형보다도 범죄자에 대한 법익침해의 정도가 크다 할 것이다. 여기에다 인간의 생존본능과 죽음에 대한 근원적인 공포까지 고려하면, 사형은 잠재적 범죄자를 포함하는 모든 일반국민에 대하여 무기징역형이나 가석방이 불가능한 종신형보다 더 큰 위하력을 발휘함으로써 가장 강력한 범죄억지력을 가지고 있다고 봄이 상당하다. 따라서 입법자가 이러한 범죄와 형벌의 본질 및 그 관계, 인간의 본성 등을 바탕으로 하여 사형이 무기징역형 등 자유형보다 더 큰 일반적 범죄예방효과를 가지고 있다고 보아 형벌의 한 종류로 규정한 이상, 이러한 입법자의 판단은 존중되어야 할 것이고, 이와 달리 무기징역형이나 가석방이 불가능한 종신형이 사형과 동일한 혹은 오히려 더 큰 일반적 범죄예방효과를 가지므로 사형을 대체할 수 있다는 주장은 이를 인정할 만한 명백한 근거가 없는 이상 받아들일 수 없다.

나아가 이와 같이 사형이 무기징역형이나 가석방이 불가능한 종신형보다 일반적 범죄예방효과가 크다고 볼 수 있는 이상, 무기징역형 등 자유형보다 사형을 통하여 살인범죄 등 극악한 범죄의 발생을 보다 더 감소시킬 수 있다 할 것이다. 이는 무고하게 살해되는 일반국민의 수가 사형제도의 영향으로 감소될 수 있다는 것, 즉, 무고한 생명의 일부라도 사지(死地)로부터 구해낼 수 있다는 것을 의미한다. 그리고 설령 사형과 무기징역형 등 자유형 사이의 일반적 범죄예방효과 차이가 탁월하게 크지는 아니하여 사형제도로 인하여 보다 더 구제되는 무고한 생명의 수가 월등히 많지는 않다고 하더라도, 구제되는 생명의 수의 많고 적음을 떠나, 이러한 무고한 국민의 생명 보호는 결코 양보하거나 포기할 수 있는 성질의 것이 아니라 할 것이다.

또한 잔혹한 방법으로 다수의 인명을 살해한 범죄 등 극악한 범죄의 경우에는, 범죄자에 대한 무기징역형이나 가석방이 불가능한 종신형의 선고만으로는 형벌로 인한 범죄자의 법익침해 정도가 당해 범죄로 인한 법익침해의 정도 및 범죄자의 책임에 미치지 못하게 되어 범죄와 형벌 사이의 균형성을 잃게 될 뿐만 아니라 이로 인하여 피해자들의 가족 및 일반국민의 정의관념에도 부합하지 못하게 된다. 결국, 극악한 범죄에 대한 정당한 응보를 통한 정의의 실현이라는 목적을 달성함에 있어서 사형보다 범죄자에 대한 법익침해의 정도가 작은 무기징역형이나 가석방이 불가능한 종신형은 사형만큼의 효과를 나타낸다고 보기 어렵다.

한편, 생명을 박탈하는 형벌인 사형은 그 성격상 이미 형이 집행되고 난 후에는 오판임이 밝혀지더라도 범죄자의 기본권 제한을 회복할 수 있는 수단이 없다는 점에서 최소침해성원칙에 위배되는지 여부가 문제된다.

그런데, 인간은 완벽한 존재일 수가 없고 그러한 인간이 만들어낸 어떠한 사법제도 역시 결점이 없을 수는 없다는 점에 비추어 보면, 형사재판에 있어서의 오판가능성은 사법제도가 가지는 숙명적 한계라고 할 것이지 사형이라는 형벌제도 자체의 문제라고 보기는 어렵다. 따라서 오판가능성 및 그 회복의 문제는, 피고인의 방어권을 최대한 보장하고, 엄격한 증거조사절차를 거쳐 유죄를 인정하도록 하는 형사공판절차제도와 오판을 한 하급심 판결이나 확정된 판결을 시정할 수 있는 심급제도, 재심제도 등의 제도적 장치 및 그에 대한 개선을 통하여 오판가능성을 최소화함으로써 해결할 문제이지, 이를 이유로 사형이라는 형벌의 부과 자체를 최소침해성원칙에 어긋나 위헌이라고 할 수는 없다.

위에서 살펴본 바와 같이, 사형은 그보다 완화된 형벌인 무기징역형이나 가석방이 불가능한 종신형에 비하여 일반적 범죄예방목적 및 정당한 응보를 통한 정의의 실현이라는 목적을 달성함에 있어서 더 효과적인 수단이라고 할 것이고, 위와 같은 입법목적의 달성에 있어서 사형과 동일한 효과를 나타내면서도 사형보다 범죄자에 대한 법익침해 정도가 작은 다른 형벌이 명백히 존재한다고 보기 어려우므로 사형제도는 최소침해성원칙에 어긋난다고 할 수 없다.

(4) 법익의 균형성

모든 인간의 생명은 자연적 존재로서 동등한 가치를 갖는다고 할 것이나 그 동등한 가치가 서로 충돌하게 되거나 생명의 침해에 못지 아니한 중대한 공익을 침해하는 등의 경우에는 국민의 생명 등을 보호할 의무가 있는 국가로서는 어떠한 생명 또는 법익이 보호되어야 할 것인지 그 규준을 제시할 수 있는 것이다. 인간의 생명을 부정하는 등의 범죄행위에 대한 불법적 효과로서 지극히 한정적인 경우에만 부과되는 사형은 죽음에 대한 인간의 본능적인 공포심과 범죄에 대한 응보욕구가 서로 맞물려 고안된 "필요악"으로서 불가피하게 선택된 것이며 지금도 여전히 제 기능을 하고 있다는 점에서 정당화될 수 있다(헌재 1996. 11. 28. 95헌바1, 판례집 8-2, 537, 547-548 참조).

나아가 사형으로 인하여 침해되는 사익은 타인의 생명을 박탈하는 등의 극악한 범죄를 저지른 자의 생명 박탈이라 할 것인바, 이는 범죄자의 자기책임에 기초한 형벌효과에 기인한 것으로서 엄격하고 신중한 형사소송절차를 거쳐 생명이 박탈된다는 점에서, 극악무도한 범죄행위로 인하여 무고하게 살해당하였거나 살해당할 위험이 있는 일반국민의 생명권 박탈 및 그 위험과는 동일한 성격을 가진다고 보기 어렵고, 두 생명권이 서로 충돌하게 될 경우 범죄행위로 인한 무고한 일반국민의 생명권 박탈의 방지가 보다 우선시되어야 할 가치라 할 것이다.

따라서 사형제도에 의하여 달성되는 범죄예방을 통한 무고한 일반국민의 생명 보호 등 중대한 공익의 보호와 정의의 실현 및 사회방위라는 공익은 사형제도로 발생하는 극악한 범죄를 저지른 자의 생명권 박탈이라는 사익보다 결코 작다고 볼 수 없을 뿐만 아니라, 다수의 인명을 잔혹하게 살해하는 등의 극악한 범죄에 대하여 한정적으로 부과되는 사형이 그 범죄의 잔혹함에 비하여 과도한 형벌이라고 볼 수 없으므로, 사형제도는 법익균형성원칙에 위배되지 아니한다.

(5) 결국 사형이 극악한 범죄에 한정적으로 선고되는 한, 사형제도 자체는 위에서 살펴본 바와 같이 입법목적의 정당성, 수단의 적합성, 피해의 최소성, 법익균형성 등을 모두 갖추었으므로 생명권 제한에 있어서의 헌법상 비례원칙에 위배되지 아니한다.

6. 사형제도가 인간의 존엄과 가치를 규정한 헌법 제10조에 위배되는지 여부

헌법 제10조는 "모든 국민은 인간으로서의 존엄과 가치를 가지며, 행복을 추구할 권리를 가진다. 국가는 개인이 가지는 불가침의 기본적 인권을 확인하고 이를 보장할 의무를 진다"라고 하여 모든 기본권의 종국적 목적이자 기본이념이라 할 수 있는 인간의 존엄과 가치를 규정하고 있다. 이러한 인간의 존엄과 가치 조항은 헌법이념의 핵심으로 국가는 헌법에 규정된 개별적 기본권을 비롯하여 헌법에 열거되지 아니한 자유와 권리까지도 이를 보장하여야 하고, 이를 통하여 개별 국민이 가지는 인간으로서의 존엄과 가치를 존중하고 확보하여야 한다는 헌법의 기본원리를 선언한 것이라 할 것이다(헌재 2001. 7. 19. 2000헌마546, 판례집 13-2, 103, 111-111, 헌재 2004. 10. 28. 2002헌마328, 공보 98, 1187, 1193-1194 참조).

그런데 사형제도가 범죄자의 생명권 박탈을 그 내용으로 하고 있으므로 인간의 존엄과 가치를 규정한 헌법 제10조에 위배되는지에 관하여 보건대, 앞서 살펴본 바와 같이, 사형제도 자체는 우리 헌법이 적어도 문언의 해석상 간접적으로나마 인정하고 있는 형벌의 한 종류일 뿐만 아니라, 사형이 극악한 범죄에 한정적으로 선고되는 한, 기본권 중의 기본권이라고 할 생명권을 제한함에 있어서 헌법상 비례원칙에 위배되지 아니한다고 할 것인바, 이와 같이 사형제도가 인간존엄성의 활력적인 기초를 의미하는 생명권 제한에 있어서 헌법 제37조 제2항에 의한 헌법적 한계를 일탈하였다고 볼 수 없는 이상, 사형제도가 범죄자의 생명권 박탈을 내용으로 한다는 이유만으로 곧바로 인간의 존엄과 가치를 규정한 일반조항인 헌법 제10조에 위배되어 위헌이라고 할 수는 없다.

또한 사형은 형벌의 한 종류로서, 앞서 살펴본 바와 같이, 다수의 무고한 생명을 박탈하는 살인범죄 등의 극악한 범죄에 예외적으로 부과되는 한, 그 내용이 생명권 제한에 있어서의 헌법적 한계를 일탈하였다고 볼 수 없을 뿐만 아니라, 사형제도는 공익의 달성을 위하여 무고한 국민의 생명을 그 수단으로 삼는 것이 아니라, 형벌의 경고기능을 무시하고 극악한 범죄를 저지른 자에 대하여 그 중한 불법 정도와 책임에 상응하는 형벌을 부과하는 것으로서 이는 당해 범죄자가 스스로 선택한 잔악무도한 범죄행위의 결과라 할 것인바, 이러한 형벌제도를 두고 범죄자를 오로지 사회방위라는 공익 추구를 위한 객체로만 취급함으로써 범죄자의 인간으로서의 존엄과 가치를 침해한 것으로 보아 위헌이라고 할 수는 없다.

한편, 사형을 선고하는 법관이나 이를 집행하여야 하는 교도관 등은 인간의 생명을 박탈하는 사형을 선고하거나 집행하는 과정에서 인간으로서의 자책감을 가지게 될 여지가 있다고 할 것이나, 이는 사형제도가 본래 목적한 바가 아니고 사형의 적용 및 집행이라는 과정에서 필연적으로 발생하게 되는 부수적인 결과일 뿐이다. 물론 사형을 직접 집행하는 교도관의 자책감 등을 최소화할 수 있는 사형집행방법의 개발 등은 필요하다고 할 것이지만, 앞서 살펴본 바와 같이, 사형제도는 무고한 일반국민의 생명 보호 등 극히 중대한 공익을 보호하기 위한 것으로서 생명권 제한에 있어서의 헌법적 한계를 일탈하였다고 할 수 없는 이상, 이러한 공익을 보호하여야 할 공적 지위에 있는 법관 및 교도관 등은 다른 형벌의 적용, 집행과 마찬가지로 사형의 적용, 집행을 수인할 의무가 있다고 할 것이다. 따라서 법관 및 교도관 등이 인간적 자책감을 가질 수 있다는 이유만으로 사형제도가 법관 및 교도관 등을 공익 달성을 위한 도구로서만 취급하여 그들의 인간으로서의 존엄과 가치를 침해하는 위헌적인 형벌제도라고 할 수는 없다.

7. 소결론

앞서 살펴본 바와 같이, 형법 제41조 제1호 규정의 사형제도 자체는 우리의 현행 헌법이 스스로 예상하고 있는 형벌의 한 종류이기도 할 뿐만 아니라 생명권 제한에 있어서의 헌법 제37조 제2항에 의한 한계를 일탈하였다고 할 수 없고, 인간의 존엄과 가치를 규정한 헌법 제10조에 위배된다고 볼 수 없으므로 헌법에 위반되지 아니한다고 할 것이다.

국가는 때로 보다 더 소중한 가치를 지키기 위하여 소중한 가치를 포기할 수밖에 없는 상황에 직면하게 되기도 한다. 사형제도 역시, 무고한 일반국민의 생명이나 이에 준하는 중대한 공익을 지키기 위하여 이를 파괴하는 잔악무도한 범죄를 저지른 자의 생명을 박탈할 수밖에 없는 국가의 불가피한 선택의 산물이라고 할 것이다.

다만, 사형이란 형벌이 무엇보다 고귀한 인간의 생명을 박탈하는 극형임에 비추어, 우리의 형사관계법령에 사형을 법정형으로 규정하고 있는 법률조항들이 과연 행위의 불법과 형벌 사이에 적정한 비례관계를 유지하고 있는지를 개별적으로 따져 보아야 할 것임은 물론 나아가 비록 법정형으로서의 사형이 적정한 것이라 하더라도 이를 선고함에 있어서는 특히 신중을 기하여야 할 것이다.

Ⅲ. 형법 제41조 제2호, 제42조 중 각 '무기징역' 부분(무기징역형제도)의 위헌 여부

형법 제42조는 사형 다음으로 무거운 형벌인(형법 제50조 제1항, 제41조 참조) 징역과 금고에 대해 그 기간을 무기 또는 유기로 한다고 규정함으로써 무기형(무기징역과 무기금고)을 규정하고 있다. 무기형, 이른바 '종신형'은 수형자가 자연사할 때까지 자유를 박탈하는 형벌이지만, 이는 가석방의 가능성이 없는 '절대적 종신형'과 가석방이 가능한 '상대적 종신형'으로 구분할 수 있다. 무기수형자라 하더라도 10년을 복역한 이후에는 유기수형자의 경우와 비교하여 요건의 차별 없이 가석방이 가능하고(형법 제72조 제1항), 사면법에 따라 사면이나 감형도 가능하다(사면법 제3조 참조). '형의 집행 및 수용자의 처우에 관한 법률' 제1조는 "이 법은 수형자의 교정교화와 건전한 사회복귀를 도모하고..."라고 명시하고 있어 어떠한 무기형도 가석방이 불가능하다는 것을 전제로 하지는 않는다. 이처럼 우리나라는 사실상 '가석방이 가능한 무기형'을 채택하되 '가석방이 불가능한 무기형'은 따로 규정하고 있지 아니하고 있다고 볼 것이다.

사형에 비하면 절대적 종신형이 생명을 유지시킨다는 점에서 인도적이라고 할 수는 있으나, 절대적 종신형 역시 자연사할 때까지 수용자를 구금한다는 점에서 사형에 못지 않은 형벌이고, 수형자와 공동체의 연대성을 영원히 단절시킨다는 비판을 면하기 어렵다. 일반적으로 형벌의 종류에 대해서는 입법자의 형성권이 존중되어야 할 것인데 위와 같은 이유가 존재하는 한 입법자가 절대적 종신형을 도입하지 않은 것이 헌법적 정당성을 문제삼을 정도로 잘못된 것이라고 볼 수 없다.

한편 우리 형법이 가석방이 가능한 무기형, 즉 상대적 종신형만을 규정하고 있는 것으로 본다고 하더라도 현행 무기징역형제도의 형집행 실무는 사실상 절대적 종신형을 본위로 운용되고 있다고 할 것이다. 형법은 무기수형자의 경우 10년이 지난 후에 가석방이 가능하도록 규정하고 있을 뿐 기한이 된 모든 무기수형자에게 가석방을 허가하여야 하는 것도 아니고 무기수형자들에게 가석방신청권을 부여한 것도 아니다. 따라서 무기징역형이 '무기'라는 표현에 걸맞지 않게 운용되고 있는 부분이 일부 있다고 하더라도 그것은 형집행 실무상의 문제라고 볼 것이고, 한편으로는 무기수형자에 대한 현재의 가석방요건을 보완하는 방법으로 해결할 수 있는 것이다. 또한 절대적 종신형제도를 도입한다고 하더라도 여전히 사면에 의한 석방이나 감형의 가능성이 열려 있는 이상, 현재의 무기형에 대하여 가석방이 가능한 것을 문제삼는 것은 적절하지 아니한 측면이 있다.

한편 앞서 본 바와 같이 사형제도는 헌법에 위반되지 아니한다고 할 것이므로 우리 형벌체계상 절대적 종신형을 반드시 도입하여야 할 필요성이 있다고 할 수 없다는 점에서도 현행 무기징역형제도의 위헌성을 인정하기는 어렵다.

이상에서 본 바와 같이 절대적 종신형제도가 우리 헌법 하에서 사형제도와는 또 다른 위헌성 문제를 야기할 수 있고, 현행 형사법령 하에서도 가석방제도의 운영 여하에 따라 사회로부터의 영구적 격리가 가능한 절대적 종신형과 상대적 종신형의 각 취지를 살릴 수 있다는 점 등을 고려하면, 우리 형벌법규체계에 상대적 종신형 외에 무기수형자에게 더 가혹한 절대적 종신형을 따로 두어야 할 절박한 필요성도 없고 그 도입으로 인하여 무기수형자들 사이 또는 무기수형자와 유기수형자 사이의 형평성 문제가 완전히 해결된다고 볼 객관적 자료도 없다. 또한 무기징역이라는 형벌의 특징상 범행의 편차가 커도 수긍할 수밖에 없는 측면이 있어, 그 제도를 두어야만 평등원칙 등에 부합되는 것이라 보기도 어렵다.

따라서 현행 무기징역형제도가 상대적 종신형 외에 절대적 종신형을 따로 두고 있지 아니함으로 인하여 무기수형자들에 대하여 형벌체계상의 정당성과 균형을 상실한 것으로서 헌법 제11조의 평등원칙에 반하고 무기징역형제도가 형벌이 죄질과 책임에 상응하도록 적절한 비례성을 갖추어야 한다는 책임원칙에 반하여 위헌이라고 단정하기는 어렵다.

Ⅳ. 형법 제250조 제1항 중 '사형, 무기의 징역에 처한다'는 부분의 위헌 여부

사형제도 자체가 합헌이라고 하더라도 형법 제250조 제1항이 지나치게 과도하거나 평등원칙에 반하는 법정형인지 여부를 살펴본다.

비록 형벌로서의 사형이나 무기징역형이 그 자체로서 위헌이라고는 할 수 없다고 하더라도 형법 제250조 제1항이 살인이라는 구체적인 범죄구성요건에 대한 불법효과의 하나로서 사형과 무기징역을 규정하고 있는 것이 행위의 불법과 행위자의 책임에 비하여 현저히 균형을 잃음으로써 책임원칙 등에 반한다고 평가된다면, 형법 제250조 제1항은 사형제도나 무기징역형제도 자체의 위헌 여부와는 관계없이 위헌임을 면하지 못할 것이다.

형법 제250조 제1항이 규정하고 있는 살인의 죄는 인간 생명을 부정하는 범죄행위의 전형이고, 이러한 범죄에는 그 행위의 태양이나 결과의 중대성으로 미루어 보아 반인륜적 범죄라고 규정지워질 수 있는 극악한 유형의 것들도 포함되어 있을 수 있는 것이다. 따라서 사형이나 무기징역을 형벌의 한 종류로서 합헌이라고 보는 한 그와 같이 타인의 생명을 부정하는 범죄행위에 대하여 5년 이상의 징역 외에 행위자의 생명을 부정하는 사형이나 행위자를 영구히 사회에서 격리하는 무기징역을 그 불법효과의 하나로서 규정한 것은 행위자의 생명과 그 가치가 동일한 하나의 혹은 다수의 생명을 보호하기 위하여 필요한 수단의 선택이라고 볼 수밖에 없으므로 이를 가리켜 비례의 원칙이나 평등의 원칙에 반한다고 할 수 없어 헌법에 위반되는 것이 아니다.

Ⅴ. 구 성폭력법 제10조 제1항 중 '사형 또는 무기징역에 처한다'는 부분의 위헌 여부

구 성폭력법 제10조 제1항의 범죄구성요건은 살인과 성폭력범죄가 합쳐진 결합범인데, 구 성폭력법 제10조 제1항은 성폭력법이 1994. 1. 5. 법률 제4702호로 제정될 때부터 존재하였던 규정으로 제정 당시의 법정형도 '사형 또는 무기징역'이었고, 이후 1997. 8. 22. 법률 제5343호로 일부 개정되면서 일부 미수범이 살인을 하는 경우도 포함되었다.

이는 형법상의 강간, 강제추행, 준강간, 준강제추행 및 그 미수뿐만 아니라 그에 준할 정도로 개인의 성적자유를 침해하는 다양한 형태의 성폭력범죄를 형법 제301조의2 본문의 '강간 등의 살인'(형법 제297조 내지 제300조의 죄를 범한 자가 사람을 살해한 때에는 사형 또는 무기징역에 처한다)으로 규율하는 것에 대한 특별규정으로서 사람의 생명을 침해한 성폭력범죄를 통일적으로 규율함과 동시에 단순살인보다 가중처벌하여 성폭력범죄의 발생 및 법익침해의 가능성을 사전에 차단하고자 하는 취지의 규정이다. 즉 단순살인을 규정한 형법 제250조 제1항의 법정형이 '사형, 무기 또는 5년 이상의 징역'임에 비해, 구 성폭력법 제10조 제1항이 5년 이상의 유기징역을 제외하여 사형 또는 무기징역이라는 가중된 법정형으로 의율하는 것은 사람의 생명침해에 더하여 성폭력범죄로 인해 발생하는 개인의 성적자유침해라는 추가적 법익침해를 감안했기 때문이다.

살인의 죄는 인간생명을 부정하는 범죄행위의 전형이고 그 행위의 태양이나 결과의 중대성으로 미루어 보아 반인륜적 범죄라고 규정지워질 수 있는 극악한 유형의 것들도 포함되어 있을 수 있는 것이다. 그와 아울러 강간, 강제추행 등의 성폭력범죄가 미치는 법익침해의 중대성, 일단 침해되면 회복될 수 없는 법익의 특성 등을 고려할 때, 사형, 무기징역을 형벌의 한 종류로서 합헌이라고 보는 이상 성폭력범죄자가 타인의 생명까지 침해한 행위에 대하여 행위자의 생명을 부정하는 사형이나 무기징역을 그 불법효과의 하나로서 규정한 것은 행위자의 생명과 그 가치가 동일한 하나의 혹은 다수의 생명과 타인의 성적자기결정의 자유를 보호하기 위하여 필요한 수단의 선택이라고 볼 수 있고, 살인죄에 비하여 성폭력범죄로 인해 발생하는 개인의 성적자유침해라는 추가적 법익침해를 감안할 때 일반 살인죄의 법정형에서 5년 이상의 유기징역을 제외하는 것을 가리켜 비례의 원칙이나 평등의 원칙에 반한다고 할 수도 없으므로 헌법에 위반된다고 볼 수 없다.

Ⅵ. 결 론

이상과 같은 이유로 이 사건 심판대상 중 형법 제72조 제1항 중 '무기징역' 부분은 부적법하고, 나머지 부분은 모두 헌법에 위반되지 아니하므로 주문과 같이 결정한다.

재판관 이강국의 보충의견

헌법 제10조에서 도출된 생명권과 헌법 제110조 제4항 단서와의 대립관계는 헌법의 통일성의 원칙이나 실제적 조화의 원칙에 따라 위 2개의 법익이 통일적으로, 그리고 실제적으로 가장 잘 조화되고 비례될 수 있도록 해석하여야 한다. 따라서 사형제는 헌법 자체가 긍정하고 있는 형(刑)이지만, 동시에 이와 충돌되는 생명권의 높은 이념적 가치 때문에 그 규범영역은 상당부분 양보·축소되어야 할 것이므로 사형의 선고는 정의와 형평에 비추어 불가피한 경우에만, 그것도 비례의 원칙과 최소 침해의 원칙에 따라 행해져야 한다고 해석하는 것이 상당하고, 이러한 해석과는 달리, 생명권의 최상위 기본권성만을 내세워 실정 헌법에서 규정하고 있는 사형제를 가볍게 위헌이라고 부정하는 것은 헌법해석의 범위를 벗어나 헌법의 개정이나 헌법의 변질에 이르게 될 수 있다.

재판관 민형기의 보충의견

현행 헌법질서 내에서의 사형제 자체의 존재 이유 및 필요성은 인정될 수 있으나, 사형의 오·남용 소지와 그에 따른 폐해를 최대한 불식시키고, 잔혹하고도 비이성적이라거나 목적 달성에 필요한 정도를 넘는 과도한 형벌이라는 지적을 면할 수 있도록, 그 적용 대상과 범위를 최소화하는 것이 필요하며, 원칙적으로 사형 대상 범죄는 인간의 생명을 고의적으로 침해하는 범죄나 생명의 침해를 수반할 개연성이 매우 높거나 흉악한 범죄로 인해 치사의 결과에 이른 범죄, 전쟁의 승패나 국가안보와 직접 관련된 범죄 등으로 한정되어야 한다. 입법자는 외국의 입법례 등을 참고하여 국민적 합의를 바탕으로 사형제 전반에 걸친 문제점을 개선하고 필요한 경우 문제가 되는 법률이나 법률조항을 폐지하는 등의 노력을 게을리 하여서는 아니 될 것이다.

재판관 송두환의 보충의견

인간의 존엄성 및 인간 생명의 존엄한 가치를 선명하기 위하여, 역설적으로 그 파괴자인 인간의 생명을 박탈하는 것이 불가피한 예외적 상황도 있을 수 있으므로, 반인륜적인 범죄에 대비하여 사형을 규정한 것으로 한정적으로 이해하는 한 사형제도가 헌법 제10조에 반한다고 볼 수 없고, 반인륜적인 범죄에 대한 법정형 범위에 사형을 포함시킨 것 자체를 '생명권을 공동화한 것'이라고 평가하기 어려우므로 자유와 권리의 본질적인 내용을 침해한 것으로 볼 수 없다. 근본적인 문제는 사형제도 자체에 있는 것이 아니라 사형제도의 남용 및 오용에 있으므로, 형벌조항들을 전면적으로 재검토하여 사형이 선택될 수 있는 범죄의 종류를 반인륜적으로 타인의 생명을 해치는 극악범죄로 한정하고, 사회적, 국가적 법익에만 관련된 각종 범죄의 경우 등에는 법정형에서 사형을 삭제하며, 전체 사법절차가 엄격하고 신중한 적법절차에 의하여 진행되고 '잔혹하고 이상한 형벌' 또는 인간의 존엄성을 무시하거나 해하는 형벌이 되지 않도록 수사 및 재판, 형의 집행 등 모든 절차를 세심하게 다듬고 정비하여야 할 것이다.

재판관 조대현의 일부위헌의견

인간의 생명권은 지고(至高)의 가치를 가지는 것이므로 이를 제한하기 위한 사유도 역시 지고의 가치를 가지는 인간의 생명을 보호하거나 구원하기 위한 것이라야 하는데, 범죄에 대한 형벌로서 범죄자를 사형시키는 것은 이미 이루어진 법익침해에 대한 응보에 불과하고, 살인자를 사형시킨다고 하여 피살자의 생명이 보호되거나 구원되지 아니하므로, 사형제도는 인간의 생명을 박탈하기에 필요한 헌법 제37조 제2항의 요건을 갖추지 못하였으며, 생명권의 본질적인 내용을 침해하는 것이라고 보지 않을 수 없다. 다만, 헌법 제110조 제4항 단서가 비상계엄 하의 군사재판에서 사형을 선고하는 경우를 인정하고 있으므로, 비상계엄 하의 군사재판이라는 특수상황에서 사형을 선고하는 것은 헌법 스스로 예외적으로 허용하였다고 봄이 상당하다. 따라서 사형제도는 헌법 제110조 제4항 단서에 해당되는 경우에 적용하면 헌법에 위반된다고 할 수 없지만, 헌법 제110조 제4항 단서에 해당되지 않는 경우에 적용하면 생명권을 침해할 정당한 사유도 없이 생명권의 본질적인 내용을 침해하는 것으로서 헌법 제37조 제2항에 위반된다.

재판관 김희옥의 위헌의견

헌법 제110조 제4항 단서의 규정은 그 도입 배경이나 규정의 맥락을 고려할 때, 법률상 존재하는 사형의 선고를 억제하여 최소한의 인권을 존중하기 위하여 규정된 것이므로 간접적으로도 헌법상 사형제도를 인정하는 근거 규정이라고 보기 어렵다.

사형제도는 인간의 존엄과 가치를 천명하고 생명권을 보장하는 우리 헌법 체계에서는 입법목적 달성을 위한 적합한 수단으로 인정할 수 없고, 사형제도를 통하여 확보하고자 하는 형벌로서의 기능을 대체할 만한 가석방 없는 무기자유형 등의 수단을 고려할 수 있으므로 피해의 최소성 원칙에도 어긋나며, 사형 당시에는 사형을 통해 보호하려는 타인의 생명권이나 중대한 법익은 이미 그 침해가 종료되어 범죄인의 생명이나 신체를 박탈해야 할 긴급성이나 불가피성이 없고 사형을 통해 달성하려는 공익에 비하여 사형으로 인하여 침해되는 사익의 비중이 훨씬 크므로 법익의 균형성도 인정되지 아니한다. 또한 사형제도는 이미 중대 범죄가 종료되어 상당 기간이 지난 후 체포되어 수감 중인, 한 인간의 생명을 일정한 절차에 따라 빼앗는 것을 전제로 하므로, 생명에 대한 법적 평가가 필요한 예외적인 경우라고 볼 수 없어 생명권의 본질적 내용을 침해하고, 신체의 자유의 본질적 내용까지도 침해한다.

사형제도는 범죄인을 사회전체의 이익 또는 다른 범죄의 예방을 위한 수단 또는 복수의 대상으로만 취급하고 한 인간으로서 자기의 책임 하에 반성과 개선을 할 최소한의 도덕적 자유조차 남겨주지 아니하는 제도이므로 헌법 제10조가 선언하는 인간의 존엄과 가치에 위배되며, 법관이나 교도관 등 직무상 사형제도의 운영에 관여하여야 하는 사람들로 하여금 인간의 생명을 계획적으로 빼앗는 과정에 참여하게 함으로써 그들을 인간으로서의 양심과 무관하게 국가목적을 위한 수단으로 전락시키고 있다는 점에서 그들의 인간으로서의 존엄과 가치 또한 침해한다.

재판관 김종대의 위헌의견

헌법 제37조 제2항 후단은 그 내용이 본질적인 부분과 그렇지 않은 부분의 중층적 구조로 구성된 기본권의 제한에 관한 규정이고, 성질상 본질적인 부분과 그렇지 않은 부분이 구별되지 않는 생명권과 같은 경우에는 그 적용이 없으므로, 생명권에 대해서도 헌법 제37조 제2항 전단에 따라 그 제한이 가능하고 그 제한의 정당화 여부는 비례의 원칙에 따른 심사를 통해 판단하여야 한다.

형벌로서 사형을 부과할 당시에는 국가의 존립이나 피해자의 생명이 범인의 생명과 충돌하는 상황은 이미 존재하지 않으며, 국가가 범인을 교도소에 계속해서 수용하고 있는 한 개인과 사회를 보호하는 목적은 범인을 사형시켰을 때와 똑같이 달성될 수 있다. 사형제도는 범죄억제라는 형사정책적 목적을 위해 사람의 생명을 빼앗는 것으로 그 자체로 인간으로서의 존엄과 가치에 반하고, 사형제도를 통해 일반예방의 목적이 달성되는지도 불확실하다. 다만, 지금의 무기징역형은 개인의 생명과 사회의 안전의 방어라는 점에서 사형의 효력을 대체할 수 없으므로, 가석방이나 사면 등의 가능성을 제한하는 최고의 자유형이 도입되는 것을 조건으로 사형제도는 폐지되어야 한다.

재판관 목영준의 위헌의견

생명권은 개념적으로나 실질적으로나 본질적인 부분을 그렇지 않은 부분과 구분하여 상정할 수 없어 헌법상 제한이 불가능한 절대적 기본권이라고 할 수밖에 없고, 생명의 박탈은 곧 신체의 박탈도 되므로 사형제도는 생명권과 신체의 자유의 본질적 내용을 침해하는 것이다.

사형제도는 사회로부터 범죄인을 영원히 배제한다는 점 이외에는 형벌의 목적에 기여하는 바가 결코 명백하다고 볼 수 없고, 우리나라는 국제인권단체로부터 사실상의 사형폐지국으로 분류되고 있어 사형제도가 실효성을 상실하여 더 이상 입법목적 달성을 위한 적절한 수단이라고 할 수 없으며, 절대적 종신형제 또는 유기징역제도의 개선 등 사형제도를 대체할 만한 수단을 고려할 수 있음에도, 생명권을 박탈하는 것은 피해의 최소성 원칙에도 어긋나고, 사형을 통해 침해되는 사익은 범죄인에게는 절대적이고 근원적인 기본권인 반면, 이를 통해 달성하고자 하는 공익은 다른 형벌에 의하여 상당 수준 달성될 수 있어 공익과 사익 간에 법익의 균형성이 갖추어졌다고 볼 수 없다.

사형은 악성이 극대화된 흥분된 상태의 범죄인에 대하여 집행되는 것이 아니라 이성이 일부라도 회복된 안정된 상태의 범죄인에 대하여 생명을 박탈하는 것이므로 인간의 존엄과 가치에 위배되며, 직무상 사형제도의 운영에 관여하여야 하는 사람들로 하여금 그들의 양심과 무관하게 인간의 생명을 계획적으로 박탈하는 과정에 참여하게 함으로써, 그들의 인간으로서 가지는 존엄과 가치 또한 침해한다.

사형제도가 헌법에 위반되어 폐지되어야 한다고 하더라도 이를 대신하여 흉악범을 사회로부터 영구히 격리하는 실질적 방안이 강구되어야 하는바, 가석방이 불가능한 절대적 종신형제도를 사형제도를 도입하고, 엄중한 유기징역형을 선고할 수 있도록 경합범합산 규정을 수정하고 유기징역형의 상한을 대폭 상향조정해야 하므로, 형벌의 종류로서 사형을 열거하고 있는 형법 제41조 제1호를 위헌으로 선언함과 동시에, 무기징역형, 경합범 가중규정, 유기징역형 상한 및 가석방에 관한 현행 법규정들이 헌법에 합치되지 않음을 선언하여야 한다.

본 판례에 대한 평가 기본권제한의 일반원칙인 헌법 제37조 제2항에 의거하여 기본권제한을 하더라도 기본권제한에 있어서 지켜져야 할 한계는 바로 "자유와 권리의 본질적 내용은 침해할 수 없다"는 것이다. 이 규정은 독일기본법 제19조 제2항에서 비롯된 것으로서 제2공화국 헌법(1960년)에서 처음으로 규정되었으나 1972년 헌법에서 삭제되었다가 1980년 헌법에서 부활하였다.

기본권의 본질적 내용은 흔히 기본권의 근본요소 내지 핵심요소라고 정의된다. 그럼에도 불구하고 기본권의 본질적 내용이 구체적으로 무엇을 의미하는가는 명확하지 않으며 이에 대해서는 절대설, 상대설, 절충설의 견해 대립이 있다.

기본권의 본질적 내용 침해금지와 관련하여 가장 문제가 되는 것이 바로 생명권에 대한 제한인 사형제도의 위헌성 여부이다. 사형제도가 헌법에 위반되는지 여부에 대하여, 사형이 비례의 원칙에 따라서 최소한 동등한 가치가 있는 다른 생명 또는 그에 못지아니한 공공의 이익을 보호하기 위한 불가피성이 충족되는 예외적인 경우에만 적용되는 한, 그것이 비록 생명을 빼앗는 형벌이라 하더라도 헌법 제37조 제2항 단서에 위반되는 것으로 볼 수는 없다는 합헌론과 생명권의 제한은 성질상 생명의 박탈을 의미하며 생명권의 본질은 생명 그 자체이므로 이의 박탈은 곧 생명권의 본질적 내용을 침해하는 것이므로 사형제도는 위헌이라는 위헌론이 대립된다.

생각건대, 생명의 박탈은 원칙적으로 생명권의 본질적 내용을 침해하지만, 예외적인 경우 이를 용인할 수밖에 없다. 예외적인 경우란 헌법재판소가 판시한 바와 같이 다른 생명 또는 그에 못지아니한 공공의 이익을 보호하기 위하여 불가피성이 충족되는 경우이다. 따라서 이러한 경우 사형제도는 생명권의 본질적 내용을 침해하였다는 이유로 위헌이라 할 수 없다. 하지만 외국의 경우, 사형을 법정형으로 인정하는 범죄가 5 내지 6개 정도인 데 반하여 우리의 경우 무려 103개 조항(형법 19개, 특별법 84개)에서 사형을 규정하고 있다. 이 모두가 위의 예외적인 경우에 해당하는지는 의문이다. 사형은 되돌릴 수 없는 형벌이므로 적용의 여지를 미리 최소화할 필요가 있다.

사형의 일반예방적 효과가 증명되지 않았으므로 사형은 비례의 원칙 중 최소침해원칙에 부합하지 아니한다. 그렇다면 형사정책적 측면에서 특별예방적 효과가 인정될 경우에만 사형을 예외적으로 인정하여야 한다.

관련 문헌: 김일수, "사형제도의 위헌여부 -헌재 1996. 11. 28. 95헌바1 결정-", 법조 484호(1997. 1), 법조협회, 184-201면; 강경근, "헌법재판의 소송물과 변형의 결정주문 -헌재 1996. 11. 28. 95헌바1 결정-", 판례월보 327호(1997. 12), 판례월보사, 8-16면; 이재호, "사형제도의 위헌여부에 관한 소고", 법정논총 제33권 통권 제47집, 중앙대학교 법과대학, 1998. 2, 110-127면; 윤영철, "사형제도에 대한 헌법재판소 결정(2010. 2. 25. 2008헌가23)의 문제점과 사형제도 폐지에 관한 소고", 중앙법학 12집 3호, 중앙법학회, 2010, 253-284면; 유철호, "사형제에 대한 소고", 법제 629호, 법제처, 2010, 56-86면; 장영수, "사형제 합헌 판결의 함의… 사형제폐지는 입법자의 과제인가 헌법재판소의 과제인가?", 고시계 55권 4호(638호), 국가고시학회, 2010, 59-70면; 허일태, "헌법재판소 사형제도 합헌 결정에 대한 비판적 검토", 한국 형사법학의 이론과 실제: 정암 정성진 박사 고희 기념논문집, 한국사법행정학회, 2010, 240-257면; 성낙인, 헌법연습(사형제도와 인간의 존엄과 가치, 생명권), 199-206면.

[요약판례 1] 민법 제3조 등 위헌소원: 합헌,각하(헌재 2008.7.31. 2004헌바81)

태아가 생명권의 주체가 되는지 여부(적극)

인간의 생명은 고귀하고, 이 세상에서 무엇과도 바꿀 수 없는 존엄한 인간 존재의 근원이다. 이러한 생명에 대한 권리, 즉 생명권은 비록 헌법에 명문의 규정이 없다 하더라도 인간의 생존본능과 존재목적에 바탕을 둔 선험적이고 자연법적인 권리로서 헌법에 규정된 모든 기본권의 전제로서 기능하는 기본권 중의 기본권이다. 모든 인간은 헌법상 생명권의 주체가 되며, 형성 중의 생명인 태아에게도 생명에 대한 권리가 인정되어야 한다. 따라서 태아도 헌법상 생명권의 주체가 되며, 국가는 헌법 제10조에 따라 태아의 생명을 보호할 의무가 있다.

대판(전합) 2009.5.21. 2009다17417

연명치료 중단의 허용 기준

생명권이 가장 중요한 기본권이라고 하더라도 인간의 생명 역시 인간으로서의 존엄성이라는 인간 존재의 근원적인 가치에 부합하는 방식으로 보호되어야 할 것이다. 따라서 이미 의식의 회복가능성을 상실하여 더 이상 인격체로서의 활동을 기대할 수 없고 자연적으로는 이미 죽음의 과정이 시작되었다고 볼 수 있는 회복불가능한 사망의 단계에 이른 후에는, 의학적으로 무의미한 신체 침해 행위에 해당하는 연명치료를 환자에게 강요하는 것이 오히려 인간의 존엄과 가치를 해하게 되므로, 이와 같은 예외적인 상황에서 죽음을 맞이하려는 환자의 의사결정을 존중하여 환자의 인간으로서의 존엄과 가치 및 행복추구권을 보호하는 것이 사회상규에 부합되고 헌법정신에도 어긋나지 아니한다고 할 것이다.

그러므로 회복불가능한 사망의 단계에 이른 후에 환자가 인간으로서의 존엄과 가치 및 행복추구권에 기초하여 자기결정권을 행사하는 것으로 인정되는 경우에는 특별한 사정이 없는 한 연명치료의 중단이 허용될 수 있다.

[요약판례 2] 입법부작위 위헌확인: 각하(헌재 2009.11.26. 2008헌마385)

죽음에 임박한 환자에게 '연명치료 중단에 관한 자기결정권'이 헌법상 보장된 기본권인지 여부(적극)

'죽음에 임박한 환자'는 전적으로 기계적인 장치에 의존하여 연명할 수밖에 없고, 전혀 회복가능성이 없는 상태에서 결국 신체의 다른 기능까지 상실되어 기계적인 장치에 의하여서도 연명할 수 없는 상태에 이르기를 기다리고 있을 뿐이다. 따라서 '죽음에 임박한 환자'에 대한 연명치료는 의학적인 의미에서 치료의 목적을 상실한 신체침해 행위가 계속적으로 이루어지는 것이라 할 수 있고, 죽음의 과정이 시작되는 것을 막는 것이 아니라 자연적으로는 이미 시작된 죽음의 과정에서의 종기를 인위적으로 연장시키는 것으로 볼 수 있다(대법원 2009. 5. 21. 선고 2009다17417 판결 참조).

'죽음에 임박한 환자'에 대한 연명치료에 대한 규범적 평가가 이와 같다면, 비록 연명치료 중단에 관한 결정 및 그 실행이 환자의 생명단축을 초래한다 하더라도 이를 생명에 대한 임의적 처분으로서 자살이라고 평가할 수 없고, 오히려 인위적인 신체침해 행위에서 벗어나서 자신의 생명을 자연적인 상태에 맡기고자 하는 것으로서 인간의 존엄과 가치에 부합한다고 할 것이다.

그렇다면 환자가 장차 죽음에 임박한 상태에 이를 경우에 대비하여 미리 의료인 등에게 연명치료 거부 또는 중단에 관한 의사를 밝히는 등의 방법으로 죽음에 임박한 상태에서 인간으로서의 존엄과 가치를 지키기 위하여 연명치료의 거부 또는 중단을 결정할 수 있다 할 것이고, 위 결정은 헌법상 기본권인 자기결정권의 한 내용으로서 보장된다 할 것이다.

죽음에 임박한 환자에 대한 연명치료 중단에 관한 다툼은 법원의 재판을 통하여 해결될 수 있고, 법원의 재판에서 나타난 연명치료 중단의 허용요건이나 절차 등에 관한 기준에 의하여 연명치료 중단에 관한 자기결정권은 충분하지 않을지는 모르나 효율적으로 보호될 수 있다. 그리고 자기결정권을 행사하여 연명치료를 중단하고 자연스런 죽음을 맞이하는 문제는 생명권 보호라는 헌법적 가치질서와 관련된 것으로 법학과 의학만의 문제가 아니라 종교, 윤리, 나아가 인간의 실존에 관한 철학적 문제까지도 연결되는 중대한 문제이므로 충분한 사회적 합의가 필요한 사항이다. 따라서 이에 관한 입법은 사회적 논의가 성숙되고 공론화 과정을 거친 후 비로소 국회가 그 필요성을 인정하여 이를 추진할 사항이다. 또한 '연명치료 중단에 관한 자기결정권'을 보장하는 방법으로서 '법원의 재판을 통한 규범의 제시'와 '입법' 중 어느 것이 바람직한가는 입법정책의 문제로서 국회의 재량에 속한다 할 것이다.

그렇다면 헌법해석상 '연명치료 중단 등에 관한 법률'을 제정할 국가의 입법의무가 명백하다고 볼 수 없고, 따라서 위 입법부작위는 헌법재판소법 제68조 제1항 소정의 '공권력의 불행사'에 해당하지 아니하므로 청구인 김○경의 이 사건 심판청구는 헌법소원 대상적격의 흠결로 부적법하다.

제 2 항 신체를 훼손당하지 않을 권리

제 3 항 신체의 자유

Ⅰ 의 의

Ⅱ 신체의 자유의 실체적 보장

1. 죄형법정주의

[요약판례 1] 복표발행 · 현상기타사행행위단속법 제9조 및 제5조에 관한 위헌심판: 위헌(헌재 1991.7.8. 91헌가4)

죄형법정주의의 헌법적 의의 및 처벌법규의 위임여부와 위임의 범위

"법률이 없으면 범죄도 없고 형벌도 없다"라는 말로 표현되는 죄형법정주의는 이미 제정된 정의로운 법률에 의하지 아니하고는 처벌되지 아니한다는 원칙으로서 이는 무엇이 처벌될 행위인가를 국민이 예측가능한 형식으로 정하도록 하여 개인의 법적 안정성을 보호하고 성문의 형벌법규에 의한 실정법질서를 확립하여 국가형벌권의 자의적(恣意的) 행사로부터 개인의 자유와 권리를 보장하려는 법치국가 형법의 기본원칙이며, 우리 헌법도 제12조 제1항 후단에 "법률과 적법한 절차에 의하지 아니하고는 처벌 · 보안처분 또는 강제노역을 받지 아니한다"라고 규정하고, 제13조 제1항 전단에 "모든 국민은 행위시의 법률에 의하여 범죄를 구성하지 아니하는 행위로 소추되지 아니하며"라고 규정하여 죄형법정주의를 천명하였고, 이를 근거로 형법 제1조 제1항은 "범죄의 성립과 처벌은 행위시의 법률에 의한다"라고 규정하고 있다.

죄형법정주의는 자유주의, 권력분립, 법치주의 및 국민주권의 원리에 입각한 것으로서 무엇이 범죄이며 그에 대한 형벌이 어떠한 것인가는 반드시 국민의 대표로 구성된 입법부가 제정한 법률로써 정하여야 한다는 원칙이고, 죄형법정주의를 천명한 헌법 제12조 제1항 후단이나 제13조 제1항 전단에서 말하는 "법률"도 입법부에서 제정한 형식적 의미의 법률을 의미하는 것임은 물론이다. 그런데 아무리 권력분립이나 법치주의가 민주정치의 원리라 하더라도 현대국가의 사회적 기능증대와 사회현상의 복잡화에 따라 국민의 권리 · 의무에 관한 사항이라 하여 모두 입법부에서 제정한 법률만으로 다 정할 수는 없는 것이기 때문에 예외적으로 행정부에서 제정한 명령에 위임하는 것을 허용하지 않을 수 없다.

그러나 법률의 위임은 반드시 구체적이고 개별적으로 한정된 사항에 대하여 행해져야 한다. 그렇지 아니하고 일반적이고 포괄적인 위임을 한다면 이는 사실상 입법권을 백지위임하는 것이나 다름없어 의회입법의 원칙이나 법치주의를 부인하는 것이 되고 행정권의 부당한 자의와 기본권 행사에 대한 무제한적 침해를 초래할 위험이 있기 때문이다. 우리 헌법 제75조도 "대통령은 법률에서 구체적으로 범위를 정하여 위임받은 사항…에 관하여 대통령령을 발할 수 있다"라고 규정하여 위임입법의 근거와 아울러 그 범위와 한계를 제시하고 있는데 "법률에서 구체적으로 범위를 정하여 위임받은 사항"이라 함은 법률에 이미 대통령령으로 규정될 내용 및 범위의 기본사항이 구체적으로 규정되어 있어서 누구라도 당해 법률로부터 대통령령에 규정될 내용의 대강을 예측할 수 있어야 함을 의미한다. 그리고 위임입법에 관한 헌법 제75조는 처벌법규에도 적용되는 것이지만 법률에 의한 처벌법규의 위임은, 헌법이 특히 인권을 최대한으로 보장하기 위하여 죄형법정주의와 적법절차를 규정하고, 법률(형식적 의미의)에 의한 처벌을 특별히 강조하고 있는 기본권보장 우위사상에 비추어 바람직스럽지 못한 일이므로, 그 요건과 범위가 보다 엄격하게 제한적으로 적용되어야 한다. 따라서 처벌법규의 위임은 특히 긴급한 필요가 있거나 미리 법률로써 자세히 정할 수 없는 부득이한 사정이 있는 경우에 한정되어야 하고 이러한 경우일지라도 법률에서 범죄의 구성요건은 처벌대상인 행위가 어떠한 것일 것이라고 이를 예측할 수 있을 정도로 구체적으로 정하고 형벌의 종류 및 그 상한과 폭을 명백히 규정하여야 한다.

복표발행 · 현상기타사행행위단속법 제9조는 벌칙규정이면서도 형벌만을 규정하고 범죄의 구성요건의 설정은 완전히 각령에 백지위임하고 있는 것이나 다름없어 위임입법의 한계를 규정한 헌법 제75조와 죄형법정주의를 규정한 헌

법 제12조 제1항, 제13조 제1항에 위반된다.

※ 이후 동 법률은 사행행위등규제법으로 전면 개정된 뒤, 현재 사행행위 등 규제 및 처벌특례법의 형태로 존속되고 있는데, 현행 법률의 벌칙규정에서 동법의 각 규정을 인용하는 형태로 구성요건을 규정하고 있다.

[요약판례 2] 특정범죄가중처벌등에관한법률 제4조 위헌소원: 위헌(헌재 1995.9.28. 93헌바50)

특정범죄가중처벌등에관한법률 제4조가 죄형법정주의 원칙에 위배되는지 여부(적극)

우리헌법 제12조 제1항 후문과 제13조 제1항 전단에서 규정하고 있는 죄형법정주의는 범죄의 구성요건과 그에 대한 형벌의 내용을 국민의 대표로 구성된 입법부가 성문의 법률로 정하도록 함으로써 국가형벌권의 자의적인 행사로부터 개인의 자유와 권리를 보장하려는 법치국가형법의 기본원칙으로서, 형벌법규의 "보장적 기능"을 수행하는 것이다. 따라서 형사처벌의 대상이 되는 범죄의 구성요건은 형식적 의미의 법률로 명확하게 규정되어야 하며(명확성의 원칙), 만약 범죄의 구성요건에 관한 규정이 지나치게 추상적이거나 모호하여 그 내용과 적용범위가 과도하게 광범위하거나 불명확한 경우에는 국가형벌권의 자의적인 행사가 가능하게 되어 개인의 자유와 권리를 보장할 수 없으므로 죄형법정주의의 원칙에 위배된다.

특정범죄가중처벌등에관한법률 제4조 제1항의 "정부관리기업체"라는 용어는 수뢰죄와 같은 이른바 신분범에 있어서 그 주체에 관한 구성요건의 규정을 지나치게 광범위하고 불명확하게 규정하여 전체로서의 구성요건의 명확성을 결여한 것으로 죄형법정주의에 위배된다.

※ [종전법률]

형법 제129조 내지 제132조의 적용에 있어서는 정부관리기업체의 간부직원은 이를 공무원으로 본다.

[개정법률]

① 다음 각 호의 1에 해당하는 기관 또는 단체(이하 "기업체"라 한다)로서 대통령령이 정하는 기업체(이하 "정부관리기업체"라 한다)의 간부직원은 형법 제129조 내지 제132조의 적용에 있어 이를 공무원으로 본다.

1. 국가 또는 지방자치단체가 직접 또는 간접으로 자본금의 2분의 1 이상을 출자하였거나 출연금・보조금등 그 재정지원의 규모가 그 기업체 기본재산의 2분의 1 이상인 기업체

2. 국민경제 및 산업에 중대한 영향을 미치고 있고 업무의 공공성이 현저하여 국가 또는 지방자치단체가 법령이 정하는 바에 따라 지도・감독하거나 주주권의 행사등을 통하여 중요사업의 결정 및 임원의 임면등 운영전반에 관하여 실질적인 지배력을 행사하고 있는 기업체

② 제1항의 간부직원의 범위는 기업체의 설립목적, 자산, 직원의 규모 및 해당 직원의 구체적인 업무등을 고려하여 대통령령으로 정한다.

[요약판례 3] 구 청소년보호법 제2조 제3호 가목 등 위헌제청: 합헌(헌재 2000.6.29. 99헌가16)

행정기관인 청소년보호위원회 등으로 하여금 청소년유해매체물을 결정하도록 하고, 그 결정된 매체물을 청소년에게 판매 등을 하는 경우 형사처벌하도록 하는 것이 죄형법정주의에 위반되는지 여부(소극)

청소년에게 유해한 매체물을 적시하여 청소년에 대한 판매・대여 등을 제한하고자 하는 경우에는 각 매체물의 내용을 실제로 확인하여 유해성 여부를 판단할 수밖에 없는데, 그때마다 법 또는 하위법령을 개정하여 직접 개별 매체물을 규정하는 것은 현실적으로 거의 불가능하고 법령의 개정에 소요되는 시일로 인하여 규제의 실효성도 기할 수 없게 될 것이므로 청소년유해매체물이 결과적으로 범죄의 구성요건의 일부를 이루게 되더라도 이 사건 법률조항에서 직접 청소년유해매체물의 범위를 확정하지 아니하고 행정기관(청소년보호위원회 등)에 위임하여 그 행정기관으로 하여금 청소년유해매체물을 확정하도록 하는 것은 부득이하다고 할 것이다.

[요약판례 4] 새마을금고법 제66조 제1항 제2호 등 위헌소원: 위헌(헌재 2001.1.18. 99헌바112)

범죄 행위의 유형을 정하는 구성요건 규정과 제재 규정인 처벌규정을 별도의 조항에서 정하고 있는 구 새마을금고법 제66조 제1항 제2호가, 처벌규정에서 범죄 구성요건에 해당하는 당해 법률 규정을 명시하지 아니하고 단지 '이 법과 이 법에 의한 명령에 위반하여'라고만 한 것이 죄형법정주의의 명확성 원칙에 위반되는지 여부(적극)

범죄 행위의 유형을 정하는 구성요건규정과 제재규정인 처벌규정을 별도의 조항에서 정하고 있는 법규인 경우, 처벌규정에서 범죄 구성요건에 해당하는 당해 법률규정을 명시하는 것이 통상의 예이고, 법규 수범자는 처벌규정에서 정한 당해 법조에 의해 자신의 어떠한 행위가 처벌받는지를 예측할 수 있게 되지만, 이 규정의 경우는 '이 법과 이 법에 의한 명령'이라고만 되어 있을 뿐 처벌규정에서 범죄구성요건에 해당하는 규정을 특정하지 아니하였을 뿐만 아니라 처벌규정 자체에서도 범죄구성요건을 정하고 있지 아니하여 금지하고자 하는 행위 유형의 실질을 파악할 수 없도록 하고 있으므로 죄형법정주의의 명확성 원칙에 위반된다.

※ [종전법률]

제66조 (벌칙) ① 금고 또는 연합회의 임·직원이 다음 각 호의 1에 해당하는 행위를 한 때에는 5년 이하의 징역 또는 1000만원 이하의 벌금에 처한다. 〈개정 1997. 12. 17〉

1. 금고 또는 연합회의 사업 목적 외에 자금을 사용·대출하거나 투기의 목적으로 금고 또는 연합회의 재산을 처분 또는 이용한 때

2. 이 법과 이 법에 의한 명령 또는 정관에 위반하는 행위를 함으로써 금고 또는 연합회에 손해를 끼쳤을 때

[개정법률]

제85조 (벌칙) ② 금고나 연합회의 임직원 또는 청산인이 다음 각 호의 어느 하나에 해당하는 행위를 한 경우에는 3년 이하의 징역이나 500만원 이하의 벌금에 처한다.

1. 감독기관의 인가나 승인을 받아야 하는 사항에 관하여 인가나 승인을 받지 아니하거나 인가가 취소된 후에도 업무를 계속하여 수행한 경우

2. 거짓으로 등기를 한 경우

3. 감독기관, 총회, 이사회에 대하여 거짓으로 진술을 한 경우

4. 총회나 이사회의 의결이 필요한 사항에 대하여 의결을 거치지 아니하고 집행한 경우

5. 제29조(제67조 제4항에서 준용하는 경우를 포함한다)를 위반한 경우

6. 금고나 연합회로 하여금 제28조 제3항(제67조 제4항에서 준용하는 경우를 포함한다)에 따른 명령, 같은 조 제5항이나 제35조(제70조 제4항에서 준용하는 경우를 포함한다)를 위반하게 한 경우

7. 제31조(제70조 제4항에서 준용하는 경우를 포함한다)를 위반하여 금고나 연합회로 하여금 동산이나 부동산을 소유하게 한 경우

8. 제44조에 따라 준용되는 「민법」의 규정을 위반한 경우

[요약판례 5] 형법 제21조 제1항 중 "상당한 이유" 부분 위헌소원: 합헌(헌재 2001.6.28. 99헌바31)

정당방위 규정 중 "상당한 이유" 부분이 죄형법정주의 명확성 원칙에 위반되는지 여부(소극)

위법성 조각사유는 구체적이고 개별적인 행위에 대한 사후적이고 객관적인 평가로서 정당방위가 발생하게 되는 현재의 부당한 침해 상황은 어떤 특정범죄에만 국한되어 있는 것이 아니라 법익 침해가 이루어지는 거의 모든 범죄에서 발생 가능하므로 이에 대한 정당방위 상황을 미리 예상하여 일일이 법문에서 규정하는 것은 거의 불가능에 가깝고, 변화하는 사회에 대한 법규범의 적응력을 확보하기 위해서도 어느 정도 망라적인 의미를 가지는 내용으로 입법하는 것이 불가피하다고 할 것인바, 이 사건 심판대상규정인 '상당한 이유' 부분에 대해서는 대법원도 일찍부터 합리

적인 해석기준을 제시하고 있어 건전한 상식과 통상적인 법 감정을 가진 일반인이라면 그 의미를 어느 정도 쉽게 파악할 수 있다고 할 것이므로 죄형법정주의에서 요구하는 명확성의 원칙을 위반하였다고 할 수 없다.

[요약판례 6] 미성년자보호법 제2조의2 제1호 등 위헌제청: 위헌(헌재 2002.2.28. 99헌가8)

미성년자에게 음란성 또는 잔인성을 조장할 우려가 있거나 기타 미성년자로 하여금 범죄의 충동을 일으킬 수 있게 하는 만화(이하 "불량만화"라 한다)의 반포 등 행위를 금지하고 이를 위반하는 자를 처벌하는 이 사건 미성년자보호법 조항이 명확성의 원칙에 위배되는지 여부(적극)

먼저 이 사건 미성년자보호법 조항의 불량만화에 대한 정의 중 전단 부분의 "음란성 또는 잔인성을 조장할 우려"라는 표현을 보면, '음란성'은 법관의 보충적인 해석을 통하여 그 규범내용이 확정될 수 있는 개념이라고 할 수 있으나, 한편 '잔인성'에 대하여는 아직 판례상 개념규정이 확립되지 않은 상태이고 그 사전적 의미는 "인정이 없고 모짊"이라고 할 수 있는바, 이에 의하면 미성년자의 감정이나 의지, 행동 등 그 정신생활의 모든 영역을 망라하는 것으로서 살인이나 폭력 등 범죄행위를 이루는 것에서부터 윤리적·종교적·사상적 배경에 따라 도덕적인 판단을 달리할 수 있는 영역에 이르기까지 천차만별이어서 법집행자의 자의적인 판단을 허용할 여지가 높고, 여기에 '조장' 및 '우려'까지 덧붙여지면 사회통념상 정당한 것으로 볼 여지가 많은 것까지 처벌의 대상으로 할 수 있게 되는바, 이와 같은 경우를 모두 처벌하게 되면 그 처벌범위가 너무 광범위해지고, 일정한 경우에만 처벌하게 된다면 어느 경우가 그에 해당하는지 명확하게 알 수 없다.

다음으로 불량만화에 대한 정의 중 후단 부분의 "범죄의 충동을 일으킬 수 있게"라는 표현은 그것이 과연 확정적이든 미필적이든 고의를 품도록 하는 것에만 한정되는 것인지, 인식의 유무를 가리지 않고 실제로 구성요건에 해당하는 행위로 나아가게 하는 일체의 것을 의미하는지, 더 나아가 단순히 그 행위에 착수하는 단계만으로도 충분한 것인지, 결과까지 의욕하거나 실현하도록 하여야만 하는 것인지를 전혀 알 수 없어 그 규범내용이 확정될 수 없는 것이다. 그러므로, 이 사건 미성년자보호법 조항은 법관의 보충적인 해석을 통하여도 그 규범내용이 확정될 수 없는 모호하고 막연한 개념을 사용함으로써 그 적용범위를 법집행기관의 자의적인 판단에 맡기고 있으므로, 죄형법정주의에서 파생된 명확성의 원칙에 위배된다.

※ [종전법률]

제2조의2 (불량만화 등의 판매금지등) 누구든지 다음 각호의 행위를 하여서는 아니된다. 〈개정 1991. 3. 8, 1995. 12. 6〉

1. 미성년자에게 음란성 또는 잔인성을 조장할 우려가 있거나 기타 미성년자로 하여금 범죄의 충동을 일으킬 수 있게 하는 만화(이하 "불량만화"라 한다)를 미성년자에게 반포, 판매, 증여, 대여하거나 관람시키는 행위와 이러한 행위를 알선하거나 또는 이에 제공할 목적으로 불량만화를 소지·제작·수입·수출하는 행위

[개정법률]

(청소년보호법이 1997. 3. 7. 제정되어 음란·폭력성 있는 유해매체물을 규제하고 있는데 당시 미성년자보호법은 폐지되지 아니하여 청소년보호법과 중복된 규정이 있었으나 1999. 2. 5. 폐지되면서 청소년보호관련 규정이 통합되었음)

1. "청소년"이라 함은 만 19세 미만의 자를 말한다. 다만, 만 19세에 도달하는 해의 1월 1일을 맞이한 자를 제외한다.

2. "매체물"이라 함은 제7조 각호의 1에 해당하는 것을 말한다.

3. "청소년유해매체물"이라 함은 다음 각목의 1에 해당하는 것을 말한다.

가. 제8조 및 제12조의 규정에 의하여 청소년보호위원회가 청소년에게 유해한 것으로 결정하거나 확인하여 보건복지가족부장관이 이를 고시한 매체물

나. 제8조 제1항 단서의 규정에 의한 각 심의기관이 청소년에게 유해한 것으로 의결 또는 결정(이하 "결정"이라 한다)하여 보건복지가족부장관이 고시하거나 제12조의 규정에 의하여 청소년에게 유해한 것으로 확인하여 보건복지가족부장관이 고시한 매체물

[요약판례 7] 청소년의성보호에관한법률 제2조 제3호 등 위헌제청: 합헌(헌재 2002.4.25. 2001헌가27)

청소년의성보호에관한법률 제2조 제3호 및 제8조 제1항이 각 법 조항에서 정한 '청소년이용음란물'의 해석과 관련하여 죄형법정주의에 위반하는지 여부(소극)

이 사건 법률의 입법경과와 입법목적, 같은 법률의 다른 규정들과의 체계조화적 해석, 관계부처의 법률해석, 다른 처벌법규와의 법정형 비교 등을 고려하여 목적론적으로 해석할 때 제2조 제3호 및 제8조 제1항의 '청소년이용음란물'에는 실제인물인 청소년이 등장하여야 한다고 보아야 함이 명백하고, 따라서 법률적용단계에서 다의적으로 해석될 우려가 없이 건전한 법관의 양식이나 조리에 따른 보충적인 해석에 의하여 그 의미가 구체화되어 해결될 수 있는 이상 죄형법정주의에 있어서의 명확성의 원칙을 위반하였다고 볼 수 없다.

[요약판례 8] 특정범죄가중처벌등에관한법률 제11조 제1항 위헌소원: 위헌(헌재 2003.11.27. 2002헌바24)

1. 마약의 단순매수를 영리매수와 동일한 법정형으로 처벌하는 규정이 책임과 형벌간의 비례성 원칙 및 실질적 법치국가원리에 위반되는지 여부(적극)
2. 마약의 단순판매목적소지를 영리범·상습범과 동일한 법정형으로 처벌하는 규정이 책임과 형벌간의 비례성 원칙 및 실질적 법치국가원리에 위반되는지 여부(적극)
3. 단순매수나 단순판매목적소지의 마약사범에 대하여도 사형·무기 또는 10년 이상의 징역에 처하도록 하는 규정이 지나치게 과도한 형벌로서 책임과 형벌간의 비례성 원칙에 어긋나는지 여부(적극) 및 법관의 양형선택·판단권을 지나치게 제한하는지 여부(적극)

법정형의 종류와 범위를 정할 때는 헌법 제37조 제2항이 규정하고 있는 과잉입법금지의 정신에 따라 형벌개별화 원칙이 적용될 수 있는 범위의 법정형을 설정하여 실질적 법치국가의 원리를 구현하도록 하여야 하며, 형벌이 죄질과 책임에 상응하도록 적절한 비례성을 지켜야 한다.

※ [종전법률]

제11조 (마약사범의 가중처벌) ① 마약류관리에관한법률 제58조중 마약과 관련된 규정된 죄를 범한 자는 사형·무기 또는 10년 이상의 징역에 처한다.

[개정법률]

제11조 (마약사범 등의 가중처벌) ① 마약류관리에관한법률 제58조제1항 제1호 내지 제4호·제6호 및 제7호에 규정된 죄(매매·수수 및 교부에 관한 죄와 매매목적·매매알선목적 또는 수수목적의 소지·소유에 관한 죄를 제외한다) 또는 그 미수죄를 범한 자는 무기 또는 10년 이상의 징역에 처한다.

[요약판례 9] 구 주식회사의외부감사에관한법률 제20조 제1항 제2호 위헌제청: 일부위헌,일부합헌(헌재 2004.1.29. 2002헌가20등)

'감사보고서에 기재하여야 할 사항을 기재하지 아니하는 행위'를 범죄의 구성요건으로 규정한 구 주식회사의외부감사에관한법률 제20조 제1항 제2호 전단이 죄형법정주의상 요구되는 명확성의 원칙에 위배되는 것인지 여부(적극)

이 사건 법률조항 중 '감사보고서에 기재하여야 할 사항' 부분은 그 의미가 법률로서 확정되어 있지 아니하고, 법률 문언의 전체적, 유기적인 구조와 구성요건의 특수성, 규제의 여건 등을 종합하여 고려하여 보더라도 수범자가 자신의 행위를 충분히 결정할 수 있을 정도로 내용이 명확하지 아니하여 동 조항부분은 죄형법정주의에서 요구하는 명확성의 원칙에 위배된다.

※ 주식회사의외부감사에관한법률은 벌칙 규정인 제20조 제1항 제2호는 개정하지 않고 법 제7조의2를 신설하여 감사인은 감사결과를 기술한 감사보고서를 작성하되, 감사보고서에는 감사범위 및 감사의견 등이 포함되도록 하고, 감사인이 감사를 실시하여 감사의견을 표명한 경우에는 감사조서를 작성하여 이를 8년간 보존하도록 하였다.

[종전법률]

제20조 (벌칙) ① 상법 제635조 제1항에 규정된 자, 그 외의 회사의 회계업무를 담당하는 자, 감사인 또는 그에 소속된 공인회계사나 감사업무와 관련된 자가 다음 각호의 1에 해당하는 행위를 한 때에는 3년 이하의 징역 또는 3천만원 이하의 벌금에 처한다.

2. 감사보고서에 기재하여야 할 사항을 기재하지 아니하거나 허위의 기재를 한 때

[개정법률]

제7조의2 (감사보고서의 작성) ① 감사인은 감사결과를 기술한 감사보고서를 작성하여야 한다.

② 제1항의 감사보고서에는 감사범위, 감사의견과 이해관계인의 합리적 의사결정에 유용한 정보가 포함되어야 한다.

[요약판례 10] 구 증권거래법 제209조 제7호 위헌제청: 위헌(헌재 2004.9.23. 2002헌가26)

증권감독위원회의 명령을 위반한 경우 형사처벌하도록 한 구 증권거래법 제215조에서 이 사건 법률조항이 준용하는 제209조 제7호 중 제54조에 관한 부분이 죄형법정주의의 원칙에 반하는지 여부(적극)

증권관리위원회의 명령제정에 있어서의 과도한 투기거래의 방지와 공익 또는 투자자의 보호라는 제한적 개념요소를 고려하더라도 법관의 보충해석만으로 그 한계를 정하기가 어렵고, 결국 행정부의 자의적인 입법을 가능케 하여 죄형법정주의의 명확성의 원칙에도 반한다.

※ 2005. 12. 29. 증권거래법 개정 시에 『제209조 제7호: 제54조 또는 제168조의 규정에 의한 명령에 위반한 자』 부분 중 제54조 부분을 삭제하고, 제54조 또한 증권감독위원회가 명령을 할 사항도 상세하게 규정하는 것으로 개정하였다.

[종전법률]

제54조 (금융감독위원회의 명령권) 금융감독위원회는 대통령령이 정하는 바에 의하여 과도한 투기 거래의 방지와 공익 또는 투자자의 보호를 위하여 증권회사에 대하여 필요한 명령을 할 수 있다.

[개정법률]

제54조 (금융감독위원회의 명령권) 금융감독위원회는 과도한 투기거래의 방지와 공익 또는 투자자의 보호를 위하여 증권회사에 대하여 다음 각 호의 사항에 관하여 필요한 명령을 할 수 있다.

1. 증권회사의 자산운용에 관한 사항
2. 고객예탁금 및 고객으로부터 예탁받은 유가증권의 보관·관리에 관한 사항
3. 증권회사의 경영 및 업무개선에 관한 사항
4. 증권회사의 각종 공시에 관한 사항
5. 제28조 제2항 제3호의 규정에 따른 영업의 질서유지에 관한 사항
6. 제28조 제2항 제4호의 규정에 따른 영업의 방법에 관한 사항
7. 그 밖에 증권업을 영위함에 있어 감독에 필요한 신고·보고 등 대통령령이 정하는 사항

[전문개정 2005. 12. 29]

[요약판례 11] 폭력행위등처벌에관한법률 제3조 제2항 위헌제청: 위헌(헌재 2004.12.16. 2003헌가12)

야간에 흉기 기타 위험한 물건을 휴대하여 형법 제283조 제1항(협박)의 죄를 범한 자를 5년 이상의 유기징역에 처하도록 규정한 폭력행위등처벌에관한법률 제3조 제2항 부분이 형벌과 책임간의 비례성 원칙에 위반되는지 여부(적극)

형벌은 범행의 경중과 행위자의 책임, 즉 형벌 사이에 비례성을 갖추어야 함을 의미한다. 그 행위가 야간에 행해

지고 흉기 기타 위험한 물건을 휴대하였다는 사정만으로 일률적으로 5년 이상의 유기징역형에 처하도록 규정한 것은 실질적 법치국가 내지는 사회적 법치국가가 지향하는 죄형법정주의의 취지에 어긋날 뿐만 아니라 기본권을 제한하는 입법을 함에 있어서 지켜야 할 헌법적 한계인 과잉금지의 원칙 내지는 비례의 원칙에도 어긋난다.

※ 폭력행위등처벌에관한법률 제3조 제2항을 삭제하였다.

[요약판례 12] 직업안정법 제46조 제1항 제2호 위헌소원: 위헌(헌재 2005.3.31. 2004헌바29)

직업안정법 제46조 제1항 제2호가 규정하고 있는 공중도덕상 유해한 업무에 취직하게 할 목적으로 직업소개·근로자 모집 또는 근로자공급을 한 자 중 "공중도덕상 유해한 업무" 부분이 명확성의 요구를 충족하는지 여부(소극)

건전한 상식과 통상적인 법감정을 가진 사람으로서는 금지되는 직업소개의 대상을 위와 같은 '공중도덕상 유해'라는 기준에 맞추어 특정하거나 예측한다는 것은 매우 어렵다고 할 것이므로 이 사건 법률조항은 죄형법정주의에서 파생된 명확성의 원칙을 충족시키고 있다고 할 수 없다.

[요약판례 13] 형법 제122조 위헌소원: 합헌(헌재 2005.9.29. 2003헌바52)

공무원이 정당한 이유없이 그 직무수행을 거부하거나 그 직무를 유기한 때에는 1년 이하의 징역이나 금고 또는 3년 이하의 자격정지에 처하도록 한 형법 제122조 중 '직무', '유기' 등의 용어들이 불명확한 개념으로서 죄형법정주의의 명확성의 원칙에 위배되는지 여부(소극)

형법 제122조 중 '직무' 또는 '유기'의 의미가 무엇인지, 그에 해당하는 범위가 어디까지인지는 다소 불분명한 점이 있으나, 직무유기죄의 입법취지 및 보호법익, 그 적용대상의 특수성 등을 고려할 때, '직무'란 공무원이 법령의 근거 또는 특별한 지시, 명령에 의하여 맡은 일을 제 때에 집행하지 아니함으로써 그 집행의 실효를 거둘 수 없게 될 가능성이 있는 때의 구체적인 업무를 말한다 할 것이고, '유기'는 직무의 의식적 방임 내지 포기로서 단순한 태만, 분망, 착각 등으로 인하여 직무를 성실히 수행하지 아니한 경우나 형식적으로 또는 소홀히 직무를 수행하였기 때문에 성실한 직무수행을 못한 것에 불과한 경우는 제외된다고 해석할 수 있는바, 이 사건 법률조항이 지닌 약간의 불명확성은 법관의 통상적인 해석작용에 의하여 충분히 보완될 수 있고, 건전한 상식과 통상적인 법감정을 가진 일반인 및 이 사건 법률조항의 피적용자인 공무원이라면 금지되는 행위가 무엇인지 예측할 수 있다고 할 것이므로 이 사건 법률조항은 죄형법정주의에서 요구되는 명확성의 원칙에 위배되지 아니한다.

[요약판례 14] 특정범죄가중처벌등에관한법률 제3조 위헌소원: 합헌(헌재 2005.11.24. 2003헌바108)

'공무원의 직무에 속한 사항의 알선'이라는 용어의 의미가 너무 광범위하고 포괄적이어서 죄형법정주의의 명확성원칙을 위반하고 있는지 여부(소극)

이 사건 규정은 '공무원의 직무에 속한 사항'이나 '알선'과 같은 다소 추상적이고 광범위한 의미를 가진 것으로 보이는 용어를 사용하고 있는데, 먼저 '공무원의 직무에 속한 사항'에 관하여 보면, 이 사건 규정이 보호하고자 하는 법익은 공무의 공정성과 이에 대한 사회일반의 신뢰성 및 직무의 불가매수성으로 뇌물 관련 범죄에서 이러한 법익의 침해가 의심되는 경우에는 예외 없이 이를 처벌할 필요성이 인정되므로 이 사건 규정이 공무원의 직무에 속한 사항인 경우에 그 중요성 정도나 법령 등에 정해진 직무인지의 여부를 가리지 않고 모두 처벌할 있도록 수식어로서 어떤 제한도 가하지 않고 단순히 공무원의 직무에 속한 사항이라고만 규정하고 있다고 하더라도 이것이 죄형법정주의의 명확성원칙에 위반하고 있다고 할 수 없다.

또한 '알선'은 '일정한 사항에 관하여 어떤 사람과 그 상대방 사이에 서서 중개하거나 편의를 도모하는 것'으로 청탁한 취지를 상대방에게 전하거나 그 사람을 대신하여 스스로 상대방에게 청탁을 하는 행위도 '알선'행위에 해당한다 할 것이므로 이 부분 규정도 죄형법정주의의 명확성원칙에 위반된다고 할 수 없다.

[요약판례 15] 문화재보호법 제81조 제4항 등 위헌확인: 위헌(헌재 2007.7.26. 2003헌마377)

구체적 행위태양이나 적법한 보유권한의 유무 등에 관계없이 은닉, 보유·보관된 당해 문화재의 필요적 몰수를 규정한 것이 책임과 형벌간의 비례원칙에 위배되는지 여부(적극)

구 법 제82조 제4항 및 법 제103조 제4항은 문화재가 국가의 문화재 관리망을 벗어나 음성적으로 거래되는 것을 방지하기 위한 것으로 그 입법목적의 정당성은 인정된다. 그러나 위 조항들은 사법상 보유권한의 유무를 불문하고 도굴 등이 된 문화재인 정을 안 경우, 특히 선의취득 등 사법상 보유권한의 취득 후에 도굴 등이 된 정을 알게 된 경우까지 처벌의 대상으로 삼고 있는바, 이는 위와 같은 입법목적이 당해 문화재의 보유·보관자에 대한 신고의무나 등록의무의 부과 및 그 위반에 대한 제재를 통하여도 달성 가능하다는 점 등을 고려할 때 **침해의 최소성에 반한다.** 나아가 선의취득자 등이 보유문화재가 도굴 등이 된 정을 알고 즉시 제3자에게 문화재를 이전하는 경우 그 행위는 제3자를 구성요건에 해당하게 할 수 있다는 점에서 적법하게 취득한 문화재에 관한 재산권의 처분을 사실상 불가능하게 하므로 침해되는 사익이 현저하여 법익균형성의 요건 역시 충족하기 어렵다. 따라서 위 조항들은 재산권 행사의 사회적 제약을 넘어 불필요하거나 지나치게 가혹한 부담을 부과하는 것으로 헌법에 위반된다. **문화재는 원칙적으로 사적 소유권의 객체가 될 수 있고, 문화재의 은닉이나 도굴된 문화재인 정을 알고 보유 또는 보관하는 행위의 태양이 매우 다양함에도 구체적 행위 태양이나 적법한 보유권한의 유무 등에 관계없이 필요적 몰수형을 규정한 것은 형벌 본래의 기능과 목적을 달성함에 있어 필요한 정도를 현저히 일탈하여 지나치게 과중한 형벌을 부과하는 것으로 책임과 형벌 간의 비례원칙에 위배된다.**

[요약판례 16] 보건범죄단속에관한특별조치법 제5조 위헌소원: 합헌(헌재 2007.3.29. 2003헌바15등)

어떤 범죄를 어떻게 처벌할 것인가 하는 문제 즉 법정형의 종류와 범위의 선택은 여러 가지 요소를 종합적으로 고려하여 입법자가 결정할 사항으로서 광범위한 입법재량 내지 형성의 자유가 인정되는지 여부(적극)

어떤 범죄를 어떻게 처벌할 것인가 하는 문제 즉 법정형의 종류와 범위의 선택은 그 범죄의 죄질과 보호법익에 대한 고려뿐만 아니라 우리의 역사와 문화, 입법당시의 시대적 상황, 국민일반의 가치관 내지 법감정 그리고 범죄예방을 위한 형사정책적 측면 등 여러 가지 요소를 종합적으로 고려하여 입법자가 결정할 사항으로서 **광범위한 입법재량 내지 형성의 자유가 인정되어야 할 분야이다.** 따라서 어느 범죄에 대한 법정형이 그 범죄의 죄질 및 이에 따른 행위자의 책임에 비하여 지나치게 가혹한 것이어서 현저히 형벌체계상의 균형을 잃고 있다거나 그 범죄에 대한 형벌 본래의 목적과 기능을 달성함에 있어 필요한 정도를 일탈하는 등 헌법상의 평등의 원칙 및 비례의 원칙 등에 명백히 위배되는 경우가 아닌 한, 쉽사리 헌법에 위반된다고 단정하여서는 아니 된다.

[요약판례 17] 마약류관리에관한법률 제58조 제1항 제5호 위헌소원: 합헌(헌재 2007.5.31. 2005헌바108)

대마를 수입한 자를 대마를 매매한 자보다 무겁게 처벌하는 마약류관리에관한법률 제58조 제1항 제5호가 형벌체계상의 균형을 잃었거나 헌법상 평등의 원칙이나 비례의 원칙에 위배되는지 여부(소극)

마약류를 제조·유통시키는 행위는 마약류의 해를 널리 확산시키는 행위이기 때문에 개인적인 사용행위보다 무겁게 처벌하도록 규정하고 있는바, **대마의 유통행위 중에서도 수출입 행위는 마약류를 국경을 넘어 국제적으로 확산시키는 것이고 마약류의 국내 공급·유통을 더욱 증가시킬 가능성도 크기 때문에 대마의 단순 매매보다 가벌성이 더**

크다고 할 수 있다. 또한 어느 범죄에 대한 법정형이 그 범죄의 죄질 및 이에 따른 행위자의 책임에 비하여 지나치게 가혹한 것이어서 현저히 형벌체계상의 균형을 잃고 있다거나 그 범죄에 대한 형벌 본래의 목적과 기능을 달성함에 있어 필요한 정도를 일탈하였다는 등 헌법상의 평등의 원칙 및 비례의 원칙 등에 명백히 위배되는 경우가 아닌 한, 쉽사리 헌법에 위반된다고 단정하여서는 아니 된다. 따라서 **이 사건 법률조항이 대마 수입행위를 대마 매매보다 무겁게 처벌하도록 규정한 것은 합리적 근거 없이 행동의 자유를 침해하거나, 마약류 처벌에 관한 형벌체계상의 균형을 잃었다거나, 헌법상 평등의 원칙이나 비례의 원칙에 어긋난다고 보기 어렵다.**

[요약판례 18] 의료법 제46조 제4항 등 위헌제청: 위헌(헌재 2007.7.26. 2006헌가4)

의료업무에 관한 광고의 범위 기타 의료광고에 필요한 사항은 보건복지부령으로 정한다는 규정 위반 시 300만원 이하의 벌금에 처하도록 한 구 의료법 제69조 중 제46조 제4항 부분이 명확성의 원칙에 위배되는지 여부(적극)

이 사건 법률조항은 금지된 행위가 무엇인지, 처벌의 범위가 어떠한지가 불분명하여 예측가능성을 주지 못하므로 죄형법정주의의 명확성원칙에 위배된다. 법 제46조 제4항은 위임되는 내용이 허용되는 의료광고의 범위인지, 금지되는 의료광고의 범위인지 모호할 뿐 아니라, 하위법령에 규정될 의료광고의 범위에 관한 내용이 한정적인지, 예시적인 것인지도 불분명하다. 결국 처벌조항인 제69조 중 제46조 제4항 부분은 금지된 행위가 무엇인지, 처벌의 범위가 어떠한지가 불분명하여 통상의 사람에게 예측가능성을 주지 못하고 있으므로 죄형법정주의의 명확성원칙에 위배된다. 나아가 위 조항이 위임하고 있는 내용이 광고의 내용에 관한 것인지, 절차에 관한 것인지 그 위임의 범위를 특정하기도 쉽지 않다. 이는 형사처벌의 대상이 되는 구성요건을 구체적으로 위임하지 않고, 하위법령에서 어떤 행위가 금지될 것인지에 예측할 수 없게 하므로 헌법 제75조 및 제95조의 포괄위임입법금지원칙에 위반된다.

※ 이후 법에서 광고의 범위를 구체적으로 열거하였다(개정법률 제56조).

[요약판례 19] 조세범처벌법 제13조 제1호 위헌제청: 위헌(헌재 2007.5.31. 2006헌가10)

조세범처벌법 제13조 제1호의 '법에 의한 정부의 명령사항' 부분이 죄형법정주의의 명확성의 원칙에 위반되는지 여부(적극)

'정부'는 과세관청으로 특정이 가능하므로 명확성의 원칙에 위반된다고 할 수 없다. 그러나 '명령사항'에 대하여는 내용적으로나 절차적으로 아무런 제한도 두고 있지 아니하여 불명확함을 야기하고 있다. 정부에 의한 '명령'이라는 명칭을 사용하더라도 법규명령, 즉 행정권이 정립하는 일반적·추상적 규정으로서 법규의 성질을 가지는 것이 이에 포함되는지는 명확하지 않다. 나아가 '명령'이라는 명칭을 사용하지 않더라도 행정규칙, 즉 행정권이 정립하는 일반적·추상적 규정으로서 법규의 성질을 갖지 않는 것이 이에 포함되는지도 명확하지 않다. 또한 행정지도, 즉 국민과의 협조에 의하여 행정목적을 달성할 수 있는 행정수단이 이에 포함되는지도 모호하다. 이와 같이 심판대상조항 중 '명령사항'이라는 개념이 모호하게 규정됨으로써, 심판대상조항에 해당하는 행정행위의 범위, 즉 과세관청이 조세에 관하여 내린 행정적 처분 중 무엇이 이에 해당되고 해당되지 않는지에 관하여, 통상의 판단능력을 가진 일반인은 물론 세무행정실무자와 법률전문가 사이에서조차 법해석상의 혼란을 일으키고 있는 실정이다. 그러므로 이 사건 규정은 형벌법규에는 적합하지 아니하므로 죄형법정주의의 명확성의 원칙에 위반된다고 할 것이다.

※ 이후 정부의 명령을 구체적으로 열거하였다.

[요약판례 20] 군형법 제53조 제1항 위헌제청: 위헌(헌재 2007.11.29. 2006헌가13)

상관살해죄 등을 규정한 군형법 제53조 제1항이 범죄의 중대성 정도에 비하여 심각하게 불균형적인 과중한 형벌을 규정함으로써 죄질과 그에 따른 행위자의 책임 사이에 비례관계가 준수되지 않아 인간의 존엄과 가치를 존중하고 보호하는 실질적 법치국가의 이념에 어긋나고 형벌체계상 정당성을 상실한 것인지 여부(적극)

법정형의 종류와 범위를 정하는 것이 기본적으로 입법자의 권한에 속하는 것이라고 하더라도, 형벌은 죄질과 책임에 상응하도록 적절한 비례성이 지켜져야 하는바, 군대 내 명령체계유지 및 국가방위라는 이유만으로 가해자와 상관 사이에 명령복종관계가 있는지 여부를 불문하고 전시와 평시를 구분하지 아니한 채 다양한 동기와 행위태양의 범죄를 동일하게 평가하여 사형만을 유일한 법정형으로 규정하고 있는 **이 사건 법률조항(상관살해죄 등을 규정한 군형법 제53조 제1항)은, 범죄의 중대성 정도에 비하여 심각하게 불균형적인 과중한 형벌을 규정함으로써 죄질과 그에 따른 행위자의 책임 사이에 비례관계가 준수되지 않아 인간의 존엄과 가치를 존중하고 보호하려는 실질적 법치국가의 이념에 어긋나고, 형벌체계상 정당성을 상실한 것이다.**

[요약판례 21] 형법 제139조 위헌소원: 합헌(헌재 2007.3.29. 2006헌바69)

형법 제139조의 인권옹호에 관한 검사의 명령부준수에 관한 부분이 죄형법정주의의 명확성의 원칙에 반하는지 여부(소극)

다소 불분명한 점이 있다 하더라도 궁극적으로 법원의 해석에 의하여 그것이 해소될 수 있다면 헌법이 요구하는 처벌법규의 명확성에 반드시 배치되는 것이라고는 할 수 없다. 이 사건 법률조항의 입법취지 및 보호법익, 그 적용대상의 특수성 등을 고려하면 여기서 말하는 '인권'은 범죄수사과정에서 사법경찰관리에 의하여 침해되기 쉬운 인권, 주로 헌법 제12조에 의한 국민의 신체의 자유를 그 내용으로 한다고 할 것이고, '검사의 명령'도 '사법경찰관리의 직무수행에 의해 침해될 수 있는 인신 구속 및 체포와 압수수색 등 강제수사를 둘러싼 피의자, 참고인, 기타 관계인에 대하여 헌법이 보장하는 인권, 그 중 주로 그들의 신체적 인권에 대한 침해를 방지하고 이를 위해 필요하고도 밀접 불가분의 관련성 있는 검사의 명령'이라고 제한적으로 해석하는 등 얼마든지 그 의미를 명확히 할 수가 있을 것이다. 요컨대 이 사건 법률조항이 지닌 약간의 불명확성은 법관의 통상적인 해석작용에 의하여 충분히 보완될 수 있고, 특히 이 사건 법률조항의 피적용자가 사법경찰관리인 점과 또 그 취지상 이 사건 법률조항은 이에 위반할 경우 사법경찰관리를 형사처벌까지 함으로써 준수되도록 해야 할 정도로 인권옹호를 위해 꼭 필요한 경우에 적용되어야 하는 점을 감안한다면 **건전한 상식과 통상적인 법감정을 가지고서도 인권옹호에 관한 검사의 명령이 무엇인지 객관적으로 충분히 예측 가능하다 할 것이므로 이 사건 법률조항은 죄형법정주의의 한 내용인 형벌법규의 명확성의 원칙에 반한다고 할 수 없다.**

2. 일사부재리의 원칙

I 청소년의성보호에관한법률 제20조 제2항 제1호 등 위헌제청: 합헌,각하

(헌재 2003.6.26. 2002헌가14)

쟁점 청소년 성매수자에 대한 신상공개를 규정한 청소년의성보호에관한법률 제20조 제2항 제1호가 이가 이중처벌금지원칙, 과잉금지원칙, 평등원칙, 법관에 의한 재판을 받을 권리, 적법절차원칙에 위반되는지 여부(소극) 및 신상공개의 시기·기간·절차 등에 관한 사항을 대통령령에 위임한 법 제20조 제5항이 포괄위임입법금지원칙에 위반되는지 여부(소극)

사건의 개요

제청신청인은 청소년의성보호에관한법률 제5조를 위반하였다는 혐의로 전주지방법원에서 벌금 500만원을 선고받았고, 그대로 확정되었다. 청소년보호위원회는 위 법률 제20조에 근거하여 제청신청인의 성명, 연령, 생년월일, 직업, 주소 등과 범죄사실의 요지를 관보에 게재하고 역시 같은 내용을 청소년보호위원회의 인터넷 홈페이지, 정부중앙청사 및 특별시·광역시·도의 본청 게시판에 게시하기로 하는 결정을 하였다. 이에 제청신청인은 서울행정법원에 청소년보호위원회를 상대로 위 신상등 공개처분의 취소를 구하는 소를 제기한 후 그 소송 계속중에 위 법률 제20조에 대한 위헌여부심판제청을 신청하였다. 위 법원은 위 법률 제20조 제1항에 대하여는 신청을 기각하고, 같은 조 제2항 제2호 내지 제7호에 대하여는 신청을 각하하였으며, 같은 조 제2항 제1호, 제3항, 제4항, 제5항에 대하여는 신청을 받아들여 헌법재판소에 위헌여부심판을 제청하였다.

심판의 대상

청소년의성보호에관한법률 제20조 (범죄방지 계도) ① 청소년보호위원회는 청소년의 성을 사는 행위 등의 범죄방지를 위한 계도문을 연 2회 이상 작성하여 관보게재를 포함한 대통령령이 정하는 방법으로 전국에 걸쳐 게시 또는 배포하여야 한다.

② 제1항의 규정에 의한 계도문에는 다음 각 호의 1에 해당하는 죄를 범한 자의 성명, 연령, 직업 등의 신상과 범죄사실의 요지를 그 형이 확정된 후 이를 게재하여 공개할 수 있다. 다만 죄를 범한 자가 청소년인 경우에는 그러하지 아니하다.

1. 제5조의 규정을 위반한 자

③ 청소년보호위원회는 제2항의 규정에 의한 신상 등의 공개를 결정함에 있어서 공개대상자 및 대상 청소년의 연령, 범행동기, 범행수단과 결과, 범행전력, 죄질, 공개대상자의 가족관계 및 대상 청소년에 대한 관계, 범행후의 정황 등을 고려하여 공개대상자 및 그 가족 등에 대한 부당한 인권침해가 없도록 하여야 한다.

④ 제2항의 규정에 의한 신상공개의 경우 제5조 내지 제10조의 규정에 의한 죄의 대상청소년과 피해청소년의 신상은 공개할 수 없다.

⑤ 제1항 및 제2항의 규정에 의한 계도문 게재 등과 관련한 구체적인 시기·기간·절차 등에 관하여 필요한 사항은 대통령령으로 정한다.

제5조 (청소년의 성을 사는 행위) 청소년의 성을 사는 행위를 한 자는 3년 이하의 징역 또는 2천만원 이하의 벌금에 처한다.

주 문

1. 청소년의성보호에관한법률 제20조 제2항 제1호, 제5항은 헌법에 위반되지 아니한다.
2. 나머지 위헌여부심판제청을 각하한다.

청구인들의 주장

(1) 청소년 성매수자의 성명·연령·생년월일·직업·주소와 그 범죄사실의 요지는 사생활의 비밀에 해당하고, 이것이 그 의사에 반하여 외부에 공표될 경우 청소년 성매수자로서는 심한 인격적 수모를 느끼게 된다. 그러므로 청소년 보호라는 입법목적을 달성하기 위한 수단이라고 하더라도, 그로 인한 기본권 침해를 최소화하기 위해서는 새로이 신상공개제도를 도입할 것이 아니라 기존의 형사처벌과 보안처

분제도를 잘 활용하는 방법을 택하는 것이 바람직하다. 만일 형사처벌 외에 신상공개제도를 도입하는 경우에 있어서도 죄질이나 재범의 위험성에 따라 단계적으로 공개하는 등의 방법을 취해야 할 것이다. 그럼에도 현행 신상공개제도는 벌금형과 같은 비교적 가벼운 형을 선고받은 경우나 초범 등과 같은 경우에도 전국적 공개를 규정하고 있는바, 이는 청소년 성매수자의 인격권 내지 사생활의 비밀을 과도하게 침해하는 것으로서, 위헌이다.

(2) 법 제20조 제2항은 청소년 대상 성범죄자의 신상을 공개할 것을 규정하고 있지만, 이보다 불법성이 더 큰 여러 범죄들, 예컨대 미성년자 살해행위, 미성년자 약취유인행위, 미성년자를 대상으로 한 인질강도행위 등에 관하여는 범죄자의 신상이 공개되지 않는다. 그러나 위의 범죄들은 모두 청소년 보호라는 법익을 침해하는 행위인 점에 있어서는 본질적으로 다르지 않다. 그럼에도 성범죄자에 대해서만 신상을 공개하도록 하는 것은 평등원칙에 위배된다. 또한, 법 제20조 제2항은 청소년 대상 성범죄들 중에서도 일부에 대해서만 신상공개를 하도록 규정하고 있는바, 신상공개 대상이 되는 성범죄와 그렇지 않은 성범죄는 그 보호법익이 청소년의 보호라는 점에서는 동일하지만, 양자를 나누는 기준은 모호하므로, 결국 여기서도 평등원칙 위배의 문제가 발생한다.

판 단

Ⅰ. 청소년보호법 제20조 제2항 제1호의 위헌여부

1. 이중처벌금지의 원칙 위배여부

헌법 제13조 제1항은 "모든 국민은 …… 동일한 범죄에 대하여 거듭 처벌받지 아니한다"고 하여 '이중처벌금지의 원칙'을 규정하고 있다. 이 원칙은 한번 판결이 확정되면 동일한 사건에 대해서는 다시 심판할 수 없다는 '일사부재리의 원칙'이 국가형벌권의 기속원리로 헌법상 선언된 것으로서, 동일한 범죄행위에 대하여 국가가 형벌권을 거듭 행사할 수 없도록 함으로써 국민의 기본권 특히 신체의 자유를 보장하기 위한 것이다. 그런데 헌법 제13조 제1항에서 말하는 '처벌'은 원칙적으로 범죄에 대한 국가의 형벌권 실행으로서의 과벌을 의미하는 것이고, 국가가 행하는 일체의 제재나 불이익처분을 모두 그 '처벌'에 포함시킬 수는 없는 것이다.

신상공개제도는 형의 종류를 정하고 있는 형법 제41조에 해당되지 않으나, 해당 범죄자에게 확정된 유죄판결 외에 추가적으로 수치감과 불명예 등의 불이익을 주게 되는데, 이러한 불이익이 실질적으로 수치형이나 명예형에 해당되는지 여부를 살펴봄에 있어서는 신상공개제도의 입법목적, 공개되는 내용과 유죄판결의 관계 등이 고려되어야 할 것이다.

신상공개제도에서 공개되는 신상과 범죄사실은 헌법 제109조 본문에 의해 이미 공개된 재판에서 확정된 유죄판결의 내용의 일부이며 달리 개인의 신상 내지 사생활에 관한 새로운 내용이 아니고, 위에서 본 바와 같이 **공익적 목적을 위하여 이를 공개하는 과정에서 부수적으로 수치심 등이 발생된다고 하여 이것을 기존의 유죄판결 상의 형벌 외에 또 다른 형벌로서 '수치형'이나 '명예형'에 해당한다고 볼 수는 없다.**

이상의 이유에서, 신상공개제도는 범죄에 대한 국가의 형벌권 실행으로서의 과벌에 해당한다고 단정할 수 없으므로 헌법 제13조의 이중처벌금지 원칙에 위배되지 않는다.

참고로, 미국 연방대법원은 알래스카주의 메간법이 성범죄자로 하여금 이미 유죄확정되어 대중에게 개방된 판결자료 중 자신의 신상과 유죄판결에 관한 사항에 관하여 관할 당국에 등록하도록 하고(위반시 형사처벌), 그 자료를 당국이 인터넷에 공개한다고 되어 있어도 이를 수치형이나 명예형으로 볼 수는 없다고 판단한 바 있다.

2. 과잉금지의 원칙 위배여부

(1) 제한되는 기본권

헌법 제10조 제1문은 "모든 국민은 인간으로서의 존엄과 가치를 가지며, 행복을 추구할 권리를 가진다"고 규정하고 있는데, 이 조항이 보호하는 인간의 존엄성으로부터 개인의 일반적 인격권이 보장된다(헌재 1990. 9. 10. 89헌마82; 1991. 9. 16. 89헌마165).

또한 헌법 제17조는 "모든 국민은 사생활의 비밀과 자유를 침해받지 아니한다"고 규정하고 있다.

신상공개제도는 국가가 개인의 신상에 관한 사항 및 청소년의 성매수 등에 관한 범죄의 내용을 대중에게 공개함으로써 개인의 일반적 인격권을 제한하며, 한편 사생활의 비밀에 해당하는 사항을 국가가 일방적으로 공개하는 것이므로, 이는 일반적 인격권과 사생활의 비밀의 자유를 제한하는 것이라 할 것이다.

(2) 과잉금지 원칙 위반여부

신상공개제도의 입법목적은 해당 범죄인의 신상과 범죄행위를 일반에게 공개함으로써 어린이나 청소년 대상 성범죄행위에 대하여 일반 국민에게 경각심을 주어 유사한 범죄를 예방하고, 이를 통하여 청소년을 보호하기 위한 것이다. 그렇다면 이러한 입법목적은 헌법 제37조 제2항의 공공복리를 위하여 필요한 것으로서 그 정당성이 인정된다.

신상공개제도가 그러한 입법목적을 달성하기 위한 가장 효과적이고 적절한 수단에 해당하는지는 의문의 여지가 없지 않으나, 상식적으로 볼 때 해당 범죄인의 신상을 대중에게 공개하는 제도는 일반 성인들에게 미성년자 성매수자가 되지 않도록 하는 위하적 내지 예방적 효과를 줄 것이라는 점을 인정할 수 있으므로, 신상공개제도는 과잉금지 원칙에서 요구되는 수단의 적합성을 갖춘 것이라 볼 것이다.

한편 현행 제도는 얼굴이나 사진 등 공개대상자에 대한 구체적인 정보를 제공하는 것도 아니고 성매수의 상대방인 청소년을 차단하는 효과도 없어 범죄예방의 효과가 없다는 지적이 있으나, 이 제도의 목적 자체가 이른바 메간법의 경우와 같이 출소한 성범죄자로부터 잠재적인 피해자와 지역사회를 보호하기 위해 정보제공을 한다는 구체적이고 특정적인 것이라기보다는 청소년의 성을 매수하는 행위의 해악과 심각한 문제점을 계도함으로써 청소년의 성을 보호, 구제하여 궁극적으로 청소년의 인권을 보장하고 이들이 건전한 사회구성원으로 성장할 수 있도록 한다는 보다 일반적 차원에서의 청소년 성매수 범죄의 방지에 있고, 신상공개제도가 일반인으로 하여금 청소년 대상 성범죄의 충동을 억제하게 하는 효과가 있다고 할 것이므로 수단의 적합성이 인정되는 것이다.

구체적으로 위와 같은 청소년 성 보호라는 중대한 입법목적을 효과적으로 달성함에 있어 신상공개제도 외에 명백히 덜 제한적인 다른 수단이 있는지 살펴본다.

앞서 보았듯이 형벌이나 보안처분만으로는 그 입법목적을 달성하는데 충분하다고 하기 어렵고, 가령 청소년 대상 성범죄자의 치료나 효율적 감시체계 확립, 청소년에 대한 선도 등의 정책을 생각해 볼 수 있으나, 청소년 대상 성범죄자에 대한 전문적인 교정 인력의 부족 등 물적·인적 시설이 미비하고, 청소년들의 성에 대한 지나친 개방적 사고와 배금주의적 행태, 성을 상품화하는 잘못된 소비풍조, 어른들의 왜곡된 성의식 등 사회문화적 부문에서의 보다 근본적이고 전반적인 개선에는 많은 시간과 노력이 걸리므로, 현재 증가하고 있는 청소년 대상 성범죄를 예방하기 위해서는 신상공개제도와 같은 입법적 수단이 불필요하다고 단정할 수 없는 것이다.

또한 행정당국이나 경찰당국에 범죄자의 명단을 등록케 하고, 지역주민 등의 요청에 의해서 정보를 공개하는 경우를 상정해 보면, 이러한 방법의 실효성을 달성하기 위해서는 지역주민들에게 해당 범죄자에 대한 상세한 정보가 알려져야 하고 이를 위해서는 관보나 인터넷 이상으로 쉽게 접근할 수 있는 신문이나 방송과 같은 공개수단이 선택될 필요가 있다고 보여지는데, 이러한 제도가 현행 제도보다 명백히 덜 침해적이라고 보기 어렵다.

뿐만 아니라 법 제20조 제3항은 신상공개 결정에 있어서 공개대상자 및 대상 청소년의 연령, 범행동기, 범행수단과 결과 등을 감안하여 공개대상자 및 그 가족 등에 대한 부당한 인권침해가 없도록 할 것을 규정하고 있고, 후술하듯이 하위 법령에 의하면 신상공개 대상자로 선정된 자에 대하여 의견진술기회가 부여되는 등 신상공개제도로 인한 당사자의 불이익을 최소화하기 위한 장치를 마련하고 있다.

그렇다면 신상공개제도가 달리 다른 입법수단이 있음에도 불구하고 해당 범죄인들의 기본권을 더 제한하는 것이라고 단정할 수 없고, 가능한 여러 가지 수단 가운데 무엇이 보다 덜 침해적이라고 보기 어려운 상황에서 어떠한 수단을 선택할 것인가는 입법자의 형성의 권한 내라 할 것이므로, 신상공개제도는 피해의 최소성 원칙에 어긋나지 아니한다.

신상공개제도는 범죄자 본인을 처벌하려는 것이 아니라, 현존하는 성폭력위험으로부터 사회 공동체를 지키려는 인식을 제고함과 동시에 일반인들이 청소년 성매수 등 범죄의 충동으로부터 자신을 제어하도록 하기 위하여 도입된 것으로서, 이를 통하여 달성하고자 하는 '청소년의 성보호'라는 목적은 우리 사회에 있어서 가장 중요한 공익의 하나라고 할 것이다.

이에 비하여 청소년 성매수자의 일반적 인격권과 사생활의 비밀의 자유가 제한되는 정도를 살펴보면, 법 제20조 제2항은 "성명, 연령, 직업 등의 신상과 범죄사실의 요지"를 공개하도록 규정하고 있는바, 이는 이미 공개된 형사재판에서 유죄가 확정된 형사판결이라는 공적 기록의 내용 중 일부를 국가가 공익 목적으로 공개하는 것으로 공개된 형사재판에서 밝혀진 범죄인들의 신상과 전과를 일반인이 알게 된다고 하여 그들의 인격권 내지 사생활의 비밀을 침해하는 것이라고 단정하기는 어렵다.

또한, 신상과 범죄사실이 공개되는 범죄인들은 이미 국가의 형벌권 행사로 인하여 해당 기본권의 제한 여지를 일반인보다는 더 넓게 받고 있다. 청소년 성매수 범죄자들이 자신의 신상과 범죄사실이 공개됨으로써 수치심을 느끼고 명예가 훼손된다고 하더라도 그 보장 정도에 있어서 일반인과는 차이를 둘 수밖에 없어, 그들의 인격권과 사생활의 비밀의 자유도 그것이 본질적인 부분이 아닌 한 넓게 제한될 여지가 있다.

그렇다면 청소년 성매수자의 일반적 인격권과 사생활의 비밀의 자유가 제한되는 정도가 청소년 성보호라는 공익적 요청에 비해 크다고 할 수 없으므로 결국 법 제20조 제2항 제1호의 신상공개는 해당 범죄인들의 일반적 인격권, 사생활의 비밀의 자유를 과잉금지의 원칙에 위배하여 침해한 것이라 할 수 없다.

3. 평등원칙의 위배여부

신상공개가 되는 청소년 대상 성범죄를 규정한 법률조항의 의미와 목적은 성인이 대가관계를 이용하여 청소년의 성을 매수하는 등의 행위로 인하여 야기되는 피해로부터 청소년을 보호하려는 데 있는 것이고, 이에 비추어 볼 때 청소년 대상 성범죄와 그 밖의 일반 범죄는 서로 비교집단을 이루는 '본질적으로 동일한 것'이라고 단언하기는 어려우며, 나아가 그러한 구분기준이 특별히 자의적이라고 볼 만한 사정이 없다.

또한 청소년 대상 성범죄자 가운데 청소년에게 성매수 행위의 상대방이 되도록 유인·권유한 자(법 제6조 제4항), 영업으로 청소년 성매수 행위를 하도록 유인·권유 또는 강요한 자(법 제7조 제2항 제1호), 청소년 성매수 행위의 장소를 제공하거나 또는 성매수 행위를 알선을 한 자(법 제7조 제2항 제2호, 제3호) 등, 공개대상에서 제외되는 경우는 그 행위의 대상이나 형태에 있어서 청소년 성매수 행위의 공범적 성격의 것들로서 행위불법성의 차이 등을 고려한 것으로 보이므로, 청소년 대상 성범죄자 중 일부 범죄자의 신상이 공개되지 않는다 하더라도 그러한 차별입법이 자의적인 것이라거나 합리성이 없는 것이라고 단정하기 어렵다.

신상공개제도로 인하여 기본권 제한상의 차별을 초래하나, 기본권의 제한의 여지는 앞서 본 바와 같이 일반인에 대해서보다 성매수자에 대해서는 상대적으로 더 큰 것이고, 공개되는 대상이 이미 형사재판에서 드러난 것이며, 다른 범죄행위에 대하여 특별히 아동 성매매 행위자에 대해서만 불이익을 주려는 의도로 입법된 것이 아니고, 여기서의 차별은 그러한 범죄를 예방할 계도적 조치를 입법하는 과정에서 발생한 부수적, 간접적인 차별에 해당되는 것이다. 따라서 법 제20조 제2항의 신상공개제도가 가져오는 차별은 그 입법목적과 이를 달성하려는 수단 간에 비례성을 벗어난 차별이라고 보기 어렵고, 달리 이것이 헌법 제11조 제1항의 평등원칙을 위배하거나 평등권을 침해한 것이라고 볼 수 없다.

4. 법관에 의한 재판을 받을 권리의 침해여부

헌법 제27조 제1항은 "모든 국민은 헌법과 법률이 정한 법관에 의하여 법률에 의한 재판을 받을 권리를 가진다"고 규정한다. 이 조항은 법관에 의하지 아니하고는 민사·행정·선거·가사사건에 관한 재판은 물론 어떠한 처벌도 받지 아니할 권리를 보장한 것이라 해석된다.

제청법원은 신상공개제도가 청소년보호위원회에 의하여 이루어진다는 점에서 법관에 의한 재판을 받을 권리를 침해한 것이라고 하나, 앞서 보았듯이 신상공개제도는 '처벌'에 해당한다고 할 수 없으므로 이 제도가 법관에 의한 재판을 받을 권리를 침해한 것이라 할 수 없다.

5. 적법절차 위배여부

구체적인 신상공개절차가 법원에 의하지 않고 행정위원회에 의하여 행해지며 동 위원회가 그 과정에서 재량권을 갖는다 하더라도, 신상공개제도가 형벌의 일종이 아니고, 청소년보호위원회가 최소한의 독립성과 중립성을 갖춘 기관이고(청소년보호법 제29조, 제32조 등 참조), 신상공개결정에 대해서는 행정소송을 통해 그 적법 여부를 다툴 기회가 보장되고 있고, 이미 법관에 의한 재판을 거쳐 형이 확정된 이후에 신상공개가 결정된다. 그렇다면 법 제20조 제2항 제1호의 신상공개제도는 법률이 정한 형식적 절차에 따라 이루어지며 그 절차의 내용도 합리성과 정당성을 갖춘 것이라고 볼 것이므로 절차적 적법절차원칙에 위반되는 것이라 할 수 없다.

Ⅱ. 법 제20조 제5항의 위헌여부

이 사건에서 법 제20조 제5항에서 위임되는 "구체적인 시기·기간·절차 등"은 신상공개에 있어서 본질적 부분은 아니며 어디까지나 부수적인 부분이라고 볼 것이다. 왜냐하면 이미 신상공개제도 자체는 법률에서 규정되고 있고, 이러한 공개의 범위도 법 제20조 제2항 본문에서 자세히 명시되고 있는데, 이러한 내용들이 신상공개제도의 핵심적 내용에 해당된다고 볼 것이기 때문이다. 나아가 여기서 대통령령으로 정해질 사항은 "구체적인 시기, 기간, 절차 등 신상공개에 있어서 그 밖에 필요한 사항"이므로 "구체적으로 범위를 정하여" 위임된 것이라 볼 수 있다. 결국 대통령령에 규정될 내용의 대강이 예측가능하다 할 것이다. 이상의 이유에서 법 제20조 제5항은 헌법상의 포괄위임입법금지 원칙에 위배된다고 할 수 없다.

재판관 한대현, 재판관 김영일, 재판관 권성, 재판관 송인준, 재판관 주선회의 위헌의견

1. 법 제20조 제2항 제1호의 위헌성

(1) 제한되는 기본권

우리 헌법 제10조는 모든 국민은 인간으로서의 존엄과 가치를 가지며 행복을 추구할 권리가 있음을 천명하면서, 국가는 개인이 가지는 불가침의 기본적 인권을 확인하고 이를 보장할 의무가 있음을 강조하고 있다. 따라서 인간은 누구나 각자의 자유의지에 따라 스스로 운명을 개척하고 자신의 인격을 자유롭게 발현하여 행복을 추구해 갈 수 있다. 그리고 이러한 권리는 타고난 용모나 재능, 학력, 빈부, 성별 등을 가리지 않으며, 심지어 범죄인에게까지도 한 인간으로서 가지는 기본적인 존엄과 가치는 존중되고 보장되어야 하는 것이다. 이것이야말로 우리 헌법이 추구하는 최고의 가치이자 지향하는 기초적 이념이라고 할 수 있다.

그런데 국가가 범죄사실과 같이 개인에 대한 사회적 평가에 중대한 영향을 미치는 정보자료를 함부로 일반에 공개할 경우, 그 개인의 긍정적인 면을 포함한 총체적인 인격이 묘사되는 것이 아니라 단지 부정적인 측면만이 세상에 크게 부각됨으로써 장차 그가 사회와 접촉·교류하며 자신의 인격을 자유롭게 발현하는 것을 심대하게 저해할 수 있다. 그러므로 사회활동을 통한 개인의 자유로운 인격발현을 위해서는, 타인의 눈에 비치는 자신의 모습을 형성하는 데 있어 결정적인 인자가 될 수 있는 각종 정보자료에 관하여 스스로 결정할 수 있는 권리, 다시 말하여 사회적 인격상에 관한 자기결정권이 보장되어야 하고, 국가는 이를 최대한 보장할 책무가 있다.

그러나 이 사건 신상공개제도는 본인이 밝히기를 꺼리는 치부를 세상에 공개하여 위와 같은 사회적 인격상에 관한 자기결정권을 현저하게 제한함으로써 범죄인의 인격권에 중대한 훼손을 초래한다고 볼 것이다.

(2) 과잉금지원칙의 위반

(가) 체면을 중시하는 우리 사회에서 범죄사실과 함께 그 신상을 일반공중에 공개하는 제도적 조치는 현실적으로 상당한 제재 및 위하의 효과를 가진다고 보아야 할 것이다. 그런데 현행 신상공개제도의 주된 목적과 기능이 이처럼 범죄인에게는 창피를 주고 일반국민에 대해서는 '청소년 성매수자는 이렇게 망신을 당한다'고 하는 위하의 효과를 거두는 데 있다고 한다면, 이는 곧 소위 '현대판 주홍글씨'에 비견할 정도로 수치형과 매우 흡사한 특성을 지닌다.

그러나 공개적으로 범죄인의 체면을 깎아내려 그에 대한 대중의 혐오를 유발하고 그 결과 세인의 경멸과 사회적 배척이 가해지도록 하는 수치형의 기본구조는 본질적으로 심각한 문제점들을 안고 있다. 즉, 수치형은 범죄인의 주관적 명예감정이나 그의 사회적 관계 여하에 따라 혹은 범죄인에 대한 대중의 혐오감이 얼마나 광범하고 강렬하게 표출되느냐에 따라 처벌의 강도가 크게 좌우되는 단점이 있다. 그리고 법에 의한 지배원리를 경시하고, 사인에 의한 무절제한 보복행위 내지 자경행위(自警行爲)를 조장할 위험도 내포하고 있다. 무엇보다도 가장 근본적인 오류는 범죄행위의 반가치와 범죄인 인격의 무가치를 혼동하는 것이다. 비록 범죄인일망정 윤리적 책임능력을 갖춘 인격체로 보는 것은 형벌권 행사의 기본 전제이자 궁극적 한계라 할 수 있다. 또한, 사회에서 진정으로 근절해야 할 대상은 엄밀한 의미에서 범죄행위이지 범죄인 본인은 아니라고 할 것이다. 그럼에도 수치형은 이를 분별함이 없이 범죄인을 하나의 인격체로서가 아니라 한낱 범죄퇴치의 수단으로 취급하고 그를 대중의 조롱거리나 경멸의 대상으로 만들어 필경 사회적 매장으로 몰고 가려는 의도가 짙다. 이는 단지 범죄인의 인격을 황폐화시키는 것에서 끝나는 것이 아니라, 사회 전체에 인간존엄성에 대한 불감증을 만연시킬 수 있다.

(나) 사회 일각에서는 신상공개야말로 뿌리 깊은 청소년 성매매의 폐습을 바로잡기 위한 효과적인 대책이며, 그와 같은 극약처방을 도입하는 것이 불가피하다는 주장도 강하게 제기되고 있다. 물론 이러한 지적에도 일면 소홀히 넘어갈 수 없는 부분이 분명히 있다. 그러나 청소년 성매매가 성행하는 것은 어른들의 왜곡된 성의식이나 성 충동 억제력의 부족, 청소년들의 성에 대한 지나친 개방적 사고와 배금주의적 행태, 그리고 남성우월주의에 기초하여 여성을 지배의 대상으로 보는 논리와 10대의 성을 상품화하는 극도의 소비자본주의풍조 등이 모두 한 데 맞물려 나타난 병폐현상이라 할 것이다.

무릇 형벌은 개인의 자유와 안전에 대한 중대한 침해를 가져오는 탓에 국가적 제재의 최후수단(ultima ratio)으로 평가된다. 그런데 이미 그러한 형벌까지 부과된 마당에, 형벌과 다른 목적이나 기능을 가지는 것도 아니면서, 형벌보다 더 가혹할 수도 있는 신상공개를 하도록 한 것은 국가공권력의 지나친 남용이다. 더구나, 신상공개로 인해 공개대상자의 기본적 권리가 심대하게 훼손되는 데에 비해 그 범죄억지의 효과가 너무도 미미하거나 불확실한바, 이러한 점에서도 법익의 균형성을 현저히 잃고 있다고 판단된다.

(3) 평등원칙 위반

(가) 심사의 기준

이 사건의 경우, 헌법이 금지하는 차별의 기준이나 영역이 적용되고 있지는 않다. 그러나 형이 확정된 자의 범죄사실을 그 실명과 함께 일반에 공개하는 것은 공개대상자의 사회적 인격상에 부정적 영향을 미쳐 그의 자유로운 인격발현을 현저히 가로막을 수 있다는 점에서 인격권이 중대하게 제한되는 경우에 해당한다. 더구나, 모든 범죄에 대해서가 아니라 특정 유형의 범죄에 대해서만 신상공개를 할 경우, 그 대상자는 일반대중의 뇌리에 다른 범죄자보다 더 위험하거나 추잡한 인물로 각인되어 사회적 낙인의 효과가 그만큼 더 증폭된다고 볼 것이므로, 결과적으로 선별적 신상공개는 그 대상자를 특별히 사회적 배척의 표적이 되도록 지목하는 의미를 가진다. 그렇다면, 이 사건에서는 차별취급으로 인하여 관련 기본권에 중대한 제한이 초래되고 있다고 할 것이므로, 비례원칙에 의한 심사기준을 적용함이 상당하다.

(나) 구체적 검토

법 제20조 제2항 제1호는 범죄방지를 이유로 청소년 성매수자의 사회적 인격상에 관한 자기결정권을 제한한다. 그런데 일반 범죄자 및 일부 청소년 대상 성범죄자(이하 '일반범죄자등'이라 한다)에 대해서는 신상공개를 통한 위와 같은 제한을 허용하고 있지 않다. 그러나 범죄방지의 필요성은 일반범죄자등의 경우에도 마찬가지로 인정된다. 그러므로 양자를 차별하는 것이 과연 정당화될 수 있는지는 헌법상 해명의 필요가 있는 바, 청소년 성매수자가 신상공개되는 것은 일반범죄자등보다 죄질이나 법정형이 더 무겁거나 재범의 위험성이 보다 더 높아서가 아니다. 그리고 청소년에게 성매수행위의 상대방이 되도록 유인·권유한 자(법 제6조 제4항) 등은 모두 청소년 성매매를 유발·조장하는 범죄자들로서, 청소년 성매수자보다 더 무거운 법정형이 예정되어 있는 데도, 신상공개는 되지 않는 점에서 '청소년의 성 보호'라는 보호법익의 특수성이 신상공개 여부를 나누는 결정적인 기준이 되고 있다고 할 수도 없다. 결국 일반범죄자등과 청소년 성매수자를 차별할 만한 다른 합리적 이유는 찾기 어렵고, 다만 성인 남성들에게 청소년 성매수행위를 하지 말라는 강력한 경고의 메시지를 전하려는 입법의도만 유일한 차별근거가 아닌가 생각된다.

그러나 이러한 입법의도가 청소년 성매수자에 대한 신상공개를 정당화할 만큼의 성질이나 비중을 가지고 있지 않음은 이미 앞에서 인격권의 침해 여부를 논하면서 살펴본 바와 같다.

따라서 일반범죄자등과는 달리 청소년 성매수자만 차별하여 신상공개를 하는 것은 그 차별의 이유와 차별의 내용 사이의 적절한 균형관계를 인정할 수 없으므로 평등원칙에 위배된다고 할 것이다.

2. 법 제20조 제5항의 위헌성

신상공개의 시기·기간·절차 등은 신상공개제도의 전반적 성격 및 운용방향을 결정짓는 본질적 내용에 해당할 뿐만 아니라, 대상자의 기본권에 직접적인 영향을 주는 중요한 사항이다. 그리고 이들 사항에 있어서는 그 규율대상이 지극히 다양하거나 수시로 변화하는 성질을 지닌다고 볼 수도 없어 위임의 구체성, 명확성이 보다 엄격히 요구된다고 할 것이다. 그럼에도 법 제20조 제5항은 이러한 시기·기간·절차 등에 관하여 그 기본내용이나 범위를 구체적으로 정함이 없이 일체를 대통령령에서 정하도록 위임하고 있다. 따라서 하위법령을 보지 않고 법만 가지고서 신상공개의 구체적 시기·기간·절차 등에 관한 내용의 대강을 파악한다는 것은 실로 불가능하다. 위 법률조항은 포괄위임입법규정으로서, 헌법상 위임입법의 정당한 한계를 벗어났다고 할 것이다.

✤ 본 판례에 대한 평가 1. 일사부재리의 원칙: 헌법 제13조 제1항 후문은 "모든 국민은 … 동일한 범죄에 대하여 거듭 처벌받지 아니한다"라고 하여 일사부재리의 원칙 내지 거듭처벌금지의 원칙을 규정하고 있다. 그것은 형사재판에 있어서 실체판결이 확정되어 판결의 실체적 확정력이 발생하면 이후 동일사건에 대하여는 거듭 심판받지 않는다는 원칙이다. 여기서 처벌이라 함은 국가가 행하는 일체의 제재나 불이익처분이 모두 포함되는 것이 아니고 원칙적으로 범죄에 대한 국가의 형벌권실행으로서의 과벌만을 의미한다. 일사부재리의 원칙은 실체판결의 실체적 확정력의 문제인 데 반하여, 영미법상의 이중위험금지의 원칙은 형사절차가 일정 단계에 이르면 동일절차를 반복할 수 없다는 절차법적 관점이라는 점에서 차이가 있다.

2. 헌법 제13조 제1항에서의 처벌에는 원칙적으로 범죄에 대한 국가의 형벌권의 실행으로서의 과벌만을 의미하므로 청소년 성매수자의 신상공개제도는 국가형벌권의 실행으로서의 과벌이라 볼 수 없으므로 헌법 제13조를 위반하는 것이 아니라고 하여 합헌결정을 한 점에서 본 결정의 의의를 찾을 수 있다. 그러나 본 결정에서 청소년 성매수자의 신상공개제도에 대하여 합헌의견보다 위헌의견이 더 많았다는 점은 주목할 만한 부분이다.

관련 문헌: 정광현, "청소년의성보호에관한법률 제20조 제2항 제1호 등 위헌제청", 『헌법재판소결정해설집』 제2권, 헌법재판소, 315-323면; 이경재, "성범죄자 신상공개의 법적 문제점 고찰", 『저스티스』 통권 제65호, 2002, 15-16면; 최경규, "메간법과 신상공개제도", 『경찰학연구』 제4호, 2003; 손희권, "이중처벌금지 원칙 관점에서의 청소년 성매수자 신상공개제도의 위헌성", 교육학연구 제42권 제1호, 2004, 29-30면; 박선영, "신상공개제도 합헌결정에 대한 비판적 검토", 『헌법학연구』 제9권 제4호, 2003, 148면; 강태수, "성범죄자의 신상공개제도에 관한 헌법적 고찰", 『공법학연구』 제7권 제2호, 34면; 김경제, "이중처벌금지의 원칙", 『공법연구』 제32집 제2호, 한국공법학회, 2003, 352면; 권창국, "청소년 성매매행위 등에 대한 규제방법으로서 신상공개제도에 대한 검토", 『형사정책연구』 통권 제46호, 한국형사정책연구원, 2001 여름, 217면; 김종구, "성범죄자 신상공개제도의 법적성격과 위헌성 여부", 『법학연구』, 연세대학교 법학연구소, 2003; 문재완, "성범죄자 신상공개제도 위헌성 재검토", 『헌법학연구』, 제9권 제2호, 2003, 363-366면; 박상진, "청소년성보호법에 의한 신상공개가 갖는 문제점과 개선방안에 대한 연구", 『중앙법학』 제5집 제1호, 276-278면; 이병희, "성범죄자 신상공개제도에 대한 형사법적 고찰", 『형사법연구』 제17호, 2002 여름, 270-272면; 심희기, "신상공개의 정당화근거와 적절한 공개대상과 공개기준의 탐색", 『저스티스』 통권 제65호.

[요약판례 1] 구 건축법 제56조의2 제1항 위헌소원: 합헌(헌재 1994.6.30. 92헌바38)

이중처벌금지원칙에서 '처벌'의 의미에 대한 헌법재판소의 판결

구 건축법 제54조 제1항의 규정에 의하여 무허가 건축행위를 한 자에 대하여 과하는 징역형 또는 벌금형은 그 위반이 직접적으로 행정목적과 사회공익을 침해하는 경우 그 반사회성에 대한 제재로서 강학상 행정형벌에 해당함에 대하여 구 건축법 제56조의2의 과태료는 그 위반이 행정상의 질서에 장애를 주는 경우 의무이행의 확보를 위하여 일반적으로 행정기관이 행정적 절차에 의하여 부과·징수하는 금전벌로서 이른바 행정질서벌에 속한다고 할 수 있다.

헌법 제13조 제1항의 "이중처벌금지의 원칙"은 "일사부재리의 원칙"이 국가형벌권의 기속원리로 헌법상 선언된 것으로서, 동일한 범죄행위에 대하여 국가가 형벌권을 거듭 행사할 수 없도록 함으로써 국민의 기본권 특히 신체의 자유를 보장하기 위한 것이라고 할 수 있다. 이러한 점에서 헌법 제13조 제1항에서 말하는 "처벌"은 원칙으로 범죄에 대한 국가의 형벌권 실행으로서의 과벌을 의미하는 것이고, 국가가 행하는 일체의 제재나 불이익처분을 모두 그 "처벌"에 포함시킬 수는 없다 할 것이다. 다만, 행정질서벌로서의 과태료는 행정상 의무의 위반에 대하여 국가가 일반통치권에 기하여 과하는 제재로서 형벌(특히 행정형벌)과 목적·기능이 중복되는 면이 없지 않으므로, 동일한 행위를 대상으로 하여 형벌을 부과하면서 아울러 행정질서벌로서의 과태료까지 부과한다면 그것은 이중처벌금지의 기본정신에 배치되어 국가 입법권의 남용으로 인정될 여지가 있음을 부정할 수 없다.

이중처벌금지의 원칙은 처벌 또는 제재가 "동일한 행위"를 대상으로 행해질 때에 적용될 수 있는 것이고, 그 대상이 동일한 행위인지의 여부는 기본적 사실관계가 동일한지 여부에 의하여 가려야 할 것이다. 그런데, 구 건축법 제54조 제1항에 의한 형사처벌의 대상이 되는 범죄의 구성요건은 당국의 허가 없이 건축행위 또는 건축물의 용도변경행위를 한 것임에 반하여 구 건축법 제56조의2에 의한 과태료는 건축법령에 위반되는 위법건축물에 대한 시정명령을 받고도 건축주 등이 이를 시정하지 아니할 때 과하는 것이므로, 양자는 처벌 내지 제재대상이 되는 기본적 사실관계로서의 행위를 달리하는 것이다. 그리고 전자가 무허가 건축행위를 한 건축주 등의 행위 자체를 위법한 것으로 보아 처벌하는 것인 데 대하여, 후자는 위법건축물의 방치를 막고자 행정청이 시정조치를 명하였음에도 건축주 등이 이를 이행하지 아니한 경우에 행정명령의 실효성을 확보하기 위하여 제재를 과하는 것이므로 양자는 그 보호법익과 목적에서도 차이가 있고, 또한 무허가 건축행위에 대한 형사처벌시에 위법건축물에 대한 시정명령의 위반행위까지 평가된다고 할 수 없으므로 시정명령 위반행위를 무허가 건축행위의 불가벌적 사후행위라고 할 수도 없다.

이러한 점에 비추어 구 건축법 제54조 제1항에 의한 무허가 건축행위에 대한 형사처벌과 이 사건 규정에 의한 시정명령 위반에 대한 과태료의 부과는 헌법 제13조 제1항이 금지하는 이중처벌에 해당한다고 할 수 없고, 또한 무허가 건축행위에 대하여 형사처벌을 한 후에라도 그 위법행위의 결과 침해된 법익을 원상회복시킬 필요가 있으므로 이를 위한 행정상 조치로서 시정명령을 발하고 그 위반에 대하여 과태료를 부과할 수 있도록 한 것이 기본권의 본질적 내용을 침해하는 것이라고 할 수도 없다 할 것이다.

[요약판례 2] 건축법 제80조 제1항 등 위헌소원: 합헌(헌재 2011.10.25. 2009헌바140)

이행강제금은 일정한 기한까지 의무를 이행하지 않을 때에는 일정한 금전적 부담을 과할 뜻을 미리 계고함으로써 의무자에게 심리적 압박을 주어 장래에 그 의무를 이행하게 하려는 행정상 간접적인 강제집행 수단의 하나로서 과거의 일정한 법률위반 행위에 대한 제재로서의 형벌이 아니라 장래의 의무이행의 확보를 위한 강제수단일 뿐이어서 범죄에 대하여 국가가 형벌권을 실행한다고 하는 과벌에 해당하지 아니하므로 헌법 제13조 제1항이 금지하는 이중처벌금지의 원칙이 적용될 여지가 없다.

3. 법률과 적법절차에 의한 보안처분과 강제노역

[요약판례 1] 형사소송법 제331조 단서규정에 대한 위헌심판: 위헌(헌재 1992.12.24. 92헌가8)

형사소송법 제331조 단서 규정이 영장주의와 적법절차의 원리에 위배되고, 과잉금지의 원칙에 위배되어 헌법에 위반되는지 여부(적극)

헌법 제12조 제3항 본문은 동조 제1항과 함께 적법절차원리의 일반조항에 해당하는 것으로서, 형사절차상의 영역에 한정되지 않고 입법, 행정 등 국가의 모든 공권력의 작용에는 절차상의 적법성뿐만 아니라 법률의 구체적 내용도 합리성과 정당성을 갖춘 실체적인 적법성이 있어야 한다는 적법절차의 원칙을 헌법의 기본원리로 명시하고 있는 것이므로 헌법 제12조 제3항에 규정된 영장주의는 구속의 개시시점에 한하지 않고 구속영장의 효력을 계속 유지할 것인지 아니면 취소 또는 실효시킬 것인지의 여부도 사법권독립의 원칙에 의하여 신분이 보장되고 있는 법관의 판단에 의하여 결정되어야 한다는 것을 의미하고, 따라서 형사소송법 제331조 단서 규정과 같이 구속영장의 실효 여부를 검사의 의견에 좌우되도록 하는 것은 헌법상의 적법절차의 원칙에 위배된다.

[요약판례 2] 보안관찰법 제2조 등 위헌소원: 합헌,각하(헌재 1997.11.27. 92헌바28)

보안관찰법상 보안관찰제도가 일사부재리의 원칙, 적법절차의 원칙에 위반되거나 법관에 의한 정당한 재판을 받을 권리를 침해하는지 여부(소극)

보안처분은 그 본질, 추구하는 목적 및 기능에 있어 형벌과는 다른 독자적 의의를 가진 사회보호적인 처분이므로 형벌과 보안처분은 서로 병과하여 선고한다고 해서 그것이 헌법 제13조 제1항 후단 소정의 거듭처벌금지의 원칙에 해당되지 아니한다고 할 것인데, 이 법상의 보안관찰처분 역시 그 본질이 헌법 제12조 제1항에 근거한 보안처분인 이상, 형의 집행종료후 별도로 이 법상의 보안관찰처분을 명할 수 있다고 하여 헌법 제13조 제1항이 규정한 일사부재리의 원칙에 위반하였다고 할 수 없다.

우리나라의 자유민주적기본질서, 북한공산주의자들과 대치하고 있는 현실적 상황 등을 고려한 것으로서 그 법이 추구하는 입법목적의 정당성, 국민에게 부과되는 자유제한의 정도, 보안관찰처분심의위원회의 구성과 보안관찰처분의 개시 및 불복절차에 비추어 적법절차의 원칙이 요청하는 합리성, 정당성 및 절차적 공평성을 갖추고 있다고 할 것이므로 헌법 제12조 제1항 후문의 적법절차의 원칙 내지 법관에 의한 정당한 재판을 받을 권리를 보장하고 있는 헌법 제27조 제1항에 위배되지 아니한다.

[요약판례 3] 형사소송법 제221조의3 제1항등 위헌소원: 합헌,각하(헌재 2005.2.3. 2003헌바1)

법관 아닌 사회보호위원회가 치료감호의 종료여부를 결정하도록 한 이 사건 법률조항이 적법절차의 원칙에 위반되는지 여부(소극)

헌법 제12조 제1항 후문은 "누구든지 … 법률과 적법한 절차에 의하지 아니하고는 처벌·보안처분 또는 강제노역을 받지 아니한다"라고 하여 적법절차의 원칙을 선언하고 있다. 이 헌법규정이 보안처분을 처벌 또는 강제노역과 나란히 열거하고 있다는 규정의 형식에 비추어 보거나 보안처분이 처벌 또는 강제노역에 버금가는 중대한 기본권의 제한을 수반한다는 그 내용에 비추어 보거나 보안처분에도 적법절차의 원칙이 적용되어야 함은 당연한 것이다. 다만 보안처분에는 다양한 형태와 내용이 존재하므로 각 보안처분에 적용되어야 할 적법절차의 범위 내지 한계에도 차이가 있어야 할 것이다.

4. 연좌제의 금지

[요약판례 1] 반국가행위자의처벌에관한특별조치법 제2조 제1항 제2호 등 위헌제청: 위헌 (헌재 1996.1.25. 95헌가5)

궐석재판을 규정한 반국가행위자의처벌에관한특별조치법 제7조 제5항, 제7조 제6항, 제7항 본문이 헌법에 위반되는지 여부 및 특조법 제8조의 전재산 몰수형이 과잉금지원칙 등을 위배한 것인지 여부(적극)

특조법 제7조 제5항은 검사의 청구에 의하여 법원으로 하여금 처음부터 의무적으로 궐석재판을 행하도록 하고 있으며, 재판의 연기도 전혀 허용하지 않고 있어, 중형에 해당하는 사건에 대하여 피고인의 방어권이 일절 행사될 수 없는 상태에서 재판이 진행되도록 규정한 것이므로 그 입법목적의 달성에 필요한 최소한의 범위를 넘어서 피고인의 공정한 재판을 받을 권리를 과도하게 침해한 것이다.

또한 중형에 해당되는 사건에 대하여 피고인에게 출석 기회조차 주지 아니하여 답변과 입증 및 반증 등 공격·방어의 기회를 부여하지 않고, 피고인에게 불출석에 대한 개인적 책임을 전혀 물을 수 없는 경우까지 궐석재판을 행할 수 있다는 것은 절차의 내용이 심히 적정하지 못하여 적법절차의 원칙에도 반한다.

중형에 해당되는 사건에서 피고인이 자신을 방어하기 위해 변호인도 출석시킬 수 없고, 증거조사도 없이 실형을 선고받는 것은 공격·방어의 기회를 원천적으로 봉쇄당하는 것이므로 적법절차의 원칙에 반하고, 특조법의 입법목적 달성에 필요한 최소한도의 범위 이상으로 재판청구권을 침해하는 것이다.

사법의 본질은 법 또는 권리에 관한 다툼이 없거나 법이 침해된 경우에 독립적인 법원이 원칙적으로 직접 조사한 증거를 통한 객관적 사실인정을 바탕으로 법을 해석·적용하여 유권적인 판단을 내리는 작용이다. 우리 헌법은 권력상호간의 견제와 균형을 위하여 명시적으로 규정한 예외를 제외하고는 입법부에게 사법작용을 수행할 권한을 부여하지 않고 있다. 그런데 위 법 제7조 제7항 본문은 법원으로 하여금 증거조사도 하지 말고 형을 선고하도록 하고 있어 헌법이 정한 입법권의 한계를 유월하여 사법작용(司法作用)을 침해하고 있다.

위 법 제8조는 피고인의 소환불응에 대하여 전재산 몰수를 규정한바, 설사 반국가행위자의 고의적인 소환불응을 범죄행위라고 규정하는 취지라 해도 이러한 행위에 대해 전재산의 몰수라는 형벌은 행위의 가벌성에 비해 지나치게 무거워 적정하지 못하고 일반형사법체계와 조화를 이루지 못하고 있다. 결국 이는 행위책임의 법리를 넘어서 자의적이고 심정적인 처벌에의 길을 열어 둠으로써 형벌체계상 정당성과 균형을 벗어나 적법절차 및 과잉금지의 원칙에 어긋난다.

뿐만 아니라 특조법 제8조는 동법 제10조의 규정과 관련하여 친족의 재산까지도 검사가 적시하기만 하면 증거조사 없이 몰수형이 선고되게 되어 있으므로, 헌법 제13조 제3항에서 금지한 연좌형이 될 소지도 크다.

위 법 제7조 제5항·제6항·제7항 본문, 제8조가 위헌으로 실효될 경우 위 법 전체가 존재의미를 상실하여 시행될 수 없게 되므로 헌법재판소법 제45조 단서규정에 의해 위 법 전체에 대하여 위헌결정을 한다.

※ 헌법재판소의 법 전체에 대한 위헌결정에 따라 법이 폐지되었음.

[요약판례 2] 공직선거및선거부정방지법 제265조 위헌확인: 합헌 (헌재 2005.7.21. 2005헌마19)

배우자의 중대 선거범죄를 이유로 후보자의 당선을 무효로 하는 공직선거및선거부정방지법 제265조 본문 중 '배우자'에 관한 부분이 헌법 제13조 제3항에서 금지하는 연좌제에 해당하는지 여부(소극)

헌법 제13조 제3항은 '친족의 행위와 본인 간에 실질적으로 의미 있는 아무런 관련성을 인정할 수 없음에도 불구하고 오로지 친족이라는 사유 그 자체만으로' 불이익한 처우를 가하는 경우에만 적용된다. 배우자는 후보자와 일상을 공유하는 자로서 선거에서는 후보자의 분신과도 같은 역할을 하게 되는바, 이 사건 법률조항은 배우자가 죄를 저질렀다는 이유만으로 후보자에게 불이익을 주는 것이 아니라, 후보자와 불가분의 선거운명공동체를 형성하여 활동하게 마련인 배우자의 실질적 지위와 역할을 근거로 후보자에게 연대책임을 부여한 것이므로 헌법 제13조 제3항에서 금지하고 있는 연좌제에 해당하지 아니한다.

대판 1997.4.11. 96도3451

선거사무장 등의 선거범죄로 인한 당선무효를 규정하고 있는 공직선거및선거부정방지법 제265조가 헌법상의 연좌제 금지에 반하는 것인지 여부(소극)

선거사무장 또는 회계책임자가 기부행위를 한 죄로 징역형을 선고받는 경우에 그 후보자의 당선이 무효로 되는 것은 공직선거및선거부정방지법 제265조의 규정에 의한 것일 뿐이고, 그들에 대하여 징역형을 선고하는 것이 연좌제를 금지한 헌법 위반이라고 할 수는 없다.

Ⅲ 신체의 자유의 절차적 보장

1. 법률주의
2. 적법절차원리

(1) 신체의 자유를 보장하기 위한 원리로서 출발한 적법절차

[요약판례 1] 사회보호법 제5조의 위헌심판: 위헌,합헌(헌재 1989.7.14. 88헌가5등)

구 사회보호법 제5조 제1항, 제2항의 위헌여부

구 사회보호법 제5조 제1항은 전과나 감호처분을 선고받은 사실 등 법정의 요건에 해당되면 재범의 위험성 유무에도 불구하고 반드시 그에 정한 보호감호를 선고하여야 할 의무를 법관에게 부과하고 있으니 헌법 제12조 제1항 후문(적법절차의 원리), 제37조 제2항(기본권 제한) 및 제27조 제1항(재판을 받을 권리)에 위반된다.

같은 법 제5조 제2항의 보호감호처분은 재범의 위험성을 보호감호의 요건으로 하고 있고, 감호기간에 관한 7년의 기한은 단순히 집행상의 상한으로 보아야 하므로 헌법 제12조 제1항 후문에 정한 적법절차에 위반되지 아니한다.

[요약판례 2] 형사소송법 제221조의2 위헌소원: 위헌(헌재 1996.12.26. 94헌바1)

형사소송법 제221조의2 제5항 중 제2항에 관한 부분이 헌법에 위반되는지 여부(적극)

공판전 증인신문제도는 범인필벌의 요구만을 앞세워 과잉된 입법수단으로 증거수집과 증거조사를 허용함으로써 법관의 합리적이고 공정한 자유심증을 방해하여 헌법상 보장된 법관의 독립성을 침해할 우려가 있으므로, 결과적으로 그 자체로서도 적법절차의 원칙 및 공정한 재판을 받을 권리에 위배되는 것이다.

※ 이 사건의 위헌 결정이 있기 전인 1995. 12. 29. 법률 제5054호로 형사소송법 제221조의2 제5항이 개정되었다가, 이 사건 결정이 나자 형사소송법 제221조의2 제2항이 무효로 되었고 제5항 중 제2항에 관한 부분이 자동으로 효력 상실됨에 따라 제221조의2 제5항이 2007. 6. 1. 피의자 또는 피고인의 반대신문권을 필수적으로 보장하여 주어야 하는 것으로 다시 개정되었다.

⑤ 판사는 특별히 수사에 지장이 있다고 인정하는 경우를 제외하고는 피고인, 피의자 또는 변호인을 제1항 또는 제2항의 청구에 의한 증인신문에 참여하게 하여야 한다. 〈1995. 12. 29. 개정〉

⑤ 판사는 제1항의 청구에 따라 증인신문기일을 정한 때에는 피고인 · 피의자 또는 변호인에게 이를 통지하여 증인신문에 참여할 수 있도록 하여야 한다. 〈2007. 6. 1. 개정〉

[요약판례 3] 범죄인인도법 제3조 위헌소원: 합헌(헌재 2003.1.30. 2001헌바95)

범죄인인도법 제3조가 법원의 범죄인인도심사를 서울고등법원의 전속관할로 하고 그 심사결정에 대한 불복절차를 인정하지 않은 것이 적법절차원칙에 위배하거나, 재판청구권 등을 침해한 여부(소극)

법원에 의한 범죄인인도심사는 국가형벌권의 확정을 목적으로 하는 형사절차와 같은 전형적인 사법절차의 대상에 해당되는 것은 아니며, 법률(범죄인인도법)에 의하여 인정된 특별한 절차라 볼 것이다. 그렇다면 심급제도에 대한 입법재량의 범위와 범죄인인도심사의 법적 성격, 그리고 범죄인인도법에서의 심사절차에 관한 규정 등을 종합할 때, 이 사건 법률조항이 범죄인인도심사를 서울고등법원의 단심제로 하고 있다고 해서 적법절차원칙에서 요구되는 합리성과 정당성을 결여한 것이라 볼 수 없다.

[요약판례 4] 성폭력범죄의 처벌 및 피해자보호 등에 관한 법률 제5조 제2항 등 위헌소원: 일부위헌,일부합헌(헌재 2009.6.25. 2007헌바25)

판결선고 전 구금일수의 산입을 규정한 형법 제57조 제1항 중 "또는 일부" 부분이 헌법상 무죄추정의 원칙 및 적법절차의 원칙 등을 위배하여 신체의 자유를 침해하는지 여부(적극)

형법 제57조 제1항은 해당 법관으로 하여금 미결구금일수를 형기에 산입하되, 그 산입범위는 재량에 의하여 결정하도록 하고 있는바, 이처럼 미결구금일수 산입범위의 결정을 법관의 자유재량에 맡기는 이유는 피고인이 고의로 부당하게 재판을 지연시키는 것을 막아 형사재판의 효율성을 높이고, 피고인의 남상소를 방지하여 상소심 법원의 업무부담을 줄이는데 있다. 그러나 미결구금을 허용하는 것 자체가 헌법상 무죄추정의 원칙에서 파생되는 불구속수사의 원칙에 대한 예외인데, 형법 제57조 제1항 중 "또는 일부 부분"은 그 미결구금일수 중 일부만을 본형에 산입할 수 있도록 규정하여 그 예외에 대하여 사실상 다시 특례를 설정함으로써, 기본권 중에서도 가장 본질적인 신체의 자유에 대한 침해를 가중하고 있다.

또한, 형법 제57조 제1항 중 "또는 일부" 부분이 상소제기 후 미결구금일수의 일부가 산입되지 않을 수 있도록 하여 피고인의 상소의사를 위축시킴으로써 남상소를 방지하려 하는 것은 입법목적 달성을 위한 적절한 수단이라고 할 수 없고, 남상소를 방지한다는 명목으로 오히려 구속 피고인의 재판청구권이나 상소권의 적정한 행사를 저해한다. 더욱이 구속 피고인이 고의로 재판을 지연하거나 부당한 소송행위를 하였다고 하더라도 이를 이유로 미결구금기간 중 일부를 형기에 산입하지 않는 것은 처벌되지 않는 소송상의 태도에 대하여 형벌적 요소를 도입하여 제재를 가하는 것으로서 적법절차의 원칙 및 무죄추정의 원칙에 반한다.

이와 같이 헌법상 무죄추정의 원칙에 따라 유죄판결이 확정되기 전에 피의자 또는 피고인을 죄 있는 자에 준하여 취급함으로써 법률적·사실적 측면에서 유형·무형의 불이익을 주어서는 아니되고, 특히 미결구금은 신체의 자유를 침해받는 피의자 또는 피고인의 입장에서 보면 실질적으로 자유형의 집행과 다를 바 없으므로, 인권보호 및 공평의 원칙상 형기에 전부 산입되어야 한다. 따라서 형법 제57조 제1항 중 "또는 일부 부분"은 헌법상 무죄추정의 원칙 및 적법절차의 원칙 등을 위배하여 합리성과 정당성 없이 신체의 자유를 침해한다.

(2) 오늘날 헌법 전반을 관류하는 원리로서의 적법절차원리

[요약판례 1] 변호사법 제15조에 대한 위헌심판: 위헌(헌재 1990.11.19. 90헌가48)

법적 절차가 존중되지 아니한 사례

법무부장관의 일방적 명령에 의하여 변호사 업무를 정지시키는 것은 당해 변호사가 자기에게 유리한 사실을 진술하거나 필요한 증거를 제출할 수 있는 청문의 기회가 보장되지 아니하여 적법절차를 존중하지 아니한 것이 된다.

[요약판례 2] 노동조합법 제46조 위헌제청: 위헌(헌재 1995.3.23. 92헌가14)

노동조합법 제46조 중 노동위원회의 구제명령위반죄 부분의 위헌여부(적극)

노동조합법 제46조 중 "제42조의 규정에 의한 구제명령에 위반하거나" 부분은, 노동위원회의 확정되지 아니한 구제명령을 그 취소 전에 이행하지 아니한 행위를 동법 제43조 제4항 위반의 확정된 구제명령을 위반한 경우와 차별함이 없이 똑같이 2년 이하의 징역과 3,000만원 이하의 벌금이라는 형벌을 그 제재방법과 이행확보수단으로 선택함으로써, 국민의 기본권 제한방법에 있어 형평을 심히 잃어 위 법률규정의 실제적 내용에 있어 그 합리성과 정당성을 더욱 결여하였다고 할 것이므로 헌법상의 적법절차의 원리에 반하고 과잉금지의 원칙에도 저촉된다고 할 것이다.

※ 노동조합법이 폐지되고 새로이 제정된 노동조합및노동관계조정법 제89조에 의하면 "제85조의 규정(구제명령의 확정)에 의하여 확정되거나 행정소송을 제기하여 확정된 구제명령에 위반한 자"를 처벌하는 것으로 법률이 개정되었다.

[요약판례 3] 공직선거법 제23조 제1항 등 위헌확인: 각하,기각(헌재 2007.11.29. 2005헌마977)

기초지방의원 지역선거구를 소선거구제에서 중선거구제로 변경하는 입법을 함에 있어 그 입법과정에서 입법 내용을 미리 알리거나 기초의원들과 국민들의 의견을 수렴하는 절차를 거치지 않은 경우 적법절차를 위반하였는지 여부(소극)

기초의원으로 되고자 하는 자의 공무담임권은 법률로 정해진 기초의원 선거제도의 틀 안에서 불합리한 차별을 받지 않도록 보장하는 것일 뿐이고, 기초의원 총정수를 줄이지 못하도록 요구하는 권능까지 내포하는 것은 아니다. 기초의원 총정수를 줄였다고 하여 기초의원으로 되고자 하는 청구인들의 공무담임권을 침해할 수 있는 것이라고 할 수 없고, 모든 후보자에게 동일하게 적용되는 것이므로 차별하는 것이라고 볼 수 없으므로, 이 부분 심판청구는 기본권 침해가능성이 없어 부적법하다. 다른 선거에서는 소선거구제를 채택하면서 기초의원 선거에서만 중선거구제를 채택하였다고 하여도, **공무담임권은 소선거구제를 요구할 수 있는 권능을 포함하지 아니하므로, 청구인들의 공무담임권을 침해할 수 있는 것이라 할 수 없다.** 그러므로 이 부분 심판청구는 기본권침해 가능성이 없어 부적법하다. 나아가 정당이 기초의원 후보자를 추천할 수 있도록 규정한 부분도 청구인들의 공무담임권을 부당하게 침해하는 것이라고 볼 수 없고, 지방자치제도나 지방의회제도의 본질을 훼손하여 헌법에 위반된다고 단정하기는 어렵다.

[요약판례 4] 친일반민족행위자 재산의 국가귀속에 관한 특별법 제2조 등 위헌소원 등: 합헌(헌재 2011.3.31. 2008헌바141등)

친일반민족행위자의 친일재산을 그 취득·증여 등 원인행위시에 국가의 소유로 하도록 규정한 '친일반민족행위자 재산의 국가귀속에 관한 특별법' 제3조 제1항 본문이 친일반민족행위자 후손의 재산 중 그 후손 자신의 경제적 활동으로 취득하게 된 재산이라든가 친일재산 이외의 상속재산 등을 단지 그 선조가 친일행위를 했다는 이유만으로 국가로 귀속시키는 것은 아니므로 연좌제금지원칙에 반한다고 할 수 없다.

(3) 헌법상 적법절차원리에 입각한 형사사법절차

(가) 의 의

(나) 영장주의와 그 예외

[요약판례] 경범죄처벌법 제1조 제42호 위헌제청: 합헌(헌재 2004.9.23. 2002헌가17)

범죄의 피의자로 입건된 사람들에게 경찰공무원이나 검사의 신문을 받으면서 자신의 신원을 밝히지 않고 지문채취에 불응하는 경우 형사처벌을 통하여 지문채취를 강제하는 구 경범죄처벌법 제1조 제42호가 영장주의의 원칙 및 적법절차 원리에 위반되는지 여부(소극)

이 사건 법률조항은 수사기관이 직접 물리적 강제력을 행사하여 피의자에게 강제로 지문을 찍도록 하는 것을 허용하는 규정이 아니며 형벌에 의한 불이익을 부과함으로써 심리적·간접적으로 지문채취를 강요하고 있으므로 피의자가 본인의 판단에 따라 수용여부를 결정한다는 점에서 궁극적으로 당사자의 자발적 협조가 필수적임을 전제로 하므로 물리력을 동원하여 강제로 이루어지는 경우와는 질적으로 차이가 있다. 따라서 이 사건 법률조항에 의한 지문채취의 강요는 영장주의에 의하여야 할 강제처분이라 할 수 없다. 또한 수사상 필요에 의하여 수사기관이 직접강제에 의하여 지문을 채취하려 하는 경우에는 반드시 법관이 발부한 영장에 의하여야 하므로 영장주의원칙은 여전히 유지되고 있다고 할 수 있다.

이 사건 법률조항은 피의자의 신원확인을 원활하게 하고 수사활동에 지장이 없도록 하기 위한 것으로, 수사상 피의자의 신원확인은 피의자를 특정하고 범죄경력을 조회함으로써 타인의 인적 사항 도용과 범죄 및 전과사실의 은폐 등을 차단하고 형사사법제도를 적정하게 운영하기 위해 필수적이라는 점에서 그 목적은 정당하고, 지문채취는 신원확인을 위한 경제적이고 간편하면서도 확실성이 높은 적절한 방법이다. 또한 이 사건 법률조항은 형벌에 의한 불이익을 부과함으로써 심리적·간접적으로 지문채취를 강제하고 그것도 보충적으로만 적용하도록 하고 있어 피의자에 대한 피해를 최소화하기 위한 고려를 하고 있으며, 지문채취 그 자체가 피의자에게 주는 피해는 그리 크지 않은 반면 일단 채취된 지문은 피의자의 신원을 확인하는 효과적인 수단이 될 뿐 아니라 수사절차에서 범인을 검거하는 데에 중요한 역할을 한다. 한편, 이 사건 법률조항에 규정되어 있는 법정형은 형법상의 제재로서는 최소한에 해당되므로 지나치게 가혹하여 범죄에 대한 형벌 본래의 목적과 기능을 달성함에 필요한 정도를 일탈하였다고 볼 수도 없다.

대판 2009.12.24. 2009도11401

헌법과 형사소송법이 정한 절차를 위반하여 수집한 압수물과 이를 기초로 획득한 2차적 증거의 증거능력 유무 및 그 판단 기준

기본적 인권 보장을 위하여 압수·수색에 관한 적법절차와 영장주의의 근간을 선언한 헌법과 이를 이어받아 실체적 진실 규명과 개인의 권리보호 이념을 조화롭게 실현할 수 있도록 압수·수색절차에 관한 구체적 기준을 마련하고 있는 형사소송법의 규범력은 확고히 유지되어야 하므로, 헌법과 형사소송법이 정한 절차에 따르지 아니하고 수집한 증거는 물론 이를 기초로 하여 획득한 2차적 증거 역시 기본적 인권 보장을 위해 마련된 적법한 절차에 따르지 않은 것으로서 원칙적으로 유죄 인정의 증거로 삼을 수 없다. 다만, 위법하게 수집한 압수물의 증거능력 인정 여부를 최종적으로 판단함에 있어서는, 수사기관의 증거 수집 과정에서 이루어진 절차 위반행위와 관련된 모든 사정, 즉 절차 조항의 취지와 그 위반의 내용 및 정도, 구체적인 위반 경위와 회피가능성, 절차 조항이 보호하고자 하는 권리 또는 법익의 성질과 침해 정도 및 피고인과의 관련성, 절차 위반행위와 증거수집 사이의 인과관계 등 관련성의 정도, 수사기관의 인식과 의도 등을 전체적·종합적으로 살펴 볼 때, 수사기관의 절차 위반행위가 적법절차의 실질적인 내용을 침해하는 경우에 해당하지 아니하고, 오히려 그 증거의 증거능력을 배제하는 것이 헌법과 형사소송법이 형사소송에 관한 절차 조항을 마련하여 적법절차의 원칙과 실체적 진실 규명의 조화를 도모하고 이를 통하여 형사 사법 정의를 실현하려고 한 취지에 반하는 결과를 초래하는 것으로 평가되는 예외적인 경우라면, 법원은 그 증거를 유죄 인정의 증

거로 사용할 수 있다고 보아야 한다. 이는 적법한 절차에 따르지 아니하고 수집한 증거를 기초로 하여 획득한 2차적 증거의 경우에도 마찬가지여서, 절차에 따르지 아니한 증거 수집과 2차적 증거 수집 사이 인과관계의 희석 또는 단절 여부를 중심으로 2차적 증거 수집과 관련된 모든 사정을 전체적·종합적으로 고려하여 예외적인 경우에는 유죄 인정의 증거로 사용할 수 있다.

대판 2009.3.12. 2008도763

헌법과 형사소송법이 정한 절차에 위반하여 수집한 증거는 기본적 인권 보장을 위해 마련된 적법한 절차에 따르지 않은 것으로서 원칙적으로 유죄의 증거로 삼을 수 없다. 다만, 수사기관의 증거 수집 과정에서 이루어진 절차위반 행위와 관련된 모든 사정을 전체적·종합적으로 살펴볼 때, 수사기관의 절차위반행위가 적법절차의 실질적인 내용을 침해하는 경우에 해당하지 아니하고, 오히려 그 증거의 증거능력을 배제하는 것이 헌법과 형사소송법이 형사소송에 관한 절차 조항을 마련하여 적법절차의 원칙과 실체적 진실 규명의 조화를 도모하고 이를 통하여 형사사법 정의를 실현하려한 취지에 반하는 결과를 초래하는 것으로 평가되는 예외적인 경우라면 법원은 그 증거를 유죄 인정의 증거로 사용할 수 있으나, 구체적 사안이 위와 같은 예외적인 경우에 해당하는지를 판단하는 과정에서 적법한 절차를 따르지 않고 수집된 증거를 유죄의 증거로 삼을 수 없다는 원칙이 훼손되지 않도록 유념하여야 하고, 그러한 예외적인 경우에 해당한다고 볼 만한 구체적이고 특별한 사정이 존재한다는 것은 검사가 입증하여야 한다.

대판 2011.4.28. 2009도10412

형사소송법은 제215조에서 검사가 압수·수색 영장을 청구할 수 있는 시기를 공소제기 전으로 명시적으로 한정하고 있지는 아니하나, 헌법상 보장된 적법절차의 원칙과 재판받을 권리, 공판중심주의·당사자주의·직접주의를 지향하는 현행 형사소송법의 소송구조, 관련 법규의 체계, 문언 형식, 내용 등을 종합하여 보면, 일단 공소가 제기된 후에는 피고사건에 관하여 검사로서는 형사소송법 제215조에 의하여 압수·수색을 할 수 없다고 보아야 하며, 그럼에도 검사가 공소제기 후 형사소송법 제215조에 따라 수소법원 이외의 지방법원 판사에게 청구하여 발부받은 영장에 의하여 압수·수색을 하였다면, 그와 같이 수집된 증거는 기본적 인권 보장을 위해 마련된 적법한 절차에 따르지 않은 것으로서 원칙적으로 유죄의 증거로 삼을 수 없다.

대판 2011.5.26. 2011도3682

현행범인으로 체포하기 위하여는 행위의 가벌성, 범죄의 현행성·시간적 접착성, 범인·범죄의 명백성 이외에 체포의 필요성 즉, 도망 또는 증거인멸의 염려가 있어야 하고, 이러한 요건을 갖추지 못한 현행범인 체포는 법적 근거에 의하지 아니한 영장 없는 체포로서 위법한 체포에 해당한다.

(다) 체포·구속의 이유와 변호인조력청구권의 고지를 받을 권리

(라) 변호인의 조력을 받을 권리

I 정보비공개결정 위헌확인: 인용(위헌확인)(헌재 2003.3.27. 2000헌마474)

쟁점 구속적부심사건 피의자의 변호인에게 고소장과 피의자신문조서에 대한 열람 및 등사를 거부한 경찰서장의 정보비공개결정이 변호인의 피구속자를 조력할 권리 및 알 권리를 침해하는지 여부 (적극)

사건의 개요

사기죄로 구속된 청구외 甲의 변호인으로서 그로부터 구속적부심사청구의 의뢰를 받은 청구인 乙이 피청구인 인천서부경찰서장에게 甲에 대한 수사기록 중 고소장과 피의자신문조서의 열람 및 등사를 신청하였다. 피청구인은 위 서류들이 형사소송법 제47조 소정의 소송에 관한 서류로서 공판개정전의 공개가 금지되는 것이고 이는 공공기관의정보공개에관한법률 제7조 제1항 제1호 소정의 이른바 다른 법률에 의하여 비공개사항으로 규정된 정보에 해당한다는 이유로 이를 공개하지 않기로 결정하였다.

청구인은 위 비공개결정이 청구인의 기본권을 침해하여 위헌이라는 이유로 그 위헌확인을 구하는 헌법소원을 제기하였다.

심판의 대상

심판대상은 甲에 대한 수사기록 중 고소장과 피의자신문조서에 관한 청구인의 열람 및 등사신청을 받아주지 아니한 피청구인의 정보비공개결정의 위헌 여부이다.

주 문

피청구인이 2000. 5. 30. 인천서부경찰서 수사61110-1163호로 청구인에 대하여 한 고소장 및 피의자신문조서에 대한 정보비공개결정은 청구인의 변호권과 알 권리를 침해한 것으로서 위헌임을 확인한다.

청구인들의 주장

청구인은 피구속자의 변호인으로서 피구속자에 대한 고소장과 피의자신문조서를 읽어보고 그 내용을 알아야만 구속적부심절차에서 피구속자를 위한 충분한 변호를 할 수 있는데 이 사건 정보비공개결정으로 말미암아 그렇게 할 수 없게 되었으니 이것은 헌법상 보장된 청구인의 변호권과 알 권리를 침해한 것이다.

판 단

Ⅰ. 적법요건에 관한 판단

1. 보충성 문제

청구인이 신청한 고소장과 피의자신문조서에 대한 열람은 기소전의 절차인 구속적부심사에서 피구속자를 변호하기 위하여 필요한 것인데, 그 열람불허를 구제받기 위하여 **행정소송을 제기하더라도 그 심판에 소요되는 통상의 기간에 비추어 볼 때 이에 의한 구제가 기소전에 이루어질 가능성이 거의 없고 오히려 기소된 후에 이르러 권리보호이익의 흠결을 이유로 행정소송이 각하될 것이 분명한 만큼, 청구인에게 이러한 구제절차의 이행을 요구하는 것은 불필요한 우회절차를 강요하는 셈이 되어 부당하다.** 그러므로 이 소원은 비록 구제절차를 거치지 아니하고 직접 제기한 것이긴 하지만 이를 적법한 것으로 보아 허용하기로 한다.

2. 권리보호이익의 존부

고소장과 피의자신문조서에 대한 경찰의 열람거부는 앞으로도 있을 수 있는 성질의 것이고, "경찰의 고소장과 피의자신문조서에 대한 공소제기전의 공개거부"가 헌법상 정당한지 여부의 해명은 기본권을 보장하는 헌법질서의 수호를 위하여 매우 긴요한 사항으로 중요한 의미를 지니고 있는

것이며, 이 문제에 대하여는 아직 헌법적 해명이 없는 상태이므로 비록 청구인의 주관적 권리구제에는 도움이 되지 아니하지만 이 문제의 위헌여부를 확인할 필요가 있다. 따라서 이 소원은 심판청구의 이익이 있어 이를 허용하기로 한다.

Ⅱ. 본안에 관한 판단

1. 제한되는 기본권

(1) 피구속자를 조력할 변호인의 권리

헌법 제12조 제4항은 "누구든지 체포 또는 구속을 당한 때에는 즉시 변호인의 조력을 받을 권리를 가진다"라고 규정함으로써 변호인의 조력을 받을 권리를 헌법상의 기본권으로 격상하여 이를 특별히 보호하고 있거니와 변호인의 "조력을 받을" 피구속자의 권리는 피구속자를 "조력할" 변호인의 권리가 보장되지 않으면 유명무실하게 된다. 그러므로 **피구속자를 조력할 변호인의 권리 중 그것이 보장되지 않으면 피구속자가 변호인으로부터 조력을 받는다는 것이 유명무실하게 되는 핵심적인 부분은, "조력을 받을 피구속자의 기본권"과 표리의 관계에 있기 때문에 이러한 핵심부분에 관한 변호인의 조력할 권리 역시 헌법상의 기본권으로서 보호되어야 한다.**

여기서 말하는 "변호인의 조력"이란 "변호인의 충분한 조력"을 의미하므로, 이 사건과 같이 고소로 시작된 형사피의사건의 구속적부심절차에서 피구속자의 변호를 맡은 청구인으로서는 피구속자에 대한 고소장과 경찰의 피의자신문조서를 열람하여 그 내용을 제대로 파악하지 못한다면 피구속자가 무슨 혐의로 고소인의 공격을 받고 있는 것인지 그리고 이와 관련하여 피구속자가 수사기관에서 무엇이라고 진술하였는지 그리고 어느 점에서 수사기관 등이 구속사유가 있다고 보았는지 등을 제대로 파악할 수 없게 되고 그 결과 **구속적부심절차에서 피구속자를 충분히 조력할 수 없음이 사리상 명백하므로 위 서류들의 열람은 피구속자를 충분히 조력하기 위하여 변호인인 청구인에게 그 열람이 반드시 보장되지 않으면 안되는 핵심적 권리로서 청구인의 기본권에 속한다 할 것이다.**

(2) 변호인의 알 권리

헌법재판소는, 정부가 보유하고 있는 정보에 대하여 정당한 이해관계가 있는 자가 그 공개를 요구할 수 있는 권리를 알 권리로 인정하면서 이러한 알 권리는 표현의 자유에 당연히 포함되는 기본권임을 이미 선언하였다. 어떤 문제가 있을 때 그에 관련된 정보에 접근하지 못하면 문제의 내용을 제대로 알기 어렵고, 제대로 내용을 알지 못하면 자기의 의견을 제대로 표현하기 어렵기 때문에 알 권리는 표현의 자유와 표리일체의 관계에 있고 정보의 공개청구권은 알 권리의 당연한 내용이 되는 것이다. 그리하여 알 권리는 헌법 제21조에 의하여 직접 보장될 수 있다고 헌법재판소가 선언한 것이다.

앞에서 이미 본 바와 같이 고소로 시작된 형사피의사건의 구속적부심절차에서 피구속자의 변호를 맡은 변호인으로서는 피구속자가 무슨 혐의로 고소인의 공격을 받고 있는 것인지 그리고 이와 관련하여 피구속자가 수사기관에서 무엇이라고 진술하였는지 그리고 어느 점에서 수사기관 등이 구속사유가 있다고 보았는지 등을 제대로 파악하지 않고서는 피구속자의 방어를 충분히 조력할 수 없다는 것은 사리상 너무도 명백하므로 이 **사건에서 변호인인 청구인은 고소장과 피의자신문조서의 내용을 알 권리가 있는 것이고 따라서 청구인은 정당한 이해관계를 가진 자로서 그 알 권리를 행사하여 피청구인에게 위 서류들의 공개를 청구할 권리가 있다고 할 것이다.**

(3) 그렇다면 이 사건 정보비공개결정은 변호인의 피구속자를 조력할 권리와 알 권리를 제한하는 것이다.

2. 기본권의 침해

고소장과 피의자신문조서에 대한 열람이 헌법상 변호인의 변호권 내지 알 권리로 보호되는 것이라 하더라도 기본권 제한의 일반적 법률유보조항인 국가안전보장·질서유지 또는 공공복리를 위하여 제한될 수 있으며, 또한 다른 사람의 기본권과의 조화를 위하여 제한될 수 있음은 물론이다.

이 사건에서는 그 고소사실이 사인 사이의 금전수수와 관련된 사기에 관한 것이고 증거자료를 별첨하고 있기 때문에 특별한 사정이 없는 한 고소장이나 피의자신문조서를 변호인에게 열람시켜도 이로 인하여 국가안전보장·질서유지 또는 공공복리에 위험을 가져올 우려라든지 또는 사생활 침해를 초래할 우려가 있다고 인정할 아무런 자료가 없다.

또한 공공기관의정보공개에관한법률 제7조 제1항 제4호는 '수사, 공소의 제기 및 유지에 관한 사항으로서 공개될 경우 그 직무수행을 현저히 곤란하게 하거나 형사피고인의 공정한 재판을 받을 권리를 침해한다고 인정할 만한 상당한 이유가 있는 정보'를 공개거부의 대상으로 규정하고 있지만 이 사건에서는 고소장과 피의자신문조서를 공개한다고 하더라도 증거인멸, 증인협박, 수사의 현저한 지장, 재판의 불공정 등의 위험을 초래할 만한 사유 있음을 인정할 자료를 기록상 발견하기 어렵다.

형사소송법 제47조의 입법목적은, 형사소송에 있어서 유죄의 판결이 확정될 때까지는 무죄로 추정을 받아야 할 피의자가 수사단계에서의 수사서류 공개로 말미암아 그의 기본권이 침해되는 것을 방지하고자 함에 목적이 있는 것이지 구속적부심사를 포함하는 형사소송절차에서 피의자의 방어권 행사를 제한하려는 데 그 목적이 있는 것은 원래가 아니라는 점, 그리고 형사소송법이 구속적부심사를 기소전에만 인정하고 있기 때문에 만일 기소전에 변호인이 미리 고소장과 피의자신문조서를 열람하지 못한다면 구속적부심제도를 헌법에서 직접 보장함으로써 이 제도가 피구속자의 인권옹호를 위하여 충실히 기능할 것을 요청하는 헌법정신은 훼손을 면할 수 없다는 점 등에서, 이 규정은 구속적부심사단계에서 변호인이 고소장과 피의자신문조서를 열람하여 피구속자의 방어권을 조력하는 것까지를 일체 금지하는 것은 아니다. 그러므로 피청구인의 위 주장은 이유 없는 것이다.

다만, 고소장의 경우에는 여기에 나열된 증거방법이 변호인에게 공개되면 이에 대한 수사기관의 조사에 앞서 변호인측에서 이에 대한 불법적인 작용을 시도하여 실체적 진실발견을 위한 수사가 방해될 수 있다는 우려가 있다. 그러나 고소장에 증거방법이 나열되지 않은 경우도 있고, 나열되어 있다 하여도 이를 제외하고 공개하는 것도 가능하며, 증거방법에 대한 불법적 작용은 변호사의 윤리와 실정법을 위반하는 것인데 변호사와 같은 고도의 윤리적 주체가 범죄적 행위에까지 나아갈 것을 전제로 하여 제도를 설정할 수는 없는 것이므로 위에서 본 우려는 고소장을 피의자신문조서와 달리 취급할 정당한 사유가 될 수 없다.

그렇다면 고소장과 피의자신문조서에 대한 열람 및 등사를 거부한 피청구인의 정보비공개결정은 청구인의 피구속자를 조력할 권리 및 알 권리를 침해하여 헌법에 위반된다고 할 것이다.

3. 결 론

그렇다면 고소장과 피의자신문조서의 공개를 거부한 피청구인의 이 사건 정보비공개결정은 청구인의 변호권과 알 권리를 침해하여 헌법에 위반되므로 주문과 같이 그 위헌임을 확인하기로 한다. 이 결정에 대하여는 재판관 송인준의 반대의견과 재판관 한대현, 재판관 주선회의 각하의견이 있는 이외에는 관여재판관 전원의 의견이 일치된다.

재판관 송인준의 반대의견

피의자신문조서에 대한 피청구인의 비공개결정은 다수의견과 같이 위헌이라고 생각하지만, 수사개시의 최초 단서가 되는 고소장에는 사실관계 외에도 주요한 증거방법까지 기재되는 경우가 허다한데 수사의 초기단계부터 이에 대한 열람 및 등사를 피의자나 그 변호인에게 허용하게 되는 때에는 수사기관이 아직 조사하지 아니한 증거방법까지 피의자측에 미리 알려주게 되는 결과가 되고, 그로 인하여 주요 참고인이 소재불명이 된다거나 기타 자기에게 불리한 증거를 인멸할 경우 실체적 진실발견이 어려워지고 국가형벌권의 행사가 현저히 방해받게 될 것이므로 이러한 위험을 피하기 위하여 수사 초기단계에서 고소장을 공개하지 않는 것은 정당한 이유가 있다.

재판관 한대현, 재판관 주선회의 반대의견

공공기관의정보공개에관한법률은 정보공개와 관련하여 공공기관의 처분 또는 부작위로 인하여 법률상 이익의 침해를 받는 경우에 대한 불복구제절차로서 이의신청(제16조), 행정심판(제17조), 행정소송(제18조)을 제기할 수 있다고 규정하고 있으므로, 그에 따른 권리구제절차를 거쳐야 함에도 불구하고, 직접 헌법소원을 제기한 이 사건 심판청구는 보충성의 원칙에 위배되어 부적법하다.

✤ 본 판례에 대한 평가 1. 변호인의 피구속자를 조력할 권리: ① 제한적으로 인정되는 헌법상 기본권: 종래 헌법재판소는 "변호인 자신의 구속된 피의자·피고인과의 접견교통권은 헌법상의 권리라고 말할 수 없으며 형사소송법 제34조에 의해 보장되는 권리임에 그친다"라고 판시하여 매우 제한적으로 이해한 바 있다. 그러나 본 결정에서 "피구속자를 조력할 변호인의 권리 중 그것이 보장되지 않으면 피구속자가 변호인으로부터 조력을 받는다는 것이 유명무실하게 되는 핵심적인 부분은 조력을 받을 피구속자의 기본권과 표리의 관계에 있기 때문에 이러한 핵심부분에 관한 변호인의 조력할 권리 역시 헌법상의 기본권으로서 보호되어야 한다"라고 판시하면서, 구속적부심절차에서 피구속자에 대한 고소장과 경찰의 피의자신문조서의 열람은 피구속자를 충분히 조력하기 위하여 변호인에게 그 열람이 반드시 보장되지 않으면 안 되는 핵심적 권리로서 변호인의 기본권에 속한다고 결정하였다.

② 변호인의 소송관계 서류 등의 열람·등사권: 피고인이 변호인의 충분한 조력을 받기 위해서는 피고인이 그의 변호인을 통하여 수사서류를 포함한 소송관계서류를 열람·등사하고 이에 대한 검토결과를 토대로 공격과 방어의 준비를 할 수 있는 권리도 변호인의 조력을 받을 권리에 포함된다고 보아야 한다. 이 경우에도 국가기밀의 누설이나 증거인멸·증인협박·사생활침해의 우려 등 정당한 사유가 없는 한 변호인의 수사기록에 대한 열람·등사신청은 허용되어야 한다. 본 결정에서 헌법재판소는 구속적부심을 청구한 피구속자에 대한 고소장과 피의자신문조서에 대한 변호인의 열람 및 등사권은 변호인의 피구속자를 조력할 권리의 본질적인 부분이므로 이에 대한 열람 및 등사를 거부한 관할경찰서장의 정보비공개결정은 위헌이라고 판시하였다.

2. 본 결정은 종래 변호인의 피구속자에 대한 접견교통권을 단순한 법률적 권리에 불과한 것으로 보았던 종전 헌법재판소의 입장에서 한걸음 더 나아가, 제한적이나마 헌법상의 기본권으로 인정

하고 보호되어야 함을 설시하였다는 점에서 그 의의를 찾을 수 있다.

관련 문헌: 심희기, "불구속 피의자의 신문과 변호인 참여권", 『고시연구』, 2005. 1; 김현철, "변호인의 조력을 받을 권리 등 침해 위헌확인", 『헌법재판소결정해설집』 제3권, 헌법재판소, 514면; 박미숙, "변호인의 피의자신문참여권", 『형사정책연구』 제6권 제3호(통권 제23호); 조 국, "피의자신문시 변호인참여권", 『21세기 형사사법개혁의 방향과 대국민 법률서비스 개선방안(IV)』, 한국형사정책연구원; 주명수, "변호인 접견교통권", 『인권보고서』 제4집, 대한변호사협회, 1990; 류전철, "수사기관의 피의자 신문과 변호인의 입회권", 『비교형사법연구』 제5권 제2호; 신성철, "피고인의 방어권행사에 있어서의 절차상 문제점", 형사법에 관한 제문제(상), 법원행정처 재판자료 49집, 법원행정처, 1990; 윤영철, "피의자신문에 대한 변호인의 참여권에 관한 소고", 『형사정책연구』 제16권 제1호(통권 제61호, 2005·봄호); 오세인, "변호인의 피의자신문참여 문제에 대한 고찰", 『형평과 정의』, 1999. 12; 조 국, "변호인 참여권 소고", 『형사정책연구』 제14권 제4호(통권 제56호, 2003·겨울호).

판례 평석: 조 국, "기소전 체포·구속적부심사단계에서의 수사기록열람·등사청구권", 법률신문, 2004, 14면; 심희기, "구속적부심 변론을 의뢰받은 변호인의 수사기록 열람,등사청구권", 고시연구, 2003, 303-315면.

Ⅱ 변호인의 조력을 받을 권리 등 침해 위헌확인: 인용(위헌확인)(헌재 2004.9.23. 2000헌마138)

쟁점 피청구인이 청구인들로부터 청구인들에 대한 피의자신문시 변호인들이 참여하여 조력할 수 있도록 해 달라는 요청을 받았음에도 불구하고 이를 거부한 행위가 청구인들의 변호인의 조력을 받을 권리를 침해하는지 여부(적극)

사건의 개요

청구인 甲은 전국에서 다수의 시민단체들이 모여 결성한 "2000년 총선시민연대"의 공동대표로서, 청구인 乙은 위 단체의 상임공동집행위원장으로 각 활동하였는데, 위 총선시민연대는 정당들에 대하여 공천을 반대하는 후보자 명단을 공개한 바 있다. 이에 대하여 피청구인은 청구인들의 이러한 행위가 공직선거및선거부정방지법 위반 또는 명예훼손의 혐의가 있다는 이유로 청구인들을 소환하여 피의자신문을 하였다. 그런데 위 피의자신문에 앞서, 청구인들은 변호인들을 통하여 피청구인에게 청구인들에 대한 피의자신문에 변호인들이 참여하여 조력할 수 있도록 해 줄 것을 요청하였으나, 피청구인은 이를 거부한 채 청구인들에 대한 피의자신문을 하고 피의자신문조서를 작성하였다. 이에 청구인들은 피청구인의 거부행위가 변호인의 조력을 받을 권리 등을 침해하였다고 주장하면서, 이의 위헌확인을 구하는 이 사건 헌법소원심판을 청구하였다.

심판의 대상 및 관련조문

형사소송법 제243조 (피의자신문과 참여자) 검사가 피의자를 신문함에는 검찰청수사관 또는 서기관이나 서기를 참여하게 하여야 하고 사법경찰관이 피의자를 신문함에는 사법경찰관리를 참여하게 하여야 한다.

주 문

피청구인이 2000. 2. 16. 청구인들에 대한 피의자신문시 변호인들이 참여하여 조력할 수 있도록 해 달라는 청구인들의 요청을 거부한 행위는 청구인들의 변호인의 조력을 받을 권리를 침해한 것으로서 위헌임을 확인한다.

청구인들의 주장

비록 개인이 수사기관에 의하여 체포 또는 구속을 당하지 않았다 하더라도, 헌법 제12조 제4항에서 보장하는 '변호인의 조력을 받을 권리'는 불구속 수사나 재판을 받는 경우에도 당연히 보장되어야 한다는 것을 그 내용으로 한다. 수사기관에서 신문을 당하는 피의자의 권리를 보장하고 또한 그 권리가 침해되었다고 피의자가 주장할 경우 이를 검증할 수 있기 위해서는 피의자가 수사를 받을 경우 변호인이 참석하여 위법한 수사가 이루어지지 않도록 감시하고 그 때 그 때 필요하고 적절한 조언을 해 줄 수 있어야 한다.

판 단

Ⅰ. 적법요건에 관한 판단

이 사건 심판청구를 통하여 청구인들이 다투고자 하는 것은, 헌법상 보장된 '변호인의 조력을 받을 권리'가 신체구속을 당하지 아니한 피의자의 신문에 변호인이 참여할 권리를 함께 포함하는지의 여부이고, 이러한 문제는 '변호인의 조력을 받을 권리'라는 기본권의 보호범위에 관한 근본적인 문제로서 위헌 여부의 해명이 헌법적으로 중요한 의미를 가지고 있는 사안이라 할 수 있다. 따라서 비록 헌법소원의 대상이 된 이 사건 행위로 인하여 빚어진 위헌・위법상태는 이미 종료되었지만 그의 위헌 여부를 확인할 필요가 있으므로, 이 사건 헌법소원은 심판청구의 이익이 있어 적법하다.

Ⅱ. 본안에 관한 판단

1. '변호인의 조력을 받을 권리'의 헌법적 근거

헌법 제12조 제4항 본문은 '체포 또는 구속을 당한' 경우에 변호인의 조력을 받을 수 있다고 규정하고 있다. 그러므로 불구속 피의자・피고인의 경우는 변호인의 조력을 받을 수 있는 범위에서 제외되는지가 문제될 수 있다. 그러나 위 조항이 '체포 또는 구속을 당한 경우에만' 변호인의 조력을 받을 권리를 인정하는 취지는 아니다. 그 이유는 다음과 같다.

첫째, 우리 헌법의 기본질서 중 하나인 법치국가원리는 법에 따른 국가권력의 행사 및 위법한 국가권력의 행사에 대한 효과적인 권리구제제도의 완비를 요구하고 있다. 형사절차에서 효과적인 권리구제절차는 피의자・피고인을 형사절차의 단순한 객체로 삼는 것을 금지할 뿐만 아니라, 평등원칙을 그 지도이념으로 하여 절차상 무기 대등의 원칙에 따라 권리구제절차가 구성될 것을 요구한다. 이에 따라 헌법과 현행 형사법은 '무기 대등의 원칙'을 실현하기 위하여 피의자・피고인으로 하여금 절차의 주체로서 자신의 권리를 적극적으로 행사하게 함으로써 국가권력의 형벌권행사에 대하여 적절하게 방어할 수 있는 여러 가지 수단과 기회를 보장하고 있으며, 그 중 가장 실질적이고 효과적인 수단이 변호인의 조력을 받을 권리이다. 그런데 변호인의 조력을 받을 권리의 가장 기초적인 구성부분은 변호인선임권이라고 할 것인데, 이는 구속 여부를 떠나 모든 피의자・피고인에게 인정되어야 함은 법치국가원리, 적법절차원칙에 비추어 당연하다.

둘째, 헌법 제12조 제4항은 본문과 단서로 이루어져 있는데, 일반적으로 단서규정은 본문규정 중 특별히 제외하는 영역을 설정하거나 본문 이외에 특별히 추가하고자 하는 영역을 포함하고자 할 때 사용된다. 그런데 헌법 제12조 제4항 단서는, 국선변호인의 조력을 받을 권리에 관하여는 (구속 여부를 불문하고) 피고인에게만 이를 보장하고 있으므로, 그 본문인 (사선)변호인의 조력을 받은 권리는 (구속 여부를 불문하고) 피의자·피고인 모두에게 인정됨을 전제로 하는 규정이라고 해석해야만 본문과 단서의 관계가 자연스럽고 논리적이다. 따라서 헌법 제12조 제4항 본문이 '체포 또는 구속을 당한' 경우 변호인의 조력을 받을 권리가 있다고 규정한 것은 불구속 피의자·피고인에 대한 변호인의 조력을 받을 권리를 배제하기 위해서가 아니라 이를 전제로 하여 체포 또는 구속을 당한 피의자·피고인의 변호인의 조력을 받을 권리를 특별히 더 강조하기 위한 것이라고 보아야 한다.

결국 **우리 헌법이 변호인의 조력을 받을 권리가 불구속 피의자·피고인 모두에게 포괄적으로 인정되는지 여부에 관하여 명시적으로 규율하고 있지는 않지만, 불구속 피의자의 경우에도 변호인의 조력을 받을 권리는 우리 헌법에 나타난 법치국가원리, 적법절차원칙에서 인정되는 당연한 내용이고, 헌법 제12조 제4항도 이를 전제로 특히 신체구속을 당한 사람에 대하여 변호인의 조력을 받을 권리의 중요성을 강조하기 위하여 별도로 명시하고 있다고 할 것이다.**

2. '변호인의 조력을 받을 권리'의 보호영역

(1) 변호인의 조력을 받을 권리란 국가권력의 일방적인 형벌권행사에 대항하여 자신에게 부여된 헌법상, 소송법상의 권리를 효율적이고 독립적으로 행사하기 위하여 변호인의 도움을 얻을 피의자·피고인의 권리를 의미한다.

이러한 **변호인의 조력을 받을 권리의 출발점은 변호인선임권에 있고, 이는 변호인의 조력을 받을 권리의 가장 기초적인 구성부분으로서 법률로써도 제한할 수 없다.** 그리고 변호인선임권에서 나아가 변호인의 조력을 받을 권리가 구체적으로 어떠한 내용을 포함하는가, 그러한 권리가 헌법의 위 조항상 막바로 도출될 수 있는지 아니면 구체적인 입법형성이 있어야 비로소 부여되는지의 문제는 형사절차에서 변호인의 역할과 기능의 관점에 의하여 결정된다.

형사절차에서의 변호인은 피의자·피고인이 수사·공소기관과 대립되는 당사자의 지위에서 스스로 방어하는 것을 지원하는 조력자로서의 역할과 피의자·피고인에게 유리하게 형사절차에 영향을 미치고 피의자·피고인의 권리가 준수되는지를 감시·통제하는 역할을 담당하고 있다. 변호인의 위 역할 중 보다 중요한 것은 조력자로서의 역할이고, 이를 수행하기 위한 구체적인 권리는 입법형성이 있어야 비로소 부여되는 것이 원칙이다. 이에 형사소송법은 변호인을 통하여 수사기록을 포함한 소송기록, 증거물을 열람하고 등사할 수 있는 권리, 증거보전을 청구할 권리 및 기타 증거자료를 수집할 권리, 그리고 이에 대한 검토 결과를 토대로 공격과 방어의 준비를 할 수 있는 권리 등 변호인의 조력을 받을 권리의 구체적 내용을 자세하게 규정하고 있다.

그러나 위와 같은 구체적인 권리의 행사는 모두 변호인선임 후 변호인과의 접견을 통한 조언과 상담이 보장되어야만 이루어질 수 있다. 피의자·피고인이 변호인의 조언과 상담을 구할 수 없다면 위와 같은 구체적인 권리의 행사는 불가능하거나 간과될 수 있고, 나아가 잘못 행사되어 결과적으로 변호인의 조력을 받을 권리 자체의 존재의의를 훼손할 수 있기 때문이다. 따라서 **피의자·피고인의 구속 여부를 불문하고 조언과 상담을 통하여 이루어지는 변호인의 조력자로서의 역할은 변호인선임권과 마찬가지로 변호인의 조력을 받을 권리의 내용 중 가장 핵심적인 것이 되고, 변호인과 상담하고 조언을 구할 권리는 변호인의 조력을 받을 권리의 내용 중 구체적인 입법형성이 필요한 다른 절차적 권리의 필수적인 전제요건으로서 변호인의 조력을 받을 권리 그 자체에서 막바로 도출되는 것이다.**

헌법재판소는 이미 "변호인과의 자유로운 접견은 신체구속을 당한 사람에게 보장된 변호인의 조력을 받을 권리의 가장 중요한 내용이어서 국가안전보장·질서유지·공공복리 등 어떠한 명분으로도 제한될 수 있는 성질의 것이 아니"라고 밝힌바 있다(헌재 1992. 1. 28. 91헌마111). 이는 구속 피의자에 대한 변호인의 조력을 받을 권리에 관한 것이기는 하나 불구속 피의자·피고인의 경우도 마찬가지이다. 불구속 피의자·피고인의 경우 수사 및 재판과정에서 언제든지 퇴거하여 변호인의 조언과 상담을 얻을 수 있으므로 이를 별도로 허용하는 규정을 둘 필요가 없는 반면에 구속 피의자·피고인의 경우 임의퇴거가 불가능하므로 형사소송법이 변호인과의 자유로운 접견·교통권을 인정하는 규정을 명문화함으로써 이를 보장하고 있는 점에서 차이가 있을 뿐, 우리 헌법이 변호인의 조력을 받을 권리의 핵심적인 내용으로서 변호인과 상담하고 조언을 구할 권리는 구속 여부를 불문하고 보장하고 있기 때문이다.

다시 말하면, **불구속 피의자나 피고인의 경우 형사소송법상 특별한 명문의 규정이 없더라도 스스로 선임한 변호인의 조력을 받기 위하여 변호인을 옆에 두고 조언과 상담을 구하는 것은 수사절차의 개시에서부터 재판절차의 종료에 이르기까지 언제나 가능하다.** 따라서 불구속 피의자가 피의자신문시 변호인을 대동하여 신문과정에서 조언과 상담을 구하는 것은 신문과정에서 필요할 때마다 퇴거하여 변호인으로부터 조언과 상담을 구하는 번거로움을 피하기 위한 것으로서 불구속 피의자가 피의자신문장소를 이탈하여 변호인의 조언과 상담을 구하는 것과 본질적으로 아무런 차이가 없다. 그렇다면, 불구속 피의자가 피의자신문시 조언과 상담을 구하기 위하여 자신의 변호인을 대동하기를 원한다면, 수사기관은 특별한 사정이 없는 한 이를 거부할 수 없다고 할 것이다.

다만, 피의자가 피의자신문시 변호인을 대동하여 조언과 상담을 받을 수 있는 권리가 변호인의 조력을 받을 권리의 핵심적 내용으로 형사절차에 직접 적용된다 하더라도, 위 조언과 상담과정이 피의자신문을 방해하거나 수사기밀을 누설하는 경우 등에까지 허용되는 것은 아니다. 왜냐하면, 조언과 상담을 통한 변호인의 조력을 받을 권리는 변호인의 '적법한' 조력을 받을 권리를 의미하는 것이지 위법한 조력을 받을 권리까지도 보장하는 것은 아니기 때문이다.

(2) 형사소송법 제243조는 "검사가 피의자를 신문함에는 검찰청수사관 또는 서기관이나 서기를 참여하게 하여야 하고, 사법경찰관이 피의자를 신문함에는 사법경찰관리를 참여하게 하여야 한다"고 규정하고 있다. 그러나 위 조항은 피의자신문시 의무적으로 참여하여야 하는 자를 규정하고 있을 뿐 적극적으로 위 조항에서 규정한 자 이외의 자의 참여나 입회를 배제하고 있는 것은 아니다. 왜냐하면 위 조항의 입법취지는 조서기재의 정확성과 신문절차의 공정성을 담보하기 위하여 수사기관 스스로 준수해야 할 의무를 규정한 것일 뿐 변호인의 조력을 받을 권리를 포함하여 피의자·피고인에 대하여 절차법상의 권리를 제한하기 위한 것이 아니기 때문이다. 따라서 불구속 피의자가 피의자신문시 변호인의 조언과 상담을 원한다면, 앞서 본 바와 같은 위법한 조력의 우려가 있어 이를 제한하는 다른 규정이 있고 그가 이에 해당한다고 하지 않는 한 수사기관은 피의자의 위 요구를 거절할 수 없다.

3. 이 사건 행위의 위헌여부

이 사건에 관하여 보건대, 피청구인은 청구인들이 조언과 상담을 구하기 위하여 한 피의자신문시 변호인의 참여 요구를 거부하면서 그 사유를 밝히지도 않았고, 그에 관한 자료도 제출하지도 않았다. 따라서 아무런 이유 없이 피의자신문시 청구인들의 변호인과의 조언과 상담요구를 제한한 이 사건 행위는 청구인들의 변호인의 조력을 받을 권리를 침해한다 할 것이다.

4. 결 론

그렇다면, 청구인들의 기본권을 침해한 피청구인의 이 사건 행위는, 청구인들 주장의 평등권 침해 여부에 관하여 나아가 판단할 필요 없이 취소되어야 할 것이나, **그 행위로 인하여 초래된 위헌적 상태가 이미 종료되었으므로 이를 취소하는 대신 위 행위가 위헌임을 확인하는 선언을 하기로 하여 주문과 같이 결정한다.**

이 결정은 재판관 권 성, 재판관 이상경의 별개의견과, 재판관 김영일의 반대의견 및 재판관 송인준, 재판관 주선회의 반대의견이 있는 외에는 나머지 재판관의 일치된 의견에 의한 것이다.

재판관 김영일의 별개의견

변호인참여요구권은 절차적 권리로서 청구권적 기본권의 성격을 가지고 있기 때문에, 그것이 헌법상의 권리로 인정되려면 자유권적 기본권과는 달리 그에 관한 명문의 규정이 있다든가 관련조항들의 유추에 의하여 그러한 권리가 인정된다는 해석이 가능한 경우라야만 한다. 우리 헌법 제12조 제4항의 명문규정은 체포·구속을 당한 경우와 형사피고인의 경우만을 언급하고 있는데, 이러한 법문의 취지는 우리 헌법이 그 입헌 당시에 불구속피의자와 체포·구속된 피의자 및 형사피고인을 개념상 구분하고 그 중 체포·구속된 피의자와 형사피고인에 대하여만 변호인의 조력을 받을 권리를 보장하고 불구속피의자에 대하여는 변호인의 조력을 받을 권리를 헌법적 차원에서는 보장하지 않는다는 취지를 천명한 것으로 보아야 한다.

재판관 송인준, 재판관 주선회의 반대의견

절차적 기본권 또는 청구권적 기본권은 입법자의 구체적 형성 없이는 개별 사건에 직접 적용할 수 없다는 특성을 가지고 있다. 이 사건에서 문제되는 변호인의 참여요구권의 경우에도, 어떠한 경우에 어느 정도로 보장되는지에 관한 입법자의 구체적인 결정이 없이는 변호인의 참여요구권의 내용은 정해지지 않는다. 그런데 입법자는 피의자신문시 변호인의 참여와 관련하여 형사소송법 제243조에서 피의자신문시 참여할 수 있는 자에 변호인을 포함시키지 않았고, 그 외 달리 변호인의 참여를 보장하거나 허용하는 규정을 두고 있지 않다. 그 결과, 입법자는 피의자의 구속 여부를 불구하고 피의자신문시 변호인을 참여하게 해야 할 수사기관의 의무를 규정하고 있지 않다.

본 판례에 대한 평가 1. 헌법은 변호인의 조력을 받을 권리와 관련하여 "누구든지 체포 또는 구속을 당한 때에는 즉시 변호인의 조력을 받을 권리를 가진다. 다만 형사피고인이 스스로 변호인을 구할 수 없을 때에는 법률이 정하는 바에 의하여 국가가 변호인을 붙인다"(제12조 제4항)고 규정하고 있다. 변호인의 조력을 받을 권리란 국가권력의 일방적인 형벌권행사에 대항하여 자신에게 부여된 헌법상, 소송법상의 권리를 효율적이고 독립적으로 행사하기 위하여 변호인의 도움을 얻을 피의자·피고인의 권리를 의미한다. 여기서 조력(助力)이라 함은 피의자 등에게 수사기관과 대등한 지위를 확보해 줄 정도의 충분하고 실질적인 변호인의 조력을 의미한다.

2. 변호인의 조력을 받을 권리의 주체: 헌법 제12조 제4항 본문은 "체포 또는 구속을 당한" 경우에 변호인의 조력을 받을 수 있다고 규정하고 있다. 체포·구속된 피의자 또는 피고인은 변호인의 조력을 가장 필요로 하는 존재이므로 체포·구속된 피의자 또는 피고인이 변호인의 조력을 받을 권리의 주체가 됨은 법문상 명백하다. 변호인의 조력을 받을 권리가 불구속상태의 피의자·피고인

모두에게 포괄적으로 인정되는지 여부에 관하여 우리 헌법은 명시적으로 규율하고 있지는 않지만, 변호인의 조력을 받을 권리는 구속 여부를 떠나 형사절차와 관련된 모든 사람에게 필요한 기본권이므로 불구속상태의 피의자와 피고인에게도 변호인의 조력을 받을 권리가 인정되어야 한다. 우리 헌법도 이러한 점을 전제로 신체의 구속을 당한 사람에 대하여 변호인의 조력을 받을 권리의 중요성을 특별히 강조하기 위하여 별도로 명시하고 있는 것으로 보아야 한다. 헌법재판소도 불구속 피의자의 경우에도 변호인의 조력을 받을 권리는 우리 헌법에 나타난 법치국가원리·적법절차 원칙에서 인정되는 당연한 내용이라고 판시하면서, 불구속피의자가 피의자신문시 변호인이 참여하여 조력을 받게 해달라는 요청을 거부한 검사의 행위가 불구속피의자의 변호인의 조력을 받을 권리를 침해하여 위헌이라고 판시하고 있다. 마찬가지로 임의동행된 피의자 또는 피내사자도 피의사실에 대한 충분한 방어권행사가 필요하므로 변호인의 조력을 받을 권리의 주체가 된다. 변호인의 조력을 받을 권리는 수사개시 시부터 판결의 확정시까지만 인정되므로, 유죄판결이 확정되어 교정시설에 수용중인 수형자(受刑者)에게는 인정되지 않는다. 헌법재판소는 형사절차가 종료되어 교정시설에 수용중인 수형자가 변호인과 주고받은 서신을 검열한 행위는 변호인의 조력을 받을 권리를 침해한 것이 아니라고 판시한 바 있다.

3. 본 결정은 구속 피의자뿐만 아니라 불구속 피의자의 경우에도 변호인의 조력을 받을 권리가 우리 헌법의 법치국가원리, 적법절차의 원칙으로부터 당연히 인정됨을 분명히 한 점에서 피의자의 방어권의 보장과 신체의 자유 보장에 한 획을 긋고 피의자신문에 있어 변호인의 참여를 인정하지 않고 있는 수사기관의 잘못된 관행에 경종을 울린 결정이라 할 수 있다. 대법원 판결과 헌법재판소 결정의 취지를 반영하여 새 형사소송법은 수사기관의 피의자신문절차에서의 변호인참여요구권을 명문으로 규정하게 되었다. 즉, 검사 또는 사법경찰관은 피의자 또는 그 변호인·법정대리인·배우자·직계친족·형제자매의 신청에 따라 변호인을 피의자와 접견하게 하거나 정당한 사유가 없는 한 피의자에 대한 신문에 참여하게 하여야 한다. 신문에 참여한 변호인은 신문 후 의견을 진술할 수 있다. 다만, 신문 중이라도 부당한 신문방법에 대하여 이의를 제기할 수 있고, 검사 또는 사법경찰관의 승인을 얻어 의견을 진술할 수 있다. 검사 또는 사법경찰관은 변호인의 신문참여 및 그 제한에 관한 사항을 피의자신문조서에 기재하여야 한다(제243조의2). 이와 같은 변호인참여요구권은 구속된 피의자뿐만 아니라 불구속상태에 있는 피의자에게도 인정되며, 정당한 사유가 없는 한 수사기관은 변호인의 신문절차에의 참여를 제한할 수 없다. 여기서 정당한 사유라 함은 피의자신문에 변호인이 참여를 신청할 경우 신문을 방해할 염려가 있거나 혹은 수사기밀을 누설하여 증거를 인멸하거나 관련 사건의 수사를 방해할 염려가 있음이 객관적으로 명백한 경우 등을 말한다. 검사 또는 사법경찰관이 변호인의 신문절차에의 참여를 제한하거나 퇴거시킨 처분에 대해서는 준항고 절차를 통하여 이를 다툴 수 있다(제417조).

판례 평석: 조 국, "신체구속되지 않은 피의자 신문시 변호인참여권의 확대인정", 형사판례연구 13호, 2005, 1-14면; 심희기, "불구속 피의자의 신문과 변호인 참여권", 고시연구, 2005, 306-319면.

관련 문헌: 박미숙, "변호인의 피의자신문참여권", 한국형사정책연구원, 1995, 183면.

[요약판례 1] 수사기관의 기본권침해에 대한 헌법소원: 각하(헌재 1991.7.8. 89헌마181)

변호인 자신의 피구속자에 대한 접견교통권이 헌법상 권리인지 여부(소극)

헌법상의 변호인과의 접견교통권은 체포 또는 구속당한 피의자·피고인 자신에만 한정되는 신체적 자유에 관한 기본권이고, 변호인 자신의 구속된 피의자·피고인과의 접견교통권은 헌법상의 권리라고는 말할 수 없으며 단지 형사소송법 제34조에 의하여 비로소 보장되는 권리임에 그친다.

[요약판례 2] 변호인의 조력을 받을 권리에 대한 헌법소원: 인용(위헌확인)(헌재 1992.1.28. 91헌마111)

청구인이 국가보안법 위반 등 피의사건으로 국가안전기획부에 의하여 구속되어 서울 중부경찰서 유치장에 수감되어 있던 중 국가안전기획부 면회실에서 그의 변호인과 그의 처의 접견을 동시에 하게 되었는데 그 때 국가안전기획부 직원(수사관) 5인이 접견에 참여하여 가까이서 지켜보면서 그들의 대화내용을 듣고 또 이를 기록하기도 하고 만나고 있는 장면을 사진을 찍기도 한 것이 변호인의 조력을 받을 권리를 침해하는지 여부(적극)

헌법 제12조 제4항이 보장하고 있는 신체구속을 당한 사람의 변호인의 조력을 받을 권리는 무죄추정을 받고 있는 피의자·피고인에 대하여 신체구속의 상황에서 생기는 여러가지 폐해를 제거하고 구속이 그 목적의 한도를 초과하여 이용되거나 작용하지 않게끔 보장하기 위한 것으로 여기의 "변호인의 조력"은 "변호인의 충분한 조력"을 의미한다.

변호인과의 자유로운 접견은 신체구속을 당한 사람에게 보장된 변호인의 조력을 받을 권리의 가장 중요한 내용이어서 국가안전보장·질서유지·공공복리 등 어떠한 명분으로도 제한될 수 있는 성질의 것이 아니다.

피청구인은 국가보안법 위반으로 신체구속을 당한 청구인이 국가안전기획부 면회실에서 그의 변호인과 접견을 하는데 있어 소속직원(수사관)으로 하여금 접견에 참여하게 하고, 가까이서 지켜보면서 대화내용을 듣거나 기록하게 하였으니 이는 변호인의 조력을 받을 권리를 침해한 것으로서 헌법에 위반되는 일이다.

[요약판례 3] 서신검열 등 위헌확인: 인용(위헌확인),한정위헌,기각,각하(헌재 1995.7.21. 92헌마144)

교도소장이 미결수용자와 변호인 사이의 서신을 검열하는 것이 미결수용자의 변호인의 조력을 받을 권리를 침해하는지 여부(한정적극)

헌법 제12조 제4항 본문은 신체구속을 당한 사람에 대하여 변호인의 조력을 받을 권리를 규정하고 있는바, 이를 위하여서는 신체구속을 당한 사람에게 변호인과 사이의 충분한 접견교통을 허용함은 물론 교통내용에 대하여 비밀이 보장되고 부당한 간섭이 없어야 하는 것이며, 이러한 취지는 접견의 경우뿐만 아니라 변호인과 미결수용자 사이의 서신에도 적용되어 그 비밀이 보장되어야 할 것이다.

다만 미결수용자와 변호인 사이의 서신으로서 그 비밀을 보장받기 위하여는, 첫째, 교도소측에서 상대방이 변호인이라는 사실을 확인할 수 있어야 하고, 둘째, 서신을 통하여 마약 등 소지금지품의 반입을 도모한다든가 그 내용에 도주·증거인멸·수용시설의 규율과 질서의 파괴·기타 형벌법령에 저촉되는 내용이 기재되어 있다고 의심할 만한 합리적인 이유가 있는 경우가 아니어야 한다.

[요약판례 4] 반국가행위자의처벌에관한특별조치법 제2조 제1항 제2호 등 위헌제청: 위헌 (헌재 1996.1.25. 95헌가5)

반국가행위자의처벌에관한특별조치법 제7조 제6항에서 반국가행위자의 궐석재판시 변호인의 출석을 금지하고 있는 것이 변호인의 조력을 받을 권리를 침해하는지 여부(적극)

특조법 제2조 제1항에 규정한 죄 중 많은 죄의 법정형이 사형·무기 또는 단기 3년 이상의 징역형인 점은 위에서 본 바이다. 그럼에도 불구하고 피고인이 자신을 방어하기 위해 변호인도 출석시킬 수 없고, 또한 증거조사도 없이 실형을 선고받는다는 것은 공격·방어의 기회를 원천적으로 봉쇄당하는 것을 뜻하게 되므로, 특조법 제7조 제6항 및 제7항은 헌법 제12조 제1항에 정한 적법절차의 원칙에 반하고, 헌법 제27조 제1항에 정한 재판청구권을 특조법이 정한 목적의 달성에 필요한 최소한의 범위 이상으로 침해하는 것이라 아니할 수 없다.

특조법 제7조 제5항·제6항·제7항 본문, 제8조가 위헌으로 실효될 경우 위 법 전체가 존재의미를 상실하여 시행될 수 없게 되므로 헌법재판소법 제45조 단서규정에 의해 위 법 전체에 대하여 위헌결정을 한다.

[요약판례 5] 통신의 자유 침해 등 위헌확인: 각하,기각 (헌재 1998.8.27. 96헌마398)

형사절차가 종료되어 교정시설에 수용중인 수형자의 변호인과의 서신을 교도소장이 검열한 행위가 수형자의 변호인의 조력을 받을 권리를 침해하는지 여부(소극)

원래 변호인의 조력을 받을 권리는 형사절차에서 피의자 또는 피고인이 검사 등 수사·공소기관과 대립되는 당사자의 지위에서 변호인 또는 변호인이 되려는 자와 사이에 충분한 접견교통에 의하여 피의사실이나 공소사실에 대하여 충분하게 방어할 수 있도록 함으로써 피고인이나 피의자의 인권을 보장하려는데 그 제도의 취지가 있는 점에 비추어 보면, 형사절차가 종료되어 교정시설에 수용중인 수형자는 원칙적으로 변호인의 조력을 받을 권리의 주체가 될 수 없다. 수형자의 서신수발에 대한 검열은 구금의 목적상 필요한 최소한의 제한이고, 이 사건의 경우에는 청구인이 변호인의 조력을 받을 권리를 보장받을 수 있는 경우에 해당하지 아니하므로, 이 사건 서신검열 행위로 인하여 통신의 자유나 변호인의 조력을 받을 권리 등 청구인의 기본권이 침해되었다고 볼 수 없다.

[요약판례 6] 군사법원법 제242조 제1항 등 위헌확인: 위헌 (헌재 2003.11.27. 2002헌마193)

면회횟수를 주 2회로 한정하는 것이 미결수용자 및 그 가족의 접견교통권을 침해하는지 여부(적극)

이 사건 시행령규정은, 행형법시행령이 미결수용자의 접견횟수를 매일 1회로 하고 있는 것과는 달리, 미결수용자의 면회횟수를 매주 2회로 제한하고 있는바, 수용기관은 면회에 교도관을 참여시켜 감시를 철저히 한다거나, 필요한 경우에는 면회를 일시 불허하는 것과 같이 청구인들의 기본권을 보다 적게 침해하면서도 '도주나 증거인멸 우려의 방지 및 수용시설 내의 질서유지'라는 입법목적을 달성할 수 있는 똑같이 효과적인 다른 방법이 존재하므로, 이것은 기본권제한이 헌법상 정당화되기 위하여 필요한 피해의 최소성 요건을 충족시키지 못한다. 따라서 이 사건 시행령규정은 청구인들의 접견교통권을 과도하게 제한하는 위헌적인 규정이다.

[요약판례 7] 미결수용자 변호인접견불허 위헌확인: 기각 (헌재 2011.5.26. 2009헌마341)

변호인의 조력을 받을 권리를 보장하는 목적은 피의자 또는 피고인의 방어권 행사를 보장하기 위한 것이므로, 미결수용자 또는 변호인이 원하는 특정한 시점에 접견이 이루어지지 못하였다 하더라도 그것만으로 곧바로 변호인의 조력을 받을 권리가 침해되었다고 단정할 수는 없는 것이고, 변호인의 조력을 받을 권리가 침해되었다고 하기 위해서는 접견이 불허된 특정한 시점을 전후한 수사 또는 재판의 진행 경과에 비추어 보아, 그 시점에 접견이 불허됨으로써 피의자 또는 피고인의 방어권 행사에 어느 정도는 불이익이 초래되었다고 인정할 수 있어야만 하며, 그 시점을 전후한 변호인 접견의 상황이나 수사 또는 재판의 진행 과정에 비추어 미결수용자가 방어권을 행사하기 위해 변호인의 조력을 받을 기회가 충분히 보장되었다고 인정될 수 있는 경우에는 비록 미결수용자 또는 그 상대방인 변호인이 원하는 특정 시점에는 접견이 이루어지지 못하였다 하더라도 변호인의 조력을 받을 권리가 침해되었다고 할 수 없다.

대판 1996.6.3. 96모18

임의동행된 피의자와 피내사자에게 변호인의 접견교통권이 인정되는지 여부(적극)

변호인의 조력을 받을 권리를 실질적으로 보장하기 위하여는 변호인과의 접견교통권의 인정이 당연한 전제가 되므로, 임의동행의 형식으로 수사기관에 연행된 피의자에게도 변호인 또는 변호인이 되려는 자와의 접견교통권은 당연히 인정된다고 보아야 하고, 임의동행의 형식으로 연행된 피내사자의 경우에도 이는 마찬가지이다.

대판 2003.11.11. 2003모402

구금된 피의자에 대한 피의자신문시 변호인의 참여를 요구할 권리가 있는지 여부(적극) 및 그 권리의 제한 가능성 유무(적극)

형사소송법이 아직은 구금된 피의자의 피의자신문에 변호인이 참여할 수 있다는 명문규정을 두고 있지는 아니하지만, 신체를 구속당한 사람의 변호인과의 접견교통권이 헌법과 법률에 의하여 보장되고 있을 뿐 아니라 누구든지 체포 또는 구속을 당한 때에는 즉시 변호인의 조력을 받을 권리를 가진다고 선언한 헌법규정에 비추어, 구금된 피의자는 형사소송법의 위 규정을 유추·적용하여 피의자신문을 받음에 있어 변호인의 참여를 요구할 수 있고 그러한 경우 수사기관은 이를 거절할 수 없는 것으로 해석하여야 하고, 이렇게 해석하는 것은 인신구속과 처벌에 관하여 "적법절차주의"를 선언한 헌법의 정신에도 부합한다 할 것이나, 구금된 피의자가 피의자신문시 변호인의 참여를 요구할 수 있는 권리가 형사소송법 제209조, 제89조 등의 유추적용에 의하여 보호되는 권리라 하더라도 헌법상 보장된 다른 기본권과 사이에 조화를 이루어야 하며, 구금된 피의자에 대한 신문시 무제한적으로 변호인의 참여를 허용하는 것 또한 헌법이 선언한 적법절차의 정신에 맞지 아니하므로 신문을 방해하거나 수사기밀을 누설하는 등의 염려가 있다고 의심할 만한 상당한 이유가 있는 특별한 사정이 있음이 객관적으로 명백하여 변호인의 참여를 제한하여야 할 필요가 있다고 인정되는 경우에는 변호인의 참여를 제한할 수 있음은 당연하다.

(마) 고문을 받지 아니할 권리와 묵비권

[요약판례 1] 도로교통법 제50조 제2항 등에 관한 위헌심판: 한정합헌(헌재 1990.8.27. 89헌가118)

도로교통법 제50조 제2항, 제111조 제3호가 헌법 제12조 제2항의 진술거부권을 침해하는지 여부(한정소극)

헌법상 국민의 기본권을 보장하면서 교통질서의 혼란과 마비도 사전에 방지할 수 있어야 하는 것이므로 교통사고의 본질적 양면성을 엄격히 구분하여 도로교통법 제50조 제2항, 제111조 제3호는 피해자의 구호 및 교통질서의 회복을 위한 조치가 필요한 상황에서만 적용되는 것이고 형사책임과 관련되는 사항의 신고에는 적용되지 않는 것으로 해석하는 한 헌법에 위반되지 아니 한다고 할 것이다.

[요약판례 2] 도로교통법 제41조 제2항 등 위헌제청: 합헌(헌재 1997.3.27. 96헌가11)

도로교통법 제41조 제2항, 제107조의2 제2호 중 주취운전의 혐의자에게 주취여부의 측정에 응할 의무를 지우고 이에 불응한 사람을 처벌하는 부분이 헌법 제12조 제2항에서 보장하는 진술거부권을 침해하는 위헌조항인지 여부(소극)

"진술"이라 함은 언어적 표출 즉, 생각이나 지식, 경험사실을 정신작용의 일환인 언어를 통하여 표출하는 것을 의미하는데 반하여, 호흡측정은 신체의 물리적, 사실적 상태를 그대로 드러내는 행위에 불과하다. 또한 호흡측정은 진술서와 같은 진술의 등가물로도 평가될 수 없는 것이고 신체의 상태를 객관적으로 밝히는데 그 초점이 있을 뿐, 신체의 상태에 관한 당사자의 의식, 사고, 지식 등과는 아무런 관련이 없는 것이다. 호흡측정에 있어 결정적인 것은 측정결과 밝혀질 객관적인 혈중알콜농도로서 이는 당사자의 의식으로부터 독립되어 있고 당사자는 이에 대하여 아무런 지배력도 갖고 있지 아니한다. 따라서 호흡측정행위는 진술이 아니므로 호흡측정에 응하도록 요구하고 이를 거부할 경우 처벌한다고 하여도 "진술강요"에 해당한다고 할 수는 없다 할 것이다.

[요약판례 3] 구 국가보안법 제10조 위헌소원: 합헌(헌재 1998.7.16. 96헌바35)

구 국가보안법 제10조가 규정한 불고지죄가 진술거부권을 침해하는지 여부(소극)

불고지죄가 성립하기 이전의 단계 즉, 불고지의 대상이 되는 죄를 범한 자라는 사실을 알게 되어 고지의무가 발생하였으나 아직 상당한 기간이 경과하지 아니한 단계에 있어서는 고지의무의 대상이 되는 것은 자신의 범죄사실이 아니고 타인의 범죄사실에 대한 것이므로 자기에게 불리한 진술을 강요받지 아니할 진술거부권의 문제가 발생할 여지가 없다.

[요약판례 4] 정치자금에관한법률 제31조 제1호 등 위헌소원: 합헌(헌재 2005.12.22. 2004헌바25)

정치자금의 수입·지출에 관한 내역을 회계장부에 허위 기재하거나 관할 선거관리위원회에 허위 보고한 정당의 회계책임자를 형사처벌하는 구 정치자금에관한법률 제31조 제1호 중 제22조 제1항의 허위 기재 부분과 같은 호 중 제24조 제1항 부분이 헌법 제12조 제2항이 보장하는 진술거부권을 침해하는지 여부(소극)

정치자금법 제31조 제1호 중 제22조 제1항의 허위기재 부분과 제24조 제1항의 허위보고 부분은 궁극적으로 정치자금의 투명성을 확보하여 민주정치의 건전한 발전을 도모하려는 것으로서 그 입법목적이 정당하고, 위 조항들이 규정하고 있는 정치자금에 대한 정확한 수입과 지출의 기재·신고에 의하여 정당의 수입과 지출에 관하여 정확한 정보를 얻고 이를 검증할 수 있게 되므로, 이는 위 입법목적과 밀접한 관련을 갖는 적절한 수단이다. 또한, 정치자금에 관한 사무를 처리하는 선거관리위원회가 모든 정당·후원회·국회의원 등의 모든 정치자금 내역을 파악한다는 것은 거의 불가능에 가까우므로 만일 불법 정치자금의 수수 내역을 기재하고 이를 신고하는 조항이 없다면 '정치자금의 투명성 확보'라는 정치자금법 본연의 목적을 달성할 수 없게 된다는 점에서 위 조항들의 시행은 정치자금법의 입법목적을 달성하기 위한 필수불가결한 조치라고 할 것이고, 달리 이보다 진술거부권을 덜 침해하는 방안을 현실적으로 찾을 수 없다. 마지막으로, 위 조항들을 통하여 달성하고자 하는 정치자금의 투명한 공개라는 공익은 불법 정치자금을 수수한 사실을 회계장부에 기재하고 신고해야 할 의무를 지키지 않은 채 진술거부권을 주장하는 사익보다 우월하다. 결국, 정당의 회계책임자가 불법 정치자금이라도 그 수수 내역을 회계장부에 기재하고 이를 신고할 의무가 있다고 규정하고 있는 위 조항들은 헌법 제12조 제2항이 보장하는 진술거부권을 침해한다고 할 수 없다.

대판 1979.5.22. 79도547

허언탐지기 시험결과 및 보고서의 증거능력

허언탐지기의 시험결과 및 그 보고서는 피검자의 동의가 있고, 기계의 성능, 피검자의 정신상태, 질문방법, 검사자 및 판정자의 지식, 경험, 검사장소의 상황등 제반사정에 비추어 검사결과의 정확성이 보증되는 경우에 한하여 증거능력이 인정된다.

대판 1992.6.23. 92도682

피의자에게 진술거부권을 고지하지 아니하고 작성한 피의자신문조서의 증거능력 유무(소극)

형사소송법 제200조 제2항은 검사 또는 사법경찰관이 출석한 피의자의 진술을 들을 때에는 미리 피의자에 대하여 진술을 거부할 수 있음을 알려야 한다고 규정하고 있는바, 이러한 피의자의 진술거부권은 헌법이 보장하는 형사상 자기에 불리한 진술을 강요당하지 않는 자기부죄거부의 권리에 터잡은 것이므로 수사기관이 피의자를 신문함에 있어서 피의자에게 미리 진술거부권을 고지하지 않은 때에는 그 피의자의 진술은 위법하게 수집된 증거로서 진술의 임의성이 인정되는 경우라도 증거능력이 부인되어야 한다.

대판 1992.11.24. 92도2409

가혹행위로 인한 임의성 없는 자백

피고인이 검사 이전의 수사기관에서 고문 등 가혹행위로 인하여 임의성 없는 자백을 하고 그 후 검사의 조사단계에서도 임의성 없는 심리상태가 계속되어 동일한 내용의 자백을 하였다면 검사의 조사단계에서 고문 등 자백의 강요행위가 없었다고 하여도 검사 앞에서의 자백도 임의성 없는 자백이라고 볼 수밖에 없다.

대판 2004.12.16. 2002도537

검사가 작성한 피의자신문조서의 증거능력

형사소송법 제312조 제1항 본문은 "검사가 피의자나 피의자 아닌 자의 진술을 기재한 조서와 검사 또는 사법경찰관이 검증의 결과를 기재한 조서는 공판준비 또는 공판기일에서의 원진술자의 진술에 의하여 그 성립의 진정함이 인정된 때에 증거로 할 수 있다"고 규정하고 있는데, 여기서 성립의 진정이라 함은 간인・서명・날인 등 조서의 형식적인 진정성립과 그 조서의 내용이 원진술자가 진술한 대로 기재된 것이라는 실질적인 진정성립을 모두 의미하는 것이고, 위 법문의 문언상 성립의 진정은 '원진술자의 진술에 의하여' 인정되는 방법 외에 다른 방법을 규정하고 있지 아니하므로, 실질적 진정성립도 원진술자의 진술에 의하여서만 인정될 수 있는 것이라고 보아야 하며, 이는 검사 작성의 피고인이 된 피의자신문조서의 경우에도 다르지 않다고 할 것인바, 검사가 피의자나 피의자 아닌 자의 진술을 기재한 조서는 공판준비 또는 공판기일에서 원진술자의 진술에 의하여 형식적 진정성립뿐만 아니라 실질적 진정성립까지 인정된 때에 한하여 비로소 그 성립의 진정함이 인정되어 증거로 사용할 수 있다고 보아야 한다.

대판 2011.11.10. 2011도8125

피의자에 대한 진술거부권 고지는 피의자의 진술거부권을 실효적으로 보장하여 진술이 강요되는 것을 막기 위해 인정되는 것인데, 이러한 진술거부권 고지에 관한 형사소송법 규정내용 및 진술거부권 고지가 갖는 실질적인 의미를 고려하면 수사기관에 의한 진술거부권 고지 대상이 되는 피의자 지위는 수사기관이 조사대상자에 대한 범죄혐의를 인정하여 수사를 개시하는 행위를 한 때 인정되는 것으로 보아야 한다.

(바) 체포 · 구속적부심사제도

Ⅲ 형사소송법 제214조의2 제1항 위헌소원: 헌법불합치(헌재 2004.3.25. 2002헌바104)

쟁점 구속된 피의자가 적부심사청구권을 행사한 다음 검사가 전격기소를 한 경우, 법원으로부터 구속의 헌법적 정당성에 대하여 실질적 심사를 받고자 하는 청구인의 절차적 기회를 제한하는 결과를 가져오는 형사소송법 제214조의2 제1항이 헌법에 합치되는지 여부(소극)

사건의 개요

청구인이 구속영장에 관련하여 사후적인 사정변경으로 구속사유가 소멸하였다는 이유로 구속적부심사를 청구한 다음, 검사는 같은 날 청구인에 대한 공소를 제기하였다. 이에 청구인은 구속적부심사청구적격을 피의자로 한정한 형사소송법 제214조의2 제1항이 헌법 제12조 제6항에 위반되고, 그 위헌여부가 위 구속적부심사청구사건에 대한 재판의 전제가 된다고 주장하면서 위헌제청신청을 하였고 기각되자 헌법재판소법 제68조 제2항에 따라서 이 사건 헌법소원심판을 청구하였다.

심판의 대상

형사소송법 제214조의2 ① 체포영장 또는 구속영장에 의하여 체포 또는 구속된 피의자 또는 그 변호인, 법정대리인, 배우자, 직계친족, 형제자매, 호주, 가족이나 동거인 또는 고용주는 관할법원에 체포 또는 구속의 적부심사를 청구할 수 있다.

주 문

1. 형사소송법 제214조의2 제1항은 헌법에 합치되지 아니한다.
2. 위 규정은 입법자가 개정할 때까지 계속 적용된다.

청구인들의 주장

헌법 제12조 제6항의 경우 구속적부심사를 청구할 수 있는 청구인적격을 제한하지 않고 있음에도 불구하고, 이 사건 법률조항에서 그 청구인적격을 피의자로 한정함으로써 구속된 피고인의 경우 현행 형사소송법 소정의 구속적부심사청구권을 행사할 수 없도록 규정한 것은 헌법에서 부과한 입법형성의무를 입법자가 제대로 이행하지 아니한 것이므로, 이 사건 법률조항은 헌법에 합치되지 않는다.

판 단

Ⅰ. 체포 · 구속적부심사청구권에 관한 헌법적 근거 및 위헌성 심사기준

1. 절차적 기본권에 관한 헌법규정

헌법 제12조 제6항의 규정은 위와 같이 '누구든지 … 권리를 가진다'라는 형식을 취하고 있는데, 이는 우리 헌법이 헌법적 차원에서 일정한 권리를 인정하는 것으로서 입법자가 법률로써 이러한 권리행사의 주체를 임의로 제한할 수는 없을 것이다. 한편, 헌법 제12조 소정의 '신체의 자유'는 대표적인 자유권적 기본권이지만, 위와 같은 신체의 자유를 보장하기 위한 방법의 하나로 같은 조 제6항에 규정된 '체포 · 구속적부심사청구권'의 경우 원칙적으로 국가기관 등에 대하여 특정한 행위를 요구하거나 국가의 보호를 요구하는 절차적 기본권(청구권적 기본권)이기 때문에, 본질적으로 제도적 보장의 성격을 강하게 띠고 있다.

2. 구체적인 절차적 기본권에 관한 헌법적 보장과 이에 관한 위헌성 심사기준

헌법 제12조 제6항은 '체포·구속을 당한 때'라고 하는 매우 구체적인 상황에 관련하여 헌법적 차원에서 '적부의 심사를 법원에 청구할 권리'라는 절차적 권리를 보장하고 있기 때문에, 위와 같이 구체적 적용영역에 대한 입법권의 행사는 직접적으로 헌법적 제약을 받게 된다고 봄이 상당하다. 그런데 헌법 제12조 제6항의 경우 비록 구체적 영역에 한정적으로 적용되는 것이기는 하지만, 입법자의 형성적 법률이 존재하지 아니하는 경우 현실적으로 법원에서 당사자의 '체포·구속적부심사청구권'에 대하여 심리할 방법이 없기 때문에, 입법자가 법률로써 구체적인 내용을 형성하여야만 권리주체가 실질적으로 이를 행사할 수 있는 경우에 해당하는 것으로서, 이른바 헌법의 개별규정에 의한 헌법위임(Verfassungsauftrag)이 존재한다고 볼 수 있다. 나아가 이러한 체포·구속적부심사청구권의 경우 헌법적 차원에서 독자적인 지위를 가지고 있기 때문에 입법자가 전반적인 법체계를 통하여 관련자에게 그 구체적인 절차적 권리를 제대로 행사할 수 있는 기회를 최소한 1회 이상 제공하여야 할 의무가 있다고 보아야 한다. 다만, 본질적으로 제도적 보장의 성격이 강한 절차적 기본권에 관하여는 상대적으로 광범위한 입법형성권이 인정되기 때문에, 관련 법률에 대한 위헌성심사를 함에 있어서는 자의금지원칙(恣意禁止原則)이 적용되고, 따라서 현저하게 불합리한 절차법규정이 아닌 이상 이를 헌법에 위반된다고 할 수 없다.

Ⅱ. 헌법 제12조 제6항의 의미

1. 우리 헌법상 체포·구속 심사제도는 영미법상 인신보호영장제도(the Writ of Habeas Corpus)를 연원으로 하여, 현행 헌법 제12조 제6항에 이른 것이다. 위 연혁적인 배경 등을 바탕으로 하여 현행 헌법 제12조 제6항의 본질적 내용은 당사자가 체포·구속된 원인관계 등에 대한 최종적인 사법적 판단절차와는 별도로 체포·구속 자체에 대한 적부 여부를 법원에 심사 청구할 수 있는 절차를 헌법적 차원에서 보장하는 규정으로 봄이 상당하다.

2. 우리 헌법의 연혁 등에 비추어 볼 때, 헌법 제12조 제6항에 규정된 '적부'는 당해 체포·구속 자체의 '헌법적 정당성 여부'로 해석함이 상당하므로, 결국 당사자의 청구에 따라서 법원이 당해 체포·구속 자체의 '헌법적 정당성'을 심사함과 동시에 만일 이러한 정당성이 인정되지 아니하면 이를 이유로 하여 법원이 그 당사자를 석방하도록 결정할 수 있는 제도가 법률에 규정되어야만 헌법에서 요구하는 입법형성의무가 제대로 이행된 것으로 볼 수 있다(우리 헌법은 이러한 측면에서 모든 유형의 '자유박탈의 허용과 계속'에 대하여 판사가 전적으로 결정하도록 하되, 피구속자에게 헌법적 차원에서 위와 같은 절차개시권을 보장하지 아니한 독일 기본법과는 구조적으로 상당한 차이가 있다).

3. 헌법 제12조 제6항에 입법형식 등에 대한 특별한 제한이 설정되어 있지 아니한 이상, 입법자는 미군정법령 제176호 제17조 내지 제18조와 같이 전반적인 영역에 대하여 적용되는 일반법의 형식을 선택할 수도 있고(Civil Action의 성격을 가진 미국식 인신보호영장제도의 형식을 전반적으로 수용한 일본의 인신보호법 등 참조), 형사소송법과 같은 개별 법률을 통하여 한정적인 영역에만 적용되는 체포·구속적부심사제도를 규정할 수도 있는데, 위와 같은 개별규정 등이 헌법적 요구사항을 충족시

키는 이상 최소한 그 적용영역에 대하여는 입법형성의무가 제대로 이행되었다고 보아야 한다. **다만 헌법 제12조 제6항에는 당사자의 '법관 대면기회'가 명시적으로 규정되어 있지 아니하므로 모든 당사자(피체포자 · 구속자)에게 '법관 대면기회'를 보장하는 것이 그 본질적 내용에 포함된다고 보기 어렵고, 따라서 피고인에게 당해 구속 자체의 헌법적 정당성에 관하여 법원으로부터 심사받을 수 있는 구속취소청구권을 인정하고 있는 형사소송법 제93조의 경우도 그 적용영역에 대하여는 헌법 제12조 제6항이 요구하는 최소한도의 요건을 충족시킨 것으로 볼 수 있다.**

4. 위와 같은 우리 헌법의 전체적인 체계 및 제도의 연혁 등에 비추어 볼 때, 체포 · 구속이 법원의 재판에 근거하여 이루어진 경우에는, 당해 재판에 명백한 하자가 존재하는 등 예외적인 사유가 인정되는 경우에 한하여 법원이 적부심사절차에서 그 재판의 헌법적 정당성 여부를 다시 심사하도록 허용하는 법률을 제정함으로써 헌법적 요건을 충족시킬 수 있고, 그 재판에 관련된 단순위법사항까지 법원이 다시 포괄적인 심사를 하여야 하는 제도를 형성해야 할 의무가 입법자에게 부과되는 것은 아니다. 따라서 법원의 영장에 의하여 체포 · 구속이 이루어진 경우 현행 형사소송법 제214조의2에서 피의자에게는 체포 · 구속적부심사청구권을, 같은 법 제93조에서 피고인에게는 구속취소청구권을 각 인정하면서 법원으로 하여금 단순위법사항까지 다시 포괄적으로 심사하도록 규정하고 있는 것은 헌법적 요구를 상회하는 수준의 권리를 당사자에게 부여한 것으로 해석할 수 있고, 이는 우리 형사소송법의 제정당시 사법제도를 배경으로 한 입법자의 정책적 선택의 결과로 보인다.

Ⅲ. 청구인의 신체의 자유에 대한 제한근거 및 이에 대한 구제수단

청구인은 검사가 수사단계에서 법관으로부터 발부받은 구속영장에 근거하여 '신체의 자유'가 제한되었는데, 그 신체의 자유를 회복하기 위하여 청구인은 피의자의 자격으로 이 사건 법률조항 등에 근거하여 법원에 대하여 구속적부심사청구를 하거나, 검사의 기소에 의하여 그 신분이 피고인으로 변경된 이후에는 형사소송법 제93조에 터 잡아 구속의 사유가 없거나 소멸되었으니 구속을 취소하여 달라는 청구를 할 수 있었다. 그런데, 위와 같은 구속적부심사제도나 구속취소제도의 경우 당해 구속의 근거인 구속영장의 헌법적 정당성에 대하여 법원이 다시 심사할 수 있도록 하면서, 만일 그 구속영장 자체에서 명백한 하자 등이 발견되는 경우 법원이 당사자를 즉시 석방할 수 있도록 규정하고 있기 때문에, 입법자는 청구인에 대한 적용영역에 관하여 그 입법형성의무 중 대부분을 일단 이행하였다고 보아야 한다.

Ⅳ. 청구인의 절차적 기회에 대한 제한이 합리적인지 여부

우리 형사소송법상 구속적부심사의 청구인적격을 피의자 등으로 한정하고 있어서 청구인이 구속적부심사청구권을 행사한 다음 검사가 법원의 결정이 있기 전에 기소하는 경우(이른바 전격기소), 영장에 근거한 구속의 헌법적 정당성에 대하여 법원이 실질적인 판단을 하지 못하고 그 청구를 기각할 수밖에 없다. 그러나 구속된 피의자가 적부심사청구권을 행사한 경우 검사는 그 적부심사절차에서 피구속자와 대립하는 반대 당사자의 지위만을 가지게 됨에도 불구하고 헌법상 독립된 법관으로부터 심사를 받고자 하는 청구인의 '절차적 기회'가 반대 당사자의 '전격기소'라고 하는 일방적 행위에 의하여 제한되어야 할 합리적인 이유가 없고, 검사가 전격기소를 한 이후 청구인에게 '구속취소'라는 후속절차가 보장되어 있다고 하더라도 그에 따르는 적지 않은 시간적, 정신적, 경제적인 부담을 청구인에게 지워야 할 이유도 없으며, 기소이전단계에서 이미 행사된 적부심사청구권의 당부에 대하여 법원으로부터 실질적인 심사를 받을 수 있는 청구인의 절차적 기회를 완전히 박탈하여야 하는 합리적인 근거도 없기 때문에, 입법자는 그 한도 내에서 적부심사청구권의 본질적 내용을 제대로 구현하지 아니하였다고 보아야 한다.

Ⅴ. 헌법불합치결정의 취지

우리 재판소에서는 입법자가 '헌법 제12조 제3항에 따라서 수사단계에서 발부된 영장에 근거하여 이루어진 구속'이라는 적용영역에 관하여 헌법위임에 따른 입법형성을 제대로 하지 아니함으로써 위에서 적시한 법적 공백이 발생하였다는 점을 지적하고, ① **전격기소가 이루어진 이후에도 법원이 당해 적부심사청구에 대하여 실질적인 심사를 계속 할 수 있도록 허용하는 방법, ② 또는 헌법 제12조 제6항의 전반적인 적용영역에 대한 일반법을 제정하는 방법 등 다양한 개선입법중 하나를 선택하여 현행제도를 적극적으로 보완해야 할 의무가 입법자에게 부과된다는 취지로 헌법불합치결정을 하면서, 이러한 개선입법이 이루어질 때까지 이 사건 법률조항을 계속 적용하도록 명하는 것이다**(헌재 1999. 10. 21. 97헌바26 참조).

재판관 김영일, 재판관 송인준, 재판관 주선회의 반대의견

헌법 제12조 제6항에 규정한 체포·구속적부심사에 관한 권리는 절차적 기본권 특히, 사법절차적 기본권으로서의 성질을 갖고 있으므로, 입법자에게는 사법절차적 기본권의 형성에 관한 광범위한 입법재량이 인정된다. 검사의 전격기소라는 일방적 행위로 인하여 피구속자의 절차적 기회가 박탈됨으로써 부당한 결과가 발생하는 경우가 있다는 점 자체를 부인하기는 어렵지만, 이는 당해 법원이 적극적인 구속취소 내지 보석제도를 통하여 효과적으로 대응할 수 있다. 한편, 검사가 구속적부심사청구권 이후, 법원의 결정 이전에 검사가 기소를 하는 이유는 다양하며 모든 경우를 부당한 전격기소로 판단하기도 어렵다. 결국 사법절차적 기본권을 형성함에 있어서 입법자에게 인정되는 재량의 정도, 불법·부당한 인신구속을 통제하는 다양한 제도, 이 사건 법률조항에 의하여 달성하고자 하는 공익 등을 종합하여 볼 때, 이 사건 법률조항으로 인하여 제한되는 기본권의 정도는 필요한 정도에 해당하는 합리적인 것으로 헌법 제37조 제2항의 비례의 원칙에 위반되어 국민의 기본권을 과도하게 침해하는 위헌적인 규정이라고 할 수는 없다.

✤ 본 판례에 대한 평가 1. 헌법상 명문으로 적법한 절차라는 표현을 사용하고 있지 않지만, 헌법 제12조에서는 신체의 자유의 절차적 보장에 관한 일련의 원칙에 준거하여 체포·구속적부심사제도를 마련하고 있다. "누구든지 체포·구속을 당한 때에는 적부의 심사를 법원에 청구할 권리를 가진다"(제6항). 1679년 영국의 인신보호법(Habeas Corpus Act)에 의하여 확립된 구속적부심사제도는 1948년 군정법령(제176호)에 의해 도입된 후 제헌헌법에 규정되었으나 제7차 개정헌법에서 삭제되었고, 제8차 개정헌법에서 법률유보조항을 두고 부활되었으며, 제6공화국헌법에서는 법률유보조항도 삭제되었다.

2. **법원의 심사:** 체포·구속적부심사의 청구를 받은 법원은 청구서가 접수된 때부터 48시간 이내에 체포 또는 구속된 피의자를 심문하고 수사관계서류와 증거물을 조사하여 그 청구가 이유 없다고 인정한 때에는 결정으로 이를 기각하고, 이유 있다고 인정한 때에는 결정으로 체포 또는 구속된 피의자의 석방을 명하여야 한다. 심사청구 후 피의자에 대하여 공소제기가 있는 경우에도 또한 같다(제214조의2 제4항). 체포영장 또는 구속영장을 발부한 법관은 원칙적으로 심문·조사·결정에

관여하지 못한다(제214조의2 제12항). 체포 또는 구속된 피의자에게 일정한 사유로 변호인이 없는 때에는 국선변호인을 선정하여야 한다(제214조의2 제10항). 일정한 경우를 제외하고는 동일한 범죄사실을 이유로 재구속할 수 없다(제214조의3). 그러나 청구권자가 아닌 자의 청구나 일정한 수사방해목적의 청구는 제한된다(제214조의2 제3항).

※ 이에 따라 개정 형사소송법에서는 체포·구속적부심사청구 후 피의자에 대하여 공소제기가 있는 경우에도 법원에 의한 기각 또는 석방결정과 보증금납입조건부 석방결정이 가능하도록 규정하고 있다(제214조의2 제4항, 제5항).

[요약판례] 형사소송법 제101조 제3항 위헌제청(헌재 2012.6.27. 2011헌가36)

법원의 구속집행정지결정에 대하여 검사가 즉시항고할 수 있도록 한 형사소송법 제101조 제3항이 헌법상 영장주의 및 적법절차원칙, 과잉금지원칙에 위배되는지 여부(적극)

가. 법원이 피고인의 구속 또는 그 유지 여부의 필요성에 관하여 한 재판의 효력이 검사나 다른 기관의 이견이나 불복이 있다 하여 좌우되거나 제한받는다면 이는 영장주의에 위반된다고 할 것인바, 구속집행정지결정에 대한 검사의 즉시항고를 인정하는 이 사건 법률조항은 검사의 불복을 그 피고인에 대한 구속집행을 정지할 필요가 있다는 법원의 판단보다 우선시킬 뿐만 아니라, 사실상 법원의 구속집행정지결정을 무의미하게 할 수 있는 권한을 검사에게 부여한 것이라는 점에서 헌법 제12조 제3항의 영장주의원칙에 위배된다. 또한 헌법 제12조 제3항의 영장주의는 헌법 제12조 제1항의 적법절차원칙의 특별규정이므로, 헌법상 영장주의원칙에 위배되는 이 사건 법률조항은 헌법 제12조 제1항의 적법절차원칙에도 위배된다.

나. 이 사건 법률조항은 부당한 구속집행정지결정으로 피고인이 출소한 후 도망가거나 증거를 인멸함으로써 공정한 재판 진행이나 형의 집행에 차질을 가져오는 것을 예방하기 위한 것으로서 입법목적의 정당성 및 수단의 적절성이 인정된다. 그러나 피고인에 대한 신병확보의 필요성은 피고인의 출석을 보장할 만한 조건의 부가에 의하여 그 목적을 달성할 수 있으며, 법원의 구속집행정지결정에 대하여 검사가 불복할 수 있도록 하더라도, 보통항고를 하고 집행정지를 청구하거나, 즉시항고를 인정하되 즉시항고에 재판의 집행을 정지하는 효력을 인정하지 않는 방법도 있으므로, 구속집행정지결정 자체를 무력화시키는 방법보다 덜 침해적인 방법에 의해서는 그 목적을 전혀 달성할 수 없다고 보기 어렵다는 점을 고려할 때 구속집행정지결정에 대하여 즉시항고권을 인정하는 것은 피해의 최소성을 갖춘 것이라고 할 수 없다. 또한 법원이 일정한 조건 하에 구속의 집행을 정지하는 경우 도주와 증거인멸의 우려 등은 이미 법원의 결정 단계에서 고려되었다는 점, 구속의 집행정지 사유들은 한시적인 경우가 많아 그 시기를 놓치게 되면 피고인에게 집행정지의 의미가 없어지게 되는 점 등을 종합해 보면, 이 사건 법률조항이 법익의 균형성을 갖춘 것이라고 보기도 어렵다.

(사) 무죄추정의 원칙

[요약판례 1] 독점규제및공정거래에관한법률 제27조 위헌소원: 위헌(헌재 2002.1.31. 2001헌바43)

위 조항부분이 무죄추정의 원칙에 반하는지 여부(적극)

공정거래위원회의 고발조치 등으로 장차 형사절차내에서 진술을 해야 할 행위자에게 사전에 이와 같은 법위반사실의 공표를 하게 하는 것은 형사절차내에서 법위반사실을 부인하고자 하는 행위자의 입장을 모순에 빠뜨려 소송수행을 심리적으로 위축시키거나, 법원으로 하여금 공정거래위원회 조사결과의 신뢰성 여부에 대한 불합리한 예단을 촉발할 소지가 있고 이는 장차 진행될 형사절차에도 영향을 미칠 수 있다. 결국 법위반사실의 공표명령은 공소제기조차 되지 아니하고 단지 고발만 이루어진 수사의 초기단계에서 아직 법원의 유무죄에 대한 판단이 가려지지 아니하였는데도 관련 행위자를 유죄로 추정하는 불이익한 처분이 된다.

[요약판례 2] 수갑 및 포승 시용(施用) 위헌확인: 인용(위헌확인)(헌재 2005.5.26. 2001헌마728)

청구인이 검사조사실에 소환되어 피의자신문을 받을 때 계호교도관이 포승으로 청구인의 팔과 상반신을 묶고 양손에 수갑을 채운 상태에서 피의자조사를 받도록 한 이 사건 계구사용행위가 과잉금지원칙에 어긋나게 청구인의 신체의 자유를 침해하여 위헌인 공권력행사인지 여부(적극)

피청구인의 이 사건 계구사용행위는, 계구사용이 도주 또는 증거인멸의 우려가 있거나 검사조사실 내의 안전과 질서를 유지하기 위하여 꼭 필요한 목적을 위하여만 허용될 수 있다는 점에서 볼 때 그러한 목적달성을 위하여 불가피한 조치라고는 도저히 볼 수 없고, 이로 말미암아 과잉금지원칙에 어긋나게 청구인의 신체의 자유를 과도하게 침해하고, 무죄추정의 원칙 및 방어권행사 보장정신의 근본취지에 어긋나는 위헌적인 공권력행사라고 보지 않을 수 없다.

[요약판례 3] 지방자치법 제101조의2 제1항 제3호 위헌확인: 기각(헌재 2005.5.26. 2002헌마699)

지방자치단체의 장이 금고 이상의 형의 선고를 받은 경우 부단체장으로 하여금 그 권한을 대행하도록 한 지방자치법 제101조의2 제1항 제3호가 유죄의 판결이 확정되지 아니한 피고인에 대하여 유죄가 선고되었음을 이유로 불이익을 주는 것으로 헌법 제27조 제4항의 무죄추정의 원칙에 위배되는지 여부(소극)

이 사건 법률규정은 지방자치단체의 장이 유죄 판결을 받았음을 이유로 사회적 비난 내지 부정적 의미의 차별을 가하기 위하여 그를 직무에서 배제하는 것이 아니라, 유죄 판결을 받은 자치단체장에게 그 직무를 계속 수행하도록 방치한다면 자치단체의 운영에 구체적 위험이 생길 염려가 있어 부단체장으로 하여금 권한을 대행하도록 하는 것이다. 비록 이 사건 권한정지가 유죄 선고에 기인하는 것이기는 하지만, 이는 유죄 선고를 받았음을 이유로 당해 피고인에게 사회적 비난 내지 응보적 의미의 제재를 가하려는 것이 아니라 신뢰를 상실한 단체장의 직무수행으로 인한 부작용을 방지하기 위한 권한대행제도의 부수적 산물이란 점에서 그와 같은 불이익은 무죄추정의 원칙에서 금지하는 유죄 인정의 효과로서의 불이익에 해당한다고 볼 수 없다. 그렇다면 이 사건 법률규정은 유죄판결에서 비롯되는 사회적·윤리적 비난을 수반하는 불이익이라거나 유죄를 근거로 하는 부정적 의미의 기본권 제한이라고 볼 수 없어 헌법 제27조 제4항의 무죄추정의 원칙에 저촉된다고 할 수 없다.

[요약판례 4] 계호근무준칙 제298조 등 위헌확인: 위헌,인용(헌재 2005.5.26. 2004헌마49)

검사조사실에서의 계구사용을 원칙으로 정한 위 계호근무준칙조항과, 도주, 폭행, 소요, 자해 등의 위험이 구체적으로 드러나거나 예견되지 않음에도 여러 날 장시간 피의자신문을 하면서 계구로 피의자를 속박한 행위가 신체의 자유를 침해하는지 여부(적극)

수형자나 미결수용자에 대한 계호의 필요에 따라 수갑, 포승 등의 계구를 사용할 수 있지만 구금된 자라는 이유만으로 계구사용이 당연히 허용되는 것이 아니고 계구사용으로 인한 신체의 자유의 추가적 제한 역시 과잉금지원칙에 반하지 않아야 한다. 그러므로 구속 피의자에 대한 계구사용은 도주, 폭행, 소요 또는 자해나 자살의 위험이 분명하고 구체적으로 드러난 상태에서 이를 제거할 필요가 있을 때 이루어져야 하며, 필요한 만큼만 사용하여야 한다. 검사가 검사조사실에서 피의자신문을 하는 절차에서는 피의자가 신체적으로나 심리적으로 위축되지 않은 상태에서 자기의 방어권을 충분히 행사할 수 있어야 하므로 계구를 사용하지 말아야 하는 것이 원칙이고 다만 도주, 폭행, 소요, 자해 등의 위험이 분명하고 구체적으로 드러나는 경우에만 예외적으로 계구를 사용하여야 할 것이다.

검사실에서의 계구사용을 원칙으로 하면서 심지어는 검사의 계구해제 요청이 있더라도 이를 거절하도록 규정한 계호근무준칙의 이 사건 준칙조항은 원칙과 예외를 전도한 것으로서 신체의 자유를 침해하므로 헌법에 위반된다.

청구인이 도주를 하거나 소요, 폭행 또는 자해를 할 위험이 있었다고 인정하기 어려움에도 불구하고 여러 날, 장시간에 걸쳐 피의자 신문을 하는 동안 계속 계구를 사용한 것은 막연한 도주나 자해의 위험 정도에 비해 과도한 대응으로서 신체의 자유를 제한함에 있어 준수되어야 할 피해의 최소성 요건을 충족하지 못하였고, 심리적 긴장과 위축으로 실질적으로 열등한 지위에서 신문에 응해야 하는 피의자의 방어권행사에도 지장을 주었다는 점에서 법익 균형성도 갖추지 못하였다.

(아) 신속한 공개재판을 받을 권리

(자) 형사보상청구권

(차) 기타 형사소송법상 권리

Ⅳ 신체의 자유의 제한과 한계

[요약판례 1] 공직선거및선거부정방지법 제18조 위헌확인: 기각(헌재 2004.3.25. 2002헌마411)

선거일 현재 금고 이상의 형의 선고를 받고 그 집행이 종료되지 아니한 자는 선거권이 없다고 규정하고 있는 공직선거및선거부정방지법 제18조 제1항 제2호 전단이 과잉금지원칙에 위배하여 수형자인 청구인의 선거권 등 기본권을 침해하는지 여부(소극)

이 사건 법률조항은 형사처벌을 받은 모든 사람에 대하여 무한정 선거권을 제한하는 것이 아니라 금고 이상의 형의 선고를 받은 자에 대하여 그 집행이 종료되지 아니한 경우에 한하여 선거권을 제한하고 있어, 어느 정도 중대한 범죄를 범하여 사회로부터 격리되어 형벌의 집행을 받는 등 선거권을 제한함이 상당하다고 인정되는 경우만으로 한정되며 내용적으로도 그 불이익은 금고보다 가벼운 형벌인 자격상실이나 자격정지의 한 효과에 불과하다. 또한 수형자가 선거권을 행사하지 못하는 것은 수형자 자신의 범죄행위로 인한 것으로서 자신의 책임으로 인하여 일정한 기본권제한을 받는 것이므로, 수형자의 선거권 제한을 통하여 달성하려는 선거의 공정성 및 형벌집행의 실효성 확보라는 공익이 선거권을 행사하지 못함으로써 입게 되는 수형자 개인의 기본권침해의 불이익보다 크다고 할 것이어서 그 법익간의 균형성도 갖추었다.

[요약판례 2] 접견불허처분 등 위헌확인: 위헌(헌재 2004.12.16. 2002헌마478)

금치처분을 받은 수형자에 대하여 금치기간 중 접견, 서신수발을 금지하고 있는 행형법시행령 제145조 제2항 중 접견, 서신수발 부분이 수형자의 통신의 자유 등을 침해하는지 여부(소극) 및 금치처분을 받은 수형자에 대하여 금치기간 중 운동을 금지하는 행형법시행령 제145조 제2항 중 운동 부분이 수형자의 인간의 존엄과 가치, 신체의 자유 등을 침해하는지 여부(적극)

금치 징벌의 목적 자체가 징벌실에 수용하고 엄격한 격리에 의하여 개전을 촉구하고자 하는 것이므로 접견·서신수발의 제한은 불가피하며, 행형법시행령 제145조 제2항은 금치 기간 중의 접견·서신수발을 금지하면서도, 그 단서에서 소장으로 하여금 "교화 또는 처우상 특히 필요하다고 인정되는 때"에는 금치 기간 중이라도 접견·서신수발을 허가할 수 있도록 예외를 둠으로써 과도한 규제가 되지 않도록 조치하고 있으므로, 금치 수형자에 대한 접견·서신수발의 제한은 수용시설 내의 안전과 질서 유지라는 정당한 목적을 위하여 필요·최소한의 제한이다.

실외운동은 구금되어 있는 수형자의 신체적·정신적 건강 유지를 위한 최소한의 기본적 요청이라고 할 수 있는데, 금치 처분을 받은 수형자는 일반 독거 수용자에 비하여 접견, 서신수발, 전화통화, 집필, 작업, 신문·도서열람, 라디오청취, 텔레비전 시청 등이 금지되어(행형법시행령 제145조 제2항 본문) 외부세계와의 교통이 단절된 상태에 있게 되며, 환기가 잘 안 되는 1평 남짓한 징벌실에 최장 2개월 동안 수용된다는 점을 고려할 때, 금치 수형자에 대하여 일체의 운동을 금지하는 것은 수형자의 신체적 건강뿐만 아니라 정신적 건강을 해칠 위험성이 현저히 높다. 따라서 금치 처분을 받은 수형자에 대한 절대적인 운동의 금지는 징벌의 목적을 고려하더라도 그 수단과 방법에 있어서 필요한 최소한도의 범위를 벗어난 것으로서, 수형자의 헌법 제10조의 인간의 존엄과 가치 및 신체의 안전성이 훼손당하지 아니할 자유를 포함하는 제12조의 신체의 자유를 침해하는 정도에 이르렀다고 판단된다.

[요약판례 3] 행형법시행령 제145조 제2항 등 위헌확인: 위헌,각하(헌재 2005.2.24. 2003헌마289)

행형법상 징벌의 일종인 금치처분을 받은 자에 대하여 금치기간 중 집필을 전면 금지한 행형법시행령 제145조 제2항 본문 중 "집필" 부분이 과잉금지의 원칙에 위반되는지 여부(적극)

이 사건 시행령조항은 규율 위반자에 대해 불이익을 가한다는 면만을 강조하여 금치처분을 받은 자에 대하여 집필의 목적과 내용 등을 묻지 않고, 또 대상자에 대한 교화 또는 처우상 필요한 경우까지도 예외 없이 일체의 집필행위를 금지하고 있음은 입법목적 달성을 위한 필요최소한의 제한이라는 한계를 벗어난 것으로서 과잉금지의 원칙에 위반된다.

[요약판례 4] 독거실 내 폐쇄회로 텔레비전 설치 위헌확인: 기각(헌재 2011.9.29. 2010헌마413)

구치소장이 수용자의 거실에 폐쇄회로 텔레비전을 설치하여 계호한 행위는 청구인의 생명·신체의 안전을 보호하기 위한 것으로서 그 목적이 정당하고, 교도관의 시선에 의한 감시만으로는 자살·자해 등의 교정사고 발생을 막는데 시간적·공간적 공백이 있으므로 이를 메우기 위하여 CCTV를 설치하여 수형자를 상시적으로 관찰하는 것은 위 목적 달성에 적합한 수단이라 할 것이며, '형의 집행 및 수용자의 처우에 관한 법률' 및 동법 시행규칙은 CCTV 계호행위로 인하여 수용자가 입게 되는 피해를 최소화하기 위하여 CCTV의 설치·운용에 관한 여러 가지 규정을 하고 있고, 이에 따라 피청구인은 청구인의 사생활의 비밀 및 자유에 대한 제한을 최소화하기 위한 조치를 취하고 있는 점, 상시적으로 청구인을 시선계호할 인력을 확보하는 것이 불가능한 현실에서 자살이 시도되는 경우 신속하게 이를 파악하여 응급조치를 실행하기 위하여는 CCTV를 설치하여 청구인의 행동을 지속적으로 관찰하는 방법 외에 더 효과적인 다른 방법을 찾기 어려운 점 등에 비추어 보면, 이 사건 CCTV 계호행위는 피해의 최소성 요건을 갖추었다 할 것이고, 이로 인하여 청구인의 사생활에 상당한 제약이 가하여진다고 하더라도, 청구인의 행동을 상시적으로 관찰함으로써 그의 생명·신체를 보호하고 교정시설 내의 안전과 질서를 보호하려는 공익 또한 그보다 결코 작다고 할 수 없으므로, 법익의 균형성도 갖추었다. 따라서 이 사건 CCTV 계호행위가 과잉금지원칙을 위배하여 청구인의 사생활의 비밀 및 자유를 침해하였다고는 볼 수 없다.

제3절 정신의 안전과 자유

제1항 양심의 자유

I 준법서약제 등 위헌확인: 기각(헌재 2002.4.25. 98헌마425)

쟁점 가석방 대상자에게 준법서약서의 제출을 권유하는 것이 양심의 자유를 침해하는지 여부(소극)

사건의 개요

청구인 甲은 국가보안법위반으로 구속되어 무기징역형이 확정된 후 안동교도소에서 복역하던 중, 당국의 준법서약서 제출 요구를 거절하여 가석방에서 제외되었다. 이에 甲은 국가보안법위반 등의 수형자에 대한 가석방심사시 준법서약서를 요구하는 '가석방심사등에관한규칙 제14조 제2항'은 청구인의 양심의 자유, 행복추구권, 평등권 등을 침해한다는 이유로 이 사건 헌법소원심판을 청구하였다.

심판의 대상

심사규칙 제14조 (심사상의 주의) ② 국가보안법위반, 집회및시위에관한법률위반 등의 수형자에 대하여는 가석방 결정 전에 출소 후 대한민국의 국법질서를 준수하겠다는 준법서약서를 제출하게 하여 준법의지가 있는지 여부를 확인하여야 한다.

청구인들의 주장

준법서약서제도는 사실상 사상의 전향을 요구하거나 국법질서의 준수의지를 외부에 표출하도록 강제하는 것으로 헌법상 양심의 자유 및 자유로운 정신세계를 형성할 행복추구권을 침해하고, 다른 수형자들과는 달리 국가보안법위반·집회및시위에관한법률위반 등의 수형자에 한하여 가석방심사시 준법서약서 제출을 요구함으로써 평등권도 침해한다.

나아가 이 사건 규칙조항은 기본권제한의 목적·방식·정도를 벗어남으로써 헌법 제37조 제2항에서 규정하고 있는 기본권제한의 한계를 일탈하였을 뿐 아니라, 헌법 제12조 제1항 후문의 적법절차 조항에도 위반된다.

판 단

Ⅰ. 적법요건에 관한 판단

1. 권리침해의 직접성

(1) 법령소원에 있어서의 직접성 요건

법령조항 자체가 헌법소원의 대상이 될 수 있으려면 그 조항에 의하여 구체적 집행행위를 기다리지 아니하고 직접, 현재, 자기의 기본권을 침해받아야 하는 것을 요건으로 하고, 여기서 말하는 기본권침해의 직접성이란 집행행위에 의하지 아니하고 법령 그 자체에 의하여 자유의 제한, 의무의 부과, 권리 또는 법적 지위의 박탈이 생긴 경우를 뜻한다.

(2) 직접성 요건의 예외

그러나 구체적 집행행위가 존재한 경우라고 하더라도 언제나 반드시 법령 자체에 대한 헌법소원 심판청구의 적법성이 부인되는 것은 아니다. 즉, 집행행위가 존재하는 경우라고 하더라도 그 집행행위를 대상으로 하는 구제절차가 없거나 구제절차가 있다고 하더라도 권리구제의 가능성이 없고 다만 기본권침해를 당한 청구인에게 불필요한 우회절차를 강요하는 것밖에 되지 않는 경우로서 당해 법령에 대한 전제관련성이 확실하다고 인정되는 때에는 당해 법령을 직접 헌법소원의 대상으로 할 수 있다.

(3) 이 사건의 경우

이 사건의 경우 가석방심사위원회는 먼저 형법 제72조 제1항의 기간을 경과한 국가보안법위반, 집회및시위에관한법률위반 등의 수형자중에서 행형성적 등을 심사한 결과 가석방 적격판정이 가능하다고 판단하는 수형자를 선정하여 준법서약서의 제출을 요구하게 될 것이므로 이 사건 규칙조항은 가석방심사위원회의 준법서약서 제출요구가 있어야만 비로소 당해 수형자에게 적용된다고 할 수 있다. 그러나 가석방심사위원회의 준법서약서 제출요구는 단지 가석방 적격여부를 판정하기 전에 그 정상자료를 수집하는 중간적 조치일 뿐, 그 대상자가 반드시 이에 응하도록 강제되고 있는 것도 아니고, 또한 준법서약서를 제출하였다고 하여 그 사유만으로 가석방이 당연히 되는 것도 아니다. 즉 당해 수형자는 준법서약서의 제출요구조치가 아니라 가석방여부에 대한 법무부장관의 종국적 판정처분에 의하여 비로소 그 이익에 영향을 받게 된다. 결국 가석방심사위원회의 준법서약서 제출요구는 당해 수형자에게 준법서약서의 제출을 권유 내지 유도하는 권고적 성격의 중간적 조치에 불과하여 행정소송의 대상이 되는 독립한 행정처분으로서의 외형을 갖춘 행위라고 보기 어렵다. 그렇다면 청구인들이 이 사건 심판청구 전에 가석방심사위원회의 준법서약서 제출요구행위를 대상으로 한 행정소송 등 사전구제절차를 통하여 권리구제를 받을 것을 기대할 수는 없다 할 것이어서 동 구제절차를 이행하지 아니하였다는 이유로 기본권침해의 직접성이 없다고 할 수 없으며, 따라서 이 사건 심판청구들은 권리침해의 직접성의 측면에서는 모두 적법하다.

2. 권리보호의 이익

청구인들이 모두 석방된 이상, 앞으로 더 이상 준법서약서의 제출을 조건으로 한 가석방여부가 문제될 리가 없으며 따라서 이 사건 심판청구가 인용된다고 하더라도 청구인들의 주관적 권리구제에는 도움이 되지 아니한다고 할 수 있다. 그러나 헌법소원은 주관적 권리구제뿐만 아니라 객관적인 헌법질서보장의 기능도 겸하고 있으므로 가사 청구인들의 주관적 권리구제에는 도움이 되지 아니한다 하더라도 같은 유형의 침해행위가 앞으로도 반복될 위험이 있고, 헌법질서의 수호·유지를 위하여 그에 대한 헌법적 해명이 긴요한 사항에 대하여는 심판청구의 이익을 인정하여야 할 것이다. 이 사건 헌법소원에 있어서 준법서약서 제출요구는 앞으로도 계속 반복될 것으로 보여지고, 그에 대한 헌법적 정당성 여부의 해명은 헌법질서의 수호를 위하여 매우 긴요한 사항으로서 중요한 의미를 지니고 있는 것이므로 이 사건 심판청구의 이익은 여전히 존재한다 할 것이다.

Ⅱ. 본안에 관한 판단

1. 양심의 자유의 침해여부

(1) 양심의 의미

우리 헌법 제19조는 모든 국민은 양심의 자유를 가진다고 하여 명문으로 양심의 자유를 보장하고 있다. 여기서 **헌법이 보호하고자 하는 양심은 어떤 일의 옳고 그름을 판단함에 있어서 그렇게 행동하지 않고는 자신의 인격적 존재가치가 파멸되고 말 것이라는 강력하고 진지한 마음의 소리로서의 절박하고 구체적인 양심을 말한다. 따라서 막연하고 추상적인 개념으로서의 양심이 아니다.**

이른바 개인적 자유의 시초라고 일컬어지는 이러한 양심의 자유는 인간으로서의 존엄성 유지와 개인의 자유로운 인격발현을 위해 개인의 윤리적 정체성을 보장하는 기능을 담당한다. 그러나 내심의 결정에 근거한 인간의 모든 행위가 헌법상 양심의 자유라는 보호영역에 당연히 포괄되는 것은 아니다. 따라서 양심의 자유가 침해되었는지의 여부를 판단하기 위하여는 먼저 양심의 자유의 헌법적 보호범위를 명확히 하여야 하는바, 이를 위해서는 양심에 따른 어느 행위(또는 불행위)가 실정법의 요구와 서로 충돌할 때 과연 어떤 요건하에 어느 정도 보호하여야 하는가의 측면에서 고찰되어야 할 것이다.

이렇게 볼 때 헌법상 그 침해로부터 보호되는 양심은 첫째 문제된 당해 실정법의 내용이 양심의 영역과 관련되는 사항을 규율하는 것이어야 하고, 둘째 이에 위반하는 경우 이행강제, 처벌 또는 법적 불이익의 부과 등 법적 강제가 따라야 하며, 셋째 그 위반이 양심상의 명령에 따른 것이어야 한다. 이에 따라 이 사건 준법서약서의 제출이 양심의 자유를 침해하는지 여부를 살펴본다.

(2) 준법서약의 내용과 양심의 영역과의 관련 여부

국가의 존립과 기능은 국민의 국법질서에 대한 순종의무를 그 당연한 이념적 기초로 하고 있다. 특히 자유민주적 법치국가는 모든 국민에게 사상의 자유와 법질서에 대하여 비판할 수 있는 자유를 보장하고 정당한 절차에 의하여 헌법과 법률을 개정할 수 있는 장치를 마련하고 있는 만큼 그에 상응하여 다른 한편으로 국민의 국법질서에 대한 자발적인 참여와 복종을 그 존립의 전제로 하고 있다. 따라서 헌법과 법률을 준수할 의무는 국민의 기본의무로서 헌법상 명문의 규정은 없으나 우리 헌법에서도 자명한 것이다.

이 사건 규칙조항상 요구되는 준법서약의 내용은 "대한민국의 국법질서를 준수하겠다"는 것이고, 이에 기해 만들어진 준법서약서는 성명, 주민등록번호, 죄명 외에 처벌받게 된 경위와 내용, 대한민국 법질서 준수서약, 장래의 생활계획, 기타 하고 싶은 말 등을 기재하도록 되어 있는바, "대한민국 법질서 준수서약"은 이에 관한 어떤 정형화된 문구가 있는 것이 아니어서 실제 운영상 대체적으로 "대한민국의 법질서를 준수하겠다"는 내용정도로 단순하게 기재케 하는 것으로 보인다.

위에서 본 바 **국법질서의 준수에 대한 국민의 일반적 의무가 헌법적으로 명백함을 감안할 때, 내용상 단순히 국법질서나 헌법체제를 준수하겠다는 취지의 서약을 할 것을 요구하는 이 사건 준법서약은 국민이 부담하는 일반적 의무를 장래를 향하여 확인하는 것에 불과하며, 어떠한 가정적 혹은 실제적 상황하에서 특정의 사유(思惟)를 하거나 특별한 행동을 할 것을 새로이 요구하는 것이 아니다. 따라서 이 사건 준법서약은 어떤 구체적이거나 적극적인 내용을 담지 않은 채 단순한 헌법적 의무의 확인·서약에 불과하다 할 것이어서 양심의 영역을 건드리는 것이 아니다.**

이 사건 청구인들 중에 이른바 비전향 장기수들이 있고, 그들이 내심으로 가령 국가보안법 등이 자신들의 정치적 신조에 반한다거나, 자유민주주의 체제가 자신들의 이데올로기에 어긋난다고 확신하며 나아가 그들의 이러한 신조가 외부적으로 알려져 있다하더라도, 그들에 대한 가석방심사시 심사자료에 쓰일 준법서약의 내용이 단지 위와 같은 정도에 그치는 이상, 마찬가지로 양심의 영역을 건드리는 것으로 볼 수 없다. 왜냐하면 기본적으로 어느 누구도 헌법과 법률을 무시하고 국법질서 혹은 자유민주적 기본질서를 무력, 폭력 등 비헌법적 수단으로 전복할 권리를 헌법적으로 보장받을 수는 없는 것이고, 따라서 단순히 국법질서나 헌법체제를 준수하겠다는 서약을 하는 것에 의하여는 그 질서나 체제 속에 담겨있는 양심의 자유를 포함하여 어떠한 헌법적 자유나 권리도 침해될 수 없기 때문이다.

(3) 준법서약의 법적 강제와 양심의 자유의 침해여부

뿐만 아니라 양심의 자유는 내심에서 우러나오는 윤리적 확신과 이에 반하는 외부적 법질서의 요구가 서로 회피할 수 없는 상태로 충돌할 때에만 침해될 수 있다. 그러므로 당해 실정법이 특정의 행위를 금지하거나 명령하는 것이 아니라 단지 특별한 혜택을 부여하거나 권고 내지 허용하고 있는 데에 불과하다면, 수범자는 수혜를 스스로 포기하거나 권고를 거부함으로써 법질서와 충돌하지 아니한 채 자신의 양심을 유지, 보존할 수 있으므로 양심의 자유에 대한 침해가 된다할 수 없다. 따라서 양심의 자유를 침해하는 정도의 외부적 법질서의 요구가 있다고 할 수 있기 위해서는 법적 의무의 부과와 위반시 이행강제, 처벌 또는 법적 불이익의 부과 등 방법에 의하여 강제력이 있을 것임을 요한다. 여기서 법적 불이익의 부과라고 함은 권리침해의 정도에는 이르지 아니하더라도 기존의 법적 지위를 박탈하거나 법적 상태를 악화시키는 등 적어도 현재의 법적 지위나 상태를 장래에 있어 불안하게 변모시키는 것을 의미한다.

이 사건의 경우, 이 사건 규칙조항에 의하여 준법서약서의 제출이 반드시 법적으로 강제되어 있는 것이 아니다. 당해 수형자는 가석방심사위원회의 판단에 따라 준법서약서의 제출을 요구받았다고 하더라도 자신의 의사에 의하여 준법서약서의 제출을 거부할 수 있다. 또 이를 거부하더라도 가석방심사위원회는 당해 수형자에게 준법서약서의 제출을 강제할 아무런 법적 권한이 없다. 또한 가석방이 그 법적 성격상 수형자의 개별적 요청이나 희망에 따라 행하여지는 것이 아니라 행형기관의 교정정책 혹은 형사정책적 판단에 따라 수형자에게 주는 은혜적 조치일 뿐이고 수형자에게 주어지는 권리가 아니어서, 다시 말해 가석방은 행형당국의 판단에 따라 수형자가 받는 사실상의 이익이며 은전일 뿐이어서, 준법서약서의 제출을 거부하는 당해 수형자는 결국 이 사건 규칙조항에 의하여 가석방의 혜택을 받을 수 없게 될 것이지만, 단지 그것뿐이며 더 이상 법적 지위가 불안해지거나 법적 상태가 악화되지 아니한다. 즉, 원래의 형기대로 복역하는 수형생활에 아무런 변화가 없는 것이다. 이와 같이 이 사건 규칙조항은 내용상 당해 수형자에게 하등의 법적 의무를 부과하는 것이 아니며 이행강제나 처벌 또는 법적 불이익의 부과 등 방법에 의하여 준법서약을 강제하고 있는 것이 아니므로 당해 수형자의 양심의 자유를 침해하는 것이 아니다.

이 사건에서는 특히 정치적 신조나 이데올로기가 달라 대한민국의 법질서에 순응할 수 없다는 신념을 가진 일부 장기수들에게 그 신념과는 다르게 법질서 준수의 서약을 하게 하면서, 비록 그 서약여부에 처벌이나 새로운 불이익을 부과하는 등으로 강제하는 것은 아니지만, 인간의 본능적 욕구에 다름아닌 가석방의 은전을 미끼로 하여 만약 서약을 하지 않으면 가석방의 혜택을 주지 않겠다는 것과 다름없는 이 사건 규칙조항이 실질적으로 양심의 자유를 침해할 소지가 있는 것이 아니냐 하는 데에 모아진다. 그러나 자유의사에 따른 행위, 불행위와 이에 기한 혜택부여 관계가 사실상 조건화 되었다하여 이를 들어 양심의 자유를 침해하는 법적 강제로 보는 것은 잘못된 시각이다.

국가는 가석방과 같은 행형정책뿐만 아니라 각종 시책을 펴나감에 있어서도 일정한 요건을 충족한 국민에게 각종 혜택을 부여할 수 있는데, 위 견해는 그러한 조건성 요건구비가 만약 어느 특정인의 신념에 배치될 경우, 자칫 혜택성 시책마저 모두 헌법상 양심의 자유를 침해하는 것으로 잘못 주장될 수 있는 논리이기 때문이다.

이와 같이 법적 강제가 아니라 단순한 혜택부여의 문제에 그칠 경우에는 비록 그 혜택이 절실한 것이어서 이를 외면하기가 사실상 고통스럽다고 하더라도 이는 스스로의 선택의 문제일 뿐, 이미 양심의 자유의 침해와는 아무런 관련이 없다. 단지 그 혜택부여의 공평성 여부라는 평등원칙 위배의 차원에서 헌법적으로 검토될 여지가 있을 뿐이다.

2. 적법절차의 원칙에 반하는지 여부

헌법 제12조 제1항 후문은 "모든 국민은 … 법률과 적법절차에 의하지 아니하고는 처벌·보안처분 또는 강제노역을 받지 아니한다"고 규정하고 있다. 위 헌법조항이 규정한 적법절차의 원칙은, 절차는 물론 법률의 실체적 내용도 합리성과 정당성을 갖춘 것이어야 한다는 것으로서, 공권력에 의한 국민의 생명, 자유, 재산의 침해는 합리적이고 정당한 법률에 의거하여 정당한 절차를 밟은 경우에만 유효하다는 원리이다.

이 사건의 경우 앞서 살펴본 바와 같이 준법서약제에 관한 이 사건 규칙조항은 당해 수형자의 양심의 자유 등 기본권을 침해하고 있지 아니하다. 그렇다면 이 사건 규칙조항이 국민의 생명, 자유, 재산의 침해 등 기본권 침해가 있음을 전제로 적용되는 위 적법절차 원칙에 위배되지 아니함은 더 나아가 살펴볼 필요가 없이 명백하다.

3. 가석방을 받을 권리의 침해여부

수형자에게 가석방을 요구할 주관적 권리는 인정되지 아니하므로 이 사건 규칙조항에 의하여 동 권리가 침해된다고 볼 여지도 없다.

4. 평등권의 침해여부

준법서약제는 당해 수형자의 타 수형자에 대한 차별취급의 목적이 분명하고 비중이 큼에 비하여, 차별취급의 수단은 기본권침해의 문제가 없는 국민의 일반적 의무사항의 확인 내지 서약에 불과하다고 할 것이므로 그 차별취급의 비례성이 유지되고 있음이 명백하다고 할 것이고, 결국 이 사건 규칙조항은 헌법상 평등의 원칙에 위배되지 아니한다고 할 것이다.

재판관 김효종, 재판관 주선회의 반대의견

1. 양심의 자유의 보호범위

헌법재판소는 양심의 자유의 보호범위에 관하여 이미 판단한 바 있다. 즉 헌법 제19조에서 말하는 양심이란 "세계관·인생관·주의·신조 등은 물론 이에 이르지 아니하여도 보다 널리 개인의 인격형성에 관계되는 내심에 있어서의 가치적·윤리적 판단도 포함된다"고 넓게 보면서, 양심의 자유에는 "널리 사물의 시시비비나 선악과 같은 윤리적 판단에 국가가 개입해서는 안되는 내심적 자유는 물론 이와 같은 윤리적 판단을 국가권력에 의하여 외부에 표명하도록 강제받지 아니할 자유까지 포함한다."

2. 준법서약서 제출요구가 양심의 자유의 보호범위에 속하는지 여부

양심의 자유는 원칙적으로 국가의 세계관적 · 도덕적 중립성을 전제로 한다. 이는 개개인의 내면의 세계관 · 도덕관이 어떠하든 국가가 특정한 세계관 · 도덕관을 개인에게 강요할 수가 없고 관용하여야 한다는 이념에서 나오는 것이다. 따라서 원칙적으로 자유민주주의 헌법에 있어서 양심의 자유 혹은 표현의 자유는 자유민주주의가 아닌 체제를 선호하는 개인에 대해서도 일정 부분 보장되는 것이다. 즉 자유민주주의 체제에 맞는 양심, 자유민주주의 체제에 맞는 표현만이 보장되는 것이 아니기 때문이다.

아무리 자유민주주의의 반대자라 하더라도, 그 표현된 행위가 공익에 적대적일 경우에만 정당한 제재를 가할 수 있다. 따라서 국가는 폭력적인 국가전복을 시도하는 극단적 공산주의자들로부터 스스로를 보호해야 하지만, 한편 공산주의보다도 인권보장에 있어 우월한 자유민주주의 체제하에서는, 설령 그러한 자들의 "행위"를 법적으로 처벌할 수는 있어도, 그들로 하여금 여하한 직 · 간접적인 강제수단을 동원하여 자신의 신념을 번복하게 하거나, 자신의 신념과 어긋나게 대한민국 법의 준수의사를 강요하거나 고백시키게 해서는 안될 것이다.

3. 준법서약서 제출요구가 법률에 의한 기본권제한인지 여부

우리는 준법서약서제도가 양심의 자유의 보호영역 범위 내의 문제이기 때문에 이를 제한하는 경우에는 헌법 제37조 제2항에 의하여 국가안전보장 등을 위하여 필요한 경우에 한하여 법률로써만 제한할 수 있다고 본다. 그런데 준법서약서제도는 어느 법률에서도 이를 직접 규정하고 있지 않으며 또한 이를 하위법령에 위임하는 근거규정도 없다. 준법서약서제도는 법률의 근거나, 법률의 위임 없이, 법무부령인 가석방심사등에관한규칙(1998. 10. 10. 법무부령 제467호로 개정된 것)에 의하여 시행되고 있을 뿐이다. 이는 국민의 기본적 인권을 법률이 아닌, 법률의 위임 없이, 법무부령으로 제한하고 있는 것이므로 더 나아가 볼 것도 없이 헌법에 위반된다 할 것이다.

4. 준법서약서제도가 비례의 원칙을 준수한 것인지 여부

설사 준법서약서제도를 '양심실현'의 자유에 대한 제한으로 보는 경우에도 이 사건 규칙은 비례의 원칙을 준수한 것이라 볼 수 없다.

우선 이 사건 규칙이 수형자의 재범 가능성을 판단하기 위하여 향후의 준법의사를 파악한다는 관점에서 입법목적상 정당하다고 하더라도, 과연 이를 위한 적절하고 효과적인 방법인지는 의문이 있다. 즉, 소위 공안사범들 중 국법질서에 대한 거부의 의사를 지니고 있는 이들이 있다고 하여도, 이는 아직 의사결정 단계에서의 소극적 거부라고 할 것이며, 이들이 새로운 범죄행위로서 국법질서에 대한 적극적인 거부로 나아가는 재범의 가능성이란, 사회복귀 후의 정치적 · 사회적 제반여건, 개인적인 환경 등 무수한 조건의 영향을 받는 것이다. 그러므로 과연 준법서약서를 제출하였다고 하여 향후 재범의 가능성이 없는 것인지, 제출하지 않은 경우 가석방하면 재범의 위험성이 높은 것인지는 명확하지 않다.

한편 재범의 가능성에 대한 판단이 제도의 목적이라면 다른 일반 수형자의 가석방 심사 방법으로도 충분히 그 목적을 달성할 수 있다. 즉, 가석방 심사대상의 수형자에 대하여 일차적으로 수형기간 중의 수형성적으로 이에 대한 간접적인 판단을 하고, 가석방 면접심사 시에 심사위원이 구두로 현재의 심경, 장래의 계획 등을 질의함으로써 충분하고, 또 그 과정에서 수형자의 사상 및 헌법질서에 대한 인정 여부 등을 간접적으로 추측할 수 있어, 재범의 위험성을 종합적으로 판단할 수 있는 것이다.

그런데도 이 사건 규칙은 재범의 가능성 판단을 위하여 개인의 근본적인 신조 내지 양심에 관계되는 사항을 서면으로 고백하게 함으로써 헌법상의 양심의 자유를 필요한 이상으로 제한하는 것이다.

나아가 준법서약서제도로 인하여 개인이 겪게 되는 양심상의 갈등, 즉 가석방을 얻어내기 위하여 자신의 근본적 신조를 변경하겠다는 표현을 하거나 혹은 침묵을 통해 신조의 불변을 나타내는 것에 대한 내면적 갈등의 심각성은, 이 사건 규칙이 추구하는 재범의 위험성의 한 판단자료라는 공익과 대비시킬 때, 법익간의 균형성이

심각하게 훼손되고 있는 것이다.

5. 결 론

그러므로 이 사건 규칙은 양심의 자유의 내심의 자유를 침해하며, 법률에 의하지 아니하고 국민의 기본권을 제한하고 있을 뿐 아니라, 이를 양심실현의 자유를 제한한다고 볼 때에도 비례의 원칙에 위반되어 위헌임을 면할 수 없으므로 이상과 같이 반대의견을 개진하는 바이다.

본 판례에 대한 평가 1. 국가보안법과 '집회 및 시위에 관한 법률' 위반 등에 의한 수형자의 가석방결정 전에 출소 후의 준법의지를 확인하기 위하여 제출하도록 하던 준법서약제(遵法誓約制)에 대하여 본 결정에서 헌법재판소는 합헌으로 결정했다. 즉, 준법서약의 내용상 서약자의 양심의 자유를 침해하느냐에 대하여 견해의 대립이 존재했는데 헌법재판소의 다수의견은 "내용상 단순히 국법질서나 헌법체제를 준수하겠다는 취지의 서약을 할 것을 요구하는 이 사건 준법서약은 국민이 부담하는 일반적 의무를 장래를 향하여 확인하는 것에 불과하며, 어떠한 가정적 혹은 실제적 상황 하에서 특정의 사유(思惟)를 하거나 특별한 행동을 할 것을 새로이 요구하는 것이 아니다. 따라서 이 사건 준법서약은 어떤 구체적이거나 적극적인 내용을 담지 않은 채 단순한 헌법적 의무의 확인서약에 불과하다 할 것이어서 양심의 영역을 건드리는 것이 아니다"고 결정함으로써 준법서약서제도가 서약자의 양심의 자유를 침해하지 않는다고 결정하였다.

2. 헌법재판소에서 합헌으로 결정된 준법서약제에 대하여, 헌법상 양심의 자유를 침해한다는 비판이 계속 제기되었고 형사정책상 실효성이 없다는 지적이 있었다. 그리하여 준법서약서를 제출하도록 한 규정(가석방심사등에관한규칙 제14조 제2항)은 결국 삭제되었다(법무부령 제536호, 2003. 7. 31).

관련 문헌: 이호중, "행형의 통제구조와 수형자의 기본권 제한 — 누진처우와 준법서약을 중심으로 —", 형사정책 제15권 제2호, 2003. 12, 한국형사정책학회, 385-415면; 정태호, 헌법논총, 제13집, 헌법재판소, 2002; 이덕연, "준법서약서 등 위헌확인사건", 법률신문 3085호(2002. 6), 법률신문사, 2002, 14-15면; 김승대, "준법서약제 등 위헌확인·가석방심사 등에 관한 규칙 제14조 제2항 위헌확인: 준법서약제와 양심의 자유", 헌법재판소결정해설집 2002(2003. 10), 헌법재판소, 2003, 81-96면; 이경주, "준법서약제등 위헌확인사건에 대한 헌재결정의 비판적 고찰", 민주사회를 위한 변론 46호(2002. 6) : 5·6월 합본호, 민주사회를 위한 변호사모임, 2002, 24-31면.

Ⅱ 병역법 제88조 제1항 제1호 위헌제청 등: 합헌(헌재 2011.8.30. 2008헌가22등)

쟁점 현역입영통지서를 받은 사람이 정당한 사유 없이 입영기일부터 3일이 지나도록 이에 응하지 아니한 자를 처벌하는 병역법 제88조 제1항 제1호가 양심의 자유를 침해하는지 여부(소극)

사건의 개요

당해사건의 피고인들은 현역입영대상자로서 지방병무청장의 입영통지를 받고도 입영일로부터 3일이 지나도록 이에 응하지 아니하여 병역법 제88조 제1항 제1호 위반으로 기소되어 춘천지방법원 항소심에서 재판계속 중이다. 이에 위 법원은 위 공소사실에 적용된 병역법 제88조 제1항 제1호가 위헌이라고 인정할 상당한 이유가 있다며 직권으로 헌법재판소에 위헌법률심판을 제청하였다.

▢ 심판의 대상

병역법 제88조 (입영의 기피) ① 현역입영 또는 소집통지서(모집에 의한 입영통지서를 포함한다)를 받은 사람이 정당한 사유없이 입영 또는 소집기일부터 다음 각 호의 기간이 경과하여도 입영하지 아니하거나 소집에 불응한 때에는 3년 이하의 징역에 처한다. 다만, 제53조 제2항의 규정에 의하여 전시근로소집에 대비한 점검통지서를 받은 사람이 정당한 사유없이 지정된 일시의 점검에 불참한 때에는 6월 이하의 징역이나 200만 원 이하의 벌금 또는 구류에 처한다.

1. 현역입영은 3일

▢ 청구인들의 주장

청구인들은 여호와의 증인 신도로서 종교적·양심적 결정에 따라 현역 입영을 거부하였는바, 국가가 국방의무의 이행과 양심적 병역거부자의 양심의 자유와의 갈등관계를 조화시킬 최소한의 노력도 하지 아니한 채, 일률적으로 입영을 강제하고 양심적 병역거부의 정당성을 부정하여 형사 처벌하게 하는 이 사건 법률조항은 우리 헌법상의 양심의 자유(제19조), 종교의 자유(제20조)를 침해하고, 과잉금지원칙(제37조 제2항)에도 위반된다.

▢ 판 단

Ⅰ. 제한되는 기본권

1. 부작위에 의한 양심실현의 자유의 제한

(1) 헌법은 제19조에서 "모든 국민은 양심의 자유를 가진다"라고 하여 양심의 자유를 국민의 기본권으로 보장하고 있다.

여기에서의 양심은 어떤 일의 옳고 그름을 판단함에 있어서 그렇게 행동하지 아니하고는 자신의 인격적인 존재가치가 허물어지고 말 것이라는 강력하고 진지한 마음의 소리로서 절박하고 구체적인 양심이다(헌재 2002. 4. 25. 98헌마425등, 판례집 14-1, 351, 363; 2004. 8. 26. 2002헌가1, 판례집 16-2상, 141, 151). 즉, '양심상의 결정'이란 선과 악의 기준에 따른 모든 진지한 윤리적 결정으로서 구체적인 상황에서 개인이 이러한 결정을 자신을 구속하고 무조건적으로 따라야 하는 것으로 받아들이기 때문에 양심상의 심각한 갈등이 없이는 그에 반하여 행동할 수 없는 것을 말한다.

또한 '양심의 자유'가 보장하고자 하는 '양심'은 민주적 다수의 사고나 가치관과 일치하는 것이 아니라, 개인적 현상으로서 지극히 주관적인 것이다. 양심은 그 대상이나 내용 또는 동기에 의하여 판단될 수 없고, 양심상의 결정이 이성적·합리적인지, 타당한지 또는 법질서나 사회규범, 도덕률과 일치하는지 여부는 양심의 존재를 판단하는 기준이 될 수 없다. 일반적으로 민주적 다수는 법과 사회의 질서를 그들의 정치적 의사와 도덕적 기준에 따라 형성하기 때문에, 국가의 법질서나 사회의 도덕률과 갈등을 일으키는 양심은 현실적으로 이러한 법질서나 도덕률에서 벗어나려는 소수의 양심이다. 그러므로 양심상 결정이 어떠한 종교관·세계관 또는 그 밖의 가치체계에 기초하고 있는지와 관계없이, 모든 내용의 양심상 결정이 양심의 자유에 의하여 보장되어야 한다.

(2) 헌법 제19조의 양심의 자유는 크게 양심형성의 내부영역과 이를 실현하는 외부영역으로 나누어 볼 수 있으므로, 그 구체적인 보장내용에 있어서도 내심의 자유인 '양심형성의 자유'와 양심적

결정을 외부로 표현하고 실현하는 '양심실현의 자유'로 구분된다.

양심형성의 자유란 외부로부터의 부당한 간섭이나 강제를 받지 않고 개인의 내심영역에서 양심을 형성하고 양심상의 결정을 내리는 자유를 말하고, 양심실현의 자유란 형성된 양심을 외부로 표명하고 양심에 따라 삶을 형성할 자유, 구체적으로는 양심을 표명하거나 또는 양심을 표명하도록 강요받지 아니할 자유(양심표명의 자유), 양심에 반하는 행동을 강요받지 아니할 자유(부작위에 의한 양심실현의 자유), 양심에 따른 행동을 할 자유(작위에 의한 양심실현의 자유)를 모두 포함한다.

양심의 자유 중 양심형성의 자유는 내심에 머무르는 한 절대적으로 보호되는 기본권인 반면, 양심적 결정을 외부로 표현하고 실현할 수 있는 권리인 양심실현의 자유는 법질서에 위배되거나 타인의 권리를 침해할 수 있기 때문에 법률에 의하여 제한될 수 있는 상대적인 자유이다(헌재 1998. 7. 16. 96헌바35, 판례집 10-2, 159, 166 참조).

(3) 법 제39조는 국민의 의무로서 국방의 의무를 규정하고 있고, 헌법상 국방의무를 구체화하기 위한 법률 중 하나인 병역법에 의하면, 국민이 부담하는 병역의 종류에는 현역, 예비역, 보충역, 제1국민역, 제2국민역이 있으며(제5조), 이중 현역은 신체검사와 심리검사로 이루어진 징병검사를 거쳐 신체등위의 판정을 받은 자들 중 신체건강한 사람(신체등위 제1급에서 제4급까지)으로 편성되고(제14조 제1항 제1호), 입영한 날부터 원칙적으로 군부대에서 복무하여야 한다(제18조 제1항).

이 사건 법률조항은 이와 같은 현역복무의무의 이행을 강제하고자 현역 입영대상자들이 정당한 사유 없이 입영기일부터 3일이 경과하여도 입영하지 아니하는 경우 이들에 대하여 형사 처벌할 것을 정하고 있다. 이 사건 법률조항은 '정당한 사유 없이' 입영을 기피하는 경우만을 처벌하도록 하고 있으나, 양심상의 결정을 내세워 입영을 거부하는 것은 '정당한 사유'에 해당하지 않는다는 것이 대법원의 확고한 판례이므로(대법원 2004. 7. 15. 선고 2004도2965 전원합의체 판결 참조), 양심적 병역거부자도 일반 병역기피자와 마찬가지로 이 사건 법률조항에 의한 처벌을 받게 된다.

자신의 종교관·가치관·세계관 등에 따라 전쟁과 그에 따른 인간의 살상에 반대하는 진지한 양심이 형성되었다면, '병역의무를 이행할 수 없다'는 결정은 양심에 반하여 행동할 수 없다는 강력하고 진지한 윤리적 결정인 것이며, 현역복무라는 병역의무를 이행해야 하는 상황은 개인의 윤리적 정체성에 대한 중대한 위기상황에 해당한다. 이와 같이 상반된 내용의 2개의 명령 즉, '양심의 명령'과 '법질서의 명령'이 충돌하는 경우에 양심의 목소리를 따를 수 있는 가능성을 부여하고자 하는 것이 바로 양심의 자유가 보장하고자 하는 영역이다.

결국, 이 사건 법률조항은 형사 처벌을 통하여 양심적 병역거부자에게 양심에 반하는 행동을 강요하고 있으므로, '양심에 반하는 행동을 강요당하지 아니할 자유', 즉, '부작위에 의한 양심실현의 자유'를 제한하는 규정이다.

2. 종교의 자유와의 관계

헌법 제20조 제1항은 양심의 자유와 별개로 종교의 자유를 따로 보장하고 있고, 당해 사건 피고인들은 모두 '여호와의 증인' 신도들로서 자신들의 종교적 신앙에 따라 현역복무라는 병역의무를 거부하고 있으므로, 이 사건 법률조항에 의하여 이들의 종교의 자유도 함께 제한된다. 그러나 종교적 신앙에 의한 행위라도 개인의 주관적·윤리적 판단을 동반하는 것인 한 양심의 자유에 포함시켜 고찰할 수 있으므로, 양심의 자유를 중심으로 기본권 침해 여부를 판단하면 족하다고 할 것이다.

Ⅱ. 이 사건 법률조항이 양심의 자유를 침해하는지 여부

1. 심사기준

헌법상 보장되는 양심의 자유는 우리 헌법이 실현하고자 하는 가치의 핵이라고 할 '인간의 존엄과 가치'와 직결되는 기본권인 반면, 이 사건 법률조항은 헌법상 기본의무인 국방의 의무를 형성하기 위한 법률인데, 국방의 의무는 국가의 존립과 안전을 위한 불가결한 헌법적 가치를 담고 있으므로 헌법적으로 양심의 자유와 국방의 의무 중 어느 것이 더 가치 있는 것이라 말하기는 곤란하다.

이처럼 헌법적 가치가 서로 충돌하는 경우, 국가권력은 양 가치를 양립시킬 수 있는 조화점을 최대한 모색해야 하고, 그것이 불가능해 부득이 어느 하나의 헌법적 가치를 후퇴시킬 수밖에 없는 경우에도 그 목적에 비례하는 범위 내에 그쳐야 한다.

그런데 헌법 제37조 제2항의 비례원칙은, 단순히 기본권제한의 일반원칙에 그치지 않고, 모든 국가작용은 정당한 목적을 달성하기 위하여 필요한 범위 내에서만 행사되어야 한다는 국가작용의 한계를 선언한 것이므로, 비록 이 사건 법률조항이 헌법 제39조에 규정된 국방의 의무를 형성하는 입법이라 할지라도 그에 대한 심사는 헌법상 비례원칙에 의하여야 한다.

2. 목적의 정당성 및 수단의 적합성

(1) 앞서 본 바와 같이 이 사건 법률조항은, 국민의 의무인 국방의 의무의 이행을 관철하고 강제함으로써 징병제를 근간으로 하는 병역제도 하에서 병역자원의 확보와 병역부담의 형평을 기하고 궁극적으로 국가의 안전보장이라는 헌법적 법익을 실현하고자 하는 것으로 그 입법목적이 정당하다.

(2) 또한 이 사건 법률조항은, 입영을 기피하는 현역 입영대상자에 대하여 형벌을 부과함으로써 현역복무의무의 이행을 강제하고 있으므로, 이 같은 입법목적을 달성하기 위한 적절한 수단이라고 할 것이다.

3. 침해의 최소성에 대한 판단

이 사건 법률조항은, 국가안전보장 및 병역의무의 공평부담이라는 공익을 실현하기 위하여 그 위반자에 대하여 3년 이하의 징역형이라는 형사 처벌을 부과하고 있다.

어떠한 행위를 범죄로 규정하고, 어떠한 형벌을 과할 것인가에 관하여는 원칙적으로 입법자에게 형성권이 인정되나, 형벌은 다른 법적 수단과는 비교할 수 없는 강력한 법률효과 및 기본권 제한효과를 발생시키므로 가급적 그 사용을 억제할 필요가 있고, 따라서 형벌 아닌 다른 제재수단으로서 입법목적을 달성할 수 있다면 입법자는 마땅히 그 방법을 모색하여야 한다.

또한 병역의무부담의 형평을 유지하면서도 개인의 양심을 지켜줄 수 있는 수단 즉, 양심과 병역의무라는 상충하는 법익을 이상적으로 조화시키는 방안으로 대체복무제가 논의되고 있으므로 양심적 병역거부자에게 대체복무제를 허용하더라도 국가안보란 중대한 공익의 달성에 지장이 없는지 여부도 판단되어야 한다.

(1) 형사처벌의 필요성

우리나라와 같이 국민개병과 징병제를 근간으로 하는 병역제도 하에서는 병역의무이행의 실효성을 담보하기 위해 공평하고 공정한 징집이라는 병역상의 정의를 실현하는 것이 무엇보다도 중요하며, 이러한 병역상의 정의를 실현하려면 의무부과가 평등하게 이루어져야 하고, 병역의무의 이행을 확보하는 수단 또한 마련되어야 한다. 이러한 병역의무의 이행확보 수단은 복무여건이 어떠한가에 따라 그 강도가 달라질 수 있는데, 복무여건이 위험하고 열악하면 할수록 그 의무이행을 회피하는 행위에 대하여 강력한 제재가 사용될 수밖에 없다. 우리나라의 경우 병역의무를 이행하는 자들은 대부분 20대 초반의 나이에 약 2년간의 의무복무기간 동안 학업을 중단하거나 안정적 직업 및 직업훈련의 기회를 포기한 채, 아무런 대가 없이 병역에 복무하여야 하고, 그것도 열악한 복무여건 속에서 훈련에 수반되는 각종의 총기사고나 폭발물사고와 같은 위험에 노출되어 생활하여야 한다. 따라서 병역의무를 지게 되는 당사자들은 누구나 그러한 의무의 부담으로부터 벗어나기를 원하고, 그 부담을 회피하기 위해 병역이 면제될 수 있는 외국국적을 취득하거나 또는 각종 불법행위를 자행하기도 한다. 이러한 현실에서 병역기피를 방지하고 군 병력을 일정 수준으로 유지시켜 국가를 방위하려면 병역기피행위에 대한 일반적 강제수단으로서의 형사 처벌은 불가피하다고 할 것이다.

(2) 대체복무제의 도입가능성

대체복무제란 양심적 병역거부자로 하여금 국가기관, 공공단체, 사회복지시설 등에서 공익적 업무에 종사케 함으로써 군복무의무에 갈음하는 제도를 말한다. 현재 다수의 국가에서 헌법상 또는 법률상의 근거에 의하여 이 제도를 도입하여 병역의무와 양심간 갈등상황을 해결하고 있는데, 이러한 입법사례를 들어 우리나라에도 대체복무제의 도입이 시급하다는 주장이 제기되고 있다. 그러나 병역의무와 관련하여 대체복무제를 도입할 것인지의 문제는 결국 양심적 병역거부자에게 대체복무제를 허용하더라도 국가안보란 중대한 공익의 달성에 아무런 지장이 없는지 여부에 대한 판단의 문제로 귀결되는바, 이러한 판단을 위해서는 아래에서 보는 여러 가지 사항이 검토되어야 한다.

① 우리나라의 특유한 안보상황: 우리에겐 남한만이라도 독립된 민주국가를 세울 수밖에 없었던 헌법제정 당시의 특수한 상황이 있었고, 또 동족 간에 전면전을 했던 6·25전쟁의 생생한 기억과 더불어 휴전상태 이후 좌우의 극심한 이념대립 속에서 군비경쟁을 통하여 축적한 막강한 군사력을 바탕으로 아직까지도 남북이 적대적 대치상태에 있는 세계 유일의 분단국인 사정도 있다. 세계적으로 냉전시대가 막을 내리고 국가적 실리에 따라 다자간의 협력시대로 나아가고 있는 지금에도, 국방·안보·북한문제에 관하여 국민들 사이에서 이념적 대립이 극심할 뿐만 아니라, 북한의 핵무기 개발, 미사일 발사 등으로 초래되는 한반도의 위기상황은 미국, 중국, 일본을 비롯한 주변국들의 외교·안보적 상황에도 큰 영향을 미치고 있으며, 특히 최근 각종의 무력 도발에서 보는 바와 같이 북한의 군사적 위협은 이제 간접적·잠재적인 것이 아니라 직접적·현실적인 것이 되고 있는 상황이다. 이러한 우리나라의 특유한 안보상황을 고려할 때, 다른 나라에서 이미 대체복무제를 시행하고 있다는 것이 우리나라에도 대체복무제를 도입하여야 하는 근거가 될 수 없을 뿐 아니라, 오히려 주관적인 사유로 병역의무의 예외를 인정하는 대체복무제를 도입하는 경우 국민들 사이에 이념적인 대립을 촉발함으로써 우리나라의 안보상황을 더욱 악화시킬 우려가 있다는 점을 심각하게 고려하여야 한다.

② 대체복무제 도입시 병력자원의 손실: 양심적 병역거부자가 전체 정원에서 차지하는 비중이 미미할 뿐만 아니라 오늘날의 국방력은 전투력에 의존하는 것만도 아니고, 현대전은 정보전·과학전의 양상을 띠어 인적 병력자원이 차지하는 중요성은 상대적으로 낮아졌으므로 대체복무제를 도입하더라도 국가안보에는 지장이 없다는 주장이 있다. 그러나 국방력에 있어 인적 병력자원이 차지

하는 비중은 여전히 무시할 수 없을 뿐 아니라, 최근의 급격한 출산율 감소로 인한 병력자원의 자연감소도 감안하여야 하고, 정보전·과학전의 발달로 병력수요를 줄일 수 있다 해도 그 감축규모와 정도는 군의 정보화·과학화의 현실적 실현에 달려 있으므로, 군의 정보화·과학화에 대한 기대만으로 병력자원의 손실을 감수할 수는 없다. 그동안 이 사건 법률조항은 병역기피자들에게 형벌을 부과함으로써 양심적 병역거부자의 양산을 억제하는 역할을 담당해 왔고, 비록 현 단계에서 양심적 병역거부자가 전체 현역복무 인원에서 차지하는 비중이 크지 않다고 하더라도 대체복무제를 도입하여 형벌을 과하지 않는다면 양심적 병역거부자들과 양심을 빙자한 병역기피자들이 급증할 가능성이 있으며, 이는 남·북한간의 군사적 긴장상태가 고조될 경우 더욱 그러할 것으로 예상된다.

③ 심사의 곤란성: 어떤 개인이 단순히 양심적 병역거부를 선언한다고 하여 그것만으로 병역거부를 인정할 수는 없다. 앞서 본 바와 같이 양심의 자유의 보호대상인 '양심'은 인격의 존재가치를 좌우할 수 있는 진지한 마음의 소리이므로 진정한 양심에 따른 것인지에 대한 심사가 불가피하다. 그런데 지금까지 양심적 병역거부를 주장하는 자의 대부분은 '여호와의 증인' 신도였으므로 그간의 종교 활동을 근거로 양심적 병역거부자와 병역기피자를 어렵지 않게 구분할 수 있을 것으로 보이나, 병무비리 사건에서 볼 수 있듯이 병역을 기피하기 위하여 불법행위까지 불사하는 풍조를 고려하면 현역복무 기피를 위하여 '여호와의 증인' 신도로 개종을 하는 사람들이 나오지 않으리라는 보장이 없고, 다른 한편, 양심의 자유에서 보장하는 양심이 반드시 종교적인 신념에 기초한 것을 요하지 않으므로 자신의 윤리적·사상적 확신에 기초한 양심적 병역거부를 주장할 경우 인간의 내면에 있는 신념을 객관적 기준을 가지고 판단하기 곤란하다는 문제가 있다. 더구나 양심을 가장한 병역기피자의 경우 심사단계에서 요구하는 객관적 기준들을 충족한 듯한 상태에서 대체복무를 요구할 것이므로 심사단계에서 이들을 가려내는 것은 쉽지 않은 일이다.

④ 사회 통합의 문제: 우리나라는 국민개병과 징병제를 채택함으로써 병역문제와 관련하여 국민 모두가 직·간접적으로 연관되어 있다는 점에서, 병역부담의 형평에 대한 사회적 요구가 다른 어떤 나라보다 강력하고 절대적이라 할 수 있다. 이런 상황에서 대체복무제의 도입에 관한 사회적 여론이 여전히 비판적임에도 병역의무에 대한 예외를 허용함으로써 의무이행의 형평성 문제가 사회적으로 야기된다면 대체복무제의 도입은 사회 통합을 저해하여 국가 전체의 역량에 심각한 손상을 가할 수 있고, 나아가 국민개병 제도에 바탕을 둔 병역제도의 근간을 흔들 수도 있다.

⑤ 종전 헌법재판소의 결정에서 제시한 선행조건을 충족하였는지 여부: 헌법재판소는 2004. 8. 26. 2002헌가1 사건에서 대체복무제 도입의 선행조건으로 "남북한 사이에 평화공존관계가 정착되어야 하고, 군복무여건의 개선 등을 통하여 병역기피의 요인이 제거되어야 하며, 나아가 우리 사회에 양심적 병역거부자에 대한 이해와 관용이 자리잡음으로써 그들에게 대체복무를 허용하더라도 병역의무의 이행에 있어서 부담의 평등이 실현되며 사회통합이 저해되지 않는다는 사회공동체 구성원의 공감대가 형성되어야 한다."고 설시한 바 있으나, 지금 시점에서 위에서 제시한 선행조건 중 어느 하나라도 충족되었다고 자신 있게 말할 수 없는 상황이다.

⑥ 소결: 비록 양심적 병역거부자들이 자신의 양심을 지키기 위하여 징역형을 감수하는 상황이 국가적으로 바람직하다고 할 수는 없으나, 앞서 본 여러 사항을 고려할 때 양심적 병역거부자들에게 대체복무제를 허용하더라도 국가안보와 병역의무의 형평성이란 중대한 공익의 달성에 아무런

지장이 없다는 판단 또한 쉽사리 내릴 수 없다. 그렇다면 양심적 병역거부자에 대하여 대체복무제를 도입하지 않은 채 형사 처벌하는 규정만을 두고 있다 하더라도, 이 사건 법률조항이 최소침해의 원칙에 반한다 할 수 없다.

4. 법익 균형성에 대한 판단

양심적 병역거부자는 이 사건 법률조항에 따라 3년 이하의 징역이라는 형사처벌을 받는 불이익을 입게 된다. 그러나 이 사건 법률조항이 추구하는 공익은 국가의 존립과 모든 자유의 전제조건인 '국가안보' 및 '병역의무의 공평한 부담'이라는 대단히 중요한 공익이고, 병역의무의 이행을 거부함으로써 양심을 실현하고자 하는 경우는 누구에게나 부과되는 병역의무에 대한 예외를 요구하는 것이므로, 병역의무의 공평한 부담의 관점에서 타인과 사회공동체 전반에 미치는 파급효과가 대단히 큰 점 등을 고려해 볼 때 이 사건 법률조항이 법익 균형성을 상실하였다고 볼 수는 없다.

Ⅲ. 결 론

따라서 이 사건 법률조항은 양심의 자유를 침해하지 아니한다.

Ⅳ. 재판관 목영준의 보충의견

모든 국민은 법률이 정하는 바에 따라 국방의 의무를 부담하게 되는데, 이 경우 성별, 신체조건, 학력 등 개개인의 객관적 상황에 의하여 차별이 발생할 수 있으나, 그러한 차별이 헌법상 보장된 평등권을 침해하지 않기 위하여는 병역의무의 이행에 따른 기본권 제한을 완화시키거나 그 제한으로 인한 손실을 전보하여주는 제도적 장치를 마련하여, 국방의무의 부담이 전체적으로 국민 간에 균형을 이룰 수 있도록 하여야 한다. 그러나 현재 국방의 의무를 구체화하고 있는 여러 법률들에 의하면 국방의무의 배분이 전체적으로 균형을 이루고 있다고 인정하기 어렵고, 나아가 병역의무의 이행에 따르는 기본권 제한을 완화시키거나 그 제한으로 인한 손실 및 공헌을 전보하여 주는 제도적 장치가 마련되어 있지도 않다.

이처럼 병역의무의 이행에 따른 손실의 보상 등이 전혀 이루어지지 않는 현재의 상황에서 양심의 자유에 의한 대체복무를 허용하는 것은 국민개병 제도에 바탕을 둔 병역제도의 근간을 흔들 수 있을 뿐 아니라, 사회 통합을 저해하여 국가 전체의 역량에 심각한 손상을 가할 수 있다. 결국 병역의무 이행에 대한 합당한 손실전보 등 군복무로 인한 차별을 완화하는 제도가 마련되지 않는 한, 양심적 병역거부자를 처벌하는 이 사건 법률조항은 헌법에 위반되지 않는다.

Ⅴ. 재판관 김종대의 별개의견

이 사건 법률조항은 국방의 의무를 부과하는 것으로서 기본의무 부과의 위헌심사기준에 따라 그 위헌성을 심사하여야 할 것인데, 의무부과 목적의 정당성이 인정되고, 부과 내용이 기본의무를 부과함에 있어 입법자가 유의해야 하는 여타의 헌법적 가치를 충분히 존중한 것으로서 합리적이고 타당하며, 부과의 공평성 또한 인정할 수 있다. 따라서 이 사건 법률조항은 그로 인해 불가피하게 생겨나는 기본권 제한의 점은 따로 심사할 필요 없이 헌법에 위반되지 않는다.

Ⅵ. 재판관 이강국, 재판관 송두환의 한정위헌의견

헌법상의 기본권과 헌법상의 국민의 의무 등 헌법적 가치가 상호 충돌하고 대립하는 경우에는 어느 하나의 가치만을 선택하여 나머지 가치를 희생시켜서는 안 되고, 충돌하는 가치를 모두 최대한 실현시킬 수 있는 규범조화적 해석원칙을 사용해야 한다. 양심의 자유와 국방의 의무라는 헌법적 가치가 상호 충돌하고 있는 이 사건 법률조항의 문제도 이와 같은 규범조화적 해석의 원칙에 의하여 해결해야 한다. 따라서 이 사건 법률조항의 '정당한 사유'는 진지하고 절박한 양심을 결정한 사람들의 양심의 자유와 국방의 의무라는 헌법적 가치가 비례적으로 가장 잘 조화되고 실현될 수 있는 조화점을 찾도록 해석하여야 한다. 하지만 헌법재판소와 대법원 판례는 이 사건 법률조항의 '정당한 사유'에는 종교적 양심상의 결정에 의하여 병역을 거부한 행위는 포함되지 아니한다고 해석하고 있는데, 그 결과 절대적이고 진지한 양심의 결정에 따라 병역의무를 거부한 청구인들에게 국가의 가장 강력한 제재수단인 형벌이, 그것도 최소한 1년 6개월 이상의 징역형이라고 하는 무거운 형벌이 부과되고 있다. 이는 인간으로서의 존엄과 가치를 심각하게 침해하는 것이고, 나아가 형벌부과의 주요근거인 행위와 책임과의 균형적인 비례관계를 과도하게 일탈한 과잉조치이다.

양심적 병역거부자들에 대한 대체복무제를 운영하고 있는 많은 나라들의 경험을 살펴보면, 대체복무제가 도입될 경우 사이비 양심적 병역거부자가 급증할 것이라고 하는 우려가 정확한 것이 아니라는 점을 알 수 있다. 엄격한 사전심사와 사후관리를 통하여 진정한 양심적 병역거부자와 그렇지 못한 자를 가려낼 수 있도록 대체복무제도를 설계하고 운영한다면 이들의 양심의 자유 뿐 아니라 국가안보, 자유민주주의의 확립과 발전에도 도움이 될 것이다.

결국, 이 사건 법률조항 본문 중 '정당한 사유'에, 양심에 따른 병역거부를 포함하지 않는 것으로 해석하는 한 헌법에 위반된다.

✤ 본 판례에 대한 평가 **1. 2002헌가1 결정과 2008헌가22등 결정의 차이점:** 종교적인 이유 등으로 병역이행을 거부한 이른바 양심적 병역거부자를 형사처벌하도록 한 병역법 조항에 대해 다시 합헌결정이 내려졌다. 그런데 그 내용을 살펴보면, 헌재는 지난 2004. 8. 26. 2002헌가1 결정에서 같은 병역법 조항에 대하여 양심의 자유를 침해하지 아니한다고 보아 7(합헌) : 2(위헌)의 의견으로 합헌결정을 하였으나, 이번 2011. 8. 30. 2008헌가22등 결정에서는 7(합헌) : 2(한정위헌)으로 합헌결정을 하였다는 점에서 차이가 있다. 또한 양심의 자유와 병역의무의 충돌에 관한 심사기준의 측면에서, 지난 2002헌가1 결정에서는 법정의견에서 이를 양자택일의 문제로 보되 위헌의견에서만 이를 헌법 제37조 제2항의 비례심사 문제로 보았음에 반하여, 이번 2008헌가22등 결정에서는 법정의견에서 이를 비례심사의 문제로 보아 결론을 이끌어내었다는 점에서 내용상 큰 차이가 있다.

2. 2002헌가1 결정이 제시한 심사기준: 2002헌가1 결정에서는 양심의 자유에 대한 법익교량의 특수성이 제시되었다. 즉, 수단의 적합성, 최소침해성의 여부 등의 심사를 통하여 어느 정도까지 기본권이 공익상의 이유로 양보해야 하는가를 밝히는 비례원칙의 일반적 심사과정은 양심의 자유에 있어서는 그대로 적용되지 않는다는 것이다. 비례원칙을 통하여 공익을 실현하기 위하여 양심을 상대화하는 것은 양심의 자유의 본질에 부합될 수 없고, 양심상의 결정이 법익교량과정에서 공익에 부합하는 상태로 축소되거나 왜곡·굴절된다면 이는 이미 양심이 아니다. 따라서 양심의 자유의 경우에는 법익교량을 통하여 양심의 자유와 공익을 조화와 균형의 상태로 이루어 양 법익을 함께 실현하는 것이 아니라, 단지 양심의 자유와 공익 중 '양자택일', 즉 양심에 반하는 작위나 부작위를

법질서에 의하여 강요받는가 아니면 강요받지 않는가의 문제가 있을 뿐이라는 것이다. 이러한 입장에서 법정의견은, 양심의 자유는 국방의 의무와 선택의 문제만이 남게 되며(양자택일의 특수성), 입법자에게는 양심의 자유로부터 파생되는 양심보호의무를 이행할 것인지의 여부 및 그 방법에 있어 광범위한 형성권을 가지므로(광범위한 입법형성권), '국가가 대체복무제를 채택하더라도 국가안보라는 공익을 효율적으로 달성할 수 있기 때문에 이를 채택하지 않은 것은 양심의 자유에 반하는가'에 대한 판단은 '입법자의 판단이 현저히 잘못되었는가'라는 명백성 통제에 그칠 수밖에 없다(명백성 통제)고 보았다.

한편 반대의견은, 일반적으로 우열을 가리기 어려운 헌법가치들이 갈등관계에 있을 때 입법자는 각 헌법가치들이 공존하며 조화를 이룰 수 있는 방법을 찾아야 하며, 만약 대안마련이 불가능하여 기본권을 제한할 수밖에 없는 경우에도 그 목적에 비례하는 범위 내의 제한에 그쳐야 하며, 이러한 헌법 제37조 제2항의 비례원칙은 다른 기본권침해의 판단과 마찬가지로 양심의 자유에 대해서도 적용되어야 한다고 보았다.

3. 2002헌가1 법정의견의 문제점: 그러나 ① '양심의 자유의 경우에는 법익교량을 통하여 양심의 자유와 공익을 함께 실현하는 것이 아니라 단지 양심의 자유와 공익 중 양자택일의 문제가 있을 뿐'이라며 All or Nothing의 문제로 보아 비례원칙을 적용하지 않는다는 법정의견의 논리는, 비록 양심의 특성상 법익교량과정에서 양심을 상대화하여 이를 축소하거나 왜곡·굴절시킬 수는 없더라도, 그 대척점에 있는 공익을 상대화하여 국가안보라는 공익을 크게 손상하지 않는 범위 내에서 공익을 실현할 다른 대체수단이 있는지 여부에 대한 심사는 가능할 수 있다는 점에서 문제가 있었고, ② 양심의 자유에서 현실적으로 문제가 되는 것은 국가의 법질서나 사회의 도덕률에서 벗어나려는 소수의 양심이라는 점을 인정하면서도 '입법자가 양심의 자유로부터 파생하는 양심보호의무를 이행할 것인지의 여부 및 그 방법에 있어서 광범위한 형성권을 가진다고 할 것이다'고 하여 다수결에 의한 국회의 결정의 광범위한 재량영역을 인정하여 헌법재판소가 수행하여야 할 소수자인권보호라는 기능을 사실상 저버렸다는 점에서 문제가 있었다.

4. 2008헌가22등 결정의 의의: 이 결정은 양심의 자유는 인간의 존엄과 가치에 직결되는 기본권이고 소수자 보호의 성격이 강한 만큼, 양심의 자유에 대한 제한문제를 양자택일의 문제로 보고 입법자의 양심보호의무에 광범위한 입법형성권을 부여하여 헌재가 명백성 통제에 그칠 것이 아니라, 다른 기본권과 마찬가지로 헌법 제37조 제2항의 비례심사에 의해 기본권 침해여부를 판단해야 한다는 취지에서 심사기준을 재설정하였다는 점에서 그 의미가 있다고 할 것이다.

관련 문헌: 김문현, "정신적 자유권 관련 몇 가지 헌법재판소 결정에 대한 관견", 공법연구 제33집 제4호, 헌법재판소, 2005; 한수웅, "병역법 제88조 제1항 제1호 위헌제청", 헌법재판소결정해설집 제3권, 헌법재판소, 2004; 박진완, "양심적 병역거부권에 대한 헌법재판소 결정에 대한 검토", 헌법실무연구 제6권, 헌법실무연구회, 2005; 박종보, "양심의 자유와 병역거부", 헌법실무연구 제6권, 헌법실무연구회, 2005; 이상명, "양심적 병역거부와 양심의 자유", 고려법학, 고려대학교 법학연구원, 2007; 임지봉, "제3기 헌법재판소의 정신적 자유권 관련 판결성향분석", 세계헌법연구 제16권 제2호, 국제헌법학회, 2010; 이재승, "양심적 병역거부를 처벌하는 병역법의 위헌심판사건 참고인 의견서", 민주법학 제45권, 민주주의법학연구회, 2011.

Ⅲ 병역법 제88조 제1항 제1호 위헌제청: 합헌(헌재 2004.8.26. 2002헌가1)

쟁점 양심실현의 자유에 대한 침해여부의 심사에 일반적인 비례의 원칙이 적용되는지 여부(소극) 및 대체복무제도의 도입을 통하여 병역의무에 대한 예외를 허용하더라도 국가안보란 공익을 효율적으로 달성할 수 없다고 본 입법자의 판단이 현저히 불합리하거나 명백히 잘못된 것인지 여부(소극)

사건의 개요

당해사건의 피고인 겸 제청신청인은 현역입영대상자로서 현역병으로 입영하라는 병무청장의 현역입영통지서를 받고도 입영일로부터 5일이 지나도록 이에 응하지 아니하여 병역법 제88조 제1항 제1호 위반으로 서울지방법원 남부지원에 공소제기되어 재판계속 중이다. 이에 제청신청인은 위 공소사실에 적용된 병역법 제88조 제1항 제1호가 종교적 양심에 따른 입영거부자들의 양심의 자유 등을 침해한다고 주장하면서 위 법원에 위헌제청신청을 하였고, 이를 받아들인 법원은 헌법재판소에 위헌여부심판을 제청하였다.

심판의 대상

병역법 제88조 (입영의 기피) ① 현역입영 또는 소집통지서(모집에 의한 입영통지서를 포함한다)를 받은 사람이 정당한 사유없이 입영 또는 소집기일부터 다음 각호의 기간이 경과하여도 입영하지 아니하거나 소집에 불응한 때에는 3년이하의 징역에 처한다. 다만, 제53조제2항의 규정에 의하여 전시근로소집에 대비한 점검통지서를 받은 사람이 정당한 사유없이 지정된 일시의 점검에 불참한 때에는 6월이하의 징역이나 200만원이하의 벌금 또는 구류에 처한다.

1. 현역입영은 5일

주 문

병역법 제88조 제1항 제1호는 헌법에 위반되지 아니한다.

청구인들의 주장

(1) 양심의 자유와 종교의 자유는 정신적인 강제로부터의 해방을 위한 필수적 전제조건이며, 사상의 다원성을 그 뿌리로 하는 자유민주적 기본질서의 불가결한 활력소인바, 형벌을 부과하여 병역을 강제하는 것은 양심이나 종교에 대한 본질적인 부담을 주는 것인 반면, 징병의 강제를 통한 국가의 이익은 양심적 병역거부자들에 대한 강제징집을 하지 않더라도 충족될 수 있으므로 이러한 경우에는 국가의 법질서가 양보하는 것이 바람직함에도 불구하고 형벌을 통해 이들의 징집을 강제하는 것은 양심의 자유 등을 침해하는 것이다.

(2) 종교의 자유 중 신앙실현의 자유가 헌법 제37조 제2항이 정하는 한계 내에서 제한될 수 있다고 하더라도, 이 때 제한의 필요성여부에 대한 판단기준은 명백하고 현존하는 위험의 법리나 과잉금지의 원칙일 것인데, 양심적 병역거부자들은 극소수의 인원에 불과하여 국방상 명백하고 현존하는 위험으로 이어지지 아니하며 대체복무의 기회를 주지 않고 곧바로 형벌을 가하는 것은 과잉금지의 원칙에 위배되는 것이다.

판 단

Ⅰ. 양심의 자유의 헌법적 의미 및 보장내용

'양심의 자유'가 보장하고자 하는 '양심'은 민주적 다수의 사고나 가치관과 일치하는 것이 아니라, 개인적 현상으로서 지극히 주관적인 것이다. 양심은 그 대상이나 내용 또는 동기에 의하여 판단될 수 없으며, 특히 양심상의 결정이 이성적·합리적인가, 타당한가 또는 법질서나 사회규범, 도덕률과 일치하는가 하는 관점은 양심의 존재를 판단하는 기준이 될 수 없다.

일반적으로 민주적 다수는 법질서와 사회질서를 그의 정치적 의사와 도덕적 기준에 따라 형성하기 때문에, 그들이 국가의 법질서나 사회의 도덕률과 양심상의 갈등을 일으키는 것은 예외에 속한다. 양심의 자유에서 현실적으로 문제가 되는 것은 사회적 다수의 양심이 아니라, 국가의 법질서나 사회의 도덕률에서 벗어나려는 소수의 양심이다. 따라서 **양심상의 결정이 어떠한 종교관·세계관 또는 그 외의 가치체계에 기초하고 있는가와 관계없이, 모든 내용의 양심상의 결정이 양심의 자유에 의하여 보장된다.**

헌법 제19조의 양심의 자유는 크게 양심형성의 내부영역과 형성된 양심을 실현하는 외부영역으로 나누어 볼 수 있으므로, 그 구체적인 보장내용에 있어서도 내심의 자유인 '양심형성의 자유'와 양심적 결정을 외부로 표현하고 실현하는 '양심실현의 자유'로 구분된다. 양심형성의 자유란 외부로부터의 부당한 간섭이나 강제를 받지 않고 개인의 내심영역에서 양심을 형성하고 양심상의 결정을 내리는 자유를 말하고, **양심실현의 자유란 형성된 양심을 외부로 표명하고 양심에 따라 삶을 형성할 자유, 구체적으로는 양심을 표명하거나 또는 양심을 표명하도록 강요받지 아니할 자유**(양심표명의 자유), **양심에 반하는 행동을 강요받지 아니할 자유**(부작위에 의한 양심실현의 자유), **양심에 따른 행동을 할 자유**(작위에 의한 양심실현의 자유)**를 모두 포함한다.**

양심의 자유 중 양심형성의 자유는 내심에 머무르는 한, 절대적으로 보호되는 기본권이라 할 수 있는 반면, 양심적 결정을 외부로 표현하고 실현할 수 있는 권리인 양심실현의 자유는 법질서에 위배되거나 타인의 권리를 침해할 수 있기 때문에 법률에 의하여 제한될 수 있는 상대적 자유라 할 것이다(헌재 1998. 7. 16. 96헌바35 참조).

Ⅱ. 이 사건 법률조항에 의하여 제한되는 기본권

자신의 종교관·가치관·세계관 등에 따라 전쟁과 그에 따른 인간의 살상에 반대하는 진지한 양심이 형성되었다면, '병역의무를 이행할 수 없다.'는 결정은 양심상의 갈등이 없이는 그에 반하여 행동할 수 없는 강력하고 진지한 윤리적 결정인 것이며, 병역의 의무를 이행해야 하는 상황은 개인의 윤리적 정체성에 대한 중대한 위기상황에 해당한다. 이와 같이 상반된 내용의 2개의 명령 즉, '양심의 명령'과 '법질서의 명령'이 충돌하는 경우에 개인에게 그의 양심의 목소리를 따를 수 있는 가능성을 부여하고자 하는 것이 바로 양심의 자유가 보장하고자 하는 대표적인 영역이다.

이 사건 법률조항은 형사처벌이라는 제재를 통하여 양심적 병역거부자에게 양심에 반하는 행동을 강요하고 있으므로, '국가에 의하여 양심에 반하는 행동을 강요당하지 아니 할 자유', '양심에 반하는 법적 의무를 이행하지 아니 할 자유' 즉, 부작위에 의한 양심실현의 자유를 제한하는 규정이다.

한편, 헌법 제20조 제1항은 종교의 자유를 따로 보장하고 있으므로 양심적 병역거부가 종교의 교리나 종교적 신념에 따라 이루어진 것이라면, 이 사건 법률조항에 의하여 양심적 병역거부자의 종교의 자유도 함께 제한된다. 그러나 양심의 자유는 종교적 신념에 기초한 양심뿐만 아니라 비종교적인 양심도 포함하는 포괄적인 기본권이므로, 이하에서는 양심의 자유를 중심으로 살펴보기로 한다.

Ⅲ. 양심실현의 자유의 보장문제

1. 헌법적 질서의 일부분으로서 양심실현의 자유

양심의 자유가 보장된다는 것은, 곧 개인이 양심상의 이유로 법질서에 대한 복종을 거부할 수 있는 권리를 부여받는다는 것을 의미하지는 않는다. 모든 개인이 양심의 자유를 주장하여 합헌적인 법률에 대한 복종을 거부할 가능성이 있으며, 개인의 양심이란 지극히 주관적인 현상으로서 비이성적·비윤리적·반사회적인 양심을 포함하여 모든 내용의 양심이 양심의 자유에 의하여 보호된다는 점을 고려한다면, '국가의 법질서는 개인의 양심에 반하지 않는 한 유효하다'는 사고는 법질서의 해체, 나아가 국가공동체의 해체를 의미한다. 그러나 어떠한 기본권적 자유도 국가와 법질서를 해체하는 근거가 될 수 없고, 그러한 의미로 해석될 수 없다. 따라서 이 사건의 경우 헌법 제19조의 양심의 자유는 개인에게 병역의무의 이행을 거부할 권리를 부여하지 않는다. 양심의 자유는 단지 국가에 대하여 가능하면 개인의 양심을 고려하고 보호할 것을 요구하는 권리일 뿐, 양심상의 이유로 법적 의무의 이행을 거부하거나 법적 의무를 대신하는 대체의무의 제공을 요구할 수 있는 권리가 아니다. 따라서 **양심의 자유로부터 대체복무를 요구할 권리도 도출되지 않는다. 우리 헌법은 병역의무와 관련하여 양심의 자유의 일방적인 우위를 인정하는 어떠한 규범적 표현도 하고 있지 않다. 양심상의 이유로 병역의무의 이행을 거부할 권리는 단지 헌법 스스로 이에 관하여 명문으로 규정하는 경우에 한하여 인정될 수 있다.**

2. 국방의 의무와 양심실현의 자유의 경우 법익교량의 특수성

양심실현의 자유의 보장 문제는 '양심의 자유'와 양심의 자유에 대한 제한을 통하여 실현하고자 하는 '헌법적 법익' 및 '국가의 법질서' 사이의 조화의 문제이며, 양 법익간의 법익형량의 문제이다.

그러나 양심실현의 자유의 경우 법익교량과정은 특수한 형태를 띠게 된다. 수단의 적합성, 최소침해성의 여부 등의 심사를 통하여 어느 정도까지 기본권이 공익상의 이유로 양보해야 하는가를 밝히는 비례원칙의 일반적 심사과정은 양심의 자유에 있어서는 그대로 적용되지 않는다. 양심의 자유의 경우 비례의 원칙을 통하여 양심의 자유를 공익과 교량하고 공익을 실현하기 위하여 양심을 상대화하는 것은 양심의 자유의 본질과 부합될 수 없다. 양심상의 결정이 법익교량과정에서 공익에 부합하는 상태로 축소되거나 그 내용에 있어서 왜곡·굴절된다면, 이는 이미 '양심'이 아니다. **이 사건의 경우 종교적 양심상의 이유로 병역의무를 거부하는 자에게 병역의무의 절반을 면제해 주거나 아니면 유사시에만 병역의무를 부과한다는 조건 하에서 병역의무를 면제해 주는 것은 병역거부자의 양심을 존중하는 해결책이 될 수 없다.**

따라서 양심의 자유의 경우에는 법익교량을 통하여 양심의 자유와 공익을 조화와 균형의 상태로 이루어 양 법익을 함께 실현하는 것이 아니라, 단지 '양심의 자유'와 '공익' 중 양자택일 즉, 양심에 반하는 작위나 부작위를 법질서에 의하여 '강요받는가 아니면 강요받지 않는가'의 문제가 있

을 뿐이다.

Ⅳ. 이 사건 법률조항이 양심실현의 자유를 침해하는지의 여부

이 사건 법률조항이 양심의 자유를 침해하는지의 문제는 '입법자가 양심의 자유를 고려하는 예외규정을 두더라도 병역의무의 부과를 통하여 실현하려는 공익을 달성할 수 있는지'의 여부를 판단하는 문제이다. 입법자가 공익이나 법질서를 저해함이 없이 대안을 제시할 수 있음에도 대안을 제시하지 않는다면, 이는 일방적으로 양심의 자유에 대한 희생을 강요하는 것이 되어 위헌이라 할 수 있다.

이 사건으로 돌아와 보건대, **비록 양심의 자유가 개인의 인격발현과 인간의 존엄성실현에 있어서 매우 중요한 기본권이기는 하나, 양심의 자유의 본질이 법질서에 대한 복종을 거부할 수 있는 권리가 아니라 국가공동체가 감당할 수 있는 범위 내에서 개인의 양심상 갈등상황을 고려하여 양심을 보호해 줄 것을 국가로부터 요구하는 권리이자 그에 대응하는 국가의 의무라는 점을 감안한다면, 입법자가 양심의 자유로부터 파생하는 양심보호의무를 이행할 것인지의 여부 및 그 방법에 있어서 광범위한 형성권을 가진다고 할 것이다.**

한편, 이 사건 법률조항을 통하여 달성하고자 하는 공익은 국가의 존립과 모든 자유의 전제조건인 '국가안보'라는 대단히 중요한 공익으로서, 이러한 중대한 법익이 문제되는 경우에는 개인의 자유를 최대한으로 보장하기 위하여 국가안보를 저해할 수 있는 무리한 입법적 실험을 할 것을 요구할 수 없다. 뿐만 아니라, 병역의무의 이행을 거부함으로써 양심을 실현하고자 하는 경우는 누구에게나 부과되는 병역의무에 대한 예외를 요구하는 경우이므로 병역의무의 공평한 부담의 관점에서 볼 때, 타인과 사회공동체 전반에 미치는 파급효과가 크다고 할 수 있고, 이로써 기본권행사의 강한 사회적 연관성이 인정된다.

따라서 **이러한 관점에서 볼 때, '국가가 대체복무제를 채택하더라도 국가안보란 공익을 효율적으로 달성할 수 있기 때문에 이를 채택하지 않은 것은 양심의 자유에 반하는가'에 대한 판단은 '입법자의 판단이 현저하게 잘못되었는가'하는 명백성의 통제에 그칠 수밖에 없다.**

국가안보상의 중요정책에 관하여 결정하는 것은 원칙적으로 입법자의 과제이다. 국가의 안보상황에 대한 입법자의 판단은 존중되어야 하며, 입법자는 이러한 현실판단을 근거로 헌법상 부과된 국방의 의무를 법률로써 구체화함에 있어서 광범위한 형성의 자유를 가진다.

병역의무와 양심의 자유가 충돌하는 경우 입법자는 법익형량과정에서 국가가 감당할 수 있는 범위 내에서 가능하면 양심의 자유를 고려해야 할 의무가 있으나, 법익형량의 결과가 국가안보란 공익을 위태롭게 하지 않고서는 양심의 자유를 실현할 수 없다는 판단에 이르렀기 때문에 병역의무를 대체하는 대체복무의 가능성을 제공하지 않았다면, 이러한 입법자의 결정은 국가안보라는 공익의 중대함에 비추어 정당화될 수 있는 것으로서 입법자의 '양심의 자유를 보호해야 할 의무'에 대한 위반이라고 할 수 없다. 그렇다면 이 사건 법률조항은 양심적 병역거부자의 양심의 자유나 종교의 자유를 침해하는 것이라 할 수 없다.

Ⅴ. 평등원칙의 위반여부

제청신청인은 종교적 양심에 따라 병역을 거부하는 자를 처벌하는 것이 헌법 제11조에 반하여 종교를 사유로 차별취급을 하는 것이라고 주장하나, 이 사건 법률조항은 병역거부가 양심에 근거한 것이든 아니든, 그 양심이 종교적 양심이든, 비종교적 양심이든 가리지 않고 통일적으로 규제하는 것일 뿐, 종교를 사유로 차별을 가하는 것이 아니다.

제청신청인은 나아가 양심적 병역거부자가 병역의무를 이행하는 것이 불가능한 것은 심신에 장애나 질병이 있는 사람의 경우와 다르지 않다거나, 보충역 및 예술, 체육 분야에 특기를 가진 사람이 공익근무요원으로 복무하는 것과 비교하여 평등원칙위반을 주장하나, 제청신청인이 그 비교대상으로 삼고 있는 사람들과 양심적 병역거부자 사이에는 병역복무의 관점에서 볼 때 본질적인 차이점이 있으므로, 그에 상응하여 다른 취급을 한다 하여 평등원칙에 위반된다고 할 수 없다.

Ⅵ. 입법자에 대한 권고

입법자는 양심의 자유와 국가안보라는 법익의 갈등관계를 해소하고 양 법익을 공존시킬 수 있는 방안이 있는지, 국가안보란 공익의 실현을 확보하면서도 병역거부자의 양심을 보호할 수 있는 대안이 있는지, 우리 사회가 이제는 양심적 병역거부자에 대하여 이해와 관용을 보일 정도로 성숙한 사회가 되었는지에 관하여 진지하게 검토하여야 할 것이며, 설사 대체복무제를 도입하지 않기로 하더라도, 법적용기관이 양심우호적 법적용을 통하여 양심을 보호하는 조치를 취할 수 있도록 하는 방향으로 입법을 보완할 것인지에 관하여 숙고하여야 한다.

재판관 김경일, 재판관 전효숙의 반대의견

1. 일반적으로 적용되는 법률에 있어 그 법률이 명령하는 것과 일치될 수 없는 양심의 문제는 법질서에 대해 예외를 인정할지 여부의 형태로 나타난다. 그러나 다수가 공유하는 생각과 다르다는 이유만으로 소수가 선택한 가치가 이상하거나 열등한 것이라고 전제할 수는 없으므로 이 경우 '혜택부여'의 관점에서 심사기준을 완화할 것이 아니며, 그 합헌성 여부 심사는 일반적인 기본권제한 원리에 따라 이루어져야 한다. 한편, **헌법 제39조에 의하여 입법자에게 국방에 관한 넓은 입법형성권이 인정된다 하더라도, 병역에 대한 예외인정으로 인한 형평과 부정적 파급효과 등 문제를 해결하면서 양심적 병역거부자들의 양심보호를 실현할 수 있는 대안을 모색하는 것은 징집대상자 범위나 구성의 합리성과 같이 본질적으로 매우 광범위한 입법형성권이 인정되는 국방의 전형적 영역에 속하지 않으므로 그에 대한 입법자의 재량이 광범위하다고는 볼 수 없다.**

2. 양심적 병역거부가 인류의 평화적 공존에 대한 간절한 희망과 결단을 기반으로 하고 있음을 부인할 수는 없으며, 평화에 대한 이상은 인류가 오랫동안 추구하고 존중해온 것이다. 그런 의미에서 양심적 병역거부자들의 병역거부를 군복무의 고역을 피하기 위한 것이거나 국가공동체에 대한 기본의무는 이행하지 않으면서 무임승차 식으로 보호만 바라는 것으로 볼 수는 없다. 그들은 공동체의 일원으로서 납세 등 각종의무를 성실히 수행해야함을 부정하지 않고, 집총병역의무는 도저히 이행할 수 없으나 그 대신 다른 봉사방법을 마련해달라고 간청하고 있다. 그럼에도 불구하고 병역기피의 형사처벌로 인하여 이들이 감수하여야 하는 불이익은 심대하다. 특히 병역거부에 대한 종교와 신념을 가족들이 공유하고 있는 많은 경우 부자가 대를 이어 또는 형제들이 차례로 처벌받게 되고 이에 따라 다른 가족 구성원에게 더 큰 불행을 안겨준다.

3. 우리 군의 전체 병력수에 비추어 양심적 병역거부자들이 현역집총병역에 종사하는지 여부가 국방력에 미치는 영향은 전투력의 감소를 논할 정도라고 볼 수 없고, 이들이 반세기 동안 형사처벌 및 유·무형의 막대한 불이익을 겪으면서도 꾸준히 입영이나 집총을 거부하여 온 점에 의하면 형사처벌이 이들 또는 잠재적인 양심적 병역거부자들의 의무이행을 확보하기 위해 필요한 수단이라고 보기는 어렵다.

4. 국방의 의무는 단지 병역법에 의하여 군복무에 임하는 등의 직접적인 집총병력형성의무에 한정되는 것이

아니므로 양심적 병역거부자들에게 현역복무의 기간과 부담 등을 고려하여 이와 유사하거나 보다 높은 정도의 의무를 부과한다면 국방의무이행의 형평성회복이 가능하다. 또한 많은 다른 나라들의 경험에서 보듯이 엄격한 사전심사절차와 사후관리를 통하여 진정한 양심적 병역거부자와 그렇지 않은 자를 가려내는 것이 가능하며, 현역복무와 이를 대체하는 복무의 등가성을 확보하여 현역복무를 회피할 요인을 제거한다면 병역기피 문제도 효과적으로 해결할 수 있다. 그럼에도 불구하고 우리 병역제도와 이 사건 법률조항을 살펴보면, 입법자가 이러한 사정을 감안하여 양심적 병역거부자들에 대하여 어떠한 최소한의 고려라도 한 흔적을 찾아볼 수 없다.

재판관 권성의 별개의견

이 사건 청구인의 신념은 종교상의 신념이므로 종교의 자유가 문제되는데, 집총거부를 허용하더라도 국가안보라는 중대한 헌법적 법익에 손상이 없으리라고 단정할 수 없으므로 입법자의 판단이 명백히 잘못되었다고 볼 수 없으므로 이 사건 법률조항이 종교의 자유를 침해한다고 할 수 없다. 종교에 바탕하지 않은 양심이 내심에 머무르지 않는 경우 비판의 대상이 되며, 비판의 기준은 보편타당성이다. 보편타당성의 내용은 윤리의 핵심명제인 인(仁)과 의(義), 두가지로 집약되며 적어도 보편타당성의 획득가능성과 형성의 진지함을 가진 양심이라야 헌법상 보호를 받으며, 보편타당성이 없을 때에는 헌법 제37조 제2항에 따라 제한될 수 있다. 불의한 침략전쟁을 방어하기 위하여 집총하는 것을 거부하는 것은 인(仁), 의(義), 예(禮), 지(智)가 의심스러운 행위로서 보편타당성을 가진 양심의 소리라고 인정하기 어렵다. 국가안전보장상의 필요성은 헌법유보사항이며 이 사건 법률규정은 청구인에게 외형적인 복종을 요구할 뿐이고 입영기피의 정당한 사유에 대한 의회의 재량범위를 넘었다고 볼 수도 없어 양심의 자유의 본질을 침해한다고 할 수 없으므로 이 사건 법률조항이 양심의 자유를 침해한다고 할 수 없다.

민간대체복무의 검토 등 의회의 입법개선의 필요여부에 대한 의회의 연구가 필요하다는 다수의견의 권고는 권력분립의 원칙상 적절치 않고 오히려 오해의 소지가 있으므로 이는 바람직하지 않다.

재판관 이상경의 별개의견

헌법 제39조 제1항은 기본권 제한을 명시함으로써 기본권보다 국방력의 유지라는 헌법적 가치를 우위에 놓았다고 볼 수 있고 입법자는 국방력의 유지를 위하여 매우 광범위한 입법재량을 가지고 있으므로, 헌법 제37조 제2항 및 과잉금지원칙이라는 심사기준은 적용될 수 없다. 따라서 이 사건 법률조항이 위헌이라고 판단되기 위해서는 입법자의 입법권한 행사가 정의의 수인한계를 넘어서거나 자의적으로 이루어져 입법재량의 한계를 넘어섰다는 점이 밝혀져야 한다. 양심을 이유로 한 병역거부자의 양심이라는 것 자체가 일관성 및 보편성을 결한 이율배반적인 희망사항에 불과한 것이어서 헌법의 보호대상인 양심에 포함될 수 있는지 자체가 문제될 수 있고 적어도 이를 우리 공동체를 규율하는 정의의 한 규준으로 수용하기 어렵다 할 것이므로 양심을 이유로 한 병역거부자에 대한 형벌의 부과가 정의의 외형적 한계를 넘어섰다고 볼 수 없다. 또한 병역의무의 불이행에 대한 제재가 완화되어도 필요한 국방력이 유지될 수 있는지 여부 등 미래의 상황에 대한 전망이 불투명한 상태이므로 양심적 병역거부자에 대한 형벌이 자의적 입법이라고 할 수 없다.

정당한 입법의 방향에 관하여 확신을 가질 수 없는 상황에서 이 사건 심판대상과 관련이 없는 대체복무제에 대하여 입법자에게 입법에 관한 사항에 대하여 권고하는 것은 사법적 판단의 한계를 넘어서는 것으로서 바람직하지 않다.

본 판례에 대한 평가 1. 양심적 병역(집총)거부의 대외적 양심실현의 제한가능성: 양심적 병역거부(conscientious objections)는 헌법상 양심의 자유로서 보장되지 않는다는 것이 우리나라의 일관된 판례이다. 양심적 병역(집총)거부란 종교적 신앙이나 윤리적·철학적 신념을 이유로 전쟁참가를 거부하는 것뿐만 아니라, 평화 시에 전쟁에 대비하여 무기를 들고 병역의무를 이행하는 것을 거부하는 것도 포함한다. 외국에서는 특정 전쟁만을 반대하는 것이 아니라 전쟁 일반을 반대하는 경우에 대체복무제도를 인정하고 있고, 최근 우리나라에서도 대체복무제도의 도입이 논의되고 있다. 하지만 현행법상으로는 실정법(병역법 등)위반에 따른 제재를 통하여 집총의무를 사실상으로만 벗어날 수 있고 법적으로 벗어날 수 있는 방법은 없다. 헌법재판소도 본 결정에서 "양심의 자유는 단지 국가에 대하여 가능하면 개인의 양심을 고려하고 보호할 것을 요구하는 권리일 뿐, 양심상의 이유로 법적 의무의 이행을 거부하거나 법적 의무를 대신하는 대체의무의 제공을 요구할 수 있는 권리가 아니다"라고 하여 이러한 실정법의 합헌성을 뒷받침하고 있다. 생각건대 양심적 집총거부는 양심유지의 자유 중에서 자기의 양심에 반하는 행위를 강요받지 않을 자유에 해당될 수 있지만, 그것은 내면적 양심의 형성이나 결정에만 머무르는 것이 아니라, 대외적으로 양심을 실현하는 자유이므로 이에 대한 제한도 가능하다.

2. **형사처벌과 비례의 원칙:** 양심적 집총거부자에 대해 형사처벌을 하고 있는 병역법 제88조가 기본권제한입법의 한계규정인 과잉금지의 원칙에 반하는가를 살펴볼 필요가 있다. 우선 헌법상 국방의무(제39조 제1항)와 관련하여 볼 때 목적의 정당성을 인정하는 데에는 이론(異論)이 없다. 그러나 공익근무요원 등으로 대체복무를 하는 것이 가능한 데도 굳이 형사처벌을 하는 병역법의 태도는 수단의 적합성과 피해의 최소성에 반한다는 의견이 본 결정의 소수의견이다. 하지만 남북분단의 현실과 대체복무제도가 갖는 병역의무수행상의 형평성문제로 인하여 형사적 제재 이외에 적절한 입법수단을 발견하기 어려우므로 수단의 적합성과 피해의 최소성에 반한다고 단언하기는 어렵다. 다만 헌법상 양심의 자유의 존재이유를 감안하여 실정법 적용에 있어서 가능한 한 최대한의 관용을 베푸는 형사정책적 고려가 있어야 한다.

관련 문헌: 김명재, "양심의 자유와 병역의무 — 2004. 8. 26. 2002헌가1 결정에 대한 평석", 공법학연구, 2008, 한국비교공법학회; 조 국, "'양심적 집총거부권': 병역기피의 빌미인가 '양심의 자유'의 구성요소인가?", 공익과 인권 제1권, 사람생각, 2002; 한인섭, "양심적 병역거부: 헌법적·형사법적 검토", 공익과 인권 제1권, 사람생각, 2002, 11-48면; 이상명, "양심적 병역거부와 양심의 자유", 고려법학, 고려대학교 법학연구원, 2007, 911-933면; 이기철, "양심의 자유와 국방의 의무가 충돌하는 경우 국가는 Leviathan이어야 하는가?: 양심적 병역거부에 결정과 관련하여", 한양법학 17집(2005. 6), 한양법학회, 2005, 7-58면; 장성욱, "양심적 병역거부: 여호와의 증인 신자의 병역법위반 사건과 관련하여", 재판과 판례 13집(2005. 1), 대구판례연구회, 2005, 223-268면; 오세혁, "사법부의 해석방법론에 대한 비판", 법과 사회 27호(2004. 12), 박영사, 185-210면; 나달숙, "양심적 병역거부와 대체복무: 헌재 2004. 8. 26. 2002헌가1 결정을 중심으로", 인권과 정의 359호(2006. 7), 대한변호사협회, 2006, 133-152면; 안경환·장복희 편, 양심적 병역거부, 사람생각, 2002 참조.

[요약판례 1] 도로교통법 제41조 제2항 등 위헌제청: 합헌(헌재 1997.3.27. 96헌가11)

도로교통법 제41조 제2항, 제107조의2 제2호 중 주취운전의 혐의자에게 주취여부의 측정에 응할 의무를 지우고 이에 불응한 사람을 처벌하는 부분이 양심의 자유를 침해하는지 여부(소극)

헌법이 보호하려는 양심은 어떤 일의 옳고 그름을 판단함에 있어서 그렇게 행동하지 아니하고는 자신의 인격적인 존재가치가 허물어지고 말 것이라는 강력하고 진지한 마음의 소리이지, 막연하고 추상적인 개념으로서의 양심이 아니다. 음주측정요구에 처하여 이에 응하여야 할 것인지 거부해야 할 것인지 고민에 빠질 수는 있겠으나 그러한 고민은 선과 악의 범주에 관한 진지한 윤리적 결정을 위한 고민이라 할 수 없으므로 그 고민 끝에 어쩔 수 없이 음주측정에 응하였다 하여 내면적으로 구축된 인간양심이 왜곡·굴절된다고 할 수 없다. 따라서 이 사건 법률조항을 두고 헌법

제19조에서 보장하는 양심의 자유를 침해하는 것이라고 할 수 있다.

[요약판례 2] 보안관찰법 제2조 등 위헌소원: 합헌,각하(헌재 1997.11.27. 92헌바28)

보안관찰법상 보안관찰제도가 일사부재리의 원칙, 적법절차의 원칙에 위반되거나 법관에 의한 정당한 재판을 받을 권리 및 양심의 자유를 침해하는지 여부(소극)

헌법이 보장한 양심의 자유는 정신적인 자유로서 어떠한 사상·감정을 가지고 있다고 하더라도 그것이 내심에 머무르는 한 절대적인 자유이므로 제한할 수 없는 것이나, 보안관찰법상의 보안관찰처분은 보안관찰처분대상자의 내심의 작용을 문제삼는 것이 아니라, 보안관찰처분대상자가 보안관찰해당범죄를 다시 저지를 위험성이 내심의 영역을 벗어나 외부에 표출되는 경우에 재범의 방지를 위하여 내려지는 특별예방적 목적의 처분이므로, 양심의 자유를 보장한 헌법규정에 위반된다고 할 수 없다.

[요약판례 3] 구 국가보안법 제10조 위헌소원: 합헌(헌재 1998.7.16. 96헌바35)

국가보안법 위반행위자를 알면서도 고지 않은 경우에 이를 불고지죄로 처벌하는 것이 양심의 자유를 침해하는 것인지 여부(소극)

헌법 제19조가 보호하고 있는 양심의 자유는 양심형성의 자유와 양심적 결정의 자유를 포함하는 내심적 자유(forum internum)뿐만 아니라, 양심적 결정을 외부로 표현하고 실현할 수 있는 양심실현의 자유(forum externum)를 포함한다고 할 수 있다. 내심적 자유, 즉 양심형성의 자유와 양심적 결정의 자유는 내심에 머무르는 한 절대적 자유라고 할 수 있지만, 양심실현의 자유는 타인의 기본권이나 다른 헌법적 질서와 저촉되는 경우 헌법 제37조 제2항에 따라 국가안전보장, 질서유지 또는 공공복리를 위하여 법률에 의하여 제한될 수 있는 상대적 자유라고 할 수 있다.

[요약판례 4] 공직선거법 제92조 제1항 위헌소원: 합헌(헌재 2001.8.30. 99헌바92)

탈법방법에 의한 문서·도화의 배부·게시 등을 금지하고 있는 공직선거및선거부정방지법 제93조 제1항이 헌법에 위반되는지 여부(소극)

자신의 인격권이나 명예권을 보호하기 위하여 대외적으로 해명을 하는 행위는 표현의 자유에 속하는 영역일 뿐 이미 사생활의 자유에 의하여 보호되는 범주를 벗어난 행위이고, 또한, 자신의 태도나 입장을 외부에 설명하거나 해명하는 행위는 진지한 윤리적 결정에 관계된 행위라기보다는 단순한 생각이나 의견, 사상이나 확신 등의 표현행위라고 볼 수 있어, 그 행위가 선거에 영향을 미치게 하기 위한 것이라는 이유로 이를 하지 못하게 된다 하더라도 내면적으로 구축된 인간의 양심이 왜곡·굴절된다고는 할 수 없다는 점에서 양심의 자유의 보호영역에 포괄되지 아니하므로, 위 제93조 제1항은 사생활의 자유나 양심의 자유를 침해하지 아니한다.

[요약판례 5] 독점규제및공정거래에관한법률 제27조 위헌소원: 위헌(헌재 2002.1.31. 2001헌바43)

공정거래법위반의 경우에 법위반사실의 공표를 명하는 것이 양심의 자유을 침해하는지 여부(소극)

헌법 제19조상의 **양심은 옳고 그른 것에 대한 판단을 추구하는 가치적·도덕적 마음가짐으로, 개인의 소신에 따른 다양성이 보장되어야 하고 그 형성과 변경에 외부적 개입과 억압에 의한 강요가 있어서는 아니 되는 인간의 윤리적 내심영역이다.** 단순한 사실관계의 확인과 같이 가치적·윤리적 판단이 개입될 여지가 없는 경우는 물론, 법률해석에 관하여 여러 견해가 갈리는 경우처럼 다소의 가치관련성을 가진다고 하더라도 개인의 인격형성과는 관계가 없는 사사로운 사유나 의견 등은 그 보호대상이 아니라고 할 것이다. **당해 사건에서의 법위반사실의 공표명령은 법규정의 문**

언상으로 보아도 단순히 법위반사실 자체를 공표하라는 것일 뿐, 사죄 내지 사과하라는 의미요소를 가지고 있지는 아니하다. 공정거래위원회의 실제 운용에 있어서도 '특정한 내용의 행위를 함으로써 공정거래법을 위반하였다는 사실'을 일간지 등에 공표하라는 것이어서 단지 사실관계와 법을 위반하였다는 점을 공표하라는 것이지 행위자에게 사죄 내지 사과를 요구하고 있는 것으로는 보이지 않는다. 따라서 이 사건 법률조항의 경우 사죄 내지 사과를 강요함으로 인하여 발생하는 양심의 자유의 침해문제는 발생하지 않는다.

(단, 헌법상 일반적 행동의 자유 · 명예권 · 무죄추정권에는 위반)

대판 1975.12.9. 73도3392

반공법 4조 1항에 해당되는 김일성과 북괴를 찬양 · 고무 · 동조 내지 이롭게 하는 내용의 일기를 작성한 경우에 가벌성 여부(소극)

일기라는 것은 작성자가 보고 듣고 느낀 자기 개인의 생활체험을 자기 자신만이 간직하기 위해서 작성되는 작성자 자신에 대한 것이고 타인에 대하여 작성되는 것이 아니므로 특히 작성자가 타인에게 보이기 위하여 또는 타인이 볼 수 있는 상황하에서 작성하였다는 등의 특별한 사정이 있거나 혹은 작성된 일기를 일부러 타인이 인식할 수 있는 상태에 놓는 등 어느 정도 외부와의 관련사항이 수반되는 등의 특별한 사정이 있으면 모르되 그렇지 않는 한 설사 그 내용이 반공법 4조 1항에 해당되는 사실이라고 하더라도 처벌할 수 없다고 할 것이다.

대판 1984.1.24. 82누163

사회안전법상의 보안처분 제도의 위헌여부가 문제된 사건

헌법이 보장한 양심의 자유는 정신적인 자유로서 어떠한 사상, 감정을 가지고 있더라도 그것이 내심에 머무르는 한 절대적인 자유이므로 제한 할 수 없는 것이나 그와 같은 내심의 사상을 문제로 삼은 것이 아니라 보안처분대상자인 원고가 지니고 있는 공산주의사상은 원고의 경력, 전과내용, 출소 후의 제반행상 등에 비추어 그 내심의 영역을 벗어나 현저한 반사회성의 징표를 나타내고 있다고 보아 이를 사회안전법 소정의 특정범죄를 다시 범할 위험성 유무에 관한 판단의 자료로 삼은 것이므로 이는 양심의 자유를 보장한 헌법규정에 위반된다고 할 수 없다.

대판 1993.9.28. 93도1730

국가보안법의 위헌여부가 문제된 사건

양심의 자유, 언론 · 출판 등 표현의 자유, 집회 · 결사의 자유, 거주 · 이전의 자유, 통신의 자유, 사상의 자유 등은 헌법이 보장하는 기본적 권리이긴 하나 무제한한 것이 아니라 헌법 제37조 제2항에 의하여 국가안전보장, 질서유지 또는 공공복리를 위하여 필요한 경우에는 그 자유와 권리의 본질적 내용을 침해하지 않는 한도 내에서 제한할 수 있는 것이므로 국가보안법 규정의 입법목적과 적용한계를 자유와 권리의 본질적 내용을 침해하지 않는 한도 내에서 이를 제한하는 데 있는 것으로 해석하는 한 같은 법을 위헌이라고 볼 것은 아니다.

대판 2004.7.15. 2004도2965

헌법 제19조의 양심의 자유가 헌법 제37조 제2항에 따라 법률에 의하여 제한될 수 있는 상대적 자유인지 여부(적극), 양심 및 종교의 자유를 이유로 현역입영을 거부하는 자에 대하여 현역입영을 대체할 수 있는 특례를 두지 아니하고 형벌을 부과하는 병역법 제88조 제1항이 과잉금지의 원칙 등을 위반한 것인지 여부(소극) 및 양심적 병역거부자에게 그의 양심상의 결정에 반하는 적법행위를 기대할 가능성이 있는지 여부(적극)

헌법이 보호하고자 하는 양심은 '어떤 일의 옳고 그름을 판단함에 있어서 그렇게 행동하지 않고는 자신의 인격적 존재가치가 파멸되고 말 것이라는 강력하고 진지한 마음의 소리로서 절박하고 구체적인 양심'을 말하는 것인데, 양심의 자유에는 이러한 양심 형성의 자유와 양심상 결정의 자유를 포함하는 내심적 자유뿐만 아니라 소극적인 부작위에 의하여 양심상 결정을 외부로 표현하고 실현할 수 있는 자유, 즉 양심상 결정에 반하는 행위를 강제 받지 아니할 자유도 함께 포함되어 있다고 보아야 할 것이므로 양심의 자유는 기본적으로 국가에 대하여, 개인의 양심의 형성 및 실현 과정에 대하여 부당한 법적 강제를 하지 말 것을 요구하는, 소극적인 방어권으로서의 성격을 가진다.

헌법상 기본권의 행사가 국가공동체 내에서 타인과의 공동생활을 가능하게 하고 다른 헌법적 가치 및 국가의 법질서를 위태롭게 하지 않는 범위 내에서 이루어져야 한다는 것은 양심의 자유를 포함한 모든 기본권 행사의 원칙적인 한계이므로, 양심 실현의 자유도 결국 그 제한을 정당화할 헌법적 법익이 존재하는 경우에는 헌법 제37조 제2항에 따라 법률에 의하여 제한될 수 있는 상대적 자유라고 하여야 할 것이다.

병역법 제88조 제1항은 가장 기본적인 국민의 국방의 의무를 구체화하기 위하여 마련된 것이고, 이와 같은 병역의 무가 제대로 이행되지 않아 국가의 안전보장이 이루어지지 않는다면 국민의 인간으로서의 존엄과 가치도 보장될 수 없음은 불을 보듯 명확한 일이므로, 병역의무는 궁극적으로는 국민 전체의 인간으로서의 존엄과 가치를 보장하기 위한 것이라 할 것이고, 양심적 병역거부자의 양심의 자유가 위와 같은 헌법적 법익보다 우월한 가치라고는 할 수 없으니, 위와 같은 헌법적 법익을 위하여 헌법 제37조 제2항에 따라 피고인의 양심의 자유를 제한한다 하더라도 이는 헌법상 허용된 정당한 제한이다.

병역의무의 이행을 확보하기 위하여 현역입영을 거부하는 자에 대하여 형벌을 부과할 것인지, 대체복무를 인정할 것인지 여부에 관하여는 입법자에게 광범위한 입법재량이 유보되어 있다고 보아야 하므로, 병역법이 질병 또는 심신장애로 병역을 감당할 수 없는 자에 대하여 병역을 면제하는 규정을 두고 있고, 일정한 자에 대하여는 공익근무요원, 전문연구요원, 산업기능요원 등으로 근무할 수 있는 병역특례제도를 두고 있음에도 **양심 및 종교의 자유를 이유로 현역입영을 거부하는 자에 대하여는 현역입영을 대체할 수 있는 특례를 두지 아니하고 형벌을 부과하는 규정만을 두고 있다고 하더라도 과잉금지 또는 비례의 원칙에 위반된다거나 종교에 의한 차별금지 원칙에 위반된다고 볼 수 없다.**

대판 2008.4.11. 2007도8373

형법 제62조의2 소정의 사회봉사명령으로 준법경영 주제 강연과 기고 또는 금전 출연을 명할 수 있는지 여부(소극)

법원이 피고인에게 유죄로 인정된 범죄행위를 뉘우치거나 그 범죄행위를 공개하는 취지의 말이나 글을 발표하도록 하는 내용의 사회봉사를 하고 이를 위반할 경우 「형법」 제64조 제2항에 의하여 집행유예의 선고를 취소할 수 있도록 함으로써 그 이행을 강제하는 것은, 「헌법」이 보호하는 피고인의 양심의 자유, 명예 및 인격에 대한 심각하고 중대한 침해에 해당하므로, 이는 허용될 수 없다.

원심이 "준법 경영을 주제"로 한 강연과 국내 일간지 등 기고를 명한 부분의 정확한 취지가 뒤에서 보는 바와 같이 분명하지 아니하나, 만약 그 취지가 준법 경영을 주제로 한 강연과 기고를 통하여 유죄로 인정된 자로 하여금 횡령 등 사실을 뉘우치는 뜻을 다수인에게 공개적으로 밝힐 것을 피고인들에게 요구하는 것이라면 그것은 헌법이 보호하는 피고인들의 양심의 자유 등에 관한 심각하고 중대한 침해에 해당하는 것이어서 허용될 수 없는 것임이 명백하다.

나아가 원심은 단순히 "준법 경영을 주제"로 한 강연과 기고를 명한다고 할 뿐이어서 위 명령만으로는 준법 경영을 주제로 하여 구체적으로 어떤 의미나 내용의 강연 또는 기고를 해야 하고 또 할 수 있다는 것인지, 예컨대 자신의 범행에 대한 사죄 또는 반성의 취지를 담아야 하는 것인지, 준법 경영에 관련된 것이기만 하면 경영 일반론에 관하여 언급하는 것이어도 무방하다는 것인지, 자신의 행위를 유죄로 인정한 법원의 판단을 납득하기 어렵다고 변명하고 반박하는 것도 허용되는 것인지 명확히 알기 어렵다. 이로 인하여 피고인들과 집행담당 기관은 위 강연 또는 기고가 구체적으로 어떤 의미나 내용을 담은 것으로 이행되어야 하는지를 쉽게 파악하기 어렵고, 이로 인하여 집행 과정에서 위 사회봉사명령의 의미나 내용에 관한 다툼이 발생할 가능성이 적지 않은 것으로 보인다. 또, 형벌을 대체라는 불이익한 처분이라는 사회봉사명령의 성격에 비추어 볼 때 현실적으로 위 강연과 기고는 앞서 본 바와 같이 피고인들로 하여금 유죄로 인정된 범죄행위를 뉘우치거나 그 범죄행위를 공개하는 취지의 말이나 글을 발표하도록 하는 취지의 것으로 이해되고 집행될 가능성이 없지 않다 할 것이다. 따라서 이러한 사회봉사명령은 그 의미나 내용이 특정되지 아니할 뿐 아니라, 그에 따라 헌법이 보호하는 피고인들의 양심의 자유 등에 관한 심각하고 중대한 결과를 초래할 가능성이 적지 않아 위법하다고 볼 수밖에 없다.

제2항 종교의 자유

[요약판례 1] 구 교육법 제85조 제1항 등 위헌소원: 합헌,각하(헌재 2000.3.30. 99헌바14)

종교단체가 운영하는 학교 형태 혹은 학원 형태의 교육기관도 예외없이 학교설립인가 혹은 학원설립등록을 받도록 규정하고 있는 교육법 제85조 제1항 및 학원의설립·운영에관한법률 제6조가 종교의 자유 등을 침해하는 것으로서 위헌인지 여부(소극)

교육법 제85조 제1항 및 학원의설립·운영에관한법률 제6조가 종교교육을 담당하는 기관들에 대하여 예외적으로 인가 혹은 등록의무를 면제하여 주지 않았다고 하더라도, 헌법 제31조 제6항이 교육제도에 관한 기본사항을 법률로 입법자가 정하도록 한 취지, 종교교육기관이 자체 내부의 순수한 성직자 양성기관이 아니라 학교 혹은 학원의 형태로 운영될 경우 일반국민들이 받을 수 있는 부실한 교육의 피해의 방지, 현행 법률상 학교 내지 학원의 설립절차가 지나치게 엄격하다고 볼 수 없는 점 등을 고려할 때, 위 조항들이 청구인의 종교의 자유 등을 침해하였다고 볼 수 없고, 또한 위 조항들로 인하여 종교교단의 재정적 능력에 따라 학교 내지 학원의 설립상 차별을 초래한다고 해도 거기에는 위와 같은 합리적 이유가 있으므로 평등원칙에 위배된다고 할 수 없다.

[요약판례 2] 십원동전 문양도안 위헌확인: 각하(헌재 2007.2.13. 2007헌마68)

10원 동전에 특정 종교(불교)에서 의미를 갖는 다보여래의 사리를 모셔 세운 탑인 다보탑 문양의 도안이 있는 것이 청구인의 종교의 자유를 침해하는지 여부(소극)

국보 제20호인 다보탑은 통일신라시대 조형미술의 백미라고 할 수 있는 우리나라의 대표적인 문화유산으로서 여기에 어떤 특별한 종교적 인식이 결부되어 있지 않고, 이 사건에서 문제된 10원 동전의 다보탑 도안이 종교적 숭배의 대상 또는 종교적 상징으로 된다고 볼 수는 없다.

또한 이러한 도안의 사용이 우리 헌법이 보장하는 행복추구권이나 종교의 자유의 보호영역과 관계되는 것이라고 판단되지는 않으며, 그 밖에 이러한 도안 사용으로 인하여 헌법상 보장된 청구인의 기본권을 침해받을 여지가 없다.

그렇다면 피청구인이 발행하는 10원 동전에 다보탑 도안을 사용하였다고 하여도 이것은 청구인이 주장하는 행복추구권이나 종교의 자유와는 아무런 관계가 없고 따라서 이들 기본권이 침해될 가능성은 아예 없다고 봄이 상당하므로 이 사건 헌법소원심판청구는 헌법재판소법 제68조 제1항에 따른 심판청구의 요건을 갖추지 못하여 부적법하다.

[요약판례 3] 여권의 사용제한 등에 관한 고시 위헌확인: 각하(헌재 2008.6.26. 2007헌마1366)

인도주의적 목적으로 봉사활동을 위하여 아프가니스탄으로 가려고 하였음에도 위 지역의 테러위험을 이유로 출국을 금지하는 것이 거주·이전의 자유, 종교의 자유 및 평등권을 침해하는지 여부(소극)

종교(선교활동)의 자유는 국민에게 그가 선택한 임의의 장소에서 자유롭게 행사할 수 있는 권리까지 보장한다고 할 수 없으며, 그 임의의 장소가 대한민국의 주권이 미치지 아니하는 지역 나아가 국가에 의한 국민의 생명·신체 및 재산의 보호가 강력히 요구되는 해외 위난지역인 경우에는 더욱 그러하다.

[요약판례 4] 기반시설부담금에 관한 법률 제8조 제1항 등 위헌소원 등: 합헌(헌재 2010.2.25. 2007헌바131)

기반시설부담금 감면대상에 종교시설이 포함되지 않는 것이 청구인의 종교의 자유를 침해하는지 여부(소극)

헌법 제20조 제1항이 보장하는 종교의 자유에서 종교에 대한 적극적인 우대조치를 요구할 권리가 직접 도출되거나 우대할 국가의 의무가 발생하지 아니한다. 종교시설의 건축행위에만 기반시설부담금을 면제한다면 국가가 종교를 지원하여 종교를 승인하거나 우대하는 것으로 비칠 소지가 있어 헌법 제20조 제2항의 국교금지·정교분리에 위배될 수도 있다고 할 것이므로 종교시설의 건축행위에 대하여 기반시설부담금 부과를 제외하거나 감경하지 아니하였더라도, 종교의 자유를 침해하는 것이 아니다.

[요약판례 5] 형의 집행 및 수용자의 처우에 관한 법률 제45조 제1항 위헌확인 등: 인용 (헌재 2011.12.29. 2009헌마527)

피청구인인 구치소장이 그 구치소 내에서 실시하는 종교의식 또는 행사에 미결수용자인 청구인의 참석을 금지한 행위가 청구인의 종교의 자유를 침해하는지 여부(적극)

'형의 집행 및 수용자의 처우에 관한 법률' 제45조는 종교행사 등에의 참석 대상을 "수용자"로 규정하고 있어 수형자와 미결수용자를 구분하고 있지도 아니하고, 무죄추정의 원칙이 적용되는 미결수용자들에 대한 기본권 제한은 징역형 등의 선고를 받아 그 형이 확정된 수형자의 경우보다는 더 완화되어야 할 것임에도, 피청구인이 수용자 중 미결수용자에 대하여만 일률적으로 종교행사 등에의 참석을 불허한 것은 미결수용자의 종교의 자유를 나머지 수용자의 종교의 자유보다 더욱 엄격하게 제한한 것이다. 나아가 공범 등이 없는 경우 내지 공범 등이 있는 경우라도 공범이나 동일사건 관련자를 분리하여 종교행사 등에의 참석을 허용하는 등의 방법으로 미결수용자의 기본권을 덜 침해하는 수단이 존재함에도 불구하고 이를 전혀 고려하지 아니하였으므로 이 사건 종교행사 등 참석불허 처우는 침해의 최소성 요건을 충족하였다고 보기 어렵다. 그리고 이 사건 종교행사 등 참석불허 처우로 얻어질 공익의 정도가 무죄추정의 원칙이 적용되는 미결수용자들이 종교행사 등에 참석을 하지 못함으로써 입게 되는 종교의 자유의 제한이라는 불이익에 비하여 결코 크다고 단정하기 어려우므로 법익의 균형성 요건 또한 충족하였다고 할 수 없다. 따라서 이 사건 종교행사 등 참석불허 처우는 과잉금지원칙을 위반하여 청구인의 종교의 자유를 침해하였다.

대판 1976.4.27. 75누249

국기의 존엄성에 대한 경례를 거부한 여자고등학교 학생에 대한 징계처분(제적처분)의 적부

원심이 피고의 이 사건 징계처분은 원고들 주장의 신앙양심 즉 우상을 숭배하여서는 아니 된다는 종교적인 신념을 그 처분의 대상으로 삼은 것이 아니고 나라의 상징인 국기의 존엄성에 대한 경례를 우상숭배로 단정하고 그 경례를 거부한 원고들의 행위자체를 처분의 대상으로 한 것이므로 헌법이 보장하고 있는 종교의 자유가 침해되었다고 할 수 없다고 하는 동시에 원고들은 위 학교의 학생들로서 모름지기 그 학교의 학칙을 준수하고 교내질서를 유지할 임무가 있을진데 원고들의 종교의 자유 역시 그들이 재학하는 위 학교의 학칙과 교내질서를 해치지 아니하는 범위 내에서 보장되는 것이라는 취지에서 원고들이 그들의 임무를 저버림으로써 학교장인 피고로부터 이건 징계처분을 받음으로 인하여 종교의 자유가 침해된 결과를 초래하였다 하더라도 이를 감수할 수밖에 없다할 것이고 그들의 신앙에 의하여 차별대우를 받은 것도 아니라고 볼 것이라고 하였음은 그대로 수긍되어 정당한 판단이라 할 것이고 종교의 자유와 평등의 원칙에 관한 헌법의 규정을 위반하였거나 그 법리를 오해한 위법 있다고 볼 수 없다.

대판 1980.9.24. 79도1387

생모가 사망의 위험이 예견되는 그 딸에 대하여는 수혈이 최선의 치료방법이라는 의사의 권유를 자신의 종교적 신념이나 후유증 발생의 염려만을 이유로 완강하게 거부하고 방해한 생모의 당해 수혈거부 행위의 위법성 존재여부

그 환자가 사망할 것이라는 위험이 예견가능한 경우에 아무리 생모라고 할지라도 자신의 종교적 신념이나 후유증

발생의 염려만을 이유로 환자에 대하여 의사가 하고자 하는 위의 수혈을 거부하여 결과적으로 그 환자로 하여금 의학상 필요한 치료도 제대로 받지 못한 채 사망에 이르게 할 수 있는 정당한 권리가 있다고는 할 수 없는 것이며 그때에 사리를 변식할 지능이 없다고 보아야 마땅할 11세 남짓의 환자 본인이 가사 그 생모와 마찬가지로 위의 수혈을 거부한 일이 있다고 하여도 이것이 피고인의 위와 같은 수혈거부 행위가 위법한 것이라고 판단하는데 어떠한 영향을 미칠만한 사유가 된다고 볼 수는 없으므로 같은 취지에서 피고인의 판시 소위가 유기치사죄에 해당한다고 판단한 원심의 조치에 위법사유가 있다고 할 수 없다.

대판 1989.9.26. 87도519

학교설립인가를 받은 사립학교에서의 종교교육 가부(적극)

정교분리 원칙상 국·공립학교에서의 특정종교를 위한 종교교육은 금지되나 사립학교에서의 종교교육 및 종교지도자 육성은 선교의 자유의 일환으로서 보장되는 것이고, 교육법 제81조는 능력에 따라 균등하게 교육을 받을 권리를 규정한 구 헌법 제29조 제1항과 마찬가지로 신앙, 성별, 사회적 신분, 경제적 지위 등에 의한 불합리한 차별을 금지하는 것일 뿐이므로 교육기관이 학교설립인가를 받았다 하여 종교지도자 양성을 위한 종교교육을 할 수 없게 되는 것도 아니다.

대판 1992.12.22. 92도1742

종교교육 및 종교지도자 양성을 위한 학교가 교육법의 규제대상인지 여부(적극)

종교교육 및 종교지도자의 양성은 헌법 제20조에 규정된 종교의 자유의 한 내용으로서 보장되지만, 그것이 학교라는 교육기관의 형태를 취할 때에는 헌법 제31조 제1항, 제6항의 규정 및 이에 기한 교육법상의 각 규정들에 의한 규제를 받게 된다.

대판 1996.9.6. 96다19246

종교적 비판의 표현행위로 인한 명예훼손의 경우, 위법성 여부의 판단 방법

종교의 자유에는 자기가 신봉하는 종교를 선전하고 새로운 신자를 규합하기 위한 선교의 자유가 포함되고 선교의 자유에는 다른 종교를 비판하거나 다른 종교의 신자에 대하여 개종을 권고하는 자유도 포함되는바, 종교적 선전, 타종교에 대한 비판 등은 동시에 표현의 자유의 보호대상이 되는 것이나, 그 경우 종교의 자유에 관한 헌법 제20조 제1항은 표현의 자유에 관한 헌법 제21조 제1항에 대하여 특별 규정의 성격을 갖는다 할 것이므로 종교적 목적을 위한 언론·출판의 경우에는 그 밖의 일반적인 언론·출판에 비하여 보다 고도의 보장을 받게 된다.

다른 종교나 종교집단을 비판할 권리는 최대한 보장받아야 할 것인데, 그로 인하여 타인의 명예 등 인격권을 침해하는 경우에 종교의 자유 보장과 개인의 명예보호라는 두 법익을 어떻게 조정할 것인지는, 그 비판행위로 얻어지는 이익, 가치와 공표가 이루어진 범위의 광협, 그 표현 방법 등 그 비판행위 자체에 관한 제반 사정을 감안함과 동시에 그 비판에 의하여 훼손되거나 훼손될 수 있는 타인의 명예 침해의 정도를 비교·고려하여 결정하여야 한다.

대판 1998.11.10. 96다37268

기독교 재단이 설립한 사립대학에서 일정 학기 동안 대학예배에 참석할 것을 졸업요건으로 하는 학칙을 정한 경우, 헌법상 종교의 자유에 반하는 위헌 무효의 학칙이 아니라고 본 사례

기독교 재단이 설립한 사립대학이 학칙으로 대학예배의 6학기 참석을 졸업요건으로 정한 경우, 위 대학교의 대학예배는 목사에 의한 예배뿐만 아니라 강연이나 드라마 등 다양한 형식을 취하고 있고 학생들에 대하여도 예배시간의

참석만을 졸업의 요건으로 할 뿐 그 태도나 성과 등을 평가하지는 않는 사실 등에 비추어 볼 때, 위 대학교의 예배는 복음 전도나 종교인 양성에 직접적인 목표가 있는 것이 아니고 신앙을 가지지 않을 자유를 침해하지 않는 범위 내에서 학생들에게 종교교육을 함으로써 진리·사랑에 기초한 보편적 교양인을 양성하는 데 목표를 두고 있다고 할 것이므로, 대학예배에의 6학기 참석을 졸업요건으로 정한 위 대학교의 학칙은 헌법상 종교의 자유에 반하는 위헌무효의 학칙이 아니다.

대판 2007.4.26. 2006다87903

공군참모총장이 전 공군을 지휘·감독할 지위에서 수하의 장병들을 상대로 단결심의 함양과 조직의 유지·관리를 위하여 계몽적인 차원에서 군종장교로 하여금 교계에 널리 알려진 특정 종교에 대한 비판적 정보를 담은 책자를 발행·배포하게 한 행위가 특별한 사정이 없는 한 정교분리의 원칙에 위반하는 위법한 직무집행에 해당하지 않는다고 한 사례

군대 내에서 군종장교는 종교의 자유를 가지는 것이므로, 군종장교가 최소한 성직자의 신분에서 주재하는 종교활동을 수행함에 있어 소속종단의 종교를 선전하거나 다른 종교를 비판하였다고 할지라도 그것만으로 종교적 중립을 준수할 의무를 위반한 직무상의 위법이 있다고 할 수 없다. **종교적 선전과 타 종교에 대한 비판 등은 동시에 표현의 자유의 보호대상이 되는 것이나, 그 경우 종교의 자유에 관한 헌법 제20조 제1항은 표현의 자유에 관한 헌법 제21조 제1항에 대하여 특별규정의 성격을 갖는다 할 것이므로 종교적 목적을 위한 언론·출판의 경우에는 그 밖의 일반적인 언론·출판에 비하여 고도의 보장을 받게 되므로** 그로 인하여 타인의 명예 등 인격권을 침해하는 경우에 종교의 자유 보장과 개인의 명예 보호라는 두 법익을 어떻게 조정할 것인지는 그 비판행위로 얻어지는 이익, 가치와 공표가 이루어진 범위의 광협, 그 표현방법 등 그 비판행위 자체에 관한 제반 사정을 감안함과 동시에 그 비판에 의하여 훼손되거나 훼손될 수 있는 타인의 명예 침해의 정도를 비교·고려하여 결정하여야 한다.

대판 2009.5.28. 2008두16933

이미 문화적 가치로 성숙한 종교적인 의식, 행사, 유형물에 대한 국가 등의 지원이 헌법상의 정교분리원칙에 위배되는지 여부(한정 소극)

오늘날 종교적인 의식 또는 행사가 하나의 사회공동체의 문화적인 현상으로 자리잡고 있으므로, 어떤 의식, 행사, 유형물 등이 비록 종교적인 의식, 행사 또는 상징에서 유래되었다고 하더라도 그것이 이미 우리 사회공동체 구성원들 사이에서 관습화된 문화요소로 인식되고 받아들여질 정도에 이르렀다면, 이는 정교분리원칙이 적용되는 종교의 영역이 아니라 헌법적 보호가치를 지닌 문화의 의미를 갖게 된다. 그러므로 이와 같이 이미 문화적 가치로 성숙한 종교적인 의식, 행사, 유형물에 대한 국가 등의 지원은 일정 범위 내에서 전통문화의 계승·발전이라는 문화국가원리에 부합하며 정교분리원칙에 위배되지 않는다.

대판 2010.4.22. 2008다38288: 종립 사립고교 종교교육 사건

공교육체계에 편입된 종립학교의 학교법인이 가지는 '종교교육의 자유 및 운영의 자유'의 한계 및 종립학교가 고등학교 평준화정책에 따라 강제배정된 학생들을 상대로 특정 종교의 교리를 전파하는 종파교육 형태의 종교교육을 실시하는 경우, 그 위법성의 판단 기준

고등학교 평준화정책 및 교육 내지 사립학교의 공공성, 학교법인의 종교의 자유 및 운영의 자유가 학생들의 기본권이나 다른 헌법적 가치 앞에서 가지는 한계를 고려하고, 종립학교에서의 종교교육은 필요하고 또한 순기능을 가진다는 것을 간과하여서는 아니 되나 한편으로 종교교육으로 인하여 학생들이 입을 수 있는 피해는 그 정도가 가볍지

아니하며 그 구제수단이 별달리 없음에 반하여 학교법인은 제한된 범위 내에서 종교의 자유 및 운영의 자유를 실현할 가능성이 있다는 점을 감안하면, 비록 종립학교의 학교법인이 국·공립학교의 경우와는 달리 종교교육을 할 자유와 운영의 자유를 가진다고 하더라도, 그 종립학교가 공교육체계에 편입되어 있는 이상 원칙적으로 학생의 종교의 자유, 교육을 받을 권리를 고려한 대책을 마련하는 등의 조치를 취하는 속에서 그러한 자유를 누린다고 해석하여야 한다.

종립학교가 고등학교 평준화정책에 따라 학생 자신의 신앙과 무관하게 입학하게 된 학생들을 상대로 종교적 중립성이 유지된 보편적인 교양으로서의 종교교육의 범위를 넘어서서 학교의 설립이념이 된 특정의 종교교리를 전파하는 종파교육 형태의 종교교육을 실시하는 경우에는 그 종교교육의 구체적인 내용과 정도, 종교교육이 일시적인 것인지 아니면 계속적인 것인지 여부, 학생들에게 그러한 종교교육에 관하여 사전에 충분한 설명을 하고 동의를 구하였는지 여부, 종교교육에 대한 학생들의 태도나 학생들이 불이익이 있을 것을 염려하지 아니하고 자유롭게 대체과목을 선택하거나 종교교육에 참여를 거부할 수 있었는지 여부 등의 구체적인 사정을 종합적으로 고려하여 사회공동체의 건전한 상식과 법감정에 비추어 볼 때 용인될 수 있는 한계를 초과한 종교교육이라고 보이는 경우에는 위법성을 인정할 수 있다.

대판 2011.10.27. 2009다32386

종교활동은 헌법상 종교의 자유와 정교분리의 원칙에 의하여 국가의 간섭으로부터 그 자유가 보장되어 있다. 따라서 국가기관인 법원으로서도 종교단체 내부관계에 관한 사항에 대하여는 그것이 일반 국민으로서의 권리의무나 법률관계를 규율하는 것이 아닌 이상 원칙적으로 실체적인 심리·판단을 하지 아니함으로써 당해 종교단체의 자율권을 최대한 보장하여야 한다.

제3항 학문의 자유

[요약판례 1] 교육법 제157조에 관한 헌법소원: 기각(헌재 1992.11.12. 89헌마88)

교육법 제157조(교과서 검·인정 제도)와 대통령령인 교과용도서에 관한 규정 제5조가 청구인의 헌법상 보장된 기본권을 침해하여 위헌인지 여부(소극)

학문의 자유라 함은 진리를 탐구하는 자유를 의미하는데, 그것은 단순히 진리탐구의 자유에 그치지 않고 탐구한 결과에 대한 발표의 자유 내지 가르치는 자유(편의상 대학의 교수의 자유와 구분하여 수업의 자유로 한다) 등을 포함하는 것이라 할 수 있다. 다만, 진리탐구의 자유와 결과발표 내지 수업의 자유는 같은 차원에서 거론하기가 어려우며, 전자는 신앙의 자유·양심의 자유처럼 절대적인 자유라고 할 수 있으나, 후자는 표현의 자유와도 밀접한 관련이 있는 것으로서 경우에 따라 헌법 제21조 제4항은 물론 제37조 제2항에 따른 제약이 있을 수 있는 것이다. 물론 수업의 자유는 두텁게 보호되어야 합당하겠지만 그것은 대학에서의 교수의 자유와 완전히 동일할 수는 없을 것이며 대학에서는 교수의 자유가 더욱 보장되어야하는 반면, 초·중·고교에서의 수업의 자유는 후술하는 바와 같이 제약이 있을 수 있다고 봐야 할 것이다.

수업의 자유는 무제한 보호되기는 어려우며 초·중·고등학교의 교사는 자신이 연구한 결과에 대하여 스스로 확신을 갖고 있다고 하더라도 그것을 학회에서 보고하거나 학술지에 기고하거나 스스로 저술하여 책자를 발행하는 것은 별론 수업의 자유를 내세워 함부로 학생들에게 여과 없이 전파할 수는 없다고 할 것이고 나아가 헌법과 법률이 지향하고 있는 자유민주적 기본질서를 침해할 수 없음은 물론 사회상규나 윤리도덕을 일탈할 수 없으며, 따라서 가치편향적이거나 반도덕적인 내용의 교육은 할 수 없는 것이라고 할 것이다.

대판 1982.5.25. 82도716

학문연구 자료로써 공산주의 경제이론에 관한 서적의 취득, 보관의 구 반공법 제4조 제2항에의 해당 여부(소극)

학문의 연구는 기존의 사상 및 가치에 대하여 의문을 제기하고 비판을 가함으로써 이를 개선하거나 새로운 것을 창출하려는 노력이므로 그 연구의 자료가 사회에서 현재 받아들여지고 있는 기존의 사상 및 가치체계와 상반되거나 저촉된다고 하여도 용인되어야 할 것이고, 한편 구 반공법 제4조 제2항의 죄는 목적범으로 위와 같은 경우에 있어서의 그 불법목적의 인정은 엄격한 증명을 요하는 바이니, 대학생이 학문연구를 위하여 시내 일반서점과 대학 도서관에서 구입 또는 대출받아 보관한 연구자료가 반국가단체 또는 국외공산계열의 사상과 가치체계에 관한 것이라는 사실만으로써는 그 불법목적을 인정할 수 없는 것이다.

I 1994학년도 신입생선발입시안에 대한 헌법소원: 기각(헌재 1992.10.1. 92헌마68등)

쟁점 서울대학교가 "94학년도 대학입학고사주요요강"을 제정하여 발표한 것에 대하여 제기된 헌법소원 심판청구의 적법여부(적극) 및 대학입학고사주요요강에서 인문계열 대학별고사의 제2외국어에 일본어를 제외한 것이 헌법에 위반되는지 여부(소극)

▢ 사건의 개요

> 교육부로부터 대학입학시험제도개선안을 통보받은 서울대학교는 개선안에 따라 여러 선택과목 중 일본어를 제외하는 것을 내용으로 하는 "'94학년도 대학입학고사 주요요강"을 발표하였다. 고등학교 재학생 甲, 乙은 서울대학교가 대학별 고사방법을 정함에 있어 인문계열의 선택과목에서 일본어를 제외시킨 것을 문제 삼아 각각 이 사건 헌법소원을 제기하였다.

▢ 주 문

심판청구를 기각한다.

▢ 청구인들의 주장

서울대학교가 "'94학년도 대학입학고사 주요요강"에서 일본어를 선택과목에서 제외시켰고 이 요강은 특별한 사정변경이 없는 한 1995학년도 대학입학고사에도 적용될 것이 분명하므로 1994학년도 및 1995학년도에 대학에 진학할 청구인들을 비롯하여 고등학교에서 일본어를 선택과목으로 공부한 학생들은 서울대학교를 입학하는데 있어 큰 불이익을 입게 되어 있다. 교육부장관이 지정한 고등학교교육과목 속에는 프랑스어, 독일어, 중국어, 에스파냐어와 함께 일본어도 외국어 교과의 선택과목의 하나로 채택되어 있고 그 때문에 청구인들을 비롯한 많은 학생들이 일본어를 선택하게 된 것인데 교육부의 방침을 믿고서 공부한 학생들이 대학입학시험에 불이익을 입게 된다는 것은 옳지 못하다. 대학별 고사과목의 선택이 대학의 자율에 속한다 할지라도 이는 무한정한 자율이 아니며 대학별 고사과목에 제2외국어를 포함시킬 것이냐의 여부는 대학의 자율범위에 속한다고 할 것이나 제2외국어를 고사과목에 포함시키는 이상 교육법에서 인정된 제2외국어간에 차별을 두는 것은 대학의 자율범위를 벗어난 것이며 대학입학에 있어 부당하게 차별대우를 하는 것으로서, 헌법 제11조 제1항이 선언한 평등의 원칙에 위배하여 헌법 제31조 제1항이 보장하고 있는 균등하게 교육을 받을 권리를 침해하는 것이다.

▢ 판 단

Ⅰ. 적법요건에 관한 판단

1. **국립대학인 서울대학교는 특정한 국가목적(대학교육)에 제공된 인적·물적 종합시설로서 공법상의 영조물이다. 그리고 서울대학교와 학생과의 관계는 공법상의 영조물이용관계로서 공법관계이며, 서울대학교가 대학입학고사시행방안을 정하는 것은 공법상의 영조물이용관계설정을 위한 방법, 요령과 조건 등을 정하는 것이어서 서울대학교 입학고사에 응시하고자 하는 사람들에 대하여 그 시행방안에 따르지 않을 수 없는 요건·의무 등을 제한설정하는 것이기 때문에 그것을 제정·발표하는 것은 공권력의 행사에 해당된다.** 그러나 앞에서도 설명한 바와 같이 서울대학교의 "'94학년도 대학입학고사 주요요강"은 교육부가 마련한 대학입시제도 개선안에 따른 것으로서 대학입학방법을 규정한 교육법시행령 제71조의2의 규정이 교육부의 개선안을 뒷받침할 수 있는 내용으로 개정될 것을 전제로 하여 제정된 것이고 **위 시행령이 아직 개정되지 아니한 현 시점에서는 법적 효력이 없는 행정계획안이어서 이를 제정한 것은 사실상의 준비행위에 불과하고 이를 발표한 행위는 앞으로 그와 같이 시행될 것이니 미리 그에 대비하라는 일종의 사전안내에 불과하므로 위와 같은 사실상의 준비행위나 사전안내는 행정심판이나 행정쟁송의 대상이 될 수 있는 행정처분이나 공권력의**

행사는 될 수 없다. 그러나 이러한 사실상의 준비행위나 사전안내라도 그 내용이 국민의 기본권에 직접 영향을 끼치는 내용이고 앞으로 법령의 뒷받침에 의하여 그대로 실시될 것이 틀림없을 것으로 예상될 수 있는 것일 때에는 그로 인하여 직접적으로 기본권침해를 받게되는 사람에게는 사실상의 규범작용으로 인한 위험성이 이미 발생하였다고 보아야 할 것이므로 이러한 것도 헌법소원의 대상은 될 수 있다고 보아야 하고 서울대학교의 "'94학년도 대학입학고사 주요요강"은 교육법시행령 제71조의2의 규정이 개정되어 그대로 시행될 수 있을 것이, 그것을 제정하여 발표하게 된 경위에 비추어 틀림없을 것으로 예상되므로 이를 제정·발표한 행위는 헌법소원의 대상이 되는 헌법재판소법 제68조 제1항 소정의 공권력의 행사에 해당된다고 할 것이며 헌법소원 외에 달리 구제방법도 없다는 말이 된다.

2. 앞에서 설명한 바와 같이 위 입학고사 주요요강은 1994학년도 신입생선발고사때부터 적용할 예정으로 마련된 것일 뿐더러 그 이전에 현행 교육법시행령 제71조의2가 그 요강을 뒷받침할 수 있는 내용으로 개정될 때에만 시행될 수 있는 것이다. 더구나 청구인 신규진은 현재 고등학교 1학년생이어서 1995년도 대학입학시험에 응시할 수 있는 자이다. 그러므로 청구인들이 그 요강에 의하여 현재 자기의 기본권이 침해되었다고 주장하여 헌법소원심판청구를 할 만한 이익이 있다고 볼 수 있을 것인가가 문제된다. 앞서 1항에서 설명한 바와 같이 서울대학교가 위 요강을 작성하여 발표하게 된 경위에 비추어 볼 때 그 요강은 1994학년도 서울대학교 신입생선발부터 실시될 것이 틀림없어 보이고 1995학년도 신입생선발에도 적용될 가능성을 충분히 예측할 수 있다. 그리고 **고등학교에서 일본어를 배우고 있는 청구인들은 서울대학교 대학별 고사의 선택과목에서 일본어가 제외되어 있는 입시요강으로 인하여 그들이 94학년도 또는 94학년도에 서울대학교 일반계열 입학을 지원할 경우 불이익을 입게 될 수도 있다는 것을 현재의 시점에서 충분히 예측할 수 있는 이상 기본권침해의 현재성을 인정하여 헌법소원심판청구의 이익을 인정하는 것이 옳을 것이다. 기본권 침해가 눈앞에 닥쳐올 때를 기다렸다가 헌법소원을 하라고 요구한다면 기본권구제의 실효성을 기대할 수 없기 때문이다.**

Ⅱ. 본안에 관한 판단

1. 헌법 제31조 제4항은 "교육의 자주성·전문성·정치적 중립성 및 대학의 자율성은 법률이 정하는 바에 의하여 보장된다"라고 규정하여 교육의 자주성·대학의 자율성을 보장하고 있는데 이는 대학에 대한 공권력 등 외부세력의 간섭을 배제하고 대학구성원 자신이 대학을 자주적으로 운영할 수 있도록 함으로써 대학인으로 하여금 연구와 교육을 자유롭게 하여 진리탐구와 지도적 인격의 도야(陶冶)라는 대학의 기능을 충분히 발휘할 수 있도록 하기 위한 것이며, **교육의 자주성이나 대학의 자율성은 헌법 제22조 제1항이 보장하고 있는 학문의 자유의 확실한 보장수단으로 꼭 필요한 것으로서 이는 대학에게 부여된 헌법상의 기본권이다. 따라서 국립대학인 서울대학교는 다른 국가기관 내지 행정기관과는 달리 공권력의 행사자의 지위와 함께 기본권의 주체라는 점도 중요하게 다루어져야 한다. 여기서 대학의 자율은 대학시설의 관리·운영만이 아니라 학사관리 등 전반적인 것이라야 하므로 연구와 교육의 내용, 그 방법과 그 대상, 교과과정의 편성, 학생의 선발, 학생의 전형도 자율의 범위에 속해야 하고 따라서 입학시험제도도 자주적으로 마련될 수 있어야 한다.**

다만 이러한 대학의 자율권도 헌법상의 기본권이므로 기본권제한의 일반적 법률유보의 원칙을 규정한 헌법 제37조 제2항에 따라 국가안전보장·질서유지·공공복리 등을 이유로 제한(필요, 최소한의 한도에서)될 수 있는 것이며, 대학입학방법을 규정하고 있는 교육법 제111조의2 및 교육법시행령 제71조의2의 규정은 바로 헌법 제37조 제2항에 의한 대학자율권 규제법률이다.

2. 교육법시행령 제71조의2가, 그와 같은 내용으로 개정될 것을 전제로 하여 교육부가 새로 마련한 대학입학시험제도개선내용(94학년도부터 시행예정)에 의하면 서울대학교가 선택한 제4유형은 고등학교 내신성적(40%이상 반영) + 대학수학능력시험성적 + 대학별고사로 하도록 되어 있고 대학별고사의 고사과목이나 방법에는 고등학교 교과과목에 포함되어 있지 않은 과목을 고사과목에 포함시킬 수 없다는 제한 외에는 그 밖에 아무런 제한을 두고 있지 아니하며 다만 교육부는 대학입학시험제도개선내용을 각 대학에 통보하면서 수험생의 부담을 덜어 주기 위하여 고사실시과목수를 3과목 이내로 하도록 권장하고 있을 뿐이다. 그러므로 대학별 고사를 실시키로 한 서울대학교가 대학별 고사과목을 어떻게 정할 것인가, 영어 이외의 외국어를 선택과목으로 하기로 정하였다면 그러한 외국어의 범위를 어떻게 정할 것인가는 고등학교 교과과목의 범위 내에서 서울대학교의 자율에 맡겨진 것이므로 **서울대학교가 인문계열의 대학별 고사과목을 정함에 있어, 국어(논술), 영어, 수학I을 필수과목으로 하고 한문 및 불어, 독어, 중국어, 에스파냐어 등 5과목 중 1과목을 선택과목으로 정하여 일본어를 선택과목에서 제외시킨 것은 교육법 제111조의2 및 앞으로 개정될 교육법시행령 제71조의2의 제한범위내에서의 적법한 자율권행사라 할 것이다.**

3. 물론 고등학교 교육과정의 외국어 교과 중에 일본어과목이 독일어, 프랑스어, 에스파냐어, 중국어 등 과목과 함께 선택과목의 하나로 채택되어 있고 고등학교 중 일본어를 가르치고 있는 학교가 많고 심지어 독일어, 프랑스어, 에스파냐어, 중국어 등 과목을 완전히 배제한 채 외국어 선택과목으로는 오로지 일본어 하나만을 가르치고 있는 고등학교도 상당수(相當數)이며 현재 고등학교에서 일본어를 외국어 선택과목으로 배우고 있는 학생들 중 94학년도에 대학진학 예정인 2학년생과 95학년도에 대학진학 예정인 1학년생은 그들이 서울대학교 인문계열 진학을 희망할 경우 일본어를 선택과목으로 시험을 치를 수 없게 되어 고등학교에서 독일어, 프랑스어, 에스파냐어, 중국어 중 하나를 외국어 선택과목으로 배우고 있는 학생들보다 불리한 입장에 놓이게 되었다고 주장할 수도 있을 것이다. **그러나 이러한 불이익은 서울대학교가 학문의 자유와 대학의 자율권이라고 하는 기본권의 주체로서 자신의 주체적인 학문적 가치판단에 따른, 법률이 허용하는 범위 내에서의 적법한 자율권행사의 결과 초래된 반사적 불이익이어서 부득이한 일이다. 대학인에게 보장된 학문의 자유(강학의 자유)나 대학의 자율권도 교육의 기회균등 못지않게 중요하고 청구인들과 서울대학교와의 관계는 기본권 주체와 공권력 주체와의 관계뿐만 아니라 아울러 기본권주체 상호간의 관계이기도 하기 때문이다.** 더구나 서울대학교는 일본어를 선택과목에서 뺀 대신 고등학교 교육과정의 필수과목으로서 모든 고등학교에서 가르치고 있는 한문을 다른 외국어와 함께 선택과목으로 채택하였을 뿐더러 "'94학년도 대학입학고사 주요요강"을 적어도 2년간의 준비기간을 두고 발표함으로써 청구인 등 고등학교에서 일본어를 배우고 있는 1·2학년생 학생들(요강 발표 당시의)로 하여금 2년 후 또는 3년 후에 서울대학교 입학시험을 치르는데 그다지 지장이 없도록 배려까지 하고 있으므로 서울대학교가 일본어를 시험과목에서 배제하였다고 해서 그들이 갖는 교육의 기회균등이 침해되었다고 말할

수도 없을 것이다.

재판관 조규광의 반대의견

1. 우리 헌법 제31조 제4항에서 "교육의 자주성, 전문성, 정치적 중립성 및 대학의 자율성은 법률이 정하는 바에 의하여 보장된다"고 규정하여 교육의 자주성과 대학의 자율성을 보장하고 있는바, 위 대학의 자율은 대학의 인사, 대학시설의 관리·운영뿐만 아니라 학사관리에 관한 자주결정권이란 대학이 학생의 전형선발, 학생의 성적평가, 학위의 수여, 학생에 대한 포상과 징계 등을 대학이 자율적으로 결정하는 것을 말한다. 그런데 교육부가 새로 마련한 대학입학시험제도개선안에 따라 대학별 고사를 실시하기로 한 서울대학교가 인문계열의 대학별 고사과목을 정함에 있어 위에서 본 바와 같이 한문 및 프랑스어, 독일어, 중국어, 에스파냐어 등 5과목 중 1과목을 선택과목으로 정하여 일본어를 선택과목에서 제외시킨 것은 원칙적으로 피청구인의 자율권의 재량행사 범위 내에 해당함은 수긍이 간다. 그러나 **이 사건에 있어서 말하는 자율권이란 대학의 국가에 대한 관계에 있어서의 기본권적 측면으로부터 파악되는 것이 아니라, 오히려 피청구인이 공권력행사의 담당자로서 영조물인 대학시설을 이용코자 하는 입학희망자들에 대하여 그 전형선발에 관한 행정적 규제를 과하는 권한의 측면으로부터 보아야 하며, 청구인들과 피청구인의 관계는 기본권주체와 공권력담당자와의 관계일 뿐 기본권주체 상호간의 관계로 볼 수는 없다고 할 것이다.**

2. 피청구인은 피청구인이 일본어를 선택과목에서 뺀 대신 고등학교 교육과정의 필수과목으로서 모든 고등학교에서 가르치고 있는 한문을 다른 외국어와 함께 선택과목으로 채택하였을 뿐더러 피청구인은 1994학년도 대학입학고사 주요요강을 2년간의 충분한 준비기간을 두고 발표하였으므로 피청구인이 일본어를 시험과목에서 배제하였다 하여 청구인 등 고등학교에서 일본어를 배우고 있는 학생들로 하여금 2년 후 또는 3년 후에 서울대학교 입학시험을 치르는데 큰 지장이 없도록 배려하고 있으므로 그들이 갖는 기대이익을 부당하게 침해하지 않았다고 주장한다. 그러나 일본어에서 한자혼용을 많이 한다고 하여도 외국어로서의 일본어와 한문 사이에는 본질적인 차이가 있으므로 그것만으로 일본어와 한문이 유사하여 시험과목으로서의 대체성이 있다고 보기 어렵다. 또 교육부고시 제88-7호에 의거 실시하고 있는 제2외국어 수업은 일반적으로 일반계고교에서 10단위로서 수업기간은 1학년 1학기부터 3학년 2학기까지인 점을 고려하면 교원요원의 확보 기타 교과변경에 따른 제반 교육행정에 관하여 각 고등학교가 처한 구체적 상황에 따라 어려움이 있으리라는 것은 쉽게 짐작할 수 있으나 현재 고등학교 1학년에 재학중인 학생은 충분하지는 않지만 위 개정전 입시안에 맞추어 일본어가 아닌 다른 외국어를 공부함으로써 위에서 본 바와 같은 신뢰의 침해에서 벗어날 여지가 있다고 보여지므로 대학의 자율성과 다양성을 추구한다는 공공복리와 비교형량할 때 그 신뢰가 우선된다고 보기 어려울 뿐더러 그러한 공익목적을 위하여 차별의 합리성을 인정할 수 있다고 하겠다. 그러나 **현재 고등학교 2학년에 재학 중인 학생들은 남은 2년의 기간안에 해당 고등학교에서 일본어 아닌 다른 제2외국어과목을 개설하여 소정의 단위기간의 수업을 마칠 수 있다는 확증이 없을 뿐만 아니라 이미 서울대학교 입시준비를 위하여 제2외국어로 일본어를 선택하여 공부하여온 학생들의 제도신뢰에 근거하여 형성된 이익을 소급하여 박탈하는 것이 되므로 현재 고등학교 2학년인 청구인 노광현의 경우에는 종전의 대학입시제도에 대한 신뢰와 고등학교교육의 정상화에 기여하고 대학의 자율성과 다양성을 추구한다는 공공복리와를 비교형량해 볼 때 그 신뢰가 우선보호되어야 한다고 할 것이고, 그러한 공익목적을 위하여 일본어를 선택하여 공부하는 학생들을 프랑스어, 독일어, 중국어나 에스파냐어 등 다른 외국어를 선택하여 공부하는 학생군에 비하여 차별할 합리적 이유가 없으므로, 이 건 서울대학교 대학입학고사주요요강 중 인문계열대학의 대학별 고사과목의 선택과목에서 일본어를 제외한 부분은 헌법 제11조 제1항의 평등의 원칙을 위배하여 헌법 제31조 제1항이 보장하고 있는 균등하게 교육을 받을 권리를 침해하는 것으로서 위헌이라고 할 수밖에 없다.**

재판관 김양균의 반대의견

피청구인의 주요 요강을 과잉금지의 원칙의 차원에서 살펴본다. 과잉금지의 원칙이라는 것은 국가가 국민의 기본권(수학권)을 제한하는 국가작용(입법·행정 등)을 함에 있어서 준수하여야 할 기본원칙 내지 한계를 의미하는 것으로서 국민의 기본권을 제한하려는 국가작용의 목적이 헌법 및 법률의 체제상 그 정당성이 인정되어야 하고(목적의 정당성) 그 목적의 달성을 위하여 그 방법이 효과적이고 적절하여야 하며(방법의 적정성), 기본권 제한의 조처가 국가작용의 목적달성을 위하여 설사 적절하다 할지라도 보다 완화된 형태나 방법을 모색함으로써 기본권의 제한이 필요한 최소한도에 그치도록 하여야 하며(피해의 최소성) 그 국가작용에 의하여 보호하려는 공익과 침해되는 사익을 비교형량할 때 보호되는 공익이 더 커야 한다(법익의 균형성)는 헌법(제37조 제2항)상의 원칙이다. 피청구인이 국립의 영조물이고 행정쟁송법상의 행정기관에 속하며 교육부의 개선안을 승계하여 자체 요강을 만들어 발표한 행위가 공권력의 행사에 해당한다는 것은 전술과 같으므로 위의 과잉금지의 원칙도 그대로 적용될 수 있을 것이다.

생각건대 **피청구인 작성의 입시요강의 시행시기가 1995년이라면 피해가 훨씬 줄어들 것이고 1996년이라면 피해가 전무할 것인데도 그 시행시기를 굳이 1994년도로 하려는 것은, 만일 그 시기를 놓쳐서는 국가의 교육정책상 회복할 수 없는 손실이 초래될 우려가 있어, 공공복리의 증진을 위하여 일부 학생의 희생은 부득이 감수하게 할 수밖에 없다고 함과 같은 특별한 사정이 인정되어야 할 것인바, 이 사건에서는 그와 같은 특별한 사정을 인정할 만한 자료가 발견되지 않으므로 과잉금지(피해의 최소성·법익의 균형성)의 원칙에도 위배되는 것으로 보여지는 것이다.**

본 판례에 대한 평가 1. 헌법 제31조 제4항이 규정하고 있는 교육의 자주성, 대학의 자율성보장은 대학에 대한 공권력 등 외부세력의 간섭을 배제하고 대학인 자신이 대학을 자주적으로 운영할 수 있도록 함으로써 대학인으로 하여금 연구와 교육을 자유롭게 하여 진리탐구와 지도적 인격의 도야라는 대학의 기능을 충실히 발휘할 수 있도록 하기 위한 것으로서 이는 학문의 자유의 확실한 보장수단이자 대학에 부여된 헌법상의 기본권이다.

2. 공법인 내지 공권력의 담당자는 헌법소원의 청구인적격이 인정되지 않음이 원칙이다. 국립서울대학교에게 헌법소원의 청구인적격을 인정할 수 있는가에 대해 헌법재판소는 본 결정을 통하여 국립서울대학교가 공권력행사의 주체인 동시에 학문의 자유와 대학의 자율권 측면에서는 기본권의 주체라고 판시함으로써 학문의 자유와 대학의 자율권과 관련하여 헌법소원을 청구할 수 있음을 인정하였다는 점에서 본 결정의 의의를 찾을 수 있다.

판례 평석: 전광석, "1994학년도 서울대학교 신입생선발시안에 대한 헌법소원", 헌법재판자료 6집(1993. 12), 43-61면; 김선택, "공법인의 기본권주체성과 기본권제한의 특수문제로서 기본권충돌의 법리", 고려대 판례연구 7집, 1995, 고려대학교 법학연구소, 65-92면; 정연주, "서울대 입시요강 사건", 헌법실무연구 2권, 헌법실무연구회, 2002, 411-432면; 정재황, "교육의 권리에 관한 헌재판례", 법률신문 2230호(93. 7), 법률신문사, 15면.

관련 문헌: 정재황, "교육에 대한 권리", 월간고시, 1993. 9, 85-86면.

[요약판례 2] 사립학교법 제53조의2 제2항 위헌소원 등: 합헌,각하(헌재 1998.7.16. 96헌바33등)

교육기관의 교원을 정관이 정하는 바에 따라 기간을 정하여 임면할 수 있도록 규정한 구 사립학교법 제53조의2 제3항이 교원지위 법정주의에 위반되는지 여부(소극) 및 위 법률조항이 교육의 자주성·전문성·정치적 중립성 및 대학의 자율성과 학문의 자유를 침해하는지 여부(소극)

대학교원의 기간임용제를 규정한 구 사립학교법 제53조의2 제3항은 전문성·연구실적 등에 문제가 있는 교수의 연임을 배제하여 합리적인 교수인사를 할 수 있도록 하기 위한 것으로 그 입법목적이 정당하고, 대학교육기관의 교원에 대한 기간임용제와 정년보장제는 국가가 문화국가의 실현을 위한 학문진흥의 의무를 이행함에 있어서나 국민의 교육권의 실현·방법 면에서 각각 장단점이 있어서, 그 판단·선택은 헌법재판소에서 이를 가늠하기보다는 입법자의 입법정책에 맡겨 두는 것이 옳으므로, 위 조항은 헌법 제31조 제6항이 규정한 교원지위 법정주의에 위반되지 아니한다.

기간임용제는 대학교육기관의 교원을 기간을 정하여 임면할 수 있도록 한 것일 뿐 교원의 학문에 대한 연구·활동 내용이나 방식을 규율한 것은 아니며, 재임용될 교원을 결정함에 있어서도 임면권자인 학교법인의 교원인사에 관한 자율성을 제한하는 것도 아니므로, 구 사립학교법 제53조의2 제3항은 헌법 제31조 제4항이 보장한 교육의 자주성·전문성·정치적 중립성 및 대학의 자율성과 헌법 제22조 제1항이 보장한 학문의 자유를 침해하지 아니한다.

헌법 제31조 제4항은 "교육의 자주성·전문성·정치적 중립성 및 대학의 자율성은 법률이 정하는 바에 의하여 보장된다"고 규정하여 교육의 자주성·대학의 자율성을 보장하고 있는데, 이는 대학에 대한 공권력 등 외부세력의 간섭을 배제하고 대학구성원 자신이 대학을 자주적으로 운영할 수 있도록 함으로써 대학인으로 하여금 연구와 교육을 자유롭게 하여 진리탐구와 지도적 인격의 도야(陶冶)라는 대학의 기능을 충분히 발휘할 수 있도록 하기 위한 것이며, 교육의 자주성이나 대학의 자율성은 헌법 제22조 제1항이 보장하고 있는 학문의 자유의 확실한 보장수단으로 꼭 필요한 것으로서 이는 대학에게 부여된 헌법상의 기본권이다.

이 사건 법률조항에 의한 기간임용제는 대학교육기관의 교원을 기간을 정하여 임면할 수 있도록 한 것일 뿐 교원의 학문에 대한 연구·활동 내용이나 방식을 규율한 것은 아니며, 재임용될 교원을 결정함에 있어서도 임면권자인 학교법인의 교원인사에 관한 자율성을 제한하는 것도 아니다. 비록 교원의 기간임용제를 일부 악용하는 등의 사례가 있다면 그것은 이 사건 법률조항 자체의 입법적인 결함이라기보다는 운영에 있어서 생긴 문제에 불과한 것이다. 따라서 이 사건 법률조항은 교원지위 법정주의에 위반된다고 할 수 없고 학문의 자유와 교육의 자주성·전문성·정치적 중립성·대학의 자율성을 침해하는 위헌조항이라고 보기 어렵다.

[요약판례 3] 구 사립학교법 제53조의2 제3항 위헌소원: 헌법불합치(헌재 2003.2.27. 2000헌바26)

대학교육기관의 교원을 당해 학교법인의 정관이 정하는 바에 따라 기간을 정하여 임면할 수 있다고 규정한 구 사립학교법 제53조의2 제3항이 교원지위법정주의에 위반되는지 여부(적극)

이 사건 법률조항의 위헌성은 위에서 본 바와 같이 기간임용제 그 자체에 있는 것이 아니라 재임용 거부사유 및 그 사전구제절차, 그리고 부당한 재임용거부에 대하여 다툴 수 있는 사후의 구제절차에 관하여 아무런 규정을 하지 아니함으로써 재임용을 거부당한 교원이 구제를 받을 수 있는 길을 완전히 차단한 데 있다. 그런데 이 사건 법률조항에 대하여 단순위헌을 선언하는 경우에는 기간임용제 자체까지도 위헌으로 선언하는 결과를 초래하게 되므로, 단순위헌결정 대신 헌법불합치결정을 하는 것이다.

[요약판례 4] 교육공무원법 제24조 제4항 등 위헌확인: 합헌,기각(헌재 2006.4.27. 2005헌마1047등)

국립대학 교수나 교수회가 대학의 자율과 관련한 기본권 주체성이 있는지 여부(적극) 및 대학의 장 후보자 선정을 직접선거의 방법으로 실시하기로 해당 대학 교원의 합의가 있는 경우 그 선거관리를 선거관리위원회에 의무적으로 위탁시키는 교육공무원법 제24조의3 제1항은 대학의 자율을 침해한 것인지 여부(소극)

대학의 자치의 주체를 기본적으로 대학으로 본다고 하더라도 교수나 교수회의 주체성이 부정된다고 볼 수는 없고, 가령 학문의 자유를 침해하는 대학의 장에 대한 관계에서는 교수나 교수회가 주체가 될 수 있고, 또한 국가에 의한 침해에 있어서는 대학 자체 외에도 대학 전구성원이 자율성을 갖는 경우도 있을 것이므로 문제되는 경우에 따라서 대학, 교수, 교수회 모두가 단독, 혹은 중첩적으로 주체가 될 수 있다고 보아야 할 것이다.

국가의 예산과 공무원이라는 인적조직에 의하여 운용되는 국립대학에서 선거관리를 공정하게 하기 위하여 중립적 기구인 선거관리위원회에 선거관리를 위탁하는 것은 선거의 공정성을 확보하기 위한 적절한 방법인 점, 선거관리위원회에 위탁하는 경우는 대학의 장 후보자를 선정함에 있어서 교원의 합의된 방식과 절차에 따라 직접선거에 의하는 경우로 한정되어 있는 점, 선거에 관한 모든 사항을 선거관리위원회에 위탁하는 것이 아니라 선거관리만을 위탁하는 것이고 그 외 선거권, 피선거권, 선출방식 등은 여전히 대학이 자율적으로 정할 수 있는 점, 중앙선거관리위원회에서 위 선거관리와 관련한 규칙을 제정하고자 하는 경우 대학들은 교육인적자원부장관을 통하여 그 의견을 개진할 수 있는 점(교육공무원법 제24조의3 제2항), 선거관리위원회는 공공단체의 직접선거와 관련하여 조합원이 직접 투표로 선출하는 조합장선거(농업협동조합법 제51조 제4항)와 교육위원 및 교육감선거(지방교육자치에 관한 법률 제51조 제1항)의 경우에도 그 선거사무를 관리하고 있는 점을 고려하면, 위 규정이 매우 자의적인 것으로서 합리적인 입법한계를 일탈하였거나 대학의 자율의 본질적인 부분을 침해하였다고 볼 수 없다.

[요약판례 5] 법학전문대학원 설치인가 중 입학전형계획 위헌확인: 기각(헌재 2013.5.30. 2009헌마514)

교육부장관이 학교법인 이화학당에게 한 법학전문대학원 설치인가 중 여성만을 입학자격요건으로 하는 입학전형계획을 인정한 부분(이하 '이 사건 인가처분'이라 한다)이 남성인 청구인의 직업선택의 자유를 침해하는지 여부(소극)

교육부장관의 이 사건 인가처분은 학교법인 이화학당이 법학전문대학원 설치인가를 받기 위해 제출한 입학전형계획을 그대로 인정함으로써 남성인 청구인의 직업선택의 자유를 제한하고 있다. 그러나 한편으로 학교법인 이화학당은 헌법 제31조 제4항의 대학의 자율성의 주체인바, 학교법인 이화학당의 법학전문대학원 입학전형계획은 학교법인 이화학당이 학생의 선발 및 입학 전형에 관하여 대학의 자율성을 행사한 것이고, 이 사건 인가처분은 이러한 대학의 자율성 행사를 보장하는 것이다. 따라서 이 사건 인가처분에 의하여 청구인의 직업선택의 자유와 사립대학의 자율성이라는 두 기본권이 충돌하게 된다.

교육부장관이 이화여자대학교에 법학전문대학원 설치인가를 한 것은 대학의 교육역량에 대한 객관적인 평가에 따른 것이지 여성 우대를 목적으로 한 것이 아니며, 설치인가를 하면서 이화여자대학교의 이 사건 모집요강 내용을 그대로 인정한 것은 여자대학으로서의 전통을 유지하려는 이화여자대학교의 대학의 자율성을 보장하고자 한 것이므로, 이 사건 인가처분은 그 목적의 정당성과 수단의 적합성이 인정된다.

학생의 선발, 입학의 전형도 사립대학의 자율성의 범위에 속한다는 점, 여성 고등교육기관이라는 이화여자대학교의 정체성에 비추어 여자대학교라는 정책의 유지 여부는 대학 자율성의 본질적인 부분에 속한다는 점, 이 사건 인가처분으로 인하여 남성인 청구인이 받는 불이익이 크지 않다는 점 등을 고려하면, 이 사건 인가처분은 청구인의 직업선택의 자유와 대학의 자율성이라는 두 기본권을 합리적으로 조화시킨 것이며 양 기본권의 제한에 있어 적정한 비례관계를 유지한 것이라고 할 것이다. 따라서 이 사건 인가처분이 청구인의 직업선택의 자유를 침해한다고 할 수 없다.

[요약판례 6] 공무원보수규정 第39조의2 위헌확인: 기각(헌재 2013.11.28. 2011헌마282)

국립대학 교원에게 성과급적 연봉제로 보수를 지급하도록 규정한 공무원보수규정 제39조의2 제1항, 제3항, 제4항이 헌법 제37조 제2항의 법률유보원칙과 헌법 제31조 제6항의 교육제도(교원지위) 법정주의에 반하는지 여부(소극) 및 청구인들의 학문의 자유를 침해하는지 여부(소극)

기존의 호봉제는 근무기간에 따라 일률적으로 높은 호봉의 급여를 받도록 함으로써 국립대학 교원으로 하여금 학문연구 및 기타 교수로서의 임무를 성실히 수행하도록 하는 유인이 약하여 국립대학의 경쟁력을 저해할 우려가 있고, 근무기간에 관계없이 열심히 학문연구 등을 하는 교원을 오히려 홀대하게 되어 형평에 어긋난다. 반면 성과급적 연봉제는 각자가 노력한 만큼의 보수를 지급하겠다는 것이므로 형평의 원칙에 보다 부합한다.

성과급적 연봉제는 열심히 학문연구 등을 하고자 하는 교원에게 적절한 동기를 부여하고 그 결과에 따라 공평한 보상을 하기 위한 제도일 뿐, 교원의 학문연구나 교육 등의 활동을 제약하거나 일정한 방향으로 강요하기 위하여 만들어진 제도가 아니다. 그리고 성과급적 연봉제하에서도 평가결과에 상관없이 교원들의 기본연봉은 보장되고, 낮은 평가를 받은 교원이라 하더라도 그 신분을 박탈당하는 것도 아니다.

아울러 이 사건 조항에 따른 성과급적 연봉제의 시행으로 인하여 청구인들이 받게 되는 불이익은 낮은 등급을 받게 될 경우의 '상대적 박탈감 및 사기저하'인 반면에 그로 인하여 달성되는 공익은 (i) 연구 및 교육 수행 정도에 따른 보수지급의 형평성 확립, (ii) 국립대학이 유능한 인재를 확보할 수 있는 기회 확대, (iii) 우수한 교원 확보를 통한 학생들의 학업 수준 향상, (iv) 교원들의 경쟁력 강화를 통한 국립대학의 선진화 등이므로 이 사건 조항이 공익에 비하여 사익을 현저하게 침해하고 있다고 볼 수 없다. 따라서 이 사건 조항은 과잉금지원칙에 반하여 청구인들의 학문의 자유를 침해하지 아니한다.

대판 2004.4.22. 2000두7735

대학교원의 임용권자가 임용기간이 만료된 조교수에 대하여 재임용을 거부하는 취지로 한 임용기간 만료의 통지가 행정소송의 대상이 되는 처분에 해당하는지 여부(적극)

기간제로 임용되어 임용기간이 만료된 국·공립대학의 조교수는 교원으로서의 능력과 자질에 관하여 합리적인 기준에 의한 공정한 심사를 받아 위 기준에 부합되면 특별한 사정이 없는 한 재임용되리라는 기대를 가지고 재임용 여부에 관하여 합리적인 기준에 의한 공정한 심사를 요구할 법규상 또는 조리상 신청권을 가진다고 할 것이니, 임용권자가 임용기간이 만료된 조교수에 대하여 재임용을 거부하는 취지로 한 임용기간만료의 통지는 위와 같은 대학교원의 법률관계에 영향을 주는 것으로서 행정소송의 대상이 되는 처분에 해당한다.

대판 2010.12.9. 2007도10121

대학교수인 피고인이 제작·반포한 '한국전쟁과 민족통일'이라는 제목의 논문 및 피고인이 작성한 강연 자료, 기고문 등의 이적표현물에 대하여, 그 반포·게재된 경위 및 피고인의 사회단체 활동 내용 등에 비추어 피고인이 절대적으로 누릴 수 있는 연구의 자유의 영역을 벗어나 헌법 제37조 제2항과 국가보안법 제7조 제1항, 제5항에 따른 제한의 대상이 되었고, 또한 피고인이 북한문제와 통일문제를 연구하는 학자로서 순수한 학문적인 동기와 목적 아래 위 논문 등을 제작·반포하거나 발표하였다고 볼 수 없을 뿐만 아니라, 피고인이 반국가단체로서의 북한의 활동을 찬양·고무·선전 또는 이에 동조할 목적 아래 위 논문 등을 제작·반포하거나 발표한 것이어서 그것이 헌법이 보장하는 학문의 자유의 범위 내에 있지 않다.

제4항 예술의 자유

[요약판례 1] 음반에관한법률 제3조 등에 대한 헌법소원: 한정위헌(헌재 1993.5.13. 91헌바17)

음반제작자에 대하여 일정한 시설을 갖추어 등록할 것을 요구하는 구 음반에관한법률 제3조 제1항이 위헌인지 여부(소극) 및 위 법률 제3조 제1항 및 제13조 제1호는 제3조 제1항 각호에 규정한 시설을 자기소유이어야 하는 것으로 해석하는 한 헌법에 위반되는지 여부(한정적극)

예술창작의 자유는 예술창작활동을 할 수 있는 자유로서 창작소재, 창작형태 및 창작과정 등에 대한 임의로운 결정권을 포함한 모든 예술창작활동의 자유를 그 내용으로 한다. 따라서 음반 및 비디오물로써 예술창작활동을 하는 자유도 이 예술의 자유에 포함된다.

예술표현의 자유는 창작한 예술품을 일반대중에게 전시·공연·보급할 수 있는 자유이다. 예술품보급의 자유와 관련해서 예술품보급을 목적으로 하는 예술출판자 등도 이러한 의미에서의 예술의 자유의 보호를 받는다고 하겠다. 따라서 비디오물을 포함하는 음반제작자도 이러한 의미에서의 예술표현의 자유를 향유한다고 할 것이다.

[요약판례 2] 영화법 제12조 등에 대한 위헌제청: 위헌(헌재 1996.10.4. 93헌가13등)

영화법 제12조 제1항 및 제2항, 제13조 제1항 중 공연윤리위원회에 의한 심의에 관한 부분의 위헌여부(적극)

검열을 행정기관이 아닌 독립적인 위원회에서 행한다고 하더라도 행정권이 주체가 되어 검열절차를 형성하고 검열기관의 구성에 지속적인 영향을 미칠 수 있는 경우라면 실질적으로 검열기관은 행정기관이라고 보아야 한다. 그러므로 공연윤리위원회가 민간인으로 구성된 자율적인 기관이라고 할지라도 영화법에서 영화에 대한 사전허가제도를 채택하고, 공연법에 의하여 공연윤리위원회를 설치토록 하여 행정권이 공연윤리위원회의 구성에 지속적인 영향을 미칠 수 있게 하였으므로 공연윤리위원회는 검열기관으로 볼 수밖에 없다.

[요약판례 3] 음반및비디오물에관한법률 제16조 제1항 등 위헌제청: 위헌(헌재 1996.10.31. 94헌가6)

공연윤리위원회의 심의를 받지 아니한 음반의 판매를 금지하고 이에 위반한 자를 처벌하는 규정이 헌법상의 검열금지원칙에 위배되는지 여부(적극)

청소년 등에게 부적절한 내용의 음반에 대하여는 청소년에게 판매할 수 없도록 미리 등급을 심사하는 이른바 등급심사제도는 사전검열에 해당하지 아니한다.

이 사건 법률조항은 심의기관인 공연윤리위원회가 음반의 제작·판매에 앞서 그 내용을 심사하여 심의기준에 적합하지 아니한 음반에 대하여는 판매를 금지할 수 있고, 심의를 받지 아니한 음반을 판매할 경우에는 형사처벌까지 할 수 있도록 규정하고 있는바, 공연윤리위원회는 공연법에 의하여 설치되고 행정권이 그 구성에 지속적인 영향을 미칠 수 있게 되어 있으므로, 음반에 대한 위와 같은 사전심의제도는 명백히 사전검열제도에 해당한다.

[요약판례 4] 음반및비디오물에관한법률 제16조 제2항 등 위헌제청: 위헌(헌재 1997.3.27. 97헌가1)

공연윤리위원회의 심의를 받지 아니한 음반을 판매·배포 또는 대여할 목적으로 보관하는 것을 금지하고 이에 위반한 자를 처벌하는 규정이 헌법상의 검열금지원칙에 위배되는지 여부(적극)

헌법 제21조 제2항이 언론·출판에 대한 검열금지를 규정한 것은 비록 헌법 제37조 제2항이 국민의 자유와 권리를 국가안전보장·질서유지 또는 공공복리를 위하여 필요한 경우에 한하여 법률로써 제한할 수 있도록 규정하고 있다고 할지라도 언론·출판의 자유에 대하여 검열을 수단으로 한 제한은 법률로써도 허용되지 아니한다는 것을 밝힌 것이다.

헌법 제21조 제2항에서의 검열은 그 명칭이나 형식에 관계없이 행정청이 주체가 되어 사상이나 의견 등이 발표되기 이전에 예방적 조치로서 그 내용을 심사·선별하여 사전에 억제하는 제도를 말한다.

이 사건 법률조항부분은 음반의 제작·판매에 앞선 공연윤리위원회의 심의와 심의를 받지 아니한 음반의 판매에 대한 형사처벌을 규정한 것과 마찬가지로 판매·배포 또는 대여할 목적으로 음반을 보관하는 것에 대하여도 같은 내용을 규정함으로써 사전검열금지원칙을 규정하고 있는 헌법 제21조 제2항에 위반된다.

[요약판례 5] 출판사및인쇄소의등록에관한법률 제5조의2 제5호 등 위헌제청: 합헌(헌재 1998.4.30. 95헌가16)

음란표현과 저속표현의 헌법적 평가의 상이

"음란"이란 인간존엄 내지 인간성을 왜곡하는 노골적이고 적나라한 성표현으로서 오로지 성적 흥미에만 호소할 뿐 전체적으로 보아 하등의 문학적, 예술적, 과학적 또는 정치적 가치를 지니지 않은 것으로서, 사회의 건전한 성도덕을 크게 해칠 뿐만 아니라 사상의 경쟁메커니즘에 의해서도 그 해악이 해소되기 어려워 언론·출판의 자유에 의한 보장을 받지 않는 반면, "저속"은 이러한 정도에 이르지 않는 성표현 등을 의미하는 것으로서 헌법적인 보호영역안에 있다.

"음란" 개념은 적어도 수범자와 법집행자에게 적정한 지침을 제시하고 있다고 볼 수 있고 또 법적용자의 개인적 취향에 따라 그 의미가 달라질 수 있는 가능성도 희박하다고 하지 않을 수 없다. 따라서 이 사건 법률조항의 "음란" 개념은 그것이 애매모호하여 명확성의 원칙에 반한다고 할 수 없다.

"음란"의 개념과는 달리 "저속"의 개념은 그 적용범위가 매우 광범위할 뿐만 아니라 법관의 보충적인 해석에 의한다 하더라도 그 의미내용을 확정하기 어려울 정도로 매우 추상적이다. 이 "저속"의 개념에는 출판사등록이 취소되는 성적 표현의 하한이 열려 있을 뿐만 아니라 폭력성이나 잔인성 및 천한 정도도 그 하한이 모두 열려 있기 때문에 출판을 하고자 하는 자는 어느 정도로 자신의 표현내용을 조절해야 되는지를 도저히 알 수 없도록 되어 있어 명확성의 원칙 및 과도한 광범성의 원칙에 반한다.

청소년의 건전한 심성을 보호하기 위해서 퇴폐적인 성표현이나 지나치게 폭력적이고 잔인한 표현 등을 규제할 필요성은 분명 존재하지만, 이들 저속한 표현을 규제하더라도 그 보호대상은 청소년에 한정되어야 하고, 규제수단 또한 청소년에 대한 유통을 금지하는 방향으로 좁게 설정되어야 할 것인데, 저속한 간행물의 출판을 전면 금지시키고 출판사의 등록을 취소시킬 수 있도록 하는 것은 청소년보호를 위해 지나치게 과도한 수단을 선택한 것이고, 또 청소년보호라는 명목으로 성인이 볼 수 있는 것까지 전면 금지시킨다면 이는 성인의 알권리의 수준을 청소년의 수준으로 맞출 것을 국가가 강요하는 것이어서 성인의 알권리까지 침해하게 된다.

[요약판례 6] 음반및비디오물에관한법률 제17조 제1항 등 위헌제청: 위헌(헌재 1998.12.24. 96헌가23)

공연윤리위원의 사전심의를 받지 않은 비디오물의 판매 등을 금지하고 이에 위반한 자를 처벌하도록 하는 규정이 언론·출판에 대한 검열금지의 원칙을 규정한 헌법 제21조 제2항에 위반되는지 여부(적극)

헌법 제21조 제1항과 제2항은 모든 국민은 언론·출판의 자유를 가지며, 언론·출판에 대한 허가나 검열은 인정되지 아니한다고 규정하고 있는데, 여기서의 검열은 행정권이 주체가 되어 사상이나 의견 등이 발표되기 이전에 예방적 조치로서 그 내용을 심사, 선별하여 발표를 사전에 억제하는, 즉 허가받지 아니한 것의 발표를 금지하는 제도를 뜻한다. 그러므로 언론·출판의 자유에 대하여는 검열을 수단으로 한 제한만은 법률로써도 허용되지 아니한다.

비디오물을 제작하거나 수입하는 경우 공연윤리위원회의 사전심의를 받을 의무를 부과하고, 사전심의를 받지 않은 비디오물에 관하여 판매·배포·대여·시청제공 등을 금지하면서, 위에 위반한 경우에는 3년이하의 징역 또는 2천만원 이하의 벌금에 처하도록 하고 위반자가 소유 또는 점유하는 비디오물의 그 제작기자재등을 몰수할 수 있도록 규정하고 있는 등 심의기관인 공연윤리위원회가 비디오물의 제작·판매등에 앞서 그 내용을 심사하여 심의기준에 적합하지 아니한 비디오물에 대하여는 제작·판매등을 금지하고, 심의를 받지 아니한 비디오물을 제작·판매할 경우에는 형사처벌까지 할 수 있도록 규정하고 있는 이 사건 법률조항은 사전검열제도를 채택한 것으로서 언론·출판에 대한 검열금지의 원칙을 규정한 헌법 제21조 제2항에 위반된다.

대판 1996.6.11. 96도980

연극공연행위의 음란성 판단 기준

연극공연행위의 음란성의 판단에 있어서는 당해 공연행위의 성에 관한 노골적이고 상세한 묘사·서술의 정도와 그 수법, 묘사·서술이 행위 전체에서 차지하는 비중, 공연행위에 표현된 사상 등과 묘사·서술과의 관련성, 연극작품의 구성이나 전개 또는 예술성·사상성 등에 의한 성적 자극의 완화의 정도, 이들의 관점으로부터 당해 공연행위를 전체로서 보았을 때 주로 관람객들의 호색적 흥미를 돋구는 것으로 인정되느냐 여부 등의 여러 점을 검토하는 것이 필요하고, 이들의 사정을 종합하여 그 시대의 건전한 사회통념에 비추어 그것이 공연히 성욕을 흥분 또는 자극시키고 또한 보통인의 정상적인 성적 수치심을 해하고, 선량한 성적 도의관념에 반하는 것이라고 할 수 있는가 여부에 따라 결정되어야 한다.

연극공연행위의 음란성의 유무는 그 공연행위 자체로서 객관적으로 판단해야 할 것이고, 그 행위자의 주관적인 의사에 따라 좌우되는 것은 아니다.

대판 2005.7.22. 2003도2911

구 전기통신기본법 제48조의2에서 규정하고 있는 '음란'의 의미 및 그 판단 기준

'음란'이라 함은, 일반 보통인의 성욕을 자극하여 성적 흥분을 유발하고 정상적인 성적 수치심을 해하여 성적 도의관념에 반하는 것을 말하고, 표현물의 음란 여부를 판단함에 있어서는 당해 표현물의 성에 관한 노골적이고 상세한 묘사·서술의 정도와 그 수법, 묘사·서술이 그 표현물 전체에서 차지하는 비중, 거기에 표현된 사상 등과 묘사·서술의 관련성, 표현물의 구성이나 전개 또는 예술성·사상성 등에 의한 성적 자극의 완화 정도, 이들의 관점으로부터 당해 표현물을 전체로서 보았을 때 주로 그 표현물을 보는 사람들의 호색적 흥미를 돋우느냐의 여부 등 여러 점을 고려하여야 하며, 표현물 제작자의 주관적 의도가 아니라 그 사회의 평균인의 입장에서 그 시대의 건전한 사회 통념에 따라 객관적이고 규범적으로 평가하여야 한다.

[요약판례 7] 의료기사법시행령 제2조에 대한 헌법소원: 기각(헌재 1993.11.25. 92헌마87)

의료법상 의료인의 의료권이 헌법 제22조 제2항의 과학기술자의 권리에 의하여 보장되는 권리인지 여부(소극)

헌법 제22조 제2항은 "저작자·발명가·과학기술자와 예술가의 권리는 법률로써 보호한다"고 규정함으로써 과학기술자의 특별보호를 명시하고 있으나 이는 과학·기술의 자유롭고 창조적인 연구개발을 촉진하여 이론과 실제 양면에 있어서 그 연구와 소산(所産)을 보호함으로써 문화창달을 제고하려는 데 그 목적이 있는 것이며 이에 의한 하위법률로써 저작권법, 발명보호법, 특허법, 과학기술진흥법, 국가기술자격법 등이 있는 것이다.

제5항 언론 · 출판의 자유

I 정보통신망 이용촉진 및 정보보호 등에 관한 법률 제65조 제1항 제2호 위헌소원: 합헌,각하(헌재 2009.5.28. 2006헌바109등)

쟁점 1. 헌법재판소법 제68조 제2항에 의한 헌법소원심판 청구인이 당해 사건인 형사사건에서 무죄의 확정판결을 받은 경우 재판의 전제성 존부(소극)

2. 엄격한 의미의 음란표현은 헌법 제21조가 규정하는 언론·출판의 자유의 보호영역에 해당하지 아니한다는 취지로 판시한 선례를 변경한 사례

3. 이 사건 법률조항의 '음란' 개념이 명확성의 원칙에 위반되는지 여부(소극)

4. 이 사건 법률조항에 의한 표현의 자유 제한이 과잉금지의 원칙에 반하는 것인지 여부(소극)

사건의 개요

청구인 최○호, 손○익, 엄○춘, 윤○희, 양○현은 각자 인터넷 사이트 혹은 이동통신서비스에 음란한 화상 또는 영상을 공연히 배포하였다는 이유로 "구 정보통신망 이용촉진 및 정보보호 등에 관한 법률 제65조 제1항 제2호를 위반한 죄로 기소되었고, 이들 모두는 재판의 계속 중에 위헌법률심판제청신청을 하였으나 기각되어 헌법소원을 청구하였다. 그런데 항소심 도중 최○호, 손○익, 엄○춘, 양○현은 음란성을 인정할 증거가 없다는 이유로 무죄판결을 선고받았으며 이는 확정되었다.

심판의 대상

구 정보통신망 이용촉진 및 정보보호 등에 관한 법률(2001. 1. 16. 법률 제6360호로 전부 개정되고, 2007. 1. 26. 법률 제8289호로 개정되기 전의 것) 제65조 (벌칙) ① 다음 각 호의 어느 하나에 해당하는 자는 1년 이하의 징역 또는 1천만 원 이하의 벌금에 처한다.

1. 생략

2. 정보통신망을 통하여 음란한 부호·문언·음향·화상 또는 영상을 배포·판매·임대하거나 공연히 전시한 자

3.~6. 생략

② 생략

주 문

1. 청구인 최○호, 손○익, 엄○춘, 양○현의 심판청구를 모두 각하한다.

2. 구 '정보통신망 이용촉진 및 정보보호 등에 관한 법률'(2001. 1. 16. 법률 제6360호로 전부 개정되고, 2007. 1. 26. 법률 제8289호로 개정되기 전의 것) 제65조 제1항 제2호는 헌법에 위반되지 아니한다.

청구인들의 주장

1. 명확성원칙 위반 주장

'음란' 개념은 비고정적·역사적·포괄적·비단일적 개념으로서 다양한 개인들 사이에 각각의 역사적·문화적·종교적인 요소에 따라 다르게 정의될 수밖에 없어 법적 판단기준이 되는 규범적 개념으로

는 정의될 수 없다.

우리 입법기관은 이러한 구체적·개별적 입법을 하지 아니하여 성적 표현 영역에 대한 사법기관의 독점적 판단과 자의적 법집행을 하고 있고, 결국 기본권주체가 처벌을 우려하여 표현행위를 스스로 억제하도록 하고 있어 명확성의 원칙에 반한다.

2. 과잉금지원칙 위반 등 주장

대부분 경제적 동기로 음란물을 유통하는 것에 대하여 과태료·과징금의 제재를 넘어서 형사처벌을 하는 것은 침해의 최소성에 반하고, 청소년보호법에 따라 '청소년유해매체물' 표시를 한 것에 대하여도 형사처벌을 가능하게 하는 것은 과잉입법이며 법치주의에 반한다.

3. 결국 이 사건 법률조항은 청구인들의 헌법상 보장된 표현의 자유·예술의 자유, 일반적 인격권, 행복추구권, 신체의 자유, 직업의 자유, 재산권 등 기본권을 과도하게 제한하고, 문화국가원리에 반하는 것으로서 위헌이다.

▢ 판 단

Ⅰ. 적법요건에 관한 판단

1. 헌법재판소법 제68조 제2항의 헌법소원 심판청구가 적법하기 위해서는 당해 사건에 적용될 법률이 헌법에 위반되는지 여부가 재판의 전제가 되어야 하는바, 재판의 전제가 된다는 것은 그 법률이 당해 사건에 적용될 법률이어야 하고 그 위헌 여부에 따라 재판의 주문이 달라지거나 재판의 내용과 효력에 관한 법률적 의미가 달라지는 것을 말한다(헌재 1995. 7. 21. 93헌바46, 판례집 7-2, 48, 58; 헌재 2007. 1. 17. 2005헌바40, 공보 124, 129, 131).

그런데 당해 사건이 형사사건이고, 청구인의 유·무죄가 확정되지 아니한 상태에서는 처벌의 근거가 되는 형벌조항의 위헌확인을 구하는 청구에 대하여 위와 같은 의미에서의 재판의 전제성을 인정할 수 있을 것이나, 청구인에 대한 무죄판결이 확정된 경우에도 재판의 전제성을 계속하여 인정할 것인지를 살펴본다.

헌법재판소법 제75조 제7항은 '제68조 제2항의 규정에 의한 헌법소원이 인용된 경우에 당해 헌법소원과 관련된 소송사건이 이미 확정된 때에는 당사자는 재심을 청구할 수 있다'고 규정하면서 같은 조 제8항에서 위 조항에 의한 재심에 있어 형사사건에 대하여는 형사소송법의 규정을 준용하도록 하고 있다. 그런데 형사소송법 제420조, 제421조는 '유죄의 확정판결에 대하여 그 선고를 받은 자의 이익을 위하여', '항소 또는 상고기각판결에 대하여는 그 선고를 받은 자의 이익을 위하여' 재심을 청구할 수 있다고 각 규정하고 있다. 따라서 헌법재판소법 제68조 제2항에 의한 헌법소원심판청구인이 당해 사건인 형사사건에서 무죄의 확정판결을 받은 때에는 처벌조항의 위헌확인을 구하는 헌법소원이 인용되더라도 재심을 청구할 수 없고, 청구인에 대한 무죄판결은 종국적으로 다툴 수 없게 되므로 법률의 위헌 여부에 따라 당해 사건 재판의 주문이 달라지거나 재판의 내용과 효력에 관한 법률적 의미가 달라지는 경우에 해당한다고 볼 수 없으므로 더 이상 재판의 전제성이 인정되지 아니하는 것으로 보아야 할 것이다.

2. 그렇다면 당해 사건에서 이 사건 법률조항에 해당하는 공소사실에 관하여 무죄판결이 확정된 2006헌바109, 2007헌바49·57·129 사건의 각 청구인들인 청구인 최○호, 손○익, 엄○춘, 양○현의

심판청구 부분은 재판의 전제성이 인정되지 아니하여 부적법하고(헌재 2008. 7. 31. 2004헌바28, 공보 142, 1028, 1030-1031 참조), 이미 유죄로 확정된 2007헌바83 사건의 나머지 청구인들이 한 심판청구 부분은 적법하다.

Ⅱ. 이 사건 법률조항의 입법목적과 입법연혁

우리나라에서 음란물에 관한 죄는 형법 제22장 성풍속에 관한 죄의 장(사회적 보호법익 침해) 중 형법 제243조(음화반포 등), 제244조(음화제조 등)로 규정되어 있고, 따라서 그 입법목적(보호법익)도 "사회일반의 건전한 성적 풍속 내지 성도덕"이라고 보는 것이 대법원 판례의 입장이다(대법원 2000. 10. 27. 선고 98도679 판결 등).

그러므로 인터넷 등 온라인매체를 통해서 유통되는 음란표현에 대하여도 1차적으로 형법 제243조 등에 의한 규율을 고려해 볼 수 있을 것이나, 그 규율대상인 음란한 '정보'(컴퓨터프로그램파일)가 형법상의 음란한 '물건'에 해당한다고는 할 수 없으므로(대법원 1999. 2. 24. 98도3140 판결 참조), 구 전기통신기본법(1996. 12. 30. 법률 제5219호로 개정된 것) 제48조의2 "전기통신역무를 이용하여 음란한 부호·문언·음향 또는 영상을 반포·판매 또는 임대하거나 공연히 전시한 자는 1년 이하의 징역 또는 1천만 원 이하의 벌금에 처한다"를 신설하였던 것이다.

그러나 전기통신의 효율적 관리와 전기통신사업의 발전·촉진을 목적으로 하여 전기통신사업을 규제하는 전기통신기본법에 음란정보를 유통시킨 일반인을 처벌하는 규정을 두는 것은 법체계상 어울리지 않는다고 보아 위 조항은 삭제되었고, 2001. 1. 16. 법률 제6360호로 전부 개정된 구 정보통신망법에 이 사건 법률조항을 두게 된 것으로서, 이 사건 법률조항의 입법목적(보호법익)도 "사회일반의 건전한 성적 풍속 내지 성도덕"이라고 할 것이다.

Ⅲ. '음란'의 개념과 인터넷

'음란'의 사전적 의미는 '사람 또는 그 행동이 성(性)에 대해 삼가지 않고 난잡한 경우나 책·그림·사진·영화 등이 그 내용에 있어서 성(性)을 노골적으로 다루고 있어 난잡한 것'으로서, 음란물은 선량한 풍속을 해한다거나 그 사회의 도덕성을 훼손한다는 것을 주된 이유로 하여 오래전부터 규제의 대상이 되어 왔다.

그런데 '음란'이란 개념 자체가 사회와 시대적 변화에 따라 변동하는 상대적, 유동적인 것이고 그 시대에 있어서 사회의 풍속, 윤리, 종교 등과도 밀접한 관계를 가지는 것이며(대법원 1997. 12. 26. 선고 97누11287 판결), 인터넷은 진입장벽이 낮고 표현의 쌍방향성이 보장되는 등의 장점으로 오늘날 가장 거대하고 주요한 표현매체의 하나로 자리를 굳혔고, 이와 같은 표현매체에 관한 기술의 발달은 표현의 자유의 장을 넓히고 질적 변화를 야기하고 있으므로, 계속 변화하는 이 분야에서의 규제수단 또한, 헌법의 틀 내에서 다채롭고 새롭게 강구되어야 할 것이다(헌재 2002. 6. 27. 99헌마480, 판례집 14-1, 616, 632 참조).

그리하여 우리 재판소는 '출판사 및 인쇄소의 등록에 관한 법률' 제5조의2 제5호 등에 대한 위헌제청 사건에서 위 법률조항의 '음란' 개념에 대하여 "음란이란 인간존엄 내지 인간성을 왜곡하는 노골적이고 적나라한 성표현으로서 오로지 성적 흥미에만 호소할 뿐 전체적으로 보아 하등의 문학적, 예술적, 과학적 또는 정치적 가치를 지니지 않은 것"이라고 규정한 바 있다(헌재 1998. 4. 30. 95

헌가16, 판례집 10-1, 327).

한편, 대법원은 "음란한 문서라 함은 일반 보통인의 성욕을 자극하여 성적 흥분을 유발하고 정상적인 성적 수치심을 해하여 성적 도의관념에 반하는 것을 가리킨다고 할 것이고, 문서의 음란성의 판단에 있어서는 당해 문서의 성에 관한 노골적이고 상세한 묘사서술의 정도와 그 수법, 묘사서술이 문서 전체에서 차지하는 비중, 문서에 표현된 사상 등과 묘사서술과의 관련성, 문서의 구성이나 전개 또는 예술성·사상성 등에 의한 성적 자극의 완화의 정도, 이들의 관점으로부터 당해 문서를 전체로서 보았을 때 주로 독자의 호색적 흥미를 돋구는 것으로 인정되느냐의 여부 등의 모든 점을 검토하는 것이 필요하고, 이들의 사정을 종합하여 그 시대의 건전한 사회통념에 비추어 그것이 '공연히 성욕을 흥분 또는 자극시키고 또한, 보통인의 정상적인 성적 수치심을 해하고, 선량한 성적 도의관념에 반하는 것'이라고 할 수 있는가의 여부를 결정하여야 할 것이다"라고 일관되게 판시하여 오다가(대법원 1995. 6. 16. 선고 94도2413 판결; 대법원 1997. 8. 27. 선고 97도937 판결; 대법원 2000. 10. 27. 선고 98도679 판결 등 참조), 최근에는 구 정보통신망법에서 규정하고 있는 '음란' 개념에 대하여 "사회통념상 일반 보통인의 성욕을 자극하여 성적 흥분을 유발하고 정상적인 성적 수치심을 해하여 성적 도의관념에 반하는 것으로서, 표현물을 전체적으로 관찰·평가해 볼 때 단순히 저속하다거나 문란한 느낌을 준다는 정도를 넘어서서 존중·보호되어야 할 인격을 갖춘 존재인 사람의 존엄성과 가치를 심각하게 훼손·왜곡하였다고 평가할 수 있을 정도로 노골적인 방법에 의하여 성적 부위나 행위를 적나라하게 표현 또는 묘사한 것으로서, 사회통념에 비추어 전적으로 또는 지배적으로 성적 흥미에만 호소하고 하등의 문학적·예술적·사상적·과학적·의학적·교육적 가치를 지니지 아니하는 것을 뜻한다고 볼 것"이라고 판시하여(대법원 2008. 3. 13. 선고 2006도3558 판결; 대법원 2008. 3. 27. 선고 2006도6317 판결; 대법원 2008. 5. 8. 선고 2007도47129 판결; 대법원 2008. 7. 10. 선고 2008도244 판결), 우리 재판소가 본 '음란'의 개념과 크게 다르지 아니한 입장을 보이고 있다.

Ⅳ. '음란'과 헌법상 표현 자유의 보호영역

우리 재판소는 "모든 표현이 시민사회의 자기교정기능에 의해서 해소될 수 있는 것은 아니다. 일정한 표현은 일단 표출되면 그 해악이 대립되는 사상의 자유경쟁에 의한다 하더라도 아예 처음부터 해소될 수 없는 성질의 것이거나 또는 다른 사상이나 표현을 기다려 해소되기에는 너무나 심대한 해악을 지닌 것이 있다. 바로 이러한 표현에 대하여는 국가의 개입이 1차적인 것으로 용인되고, 헌법상 언론·출판의 자유에 의하여 보호되지 않는데, 위에서 본 헌법 제21조 제4항이 바로 이러한 표현의 자유에 있어서의 한계를 설정한 것이라고 할 것이다. 이 사건 법률조항이 규율하는 음란 또는 저속한 표현 중 '음란'이란 인간존엄 내지 인간성을 왜곡하는 노골적이고 적나라한 성표현으로서 오로지 성적 흥미에만 호소할 뿐 전체적으로 보아 하등의 문학적, 예술적, 과학적 또는 정치적 가치를 지니지 않은 것으로서, 사회의 건전한 성도덕을 크게 해칠 뿐만 아니라 사상의 경쟁메커니즘에 의해서도 그 해악이 해소되기 어렵다고 하지 않을 수 없다. 따라서 이러한 엄격한 의미의 음란표현은 언론·출판의 자유에 의해서 보호되지 않는다고 할 것이다"라고 판시하여(헌재 1998. 4. 30. 95헌가16, 판례집 10-1, 327, 340-341), '음란표현'은 헌법상 언론·출판 자유의 보호영역 밖에 있다고 판단한 바 있다.

그런데 우리 재판소는 그 후 '청소년의 성보호에 관한 법률' 제2조 제3호 등 위헌제청 사건에서

"이 사건 법률 제2조 제3호가 '청소년이용음란물'의 하나로 규정하고 있는 '청소년의 수치심을 야기시키는 신체의 전부 또는 일부 등을 노골적으로 노출하여 음란한 내용을 표현한 것으로서, 필름·비디오물·게임물 또는 컴퓨터 기타 통신매체를 통한 영상 등의 형태로 된 것'이라는 부분에 있어서, 우선 '음란한'이라는 부분은 그 개념과 관련하여 명확성의 원칙에 반하지 않는다 할 것(헌재 1998. 4. 30. 95헌가16, 판례집 10-1, 327, 344; 헌재 2002. 2. 28. 99헌가8, 공보 66, 204, 207 등 참조)"이라고 판시하여 음란표현의 개념을 위 선례와 같이 파악하면서도, "본건에 있어서 문제되고 있는 '청소년이용음란물' 역시 의사형성적 작용을 하는 의사의 표현·전파의 형식 중 하나임이 분명하므로 언론·출판의 자유에 의하여 보호되는 의사표현의 매개체라는 점에는 의문의 여지가 없는 바, 이 사건 법률 제2조 제3호 및 제8조 제1항은 이의 제작·수입·수출 행위를 처벌함으로써 위와 같은 의사표현의 매개체에 의한 일정한 내용의 표현을 금지하고 있다는 점에서 헌법상 보장되고 있는 표현의 자유, 즉 언론·출판의 자유를 제한하는 것으로 볼 수 있다"라고 판시하고, 이어서 "그러나, '청소년이용음란물'이 헌법상 표현의 자유에 의한 보호대상이 되고 따라서 그 제작 등의 행위에 대하여 형사상 중한 처벌을 가하는 것이 이러한 기본권을 다소 제한하게 되는 결과가 된다 하더라도, 이는 공공복리를 위하여 필요한 제한으로서 헌법 제37조 제2항의 비례의 원칙에 반하지 아니한다 할 것이다"라고 판시하여(헌재 2002. 4. 25. 2001헌가27, 판례집 14-1, 251, 261, 265), '음란표현'도 헌법상 언론·출판 자유의 보호영역 안에 있다고 판단하였다.

살피건대, 위 95헌가16 선례가 설시한 바와 같이 '일단 표출되면 그 해악이 처음부터 해소될 수 없거나 또는 너무나 심대한 해악을 지닌 음란표현'이 존재할 수 있다 하더라도, 어떤 표현이 바로 위와 같은 이유에 의하여 '국가의 개입이 1차적인 것으로 용인되고, 헌법상 언론·출판의 자유에 의하여 보호되지 않는 표현'에 해당하는지 여부는 '표현의 자유'라는 헌법상의 중요한 기본권을 떠나서는 규명될 수 없는 것이다.

따라서 비록 '음란'의 개념을 위와 같이 엄격하게 이해한다 하더라도 '음란'의 내용 자체는 헌법상 표현의 자유의 보호에 관한 법리와 관련하여 그 내포와 외연을 파악하여야 할 것이고, 이와 무관하게 음란 여부를 먼저 판단한 다음, 음란으로 판단되는 표현은 표현자유의 보호영역에서 애당초 배제시킨다는 것은 그와 관련한 합헌성 심사를 포기하는 결과가 될 것이다.

즉, 위와 같이 해석할 경우 음란표현에 대하여는 언론·출판의 자유의 제한에 대한 헌법상의 기본원칙, 예컨대 명확성의 원칙, 검열 금지의 원칙 등에 입각한 합헌성 심사를 하지 못하게 될 뿐만 아니라, 기본권 제한에 대한 헌법상의 기본원칙, 예컨대 법률에 의한 제한, 본질적 내용의 침해금지 원칙 등도 적용하기 어렵게 되는 결과, 모든 음란표현에 대하여 사전 검열을 받도록 하고 이를 받지 않은 경우 형사처벌을 하거나, 유통목적이 없는 음란물의 단순소지를 금지하거나, 법률에 의하지 아니하고 음란물출판에 대한 불이익을 부과하는 행위 등에 대한 합헌성 심사도 하지 못하게 됨으로써, 결국 음란표현에 대한 최소한의 헌법상 보호마저도 부인하게 될 위험성이 농후하게 된다는 점을 간과할 수 없다.

헌법 제21조 제4항은 "언론·출판은 타인의 명예나 권리 또는 공중도덕이나 사회윤리를 침해하여서는 아니 된다"고 규정하고 있는바, 이는 언론·출판의 자유에 따르는 책임과 의무를 강조하는 동시에 언론·출판의 자유에 대한 제한의 요건을 명시한 규정으로 볼 것이고, 헌법상 표현의 자유

의 보호영역 한계를 설정한 것이라고는 볼 수 없다.

따라서 음란표현도 헌법 제21조가 규정하는 언론·출판의 자유의 보호영역에는 해당하되, 다만 헌법 제37조 제2항에 따라 국가 안전보장·질서유지 또는 공공복리를 위하여 제한할 수 있는 것이라고 해석하여야 할 것이다.

결국 이 사건 법률조항의 음란표현은 헌법 제21조가 규정하는 언론·출판의 자유의 보호영역 내에 있다고 볼 것인바, 종전에 이와 견해를 달리하여 음란표현은 헌법 제21조가 규정하는 언론·출판의 자유의 보호영역에 해당하지 아니한다는 취지로 판시한 우리 재판소의 의견(헌재 1998. 4. 30. 95헌가16, 판례집 10-1, 327, 340-341)**은 이를 변경하기로 하며, 이하에서는 이를 전제로 하여 이 사건 법률 조항의 위헌 여부를 심사하기로 한다.**

V. 표현의 자유 침해 여부

(1) '음란' 개념과 명확성원칙의 위반 여부

이 사건 법률조항은 '음란'에 대하여 개념규정을 하고 있지 않고, 구 정보통신망법의 다른 어디에도 별도의 개념규정이 존재하지 아니한다. 그러나 우리 재판소는 이미 '음란' 개념을 앞서 본 바와 같이 규정하면서 명확성의 원칙에 반하지 않는다고 결정한 바 있고(헌재 1998. 4. 30. 95헌가16, 판례집 10-1, 327), 대법원도 앞서 보았듯이 오랜 기간에 걸쳐 형법상 '음란' 개념을 일관되게 판시하여 오면서 최근 그 범위를 엄격하게 좁힌 바 있으며, 구 정보통신망법이 규정한 '정보통신망'을 통하여 제공하는 동영상의 '음란성'에 대한 기준도 유통되는 매체의 특성에 따라 달리 볼 것이 아니라 성표현물 그 자체의 내용을 기준으로 판단하여야 한다(대법원 2008. 3. 13. 선고 2006도3558 판결)고 함으로써 이 사건 법률조항의 '음란'에 대한 객관적 해석의 기준을 마련하고 있다.

그리고 입법자가 음란에 해당하는 행위를 일일이 구체적, 서술적으로 열거하는 방식으로 명확성의 원칙을 관철하는 것은 '사회일반의 건전한 성적 풍속 내지 성도덕' 보호라는 입법목적의 온전한 달성을 위한 적절한 방법이라 하기 어렵고, **'음란'의 개념과 그 행태는 사회와 시대적 변화에 따라 변동하는 상대적, 유동적인 것이고 그 시대에 있어서 사회의 풍속, 윤리, 종교 등과도 밀접한 관계를 가지는 추상적인 것이므로, 음란에 해당하는 행위를 일일이 구체적, 서술적으로 열거하는 방식으로 명확성의 원칙을 관철하는 것은 입법기술상 현저히 곤란하다.**

물론 **규범적 음란개념 대신 보호법익과 표현내용에 따른 해악발생 가능성을 고려하여 개별적으로 법문(法文)화·구체화하여 '음란'에 해당하는 행위를 구체적 유형별로 명시하는 것이 명확성을 더욱 담보할 수 있는 바람직한 입법형식으로 볼 수도 있겠으나,** 입법목적, 입법연혁, 법규범의 체계적 구조 등을 고려한 합리적인 해석기준을 통하여 어떠한 행위가 '음란'한 것인지를 판단할 수 있는 이상 보다 **구체적인 입법이 가능하다는 이유만으로 이 사건 법률조항이 곧바로 명확성의 원칙에 위반된다고 할 수는 없다**(헌재 2000. 2. 24. 99헌가4, 판례집 12-1, 98, 106 참조). 명확성의 원칙이 언제나 최상의 명확성을 요구한다고는 볼 수 없기 때문이다(헌재 2005. 6. 30. 2002헌바83, 판례집 17-1, 812, 829; 헌재 2006. 11. 30. 2006헌바53, 공보 122).

따라서 이 사건 법률조항의 '음란' 개념은, 비록 보다 구체화하는 것이 바람직스럽다고 볼 여지가 있으나, 현 상태로도 수범자와 법집행자에게 적정한 판단기준 또는 해석기준을 제시하고 있다고 볼 수 있고, 이와 같은 기준에 따라 어떤 표현이 '음란' 표현에 해당하는지 여부에 관한 자의적인 법해석이나 법집행을 배제할 수 있다 할 것이므로, 결국 이 사건 법률조항의 '음란' 개념은 명확성의 원칙에 위반되지 않는다고 할 것이다.

(2) 과잉금지원칙의 위반 여부

(가) 표현의 자유는 자신의 의사를 표현·전달하고, 의사형성에 필요한 정보를 수집·접수하며, 객관적인 사실을 보도·전파할 수 있는 자유를 그 내용으로 하는 주관적 공권일 뿐 아니라, 의사표현과 여론형성 그리고 정보의 전달을 통하여 국민의 정치적 공감대에 바탕을 둔 민주정치를 실현시키고 동화적 통합을 이루기 위한 객관적 가치질서로서의 성격도 갖는다고 할 것인바, 우리 재판소는 헌법 제21조에서 보장하고 있는 표현의 자유에 대하여, 전통적으로는 사상 또는 의견의 자유로운 표명(발표의 자유)과 그것을 전파할 자유(전달의 자유)를 의미하는 것으로서, 개인이 인간으로서의 존엄과 가치를 유지하고 행복을 추구하며 국민주권을 실현하는 데 필수불가결한 것이고, 종교의 자유, 양심의 자유, 학문과 예술의 자유 등의 정신적인 자유를 외부적으로 표현하는 자유라고 판단한 바 있고(헌재 1989. 9. 4. 88헌마22, 판례집 1, 176, 188; 헌재 1992. 11. 12. 89헌마88, 판례집 4, 739, 758-759), 또한, 표현의 자유의 내용으로서는 의사표현·전파의 자유, 정보의 자유, 신문의 자유 및 방송·방영의 자유 등이 있는데, 이러한 언론·출판의 자유의 내용 중 의사표현·전파의 자유에 있어서 의사표현 또는 전파의 매개체는 어떠한 형태이건 가능하며 그 제한이 없으므로, 담화·연설·토론·연극·방송·음악·영화·가요 등과 문서·소설·시가·도화·사진·조각·서화 등 모든 형상의 의사표현 또는 의사전파의 매개체를 포함한다고 판단한 바 있다(헌재 1993. 5. 13. 91헌바17, 판례집 5-1, 275, 284; 헌재 1996. 10. 4. 93헌가13등, 판례집 8-2, 212, 222; 헌재 2001. 8. 30. 2000헌가9, 공보 60, 808, 813 등 참조).

따라서, 이 사건 법률조항은 '음란'한 영상 등을 정보통신망을 통하여 배포하는 등의 행위를 처벌하고 있으므로, 위와 같은 의사표현의 매개체에 의한 일정한 내용의 표현을 금지하고 있다는 점에서 헌법상 보장되고 있는 표현의 자유를 제한하는 것으로 볼 수 있다.

(나) 그러나 음란표현이 헌법상 표현의 자유에 의한 보호대상이 되고 따라서 음란물 정보의 배포 등의 행위에 대하여 형사상 중한 처벌을 가하는 것이 이러한 기본권을 다소 제한하게 되는 결과가 된다 하더라도 이는 공공복리를 위하여 필요한 제한으로서 다음과 같은 이유로 헌법 제37조 제2항의 과잉금지의 원칙에 반하는 것이라고 보기 어렵다.

1) 목적의 정당성, 수단의 적합성

'음란' 표현의 배포 등이 표현의 자유의 한 내용으로서 인정된다 하더라도 정보통신망을 통하여 널리 사회에 유통시키는 것이 허용된다면 현재 아무리 전통적 도덕관념에 따른 규범력이 약화되고 있다고 하더라도 우리 사회의 성도덕이 더욱 문란하게 되거나 파괴될 가능성이 크다고 하지 않을 수 없다. 특히 최근에 정지화상, 동영상 또는 음성파일 등으로 제공되는 각종 '음란' 표현물이 인터넷이라는 강력한 전파성을 지닌 정보통신매체와 결합하여 무차별적으로 유통되고 있는 현실을 고려할 때 그 위험성은 일반 출판물 등에 비해 현저히 높다고 할 수 있다.

따라서 이러한 음란정보로부터 사회일반의 건전한 성적 풍속 내지 성도덕을 보호하기 위하여 정보통신망을 통한 음란한 부호 등에 관한 배포 등 행위를 금지시킬 필요성은 분명 존재한다고 하지 않을 수 없어 이 사건 법률조항의 목적은 정당하다 할 것이고, 이 사건 법률조항에 위반되는 경우 형사처벌을 하는 것은 이러한 목적을 위하여 적합한 수단이라고 할 수 있으며, 단지 규범력이 약화되었다거나 특정한 경우 단속의 실효성이 의문시된다는 사정만으로는 적합한 수단이 아니라고 단정할 수 없다.

2) 침해의 최소성

앞서 본 바와 같이 대법원 판결에서 들고 있는 음란물 판단기준에 의하면, 모든 성적 표현물이 음란물이나 음란정보에 해당하는 것이 아니라 표현물을 전체적으로 관찰·평가해 볼 때 단순히 저속하다거나 문란한 느낌을 준다는 정도를 넘어서서 '존중·보호되어야 할 인격을 갖춘 존재인 사람의 존엄성과 가치를 심각하게 훼손·왜곡하였다고 평가할 수 있을 정도로, 노골적인 방법에 의하여 성적 부위나 행위를 적나라하게 표현 또는 묘사한 것으로서, 사회통념에 비추어 전적으로 또는 지배적으로 성적 흥미에만 호소하고 하등의 문학적·예술적·사상적·과학적·의학적·교육적 가치를 지니지 아니하는 것'만 음란물에 해당되어 이 사건 법률조항에 의한 법적 규제를 받게 되므로 그 요건이 보다 엄격하게 되어 있다.

또한, 이 사건 법률조항은 행위의 수단에 있어 '정보통신망'이라는 전파가능성이 아주 높은 정보통신매체를 이용한 행위만을 규율하고 있는 점, 규제의 대상이 음란표현에 관한 일체의 행위, 예컨대 유통 목적이 없는 음란물의 단순소지 등의 행위까지 포함하는 것이 아니라 배포·판매·임대하거나 공연히 전시하는 행위로 한정되는 점에 비추어 보면, 이 사건 법률조항이 표현의 자유를 과도하게 제한하여 침해의 최소성원칙에 반한다고 보기 어렵다.

이 점과 관련하여, 청구인들은 이 사건 법률조항이 영상물등급위원회의 등급분류를 받은 문언, 영상의 배포 등에 대하여도 형사처벌을 할 수 있게 하고 있는 것은 신뢰의 원칙에 반하는 과도한 기본권제한이라고 주장하므로 살피건대, 영화나 비디오물 등에 관한 영상물등급위원회의 등급분류는 관람자의 연령을 고려하여 영화나 비디오물 등의 시청등급을 분류하는 것일 뿐 그 음란성 여부에 대하여 심사하여 판단하는 것이 아니므로, 법원이 영화나 비디오물 등의 음란성 여부를 판단하는 과정에서 영상물등급위원회의 등급분류를 참작사유로 삼을 수는 있으나, 영상물등급위원회에서 18세 관람가로 등급분류하였다는 사정만으로 그 영화나 비디오물 등의 음란성이 당연히 부정된다거나 영상물등급위원회의 판단에 법원이 기속된다고 볼 수 없고(대법원 2008. 3. 13. 선고 2006도3558 판결), 위와 같은 사정이 헌법상 보호할 신뢰라고도 할 수 없으므로, 이를 신뢰한 자에 대하여 이 사건 법률조항을 근거로 형사처벌한다고 하여 침해의 최소성에 반한다고는 보기 어렵다.

나아가 청구인들은 구 정보통신망법 제42조의 규정한 바에 따라 청소년보호법 소정의 '청소년유해매체물'이라는 표시를 한 경우에도 음란한 표현이라는 이유로 형사처벌하도록 하는 것은 상호 모순되는 입법에 의한 과도한 기본권제한이라는 주장도 하고 있으나, 이 사건 법률조항과 청소년보호를 목적으로 하는 위 제42조는 입법취지가 다르고, 나아가 위 제42조의 입법취지가 '청소년유해매체물'이라는 표시만 하면 자유롭게 음란정보를 유통시킬 수 있다는 의미라고 볼 수도 없으며, '음란' 여부에 대한 종국판단은 결국 법원에서 하게 되는 점에서 차이가 없으므로 규정 간 모순이 있다고 보기도 어렵다.

결국, 정보통신망을 통한 배포 등을 위하여 제작한 부호·문언·음향·화상 또는 영상에 대하여 사법기관이 그 음란 여부를 판단하여 배포한 자 등을 형사처벌할 수 있도록 한 이 사건 법률조항이 기본권을 과도하게 제한하여 침해의 최소성에 반한다고는 볼 수 없다.

3) 법익의 균형성

이상과 같이 정보통신망을 통한 음란한 부호·문언·음향·화상 또는 영상의 배포 등을 처벌하는 이 사건 법률조항이 인간의 존엄과 가치를 심각하게 훼손·왜곡하였다고 평가할 수 있는 경우만을 규제하는 이상, 이 사건 법률조항으로 인하여 초래될지도 모르는 합헌적 표현활동에 대한 제약 및 기본권적 이익의 실질적 침해는 그다지 크다고 보이지 않는다. 반면, 우리 사회의 성도덕을 문란 또는 파괴의 위험성으로부터 보호하기 위하여 정보통신망을 통한 음란한 부호·문언·음향·화상 또는 영상의 배포 등을 억제할 필요성과 공익은 현저히 크다고 하지 않을 수 없다.

특히 오늘날 정보통신망의 두드러진 발전으로 인하여 음란정보는 그 어느 때보다 전파가 용이해졌을 뿐만 아니라 최근 우리 사회의 성에 관한 인식이나 관념도 다소 관대해지는 방향으로 변화하는 추세를 보이고 있고, 이에 편승하여 음란물의 제작·전파를 통하여 오로지 상업적 이윤만을 추구하고자 인간의 성을 수단화, 상품화하는 자의 수가 증가하고 있으며, 그들 중에는 형사처벌을 감수하고서라도 이윤획득을 위하여 이러한 행위를 계속적으로 시도하는 자도 있음을 부인할 수 없다. 또한, 정보통신망을 통한 음란물의 전파는 정상적인 유통경로를 거치지 않고 은밀하고 파행적이며 변칙적인 경로를 통하여 전파될 뿐만 아니라 인터넷 상에 전송 가능한 상태로 되는 즉시 정보통신망을 통해 전 세계로 신속하게 전파되고 있는 실정이다.

이러한 상황에서 인간성을 왜곡하는 음란물로부터 사회의 성도덕을 보호하기 위한 공익은 현저히 크다고 하지 않을 수 없으므로, 법익의 균형성 역시 인정할 수 있다.

Ⅵ. 결 론

그렇다면 청구인 최○호, 손○익, 엄○춘, 양○현의 심판청구는 부적법하므로 이를 모두 각하하기로 하고, 나머지 청구인들의 심판청구에 관하여는 이 사건 법률조항은 헌법에 위반되지 아니한다고 할 것이므로 주문과 같이 결정한다.

각하 결정 부분에 대한 재판관 조대현, 재판관 김종대의 반대의견

위헌법률심판 개시의 요건인 재판의 전제성을 엄격하게 요구하면, 법률에 대한 규범통제의 기능은 그만큼 축소되고, 헌법에 어긋나는 법률을 통제하지 못하고 방치하는 범위가 커지게 된다. 법률에 대한 규범통제를 지나치게 제한하는 것은 위헌법률을 실효시켜 헌법의 최고규범력을 보장하려는 헌법의 기본정신에 부합된다고 보기 어렵다. 그래서 헌법재판소는 종래 위헌법률심판사건에서는 재판의 전제성만 인정되면 더 나아가 심판청구의 이익이나 심판의 필요성에 관하여 따지지 않고 심판대상 법률의 위헌 여부를 심판하여 왔던 것이다. 거꾸로 위 위헌법률심판을 청구할 이익이 있어야 재판의 전제성이 인정되는 것이 아니다(헌재 2008. 7. 31. 2004헌바28 결정의 반대의견 참조).

이 사건 법률조항은 청구인 최○호·손○익·엄○춘·양○현에 대한 공소사실에 적용되는 법률조항이다. 위 청구인들이 당해 사건에서 무죄판결을 받아 확정되었지만, **이 사건 법률조항이 헌법에 위반되어 효력이 없다는 이유가 아니라 각 청구인의 행위의 음란성을 인정하기 어렵다는 이유로 무죄판결이 선고된 것이다. 따라서 이 사건 법률조항이 위헌이라면 무죄판결의 이유가 달라지게 되므로 이 사건 법률조항의 위헌 여부는 당해 사건 재판의 전제로 되는 것이다.** 결국, 이 사건 법률조항의 위헌 여부를 심판하기에 필요한 재판의 전제성 요건은 갖추어졌고 없어지지 않았으므로, 본안에 들어가 이 사건 법률조항의 위헌 여부를 심판하여야 한다.

합헌 결정 부분에 대한 재판관 김희옥, 재판관 이동흡, 재판관 목영준의 별개의견(선례변경에 대한 반대)

헌법에 열거되어 있는 기본권의 고유한 보호영역을 확정하는 문제는 위헌성 심사의 첫 단계로서의 중요한 의미를 가지는 것으로서, 개개의 사건에서 문제된 모든 표현이 언론·출판의 자유의 보호영역에 포함될 수 없음은 자명한 것인바, 언론·출판의 자유의 보호영역에 관한 논의는 언론·출판의 자유에 관한 위헌성 심사를 위한 필수적인 전제가 된다.

한편, **우리 헌법 제21조 제4항은 언론·출판의 자유의 헌법적 한계를 명시하고 있으므로, 그 한계를 벗어난 표현은 헌법상 언론·출판의 자유의 보호영역에 속하지 아니한다고 할 것이고, 이른바 음란 표현이 언론·출판의 자유의 보호영역에 속하는지, 속하지 않는지는 규범적 개념인 음란의 판단기준을 어떻게 정립하느냐에 따라 달려있는 문제라고 할 수 있다.**

그런데 이 사건 법률조항에서 정한 '음란' 개념은 이른바 엄격한 의미의 '음란', 즉 "인간존엄 내지 인간성을 왜곡하는 노골적이고 적나라한 성 표현으로서 오로지 성적 흥미에만 호소할 뿐 전체적으로 보아 하등의 문학적, 예술적, 과학적 또는 정치적 가치를 지니지 않은 것"을 뜻한다고 볼 것인바, 이에 의하면 예술의 자유나 학문의 자유 등 정신적 자유의 보호영역에 포함될 수 있는 진지한 문학적, 예술적 가치를 지닌 성적 표현은 '음란' 표현에 해당할 여지도 없는 것이 되고, 결국 이와 같은 '음란' 표현에는 미국 연방대법원이 수정헌법 제1조의 보호영역에 속하지 않는다고 보는 음란물(obscenity) 또는 독일 형법에 규정된 '하드코어 포르노그래피'와 유사하거나 그 이상의 해악을 지닌 성적 표현만이 해당될 수 있는 것이다. 따라서 이른바 엄격한 의미의 '음란' 표현은 헌법 제21조 제4항의 헌법적 한계를 벗어난 것이어서, 언론·출판의 자유에 의해서 보호되지 않는다.

다수의견은 이 사건 법률조항이 언론·출판의 자유의 제한에 관한 과잉금지원칙에 위배되는 것인지의 여부를 심사하고 있으나, 앞에서 살핀 바와 같이 이 사건 법률조항에서 '음란' 표현물을 정보통신망을 통하여 배포하는 행위 등을 처벌하고 있다고 하여도 언론·출판의 자유의 제한에 관한 과잉금지원칙 위반 여부의 심사는 불필요하다.

본 판례에 대한 평가 1. 언론·출판의 자유의 한계와 책임: 헌법 제21조 제4항은 "언론·출판은 타인의 명예나 권리 또는 공중도덕이나 사회윤리를 침해하여서는 아니된다"라고 규정하고 있다. 헌법규정에 입각하여 신문법에서는 언론의 사회적 책임을 규정하고 있고(제4조), 방송법도 방송의 공적 책임과(제5조) 공정성과 공익성을(제6조) 강조하고 있으며, 공직선거법도 언론기관의 공정보도의무를(제8조) 규정하고 있다. 언론의 자유의 내재적 한계가 문제되는 전형적인 경우로서 국가기밀, 사생활의 비밀과 자유, 음란성, 공중도덕과 사회윤리, 선동 등이 있다

2. 언론의 자유의 내재적 한계로서의 공중도덕과 사회윤리: 공중도덕과 사회윤리는 특히 음란·외설적인 보도와 관련된다. 형법 제243조는 음란한 문서·도화 등을 반포·판매·임대하거나 공연히 전시한 자를 처벌하고 있으나 음란개념의 불명확성이 특히 문제된다. 묘사의 수법, 비중 등 제반사정을 종합해 그 시대의 건전한 사회통념에 비추어 성욕을 흥분·자극시키고 또한 보통인의 정상적인 성적 수치심을 해하고, 선량한 성적 도의관념에 반하는 경우 음란성이 인정된다. 그러나 저속한 성표현과는 구별된다.

3. 헌법재판소는 본 결정을 통하여 헌법적 보호의 영역 밖에 존재하는 음란이라는 개념과 헌법적 보호의 영역 내에 존재하는 저속의 개념을 구분하여 언론·출판의 자유의 제한의 합헌성 여부를 판단하고 있다는 점에 주목을 요한다.

관련 문헌: 이인호, "음란출판사등록취소사건", 헌법실무연구 1권, 2000, 31면 이하; 문재완, "음란과 헌법상

표현의 자유의 보호영역", 언론과 법 제8권 제2호, 2009, 324-325면.

[요약판례 1] 정기간행물의등록등에관한법률 제16조 제3항, 제19조 제3항의 위헌여부에 관한 헌법소원: 합헌(헌재 1991.9.16. 89헌마165)

정정보도청구권의 법적 성질 및 헌법상의 의의와 정기간행물의등록등에관한법률 제16조 제1항, 제19조 제3항의 위헌여부(소극)

정기간행물의 등록 등에 관한 법률상의 정정보도청구권은 정기간행물의 보도에 의하여 인격권 등의 침해를 받은 피해자가 반론의 게재를 요구할 수 있는 권리, 즉 이른바 **"반론권"을 뜻하는 것으로서 헌법상 보장된 인격권, 사생활의 비밀과 자유에 그 바탕을 둔 것이며,** 나아가 피해자에게 반박의 기회를 허용함으로써 언론보도의 공정성과 객관성을 향상시켜 제도로서의 언론보장을 더욱 충실하게 할 수도 있다는 뜻도 함께 지닌다.

현행 정정보도청구권제도는 언론의 자유와는 비록 서로 충돌되는 면이 없지 아니하나 전체적으로 상충되는 기본권 사이에 합리적 조화를 이루고 있으므로 정기간행물의등록등에관한법률 제16조 제3항, 제19조 제3항은 결코 평등의 원칙에 반하지 아니하고, 언론의 자유의 본질적 내용을 침해하거나 언론기관의 재판청구권을 부당히 침해하는 것으로 볼 수 없어 헌법에 위반되지 아니한다.

[요약판례 2] 정기간행물의등록에관한법률 제10조 제1항 등에 관한 헌법소원: 합헌(헌재 1992.6.26. 90헌바26)

정기간행물의등록에관한법률 제10조 제1항 소정의 정기간행물의 공보처장관에의 납본제도가 언론출판의 자유를 침해하는 것인지 여부(소극)

정기간행물의 등록 등에 관한 법률 제10조 제1항 소정의 정기간행물의 공보처장관에의 **납본제도는 언론·출판에 대한 사전검열에 해당하지 아니하여 헌법 제21조 2항에 위반되지 않고,** 헌법이 보장하는 재산권을 침해하는 것도 아니며, 도서관진흥법과 국회도서관법 외에 따로 납본제도를 두었다고 하여 과잉금지의 원칙에 반한다고 할 수 없어, 헌법에 위반되지 아니한다.

같은 법 제24조 제1항 제4호는 납본제도의 실효성을 확보하기 위한 규정으로서 과태료 부과가 부당히 과중하다고 볼 수 없어, 헌법에 위반되지 아니한다.

[요약판례 3] 교육법 제157조에 대한 헌법소원: 기각(헌재 1992.11.12. 89헌마88)

교육법 제157조에서 규정하고 있는 국정교과서제도의 위헌여부(소극)

헌법 제31조 제1항의 **교육을 받을 권리와 교사의 수업의 자유는 다같이 보호되어야 하겠지만 그 중에서도 국민의 수학권이 더 우선적으로 보호되어야 한다.**

국정교과서제도는 교과서라는 형태의 도서에 대하여 국가가 이를 독점하는 것이지만, 국민의 수학권의 보호라는 차원에서 학년과 학과에 따라 어떤 교과용 도서에 대하여 이를 자유발행제로 하는 것이 온당하지 못한 경우가 있을 수 있고 그러한 경우 국가가 관여할 수밖에 없다는 것과 관여할 수 있는 헌법적 근거가 있다는 것을 인정한다면 그 인정의 범위내에서 국가가 이를 검·인정제로 할 것인가 또는 국정제로 할 것인가에 대하여 재량권을 갖는다고 할 것이므로 중학교의 국어교과서에 관한 한, 교과용 도서의 국정제는 학문의 자유나 언론·출판의 자유를 침해하는 제도가 아님은 물론 교육의 자주성·전문성·정치적 중립성과도 무조건 양립되지 않는 것이라 하기 어렵다.

[요약판례 4] 전기통신사업법 제53조 등 위헌확인: 위헌,각하(헌재 2002.6.27. 99헌마480)

"공공의 안녕질서 또는 미풍양속을 해하는" 내용의 통신을 금하는 전기통신사업법 제53조 제1항이 명확성의 원칙에 위배되는지 여부(적극)

표현의 자유를 규제하는 입법에 있어서 명확성의 원칙은 특별히 중요한 의미를 지닌다. 무엇이 금지되는 표현인지가 불명확한 경우에, 자신이 행하고자 하는 표현이 규제의 대상이 아니라는 확신이 없는 기본권주체는 대체로 규제를 받을 것을 우려해서 표현행위를 스스로 억제하게 될 가능성이 높기 때문에 표현의 자유를 규제하는 법률은 규제되는 표현의 개념을 세밀하고 명확하게 규정할 것이 헌법적으로 요구된다. 그런데, **"공공의 안녕질서 또는 미풍양속을 해하는"이라는 불온통신의 개념은 너무나 불명확하고 애매하다.** 여기서의 "공공의 안녕질서"는 위 헌법 제37조 제2항의 "국가의 안전보장·질서유지"와, "미풍양속"은 헌법 제21조 제4항의 "공중도덕이나 사회윤리"와 비교하여 볼 때 동어반복이라 해도 좋을 정도로 전혀 구체화되어 있지 아니하다. 이처럼, "공공의 안녕질서", "미풍양속"은 매우 추상적인 개념이어서 어떠한 표현행위가 과연 "공공의 안녕질서"나 "미풍양속"을 해하는 것인지, 아닌지에 관한 판단은 사람마다의 가치관, 윤리관에 따라 크게 달라질 수밖에 없고, 법집행자의 통상적 해석을 통하여 그 의미내용을 객관적으로 확정하기도 어렵다.

[요약판례 5] 전기통신기본법 제47조 제1항에 관한 위헌소원: 위헌(소위 '미네르바' 사건)(헌재 2010.12.28. 2008헌바157등)

"공익을 해할 목적으로 공연히 허위의 통신을 한 자"를 형사처벌하는 전기통신기본법 제47조 제1항이 명확성원칙에 위배되어 위헌인지 여부(적극)

이 사건 법률조항이 표현의 자유에 대한 제한입법이며, 동시에 형벌조항에 해당하므로 엄격한 의미의 명확성 원칙이 적용된다. 이 사건 법률조항은 "공익을 해할 목적"의 허위의 통신을 금지하는 바, 여기서의 "공익"은 위 헌법 제37조 제2항의 "국가의 안전보장·질서유지"와 헌법 제21조 제4항의 "공중도덕이나 사회윤리"와 비교하여 볼 때 '동어반복'이라고 할 수 있을 정도로 전혀 구체화되어 있지 아니하다. 또한 "공익"이라는 개념은 이처럼 매우 추상적인 것이어서 어떠한 표현행위가 과연 "공익"을 해하는 것인지, 아닌지에 관한 판단은 사람마다의 가치관, 윤리관에 따라 크게 달라질 수밖에 없다. 결국, 이 사건 법률조항은 명확성의 원칙에 위배하여 헌법에 위반된다.

[요약판례 6] 국가보안법 제7조 등에 관한 위헌심판: 한정합헌(헌재 1992.1.28. 89헌가8)

구 국가보안법 제7조 '찬양·고무죄'의 위헌여부(한정소극)

※ 본 결정 이전에 1990. 4. 2. 선고, 89헌가113 결정; 동 1990. 6. 25. 선고, 90헌가11 결정도 동일하게 판단하였음.

당 재판소는 이미 2회에 걸쳐 개정 전 국가보안법 제7조 제5항·제1항에 대하여 그 소정행위에 의하여 국가의 존립·안전이나 자유민주적 기본질서에 실질적 해악을 줄 명백한 위험성이 있는 경우에 처벌되는 것으로 축소 제한 해석하는 한 헌법에 위반되지 아니한다고 판시하였는바, 이제 이와 달리 판단하여야 할 필요가 있다고 인정되지 아니하므로 그 결정을 그대로 유지하기로 한다.

"현저히 사회적 불안을 야기시킬 우려가 있는 집회 또는 시위"를 주관하거나 개최한 자를 처벌하고 있는 개정 전 집회 및 시위에 관한 법률 제3조 제1항 제4호, 제14조 제1항은 문언해석상 그 적용범위가 과도하게 광범위하고 불명확하므로, 헌법상 보장된 집회의 자유를 위축시킬 수 있고 법운영 당국에 의한 편의적·자의적 법운영 집행을 가능하게 함으로써 법치주의와 권력분립주의 및 죄형법정주의에 위배될 수 있으며 법집행을 받는 자에 대한 평등권 침해가 될 수 있어 기본권제한의 한계를 넘어서게 되어 위헌의 소지가 있다.

그러나 **민주체제 전복을 시도하는 집회·시위나 공공의 질서에 관한 법익침해의 명백한 위험이 있는 집회·시위까지 집회의 자유라는 이름으로 보호하는 것이 헌법이 아닌 것이며**, 대중적 집회에는 뜻밖의 자극에 의하여 군중의 흥분을 야기시켜 불특정 다수인의 생명·신체·재산 등에 위해를 줄 위험성이 내재되어 있는 것으로 이를 막자는 데도 위 조문의 취의가 있다고 할 것인즉 위 조문의 합헌적이고 긍정적인 면도 간과해서는 안될 것이므로, 헌법과의 조화, 다른 보호해야 할 법익과의 조정하에 해석상 긍정적인 면을 살리는 것이 마땅하다.

따라서 위 조문은 각 그 소정행위가 **공공의 안녕과 질서에 직접적인 위협을 가할 것이 명백한 경우에 적용된다고 할 것이므로 이러한 해석하에 헌법에 위반되지 아니한다.**

대판 1998.10.11. 85다카29

잡지에 개인에 대한 인신공격적 내용의 수기를 그대로 게재한 경우 발행인의 명예훼손으로 인한 손해배상책임의 유무

구 헌법(1980. 12. 27. 개정) 제20조, 제9조 후단의 규정 등에 의하면 표현의 자유는 민주정치에 있어 최대한의 보장을 받아야 하지만 그에 못지않게 개인의 명예나 사생활의 자유와 비밀 등 사적 법익도 보호되어야 할 것이므로, 인격권으로서의 개인의 명예의 보호와 표현의 자유의 보장이라는 두 법익이 충돌하였을 때 그 조정을 어떻게 할 것인지는 구체적인 경우에 사회적인 여러 가지 이익을 비교하여 표현의 자유로 얻어지는 이익, 가치와 인격권의 보호에 의하여 달성되는 가치를 형량하여 그 규제의 폭과 방법을 정하여야 한다.

형사상이나 민사상으로 타인의 명예를 훼손하는 행위를 한 경우에도 그것이 공공의 이해에 관한 사항으로서 그 목적이 오로지 공공의 이익을 위한 것일 때에는 진실한 사실이라는 증명이 있으면 위 행위에 위법성이 없으며 또한 그 증명이 없더라도 행위자가 그것을 진실이라고 믿을 상당한 이유가 있는 경우에는 위법성이 없다.

일정한 입장에 있는 인물에 관한 행위가 공적 비판의 대상이 된다고 하더라도 신문에 비하여 신속성의 요청이 덜한 잡지에 인신공격의 표현으로 비난하는 내용의 기사를 게재함에 있어서는 기사내용의 진실여부에 대하여 미리 충분한 조사활동을 거쳐야 할 것인바, 잡지발행인이 수기를 잡지에 게재함에 있어 그 내용의 진실성에 대하여는 전혀 검토하지 아니한 채 원문의 뜻이 왜곡되지 않는 범위 내에서 문장의 일부만을 수정하여 피해자가 변호사로서의 본분을 망각한 악덕변호사인 것처럼 비방하는 내용의 글을 그대로 잡지에 게재하였다면 잡지발행인으로서는 위 수기의 내용이 진실한 것으로 믿는데 상당한 이유가 있었다고 할 수 없고, 잡지에 이 수기를 게재하여 반포하였다면 위 피해자의 사회적 평가가 저하되었다 할 것이므로 위 잡지발행인은 위 피해자에 대한 명예훼손의 책임을 면할 수 없다.

[요약판례 7] 행형법시행령 제145조 제2항 등 위헌확인(수용자에 대한 집필금지): 위헌(헌재 2005.2.24. 2003헌마289)

교도소 내 규율 위반을 이유로 조사수용된 수형자에 대하여 교도소장이 조사기간 중 집필을 금지할 수 있도록 한 규정의 위헌여부(적극)

행형법 제33조의3 제1항은 수용자라도 소장의 허가를 받으면 문서 또는 도화를 작성하거나 문학·학술 기타 사항에 관한 집필을 할 수 있다고 규정하면서 다만 집필의 내용이 교도소 등의 안전과 질서를 해칠 우려가 있는 경우 또는 기타 교화상 부적당한 경우에는 예외로 한다고 규정하고 있다. 그런데 이 사건 시행령조항은 같은 시행령조항에서 금치기간 중 금지의 대상으로 하는 접견이나 서신수발 등과 달리 금치대상자에 대하여 소장이 예외적으로라도 집필을 허용할 가능성마저 봉쇄하고 있다. 이와 같이 이 사건 시행령조항은 집필의 자유에 관하여 행형법보다 가중된 제한을, 그것도 모법과 상이한 이유를 원인으로 박탈하고 있다. 따라서 이 사건 시행령조항은 금치처분을 받은 수형자의 집필에 관한 권리를 법률의 근거나 위임 없이 제한하는 것으로서 법률유보의 원칙에 위반된다.

이 사건 시행령조항은 규율 위반자에 대해 불이익을 가한다는 면만을 강조하여 금치처분을 받은 자에 대하여 집필의 목적과 내용 등을 묻지 않고, 또 대상자에 대한 교화 또는 처우상 필요한 경우까지도 예외 없이 일체의 집필행위를 금지하고 있음은 입법목적 달성을 위한 필요최소한의 제한이라는 한계를 벗어난 것으로서 과잉금지의 원칙에

위반된다.

[요약판례 8] 옥외광고물등관리법시행령 제13조 제9항에 대한 헌법소원: 기각(헌재 2002.12.18. 2000헌마764)

"교통수단을 이용한 광고는 교통수단 소유자에 관한 광고에 한하여 할 수 있다"고 규정하고 있는 옥외광고물등관리법시행령 제13조 제9항이 표현의 자유를 침해하는지 여부(기각)

자동차 소유주가 자동차란 표현매체를 이용하여 자유롭게 자신이 원하는 내용의 광고물을 부착하는 것을 금지하는 것이므로, 이 사건 시행령조항은 자동차 소유주의 표현의 자유를 제한하는 것이다. 국가가 개인의 표현행위를 규제하는 경우 표현내용에 대한 규제는 원칙적으로 중대한 공익의 실현을 위하여 불가피한 경우에 한하여 엄격한 요건 하에서 허용되는 반면, 표현내용과 무관하게 표현의 방법을 규제하는 것은 합리적인 공익상의 이유로 폭넓은 제한이 가능하다. 이 사건 시행령조항이 자신에 관한 광고를 허용하면서 타인에 관한 광고를 금지한 것은 특정한 표현내용을 금지하거나 제한하려는 것이 아니라 광고의 매체로 이용될 수 있는 차량을 제한하고자 하는 표현방법에 따른 규제로서, 표현의 방법에 대한 제한은 합리적인 공익상의 이유로 비례의 원칙의 준수 하에서 가능하다고 할 것이다.

Ⅱ 음반·비디오물및게임물에관한법률 제35조 제1항 등 위헌제청: 위헌(헌재 2006.10.26. 2005헌가14)

쟁점 외국음반의 국내제작이 언론·출판의 자유의 보호범위에 속하는 것인지 여부(적극), 헌법 제21조 제2항에 의해 금지되는 사전검열의 의미, 음반·비디오물및게임물에관한법률상의 영상물등급위원회가 행정기관에 해당하는 것인지 여부(적극), 영상물등급위원회에 의한 외국음반 국내제작 추천제도가 사전검열에 해당하여 위헌인지 여부(적극)

사건의 개요

당해 사건의 피고인 갑은 자신이 운영하는 주식회사 사무실에서 을을 내세워 미국 LA에 있는 A사와 특정 곡 108곡에 대한 음원사용계약을 체결한 뒤, 주식회사 B에게 위 음원을 사용하여 CD 세트를 제작해 줄 것을 의뢰하고 이를 납품받아 위 을을 통해 그 중 일부를 유통시키는 등 영상물등급위원회의 추천을 받지 아니하고 외국음반을 영리의 목적으로 국내 제작하였다는 혐의로 공소제기 되었다. 당해 사건 법원은 외국음반의 영리목적 국내제작에 대해 영상물등급위원회의 추천을 받도록 하고 이를 위반하면 처벌하도록 규정하고 있는 음반·비디오물및게임물에관한법률 중의 각 외국음반 국내제작에 관한 부분의 위헌 여부가 당해 사건 재판의 전제가 된다고 인정하여 직권으로 위 법률조항들에 대한 위헌법률심판을 제청하였다.

심판의 대상

음반·비디오물및게임물에관한법률

제35조 제1항 중 외국음반의 국내제작에 관한 부분

제50조 제6호 중 외국음반의 국내제작에 관한 부분

주 문

음반·비디오물및게임물에관한법률 제35조 제1항 중 외국음반의 국내제작에 관한 부분, 제50조 제6호 중 외국음반의 국내제작에 관한 부분은 헌법에 위반된다.

판 단

Ⅰ. 외국음반의 국내제작과 언론 · 출판의 자유

헌법 제21조 제1항은 "모든 국민은 언론 · 출판의 자유와 집회 · 결사의 자유를 가진다"고 규정하여 언론 · 출판의 자유를 보장하고 있는바, **의사표현의 자유는 바로 언론 · 출판의 자유에 속한다. 한편, 음반 및 비디오물도 의사형성적 작용을 하는 한 의사의 표현 · 전파의 형식의 하나로 인정되며, 이러한 작용을 하는 음반 및 비디오물의 제작은 언론 · 출판의 자유에 의해서도 보호된다.** 그러므로 외국음반의 국내제작도 의사형성적 작용이라는 관점에서 당연히 의사의 표현 · 전파 형식의 하나에 해당한다고 할 수 있으므로 역시 언론 · 출판의 자유의 보호범위 내에 있다고 할 것이다.

Ⅱ. 검열금지에 관한 헌법규정과 검열의 개념

헌법 제21조 제2항은 "언론 · 출판에 대한 허가나 검열과 집회 · 결사에 대한 허가는 인정되지 아니한다"고 규정하여 언론에 대한 검열금지원칙을 명문화하고 있다. 우리 헌법이 금지하는 검열은 행정권이 주체가 되어 사상이나 의견 등이 발표되기 이전에 예방적 조치로서 그 내용을 심사, 선별하여 발표를 사전에 억제하는, 즉 허가받지 아니한 것의 발표를 금지하는 제도를 뜻한다. 그러나 검열금지의 원칙은 모든 형태의 사전적인 규제를 금지하는 것이 아니고, **단지 의사표현의 발표 여부가 오로지 행정권의 허가에 달려있는 사전심사만을 금지하는 것을 뜻한다.** 그러므로 검열은 일반적으로 허가를 받기 위한 표현물의 제출의무, 행정권이 주체가 된 사전심사절차, 허가를 받지 아니한 의사표현의 금지 및 심사절차를 관철할 수 있는 강제수단 등의 요건을 갖춘 경우에만 이에 해당하는 것이다. 따라서 외국음반의 국내제작에 대한 영상물등급위원회의 추천제도가 헌법상 금지되고 있는 행정권의 사전검열에 해당하는지 여부가 문제된다.

Ⅲ. 외국음반에 관한 추천제도의 내용 · 입법취지

이 사건 법률조항들에 의해 인정되고 있는 외국음반 국내제작 추천제도는 외국음반을 국내제작하고자 하는 자에게 음반 제작 전 반드시 영상물등급위원회로부터 추천을 받도록 하고, 영상물등급위원회는 추천신청의 대상이 된 당해 외국음반이 음비게법 및 영상물등급위원회가 정하는 일정한 기준에 해당된다고 판단하는 경우 그 추천을 하지 않을 수 있으며, 추천을 받지 못한 자가 당해 외국음반을 국내제작한 경우 2년 이하의 징역 또는 2천만 원 이하의 벌금에 상당하는 형사처벌을 부과하는 제도를 말한다. 이 사건 법률조항들의 입법취지는, 외국음반 국내제작 추천제도의 연혁과 추천불가 판정의 기준에 관한 관련조항을 종합적으로 고려할 때, 외국음반의 국내제작 이전에 외국음반의 내용을 검토하여 폭력 · 음란 등의 과도한 묘사로부터 청소년 및 미풍양속을 보호하고, 그 밖에 국가안전의 보장이나 질서유지에 있다고 할 것이다.

Ⅳ. 외국음반 국내제작 추천제도의 위헌여부

이 사건 법률조항들이 규정하고 있는 영상물등급위원회에 의한 외국음반 국내제작 추천제도가 헌법재판소가 헌법상 금지되는 사전검열의 판단기준으로 제시한 '허가를 받기 위한 표현물의 제출의무, 행정권이 주체가 된 사전심사절차, 허가를 받지 아니한 의사표현의 금지 및 심사절차를 관철할 수 있는 강제수단' 등의 요소를 갖추어 사전검열제도에 해당하는지 여부를 살펴본다.

1. 관련 헌법재판소 결정례

헌법재판소는 공연윤리위원회의 심의를 받지 아니한 음반을 판매·배포 또는 대여할 목적으로 보관하는 것을 금지하고 이에 위반한 자를 처벌하도록 한 구 음반및비디오물에관한법률 제16조 제2항 전문 등의 규정들의 위헌 여부에 대해 공연윤리위원회는 실질적으로 헌법 제21조 제2항에서 금지하는 검열기관으로 보아야 할 것이고, 그 심의는 동 조항에서 말하는 검열로 보았으며, 사전심의를 받지 아니한 음반을 "판매·배포 또는 대여할 목적으로 보관"하는 행위에 대한 금지와 처벌이 문제된 사건에서도 같은 취지의 결정을 행한 바 있다. 또한 이 사건과 직접적인 관련성이 있다고 볼 수 있는 헌재 2005. 2. 3. 2004헌가8 결정에서 헌법재판소는 영상물등급위원회의 추천을 받지 않은 외국비디오물의 국내유통을 금하는 외국비디오물 수입추천제도에 대해 비록 그 외형적인 형태가 '수입추천'의 형식을 취하고 있지만, "외국비디오물의 수입·배포라는 의사표현행위 전에 표현물을 행정기관의 성격을 가진 영상물등급위원회에 제출토록 하여 표현행위의 허용 여부를 행정기관의 결정에 좌우되게 하고, 이를 준수하지 않는 자들에 대하여 형사처벌 등의 강제조치를 규정하고 있는바, **허가를 받기 위한 표현물의 제출의무, 행정권이 주체가 된 사전심사절차, 허가를 받지 아니한 의사표현의 금지, 심사절차를 관철할 수 있는 강제수단이라는 요소를 모두 갖추고 있으므로,** 우리나라 헌법이 절대적으로 금지하고 있는 사전검열에 해당한다"고 하여 영상물등급위원회의 외국비디오물 수입추천행위가 위헌적인 사전검열에 해당한다고 판시한 바 있다.

2. 음비게법상 영상물등급위원회의 행정기관성 여부

(1) 외국음반 국내제작 추천제도가 실질적인 사전검열인지 여부(적극)

음반의 제작은 헌법상 언론·출판의 자유에 의해 보호되므로 **외국음반의 국내제작도 의사형성적 작용이라는 관점에서 당연히 언론·출판의 자유의 보호범위 내에 있다.** 그러므로 외국음반의 국내제작에 앞서 표현물을 영상물등급위원회에 제출토록 함으로써 표현행위의 허용 여부가 영상물등급위원회의 결정에 좌우되도록 하고 있는 외국음반 국내제작 추천제도 역시 일응 실질적인 사전검열로 보아야 할 것이다. 특히 강한 시각적 자극, 높은 유통성, 복제용이성 및 접근용이성을 특징으로 하는 비디오물과 비교할 때 외국음반이 외국비디오물보다 청소년에게 미치는 파급효과나 영향력이 더 크다거나 직접적이라고 보기 어렵다는 점에서, 외국비디오물 수입추천제도가 위헌이라면 외국음반 국내제작 추천제도 또한 마찬가지로 의사표현에 대한 사전검열행위로서 위헌이라 함이 마땅할 것이다. 다만, **외국음반 국내제작 추천기관인 영상물등급위원회에 대해 외국비디오물 수입추천을 담당하였던 영상물등급위원회와 마찬가지로 행정기관성을 인정할 수 있는지 여부가 선결문제로서 검토되어야 한다.**

(2) 영상물등급위원회의 성격

헌법재판소는 영상물등급위원회의 성격과 관련하여 다음과 같이 판시하였다.

"영화에 대한 심의 및 상영등급분류업무를 담당하고 등급분류보류결정권한을 갖고 있는 영상물등급위원회의 경우에도, 비록 이전의 공연윤리위원회나 한국공연예술진흥협의회와는 달리 문화관광부장관에 대한 보고 내지 통보의무는 없다고 하더라도, 여전히 영상물등급위원회의 위원을 대통령이 위촉하고, 영상물등급위원회의 구성방법 및 절차에 관하여 필요한 사항은 대통령령으로 정하도록 하고 있으며, 국가예산의 범위 안에서 영상물등급위원회의 운영에 필요한 경비의 보조를 받을 수 있도록 하고 있는 점 등에 비추어 볼 때, 행정권이 심의기관의 구성에 지속적인 영향을 미칠 수 있고 행정권이 주체가 되어 검열절차를 형성하고 있다고 보지 않을 수 없다. 영상물등급위원회가 비록 그의 심의 및 등급분류활동에 있어서 독립성이 보장된 기관이라 할지라도, 그것이 검열기관인가 여부를 판단하는 데 있어서 결정적인 것이라고는 할 수 없다. 심의기관의 독립성이 보장되어야 하는 것은 단지 심의절차와 그 결과의 공정성 및 객관성을 확보하기 위하여 모든 형태의 심의절차에 요구되는 당연한 전제일 뿐이기 때문이다. **국가에 의하여 검열절차가 입법의 형태로 계획되고 의도된 이상, 비록 검열기관을 민간인들로 구성하고 그 지위의 독립성을 보장한다고 해서 영화진흥법이 정한 등급분류보류제도의 법적 성격이 바뀌는 것은 아니다.** 따라서 이러한 영상물등급위원회에 의한 등급분류보류제도는 '행정권이 주체가 된 사전심사절차'라는 요건도 충족시킨다."

(3) 본 사건의 경우

이 사건에서 문제되는 음비게법상의 영상물등급위원회의 경우를 살펴보면, 비록 법 개정을 통해 관련조항의 일부 내용에도 변경이 있었지만, 음비게법상의 영상물등급위원회의 경우에도 **그 위원에 대해서는 대통령이 위촉하도록 하고 있고 국가예산의 범위 안에서 영상물등급위원회의 운영에 필요한 경비의 보조를 받을 수 있도록 하고 있다는 점에서 공연법상 영상물등급위원회와 아무런 차이가 없다.** 다만 영상물등급위원회 위원의 선임기준 등 그 구성·운영에 관하여 필요한 사항을 대통령령이 아닌 영상물등급위원회의 규정에 위임하고 있다는 점에서 종전과는 다르게 되어 있으나, **위원회의 구성에 관한 핵심적 부분은 이미 상세히 법률로 규정하고 있으므로 그 점만으로 영상물등급위원회의 성격이 본질적으로 변화되었다고 보기 어렵다.** 또한 음비게법상의 영상물등급위원회의 경우 그 설립 및 구성이 국가 입법절차로 완성되고, 영상물·음반 등에 대한 등급심의, 외국음반의 수입추천 및 국내제작추천이라는 행정적 특권이 부여되고 있으며, 또한 그 기관의 결정에 따라 형사적 처벌이라는 국가의 가장 강력한 강제수단의 부과 여부가 결정되므로, 단지 그 기관구성원이 민간인이라는 점만으로 영상물등급위원회의 행정기관성을 부인하기 어렵다.

V. 결 론

이상에서 살핀 바와 같이 공연법상의 영상물등급위원회와 음비게법상의 영상물등급위원회는 그 설립·구성·절차 및 그 권한에 있어 거의 동일한 권한을 가진 행정기관에 해당한다고 하여야 할 것이다. 또한 이 사건 법률조항들이 규정하고 있는 외국음반 국내제작 추천제도는 외국음반의 국내제작이라는 의사표현행위 이전에 그 표현물을 행정기관의 성격을 가진 영상물등급위원회에 제출토록 하여 당해 표현행위의 허용 여부가 행정기관의 결정에 좌우되도록 하고 있으며, 더 나아가 이를 준수하지 않는 자들에 대하여 형사처벌 등 강제수단까지 규정하고 있는바, 허가를 받기 위한 표현물의 제출의무, 행정권이 주체가 된 사전심사절차, 허가를 받지 아니한 의사표현의 금지, 심사절차를 관철할 수 있는 강제수단의 존재라는 제 요소를 모두 갖추고 있으므로, 우리 헌법 제21조 제2항이 절대적으로 금지하고 있는 사전검열에 해당하는 것으로서 위헌을 면할 수 없다 할 것이다. 따라서 이 사건 법률조항들은 헌법에 위반되므로 관여 재판관 전원의 일치된 의견으로 주문과 같이 결정한다.

✤ 본 판례에 대한 평가 1. 사전제한으로서의 검열의 금지: 우리 헌법은 검열(檢閱)의

구체적인 의미를 명시하고 있지 않다. 헌법재판소에 의하면 "검열이란 행정권이 주체가 되어 사상이나 의견 등이 발표되기 이전에 예방적 조치로서 그 내용을 심사, 선별하여 발표를 사전에 억제하는 제도"를 말한다. 여기서의 검열은 그 명칭이나 형식에 구애됨이 없이 실질적으로 아래의 요건을 충족하는 것을 의미한다.

2. **검열의 요건**: 헌법재판소는 헌법 제21조 제2항의 검열의 요건에 관하여 "검열금지의 원칙은 모든 형태의 사전적인 규제를 금지하는 것이 아니고, 단지 의사표현의 발표 여부가 오로지 행정권의 허가에 달려있는 사전심사만을 금지하는 것을 뜻한다. 그러므로 검열은 일반적으로 허가를 받기 위한 표현물의 제출의무, 행정권이 주체가 된 사전심사절차, 허가를 받지 아니한 의사표현의 금지 및 심사절차를 관철할 수 있는 강제수단 등의 요건을 갖춘 경우에만 이에 해당하는 것이다"라고 판시한 바 있다.

금지되는 검열의 주체는 국가기관이 아니라 행정권이다. 법원은 분쟁해결·권리보호기관으로서의 본질상 검열의 주체로 볼 수 없다. 행정기관인지 여부는 기관의 형식에 의하기보다는 그 실질에 따라 판단되어야 한다. 검열을 행정기관이 아닌 독립적인 위원회에서 행한다고 하더라도 행정권이 주체가 되어 검열절차를 형성하고 검열기관의 구성에 지속적인 영향을 미칠 수 있는 경우라면 실질적으로 보아 검열기관은 행정기관이라고 보아야 한다. 그런데 검열의 주체로서 행정권에 한정한다는 취지는 행정권이 아닌 사법기관은 표현의 자유를 사전에 제한할 수 있다는 논리로 연결되어서는 아니 된다. 사법부에 의한 표현의 자유에 대한 사전제한은 검열이 아니라는 이유로 비교적 폭넓게 인정하고 있는 것은 최대한 억제되어야 한다.

3. **연예·영화에 대한 사전검열**: 연예와 영화는 표현의 상대방이 다양하고 넓기 때문에 영향력이 강력하고 광범위하므로 사후제한만으로는 규제가 불충분하지 않는가 하는 생각을 전제로 하여, 연예와 영화에 대한 사전검열이 가능한지에 대하여 견해의 대립이 있다.

긍정설은 헌법 제21조 제4항 "언론·출판은 타인의 명예나 권리 또는 공중도덕이나 사회윤리를 침해하여서는 아니 된다"를 근거로 하여 공중도덕과 사회윤리를 위해 필요한 경우에는 사전검열도 가능하다고 한다. 부정설은 연예와 영화도 언론·출판의 자유의 보호대상이므로 헌법 제21조 제2항이 적용되어 사전검열은 절대적으로 금지된다고 한다.

4. **등록·신고제와 사전검열**: 등록이나 신고는 행정상의 필요를 위하여 요건을 갖추어 신청하는 것까지만 요구하고, 의사표현의 내용을 규제하는 것이 아니므로, 사전허가나 검열과는 달리 허용된다. 하지만 등록제가 실질적으로 허가제나 검열제와 유사한 법적 효과를 가질 경우에는 위헌이다.

관련 문헌: 성낙인, "방송보도와 명예훼손," 권영성교수정년기념논문집, 법문사, 2001; 박용상, "영화에 대한 사전 검열금지", 재판의 한 길, 김용준 헌법재판소장 화갑기념논문집, 130면 이하; 박선영, "영화에 대한 사전심의의 위헌여부", 법조 45권 12호, 111면 이하.

[요약판례 1] 영화법 제12조 등 위헌제청: 위헌(헌재 1996.10.4. 93헌가13)

공연윤리위원회의 영화에 대한 사전심의제도의 위헌여부(적극)

영화도 의사표현의 한 수단이므로 영화의 제작 및 상영은 다른 의사표현수단과 마찬가지로 언론·출판의 자유에 의한 보장을 받음은 물론, 영화는 학문적 연구결과를 발표하는 수단이 되기도 하고 예술표현의 수단이 되기도 하므로 **그 제작 및 상영은 학문·예술의 자유에 의하여도 보장을 받는다.**

헌법 제21조 제2항의 검열은 행정권이 주체가 되어 사상이나 의견 등이 발표되기 이전에 예방적 조치로서 그 내용을 심사, 선별하여 발표를 사전에 억제하는, 즉 허가받지 아니한 것의 발표를 금지하는 제도를 뜻한다. 그러므로 검열은 일반적으로 허가를 받기 위한 표현물의 제출의무, 행정권이 주체가 된 사전심사절차, 허가를 받지 아니한 의사표현의 금지 및 심사절차를 관철할 수 있는 강제수단 등의 요건을 갖춘 경우에만 이에 해당하는 것이다.

헌법 제21조 제1항이 언론·출판에 대한 검열금지를 규정한 것은 비록 헌법 제37조 제2항이 국민의 자유와 권리를 국가안전보장·질서유지 또는 공공복리를 위하여 필요한 경우에 한하여 법률로써 제한할 수 있도록 규정하고 있다고 할지라도 언론·출판에 대하여는 검열을 수단으로 한 제한만은 법률로써도 허용되지 아니 한다는 것을 밝힌 것이다.

검열금지의 원칙은 모든 형태의 사전적인 규제를 금지하는 것이 아니고 단지 의사표현의 발표 여부가 오로지 행정권의 허가에 달려있는 사전심사만을 금지하는 것을 뜻하며, 또한 정신작품의 발표 이후에 비로소 취해지는 사후적인 사법적 규제를 금지하지 않는다. 따라서 심의기관에서 허가절차를 통하여 영화의 상영 여부를 종국적으로 결정할 수 있도록 하는 것은 검열에 해당하나, 예컨대 영화의 상영으로 인한 실정법위반의 가능성을 사전에 막고, 청소년 등에 대한 상영이 부적절할 경우 이를 유통단계에서 효과적으로 관리할 수 있도록 미리 등급을 심사하는 것은 사전검열이 아니다.

영화법 제12조 제1항, 제2항 및 제13조 제1항이 규정하고 있는 영화에 대한 심의제의 내용은 심의기관인 공연윤리위원회가 영화의 상영에 앞서 그 내용을 심사하여 심의기준에 적합하지 아니한 영화에 대하여는 상영을 금지할 수 있고, 심의를 받지 아니하고 영화를 상영할 경우에는 형사처벌까지 가능하도록 한 것이 그 핵심이므로 이는 명백히 헌법 제21조 제1항이 금지한 사전검열제도를 채택한 것이다.

검열을 행정기관이 아닌 독립적인 위원회에서 행한다고 하더라도 **행정권이 주체가 되어 검열절차를 형성하고 검열기관의 구성에 지속적인 영향을 미칠 수 있는 경우라면 실질적으로 검열기관은 행정기관이라고 보아야 한다.** 그러므로 공연윤리위원회가 민간인으로 구성된 자율적인 기관이라고 할지라도 영화법에서 영화에 대한 사전허가제도를 채택하고, 공연법에 의하여 공연윤리위원회를 설치토록 하여 행정권이 공연윤리위원회의 구성에 지속적인 영향을 미칠 수 있게 하였으므로 **공연윤리위원회는 검열기관**으로 볼 수밖에 없다.

[요약판례 2] 음반및비디오물에관한법률 제17조 제1항 등 위헌제청: 위헌,각하(헌재 1999.9.16. 99헌가1)

비디오물에 대하여 한국공연예술진흥협의회의 사전심의를 받도록 하는 것이 사전검열에 해당하여 위헌인지 여부(적극)

이미 위헌 결정한 구 음반 및 비디오물에 관한 법률(1997. 4. 10. 법률 제5322호로 개정되기 이전의 것)에 의한 공연윤리위원회와 이후 개정된 동법률(1997. 4. 10. 법률 제5322호로 개정되고, 1999. 2. 8. 법률 제5925호 음반·비디오물 및 게임물에 관한 법률 부칙 제2조로 폐지되기 이전의 것)에 의한 한국공연예술진흥협의회는 그 구성, 심의결과의 보고 등에 있어서 약간의 차이는 있으나, 공연법에 의하여 행정권이 심의기관의 구성에 지속적인 영향을 미칠 수 있고 행정권이 주체가 되어 검열절차를 형성하고 있는 점에 있어서 큰 차이가 없으므로, 한국공연예술진흥협의회도 검열기관으로 보는 것이 타당하고, 따라서 **한국공연예술진흥협의회가 비디오물의 제작·판매에 앞서 그 내용을 심사하여 심의기준에 적합하지 아니한 비디오물에 대하여는 제작·판매를 금지하고, 심의를 받지 아니한 비디오물을 제작·판매할 경우에는 형사처벌까지 할 수 있도록 규정한 이 사건 법률조항은 사전검열제도를 채택한 것으로서 헌법에 위배된다.**

[요약판례 3] 음반 · 비디오물및게임물에관한법률 제30조 제1호 등 위헌소원: 합헌(헌재 2002.2.28. 99헌바117)

게임물판매업자가 되고자 하는 자로 하여금 대통령령이 정하는 바에 의하여 문화관광부장관 또는 시장 · 군수 · 자치구의 구청장에게 등록하도록 요구하는 것이 사전검열에 해당하는지 여부(소극)

헌법 제21조 제2항에서 정하는 허가나 검열은 행정권이 주체가 되어 사상이나 의견 등이 발표되기 이전에 예방적 조치로서 그 내용을 심사 · 선별하여 발표를 사전에 억제하는 제도를 뜻하는바, 이 사건 법률조항에 따른 등록사항을 살펴보면, "유통관련업자의 성명 · 주민등록번호 · 주소 · 본적, 상호(법인명), 영업소소재지, 업종"을 기재 내지 표시하도록 되어 있어 유통관련업자의 외형적이고 객관적인 사항에 한정되어 이 사건 등록제가 게임물의 내용을 심사 · 선별하여 게임물을 사전에 통제하기 위한 규정이 아님이 명백하다.

이 사건 법률조항 중 등록규정은 통계를 통한 정책자료의 활용, 행정대상의 실태파악을 통한 효율적인 법집행을 위한 것으로 그 입법목적의 정당성이 수긍되고, 처벌규정은 등록의 실효성을 확보하기 위한 것이므로 방법의 적정성도 부인할 수 없다. 그리고 허가제가 아니라 등록제로 규정하여 게임물의 판매에 관하여 단지 형식적 심사에 그치도록 함으로써 그 규제수단도 최소한에 그치고 있고, 또한 게임물 판매업자의 위와 같은 등록의무는 이 법이 추구하고자 하는 입법목적과 비교하여 볼 때 법익의 균형을 상실하고 있지도 아니하다.

영화진흥법상 영화업자에 대하여는 등록이 아닌 신고만으로 족하고 이를 위반하는 경우에도 과태료만을 부과하고 있으나, 영화영상물과 게임물과는 그 영업장소, 영업형태, 유통경로, 지적소유권의 침해태양, 청소년보호를 위한 대책 필요성의 정도가 서로 다른 만큼, 서로 다른 법률에서 서로 다른 형태로 규율하고 있다고 하여 그것 자체만으로 평등원칙에 위배된다고 단정할 수 없다.

[요약판례 4] 구 음반 · 비디오물및게임에관한법률 제16조 제1항 등 위헌심판(외국비디오물 추천제): 위헌(헌재 2005.2.3. 2004헌가8)

외국비디오물을 수입할 경우에 반드시 영상물등급위원회로부터 수입추천을 받도록 규정하고 있는 구 음반 · 비디오물 및 게임물에 관한 법률 제16조 제1항 등의 위헌여부(적극)

외국비디오물을 수입할 경우에 반드시 영상물등급위원회로부터 수입추천을 받도록 규정하고 있는 구 음반 · 비디오물 및 게임물에 관한 법률(1999. 2. 8. 법률 제5925호로 제정되고, 2001. 5. 24. 법률 제6473호로 전면개정되기 전의 것) 제16조 제1항 등에 의한 외국비디오물 수입추천제도는 외국비디오물의 수입 · 배포라는 의사표현행위 전에 표현물을 행정기관의 성격을 가진 영상물등급위원회에 제출토록 하여 표현행위의 허용여부를 행정기관의 결정에 좌우되게 하고, 이를 준수하지 않는 자들에 대하여 형사처벌 등의 강제조치를 규정하고 있는바, 허가를 받기 위한 표현물의 제출의무, 행정권이 주체가 된 사전심사절차, 허가를 받지 아니한 의사표현의 금지, 심사절차를 관철할 수 있는 강제수단이라는 요소를 모두 갖추고 있으므로, 우리나라 헌법이 절대적으로 금지하고 있는 사전검열에 해당한다.

[요약판례 5] 옥외광고물등관리법 제3조 위헌소원: 합헌(헌재 1998.2.27. 96헌바2)

옥외광고물등관리법 제3조가 헌법 제21조 제2항의 사전허가금지에 위반되는지 여부(소극) 및 옥외광고물등관리법 제3조가 과잉금지원칙에 위반하여 언론 · 출판의 자유를 침해하는지 여부(소극)

헌법 제21조 제2항에서 정하는 허가나 검열은 행정권이 주체가 되어 사상이나 의견 등이 발표되기 이전에 예방적 조치로서 그 내용을 심사 · 선별하여 발표를 사전에 억제하는, 즉 허가받지 아니한 것의 발표를 금지하는 제도를 뜻한다. 옥외광고물등관리법 제3조는 일정한 지역 · 장소 및 물건에 광고물 또는 게시시설을 표시하거나 설치하는 경우에 그 광고물 등의 종류 · 모양 · 크기 · 색깔, 표시 또는 설치의 방법 및 기간 등을 규제하고 있을 뿐, 광고물 등의 내용을 심사 · 선별하여 광고물을 사전에 통제하려는 제도가 아님은 명백하므로, 헌법 제21조 제2항이 정하는 사전허가 ·

검열에 해당되지 아니한다.

옥외광고물등관리법 제3조에서 규제하는 옥외광고물이나 게시시설이 방임될 경우 각양각색의 광고물로 인하여 국민의 주거환경과 국토경관이 크게 침해당하게 될 것이고, 광고물 관리를 사후적인 지도・감독에만 의존하게 되면 효과적인 광고물 관리가 어려움으로 사전허가제도를 도입할 필요성이 인정된다. 옥외광고물등 관리법 제3조는 광고물 및 광고시설이 제한되는 지역을 특정하여 한정하고 있고, 허가나 신고의 기준에 관하여도 일정한 제한을 둠으로써 제한을 필요최소한으로 규정하고 있으므로, 헌법 제37조 제2항이 정하는 과잉금지원칙에 위반되어 언론・출판의 자유를 침해한다고 볼 수 없다.

[요약판례 6] 의료법 제69조 등 위헌제청: 위헌(헌재 2005.10.27. 2003헌가3)

"특정의료기관이나 특정의료인의 기능・진료방법"에 관한 광고를 금지하는 의료법 규정의 위헌 여부(적극)

상업광고에 대한 규제에 의한 표현의 자유 내지 직업수행의 자유의 제한은 헌법 제37조 제2항에서 도출되는 비례의 원칙(과잉금지원칙)을 준수하여야 하지만, **상업광고는 사상이나 지식에 관한 정치적, 시민적 표현행위와는 차이가 있고, 인격발현과 개성신장에 미치는 효과가 중대한 것은 아니므로, 비례의 원칙 심사에 있어서 '피해의 최소성' 원칙은 '입법목적을 달성하기 위하여 필요한 범위 내의 것인지'를 심사하는 정도로 완화되는 것이 상당하다.** 의료인의 기능이나 진료방법에 대한 광고가 소비자들을 기만하는 것이거나, 소비자들에게 정당화되지 않은 의학적 기대를 초래 또는 오인하게 할 우려가 있거나, 공정한 경쟁을 저해하는 것이라면, 국민의 보건과 건전한 의료경쟁 질서를 위하여 규제가 필요하다. 그러나 객관적인 사실에 기인한 것으로서 소비자에게 해당 의료인의 의료기술이나 진료방법을 과장함이 없이 알려주는 의료광고라면 이는 의료행위에 관한 중요한 정보에 관한 것으로서 소비자의 합리적 선택에 도움을 주고 의료인들 간에 공정한 경쟁을 촉진하므로 오히려 공익을 증진시킬 수 있다.

비록 의료광고가 전문적이고 기술적인 영역에 관한 것이고, 일반 국민들이 그 가치를 판단하기 어려운 측면이 있다 하더라도, 소비자로 하여금 과연 특정의료인이 어떤 기술이나 기량을 지니고 있는지, 어떻게 진단하고 치료하는지를 알 수 없게 한다면, 이는 소비자를 중요한 특정 의료정보로부터 차단시킴으로써 정보의 효율적 유통을 방해하는 것이며, 표현의 자유와 영업의 자유의 대상이 된 상업광고에 대한 규제가 입법목적의 달성에 필요한 한도 내에서 섬세하게 재단된 것이라 할 수 없다.

또한 의료법 제46조 제3항 중 "특정의료기관이나 특정의료인의 기능・진료방법"에 관한 광고금지 및 제69조 중 동 광고금지 위반 부분(이하 이들을 '이 사건 조항'이라 한다)이 아니더라도 의료법 제46조 제1항, 표시・광고의 공정화에 관한 법률, 소비자보호법, 독점규제 및 공정거래에 관한 법률, 옥외광고물 등 관리법 등에 의하여 "의료인의 기능이나 진료방법"에 관한 허위・기만・과장광고를 통제할 수 있다.

그러므로 이 사건 조항이 의료인의 기능과 진료방법에 대한 광고를 금지하고 이에 대하여 벌금형에 처하도록 한 것은 입법목적을 달성하기 위하여 필요한 범위를 넘어선 것이므로, '피해의 최소성' 원칙에 위반된다.

한편 이 사건 조항이 보호하고자 하는 공익의 달성 여부는 불분명한 것인 반면, 이 사건 조항은 의료인에게 자신의 기능과 진료방법에 관한 광고와 선전을 할 기회를 박탈함으로써 표현의 자유를 제한하고, 다른 의료인과의 영업상 경쟁을 효율적으로 수행하는 것을 방해함으로써 직업수행의 자유를 제한하고 있고, 소비자의 의료정보에 대한 알 권리를 제약하게 된다. 따라서 보호하고자 하는 공익보다 제한되는 사익이 더 중하다고 볼 것이므로 이 사건 조항은 '법익의 균형성' 원칙에도 위배된다.

결국 이 사건 조항은 헌법 제37조 제2항의 비례의 원칙에 위배하여 표현의 자유와 직업수행의 자유를 침해하는 것이다.

[요약판례 7] 구 유선방송관리법 제22조 제2항 제6호 중 제15조 제1항 제1호 부분 위헌소원 등: 합헌(헌재 2001.5.31. 2000헌바43등)

방송사업 허가제의 위헌여부(소극)

내용규제 그 자체가 아니거나 내용규제의 효과를 초래하는 것이 아니라면 헌법 제21조 제2항의 금지된 "허가"에는 해당되지 않는다. 한편, 헌법 제21조 제3항은 통신·방송의 시설기준을 법률로 정하도록 규정하여 일정한 방송시설기준을 구비한 자에 대해서만 방송 사업을 허가하는 허가제가 허용될 여지를 주는 한편 행정부에 의한 방송 사업 허가제의 자의적 운영이 방지되도록 하고 있다.

정보유통 통로의 유한성, 사회적 영향력 등 방송매체의 특성을 감안할 때, 그리고 위 헌법 제21조 제3항의 규정에 비추어 보더라도, 종합 유선방송 등에 대한 사업허가제를 두는 것 자체는 허용된다.

중계유선방송사업자가 방송의 중계송신 업무만 할 수 있고 보도, 논평, 광고는 할 수 없도록 하는 심판대상조항들의 규제는 방송사업 허가제, 특히 종합유선방송사업의 허가제를 유지하기 위해서, 본래적 의미에서의 방송을 수행하는 종합유선방송사업의 허가를 받지 아니한 중계유선 방송사업에 대해 부과하는 자유제한이다. 중계유선방송사업자가 자체적인 프로그램 편성의 자유와 그에 따르는 책임을 부여받지 아니한 이상 이러한 제한의 범위가 지나치게 넓다고 할 수 없고, 나아가 업무범위 외의 유선방송관리법에 의한 중계유선 방송사업에 대한 각종 규제는 전반적으로 종합유선 방송사업에 대한 각종 규제보다 훨씬 가벼운 점, 그리고 중계유선방송사업자도 요건을 갖추면 종합유선방송사업의 허가를 받을 수 있었던 점, 업무범위 위반시의 제재내용 등을 종합하여 볼 때, 규제의 정도가 과도하다고 보기도 어렵다.

자체적 편성의 자유를 가지고 이에 수반하는 책임을 부담하면서 본래적 의미의 방송을 그 사업내용으로 하는지 여부는 중계유선방송과 종합유선방송의 핵심적 차이로서, 이러한 차이는 양 사업이 방송의 자유와 관련성을 맺는 정도, 그리고 양 사업이 가지는 방송의 공적 기능이라는 특성의 비중에 있어서의 차이를 초래한다. 그러므로 입법자는 업무범위에 관해서는 종합유선방송의 그것을 중계유선방송의 그것보다 넓게 규정하고, 편성의 자유가 보장됨을 특별히 명시한 반면, 허가요건을 비롯한 기타 부문에서의 전반적 규제강도는 종합유선방송의 경우를 더 엄격하게 정한 것이다. 중계유선방송사업과 종합유선방송사업이 '유선전기통신시설을 이용하여 음성·음향 또는 영상을 불특정다수인 수신자에게 송신하는 것'이라는 공통점을 가진다고 하더라도 심판대상조항들에 의한 차별취급이 합리성을 잃은 것이라고 할 수는 없다.

[요약판례 8] 정기간행물의등록등에관한법률 제7조 제1항의 위헌심판: 한정위헌(헌재 1992.6.26. 90헌가23)

정기간행물을 발행하고자 하는 자에게 일정한 물적 시설을 갖추어 등록할 것을 요구하는 정기간행물의등록등에관한법률 제7조 제1항이 위헌인지 여부(한정적극)

정기간행물의등록등에관한법률 제7조 제1항은 정기간행물의 발행인들에 의한 무책임한 정기간행물의 난립을 방지함으로써 언론·출판의 공적 기능과 언론의 건전한 발전을 도모할 목적으로 제정된 법률규정으로서, 헌법상 금지된 허가제나 검열제와는 다른 차원의 규정이고 언론·출판의 자유를 본질적으로 침해하는 것도 아니고, 헌법상 제37조 제2항에 반하는 입법권행사라고 할 수 없다.

본 법률 제7조 제1항 제9호에서의 "해당시설"은 임차 또는 리스 등에 의하여도 갖출 수 있는 것이므로 위 조항의 등록요건인 동항 제9호 소정의 제6조 제3항 제1호 및 제2호의 규정에 의한 해당시설을 자기 소유이어야 하는 것으로 해석하는 한 신문발행인의 자유를 제한하는 것으로서 허가제의 수단으로 남용될 우려가 있으므로 헌법 제12조의 죄형법정주의의 원칙에 반하고 헌법상 금지되고 있는 과잉금지의 원칙이나 비례의 원칙에 반한다.

[요약판례 9] 구 음반 · 비디오물및게임물에관한법률 제18조 제5항 위헌소원: 합헌(헌재 2007.10.4. 2004헌바36)

등급분류의 경우 시간이 경과하여 이용 가능한 연령이 되면 이에 대한 접근이나 이용이 자유로워지는데 이러한 등급분류를 받지 아니한 비디오물의 유통을 금지하는 경우 이것이 사전검열에 해당하는지 여부(소극)

비디오물 등급분류는 의사 표현물의 공개 내지 유통을 허가할 것인가 말 것인가를 영상물등급위원회가 사전적으로 결정하는 절차가 아니라 그 발표나 유통으로 인한 실정법 위반 사태를 미연에 방지하고, 비디오물 유통으로 인해 청소년이 받게 될 악영향을 미리 차단하고자 공개나 유통에 앞서 이용 연령을 분류하는 절차에 불과하다. 비디오물의 경우 청소년들이 이용할 수 없는 등급을 부여받게 되면 **등급부여 당시의 시점에서는 이용 연령 제한으로 인해 그 연령에 해당하는 자들에게는 그에 대한 접근이 차단되지만, 시간이 경과하여 이용 가능한 연령이 되면, 이에 대한 접근이나 이용이 자유로워진다.** 이러한 점에서 **등급분류는 표현물의 공개나 유통 자체를 사전적으로 금지하여 시간이 경과하여도 이에 대한 접근이나 이용을 불가능하게 하는 사전검열과 다르다. 그러므로 이 사건 규정이 등급심사를 받지 아니한 비디오물의 유통을 금지하고 있더라도 이것은 사전검열에 해당하지 않는다.** 등급분류를 받지 않고 지나치게 선정적이거나 폭력적인 비디오물이 유통됨으로써 청소년들이 입게 되는 악영향에 비추어 보면, 비디오물 유통업자들이 입게 되는 불이익은 수용할 수 없을 정도의 과도한 제한이라고 볼 수 없다. 그러므로 이 사건 규정은 과잉금지원칙에 위반되지 않는다.

[요약판례 10] 공직선거법 제82조의6 제1항 등 위헌확인 등: 합헌,각하(헌재 2010.2.25. 2008헌마324등)

인터넷언론사에 대하여 선거운동기간 중 당해 인터넷홈페이지의 게시판 · 대화방 등에 정당 · 후보자에 대한 지지 · 반대의 글을 게시할 수 있도록 하는 경우 실명을 확인받도록 하는 기술적 조치를 할 의무, 위와 같은 글이 "실명인증"의 표시가 없이 게시된 경우 이를 삭제할 의무를 부과한 구 공직선거법 제82조의6 제1항, 제6항, 제7항이 명확성의 원칙에 위배되는지 여부(소극) 및 사전검열금지의 원칙에 위배되는지 여부(소극)

관계법령의 규정 내용이 구체적으로 인터넷언론사의 범위에 관하여 규정하고 있고 독립된 헌법기관인 중앙선거관리위원회가 설치 · 운영하는 인터넷선거보도심의위원회가 이를 결정 · 게시하는 이상, 해당 인터넷언론사가 자신이 실명확인 확인 조치의무를 지는지 여부에 관하여 확신이 없는 상태에 빠지는 경우를 상정할 수 없고, '지지 · 반대의 글'은 건전한 상식과 통상적인 법감정을 가진 사람이면 자신의 글이 이에 해당하는지를 충분히 알 수 있다고 할 것이므로 명확성의 원칙에 위배된다고 할 수 없다. 인터넷이용자로서는 스스로의 판단에 따라 실명확인 절차를 거치거나 거치지 아니하고 자신의 글을 게시할 수 있으므로 이 사건 법률조항이 사전검열금지의 원칙에 위배된다고도 할 수 없다.

[요약판례 11] 건강기능식품에 관한 법률 제18조 제1항 제5호 등 위헌소원: 합헌,각하(헌재 2010.7.29. 2006헌바75)

건강기능식품의 기능성 표시 · 광고의 사전심의절차에 관하여 규정한 '건강기능식품에 관한 법률' 제16조 제1항, 제18조 제1항 제5호, 제32조 제1항 제3호가 헌법이 금지하는 사전검열에 해당하는지 여부(소극)

우리 재판소는 사전검열금지원칙을 적용함에 있어서 행정권이 주체가 된 사전심사절차의 존재를 비롯한 4가지 요건을 모두 갖춘 사전심사절차의 경우에만 이를 절대적으로 금지하여 사전검열행위 자체의 범위를 헌법 제21조의 진정한 목적에 맞는 범위 내로 제한하여 적용해 왔다. 이와 같이 사전검열금지원칙을 적용함에 있어서는 사전검열행위

자체의 범위를 제한하여 적용해야 할 뿐만 아니라 사전검열금지원칙이 적용될 대상 역시 헌법이 언론·출판의 자유를 보장하고 사전검열을 금지하는 목적에 맞게 한정하여 적용해야 할 것이다.

건강기능식품의 허위·과장 광고를 사전에 예방하지 않을 경우 불특정 다수가 신체·건강상 피해를 보는 등 광범위한 해악이 초래될 수 있고, 허위·과장 광고 등에 대해 사후적인 제재를 하더라도 소비자들이 신체·건강상으로 이미 입은 피해는 피해 회복이 사실상 불가능할 수 있어서 실효성이 별로 없다는 문제가 있다. 반면에 건강기능식품 광고는 영리 목적의 순수한 상업광고로서 사상이나 지식에 관한 정치적·시민적 표현행위 등과 별로 관련이 없고, 이러한 광고를 사전에 심사한다고 하여 예술활동의 독창성과 창의성 등이 침해되거나 표현의 자유 등이 크게 위축되어 집권자의 입맛에 맞는 표현만 허용되는 결과가 될 위험도 작다.

그러므로 이와 같이 건강기능식품의 기능성 표시·광고와 같이 규제의 필요성이 큰 경우에 언론·출판의 자유를 최대한도로 보장할 의무를 지는 외에 헌법 제36조 제3항에 따라 국민의 보건에 관한 보호의무도 지는 입법자가 국민의 표현의 자유와 보건·건강권 모두를 최대한 보장하고, 기본권들 간의 균형을 기하는 차원에서 건강기능식품의 표시·광고에 관한 사전심의절차를 법률로 규정하였다 하여 이를 우리 헌법이 절대적으로 금지하는 사전검열에 해당한다고 보기는 어렵다.

[요약판례 12] 기소유예처분 취소: 인용(헌재 2013.12.26. 2009헌마747)

표현의 자유와 명예의 보호는 인간의 존엄과 가치, 행복을 추구하는 기초가 되고 민주주의의 근간이 되는 기본권이므로, 이 두 기본권을 비교형량하여 어느 쪽이 우위에 서는지를 가리는 것은 헌법적 평가 문제에 속한다. 역사적으로 보면, 개인의 명예를 보호할 목적으로 만든 명예훼손 관련 실정법은 권력을 가진 자에 대한 국민의 비판을 제한하고 억압하는 수단으로 쓰여진 측면이 많았었다. 따라서 개인의 명예훼손적 표현에 이 사건 근거조항과 같은 명예훼손 관련 실정법을 해석·적용할 때에는 표현의 자유와 명예의 보호라는 상반되는 두 기본권의 조정 과정에 다음과 같은 사정을 고려하여야 한다. 즉, 당해 표현으로 인한 피해자가 공적 인물인지 아니면 사인(私人)인지, 그 표현이 공적인 관심 사안에 관한 것인지 순수한 사적인 영역에 속하는 사안인지, 피해자가 당해 명예훼손적 표현의 위험을 자초(自招)한 것인지, 그 표현이 객관적으로 국민이 알아야 할 공공성·사회성을 갖춘 사실(알 권리)로서 여론형성이나 공개토론에 기여하는 것인지 등을 종합하여 구체적인 표현 내용과 방식에 따라 상반되는 두 권리를 유형적으로 형량한 비례관계를 따져 표현의 자유에 대한 한계 설정을 할 필요가 있는 것이다. 공적 인물과 사인, 공적인 관심 사안과 사적인 영역에 속하는 사안 간에는 심사기준에 차이를 두어야 하고, 더욱이 이 사건과 같은 공적 인물의 공적 활동에 대한 명예훼손적 표현은 그 제한이 더 완화되어야 하는 등 개별사례에서의 이익형량에 따라 그 결론도 달라지게 된다. 다만, 공인 내지 공적인 관심 사안에 관한 표현이라 할지라도 무제한 허용되는 것은 아니다. 일상적인 수준으로 허용되는 과장의 범위를 넘어서는 명백한 허위사실로서 개인에 대한 악의적이거나 현저히 상당성을 잃은 공격은 명예훼손으로 처벌될 수 있다. 공적 토론의 장은 개인의 의견과 그에 대한 다른 사람의 비판을 서로 주고받음으로써 형성되는 것인데, 지나치게 개인을 비방하는 표현은 그 개인의 인격권을 침해하는 동시에 여론형성이나 공개토론의 공정성을 해침으로써 정치적 의사형성을 저해하게 되므로, 이러한 표현에 대해서는 표현의 자유가 제한될 수 있어야 한다. 공직자의 특정정책에 대해 비판적인 언론보도와 같은 경우 표현의 자유가 폭넓게 보호된다고 볼 수 있다. 정부 또는 국가기관의 정책결정이나 업무수행과 관련된 사항은 항상 국민의 감시와 비판의 대상이 되어야 하고, 이러한 감시와 비판은 이를 주요 임무로 하는 언론보도의 자유가 충분히 보장될 때에 비로소 정상적으로 수행될 수 있으며, 정부 또는 국가기관은 형법상 명예훼손죄의 피해자가 될 수 없으므로, 정부 또는 국가기관의 정책결정 또는 업무수행과 관련된 사항을 주된 내용으로 하는 언론보도 등으로 인하여 그 정책결정이나 업무수행에 관여한 공직자에 대한 사회적 평가가 다소 저하될 수 있다고 하더라도, 그 보도의 내용이 공직자 개인에 대한 악의적이거나 심히 경솔한 공격으로서 현저히 상당성을 잃은 것으로 평가되지 않는 한, 그 보도로 인하여 곧바로 공직자 개인에 대한 명예훼손이 된다고 할 수 없다. 공직자의 공무집행과 직접적인 관련이 없는 개인적인 사생활에 관한 사실이라도 일정한 경우 공적인 관심 사안에 해당할 수 있다. 공직자의 자질·도덕성·청렴성에 관한 사실은 그 내용이 개인적인 사생활에 관한 것이라 할지라도 순수한 사생활의 영역에 있다고 보기 어렵다. 일정한 범위의 공직자 및 공직후보자는 재산과 병역사항 등을 공개하고 있고(공직자윤리법 제10조, 제10조의2, 공직자등의 병역사항 신고 및 공개에 관한 법률 제10조), 공직선거 후보자의 경우에는 재산, 병역사항, 소득세 · 재산세 · 종합부동산세의 납부 및 체납사실, 범죄경력, 정규학력에 관한 서류를 제출하도록 하고 있다(공직선거법 제49조 제4항). 이러한 사실은 공직자 등의 사회적 활동에 대한 비판 내지 평가의 한 자료가 될 수 있고, 업무집행의 내용에 따라서는 업무와 관련이 있을 수도 있으므로, 이에 대한 문제제기 내지 비판은 허용되어야 한다.

Ⅲ 신문등의자유와기능보장에관한 법률 제16조 등 위헌확인 등: 위헌,기각,각하

(헌재 2006.6.29. 2005헌마165등)

쟁점 신문등의자유와기능보장에관한법률 제16조 등의 위헌여부

사건의 개요

국회는 정기간행물등에관한법률을 '신문등의자유와기능보장에관한법률'로 바꾸면서 전문 개정·공포하였고, '언론중재및피해구제등에관한법률'도 제정·공포하였다. 청구인들은 심판대상조항이 청구인들의 헌법상 보장된 기본권을 침해한다고 주장하며 각 헌법소원심판을 청구하였다. 한편 2006헌가3 사건의 제청신청인은 자신이 발행하는 B일보 A1면에 도청테이프와 관련된 기사를 보도하였고, 이에 국가정보원은 언론중재위원회에 제청신청인 스스로 이를 바로잡는다는 취지의 '정정보도문'을 작성·게재하라는 조정신청을 하였다. 위 조정신청에 대하여 언론중재위원회는 직권으로 '반론보도문'을 작성·게재하라는 조정을 하였는바, 국가정보원은 위 직권조정결정에 대하여 이의신청을 하였고, 이에 따라 위 정정보도에 관한 조정신청은 법원에 대하여 정정보도청구의 소를 제기한 것으로 간주되었다. 제청신청인은 위 사건의 계속 중 언론중재법 조항들에 대한 위헌법률심판 제청신청을 하였고, 동 법원은 헌법재판소에 위헌법률심판을 제청하였다.

심판의 대상

신문등의자유와기능보장에관한법률 제3조 제2항·제3항, 제4조, 제5조, 제6조 제3항, 제8조, 제15조 제2항·제3항, 제16조, 제17조, 제18조, 제27조, 제28조 제3항, 제29조, 제33조, 제34조, 제35조, 제37조, 제39조 제1호, 제40조 제3호, 제42조, 제43조 제1항 제4호

언론중재법 제4조, 제5조, 제6조, 제7조 제3항, 제14조 제2항, 제15조 제4항, 제18조 제2항·제6항, 제25조, 제26조 제6항 본문 전단 중 '정정보도청구' 부분, 제30조 제1항·제2항, 제31조 후문, 제32조, 제34조 제1항 제1호, 부칙 제2조

방송법 제8조 제3항

주 문

1. 신문등의자유와기능보장에관한법률 제17조, 제34조 제2항 제2호, 언론중재및피해구제등에관한법률 제26조 제6항 본문 전단 중 '정정보도청구' 부분, 부칙 제2조 중 '제14조 제2항, 제26조 제6항 본문 전단 중 정정보도청구 부분, 제31조 후문' 부분은 각 헌법에 위반된다.

2. 위 신문등의자유와기능보장에관한법률 제15조 제3항은 헌법에 합치하지 아니한다. 이 법률조항은 입법자가 개정할 때까지 계속 적용된다.

3. 청구인 주식회사 A일보사, 주식회사 B일보사, 주식회사 C일보의 심판청구 중 위 신문등의자유와기능보장에관한법률 제15조 제2항, 제16조 제1항·제2항·제3항, 위 언론중재및피해구제등에관한법률 제6조

제1항・제4항・제5항, 제14조 제2항, 제31조 후문에 대한 부분을 모두 기각한다.

4. 청구인 주식회사 A일보사, 주식회사 B일보사, 주식회사 C일보의 나머지 심판청구 및 청구인의 심판청구를 모두 각하한다.

판 단

Ⅰ. 적법요건에 대한 판단

1. 자기관련성

(1) 자기관련성이 인정되지 않는 경우

독자 또는 국민의 한 사람인 청구인들은 신문법상의 "정기간행물사업자"나 "일간신문을 경영하는 법인"이 아니고, 나아가 언론중재법상의 "언론"에도 해당하지 않는다. 따라서 위 청구인들은 신문법과 언론중재법의 심판대상조항에 대하여 **간접적・사실적 이해관계를 가지는데 불과할 뿐 직접적・법률적 이해관계를 가진다고 할 수 없으므로,** 기본권침해의 자기관련성이 인정되지 않는다. 신문사의 대표이사인 청구인이 심판대상으로 청구한 신문법 관련 조항은 "정기간행물사업자"를 그 규율대상으로 하고 있는바, 회사와 그 대표자 개인을 엄격히 구별하고 있는 우리 법제상 동 청구인은 이들 조항에 대하여 자기관련성이 인정되지 않는다. 신문법은 정기간행물사업자, 즉 일간신문을 경영하는 법인으로서의 신문사를 규율대상으로 하고 있고, 언론중재법도 언론사와 언론보도로 인한 피해자 사이의 분쟁을 해결하고자 규율하는 법률로서, **그 규율의 대상이 되는 주체는 언론사에 소속되어 있는 기자가 아니라 언론사 자체이다. 따라서 신문사의 기자인 청구인들은 심판대상조항에 대하여 자기관련성이 인정되지 않는다.**

(2) 자기관련성이 인정되는 경우

이 사건 심판대상조항은 정기간행물사업자인 신문사를 그 규율대상으로 하므로 신문사업자인 청구인들은 기본권침해의 자기관련성이 있다. 다만, 신문법 제3조 제2항은 국가로 대표되는 외부세력에 의한 규제・간섭으로부터 편집의 자유와 독립을 보호하는 규정이라 할 것이므로, 이 조항은 신문의 내부 구성원 또는 신문사 자체를 규율대상으로 하지 않는 것이어서 **신문사업자인 위 청구인들은 이 조항에 대하여 자기관련성이 없다.**

2. 기본권 침해의 가능성・직접성

① 신문법은 편집인 또는 기자들에게 독점적으로 '편집권'이라는 **법적 권리를 부여한 것이 아니라 편집활동 보호에 관한 선언적・권고적 규정이고, 신문법 제18조는 편집위원회를 둘 것인지 여부 및 편집규약의 제정 여부에 관하여 신문사의 임의에 맡기고 있으므로 이들 조항은 기본권침해의 가능성 내지 직접성이 없다.** ② 신문의 사회적 책임이나 신문보도의 공정성, 인격권 보호책임을 규정하고 있는 신문법, 언론중재법은 신문의 공적 기능 및 책임에 관한 추상적・선언적 규정이고, 고충처리인의 자율적 활동 보장에 관한 언론중재법 역시 선언적・권고적 규정이므로 이들 조항은 기본권침해의 가능성이 없다. ③ 신문법 관련 조항은 자료신고・검증 및 공개에 관한 구체적인 사항을 대통령령으로 정한다는 위임규정으로서, 하위규범의 시행을 예정하고 있으므로 직접성이 없다. ④ 신문발전위원회 및 신문발전기금에 관한 규정인 신문법 관련조문은 신문발전위원회가 법률에서 부여한 권한을 현실적으로 행사하였을 때 비로소 청구인들에 대한 기본권침해의 가능성이 생기게

되므로, 기본권침해의 가능성 내지 직접성이 없다. ⑤ 신문유통원에 관한 신문법 관련조항은 신문유통원이라는 기구의 설립과 운영의 근거조항일 뿐이므로 기본권침해의 가능성 내지 직접성이 없다. ⑥ 고충처리인의 권한과 직무에 관한 규정인 언론중재법 관련조항은 권한규범 내지 직무규범으로서 그 자체로 국민의 기본권을 제한하는 것이 아니라 고충처리인의 구체적인 활동을 통하여 비로소 신문사업자인 청구인들의 기본권침해 여부가 결정되는 점을 고려할 때, 이 조항은 기본권침해의 직접성이 없다. ⑦ 언론중재법 제6조 제3항은 언론사는 고충처리인의 자율적 활동을 보장하여야 하고 정당한 사유가 없는 한 고충처리인의 권고를 수용하도록 노력하여야 한다고 규정하고 있는바, 이는 법적 구속력이 없는 선언적·권고적 규정에 불과하므로 기본권침해의 가능성이 인정되지 않는다. ⑧ **구체적인 소송사건에서 법원에 의하여 해석·적용되는 재판규범은, 법원의 재판을 매개로 하여 비로소 기본권에 영향을 미치게 되므로 기본권침해의 직접성이 인정되지 않는다.** 그러므로 언론중재법 관련 조문은 언론의 인격권 침해에 대한 위법성조각사유, 정정보도청구의 거부사유, 언론의 인격권 침해에 대한 손해배상 등을 규정한 **재판규범이므로 기본권침해의 가능성 내지 직접성이 없다.** ⑨ 언론피해 조정신청에 관한 언론중재법 관련 조항은 언론중재위원회에서의 절차규정에 불과하고, 손해배상청구권의 침해 여부는 동 위원회의 조정결정, 그 중에서도 직권조정결정이라는 집행행위가 있은 후에야 현실화되고 직권조정결정은 구속력이 없으므로, 기본권침해의 가능성 내지 직접성이 없다. ⑩ 중재결정의 효력에 관한 언론중재법 관련 조항은 중재가 당사자 쌍방의 합의에 의하여만 개시되고 어느 일방의 의사에 반하여 그 절차에 강제로 회부되는 것이 아니라는 점에서 기본권침해의 가능성 내지 직접성이 없다. ⑪ 언론중재위원회의 시정권고제도는 시정권고가 권고적 효력을 가지는데 그치며, 시정권고라는 집행행위를 매개로 한다는 점에서 기본권침해의 가능성 내지 직접성이 없다. ⑫ 신문법 또는 언론중재법 위반행위에 대한 벌칙 또는 과태료에 관한 신문법과 언론중재법 규정은 청구인들이 이들 조항의 법정형의 고유한 위헌성을 다투는 것이 아니라 전제되는 조항들이 위헌이어서 그 제재조항도 당연히 위헌이라고 주장하는 것이므로, 직접성이 인정되지 않는다.

3. 각하된 부분 중 일부에 대한 재판관 권 성, 재판관 김효종의 위헌의견

신문법은 신문의 자유의 핵심에 속하는 편집권을 신문사업자로부터 박탈하므로 위헌이다. 또한 신문법은 신문사업자가 자치적으로 정할 사항을 법으로 강요하는 것이며 신문사업자의 신문편집방향과 배치되는 편집인의 편집권한을 인정하는 것이 되어 신문사업자의 편집권을 심각하게 축소하므로 위헌이다. 신문법과 언론중재법은 사적 기관인 언론사들에게 공익의 추구를 최우선적 과제로 부과하는 것으로서, 국가가 언론기관에게 중립적이고 균형 있게 다양한 의견을 전달할 것을 요구하면 신문은 이 요구에 부합하기 위하여 고유한 논조나 경향성을 표출하는 보도나 편집을 스스로 억제하게 되어 언론의 자유를 사전에 위축시킨다. 그러므로 이들 조항은 위헌이다. 그리고 신문법의 경우, 신문발전위원회의 주된 업무는 신문발전기금의 관리·운영인데, 신문발전기금은 불가피하게 선별적이고 차등적으로 사용될 수밖에 없고 이러한 선별·차등지원은 필연적으로 신문사업자 간의 자유롭고 공정한 경쟁을 왜곡하여 신문의 자유를 침해한다. 또한 신문법은 신문유통원을 통하여 신문의 배포에 정부가 직접 개입하는 것으로서 신문사 간의 자유로운 경쟁을 훼손하는 것이므로 위헌이다.

Ⅱ. 본안에 대한 판단

1. 일간신문의 뉴스통신 혹은 방송사업 겸영금지

(1) 다수의견

신문법 제15조 제2항은 일간신문이 뉴스통신이나 일정한 방송사업을 겸영하는 것을 금지하고 있다. 그런데 일간신문이 뉴스통신이나 방송사업과 같은 이종 미디어를 겸영하는 것을 어떻게 규율할 것인가 하는 것은 고도의 정책적 접근과 판단이 필요한 분야로서, **겸영금지의 규제정책을 지속할 것인지, 지속한다면 어느 정도로 규제할 것인지의 문제는 입법자의 미디어정책적 판단에 맡겨져 있다.** 신문법 제15조 제2항은 신문의 다양성을 보장하기 위하여 필요한 한도 내에서 그 규제의 대상과 정도를 선별하여 제한적으로 규제하고 있다고 볼 수 있다. 규제 대상을 일간신문으로 한정하고 있고, 겸영에 해당하지 않는 행위, 즉 하나의 일간신문법인이 복수의 일간신문을 발행하는 것 등은 허용되며, 종합편성이나 보도전문편성이 아니어서 신문의 기능과 중복될 염려가 없는 사업 등을 겸영하는 것도 가능하다. 그러므로 신문법 제15조 제2항은 헌법에 위반되지 아니한다.

(2) 재판관 3인의 반대의견(위헌)

오늘날 통신기술 및 디지털기술의 발달과 위성방송, 인터넷 등 새로운 매스미디어의 발전에 따라 신문산업은 위축의 징후를 보이고 있으므로 신문사업자는 방송이나 통신의 컨텐츠사업자 등이 되어 활동영역을 넓히거나, 방송·통신의 겸영을 통하여 신문사업의 경영효율화를 도모할 필요성이 현저하게 되었다. **이러한 상황에서는 일간신문사의 뉴스통신·방송사업 겸영을 일률적으로 금지할 것이 아니라 겸영으로 인한 언론의 집중 내지 시장지배력의 효과를 고려하여 선별적으로 통제하는 방법이 바람직함에도 불구하고, 신문법 제15조 제2항이 일률적으로 겸영을 금지하는 것은 입법수단으로서 필요한 최소한의 것이라고 볼 수 없다.** 따라서 이 조항은 신문사업자인 청구인들의 언론표현 방법의 자유와 기업경영의 자유를 침해하는 것이다.

2. 신문 복수소유의 일률적 금지

(1) 다수의견

(가) 헌법불합치(재판관 4인)

신문법 제15조 제3항에서 일간신문의 지배주주가 뉴스통신 법인의 주식 또는 지분의 2분의 1 이상을 취득 또는 소유하지 못하도록 함으로써 이종 미디어 간의 결합을 규제하는 부분은 언론의 다양성을 보장하기 위한 필요한 한도 내의 제한이라고 할 것이어서 신문의 자유를 침해한다고 할 수 없다. 그런데 제15조 제3항은 나아가 일간신문의 지배주주에 의한 신문의 복수소유를 규제하고 있다. **신문의 다양성을 보장하기 위하여 신문의 복수소유를 제한하는 것 자체가 헌법에 위반된다고 할 수 없지만,** 신문의 복수소유가 언론의 다양성을 저해하지 않거나 오히려 이에 기여하는 경우도 있을 수 있는데, **이 조항은 신문의 복수소유를 일률적으로 금지하고 있어서 필요 이상으로 신문의 자유를 제약하고 있다. 그러나 신문의 다양성 보장을 위한 복수소유 규제의 기준을 어떻게 설정할지의 여부는 입법자의 재량에 맡겨져 있으므로 이 조항에 대해서는 단순위헌이 아닌 헌법불합치결정을 선고하고, 다만 입법자의 개선입법이 있을 때까지 계속 적용을 허용함이 상당하다.**

(나) 단순위헌의견(재판관 3인)

일간신문의 복수소유를 일률적으로 규제하는 것이 신문의 자유를 침해한다는 점에 대해서는 앞에서 본 헌법불합치의견의 이유와 같고, 이 조항에서 일간신문과 뉴스통신 간의 이종 미디어 결합을 규제하는 것이 위헌이라는 점은 신문법 제15조 제2항에 대한 반대의견의 이유와 같다. 그런데 **이 조항을 위헌으로 선고하더라도 법적 공백이나 혼란이 초래될 것이라 볼 수 없으므로 이 조항에 대하여 헌법불합치결정이 아니라 위헌결정을 선고하여야 한다.**

(다) 소 결

단순위헌의견도 헌법불합치의견의 범위 내에서는 헌법불합치의견과 견해를 같이 한 것이라고 할 것이므로, 신문법 제15조 제3항에 대하여 헌법불합치결정을 선고하기로 하되, 입법자가 개선입법을 할 때까지 계속 적용을 명하기로 한다.

(2) 재판관 2인의 반대의견(합헌)

신문법 제15조 제3항은 일간신문의 지배주주에 의한 신문의 복수소유를 규제하고 있는데, 이는 1인 사주의 지배 하에 놓이는 신문의 출현을 억제하겠다는 것으로 이 또한 **신문의 다양성 제고라는 입법목적 달성을 위해 필요한 것**이므로 헌법에 위반되지 않는다.

3. 신문기업 자료의 신고·공개 제도

(1) 다수의견

신문법 제16조가 신문기업 자료의 신고·공개 제도를 둔 것은 신문시장의 투명성을 제고하고, 신문법 제15조의 겸영금지 및 소유제한 규정의 실효성을 담보함으로써 신문의 다양성이라는 헌법적 요청을 구현하기 위해서이다. 신문기업은 일반기업에 비하여 공적 기능과 사회적 책임이 크기 때문에 그 소유구조는 물론 경영활동에 관한 자료를 신고·공개하도록 함으로써 그 투명성을 높이고 신문시장의 경쟁 질서를 정상화할 필요성이 더욱 크다. **신문법 제16조에서 신고·공개하도록 규정하고 있는 사항 중 상당부분은 상법 등 다른 법률에 의해 이미 공시 또는 공개되고 있는 것들이고, 그 밖에 발행부수, 광고수입 등과 같은 사항을 추가적으로 신고·공개하도록 하고 있지만, 이는 신문 특유의 기능보장을 위하여 필요한 범위 내의 것이다.** 따라서 이 조항들이 신문의 자유를 지나치게 침해한다거나, 일반 사기업에 비하여 평등원칙에 반하는 차별을 가하는 위헌규정이라 할 수 없다.

(2) 재판관 3인의 반대의견(위헌)

신문의 투명성 확보라는 모호한 입법목적을 위하여 신문기업의 자유를 침해하면서까지 신문기업의 여러 자료들을 제출시켜 검증·공개할 필요가 있는지 의문이다. 또한 신문기업의 주식 소유자에 대한 정보공개는 개인의 프라이버시를 노출시키게 되고, 그 결과 특정 신문에 대한 개인의 투자를 저해할 수도 있다. 다수의견은 신문법 제16조 제1항·제2항·제3항이 신문법 제15조의 겸영·소유금지 규정의 실효성을 담보하기 위해 필요하다고 하나, 우리는 신문법 제15조 제2항·제3항이 위헌이라고 판단하기 때문에 위헌조항의 실효성을 담보한다는 입법목적은 그 자체로 정당성이 없다. 따라서 신문법 제16조 제1항·제2항·제3항은 신문사업자인 청구인들의 신문의 자유를 침해하는 것이다.

4. 신문사업자를 일반사업자보다 쉽게 시장지배적 사업자로 추정

(1) 다수의견

신문법 제17조는 신문사업자를 일반사업자에 비하여 더 쉽게 시장지배적사업자로 추정되도록 규정하고 있는데, 이러한 규제는 신문의 다양성 보장이라는 입법목적 달성을 위한 합리적이고도 적정한 수단이 되지 못한다. 첫째, 발행부수만을 기준으로 신문시장의 점유율을 평가하고 있는 점, 둘째, 신문시장의 시장지배력을 평가함에 있어 서로 다른 경향을 가진 신문들에 대한 개별적인 선호도를 합쳐 이들을 하나의 시장으로 묶고 있는 점, 셋째, 그 취급분야와 독자층이 완연히 다른 일반일간신문과 특수일간신문 사이에 시장의 동질성을 인정하고 있는 점, 넷째, 신문의 시장지배적 지위는 결국 독자의 개별적·정신적 선택에 의하여 형성되는 것인 만큼 그것이 불공정행위의 산물이라고 보거나 불공정행위를 초래할 위험성이 특별히 크다고 볼만한 사정이 없는데도 신문사업자를 일반사업자에 비하여 더 쉽게 시장지배적사업자로 추정되도록 하고 있는 점 등이 모두 불합리하다. 따라서 **신문법 제17조는 신문사업자인 청구인들의 평등권과 신문의 자유를 침해하여 헌법에 위반된다.**

(2) 재판관 2인의 반대의견(합헌)

발행부수는 신문시장의 시장지배력을 판단할 수 있는 1차적이고도 직접적인 요소라는 점, 신문사는 사시(社是)와 논조(論調)와 같은 정신적 경쟁관계와 별개로 경제적인 분야에서 과점적 지위를 유지하기 위하여 담합하여 시장질서를 어지럽히는 행위를 할 수 있다는 점, 일반일간신문과 특수일간신문이 상호 경쟁관계가 성립할 수 없는 완전히 별개의 시장이라고 단언하기 어려운 점에 비추어 보면, 시장지배적사업자 추정요건은 입법재량의 범위 내에 있다. 신문시장의 독과점은 다양한 의견이나 정보의 제공을 불가능하게 하고 일방적인 보도와 정보의 제공으로 여론의 왜곡을 초래할 수 있어 일반 상품시장의 독과점보다 그 폐해가 국가와 사회에 미치는 정도가 훨씬 심각하다. 이러한 신문시장의 특성을 반영하여 시장지배적사업자로 추정되는 시장점유율을 일반 상품보다 다소 하향 조정하였다고 하여 이것이 신문의 자유를 침해한다거나 다른 일반사업자와 비교하여 합리적 이유 없이 신문사업자를 차별하는 것이라고 할 수 없다.

5. 시장점유율이 높다는 이유만으로 기금 지원에서 차별 대우하는 것

발행부수가 많다는 것은 다른 특별한 사정이 없는 한 독자의 선호도가 높은 데 기인한 것인데도 시장점유율이 높다는 이유만으로 신문사업자를 차별하는 것은 합리적인 것이라 볼 수 없다. 그것도 시장점유율 등을 고려하여 신문발전기금 지원의 범위와 정도에 있어 합리적 차등을 두는 것이 아니라 기금 지원의 대상에서 아예 배제하는 것은 합리적이 아니다. **발행부수가 많은 신문사업자를 시장지배적사업자제도를 이용하여 규제하려고 한다면 먼저 그 지배력의 남용 유무를 조사하여 그 남용이 인정될 때에만 기금 지원의 배제라는 추가적 제재를 가하는 것이 시장지배적사업자제도의 취지에 맞다.** 따라서 신문법 제34조 제2항 제2호는 합리적인 이유 없이 발행부수가 많은 신문사업자를 차별하는 것이므로 **평등원칙에 위배된다**(재판관 전원일치).

6. 고충처리인 제도

(1) 다수의견

언론중재법 제6조에 의하여 신문사에게 강제되는 것은 고충처리인을 두어야 한다는 것과 고충처리인에 관한 사항을 공표하여야 한다는 것뿐이고, 그 외에 **고충처리인제도의 운영에 관한 사항은 전적으로 신문사업자의 자율에 맡겨져 있다. 뿐만 아니라 고충처리인제도의 직무권한은 권고나 자문에 불과하여 실질적으로 신문사를 구속하는 효과도 적다.** 이에 비해 고충처리인제도가 원활하게 기능할 경우 달성되는 **공익은 매우 크다.** 고충처리인제도는 언론피해의 예방, 피해발생시의 신속한 구제 및 분쟁해결에 있어서 적은 비용으로 큰 효과를 나타낼 수 있다. 그러므로 언론중재법 제6조 제1항·제4항·제5항은 헌법에 위반되지 아니한다.

(2) 재판관 2인의 반대의견(위헌)

신문사가 언론피해의 예방이나 구제를 위하여 고충처리인을 둘 것인지 여부는 신문사가 자율적으로 정할 문제이므로 국가가 나서서 이들 조항과 같이 고충처리인을 두고 그 활동사항을 매년 공표하라고 요구하는 것은 **신문사업자의 신문의 자유를 침해하는 것이다.**

7. 정정보도청구권

언론중재법 제14조에서 규정하고 있는 정정보도청구권은 반론보도청구권이나 민법상 불법행위에 기한 청구권과는 전혀 다른 새로운 성격의 청구권이다. 허위의 신문보도로 피해를 입었을 때 피해자는 기존의 민·형사상 구제제도로 보호를 받을 수도 있지만, 신문사 측에 고의·과실이 없거나 위법성조각사유가 인정되는 등의 이유로 민사상의 불법행위책임이나 형사책임을 추궁할 수 없는 경우도 있다. 이러한 경우 피해자에 대한 적합한 구제책은 신문사나 신문기자 개인에 대한 책임추궁이 아니라, 문제의 보도가 허위임을 동일한 매체를 통하여 동일한 비중으로 보도·전파하도록 하는 것이다. **더욱이 정정보도청구권은 그 내용이나 행사방법에 있어 필요 이상으로 신문의 자유를 제한하고 있지 않다.** 일정한 경우 정정보도를 거부할 수 있는 사유도 인정하고 있고, 제소기간도 단기간으로 제한하고 있으며, 정정보도의 방법도 동일 지면에 동일 크기로 보도문을 내도록 하여 원래의 보도 이상의 부담을 지우고 있지도 않다. 따라서 언론중재법 제14조 제2항이 **신문의 자유를 침해하는 것이라고 볼 수 없으며, 언론중재법 제31조 후문은 그 위치에도 불구하고 제14조 제2항과 동일한 내용을 명예훼손에 관하여 재확인하는 규정으로 보아야 할 것이므로 역시 헌법에 위반되지 않는다**(재판관 전원일치).

8. 정정보도청구의 소를 민사집행법상의 가처분절차에 의하여 재판하도록 하는 것

(1) 다수의견

언론중재법 제26조 제6항 본문 전단은 정정보도청구의 소를 민사집행법상의 가처분절차에 의하여 재판하도록 규정하고 있다. 그 결과 정정보도청구의 소에서는 그 청구원인을 구성하는 사실의 인정을 '증명' 대신 '소명'으로 할 수 있게 되었다. 그런데 **언론중재법상의 정정보도청구소송은 통상의 가처분과는 달리 그 자체가 본안소송이다.** 이러한 정정보도청구의 소에서, 승패의 관건인 "사실적 주장에 관한 언론보도가 진실하지 아니함"이라는 사실의 입증에 대하여, 통상의 본안절차에서 반드시 요구하고 있는 증명을 배제하고 그 대신 간이한 소명으로 이를 대체하는 것인데 이것은 소송을 당한 언론사의 방어권을 심각하게 제약하므로 공정한 재판을 받을 권리를 침해한다. 정정보도청구를 가처분절차에 따라 소명만으로 인용할 수 있게 하는 것은 나아가 언론의 자유를 매우 위축시킨다. **진실에 부합하지 않을 개연성이 있다는 소명만으로 정정보도 책임을 지게 되므로 언론사로서는 사후의 분쟁에 대비하여 진실임을 확신할 수 있는 증거를 수집·확보하지 못하는 한, 사실주**

장에 관한 보도를 주저하게 될 것이다. 이러한 언론의 위축효과는 중요한 사회적 관심사에 대한 신속한 보도를 자제하는 결과를 초래하고 그로 인한 피해는 민주주의의 기초인 자유언론의 공적 기능이 저하된다는 것이다. 이와 같이 피해자의 보호만을 우선하여 언론의 자유를 합리적인 이유 없이 지나치게 제한하는 것은 위헌이다.

(2) 재판관 3인의 반대의견(합헌)

언론중재법 제26조 제6항이 정정보도청구에 대한 심리절차를 가처분절차에 의하도록 하고 있는 것은 허위보도로 인한 피해를 신속하게 구제하기 위하여 필요하고도 적절한 수단이다. 정정보도청구사건을 심리할 때에는 변론을 열어 당사자 쌍방에게 주장과 입증의 기회가 균등하게 주어진다. 또한 소명의 증명정도와 증명의 증명정도는 이론상으로는 구분되지만, 실제에 있어서는 크게 차이가 나지 않는다. 그리고 언론의 보도가 허위임이 밝혀진 경우에 허위보도를 정정하는 것은 진실보도의무를 부담하는 언론사가 당연히 취해야 할 조치이고, 정정보도는 사실에 관한 보도가 허위인 경우에 인정되는 것이므로 그것이 언론의 비판·견제기능을 약화시킨다고 볼 수도 없다.

9. 진정소급입법

(1) 다수의견

언론중재법 부칙 제2조 본문은 언론중재법의 시행 전에 행하여진 언론보도에 대하여도 동법을 적용하도록 규정하고 있다. 이에 따라 정정보도청구권의 성립요건과 정정보도청구소송의 심리절차에 관하여 언론중재법이 소급하여 적용됨으로써 언론사의 종전의 법적 지위가 새로이 변경되었다. 이것은 **이미 종결된 과거의 법률관계를 소급하여 새로이 규율하는 것이기 때문에 소위 진정 소급입법에 해당한다.** 진정 소급입법은 헌법적으로 허용되지 않는 것이 원칙이고 이를 예외적으로 허용할 특단의 사정도 이 부칙조항에 대해 인정되지 않으므로 부칙 제2조 중 '제14조 제2항, 제26조 제6항 본문 전단 중 정정보도청구 부분, 제31조 후문' 부분은 헌법에 위반된다.

(2) 재판관 1인의 반대의견(합헌)

언론의 허위보도 자체는 보도와 동시에 완료되지만 그로 인한 피해는 보도 후에도 계속 진행되고 확산된다. 따라서 **언론중재법 시행 전에 이루어진 허위보도로 인한 피해의 계속을 막기 위하여 언론중재법에 의하여 신설된 정정보도청구권을 적용하는 것이 진정 소급입법에 해당된다고 보기 어렵다.** 또한 가처분절차에 의하도록 한 것이 헌법에 위반되지 않는다고 보는 이상, 언론중재법 시행 후에 청구된 정정보도청구사건을 가처분절차에 의하여 심리하도록 한 부분도 위헌이라고 볼 수 없다.

✢ 본 판례에 대한 평가 1. 보도의 자유: 정보사회에서 국민은 언론기관의 보도를 통해서 알 권리를 충족한다. 따라서 언론의 보도는 신속·공정하게 사실에 입각하여 아무런 간섭 없이 이루어져야 한다. 보도의 자유는 신문·잡지·방송 등 매스 미디어의 자유를 포괄한다. 보도의 자유에는 뉴스 등을 보도할 자유뿐만 아니라 신문 등의 발행의 자유와 신문 등의 배포의 자유까지 포함한다. 또한 보도의 자유는 동시에 진실보도의무를 수반한다. 표현의 자유가 가지는 가치의 실현이라는 측면에서 언론기관의 보도의 자유는 현대 정보사회에서 중요한 역할을 수행한다. 언론기관의 보도의 자유의 기능보장을 위하여 신문법은 다수의 규정을 두고 있다.

2. 언론기관시설법정주의: 보도의 자유를 확립하기 위하여 언론기관은 권력이나 자본으로부터 자유롭고 독자적으로 존립할 수 있는 조직과 형태를 갖추어야 한다. 헌법 제21조 제3항은 "통신 · 방송의 시설기준과 신문의 기능을 보장하기 위하여 필요한 사항은 법률로 정한다"라고 하여 언론기관시설법정주의를 명시하고 있다.

3. 신문 · 통신 · 방송의 겸영금지: 신문 · 통신 · 방송의 겸영금지(兼營禁止)는 언론기업의 독과점으로 인하여 야기될 국민의사의 왜곡현상을 시정하려는 입법적 조치이다. 그러나 국제화 · 개방화의 흐름은 언론기업경영에도 예외일 수 없기 때문에 국내언론기업도 일정한 '규모의 경제'를 실현할 필요성이 있다. 하지만 새로 제정된 신문법에서는 일간신문과 방송사업의 겸영금지(제15조)를 규정하고 있다. "일간신문과 뉴스통신 진흥에 관한 법률의 규정에 의한 뉴스통신은 상호 겸영할 수 없으며, 방송법에 의한 종합편성 또는 보도에 관한 전문편성을 행하는 방송사업을 겸영할 수 없다"(제2항). "일간신문 · 뉴스통신 또는 방송사업을 경영하는 법인이 발행한 주식 또는 지분의 2분의 1 이상을 소유하는 자(대통령령이 정하는 동일계열의 기업이 소유하는 경우를 포함한다)는 다른 일간신문 또는 뉴스통신을 경영하는 법인이 발행한 주식 또는 지분의 2분의 1 이상을 취득 또는 소유할 수 없다"(제3항). "대규모 기업집단 중 대통령령이 정하는 기준에 해당하는 기업집단에 속하는 회사와 그 계열회사(대통령령이 정하는 특수한 관계에 있는 자를 포함한다)는 일간신문이나 뉴스통신을 경영하는 법인이 발행하는 주식 또는 지분의 2분의 1을 초과하여 취득 또는 소유할 수 없다"(제4항). "일간신문이나 뉴스통신을 경영하는 법인의 이사(합명회사의 경우에는 업무집행사원, 합자회사의 경우에는 무한책임사원) 중 그 상호간에 민법 제777조에 규정된 친족관계에 있는 자가 그 총수의 3분의 1을 넘지 못한다"(제5항).

4. 일간신문의 독과점규제: 특히 일반일간신문 및 특수일간신문(무료로 발행되는 일간신문 제외) 중 1개 사업자의 시장점유율이 전년 12개월 평균 전국발행부수의 100분의 30 이상이거나 3개 이하 사업자의 시장점유율 합계가 전년 12개월 평균 전국발행 부수의 100분의 60 이상(다만, 시장점유율이 100분의 10 미만인 자는 제외)인 경우에는 '독점규제 및 공정거래에 관한 법률'상의 시장지배적 사업자로 추정하고 있다(제17조).

헌법재판소는 본 결정에서 ① 발행부수만을 기준으로 신문시장의 점유율을 평가하고 있는 점, ② 신문시장의 시장지배력을 평가함에 있어 서로 다른 경향을 가진 신문들에 대한 개별적인 선호도를 합쳐 이들을 하나의 시장으로 묶고 있는 점, ③ 그 취급분야와 독자층이 완연히 다른 일반일간신문과 특수일간신문 사이에 시장의 동질성을 인정하고 있는 점, ④ 신문의 시장지배적 지위는 결국 독자의 개별적 · 정신적 선택에 의하여 형성되는 것인 만큼 그것이 불공정행위의 산물이라고 보거나 불공정행위를 초래할 위험성이 특별히 크다고 볼만한 사정이 없는데도 신문사업자를 일반사업자에 비하여 더 쉽게 시장지배적 사업자로 추정되도록 하고 있는 점 등을 근거로 신문법 제17조는 입법목적을 달성하기 위한 합리적이고 적정한 수단이 되지 못하여 신문사업자의 평등권과 신문의 자유를 침해하기 때문에 헌법에 위반된다고 결정하였다.

5. 신문발전위원회 · 신문발전기금 · 신문유통원의 신설: 또한 여론의 다양성을 보장하고 신문산업의 진흥을 위하여 신문발전위원회와 신문발전기금을 설치하고 있다(제37조, 제33조). 그런데 일간신

문을 경영하는 정기간행물사업자로 하여금 당해 법인의 결산일로부터 5개월 이내에 직전 회계연도의 구독료 등 신문사업에 관한 사항을 신문 발전위원회에 신고하도록 하고, 일간신문사는 매 결산기로부터 5월 이내에 총 발행주식 또는 지분총수와 자본내역, 그리고 100분의 5 이상의 주식 또는 지분을 소유한 주주 또는 사원의 개인별 내역에 관한 사항을 신문발전위원회에 신고하도록 하며, 신문발전위원회는 신고사항을 검증·공개하도록 규정하고 있다(제16조). 이에 대해 헌법 재판소는 본 결정에서 신문법 제16조는 신문의 다양성이라는 헌법적 요청을 구현하기 위한 규정으로서 신문의 자유를 지나치게 침해한다거나 평등원칙에 반하는 차별을 가하는 위헌 규정이라 할 수 없다고 판시한 바 있다. 하지만 이에 대한 위헌론이 불식되지 않고 있다. 나아가서 국민의 폭넓은 언론매체선택권을 보장하기 위해 신문유통원을 설립하고 있다(제37조). 하지만 이 또한 정부의 간섭을 배제하는 장치가 없기 때문에 정부를 지지하는 언론을 지원하는 데 쓰일 우려가 있다. 신문유통원을 통한 공동배달제는 악용되지 않도록 운용되어야 한다.

6. 헌법재판소의 위헌 결정 취지를 반영한다는 취지하에 가처분적용 조항의 수정과 부칙의 삭제를 그 골자로 하는 개정작업이 진행되었다. 정정보도청구 및 손해배상청구는 본안소송절차에 의하고, 반론보도청구와 추후보도청구는 가처분절차에 의하는 것이 바람직한지, 혹은 언론중재법상의 3가지 청구들을 모두 본안소송절차에 따르게 하는 것이 타당한 입법인지에 대해서는 심도 있는 논의가 필요하다고 하겠다.

관련 문헌: 박진우, "신문의 겸영금지 등에 관한 신문법 제15조의 비판적 고찰", 공법연구 제36집 3호; 이용성, 신문법연구, 커뮤니케이션북스, 2006, 41-45면; 김서중, "신문법에 대한 헌법소원은 옳은가?", 신문법, 언론피해구제법 위헌소송 관련 긴급토론회 "신문법은 합헌이다", 민주언론운동시민연합, 2005, 11-13면; 김두진, "시장지배적 지위의 남용", 비교사법 제14권 제1호; 강경근, "신문법, 언론중재법에 대한 헌법재판소의 결정", 고시연구 2006. 8, 248-250면.

대판 1980.9.9. 77다2030: 조선일보기자들의 해고무효확인소송

신문기사의 편집행위가 사시에 반하는지 여부와 어떤 사태가 언론의 자유와 근로자의 신분에 대한 부당한 침해가 되는지의 여부에 대한 판단기준

피고회사의 취업규칙이 근로자들의 의사에 반하여 피고회사가 일방적으로 불이익하게 작성 또는 변경한 것이 아니라면 유효한 것으로 보아야 한다.

신문기사의 편집행위가 사시에 반하는지의 여부나 어떤 사태가 언론의 자유와 근로자의 신분에 대한 부당한 침해가 되는지의 여부에 대한 판단은 신문기자 각자의 주관이나 정치적, 종교적 신념과 양심에 따라 결론을 달리할 수 있는 것이지만 그 의도하는 바를 행동으로 옮기는 경우에는 고용계약이나 근무 규정 등의 범위내에서만 허용되는 것이므로 고용계약상의 노무제공을 거부하며 근무규정상의 의무에 반하여 기업체내의 질서를 문란케 하는 행동, 즉 신문사내의 질서를 문란케 하는 행동은 고용계약 위반행위이다.

[요약판례 1] (구)민사소송법 제714조 제2항 위헌소원사건: 합헌(헌재 2001.8.30. 2000헌바36)

(구)민사소송법 제714조 제2항에 의한 방영금지가처분을 허용하는 것이 헌법상 검열금지의 원칙에 위반되는지 여부(소극) 및 언론의 자유를 침해하는지 여부(소극)

헌법 제21조 제2항에서 규정한 검열 금지의 원칙은 모든 형태의 사전적인 규제를 금지하는 것이 아니고 단지 의

사표현의 발표 여부가 오로지 행정권의 허가에 달려있는 사전심사만을 금지하는 것을 뜻하므로, 이 사건 법률조항에 의한 방영금지가처분은 행정권에 의한 사전심사나 금지처분이 아니라 개별 당사자간의 분쟁에 관하여 사법부가 사법절차에 의하여 심리, 결정하는 것이어서 헌법에서 금지하는 사전검열에 해당하지 아니한다.

일정한 표현행위에 대한 가처분에 의한 사전금지청구는 개인이나 단체의 명예나 사생활 등 인격권 보호라는 목적에 있어서 그 정당성이 인정되고 보호수단으로서도 적정하며, 이에 의한 언론의 자유 제한의 정도는 침해 최소성의 원칙에 반하지 않을 뿐만 아니라 보호되는 인격권보다 제한되는 언론의 자유의 중요성이 더 크다고 볼 수 없어 법익균형성의 원칙 또한 충족하므로, 이 사건 법률조항은 과잉금지의 원칙에 위배되지 아니하고 언론의 자유의 본질적 내용을 침해하지 아니한다.

[요약판례 2] 영화진흥법 제21조 제4항 위헌제청: 위헌(헌재 2001.8.30. 2000헌가9)

영상물등급위원회에 의한 등급분류보류제도의 위헌여부(적극)

언론·출판의 자유의 보호대상이 되는 의사표현 또는 전파의 매개체는 어떠한 형태이건 가능하므로, 담화·연설·토론·연극·방송·음악·영화·가요 등과 문서·소설·시가·도화·사진·조각·서화 등 모든 형상의 의사표현 또는 의사전파의 매개체를 포함한다.

헌법 제21조 제2항의 검열은 그 명칭이나 형식과 관계없이 실질적으로 행정권이 주체가 되어 사상이나 의견 등이 발표되기 이전에 예방적 조치로서 그 내용을 심사, 선별하여 발표를 사전에 억제하는, 즉 허가받지 아니한 것의 발표를 금지하는 제도를 뜻하고, 이러한 사전검열은 법률로써도 불가능한 것으로서 절대적으로 금지된다.

언론·출판에 대하여 사전검열이 허용될 경우에는 국민의 예술 활동의 독창성과 창의성을 침해하여 정신생활에 미치는 위험이 크고 행정기관이 집권자에게 불리한 내용의 표현을 사전에 억제함으로써 이른바 관제의견이나 지배자에게 무해한 여론만이 허용되는 결과를 초래할 염려가 있기 때문에 헌법이 절대적으로 금지하는 것이다.

일반적으로 허가를 받기 위한 표현물의 제출의무, 행정권이 주체가 된 사전심사절차, 허가를 받지 아니한 의사표현의 금지 및 심사절차를 관철할 수 있는 강제수단 등의 요건을 갖춘 경우에만 헌법에 의하여 금지되는 검열에 해당된다.

영상물등급위원회는, 그 위원을 대통령이 위촉하고, 그 구성방법 및 절차에 관하여 필요한 사항을 대통령령으로 정하도록 하고 있으며, 국가예산으로 그 운영에 필요한 경비의 보조를 받을 수 있도록 하고 있는 점 등에 비추어 행정권이 심의기관의 구성에 지속적인 영향을 미칠 수 있고 행정권이 주체가 되어 검열절차를 형성하고 있어 검열기관에 해당한다.

영화진흥법 제21조 제4항이 규정하고 있는 영상물등급위원회에 의한 등급분류보류제도는, 영상물등급위원회가 영화의 상영에 앞서 영화를 제출받아 그 심의 및 상영등급분류를 하되, 등급분류를 받지 아니한 영화는 상영이 금지되고 만약 등급분류를 받지 않은 채 영화를 상영한 경우 과태료, 상영금지명령에 이어 형벌까지 부과할 수 있도록 하며, **등급분류보류의 횟수제한이 없어 실질적으로 영상물등급위원회의 허가를 받지 않는 한 영화를 통한 의사표현이 무한정 금지될 수 있으므로 검열에 해당한다.**

[요약판례 3] 영화법 제4조 제1항 등 위헌소원: 합헌(헌재 1996.8.29. 94헌바15)

영화제작업자에게 등록의무를 부과하는 영화법 제4조 제1항의 위헌여부(소극)

우리 헌법 제12조 제1항 후문의 죄형법정주의에 따라 형벌법규는 일반인이 범죄와 형벌의 내용을 미리 알 수 있도록 구체적으로 명백하게 규정하여야 하며 자의적으로 확장하거나 유추할 수 있는 개념을 사용하여서는 아니되지만, 범죄구성요건에 일반적, 규범적 개념을 사용하더라도 법률의 규정에 의하여 그 해석이 가능하고 또한 일반인이 금지된 행위와 허용된 행위를 구분하여 인식할 수 있다면 죄형법정주의에 위반한 것은 아니라고 보아야 한다.

영화법 제4조 제1항은 "업"이라는 일반적 개념을 사용하고 있지만, 같은 법 제4조 제4항, 같은법시행령 제5조의2의 규정 등과 종합하여 볼 때 위 규정에서 "영화의 제작을 업으로 하는 자"라 함은 영리를 목적으로 하는지 여부에 관계없이 영화를 계속·반복하여 제작하고자 하는 자를 의미하는 것으로 해석하여야 하고, 이러한 해석은 일반인으로서도 통상적으로 인식할 수 있는 것이라고 보아야 할 것이므로 영화법 제4조 제1항은 죄형법정주의의 한 가지인 형벌법규의 명확성의 원칙에 위반한다고 볼 수 없다.

헌법이 언론·출판의 자유를 보장하는 것은 언론·출판의 자유의 내재적 본질인 표현의 방법과 내용을 보장하는 것을 말하는 것으로서 언론·출판기업의 주체인 기업인으로서의 활동까지 포함하는 것으로 볼 수 없다. 기업경영주체로서는 일반사회질서의 규율에서 예외가 될 수 없으며 언론출판기업에 대하여 일정한 시설을 갖추어 등록하게 하는 것은 언론·출판의 자유의 본질적 내용의 간섭과는 구분되며, 원칙적으로 언론·출판의 자유에 관한 본질적인 내용의 침해에 해당하는 것이라고 볼 수 없다.

영화법에서 영화의 제작을 업으로 하고자 하는 자에게 등록의무를 부과하는 것은 영화산업의 육성발전을 촉진하고 영화예술의 질적 향상을 도모하기 위하여 문화체육부장관이 영화제작업자의 실태를 파악하여 이를 건전하게 육성하고 그 기능이 공공의 이익과 질서유지에 합당하게 지속적으로 유지·발전하도록 하기 위한 것이므로, 영화법 제4조 제1항 및 제32조 제1호는 헌법상 보장된 표현의 자유의 내용을 간섭하기 위한 것이 아니라 단순히 주무행정관청의 기본업무인 행정상의 절차와 행정업무상 필요한 사항을 등록하게 하고 이를 규제하기 위하여 그 위반행위에 대한 벌칙규정을 두고 있는데 불과한 것이다. 따라서 위 법률조항은 입법부가 그러한 규제를 함에 있어서 입법재량을 남용함으로써 과잉금지의 원칙에 위반하는 등 자의적인 입법을 하지 않는 이상 그 규제입법 자체를 위헌이라고 할 수 없다.

영화는 오늘날 다른 표현매체와 달리 대규모의 자본과 시설에 의해 이루어지고 있고, 영화의 영향력은 광범위하고 직접적이며 강력하여 각국이 자국의 영화산업을 집중 육성함으로써 자국의 문화를 세계에 널리 보급하고자 이를 새로운 전략산업으로 지원·육성하고 있어 이를 기업화하여 국민경제에 기여하는 전략산업으로 육성하여야 할 필요성 또한 크다고 할 수 있는바, 이와 같은 점을 종합적으로 고려해 볼 때 영화법 제4조 제1항, 제3항, 같은 법 시행령 제2조, 제5조의3의 규정이 정한 예탁금을 포함한 그 규제의 정도가 표현의 자유를 본질적으로 침해할 정도에 이르렀다고 보기는 어렵다.

영화법이 부동산중개업법, 보건범죄단속에 관한 특별조치법에서 무면허 부동산중개업자와 무면허 의료업자의 처벌은 반드시 영리성을 그 요건으로 하고 있는 경우와 달리 단지 영화를 계속·반복하여 제작하는 것만을 처벌의 요건으로 규정하고 있다고 하더라도 영화가 가진 국민들에게 미치는 영향력은 영리의 목적 여부와 관계없이 강력하고 직접적이며 광범위한 것이기 때문에 그 차별에 합리적인 근거가 있어 평등의 원칙에 위반되는 것으로 볼 수 없다.

[요약판례 4] 정기간행물의등록등에관한법률 제19조 제3항 위헌소원: 합헌(헌재 1996.4.25. 95헌바25)

정정보도청구사건을 신속·간이한 심판절차에 의하도록 한 구 정기간행물의등록등에관한법률 제19조 제3항(정정보도청구사건의 심판)의 위헌여부(소극)

구 법상의 "정정"보도청구권은 그 표현의 형식에도 불구하고 그 내용을 보면 언론기관의 사실적 보도에 의한 피해자가 그 보도내용에 대한 반박의 내용을 게재하여 줄 것을 청구할 수 있는 권리로서 이른바 "반론권"을 입법화한 것이다. 따라서 여기서 말하는 정정보도청구는 그 보도내용의 진실 여부를 따지거나 허위보도의 정정을 청구하기 위한 것이 아니다. 이와 같은 반론권으로서의 정정보도청구권이 인정되는 취지로는 다음의 두 가지를 들 수 있다. 첫째, 언론기관이 특정인의 일반적 인격권을 침해한 경우 피해를 받은 개인에게도 신속·적절하고 대등한 방어수단이 주어져야 함이 마땅하며, 특히 공격내용과 동일한 효과를 갖게끔 보도된 매체 자체를 통하여 방어주장의 기회를 보장하는 반론권제도가 적절하고 형평의 원칙에도 잘 부합할 수 있다는 점이다. 둘째, 독자로서는 언론기관이 시간적 제약아래 일방적으로 수집·공급하는 정보에만 의존하기 보다는 상대방의 반대주장까지 들어야 비로소 올바른 판단을 내릴 수 있기 때문에 이 제도는 진실발견과 올바른 여론형성을 위하여 중요한 기여를 할 수 있게 된다는 점이다.

반론권의 제도는 전파력이 강한 대중매체인 정기간행물의 속성에 비추어 피해자의 신속한 권리구제를 위하여 마련된 것이므로 일정한 형식적 요건만 갖추면 복잡한 실체적인 권리관계를 따지지 아니하고 곧바로 인정하는 것을 제도의 본질적 특성으로 하는 것으로서, 법 제19조 제1항에 의하면 중재위원회의 중재를 전치요건으로 규정하여 당사자간의 자율적인 교섭에 의한 해결의 기회를 보장하고 있고 원칙적으로 반론권제도가 보도내용의 진실 여부와는 직접적인 관계가 없으며 오히려 진실발견의 수단으로서의 성격을 갖는다는 점에서 보면, 법이 위와 같은 중재를 필요적으로 거친 후의 정정보도청구권에 관한 심판을 상당한 시일이 걸리는 본안소송절차에 의하지 아니하고 가처분절차에 의하도록 한 것이 유별나게 신속성을 강조한 것이어서 부당하다고 할 수는 없다. 피해자가 본안소송절차에 의하여만 그 권리를 구제받게 된다면 대중이 그 사실을 망각한 다음에야 비로소 구제조치가 가능해질 것이므로 실효를 거둘 수가 없다. 반론은 그것이 너무 늦게 집행된 나머지 현안성을 상실하여 독자나 시청자가 반론의 전제가 된 원래의 보도내용이 무엇인지를 알 수 없는 지경에 이르면 반론권을 인정하는 근거 중의 하나인 공정한 여론형성에 참여할 자유나 객관적 질서로서의 언론제도를 보장하는데도 반하는 것이 된다. 반론권으로서의 정정보도청구권은 그 자체가 인격권을 보호하고 공정한 여론의 형성을 위한 도구인 것일 뿐 진실을 발견하여 잘못을 바로 잡아줄 것을 청구하는 권리가 아니기 때문에 그 행사요건은 비교적 형식적인 사유에 기한 제한적 예외사유가 없는 경우에는 이를 인용하도록 완화되어 있다. 또한 예외사유도 법의 문언자체에 의하여 용이하게 판단이 가능한 경우들이므로 반론권을 제도로서 인정하고 있는 한 그 심리를 위하여 시간이 많이 걸리게 되는 민사소송법에 정한 본안절차에 따르게 하기 보다는 오히려 가처분절차에 따라 신속하게 처리하도록 함이 제도의 본질에 적합하다 할 것이다.

대판 1986.1.28. 85다카1973

구 언론기본법 제49조 소정의 정정보도청구권의 성질

언론기본법 제49조에 규정된 정정보도청구권은 그 제목의 표현과는 달리 언론사에 대해 정기간행물이나 방송의 보도내용을 진실에 부합되게 시정할 것을 요구하는 권리가 아니라 그 보도내용에 대하여 피해자가 주장하는 반박내용을 보도해 줄 것을 요구하는 권리이므로 이의 대상이 된 보도내용의 진실여부는 그 권리행사의 요건이 아니다.

대판 1996.12.23. 95다37278

구 방송법 제41조의 정정보도청구권이 갖는 의미

구 방송법이 규정하는 정정보도청구권(위 법 개정으로 반론보도청구권으로 명칭이 변경되었다)은 피해자의 권리를 구제한다는 주관적인 의미만을 가지는 것이 아니라, 방송이 사실보도한 내용과 개별적으로 연관된 사람(위 법 개정으로 국가, 지방자치단체 등까지 포함하게 되었다)에게 방송의 사실보도 내용과 반대되거나 다른 사실을 주장할 기회를 부여하고, 이를 통하여 시청자들로 하여금 균형잡힌 여론을 형성할 수 있도록 한다는 객관적 제도로서의 의미도 가지고 있다.

대판 1997.10.28. 97다28803

구 정기간행물의등록등에관한법률 제16조 제3항 단서 소정의 '피해자가 정정보도청구권의 행사에 정당한 이익을 갖지 않는 경우'의 의미

구 정기간행물의등록등에관한법률 제16조 제1항, 제3항 단서에 의하면, 일간신문에 공표된 사실적 주장에 의하여 피해를 받은 자는 그 공표가 이루어진 날로부터 14일 이내에 발행인이나 편집인에게 정정보도의 게재를 청구할 수 있으나, 다만 피해자가 정정보도청구권의 행사에 정당한 이익을 갖지 않는 경우나 청구된 정정보도의 내용이 명백히 사실에 반하는 경우에는 이의 게재를 거부할 수 있다고 할 것인바, 여기서 피해자가 정정보도청구권의 행사에 정당한 이익을 갖지 않는 경우라 함은 신청인이 구하는 정정보도의 내용이 이미 원문 기사를 보도한 당해 일간신문을 통하여 원문 기사와 같은 비중으로 충분한 정정보도가 이루어져 정정보도 청구의 목적이 달성된 경우와 정정보도에 기재된 내용과 원문 기사에 보도된 내용이 본질적인 핵심에 관련되지 못하고 지엽말단적인 사소한 것에만 관련되어 있을

뿐이어서 이의 시정이 올바른 여론 형성이라는 본래의 목적에 기여하는 바가 전혀 없는 경우 등을 포함한다.

대판 1998.2.24. 96다40998
구 정기간행물의등록등에관한법률 제16조의 정정보도청구권의 내용

구 정기간행물의등록등에관한법률 제16조의 정정보도청구권은 그 용어 표현과는 달리 피해자가 정기간행물의 사실적 주장에 대하여 주장하는 반박 내용을 게재해 줄 것을 요구하는 권리에 불과하고, 원문보도를 진실에 부합되게 시정, 보도하여 줄 것을 요구하는 권리는 아니라고 보아야 하며, 따라서 정정보도청구권은 원문보도의 내용이 허위임을 요건으로 하지 않는다(대법원 1986. 1. 28. 선고 85다카1973 판결, 1991. 1. 15. 선고 90다카25468 판결 등 참조). 그럼에도 불구하고 기사의 정정을 구하는 정정보도청구도 가능하다고 판단한 원심판결에는 정정보도청구권에 관한 법리를 오해하여 판결에 영향을 미친 위법이 있으므로, 이 점을 지적하는 상고이유는 이유가 있다.

대판 2006.11.23. 2004다50747
구 정기간행물의등록등에관한법률하에서 반론보도청구인이 반론보도청구의 내용이 허위임을 알면서도 하는 반론보도청구의 허용여부(소극)

반론보도청구인이 스스로 반론보도청구의 내용이 허위임을 알면서도 청구하는 경우는 반론보도청구권을 남용하는 것으로 헌법적 보호 밖에 있는 것이어서 반론보도청구권을 행사할 정당한 이익이 없다. 반론제도가 본래 반론보도내용의 진실 여부를 요건으로 하지 않는 것이어서 허위반론의 위험을 감수하는 것은 불가피하다 하더라도 반론보도청구인에게 거짓말할 권리까지 부여하는 것은 아니며, 반론보도청구인 스스로 허위임을 인식한 반론보도내용을 게재하는 것은 반론보도청구권이 가지는 피해자의 권리구제라는 주관적 의미나 올바른 여론의 형성이라는 객관적 제도로서의 의미 어느 것에도 기여하지 못하여 반론보도청구권을 인정한 헌법적 취지에도 부합되지 않는 것으로서 이를 정당화할 아무런 이익이 존재하지 아니하는 반면, 이러한 반론으로부터 자유로울 언론기관의 이익은 그만큼 크다고 할 수 있기 때문에 상충하는 이익 사이의 조화로운 해결책을 찾는다면 위와 같이 허위임을 인식한 반론보도청구는 마땅히 배제되어야 한다.

대결 2005.1.17. 2003마1477: 서적발행판매반포등금지가처분
인격권으로서의 명예권에 기초하여 가해자에 대해 현재의 침해행위의 배제 또는 장래의 침해행위의 금지를 청구할 수 있는지 여부(적극) 및 언론·출판 등의 표현행위에 대한 사전금지가 허용되는 경우

명예는 생명, 신체와 함께 매우 중대한 보호법익이고 인격권으로서의 명예권은 물권의 경우와 마찬가지로 배타성을 가지는 권리라고 할 것이므로 사람의 품성, 덕행, 명성, 신용 등의 인격적 가치에 관하여 사회로부터 받는 객관적인 평가인 명예를 위법하게 침해당한 자는 손해배상 또는 명예회복을 위한 처분을 구할 수 있는 이외에 인격권으로서 명예권에 기초하여 가해자에 대하여 현재 이루어지고 있는 침해행위를 배제하거나 장래에 생길 침해를 예방하기 위하여 침해행위의 금지를 구할 수도 있다.

표현행위에 대한 사전억제는 표현의 자유를 보장하고 검열을 금지하는 헌법 제21조 제2항의 취지에 비추어 엄격하고 명확한 요건을 갖춘 경우에만 허용된다고 할 것인바, 출판물에 대한 발행·판매 등의 금지는 위와 같은 표현행위에 대한 사전억제에 해당하고, 그 대상이 종교단체에 관한 평가나 비판 등의 표현행위에 관한 것이라고 하더라도 그 표현행위에 대한 사전금지는 원칙적으로 허용되어서는 안 될 것이지만, 다만 그와 같은 경우에도 그 표현내용이 진실이 아니거나 그것이 공공의 이해에 관한 사항으로서 그 목적이 오로지 공공의 이익을 위한 것이 아니며, 또한 피해자에게 중대하고 현저하게 회복하기 어려운 손해를 입힐 우려가 있는 경우에는 그와 같은 표현행위는 그 가치가 피해자의 명예에 우월하지 아니하는 것이 명백하고, 또 그에 대한 유효적절한 구제수단으로서 금지의 필요성도 인정

되므로 이러한 실체적인 요건을 갖춘 때에 한하여 예외적으로 사전금지가 허용된다.

[요약판례 5] 군사기밀보호법 제6조 등에 관한 위헌심판: 한정합헌(헌재 1992.2.25. 89헌가104)

군사기밀보호법 제6조, 제7조, 제10조의 위헌여부(한정소극)

군사기밀보호법상의 "군사상의 기밀"은 그 범위의 광범성이나 내용의 애매성이 문제될 소지가 있지만 그 대상에 대하여 군사기밀인 표지를 갖추게 하고 있으니 실제에 있어 그 애매성이 문제될 소지는 크지 않은 것이며, 다만 그 범위의 광범성에 있어서는 "그 내용이 누설되는 경우 국가안전보장상 해로운 결과를 초래할 우려가 있을" 것이라는 요건이 헌법합치적으로 해석된다면 헌법 제37조 제2항에 저촉되지 않으면서 동 법률조항의 존립목적이 달성될 수 있다.

"부당한 방법으로 탐지·수집한 자"라는 구성요건은 관계법령이 정하고 있는 적법한 절차에 의하지 아니하고 군사기밀을 탐지수집한 자를 의미하는 것임이 분명하며 이러한 내용은 통상의 판단능력을 가진 사람이라면 충분히 그 의미를 이해할 수 있다고 사료되므로 "부당한 방법으로"라는 용어를 썼다는 이유만으로 구성요건의 구체성 내지 명확성을 결여하였다고 할 수는 없는 것이다.

군사기밀의 범위는 국민의 표현의 자유 내지 "알 권리"의 대상영역을 최대한 넓혀줄 수 있도록 필요한 최소한도에 한정되어야 할 것이며 따라서 군사기밀보호법 제6조, 제7조, 제10조는 동법 제2조 제1항의 **"군사상의 기밀"이 비공지의 사실로서 적법절차에 따라 군사기밀로서의 표지를 갖추고 그 누설이 국가의 안전보장에 명백한 위험을 초래한다고 볼 만큼의 실질가치를 지닌 것으로 인정되는 경우에 한하여 적용된다 할 것이므로 그러한 해석하에 헌법에 위반되지 아니한다.**

대판 2002.1.22. 2000다37524

어떤 표현이 타인의 명예를 훼손하더라도 그 표현이 공공의 이해에 관한 사항으로서 그 목적이 오로지 공공의 이익을 위한 것일 때에는 진실한 사실이거나 행위자가 그것을 진실이라고 믿을 상당한 이유가 있는 경우에는 위법성이 없다고 할 것인바, 여기서 '그 목적이 오로지 공공의 이익을 위한 것일 때'라 함은 적시된 사실이 객관적으로 볼 때 공공의 이익에 관한 것으로서 행위자도 공공의 이익을 위하여 그 사실을 적시한 것을 의미하는데, 행위자의 주요한 목적이나 동기가 공공의 이익을 위한 것이라면 부수적으로 다른 사익적 목적이나 동기가 내포되어 있더라도 무방하고, 여기서 '진실한 사실'이라고 함은 그 내용 전체의 취지를 살펴볼 때 중요한 부분이 객관적 사실과 합치되는 사실이라는 의미로서 세부에 있어 진실과 약간 차이가 나거나 다소 과장된 표현이 있더라도 무방하다.

대판 2003.7.8. 2002다64384

정당 대변인이 절도범의 진술을 믿고서 전라북도 도지사가 사택에 미화를 보관하고 있다가 도난당하였음에도 이를 은폐하고 있다는 내용의 성명을 발표한 것이 고위공직자의 도덕성이라는 공적 사안에 관한 정당 대변인의 정치적 논평에 해당한다고 하여 위법성을 인정하지 않은 사례

언론·출판의 자유와 명예보호 사이의 한계를 설정함에 있어서는, 당해 표현으로 명예를 훼손당하게 되는 피해자가 공적인 존재인지 사적인 존재인지, 그 표현이 공적인 관심사안에 관한 것인지 순수한 사적인 영역에 속하는 사안에 관한 것인지 등에 따라 그 심사기준에 차이를 두어, 공공적·사회적인 의미를 가진 사안에 관한 표현의 경우에는 언론의 자유에 대한 제한이 완화되어야 하고, 특히 공직자의 도덕성, 청렴성에 대하여는 국민과 정당의 감시기능이 필요함에 비추어 볼 때, 그 점에 관한 의혹의 제기는 악의적이거나 현저히 상당성을 잃은 공격이 아닌 한 쉽게 책임을 추궁하여서는 안 된다.

민주정치제도하에서는 정당활동의 자유도 너무나 중요하여 그 보장에 소홀함이 있어서는 아니 되고, 정당의 정치

적 주장에는 국민의 지지를 얻기 위하여 어느 정도의 수사적인 과장표현은 용인될 수 있으므로, 정당 대변인의 정치적인 논평의 위법성을 판단함에 있어서는 이러한 특수성이 고려되어야 한다.

대판 2003.7.22. 2002다62494; 대판 2004.2.27. 2001다53387 등

표현의 자유와 명예보호 사이의 한계를 설정함에 있어서는, 당해 표현으로 인하여 명예를 훼손당하게 되는 피해자가 공적인 존재인지 사적인 존재인지, 그 표현이 공적인 관심 사안에 관한 것인지 순수한 사적인 영역에 속하는 사안에 관한 것인지 등에 따라 그 심사기준에 차이를 두어, 공공적·사회적인 의미를 가진 사안에 관한 표현의 경우에는 언론의 자유에 대한 제한이 완화되어야 하고, 또한 공직자의 업무처리가 정당하게 이루어지고 있는지 여부는 항상 국민의 감시와 비판의 대상이 되어야 하고, 특히 선거법위반사건 등 정치적인 영향력을 가진 사건 처리의 공정성에 대한 정당의 감시기능은 정당의 중요한 임무 중의 하나이므로, 이러한 감시와 비판기능은 보장되어야 하고 그것이 악의적이거나 현저히 상당성을 잃은 공격이 아닌 한 쉽게 제한되어서는 아니 된다.

대판 2006.3.23. 2003다52142

방송 등 언론매체가 사실을 적시하여 타인의 명예를 훼손하는 행위를 한 경우에도 그것이 공공의 이해에 관한 사항으로서 그 목적이 오로지 공공의 이익을 위한 것일 때에는 적시된 사실이 진실이라는 증명이 있거나 그 증명이 없다 하더라도 행위자가 그것을 진실이라고 믿었고 또 그렇게 믿을 상당한 이유가 있으면 위법성이 없다고 보아야 할 것인바, 여기서 '그 목적이 오로지 공공의 이익을 위한 것일 때'라 함은 적시된 사실이 객관적으로 볼 때 공공의 이익에 관한 것으로서 행위자도 공공의 이익을 위하여 그 사실을 적시한 것을 의미하는데, 행위자의 주요한 목적이나 동기가 공공의 이익을 위한 것이라면 부수적으로 다른 사익적 목적이나 동기가 내포되어 있더라도 무방하고, 여기서 '진실한 사실'이라고 함은 그 내용 전체의 취지를 살펴볼 때 중요한 부분이 객관적 사실과 합치되는 사실이라는 의미로서 세부에 있어 진실과 약간 차이가 나거나 다소 과장된 표현이 있더라도 무방하다.

대판 2003.9.2. 2002다63558

방송 등 언론 매체가 사실을 적시하여 개인의 명예를 훼손하는 행위를 한 경우에도 그것이 공공의 이해에 관한 사항으로서 그 목적이 오로지 공공의 이익을 위한 것일 때에는 적시된 사실이 진실이라는 증명이 있으면 그 행위에 위법성이 없다 할 것이고, 그 증명이 없더라도 행위자가 그것을 진실이라고 믿을 상당한 이유가 있는 경우에는 역시 위법성이 없다고 보아야 하지만, 명예훼손의 피해자가 공직자라고 하여 위 진실성이나 상당한 이유의 입증책임을 피해자가 부담하여야 한다고 볼 수는 없다.

대판 1996.6.11. 96도980: 연극 미란다 사건

형법 제245조의 공연음란죄에 규정한 음란한 행위라 함은 일반 보통인의 성욕을 자극하여 성적 흥분을 유발하고 정상적인 성적 수치심을 해하여 성적 도의관념에 반하는 것을 가리키는바, 연극공연행위의 음란성의 판단에 있어서는 당해 공연행위의 성에 관한 노골적이고 상세한 묘사·서술의 정도와 그 수법, 묘사·서술이 행위 전체에서 차지하는 비중, 공연행위에 표현된 사상 등과 묘사·서술과의 관련성, 연극작품의 구성이나 전개 또는 예술성·사상성 등에 의한 성적 자극의 완화의 정도, 이들의 관점으로부터 당해 공연행위를 전체로서 보았을 때 주로 관람객들의 호색적 흥미를 돋구는 것으로 인정되느냐 여부 등의 여러 점을 검토하는 것이 필요하고, 이들의 사정을 종합하여 그 시대의 건전한 사회통념에 비추어 그것이 공연히 성욕을 흥분 또는 자극시키고 또한 보통인의 정상적인 성적 수치심을 해하고, 선량한 성적 도의관념에 반하는 것이라고 할 수 있는가 여부에 따라 결정되어야 한다.

연극공연행위의 음란성의 유무는 그 공연행위 자체로서 객관적으로 판단해야 할 것이고, 그 행위자의 주관적인 의사에 따라 좌우되는 것은 아니다.

대판 2006.2.10. 2002다49040

반론보도 청구사건에 있어서 반론의 대상으로 삼는 언론보도의 내용이 제반 사정상 언론사의 단순한 의견을 표명하는 것이라고 볼 것임에도 불구하고, 위 원보도에 사실적 주장이 포함되어 있음을 전제로 언론사에 대하여 반론보도문의 게재를 명한 원심판결을 파기한 사례

반론보도 청구사건에 있어서 반론의 대상으로 삼는 원보도가 사실적 주장인지, 단순한 의견의 표명인지를 구별하는 척도로서는, 그것이 객관적으로 입증 가능하고 명확하며 역사성이 있는 것으로서 외부적으로 인식 가능한 과정이나 상태를 포함하여 원보도의 보도 대상이 된 행위자의 동기, 목적, 심리상태 등이 외부로 표출된 것이라면 이를 사실적 주장이라고 판단할 수 있을 것이다. 그러나 이러한 추상적 판단 기준 자체도 언제나 명확한 것은 아니며, 사실적 주장과 논평 등이 혼재하는 형식으로 보도되는 것이 보통이므로, 그 판단 기준 자체도 일의적이라고 할 수 없고, 당해 원보도의 객관적인 내용과 아울러 일반의 독자가 보통의 주의로 원보도를 접하는 방법을 전제로 사용된 어휘의 통상적인 의미, 전체적인 흐름, 문구의 연결 방법뿐만 아니라, 당해 원보도가 게재한 보다 넓은 문맥이나 배경이 되는 사회적 흐름 및 독자에게 주는 전체적인 인상도 함께 고려하여야 할 것이다. 또한, 원보도가 사실적 주장인지, 의견표명인지는 원보도와 이에 대하여 게재를 구하는 반론보도문의 비교를 통하여 확인하는 방법도 있을 수 있으며, 원보도와 반론보도문이 서로 다른 구체적인 경과를 알리거나 상황을 묘사하는 내용의 것이라면 원보도도 일응 사실적 주장에 해당하는 것이라고 할 수 있으나, 반론보도문의 내용이 새로운 사정을 알리려는 것이 아니라 단지 원보도를 재구성하는 것이라면 그 원보도는 의견의 표명에 그치는 것이라고 할 수 있을 것이다. 한편, 원보도에서 제3자의 의견을 인용하여 보도한 경우 반론보도 청구를 하면서 문제삼는 대상이 그 제3자가 실제 그러한 의견을 표명하였는지의 여부라면 이는 사실적 주장이라고 할 것이나, 원보도가 제3자의 의견을 자기의 의견으로 보도하였고, 반론보도문에서도 제3자가 실제 그러한 의견을 표명한 것인지의 여부를 문제삼는 취지가 아니라면 그 원보도는 의견 표명의 방법에 지나지 않는 것이라고 할 것이다.

대판 2011.9.2. 2010도17237

언론보도로 인한 명예훼손이 문제되는 경우에는 그 보도로 인한 피해자가 공적인 존재인지 사적인 존재인지, 그 보도가 공적인 관심사안에 관한 것인지 순수한 사적인 영역에 속하는 사안에 관한 것인지, 그 보도가 객관적으로 국민이 알아야 할 공공성, 사회성을 갖춘 사안에 관한 것으로 여론형성이나 공개토론에 기여하는 것인지 아닌지 등을 따져보아 공적 존재에 대한 공적 관심사안과 사적인 영역에 속하는 사안 간 심사기준에 차이를 두어야 하는데, **당해 표현이 사적인 영역에 속하는 사안에 관한 것인 경우에는 언론의 자유보다 명예의 보호라는 인격권이 우선할 수 있으나, 공공적·사회적인 의미를 가진 사안에 관한 것인 경우에는 그 평가를 달리하여야 하고 언론의 자유에 대한 제한이 완화되어야 한다. 특히 정부 또는 국가기관의 정책결정이나 업무수행과 관련된 사항은 항상 국민의 감시와 비판의 대상이 되어야 하고, 이러한 감시와 비판은 이를 주요 임무로 하는 언론보도의 자유가 충분히 보장될 때 비로소 정상적으로 수행될 수 있으며,** 정부 또는 국가기관은 형법상 명예훼손죄의 피해자가 될 수 없으므로, 정부 또는 국가기관의 정책결정 또는 업무수행과 관련된 사항을 주된 내용으로 하는 언론보도로 인하여 그 정책결정이나 업무수행에 관여한 공직자에 대한 사회적 평가가 다소 저하될 수 있더라도, 그 보도의 내용이 공직자 개인에 대한 악의적이거나 심히 경솔한 공격으로서 현저히 상당성을 잃은 것으로 평가되지 않는 한, 그 보도로 인하여 곧바로 공직자 개인에 대한 명예훼손이 된다고 할 수 없다.

방송국 프로듀서 등 피고인들이 특정 프로그램 방송보도를 통하여 '미국산 쇠고기 수입을 위한 제2차 한미 전문가 기술협의'(이른바 '한미 쇠고기 수입 협상')의 협상단 대표와 주무부처 장관이 협상을 졸속으로 체결하여 국민을 인간 광우병(vCJD) 위험에 빠뜨리게 하였다는 취지로 표현하는 등 그 자질 및 공직수행 자세를 비하하여 이들의 명예를 훼

손하였다는 내용으로 기소된 사안에서, **보도내용 중 일부가 객관적 사실과 다른 허위사실 적시에 해당한다고 하면서도, 위 방송보도가 국민의 먹을거리와 이에 대한 정부 정책에 관한 여론형성이나 공개토론에 이바지할 수 있는 공공성 및 사회성을 지닌 사안을 대상으로 하고 있는 점,** 허위사실의 적시로 인정되는 방송보도 내용은 미국산 쇠고기의 광우병 위험성에 관한 것으로 공직자인 피해자들의 명예와 직접적인 연관을 갖는 것이 아닐 뿐만 아니라 피해자들에 대한 악의적이거나 현저히 상당성을 잃은 공격으로 볼 수 없는 점 등의 사정에 비추어, 피고인들에게 명예훼손의 고의를 인정하기 어렵고 달리 이를 인정할 증거가 없다.

방송국 프로듀서 등 피고인들이 특정 프로그램 방송보도를 통하여 미국산 쇠고기는 광우병 위험성이 매우 높은 위험한 식품이고 우리나라 사람들이 유전적으로 광우병에 몹시 취약하다는 취지의 허위사실을 유포하여 미국산 쇠고기 수입·판매업자들의 업무를 방해하였다는 내용으로 기소된 사안에서, **방송보도의 전체적인 취지와 내용이 미국산 쇠고기의 식품 안전성 문제 및 쇠고기 수입 협상의 문제점을 지적하고 협상체결과 관련한 정부 태도를 비판한 것이라는 전제에서, 피고인들에게 업무방해의 고의가 있었다고 볼 수 없고 달리 이를 인정할 증거가 없다.**

제6항 알 권리

I 공권력에 의한 재산권침해에 대한 헌법소원: 인용(위헌확인,기각)(헌재 1989.9.4. 88헌마22)

쟁점 군수관리의 임야조사서, 토지조사부에 대한 청구인의 열람·복사 신청에 불응한 부작위의 기본권 침해여부(적극)

주 문

1. 피청구인이 청구인으로부터 수차에 걸쳐 문서 또는 구두로 임야조사서 또는 토지조사부의 열람·복사 신청이 있었음에도 이에 불응한 부작위는 청구인의 알 권리를 침해한 것이므로 위헌임을 확인한다.
2. 청구인의 나머지 청구를 기각한다.

판 단

Ⅰ. 전심절차이행요건의 배제 요건과 재판소의 직권심사여부

1. 헌법소원심판청구인이 그의 불이익으로 돌릴 수 없는 정당한 이유있는 착오로 전심절차를 밟지 않은 경우 또는 전심절차로 권리가 구제될 가능성이 거의 없거나 권리구제절차가 허용되는지의 여부가 객관적으로 불확실하여 전심절차이행의 기대가능성이 없을 때에는 예외적으로 헌법재판소법 제68조 제1항 단서 소정의 전심절차이행요건은 배제된다.

2. 헌법소원심판이 청구되면 헌법재판소로서는 청구인의 주장에만 판단을 한정할 것이 아니라 가능한 모든 범위에서 헌법상의 기본권침해의 유무를 직권으로 심사하여야 한다.

Ⅱ. 청구인이 침해받은 헌법상의 기본권

부동산 소유권의 회복을 위한 입증자료로 사용하고자 청구인이 문서의 열람·복사 신청을 하였으나 행정청이 이에 불응하였다 하더라도 **그 불응한 행위로 인하여 청구인의 재산권이 침해 당하였다고는 보기 어려우나,** 청구인의 정당한 이해관계가 있는 정부보유의 정보의 개시에 대하여 행정청이 아무런 검토 없이 불응한 부작위는 헌법 제21조에 규정(規定)된 표현의 자유와 자유민주주의적 기본질서를 천명하고 있는 헌법 전문, 제1조, 제4조의 해석상 **국민의 정부에 대한 일반적 정보 공개를 구할 권리(청구권적 기본권)로서 인정되는 "알" 권리를 침해한 것이고 위 열람·복사 민원의 처리는 법률의 제정이 없더라도 불가능한 것이 아니다.**

Ⅲ. 알 권리의 헌법적 근거

우리나라는 헌법 제21조에 언론출판의 자유 즉 표현의 자유를 규정하고 있는데, 이 자유는 전통적으로는 사상 또는 의견의 자유로운 표명(발표의 자유)과 그것을 전파할 자유(전달의 자유)를 의미하는 것으로서, 개인이 인간으로서의 존엄과 가치를 유지하고 행복을 추구하며 국민주권을 실현하는데 필수불가결한 것으로 오늘날 민주국가에서 국민이 갖는 가장 중요한 기본권의 하나로 인식되고 있는 것이다. 그런데 사상 또는 의견의 자유로운 표명은 자유로운 의사의 형성을 전제로 하는데, 자유로운 의사의 형성은 충분한 정보에의 접근이 보장됨으로써 비로소 가능한 것이며 다른 한편으로 자유로운 표명은 자유로운 수용 또는 접수와 불가분의 관계에 있다고 할 것이다. 그러한 의미에서 정보에의 접근·수집·처리의 자유 즉 "알 권리"는 표현의 자유에 당연히 포함되는 것으로 보아야 하는 것이다. 이와 관련하여 인권에 관한 세계선언 제19조는 "모든 사람은 모든 수단에 의하여 국경을 초월하여 정보와 사상을 탐구하거나 입수 또는 전달할 자유를 갖는다"라고 하여 소위 "알 권리"를 명시하고 있는 것이다.

"알 권리"는 민주국가에 있어서 국정의 공개와도 밀접한 관련이 있는데 우리 헌법에 보면 입법의 공개(제50조 제1항), 재판의 공개(제109조)에는 명문규정을 두고 행정의 공개에 관하여서는 명문규정을 두고 있지 않으나, **"알 권리"의 생성기반을 살펴볼 때 이 권리의 핵심은 정부가 보유하고 있는 정보에 대한 국민의 알권리 즉, 국민의 정부에 대한 일반적 정보공개를 구할 권리(청구권적 기본권)라고 할 것이며, 또한 자유민주적 기본질서를 천명하고 있는 헌법 전문과 제1조 및 제4조의 해석상 당연한 것이라고 봐야 할 것이다.** "알 권리"의 법적 성질을 위와 같이 해석한다고 하더라도 헌법 규정만으로 이를 실현할 수 있는가 구체적인 법률의 제정이 없이는 불가능한 것인가에 대하여서는 다시 견해가 갈릴 수 있지만, 본건 서류에 대한 열람·복사 민원의 처리는 법률의 제정이 없더라도 불가능한 것이 아니라 할 것이고, 또 비록 공문서 공개의 원칙보다는 공문서의 관리·통제에 중점을 두고 만들어진 규정이기는 하지만 "정부공문서 규정" 제36조 제2항이 미흡하나마 공문서의 공개를 규정하고 있는 터이므로 이 규정을 근거로 해서 국민의 알권리를 곧바로 실현시키는 것이 가능하다고 보아야 할 것이다.

이러한 관점에서 청구인의 자기에게 정당한 이해관계가 있는 정부 보유 정보의 개시(開示) 요구에 대하여 행정청이 아무런 검토 없이 불응하였다면 이는 **청구인이 갖는 헌법 제21조에 규정된 언론 출판의 자유 또는 표현의 자유의 한 내용인 "알 권리"를 침해한 것이라 할 수 있으며, 그 이외에도 자유민주주의 국가에서 국민주권을 실현하는 핵심이 되는 기본권이라는 점에서 국민주권주의(제1조), 각 개인의 지식의 연마, 인격의 도야에는 가급적 많은 정보에 접할 수 있어야 한다는 의미에서 인간으로서의 존엄과 가치(제10조) 및 인간다운 생활을 할 권리(제34조 제1항)와 관련이 있다 할 것이다.**

Ⅳ. 결 론

청구인은 본건 출원에서 청구인의 선조의 묘소·묘비의 존재 등 임야조사서나 토지조사부의 열람·복사에 직접적으로 정당한 이익이 있음을 주장하고 있는 터이므로, 법령상 하등의 근거를 명시하고 있지 않는 상부의 유권해석(질의에 대한 회신)이 있음을 이유로 하여 무조건 묵살 또는 방치하는 방법으로 불응한 피청구인의 본건 **부작위는 헌법 제21조에 의하여 보장되고 있는 청구인의 알 권리를 침해한 것이므로 그 행위는 위헌임을 확인하며 청구인의 구임야대장 및 지세명기장의 복사 또는 열람의 청구는 모두 이유 없으므로 이를 기각한다.**

⚜ 본 판례에 대한 평가 알 권리는 흔히 정보의 자유와 동일한 의미로 이해되고 있다. 알 권리의 정립은 바로 현대적인 정보사회의 진전에 따른 정보체계의 근본적인 변화와 맥락을 같이 한다. 일반적으로 알 권리는 정보전달체계와 직접적인 관련성을 견지하여 온 표현의 자유의 한 내용으로서 이해되어 왔다. 그러나 알 권리가 단순히 표현의 자유의 한 내용으로 머무는 것이 아니

라, 주권자인 국민의 정보욕구를 충족시켜 주고 이를 통하여 소극적인 지위에 머무르고 있던 국민이 주권자의 입장에서 적극적으로 정보전달체계에 직접 개입할 수 있다는 점에서 그 의의를 찾을 수 있다.

관련 문헌: 한수웅, "헌법상의 알 권리: 헌법재판소 주요결정에 대한 판례평석을 겸하여", 법조 51권 8호(통권551호), 2007, 35-73면; 강경근, "국민의 정보공개청구권", 법률신문 제1881호, 법률신문사, 1989, 11면 이하; 이승우, "[판례평석] 국민의 「알권리」에 관한 헌법재판소 결정의 평석-(1989년 9월 4일 선고, 88헌마22)-", 사법행정 90년 4월호, 한국사법행정학회, 60-67면; 성낙인, "알 권리", 헌법논총, 헌법재판소, 1998.

[요약판례 1] 기록등사신청에 대한 헌법소원: 인용(취소)(헌재 1991.5.13. 90헌마133)

확정된 형사소송기록의 복사신청에 대한 거부행위의 기본권침해여부(적극)

그 부분의 공개가 관계인의 기본권과 충돌되는 소지가 있거나 또는 국가안전보장, 질서유지, 공공복리를 침해하는 요소가 있는 경우가 아니라면 그 열람·복사를 허용하는 조처를 취하는 것이 헌법 제10조 후문에서 명시하고 있는 국가의 기본권 보장의무를 성실히 수행하는 것이라고 할 수 있을 것임에도 불구하고 **현행 실정법상 청구인에게 형사확정소송기록을 열람·복사할 수 있는 권리를 인정한 명문규정이 없다는 것만을 이유로 하여 위에서 본 바와 같이 요구되는 검토를 구체적으로 행함이 없이 무조건 청구인의 복사신청을 접수조차 거부하면서 복사를 해줄 수 없다라고 한 행위는 헌법 제21조에 의하여 보장되고 있는 청구인의 "알 권리"를 침해한 것이므로 위헌**이라 할 것이고, 따라서 피청구인의 거부행위는 취소되어야 할 것이다.

[요약판례 2] 지세명기장 열람거부 등 위헌확인: 기각(헌재 1994.8.31. 93헌마174)

행정기관이 이해관계인의 청구에 따라 제시한 문서만으로는 청구인이 그 문서열람청구의 목적을 달성하지 못하였으나, 알권리를 침해한 것으로 볼 수 없는 사례

이해관계인의 문서열람청구에 대하여 당해 행정기관이 그가 보관하고 있는 현황대로 문서를 열람하게 하고 당해 문서를 보관하지 않을 경우 그 문서를 보관하고 있지 않음에 대하여 일반인이 납득할 수 있을 정도로 확인의 기회를 부여하였다면, 비록 청구인이 문서열람의 목적을 달성하지 못하게 되었다고 하더라도 이를 가지고 알 권리를 침해한 것이라고 할 수 없다.

[요약판례 3] 군사기밀보호법 제6조 등에 관한 위헌심판: 한정합헌(헌재 1992.2.25. 89헌가104)

군사기밀보호법 제6조 "군사상의 기밀"이라는 개념이 애매하거나 너무 광범위하여 명확성의 원칙에 위배되는지 여부(한정소극)

군사기밀보호법상의 "군사상의 기밀"은 그 범위의 광범성이나 내용의 애매성이 문제될 소지가 있지만 그 대상에 대하여 군사기밀인 표지를 갖추게 하고 있으니 실제에 있어 그 애매성이 문제될 소지는 크지 않은 것이며 다만 그 범위의 광범성에 있어서는 "그 내용이 누설되는 경우 국가안전보장상 해로운 결과를 초래할 우려가 있을" 것이라는 요건이 헌법합치적으로 해석된다면 헌법 제37조 제2항에 저촉되지 않으면서 동 법률조항의 존립목적이 달성될 수 있다.

"부당한 방법으로 탐지·수집한 자"라는 구성요건은 관계법령이 정하고 있는 적법한 절차에 의하지 아니하고 군사기밀을 탐지·수집한 자를 의미하는 것임이 분명하며 이러한 내용은 통상의 판단능력을 가진 사람이라면 충분히 그 의미를 이해할 수 있다고 사료되므로 "부당한 방법으로"라는 용어를 썼다는 이유만으로 구성요건의 구체성 내지 명확성을 결여하였다고 할 수는 없는 것이다.

군사기밀의 범위는 국민의 표현의 자유 내지 "알 권리"의 대상영역을 최대한 넓혀줄 수 있도록 필요한 최소한도에 한정되어야 할 것이며 따라서 군사기밀보호법 제6조, 제7조, 제10조는 동법 제2조 제1항의 "군사상의 기밀"이 비공지의 사실로서 적법절차에 따라 군사기밀로서의 표지를 갖추고 그 누설이 국가의 안전보장에 명백한 위험을 초래한다고 볼 만큼의 실질가치를 지닌 것으로 인정되는 경우에 한하여 적용된다 할 것이므로 그러한 해석하에 헌법에 위반되지 아니한다.

※ 군사기밀보호법[법률 제3993호 일부개정 1987. 12. 4.]

제6조 (탐지·수집) 군사상의 기밀을 부당한 방법으로 탐지하거나 수집한 자는 10년이하의 징역이나 금고에 처한다.

군사기밀보호법[법률 제4616호 전문개정 1993. 12. 27.]

제11조 (탐지·수집) 군사기밀을 적법한 절차에 의하지 아니한 방법으로 탐지하거나 수집한 자는 10년이하의 징역에 처한다. (2005. 7. 22. 개정법률도 내용 동일)

Ⅱ 대통령선거법 제65조 위헌확인: 각하,기각(헌재 1995.7.21. 92헌마177등)

쟁점 대통령선거에서 선거일공고일로부터 선거일까지의 선거기간 중에 선거에 관한 여론조사의 결과 등의 공표를 금지하도록 한 법률규정의 위헌여부(소극)

사건의 개요

청구인 한국신문편집인협회(이하 "청구인협회"라 한다)는 언론자유의 수호와 신장 등을 설립목적으로 하여 신문·통신사의 편집간부 및 방송사의 보도관계 간부들로 구성된 협동단체이고, 청구인 갑은 중앙일보의 편집국장으로 있던 사람이다.

A 일보사는 동 신문사 부설의 여론조사기관을 통하여 제14대 대통령선거에 출마할 것으로 예상되는 입후보예정자들에 대한 지지도를 조사하여 같은 달 19일자 동 일보 및 자매 월간지에 그 결과를 게재하였고, 중앙선거관리위원회는 이와 관련한 통일국민당의 법령해석에 관한 질의에 대하여 대통령선거에 있어 후보자가 되고자 하는 자나 그 소속정당에 대한 인기순위를 알아보기 위하여 유권자의 지지성향을 조사하는 것은 "누구든지 선거에 관하여 당선되거나 되지 아니함을 예상하는 인기투표나 모의투표를 할 수 없다"고 규정하고 있는 구 대통령선거법 제65조(이하 "구법 규정"이라 한다)에 위반된다는 유권해석을 하였다. 이에 청구인들은 위 구법 규정은 언론인의 언론·출판의 자유를 침해할 뿐만 아니라 나아가 국민의 알 권리 및 선거권을 침해하는 것이므로 헌법에 위반된다고 주장하여 헌법소원심판을 청구하였다가, 대통령선거법이 개정되자(이하 "개정법"이라 한다) 심판의 대상을 개정법 제65조 제1항으로 변경하여 청구취지변경신청을 하였다.

심판의 대상

개정법 제65조 제1항(이하 "이 사건 법률규정"이라 한다)의 위헌 여부로서 그 내용은 다음과 같다.

"누구든지 선거일공고일부터 선거일까지에는 선거에 관하여 정당에 대한 지지도나 당선인을 예상하게 하는 여론조사(인기투표나 모의투표를 포함한다)의 경위와 그 결과를 공표하여서는 아니 된다."

주 문

청구인 한국신문편집인협회의 심판청구를 각하하고, 청구인 이제훈의 심판청구를 기각한다.

▢ 판 단

Ⅰ. 심판청구의 적법 여부에 관한 판단

1. 청구인협회의 심판청구의 적법 여부

청구인협회는 언론인들의 협동단체로서 법인격은 없으나, 대표자와 총회가 있고, 단체의 명칭, 대표의 방법, 총회 운영, 재산의 관리 기타 단체의 중요한 사항이 회칙으로 규정되어 있는 등 사단으로서의 실체를 가지고 있으므로 권리능력 없는 사단이라고 할 것이고, 따라서 기본권의 성질상 자연인에게만 인정될 수 있는 기본권이 아닌 한 기본권의 주체가 될 수 있으며, 헌법상의 기본권을 향유하는 범위 내에서는 헌법소원심판청구능력도 있다고 할 것이다.

이 사건의 경우 청구인협회가 침해받았다고 주장하는 언론·출판의 자유는 그 성질상 법인이나 권리능력 없는 사단도 누릴 수 있는 권리이므로 청구인협회가 언론·출판의 자유를 직접 구체적으로 침해받은 경우에는 헌법소원심판을 청구할 수 있다고 볼 것이나, 한편 단체는 원칙적으로 단체 자신의 기본권을 직접 침해당한 경우에만 그의 이름으로 헌법소원심판을 청구할 수 있을 뿐이고, 그 구성원을 위하여 또는 구성원을 대신하여 헌법소원심판을 청구할 수 없다고 할 것이다.

청구인협회의 이 사건 심판청구이유에 의하더라도, **청구인협회는 그 자신의 기본권이 직접 침해당하였다는 것이 아니고, 청구인협회의 회원인 언론인들의 언론·출판의 자유가 침해당하고 있어 청구인협회도 간접적으로 기본권을 침해당하고 있음을 이유로 하여 이 사건 헌법소원심판을 청구하고 있는 것으로 보인다. 한편 청구인협회의 회원인 언론인들이 그들의 기본권의 침해에 대한 구제를 받기 위하여 스스로 헌법소원심판을 청구하기 어려운 사정도 찾아 볼 수 없다.**

따라서 청구인협회의 심판청구는 자기관련성을 갖추지 못하여 부적법하다고 할 것이다.

2. 다음으로 청구인 이제훈의 심판청구의 적법여부에 관하여 본다.

(1) 위 청구인은 중앙일보의 편집국장으로서 제14대 대통령선거의 후보예정자들의 지지도에 관한 여론조사의 결과를 중앙일보에 게재하는데 주무책임자로 관여하였고, 선거의 당선 여부에 관한 여론조사를 선거기간이냐의 여부를 불문하고 전면적으로 금지하는 구법 규정에 대하여 헌법소원심판청구를 하였다가, 선거일공고일을 며칠 앞두고 대통령선거법이 개정되어 구법 규정이 이 사건 법률규정과 같이 개정됨에 따라 이 사건 법률규정을 대상으로 하여 청구취지를 변경하였다. 그렇다면 위 청구인의 경우 최초의 심판청구시에는 자기관련성의 요건을 갖추었음이 명백하고, 법률의 개정에 따라 청구취지를 변경하게 된 것인데 이 사건 법률규정도 여론조사와 관련한 규제를 내용으로 하고 있으므로 변경된 심판청구 역시 자기관련성의 요건을 갖추고 있는 것으로 보아야 할 것이다.

그리고 위 청구인은 이 사건 법률규정에 의하여 며칠 후에 있을 선거일공고일부터 선거일까지의 선거기간 중에는 선거에 관한 여론조사의 경위와 그 결과를 공표하여서는 아니될 의무를 부담하게 되어 있었으므로 직접성, 현재성의 요건도 갖추고 있음이 명백하다.

(2) 이 사건의 경우 헌법소원심판 계속중에 여론조사의 대상이 되었던 제14대 대통령선거가 1992. 12. 18. 이미 실시되었고, 이 사건 법률규정이 들어 있는 개정법이 1994. 3. 16. 공포·시행된 공직선거및선거부정방지법(이하 "공직선거법"이라 한다)의 부칙 제2조에 의하여 폐지되었으므로 이 사건 법률규정의 위헌여부에 관한 심판을 구할 위 청구인의 주관적인 권리보호이익은 소멸되었다고

할 수 있다.

그러나 헌법소원제도는 개인의 주관적 권리구제뿐 아니라 객관적인 헌법질서의 수호·유지의 기능도 아울러 가지고 있으므로 심판 계속중에 주관적인 권리보호이익이 소멸된 경우라도 그러한 기본권 침해행위가 반복될 위험이 있거나 그에 관한 헌법적 해명의 중대성이 인정되는 경우에는 심판청구의 이익을 인정하는 것이 우리 재판소의 판례이다(헌법재판소 1992. 1. 28. 선고, 91헌마111 결정 등 참조). 그런데 이 사건의 경우 위와 같이 대통령선거가 이미 종료되었고 이 사건 법률규정도 폐지되어 효력을 상실하였으나 새로 제정된 공직선거법 제108조 제1항이 그와 거의 같거나 유사한 내용을 규정하고 있으므로 이러한 새로운 법규정에 의하여 앞으로도 이 사건과 유사한 사태나 기본권침해 여부를 둘러싼 헌법적 분쟁이 반복되리라는 것은 쉽게 예상할 수 있다. 그렇다면 이 사건 법률규정은 당해사건을 넘어서서 일반적인 의미를 가지는 헌법문제를 내포하고 있다고 할 수 있고, 이 사건에 대한 헌법적 해명은 객관적인 헌법질서의 수호·유지를 위하여 긴요하다고 할 수 있다.

따라서 위 청구인의 심판청구는 자기관련성, 직접성, 현재성의 요건을 갖추고 있을 뿐만 아니라 심판청구의 이익도 인정되어 적법하다 할 것이다.

Ⅱ. 본안에 관한 판단

1. 이 사건 법률규정의 내용

구법 규정에서는 선거기간 및 그 전후를 막론하고 선의 당선 여부에 관한 인기투표나 모의투표 자체가 금지의 대상이 되었으나, 이 사건 법률규정에 의하면 선거에 관한 여론조사(인기투표나 모의투표를 포함한다) 자체는 금지되지 아니하고 선거에 관한 여론조사의 경위와 그 결과의 공표만이 규제의 대상이 되고 있고, 그것도 선거일공고일부터 선거일까지의 선거기간 중에만 금지되는 것이다. 구법 규정에서는 금지대상을 인기투표와 모의투표로만 규정하고 있었으므로 언론기관이나 국민이 선거운동의 목적 없이 객관적 보도의 목적으로 또는 순수한 표현활동으로서 행하는 여론조사는 그 적용대상이 아니라고 볼 여지가 있었으나, 이 사건 법률규정은 여론조사가 규제의 대상이 됨을 명문으로 규정하고 있고, 개정법 제163조 제1항 제2호에서는 선거운동 여부를 묻지 아니하고 이 사건 법률규정의 위반행위를 처벌하도록 하고 있으므로 언론기관이나 국민은 선거기간 중에는 선거운동의 목적이 없다고 하더라도 선거에 관한 여론조사의 결과 등을 공표할 수 없음이 명백하다.

2. 선거와 여론조사와의 관계

(1) 현대민주국가에 있어서 선거는 국가권력에 대하여 민주적 정당성을 부여하고 국민을 정치적으로 통합하는 중요한 방식이라고 할 수 있다. 그런데 선거의 결과는 여론의 실체인 국민의 의사가 표명된 것이기 때문에 민주국가에서 여론의 중요성은 특별한 의미를 가진다.

민주국가에서 여론이란 국민이 그들에게 공통되고 중요한 문제에 관하여 표명하는 의견의 집합체를 말한다고 할 것인데, 이와 같은 여론을 정확히 파악하여 표출시키는 것을 목적으로 하는 여론조사는 선거와 밀접한 관련을 갖고 있다.

우선 여론조사를 통하여 국민은 정당이나 정치인의 정책에 대한 자신의 의사를 표명할 기회를 갖게 됨으로써 간접적이나마 국가정책에 참여할 수 있고, 정당이나 정치인들은 자신들이 추진하고 있는 정책에 대한 지지도를 파악하여 국민이 거부하는 정책을 시정할 수 있으므로 선거와 선거 사이의 공백이나 선거의 결과가 정책보다는 후보자의 개인적인 인기에 좌우되기 쉽다는 선거의 문제점을 어느 정도 보완할 수 있게 된다. 또한 여론조사는 선거와 관련하여 예비선거의 기능을 수행하고, 무엇보다도 국민으로 하여금 선거에 대하여 높은 관심을 갖도록 하는 구실을 한다.

(2) 이와 같이 여론조사는 민주정치의 구현수단으로서 긍정적 측면을 갖고 있지만 여러 가지 부정적인 측면도 가지고 있다.

우선 선거에 관한 여론조사는 그 결과가 공표되면, 투표자로 하여금 승산이 있는 쪽으로 가담하도록 만드는 이른바 밴드왜곤효과(Bandwagon Effect)나 이와 반대로 불리한 편을 동정하여 열세에 놓여 있는 쪽으로 기울게 하는 이른바 열세자효과(Underdog Effect)를 나타낼 수 있다는 것이다. 여론조사결과의 공표가 선거에 미치는 효과는 각각의 경우마다 여러 요인에 의하여 달라질 수 있다고 할 것이나, 그 공표가 유권자의 의사에 영향을 미치고 선거일에 가까와질수록 그 영향이 더욱 커진다는 사실은 부인할 수 없을 것이다. 그렇다면 가사 여론조사가 공정하고 정확하게 실시된다고 하더라도 여론조사의 결과를 공표하는 것은 유권자의 의사에 영향을 주어 국민의 진의와 다른 선거결과가 나올 수 있으므로, 선거의 본래의 취지를 살릴 수 없게 될 가능성도 없지 아니할 것이다.

또한 여론조사는 불공정·부정확하게 행하여지기가 쉽고 그러한 여론조사결과의 공표는 많은 폐해를 낳을 수 있다는 점을 들 수 있다. 여론조사의 긍정적 기능도 여론조사가 공정하고 정확하게 이루어지는 것을 전제로 한 것이므로, 만일 여론조사가 의도적이든 그렇지 아니하든 불공정하거나 부정확하게 이루어지고 그러한 여론조사의 결과가 공표된다면 국민을 오도하는 결과가 되어 오히려 역기능을 초래하게 될 것이다. 사실상 여론조사의 결과를 그 조사자가 의도한 방향으로 조작하려 든다면 설문을 일정한 응답을 유도하는 방향으로 조작하거나 표본을 편파적으로 추출함으로써 얼마든지 조작이 가능하고, 의도적으로 그렇게 하지 아니하더라도 조사기법의 숙련도 혹은 시간과 경비의 차이에서 비롯될 수 있는 조사기간, 조사대상의 범위, 표본추출방법, 자료수집방법, 질문의 방식 등에 따라 그 결과가 각기 달리 나타나거나 정확도에서 많은 차이가 날 수도 있는 것이다. 실제로 우리나라에서 최근에 선거와 관련하여 실시된 예상투표율 등에 대한 여론조사결과를 보더라도 여론조사기관들 사이에 상당한 차이를 나타내고 있을 뿐만 아니라, 실제결과와도 적지 않은 편차를 보이고 있음을 알 수 있다.

3. 이 사건 법률규정의 위헌여부

(1) 민주정치체제는 사상 또는 의견의 자유로운 형성 및 그 전달을 바탕으로 하는 건전한 여론 없이는 정상적인 기능이 발휘될 수 없으므로 언론·출판의 자유는 민주주의의 기초를 이루는 핵심적인 정신적 자유권이라 할 것이며, 정보를 수집하고 처리할 수 있는 권리를 말하는 알 권리는 언론·출판의 자유의 한 내용으로 마땅히 보장되어야 하는 것이다. 언론·출판의 자유도 국가안전보장·질서유지 또는 공공복리를 위하여 필요한 경우에는 법률에 의하여 제한할 수 있다. 그러나 이 경우에도 헌법 제37조 제2항에서 정한 기본권제한입법의 한계인 과잉금지의 원칙은 지켜져야 할 것이다. 이 사건의 경우 특히 과잉금지의 원칙의 한 내용을 이루는 법익의 균형성 내지 법익형량의 기준이 위헌 여부를 가리는 데 중요한 판단기준이 된다고 할 것이다.

(2) 대통령제 국가의 대통령은 국가의 원수이며 행정부의 수반일 뿐만 아니라 임기 동안 의회에 대하여 정치적 책임을 지지 아니하고 선거시에 국민에 대해서만 직접 책임을 진다. 그러므로 대통

령제를 채택하고 있는 우리나라의 경우 대통령직이 갖는 비중에 비추어 대통령선거의 공정한 실시가 갖는 중요성은 대단히 크다고 할 것이나, 선거와 관련하여 언론·출판의 자유를 보장하는 문제 또한 그 나라의 민주화의 수준을 가늠할 수 있는 중요한 문제이기 때문에 선거에 관한 여론조사결과의 공표를 어느 수준에서 허용할 것인가는 우리나라의 여론조사의 수준과 실태, 국민의식수준 및 선거풍토 등을 종합적으로 고려하면서 선거의 공정과 언론·출판의 자유의 보장이 조화를 이룰 수 있도록 결정되어야 할 것이다.

그런데 앞에서 본 바와 같이 여론조사의 공정성과 정확성을 확보한다는 것은 결코 쉬운 일이 아닐 뿐만 아니라, 선거에 관한 여론조사는 그것이 공정하고 정확하게 이루어졌다 하여도 그 결과가 공표되게 되면 대통령선거에 영향을 미쳐 국민의 진의를 왜곡하고 선거의 공정성을 저해할 우려가 있다고 할 수 있다. 더구나 선거일에 가까와질수록 여론조사결과의 공표가 갖는 부정적 효과는 극대화되고, 특히 불공정하거나 부정확한 여론조사결과가 공표될 때에는 선거의 공정성을 결정적으로 해칠 가능성이 높지만, 이를 반박하고 시정할 수 있는 가능성은 점점 희박해진다고 할 것이다.

그렇다면 대통령선거의 중요성에 비추어 선거의 공정을 위하여 선거일을 앞두고 어느 정도의 기간 동안 선거에 관한 여론조사결과의 공표를 금지하는 것 자체는 부득이하다고 할 수 있으므로 그 금지기간이 지나치게 길지 않는 한 이를 두고 위헌이라고 할 수는 없다.

(3) 그러나 공표금지기간의 지나친 장기화는 여론조사가 갖는 민주정치 구현수단으로서의 긍정적 기능을 저해하고, 무엇보다도 민주국가에서 고도의 공공적 기능을 지니고 있고 또한 마땅히 최대한 보장되어야 하는 언론·출판의 자유를 본질적으로 침해하는 것이 될 수 있으므로 위헌의 소지가 있다.

다만 선거에 관한 여론조사결과의 공표금지기간을 어느 정도로 할 것인가는 그 나라의 입법당시의 시대적 상황과 선거문화 및 국민의식수준 등을 종합적으로 고려하여 입법부가 재량에 의하여 정책적으로 결정할 사항이라 할 것이므로, 그 금지기간이 현저하게 불합리하여 입법재량의 범위를 벗어난 것이 아닌 한 위헌이라고 할 수는 없을 것이다. 특히 선거법은 정치성이 짙은 분야이므로 그것이 국민의 기본권을 현저히 제한하는 것이 아닌 한 가능하면 그에 관한 국회의 정치적 판단을 존중해 주는 것이 바람직하다고 할 것이다. 우리나라의 경우 선거에 관한 여론조사결과의 공표금지기간과 관련하여 다음과 같은 현실적 문제점들이 고려되어야 한다.

(4) 여론조사가 갖는 긍정적 및 부정적 기능, 우리나라에서의 여론조사에 관한 여건 및 신뢰도, 국민의식수준, 선거문화 등을 고려할 때, 대통령선거의 공정성을 확보하기 위하여 선거일공고일로부터 선거일까지의 선거기간 중에는 선거에 관한 여론조사의 결과 등의 공표를 금지하는 것은 필요하고도 합리적인 범위 내에서의 제한이라고 할 것이므로, 이 사건 법률규정이 헌법 제37조 제2항이 정하고 있는 한계인 과잉금지의 원칙에 위배하여 언론·출판의 자유와 알 권리 및 선거권을 침해하였다고 할 수 없다.

Ⅲ. 결 론

그렇다면 이 사건 심판청구 중 청구인협회의 심판청구는 부적법하므로 각하하고, 청구인 이제훈의 심판청구는 이유 없어 이를 기각하기로 하여 관여재판관 전원의 일치된 의견으로 주문과 같이 결정한다.

✤ 본 판례에 대한 평가 1. 알 권리의 제한과 한계: 알 권리의 제한은 정보공개법상의 공개제외대상과 직접적으로 연관된다. 미국의 정보공개법을 비롯한 외국의 정보공개법에서 일반화된 비공개정보의 범위는 '공공기관의 정보공개에 관한 법률' 제9조 제1항에서도 명시되어 있다.

알 권리의 제한과 관련해서는 국가안전보장과 관련된 기밀 · 사생활의 비밀과 자유의 보장과의 관계 · 영업상 비밀 · 의료비밀 등이 특히 문제되고 있다.

2. 공직선거법상의 여론조사결과공표금지: 종래 공직선거법상의 선거기간 동안의 여론조사결과공표금지에 대해서는 여론조사결과공표금지 그 자체는 금지기간이 지나치게 길지 않으므로 합헌이라는 합헌론과 선거권자의 알 권리를 침해하여 위헌이라는 위헌론의 대립이 있었다. 헌법재판소는 본 결정에서 여론조사결과공표금지에 대하여 합헌론의 입장을 지지하였다. 헌법재판소의 합헌결정에도 불구하고 선거기간 동안의 여론조사결과의 공표금지에 대하여 지나친 제한이라는 비판이 제기되었고 이러한 비판을 수용하여 공직선거법은 "누구든지 선거일 전 6일부터 선거일의 투표마감시각까지 선거에 관하여 정당에 대한 지지도나 당선인을 예상하게 하는 여론조사(모의투표나 인기투표에 의한 경우를 포함한다. 이하 이 조에서 같다)의 경위와 그 결과를 공표하거나 인용하여 보도할 수 없다"로 개정되어 여론조사의 결과공표금지기간이 선거일 전 6일부터로 축소되었다. 선거권자의 알 권리를 보장하고 선거권의 적절한 행사를 위하여 여론조사결과공표금지 기간을 축소한 것은 타당하다고 생각된다.

※ 대통령선거법[법률 제3937호 폐지제정 1987. 11. 7.]

제65조 (인기투표등의 금지) 누구든지 선거에 관하여 당선되거나 되지 아니함을 예상하는 인기투표나 모의투표를 할 수 없다.

대통령선거법[법률 제4495호 일부개정 1992. 11. 11.]

제65조 (여론조사의 결과공표금지) ① 누구든지 선거일공고일부터 선거일까지에는 선거에 관하여 정당에 대한 지지도나 당선인을 예상하게 하는 여론조사(인기투표나 모의투표를 포함한다)의 경위와 그 결과를 공표하여서는 아니된다.

② 누구든지 선거에 관한 여론조사를 투표용지와 유사한 모형에 의한 방법으로 하거나, 후보자(후보자가 되고자 하는 자를 포함한다) 또는 정당이 그 명의를 밝혀 할 수 없다. [전문개정 1992. 11. 11]

공직선거법[법률 제8879호 일부개정 2008. 2. 29.]

제108조 (여론조사의 결과공표금지 등) ① 누구든지 선거일 전 6일부터 선거일의 투표마감시각까지 선거에 관하여 정당에 대한 지지도나 당선인을 예상하게 하는 여론조사(모의투표나 인기투표에 의한 경우를 포함한다. 이하 이 조에서 같다)의 경위와 그 결과를 공표하거나 인용하여 보도할 수 없다. [개정 97. 11. 14, 2005. 8.]

관련 문헌: 김래영, 선거여론조사결과공표금지조항의 위헌성 여부에 관한 연구, 변호사 33집(2003. 1), 7-34면; 박정순, 여론정치와 여론조사보도: 뉴스매체의 역할진단과 그 대안, 사상과정책(89. 3), 경향신문사, 137-150면; 김문현, "선거에 있어 호별방문금지와 여론조사결과공표금지규정의 위헌 여부", 고시연구(99. 7), 고시연구사, 76-87면; 이희훈, "선거여론조사의 결과공표금지규정에 대한 헌법적 고찰-알 권리의 침해를 중심으로", 공법연구 36집 3호(2008. 2), 한국공법학회, 249-278면; 김배원, "미국의 정보자유법 30년," 공법학연구 3-1 참조.

[요약판례 1] 정보비공개결정 위헌확인: 인용(위헌확인)(헌재 2003.3.27. 2000헌마474)

변호인에게 고소장과 피의자신문조서에 대한 열람 및 등사를 거부한 경찰서장의 정보비공개결정의 위헌여부(적극)

고소로 시작된 형사피의사건의 구속적부심절차에서 피구속자의 변호를 맡은 변호인으로서는 피구속자에 대한 고소장과 경찰의 피의자신문조서를 열람하여 그 내용을 제대로 파악하지 못한다면 피구속자가 무슨 혐의로 고소인의 공격을 받고 있는 것인지 그리고 이와 관련하여 피구속자가 수사기관에서 무엇이라고 진술하였는지 그리고 어느 점에서 수사기관 등이 구속사유가 있다고 보았는지 등을 제대로 파악할 수 없게 되고 그 결과 구속적부심절차에서 피구속자를 충분히 조력할 수 없음이 사리상 명백하므로 위 **서류들의 열람은 피구속자를 충분히 조력하기 위하여 변호인에게 반드시 보장되지 않으면 안 되는 핵심적 권리이다.**

고소로 시작된 형사피의사건의 구속적부심절차에서 피구속자의 변호를 맡은 변호인으로서는 피구속자가 무슨 혐의로 고소인의 공격을 받고 있는 것인지 그리고 이와 관련하여 피구속자가 수사기관에서 무엇이라고 진술하였는지 그리고 어느 점에서 수사기관 등이 구속사유가 있다고 보았는지 등을 제대로 파악하지 않고서는 피구속자의 방어를 충분히 조력할 수 없다는 것은 사리상 너무도 명백하므로 이 사건에서 변호인은 고소장과 피의자신문조서의 내용을 알 권리가 있다.

형사소송법 제47조의 입법목적은, 형사소송에 있어서 유죄의 판결이 확정될 때까지는 무죄로 추정을 받아야 할 피의자가 수사단계에서의 수사서류 공개로 말미암아 그의 기본권이 침해되는 것을 방지하고자 함에 목적이 있는 것이지 구속적부심사를 포함하는 형사소송절차에서 피의자의 방어권행사를 제한하려는 데 그 목적이 있는 것은 원래가 아니라는 점, 그리고 형사소송법이 구속적부심사를 기소전에만 인정하고 있기 때문에 만일 기소전에 변호인이 미리 고소장과 피의자신문조서를 열람하지 못한다면 구속적부심제도를 헌법에서 직접 보장함으로써 이 제도가 피구속자의 인권옹호를 위하여 충실히 기능할 것을 요청하는 헌법정신은 훼손을 면할 수 없다는 점 등에서, 이 규정은 구속적부심사단계에서 변호인이 고소장과 피의자신문조서를 열람하여 피구속자의 방어권을 조력하는 것까지를 일체 금지하는 것은 아니다.

결국 변호인에게 고소장과 피의자신문조서에 대한 열람 및 등사를 거부한 경찰서장의 정보비공개결정은 변호인의 피구속자를 조력할 권리 및 알 권리를 침해하여 헌법에 위반된다.

[요약판례 2] 대한민국정부와중화인민공화국정부간의마늘교역에관한합의서등 위헌확인: 각하(헌재 2004.12.16. 2002헌마579)

일정한 시기부터 한국의 민간기업이 자유롭게 수입할 수 있다고 한 중국과의 마늘교역에 관한 합의 내용을 공개할 정부의 의무가 인정되는지 여부(소극)

일반적으로 국민의 권리의무에 영향을 미치거나 국민의 이해관계와 밀접한 관련이 있는 정책결정 등에 관하여 적극적으로 그 내용을 알 수 있도록 공개할 국가의 의무는 기본권인 알 권리에 의하여 바로 인정될 수는 없고 이에 대한 구체적인 입법이 있는 경우에야 비로소 가능하다. 이와 같이 **알 권리에서 파생되는 정부의 공개의무는 특별한 사정이 없는 한 국민의 적극적인 정보수집행위, 특히 특정의 정보에 대한 공개청구가 있는 경우에야 비로소 존재하므로,** 청구인들의 정보공개청구가 없었던 이 사건의 경우 이 사건 조항을 사전에 마늘재배농가들에게 공개할 정부의 의무는 인정되지 아니한다.

한편 공포의무가 인정되는 일정범위의 조약의 경우에는 공개청구가 없더라도 알 권리에 상응하는 공개의무가 예외적으로 인정되는 것으로 생각해 볼 수도 있다. 그러나 이 사건 부속서의 경우 그 내용이 이 사건 합의서에 표기된 연도의 의미를 명확히 하고 한국이 이미 행한 3년간의 중국산 마늘에 대한 긴급수입제한 조치를 그 이후에는 다시 연장하지 않겠다는 방침을 선언한 것으로 집행적인 성격이 강하고, 특히 긴급수입제한조치의 연장은 국내법상 이해관계인의 산업피해조사 신청이 있는 경우 무역위원회의 조사와 건의를 거쳐 중앙행정기관의 장이 결정하도록 되어 있어(불공정무역행위조사및산업피해구제에관한법률 제20조) 중국과의 합의로 그 연장여부가 최종적으로 결정된 것으로 볼 수 없는 점에 비추어 헌법적으로 정부가 반드시 공포하여 국내법과 같은 효력을 부여해야 한다고 단정할 수 없다.

대판 2006.10.26. 2006두11910: 정보비공개결정취소

교육공무원의 근무성적평정의 결과를 공개하지 아니한다고 규정하고 있는 교육공무원승진규정 제26조를 근거로 정보공개청구를 거부하는 것이 타당한지 여부(소극)

교육공무원법 제13조, 제14조의 위임에 따라 제정된 교육공무원승진규정은 정보공개에 관한 사항에 관하여 구체적인 법률의 위임에 따라 제정된 명령이라고 할 수 없고, 따라서 교육공무원승진규정 제26조에서 근무성적평정의 결과를 공개하지 아니한다고 규정하고 있다고 하더라도 위 교육공무원승진규정은 공공기관의 정보공개에 관한 법률 제9조 제1항 제1호에서 말하는 법률이 위임한 명령에 해당하지 아니하므로 위 규정을 근거로 정보공개청구를 거부하는 것은 잘못이다.

[요약판례 3] 공직선거법 제108조 제1항에 대한 위헌확인: 기각,각하(헌재 1998.5.28. 97헌마362등)

여론조사의 결과공표를 금지하는 공직선거및선거부정방지법 제108조가 국민의 알권리와 참정권을 침해하는지 여부(소극)

헌법재판소는 1995. 7. 21. 92헌마177등 결정에서 대통령선거법 제65조에 대하여 대통령선거의 중요성에 비추어 언론·출판의 자유와 알권리 및 선거권을 침해하였다고 할 수 없다고 판시하였는데, 위 결정이유는 공직선거및선거부정방지법 제108조에서도 그대로 타당하고, 위 결정 선고 이후에 그 이유와 결론을 달리할 만한 사정 변경이 있는 것도 아니므로 공직선거및선거부정방지법 제108조는 헌법에 위반되는 규정으로 볼 수 없다.

(재판관 이영모의 반대의견) 여론조사결과의 공표를 금지하는 공직선거및선거부정방지법 제108조는 국내의 신문·방송 등 언론매체만을 대상으로 규제할 뿐, 외국의 언론매체와 인터넷 등에는 대응하지 못하는 약점을 안고 있어서 실질적인 효력면에서 의문이 있고, 민주주의는 자유로운 의견교환을 필요·불가결한 조건으로 하고 있는 점, 선거는 대의민주제의 근간(根幹)이고 여론조사결과의 공표는 선거권자들의 의견을 알 수 있는 유일한 수단이라는 점 등을 헤아려 보면, 여론조사결과의 공표를 금지하는 것은 국민의 알권리·표현의 자유의 핵심부분을 제한하여 여론형성을 제대로 못하게 하는 결과가 된다. 여론조사결과의 공표금지라는 알권리, 표현의 자유를 제한하는 이 법률조항은 위에서 본 것처럼 실질적인 효력 면에서 의문이 있고, 더욱이 국제화·정보화 시대에 걸맞지도 아니하므로, 그 입법목적의 정당성은 수긍이 된다고 할지라도 그 목적을 달성하기 위한 수단으로는 적절성·합리성을 갖춘 것으로 보기 어렵다. 따라서, 이 법률조항은 헌법이 보장하는 알권리·표현의 자유와 참정권을 침해하여 헌법에 위반된다.

[요약판례 4] 일간지구독금지처분 등 위헌확인: 기각,각하(헌재 1998.10.29. 98헌마4)

수용자교육·교화운영지침에 따른 구치소 수용자에 대한 신문기사 삭제행위의 위헌성 여부(소극)

국민의 알 권리는 정보에의 접근·수집·처리의 자유를 뜻하며 그 자유권적 성질의 측면에서는 일반적으로 정보에 접근하고 수집·처리함에 있어서 국가권력의 방해를 받지 아니한다고 할 것이므로, 개인은 일반적으로 접근가능한 정보원, 특히 신문, 방송 등 매스미디어로부터 방해받음이 없이 알 권리를 보장받아야 할 것이다. 미결수용자에게 자비(自費)로 신문을 구독할 수 있도록 한 것은 일반적으로 접근할 수 있는 정보에 대한 능동적 접근에 관한 개인의 행동으로서 이는 알 권리의 행사이다.

교화상 또는 구금목적에 특히 부적당하다고 인정되는 기사, 조직범죄 등 수용자 관련 범죄기사에 대한 신문기사 삭제행위는 구치소내 질서유지와 보안을 위한 것으로, 신문기사 중 탈주에 관한 사항이나 집단단식, 선동 등 구치소

내 단체생활의 질서를 교란하는 내용이 미결수용자에게 전달될 때 과거의 예와 같이 동조단식이나 선동 등 수용의 내부질서와 규율을 해하는 상황이 전개될 수 있고, 이는 수용자가 과밀하게 수용되어 있는 현 구치소의 실정과 과소한 교도인력을 볼 때 구치소내의 질서유지와 보안을 어렵게 할 우려가 있다. 이 사건 신문기사의 삭제 내용은 그러한 범위내에 그치고 있을 뿐 신문기사 중 주요기사 대부분이 삭제된 바 없음이 인정되므로 이는 수용질서를 위한 청구인의 알 권리에 대한 최소한의 제한이라고 볼 수 있으며, 이로서 침해되는 청구인에 대한 수용질서와 관련되는 위 기사들에 대한 정보획득의 방해와 그러한 기사 삭제를 통해 얻을 수 있는 구치소의 질서유지와 보안에 대한 공익을 비교할 때 청구인의 알 권리를 과도하게 침해한 것은 아니다.

[요약판례 5] 방송토론회진행사항결정행위등취소: 기각(헌재 1998.8.27. 97헌마372등)

공영방송 텔레비젼을 이용한 후보자 대담·토론회에 참석할 후보자의 선정기준에 관하여, 원내교섭단체 보유 정당의 대통령후보자와 여론조사결과 평균지지율 10% 이상인 대통령후보자를 초청하여 3회에 걸쳐 다자간 합동방송토론회를 개최하기로 정한 1997. 11. 24.자 결정 및 그 공표행위의 위헌성 여부(소극)

합리적인 근거가 있는 차별은 평등의 원칙에 반하는 것이 아니며, 선거운동의 기회균등원칙도 합리적 근거없는 자의적 차별 내지 차등만을 금지하는 것이다. 토론위원회가 방송토론회의 장점을 극대화하고 대담·토론의 본래 취지를 살리기 위하여, 공직선거법이 부여한 재량범위내에서, 후보자 선정기준으로서 최소한의 당선가능성과 주요 정당의 추천에 입각한 소수의 후보자를 선정한 것은 비합리적이고 자의적이라 할 수 없다. 관련된 공직선거법 규정이 적절치 않다고 할 수 없다. 한편 위 기준에 못미치는 4인의 후보자도 별도 초청되어 방송토론회를 거친 점이 고려된다.

청구인들은 국민의 알 권리와 후보자선택의 자유가 침해당했다고 주장하나, 방송토론회에 참석할 후보자를 적정 범위내에 제한하여 토론기능을 활성화 시키는 것은 유권자들에게 유용한 정보를 제공하는 길이 되므로 그러한 주장은 이유없으며, 청구인들의 기본권이 침해되지 않은 이상 일반 국민의 권리침해를 헌법소원의 이유로 삼을 수 없다.

[요약판례 6] 국회예산결산특별위원회, 계수조정소위원회 방청허가불허위헌확인, 국회상임위원회 방청불허행위 위헌확인 등: 기각(헌재 2000.6.29. 98헌마443등)

국회예산결산특별위원회와 계수조정소위원회의 성격, 국회관행 등을 이유로 동 위원회 회의에 대한 시민단체의 방청을 불허한 것이 알 권리를 침해한 것인지 여부(소극) 및 의원들의 국정감사활동에 대한 평가 및 결과 공표의 부적절함을 이유로 국정감사에 대한 시민단체의 방청을 불허한 것이 알 권리를 침해한 것인지 여부(소극)

헌법은 국회회의의 공개여부에 관하여 회의 구성원의 자율적 판단을 허용하고 있으므로, 소위원회 회의의 공개여부 또한 소위원회 또는 소위원회가 속한 위원회에서 여러 가지 사정을 종합하여 합리적으로 결정할 수 있다 할 것인바, 예산결산특별위원회의 계수조정소위원회는 예산의 각 장·관·항의 조정과 예산액 등의 수치를 종합적으로 조정·정리하는 소위원회로서, 예산심의에 관하여 이해관계를 가질 수밖에 없는 많은 국가기관과 당사자들에게 계수조정 과정을 공개하기는 곤란하다는 점과, 계수조정소위원회를 비공개로 진행하는 것이 국회의 확립된 관행이라는 점을 들어 방청을 불허한 것이고, 한편 절차적으로도 계수조정소위원회를 비공개로 함에 관하여는 예산결산특별위원회 위원들의 실질적인 합의 내지 찬성이 있었다고 볼 수 있으므로, 이 사건 소위원회 방청불허행위를 헌법이 설정한 국회의사자율권의 범위를 벗어난 위헌적인 공권력의 행사라고 할 수 없다.

피청구인들은 의원들의 국정감사활동에 대한 시민연대의 평가기준의 공정성에 대한 검증절차가 없었고, 모니터요원들의 전문성이 부족하며, 평가의 언론공표로 의원들의 정치적 평판 내지 명예에 대한 심각한 훼손의 우려가 있어 청구인들의 방청을 허용할 경우 원활한 국정감사의 실현이 불가능하다고 보아 전면적으로 또는 조건부로 방청을 불허하였는바, 원만한 회의진행 등 회의의 질서유지를 위하여 방청을 금지할 필요성이 있었는지에 관하여는 국회의 자율적 판단을 존중하여야 하는 것인즉, 피청구인들이 위와 같은 사유를 들어 방청을 불허한 것이 헌법재판소가 관여하여야 할 정도로 명백히 이유없는 자의적인 것이라 보기 어렵다.

[요약판례 7] 교육관련기관의 정보공개에 관한 특례법 제3조 제2항 등 위헌확인: 각하,기각 (헌재 2011.12.29. 2010헌마293)

교원의 개인정보 공개를 금지하고 있는 '교육관련기관의 정보공개에 관한 특례법' 제3조 제2항이 기본권을 침해하는지 여부(소극) 및 공시대상정보로서 교원의 교원단체 및 노동조합 가입현황(인원 수)만을 규정한 구 '교육관련기관의 정보공개에 관한 특례법 시행령' 제3조가 기본권을 침해하는지 여부(소극)

'공공기관의 정보공개에 관한 법률'은 개인정보라고 하더라도 그 공개의 여지를 두고 비공개결정에 대해서는 불복의 수단을 마련하고 있으므로, 이 사건 법률조항은 학부모들의 알 권리를 침해하지 않는다. 또한 이 사건 시행령조항은 교원의 명단은 규정하고 있지 아니한 바, 교원의 교원단체 및 노동조합 가입에 관한 정보는 '개인정보 보호법'상의 민감 정보로서 특별히 보호되어야 할 성질의 것이고, 인터넷 게시판에 공개되는 '공시'로 말미암아 발생할 교원의 개인정보 자기결정권에 대한 중대한 침해의 가능성을 고려할 때, 이 사건 시행령조항은 학부모 등 국민의 알 권리와 교원의 개인정보 자기결정권이라는 두 기본권을 합리적으로 조화시킨 것이라 할 수 있으므로, 학부모들의 알 권리를 침해하지 않는다.

제7항 집회 · 결사의 자유

[요약판례 1] 국가보안법 제7조 등에 관한 헌법소원: 한정합헌(헌재 1992.1.28. 89헌가8)

1991. 5. 31. 개정 전 국가보안법 제7조 제5항 · 제1항의 위헌여부(소극), 1989. 3. 29. 전문개정 전 집회및시위에관한법률 제3조 제1항 제4호, 제14조 제1항의 위헌여부(소극)

당 재판소는 이미 2회에 걸쳐 개정전 국가보안법 제7조 제5항 · 제1항에 대하여 그 소정행위에 의하여 국가의 존립 · 안전이나 자유민주적 기본질서에 실질적 해악을 줄 명백한 위험성이 있는 경우에 처벌되는 것으로 축소제한 해석하는 한 헌법에 위반되지 아니한다고 판시하였는바, 이제 이와 달리 판단하여야 할 필요가 있다고 인정되지 아니하므로 그 결정을 그대로 유지하기로 한다. 그리고 "현저히 사회적 불안을 야기 시킬 우려가 있는 집회 또는 시위"를 주관하거나 개최한 자를 처벌하고 있는 개정 전 집회및시위에관한법률 제3조 제1항 제4호, 제14조 제1항은 문언해석상 그 적용범위가 과도하게 광범위하고 불명확하므로, 법치주의와 권력분립주의 및 죄형법정주의에 위배될 수 있으며 법집행을 받는 자에 대한 평등권 침해가 될 수 있어 기본권제한의 한계를 넘어서게 되어 위헌의 소지가 있으나 민주체제 전복을 시도하는 집회 · 시위나 공공의 질서에 관한 법익침해의 명백한 위험이 있는 집회 · 시위까지 집회의 자유라는 이름으로 보호하는 것이 헌법이 아닌 것이며, 대중적 집회에는 뜻밖의 자극에 의하여 군중의 흥분을 야기 시켜 불특정 다수인의 생명 · 신체 · 재산 등에 위해를 줄 위험성이 내재되어 있는 것으로 이를 막자는데도 위 조문의 취의가 있다고 할 것인즉 위 조문의 합헌적이고 긍정적인 면도 간과해서는 안 될 것이므로, 헌법과의 조화, 다른 보호해야 할 법익과의 조정하에 해석상 긍정적인 면을 살리는 것이 마땅하다. 따라서 위 조문은 각 그 소정행위가 공공의 안녕과 질서에 직접적인 위협을 가할 것이 명백한 경우에 적용된다고 할 것이므로 이러한 해석하에 헌법에 위반되지 아니한다(이상 다수 의견).

(반대의견) 개정 전 국가보안법 제7조 제5항 · 제1항은 죄형법정주의에 반하고 국민의 알 권리를 철저히 봉쇄하고 있으며 헌법의 평화통일이념에 반하는 법이다. 그리고 개정 전 집회및시위에관한법률에 규정된 "현저히 사회적 불안을 야기시킬 우려가 있는 집회 또는 시위"라는 표현은 그 전체가 처벌대상으로서의 금지되는 집회 또는 시위의 구성요건으로서는 극히 애매모호하고 광범위하여 명확성이 결여되어 죄형법정주의에 반할 뿐만 아니라 법집행기관의 편의적 · 자의적 법집행을 가능하게 함으로써 집회 및 시위의 자유를 보장한 헌법에 위반되고 기본권 제한의 한계를 벗어나 신체의 자유와 집회 및 시위의 자유의 본질적인 내용을 침해하는 위헌법률이다.

※ 집시법 제3조 (집회 및 시위의 방해 금지) ① 누구든지 다음 각 호의 1에 해당하는 집회 또는 시위를 주관하거나 개최하여서는 아니된다. 4. 현저히 사회적 불안을 야기시킬 우려가 있는 집회 또는 시위 [일부개정 1997. 12. 13 법률 제5454호]

제3조 (집회 및 시위에 대한 방해 금지) ① 누구든지 폭행, 협박, 그 밖의 방법으로 평화적인 집회 또는 시위를 방해하거나 질서를 문란하게 하여서는 아니 된다. [일부개정 2007. 12. 21 법률 제8733호]

[요약판례 2] 집회및시위에관한법률 제11조 제1호 중 국내주재 외국의 외교기관 부분 위헌소원: 위헌(헌재 2003.10.30. 2000헌바67등)

국내주재 외교기관 청사의 경계지점으로부터 1백미터 이내의 장소에서의 옥외집회를 전면적으로 금지하고 있는 집회및시위에관한법률 제11조 제1호의 위헌여부(적극)

집회의 자유는 개인의 인격발현의 요소이자 민주주의를 구성하는 요소라는 이중적 헌법적 기능을 가지고 있다. 인간의 존엄성과 자유로운 인격발현을 최고의 가치로 삼는 우리 헌법질서 내에서 **집회의 자유도 다른 모든 기본권과 마찬가지로 일차적으로는 개인의 자기결정과 인격발현에 기여하는 기본권이다.** 뿐만 아니라, 집회를 통하여 국민들이 자신의 의견과 주장을 집단적으로 표명함으로써 여론의 형성에 영향을 미친다는 점에서, 집회의 자유는 표현의 자유와 더불어 민주적 공동체가 기능하기 위하여 불가결한 근본요소에 속한다.

집회의 자유에 의하여 보호되는 것은 단지 '평화적' 또는 '비폭력적' 집회이다. 집회의 자유는 민주국가에서 정신적 대립과 논의의 수단으로서, 평화적 수단을 이용한 의견의 표명은 헌법적으로 보호되지만, 폭력을 사용한 의견의 강요는 헌법적으로 보호되지 않는다. 헌법은 집회의 자유를 국민의 기본권으로 보장함으로써, 평화적 집회 그 자체는 공공의 안녕질서에 대한 위험이나 침해로서 평가되어서는 아니 되며, 개인이 집회의 자유를 집단적으로 행사함으로써 불가피하게 발생하는 일반대중에 대한 불편함이나 법익에 대한 위험은 보호법익과 조화를 이루는 범위 내에서 국가와 제3자에 의하여 수인되어야 한다는 것을 헌법 스스로 규정하고 있는 것이다.

집회의 자유는 집회의 시간, 장소, 방법과 목적을 스스로 결정할 권리를 보장한다. 집회의 자유에 의하여 구체적으로 보호되는 주요행위는 집회의 준비 및 조직, 지휘, 참가, 집회장소·시간의 선택이다. 따라서 집회의 자유는 개인이 집회에 참가하는 것을 방해하거나 또는 집회에 참가할 것을 강요하는 국가행위를 금지할 뿐만 아니라, 예컨대 집회장소로의 여행을 방해하거나, 집회장소로부터 귀가하는 것을 방해하거나, 집회참가자에 대한 검문의 방법으로 시간을 지연시킴으로써 집회장소에 접근하는 것을 방해하는 등 집회의 자유행사에 영향을 미치는 모든 조치를 금지한다.

집회의 목적·내용과 집회의 장소는 일반적으로 밀접한 내적인 연관관계에 있기 때문에, 집회의 장소에 대한 선택이 집회의 성과를 결정짓는 경우가 적지 않다. 집회장소가 바로 집회의 목적과 효과에 대하여 중요한 의미를 가지기 때문에, 누구나 '어떤 장소에서' 자신이 계획한 집회를 할 것인가를 원칙적으로 자유롭게 결정할 수 있어야만 집회의 자유가 비로소 효과적으로 보장되는 것이다. 따라서 집회의 자유는 다른 법익의 보호를 위하여 정당화되지 않는 한, 집회장소를 항의의 대상으로부터 분리시키는 것을 금지한다.

집시법이 옥외집회와 옥내집회를 구분하는 이유는, 옥외집회의 경우 외부세계, 즉 다른 기본권의 주체와 직접적으로 접촉할 가능성으로 인하여 옥내집회와 비교할 때 법익충돌의 위험성이 크다는 점에서 집회의 자유의 행사방법과 절차에 관하여 보다 자세하게 규율할 필요가 있기 때문이다. 이는 한편으로는 집회의 자유의 행사를 실질적으로 가능하게 하기 위한 것이고, 다른 한편으로는 집회의 자유와 충돌하는 제3자의 법익을 충분히 보호하기 위한 것이다.

집회의 자유를 제한하는 대표적인 공권력의 행위는 집시법에서 규정하는 집회의 금지, 해산과 조건부 허용이다. 집회의 자유에 대한 제한은 다른 중요한 법익의 보호를 위하여 반드시 필요한 경우에 한하여 정당화되는 것이며, 특히 집회의 금지와 해산은 원칙적으로 공공의 안녕질서에 대한 직접적인 위협이 명백하게 존재하는 경우에 한하여 허용될 수 있다. 집회의 금지와 해산은 집회의 자유를 보다 적게 제한하는 다른 수단, 즉 조건을 붙여 집회를 허용하는 가능성을 모두 소진한 후에 비로소 고려될 수 있는 최종적인 수단이다.

외교기관 인근에서의 집회는 일반적으로 다른 장소와 비교할 때 중요한 보호법익과의 충돌상황을 야기할 수 있고, 이로써 법익에 대한 침해로 이어질 개연성이 높으므로, 이 사건 법률조항은 이와 같은 고도의 법익충돌상황을 사전에 효과적으로 방지하기 위하여 외교기관 인근에서의 집회를 전면적으로 금지한 것이다. 이 사건 법률조항의 보호법익으로는 국내주재 외교기관에의 자유로운 출입 및 원활한 업무의 보장, 외교관의 신체적 안전이 고려된다.

특정 장소가 그 기능수행의 중요성 때문에 특별히 보호되어야 하고 중요한 기관에 대한 효과적인 보호가 그 장소에서의 집회를 원칙적으로 금지함으로써 이루어질 수 있다고 입법자가 판단하였다면, 이러한 입법자의 판단이 현저하게 잘못되었다고 할 수 없다. 입법자는 야간의 옥외집회나 특정 장소에서의 옥외집회의 경우와 같이 법익침해의 고도의 개연성이 있는 특수한 상황에 대해서는 집회가 공공의 안녕질서에 미칠 영향이나 법익충돌의 위험성의 정도에 따라 그에 상응하는 규제를 할 수 있다.

특정장소에서의 집회가 이 사건 법률조항에 의하여 보호되는 법익에 대한 직접적인 위협을 초래한다는 일반적 추정이 구체적인 상황에 의하여 부인될 수 있다면, 입법자는 '최소침해의 원칙'의 관점에서 금지에 대한 예외적인 허가를 할 수 있도록 규정해야 한다. 이 사건 법률조항에 의하여 전제된 추상적 위험성에 대한 입법자의 예측판단은 구체적으로 다음과 같은 경우에 부인될 수 있다고 할 것이다.

첫째, 외교기관에 대한 집회가 아니라 우연히 금지장소 내에 위치한 다른 항의대상에 대한 집회의 경우, 이 사건 법률조항에 의하여 전제된 법익충돌의 위험성이 작다고 판단된다. 이 사건 법률조항의 문제점은, 집회금지구역 내에서 외교기관이나 당해 국가를 항의의 대상으로 삼지 않는, 다른 목적의 집회가 함께 금지된다는데 있다.

둘째, 소규모 집회의 경우, 일반적으로 이 사건 법률조항의 보호법익이 침해될 위험성이 작다. 예컨대 외국의 대사관 앞에서 소수의 참가자가 소음의 발생을 유발하지 않는 평화적인 피켓시위를 하고자 하는 경우, 일반 대중의 합세로 인하여 대규모시위로 확대될 우려나 폭력시위로 변질될 위험이 없는 이상, 이러한 소규모의 평화적 집회의 금지를 정당화할 수 있는 근거를 발견하기 어렵다.

셋째, 예정된 집회가 외교기관의 업무가 없는 휴일에 행해지는 경우, 외교기관에의 자유로운 출입 및 원활한 업무의 보장 등 보호법익에 대한 침해의 위험이 일반적으로 작다고 할 수 있다.

따라서 입법자가 '외교기관 인근에서의 집회의 경우에는 일반적으로 고도의 법익충돌위험이 있다'는 예측판단을 전제로 하여 이 장소에서의 집회를 원칙적으로 금지할 수는 있으나, 일반·추상적인 법규정으로부터 발생하는 과도한 기본권제한의 가능성이 완화될 수 있도록 일반적 금지에 대한 예외조항을 두어야 할 것이다. 그럼에도 불구하고 이 사건 법률조항은 전제된 위험상황이 구체적으로 존재하지 않는 경우에도 이를 함께 예외 없이 금지하고 있는데, 이는 입법목적을 달성하기에 필요한 조치의 범위를 넘는 과도한 제한인 것이다. 그러므로 이 사건 법률조항은 최소침해의 원칙에 위반되어 집회의 자유를 과도하게 침해하는 위헌적인 규정이다.

※ 집시법 제11조 (옥외집회와 시위의 금지 장소) 누구든지 다음 각 호의 어느 하나에 해당하는 청사 또는 저택의 경계 지점으로부터 100미터 이내의 장소에서는 옥외집회 또는 시위를 하여서는 아니 된다.

1. 국회의사당, 각급 법원, 헌법재판소
2. 대통령 관저(官邸), 국회의장 공관, 대법원장 공관, 헌법재판소장 공관
3. 국무총리 공관. 다만, 행진의 경우에는 해당하지 아니한다.
4. 국내 주재 외국의 외교기관이나 외교사절의 숙소. 다만, 다음 각 목의 어느 하나에 해당하는 경우로서 외교기관 또는 외교사절 숙소의 기능이나 안녕을 침해할 우려가 없다고 인정되는 때에는 해당하지 아니한다.

가. 해당 외교기관 또는 외교사절의 숙소를 대상으로 하지 아니하는 경우
나. 대규모 집회 또는 시위로 확산될 우려가 없는 경우
다. 외교기관의 업무가 없는 휴일에 개최하는 경우

[요약판례 3] 집회및시위에관한법률 제2조 등에 대한 헌법소원: 합헌,각하(헌재 1994.4.28. 91헌바14)

옥회집회의 개념에 "공중이 자유로이 통행할 수 있는 장소"라는 장소적 제한개념을 추가하지 않은 것이 평등원칙이나 집회의 자유의 본질을 침해한 것인지 여부(소극) 및 야간의 옥외집회·시위를 원칙적으로 금지한 위 법 제10조가 집회의 자유의 본질을 침해한 것인지 여부(소극)

옥외집회의 정의규정인 위 법 제2조 제1호가 시위에서와 같은 "공중이 자유로이 통행할 수 있는 장소"라는 장소적 제한개념을 추가하지 않은 것은 합리적인 이유가 있다고 인정되고 그것이 집회 특히 옥외집회의 주최자를 시위의 주최자보다 합리적 이유 없이 불리하게 차별한 것이라든가 또는 옥외집회의 개념을 너무 넓게 규정하여 집회의 자유의 본질적 내용을 침해하였거나 그것을 필요 이상으로 과도하게 제한하였다고는 볼 수 없다.

야간의 옥외집회·시위라는 특수한 상황조건으로 인하여 기본권제한입법의 목적원리가 강화될 수밖에 없는 논리적 측면에서 현행 집회및시위에관한법률 제10조가 과거처럼 어떠한 경우에도 야간의 옥외집회·시위를 일률적으로 금지하지 아니하고 집회의 성격상 부득이한 경우에는 일정한 조건을 붙여 일출시간 전, 일몰시간 후의 옥외집회를 허용할 수 있는 단서규정을 두고 있는 점, 이 단서규정에 따른 야간 옥외집회의 허용 여부는 헌법이념 및 조리상 관할 경찰관서장의 편의재량사항이 아니고 기속재량사항이라고 해석되는 점, 학문·예술·체육·종교·의식·친목·오락 등에 관한 집회에는 이러한 금지규정이 적용되지 않을 뿐만 아니라 야간이라도 옥내집회는 일반적으로 허용되는 점을 고려할 때, 야간의 옥외집회·시위의 금지에 관한 위 법 제10조의 규정이 집회의 자유의 본질적 내용을 침해한 것이라고 볼 수 없다.

[요약판례 4] 집회및시위에관한법률 제10조 등 위헌제청: 헌법불합치(헌재 2009.9.24. 2008헌가25)

야간의 옥외집회·시위를 원칙적으로 금지한 위 법 제10조가 집회의 자유의 본질을 침해한 것인지 여부(적극)

다수의견(단순위헌의견 5인): 헌법 제21조 제2항은 집회에 대한 허가제는 집회에 대한 검열제와 마찬가지이므로 이를 절대적으로 금지하겠다는 헌법개정권력자인 국민들의 헌법가치적 합의이며 헌법적 결단이다. 또한 위 조항은 헌법 자체에서 직접 집회의 자유에 대한 제한의 한계를 명시한 것이므로 기본권 제한에 관한 일반적 법률유보조항인 헌법 제37조 제2항에 앞서서 우선적이고 제1차적인 위헌심사기준이 되어야 한다. 헌법 제21조 제2항에서 금지하고 있는 '허가'는 행정권이 주체가 되어 집회 이전에 예방적 조치로서 집회의 내용·시간·장소 등을 사전심사하여 일반적인 집회금지를 특정한 경우에 해제함으로써 집회를 할 수 있게 하는 제도, 즉 허가를 받지 아니한 집회를 금지하는 제도를 의미한다.

집시법 제10조 본문은 야간옥외집회를 일반적으로 금지하고, 그 단서는 행정권인 관할경찰서장이 집회의 성격 등을 포함하여 야간옥외집회의 허용 여부를 사전에 심사하여 결정한다는 것이므로, 결국 야간옥외집회에 관한 일반적 금지를 규정한 집시법 제10조 본문과 관할 경찰서장에 의한 예외적 허용을 규정한 단서는 그 전체로서 야간옥외집회에 대한 허가를 규정한 것이라고 보지 않을 수 없고, 이는 헌법 제21조 제2항에 정면으로 위반된다. 따라서 집시법 제10조 중 "옥외집회" 부분은 헌법 제21조 제2항에 의하여 금지되는 허가제를 규정한 것으로서 헌법에 위반되고, 이에 위반한 경우에 적용되는 처벌조항인 집시법 제23조 제1호 중 "제10조 본문의 옥외집회" 부분도 헌법에 위반된다.

헌법불합치의견(2인): (가) '행정청이 주체가 되어 집회의 허용 여부를 사전에 결정하는 것'으로서 행정청에 의한 사전허가는 헌법상 금지되지만, 입법자가 법률로써 일반적으로 집회를 제한하는 것은 헌법상 '사전허가금지'에 해당하지 않는다. 집시법 제10조 본문은 "해가 뜨기 전이나 해가 진 후에는" 옥외집회를 못하도록 시간적 제한을 규정한 것이고, 단서는 오히려 본문에 의한 제한을 완화시키려는 규정이다. 따라서 본문에 의한 시간적 제한이 집회의 자유를 과도하게 제한하는지 여부는 별론으로 하고, 단서의 "관할경찰관서장의 허용"이 '옥외집회에 대한 일반적인 사전허가'라고는 볼 수 없는 것이다. 집시법 제10조는 법률에 의하여 옥외집회의 시간적 제한을 규정한 것으로서 그 단서 조항의 존재에 관계없이 헌법 제21조 제2항의 '사전허가금지'에 위반되지 않는다.

(나) 옥외집회는 그 속성상 공공의 안녕질서, 법적 평화 및 타인의 평온과 마찰을 빚을 가능성이 크다. 야간이라는 특수한 시간적 상황은 시민들의 평온이 더욱더 요청되는 시간대이고, 집회참가자 입장에서도 주간보다 감성적으로 민감해져 자제력이 낮아질 가능성이 높다. 또한 행정관서 입장에서도 야간옥외집회는 질서를 유지시키기가 어렵다. 집시법 제10조는 야간옥외집회의 위와 같은 특징과 차별성을 고려하여, 원칙적으로 야간옥외집회를 제한하는 것이므로, 그 입법목적의 정당성과 수단의 적합성이 인정된다. 한편 집시법 제10조에 의하면 낮 시간이 짧은 동절기의 평일의 경우에는 직장인이나 학생은 사실상 집회를 주최하거나 참가할 수 없게 되어, 집회의 자유를 실질적으로 박탈하거나 명목상의 것으로 만드는 결과를 초래하게 된다. 또한 도시화·산업화가 진행된 현대 사회에서, '야간'이라는 시간으로 인한 특징이나 차별성은 보다 구체적으로 표현하면 '심야'의 특수성으로 인한 위험성이라고도 할 수 있다. 집시법 제10조는 목적달성을 위해 필요한 정도를 넘는 지나친 제한이다. 나아가 우리 집시법은 제8조, 제12조, 제14조 등에서 국민의 평온과 사회의 공공질서가 보호될 수 있는 보완장치를 마련하고 있으므로, 옥외집회가 금지되는 야간시간대를 집시법 제10조와 같이 광범위하게 정하지 않더라도 입법목적을 달성하는 데 큰 어려움이 없다. 집시법 제10조 단서는, 관할경찰관서장이 일정한 조건하에 집회를 허용할 수 있도록 규정하고 있으나, 그 허용 여부를 행정청의 판단에 맡기고 있는 이상, 과도한 제한을 완화하는 적절한 방법이라고 할 수 없다. 따라서 집시법 제10조는 침해최소성의 원칙에 반하고, 법익균형성도 갖추지 못하였다. 따라서 집시법 제10조 중 '옥외집회'에 관한 부분은 과잉금지원칙에 위배하여 집회의 자유를 침해하는 것으로 헌법에 위반되고, 이를 구성요건으로 하는 집시법 제23조 제1호의 해당 부분 역시 헌법에 위반된다.

합헌의견: (가) 집회의 자유에 대한 내용중립적인 시간, 장소 및 방법에 관한 규제는 구체적이고 명확한 기준에 의하여 이루어지는 한, 헌법 제21조 제2항의 금지된 허가에 해당하지 않는다. 이러한 입장은, 언론·출판에 대한 허가

및 검열금지에 관한 우리 재판소의 기존 해석과도 상통하는 것이고, 입법자도 같은 전제에 서서 집회의 자유를 제한하는 각종 규제조항을 마련해 놓고 있다. 따라서, 집시법 제10조가 헌법 제21조 제2항에서 금지하는 집회에 대한 허가에 해당하는지 여부는 결국 그 사전적 제한의 기준이 내용중립적인 것으로서 구체적이고 명확한 것인지에 따라 결정되어질 문제라고 할 것인데, 집시법 제10조는 옥외집회의 자유를 제한함에 있어서 야간이라는 내용중립적이고 구체적이며 명확한 시간적 기준을 정하고 있으므로, 집시법 제10조가 헌법 제21조 제2항에서 금지하고 있는 허가에 해당한다고 볼 수는 없다.

(나) 집시법 제10조는 집회 및 시위의 보장과 공공의 안녕질서 유지의 조화라는 정당한 입법목적하에 규정된 것으로서, 야간의 옥외집회는 '야간'이라는 특수성과 '옥외집회'라는 속성상 공공의 안녕질서를 침해할 수 있는 높은 개연성을 지니고 있다는 점에서 야간옥외집회의 원칙적 금지를 규정한 집시법 제10조는 입법목적 달성에 기여할 수 있는 적합한 수단이라고 할 것이다. 또한 야간옥외집회를 시간적으로 또는 공간적·장소적으로 더 세분화하여 규제하는 것이 사실상 어렵고 특히 필요한 야간옥외집회의 경우에는 일정한 조건하에서 허용되며, 대안적 의사형성 및 소통수단도 마련되어 있는 점 등을 종합해보면 집시법 제10조가 침해의 최소성 및 법익 균형성 원칙에 위배된다고 볼 수도 없다. 한편 입법목적 달성을 위하여 옥외집회에 대하여 어느 정도의 시간적 규제가 필요한 것인가 하는 문제는 당시의 집회 및 시위 문화의 성숙도, 법과 질서에 대한 존중의 정도 등을 종합적으로 고려하여 궁극적으로 의회가 입법재량으로 결정할 문제라 할 것인데, 집시법 제10조가 입법재량의 범위를 현저히 벗어난 것으로 보기는 어려우며, 타인의 기본권 보호와 존중이라는 관점에서도 야간옥외집회를 규제할 정당한 국가적 이익이 인정된다.

✤ 본 판례에 대한 평가 해가 뜨기 전이나 해가 진 후의 옥외집회를 금지하고 일정한 경우 관할경찰관서장이 허용할 수 있도록 한 '집회 및 시위에 관한 법률' 제10조와 이에 위반한 경우의 처벌규정인 제23조 제1호에 대하여 헌법재판소는 종전의 합헌결정(헌재 1994. 4. 28. 91헌바14, 집회및시위에관한법률 제2조 등에 대한 헌법소원(합헌,각하))을 변경하여 헌법불합치결정을 선고하였다. 이에 따라 야간옥외집회의 제한기준이 새로 설정되어야 하는데, 밤 11시부터 새벽 4시 정도가 적당하다고 본다.

[요약판례 5] 서울특별시 서울광장 통행제지행위에 대한 헌법소원: 인용(헌재 2011.6.30. 2009헌마406)

서울특별시 서울광장에서 집회나 시위가 개최될 우려가 있다는 이유로 경찰청장이 경찰버스로 서울광장을 둘러싸 일체의 통행을 제지한 행위가 서울특별시민인 청구인들의 일반적 행동자유권을 침해하는지 여부(적극)

전면적이고 광범위한 집회방지조치를 취할 필요성이 있었다고 하더라도, 시민들의 통행이나 여가·문화활동에 과도한 제한을 초래하지 않으면서도 목적을 상당 부분 달성할 수 있는 덜 침해적인 수단이 있었다. 서울광장의 몇 군데라도 통로를 개설하여 통제 하에 출입하게 하는 것이나 대규모의 불법·폭력 집회가 행해질 가능성이 적은 시간대 또는 인근 건물에의 출근이나 왕래가 많은 오전 시간대에는 일부 통제를 풀어 통행하게 하는 것이 그 예가 될 수 있다. 그럼에도 이러한 수단을 모색하지 않은 채 모든 시민의 통행을 전면적으로 제지한 것은 최소침해성 원칙을 충족한다고 할 수 없다.

대규모의 불법·폭력 집회나 시위를 막아 시민들의 생명·신체와 재산을 보호한다는 공익은 물론 중요한 것이다. 그러나 당시의 상황에 비추어 볼 때 이러한 보호의 필요성이나 공익의 실현 효과는 다소 가상적이고, 덜 침해적인 수단에 의하여도 상당 부분 달성될 수 있었던 것이다. 따라서 그러한 공익이 일반 시민들이 입은 실질적이고 현존하는 불이익에 비하여 크다고 단정하기 어려우므로 법익의 균형성도 충족한다고 할 수 없다.

대판 1987.7.21. 87도1081

헌법이 보장하는 집회의 자유도 스스로 한계가 있어 무제한의 자유가 아닌 것이므로 집회 및 시위를 보호함과 아울러 공공의 안녕과 질서를 유지함을 목적으로 제정된 집회및시위에관한법률을 위헌이라 할 수 없다.

국가보안법은 헌법이 지향하는 조국의 평화적 통일과 자유민주적 기본질서를 부인하면서 공산계열인 북괴 등 불법집단이 우리나라를 적화변란 하려는 활동을 봉쇄하고 국가의 안전과 국민의 자유를 확보하기 위하여 제정된 것이어서 헌법에 위반된다고 할 수 없다.

집회및시위에관한법률 제14조 제1항, 제3조 제1항 제4호 위반죄는 이른바 다중범 또는 군집범을 예상하고 있어서 따로 형법 제30조를 적용할 필요가 없다.

대판 1987.3.10. 86도1246

헌법이 보장한 집회의 자유도 스스로 한계가 있어 무제한의 자유가 아니므로 집회 및 자유를 보호함과 아울러 공공의 안녕과 질서를 유지함을 목적으로 제정된 집회및시위에관한법률은 위헌이 아니다.

집회및시위에관한법률 제3조 제1항 제4호가 금지하는 현저히 사회적 불안을 야기시킬 우려가 있는 집회인가의 여부는 그 시위의 구체적인 상황을 객관적으로 평가하여 가려내는 것이므로 위 조문이 그 구성요건을 엄격하고도 구체적으로 규정하지 아니하였다 하여 위헌입법은 아니다.

집회및시위에관한법률 제3조 제1항 제4호 소정의 집회 또는 시위는 그 제5호가 규정하는 헌법의 민주적 기본질서에 위배되는 것을 요하지 않으며 그 조문의 체제나 해석으로 미루어 동 제5호는 동조 제1항 제1호 내지 제4호 이외에 헌법이 규정하고 있는 우리나라의 민주적 기본질서에 위배되는 집회 또는 시위만을 따로 떼어 다스리는 규정이라고 풀이된다.

대판 1991.11.12. 91도1870

헌법이 보장하는 집회의 자유도 스스로 한계가 있어 무제한의 자유가 아닌 것이므로 공공의 안녕과 질서를 유지하기 위하여 집회 및 시위의 주최자로 하여금 미리 일정한 사항을 신고하게 하고 신고를 받은 관할 경찰서장이 제반사항을 검토하여 일정한 경우 위 집회 및 시위의 금지를 통고할 수 있도록 한 집회및시위에관한법률 제6조, 제8조 및 그 금지통고에 대한 이의신청절차를 규정하고 있는 같은 법 제9조가 헌법에 위반된다고 할 수 없다.

[요약판례 6] 집회및시위에관한법률 제11조 제1호 위헌제청: 합헌(헌재 2005.11.24. 2004헌가17)

각급법원의 경계지점으로부터 100미터 이내의 장소에서의 옥외집회나 시위를 금지한 집회및시위에관한법률 제11조 제1호의 위헌여부

집회의 자유는 집회를 통하여 형성된 의사를 집단적으로 표현하고 이를 통하여 불특정 다수인의 의사에 영향을 줄 자유를 포함하므로 이를 내용으로 하는 시위의 자유 또한 집회의 자유를 규정한 헌법 제21조 제1항에 의하여 보호되는 기본권이다.

집회·시위장소는 집회·시위의 목적을 달성하는데 있어서 매우 중요한 역할을 수행하는 경우가 많기 때문에 집회·시위장소를 자유롭게 선택할 수 있어야만 집회·시위의 자유가 비로소 효과적으로 보장되므로 장소선택의 자유는 집회·시위의 자유의 한 실질을 형성한다.

각급법원 인근에서의 옥외집회나 시위를 금지한 이 사건 법률조항은 법원의 기능보호와 법원의 안녕보호를 그 입법목적으로 하는데, 다만 법원의 안녕보호는 법원의 기능보호에 기여하는 한도에서 입법목적으로 평가된다.

법원의 기능은 사법작용의 공정성과 독립성이 확보될 때에만 제대로 유지될 수 있는데, 사법작용의 공정성과 독

립성은 헌법적 요청이므로, 법원의 기능보호를 핵심으로 하는 이 사건 법률조항의 입법목적은 헌법이 적극적으로 요청하는 바로서 정당성이 인정되고, 이에 따라 법원에 대한 특별한 보호에 정당성을 부여한다.

위와 같이 법원의 기능에 대한 보호는 헌법적으로 요청되는 특수성이 있기 때문에 각급법원 인근에서의 옥외집회나 시위를 예외 없이 절대적으로 금지하더라도 이는 추상적 위험의 발생을 근거로 금지하는 불가피한 수단이므로 침해의 최소성을 갖추었다.

이 사건 법률조항에 의하여 집회·시위의 자유가 제한되더라도 집회·시위로 달성하려는 효과가 감소되는 것일 뿐 그 자유에 대한 중대한 제한이라고 하기 어렵고, 독립된 건물을 가지고 그 주변의 일반건물과 어느 정도 이격거리를 두고 있는 경우가 많은 우리나라 법원의 일반적 구조상 제한되는 집회·시위의 범위는 상대적으로 작은 반면 사법기능의 보호라는 이 사건 법률조항이 추구하는 공익은 매우 커서, 법익의 균형성도 갖추었다.

[요약판례 7] 구 집회및시위에관한법률 제5조 제1항 제2호 등 위헌소원: 합헌(헌재 2010.4.29. 2008헌바118)

집단적인 폭행·협박·손괴·방화 등으로 공공의 안녕질서에 직접적인 위협을 가할 것이 명백한 집회 또는 시위의 주최를 금지하는 구 집시법 제5조 제1항 제2호는 입법자 스스로에 의한 일정한 집회 또는 시위에 대한 금지조항으로서, 집회 또는 시위의 방법에 따른 위험성에 근거한 내용중립적인 규제라 할 것이므로 헌법 제21조 제2항에 의해 금지되는 사전허가제에 해당한다 할 수 없다.

[요약판례 8] 민원서류반려 위헌확인: 위헌(헌재 2008.5.29. 2007헌마712)

서울남대문경찰서장은 별개의 단체가 제출한 옥외집회신고서를 폭력사태 발생이 우려된다는 이유로 동시에 접수하였고, 이후 상호 충돌을 피한다는 이유로 두 개의 집회신고를 모두 반려하였는바, 법의 집행을 책임지고 있는 국가기관인 피청구인으로서는 집회의 자유를 제한함에 있어 실무상 아무리 어렵더라도 법에 규정된 방식에 따라야 할 책무가 있고, 이 사건 집회신고에 관한 사무를 처리하는데 있어서도 적법한 절차에 따라 접수순위를 확정하려는 최선의 노력을 한 후, 집시법 제8조 제2항에 따라 후순위로 접수된 집회의 금지 또는 제한을 통고하였어야 한다. 만일 접수순위를 정하기 어렵다는 현실적인 이유로 중복신고된 모든 옥외집회의 개최가 법률적 근거 없이 불허되는 것이 용인된다면, 집회의 자유를 보장하고 집회의 사전허가를 금지한 헌법 제21조 제1항 및 제2항은 무의미한 규정으로 전락할 위험성이 있다. 결국 이 사건 반려행위는 법률의 근거 없이 청구인들의 집회의 자유를 침해한 것으로서 헌법상 법률유보원칙에 위반된다.

[요약판례 9] 농업협동조합법 위헌확인: 기각(헌재 2000.6.1. 99헌마553)

기존의 축협중앙회를 해산하여 신설되는 농협중앙회에 합병토록 하고 신설 농협중앙회가 기존축협중앙회의 자산·조직 및 직원을 승계하도록 규정한 위 농업협동조합법 규정의 위헌여부(소극)

법인 등 결사체도 그 조직과 의사형성에 있어서, 그리고 업무수행에 있어서 자기결정권을 가지고 있어 결사의 자유의 주체가 된다고 봄이 상당하므로, 축협중앙회는 그 회원조합들과 별도로 결사의 자유의 주체가 된다.

헌법상 기본권의 주체가 될 수 있는 법인은 원칙적으로 사법인에 한하는 것이고 공법인은 헌법의 수범자이지 기본권의 주체가 될 수 없다. 축협중앙회는 지역별·업종별 축협과 비교할 때, 회원의 임의탈퇴나 임의해산이 불가능한 점 등 그 공법인성이 상대적으로 크다고 할 것이지만, 이로써 공법인이라고 단정할 수는 없을 것이고, 이 역시 그 존립목적 및 설립형식에서의 자주적 성격에 비추어 사법인적 성격을 부인할 수 없으므로, 축협중앙회는 공법인성과 사법인성을 겸유한 특수한 법인으로서 이 사건에서 기본권의 주체가 될 수 있다.

헌법 제123조 제5항은 국가에게 "농·어민의 자조조직을 육성할 의무"와 "자조조직의 자율적 활동과 발전을 보장할 의무"를 아울러 규정하고 있는데, 이러한 국가의 의무는 자조조직이 제대로 활동하고 기능하는 시기에는 그 조직의 자율성을 침해하지 않도록 하는 후자의 소극적 의무를 다하면 된다고 할 수 있지만, 그 조직이 제대로 기능하지 못하고 향후의 전망도 불확실한 경우라면 단순히 그 조직의 자율성을 보장하는 것에 그쳐서는 아니 되고, 적극적으로 이를 육성하여야 할 전자의 의무까지도 수행하여야 한다.

중앙회의 해산을 따로 법률로 정하여 하도록 한 축협법 제111조의 취지는, 축산업을 포함한 농업은 단순히 농민의 이익만을 위한 산업이 아니라 국민에게 식량공급을 담당하고 있는 산업이므로 지속적으로 국가의 농업정책과 긴밀하게 관련되어 있고, 농협, 축협 등 각 중앙회는 한편으로는 회원조합이나 그 조합원의 이익을 위하여 기능하면서도 다른 한편으로는 국가의 농업정책 수행의 기능을 보조·담당하기도 하여 국가의 농업정책수행을 함께 긴밀히 조율해 나가는 기능도 아울러 지니고 있다고 판단되는 점에 비추어, 해산에 관한 한 중앙회 회원들끼리 함부로 중앙회를 임의해산하는 일이 없도록 하여 중앙회의 유지·존속을 꾀함과 아울러, 중앙회의 존속여부 및 해산방식 등의 점에 관하여 법 자체에서 광범위한 입법형성권을 유보하여 둔 것이다.

기존의 축협중앙회를 해산하여 신설되는 농협중앙회에 통합하도록 하는 농업협동조합법에 의하면 신설중앙회 안에서 상당한 자율성을 갖는 축산경제대표이사를 정점으로 한 양축인들의 자조조직이 유지될 뿐만 아니라(제128조 제3항, 제132조), 기존의 축협중앙회 사업도 신설중앙회가 그대로 이어받으며(제134조), 지역별·업종별 축협은 그대로 존속하므로(부칙 제11조), 축협중앙회의 회원 조합이나 축협조합원들의 입장에서 보면, 그들의 단체는 신설중앙회 안에 형태를 바꾸어 여전히 유지·존속하고 있어, 이를 형식적으로만 보아 양축인들의 자율적 단체가 해산되어 소멸하였다거나, 향후 그들의 단체결성이 금지되었다고 볼 것은 아니고 나아가 이는 헌법 제123조 제5항의 국가의 자조조직 육성의무 이행의 한 형태로서 결과된 것이므로, 청구인들에게 수인을 요구할 수 있는 범위를 넘어서 그들의 기본권의 본질적인 내용을 침해하는 것이라고 할 것은 못된다.

기존의 축협중앙회를 해산하여 신설되는 농협중앙회에 합병토록 하고 신설 농협중앙회가 기존축협중앙회의 자산·조직 및 직원을 승계하도록 규정한 위 농업협동조합법 부칙 제2조 제2호, 제6조, 제7조 제1항, 제2항, 제10조, 제11조는, 일선 조합의 부실, 조직의 비대화, 신용사업의 경쟁력상실 등 축협중앙회의 어려운 상황을 극복하기 위한 효과적이고도 불가피한 선택으로, 위 법률에서 축산부분의 자율성도 배려하고 있는 점 등을 고려하면, 그것이 비록 청구인들의 결사의 자유, 직업의 자유, 재산권 등 기본권을 제한한다고 하더라도, 그 정도가 과도하여 기본권제한의 목적·수단간의 비례성을 현저히 상실하였다고 보기 어렵고, 그 입법목적 및 통합이 지니는 고도의 공익성 등에 비추어 입법재량권의 범위를 현저히 일탈한 것이라고 할 수 없다.

[요약판례 10] 약사법 제16조 제1항 등 위헌소원: 헌법불합치(헌재 2002.9.19. 2000헌바84)

"약사 또는 한약사가 아니면 약국을 개설할 수 없다"고 규정한 약사법 제16조 제1항의 위헌여부(적극)

"약사 또는 한약사가 아니면 약국을 개설할 수 없다"고 규정한 약사법 제16조 제1항은 자연인 약사만이 약국을 개설할 수 있도록 함으로써, 약사가 아닌 자연인 및 일반법인은 물론, 약사들로만 구성된 법인의 약국 설립 및 운영도 금지하고 있는바, 국민의 보건을 위해서는 약국에서 실제로 약을 취급하고 판매하는 사람은 반드시 약사이어야 한다는 제한을 둘 필요가 있을 뿐, 약국의 개설 및 운영 자체를 자연인 약사에게만 허용할 합리적 이유는 없다. 입법자가 약국의 개설 및 운영을 일반인에게 개방할 경우에 예상되는 장단점을 고려한 정책적 판단의 결과 약사가 아닌 일반인 및 일반법인에게 약국개설을 허용하지 않는 것으로 결정하는 것은 그 입법형성의 재량권 내의 것으로서 헌법에 위반된다고 볼 수 없지만, 법인의 설립은 그 자체가 간접적인 직업선택의 한 방법으로서 직업수행의 자유의 본질적 부분의 하나이므로, 정당한 이유 없이 본래 약국개설권이 있는 약사들만으로 구성된 법인에게도 약국개설을 금지하는 것은 입법목적을 달성하기 위하여 필요하고 적정한 방법이 아니고, 입법형성권의 범위를 넘어 과도한 제한을 가하는 것으로서, **법인을 구성하여 약국을 개설·운영하려고 하는 약사들 및 이들로 구성된 법인의 직업선택(직업수행)의 자유의 본질적 내용을 침해하는 것이고, 동시에 약사들이 약국경영을 위한 법인을 설립하고 운영하는 것에 관한 결사의 자유를 침해하는 것이다.**

변호사, 공인회계사 등 여타 전문직과 의약품제조업자 등 약사법의 규율을 받는 다른 직종들에 대하여는 법인을 구성하여 업무를 수행할 수 있도록 하면서, 약사에게만 합리적 이유 없이 이를 금지하는 것은 **헌법상의 평등권을 침해하는 것이다.**

이 사건 법률조항 중 약사가 아닌 일반인이나 일반인으로 구성된 법인의 약국설립을 금지하는 부분은 헌법에 위반되지 않을 뿐 아니라, 이 사건 법률조항에 대하여 단순위헌을 선고하여 당장 이 사건 법률조항의 효력을 상실시킬 경우에는 약국을 개설할 수 있는 자격에 대한 아무런 제한이 없게 되어 약사가 아닌 일반인이나 일반법인도 약국을 개설할 수 있는 상태가 됨으로써, 입법자가 입법형성권의 범위 내에서 설정한 제약이 무너지게 되고, 위헌적인 이 사건 법률조항을 존속시킬 때보다 단순위헌의 결정으로 인해서 더욱 헌법적 질서와 멀어지는 법적 혼란을 초래할 우려가 있으며, 이 사건 법률조항에 있는 위헌적 요소를 제거하고 합헌적으로 조정하는 데에는 여러 가지 선택가능성이 있을 수 있는데 이는 입법자가 제반사정을 고려하여 결정해야 할 문제이므로, 입법자가 이 사건 법률조항을 대체할 합헌적 법률을 입법할 때까지는 위헌적인 법규정을 존속케 하고 또한 잠정적으로 적용하게 할 필요가 있어 헌법불합치결정을 선고한다.

대판 1982.9.28. 82도2016

국가보안법 제3조의 정부를 참칭하거나 국가를 변란할 목적으로 결사나 집단을 구성하는 행위규정 중 "결사"라함은 공동의 목적을 가진 2인 이상의 특정다수인의 임의적인 계속적(사실상 계속하여 존재함을 요하지 않고 계속시킬 의도하에서 결합됨으로써 족하다) 결합체라 할 것이고, "집단"이라 함은 위 결사와 같이 공동목적을 가진 특정다수인의 결합이지만 결사가 계속적인 집합체임에 대하여 집단은 일시적인 점에서 상이하고 "구성"이라 함은 결사나 집단을 창설하려는 2인 이상의 자간에 창설에 관해 의사가 합치되는 순간에 성립하는 것으로서 스스로 결사나 집단에 가입하는 의사를 가지고 단순히 외부에서 그 결성의 정신적, 물질적 지도를 맡는 것도 포함한다.

국가보안법 제3조의 반국가단체구성죄의 주관적 요건인 정부를 참칭하고 국가를 변란한다는 것은 정부를 전복하기 위한 집단을 구성하는 것으로 정부전복을 기획하고 정부전복 후의 새로운 정부의 수립을 구체적으로 구상함을 요하나, 공산주의자 및 그 동조자들이 정부를 전복하기 위하여 결사나 집단을 구성하였다면 경험칙상 또는 사리상 당연히 정부전복 후에는 구체적으로 북괴와 같은 형태 또는 북괴와 소위 합작을 쉽사리 추진할 수 있는 형태의 정부를 구상하였을 것이라고 보아야 할 것이므로 이에 대하여는 대한민국정부 전복 후의 새로운 통치기구를 수립하는 점에 관하여는 새삼스럽게 정부를 참칭하거나 국가변란의 목적을 따질 필요가 없다.

피고인들이 정부타도에 관하여 상호주장과 의견을 교환하고 북괴 괴수를 찬양하는 자리에서 계형식의 모임을 만들기로 합의하고 이 사건 "아람회"를 결성한 것인바, 동 "아람회" 구성에 이르기까지 피고인들은 정부를 전복하려는 목적과 그 실천방법 및 임무분담 내용을 정하고 이에 따라 활동하기로 숙의결정하고 국가를 변란할 목적으로 불법비밀결사를 계 형식의 위장조직으로 구성키로 한 사실이 인정되는 바이니 위 "아람회"의 결성 당시에 그 목적과 임무에 관하여 명시적으로 논의된 바 없다 하여 그 특정이 없다고 볼 수는 없다.

[요약판례 11] 주택건설촉진법 제3조 제9호 위헌확인: 합헌(헌재 1994.2.24. 92헌바43)

주택조합(지역조합)과 직장조합의 조합원 자격을 무주택자로 한정하고 있는 주택건설촉진법 규정의 위헌여부(소극)

주택조합(지역조합)과 직장조합의 조합원 자격을 무주택자로 한정하고 있는 주택건설촉진법 제3조 제9호는 우리 헌법이 전문에서 천명한 사회국가, 복지국가, 문화국가의 이념과 그 구현을 위한 사회적 기본권 조항인 헌법 제34조 제1·2항, 제35조 제3항의 규정에 의하여 국가에게 부과된 사회보장의무의 이행과 국민의 주거확보에 관한 정책시행을 위한 정당한 고려하에서 이루어진 것으로서 조합원 자격에서 유주택자를 배제하였다고 해서 그것이 인간의 존엄성이라는 헌법이념에 반하는 것도 아니고 우선 무주택자를 해소하겠다는 주택건설촉진법의 목적달성을 위하여 적정한 수단이기도 하므로 이는 합리적 근거있는 차별이어서 헌법의 평등이념에 반하지 아니하고 그에 합치된 것이며 헌법 제37조 제2항의 기본권제한 과잉금지의 원칙에도 저촉되지 아니한다.

주택건설촉진법상의 주택조합은 주택이 없는 국민의 주거생활의 안정을 도모하고 모든 국민의 주거수준의 향상을 기한다는(동법 제1조) 공공목적을 위하여 법이 구성원의 자격을 제한적으로 정해 놓은 특수조합이어서 이는 헌법상 결사의 자유가 뜻하는 헌법상 보호법익의 대상이 되는 단체가 아니며 또한 위 법률조항이 위 법률 소정의 주택조합 중 지역조합과 직장조합의 조합원 자격을 무주택자로 한정하였다고 해서 그로 인하여 유주택자가 위 법률과 관계없는 주택조합의 조합원이 되는 것까지 제한받는 것이 아니므로 위 법률조항은 유주택자의 결사의 자유를 침해하는 것이 아니다.

[요약판례 12] 노동조합및노동관계조정법 제81조 제2호 단서 위헌확인: 합헌(헌재 2005.11.24. 2002헌바95등)

당해 사업장에 종사하는 근로자의 3분의 2 이상을 대표하는 노동조합의 경우 단체협약을 매개로 한 조직강제 이른바 [유니언 샵(Union Shop) 협정]의 체결을 용인하고 있는 노동조합및노동관계조정법 제81조 제2호 단서가 근로자의 단결권을 보장한 헌법 제33조 제1항 등에 위반되는지 여부(소극)

이 사건 법률조항은 노동조합의 조직유지·강화를 위하여 당해 사업장에 종사하는 근로자의 3분의 2 이상을 대표하는 노동조합(이하 '지배적 노동조합'이라 한다)의 경우 단체협약을 매개로 한 조직강제 "이른바 유니언 샵(Union Shop) 협정의 체결"을 용인하고 있다. 이 경우 근로자의 단결하지 아니할 자유와 노동조합의 적극적 단결권(조직강제권)이 충돌하게 되나, 근로자에게 보장되는 적극적 단결권이 단결하지 아니할 자유보다 특별한 의미를 갖고 있고, 노동조합의 조직강제권도 이른바 자유권을 수정하는 의미의 생존권(사회권)적 성격을 함께 가지는 만큼 근로자 개인의 자유권에 비하여 보다 특별한 가치로 보장되는 점 등을 고려하면, 노동조합의 적극적 단결권은 근로자 개인의 단결하지 않을 자유보다 중시된다고 할 것이고, 또 노동조합에게 위와 같은 조직강제권을 부여한다고 하여 이를 근로자의 단결하지 아니할 자유의 본질적인 내용을 침해하는 것으로 단정할 수는 없다.

이 사건 법률조항은 단체협약을 매개로 하여 특정 노동조합에의 가입을 강제함으로써 근로자의 단결선택권과 노동조합의 집단적 단결권(조직강제권)이 충돌하는 측면이 있으나, 이러한 조직강제를 적법·유효하게 할 수 있는 노동조합의 범위를 엄격하게 제한하고 지배적 노동조합의 권한남용으로부터 개별근로자를 보호하기 위한 규정을 두고 있는 등 전체적으로 상충되는 두 기본권 사이에 합리적인 조화를 이루고 있고 그 제한에 있어서도 적정한 비례관계를 유지하고 있으며, 또 근로자의 단결선택권의 본질적인 내용을 침해하는 것으로도 볼 수 없으므로, 근로자의 단결권을 보장한 헌법 제33조 제1항에 위반되지 않는다.

노동조합의 조직강제는 조직의 유지·강화를 통하여 단일하고 결집된 교섭능력을 증진시킴으로써 궁극적으로는 근로자 전체의 지위향상에 기여하고, 특히 이 사건 법률조항은 일정한 지배적 노동조합에게만 단체협약을 매개로 한 조직강제를 제한적으로 허용하고 있는데다가 소수노조에게까지 이를 허용할 경우 자칫 반조합의사를 가진 사용자에 의하여 다수 근로자의 단결권을 탄압하는 도구로 악용될 우려가 있는 점 등을 고려할 때, 이 사건 법률조항이 지배적 노동조합 및 그 조합원에 비하여 소수노조 및 그에 가입하였거나 가입하려고 하는 근로자에 대하여 한 차별적 취급은 합리적인 이유가 있으므로 평등권을 침해하지 않는다.

(재판관 권성, 재판관 조대현의 반대의견) 헌법 제33조 제1항이 근로3권을 보장한 취지는 근로자의 생존권을 확보하고 근로조건을 향상시켜 근로자의 경제적 지위를 향상시키기 위한 것이고, 또 개개 근로자에게는 단결하지 아니할 자유도 헌법상 보장되어 있다.

그런데 이 사건 법률조항은 근로자가 특정 노동조합에 가입하는 것을 고용조건으로 삼아서 특정 노동조합에 가입하지 않는 근로자를 해고할 수 있도록 허용하는 것이기 때문에 근로자의 단결하지 아니할 자유와 근로자의 생존권을 본질적으로 침해하고 있다. 특정 노동조합에 가입하지 않거나 탈퇴하였다는 이유로 근로자를 해고하여 근로자의 지위를 근본적으로 부정하는 것은 근로자의 생존권 보장과 지위향상을 보장하고자 하는 헌법 제33조 제1항의 취지에 정면으로 반하고 자유민주주의가 지향하는 공존공영(共存共榮)의 원칙 및 소수자 보호의 원칙에도 어긋난다.

따라서 이 사건 법률조항은 근로자의 단결하지 아니할 자유를 헌법 제33조 제1항에 위반하는 방법으로 부당하게 침해한다.

[요약판례 13] 축산업협동조합법 제99조 제2항 위헌소원: 위헌(헌재 1996.4.25. 92헌바47)

조합의 구역 내에서는 같은 업종의 조합을 2개 이상 설립할 수 없다는 축산업협동조합법 제99조 제2항의 위헌여부(적극)

심판의 대상이 되는 법규는 심판 당시 유효한 것이어야 함이 원칙이지만 위헌제청신청기각결정에 따른 헌법소원심판은 실질상 헌법소원심판이라기보다는 위헌법률심판이라 할 것이므로 폐지된 법률이라고 할지라도 그 위헌 여부가 재판의 전제가 된다면 심판청구의 이익이 인정된다.

결사의 자유에서 말하는 결사란 자유의사에 기하여 결합하고 조직화된 의사형성이 가능한 단체를 말하는 것이므로 공법상의 결사는 이에 포함되지 아니한다.

축산업협동조합법상 축산업협동조합은 그 목적이나 설립, 관리면에서 자주적인 단체로서 공법인이라고 하기보다는 사법인이라고 할 것이다.

입법목적을 달성하기 위한 수단의 선택문제는 기본적으로 입법재량에 속하는 것이기는 하지만 적어도 현저하게 불합리하고 불공정한 수단의 선택은 피하여야 할 것인바, 복수조합의 설립을 금지한 구 축산업협동조합법 제99조 제2항은 입법목적을 달성하기 위하여 결사의 자유 등 기본권의 본질적 내용을 해하는 수단을 선택함으로써 입법재량의 한계를 일탈하였으므로 헌법에 위반된다.

[요약판례 14] 상호신용금고법 제37조의3 제1항 등 위헌제청: 한정위헌(헌재 2002.8.29. 2000헌가5등)

상호신용금고의 임원과 과점주주에게 법인의 채무에 대하여 연대변제책임을 부과하는 상호신용금고법 제37조의3 규정의 위헌여부(한정적극)

입법자는 결사의 자유에 의하여, 국민이 모든 중요한 생활영역에서 결사의 자유를 실제로 행사할 수 있도록 그에 필요한 단체의 결성과 운영을 가능하게 하는 최소한의 법적 형태를 제공해야 한다는 구속을 받을 뿐만 아니라, 단체제도를 법적으로 형성함에 있어서 지나친 규율을 통하여 단체의 설립과 운영을 현저하게 곤란하게 해서도 안 된다는 점에서 입법자에 의한 형성은 비례의 원칙을 준수해야 한다.

위 상호신용금고법 제37조의3은 임원과 과점주주의 연대변제책임이란 조건 하에서만 금고를 설립할 수 있도록 규정함으로써 사법상의 단체를 자유롭게 결성하고 운영하는 자유를 제한하는 규정이다.

위 상호신용금고법 제37조의3의 입법목적은 연대변제의 형태로써 금고의 부실경영에 대한 책임을 물음으로써 책임경영을 실현하고 부실경영을 방지하여 예금주 등 금고의 채권자를 보호하고자 하는 것이다. 법률조항의 목적이 결과적으로 채권자의 보호에 있다고 하더라도, '무조건적인 채권자의 보호'가 아니라 '부실경영의 방지를 통한 채권자의 보호'에 있다고 할 것이다.

상법상의 원칙인 주주의 유한책임원칙이나 임원의 과실책임원칙은 헌법상의 원칙이 아닌 법률상의 원칙으로서, 입법자는 공익상의 이유로 이에 대한 예외를 설정할 수 있다. 단지, 이 경우 상법상 원칙에 대한 예외를 두는 것은 입법목적을 달성하기 위하여 적합하고 필요한 조치에 해당해야 한다는 것이 헌법상의 유일한 요청이다.

위 상호신용금고법 제37조의3이 달성하고자 하는 바가 금고의 경영부실 및 사금고화로 인한 금고의 도산을 막고 이로써 예금주를 보호하고자 하는 데에 있다면, 이를 실현하기 위한 입법적 수단이 적용되어야 하는 인적 범위도 마찬가지로 '부실경영에 관련된 자'에 제한되어야 한다. 부실경영을 방지하는 다른 수단에 대하여 부가적으로 민사상의 책임을 강화하는 이 사건 법률조항은 원칙적으로 '최소침해의 원칙'에 부합하나, 부실경영에 아무런 관련이 없는 임원이나 과점주주에 대해서도 연대변제책임을 부과하는 것은 입법목적을 달성하기 위하여 필요한 범위를 넘는 과도한 제한이다.

부실경영의 책임이 없는 임원에게까지 연대책임을 부과하는 것은 과점주주와 특수한 관계에 있지 아니한 전문경영인의 참여를 사실상 막는 것이고, 이로써 상호신용금고법이 금고의 형태를 주식회사로 단일화함으로써 궁극적으로 실현하고자 하는 '소유와 경영의 분리'를 촉진하는 것이 아니라 오히려 '소유와 경영의 일치'를 고착화시킨다는 점에서도 상호신용금고법의 전반적인 취지에 반하는 것이다. 따라서 연대채무를 부과함이 상당하다고 인정되는 임원의 범위는 '부실경영의 책임이 있는 자'로 제한되어야 한다.

과점주주에게 합명회사의 사원이나 합자회사의 무한책임사원에 상응하는 무한책임을 부과한 것은 '회사의 소유와 경영이 일치하는 경우 아니면 적어도 경영에 영향력을 행사하는 경우'에만 정당화되는 것이다. 따라서 이 사건 법률조항의 입법목적에 비추어 과점주주의 연대변제책임은 '주주권을 실질적으로 행사하거나 회사에 대한 자신의 영향력을 이용하여 임원에게 업무집행을 지시 또는 요구하는 등 회사의 경영에 영향력을 행사함으로써 부실의 결과를 초래한 자'에 한정되어야 한다.

임원과 과점주주에게 연대책임을 부과하는 것 자체가 위헌이 아니라 부실경영에 기여한 바가 없는 임원과 과점주주에게도 연대책임을 지도록 하는 것이 위헌이라는 점에서 연대책임을 지는 임원과 과점주주의 범위를 적절하게 제한함으로써 그 위헌성이 제거될 수 있을 뿐만 아니라, 위 상호신용금고법 제37조의3을 단순위헌으로 선언할 경우 임원과 과점주주가 금고의 채무에 대하여 단지 상법상의 책임만을 지는 결과가 발생하고 이로써 예금주인 금고의 채권자의 이익이 충분히 보호될 수 없기 때문에, 가급적이면 위 법규정의 효력을 유지하는 쪽으로 이를 해석하는 것이 바람직하다. 따라서 이 사건 법률조항은 '부실경영의 책임이 없는 임원'과 '금고의 경영에 영향력을 행사하여 부실의 결과를 초래한 자 이외의 과점주주'에 대해서도 연대채무를 부담하게 하는 범위 내에서 헌법에 위반된다.

제4절 사생활의 안전과 자유

제1항 주거의 자유

제2항 사생활의 비밀과 자유

대판 1998.7.24. 96다42789

군 정보기관이 법령상의 직무범위를 벗어나 민간인에 관한 정보를 비밀리에 수집관리한 경우 불법행위가 성립하는지 여부(적극) 및 그 대상자가 공적 인물이라는 이유만으로 면책될 수 있는지 여부(소극)

구 국군보안사령부가 군과 관련된 첩보 수집, 특정한 군사법원 관할 범죄의 수사 등 법령에 규정된 직무범위를 벗어나 민간인들을 대상으로 평소의 동향을 감시·파악할 목적으로 지속적으로 개인의 집회·결사에 관한 활동이나 사생활에 관한 정보를 미행, 망원 활용, 탐문채집 등의 방법으로 비밀리에 수집·관리한 경우, 이는 헌법에 의하여 보장된 기본권을 침해한 것으로서 불법행위를 구성한다.

공적 인물에 대하여는 사생활의 비밀과 자유가 일정한 범위 내에서 제한되어 그 사생활의 공개가 면책되는 경우도 있을 수 있으나, 이는 공적 인물은 통상인에 비하여 일반 국민의 알 권리의 대상이 되고 그 공개가 공공의 이익이 된다는 데 근거한 것이므로, 일반 국민의 알 권리와는 무관하게 **국가기관이 평소의 동향을 감시할 목적으로 개인의 정보를 비밀리에 수집한 경우에는 그 대상자가 공적 인물이라는 이유만으로 면책될 수 없다.**

[요약판례 1] 형사소송규칙 제40조에 대한 헌법소원: 기각(헌재 1995.12.28. 91헌마114)

속기 또는 녹취를 하고자 할 때에는 미리 법원의 허가를 받아야 한다고 규정한 형사소송규칙 제40조의 위헌여부(소극)

"생각건대 **공판정에서 진술을 하는 피고인·증인 등도 인간으로서의 존엄과 가치를 가지며(헌법 제10조), 사생활의 비밀과 자유를 침해받지 아니할 권리를 가지고 있으므로(헌법 제17조), 본인이 비밀로 하고자 하는 사적인 사항이 일반에 공개되지 아니하고 자신의 인격적 징표가 타인에 의하여 일방적으로 이용당하지 아니할 권리가 있다.** 따라서 모든 진술인은 원칙적으로 자기의 말을 누가 녹음할 것인지와 녹음된 기기의 음성이 재생될 것인지 여부 및 누가 재생할 것인지 여부에 관하여 스스로 결정할 권리가 있다."

형사소송규칙 제40조는 합리적인 이익형량에 따라 녹취를 제한할 수 있는 기속적 재량을 의미하는 것으로서, "녹취를 하지 아니할 특별한 사유"가 없는 한 이를 원칙적으로 허용하여야 하는 것으로 풀이함이 상당하고, 녹취허부에 관한 구체적인 기준을 설정하지 않았다는 이유만으로 법률이나 헌법에 위반된다고 단정할 수 없다.

[요약판례 2] 공직선거법 제93조 제1항 위헌소원: 합헌(헌재 2001.8.30. 99헌바92등)

탈법방법에 의한 문서·도화의 배부·게시 등을 금지하고 있는 공직선거및선거방지법 제93조 제1항이 사생활의 자유를 침해하는지 등 위헌여부(소극)

"**'사생활의 자유'란, 사회공동체의 일반적인 생활규범의 범위 내에서 사생활을 자유롭게 형성해 나가고 그 설계 및 내용에 대해서 외부로부터의 간섭을 받지 아니할 권리로서, 사생활과 관련된 사사로운 자신만의 영역이 본인의 의**

사에 반해서 타인에게 알려지지 않도록 할 수 있는 권리인 '사생활의 비밀'과 함께 헌법상 보장되고 있는바, 이 사건에 있어서와 같이 자신의 인격권이나 명예권을 보호하기 위하여 대외적으로 해명을 하는 행위는 표현의 자유에 속하는 영역이라고 할 수 있을 뿐 이미 사생활의 자유에 의하여 보호되는 범주를 벗어난 행위라고 볼 것이므로, 위 법 조항이 선거의 자유와 공정이라는 이념을 실현하기 위한 입법목적하에 선거에 영향을 미치게 하기 위한 일정한 선거운동행위를 제한한다고 하여 위 청구인의 사생활의 자유가 침해된다고는 볼 수 없고, 달리 위 법 조항이 사생활의 자유를 침해한다고 볼 만한 사정도 없다."

공선법 제93조 제1항이 선거와 관련하여 그 소정의 행위를 제한하고 있는 것은 선거의 자유와 공정을 보장하여 선거관계자를 포함한 선거구민 내지는 국민 전체의 공동이익을 위한다는 합목적적 제한이므로 그 입법목적의 정당성이 인정되고, 그 제한은 참된 의미의 선거의 자유와 공정을 보장하기 위한 제도적 장치로서의 의미를 가질 뿐만 아니라 폐해 방지를 위하여는 일정 기간 위 행위를 금지하는 것 외에 달리 효과적인 수단을 상정하기 어렵고 특히 '선거에 영향을 미치게 하기 위하여'라는 전제하에 그 제한이 이루어진다는 점에서 수단의 상당성 내지 적정성이 인정되며, 이러한 제한은 선거의 공정성 확보를 위한 필요・최소한의 조치로서 불가피한 규제로서 최소 침해의 원칙에도 위반되지 아니하고, 보호되는 공익과 제한되는 표현의 자유, 공무담임권 등 기본권과의 사이에 현저한 불균형이 있다고는 볼 수 없어 균형의 원칙에도 어긋나지 아니하므로, 위 법률조항은 과잉금지의 원칙에 반하지 아니할 뿐만 아니라 이로써 선거운동의 자유 내지 언론의 자유가 전혀 무의미해지거나 형해화된다고 단정할 수 없어 그 기본권의 본질적 내용을 침해한다고는 볼 수 없다.

대판 2006.12.22. 2006다15922

명예훼손으로 인한 불법행위의 위법성조각사유인 '공공의 이익에 관한 때'의 판단 기준과 사생활과 관련된 사항의 공개가 사생활의 비밀을 침해하는 것으로서 위법하다고 하기 위한 요건

형사상이나 민사상으로 타인의 명예를 훼손하는 경우에도 그것이 진실한 사실로서 오로지 공공의 이익에 관한 때에는 그 행위에 위법성이 없는바, 여기서 '오로지 공공의 이익에 관한 때'는 적시된 사실이 객관적으로 볼 때 공공의 이익에 관한 것으로서 행위자도 공공의 이익을 위하여 그 사실을 적시한 것이어야 하며, 이 경우에 적시된 사실이 공공의 이익에 관한 것인지의 여부는 그 적시된 사실의 구체적 내용, 그 사실의 공표가 이루어진 상대방의 범위, 그 표현의 방법 등 그 표현 자체에 관한 제반 사정을 고려함과 동시에 그 표현에 의하여 훼손되거나 훼손될 수 있는 명예의 침해 정도 등을 비교・고려하여 결정하여야 하고, 행위자의 주요한 목적이나 동기가 공공의 이익을 위한 것이라면 부수적으로 다른 사익적 동기가 내포되어 있었다고 하더라도 행위자의 주요한 목적이나 동기가 공공의 이익을 위한 것으로 보아야 한다.

사생활과 관련된 사항의 공개가 사생활의 비밀을 침해하는 것으로서 위법하다고 하기 위하여는 적어도 공표된 사항이 일반인의 감수성을 기준으로 하여 그 개인의 입장에 섰을 때 공개되기를 바라지 않을 것에 해당하고 아울러 일반인에게 아직 알려지지 않은 것으로서 그것이 공개됨으로써 그 개인이 불쾌감이나 불안감을 가질 사항 등에 해당하여야 한다.

재건축을 추진하는 아파트 단지 내 도로의 소유자가 재건축조합에게 이를 고가로 매도하려고 하여 재건축조합 및 조합원들과 이해가 상반된 상황에서, 위 소유자가 사석에서 도로를 고가로 매도하여야 한다는 동석자의 말에 동조한 사실을 재건축조합의 조합장이 재건축조합 소식지 등을 통하여 조합원들에게 알린 것이 위법하지 않다고 본 사례.

[요약판례 3] 국민건강증진법시행규칙 제7조 위헌확인: 기각(헌재 2004.8.26. 2003헌마457)

흡연권의 근거

흡연자들이 자유롭게 흡연할 권리를 흡연권이라고 한다면, 이러한 흡연권은 인간의 존엄과 행복추구권을 규정한 헌법 제10조와 사생활의 자유를 규정한 헌법 제17조에 의하여 뒷받침된다.

우선 헌법 제17조가 근거가 될 수 있다는 점에 관하여 보건대, 사생활의 자유란 사회공동체의 일반적인 생활규범의 범위 내에서 사생활을 자유롭게 형성해 나가고 그 설계 및 내용에 대해서 외부로부터의 간섭을 받지 아니할 권리를 말하는바, **흡연을 하는 행위는 이와 같은 사생활의 영역에 포함된다고 할 것이므로, 흡연권은 헌법 제17조에서 그 헌법적 근거를 찾을 수 있다.**

또 인간으로서의 존엄과 가치를 실현하고 행복을 추구하기 위하여서는 누구나 자유로이 의사를 결정하고 그에 기하여 자율적인 생활을 형성할 수 있어야 하므로, 자유로운 흡연에의 결정 및 흡연행위를 포함하는 흡연권은 헌법 제10조에서도 그 근거를 찾을 수 있다.

[요약판례 4] 도로교통법 제118조 위헌확인: 기각(헌재 2003.10.30. 2002헌마518)

자동차 운전자에게 좌석안전띠를 매도록 하고, 이를 위반했을 때 범칙금을 납부하도록 통고하는 도로교통법 제118조의 위헌여부(소극)

일반 교통에 사용되고 있는 도로는 국가와 지방자치단체가 그 관리책임을 맡고 있는 영역이며, 수많은 다른 운전자 및 보행자 등의 법익 또는 공동체의 이익과 관련된 영역으로, 그 위에서 자동차를 운전하는 행위는 더 이상 개인적인 내밀한 영역에서의 행위가 아니며, 자동차를 도로에서 운전하는 중에 좌석안전띠를 착용할 것인가 여부의 **생활관계가 개인의 전체적 인격과 생존에 관계되는 '사생활의 기본조건'이라거나 자기결정의 핵심적 영역 또는 인격적 핵심과 관련된다고 보기 어려워 더 이상 사생활영역의 문제가 아니므로, 운전할 때 운전자가 좌석안전띠를 착용할 의무는 청구인의 사생활의 비밀과 자유를 침해하는 것이라 할 수 없다.**

[요약판례 5] 주민등록법 제17조의8 등 위헌확인 등: 기각(헌재 2005.5.26. 99헌마513)

열 손가락의 회전지문과 평면지문을 날인하도록 한 부분과 경찰청장이 청구인들의 주민등록증발급신청서에 날인되어 있는 지문정보를 보관·전산화하고 이를 범죄수사목적에 이용하는 행위가 법률유보의 원칙에 위배되는지 여부(소극) 및 개인정보자기결정권을 과잉제한하는 것인지 여부(소극)

1. 이 사건 심판대상조항과 행위 중 본안판단의 대상이 되는 것은 주민등록법시행령 제33조 제2항에 의한 별지 제30호서식 중 열 손가락의 회전지문과 평면지문을 날인하도록 한 부분(이하 '이 사건 시행령조항'이라 한다)과 경찰청장이 청구인들의 주민등록증발급신청서에 날인되어 있는 지문정보를 보관·전산화하고 이를 범죄수사목적에 이용하는 행위(이하 '경찰청장의 보관 등 행위'라 한다)의 각 위헌 여부인데, 결국 이 사건 심판청구는 개인정보의 하나인 지문정보의 수집·보관·전산화·이용이라는 일련의 과정에서 적용되고 행해진 규범 및 행위가 헌법에 위반되는지 여부를 그 대상으로 하는 것이다.

개인정보자기결정권은 자신에 관한 정보가 언제 누구에게 어느 범위까지 알려지고 또 이용되도록 할 것인지를 그 정보주체가 스스로 결정할 수 있는 권리, 즉 정보주체가 개인정보의 공개와 이용에 관하여 스스로 결정할 권리를 말하는바, 개인의 고유성, 동일성을 나타내는 지문은 그 정보주체를 타인으로부터 식별가능하게 하는 개인정보이므로, 시장·군수 또는 구청장이 개인의 지문정보를 수집하고, 경찰청장이 이를 보관·전산화하여 범죄수사목적에 이용하는 것은 모두 개인정보자기결정권을 제한하는 것이다.

2. (1) 주민등록법 제17조의8 제2항 본문은 주민등록증의 수록사항의 하나로 지문을 규정하고 있을 뿐 '오른손 엄지손가락 지문'이라고 특정한 바가 없으며, 이 사건 시행령조항에서는 주민등록법 제17조의8 제5항의 위임규정에 근거하여 주민등록증발급신청서의 서식을 정하면서 보다 정확한 신원확인이 가능하도록 하기 위하여 열 손가락의 지문을 날인하도록 하고 있는 것이므로, 이를 두고 법률에 근거가 없는 것으로서 법률유보의 원칙에 위배되는 것으로 볼 수는 없다.

(2) 공공기관의개인정보보호에관한법률 제10조 제2항 제6호는 컴퓨터에 의하여 이미 처리된 개인정보뿐만 아니라 컴퓨터에 의하여 처리되기 이전의 원 정보자료 자체도 경찰청장이 범죄수사목적을 위하여 다른 기관에서 제공받는

것을 허용하는 것으로 해석되어야 하고, 경찰청장은 같은 법 제5조에 의하여 소관업무를 수행하기 위하여 필요한 범위 안에서 이를 보유할 권한도 갖고 있으며, 여기에는 물론 지문정보를 보유하는 것도 포함된다.

따라서 경찰청장이 지문정보를 보관하는 행위는 공공기관의개인정보보호에관한법률 제5조, 제10조 제2항 제6호에 근거한 것으로 볼 수 있고, 그 밖에 주민등록법 제17조의8 제2항 본문, 제17조의10 제1항, 경찰법 제3조 및 경찰관직무집행법 제2조에도 근거하고 있다.

(3) 경찰청장이 보관하고 있는 지문정보를 전산화하고 이를 범죄수사목적에 이용하는 행위가 법률의 근거가 있는 것인지 여부에 관하여 보건대, 경찰청장은 개인정보화일의 보유를 허용하고 있는 공공기관의개인정보보호에관한법률 제5조에 의하여 자신이 업무수행상의 필요에 의하여 적법하게 보유하고 있는 지문정보를 전산화할 수 있고, 지문정보의 보관은 범죄수사 등의 경우에 신원확인을 위하여 이용하기 위한 것이므로, 경찰청장이 지문정보를 보관하는 행위의 법률적 근거로서 거론되는 법률조항들은 모두 경찰청장이 지문정보를 범죄수사목적에 이용하는 행위의 법률적 근거로서 원용될 수 있다.

(4) 따라서 이 사건 시행령조항 및 경찰청장의 보관 등 행위는 모두 그 법률의 근거가 있다.

3. (1) 이 사건 시행령조항 및 경찰청장의 보관 등 행위는 불가분의 일체를 이루어 지문정보의 수집·보관·전산화·이용이라는 넓은 의미의 지문날인제도를 구성하고 있다고 할 수 있으므로, 지문정보의 수집·보관·전산화·이용을 포괄하는 의미의 지문날인제도(이하 '이 사건 지문날인제도'라 한다)가 과잉금지의 원칙을 위반하여 개인정보자기결정권을 침해하는지 여부가 문제된다.

(2) 이 사건 지문날인제도가 범죄자 등 특정인만이 아닌 17세 이상 모든 국민의 열 손가락 지문정보를 수집하여 보관하도록 한 것은 신원확인기능의 효율적인 수행을 도모하고, 신원확인의 정확성 내지 완벽성을 제고하기 위한 것으로서, 그 목적의 정당성이 인정되고, 또한 이 사건 지문날인제도가 위와 같은 목적을 달성하기 위한 효과적이고 적절한 방법의 하나가 될 수 있다.

(3) 범죄자 등 특정인의 지문정보만 보관해서는 17세 이상 모든 국민의 지문정보를 보관하는 경우와 같은 수준의 신원확인기능을 도저히 수행할 수 없는 점, 개인별로 한 손가락만의 지문정보를 수집하는 경우 그 손가락 자체 또는 지문의 손상 등으로 인하여 신원확인이 불가능하게 되는 경우가 발생할 수 있고, 그 정확성 면에 있어서도 열 손가락 모두의 지문을 대조하는 것과 비교하기 어려운 점, 다른 여러 신원확인수단 중에서 정확성·간편성·효율성 등의 종합적인 측면에서 현재까지 지문정보와 비견할만한 것은 찾아보기 어려운 점 등을 고려해 볼 때, 이 사건 지문날인제도는 피해 최소성의 원칙에 어긋나지 않는다.

(4) 이 사건 지문날인제도로 인하여 정보주체가 현실적으로 입게 되는 불이익에 비하여 경찰청장이 보관·전산화하고 있는 지문정보를 범죄수사활동, 대형사건사고나 변사자가 발생한 경우의 신원확인, 타인의 인적사항 도용 방지 등 각종 신원확인의 목적을 위하여 이용함으로써 달성할 수 있게 되는 공익이 더 크다고 보아야 할 것이므로, 이 사건 지문날인제도는 법익의 균형성의 원칙에 위배되지 아니한다.

(5) 결국 이 사건 지문날인제도가 과잉금지의 원칙에 위배하여 청구인들의 개인정보자기결정권을 침해하였다고 볼 수 없다.

(재판관 3인의 위헌의견) 실정법적 근거가 없으므로 ㉠ 경찰청장의 지문정보의 수집·보관행위는 헌법상 법률유보원칙에 어긋나며, ㉡ 가사 법률적 근거를 갖추었다고 하더라도 다음과 같은 이유로 기본권의 과잉제한금지원칙에 위배된다는 위헌의견을 제시하고 있다. 그 이유로서 열 손가락의 지문 모두를 수집하여야 할 필요성이 있다고 보기는 어렵고, 열 손가락의 지문 일체를 보관·전산화하고 있다가 이를 그 범위, 대상, 기한 등 어떠한 제한도 없이 일반적인 범죄수사목적 등에 활용하는 것은 개인정보자기결정권에 대한 최소한의 침해라고 할 수 없고, 전국민을 대상으로 하는 지문정보는 위와 같은 구체적인 범죄수사를 위해서뿐 아니라 일반적인 범죄예방이나, 범죄정보수집 내지는 범죄예방을 빙자한 특정한 개인에 대한 행동의 감시에 남용될 수 있어 법익균형성도 상실될 우려가 있다는 논리를 제시하고 있다.

[요약판례 6] 국민기초생활보장법 제23조 위헌확인: 기각,각하(헌재 2005.11.24. 2005헌마112)

보장법상의 급여신청자에게 금융거래정보의 제출을 요구할 수 있도록 한 규정의 위헌여부(소극)

보장법상 수급자에 대한 정기조사 규정인 보장법 제23조는 보장법상의 급여를 받고 있는 수급자에게 적용되는 규정이므로 보장법상의 급여를 신청하고 있을 뿐인 경우에는 적용되지 않아 자기관련성이 없다

보장법시행규칙 제35조 제1항 제5호는 **급여신청자의 수급자격 및 급여액 결정을 객관적이고 공정하게 판정하려는 데 그 목적이 있는 것으로 그 정당성이 인정되고, 이를 위해서 금융거래정보를 파악하는 것은 적절한 수단이며 금융기관과의 금융거래정보로 제한된 범위에서 수집되고 조사를 통해 얻은 정보와 자료를 목적 외의 다른 용도로 사용하거나 다른 기관에 제공하는 것이 금지될 뿐만 아니라 이를 어긴 경우 형벌을 부과하고 있으므로 정보주체의 자기결정권을 제한하는 데 따른 피해를 최소화하고 있고 위 시행규칙조항으로 인한 정보주체의 불이익보다 추구하는 공익이 더 크므로 개인정보자기결정권을 침해하지 아니한다.**

보장법시행규칙 제35조 제1항 제5호는 급여대상자의 소득과 재산을 정확히 파악하여 급여가 정말 필요한 사람들에게 제대로 지급되도록 하기 위한 불가피한 조치이므로 그 차별의 합리성이 인정되므로 급여신청자의 평등권을 침해하지 않는다.

[요약판례 7] 개인정보수집 등 위헌확인: 기각(헌재 2005.7.21. 2003헌마282등)

서울특별시 교육감 등이 졸업생의 성명, 생년월일 및 졸업일자 정보를 교육정보시스템(NEIS)에 보유하는 행위의 법률유보원칙 위배 여부(소극) 및 위 행위가 그 정보주체의 개인정보자기결정권을 침해하는지 여부(소극)

개인정보자기결정권을 제한함에 있어서는 개인정보의 수집·보관·이용 등의 주체, 목적, 대상 및 범위 등을 법률에 구체적으로 규정함으로써 그 법률적 근거를 보다 명확히 하는 것이 바람직하나, 개인정보의 종류와 성격, 정보처리의 방식과 내용 등에 따라 수권법률의 명확성 요구의 정도는 달라진다 할 것인바, 피청구인 서울특별시 교육감과 교육인적자원부장관이 졸업생 관련 제 증명의 발급이라는 소관 민원업무를 효율적으로 수행함에 필요하다고 보아 개인의 인격에 밀접히 연관된 민감한 정보라고 보기 어려운 졸업생의 성명, 생년월일 및 졸업일자만을 교육정보시스템(NEIS)에 보유하는 행위에 대하여는 그 보유정보의 성격과 양(量), 정보보유 목적의 비침해성 등을 종합할 때 수권법률의 명확성이 특별히 강하게 요구된다고는 할 수 없으며, 따라서 "공공기관은 소관업무를 수행하기 위하여 필요한 범위 안에서 개인정보화일을 보유할 수 있다"고 규정하고 있는 공공기관의개인정보보호에관한법률 제5조와 같은 일반적 수권조항에 근거하여 피청구인들의 보유행위가 이루어졌다하더라도 법률유보원칙에 위배된다고 단정하기 어렵다.

개인정보의 종류 및 성격, 수집목적, 이용형태, 정보처리방식 등에 따라 개인정보자기결정권의 제한이 인격권 또는 사생활의 자유에 미치는 영향이나 침해의 정도는 달라지므로 개인정보자기결정권의 제한이 정당한지 여부를 판단함에 있어서는 위와 같은 요소들과 추구하는 공익의 중요성을 헤아려야 하는바, 피청구인들이 졸업증명서 발급업무에 관한 민원인의 편의 도모, 행정효율성의 제고를 위하여 개인의 존엄과 인격권에 심대한 영향을 미칠 수 있는 민감한 정보라고 보기 어려운 성명, 생년월일, 졸업일자 정보만을 NEIS에 보유하고 있는 것은 목적의 달성에 필요한 최소한의 정보만을 보유하는 것이라 할 수 있고, 공공기관의개인정보보호에관한법률에 규정된 개인정보 보호를 위한 법규정들의 적용을 받을 뿐만 아니라 피청구인들이 보유목적을 벗어나 개인정보를 무단 사용하였다는 점을 인정할 만한 자료가 없는 한 NEIS라는 자동화된 전산시스템으로 그 정보를 보유하고 있다는 점만으로 피청구인들의 적법한 보유행위 자체의 정당성마저 부인하기는 어렵다.

(재판관 권성의 반대의견) 피청구인들이 보유하는 정보는 우리나라와 같이 학력이 중시되는 사회에서는 그 정보주체의 인격상 추출에 대단히 중요한 역할을 할 수 있는 학력에 관한 정보이므로 자신의 동의 없이 타인에게 알리고 싶지 않은 민감한 정보가 될 수 있고, 이러한 정보를 NEIS와 같이 컴퓨터와 인터넷망을 이용하는 고도로 집중화된 정

보시스템에 보유하면서 그 근거를 정보수집·처리의 목적특정성이 현저히 결여된 공공기관의개인정보보호에관한법률 제5조의 일반조항에 둘 수 있는지 의문이다. 졸업증명서 발급이라는 민원업무 처리를 위하여 시·도 교육감, 나아가 교육인적자원부 차원에서 관련 개인정보들을 전산시스템에 집적하여 관리할 필요성이 무엇인지, 그로 인하여 추구되는 진정한 공익이 과연 존재하는지 의문을 품지 않을 수 없는바, 개인정보 보호법제도 완비되지 않은 상황에서 그 보유목적의 정당성과 보유수단의 적정성을 인정하기 어려운 가운데 결코 가벼이 취급할 수 없는 개인정보를 피청구인들이 NEIS에 보유하고 있는 행위는 그 정보주체의 개인정보자기결정권을 침해하는 것이다.

[요약판례 8] 정기간행물의등록등에관한법률 제16조 제3항, 제19조 제3항 등에 관한 헌법소원: 합헌(헌재 1991.9.16. 89헌마165)

정정보도청구권의 법적 성질 및 헌법상의 의의와 정기간행물의등록등에관한법률 제16조 제3항, 제19조 제3항의 위헌여부(소극)

정기간행물의등록등에관한법률상의 정정보도청구권은 정기간행물의 보도에 의하여 인격권등의 침해를 받은 피해자가 반론의 게재를 요구할 수 있는 권리, 즉 이른바 "반론권"을 뜻하는 것으로서 헌법상 보장된 인격권, 사생활의 비밀과 자유에 그 바탕을 둔 것이며 나아가 피해자에게 반박의 기회를 허용함으로써 언론보도의 공정성과 객관성을 향상시켜 제도로서의 언론보장을 더욱 충실하게 할 수도 있다는 뜻도 함께 지닌다.

현행 정정보도청구권제도는 언론의 자유와는 비록 서로 충돌되는 면이 없지 아니하나 전체적으로 상충되는 기본권 사이에 합리적 조화를 이루고 있으므로 정기간행물의등록등에관한법률 제16조 제3항, 제19조 제3항은 결코 평등의 원칙에 반하지 아니하고, 언론의 자유의 본질적 내용을 침해하거나 언론기관의 재판청구권을 부당히 침해하는 것으로 볼 수 없어 헌법에 위반되지 아니한다.

대판 1988.10.11. 85다카29

잡지에 개인에 대한 인신공격적 내용의 수기를 그대로 게재한 경우 발행인의 명예훼손으로 인한 손해배상책임의 유무

구 헌법(1980. 12. 27. 개정) 제20조, 제9조 후단의 규정등에 의하면 표현의 자유는 민주정치에 있어 최대한의 보장을 받아야 하지만 그에 못지 않게 개인의 명예나 사생활의 자유와 비밀 등 사적 법익도 보호되어야 할 것이므로, 인격권으로서의 개인의 명예의 보호와 표현의 자유의 보장이라는 두 법익이 충돌하였을 때 그 조정을 어떻게 할 것인지는 구체적인 경우에 사회적인 여러 가지 이익을 비교하여 표현의 자유로 얻어지는 이익, 가치와 인격권의 보호에 의하여 달성되는 가치를 형량하여 그 규제의 폭과 방법을 정하여야 한다.

형사상이나 민사상으로 타인의 명예를 훼손하는 행위를 한 경우에도 그것이 공공의 이해에 관한 사항으로서 그 목적이 오로지 공공의 이익을 위한 것일 때에는 진실한 사실이라는 증명이 있으면 위 행위에 위법성이 없으며 또한 그 증명이 없더라도 행위자가 그것을 진실이라고 믿을 상당한 이유가 있는 경우에는 위법성이 없다.

일정한 입장에 있는 인물에 관한 행위가 공적 비판의 대상이 된다고 하더라도 신문에 비하여 신속성의 요청이 덜한 잡지에 인신공격의 표현으로 비난하는 내용의 기사를 게재함에 있어서는 기사내용의 진실여부에 대하여 미리 충분한 조사활동을 거쳐야 할 것인바, 잡지발행인이 수기를 잡지에 게재함에 있어 그 내용의 진실성에 대하여는 전혀 검토하지 아니한 채 원문의 뜻이 왜곡되지 않는 범위내에서 문장의 일부만을 수정하여 피해자가 변호사로서의 본분을 망각한 악덕변호사인 것처럼 비방하는 내용의 글을 그대로 잡지에 게재하였다면 잡지발행인으로서는 위 수기의 내용이 진실한 것으로 믿는데 상당한 이유가 있었다고 할 수 없고, 잡지에 이 수기를 게재하여 반포하였다면 위 피해자의 사회적 평가가 저하되었다 할 것이므로 위 잡지발행인은 위 피해자에 대한 명예훼손의 책임을 면할 수 없다.

[요약판례 9] 불기소처분취소: 기각(헌재 1999.6.24. 97헌마265)

김일성의 죽음을 "애도"한다는 표현을 사용한 바가 없음에도 "김일성애도편지"라는 제목을 계속 사용하여 편지관련 수사상황을 수차례 보도한 경우에 신문기자 등에 대한 명예훼손죄 무혐의 불기소처분의 당부(소극)

신문보도의 명예훼손적 표현의 피해자가 공적 인물인지 아니면 사인인지, 그 표현이 공적인 관심 사안에 관한 것인지 순수한 사적인 영역에 속하는 사안인지의 여부에 따라 헌법적 심사기준에는 차이가 있어야 한다. 객관적으로 국민이 알아야 할 공공성·사회성을 갖춘 사실은 민주제의 토대인 여론형성이나 공개토론에 기여하므로 형사제재로 인하여 이러한 사안의 게재를 주저하게 만들어서는 안 된다. 신속한 보도를 생명으로 하는 신문의 속성상 허위를 진실한 것으로 믿고서 한 명예훼손적 표현에 정당성을 인정할 수 있거나, 중요한 내용이 아닌 사소한 부분에 대한 허위보도는 모두 형사제재의 위협으로부터 자유로워야 한다. 시간과 싸우는 신문보도에 오류를 수반하는 표현은, 사상과 의견에 대한 아무런 제한없는 자유로운 표현을 보장하는 데 따른 불가피한 결과이고 이러한 표현도 자유토론과 진실확인에 필요한 것이므로 함께 보호되어야 하기 때문이다. 그러나 허위라는 것을 알거나 진실이라고 믿을 수 있는 정당한 이유가 없는데도 진위를 알아보지 않고 게재한 허위보도에 대하여는 면책을 주장할 수 없다.

첫째, 명예훼손적 표현이 진실한 사실이라는 입증이 없어도 행위자가 진실한 것으로 오인하고 행위를 한 경우, 그 오인에 정당한 이유가 있는 때에는 명예훼손죄는 성립되지 않는 것으로 해석하여야 한다. 둘째, 형법 제310조 소정의 "오로지 공공의 이익에 관한 때에"라는 요건은 언론의 자유를 보장한다는 관점에서 그 적용범위를 넓혀야 한다. 셋째, 형법 제309조 소정의 "비방할 목적"은 그 폭을 좁히는 제한된 해석이 필요하다. 법관은 엄격한 증거로써 입증이 되는 경우에 한하여 행위자의 비방 목적을 인정하여야 한다.

"조선민주주의 인민공화국 김정일 인민군 총사령관 귀하. 안녕하셨습니까. 김일성 주석께서 서거 이후 애통한 마음으로 나날을 보내셨을 총사령관께 삼가 위로와 격려 말씀 드립니다"로 시작되는 이 사건 편지의 인사말에는 김일성의 죽음을 적시하고 그로 인한 김정일의 슬픔에 대해 위로와 격려를 표시하는 이른바 "조문"의 뜻이 담겨 있고, 이는 "애도"의 뜻을 나타낸 것으로 못볼 바 아니다. 위 인사말이 문제된 사건경위에 비추어 보면, 이 사건 편지는 애도가 주된 목적이 아니라고 하더라도 그 당시 공적 토론의 쟁점이었던 애도의 뜻이 담긴 인사말 부분이 있었기 때문에 신문사가 사건의 성격을 "김일성 사망 애도 편지"라고 평가·규정한 것이 비합리적이었다고 보기 어렵다.

대판 1996.8.20. 94다29928

수사기관의 피의사실 공표로 인하여 피의자의 명예가 훼손된 사안에서, 피의사실이 진실이라고 믿은 데에 상당한 이유가 없다는 이유로, 보도자료의 작성·배포에 관여한 경찰서장과 수사경찰관 및 국가의 연대배상책임을 인정한 사례

피의사실 공표로 인한 명예훼손의 경우, 공표한 피의사실의 진실성에 관한 오신에 상당성이 있는지 여부는 발표 당시의 시점에서 판단되어야 하지만 발표 당시의 시점에서 판단한다고 하더라도 그 전후의 수사과정과 밝혀진 사실들을 참고하여야 발표시점에서의 상당성 여부를 가릴 수 있는 것이므로, 발표 후에 수집된 증거자료도 상당성 인정의 증거로 사용할 수 있다.

[요약판례 10] 청소년성보호에관한법률 제20조 제2항 제1호 등 위헌제청: 합헌,각하(헌재 2003.6.26. 2002헌가14)

청소년 성매수자에 대한 신상공개를 규정한 청소년보호에관한법률 제20조 제2항 제1호의 위헌여부(소극)

(재판관 4인의 합헌의견)

(1) 이중처벌금지의 원칙 위배여부

헌법 제13조 제1항에서 말하는 '처벌'은 원칙적으로 범죄에 대한 국가의 형벌권 실행으로서의 과벌을 의미하는 것이고, 국가가 행하는 일체의 제재나 불이익처분을 모두 그 '처벌'에 포함시킬 수는 없다.

법 제20조 제1항은 "청소년의 성을 사는 행위 등의 범죄방지를 위한 계도"가 신상공개제도의 주된 목적임을 명시하고 있는바, 이 제도가 당사자에게 일종의 수치심과 불명예를 줄 수 있다고 하여도, 이는 어디까지나 신상공개제도가 추구하는 입법목적에 부수적인 것이지 주된 것은 아니다. 또한, 공개되는 신상과 범죄사실은 이미 공개재판에서 확정된 유죄판결의 일부로서, 개인의 신상 내지 사생활에 관한 새로운 내용이 아니고, 공익목적을 위하여 이를 공개하는 과정에서 부수적으로 수치심 등이 발생된다고 하여 이것을 기존의 형벌 외에 또 다른 형벌로서 수치형이나 명예형에 해당한다고 볼 수는 없다. 그렇다면, 신상공개제도는 헌법 제13조의 이중처벌금지 원칙에 위배되지 않는다.

(2) 과잉금지의 원칙 위배여부

신상공개제도는 범죄자 본인을 처벌하려는 것이 아니라, 현존하는 성폭력위험으로부터 사회 공동체를 지키려는 인식을 제고함과 동시에 일반인들이 청소년 성매수 등 범죄의 충동으로부터 자신을 제어하도록 하기 위하여 도입된 것으로서, 이를 통하여 달성하고자 하는 '청소년의 성보호'라는 목적은 우리 사회에 있어서 가장 중요한 공익의 하나라고 할 것이다.

이에 비하여 청소년 성매수자의 일반적 인격권과 사생활의 비밀의 자유가 제한되는 정도를 살펴보면, 법 제20조 제2항은 "성명, 연령, 직업 등의 신상과 범죄사실의 요지"를 공개하도록 규정하고 있는바, 이는 이미 공개된 형사재판에서 유죄가 확정된 형사판결이라는 공적 기록의 내용 중 일부를 국가가 공익 목적으로 공개하는 것으로 공개된 형사재판에서 밝혀진 범죄인들의 신상과 전과를 일반인이 알게 된다고 하여 그들의 인격권 내지 사생활의 비밀을 침해하는 것이라고 단정하기는 어렵다.

신상과 범죄사실이 공개되는 범죄인들은 이미 국가의 형벌권 행사로 인하여 해당 기본권의 제한 여지를 일반인보다는 더 넓게 받고 있다. 청소년 성매수 범죄자들이 자신의 신상과 범죄사실이 공개됨으로써 수치심을 느끼고 명예가 훼손된다고 하더라도 그 보장 정도에 있어서 일반인과는 차이를 둘 수밖에 없어, 그들의 인격권과 사생활의 비밀의 자유도 그것이 본질적인 부분이 아닌 한 넓게 제한될 여지가 있다.

그렇다면 청소년 성매수자의 일반적 인격권과 사생활의 비밀의 자유가 제한되는 정도가 청소년 성보호라는 공익적 요청에 비해 크다고 할 수 없으므로 결국 법 제20조 제2항 제1호의 신상공개는 해당 범죄인들의 일반적 인격권, 사생활의 비밀의 자유를 과잉금지의 원칙에 위배하여 침해한 것이라 할 수 없다.

(3) 평등원칙의 위배여부

신상공개가 되는 청소년 대상 성범죄를 규정한 법률조항의 의미와 목적은 성인이 대가관계를 이용하여 청소년의 성을 매수하는 등의 행위로 인하여 야기되는 피해로부터 청소년을 보호하려는데 있는 것이고, 이에 비추어 볼 때 청소년 대상 성범죄와 그 밖의 일반 범죄는 서로 비교집단을 이루는 '본질적으로 동일한 것'이라고 단언하기는 어려우며, 나아가 그러한 구분기준이 특별히 자의적이라고 볼 만한 사정이 없다.

또한 청소년 대상 성범죄자 가운데 공개대상에서 제외되는 경우는 그 행위의 대상이나 형태에 있어서 청소년 성매수 행위의 공범적 성격의 것들로서 행위불법성의 차이 등을 고려한 것으로 보이므로, 청소년 대상 성범죄자 중 일부 범죄자의 신상이 공개되지 않는다 하더라도 그러한 차별입법이 자의적인 것이라거나 합리성이 없는 것이라고 단정하기 어렵다.

신상공개제도로 인하여 기본권 제한상의 차별을 초래하나, 그 입법목적과 이를 달성하려는 수단간에 비례성을 벗어난 차별이라고 보기 어렵고, 달리 평등권을 침해한 것이라고 볼 수 없다.

(4) 법관에 의한 재판을 받을 권리의 침해여부

제청법원은 신상공개제도가 청소년보호위원회에 의하여 이루어진다는 점에서 법관에 의한 재판을 받을 권리를 침해한 것이라고 하나, 앞서 보았듯이 신상공개제도는 '처벌'에 해당한다고 할 수 없으므로 이 제도가 법관에 의한 재판을 받을 권리를 침해한 것이라 할 수 없다.

(5) 적법절차 위배여부

법 제20조 제3항은 청소년보호위원회가 신상 등의 공개를 결정함에는 범행동기, 범행 후의 정황 등을 고려하도록 하고 있고, 제5항은 구체적인 절차 등에 관하여 필요한 사항을 대통령령으로 정하도록 하고 있으며, 하위 법규에서는 이러한 법의 취지에 따라 신상공개 대상자로 선정된 자에 대하여 10일 이상의 기간을 정하여 서면에 의한 의견진술 기회를 주도록 하고, 지정된 기일까지 의견진술을 하지 않은 자에 대하여는 의견이 없는 것으로 간주하며, 의견진술을 한 자에 대하여는 재심의를 하여 신상공개 여부를 결정한다고 규정하고 있다.

한편 청소년보호위원회는 최소한의 독립성과 중립성을 갖춘 기관이고(청소년보호법 제29조, 제32조 등 참조), 신상공개결정에 대해서는 행정소송을 통해 그 적법 여부를 다툴 기회가 보장되고 있으며, 이미 법관에 의한 재판을 거쳐 형이 확정된 이후에 신상공개가 결정된다.

그렇다면 법 제20조 제2항 제1호의 신상공개제도는 법률이 정한 형식적 절차에 따라 이루어지며 그 절차의 내용도 합리성과 정당성을 갖춘 것이라고 볼 것이므로 절차적 적법절차원칙에 위반되는 것이라 할 수 없다.

(재판관 5인의 위헌의견)

(1) 인격권의 침해

(가) 사회활동을 통한 개인의 자유로운 인격발현을 위해서는, 타인의 눈에 비치는 자신의 모습을 형성하는 데 있어 결정적인 인자가 될 수 있는 각종 정보자료에 관하여 스스로 결정할 수 있는 권리, 다시 말하여 사회적 인격상에 관한 자기결정권이 보장되어야 한다. 그런데 이 사건 신상공개제도는 이러한 사회적 인격상에 관한 자기결정권을 현저하게 제한함으로써 범죄인의 인격권에 중대한 훼손을 초래한다.

(나) 신상공개제도는 소위 '현대판 주홍글씨'에 비견할 정도로 수치형과 매우 흡사한 특성을 지닌다. 즉, 현행 신상공개제도는 대상자를 독자적 인격의 주체로서 존중하기보다는 대중에 대한 전시(展示)에 이용함으로써 단순히 범죄퇴치수단으로 취급하는 인상이 짙다. 그러나 이는 비록 범죄인일망정 그가 지니는 인간으로서의 기본적인 존엄과 가치를 보장하는 것이 국가적 의무임을 천명한 우리 헌법의 이념에 정면으로 배치되는 것이라 아니할 수 없다.

(다) 청소년 성매매의 폐습을 치유함에 있어서는, 형벌이나 신상공개와 같은 처벌 일변도가 아니라, 성범죄자의 치료나 효율적 감시, 청소년에 대한 선도, 기타 청소년 유해환경을 개선하기 위한 정책 추진과 같은 다양한 수단들을 종합적으로 활용하는 것이 얼마든지 가능하고, 오히려 전체 청소년 성매수 사건 중 적발되는 사건의 비율이 극히 미미한 현실에 비추어 볼 때 이와 같은 근본적인 예방책에 치중하는 것이 더 바람직한 것으로 보인다. 그러함에도 국가가 이러한 노력을 다하기도 전에 개인의 인격권에 중대한 침해를 가져올 수 있는 신상공개라는 비정상적인 방법을 동원하는 것은 최소침해성의 관점에서도 문제가 있다.

(라) 무릇 형벌은 개인의 자유와 안전에 대한 중대한 침해를 가져오는 탓에 국가적 제재의 최후수단(ultima ratio)으로 평가된다. 그런데 이미 그러한 형벌까지 부과된 마당에, 형벌과 다른 목적이나 기능을 가지는 것도 아니면서, 형벌보다 더 가혹할 수도 있는 신상공개를 하도록 한 것은 국가공권력의 지나친 남용이다. 더구나, 신상공개로 인해 공개대상자의 기본적 권리가 심대하게 훼손되는 데에 비해 그 범죄억지의 효과가 너무도 미미하거나 불확실한바, 이러한 점에서도 법익의 균형성을 현저히 잃고 있다고 판단된다.

(마) 결국 청소년 성매수자에 대한 신상공개는 대상자의 인격권을 과도하게 침해하고 있다고 할 것이다.

(2) 평등원칙 위반

법 제20조 제2항 제1호는 범죄방지를 이유로 청소년 성매수자의 사회적 인격상에 관한 자기결정권을 제한한다. 그런데 일반 범죄자 및 일부 청소년 대상 성범죄자(이하 '일반범죄자등'이라 한다)에 대해서는 신상공개를 통한 위와 같은 제한을 허용하고 있지 않다. 그러나 범죄방지의 필요성은 일반범죄자등의 경우에도 마찬가지로 인정된다. 그러므로 양자를 차별하는 것이 과연 정당화될 수 있는지는 헌법상 해명의 필요가 있는 바, 청소년 성매수자가 신상공개되는 것은 일반범죄자등보다 죄질이나 법정형이 더 무겁거나 재범의 위험성이 보다 더 높아서가 아니다. 그리고 청소년에게 성매수행위의 상대방이 되도록 유인·권유한 자(법 제6조 제4항) 등은 모두 청소년 성매매를 유발·조장하는 범죄자들로서, 청소년 성매수자보다 더 무거운 법정형이 예정되어 있는 데도, 신상공개는 되지 않는 점에서 '청소년의 성 보호'라는 보호법익의 특수성이 신상공개 여부를 나누는 결정적인 기준이 되고 있다고 할 수도 없다.

결국 일반범죄자등과 청소년 성매수자를 차별할 만한 다른 합리적 이유는 찾기 어렵고, 다만 성인 남성들에게 청소년 성매수행위를 하지 말라는 강력한 경고의 메시지를 전하려는 입법의도만 유일한 차별근거가 아닌가 생각된다.

그러나 이러한 입법의도가 청소년 성매수자에 대한 신상공개를 정당화할 만큼의 성질이나 비중을 가지고 있지 않음은 이미 앞에서 인격권의 침해 여부를 논하면서 살펴본 바와 같다.

따라서 일반범죄자등과는 달리 청소년 성매수자만 차별하여 신상공개를 하는 것은 그 차별의 이유와 차별의 내용 사이의 적절한 균형관계를 인정할 수 없으므로 평등원칙에 위배된다고 할 것이다.

[요약판례 11] 공직자등의병역사항신고및공개에관한법률 제3조 등 위헌확인: 헌법불합치(헌재 2007.5.31. 2005헌마1139)

공적 관심의 정도가 약한 4급 이상의 공무원들까지 대상으로 삼아 모든 질병명을 아무런 예외 없이 공개하도록 한 것이 해당 공무원들의 기본권인 사생활의 비밀과 자유를 침해하는지 여부(적극)

이 사건 법률조항은 사생활 보호의 헌법적 요청을 거의 고려하지 않은 채 인격 또는 사생활의 핵심에 관련되는 질병명과 그렇지 않은 것을 가리지 않고 무차별적으로 공개토록 하고 있으며, 일정한 질병에 대한 비공개요구권도 인정하고 있지 않다. 그리하여 그 공개 시 인격이나 사생활의 심각한 침해를 초래할 수 있는 질병이나 심신장애내용까지도 예외 없이 공개함으로써 신고의무자인 공무원의 사생활의 비밀을 심각하게 침해하고 있다. 우리 현실에 비추어 질병명 공개와 같은 처방을 통한 병역풍토의 쇄신이 필요하다 하더라도 특별한 책임과 희생을 추궁할 수 있는 소수 사회지도층에 국한하여야 할 것이다. **이 사건 법률조항이 공적 관심의 정도가 약한 4급 이상의 공무원들까지 대상으로 삼아 모든 질병명을 아무런 예외 없이 공개토록 한 것은 입법목적 실현에 치중한 나머지 사생활 보호의 헌법적 요청을 현저히 무시한 것이고, 이로 인하여 청구인들을 비롯한 해당 공무원들의 헌법 제17조가 보장하는 기본권인 사생활의 비밀과 자유를 침해하는 것이다.** 우리 현실에서 병역공개제도의 필요성이 인정되고, 이를 위해 질병명에 대한 신고와 적정한 방법에 의한 공개가 반드시 불필요하다고 단정할 수 없는 이상 이 사건 법률조항에 대하여 단순위헌결정을 함으로써 4급 이상 공무원 모두에 대하여 어떤 질병명도 당장 공개할 수 없는 결과를 초래하는 것은 적절하지 않다. 따라서 입법자가 사생활 제한을 완화하는 조치를 취할 수 있도록 헌법불합치결정을 선고하되, 입법자의 개선입법이 있을 때까지 계속적용을 명한다.

[요약판례 12] 특정 범죄자에 대한 위치추적 전자장치 부착 등에 관한 법률 제5조 등 위헌소원: 합헌(헌재 2012.12.27. 2011헌바89)

이 사건 전자장치부착조항은 성폭력범죄로부터 국민을 보호하고 성폭력범죄자의 재범을 방지하고자 하는 입법목적의 정당성 및 수단의 적절성이 인정되며, 전자장치부착으로 인해 제한되는 피부착자의 자유는 자신의 위치가 24시간 국가에 노출됨으로 인하여 행동의 자유가 심리적으로 위축된다는 것일 뿐 행동 자체가 금지되거나 물리적으로 제한되는 것은 아닌 점, 구 '특정 범죄자에 대한 위치추적 전자장치 부착 등에 관한 법률'(이하 '전자장치부착법'이라 한다)은 전자장치의 부착 후 3개월마다 가해제 여부를 결정하도록 하여 피부착자의 개선 및 교화의 정도에 따라 불필요한 전자장치의 부착이 없도록 하는 등 전자장치부착에 따른 인권 침해를 최소화하기 위한 조치들을 마련하고 있는 점, 성폭력범죄는 대부분 습벽에 의한 것이고 그 습벽은 단기간에 교정되지 않고 장기간 계속될 가능성이 크다는 점에서 일반적으로는 부착기간의 상한을 높게 확보해 둘 필요가 있는 점, 날로 증가하는 성폭력범죄와 그 피해의 심각성을 고려할 때 범죄예방 효과의 측면에서 위치추적을 통한 전자감시제도보다 덜 기본권 제한적인 수단을 쉽게 마련하기 어려운 점 등을 종합적으로 고려하면, 이 사건 전자장치부착조항에 의한 전자감시제도가 침해의 최소성 원칙에 반한다고 할 수 없다. 또한 이 사건 전자장치부착조항이 보호하고자 하는 이익에 비해 재범의 위험성이 있는 성폭력범죄자가 입는 불이익이 결코 크다고 할 수 없어 법익의 균형성원칙에 반하지 아니하므로, 이 사건 전자장치부착조항이 과잉금지원칙에 위배하여 피부착자의 사생활의 비밀과 자유, 개인정보자기결정권, 인격권을 침해한다고 볼 수 없다.

[요약판례 13] 공직자윤리법 제3조 제1항 제13호 등 위헌확인: 기각(헌재 2010.10.28. 2009헌마544)

국가경찰공무원 중 경사 계급까지 재산등록의무자로 규정한 공직자윤리법 시행령이 헌법상 보장된 기본권인 사생활의 비밀과 자유 및 평등권을 침해하는지 여부(소극)

이 사건 시행령 조항은 경찰공무원에게 재산등록 의무를 부과함으로써 경찰공무원의 청렴성을 확보하고자 하는 것이므로 그 목적의 정당성과 수단의 적정성이 인정되고, 경사 계급에 관한 재산사항은 등록대상일 뿐 공개대상이 아닌 점, 등록되는 재산사항의 범위가 한정적인 점, 직계존비속이 재산사항의 고지를 거부할 수 있는 점 및 등록된 재산사항의 유출 방지를 위한 여러 형벌적 조치가 존재하는 점 등을 종합하여 보면 이 사건 시행령 조항은 청구인의 사생활의 비밀과 자유의 제한을 최소화하도록 규정하고 있다. 또한 이 사건 시행령에 의해 제한되는 사생활 영역은 재산관계에 한정되고 그 사항을 아는 자도 극히 일부이므로 청구인의 재산사항에 관한 사생활 제한이라는 불이익은 그리 크지 않은 반면, 이 사건 시행령 조항이 달성하려는 공익은 경찰공무원의 비리유혹을 억제하고 공무집행의 투명성을 확보하여 궁극적으로 국민의 봉사자로서 경찰공무원의 책임성을 확보하고자 하는 것이므로 이 사건 시행령 조항이 기본권 제한의 법익 균형성을 상실하였다고 볼 수 없어, 청구인의 사생활의 비밀과 자유를 침해한다고 할 수 없다.

경찰공무원은 그 직무 범위와 권한이 포괄적인 점, 특히 경사 계급은 현장수사의 핵심인력으로서 직무수행과 관련하여 많은 대민접촉이 이루어지므로 민사 분쟁에 개입하거나 금품을 수수하는 등의 비리 개연성이 높다는 점 등을 종합하여 보면, 대민접촉이 거의 전무한 교육공무원이나 군인 등과 달리 경찰업무의 특수성을 고려하여 경사 계급까지 등록의무를 부과한 것은 합리적인 이유가 있는 것이므로 이 사건 시행령 조항이 청구인의 평등권을 침해한다고 볼 수 없다.

[요약판례 14] 민사소송법 제290조 등 위헌소원: 합헌(헌재 2010.9.30. 2008헌바132)

법원의 제출명령에 의하여 금융거래정보를 제공할 수 있도록 한 '금융실명거래 및 비밀보장에 관한 법률' 제4조 제1항 단서 중 제1호의 '법원의 제출명령' 부분이 개인정보자기결정권을 침해하는지 여부(소극)

이 사건 금융실명법 조항은 객관적인 증거에 의해 확인되는 실체적 진실에 따라 법적 분쟁을 공정하게 해결하기 위한 것으로서 그 입법목적의 정당성이 인정되고, 수단의 적합성이 인정된다. 또한 위 조항은 제공되는 거래정보 등의 범위를 '사용목적에 필요한 최소한의 범위'로 한정하여 표준양식에 의하여 금융기관의 특정점포에 이를 요구하도록 하면서, 관련 규정을 위반하면 형사처벌을 받도록 규정하고 있다. 한편 당사자는 법원의 제출명령에 즉시항고 할 수 있으며, '사용목적에 필요한 최소한의 범위'에 관한 판단을 사법기관인 법원에 맡기는 것은 불가피하다고 볼 수 있는 반면, 그 외 '법적 분쟁의 공정한 해결'이라는 입법목적을 효과적으로 달성할 수 있는 다른 대체수단도 없으므로 피해의 최소성 원칙에도 위반되지 아니한다. 나아가, 금융실명법 조항으로 인하여 개인정보의 주체가 입게 되는 불이익이 '법적 분쟁의 공정한 해결'이라는 공익에 비하여 결코 크다고 볼 수도 없다. 따라서 이 사건 금융실명법 조항은 개인정보자기결정권을 침해하지 아니한다.

[요약판례 15] 민사집행법 제70조 등 위헌확인: 기각(헌재 2010.5.27. 2008헌마663)

누구든지 채무불이행자명부나 그 부본을 보거나 복사할 것을 신청할 수 있도록 규정한 민사집행법 제72조 제4항이 과잉금지의 원칙에 반하여 채무불이행자명부에 등재된 자들의 개인정보자기결정권을 침해하는지 여부(소극)

채무이행의 간접강제 및 거래의 안전 도모라는 이 사건 법률조항의 입법목적은 정당하고, 채무불이행자명부를 누구나 열람·복사할 수 있도록 함으로써 불성실한 채무자로 하여금 이 명부에 등재됨으로 인하여 받게 될 명예, 신용의 훼손 등의 불이익을 피하기 위하여 채무의 자진이행 또는 명시명령의 충실한 이행에 노력하도록 하는 등 간접강제의 효과를 기대할 수 있으며, 채무불이행자명부의 열람은 거래 상대방에 대한 신용조사의 한 수단이 되므로 거래의 안전에도 기여한다고 할 것인바, 방법의 적절성도 인정된다.

이 사건 법률조항이 채무불이행자명부의 열람·복사 주체에 제한을 두지 않은 것은 채무자에게 심리적 부담을 주어 채무이행을 간접강제하는 데 실효성을 확보하기 위함이다. 채무불이행자명부를 열람·복사할 수 있는 자를 채무자와 경제적으로 관련이 있음을 소명한 자로 제한하더라도, 채무불이행자명부를 열람하고자 하는 자는 대부분 이미 채무자와 계약을 체결하는 등 거래관계를 형성한 자가 아니라 사전에 채무자의 신용상태를 조사하여 거래관계를 맺을 것인지 여부를 결정하고자 하는 자들일 것이므로 위와 같은 소명은 그 잠재적 거래의사의 확인에 불과하게 되어 결국 열람·복사의 주체에 아무런 제한을 두고 있지 아니한 이 사건 법률조항과 실질적인 차이가 없게 될 것이다. 또한 이 사건 법률조항은 채무불이행자명부를 적극적으로 일반에 공개하는 것이 아니라 채무불이행자명부의 열람·복사를 원하는 자에게 열람·복사를 가능하게 한 것뿐이고, 실제로 이 명부를 열람·복사하기 위해서는 채무자의 성명, 주민등록번호 등 열람·복사 대상인 채무불이행자명부를 특정하기 위한 정보를 알아야 하며, 실무상 열람·복사 신청시 신청인의 자격을 기재하게 하고 있으므로, 채무자와 무관한 자에 의해 채무불이행자명부가 열람·복사됨으로 인해 채무자의 개인정보자기결정권이 침해될 위험은 크지 않다고 하겠다.

한편, 명부의 열람은 채무불이행자명부제도의 본질상 반드시 필요하고, 복사는 열람에 수반되는 것에 불과할 뿐 이미 열람된 정보를 복사한다고 하여 이로 인해 채무자의 개인정보자기결정권이 새로이 침해된다고 할 수 없으며, 민사집행법 제72조 제5항에서 '채무불이행자명부는 인쇄물 등으로 공표되어서는 아니된다'는 규정을 두고 있고, 필요한 경우 형법상 명예훼손죄, 신용훼손죄, 업무방해죄 등으로 처벌할 수 있으므로 복사된 명부의 남용위험은 크지 않다고 하겠다. 따라서 이 사건 법률조항은 입법목적을 달성하기 위해 필요한 정도를 넘었다고 할 수 없으므로 최소침해성의 원칙에 반하지 않는다.

채무불이행자명부에 등재되는 경우는 채무이행과 관련하여 채무자의 불성실함이 인정되어 그 명예와 신용에 타격을 가할 필요성이 인정되는 경우라고 할 것이므로, 채무불이행자명부에 등재되는 채무자의 개인정보를 보호할 사익보다는 이 사건 법률조항이 추구하는 채무이행의 간접강제 및 거래의 안전도모라는 공익이 더 크다고 할 것이어서 이 사건 법률조항은 법익균형성의 원칙에도 반하지 아니한다.

제3항 통신의 자유

대판 1997.3.28. 95도2674

일반인의 출입이 허용된 음식점이라 하더라도, 영업주의 명시적 또는 추정적 의사에 반하여 들어간 것이라면 주거침입죄가 성립되는바, 기관장들의 조찬모임에서의 대화내용을 도청하기 위한 도청장치를 설치할 목적으로 손님을 가장하여 그 조찬모임 장소인 음식점에 들어간 경우에는 영업주가 그 출입을 허용하지 않았을 것으로 보는 것이 경험칙에 부합하므로, 그와 같은 행위는 주거침입죄가 성립한다.

타인의 주거에 침입한 행위가 비록 불법선거운동을 적발하려는 목적으로 이루어진 것이라고 하더라도, 타인의 주거에 도청장치를 설치하는 행위는 그 수단과 방법의 상당성을 결하는 것으로서 정당행위에 해당하지 않는다.

대판 2011.3.17. 2006도8839

통신비밀보호법이 통신비밀의 공개·누설행위를 불법 감청·녹음 등의 행위와 똑같이 처벌대상으로 하고 법정형도 동일하게 규정하고 있는 것은, 통신비밀의 침해로 수집된 정보의 내용에 관계없이 정보 자체의 사용을 금지함으로써 당초 존재하지 아니하였어야 할 불법의 결과를 용인하지 않겠다는 취지이고, 이는 불법의 결과를 이용하여 이익을 얻는 것을 금지함과 아울러 그러한 행위의 유인마저 없애겠다는 정책적 고려에 기인한 것이다.

[요약판례 1] 서신검열 등 위헌확인: 인용(위헌확인),한정위헌,기각,각하(헌재 1995.7.21. 92헌마144)

미결수용자와 변호인과 변호인이 아닌 자 사이의 서신을 검열한 행위가 헌법에 위반되는지 여부

질서유지 또는 공공복리를 위하여 구속제도가 헌법 및 법률상 이미 용인되어 있는 이상, 미결수용자는 구속제도 자체가 가지고 있는 일면의 작용인 사회적 격리의 점에 있어 외부와의 자유로운 교통과는 상반되는 성질을 가지고 있으므로, 증거인멸이나 도망을 예방하고 교도소 내의 질서를 유지하여 미결구금제도를 실효성 있게 운영하고 일반사회의 불안을 방지하기 위하여 미결수용자의 서신에 대한 검열은 그 필요성이 인정된다고 할 것이고, 이로 인하여 **미결수용자의 통신의 비밀이 일부 제한되는 것은 질서유지 또는 공공복리라는 정당한 목적을 위하여 불가피할 뿐만 아니라 유효적절한 방법에 의한 최소한의 제한으로서 헌법에 위반된다고 할 수 없다.**

헌법 제12조 제4항 본문은 신체구속을 당한 사람에 대하여 변호인의 조력을 받을 권리를 규정하고 있는바, 이를 위하여서는 신체구속을 당한 사람에게 변호인과 사이의 충분한 접견교통을 허용함은 물론 교통내용에 대하여 비밀이 보장되고 부당한 간섭이 없어야 하는 것이며, 이러한 취지는 접견의 경우뿐만 아니라 변호인과 미결수용자 사이의 서신에도 적용되어 그 비밀이 보장되어야 할 것이다.

다만 **미결수용자와 변호인 사이의 서신으로서 그 비밀을 보장받기 위하여는,**

첫째, 교도소측에서 상대방이 변호인이라는 사실을 확인할 수 있어야 하고, 둘째, 서신을 통하여 마약 등 소지금지품의 반입을 도모한다든가 그 내용에 도주·증거인멸·수용시설의 규율과 질서의 파괴·기타 형벌법령에 저촉되는 내용이 기재되어 있다고 의심할 만한 합리적인 이유가 있는 경우가 아니어야 한다.

구 행형법 제62조는 형이 확정된 수형자에 대하여 서신검열을 규정한 같은 법 제18조 제3항 및 시행령 제62조를 미결수용자에 대하여도 준용하도록 규정하고 있고, 피청구인의 위 검열행위도 위 규정에 따른 것이므로, 위 검열행위가 위헌임을 확인함에 있어서, 구 행형법 제62조의 규정 중 앞서 본 변호인과의 서신검열이 허용되는 조건을 갖추지 아니한 경우에도 검열을 할 수 있도록 준용하는 부분에 대하여는 헌법재판소법 제75조 제5항에 따라 위헌을 선언한다.

[요약판례 2] 통신비밀보호법 제2조 제7호 등 위헌소원: 합헌(헌재 2002.11.25. 2002헌바85)

구 통신비밀보호법 제3조 본문, 제16조 제1호의 각 '전기통신의 감청'에 관한 부분 중 "전기통신에 대하여 당사자의 동의없이 전자장치·기계장치등을 사용하여 통신의 음향을 청취하여 그 내용을 지득"하는 부분이 명확성원칙에 반하는지 여부(소극)

구 통신비밀보호법은 감청의 정의규정을 통해 감청의 대상, 속성, 수단, 내용 등을 명시함으로써 감청개념의 명확화와 구체화를 도모하고 있으며, 감청의 정의에 사용된 표현도 일반인이 일상적으로 사용하거나 다른 법령들에서도 자주 사용되는 일반적인 용어들이며, 또한 "전기통신"이나 "감청설비"에 관한 정의조항을 두어 전기통신의 감청개념을 더욱 명료하게 하고 있으므로, 감청금지 및 처벌 조항이 명확성원칙에 위배된다고 할 수 없다.

[요약판례 3] 국가보안법 제7조에 대한 위헌심판: 한정합헌(헌재 1990.4.2. 89헌가113)

국가보안법 제7조 제1항 및 제5항의 위헌여부(한정소극)

국가보안법 제7조 제1항 및 제5항은 각 그 소정행위가 국가의 존립·안전을 위태롭게 하거나 자유민주적 기본질서에 위해를 줄 명백한 위험성이 있는 경우에 적용된다고 할 것이므로 이와 같은 해석하에서는 헌법에 위반되지 아니한다고 할 것이다.

[요약판례 4] 국가보안법 제7조 제5항의 위헌심판: 한정합헌(헌재 1990.6.25. 90헌가11)

국가보안법 제7조 제5항의 위헌여부(한정소극)

국가보안법 제7조 제5항은 각 그 소정행위에 의하면 국가의 존립(存立)·안전이나 자유민주적 기본질서에 실질적 해악을 줄 명백한 위험성이 있는 경우에만 처벌되는 것으로 축소해석하는 한 헌법에 위배되지 아니한다.

국가의 존립,안전이나 자유민주적 기본질서에 실질적 해악을 줄 명백한 위험성이 있는 경우란 일응 그 표현물의 내용이 그와 같이 된 경우를 말함이고, 문제의 표현물과 외부관련성의 정도 또한 여기의 위험성 유무를 판단하는 기준이 된다.

합헌한정해석은 헌법을 최고법규로 하는 통일적인 법질서의 형성을 위해서나 입법부가 제정한 법률을 위헌이라고 하여 전면폐기하기 보다는 그 효력을 되도록 유지하는 것이 권력분립의 정신에 합치하고 민주주의적 입법기능을 최대한 존중하는 것이 되며, 일부 위헌요소 때문에 전면위헌을 선언하는데서 초래될 충격을 방지하고 법적 안정성을 갖추기 위하여서도 필요하다 할 것이다.

합헌한정해석에 대하여 제청법원은 적어도 이 사건 제청당사자로서 위 심판의 기판력을 받을 것임은 물론, 헌법 제107조 제1항의 규정상 제청법원이 본안재판을 함에 있어서 헌법재판소의 심판에 의거하게 되어 있는 이상 위 헌법규정에 의하여서도 직접 제청법원은 이에 의하여 재판하지 않으면 안 될 구속을 받는다 할 것이다.

[요약판례 5] 행형법시행령 제62조 등 위헌확인: 기각(헌재 2001.11.29. 99헌마713)

수용자가 국가기관에 서신을 발송할 경우에 교도소장의 허가를 받도록 하는 것이 통신비밀의 자유를 침해하는지 여부(소극)

교도소 수용자로 하여금 제한 없이 서신을 발송할 수 있게 한다면, 서신교환의 방법으로 마약이나 범죄에 이용될 물건을 반입할 수 있고, 외부 범죄세력과 연결하여 탈주를 기도하거나 수용자끼리 연락하여 범죄행위를 준비하는 등 수용질서를 어지럽힐 우려가 많으므로 이들의 도주를 예방하고 교도소내의 규율과 질서를 유지하여 구금의 목적을 달성하기 위해서는 서신에 대한 검열이 불가피하며, 만약 국가기관과 사인에 대한 서신을 따로 분리하여 사인에 대한 서신의 경우에만 검열을 실시하고, 국가기관에 대한 서신의 경우에는 검열을 하지 않는다면 사인에게 보낼 서신을 국가기관의 명의를 빌려 검열 없이 보낼 수 있게 됨으로써 검열을 거치지 않고 **사인에게 서신을 발송하는 탈법수단으로 이용될 수 있게 되므로 수용자의 서신에 대한 검열은 국가안전보장 · 질서유지 또는 공공복리라는 정당한 목적을 위하여 부득이 할 뿐만 아니라 유효적절한 방법에 의한 최소한의 제한이며, 통신비밀의 자유의 본질적 내용을 침해하는 것이 아니어서 헌법에 위반된다고 할 수 없다.**

헌법상 청원권이 보장된다 하더라도 청원권의 구체적 내용은 입법활동에 의하여 형성되며 입법형성에는 폭넓은 재량권이 있으므로 입법자는 수용 목적 달성을 저해하지 않는 범위 내에서 교도소 수용자에게 청원권을 보장하는 합리적인 수단을 선택할 수 있다고 할 것인바, 서신을 통한 수용자의 청원을 아무런 제한 없이 허용한다면 수용자가 이를 악용하여 검열 없이 외부에 서신을 발송하는 탈법수단으로 이용할 수 있게 되므로 이에 대한 검열은 수용 목적 달성을 위한 불가피한 것으로서 청원권의 본질적 내용을 침해한다고 할 수 없다.

[요약판례 6] 통신의 자유침해 등 위헌확인: 기각,각하(헌재 1998.8.27. 96헌마398)

수형자의 서신을 검열하는 것이 수형자의 통신의 자유 등 기본권을 침해하는 것인지 여부(소극)

수형자를 구금하는 목적은 자유형의 집행이고, 자유형의 본질상 수형자에게는 외부와의 자유로운 교통 · 통신에 대한 제한이 수반된다. 따라서 수형자에게 통신의 자유를 구체적으로 어느 정도 인정할 것인가의 기준은 기본적으로 입법권자의 입법정책에 맡겨져 있다. 수형자의 교화 · 갱생을 위하여 서신수발의 자유를 허용하는 것이 필요하다고 하더라도, 구금시설은 다수의 수형자를 집단으로 관리하는 시설로서 규율과 질서유지가 필요하므로 수형자의 서신수발의 자유에는 내재적 한계가 있고, 구금의 목적을 달성하기 위하여 수형자의 서신에 대한 검열은 불가피하다. **현행법령과 제도하에서 수형자가 수발하는 서신에 대한 검열로 인하여 수형자의 통신의 비밀이 일부 제한되는 것은 국가안전보장 · 질서유지 또는 공공복리라는 정당한 목적을 위하여 부득이할 뿐만 아니라 유효적절한 방법에 의한 최소한의 제한이며 통신의 자유의 본질적 내용을 침해하는 것이 아니다.**

형사절차가 종료되어 교정시설에 수용중인 수형자는 원칙적으로 변호인의 조력을 받을 권리의 주체가 될 수 없다. 다만, 수형자의 경우에도 재심절차 등에는 변호인 선임을 위한 일반적인 교통 · 통신이 보장될 수도 있겠으나, 기록에 의하면 청구인은 교도소 내에서의 처우를 왜곡하여 외부인과 연계, 교도소내의 질서를 해칠 목적으로 변호사에게 이 사건 서신을 발송하려는 것이므로 이와 같은 경우에는 변호인의 조력을 받을 권리가 보장되는 경우에 해당한다고 할 수 없다.

[요약판례 7] 방송통신위원회의 설치 및 운영에 관한 법률 제21조 제4호 위헌확인 등: 기각(헌재 2012.2.23. 2008헌마500)

'그 밖에 범죄를 목적으로 하거나 교사 또는 방조하는 내용의 정보'의 유통을 금지하는 '정보통신망 이용촉진 및 정보보호 등에 관한 법률' 제44조의7 제1항 제9호는 명확성 원칙이나 과잉금지 원칙 등 헌법에 위배되는지 여부(소극)

1. 명확성 원칙 위배 여부

일반적으로 사용되는 용어인 '범죄', '교사', '방조'의 의미를 고려하면, '범죄를 목적으로 하는 내용의 정보'란 범죄를 실행하기 위한 목적으로 유통시킨 것으로서 내용 자체에 의해 그 범죄 목적을 판단할 수 있는 정보를, '범죄를 교사 또는 방조하는 내용의 정보'란 타인으로 하여금 범죄를 실행할 결의를 일으키게 하는 내용이나 타인의 범죄를 용이하게 하는 내용을 담고 있는 정보를 말한다고 해석할 수 있다.

이 때 '범죄'의 범위와 관련하여 특별한 제한규정이 없으므로 법정형의 경중을 불문하고 형사처벌의 대상이 되는 모든 범죄를 의미하고, 불특정인을 상대로 신속하고 광범위한 정보유통이 가능한 온라인매체를 범죄에 이용하거나 범죄를 조장하는 데 이용하는 경우 그 위험이 매우 크기 때문에 이를 조기에 차단하려는 데 이 사건 정보통신조항의 목적이 있다는 점을 감안하면, 정보게시자가 범행에 착수하였거나 혹은 교사 또는 방조된 정범이 범행에 착수하였을 필요는 없다고 할 것이다.

따라서, 이 사건 정보통신망법 조항은 수범자의 예견가능성을 해하거나 행정기관이 자의적 집행을 가능하게 할 정도로 불명확하다고 할 수 없다.

2. 과잉금지 원칙 위배 여부

전기통신망 특히 인터넷 매체는 기존의 통신수단과는 차원이 다른 신속성, 확장성, 복제성을 가지고 있어 '범죄를 목적으로 하거나 교사·방조하는 내용의 정보'를 유통할 경우 실제 범죄의 발생 가능성 및 피해가 급속히 확산될 우려가 크므로, 이러한 폐해를 방지하고 정보통신망을 건전하게 이용할 수 있는 환경을 조성하기 위하여 이 사건 정보통신망법 조항에서 위와 같은 정보의 유통을 금지하는 것은 입법목적이 정당하고, 전문기관인 피청구인으로 하여금 해당 정보가 위와 같이 유통이 금지된 정보에 해당하는지 여부를 심의하게 하고 피청구인의 시정요구 또는 방송통신위원회의 취급거부·정지·제한명령제도를 통하여 정보의 유통을 조기에 차단하는 것은 이러한 입법목적 달성에 적절한 수단이 된다 할 것이다.

또한 어떤 행위가 반사회적 행위로서 범죄에 해당하는가의 결정은 국민의 대표기관인 입법자의 판단에 맡겨져 있는 것인바, 입법기관이 범죄로 정한 행위를 목적으로 하거나 이를 교사 또는 방조하는 내용의 정보는 '그 자체로서 불법성이 뚜렷하고 사회적 유해성이 명백한 표현물'에 해당하므로 이를 표현의 자유에 대한 과도한 제한이라고 할 수 없는 점, 유통금지의무에 위반하는 경우에도 형사처벌하는 것이 아니라 해당 정보의 시정요구제도, 취급거부·정지·제한명령제도를 통하여 그 정보에 대한 접근을 차단하거나, 삭제, 해당 사이트의 이용제한을 하는 데 불과한 점, 시정요구에 대한 이의신청 등 이용자의 의사진술 기회를 보장하고 있는 점 등에 비추어 보면, 최소침해성과 법익균형성도 충족한다.

따라서, 이 사건 정보통신망법 조항은 명확성 원칙 또는 과잉금지원칙에 위배되지 않는다.

제5절 사회·경제적 안전과 자유

제1항 거주·이전의 자유

[요약판례 1] 남북교류협력에관한법률 제3조 위헌소원: 각하(헌재 1993.7.29. 92헌바48)

남북교류협력에관한법률 제3조의 위헌 여부(소극)와 국가보안법 위반사건인 당해 사건의 재판의 전제성 유무와의 관계

문제된 법률의 위헌 여부가 재판의 전제가 된다 함은 우선 그 법률이 당해 본안사건에 적용될 법률이어야 하고 또 그 법률이 위헌무효일 때에는 합헌유효일 때와는 본안사건의 담당법원이 다른 내용의 판단을 하여야 할 경우 즉 판결의 결론인 주문이 달라지거나 또는 주문 자체는 달라지지 않는다고 하더라도 그 재판의 내용과 효력에 관한 법률적 의미가 전혀 달라지는 경우여야 한다.

국가보안법과 남북교류협력에관한법률은 상호 그 입법목적과 규제대상을 달리하고 있는 관계로 구 국가보안법 제6조 제1항 소정의 잠입·탈출죄에서의 "잠입·탈출"과 남북교류법 제27조 제2항 제1호 소정의 죄에서의 "왕래"는 그 각 행위의 목적이 다르다고 해석되고, 따라서 두 죄는 각기 그 구성요건을 달리하고 있다고 보아야 할 것이므로, 위 두 법률조항에 관하여 형법 제1조 제2항의 신법우선의 원칙이 적용될 수 없고, 한편 청구인에 대한 공소장기재의 공소사실을 보면 청구인의 행위에 관하여는 남북교류법은 적용될 여지가 없다고 할 것이므로 "남북교류와 협력을 목적으로 하는 행위에 관하여는 정당하다고 인정되는 범위 안에서 다른 법률에 우선하여 이 법을 적용한다"고 규정하고 있는 동 법률 제3조의 위헌 여부가 당해 형사사건에 관한 재판의 전제가 된 경우라고 할 수 없다.

(반대의견)

1. 남북교류법에 규정된 각종 교류, 협력행위는 국가보안법상의 처벌규정에도 해당될 수 있는 것을 당연한 전제로 하여 규정된 행위유형으로서 남북교류법 제3조에서 "…다른 법률에 우선하여 이법을 적용한다"고 할 때의 다른 법률에는 국가보안법도 해당됨은 입법취지나 법의 내용으로 보아 의문의 여지가 없고, 국가보안법상의 "잠입(潛入)·탈출"이라는 행위는 북한과 통모하여 남한 정부의 전복을 기도하거나 간첩활동을 하기 위한 것이 아닌 한 남북교류법상의 "왕래"와 동일한 개념으로 해석하여야 할 것이므로, 만약 위 제3조가 위헌이어서 무효라면 청구인의 행위에 대하여는 국가보안법의 적용이 배제되고 당연히 남북교류법이 적용되어야 할 것이어서 위 제3조의 위헌 여부는 당연히 청구인에 대한 당해 형사사건의 재판의 전제가 되는 것이다.

2. 본안에 관한 의견

남북교류법 제3조 소정의 "정당하다고 인정되는 범위 안에서"라는 말은 그 의미를 구체적으로 한정할 수 있는 아무런 기준도 없는 매우 애매모호하고 추상적 개념이어서 결국 법집행당국이 추단하는 행위자의 내심(內心)의 의사에 따라 사람을 구별하고 그 사람이 정부당국 내지는 법집행당국의 이해관계에 순응하는 사람인가 아닌가를 기준으로 적용 여부를 달리하게 하는 결과를 가져오게 되어 있어 이러한 결과는 범죄구성요건을 명확히 정해야 한다는 죄형법정주의에 반할뿐더러 똑같은 행위일지라도 사람에 따라 차별대우할 수 있게 하는 것이어서 평등의 원칙에 위반된다.

대판(전합) 2008.4.17. 2004도4899

대판(전합) 1997.11.20. 97도2021을 변경

대한민국 국민이 아닌 사람이 외국에 거주하다가 그곳을 떠나 반국가단체의 지배하에 있는 지역으로 들어가는

행위는, 대한민국의 영역에 대한 통치권이 실지로 미치는 지역을 떠나는 행위 또는 대한민국의 국민에 대한 통치권으로부터 벗어나는 행위 어디에도 해당하지 않으므로, 이는 국가보안법 제6조 제1항, 제2항의 탈출 개념에 포함되지 않는다.

[요약판례 2] 서울특별시 서울광장통행저지행위 위헌확인: 위헌확인(헌재 2011.6.30. 2009헌마406)

경찰청장이 경찰버스들로 서울특별시 서울광장을 둘러싸 통행을 제지한 행위가 청구인들의 거주·이전의 자유를 제한하는지 여부(소극) 및 이 사건 통행제지행위가 과잉금지원칙을 위반하여 청구인들의 일반적 행동자유권을 침해한 것인지 여부(적극)

거주·이전의 자유는 거주지나 체류지라고 볼 만한 정도로 생활과 밀접한 연관을 갖는 장소를 선택하고 변경하는 행위를 보호하는 기본권인바, 이 사건에서 서울광장이 청구인들의 생활형성의 중심지인 거주지나 체류지에 해당한다고 할 수 없고, 서울광장에 출입하고 통행하는 행위가 그 장소를 중심으로 생활을 형성해 나가는 행위에 속한다고 볼 수도 없으므로 청구인들의 거주·이전의 자유가 제한되었다고 할 수 없다.

이 사건 통행제지행위는 서울광장에서 개최될 여지가 있는 일체의 집회를 금지하고 일반시민들의 통행조차 금지하는 전면적이고 광범위하며 극단적인 조치이므로 과잉금지원칙을 위반하여 청구인들의 일반적 행동자유권을 침해한 것이다.

I 출입국관리법 제4조 제1항 제4호 위헌심판: 합헌(헌재 2004.10.28. 2003헌가18)

쟁점 법무부령이 정하는 금액이상의 추징금을 납부하지 아니한 자에게 출국을 금지할 수 있도록 한 출입국관리법 제4조 제1항 제4호가 과잉금지원칙, 포괄위임입법금지원칙, 이중처벌금지원칙 등에 위배되는지 여부(소극)

사건의 개요

법무부장관은 제청신청인이 추징금을 납부하지 않았다는 이유로 출입국관리법 제4조 제1항 제4호에 근거하여 제청신청인의 출국을 금지하는 처분을 하였다. 제청신청인은 서울행정법원에 이 사건 처분의 취소를 구하는 소송을 제기하는 한편 이 사건 위헌법률심판 제청신청을 하였다. 서울행정법원은 제청신청인의 위헌법률심판 제청신청이 이유 있다고 이를 받아들여 이 사건 위헌법률심판 제청결정을 하였다.

심판의 대상

출입국관리법(2001. 12. 29. 법률 제6540호로 개정된 것, 이하 "법"이라 한다) 제4조 제1항 제4호 중 추징금 부분(이하 "심판대상 법조항"이라 한다)의 위헌여부이고, 심판대상 법조항과 관련법령조항의 내용은 다음과 같다.

법 제4조 (출국의 금지) ① 법무부장관은 다음 각호의 1에 해당하는 국민에 대하여는 출국을 금지할 수 있다.

1.~3. 생략

4. 법무부령이 정하는 금액 이상의 벌금 또는 추징금을 납부하지 아니한 자

5.~6. 생략

▢ 주 문

출입국관리법(2001. 12. 29. 법률 제6540호로 개정된 것) 제4조 제1항 제4호 중 추징금 부분은 헌법에 위반되지 아니한다.

▢ 판 단

Ⅰ. 적법요건에 대한 판단

이 사건의 경우 당해사건이 제청법원에 적법하게 계속중이고, 심판대상 법조항은 당해 사건 처분에 직접 적용되는 것으로서 이 사건 법조항이 위헌이라면 이를 적용근거로 한 당해사건의 처분은 위법한 것으로 그 판단결과에 따라 당해재판의 주문이 달라지기 때문에 당해사건의 재판에 전제가 되는 것은 분명하다.

다만 이 사건 제청신청인은 추징금 미납을 이유로 2003. 7. 1. 출국금지처분을 받아 2004. 6. 30.까지 출국금지가 되었으나 그 이후 출국금지기간만료로 해제되었다.

따라서 **당해소송에서 출국금지처분의 취소를 구하는 청구는 그 권리보호이익을 상실하여 심판대상 법조항에 대한 위헌여부를 판단할 소의 이익은 소멸되었다.**

그러나 설사 심리기간중 소의 이익이 소멸되었더라도 헌법재판소로서는 제청당시 전제성이 인정되는 한 예외적으로 객관적인 헌법질서의 수호·유지를 위하여 그 위헌 여부에 대한 판단을 할 수 있다는 것이 우리 재판소의 확립된 판례이다

이 사건 심판대상 법조항의 위헌여부는 거주이전의 자유 중 출국의 자유와 관계되는 중요한 헌법문제라고 볼 수 있고, 이 문제에 대하여 아직 우리 재판소에서 해명이 이루어진 바도 없다. 이 사건과 관련하여 또는 이 사건과 무관하게 심판대상 법조항에 의거한 출국금지처분이 재차 이루어져 출국의 자유에 대한 기본권침해의 논란이 반복될 것도 명백하므로 이에 대한 위헌여부의 심판이익이 있다.

Ⅱ. 본안판단

1. 심판대상 법조항에 의해 제한되는 기본권

우리 헌법 제14조는 '모든 국민은 거주·이전의 자유를 가진다'고 규정하고 있다. 거주·이전의 자유는 국가의 간섭없이 자유롭게 거주와 체류지를 정할 수 있는 자유로서 정치·경제·사회·문화 등 모든 생활영역에서 개성신장을 촉진함으로써 헌법상 보장되고 있는 다른 기본권들의 실효성을 증대시켜주는 기능을 한다. 구체적으로는 국내에서 체류지와 거주지를 자유롭게 정할 수 있는 자유영역뿐 아니라 나아가 국외에서 체류지와 거주지를 자유롭게 정할 수 있는 **'해외여행 및 해외이주의 자유'를 포함하고 덧붙여 대한민국의 국적을 이탈할 수 있는 '국적변경의 자유' 등도 그 내용에 포섭된다**고 보아야 한다. 따라서 해외여행 및 해외이주의 자유는 필연적으로 외국에서 체류 또는 거주하기 위해서 대한민국을 떠날 수 있는 **'출국의 자유'와 외국체류 또는 거주를 중단하고 다시 대한민국으로 돌아올 수 있는 '입국의 자유'를 포함한다.**

심판대상 법조항은 일정금액 이상의 추징금을 납부하지 아니한 자에게 법무부장관이 출국을 금지할 수 있도록 함으로써 헌법 제14조상의 거주·이전의 자유 중 출국의 자유를 제한하고 있다.

2. 과잉금지원칙의 위배여부

(1) 목적의 정당성

이 법조항은 추징금을 미납한 국민이 출국을 이용하여 재산을 해외로 도피하는 방법으로 강제집행을 곤란하게 하는 것을 방지함으로써 추징금에 관한 국가의 형벌권을 실현하고자 하는 것에 그 목적이 있으므로 그 정당성은 인정된다고 할 것이다.

(2) 수단의 적합성 및 피해의 최소성

국가가 고액의 추징금미납자에게 출국금지처분을 하는 것은 적어도 국가가 추징금에 관한 형벌권을 실현하는 목적을 달성하는데 적합한 하나의 수단이 될 수 있다.

이 사건 법률조항은 출입국관리법시행령과 출국금지업무처리규칙의 관련 조항들과 유기적으로 결합하여 살피면 일정한 액수의 추징금 미납사실 외에 '재산의 해외도피 우려'라는 국가형벌권실현의 목적에 부합하는 요건을 추가적으로 요구함으로써 출국과 관련된 기본권의 제한을 최소한에 그치도록 배려하고 있다고 할 것이다. 또한 이 제도는 채무의 이행의무가 있음에도 불구하고 채무자가 그 기간 내에 이행을 하지 아니하는 때에는 늦어진 기간에 따라 일정한 배상을 하도록 명하거나 즉시 손해배상을 하도록 명할 수 있는 간접강제(민사집행법 제261조)제도나 재산명시명령의 불이행에 대한 감치(민사집행법 제68조)처분, 강제집행을 회피할 목적으로 재산을 은닉・손괴・허위양도하는 등 채권자를 해한 자를 강제집행면탈죄(형법 제327조)로 처벌하는 규정과, 파산재단에 속하는 재산을 은닉・손괴 또는 채권자에게 불이익하게 처분을 하는 행위 등을 처벌하는 사기파산죄(파산법 제366조)등과 대비하여 볼 때 재산의 해외도피 우려가 있는 추징금미납자에 대하여 하는 출국금지처분이 결코 과중한 조치가 아닌 최소한의 기본권제한조치라고 아니할 수 없다.

(3) 법익균형성

나아가 추징금을 납부하지 않는 자에 대한 출국금지로 국가형벌권 실현을 확보하고자 하는 국가의 이익은 형벌집행을 회피하고 재산을 국외로 도피시키려는 자가 받게되는 출국금지의 불이익에 비하여 현저히 크다 하지 않을 수 없다. 이처럼 고액 추징금미납자에게 하는 출국금지조치는 정당한 목적실현을 위해 상당한 비례관계가 유지되는 합헌적 근거 법조항에 따라 시행되는 제도라 할 것이다.

3. 포괄위임입법금지원칙의 위배여부

헌법 제95조는 "국무총리 또는 행정각부의 장은 소관사무에 관하여 법률이나 대통령령의 위임 또는 직권으로 총리령 또는 부령을 발할 수 있다"고 규정하고 있다. 여기서 법률에서 위임받은 사항이란 법률에 이미 부령으로 규정될 내용 및 범위의 기본사항이 구체적으로 규정되어 있어서 누구라도 당해 법률로부터 부령에 규정될 내용의 대강을 예측할 수 있어야 함을 의미한다. 그러나 위임의 구체성・명확성의 요구 정도는 규제대상의 종류와 성격에 따라 다른 것으로 다양한 사실관계를 규율하거나 사실관계가 수시로 변화될 것이 예상될 때에는 명확성의 요건이 완화될 수밖에 없다.

또한 위임의 구체적 범위를 명확히 규정하고 있지 않다고 하더라도 당해 법률의 전반적 체계와 관련규정에 비추어 위임조항의 내재적인 위임의 범위나 한계를 객관적으로 분명히 확정할 수 있다면 이를 일반적이고 포괄적인 백지위임에 해당한다고 볼 수 없음은 그간 우리 재판소가 누누이 밝힌 바 있다.

이 사건 심판대상 법조항으로 돌아와 볼 때 출국금지의 대상이 되는 금액의 액수를 직접 규정하지 않고 법무부령으로 정하도록 하고는 있으나 법원에서 선고하는 벌금이나 추징금 액수는 경제현실에 따라 변동될 수 있고, 법의식 및 사회관념의 변화에 따라 출국금지의 상당성을 인정하는 금액이 다를 수 있으므로 출국금지의 기준 금액을 현실의 상황변화에 맞게 탄력적으로 결정할 수 있도록 할 필요가 크다. 그렇다면 법률에서 직접 출국금지의 기준이 되는 추징금의 액수를 규정하기 보다는 하위법령에 위임하는 것이 입법기술상 보다 상당할 수 있다. 또한 이 사건 법조항이 출국금지처분의 사유가 되는 추징금의 미납액수 하한을 정하는 기준과 범위를 명시적으로 설정하고 있지는 않지만 추징금미납자를 그 대상으로 하는 만큼 일정한 금액 이상의 추징금을 미납하는 경우에 출국금지처분은 명확하게 예측할 수 있다. 나아가 앞서 설시한 바와 같이 출입국관리법의 전반적 체계와 관련 규정들에 비추어 보면 사회적 상당성있는 금액이 규정될 것임을 알 수 있어 위임입법의 한계를 일탈하였다고 볼 수는 없다 할 것이다.

4. 이중처벌금지원칙 등의 위배여부

헌법 제13조 제1항은 '모든 국민은 … 동일한 범죄에 대하여 거듭 처벌받지 아니한다'고 하여 이른바 '이중처벌금지의 원칙'을 규정하고 있다. 이 원칙은 한번 판결이 확정되면 동일한 사건에 대해서는 다시 심판할 수 없다는 '일사부재리의 원칙'이 국가형벌권의 기속원리로 헌법상 선언된 것으로서, 국민의 기본권 특히 신체의 자유를 보장하기 위한 것이라고 할 수 있다. 이러한 관점에서 볼 때 헌법 제13조 제1항에서 규정하고 있는 '처벌'은 원칙적으로 범죄에 대한 국가의 형벌권 실행으로서의 과벌을 의미하고, 국가가 행하는 일체의 제재나 불이익처분을 모두 그 '처벌'에 포함시킬 수는 없다 할 것이다.

이 사건에서 문제되고 있는 추징은 몰수에 갈음하여 그 가액의 납부를 명령하는 사법처분이나 부가형의 성질을 갖는다. 그렇다면 주형은 아니지만 부가형으로서의 추징도 일종의 형벌임을 부인할 수는 없다. 그러나 이 사건의 경우 일정액수의 추징금을 납부하지 않은 자에게 내리는 출국금지의 행정처분은 형법 제41조상의 형벌이 아니라 형벌의 이행확보를 위하여 출국의 자유를 제한하는 행정조치의 성격을 지니고 있다. 그렇다면 심판대상 법조항에 의한 출국금지처분은 헌법 제13조 제1항 상의 이중처벌금지원칙에 위배된다고 할 수 없다.

재판관 윤영철, 재판관 김영일, 재판관 주선회의 반대의견

1. 추징금은 몰수의 대상인 물건을 몰수하기가 불가능한 경우에 추징하는 가액(형법 제48조 제2항)으로서, 심판대상 법조항과 같이 출입국관리법 제4조 제1항 제4호에 병렬적으로 규정되어 있는 '벌금'의 경우 이를 납입하지 아니하는 때에는 신병확보가 수반되는 노역장유치가 가능함(형법 제70조)에 비하여, '추징금'의 경우에는 형벌의 성격을 갖고는 있으나 민사집행의 대상이라는 점에서 근본적인 차이가 있다. 즉, 추징금에 대하여는 검사의 명령에 의하여 집행하는데, 동 명령은 집행력있는 채무명의와 동일한 효력이 있고 그 집행에는 민사집행법의 집행에 관한 규정이 준용된다(형사소송법 제477조). 또한 강제집행이 개시되면 추징금에 대한 시효가 중단된다(형법 제80조).

이와 같이 추징금의 강제집행을 곤란하게 하는 것을 방지하여 국가의 형벌권을 실현하고자 하는 입법목적을 달성하면서도 기본권에 대한 침해가 적은 수단이 별도로 마련되어 있음에도 불구하고, 추징금 납부를 강제하기 위한 압박수단으로 출국금지 조치를 하는 것은 필요한 정도를 넘은 과도한 기본권제한이어서 최소침해성의 원칙에 위배된다.

뿐만 아니라, 위와 같이 신병확보의 목적이 아니라 단순히 추징금징수라는 행정편의를 위하여 출국금지 조치를 허용하는 것은 오늘날 글로벌화된 지구촌의 한 구성원으로서 해외에서의 견문 및 직업활동을 통한 개성신장, 각종 정보의 교류, 문화적 편견 없는 인격의 형성 등을 위하여 국민이 누려야 할 헌법상의 중요한 기본권인 해외여행의 자유 내지는 출국의 자유를 제한하는 것이므로 법익의 균형성도 현저히 잃고 있는 것이다.

그러므로 심판대상 법조항은 국가가 국민의 기본권을 제한하는 내용의 입법을 함에 있어서 준수하여야 할 기본원칙인 과잉금지원칙에 위배하여 청구인의 헌법상 보장된 기본권인 출국의 자유를 침해하는 것이다.

2. 심판대상 법조항은 추징금 미납액수의 하한설정에 관한 구체적인 기준을 마련하지도 않은 채 행정입법인 법무부령에 포괄적으로 위임하고 있기 때문에 그 미납액수의 하한이 어느 범위에서 어떠한 기준에 의하여 정해질지를 전혀 예측하거나 그 대강이라도 인식할 수 없게 되어 있을 뿐만 아니라, 행정부의 자의적인 결정으로 인하여 추징금 미납액수의 하한이 수인 및 기대불가능할 정도로 축소될 염려마저 있다고 아니할 수 없다.

요컨대, 심판대상 법조항은 추징금 미납액수 하한의 범위나 기준 등을 전혀 규정하지 않은 채 이를 전적으로 법무부령에 위임하고 있는바, 이는 포괄적 위임입법으로서 헌법 제95조에 위반될 뿐만 아니라 법치주의원리 및 민주주의원리에서 파생하는 법률유보원칙에 위배된다고 볼 수밖에 없다.

⚜ 본 판례에 대한 평가 1. **거주·이전의 자유의 의의**: "모든 국민은 거주·이전의 자유를 가진다"(제14조). 거주·이전의 자유란 모든 국민이 자기가 원하는 장소에 주소나 거소를 설정하고 이를 이전하거나, 그 의사에 반하여 거주지를 이전당하지 아니할 자유이다. 거주·이전의 자유는 인간의 사회·경제적 활동을 개시하기 위하여 필요한 요소이며, 자본주의사회에서 경제적 활동과 직접적으로 관련되므로, 거주·이전의 자유는 사회·경제적 자유로서의 성격을 가진다. 하지만 거주·이전의 자유는 개인의 신체이동이라는 점에서 신체의 자유와도 직접적으로 관련된다. 그러나 신체의 자유가 인신 그 자체의 안전에 중점을 두고 있다면, 거주·이전의 자유는 인신의 이동을 통한 사회·경제적 활동에 중점을 두고 있다. 또한 거주·이전의 자유는 개인의 사적 활동의 보장이라는 점에서 사생활의 보호영역이라고 할 수 있지만, 그것은 순수한 의미의 사적 생활영역의 보장이라기보다는 자유로운 사회·경제적 활동을 보장하는 데 중점이 있다. 특히 자본주의의 발전에 따라 사람과 재화의 자유로운 이동이 필수적으로 요구되고 있다.

2. **국외 거주·이전의 자유와 국적변경의 자유**: 거주·이전의 자유는 국외이주의 자유, 해외여행의 자유, 귀국의 자유를 포함한다. 모든 국민은 국외에 영주하거나 장기간 해외에 거주하는 국외 거주·이전의 자유를 가진다. 이를 뒷받침하기 위하여 '재외동포의 지위에 관한 법률'에서는 특별한 보호규정을 두고 있다. 모든 국민은 해외에 자유로이 여행을 할 수 있다. 또한 모든 국민은 자신이 원하는 바에 따라 해외에서 국내로 귀국할 자유를 가진다. 세계인권선언의 규정에 비추어 보건대, 모든 국민은 자신의 의사에 따라 국적을 이탈하여 외국에 귀화할 수 있다. 그러나 이 결정만으로 무국적의 자유를 인정하는 것으로 볼 수는 없다.

관련 문헌: 김선택, "병역기피목적의 국적이탈 제한의 합헌성", 고시계 50권 7호(581호)(2005. 7), 국가고시학회.

Ⅱ | 지방세법 제138조 제1항 제3호 위헌소원: 합헌(헌재 1996.3.28. 94헌바42)

쟁점 대도시지역내 법인등기를 하는 경우 5배의 중과세를 하는 지방세법 제138조 제1항 제3호의 위헌 여부

사건의 개요

서울 관악구청장은 청구인의 신축건물과 부속토지에 대하여 법인이 그 설립 이후에 대도시내에서 하는 부동산등기에 대하여는 통상세율의 5배에 해당하는 등록세를 중과할 수 있도록 규정하고 있는 구 지방세법 제138조 제1항 제3호의 규정에 따라 등록세를 부과하였다. 이에 청구인은 서울고등법원에 서울 관악구청장을 상대로 위 등록세등부과처분의 취소를 구하는 행정소송을 제기하고 그 소송 중에 같은 법원에 위 등록세등부과처분의 근거가 된 법 제138조 제1항 제3호 및 같은항 단서가 헌법상 보장된 청구인의 기본권을 침해하고 포괄적 위임입법금지의 원칙에 위반되는 위헌규정이라고 주장하여 그에 대한 위헌심판제청신청을 하였으나, 위 위헌심판제청신청이 기각되자, 기각결정을 송달받고 이 사건 헌법소원심판청구를 하였다.

심판의 대상

지방세법 제138조 (대도시지역내 법인등기 등의 중과) ① 다음 각호의 1에 해당하는 등기를 하는 때에는 그 세율을 제131조 및 제137조에 규정한 당해세율의 5배로 한다. 다만, 대통령령이 정하는 업종에 대하여는 그러하지 아니하다.

1. 2. (생략)

3. 대도시내에서의 법인의 설립과 지점 또는 분사무소의 설치 및 대도시내로의 법인의 본점·주사무소·지점 또는 분사무소의 전입에 따른 부동산등기와 그 설립·설치·전입 이후의 부동산등기

주 문

구 지방세법(법률 제3878호, 1993. 12. 27. 법률 제4611호로 개정되기 전의 것) 제138조 제1항 제3호 및 같은항 단서는 헌법에 위반되지 아니한다.

판 단

Ⅰ. 법 제138조 제1항 제3호의 위헌여부

1. 평등권의 침해여부

위 조항에 의하면 대도시내에서 부동산등기를 하는 법인은 자연인이 대도시내에서 같은 목적으로 부동산등기를 하는 경우나 대도시외에서 부동산등기를 하는 법인에 비하여 높은 세율의 등록세를 납부하여야 하는 불균형이 생겨나는 것은 명백하다.

그러나 헌법 제11조 제1항이 천명하고 있는 평등의 원칙은 국민에 대한 절대적·산술적 평등을 보장함을 의미하는 것이 아니라 차별할 합리적인 이유가 없는 경우에 차별하는 것을 금지하는 것을 의미하므로 위와 같은 부동산등기등록세율의 불균형이 과연 합리적 이유가 없는 차별적 취급인지의 여부를 본다.

살피건대 위 조항은 부동산등기등록세의 중과를 통하여 인구와 경제력의 대도시집중을 억제함으로써 대도시 주민의 생활환경을 보존·개선함과 동시에 지역간의 균형발전 내지는 지역경제의 활성화를 도모하는데 궁극의 목적이 있다고 보여진다.

그런데 일반적으로 법인은 조직과 규모에 있어 강한 확장성을 가지고 활동의 영역과 효과가 넓고 다양하므로 그러한 법인이 대도시내에서 부동산을 취득하고 그에 터잡은 활동을 할 경우에는 인구와 경제력의 집중효과가 자연인의 경우에 비하여 훨씬 더 강하게 나타날 것이고 동시에 대도

시가 가지는 고도의 집적의 이익을 향유함으로써 대도시외의 법인에 비하여 훨씬 더 큰 활동상의 편의와 경제적 이득을 얻을 수 있게 될 것이다.

그러므로 위 조항이 법인이 대도시내에서 하는 부동산등기에 대하여, 인구와 경제력의 집중효과가 낮은 자연인이나 직접적으로는 인구와 경제력의 대도시 집중효과를 초래하지 아니하고 대도시가 가지는 집적의 이익을 누리지도 못하는 대도시외의 법인이 하는 부동산등기에 비하여 상대적으로 높은 세율의 등록세를 부과하도록 하고 있는 것에는 합리적 이유가 충분하다고 할 것이고 그로써 헌법상 보장된 청구인의 평등권이 침해되었다거나 조세평등주의 내지는 실질과세의 원칙에 반한다고 할 수 없다.

2. 직업수행 및 거주·이전의 자유의 본질적 내용의 침해여부

법인도 성질상 법인이 누릴 수 있는 기본권의 주체가 되고, 위 조항에 규정되어 있는 법인의 설립이나 지점 등의 설치, 활동거점의 이전(이하 "설립 등"이라 한다) 등은 법인이 그 존립이나 통상적인 활동을 위하여 필연적으로 요구되는 기본적인 행위유형들이라고 할 것이므로 이를 제한하는 것은 결국 헌법상 법인에게 보장된 직업수행의 자유와 거주·이전의 자유를 제한하는 것인가의 문제로 귀결된다. 살피건대 위 조항은 대도시내에서의 법인의 설립 등 행위를 직접적으로 제한하는 내용의 규정이라고 볼 수 없고 다만 법인이 대도시내에서 설립 등의 목적을 위하여 취득하는 부동산등기에 대하여 통상보다 높은 세율의 등록세를 부과함으로써 대도시내에서의 법인의 설립 등 행위가 억제될 것을 기대하는 범위내에서 사실상 법인의 그러한 행위의 자유가 간접적으로 제한되는 측면이 있을 뿐이다.

따라서 어떠한 법인이라도 위 조항이 정하는 중과세의 부담을 감수하기만 한다면 자유롭게 대도시내에서 설립 등 행위를 할 수 있고 또한 그에 필요한 부동산등기도 할 수 있는 것이므로, 위 조항이 법인의 대도시내 부동산등기에 대하여 통상세율의 5배를 규정하고 있다 하더라도 그것이 대도시내에서 업무용 부동산을 취득할 정도의 재정능력을 갖춘 법인의 담세능력을 일반적으로 또는 절대적으로 초과하는 것이어서 그 때문에 법인이 대도시내에서 향유하여야 할 직업수행의 자유나 거주·이전의 자유가 형해화할 정도에 이르러 그 본질적인 내용이 침해되었다고 볼 수 없다.

3. 과잉금지의 원칙의 위배여부

앞서 본 바와 같이 위 조항은 헌법상 법인에게 보장된 직업수행의 자유와 거주·이전의 자유를 간접적으로나마 제한하는 의미를 가지는 규정이라 할 것이므로 기본권제한입법으로서 준수하여야 할 과잉금지의 원칙에 위배되었는지의 여부를 본다.

(1) 앞서도 본 바와 같이 위 조항은 단순히 지방자치단체의 재원조달이라는 목적을 넘어서 인구와 경제력의 대도시 집중을 억제함으로써 대도시주민의 생활환경을 보존·개선하고 지역간의 균형발전 내지는 지역경제를 활성화하려는 복지국가적 정책목표에 이바지하는 규정이므로 그 목적의 정당성이 인정된다.

(2) 나아가 위 조항은 위와 같은 목적달성을 위하여 인구와 경제력집중의 효과가 큰 법인의 대도시내 활동을 직접 제한하지 아니하고 법인이 대도시내에서 그 설립 등을 위하여 하는 부동산등기에 대하여 통상보다 높은 세율의 등록세를 부과함으로써 간접적으로 이를 억제하려는 방법을 선택하고 있고, 중과세의 필요성이 인정되는 경우 그 정도를 어느 정도로 할 것인가는 결국 법인의

담세능력과 중과세에 대한 국가적·사회적 요청의 강도를 비교교량하여 결정되어야 할 것이며, 위 조항이 정한 중과세가 대도시내에 위치한 고가의 부동산을 취득할 정도의 재정능력을 갖춘 법인에 대한 것이라는 점에 비추어 볼 때, 그 정도가 통상세율의 5배라고 하여 반드시 그 목적달성에 필요한 정도를 넘는 자의적인 세율의 설정이라고 볼 수도 없으므로 그 수단의 상당성과 침해의 최소성도 충족되어 있다.

(3) 한편 현대 산업사회에 있어서 대도시 주민의 생활환경을 보호하고 지역간의 균형있는 발전을 도모하는 것은 전체 국가사회의 긴요한 공익적 요청이라고 할 것이므로 이를 위하여 인구와 경제력의 대도시 집중이라는 강한 역효과가 예상되는 법인의 대도시내 부동산취득에 대하여 통상보다 높은 세율의 등록세를 부과하였다고 하여 위 조항에 의하여 보호되는 공익과 제한되는 기본권 사이에 현저한 불균형이 있다고 볼 수 없으므로 법익의 균형성을 갖추었다.

(4) 그러므로 위 조항의 규정내용은 기본권제한입법의 한계로서 기능하는 과잉금지의 원칙에 반하지 아니한다.

Ⅱ. 법 제138조 제1항 단서의 위헌여부

살피건대 복잡다기한 현대산업사회에 있어서 조세가 가지는 다양한 사회·경제적 기능에 착안하고, 법 제138조 제1항 본문이 법인이 대도시내에서 하는 설립 등의 등기나 설립 등을 위한 부동산등기에 통상보다 높은 세율의 등록세를 부과함으로써 법인의 대도시내에서의 활동에 따르는 인구와 경제력의 대도시집중을 억제하려는 데 그 진정한 목적이 있다는 점을 감안하면, 위 단서는 인구와 경제력의 집중효과가 없거나 아주 적은 업종에 종사하는 법인 또는 그 성질상 대도시내에 있지 않으면 그 기능을 발휘할 수 없거나 효과적인 활동을 할 수 없는 업종에 종사하는 법인, 대도시내에 있어야 할 것에 대한 공익적 요구가 현저히 큰 업종에 종사하는 법인 중에서 대통령이 정하는 업종에 종사하는 법인에 대하여는 비록 그 법인이 대도시내에서 설립 등의 등기를 하거나 설립 등을 위한 부동산등기를 하더라도 굳이 높은 세율의 등록세를 부과하지 아니하도록 하는 취지를 규정한 것이라고 이해될 수 있고 또 그렇게 이해할 때 비로소 정당한 의미를 갖는다고 할 것이다(법 시행령 제101조 제1항 참조). 따라서 위 단서는 대통령령에 위임되는 업종에 대하여 누구라도 그 종류와 범위의 대강을 예측할 수 있는 법률조항이라 할 것이므로 이를 가리켜 헌법상 요구되는 포괄위임입법금지의 원칙이나 조세법률주의에 반하는 위헌규정이라고 할 수 없다.

✤ 본 판례에 대한 평가 1. 거주·이전의 자유의 제한과 한계: 거주·이전의 자유는 헌법 제37조 제2항에 따른 제한을 받는다. 예컨대 군사작전·국가안보·국제외교·특수신분관계의 목적달성·수사·국민보건 등의 필요에 의하여 거주·이전의 자유는 제한될 수 있다. 여권법은 천재지변·전쟁 등 대통령령이 정하는 해외 위난상황으로부터 국민의 생명·신체·재산을 보호하기 위하여 특정 해외 국가 또는 지역을 방문하거나 체류하는 것을 중지시키는 것이 필요하다고 인정하는 때에는 외교통상부장관으로 하여금 기간을 정하여 해당 국가 또는 지역에서의 여권의 사용과 동 국가 또는 지역의 방문 및 체류를 금지할 수 있도록 규정하고 있다(제9조의2).

2. 인구와 경제력의 대도시집중을 억제함으로써 대도시 주민의 생활환경을 보존·개선하고 지역간의 균형발전 내지는 지역경제를 활성화하려는 복지국가적 정책목표에 기초하여 서울의 인구집중

억제를 위한 일련의 제한조치에 대하여 헌법재판소는 본 결정에서 과잉금지원칙에 위배되지 아니하므로 합헌이라고 결정했다.

[요약판례 1] 약사법 제37조 제2항의 위헌여부에 관한 헌법소원: 합헌(헌재 1991.9.16. 89헌마231)

"한약업사는 보건사회부령에 정하는 지역에 한하여 대통령령이 정하는 한약업사시험에 합격한 자에게 허가한다"라고 규정하고 있는 약사법 제37조 제2항의 법률조항이 헌법에 위반되는지 여부(소극)

한약업사의 허가 및 영업행위에 대하여 지역적 제한을 가한 내용의 약사법 제37조 제2항은 오로지 국민건강의 유지·향상이라는 공공의 복리를 위하여 마련된 것이고, 그 제한의 정도 또한 목적을 달성하기 위하여 적정한 것이라 할 것이므로 헌법 제11조의 평등의 원칙에 위배된다거나 헌법 제14조의 거주이전의 자유 및 헌법 제15조의 직업선택의 자유 등 기본권을 침해하는 것으로 볼 수 없어 헌법에 위반되지 아니한다.

[요약판례 2] 공직선거및선거부정방지법 제16조 제3항 위헌확인: 기각(헌재 1996.6.26. 96헌마200)

지방자치단체장의 피선거권 자격요건으로서 90일 이상 관할구역 내에 주민등록이 되어 있을 것을 요구하는 공직선거및선거부정방지법 제16조 제3항의 위헌 여부(소극)

지방자치제도란 일정한 지역을 단위로 일정한 지역의 주민이 그 지방에 관한 여러 사무를 그들 자신의 책임하에 자신들이 선출한 기관을 통하여 직접 처리하게 함으로써 지방자치행정의 민주성과 능률성을 제고하고 지방의 균형있는 발전과 아울러 국가의 민주적 발전을 도모하는 제도이므로, 피선거권의 자격요건을 정함에 있어서 위와 같은 지방자치제도가 가지는 특성을 감안하여야 하고, 이를 어떻게 규정할 것인가의 문제는 입법재량의 영역에 속하는 것이다.

공직선거및선거부정방지법제16조 제3항은 헌법이 보장한 주민자치를 원리로 하는 지방자치제도에 있어서 지연적 관계를 고려하여 당해 지역사정을 잘 알거나 지역과 사회적·지리적 이해관계가 있어 당해 지역행정에 대한 관심과 애향심이 많은 사람에게 피선거권을 부여함으로써 지방자치행정의 민주성과 능률성을 도모함과 아울러 우리나라 지방자치제도의 정착을 위한 규정으로서, 그 내용이 공무담임권을 필요 이상으로 과잉제한하여 과잉금지의 원칙에 위배된다거나 공무담임권의 본질적인 내용을 침해하여 위헌적인 규정이라고는 볼 수 없다.

직업에 관한 규정이나 공직취임의 자격에 관한 제한규정이 그 직업 또는 공직을 선택하거나 행사하려는 자의 거주·이전의 자유를 간접적으로 어렵게 하거나 불가능하게 하거나 원하지 않는 지역으로 이주할 것을 강요하게 될 수 있다 하더라도, 그와 같은 조치가 특정한 직업 내지 공직의 선택 또는 행사에 있어서의 필요와 관련되어 있는 것인 한, 그러한 조치에 의하여 직업의 자유 내지 공무담임권이 제한될 수는 있어도 거주·이전의 자유가 제한되었다고 볼 수는 없다. 그러므로 선거일 현재 계속하여 90일 이상 당해 지방자치단체의 관할구역 안에 주민등록이 되어 있을 것을 입후보의 요건으로 하는 이 사건 법률조항으로 인하여 청구인이 그 체류지와 거주지의 자유로운 결정과 선택에 사실상 제약을 받는다고 하더라도 청구인의 공무담임권에 대한 위와 같은 제한이 있는 것은 별론으로 하고 거주·이전의 자유가 침해되었다고 할 수는 없다.

국회의원의 경우 거주요건을 요구하지 아니하는 이유는 국회의원이 비록 지역구에서 선출되기는 하지만 국가의 입법기관의 구성원으로서 국민대표적 성격을 가지고 있는 데에 기인하는 것이므로, 당해 관할구역 내에 거주하지 아니하는 입후보자를 국회의원선거의 입후보자나 관할구역 안에 거주하는 다른 입후보자들에 비하여 합리적인 이유없이 차별하는 것이라고 볼 수 없다.

지방자치단체장은 자치단체의 집행기관으로서 당해 지방자치단체를 대표하고 그 사무를 통할하는 지위에 있으므로, 그 궐위는 지방행정에 지대한 영향을 미치게 되는데 비하여, 주민의 대표기관인 지방의회의 경우는 그 구성원 중 1인의 궐원이 생겨도 지방의회의 활동에는 별로 영향을 받지 아니하며, 지방의회의원선거의 경우 잔여임기가 1년 미만이거나 지방의회 의원정수의 4분의 1 이상이 궐원되지 아니한 경우에는 보궐선거를 실시하지 아니할 수도 있는 점 등을 감안하면 지방자치단체장의 보궐선거와 지방의회의원의 보궐선거를 달리 취급하는 것은 합리적인 이유가 있는 것이다.

[요약판례 3] 교육법시행령 제71조 등에 대한 헌법소원: 기각(헌재 1995.2.23. 91헌마204)

거주지를 기준으로 중·고등학교 입학을 제한하는 것이 헌법에 위반되는지 여부(소극)

거주지를 기준으로 중·고등학교의 입학을 제한하는 교육법시행령 제71조 및 제112조의6 등의 규정은 과열된 입시경쟁으로 말미암아 발생하는 부작용을 방지한다고 하는 입법목적을 달성하기 위한 방안의 하나이고, 도시와 농어촌에 있는 중·고등학교의 교육여건의 차이가 심하지 않으며, 획일적인 제도의 운용에 따른 문제점을 해소하기 위한 여러 가지 보완책이 위 시행령에 상당히 마련되어 있어서 그 입법수단은 정당하므로, 위 규정은 학부모의 자녀를 교육시킬 학교선택권의 본질적 내용을 침해하였거나 과도하게 제한한 경우에 해당하지 아니한다.

제2항 직업(선택)의 자유

I 체육시설의설치·이용에관한법률시행규칙 제5조에 대한 헌법소원: 위헌(헌재 1993.5.13. 92헌마80)

(쟁점) 당구장 경영자에게 당구장 출입문에 18세 미만자에 대한 출입금지 표시를 하게 하는 규정의 위헌여부(적극)

사건의 개요

이 사건 기록에 의하면 청구인은 체육시설의설치·이용에관한법률 제8조 및 동 시행규칙 제8조 제1항의 규정에 의거, 서울특별시장으로부터 체육시설업 신고필증을 교부받고 주소지에서 당구장을 경영하는 자인바, 체육시설의설치·이용에관한법률시행규칙 제5조 소정의 체육시설업의 시설, 설비, 안전관리 및 위생기준을 규정하고 있는 (별표 1) 2. 안전관리 및 위생기준(체육시설업자의 준수사항) (2) 개별기준 자. 당구장업 3) "출입문에 18세 미만자의 출입을 금지하는 내용의 표시를 하여야 한다"는 규정(이하 심판대상규정이라 한다)이 청구인의 헌법상의 기본권을 침해하고 있다고 하여 이 사건 헌법소원심판을 청구하였다.

주 문

체육시설의설치·이용에관한법률시행규칙(1989. 7. 12. 체육부령 제13호, 개정 1992. 2. 27. 문화체육부령 제20호) 제5조의 체육시설업의 시설, 설비, 안전관리 및 위생기준(별표1)에 수록되어 있는 "2. 안전관리 및 위생기준(체육시설업자의 준수사항)"의 "(2) 개별기준" 중 "자. 당구장업"란 3)에 기재된 "출입문에 18세 미만자의 출입을 금지하는 내용의 표시를 하여야 한다"는 규정은 평등권과 직업선택의 자유를 침해한 것이므로 헌법에 위배된다.

판 단

Ⅰ. 심판청구의 적법성

1. 헌법소원의 대상

이 사건 심판대상규정은 체육시설의설치·이용에관한법률 제5조의 위임에 의거 문화체육부령(정부조직법중개정법률 1993. 3. 6. 법률 제4541호에 의하여 '체육청소년부령'에서 '문화체육부령'으로 변경되었다)인 동 시행규칙 제5조에 규정되어 있으므로 이는 행정기관에 의하여 제정된 전형적인 위임입법의 하나로서 그 법적 성격은 법규명령의 일종인 위임명령에 속한다고 할 것이다. 명령·규칙이라 할지라도 그 자체에 의하여 직접 국민의 기본권이 침해되었을 경우에는 그것을 대상으로 하여 헌법소원심판을 청구할 수 있음은 당 재판소가 일찍이 확립하고 있는 판례인데, 다만 그 경우 제소요건으로서 당해 법령이 구체적 집행행위를 매개로 하지 아니하고 직접적으로 그리고 현재적으로 국민의 기본권을 침해하고 있어야 함을 요하는 것이다.

2. 기본권침해의 자기관련성·직접성·현재성

이 사건의 경우 당구장을 경영하고 있는 청구인은 심판대상규정에 의하여 당구장의 출입문에 18세 미만자의 출입금지표시를 하여야 할 법적의무를 부담하게 되므로 따로 구체적인 집행행위를 기다릴 필요없이 위 규정자체에 의하여 아래 판단과 같이 그의 기본권이 현재 직접 침해당하고 있는 경우라고 할 것이다.

Ⅱ. 본안에 관한 판단

1. 침해된 기본권의 판단

헌법소원심판이 청구되면 헌법재판소로서는 청구인의 주장에만 얽매이어 판단을 한정할 것이 아니라 가능한 한 모든 범위에서 헌법상의 기본권 침해의 유무를 직권으로 심사하여야 할 것인바(1989. 9. 4. 선고, 88헌마22 결정 참조), 청구인이 주장하는 사실관계라면 위 심판대상규정이 청구인의 헌법상 기본권인 직업선택의 자유 내지 그 기본권에서 파생된 직업종사(또는 직무수행)의 자유의 침해 여부가 검토되어야 할 것으로 판단된다. 그리고 그러한 기본권 침해를 전제로 해서 심판대상규정 소정의 18세 미만자의 당구장 출입금지표시 의무부과가 여타의 체육시설과 비교해 볼 때 합리적인 이유가 있다고 인정될 수 있는 것인지의 여부와 모법의 위임의 범위 내의 법규명령인지의 여부가 가려져야 할 것이다.

2. 직업선택의 자유 내지 직업종사(직업수행)의 자유의 제한

헌법 제15조는 직업선택의 자유를 규정하고 있는데 이는 자기가 선택한 직업에 종사하여 이를 영위하고 언제든지 임의로 그것을 전환할 수 있는 자유로서 민주주의·자본주의 사회에서는 매우 중요한 기본권의 하나로 인식되고 있는 것이다. 왜냐하면 직업선택의 자유는 근세 시민사회의 출범과 함께 비로소 쟁취된 기본권으로서 중세 봉건적 신분사회에서는 인정될 수 없었던 것이며 현대사회에서도 공산주의 국가에서는 원칙적으로 인정되지 않는 기본권이기 때문이다.

여기서 직업이란 생활의 기본적 수요를 충족시키기 위한 계속적인 소득활동을 의미하며 그러한 내용의 활동인 한 그 종류나 성질을 불문하는데 헌법재판소는 직업선택의 자유를 비교적 폭넓게 인정하고 있으며 그에 관련하여 여러개의 판례를 남기고 있는 것이다(1989. 11. 20. 선고, 89헌가102 결정; 1990. 10. 8. 선고, 89헌가89 결정; 1990. 10. 15. 선고, 89헌마178 결정; 1990. 11. 19. 선고, 90헌가48 결정; 1991. 6. 3. 선고, 89헌마204 결정 각 참조). **직업선택의 자유에는 직업결정의 자유, 직업종사(직업수행)의 자유, 전직의 자유 등이 포함되지만 직업결정의 자유나 전직의 자유에 비하여 직업종사(직업수행)의 자유에 대하여서는 상대적으로 더욱 넓은 법률상의 규제가 가능하다고 할 것이고** 따라서 다른 기본권의 경우와 마찬가지로 국가안전보장·질서유지 또는 공공복리를 위하여 필요한 경우에는 제한이 가하여질 수 있는 것은 물론이지만 그 제한의 방법은 법률로써만 가능하고 제한의 정도도 필요한 최소한도에 그쳐야 하는 것 또한 의문의 여지가 없이 자명한 것이다(헌법 제37조 제2항). 청구인이 경영하고 있는 당구장업에 대한 신고제도 바로 영업규제의 일환이라고 할 수 있지만 그것은 자격제나 허가제에 비하면 제한의 정도가 훨씬 약한 것이라고 할 수 있다.

그런데 당구장 경영자인 청구인에게 당구장 출입문에 18세 미만자에 대한 출입금지 표시를 하게 하는 심판대상규정은 법령이 직접적으로 청구인에게 그러한 표시를 하여야 할 법적 의무를 부과하는 사례에 해당하는 경우로서, 설사 그것이 법무부의 의견처럼 게시(揭示)의무에 그치고 출입 그 자체를 제한하는 규정은 아니라고 할지라도 게시된 그 표시에 의하여 18세 미만자에 대한 당구장 출입을 저지하는 사실상의 규제력을 가지게 되는 것이므로 이는 결국 그 게시의무 규정으로 인하여 **당구장 이용고객의 일정범위를 당구장 영업대상에서 제외시키는 결과가 된다고 할 것이고 따라서 청구인을 포함한 모든 당구장 경영자의 직업종사(직업수행)의 자유가 제한되어** 헌법상 보장되고 있는 직업선택의 자유가 침해된다고 할 것이다. 뿐만 아니라 위 게시의무를 이행치 않아 시정명령을 받게 되고도 시정치 않을 때에는 영업정지 등 행정조치와 아울러 형사처벌까지 받게 되어 있는 점을 간과할 수 없는 것이다(후술).

3. 평등권 침해여부

당구에는 약간의 신체운동적 요소와 아울러 경기의 속성상 정신을 집중시키고 성격을 침착하게 하는 기능도 없지 않은 것이고 나아가 문화체육부장관도 인정하고 있는 바와 같이 짧은 시간에 스트레스 해소나 기분전환을 할 수 있는 등 여가선용이라는 의미에서 긍정적인 측면이 있고 비용부담의 문제도 승마장이나 골프장에 비하여 반드시 과중하다고 하기 어렵다. 또한 음주, 흡연이나 도박의 문제도 당구장에 한해서 문제되는 것은 아닐 것이고 학생소년이나 근로소년의 경우 장차 당구가 올림픽의 정식종목으로 채택될 경우라거나 세계당구선수권대회의 참가에 대비한다고 함과 같은 장래문제는 우선 차치하고라도 장애소년의 경우에는 정기적으로 개최되는 장애자올림픽에 대비한 조기발굴·조기훈련이 불가피하다는 현재적인 수요를 묵과할 수 없는 것이다. 당구장에 문화체육부나 법무부가 지적하는 바와 같은 문제점이 있다는 것을 헌법재판소가 외면하는 것은 아니나, 당구에 관한 부정적인 시각은 당구자체의 속성에서 유래되는 것이라기보다는 주로 당구장의 시설·환경과 출입자의 성분 때문이라고 보여지기 때문에, 예컨대 학교보건법 제6조 제1항 제13호 소정의 학교와 당구장의 거리를 엄격하게 유지함과 아울러 형법의 도박방조죄를 활용하거나, 청소년기본법 제7조 소정의 사회의 책임을 당구장경영자에게 강조하거나, 당구장의 시설환경을 획기적으로 개선한다거나, 학교의 교사나 선도위원들의 적정한 계도방법을 모색한다거나, 학교·직장의 당구부 또는 청소년 전용당구장을 설치함과 같은 적극적인 해결방안을 우선적으로 모색해 보는 것이 입법목적에 부응하는 것이라 할 것이며, 그러한 시도(試圖)조차 없이 무조건 18세 미만자의 출입을 봉쇄하는 규제방법은 합리적이라 하기가 어려운 것이다.

그러한 규제방법은 청소년 비행 관련문제의 예방 또는 해결책이 아니라 그 방치라고 할 것이며 다른 체육시설과 비교해서 보더라도 합리적인 차별이라 하기가 어렵기 때문에 결국 심판대상규정은 합리적인 이유없이 체육시설업 중 당구장 경영자에 대하여서만 영업대상자의 범위에 있어서 차별을 강요하는 것이라 아니할 수 없어 헌법 제11조 제1항 소정의 평등권을 침해하고 있는 것이라고 할 것이다.

4. 위임입법의 한계 일탈여부

문화체육부장관은 당구가 체력증진 측면보다는 오락적 성격이 강하여 청소년의 탈선 또는 비행을 조장하는 측면이 있고 따라서 그들의 출입규제가 불가피하다고 주장하고 있으나 당구장이 18세 미만자에게 유해하다는 객관적인 자료는 없다고 밝히고 있을 뿐만 아니라(헌법소원에 대한 문화체육부장관의 의견서 결론부분 참조) 설사 문화체육부장관의 위와 같은 주장이 이유있는 것이라고 하더라도 그러한 출입규제 내지 봉쇄는 법률(또는 법률이 구체적으로 명확히 범위를 정하여 위임한 경우의 법규명령)에 의하여서만 비로소 가능하다고 할 것으로서 심판대상규정은 모법의 위임이 없는 사항을 규정하고 있어 결국 위임의 범위를 일탈한 것이라고 하지 않을 수 없는 것이다.

체육시설의설치·이용에관한법률 제22조 제3항에 의하면 동법 제5조의 시설, 설비 중 안전 또는 위생기준에 미달하여 시정명령을 받고 이를 위반한 자에 대하여 6개월 이하의 징역 또는 200만원 이하의 벌금에 처하도록 규정되어 있는바, 그렇다면 이 사건 심판대상규정은 위 처벌조항의 구성요건에 해당된다고 할 것이므로 비록 처벌의 전제절차로서 "시정명령"이 구성요건의 일부로 제한 규정되어 있기는 하지만 죄형법정주의의 존재이유에 비추어 그것이 모법의 규정에서 전혀 예측할 수 없는 내용이라면 허용될 수 없는 것이라고 하지 아니할 수 없는데 그러한 의미에서도 심판대상규정이 모법의 위임의 범위내의 규정이라고 인정하기는 어려운 것이다.

5. 18세 미만 소년의 기본권 침해여부

요컨대 당구장 출입자의 자숙이나 시설, 환경의 정화로 당구의 실내 스포츠로서의 이미지 개선은 가능한 것으로 사료되며 당구자체에 청소년이 금기시해야 할 요소가 있는 것으로는 보여지지 않기 때문에 당구를 통하여 자신의 소질과 취미를 살리고자 하는 소년에 대하여 당구를 금하는 것은 헌법상 보장된 행복추구권의 한 내용인 일반적인 행동자유권의 침해가 될 수 있을 것이다.

※ 위헌결정으로 인해 시행령 별표가 개정되어 현재는 당구장에 관하여 아무런 제한규정이 없다.

✤ 본 판례에 대한 평가 1. 직업(선택)의 자유와 비례의 원칙: 법률로써 직업의 자유를 제한할 경우에도 그 제한의 방법이 합리적이어야 함은 물론 과잉금지의 원칙에 위반되거나 직업의 자유의 본질적인 내용을 침해하여서는 아니 된다. 직업선택의 자유와 직업행사의 자유는 기본권주체에 대한 그 제한의 효과가 다르기 때문에 제한에 있어서 적용되는 기준도 다르며, 특히 직업수행의 자유에 대한 제한은 인격발현에 대한 침해의 효과가 일반적으로 직업선택 그 자체에 대한 제한에 비하여 작기 때문에, 그에 대한 제한은 보다 폭넓게 허용된다. 하지만 헌법재판소는 직업수행의 자유를 제한할 때에도 헌법 제37조 제2항에 의거한 비례의 원칙이 적용되어야 함을 밝히고 있다. 즉, 직업행사의 자유를 제한하는 법률이 헌법에 위반되지 아니하기 위해서는 직업행사에 대한 제한이 공익상의 이유로 충분히 정당화되고, 입법자가 선택한 수단이 의도하는 입법목적을 달성하기에 적정해야 하며, 입법목적을 달성하기 위하여 동일하게 적절한 수단들 중에서 기본권을 되도록 적게 제한하는 수단을 선택하여야 하고, 제한의 정도와 공익의 비중을 비교형량하여 추구하는 입법목적과 선정된 입법수단 사이에 균형적인 비례관계가 성립하여야 한다.

2. 직업의 자유 제한에 관한 단계이론: 독일의 단계이론은 우리 헌법상의 과잉금지 원칙과 구별되는 별개의 기본권 제한의 한계법리가 아니라 과잉금지원칙이 직업의 자유의 영역에서 특수화, 구체화된 것으로 볼 수 있다. 단계이론에 따르면, 입법자는 직업의 자유에 대한 제한이 불가피하다고 판단할 때에 우선 직업의 자유에 대한 침해가 가장 적은 방법(1단계)으로 목적달성을 추구해 보고, 그 제한방법만으로는 도저히 그 목적달성이 불가능한 경우에만 그 다음 단계의 제한방법(제2단계)을 사용하고, 그 두 번째 제한방법도 실효성이 없다고 판단되는 최후의 불가피한 경우에만 마지막 단계의 방법(제3단계)을 선택하여야 한다.

제1단계는 직업종사의 자유를 제한하는 것이다. 여기서는 그 합헌성을 비례의 원칙에 비추어 판단한다. 제2단계는 주관적 사유에 의한 직업결정의 자유의 제한이다. 이것은 예를 들어 사법 시험에 합격한 사람에게만 법조인으로서의 자격을 부여한다는 것과 같이, 직업이 요구하는 일정한 자격과 결부시켜서 직업선택의 자유를 제한하는 것이다. 이러한 자격은 기본권주체 스스로의 노력으로 충족시킬 수 있는 것이어야 한다. 제3단계는 객관적 사유에 의한 직업의 자유의 제한이다. 이것은 일정한 직업을 희망하는 기본권주체의 개인적 능력이나 자격과는 상관관계가 없고 기본권주체가 그 조건 충족에 아무런 영향도 미칠 수 없는 어떤 객관적인 사유(전제조건) 때문에 직업선택의 자유가 제한되는 것이다. 이것은 '직업의 자유'에 대한 침해의 심각성이 크므로 매우 엄격한 요건을 갖춘 예외적인 경우에만 허용되어야 한다.

3. 헌법재판소는 본 결정에서 "직업결정의 자유나 전직의 자유에 비하여 직업종사(직업수행)의 자유에 대하여서는 상대적으로 더욱 넓은 법률상의 규제가 가능하다"라고 판시하고 있다. 본 결정에 대해 이는 독일 연방헌법재판소가 1958년 6월 11일 '약국판결'에서 제시한 직업의 자유의 제한에 대한 3단계이론을 수용한 것으로 이해되고 있다. 하지만 헌법재판소는 독일의 3단계이론을 간접적으로 인정하는 정도에 그친 것으로 보인다. 왜냐하면 헌법재판소는 직업(선택)의 자유와 관련된 많은 사건에서 3단계이론에 직접적으로 기초하여 판단하기보다는 기본권제한의 일반원칙을 직업의 자유에 적용시켜 판단하고 있기 때문이다.

[요약판례 1] 변호사법 제10조 제2항에 대한 위헌심판: 위헌(헌재 1989.11.20. 89헌가102)

변호사법 제10조 제2항, 제3항의 위헌여부(적극)

변호사법 제10조 제2항은 직업선택의 자유를 제한함에 있어서 비례의 원칙에 벗어난 것이고, 합리적인 이유없이 변호사로 개업하고자 하는 공무원을 차별하고 있으며, 병역의무의 이행을 위하여 군법무관으로 복무한 후 개업하는 경우에는 병역의무의 이행으로 불이익한 처우를 받게 되어 헌법 제11조 제1항, 제15조, 제37조 제2항, 제39조 제2항에 각 위반된다.

변호사법 제10조 제3항은 독립하여 존속할 의미가 없으므로 같은 법조 제2항과 아울러 헌법 위반으로 인정된다.

Ⅱ 풍속영업의규제에관한법률 제3조 제5호 등 위헌확인: 기각,각하(헌재 1996.2.29. 94헌마13)

쟁점 노래연습장에 18세미만자의 출입을 금지하는 것이 헌법에 위반되는지 여부(소극)

사건의 개요

청구인은 1993. 11. 25. 풍속영업의규제에관한법률(이하 "법"이라 한다) 제5조 제1항 및 제4항의 규정에 따라 성남남부경찰서장에게 노래연습장 영업신고를 하여 풍속영업신고필증을 교부받은 후 성남시 중원구 중동 421에서 쌍쌍노래연습장을 경영하고 있다. 법 제3조 제5호, 동법시행령(이하 "시행령"이라 한다) 제5조 제6호, 동법시행규칙(이하 "시행규칙"이라 한다) 제8조 제1항의 풍속영업소에 대한 행정처분기준[별표 3]에 수록되어 있는 2. 개별기준의 마. 노래연습장 (1)의 (다)부분의 규정에 의하면 노래연습장의 경우 18세 미만자의 출입을 금지하고 있는바, 청구인은 위 규정들이 청구인의 헌법상 보장된 평등권 등 기본권을 침해하고 있다고 하여 1994. 1. 24. 헌법재판소에 이 사건 헌법소원심판을 청구하였다.

주 문

1. 풍속영업의규제에관한법률(1991. 3. 8. 법률 제4337호) 제3조 제5호 및 위 법률시행령 제5조 제6호(1992. 6. 13. 대통령령 제13663호로 신설되어 1994. 7. 23. 대통령령 제14336호로 개정되기 전의 것)에 대한 심판청구를 기각한다.

2. 위 법률시행규칙 제8조 제1항의 풍속영업소에 대한 행정처분기준 "별표 3"에 수록되어 있는 2. 개별기준의 마. 노래연습장 (1)의 (다)부분(1992. 6. 13. 내무부령 제566호)에 대한 심판청구를 각하한다.

판 단

Ⅰ. 심판청구의 적법여부에 관한 판단

1. 먼저 이 사건 시행규칙조항부분에 대한 심판청구에 관하여 본다.

이 사건 시행규칙조항부분은 법 제7조의 규정에 의한 노래연습장에 대한 행정처분의 기준을 정한 것으로서 청구인의 위반행위가 있을 경우에 이에 대한 행정기관의 행정처분에 의하여 비로소 기본권침해 여부의 문제가 발생할 수 있다고 할 것인데, 행정처분을 받은 사실조차 없는 청구인이 제기한 이 부분에 대한 심판청구는 적법성의 요건을 갖추지 못한 것이 명백하므로 부적법하다.

2. 다음으로 이 사건 법조항 및 시행령조항(이하 "이 사건 법령조항들"이라 한다)에 대한 심판청구에 관하여 본다.

(1) 법적 관련성의 구비여부

법령이 별도의 구체적인 집행행위를 기다리지 아니하고 그 자체에 의하여 직접 기본권을 침해하는 것일 때에는 바로 그 법령을 직접 대상으로 하여 헌법소원을 청구할 수 있다는 것이 우리 재판소의 확립된 판례인바(헌법재판소 1989. 3. 17. 선고, 88헌마1 결정; 1990. 10. 15. 선고, 89헌마178 결정 등 참조), 이 사건에서 노래연습장을 경영하고 있는 청구인은 별도의 집행행위를 기다리지 아니하고 이 사건 법령조항들 자체에 의하여 직접 노래연습장에 18세 미만자를 출입시켜서는 아니될 법적 의무를 부담하고 있다고 할 것이므로 이 사건 법령조항들에 대한 심판청구는 자기관련성·직접성·현재성의 요건을 모두 갖추고 있다고 할 것이다.

(2) 청구기간의 준수여부

법령에 대한 헌법소원의 청구기간은 원칙적으로 그 법령이 제정·시행됨과 동시에 기본권의 침해를 받게 된다고 할 것이므로 그 법령이 시행된 사실을 안 날로부터 60일 이내에, 법령이 시행된 날로부터 180일 이내에 헌법소원을 청구하여야 할 것이나, 법령이 시행된 후에 비로소 그 법령에 해당하는 사유가 발생하여 기본권의 침해를 받게 된 경우에는 그 사유가 발생하였음을 안 날로부터 60일 이내에, 그 사유가 발생한 날로부터 180일 이내에 헌법소원을 청구하여야 할 것이고, 여기서 사유가 발생한 날이란 당해 법령이 청구인의 기본권을 명백히 구체적으로 현실 침해하였거나 그 침해가 확실히 예상되는 등 실체적 제요건이 성숙하여 헌법판단에 적합하게 된 때를 말한다(헌법재판소 1990. 6. 25. 선고, 89헌마220 결정 등 참조). 그런데 청구인은 이 사건 법령조항들이 제정·시행된 후인 1993. 11. 25. 법 제5조 제1항 및 제4항의 규정에 따라 노래연습장 영업신고를 하여 성남남부경찰서장으로부터 풍속영업신고필증을 교부받아 노래연습장 영업을 시작하였으므로, 위 신고필증을 교부받은 때를 사유가 발생한 날로 보아야 할 것이고, 청구인은 그날로부터 60일 이내인 1994.

1. 24. 심판청구를 하였으므로 심판청구기간을 준수하였음이 명백하다.

(3) 따라서 이 사건 법령조항들에 대한 헌법소원은 자기관련성 · 직접성 · 현재성의 요건을 모두 갖추고 있고, 청구기간 내에 청구한 것이므로 적법하다.

Ⅱ. 본안에 관한 판단

1. 죄형법정주의와 위임입법의 한계에 관한 헌법규정의 위반여부

생각건대, 법 제1조에 의하면 이 법의 목적은 미풍양속의 보존과 청소년의 보호에 있으므로 이 사건 법조항에서 말하는 대통령령으로 정하는 풍속영업이란 청소년의 출입을 허용하게 되면 청소년의 보호에 지장을 줄 수 있는 성격의 영업을 말하는 것이고, 대통령령으로 정하는 청소년이란 대상이 되는 풍속영업의 성격 및 청소년에 대한 유해성의 정도, 청소년의 정신적 · 인격적 발달상황 등을 고려하여 풍속영업별로 출입금지연령이 차등적으로 규정되리라는 것을 충분히 예측할 수 있다고 할 것이다. 따라서 대통령령에 위임된 범죄구성요건부분의 대강이 위임법률인 이 사건 법조항에 구체적으로 규정되어 있다고 할 수 있으므로, 이 사건 법조항이 위임입법의 범위와 한계를 벗어난 것이라고 할 수 없고 나아가 죄형법정주의의 명확성, 예측성의 원칙에도 위반되지 아니한다고 할 것이다.

2. 직업선택의 자유의 침해여부

(1) 직업선택의 자유의 제한과 그 한계

헌법 제15조는 모든 국민은 직업선택의 자유를 가진다라고만 규정하고 있으나, 이러한 헌법규정이 비단 직업선택의 자유를 보장하고 있는 것에 그치지 아니하고 직업행사의 자유를 포함하는 직업의 자유를 보장하고 있는 것임은 의문의 여지가 없다.

이 사건 법령조항들이 노래연습장에 18세 미만자의 출입을 금지하는 것은 청구인과 같은 노래연습장업자에 대하여 직업의 자유 그 중에서도 직업행사의 자유를 제한하는 것이 될 것이다.

직업의 자유도 국가안전보장 · 질서유지 또는 공공복리를 위해서 필요 불가피한 경우에는 법률에 의한 제한이 가능하지만, 같은 직업의 자유에 대한 제한이라도 직업행사의 자유에 대한 제한은 직업선택의 자유에 대한 제한보다는 침해의 진지성이 작기 때문에 덜 엄격한 제약을 받는다고 할 수 있다. 그러나 직업행사의 자유를 제한하는 경우에도 헌법 제37조 제2항에서 정하고 있는 기본권제한입법의 한계인 과잉금지의 원칙 내지 비례의 원칙은 지켜져야 할 것이므로, 이 사건 법령조항들의 제정에 있어서 이와 같은 원칙이 지켜졌는지를 살펴보기로 한다.

(2) 목적의 정당성 여부

법규정에 의한 직업의 자유의 제한은 무엇보다도 정당한 목적을 추구하여야 한다.

이 사건 법령조항들이 18세 미만자를 노래연습장에 출입하지 못하도록 한 것은 노래연습장이 대부분 취객들의 출입이 잦고, 폐쇄된 공간에서 미성년자가 보기에 적당하지 아니하거나 선정적인 영상화면을 사용하는 곳이 많은 실정에서 18세 미만자의 출입을 허용하는 것은 감수성이 예민하고 정서적 · 인격적으로 미숙한 이들에게 범죄나 비행을 유발하는 등의 나쁜 영향을 미칠 수 있다는 점을 고려하여 미풍양속의 보존과 청소년의 보호를 위한 것이라고 볼 수 있으므로, 이 사건 법령조항들에 의한 직업행사의 자유의 제한은 공공복리를 위한 것으로서 그 목적의 정당성은 인정된다고 할 것이다.

(3) 방법의 적정성 여부

이 사건 법령조항들이 위 시설기준 및 운영기준을 준수하여 운영되는 노래연습장에 대하여도 18세 미만자의 출입을 금지하고 있는 것은 위 시설기준 및 운영기준을 규정한 취지와 모순되는 것으로 볼 수 없을 뿐만 아니라, 앞에서 본 바와 같은 현재의 노래연습장의 운영실태에 비추어 볼 때 위와 같은 제한은 미풍양속의 보존과 청소년의 보호를 위하여 효과적이고 적절한 방법의 하나라고 할 수 있을 것이다.

한편 청소년의 출입을 허용하면서도 강력한 행정적, 형사적 단속을 한다거나 노래연습장의 시설 등을 청소년이 무제한으로 출입하여도 좋을 정도로 획기적으로 개선하는 등의 방법으로 위 입법목적을 달성할 수 있는 것은 사실이라 할 것이나 현재의 행정능력 등을 위 입법목적을 달성함에 충분한 정도에까지 이르게 하기 위하여는 막대한 인원과 장비가 필요하여 국민의 조세부담이 커지고 다른 행정업무가 지장을 받는 등 문제가 발생할 것이며, 사회도덕을 확립한다거나 노래연습장의 시설기준을 청소년에 맞춘다는 것은 하루아침에 쉽게 이루어지기 어려운 점이고, 이에 반하여 청소년의 유해업소출입을 제한하는 경우에는 사회적 비용이 크게 들지 않는 대신 범죄예방 등의 입법목적 달성에 도움이 된다는 것은 이론의 여지가 없는 것이므로 위 제한은 위 입법목적을 달성함에 충분히 효과적인 방법이라고도 할 것이다.

(4) 피해의 최소성 및 법익의 균형성 여부

피해의 최소성의 원칙이라 함은 입법자는 그가 의도하는 정당한 입법목적을 달성하기 위하여 적합한 방법이 여러 가지가 있는 경우에는 그 중에서 국민의 권리침해가 가장 작은 방법을 선택해야 한다는 원칙이라고 할 수 있다.

생각건대, 노래연습장은 앞에서 본 바와 같이 그 시설기준 및 운영기준에 비추어 볼 때 노래연습장의 출입제한연령을 18세 미만으로 정한 것은 연령제한기준이 지나치게 높은 것이 아닌가 하는 의문이 있을 수 있고, 입법정책적으로 노래연습장이 마땅한 놀이공간이 없는 청소년들에게 스트레스를 풀기 위한 장소를 제공한다는 긍정적인 측면도 있음을 고려하여 18세 이상의 보호자 등이 동반하는 경우나 혹은 취객의 출입이 없을 것으로 예상되는 일정한 시간대에 한하여는 연소자가 볼 수 있는 영상화면을 사용하는 것을 전제로 18세 미만자의 출입을 허용하는 등 18세 미만자의 출입을 전면금지하는 것보다는 완화된 방안이 강구될 수도 있을 것이다(18세 이상의 보호자 등이 동반하는 경우에는 18세 미만자의 출입을 허용하는 것으로 이 사건 시행령조항이 개정된 것은 앞에서 본 바와 같다). 그러나 노래연습장이 비교적 건전한 업소인 점을 고려한다고 하더라도 18세는 고등학교 졸업반 정도의 연령으로서 18세 미만이라는 출입제한연령이 청소년의 정신적·신체적 성숙 정도나 그 정도 연령의 청소년은 절대적으로 보호해야 된다는 우리 사회의 통념, 미성년자보호법이나 청소년기본법의 정신에 비추어 지나치게 높은 것이라고 할 수 없고, 위에서 본 바와 같이 18세 미만자의 출입을 일정한 제한하에서만 허용한다고 하더라도 노래연습장이 과연 청소년에게 적합한 장소인가라는 근본적인 의구심과 함께 칸막이로 인한 공간의 폐쇄성 및 이로 인한 비행의 유발가능성은 여전히 존재하며, 18세 미만자의 출입을 전제로 노래연습장의 시설기준이나 운영기준을 정한 것으로 볼 수 없는 현재의 법규적 상황이나 노래연습장업자도 역시 성인들을 주고객으로 생각하지 아니할 수 없는 현실적 여건하에서 노래연습장의 환경이 청소년에게 적합하도록 획기적으로 개선되기를 기대하기도 어려우므로 입법권자가 18세 미만자의 출입을 금지한다고 하여도 이는 입법정책의 문제로서 이를 두고 피해의 최소성의 원칙에 위배하여 위헌이라고 하기는 어려울 것이다.

나아가 살피건대, 노래연습장에 대하여 18세 미만자의 출입을 금지시킴으로써 노래연습장업자가 입게 될 불이익보다는 18세 미만자의 출입을 방치함으로써 초래되는 청소년보호에 관한 공적 불이익이 크다고 할 것이므로, 노래연습장에 18세 미만자의 출입을 금지하는 이 사건 법령조항들은 법익의 균형성의 원칙에도 위배되는 것으로 볼 수 없다.

(5) 결국 이 사건 법률조항들은 과잉금지의 원칙에 대한 위배 여부를 판단함에 있어 고려되어야 하는 목적의 정당성, 방법의 적정성, 피해의 최소성, 법익의 균형성의 모든 요건을 충족하고 있다고 보여지므로, 위 조항들이 과잉금지의 원칙에 위배하여 청구인들의 직업행사의 자유를 침해하였다고 볼 수 없다.

3. 평등권의 침해여부

이 사건 법령조항들이 노래연습장에 대하여 18세 미만자의 출입을 금지하고 있는 것은 노래연습장의 환경적 특성이나 청소년의 정신적·신체적 성숙 정도 등을 고려한 것으로 볼 수 있는데, 노래연습장의 시설기준이나 운영기준 및 운영실태 등을 감안해 볼 때 노래연습장이 18세 미만의 청소년의 출입을 허용하여도 좋을 만큼 환경적 요소를 구비한 것으로는 보기 어렵다는 것은 앞에서 본 바와 같으므로, 위와 같은 제한이 노래연습장업자를 타영업자에 비하여 합리적 이유 없이 자의적으로 차별하는 것이라고는 할 수 없다.

한편 법 제3조 제5호, 시행령 제5조의 각호의 규정에 의하면 노래연습장 이외에도 성인용 전자유기장업의 경우 및 소극장업 중 18세 미만자의 관람이 금지된 공연물을 공연하는 경우에는 18세 미만자, 유흥접객업, 터키탕업, 무도학원업 및 무도장업의 경우에는 20세 미만자로 출입을 금지하는 풍속영업별 연령을 규정하고 있는바, 이와 같이 법령이 다른 풍속영업소에 대하여도 그 풍속영업소의 특성에 따라 출입금지연령을 정하고 있는 점을 보더라도 이 사건 법령조항들에 의한 위와 같은 제한이 노래연습장업자에 대한 합리적 이유 없는 자의적인 차별이라고 보기는 어렵다.

4. 행복추구권의 침해여부

행복추구권도 국가안전보장·질서유지 또는 공공복리를 위하여 제한될 수 있는 것이고, 18세 미만자에 대하여 노래연습장의 출입을 금지하고 있는 이 사건 법령조항들은 직업선택의 자유와 관련하여 살펴본 바와 같이 목적의 정당성, 방법의 적정성 등의 요건을 모두 갖추고 있으므로 위 조항들이 청구인이나 18세 미만의 청소년들의 행복추구권을 침해한 것이라고 볼 수도 없다.

Ⅲ. 결 론

따라서 이 사건 법령조항들은 헌법에 위반되지 아니한다.

그렇다면 이 사건 시행규칙조항부분에 대한 심판청구는 부적법하므로 이를 각하하고, 이 사건 법령조항들에 대한 심판청구는 이유 없으므로 이를 기각하기로 하여 관여재판관 전원의 일치된 의견으로 주문과 같이 결정한다.

✤ 본 판례에 대한 평가 당구장 출입문에 18세 미만자에 대한 출입금지 표시에 대해서는 위헌결정이 내려졌지만 본 결정에서는 노래연습장업자에게 청소년출입금지의무를 부과하는 것에 대해서는 합헌(기각)결정이 내려졌다. 앞에서 살펴 본 당구장 사건과 마찬가지로, 본 결정에서도 헌법재판소는 직업의 자유에 대한 제한에 있어서 독일의 3단계이론에 직접적으로 기초하여 판단하기보다는 기본권제한의 일반원칙을 직업의 자유에 적용시켜 판단하고 있다고 생각된다. 따라서 우리 헌법재판소는 직업의 자유에 대한 제한과 관련하여 독일의 3단계이론을 간접적으로 인정하는 정도에 그치는 입장에 서 있는 것으로 판단된다.

[요약판례 2] 지가공시및토지등의평가에관한법률시행령 제30조 등 위헌확인: 기각(헌재 1996.8.29. 94헌마113)

공신력이 요구되는 정도에 따라 업무의 영역을 나누고, 감정평가업자를 그 법적 존재형태와 구성원의 수에 따라 3종으로 나누어 업무를 "분담토록" 하는 것이 직업선택의 자유를 형해화할 정도로 그 본질적인 내용을 침해하는 것인지 여부(소극)

이 사건에 있어 청구인은 합동사무소를 개설하고 있는 감정평가사로서 이 사건 심판대상규정인 지가공시및토지등의평가에관한법률시행령 제35조에 의하여 감정평가업무의 내용을 제한받고 있고, 감정평가업무의 내용을 확장하기 위하여 법인을 설립하고자 하여도 30인, 또는 건설부장관이 필요하다고 인정하는 경우에는 최대한 40인 이상의 감정평가사와 함께 하는 경우에만 법인을 설립할 수 있는 제한을 받고 있으며, 청구인은 이 점에 있어서 자신의 직업선택의 자유와 평등권을 침해받고 있다고 주장하고 있으므로, 자기관련성, 현재성, 직접성의 요건은 모두 충족된 것이다.

감정평가업자의 감정평가라는 업무의 성질은 동일하다고 하더라도, 그 업무 중에는 공시지가 산정의 기초가 되는 표준지의 적정가격의 조사·평가와 같이 보다 높은 공신력이 요구되는 것과 개인의 의뢰에 의하여 개별 토지의 감정평가를 하는 것과 같이 공신력이 비교적 덜 요구되는 것으로 나눌 수 있고, 또한 같은 종류의 감정평가라 하더라도 감정대상물의 가액에 따라 공신력이 요구되는 정도가 다르다고 할 수 있는바, 위 시행령 제30조 및 제35조가 이와 같이 공신력이 요구되는 정도에 따라 업무의 영역을 나누고, 감정평가업자를 그 법적 존재형태와 구성원의 수에 따라 3종으로 나누어 업무를 분담토록 하는 것은 보다 높은 공신력이 요구되는 감정평가의 업무에 대하여 객관성·공정성·정확성을 보다 확실히 확보하고자 하는 것으로 공공복리를 위한 경우라 할 것이므로 그 입법 목적에 있어서의 정당성은 인정되고, 감정평가사 사무소, 감정평가사 합동사무소 및 감정평가법인에 있어 요구되는 인적 내지 물적 요소의 차이, 설립절차상의 차이, 감정평가 업무의 객관성·공정성·정확성을 확보하기 위한 법적수단에 있어서의 차이 및 감정평가업자의 대형화·조직화·법인화의 유도 등을 종합하여 볼 때 그 방법 또한 적정하며, 감정평가사 사무소와 합동사무소에 소속된 감정평가사는 감정평가법인을 설립함으로써 위와 같은 제한에서 벗어나 감정평가업자로서의 모든 업무에 참여할 수 있는 길이 열려 있으므로 그 제한의 정도는 필요한 최소한의 정도로써 그 목적에 비례하여 과도한 것이라고는 할 수 없을 뿐더러 직업선택의 자유를 형해화할 정도로 그 본질적인 내용을 침해하는 것이라고 볼 수도 없다.

감정평가사 15인 또는 7인 이상으로 구성된 감정평가사 합동사무소와 감정평가사 30인 또는 최대한 40인 이상의 감정평가사로 구성되고 법인의 형태를 취한 감정평가법인 사이에는 앞에서 본 바와 같은 업무의 객관성·공정성에 대한 기대가능성에 차이가 있으므로, 이러한 합리적 근거를 바탕으로 한 업무범위에 대한 제한을 들어 자의적인 차별이라고는 할 수 없다.

지가공시및토지등의평가에관한법률 제20조 제1항은 3종의 감정평가업자의 업무 모두를 규정한 것에 불과하고 제2항에서 감정평가업자의 종별에 따라 업무범위 등이 다름을 전제로 하여 명시적으로 감정평가업자의 종별에 따른 업무범위 또는 업무지역의 규정을 대통령령에 위임하고 있는바, 따라서 위 법 제20조 제2항은 구체적으로 감정평가업자의 종별에 따른 업무범위 등을 위임하고 있고, 이에 따라 지가공시및토지등의평가에관한법률시행령 제35조가 그 업무

범위 등에 관하여 규정하고 있으므로, 위 시행령 제35조가 법 제20조 제1항 소정의 감정평가업무를 박탈·제한한 것이 아님은 물론이고, 위임입법에 관한 일반적인 헌법원칙에도 어긋나지 아니한다.

[요약판례 3] 학원의설립·운영및과외교습에관한법률 제13조 제1항 등 위헌확인: 기각(헌재 2003.9.25. 2002헌마519)

학원강사의 자격제를 설정한 이 사건 법률조항 및 그 위임에 따라 '대학 졸업 이상의 학력 소지자일 것'을 일반학원 강사의 자격기준 중 하나로 규정한 동법시행령 제12조 제2항과 그에 따른 별표 2의 일반학원 자격기준 항목 제2호 대학 재학 이하 학력 소지자의 직업선택의 자유를 침해하는지 여부(소극)

일반학원의 강사라는 직업의 개시를 위한 주관적 전제조건으로서 '대학 졸업 이상의 학력 소지'라는 자격기준을 갖추도록 요구함으로써 직업선택의 자유를 제한하고 있고, 그와 같은 제한이 헌법상 용인될 수 있기 위하여는 기본권제한의 한계원리인 과잉금지의 원칙에 위배되지 않아야 하는데, 이 사건의 경우는 다음과 같은 이유로 기본권제한의 한계가 준수되고 있다. 먼저 이 사건 심판대상 조항들을 통하여 달성하고자 하는 입법목적은 자질 미달의 강사가 가져올 부실교육 등의 폐단을 미연에 방지함으로써 양질의 교육서비스를 확보하고 교육소비자를 보호하며, 국가 전체적으로 평생교육을 성공적으로 실현하고자 하는 것으로서, 그 목적의 정당성을 인정할 수 있고, 학원에서 교습을 담당하는 강사의 자질과 능력은 학원교육의 질을 좌우하는 요소로서 특히 중요하다 할 것인데, 학원의 설립·운영을 규율하는 법령에 일정 수준의 학력과 같은 강사의 자격기준을 명시적으로 정해 놓고 일괄적으로 통제하는 것은 학원시장의 질서를 효율적으로 규율하는 방법의 하나로서 위와 같은 제한목적의 달성에 기여하는 수단으로서의 적합성이 있다고 볼 것이며, 나아가 이 사건 심판대상 조항들이 요구하는 자격기준을 갖추지 못한 사람이 당장 일반학원의 강사라는 직업을 선택할 수 없는 제한을 받게 된다 하더라도, 그로 인한 불이익은 학원교육의 질적 수준을 보장하여 교육소비자를 보호하고 국가 전체적으로 평생교육을 성공적으로 실현한다는 공동체이익을 능가할 정도로 심각하다고 보이지 아니하므로, 충돌하는 법익 상호간의 균형성도 구비되어 있으며, 자질과 능력을 갖춘 강사를 확보하여 학원교육의 질을 높이거나 유지하는 방법으로서 이 사건 심판대상 조항들과 같이 일률적으로 자격기준을 설정하여 통제하는 방식만큼의 효과를 거둘 만한 다른 제도나 절차를 쉽게 찾아보기 어려우므로 최소침해의 원칙도 문제되지 않는다.

[요약판례 4] 행정사법 제35조 제1항 제1호 위헌확인: 위헌,기각(헌재 1997.4.24. 95헌마90)

행정사의 겸직을 금지한 행정사법 규정의 위헌여부(적극)

일반적으로 겸직금지규정은 당해 업종의 성격상 다른 업무와의 겸직이 업무의 공정성을 해칠 우려가 있을 경우에 제한적으로 둘 수 있다 할 것이므로 겸직금지규정을 둔 그 자체만으로는 위헌적이라 할 수 없으나, 위 법률 제35조 제1항 제1호는 행정사의 모든 겸직을 금지하고, 그 위반행위에 대하여 모두 징역형을 포함한 형사처벌을 하도록 하는 내용으로 규정하고 있으므로 공익의 실현을 위하여 필요한 정도를 넘어 직업선택의 자유를 지나치게 침해하는 위헌적 규정이다.

[요약판례 5] 도로교통법 제70조 제2항 제2호 위헌소원: 합헌(헌재 2005.4.28. 2004헌바65)

도로교통법상 음주운전금지규정에 위반하여 사람을 사상한 후, 교통사고 사상자 구호의무 및 교통사고 신고의무를 이행하지 않음으로써 벌금 이상의 형을 선고받고, 운전면허가 취소된 사람은 운전면허가 취소된 날부터 5년간 운전면허를 받을 자격이 없다고 규정하고 있는 도로교통법 규정의 위헌여부(소극)

운전면허 취득 자체는 직업의 선택이라고 보기 어렵지만 이 사건 법률조항은 그 효과로서 5년이라는 장기간 동안 운전면허를 취득할 수 없도록 규정하고 있으므로 이 사건 법률조항에 해당하는 사람들 가운데 자동차 등의 운전을 필수불가결한 요건으로 하고 있는 일정한 직업군의 사람들에 대하여 종래에 유지하던 직업을 계속 유지하는 것을 불가능하게 하거나, 장래에 그와 같은 직업을 선택하는 것을 불가능하게 하는 효과를 발생시킨다. 따라서 이 사건 법률조항은 직업의 자유를 제한하는 법률조항이다.

자동차 등의 운전은 그 본질상 국민의 생명·신체·재산 및 공공의 안전에 위해를 가할 수 있는 위험성을 지니고 있으며, 이와 같은 위험성에 비추어 볼 때 자동차 등의 운전에 종사할 수 있는 운전면허를 취득하기 위해서는 일정수준 이상의 교통관련법규에 대한 준법의식 및 사고발생시 책임있는 태도를 기본자격으로서 요구하게 된다. 그런데 이와 같은 의식 및 태도 등은 운전면허를 부여하기 위한 시험을 통하여 평가하기 어렵고, 그에 관한 평가는 운전면허를 취득하여 실제 교통에 관여하고 있는 사람들 가운데 그와 같은 자격을 갖추지 못하였음을 징표하는 행위를 한 사람들을 교통관여에서 배제하는 방법으로 이루어진다.

이 사건 법률조항의 개별요건을 구성하는 행위들은 국민의 생명·신체 및 공공의 안전에 대한 침해와 직결되는 행위들로서 이들 행위를 금지하는 도로교통관련법규는 도로교통의 안전에 관한 기본규범이다. 도로교통 관련법규는 이 사건 법률조항의 요건을 구성하는 행위들에 대하여 이 사건 법률조항과는 별도의 행정상·형사상 책임을 규정하고 있다. 이 사건 법률조항은 이들 개별행위들이 모두 함께 결합될 경우를 규율하는 법률조항으로서, 그 행위에 따라 공중의 안전에 초래되는 위험성·침해의 중대성, 행위자의 안전·책임의식 결여의 정도 등에 비추어 볼 때 최소침해성의 원칙에 위반되는 입법이라고는 하기 어렵다. 또한 도로교통법 제70조 제2항은 이 사건 법률조항과 함께 각 호에서 정하고 있는 위법행위의 내용에 따라 그 면허결격기간을 1년부터 5년까지 각각 달리 규정하고 있으며, 이 사건 법률조항은 규정된 행위를 저지른 경우에도 그 위법행위에 대한 벌금 이상의 형의 선고 및 행정청의 운전면허취소를 추가적인 요건으로 하고 있는바, 이 사건 법률조항이 구체적 사안의 개별성과 특수성을 고려할 수 있는 가능성을 일체 배제하는 법률조항이라고 보기는 어렵다. 한편, 운전면허를 불가결의 요건으로 하는 직업은 상시 자동차 등의 운전을 담당하는 직업이라고 할 것이므로 공공의 안전에 미치는 효과가 다른 직업의 경우에 비하여 더 크다고 할 것이다. 따라서 이 사건 법률조항에 의한 기본권의 제한에는 그 제한에 상응하는 정도 이상의 중대한 공익이 존재한다. 결국, 이 사건 법률조항은 기본권 제한에서의 과잉금지의 원칙을 준수하고 있으므로 헌법에 위배되지 아니한다.

[요약판례 6] 주세법 제38조의7 등에 대한 위헌제청: 위헌(헌재 1996.12.26. 96헌가18)

자도소주 구입강제 명령제도의 위헌여부(적극)

구입명령제도는 소주판매업자의 직업의 자유는 물론 소주제조업자의 경쟁 및 기업의 자유, 즉 직업의 자유와 소비자의 행복추구권에서 파생된 자기결정권을 지나치게 침해하는 위헌적인 규정이다. 소주시장과 다른 상품시장, 소주판매업자와 다른 상품의 판매업자, 중소소주제조업자와 다른 상품의 중소제조업자 사이의 차별을 정당화할 수 있는 합리적인 이유를 찾아 볼 수 없으므로 이 사건 법률조항은 평등원칙에도 위반된다.

[요약판례 7] 자동차관리법 제2조 제7호 등 위헌확인: 기각(헌재 1997.10.30. 96헌마109)

자동차매매업자 및 자동차제작·판매자 등에게도 자동차등록대행업무를 허용하는 자동차관리법 제2조 제7호 및 제8조 제3항이 일반행정사의 직업의 자유, 행복추구권 및 평등권을 침해하는지 여부(소극)

자동차관리법 제2조 제7호 및 제8조 제3항은 보다 신속하고 정확한 자동차등록이라는 공익목적을 위하여 자동차등록신청대행업무를 일반행정사 이외의 자동차매매업자 및 자동차제작·판매자 등에게도 중첩적으로 허용하는 것으로서 그로 인하여 반사적으로 일반행정사의 업무영역이 잠식을 당하였다 하더라도 그것이 청구인들의 직업의 자유에 대한 본질적 침해라거나 과잉금지의 원칙을 벗어난 직업의 자유에 대한 과도한 제한이라고 볼 수 없고, 자동차매매업자 및 자동차제작·판매자 등에게도 자동차등록업무의 취급을 허용하여야 할 합리적인 필요성과 정당성은 충분히 인정되므로 다른 전문직종에 비하여 일반행정사를 불합리하고 자의적으로 차별하는 것으로서 평등권을 침해하는 것이라고 볼 수 없다.

[요약판례 8] 의료기사법 제1조 등 위헌확인: 기각(헌재 1996.4.25. 94헌마129등)

물리치료사와 임상병리사에 대하여 독자적인 영업을 금지하고 의사의 지도하에서만 업무를 수행하도록 한 의료기사법 제1조 및 같은 법 시행령 제2조 제2항이 위헌인지 여부(소극)

입법부가 일정한 전문분야에 관한 자격제도를 마련함에 있어서는 그 제도를 마련한 목적을 고려하여 정책적인 판단에 따라 자유롭게 제도의 내용을 구성할 수 있고, 그 내용이 명백히 불합리하고 불공정하지 아니하는 한 원칙적으로 입법부의 정책적 판단은 존중되어야 한다.

의료기사 제도의 입법목적이 의사의 진료행위를 지원하는 업무도 국민의 보건과 관련되어 있는 이상 일정한 자격자로 하여금 담당하게 함으로써 위험을 예방하려는 것이므로, 의료기사가 국민을 상대로 독자적으로 업무를 수행할 수 없도록 하고 반드시 의사의 지도하에서만 업무를 수행하도록 한 것은 그 입법목적에서 비추어 당연한 것이다.

의료기사 제도의 구체적인 내용을 어떻게 구성할 것인가는 입법부의 입법형성의 자유에 속하는 것이고, 의료기사의 업무수행에 관한 자유와 권리는 입법부가 정책적인 판단에 따라 법률로써 그 제도의 내용을 구체적으로 규정할 때 비로소 헌법상의 권리로서 구체화된다. 따라서 헌법상 의료기사의 직업수행의 자유 내지 영업의 자유는 의료기사법에 의해 인정되는 자격제도의 내용에 의해 비로소 창출되는 것이고, 자격제도 자체가 위헌이 아닌 이상 의료기사가 그러한 자격제도하에서 허용되는 범위내에서만 업무를 수행할 수 있는 것은 당연하다.

[요약판례 9] 행정사법시행령 제2조 제3호 위헌확인: 기각(헌재 1997.4.24. 95헌마273)

행정기관에서 발급하는 서류를 외국어로 번역하는 일을 외국어번역행정사는 물론이고 어느 누구라도 할 수 있도록 하는 시행령이 외국어번역행정사의 직업선택의 자유를 침해하는지 여부(소극)

이미 행정기관에서 공적으로 발급된 서류에 대하여는 특별한 사정이 없는 한 행정기관이 또 다시 규제할 필요성이 없고 사실상 규제할 수도 없으므로, 행정기관에서 발급된 서류의 외국어로의 번역은 당해 서류를 필요로 하는 곳의 판단 및 요구수준에 따라 처리되는 것이 당연한 이치이다. 특히 지금과 같은 국제화·세계화 시대에는 실생활에서 외국어의 한글로의 번역뿐만 아니라 한글의 외국어로의 번역이 차지하는 비중이 날로 커져 가고 있는 추세이므로, 행정기관에서 발급하는 서류를 외국어로 번역하는 일을 외국어번역행정사는 물론이고 어느 누구라도 할 수 있도록 하여 이를 전적으로 당해 서류의 번역을 위촉하는 의뢰자의 판단에 따르도록 한 것은 명백히 불합리하다거나 불공정하다고 할 수 없다. 이 사건 심판대상 규정은 또한 청구인과 같은 외국어번역행정사가 행정기관에서 발급된 서류를 번역하는 일을 전혀 제한하고 있는 것이 아니므로 청구인의 직업선택의 자유를 침해하는 것이 아니다.

[요약판례 10] 공인회계사법 제7조 제1항 등 위헌확인: 기각(헌재 2004.11.25. 2002헌마809)

공인회계사시험 합격인원을 대폭 증원하면서도 이들에 대한 실무수습기관의 지정을 법정화하지 않은 구 공인회계사법 제7조 제1항의 위헌여부(소극)

법 제2조의 규정에 의하면, 공인회계사는 타인의 위촉에 의하여 회계에 관한 감사·감정·증명·계산·정리·입안 또는 법인설립 등에 관한 회계(제1호), 세무대리(제2호), 제1호 및 제2호에 부대되는 업무(제3호)를 행한다. 그리고 정부가 2001년도부터 공인회계사시험 합격자를 1,000명 이상으로 확대한 것은 공인회계사 자격취득자들이 회계법인에만 머무르지 않고 일반회사 등으로 폭넓게 진출하여 회계의 투명성을 제고하는데 기여하도록 하고자 한 것이다. 청구인들을 비롯하여 공인회계사시험을 준비하는 사람들은 회계감사 업무를 하는 공인회계사, 즉 "감사인"이 되기를 원하는 것이 통상적이다. 그러나 입법자가 마련한 공인회계사 자격제도는 감사인만에 한정되는 것이 아니며(법 제2조 참조), 나아가 감사인이 되기 위하여 반드시 회계법인에서 실무수습을 받아야만 하는 것도 아니다. 즉, 이 사건 심판청구 당시에도 청구인들을 포함한 공인회계사시험 합격자들이 실무수습을 받을 수 있는 대상기관은 회계법인 이외에도 많은 기관이 마련되어 있었기 때문에(실무수습규정 제3조 참조), 법규범적으로는 부족한 상태가 아니라 오히려 충분한 상황이었다. 요컨대, 입법자가 전문적 지식이 요구되는 공인회계사에 관한 자격제도를 마련함에 있어서는 그 제도를 마련한 목적을 고려하여 정책적인 판단에 따라 자유롭게 제도의 내용을 구성할 수 있다고 할 것이고, 법 제7조 제1항은 그 내용이 명백히 불합리하다거나 불공정하다고 평가할 수 없으므로, 이로 말미암아 청구인들의 직업선택의 자유를 침해한 것이라고 할 수 없다.

[요약판례 11] 음반・비디오물및게임물에관한법률 부칙 제3조 제4항 단서 등 위헌확인: 기각 (헌재 2002.7.18. 99헌마574)

아케이드이컵프멘트 게임장운영자들로 하여금 6개월 이내에 게임제공업의 등록을 하고 게임물의 등급분류를 받도록 규정하는 음반・비디오물및게임물에관한법률 부칙 제3조 제4항 단서의 위헌여부(소극)

국가는 이미 1971. 12. 31. 유기장법시행령의 개정을 통하여 청구인들의 유기장업종을 허가대상에서 제외함으로써 그 이후 유기장영업을 양수하는 영업자들에 대하여 법령에 근거한 개인의 신뢰를 제한하거나 배제하려는 명확한 규범적 표현을 하였으므로 청구인들의 경우 자신의 영업행위가 언제든지 새로운 법적 기준에 의하여 규율되고 이로써 종료될 수 있음을 충분히 예견할 수 있었던 점, 청구인들의 유기기구가 그 지나친 사행성으로 말미암아 장기간의 유예기간을 부여하는 것에 대하여 이의를 제기하는 공익상의 이유가 존재한다는 점, 게임제공업의 경우 다른 게임물을 설치함으로써 다른 업종으로의 전환이 용이하다는 점 등을 고려할 때, 이 사건 법령조항에 의하여 청구인들에게 주어진 6개월의 유예기간은 법개정으로 인한 상황변화에 적절히 대처하기에 지나치게 짧은 것이라고 할 수 없다. 따라서 이 사건 법령조항은 청구인들의 신뢰이익을 충분히 고려하고 있는 것으로서 과잉금지의 원칙에 위반하여 직업의 자유를 침해하는 규정이라 할 수 없다.

[요약판례 12] 게임산업 진흥에 관한 법률 위헌확인: 기각 (헌재 2009.6.25. 2007헌마451)

게임물의 이용을 통하여 획득한 유・무형의 결과물을 환전 또는 환전 알선하거나 재매입을 업으로 하는 행위를 금지하는 규정이 게임제공업을 운영하는 청구인들의 직업수행의 자유를 침해하는지 여부(소극)

게임산업진흥법은 게임제공업소에서 '게임물의 이용을 통하여 획득한 유・무형의 결과물(점수, 경품, 대통령령이 정하는 게임머니 등)'의 환전 등으로 인하여 발생하는 문제점을 해결하기 위하여 이 사건 법률조항을 신설하였는바, 이는 게임결과물의 환전・환전알선・재매입을 업으로 하는 행위를 금지하여 게임물의 사행화를 방지하고 건전한 게임문화를 조성하기 위한 것으로서, 그 입법목적이 정당하다. 청구인들이 제공하는 게임물의 사행성은 게임결과물의 환전이 용이하다는 점에 있고, 이를 규제하기 위하여는 게임결과물에 대한 환전 등을 업으로 하는 행위를 금지하는 것이 보다 유효적절한 수단이 된다 할 것이므로, 이 사건 법률조항은 앞서 본 입법목적을 달성하기 위한 적절한 수단이 된다.

또한, 이 사건 법률조항은 게임결과물에 대한 환전・환전알선・재매입을 업으로 하는 행위만을 금지하고 있을 뿐, 청구인들이 운영하는 게임제공업 그 자체나 게임결과물에 대한 단순한(즉, 영업이 아닌) 환전・환전알선・재매입 행위를 금지하고 있지 아니하므로 피해의 최소성도 인정된다.

음반・비디오・게임법이나 개정되기 전의 게임산업진흥법 아래에서도 게임 결과 획득한 점수의 매매행위와 경품의 환전행위 등이 금지되었으므로, 이 사건 법률조항에 따라 게임결과물의 환전업 등이 금지됨으로써 청구인들의 게임장 영업수익이 일부 감소된다 하더라도 이는 청구인들이 그 동안 불법 환전행위 등으로 취득하였던 불법수익이 감소되는 것에 불과할 뿐이고, 이 사건 법률조항으로 인하여 합법적으로 영업하는 게임제공업소에 대한 영업제한의 정도나 영업수익의 감소는 별로 크지 않다 할 것이다.

그런데, 청구인들이 이용에 제공하고 있는 게임물의 사행성이 사회・경제적으로 크게 문제를 일으켰던 점에 비추어 볼 때, 게임물의 사행화를 방지하고 건전한 게임문화를 조성하려는 공익적 필요성은 상당히 크다 할 것이다. 그렇다면, 이 사건 법률조항에 의하여 달성되는 공익은 그로 말미암아 초래되는 게임제공업자의 자유 제한이나 불이익보다 더 크다 할 것이므로 법익의 균형성도 인정된다. 따라서, 이 사건 법률조항은 과잉금지의 원칙에 위배하여 게임제공업자인 청구인들의 직업수행의 자유를 침해한다고 볼 수 없다.

[요약판례 13] 변호사법 제15조에 대한 위헌심판: 위헌(헌재 1990.11.19. 90헌가48)

법무부장관의 일방적 명령에 의하여 변호사 업무를 정지시키는 변호사업무정지명령제도의 위헌여부(적극)

변호사업무정지명령제도의 당위성은, 형사소추 받은 변호사에게 계속 업무활동을 하도록 방치하면 의뢰인이나 사법제도의 원활한 운영에 구체적 위험이 생길 염려가 있어서 이를 예방하려는 데에 있다 할 것이고, 이는 잠정적이고 가처분적 성격을 가지는 것이다.

변호사법 제15조는, 동 규정에 의하여 입히는 불이익이 죄가 없는 자에 준하는 취급이 아님은 말할 것도 없고, 직업선택의 자유를 제한함에 있어서, 제한을 위해 선택된 요건이 제도의 당위성이나 목적에 적합하지 않을 뿐 아니라 그 처분주체와 절차가 기본권제한을 최소화하기 위한 수단을 따르지 아니하였으며 나아가 그 제한의 정도 또한 과잉하다 할 것으로서 헌법 제15조, 동 제27조 제4항에 위반된다.

공소제기가 된 피고인이라도 유죄의 확정판결이 있기까지는 원칙적으로 죄가 없는 자에 준하여 취급하여야 하고 불이익을 입혀서는 안 된다고 할 것으로 가사 그 불이익을 입힌다 하여도 필요한 최소제한에 그치도록 비례의 원칙이 존중되어야 한다는 것이 헌법 제27조 제4항의 무죄추정의 원칙이며, 여기의 불이익에는 형사절차상의 처분에 의한 불이익뿐만 아니라 그 밖의 기본권제한과 같은 처분에 의한 불이익도 입어서는 아니 된다는 의미도 포함된다고 할 것이다.

법무부장관의 일방적 명령에 의하여 변호사 업무를 정지시키는 것은 당해 변호사가 자기에게 유리한 사실을 진술하거나 필요한 증거를 제출할 수 있는 청문의 기회가 보장되지 아니하여 적법절차를 존중하지 아니한 것이 된다.

[요약판례 14] 구 방문판매에관한법률 제18조 제1항 위헌소원: 합헌,각하(헌재 1997.11.27. 96헌바12)

다단계판매행위의 규제가 직업의 자유를 침해하는지 여부(소극)

다단계판매에서 가입자가 직접 행한 판매 또는 용역제공 이외에 다른 가입자의 영업활동에 의하여 상위가입자가 이익을 얻을 수 없도록 규제하는 것은 다단계판매는 그 조직 확산과정에서 사행심을 조장하여 소비자가 피해를 입게 되는 이른바 피라미드 판매가 되기 쉬우므로 이를 방지하려는 입법목적을 위하여 필요한 최소한도의 합리적인 제한으로서 직업의 자유, 행복추구권을 침해하거나 자유경제질서, 과잉금지의 원칙에 위반되지 아니한다.

[요약판례 15] 공중위생법시행규칙[별표3]중2의나의(2)의(다)목 위헌확인: 기각(헌재 1998.2.27. 97헌마64)

터키탕업소안에 이성의 입욕보조자를 둘 수 없도록 규정한 공중위생법시행규칙의 위헌여부(소극)

공중위생법시행규칙 "별표3" 중 2의 나의 (2)의 (다)목은 선량한 풍속의 유지 및 국민의 건강증진을 위하여 터키탕(증기탕) 업소안에 이성(異性)의 입욕보조자를 둘 수 없도록 규정하고 있을 뿐 터키탕 영업을 금지시키거나 입욕보조자 자체를 둘 수 없도록 제한하고 있지도 아니하여 터키탕 영업에 종사하는 자들의 재산권이나 직업의 자유를 본질적으로 침해한 것이라고 할 수 없다.

[요약판례 16] 학교보건법시행령 제4조의2 제5호 위헌확인: 기각,각하(헌재 1999.7.22. 98헌마480등)

학교환경위생정화구역 안에서 노래연습장의 시설·영업을 금지하는 것이 헌법 제15조의 직업선택의 자유 및 헌법 제10조의 행복추구권을 침해하는지 여부(소극)

학교보건법 소정의 학교환경위생정화구역안에서 노래연습장 시설을 못하게 하여 노래연습장으로 인하여 청소년 학생이 학습을 소홀히 하는 것을 막고 노래연습장의 유해환경으로부터 학생들을 차단, 보호하여 학교교육의 능률화를 기하려는 것으로서 그 입법목적이 정당하고, 학교경계선으로부터 200미터 이내의 학교환경위생정화구역 안에서만 노래연습장 시설을 금지하는 데 불과하므로 기본권 제한의 정도가 그다지 크지 아니한 데 비하여, 학생들이 자주 출입하고 학교에서 바라보이는 학교환경위생정화구역 안에서 노래연습장 시설을 금지하면, 변별력과 의지력이 미약한 초·중등교육법상 각 학교(같은 법 제2조 제1호의 유치원은 제외한다)의 학생들을 노래연습장이 갖는 오락적인 유혹으로부터 차단하는 효과가 상당히 크다고 할 것이고, 학교보건법 제6조 제1항 단서, 같은 법시행령 제4조에 의하여 학교환경위생정화위원회의 심의를 거쳐 학습과 학교보건위생에 나쁜 영향을 주지 않는다고 인정하는 경우에는 위 학교환경위생정화구역 중 상대정화구역 안에서의 노래연습장 시설은 허용되므로, 이 사건 시행령에 의한 직업행사 자유의 제한은 그 입법목적 달성을 위하여 필요한 정도를 넘어 과도하게 제한하는 것이라고 할 수 없다. 따라서 이 사건 시행령조항은 직업선택의 자유와 행복추구권으로부터 파생되는 일반적 행동자유권을 침해한 것으로 볼 수 없다.

[요약판례 17] 식품위생법시행규칙 제42조 별표13 제5.라.마.목. 위헌확인: 기각(헌재 1999.9.16. 96헌마39)

단란주점에 미성년자의 출입을 제한하고 미성년자에 대한 주류제공을 금지하는 것이 직업종사(직업수행)의 자유를 침해하는지 여부(소극)

식품위생법시행규칙 제42조[별표 13]제5. 라. 마.의 규정의 입법목적은 미풍양속의 보존과 미성년자의 보호라고 할 것인데, 단란주점에 가족·직장인 등의 모임으로 18세 이상의 미성년자가 부모·직장상사 등의 성년인 보호자와 동반하는 때만 예외를 인정하고 성년인 보호자의 동반 없는 미성년자의 출입여부의 감시를 영업주에게 맡겨 두는 한편, 미성년자에게 주류제공을 할 수 없도록 한 것은 입법목적 달성을 위한 필요·최소한의 적정한 효과적인 수단에 해당된다. 향락적·폐쇄적 공간인 단란주점에 미성년자의 출입을 허용하고 주류를 제공할 것인지, 이를 허용한다면 어느 연령의 범위까지 허용할 것인지는 입법정책의 영역에 속하는데, 이 사건 규정이 단란주점의 출입제한 및 주류제공금지의 연령을 원칙적으로 20세 미만으로 규정한 것은 미성년자의 정신적·육체적 성숙도, 미성년자 보호에 관한 사회의 통념 등에 비추어 그 연령이 지나치게 높다고 할 수 없으며, 이 사건 규정의 입법목적에 의하여 달성되는 공익은 이로 말미암아 제한되는 단란주점영업자의 직업수행상 불이익보다 크다.

따라서 이 사건 규정은 직업종사의 자유를 제한하기 위한 목적의 정당성, 방법의 적합성, 피해의 최소성 및 법익의 균형성을 갖추고 있어 헌법에 위반되지 아니한다.

[요약판례 18] 청소년보호법 제2조에 대한 위헌확인: 기각,각하(헌재 2001.1.18. 99헌마555)

술을 판매하여서는 안 되는 청소년의 연령을 19세미만으로 정한 청소년보호법 제2조 제1호의 규정이 주점경영자의 직업수행의 자유를 침해한 것인지 여부(소극)

주점을 경영하는 청구인이 청소년보호법 제2조 제1호, 제26조 제1항의 규정에 의하여 만 19세 미만의 자에게 술을 팔 수 없어 그 직업수행의 자유가 부분적으로 제한을 받는 것은 분명하지만, 만 19세미만의 청소년들은 우리나라의 교육제도에 따라 상당수가 고등학교 또는 대학의 저학년에 재학중인 학생들이고 그렇지 않은 경우에도 상당수가 생업이나 군복무에 갓 종사하기 시작한 사람들이어서 이들이 무절제한 음주를 할 경우 그 학업성취 및 직업 등에의 적응 그리고 심신의 건전한 성장과 발전에 중대한 지장을 받을 위험이 매우 크고, 그로 인하여 그 개인은 물론 국가와 사회가 모두 큰 피해를 입게 되므로 이들에게 술을 팔지 못하게 하는 위 법률조항은 그 합리성이 인정되고, 나아가 식품접객업자인 청구인이 위 법률조항으로 인하여 만 19세 미만의 자에게 술을 팔지 못하여 받게 되는 불이익의 정도와 청소년에 대한 술의 판매를 규제하여 청소년이 건전한 인격체로 성장하는 데 기여하게 되는 공익을 비교할 때에 전자의 불이익은 그렇게 크다고 볼 수 없는 반면, 후자의 공익은 매우 크고 중요한 것이라고 인정되어 위 법률조항이 청구인의 직업수행의 자유를 과도하게 제한하여 이를 침해하는 것이라고 할 수 없다.

[요약판례 19] 구 건설산업기본법 제83조 단서 중 제5호 위헌확인: 각하(헌재 2001.3.21. 2000헌바27)

건설업자가 명의대여행위를 한 경우 그 건설업 등록을 필요적으로 말소하도록 한 건설산업기본법 제83조 단서 중 제5호 부분이 직업수행의 자유 및 재산권을 침해하는지 여부(소극)

건설업자가 명의대여행위를 한 경우 그 건설업 등록을 필요적으로 말소하도록 한 이 사건 법률조항은 건설업등록제도의 근간을 유지하고 부실공사를 방지하여 국민의 생명과 재산을 보호하려는 것으로 그 목적의 정당성이 인정되고, 명의대여행위가 국민의 생명과 재산에 미치는 위험과 그 위험방지의 긴절성을 고려할 때 반드시 필요하며, 또한 등록이 말소된 후에도 5년이 경과하면 다시 건설업등록을 할 수 있도록 하는 등 기본권 제한을 완화하는 규정을 두고 있음을 고려하면 피해최소성의 원칙에도 부합될 뿐 아니라, 유기적 일체로서의 건설공사의 특성으로 말미암아 경미한 부분의 명의대여행위라도 건축물 전체의 부실로 이어진다는 점을 고려할 때 이로 인해 명의대여행위를 한 건설업자가 더 이상 건설업을 영위하지 못하는 등 손해를 입는다고 하더라도 이를 두고 침해되는 사익이 더 중대하다고 할 수는 없으므로 청구인의 직업수행의 자유 및 재산권을 침해한다고 할 수 없다.

[요약판례 20] 건설산업기본법 제83조 단서 제1호 부분 위헌소원: 합헌(헌재 2007.5.31. 2007헌바3)

부정한 방법에 의한 건설업의 등록을 말소하는 것이 피해의 최소성 및 법익균형성의 요건을 충족하였다고 볼 수 없어 건설업자의 직업의 자유를 침해하는지 여부(소극)

이 사건 법률조항은 건설업등록제도의 근간을 유지하고, 무자격자에 의한 부실공사를 방지하여 국민의 생명과 재산을 보호하고자 하는 데 입법목적이 있는바, 이러한 입법목적은 정당하고, 부정한 방법에 의한 건설업의 등록을 말소하는 것은 **위 입법목적을 달성하는데 적정한 수단이며, 영업의 정지를 명하는 수단을 선택해서는 건설업등록제도의 목적을 효율적으로 달성하기 어렵고, 부실공사로부터 국민의 생명과 재산을 보호하는 것은 건설업자가 건설업을 영위하지 못하는 손해보다 중대한 법익이므로 피해의 최소성 및 법익균형성의 요건을 충족하였다고 볼 수 있어 건설업자의 직업의 자유를 침해하지 않는다.** 나아가 건설산업기본법 제9조 제4항의 '주기적 신고'는 같은 조 제1항에 의한 건설업의 '신규등록'과는 그 입법목적과 법률효과가 상이하므로 주기적 신고를 하였다고 하여 부정한 방법에 의한 건설업의 등록을 말소할 수 없게 되는 것은 아니다. 따라서 이 사건 법률조항은 청구인의 직업의 자유를 침해하였다고 볼 수 없다. 또한 이 사건 법률조항에 의한 등록말소처분의 상대방은 건설업의 등록주체인 건설회사일 뿐 법인의 내부 구성원에 불과한 주주는 그 상대방이 아니므로 주식양수인에 대한 차별취급이 존재한다고 볼 수 없어 평등원칙에 반하지 아니하며 청구인 회사의 주식양수인은 건설회사의 영업기회 상실에 따른 사실적·경제적 불이익을 입게 될 뿐이므로, 주식양수인의 어떠한 기본권도 이 사건 법률조항으로 인하여 제한받고 있다고 보기 어렵다.

[요약판례 21] 여객자동차운수사업법 제73조의2 위헌확인: 기각,각하(헌재 2001.6.28. 2001헌마132)

백화점의 셔틀버스 운행을 금지한 여객자동차운수사업법 규정의 위헌여부(소극)

청구인 허윤영, 같은 문현숙 등 소비자들이 그동안 백화점 등의 셔틀버스를 이용할 수 있었던 것은 백화점 등의 경영자가 셔틀버스를 운행함으로써 누린 반사적인 이익에 불과한 것이므로, 이 사건 법률조항으로 인하여 더 이상 셔틀버스를 이용할 수 없게 되었다 하더라도, 이는 백화점 등에의 접근에 대한 편이성이 감소되었을 뿐이고, 이로 인하여 소비자의 상품선택권이 제한을 받는 것은 아니어서 이들에게는 청구인적격이 인정될 수 없으므로, 이들의 심판청구는 부적법하다.

직업의 자유는 기본권제한입법의 한계조항인 헌법 제37조 제2항에 따라 국가안전보장·질서유지 또는 공공복리를 위하여 불가피한 경우에는 이를 제한할 수 있는 것이고, 직업의 자유를 구체적으로 어느 정도까지 제한할 수 있는지에 관하여 헌법재판소는 좁은 의미의 직업선택의 자유에 비하여 직업행사의 자유(영업의 자유)에 대하여는 상대적으로 더욱 폭넓은 법률상의 규제가 가능하다고 판시하고 있다.

여객자동차운수사업법(이하 "법"이라 한다)은 여객운송사업의 공공성 때문에 여객자동차운송사업을 하고자 하는 자에 대한 면허기준, 운임·요금의 신고 등 엄격한 규제를 가하고 있고, 나아가 운임이나 운행노선을 변경하고자 하는 경우에도 사업의 유형에 따라 중앙정부 내지는 시·도지사와의 협의와 조정을 반드시 거치도록 규정하고 있다. 이에 비하여 청구인들과 같은 백화점이나 대형 할인점 등은 그 기본적인 업태가 '상품의 판매'이지 '고객의 운송'이 아니다. 백화점 등의 무분별한 셔틀버스의 운행으로 말미암아 위와 같이 공공성을 띤 여객운송사업체의 경영에 타격을 줌으로써 건전한 여객운송질서의 확립에 장애를 불러왔고, 셔틀버스의 운행횟수·노선수·운행거리 등의 제한을 내용으로 하는 자율감축노력은 대도시와 중소도시의 교통환경의 차이, 백화점 등 상호간 또는 기타 유통업체간의 무한경쟁의 특성상 성공하지 못하였다.

법 제73조의 규정에 의하면 자가용자동차의 유상운송은 금지되는 것이 원칙이다. 백화점 등의 셔틀버스운행은 형식상 고객에 대한 무상운행서비스의 제공이지만 이는 결국 모든 상품가격에 전가되게 되어 있으므로, 백화점 등의 셔틀버스운행은 형식상 무상운송이나 실질상은 유상운송으로 보아야 한다. 이 사건 법률조항은 "고객을 유치할 목적으로" "노선을 정하여" 셔틀버스를 운행하는 경우만을 규제하고 있으며, 법 제73조의 2 제1항 제2호는 대중교통수단이 없는 지역 등 대통령령이 정하는 사유에 해당하는 경우로서 시·도지사의 허가를 받은 경우에는 셔틀버스를 계속 운행할 수 있도록 규정하였고, 또한 법 제24조 제1항은 건설교통부장관 또는 시·도지사는 여객의 원활한 운송과 서비스의 개선을 위하여 필요하다고 인정할 때에는 운송사업자에게 "노선의 연장 및 변경", "벽지노선 기타 수익성이 없는 노선의 운행"을 명할 수 있도록 규정함으로써 소비자의 불편을 최소화하는 장치를 마련하고 있다.

요컨대, 이 사건 법률조항은 그 목적의 정당성과 방법의 적합성을 인정할 수 있고, 나아가 피해의 최소성과 법익의 균형성을 갖춘 것이므로, 비록 이로 말미암아 청구인들의 영업의 자유에 제약을 가한 점이 있다 하더라도 그 제약은 헌법상 정당한 범위 내의 제한이라고 할 수 있다.

이 사건은 헌법재판소가 평등위반심사를 함에 있어 엄격한 심사를 하여야 할 경우로서 제시한 헌법이 차별의 근거로 삼아서는 아니 되는 기준 또는 차별을 금지하고 있는 영역을 제시하고 있음에도 그러한 기준을 근거로 한 차별이나 그러한 영역에서의 차별, 차별적 취급으로 인하여 관련 기본권에 대한 중대한 제한을 초래하게 되는 경우의 어디에도 해당하지 않는다. 따라서 이 사건에는 완화된 심사기준, 즉 차별기준 내지 방법의 합리성 여부가 헌법적 정당성 여부의 판단기준이 된다. 이 사건 법률조항에서 예외적으로 셔틀버스운행을 허용하는 "학교, 학원, 유치원, 보육원, 호텔, 교육·문화·예술·체육시설(유통산업발전법 제2조 제3호의 규정에 의한 대규모점포에 부설된 시설은 제외한다), 종교시설, 금융기관 또는 병원의 이용자를 위하여 운행하는 경우"는 그 이용자가 직원, 학생, 교회신도 등 이를 이용할 수 있는 일정한 신분 내지는 자격을 가진 사람에 국한되거나, 그렇지 않다 하더라도 백화점 등의 셔틀버스처럼 불특정 다수인이 이용할 가능성이 상대적으로 적고 또 그 운행횟수나 노선의 거리 등에 있어 현저한 차이를 가지고 있으므로, 이와 같이 구분을 한 입법자의 판단이 명백히 불합리하다거나 자의적인 것으로는 판단되지 않는다.

청구인들이 이 사건 법률조항의 입법이 있기까지 관할관청의 묵인하에 그동안 무상셔틀버스를 규제없이 운행해 왔다 하더라도 이는 법규의 미비로 인하여 누려왔던 반사적 이익에 불과하다고 할 것이고, 설사 그렇지 않다 하더라도 청구인들이 갖고 있는 셔틀버스운행에 대한 신뢰보호와 이 사건 법률조항의 입법으로 새로이 달성하려는 공익목적과를 비교·형량할 때 공익의 우월성을 인정할 수 있으므로, 사회환경이나 경제여건의 변화에 따라 구법질서가 더 이상 적절하지 아니하다는 입법자의 정책적인 판단에 의한 이 사건 법률조항의 입법으로 말미암아 청구인들이 구법질서에서 누리던 신뢰가 손상되었다 하더라도 이를 일컬어 헌법적 한계를 넘는 위헌적인 공권력행사라고는 평가할 수 없다.

(재판관 권성, 재판관 김효종, 재판관 김경일, 재판관 주선회의 위헌의견) 셔틀버스의 운행은 사회적 유해성이 없는 행위로서 자유롭게 보장되어야 하는 기본권 행사의 일환이므로 원칙적으로 허용되어야 하는 것이고, 운송사업자의 보호를 위하여 규제할 필요가 있는 구체적 유형이나 범위를 선별하여 그 경우에만 개별적으로 규제하는 입법방식을 취하는 것이 헌법이 요구하는 기본권제한입법의 체계와 방식에 부합한다. 그런데 이 사건 법률조항은 원칙적·망라적으로 모든 셔틀버스의 운행을 금지하면서 극히 협소한 예외사항만을 인정하고 있으므로, 이와 같이 거꾸로 된 규제방식은 필연적으로 규제의 필요성이 인정되지 않는 행위 즉 운송사업자의 경영에 그다지 불이익을 초래하지 않을 셔틀버스의 운행까지 광범위하게 금지하는 결과를 초래하게 되어 과잉금지라는 비례성의 원칙에 어긋난다.

[요약판례 22] 구 보험업법 제150조 제2항에 의하여 준용되는 제147조 제2항 제2호 위헌제청: 합헌(헌재 2002.1.31. 2000헌가8)

보험모집인의 등록취소 또는 업무정지 사유의 하나로 '모집에 관하여 현저하게 부적당한 행위'를 한 경우를 규정하고 있는 보험업법 제147조 제2항 제2호의 위헌여부(소극)

보험계약의 특수성 그리고 보험모집질서의 중요성과 그에 따른 규제의 필요성에 비추어 볼 때 이 사건 법률조항이 다소 광의의 개념을 포함하는 용어를 사용하고 있다 하더라도 명확성의 원칙에 위배된다고 볼 수 없다. 보험계약은 다른 상거래와는 달리 단체성, 공공성, 사회성의 특성을 가지고 있고 이러한 특성으로 말미암아 다른 어떤 금융거래보다 더욱 규제의 필요성이 높을 뿐만 아니라 보험상품은 그 성격상 모집 단계에서부터 각종 부적절 행위나 기만적 행위가 일어날 가능성이 큰 결과 보험모집 단계에서의 규제의 필요성이 더욱 강조되기 때문이다. 이와 같은 점과 아울러 보험모집의 주체와 보험모집행위의 다양성을 감안한다면 명확성의 원칙은 상당히 완화되어 적용되어야 할 것이다. 게다가 이 사건 법률조항의 '모집에 관하여 현저하게 부적당한 행위를 하였다고 인정되는 때' 부분은 그 자체만으로는 다소 불명확한 것처럼 보이더라도 보험업법상의 다른 규정과 하위규정을 통하여 그 개념과 범위가 충분히 예측된다. 더구나 이 사건 법률조항은 일반 국민을 대상으로 하는 규정이 아니라 보험업자 특히 보험대리점과 보험모집인에 적용되는 규정으로서 위 사람들은 이 사건 법률조항의 내용에 대하여 충분한 예측가능성을 가지고 있다 할 것이므로 명확성의 원칙에 위배된다고 볼 수 없다.

이 사건 법률조항이 직업수행의 자유를 제한하긴 하나 그 입법목적이 정당하고 부적절한 보험모집행위를 규제하는 방법으로서 등록취소와 업무정지명령이라는 행정처분이라는 정책수단 또한 적정하며 보험모집인의 부적절한 행위의 정도 여하에 따라 등록의 취소 또는 기간에 따른 업무정지명령이 선택적으로 이루어지고 보험계약자의 이익 보호와 보험사업의 건전한 발전이라는 공익이 보험모집인의 직업수행의 자유보다 더 크다고 보아야 할 것이므로 피해의 최소성과 법익의 균형성 또한 모두 인정된다고 보아야 할 것이어서 이 사건 법률조항은 과잉금지의 원칙에 위배된다고 볼 수 없다.

[요약판례 23] 유사수신행위의규제에관한법률 제3조 등 위헌소원: 합헌(헌재 2003.2.27. 2002헌바4)

법령에 의한 인·허가 없이 장래의 경제적 손실을 금전 또는 유가증권으로 보전해 줄 것을 약정하고 회비 등의 명목으로 금전을 수입하는 행위를 금지하고 이에 위반시 형사처벌하는 유사수신행위의규제에관한법률 규정의 위헌여부(소극)

유사수신행위의규제에관한법률 제2조의 규정 내용에 의하면, 같은 법 제2조 제4호에서 금지하는 유사수신행위는 장래에 보전을 약속한 거래상대방의 경제적 손실액이 그 거래상대방으로부터 받은 금전의 액수를 초과하는지 여부를 불문함을 알 수 있으므로 죄형법정주의 원칙에 위배되지 않는다.

위 법률조항은 법령에 의한 인·허가 없이 이루어지는 사기적, 투기적, 사행적 금융거래를 규제함으로써 선량한 거래자를 보호하고 건전한 금융질서를 확립하려는 데에 그 입법취지가 있으므로 그 입법목적의 정당성이 인정되고, 위와 같은 유사수신행위에 있어 어느 한 거래상대방이 입은 경제적 손실의 보전은 다른 모든 거래상대방이 출연한 금원을 바탕으로 하므로 사업자가 파산이나 임직원의 횡령사고 등으로 당초 약정한 보장금 지급능력이 없어질 경우 그 피해는 어느 특정 거래상대방에 그치는 것이 아니라 다수의 모든 거래상대방에게 미치게 되며, 사기적, 투기적, 사행적 성격이 강한 위와 같은 유사수신행위가 빈발할 경우 그로 인하여 선량한 일반 국민이 입게 될 피해와 금융질서의 혼란은 말할 수 없을 정도로 클 것으로 예상되는 점을 감안한다면, 위와 같은 유사수신행위를 금지하고 이에 위반하는 행위를 형사처벌의 대상으로 삼는 것은 입법자의 입법재량의 범위에 충분히 속하는 것으로서 위 법률조항은 방법 내지 수단의 적절성과 피해의 최소성의 요건을 갖추지 못하였다고 할 수 없고, 위 법률조항이 보호하고자 하는 공익은 청구인과 같은 사인의 이익에 비하여 보다 우월하다고 하지 않을 수 없으므로 법익의 균형성의 요건도 갖추었다고 보아야 한다. 그렇다면, 위 법률조항은 과잉금지 원칙에 위배하여 청구인의 직업선택의 자유를 침해하는 것이라고 할 수 없다.

어떤 분야의 경제활동을 사인간의 사적 자치에 완전히 맡길 경우 심각한 사회적 폐해가 예상되는데도 국가가 아무런 관여를 하지 않는다면 공정한 경쟁질서가 깨어지고 경제주체간의 부조화가 일어나게 되어 오히려 헌법상의 경제질서에 반하는 결과가 초래될 것이므로, 경제주체간의 부조화를 방지하고 금융시장의 공정성을 확보하기 위하여 마련된 위 법률조항은 우리 헌법의 경제질서에 위배되는 것이라 할 수 없다.

[요약판례 24] 여객자동차운수사업법 제73조의2 제1항 제1호 등 위헌확인: 기각(헌재 2002.11.28. 2001헌마596)

셔틀버스의 예외적 운행허용대상에서 약국의 이용자를 제외함으로써 약국의 셔틀버스운행을 금지한 여객자동차운수사업법 규정이 영업의 자유를 침해하는지 여부(소극)

대학병원 등 대형종합병원 인근의 '문전약국(門前藥局)'들이 환자를 유치하려는 영업행위의 일환으로 셔틀버스를 운행함으로써 기존의 동네약국이나 대형약국들은 환자의 감소로 경영에 곤란을 겪게 되었고, 이로 인하여 이들 약국들도 셔틀버스를 경쟁적으로 운행함에 따라 그 운행구간과 운행횟수도 확대 또는 증가되어 기존의 여객운송사업자와 분쟁이 야기되었다. 따라서 이 사건 법률조항은 약국의 셔틀버스운행으로 말미암은 동네약국 및 여객운송사업자와의 분쟁해결과 무상운송으로 인한 여객운송질서의 문란방지 및 이용자의 안전확보에 그 취지가 있다고 할 것이므로 그 입법목적의 정당성이 인정된다. 나아가 의사의 처방전에 따른 일률적인 약의 조제와 약의 조제에 대한 균일한 보험급여로 인하여 약국간에 차별성이 존재하지 않으므로 셔틀버스의 운행 여부가 환자들의 약국선택에 중요한 요소가 될 것이고, 이로 인해 약국들간의 셔틀버스운행경쟁이 심화될 것이 예상되는데, 백화점 등 대형유통업체의 셔틀버스운행에서 본 것과 같이 이러한 분쟁이 약국간의 자율적인 감축노력이나 사후적인 조정수단으로 해결될 성질의 것이 아니라고 할 것이므로, 부득이 이를 금지할 수밖에 없는 것이다. 또한 병원과 약국 사이를 운행하는 대중교통수단이 없거나, 있다고 하더라도 그 접근이 어려운 경우에는 시·도지사의 허가를 받아 셔틀버스를 운행할 수 있도록 하고 있고, 셔틀버스운행금지로 인하여 제한되는 청구인들의 영업의 자유도 약의 조제와 판매를 기본적인 업무로 하는 약국의 영업활동과 직접적이고 밀접하게 관련된 영역이 아니라, 직업의 수행을 위한 간접적이고도 부수적인 영역에 대한 제한에 불과하므로 수인한도 내의 제한이라 할 것이어서 청구인들의 영업의 자유를 침해하지 아니한다.

위에서 본 바와 같이 약국시장의 경쟁심화로 셔틀버스의 운행횟수와 운행대수가 증가되는 추세에 있고, 약국을 이용하지 않는 병원의 이용자도 아무런 규제없이 셔틀버스를 이용할 수 있어 불특정다수인으로 그 운행의 대상이 확대될 위험이 있으므로 약국의 경우를 회원이나 수강생 또는 이미 병원을 선택하고 진료를 받으려는 환자들에게 교통편의를 제공하는 데 그 목적이 있는 학교. 학원, 병원 등과 달리 취급한다고 하여 청구인들의 평등권을 침해한다고 볼 수도 없다.

[요약판례 25] 석유사업법 제26조 제1항 등 위헌확인: 합헌(헌재 2005.11.24. 2004헌마536)

유사석유제품의 제조 및 판매를 금지한 석유사업법 규정의 위헌여부(소극)

석유제품의 품질과 유통질서를 확보하고, 탈세를 방지하며, 국민의 건강과 환경을 보호하기 위한 것으로서 그 입법목적이 정당하고, 이를 달성하기 위하여 첨가제용 등 명목으로 생산·판매되는 유사석유제품을 금지할 필요가 있으며, 비록 위 법률조항이 유사석유제품의 제조방법을 제한함으로써 발명이나 연구개발을 통한 신제품의 생산·판매와 관련된 직업수행의 자유를 제한하기는 하지만 위 제조방법이 유사석유제품의 제조방법으로 널리 사용되고 있어 금지의 필요성이 강하게 요구되고 위 석유사업법이 시험·연구목적 등인 경우나 개발 및 이용보급이 필요한 경우에는 예외적으로 금지된 제조방법을 사용하는 것을 허용하여 불합리한 상황이 발생할 가능성을 완화시키고 있으므로 피해의 최소성원칙도 준수하고 있다. 나아가 위 법률조항이 달성하고자 하는 공익에 비하여 청구인 회사의 제한받은 직업수행의 자유는 크지 않은 것으로 보이므로, 법익의 형량에 있어서도 합리적인 비례관계가 유지되고 있다.

[요약판례 26] 도로교통법 제78조 제1항 단서 위헌소원: 합헌(헌재 2004.12.16. 2003헌바87)

음주측정거부자에 대해 필요적으로 면허를 취소할 것을 규정한 도로교통법 제78조 제1항 단서 제8호가 재산권, 직업선택의 자유, 행복추구권, 또는 양심의 자유 등에 대한 과도한 금지에 해당하는지 여부(소극)

도로교통법 제41조 및 그 시행령 제31조는 혈중 알콜농도가 0.05% 이상의 경우를 음주운전으로 규정하고 있고 음주운전자에 대하여는 그 면허를 취소할 수 있도록 규정하고 있다. 그러므로 음주운전 여부를 가리기 위하여는 음주의 정도가 백분율(%)로 표시되는 방법의 측정을 할 수밖에 없고(必要的 前置) 만일 이를 거부 내지 회피하는 것을 용인하게 되면 음주운전, 즉 혈중 알콜농도의 수치 0.05% 이상임을 인정할 수 없게 되어 음주운전자는 면허의 취소라는 행정적 제재의 범주에서 원천적으로 벗어나게 된다. 그렇게 되면 많은 음주운전자들이 자연히 음주측정을 거부하게 되고 이렇게 되면 음주운전에 대한 효과적인 단속이 매우 어렵게 된다. 이러한 폐단을 방지하기 위하여 법은 음주측청 거부자에 대한 형사처벌의 법정형을 음주운전자에 대한 그것과 동일하게 규정하고 마찬가지 이유로 음주측청 거부자에 대한 행정제재를 음주운전자에 대한 그것의 상한(운전면허의 취소)과 동일하게 규정하고 있다.

그렇다면 음주측정거부에 대한 행정상의 제재를 임의적 면허취소로 하지 않고 필요적 면허취소로 규정하는 것은 그 입법목적이 정당하고 입법목적의 달성에 효과적이고도 불가피한 수단이 된다.

나아가 음주운전으로 인하여 개인과 사회 그리고 국가가 입는 엄청난 피해를 방지하여야 할 공익적 중대성에서 필연적으로 파생되는 음주측정거부에 대한 제재의 공익적 중대성 또한 크다. 한편 음주측정 거부자가 운전면허를 필요적으로 취소당하여 입는 개인적인 불이익 내지 그로부터 파생되는 여타의 간접적 피해의 정도는 위에서 본 공익의 중대함에 결코 미치지 못한다.

또한 음주운전이 초래할 수 있는 잠재적인 사고 위험성의 심각도에 비추어 볼 때 음주운전행위 및 음주측정 거부행위의 심각한 위험성은 여러 가지 다른 이유에 의하여 현실로 발생하는 경미한 교통사고의 경우와는 비교할 수 없을 정도로 훨씬 더 크다. 따라서 음주측정 거부행위에 대한 제재로서 운전면허를 반드시 취소하도록 하는 것이 법익간의 균형을 도외시한 것이라고 보기 어렵다.

또한 앞에서 본 바에 의하면 음주측정은 음주운전을 단속하기 위한 불가피한 전치적(前置的) 조치라고 인정되므로 경찰관의 음주측정요구에 응하는 것은 법률이 운전자에게 부과한 정당한 의무라고 할 것이고 법률이 부과한 이러한 정당한 의무의 불이행에 대하여 이 정도의 제재를 가하는 것은 양심의 자유나 행복추구권 등에 대한 침해가 될 수 없다.

[요약판례 27] 음반·비디오물및게임물에관한법률 제27조 제2항 등 위헌확인: 기각(헌재 2005.2.3. 2003헌마930)

일반게임장업에서 18세이용가 게임물의 설치비율을 제한함으로써 결과적으로 전체이용가 게임물의 설치를 일정비율 강제하고 있는 음반·비디오물및게임물에관한법률 규정의 위헌여부(소극)

법 제27조 제2항은 일반게임장업으로 등록한 자가 게임장 내에 전체이용가 게임물을 비치하지 않고 18세이용가 게임물만을 설치하여 실질적으로 성인전용게임장 영업을 하는 것을 금지함으로써 게임장의 사행화 및 도박장화를 방지하여 건전한 사회기풍을 조성하려고 함에 있는 것으로 일반게임장업자가 게임장 내에 18세이용가 게임물을 제공하는 것 자체를 금지하는 것이 아니라 일반게임장업자로 하여금 두 종류 게임물의 설치비율을 조정하여 전체이용가 게임물을 일정 부분 설치할 것을 요구하고 있는 것에 그치고 있으므로 위 조항이 비례의 원칙에 위배하여 청구인의 직업수행의 자유를 침해하는 것이라고 할 수 없다.

법 제32조 제4호가 일반게임장업자에게 청소년의 18세이용가 게임물 이용을 방지하기 위한 조치를 취할 의무를 부과하고 있는 것은 청소년 보호라는 입법목적에 기여하는 효과적이고 적절한 수단이 된다 할 것이고, 게임제공업자의 직업수행의 자유를 덜 제한하는 방법을 상정하기도 어려우므로 위 조항이 비례의 원칙에 위배하여 청구인의 직업수행의 자유를 침해하는 것이라고 할 수 없다.

[요약판례 28] 의료법 제52조 제1항 단서 위헌소원 등: 합헌(헌재 2005.12.22. 2005헌바50)

의료법 제8조 제1항 제5호 소정의 범죄로 인하여 금고 이상의 형을 선고받은 경우 면허를 취소하여야 한다고 규정하고 있는 의료법 규정의 위헌여부(소극)

이 사건 법률조항은 보건복지부장관은 의료인이 의료법 제8조 제1항 제5호 소정의 범죄로 인하여 금고 이상의 형을 선고받은 경우 면허를 취소하여야 한다고 규정하고 있는바, 비록 의료인이 금고 이상의 형을 선고받더라도 그것이 의료관련범죄가 아닌 다른 범죄로 인한 경우에는 위 조항 소정의 면허취소사유에는 해당하지 아니한다고 보아야 할 것이다.

이 사건 법률조항은 면허취소의 요건으로 의료관련범죄로 인하여 금고 이상의 형의 선고를 받을 것만을 요구하고 있을 뿐 그 장단기에 관하여 별도의 기준을 정하고 있지 아니하고, 한편, 형사소송법 제323조 제1항은 형의 선고를 하는 때에는 판결 이유에 법령의 적용을 명시하여야 한다고 규정하고 있는바, 법령의 적용에는 각 범죄사실에 해당하는 법조문뿐만 아니라 법정형이 선택적으로 규정된 죄의 경우 형의 선택을 명시하는 것까지 포함된다.

따라서 의료관련범죄와 그 밖의 죄가 형법 제37조 전단의 경합범으로 처벌되는 경우 그 중 당해 의료관련범죄에 대하여 선고된 형이 무엇인지 객관적으로 알 수 있으므로, 다른 내용의 추가 없이 현재의 규정내용만으로도 의료인의 면허취소사유에 해당하는지 여부를 합리적으로 판단할 수 있어 명확성의 문제는 발생하지 아니한다.

[요약판례 29] 식품등의표시기준 제7조 별지1 식품등의세부표시기준 1에 대한 헌법소원: 위헌(헌재 2000.3.30. 99헌마143)

식품이나 식품의 용기·포장에 "음주전후" 또는 "숙취해소"라는 표시를 금지하고 있는 식품등의 표시기준 제7조 『별지1』 식품등의 세부표시기준 1. 가. 중 "음주전후" 및 "숙취해소" 표시를 금지하는 부분이 영업의 자유 등의 기본권을 침해하는지 여부(적극)

위 규정은 음주로 인한 건강위해적 요소로부터 국민의 건강을 보호한다는 입법목적하에 음주전후, 숙취해소 등 음주를 조장하는 내용의 표시를 금지하고 있으나, "음주전후", "숙취해소"라는 표시는 이를 금지할 만큼 음주를 조장하는 내용이라 볼 수 없고, 식품에 숙취해소 작용이 있음에도 불구하고 이러한 표시를 금지하면 숙취해소용 식품에 관한 정확한 정보 및 제품의 제공을 차단함으로써 숙취해소의 기회를 국민으로부터 박탈하게 될 뿐만 아니라, 보다 나은 숙취해소용 식품을 개발하기 위한 연구와 시도를 차단하는 결과를 초래하므로, 위 규정은 숙취해소용 식품의 제조·판매에 관한 영업의 자유 및 광고표현의 자유를 과잉금지원칙에 위반하여 침해하는 것이다. 특히 청구인들은 "숙취해소용 천연차 및 그 제조방법"에 관하여 특허권을 획득하였음에도 불구하고 위 규정으로 인하여 특허권자인 청구인들조차 그 특허발명제품에 "숙취해소용 천연차"라는 표시를 하지 못하고 "천연차"라는 표시만 할 수밖에 없게 됨으로써 청구인들의 헌법상 보호받는 재산권인 특허권도 침해되었다.

[요약판례 30] 학교보건법 제6조 제1항 제2호 위헌제청 등, 학교보건법 제19조 등 위헌제청: 위헌,헌법불합치(헌재 2004.5.27. 2003헌가1등)

학교 정화구역 내에서의 극장시설 및 영업을 금지하고 있는 학교보건법 '극장'부분 중 대학의 정화구역에서도 극장영업을 일반적으로 금지하고 있는 부분이 직업의 자유를 과도하게 침해하여 위헌인지 여부(적극) 및 유치원 및 초·중·고등학교의 정화구역 중 극장영업을 절대적으로 금지하고 있는 절대금지구역 부분이 극장 영업을 하고자 하는 자의 직업의 자유를 과도하게 침해하여 위헌인지 여부(적극)

학교보건법 제5조 제1항은 교육감에게 학교의 보건·위생 및 학습환경을 보호하기 위하여 학교경계선으로부터 200미터를 초과하지 않는 범위에서 대통령령이 정하는 바에 따라 학교환경위생정화구역을 설정하여야 할 의무를 부과하고 있다. 이 법에서 정하는 '학교'의 의미는 학교보건법의 입법목적 및 학교보건법시행령의 규정의 취지를 종합하여 살펴볼 때 학교보건법시행령 제2조에 규정된 모든 학교 즉, 유치원·초·중·고등학교 및 대학을 포함하는 개념이다.

또한 이 사건 법률조항은 누구든지 정화구역 안에서 극장시설 및 영업을 하여서는 아니 된다고 규정하고 있는바, 여기서의 '극장'이란 그 사전적 의미 및 이 사건 법률조항의 입법취지를 종합하여 살펴볼 때 연극 등의 공연을 위한 무대공연시설과 영화상영을 위한 극장 시설을 모두 포함하는 개념이다.

이 사건 법률조항은 대학 부근 정화구역 내의 극장을 일반적으로 금지하고 있다. 그런데 대학생들은 고등학교를 졸업한 자 또는 법령에 의하여 이와 동등 이상의 학력이 있는 자 중에서 선발되므로 신체적·정신적으로 성숙하여 자신의 판단에 따라 자율적으로 행동하고 책임을 질 수 있는 시기에 이르렀다고 할 것이다. 이와 같은 대학생의 신체적·정신적 성숙성에 비추어 볼 때 대학생이 영화의 오락성에 탐닉하여 학습을 소홀히 할 가능성이 적으며, 그와 같은 가능성이 있다고 하여도 이는 자율성을 가장 큰 특징으로 하는 대학교육이 용인해야 할 부분이라고 할 것이다. 따라서 대학의 정화구역에 관하여는 학교보건법 제6조 제1항 단서에서 규율하는 바와 같은 예외조항의 유무와 상관없이 극장에 대한 일반적 금지를 둘 필요성을 인정하기 어렵다. 결국, 대학의 정화구역 안에서 극장시설을 금지하는 이 사건 법률조항은 극장운영자의 직업수행의 자유를 필요·최소한 정도의 범위에서 제한한 것이라고 볼 수 없어 최소침해성의 원칙에 반한다.

이 사건 법률조항은 유치원 및 초·중·고등학교의 정화구역 내의 극장시설 및 영업도 일반적으로 금지하고 있는바, 그 정화구역 중 금지의 예외가 인정되는 구역을 제외한 나머지 구역은 어떠한 경우에도 예외가 인정되지 아니하는 절대금지구역이다. 그런데 국가·지방자치단체 또는 문화재단 등 비영리단체가 운영하는 공연장 및 영화상영관, 순수예술이나 아동·청소년을 위한 전용공연장 등을 포함한 예술적 관람물의 공연을 목적으로 하는 공연법상의 공연장, 순수예술이나 아동·청소년을 위한 영화진흥법상의 전용영화상영관 등의 경우에는 정화구역 내에 위치하더라도 초·중·고등학교 학생들에게 유해한 환경이라고 하기보다는 오히려 학생들의 문화적 성장을 위하여 유익한 시설로서의 성격을 가지고 있어 바람직한 방향으로 활용될 가능성이 높다는 점을 부인하기 어렵다. 그렇다면 정화구역 내의 절대금지구역에서는 이와 같은 유형의 극장에 대한 예외를 허용할 수 있는 가능성을 전혀 인정하지 아니하고 일률적으로 금지하고 있는 이 사건 법률조항은 그 입법목적을 달성하기 위하여 필요한 정도 이상으로 극장운영자의 기본권을 제한하는 법률이다.

이 사건 법률조항은 극장운영자의 표현의 자유 및 예술의 자유도 필요한 이상으로 과도하게 침해하고 있으며, 표현·예술의 자유의 보장과 공연장 및 영화상영관 등이 담당하는 문화국가형성의 기능의 중요성을 간과하고 있다. 따라서 이 사건 법률조항은 표현의 자유 및 예술의 자유를 침해하는 위헌적인 규정이다.

오늘날 영화 및 공연을 중심으로 하는 문화산업은 높은 부가가치를 실현하는 첨단산업으로서의 의미를 가지고 있다. 따라서 직업교육이 날로 강조되는 대학교육에 있어서 문화에의 손쉬운 접근가능성은 중요한 기본권으로서의 의미를 갖게 된다. 이 사건 법률조항은 대학생의 자유로운 문화향유에 관한 권리 등 행복추구권을 침해하고 있다.

아동과 청소년은 부모와 국가에 의한 단순한 보호의 대상이 아닌 독자적인 인격체이며, 그의 인격권은 성인과 마찬가지로 인간의 존엄성 및 행복추구권을 보장하는 헌법 제10조에 의하여 보호된다. 따라서 헌법이 보장하는 인간의 존엄성 및 행복추구권은 국가의 교육권한과 부모의 교육권의 범주 내에서 아동에게도 자신의 교육환경에 관하여 스스로 결정할 권리, 그리고 자유롭게 문화를 향유할 권리를 부여한다고 할 것이다. 이 사건 법률조항은 아동·청소년의 문화향유에 관한 권리 등 인격의 자유로운 발현과 형성을 충분히 고려하고 있지 아니하므로 아동·청소년의 자유로운 문화향유에 관한 권리 등 행복추구권을 침해하고 있다.

이 사건 법률조항에 대하여 단순위헌의 판단이 내려진다면 극장에 관한 초·중·고등학교·유치원 정화구역 내 금지가 모두 효력을 잃게 됨으로써 합헌적으로 규율된 새로운 입법이 마련되기 전까지는 학교정화구역 내에도 제한 상영관을 제외한 모든 극장이 자유롭게 설치될 수 있게 될 것이다. 그 결과 이와 같이 단순위헌의 결정이 내려진 후 입법을 하는 입법자로서는 이미 자유롭게 설치된 극장에 대하여 신뢰원칙 보호의 필요성 등의 한계로 인하여 새로운 입법수단을 마련하는 데 있어서 제약을 받게 된다. 이는 이 결정의 취지에서 정당한 목적으로서 인정한 공익의 측면에서 비추어 보아도 바람직하지 아니하다. 따라서 이 사건 법률조항 중 초·중등교육법 제2조에 규정한 각 학교에 관한 부분에 대하여는 단순위헌의 판단을 하기보다는 헌법불합치결정을 하여 입법자에게 위헌적인 상태를 제거할 수 있는 여러 가지의 입법수단 선택의 가능성을 인정할 필요성이 있는 경우라고 할 것이다. 따라서 초·중·고등학교·유치원 정화구역 부분에 관하여는 헌법불합치결정이 타당하다.

[요약판례 31] 도로교통법 제71조의15 제2항 제8호 위헌제청: 위헌(헌재 2005.7.21. 2004헌가30)

'자동차운전전문학원을 졸업하고 운전면허를 받은 사람 중 교통사고를 일으킨 비율이 대통령령이 정하는 비율을 초과하는 때'에는 학원의 등록을 취소하거나 1년 이내의 운영정지를 명할 수 있도록 한 도로교통법 규정의 위헌여부(적극)

"교통사고를 일으키거나 … 한 사람의 비율이 대통령령이 정하는 비율을 초과하는 때"라고 규정하고 있는 이 사건 조항은 행정처분의 기준이 되는 '교통사고'와 '사고 운전자의 비율'을 각 위임하고 있는 것이라고 볼 수 있다. 이러한 위임입법은 헌법 제75조의 포괄위임입법금지원칙에 위배된다.

'교통사고'는 이 사건 조항에서 행정제재의 기준이 되는 비율의 계산에 있어서 중요한 변수이나, 이 사건 조항은 대통령령에 규정될 '교통사고'가 어떤 종류나 범위의 것이 될 것인지에 관한 대강의 기준을 제시하지 않고 있으며 도로교통법의 전반적 체계와 관련규정을 보아도 이를 예측할만한 단서가 없다. 따라서 '교통사고' 부분의 위임은 지나치게 포괄적인 것으로서 예측가능성을 주지 못하며 위임입법에서 요구되는 구체성·명확성 요건을 충족하지 못하였다.

'사고 운전자의 비율'은 행정제재의 핵심적인 기준이므로 그 위임에 있어서는 법률에서 구체적 기준을 정하여야 한다. 그런데 이 사건 조항이나 도로교통법의 다른 조항들을 살펴보아도 그 비율의 대강이나 상하한선을 예상할 수 없다. 따라서 이 사건 조항은 운전전문학원 졸업자의 교통사고 비율을 대통령령에 너무 포괄적으로 위임한 것이다.

교통사고는 본질적으로 우연성을 내포하고 있고 사고의 원인도 다양하며, 이는 운전기술의 미숙함으로 인한 것일 수도 있으나, 졸음운전이나 주취운전과 같이 운전기술과 별다른 연관이 없는 경우도 있다. 이 사건 조항이 운전전문학원의 귀책사유를 불문하고 수료생이 일으킨 교통사고를 자동적으로 운전전문학원의 법적 책임으로 연관시키고 있는 것은 운전전문학원이 주체적으로 행해야 하는 자기책임의 범위를 벗어난 것이며, 교통사고율이 높아 운전교육이 좀더 충실히 행해져야 하며 오늘날 사회적 위험의 관리를 위한 위험책임제도가 필요하다는 사정만으로 정당화될 수 없다.

운전교육과 기능검정이 철저하더라도 교통사고는 우연적 사정과 운전자 개인의 부주의로 발생할 수 있다는 것을 감안하면, 교통사고를 예방하고 운전교육과 기능검정을 철저히 하도록 한다는 입법목적은 이 사건 조항으로 인하여 효과적으로 달성된다고 할 수 없다. 운전교육 및 기능검정의 내실화 및 이를 통한 교통사고 예방은 이 사건 조항이 아니더라도 운전전문학원의 지정 요건과 교육내용, 기능검정 등에 관하여 마련되어 있는 도로교통법과 동법시행령·시행규칙의 구체적이고 자세한 규정들이 제대로 집행된다면 가능하다. 이 사건 조항은 입법목적을 달성하기 위한 수단으로서 부적절하며, 운전전문학원의 영업 내지 직업의 자유를 필요 이상으로 제약하는 것이다.

이 사건 조항이 추구하는 입법목적이 이 사건 조항을 통하여 달성될 것인지가 불투명한 반면, 이 사건 조항에 따른 행정제재를 당하는 운전전문학원은 자신이 충실히 운전교육과 기능검정을 하였더라도 피할 수 없는 제재를 당할 수 있게 되고, 그러한 제재가 가져오는 영업상의 손실은 큰 것이다. 이 사건 조항은 법익의 균형성 원칙에 위배된다.

그러므로 이 사건 조항은 비례의 원칙에 어긋나 직업의 자유를 침해한다.

[요약판례 32] 학교보건법 제6조 제1항 제13호 등 위헌소원: 합헌(헌재 2011.10.25. 2010헌바384)

중학교 학교환경위생정화구역 안에서 여관과 관련한 행위의 금지 의무를 위반한 자를 처벌하는 학교보건법 규정이 직업수행의 자유를 침해하는지 여부(소극)

이 사건 법률조항은 여관의 유해환경으로부터 중학교 학생들을 보호하여 중학교 교육의 능률화를 기하려는 것으로서 그 입법목적의 정당성이 인정되고, 유해환경으로서의 특성을 갖는 여관영업을 정화구역 안에서 금지한 것은 위와 같은 입법목적을 달성하기 위하여 효과적이고 적절한 방법의 하나라고 할 수 있다. 또한 학교환경위생정화위원회이 심의를 거쳐 학습과 학교보건위생에 나쁜 영향을 주지 않는다고 인정하는 경우에는 상대정화구역 안에서의 여관영업이 허용되며, 건물의 소유주로서는 건물을 "여관" 이외의 다른 용도로는 사용할 수 있으므로 건물의 기능에 합당한 사적인 효용성은 그대로 유지된다고 할 것이고, 재산권 침해를 최소화하고 사전에 여관영업을 정리할 수 있도록 기존시설에 대하여 2회에 걸쳐 각각 5년 정도의 유예기간을 주는 규정이 있었음을 고려하면, 피해최소성의 원칙에도 부합될 뿐 아니라, 여관영업을 금지함으로써 건물소유자 내지 여관업자가 입게 될 불이익보다는 이를 허용함으로 인하여 중학교 교육의 능률화를 기할 수 없는 결과가 더 크다고 할 것이므로 이 사건 법률조항은 직업수행의 자유 및 재산권을 침해하지 않는다.

[요약판례 33] 부동산 가격공시 및 감정평가에 관한 법률 제24호 위헌확인: 기각(헌재 2009.7.30. 2007헌마1037)

금고이상의 실형을 선고받고 그 집행이 종료되거나 그 집행이 면제된 날로부터 3년이 지나지 않은 경우를 감정평가사의 결격사유로 정한 '부동산 가격공시 및 감정평가에 관한 법률' 제24조 제3호가 청구인의 직업선택의 자유를 침해하는지 여부(소극)

청구인과 같이 감정평가사가 되고자 하는 자는 이 사건 법률조항 소정의 결격사유에 해당하는 경우 당해 결격사유가 없어질 때까지는 감정평가사의 자격을 취득하여 감정평가업무에 종사할 수 없게 된다. 이는 일정한 직업을 선택함에 있어 기본권 주체의 능력과 자질에 따른 제한으로서 이른바 '주관적 요건에 의한 좁은 의미의 직업선택의 자유의 제한'에 해당한다.

이 사건 법률조항은 감정평가사의 자격을 취득하려는 자가 향후 수행하게 될 감정평가업무의 적법성, 공정성, 윤리성 등을 담보하기 위하여 감정평가사에게 일정한 자질을 요구하는 것으로서 그 입법목적의 정당성이 인정되고, 결격사유로 정한 형이나 그 경과기간이 이러한 입법목적을 달성하기 위하여 적절하며, 사회적 비난가능성이 상당한 위법행위라고 법관이 판단하여 실형을 선고하였다는 매우 명백한 기준을 내세워 감정평가사의 자격요건을 정한 입법자의 선택이 합리성을 결여하였다고 보기 어렵기 때문에, 청구인의 직업선택의 자유를 침해하지 아니한다.

[요약판례 34] 공동주택 분양가격의 산정 등에 관한 규칙 제10조 제2항 위헌확인: 기각(헌재 2009.9.24. 2007헌마1345)

'부동산가격 조사·평가를 위한 감정평가업자 선정기준'을 충족한 감정평가업자만이 분양가상한제 적용 주택의 택지가격 감정평가 업무를 수행할 수 있도록 한 '공동주택 분양가격의 산정 등에 관한 규칙' 제10조 제2항이 중소 감정평가법인인 청구인들의 직업의 자유를 침해하는지 여부(소극)

이 사건 규칙조항은 표준지 등의 감정평가업자 산정기준을 충족한 일정 규모 이상의 감정평가업자만이 분양가상한제 적용 주택의 택지가격 감정평가 업무를 할 수 있도록 함으로써 위 업무의 공정성과 객관성을 확보하고 분양가상한제의 실효적 도모를 통하여 주택시장을 안정화하기 위한 것인바, 목적의 정당성 및 수단의 적합성이 인정된다.

분양가상한제 적용 주택의 택지가격에 대한 감정평가업무는 전국적인 가격 안정 및 통제·관리를 요하는 공적 목적의 감정평가업무로서, 충분한 경력을 가진 일정 수 이상의 감정평가사가 업무에 집중적으로 투여되어야 하고, 인력부족으로 인한 부실평가를 방지하기 위하여는 가 업무별로 필요한 소속 감정평가사를 충분히 확보한 감정평가업자로 하여금 위 업무를 수행하게 할 필요성이 있다. 또한 국가가 감정평가업자의 공신력 및 전문성을 검증할 수 있는 객관적인 기준을 정하고 이를 충족한 자만이 위 업무를 수행하도록 하는 것은 감정결과에 대한 국민의 신뢰를 확보하기 위한 최선의 방법이며, 감정평가업자의 선정단계에서 아무런 제한을 가하지 않은 채 행해지는 복수평가 및 재평가, 사전심사만으로는 한계가 있다.

한편, 표준지 등의 감정평가업자 선정기준을 충족하지 못한 감정평가업자라도 보상을 위한 평가 등 사익적 측면이 강한 감정평가업무는 얼마든지 수행할 수 있으므로 피해의 최소성 원칙에 반한다고 보기 어렵고, 청구인들은 분양가상한제 적용 주택의 택지가격 감정평가업무라는 일부업무를 할 수 없는데 불과하므로 이러한 사익이 이 사건 공익에 비하여 크다고 보기 어렵다.

그러므로 이 사건 규칙조항은 청구인들의 직업의 자유를 침해하지 않는다.

Ⅲ 안마사에관한규칙 제3조 제1항 제1호 등 위헌확인: 위헌(헌재 2006.5.25. 2003헌마715등)

쟁점 시각장애인에 한하여 안마사 자격인정을 받을 수 있도록 하는, 이른바 비맹제외기준(非盲除外基準)을 설정하고 있는 안마사에관한규칙(2000. 6. 16. 보건복지부령 제153호로 개정된 것) 제3조 제1항 제1호와 제2호 중 각 "앞을 보지 못하는" 부분(이하 '이 사건 규칙조항'이라 한다)이 법률유보원칙이나 과잉금지원칙에 위배하여 일반인의 직업선택의 자유를 침해하는지 여부(적극)

주 문

안마사에관한규칙(2000. 6. 16. 보건복지부령 제153호로 개정된 것) 제3조 제1항 제1호와 제2호 중 각 "앞을 보지 못하는" 부분은 헌법에 위반된다.

판 단

Ⅰ. 이 사건 규칙조항의 의미

1. 비맹제외기준과 기본권 제한

의료법 제61조 제4항을 근거로 하여 제정된 이 사건 규칙조항은 안마사의 자격인정을 받을 수 있는 자를 일정한 범위의 "앞을 보지 못하는 사람"만으로 한정함으로써, 시각장애인이 아닌 일반인으로 하여금 안마사 자격을 원천적으로 받을 수 없도록 하는 기준, 이른바 비맹제외기준(非盲除外基準)을 설정하고 있다.

따라서 시각장애인이 아닌 청구인들이 안마업무에 종사하기 위해서는 우선 안마사의 자격인정을 받아야 하지만, 위와 같은 비맹제외기준으로 인해 안마사 자격을 원천적으로 받을 수 없게 되어 안마사 직업을 선택할 수 있는 자유를 제한받고 있으며, 시각장애인과 비교할 때 안마사 자격취득에 있어서 차별적 취급을 받고 있다 할 것이다.

2. 교육을 받을 권리 침해여부

청구인들은 이 사건 규칙조항이 헌법 제31조 제1항의 교육을 받을 권리를 침해하는 것이라고 주장한다. 그러나 안마사에관한규칙 제3조 제1항은 안마사의 자격인정을 받을 수 있는 자로서 초·중등교육법 제2조 제5호의 규정에 의한 특수학교 중 고등학교에 준한 교육을 하는 학교에서 제2조의 규정에 의한 물리적 시술에 관한 교육과정을 마친 '앞을 보지 못하는' 사람(제1호), 중학교 과정 이상의 교육을 받고 보건복지부장관이 지정하는 안마수련기관에서 2년 이상의 안마수련과정을 마친 '앞을 보지 못하는' 사람(제2호)으로 한정하고 있다. 이와 같은 규정의 형식과 내용에 비추어 볼 때, 이 규칙조항은 일정한 특수 교육과정을 마친 사람 중에서 특별히 시각장애인에 한하여 안마사자격을 받을 수 있도록 하는 기준과 범위를 정하는 데 중점을 두고 있을 뿐, 청구인들과 같은 일반인이 안마, 마사지 등에 관한 교육을 받을 권리 자체를 제한하기 위한 규정이라고는 보기 어렵다. 또한 이 규칙조항에서 예정하고 있는 교육내용(특수학교에서의 물리적 시술에 관한 교육, 보건복지부장관 지정 안마수련기관에서의 교육)이 시각장애인만을 대상으로 한 것이라면 이는 시각장애인이 안마사업에 종사하는 데 필요한 물리적 시술방법 등을 교육하기 위한 목적으로 개설된 것으로서 시각장애인이 아닌 일반인에게는 그 속성상 필요·적합하지도 않은 것이라 할 것이다. 따라서 이 사건 규칙조항은 청구인들의 교육을 받을 권리를 제한한다고 보기 어렵다.

Ⅱ. 이 사건 규칙조항의 위헌여부

이 사건 규칙조항은 아래에서 살펴보는 바와 같이 기본권 제한의 방식에서 법률유보원칙에 위배되거나 그 제한의 정도가 과잉금지원칙에 위배되어 위헌임을 면하기 어렵다.

1. 재판관 윤영철, 재판관 권성의 의견

국민의 기본권은 헌법 제37조 제2항에 의하여 국가안전보장·질서유지 또는 공공복리를 위하여 필요한 경우에 한하여 이를 제한할 수 있으나, 그 제한의 방법은 원칙적으로 법률로써만 가능하고 제한의 정도도 기본권의 본질적 내용을 침해할 수 없으며 필요한 최소한도에 그쳐야 한다. 여기서 기본권제한에 관한 법률유보원칙은 '법률에 근거한 규율'을 요청하는 것이므로, 그 형식이 반드시 법률일 필요는 없다 하더라도 법률상의 근거는 있어야 한다 할 것이다.

(1) 이 사건 규칙조항이 앞을 보지 못하는 사람이 아닌 사람은 안마사자격을 원천적으로 받을 수 없도록 이를 제외하는 기준 내지 범위(비맹제외기준)를 안마사의 자격인정요건으로 설정하고 있는 것은 국민들이 안마사 직업을 자유로이 선택할 수 없도록 제한하는 것이므로 이는 기본권의 제한과 관련된 중요하고도 본질적인 사항이어서 마땅히 법률로 정하는 것이 원칙이고 하위법규에 그 입법을 위임할 수는 없는 문제이다. 이미 헌법재판소 2003. 6. 26. 2002헌가16 결정의 위헌의견(판례집 15-1, 663, 674-675)에서, 이 사건 규칙조항이 위임근거로 삼고 있는 의료법 제61조 제4항이 비맹제외와 같은 기본권과 관련된 본질적인 사항을 하위법규에 입법위임을 한 것은 의회유보의 원칙(법률유보원칙)에 위배되는 것임을 지적한 바 있다.

즉 의료법 제61조 제4항은 안마사의 자격인정에 필요한 사항은 보건복지부령으로 정한다고 위임을 하면서도 위임사항에 관하여 구체적인 범위를 전혀 정한 바가 없다. 그러므로 국민들로서는 하위법규에서 구체적으로 정하여질 안마사의 자격인정요건이 어떤 것이 될 것인지를 위 법률조항만으로는 도저히 예측할 수 없다. 뿐만 아니라 의료법의 다른 규정 전체를 유기적·체계적으로 살펴보아도 안마사의 자격인정요건의 기본적 윤곽을 짐작케 하는 아무런 단서를 발견할 수 없고, 위와 같은 비맹제외기준 같은 것을 시사하는 규정도 발견하기 어렵다. 그렇다면 의료법 제61조 제4항은 하위법규에 입법을 위임하면서 아무런 기준과 범위를 설정하지 아니한 것이어서 포괄위임을 금지한 헌법 제75조에도 위반된다.

(2) 다른 한편 이 사건 규칙조항은 보건복지부장관이 규칙제정권을 행사함에 있어서 위와 같이 위임의 기준과 범위가 불분명하거나 지나치게 포괄적인 법률조항을 빌미로 청구인들을 비롯한 시각장애인이 아닌 자들이 안마사업에 종사하지 못하게 규정을 둠으로써 그들 일반인의 직업선택의 자유를 제한하고 있다. 말하자면 국민의 기본권 제한에 관한 법령의 체계위반, 즉 위임입법의 한계일탈 상황은 위임조항인 모법에서뿐만 아니라 이 사건 규칙조항에서도 마찬가지로 발생하고 있는 것이다.

그렇다면 이 사건 규칙조항은 모법인 의료법 규정과 더불어 기본권 제한에 관한 방식, 즉 법률유보원칙을 위배하고 있어서 그 자체로서 위헌임을 면키 어려우므로 기본권제한의 정도가 과도한 것인지 여부를 떠나서 헌법에 위반된다고 할 것이다.

2. 재판관 전효숙, 재판관 이공현, 재판관 조대현의 의견

(1) 법률유보원칙 위배

의료법 제61조 제1항은 안마사가 되고자 하는 자는 시·도지사의 자격인정을 받아야 한다고 규정하고, 동조 제4항은 안마사의 자격인정 등에 관하여 필요한 사항은 보건복지부령으로 정한다고 규정하고 있다.

그런데 이 사건 규칙조항은 시각장애인을 안마사의 자격인정요건으로 설정함으로써 시각장애인이 아닌 국민들이 안마사 직업을 자유로이 선택할 수 없도록 원천적으로 제한하고 있다. 즉 이는 기본권의 제한과 관련된 중요하고도 본질적인 사항임에도 불구하고, 법률이 아닌 하위법규에서 비로소 입법화한 것이다. 의료법은 안마사의 자격인정에 필요한 사항을 위임하였는데 이 사건 규칙조항은 안마사의 자격인정과 무관한 시각장애를 안마사 자격을 인정하기 위한 요건으로 규정하여 기본권을 침해하는 입법을 하였다. 이는 모법으로부터 구체적으로 범위를 정하여 위임받지 아니한 사항을 하위법규에서 기본권 제한 사유로 설정하고 있는 것이므로 이는 위임입법의 한계를 명백히 일탈하고 있는 것이다.

따라서 이 사건 규칙조항은 법률상 근거 없이 기본권을 제한하고 있으므로 법률유보원칙에 위배된다.

(2) 직업선택의 자유에 대한 과잉규제

모든 국민은 직업선택의 자유를 가지고 있고(헌법 제15조), 누구나 자유롭게 자신이 종사할 직업을 선택하고, 그 직업에 종사하며, 이를 변경할 수 있다. 따라서 직업의 자유에 대한 제한은 반드시 법률로써 하여야 할 뿐만 아니라 국가안전보장, 질서유지 또는 공공복리 등 정당하고 중요한 공공의 목적을 달성하기 위하여 필요하고 적정한 수단, 방법에 의해서만 가능하다(헌재 1989. 11. 20. 89헌가102, 판례집 1, 329, 336). **특히 헌법재판소는 당사자의 능력이나 자격과 상관없는 객관적 사유에 의한 직업의 자유의 제한은 월등하게 중요한 공익을 위하여 명백하고 확실한 위험을 방지하기 위한**

경우에만 정당화될 수 있고, 따라서 이 경우 헌법 제37조 제2항이 요구하는 과잉금지의 원칙, 즉 엄격한 비례의 원칙이 그 심사척도가 된다고 판시한 바 있다(헌재 2002. 4. 25. 2001헌마614, 판례집 14-1, 410, 427).

안마사 자격인정에 있어서 비맹제외기준은 시각장애인이 아닌 사람의 직업선택의 자유를 직접 침해하고 있고, 이는 당사자의 능력이나 자격과 상관없는 객관적 허가요건에 의한 직업선택의 자유에 대한 제한을 의미하므로, 헌법 제37조 제2항이 요구하는 과잉금지의 원칙을 충족하여야 할 것이다.

(가) 목적의 정당성

비맹제외기준이 시각장애인을 보호하고 이들의 생계를 보장하기 위한 것으로서 입법목적이 정당하다고 하더라도, 개인의 능력이나 노력으로 사실상 극복이 불가능한 객관적 허가조건에 의한 제한을 가하기 위해서는 일반적인 목적의 정당성 외에 '월등하게 중요한 공익에 대한 명백하고 확실한 위험을 방지하기 위한 목적'이 존재하여야 한다. 그러나 시각장애인에 대한 생계보장이 공익임에는 틀림없지만 다른 공익들과 비교할 때 '월등하게' 중요한 것으로 평가되기 어렵고, 비맹제외기준이 유지되지 않으면 이에 대한 명백하고 확실한 위험이 발생한다고 보기도 어렵다. 비맹제외기준이 제거되더라도 맹인안마사의 영업활동이 전혀 불가능하게 되는 것이 아니고 단지 시각장애인이 아닌 일반 안마사들과 경쟁하는 입장에 처하게 될 뿐이며, 2005년 9월말 현재 전체 등록시각장애인 184,965명 중에서 안마업에 종사하는 사람은 약 6~7천 명에 불과하므로 이로써 시각장애인 전체의 복지에 명백하고 확실한 위험이 발생하게 된다고 보기 어렵다.

(나) 방법의 적절성

시각장애인에 대한 생계보장의 목적을 달성하기 위한 수단으로서 안마사 자격을 시각장애인에 한하여 부여하는 비맹제외기준을 상정할 수도 있으나, 이는 안마사업에 종사하려는 일반인 또는 시각장애인이 아닌 다른 신체장애자들의 안마사 자격취득 기회 자체를 원천적으로 박탈하고 있어 적절한 수단이라고 할 수 없다.

(다) 피해의 최소성

비맹제외기준은 오로지 시각장애인의 생계를 보장하기 위한 것이지만 사회공동체의 다른 구성원들에게도 동등하게 보장되어야 할 직업선택의 기회 자체를 원천적으로 배제시킬 뿐만 아니라, 국민이 안마를 통해 건강을 증진시키고 또 안마사 간의 경쟁을 통해 질적으로 향상된 서비스를 공급받을 기회마저도 상실시키고 있다(청구인들은 2006년 5월 현재 안마유사직종인 스포츠마사지, 경락마사지, 발마사지, 기타 수기요법 등 직역에 종사하려는 사람이 약 100만 명을 상회하고 있다고 주장한다).

그런데 보건복지부가 발표한 「전국 장애인 등급별 유형별 등록현황」에 따르면, 2005년 9월말 현재 전국 등록(登錄)장애인 수는 1,741,024명이고, 장애인복지법상 등록시각장애인은 184,965명 그 중 중증(重症, 1급 및 2급) 시각장애인은 36,183명(약 19.56%)인데 등록시각장애인 중 실제로 안마업에 종사하는 사람은 6,804명(중증시각장애인 6,752명, 경증시각장애인 52명, 사단법인 대한안마사협회가 제출한 2006. 4. 14.자 보충의견서 및 첨부자료 참조)에 불과하여 전체 등록시각장애인의 3.68%, 중증시각장애인의 18.66%에 그치고 있다. 즉 시각장애인 중에서도 소수에 불과한 등록안마사를 위하여 비맹제외기준을 그대로 유지한다면 시각장애인을 제외한 나머지 신체장애인, 나아가 일반인의 직업선택의 자유를 지나치게 침해하게 됨으로써 기본권침해의 최소성원칙에도 어긋난다.

(라) 법익의 균형성

결국 비맹제외기준으로 달성하고자 하는 시각장애인의 생계보장 등 공익에 비하여 이로 말미암아 비(非)시각장애인들이 받게 되는 직업선택의 자유에 대한 기본권침해의 강도는 지나치게 크다 할 것이므로, 이 사건 규칙조항은 보호하려는 공익과 기본권침해 간의 현저한 불균형으로 법익의 균형성을 상실하고 있다.

따라서 신체장애자 보호에 대한 헌법적 요청, 시각장애인은 장애의 특수성으로 인해 사회생활에 적응하기 어렵다는 점 등을 모두 감안하더라도 특정한 직역 자체에 일반인의 진입자체를 봉쇄하는 것은 과잉금지원칙을 위배하여 청구인들을 비롯한 국민의 직업선택의 자유를 본질적인 내용까지 침해하는 것으로서 위헌이라고 할 것이다.

3. 재판관 주선회의 의견

이 사건 규칙조항은 모법으로부터 구체적으로 기준과 범위를 정하여 위임받은 사항을 규율하고 있는지 여부를 살필 것 없이, 그 규정 자체만을 살펴보더라도 시각장애인에 대한 생계보장이라는 입법목적을 달성하기 위하여 안마사라는 특정한 직역에 종사하려는 일반인의 진입 자체를 봉쇄하는 것으로서 과잉금지원칙에 위배하여 직업선택의 자유를 본질적인 내용까지 침해하고 있다. 이 부분에 대한 의견은 재판관 전효숙, 재판관 이공현, 재판관 조대현의 위헌의견 중 '(2) 직업선택의 자유에 대한 과잉규제' 부분과 같은 취지이다.

따라서 이 사건 규칙조항은 과잉금지원칙에 위배하여 청구인들의 직업선택의 자유의 본질적인 내용까지 침해하는 것으로서 위헌이라고 할 것이다.

4. 재판관 송인준의 의견

우리 헌법 제34조 제2항은 사회적 약자(弱者)를 위하여 국가가 적극적으로 사회보장·사회복지 정책을 펴 나가야 할 의무가 있음을 천명하고 있고, 특히 제5항에서 "신체장애자 및 질병·노령 기타의 사유로 생활능력이 없는 국민은 법률이 정하는 바에 의하여 국가의 보호를 받는다"라고 규정하여 신체장애자 등에 대한 국가의 우선적 처우보장의 길을 열어 놓고 있다. 뿐만 아니라 각종 사회보장·사회보호 입법에서도 국가나 지방자치단체가 신체장애자를 위한 보호시책을 적극적으로 강구해 나가야 한다는 점을 분명히 밝히고 있다(장애인복지법 제6조, 제9조, 장애인고용촉진 및 직업재활법 제3조, 제13조 등). 이와 같은 여러 가지 사정을 두루 고려하면 비록 이 사건 규칙조항이 청구인들과 같은 일반인에 대하여 직업선택의 자유를 과도하게 제한하고 있더라도 평등원칙 위배 여부를 심사함에 있어서는 엄격한 심사가 아니라 완화된 기준에 의한 심사를 하여야 한다.

말하자면 신체장애자와 같은 사회적 약자를 위한 배려 차원에서 이루어지는, 이 사건 규칙조항과 같은 수준의 우선적 처우는 헌법상 평등원칙에 위배될 정도의 것은 아니고 다만 그 우선적 처우로 인하여 상대적으로 일반인에게 가해질 수 있는 역(逆)차별(기본권 제한)의 정도가 과잉금지원칙에 위배되어 헌법에 위반된다는 것이다.

5. 결 론

이 사건 규칙조항은 보건복지부장관이 규칙제정권을 행사함에 있어서 법률유보원칙이나 과잉금지원칙에 위배하여 나머지 청구인들의 직업선택의 자유를 침해하고 있으므로, 헌법재판소법 제75조 제3항에 의하여 취소되어야 하는 것이나 이를 취소하는 의미에서 위헌선언을 하기로 하여 주문과 같이 결정한다. 이 결정은 재판관 김효종의 아래 6.과 같은 반대의견이 있는 외에는 나머지 관여 재판관 전원의 일치된 의견에 의한 것이다.

재판관 김효종의 반대의견

헌법재판소 2003. 6. 26. 2002헌가16 결정의 합헌의견(판례집 15-1, 663, 669-674)에서 밝힌 바와 같이, 의료법 제61조 제4항이 법률유보원칙이나 포괄위임입법금지원칙에 위배되지 않음은 물론, 이 사건 규칙조항도 위 법률조항이 구체적으로 범위를 정하여 위임한 사항을 규율하고 있으므로 법률유보원칙에 위배되지 않는다.

비맹제외기준은 헌법 제34조 제5항의 신체장애자에 대한 국가의 보호, 장애인복지시책 등에 바탕을 두고서 일반인에 비해 취업상 극히 불리한 처지에 놓이게 되는 시각장애인을 보호하고 그들의 생계를 보장하기 위한 것으로서 입법목적의 정당성이 인정되고, 시각장애인의 신체적 조건 및 전문적 기술 등을 고려하여 이들에게만 안마사 자격을 허용하는 것은 필요하고도 적합한 수단에 해당한다. 일반인은 안마사 자격인정 대상에서 배제되더라도 다른 직업을 선택하여 생계를 유지할 수 있을 뿐만 아니라 만약 안마 등의 직종에서 일하기를 원할 경우 일련의 수련과정과 시험을 거쳐 물리치료사 자격을 취득하고 그 분야에서 종사할 수 있어 피해의 최소성에 반하지 않으며, 무엇보다도 일반인의 직업선택의 자유를 보호하는 것과는 비교할 수 없을 만큼 시각장애인의 인간다운 생활을 보장해 주어야 하는 공익이 월등히 우선한다고 할 것이므로 시각장애인의 생계보장 등 공익을 위하여 비(非)시각장애인의 직업선택의 자유를 어느 정도 제한하는 것은 법익의 균형성에 반하지 않는다.

또한 위와 같은 여러 사정을 고려할 때, 시각장애인에 대한 우선적 처우로 말미암아 일반인에게 가해지는 역(逆)차별적 취급에는 합리적인 이유가 있으므로, 이 사건 규칙조항은 시각장애인이 아닌 일반인의 평등권을 침해한다고 볼 수 없다.

본 판례에 대한 평가 1. 기본권의 제한은 법률로써 할 수 있다. 여기서 법률은 국민의 대표기관인 국회에서 제정한 형식적 의미의 법률을 의미한다. 법률로써 제한할 수 있으므로 '법률유보'이며, 기본권 일반에 관한 유보이므로 '일반적' 법률유보이다. 기본권 제한에 있어서 법률유보의 원칙은 기본권 제한에 있어서 국회입법원칙에 따른 국회에 대한 무조건적 수권이 아니라 기본권제한의 한계를 의미하기도 한다. 그러나 법률과 동일한 효력을 갖는 긴급명령・긴급재정경제명령 및 국제조약(실질적 의미의 법률)은 기본권 제한의 일반원칙에 대한 예외로서 인정된다.

2. 소위 객관적 사유에 의한 직업의 자유의 제한은 당사자의 능력이나 자격과 상관없는 객관적 허가요건에 의한 직업선택의 자유에 대한 제한을 의미한다. 이와 같은 당사자의 능력이나 자격과 상관없는 객관적 사유에 의한 직업의 자유의 제한은 월등하게 중요한 공익을 위하여 명백하고 확실한 위험을 방지하기 위한 경우에만 정당화될 수 있고, 따라서 이 경우 헌법 제37조 제2항이 요구하는 과잉금지의 원칙, 즉 엄격한 비례의 원칙이 그 심사척도가 된다.

3. 안마사 자격인정에 있어서 비맹제외기준은 시각장애인이 아닌 사람의 직업선택의 자유를 직접 침해하고 있고, 이는 당사자의 능력이나 자격과 상관없는 객관적 허가요건에 의한 직업선택의 자유에 대한 제한을 의미하므로, 헌법 제37조 제2항이 요구하는 과잉금지의 원칙을 충족하여야 함에도 불구하고 이 사건 규칙조항은 과잉금지원칙에 위배되고 또한 기본권제한에 관한 법률유보원칙에 부합하지 아니하므로 위헌이라고 결정한 사례이다.

[요약판례 1] 의료법 제61조 제1항 중 「장애인복지법」에 따른 시각장애인 부분 위헌확인: 기각 (헌재 2008.10.30. 2006헌마1098등)

1. 위헌확인 후 개정된 의료법 규정이 헌법 제37조 제2항의 기본권제한입법의 한계를 벗어나서 비시각장애인의 직업선택의 자유와 평등권을 침해하는지 여부(소극)
2. 종전에 헌법재판소가 선고한 위헌결정의 기속력에 저촉되는 것인지 여부

1. 이 사건 법률조항은 신체장애자 보호에 대한 헌법 제34조 제5항의 헌법적 요청 등에 바탕을 두고 시각장애인의 생계를 보장하기 위한 것으로, 이러한 헌법적 요청과 일반국민의 직업선택의 자유 등 기본권이 충돌하는 상황이 문제될 수 있는바, 위 법률조항이 헌법 제37조 제2항에 의한 기본권 제한 입법의 한계를 벗어났는지 여부를 심사함에 있어서, 구체적인 최소침해성 및 법익균형성 심사과정에서 이러한 헌법적 요청뿐만 아니라, 일분국민의 기본권 제약정도, 시각장애인을 둘러싼 기본권의 특성과 복지정책의 현황, 시각장애인을 위한 직업으로서의 안마사제도와 그와 다른 대안의 가능성 등을 종합하여 형량할 필요가 있을 것이다. 한편 이 사건 법률조항과 같이 시각장애인에 대한 우대처우로 인하여 비시각장애인의 직업선택의 자유 등 기본권이 제한받는 경우 직업선택의 자유에 대한 과잉제한 여부와 평등권 침해 여부가 동시에 문제되는데, 그러한 경우에는 직업선택의 자유 침해 여부와 평등권 침해여부를 따로 분리하여 심사할 것이 아니라 하나로 묶어 판단함이 상당하다.

이 사건 법률조항은 시각장애인에게 삶의 보람을 얻게 하고 인간다운 생활을 할 권리를 실현시키려는 데에 그 목적이 있으므로 입법목적이 정당하고, 다른 직종에 비해 공간이동과 기동성을 거의 요구하지 않을뿐더러 촉각이 발달한 시각장애인이 영위하기에 용이한 안마업의 특성 등에 비추어 시각장애인에게 안마업을 독점시킴으로써 그들의 생계를 지원하고 직업활동에 참여할 수 있는 기회를 제공하는 이 사건 법률조항의 경우 이러한 입법목적을 달성하는데 적절한 수단임을 인정할 수 있다. 나아가 시각장애인에 대한 복지정책이 미흡한 현실에서 안마사가 시각장애인이 선택할 수 있는 거의 유일한 직업이라는 점, 안마사 직역을 비시각장애인에게 허용할 경우 시각장애인의 생계를 보장하기 위한 다른 대안이 충분하지 않다는 점, 시각장애인은 역사적으로 교육, 고용 등 일상생활에서 차별을 받아온 소수자로서 실질적인 평등을 구현하기 위해서 이들을 우대하는 조치를 취할 필요가 있는 점 등에 비추어 최소침해성 원칙에 반하지 아니하고, 이 사건 법률조항으로 인해 얻게 되는 시각 장애인의 생존권 등 공익과 그로 인해 잃게 되는 일반국민의 직업선택의 자유 등 사익을 비교해 보더라도, 공익과 사익 사이에 법익 불균형이 발생한다고 단정할 수도 없다.

따라서 이 사건 법률조항이 헌법 제37조 제2항에서 정한 기본권 제한 입법의 한계를 벗어나서 비시각장애인의 직업선택의 자유를 침해하거나 평등권을 침해한다고 볼 수는 없다.

(재판관 이강국, 재판관 이공현, 재판관 조대현의 반대의견) 시각장애인의 생계를 보장하고 직업활동 참여의 기회를 제공하는 것은 중요한 공익적 목적임을 충분히 인정할 수 있으나, 이 사건 법률조항에 의한 시각장애인에 대한 안마사자격의 독점적 유보가 제거된다 하더라도 안마사 자격자들의 영업활동이 불가능해지는 것이 아니며, 단지 비시각장애인 안마사들과 경쟁하는 입장에 처하게 되는 것이라는 점 등에 비추어 직업선택의 자유의 제한을 정당화 할 명백하고 확실한 위험이 있다고 보기 어렵고, 그리고 중증 시각장애인의 약 17%인 6-7,000명만이 안마사로 등록하여 활동하는 점 등에 비추어 이 사건 법률조항의 생계보장효과가 의심스러울 뿐 아니라 단지 안마업의 독점기회를 제공하는 것이 자아실현과 개성신장의 도구로서의 직업을 선택할 기회를 제공한다고 볼 수도 없으므로 이 사건 법률조항이 실질적으로 입법목적 달성에 충분히 기여하고 있음을 인정하기도 어렵다.

또한 이 사건 법률조항에 의한 시각장애인의 안마사 직역 독점 외에 시각장애인의 생계보장 및 직업활동 참여기회 제공을 달성할 다른 수단이 없는 것도 아니라는 점 등에 비추어 위 법률조항에 의한 시각장애인의 안마사 직역 독점은 입법목적 달성을 위한 불가피한 수단이라고 보기 어려우며 기본권의 최소침해성 원칙에 위반되고, 나아가 위 법률조항으로 달성하려는 시각장애인의 생계보장 등 공익이 비시각장애인들이 받게 되는 직업선택의 자유의 박탈보다 우월하다고 보기도 어렵다.

따라서 이 사건 법률조항은 과잉금지원칙에 위배하여 직업의 자유의 본질적 내용을 침해하는 것으로 헌법에 위반된다.

2. 헌법재판소법 제47조 제1항 및 제75조 제1항에 규정된 법률의 위헌결정 및 헌법소원 인용결정의 기속력과 관련하여, 입법자인 국회에게 기속력이 미치는지 여부, 나아가 결정주문뿐 아니라 결정이유에까지 기속력을 인정할지 여부는 헌법재판소의 헌법재판권 내지 사법권의 범위와 한계, 국회의 입법권의 범위와 한계 등을 고려하여 신중하게 접근할 필요가 있다. 설령 결정이유에까지 기속력을 인정한다고 하더라도, 결정주문을 뒷받침하는 결정이유에 대하여 적어도 위헌결정의 정족수인 재판관 6인 이상의 찬성이 있어야 할 것이고(헌법 제113조 제1항 및 헌법재판소법 제23조 제2항 참조), 이에 미달할 경우에는 결정이유에 대하여 기속력을 인정할 여지가 없는데, 헌법재판소가 2006. 5. 25. '안마사에 관한 규칙'(2000. 6. 16. 보건복지부령 제153호로 개정된 것) 제3조 제1항 제1호와 제2호 중 각 "앞을 보지 못하는" 부분에 대하여 위헌으로 결정한 2003헌마715등 사건의 경우 그 결정 이유에서 비맹제외기준이 과잉금지원칙에 위반한다는 점과 관련하여서는 재판관 5인만이 찬성하였을 뿐이므로 위 과잉금지원칙 위반의 점에 대하여 기속력이 인정될 여지가 없다.

[요약판례 2] 부천시담배자동판매기설치금지조례 제4조 등 위헌확인: 기각(헌재 1995.4.20. 92헌마264)

담배자동판매기의 설치제한 및 철거를 규정한 조례의 위헌여부(소극)

조례는 지방자치단체가 그 자치입법권에 근거하여 자주적으로 지방의회의 의결을 거쳐 제정한 법규이기 때문에 조례 자체로 인하여 직접 그리고 현재 자기의 기본권을 침해받은 자는 그 권리구제의 수단으로서 조례에 대한 헌법소원을 제기할 수 있다.

조례의 제정권자인 지방의회는 선거를 통해서 그 지역적인 민주적 정당성을 지니고 있는 주민의 대표기관이고 헌법이 지방자치단체에 포괄적인 자치권을 보장하고 있는 취지로 볼 때, 조례에 대한 법률의 위임은 법규명령에 대한 법률의 위임과 같이 반드시 구체적으로 범위를 정하여 할 필요가 없으며 포괄적인 것으로 족하다.

자동판매기를 통한 담배판매는 구입자가 누구인지를 분별하는 것이 곤란하여 청소년의 담배구입을 막기 어렵고, 또 그 특성상 판매자와 대면하지 않는 익명성, 비노출성으로 인하여 청소년으로 하여금 심리적으로 담배구입을 용이하게 하고, 주야를 불문하고 언제라도 담배구입을 가능하게 하며, 청소년이 쉽게 볼 수 있는 장소에 설치됨으로써 청소년에 대한 흡연유발효과도 매우 크다고 아니할 수 없으므로, 청소년의 보호를 위하여 자판기설치의 제한은 반드시 필요하다고 할 것이고, 이로 인하여 담배소매인의 직업수행의 자유가 다소 제한되더라도 법익형량의 원리상 감수되어야 할 것이다.

기존의 담배자동판매기를 조례시행일로부터 3개월 이내에 철거하도록 한 조례의 부칙 규정은 이 사건 조례들의 시행일 전까지 계속되었던 자판기의 설치·사용에 대하여는 규율하는 바가 없고, 장래에 향하여 자판기의 존치·사용을 규제할 뿐이므로 그 규정의 법적효과가 시행일 이전의 시점에까지 미친다고 할 수가 없어 헌법 제13조 제2항에서 금지하고 있는 소급입법이라고 할 수 없다.

[요약판례 3] 의료법 제5조 등 위헌확인: 기각(헌재 2003.4.24. 2002헌마611)

외국 치과, 의과대학을 졸업한 우리 국민이 국내 의사면허시험을 치기 위해서는 기존의 응시요건에 추가하여 새로이 예비시험을 치도록 한 의료법 제5조 본문 중 "예비시험 조항" 및 새로운 예비시험의 실시를 일률적으로 3년 후로 한 동법 부칙 제1조의 "경과규정"의 위헌여부(소극)

예비시험 조항은 외국 의과대학 졸업생에 대해 우리나라 의료계에서 활동할 수 있는 정도의 능력과 자질이 있음을 검증한 후 의사면허 국가시험에 응시하도록 함으로써 외국에서 수학한 보건의료인력의 질적 수준을 담보하려는 것을 주된 입법목적으로 하는 것이므로 그 정당성을 인정할 수 있다. 또한 예비시험 제도는 학제나 교육내용이 다른 외국에서 수학한 예비의료인들의 자질과 능력을 좀더 구체적으로 평가하는 데 기여할 것임이 인정되므로 수단의 적정성을 갖춘 것이라 볼 것이며 예비시험 제도를 통한 자격검증보다도 덜 제약적이면서도 입법목적을 달성할 수 있는 다른 입법수단도 상정하기 어렵다.

또한 현재로서는 장차 시행될 예비시험이 외국 의과대학 졸업생에게 과도한 부담을 주게 될 것이라고 단언하기 어려운 반면, 외국 의과대학의 교과 내지 임상교육 수준이 국내와 차이가 있을 수 있으므로 국민의 보건을 위하여 기존의 면허시험만으로 검증이 부족한 측면을 보완할 공익적 필요성이 있다. 그러므로 예비시험 조항은 청구인들의 직업선택의 자유를 침해하지 않는다.

[요약판례 4] 구 의료법 제25조 제1항 등 위헌소원: 합헌(헌재 2005.3.31. 2001헌바87)

의료인이 아닌 자의 의료행위를 금지하고, 의료인, 의료법인 등 일정한 자만 의료기관을 개설할 수 있도록 규정하고 있는 의료법 규정의 위헌여부(소극)

의료인이 아닌 자의 의료행위를 전면적으로 금지한 것은 매우 중대한 헌법적 법익인 국민의 생명권과 건강권을 보호하고 국민의 보건에 관한 국가의 보호의무(헌법 제36조 제3항)를 이행하기 위한 조치로서, 이러한 중대한 공익이 국민의 기본권을 보다 적게 침해하는 다른 방법으로는 효율적으로 실현될 수 없으므로, 이러한 기본권의 제한은 비례의 원칙에 부합하고 헌법적으로 정당화된다.

국가는 국민의 건강을 보호하고 국민에게 적정한 의료급여를 보장해야 하는 사회국가적 의무를 지고 있다. 즉 보건의료는 단순한 상거래의 대상이 아니라 사람의 생명과 건강을 다루는 중대한 것으로, 의료기관을 개설하는 주체에 대한 규율이 가지는 사회적 기능이나 사회적 연관성은 매우 크다.

의료인이 아닌 일반 개인과 영리법인의 의료기관 개설을 허용할 경우, 의료기관의 명칭 아래 의료인 아닌 자에 의한 무면허의료행위가 성행할 우려가 있으며, 의료기관의 경영주체와 의료행위를 하는 의료인이 분리됨에 따라서 보건의료의 질이 저하되거나 지나친 영리위주의 과잉 의료행위 등 진료왜곡, 의료자원 수급 계획의 왜곡, 소규모 개인소유 의료기관의 폐업, 투자자의 자본 회수 등에 따른 의료기관 운영의 왜곡 등이 발생할 우려가 있다.

우리나라의 취약한 공공의료의 실태, 국민건강보험 재정 등 국민보건 전반에 미치는 영향, 보건의료서비스의 특성, 국민의 건강을 보호하고 적정한 의료급여를 보장할 사회국가적 의무 등에 비추어 보면, 의료의 질을 관리하고 건전한 의료질서를 확립하여 국민의 건강을 보호 증진하고, 영리 목적으로 의료기관을 개설하는 경우에 발생할지도 모르는 국민 건강상의 위험을 미리 방지하기 위하여 이 사건 법률조항들에 의하여 의료인이 아닌 자나 영리법인이 의료기관을 설립하는 자유를 제한하고 있는 입법자의 판단이 입법재량을 명백히 일탈하였다고 할 수 없다.

[요약판례 5] 도로교통법시행령 제45조 위헌확인: 기각(헌재 2003.6.26. 2002헌마677)

제1종 운전면허의 취득요건으로 양쪽 눈의 시력이 각각 0.5 이상일 것을 요구하는 도로교통법시행령 제45조 제1항 제1호 가목 부분의 위헌여부(소극)

이 사건 조문에서 정한 시력기준에 미달하는 자는 제1종 운전면허를 요구하는 직업에 종사할 수 없게 되어 좁은 의미의 직업선택의 자유에 제한을 받게 된다. 그러나 이 사건 조문이 낮은 시력으로 인한 교통상의 위험을 방지하여 국민의 생명, 신체 및 재산을 보호하고 안전하고 원활한 도로교통을 확보함을 입법목적으로 하고 있고, 우리 도로교통법이 자동차의 운전에 운전면허의 취득을 그 요건으로 하고 있어 운전면허의 취득단계에서 이를 규제하는 것이 위 입법목적의 달성에 효과적이고 적절하며, 운전면허는 운전업무에 종사하는 자에 대하여 일정한 자격을 설정한 것으로 볼 수 있는데 어떤 자격제도를 만들면서 그 자격요건을 어떻게 설정할 것인가는 원칙적으로 입법형성의 자유에 속하는 것이고 다만 그 자격요건의 설정이 재량의 범위를 넘어 명백히 불합리하게 된 경우에는 기본권 침해 등의 문제가 생길 수 있다고 할 것인바, 한쪽 눈의 시력(교정시력 포함)이 0.5 미만인 경우에는 일반적으로 시야, 원근감, 입체감, 깊이 감각 등의 상실이 발생하고 우발적인 상황에서의 시기능 상실 상태를 초래할 수 있으므로 이 사건 조문상의 기준이 입법형성의 재량의 범위를 넘어 명백히 불합리하게 설정된 것이라고 할 수 없고, 또한 이 사건 조문이 추구하는 질서유지 및 공공복리의 증진이라는 공익은 이로써 제한되는 좁은 의미의 직업선택의 자유라는 사익보다 훨씬 더 크다고 할 것이어서 기본권 제한의 입법한계인 비례의 원칙을 준수하였으므로 이 사건 조문은 좁은 의미의 직업선택의 자유를 침해하지 아니한다.

[요약판례 6] 자원의절약과재활용촉진에관한법률 제9조 제1항 제2호 등 위헌확인: 기각(헌재 2005.2.3. 2003헌마359)

합성수지재질의 포장재에 대한 제한을 규정하고 있는 자원의절약과재활용촉진에관한법률 규정의 위헌여부(소극)

식품제조·가공업소에서 제조·가공하는 면류제품의 포장용기로 사용되는 합성수지재질의 용기 중 일정비율을 연차적으로 줄여 친환경재질의 것으로 대체하여 합성수지 포장폐기물의 매립·소각에 따른 환경오염을 줄여서 쾌적한 환경속에서 생활할 국민의 권리를 확보하고 공공복리를 증진시키는 것을 목적으로 규정된 것으로, 합성수지재질의 면류용기는 재활용이 어렵고 그 수거와 재활용을 위한 처리에 비용이 많이 들어 결국 현재의 수준으로는 그 재활용가치가 미미하다고 인정되므로, 그 입법목적을 위한 규제수단으로서 재활용부담금의 부과 기타 이와 유사한 다른 방안들이 이 사건 법규들이 채택하고 있는 소위 연차적 감량시책에 비하여 보다 적은 비용으로 대등한 또는 우월한 효과를 거둘 수 있다고 볼 수 없고, 이 사건 법규들로 인하여 청구인들이 입는 불이익에 비하여 합성수지 폐기물이 감량됨으로써 환경오염이 개선되는 공익이 훨씬 더 크고 중요하다. 그렇다면 이 사건 법규들은 기본권제한에 있어서 준수되어야 할 헌법상의 과잉금지의 원칙에 위배되지 않으므로 직업선택의 자유를 침해하는 것이라고 할 수 없다.

[요약판례 7] 자원의절약과재활용촉진에관한법률시행령 제5조 등 위헌확인: 각하,기각(헌재 2007.2.22. 2003헌마428등)

식품접객업소에서 배달 등의 경우에 합성수지 재질의 도시락용기의 사용을 금지하는 것이 과잉금지의 원칙에 위반되어 청구인들의 직업수행의 자유를 침해하고 청구인들의 평등권을 침해하며 신뢰보호의 원칙에 위배되는지 여부(소극)

이 사건 심판대상 규정과 같이 1회용품으로서 사용금지 정책을 취할 수도 있다고 할 것인데, 합성수지 도시락 용기 규제와 관련하여 이러한 제도 사이의 명확한 우열을 가리기는 어렵고 이는 기본적으로 합성수지의 물질적 특성과 환경에의 영향을 전제로, 사회적 비용 등을 고려한 환경공익, 수거율 등 쓰레기 처리체계 및 실태, 소비자의 부담, 관련 사업자의 이해관계, 산업발전, 경제성장 등을 형량하여 선택하여야 하는 **정책 판단의 문제이며, 1회용품 사용금지 정책은 위의 정책수단 중에서 그 사용이 전면 금지된다는 점에서 일단 사용하고 후에 회수나 재활용을 고려하는 다른 정책보다도 청구인들에게는 더 큰 피해를 주는 것이기는 하나, 반면 이는 1회용품 폐기물 발생량 자체를 줄어들게 함으로써 사전예방의 원칙에 가장 충실한 정책수단인 것으로 보이는 점도 인정할 수 있다.** 또한 차별취급에 합리적인 이유가 있다고 할 것이어서 이 사건 심판대상 규정이 청구인들의 평등권을 침해한다고 볼 수 없다. 나아가 이 사건 심판대상 규정은 청구인들에게 합성수지 도시락 용기의 사용을 금지하는 것일 뿐 대체용기의 사용에 의한 도시락 영업이 가능하도록 하였고, 시행규칙의 개정 후 시행일까지 6개월의 적응기간을 둠으로써 식품접객업으로 도시락 영업을 하는 자들의 피해를 최소화하고 그 신뢰를 보호하는 방법도 취하고 있다. 따라서 청구인들이 주장하는 것과 같은 신뢰 내지 신뢰이익이 존재한다고 하더라도 앞에서 본 바와 같은 이유로 구 시행규칙의 존속에 대한 신뢰의 보호가치는 크다고 할 수 없고, 이러한 신뢰이익의 침해를 위 공익과 비교·형량하여 보더라도 위 공익이 더욱 중요하다고 할 것이고 그 신뢰를 보호할 수단도 갖추고 있는 이상 이 사건 심판대상 규정은 신뢰보호의 원칙에 위배되지 않는다.

[요약판례 8] 사법시험법시행령 제4조 제3항 등 위헌확인 등: 각하,기각(헌재 2007.4.26. 2003헌마947등)

사법시험 제1차시험에 응시함에 있어 어학과목을 영어로 한정하고 다른 시험에서 일정 수준의 합격점수를 얻도록 요구하는 것과 35학점 이상의 법학과목을 이수한 자에 한하여 사법시험응시자격을 부여하는 것이 직업의 선택의 자유를 침해하는지 여부(소극)

법 제5조 제1항 및 제2항, 시행령 제3조가 정한 법학과목이수제도는 법학교육과 연계시켜 전문지식과 법적 소양을 종합적으로 검증하고 이를 통하여 대학교육의 정상화 및 국가인력자원의 효율적 배분을 기하고자 하는 취지에서 도입된 것으로, 그 입법목적이 정당하고, 통상 학위취득을 위해 이수하여야 할 최소 학점인 35학점을 이수하도록 하는 수단은 적절하다. 또, 독학사시험 등 응시자격요건 구비를 위한 다양한 대체수단을 마련하고 있으며, 나아가 이 제도가 달성하고자 하는 공공의 이익이 일부 사법시험응시자에게 추가적으로 요구되는 노력에 비해 매우 큰 것이므로 법익균형성도 갖추었다. 그러므로 **청구인들의 직업선택의 자유가 침해되었다고 할 수 없다**(평등권을 침해하지 아니 하며, 포괄위임금지원칙에도 위반되지 아니함).

[요약판례 9] 복지부장관의 입법부작위에 대한 위헌확인: 인용(위헌확인)(헌재 1998.7.16. 96헌마246)

보건복지부장관이 의료법과 대통령령의 위임에 따라 치과전문의자격시험제도를 실시할 수 있도록 시행규칙을 개정하거나 필요한 조항을 신설하는 등 제도적 조치를 마련하지 아니하는 부작위가 청구인들의 기본권을 침해한 것으로서 헌법에 위반되는지 여부(적극)

삼권분립의 원칙, 법치행정의 원칙을 당연한 전제로 하고 있는 우리 헌법하에서 행정권의 행정입법 등 법집행의무는 헌법적 의무라고 보아야 한다. 왜냐하면 행정입법이나 처분의 개입 없이도 법률이 집행될 수 있거나 법률의 시행여부나 시행시기까지 행정권에 위임된 경우는 별론으로 하고, 이 사건과 같이 치과전문의제도의 실시를 법률 및 대통령령이 규정하고 있고 그 실시를 위하여 시행규칙의 개정 등이 행해져야 함에도 불구하고 행정권이 법률의 시행에 필요한 행정입법을 하지 아니하는 경우에는 행정권에 의하여 입법권이 침해되는 결과가 되기 때문이다. 따라서 보건복지부장관에게는 헌법에서 유래하는 행정입법의 작위의무가 있다.

상위법령을 시행하기 위하여 하위법령을 제정하거나 필요한 조치를 함에 있어서는 상당한 기간을 필요로 하며 합리적인 기간 내의 지체를 위헌적인 부작위로 볼 수 없으나, 이 사건의 경우 현행 규정이 제정된 때(1976. 4. 15)로부터 이미 20년 이상이 경과되었음에도 아직 치과전문의제도의 실시를 위한 구체적 조치를 취하고 있지 아니하고 있으므로 합리적 기간 내의 지체라고 볼 수 없고, 법률의 시행에 반대하는 여론의 압력이나 이익단체의 반대와 같은 사유는 지체를 정당화하는 사유가 될 수 없다.

청구인들은 치과대학을 졸업하고 국가시험에 합격하여 치과의사 면허를 받았을 뿐만 아니라, 전공의수련과정을 사실상 마쳤다. 그런데 현행 의료법과 위 규정에 의하면 치과전문의의 전문과목은 10개로 세분화되어 있고, 일반치과의까지 포함하면 11가지의 치과의가 존재할 수 있는데도 이를 시행하기 위한 시행규칙의 미비로 청구인들은 일반치과의로서 존재할 수밖에 없는 실정이다. 따라서 이로 말미암아 청구인들은 직업으로서 치과전문의를 선택하고 이를 수행할 자유(직업의 자유)를 침해당하고 있다. 또한 청구인들은 전공의수련과정을 사실상 마치고도 치과전문의자격시험의 실시를 위한 제도가 미비한 탓에 치과전문의자격을 획득할 수 없었고 이로 인하여 형벌의 위험을 감수하지 않고는 전문과목을 표시할 수 없게 되었으므로(의료법 제55조 제2항, 제69조 참조) 행복추구권을 침해받고 있고, 이 점에서 전공의수련과정을 거치지 않은 일반 치과의사나 전문의시험이 실시되는 다른 의료분야의 전문의에 비하여 불합리한 차별을 받고 있다.

[요약판례 10] 지적법 제28조 제2항 위헌확인: 헌법불합치(헌재 2002.5.30. 2000헌마81)

지적측량 업무를 비영리법인만 대행할 수 있도록 규정한 지적법 규정의 위헌여부(적극)

토지소유자의 위탁에 의한 제1단계 지적측량, 즉 "초벌측량"의 대행용역 활동을 자신의 독립적인 직업으로 선택하고자 하는 국민은 지적법 제40조 제1항에 의하여 지적기술자의 자격을 취득하여야 할 뿐만 아니라, 이 법률조항에 의하여 지적측량을 주된 업무로 하는 비영리법인을 설립하기 위하여 주무관청인 행정자치부장관의 허가를 얻어야만 한다. 그러므로 청구인과 같이 지적기술자의 자격을 취득한 자는 이 법률조항으로 말미암아 비영리법인을 설립하지 아니하는 한 초벌측량의 대행용역 활동을 자신의 독립적인 직업으로 선택할 수 없는 것이므로, 이 법률조항은 좁은 의미의 직업선택의 자유를 제한하고 있다.

이 사건 법률조항은 초벌측량을 대행하려면 비영리법인을 설립하도록 강제하고 있는바, 그러한 요건은 그 비영리법인의 주된 목적사업인 지적측량이란 결국 지적법 제50조 제1항에 따라 토지소유자로부터 지적측량수수료를 직접 납부받는 초벌측량을 뜻하는바 초벌측량은 지적측량수수료를 대가로 한 수익사업이므로 비영리법인이 추구할 목적사업 자체가 될 수 없다는 의미에서 측량성과의 정확성을 확보한다는 입법목적 달성과는 무관한 수단으로 보이고, 법인의 형태와 개인인 지적기술자의 업무영역을 나눈다거나 같은 법인형태라도 자본규모나 소속 지적기술자의 수에 따라, 그리고 개인인 지적기술자의 경우는 그 자격의 차이에 따라 업무영역을 나누는 등 덜 제한적인 방법이 가능하다는 점에서 기본권침해의 최소성을 충족시키지 못하고 있고, 나아가 그 입법목적에 비추어 볼 때 직업선택의 자유를 제한당하는 청구인 등 지적기술자의 기본권과의 법익의 균형성도 현저하게 상실하고 있으므로, 과잉금지의 원칙에 위배되는 위헌적인 법률이다.

이 사건 법률조항의 경우 초벌측량의 대행을 비영리법인(사실상 재단법인 대한지적공사)에게만 대행하도록 하는 "전담대행체제"가 위헌이라는 것이지 비영리법인에게 초벌측량의 대행을 할 수 없다는 것이 아니다. 또한 초벌측량의 대행을 모든 지적기술자에게 허용하는 이른바 경쟁체제를 택하는 경우에 대행자가 법인인지 또는 개인인지 여부에 따라, 같은 법인인 경우에도 소속 지적기술자의 수나 자본금의 크기, 개인의 경우에는 그 자격의 차이 등 합리적인 기준에 따라 대행할 수 있는 초벌측량의 범위를 제한할 수는 있다 할 것이고 이는 입법자가 입법형성의 범위내에서 자유롭게 정할 수 있는 것이다. 그러므로 입법자가 합헌적인 방향으로 이 법률조항을 개선할 때까지 일정 기간 동안 이를 존속케 하고 또한 잠정적으로 적용하게 할 필요가 있다.

[요약판례 11] 약사법 제16조 제1항 등 위헌소원: 헌법불합치(헌재 2002.9.19. 2000헌바84)

"약사 또는 한약사가 아니면 약국을 개설할 수 없다"고 규정한 약사법 제16조 제1항은 법인을 구성하여 약국을 개설·운영하려고 하는 약사들 및 이들 약사들로 구성된 법인의 직업선택의 자유와 결사의 자유를 침해하는지 여부(적극)

"약사 또는 한약사가 아니면 약국을 개설할 수 없다"고 규정한 약사법 제16조 제1항은 자연인 약사만이 약국을 개설할 수 있도록 함으로써, 약사가 아닌 자연인 및 일반법인은 물론, 약사들로만 구성된 법인의 약국 설립 및 운영도 금지하고 있는바, 국민의 보건을 위해서는 약국에서 실제로 약을 취급하고 판매하는 사람은 반드시 약사이어야 한다는 제한을 둘 필요가 있을 뿐, 약국의 개설 및 운영 자체를 자연인 약사에게만 허용할 합리적 이유는 없다. 입법자가 약국의 개설 및 운영을 일반인에게 개방할 경우에 예상되는 장단점을 고려한 정책적 판단의 결과 약사가 아닌 일반인 및 일반법인에게 약국개설을 허용하지 않는 것으로 결정하는 것은 그 입법형성의 재량권 내의 것으로서 헌법에 위반된다고 볼 수 없지만, 법인의 설립은 그 자체가 간접적인 직업선택의 한 방법으로서 직업수행의 자유의 본질적 부분의 하나이므로, 정당한 이유 없이 본래 약국개설권이 있는 약사들만으로 구성된 법인에게도 약국개설을 금지하는 것은 입법목적을 달성하기 위하여 필요하고 적정한 방법이 아니고, 입법형성권의 범위를 넘어 과도한 제한을 가하는 것으로서, 법인을 구성하여 약국을 개설·운영하려고 하는 약사들 및 이들로 구성된 법인의 직업선택(직업수행)의 자유의 본질적 내용을 침해하는 것이고, 동시에 약사들이 약국경영을 위한 법인을 설립하고 운영하는 것에 관한 결사의 자유를 침해하는 것이다.

[요약판례 12] 약사법 제37조 제2항 위헌확인: 합헌(헌재 1991.9.16. 89헌마231)

한약업사의 허가 및 영업행위에 대하여 지역적 제한을 가한 내용의 약사법 제37조 제2항의 위헌여부(소극)

한약업사의 허가 및 영업행위에 대하여 지역적 제한을 가한 내용의 약사법 제37조 제2항은 오로지 국민건강의 유지·향상이라는 공공의 복리를 위하여 마련된 것이고, 그 제한의 정도 또한 목적을 달성하기 위하여 적정한 것이라 할 것이므로 헌법 제11조의 평등의 원칙에 위배된다거나 헌법 제14조의 거주이전의 자유 및 헌법 제15조의 직업선택의 자유 등 기본권을 침해하는 것으로 볼 수 없어 헌법에 위반되지 아니한다.

[요약판례 13] 약사법 부칙 제4조 제2항에 대한 위헌소원: 합헌(헌재 1997.11.27. 97헌바10)

한약사제도를 신설하면서 그 이전부터 한약을 조제하여 온 약사들에게 향후 2년간만 한약을 조제할 수 있도록 하고 있는 약사법 규정이 직업의 자유를 침해하는지 여부(소극)

헌법 제23조 제1항 및 제13조 제2항에 의하여 보호되는 재산권은 사적유용성 및 그에 대한 원칙적 처분권을 내포하는 재산가치있는 구체적 권리이므로 구체적인 권리가 아닌 단순한 이익이나 재화의 획득에 관한 기회 등은 재산권 보장의 대상이 아니라 할 것인바, 약사는 단순히 의약품의 판매뿐만 아니라 의약품의 분석, 관리 등의 업무를 다루며, 약사면허 그 자체는 양도·양수할 수 없고 상속의 대상도 되지 아니하며, 또한 약사의 한약조제권이란 그것이 타인에 의하여 침해되었을 때 방해를 배제하거나 원상회복 내지 손해배상을 청구할 수 있는 권리가 아니라 법률에 의하여 약사의 지위에서 인정되는 하나의 권능에 불과하고, 더욱이 의약품을 판매하여 얻게 되는 이익 역시 장래의 불확실한 기대이익에 불과한 것이므로, 구 약사법상 약사에게 인정된 한약조제권은 위 헌법조항들이 말하는 재산권의 범위에 속하지 아니한다.

약사법을 개정하여 한약사제도를 신설하면서 그 개정 이전부터 한약을 조제하여 온 약사들에게 향후 2년간만 한약을 조제할 수 있도록 하고 있는 약사법 부칙 제4조 제2항은 직업수행의 자유를 제한하고 있기는 하나, 약사라는 직업에 있어서 한약의 조제라는 활동은 약사직의 본질적인 구성부분으로서의 의미를 갖기보다는 예외적이고 부수적인 의미를 갖고 있었음에 불과하여 약사가 한약의 조제권을 상실한다고 하더라도 어느 정도 소득의 감소만을 초래할 뿐 약사라는 본래적인 직업의 주된 활동을 위축시키거나 그에 현저한 장애를 가하여 사실상 약사라는 직업을 포기하게 하는 결과를 초래하는 것은 아니며, 또한 양약은 취급하지 않고 전적으로 한약의 조제만을 하여 온 약사의 경우에도 그러한 활동은 약사의 통상적인 직업활동으로부터 벗어나는 예외적인 것에 지나지 아니하여 그들은 어느 때라도 아무런 제약없이 약사들의 본래의 주된 활동인 이른바 "양"약사라는 직업을 재개할 수 있으므로, 위 법률조항은 직업의 자유의 본질적 내용을 침해한다고 할 수 없다.

법치국가의 원칙상 법률이 개정되는 경우에는 구법질서에 대하여 가지고 있던 당사자의 신뢰는 보호되어야 할 것이다. 그런데 국민건강이라는 공공복리를 위하여 한약사제도를 신설한 약사법 개정의 입법목적에 정당성이 인정되고, 한약의 조제라는 활동이 약사직의 본질적인 구성부분이 아닌 예외적이고 부수적인 구성부분이므로, 약사들의 한약의 조제권에 대한 신뢰이익은 법률개정 이익에 절대적으로 우선하는 것이 아니라 적정한 유예기간을 규정하는 경과규정에 의하여 보호될 수 있는 것이라 할 것인바, 위 법률조항이 설정한 2년의 유예기간은 약사들이 약사법의 개정으로 인한 상황변화에 적절히 대처하고 그에 적응함에 필요한 상당한 기간이라고 판단되는 점에 또다른 경과규정으로 2년 이내에 한약조제시험에 합격하는 약사에게 한약조제권을 부여하고 있는 점 등을 종합하면, 이러한 경과규정은 약사법 개정 이전부터 한약을 조제하여 온 약사들의 신뢰를 충분히 보호하고 있다고 보아야 할 것이다.

[요약판례 14] 영화법 제26조 등 위헌확인: 기각(헌재 1995.7.21. 94헌마125)

국산영화의무상영제를 규정한 영화법 규정의 위헌여부(소극)

영화법 제26조는 개봉관의 확보를 통하여 국산영화의 제작과 상영의 기회를 보장하여 국산영화의 존립과 발전의 터전을 마련하여 주기 위한 것으로 공연장의 경영자에 대하여 직업의 자유를 제한하고 있는 것이기는 하나, 그 제한 목적의 정당성과 방법의 적정성이 인정될 뿐 아니라, 연간상영일수의 5분의 2에 한정하여 직업수행의 자유를 제한하고 있으므로, 과잉금지의 원칙에 반하여 직업의 자유의 본질적 내용을 침해한 것이라 할 수 없고, 위와 같은 제한이 공연장의 경영자에게 주어진 것은 영상상품을 최종적으로 공급하는 위치에 있다는 점에 기인한 것이므로 영화인, 영화업자 혹은 영화수입업자와 비교하여 합리적인 이유 없이 자의로 공연장의 경영자만을 차별한 것이라고 할 수도 없다.

영화법 제26조는 공연장의 경영자가 일정한 기간 국산영화를 상영할 것을 전제로 하여 다만 국산영화의무상영일수라고 하는 구체적 사항을 특정하여 연간상영일수를 기준으로 이를 대통령령에 정할 것을 위임하고 있는바, 비록 위 규정이 의무상영일수의 상한이나 하한을 명시적으로 설정하고 있지는 않지만, 법률규정의 취지에서 볼 때 대통령령에 규정될 내용이 연간상영일수의 일부를 대상으로 한다는 점에서 그 대강을 충분히 예측할 수 있으므로 위임입법의 한계를 벗어난 것이라 할 수 없다.

헌법 제119조 제2항의 규정은 대한민국의 경제질서가 개인과 기업의 창의를 존중함을 기본으로 하도록 하고 있으나, 그것이 자유방임적 시장경제질서를 의미하는 것은 아니다. 따라서 입법자가 외국영화에 의한 국내 영화시장의 독점이 초래되고, 국내 영화의 제작업은 황폐하여진 상태에서 외국영화의 수입업과 이를 상영하는 소비시장만이 과도히 비대하여질 우려가 있다는 판단하에서, 이를 방지하고 균형있는 영화산업의 발전을 위하여 국산영화의무상영제를 둔 것이므로, 이를 들어 헌법상 경제질서에 반한다고는 볼 수 없다.

헌법이 보장하는 행복추구권이 공동체의 이익과 무관하게 무제한의 경제적 이익의 도모를 보장하는 것이라고 볼 수 없으므로, 위와 같은 경제적 고려와 공동체의 이익을 위한 목적에서 비롯된 국산영화의무상영제가 공연장 경영자의 행복추구권을 침해한 것이라고 보기 어렵다.

[요약판례 15] 법무사법 제74조 제1항 제1호 등 위헌확인: 기각(헌재 2003.9.25. 2001헌마156)

법무사 아닌 자가 등기신청대행 등의 법무행위를 업으로 하는 것을 금지하고 이를 위반하는 경우 형사처벌하는 법무사법 규정이 법무사 자격이 없는 일반 국민의 직업선택의 자유를 과도하게 제한하여 헌법에 위반되는지 여부(소극)

등기는 특정의 권리의무관계를 공시(公示)하기 위하여 공부(公簿)에 기재하는 것으로 국민의 권리보전 및 공중의 거래안전에 기여하는 공적 제도이다. 따라서 등기는 신속·정확하게 이루어져야 하고 그 절차도 적정·원활하게 수행되어야 한다. 그런데 현행법상 등기는 문서에 의한 방식주의로 당사자가 법정의 서면을 제출하는 신청에 의하여 이루어지는 것이 원칙이다. 그러므로 등기신청대리 등을 업으로 하려는 자는 최소한 등기되어야 할 물건이나 대상, 등기되어야 할 권리, 등기되어야 할 권리변동과 같은 실체적 법률관계와 등기신청에 관한 서면과 방식에 관한 절차적 법률문제 등을 충분히 이해할 수 있을 정도의 일정한 법률적 소양을 갖추어야 할 것이고, 그래야만 부실등기를 방지하고 신속·정확한 등기가 가능하며, 등기절차의 적정·원활한 진행 또한 담보될 수 있다고 할 것이다.

등기업무를 신속·정확하고 적정·원활하게 수행하여 국민의 권리보전과 거래안전이라는 등기제도의 공적 기능을 확보하기 위해서는, 등기신청대리 등을 일정한 법률적 소양을 갖춘 법무사에게만 허용하고, 그 외의 비자격자에게는 이를 업으로 하지 못하도록 금지할 필요가 있다 할 것이며, 그 효율적 운영을 위하여 비법무사가 등기신청대리 등을 업으로 하는 경우 형사처벌하도록 하는 것 역시 효과적 수단이라 할 것이다. 따라서 이 사건 법률조항의 입법목적은 정당하고 그 수단 역시 적절하다.

입법자는 법무사의 자격을 법원·헌법재판소·검찰청의 법원사무직렬·검찰사무직렬 또는 마약수사직렬공무원으로 10년이상 근무한 자중 5년이상 5급이상의 직에 있었거나 15년이상 근무한 자중 7년이상 7급이상의 직에 있었던 자로서 법무사 업무의 수행에 필요한 법률지식과 능력이 있다고 대법원장이 인정한 자(법 제4조 제1호) 및 법무사시험에 합격한 자(제2호)로 규정하고 있다. 국민의 권리보전과 거래안전이라는 등기제도의 중대한 공익적 기능에 비추어 볼 때, 법무사는 위와 같은 정도의 법률지식 또는 실무경력을 갖추어야만 국민의 권리의무에 중요한 영향을 미치는 법무서류의 작성과 등기·공탁신청대리를 적정·원활하게 수행함으로써 국민의 권리보전에 기여할 수 있다할 것이므로 위 자격요건이 지나치게 엄격하다고 할 수 없다. 나아가 청구인이 이 사건 법률조항으로 인하여 등기신청대리 등을 업으로 할 수 없는 불이익이 있다 하더라도 청구인에게는 위와 같이 어느 때고 법무사 자격을 취득할 수 있는 기회가 열려있을 뿐만 아니라 이 사건 법률조항의 입법목적인 공익에 비하여 청구인이 입는 불이익이 결코 크다고 할 수 없으므로 법익의 균형도 유지되어 있다. 그렇다면, 이 사건 법률조항은 청구인의 직업선택의 자유를 침해할 정도로 비례의 원칙에 위배한 것으로 볼 수 없고, 나아가 입법자가 등기신청대행만을 전담하는 자격제도를 따로 두고 있지 않다거나 현재보다 더 완화된 법무사 자격요건을 두고 있지 않다고 하더라도 그것이 곧 청구인의 직업선택의 자유를 침해할 정도로 입법형성의 재량을 일탈한 것이라고 볼 수도 없다고 할 것이다.

[요약판례 16] 대기환경보전법시행규칙 제8조 제1호 등 위헌확인 등: 기각,각하(헌재 2005.2.3. 2003헌마544등)

연료용 첨가제의 첨가비율을 1% 미만으로 하고 휘발유용 첨가제의 공급용기를 0.55L 이하로 하도록 규정하고 있는 대기환경보전법시행규칙이 직업선택의 자유, 재산권, 평등권 등을 침해하는지 여부(소극)

이 비율조항의 입법목적은 법률이 단순히 '소량'이라고 한 것을, 첨가제 본연의 사용량에 부합하는 정도로, 규칙에서 명확히 규정하여 유사연료가 대기환경보전법상의 첨가제로 유통되는 것을 방지하고자 한 것이므로 그 입법목적은 정당하다. 또한 첨가제 본래의 사용 목적에 비추어 볼 때 첨가제의 첨가비율을 1% 미만으로 제한한 것은 그 입법목적을 달성하기 위한 적절한 방법일 뿐만 아니라 이렇게 첨가비율을 제한하는 방법 이외에 달리 위와 같은 입법목적을 달성할 수 있는 적절한 다른 수단을 찾기 어려우므로 피해최소성의 원칙도 충족시킨다. 마지막으로 이 비율조항으로 말미암아 청구인들이 입는 불이익은 이 사건 제품들의 판매량이 감소되어 영업에 곤란을 겪게 된다는 것인 반면, 이 비율조항의 시행으로 얻을 수 있는 공익은 이 사건 제품들이 사실상 휘발유를 대체하는 연료로 사용되면서도 명목상으로는 첨가제로 유통되어 연료 내지 유사휘발유에 가해지는 각종 규제를 회피하는 것을 방지함으로써 휘발유에 부과되는 각종 조세를 탈세하는 것을 방지할 수 있고 유해 가스의 배출을 억제하여 국민의 건강과 환경을 보호할 수 있다는 것이므로 이러한 공익은 청구인들이 입는 불이익보다 훨씬 크다고 할 것이어서 법익의 균형성도 갖추었다.

청구인들은 대기환경보전법상 첨가제의 첨가량이 '소량'으로만 규정되어 있고 첨가비율에 대한 제한이 없는 상태에서 이 사건 제품들에 대하여 그 첨가비율을 40%로 하여 대기환경보전법상의 첨가제로 적합판정을 받았으므로 이 사건 제품들을 첨가비율을 40%로 하는 첨가제로 제조·판매할 수 있을 것이라고 신뢰하고 이 사건 제품들을 제조·판매하기 위한 시설 투자 등을 했다고 보인다. 그러나 한편 청구인들이 이 사건 제품들을 선전한 행태, 이 사건 제품들의 실제 유통상황 등을 고려해 보면 청구인들은 처음부터 이 사건 제품들을 첨가제가 아니라 휘발유를 대체하는 연료로 인식하고 있었던 것으로 보여지고 통상 기준 물질의 40%에 이르는 정도는 '소량'에 해당하지 않는다고 볼 수 있으므로 청구인들이 이 사건 제품들을 첨가비율을 40%로 하여 대기환경보전법상의 첨가제로 제조·판매할 수 있을 것이라고 신뢰한 데 대하여 헌법적으로 보호가치 있는 신뢰이익을 인정하기 어려운 반면, 이 비율조항에서 첨가제의 첨가비율을 제한함으로써 얻게 되는 공익은 위에서 본 바와 같이 매우 크고 중대한 것이라 할 것이므로 이 비율조항은 청구인들의 신뢰에 반하여 기본권제한의 합리적인 입법한계를 넘어 청구인들의 영업의 자유를 침해하고 있는 것으로 판단되지 아니한다.

[요약판례 17] 구 지방세법 제112조 제2항에 대한 위헌소원: 합헌(헌재 1999.2.25. 96헌바64)

골프장을 취득할 경우에 그 취득세율에 대하여 중과하는 구 지방세법 규정의 위헌여부(소극)

골프장에 대한 취득세 중과세 제도는 사치성 재산의 소비 및 취득을 억제하는 제도로서 어떠한 시설에 사치성이 있다고 판단되는 경우에도 그 중 어느 범위 내의 것을 우선적 중과세의 대상으로 할 것인지 그리고 이에 대하여 어느 정도의 부담을 과할 것인지에 관하여는 입법자에게 광범위한 정책판단의 권한이 부여되어 있다할 것인데, 입법자가 골프장을 스키장 및 승마장보다 사치성 재산이라고 보아 중과세하고 있는 것은 시설이용의 대중성, 녹지와 환경에 대한 훼손의 정도, 일반국민의 인식 등을 종합하여 볼 때 정책형성권의 한계를 일탈한 자의적인 조치라고 보기는 어려우므로 조세평등주의에 위배되지 아니한다.

취득세의 중과세만이 골프장의 손익발생 여부에 결정적인 영향을 미치고 있다고 보기는 어렵고, 자유시장경제질서하에 있는 다른 기업과 마찬가지로 손익발생의 여부는 결국 경제적 선택의 합리성 및 기업경영의 효율성의 문제로 귀착된다고 할 것이므로 골프장에 대한 취득세 부담이 높다는 것은 기업주체의 자율적인 경제적 선택의 문제일 뿐, 골프장업을 법률적으로나 사실상으로 금지하는 것이라고 볼 수 없으므로, 직업선택의 자유나 재산권의 본질적 내용을 침해하는 것이라 볼 수 없다. 그리고 골프장의 증설을 억제하기 위하여 일반취득세율에 대한 7.5배의 중과세율을 규정한 것은 법제정시의 상황, 중과세에도 불구하고 회원제골프장이 지속적으로 증설되는 현실, 국민의식 등에 비추어 볼 때 입법목적의 달성에 적절한 정도로서 정책수단의 상당성을 갖추고 있다고 보여지고, 이것이 목적달성에 필요한 정도를 넘는 자의적인 세율의 설정이라고 할 수 없으며, 또한 구체적인 운영형태, 규모 등 제반사정에 비추어 사치성이 없다고 볼 수 있는 골프장에 대한 중과세를 배제할 수 있는 길을 열어 놓음으로써 중과세로 인한 국민의 피해를 가급적 적게 하고 있으므로 비례의 원칙에 어긋나지 않는다.

[요약판례 18] 군법무관 임용 등에 관한 법률 제7조 단서 위헌확인: 기각(헌재 2007.5.31. 2006헌마767)

군법무관 임용시험에 합격한 군법무관들에게 군법무관시보로 임용된 때부터 10년간 근무하여야 변호사자격을 유지하게 한 것이 직업선택의 자유를 침해하는지 여부(소극)

이 사건 조항은 군사법(軍司法)의 효율과 안정을 도모하고, 군 내부의 법치주의 실현에 대한 공공의 손실과 위험을 방지하기 위한 것으로서 입법목적에 있어 정당성이 인정되고, 군법무관으로 하여금 장기간 복무하도록 하는 효과적인 유인책이 될 수 있어서 수단의 적절성이 인정된다. **군법무관이 전역할 경우 어떠한 조건으로 변호사 자격을 인정할 것인지, 또 어떻게 유지할 것인지 문제는 군법무관제도에 필수적으로 따르는 것이라기보다 입법정책적인 판단의 대상이 되는 사항**인데, 이 사건 조항이 변호사 자격의 유지 조건으로 군법무관의 복무기간을 정하고 있는 것은 입법목적과 합리적인 연관관계가 인정된다. 이 사건 조항은 청구인들의 **직업선택의 자유를 침해하지 않는다.**

[요약판례 19] 정부투자기관관리기본법 제20조 제2항 등 위헌소원: 헌법불합치(헌재 2005.4.28. 2003헌바40)

정부투자기관이 계약을 체결함에 있어서 공정한 경쟁 또는 계약의 적정한 이행을 해칠 것이 명백하다고 판단되는 자에 대하여 일정기간 입찰참가자격을 제한할 수 있도록 한 정부투자기관관리기본법 제20조 제2항의 위헌여부(적극)

정부투자기관이 부정당업자에 대하여 입찰참가자격을 제한할 수 있도록 한 제도 자체가 비례의 원칙에 위반되어 직업의 자유를 침해한다거나 평등원칙에 위반된다고 볼 수 없다.

정부투자기관이 계약을 체결함에 있어서 공정한 경쟁 또는 계약의 적정한 이행을 해칠 것이 명백하다고 판단되는 자에 대하여 일정기간 입찰참가자격을 제한할 수 있도록 한 정부투자기관관리기본법 제20조 제2항은 입찰참가자격제한의 핵심적·본질적 요소라고 할 수 있는 자격제한기간을 특정하지 않은 채 단지 '일정기간'이라고만 규정하여 입찰참가자격 제한기간의 상한을 정하지 않고 있는바, 이는 자격제한사유에 해당하는 자로 하여금 위 조항의 내용만으로 자격제한의 기간을 전혀 예측할 수 없게 하고 동시에 법집행당국의 자의적인 집행을 가능하게 하는 것이므로 위 법률조항은 명확성의 원칙에 위반된다.

정부투자기관관리기본법 제20조 제3항 중 '입찰참가자격의 제한기간을 재정경제부령으로 정하도록 한 부분'은 정부투자기관의 입찰참가자격제한처분권한을 규정한 정부투자기관관리기본법 제20조 제2항에서 자격제한기간의 상한을 정하지 않은 채 '일정기간'이라고 불명확하게 규정함으로 말미암아 하위법령인 재정경제부령에 자격제한기간을 전적으로 모두 위임한 것과 같은 결과를 초래하게 되었으므로 포괄위임금지원칙에 위반된다.

[요약판례 20] 국가공무원법 제69조 등 위헌소원: 합헌(헌재 1997.11.27. 95헌바14등)

금고 이상의 형의 집행유예 판결을 받은 경우 당연 퇴직하도록 규정한 국가공무원법 규정의 위헌여부(소극)

금고 이상의 형에 대한 집행유예 판결에 내포된 사회적 비난가능성과 공무원에게는 직무의 성질상 고도의 윤리성이 요구된다는 점을 함께 고려할 때 금고 이상의 형의 집행유예 판결을 받은 공무원으로 하여금 계속 그 직무를 수행하게 하는 것은 공직에 대한 국민의 신뢰를 손상시키고 나아가 원활한 공무수행에 어려움을 초래하여 공공의 이익을 해할 우려 또한 적지 아니하다.

그렇다면 공무원에게 가해지는 신분상 불이익과 보호하려는 공익을 비교할 때 금고 이상의 형의 집행유예 판결을 받은 것을 공무원 임용 결격 및 당연퇴직사유로 규정한 이 사건 법률조항이 입법자의 재량을 일탈하여 직업선택의 자유나 공무담임권, 평등권, 행복추구권, 재산권 등을 침해하는 위헌의 법률조항이라고 볼 수는 없다.

[요약판례 21] 농수산물유통및가격안정에관한법률 제25조 제2항 제2호 위헌소원: 합헌(헌재 2005.5.26. 2002헌바67)

금고 이상의 실형을 선고받고 그 형의 집행이 종료되거나 면제되지 아니한 자는 중도매업 허가를 받을 수 없다고 규정한 농수산물유통및가격안정에관한법률 제25조 제2항 제2호의 위헌여부(소극)

헌법 제123조 제4항은 "국가는 농수산물의 수급균형과 유통구조의 개선에 노력하여 가격안정을 도모함으로써 농·어민의 이익을 보호한다"라고 규정하고 있다. 농수산물이 국민의 삶과 국가사회에서 차지하는 중요성과 중도매인이 공영 농수산물도매시장에서 하는 업무에 비추어 볼 때, 중도매인의 직무는 공동체와의 관련성이 매우 큰 직역이다. 중도매인의 직무의 공공성과 사회적 중요성에 비추어 중도매인에게 준법의식을 요구하고 건전한 농수산물 유통구조 확립을 위하여, 금고 이상의 실형을 선고받고 형의 집행이 종료되거나 면제되지 아니한 자를 중도매인의 업무로부터 배제하는 이 사건 법률조항의 입법목적은 헌법 제123조 제4항에 부합하는 것으로서 정당하고 그 방법도 적절하다.

농안법의 입법목적, 농수산물 유통과정에서 중도매인이 하는 직무의 성질과 국민경제와 일상생활에 미치는 영향력, 농수산물 유통질서에 대한 국민의 신뢰유지의 필요성 등을 고려하고, 금고 이상의 실형을 선고한 판결에 내포된 사회적 비난가능성을 감안할 때, 상응하는 준법의식을 중도매업의 수행에 필요한 조건으로 판단한 입법자의 결정이 현저히 불합리하거나 불공정하다고는 볼 수 없다. 또한 이 사건 법률조항은 금고 이상의 실형의 선고를 받은 자가 사적으로 농수산물 유통과 관련된 업종에 종사하는 것을 막고 있는 것은 아니고, 금고 이상의 실형의 집행이 종료되거나 면제된 이후에는 다시 중도매인 허가를 신청할 수 있으며, 달성하려는 공익이 중대하므로, 직업선택의 자유에 대한 제한을 통하여 얻는 공익적 성과와 제한의 정도가 합리적인 비례관계를 현저하게 일탈하고 있다고 볼 수 없다.

[요약판례 22] 검찰청법 제12조 제14항 등 위헌확인: 각하,위헌(헌재 1997.7.16. 97헌마26)

검찰총장 퇴임 후 2년 이내에 공직취임 금지규정의 위헌여부(적극)

고등검사장이 장차 검찰총장에 임명될 가능성이 있다는 사정만으로는 검찰총장이었던 자의 기본권을 제한하고 있는 법률조항이 고등검사장의 직위에 있는 청구인들의 기본권을 직접 그리고 현재 침해하고 있다고 볼 수 없다.

검찰청법 제12조 제4항은 검찰총장 퇴임 후 2년 이내에는 법무부장관과 내무부장관직뿐만 아니라 모든 공직에의 임명을 금지하고 있으므로 심지어 국·공립대학교 총·학장, 교수 등 학교의 경영과 학문연구직에의 임명도 받을 수 없게 되어 있다. 그 입법목적에 비추어 보면 그 제한은 필요 최소한의 범위를 크게 벗어나 직업선택의 자유와 공무담임권을 침해하는 것으로서 헌법상 허용될 수 없다.

검찰총장 퇴직 후 일정기간 동안 정당의 발기인이나 당원이 될 수 없도록 하는 검찰청법 제12조 제5항, 부칙 제2항은 과거의 특정신분만을 이유로 한 개별적 기본권제한으로서 그 차별의 합리성을 인정하기 어렵고, 검찰권 행사의 정치적 중립이라는 입법목적을 얼마나 달성할 수 있을지 그 효과에 있어서도 의심스러우므로, 결국 검찰총장에서 퇴직한지 2년이 지나지 아니한 자의 정치적 결사의 자유와 참정권(선거권과 피선거권) 등 우월적 지위를 갖는 기본권을 과잉금지원칙에 위반되어 침해하고 있다고 아니 할 수 없다.

[요약판례 23] 국가인권위원회법 제11조 위헌확인 헌법소원: 위헌(헌재 2004.1.29. 2002헌마788)

국가인권위원회의 인권위원은 퇴직 후 2년간 교육공무원이 아닌 공무원으로 임명되거나 공직선거및선거부정방지법에 의한 선거에 출마할 수 없도록 규정한 국가인권위원회법 제11조가 인권위원의 참정권 등 기본권을 제한함에 있어서 준수하여야 할 과잉금지의 원칙에 위배되는지 여부(적극) 및 위 법률조항이 인권위원을 합리적 이유없이 다른 공직자와 차별대우하는 것으로 평등의 원칙에 위배되는지 여부(적극)

인권위원으로 임기동안 열심히 소신껏 봉직한 다음 그 사회적 평판을 기초로 하여 위원 본인이 원하는 다른 공직으로 진출하는 것이 가능할 때 이러한 기대는 직무수행의 성실도를 높이는 긍정적인 유인책이 될 수도 있는데, 이 사건 법률조항은 인권위원이 가질 수 있는 이러한 기대를 전면적으로 차단함으로써 오히려 직무수행태도를 무기력하게 만들거나, 국민생활에 중대한 의미를 가지는 인권문제를 자의적이고 독선적으로 판단하게 할 위험성을 야기할 수 있다. 또한 퇴직한 인권위원이 국회의원 등 선거직 공직뿐만 아니라 행정각부의 장・차관등 정무직 공직으로부터 각 부처에 설치되어 있는 각종 연구직 공직에 이르기까지 교육공무원직을 제외한 모든 영역에서 공직활동을 하는 것을 일정기간동안 포괄적으로 봉쇄함으로써 퇴직 위원이 취임하고자 하는 공직이 인권보장 업무와 전혀 관련성이 없거나 관련성이 있더라도 밀접하지 아니한 경우에도 모두 그 취임을 제한하고 있으며 구체적 경우에 퇴직하는 당해 위원의 상황을 고려한 판단의 가능성도 전혀 인정하지 아니하고 있다. 나아가 퇴직한 위원의 개인적 인격, 전문지식과 능력, 경륜 등을 2년간 국가경영에 활용할 기회를 박탈하는 효과를 야기하여 국가적으로는 인재의 손실을 초래하게 되고, 또 국가인권위원회의 위원으로 재직하게 되면 그 이후 공직취임이 제한되는 것을 꺼려하여 유능하고 소신 있는 인물이 위원으로 임명되는 것을 회피하도록 하는 부정적 결과를 가져올 수도 있다. 그렇다면 이 사건 법률조항은 위원의 직무상의 공정성과 염결성을 확보하기 위한 입법목적을 가진 것이지만 그 효과와 입법목적 사이의 연관성이 객관적으로 명확하지 아니하여 국민생활에 기초가 되는 중요한 기본권인 참정권과 직업선택의 자유를 제한함에 있어서 갖추어야 할 수단의 적합성이 결여되었고, 위 기본권 제한으로 인한 피해가 최소화되지 못하였으며, 동 피해가 중대한 데 반하여 이 사건 법률조항을 통하여 달성하려는 공익적 효과는 상당히 불확실한 것으로서 과잉금지의 원칙에 위배된다.

높은 수준의 직무상 공정성과 염결성이 요청되는 국가기관의 담당자, 예컨대 법원, 검찰, 경찰, 감사원 등의 고위직 공무원들과는 달리 국가인권위원회의 위원의 경우에만 퇴직 후 공직진출의 길을 봉쇄함으로써 재직중 직무의 공정성을 강화하여야 할 필요성이 두드러진다고 볼 아무런 합리적 근거가 없다. 그런데 국민의 기본권보장을 위하여 특히 직무의 독립성과 공정성이 강조되는 대법원장 및 대법관, 헌법재판소장 및 재판관과 감사원장 등의 경우에 이 사건 법률조항과 같이 그 퇴직 후 일정기간동안 공직에의 임명을 제한하는 특별규정이 존재하지 아니하며, 검찰총장이나 경찰청장의 경우 그 퇴직 후 공직취임 등을 제한하도록 규정하였던 유사 법률조항들은 이미 우리 재판소가 모두 위헌이라고 결정하여 효력을 상실한 바 있다. 따라서 이 사건 법률 규정이 유독 국가인권위원회 위원에 대해서만 퇴직한 뒤 일정기간 공직에 임명되거나 선거에 출마할 수 없도록 제한한 것은 아무런 합리적 근거 없이 동 위원이었던 자만을 차별하는 것으로서 평등의 원칙에도 위배된다.

[요약판례 24] 국가공무원법 제33조 제1항 위헌확인: 위헌(헌재 2003.10.30. 2002헌마684등)

금고 이상의 형의 선고유예를 받은 경우에는 공무원직에서 당연히 퇴직하는 것으로 규정한 국가공무원법 제69조 중 제33조 제1항 제5호 부분이 헌법 제25조의 공무담임권을 침해하는 것인지 여부(적극)

금고 이상의 형의 선고유예를 받은 경우라고 하여도 범죄의 종류, 내용이 지극히 다양한 것이므로 그에 따라 국민의 공직에 대한 신뢰 등에 미치는 영향도 큰 차이가 있는 것이다. 따라서 입법자로서는 국민의 공직에 대한 신뢰보호를 위하여 해당 공무원이 반드시 퇴직하여야 할 범죄의 유형, 내용 등으로 그 당연퇴직의 사유 및 범위를 가급적 한정하여 규정하였어야 할 것이다. 그런데 위 규정은 금고 이상의 선고유예의 판결을 받은 모든 범죄를 포괄하여 규정하고 있을 뿐 아니라, 심지어 오늘날 누구에게나 위험이 상존하는 교통사고 관련 범죄 등 과실범의 경우마저 당연퇴직의 사유에서 제외하지 않고 있으므로 최소침해성의 원칙에 반한다.

오늘날 사회구조의 변화에 따른 공무원 수의 대폭적인 증가 및 민간기업조직의 대규모화, 전문화 등, 사회전반의 변화로 인하여 공직은 더 이상 사회적 엘리트로서의 명예직으로 여겨질 수 없는 상황이고, 따라서 '모든 범죄로부터 순결한 공직자 집단'이라는 신뢰를 요구하는 것은 지나치게 공익만을 우선한 것이다. 다른 한편, 현대민주주의 국가에 이르러서는 특히 사회국가원리에 입각한 공직제도의 중요성이 강조되면서 개개 공무원의 공무담임권 보장의 중요성이 더욱 큰 의미를 가지고 있다. 더욱이 위 규정은 지방공무원의 당연퇴직사유를 공무원 채용시의 임용결격사유와 동일하게 규정하고 있는데, 일단 공무원으로 채용된 공무원을 퇴직시키는 것은 공무원이 장기간 쌓은 지위를 박탈해 버리는 것이므로 같은 입법목적을 위한 것이라고 하여도 당연퇴직사유를 임용결격사유와 동일하게 취급하는 것은 타당하다고 할 수 없다.

헌법재판소는 2002. 8. 29. 2001헌마788등 결정에서 지방공무원에 대하여 이 사건 법률조항과 동일한 내용을 규율하고 있는 지방공무원법 제61조 중 제31조 제5호 부분에 대하여 위헌으로 판시한 바 있는데, 이 사건 법률조항에 대하여 지방공무원법 규정에 관한 위 2001헌마788등 결정과 그 판단을 달리할 특별한 사정도 없다. 따라서 이 사건 법률조항은 과잉금지원칙에 위배하여 공무담임권을 침해하는 조항이라고 할 것이다.

[요약판례 25] 구 국가공무원법 제73조의2 제1항 단서 위헌제청: 위헌(헌재 1998.5.28. 96헌가12)

형사사건으로 기소되면 필요적으로 직위해제처분을 하도록 한 국가공무원법규정의 위헌 여부(적극)

형사사건으로 기소되기만 하면 그가 국가공무원법 제33조 제1항 제3호 내지 제6호에 해당하는 유죄판결을 받을 고도의 개연성이 있는가의 여부에 무관하게 경우에 따라서는 벌금형이나 무죄가 선고될 가능성이 큰 사건인 경우에 대해서까지도 당해 공무원에게 일률적으로 직위해제처분을 하지 않을 수 없도록 한 이 사건 규정은 헌법 제37조 제2항의 비례의 원칙에 위반되어 직업의 자유를 과도하게 침해하고 헌법 제27조 제4항의 무죄추정의 원칙에도 위반된다.

입법자가 임의적 규정으로도 법의 목적을 실현할 수 있는 경우에 구체적 사안의 개별성과 특수성을 고려할 수 있는 가능성을 일체 배제하는 필요적 규정을 둔다면, 이는 비례의 원칙의 한 요소인 '최소침해성의 원칙'에 위배된다.

[요약판례 26] 교육공무원법 제11조 제1항에 관한 헌법소원: 위헌(헌재 1990.10.8. 89헌마89)

국·공립사범대학 등 출신자를 교육공무원인 국·공립학교 교사로 우선하여 채용하도록 규정한 교육공무원법 제11조 제1항의 위헌여부(적극)

합리적 근거없이 국·공립학교의 교사로 채용되고자 하는 교사자격자를 그 출신학교의 설립주체 또는 학과에 따라 차별하고 국·공립 사범대학 출신 이외의 교사자격자가 가지는 직업선택의 자유를 제한하고 있어 헌법 제11조 제1항 및 제15조에 위반된다.

[요약판례 27] 도로교통법 제71조의16 위헌확인 등(운전학원 미등록자의 운전연습실시 및 운전연습시설 제공금지): 기각(헌재 2003.9.25. 2001헌마447)

운전학원으로 등록하지 않은 자가 대가를 받고 운전교육을 실시하는 것을 금지하는 도로교통법 제71조의16 제1호가 과잉금지원칙에 위배되어 직업선택의 자유를 침해하는지 여부(소극) 및 운전학원으로 등록하지 않은 자가 대가를 받고 운전연습시설을 제공하는 것을 금지하는 같은 조 및 제2항이 과잉금지원칙에 위배되어 직업선택의 자유를 침해하는지 여부(소극)

운전자의 과실로 인한 교통사고가 대부분을 차지하는 우리의 교통현실에서 교통사고의 발생과 이로 인한 사망자나 부상자의 수를 줄이기 위해서는 무엇보다 운전자의 자질향상과 안전운전의식강화가 시급한 과제라고 할 것인데, 이를 위해서는 시험합격요령과 단편적인 운전기능 중심의 운전교육에서 탈피하여 운전자가 운전능력과 운전예절을 배양할 수 있는 운전학원 중심의 종합적이고 체계적인 운전교육제도를 마련하는 것이 요청된다. 따라서 운전학원등록제의 실효성을 확보하기 위하여 등록한 운전학원이 아닌 무등록자의 운전교육을 금지한 것은 날로 늘어나는 교통사고의 위험으로부터 국민의 생명과 안전을 보호하고, 무등록자에 의한 운전교육과정에서 발생할 수 있는 안전사고의 방지와 피해자의 구제에 그 입법목적이 있다고 할 것이므로 그 정당성을 인정할 수 있다.

그리고 도로교통법이 정하는 운전학원의 인적·물적 기준은 학과교육을 위한 강의실, 기능교육을 위한 기능교육장 등 필수적인 운전교육과정을 교육하기 위한 것으로 최소한의 인적·물적 시설요건이라 할 것이고, 운전학원의 시설기준도 운전학원과 운전전문학원으로 나누어 그 기준을 달리 정함으로써 운전교육의 주체를 제한함에 따르는 직업선택의 자유에 대한 제한을 최소화하고 있다.

나아가 운전면허를 이미 취득한 자가 다시 도로주행교육을 받는 것은 운전면허시험에 합격하기는 하였으나 실제 도로에서 운전을 할 운전능력이 없거나 그 능력이 현저히 부족한 때, 또는 운전면허를 취득하고도 오랜 동안 실제 운전을 하지 않아 운전능력이 거의 상실된 때로 사실상 운전면허를 취득하기 위하여 운전교육을 받는 경우와 마찬가지로 체계적이고 종합적인 운전교육이 필요한 상황이라 할 것이어서 운전면허를 취득하려는 자를 위한 운전교육과 달리 볼 것은 아니고, 밀폐된 공간에서 운전자만을 상대로 행해지는 운전교육의 특성상 운전교육강사의 자격기준과 교육용자동차의 안전기준을 아무리 엄격하게 정한다고 하더라도, 이를 단속하기는 불가능하거나 현저히 곤란하기 때문에 운전교육의 주체를 운전학원으로 제한하는 것 외에 달리 덜 제한적인 방법을 찾기도 어렵다.

운전교육을 실시하지는 않는다고 하더라도 운전면허를 취득하려는 자를 상대로 운전연습용시설을 제공하는 행위는 사실상 운전자로 하여금 운전에 관한 지식과 기능을 습득하게 하는 행위로서 도로교통법 제71조의16(이하 '이 사건 법률조항'이라 한다)이 금지하는 운전교육행위금지에 대한 탈법행위라 할 것이므로, 이를 허용하는 경우에는 안전의식과 운전예절을 갖춘 운전자를 양성하고 그럼으로써 교통사고로부터 국민의 생명과 신체의 안전을 보호하려는 이 사건 법률조항의 입법취지가 몰각될 뿐 아니라, 운전연습장 내 다른 운전자의 생명과 신체의 안전에도 큰 위험을 초래하게 된다.

그리고 운전연습시설제공행위의 상대방은 운전교육행위의 경우와는 달리 오로지 운전면허시험에 응시하여 운전면허를 취득하려는 자에 한정되므로, 운전교육의 내실화를 통한 교통사고의 방지라고 하는 이 사건 법률조항의 입법취지에 비추어 볼 때, 운전연습시설제공행위를 전면적으로 금지하는 것 외에 달리 덜 제한적인 방법을 생각하기도 어렵다.

[요약판례 28] 학교급식법 제2조 등 위헌확인(제7조, 제15조, 부칙 제4조): 기각,각하(헌재 2008.2.28. 2006헌마1028)

'직업수행의 자유'에 대한 제한인 경우, 정당화 사유는 요구되지 않고 헌법 제37조 제2항이 정하는 과잉금지원칙 위배여부만을 판단하면 족한지 여부(적극)

학교의 장이 법 제15조 제1항이 규정하고 있는 학교급식의 직영방식 규정에 근거하여 더 이상 위탁급식계약을 체결하지 않거나, 관할청의 불승인 등으로 인하여, **청구인들이 학교급식위탁업을 행할 수 없게 되더라도 학교를 제외한 다른 집단급식소에 해당하는 기숙사·병원 기타 후생기관등에서의 위탁급식업은 계속 영위할 수 있다.** 따라서 이 사건 조항들로 인한 청구인들의 직업의 자유의 제한은 '직업선택의 자유'가 아닌 **'직업수행의 자유'에 대한 제한**이므로, '월등하게 중요한 공익이나 명백하고 확실한 위험을 방지하기 위한 필요' 등과 같은 정당화 사유는 요구되지 않고 헌법 제37조 제2항이 정하는 과잉금지원칙 위배여부만을 판단하면 족하다.

[요약판례 29] 인삼산업법 제31조 제1항 제3호 등 위헌소원(제19조 제2항): 합헌(헌재 2008.4.24. 2006헌바68)

판매목적으로 인삼류제조를 하는 행위가 어느 정도 계속성을 띤 수득활동으로서 직업의 자유의 보호영역에 속하는지 여부(적극)

'직업'의 개념에 비추어 보면 **인삼 자가제조자의 본업이 인삼경작이기는 하나 판매목적으로 인삼류제조를 하는 행위 또한 어느 정도 계속성을 띤 수득활동으로서 직업의 자유의 보호영역에 속하며,** 이 사건 법률조항들은 인삼 자가제조자의 직업의 자유를 제한한다고 봄이 상당하다.

이 사건의 경우 청구인은 인삼경작자가 수확한 인삼을 판매목적으로 자가제조한 경우에도 검사를 받지 아니하였다는 이유로 판매를 금지하고 이를 처벌하는 것이 자가제조자의 재산권을 침해한다고 주장하나, 이 사건 법률조항들은 **인삼경작자가 판매목적으로 자가제조한 경우만을 규율하고 있을 뿐 개인적인 용도로 자가제조하는 경우는 규율하고 있지 않으므로 이 사건 법률조항들로 인한 규제는 직업의 자유와 가장 밀접한 관계에 있다**고 할 것이다(과잉금지원칙의 위배 여부, 과잉처벌인지 여부, 평등권 침해 여부에 대해서는 소극적 판단).

[요약판례 30] 사립학교법 제57조 위헌제청: 합헌(헌재 2008.11.27. 2005헌가21)

교원에 대하여 요구되는 사회적 책임과 교직 수행에 대한 국민의 신뢰의 수준을 고려한다면 파산선고를 받은 교원의 지위가 박탈된다고 하여도 그것이 비례의 원칙에 위배하여 청구인의 직업선택의 자유를 침해하는지 여부(소극)

교원은 국민으로부터 공교육의 주도자로서의 역할을 부여받은 수임자로서 고도의 윤리·도덕성을 갖추어야 할 뿐 아니라 교원이 수행하는 교직 자체가 공교육이라는 공공의 이익을 위한 것이고 이것이 원활하게 이루어지기 위해서는 교원 개개인이나 교직에 대한 국민의 신뢰가 기본바탕이 되어야 한다.

광범위한 영역에서 파산선고를 자격제한사유로 규정하고 있는 모든 개별 법률들이 입법목적이 추구하는 공익과 자격제한이라는 사익 사이의 비례의 원칙을 준수하고 있는지에 관하여는 의문이 없지 않으나, **교원에 대하여 요구되는 사회적 책임과 교직 수행에 대한 국민의 신뢰의 수준은 아직도 다른 어느 직역보다도 높고, 그러한 신뢰를 확보할 필요성 역시 크다**고 할 것이므로, 비록 심판대상 조항으로 인하여 파산선고를 받은 교원의 지위가 박탈된다고 하여도 그것이 위와 같은 중대한 공익에 비해 더 비중이 크다고는 볼 수 없다는 점에서, 파산선고를 사립학교 교원의 당연퇴직사유로 하고 있는 심판대상 조항이 **비례의 원칙에 위배하여 청구인의 직업선택의 자유를 침해한다고 볼 수 없다.**

[요약판례 31] 사법시험법 제4조 등 위헌소원: 합헌(헌재 2010.5.27. 2008헌바110)

사법시험의 합격자를 정원제로 선발하도록 규정하고 있는 사법시험법 제4조가 직업선택의 자유를 침해하는지 여부(소극)

시험제도란 본질적으로 응시자의 자질과 능력을 측정하는 것이며, **합격자의 결정을 상대평가(정원제)와 절대평가 중 어느 것에 의할 것인지는 측정방법의 선택의 문제일 뿐이고, 이 사건 법률조항이 사법시험의 합격자를 결정하는 방법으로 정원제를 취한 이유는 상대평가라는 방식을 통하여 응시자의 자질과 능력을 검정하려는 것이므로 이는 객**

관적 사유가 아닌 주관적 사유에 의한 직업선택의 자유의 제한이다.

이 사건 법률조항에 의한 사법시험 정원제는 법조인이 국민의 신체와 재산에 미치는 영향의 중요성을 감안하여 법조 인력의 질적 수준을 유지하고, 국가 인력을 효율적으로 관리하며, 사회적 수요에 따른 적정한 법조인의 수를 유지하기 위한 것으로서 그 입법목적이 정당하고, 이를 달성할 수 있는 적절한 수단이다.

한편, 사법시험의 합격자를 선발하는 방법으로 **절대평가제를 택한다고 하더라도 합격선 또는 난이도의 조정 여부에 따라 합격자 수가 제한되고 그 결과 법조직업에의 진입장벽이 높아질 수 있으므로 절대평가제가 이 사건 법률조항에 의한 정원제(상대평가제)보다 직업선택의 자유를 반드시 덜 침해한다고 보기 어렵고,** 달리 정원제보다 직업선택의 자유를 적게 제한할 방법도 발견되지 않는다. 또한 이 사건 법률조항은 법무부장관이 합격선발예정인원을 정할 때 법조와 비법조를 망라하여 구성된 사법시험관리위원회의 심의의견을 듣도록 하여 전문성의 수준 및 사회적인 수요를 반영한 적정 합격자 수를 도출하도록 규정하고 있으므로 이 사건 법률조항은 기본권 제한에 관한 침해최소성 원칙에 부합하며, 나아가 청구인들의 직업선택의 자유가 제한되는 불이익이 위와 같은 공익에 비하여 결코 크다고 할 수 없어 법익의 균형성도 갖추었다.

[요약판례 32] 법학전문대학원 설치 · 운영에 관한 법률 제5조 제2항, 제6조 제1항, 제7조 제1항 위헌확인: 기각(헌재 2009.2.26. 2008헌마370등)

법학전문대학원의 인가기준, 정원 등을 정한 이 사건 법률 제5조 제2항, 제6조 제1항, 제7조 제1항이 일반 국민의 직업선택의 자유를 침해하는지 여부(소극)

이 사건 법률조항은 총 입학정원을 한정함으로써 변호사시험에 응시할 수 있는 자격을 얻기 위한 단계로의 진입을 규제하고 있다. 이처럼 이 사건 **법률조항은 변호사시험에 응시하기 위한 주관적 전제조건인 법학전문대학원의 학위를 취득할 수 있는 인원을 제한함으로써 변호사를 직업으로 선택하고자 하는 일반 국민의 직업선택의 자유를 제한한다.**

이 사건 법률 제5조 제2항, 제6조 제1항, 제7조 제1항은 수급상황에 맞게 법조인력의 배출규모를 조절하고 이를 통해 국가인력을 효율적으로 운용하고자 함에 그 목적이 있는바, 위 조항에 의한 인가주의 및 총입학정원주의는 이러한 목적을 달성함에 있어 적절한 수단이며, 현재 법학전문대학원 설치인가를 받지 못한 대학이 법학전문대학원을 설치할 수 있는 기회를 영구히 박탈당하는 것은 아니며 학사과정운영을 통해 법학교육의 기회를 유지할 수 있으므로 위 조항들이 피해최소성의 원칙에 위배되지도 아니한다. 또한 위 조항들로 인해 각 대학 및 국민이 입는 불이익이 인력 배분의 효율성, 질 높은 법학교육의 담보, 양질의 법률서비스 제공에 의한 사회적 비용절감, 법조직역에 대한 국민의 신뢰회복 등의 공익에 비해 결코 크다고 할 수 없으므로 법익의 균형성 요건도 충족한다. 따라서 이 사건 법률조항은 대학의 자율성과 국민의 직업선택의 자유를 침해하지 아니한다.

[요약판례 33] 행정사법 시행령 제4조 제3항 위헌확인: 위헌(헌재 2010.4.29. 2007헌마910)

'행정사의 수급상황을 조사하여 행정사 자격시험의 실시가 필요하다고 인정하는 때 시험실시계획을 수립하도록 한 부분'이 법률유보원칙에 반하여 행정사 자격시험을 통해 행정사가 되고자 하는 청구인의 직업선택의 자유를 침해하는지 여부(적극)

행정사법 제4조가 행정사는 행정사의 자격시험에 합격한 자로 한다고 규정한 취지는, 모든 국민에게 행정사 자격의 문호를 공평하게 개방하여 국민 누구나 법이 정한 시험에 합격한 자는 법률상의 결격사유가 없는 한 행정사업을 선택하여 이를 행사할 수 있게 함으로써 특정인이나 특정 집단에 의한 특정 직업 또는 직종의 독점을 배제하고 자유경쟁을 통한 개성신장의 수단으로 모든 국민에게 보장된 헌법 제15조의 직업선택의 자유를 구현시키려는 데 있는 것이다.

그러므로 행정사법 제4조에서 행정사 자격시험에 합격한 자에게 행정사의 자격을 인정하는 것은 행정사 자격시험이 합리적인 방법으로 반드시 실시되어야 함을 전제로 하는 것이고, **따라서 행정사법 제5조 제2항이 대통령령으로 정하도록 위임한 이른바 "행정사의 자격시험의 과목 · 방법 기타 시험에 관하여 필요한 사항"이란 시험과목 · 합격기준 · 시험실시방법 · 시험실시시기 · 실시횟수 등 시험실시에 관한 구체적인 방법과 절차를 말하는 것이지 시험의 실시여부까지도 대통령령으로 정하라는 뜻은 아니다.**

그럼에도 불구하고 이 사건 조항은 행정사 자격시험의 실시 여부를 시 · 도지사의 재량사항으로, 즉, 시험전부면제대상자의 수 및 행정사업의 신고를 한 자의 수 등 관할구역내 행정사의 수급상황을 조사하여 시험실시의 필요성을 검토한 후 시험의 실시가 필요하다고 인정하는 때에는 시험실시계획을 수립하도록 규정하였는바, 이는 시 · 도지사가 행정사를 보충할 필요가 없다고 인정하면 행정사 자격시험을 실시하지 아니하여도 된다는 것으로서 상위법인 행정사법 제4조에 의하여 청구인을 비롯한 모든 국민에게 부여된 행정사 자격 취득의 기회를 하위법인 시행령으로 박탈하고 행정사업을 일정 경력 공무원 또는 외국어 전공 경력자에게 독점시키는 것이 된다.

그렇다면 이 사건 조항은 모법으로부터 위임받지 아니한 사항을 하위법규에서 기본권 제한 사유로 설정하고 있는 것이므로 위임입법의 한계를 일탈하고, 법률상 근거 없이 기본권을 제한하여 법률유보원칙에 위반하여 청구인의 직업선택의 자유를 침해한다.

[요약판례 34] 게임산업진흥에 관한 법률 제44조 제1항 제2호 등 위헌소원: 합헌(헌재 2010.2.25. 2009헌바38)

1. 게임결과물의 환전업이 헌법 제15조가 보장하고 있는 직업에 해당하는지 여부(적극)
2. "제32조 제1항 제7호에 해당하는 행위를 한 자"중에서 '게임물의 이용을 통하여 획득한 유 · 무형의 결과물의 환전을 업으로 하는 행위를 한 자'부분이 국민의 직업선택의 자유를 침해하는지 여부(소극)

이 사건에서 문제되는 게임 결과물의 환전은 게임이용자로부터 게임 결과물을 매수하여 다른 게임이용자에게 이윤을 붙여 되파는 것으로, 이러한 행위를 영업으로 하는 것은 **생활의 기본적 수요를 충족시키는 계속적인 소득활동이 될 수 있으므로, 게임 결과물의 환전업은 헌법 제15조가 보장하고 있는 직업에 해당한다.**

게임물 운영체계 안에서 제공되는 보상인 게임 결과물이 그 운영체계 밖에서 현금 또는 이와 동등한 가치 있는 재화로 교환됨으로써 게임물이 사실상 사행기구로 변질되는 것을 방지함으로써 건전한 게임문화를 확립하여 국민의 문화적 삶의 질을 향상시키고자 하는 이 사건 법률조항의 입법목적은 정당하고, 이 사건 법률조항은 이러한 요청에 따라 일정한 기준에 해당하는 게임 결과물의 환전업을 영위한 자를 5년 이하의 징역 또는 5천만 원 이하의 벌금에 처하도록 하였는바, 이러한 규제는 게임물을 사행기구로 변질시키는 행위를 방지하려는 게임법의 입법목적을 달성하기 위한 여러 방법 중 하나로서 적정하며, 또한 이보다 덜 제한적인 수단을 마련하는 것이 쉽지 않다고 보이므로 이 사건 법률조항이 최소침해성의 원칙에 반한다고도 할 수 없고, 이 사건 법률조항으로 인해 청구인이 게임 결과물의 환전업을 제한받게 되는 사익은 게임물을 사행기구로 변질시키는 행위를 방지함으로써 건전한 게임문화를 확립하여 국민의 문화적 삶의 질을 향상시키고자 하는 공익에 비해 비교적 가볍다 할 것이므로, 이 사건 법률조항이 일정한 기준에 해당하는 게임 결과물의 환전업을 영위하는 자를 처벌하고 있다고 하여도 이는 기본권제한의 한계 내의 것으로 과잉금지의 원칙에 위배하여 국민의 직업선택의 자유를 침해하는 것이 아니다.

[요약판례 35] 구 변호사법 제109조 제1호 등 위헌소원: 합헌(헌재 2010.10.28. 2009헌바4)

변호사 아닌 자의 법률사무 취급을 보편적으로 금지하여 일반 국민의 직업선택의 자유를 침해하는지 여부(소극)

입법자가 변호사제도를 도입하여 법률사무 전반을 변호사에게 독점시키고 그 직무수행을 엄격히 통제하고 있는 것은 전문적인 법률지식과 윤리적 소양을 갖춘 변호사에게 법률사무를 맡김으로써 법률사무에 대한 전문성, 공정성 및 신뢰성을 확보하여 일반 국민의 기본권을 보호하고 사회정의를 실현하려는 데 있는 것이다. 이 사건 법률규정은 위와 같은 변호사제도를 보호 · 유지하려는 데 그 목적이 있어 실현하고자 하는 공익이 정당하고, 변호사제도의 목적을 달성하기 위해서는 비변호사의 법률사무취급의 금지는 불가피한 것으로 공익실현을 위한 기본권제한의 수단이 적정하다. 또한 변호사제도의 배경과 목적, 변호사 아닌 자의 모든 법률사무취급을 금지하는 것이 아니라 단지 금품 등 이익을 얻을 목적의 법률사무취급만을 금지하고 있고, 금지되는 법률사무취급의 범위와 방법 및 그 정도 등에 관하여도 법률에 상세히 규정하고 있는 점에 비추어 보면, 이 사건 법률조항이 일반 국민의 직업선택의 자유에 대한 과도한 제한으로 과잉금지의 원칙에 위배된다고는 볼 수 없다.

[요약판례 36] 게임산업진흥에 관한 법률 제26조 제2항 위헌소원: 합헌(헌재 2009.9.24. 2009헌바28)

청소년게임제공업 또는 인터넷컴퓨터게임시설제공업을 영위하고자 하는 자는 문화관광부령이 정하는 시설을 갖추어 시장·군수·구청장에게 등록하여야 한다는 규정이 인터넷컴퓨터게임시설제공업을 하려는 자의 직업결정의 자유를 침해하는지 여부(소극)

이 사건 법률조항은 기존에 자유업종이었던 인터넷컴퓨터게임시설제공업에 대하여 등록제를 도입하고 등록하지 아니하면 영업을 할 수 없도록 하는 것이므로, 이 사건 법률조항은 인터넷컴퓨터게임시설제공업자들의 '직업결정의 자유'를 제한하는 규정이라 할 것이고, 이와 같이 국민의 기본권을 제한하는 법률규정이 헌법에 위배되지 않기 위하여는 헌법 제37조 제2항에서 정하고 있는 기본권 제한의 한계인 과잉금지의 원칙이 지켜져야 한다.

이 사건 법률조항은 PC방의 사행장소화 방지에 이바지하는 동시에 통계를 통한 정책자료의 활용, 행정대상의 실태파악을 통한 효율적인 법집행을 위한 것으로 그 목적의 정당성이 수긍되고, 이 사건 법률조항이 인터넷컴퓨터게임시설제공업자에게 등록 의무를 부과한 것은 '게임산업진흥에 관한 법률'의 입법목적을 달성하기 위한 여러 방법 중 하나로서 적절하며, 허가제가 아닌 등록제로 규정하여 인터넷컴퓨터게임시설제공업의 시설기준에 관하여 단지 형식적 심사에 그치도록 함으로써 그 규제 수단도 최소한에 그치고 있고, PC방 영업을 영위하고자 하는 자가 이 사건 법률조항에 의한 의무를 이행하기 위하여 번잡한 준비나 설비를 하여야 할 의무를 부담하는 것도 아니어서 법익의 균형을 상실하고 있지도 아니하므로, 이 사건 법률조항은 과잉금지의 원칙에 위배하여 인터넷컴퓨터게임시설제공업자의 직업결정의 자유를 침해하는 것이 아니다.

[요약판례 37] 약사법 제4조 제2항 위헌소원: 합헌(헌재 2010.10.28. 2009헌바23)

한약사 국가시험의 응시자격을 '한약학과를 졸업한 자'로 한정하고 있는 약사법 제4조 제2항이 청구인들의 직업의 자유를 침해하는지 여부(소극)

한약사국가시험의 응시자격을 '한약학과를 졸업한 자'로 한정시키는 것은 어떤 직업의 수행을 위한 전제요건으로서 일정한 주관적 요건을 갖춘 자에게만 그 직업에 종사할 수 있도록 제한하는 경우에 해당한다. 이러한 제한에 있어서는 그러한 주관적 요건을 갖추도록 요구하는 것이 공공의 손실과 위험을 방지하기 위한 것으로서 적절한 수단이어야 하는 등 비례의 원칙에 어긋나지 않아야 한다.

한약사 국가시험의 응시자격을 '한약학과를 졸업한 자'로 한정한 것은 한약조제분야의 종사자가 사람의 생명·건강에 직접적인 영향을 미치는 활동을 하기 때문에 해당 분야의 전공교육을 위하여 설립되고 또 양질의 교육에 필요한 실험실습을 위한 시설을 갖춘 대학에서 일정기간의 실습과정, 인간의 생명·건강과 직결된 업무를 책임 있게 다룰 수 있는 인성의 계발을 위한 교육과정 등을 성공적으로 이수할 것을 면허부여의 추가적인 요건으로 삼을 필요가 있다는 취지에서 도입된 것으로서 그 입법목적의 정당성과 수단의 적합성이 인정된다. 또한, 청구인들이 졸업한 한약자원학과 등은 애당초 한약자원의 개발과 이용에 대한 이론과 기술의 연마를 통해 한약재관리전문가를 양성한다는 목적을 가지고 설치되었던 학과들이기 때문에, 한약자원학과 등 졸업생에게 한약조제 및 그에 따른 질병치료와 건강증진 등에 관한 전문적 지식과 자질을 요구하는 한약사의 국가시험 응시자격을 인정하지 않은 것이 반드시 합리성을 결여한 것이라고 보기도 어렵다. 그러므로 한약사 국가시험의 응시자격을 한약학과 졸업생들에게만 인정한 이 사건 법률조항이 청구인들의 직업선택의 자유를 과도하게 침해하는 것은 아니라고 할 것이다.

[요약판례 38] 산업안전보건법 시행규칙 제102조 [별표 14] 제2호 가목(1) 등 위헌확인: 기각 (헌재 2010.6.24. 2008헌마271)

산업의학과 전문의 자격을 갖춘 의사만 특수건강진단업무를 할 수 있도록 규정한 구 산업안전보건법 시행규칙[별표 14] 제2호 가목(1)이 산업의학과 전문의가 아닌 의사들의 직업선택의 자유를 침해하는지 여부(소극)

이 사건 규칙조항은 입법부로부터 위임을 받은 행정부가 국민의 생명을 다루는 분야인 의사라는 자격제도의 내용을 형성함에 있어 특수건강진단업무에 종사할 수 있는 의사의 범위를 한정한 것인바, 이는 **국민보건향상이라는 공공복리를 고려하여 합목적적으로 정할 입법정책상의 재량사항에 속하므로 그 내용이 명백히 불합리하고 불공정하지 않은 한 존중되어야 한다.** 전문의 수련과정 및 내용, 자격시험에 이르기까지 모든 체계가 각 전문의별로 각각의 수련목표에 맞게 별개로 이루어지고 있으므로 산업의학과를 전공하지 않은 의사들이 산업의학과 전문의와 동일한 정도의 산업의학적 지식과 전문성을 갖추었다고 보기 어렵다.

따라서 이 사건 규칙조항이 산업의학과 전문의만 특수건강진단을 위한 전문성 및 자질을 충분히 갖추었다고 판단하여 특수건강진단업무에 종사할 수 있는 의사를 산업의학과 전문의로 한정한 것이 **입법재량을 명백히 일탈한 자의적인 것이라고 볼 수 없으므로, 이 사건 규칙조항이 산업의학과 전문의 아닌 의사인 청구인들의 직업선택의 자유를 침해한다고 볼 수 없다.**

[요약판례 39] 자격기본법 제39조 제1호 등 위헌소원: 합헌 (헌재 2010.7.29. 2009헌바53)

국민의 생명·건강에 직결되는 분야에 대한 민간자격의 신설·관리·운영을 금지하고 이를 위반하는 경우 형사처벌하도록 하는 자격기본법 규정이 직업선택의 자유 및 일반적 행동의 자유 등을 침해하는지 여부(소극)

이 사건 심판대상조항은, 기본적으로 '국민의 생명·건강에 직결되는 분야'에 관한 민간자격을 신설·관리·운영함으로써 **계속적인 생활수단적 소득활동을 영위하고자 하는 사람에 대하여는 직업선택의 자유를 제한하는 규정이지만, 이를 취미 또는 봉사활동으로 하고자 하는 사람에 대하여는 헌법 제10조의 행복추구권에서 파생하는 일반적 행동의 자유를 제한하는 규정**이 될 수도 있다.

이 사건 법률조항은 국가가 직접 '국민의 생명·건강에 직결되는 분야'에 관한 자격제도를 신설하고 철저하게 관리·운영함으로써 국민의 보건에 관한 국가의 보호의무를 이행하고, 민간자격의 남발로 인한 국민의 피해를 예방하기 위한 것으로서 그 입법목적의 정당성을 인정할 수 있고, 아울러 무분별한 민간자격의 난립에 의해 발생할 수 있는 국민의 생명·건강상의 위해를 근본적으로 차단할 수 있으므로, 위 입법목적을 달성하기 위한 적합한 수단이 된다고도 할 것이다.

그리고 국민의 생명·건강상의 위해를 방지하는 방법으로 이 사건 법률조항과 같이 규제범위를 국민의 생명·건강에 '직결'되는 분야로 최대한 한정한 후 이를 민간자격이 아닌 국가자격의 대상으로 하는 것만큼의 효과를 거둘 만한 다른 제도나 절차를 쉽게 찾아보기 어렵다고 할 것이고, 이 사건 법률조항을 통하여 달성하려는 국민의 생명·건강에 대한 위해방지라는 공익은 이로 인하여 제한되는, 국민의 생명·건강에 직결되는 분야에서 민간자격을 신설·관리·운영하고자 하는 사람의 사익에 비해 매우 크다고 할 것이므로, 최소침해성이나 법익의 균형성 원칙에도 위배되지 아니한다.

나아가 국민의 생명·건강에 대한 위해는 한 번 발생하면 돌이킬 수 없어 사전에 철저히 예방할 필요가 있으며, 단순한 행정상의 제재수단만으로는 국민의 생명·건강에 초래되는 위험을 방지하기 어렵다는 점을 고려할 때 형사적인 제재수단의 필요성을 부인할 수 없다고 할 것이므로, 이 사건 법률조항이 입법재량의 범위를 벗어나 자의적인 입법권의 행사에 해당한다고 보기 어렵고, 그 법정형 또한 지나치게 무겁다고 보기 어렵다고 할 것이어서, 이 사건 법률조항이 형벌체계상 균형을 상실하였다거나 책임과 형벌 간의 비례원칙에 반한다고 볼 수도 없다.

[요약판례 40] 변호사법 제5조 제2호 위헌확인: 기각(헌재 2009.10.29. 2008헌마432)

"금고 이상의 형의 집행유예를 선고받고 그 기간이 경과한 후 2년을 경과하지 아니한 자"는 변호사가 될 수 없다고 규정한 구 변호사법이 청구인의 직업선택의 자유를 과도하게 침해하는지 여부(소극)

입법자는 변호사로 하여금 법률사무를 전반적으로 할 수 있도록 하고 그 직무수행을 엄격히 통제하고 있으며, 일반적으로 법률사건은 당사자 및 이해관계인의 생명, 신체, 명예 및 재산 등의 권리·의무에 관한 다툼이나 의문에 대한 사건으로서 그 사무 처리에 있어서 고도의 법률지식을 요하고 공정성과 신뢰성이 요구된다는 점을 생각할 때, 이 사건 법률조항은 그 입법목적의 정당성이 인정된다. 또한 형사제재와 관련하여 일정 기간 변호사가 될 수 없도록 제한한 것은 변호사의 공공성과 변호사에 대한 국민의 신뢰를 보호하고자 하는 입법목적의 달성에 적절한 수단이다. 특히 법원이 범죄의 모든 정황을 고려한 후 금고 이상의 형의 판결을 하였다면 그와 같은 사실만으로 사회적 비난가능성이 높다고 할 것이며, 사회질서유지 및 사회정의 실현이라는 변호사의 사명을 고려할 때 변호사의 결격 사유인 금고 이상의 형의 원인이 된 범죄행위가 그 직무관련범죄로 한정되는 것은 아니므로 이 점에 있어 변호사의 결격사유를 정하는 입법재량을 일탈하였다고 보기는 어렵다. 그리고 이 사건 법률조항은 결격사유에 해당하는 자의 변호사 활동을 영원히 박탈하는 조항이 아니라 변호사 활동을 금지하고 윤리의식을 제고할 시간을 주는 것으로 직업선택의 자유를 일정 기간 제한하는 것이므로, 이로써 보호하고자 하는 공익은 결격사유에 해당하는 자가 직업을 선택할 수 없는 불이익보다 크다.

이 사건 법률조항은 변호사 업무의 높은 공공성 및 윤리성과 이에 대한 국민의 신뢰의 중요성에 비추어 형법상 유죄 판결을 받은 자가 반성의 기회를 가질 수 있도록 한 집행유예기간보다 더 강화된 결격의 기간을 정한 것이다. 그리고 형사적 제재의 원인이 된 범죄의 가벌성 등에 대한 법원의 판단에 대응하여 변호사의 공공성 및 신뢰성 회복에 필요한 기간 역시 차등적으로 정한 것이므로, 특히 선고유예의 경우와 달리 집행유예기간이 경과한 경우에 추가로 2년을 더 결격기간으로 정하였다 하더라도 입법재량의 범위를 넘어섰다고 볼 수는 없다.

따라서 이 사건 법률조항은 형사적 제재의 존재를 변호사의 결격사유로 정함에 있어 헌법 제37조 제2항에 반하여 청구인의 직업선택의 자유를 과도하게 침해하였다고 할 수 없다.

[요약판례 41] 외국인근로자의 고용 등에 관한 법률 제7조 등 위헌확인: 기각(헌재 2009.9.24. 2006헌마1264)

사용자가 외국인근로자를 고용함에 있어 직업안정기관의 허가를 받도록 하는 고용허가제가 사용자인 청구인들의 직업수행의 자유를 침해하는지 여부(소극)

외국인고용법 제8조 제1항, 제3항, 제6항 및 제12조 제3항 본문 규정은 내국인근로자 고용기회 보호의 원칙하에 외국인근로자를 체계적으로 도입함으로써 중소기업 등의 인력부족을 해소하고 지속적인 경제성장을 도모하는 한편 외국인근로자의 효율적인 고용관리와 근로자로서의 권익을 보호하기 위한 것으로 그 입법목적이 정당하다. 그리고 이를 위해 사용자에게 일정요건을 갖추어 허가절차를 밟게 하고 직업안정기관이 아닌 자는 그 과정에 개입하지 못하도록 한 것은 위 입법목적을 달성하기 위한 효과적이고 적절한 수단이고 내국인 구인 노력 기간을 단기간으로 규정하는 등 보완조치를 마련하여 침해의 최소성이 인정되며 법익의 균형성 또한 구비하고 있다. 따라서 이 사건 조항들은 헌법상 보장된 청구인들의 기본권인 직업수행의 자유를 헌법 제37조 제2항에 위반하여 과도하게 제한하고 있다고 볼 수 없다.

[요약판례 42] 외국인근로자의 고용 등에 관한 법률 제27조의2 등 위헌확인: 각하,기각
(헌재 2011.10.25. 2010헌마661)

외국인 근로자의 고용에 관한 업무를 대행하는 대행기관의 지정요건에 관하여 규정하고 있는 고용허가제 대행기관 운영에 관한 규정 제4조 및 별표1 대행기관 지정요건(제4조 관련)이 직업수행의 자유를 침해하는지 여부(소극)

이 사건 고시 조항은 대행기관의 지정요건에 관한 규정으로서 그 규율 대상은 대행 업무를 수행하려는 자이다. 따라서 대행기관 지정을 통해 대행 업무를 수행하려는 행정사 등인 청구인들이 이 사건 고시 조항에 대하여 자기관련성을 갖는다는 데는 의문이 없지만, **외국인 근로자의 고용에 관한 업무를 대행기관에게 위탁하려는 사업주들은 이 사건 고시 조항에 대하여 단지 간접적이고 사실적이며 경제적인 이해관계가 있는 자들일 뿐, 법적인 이해관계인이 아니라고 할 것이므로, 위 고시 조항에 관하여 자기관련성이 인정되지 않는다.**

이 사건 고시 조항은 대행업무 수행의 공공성 및 운영의 투명성을 확보하고, 부수적으로 외국인 근로자의 인권보호 등을 도모하려는 것을 목적으로 하고 있어서 그 입법목적의 정당성이 인정되고, 국가가 사업수행 능력, 경험, 지원실적, 공공성 등 엄격하고도 구체적인 요건을 갖춘 자를 대행기관으로 지정하여 이러한 기관으로 하여금 외국인 근로자의 고용에 관한 업무를 대행하도록 하는 것은 위와 같은 입법목적을 달성하기 위하여 효과적이고 적절한 수단의 하나라고 할 수 있어서 수단의 적정성도 인정된다. 또한 이 사건 고시 조항은 행정사 등인 기존 대행업무 수행자들의 업무의 일부를 제한하고 있을 뿐이고, 위 고시 조항보다 덜 기본권 제한적인 입법수단도 보이지 아니하여 침해의 최소성 원칙에 위배되지 아니하며, 이 사건 고시 조항으로 인해 얻게 될 대행업무 수행의 공공성 및 운영의 투명성 확보, 외국인 근로자의 인권보호 등의 공익이 큰 반면, 제한되는 사익은 기존에 대행 업무를 수행하던 행정사 등을 포함하여 대행 업무를 수행하려는 자는 일정한 요건을 갖추어 대행기관 지정을 받아야 한다는 정도의 제한에 불과하므로, 법익의 균형성도 갖추었다. 따라서 이 사건 고시 조항은 과잉금지원칙을 위반하여 기존에 대행 업무를 수행하던 행정사 등인 청구인들의 직업수행의 자유를 침해하지 않는다.

[요약판례 43] 요양급여비용심사청구소프트웨어의 검사 등에 관한 기준 위헌확인: 기각
(헌재 2010.10.28. 2008헌마408)

요양기관으로 하여금 의약품 처방·조제 지원 소프트웨어 기능이 포함된 요양급여비용청구소프트웨어를 사용하도록 하고 의사들로 하여금 금기약품 처방시 그 사유를 실시간으로 심사평가원에 전송하도록 규정한 '요양급여비용 심사청구소프트웨어의 검사 등에 관한 기준' 제3조 제5호 및 제4조 제1항이 청구인들의 직업수행의 자유를 침해하는지 여부(소극)

의사들은 환자를 진료하는 과정에서 자신의 판단에 따라 의약품을 처방·조제할 권리가 있고 이것은 의사로서의 직업수행의 자유의 일면이라고 할 것이다. 그런데 이 사건 고시조항들로 인하여 의사들은 심사평가원의 중앙관리시스템에서 제공하는 정보를 매일 전송받고, 병용금기·연령금기 및 급여중지 등의 사항에 대하여 컴퓨터 화면에 제공되는 경고 문구에도 불구하고 이에 **해당하는 의약품을 처방·조제하는 경우에는 그 의약품 정보를 실시간으로 심사평가원에 전송해야 하고, 그 의약품 정보를 처방전에 기재하거나 환자에게 문서로 제공하여야 함으로써 자유롭게 처방·조제할 수 있는 권리를 제약받게 된다.** 따라서 이 사건 고시조항들은 **의사들의 직업수행의 자유를 제한한다고 할 것이다.**

이 사건 고시조항들은 약제의 부적절한 처방으로 인하여 발생할 수 있는 국민 건강에 대한 위해를 방지하고 의사들의 적정한 처방을 통하여 의료재정을 개선하기 위한 입법목적을 추구하고 있어서 목적의 정당성이 인정되고, 의사들로 하여금 금기약품의 처방을 심사평가원에게 사전에 고지하게 하는 것은 금기약품 처방·조제를 사전에 억제하므로 입법목적을 달성하는 데 적절하며, 금기약품의 처방·조제를 사전에 심사하여 억제하는 수단보다 덜 제한적인 방법으로 입법목적을 달성할 만한 수단이 존재한다고 보기 어려우므로 피해의 최소성 원칙에도 어긋나지 아니하고, 의사들의 처방·조제권을 제약하여 직업수행의 자유를 제한하는 정도가 그리 크지 않는데 반해서 금기약품 복용을 미리 방지하여 환자의 건강을 보호하고 불필요한 약제비용을 절감할 수 있는 공익의 비중과 효과는 매우 크다고 할 것이어서 법익균형성 원칙에 위반되지 아니하므로, 이 사건 고시조항들은 청구인들의 직업수행의 자유를 침해하지 아니한다.

[요약판례 44] 요양급여의 적용기준 및 방법에 관한 세부사항(약제) 고시 위헌확인: 기각 (헌재 2010.9.30. 2008헌마758)

중복처방시 요양급여의 인정기준을 정한 보건복지부고시가 직업수행의 자유를 침해하는지 여부(소극)

요양기관인 의사들이 중복처방이 허용되는 사유에 해당된다고 판단하여 약제를 처방하였음에도 불구하고 이후 건강보험심사평가원이 이를 요양급여로 인정하지 않는 경우, 의사들이 환자에게 약제비를 청구하는 것은 현실적으로 불가능하므로 결국 본인부담금을 제외한 약값을 의사들이 부담하게 되는데, **이러한 불이익을 회피하기 위하여 의사들은 약효는 동일하나 성분이 동일하지 아니한 약품을 처방해야 하는 등의 제한을 받게 된다. 따라서 이 사건 고시는 의사인 청구인들의 처방전 발급에 관한 진료행위를 일정하게 제한하는 것이므로 청구인들의 직업수행의 자유 침해와 관련된다.**

이 사건 고시는 의약품의 불필요한 중복처방을 합리적으로 제한하기 위한 것으로서 중복처방시 요양급여 인정을 일정한 사유로 제한하는 것이므로 그 목적의 정당성과 수단의 적정성이 인정된다. 그리고 이 사건 고시에 의한 진료행위의 제한 정도, 요양급여 인정 사유 및 기간 등을 종합하여 보면 요양급여 제한의 필요성이나 효용성을 충분히 인정할 수 있으므로 피해의 최소성에 반하지 아니하며, 의약품의 과·남용의 억제를 통한 국민건강의 증진과 국민건강보험공단의 재정 건전성 확보 등의 공익이 청구인들이 입게 되는 불이익에 비하여 훨씬 크다고 할 것이어서 법익의 균형성에도 어긋나지 아니한다. 따라서 결국 이 사건 고시가 청구인들의 직업수행의 자유를 침해한다고 볼 수 없다.

[요약판례 45] 변호사법 제28조의2 위헌확인: 기각 (헌재 2009.10.29. 2007헌마667)

변호사에게 전년도에 처리한 수임사건의 건수 및 수임액을 소속 지방변호사회에 보고하도록 규정하고 있는 변호사법 제28조의2가 청구인들의 영업의 자유를 침해하는지 여부(소극)

이 사건 법률조항은 지방변호사회로 하여금 소속 변호사들의 사건 수임에 관하여 감독이 가능하도록 함으로써 변호사 스스로가 구성원으로 된 자체 조직을 통하여 납세와 관련된 변호사의 자기 통제를 할 수 있도록 하여 변호사에 의한 탈세의 우려를 줄이고 이를 통해 조세행정 전반에 대한 국민적 신뢰를 공고히 하는데 주요한 입법취지가 있는바 이는 정당성이 인정되고, 소속지방변호사회에 수임사건의 건수 및 수임액을 보고하도록 함으로써 변호사들의 사건수임 관련 정보를 한층 더 투명하게 하는 것은 위와 같은 목적을 달성할 수 있는 적절한 수단이 될 수 있다

이 사건 법률조항은 수임관련 자료를 1년에 한번 제출할 것을 요구할 뿐인바 이는 영업의 자유가 예정하는 핵심적인 결정권을 간섭하지 않는 점, 지방변호사회는 변호사의 지도와 감독에 관한 사무 등을 하기 위하여 설립되고, 변호사는 소속 지방변호사회의 감독을 받는바 변호사법에서는 지방변호사회 자체적으로 소속 변호사들에 대한 구체적·추상적 통제를 수행할 수 있는 다양한 제도들이 규정되어 있는 점, 이 사건 법률조항의 업무처리와 관련하여 알게 된 비밀을 누설하여서는 아니 된다는 비밀준수의무도 함께 부과되고 있는 점, 공인회계사 등 여타 전문직의 경우에도 이미 오래 전부터 소속협회의 내부규정을 통하여 자체적으로 이를 해 오고 있었던 점, 이 사건 법률조항이 도입되기 이전에도 지방변호사회에 수임 사건의 건수는 보고되고 있었던 점 등을 종합하여 볼 때, 청구인들의 영업의 자유를 필요 이상으로 제한하고 있다고 보기 어려우며, 공익과 사익 간의 균형성을 도외시한 것이라고 보기 어려우므로, 법익의 균형성의 원칙에 반하지 아니한다.

[요약판례 46] 공인중개사의 업무 및 부동산 거래신고에 관한 법률 제27조 등 위헌확인: 기각 (헌재 2009.3.26. 2007헌마988등)

중개업자로 하여금 자신이 중개한 부동산 거래내역을 신고하도록 한 '공인중개사의 업무 및 부동산 거래신고에 관한 법률' 제27조 제2항이 청구인들의 직업의 자유를 침해하는지 여부(소극)

이 사건 신고의무 조항은 중개업자로 하여금 부동산 거래를 중개하여 거래계약서를 작성·교부한 때에는 계약체결일부터 일정 기간 내에 거래내용을 신고하도록 의무를 부과함으로써 **중개업자인 청구인들의 직업수행의 자유를 제한하고 있다.**

이 사건 신고의무 조항은 부동산 투기 및 탈세를 방지하고 실거래가격에 기초한 과세가 이루어지도록 함으로써 건전한 부동산 거래질서를 확립함과 동시에 국민의 재산권을 보호하기 위한 것인바, 입법목적이 정당하며, 중개업자로 하여금 자신이 중개한 매매의 실거래가격 등을 신고하게 하는 것은 부동산 거래가격의 적정성 검증 및 정확한 세원 포착을 가능하게 함으로써 위 입법목적 달성에 크게 기여할 것이므로 수단의 적정성이 인정된다.

중개업자는 비록 거래당사자는 아니나 부동산의 권리분석 및 시장가격 등에 관한 전문자격자로서 거래에 직접 관여하여 매매를 주도하는 경우가 많아 실거래가 형성에 큰 역할을 할 뿐만 아니라 자신의 중개행위로 계약이 성립되는 경우 거래계약서를 직접 작성하여 사본을 보존할 의무를 부담하므로, 이러한 중개업자의 지위 및 역할, 거래계약서 작성에 관한 업무 및 책임 등에 상응하여 중개행위의 주체인 중개업자로 하여금 거래내역을 신고하도록 한 것이다. 나아가 중개업자는 객관적·중립적인 입장에서 거래에 관여한 제3자이므로 중개업자의 신고를 통하여 거래당사자의 통모에 의한 투기 및 탈세행위를 견제할 수 있으며, 신고방법 및 절차 역시 국토해양부 부동산 거래관리시스템 홈페이지에 접속하여 부동산 거래계약신고서에 거래내역을 입력한 후 전자서명하는 방법으로 가능하므로 신고의무 이행에 드는 노력과 비용, 절차상 번거로움 등 중개업자가 입는 불이익이 매우 경미하다.

한편, 부동산 거래질서의 확립 및 실거래가격에 기초한 적정과세라는 이 사건 신고의무 조항의 입법목적은 매우 중대한 반면, 이로 인하여 청구인들이 제한받는 사익은 자신이 중개한 거래계약의 내용을 일정 기간 내에 인터넷상에 입력할 의무를 부담하는 정도에 그치므로 이러한 불이익은 위 조항이 추구하는 공익에 비하여 현저하게 크다고 볼 수 없다.

그러므로 이 사건 신고의무 조항은 청구인들의 직업의 자유를 침해하지 아니한다.

[요약판례 47] 저작권법 제104조 등 위헌소원: 합헌 (헌재 2010.2.24. 2009헌바13등)

저작권법 제104조 제1항, 제2항 및 위 저작권법 제104조 제1항에 위반한 경우 과태료를 부과하도록 한 저작권법이 직업수행의 자유를 침해하는지 여부(소극)

이 사건 심판대상 법률조항들은 특수한 유형의 온라인서비스제공자에게 **저작물 등의 불법전송을 차단하는 기술적 조치 등을 할 의무를 부과하고, 그에 위반하는 경우 과태료를 부과**하는 것을 그 내용으로 하므로 특수한 유형의 온라인서비스제공자인 청구인들의 **직업수행의 자유를 제한한다.**

일반적으로 직업수행의 자유에 대하여는 직업선택의 자유와는 달리 공익목적을 위하여 상대적으로 폭넓은 입법적 규제가 가능한 것이지만, 그렇다고 하더라도 그 수단은 목적달성에 적절한 것이어야 하고 또한 필요한 정도를 넘는 지나친 것이어서는 아니된다.

이 사건 법률조항들은 저작물 등의 불법적인 전송을 차단함으로써 저작권 등을 보호하고, 문화 및 관련 산업을 향상·발전시키기 위한 것으로서 정당한 목적 달성에 기여한 적합한 수단에 해당하며, 권리자의 요청이 있는 경우에 해당 저작물에 대한 불법적인 전송을 차단하는 조치를 취할 것을 요구할 뿐인 점, 기술적으로 불가능한 조치를 요구하는 것은 아닌 점, 인터넷을 통한 저작권 등 침해의 현실 등을 고려할 때 입법목적 달성에 동일하게 기여하는 다른 덜 침해적인 수단이 존재한다고 보기 어려우므로 침해의 최소성 원칙에 위배되지 않는다. 나아가 저작권 등 침해행위를 기술적으로 통제하고 감독할 수 있는 지위에 있다고 할 특수한 유형의 온라인서비스제공자에게 한정된 범위에서 기술적 의무 등을 부과한 것이 온라인서비스제공자의 직업의 자유에 대한 중대한 제한이 된다고 보기는 어려운 반면, 달성되는 공익은 매우 중요하다는 점에서 법익균형성의 원칙에도 위반되지 않는다. 따라서 이 사건 법률조항들은 과잉금지원칙에 위배하여 직업의 자유를 침해하지 않는다.

[요약판례 48] 출판문화산업진흥법 시행규칙 제9조의2 위헌확인: 각하(헌재 2011.4.28. 2010헌마602)

간행물을 판매하는 자로 하여금 실제로 판매한 간행물 가격의 10퍼센트까지 소비자에게 경제상 이익을 제공할 수 있도록 규정한 '출판문화산업 진흥법 시행규칙' 제9조의2 제1항 중 '판매가의 10퍼센트 이하의 경제상의 이익을 제공할 수 있도록 허용하는 부분'이 기본권 침해의 가능성이 있는지 여부(소극)

도서정가제는 출판사가 간행물의 판매 가격을 미리 정하고 판매업자는 정해진 가격대로 판매하도록 강제하는 것이어서, 간행물 유통단계의 가격경쟁을 제한하여 간행물의 유통과 관련된 영업자들의 영업의 자유를 제한하는 것이다.

그런데 이 사건 심판대상 규칙은 간행물을 판매하는 자로 하여금 판매가의 10퍼센트 이하의 범위 내에서 경제상의 이익을 제공할 수 있도록 허용하는 것이고 판매가의 10퍼센트 이내의 경제상 이익을 제공할 것인지 여부도 판매업자의 자유에 맡겨져 있다. 따라서 **이 사건 심판대상 규칙은 간행물 판매자의 영업의 자유를 제한하는 것이 아니라, 오히려 도서정가제의 적용으로 비롯되는 유통단계의 경쟁의 자유의 제한을 완화하고 간행물 판매자의 영업의 자유를 일부 회복시켜 보장하는 것이라고 할 수 있다.** 이 사건 심판대상 규칙은 간행물을 판매하는 청구인의 자유를 제한하거나 의무를 부과하거나 기타 기본권을 침해하는 내용을 포함하고 있지 않다.

(재판관 이동흡의 일부반대의견) 다수의견은 이 사건 심판대상 규칙이 간행물 판매업자의 영업의 자유를 제한하는 것이 아니라 도서정가제의 적용으로 비롯되는 유통단계의 경쟁의 자유의 제한을 완화하고 간행물 판매업자의 자유를 일부 회복시켜 보장하게 하는 것이라고 한다. 그러나 청구인 이○연과 같이 중소규모의 서점형태로 간행물을 판매하는 자로서는 현실적인 시장 여건상 이 사건 심판대상 규칙이 의도하는 바와 같은 자유의 회복이란 사실상 불가능하다는 것이며, 오히려 이 사건 심판대상 규칙으로 인하여 대형서점이나 온라인서점과의 할인 경쟁에서 중소규모의 간행물 판매업자로서는 더 이상 생계를 유지할 수 없는 상황에 놓이게 된다는 것이다.

청구인 이○연은 재산권과 직업행사의 자유 침해 이외에 명시적으로 평등권 침해의 주장을 하고 있지 않다. 그러나 청구인 주장의 실질을 보면 이 사건 심판대상 규칙이 출판사로부터의 구매 및 소비자들에 대한 판매 등에 있어서 서로 다른 경쟁조건에 놓일 수밖에 없는 중소규모의 서점과 대형서점이나 온라인 서점에 대하여 동일한 경제상 이익의 제공 범위를 설정함으로써 단순히 사실적・반사적 이해관계의 불이익을 야기하는 것에서 더 나아가 본래 열등한 위치에 있던 중소규모의 서점의 경쟁상의 지위를 더욱 어려운 위치에 놓이게 한 것으로 "본질적으로 다른 것을 자의적으로 같게 취급하여" 청구인의 평등권을 침해하였다는 주장으로 선해할 수 있다고 할 것이다.

따라서 나는 이 사건 심판대상 규칙이 청구인의 재산권과 직업행사의 자유를 침해할 가능성이 없다는 이유로 본안 판단에 나아가지 않고 곧바로 각하할 것이 아니라, 청구인 이○연의 평등권을 침해하는지 여부 및 법률유보원칙에 위반되는지 여부를 판단하기 위하여 본안 판단에 나아가야 한다고 생각한다.

[요약판례 49] 공인중개사의 업무 및 부동산 거래신고에 관한 법률 시행령 제5조 제3항 위헌확인: 기각(헌재 2008.12.26. 2006헌마273)

공인중개사 자격시험 제1차 시험과 제2차 시험을 동시에 시행하는 경우 제1차 시험에 불합격한 자의 제2차 시험을 무효로 하도록 규정하고 있는 '공인중개사의 업무 및 부동산 거래신고에 관한 법률 시행령' 제5조 제3항이 제1차 시험 불합격자의 직업의 자유를 침해하는지 여부(소극)

이 사건 조항은 공인중개사 자격시험 제1차 시험과 제2차 시험을 동시에 시행하는 경우에 제1차 시험에 불합격한 자의 제2차 시험을 무효화시킴으로써 청구인과 같이 제2차 시험에 합격할 수 있는 점수 이상을 득점하고도 이를 인정받지 못하는 사람들의 공인중개사 자격 취득에 영향을 줄 수 있고, 이로 인하여 이들이 공인중개사를 직업으로 선택하여 활동할 기회를 박탈할 수 있다. 따라서 이 사건 조항이 청구인의 직업선택의 자유를 침해하는지가 문제된다.

공인중개사법 시행령은 공인중개사 자격시험을 제1차 시험과 제2차 시험으로 구분하여 시행한다고 규정하고, 제1차 시험은 중개업무 수행에 필요한 기본적 소양 및 지식정도의 평가에, 제2차 시험은 중개실무 관련 개별과목의 평가를 통한 실무능력 검정에 중점을 두고 있다. 이 사건 조항은 공인중개사의 전문직업인으로서의 소양과 부동산 중개업무에 관한 실무 능력을 평가함에 있어 위와 같이 제1차 시험과 제2차 시험을 구분하여 시행하는 취지를 이어받아 단계적 시험을 통과한 사람들에게만 공인중개사 자격을 부여하려는 것으로서, 그 입법목적의 정당성과 수단의 적절성을 인정할 수 있다. 또한, 단계별 시험에 있어 상위단계 시험의 응시를 그 전 단계 합격자로 제한하는 것은 단계적으로 시험의 성취도를 측정하려는 단계별 시험의 속성에 기인한 것으로, 동시에 시험을 실시한다 하더라도 이러한 단계별 시험의 취지를 유지하기 위하여 이 사건 조항과 같이 제1차 시험 불합격자의 제2차 시험을 무효로 하는 것이 과도한 제한이라고는 볼 수 없으며, 공인중개사라는 직업이 가지는 공적 중요성을 고려했을 때 법익의 균형성도 갖추고 있다 할 것으로 직업의 자유를 침해하지 않는다.

[요약판례 50] 화물자동차 운수사업법 시행규칙 제3조 제2호 위헌확인: 기각(헌재 2011.10.25. 2010헌마482)

밴형 화물자동차의 구조요건을 승차 정원이 3명 이하일 것으로 정한 화물자동차 운수사업법 시행규칙 제3조 제2호가 직업수행의 자유를 침해하는지 여부(소극)

이 사건 법령조항은 밴형 화물자동차 운송업자와 택시 운송업자 사이의 영업범위 중복으로 인한 분쟁을 사전에 예방하고 운송질서를 확립하기 위하여 밴형 화물자동차의 승차정원을 최대 3인으로 제한하는 것으로 입법목적의 정당성과 방법의 적정성이 인정되고, 기본권을 덜 침해하는 다른 수단을 발견하기도 어려우며, 추구하는 공익이 사익보다 작다고 할 수 없으므로 과잉금지원칙에 위배되지 아니한다.

청구인이 밴형 화물자동차의 승차정원을 3인 이하로 제한하는 정원제한조항이 신설된 2001. 11. 30. 이전부터 승차정원 제한이 없었던 구법에 따라 화물자동차 운송사업 등록을 하고 6인승 밴형 화물자동차를 사용하여 화물운송업을 영위해 온 것에 대한 신뢰는 2001. 11. 30. 이전에 이미 화물운송에 사용하던 이 사건 화물자동차에 한정되고, 또한 2001. 11. 30.부터 현재까지 약 10년간 정원제한조항에도 불구하고 별다른 제한 없이 3인 이상의 승객과 화물운송을 통한 영업이익을 계속 누려왔으므로, 비록 이 사건 화물자동차를 향후에 교체할 것이 예정되어 있다 하더라도 교체 후의 새로운 차량까지도 위 신뢰의 대상에 포함된다거나 교체 후에도 헌법상 보호할 만한 신뢰가 남아 있다고 보기 어렵다. 가사 이 사건 화물자동차를 교체하는 경우까지도 보호할 만한 신뢰가 남아 있다 하더라도 제반 사정에 비추어 이 사건 법령조항으로 인한 청구인의 이익침해 정도는 중하다고 할 수 없는 반면에 승차정원제한을 통한 운송질서 확립이라는 이 사건 법령조항이 추구하는 공익은 중대하므로 이 사건 법령조항이 신뢰보호원칙을 위반하여 청구인의 직업 수행의 자유를 침해한다고 볼 수 없다.

[요약판례 51] 농업협동조합법 제46조 제4항 제3호 위헌확인: 인용(헌재 2013.8.29. 2010헌마562)

농협·축협 조합장이 금고 이상의 형을 선고받고 그 형이 확정되지 아니한 경우에도 이사가 그 직무를 대행하도록 규정한 농업협동조합법(2009. 6. 9. 법률 제9761호로 개정된 것) 제46조 제4항 제3호 중 '조합장'에 관한 부분 및 제107조 제1항 중 제46조 제4항 제3호의 '조합장'에 관한 부분(이하 '이 사건 법률조항들'이라 한다)이 과잉금지원칙에 반하여 조합장인 청구인들의 직업수행의 자유를 침해하는지 여부(적극)

이 사건 법률조항들의 입법목적을 달성하기 위하여 직무정지라는 불이익을 가한다고 하더라도 그 사유는 형이 확정될 때까지 기다릴 수 없을 정도로 조합장 직무의 원활한 운영에 대한 '구체적인' 위험을 야기할 것이 명백히 예상되는 범죄 등으로 한정되어야 한다. 그런데 이 사건 법률조항들은 조합장이 범한 범죄가 조합장에 선출되는 과정에서 또는 선출된 이후 직무와 관련하여 발생하였는지 여부, 고의범인지 과실범인지 여부, 범죄의 유형과 죄질이 조합장의 직무를 수행할 수 없을 정도로 공공의 신뢰를 중차대하게 훼손하는지 여부 등을 고려하지 아니하고, 단순히 금고 이상의 형을 선고받은 모든 범죄로 그 적용대상을 무한정 확대함으로써 기본권의 최소 침해성 원칙을 위반하였다.

또한 이 사건 법률조항들에 의하여 달성하려는 공익은 모호한 반면에, 금고 이상의 형이 선고되었다는 이유만으로 형의 확정이라는 불확정한 시기까지 직무수행을 정지 당하는 조합장의 불이익은 실질적이고 현존하는 기본권 침해로서 위와 같은 공익보다 결코 작다고 할 수 없으므로 이 사건 법률조항들은 법익균형성 요건도 충족하지 못하였다.

따라서 이 사건 법률조항들은 과잉금지원칙에 위반하여 청구인들의 직업수행의 자유를 침해한다.

[요약판례 52] 법학전문대학원 설치 운영에 관한 법률 제8조 제1항 등 위헌확인: 각하,기각 (헌재 2012.03.29. 2009헌마754)

변호사시험법 제5조 제1항 본문은, 양질의 법률서비스를 제공하기 위하여 다양한 학문적 배경을 가진 전문법조인을 법률이론과 실무교육을 통해 양성하고, 법학교육을 정상화하며, 과다한 응시생이 장기간 사법시험에 빠져 있음으로 인한 국가인력의 극심한 낭비와 비효율성을 막기 위한 취지에서 도입된 법학전문대학원 제도의 목적을 변호사 시험 제도와의 연계를 통하여 효과적으로 달성하기 위한 것이므로, 그 목적의 정당성과 수단의 적합성이 인정된다. 사법시험 병행제도 및 예비시험 제도는 위와 같은 입법목적을 달성하기에 부족한 것으로 보이는 반면, 법학전문대학원법은 특별전형제도, 장학금제도 등을 통해 경제적 자력이 없는 사람들에게도 법학전문대학원 과정을 이수할 기회를 부여하였고, 변호사시험법은 사법시험을 2017년까지 병행 실시하도록 하여 기존 사법시험 준비자들의 신뢰를 보호하였으므로, 위 법률조항은 침해의 최소성 원칙에도 위배되지 않는다. 마지막으로, 위 법률조항으로 인하여 청구인이 받게 되는 불이익보다는, 그것이 추구하는 공익이 더 크다고 할 것이어서 위 법률조항은 법익의 균형성 원칙에도 위배되지 아니한다. 따라서 변호사시험법 제5조 제1항 본문은 과잉금지의 원칙에 위배하여 청구인의 직업선택의 자유를 침해한다고 보기 어렵다.

《1단계 제한 사례》

[요약판례 1] 주세법 제38조의7 등에 대한 위헌제청: 위헌(헌재 1996.12.26. 96헌가18)

자도소주 구입강제 명령제도의 위헌여부(적극)

[요약판례 2] 구 유선방송관리법 제22조 제2항 제6호 중 제15조 제1항 제1호 부분 위헌소원: 합헌(헌재 2001.5.31. 2000헌바43등)

중계유선방송사업자가 방송의 중계송신업무만 할 수 있고 보도, 논평, 광고는 할 수 없도록 하는 심판대상조항들의 규제의 위헌여부(소극)

중계유선방송사업자가 방송의 중계송신업무만 할 수 있고 보도, 논평, 광고는 할 수 없도록 하는 심판대상조항들의 규제는 방송사업허가제, 특히 종합유선방송사업의 허가제를 유지하기 위해서, 본래적 의미에서의 방송을 수행하는 종합유선방송사업의 허가를 받지 아니한 중계유선방송사업에 대해 부과하는 자유제한이다. 중계유선방송사업자가 자체적인 프로그램 편성의 자유와 그에 따르는 책임을 부여받지 아니한 이상 이러한 제한의 범위가 지나치게 넓다고 할 수 없고, 나아가 업무범위 외의 유선방송관리법에 의한 중계유선방송사업에 대한 각종 규제는 전반적으로 종합유선방송사업에 대한 각종 규제보다 훨씬 가벼운 점, 그리고 중계유선방송사업자도 요건을 갖추면 종합유선방송사업의 허가를 받을 수 있었던 점, 업무범위 위반시의 제재내용 등을 종합하여 볼 때, 규제의 정도가 과도하다고 보기도 어렵다.

[요약판례 3] 여객자동차운수사업법 제73조의2 제1항 제1호 위헌확인: 기각(헌재 2002.11.28. 2001헌마596)

셔틀버스의 예외적 운행허용대상에서 약국의 이용자를 제외함으로써 약국의 셔틀버스운행을 금지한 여객자동차운수사업법 제73조의2 제1항 제1호가 청구인들의 영업의 자유를 침해하는지 여부(소극)

[요약판례 4] 약사법 제21조 제8항 등 위헌확인: 기각(헌재 2003.10.30. 2000헌마563)

의료기관의 조제실에서 종사하는 약사가 외래환자에게 교부된 처방전에 의하여 의약품을 조제할 수 없도록 규정한 약사법 제21조 제8항의 위헌여부(소극)

헌법 제15조는 "모든 국민은 직업선택의 자유를 가진다"라고 규정함으로써 직업선택의 자유를 보장하고 있는바, 헌법 제15조가 말하는 직업선택의 자유는 직업결정의 자유와 직업행사의 자유를 포괄하며, 직업의 자유는 헌법 제37조 제2항에 따라 국가안전보장·질서유지 또는 공공복리를 위하여 불가피한 경우에는 이를 제한할 수 있는데, 특히 직업행사의 자유는 직업결정의 자유에 비하여 상대적으로 그 침해의 정도가 작다고 할 것이어서, 이에 대하여는 공공복리 등 공익상의 이유로 비교적 넓은 법률상의 규제가 가능하지만, 직업수행의 자유를 제한할 때에도 헌법 제37조 제2항에 의거한 비례의 원칙에 위배되어서는 안 된다.

약사법 제21조 제8항이 의약분업제도의 도입을 통하여 의약품의 오·남용을 예방하고 약제비를 절감함과 동시에 환자의 알권리를 신장시키고 제약산업의 발전을 도모함으로써 국민의 보건을 증진시키고자 하는 입법목적은 헌법상 정당성이 인정되고, 약사법 제21조 제8항에 조제실을 설치한 의료기관이 고용된 약사를 통해서 외래환자에 대한 조제 업무를 할 수 없도록 규정한 것은 입법목적 달성에 적합하며, 조제실을 갖춘 의료기관이 고용약사를 통해서 외래환자에 대한 원외처방전 조제를 하도록 허용하는 것은 의약품의 오·남용 방지 등의 입법목적을 달성하는데 부적절하고 다른 대체수단도 존재하지 않으므로 약사법 제21조 제8항은 최소침해성 원칙에 위배되지 않으며, 약사법 제21조 제8항이 조제실을 갖춘 의료기관에서 고용 약사를 통한 원외처방전 조제금지를 규정함으로써 발생하는 청구인의 직업행사의 자유 제한이라는 불이익은 크지 않은 반면에, 약사법 제21조 제8항이 추구하는 입법목적의 달성을 통해서 얻게 되는 국민보건의 향상이라는 공익의 비중과 그 효과가 크다고 할 것이므로 약사법 제21조 제8항은 법익균형성의 원칙에 위배되지 아니한다. 따라서 약사법 제21조 제8항은 비례의 원칙에 위배되지 아니하므로 청구인의 직업행사의 자유를 침해하지 아니한다.

[요약판례 5] 학교보건법 제6조 제1항 제2호 위헌제청: 위헌,헌법불합치(헌재 2004.5.27. 2003헌가1)

학교 정화구역 내에서의 극장시설 및 영업을 금지하고 있는 학교보건법 제6조 제1항 본문 제2호 중 '극장'부분 중 대학의 정화구역에서도 극장영업을 일반적으로 금지하고 있는 부분이 직업의 자유를 과도하게 침해하여 위헌인지 여부(적극), 유치원 및 초·중·고등학교의 정화구역 중 극장영업을 절대적으로 금지하고 있는 절대금지구역 부분이 극장 영업을 하고자 하는 자의 직업의 자유를 과도하게 침해하여 위헌인지 여부(적극)

[요약판례 6] 건설산업기본법 제83조 제1호 위헌소원: 합헌(헌재 2004.7.15. 2003헌바35)

건설업자가 부정한 방법으로 건설업의 등록을 한 경우 건설업 등록을 필요적으로 말소하도록 규정한 건설산업기본법 제83조 단서 중 제1호 부분의 위헌여부(소극)

이 사건 법률조항은 '부정한 방법으로 건설업의 등록을 한 경우에 대하여' 건설업의 등록을 말소하도록 규정함으로써 건설업을 자유롭게 직업으로 삼을 수 있는 자유, 즉 청구인들의 직업선택의 자유를 제한하고 있는데, 법률이 정한 인적·물적 시설을 갖추고 등록한 자만이 건설업을 영위할 수 있는 건설업등록제도의 근간을 유지하고, 무자격자에 의한 부실공사를 방지하여 국민의 생명과 재산을 보호하고자 하는 것이 이 사건 법률조항의 입법목적이다. 이러한 입법목적이 헌법상 허용되는 정당한 목적임에는 의문의 여지가 없으며, 부정한 방법으로 건설업의 등록을 한 자의 등록을 말소하는 것은 위 입법목적을 달성하는데 크게 기여한다는 점에서 이 사건 법률조항의 수단으로서의 적정성도 인정된다.

부정한 방법에 의한 건설업등록행위가 국민의 생명과 재산에 미치는 위험의 정도와 그 위험방지의 중요성·긴급성을 고려할 때 1년 이내의 기간을 정하여 영업의 정지를 명하는 수단을 선택해서는 그 목적의 효율적인 달성을 기대하기 어려울 것이므로, 건설업자에게 부정한 방법에 의한 등록행위를 금지하고 이를 위반한 경우 필요적으로 건설업등록을 말소하도록 하는 조치는 입법목적의 달성을 위하여 반드시 필요한 최소한의 것이다. 그렇다면 이 사건 법률조항은 그 제한의 목적이 정당할 뿐 아니라 목적달성을 위한 방법이 적정하고 피해의 최소성 및 법익의 균형성 등 모든 요건을 충족하였다고 보여지므로 과잉금지원칙에 위배하여 청구인들의 직업의 자유를 침해하였다고 볼 수 없다.

[요약판례 7] 도로교통법 제70조 제2항 제2호 위헌소원: 합헌(헌재 2005.4.28. 2004헌바65)

도로교통법상 음주운전금지규정(제41조 제1항)에 위반하여 사람을 사상한 후, 교통사고 사상자 구호의무 및 교통사고 신고의무(같은 법 제50조 제1항 및 제2항)를 이행하지 않음으로써 벌금 이상의 형을 선고받고, 운전면허가 취소된 사람은 운전면허가 취소된 날부터 5년간 운전면허를 받을 자격이 없다고 규정하고 있는 도로교통법 제70조 제2항 제2호 중 제41조 제1항 위반 관련부분이 헌법에 위반되는지 여부(소극)

[요약판례 8] 군법무관임용법 부칙 제3항 등에 대한 헌법소원: 합헌(헌재 1995.6.29. 90헌바43)

자신의 귀책사유에 의하지 아니하고 변호사 자격부여기간을 채우지 못하는 경우에도 자격을 부여하지 아니하도록 규정한 구(舊) 군법무관임용법 부칙 제3항의 위헌여부(소극)

심판대상규정은 위 변호사법규정에 대한 특별규정으로서 위와 같은 자격이 없더라도 특별임용시험에 합격한 자가 군법무관에 임명된 후 5년이상 군에 복무하는 경우에는 예외적으로 특별히 변호사의 자격을 취득할 수 있도록 한 것인 바, 임용법 부칙 제2항의 특별임용시험이 사법시험이나 정규의 군법무관임용시험(임용법 제3조 제3호, 제5조)과는 달리 그 법 시행당시 군사법행정에 일정기간 복무한 영관급 장교로서(응시자격의 시혜성) 어느 정도의 법률적 소양이 있는 자(시험과목의 제한)에 대하여 1967년 이후 2회(시험회수의 제한)에 한하여 군법무관으로서의 자격을 부여하기 위한 한시적, 시혜적인 간이한 시험이었던 점을 고려하여 볼 때, 심판대상규정은 위 특별임용시험의 합격과 5년의 군복무를 조건으로 위 변호사법 소정의 자격요건(즉, 주관적 요건에 의한 직업선택자유의 제한)을 예외적으로 풀고 변호사로서의 직업선택의 자유를 확장한 시혜적인 규정이지 변호사로서의 직업선택의 자유를 제한하거나 이미 취득한 변호사 자격을 사후에 박탈하는 규정은 아니라고 할 것이어서 이는 이른바 "기본권제한(직업선택자유의 제한)의 해제조항"에 해당한다 할 것이고, 따라서 위 5년의 복무규정은 기본권제한의 해제를 위한 요건의 하나로 규정한 것이라 볼 수 있다. 이렇게 볼 때 청구인이 변호사라는 직업선택의 자유에 대하여 제한을 받고 있는 것은 그가 애당초 변호사법 제4조(구 변호사법 제3조) 소정의 변호사 자격요건을 결여하고 있기 때문이지 심판대상규정에 의하여 비로소 변호사로서의 직업선택의 자유에 대한 제한을 받게 된 것은 아니라고 할 것이다.

법률로 일정한 자격부여요건을 정한 경우에는 그 요건을 충족하여야만 자격을 부여할 수 있는 것이고 이를 충족하지 못한 이상 그것이 자격을 취득하려는 자의 귀책사유에 의한 것이든 아니든 불문하고 그 자격을 부여할 수는 없다 할 것인바, 구 군법무관임용법(1967. 3. 3. 법률 제1904호로 개정되고 1975. 12. 31. 법률 제2830호로 개정되기 전의 것) 부칙 제3항 소정의 5년 복무기간이 같은 부칙 제2항에 의하여 임명된 군법무관이 변호사의 자격을 취득하는데 있어 필수적으로 거쳐야 할 요건으로서 규정된 실무수습기간으로서의 성격을 띠고 있다면, 위 5년의 복무기간을 마치지 못한 이상 변호사의 자격을 부여할 수 없음은 당연하며 이 경우에 그 복무기간을 마치지 못한 것이 본인의 귀책사유에 의한 것이 아니라 하여 결론을 달리할 수는 없으므로, 위 부칙 제2항에 의하여 임명된 군법무관이 5년 이상 군에 복무하여야 한다는 위 법 부칙 제3항은 청구인의 평등권을 침해하는 규정이라 할 수 없다.

[요약판례 9] 약사법 제31조 제8항 등 위헌확인: 기각(헌재 2013.5.30. 2010헌마136)

의약품의 판매를 위한 품목허가 신청 시에 임상시험을 거쳐 안전성·유효성에 관한 시험성적서를 제출하도록 한 구 약사법(2007. 10. 17. 법률 제8643호로 개정되고, 2011. 3. 30. 법률 제10512호로 개정되기 전의 것) 제31조 제8항, 구 약사법 시행규칙(2008. 4. 18. 보건복지가족부령 제12호로 개정되고, 2011. 5. 6. 보건복지부령 제52호로 개정되기 전의 것) 제24조 제1항 제1호, 구 약사법 시행규칙(2008. 4. 18. 보건복지가족부령 제12호로 개정되고, 2013. 3. 23. 보건복지부령 제188호로 개정되기 전의 것) 제29조 제1항 제6호가 자가유래 줄기세포치료제 등 의약품의 제조·판매업자인 청구인 회사의 직업수행의 자유를 침해하는지 여부(소극)

이 사건 심판대상조항들은 안전성·유효성을 갖추지 않은 의약품이 유통되는 것을 방지하기 위한 것으로서 정당한 목적달성을 위한 적합한 수단에 해당한다. 또한 자가유래 줄기세포치료제의 경우에도 세포를 체외에서 조작하고 배양하는 과정에서 발생할 수 있는 부작용 등 안전성에 대한 우려가 여전히 존재하고, 의약품이 그 의약품이 치료하고자 하는 질환에 대하여 치료효과가 있어야 함은 의약품의 특성상 당연한 요청이라 볼 수 있으므로 이 사건 심판대상조항들이 이를 확인하기 위한 안전성·유효성에 관한 시험성적서 제출을 요구하는 것은 입법목적 달성을 위하여 필요한 범위를 넘은 것이라 볼 수 없으며, 줄기세포치료제의 특성에 반하는 임상시험을 요구하는 것도 아니므로, 이 사건 심판대상조항들이 피해의 최소성원칙에 반한다고 보기 어렵다. 나아가 이 사건 심판대상조항들에 의하여 달성되는 의약품의 안전성·유효성 확보의 공익이 매우 크고 중대함은 의심의 여지가 없는 반면 이로 인하여 청구인 회사가 받는 불이익은 일정한 경제적 불이익으로서 중대성을 인정하기 어려운 이상 법익균형성의 원칙에도 반하지 아니한다. 결국 이 사건 심판대상조항들은 과잉금지원칙을 위반하여 청구인 회사의 직업수행의 자유를 침해하지 아니한다.

[요약판례 10] 구 변호사법 제34조 제2항 등 위헌소원: 합헌(헌재 2013.2.28. 2012헌바62)

1. 법률사건의 수임에 관하여 알선의 대가로 금품을 제공하거나 이를 약속한 변호사를 형사처벌하는 구 변호사법 제109조 제2호 중 제34조 제2항 부분이 죄형법정주의의 명확성원칙에 위반되는지 여부(소극)
2. 이 사건 법률조항이 과잉금지원칙에 위배하여 변호사의 직업수행의 자유를 침해하는지 여부(소극)

이 사건 법률조항이 규정하는 '법률사건'이란 '법률상의 권리·의무의 발생·변경·소멸에 관한 다툼 또는 의문에 관한 사건'을 의미하고, '알선'이란 법률사건의 당사자와 그 사건에 관하여 대리 등의 법률사무를 취급하는 상대방(변호사 포함) 사이에서 양자 간에 법률사건이나 법률사무에 관한 위임계약 등의 체결을 중개하거나 그 편의를 도모하는 행위를 말하는바, 이 사건 법률조항에 의하여 금지되고, 처벌되는 행위의 의미가 문언상 불분명하다고 할 수 없으므로 이 사건 법률조항은 죄형법정주의의 명확성원칙에 위배되지 않는다. 또한 이 사건 법률조항은 사건 브로커 등의 알선 행위를 조장할 우려가 큰 변호사의 행위를 금지하고, 이에 위반한 경우 형사처벌하는 것으로서 변호사제도의 특성상 변호사에게 요구되는 윤리성을 담보하고, 비변호사의 법률사무 취급행위를 방지하며, 법률사무 취급의 전문성, 공정성, 신뢰성 등을 확보하고자 하는 것인바, 정당한 목적 달성을 위한 적합한 수단에 해당하고, 불필요한 제한을 규정한 것이라 볼 수 없다. 나아가 이 사건 법률조항으로 인하여 수범자인 변호사가 받는 불이익이란 결국 수임 기회의 제한에 불과하고, 이는 현재의 변호사제도가 변호사에게 법률사무 전반을 독점시키고 있음에 따라 필연적으로 발생하는 규제로서 변호사를 직업으로 선택한 이로서는 당연히 감수하여야 할 부분이다. 따라서 이 사건 법률조항이 과잉금지원칙에 위반하여 변호사의 직업수행의 자유를 침해한다고 볼 수 없다.

《2단계 제한 사례》

[요약판례 1] 관세사법 제4조 제3호 등 위헌확인: 기각(헌재 2001.1.18. 2000헌마364)

관세사 자격을 부여함에 있어 일반 공개경쟁시험제도 외에 일반직공무원으로 20년이상 관세행정에 종사한 자에게 일정한 절차를 거쳐 관세사자격을 부여하는 "특별전형"제도를 규정한 구 관세사법 제4조 제3호가 청구인들과 같이 관세사시험을 통하여 관세사자격을 취득하고자 하는 자들의 직업선택의 자유, 평등권, 행복추구권을 침해하는지 여부(소극)

입법부는 일정한 전문분야에 관한 자격제도를 마련함에 있어서 그 제도를 마련한 목적을 고려하여 정책적인 판단에 따라 자유롭게 제도의 내용을 구성할 수 있고, 그 내용이 명백히 불합리하고 불공정하지 아니하는 한 원칙적으로 입법부의 정책적 판단은 존중되어야 한다. 구 관세사법 제4조 제3호 소정의 특별전형제도로 인하여 청구인들이 일반 공개경쟁시험절차를 통하여 관세사라는 직업을 선택할 자유가 봉쇄되어 있는 것이 아니다. 따라서 관세사자격을 부여함에 있어 공개경쟁시험제도를 통한 자격부여 이외에 20년 이상을 관세행정분야에서 근무한 자라면 관세사로서의 직무수행을 위한 전문지식이 있다고 보아 위와 같은 특별전형제도도 아울러 택한 입법자의 정책적 판단은 입법목적의 정당성과 수단의 합리성이 인정되므로 전문분야 자격제도에 대한 입법형성권의 범위를 넘는 명백히 불합리한 것이라고 볼 수 없다.

[요약판례 2] 세무사법중개정법률 중 제3조 제2호를 삭제한다는 부분 등 위헌확인: 헌법불합치, 기각(헌재 2001.9.27. 2000헌마208등)

특허청 경력공무원에 대하여 변리사자격을 부여하지 않도록 개정된 변리사법 제3조 제1항이 직업선택의 자유를 침해하는지 여부(소극)

직업선택의 자유는 특정인에게 배타적・우월적인 직업선택권이나 독점적인 직업활동의 자유까지 보장하는 것은 아니므로, 특허청 경력공무원에 대한 변리사자격의 부여 여부는 정책적 판단에 따라 결정될 입법정책의 과제이다. 따라서 자격제도를 시행함에 있어서 자격요건의 구체적인 내용은 업무의 내용과 제반 여건 등을 종합적으로 고려하여 입법자가 결정할 사항이다. 다만 그것이 재량의 범위를 넘어 명백히 불합리한 경우에만 비로소 위헌의 문제가 생길 수 있는바, 특허청 경력공무원에 대하여 변리사자격을 부여하지 않도록 개정된 변리사법 제3조 제1항은 그 목적의 정당성이 인정되고, 그 내용이나 방법에 있어서 합리성을 결여한 것도 아니다. 따라서 위 법률조항이 청구인들의 직업선택의 자유를 침해하는 것은 아니다

[요약판례 3] 구 의료법 제67조 등 위헌제청: 합헌(헌재 2003.6.26. 2002헌가16)

의료법 제61조 제1항의 규정에 의한 안마사의 자격인정을 받지 아니하고 영리를 목적으로 안마행위를 한 자를 형사처벌하는 의료법 제67조가 처벌법규위임의 한계를 일탈하고, 죄형법정주의의 명확성 원칙에 위반되는지 여부(소극)

대법원판례나 일반인의 상식적 이해에 의해 안마의 개념을 쉽사리 이해할 수 있으므로, 구 의료법 제67조가 비록 그 개념에 관한 정의를 하지 않고 있다 하여도 그 개념이 모호하거나 불명확하여 헌법상의 죄형법정주의가 요구하는

법률의 명확성원칙에 어긋난다고 할 수 없다.

(구 의료법 제61조 제1항 및 제4항에 대한 판단)

(1) 재판관 한대현, 재판관 하경철, 재판관 김효종, 재판관 송인준의 합헌의견

안마사 자격인정 제도는 안마사업에 종사할 수 있는 국민들의 직업선택의 자유를 일반적으로 금지한 후 그와 같이 금지된 직업선택의 자유를 법령이 정하는 바에 의해 일정한 경우에 한해 회복시켜 주는 이른바 강학상의 허가에 해당하는 것이므로 본래 그 허가기준을 반드시 법률로 상세히 정해야 하는 것은 아니다. 그리고 의료법의 목적과 일반적으로 자격인정제를 두는 취지에 비추어 볼 때, 안마사 자격인정의 기준은 적정한 안마행위를 통하여 국민의 건강을 보호하고 증진시킬 수 있는 자, 즉 안마에 관한 소정의 교육을 받은 자나 특히 안마행위를 하기에 적합한 전문적 기술이나 신체적 조건을 갖춘 자 등에게만 자격을 인정하리라는 것을 일반인이 충분히 예견할 수 있다고 보인다.

또한 입법자는 일단 법률에서 안마사업은 누구나 종사할 수 있는 업종이 아니라 행정청에 의해 자격인정을 받아야만 종사할 수 있는 직역이라고 규정하고 그 자격인정 요건을 정할 수 있는 권한을 행정부에 위임하는 것으로서 의회유보 원칙을 준수했다고 할 수 있는 것이다. 그리고 입법자로부터 그러한 위임을 받은 행정부는 시행규칙을 제정하여 안마사 자격인정을 받을 수 있는 대상자를 특정할 권한도 위임받은 것이라고 보아야 한다. 이에 따라 행정부의 장애인 복지 시책 일환으로 안마사의 자격을 시각장애인에 한해 부여하는 것도 행정부의 정책적 판단에 달린 일이라고 해야 한다.

나아가 안마사제도의 시행 역사에서 알 수 있는 바와 같이 일반인들의 의식에도 안마사는 원칙적으로 시각장애인에게 허용되는 업종이라는 법의식이 형성되어 왔다고 할 수 있으며, 시각장애인들도 안마사업은 원칙적으로 자신들에게 허가되는 업종이라고 여겨 그에 관한 정부정책에 대해 신뢰를 형성해 왔다고 할 수 있다.

그렇다면 시각장애인 아닌 자에 대해 안마사의 자격을 인정하지 않는 이른바 비맹제외라는 기준이 비록 법 제61조 제4항의 문언에 표시되어 있지 않았다고 하더라도 그러한 정부정책에 대한 시각장애인들의 신뢰를 보호할 필요가 있다는 점 등에서 볼 때, 안마사에관한규칙 제3조가 비맹제외기준을 설정한 것은 법 제61조 제4항에 내포된 의미를 확인하는 것이고 이는 국민들이 능히 예상할 수 있는 내용이라고 하겠다.

그리고 설령 위 안마사에관한규칙 제3조가 위헌의 의심이 있다고 하더라도 시행규칙의 위헌성을 이유로 하여 그 상위규범인 법률을 위헌이라고 할 수는 없다.

(2) 재판관 윤영철, 재판관 김영일, 재판관 권성, 재판관 김경일, 재판관 주선회의 위헌의견

안마사에관한규칙 제3조 제1항이 시각장애인 아닌 사람은 안마사자격을 원천적으로 받을 수 없도록 하고 있는 것은 국민들의 직업선택의 자유를 제한하는 것으로 이는 기본권의 제한과 관련된 중요하고도 본질적인 사항이어서 마땅히 법률로 정하는 것이 원칙이고 하위법규에 그 입법을 위임할 수 없는 문제이다. 그러므로 이는 의회유보원칙을 위반한 것이다.

또한 이 조항은 하위법규에 입법을 위임하면서 아무런 기준과 범위를 설정하지 아니하여, 비맹제외기준 같은 것을 시사하는 규정은 이를 발견하기 어렵다. 그러므로 이는 포괄위임을 금지한 헌법 제75조에 위반된다.

[요약판례 4] 학원의설립·운영및과외교습에관한법률 제13조 제1항 등 위헌확인: 기각(헌재 2003.9.25. 2002헌마519)

학원강사의 자격제를 설정한 이 사건 법률조항 및 그 위임에 따라 '대학 졸업 이상의 학력 소지자일 것'을 일반학원 강사의 자격기준 중 하나로 규정한 동법시행령 제12조 제2항과 그에 따른 별표 2의 일반학원 자격기준 항목 제2호가 대학 재학 이하 학력 소지자의 직업선택의 자유를 침해하고 있는지 여부(소극)

[요약판례 5] 경비업법 제7조 제8항 등 위헌확인: 위헌(헌재 2002.4.25. 2001헌마614)

경비업을 경영하고 있는 자들이나 다른 업종을 경영하면서 새로이 경비업에 진출하고자 하는 자들로 하여금, 경비업을 전문으로 하는 별개의 법인을 설립하지 않는 한 경비업과 그 밖의 업종을 겸영하지 못하도록 금지하고 있는 경비업법 제7조 제8항, 제19조 제1항 제3호, 부칙 제4조가 직업의 자유의 제한에 대한 헌법적 한계인 과잉금지원칙을 준수하지 못하여 위헌인지 여부(적극)

하나의 규제로 인해 여러 기본권이 동시에 제약을 받는다고 주장하는 경우에는 기본권침해를 주장하는 청구인의 의도 및 기본권을 제한하는 입법자의 객관적 동기 등을 참작하여 먼저 사안과 가장 밀접한 관계에 있고 또 침해의 정도가 큰 주된 기본권을 중심으로 해서 그 제한의 한계를 따져 보아야 한다. 청구인들의 주장취지 및 입법자의 동기를 고려하면 이 사건 법률조항으로 인한 규제는 직업의 자유와 가장 밀접한 관계에 있다.

이 사건 법률조항은 청구인들과 같이 경비업을 경영하고 있는 자들이나 다른 업종을 경영하면서 새로이 경비업에 진출하고자 하는 자들로 하여금 경비업을 전문으로 하는 별개의 법인을 설립하지 않는 한 경비업과 그 밖의 업종간에 택일하도록 법으로 강제하고 있다. 이와 같이 당사자의 능력이나 자격과 상관없는 객관적 사유에 의한 제한은 월등하게 중요한 공익을 위하여 명백하고 확실한 위험을 방지하기 위한 경우에만 정당화될 수 있고, 따라서 헌법재판소가 이 사건을 심사함에 있어서는 헌법 제37조 제2항이 요구하는바 과잉금지의 원칙, 즉 엄격한 비례의 원칙이 그 심사척도가 된다.

이 사건 법률조항은 과잉금지원칙을 준수하지 못하고 있다. (1) 목적의 정당성 : 비전문적인 영세경비업체의 난립을 막고 전문경비업체를 양성하며, 경비원의 자질을 높이고 무자격자를 차단하여 불법적인 노사분규 개입을 막고자 하는 입법목적 자체는 정당하다고 보여진다. (2) 방법의 적절성 : 먼저 "경비업체의 전문화"라는 관점에서 보면, 현대의 첨단기술을 바탕으로 한 소위 디지털시대에 있어서 경비업은 단순한 경비자체만으로는 '전문화'를 이룰 수 없고 오히려 경비장비의 제조·설비·판매업이나 네트워크를 통한 정보산업, 시설물 유지관리, 나아가 경비원교육업 등을 포함하는 '토탈서비스(total service)'를 절실히 요구하고 있는 추세이므로, 이 법에서 규정하고 있는 좁은 의미의 경비업만을 영위하도록 법에서 강제하는 수단으로는 오히려 영세한 경비업체의 난립을 방치하는 역효과를 가져올 수도 있다. 또한 "경비원의 자질을 높이고 무자격자를 차단하여 불법적인 노사분규 개입을 방지하고자" 하는 점도, 경비원교육을 강화하거나 자격요건이나 보수 등 근무여건의 향상을 통하여 그 목적을 효과적이고 적절하게 달성할 수 있을 지언정 경비업체로 하여금 일체의 겸영을 금지하는 것이 적절한 방법이라고는 볼 수 없다. (3) 피해의 최소성 : 이 사건 법률조항은 그 입법목적 중 경비업체의 전문화 추구라는 목적달성을 위하여 효과적이거나 적절하지 아니하고 오히려 그 반대의 결과를 가져올 수 있다는 점은 앞에서 본 바와 같고, 다른 입법목적인 경비원의 자질향상과 같은 공익은 이 법의 다른 조항에 의하여도 충분히 달성할 수 있음에도 불구하고 노사분규 개입을 예방한다는 이유로 경비업자의 겸영을 일체 금지하는 접근은 기본권침해의 최소성 원칙에 어긋나는 과도하고 무리한 방법이다. (4) 법익의 균형성 : 이 사건 법률조항으로 달성하고자 하는 공익인 경비업체의 전문화, 경비원의 불법적인 노사분규 개입 방지 등은 그 실현 여부가 분명하지 않은데 반하여, 경비업자인 청구인들이나 새로이 경비업에 진출하고자 하는 자들이 짊어져야 할 직업의 자유에 대한 기본권침해의 강도는 지나치게 크다고 할 수 있으므로, 이 사건 법률조항은 보호하려는 공익과 기본권침해간의 현저한 불균형으로 법익의 균형성을 잃고 있다.

[요약판례 6] 군법무관 임용 등에 관한 법률 제7조 단서 위헌확인: 기각(헌재 2007.5.31. 2006헌마767)

군법무관 임용시험에 합격한 군법무관들에게 군법무관시보로 임용된 때부터 10년간 근무하여야 변호사자격을 유지하게 한 주관적 사유에 의한 직업결정의 자유의 제한이 군법무관들의 직업선택의 자유를 침해하는지 여부(소극)

⟨⟨3단계 제한 사례⟩⟩

[요약판례 1] 교육공무원법 제11조 제1항에 대한 헌법소원: 위헌(헌재 1990.10.8. 89헌마89)

국·공립사범대학 등 출신자를 교육공무원인 국·공립학교 교사로 우선하여 채용하도록 규정한 교육공무원법 제11조 제1항의 위헌여부(적극)

[요약판례 2] 법무사법시행규칙에 대한 헌법소원: 위헌(헌재 1990.10.15. 89헌마178)

법원행정처장으로 하여금 그 재량에 따라 법무사시험을 실시하지 아니해도 괜찮다고 규정한 법무사법시행규칙의 위헌여부(적극)

법무사법시행규칙 제3조 제1항은 법원행정처장이 법무사를 보충할 필요가 없다고 인정하면 법무사시험을 실시하지 아니해도 된다는 것으로서 상위법인 법무사법 제4조 제1항에 의하여 모든 국민에게 부여된 법무사자격취득의 기회를 하위법인 시행규칙으로 박탈한 것이어서 평등권과 직업선택의 자유를 침해한 것이다.

[요약판례 3] 변호사법 제15조에 대한 위헌심판: 위헌(헌재 1990.11.19. 90헌가48)

법무부장관의 일방적 명령에 의하여 변호사 업무를 정지시키는 변호사업무정지명령제도의 위헌여부(적극)

[요약판례 4] 법무사법 제2조 제1항 제2호 위헌확인: 기각(헌재 2000.7.20. 98헌마52)

고소고발장을 법무사만이 그 작성사무를 업으로 할 수 있는 법원과 검찰청의 업무에 관련된 서류로 규정한 것이 일반행정사의 직업 선택의 자유 등의 기본권을 침해하여 헌법에 위반되는지 여부(소극)

법무사법이 정하는 요건을 갖추어 법무사가 된 자의 경우에는 법원과 검찰청의 업무에 관련된 서류로 고소고발장의 작성업무에 종사할 만한 법률소양을 구비한 것으로 볼 수 있는 반면, 행정사법이 정하는 요건을 갖추어 일반행정사가 된 자의 경우에는 이러한 법률소양을 갖추었다는 보장을 할 수 없다. 따라서 고소고발장의 작성을 법무사에게만 허용하고 일반행정사에 대하여 이를 하지 못하게 한 것은, 국민의 법률생활의 편익과 사법제도의 건전한 발전이라는 공익의 실현에 필요·적정한 수단으로서 그 이유에 합리성이 있으므로, 일반행정사의 직업 선택의 자유나 평등권 등을 침해하는 것이라고 볼 수 없다.

[요약판례 5] 법무사법 제74조 제1항 제1호 등 위헌확인: 기각(헌재 2003.9.25. 2001헌마156)

법무사 아닌 자가 등기신청대행 등의 법무행위를 업으로 하는 것을 금지하고 이를 위반하는 경우 형사처벌하는 법무사법 규정이 법무사 자격이 없는 일반 국민의 직업선택의 자유를 과도하게 제한하여 헌법에 위반되는지 여부(소극)

[요약판례 6] 약사법 부칙 제4조 제2항 위헌소원: 합헌(헌재 1997.11.27. 97헌바10)

한약사제도를 신설하면서 그 이전부터 한약을 조제하여 온 약사들에게 향후 2년간만 한약을 조제할 수 있도록 하고 있는 약사법 부칙 제4조 제2항이 직업의 자유의 본질적 내용을 침해하는지 여부(소극)

[요약판례 7] 약사법 제16조 제1항 등 위헌소원: 헌법불합치(헌재 2002.9.19. 2000헌바84)

"약사 또는 한약사가 아니면 약국을 개설할 수 없다"고 규정한 약사법 제16조 제1항은 법인을 구성하여 약국을 개설·운영하려고 하는 약사들 및 이들 약사들로 구성된 법인의 직업선택의 자유와 결사의 자유를 침해하는지 여부(적극)

제3항 재산권

I 민법 제245조 제1항에 대한 헌법소원: 합헌(헌재 1993.7.29. 92헌바20)

쟁점 민법 제245조 제1항 소정의 점유로 인한 부동산 취득시효제도에 의하여 원소유자가 보상도 받지 못하면서 소유권을 상실하게 되는 것이 헌법 제23조 및 제37조 제2항에 위반되는지 여부

사건의 개요

이 사건 토지는 원래 청구외 갑의 소유였는바, 1971. 3.경 이 사건 토지에 관하여 청구외 을 앞으로 소유권이전등기가 경료되었고, 위 을이 1980. 8. 19. 사망하여 청구인이 이 사건 토지를 상속하였다. 한편 청구외 병은 1991. 4. 8. 서울지방법원 의정부지원에 청구인을 상대로 이 사건 토지에 관하여 1965. 6.경 위 갑으로부터 위 각 토지를 매수한 이래 20년간 소유의 의사로 평온, 공연하게 점유하였음을 이유로 1985. 6.경 취득시효완성을 원인으로 한 소유권이전등기청구의 소를 제기하였다.

이에 청구인은 민법 제245조 제1항이 헌법에 위반된다고 주장하면서 위 소송이 계속 중인 서울지방법원 의정부지원에 그에 관한 위헌제청신청을 하였으나, 위 법원이 이를 기각하자 헌법재판소법 제68조 제2항에 의하여 이 사건 헌법소원심판청구를 하였다.

심판의 대상

민법 제245조 (점유로 인한 부동산소유권의 취득기간) ① 20년간 소유의 의사로 평온, 공연하게 부동산을 점유하는 자는 등기함으로써 그 소유권을 취득한다.

주 문

민법 제245조 제1항은 헌법에 위반되지 아니한다.

판 단

I. 헌법 제23조 재산권 규정의 의의

헌법 제23조의 재산권보장은 개인이 현재 누리고 있는 재산권을 개인의 기본권으로 보장한다는 의미와 개인이 재산권을 향유할 수 있는 법제도로서의 사유재산제도를 보장한다는 이중적 의미를 가지고 있다. 이 재산권 보장으로서 사유재산제도와 경제활동에 대한 사적 자치의 원칙을 기초로 하는 자본주의 시장경제질서를 기본으로 하여 국민 개개인에게 자유스러운 경제활동을 통하여 생활의 기본적 수요를 스스로 충족시킬 수 있도록 하고 사유재산의 자유로운 이용·수익과 그 처분 및 상속을 보장해 주는 것이다. 이런 보장이 자유와 창의를 보장하는 지름길이고 궁극에는 인간의 존엄과 가치를 증대시키는 최선의 방법이라는 이상을 배경으로 하고 있는 것이다.

이러한 우리 헌법상의 재산권에 관한 규정은 다른 기본권 규정과는 달리 그 내용과 한계가 법률에 의해 구체적으로 형성되는 기본권 형성적 법률유보의 형태를 띠고 있다. 그리하여 헌법이 보장하는 재산권의 내용과 한계는 국회에서 제정되는 형식적 의미의 법률에 의하여 정해지므로 **이 헌법상의 재산권 보장은 재산권형성적 법률유보에 의하여 실현되고 구체화하게 된다. 따라서 재산권**

의 구체적 모습은 재산권의 내용과 한계를 정하는 법률에 의하여 형성된다. 물론 헌법이 보장하는 재산권의 내용과 한계를 정하는 법률은 재산권을 제한한다는 의미가 아니라 재산권을 형성한다는 의미를 갖는다. 이러한 재산권의 내용과 한계를 정하는 법률의 경우에도 사유재산제도나 사유재산을 부인하는 것은 재산권 보장규정의 침해를 의미하고, 결코 재산권형성적 법률유보라는 이유로 정당화될 수 없다. 한편 재산권 행사의 사회적 의무성을 헌법에 명문화한 것은 사유재산제도의 보장이 타인과 더불어 살아가야 하는 공동체 생활과의 조화와 균형을 흐트러뜨리지 않는 범위 내에서의 보장임을 천명한 것이다. 공공필요에 의하여 공권력의 행사로서 특정인에게 재산권의 수용・사용 또는 제한을 가하여 일반인에게 예기치 않은 특별한 희생을 가할 수 있는 경우도 국회에서 제정한 법률에 규정된 경우에 한하고 이에 대한 보상도 국회에서 제정한 법률에 의한 정당한 보상을 하여야만 한다고 헌법은 규정하였다. 여기서 말하는 정당한 보상은 원칙적으로 완전보상을 의미한다. 이러한 재산권에 관한 규정은 민사법질서의 기본구조라고 할 수 있다.

Ⅱ. 점유취득시효제도의 위헌여부

1. 헌법 제23조 재산권보장 이념에 위반되는지 여부

민법 제245조 제1항은 부동산에 대한 소유권자이면서 오랜 동안 권리행사를 태만히 한 자와, 원래 무권리자이지만 소유의 의사로서 평온, 공연하게 부동산을 거의 영구적으로 보이는 20년 동안 점유한 자와의 사이의 권리의 객체인 부동산에 대한 실질적인 이해관계를, 위에서 본 취득시효제도의 필요성을 종합하고 상관적으로 비교・형량하여 형평의 견지에서 실질적 이해관계가 보다 두터운 점유자가 원소유자에게 이전등기청구권을 취득하게 한 것이다. 그리고 그 반사적 효과로서 아무런 보상이나 배상이나 부당이득의 반환이 없이 원소유권자의 소유권을 상실케 하는 결과를 낳게 한 내용으로, 헌법이 보장하는 재산권인 부동산소유권의 득실에 관한 내용과 한계를 구체적으로 형성한 것이다. 그리고 한편 원권리자는 시효가 진행하는 20년 동안 언제든지 소유권자로서의 권리를 행사하여 처분도 할 수 있고, 민법 제247조 제2항, 제168조 내지 제177조 등에 의하여 점유자의 점유를 배제하거나 점유자의 평온성을 배제하는 등으로 시효를 중단할 수도 있고, 시효기간이 지난 후에도 점유자가 처분금지가처분을 하기 전에는 선의로 부담 없이 처분할 수도 있도록 함으로써 원소유권자의 보호도 그 형평이 충분이 배려되어 있다. 그러므로 민법 제245조 제1항의 취득시효제도는 원소유자가 갖고 있는 소유권을 개인의 기본권으로 보장하지 않는 것도 아니고 법제도로서의 사유재산제도나 사유재산을 부인하는 것도 아니어서 헌법 제23조 제1항에서 정한 재산권의 보장의 이념과 한계에 위반된 규정이라고 할 수 없다.

2. 헌법 제23조에 의한 손실보상규정 위배여부

헌법 제23조 제3항에 의한 손실보상은 사인간의 이익 충돌시의 형평의 문제가 아니라 공공필요에 의하여 공권력의 행사로서 특정인의 재산권을 수용・사용 또는 제한을 하여 일반인에게 예기치 않은 특별한 희생을 가하는 경우의 보상이다. 그러나 민법 제245조 제1항은 공권력의 행사로 특정인에게 특별한 희생을 가하는 경우가 아니고 사인간의 법적 질서유지와 이익충돌시의 형평의 견지 등에서 사법적 분쟁해결의 기준을 정한 것이다. 그러므로 민법 제245조 제1항에 의한 취득시효기간 만료의 반사적 효과로서의 원권리자의 권리상실의 결과는 공공필요에 의한 공권력의 행사로 특정인에게 특별한 희생을 적극적으로 가하는 수용·사용 및 제한으로 인한 손실과는 그 성질을 달리한다. 따라서 민법 제245조 제1항에 의한 원권리자의 권리상실로 인한 손해에 대하여는 헌법 제23조 제3항이 적용될 수는 없다.

3. 재산권의 본질적 내용 침해여부

민법 제245조 제1항은 사유재산권을 부인한 것이 아니고 헌법 제23조 제1항 제2문에 의거한 토지소유권의 득실에 관한 내용과 한계를 법률로써 정하여 형성한 것이다. 그러므로 동 법조문에 의거하여 점유자가 취득시효에 의한 소유권을 취득한 반사적 효과로서 원소유자가 아무런 보상이나 배상을 받지 못하고 소유권을 상실한다고 하더라도 이는 기본권의 제한을 정한 규정이라고 할 수 없다. 따라서 기본권의 제한의 한계를 규정한 헌법 제37조 제2항에 위반되는 규정이라고 할 수 없다. 민법 제245조 제1항에 정한 취득시효제도는 헌법이 보장하는 재산권인 부동산소유권의 내용과 한계로서 이익교량의 형평적 견지 등에서 법률이 정한 것이므로 보상이 요구되지 않는다고 할 것이다.

4. 평등권 침해여부

이 제도는 등기를 갖춘 부동산 소유자가 장구한 기간 동안 그 부동산을 방치하여 사실상 소유권을 행사할 의사가 없어진 것으로 볼 수도 있는 반면에, 그 부동산을 소유의 의사로 평온, 공연히 20년 이상 점유하여 그 부동산에 관한 실질적 이해관계가 두터워져서 사회일반이 점유자를 소유자로 생각하고 실질적 소유자로서 보호할 가치가 있는 생활관계를 형성하고 있는 경우에 이익교량의 형평적 견지와 거래의 안전 및 증거보전의 곤란을 구제하기 위하여 위와 같은 사실상태를 권리관계로 승격시켜 주는 제도로서 그 차별은 그 합리성이 인정된다고 할 것이다.

Ⅲ. 결 론

민법 제245조 제1항은 재산권 보장에 관한 헌법 조문에 반하거나 재산권의 본질적인 내용을 침해하는 규정이라고 할 수 없고, 또 평등의 원칙에 위배되는 규정이라고 할 수 없으므로, 헌법에 위반된다고 할 수 없다.

♣ 본 판례에 대한 평가 1. 재산권의 제한원리로서의 재산권의 사회적 구속성: 헌법 제23조 제2항의 "재산권의 행사는 공공복리에 적합하여야 한다"라는 규정은 재산권의 사회적 구속성을 규정한 것이다. 헌법상 재산권행사의 공공복리적합의무의 법적 성격에 관해서는 윤리적 의무라는 견해도 있으나, 헌법적 한계를 규정한 법적 의무로 보아야 한다. 근대헌법에서의 재산권의 절대적 성격은 현대헌법에 이르러 재산권의 상대적 성격으로 전환되었다. 헌법상 재산권행사의 공공복리적합의무는 곧 재산권의 사회적 구속성 원리의 헌법적 표현이다.

2. 재산권의 사회적 구속성의 한계: 사회적 구속성의 한계와 관련해 보상이 필요 없는 재산권의 사회적 제약과 보상이 필요한 재산권제한의 구별기준이 문제된다. 즉 어떤 경우가 보상이 필요한 특별한 희생인가의 문제이다. 이와 관련해서는 보호가치설·사회기속성설·수인가능성설·사적 이용설·목적위배설·상황기속설 등이 주장되고 있으나, 어느 것이든 구체적인 기준을 제시하지 못하고, 또 어느 하나의 기준만을 가지고 획일적으로 결정하기에는 불합리한 결과가 도출될 수 있다는

난점이 있다. 따라서 제반사정을 구체적으로 살펴 위의 여러 기준을 종합적으로 고려하여서 판단하는 것이 바람직하다. 다만 특별희생 여부의 판단은 제23조 제2항과의 관계상 1차적으로 입법부에 이니셔티브가 있다고 할 것이므로, 헌법재판소가 이를 판단함에 있어서는 보상규정을 제외한 재산권제한 그 자체가 과잉 금지원칙에 위배되는지 여부 및 평등권을 침해하는지 여부에 의해 결정할 수밖에 없다.

관련 문헌: 김문현, 재산권의 사회적 구속성에 관한 연구: 사회국가의 경우를 중심으로, 서울대 박사학위논문, 1987; 민경식, 서독기본법에 있어서의 사회화에 관한 연구, 서울대 박사학위논문, 1987; 정주원, 헌법국가와 기본권, 한국조세신문사, 2002 참조.

[요약판례 1] 포락토지불보상 등 위헌확인: 각하(헌재 1999.11.25. 98헌마456)

자연해몰지를 법률로써 재산권으로 보호하고 있지 않은 것이 재산권 보장정신에 반하는 것인지 여부(소극)

자연해몰지가 일정한 이용가능성과 그에 따른 지배가능성을 가지는 경우를 전혀 배제할 수는 없다 할지라도 자연해몰지에 대한 그러한 사실상의 이용가능성 및 지배가능성을 재산권으로 인정하여 보호할 것인가는 역사적·사회적·경제적 여건에 따라 달라질 수 있고, 자연해몰지를 사유재산권으로 인정할 경우에도 자연해몰지의 특성상 그 시기, 범위 및 보호정도에 관하여 입법자는 광범위한 선택·결정의 재량권을 가지는바, 우리나라 현행 법체계상 자연해몰지를 재산권으로 법률로써 보장하고 있지 않는데, 이는 입법자가 해면의 공공성, 해면에 대한 경제적 이용가능성, 바다와 육지의 기술적 구분가능성 등 여러 가지 자연적·사회적·경제적 사정을 고려하여 결정한 것으로서, 헌법 제23조 제1항의 재산권보장정신이나 사유재산제에 반하는 것이라 할 수 없다.

[요약판례 2] 구 공유수면매립법 제26조 제2항 등 위헌확인: 합헌(헌재 2005.4.28. 2003헌바73)

면허 없이 공유수면을 매립한 데 따른 원상회복의무가 면제된 경우 당해 매립공사에 투입되거나 설치된 시설 기타의 물건을 국유화할 수 있도록 규정한 구 공유수면매립법 제26조 제2항·제3항이 재산권 수용 규정인지 여부(소극)

매립면허 없는 자가 공유수면을 매립하였을 경우 이를 원상회복하여야 하는 것이 원칙이나, 원상회복을 할 수 없거나 원상회복의 필요가 없다고 인정되는 경우에 국가(건설부장관)는 매립자의 신청에 따라 그 원상회복의무를 면제할 수 있는바, 이와 같이 원상회복의무를 면제하였을 때에 국가는 무면허 매립자가 시행한 매립공사구역 내의 시설 기타의 물건을 국유화할 수 있는 것이다. 따라서 무면허 매립자는 원상회복을 위하여 투입될 비용과 자신이 수거할 수 있는 시설 및 토사 등의 가치를 비교하여 그 이익교량에 따라 매립공사 시행구역 내의 공유수면을 원상회복하고 매립지역 내에 있는 시설 기타 물건을 수거함으로써 원상회복의무를 이행함과 동시에 시설 기타 물건의 국유화를 피할 수도 있고, 반대로 원상회복의무를 면제받을 수도 있으므로 후자의 경우에 취하는 국유화조치는 국가가 국민의 재산권을 그 의사에 반하여 강제적으로 취득하는 수용에 해당하지 아니한다. 그리고 이 사건 법률조항은 그 규율의 형식과 목적의 면에서 볼 때, 국가가 구체적인 공적 과제를 수행하기 위하여 이미 형성되어 있는 무면허 매립자의 구체적인 재산적 권리를 의도적·계획적으로 박탈하거나 제한하는 재산권의 수용 규정이라기보다는 무면허 매립공사가 시행된 공유수면에 대한 국가의 배타적 관리권의 행사, 그 공유수면에 설치, 투입된 시설 기타의 물건, 나아가 당해 매립공사로 조성된 매립지에 대한 사후처리 내지 권리귀속관계를 일반적·추상적으로 형성하고 규율하는 규정으로서 재산권의 사회적 제약을 구체화하여 재산권의 내용과 한계를 정하는 입법이라고 할 것이다.

[요약판례 3] 지방세법 제112조 제2항 위헌소원: 합헌(헌재 2005.5.26. 2004헌바27)

고급오락장에 대한 취득세를 중과세함에 있어 상속으로 인한 취득을 그 적용대상에서 제외하지 않고, 취득목적에 대한 고려 없이 취득세를 중과세하도록 규정한 지방세법 제112조 제2항 제4호가 재산권을 과도하게 제한하는지 여부(소극)

지방세법 제112조 제2항 제4호는 이른바 사치성 재산이라 할 수 있는 고급오락장의 취득으로 발현되는 높은 담세력을 근거로 이에 대한 중과세를 통하여 경제생활에 있어서 사치·낭비풍조를 억제하고 국가 전체적으로 한정된 자원이 보다 더 생산적인 분야에 투자되도록 유도하고자 하는 데에 그 입법취지가 있는 것으로서 그 목적의 정당성이 인정된다. 그리고 사치성 소비를 억제하기 위하여 고급오락장의 취득을 일반적으로 금지하는 것이 아니고 통상보다 높은 세율의 취득세를 부과함으로써 간접적으로 이를 억제하는 것이므로 방법의 적절성도 인정된다. 이 사건 법률조항은 취득재산의 담세력에 상응하여 부과하는 취득세의 본질에 상응하여 대상 건축물과 부속토지의 취득당시의 가액에 입각하여 과세표준이 정해지고 그것을 기준으로 고급오락장용 건축물과 토지에 대하여 취득물건 가액의 1,000분의 100의 취득세율을 적용하는바, 그 과세표준의 상이로 어느 정도 비례성이 유지되고 있다. 그리고 취득세 중과세의 필요성이 인정되는 경우 그 세율을 어느 정도로 할 것인가는 결국 당해 납세의무자의 담세능력과 중과세에 대한 국가적·사회적 요청의 강도를 교량하여 결정하여야 할 것인데, 위 규정이 정한 중과세가 고급오락장과 같은 사치성 재산을 취득할 정도의 재정능력을 갖춘 자에 대한 것이라는 점에 비추어 볼 때, 그 정도가 통상세율의 5배라고 하여 반드시 그 목적달성에 필요한 정도를 넘는 자의적인 세율의 설정이라고 볼 수는 없다. 상속의 경우 상속인의 적극적인 취득행위가 없다고 하여 고급오락장 상속인의 담세력을 매매, 교환 등의 여타 취득 원인으로 인한 고급오락장 취득자의 담세력과 달리 볼 것은 아니다. 오히려 상속은 높은 담세력을 가지고 있던 피상속인으로부터 재산을 무상으로 이전받는 것이므로 취득비용이 절감되는 등 경제적으로 이로운 면이 있다. 따라서 고급오락장의 상속인에게 중과의 취득세율을 적용한다고 하여도 그것이 상속인의 재산권에 대한 과도한 제한이라고 볼 수는 없다.

[요약판례 4] 구 체육시설의 설치·이용에 관한 법률 제30조 제3항 등 위헌소원: 합헌(헌재 2010.4.29. 2007헌바40)

체육시설업에 대한 사업계획승인권이 헌법상 보호되는 재산권에 해당하는지 여부(소극)

사업계획승인 이후 경매 등으로 체육시설업의 필수시설에 대한 소유권을 상실한 기존 사업계획승인권자는 더 이상 사업계획승인을 자신의 이익을 위해 이용할 수 없으므로 사적유용성이 인정될 수 없고, 기존 사업계획승인권자는 운영할 체육시설을 보유하지 않으므로 사업계획승인권을 보유할 규범적 이익도 없어 필수시설의 경락인에게 위 승인권을 양도해야만 하는 것 이외에 다른 선택가능성을 상정하기 어려우므로 사업계획승인권에 대한 원칙적 처분권을 보유한다고 보기도 어려우며, 사업계획승인은 해당 체육시설이 법령에서 정한 시설기준을 갖출 수 있는지를 비롯한 제반 사업수행능력에 대한 승인에 해당하므로, 여기에 어떠한 재산적 가치가 내포되어 있다고 할 수도 없다. 따라서 위 사업계획승인권은 헌법상 보호되는 재산권에 해당되지 않는다.

Ⅱ 예산회계법 제98조 위헌소원: 합헌(헌재 2004.3.25. 2003헌바22)

쟁점 "법령의 규정에 의하여 국가가 행하는 납입의 고지는 시효중단의 효력이 있다"고 한 예산회계법 제98조가 사법상의 원인에 기한 납입의 고지에도 민법상의 최고와 달리 종국적인 시효중단을 인정하는 것이 재산권을 침해하는지 여부(소극)

사건의 개요

청구인들은 부부로서 아들이 군 복무 중상급자의 구타로 사망하자 대한민국을 상대로 손해배상청구소송을 제기하여 제1심에서 승소판결을 받고 그 판결에 기하여 가집행금을 수령하였는데, 항소심에서는 패소하였고, 이 패소판결은 청구인들의 상고가 기각됨으로써 확정되었다. 대한민국은 위 승소판결이 취소, 확정됨에 따라 위 가집행금을 반환받기로 하여 청구인들에 대하여 동 가집행금 상당 금액에 관한 납입의 고지를 한 다음, 청구인들을 상대로 그 반환을 소구하여 제1심에서 승소하였으나, 항소심에서는 동 가집행금 반환채권이 이미 5년의 시효로 소멸되었다는 이유로 패소하였는데, 대법원은 예산회계법 제98조가 규정하는 납입의 고지에 의한 시효중단의 효력은 채권의 발생원인이 공법상의 것이든 사법상의 것이든 적용된다는 이유로 항소심 판결을 파기환송하였다. 청구인들은 위 환송판결 후 계속된 당해사건에서 예산회계법 제98조가 민법이 규정하는 최고의 예외를 인정한 것은 평등권을 침해한다며 위헌심판제청을 신청하였으나 기각되자 이 사건 심판청구를 하였다.

심판의 대상

예산회계법 제98조 (시효중단의 효력) 법령의 규정에 의하여 국가가 행하는 납입의 고지는 시효중단의 효력이 있다.

제96조 (금전채권과 채무의 소멸시효) ① 금전의 급부를 목적으로 하는 국가의 권리로서 시효에 관하여 다른 법률에 규정이 없는 것은 5년간 행사하지 아니할 때에는 시효로 인하여 소멸한다.

② 국가에 대한 권리로서 금전의 급부를 목적으로 하는 것도 또한 제1항과 같다.

주 문

예산회계법(1989. 3. 31. 법률 제4102호로 개정된 것) 제98조는 헌법에 위반되지 아니한다.

판 단

Ⅰ. 평등권 침해여부

이 사건 조항에서 국가채권에 대한 납입의 고지는 “법령의 규정에 의하여” 하는 것이므로, 절차와 형식이 명확하게 정하여져 있어 채무이행을 구하는 국가의 의사가 그 절차에서 명확히 드러나며, 이 점에서 민법상 사인 간에 행해지는 최고가 아무런 형식을 요하지 않는 점과 차이가 있다. 국가가 행하는 국가채권에 대한 납입의 고지는 국가가 채권자로서 명확하게 자신의 채권의 이행을 청구하는 것이고, 한편 국가채권의 경우 이는 전체 국민의 복리를 위한 국가재산이며 그 정당한 회수는 공공복리의 증진을 위한 사항이라는 점에서, 국가의 납입의 고지에 대하여 일률적으로 소멸시효가 중단되는 효력이 인정되는 것이라 볼 수 있다. 만일 국가채권의 납입의 고지에서도 그 채권이 사법상 발생한 경우 민법과 같이 잠정적인 시효중단의 효력만 인정한다면, 국가는 납입고지를 한 후에도 일정 기간 내에 재판상의 청구나 가압류, 가처분 등을 행하여야 시효중단의 효력을 받을 수 있다는 것이 되는데, 이는 법령에 따라 적법절차에 의하여 명확하게 이루어지는 국가채권의 납입의 고지에 추가하여 불필요한 추가적인 국가재정의 손실과 국가업무의 낭비를 초래할 수 있는 문제점이 있게 된다. 또한 공법과 사법의 구분이 항상 명확한 것은 아니므로, 국가채권의 발생원인이 사법적인 소송 과정에서 생긴 것이라 해도 그 원인이 순수하게 사법적인 것인지 혹은 공법적인 것인지 의문인 경우가 있고, 국가의 납입의 고지에 대한 시효중단의 효력 범위에 관하여 입법기술상 그러한 구분을 행하기는 쉽지 않다고 볼 수 있다.

이러한 국가채권의 납입의 고지의 특성과 국가채권의 회수에 관한 공익적 요청, 공법과 사법의 구분에 대한 입법기술상의 곤란성 등에 비추어 볼 때, 입법자가 비록 사법상의 원인에 기한 국가채권의 경우에도 납입의 고지에 있어 민법상의 최고의 경우보다 더 강한 시효중단 효력을 인정한 것은 합리적 이유가 있는 것이라고 볼 것이다. 그러므로 비록 국고작용으로 인한 민사관계에 있어서는 '원칙적으로' 국가를 우대할 수 없으나, 이 사건 조항은 앞에서 본 바와 같이 민사법상의 최고보다 더 종국적인 시효중단의 효력을 인정할 합리적 이유가 있는 것이므로, 이 사건 조항이 민법상의 최고와 달리 종국적인 시효중단의 효력을 인정하는 것은 합리적 이유가 있는 차별인 것이다.

Ⅱ. 재산권 침해여부

청구인들은 이 사건 조항에 의한 재산권 침해를 주장하나, 단순한 기대이익·반사적 이익 또는 경제적인 기회 등은 재산권에 속하지 않는바, 이 사건에서 문제되는 **'국가의 납입의 고지로 인하여 시효중단의 효력을 종국적으로 받지 않고 계속하여 소멸시효를 누릴 기대이익'은 헌법적으로 보호될 만한 재산권적 성질의 것은 아니며 단순한 기대이익에 불과하다고 봄이 상당하다.**

즉 납입의 고지는 채무자에게 행해지며, 채무자는 원래 채무를 이행할 법적 의무를 지니고 있으므로, 국가의 납입의 고지로 인하여 소멸시효가 중단된다고 해도 이로써 채무자의 여하한 재산권을 제한한다고 보기는 어려운 것이다. 또한 채무자기 소멸시효의 진행으로 인하여 채무불이행 상태를 유지함으로써 얻을 수 있는 사실상의 이익은 법적 권리로서 보호할 만한 실질을 가지고 있다고 보기 어렵다. 그렇다면 이 사건 조항으로 인한 평등권 침해를 주장하는 것은 별론으로 하고, 이 사건 조항으로 인하여 청구인의 재산권이 제한되거나 침해될 여지는 없다고 볼 것이다.

재판관 윤영철, 재판관 권성, 재판관 주선회의 반대의견

국가가 행하는 납입의 고지는 국고작용에 기인한 사법상 채권에 기하여 행하여지는 경우와 조세징수 등과 관련된 공법상 채권에 기하여 행하여지는 경우가 있다. 이 사건 법률조항은 전자의 경우에도 종국적인 시효중단의 효력을 부여하고 있는데, 이는 일반 사법상 법률관계에 있어서보다 국가를 우대하는 것이다. 사인인 경우에도 내용증명에 의한 경우 등 형식적, 절차적 명확성이 인정되는 경우가 많이 있고, 국가가 행하는 납입의 고지도 구두로써 하는 경우가 있으므로, 형식적, 절차적 명확성만으로 양자를 구분하는 본질적인 차이가 있다고 하기 어렵다. 국가가 재정권력작용의 일환으로서 조세채권과 같은 공법상 급부청구권을 확보하는 문제는 공익적 요청이 강하므로 납입의 고지에 종국적인 시효중단의 효력을 인정할 필요가 있겠지만, 국고작용에 기인한 행위는 사법상의 행위이므로 국가채권을 확보하기 위하여 납입고지에 더 강한 시효중단의 효력을 인정하여야 할 필연성은 없다. 헌법이 보장하고 있는 국민의 재산권 또한 중요한 헌법적 가치를 구성한다는 점을 고려해 보면, 단지 국가의 재산이라는 이유만으로 국가가 사경제의 주체로서 관여한 경제활동의 결과까지도 더 강하게 보호하는 것이야말로 국가를 우대하는 결과를 가져오게 된다. 따라서 이 사건 법률조항은 국가를 일반 사인보다 더 우대할만한 합리적인 이유를 발견하기 어렵고, '국가의 사법상 권리에 의한 납입의 고지를 포함하는 범위'에서 위헌이라고 보아야 할 것이다.

⚜ 본 판례에 대한 평가 헌법 제23조에서 보장되는 재산권의 객체인 재산권은 공·사법상 경제적 가치가 있는 모든 권리이다. 즉 헌법상 보장하고 있는 재산권은 경제적 가치가 있는 모든 공법상·사법상의 권리를 뜻하고, 사적 유용성 및 그에 대한 원칙적인 처분권을 내포하는 재

산가치 있는 구체적 권리를 의미한다. 재산권에는 민법상 소유권·물권·채권 및 특별법상의 광업권·어업권·특허권·저작권과 공법적 성격을 갖는 수리권·하천점유권을 포괄한다. 헌법재판소는 단순한 이익이나 재화의 획득에 관한 기회, 기업활동의 사실적·법적 여건 등은 헌법 제23조 제1항 소정의 재산권보장의 대상이 되지 아니한다는 입장이다.

[요약판례 1] 정기간행물의등록에관한법률 제10조 제1항 등에 대한 헌법소원: 합헌(헌재 1992.6.26. 90헌바26)

정기간행물의등록에관한법률 제10조 제1항 등의 납본제도가 재산권을 침해하는지 여부(소극)

정기간행물의등록등에관한법률 제10조 제1항 소정의 정기간행물의 공보처장관에의 납본제도는 언론·출판에 대한 사전검열이 아니어서 언론·출판의 자유를 침해하는 것이 아니고, 헌법이 보장하는 재산권을 침해하는 것도 아니며, 도서관진흥법과 국회도서관법 외에 따로 납본제도를 두었다고 하여 과잉금지의 원칙에 반한다고 할 수 없어, 헌법에 위반되지 아니한다.

[요약판례 2] 징발재산정리에관한특별조치법 제6조 등에 대한 헌법소원: 합헌(헌재 1995.2.23. 92헌바12)

징발재산정리에관한특별조치법 제20조 제1항 소정의 환매권이 헌법상 보장되는 재산권의 내용에 포함되는 권리인지 여부(적극)

우리 헌법의 재산권 보장에 관한 규정의 근본취지에 비추어 볼 때, 공공필요에 의한 재산권의 공권력적, 강제적 박탈을 의미하는 공용수용은 헌법상의 재산권 보장의 요청상 불가피한 최소한에 그쳐야 한다. 즉 공용수용은 헌법 제23조 제3항에 명시되어 있는 대로 국민의 재산권을 그 의사에 반하여 강제적으로라도 취득해야 할 공익적 필요성이 있을 것, 법률에 의거할 것, 정당한 보상을 지급할 것의 요건을 모두 갖추어야 한다. 그리고 일단 공용수용의 요건을 갖추어 수용절차가 종료되었다고 하더라도 그 후에 수용의 목적인 공공사업이 수행되지 아니하거나 또는 수용된 재산권이 당해 공공사업에 필요 없게 되었다고 한다면, 수용의 헌법상 정당성과 공공필요에 의한 재산권 취득의 근거가 장래를 향하여 소멸한다고 보아야 한다. 따라서 수용된 토지 등이 공공사업에 필요 없게 되었을 경우에 피수용자가 그 토지 등의 소유권을 회복할 수 있는 권리 즉 환매권은 헌법상의 재산권 보장으로부터 도출되는 것으로서 헌법이 보장하는 재산권의 내용에 포함되는 권리라고 보는 것이 상당하다.

[요약판례 3] 공무원연금법 제30조 제1항 위헌소원: 합헌(헌재 1998.12.24. 96헌바73)

공무원연금법상 퇴직급여와 유족급여의 성격

공무원연금법상의 급여수급권은 재산권의 일종이고 퇴직급여나 유족급여는 다 같이 공무원의 근로에 대한 후불임금의 성격도 가지고 있으므로 민법상 상속의 법리에 의하면 공무원이 사망한 경우 급여수급권은 상속인들에게 포괄적으로 승계되어야 할 것인데, 이 사건 법률조항은 수급권자를 유족이 없을 때에는 유족이 아닌 직계비속에 한정하고 있으므로 재산상속인들인 청구인들의 법상 급여수급권의 상속권을 제한하는 규정이라고 할 수 있다.

[요약판례 4] 국유재산법 제5조 제2항의 위헌심판: 한정위헌(헌재 1991.5.13. 89헌가97)

국유잡종재산에 대하여도 시효제도의 적용이 있는지 여부(적극)

국유재산 중 잡종재산에 대하여까지 시효취득의 대상이 되지 아니한다고 한 것은 잘못된 것이라 아니할 수 없고, 나아가 국유재산의 사유화로 인한 잠식을 방지하고 국유재산관리의 효율성을 도모하기 위하여 제정한 국유재산법의 입법취지 등을 가지고는 국가의 안전보장, 질서유지 또는 공공복리를 위하여 필요한 경우에 한하여 법률로써 기본권을 제한할 수 있다는 헌법 제37조 제2항의 예외사유에도 해당하지 아니하는 것이 명백한 것이므로 입법상의 비례의 원칙과 과잉제한금지의 원칙에 반하는 자의적인 입법이라 아니할 수 없다.

[요약판례 5] 지방재정법 제74조 제2항에 대한 위헌심판: 한정위헌(헌재 1992.10.1. 92헌가6)

지방자치단체 소유의 공유재산은 시효취득의 대상이 되지 아니한다고 규정한 지방재정법 제74조 제2항을 공유재산 중 잡종재산에 적용하는 것이 헌법에 위반되는지 여부(적극)

공유재산 중 잡종재산의 관리 및 처분 등의 행위는 그 물건의 성질에 비추어 지방자치단체가 사경제의 주체로서 하는 사법상의 법률행위라고 한다면, 그 권리관계 역시 사법상의 권리관계로서 일반민사법의 적용을 받아 지방자치단체도 개인과 대등하게 타인의 재산을 시효취득을 원인으로 하여 권리를 취득할 수 있는 것과 마찬가지로 공유의 잡종재산도 타인의 시효취득의 대상이 되는 것은 당연하다.

[요약판례 6] 약사법부칙 제4조 제2항 위헌소원: 합헌(헌재 1997.11.27. 97헌바10)

구약사법상 약사에게 인정된 한약조제권이 재산권인지 여부(소극)

약사면허는 약국의 개설과 관련하여 약품의 판매, 조제 등으로 경제적 활동을 할 수 있다는 점에서 경제적 가치와 무관하다고 볼 수는 없으나, 약사는 단순히 의약품의 판매뿐만 아니라 의약품의 분석, 관리 등의 업무를 다루며, 약사면허 그 자체는 양도・양수할 수 없고 상속의 대상도 되지 아니한다. 또한 **약사의 한약조제권이란 그것이 타인에 의하여 침해되었을 때 방해를 배제하거나 원상회복 내지 손해배상을 청구할 수 있는 이른바 권리(청구권)가 아니라, 법률에 의하여 약사의 지위에서 인정되는 하나의 권능에 불과하다.** 더욱이 의약품을 판매하여 얻게 되는 이익이란 장래의 불확실한 기대이익에 불과한 것이다. 그렇다면 약사의 한약조제권은 위 헌법조항들이 말하는 재산권의 범위에 속하지 아니한다 할 것이므로 위 한약조제권이 재산권임을 전제로 소급입법에 의한 재산권 침해라고 주장하는 청구인의 주장은 이유가 없다고 할 것이다.

[요약판례 7] 구 국유재산법 제7조 제1항 위헌소원 등: 합헌(헌재 1999.4.29. 96헌바55)

관재담당공무원으로 하여금 국유재산을 취득할 수 없도록 한 구 국유재산법 제7조 제1항이 재산권보장에 관한 헌법 제23조 제1항에 위반되는지 여부(소극)

헌법 제23조 제1항에 의하여 보호되는 재산권은 사적유용성 및 그에 대한 원칙적 처분권을 내포하는 재산가치 있는 구체적 권리라 할 것이므로, 구체적인 권리가 아닌 단순한 이익이나 재화의 획득에 관한 기회 등은 헌법 제23조 제1항 소정의 재산권보장의 대상이 되지 아니한다. 그런데 법 제7조 제1항에 의하여 제한되는 것은 관재담당공무원이 국유재산을 취득할 수 있는 기회에 불과하므로 이는 헌법 제23조 제1항에 의하여 보호되는 재산권에 해당되지 않는 것이다.

[요약판례 8] 액화석유가스의안전관리및사업법 제3조 제2항 위헌확인: 기각,합헌(헌재 2007.6.28. 2004헌마540)

영업이익의 상실이 헌법이 보호하는 재산권의 범위에 속하는지 여부(소극)

이 사건 법률조항에 의한 판매시장 자체가 결코 협소하다고 볼 수 없고, 판매사업자들이 받게 되는 직업수행상 제한이라는 것은 결국 자신이 판매를 원하는 지역에 법이 정하는 기준에 부합하는 시설을 갖추어 허가를 받아야 하는 것에 불과한 것이며, 이러한 불이익보다는 이 사건 법률조항이 추구하는 공익이 훨씬 크다고 할 것이므로, 이 사건 법률조항이 소정의 행정구역을 기준으로 액화석유가스의 판매지역을 제한한 것이 청구인의 직업의 자유를 침해한 것으로 볼 수 없다. **청구인이 액화석유가스 소비자를 위해 임의로 설치해 준 시설의 회수와 관련하여 주장하는 영업이익의 상실은 헌법이 보호하는 재산권의 범위에 속하지 아니하므로,** 이 사건 법률조항으로 인하여 헌법상 재산권이 침해되었다는 청구인의 주장은 이유 없다. 청구인은 액화석유가스 판매사업자로서 헌법재판소법 제68조 제1항에 의한 헌법소원을 제기하면서 이 사건 법률조항으로 인하여 소비자의 행복추구권도 침해된다는 주장을 하고 있으나, 이러한 주장은 청구인의 기본권이 침해되었다는 주장이 아니므로 따로 판단하지 아니한다. 평등권 침해를 다투는 청구인의 주장은 이유 없다.

[요약판례 9] 공업배치및공장설립에관한법률 부칙 제3조 위헌소원: 합헌(헌재 1999.7.22. 98헌바14)

시혜적 입법의 대상에서 제외된 것이 재산권의 침해인지 여부(소극)

청구인은 심판대상조항에 의한 자의적 차별에 의하여 청구인이 약 10억원의 관리비를 반환받지 못함으로써 위 금액 상당의 재산상 손실을 입게 되어 헌법 제23조에 의하여 보장된 재산권도 침해받게 되었다고 주장하나, 재산권에 관계되는 시혜적 입법의 시혜대상에서 제외되었다는 이유만으로 재산권침해가 생기는 것은 아니고, 시혜적 입법의 시혜대상이 될 경우 얻을 수 있는 재산상 이익의 기대가 성취되지 않았다고 하여도 그러한 단순한 재산상 이익의 기대는 헌법이 보호하는 재산권의 영역에 포함되지 않으므로 이 사건에서 재산권침해가 문제되지는 않는다.

[요약판례 10] 기부금품모집금지법 제3조 등 위헌제청: 위헌(헌재 1998.5.28. 96헌가5)

기부행위를 할 수 있는 기회의 보장이 헌법상 보장된 재산권의 보장범위에 포함되는지 여부(소극)

청구인은 기부금품모집금지법 제3조가 재산권행사의 자유를 침해한다고 주장하나, 법 제3조는 기부금품의 모집을 하고자 하는 자의 재산권행사와는 전혀 무관할 뿐 아니라, 기부를 하고자 하는 자의 재산권보장이란 관점에서 보더라도 기부를 하고자 하는 자에게는 기부금품의 모집행위와 관계없이 자신의 재산을 기부행위를 통하여 자유로이 처분할 수 있는 가능성은 법 제3조에 의한 제한에도 불구하고 변함없이 남아 있으므로, 법 제3조가 기부를 하고자 하는 자의 재산권행사를 제한하지 아니한다. 물론, 기부를 하려는 국민도 타인의 모집행위를 통하여 누가 어떤 목적으로 기부금품을 필요로 하는가를 인식함으로써 기부행위의 동기와 기회를 부여받는다는 사실은 인정되지만, 법에 의한 제한은 단지 기부행위를 할 기회만을 제한할 뿐 재산권의 자유로운 처분에 대한 제한을 하는 것은 아니다. 국가의 간섭을 받지 아니하고 자유로이 기부행위를 할 수 있는 기회의 보장은 헌법상 보장된 재산권의 보호범위에 포함되지 않는다.

[요약판례 11] 지목변경신청서 반려처분취소: 인용(취소)(헌재 1999.6.24. 97헌마315)

적법한 등록사항 정정신청을 정당한 이유없이 거부한 처분이 토지소유자의 재산권을 침해하는지 여부(적극)

이 사건 토지는 택지조성을 목적으로 행위허가를 받고 그 준공검사를 거친 다음 "대"로 지목변경이 된 것으로서 그 지목변경은 적법한 것으로 추정되고, 그 후 이 사건 토지의 현황이 "대"에서 "전"으로 변경된 바 없음에도 불구하고 피청구인 강서구청장이 직권으로 이 사건 토지의 지목을 "대"에서 "전"으로 변경한 조치는 "대"에서 "전"으로의 토지이동(土地移動)이 없었음에도 지목을 변경한 것으로서 지적법 제3조 제2항 단서의 요건을 갖추지 못하여 위법하다고 할 것이므로, 이 사건 토지에 관하여는 지적법 제38조 제2항이 규정하는 바와 같이 지적공부의 등록사항에 오류가 있는 경우에 해당하여 피청구인으로서는 청구인의 등록사항 정정신청에 응하여 이 사건 토지의 지목을 "대"로 정정해 주어야 할 의무가 있음에도 불구하고 부당한 이유를 들어 이를 거부하였고, 이로 인하여 이 사건 토지의 정당한 등록을 통하여 토지소유자인 청구인이 누리게 될 재산권이 침해당하였다.

[요약판례 12] 한약사자격면허취득국가시험공고 처분취소 등: 각하(헌재 2000.1.27. 99헌마660)

경쟁이 없는 자격시험인 한약사시험 응시자격을 한약학과 외의 학과 출신자에게도 부여하는 것이 한약학과 졸업예정자인 청구인들의 기본권을 제한 또는 침해하는 것인지 여부(소극)

국민보건 또는 기타 공익을 위한 법령상의 규제 때문에 종전에 사실상 독점하고 있던 영업행위를 관계법의 개정에 따라 다른 사람들도 할 수 있게 됨으로써 종전에 누리고 있던 독점적 영업이익이 상실된다고 하여도 그 사실만으로 기본권의 침해가 있는 것은 아니다. 마찬가지 이치로, 설령 한약사 면허취득에 관한 약사법 제3조의2 등 관계법령에 터잡아 청구인들이 기대하고 있던 이익을 독점할 수 없게 되었다고 하더라도 이는 사실상 기대되던 반사적 이익이 실현되지 않게 된 것에 불과한 것이지 어떠한 헌법상 기본권의 제한 또는 침해의 문제가 생기는 것은 아니다.

[요약판례 13] 민법 제999조 제2항 위헌확인: 기각(헌재 2002.11.28. 2002헌마134)

상속회복청구권 행사기간을 "상속권의 침해행위가 있은 날로부터 10년"이라고 한 개정 민법 제999조 제2항 해당 부분이 재산권을 침해하는지 여부(소극)

이 사건 조항은 종전 규정상의 "상속개시일로부터 10년"을 "침해행위가 있은 날로부터 10년"이라고 규정하여 종전보다 상속회복청구권자에게 유리하게 기간을 규정하였다. 그 연장된 범위는 침해행위가 있은 날이 상속개시일로부터 멀수록 늘어나며, 침해행위가 상속개시일로부터 10년이 된 때에 발생한다면 이 사건 조항에 의한 기간은 종전보다 10년이 길어진 것이고, 만일 침해행위가 상속개시일로부터 10년 후에 발생하면 종전보다 10년 이상의 기간이 늘어난 것이 된다. 그렇다면 이 사건 조항은 구법 조항에 비교하여 볼 때 합리적인 정도로 기간이 연장된 것이라 볼 것이다.

[요약판례 14] 관광진흥개발기금법 제2조 제3항 위헌소원: 합헌(헌재 2003.1.30. 2002헌바5)

내국인 국외여행자에게 2만 원의 범위 안에서 대통령령이 정하는 금액을 관광진흥개발기금에 납부하도록 한 것이 내국인 국내여행자의 재산권 등을 침해하는지 여부(소극)

이 사건 법률조항은 과잉금지의 원칙에 대한 위배 여부를 판단함에 있어 고려되어야 하는 목적의 정당성, 방법의 적정성, 피해의 최소성, 법익의 균형성의 모든 요건을 충족하고 있다. 따라서 내국인의 국외여행시 관광진흥개발기금을 납부하도록 한 이 사건 법률조항이 과잉금지의 원칙에 위배하여 내국인 국외여행자의 재산권 등의 본질적인 내용을 침해하였다고 볼 수 없다.

[요약판례 15] 금융산업의 구조개선에 관한 법률 제5조 위헌소원등: 합헌(헌재 2008.12.26. 2005헌바34)

금융기관의 합병에 필요한 절차상의 기간을 상법이 정한 것보다 단축하고, 합병을 위한 주주총회 결의 시 증권예탁원의 의결권 대리행사를 인정하고 있는 구 '금융산업의 구조개선에 관한 법률'(2000. 1. 21. 법률 제6178호로 개정되고, 2007. 1. 26. 법률 제8265호로 개정되기 전의 것, 이하 '금산법'이라 한다) 제5조 제4항, 제6항, 제8항, 제10항(이하 '이 사건 법률조항'이라 한다)이 주주의 재산권을 침해하는지 여부(소극)

금산법 제5조 제10항이 주주총회의 합병결의 시 증권예탁원의 의결권 대리 행사를 인정하고 있지만, 실질주주는 여전히 주주총회에 직접 출석하거나 대리인을 통하여 합병에 대한 찬반의 의결권을 행사할 수 있고, 이 사건 법률조항의 이른바 그림자 투표(shadow voting) 방식에 따르면 증권예탁원으로서는 실제로 의결권을 행사한 주주들의 찬·반 비율에 따라 의결권을 대리 행사하여야 하므로 주주들의 의사 결정은 왜곡되지 않는다.

금산법 제5조 제4항은 상법 제363조 제1항이 2주간 전으로 정한 주주총회 소집 통지기간을 7일 전으로 단축하고 있지만, 우편물이 송달되는 통상의 기간이 이 사건 법률조항이 정하고 있는 7일 이내로 보이며, 이 사건 법률조항은 금융기관으로 하여금 서면통지 발송일 이전에 2 이상의 일간신문에 주주총회를 소집하는 뜻과 회의의 목적사항을 공고하도록 규정하고 있고, 대체로 우리 사회에서 이름난 금융기관의 합병은 언론매체를 통하여 지속적인 보도가 이루어진다는 현실적인 측면까지 함께 살펴보면, 7일이라는 기간이 불합리하게 짧아 주주권 행사가 현저히 곤란하다거나 증권거래법상 증권예탁원에 대한 의결권 위임 절차 및 상법상 의결권의 불통일 행사 절차 규정을 제대로 준수하기 어렵다고 볼 수는 없다.

또한, 이 사건 법률조항으로 인해 실질주주가 주주총회 회일의 5일 전까지 증권예탁원에 의사표시를 하지 못하였다 하더라도, 여전히 주주총회 당일 직접 혹은 대리인을 통하여 얼마든지 자신의 의결권을 행사할 수 있으며, 그렇지 못한 경우에도 앞서 본 바와 같이 증권예탁원에 의한 의결권 대리 행사로 인하여 주주의 의사결정이 적극적으로 왜곡될 가능성을 미리 차단하고 있다.

금산법 제6항, 제8항에 의해 주주총회에 참석할 주주를 확정하거나 합병에 반대하는 소수주주의 권익을 보호하는 일에 다소간의 제약이 수반될 수도 있을 것이나, 그와 같은 시간적 제약으로 말미암아 위 기간 보장을 통하여 확보하고자 한 주주의 권리행사가 원천적으로 부정되거나 현저히 곤란해졌다고 보기도 어렵다.

따라서 **금융산업의 경쟁력 향상을 위한 산업구조의 개선이라는 입법 목적에 비추어 볼 때, 이 사건 법률조항을 두고 입법적 재량을 벗어나 주주의 재산권을 과도하게 제한한 것이라고 보기는 어렵다.**

[요약판례 16] 구 파산법 제38조 제2호 위헌제청: 위헌(헌재 2009.11.26. 2008헌가9)

채무자에 대한 파산절차가 개시되기 이전에는 그 징수우선순위가 일반파산채권보다 우선하지 아니하는 과징금 및 가산금 채권이 파산절차에서는, 구 파산법 제38조 제2호 본문의 "국세징수의 예에 의하여 징수할 수 있는 청구권" 중에서, "구 독점규제법 제55조의5 제2항에 의하여 국세체납처분의 예에 따라 징수할 수 있는 청구권으로서 제24조의2의 규정에 의한 과징금(이하 '이 사건 과징금'이라 한다) 및 제55조의5 제1항의 규정에 의한 가산금(이하 '이 사건 가산금'이라 한다)에 해당하는 부분"(이하 '이 사건 법률조항'이라 한다)에 의하여 재단채권으로서 우선적 지위를 갖게 되는 것이 다른 파산채권자들의 재산권을 침해하는지 여부(적극)

파산제도는 채권자들 간의 공평하고 균등한 희생을 전제로 하는 것이므로, 다수의 채권자에 대한 변제 우선순위를 정함에 있어서 헌법적으로 용인될 수 있는 기준이 설정되어야 한다.

① 먼저 구 독점규제법에서는 이 사건 과징금 및 가산금 채권을 '국세체납처분의 예에 의하여 징수'할 수 있도록 규정하고 있으나 실체법상 우선순위에 관한 규정은 없다. 그러므로 실체법상 우선권이 인정되지 않는 이 사건 과징금 및 가산금 채권을 구 파산법상 일반우선파산채권보다 더 나아가 재단채권으로까지 인정하기 위하여는, 불공정거래행위에 대한 규제의 수단으로 부과하는 과징금 및 가산금 채권을 재단채권으로 인정하여야 할 정도의 강한 공익성과 정책적 필요성이 있어야 한다. 그러나 이 사건 과징금 및 가산금을 능률적으로 확보함으로써 국민경제의 균형있는 발전을 도모하는 것이 채무자의 파산으로 인하여 그렇지 않아도 낮은 배당률에 고통받는 다른 채권자들을 희생시킬 만큼 공익성이나 정책적 필요성을 갖추었다고 보기는 어렵다.

② 또한 파산절차상의 특성을 고려하여 볼 때에도 이 사건 과징금 및 가산금 채권을 재단채권으로 규정하여 우선적 지위를 인정하는 것이 상당하다고 볼 수 없다. 즉 이 사건 과징금 및 가산금 채권이 파산절차의 진행을 위하여 필수불가결하다거나 채권자 전체의 이익을 도모하기 위한 것이라거나 또는 파산절차상 형평의 이념상 우선적 지위를 인정하는 것이 필요한 경우라고 보기도 어렵다.

③ 한편 구 파산법이 폐지되고 새로이 제정된 통합도산법 제473조 제2호 본문은 '국세징수법 또는 지방세법에 의하여 징수할 수 있는 청구권'을 재단채권으로 규정하면서, '국세징수의 예에 의하여 징수할 수 있는 청구권' 중에서는 그 징수우선순위가 일반 파산채권보다 우선하는 것에 한하여 재단채권에 포함된다고 규정하고 있는바, 위 법률규정에 의하면 징수우선순위가 없는 이 사건 과징금 및 가산금 채권은 더 이상 재단채권에 포함되지 않게 되었다.

따라서 이 사건 법률조항은 재산권의 행사를 제한하는데 있어서 필요최소한에 그쳐야 한다는 침해최소성의 원칙을 충족하지 못한다고 할 것이다.

[요약판례 17] 군인연금법 제33조 제1항 제1호 위헌제청등: 헌법불합치(헌재 2009.7.30. 2008헌가1등)

군인 또는 군인이었던 자가 복무 중의 사유로 금고 이상의 형을 받은 때에는 대통령령이 정하는 바에 의하여 퇴직급여 및 퇴직수당의 일부를 감액하여 지급하도록 한 군인연금법(1995. 12. 29. 법률 제5063호로 개정된 것) 제33조 제1항 제1호(이하 '이 사건 법률조항'이라 한다)가 헌법상 재산권 내지 평등권을 침해하는지 여부(적극)

복무중의 사유로 금고 이상의 형을 선고받아 처벌받음으로써 기본적 죗값을 받은 군인에게 다시 제적이란 군인의 신분상실의 치명적인 법익박탈을 가하고 이로부터 더 나아가 다른 특별한 사정도 없이 직무관련 범죄 여부, 고의 또는 과실범 여부 등을 묻지 않고 퇴직급여와 퇴직수당을 일률적으로 감액하는 것은 군인범죄를 예방하고 군인이 복무 중 성실히 근무하고 직무상 의무를 위반하지 않도록 유도한다는 이 사건 법률조항의 입법목적을 달성하는 데 적합한 수단이라고 볼 수 없고, 과도한 재산권의 제한으로서 심히 부당하며 침해되는 사익에 비해 지나치게 공익만을 강조한 것이다. 나아가 이 사건 법률조항은 퇴직급여에 있어서는 국민연금법상의 사업장가입자에 비하여, 퇴직수당에 있어서는 근로기준법상의 근로자에 비하여 각각 차별대우를 하고 있는데 그 차별에 합리적인 근거를 인정하기 어렵다. 이와 같이 이 사건 법률조항은 헌법상 재산권을 침해하고 평등의 원칙에 위배된다.

[요약판례 18] 고엽제후유의증환자지원등에관한법률 제8조 제1항 제1호 등 위헌확인: 헌법불합치,각하(헌재 2001.6.28. 99헌마516)

월남전에 참전한 자가 생전에 고엽제후유의증환자로 등록신청을 하지 아니하고 사망한 경우 그 유족에게 유족등록신청자격을 부인하는 것이 재산권을 침해하는 것인지에 관한 사안에서 유족보상수급권이 헌법상 보장하는 재산권에 해당하는지 여부(소극)

고엽제법에 의한 고엽제후유의증환자 및 그 유족의 보상수급권은 법률에 의하여 비로소 인정되는 권리로서 재산권적 성질을 갖는 것이긴 하지만 그 발생에 필요한 요건이 법정되어 있는 이상 이러한 요건을 갖추기 전에는 헌법이 보장하는 재산권이라고 할 수 없다. 결국 고엽제법 제8조 제1항 제2호는 고엽제후유의증환자의 유족이 보상수급권을 취득하기 위한 요건을 규정한 것인데, 청구인들은 이러한 요건을 충족하지 못하였기 때문에 보상수급권이라고 하는 재산권을 현재로서는 취득하지 못하였다고 할 것이다. 그렇다면 고엽제법 제8조 제1항 제2호가 평등원칙을 위반하였는지 여부는 별론으로 하고 청구인들이 이미 취득한 재산권을 침해한다고는 할 수 없다.

[요약판례 19] 약사법 제69조 제1항 제2호 등 위헌확인: 기각(헌재 2003.10.30. 2001헌마700)

특정 장소에서의 영업이익 내지 영업권이 재산권의 보호범위에 속하는지 여부(소극)

청구인들이 현재의 장소에서 영업함으로써 얻고 있는 영업이익 내지 영업권은 헌법 제23조 제1항 제1문에서 보호되는 재산권의 범위에 속하지 아니하므로, 이 사건 법률조항들이 청구인들의 기존 약국을 폐쇄토록 규정한 것은 청구인들의 재산권을 침해하지 아니한다.

[요약판례 20] 국민건강보험법 제49조 제4호 위헌확인: 기각(헌재 2005.2.24. 2003헌마31)

교도소에 수용된 때에는 국민건강보험급여를 정지하도록 한 국민건강보험법 제49조 제4호가 수용자의 재산권을 침해할 수 있는지 여부(소극)

위 조항에 의하여 수용자에게 보험급여가 정지되는 경우 보험료 납부의무도 면제되므로, 수급자의 자기기여가 없는 상태에서 수용자가 위 조항을 재산권 침해로 다툴 수는 없다.

[요약판례 21] 구 공직선거법 제122조의2 제2항 제3호 위헌소원: 합헌(헌재 2012.2.23. 2010헌바485)

소위 선거경비 부담면제 청구권이 헌법상 보호되는 재산권에 해당하는지 여부(소극)

청구인이 침해를 주장하는 소위 선거경비의 부담면제 청구권은 청구인의 주관적 기대에 불과할 뿐, 법률상의 보전대상에 해당할 요건을 충족하지 못하여 구체적인 권리로 되지 못하였으므로 이를 재산권에 해당한다고 할 수 없다.

Ⅲ 부동산실권리자명의등기에관한법률 제5조 제2항 위헌제청등: 헌법불합치(헌재 2006.5.25. 2005헌가17등)

쟁점 과징금을 부과하는 날 현재의 부동산가액을 기준으로 과징금을 산정하도록 규정한 부동산실권리자명의등기에관한법률 제5조 제2항 본문이 부동산실명법위반자의 재산권을 침해하는지 여부(적극)

사건의 개요

제청신청인은 아파트단지 건설사업을 시행하고자 하였으나, 주택건설촉진법에 의거한 사업 승인이 용이하지 않자, 이를 회피하고 허가가 용이한 건축법에 의거하여 임직원 등을 건축주로 하는 건축허가를 받아서 위 사업을 시행하고자, 제청신청인의 임·직원 등 21명의 명의로 소유권이전등기를 경료함으로써 명의수탁자의 명의로 등기를 하였다. 그런데 수원지방검찰청은 위와 같은 제청신청인의 명의신탁 사실을 적발하여 부동산실권리자명의등기에관한법률 제3조 제1항 위반혐의로 관련자들을 기소한바 수원지방법원은 범죄사실을 인정하여 관련자들에게 유죄판결을 선고하였고 재판이 확정되었다. 그 후 수원지방검찰청은 비로소 제청신청인의 부동산실명법 위반사실을 용인시장에게 통보하였고, 용인시장은 부동산실명법 제5조 제1항, 같은 법조 제2항 및 같은 법 시행령 제3조의2에 의거하여 산정한 과징금을 제청신청인에게 부과하는 처분을 하였다.

이에 제청신청인은 수원지방법원에 이 사건 처분의 취소를 구하는 소송을 제기한 후, 수원지방검찰청이 관련자들을 부동산실명법 위반혐의로 기소한 2002. 10.경에는 용인시장이 제청신청인의 부동산실명법 위반사실을 알 수 있었음에도 불구하고 이로부터 1년 9개월 이상이 지난 후 비로소 과징금을 부과하여 과징금 금액이 현저하게 증가하게 한 부과처분은 위법하고, 이를 가능하게 한 부동산실명법 제5조 제2항은 제청신청인의 재산권 등을 침해하여 위헌이라고 주장하며, 위 법률조항에 대한 위헌법률심판제청신청을 하였고, 위 법원은 이를 받아들여 헌법재판소에 위 법률조항에 대한 위헌법률심판제청을 하였다.

심판의 대상

부동산실권리자명의등기에관한법률 제5조 (과징금) ② 제1항의 부동산가액은 과징금을 부과하는 날 현재의 다음 각 호의 가액에 의한다.

1. 소유권의 경우에는 소득세법 제99조의 규정에 의한 기준시가

2. 소유권 외의 물권의 경우에는 상속세및증여세법 제61조 제5항 및 제66조의 규정에 의하여 대통령령이 정하는 방법에 의하여 평가한 금액

주 문

1. 부동산실권리자명의등기에관한법률 제5조 제2항 본문은 헌법에 합치되지 아니한다.

2. 위 법률조항은 입법자가 2007. 5. 31.까지 개정하지 아니하면 2007. 6. 1.부터 그 효력을 상실한다.

3. 법원 기타 국가기관 및 지방자치단체는 입법자가 개정할 때까지 위 법률조항의 적용을 중지하여야 한다.

판 단

Ⅰ. 재산권을 침해하는지 여부

1. 이 사건 법률조항이 헌법상 보장된 재산권을 제한하는지 여부

(1) 과징금 부과시점에 명의신탁 관계가 존재한 경우

행정청이 과징금을 부과할 당시에 법위반자의 명의신탁 관계가 계속 존재한 경우에는, 이 사건 법률조항이 과징금 부과시점의 부동산가액을 과징금 산정기준으로 삼는다고 하더라도 부동산실명법위반자의 재산권을 제한한다고 볼 수 없다. 이 경우 설령 행정청이 과징금 부과처분 시기를 자의적으로 선택하여 부과시점에 따라 과징금 산출의 기초가 되는 부동산가액이 달라지고 이에 따라 산출되는 과징금액이 달라진다고 하더라도, 계속 존재하는 부동산실명법 위반행위에 대하여 과징금을 부과하는 것이므로 행정청의 자의적인 과징금부과가 과징금납부자의 재산권을 제한하는 것은 아니다.

(2) 과징금 부과시점에 명의신탁 관계가 종료된 경우

명의신탁관계가 종료된 이후 과징금 부과시점까지 발생한 부동산가액 상승에 따라서 법위반자가 부담하게 되는 증가된 과징금은 법위반자의 재산권을 상당히 제한한다. 더군다나 이 사건 법률조항이 과징금 부과일 현재의 부동산가액을 과징금 산정기준으로 삼고 있어서, 행정청이 과징금 부과처분 시기를 자의적으로 선택하게 되면 부과시점에 따라 과징금 산출의 기초가 되는 부동산가액이 달라지고 이에 따라 산출되는 과징금액도 달라지게 될 수 있다. 다시 말해서 행정청이 명의신탁부동산의 가격변동 추이를 지켜보다가 가격이 상승한 시점을 선택하거나 공시지가가 변경되는 시점을 기다렸다가 과징금을 부과하는 경우에는 과징금 금액이 행정청의 자의적인 업무처리 시기에 의하여 현저하게 증가될 가능성도 존재한다.

2. 이 사건 법률조항이 비례의 원칙에 위배되는지 여부

이 사건 법률조항이 과징금 부과시점의 부동산가액을 과징금 산정기준으로 삼도록 규정하는 것은 명의신탁관계 종료시점과 과징금 부과시점 사이에 부동산 가액 상승으로 인하여 발생한 증가된 과징금을 법위반자가 부담하도록 하므로 법위반자의 재산권을 상당히 제한하고 있다. 따라서 이러한 법적 제한이 기본권 제한에 관한 비례성을 갖추고 있는지 살펴본다.

(1) 목적정당성

부동산실명법은 부동산 물권의 실명등기를 의무화하고 명의신탁을 무효화함으로써, 그 동안 만연하던 투기·탈세·탈법 등 반사회적 행위를 방지하고 부동산거래를 정상화하여 경제정의가 확고

히 될 수 있는 기반을 마련하고, 부동산시장에서의 은닉적·투기적 수요를 감소시키며, 부동산 실명화과정에서의 매각처분에 따른 공급의 증가를 통하여 부동산가격의 안정을 도모하여 국민경제의 건전한 발전을 이루려는 목적으로 제정되었다. 이 사건 법률조항이 명의신탁을 하였다는 법위반사실이 확인되는 경우, 과징금 부과시점 당시에 존재하는 부동산가액을 기준으로 과징금을 부과하여 부동산실명법이 추구하는 입법목적을 달성함으로써 얻게 되는 공익은 헌법 제37조 제2항에서 규정하는 기본권제한의 목적인 공공복리에 해당되므로, 그 목적정당성이 헌법상으로 인정된다.

(2) 적합성원칙

(가) 과징금 부과시점에 명의신탁관계가 존재하는 경우

이 사건 법률조항이, 과징금 부과시점에 명의신탁관계가 존재하는 경우에, 과징금을 부과시점 당시의 부동산가액을 기준으로 과징금을 부과하도록 규정한 것은 명의신탁을 통한 불법적인 이익을 박탈하거나, 실명등기의무의 이행을 강제하기 위한 부동산실명법의 입법목적을 달성하는 데 적절하므로, 적합성원칙에 위배되지 아니한다.

(나) 과징금 부과시점에 명의신탁관계가 종료된 경우

행정청이 과징금을 부과하는 시점에 명의신탁관계가 이미 종료된 경우에는 법위반사실이 존재하지 않은 기간에 발생한 부동산가액의 상승에 따른 과징금의 증가가 이루어지는데, 이는 법위반사실이 없는 기간에 발생한 부동산가액 상승에 대하여 과징금을 부과하는 셈이 된다. 그러므로 이 규정은 명의신탁을 통한 불법적인 이익을 박탈하거나, 실명등기의무의 이행을 강제하기 위한 부동산실명법의 입법목적을 달성하는 데 적절하지 않으므로, 적합성원칙에 위배된다.

(3) 최소침해성원칙

실명전환등기가 이루어져 명의신탁관계가 종료된 시점에 존재하는 부동산 가액을 부동산실명법 위반행위에 대한 과징금 산정기준으로 삼을 수 있는데 이 대체수단은 부동산실명법 위반행위와 명의신탁 등기시점부터 명의신탁 등기해소시점 사이에 발생한 불법이익에 대하여 과징금을 부과하므로, 명의신탁을 통해서 발생한 불법이익을 회수하거나 실명등기를 강제하기 위한 이 사건 법률조항의 입법목적 달성에 적합하다. 또한 과징금 산정기준을 명의신탁 등기 종료시점의 부동산 가액으로 규정하는 것은 명의신탁을 등기한 시점부터 명의신탁등기를 종료시킨 시점 사이에 발생한 부동산실명법 위반행위에 대해서만 과징금을 부과하므로 법위반자는 추가적인 과징금을 부담하지 않게 된다. 따라서 과징금 산정기준을 명의신탁등기 종료시점의 부동산 가액으로 규정하는 것이 과징금 부과시점의 부동산 가액으로 규정하는 것보다 부동산실명법위반자의 재산권을 덜 제한하게 된다.

종합하건대, 과징금 부과시점에 명의신탁관계가 계속 존속하는 경우에는 과징금 부과시점의 부동산가액을 과징금산정기준으로 삼는 선정된 입법수단은 입법목적을 달성할 수 있는 유일한 수단이므로, 이 사건 법률조항은 최소침해성원칙에 위배되지 아니한다. 그러나 과징금 부과시점 이전에 명의신탁관계가 이미 종료한 경우에는 과징금 부과시점의 부동산가액을 과징금 산정기준으로 하는 것보다 법위반자의 재산권을 덜 제한하면서도 입법목적을 동일하게 달성할 수 있는 명의신탁관계 종료시점의 부동산가액을 과징금 산정기준으로 하는 대체수단이 존재하므로, 이 사건 법률조항은 최소침해성원칙에 위배된다.

(4) 법익균형성원칙

(가) 과징금 부과시점에 명의신탁관계가 존재하는 경우

행정청이 과징금을 부과할 당시에 법위반자의 명의신탁 관계가 존재한 경우에는 이 사건 법률조항이 과징금 부과시점의 부동산가액을 과징금 산정기준으로 하더라도 존재하는 부동산실명법위반행위에 대하여 과징금을 부과하는 것이어서 부동산실명법위반자의 재산권을 제한하지 않기 때문에 이로 인한 불이익은 없는 반면에, 명의신탁행위로 발생할 수 있는 불법이익을 박탈하고, 실명등기의무의 이행을 강제하여 얻게 되는 공적 이익은 훨씬 더 크다고 할 것이다.

(나) 과징금 부과시점에 명의신탁관계가 종료된 경우

행정청이 과징금을 부과할 당시에 법위반자의 명의신탁 관계가 이미 종료된 경우에도 이 사건 법률조항이 과징금 부과시점의 부동산가액을 과징금 산정기준으로 삼는 것은 명의신탁 종료시점부터 과징금 부과시점까지 발생하게 되는 과징금 증가액을 법위반자가 부담하여야 하고, 행정청의 자의적인 과징금 부과시점 선택에 따라서 과징금을 그만큼 더 부담하게 될 수도 있으므로, 이로 인한 법위반자의 재산상 불이익이 매우 커서 재산권을 심하게 제한받게 된다. 이에 반해서 명의신탁관계가 종료된 시점 이후의 기간 동안에 발생할 수 있는 법위반자의 불법적인 이익을 회수하고, 실명등기의무의 이행을 강제하여 얻게 되는 공적인 이익은 그리 크지 않다고 할 것이다. 따라서 과징금 부과시점에 명의신탁 관계가 이미 종료된 경우에도 이 사건 법률조항이 과징금 부과시점의 부동산가액을 과징금 산정기준으로 한 것은 법익균형성원칙에 위배된다.

3. 결 론

(1) 과징금 부과시점에 명의신탁관계가 존재하는 경우

이 사건 법률조항이 과징금 부과시점의 부동산가액을 과징금 산정기준으로 한 것은 과징금 부과시점에 명의신탁관계가 여전히 존재하는 경우에는 비례원칙에 위배되지 아니하므로, 헌법 제23조 제1항에서 보장된 재산권을 침해하지 않는다.

(2) 과징금 부과시점에 명의신탁관계가 종료된 경우

이 사건 법률조항이 과징금 부과시점의 부동산가액을 과징금 산정기준으로 한 것은 과징금 부과시점에 명의신탁 관계가 이미 종료된 경우에는 비례원칙에 위배되므로, 헌법 제23조 제1항에서 보장된 재산권을 침해한다.

Ⅱ. 평등권 침해여부

1. 이 사건 법률조항에 의한 차별취급 내지 동일취급이 존재하는지 여부

(1) 과징금 부과시점에 명의신탁관계가 존재하는 경우

법위반행위를 계속하고 있는 부동산실명법위반자들은 동일한 상황에서 이 사건 법률조항에 의거 동일한 과징금 산정기준에 따라서 산출된 과징금을 납부하여야 하므로, 이러한 부동산실명법위반자들 사이에는 아무런 차별취급이 존재하지 않는다.

(2) 과징금 부과시점에 명의신탁관계가 종료된 경우

과거에 법위반행위를 종료시킨 부동산실명법위반자와 과징금 부과시점까지 법위반행위를 계속하고 있는 부동산실명법위반자는 부동산실명법 위반행위의 존속 여부에 있어서 본질적으로 서로

다름에도 불구하고, 이 사건 법률조항은 '과징금 부과시점'에 존재하는 부동산가액을 기준으로 과징금을 산정하도록 하여 양자를 동일하게 취급하고 있다. 이에 따라 법위반행위를 더 이상 지속하고 있지 아니한 부동산실명법위반자는 명의신탁관계 종료시점이 아니라 과징금 부과시점에 존재하는 부동산가액을 기준으로 산정한 과징금을 부담하여야 하는 불이익을 받게 된다.

2. 이 사건 법률조항에 의한 동일취급이 헌법적 정당성을 가지는지 여부

과징금 부과시점에 명의신탁관계가 종료된 경우에, 이 사건 법률조항이 법위반행위를 이미 종료시킨 부동산실명법위반자를 법위반행위를 지속시키고 있는 부동산실명법위반자와 동일하게 취급하는 것이 헌법상 정당화되는지 여부를 살펴본다.

행정청이 과징금을 부과하는 시점에 명의신탁관계가 이미 종료된 경우에는 법위반행위가 더 이상 존재하지 않은데도 불구하고, 이 사건 법률조항이 명의신탁관계 종료시점이 아닌 과징금 부과시점의 부동산가액을 과징금 산정기준으로 삼은 것은 법위반행위가 존재하지 않은 기간에 일반적으로 증가된 부동산가액을 기준으로 과징금을 부과하는 셈이 되므로, 위와 같은 부동산실명법의 입법목적을 달성하는 데도 적절하지 않다. 즉 과징금 부과시점에 명의신탁관계가 이미 종료된 경우에는 법위반행위를 이미 해소시킨 부동산실명법위반자와 법위반행위를 여전히 지속시키고 있는 부동산실명법위반자는 법위반행위의 존속 여부에 있어서 서로 다름에도 불구하고, 이 사건 법률조항이 부과시점의 부동산가액을 기준으로 과징금을 산정하도록 함으로써 양자를 동일하게 취급하는 것은 합리적인 사유가 전혀 존재하지 않으므로 헌법상 정당화되지 않는다.

3. 결　론

이 사건 법률조항은 과징금 부과시점에 명의신탁관계가 존재하는 경우에는 부동산실명법위반자들에 대한 차별취급이 존재하지 않으므로 법위반자의 헌법상 평등권을 침해하지 않는다. 그렇지만 이 사건 법률조항이 과징금 부과시점에 명의신탁관계가 종료된 경우에도 법위반행위를 이미 종료시킨 부동산실명법위반자와 법위반행위를 여전히 지속시키고 있는 부동산실명법위반자를 동일하게 취급한 것은 헌법상 정당화되지 않으므로 법위반자의 헌법상 평등권을 침해한다.

Ⅲ. 헌법불합치결정

이 사건 법률조항은 과징금 부과시점에 명의신탁관계가 종료된 경우에는 헌법에 위반되지만, 과징금 부과시점에 명의신탁관계가 존재하는 경우에는 헌법에 위반되지 아니한다. 그런데 이 사건 법률조항 전체에 대하여 단순위헌결정을 하게 되면, 과징금 산정의 기초가 되는 부동산가액을 평가하는 기준이 없게 되어 과징금 부과시점에 명의신탁관계가 존재하는 경우에도 부동산실명법 위반사실에 대하여 과징금을 부과할 수 없게 되는 법적 공백이 발생하게 되고, 그리고 이 사건 법률조항의 위헌적인 부분만을 명시하여, 명의신탁관계가 종료된 경우에도 과징금 부과시점의 부동산가액을 기준으로 과징금을 산정하도록 하는 것은 위헌이라고 한정위헌결정을 하게 되면, 이 사건 법률조항이 과징금 부과 당시에 명의신탁관계가 종료된 것인지 여부와 상관없이 "과징금을 부과하는 날 현재"의 부동산가액을 과징금 산정기준으로 한다고 규정하고 있어서, 한정위헌결정의 문언상 및 법목적상 한계를 넘어서게 되므로, 입법자가 이 사건 법률조항을 위헌이유에 맞추어 새로이 개정할 때까지 그 형식적 존속만을 잠정적으로 유지하는 헌법불합치결정을 하기로 한다.

재판관 조대현의 주문 표시방법에 대한 반대의견

이 사건 법률조항이 헌법에 합치되지 아니하는 이유는 명의신탁관계가 종료된 후에 과징금을 부과하는 경우에도 의무위반상태가 종료된 후인 과징금 부과 당시의 시가를 기준으로 과징금을 산정하도록 하고 있기 때문이다. 이 사건 법률조항의 내용은 헌법에 합치되는 부분과 헌법에 합치되지 아니하는 부분을 아울러 가지고 있고 헌법에 합치되지 아니하는 부분을 특정할 수 있으므로, 헌법에 합치되는 부분은 효력을 유지시키고 헌법에 합치되지 아니하는 부분만 실효시켜야 한다. 따라서 "이 사건 법률조항 중 명의신탁관계가 종료된 후에 과징금을 부과하는 경우에도 과징금 부과 당시의 시가를 기준으로 과징금을 산정하도록 하고 있는 부분은 헌법에 위반된다"고 일부위헌을 선언하여야 한다. 이렇게 하면 주문 제2항과 같은 조치는 필요 없게 된다.

다수의견과 같이 이 사건 법률조항 전부가 헌법에 합치되지 아니한다고 선언할 경우에도, 이 사건 법률조항이 개정될 때까지 헌법에 합치되는 부분까지 적용을 중지시키고, 이 사건 법률조항이 2007. 5. 31.까지 개정되지 아니할 경우에 헌법에 합치되는 부분까지 효력을 상실시키는 것은 정당한 법률의 효력을 정지시키거나 실효시키는 것으로서 헌법상 권력분립의 원리에 반한다. 따라서 주문 제2항은 "이 사건 법률조항 중 명의신탁관계가 종료된 후에 과징금을 부과하는 경우에도 과징금 부과 당시의 시가를 기준으로 과징금을 산정하도록 하고 있는 부분은 효력을 상실한다"고 고쳐야 한다.

본 판례에 대한 평가 1. 특히 토지재산권이 가지는 강한 사회성, 공공성으로 인하여 토지재산권에 대하여는 다른 재산권에 비하여 보다 강한 제한과 의무를 부과할 수 있으나, 그렇다고 하더라도 다른 기본권을 제한하는 입법과 마찬가지로 비례성원칙을 준수하여야 하고, 재산권의 본질적 내용인 사용·수익권과 처분권을 부인하여서는 아니 된다.

2. 본 결정에서는 명의신탁관계 종료시점과 과징금 부과시점 사이에 부동산 가액 상승으로 인하여 발생한 증가된 과징금을 법위반자가 부담하도록 하고 있는 이 사건 법률조항이 비례의 원칙상 청구인의 재산권을 침해하였다고 판단하고 있다. 본 결정으로 부동산 실권리자명의 등기에 관한 법률 제5조 제2항은 과징금 부과시 명의신탁관계가 종료하지 않은 경우에는 기존의 법률에 따라 과징금을 부과하고, 명의신탁관계가 종료하였거나 실명등기를 하였을 때에는 명의신탁관계 종료시점 또는 실명등기시점의 부동산가액에 대하여 과징금을 부과하도록 하는 것으로 개정되었다.

[요약판례 1] 공익사업을위한토지등의취득및보상에관한법률 제72조 위헌소원: 합헌(헌재 2005.7.21. 2004헌바57)

'사업인정고시가 있은 후에 3년 이상 토지가 공익용도로 사용된 경우' 토지소유자에게 매수 혹은 수용청구권을 인정한 공익사업을위한토지등의취득및보상에관한법률 제72조 제1호가 불법적인 토지사용의 경우를 배제한 것이 재산권을 침해하는지 여부(소극)

입법자에 의한 재산권의 내용과 한계의 설정은 기존에 성립된 재산권을 제한할 수도 있고, 기존에 없던 것을 새롭게 형성하는 것일 수도 있다. 이 사건 조항은 종전에 없던 재산권을 새로이 형성한 것에 해당되므로, 역으로 그 형성에 포함되어 있지 않은 것은 재산권의 범위에 속하지 않는다. 그러므로 청구인들이 주장하는바 '불법적인 사용의 경우에 인정되는 수용청구권'이란 재산권은 존재하지 않으므로, 이 사건 조항이 그러한 재산권을 제한할 수는 없다. 다만, 입법자는 재산권의 형성에 있어서도 헌법적 한계를 준수하여야 하는바, 이 사건 조항이 '적법한 공용사용'의 경우에 한정하여 수용청구권을 인정한 것은 공용제한에 대한 손실보상을 정하는 법의 취지에 따른 결과로서 입법목적을 달성하기 위한 합리적 수단이며, 불법적 사용에 대해서는 법적인 구제수단이 따로 마련되어 있어 반드시 수용청구권을 부여할 필요는 없으므로, 이 사건 조항이 재산권의 내용과 한계에 관한 입법형성권을 벗어난 것이라 할 수 없다.

[요약판례 2] 음반·비디오물및게임물에관한법률 부칙 제3조 제4항 단서 등 위헌확인: 기각(헌재 2002.7.18. 99헌마574등)

아케이드이컵프멘트 게임장운영자들로 하여금 6개월 이내에 게임제공업의 등록을 하고 게임물의 등급분류를 받도록 규정하는 음반·비디오물및게임물에관한법률 부칙 제3조 제4항 단서가 재산권을 침해하는지 여부(소극)

청구인들이 영업을 포기해야 하기 때문에 발생하는 재산상의 손실은 헌법 제23조에 의하여 보호되는 재산권에 포함되지 아니한다. 헌법상 보장된 재산권은 사적 유용성 및 그에 대한 원칙적인 처분권을 내포하는 재산가치있는 구체적인 권리이므로, 구체적 권리가 아닌 영리획득의 단순한 기회나 기업활동의 사실적 법적 여건은 기업에게는 중요한 의미를 갖는다고 하더라도 재산권보장의 대상이 아니다.

이 사건 법률조항에 의하여 청구인들이 소유하는 시설이나 장비 등 재산권보장의 보호를 받는 구체적인 권리가 침해되는 것은 아니다. 또한, 청구인들의 영업활동은 국가에 의하여 강제된 것이 아님은 물론이고, 일정한 경제적 목표를 달성하기 위하여 취한 국가의 경제정책적 조치에 의하여 유발된 사경제의 행위가 아니라, 원칙적으로 자신의 자유로운 결정과 계획, 그에 따른 사적 위험부담과 책임 하에 행위하면서 법질서가 반사적으로 부여하는 기회를 활용한 것에 지나지 않는다고 할 것이므로, 청구인들이 주장하는 폐업으로 인한 재산적 손실은 헌법 제23조의 재산권의 범위에 속하지 아니한다.

[요약판례 3] 정기간행물의등록에관한법률 제10조 제1항 등에 대한 헌법소원: 합헌(헌재 1992.6.26. 90헌바26)

정기간행물의등록등에관한법률 제10조 제1항 소정의 정기간행물의 공보처장관에의 납본제도가 재산권을 침해하는지 여부(소극)

헌법이 재산권을 보장하는 것은 모든 국민이 자유롭고 자기 스스로 책임을 지는 삶을 영위하기 위한 전제로서의 재산권의 보장이다. 그러므로 헌법이 보장하고 있는 재산권은 경제적 가치가 있는 모든 공법상·사법상의 권리를 뜻하고, 그 재산가액의 다과를 불문한다. 또 이 재산권의 보장은 재산권의 자유로운 처분의 보장까지 포함한 것이다.

정간법 제10조의 납본제도는 언론의 건전한 발전과 정간물 출판문화의 건전한 향상이라는 공공복리를 위한 정간물의 등록의 실효성 확보를 위하여 즉, 정간물이 등록된 대로 발행되고 있는가를 감독하기 위하여 정간물을 효율적으로 관리하고 외형적인 질서를 유지하는 공익적 필요에서 정간물 2부를 납본하게 하고 있다. 그러므로 정간법 제10조 제1항의 정간물 2부의 납본이라는 정간물 발행자에 대한 재산권상의 제한은 위와 같은 공익적 필요에 따른 것이다. 또한 정간법 제10조 제2항에는 납본자의 요구가 있을 때는 정당한 보상을 하도록 정하였다. 여기서 말하는 정당한 보상은 완전한 보상으로 책값이 싸든, 비싸든 많든 적든 간에 모두 차별없이 보상하는 것이다. 이러한 완전한 보상을 전제하고 있는 한 정간물을 발행하는 발간자에게 재산권상의 경제적인 손실을 가한 것이라고는 할 수 없다.

[요약판례 4] 근로기준법 제30조의2 제2항 위헌소원: 헌법불합치(헌재 1997.8.21. 94헌바19등)

퇴직금 전액에 대하여 질권자나 저당권자에 우선하는 변제수령권을 인정하는 구근로기준법 제30조의2 제2항 및 근로기준법 제37조 제2항 중 각 "퇴직금"부분이 재산권의 본질적 내용을 침해하거나 과잉금지의 원칙에 어긋나는지 여부(적극)

이 사건 법률조항이 근로자에게 그 퇴직금 전액에 대하여 질권자나 저당권자에 우선하는 변제수령권을 인정함으로써 결과적으로 질권자나 저당권자가 그 권리의 목적물로부터 거의 또는 전혀 변제를 받지 못하게 되는 경우에는, 그 질권이나 저당권의 본질적 내용을 이루는 우선변제수령권이 형해화하게 되므로 이 사건 법률조항 중 "퇴직금"부분은 질권이나 저당권의 본질적 내용을 침해할 소지가 생기게 되는 것이다. 다만 퇴직금의 전액이 아니고 근로자의 최저생활을 보장하고 사회정의를 실현할 수 있는 적정한 범위내의 퇴직금채권을 다른 채권들보다 우선변제함은 퇴직금의 후불임금적 성격 및 사회보장적 급여로서의 성격에 비추어 상당하다고 할 것인데 이 "적정한 범위"의 결정은 그 성질상 입법자의 입법정책적 판단에 맡기는 것이 옳다.

[요약판례 5] 주택임대차보호법 제3조의2 제1항 위헌소원: 합헌(헌재 1998.2.27. 97헌바20)

임차인에게 보증금의 우선변제권을 인정하고 있는 주택임대차보호법 제3조의2 제1항이 후순위권리자 등의 평등권이나 재산권을 침해하는지 여부(소극)

주택임대차보호법 제3조의2 제1항이 임차인의 보증금에 대한 우선변제권을 인정하는 것은 재산권의 보장면에서 목적의 정당성과 방법의 적절성, 피해의 최소성 및 법익의 균형성을 모두 갖추고 있어 과잉금지의 원칙에도 위배되지 아니하기 때문에 심판대상 법률조항은 재산권을 침해한다고 볼 수 없다.

[요약판례 6] 공익사업을위한토지등의취득및보상에관한법률 제91조 제1항 위헌제청: 합헌(헌재 2005.5.26. 2004헌가10)

협의취득 내지 수용 후 당해사업의 폐지나 변경이 있은 경우 환매권을 인정하는 대상으로 토지만을 규정하고 있는 공익사업을위한토지등의취득및보상에관한법률 제91조 제1항이 구 건물소유자의 재산권을 침해하는지 여부(소극)

재산권의 제한에 대하여는 재산권 행사의 대상이 되는 객체가 지닌 사회적인 연관성과 사회적 기능이 크면 클수록 입법자에 의한 보다 광범위한 제한이 허용되며, 한편 개별 재산권이 갖는 자유보장적 기능, 즉 국민 개개인의 자유실현의 물질적 바탕이 되는 정도가 강할수록 엄격한 심사가 이루어져야 한다. 수용된 토지 등이 공공사업에 필요없게 되었을 경우에는 피수용자가 그 토지 등의 소유권을 회복할 수 있는 권리 즉 환매권은 헌법이 보장하는 재산권에 포함된다. 그러나 수용이 이루어진 후 공익사업이 폐지되거나 변경되었을 때, 건물에 대해서까지 환매권을 인정할 것인지에 관해서는 입법재량의 범위가 넓다. 토지의 경우에는 공익사업이 폐지·변경되더라도 기본적으로 형상의 변경이 없는 반면, 건물은 그 경우 통상 철거되거나 그렇지 않더라도 형상의 변경이 있게 되며, 토지에 대해서는 보상이 이루어지더라도 수용당한 소유자에게 감정상의 손실 등이 남아있게 되나, 건물의 경우 정당한 보상이 주어졌다면 그러한 손실이 남아있는 경우는 드물다. 따라서 토지에 대해서는 그 존속가치를 보장해 주기 위해 공익사업의 폐지·변경 등으로 토지가 불필요하게 된 경우 환매권이 인정되어야 할 것이나, 건물에 대해서는 그 존속가치를 보장하기 위하여 환매권을 인정하여야 할 필요성이 없거나 매우 적다. 따라서 건물에 대한 환매권을 인정하지 않는 입법이 자의적인 것이라거나 정당한 입법목적을 벗어난 것이라 할 수 없고, 이미 정당한 보상을 받은 건물소유자의 입장에서는 해당 건물을 반드시 환매 받아야 할만한 중요한 사익이 있다고 보기 어려우며, 건물에 대한 환매권이 부인된다고 해서 종전 건물소유자의 자유실현에 여하한 지장을 초래한다고 볼 수 없다. 즉 공익사업을위한토지등의취득및보상에관한법률 제91조 제1항 중 '토지' 부분으로 인한 기본권 제한의 정도와 피해는 미비하고 이 사건 조항이 공익에 비하여 사익을 과도하게 침해하는 것은 아니다. 입법자가 건물에 대한 환매권을 부인한 것은 헌법적 한계 내에 있는 입법재량권의 행사이므로 재산권을 침해하는 것이라 볼 수 없다.

[요약판례 7] 학교보건법 제6조 제1항 제11호 여관부분 위헌소원: 합헌(헌재 2006.3.30. 2005헌바110)

초·중·고등학교 및 대학교 경계선으로부터 200미터 내로 설정된 학교환경위생정화구역 안에서 여관시설 및 영업행위를 금지하고 있는 학교보건법 제6조 제1항 제11호 여관부분 중 초·중등교육법 제2조의 초등학교·중학교·고등학교에 관한 부분과 고등교육법 제2조의 대학교에 관한 부분이 그 구역에서 여관영업을 하는 청구인의 재산권을 침해하는지 여부(소극)

초·중·고등학교 및 대학교 경계선으로부터 200미터 내로 설정된 학교환경위생정화구역 안에서 여관시설 및 영업행위를 금지하고 있는 이 사건 법률조항 중 초등학교부분에 대하여는 초등학교 학생들의 건전하고 쾌적한 교육환경을 조성하여 학교 교육의 능률화를 기하기 위하여 일정한 학교환경위생정화구역 안에 여관의 시설을 금지함으로써 그 여관시설 및 영업자에 대한 재산권의 사회적 제약을 구체화하는 입법이라는 것이 헌법재판소의 판례인바, 이러한 이치는 중·고등학교 및 대학교 부분에 대하여도 그대로 타당하다고 할 것이고 따라서 이 사건 법률조항은 공익목적을 위하여 개별적·구체적으로 이미 형성된 구체적 재산권을 박탈하거나 제한하는 것이 아니므로, 보상을 요하는 헌법 제23조 제3항 소정의 수용·사용 또는 제한에 해당되는 것은 아니다. 그리고 이 사건 법률조항은 학교환경위생정화구역이라는 한정된 지역에서 "여관"이라는 특정 용도로 건물을 사용하는 것을 제한하고 "여관영업"을 제한하는 것이어서 그 사적인 효용성의 일부만 제한하고 동 조항 단서에서 학교환경위생정화위원회의 심의를 거쳐 그 여관영업행위 및 시설이 허용될 수 있는 여지를 마련하고 있는바, 이러한 재산권 제한의 범위나 정도는 초·중·고등학교 및 대학교의 건전한 교육환경의 조성과 교육의 능률화라는 공익과 비교형량하여 볼 때 헌법에서 허용되지 아니한 과도한 제한이라고 할 수는 없다.

[요약판례 8] 민법 제1026조 제2호 위헌제청: 헌법불합치(헌재 1998.8.27. 96헌가22등)

상속인이 상속개시 있음을 안 날로부터 3월내에 한정승인이나 포기를 하지 아니한 때에는 단순승인을 한 것으로 보는 민법 제1026조 제2호가 재산권과 사적자치권을 침해하는지 여부(적극)

상속인이 귀책사유 없이 상속채무가 적극재산을 초과하는 사실을 알지 못하여 상속개시 있음을 안 날로부터 3월내에 한정승인 또는 포기를 하지 못한 경우에도 단순승인을 한 것으로 보는 민법 제1026조 제2호는 기본권제한의 입법한계를 일탈한 것으로 재산권을 보장한 헌법 제23조 제1항, 사적자치권을 보장한 헌법 제10조 제1항에 위반된다.

[요약판례 9] 부동산실권리자명의등기에관한법률 제10조 제1항 위헌제청 등: 헌법불합치(헌재 2001.5.31. 99헌가18등)

명의신탁의 사법적 효력에 관한 부동산실권리자명의등기에관한법률 제4조 제1항, 제2항 본문이 재산권보장의 원칙에 위반되는지 여부(소극)

부동산실명법이 제정됨에 따라 명의신탁약정의 효력과 그에 기한 물권변동의 효력은 계약 주체의 의사에 상관없이 법률에 의하여 정하여지게 되었으나, 사인간에 어떠한 법률행위가 행하여지고 그 효과를 그대로 인정할 경우 헌법상의 기본원리나 공익에 근본적으로 배치되거나 실질적인 불평등을 초래할 때에 그 효력을 부인하는 예는 민법에서 반사회적 법률행위나 불공정한 법률행위를 무효로 보는 규정 등 여러 분야에서 찾을 수 있으므로, 계약 주체의 의사와 상관없이 법률이 어떠한 계약의 효력을 무효로 본다고 하여 그것이 곧 기본권의 본질적 내용을 침해한다고는 볼 수 없다.

[요약판례 10] 민법 제999조 제2항 위헌소원: 위헌(헌재 2001.7.19. 99헌바9등)

민법 제999조 제2항 및 구 민법 제999조에 의하여 준용되는 제982조 제2항 중 상속회복청구권의 행사기간을 상속 개시일로부터 10년으로 제한한 것이 재산권을 침해하는지 여부(적극)

상속권은 재산권의 일종이므로 상속제도나 상속권의 내용은 입법자가 입법정책적으로 결정하여야 할 사항으로서 원칙적으로 입법자의 입법형성의 자유에 속한다고 할 것이지만, 입법자가 상속제도와 상속권의 내용을 정함에 있어서 입법형성권을 자의적으로 행사하여 헌법 제37조 제2항이 규정하는 기본권제한의 입법한계를 일탈하는 경우에는 그 법률조항은 헌법에 위반된다고 할 것이다. 상속개시일부터 10년이 경과하면 진정상속인은 상속재산에 대한 권리를 상실하고 참칭상속인이 권리를 취득하도록 하여 마치 이 사건 법률규정이 참칭상속인을 오히려 보호하는 규정으로 역할을 하게 한 것은 입법목적 달성에 필요한 정도 이상으로 상속인의 기본권을 제한한 것으로서 기본권제한의 입법한계인 피해의 최소성, 공공필요와 침해되는 상속인의 기본권 사이의 균형성을 갖추었다고 볼 수 없다.

※ 민법 제999조 ② 제1항의 상속회복청구권은 그 침해를 안 날로부터 3년, 상속권의 침해행위가 있은 날로부터 10년을 경과하면 소멸된다.

[요약판례 11] 여객자동차운수사업법 제14조 등 위헌확인: 기각,각하(헌재 2012.3.29. 2010헌마443등)

개인택시면허의 양도 및 상속을 금지하고 있는 '여객자동차 운수사업법 시행령' 제10조의2가 개인택시운송사업자의 재산권을 침해하는지 여부(소극)

개인택시운송사업자는 장기간의 모범적인 택시운전에 대한 보상의 차원에서 개인택시면허를 취득하였거나, 고액의 프리미엄을 지급하고 개인택시면허를 양수한 사람들이므로 개인택시면허는 자신의 노력으로 혹은 금전적 대가를 치르고 얻은 재산권이라고 할 수 있다.

이 사건 시행령조항은 택시의 공급과잉을 해소하고 운행 대수의 적정량을 유지하기 위한 것으로서 입법목적의 정당성이 인정되고, 공급과잉의 정도가 두드러진 개인택시에 관하여 면허의 처분을 제한함으로써 개인택시면허 수의 점진적인 감축을 유도할 수 있고 택시의 공급량을 탄력적으로 조절할 수 있게 되므로 수단의 적절성 역시 인정된다. 또한 개인택시면허의 양도 및 상속에 따르는 프리미엄의 획득·유지는 면허처분에 의하여 직접적으로 부여되는 이익이 아니고, 개인택시면허는 공법상의 권리로서 행정목적상의 한계를 가진다는 점에서 개인택시면허의 양도 및 상속을 금지하는 이 사건 시행령조항이 청구인들의 재산권을 과도하게 제한하는 것이라고 보기도 어렵다. 결국 이 사건 시행령조항은 개인택시면허의 처분에 관한 입법재량의 한계를 일탈하였다거나 재산권의 본질적인 내용을 침해하였다고 볼 수 없으므로 청구인들의 재산권을 침해하지 아니한다.

[요약판례 12] 구 상속세 및 증여세법 제15조 제1항 위헌소원: 합헌(헌재 2012.3.29. 2010헌바342)

피상속인이 재산을 처분하여 받은 금액 등이 상속개시일전 1년 이내에 2억 원 이상, 상속개시일전 2년 이내에 5억 원 이상인 경우로서 그 용도가 객관적으로 명백하지 아니한 경우 이를 상속인이 상속받은 것으로 추정하여 상속세과세가액에 산입하는 구 '상속세 및 증여세법' 제15조 제1항 제1호가 상속인의 재산권을 침해하여 헌법에 위반되는지 여부(소극)

이 사건 법률조항의 입법취지는 부당한 상속세 회피행위를 방지하기 위한 것에 있다. 상속인은 일반적으로 피상속인과 동일하거나 근접한 생활영역에 있기 때문에 과세관청에 비하여 피상속인의 경제활동을 확인하기 쉬운 반면, 과세관청에서 현금 또는 현물이 상속된 사실을 완벽하게 입증하기는 거의 불가능하다. 이러한 현실에서 이 사건 법률조항이 피상속인의 처분재산에 대한 입증책임을 상속인에게 지게 한 것은 불가피한 조치라 할 것이다. 그리고 이 사건 법률조항이 추정규정인 이상 구체적인 소송과정에서 법원의 판단을 통해 상속인이 상속하지 아니하였다고 인정되는 경우에는 그 적용이 배제될 수 있으며, 상속인이 입증해야 하는 범위도 상속개시일에 근접한 1년 또는 2년 이내의 2억 원 또는 5억 원 이상의 고액으로 한정되고 있어, 납세자의 기본권 제한을 최소화하기 위한 장치가 마련되어 있다. 결국, 이 사건 법률조항은 과잉금지원칙에 위반하여 상속인의 재산권을 침해하지 아니한다.

[요약판례 13] 민법 제766조 제1항 위헌소원: 합헌(헌재 2012.4.24. 2011헌바31)

손해배상청구권의 소멸시효기간을 피해자나 그 법정대리인이 그 손해 및 가해자를 안 날로부터 3년으로 정한 민법 제766조 제1항이 청구인의 재산권을 침해하여 위헌인지 여부(소극)

불법행위로 인한 손해배상청구권에 대하여 단기소멸시효기간을 정한 이 사건 법률조항은 피해자나 그 법정대리인이 '피해 및 가해자'를 안 때에는 그 권리행사가 그만큼 용이하여 불법행위로 인한 손해배상청구권과 관련된 민사상의 법률관계를 조속히 안정시키기 위한 것으로서 합리적인 이유가 있으며, 단기소멸시효의 경우 '피해자나 그 법정대리인이 그 손해 및 가해자를 안 날'부터 시효기간이 기산되고 확정판결을 받은 경우에는 소멸시효기간이 10년으로 되는바 필요한 경우 불법행위의 피해자가 손해배상청구의 소를 제기함으로써 그 소멸시효기간을 연장할 수 있는 길이 열려 있어 3년의 시효기간이 입법형성권을 자의적으로 행사하여 지나치게 단기로 정한 것으로 볼 수 없으므로, 이 사건 법률조항이 불법행위 피해자들의 재산권을 합리적 이유 없이 지나치게 제한함으로써 헌법 제37조 제2항의 기본권 제한의 한계를 일탈하였다고 볼 수 없다.

[요약판례 14] 부동산실권리자명의등기에관한법률 제5조 제1항 제2호 등 위헌소원: 합헌(헌재 2012.4.24. 2011헌바62)

양도담보 채권자가 이전등기시 채권관계를 기재한 서면을 제출하지 아니하는 경우 과징금을 부과하고, 양도담보 채권자에 대한 과징금 액수 산정기준을 피담보채무액이나 등기신청시를 기준으로 하지 않고 과징금 부과시점의 부동산가액의 100분의 30으로 정하는 구 '부동산실권리자명의등기에관한법률' 제5조가 양도담보 채권자의 재산권을 침해하는지 여부(소극)

피담보 채무액이나 등기신청시의 부동산가액을 기준으로 과징금을 산정하게 된다면 명의신탁자는 명의신탁 행위가 적발된 경우 소액의 가장된 피담보 채무액을 내세워 양도담보라고 주장할 가능성이 크고, 명의신탁자로부터 명의신탁 기간 동안 부동산가격의 상승으로 취득하는 불법적인 이익을 박탈할 수 없게 되어 부동산실명법의 본래의 입법목적을 달성할 수 없게 되는 점, 아울러 양도담보 채권자가 채권관계 서면을 제출하지 않고 있는 동안 의무위반은 계속되고 있다고 할 수 있는 점 등을 종합하여 보면 양도담보 채권자에 대한 과징금을 부과함에 있어 과징금 부과시점의 부동산가액을 기준으로 삼는 것은 적절하다. 양도담보 채권자가 과징금을 부과받음으로써 입는 불이익에 비하여 부동산실명법을 위반한 행위로 발생할 수 있는 불법이익을 박탈하고, 실명등기의무의 이행을 강제하여 얻게 되는 공익이 훨씬 더 크다 할 것이므로, 법익의 균형성 원칙에도 위배되지 아니한다. 따라서 이 사건 부동산가액 조항 및 과징금 부과기준 조항은 과잉금지원칙에 위배되어 양도담보 채권자의 재산권을 침해한다고 할 수 없다.

[요약판례 15] 상속세 및 증여세법 제19조 제2항 위헌소원: 헌법불합치(헌재 2012.5.31. 2009헌바190)

배우자 상속공제를 인정받기 위한 요건으로 배우자상속재산기한등까지 배우자의 상속재산을 분할하여 신고할 것을 요하고 있는 구 상속세 및 증여세법 제19조 제2항이 상속인들의 재산권을 침해하는지 여부(적극)

이 사건 법률조항은 피상속인의 배우자가 상속공제를 받은 후에 상속재산을 상속인들에게 이전하는 방법으로 부의 무상이전을 시도하는 것을 방지하고 상속세에 대한 조세법률관계를 조기에 확정하기 위한 정당한 입법목적을 가진 것이나, 상속재산분할심판과 같이 상속에 대한 실체적 분쟁이 계속 중이어서 법정기한 내에 재산분할을 마치기 어려운 부득이한 사정이 있는 경우, 후발적 경정청구 등에 의해 그러한 심판의 결과를 상속세 산정에 추후 반영할 길을 열어두지도 않은 채, 위 기한이 경과하면 일률적으로 배우자 상속공제를 부인함으로써 비례원칙에 위배되어 청구인들의 재산권을 침해한다.

[요약판례 16] 구 회사정리법 제262조 제4항 위헌제청: 위헌(헌재 2012.5.31. 2010헌가85)

정리계획에 의하여 새로이 정리회사의 주주가 된 자가 3년 내에 주권의 교부를 청구하지 아니한 때에는 주주로서의 권리를 잃도록 한 구 회사정리법 제262조 제4항이 과잉금지원칙에 위배되는지 여부(적극)

정리계획에 의하여 새로이 정리회사의 주주가 된 자가 3년 내에 주권의 교부를 청구하지 아니한 때에는 주주로서의 권리를 잃도록 한 이 사건 법률조항은, 정리계획이 변경된 권리관계를 명확하게 정하고 있어 주권을 발행하지 아니하더라도 권리관계가 불명확해지는 것은 아니고, 구 증권의 회수를 위해서는 종전의 주주 또는 사채권자이었던 자에 대하여만 주권의 교부를 청구하게 하는 것으로 충분함에도 주주가 된 자 모두에게 주권의 교부청구를 강제하며, 구 증권을 반환하지 않으면 주주로서의 권리행사를 제한하는 등 기본권을 덜 침해하는 다른 방법이 있음에도 변경된 권리관계의 증권상 정리와 구 증권 회수라는 입법목적 달성을 위하여 실권이라는 과도한 수단을 사용함으로써 피해의 최소성과 법익의 균형성을 갖추지 못하여 과잉금지원칙에 위배된다.

[요약판례 17] 전통사찰의 보존 및 지원에 관한 법률 제14조 위헌소원: 합헌(헌재 2012.6.27. 2011헌바34)

전통사찰의 소유로서 전법(傳法)에 제공되는 경내지의 건조물과 토지에 관하여는 저당권이나 그 밖의 물권의 실행을 위한 경우 또는 파산한 경우 외에는 전통사찰의 등록 후에 발생한 사법(私法)상의 금전채권으로 압류하지 못하도록 규정한 '전통사찰의 보존 및 지원에 관한 법률' 제14조가 청구인의 재산권을 침해하여 헌법에 위반되는지 여부(소극)

이 사건 법률조항은 전통사찰과 그에 속하는 전통문화유산이 경매 등을 통하여 전전양도되어 문화재적 가치가 손상되는 것을 방지하기 위해 압류를 금지한 것으로서 입법목적의 정당성 및 수단의 적절성이 인정되고, 전통사찰 등록 후에 발생한 사법상 채권으로 전통사찰 소유의 전법에 제공되는 경내지의 건조물 등을 압류하는 것이 금지되어 압류가 금지되는 집행채권의 범위가 한정되어 있는 등 침해의 최소성도 인정되며, 민족문화유산인 전통사찰은 한 번 훼손되면 그 회복 자체가 곤란한 경우가 많아 그 훼손 가능성을 방지함으로써 얻을 수 있는 공익이 상당하여 법익 균형성도 갖추었다고 할 것이므로, 이 사건 법률조항은 청구인의 재산권을 침해하지 않는다.

[요약판례 18] 구 소득세법 제104조 제1항 제2의7호 등 위헌소원: 합헌(헌재 2012.7.26. 2011헌바357)

소유자가 농지 소재지에 거주하지 아니하거나 경작하지 아니하는 농지를 비사업용 토지로 보아 60%의 중과세율을 적용하는 구 소득세법 제104조 제1항 제2호의7 중 제104조의3 제1항 제1호 가목 본문에 관한 부분 및 제104조의3 제1항 제1호 가목 본문이 과잉금지원칙에 위배되어 청구인의 재산권을 침해하는지 여부(소극)

이 사건 법률조항은 농지에 대한 투기수요를 억제하고, 투기로 인한 이익을 환수하여 부동산 시장의 안정과 과세

형평을 도모함에 그 입법목적이 있는바, 그 목적의 정당성 및 방법의 적절성이 인정된다. 그리고 사실상 소유자가 거주 또는 경작하지 않는 토지의 소유를 억제할 수 있을 정도의 세율을 60%로 본 입법자의 판단은 존중할 필요가 있다. 경자유전의 원칙상 상당 기간 거주 또는 경작하지 않은 것은 일응 투기 목적의 징표로 볼 수 있는데, 이 사건 법률조항은 이러한 농지에 한해서 양도소득세 중과를 적용하고 있으며, 당사자의 귀책사유 없이 비사업용 토지로 되는 경우에 대한 보완책을 마련하고 있으므로 침해의 최소성원칙에 반하지 아니한다. 이 사건 법률조항이 추구하는 투기수요 억제, 부동산 시장 안정 및 국토의 균형 있는 이용, 개발과 보전 등의 공익은 제한되는 사익보다 훨씬 크므로 법익의 균형성이 인정된다. 따라서 이 사건 법률조항이 과잉금지원칙에 위배되어 청구인의 재산권을 침해한다고 할 수 없다.

[요약판례 19] 공직자윤리법 제14조의4 제1항 위헌 제청: 합헌(헌재 2012.8.23. 2010헌가65)

국회의원이 보유한 직무관련성 있는 주식의 매각 또는 백지신탁을 명하고 있는 구 공직자윤리법 제14조의4 제1항 본문 제1호 및 제2호 가목 본문 중 제10조 제1항 제1호의 '국회의원' 부분이 당해사건 원고의 재산권을 침해하는지 여부(소극)

이 사건 법률조항은 국회의원으로 하여금 직무관련성이 인정되는 주식을 매각 또는 백지신탁하도록 하여 그 직무와 보유주식 간의 이해충돌을 원천적으로 방지하고 있는바, 헌법상 국회의원의 국가이익 우선의무, 지위남용 금지의무 조항 등에 비추어 볼 때 이는 정당한 입법목적을 달성하기 위한 적절한 수단이다. 나아가 이 사건 법률조항은 국회의원이 보유한 모든 주식에 대해 적용되는 것이 아니라 직무관련성이 인정되는 금 3천만 원 이상의 주식에 대하여 적용되어 그 적용범위를 목적달성에 필요한 범위 내로 최소화하고 있는 점, 당사자에 대한 사후적 제재수단인 형사처벌이나 부당이득환수, 또는 보다 완화된 사전적 이해충돌회피수단이라 할 수 있는 직무회피나 단순보관신탁만으로는 이 사건 조항과 같은 수준의 입법목적 달성효과를 가져올 수 있을지 단정할 수 없다는 점에 비추어 최소침해성원칙에 반한다고 볼 수 없고, 국회의원의 공정한 직무수행에 대한 국민의 신뢰확보는 가히 돈으로 환산할 수 없는 가치를 지니는 점 등을 고려해 볼 때, 이 사건 법률조항으로 인한 사익의 침해가 그로 인해 확보되는 공익보다 반드시 크다고는 볼 수 없으므로 법익균형성원칙 역시 준수하고 있다. 따라서 이 사건 법률조항은 당해사건 원고의 재산권을 침해하지 아니한다.

[요약판례 20] 국세기본법 제35조 제1항 제3호 나목 위헌소원: 합헌(헌재 2012.8.23. 2011헌바97)

담보권의 목적인 재산의 매각대금에서 정부가 과세표준과 세액을 결정·경정 또는 수시 부과결정하는 국세를 징수하는 경우 당해 국세의 납세고지서 발송일 후에 설정된 담보권의 피담보채권에 우선하여 국세를 징수할 수 있도록 한 구 국세기본법 제35조 제1항 제3호 나목 중 '국세'에 관한 부분이 담보권자인 청구인의 재산권을 침해하는지 여부(소극)

이 사건 법률조항에서는 조세채권과 피담보채권의 우열기준으로 납세고지서 발송일을 정하고 있는데, 납세고지서 발송일에는 이미 조세채권의 가액 및 납부기한 등이 구체적으로 확정되어 있고 납세의무의 존부 및 범위가 과세관청 등에 의하여 임의로 변경될 수 없는 시기이다. 그리고 담보권을 취득하려고 하는 자로서는 납세의무자에게 납세증명서 등 발급을 요청하거나, 납세의무자로부터 발급위임을 받아 조세채무의 존부와 범위를 확인할 수 있고, 전세권 또는 임차권을 설정하려고 하는 자는 국세징수법 제6조의2 규정에 의한 미납국세 열람제도를 활용할 수 있으므로, 담보권자의 예측가능성은 어느 정도 보장되고 있다. 그렇다면 이 사건 법률조항은 담보권자의 예측가능성을 해하지 아니하고 과세관청의 자의가 개재될 소지를 허용하지 아니하므로, 입법재량을 일탈하여 담보권자인 청구인의 재산권을 침해한다고 보기 어렵다.

Ⅳ 공무원연금법 제64조 제3항 위헌소원: 한정위헌(헌재 2002.7.18. 2000헌바57)

쟁점 공무원연금법 제64조 제3항의 급여제한을 퇴직 후의 사유에도 적용하는 것이 재산권을 침해하는지 여부(적극)

사건의 개요

청구인은 대학교 교수로 재직하다가 퇴직한 후 공무원연금법에 의한 퇴직급여를 지급받았다. 그 후 청구인은 국가보안법 제8조 위반죄로 징역 2년의 형을 선고받아 그 판결이 확정되었다. 이에 공무원연금관리공단은 청구인에게 기지급된 퇴직급여를 반환하라는 처분을 하였다.

청구인은 서울행정법원에 공무원연금관리공단을 상대로 퇴직급여환수처분취소소송을 제기하였으나 청구기각되자, 이에 불복하여 서울고등법원에 항소하였다. 청구인은 항소심 재판 중 공무원연금법 제64조 제3항이 헌법에 위반된다고 주장하면서 위헌법률심판제청을 신청하였으나 서울고등법원이 이를 기각하자, 헌법재판소법 제68조 제2항에 의하여 이 사건 헌법소원을 청구하였다.

심판의 대상

공무원연금법 제64조 (형벌 등에 의한 급여의 제한) ③ 형법 제2편 제1장(내란의 죄), 제2장(외환의 죄), 군형법 제2편 제1장(반란의 죄), 제2장(이적의 죄), 국가보안법(제10조를 제외한다)에 규정된 죄를 범하여 금고 이상의 형을 받은 경우에는 이미 납부한 기여금의 총액에 민법의 규정에 의한 이자를 가산한 금액을 반환하되 급여는 지급하지 아니한다.

관련조문

제64조 (형벌 등에 의한 급여의 제한) ① 공무원 또는 공무원이었던 자가 다음 각호의 1에 해당하는 경우에는 대통령령이 정하는 바에 의하여 퇴직급여 및 퇴직수당의 일부를 감액하여 지급한다. 이 경우 퇴직급여액은 이미 납부한 기여금의 총액에 민법의 규정에 의한 이자를 가산한 금액 이하로 감액할 수 없다.

1. 재직 중의 사유로 금고 이상의 형을 받은 때
2. 탄핵 또는 징계에 의하여 파면된 때

② 재직 중의 사유로 금고 이상의 형에 처할 범죄행위로 인하여 수사가 진행 중에 있거나 형사재판이 계속 중에 있는 때에는 대통령령이 정하는 바에 의하여 퇴직급여 및 퇴직수당의 일부에 대하여 지급을 정지할 수 있다. 이 경우 급여의 제한사유에 해당하지 아니하게 된 때에는 그 잔여금에 대통령령이 정하는 이자를 가산하여 지급한다.

주 문

공무원연금법 제64조 제3항은 퇴직 후의 사유를 적용하여 공무원연금법상의 급여를 제한하는 범위내에서 헌법에 위반된다.

판 단

Ⅰ. 이 사건 법률조항의 해석상 문제점과 판단의 전제

이 사건 법률조항은 같은 조 제1,2항에서 급여제한사유를 '재직 중의 사유'로 명확히 한정하고 있는 것과는 달리 재직 중의 사유로 한정하는지 여부에 관하여 규정하고 있지 않아서, 이 사건 법률조항에 의한 급여지급제한사유가 재직 중의 사유에 한정되는지, 아니면 재직 중의 사유는 물론이고 퇴직 후의 사유도 포함되는지 여부가 문제가 된다.

이 사건 법률조항은 그 소정의 급여제한이 '재직 중의 사유'만으로 한정되는가, 아니면 '퇴직 후의 사유'로도 제한될 수 있는가에 대하여 상반된 해석을 낳고 있으므로, 이 사건 법률조항의 위헌여부를 판단함에 있어서는 재직 중의 사유와 퇴직 후의 사유가 모두 적용될 여지가 있음을 전제로 하여 판단하기로 한다.

Ⅱ. 이 사건 법률조항의 위헌여부

1. 재산권의 침해여부

공무원연금법상의 퇴직급여 등 급여수급권은 재산권의 성격을 갖고 있으므로 이 사건 법률조항에 의하여 재산권으로서의 급여수급권이 제한된다고 볼 수 있는바, 이 사건 법률조항에 의한 재산권의 제한이 위에서 본 헌법적 한계를 지킨 것인지 살펴본다.

공무원으로서의 직무상 또는 직무 외의 의무인 성실의무, 복종의무, 친절공정의무, 비밀엄수의무, 청렴의무, 법령준수의무, 명령복종의무, 품위유지의무 등도 원칙적으로 재직 중에 부과되는 의무이지(예외적으로 비밀준수의무는 법령의 특별한 규정에 의하여 퇴직 후에도 부담하게 된다), 공무원의 직에서 퇴직한 후에도 국가에 대한 무한정의 성실의무와 충성의무를 계속 부담하는 것으로는 볼 수 없다 할 것인데, 이 사건 법률조항에 의하여 퇴직 후에 범한 범죄에 의하여 퇴직급여 등 수급권을 제한한다면 이는 공무원에게 그 퇴직 후에도 계속 재직시와 같은 의무를 부과하는 것과 마찬가지가 될 것이며, 공무원이 이 사건 법률조항에 규정된 국가의 존립을 위태롭게 하는 범죄를 범할 때에 국가에 대한 위해가 일반인의 경우보다 크다고 하는 것도 원칙적으로 공무원으로 재직시에 범죄를 저지를 경우에 해당되는 것이지, 퇴직 후에도 그 위험성이 같은 정도로 높다고 할 수는 없다. 물론 공무원이었던 자가 퇴직 후에 이러한 범죄에 가담할 때, 일반인의 경우보다는 더 위해가 클 개연성이 있겠지만, 그 차이는 퇴직급여수급권을 제한 내지 박탈할 정도의 중대한 법익침해를 정당화할 수 있는 정도로 큰 것은 아니다.

또한 **공무원의 업무의 성격은 단순노무 등에 종사하는 자에서 국가기밀을 담당하는 자까지 매우 다양하고, 그 근무기간도 1~2년에서부터 수십 년으로 차이가 날 수 있으므로, 공무원에 대한 성실의무와 국가에 대한 충성의무를 요구하는 것도 해당 공무원이 취급하는 업무의 성격과 그 근무기간 등에 의하여 국가의 존립이나 안전 및 국민의 안녕에 미치는 정도를 구분하여 불이익의 정도를 달리하는 것이 합리적이라고 할 것인데, 직무의 종류나 근무기간 등을 전혀 구분함이 없이 일률적으로 규정하여 단기간 단순노무직에 근무한 공무원이었다는 사유만으로도 평생에 걸쳐 급여의 환수라는 불이익을 가하게 되는 것은 입법형성의 자유를 넘어선 과도한 제한이다.**

뿐만 아니라, 공무원연금법상의 급여청구권은 공무원의 퇴직 또는 사망으로 인하여 발생하는 것이므로 퇴직 후의 사유로 급여청구권을 제한하는 것은 이미 발생한 급여청구권을 사후에 발생한 사유로 소급하여 제한하는 것이 된다.

따라서 이 사건 법률조항에 의한 급여제한의 사유가 퇴직 후에 범한 죄에도 적용되는 것으로 보는 것은, 입법목적을 달성하기 위한 방법의 적정성을 결하고, 공무원이었던 사람에게 입법목적에 비추어 과도한 피해를 주어 법익균형성을 잃는 것으로서 과잉금지의 원칙에 위배하여 재산권의 본질적 내용을 침해하는 것으로 헌법에 위반된다 할 것이다.

2. 명확성의 원칙 위반여부

이 사건 법률조항은 급여청구권을 제한 내지 박탈하는 부담적 성격을 갖고 있는 규정이므로 명확성의 원칙에 관하여 엄격한 기준이 적용되는 것인데도, 이 사건 법률조항인 공무원연금법 제64조 제3항은 그 앞의 제1항, 제2항에서 "재직 중의 사유로"라고 그 사유의 발생시기를 명확히 하고 있는 것과는 달리, 그 사유가 '재직 중의 사유'만인지 '퇴직 후의 사유'도 해당되는지에 관하여 일체의 언급이 없이 해당 범죄의 종류만을 열거하고 있다. 이러한 법문상의 표현은 입법의 결함이라고 할 것이고, 이로 인하여 앞서 본 바와 같은 대립적 해석을 낳고 있는바, 이러한 불명확한 규정에 의하여 '퇴직 후의 사유'를 급여제한의 사유에 해당하는 것으로 본다면, 이는 법규정이 불명확하여 법집행당국의 자의적인 법해석과 집행을 가능하게 하는 것으로서 헌법상의 명확성의 원칙에 어긋나는 조항이라 하겠다.

만약 이 사건 법률조항이 재직 중의 사유와 퇴직 후의 사유를 아우르는 조항이라면, 그와 같은 내용이 명시적으로 규정되어 있어야 하는 것이 일반적인 법문상의 표현양식이라 할 것인데, 이 사건 법률조항은 그와 같은 표현양식을 쓰지 않고 있으므로 퇴직 후의 사유로 이미 발생한 급여청구권을 제한할 수 있다고 해석할 수 없다. 따라서, 이 사건 법률조항은 같은 조 제1항, 제2항과는 독립된 항이기는 하지만 제1항과 제2항에서 "재직 중의 사유로"라고 규정하고 있는 것을 이어받아 제3항을 규정한 것으로 풀이함이 상당하다 할 것이고, 이렇게 본다면, 헌법에 위반되지 않는다.

3. 평등의 원칙 위반여부

헌법 제11조 제1항에 정한 법 앞에서의 평등의 원칙은 결코 일체의 차별적 대우를 부정하는 절대적 평등을 의미하는 것은 아니고, 법을 적용함에 있어서 뿐만 아니라, 입법을 함에 있어서도 불합리한 차별대우를 하여서는 아니된다는 것을 뜻하는바, 이 사건 법률조항은 퇴직급여의 제한에 관하여 일반범죄와 반국가적 범죄를 구별하여 취급하고 있으므로 이것이 평등의 원칙에 위반하는지의 여부를 살펴본다.

이 사건 법률조항을 '재직 중의 사유'로 한정하여 보는 입장을 취할 경우, 공무원 재직 중에 일반범죄를 범한 자와 재직 중 반국가적 범죄를 범한 자 사이에는 제한되는 급여의 범위에 차등이 있는데 이러한 차별은 공무원이 재직 중 반국가적 범죄를 범할 경우 국가에 대한 위해가 일반범죄의 경우보다 훨씬 크기 때문에 이를 방지하기 위한 것으로서 합리적 이유가 있으므로 평등의 원칙에 위반된다고 할 수 없다.

그러나 이 사건 법률조항을 퇴직 후의 범죄에 대하여도 적용되는 것으로 해석한다면, 공무원이 퇴직 후 일반범죄를 범하는 경우와 반국가적 범죄를 범하는 경우에 큰 차별이 있게 된다. 퇴직 후 일반범죄를 저지른 자는 퇴직급여청구권에 아무런 제한이 없는데, 국가보안법위반죄 등 반국가적 범죄를 저지른 자는 퇴직한 후 시일이 얼마나 경과하였는지에 상관없이 퇴직급여를 소급하여 박탈당하게 되는 것이다. 앞서 본 바와 같이 공무원에게 퇴직 후에도 계속 일반인보다 무거운 의무를 부과할 수는 없는 것이고, 퇴직 후에는 반국가적 범죄가담으로 인한 위험성도 감소하게 되므로, 퇴직 후에 저지른 반국가적 범죄와 일반범죄를 근본적으로 다르게 취급할 합리적 이유는 없다 할 것이다. 따라서, 헌법상의 평등의 원칙에 위반된다.

4. 적법절차원칙의 위반여부

이 사건 법률조항은 그에 해당하는 사유가 있으면 반드시 급여를 지급하지 않게 되어 있어 청문절차를 거치더라도 그 결과에 따라 급여제한의 내용이 달라질 가능성이 있는 것도 아니고, 급여제한에 관한 결정은 행정처분으로서 그 결정에 이의가 있는 수급자는 공무원연금급여재심위원회에 심사를 청구하고(공무원연금법 제80조 제1항, 공무원연금법시행령 제84조) 행정소송을 제기하여 구제를 받을 수 있는 길이 열려 있으므로 급여의 제한조치에 앞서 청문절차를 거치도록 직접 규정하지 아니하였다고 하여 이 사건 법률조항이 적법절차의 원칙에 어긋난다고 할 수는 없다.

5. 이중적 처벌인지의 여부

이 사건 법률조항이 일정한 범죄를 범한 공무원에 대하여 형벌이나 공무원법상의 징계 외에 추가적인 경제적 불이익을 부과하는 것이기는 하나, 헌법 제13조 제1항 후단에 규정된 일사부재리 또는 이중처벌금지의 원칙에 있어서 처벌이라고 함은 원칙적으로 범죄에 대한 국가의 형벌권 실행으로서의 과벌을 의미하는 것이고 국가가 행하는 일체의 제재나 불이익처분이 모두 그에 포함된다고는 할 수 없으므로 이 사건 법률조항에 의하여 급여를 제한한다고 하더라도 그것이 헌법이 금하고 있는 이중적인 처벌에 해당하는 것은 아니라고 할 것이다.

6. 결 론

이 사건 법률조항의 퇴직급여의 제한사유는 재직 중의 사유로 한정하여 해석하여야 할 것이고, 그 범위를 넘어서서 퇴직 후의 사유에도 적용되는 것으로 보는 범위 내에서 헌법상의 재산권보장과 명확성의 원칙 및 평등의 원칙에 위반된다.

✤ 본 판례에 대한 평가 1. 헌법재판소는 부진정소급입법은 원칙적으로 허용되지만 기존의 법에 의해 형성되어 이미 굳어진 개인의 법적 지위를 사후입법을 통하여 박탈하는 것을 내용으로 하는 진정소급입법은 개인의 신뢰보호와 법적 안정성을 내용으로 하는 법치국가원리에 의하여 특단의 사정이 없는 한 헌법적으로 허용되지 않는 것이 원칙이고, 다만 일반적으로 국민이 소급입법을 예상할 수 있었거나 법적 상태가 불확실하고 혼란스러워 보호할 만한 신뢰이익이 적은 경우와 소급입법에 의한 당사자의 손실이 아주 없거나 아주 경미한 경우 그리고 신뢰보호의 요청에 우선하는 심히 중대한 공익상의 사유가 소급입법을 정당화하는 경우 등에는 예외적으로 진정소급입법이 허용된다는 입장이다. 이 사건의 경우 퇴직급여의 제한사유를 '재직중의 사유'로 한정하지 않는 경우에는 진정소급입법에 의한 재산권의 침해의 경우에 해당한다. 그러나 이러한 침해를 정당화하는 공익상의 요청이 침해되는 사인의 재산권보다 큰 경우라고 볼 수 없다는 헌법재판소의 판시는 타당하다고 생각한다.

2. 그러나 문제는 이 사건 법률조항에 대해 이미 대법원이 합헌적 법률해석을 통해 동일하게 판시하고 있었는데 하급심 법원이 이에 반하는 해석을 한 것을 이유로, "퇴직급여 지급제한 사유로 퇴직후의 사유까지 포함하는 해석"에 대해 한정위헌결정을 내린 것이 타당한가에 있다. 이에 대해 대법원쪽 논자들은 대법원의 입장을 존중하여 단순합헌결정을 하는 것이 옳았다는 입장이고, 헌법

재판소 쪽 논자들은 한정위헌결정이 불가피하다는 입장이다.

하지만 대법원과 헌법재판소가 내린 해석의 결론이 같았다는 점이 중요하고 또 그렇다면 대법원의 합헌적 법률해석과 헌법재판소의 합헌적 법률해석에 의한 한정위헌결정의 효력상의 차이점에 주목할 필요가 있다. 헌법재판소로서는 한정위헌결정을 통해 합헌적 법률해석의 과정에서 발생하는 위헌적인 해석의 여지를 명확하게 배제할 필요가 있었고, 이는 기속력을 통해 관철될 수 있다. 그리고 단순합헌은 현재 법률상태에 대해 모든 면에서 합헌적이라는 것을 선언하는 것임에 반해, 한정위헌결정은 위헌적인 법률해석의 여지를 배제한 다는 점에서 전혀 다르다. 따라서 단순합헌결정을 해야 했다는 주장은 옳지 않고 헌법재판소처럼 위헌의 여지를 명확히 제거한 판시가 타당했다고 생각한다.

3. 또한 이 결정이 비록 한정위헌의 형식을 띠고 있고 헌법재판소가 명시적으로 입법자에게 법률개선의무를 부과하고 있지는 않지만 "입법의 결함"을 인정하여 헌법상의 명확성 원칙에 어긋나는 법률조항이라고 하고 있으므로, 입법자의 법률개선의무가 발생하는 사례로 평가할 수 있다고 보는 견해도 있다. 그러나 이 조항은 현재에도 문언의 개정 없이 그대로 유지되고 있다.

관련 문헌: 전학선, "공무원 연금법 제64조 3항 위헌소원-퇴직 후의 사유에 기한 공무원급여제한과 재산권 보장-", 헌법재판소결정해설집, 헌법재판소, 2002, 242면 이하; 김우수, "연금수급제한과 재산권 보장, 경제질서", 공법연구 제36집 제4호, 2008. 6, 95면.

[요약판례 1] 공무원연금법 제64조 제1항 제1호 위헌소원: 헌법불합치(헌재 2007.3.29. 2005헌바33)

반국가적 범죄 여부, 직무관련범죄 여부, 고의 또는 과실범 여부, 파렴치 범죄 여부 등을 묻지 아니하고 재직 중의 사유로 금고 이상의 형을 받은 공무원 또는 공무원이었던 자에 대하여 일률적으로 퇴직급여 및 퇴직수당의 일부를 감액하여 지급하도록 규정하고 있는 공무원연금법 제64조 제1항 제1호가 재산권제한의 한계를 일부 일탈하여 수단의 적합성, 침해최소성 및 법익균형성에 어긋나고 평등의 원칙에 위배되는 부분을 포함하여 헌법에 위반되는지 여부(적극)

공무원의 신분이나 직무상 의무와 관련이 없는 범죄의 경우에도 퇴직급여 등을 제한하는 것은, 공무원범죄를 예방하고 공무원이 재직 중 성실히 근무하도록 유도하는 입법목적을 달성하는 데 적합한 수단이라고 볼 수 없다. 그리고 특히 과실범의 경우에는 공무원이기 때문에 더 강한 주의의무 내지 결과발생에 대한 가중된 비난가능성이 있다고 보기 어려우므로, 퇴직급여 등의 제한이 공무원으로서의 직무상 의무를 위반하지 않도록 유도 또는 강제하는 수단으로서 작용한다고 보기 어렵다. 입법자로서는 입법목적을 달성함에 반드시 필요한 범죄의 유형과 내용 등으로 그 범위를 한정하여 규정함이 최소침해성의 원칙에 따른 기본권 제한의 적절한 방식이다. **단지 금고 이상의 형을 받았다는 이유만으로 이미 공직에서 퇴출당할 공무원에게 더 나아가 일률적으로 그 생존의 기초가 될 퇴직급여 등까지 반드시 감액하도록 규정한다면 그 법률조항은 침해되는 사익에 비해 지나치게 공익만을 강조한 입법이라고 아니할 수 없다.** 나아가 이 사건 법률조항은 퇴직급여에 있어서는 국민연금법상의 사업장 가입자에 비하여, 퇴직수당에 있어서는 근로기준법상의 근로자에 비하여 각각 차별대우를 하고 있는바, 이는 **자의적인 차별에 해당한다.** 이상과 같은 이유로 이 사건 법률조항은 헌법에 위반되나, 단순위헌선언으로 그 효력을 즉시 상실시킬 경우에는 여러 가지 혼란과 부작용이 발생할 우려가 있고, 또한 이미 급여를 감액당한 다른 퇴직공무원과의 형평성도 고려하여야 한다. 그러므로 입법자는 합헌적인 방향으로 법률을 개선하여야 하고 그때까지 일정 기간 동안은 위헌적인 법규정을 존속하게 하고 또한 잠정적으로 적용하게 할 필요가 있으므로 헌법불합치결정을 하는 것이다.

[요약판례 2] 국세기본법 제35조 제1항 제3호 가목 위헌소원: 합헌(헌재 2007.5.31. 2005헌바60)

신고납세방식의 국세에서 납세의무자가 이를 신고한 경우 그 조세채권과 담보권과의 우선순위를 국세신고일을 기준으로 정한 국세기본법 제35조 제1항 제3호 가목이 담보권자의 예측가능성을 현저히 해하는지 여부(소극) 및 과세관청의 자의가 개재될 소지를 허용하는 것이 입법재량의 범위를 벗어나 담보권자의 재산권을 부당하게 침해하는 것인지 여부(소극)

이 사건 법률조항이 신고납세방식의 국세에서 납세의무자가 이를 신고한 경우 그 조세채권과 담보권과의 우선순위를 국세 신고일을 기준으로 하도록 규정한 것은 조세의 우선권과 담보권자의 우선변제청구권을 조화적으로 보장하기 위한 것으로서 이는 결국 '조세징수의 확보'와 '사법질서의 존중'이라는 두 가지 공익목적의 합리적인 조정을 도모하고자 한 것이라고 볼 수 있다. 따라서 위 조항은, 담보권자의 예측가능성을 현저히 해한다거나 또는 과세관청의 자의가 개재될 소지를 허용하는 것이 아니고, 달리 그 기준시기의 설정이 현저히 불합리하다고 볼 수도 없으므로, 입법재량의 범위를 벗어난 것이라고 할 수 없다.

[요약판례 3] 토지수용법 제71조(환매권) 제7항: 합헌(헌재 1997.6.26. 96헌바94)

토지수용법 제71조 제7항이 소급입법에 의한 재산권박탈금지원칙에 위배되는지 여부(소극)

이 사건의 경우를 보건대 청구인들의 이 사건 토지는 1981. 4.부터 같은 해 7. 사이에 서울특별시에 의하여 협의취득 또는 수용되었으나 그 이후인 같은 해 12. 31. 이 사건 심판대상조항이 신설되고 그로 인하여 수용토지의 다른 공익사업으로의 변경이 인정되게 되어 환매권 행사에 제한이 가해지게 되었다. 그러나 이 사건 심판대상조항이 신설되었던 1981. 12. 31. 당시 청구인들이 갖고 있던 환매권은 이 법 제71조 제1항 및 제2항이 정하는 그 행사의 요건, 즉 사업이 폐지·변경되어 당해 토지가 필요 없게 되었다던가 협의취득일 등으로부터 5년이 경과하도록 토지 전부가 전혀 사업에 이용되지 아니하였다는 등의 어느 경우에도 해당되지 아니하여 이를 행사할 수 있는 요건을 갖추지 못한 상태였으므로 이 사건 심판대상조항의 신설은 아직 완성되지 아니하고 진행과정에 있는 사실 또는 법률관계를 규율대상으로 하는 이른바 부진정소급효의 입법에 해당하는 것이어서 허용되는 것이라 할 것이다. 그러므로 이 사건 심판대상조항은 소급입법에 의한 재산권 박탈금지를 규정한 헌법 제13조 제2항에 위반되지 아니한다.

[요약판례 4] 구 수산업법 제2조 제7호 등 위헌소원: 합헌,기각(헌재 1999.7.22. 97헌바76등)

종래 인정되던 관행어업권에 대하여 2년 이내에 등록하여야 입어할 수 있도록 한 이 사건 법률조항이 소급입법에 의하여 재산권을 박탈하는 규정에 해당하는지 여부(소극)

이 사건 심판대상조항은 구 수산업법의 시행일 이전까지 존재하던 관행어업권에 관하여 규율하는바 없이 장래에 대하여 관행어업권의 행사방법에 관하여 규제할 뿐이므로 그 규정의 법적 효과가 시행일 이전의 시점에까지 미친다고 할 수 없다. 그리고 이 사건 심판대상조항은 종전의 수산업법에 의하여 인정되던 관행어업권을 일방적으로 박탈하는 것이 아니고, 일정한 기간 내에 등록만 하면 관행어업권을 인정하여 주는 것이므로 이를 가리켜 재산권을 소급적으로 박탈하는 규정이라고 할 수 없고, 다만 그 행사방법을 변경 내지 제한하는 규정이라고 할 것이다.

[요약판례 5] 가등기담보등에관한법률 부칙 제2조 등 위헌소원: 합헌,각하(헌재 1998.9.30. 97헌바38)

가등기담보등에관한법률 시행전에 성립한 담보계약에 대하여는 동법을 적용하지 아니하기로 하는 경과조치를 규정하고 있는 동법 부칙 제2항이 진정소급입법금지원칙의 예외에 해당하는지 여부(소극)

가등기담보등에관한법률의 제정배경과 그 내용들을 고려할 때, 동법 부칙 제2항이 동법 시행전에 성립한 담보계약에 대하여는 동법을 적용하지 아니한다고 규정한 것은 진정소급입법금지원칙에 합치되는 것으로서 정당하고, 동법 시행전에 성립한 담보계약에 대해서까지 동법을 소급적용하여야 할 특단의 사정 있음이 인정되지도 아니한다.

[요약판례 6] 부천시담배자동판매기설치금지조례 제4조 등 위헌확인: 기각(헌재 1995.4.20. 92헌마264등)

기존의 담배자동판매기를 조례 시행일로부터 3개월 이내에 철거하도록 한 조례의 부칙규정이 소급입법에 의한 재산권박탈에 해당하는지 여부(소극)

기존의 담배자동판매기를 조례시행일로부터 3개월 이내에 철거하도록 한 조례의 부칙규정은 이 사건 조례들의 시행일 전까지 계속되었던 자판기의 설치·사용에 대하여는 규율하는 바가 없고, 장래에 향하여 자판기의 존치·사용을 규제할 뿐이므로 그 규정의 법적 효과가 시행일 이전의 시점에까지 미친다고 할 수 없어 헌법 제13조 제2항에서 금지하고 있는 소급입법이라고 볼 수는 없다.

[요약판례 7] 학교보건법시행령 제4조의2 제5호 등 위헌확인: 기각,각하(헌재 1999.7.22. 98헌마480)

학교환경위생정화구역 안에서의 노래연습장 시설을 금지하고 아무런 보상도 하지 아니한 채 기존 시설을 이전 또는 폐쇄하라고 규정한 것이 헌법 제13조 제2항에서 금지하고 있는 소급입법에 의하여 재산권을 박탈하거나 헌법 제23조 제3항에 위반하여 재산권을 침해하는지 여부(소극)

이 사건 시행령조항은 그 시행일 이후 위 각 학교의 학교환경위생정화구역 안에서 노래연습장 시설을 설치하여 영업하는 것을 금지하면서 시행당시의 기존시설은 이를 이전하거나 폐쇄하도록 경과조치를 한 것으로 장래에 향하여 노래연습장의 시설 영업에 관하여 규제를 한 것이지 그 시행일 이전의 노래연습장의 시설, 영업에 관하여 규율한 것이 아니므로 헌법 제13조 제2항이 금지한 소급입법에 의한 재산권 박탈을 한 것이라 할 수 없고, 또한 이 사건 시행령조항의 위와 같은 규정내용이 헌법 제23조 제3항의 재산권의 수용·사용 또는 제한에 해당한다고 볼 수도 없다.

[요약판례 8] 민법 부칙 제10조 제1항 위헌소원: 합헌(헌재 1996.12.26. 93헌바67)

민법부칙 제10조 제1항이 소급입법에 의한 재산권박탈인지 여부(소극)

의용민법하에서는 일단 취득한 물권은 시효로 소멸될 수 없는 데 비하여 민법시행후의 위 등기청구권은 시효로 소멸될 수 있으나, 그것은 특히 소유권자의 경우 민법 시행일로부터 16년이라는 장기간 동안 등기를 하지 않고 방치한 때, 더욱이 당해 부동산을 점유하고 있지도 않는 때에 한하여 발생할 수 있는 극히 예외적인 사태라 할 것이다. 민법이 제정되면서 부동산물권변동에서 형식주의로의 대전환과정에서 중대한 공익적 목적을 위하여 그 경과조치로서 부득이 구법하에서 취득한 물권에 대하여 민법시행 후 장기간 등기를 하지 않고 방치한 경우에 한하여 위와 같이 어느 정도의 제한이 가해진다고 하여 이를 가지고 소급입법에 의한 재산권박탈이라거나 부당한 재산권의 침해라고 볼 수 없고, 청구인들의 평등권이나 행복추구권을 침해하는 것이라고도 할 수 없다.

[요약판례 9] 국세기본법 부칙 제5조 및 개정 전 국세기본법(1981. 12. 31. 법률 제3471호) 제35조 제2항에 대한 위헌심판: 위헌(헌재 1993.9.27. 92헌가5)

개정 국세기본법 부칙 제5조 중 "종전의 제35조 제1항 제3호, 제2항"의 위헌 여부(적극)

헌법재판소결정(89헌가95)이 1990. 9. 3. 선고됨으로써 그때부터 위헌선고된 위 법조항부분은 그 효력이 상실되었다 할 것이므로 위 선고일 이후에는 저당권자 등은 저당권 등 목적물의 소유자에 대한 국세의 납부기한이 저당권 등 설정등기일 이후에 도달하였다면 저당권자 등의 피담보채권은 국세에 우선하여 변제받을 수 있게 되었다 할 것인데, 위 각 위헌규정을 개정하여 1991. 1. 1.부터 시행하게 된 개정 국세기본법은 동 부칙 제5조에서 동 개정법률 시행 전에 개정법률 소정의 "법정기일"이 도래한 조세채권에 대하여는 이미 효력이 상실된 종전 규정을 적용하도록 경과규정을 두고 있는 관계로 결국은, 위 위헌결정의 효력에 의하여 우선변제권을 갖게 된 일정한 범위의 저당권자 등의 권리가 사후법인 이 사건 심판대상규정인 개정법률 부칙 제5조의 규정에 의하여 박탈당하는 결과가 되었다고 할 것이므로 위 부칙 규정 중 "종전의 제35조 제1항 제3호" 부분은 소급입법에 의하여 재산권을 박탈당하지 아니한다는 헌법 제13조 제2항의 규정에 위반되는 규정임이 명백하다고 할 것이고, 위 규정부분에 통일된 "종전의 제35조 제2항" 부분도 역시 헌법에 위반되는 규정이라고 할 것이다.

[요약판례 10] 공무원연금법상의 공무원 퇴직연금의 지급정지제도에 헌법소원: 기각(헌재 2008.2.28. 2005헌마872등)

공무원연금제도와 퇴직연금의 법적 성격 및 이 사건 심판대상조항이 진정소급입법에 해당하는지 여부(소극)

공무원연금법상 퇴직 공무원의 퇴직연금·퇴직일시금·퇴직수당 수급권 역시 모두 사회보장 수급권으로서의 성격과 아울러 재산권으로서의 성격도 가지고 있다. 그 중 퇴직연금 수급권의 경우에는 일반적인 재산권에 비하여 입법자에게 상대적으로 보다 폭넓은 재량이 헌법상 허용된다고 볼 수 있다. 퇴직연금제도는 퇴직 후의 소득상실을 보전해 주기 위한 것이 목적이기 때문에 소득이 있는 때에는 그 지급을 정지할 수 있다. 공무원연금법상 퇴직연금 수급권이 어느 정도 재산권으로서의 성질을 지니고 있기는 하나, 이는 또한 사회보장적인 급여로서 구체적인 내용에 관하여는 입법자가 여러 가지 사회경제적인 여건 등을 종합하여 합리적인 수준에서 결정할 수 있고, 또 그와 같은 사정의 변화에 맞추어 그 내용을 변경할 수도 있는 것이다. 나아가 이 사건 심판대상조항은 장래 이행기가 도래하는 퇴직연금 수급권의 내용을 변경함에 불과하므로, 이미 종료된 과거의 사실관계 또는 법률관계에 새로운 법률이 소급적으로 적용되어 과거를 법적으로 새로이 평가하는 진정소급입법에는 해당하지 아니한다.

[요약판례 11] 산업재해보상보험법제38조 제6항 위헌소원등: 위헌(헌재 2009.5.28. 2005헌바20등)

2000. 7. 1.부터 시행되는 최고보상제도[산업재해보상보험법(1999. 12. 31. 법률 제6100호로 개정되고, 2007. 4. 11. 법률 제8373호로 전부 개정되기 전의 것, 이하 '산재법'이라 한다) 제38조 제6항]를 2000. 7. 1. 전에 장해사유가 발생하여 장해보상연금을 수령하고 있던 수급권자에게도 2년6월의 유예기간 후 2003. 1. 1.부터 적용하는 산재법 부칙(법률 제6100호, 1999. 12. 31.) 제7조 중 "2002. 12. 31.까지는"부분(이하 '심판대상조항'이라 한다)이 신뢰보호원칙에 위배하여 재산권을 침해하는지 여부(적극)

장해급여제도는 본질적으로 소득재분배를 위한 제도가 아니고, 손해배상 내지 손실보상적 급부인 점에 그 본질이 있는 것으로, 산업재해보상보험이 갖는 두 가지 성격 중 사회보장적 급부로서의 성격은 상대적으로 약하고 재산권적인 보호의 필요성은 보다 강하다고 볼 수 있어 다른 사회보험수급권에 비하여 보다 엄격한 보호가 필요하다.

장해급여제도에 사회보장 수급권으로서의 성격도 있는 이상 소득재분배의 도모나 새로운 산재보상사업의 확대를 위한 자금마련의 목적으로 최고보상제를 도입하는 것 자체는 입법자의 결단으로서 형성적 재량권의 범위 내에 있다고 보더라도, 그러한 입법자의 결단은 최고보상제도 시행 이후에 산재를 입는 근로자들부터 적용될 수 있을 뿐, 제도 시행 이전에 이미 재해를 입고 산재보상수급권이 확정적으로 발생한 청구인들에 대하여 그 수급권의 내용을 일시에 급격히 변경하여 가면서까지 적용할 수 있는 것은 아니라고 보아야 할 것이다.

따라서, 심판대상조항은 신뢰보호의 원칙에 위배하여 청구인들의 재산권을 침해하는 것으로서 헌법에 위반된다.

[요약판례 12] 공무원연금법 제47조 등 위헌소원: 합헌(헌재 2009.7.30. 2007헌바113)

법 시행일 이후에 이행기가 도래하는 퇴직연금에 대하여 소득과 연계하여 그 일부의 지급을 정지할 수 있도록 한 공무원연금법 제47조 제2항을 준용하고 있는 구 '사립학교교직원 연금법' 제42조 제1항 중 공무원연금법 준용 부분 및 같은 법 부칙 제9조(앞괄호 부분 제외) 중 공무원연금법 제47조 제2항 부분(이하 '이 사건 심판대상조항'이라 한다)이 헌법 제13조의 소급입법에 의한 재산권의 박탈에 해당하는지 여부(소극)

사학연금법상 연금제도는 공무원연금법상 연금제도와 그 적용 대상이 서로 달라 각각 독립하여 운영되고 있을 뿐 동일한 사회적 위험에 대비하기 위한 하나의 통일적인 제도라고 할 것인바, 사학연금법상 각종 급여는 모두 사회보험에 입각한 사회보장적 급여로서의 성격을 가짐과 동시에 공로보상 내지 후불임금으로서의 성격도 함께 가지고, 특히 퇴직연금수급권은 사회보장적 급여인 동시에 경제적인 가치가 있는 권리로서 헌법 제23조에 의하여 보장되는 재산권으로서의 성격을 지닌다. 따라서 퇴직연금 수급자가 퇴직 후에 사업소득이나 근로소득을 얻게 된 경우, 입법자는 사회정책적인 측면과 국가의 재정 및 기금의 상황 등 여러 가지 사정을 참작하여 폭넓은 재량으로 퇴직연금 지급 정도를 위와 같은 소득과 연계하여 일부 축소할 수 있다고 할 것인바, 이 사건 심판대상조항과 같이 소득심사제에 의하여 퇴직연금 중 일부의 지급을 정지하는 것은 포괄위임금지의 원칙에 위배되는 등 특별한 사정이 없는 한 위헌이라고 볼 수 없다.

이 사건 심판대상조항은 법 시행일 이후에 이행기가 도래하는 퇴직연금 수급권의 내용을 변경함에 불과하고, 이미 종료된 과거의 사실관계 또는 법률관계에 새로운 법률이 소급적으로 적용되어 과거를 법적으로 새로이 평가하는 진정소급입법에는 해당하지 아니하므로 소급입법에 의한 재산권 침해는 문제될 여지가 없다.

[요약판례 13] 구 상표법 제7조 제3항 위헌소원: 위헌(헌재 2009.4.30. 2006헌바113)

선출원상표의 상표등록 무효심결이 확정되더라도 그와 동일 또는 유사한 상표의 등록을 금지하거나 후출원된 등록상표를 무효로 하는 내용의 상표법(1997. 8. 22. 법률 제5355호로 개정된 것) 제7조 제3항 본문 괄호 부분인 "타인의 등록상표가 제71조 제3항의 규정에 의하여 무효로 된 경우에도 이에 해당하는 것으로 본다" 중 제7조 제1항 제7호에 관한 부분(이하 '이 사건 법률조항 부분'이라 한다)이 후출원 상표권자의 재산권 및 직업의 자유를 침해하는지 여부(적극)

선등록상표와 동일 또는 유사한 상표의 등록을 막는 입법목적은 크게 두 가지를 생각할 수 있다. 첫째는 선등록상표권자의 상표권을 보호하는 것인 한편, 둘째는 동종 상품에 대하여 동일 또는 유사한 상표가 중복 등록되면 수요자에게 상품의 출처에 관한 오인·혼동을 일으켜 상품의 유통질서를 저해하므로 이를 방지하기 위한 것이다. 그런데 이미 선등록상표가 무효로 확정되었다는 것은 선등록상표의 보호가치가 없음이 확인된 것이므로, 입법목적 중 선등록상표권자의 상표권에 대한 보호는 이 사건 법률조항 부분의 목적으로 인정될 수 없다. 그러므로 이 사건 법률조항 부분의 입법목적은, 결국 동일 또는 유사한 상표의 공존으로 인한 소비자의 오인·혼동을 방지하고자 하는 것이다. 그렇다면 위와 같은 입법목적을 달성하기 위하여 이 사건 법률조항 부분과 같이 후출원상표의 출원 후에 선등록상표를 무효로 한다는 심결이 확정된 경우에도 후출원상표의 등록을 거절하거나 후등록상표에 대한 무효심결을 하도록 하는 것이 입법재량의 한계를 벗어나지 않은 합리적인 제한인가를 본다.

특허청은 이 사건 법률조항 부분과 관계없이, 후출원상표의 출원 시에 이와 동일 또는 유사한 타인의 선등록상표가 존재하는 경우에는 후출원상표의 등록을 거절할 수 있다. 다만, 선등록상표가 무효로 확정되어 소멸하더라도 소비자에게 일정한 기간 동안 그 상표에 대한 기억과 신용이 남아 있을 것이고, 이러한 상태에서 곧바로 후출원상표의 등록을 허용한다면 소비자에게 상표에 대한 오인·혼동을 줄 우려가 있으나, 상표법 제7조 제1항 제8호 및 같은 조 제4

항 제1호는 상표권이 소멸한 날부터 1년을 경과하지 아니한 타인의 등록상표와 동일 또는 유사한 상표는 그 등록을 거절할 수 있되, 타인의 등록상표가 상표권이 소멸된 날로부터 소급하여 1년 이상 사용되지 아니하여 소비자의 오인·혼동의 우려가 없는 경우에만 등록을 허용하도록 규정함으로써, 이러한 우려를 해소하고 있다. 그러므로 상표등록출원 시에 이 사건 법률조항 부분을 적용하는 것은, 동일 또는 유사한 상표의 공존을 억제하여 소비자의 오인·혼동을 방지한다는 입법목적에 기여하는 바가 거의 없다고 할 것이다.

한편, 이 사건 법률조항 부분으로 인하여 선등록상표에 대한 무효심결이 확정된 후라도 후등록상표를 무효로 심결할 수 있게 되는데, 이 경우에는 선등록상표의 무효심결 확정 시 이미 동일 또는 유사한 상표가 공존하고 있었으므로, 그 확정 이후에 새로이 후등록상표를 무효로 한다고 하여, 소비자의 오인·혼동을 방지한다는 입법목적에 기여할 여지가 없다. 오히려 이 사건 법률조항 부분은 '무효의 소급효'(상표법 제71조 제3항)에 배치되어 전체 상표법 체계에 혼란을 야기시킬 뿐만 아니라, 나아가 이미 상표등록을 마친 후출원자는 선등록상표가 무효로 확정된 이후에도 후등록상표가 무효로 됨으로써, 정당한 이유없이 재산권인 상표권과 당해 상표를 이용하여 직업을 수행할 자유를 침해받게 된다.

결국 이 사건 법률조항 부분은 소비자의 오인·혼동 방지라는 입법목적에 기여하는 바는 거의 없는 반면, 정당한 후출원상표권자의 재산권과 직업의 자유를 합리적 이유 없이 침해한다.

[요약판례 14] 학교용지 확보 등에 관한 특례법 제3조 등 위헌 소원: 합헌(헌재 2010.4.29. 2008헌바70)

개발사업시행자에게 학교용지 조성·개발의무를 부과하고 이를 시·도에 공급하도록 하면서도, 이러한 학교용지를 시·도가 매입하는 시기와 절차 등에 관하여 규정하고 있지 아니한 '학교용지 확보 등에 관한 특례법'(2007. 12. 14. 법률 제8679호로 개정된 것) 제4조 제2항(이하 '이 사건 법률조항'이라 한다)이 재산권을 침해하는지 여부(소극)

학교용지의 개발과 확보를 용이하게 함으로써 궁극적으로 교육환경을 개선하려는 이 사건 법률조항의 입법목적은 공공복리의 달성에 기여하는 것으로 정당하고, 학교신설 및 학급증설에 대한 필요성을 야기한 원인제공자인 개발사업시행자가 개발사업의 계획을 수립할 때부터 학교용지를 개발하여 시·도에 공급하도록 하는 것은 적절한 방법이다.

학교는 헌법 제31조 제1항, 제2항에서 규정하고 있는 모든 국민의 교육을 받을 권리와 아동에게 의무교육을 받게 할 의무라는 큰 가치를 실현하고 도시 및 주거환경의 수준 및 국민의 삶의 질을 향상시키기 위한 필수적인 기반시설이고, 개발사업이 종료된 다음에는 학교용지를 확보하기 곤란한 경우가 있을 것이므로 개발사업의 계획단계부터 학교용지를 확보하게 할 필요성도 인정되며, 시·도가 학교용지를 공급받을 때 개발사업시행자에게 감정평가에 의한 공급가액을 대가로 지급하므로, 일반적으로 법익의 균형성도 인정된다.

학교용지에 대한 도시계획시설사업(학교)의 지연으로 학교용지의 매수가 장기간 지체되고, 나대지인 경우와 같이 학교용지를 종래의 목적으로도 사용할 수 없거나 또는 더 이상 법적으로 허용된 토지이용의 방법이 없는 등 학교용지에 대한 재산권 제한이 토지소유자가 수인해야 하는 사회적 제약의 한계를 넘게 되는 경우라 하더라도, '국토의 계획 및 이용에 관한 법률' 제47조, 제48조가 정한 매수청구권, 개발행위의 허용, 도시계획시설결정의 실효 등 가혹한 침해를 완화하고 적절하게 보상하는 제도가 이미 마련되어 있다. 따라서 이 사건 법률조항은 재산권을 침해하지 않는다.

(재판관 조대현의 반대의견) 이 사건 법률조항에 따라 개발사업시행자가 학교용지를 확보하여 공급받는 경우에는 시·도는 즉시 그 공급가격을 지급하여야 한다고 해석하여야 한다.

이와 달리 학교용지의 조성·공급 의무를 부과하면서도, 학교용지를 공급받는 시기는 시·도가 학교용지의 필요성이나 예산사정에 따라 재량껏 정할 수 있다고 해석한다면, 학교용지를 조성·공급하게 할 공공의 필요가 없음에도 학교용지 공급의무를 지우거나 특별한 재산상 희생에 대한 정당한 보상을 재량에 맡기는 셈이어서 헌법 제23조 제3항에 위반된다.

[요약판례 15] 건설폐기물의 재활용촉진에 관한 법률 제44조 제1호 등 위헌소원: 합헌(헌재 2010.5.27. 2007헌바53)

타인에게 임대한 자기 소유의 토지 위에 폐기물이 방치된 경우 당해 토지의 소유자에게도 폐기물에 대한 적정처리를 명할 수 있도록 한 '건설폐기물의 재활용촉진에 관한 법률' 제45조 제1항(2003. 12. 31. 법률 제7043호로 제정되고, 2009. 6. 9. 법률 제9769호로 개정되기 전의 것) 중 '제44조 제1호에 관한 부분' 및 구 폐기물관리법 제45조 제1항 제3호(1999. 2. 8. 법률 제5865호로 개정되고, 2007. 4. 11. 법률 제8371호로 개정되기 전의 것) 중 "다른 사람에게 자기 소유의 토지 사용을 허용한 경우"에 관한 부분이 헌법상 재산권을 침해하는지 여부(소극)

폐기물의 발생을 억제하고 발생한 폐기물을 적정하게 처리하여 환경보전과 국민생활의 질적 향상을 도모하려는 이 사건 법률조항들의 입법목적은 정당하고, 직접적인 오염원인자 이외에 폐기물이 방치된 토지의 소유자에게도 폐기물 처리책임을 확장하여 인정하는 것은 위와 같은 입법 목적을 달성하는 데에 효과적인 방법이다. 나아가 이 사건 법률조항들로 인한 토지소유자의 책임은 보충적인 처리책임인데, 만일 방치폐기물에 대한 책임을 직접적 원인제공자에게만 한정하고 그 외의 경우에는 항상 국가나 지방자치단체가 이를 부담한다면, 폐기물의 방치가 조장되거나 폐기물의 처리가 적시에 이행되기 어려울 수 있으며, 무엇보다 폐기물 방치에 아무런 원인도 제공하지 않은 일반 국민들에게 막대한 비용을 떠안기게 되는 불합리한 결과를 초래하게 된다. 한편 관계법령은 방치폐기물처리 이행보증제도를 마련하여 폐기물처리업자가 방치한 폐기물에 대한 1차적 처리를 담당하게 하고 있다. 또한 이 사건 법률조항들로 인하여 토지소유자들이 입게 되는 불이익보다는 이로 인하여 얻게 될 환경보전이라는 공익이 훨씬 크다. 그렇다면 이 사건 심판대상 조항들이 재산권을 지나치게 제한하여 헌법에 위배되는 것으로 볼 수는 없다.

[요약판례 16] 국민건강보험법 제52조제1항 등 위헌소원: 합헌(헌재 2011.6.30. 2010헌바375)

요양기관이 가입자 또는 피부양자로부터 사위 기타 부당한 방법으로 받은 요양급여비용을 국민건강보험공단이 당해 요양기관으로부터 그 급여비용을 직접 징수하여 가입자 또는 피부양자에게 지급하도록 한 국민건강보험법 제52조 제4항(1999. 2. 8. 법률 제5854호로 제정된 것)이 요양기관의 재산권을 침해하는지 여부(소극)

국민건강보험법 제52조 제4항은, 요양기관이 사위 기타 부당한 방법으로 가입자 또는 피부양자로부터 요양급여비용을 받은 경우에는 국민건강보험공단이 직접 요양기관으로부터 이를 징수하여 가입자 등에게 지급하도록 하고 있는 바, 사위 기타 부당한 방법으로 지출한 요양급여비용을 가입자 또는 피부양자에게 개별적으로 행사하라고 한다면 요양급여비용의 회수가 제대로 이루어지지 않을 수 있고, 일반인들에게 요양급여비용이 정당하게 지출되었는지에 관한 기술적·전문적인 내용을 파악하도록 요구하기도 어려우며, 요양기관이 부당이득한 법률관계가 요양기관의 사위 기타 부당한 방법에 따른 요양급여비용 청구에 기인한 것인 점 등에 비추어 보면, 그 원상회복절차에 있어서도 가입자 등에게 편리한 방법으로써 국민건강보험공단이 직접 징수하여 가입자 등에게 지급하는 것에는 합리적인 이유가 있다고 할 것이어서, 요양기관의 재산권을 침해하지 아니한다.

[요약판례 17] 주택법 제68조 제1항 제2호 위헌확인: 합헌(헌재 2011.9.29. 2010헌바85)

국가나 지방자치단체에 등기를 신청하는 국민에게 국민주택채권을 매입하도록 하는 주택법(2009. 2. 3. 법률 제9405호로 개정된 것) 제68조 제1항 제2호(이하 '이 사건 법률조항'이라 한다)가 헌법상 계약체결의 자유 및 재산권을 침해하는지 여부(소극)

국채란 국가가 사법상의 권리주체로서 발행하는 것이므로 이를 발행하고 매입·상환하는 기본적인 권리관계는 사법 즉, 민사법이 적용되는 사법관계이므로 원칙적으로 사법적 규율을 받아야 한다. 다만, 사법관계라고 하여 언제나 공법적 규율이 배제되는 것은 아니다. 국채가 공적 과제를 수행하기 위해서 발행되는 것으로서 필요한 것이라면, 그 한도 내에서 사법적 규율이 배제 또는 제한되고 공법적 규율의 대상이 될 수 있다. 이 사건 법률조항은 국민의 주거 안정과 주거생활의 향상이라는 공적 과제 수행에 필요한 재원(財源)을 조달하기 위한 것으로 입법목적이 정당하고, 국민주택사업에 필요한 재원을 안정적이고 효과적으로 조달하는 데 기여한다. 비록 부동산 등기를 하기 위하여 개인이 국민주택채권을 매입해야만 하는 금전적 부담이 결코 작다고 할 수는 없지만, 국민주택채권발행으로 조성된 자금으로 저소득층 및 무주택자에 대한 주택공급 및 주택자금 지원 등 국민의 주거안정과 주거수준을 향상시킴으로써 국민들의 쾌적한 주거생활을 할 권리를 실현하고 아울러 사회통합에도 기여할 수 있는 공익이 훨씬 크다고 할 것이다. 이 사건 법률조항은 계약체결의 자유 및 재산권을 침해하지 않는다.

[요약판례 18] 정기친일반민족행위자 재산의 국가귀속에 관한 특별법 제2조 등 위헌소원 등: 합헌(헌재 2011.3.31. 2008헌바141등)

러·일전쟁 개전시부터 1945년 8월 15일까지 친일반민족행위자가 친일행위의 대가로 취득한 친일재산을 그 취득·증여 등 원인행위시에 국가의 소유로 하도록 규정한 '친일반민족행위자 재산의 국가귀속에 관한 특별법' 제3조 제1항 본문은 진정소급입법에 해당하지만, 진정소급입법이라 할지라도 예외적으로 국민이 소급입법을 예상할 수 있었던 경우와 같이 소급입법이 정당화되는 경우에는 허용될 수 있다. 친일재산의 취득 경위에 내포된 민족배반적 성격, 대한민국임시정부의 법통 계승을 선언한 헌법 전문 등에 비추어 친일반민족행위자 측으로서는 친일재산의 소급적 박탈을 충분히 예상할 수 있었고, 친일재산 환수 문제는 그 시대적 배경에 비추어 역사적으로 매우 이례적인 공동체적 과업이므로 이러한 소급입법의 합헌성을 인정한다고 하더라도 이를 계기로 진정소급입법이 빈번하게 발생할 것이라는 우려는 충분히 불식될 수 있다. 따라서 이 사건 귀속조항은 진정소급입법에 해당하나 헌법 제13조 제2항에 반하지 않는다.

V 토지초과이득세법 제10조 등 위헌소원: 헌법불합치(헌재 1994.7.29. 92헌바49등)

쟁점 토지초과이득세법의 위헌여부

사건의 개요

토지초과이득세법 제8조 제1항 제4호 다목(무허가 건축물의 부속토지)에 따른 유휴토지 등에 토지초과이득세법 제8조 제1항 제4호 다목(무허가 건축물의 부속토지)에 따른 유휴토지 등에 해당한다하여 청구인에게 토지초과이득세를 부과·고지하였다.

청구인은 서울고등법원에 위 토초세부과처분의 취소를 구하는 행정소송을 제기하는 한편, 토초세는 실현되지 아니한 가상이득에 대하여 과세하는 것으로서 국민의 재산권을 침해하는 것이므로, 세액의 계산, 과세표준, 세율을 각 규정하고 있는 토초세법 제10조 내지 제12조는 재산권의 보장과 제한에 관한 헌법 제23조 제3항에, 국세청장에게 1년 단위로 토초세를 부과할 수 있는 권한을 포괄위임하고 있는 토초세법 제23조는 조세법률주의를 규정한 헌법 제38조에 각 위반된다는 이유로 위 법원에 위헌제청신청을 하였다. 위 법원은 청구인의 위헌제청신청을 기각하는 결정을 하였고, 청구인은 헌법재판소법 제68조 제2항에 따라 이 사건 헌법소원심판청구를 하였다.

심판의 대상

토지초과이득세법 제8조, 제10조, 제11조, 제12조, 제22조, 제23조

주 문

토지초과이득세법은 헌법에 합치되지 아니한다.

판 단

Ⅰ. 제도 자체의 헌법적 정당성 문제

1. 미실현이득 과세 문제

이득이 실현되었건 실현되지 않았건 납세자에게 소득의 증대에 따른 담세력의 증대가 있었다는 점에서는 실현이득이나 미실현이득 양자가 본질적으로 차이가 없고, 그와 같이 증대된 소득의 실현 여부 즉, 증대된 소득을 토지자본과 분리하여 현금화할 것인지의 여부는 당해 납세자가 전체 자산 구성을 어떻게 하여 둘 것인가를 선택하는 자산보유형태의 문제일 뿐 소득창출의 문제는 아니며, 미실현이득에 대한 과세 역시 실현이득에 대한 과세와 마찬가지로 원본과는 구별되는 소득에 대한 과세에 지나지 아니하므로, 적어도 법리적으로는 미실현이득에 대한 과세에 있어서 원본잠식의 문제가 생길 여지는 없고, 실제에 있어서도 비록 과세목적과 과세방법이 다르기는 하나 자산재평가세, 자산평가 차익에 대한 법인세 등 미실현이득에 과세하는 기존의 예가 없지도 아니하다. 따라서 과세대상인 자본이득의 범위를 실현된 소득에 국한할 것인가 혹은 미실현이득을 포함시킬 것인가의 여부는, 과세목적, 과세소득의 특성, 과세기술상의 문제 등을 고려하여 판단할 입법정책의 문제일 뿐, 헌법상의 조세개념에 저촉되거나 그와 양립할 수 없는 모순이 있는 것으로는 보여지지 아니한다.

그러나 토초세는 토지재산, 즉 원본에 대한 과세가 아니라 원본으로부터 파생된 이득에 대하여 과세하는 수득세의 일종이므로, 만약 유휴토지 등 소유자가 가공이득에 대한 토초세를 부담하는 경우가 생긴다면, 이는 원본인 토지 자체를 무상으로 몰수당하는 셈이 되어 수득세의 본질에도 반하는 결과가 될 뿐만 아니라, 결과적으로 헌법상의 재산권 보장원칙에 배치되고 조세원리상의 실질과세, 공평과세의 이념에도 반한다고 하지 아니할 수 없다.

2. 이중과세 문제

종합토지세는 과다한 토지보유를 억제함으로써 지가안정과 토지소유의 저변을 확대할 목적으로 도입된 제도로서, 전국에 있는 모든 토지를 과세물건으로 하고 소유자별로 합산한 토지가액을 과세표준으로 삼는 재산세의 일종인 점에서, 토지의 보유단계에서 미실현자본이득 중 정상지가상승분을 초과하는 이득에 대하여 과세하는 토초세와는 각각 그 과세목적 또는 과세물건을 달리한다. 뿐만 아니라 종합토지세는 과세대상토지로부터의 구체적인 소득발생 유무와 관계없이 모든 토지에 대하여 부과되는 재산세이어서 그 세율을 상향책정하는 데에는 한계가 있을 수밖에 없고, 따라서 종합토지세만으로는 토초세가 달성하려는 개발이익 또는 불로소득의 환수문제를 효과적으로 해결하기는 어렵다. 그러므로 토초세와 종합토지세 사이에 이중과세문제가 발생할 여지는 없다고 본다.

그러나 토초세는 이득의 미실현단계, 즉 토지의 보유단계에서 과세한다는 점에서 어느 정도 재산세적인 성격을 띠고 있다 하더라도, 본질적으로는 양도소득세와 마찬가지로 수득세의 일종이라고 보아야 함은 이미 밝힌 대로이고, 토초세가 그 과세대상으로 삼고 있는 이득은 양도소득세의 그것과 완전히 중복되고 있을 뿐만 아니라, 과세목적 또한 크게 다르지 아니하므로 양세의 과세대상 중 중복되는 부분은 원칙적으로 이중과세에 해당한다고 보지 아니할 수 없다.

3. 과세대상의 범위 문제

토초세법은 지가의 상승으로 인한 불로소득을 조세로 환수함으로써 조세부담의 형평을 기함과 아울러 지가의 안정을 도모하는 데 큰 비중을 두고 있음을 알 수 있다. 그럼에도 불구하고 토초세법은 위와 같이 그 과세대상을 유휴토지 등으로만 한정하고 있는 관계로 아무리 많은 불로소득이 생기더라도 유휴토지 등에 해당하지 아니하는 토지는 과세대상에서 제외되기 때문에, 불로소득의 환수 및 지가안정이라는 토초세법의 본래 목적달성에 있어서는 극히 제한적으로만 기능할 수밖에 없는 불합리한 점이 있다고 할 수 있다.

4. 개별조항에 대한 구체적 검토

(1) 과세표준 조항(토초세법 제11조)

토초세법은 과세기간 동안의 지가상승액에서 정상지가상승분 및 개량비 등을 공제한 토지초과이득을 그 과세대상 및 과세표준으로 할 것만을 직접 규정하면서(제11조 제1항, 제3조 제1항), 과세표준인 토지초과이득을 산출하는 데 근거로 삼을 기준시가에 관하여는 이를 전적으로 대통령령에 맡겨 두는 형식으로 되어 있다(제11조 제2항). 그러나 이와 같은 기준시가는 토초세의 과세대상 및 과세표준이 되는 토지초과이득의 존부와 범위를 결정하는 지표가 된다는 점에서, 국민의 납세의무의 성부 및 범위와 직접적인 관계를 가지고 있는 중요한 사항이므로, 기준시가의 산정기준이나 방법 등을 하위법규에 백지위임하지 아니하고 그 대강이라도 토초세법 자체에서 직접 규정해 두는 것이, 국민생활의 법적 안정성과 예측가능성을 도모한다는 측면에서 보아 보다 더 합리적이고도 신중한 입법태도일 것이다. 그럼에도 불구하고 토초세법 제11조 제2항이 지가를 산정하는 기준과 방법을 직접 규정하지 아니하고 이를 전적으로 대통령령에 위임하고 있는 것은, 헌법 제38조 및 제59조가 천명하고 있는 조세법률주의 혹은 위임입법의 범위를 구체적으로 정할 것을 지시하고 있는 헌법 제75조에 반하는 것이다.

(2) 세율 조항(토초세법 제12조)

토초세가 실현된 이득을 그 과세대상으로 삼고 있는 것이 아니라, 그 계측의 객관적 보장이 심히 어려운 미실현이득을 그 과세대상으로 삼고 있는 관계로, 토초세의 세율을 현행법과 같이 고율로 하는 경우에는 자칫 가공이득에 대한 과세가 되어 수득세로서의 토초세의 본질에 어긋나는 원본잠식의 우려가 있다. 더욱이 현행 토초세가 유휴토지만을 그 과세대상으로 삼고, 비유휴토지에 대하여는 과세를 하지 아니함으로써, 그것이 비록 앞서 말한 이 법의 유도적·형성적 기능에 비추어 위헌이라고까지는 할 수 없을지라도, 유휴토지 소유자와 비유휴토지 소유자 사이의 조세부담의 수평적 공평을 해쳐 바람직스럽지 못한 결과가 될 수 있다는 점을 함께 고려한다면, 현행세율은 도저히 이를 그대로 유지할 수 없다고 본다.

(3) 유휴토지 등의 범위 조항(토초세법 제8조)

토초세법은 당해 토지가 위 법률에 따른 소유제한범위 내의 택지인지 여부에 관계없이, 오로지 당해 토지상에 현재 건축물이 존재하고 있는지의 여부에만 관심을 두고 이에 따라서 토초세 과세여부를 결정하도록 되어 있다. 이는 택지소유상한에관한법률과 입법체계적으로도 조화를 이루지 못하고 있을 뿐만 아니라, “모든 국민은 인간다운 생활을 할 권리를 가진다. 국가는 사회보장·사회복지의 증진에 노력할 의무를 진다"고 규정한 헌법 제34조 제1항, 제2항과 "국가는 주택개발정책 등을 통하여 모든 국민이 쾌적한 주거생활을 할 수 있도록 노력하여야 한다"고 규정한 헌법 제35조 제1항 등의 정신에도 배치되는 경우가 될 수 있다.

(4) 임대용 토지 조항(토초세법 제8조 제1항 제13호)

토초세법 제8조 제1항 제13호는 임대토지를 원칙적으로 유휴토지 등에 해당하는 것으로 규정하면서 아무런 기준이나 범위에 관한 제한도 없이 "대통령령이 정하는 토지"를 유휴토지 등의 범위에서 제외할 수 있도록 하고 있는바, 물론 대통령령에의 위 위임규정 부분도 추상적으로는 토초세법이 명시하고 있는 법목적에 의하여 어느 정도의 제한을 받는 것으로 보아야 할 것이지만, 그렇다고 하더라도 위 부분은 적어도 임대토지에 관한 한, 과세대상에의 해당 여부를 거의 전적으로 대통령령에 일임하는 결과가 되어 그 위임이 지나치게 추상적이고 포괄적인 것이라는 비난을 면할 수 없다. 또한 임대에 쓰이고 있는 토지라 하여 원칙적으로 유휴토지에 해당한다고 보는 것은 유휴토지에 해당하는 여부를 객관적·국민경제적인 시각에서 보지 아니하고 오로지 토지소유자의 주관적인 입장만을 강조한 것으로서 토지의 효율적 이용 등 토초세의 목적 그 어느 것과도 부합하는 점이 있다고 보기 어렵다. 따라서 토초세법 제8조 제1항 제13호는 헌법 제11조 제1항, 제23조, 제119조 제1항에 위반된다.

(5) 세액공제 조항(토초세법 제26조)

토초세법 제26조 제1항은 토초세 결정일로부터 6년 이내에 당해 토지를 양도하는 경우에는 토초세 결정일로부터 양도일까지의 경과년수에 상응하여 양도소득세 등의 납부세액에서 토초세액의 40~80%만을 공제하도록 규정하고 있다. 그러나 토초세는 양도소득세와 같은 수득세의 일종으로서 그 과세대상 또한 양도소득세 과세대상의 일부와 완전히 중복되는 자본이득에 대한 과세이고, 위 두 가지 조세가 지향하는 목적과 기능의 상당부분이 겹치고 있어 어느 의미에서는 토초세가 양도소득세의 예납적 성격을 가지고 있다 봄이 상당하므로, 결국 위 중복부분은 이중과세에 해당하여 조세법률주의상의 실질과세의 원칙에 반한다.

Ⅱ. 심판대상의 확대

이상 검토한 바와 같이 이 사건 심판대상 중 토초세법 제8조 제1항 제13호, 제12조, 제23조 제3항 및 제26조 제1항은 위에서 지적한 헌법조항에 위반되고, 제11조 제2항은 헌법에 합치되지 아니하여 개정입법을 촉구할 대상이므로, 원칙적으로 위 각 규정들에 대하여 각각 위헌 및 헌법불합치 혹은 입법촉구의 결정을 하여야 할 것이다. 그러나 위 각 위헌적 규정들 중 제11조 제2항은 토초세의 과세표준을 정하는 지가에 관한 규정이고, 제12조는 토초세의 세율에 관한 규정인데, 이들 두 규정은 모두 토초세제도의 기본요소로서 그 중 한 조항이라도 위헌 또는 헌법불합치결정으로 인하여 그 효력을 상실한다면 토초세법 전부를 시행할 수 없게 될 것이다. 헌법재판소법은 위헌법률심판의 대상에 관하여 원칙적으로 제청법원으로부터 제청된 법률조항에 대하여서만 결정하도록 하되, 예외적으로 제청된 법률조항의 위헌결정으로 인하여 당해법률 전부를 시행할 수 없다고 인정될 때에는 그 법률 전부에 대하여도 결정할 수 있도록 하고 있고(제45조), 이 규정은 같은 법 제68조 제2항에 의한 헌법소원심판의 대상에도 이를 준용한다고 규정하고 있다(제75조 제6항). 뿐만 아니라 우리 재판소의 확립된 판례에 의하여 인정되고 있는 “헌법불합치결정”은 성질상 위헌결정의 일종으로서 대상 법률 또는 법률조항의 효력상실만을 잠정적으로 유보하는 변형결정이므로 심판대상의 확대에 관한 헌법재판소법 제45조 및 제75조 제6항의 법리는 헌법불합치결정에도 그대로 적용된다고 보아야 할 것이다. 따라서 이 사건에 관하여는 나머지 심판대상조문들에 대하여 더 따져 볼 것도 없이 헌법재판소법 제45조 단서의 규정취지에 따라 토초세법 전부에 대하여 위헌 또는 헌법불합치 결정을 선고하여야 할 경우라고 본다.

Ⅲ. 불합치결정의 선택

어느 법률에 대하여 단순한 위헌결정이 선고되면 그 법률은 그 때부터 그 효력을 상실하게 되고 더 이상 유효한 법률로서 존재할 수 없게 됨이 원칙이다. 그러나 이 사건에 관하여는 다음과 같은 몇 가지 이유로 토초세법의 위헌성에도 불구하고 당장 그 효력을 소멸시킬 때 발생할 수 있는 여러 가지 불합리한 점을 고려하여야 할 사정이 있다.

첫째, 토초세법은 위에 든 개발이익환수에관한법률과 밀접한 관계를 가지고 있고(제3조, 제4조 참조) 여타 세법과의 사이에도 구조적·내용적인 연계를 지니고 있으므로, 세법질서상 당장 이것을 무효로 한다면 법제 및 재정 양면에 걸쳐 국정상 적지 않은 법적 혼란 내지는 공백을 초래할 우려가 있어 결과적으로 총체적인 국민생활에 나쁜 영향을 미칠 수 있다.

둘째, 앞에서 위헌으로 본 현행 토초세는 불확실성을 불식할 수 없는 과세표준을 고려할 때 그 세율이 지나치게 고율인 점과 수평적·수직적 평등에 반하여 누진적 구조를 채택하고 있지 아니한 점에 위헌성이 있다고 보는 것이지만, 그와 같은 위헌적인 규정을 다시 합헌적으로 조정하는 임무는 어디까지나 입법자가 이 결정의 취지에 따른 범위 내에서 행사할 수 있는 입법자의 형성의 자유에 속하는 사항일 뿐, 이는 우리 재판소가 관여할 성질의 것이 아니다.

셋째, 여기서 당장 토초세법에 대한 단순위헌결정을 선고한다면 이 사건 청구인들 기타 토초세 부과와 관련한 소송을 제기하고 있거나 하려는 사람들은 이른바 “당해사건” 당사자로서 이 결정의 효력이 미치게 되는 결과로 위헌결정의 이익을 받게 될 것이나, 상대적으로 현행법에 따른 기발생 토초세를 전부 납부하고도 이에 대해 아무런 이의를 제기하지 아니한 다수의 납세자에 대한 관계에 있어서 형평의 문제를 심화시키는 결과를 초래하는 것이다. 이와 같은 결과는 위헌결정의 장래효 원칙상 부득이한 것이라고 치부하면 그만이지만, 일률적·장기적으로 다수의 국민을 대상으로 하는 세법규정에 있어서 입법자로 하여금 정책적 판단을 숙고할 수 있는 여유를 줌이 옳다고 본다.

바로 이러한 관점에서 우리 재판소는, 이 사건에 관하여 입법자가 토초세법을 적어도 이 결정에서 밝힌 위헌이유에 맞추어 새로이 개정 또는 폐지할 때까지는 법원, 행정청 기타 모든 국가기관은 현행 토초세법을 더 이상 적용·시행할 수 없도록 중지하되, 그 형식적 존속만을 잠정적으로 유지하게 하기 위하여 이 사건에서 토초세법에 대한 단순 위헌무효결정을 선고하지 아니하고, 헌법재판소법 제47조 제2항 본문의 “효력상실”을 제한적으로 적용하는 변형결정으로서의 헌법불합치결정을 선택하지 아니할 수 없다.

⚜ 본 판례에 대한 평가 1. 토지공개념 실천법률의 문제점: 토지공개념이론에 기초하여 토지자원배분의 형평성·토지이용의 효율성·토지거래의 정상화라는 목표를 실천하기 위한 일련의

법률이 제정 혹은 개정되기에 이르렀다. 그 대표적인 것이 국토이용관리법상의 토지거래허가제, '개발이익 환수에 관한 법률', '택지소유상한에관한법률', 토지초과이득세법, 도시계획법상 개발제한구역(그린벨트) 등이다.

2. **토지거래허가제**: 토지거래허가제는 치열한 찬반논쟁을 불러일으킨 가운데 위헌불선언으로 결론이 났다. 합헌론: ㉠ 유한한 자원인 토지의 특수성, ㉡ 토지투기는 엄청난 불로소득을 가져와 결국에는 경제발전을 저해하고 국민의 건전한 근로의욕을 저해하며 계층 간의 불화와 갈등을 심화시키는 점, ㉢ 토지거래허가제는 헌법이 명문으로 인정하고 있는(헌법 제122조) 재산권제한의 한 형태인 점, ㉣ 국토이용관리법이 규제하고자 하는 것은 모든 사유지가 아니고 투기우심지역 또는 지가폭등지역의 토지에 한정하고 있다는 점과 규제기간이 5년 이내인 점, ㉤ 기준에 위배되지 않는 한 당연히 당국의 거래허가를 받을 수 있어 처분권이 완전히 금지되는 것은 아닌 점 및 당국의 거래불허가처분에 대해서는 불복방법이 마련되어 있는 점, ㉥ 토지의 투기적 거래를 억제하는 조치나 수단인 등기제도・조세제도・행정지도・개발이익환수제・토지거래신고제・토지거래실명제 등만으로 투기억제에 미흡하므로 최소침해성에 위배되지 않는 점 등을 근거로, "국토이용관리법 제21조의3 제1항의 토지거래허가제는 사유재산제도의 부정이 아니라 그 제한의 한 형태이고 토지의 투기적 거래의 억제를 위하여 그 처분을 제한함은 부득이한 것이므로 재산권의 본질적인 침해가 아니며, 헌법상의 경제조항에도 위배되지 아니하고 현재의 상황에서 이러한 제한수단의 선택이 헌법상의 비례원칙이나 과잉금지원칙에 위배된다고 할 수도 없다"라고 한다(헌법재판관 5인의 의견). 또 "같은 법률 제31조의2가 벌금형과 선택적으로 징역형을 정함은 부득이한 것으로서 입법재량의 문제이고 과잉금지의 원칙에 반하지 않으며, 그 구성요건은 건전한 법관의 양식이나 조리에 따른 보충적인 해석으로 법문의 의미가 구체화될 수 있으므로 죄형법정주의의 명확성의 원칙에도 반하지 않는다"라고 판시하였다(헌법재판관 4인의 의견). 그 이후에도 헌법재판소는 허가받지 않은 계약의 사법상 효력을 부인하는 조항에 대하여 그 합헌성을 재확인하고 있다. 그런데 종전의 결정에서와 달리 이 결정에서는 1인의 위헌의견만 있을 뿐이다. 위헌론: 이에 대해서는 형벌부과만은 헌법에 위배된다는 의견과(1인), 토지거래허가제 자체가 헌법에 위배된다는 의견이 제시되었다(4인). 학자들 중에서도 토지거래허가제는 토지소유권을 형해화하고, 사유재산제도의 본질적 내용을 침해하며, 거래의 효력 자체를 부인하는 것이 되어 과잉금지원칙에 위배된다는 비판이 있다.

한편 대법원은 허가받지 않은 토지거래계약도 사후에 허가를 받으면 소급하여 유효하다고 보거나, 투기목적없이 허가받을 것을 전제로 한 거래계약의 체결은 동법 위반이 아니어서 처벌할 수 없다고 하여 토지거래허가제규정을 탄력적으로 해석・적용하고 있다.

3. **토지초과이득세법**: 토지초과이득세법은 헌법불합치결정으로 사실상 형해화되어 버렸다. 헌법재판소의 결정으로 인하여 결과적으로 성실하게 토지초과이득세를 납부한 자에게만 불이익을 초래하게 되었다. 물론 이상적으로는 양도소득세 등을 통하여 토지초과이득세를 대체하는 일반세제의 정립이 바람직하겠지만 부동산투기가 갖는 특수성에 따른 과도기적인 특수입법으로서의 성격을 도외시한 결정이라는 비난을 면하기 어렵다. 앞으로 토지세제는 양도소득세뿐만 아니라 보유에 따른 중과세를 하는 방향으로 나아가야 한다.

4. **택지소유상한에관한법률:** 택지소유상한제는 헌법 제35조 제3항의 쾌적한 주거생활을 실천하는 데 기여할 수 있다는 점에서 제도 자체는 긍정적으로 평가할 수 있다. 상한초과택지의 소유자는 국가에 대하여 형성권으로서의 매수청구권을 가진다. 택지거래는 건설교통부장관의 허가를 받게 하고 이 때 건설교통부장관은 상한초과 택지를 선매할 수 있도록 규정하고 있다. 매수청구권제도와 택지거래허가제는 구 국토이용관리법상의 토지거래허가제와 유사한 성격의 헌법적 논의를 불러일으킨 바 있다. 그런데 헌법재판소는 '택지소유상한에관한법률'을 위헌이라고 판시하고 있다.

5. **도시계획법상 개발제한구역의 설정:** 헌법재판소는 개발제한구역제도 그 자체는 원칙적으로 합헌적이지만 개발제한구역의 지정으로 말미암아 일부 토지소유자에게 사회적 제약의 범위를 넘는 가혹한 부담이 발생하는 예외적인 경우에 대하여 보상규정을 두지 않은 것에 대하여 헌법불합치결정을 하였다. 이에 따라 보상의 법적 근거로서 '개발제한구역의지정및관리에관한특별조치법'이 제정·시행되고 있다.

6. **검 토:** 헌법재판소가 일관되게 판시하고 있는 바와 같이 토지재산권에 대한 제한입법도 과잉금지의 원칙을 준수하여야 하고, 재산권의 본질적 내용인 사적 유용성과 원칙적인 처분권을 인정하여야 한다.

관련 문헌: 성낙인, 헌법연습(토지거래허가제의 위헌 여부), 440-448면.

Ⅵ 개발이익환수에관한법률 제9조 제1항 등 위헌소원: 합헌(헌재 2002.5.30. 99헌바41)

(쟁점) 개발부담금 부과개시시점을 유형적으로 사업을 개시한 때가 아닌 "개발사업의 인가 등을 받은 날"로 한 것이 개발이익산정의 객관성을 저해하는 것으로서 가공의 이익에 대해 부담금을 부과하는 결과를 초래함으로써 재산권을 침해하는지 여부

☐ 사건의 개요

청구인은 1987. 4. 10. 수원시장으로부터 도시계획법 제4조에 의하여 청구인 소유의 임야와 전에 대하여 자동차정비공장부지조성을 위한 토지형질변경허가를 받았고, 1992. 12. 29. 그에 대한 설계변경허가를 받은 후 부지조성사업을 시행하여 1993. 12. 9. 준공검사를 받았다. 수원시장은 1994. 3. 24. 부과개시시점을 1987. 4. 10. 부과종료시점을 1993. 12. 9.로 보고 청구인에게 개발부담금 514,332,700원을 부과하는 처분을 하였다가, 1994. 10. 12. 542,119,650원으로 증액경정하여 차액을 납부할 것을 고지하였으나, 청구인의 행정심판청구와 그에 대한 재결에 따라 1995. 10. 30. 491,272,390원으로 감액경정하는 처분을 하였다.

청구인은 위 개발부담금 491,272,390원의 부과처분의 취소를 구하는 행정소송을 제기하여 일단 승소하였으나, 대법원에서 파기 환송되어 원심에 그 소송 계속중, 개발이익환수에관한법률 제9조 제1항, 제2항의 위헌여부가 재판의 전제가 된다고 하여 이들 법률조항에 대한 위헌법률심판제청신청을 하였다가 기각되자 헌법소원심판청구를 하였다.

☐ 심판의 대상

개발이익환수에관한법률 제9조 (기준시점) ① 부과개시시점은 사업시행자가 국가 또는 지방자치단체로부터 개발사업의 인가 등을 받은 날로 한다. 다만, 다음 각호의 경우에는 그에 해당하는 날을 부과개시

시점으로 한다.

1. 인가등을 받기 전에 대통령령이 정하는 토지이용계획등의 변경이 있는 경우로서 그 토지이용계획등의 변경전에 취득한 토지의 경우에는 취득일

2. 제1호의 규정에 의한 취득일부터 인가등을 받기 전의 기간에 대하여 토지초과이득세의 납부의무가 성립된 경우등으로서 대통령령이 정하는 경우에는 대통령령이 정하는 시점

3. 인가등의 변경으로 부과대상토지의 면적이 변경된 경우에는 대통령령이 정하는 시점

② 제1항의 규정에 의한 개발사업의 인가등을 받은 날과 취득일은 대통령령으로 정한다.

▢ 주 문

개발이익환수에관한법률 제9조 제1항 본문, 같은 조 제2항 중 "제1항의 규정에 의한 개발사업의 인가등을 받은 날은 대통령령으로 정한다" 부분은 헌법에 위반되지 않는다.

▢ 판 단

Ⅰ. 개발부담금제도의 의의 및 이 사건의 쟁점

1. 개발부담금제도의 의의

개발부담금제도는 사업시행자가 국가 또는 지방자치단체로부터 인가등을 받아 개발사업을 시행한 결과 개발사업 대상토지의 지가가 상승하여 정상지가 상승분을 초과하는 불로소득적인 개발이익이 생긴 경우, 국가가 그 일부를 환수하여 그 토지가 속하는 지방자치단체 등에게 배분함으로써 경제정의를 실현하고, 토지에 대한 투기를 방지하며, 토지의 효율적인 이용의 촉진을 도모하기 위한 제도이다. 개발부담금의 부과기준에 관해서는 개발이익환수에관한법률 제8조에서 부과종료시점의 부과대상토지의 가액(종료시점지가)에서 부과개시시점의 부과대상토지의 가액(개시시점지가), 부과기간동안의 정상지가상승분, 법 소정의 개발비용을 뺀 금액으로 한다고 하였다.

2. 이 사건의 쟁점

이 사건의 쟁점은, 이 사건 제1항의 경우 부과개시시점을 유형적으로 사업을 개시한 때가 아닌 "개발사업의 인가 등을 받은 날"로 한 것이 개발이익산정의 객관성을 저해하는 것으로서 가공의 이익에 대해 부담금을 부과하는 결과를 초래하는지 여부이며, 이 사건 제2항의 경우 포괄위임 여부이다.

Ⅱ. 이 사건 제1항이 재산권, 평등권을 침해하는지 여부

당해사건의 경우 환수대상인 개발사업은 '토지형질변경허가'로서 이 사업자체는 유형적인 것이다. 그러나 부과개시시점을 유형적, 물리적으로 사업을 개시한 때(주로 '착공'을 말한다)가 아닌 '개발사업의 인가등을 받은 날'로 하는 것이 개발이익산정의 객관성을 저해하는지가 문제되고 있는데, 이는 개발이익의 발생이 착공 이후에야 비로소 발생하는지 아니면 이러한 사업의 인가 등으로 법적·행정적으로 그 요인이 생긴 때부터 발생할 수 있는지 하는 의문과 관련된다.

법의 개발이익이 '기타 사회·경제적 요인'에 의한 것도 포함하고 있는 데서 시사하는 바와 같이, 개발사업의 인가 등이 있는 때에는 실제 착공시점과의 사이에 시간차가 있더라도 가격인상요인은 이미 발생하였다고 봄이 경험칙에 부합한다. 착공 자체에 들어가기 전이라 하더라도 사업시행에

대한 기대가 일정 정도 이상 높아지면 이는 가격에 반영되는 것이 통상적 현상이며, 사업의 인가 등은 이러한 기대가 가격변동으로 이어지도록 촉발하는 효과가 충분히 있다. 이와 같이 일반적으로 인가 등이 있을 때부터 지가변동이 있을 가능성이 높은 반면, 착공 이후에 비로소 지가변동이 있는 사례를 가려내거나 실제의 착공 시점을 정확하게 인정할 수 있는 객관적 기준을 마련하는 것은 기술적으로 어렵다. 또한 예외적 경우를 위하여 일률적으로 착공한 때를 부과개시시점으로 삼는다면 이미 가격변동이 일어나거나 또는 가격변동이 진행 중에 있는 많은 경우의 개발이익을 환수할 수 없으므로 형평에 맞지 않는 결과가 된다.

그렇다면, 인가 등 시점을 부과개시시점으로 정한 이러한 입법수단은 개발이익환수제도의 입법목적 달성을 위한 적합한 수단이라 할 것이고 합리성을 결여한 것이라고 할 수 없으므로 이 사건 제1항이 청구인의 재산권을 과도하게 제한함으로써 이를 침해한다든가 평등권을 침해한다고는 볼 수 없다.

Ⅲ. 이 사건 제2항이 포괄위임금지원칙에 위배되는지 여부

이 사건 제1항은 "부과개시시점은 사업시행자가 국가 또는 지방자치단체로부터 개발사업의 인가 등을 받은 날로 한다"라고 규정하고, 이어 제2항은 "제1항의 규정에 의한 개발사업의 인가 등을 받은 날은 대통령령으로 정한다"고 규정하였다. 한편 법 제5조 제1항에서는 개발부담금의 부과대상이 되는 개발사업의 종류로 택지개발사업(제1호), 공업단지조성사업(제2호), 관광단지조성사업(제4호), 도심재개발사업(제5호), 유통단지조성사업(제6호), 온천개발사업(제7호), 여객자동차터미널사업 및 화물터미널사업(제8호), 골프장건설사업(제9호), 지목변경이 수반되는 사업으로서 대통령령이 정하는 사업(제10호), 제1호 내지 제9호와 유사한 사업으로서 대통령령이 정하는 사업등(제11호)을 규정하고 있다.

이러한 관계규정들을 종합하여 보면, 이 사건 제2항은 대통령령이 위와 같이 분류된 각종 사업별로 '사업시행자가 국가 또는 지방자치단체로부터 개발사업의 인가등을 받은 날'을 규정하라는 취지이며, 다만 사업별로 그 전개과정, 관계법령에 따른 단계별 행정행위형식 등이 단일하지 않으므로 위 "사업의 인가등"에 해당되는 "사업계획승인", "사업시행허가", "실시계획인가" 등을 각 구체적 사업에 맞게 세부적으로 명시, 나열할 것을 위임하고 있음을 알 수 있다.

그렇다면 부과개시시점을 사업시행자가 국가 또는 지방자치단체로부터 개발사업의 인가를 받거나 이와 동일시 할 수 있는 허가, 승인 등을 받은 날로 함을 이 사건 제1항에 의해 명확히 한 다음 이 사건 제2항은 여러 가지의 개발사업별로 각 그에 맞는 '인가 등을 받은 날'을 세분하여 명시, 나열할 것을 위임한 것이어서 법률 그 자체로부터 대통령령 등에 규정될 내용의 대강은 예측되므로, 이를 포괄위임이라고 할 수는 없다.

Ⅳ. 결 론

이 사건 제1항이 재산권, 평등권을 침해하거나 이 사건 제2항이 포괄위임금지원칙에 위배된다고는 볼 수 없다.

⚜ 본 판례에 대한 평가 1. 개발이익 환수에 관한 법률: 헌법재판소는 '개발이익환수에 관한법률'에서 "대통령령이 정하는 경우에만 실제 매입가액을 기준으로 부과개시시점의 부과대상토

지의 가액을 산정하게 한 부분은 헌법에 위반된다"라고 하여 일부위헌결정을 내린 바 있다. 그러나 개발부담금의 부과대상인 개발사업의 하나로 "지목변경이 수반되는 사업으로서 대통령령이 정하는 사업"이라고 규정한 것이 포괄위임입법금지원칙에 위배되지 않으며, 개별공시지가를 기초로 개발부담금을 산정하는 것도 납부의무자의 재산권 등 기본권을 침해하지 아니한다고 판시하고 있다.

2. 헌법재판소는 본 결정에서 개발부담금 부과개시시점을 유형적으로 사업을 개시한 때가 아닌 "개발사업의 인가 등을 받은 날"로 한 것이 개발이익산정의 객관성을 저해하거나 가공의 이익에 대해 부담금을 부과하는 결과를 초래함으로써 재산권이나 평등권을 침해하지는 아니하며, "개발사업의 인가 등을 받은 날"을 대통령령에서 정하도록 위임한 것은 포괄위임이 아니라고 판시하고 있다.

3. 이 사건의 재산권과 관련한 쟁점은, 이 사건 제1항의 경우 부과개시시점을 유형적으로 사업을 개시한 때가 아닌 "개발사업의 인가 등을 받은 날"로 한 것이 개발이익산정의 객관성을 저해하는 것으로서 가공의 이익에 대해 부담금을 부과하는 결과를 초래하는지 여부이며 이는 개발이익의 발생이 착공 이후에야 비로소 발생하는지 아니면 이러한 사업의 인가 등으로 법적·행정적으로 그 요인이 생긴 때부터 발생할 수 있는지 하는 의문과 관련된다. 개발사업의 인가 등이 있는 때에는 실제 착공시점과의 사이에 시간차가 있더라도 가격인상요인은 이미 발생하였다고 봄이 경험칙에 부합하고 개발부담금의 부과시기를 결정하는 점에 대하여 입법자의 입법형성권이 있으므로, 재산권 제한에 관한 헌법적 한계를 준수하는 한 위헌으로 보기 어렵다는 취지의 판례이다.

[요약판례 1] 개발이익환수에관한법률 제10조 제3항 단서 위헌소원: 위헌(헌재 1998.6.25. 95헌바35등)

개시시점지가가 될 수 있는 매입가액의 범위를 시행령에 의하여 한정적·열거적으로 정할 수 있도록 규정하고 있는 위 개발이익환수에관한법률 제10조 제3항 단서가 기본권인 재산권의 제한시 요구되는 피해의 최소성의 요청을 충족시키는지 여부(소극)

개발이익환수에관한법률 제10조 제3항 단서의 위임을 받은 대통령령에서는 실제 매입가액의 객관적 진실성이 담보되는 경우에 한하여 실제 매입가액을 기준으로 개시시점 지가를 산정하도록 규정할 것이라고 예측할 수는 있다고 할 것이지만, 그렇다고 하더라도 실제 매입가액의 객관적 진실성이 담보되는 경우 중 어떠한 범위 내에서 실제 매입가액에 의하여 개시시점 지가를 산정하도록 할 것인지, 대통령령이 그러한 경우를 예시적으로 정할 것인지 아니면 한정적·열거적으로 정할 것인지, 또는 한정적·열거적으로 정하는 경우라도 어떠한 범위 내에서 이를 정할 것인지는 도저히 예측할 수 없다.

과연 어떠한 경우에 실제 매입가액에 의하여 개시시점의 지가를 산정할 수 있을지 법률규정에 의하여 예측할 수 없도록 하면서 실제 매입가액에 의하여 개시시점 지가를 산정할 수 있는 경우를 행정청의 자의에 의하여 한정적·열거적으로 정할 수 있도록 규정한 것은, 국민의 재산권을 제약하는 개발부담금 납부의무의 존부와 범위를 결정하는 요소가 되는 개시시점 지가의 산정방법을 구체적인 기준이나 원칙을 정함이 없이 포괄적으로 대통령령에 위임한 것으로서, 헌법 제75조가 규정하는 위임입법의 한계를 일탈하였다.

개시시점지가가 될 수 있는 매입가액의 범위를 시행령에 의하여 한정적·열거적으로 정할 수 있도록 규정하고 있는 위 개발이익환수에관한법률 제10조 제3항 단서는 개별공시지가를 상회하는 실제의 매입가액이 그 객관적 진실성이 있음에도 불구하고 이에 의하여 적정하고 현실적인 개발이익을 계측할 수 있는 길을 봉쇄함으로써, 가공의 미실현이익에 대하여 개발부담금을 부과하여 원본을 잠식하는 결과를 초래할 위험성을 안고 있다 할 것이고, 이는 개발사업 대상토지의 지가가 상승하여 정상지가 상승분을 초과하는 불로소득적인 개발이익이 생긴 경우 국가가 그 일부를 환수하고자 하는 입법목적의 달성에 필요한 정책수단의 범위를 넘어 사업시행자 등에게 과도한 금전납부의무를 과하는 것으로서, 기본권인 재산권의 제한시 요구되는 피해의 최소성의 요청을 충족시키지 못하고 있다.

[요약판례 2] 개발이익환수에관한법률 제5조 제1항 제10호 등 위헌소원: 합헌(헌재 2000.8.31. 99헌바104)

개발부담금의 부과대상인 개발사업의 하나로 "지목변경이 수반되는 사업으로서 대통령령이 정하는 사업"이라고 규정한 것이 포괄위임입법금지원칙에 위배되는지 여부(소극) 및 개별공시지가를 기초로 개발부담금을 산정하는 것이 납부의무자의 재산권 등 기본권을 침해하는지 여부(소극)

개발이익환수에관한법률 제5조 제1항 제10호는 개발부담금의 부과대상인 개발사업의 하나로 "지목변경이 수반되는 사업으로서 대통령령이 정하는 사업"이라고 규정함으로써 대통령령에서 정할 사업의 내용을 '지목변경이 수반되는 사업'이라고 분명히 구체화하여 위임하고 있으므로 대통령령은 그 범위내에서 보다 구체적이고 세부적인 사항에 한하여 규정할 수 있을 뿐이고, 개발부담금의 제도적 취지와 위 관련조항들을 유기적·체계적으로 종합하면, 대통령령으로 정할 사업은 '지목변경이 수반되는 사업' 중 불로소득적인 개발이익이 발생하는 경우로서 투기 등으로 토지의 효율적 이용을 저해할 우려가 있거나, 개발이익을 사업시행자나 토지소유자에게 전속시키기보다는 그 일부를 사회 전체로 환원시키는 것이 바람직한 것으로 인정되는 사업일 것임을 누구라도 어렵지 않게 예측할 수 있으므로 포괄위임입법금지원칙에 위반되지 아니한다.

개발부담금 산정의 기초가 되는 지가산정은 객관적이고 공평한 기준과 방법에 의거하여야 하는바, 개발이익환수에관한법률 제10조 제1항 본문, 동조 제3항 본문에서 지가산정의 기초로 삼고 있는 개별공시지가는 객관성과 합리성이 인정되고 있는 표준지공시지가와 비준표를 기초로 산정하는 것인데다가, 감정평가업자의 검증을 받고, 시·군·구 토지평가위원회 및 중앙토지평가위원회의 심의를 거친다는 점에서 전문가의 평가와 심의를 거치는 것이며, 이의신청이라는 불복절차까지 마련되어 있다는 점에서 상당한 정도로 객관성과 합리성을 가지고 있다고 할 것이므로 개발부담금 납부의무자의 재산권 등의 기본권을 침해한다고 할 수 없다.

[요약판례 3] 개발이익환수에 관한 법률 제10조 제3항 단서 제5호 위헌소원: 합헌(헌재 2008.7.31. 2006헌바2)

위헌 선언으로 인한 시정된 법률의 합헌성

이 사건 법률조항은 헌법재판소 1998. 6. 25. 95헌바35등 위헌결정에 따라 위헌으로 지적된 부분을 시정하여 종전에 대통령령에서 규정하고 있던 사항을 법률 제10조 제3항 단서 제1호 내지 제4호에서 규정하여 대통령령에 규정될 대강의 기준이 예측 가능하도록 하였고, 위임의 범위를 구체적으로 명확하게 규정하였으므로 포괄위임금지원칙에 위배되지 아니하며, 위와 같이 위헌으로 지적된 부분을 시정하면서 부담금 비율도 완화하였고, 토지 등의 평가에 관한 법률의 개정을 통하여 표준지 공시지가 및 개별공시지가의 적정성이 객관적·실질적으로 현저하게 보완되었으며, 개발부담금 부과처분의 선행처분이라고 할 수 있는 공시지가에 대하여 다툴 수 있는 제도가 마련되었고, 그 불복기간이 도과한 뒤에도 부과처분을 다투는 소송과정에서 다시 공시지가를 다툴 수 있는 길이 열려 있는 사정을 모두 고려하면, 이 사건 법률조항은 과잉금지의 원칙에 반하지 않아, 재산권을 침해한다고 할 수 없고, 합리적인 근거가 없는 자의적인 입법이라 할 수 없어 평등의 원칙에 위배된다고 볼 수 없다.

[요약판례 4] 개발이익환수에 관한 법률 제2조 등 위헌소원: 합헌(헌재 2008.5.29. 2007헌바16)

정상지가상승분을 산정하는 기준을 선택함에 있어서는 입법자에게 비교적 넓은 재량이 인정되는 지 여부(적극)

정상지가상승분 산정 기준으로 어떤 것을 선택할 것인지에 관하여 고려하여야 할 요소로서 중요한 것은 크게 당해 토지의 정상지가상승분을 얼마나 정확하게 산출해 낼 수 있는지, 또 얼마나 객관적인 기준인지 두 가지일 것인바,

입법자는 이 두 가지 요소를 모두 고려하여 가장 적합하다고 생각되는 기준을 선택할 수 있어야 할 것이므로 **정상지가상승분을 산정하는 기준을 선택함에 있어서는 입법자에게 비교적 넓은 재량이 인정된다** 할 것이다. **이 사건 법률조항에서 당해 토지가 속해 있는 시·군·자치구의 평균지가변동률을 기준으로 정상지가상승분을 산정하도록 한 것은 개발부담금의 정확한 산정과 법적용의 예측가능성, 객관성을 모두 고려하여 규정한 것으로서 합리적이라 할 것이며, 이를 입법형성권의 한계를 일탈한 것으로 볼 수 없다. 따라서 이 사건** 법률조항은 청구인의 재산권을 침해하지 아니한다.

개발부담금제도의 개념상 개발부담금의 부과 대상자와 개발부담금을 부과 받지 않는 자는 당연히 존재할 수밖에 없고, 개발부담금제도의 목적상 개발사업 시행자와 개발행위를 하지 아니한 토지소유자 사이에는 본질적인 동일성이 존재한다고 보기는 어렵다. 따라서 이 사건 법률조항으로 인하여 본질적으로 동일한 두 개의 비교집단에 대한 차별적 취급이 발생하였다고 볼 수 없으므로, **이 사건 법률조항은 청구인의 평등권을 침해하지 아니한다.**

[요약판례 5] 집합건물의 소유 및 관리에 관한 법률 제18조 위헌소원: 합헌(헌재 2013.5.30. 2011헌바201)

집합건물에서 전 소유자가 체납한 관리비 중 공용부분에 관한 부분에 대해서 그 특별승계인에게 청구할 수 있도록 한 구 집합건물의 소유 및 관리에 관한 법률(1984. 4. 10. 법률 제3725호로 제정되고, 2010. 3. 31. 법률 제10204호로 개정되기 전의 것, 이하 '집합건물법'이라 한다) 제18조(이하 '이 사건 법률조항'이라 한다)가 재산권을 침해하는지 여부(소극)

1. 이 사건 법률조항은 집합건물의 적정한 유지와 관리를 위한 재원 확보를 위하여 특별승계인에게 전 구분소유자가 미납한 공용부분에 관한 관리비를 부담하도록 하고 있다. 체납관리비를 누가 부담할 것인지는 당사자들 사이의 이해관계, 체납관리비의 성격 등을 고려하여 결정하여야 할 것인데, 체납관리비의 채무자인 전 소유자로부터 소유권을 취득한 특별승계인은 전 소유자에 대하여 구상권을 행사하는 것이 비교적 용이한 점, 체납관리비는 특별승계인이 취득한 구분소유권과 관련하여 집합건물의 유지·관리에 사용된 비용이어서 다른 구분소유자들이 공통으로 부담할 성격의 비용이 아니라는 점 등을 고려하면, 이 사건 법률조항이 전 소유자의 체납관리비를 특정승계인에게 승계시킨 것이 부당하다고 할 수는 없다.

2. 이 사건 법률조항으로 제한되는 이익은 체납관리비를 지급한 다음 전 구분소유자로부터 구상을 받지 못할 위험에 처하는 것이다. 그런데 이는 계약 시 조금만 주의를 기울이면 매매과정이나 경매 시 입찰과정에서 고려될 수 있으므로, 이 사건 법률조항으로 달성하려는 집합건물의 적정한 유지·관리라는 공익에 비하여 중하다고 할 수 없으므로 이 사건 법률조항은 재산권을 침해하지 아니한다.

[요약판례 6] 구 임대주택법 제21조 제5항 등 위헌소원: 합헌(헌재 2013.5.30. 2011헌바74)

임대사업자가 부도 또는 파산이 발생한 후 1년 이상 분양전환승인을 신청하지 않는 경우 임차인들이 그 총수의 3분의 2 이상의 동의를 받아 직접 분양전환승인을 신청할 수 있도록 한 구 임대주택법(2008. 3. 21. 법률 제8966호로 개정되고, 2009. 12. 29. 법률 제9863호로 개정되기 전의 것) 제21조 제5항(이하 '임차인신청권 조항'이라 한다) 및 분양전환승인을 받은 후 6개월 이상 임대사업자가 분양전환에 응하지 않는 경우 임차인이 임대사업자를 상대로 승인받은 분양전환가격에 따라 매도할 것을 청구할 수 있도록 한 임대주택법 제21조 제8항(이하 '매도청구권 조항'이라 한다)이 임대사업자의 일반 채권자의 재산권을 제한 또는 침해하는지 여부(소극)

경매를 통해 임대주택을 매각한다는 기대는 보장되는 것이 아니고, 설령 경매가액과 분양전환가격의 차액이 발생한다 하더라도 그 차액에 대한 권리는 단순한 반사적 이익 또는 재화 획득의 기회에 불과하여 헌법상 보장되는 재산권에 포함되지 않는다. 따라서 임대사업자의 일반채권자의 재산권이 제한된다고 볼 수 없다.

[요약판례 7] 부동산 실권리자명의 등기에 관한 법률 제10조 제1항 위헌소원: 합헌(헌재 2013.2.28. 2012헌바263)

장기미등기자에 대하여 과징금을 부과하도록 규정한 부동산 실권리자명의 등기에 관한 법률 제10조 제1항 본문 중 제1호에 관한 부분이 재산권을 침해하는지 여부(소극)

이 사건 법률조항은 미등기 상태를 이용한 사실상의 명의신탁을 규제하고, 명의신탁을 미등기로 위장하여 부동산 실권리자명의 등기에 관한 법률(이하 '부동산실명법'이라 한다)의 적용을 회피하고자 하는 시도를 차단함으로써 부동산실명법의 실효성을 강화하기 위한 규정으로, 이를 위해서는 장기미등기자에게 명의신탁자와 동일한 내용의 과징금을 부과할 수 있도록 하는 것이 필요하므로 이 사건 법률조항은 입법목적의 정당성 및 수단의 적합성이 인정되고 침해의 최소성 원칙에도 위배되지 아니한다. 또한 부동산실명법의 실효성을 강화하게 되는 공익은 장기미등기자가 입게 되는 불이익보다 더 크므로 법익의 균형성 원칙에도 위배되지 아니한다. 따라서 이 사건 법률조항은 재산권을 침해하지 아니한다.

[요약판례 8] 국토의 계획 및 이용에 관한 법률 제124조의2 위헌소원: 합헌(헌재 2013.2.28. 2012헌바94)

토지거래허가구역 내에서 허가받은 목적대로 토지를 이용하지 아니하는 경우 이행강제금을 부과하는 국토의 계획 및 이용에 관한 법률(이하 '국토계획법'이라 한다) 제124조의2 제2항(이하 '이 사건 법률조항'이라 한다)이 과잉금지원칙에 위배하여 재산권을 침해하는지 여부(소극)

[요약판례 9] 산업입지 및 개발에 관한 법률 제22조 제3항 위헌소원: 합헌(헌재 2013.2.28. 2012헌바198)

국가산업단지의 토지 등에 대한 재결신청을 함에 있어 '산업인정의 고시가 있은 날로부터 1년 이내에 재결신청이 이루어지지 아니한 경우에 1년이 되는 날의 다음날에 사업인정의 효력이 상실'되도록 규정한 공익사업을 위한 토지 등의 취득 및 보상에 관한 법률(이하 '공익사업법'이라 한다) 제23조 제1항 및 제28조 제1항의 규정을 준용하지 않고, 산업단지개발계획에서 정하는 사업기간 내에 재결신청을 할 수 있도록 규정한 구 산업입지 및 개발에 관한 법률(2002. 2. 4. 법률 제6656호로 개정되고, 2007. 4. 6. 법률 제8337호로 개정되기 전의 것) 제22조 제3항 후단(이하 '이 사건 법률조항'이라 한다)이 산업단지 구역 내 토지 피수용자의 재산권을 침해하는지 여부(소극)

[요약판례 10] 사립학교법 제24조의2 제4항 위헌소원: 합헌(헌재 2013.5.30. 2012헌바292)

학교법인 설립자의 유가족 또는 학교법인의 초대 감사로 재직하다가 퇴임한 청구인들에게 관할청의 이사 선임처분에 대해 재심을 요청할 권리를 부여하지 아니한 것이 재산권을 제한하는지 여부(소극)

학교법인 설립자의 유가족 또는 학교법인의 초대 감사로 재직하다가 퇴임한 청구인들이 학교법인의 재산에 대하여 어떠한 권리의무를 가진다거나 청구인들과 학교법인 사이에 법률관계가 형성된다고 볼 수는 없으므로, 청구인들이 관할청의 이사 선임처분에 대해 재심을 요청할 권리를 부여받지 못하여 청구인들이 원하지 않는 사람이 학교법인의 이사로 취임하게 되었다고 할지라도, 이로 인하여 청구인들의 재산권이 제한된다고 볼 수 없다.

[요약판례 11] 국민건강증진법 제9조 제4항 제23호 등 위헌확인: 기각(헌재 2013.6.27. 2011헌마315등)

국민건강증진법 제34조 제1항 제2호 중 제9조 제4항 제23호의 인터넷컴퓨터게임시설제공업소 부분에 대한 청구인들의 심판청구를 각하하고, 제9조 제4항 제23호 중 인터넷컴퓨터게임시설제공업소 부분 및 부칙 제1조 단서 중 "제9조 제4항 제23호의 개정규정은 공포 후 2년이 경과한 날부터 각각 시행한다" 부분은 청구인들의 직업수행의 자유와 재산권을 침해하지 않아 헌법에 위반되지 않는다는 결정

이 사건 금연구역 조항의 시행에 따라 흡연 고객이 이탈함으로써 청구인들의 영업이익이 감소된다고 하더라도, 이는 장래의 기대이익이나 영리획득의 기회에 손상을 입는 것에 지나지 않으므로, 이를 가리켜 헌법에 의해 보호되는 재산권의 침해라고 볼 수는 없다.

Ⅶ 택지소유상한에관한법률 제2조 제1호 나목 등 위헌소원: 위헌(헌재 1999.4.29. 94헌바37)

쟁점 택지소유의 상한을 설정하거나 법인의 택지소유를 금하는 규정, 소유상한을 초과한 택지에 대하여 처분 또는 이용·개발의무를 부과하는 규정, 부담금 부과규정의 위헌여부

사건의 개요

청구인은 부산시 중구 남포동 소재의 대지를 택지소유상한에관한법률 시행 이전부터 소유하면서 그 지상에 4층 극장건물 1동도 함께 소유하고 있었다. 부산 중구청장은 앞의 토지 중 건물의 부속토지를 제외한 나머지 토지를 대상으로 초과소유부담금을 부과하였다. 이에 청구인은 부산고등법원에 부과처분의 취소소송을 제기함과 아울러 위헌심판제청을 신청하였으나 기각되자 헌법재판소법 제68조 제2항에 따라 헌법소원심판을 청구하였다.

심판의 대상

1998. 9. 19. 법률 제5571호로 폐지되기 전의 택지소유상한에 관한법률 제2조 제1호, 제2호, 제4조, 제7조 제1항 제1호, 제8조, 제9조, 제11조 제1항 제5호, 제16조 제1항, 제18조 제1항, 제19조 제1호, 제2호, 제20조 제1호, 제3호, 제8호, 제21조, 제22조, 제24조 제1항, 제25조, 부칙(1989. 12. 30. 법률 제4174호) 제1조, 제2조, 제3조 제1항

주 문

1998. 9. 19. 법률 제5571호로 폐지되기 전의 택지소유상한에관한법률은 헌법에 위반된다.

판 단

Ⅰ. 택지소유 상한제도의 법적 성격 및 위헌성 심사의 기준

1. 택지소유 상한제도의 법적 성격

헌법 제23조에 의하여 재산권을 제한하는 형태에는, 제1항 및 제2항에 근거하여 재산권의 내용과 한계를 정하는 것과, 제3항에 따른 수용, 사용 또는 제한을 하는 것의 두 가지 형태가 있다. 전자는 "입법자가 장래에 있어서 추상적이고 일반적인 형식으로 재산권의 내용을 형성하고 확정하는 것"을 의미하고, 후자는 "국가가 구체적인 공적 과제를 수행하기 위하여 이미 형성된 구체적인 재

산적 권리를 전면적 또는 부분적으로 박탈하거나 제한하는 것"을 의미한다. 그런데 택지소유상한에관한법률은, 택지의 소유에 상한을 두거나 그 소유를 금지하고, 허용된 소유상한을 넘은 택지에 대하여는 처분 또는 이용, 개발의무를 부과하며, 이러한 의무를 이행하지 아니하였을 때에는 부담금을 부과하는 등의 제한 및 의무부과 규정을 두고 있는 바, 위와 같은 규정은 헌법 제23조 제1항 및 제2항에 의하여 토지재산권에 관한 권리와 의무를 일반 추상적으로 확정함으로써 재산권의 내용과 한계를 정한 규정이라고 보아야 한다.

2. 위헌성 심사의 기준

택지소유상한에관한법률의 규정내용을 크게 보면, 첫째로 가구별 택지소유의 상한을 설정하거나 법인의 택지소유를 금하고, 둘째로, 이러한 소유상한을 초과한 택지 등에 대하여 처분 또는 이용·개발의무를 부과하는 한편, 셋째로 이러한 의무를 이행하지 아니하는 택지소유자에 대하여 부담금을 부과하는 것의 세 가지로 나누어 볼 수 있으므로, 아래에서는 이에 관하여 차례로 나누어 살펴보기로 한다.

Ⅱ. 택지소유의 상한을 설정하거나 법인의 택지소유를 금하는 규정의 위헌여부

1. 법 시행이후 택지를 소유하려는 경우

입법자가 헌법 제23조 제1항 및 제2항에 의하여 재산권의 내용을 구체적으로 형성함에 있어서는, 헌법상의 재산권 보장의 원칙과 재산권의 제한을 요청하는 공익 등 재산권의 사회적 제약성을 비교형량하여, 양 법익이 조화와 균형을 이루도록 하여야 한다. 입법자가 형성의 자유의 한계를 넘었는가 하는 것은 비례의 원칙에 의하여 판단하게 된다.

(1) 입법목적의 정당성

법의 진정한 입법목적은 실수요자가 아님에도 지가상승을 기대하고 토지투기등의 목적으로 토지를 필요 이상으로 보유함으로써 실수요자의 토지소유와 이용을 가로막는 사회적, 국민경제적으로 유해한 행위를 방지하여, 궁극적으로 택지의 적정한 공급을 가능하게 하고, 이로써 국민의 주거생활의 안정을 꾀하고자 하는 것이다. 위와 같은 입법목적은 국가가 입법을 통하여 추구할 수 있는 정당한 공익이자, 헌법 제35조 제3항에 규정된 국가의 의무이며, 헌법 제122조에 의한 국토의 효율적이고 균형있는 이용, 개발과 보전을 위하여 그에 관한 필요한 제한과 의무를 과할 수 있는 권한에도 그 헌법적 근거를 두고 있는 것이므로, 법의 목적은 정당하다 아니할 수 없다.

(2) 수단의 적정성

법이 택지에 관하여 원칙적으로 개인에 대해서는 가구별로 정한 소유상한을 초과하여 이를 소유할 수 없도록 하고 법인에 대해서는 택지의 소유를 금지하는 것은, 소수의 국민에게 주택건설에 필요한 택지가 과도하게 편중되는 것을 방지하고, 이로써 택지 공급을 원활하게 하고자 하는 것이다. 따라서 법이 선택한 위와 같은 "택지소유의 제한"이라는 방법이 실제로 "택지공급의 촉진"과 "주거생활의 안정"이라는 입법목적을 달성하는 데 어느 정도 기여한다고 볼 수는 있다.

(3) 수단의 최소침해성

개인에 대하여 택지의 소유상한을 설정하는 것이 헌법적으로 허용된다고 하더라도, 이때 설정된 소유상한의 정도가 지나치게 낮을 경우에는 최소침해성의 원칙에 위반될 소지가 있다. 그러므로 법의 규정 내용과 같이, **소유목적이나 택지의 기능에 따른 예외를 전혀 인정하지 아니한 채 일률적으로 660m2로 소유상한을 제한함으로써, 어떠한 경우에도 어느 누구라도 660m2를 초과하는 택지를 취득할 수 없게 한 것은, "적정한 택지공급"이라고 하는 입법목적을 달성하기 위하여 필요한 정도를 넘는 과도한 제한이라고 하지 않을 수 없다.** 따라서 택지소유의 상한을 지나치게 낮게 정한 법 제7조 제1항 제1호는 헌법상의 재산권을 과도하게 침해하는 위헌적인 규정이다.

(4) 법익의 균형성

입법자가 소유상한을 지나치게 낮게 설정한 것은 택지의 강화된 사회적 의무성에도 불구하고 개인의 자유실현의 물질적 바탕으로서의 택지재산권의 기능을 충분히 고려하지 않았기 때문에, 재산권침해의 효과와 소유상한을 통하여 달성하려는 "적정한 택지공급"이라는 공익 사이의 합리적인 비례관계를 명백히 벗어났다고 판단된다.

2. 법 시행 이전부터 택지를 소유하고 있는 경우

(1) 소급입법에 의한 재산권 침해여부

법은, 부칙(1989. 12. 30. 법률 제4174호) 제2조 제1항 및 제2항에서 법 시행 이전부터 이미 소유하고 있는 택지에 대하여는 기존의 소유권을 인정하면서도, 장래에 있어서 처분 또는 이용, 개발의무를 부과하고 있다. 법의 위와 같은 규제는 법률이 이미 종결된 과거의 사실 또는 법률관계에 사후적으로 적용함으로써 과거를 법적으로 새로이 평가하는 진정소급효의 입법과는 다른 것으로서, 이는 아래에 보는 바와 같이 종래의 법적 상태의 존속을 신뢰한 기존의 택지소유자에 대한 신뢰보호의 문제일 뿐, 소급입법에 의한 재산권 침해의 문제는 아니다. 따라서 부칙 제2조가 그 자체로 소급입법에 의한 재산권 박탈금지의 원칙을 선언하고 있는 헌법 제13조 제2항에 위반된다고 하는 주장은 이유 없다고 할 것이다.

(2) 신뢰보호의 원칙

여기서 발생하는 문제는 소급효의 문제가 아니라 종래의 법적상태에서 새로운 법적 상태로 이행하는 과정에서 불가피하게 발생하는 법치국가적 문제, 구체적으로 입법자에 대한 신뢰보호의 문제이다. 따라서 기존의 택지소유자에게도 처분 또는 이용, 개발의무를 부과하는 법규정들이 헌법적으로 허용되는가 하는 문제는 법치국가적 신뢰보호 원칙을 기준으로 판단하여야 한다.

(3) 소유상한에 대한 예외규정의 필요여부

토지투기와 지가상승을 억제하고 택지를 실수요자에게 공급하기 위하여 택지소유 상한제도의 도입이 불가피하였다고 하더라도, 택지소유의 경위나 그 목적에 관계없이 법 시행 이전부터 택지를 소유하고 있는 개인에 대하여 일률적으로 소유상한을 적용하는 것은 입법목적을 달성하기 위하여 필요한 정도를 넘는 과도한 침해이자 신뢰보호의 원치 및 평등원칙에 위반된다고 할 것이다. 입법자가 법을 합헌적으로 규율하기 위하여 예외규정을 두는 방법으로는, 예컨대 택지를 자신의 주거용으로 일정 기간 이상 소유하고 있는 개인에 대하여는 택지소유 상한의 적용을 받지 않도록 예외를 정하는 방법 또는 개인이 어떠한 용도로 택지를 소유하는가에 따라 소유상한의 정도를 달리 정하는 방법 등 여러 가지 가능성이 있으리라고 판단된다.

3. 택지의 정의가 법률의 명확성 원칙에 위반되는지 여부

법 제2조 제1호 가목 중 "주택이 건축되어 있는 토지"와 다목의 "제15조의 규정에 의한 개발택

지"의 경우에 있어서의 주택의 범위와 그 판단기준, 그리고 같은 호 나목의 "지적법 제5조의 규정에 의한 지목이 대인 토지 중 영구적인 건축물이 건축되어 있지 아니한 토지로서 대통령령이 정하는 토지"라고 할 때의 영구적인 건축물의 의미가 법에 각 규정되어 있지는 않으나, 이는 제2조 제2호 소정의 주택에 대한 정의규정 등에 비추어 법관의 보충적인 법해석작용에 의하여 확정될 수 있는 범위 내에 있으므로 그 의미가 명확하지 않다고 할 수 없고, 한편, 위 "지적법 제5조의 규정에 의한 지목이 대인 토지 중 영구적인 건축물이 건축되어 있지 아니한 토지로서 대통령령이 정하는 토지", 즉 "나대지"의 의미 역시 합리적 해석에 의하여 그 내용을 객관적으로 인식, 적용할 수 있으므로, 택지 등의 의미가 명확하지 아니하여 법률의 명확성의 원칙에 위반된다고 할 수 없다.

4. 평등원칙 위반여부

도시지역에서의 택지공급이 매우 제한되어 있고, 특히 택지의 경우에는 수요와 공급의 심각한 불균형으로 인하여 택지의 가격상승과 투기현상은 다른 종류의 토지에 비하여 더욱 현저하였다는 점 등에 비추어 볼 때, 토지 중 택지에 대하여만 특별히 규제함은 합리적인 이유가 있다 하지 않을 수 없으므로, 법이 택지만을 그 규제대상으로 하였다 하더라도, 앞에서 본 바와 같이 수단의 적정성의 면에서 문제가 있을 수 있음은 별론으로 하고, 그것이 평등의 원칙에 위반된다고 볼 수는 없다.

5. 위임입법의 한계일탈 등

제2조 제1호 나목은 객관적인 법률해석을 통하여 확정될 수 있는 나대지의 중요한 요건에 관하여 규정한 다음, 제한된 범위 내에서 구체적인 내용을 대통령령에 위임한 것이고, 택지면적의 산정방법에 관련한 제9조도 "일단의 토지 위에 주택, 주거용과 주거용 외의 복합용도로 사용되는 건축물 또는 주택과 주책 외의 건축물이 건축되어 있는 경우 등에 있어서 당해 일단의 토지 중의 택지면적의 산정방법 등에 관하여 필요한 사항"을 한정하여 구체적으로 대통령령에 위임하고 있으며, 택지취득허가 기준을 대통령령에 위임한 제11조 제1항 5호는 같은 조 제1 내지 4호에 준하는 사유로서 법의 입법목적에 부합하는 택지취득의 경우를 대통령령에 위임한 것이고, 부칙 제1조는 모든 지역에서의 시행일을 대통령령에 위임한 것이 아니고 다만 특별시·광역시 지역외의 지역에 대한 시행일만을 한정하여 대통령령에 위임한 것에 불과하다. 따라서 관련 법조항 전체를 유기적, 체계적으로 종합 판단하였을 때 수권법률인 위 규정들로부터 대통령령에 규정될 내용의 대강을 예측할 수 있으므로, 위 규정 모두 헌법 제75조에 위반된다고 할 수 없다.

Ⅲ. 소유상한을 초과한 택지에 대하여 처분 또는 이용·개발의무를 부과하는 규정의 위헌여부

1. 법 시행 이후 택지를 소유하려는 경우

법 시행 이후 택지를 소유하려는 경우에 있어 위와 같은 처분 또는 이용, 개발의무는 택지소유상한의 설정 자체와 어울려 그 입법목적을 실현하기 위한 수단으로 부과되는 것이므로, 택지소유상한의 설정 자체가 앞에서 본 바와 같이 합헌적인 범위 내에서는 위와 같은 의무부과에 의한 재산권의 제한 역시 마찬가지의 이유로 재산권의 본질적 내용을 침해하거나 비례의 원칙 내지 과잉금지의 원칙에 위반된다고 볼 수 없다.

2. 법 시행 이전부터 이미 소유하고 있는 택지의 경우

(1) 보상규정의 필요여부

법 시행 이전부터 이미 택지를 소유하고 있는 택지소유자는, 이용·개발의무가 부과되는 경우에는 그 소유권을 유지하면서 법의 목적에 부합하는 범위 내에서 토지를 이용·개발할 수 있으므로 토지를 일정한 용도로나 사적으로 사용할 수 있는 가능성이 주어져 있고, 처분의무가 부과되는 경우에는 처분의무기간 내에 택지를 스스로 처분하거나 법 제17조에 의하여 협의매수가 이루어지게 되어, 비록 택지에 관한 구체적인 재산권은 잃게 되지만 대신 그 대가를 취득함으로써 존속보장에서 가치보장으로의 재산권 보장 내용의 변환이 이루어지는 것에 불과하므로, 다음 항에서 보는 바와 같은 경과규정의 문제를 제외하고는 재산권의 내재적 한계로서 허용되는 사회적 제약의 범주를 넘지 않는 것으로 보아야 한다.

(2) 경과규정의 합헌성 여부

입법자가 법 시행이후에 취득한 택지에 관하여 일정한 처분 또는 이용·개발의무기간이나 부과금 부과의 유예기간을 정한 것은 그 계획된 처분이나 이용·개발에 필요하다고 판단되는 적정한 기간을 부여한 것인데, 법 시행 이전부터 소유하고 있는 택지의 경우에는 처분이나 이용·개발이 전혀 계획되지 않는 상태이기 때문에, 법 시행이후 취득한 택지에 대하여 부여하는 기간보다는 일정기간을 더 부여하는 방법으로 기존의 택지 소유자의 법적 지위를 고려하는 경과규정을 두는 것이 바람직하다 할 것이다. 그리고 특히 법 시행 이전부터 이미 택지를 자신의 개인적 주거 목적으로 사용하고 있는 경우에는 법 시행 이후의 택지취득자보다 더 장기간의 처분기간을 부여하여야 한다. 따라서 법이 처분이나 이용·개발의무기간을 정함에 있어서 개인의 주거용 택지를, 법 시행이전에 투기 등의 목적으로 취득한 택지나 법 시행 후에 취득한 택지와 동일하게 취급하는 것은 명백하게 평등원칙에 반하며, 법이 정하고 있는 처분 또는 이용·개발의무기간이 법 시행 이후의 택지취득자의 상황에 맞춘 것임을 감안한다면 법 시행 이전부터 택지를 소유하고 있는 택지소유자에게도 일률적으로 마찬가지의 처분 또는 이용·개발의무기간을 부과하는 것은 유예기간이 상대적으로 지나치게 짧아 기존 택지소유자의 재산권을 비례의 원칙에 위반되어 과도하게 침해하는 것이라 할 것이다.

Ⅳ. 부담금 부과규정의 위헌여부

1. 부담금의 법적 성격

법 소정의 부담금은 법이 정한 상한을 초과하여 택지를 소유하고 있는 자에 대하여 의무위반에 대한 제재로서 부과하는 금전적 부담으로서, 법의 목적을 실현하기 위한 이행강제수단이라고 할 것이다.

2. 부담금의 부과 자체가 헌법에 위반되는지 여부

가구별 소유상환을 초과한 가구별 택지 또는 법인이 소유하는 택지에 대하여 처분 또는 이용·개발의무를 부과한 후 그 불이행시 법에 규정한 요건에 따라 부담금을 부과하는 것은 택지소유 상한의 설정과 그에 따른 처분 또는 이용·개발의무의 이행확보를 위한 것이므로, 가구별 택지소유 상한의 설정 및 법인의 택지소유금지, 택지에 대한 처분 또는 이용·개발의무의 부과 등의 제한 및 규제가 헌법적으로 허용되는 한, 부담금의 부과 자체도 재산권의 본질적 내용을 침해하거나 사유재산제도를 형해화하여 재산권의 보장 원칙에 위반된 것이라고 볼 수 없다.

3. 부담금 부과율의 위헌여부

헌법상 재산권의 제한은, 재산권의 본질적 내용인 사적 유용성과 처분권이 원칙적으로 남아 있는 범위 내에서만 허용되는 것이다. 따라서 국가가 공익실현을 위하여 토지재산권을 어느 정도까지 제한할 수 있는가 하는 헌법적 한계를 판단함에 있어서는, 토지재산권에 대하여 제한을 가한 이후에도 재산권의 핵심적인 부분이 그 소유자에게 남아 있는가 하는 관점이 중요한 기준이 된다고 할 것이다.

이러한 관점에서 이 사건 부담금의 부과율에 관하여 보건대, 법 제24조 제1항은 연 4%에서 연 11%에 이르는 높은 부과율을 규정하면서 부과기간의 제한을 두고 있지 않기 때문에, 연 11%의 부과율이 적용되는 경우, 다른 조세부담을 고려하지 않더라도 약 10년이 지나면 그 부과율이 100%에 이르게 되어 결국 10년이란 짧은 기간에 사실상 토지가액 전부를 부담금의 명목으로 징수하는 셈이 되는 바, 법의 입법목적을 시급하게 그리고 효율적으로 달성할 필요가 있고, 그렇게 하기 위하여서는 부담금이 재산원본에 대하여 부과되는 금전적 징계로서의 성격을 가질 수밖에 없기 때문에 처음부터 재산원본에 대한 침해가 불가피하다는 점을 감안하더라도, 아무런 기간의 제한 없이 위와 같이 높은 부과율에 의한 부담금을 부과함으로 말미암아 짧은 기간 내에 토지재산권을 무상으로 몰수하는 효과를 가져오는 것은, 재산권에 내재하는 사회적 제약에 의하여 허용되는 침해의 한계를 넘는 것이 아니라 할 수 없다.

4. 매수청구 후 부담금 부과의 위헌여부

법 제31조에 규정된 매수청구 제도는 부담금의 납부의무자가 본래의 처분 또는 이용, 개발의무를 이행할 수 없는 상황에서 부담금의 납부를 피하면서 법의 입법목적에 부응하여 당해 택지를 처분할 수 있도록 하기 위하여 존재하는 것이므로, 부담금 납부의무자가 매수청구를 하여 당해 택지를 처분할 의사표시를 한 이상, 그 이후부터는 부담금을 부과하지 않아야 할 것이다. 만일 그 기간에도 부담금을 부과한다면 이는 이미 법의 입법목적에 부응하는 행위를 한 자에 대하여 불필요한 강제를 가하고 불이익을 주는 것이 된다. 따라서 부담금의 목적이 소유상한을 초과한 택지에 관한 처분 또는 이용·개발의무를 강제하는 데 있는 것에 비추어 볼 때, 택지의 소유자가 매수청구의 의사표시를 함으로써 해당 택지의 처분을 통하여 입법목적에 부합하도록 행동하겠다는 의사를 명백히 밝힌 경우에도 부담금을 부과하는 것은, 입법목적을 달성하기 위하여 필요한 수단의 범위를 넘는 과잉조치로서, 최소침해성의 원칙에 위반되어 재산권을 과도하게 침해하는 것이다.

5. 부담금의 산정요건 등의 위헌여부

법 제23조는 부담금 산정의 전제가 되는 택지가격을 "[지가공시법]에 의한 개별공시지가(해당 택지의 개별공시지가가 없는 경우에는 동법 제10조의 규정에 의하여 공시지가를 기준으로 하여 산정한 금액)"로 하도록 규정하고 있는데, 토지의 가액에 따라 액수가 결정되는 법의 부담금과 같은 경우 토지의 가격을 지가공시법 제10조의 개별공시지가에 의하여 산정하는 것 자체는 기본적으로 적절하다고 할 수 있고, 다만 개별 토지가격의 산정 과정에 있어서 정확성이 결여될 경우가 있을 수 있다고 하더라도 이는 법 규정 자체의 위헌성에 기인하는 것은 아니라 할 것이며, 개별공시지가 자체나 부담금에 대한 쟁송절차에서 이를 바로 잡을 수 있는 것이다. 또한 제23조는 부담금의 부과기준일과 개별공시지가(또는 공시지가)의 공시기준일의 시적 차이에 대비한 보정에 관하여 명시하고 있지는 아니하나, 지가변동율 등을 적용하여 적정하게 시점의 차이에 따른 가격 차이를 보정하는 것을 배제하는 규정이 아니므로 그 점을 법에 명시적으로 규정하고 있지 않다고 하여 위헌의 문제가 생긴다고까지 할 수는 없다.

6. 이중과세 금지 및 실질과세 원칙의 위반여부

부담금은 위에서 본 바와 같이 택지 공급의 확대를 목적으로 하고 있는 것으로서 조세라고는 할 수 없을 뿐만 아니라, 토지의 과다한 보유를 억제함으로써 지가안정과 토지 소유의 저변확대를 도모함을 목적으로 하는 종합토지세나, 조세부담의 형평과 지가의 안정 및 토지의 효율적 이용을 기하기 위하여 각종 개발사업 등으로 유휴토지 등의 지가가 정상지가의 상승분 이상으로 상승함으로 인하여 그 소유자가 얻는 이득에 대하여 부과하는 토지초과이득세와는 그 부과목적, 부과대상, 부과금액의 산정방법, 부과기간 등을 달리 하는 것이므로, 부담금의 부과를 이중과세라고 할 수 없고, 또 부담금이 위와 같은 유도적 목적을 가지는 것으로서 이행강제수단으로 기능하는 것이므로, 그 부과를 실질과세의 원칙에 위반된다고도 할 수 없다.

V. 결　론

위에서 살펴본 바와 같이, 이 사건 심판대상 규정 중 택지소유의 상한을 정한 법 제7조 제1항 제1호, 법 시행 이전부터 이미 택지를 소유하고 있는 택지소유자의 재산권 및 신뢰이익을 충분히 고려하지 않은 부칙 제2조 제1항 및 제2항, 아무런 기간의 제한이 없이 고율의 부담금을 계속적으로 부과할 수 있도록 규정한 제24조 제1항, 법 제31조 제1항의 규정에 의한 매수청구가 있은 후에도 부담금의 부과를 가능하도록 하는 범위내에서 부담금 부과의 근거조항이 되는 법 제19조 제1호 및 제2호는 모두 헌법에 위반된다.

그런데 위헌으로 판단된 위 조항들 중 법 제7조 제1항은 택지소유의 상한을 정한 규정이고, 부칙 제2조는 법 시행 이전부터 이미 택지를 소유하고 있는 택지소유자에 대하여도 택지소유 상한을 적용하고 그에 따른 처분 또는 이용·개발의무를 부과하는 규정으로서, 사실상 택지소유 상한제도의 가장 기본적인 요소라고 할 수 있다. 따라서 이들 규정이 위헌결정으로 인하여 그 효력이 상실된다면 택지소유 상한제도 전체의 효력이 상실되는 것과 마찬가지의 결과를 가져온다 할 것이다. 따라서 이 사건에 있어서는 위와 같은 조항들이 위헌으로 결정된다면 법 전부를 시행할 수 없다고 인정되므로, 헌법재판소법 제45조 단서의 규정취지에 따라 법 전부에 대하여 위헌결정을 하는 것이 보다 더 합리적이라 할 것이다.

재판관 이영모의 반대의견

1. 법이 660㎡ 이상으로 택지의 소유상한 한도를 정한 것은 그 지역이 6대 대도시인 점을 감안하면, 이 법 제정당시의 심화된 택지부족현상, 주택의 열악한 수급상황, 부동산 투기로 인한 부의 집중, 무주택자의 상대적 소외감 등 여러 정책요인을 고려할 때, 입법목적 실현을 위한 합리적인 불가피한 수단이므로 필요한 정도를 넘는 과도한 제한이나 합리적인 비례관계를 벗어난 것은 아니다.

2. 택지공급의 촉진을 통한 주거생활의 안정과 균등한 택지소유를 유도하려는 입법목적과 지가상승의 억제, 토지투기 방지라는 부수적인 목적을 효율적으로 달성하기 위해서는 택지를 자신의 주거용으로 사용하는 기존의 주택부속토지를 택지소유상한의 적용대상에서 제외하여야 할 이유가 없을 뿐만 아니라, 입법자는 법 시행 당시 가구별 소유상한을 초과하는 택지에 대하여는 2년간의 유예기간을 두는 한편, 부담금의 부과율도 낮게 책정하는 등의 차등을 두고

있으므로, 택지를 주거용으로 사용하는 것과 투기용 등으로 보유하는 것을 구분하지 않은 점만으로 평등원칙이나 택지소유자의 신뢰이익과 재산권의 과도한 제한위반으로 단정할 것이 아니다.

3. 법 시행 이전부터 소유하고 있는 택지에 대하여 어떤 목적으로 소유하는지를 묻지 않고 일률적으로 법 시행 이후에 취득하는 택지와 마찬가지로 처분 또는 이용 · 개발의무를 지우면서, 유예기간을 일률적으로 정한 것은 입법자가 재량의 범위를 뚜렷하게 벗어나 기존 택지소유자의 신뢰이익과 재산권을 과도하게 침해하거나 또 평등원칙에 위반되는 것으로 볼 수 없다.

4. 부담금의 부과율은, 입법목적 달성의 시급성 · 효율성과 부담금에 따른 재산권 침해의 정도를 감안한 필요성 · 합리성에 터잡은 입법자의 판단이 정책적 · 기술적인 재량의 범위를 뚜렷하게 벗어나지 않는 한, 헌법위반으로 볼 것은 아니다. 법이 정한 저율 및 고율의 부담금의 부과를 통한 택지재산권의 제한정도와 입법목적 달성을 위한 공익의 높은 비중 및 긴급성을 종합적으로 비교형량할 때, 법이 추구하는 목적과 법이 선정한 입법수단 사이에는 균형적인 관계가 성립한다.

관련 문헌: 성낙인, 헌법연습(택지초과소유부담금과 재산권보장), 424-439면; 윤홍근, "택지소유상한에 관한 법률의 단순위헌결정", 헌법실무연구 제1권, 헌법재판소, 2000, 1-30면; 이명웅, "헌법 제23조의 구조", 헌법논총 제11집, 헌법재판소, 2000, 303-348면.

[요약판례] 구 종합부동산세법 제5조 등 위헌소원: 위헌,헌법불합치,합헌(헌재 2008.11.13. 2006헌바112)

1. 종합부동산세의 과세방법을 '인별합산'이 아니라 '세대별 합산'으로 규정한 종합부동산세법(2005. 12. 31. 법률 제7836호로 개정된 것) 제7조 제1항 중 전문의 괄호 부분 및 후문, 제2항, 제3항, 제12조 제1항 제1호 중 본문의 괄호 부분 및 단서 부분, 제2항(이하 '이 사건 세대별 합산규정'이라 한다)이 헌법 제36조 제1항에 위반되는 것인지 여부(적극)
2. 주택분 종합부동산세의 납세의무자와 과세표준, 세율 및 세액을 규정한 구 종합부동산세법(2005. 1. 5. 법률 제7328호로 제정되고, 2005. 12. 31. 법률 제7836호로 개정되기 전의 것) 제7조 제1항, 제8조, 제9조 전단, 종합부동산세법(2005. 12. 31. 법률 제7836호로 개정된 것) 제7조 제1항 전문 중 괄호 부분을 제외한 부분, 제8조 제1항, 제9조 제1항, 제2항(이하 '이 사건 주택분 종합부동산세 부과규정'이라 한다)과 종합합산과세 대상 토지분 종합부동산세의 납세의무자와 과세표준, 세율 및 세액을 규정한 구 종합부동산세법(2005. 1. 5. 법률 제7328호로 제정되고, 2005. 12. 31. 법률 제7836호로 개정되기 전의 것) 제12조 제1호, 제13조 제1항, 제3항 중 '또는 제2항' 부분을 제외한 부분, 제14조 제1항 전단, 종합부동산세법(2005. 12. 31. 법률 제7836호로 개정된 것) 제12조 제1항 제1호 본문 중 괄호 부분을 제외한 부분, 제13조 제1항, 제3항 중 '또는 제2항' 부분을 제외한 부분, 제14조 제1항, 제2항(이하 '이 사건 종합토지분 종합부동산세 부과규정'이라 한다)이 납세의무자의 재산권을 침해하는지 여부(이 사건 주택분 종합부동산세 부과규정은 적극, 이 사건 종합토지분 종합부동산세 부과규정은 소극)
3. 종합부동산세를 국세로 규정한 구 종합부동산세법(2005. 1. 5. 법률 제7328호로 제정되고, 2007. 1. 11. 법률 제8235호로 개정되기 전의 것) 제16조 제1항 및 제17조 중 '납세지 관할 세무서장', '납세지 관할 지방국세청장' 부분(이하 '이 사건 국세규정'이라 한다)이 자치재정권을 침해하는지 여부(소극)
4. 종합부동산세 제도가 이중과세, 소급입법 과세, 미실현 이득에 대한 과세 및 원본잠식, 헌법 제119조 위반, 헌법상 체계정당성 원리 위반, 입법권 남용에 해당하는지 여부(소극)
5. 종합부동산세 부과로 인한 평등권 또는 평등원칙 위배, 거주 이전의 자유 침해, 생존권 또는 인간다운 생활을 할 권리 침해, 개발제한구역 내 토지와 관련한 재산권 등 침해에 해당하는지 여부(소극)
6. 헌법불합치결정 및 잠정적용을 명한 사례

1. 특정한 조세 법률조항이 혼인이나 가족생활을 근거로 부부 등 가족이 있는 자를 혼인하지 아니한 자 등에 비하여 차별 취급하는 것이라면 비례의 원칙에 의한 심사에 의하여 정당화되지 않는 한 헌법 제36조 제1항에 위반된다 할 것인데, 이 사건 세대별 합산규정은 생활실태에 부합하는 과세를 실현하고 조세회피를 방지하고자 하는 것으로 그 입법목적의 정당성은 수긍할 수 있으나, 가족 간의 증여를 통하여 재산의 소유 형태를 형성하였다고 하여 모두 조세회피의 의도가 있었다고 단정할 수 없고, 정당한 증여의 의사에 따라 가족 간에 소유권을 이전하는 것도 국민의 권리에 속하는 것이며, 우리 민법은 부부별산제를 채택하고 있고 배우자를 제외한 가족의 재산까지 공유로 추정할 근거규정이 없고, 공유재산이라고 하여 세대별로 합산하여 과세할 당위성도 없으며, 부동산 가격의 앙등은 여러 가지 요인이 복합적으로 작용하여 발생하는 것으로서 오로지 세제의 불비 때문에 발생하는 것만이 아니며, 이미 헌법재판소는 자산소득에 대하여 부부간 합산과세에 대하여 위헌 선언한바 있으므로 적절한 차별취급이라 할 수 없다.

또한 부동산실명법상의 명의신탁 무효 조항이나 과징금 부과 조항, 상속세 및 증여세법상의 증여 추정규정 등에 의해서도 조세회피의 방지라는 입법목적을 충분히 달성할 수 있어 반드시 필요한 수단이라고 볼 수 없다.

이 사건 세대별 합산규정으로 인한 조세부담의 증가라는 불이익은 이를 통하여 달성하고자 하는 조세회피의 방지 등 공익에 비하여 훨씬 크고, 조세회피의 방지와 경제생활 단위별 과세의 실현 및 부동산 가격의 안정이라는 공익은 입법정책상의 법익인데 반해 혼인과 가족생활의 보호는 헌법적 가치라는 것을 고려할 때 법익균형성도 인정하기 어렵다. 따라서 이 사건 세대별 합산규정은 혼인한 자 또는 가족과 함께 세대를 구성한 자를 비례의 원칙에 반하여 개인별로 과세되는 독신자, 사실혼 관계의 부부, 세대원이 아닌 주택 등의 소유자 등에 비하여 불리하게 차별하여 취급하고 있으므로, 헌법 제36조 제1항에 위반된다.

2. 종합부동산세는 부동산 보유에 대한 조세부담의 형평성을 제고하고, 부동산 가격을 안정시키려는데 목표가 있고, 아울러 지방재정의 균형발전과 국민경제의 건전한 발전에 이바지하고자 하는 것으로 이러한 입법목적의 정당성과 방법의 적절성을 수긍할 수 있다. 또한 전체 재산세 납세의무자나 인구, 세대 중 종합부동산세의 납세의무자가 차지하는 비율, 1인당 또는 1세대당 평균세액, 세액 단계별 납세자 및 납세액의 분포, 부동산 가격 대비 조세부담률, 직전년도 총세액 부담액에 대한 150% 내지 300%의 세액 상한의 설정 등에 비추어 보면, 종합부동산세법이 규정한 조세의 부담은 재산권의 본질적 내용인 사적 유용성과 원칙적인 처분권한을 여전히 부동산 소유자에게 남겨 놓는 한도 내에서의 재산권의 제한이고, 위 가격 대비 부담률에 비추어 보면, 매년 종합부동산세가 부과된다고 하더라도 상당히 짧은 기간 내에 사실상 부동산가액 전부를 조세 명목으로 무상으로 몰수하는 결과를 가져 오게 되는 것이라고 보기도 어려우므로, 이 사건 주택분 및 종합토지분 종합부동산세의 과세표준 및 세율로 인한 납세의무자의 세부담 정도는 종합부동산세의 입법 목적에 비추어 일반적으로는 과도하다고 보기 어려운 것으로 입법재량의 범위를 일탈하였다고 단정할 수는 없을 것이다.

그러나, 이 사건 주택분 종합부동산세 부과규정은, 납세의무자 중 적어도 주거 목적으로 한 채의 주택만을 보유하고 있는 자로서, 그 중에서도 특히 일정한 기간 이상 이를 보유하거나 또는 그 보유기간이 이에 미치지 않는다 하더라도 과세 대상 주택 이외에 별다른 재산이나 수입이 없어 조세지불 능력이 낮거나 사실상 거의 없는 자 등에 대하여 주택분 종합부동산세를 부과함에 있어서는 그 보유의 동기나 기간, 조세 지불능력 등과 같이 정책적 과세의 필요성 및 주거생활에 영향을 미치는 정황 등을 고려하여 납세의무자의 예외를 두거나 과세표준 또는 세율을 조정하여 납세의무를 감면하는 등의 과세 예외조항이나 조정장치를 두어야 할 것임에도 이와 같은 주택 보유의 정황을 고려하지 아니한 채 다른 일반 주택 보유자와 동일하게 취급하여 일률적 또는 무차별적으로, 그것도 재산세에 비하여 상대적으로 고율인 누진세율을 적용하여 결과적으로 다액의 종합부동산세를 부과하는 것이므로, 그 입법 목적의 달성에 필요한 정책수단의 범위를 넘어 과도하게 주택 보유자의 재산권을 제한하는 것으로서 피해의 최소성 및 법익 균형성의 원칙에 어긋난다고 보지 않을 수 없다.

이와 달리, 이 사건 종합토지분 종합부동산세 부과규정은, 매년 종합합산 과세대상인 토지에 대한 종합부동산세가 반복적으로 부과되어 재산권에 대한 제한이 있다 하더라도 종합부동산세 납세의무자의 세부담의 정도 및 주택과는 또 다른 토지의 특수성 등을 종합하면, 부동산에 대한 과도한 보유 및 투기적 수요 등을 억제함으로써 부동산의 가격 안정을 꾀하며, 징수한 종합부동산세의 지방양여를 통하여 지방재정의 균형발전과 국민경제의 건전한 발전을 도모함으로써 얻을 수 있는 공익이 보다 크다고 할 것이므로, 피해의 최소성 및 법익 균형성의 원칙에 어긋난다고 보기는 어렵다 할 것이다.

3. 부동산 보유세를 국세로 할 것인지 지방세로 할 것인지는 입법정책의 문제에 해당되고, 입법정책상 종합부동산세법이 부동산 보유세인 종합부동산세를 국세로 규정하였다 하더라도 지방자치단체의 자치재정권의 본질을 훼손하는 것이라고 보기 어려우므로 이 사건 국세 규정은 헌법에 위반된다고 볼 수 없다.

4. 가. 종합부동산세는 재산세와 사이에서는 동일한 과세대상 부동산이라고 할지라도 지방자치단체에서 재산세로 과세되는 부분과 국가에서 종합부동산세로 과세되는 부분이 서로 나뉘어져 재산세를 납부한 부분에 대하여 다시 종합부동산세를 납부하는 것이 아니고, 양도소득세와 사이에서는 각각 그 과세의 목적 또는 과세 물건을 달리하는 것이므로, 이중과세의 문제는 발생하지 아니한다.

나. 구 종합부동산세법 부칙 제2조는 구 종합부동산세법이 그 시행 후 최초로 납세의무가 성립하는 종합부동산세에 대하여 적용됨을 명백히 규정하고 있으므로, 구 종합부동산세법이 시행된 후 과세기준일 현재 과세대상 부동산에 대하여 종합부동산세를 부과하는 것은 소급입법에 의한 과세라고 하기는 어렵다.

다. 종합부동산세는 본질적으로 부동산의 보유사실 그 자체에 담세력을 인정하고 그 가액을 과세표준으로 삼아 과세하는 것으로서, 일부 수익세적 성격이 있다 하더라도 미실현 이득에 대한 과세의 문제가 전면적으로 드러난다고 보기 어렵고, 그 부과로 인하여 원본인 부동산가액의 일부가 잠식되는 경우가 있다 하더라도 그러한 사유만으로 곧바로 위헌이라 할 수는 없을 것이다.

라. 국가에 대하여 경제에 관한 규제와 조정을 할 수 있도록 규정한 헌법 제119조 제2항이 보유세 부과 그 자체를 금지하는 취지로 보이지 아니하므로 주택 등에 보유세인 종합부동산세를 부과하는 그 자체를 헌법 제119조에 위반된다고 보기 어렵다.

마. 종합부동산세는 지방세인 재산세와는 별개의 독립된 국세로서 구 조세특례제한법상의 중과세 특례라고 할 수 없을 뿐만 아니라, 종합부동산세가 재산세나 다른 조세와의 관계에서도 규범의 구조나 내용 또는 규범의 근거가 되는 원칙 면에서 상호 배치되거나 모순된다고 보기도 어려우므로, 입법 체계의 정당성에 위반된다고 할 수 없다.

바. 조세 관련 법률이라 하여 정부가 제출하는 방식으로 입법하여야 한다는 헌법적인 관행이 확립되어 있다고 보기 어렵고, 헌법 제40조에 의하면 입법권은 본래 국회에 속하는 것이므로, 종합부동산세법이 비록 국회의원이 제출하는 형식으로 입법되었다 하여 이를 들어 입법권의 남용이라 하기도 어렵다.

5. 가. (1) 일정 가액 이상의 부동산에 대하여 각각 부채를 고려함이 없이 누진세율에 의하여 과세하도록 한 것은, 입법재량의 범위 내에서 부동산의 가격안정과 담세능력에 상응한 과세를 도모하기 위한 것으로 합리적인 이유 없이 차별대우하는 것이 아니고, (2) 토지와 주택의 사회적 기능이나 국민경제의 측면, 특히 주택은 인간의 기본적인 생존의 조건이 되는 생활공간인 점을 고려할 때, 토지와 주택을 다른 재산권과 달리 취급하더라도 합리성이 없다 할 수 없으며, (3) 종합부동산세법은 전국의 모든 부동산을 소유자별로 합산한 가액을 과세표준으로 하는 재산세의 일종이므로, 사회·경제적인 여건으로 종합부동산세의 부과대상이 수도권에 편중되어 있다 하여 이를 들어 수도권을 비수도권에 비하여 차별한다고 할 수는 없고, (4) 임대주택, 기숙사, 사원용 주택, 건설사업자의 미분양 주택 등은 주거생활의 안정을 위한 주택의 공급에 기여하여 부동산의 가격안정에 도움을 주는 것으로 이를 과세표준 합산대상에 배제하는 것이 합리적이라 할 것이므로, 평등의 원칙에 반한다고 보기 어렵다.

나. 주택 등에 대한 종합부동산세의 부과로 거주 이전의 자유가 사실상 제약당할 여지가 있으나, 이는 위의 기본권에 대한 침해가 아니라 주택 등의 재산권에 대한 제한이 수반하는 반사적인 불이익에 지나지 아니하므로 이 사건 주택분 종합부동산세 부과규정이 거주 이전의 자유를 침해한다고 보기 어렵다할 것이다.

다. 종합부동산세법은 공시가격을 기준으로 주택분의 경우에는 6억 내지 9억 원, 종합합산 토지분의 경우에는 3억 내지 6억 원을 초과하여 보유한 자를 납세의무자로 하고 있는바, 위 과세대상 주택 등의 가액에 비추어 보면, 종합부동산세의 납세의무자는 인간의 존엄에 상응하는 최소한의 물질적인 생활을 유지할 수 있는 지위에 있다 할 것이므로, 이 사건 종합부동산세 부과규정으로 인하여 납세의무자의 생존권이나 인간다운 생활을 할 권리를 제한하거나 침해한다고 보기 어렵다 할 것이다.

라. 종합합산 과세대상 토지가 '개발제한구역의 지정 및 관리에 관한 특별조치법' 상의 개발제한구역의 지정으로 인하여 재산권 행사에 제한을 받고 있다 하더라도, 그 토지의 재산적 가치가 완전히 소멸되는 것이 아니라 그러한 재

산권의 제한은 당해 토지의 개별공시지가에 반영되어 과세표준이 감액 평가됨으로써 일반토지와 비교할 때 감액된 종합부동산세를 부담하게 될 것이므로, 개발제한구역으로 지정된 토지에 대하여 재산세에 더하여 다른 일반토지와 같은 세율의 종합부동산세를 부과한다 하여 다른 일반 토지에 비하여 특별히 청구인의 재산권이 침해되었다거나, 평등원칙에 위반된다고 보기는 어렵다 할 것이다.

6. 이 사건 주택분 종합부동산세 부과규정을 단순위헌으로 선언하여 즉시 효력을 상실하게 할 경우에는, 단순위헌의 선언에도 불구하고 인별 합산규정에 따라 종합부동산세를 부과할 수 있는 이 사건 세대별 합산규정의 경우와는 달리, 주택분에 대한 종합부동산세를 전혀 부과할 수 없게 되는 등 법적인 공백 상태를 초래하게 되고, 이는 일정한 경우에 과세 예외조항이나 조정장치를 두지 않은 것이 납세의무자의 재산권을 침해한다는 이 사건 위헌 결정의 취지와 달리 모든 주택분 종합부동산세 납세의무자에 대해서까지 주택분 종합부동산세를 부과하지 못하게 하는 부당한 결과에 이르게 될 뿐만 아니라, 조세수입을 감소시키고 국가재정에 상당한 영향을 줌으로써, 일부 위헌적인 요소가 있는 이 사건 주택분 종합부동산세 부과규정을 존속시킬 때보다 단순위헌의 결정으로 인하여 더욱 헌법적 질서와 멀어지는 법적 상태가 초래될 우려가 있고, 위헌적인 규정을 구체적으로 어떠한 내용으로 합헌적으로 조정할 것인지는 원칙적으로 입법자의 형성재량에 속하고, 특히 일률적・장기적으로 다수의 국민을 대상으로 하는 세법규정에 있어서는 입법자로 하여금 정책적 판단을 숙고할 수 있는 여유를 주어 충분한 사회적인 합의를 거쳐 위헌적인 문제점을 해결하도록 함이 상당하다 할 것이므로, 이 사건 주택분 종합부동산세 부과규정에 대하여는 헌법불합치 결정을 선고하되, 다만 입법자의 개선입법이 있을 때까지 계속 적용을 명하기로 한다.

(헌법불합치 부분에 대한 재판관 목영준의 일부 합헌의견) 1. 납세의무자의 주관적 요소에 따라 납세의무자 여부와 적용세율을 달리하는 것은 재산세의 성격에 비추어 타당하지 않고, 종합부동산세법상 납세의무자의 범위와 세율이 조세정책에 관한 입법자의 재량범위를 벗어났다고 볼 수도 없으므로, 결국 납세의무자에 관한 법 제7조 제1항(개정 법 제7조 제1항 전문 중 괄호 부분 제외) 및 세율에 관한 제9조 전단(개정 법 제9조 제1항・제2항)은 헌법에 위반되지 아니한다.

2. 그러나 주택의 장기보유자에 대한 조세부과는 '주택의 가격안정'이라는 목적을 이루기 위한 범위를 벗어날 뿐 아니라 이를 달성하는데 아무런 도움을 주지 못하므로, 법 제8조(개정 법 제8조 제1항, 과세표준)가 과세표준을 시가에 근접한 공시가격을 기준으로 정하면서도 과세표준의 상승폭 제한 또는 물가상승에 따른 보유공제 등 과세표준에 대한 조정장치를 마련하지 않은 것은 헌법상 과잉금지원칙에 위반하여 주택장기보유자의 재산권을 침해함으로써, 헌법에 합치되지 않는다 할 것이다.

(재판관 조대현의 합헌의견) 1. 종합부동산세는 과세기준금액을 넘는 부동산의 보유 자체를 조세부담능력으로 파악하는 것이므로, 그 과세표준을 산정하면서 보유 부동산의 가액에서 부채(負債)를 공제한 실질적인 재산가치를 기준으로 삼지 않았다고 하여 조세부담능력을 잘못 인정하였다거나 응능부담주의에 어긋나는 것이라고 볼 수 없고, 게다가 부동산 보유세 강화의 충격을 완화하기 위하여 과세기준가격을 높게 설정함과 아울러 과세표준을 공시가격에 접근시키는 비율을 점차적으로 높이도록 규정하고 있으므로, 조세입법권의 재량 한계를 벗어났다고 볼 수 없어 사유재산제도를 근본적으로 부정하거나 납세의무자의 재산권을 중대하게 침해하는 것이라고 보기 어렵다.

2. 종합부동산세의 본질은 국가재원을 조달하기 위한 재산보유세이며, 부동산 투기억제나 부동산 가격안정을 근본목적으로 하는 것이 아니므로, 과세대상 부동산의 장기보유 여부나 보유목적의 투기성 여하에 따라 종합부동산의 과세 여부나 과세 범위를 달리하여야 하는 것은 아니므로, 종합부동산세를 부과하면서 주거목적으로 보유하는 1주택의 경우에 장기보유 여부나 다른 재산・소득의 유무를 고려하지 않고 일률적으로 과세하는 것이 헌법에 위반된다고 볼 수 없다.

3. 종합부동산세의 세대별 합산과세제도는 세대별 부동산 보유를 하나의 과세단위로 파악하는 조세정책적 결정이고, 세대원들의 소유명의 분산을 통한 조세회피행위를 방지하여 종합부동산세 부담의 실질적 공평을 도모하려는 것이므로, 조세부담능력을 잘못 파악하였다거나 응능부담의 원칙에 어긋난다거나 헌법 제36조 제1항 또는 제11조 제1항에 위반된다고 보기 어렵다.

4. 종합부동산세의 과세대상을 제한하고 과세기준금액을 높게 설정하여 고액의 부동산을 보유하는 극소수의 국민들에게만 차별과세하는 결과로 되었다고 하더라도, 이를 불합리한 차별과세라거나 조세일반부담의 원칙이나 조세평등의 원칙에 위반된다고 보기는 어렵다고 할 것이다.

(재판관 김종대의 합헌의견) 1. 종합부동산세 제도의 입법목적에 정당성이 인정되고 종합부동산세 부과로 인한 납세의무자의 부담 정도가 입법재량 사항이라고 한다면, 그 제도를 구성하는 일부규정들 속에 불합리한 규정이 들어있다 하더라도 그 규정의 불합리성이 너무 지나쳐 헌법적 가치를 훼손함에 이르지 않는 한, 우리는 그 제도의 유지 및 변경에 대한 판단을 국회에 맡겨야 한다.

2. 세대별 합산과세방식에 관해 보건대, 주택은 그 소유권이야 개인별로 귀속되겠지만, 그 사용은 세대를 이루어 사는 가족들의 공동주거로 쓰이는 특수성이 있다. 이 같은 과세목적물인 주택의 특성상 같은 세대를 구성한 구성원이 여러 주택을 소유하고 있을 때 개인별로 과세 않고 이를 세대별로 합산과세 하겠다는 것은 입법목적을 달성하기 위해 꼭 필요할 뿐 아니라 과세단위에 관한 논리상의 결함도 없으므로, 헌법에 위반된다고 볼 수 없다.

3. 1주택 보유자에 대한 과세예외조항에 관해 보건대, 주거목적의 1주택이라고 해도 고가의 주택보유자에 대해서는 그 주택가액에 상응하는 보유세를 부담하게 함으로써 조세부담의 형평성을 제고할 필요가 있고, 그 부담 정도 역시 선진제국에 비하여 현저히 낮은 수준에 불과하고, 혹 납세의무자에 따라서는 극소수자에게만 부과시키는 과도한 세금이라고 느낄 수 있는 측면이 있을 수도 있으나 이는 종합부동산세와는 다른 세금인 양도소득세의 부과상 문제점에서 비롯된 면이 없지 않은 점과 종합부동산세의 입법목적에는 보유세 부담의 형평성 제고 이외에 부동산 투기 및 과다 보유의 억제를 통한 부동산 가격의 안정을 도모한다는 측면도 있다는 점을 아울러 고려할 때, 그와 같은 주택보유자에 대하여 보유기간이나 조세지불능력을 고려한 과세예외조항이나 조정장치를 두지 않았다고 하여 입법재량의 한계를 일탈하였다고 보기는 어려우므로, 헌법에 위반된다고 볼 수 없다.

✢ 본 판례에 대한 평가 1. 헌법재판소는 세대별 합산규정은 위헌이며, 주택분 종합부동산세는 한 주택 소유자에 대하여 보유기간이나 조세지불능력을 고려하지 않고 일률적으로 부과한 것에 대해서는 헌법불합치결정을, 나머지 부분은 합헌결정을 내리고 있다. ① 세대별 합산규정은 혼인한 자 또는 가족과 함께 세대를 구성한 자를 비례의 원칙에 반하여 개인별로 과세되는 독신자, 사실혼 관계의 부부, 세대원이 아닌 주택 등의 소유자 등에 비하여 불리하게 차별하여 취급하고 있으므로 헌법 제36조 제1항에 위반된다. ② 주택분 종합부동산세 부분은 적어도 주거 목적으로 과세기준 이상의 주택 한 채만을 보유하고 있는 자로서, 그 중에서도 특히 일정한 기간 이상 이를 보유하거나 또는 그 보유기간이 이에 미치지 않는다 하더라도 과세 대상 주택 이외에 별다른 재산이나 수입이 없어 조세지불 능력이 낮거나 사실상 거의 없는 자 등에 대하여도 납세의무자의 예외를 두거나 과세표준 또는 세율을 조정하여 납세의무를 감면하는 등의 일체의 여과 조치 없이 일률적으로 종합부동산세를 과세함으로써 과잉금지원칙에 위배하여 재산권을 침해하고 있으므로 헌법에 위반된다 할 것이다. 다만 주택분 종합부동산세 부과규정에 대하여는 세대별 합산규정과는 달리 단순위헌의 결정을 하는 것은 적절치 아니하며 따라서 헌법불합치결정을 선고하되 입법자의 개선입법이 있을 때까지 계속 적용을 명하기로 한다. 그러나 종합합산과세 대상 토지분 종합부동산세 부분은 과잉금지원칙에 위배하여 재산권을 침해한다고 보기 어렵다 할 것이다. ③ 이중과세, 재산권침해, 지방재정권 침해 등의 쟁점에 대해서는 종합부동산세가 헌법에 위반되지 아니한다.

2. 종합부동산세법(2005년 제정)상 종합부동산세(綜合不動産稅)는 토지소유자들을 대상으로 주소지가 속한 지방자치단체가 관할 구역의 토지를 대상으로 세금을 부과하는 현행 종합토지세와 별도로, 국세청이 일정 기준을 초과하는 토지와 주택 소유자들의 전국 소유 현황을 분석해 누진세율을 적용해 부과하는 국세를 말하며, 주택에 대한 종합부동산세와 토지에 대한 종합부동산세의 세액을 합한 금액으로 이루어져 있다. 종합부동산세는 일정한 가액을 초과하는 주택과 토지 등 부동산을 보유하는 자에 대하여 일정한 재산의 소유라는 사실에 담세력을 인정하여 부과하는 세금이라는 점에

서 '**재산보유세**'로서의 성격을 가지고 있고, 일부 과세대상 부동산으로부터 발생하는 수익에 대하여 부과하는 '**수익세**'적 성격과 부동산의 과도한 보유 및 투기적 수요 등을 억제하여 부동산 가격을 안정시키고자 하는 '**정책적 조세**'로서의 성격을 동시에 가지고 있다.

한편 종합부동산세의 헌법적합성 여부에 대해서는 끊임없는 논란이 제기되어왔다. 종합부동산세제와 관련한 헌법적 쟁점 사항들을 정리하면 다음과 같다. 즉, 첫째, 과세대상 부동산에 대하여 부과되는 재산세 또는 양도소득세와의 관계에서 종합부동산세는 이중과세라는 문제가 제기된다. 둘째, 종합부동산세는 미실현이익에 대한 과세이며 부동산의 원본가액을 잠식하여 재산권을 침해할 수 있다는 문제가 있다. 셋째, 종합부동산세법이 부동산 보유세인 종합부동산세를 국세로 규정한 것이 지방재정권을 침해하는지 여부가 문제된다. 넷째, 세대별 합산규정에 의하여 혼인한 부부 또는 가족과 함께 세대를 구성한 자에게 더 많은 조세를 부과하는 것이 혼인과 가족생활을 특별히 더 보호하도록 한 헌법 제36조 제1항에 위반되는지 여부가 문제된다. 다섯째, 적어도 주거 목적으로 한 채의 주택만을 보유하고 있는 자 등 일정한 범위의 부동산 보유자에 대하여 일률적 또는 무차별적으로 상대적 고율인 누진세율을 적용하여 결과적으로 다액의 종합부동산세를 부과하는 것이 그 입법 목적의 달성에 필요최소한의 범위를 넘어 과도하게 주택 보유자의 재산권을 제한하는지 여부가 문제된다.

Ⅷ 자연공원법 제4조 등 위헌소원: 합헌(헌재 2003.4.24. 99헌바110등)

쟁점 국립공원지정에 따른 토지재산권의 제한에 대하여 손실보상규정을 두지 않은 구 자연공원법 제4조가 비례의 원칙에 어긋나게 토지소유자의 재산권을 과도하게 침해하는지 여부

사건의 개요

건설부장관은 구 자연공원법 제4조에 따라 청구인들 소유의 토지를 포함하여 북한산 일원의 지역을 북한산 국립공원으로 지정하는 처분을 하였다. 이에 청구인 갑은 대한민국을 상대로 손실보상금의 지급을 구하는 소송을 제기하고, 동 소송 계속 중 위 자연공원법 조항들에 대해 위헌제청신청을 하였으나 당해사건 법원이 이를 기각하자, 헌법재판소법 제68조 제2항에 따라 이 사건 헌법소원심판을 청구하였다. 청구인 을은 대한민국을 상대로 부당이득금반환 또는 손해배상 청구소송을 제기하고 동 소송이 계속 중, 자연공원법에서는 제43조 제1항에서 특별한 경우에 한하여 보상하도록 규정하고 있을 뿐, 위 지정처분의 근거규정인 제4조에 아무런 보상규정을 두고 있지 아니하여 이들 규정은 헌법 제23조에서 보장하는 재산권을 침해하는 위헌의 법률조항이라고 주장하면서 위헌제청신청을 하였으나 당해사건 법원이 이를 기각하자, 헌법재판소법 제68조 제2항에 따라 이 사건 헌법소원심판을 청구하였다.

한편, 이 사건 심판청구 후 자연공원법은 전문개정되어 제4조와 관련하여 그 내용에 상당한 변화를 가져왔다. 즉, 자연공원지정에 따른 재산권제한의 완화조치로서 자연공원의 "폐지" 또는 "구역변경"에 관하여 규정하였고, 공원사업의 시행을 위하여 필요한 때에는 공원사업에 들어가는 토지와 그 토지에 정착된 물건에 대한 소유권 그 밖의 권리를 수용 또는 사용할 수 있고 이 경우 토지수용법을 준용하도록 규정함으로써 이에 대한 "손실보상"은 물론 "환매권"의 행사도 가능하게 되었다. 뿐만 아니라 협의에 의한 토지 등의 매수에 관한 규정과, 일정한 요건을 갖추면 "매수청구권"을 행사할 수 있도록 하는 규정이 신설되었다.

▢ 심판의 대상

구 자연공원법 제4조 ① 국립공원은 환경부장관이 지정한다.

② 환경부장관이 제1항의 규정에 의한 지정을 하고자 할 때에는 관계 중앙행정기관의 장과 협의하고 관할도지사의 의견을 들은 후 국립공원위원회와 국토건설종합계획법 제7조의 규정에 의한 국토건설종합계획심의회의 심의를 거쳐야 한다.

▢ 관련조문

제43조 (손실보상) ① 제40조 제1항 또는 제51조 제1항의 규정에 의한 처분 등으로 인하여 손실을 받은 자에 대하여는 환경부장관이 행한 경우에는 국가가, 기타의 행정청이 행한 경우에는 당해 행정청이 속하는 지방자치단체가 각각 그 손실을 보상하여야 한다. 제42조의 규정에 의한 감독관청의 처분으로 인하여 공원관리청이 그 처분을 취소 또는 변경함으로 인하여 생긴 손실에 대하여도 또한 같다.

▢ 주 문

구 자연공원법 제4조는 헌법에 위반되지 아니한다.

▢ 판 단

Ⅰ. 헌법불합치의견(4인의견)

1. 재산권의 내용과 한계에 관한 규정이자 사회적 구속성을 구체화하는 규정

헌법상의 재산권은 토지소유자가 이용가능한 모든 용도로 토지를 사용할 권리나 가장 경제적 또는 효율적으로 사용할 수 있는 권리를 보장하는 것은 아니며, 입법자는 중요한 공익상의 이유로 토지를 일정용도로 사용하는 권리를 제한할 수 있다. 따라서 토지의 개발이나 건축도 합헌적 법률로 정한 재산권의 내용과 한계 내에서만 가능한 것이다.

자연생태계와 자연풍경지의 보호 등을 목적으로 국립공원을 지정하도록 하는 이 사건 법률조항과 이를 근거로 토지사용을 제한하는 구법조항들(법 제16조, 제23조, 제36조)은 입법자가 토지재산권에 관한 권리와 의무를 일반·추상적으로 확정하는 재산권의 내용과 한계에 관한 규정이면서 동시에 재산권의 사회적 제약을 구체화하는 규정이다. 모든 토지에는 그의 위치, 성질 및 자연과 풍경과의 관계, 즉 토지의 고유상황에서 나오는 재산권의 내재적 한계가 있는데, 토지소유자는 재산권의 행사에 있어서 토지의 이러한 고유한 상황을 고려하여 모든 토지를 그의 위치 및 상황에 적합하도록 사용해야 한다는 사회적 제약을 받으며, 한편 입법자는 토지소유자로 하여금 토지의 상황에 상응하게 재산권을 행사하도록 규율할 수 있다. 따라서 지역의 풍경을 대표하는 수려한 풍경지이기 때문에 공원구역 지정의 요건을 충족시키는 토지에 대하여 자연보존을 목적으로 부과되는 자연공원법상의 현상유지의무나 사용제한은 토지의 위치와 주변환경에 비추어 토지재산권에 내재하는 제한을 구체화한 것으로서 사회적 제약의 한 표현이라고 볼 수 있다.

2. 비례의 원칙의 위반여부

(1) 사회적 제약의 위반의 판단기준 2가지

토지재산권의 강한 사회성·공공성으로 인하여 다른 재산권에 비하여 보다 강한 제한과 의무가 부과될 수 있으나, **토지재산권에 대한 제한입법 역시 다른 기본권에 대한 제한입법과 마찬가지로**

과잉금지의 원칙을 준수해야 하고 재산권의 본질적 내용인 사적유용성과 원칙적인 처분권을 부인해서는 안 된다. 토지에 대한 사용제한이 언제 토지재산권의 내재적 한계로서 허용되는 사회적 제약의 범위를 넘어 특별한 재산적 손해를 발생시키는가의 문제를 판단함에 있어서, 다음의 2가지 관점이 유용한 기준을 제공한다.

첫째, 토지소유자가 종래 합법적으로 허용된 사용가능성을 이미 현실적으로 행사했는가 하는 점이 중요한 의미를 가진다. 헌법상의 재산권은 무엇보다도, 토지소유자가 종래의 재산권적 법질서가 존속하리라는 신뢰하에서 그의 토지에 가치를 창설한 경우 법질서의 변경에 의하여 토지에 형성된 가치가 갑자기 박탈되거나 절하되는 것으로부터 보호한다. 예컨대 자신의 토지를 농업용으로 사용하기 위하여 토지를 농지로 형성하거나, 대지에 건축물을 설치한 경우 등과 같이 토지소유자가 당시의 법질서를 신뢰하여 그에 부합되게 무엇인가를 실행에 옮겼고 이로써 자본이나 노동을 투입하여 그의 토지를 변화시켰다면, 토지소유자는 법률의 개정이나 토지재산권의 내용을 새로이 규율하는 규정으로부터 보호를 받아야 한다. 이와 같이 기존에 형성된 가치와 상태는 보상 없이는 박탈할 수 없는 재산권적 지위를 가지므로, 일단 합법적으로 설치된 건축물이 법률의 제·개정으로 인하여 사후에 불법적으로 된 경우에도 이미 한 번 합법성을 부여받은 건축물은 행정청의 철거명령 등으로부터 보호되어 그 상태의 존속을 주장할 수 있다. 종래 합법적으로 행사된 토지사용권과 그로 인하여 형성된 상태는 이를 변경하려는 입법자에 대하여 계속 그의 존속을 관철할 수 있으며, 따라서 입법자는 보상 없이는 종래의 합법적인 상태나 사용을 제거 또는 금지할 수 없는 것이다. 그러므로 새로운 법규정으로 이미 실현된 토지사용을 배제한다면, 다시 말하여 구역지정 후 토지를 종래 합법적으로 행사된 토지이용의 목적으로도 사용할 수 없는 경우에는 토지재산권의 제한을 단순히 사회적 제약으로 판단할 수 없고 수용적 효과를 인정해야 한다.

둘째, 사용제한으로 인하여 토지소유자에게 법적으로 허용되는 사적 효용을 가져오는 사용방법이 없기 때문에 토지재산권의 사적 효용성이 폐지된 경우에도, 사회적 제약의 한계를 넘는 특별한 재산적 손해가 발생하였다고 보아 수용적 효과를 인정해야 한다.

(2) 토지를 종래의 목적으로 사용할 수 있는 경우

국립공원구역지정 후 토지를 종래의 목적으로 사용할 수 있는 원칙적인 경우의 토지소유자에게 부과하는 현상태의 유지의무나 변경금지의무는, 토지재산권의 제한을 통하여 실현하고자 하는 공익의 비중과 토지재산권의 침해의 정도를 비교해 볼 때, 토지소유자가 자신의 토지를 원칙적으로 종래 용도대로 사용할 수 있는 한 재산권의 내용과 한계를 비례의 원칙에 부합하게 합헌적으로 규율한 규정이라고 보아야 한다.

(3) 토지를 종래의 목적으로 사용할 수 없거나 토지를 사적으로 사용할 수 있는 방법이 없는 경우

국립공원구역지정 후 토지를 종래의 목적으로도 사용할 수 없거나 토지를 사적으로 사용할 수 있는 방법이 없이 공원구역내 일부 토지소유자에 대하여 가혹한 부담을 부과하면서 아무런 보상규정을 두지 않은 경우에는 비례의 원칙에 위반되어 당해 토지소유자의 재산권을 과도하게 침해하는 것이라고 할 수 있다.

구체적으로 예를 들면 첫째, '자연보존지구'는 자연경관과 생태계를 그대로 보존하는 것을 주된 목적으로 삼고 있으므로, 토지소유자가 산림을 경제적으로 활용할 수 있는 일체의 행위가 금지된

다. 따라서 토지소유자에게 그의 토지가 단지 명목상으로만 귀속되었을 뿐 실제로 사익을 위해서는 전혀 사용할 수 없고 오로지 공익만을 위해서 존재해야 한다면, 사실상 토지와 소유자와의 귀속관계가 단절되어 토지의 사적 효용성이 폐지되었고 이는 곧 국민이 수인해야 하는 사회적 제약의 범위를 넘었다고 할 것이다.

둘째, 토지소유자가 공원구역으로 지정되기 전에 영림(營林)을 목적으로 그 당시의 법질서에 따라 조림·육림을 통하여 토지상황을 적극적으로 형성한 경우에는 입법자가 보상 없이는 박탈할 수 없는 재산권적 지위를 획득한 것으로 보아야 할 것이다. 마찬가지로 자연보존지구 안의 토지를 이미 농지나 대지로 합법적으로 이용한 경우에도 구역지정으로 인하여 종래의 용도대로 더 이상 사용할 수 없다면 사회적 제약의 한계를 넘는 특별한 재산적 손해가 발생했다고 보아야 한다.

셋째, '자연환경지구' 안에 위치하는 '나대지'의 경우에도 기존 건축물의 증축·개축만 허용될 뿐 신축을 할 수 없으므로, 토지 관련 공부에 지목이 대지로 되어 있고 지정 당시 이미 나대지로 형성되어 토지의 현상도 지목과 일치한다면, 나대지의 소유자에게는 구역지정으로 인하여 토지의 이용이 사실상 폐지되는 효과가 발생하기 때문에, 토지소유자에게 보상 없이는 박탈할 수 없는 재산권적 지위를 인정해야 한다.

4. 소 결

결론적으로 이 사건 법률조항은 자연공원구역으로 지정된 토지에 대하여 원칙적으로 지정 당시에 행사된 용도대로 사용할 수 있는 한, 이른바 재산권에 내재하는 사회적 제약을 비례의 원칙에 합치하게 합헌적으로 구체화한 규정이라고 할 것이다. 그러나 예외적으로 종래의 용도대로 토지를 사용할 수 없거나 사적 효용의 가능성이 완전히 배제되는 경우에도 아무런 보상 없이 이를 감수하도록 규정하고 있는 한 이러한 부담은 법이 실현하려는 중대한 공익으로도 정당화될 수 없는 과도한 부담이므로, 이러한 한도 내에서 이 사건 법률조항은 비례의 원칙을 위배하여 당해 토지소유자의 재산권을 과도하게 침해하는 위헌적인 규정이다.

Ⅱ. 위헌의견(1인 의견)

1. 이 사건의 적용법규

이 사건에서 보면 자연공원법이 전문개정되어 구법은 폐지되고 신법이 시행되고 있고, 한편 자연공원제도 및 그 지정제도는 동일하게 신법에서도 존속하고 있으므로 위에서 검토한 바에 의하면 구법 제4조는 폐지되어 더 이상 적용되지 않지만 그에 근거한 자연공원지정처분의 효력은 여전히 신법하에서도 유지되고 있고 이 지정처분의 근거법률은 신법 제4조이며 이 지정처분에 관계된 법률관계에 대하여는 신법만이 적용된다고 할 것이다.

다만, 청구인들이 청구취지에서 적시한 심판대상법률이 구법 제4조이므로 이를 신법 제4조로 변경하는 것이 가능한가 하는 문제가 있지만 이 사건에서처럼 헌법소원의 계속 중에 법률이 개정되었고 그 개정의 전후를 비교할 때 조문의 내용이 동일하여 신·구의 조문 간에 동일성이 인정되는 때에는 당사자의 명시한 반대의사가 없는 한 심판대상조문은 당연히 신법조문으로 변경되는 것이라고 보아야 할 것이다. 이렇게 보는 것이 규범통제의 기능도 함께 수행하는 헌법재판소법 제68조 제2항의 헌법소원재판의 본질에 부합하고 당사자의 의사에도 합치되며 소송경제의 원칙에도 합당하다.

2. 신법의 위헌성

신법은 매수청구권 등 보상적 조치에 관한 일부규정을 신설하였지만 금전적 보상의 길을 열어놓지 않은 점은 구법과 마찬가지인데, 비록 매수청구권 등 보상적 조치에 관한 일부규정이 신설되어 위헌성이 다소 완화되긴 하였지만, 금전적 보상의 길을 막아놓은 채 자연공원을 지정하는 것은 여전히 비례의 원칙에 어긋나므로 청구인들의 재산권을 과도하게 침해하여 위헌이다.

Ⅲ. 각하의견(4인 의견)

법률이 폐지 또는 개정된 경우 구법의 규정은 원칙적으로 재판의 전제성이 없어 위헌심판의 대상이 되지 아니한다. 다만, 법률이 폐지 또는 개정되었다 하더라도 당해사건에서는 구법을 적용할 수밖에 없어 구법의 위헌 여부에 따라 다른 내용의 재판을 하게 되는 경우, 예컨대 당해사건이 개정 전의 법률에 의한 과세처분에 대하여 근거 법률의 위헌무효를 주장하며 그 과세처분의 취소를 구하는 경우 또는 이 사건의 당해사건이 공원지정처분의 근거규정인 구법 제4조의 위헌무효를 주장하면서 공원지정처분 그 자체의 취소를 구하는 경우라면, 재판의 전제성이 인정될 수도 있다. 그러나 공원지정처분 자체는 다투지 아니하고 그에 대한 보상적 조치의 불비만을 다투는 이 사건의 경우는 위 구법 제4조가 금전적 보상이나 배상을 구하는 당해사건에 직접 적용되는 것이 아니므로 여기에 해당되지 않는다.

한편, 청구인들이 주장하는 바와 같이 금전적 보상조치가 없는 국립공원지정처분이 재산권에 대한 지나친 제한이라고 판단되어 국회에서 현행법(신법)상의 보상적 조치 외에 금전보상과 같은 추가적인 보상조치를 입법한다고 하더라도 이는 전문개정되기 전의 법률인 구법의 개정을 통해서가 아니라 개정된 현행법률의 개정을 통해서 이루어질 수밖에 없는 것이니 이 또한 개정 전의 법률인 이 사건 법률조항의 재판의 전제성을 인정할 근거가 되지 아니하며, 구법 제4조에 대하여 헌법불합치결정을 한다고 하더라도 이미 개정되어 더 이상 적용되지 않는 법률을 다시 개정할 수는 없는 것이니 개선입법을 할 방법도 없다.

나아가, 법률이 개정된 경우에 신법에도 구법에서와 마찬가지의 위헌소지가 있어 헌법적 해명의 필요성이 있다면 적극적으로 본안판단을 할 수 있겠지만, 이 사건에서는 신법에 매수청구권 등 보상적 조치에 관한 규정이 신설되어 위헌 여부가 문제되는 내용에 중요한 변화가 생겼으므로 매수청구권 등 보상적 조치에 관한 규정이 없는 상태에서의 구법 제4조에 대하여 헌법적 해명의 필요성이 있다고 할 수도 없다.

또한, 개정된 신법상의 여러 보상적 조치에 관한 규정에도 불구하고 청구인들이 주장하는 바와 같은 금전보상에 관한 규정이 없음을 이유로 위헌이라고 다투기 위해서는 현재 청구인들의 토지에 적용되고 있는 신법의 법률조항을 그 심판대상으로 삼아야지 구법의 법률조항을 그 심판대상으로 삼아서는 안 될 것이다.

Ⅳ. 결　론

이와 같이 재판관 5인의 의견은 청구인들의 심판청구는 적법하므로 본안에 들어가 심판해야 하고, 그 중 4인은 이 사건 법률조항은 헌법에 합치하지 아니한다는 것이고, 재판관 1인의 의견은 이 사건의 심판대상은 신법 제4조가 되어야 하고 동 조항은 위헌이라는 것이며, 재판관 4인의 의견은 이 사건 심판청구는 재판의 전제성이 없어 부적법하므로 각하하여야 한다는 것이어서, 헌법재판소법 제23조 제2항 제1호에 규정된 법률의 위헌결정에 필요한 정족수 6인에 미달하여 주문과 같은 결정을 선고하는 것이다.

✤ 본 판례에 대한 평가 이 사건 법률조항들은 입법자가 토지재산권에 관한 권리와 의무를 일반·추상적으로 확정하는 재산권의 내용과 한계에 관한 규정이자 재산권의 사회적 제약을 구체화하는 규정이다(헌법 제23조 제1항 및 제2항). 토지소유자에게 부가된 사용제한이 토지소유자가 수인해야 하는 사회적 제약의 한계를 넘어 가혹한 부담을 발생시키는 예외적인 경우에는 이를 완화·조정하는 보상규정을 두어야 한다. 입법자는 비례원칙을 회복하기 위한 방법으로 반드시 금전보상을 해야 하는 것은 아니고, 여러 가지 다른 방법을 사용할 수 있다. 즉 입법자에게는 가혹한 부담의 조정이란 '목적'만 헌법적으로 확정되었을 뿐이고, 입법자가 어떠한 방법으로 가혹한 부담을 완화·조정할 수 있는가의 '방법'의 선택에 있어서는 광범위한 형성의 자유가 부여된다. 이러한 기준에 입각하여 볼 때 이 사건 법률조항들은 비례의 원칙에 반하여 청구인의 재산권을 침해한다고 볼 수 없다.

관련 문헌: 김현철, "자연공원법 제4조 등 위헌소원 - 보상 없는 토지재산권제한의 한계", 헌법재판소결정해설집, 헌법재판소, 2003.

[요약판례 1] 도시계획법 제83조 제2항 전단 부분 등 위헌제청: 합헌(헌재 2003.8.21. 2000헌가11등)

행정청이 아닌 시행자가 도시계획사업을 시행하여 새로이 설치한 공공시설은 그 시설을 관리할 국가 또는 지방자치단체에 무상으로 귀속되도록 한 법률조항이 재산권의 내용과 한계를 정할 입법형성권의 범위를 넘어 재산권을 침해하는지의 여부(소극)

입법자는 헌법 제23조가 정한 재산권보장의 취지와 공익목적을 위한 재산권제한의 필요성을 서로 형량하여 재산권의 내용과 한계를 구체적으로 정할 입법형성권을 갖는다. 특히 이 사건 조항과 같이 국민의 주거환경확보라는 강한 공익성과 사회성을 띠고 있는 주택건설사업을 시행함에 있어서 관련 토지재산권의 내용과 한계를 여하히 설정하고, 그 행사를 어떠한 선에서 규제할 것인지를 정하는 경우에는 더욱 그 입법형성권의 범위가 넓다고 할 것이다. 그러나 그렇다고 하더라도 토지재산권에 대한 제한입법 역시 다른 기본권을 제한하는 입법과 마찬가지로 과잉금지의 원칙(비례의 원칙)을 준수해야 하고, 재산권의 본질적 내용인 사용·수익권과 처분권을 부인해서는 안 된다.

이 사건 조항은 헌법 제23조가 정하는 재산권에 대한 사회적 제약의 범위 내에서 사업주체가 시행하는 주택건설사업지구 내의 토지재산권의 내용과 한계를 구체적으로 정한 것으로 비례의 원칙에 어긋나지 아니하므로 헌법에 위반되지 아니한다.

[요약판례 2] 집합건물의 소유 및 관리에 관한 법률 제20조 제1항 등 위헌소원: 합헌(헌재 2011.12.29. 2010헌바449)

집합건물에 있어 대지사용권을 전유부분과 분리하여 처분하는 것을 금지하고 대지사용권을 전유부분의 처분에 종속시키는 구 '집합건물의 소유 및 관리에 관한 법률' 제20조 제1항, 제2항 본문이 재산권 제한의 입법적 한계를 벗어난 것인지 여부(소극)

이 사건 법률조항으로 인하여 구분소유자의 전유부분 및 대지지분에 관한 자유로운 재산권행사가 처분방법의 면에서 일부 제한된다고 하더라도 이는 집합건물의 철거와 분쟁을 방지하고 구분소유자를 보호하고자 하는 이 사건 법률조항의 입법취지에 부응하는 것으로 합리적 이유가 있고, 구 '집합건물의 소유 및 관리에 관한 법률'은 규약이나 공정증서에 의해 전유부분과 대지사용권을 별도로 처분하는 가능성을 열어두고 있어 구분소유자의 이익을 보호하고 있을 뿐만 아니라, 거래의 안전을 위하여 분리처분금지를 알지 못한 선의의 제3자의 재산상 불이익을 방지하는 규정까지 두고 있으므로, 결국 전유부분과 대지사용권의 일체불가분성을 규정한 이 사건 법률조항이 현저히 불합리하여 재산권 제한의 입법적 한계를 벗어난 것이라고는 보기 어렵다.

[요약판례 3] 도시 및 주거환경정비법 제48조 제2항 제6호 등 위헌소원: 합헌(헌재 2012.3.29. 2010헌바217)

주택재개발정비사업의 관리처분계획 수립 시 2인 이상이 1주택을 공유한 경우 원칙적으로 1주택을 공급하도록 규정한 구 '도시 및 주거환경정비법' 조항이 재산권에 관한 입법형성권의 한계를 일탈하였는지 여부(소극)

이 사건 법률조항은 정비구역 안에서 1주택 1분양권 원칙에 따라 정비사업 조합원 사이의 권리관계를 조정하고, 투기과열지구 안에서 주택재개발사업 등에 의하여 공급되는 주택을 다수 취득할 목적으로 이른바 '지분 쪼개기'와 같은 행위를 하는 폐해를 방지하며, 재개발주택에 대한 투기수요를 차단하여 국민의 주거 안정을 확보하려는 데에 그 입법목적이 있다고 할 수 있는바, 주택 또는 토지 등 구분소유자의 재산권행사를 일부 제한하게 된다 하더라도, 정비사업조합의 조합원 사이의 권리관계를 조정하는 것은 조합원 사이의 공평을 도모하기 위한 것으로 그 제한의 합리성 내지 상당성이 충분히 인정되고, 주택에 대한 구분소유권 자체 또는 재산권의 본질적 내용인 사용·수익권이나 처분권을 부인하는 것이 아니라 정상적인 정비사업 진행과 정비구역 내 주택에 대한 투기방지라는 공익적 목적을 위해 구분소유권자의 분양권 취득을 합리적인 범위 내에서 제한하고 있을 뿐이므로, 재산권에 관한 입법형성권의 한계를 일탈하였다고 보기 어렵다.

Ⅸ 중소기업의구조개선과재래시장활성화를위한특별조치법 제16조 제1항 등 위헌소원: 합헌(헌재 2006.7.27. 2003헌바18)

쟁점 중소기업의구조개선과재래시장활성화를위한특별조치법 제16조 제5항에 의하여 준용되는 집합건물의소유및관리에관한법률 제48조 제4항에 따른 매도청구권을 실질적으로 헌법 제23조 제3항의 '공용수용'으로 볼 수 있는지 여부(적극)

☐ 사건의 개요

성북구청장은 ○○시장재건축조합으로부터 중소기업의구조개선및경영안정지원을위한특별조치법에 따라 중소기업청장에게 ○○시장을 시장재건축사업 시행구역으로 추천해 달라는 의뢰를 받고, 관련 절차를 거쳐 중소기업청장에게 ○○시장을 재건축 사업대상으로 추천하였고, 중소기업청장은 ○○시장을 재건축사업시행구역으로 선정하였고 요건과 절차를 충족하여 성북구청장으로부터 설립인가를 받았다.

한편 청구인은 위 재건축사업 시행구역 내에 대지와 그 지상 점포를 협의분할에 따라 상속받아 소유하고 있었는데, 위 조합은 청구인과 사이에 협의매수가 이루어지지 않자 청구인을 상대로 청구인 지분에 관하여 중소기업의구조개선과재래시장활성화를위한특별조치법에 기하여 매도청구권을 행사하였음을 이유로 서울지방법원에 소유권이전등기청구소송을 제기하였다. 청구인은 위 소송계속 중 사업시행구역 토지면적의 3/5 이상에 해당하는 토지소유자의 동의와 토지소유자 총수 및 건축물소유자 총수의 각 3/5 이상의 동의가 있는 경우에 시장재건축사업 시행자가 사업에 반대하는 부동산의 소유자에 대하여 집합건물의소유및관리에관한법률에 의한 매도청구권을 행사할 수 있도록 한 재래시장활성화 특별조치법 제16조 제1항·제5항, 경영안정지원 특별조치법 제6조 제2항·제8항이 청구인의 재산권 등을 침해한다고 주장하면서 같은 법원에 위헌제청신청을 하였으나 기각되자 이 사건 헌법소원심판을 청구하였다.

심판의 대상

중소기업의구조개선과재래시장활성화를위한특별조치법(2002. 1. 26. 법률 제6639호로 제정되어 2004. 10. 22. 법률 제7235호로 폐지되기 전의 것) 제16조 제1항 중 '시장재건축에 관한 부분' 및 같은 법 제16조 제5항 중 '집합건물의소유및관리에관한법률 제48조 제4항을 준용하는 부분'

주 문

중소기업의구조개선과재래시장활성화를위한특별조치법 제16조 제1항 중 '시장재건축에 관한 부분' 및 같은 법 제16조 제5항 중 '집합건물의소유및관리에관한법률 제48조 제4항을 준용하는 부분'은 모두 헌법에 위반되지 않는다.

판 단

Ⅰ. 재산권침해와 위헌심사기준

1. 재산권에 대한 제약, 수용과 위헌심사기준

토지재산권 등에 관한 입법에 있어서 입법자에게 넓은 입법재량이 인정된다고 할지라도, 재산권의 사회적 기속성에 기한 제한 역시 다른 기본권에 대한 제한입법과 마찬가지로 비례원칙을 준수하여야 하고 재산권의 본질적 내용인 사적 이용권과 원칙적인 처분권을 부인하여서는 아니 되며, 이는 사회적 기속성이 더욱 강한 토지재산권에 관하여도 마찬가지이다. 요컨대, 재산권에 대한 제약이 비례원칙에 합치하는 것이라면 그 제약은 재산권자가 수인하여야 하는 사회적 제약의 범위 내에 있는 것이고, 반대로 재산권에 대한 제약이 비례원칙에 반하여 과잉된 것이라면 그 제약은 재산권자가 수인하여야 하는 사회적 제약의 한계를 넘는 것이며, 따라서 입법자가 재산권을 비례의 원칙에 부합하게 합헌적으로 제한하기 위해서는 수인의 한계를 넘어 가혹한 부담이 발생하는 예외적인 경우에는 이를 완화하는 보상규정을 두어야 한다.

한편, 헌법 제23조 제3항은 "공공필요에 의한 재산권의 수용·사용 또는 제한 및 그에 대한 보상은 법률로써 하되, 정당한 보상을 지급하여야 한다"고 규정하여, 재산권행사의 사회적 의무성의 한계를 넘는 재산권의 수용·사용·제한과 그에 대한 보상의 원칙을 규정하고 있다. 따라서 공공필요에 의한 재산권의 공권력적, 강제적 박탈을 의미하는 공용수용은 국민의 재산권을 그 의사에 반하여 강제적으로라도 취득해야 할 공익적 필요성이 있을 것, 수용과 그에 대한 보상은 모두 법률에 의거할 것, 정당한 보상을 지급할 것의 요건을 갖추어야 합헌적인 것이라고 할 수 있다.

2. 이 사건 법률조항에 대한 심사기준과 방법

이 사건 법률조항에 따른 매도청구권을 헌법 제23조 제1항·제2항의 재산권의 제한으로 볼 것인지, 아니면 헌법 제23조 제3항의 공용수용으로 볼 것인지 문제되나, 위 **매도청구권의 행사로 재건축불참자는 그 의사에 반하여 재산권이 박탈당하는 결과에 이른다는 점에서 실질적으로 헌법 제23조 제3항의 공용수용과 같은 것으로 볼 수 있고,** 이 경우 헌법 제23조 제3항에 따라 보상적조치가 있어야 비로소 허용되는 범주 내에 있게 되는바, 이 사건 법률조항은 매도청구권행사에 의하여 시가에 따른 매매계약체결의 효과를 주고 있어 일응 정당한 보상요건은 갖춘 것으로 볼 수 있으므로 이러한 점에서는 특별히 위헌의 의심은 없고, 청구인도 이 점을 특별히 다투고 있지는 않다.

청구인은 시장재건축에 있어서 다소 완화된 요건 하에서 부여되는 매도청구권 자체의 위헌성을 묻고 있으므로 이는 헌법 제23조 제3항 공용수용의 요건 중 '공공의 필요성'을 갖추었는지에 대한 의문이라고 볼 수 있고, 이에 대한 심사는 실질적으로 헌법 제37조 제2항의 과잉금지원칙에 따라 이루어져야 할 것이므로 이 사건 법률조항을 단순한 재산권의 제한으로 보는 경우와 결과적으로 크게 다를 바 없다고 할 것이어서 과잉금지원칙의 위배여부만을 살펴보기로 한다.

Ⅱ. 과잉금지원칙의 위배여부

1. 목적의 정당성

재래시장의 경우에는 토지·건물주, 입점상인, 노점상 등의 이해관계인이 많고 다양하며, 그 건물이나 시설 등이 낙후되어 있다고 하더라도 시장 내의 점포위치나 영업수완에 따라 어느 정도의 영업이익을 누리고 있는 점포주 등은 재건축에 반대할 가능성이 있고 만일 이들의 비율이 20%를 넘는 경우에는 통상의 집합건물법상의 동의요건(80%)을 갖추기가 매우 어려우며, 나아가 임차상인들의 보증금과 권리금 등의 문제도 얽혀있어 시장재건축의 결의가 쉽지 않을 것으로 충분히 예상할 수 있는 점, 일반적으로 재래시장은 그 규모가 큰 경우가 많을 뿐만 아니라 재래시장 자체만으로 독자적인 경제·상업지구를 형성하는 것이 아니라 주변지역과 밀접한 경제적·문화적 관련성을 갖고 있는 경우도 많아 좀 더 광역적인 차원에서 계획적으로 개발될 필요성이 있으며 또한 재래시장은 주로 시민들에게 생활필수품 등을 공급하는 유통업이 주류를 이루는 지역으로서 일반 공중의 이해관계에도 밀접하게 관련되어 있으므로 재건축사업이 갖는 공공성이 현저하게 크다고 볼 수 있는 점 등을 고려하여 볼 때 재래시장재건축은 단순히 그 시장 내의 이해관계를 넘어서는 것으로서 통상의 집합건물보다는 그 동의요건을 완화하여야 할 필요성이 충분히 인정된다. 따라서 재래시장 재건축의 필요성, 사업진행의 현실적인 어려움과 재건축사업의 영향력 등을 고려할 때 시장재건축의 매도청구권의 행사요건으로 소유자 등의 3/5 이상의 동의를 요건으로 하는 것은 합리적인 이유가 있어 목적의 정당성이 인정된다.

2. 방법의 적정성

매도청구권은 3/5 동의요건을 갖춘 경우에 사업시행자가 비참가자의 토지를 시가에 따라 적절히 매수할 수 있게 함으로써 사업진행을 원활하게 하는 것이므로 위와 같은 입법목적 달성에 매우 효과적인 수단으로서 방법의 적정성을 인정할 수 있다.

3. 피해의 최소성과 법익의 균형성

시장재건축결의에 있어서는 토지면적기준 토지소유자, 토지소유자총수, 건물소유자총수의 각 3/5 이상의 동의를 요함으로써 재래시장 내의 어느 한 이익집단의 동의만으로 사업이 진행될 수는 없도록 하여 각 집단의 이해관계를 고루 반영하고 있는 점, 사업시행자는 시장재건축결의가 있다고 하여 바로 비참가자에게 매도청구권을 행사할 수는 없고 집합건물법 제48조 제1항·제2항에 따라 비참가자에게 재건축에의 참가 여부를 묻는 서면최고서를 발송하고 그 구분소유자에게 최고 수령일로부터 2월 이내에 회답할 수 있는 기회를 제공하고 그 기간이 경과한 때에야 매도청구권을 행사할 수 있는 점, 매도청구권의 행사에 의하여 매도청구권자와 행사의 상대방 사이에 체결된 것으로 보는 매매계약상의 매매대금은 시가에 의하여 결정되는 것으로 규정함으로써 상대방에게 적정하고 충분한 보상을 보장하고 있는 점, 매도청구권을 행사하였다고 하더라도 매도청구인의 현실적인 대금지급이 있을 때까지는 상대방은 명도를 거절할 수 있고 후에 소유권이전등기가 이루어진 경우에야 소유권을 상실하게 되는 점, 매도청구를 받은 재건축불참자는 건물의 명도로 생활상 현저한 곤란을 받을 우려가 있고 또한 재건축의 수행에 심한 영향이 없는 때에는 법원은 그 재건축불참자의 청구에 따라 대금의 지급 또는 제공일로부터 최장 1년간 건물의 명도에 관한 기간을 허여할 수 있는 점(집합건물법 제48조 제5항), 재건축의 결의일로부터 2년 이내에 건물철거의 공사가 착수되지 아니한 경우에는 토지 등을 매도한 자는 이 기간의 만료일로부터 6월 이내에 매수인이 지급한 대금에 상당한 금액을 그 구분소유권 등을 가지고 있는 자에게 제공하고 이들의 권리를 매도할 것을 청구할 수 있는 점(집합건물법 제48조 제6항) 등을 고려하여 보면, 시장재건축절차에 있어서의 매도청구권은 시장재개발절차에서의 수용제도보다는 좀 더 완화된 소유권박탈 제도라고 볼 수 있고, 그 매도청구권 행사에 있어서도 여러 가지 제한을 가함으로써 비참가자의 이익도 충분히 보장하고 있는 것이므로 피해의 최소성요건을 갖추었으며, 그리고 이 사건 법률규정으로써 보호되는 재래시장활성화나 그 사업추진의 원활화 등의 공익이 이 사건 법률조항으로 제한을 받게 되는 비참가자의 재산권이라는 이익을 능가한다고 할 수 있으므로 법익의 균형성도 갖추었다.

Ⅲ. 행복추구권의 침해여부

청구인은 이 사건 법률조항이 청구인의 행복추구권을 침해한다고 주장하고 있는바, 이 사건 법률조항은 청구인의 재산권을 잃게 하는 결과가 되어 행복추구권에도 영향을 주고 있음은 분명하나, 행복추구권도 공공복리 등을 위하여 필요한 경우에는 법률로써 제한할 수 있고(헌법 제37조 제2항), 위에서 본 바와 같이 3/5 이상의 동의를 전제로 한 매도청구권을 통하여 시장재건축에 반대하는 비참가자의 재산권에 대한 제한에는 합리적인 이유가 있다고 인정되므로 이 사건 법률조항이 청구인의 행복추구권을 침해한다거나 과도하게 제한하고 있다고 할 수 없다.

✤ 본 판례에 대한 평가 시장재건축제도는 기본적으로 낙후된 재래시장의 재건축을 통하여 재래시장을 현대화하고(목적의 정당성), 위와 같은 입법목적 달성에 매우 효과적인 수단이며(방법의 적정성), 매도청구권 행사에 있어서도 여러 가지 제한을 가함으로써 비참가자의 이익도 충분히 보장하고 있다(피해의 최소성과 법익균형성). 따라서 이 사건 법률조항은 시장재건축사업지역 내의 재건축불참자의 재산권을 본질적인 내용까지 침해한다거나 과잉금지원칙에 위배된다고 볼 수 없다.

[요약판례 1] 국민건강보험법 제62조 제3항 등 위헌확인: 기각(헌재 2003.10.30. 2000헌마801)

국민에게 건강보험에의 가입의무를 강제로 부과하고 경제적 능력에 따른 보험료를 납부하도록 하는 국민건강보험법 제5조, 제31조 제1항·제2항, 제62조 제1항·제3항·제4항이 재산권을 침해하는지 여부(소극)

건강보험은 사적인 자율영역에 맡겨 질 수 있는 성격의 문제가 아니라 경제적인 약자에게도 기본적인 의료서비스를 제공하기 위한 국가의 사회보장·사회복지 증진의무의 일부로서 공공복리를 위한 것이다. 그러므로 국가가 보험자인 국민건강보험공단의 설립을 통하여 달성하고자 하는 과제는 헌법상 정당하며, 소득재분배와 위험분산의 효과를 거두려는 사회보험의 목표는 임의가입의 형식으로 운영하는 한 달성하기 어렵고 법률로써 가입을 강제하고 소득수준에 따라 차등을 둔 보험료를 부과함으로써만 이루어질 수 있는 것이어서, 국민에게 보험가입의무를 강제로 부과하고 경제적 능력에 따른 보험료를 납부하도록 하는 것은 건강보험의 목적을 달성하기 위하여 적합하고도 반드시 필요한 조치라는 점에서 이로 인한 기본권의 제한은 부득이한 것이고, 가입강제와 보험료의 차등부과로 인하여 달성되는 공익은 그로 인하여 침해되는 사익에 비하여 월등히 크다고 할 수 있으므로 일반적 행동의 자유권으로서의 보험에 가입하지 않을 자유와 재산권에 대한 제한은 정당화된다고 하겠다.

또한 입법자는 건강보험관리체계에 관한 광범위한 입법형성권을 가지므로 건강보험제도를 운영함에 있어 종전과 같이 개별의료보험조합의 형태로 운영할 것인지 아니면 통합된 건강보험공단의 형태로 운영할 것인지를 정책적 관점에서 결정할 수 있는 것이므로 어떠한 건강보험조합에 가입할 것인지의 선택권을 부여하지 않고 단일한 건강보험공단에 가입하도록 하였다 하여 헌법에 위반되는 것이라 할 수 없다.

[요약판례 2] 국민건강보험법 제5조 제1항 등 위헌소원: 합헌(헌재 2013.7.25. 2010헌바51)

건강보험 강제가입에 관하여 규정한 구 국민건강보험법(2006. 10. 4. 법률 제8034호로 개정되고, 2011. 12. 31. 법률 제11141호로 개정되기 전의 것) 제5조 제1항 및 구 국민건강보험법(1999. 2. 8. 법률 제5854호로 제정되고, 2011. 12. 31. 법률 제11141호로 개정되기 전의 것) 제62조 제1항(이하 '이 사건 강제가입조항'이라 한다)이 청구인의 행복추구권, 재산권을 침해하는지 여부(소극)

국민으로 하여금 건강보험에 강제로 가입하도록 한 것은 경제적인 약자에게 기본적인 의료서비스를 제공하고 소득재분배 및 위험분산의 효과를 거두기 위하여 적합하고도 반드시 필요한 조치이므로 이 사건 강제가입조항은 청구인의 행복추구권 및 재산권을 침해하지 아니한다.

[요약판례 3] 음반및비디오물에관한법률 제25조 제2항 위헌제청: 위헌(헌재 1995.11.30. 94헌가3)

무등록 음반판매업자 등이 소유하는 모든 음반등의 필요적 몰수를 규정한 음반및비디오물에관한법률 제25조 제2항이 헌법에 위반되는지 여부(적극)

무등록 음반판매업자 등이 소유 또는 점유하는 모든 음반 등을 그것이 적법한 것인지 여부를 묻지 아니하고 필요적으로 몰수하도록 규정한 음반및비디오물에관한법률 제25조 제2항은 지나치게 가혹한 형벌을 규정함으로써 형벌체계상 균형을 잃고 형벌 본래의 기능과 목적을 달성함에 있어 필요한 정도를 현저히 일탈하여 헌법 제37조 제2항의 과잉입법금지원칙에 반하는 규정으로 결국 입법재량권이 자의적으로 행사된 법률조항으로서 헌법에 위반된다.

[요약판례 4] 구 관세법 제215조 위헌제청: 위헌(헌재 1997.5.29. 96헌가17)

구관세법상 범인이 당해관서에 출두하지 아니하거나 범인이 도주하여 그 물품을 압수한 날로부터 4월을 경과한 때에는 별도의 재판이나 처분없이 국고에 귀속하도록 한 규정의 위헌여부(적극)

관세법상 몰수할 것으로 인정되는 물품을 압수한 경우에 있어서 범인이 당해관서에 출두하지 아니하거나 또는 범인이 도주하여 그 물품을 압수한 날로부터 4월을 경과한 때에는 당해 물품은 별도의 재판이나 처분없이 국고에 귀속한다고 규정하고 있는 이 사건 법률조항은 재판이나 청문의 절차도 밟지 아니하고 압수한 물건에 대한 피의자의 재산권을 박탈하여 국고귀속시킴으로써 그 실질은 몰수형을 집행한 것과 같은 효과를 발생하게 하는 것이므로 헌법상의 적법절차의 원칙과 무죄추정의 원칙에 위배된다.

[요약판례 5] 국채법 제7조 위헌확인: 위헌(헌재 1995.10.26. 93헌마246)

멸실한 국채 등에 대하여 공시최고절차에 의한 증서의 실효를 규정한 민법 제521조의 적용을 배제하고 있는 구국채법 제7조의 규정이 과잉금지의 원칙에 위배되는지 여부(적극)

구국채법 제7조는 원래의 입법목적인 국채의 상품성과 유통성 제고에는 별다른 기여를 하지 못하고 오히려 국채증권이 멸실된 경우 그 채권자의 권리행사의 길을 완전히 봉쇄함으로써 채무자인 국가가 합리적 이유없이 국민에 대한 채무를 면하게 되는 부당한 효과만을 낳고 있으며, 후에 증권 소지자가 나타날 경우에 대비하여 담보를 제공케 한 다음 멸실된 국채의 권리자에게 권리회복을 할 수 있는 방도를 제공하는 등 선의의 제3자의 권리를 침해하지 않으면서 위 권리자의 피해를 최소화할 수 있는 방법이 얼마든지 있음에도 이를 무시한 채 완전히 권리회복의 길을 봉쇄하고 있으므로 기본권의 제한이 필요최소한도에 그친 것이라고 할 수 없어 기본권 제한에 관한 헌법원칙인 과잉금지의 원칙에 위배된다.

[요약판례 6] 민사소송법 제361조에 대한 헌법소원: 합헌(헌재 1996.2.29. 92헌바8)

소송비용에 대한 독립적인 상소를 제한하고 있는 민사소송법 제361조의 위헌여부(소극)

민사소송법 제361조가 소송비용에 대한 독립적인 상소를 제한함으로써 간접적으로 소송비용청구권을 제한한 것은, 입법목적의 정당성과 그 방법의 적정성 등에 비추어 볼 때, 재산권의 본질적인 내용을 침해하는 것이라거나 재산권을 과도하게 침해하는 것으로 보이지 아니하므로 헌법 제23조 제1항에 위반된다고 할 수도 없다.

[요약판례 7] 도시 및 주거환경정비법 제8조 제3항 등 위헌소원: 위헌(헌재 2011.8.30. 2009헌바128)

1. 도시환경정비사업을 조합 외에 토지등소유자가 시행할 수 있도록 한 것은 도시환경정비사업이 상업지역·공업지역 등으로서 토지의 효율적 이용과 도시기능의 회복이나 상권활성화 등이 필요한 지역에서 도시환경을 개선하기 위하여 시행하는 사업으로서 소수의 대토지 소유자와 몇몇의 소필지 소유자가 존재하는 지역에서 비교적 소규모로 진행된다는 특수성을 고려하여 도시환경정비사업의 원활한 진행과 도시기능 회복의 촉진을 기하기 위한 것으로 입법목적의 정당성과 방법의 적절성이 인정되고, 조합설립절차를 제외하고는 조합이 시행하는 경우와 마찬가지 정도의 사업절차 참여권이 토지등소유자에게 인정되고 관할청의 감독·통제가 이루어지므로 피해의 최소성 원칙에도 어긋나지 아니하며, 도시환경정비사업의 신속한 진행을 가능하게 하여 토지의 효율적 이용과 도시기능의 조속한 회복이라는 공익을 실현하는 중요한 역할을 수행하는 데 비해 사업시행에 동의하지 않는 토지등소유자에 대하여 손실보상 등의 구제방안을 마련하고 있어 법익균형성원칙에 위반되지 아니하므로, 이 사건 사업시행자 조항은 과잉금지원칙을 위반하여 사업시행에 동의하지 않는 토지등소유자의 재산권을 침해한다고 볼 수 없다.

2. 토지등소유자가 도시환경정비사업을 시행하는 경우 사업시행인가 신청시 필요한 토지등소유자의 동의는 개발사업의 주체 및 정비구역 내 토지등소유자를 상대로 수용권을 행사하고 각종 행정처분을 발할 수 있는 행정주체로서의 지위를 가지는 사업시행자를 지정하는 문제로서 그 동의요건을 정하는 것은 국민의 권리와 의무의 형성에 관한 기본적이고 본질적인 사항이므로 국회가 스스로 행하여야 하는 사항에 속하는 것임에도 불구하고 사업시행인가 신청에 필요한 동의정족수를 토지등소유자가 자치적으로 정하여 운영하는 규약에 정하도록 한 것은 법률유보원칙에 위반된다.

[요약판례 8] 전통시장 및 상점가 육성을 위한 특별법 제34조 제1항 위헌소원: 합헌(헌재 2012.7.26. 2011헌바130)

시장정비사업조합의 설립인가를 위해서는 시장정비구역 토지 등 소유자 총수의 5분의 3 이상의 동의가 필요하도록 규정한 '전통시장 및 상점가 육성을 위한 특별법' 조항이 토지 등 소유자들의 재산권을 침해하는지 여부(소극)

중산 서민층의 삶의 터전이 되고 있는 전통시장은 매출이 급격히 감소하고 상권이 크게 위축되고 있어 그 활성화와 경쟁력 확보를 위해서는 시장정비사업을 통하여 비교적 단기간 내에 시설과 경영을 현대화할 필요가 있는데, 전통시장의 경우에는 이해관계인이 많고 다양하여 조합설립을 위한 결의가 쉽지 않으리라는 것을 충분히 예상할 수 있으므로 사업이 보다 원활하고 신속하게 이루어질 수 있도록 조합설립에 있어 토지 등 소유자의 동의요건을 완화하는 것은 그 입법목적의 정당성이 인정되고, 효과적인 수단으로서 방법의 적정성도 인정된다. 그리고 토지면적 기준 토지소유자의 측면에서도 5분의 3 이상의 동의를 요하도록 함으로써 각 집단의 이해관계를 고루 반영하는 한편 안정된 사업시행기반을 요구하고 있고, 토지 등 소유자의 동의요건인 5분의 3 이상이 그 정도에 있어서 지나치게 낮은 것이라고 보기도 어려우며, 토지 등 소유자가 조합설립에 반대하는 경우에는 조합이 설립된 이후라도 사업시행계획 등에 대하여 동의권을 행사할 수 있는 길이 열려 있고, 조합설립인가, 사업시행인가, 관리처분계획 및 인가 등 일련의 절차 속에 존재하는 처분을 행정소송으로 다툴 수 있으므로 피해의 최소성 요건을 갖추었다. 또한 시장정비사업이 갖는 공공성은 조합설립에 동의하지 않는 토지 등 소유자가 받게 되는 재산권의 제한보다 훨씬 더 크다 할 것이므로 법익의 균형성에도 위배되지 않는다.

X 도시계획법 제21조에 대한 헌법소원: 헌법불합치(헌재 1998.12.24. 89헌마214등)

쟁점 개발제한구역 지정으로 말미암아 토지 소유자에게 사회적 제약의 범위를 넘는 가혹한 부담이 발생하는 예외적인 경우에 대하여 보상규정을 두지 않는 것에 대한 위헌여부

사건의 개요

청구인들은 도시계획법 제21조 제1항에 따라 건설부 고시 제385호에 의하여 개발제한구역으로 지정된 토지 위에 관할관청의 허가를 받지 아니하고 건축물을 건축하여 소유하고 있다는 이유로 인천 서구청장으로부터 위 건축물에 대한 철거대집행계고처분 등을 받고, 서울고등법원에 위 서구청장을 상대로 위 건축물철거대집행계고처분 등의 취소를 구하는 행정소송을 제기하였다. 위 청구인들은 위 소송계속 중 서울고등법원에 법 제21조가 재판의 전제가 된다고 주장하면서 위헌심판제청을 신청하였으나 위 신청이 기각되자, 이 사건 헌법소원심판을 청구하였다.

심판의 대상

도시계획법 제21조 (개발제한구역의 지정) ① 건설교통부장관은 도시의 무질서한 확산을 방지하고 도시주변의 자연환경을 보존하여 도시민의 건전한 생활환경을 확보하기 위하여 또는 국방부장관의 요청이 있어 보안상 도시의 개발을 제한할 필요가 있다고 인정되는 때에는 도시개발을 제한할 구역(이하 "개발제한구역"이라 한다)의 지정을 도시계획으로 결정할 수 있다.

② 제1항의 규정에 의하여 지정된 개발제한구역안에서는 그 구역지정의 목적에 위배되는 건축물의 건축, 공작물의 설치, 토지의 형질변경, 토지면적의 분할 또는 도시계획사업의 시행을 할 수 없다. 다만, 개발제한구역 지정당시 이미 관계법령의 규정에 의하여 건축물의 건축·공작물의 설치 또는 토지의 형

질변경에 관하여 허가를 받아(관계법령에 의하여 허가를 받을 필요가 없는 경우를 포함한다) 공사 또는 사업에 착수한 자는 대통령령이 정하는 바에 의하여 이를 계속 시행할 수 있다.

③ 제2항의 규정에 의하여 제한될 행위의 범위 기타 개발제한에 관하여 필요한 사항은 대통령령으로 정하는 범위 안에서 건설교통부령으로 정한다.

주 문

도시계획법 제21조는 헌법에 합치되지 아니한다.

판 단

Ⅰ. 재산권의 침해여부

1. 재산권의 보장과 토지재산권의 사회적 의무

(1) 재산권의 보장

현실적으로 재산권은 기본권의 주체로서의 국민이 각자의 인간다운 생활을 자기 책임하에 자주적으로 형성하는 데 필요한 경제적 조건을 보장해 주는 기능을 한다. 그러므로 재산권의 보장은 곧 국민 개개인의 자유실현의 물질적 바탕을 의미한다고 할 수 있고, 따라서 자유와 재산권은 상호보완관계이자 불가분의 관계에 있다고 하겠다. 재산권의 이러한 자유보장적 기능은 재산권을 어느 정도로 제한할 수 있는가 하는 사회적 의무성의 정도를 결정하는 중요한 기준이 된다.

재산권에 대한 제한의 허용정도는 재산권행사의 대상이 되는 객체가 기본권의 주체인 국민 개개인에 대하여 가지는 의미와 다른 한편으로는 그것이 사회전반에 대하여 가지는 의미가 어떠한가에 달려 있다. 즉, 재산권 행사의 대상이 되는 객체가 지닌 사회적인 연관성과 사회적 기능이 크면 클수록 입법자에 의한 보다 광범위한 제한이 정당화된다. 다시 말하면, 특정 재산권의 이용이나 처분이 그 소유자 개인의 생활영역에 머무르지 아니하고 일반국민 다수의 일상생활에 큰 영향을 미치는 경우에는 입법자가 공동체의 이익을 위하여 개인의 재산권을 규제하는 권한을 더욱 폭넓게 가진다고 하겠다.

(2) 토지재산권의 사회적 의무

토지에 대한 재산권은 연속된 공간의 특정부분을 소유하는 등의 권리이므로 그 대상이 되는 토지의 가치는 그 토지가 위치한 지역의 사회적 제반조건에 따라 정해지고, 이용 또한 그 이웃에 있는 다른 토지의 이용과 서로 조화되어야 하는 제약이 따를 수밖에 없는 특성이 있다. 그런데 토지는 원칙적으로 생산이나 대체가 불가능하여 공급이 제한되어 있고, 우리나라의 가용토지면적은 인구에 비하여 절대적으로 부족한 반면에, 모든 국민이 생산 및 생활의 기반으로서 토지의 합리적인 이용에 의존하고 있으므로, 그 사회적 기능에 있어서나 국민경제의 측면에서 다른 재산권과 같게 다룰 수 있는 성질의 것이 아니므로 공동체의 이익이 보다 강하게 관철되어야 한다. 헌법은 토지가 지닌 위와 같은 특성을 감안하여 "국가는 국민 모두의 생산 및 생활의 기반이 되는 국토의 효율적이고 균형있는 이용·개발과 보전을 위하여 법률이 정하는 바에 의하여 그에 관한 필요한 제한과 의무를 과할 수 있다"(제122조)고 규정함으로써 토지재산권에 대한 광범위한 입법형성권을 부여하고 있다.

2. 이 사건 법률조항에 의한 토지재산권제한의 내용

이 사건 법률조항에 의한 '개발제한구역' 지정의 경우에는 구역 내의 토지는 지정당시의 지목에 따른 현상유지적 혹은 현상개량적 사용 외에는 일체의 사용행위가 원칙적으로 그리고 포괄적으로 제한된다는 점에서 여타의 도시계획상의 제한보다 한층 더 강한 행위제한을 받게 된다. 즉, 개발제한구역의 지정은 도시개발을 제한하기 위한 것이고(법 제21조 제1항), 그와 같은 지정목적에 위배되지 아니하는 건축물의 건축 등의 행위는 사실상 상정하기 어려우므로, 개발제한구역내에 있는 토지는 그 지정과 동시에 원칙적으로 지정당시의 상태에 따른 사용만이 가능하게 되는 엄격한 제한을 받게 되는 것이다.

그러나 개발제한구역내에 있는 토지는 원칙적으로 지정 당시의 상태에 따른 사용이 가능하므로, 이 사건 법률조항에 따라 제한대상이 되는 것은 토지재산권의 한 내용인 토지사용권에 한하고, 사용권이 제한된다 하더라도 구역 지정 당시의 본래적인 용도에 따른 사용은 원칙적으로 보장되고 상당한 범위내의 현상개량적인 개발행위도 예외적으로 허용되며 단지 장래에 있어서 구역의 지정목적에 반하는 사용방법만이 금지된다.

3. 이 사건 법률조항의 위헌여부

(1) 이 사건 법률조항의 성격

이 사건 법률조항은 입법자가 토지재산권에 관한 권리와 의무를 일반·추상적으로 확정하는 규정으로서 법질서 안에서 보호받을 수 있는 권리로서의 재산권의 내용과 한계를 정하는 재산권을 형성하는 규정인 동시에 공익적 요청에 따른 재산권의 사회적 제약을 구체화하는 규정이기도 하다. 헌법상의 재산권은 토지소유자가 이용가능한 모든 용도로 토지를 자유로이 최대한 사용할 권리나 가장 경제적 또는 효율적으로 사용할 수 있는 권리를 보장하는 것을 의미하지는 않는다. 입법자는 중요한 공익상의 이유와 앞에서 본 토지가 가진 특성에 따라 토지를 일정용도로 사용하는 권리를 제한할 수 있기 때문이다. 따라서 토지의 개발이나 건축은 합헌적 법률로 정한 재산권의 내용과 한계내에서만 가능한 것일 뿐만 아니라 토지재산권의 강한 사회성 내지는 공공성으로 말미암아 이에 대하여는 다른 재산권에 비하여 보다 강한 제한과 의무가 부과될 수 있다. 그러나 그렇다고 하더라도 토지재산권에 대한 제한입법 역시 다른 기본권을 제한하는 입법과 마찬가지로 과잉금지의 원칙(비례의 원칙)을 준수해야 하고, 재산권의 본질적 내용인 사용·수익권과 처분권을 부인해서는 아니된다.

(2) 구역지정 후 토지를 종래의 목적으로 사용할 수 있는 원칙적인 경우

(가) 목적의 정당성

도시의 평면적 확산을 적절히 제한하여 도시기능의 적정화를 기하고 도시주변의 자연환경을 보존하여 도시주민의 생활의 질을 높여 나가야 한다는 것은 보편적 공익의 요청이자 국가의 의무이다. 한편 분단으로 인하여 남북이 서로 첨예하게 대치하고 있는 상황에서는 보안상의 이유로 특정지역에 대한 개발을 제한할 필요가 있음도 부인할 수 없다. 그러므로 개발제한구역 지정으로 인한 토지재산권의 제한은 바로 이와 같은 공익상의 요청에 부응하기 위한 것으로서 그 목적의 정당성이 인정된다.

(나) 수단의 적정성

이 사건 법률조항은 위와 같은 입법목적을 달성하기 위하여 개발제한구역으로 지정된 구역안에서는 그 구역지정의 목적에 위배되는 건축물의 건축, 공작물의 설치, 토지의 형질변경, 토지면적의 분할 또는 도시계획사업의 시행을 원칙적으로 그리고 전면적으로 금지하고 있고(법 제21조 제2항), 이러한 수단이 입법목적을 달성하는데 크게 기여한다는 것은 의문의 여지가 없으므로, 이 사건 법률조항은 수단의 적정성도 인정된다.

(다) 침해의 최소성

개발제한구역의 지정이 궁극적으로는 구역내 토지의 형상과 이용방법을 지정 당시의 상태대로 보존함으로써 당해구역의 도시화를 방지하고자 하는 데 그 목적이 있다는 점에 비추어보면, 구역내 토지에 대하여 선별적, 부분적, 예외적 이용제한의 수단만을 선택하여서는 그 목적의 효율적인 달성을 기대하기 어려울 것이므로, 이 사건 법률조항이 취한 전면적인 규제수단은 입법목적의 달성을 위하여 필요한 최소한의 조치인 것으로 인정된다.

(라) 법익의 균형성

토지는 우리들 모두의 일터이고 삶의 터전이기 때문에 토지재산권의 사회적 기능이 매우 중요할 뿐만 아니라 국민의 대다수를 점하는 도시민의 건전한 생활환경의 확보와 국가안보 등과 같은 이 사건 법률조항을 통하여 실현하려는 법익의 비중이 매우 크다는 것을 고려할 때, 지정된 구역내의 토지소유자에게 종래 상태에 따른 토지의 이용을 보장하면서 단지 개발행위만을 금지하는 것은 토지소유자에게 과도하고 일방적인 부담을 부과하는 것이 아니라 토지소유자가 수인해야 하는 사회적 제약의 범위에 속한다고 판단된다. 따라서 이 사건 법률조항이 토지재산권의 제한을 통하여 실현하고자 하는 공익의 비중과 이 사건 법률조항에 의하여 발생하는 토지재산권의 침해의 정도를 전반적으로 비교·형량할 때, 양자 사이에 적정한 비례관계가 성립한다고 보이므로 법익균형성의 요건 또한 충족되었다 하겠다.

(마) 소 결

구역의 지정으로 인한 개발가능성의 소멸과 그에 따른 지가의 하락이나 지가상승률의 상대적 감소는 토지소유자가 감수해야 하는 사회적 제약의 범주에 속하는 것으로 보아야 한다. 자신의 토지를 장래에 건축이나 개발목적으로 사용할 수 있으리라는 기대가능성이나 신뢰 및 이에 따른 지가상승의 기회는 원칙적으로 재산권의 보호범위에 속하지 않는다. 구역지정 당시의 상태대로 토지를 사용·수익·처분할 수 있는 이상, 구역지정에 따른 단순한 토지이용의 제한은 원칙적으로 재산권에 내재하는 사회적 제약의 범주를 넘지 않기 때문이다. 따라서 토지소유자가 종래의 목적대로 토지를 이용할 수 있는 한, 구역의 지정으로 인하여 토지재산권의 내재적 제약의 한계를 넘는 가혹한 부담이 발생했다고 볼 수 없다.

(3) 구역지정 후 토지를 종래의 목적으로도 사용할 수 없거나 또는 토지를 전혀 이용할 수 있는 방법이 없는 예외적인 경우

(가) 보상의 필요성

구역지정으로 말미암아 예외적으로 토지를 종래의 목적으로도 사용할 수 없거나 또는 법률상으로 허용된 토지이용의 방법이 없기 때문에 실질적으로 토지의 사용·수익권이 폐지된 경우에는 재

산권의 사회적 기속성으로도 정당화될 수 없는 가혹한 부담을 토지소유자에게 부과하는 것이므로 입법자가 그 부담을 완화하는 보상규정을 두어야만 비로소 헌법상으로 허용될 수 있다. 따라서 이 사건 법률조항은 위에서 살펴 본 바와 같이 원칙적으로는 토지재산권의 사회적 제약을 합헌적으로 구체화한 규정이지만, 토지소유자가 수인해야 할 사회적 제약의 정도를 넘는 경우에도 아무런 보상 없이 재산권의 과도한 제한을 감수해야 하는 의무를 부과하는 점에서는 위헌이다. 이러한 경우 입법자는 비례의 원칙을 충족시키고 이로써 법률의 위헌성을 제거하기 위하여 예외적으로 발생한 특별한 부담에 대하여 보상규정을 두어야 한다.

(나) 사회적 제약의 한계 기준

토지소유자가 보상없이 수인해야 할 한계를 설정함에 있어서 일반적으로 다음의 두 가지 관점이 중요한 기준이 된다고 하겠다. 첫째, 토지를 합법적인 용도대로 계속 사용할 수 있는 가능성이 있는가 하는 것이다. 따라서 토지를 종래 합법적으로 행사된 토지이용의 목적으로도 사용할 수 없는 경우, 토지재산권의 이러한 제한은 국민 누구나가 수인해야 하는 사회적 제약의 범위를 넘는 것으로 판단해야 한다. 둘째, 토지에 대한 이용방법의 제한으로 말미암아 토지소유자에게 법적으로 전혀 이용방법이 없기 때문에 실질적으로 토지에 대한 사용·수익을 전혀 할 수 없는 경우에도, 수인의 한계를 넘는 특별한 재산적 손해가 발생하였다고 보아야 한다.

결국, 구역지정으로 인하여 예외적으로 토지를 종래의 목적으로도 사용할 수 없거나 또는 더 이상 법적으로 허용된 토지이용의 방법이 없기 때문에 실질적으로 토지의 사용·수익의 길이 없는 경우에는 토지의 소유권은 이름만 남았을 뿐 알맹이가 없는 것이므로 토지소유자가 수인해야 하는 사회적 제약의 한계를 넘는 것으로 보아야 한다.

(다) 소 결

이 사건 법률조항에 의한 재산권의 제한은 개발제한구역으로 지정된 토지를 원칙적으로 지정 당시의 지목과 토지현황에 의한 이용방법에 따라 사용할 수 있는 한, 재산권에 내재하는 사회적 제약을 비례의 원칙에 합치하게 합헌적으로 구체화한 것이라고 할 것이나, 종래의 지목과 토지현황에 의한 이용방법에 따른 토지의 사용도 할 수 없거나 실질적으로 사용·수익을 전혀 할 수 없는 예외적인 경우에도 아무런 보상없이 이를 감수하도록 하고 있는 한, 비례의 원칙에 위반되어 당해 토지소유자의 재산권을 과도하게 침해하는 것으로서 헌법에 위반된다 할 것이다.

4. 보상입법의 의미 및 성격

입법자가 이 사건 법률조항을 통하여 국민의 재산권을 비례의 원칙에 부합하게 합헌적으로 제한하기 위해서는, 수인의 한계를 넘어 가혹한 부담이 발생하는 예외적인 경우에는 이를 완화하는 보상규정을 두어야 한다. 이러한 보상규정은 입법자가 헌법 제23조 제1항 및 제2항에 의하여 재산권의 내용을 구체적으로 형성하고 공공의 이익을 위하여 재산권을 제한하는 과정에서 이를 합헌적으로 규율하기 위하여 두어야 하는 규정이다.

재산권의 침해와 공익간의 비례성을 다시 회복하기 위한 방법은 헌법상 반드시 금전보상만을 해야 하는 것은 아니다. 입법자는 지정의 해제 또는 토지매수청구권제도와 같이 금전보상에 갈음하거나 기타 손실을 완화할 수 있는 제도를 보완하는 등 여러 가지 다른 방법을 사용할 수 있다. 즉, 입법자에게는 헌법적으로 가혹한 부담의 조정이란 '목적'을 달성하기 위하여 이를 완화·조정할 수

있는 '방법'의 선택에 있어서는 광범위한 형성의 자유가 부여된다.

Ⅱ. 평등권 위반여부

개발제한구역의 지정으로 인하여 구역내 토지소유자에게 발생하는 재산권에 대한 제한의 정도는 '토지를 종래의 지목과 그 현황에 따라 사용할 수 있는가'의 여부에 따라 현저히 상이한데도, 이를 가리지 아니하고 일률적으로 규정하여 구역내의 모든 토지소유자에게 아무런 보상없이 재산권의 제한을 수인해야 할 의무를 부과하는 이 사건 법률조항은, 재산권의 제한에 있어서 보상을 필요로 하는 예외적인 범위 안에서 개별 토지소유자에게 발생한 재산적 부담의 정도를 충분히 고려하여 본질적으로 같은 부담은 같게 다른 부담은 다르게 규율할 것을 요청하는 평등원칙에도 위반된다.

Ⅲ. 명확성원칙 위반여부

이 사건 법률조항의 입법목적과 관련하여 그 개념이 지나치게 광범위하고 모호하다고 청구인들은 주장한다. 그러나 이 사건 법률조항뿐 아니라 법이 정한 다른 법률조항과의 연관관계에서 살펴보면, 이 사건 법률조항의 입법목적이 도시의 주변 등 일정 구역에 대하여 토지이용을 제한함으로써 도시의 지역적, 평면적 확산을 억제하고 그 구역의 자연환경을 훼손하지 않은 채 그대로 보전할 수 있도록 하며 그에 따라 도시에 거주하는 시민들의 생활환경을 건전하게 유지하려는 데 있다는 것을 법률의 해석을 통하여 쉽게 알 수 있고 이로써 행정청의 자의적인 법적용을 배제하는 객관적인 기준을 얻을 수 있으므로, 법률의 명확성원칙에 반한다고 할 수 없다.

Ⅳ. 헌법불합치결정을 하는 이유

이 사건에 있어서는 이 사건 법률조항의 위헌성에도 불구하고 위헌결정을 통하여 당장 법률조항의 효력을 소멸시키는 것은 다음 몇 가지의 사정에 비추어 바람직하지 아니하다고 판단된다.

첫째, 이 사건 법률조항이 규정한 개발제한구역의 지정이라는 제도 그 자체는 토지재산권에 내재하는 사회적 기속성을 구체화한 것으로서 원칙적으로 합헌적인 규정인데, 다만 구역지정으로 말미암아 일부 토지소유자에게 사회적 제약의 범위를 넘는 가혹한 부담이 발생하는 예외적인 경우에도 보상규정을 두지 않은 것에 위헌성이 있는 것이므로, 불합치결정을 선고함으로써 입법자가 이 사건 법률조항을 헌법에 적합하게 개정할 때까지 그대로 유지해야 할 필요성과 당위성이 있다.

둘째, 개발제한구역의 지정에 따라 생기게 된 가혹한 부담의 유무와 정도 및 이에 따른 보상의 구체적인 기준과 방법은 앞서 본 바와 같이 헌법재판소가 일률적으로 확정할 수 없고 개개의 토지에 대하여 구체적이고 객관적인 사정을 종합하여 입법자가 판단하여야 할 사항이다. 이 사건 법률조항이 예외적으로 헌법적으로 허용된 한계를 넘은 경우 입법자는 이에 대하여 금전보상의 규정을 두거나 아니면 지정의 해제 또는 토지매수청구권제도와 같이 금전보상에 갈음하거나 기타 손실을 완화할 수 있는 제도를 보완하는 등 재산권의 침해와 공익간의 비례성을 다시 회복할 수 있는 여러 가지 가능성이 있다.

또한 보상을 위한 입법의 형태, 보상의 대상과 방법 등도 선택의 여지가 다양하여 과연 어느 것이 가장 바람직하고 합리적인 것인가의 선택은 광범위한 입법형성권을 가진 입법자의 과제로서 입법정책적으로 해결되어야 할 문제이지 헌법재판소가 결정할 성질의 것이 아니다.

재판관 조승형의 반대의견

다수의견이 취하는 헌법불합치 결정은 헌법 제111조 제1항 제1호 및 제5호, 헌법재판소법 제45조, 제47조 제2항의 명문규정에 반하며, 헌법재판소 결정의 소급효를 원칙적으로 인정하고 있는 독일의 법제와 원칙적으로 장래효를 인정하고 있는 우리의 법제를 혼동하여 독일의 판례를 무비판적으로 잘못 수용한 것이므로 반대하고, 이 사건의 경우는 단순위헌결정을 하여야 한다.

재판관 이영모의 반대의견

1. 모든 국민이 건강하고 쾌적한 환경에서 생활할 수 있는 환경권(헌법 제35조)은 인간의 존엄과 가치·행복추구권의 실현에 기초가 되는 기본권이므로 사유재산권인 토지소유권을 행사하는 경제적 자유보다 우선하는 지위에 있다.

2. 도시계획법 제21조는 국가안전보장과 도시의 자연환경·생활환경의 관리·보전에 유해한 결과를 수반하는 환경오염을 미리 예방하기 위한 필요한 규제입법으로 헌법상 정당성을 갖추고 있다. 이 규제입법으로 말미암아 나대지의 이용이 제한되고 사정변경으로 인하여 토지를 사용하는 데 지장이 생겼다고 할지라도 입법목적에 어긋나지 않는 범위안에서 이를 이용할 수 있는 방법이 있고 또 소유권자의 처분을 제한하는 것도 아니므로, 이와 같은 규제는 성질상 재산권에 내재된 사회적 제약에 불과하다고 보는 것이 상당하다. 법익의 비교형량면에서도 토지소유권자가 입는 불이익보다 국가안전보장과 공공복리에 기여하는 이익이 더 크고, 입법목적 달성을 위한 합리성·필요성을 갖추었으므로 헌법 제37조 제2항 소정의 기본권제한 한계요건을 벗어나는 것도 아니다. 뿐만 아니라 제한구역내의 다른 토지와 서로 비교하여 보아도 나대지와 사정변경으로 인한 토지의 특성상 재산권의 박탈로 볼 수 있는 정도의 제한을 가한 합리성이 없는 차별취급으로 인정되지 아니하므로 평등원칙을 위반한 것도 아니다.

✤ 본 판례에 대한 평가 1. 사회적 제약과 공용침해(헌법 제23조 제1항·제2항과 제3항의 관계): 헌법 제23조 제1항·제2항과 제3항의 관계 즉, 재산권의 사회적 기속과 공용침해 사이에 어떠한 관련이 있는지 논란이 있다. 즉 재산권의 내용규정과 공용침해규정이 동일선상에 있고 내용규정의 한계를 벗어나면 바로 보상의무 있는 공용수용으로 전환된다고 볼 것인지, 아니면 재산권의 내용규정과 공용침해규정은 질적으로 서로 상이하기 때문에 상호 구별되어야 한다고 볼 것인지 문제된다. 이러한 해석론은 독일에서 경계이론과 분리이론이란 이름으로 발전해 왔고 한국 헌법의 해석과 헌법재판소 결정에도 영향을 주었다.

2. 헌법 제23조 제3항의 성격: 헌법 제23조 제1항·제2항과 제3항의 관계를 논하기에 앞서 헌법 제23조 제3항의 해석과 관련하여 이를 결부조항(結付條項)으로 볼 수 있는지 여부가 문제된다. 일반적으로 결부조항이라 함은 헌법이 입법부에 입법을 위임하면서 동시에 그 법률이 일정한 요건을 충족해야 한다거나 일정한 내용을 규정해야 한다는 취지를 규정한 조항을 말한다. (1) 결부조항 긍정설: 우리 헌법 제23조 제3항을 동일한 법률 가운데 재산권의 수용·사용·제한과 보상의 방법과 기준을 하나로 결합하여 규정하여야 한다는 결부조항으로 해석하는 견해이다. 이 견해는 따라서 보상규정을 두지 않거나 불충분하게 보상규정을 두고 있는 수용관련 법률은 헌법에 위반되어 무효이고 수용의 근거가 될 수 없다고 한다. 그리하여 보상규정을 법률에서 규정하지 않은 경우에 법원에 손실보상을 청구할 수는 없지만 보상규정의 미비를 이유로 입법부작위 위헌소원을 청구할 수 있고 더불어 위헌법률에 의한 재산권침해의 위법을 이유로 국가배상청구도 가능하다고 한다. (2) 결부조항 부정설: 우리 헌법 제23조 제3항은 독일기본법 제14조 제3항과 달리 이를 결부조항으로 볼 수 없다는 견해이다. 우리 헌법 제23조 제3항은 "보상은 법률로써 하되"라고 하여 보상에 관하여 입법형성권을 인정하고 있어 반드시 이를 결부조항으로 볼 필요는 없다는 것이다. (3) 검토: 우리 헌법

은 독일 기본법 제14조 제3항과 달리 공용침해의 유형으로 협의의 수용뿐만 아니라 사용과 제한까지도 규정하고 있으며 보상에 관하여 법률로 정하도록 하여 입법형성권을 인정하고 있으므로 제23조 제3항을 반드시 결부조항을 규정한 것으로 볼 필요는 없다.

3. 경계이론과 분리이론: 경계이론과 분리이론은 우리 헌법 제23조와 유사한 규정을 두고 있는 독일에서 기본법 제14조의 해석과 관련하여 발전해 온 이론이다. (1) 경계이론(境界理論): 재산권에 대한 내용과 한계규정을 공용침해규정과 구분하지 않고 동일선상에 있는 것으로 파악하고 재산권에 대한 내용이나 한계규정이 사회적 제약을 넘어서면 바로 특별한 희생으로서 이는 곧 수용에 해당한다는 이론이 경계이론이다. 즉 경계이론은 재산권에 대한 사회적 제약과 공용침해가 하나의 연속선상에 있는 것으로서 침해의 정도가 수인한도를 넘어서 특별한 희생을 가져오는 경우에는 수용에 해당한다는 이론이다. 사회적 제약과 공용침해로서의 수용의 구별기준으로 경계 이론은 특별희생을 들고 있다. 경계이론은 독일의 연방통상재판소(BGH)가 취하는 입장이다. (2) 분리이론(分離理論): 재산권의 내용규정과 공용침해를 헌법적으로 독립된 별개의 제도로 파악하여 이들에게는 서로 상이한 헌법상의 전제조건들이 적용되고 따라서 상호 구별되어야 한다는 이론이 바로 분리이론이다. 재산권의 사회적 제약은 재산권의 내용규정의 영역이고 공용수용은 수용규정의 영역으로서 둘은 상호 구별되는 다른 체계를 구성한다. 따라서 재산권의 내용과 한계규정이 비례의 원칙을 비롯한 일정한 헌법적 한계(신뢰보호의 원칙, 평등의 원칙 등)를 벗어나더라도 바로 수용의 문제(영역)로 전환되지 않으며 위헌의 문제만 가져오고, 이 경우 재산권의 주체는 헌법 제23조 제3항에 의한 손실보상청구권이 아니라 헌법 제23조 1항에 의한 구제수단을 강구하여야 한다. 그리하여 재산권의 내용규정의 위헌성을 방지하기 위하여는 당해 법률에 보상규정을 두어야 하며 이러한 규정을 보상의무있는 내용규정이라고 한다. 분리이론에 의한다면 재산권 제한의 유형으로 ① 보상이 필요 없는 내용 및 한계규정, ② 보상의무있는 내용 및 한계규정, ③ 보상을 요하는 협의의 수용으로 구분할 수 있다.

분리이론에 의하면 우리 헌법상 재산권의 내용은 기본권주체의 재산권의 존속을 보장하는 존속보장에 있고 따라서 재산권의 보호를 강화하는 분리이론이 우리 헌법에 더 적합하며, 경계이론에 의한다면 무엇이 사회적 제약이고 수용인가의 문제를 결정하는 것이 입법자가 아니라 법원에 의하여 결정되므로 경계이론은 권력분립의 원칙에 위배되고 따라서 분리이론이 우리 헌법에 부합된다고 한다. 이는 독일의 연방헌법재판소가 소위 '자갈채취판결' 이후 수용의 요건을 엄격히 해석하고 구제수단의 선택을 부정하면서 확립한 이론이다. (3) 헌법재판소 판례: 우리 헌법재판소도 본 결정에서 이러한 분리이론에 입각한 듯한 내용을 부분적으로 언급하고 있다. (4) 검토: 분리이론은 경계이론에 의한다면 재산권보장에 충실하지 못하고 권력분립의 원칙에 위배된다고 주장을 하나, 재산권의 향유자는 자기 재산의 존속보장뿐만 아니라 자기의 재산권을 그에 상응하는 대가를 받고서 임의로 처분할 수도 있으므로 그에 대하여 취소소송과 손실보상청구 사이의 선택권을 부정하는 분리이론이 재산권의 보장에 더 충실하다고 할 수 없고, 재산권자에게 선택권을 인정하는 것이 오히려 모든 재산권의 금전으로의 환가(換價)가 가능한 오늘날 재산권자에게 더 유익하다. 그리고 법원이 보상판결을 통하여 위헌법률에 합헌성을 부여하는 것이 위헌법률심판권에 관한 헌법재판소의 관할을 침해한다고 하나 법원의 보상판결은 어디까지나 분쟁해결수단으로서 위헌법률에 대한 합헌성을 부여하는 것이 아니라 개개의 국민에게 발생한 특별희생을 전보하는 것이므로 권력분립의 원칙에 위배되지 아니한다. 우리 헌법은 독일 기본법 제14조와 달리 제23조 제3항에서 수용·사용·제한이라는 포괄적인 재산권침해유형을 규정하고 있는데 헌법 제23조 제3항은 바로 재산권의 내용 및 한계규정인 헌법 제23조 제1항·제2항과 논리적인 연관을 가진 규정이라 해석하여야 한다. 즉 헌법 제23조 제1항에서 재산권을 보장하고 있으므로 헌법 제23조 제3항이 보상의무를 규정하고 있는 것이며 제1항에 의한 재산권의 보장과 제3항에 의한 공용침해와 그에 대한 보상의 법률주의는 목적과 수단의 관계에 놓여 있다. 재산권에 관련된 문제에 대한 헌법적 해석과 적용에 있어서는 제23조의 조항 모두를 논리적이고 체계적으로 해석해야 할 것이므로 제23조 제1항·제2항과 제3항을 분리하여 판단하는 분리이론보다는 체계적으로 종합하여 판단하는 경계이론이 우리 헌법의 해석에 더 적합하다. 이 경우 ㉠ 공공필요의 개념과 ㉡ 특별희생의 여부를 명확히 하고, ㉢ 보상규정 없는 공용침해에 대한 구제방법을 모색하는 것이 중요한 과제가 된다.

XI 학교용지 확보 등에 관한 특례법 제3조 등 위헌소원: 합헌(헌재 2010.4.29. 2008헌바70)

쟁점 개발사업시행자에게 학교용지 조성·개발의무를 부과하고 이를 시·도에 공급하도록 하면서도, 이러한 학교용지를 시·도가 매입하는 시기와 절차 등에 관하여 규정하고 있지 아니한 '학교용지 확보 등에 관한 특례법'(2007. 12. 14. 법률 제8679호로 개정된 것) 제4조 제2항(이하 '이 사건 법률조항'이라 한다)이 재산권을 침해하는지여부(소극)

사건의 개요

청구인은 부산 수영구 ○○동 640-1 외 8필지 70,612㎡에 1,180가구 규모의 공동주택을 건설하는 주택건설사업계획의 승인을 신청하였다가, 학교의 신축이 필요하다는 부산 해운대교육청의 의견과 부산 수영구청의 보완통지에 따라, 2003. 9. 2. 부산 수영구 ○○동 640-14 대 9,322㎡(이하 '이 사건 학교용지'라 한다)를 학교용지로 확보하고 공동주택 862가구를 건축하는 것으로 주택건설사업계획을 보완하여 지구단위계획(보완) 입안서를 부산 수영구청에 제출하였다. 이에 따라 부산광역시는 2003. 12. 18. '국토의 계획 및 이용에 관한 법률' 제30조, 제32조, 동법 시행령 제25조, 제27조에 따라 이 사건 학교용지를 도시계획시설(학교)로 결정하고 그 지형도면을 승인한 후 이를 부산시보(2003-347호)에 공고하였고, 그에 따라 부산 수영구청은 2004. 2. 18. 청구인의 주택건설사업계획신청을 승인하였다. 청구인은 금 20,042,300,000원의 비용으로 이 사건 학교용지를 확보하였고, 2007. 9. 5. 위 주택건설사업계획에 따른 공동주택을 준공하였다. 청구인은 2005. 5. 25. 부산 해운대교육청에 이 사건 학교용지 매입에 관한 일정을 회신해 줄 것을 요구하였으나 부산 해운대교육청은 출산율 감소와 교육재정 악화로 학교 설립을 전면적으로 재검토하라는 교육인적자원부의 지침에 따라 학생수용계획을 다시 판단한 결과, 이 사건 학교용지에 2008. 개교할 예정이던 초등학교 설립이 인근 주택의 재개발과 연계하여 2012.으로 연기되었다고 회신하였다. 이에 청구인은 2007. 10. 5. 이 사건 학교용지에 관하여 '학교용지 확보 등에 관한 특례법' 제4조 제3항 제2호 소정의 공급가액을 매매대금으로 한 매매계약체결의무가 부산광역시에 있다는 확인을 구하는 소를 제기하고(부산지방법원 2007가합18952), 그 소송계속 중 '학교용지 확보 등에 관한 특례법' 제3조, 제4조에 대하여 위헌법률심판제청 신청을 하였으나, 2008. 6. 19. 각 기각되자, 2008. 7. 9. '학교용지 확보 등에 관한 특례법' 제3조, 제4조에 대하여 이 사건 헌법소원심판을 청구하였다.

심판의 대상

학교용지 확보 등에 관한 특례법(2007. 12. 14. 법률 제8679호로 개정된 것) 제4조 (학교용지의 확보 및 경비의 부담) ② 시·도 외의 개발사업시행자는 제3조에 따른 **학교용지를 시·도에 공급하고, 시·도는 학교용지를 확보**하여 시·도 교육비특별회계 소관 공유재산으로 하여야 한다.

주　　문

'학교용지 확보 등에 관한 특례법'(2007. 12. 14. 법률 제8679호로 개정된 것) 제4조 제2항은 헌법에 위반되지 아니한다.

청구인들의 주장

(1) 개발사업시행자는 교육감의 의견을 들어 학교용지의 조성·개발 등에 관한 사항을 개발사업계획에 포함시켜야 하는 의무가 있어서, 학교용지의 사전확보는 사업계획승인의 조건이 되고 있다. 이처럼 개발사업시행자가 학교용지를 확보하는 것이 강제되고, 확보된 학교용지는 학교부지 등의 용도에 한정되고 해당 시·도에 공급하도록 강제되므로, 개발사업시행자의 다른 사용이나 처분 등 사적인 이용가능성이 법률상 완전히 배제되어 있다.

학교용지는 국가 또는 지방자치단체가 일반 재정으로 확보하여야 할 사항이므로, 개발사업시행자가 학교용지를 취득하고 도시계획시설결정까지 받아 학교용지를 확보하면, 시·도는 늦어도 해당 사업이 완료될 때까지는 학교용지를 매입할 의무가 있다. 그런데 법은 학교용지의 공급절차 등과 관련하여 시·도가 학교용지를 매입할 의무의 이행시기에 대하여 아무런 규정을 두지 않고 있다. 이는 권리의무의 이행시기를 시·도의 일방적인 의사에 의하여 결정되게 함으로써 개발사업시행자의 재산권을 침해한다.

(2) 개발사업시행자가 종래의 용도대로도 토지를 사용할 수 없거나 사적으로 사용할 수 있는 가능성이 완전히 배제된다면, 수인의 한계를 넘는 가혹한 부담을 완화하는 보상규정을 두어야만 한다. 시·도가 학교용지를 매수하는데 필요한 적정한 기간 동안에 대해서는 개발사업시행자가 토지의 사적인 이용가능성이 배제됨에 따라 생기는 재산적 손실을 어느 정도 감수할 수 있다고 할 것이나, 시·도에 의한 학교용지의 매수에 걸리는 기간이 과도하게 길거나, 언제 매수를 통하여 재산권행사에 대한 제한이 종결될지 기약할 수 없는 상태가 지속된다면, 이는 토지재산권의 사회적 제약의 범주를 넘는 수용적 효과를 가지게 된다.

따라서 입법자는 학교용지에 대한 매수청구권이나 수용신청권의 부여, 합리적인 범위 안에서 시·도의 매수시기의 특정, 지정의 해제, 금전적 보상 등 다양한 방법을 통하여 재산권에 대한 가혹한 침해를 적절하게 보상하여야 한다.

판　　단

가. 토지재산권의 사회적 기속성과 비례원칙

(1) 재산권이 법질서 내에서 인정되고 보호받기 위해서는 입법자에 의한 형성을 필요로 하며, 다른 기본권과는 달리 그 내용이 입법자에 의하여 법률로 구체화됨으로써 비로소 권리다운 모습을 갖추게 된다. 재산권의 행사가 사회적 연관성과 사회적 기능을 가지면 가질수록 입법자는 더 광범위한 제한을 가할 수 있고 그러한 조치가 정당화된다. 재산권의 이용과 처분이 소유자의 개인적 영역을 넘어, 국민일반의 자유행사에 큰 영향을 미치거나 국민일반이 자신의 자유를 행사하기 위하여

문제되는 재산권에 의존하는 경우에는, 입법자가 공동체의 이익을 위하여 개인의 재산권을 제한하는 규율권한은 더욱 넓어진다. 토지는 생산이나 대체가 불가능하여 공급이 제한되어 있고 우리나라의 가용토지 면적이 인구에 비하여 부족한 반면에 모든 국민이 생산 및 생활의 기반으로서 토지의 합리적인 이용에 의존하고 있는 정황을 고려하면, 토지재산권의 행사에 대해서는 국민경제의 관점에서나 토지의 사회적 기능에 비추어 다른 재산권에 비해 더 강하게 공동체의 이익을 관철할 것이 요구된다.

또한 헌법 제122조는 재산권행사의 사회적 의무성을 강조하는 것에 더하여 토지재산권에 대한 한층 더 강한 규제의 필요성과 그에 관한 입법자의 광범위한 형성권을 표현하고 있다(헌재 1989. 12. 22. 88헌가13, 판례집 1, 357, 372; 헌재 2003. 4. 24. 99헌바110등, 판례집 15-1, 371, 394-395 등 참조).

즉 헌법상의 재산권은 토지소유자가 이용 가능한 모든 용도로 토지를 자유로이 최대한 사용할 권리나 가장 경제적 또는 효율적으로 사용할 수 있는 권리를 보장하는 것을 의미하지는 않는다. 입법자는 중요한 공익상의 이유와 토지가 가진 특성에 따라 토지를 일정용도로 사용하는 권리를 제한할 수 있기 때문이다. 따라서 토지의 개발이나 건축은 합헌적 법률로 정한 재산권의 내용과 한계 내에서만 가능한 것일 뿐만 아니라, 강한 사회성 내지는 공공성으로 말미암아 토지재산권에 대하여는 다른 재산권보다 강한 제한과 의무가 부과될 수 있다(헌재 2008. 4. 24. 2005헌바43, 판례집 20-1상, 510, 516-517; 헌재 2008. 9. 25. 2004헌마155등, 판례집 20-2상, 528, 548-549 등).

(2) 이처럼 입법자에게 재산권의 사회적 제약에 관한 사항에 관하여 넓은 입법재량이 인정된다고 할지라도, 재산권의 사회적 기속성에 기한 제한 역시 다른 기본권에 대한 제한입법과 마찬가지로 비례원칙을 준수하여야 하고, 재산권의 본질적 내용인 사적 이용권과 원칙적인 처분권을 부인하여서는 아니 되며, 이는 사회적 기속성이 더욱 강한 토지재산권에 관하여도 마찬가지이다(헌재 1999. 10. 21. 97헌바26, 판례집 11-2, 383, 408; 헌재 2006. 1. 26. 2005헌바18, 판례집 18-1상, 1, 16 등 참조).

나. 이 사건 법률조항에 의한 토지재산권의 제한

법 제1조는 "이 법은 공립 초등학교·중학교 및 고등학교용 학교용지의 조성·개발·공급과 관련 경비의 부담 등에 관한 특례를 규정함으로써 학교용지의 확보를 쉽게 하고 학교용지를 확보할 수 없는 경우 가까운 곳에 있는 기존 학교의 증축을 쉽게 함을 목적으로 한다"라고 규정하고 있다.

법 제3조 제1항, 제3항, 제4항에 따라, 300가구 이상의 개발사업을 시행하는 사경제주체인 개발사업시행자는 학교용지를 조성·개발하는 의무를 지는 경우가 있게 되며, 그에 따라 학교용지의 조성·개발과 관련된 부분에 대한 토지를 자유로운 용도로 사용하지 못하게 되고, 학교용지는 도시관리계획에 따라 도시계획시설이 된다.

이 사건 법률조항에 따라 개발사업시행자는 학교용지를 시·도에 공급하여야 하는데, 시·도가 조성한 학교용지를 매입하는 등의 방법으로 확보하지 않을 때 개발사업시행자가 받는 학교용지의 사용·수익 및 처분에 대한 제한이 토지소유자가 수인해야 하는 사회적 제약의 한계를 넘는지 여부가 문제된다.

다. 토지재산권에 대한 사회적 제약의 한계에 관한 판단기준

우리 재판소는 헌재 1998. 12. 24. 89헌마214등 결정에서, **법률조항에 의한 토지재산권의 제한은 제한 부과 당시의 지목과 토지현황에 의한 이용방법에 따라 사용할 수 있는 한, 재산권에 내재하는**

사회적 제약을 비례의 원칙에 합치하게 합헌적으로 구체화한 것이라고 할 것이나, 종래의 지목과 토지현황에 의한 이용방법에 따른 토지의 사용도 할 수 없거나 실질적으로 사용·수익을 전혀 할 수 없는 예외적인 경우에도 아무런 보상 없이 이를 감수하도록 한다면 비례의 원칙에 위반되어 토지소유자의 재산권을 과도하게 침해하는 것으로서 헌법에 위반된다. 입법자가 재산권을 비례의 원칙에 부합하게 합헌적으로 제한하기 위해서는, 수인의 한계를 넘어 가혹한 부담이 발생하는 예외적인 경우에는 이를 완화하는 보상규정을 두어야 한다. 이러한 보상규정은 입법자가 헌법 제23조 제1항 및 제2항에 의하여 재산권의 내용을 구체적으로 형성하고 공공의 이익을 위하여 재산권을 제한하는 과정에서 이를 합헌적으로 규율하기 위하여 두어야 하는 규정이다. 반드시 금전보상만을 해야 하는 것은 아니고, 지정의 해제 또는 토지매수청구권제도와 같이 금전보상에 갈음하거나 기타 손실을 완화할 수 있는 제도를 보완하는 등 입법자에게는 헌법적으로 가혹한 부담의 조정이란 목적을 달성하기 위하여 이를 완화·조정할 수 있는 방법의 선택에 있어서는 광범위한 형성의 자유가 부여된다라는 취지로 판시한 바 있다(판례집 10-2, 927, 956-957).

또한 헌재 1999. 10. 21. 97헌바26 결정에서는 도시계획시설에 관하여, 도시계획시설의 지정에도 불구하고 토지를 종래의 용도대로 계속 사용할 수 있는 경우에는, 사업시행자에 의한 토지매수가 장기간 지연된다고 하더라도 토지소유자의 재산권행사에 크게 불리한 효과가 있지 않고, 도시계획시설의 지정으로 인한 개발가능성의 소멸과 그에 따른 지가의 하락, 수용 시까지 토지를 종래의 용도대로만 이용해야 할 현상유지의무 등은 토지소유자가 감수해야 하는 사회적 제약의 범주에 속한다.

하지만 **도시계획시설로 지정된 토지가 나대지인 경우, 토지소유자는 더 이상 그 토지를 종래 허용된 용도(건축)대로 사용할 수 없게 됨으로써 토지의 매도가 사실상 거의 불가능하고 경제적으로 의미 있는 이용가능성이 배제**되는데, 이처럼 도시계획결정으로 토지를 종래의 목적으로도 사용할 수 없거나 더 이상 법적으로 허용된 토지이용의 방법이 없기 때문에 사실상 토지의 사적인 이용가능성이 폐지된 경우, 재산권에 대한 이러한 제한은 토지소유자가 수인해야 하는 사회적 제약의 한계를 넘는다. 이러한 경우 사업시행자에 의한 토지매수가 장기간 지체되어 토지소유자에게 토지를 계속 보유하도록 하는 것이 경제적인 관점에서 보아 더 이상 요구될 수 없다면, 입법자는 **매수청구권이나 수용신청권의 부여, 지정의 해제, 금전적 보상 등 다양한 보상가능성**을 통하여 재산권에 대한 가혹한 침해를 적절하게 보상하여야 한다라는 취지로 판시한 바 있다(판례집 11-2, 383, 410-411).

즉 종래의 지목과 토지현황에 의한 이용방법에 따라 사용할 수 있는 한 토지소유자에게 가해지는 재산권의 제한은 토지소유자가 수인해야 하는 사회적 제약의 범주에 속하는 것으로서 재산권에 내재하는 사회적 제약을 비례의 원칙에 부합하게 합헌적으로 구체화한 것이라고 할 것이나, 종래의 지목과 토지현황에 의한 이용방법에 따른 토지의 사용도 할 수 없거나 더 이상 법적으로 허용된 토지이용방법이 없어 실질적으로 사용·수익을 할 수 없는 경우에는 토지소유자가 수인해야 할 사회적 제약의 범주를 넘는 것으로서 이러한 경우에는 손실을 완화하는 보상적 조치가 있어야 비로소 비례의 원칙에 부합한다는 것이다(헌재 2005. 9. 29. 2002헌바84등, 판례집 17-2, 98, 120; 헌재 2006. 1. 26. 2005헌바18, 판례집 18-1상, 1, 18).

라. 이 사건 법률조항의 재산권 침해 여부

(1) 학교용지의 개발과 확보를 용이하게 함으로써 궁극적으로 교육환경을 개선하려는 이 사건 법률조항의 입법목적은 공공복리의 달성에 기여하는 것으로 정당하고(헌재 2005. 3. 31. 2003헌가20, 판례집 17-1, 294, 309; 헌재 2008. 9. 25. 2007헌가1, 판례집 20-2상, 401, 414; 헌재 2008. 9. 25. 2007헌가9, 판례집 20-2상, 424, 438 참조), 이를 위하여 학교신설 및 학급증설에 대한 필요성을 야기한 원인제공자인 개발사업시행자가 개발사업의 계획을 수립할 때부터 학교용지를 개발하여 시・도에 공급하도록 하는 것은 입법목적 달성을 위한 적절한 방법이다.

(2) 학교는 헌법 제31조 제1항, 제2항에서 규정하고 있는 모든 국민의 교육을 받을 권리와 아동에게 의무교육을 받게 할 의무라는 중대한 가치를 실현하고 도시 및 주거환경의 수준 및 국민의 삶의 질을 향상시키기 위한 필수적인 기반시설이다. 국가는 국민의 교육을 받을 권리라는 기본권을 보호하기 위하여 학교용지를 적절하게 확보하여야 할 의무가 있으므로, 이 사건 법률조항이 달성하고자 하는 입법목적은 매우 중요한 공익이다.

또한 개발사업이 종료된 다음에는 학교용지를 확보하기 곤란한 경우가 있을 것이므로 개발사업의 계획단계부터 학교용지를 확보하게 할 필요성도 인정되고, 시・도는 무상이 아니라 개발사업시행자에게 감정평가에 의한 공급가액을 대가로 지급하고 학교용지를 공급받는다(법 제4조 제3항 제2호, 제4항).

그렇다면 학교용지를 적정하게 확보하여 쾌적한 주거환경을 확보하고 교육을 받을 권리를 보호하려는 공익이 제한받는 개발사업시행자의 토지재산권에 비하여 일반적으로 적다고 할 수 없다.

(3) 다만 시・도 외의 개발사업시행자는 이 사건 법률조항에 따라 학교용지를 시・도에만 공급하여야 하는데, 시・도가 이를 매입 등의 방법으로 확보하지 않을 경우에, 개발사업을 시행한 다음 남아 있는 학교용지가 나대지인 경우와 같이 토지를 종래의 지목과 토지현황에 의하여 사용할 수 없거나 더 이상 법적으로 허용된 토지이용방법이 없어서 개발사업시행자가 실질적으로 사용 및 수익을 전혀 할 수 없는 경우가 발생할 수 있다.

그러한 경우 개발사업시행자가 이 사건 법률조항에 의하여 받는 재산권 제한은 토지소유자가 수인해야 하는 사회적 제약의 범주를 벗어나는 것이 되므로, 제한을 적절하게 보상하는 조치가 마련되어 있어야 한다.

(4) 그런데, 학교용지는 '국토의 계획 및 이용에 관한 법률' 제2조 제6호 라목에서 규정하고 있는 기반시설의 하나인 학교를 설치하기 위한 도시계획시설부지가 된다. 법 제3조 제1항 제2문은 학교용지의 위치와 규모 등은 '국토의 계획 및 이용에 관한 법률' 제43조에 따른 학교시설의 설치기준 등에 관한 규정을 준용한다고 규정하고, 법 제3조 제4항은 '국토의 계획 및 이용에 관한 법률'에 따른 도시관리계획을 입안할 것을 규정하고 있다. 이에 따라 '국토의 계획 및 이용에 관한 법률'이 정한 도시관리계획의 입안(제25조), 도시관리계획의 결정 및 고시(제30조), 도시관리계획에 관한 지형도면의 고시(제32조), 학교시설의 종류・명칭・위치・규모 등의 도시관리계획 결정(제43조) 등의 절차를 거쳐, 학교용지는 도시계획시설로 지정된 토지가 된다.

(5) '국토의 계획 및 이용에 관한 법률' 제47조, 제48조는 도시계획시설결정의 고시일부터 10년 이내에 도시계획시설사업이 시행되지 아니하는 경우에는 도시계획시설의 부지 중 지목이 대인 토

지의 소유자에게 토지의 매수청구권을 부여하고, 매수의무자가 매수하지 아니하는 경우에는 도시계획시설부지의 개발행위를 하여 사용·수익할 수 있게 하고, 도시계획시설결정의 고시일부터 20년이 경과될 때까지 도시계획시설사업이 시행되지 아니하면 도시계획시설결정이 효력을 상실한다고 규정하고 있다.

(6) 이처럼 학교용지에 대한 도시계획시설사업(학교)의 지연으로 학교용지의 매수가 장기간 지체되고, 지목이 대인 경우와 같이 학교용지를 종래의 목적으로도 사용할 수 없거나 더 이상 법적으로 허용된 토지이용의 방법이 없는 등 이 사건 법률조항으로 인한 학교용지에 대한 재산권 제한이 토지소유자가 수인해야 하는 사회적 제약의 한계를 넘게 되는 경우라 하더라도, '국토의 계획 및 이용에 관한 법률' 제47조, 제48조가 정한 매수청구권, 도시계획시설결정의 실효 등 가혹한 침해를 완화하고 적절하게 보상하는 제도가 이미 마련되어 있다. 다른 도시계획시설부지의 소유자에 비하여 추가적인 보상조치가 있어야만 비례원칙에 부합한다고 볼 만큼 학교용지를 조성한 개발사업시행자가 받는 재산권 행사의 제한이 더 크다고 보기도 어렵다.

따라서 이 사건 법률조항은 재산권을 침해하지 않는다(헌재 2006. 1. 26. 2005헌바18, 판례집 18-1상, 1, 20-21 참조).

재판관 조대현의 반대의견

모든 국민의 재산권은 보장된다(헌법 제23조 제1항). 공공필요에 의한 재산권의 수용 또는 제한 및 그에 대한 보상은 법률로써 하되 정당한 보상을 지급하여야 한다(헌법 제23조 제3항).

'학교용지 확보 등에 관한 특례법'은 공립 초등학교·중학교 및 고등학교용 학교용지의 조성·개발·공급과 관련 경비의 부담 등에 관한 특례를 규정하고 있다. 우선 300가구 규모 이상의 개발사업을 시행하는 사업자는 관할 교육감의 의견을 들어 학교용지를 조성·개발하여(제3조) 시·도에 공급하여야 한다(제4조 제2항).

이처럼 개발사업시행자에게 학교용지를 조성하여 공급하도록 강제하는 것은 그 재산권을 수용하는 것과 마찬가지로 특별한 재산상 부담을 지우는 것이므로, 그처럼 재산상의 특별한 희생을 지워야 할 공공필요가 있어야 하고, 특별한 희생에 대하여 정당한 보상을 지급하여야 한다(헌법 제23조 제3항). 그래서 '학교용지 확보 등에 관한 특례법'은 개발사업시행자에게 학교용지를 조성·공급할 의무를 지우는 한편으로 시·도에게 학교용지를 공급받아 확보할 의무를 지우고, 그 공급가격과 학교용지 확보비용의 조달 재원에 대하여 규정하고 있다. 시·도는 학교용지를 확보하여 시·도 교육비특별회계 소관 공유재산으로 하여야 한다(제4조 제2항). 공공기관이나 공기업이 아닌 개발사업시행자가 공급하는 학교용지의 공급가격은 '부동산 가격공시 및 감정평가에 관한 법률' 제2조 제7호에 따른 감정평가액으로 한다(제4조 제3항 제2호). 시·도가 학교용지를 확보하는 데에 드는 경비는 시·도의 일반회계와 교육비특별회계에서 각각 2분의 1씩 부담한다(제4조 제4항). 시·도는 학교용지를 확보하기 위하여 시·도의 일반회계가 부담하는 경비를 지방세·개발부담금·학교용지부담금의 재원으로 조달할 수 있다(제6조 제1항).

이러한 규정들을 종합하면, 이 사건 법률조항(제4조 제2항)에 따라 **개발사업시행자가 학교용지를 확보하여 공급하는 경우에는 시·도는 즉시 그 공급가격을 감정평가액에 따라 지급하여야 한다**고 해석함이 상당하다. 이와 달리 개발사업시행자에게 학교용지를 조성하여 공급하도록 의무지우면서도 그 학교용지를 공급받는 시기는 시·도가 학교용지의 필요성이나 예산사정에 따라 재량껏 정할 수 있다고 해석한다면, 학교용지를 조성·공급하게 할 공공필요가 미비되었음에도 불구하고 학교용지 공급의무를 지우거나 특별한 재산상 희생에 대한 정당한 보상을 시·도의 재량에 맡기는 셈이어서 헌법 제23조 제3항에 위반된다고 보지 않을 수 없다.

결국 이 사건 법률조항(제4조 제2항)에 따라 개발사업시행자가 학교용지를 조성하여 공급하는 경우에는 시 · 도는 즉시 그 공급가격을 감정평가액에 따라 지급하여야 한다고 해석하여야 하고, **그렇게 해석하지 않으면 헌법 제23조 제3항에 위반된다고 보아야 한다.** 만일 이 사건 법률조항만으로 시 · 도가 학교용지 공급가격을 즉시 지급하여야 한다고 해석할 수 없다면, 이 사건 법률조항이 시 · 도가 학교용지를 공급받은 즉시 그 공급가격을 지급하도록 규정하지 아니한 것은 헌법 제23조 제3항에 위반된다고 선언하여야 한다.

[요약판례 1] 도시계획법 부칙 제10조 제3항 위헌소원 등: 합헌(헌재 2005.9.29. 2002헌바84등)

실효기간의 기산일에 관한 경과규정인 도시계획법 부칙 제10조 제3항과 국토의계획및이용에관한법률 부칙 제16조 제1항 제1호가 재산권에 대한 새로운 제한을 가하는 규정인지 여부(소극)

실효기간의 기산일에 관한 경과규정인 이 사건 부칙조항들은 입법자가 도시계획시설부지에 관한 재산권의 내용과 한계를 일반 · 추상적으로 확정하는 규정이자 재산권의 사회적 제약을 구체화하는 규정일 뿐 기존에 적법하게 취득한 재산권에 대한 새로운 제한을 가하는 규정이 아니다. 재산권에 대한 제약이 비례원칙에 합치하는 것이라면 그 제약은 재산권자가 수인하여야 하는 사회적 제약의 범위 내에 있는 것이고, 반대로 재산권에 대한 제약이 비례원칙에 반하여 과잉된 것이라면 그 제약은 재산권자가 수인하여야 하는 사회적 제약의 한계를 넘는 것이다. 토지를 종래의 목적으로도 사용할 수 없거나 더 이상 법적으로 허용된 토지이용방법이 없어서 실질적으로 사용 · 수익을 할 수 없는 경우에 해당하지 않는 제약은 토지소유자가 수인하여야 하는 사회적 제약의 범주 내에 있는 것이고, 그러하지 아니한 제약은 손실을 완화하는 보상적 조치가 있어야 비로소 허용되는 범주 내에 있다.

[요약판례 2] 도시계획법 제6조에 대한 위헌소원: 헌법불합치(헌재 1999.10.21. 97헌바26)

도시계획시설로 지정된 후 장기간 사업시행이 되지 않아 토지소유권의 행사가 제한받고 이로 말미암아 재산적 손실이 발행하였음에도 불구하고 이에 대해 보상규정을 두지 아니한 도시계획법 제4조가 재산권을 침해하는지 여부(적극)

지목이 임야나 전답인 토지가 학교, 도로, 녹지 등 도시계획시설로 지정된 경우, 토지소유자는 도시계획결정에도 불구하고 당해 토지의 협의매수나 수용시까지 그 토지를 계속 종래의 용도대로 사용할 수 있으므로, 도시계획결정으로 말미암아 토지소유자에게 이렇다 할 재산적 손실이 발생한다고 볼 수 없다.

그러나 도시계획시설결정으로 말미암아 종래의 용도대로도 토지를 사용할 수 없거나 사적 이용권이 완전히 배제되는 경우에도 이 사건 법률조항이 아무런 보상 없이 장기간 이를 감수하도록 규정하고 있는 한, 이러한 부담은 법이 실현하려는 중대한 공익으로도 정당화될 수 없는 과도한 부담이므로, 이 사건 법률조항은 이러한 점에 있어서 비례의 원칙에 위반되어 당해 토지소유자의 재산권을 과도하게 침해하는 위헌적인 규정이다. 즉, 이 사건 법률조항의 위헌성은 '도시계획시설결정'이란 제도 자체에 있는 것이 아니라 그 시행과정에서 도시계획시설결정의 장기적인 시행지연으로 말미암아 토지소유자에게 발생하는 사회적 제약의 범위를 넘는 가혹한 부담에 대하여 보상규정을 두지 아니한 것에 있다.

[요약판례 3] 토지수용법 제48조 제2항 위헌소원: 합헌(헌재 1997.3.27. 96헌바21)

손실보상의 요건 중 "적법한 공권력행사"의 의미

공권력의 작용에 의한 손실(손해)전보제도를 손실보상과 국가배상으로 나누고 있는 우리 헌법 아래에서 불법사용의 경우에는 국가배상 등을 통하여 문제를 해결할 것으로 예정하고 있고 기존 침해상태의 유지를 전제로 보상청구나 수용청구를 함으로써 문제를 해결하도록 예정되어 있지는 않으므로 토지수용법 제48조 제2항 중 '사용' 부분이 불법사용의 경우를 포함하지 않는다고 하더라도 헌법에 위반되지 아니한다.

[요약판례 4] 산업입지 및 개발에 관한 법률 제11조 제1항 등 위헌소원: 합헌(헌재 2009.9.24. 2007헌바114)

민간기업을 수용의 주체로 규정한 '산업입지 및 개발에 관한 법률'(2001. 1. 29. 법률 제6406호로 개정된 것) 제22조 제1항의 "사업시행자" 부분 중 "제16조 제1항 제3호"에 관한 부분이 헌법 제23조 제3항에 위반되는지 여부(소극)

헌법 제23조 제3항은 정당한 보상을 전제로 하여 재산권의 수용 등에 관한 가능성을 규정하고 있지만, 재산권 수용의 주체를 한정하지 않고 있다. 위 헌법조항의 핵심은 당해 수용이 공공필요에 부합하는가, 정당한 보상이 지급되고 있는가 여부 등에 있는 것이지, 그 수용의 주체가 국가인지 민간기업인지 여부에 달려 있다고 볼 수 없다. 또한 국가 등의 공공기관이 직접 수용의 주체가 되는 것이든 그러한 공적 기관의 최종적인 허부판단과 승인결정하에 민간기업이 수용의 주체가 되는 것이든, 양자 사이에 공공필요에 관한 판단과 수용의 범위에 있어서 본질적인 차이를 가져올 것으로 보이지 않는다. 따라서 위 수용 등의 주체를 국가 등의 공적 기관에 한정하여 해석할 이유가 없다.

[요약판례 5] 구 도시계획법 제4조 제1항 등 위헌소원: 합헌(헌재 2012.3.29. 2010헌바470)

도시계획시설부지 내 가설건축물 등을 소유자의 부담으로 원상회복하도록 규정한 구 '국토의 계획 및 이용에 관한 법률' 제64조 제3항이 그 가설건축물 임차인의 영업손실 보상을 규정하지 않은 것이 재산권을 침해하는지 여부(소극)

도시계획시설부지 내 가설건축물 임차인은 가설건축물의 한시적 이용 및 그에 따른 경제성 기타 이해득실을 형량하여 임대차계약 체결 여부를 결정한 것으로 볼 수 있고, 임차인의 권능은 그 소유자의 권능에 터잡은 것으로서 임대차 기간이나 차임 등도 가설건축물에 대한 허가조건의 내용 등과 같은 특수한 사정을 기초로 한 것이므로, 도시계획시설부지로 결정된 토지에 허가를 받아 건축된 가설건축물을 임차하였다면 그 목적물을 원상회복할 의무의 부담을 스스로 감수한 것으로 볼 수 있어서, 이러한 가설건축물 임차인의 영업손실에 대하여 보상하지 않는 것이 과도한 침해라거나 특별한 희생이라고 볼 수 없으므로 이 사건 법률조항이 재산권을 침해한 것이라고 할 수 없다.

[요약판례 6] 구 국토의 계획 및 이용에 관한 법률 제37조 제1항 제2호 등 위헌소원: 합헌(헌재 2012.7.26. 2009헌바328)

국토해양부장관, 시·도지사가 도시관리계획으로 '역사문화미관지구'를 지정하고 해당 지구 내 토지소유자들에게 지정목적에 맞는 건축제한 등 재산권제한을 부과하면서도 아무런 보상조치를 규정하지 않고 있는 구 '국토의 계획 및 이용에 관한 법률'들이 토지소유자들의 재산권을 침해하는지 여부(소극)

이 사건 법률조항들은 문화재와 문화적으로 보존가치가 큰 건축물 등의 미관을 유지·관리하기 위하여 '역사문화미관지구'를 지정하고 그 지정목적에 부합하지 않는 토지이용을 규제함으로써 토지의 이용과 관련한 공공복리의 증진을 도모하는 것을 입법목적으로 하는바, 그 입법목적은 정당하고 그 수단 또한 적절하다. '역사문화미관지구'의 지정이 궁극적으로는 해당 지역 내 토지소유자들이 일정 층수 이상의 건물을 짓지 못하도록 함으로써 문화재의 미관이나 보존가치를 증대시키려는 데 그 목적이 있는 이상, 지구 내 토지의 개별적 사정이나 토지소유자의 개별적 사정을 반영한 이용제한의 수단으로는 입법목적을 효율적으로 달성하기 어렵고, 문화재의 보존가치가 상실되지 않는 한 건축제한에 '일정 기간'을 설정한다든가 '시행유예기간'을 두는 것 역시 실효성이 없어, 일괄적인 건축제한 이외에는 달리 입법목적을 달성할 효과적인 대안이 없으므로, 침해의 최소성 요건도 충족한다. 이 사건 법률조항들에 의하더라도 일정한 층수(4층, 예외적인 경우 6층) 범위 내에서의 건축은 허용되고, 기존 건축물(청구인들의 경우 15층 및 8층)의 이용이나 토지 사용에 아무런 제약을 가하고 있지 않다. 따라서 이 사건 법률조항들로 인하여 부과되는 재산권의 제한 정도는 사회적 제약 범위를 넘지 않고 공익과 사익 간에 적절한 균형이 이루어져 있으므로, 비례의 원칙에 반하지 아니한다.

[요약판례 7] 관광진흥법 제54조 제4항 등 위헌소원: 합헌(헌재 2013.2.28. 2011헌바250)

관광단지 조성사업에 있어 민간개발자를 토지 수용의 주체로 규정한 이 사건 법률조항이 헌법 제23조 제3항에 위반되는지 여부(소극)

헌법 제23조 제3항은 정당한 보상을 전제로 하여 재산권의 수용 등에 관한 가능성을 규정하고 있지만, 수용의 주체를 한정하지 않고 있으므로 위 헌법조항의 핵심은 그 수용의 주체가 국가인지 민간개발자인지에 달려 있다고 볼 수 없다. 관광단지의 지정은 시장·군수·구청장의 신청에 의하여 시·도지사가 사전에 문화체육관광부장관 및 관계 행정기관의 장과 협의하여 정하도록 되어 있어, 민간개발자가 수용의 주체가 된다 하더라도 궁극적으로 수용에 요구되는 공공의 필요성 등에 대한 최종적인 판단권한은 공적 기관에 유보되어 있음을 알 수 있다.

민간개발자에게 관광단지의 개발권한을 부여한 이상 사업이 효과적으로 진행되게 하기 위해서는 다른 공적인 사업시행자와 마찬가지로 토지 수용권을 인정하는 것이 관광진흥법의 입법취지에 부합한다. 따라서 관광단지 조성사업에 있어 민간개발자를 수용의 주체로 규정한 것 자체를 두고 헌법에 위반된다고 볼 수 없다.

대판 1996.6.28. 94다54511

손실보상의 규정을 두지 아니한 경우, 무조건적으로 헌법 제23조 제3항, 제11조 제1항 및 제37조 제2항에 위배되는지 여부

도시의 무질서한 확산을 방지하고 도시주변의 자연환경을 보전하여 도시민의 건전한 생활환경을 확보하기 위하여 또는 국방부장관의 요청이 있어 보안상 도시의 개발을 제한할 필요가 있다고 인정되는 때에 한하여 가하여지는 그와 같은 제한으로 인한 토지소유자의 불이익은 공공의 복리를 위하여 감수하지 아니하면 안될 정도의 것이라고 인정되므로, 그에 대하여 손실보상의 규정을 두지 아니하였다 하여 도시계획법 제21조의 규정을 헌법 제23조 제3항, 제11조 제1항 및 제37조 제2항에 위배되는 것으로 볼 수 없다.

XII 사설철도주식회사주식소유자에대한보상에관한법률 제4조 제2항 제1호 등 위헌제청: 합헌(헌재 2002.12.18. 2002헌가4)

쟁점 50여년 전에 국가에 수용되었던 주식의 보상금액을 산정함에 있어 수용 당시의 주식시세를 알 수 있는 자료가 없어 주식거래 시세를 기준으로 하지 않고 대차대조표에 기초한 산정방식을 택하고 있고 대차대조표 작성시점이 아니라 수용시점을 기준으로 생산자물가 지수변동률을 적용하는 것이 헌법에 위반되는 것인지 여부(소극)

사건의 개요

조선철도주식회사의 전 재산이 공용수용됨으로써 조선철도주식회사의 주식 59,176주에 대한 보상청구권을 양도받은 제청신청인은 1988. 11. 보상금지급절차를 마련하여 줄 것을 요청하였으나, 대한민국이 이에 응하지 아니하자, 1989. 1. 11. 헌법재판소에 선택적으로 군정법령을 폐지한 후 피수용회사 재산의 수용으로 인한 손실보상절차를 규정하는 법률을 제정하지 아니한 입법부작위의 위헌확인 등을 구하는 헌법소원심판을 청구하였고, 헌법재판소는 1994. 12. 29. 사설철도회사의 재산수용에 관한 보상절차규정을 두고 있던 군정법령이 폐지된 지 30여 년이 지나도록 입

법자가 그 보상을 위한 입법조치를 취하지 않고 있음은 입법재량의 한계를 넘는 입법의무불이행으로서 위헌이라는 결정을 하였다. 이후 2001. 1. 16. 군정법령에 의하여 수용된 사설철도에 관한 보상청구권자의 범위, 보상금액의 산정방법 및 보상금의 지급절차 등을 규정한 사설철도주식회사주식소유자에대한보상에관한법률이 제정·공포되어 시행되고 있는데, 제청신청인은 이 법이 규정하고 있는 보상은 보상청구권자들의 보상청구권을 정당하게 평가하여 피수용재산의 객관적 재산가치를 완전하게 보상하지 아니하고 그에 훨씬 못 미치는 보상내용을 규정하고 있으므로, 헌법상의 평등원칙 및 재산권 수용시의 정당보상의 원칙에 위배된다고 주장하면서 위헌여부심판의 제청신청을 하였고, 서울고등법원은 그 신청을 받아들여 2002. 4. 9. 헌법재판소에 법 제4조 제2항 제1호, 제3항, 제4항에 대하여 위헌여부의 심판을 제청하였다.

▢ 심판의 대상

사설철도주식회사주식소유자에대한보상에관한법률 제1조 (목적) 이 법은 재조선미국육군사령부 군정청법령 제75호 조선철도의 통일 제2조의 규정에 의하여 수용된 조선철도주식회사·경남철도주식회사 또는 경춘철도주식회사가 발행한 주식에 관한 권리를 가진 자에 대하여 그 보상금의 지급 등에 관한 사항을 규정함을 목적으로 한다.

제2조 (보상청구권자의 범위) 다음 각호의 1에 해당하는 자는 이 법에 의하여 보상을 청구할 수 있다.

1. 재조선미국육군사령부 군 정청법령 제75호 조선철도의 통일 제3조의 규정에 의하여 보상청구를 한 자로서 조선철도주식회사·경남철도주식회사 또는 경춘철도주식회사(이하 "피수용회사"라 한다)의 주권 원본을 소유한 자
2. 1961년 2월 11일자 교통부 공고에 의하여 동년 동월 15일부터 동년 3월 14일까지 주식소유자등록을 한 자로서 피수용회사의 주권 원본을 소유한 자
3. 제1호 및 제2호의 규정에 해당하는 자의 승계인으로서 피수용회사의 주권 원본을 소유한 자
4. 법원의 확정판결에 의하여 피수용회사의 주식에 대한 보상청구권이 인정된 자 또는 그 승계인

제4조 (보상금액의 산정) ① 보상금액은 보유 주식수에 피수용회사의 주식 1주당 가액, 주식의 평균불입액 비율, 생산자물가지수 변동률 및 화폐단위 변동률을 곱하여 산정한다.

② 제1항의 규정에 의한 피수용회사의 주식 1주당 가액은 다음 각호의 시기에 작성된 대차대조표에 의하여 자산총액에서 부채총액을 공제한 순자산가치를 발행주식 총수로 나눈 값으로 한다.

1. 조선철도주식회사는 1945년 8월 31일자 대차대조표
2. 경남철도주식회사는 1945년 1월 31일자 대차대조표
3. 경춘철도주식회사는 1945년 3월 31일자 대차대조표

③ 제1항의 규정에 의한 주식의 평균불입액 비율은 주식 소유자별 주식 1주당 평균불입액을 각 피수용회사의 발행주식 1주당 평균불입액으로 나눈 값으로 한다.

④ 제1항의 규정에 의한 생산자물가지수 변동률은 1946년 5월부터 이 법 시행일이 속하는 달의 직전 달까지의 기간을 기준으로 하여 산정한다.

▢ 주　　문

사설철도주식회사주식소유자에대한보상에관한법률 제4조 제2항 제1호, 제3항, 제4항은 헌법에 위반되지 아니한다.

판 단

Ⅰ. 정당보상의 원칙 위배여부

1. 정당보상의 원칙

헌법 제23조 제3항은 "공공필요에 의한 재산권의 수용·사용 또는 제한 및 그에 대한 보상은 법률로써 하되, 정당한 보상을 지급하여야 한다"고 규정하고 있다. 여기서 '정당한 보상'이란 '원칙적으로' 피수용재산의 객관적인 재산가치를 완전하게 보상하는 것이어야 한다는 완전보상을 뜻하는 것으로서, 재산권의 객체가 갖는 객관적 가치란 그 물건의 성질에 정통한 사람들의 자유로운 거래에 의하여 도달할 수 있는 합리적인 매매가능가격, 즉 시가에 의하여 산정되는 것이 보통이다.

2. 이 사건 보상입법의 특수성

헌법 제23조 제3항에 규정된 '정당한 보상'의 원칙이 모든 경우에 예외없이 개별적 시가에 의한 보상을 요구하는 것이라고 할 수 없다. 본 사건의 경우 50여년 전에 국가에 수용되었던 이 사건 주식의 현재가치를, 정확한 자료가 미비한 상태에서 산정하여야 하는 특수한 어려움이 존재하므로, 어떤 방식으로 이 사건 주식의 가치를 산출할 것인지에 관하여 입법자에게 보다 넓은 판단권과 형성권을 부여하지 않을 수 없다. 따라서 **이 사건 심판대상인 법률조항에 대하여는 '완전보상'을 지향하는 가운데 실현가능한 나름대로의 합리적이고 적정한 보상기준을 설정하고 있는지 여부가 위헌의 심사기준이 될 수밖에 없다 할 것이다.**

3. 재산권 침해여부

(1) 법 제4조 제2항 제1호에 관하여

수용 당시의 주식시세를 알 수 있는 객관적 자료가 없고, 그렇다고 1945. 2. 6.의 주식시세를 가지고 수용 당시의 시세를 추산하는 것도 무리인 상황에서, 수용일에 가장 가까운 시기에 작성된 1945. 8. 31.자 대차대조표가 수용 당시 피수용회사의 재정상태를 가장 잘 반영하는 것으로 보아 이를 기준으로 이 사건 주식 1주당 가액을 산정하는 방식을 입법자가 택한 것으로 보이는 바, 그렇다면 이러한 입법자의 판단과 선택은 '정당한 보상'을 지향하는 가운데 실현가능한 나름대로의 합리적이고 적정한 보상을 꾀한 것이라 볼 수 있다.

(2) 법 제4조 제3항에 관하여

이 사건 주식의 수용 당시까지 주식회사제도에 관하여 적용되던 법은 상법 제정(1962. 1. 20. 법률 제1000호)전의 이른바 '구 상법'이었다. 구 상법의 주식발행제도는 현행 상법상의 제도와는 달리 자본금의 전액에 대하여 주식을 발행하되 주식금액의 납입은 그 일부로서 족하고 나머지 주식금액은 미납입주식으로서 후일 회사에서 필요시 납입시키는 제도였다. 신주인수권, 이익배당, 잔여재산의 분배와 같은 주주의 권리가 주식 수에 비례하는 현행상법과 달리 구 상법에서는 불입한 주금액에 따르도록 하고 있었다.

이러한 구 상법의 주식발행제도와 이 사건 심판기록에 나타난 자료들을 종합하여 보면 같은 피수용회사의 주식이라 할지라도 그 주금불입액에 따른 5종의 주식별로 각기 거래소의 시세도 달리 형성되어 거래되어 왔다고 봄이 상당하다. 그렇다면 주식의 평균불입액비율에 따라 차등하여 보상하는 것은 오히려 평등원칙과 정당보상의 원칙에서 요구되는 바라 할 것이다.

(3) 법 제4조 제4항에 관하여

입법자가 1945. 8. 31.자 대차대조표를 기준으로 주식가액을 산정토록 한 것은 그것이 '수용 당시'인 1946. 5. 17.의 피수용회사의 재정상태를 가장 잘 반영하는 재무제표로 보고서 이를 기초로 '수용 당시'의 이 사건 주식의 가액을 산출코자 한 것이므로, 위에서 본 바와 같이 이러한 산출방식에 나름의 합리성과 적정성을 인정할 수 있다고 보는 한 그에 따라 산출된 '수용 당시'의 주식가액의 현재가치를 산정함에 있어서 '수용 당시'를 기준으로 그 후의 생산자물가지수 변동률을 적용하였다 하여 반드시 불합리하다고 할 수 없을 뿐만 아니라, 1945년 8월부터 1946년 5월까지의 물가상승으로 인하여 피수용회사의 자산가치, 나아가 이 사건 주식의 가액이 높아졌으리라고 단정할 만한 자료가 없는 이상 이 점만으로 정당보상의 원칙에 어긋난다고 보기 어렵다.

Ⅱ. 평등의 원칙 위배여부

이 사건 심판대상조항에 의한 보상의 방법이 정당보상원칙에 어긋난다고 단정하기 어렵고, 50여 년 전에 국가에 수용되었던 주식의 현재가치를, 정확한 자료가 없는 상태에서 산정할 수밖에 없는 사안 자체의 특수성이 있으므로 토지 또는 어업권에 대한 통상의 손실보상의 방법을 정한 공공용지의취득및손실보상에관한특례법이나 수산업법 등의 규정과 직접 비교하여 차이가 있다는 점만으로 평등원칙에 위배된다고 할 수 없으며, 피수용회사의 주식소유자들간이나 다른 철도회사의 주식소유자들간에 불합리한 차별을 가하고 있지도 않으므로 이 점에서도 평등원칙에 위배된다고 볼 수 없다.

✣ 본 판례에 대한 평가 1. 헌법 제23조 제3항의 '정당한 보상'의 의미에 관해서 재산권의 객관적 가치의 완전한 보상이어야 한다는 완전보상설, 사회관념상 타당 내지 합리적인 보상이면 족하다는 상당보상설, 구체적 사정에 비추어 위 양설을 적용하려는 절충설이 대립하고 있으나 국민의 기본권인 재산권의 보다 충실한 보장을 기한다는 측면에서 완전보상설이 타당하다.

헌법재판소는 정당한 보상의 의미에 관하여 "정당한 보상이란 보상은 원칙적으로 피수용재산의 객관적인 재산 가치를 완전하게 보상하는 것이어야 한다는 완전보상을 뜻하는 것으로서 보상금액뿐만 아니라 보상의 시기나 방법 등에 있어서도 어떠한 제한을 두어서는 아니된다는 것을 의미한다"라는 입장이다.

2. 헌법재판소는 본 결정에서 "재산권의 객체가 갖는 객관적 가치란 그 물건의 성질에 정통한 사람들의 자유로운 거래에 의하여 도달할 수 있는 합리적인 매매가능가격, 즉 시가에 의하여 산정되는 것이 보통이다"라고 함으로써 정당한 보상에 관하여 완전보상설에 따랐다고 평가할 수 있겠다.

[요약판례 1] 토지수용법 제46조 제2항의 위헌여부에 관한 헌법소원: 합헌(헌재 1990.6.25. 89헌마107)

토지수용에서 개발이익을 배제하고 보상액을 산정하도록 한 구 토지수용법 제46조 제2항이 헌법 제23조 제3항의 정당보상원리에 위반되는지 여부(소극)

헌법이 규정한 '정당한 보상'이란 이 사건 소원의 발단이 된 소송사건에서와 같이 손실보상의 원인이 되는 재산권의 침해가 기존의 법질서 안에서 개인의 재산권에 대한 개별적인 침해인 경우에는 그 손실 보상은 원칙적으로 피수용재산의 객관적인 재산가치를 완전하게 보상하는 것이어야 한다는 완전보상을 뜻하는 것으로서 보상금액뿐만 아니라 보상의 시기나 방법 등에 있어서도 어떠한 제한을 두어서는 아니 된다는 것을 의미한다고 할 것이다. 재산권의 객체가 갖는 객관적 가치란 그 물건의 성질에 정통한 사람들의 자유로운 거래에 의하여 도달할 수 있는 합리적인 매매가능가격 즉 시가에 의하여 산정되는 것이 보통이다.

공익사업의 시행으로 지가가 상승하여 발생하는 개발이익은 기업자의 투자에 의하여 발생하는 것으로서 피수용자인 토지소유자의 노력이나 자본에 의하여 발생한 것이 아니다. 따라서 이러한 개발이익은 형평의 관념에 비추어 볼 때, 토지소유자에게 당연히 귀속되어야 할 성질의 것은 아니고, 오히려 투자자인 기업자 또는 궁극적으로는 국민 모두에게 귀속되어야 할 성질의 것이다. 또한 개발이익은 공공사업의 시행에 의하여 비로소 발생하는 것이므로 그것이 피수용토지가 수용당시 갖는 객관적 가치에 포함된다고 볼 수도 없다. 즉 개발이익은 그 성질상 완전보상의 범위에 포함되는 피수용자의 손실이라고는 볼 수 없으므로, 개발이익을 배제하고 손실보상액을 산정한다 하여 헌법이 규정한 정당보상의 원리에 어긋나는 것이라고는 판단되지 않는다.

따라서 토지수용법 제46조 제2항이 보상액을 산정함에 있어 공익사업의 시행으로 발생할 것으로 예상되는 개발이익을 배제하고, 기준지가의 고시일 이후 시점보정을 인근토지의 가격변동률과 도매물가상승률 등에 의하여 행하도록 규정한 것은 헌법상 정당보상의 원리에 위배되는 것은 아니다.

[요약판례 2] 지가공시및토지등의평가에관한법률 제10조 제1항 제1호 위헌소원: 합헌(헌재 2001.4.26. 2000헌바31)

토지의 수용에 대한 보상을 표준지 공시지가를 기준으로 하도록 한 지가공시및토지등의평가에관한법률 제10조 제1항 제1호가 헌법 제23조 제3항의 정당한 보상 규정 등을 위배한 여부(소극)

헌법 제23조 제3항이 규정하는 정당한 보상이란 원칙적으로 피수용재산의 객관적인 재산가치를 완전하게 보상하는 완전보상을 의미하며, 토지의 경우에는 그 특성상 인근 유사토지의 거래가격을 기준으로 하여 토지의 가격형성에 미치는 제 요소를 종합적으로 고려한 합리적 조정을 거쳐서 객관적인 가치를 평가할 수밖에 없는데 이때, 소유자가 갖는 주관적인 가치, 투기적 성격을 띠고 우연히 결정된 거래가격 또는 흔히 불리우는 호가, 객관적 가치의 증가에 기여하지 못한 투자비용이나 그 토지 등을 특별한 용도에 사용할 것을 전제로 한 가격 등에 좌우되어서는 안 되며, 개발이익은 그 성질상 완전보상의 범위에 포함되지 아니한다. 지가공시법 및 동법 시행령 등의 관련 규정을 볼 때, 지가공시법에 의한 공시지가는 그 평가의 기준이나 절차로 미루어 대상토지가 대상지역공고일 당시 갖는 객관적 가치를 평가하기 위한 것으로서 적정성을 갖고 있으며, 표준지와 지가선정 대상토지 사이에 가격의 유사성을 인정할 수 있도록 표준지 선정의 적정성이 보장된다고 할 것이다. 그러므로 지가공시법 제10조 제1항 제1호는 헌법 제23조 제3항이 규정한 정당보상의 원칙에 위배되는 것이 아니며, 또한 위 헌법조항의 법률유보를 넘어섰다거나 과잉금지의 원칙에 위배된다고 볼 수 없다.

[요약판례 3] 조선철도(주)주식의 보상금청구에 관한 헌법소원: 위헌(헌재 1994.12.29. 89헌마2)

군정법령에 따른 보상절차가 이루어지지 않은 단계에서 조선철도의통일폐지법률에 의하여 군정법령을 폐지하고 그 보상에 관하여 아무런 입법조치를 취하지 않은 것이 위헌인지 여부(적극)

우리 헌법은 제헌 이래 현재까지 일관하여 재산의 수용, 사용 또는 제한에 대한 보상금을 지급하도록 규정하면서 이를 법률이 정하도록 위임함으로써 국가에게 명시적으로 수용 등의 경우 그 보상에 관한 입법의무를 부과하여 왔는바, 해방 후 사설철도회사의 전 재산을 수용하면서 그 보상절차를 규정한 군정법령 제75호에 따른 보상절차가 이루어지지 않은 단계에서 조선철도의통일폐지법률에 의하여 위 군정법령이 폐지됨으로써 대한민국의 법령에 의한 수용은 있었으나 그에 대한 보상을 실시할 수 있는 절차를 규정하는 법률이 없는 상태가 현재까지 계속되고 있으므로, 대한민국은 위 군정법령에 근거한 수용에 대하여 보상에 관한 법률을 제정하여야 하는 입법자의 헌법상 명시된 입법의무가 발생하였으며, 위 폐지법률이 시행된 지 30년이 지나도록 입법자가 전혀 아무런 입법조치를 취하지 않고 있는 것은 입법재량의 한계를 넘는 입법의무불이행으로서 보상청구권이 확정된 자의 헌법상 보장된 재산권을 침해하는 것이므로 위헌이다.

[요약판례 4] 공익사업을 위한 토지 등의 취득 및 보상에 관한 법률 제40조 등 위헌소원: 합헌 (헌재 2011.10.25. 2009헌바281)

1. 토지수용위원회가 일방적으로 정한 수용개시일에 권리를 취득할 수 있도록 한 법률조항이 헌법 제23조 제3항의 정당보상의 원칙에 반하는지 여부(소극)
2. 보상금의 공탁만으로 소유권을 취득할 수 있도록 한 법률조항이 헌법 제23조 제3항의 정당보상의 원칙에 반하는지 여부(소극)

1. 토지수용위원회가 정한 재결액에 피수용재산의 객관적 가치가 상당 부분 반영될 수 있도록 여러 입법적 장치가 마련되어 있고, 토지수용위원회의 구성이나 업무처리에 있어서 공정성과 전문성이 보장되고 있으며, 재결액에 대한 불복이 있는 경우 사후에 소송으로 다툴 수 있을 뿐만 아니라 수용개시일에 수용의 효과가 발생하도록 하였다 하여 반드시 피수용자의 이익에 반하는 것이라 단정할 수 없으므로 위 법률조항은 헌법 제23조 제3항의 정당보상의 원칙에 반한다고 볼 수 없다.
2. 공탁을 조건으로 소유권을 취득할 수 있도록 한 것은 공익사업의 신속하고 원활한 시행을 위한 것으로 토지수용제도의 본질에 비추어 불가피하며, 보상금 공탁은 수용의 효력발생 조건인 보상금의 지급에 갈음하기 위한 제도일 뿐 정당한 보상액 여부와는 직접적인 관련이 없으므로 위 법률조항은 헌법 제23조 제3항의 정당보상의 원칙에 반한다고 볼 수 없다.

[요약판례 5] 구 공익사업을 위한 토지 등의 취득 및 보상에 관한 법률 제70조 제5항 위헌소원 등: 합헌 (헌재 2011.12.29. 2010헌바205)

수용되는 토지 등의 구체적인 보상액 산정 및 평가방법으로 '투자비용 · 예상수익 및 거래가격'을 규정하고 구체적인 보상이익 산정과 평가방법을 시행규칙에 위임하고 있는 법률조항이 헌법 제23조 제3항의 '법률'에 의한 '정당한 보상'에 반하는지 여부(소극)

이 사건 법률조항들은 비록 하위법령인 구 '공익사업을 위한 토지 등의 취득 및 보상에 관한 법률 시행규칙'에서 보상액의 산정 및 평가방법을 구체화하도록 하고 있지만, '투자비용 · 예상수익 및 거래가격 등'이라는 보상액 산정 및 평가방법의 기준을 법률에서 직접 규정하고 있으며, 공시지가에 의한 보상, 공시지가의 기준일, 공익사업으로 인한 토지 가격 변동 배제 등에 관한 기본적인 원칙과 기준을 법률에서 자세히 규정하고 있고, 그 밖에 추가적으로 고려해야 할 세부적인 기준이나 요소에 대한 규율내용만을 건설교통부령이나 국토해양부령에 위임하고 있을 뿐이므로 법률로써 하는 보상에 반하지 아니한다. 또한 이 사건 법률조항들이 '투자비용 · 예상수익 및 거래가격'을 보상액 산정 및 평가방법의 기준으로 규정한 것은 피수용재산의 객관적인 재산가치를 완전하게 보상하기 위하여 그 토지 등의 성질에 정통한 사람들의 자유로운 거래에 의하여 도달할 수 있는 합리적인 매매가능가격, 즉 시가를 산정하기 위하여 참고할 수 있는 적정한 기준이라 할 수 있으므로, '정당한 보상'을 지급하여야 한다고 규정한 헌법 제23조 제3항에 위배되지 아니한다.

[요약판례 6] 도시 및 주거환경정비법 제48조 제2항 제3호 위헌소원: 합헌 (헌재 2012.2.23. 2010헌바484)

주택재개발사업에서 "너무 좁은 토지"의 소유자에 대하여는 현물분양 대신 현금으로 청산할 수 있도록 한 '도시 및 주거환경정비법' 제48조 제2항 제3호가 토지소유자의 재산권을 침해하는지 여부(소극)

이 사건 법률조항은 정비사업시행에 따른 새로운 건축물과 토지가 한정되어 있어 너무 좁은 토지 소유자를 포함한 조합원 모두에 대해서까지 현물분양하도록 한다면 정상적인 재개발사업이 불가능하게 되므로 이러한 사태를 막을 필요가 있을 뿐만 아니라, 투기세력에 의한 이른바 '지분 쪼개기'로 인하여 다수의 선량한 조합원들의 권리가 침해되는 것을 막고 재개발사업의 원만한 진행을 통하여 국민의 주거 안정을 확보하려는 데에 그 입법목적이 있는바, 이러한 입법목적은 정당하고, 방법의 적절성 또한 인정된다. 너무 좁은 토지 소유자는 분양대상에서 제외되는 내용의 관리처분계획이 인가받게 되는 무렵을 기준으로 평가한 토지 등의 가격으로 현금청산을 받게 되고, 수용절차에 의할 때에는 부동산 인도에 앞서 청산금 등의 지급절차가 이루어져야 하므로 이 사건 법률조항에 의하여 부당하게 재산상 손해를 입는 것은 아니며, 법률과 대통령령의 위임을 받은 자치단체의 조례로 지역사정에 맞게 현금청산 기준을 조정할 수 있도록 허용함으로써, 그 탄력적 운용을 통한 피해의 최소화를 도모하고 있으므로, 이 사건 법률조항이 기본권 침해의 최소성 원칙에 반한다고 볼 수 없다. 그리고 정상적인 주택재개발사업의 진행 및 '지분 쪼개기' 등을 통한 부동산 투기억제와 일반 조합원 보호는 국민의 주거 안정에 직결되는 것으로 그 공익이 매우 큰 반면, 너무 좁은 토지 소유자가 받게 되는 재산권의 제한이라는 것은 재개발사업 시행에 따른 새로운 건축물 등에 대한 분양권을 갖지 못하는 것에 한정되므로, 법익의 균형성 원칙에도 위배되지 아니한다. 따라서 이 사건 법률조항은 과잉금지원칙에 반하여 청구인의 재산권을 침해하지 아니한다.

[요약판례 7] 구 하천법 제85조 등 위헌소원: 합헌(헌재 2012.3.29. 2010헌바341)

더 이상 하천법에 따라 하천구역으로 관리할 필요가 없어진 폐천부지를 하천관리청이 양여하는 경우에 하천으로 편입되기 전의 토지소유자에게 환매권과 같은 우선취득권을 부여하지 않은 하천법 조항이 재산권을 침해하는지 여부(소극)

이 사건 법률조항 및 하천법 시행령 제92조 제1항에 의하면, 폐천부지의 종전 소유자가 그 토지에 대한 보상을 받지 아니하였거나 폐천부지를 교환받지 아니한 경우 제1순위로 폐천부지를 양여 받을 수 있도록 규정하고 있어 종전 소유자에 대한 배려를 하고 있으며, 하천공사에 의하여 폐천부지가 발생하는 경우 그 개발이익이 사회일반에 돌아가지 아니하고 종전 소유자 개인에게 돌아가는 것은 불합리하고, 하천 유로의 자연적인 변경으로 폐천부지가 발생하는 경우에는 상당한 기간의 경과에 따라 토지의 사회경제적 가치가 질적 변화를 일으키게 될 뿐 아니라 종전 소유자의 해당 토지에 대한 애착심 등 소유권 회복을 바라는 감정에도 변화가 올 수 있다. 또한 하천의 적정한 관리와 국유재산의 효율적인 처분을 통하여 얻게 되는 공익이 폐천부지의 종전 소유자가 토지소유권의 회복으로 얻게 되는 사적 이익보다 우월하다.

[요약판례 8] 도시 및 주거환경정비법 제40조 제1항 등 위헌확인: 기각(헌재 2012.7.26. 2011헌마169)

민간사업시행자가 설치한 정비기반시설은 그 시설을 관리할 국가 또는 지방자치단체에 무상으로 귀속된다고 규정한 도시정비법 제65조 제2항 전단이 주택재개발조합의 조합장인 청구인의 재산권을 침해하는지 여부(소극)

주택재개발사업의 승인과정에서 정비기반시설(도로, 상하수도, 공원, 공용주차장, 공동구 기타 주민의 생활에 필요한 가스 등의 공급시설)의 설치와 무상귀속에 관한 사항이 미리 계획되고 협의될 것을 요구하는 점에 비추어 볼 때, 정비기반시설의 무상귀속은 사업시행자에게 부과된 원인자 또는 수익자 부담금의 성격을 띠고 있어, 결국 사업시행자나 입주민들이 납부하여야 할 부담금에 대신하여 사업시행자가 이를 직접 설치하여 국가 등에게 무상귀속시킨 것에 지나지 않는 것으로서, 무상귀속의 대상이 된 정비기반시설과 그 부지는 이미 정비기반시설로 용도가 지정되어 그 범위 내에서만 사용·수익이 가능할 뿐, 임의처분조차 사실상 제한을 받는다는 점에서 그 효용가치가 현저히 감소된 재산권이라 할 것인데, 이 사건 법률조항은 가능한 최소한의 범위에서 재산권의 사회적 제약을 도모하는 것으로서 침해의 최소성원칙에 반하지 않고, 정비기반시설의 무상귀속으로 침해받는 사익보다는 이를 통해 달성하려는 공익이 훨씬 크다고 할 것이므로 법익균형성도 갖추었다.

[요약판례 9] 토양환경보전법 제2조 제3호 등 위헌소원: 헌법불합치(헌재 2012.8.23. 2010헌바167)

토양오염의 발생 당시 토양오염의 원인이 된 토양오염관리대상시설을 소유·점유 또는 운영하고 있는 자를 오염원인자로 규정하여 토양오염으로 인한 피해 배상과 토양 정화에 대하여 무과실책임을 지도록 규정한 구 토양환경보전법 제10조의3 제3항 제2호가 재산권을 침해하는지 여부(적극)

이 사건 법률조항은 입법목적이 정당하고 수단의 적합성도 인정되지만, 토양오염관리대상시설의 소유자·점유자·운영자에게 '토양오염을 유발시킨 자'의 책임에 대한 보충책임을 부담시키는 방법, 토양오염 발생에 관하여 선의·무과실이고 그 책임으로 돌릴 수 없는 경우에 한하여 면책하는 방법, 토양오염 발생에 대하여 선의·무과실인 토양오염관리대상시설의 소유자·점유자·운영자의 책임을 당해 토양오염관리대상시설의 시가 범위 내로 제한하거나, 일반적인 책임한도제를 도입하는 방법 등으로 침해를 최소화할 수 있으므로, 이 사건 오염원인자조항은 침해의 최소성 원칙에 반한다. 토양오염관리대상시설의 소유자·점유자·운영자는 사실상 면책이 불가능한 1차적인 무과실 책임을 부담하고, 경우에 따라서는 파산에 이를 정도로 거액에 이르기도 하는 비용을 그 범위의 제한 없이 전부 부담하여야 한다는 점에서, 이 사건 법률조항으로 인하여 얻게 될 공익보다 토양오염관리대상시설의 소유자·점유자·운영자가 입게 되는 불이익이 더 클 수도 있다.

※"토양오염관리대상시설을 양수한 자"에 대해서도 토양오염으로 인한 피해 배상과 토양 정화에 대하여 무과실책임을 지도록 규정한 구 토양환경보전법 제10조의3 제3항 제3호도 헌법불합치 결정되었는데(헌재 2012. 8. 23. 2010헌바28), 이 결정에서는 재산권 침해 여부가 아니라 "신뢰보호원칙 위반"이 쟁점이었다.

대판 1993.10.26. 93다6409

사법상 증여계약으로 국가에 주식을 양도한 경우 그 계약과정에 강박이 있었다는 이유로 국가에 대해 손실보상을 청구할 수 있는지 여부(소극)

원심이 들고 있는 위와 같은 수용유사적 침해의 이론은 국가 기타 공권력의 주체가 위법하게 공권력을 행사하여 국민의 재산권을 침해하였고 그 효과가 실제에 있어서 수용과 다름없을 때에는 적법한 수용이 있는 것과 마찬가지로 국민이 그로 인한 손실의 보상을 청구할 수 있다는 내용으로 이해되는데, 과연 우리 법제하에서 그와 같은 이론을 채택할 수 있는 것인가는 별론으로 하더라도 위에서 본 바에 의하여 이 사건에서 피고 대한민국의 이 사건 주식취득이 그러한 공권력의 행사에 의한 수용유사적 침해에 해당한다고 볼 수는 없다.

국가가 이 사건 주식을 취득한 것이 원심판시와 같이 공공의 필요에 의한 것이라고 본다 하여도 그 수단이 사법상의 증여계약에 의한 것인 경우에는 비록 공무원이 그 증여계약 체결 과정에서 위법하게 강박을 행사하였다 하더라도 그것만으로 이 사건 주식의 취득 자체를 공권력의 행사에 의한 것이라고는 볼 수 없고, 그 증여계약의 효력은 민법의 법리에 의하여 판단되어야 할 것임은 위에서 본바와 같을 뿐만 아니라, 원래 원고로서는 위 증여계약이 강박에 의한 것임을 이유로 취소를 주장하여 구제를 받을 수 있는 것인데 이러한 수단을 취하지 않은 채 그에 대한 손실보상을 청구하는 것은 허용되지 않는다고 보아야 할 것이다.

5 참정권(정치권)

I 국가공무원법 제36조 등 위헌확인: 헌법불합치(잠정적용),각하(헌재 2008.5.29. 2007헌마1105)

쟁점 1. 시험응시연령을 대통령령 등 하위규범에 위임한 국가공무원법 제36조 중 '연령' 부분(이하 '이 사건 법률조항'이라 한다)이 기본권 침해의 직접성 요건을 갖추었는지 여부(소극)

2. 공무원임용시험령 제16조 [별표 4] 중 5급 공개경쟁채용시험의 응시연령 상한을 '32세까지'로 한 부분(이하 '이 사건 시행령조항'이라 한다)이 응시자의 **공무담임권을 침해**하는지 여부(적극)

3. 재판관 5명이 헌법불합치 의견이고 재판관 3명이 단순위헌 의견인 경우의 주문 표시

☐ 사건의 개요

청구인은 1971. 2. 8.생으로서 2008년도 5급 국가공무원 공개경쟁채용시험(이하 "5급 공채시험"이라 한다)을 준비 중인 사람이다. 청구인은 국가공무원법 제36조와 공무원임용시험령 제16조 [별표 4]가 5급 공채시험의 응시연령 상한을 '32세까지'로 제한하고 있어서 헌법상 보장된 청구인의 공무담임권과 평등권을 침해한다며 이 사건 헌법소원심판을 청구하였다.

☐ 심판의 대상

이 사건의 심판대상은 국가공무원법(2004. 3. 11. 법률 제7187호로 개정되고, 2008. 3. 28. 법률 제8996호로 개정되기 전의 것) 제36조 중 '연령' 부분(이하 "이 사건 법률조항"이라 한다) 및 공무원임용시험령(2004. 6. 11. 대통령령 제18424호로 전문개정된 것) 제16조 [별표 4] 중 5급 공채시험의 응시연령 상한을 '32세까지'로 정한 부분(이하 "이 사건 시행령조항"이라 한다)의 위헌 여부이다. **즉 국가공무원법(2004. 3. 11. 법률 제7187호로 개정되고, 2008. 3. 28. 법률 제8996호로 개정되기 전의 것) 제36조 제1항 [별표 4] 중 '5급, 20세 이상 32세까지' 부분이다.**

☐ 주 문

1. 국가공무원법(2004. 3. 11. 법률 제7187호로 개정되고, 2008. 3. 28. 법률 제8996호로 개정되기 전의 것) 제36조 중 '연령' 부분에 대한 심판청구를 각하한다.
2. 공무원임용시험령(2004. 6. 11. 대통령령 제18424호로 전문개정된 것) 제16조 [별표 4] 중 5급 공개경쟁채용시험의 응시연령 상한 '32세까지' 부분은 헌법에 합치되지 아니한다.

위 조항 부분은 2008. 12. 31.을 시한으로 입법자가 개정할 때까지 계속 적용된다.

▢ 청구인들의 주장

공무원임용시험에서 계급에 따라 차등을 두어 응시가능연령을 제한하는 것은 응시자의 공무담임 능력 유무를 묻지 않고 고령이라는 이유만으로 공개채용시험에 응시할 기회를 박탈하는 것이고, 응시연령을 제한하는 입법목적을 인정한다 하더라도 5급 공채시험에서 32세로 연령상한을 제한하는 것은 비례성의 원칙에 어긋나는 것이므로 청구인의 공무담임권을 침해한다.

공무원임용시험령은 5급 공채시험의 경우 32세로 응시연령의 상한을 두면서 그보다 하위계급에 해당하는 7급 공채시험의 경우에는 응시제한 연령을 35세로 더 높게 정하고 있는데, 이는 합리적인 이유없이 7급 공채시험 응시자에 비해 5급 공채시험 응시자를 차별하는 것이다.

▢ 판 단

1. 이 사건 법률조항에 대한 판단

이 사건 법률조항은 공무원시험에서 '연령'에 따른 최소한도의 자격요건을 정할 수 있도록 규정하고 있으나, 그 구체적인 내용은 대통령령에서 정하도록 위임하고 있으므로 이 사건 법률조항의 **구체적인 내용은 이 사건 법률조항의 위임을 받은 하위규범에 의해서 정해지게 되고, 그에 따라 기본권 침해 여부도 판단할 수 있게 되므로, 이 사건 법률조항 자체에 의하여 직접 기본권이 침해된다고 볼 수 없다**(헌재 2003. 9. 25, 2001헌마93등).

이 사건 법률조항에 대한 심판청구 부분은 기본권 침해의 직접성을 인정할 수 없어 부적법하다.

2. 이 사건 시행령조항에 대한 판단

(1) 이 사건 시행령조항의 입법목적

이 사건 시행령조항의 입법목적은 젊은 인재를 5급 공무원으로 채용하여 직업공무원으로서 장기간 공무에 전념하게 하면서 이들이 지속적인 교육훈련 등을 통하여 직무능력을 향상시키고 경력을 관리하여 고위공무원으로도 승진하게 함으로써 직업공무원을 양성하여 국가행정의 안정과 능률을 도모하려는 것이다. 또한 국가공무원 공개채용시험의 경쟁률이 치열하기 때문에 그 응시연령의 상한을 제한하는 방법으로 유능한 인재들이 공무원시험에 장기간 매달리지 않고 다른 영역에서 활동하도록 유도하여 이들이 사회의 적재적소에 골고루 배치되도록 하려는 것도 이 사건 시행령조항의 입법목적의 하나라고 생각된다.

(2) 이 사건 시행령조항의 기본권 침해성

5급 공무원 공채시험의 응시연령 상한은 32세까지이고 6급 및 7급 공무원 공채시험의 응시연령 상한은 35세까지이지만, 5급 공무원의 자격요건과 6급 또는 7급 공무원의 자격요건은 비교의 대상이 된다고 볼 수 없어 애당초 평등권 침해 문제를 야기하지 아니하므로, 위와 같은 점을 들어 이 사건 시행령 조항이 평등의 원칙에 위반된다고 보기는 어렵다. 그러나 이 사건 시행령조항이 5급 국가공무원 공채시험의 응시연령 상한을 32세까지로 제한하는 것은 32세가 넘은 사람의 공직취임권을 직접적으로 제한하는 것이므로, 그러한 제한이 헌법 제37조 제2항이 요구하는 과잉금지의 원칙에 부합되어야 한다.

그런데 이 사건 시행령조항이 32세가 넘은 사람의 공직취임권을 직접적으로 제한하면서 헌법 제37조 제2항의 요건에 합치되는지 여부에 관하여는, 다음과 같이 견해가 나뉘어졌다.

(가) 재판관 이강국, 재판관 김희옥, 재판관 민형기, 재판관 이동흡, 재판관 송두환의 헌법불합치 의견(재판관 5인)

이 사건 시행령조항은 직업공무원을 양성하여 직업공무원제도를 구현하는 한편 유능한 인재가 공무원시험에 장기간 매달리지 않고 사회 각 분야의 적재적소에서 활동하도록 유도하려는 것이다. 정년에 임박한 사람을 공무원으로 채용하면 공무수행의 효율성을 확보하기 어려울 것이므로, 공무원으로 새로 채용하는 사람의 연령을 어느 정도 제한할 필요도 수긍할 수 있다. 이 사건 시행령조항은 공공복리를 증진시키기 위한 것으로서 헌법 제37조 제2항이 정하는 기본권 제한 사유로 삼을 수 있다고 할 것이다. 또한 위와 같은 입법목적을 달성하기 위하여 이 사건 시행령조항과 같이 공무원 공개채용시험의 응시연령을 제한하는 방법을 사용하는 것도 부적절하다고 보기 어렵다.

그러나 **32세까지는 5급 공무원의 직무수행에 필요한 최소한도의 자격요건을 갖추고, 32세가 넘으면 그러한 자격요건을 상실한다고 보기 어렵다**. 이 점은 5급 국가공무원을 특별채용할 경우에는 연령의 상한을 제한하지 않은 점만 보아도 분명하다. 그리고 6급 및 7급 공무원 공채시험의 응시연령 상한을 35세까지로 규정하면서 그 상급자인 5급 공무원의 채용연령을 32세까지로 제한한 것은 합리적이라고 볼 수 없다. 오히려 5급 공무원은 6급 및 7급 공무원의 상급자이므로 더 연장자임이 바람직하다고 할 것이다. 따라서 **이 사건 시행령조항이 5급 공채시험 응시연령의 상한을 '32세까지'로 제한하고 있는 것은 기본권 제한을 최소한도에 그치도록 요구하는 헌법 제37조 제2항에 부합된다고 보기 어렵다**.

그러나 5급 공무원의 공채시험에서 응시연령의 상한을 제한하는 것이 전면적으로 허용되지 않는다고 보기는 어렵고, **정년제도의 틀 안에서 공무원 채용 및 공무수행의 효율성을 도모하기 위하여 필요한 최소한도의 제한은 허용된다고 할 것인바, 그 한계는 공무원정년제도와 인사정책 및 인력수급의 조절 등 여러 가지 입법정책을 고려하여 입법기관이 결정할 사항이라고 할 것**이다.

따라서 이 사건 **시행령조항에 대하여 헌법불합치결정을 선언하고, 그 위헌성을 제거하도록 촉구**하여야 한다.

(나) 재판관 조대현, 재판관 김종대, 재판관 목영준의 위헌 의견(재판관 3인)

32세가 넘으면 5급공무원의 직무수행에 필요한 자격요건을 상실한다고 볼 수 없다. 따라서 이 사건 시행령조항은 32세가 넘은 사람의 **공직취임권을 직접적으로 제한**한다. 5급공무원 공채시험의 응시연령 상한을 제한하지 않으면 직업공무원의 양성이나 직업공무원제도의 구현에 지장을 준다고 보기 어렵다. 이 사건 시행령조항의 목적이 정당하다하더라도 5급 공무원 취임권을 불합리하게 제한하는 수단까지 정당화하는 것이라고 볼 수 없다. 이 사건 시행령조항은 **헌법 제37조 제2항에 위반하여 32세가 넘은 국민의 공직취임권을 직접적으로 침해**한다.

(다) 재판관 이공현의 합헌의견

이 사건 시행령조항이 32세까지로 응시연령을 제한하였다고 하더라도 **그것이 현저히 불합리하거나 불공정한 것이라고 볼 수 없고, 또 그것이 입법자가 갖는 재량을 벗어났다고 볼 수 없기 때문에 합헌결정을 선언**하여야 한다.

(3) 소 결

이처럼 이 사건 시행령조항이 청구인의 공직취임권을 침해하는지 여부에 관하여는 재판관 5인이 헌법불합치의견을 표시하고, 재판관 3인이 위헌의견을 표시하고, 재판관 1인이 합헌의견을 표시하였다. **헌법불합치의견이 헌법소원을 인용하기에 필요한 정족수(재판관 6인 이상의 찬성)에 미치지 못하지만, 단순위헌의견도 헌법불합치의견의 범위 내에서는 헌법불합치의견과 의견을 같이 하는 것이라고 볼 수 있으므로, 이 사건 시행령조항이 헌법에 합치되지 아니한다는 점에 대해서는 재판관 8인이 찬성**하였다고 할 것이다.

3. 결 론

이 사건 심판청구 중 이 사건 법률조항 '연령'에 대한 부분은 부적법하므로 관여 재판관 전원의 일치된 의견으로 각하하기로 결정한다.

이 사건 시행령조항에 대한 청구에 관하여는 재판관 이공현을 제외한 관여 재판관 8인의 찬성으로 이 사건 시행령조항이 헌법에 합치되지 아니한다고 결정하고, 입법자가 2008. 12. 31.을 시한으로 개선입법을 할 때까지 계속 적용을 명하기로 한다.

[요약판례 1] 국가공무원법 제33조 제1항 제5호 등 위헌확인: 위헌(헌재 2003.10.30. 2002헌마684등)

금고 이상의 형의 선고유예를 받은 경우에는 공무원직에서 당연히 퇴직하는 것으로 규정한 국가공무원법 제69조 중 제33조 제1항 제5호 부분이 헌법 제25조의 공무담임권을 침해하는 것인지 여부(적극)

헌법 제25조는 "모든 국민은 법률이 정하는 바에 의하여 공무담임권을 가진다"고 하여 공무담임권을 보장하고 있다. 공무담임권의 보호영역에는 공직취임의 기회의 자의적인 배제뿐 아니라, 공무원 신분의 부당한 박탈도 포함되는 것이다. 국가공무원법 제69조 중 제33조 제1항 제5호 부분은 공무원이 금고 이상의 형의 선고유예를 받은 경우에는 공무원직에서 당연히 퇴직하는 것으로 규정하고 있다. 그런데 같은 금고 이상의 형의 선고유예를 받은 경우라고 하여도 범죄의 종류, 내용이 지극히 다양한 것이므로 그에 따라 국민의 공직에 대한 신뢰 등에 미치는 영향도 큰 차이가 있는 것이다. 따라서 입법자로서는 국민의 공직에 대한 신뢰보호를 위하여 해당 공무원이 반드시 퇴직하여야 할 범죄의 유형, 내용 등으로 그 당연퇴직의 사유 및 범위를 가급적 한정하여 규정하였어야 할 것이다.

[요약판례 2] 공직선거및선거부정방지법 제15조 제2항 등 위헌확인 등: 헌법불합치(헌재 2007.6.28. 2004헌마644등)

주민등록을 요건으로 재외국민의 국정선거권을 제한하고, 국내거주자에게만 부재자신고를 허용하고 국외거주자에게 이를 인정하지 않는 것, 주민등록을 요건으로 한 국내거주 재외국민의 선거권과 피선거권을 제한하고, 주민등록을 요건으로 재외국민의 국민투표권을 제한하는 것이 헌법 제37조 제2항에 위반하여 재외국민의 선거권과 평등권을 침해하고 보통선거의 원칙에도 위반되는지 여부(적극)

이 사건 심판청구는 향후 실시될 각종 선거에서 청구인들이 선거에 참여하지 못함으로써 입게 되는 기본권침해, 즉 장래 그 도래가 확실히 예측되는 기본권침해를 미리 앞당겨 다투는 것으로 볼 수 있다.

선거권을 제한하는 입법은 헌법 제24조에 의해서 곧바로 정당화될 수는 없고, 헌법 제37조 제2항의 규정에 따라 국가안전보장·질서유지 또는 공공복리를 위하여 필요하고 불가피한 예외적인 경우에만 그 제한이 정당화될 수 있으며, 그 경우에도 선거권의 본질적인 내용을 침해할 수 없다. 선거권의 제한은 불가피하게 요청되는 개별적·구체적 사유가 존재함이 명백할 경우에만 정당화될 수 있다. 북한주민이나 조총련계 재일동포가 선거에 영향을 미칠 가능성, 선거의 공정성, 선거기술적 이유 등은 재외국민등록제도나 재외국민 거소신고제도, 해외에서의 선거운동방법에 대한 제한이나 투표자 신분확인제도, 정보기술의 활용 등을 통해 극복할 수 있으며, 나아가 납세나 국방의무와 선거권 간의 필연적 견련관계도 인정되지 않는다는 점 등에 비추어 볼 때, **단지 주민등록이 되어 있는지 여부에 따라 선거인명**

부에 오를 자격을 결정하여 그에 따라 선거권 행사 여부가 결정되도록 함으로써 엄연히 대한민국의 국민임에도 불구하고 주민등록법상 주민등록을 할 수 없는 재외국민의 선거권 행사를 전면적으로 부정하고 있는 법 제37조 제1항은 어떠한 정당한 목적도 찾기 어려우므로 헌법 제37조 제2항에 위반하여 재외국민의 선거권과 평등권을 침해하고 보통선거원칙에도 위반된다.

직업이나 학문 등의 사유로 자진 출국한 자들이 선거권을 행사하려고 하면 반드시 귀국해야 하고 귀국하지 않으면 선거권 행사를 못하도록 하는 것은 헌법이 보장하는 해외체류자의 국외 거주・이전의 자유, 직업의 자유, 공무담임권, 학문의 자유 등의 기본권을 희생하도록 강요한다는 점에서 부적절하여 선거인명부에 오를 자격이 있는 **국내거주자에 대해서만 부재자신고를 허용하는 법 제38조 제1항은 정당한 입법목적을 갖추지 못한 것으로 헌법 제37조 제2항에 위반하여 국외거주자의 선거권과 평등권을 침해하고 보통선거원칙에도 위반된다.**

국내거주 재외국민에 대해 그 체류기간을 불문하고 지방선거 선거권을 전면적・획일적으로 박탈하는 법 제15조 제2항 제1호, 제37조 제1항은 국내거주 재외국민의 평등권과 지방의회 의원선거권을 침해한다.

주민등록을 하는 것이 법령의 규정상 불가능한 자들이라도 지방자치단체의 주민으로서 오랜 기간 생활해 오면서 그 지방자치단체의 사무와 얼마든지 밀접한 이해관계를 형성할 수 있고, 주민등록이 아니더라도 그와 같은 거주 사실을 공적으로 확인할 수 있는 방법은 존재한다는 점, 나아가 법 제16조 제2항이 국회의원 선거에 있어서는 주민등록 여부와 관계없이 25세 이상의 국민이라면 누구든지 피선거권을 가지는 것으로 규정함으로써 국내거주 여부를 불문하고 재외국민도 국회의원 선거의 피선거권을 가진다는 사실에 비추어, **주민등록만을 기준으로 함으로써 주민등록이 불가능한 재외국민인 주민의 지방선거 피선거권을 부인하는 법 제16조 제3항은 헌법 제37조 제2항에 위반하여 국내거주 재외국민의 공무담임권을 침해한다.**

주권자인 국민의 지위에 아무런 영향을 미칠 수 없는 주민등록 여부만을 기준으로 하여, **주민등록을 할 수 없는 재외국민의 국민투표권 행사를 전면적으로 배제하고 있는 국민투표법 제14조 제1항은 앞서 본 국정선거권의 제한에 대한 판단에서와 동일한 이유에서 청구인들의 국민투표권을 침해한다**(헌재 1996. 6. 26. 96헌마200 결정; 헌재 1999. 1. 28. 97헌마253・270(병합) 결정; 헌재 1999. 3. 25. 97헌마99 결정 변경됨).

> **[요약판례 3] 공무원임용시험령 제42조 제1항 위헌: 기각,합헌**(헌재 2007.6.28. 2005헌마1179)
>
> 공무담임권의 보호영역에서 '승진시험의 응시제한'이나 이를 통한 승진기회의 보장 문제가 공무담임권의 보호영역에 포함된다고 볼 수 있는지 여부(소극)

공무담임권의 보호영역에는 일반적으로 공직취임의 기회보장, 신분박탈, 직무의 정지가 포함될 뿐이고 청구인이 주장하는 '승진시험의 응시제한'이나 이를 통한 **승진기회의 보장 문제는 공직신분의 유지나 업무수행에는 영향을 주지 않는 단순한 내부 승진인사에 관한 문제에 불과하여 공무담임권의 보호영역에 포함된다고 보기는 어려우므로 결국 이 사건 심판대상 규정은 청구인의 공무담임권을 침해한다고 볼 수 없다.** 또한 5급일반승진시험의 경우에 시험실시예정일을 기준으로 시험응시대상자를 정한다고 하더라도 그 시험실시일이 고정된 것이 아니고 매년의 상황에 따라 다를 것이므로, 5급일반승진시험에 있어서 시험요구일을 기준으로 시험응시대상자를 정하는 것은 합리적인 이유가 있다. 나아가 청구인이 2007년에야 시험에 응시할 수 있게 되어 추가로 12개월의 승진임용제한을 받게 되었다는 점과 관련하여서는 이는 시험이 1년에 1・2회 시행됨으로써 발생하는 현실상의 문제이지 법률상의 문제라고 볼 수 없다.

> **[요약판례 4] 구 군무원인사법 제27조 위헌제청: 위헌**(헌재 2007.6.28. 2007헌가3)
>
> 금고이상의 형의 선고유예를 받은 경우에는 군무원직에서 당연히 퇴직하는 것으로 규정한 구 군무원인사법 제27조가 과잉금지원칙에 위배하여 공무담임권을 침해하는지 여부(적극)

일단 채용된 공무원을 사후적으로 당연퇴직시킴으로써 공무담임권을 제한하는 경우에는 그 기본권 제한 효과가 매우 크므로, 공무원의 당연퇴직 사유의 위헌 여부에 대한 심사에는 과잉금지원칙이 적용되어야 한다. 이 사건 법률조항은 금고 이상의 형의 선고유예 판결을 받은 모든 범죄를 포괄하여 규정하고 있을 뿐 아니라, 심지어 오늘날 누구에게나 위험이 상존하는 교통사고 관련 범죄 등 과실범의 경우마저 당연퇴직 사유에서 제외하지 않고 있으므로 최소침해성의 원칙에 반한다. 오늘날 사회국가원리에 입각한 공직제도에서 개개 공무원의 공무담임권 보장의 중요성은 더욱 큰 의미를 가지고 있다. 이와 같은 공익과 사익의 현대적인 상황 속에서, **단지 금고 이상의 형의 선고유예 판결을 받았다는 이유만으로 예외 없이 그 직으로부터 퇴직하는 것으로 정하고 있는 이 사건 법률조항은 지나치게 공익만을 강조한 입법이다.** 특히 일단 채용된 군무원을 퇴직시키는 것은 군무원이 장기간 쌓은 지위를 박탈해 버리는 것이므로 당해 군무원이 잃는 이익은 대단히 큼에도 불구하고, 공직취임 이전의 임용결격 사유와 이후의 당연 퇴직 사유를 동일하게 규율하는 것은 공직취임 이후의 퇴직자의 사익에 비하여 지나치게 공익을 우선한 입법이다.

[요약판례 5] 초·중등교육법 제31조 제2항 위헌확인: 기각,합헌(헌재 2007.3.29. 2005헌마1144)

공립학교 운영위원의 지위는 어디까지나 무보수 봉사직의 성격을 가지므로 헌법상 보호되는 피선거권의 대상으로서의 공무원으로 볼 수 있는지 여부(소극) 및 공립학교 운영위원회를 당해 학교의 교원대표, 학부모대표 및 지역사회 인사로 구성하도록 하여 일반행정직원 대표의 입후보를 배제하고 있는 것이 학교 행정직원의 피선거권과 관련되는지 여부(소극)

학교운영위원회는 다양한 의견을 수렴하여 학교운영에서 민주성과 투명성을 높이기 위한 단위 학교차원의 자치기구로서 그 선거과정은 공직선거법에 의해서가 아니라 자체규정에 의하여 규율되고 국·공립학교의 경우에는 심의기구, 사립학교의 경우에는 자문기구로서의 기능을 할 뿐이다. 또한 학교운영위원의 지위는 어디까지나 무보수 봉사직의 성격을 가지므로 헌법상 보호되는 피선거권의 대상으로서의 공무원으로 보기 어려우므로 이 사건 법률조항은 피선거권과 관련되지 않는다. 나아가 학교운영위원은 무보수 봉사직이므로 그 활동을 생활의 기본적 수요를 충족시키는 계속적인 소득활동으로 보기 어려운바, **이 사건 법률조항이 직업선택의 자유와 관련되는 것은 아니라 할 것이다.** 이 사건 법률조항은 학교운영위원 선거에 있어서 직원대표 입후보 규정을 두지 않고 있어 직원대표위원 활동을 통하여 사회형성에 적극적으로 참여하는 행위를 제한하고 있으므로 행복추구권에서 파생되는 일반적 행동자유권과 관련된다고 볼 수 있으나, 학교운영위원회의 목적과 당해 위원회가 심의기관이라는 성질에 비추어 입법재량을 벗어나 청구인들의 일반적 행동자유권을 침해하고 있다고 보기 어렵고, 위와 같은 이유에서 합리적 이유 없이 학교 행정직원을 차별한다고 보기 어려우므로 **청구인들의 평등권을 침해하는 것은 아니다.**

[요약판례 6] 군미필자 응시자격 제한 위헌확인: 기각(헌재 2007.5.31. 2006헌마627)

이 사건 공고로 현역군인 신분자는 다른 직종의 시험응시기회를 제한받게 되는데 이것이 병역의무의 이행을 이유로 한 불이익에 해당하는지 여부 (소극)

이 사건 공고는 국가기관이 처한 개별적인 특수성에 따라 효율적으로 인적 자원을 배분하고, 국가정보원의 조직과 인원에 대한 보안 유지를 통하여 공공복리 내지 국가안전보장을 달성하기 위한 것으로서 그 목적의 정당성이 인정되고, 차별의 효과는 응시기회의 일시 정지에 그치는 것이며, 군필자의 경우 응시자격의 상한 연령을 연장해 주고 있어, 이 사건 공고로 인한 차별취급이 불합리한 것이라 할 수 없으므로 청구인의 평등권을 침해하지 아니한다. 그리고 **군미필자의 국가정보원 제한경쟁시험 응시자격을 일정한 기간 동안 제한하므로 군미필자의 공무담임권을 제한하기는 하나, 군필자에게는 응시기회를 추가로 주고 있어 응시기회의 일시 유예에 불과한 점에서 이 사건 공고가 초래하는 공무담임권의 제한은 과중하다 볼 수 없고, 그 불이익이 입법목적과 대비할 때 크다 볼 수 없어 공무담임권을 침해하지 아니한다.** 또한 현역군인 신분자에게 다른 직종의 시험응시기회를 제한하고 있으나 이는 병역의무 그 자체를 이행하느라 받는 불이익으로서 병역의무 중에 입는 불이익에 해당될 뿐, 병역의무의 이행을 이유로 한 불이익은 아니므로 이 사건 공고로 인하여 현역군인이 타 직종에 시험응시를 하지 못하는 것은 헌법 제39조 제2항에서 금지하는 '불이익한 처우'라 볼 수 없다.

[요약판례 7] 교육공무원법 제11조의2 [별표 2] 제2호 위헌제청: 합헌(헌재 2007.12.27. 2005헌가11)

중등교사 임용시험에서 동일 지역 사범대학을 졸업한 교원경력이 없는 자에게 가산점을 부여하고 있는 이 사건 법률조항이 제청신청인의 공무담임권이나 평등권을 침해하는지 여부(소극)

이 사건 법률조항은 기본적으로 우수한 인재를 그 지역의 사범대학으로 유치하여 지역 사범대의 질적 수준을 유지 향상시킴으로써 지역교육의 균등한 발전과 지역실정에 맞는 교육정책의 실현을 기하고, 이를 통해 국민의 교육받을 권리를 보장하는 것을 궁극적인 목적으로 하고 있는 점, 교육시설과 교육인적자원의 수도권 및 대도시 집중이 매우 심하고 지방사범대학의 존립이 위협받고 있음은 물론 지방의 교육사정이 열악해지고 있는 우리의 현실에서 지방 혹은 발전이 더딘 지역의 교육기반을 강화할 필요성은 더욱 크다고 할 것이고, 열악한 예산 사정과 교육환경의 급격한 변화라는 현실적인 사정을 고려할 때 지역교육의 질적 수준의 향상을 위하여는 우수 고교졸업생을 지역에 유치하고 그 지역 사범대 출신자의 우수역량을 다시 지역으로 환원하는 것도 합리적인 방법인 점, 이 사건 지역가산점은 자신의 선택에 따라 이익이 될 수도 불이익이 될 수도 있으므로, 이 사건 법률조항으로 인하여 타 지역 사범대 출신 응시자들이 받는 피해는 입법 기타 공권력행사로 인하여 자신의 의사와 관계없이 받아야 하는 기본권의 침해와는 달리 보아야 할 여지가 있고, 이 사건 법률조항은 **한시적으로만 적용되는 점을 고려해 보면 이 사건 법률조항이 비례의 원칙에 반하여 제청신청인의 공무담임권이나 평등권을 침해한다고 보기 어려우므로 헌법에 위반되지 아니한다.**

[요약판례 8] 공직선거 및 선거부정방지법 제19조 제1호 등 위헌확인: 기각(헌재 2008.1.17. 2004헌마41)

선거범으로서 100만 원 이상의 벌금형을 선고 받아 확정되면 5년 동안 피선거권이 제한되는 공직선거법 제19조 제1호 중 해당 부분에 의한 기본권 침해의 발생시기 및 이 사건 법률조항이 공무담임권을 침해하는지 여부(소극)

이 사건 법률조항은 선거범으로서 100만 원 이상의 벌금형을 선고 받아 확정되면 5년 동안 피선거권이 제한된다는 내용의 규정이므로, 위 조항에 의한 기본권의 침해는 벌금형이 확정되었을 때 발생한다 할 것이다. 선거의 공정성을 해친 바 있는 선거범으로부터 부정선거의 소지를 차단하여 공정한 선거가 이루어지도록 하기 위하여는 피선거권을 제한하는 것이 효과적인 방법이 될 수 있는 점, 법원이 선거범에 대한 형량을 결정함에 있어서 양형의 조건뿐만 아니라 피선거권의 제한 여부에 대한 합리적 평가도 하게 되는 점, 피선거권의 제한기간이 공직선거의 참여를 1회 정도 제한하게 되는 점 및 입법자가 이 사건 법률조항에서 피선거권의 제한기준으로 채택한 수단이 지나친 것이어서 입법형성권의 범위를 벗어난 것이라고 단정하기 어려운 점 등을 종합하여 보면, 이 사건 법률조항은 과잉금지원칙에 위배하여 공무담임권을 제한하고 있다고 할 수 없다.

[요약판례 9] 정치자금법 제57조 등 위헌확인: 기각(헌재 2008.1.17. 2006헌마1075)

기본적으로 선거법이나 정치자금법 위반에 대하여 어떤 신분상 제재를 할 것인지에 대해서는 입법자의 정책적 재량이 존중되는지 여부(적극)

심판대상 조항은 불법적인 정치자금 수수를 예방하고, 금권·타락선거를 방지하고 선거의 공정성과 공직의 청렴성을 확보하기 위한 것이며, 정치자금을 부정수수한 범죄는 공직선거의 공정성을 침해하는 행위로서 공직의 계속 수행에 대한 국민적 신임이 유지되기 어려울 정도로 비난가능성이 크고, **법관이 100만 원 이상의 벌금형을 양정함에 있어서는 형사처벌뿐만 아니라 공직의 계속수행 여부에 대한 합리적 평가를 하게 되며**, 기본적으로 선거법이나 정치자금법 위반에 대하여 어떤 신분상 제재를 할 것인지에 대해서는 입법자의 정책적 재량에 존중되는 것이다. 이 조항들은 청구인의 **공무담임권이나 평등권을 침해하는 것이라 볼 수 없다.**

[요약판례 10] 공직선거법 제266조 제1항 위헌소원 등: 합헌(헌재 2008.4.24. 2006헌바43등)

이 사건 법률조항을 이미 공무원으로 재직 중인 자의 당연퇴직사유를 규정한 것으로 해석하는 한 헌법에 위반된다는 주장이 이 사건 법률조항에 대한 위헌주장인지 여부(소극) 및 이 사건 법률조항이 공무원인 청구인들의 공무담임권 및 평등권을 침해하는지 여부(소극)

선거범죄를 범하여 형사처벌을 받은 공무원에 대하여 일정한 신분상 불이익을 가하는 규정 자체는, 선거의 공정성을 해친 자에게 일정한 불이익을 줌으로써 관권 선거의 폐해를 방지하여 선거의 공정성을 확보함과 동시에 직무의 공공성에 상응하는 고도의 윤리성 및 정치적 중립이 요구되는 공무원이 구성하는 공직사회에 대한 국민의 신뢰를 제고하기 위한 법적 조치로서 국민의 기본권인 공무담임권을 합리적 이유 없이 자의적으로 제한하는 위헌규정이라고 할 수는 없고, 그 경우에 구체적으로 어떠한 선거범죄로 어떤 종류의 형벌을 얼마만큼(형량) 선고받은 자에 대하여 어느 정도의 신분상 불이익을 가할 것인가는 공무원의 정치적 중립 및 신분보장의 원칙과 함께 그 나라의 역사와 정치문화, 선거풍토와 선거문화의 수준 등을 고려하여 입법자가 결정할 문제이다.

공무원에게는 정치적 중립의 의무가 있고 특히 공무원의 선거 중립은 그 중에서도 가장 중요한 영역에 속하는 점, 대상 범죄를 선거관련범죄로 한정하고 있는 점, 우리 선거법 체계에서 선거범죄로 인한 100만 원 이상의 벌금형이 차지하는 의미 및 선거범죄로 인하여 형사처벌을 받은 공무원으로 하여금 계속 그 직무를 수행하게 하는 것이 공직 및 공정한 선거에 대한 국민의 신뢰를 손상시키고 나아가 원활한 공무수행에 어려움을 초래하여 공공의 이익을 해할 우려 또한 적지 아니하다는 점을 종합하여 보면, 선거기간 중 선거운동과 관련하여 정상적 업무 외의 출장행위를 함으로써 벌금 100만 원 이상의 형사처벌을 받은 경우를 공무원의 당연퇴직사유로 함으로써 당해 공무원이 받는 불이익이 크다고 하더라도 이 사건 법률조항이 지나치게 공익만을 우선한 입법이라거나, 공무원의 신분상 불이익과 그로 인하여 보호하려고 하는 공익 사이의 합리적 관련성을 결여한 것이라고 보기는 어렵다.

[요약판례 11] 공직선거법 제49조 제10항 등 위헌확인 등: 기각,합헌(헌재 2008.4.24. 2006헌마402등)

공직선거에 후보자로 등록하고자 하는 자가 제출하여야 하는 금고 이상의 형의 범죄경력에 실효된 형을 포함시키고 있는 공직선거법 제49조 제4항 제5호가 공무담임권을 침해하는지 여부(소극)

청구인들은 이 사건 법률조항으로 인하여 공무담임권이 침해된다고 주장하나, 이 사건 법률조항은 후보자선택을 제한하거나 실효된 금고 이상의 형의 범죄경력을 가진 후보자의 당선기회를 봉쇄하는 것이 아니므로 공무담임권과는 직접 관련이 없다. 그러므로 이 사건 법률조항이 청구인들의 공무담임권을 침해한다고 볼 수 없다.

[요약판례 12] 공직선거법 제15조 위헌확인: 기각(헌재 2013.7.25. 2012헌마174)

선거권 행사 연령을 19세 이상으로 정하고 있는 공직선거법(2011. 11. 7. 법률 제11071호로 개정된 것) 제15조 제1항(이하 '이 사건 법률조항'이라 한다)이 19세 미만인 사람의 선거권 및 평등권을 침해하는지 여부(소극)

보통선거의 원칙은 일정한 연령에 도달한 사람이라면 누구라도 당연히 선거권을 갖는 것을 요구하는데 그 전제로서 일정한 연령에 이르지 못한 국민에 대하여는 선거권을 제한하는바, 선거권 행사는 일정한 수준의 정치적인 판단능력이 전제되어야 하기 때문이다. 헌법 제24조는 "모든 국민은 '법률이 정하는 바'에 의하여 선거권을 가진다"라고 규정함으로써, 선거권 연령을 어떻게 정할 것인지는 입법자에게 위임하고 있다. 입법자는 우리의 현실상 19세 미만의 미성년자의 경우, 아직 정치적·사회적 시각을 형성하는 과정에 있거나, 일상생활에 있어서도 현실적으로 부모나 교사 등 보호자에게 의존할 수밖에 없는 상황이므로 독자적인 정치적 판단을 할 수 있을 정도로 정신적·신체적 자율성을 충분히 갖추었다고 보기 어렵다고 보고, 선거권 연령을 19세 이상으로 정한 것이다. 또한 많은 국가에서 선거권

연령을 18세 이상으로 정하고 있으나, 선거권 연령은 국가마다 특수한 상황 등을 고려하여 결정할 사항이고, 다른 법령에서 18세 이상의 사람에게 근로능력이나 군복무능력 등을 인정한다고 하여 선거권 행사능력과 반드시 동일한 기준에 따라 정하여야 하는 것은 아니므로 선거권 연령을 19세 이상으로 정한 것이 불합리하다고 볼 수 없다. 따라서 선거권 연령을 19세 이상으로 정한 것이 입법자의 합리적인 입법재량의 범위를 벗어난 것으로 볼 수 없으므로, 19세 미만인 사람의 선거권 및 평등권을 침해하였다고 볼 수 없다.

[요약판례 13] 공직선거법 제155조 제1항 위헌확인: 기각(헌재 2013.7.25. 2012헌마815)

헌법상 선거일을 유급휴일로 정하여야 할 입법의무가 인정되는지 여부(소극) 및 투표소를 선거일 오후 6시에 닫도록 한 공직선거법(2004. 3. 12. 법률 제7189호로 개정된 것) 제155조 제1항 중 '오후 6시에' 부분(이하 '심판대상 법률조항'이라 한다)이 과잉금지원칙에 반하여 선거권을 침해하는지 여부(소극)

헌법 제1조 제2항, 제24조, 제34조 등의 규정만으로는 헌법이 투표일을 유급의 휴일로 하는 규정을 만들어야 할 명시적인 입법의무를 부여하였다고 보기 어렵고, 나아가 선거권 행사를 용이하게 하는 다양한 수단과 방법 중에 어떠한 방법을 채택할 것인지에 관하여는 입법자에게 일정한 형성의 자유가 인정되므로, 투표일을 유급의 휴일로 하는 규정을 만들어야 할 입법의무가 헌법의 해석상 곧바로 도출된다고 보기도 어렵다.

심판대상 법률조항은 선거결과의 확정 및 선거권의 행사를 보장하면서도 투표·개표관리에 소요되는 행정자원의 배분을 적정한 수준으로 유지하기 위한 것으로서 정당한 목적 달성을 위한 적합한 수단에 해당한다. 또 심판대상 법률조항은 투표일 오전 6시에 투표소를 열도록 하여 일과 시작 전 투표를 할 수 있도록 하고 있고, 근로기준법(2012. 2. 1. 법률 제11270호로 개정된 것) 제10조는 근로자가 근로시간 중에 투표를 위하여 필요한 시간을 청구할 수 있도록 규정하고 있으며, 통합선거인명부제도가 시행됨에 따라 사전신고를 하지 않고도 부재자투표가 가능해진 점 등을 고려하면 위 조항은 선거권 행사의 보장과 투표시간 한정의 필요성을 조화시키는 하나의 방안이 될 수 있다고 할 것이므로, 침해최소성 및 법익균형성에 반한다고 보기 어렵다. 따라서 심판대상 법률조항은 과잉금지원칙에 반하여 선거권을 침해한다고 볼 수 없다.

[요약판례 14] 구 세종특별자치시 설치 등에 관한 특별법 부칙 제3조 제1항 등 위헌확인: 기각(헌재 2013.2.28. 2012헌마131)

세종특별자치시의회를 신설하면서 지방의회의원선거를 실시하지 아니하고 연기군의회의원 등에게 세종특별자치시의회의원의 자격을 취득하도록 규정하고 있는 세종특별자치시 설치 등에 관한 특별법 부칙 제4조 제1항, 제2항 전단(이하 '이 사건 부칙조항'이라 한다)이 충남 연기군 주민의 선거권 및 공무담임권을 침해하는지 여부(소극) 및 세종특별자치시의 시장 및 교육감 선거는 실시함에도 불구하고 지방의회의원선거는 실시하지 않도록 규정하고 있는 이 사건 부칙조항이 평등권을 침해하는지 여부(소극)

이 사건 부칙조항은 연기군의회의원 등의 임기를 최대한 보장하고 지방의회의원선거 실시로 인한 비용과 노력의 소모를 막아 세종특별자치시의회를 안정적으로 구성하기 위한 것으로서 입법목적이 정당하고, 세종특별자치시의회의원선거를 별도로 실시하지 않고 연기군의회의원 등에게 그 자격을 부여하는 것은 그러한 입법목적 달성을 위한 적절한 수단이다. 신설 지방의회를 구성함에 있어 세종특별자치시의회의원선거도 실시하도록 한다면 주민의 선거권 및 공무담임권에 대한 보호는 더 두터워지겠지만, 폐지되는 지방자치단체 지방의회의원의 임기를 종료시키고 새로운 선거를 실시할 경우 이들의 공무담임권 제한문제가 발생하게 되므로 입법자가 이와 같이 충돌·대립하는 헌법적 이익을 고려하여 세종특별자치시의회의원선거를 실시하지 않도록 정한 것이라면 그것이 입법목적의 달성에 필요한 정도를 벗어난 과도한 제한이라고 보기는 어렵다. 또한 이 사건 부칙조항으로 인한 충남 연기군 주민의 기본권 제한의 내용은 세종특별자치시의회의원을 선출할 수 없다거나 세종특별자치시의회의원으로 선출될 수 없게 된 것이 아니라 그러한 기본권을 행사할 수 있는 시기가 늦춰진 것에 불과한 반면, 세종특별자치시의회를 안정적으로 구성하고 세종특별자치시를 차질 없이 출범시키고자 하는 공익은 위와 같은 불이익에 비하여 매우 중요하여 이 사건 부칙조항은 법익균형성의 원칙에도 위배되지 아니하므로 선거권 등을 침해하지 아니한다.

세종특별자치시를 신설함에 있어, 세종특별자치시에 편입되는 종전 행정구역의 일부를 대표하는 단체장은 나머지 선거구 주민을 대표할 민주적 정당성이 흠결되어 있으므로 그러한 단체장 중 1인을 임의로 정하여 세종특별자치시의 단체장으로 인정하는 것은 불가능한 반면, 세종특별자치시에 편입되는 선거구에서 이미 선출된 지방의회의원에게 세종특별자치시의회의원의 자격을 부여하더라도 민주적 정당성이 문제될 것은 없으므로 세종특별자치시의 시장 및 교육감과 달리 세종특별자치시의회의원선거를 실시하지 아니하기로 한 데에는 합리적인 이유가 있으므로, 이 사건 부칙조항은 평등권을 침해하지 아니한다.

[요약판례 15] 공직선거법 제18조 제1항 제2호 위헌확인: 위헌,헌법불합치(헌재 2014.1.28. 2012헌마409등)

집행유예자와 수형자의 선거권을 제한하는 공직선거법 제18조 제1항 제2호와 형법 제43조 제2항 중 '집행유예기간 중인 자'에 관한 부분이 관련자들의 선거권을 침해하고 헌법 제41조 제1항 및 제67조 제1항이 규정한 보통선거원칙에 위반하여 집행유예자와 수형자를 차별취급하고, 평등의 원칙에도 어긋나는지 여부(적극)

Ⅱ 구 경찰공무원법 제7조 제2항 제6호 부분 위헌소원: 합헌(헌재 2010.9.30. 2009헌바122)

쟁점 징계에 의하여 해임처분을 받은 공무원에 대해 경찰공무원으로의 임용을 금지하고 있는 경찰공무원법 제7조 제2항 제6호(1982. 12. 31. 법률 제3606호로 개정된 것) 중 "해임" 부분이 과잉금지의 원칙에 위배되어 공무담임권을 침해하는지 여부(소극) 및 평등원칙에 위배되는지 여부(소극)

사건의 개요

청구인은 1978. 11. 4. 경찰공무원으로 임용되어 수원경찰서에서 교통계 요원으로 근무하던 중 1985. 7.경 직무와 관련하여 금품을 수수하였다는 이유로 1985. 9. 3. 해임되었다. 그 후 청구인은 1990. 1.경 순경 특별채용시험에 합격하여 1990. 3. 31. 순경시보로 임용된 후 2007. 7. 2. 경위로 진급하여 경기경찰청 산하 수원중부경찰서에서 교통계장으로 근무하던 중 경기지방경찰청장은 2008. 8. 19. 청구인이 경찰공무원법 제7조 제2항 제6호의 '징계에 의하여 해임의 처분을 받은 자'에 해당한다는 이유로 청구인에 대한 1990. 3. 31.자 임용을 취소하는 내용의 통지를 하였다. 이에 청구인은 대한민국을 상대로 경찰공무원지위확인의 소(수원지방법원 2008구합9028)를 제기하는 한편, 경찰공무원법 제7조 제2항 제6호 중 '징계에 의하여 해임의 처분을 받은 자' 부분이 헌법상 과잉금지원칙 및 평등원칙에 위배되어 위헌이라고 주장하면서 위헌법률심판제청신청(수원지방법원 2008아964)을 하였으나, 2009. 5. 20. 모두 기각되자, 2009. 6. 9. 항소(서울고등법원 2009누14554)를 제기하는 한편, 같은 달 19. 이 사건 헌법소원심판을 청구하였다.

심판의 대상

경찰공무원법(1982. 12. 31. 법률 제3606호로 개정된 것) 제7조 (임용자격 및 결격사유) ② 다음 각 호의 1에 해당하는 자는 경찰공무원으로 임용될 수 없다.

6. 징계에 의하여 파면 또는 해임의 처분을 받은 자

▢ 주 문

경찰공무원법 제7조 제2항 제6호(1982. 12. 31. 법률 제3606호로 개정된 것) 중 "해임" 부분은 헌법에 위반되지 아니한다.

▢ 판 단

Ⅰ. 이 사건 법률조항이 공무담임권을 침해하는지 여부

(1) 헌법 제25조는 "모든 국민은 법률이 정하는 바에 의하여 공무담임권을 가진다"고 규정하여 공무담임권을 보장하고 있는바, 공무담임권은 각종 선거에 입후보하여 당선될 수 있는 피선거권과 공직에 임명될 수 있는 공직취임권을 포괄한다. 즉, 공무담임권은 선거직 공무원을 비롯한 모든 국가기관의 공직에 취임할 수 있는 권리로서 국민은 '법률이 정하는 바에 의하여' 공무담임권을 가지므로, 공무담임권의 내용에 관하여는 입법자에게 넓은 입법형성권이 인정된다고 할 것이나, 그렇다고 하더라도 헌법 제37조 제2항의 기본권 제한의 입법적 한계를 넘는 지나친 것이어서는 아니 된다(헌재 2006. 2. 23. 2005헌마403, 판례집 18-1상, 320, 329).

(2) 공무원은 국민전체에 대한 봉사자로서, 원활한 직무수행을 위해서는 공무원 개개인이나 공직에 대한 국민의 신뢰가 기본바탕이 되어야 하므로, 공무원은 그 직무의 공공성에 상응하는 고도의 윤리성을 갖추어야 한다. 공무원관계법에서 공무원의 임용결격사유에 관한 규정을 두는 목적은 공무원의 직무를 수행하기에 부적격하다고 판단되는 자를 공무원의 직무로부터 사전에 배제함으로써 그 직무수행에 대한 국민의 신뢰, 공무원직에 대한 신용 등을 유지하고 그 직무의 정상적인 운영을 확보하며, 공무원범죄를 예방하고 공직사회의 질서를 유지하고자 함에 있다.

(3) 특히 경찰공무원은 **국민의 생명·신체 및 재산의 보호와 범죄의 예방·진압 및 수사, 치안정보의 수집, 교통의 단속 기타 공공의 안녕과 질서유지를 그 임무**로 한다(경찰법 제3조). 이러한 직무의 성질상 경찰공무원에게는 **고도의 도덕적·윤리적 의무가 요청**된다는 점에서, 이 사건 법률조항은 경찰공무원의 **직무수행에 대한 국민의 신뢰를 유지하고 직무의 정상적인 운영을 확보하기 위한 것**으로서 그 입법목적의 정당성이 인정된다.

또한 징계에 의하여 해임처분을 받은 전력이 있는 공무원을 경찰공무원직에 재차 임용될 수 없도록 하는 이 사건 법률조항은 그러한 입법목적의 달성을 위한 적절한 방법이라고 할 수 있다.

그런데 이 사건 법률조항에서 해임을 영구적 임용결격사유로 규정한 것이 공무담임권에 대한 과도한 제한은 아닌지 문제된다. 해임은 공무원에 대한 징계처분 중 파면 다음으로 중한 징계로서 그 비위의 내용이 매우 중대할 때 내려지는 처분이다. 또한 해임처분에 이의가 있는 경우 불복을 위한 구제절차가 충분히 마련되어 있으므로(경찰공무원법 제27조, 제28조), 그러한 구제절차를 거쳤음에도 불구하고 해임처분이 확정되었다면 그 원인이 된 행위가 내포하는 도덕적·윤리적 비난가능성은 자못 심대하다 할 것이다. 더구나 해임 전력이 있는 공무원은 이 사건 법률조항으로 인해 경찰공무원으로만 다시 임용될 수 없을 뿐 그 외의 국가공무원법 적용을 받는 공무원직이나 해임을 영구적 임용결격사유로 규정하고 있지 아니한 다른 공직에는 여전히 임용될 수 있는 가능성이 있다.

물론, 임용결격제도를 구체화함에 있어서는 해임사유의 종류와 내용에 따라 임용결격의 기간을 달리하는 방법도 상정할 수 있을 것이다. 그러나 해임의 원인행위에 따른 임용결격사유의 유형화가 반드시 합리적인 규정방식인지 의문이며, 다양한 해임사유를 유형화하는 일이 쉽지도 않아 오히려 그러한 유형화로 말미암아 자의적 차별을 야기할 위험성 또한 있으므로, 달리 기본권을 덜 제한하는 수단이 명백히 존재한다고 보기 어렵다. 따라서 이 사건 법률조항은 위 입법목적의 달성에 필요한 정도를 넘어서는 제한이라고 보기 어려우므로 침해의 최소성 요건을 충족하였다고 할 것이다.

한편, 이 사건 법률조항으로 인해 경찰공무원으로 임용되지 못하여 입게 되는 당사자의 불이익에 비해 경찰공무원직에 대한 국민의 신뢰를 확보하고 그 직무의 정상적 운영을 도모한다는 공익은 결코 작다고 볼 수 없으므로, 이 사건 법률조항은 법익의 균형성도 갖추었다.

(4) 그러므로 경찰공무원의 직무의 성격과 중요성, 그에 따라 요청되는 고도의 윤리성에 비추어 볼 때 이 사건 법률조항이 해임처분을 받은 자에 대해 경찰공무원으로 임용될 가능성을 법률로써 영구히 배제하였다고 하여 그것이 지나치게 과도한 조치로서 공무담임권을 침해한다고 보기는 어렵다.

Ⅱ. 이 사건 법률조항이 평등원칙에 위배되는지 여부

(1) 해임처분을 받은 자는 이 사건 법률조항에 의해 다시 경찰공무원으로 임용될 수 없으나, 일반직 공무원, 검사, 군인 등의 경우에는 그 해당 법률에 의하여 해임처분 후 일정 기간이 지나면 재차 임용이 가능하게 되어 있으므로, 이 사건 법률조항이 경찰공무원과 다른 공무원을 차별하여 평등원칙에 위배되는지 문제된다.

그런데, 이 사건 법률조항으로 인한 차별취급은 **헌법에서 특별히 평등을 요구하는 경우에 해당한다고 볼 수 없으며, 공무원 임용결격제도의 구체적 내용 형성에 대해서는 입법자에게 광범위한 재량이 부여되어 있다고 할 수 있으므로, 이에 대한 평등심사는 완화된 심사기준인 자의금지원칙에 따라 차별취급을 정당화하는 합리적인 이유가 있는지 여부를 판단**함이 상당하다.

(2) 입법자는 공무원의 임용결격사유를 정함에 있어 해당 공직 업무의 내용과 성격, 조직의 특성 등을 두루 참작하여 임용결격사유를 정할 수 있는 입법형성의 재량을 가진다.

국가공무원은 경력직과 특수경력직 공무원으로 구분되고, 경력직 공무원은 다시 일반직, 특정직, 기능직 공무원으로 분류되는데, 경찰공무원은 특정직 공무원에 속한다. 경찰공무원 외에도 검사, 군인 등이 특정직 공무원에 해당하며, 이러한 특정직 공무원에 대해서는 각각의 경우 그 책임 및 직무의 중요성, 신분, 근무조건의 특수성 등에 비추어 별도의 특별법이 마련되어 임용자격 및 결격사유가 규율되고 있다.

우선 업무의 특성을 비교해 보면, 경찰공무원은 국민의 생명・신체 및 재산의 보호와 범죄의 예방・진압 및 수사, 치안정보의 수집, 교통의 단속 기타 공공의 안녕과 질서유지를 그 임무로 하고 있다(경찰법 제3조). 이에 비하여 일반직 공무원은 기술・연구 또는 행정 일반에 대한 업무를 담당하고 있으며(국가공무원법 제2조 제2항 제1호), 검사는 공익의 대표자로서 범죄수사, 공소의 제기 및 그 유지, 사법경찰관리의 지휘・감독, 법원에 대한 법령의 정당한 적용 청구, 국가소송과 행정소송의 수행 및 지휘・감독 등을 그 임무로 한다(검찰청법 제4조). 한편, 군인은 대한민국의 자유와 독립을 보전하고 국토를 방위하며 국민의 생명과 재산을 보호하고 나아가 국제평화의 유지에 이바지함을 그 사명으로 하며, 전시와 평시를 막론하고 국방의 의무를 수행하기 위해 군에 복무한다(국군조직법 제4조 제1항, 군인복무규율 제4조 제2호).

이러한 업무의 특성을 고려하여 경찰공무원과 일반직 공무원, 검사, 군인에 대한 임용결격사유와 임용결격기간은 각각의 해당 법률에 의해 각기 다르게 규정되고 있다. 자세히 살펴보면, 경찰공무원의 임용결격사유는 국가공무원법이 규정하는 결격사유보다 더 강화되어 있는바, 경찰공무원법은 대한민국 국적 미보유자, 자격정지 이상의 형의 선고를 받은 자, 자격정지 이상의 형의 선고유예를 받고 그 선고유예 기간 중에 있는 자, 파면 또는 해임의 처분을 받은 자 등을 임용결격자로 규정하고 있다(경찰공무원법 제7조 제2항). 검사의 임용결격사유도 국가공무원법상의 임용결격사유보다 강화되어 있는데, 검찰청법은 국가공무원법상의 임용결격사유 외에 금고 이상의 형을 선고받은 경우와 탄핵결정에 의하여 파면된 후 5년이 경과하지 않은 경우를 추가로 규정하고 있다(검찰청법 제33조). 또한, 군인의 경우 역시 군인사법에서 대한민국 국적 미보유자, 자격정지 이상의 형의 선고유예를 받은 경우에 그 선고유예 기간 중에 있는 자 등을 임용결격자로 규정하여 국가공무원법의 임용결격사유보다 요건을 강화하고 있다(군인사법 제10조 제2항).

한편, 국가정보원직원법은 국가정보원직원이 징계면직된 경우 이를 영구적 임용결격사유로 규정하여(국가정보원직원법 제8조 제2항), 이 사건 법률조항과 유사한 내용을 담고 있다.

(3) 위에서 살펴본 바와 같이, 경찰공무원과 일반직 공무원은 모두 공무원이라는 점에서, 그리고 경찰공무원과 검사, 군인은 모두 특정직 공무원이라는 점에서 유사한 측면이 존재한다고 하더라도, 각기 법률에 의하여 부여된 고유의 업무가 있으며 그에 따른 업무수행의 성격이 상이하고 또 그 신분이나 임용자격도 다르다. 그렇다면, **입법자는 위와 같은 업무와 조직의 특수성에 비추어 임용결격사유를 각각 달리 규정하였다**고 볼 수 있는바, 여타 법률보다 경찰공무원법상의 임용결격사유가 강화되어 있다고 하여 합리적 이유 없이 경찰공무원을 차별하고 있다고 보기는 어려우므로, 이 사건 법률조항은 평등원칙에 위배되지 않는다.

Ⅲ. 결 론

그렇다면 이 사건 법률조항은 헌법에 위반되지 아니하므로, 재판관 이강국, 재판관 조대현, 재판관 민형기, 재판관 목영준의 아래 5.와 같은 반대의견이 있는 외에 관여 재판관 전원의 일치된 의견으로 주문과 같이 결정한다.

재판관 이강국, 재판관 조대현, 재판관 민형기, 재판관 목영준의 반대의견

우리는, 이 사건 법률조항이 평등원칙에 반하여 헌법에 위반된다고 판단하므로 다음과 같은 반대의견을 밝힌다.

1. 차별의 발생

국가공무원은 경력직과 특수경력직 공무원으로 구분되고, 경력직 공무원은 다시 일반직, 특정직, 기능직 공무원으로 분류되는데, 경찰공무원은 검사 및 군인과 함께 경력직 공무원 중 특정직 공무원에 속하는 것은 다수의견이 설시한 바와 같다.

그런데 징계에 의하여 해임처분을 받은 자는 이 사건 법률조항에 의하여 경찰공무원으로는 영구히 임용될 수 없는 반면, 위 해임처분을 받은 때로부터 3년이 지난 후에는 검사로 임용될 수 있고(검찰청법 제33조 제1호, 국가공무원법 제33조 제8호), 5년이 지난 후에는 장교, 준사관 및 부사관(이하 '직업군인'이라고 한다)으로 임용될 수 있다(군인사법 제10조 제2항 7호).

그 결과, 징계에 의하여 해임처분을 받은 자 중, '경찰공무원으로 임용되려 하는 자'와 '검사 또는 직업군인으로 임용되려 하는 자' 사이에 공무담임권의 제한에 있어서 차별이 발생한다.

2. 차별의 합리성 여부

(1) 경찰공무원과 검사

다수의견이 설시한 바와 같이, 경찰공무원은 국민의 생명·신체 및 재산의 보호와 범죄의 예방·진압 및 수사, 치안정보의 수집, 교통의 단속 기타 공공의 안녕과 질서유지를 그 임무로 하는바, 이러한 직무의 성질상 경찰공무원에게는 고도의 도덕적·윤리적 의무가 요청되므로, 경찰공무원의 직무수행에 대한 국민의 신뢰를 유지하고 직무의 정상적 운영을 확보하는 데 이 사건 법률조항의 입법목적이 있다.

한편 검사는 공익의 대표자로서 범죄수사, 공소의 제기 및 그 유지, 사법경찰관리의 지휘·감독, 법원에 대한 법령의 정당한 적용 청구, 국가소송과 행정소송의 수행 및 지휘·감독 등을 그 임무로 하는바(검찰청법 제4조), 세부적인 역할과 권한에 있어서는 경찰공무원과 차이가 있지만 **'범죄의 수사와 처벌'을 주된 업무로 한다는 점에서 경찰공무원과 유사할 뿐 아니라, 공익의 대표자라는 점 및 사법경찰관리에 대한 지휘·감독권을 가진다는 점에서 경찰공무원보다 훨씬 더 엄격한 도덕성과 윤리성이 요구된다고 할 것**이다.

그런데 이처럼 직무의 중요성이나 권한이 경찰공무원보다 더 막중하고 그에 따라 더욱 높은 직업적·도덕적 기준이 요구되는 검사는 징계에 의하여 해임처분을 받은 사실이 있더라도 3년이 지나면 임용될 수 있는 반면[더구나 해임처분보다 더 중한 탄핵결정에 의한 파면이 된 경우에도 5년이 지나면 다시 검사로 임용될 수 있다(검찰청법 제33조 제3호)], 이 사건 법률조항에 따라 징계에 의한 해임처분을 받은 자는 영구히 경찰공무원에 임용될 수 없게 됨으로서, 징계에 의한 해임처분을 받은 자 중 경찰공무원으로 임용되려고 하는 자를 검사로 임용되려고 하는 자에 비하여 합리적 이유 없이 차별한다고 볼 수밖에 없다.

(2) 경찰공무원과 직업군인

직업군인은 **국민의 생명·신체 및 재산의 보호 등 공공의 안녕과 질서를 유지한다는 점에서 경찰공무원의 업무와 유사하고, 특히 직업군인은 각종 무기를 소지하고 사용하는 직무를 수행하는 자로서 그 무장의 정도가 경찰공무원에 비해 월등히 중하므로, 직무수행에 대한 국민의 신뢰를 유지하고 직무의 정상적 운영을 확보할 필요성은 경찰공무원에 비해 더욱 절실하다고 할 것**이다.

그럼에도 불구하고 징계에 의하여 해임처분을 받은 자는 그 날로부터 5년이 지나면 직업군인으로 임용될 수 있는 반면, 이 사건 법률조항에 의하여 경찰공무원으로는 임용될 수 없는바, 이러한 차별에 대한 합리적 이유를 찾기 힘들다고 할 것이다.

(3) 경찰공무원과 국가정보원직원

다수의견은, 국가정보원직원법이 징계에 의하여 면직처분을 받은 자를 기간의 제한 없이 임용결격자로 정하여(국가정보원직원법 제8조 제2항 제6호) 이 사건 법률조항과 유사한 태도를 취하고 있다고 주장한다.

그러나 국가정보원직원법상 임용결격사유인 '징계에 의하여 면직처분을 받은 자'가 경찰공무원법상 임용결격사유인 '징계에 의하여 해임처분을 받은 자'와 동일한 사유라고 볼 수 없을 뿐 아니라, 국가정보원직원의 업무는 그 내용, 보안성, 밀행성 등에서 경찰공무원의 업무와 현저히 다르므로, 국가정보원직원법이 징계에 의하여 면직처분을 받은 자를 기간의 제한 없이 임용결격자로 규정하였다고 하여, 이 사건 법률조항이 경찰공무원에 임용되려는 자를 검사 또는 직업군인에 임용되려는 자에 비하여 차별하는 것을 정당화할 수는 없다.

(4) 결 론

그렇다면 이 사건 법률조항은, 징계에 의하여 해임처분을 받은 자 중 경찰공무원이 되려고 하는 자를 검사 또는 군인이 되려고 하는 자에 비하여 합리적 이유없이 차별하고 있으므로 평등원칙에 반하고, 따라서 헌법에 위반된다고 할 것이다.

[요약판례 1] 주민소환에 관한 법률 위헌확인: 기각(헌재 2011.3.31. 2008헌마355)

주민소환투표의 청구시 주민소환의 청구사유를 명시하지 아니하고 주민소환 청구사유의 진위 여부에 대한 확인을 규정하지 아니하고 있는 '주민소환에 관한 법률'(2007. 5. 11. 법률 제8423호로 개정된 것, 이하 '법'이라 한다) 제7조 제1항 제3호 중 '지역선거구자치구의회의원' 부분(이하 '이 사건 법률조항'이라 한다)이 청구인의 공무담임권을 침해하는지 여부(소극)

주민소환법이 주민소환의 청구사유에 제한을 두지 않은 것은 주민소환제를 기본적으로 정치적인 절차로 설계함으로써 위법행위를 한 공직자뿐만 아니라 정책적으로 실패하거나 무능하고 부패한 공직자까지도 그 대상으로 삼아 공직에서의 해임이 가능하도록 하여 책임정치 혹은 책임행정의 실현을 기하려는 데 그 목적이 있고, 이러한 입법목적은 결과적으로 주민자치를 실현하기 위하여 주민소환제가 잘 기능할 수 있도록 한다는 점에서 그 정당성을 인정할 수 있다.

[요약판례 2] 국가공무원법 제69조 위헌소원: 합헌(헌재 2013.7.25. 2012헌바409)

수뢰죄를 범하여 금고 이상의 형의 선고유예를 받은 국가공무원은 당연퇴직하도록 한 국가공무원법(2010. 3. 22. 법률 제10148호로 개정된 것) 제69조 단서 중 '형법 제129조 제1항'에 관한 부분(이하 '심판대상조항'이라 한다)이 과잉금지원칙에 반하여 청구인의 공무담임권을 침해하는지 여부(소극) 및 심판대상조항이 경찰공무원이나 군인에 비하여 일반공무원을 불합리하게 차별하여 평등원칙에 위반되는지 여부(소극) 및 별도의 징계절차를 거치지 아니하고 당연퇴직하도록 규정한 심판대상조항이 적법절차원칙에 위반되는지 여부(소극)

심판대상조항은 공무원 직무수행에 대한 국민의 신뢰 및 직무의 정상적 운영의 확보, 공무원범죄의 예방, 공직사회의 질서 유지를 위한 것으로서 목적이 정당하고, 형법 제129조 제1항의 수뢰죄를 범하여 금고 이상 형의 선고유예를 받은 국가공무원을 공직에서 배제하는 것은 적절한 수단에 해당한다.

수뢰죄는 수수액의 다과에 관계없이 공무원 직무의 불가매수성과 염결성을 치명적으로 손상시키고, 직무의 공정성을 해치며 국민의 불신을 초래하므로 일반 형법상 범죄와 달리 엄격하게 취급할 필요가 있다. 수뢰죄를 범하더라도 자격정지형의 선고유예를 받은 경우 당연퇴직하지 않을 수 있으며, 당연퇴직의 사유가 직무 관련 범죄로 한정되므로 심판대상조항은 침해의 최소성원칙에 위반되지 않고, 이로써 달성되는 공익이 공무원 개인이 입는 불이익보다 훨씬 크므로 법익균형성원칙에도 반하지 아니한다. 따라서 심판대상조항은 과잉금지원칙에 반하여 청구인의 공무담임권을 침해하지 아니한다.

경찰공무원이나 군인과 일반 국가공무원은 당연퇴직사유에 있어서 차이가 있으나, 이는 해당 공무원의 고유한 업무와 업무수행의 성격, 그 신분이나 임용자격 등의 차이와 특수성을 반영한 것으로서, 합리적 이유 없는 차별이라고 볼 수는 없다. 따라서 심판대상조항은 평등원칙에 위반되지 아니한다.

범죄행위로 인하여 형사처벌을 받은 공무원에 대하여 신분상 불이익처분을 하는 법률을 제정함에 있어 어느 방법을 선택할 것인가는 원칙적으로 입법자의 재량에 속한다. 일정한 사항이 법정 당연퇴직사유에 해당하는지 여부만이 문제되는 당연퇴직의 성질상 그 절차에서 당사자의 진술권이 반드시 보장되어야 하는 것은 아니고, 심판대상조항이 청구인의 공무담임권 등을 침해하지 아니하는 이상 적법절차원칙에 위반되지 아니한다.

[요약판례 3] 공직선거법 제16조 제2항 등 위헌확인: 기각(헌재 2013.8.29. 2012헌마288)

국회의원 선거 및 지방의회의원 선거에 있어서 피선거권 행사연령을 25세 이상으로 정한 공직선거법(1994. 3. 16. 법률 제4739호로 제정된 것) 제16조 제2항 및 공직선거법(2009. 2. 12. 법률 제9466호로 개정된 것) 제16조 제3항 중 '지방의회의원 피선거권' 부분(이하 '이 사건 법률조항들'이라 한다)이 25세 미만인 사람의 공무담임권 및 평등권을 침해하는지 여부(소극)

헌법 제25조 및 제118조 제2항에 따라 입법자는 국회의원 및 지방의회의원 선거 피선거권 행사연령을 정함에 있어 선거의 의미와 기능, 국회의원 및 지방의회의원의 지위와 직무 등을 고려하여 재량에 따라 결정할 수 있다. 그러한 재량에는 피선거권 연령 설정을 통하여 달성하려는 공익과 그로 인한 공무담임권 등에 대한 제한 사이에 균형과 조화를 이루어야 하는 헌법적 한계가 존재하지만, 입법자가 정한 구체적인 연령기준이 입법형성권의 범위와 한계 내의 것으로 그 기준이 현저히 높거나 불합리하지 않다면 헌법에 위반되지 않는다.

입법자가 국회의원 및 지방의회의원에게 요구되는 능력 및 이러한 능력을 갖추기 위하여 요구되는 교육과정 등에 소요되는 최소한의 기간, 선출직공무원에게 납세 및 병역의무의 이행을 요구하는 국민의 기대와 요청을 고려하여 국회의원 및 지방의회의원의 피선거권 행사연령을 25세 이상으로 정한 것은 합리적이고 입법형성권의 한계 내에 있으므로 25세 미만인 사람의 공무담임권 및 평등권을 침해한다고 볼 수 없다.

6 사회권(생존권)

제 1 절 사회권(사회적 기본권, 생존권적 기본권)의 일반이론

[요약판례 1] 구 산업재해보상보험법 제10조 제2호 위헌소원: 합헌(헌재 2005.7.21. 2004헌바2)

산재보험 임의가입 적용사업의 경우 "그 사업의 사업주가 근로복지공단의 승인을 얻은 날의 다음날"에 보험관계가 성립한다고 규정한 구 산업재해보상보험법 제10조 제2호가 헌법 제34조 제2항 및 제6항에 위반되는지 여부(소극)

헌법재판소의 선례에 의하면, 헌법 제34조 제2항 및 제6항의 국가의 사회보장·사회복지 증진의무나 재해예방노력의무 등의 성질에 비추어 국가가 어떠한 내용의 산재보험을 어떠한 범위와 방법으로 시행할지 여부는 입법자의 재량영역에 속하는 문제이고, 산재피해 근로자에게 인정되는 산재보험수급권도 그와 같은 입법재량권의 행사에 의하여 제정된 산재보험법에 의하여 비로소 구체화되는 '법률상의 권리'이며, 개인에게 국가에 대한 사회보장·사회복지 또는 재해예방 등과 관련된 적극적 급부청구권은 인정하고 있지 않다. 뿐만 아니라 산재보험의 당연가입은 일정한 요건충족시 사업주의 신청 여부, 보험료의 납입 여부 등과 상관없이 보험관계가 법률의 규정에 의하여 당연히 성립하나, 임의가입은 가입요건이 충족되었다 하여 당연히 가입되는 것이 아니며 원칙적으로 사업주의 신청과 공단의 승인이라는 의사의 합치가 있어야만 성립하는 "계약"으로서의 법적 성격을 의연히 갖는 것이다.

그러므로, 입법자가 이 사건 법률조항에서 보험관계 성립일을 "근로복지공단의 승인을 얻은 날의 다음날"로 규정함으로써 당연가입 적용사업과는 달리 임의가입 적용사업의 경우 가입신청과 승인 사이에 발생한 산업재해에 대하여는 산재보험의 효력이 미치지 아니하고, 따라서 위 기간 중에 산업재해를 입은 근로자의 권익을 제대로 보호하지 못하는 불합리한 결과가 발생할 수 있다고 하더라도, 통상적으로 산재보험 가입신청과 승인 사이의 기간은 그다지 오래 걸리지 않고, 사업주가 근로복지공단의 승인으로 인한 보험관계 성립 후에 사업을 개시함으로써 위 기간 중의 사고의 발생을 미연에 방지할 수 있는 것이므로 실질적으로 위 기간 중의 사고로 불이익을 입게 될 경우는 별로 없을 것으로 보이는 점 등에 비추어 보면, 이 사건 법률조항이 입법재량의 한계를 벗어났다고 보기도 어렵다. 결국 이 사건 법률조항은 헌법 제34조 제2항 및 제6항에 위반된다고 할 수 없다고 할 것이다.

[요약판례 2] 국가유공자예우등에관한법률 제9조 본문 위헌제청: 합헌(헌재 1995.7.21. 93헌가14)

위 법률조항이 평등권이나 인간다운 생활을 할 권리를 침해하는지 여부(소극)

이 사건 법률조항의 취지로는, 등록신청을 하도록 하지 아니하면 국가유공자에 해당하는 사람이 있더라도 이를 파악하는 데에 어려움이 있고, 따라서 국가예산을 수립함에 있어서 보훈 목적의 예산이 얼마나 필요한지 알 수 없어 결국 국가재정형편을 감안하여 결정되는 보상수준 자체를 결정하는 데 어려움이 생기게 된다는 점, 등록신청시를 기준으로 그 이후부터만 보상금수급권을 인정하는 제도를 채택하지 아니하고 전공상 및 순직 등의 사유가 발생한 때부터 보상금수급권을 인정하게 되면 등록을 지체한 채 오랜 세월이 지나 전공상과 여타 사유로 인한 증상이 병발한 경우 그 구별이 어렵게 되는 점, 6·25 사변이 끝난 지 오래여서 전몰군경유족 및 전공상자의 대부분이 소정의 등록절차를 밟아 급여금법 등 관계법에 의한 보호를 받아오고 있는 점, 예우대상자의 수가 대폭 증가함에 따라 소급지급이 국가재정 형편상 어렵게 된 점 등을 들 수 있다. 이러한 점을 생각할 때 이 사건 법률규정은 그 나름대로 합리성을 갖추고 있다고 할 것이고 객관적으로 정의와 형평에 반한다거나 자의적인 것이라고 할 수는 없다.

인간다운 생활을 할 권리로부터는 인간의 존엄에 상응하는 생활에 필요한 "최소한의 물질적인 생활"의 유지에 필요한 급부를 요구할 수 있는 구체적인 권리가 상황에 따라서는 직접 도출될 수 있다고 할 수는 있어도, **동 기본권이 직접 그 이상의 급부를 내용으로 하는 구체적인 권리를 발생케 한다고는 볼 수 없다고 할 것이어서 이러한 구체적 권리는 국가가 재정형편 등 여러 가지 상황들을 종합적으로 감안하여 법률을 통하여 구체화할 때에 비로소 인정되는 법률적 권리라고 할 것이다.** 예우법이 각종 보호와 지원을 하고 있는 사정과 "인간다운 생활"이라고 하는 개념이 사회의 경제적 수준 등에 따라 달라질 수 있는 상대적 개념이라는 점을 고려하면, 이 사건 법률조항이 헌법 제34조 제1항의 인간의 존엄에 상응하는 "최소한의 물질생활"의 보장을 내용으로 하는 인간다운 생활을 할 권리를 침해하였다거나, 헌법 제34조 제2항 소정의 헌법상의 사회보장, 사회복지의 이념이나 이를 증진시킬 국가의 의무에 명백히 반한다거나 헌법 제32조 소정의 국가유공자에 대한 우선적 보호이념에도 반한다고 할 수 없어 입법재량의 범위를 일탈한 규정이라고 할 수 없다.

[요약판례 3] 구 국가유공자예우등에관한법률 제70조 등 위헌소원: 위헌,합헌(헌재 1999.12.23. 98헌바33)

장애인에 대한 생활보호를 위하여 일정한 혜택을 부여하는 법률조항이 헌법에 위배되는지 여부는 입법부가 장애인으로 하여금 인간다운 생활을 영위하도록 하기 위하여 객관적으로 필요한 최소한의 조치를 취할 의무를 다하였는가를 기준으로 판단하여야 할 것인바, 장애인고용촉진등에관한법률 제34조 제2항은 장애인의 고용을 촉진하기 위하여 공개채용시험을 실시함에 있어서 일정한 비율의 장애인을 고용하도록 강제하고 있는 조항으로서 그 규정내용이 장애인의 보호를 위하여 필요한 최소한의 조치를 취할 의무를 다하지 못하였다고 할 수는 없다.

[요약판례 4] 국가유공자등예우및지원에관한법률 제20조 제2항등 위헌확인: 기각,각하(헌재 2000.6.1. 98헌마216)

위 규정이 국가 등의 양로시설에 입소한 국가유공자의 인간다운 생활을 할 권리를 침해하는지 여부(소극)

헌법 제34조 제1항은 "모든 국민은 인간다운 생활을 할 권리를 가진다"고 규정하고 있다. 전공상자 등은 상이 등으로 인하여 신체적 장애를 입고 있기 때문에 인간다운 생활에 필요한 최소한의 수요를 충족함에 있어서도 정상인에 비하여 국가의 부조를 필요로 하는 경우가 많다고 할 것이다. 그러나 '인간다운 생활을 할 권리'로부터는, 그것이 사회복지·사회보장이 지향하여야 할 이념적 목표가 된다는 점을 별론으로 하면, 인간의 존엄에 상응하는 생활에 필요한 "최소한의 물질적인 생활"의 유지에 필요한 급부를 요구할 수 있는 구체적인 권리가 상황에 따라서는 직접 도출될 수 있다고 할 수는 있어도, 동 기본권이 직접 그 이상의 급부를 내용으로 하는 구체적인 권리를 발생케 한다고는 볼 수 없다고 할 것이다. 이러한 구체적 권리는 국가가 재정형편 등 여러 가지 상황들을 종합적으로 감안하여 법률을 통하여 구체화할 때에 비로소 인정되는 법률적 차원의 권리라고 할 것이다.

그러므로 이 사건 규정의 입법자도 국가유공자 등에게 인간다운 생활에 필요한 최소한의 물질적 수요를 충족시켜 주고 있고 헌법상의 사회보장, 사회복지의 이념과 국가유공자에 대한 우선적 보호이념에 명백히 어긋나지 않는 한 광범위한 입법재량권을 행사할 수 있다고 할 것이다.

이 사건 규정에 의하여 일부 연금이나 수당이 지급정지된다고 하여도 청구인들에게 기본연금이 계속 지급되며, 더구나 양로시설에서 무상으로 생활할 수 있게 된다는 점, 그리고 인간다운 생활이라고 하는 개념이 사회의 경제적 수준 등에 따라 달라질 수 있는 상대적 개념이라는 점을 고려하면, 이 사건 규정으로 인하여 헌법 제34조 제1항의 인간의 존엄에 상응하는 최소한의 물질생활의 보장을 내용으로 하는 인간다운 생활을 할 권리를 침해하였다고 볼 수는 없어 입법재량의 범위를 일탈한 규정이라고 할 수 없다.

I 2002년도 국민기초생활보장최저생계비 위헌확인: 기각(헌재 2004.10.28. 2002헌마328)

쟁점 보건복지부장관이 2002년도 최저생계비를 고시함에 있어 장애로 인한 추가지출비용을 반영한 별도의 최저생계비를 결정하지 않은 채 가구별 인원수만을 기준으로 최저생계비를 결정한 2002년도 최저생계비고시가 생활능력 없는 장애인가구 구성원의 인간의 존엄과 가치 및 행복추구권, 인간다운 생활을 할 권리, 평등권을 침해하였는지 여부

사건의 개요

청구인들은 각 정신지체 1급 장애자와 가족인 비장애자인바, 청구인들은 1가구를 이루어 함께 거주하면서 국민기초생활보장법에 따른 생계급여 수급자로 선정되어 그 무렵부터 생계급여를 지급받고 있다. 보건복지부장관은 보건복지부고시로 2002년도 국민기초생활보장법상의 최저생계비를 결정・공표하였다. 청구인들은 위 최저생계비 고시가 청구인들의 인간으로서의 존엄과 가치 및 행복추구권, 인간다운 생활을 할 권리 및 평등권을 침해하는 것이라고 주장하면서 이 사건 헌법소원심판을 청구하였다.

심판의 대상

이 사건 심판의 대상은 보건복지부장관이 2001. 12. 1.에 한 2002년도 최저생계비 고시가 헌법에 위반되는지 여부이다. 청구인들에게는 이 사건 고시 중 3인가구 최저생계비가 적용되나, 청구인들이 이 사건 고시 전체에 대하여 헌법소원심판을 청구하였고, 그 고시 전체에 동일한 심사척도가 적용될 수 있으므로 이 사건 고시 전체로 심판대상을 확장하는 것이 타당하다.

청구인들의 주장

(1) 적법요건에 관한 주장 이 사건 고시는 청구인이 지급받게 될 생계급여액수를 결정하므로 이 사건 고시로 인한 기본권침해는 직접성, 자기관련성, 현재성을 갖추었고, 이 사건 고시를 직접 대상으로 하는 행정소송 등 다른 권리구제절차가 없다.

(2) 본안에 관한 주장 최저생계비는 국민이 건강하고 문화적인 생활을 유지하기 위하여 소요되는 최소한의 비용으로서 보장법상의 수급자가 받게 될 생계급여 액수를 결정하는 기준이 되는 것인바, 보건복지부장관이 이 사건 고시를 하면서 장애인이 포함된 가구가 부담하는 교통비, 의료비, 교육비, 보호・간병인비, 보장구 구입・유지비 등 장애로 인한 월 평균 158,000원의 추가지출비용을 반영한 최저생계비를 별도로 정하지 아니한 채 가구별 인원수를 기준으로 한 최저생계비만을 결정・공표함으로써 생활능력 없는 장애인가구의 구성원에게 최소한도의 인간다운 생활을 보장할 정도에 못 미치는 적은 액수의 생계급여를 받게 하였으므로 인간으로서의 존엄과 가치 및 행복추구권, 인간다운 생활을 할 권리를 침해하는 것이고, 장애인가구와 비장애인가구에게 동일한 최저생계비를 적용함으로써 비장애인가구와 비교하여 상대적으로 적은 액수의 생계급여를 받게 되는 것은 평등권을 침해하는 것이다.

▢ 판 단

Ⅰ. 적법요건에 관한 판단

1. 직 접 성

이 사건 고시는 보장법 제6조 제1항의 직접적인 위임에 따라 보건복지부장관이 최저생계비를 정한 것으로서 보장법과 결합하여 보장법상의 수급자에게 지급할 생계급여 액수를 결정한다는 점에서 직접 대외적 효력을 가지며, 그 내용이 일의적이고 명백하여 보장법상 관할행정청의 수급자선정결정이 이루어지면 최저생계비에 따라 기계적으로 계산하는 과정을 거쳐 산정된 생계급여가 수급자에게 지급되는 기계적 내지 단순한 사실적 집행행위를 거칠 뿐이므로, 보장법상 생계급여 수급자인 청구인들에 대하여 그 자체에 의하여 직접적인 효력을 갖는다.

2. 보 충 성

이 사건 심판의 대상은 보건복지부장관 또는 그 산하 행정기관의 어떤 구체적인 처분 그 자체가 아니고, 보건복지부장관이 법령의 위임에 따라 정한 최저생계비 고시인데, 이러한 보건복지부장관의 고시에 대하여 처분성을 인정하여 행정소송법에 의한 행정소송 등 다른 권리구제절차를 허용할 수 있는지 여부가 객관적으로 불확실하므로, 이 사건은 보충성의 예외에 해당하는 것으로 보아 헌법소원대상성을 인정할 수 있다.

3. 권리보호이익

기본권의 침해를 받은 자가 그 구제를 받기 위한 헌법소원심판을 청구한 뒤 기본권침해의 원인이 된 공권력의 행사가 취소되거나 새로운 공권력의 행사 등 사정변경으로 말미암아 기본권 침해행위가 배제되어 청구인이 더 이상 기본권을 침해받고 있지 아니하게 된 때에는 불분명한 헌법문제의 해명이나 침해반복의 위험 등을 이유로 한 심판의 이익이 있는 경우에는 예외적으로 권리보호의 이익이 있다고 할 것이다.

보건복지부장관은 국민의 소득·지출수준, 수급권자의 생활실태, 물가상승률 등을 고려하여 매년 다음 연도의 최저생계비를 결정·공표하도록 되어 있어 이 사건 고시는 2002. 12. 31.이 경과하면 효력을 잃게 된다 할 것이나, 모든 국민에게 인간다운 생활을 할 권리를 보장하고 국가에게 사회보장·사회복지의 증진에 노력할 의무를 부담시키고 있는 우리의 헌법질서에 있어서 인간다운 생활을 하기 위하여 요구되는 최소한도의 생활수준을 보장하기 위한 생계급여 액수의 기준이 되는 이 사건 고시가 헌법이 요구하는 바를 충족하고 있는지의 여부는 헌법적으로 매우 중요한 의미를 가질 뿐만 아니라 최저생계비가 매년 변경되어 고시된다고 하더라도 질적·양적으로 획기적인 변화가 예상되지 않기 때문에 동일한 침해 반복의 위험이 있고, 우리 헌법소원제도의 체계상 매년 변경되는 최저생계비 고시에 대하여 청구기간 내에 적법하게 심판청구를 하고 그 시행기간이 경과하기 전 위헌여부를 신속하게 판단한다는 것은 쉽지 않다는 사정을 고려하면, 이 사건 고시가 헌법에 합치하는지 여부를 헌법적으로 해명한다는 것은 헌법질서의 수호·유지를 위하여 중대한 의미를 지닌다고 할 것이므로 이 사건 심판청구는 그 심판의 이익이 있다고 할 것이어서 예외적으로 권리보호이익을 인정함이 타당하다.

Ⅱ. 본안에 관한 판단

1. 인간다운 생활을 할 권리의 침해여부

(1) 생활능력 없는 장애인의 인간다운 생활을 할 권리에 관한 헌법규정

우리 헌법은 사회국가원리를 명문으로 규정하지 않고, 헌법 전문, 인간다운 생활을 할 권리를 비롯한 사회적 기본권의 보장(헌법 제31조 내지 제36조), 경제 영역에서 적극적으로 계획하고 유도하고 재분배하여야 할 국가의 의무를 규정하는 경제에 관한 조항(헌법 제119조 제2항 이하) 등을 통하여 간접적으로 사회국가원리를 수용하고 있다. 사회국가란 사회정의의 이념을 헌법에 수용한 국가, 사회현상에 대하여 방관적인 국가가 아니라 경제·사회·문화의 모든 영역에서 정의로운 사회질서의 형성을 위하여 사회현상에 관여하고 간섭하고 분배하고 조정하는 국가이며, 궁극적으로는 국민 각자가 실제로 자유를 행사할 수 있는 그 실질적 조건을 마련해 줄 의무가 있는 국가를 의미한다.

헌법 제34조 제1항은 "모든 국민은 인간다운 생활을 할 권리를 가진다"고 규정하면서, 제34조 제2항에서 "국가는 사회보장·사회복지의 증진에 노력할 의무를 진다"고 규정함과 아울러 제34조 제5항에서 "신체장애자 및 질병·노령 기타의 사유로 생활능력이 없는 국민은 법률이 정하는 바에 의하여 국가의 보호를 받는다"고 규정하고 있는바, 이러한 헌법규정들은 생활능력 없는 신체장애자에게 인간다운 생활을 할 권리가 있고, 이에 대응하여 국가에게 생활능력 없는 장애인을 보호할 헌법적 의무가 있음을 명시하고 있다.

(2) 인간다운 생활을 할 권리의 의의와 법적 성격

헌법 제34조 제1항이 보장하는 인간다운 생활을 할 권리는 사회권적 기본권의 일종으로서 인간의 존엄에 상응하는 최소한의 물질적인 생활의 유지에 필요한 급부를 요구할 수 있는 권리를 의미하는데, 이러한 권리는 국가가 재정형편 등 여러 가지 상황들을 종합적으로 감안하여 법률을 통하여 구체화할 때에 비로소 인정되는 법률적 권리라고 할 것이다.

나아가 모든 국민은 인간다운 생활을 할 권리를 가지며 국가는 생활능력 없는 국민을 보호할 의무가 있다는 헌법의 규정은 모든 국가기관을 기속하지만 그 기속의 의미는 동일하지 아니한데, 입법부나 행정부에 대하여는 국민소득, 국가의 재정능력과 정책 등을 고려하여 가능한 범위 안에서 최대한으로 모든 국민이 물질적인 최저생활을 넘어서 인간의 존엄성에 맞는 건강하고 문화적인 생활을 누릴 수 있도록 하여야 한다는 행위의 지침, 즉 행위규범으로서 작용하지만, 헌법재판에 있어서는 다른 국가기관, 즉 입법부나 행정부가 국민으로 하여금 인간다운 생활을 영위하도록 하기 위하여 객관적으로 필요한 최소한의 조치를 취할 의무를 다하였는지를 기준으로 국가기관의 행위의 합헌성을 심사하여야 한다는 통제규범으로 작용하는 것이다.

또한, 국가가 행하는 생계보호가 헌법이 요구하는 객관적인 최소한도의 내용을 실현하고 있는지 여부는 결국 국가가 국민의 '인간다운 생활'을 보장함에 필요한 최소한도의 조치를 취하였는가의 여부에 달려있다고 할 것인데 생계보호의 구체적 수준을 결정하는 것은 입법부 또는 입법에 의하여 다시 위임을 받은 행정부 등 해당기관의 광범위한 재량에 맡겨져 있다고 보아야 할 것이므로, 국가가 인간다운 생활을 보장하기 위한 헌법적 의무를 다하였는지의 여부가 **사법적 심사의 대상이 된 경우에는, 국가가 생계보호에 관한 입법을 전혀 하지 아니하였다든가 그 내용이 현저히 불합리하여 헌법상 용인될 수 있는 재량의 범위를 명백히 일탈한 경우에 한하여 인간다운 생활을 할 권**

리를 보장한 헌법에 위반된다고 할 수 있다.

(3) 국민기초생활보장법상 급여의 보충성

당해 법에 의한 급여는 수급자가 자신의 생활의 유지·향상을 위하여 그 소득·재산·근로능력 등을 활용하여 최대한 노력하는 것을 전제로 이를 보충·발전시키는 것을 기본원칙으로 하며, 부양의무자의 부양과 다른 법령에 의한 보호는 이 법에 의한 급여에 우선하여 행하여지는 것으로 한다고 함으로써(제3조), **이 법에 의한 급여가 어디까지나 보충적인 것임을 명시하고 있다.**

(4) 이 사건 고시와 생계급여

보건복지부장관은 2001년도 최저생계비를 3.5% 인상하여 가구별 인원수를 기준으로 2002년도 최저생계비를 결정하여 이 사건 고시를 하였는데, 당시 가구유형(성, 연령, 장애여부, 질병여부 등)을 고려한 최저생계비를 계측할 수 있는 모형개발이 미흡했고, 예산상의 이유로 가구유형별 최저생계비를 계측하기 위한 충분한 표본수를 확보할 수 없었음을 이유로 장애인가구의 추가지출비용을 반영한 장애인가구용 최저생계비는 따로 결정하지 아니하였다.

보장법에 근거하여 고시된 최저생계비와 개별가구의 소득평가액 등의 차액으로 액수가 결정되어 지급되는 생계급여는 수급자에게 의복·음식물 및 연료비와 기타 일상생활에 기본적으로 필요한 금품으로서(제8조) 사회부조의 한 형태이다.

(5) 이 사건 고시가 인간다운 생활을 할 권리를 침해하였는지 여부

국가가 인간다운 생활을 보장하기 위한 헌법적 의무를 다하였는지의 여부가 사법적 심사의 대상이 된 경우에는, 국가가 최저생활보장에 관한 입법을 전혀 하지 아니하였다든가 그 내용이 현저히 불합리하여 헌법상 용인될 수 있는 재량의 범위를 명백히 일탈한 경우에 한하여 헌법에 위반된다고 할 수 있다.

한편, 국가가 생활능력 없는 장애인의 인간다운 생활을 보장하기 위하여 행하는 사회부조에는 보장법에 의한 생계급여 지급을 통한 최저생활보장 외에 다른 법령에 의하여 행하여지는 것도 있으므로, 국가가 행하는 최저생활보장 수준이 그 재량의 범위를 명백히 일탈하였는지 여부, 즉 인간다운 생활을 보장하기 위한 객관적 내용의 최소한을 보장하고 있는지 여부는 보장법에 의한 생계급여만을 가지고 판단하여서는 아니 되고, 그 외의 법령에 의거하여 국가가 최저생활보장을 위하여 지급하는 각종 급여나 각종 부담의 감면 등을 총괄한 수준으로 판단하여야 한다.

여러 사정들에 비추어 보면, 보건복지부장관이 이 사건 고시를 하면서 장애인가구의 추가지출비용을 반영한 최저생계비를 별도로 정하지 아니한 채 가구별 인원수를 기준으로 한 최저생계비만을 결정·공표함으로써 장애인가구의 추가지출비용이 반영되지 않은 최저생계비에 따라 장애인가구의 생계급여 액수가 결정되었다 하더라도 그것만으로 국가가 생활능력 없는 장애인의 인간다운 생활을 보장하기 위한 조치를 취함에 있어서 국가가 실현해야 할 객관적 내용의 최소한도의 보장에도 이르지 못하였다거나 헌법상 용인될 수 있는 재량의 범위를 명백히 일탈하였다고는 보기 어렵다 할 것이어서 이 사건 고시로 인하여 생활능력 없는 장애인가구 구성원의 인간다운 생활을 할 권리가 침해되었다고 할 수 없다.

2. 인간의 존엄과 가치 및 행복추구권의 침해여부

헌법 제10조는 “모든 국민은 인간으로서 존엄과 가치를 가지며, 행복을 추구할 권리를 가진다.

국가는 개인이 가지는 불가침의 기본적 인권을 확인하고 이를 보장할 의무를 진다"고 규정하여 인간의 존엄과 가치 및 행복추구권을 보장하고 있다.

헌법 제10조에서 규정한 인간의 존엄과 가치는 '헌법이념의 핵심'으로 국가는 헌법에 규정된 개별적 기본권을 비롯하여 헌법에 열거되지 아니한 자유와 권리까지도 이를 보장하여야 하며, 이를 통하여 개별 국민이 가지는 인간으로서의 존엄과 가치를 존중하고 확보하여야 한다는 헌법의 기본원리를 선언한 조항이다. 따라서 자유와 권리의 보장은 1차적으로 헌법상 개별적 기본권규정을 매개로 이루어지지만, 기본권제한에 있어서 인간의 존엄과 가치를 침해한다거나 기본권형성에 있어서 최소한의 필요한 보장조차 규정하지 않음으로써 결과적으로 인간으로서의 존엄과 가치를 훼손한다면 헌법 제10조에서 규정한 인간의 존엄과 가치에 위반된다고 할 것이다.

이 사건 고시는 앞서 보았듯이 생활능력 없는 장애인가구의 최저생활보장을 위한 생계급여지급과 관련하여 인간다운 생활을 할 권리를 형성하는 성질을 가지고 있으나 그 내용상 최소한의 필요한 보장수준을 제시하지 아니하여 인간으로서의 인격이나 본질적 가치가 훼손된다고 볼 수 없으므로 인간의 존엄과 가치 및 행복추구권을 침해하는 규정이라고 할 수 없다.

3. 평등권의 침해여부

(1) 헌법 규정

헌법 제11조는 "모든 국민은 법 앞에 평등하다. 누구든지 성별·종교 또는 사회적 신분에 의하여 정치적·경제적·사회적·문화적 생활의 모든 영역에 있어서 차별을 받지 아니한다"라고 규정하여 모든 국민에게 평등권을 보장하고 있다. 이는 국가권력이 본질적으로 같은 것은 같게, 본질적으로 다른 것은 다르게 취급해야 한다는 것을 의미하지만, 합리적 근거에 의한 차별까지 금지하는 것은 아니다.

(2) 평등권의 침해여부

(가) 차별의 대상

이 사건 고시는 장애인가구의 추가지출비용을 반영한 별도의 최저생계비를 결정하지 않은 채 일률적으로 가구별 인원수만을 기준으로 한 최저생계비를 결정함으로써 사회부조의 일종인 보장법상의 생계급여를 지급받을 자격을 갖춘 생활능력 없는 장애인가구와 비장애인가구에게 동일한 최저생계비를 기준으로 하여 생계급여를 지급받게 하였다는 점에서 본질적으로 다른 것을 같게 취급하는 상황을 초래하였다고 볼 수 있다.

(나) 심사의 기준

평등위반 여부를 심사함에 있어 엄격심사에 의할 것인지, 완화된 심사에 의할 것인지는 입법자 내지 입법의 위임을 받은 행정부에게 인정되는 형성의 자유 정도에 따라 달라진다 할 것인데, 이 사건 고시로 인한 장애인가구와 비장애인가구의 차별취급은 헌법에서 특별히 평등을 요구하는 경우 내지 차별대우로 인하여 자유권의 행사에 중대한 제한을 받는 경우에 해당한다고 볼 수 없는 점, 국가가 국민의 인간다운 생활을 보장하기 위하여 행하는 사회부조에 관하여는 입법부 내지 입법에 의하여 위임을 받은 행정부에게 사회보장, 사회복지의 이념에 명백히 어긋나지 않는 한 광범위한 형성의 자유가 부여된다는 점을 고려하면, 이 사건 고시로 인한 장애인가구와 비장애인가구의 차별취급이 평등위반인지 여부를 심사함에 있어서는 완화된 심사기준인 자의금지원칙을 적용함이 상당하다.

(다) 침해여부

장애인가구와 비장애인가구에게 일률적으로 이 사건 고시상의 최저생계비를 적용한다고 하더라도 보장법상의 생계급여 액수가 최저생계비와 동일한 액수로 결정되는 것이 아니라 앞서 본 바와 같이 최저생계비에서 개별가구의 소득평가액 등을 공제한 차액으로 지급되기 때문에 장애인가구와 비장애인가구에게 지급되는 생계급여까지 동일한 액수가 되는 것은 아니라는 점, 이때 공제되는 개별가구의 소득평가액은 장애인가구의 실제소득에서 장애인가구의 특성에 따른 지출요인을 반영한 금품인 장애인복지법에 의한 장애수당, 장애아동부양수당 및 보호수당, 만성질환 등의 치료·요양·재활로 인하여 6개월 이상 지속적으로 지출하는 의료비를 공제하여 산정하므로 결과적으로 장애인가구는 비장애인가구에 비교하여 볼 때 최저생계비에 장애로 인한 추가비용을 반영하여 생계급여액을 상향조정함과 비슷한 효과를 받고 있는 점, 장애인가구는 비장애인가구와 비교하여 앞서 본 바와 같이 각종 법령 및 정부시책에 따른 각종 급여 및 부담감면으로 인하여 최저생계비의 비목에 포함되는 보건의료비, 교통·통신비, 교육비, 교양·오락비, 비소비지출비를 추가적으로 보전받고 있는 점을 고려할 때, 비록 이 사건 고시를 장애인가구와 비장애인가구에게 일률적으로 적용하였다 하더라도 그러한 취급에는 합리성이 있다 할 것이고 이를 자의적인 것이라고 할 수는 없다 할 것이다. 따라서 이 사건 고시가 생활능력 없는 장애인가구 구성원의 평등권을 침해한다고 할 수 없다.

✥ 본 판례에 대한 평가 1. **인간다운 생활을 할 권리의 법적 성격**: 인간다운 생활을 할 권리는 단순한 입법방침 규정에 그치는 것이 아니라 법적 권리이다. 그것은 곧 국민이 구체적으로 국가에 대하여 청구할 수 있는 권리(구체적 청구권)이지만 입법적 뒷받침이 있어야만 실질적으로 구현될 수 있는 불완전한 구체적 권리로서의 성격도 배제할 수 없다.

2. **인간다운 생활을 할 권리의 효력**: 인간다운 생활을 할 권리는 법적 권리로서의 성격이 인정되기 때문에 이에 대한 침해배제를 청구할 수 있는 대국가적 효력을 가진다. 그런데 구체적 입법이 없을 경우에도 침해배제 청구권을 인정할 수 있는가와 만약 인정할 수 있다면 어느 정도까지 인정할 수 있는가가 문제된다. 인간다운 생활을 할 권리의 대사인적 효력은 기본권의 대사인적 효력에 관한 간접적 효력의 이론에 따라 일정한 요건하에 인정된다.

3. **인간다운 생활을 할 권리의 내용**: 인간다운 생활의 의미는 인간의 존엄성에 상응하는 건강하고 문화적인 최저한의 생활을 말한다. 하지만 건강하고 문화적인 생활의 의미는 매우 불확정적이고 추상적인 개념이다. 이에 당해 국가의 정치·경제적인 현실에 비추어 어느 정도가 인간다운 생활을 할 수 있는 범주인지를 결정하여야 한다. 인간다운 생활이 단순히 사회학적 개념이 아니라 구체적인 권리로서 정립되기 위해서는, 이의 실현을 위한 국가의 적극적인 의지가 있어야 한다. 또한 쟁송에 있어서도 어느 정도의 구체적인 기준은 제시될 수 있어야 한다. 그것이 바로 최소한의 생활수준이라는 의미로 부각되고 있다.

최소한의 의미는 생물학적인 최저 생존, 인간다운 최저생존, 이상적인 인간다운 최저생존 등의 차원에서 각기 이해할 수 있다. 생각건대 현실적으로 이상향만을 추구할 수는 없으므로, 인간이 정상적인 사회활동을 할 수 있는 정도의 인간다운 최저생존의 의미로 이해할 수밖에 없다.

관련 문헌: 이덕연, "우리는 왜 '인간다운 생활을 할 권리'를 헌법에 규정하고 있는가?", 헌법판례연구 1, 1999.

[요약판례 1] 1994년 생계보호기준 위헌확인: 기각(헌재 1997.5.29. 94헌마33)

보건복지부장관이 고시한 1994년 생계보호기준이 헌법상의 행복추구권과 인간다운 생활을 할 권리를 침해하는 것인지 여부(소극)

모든 국민은 인간다운 생활을 할 권리를 가지며 국가는 생활능력없는 국민을 보호할 의무가 있다는 헌법의 규정은 입법부와 행정부에 대하여는 국민소득, 국가의 재정능력과 정책 등을 고려하여 가능한 범위안에서 최대한으로 모든 국민이 물질적인 최저생활을 넘어서 인간의 존엄성에 맞는 건강하고 문화적인 생활을 누릴 수 있도록 하여야 한다는 행위의 지침 즉 행위규범으로서 작용하지만, 헌법재판에 있어서는 다른 국가기관 즉 입법부나 행정부가 국민으로 하여금 인간다운 생활을 영위하도록 하기 위하여 객관적으로 필요한 최소한의 조치를 취할 의무를 다하였는지의 여부를 기준으로 국가기관의 행위의 합헌성을 심사하여야 한다는 통제규범으로 작용하는 것이다. 그러므로 국가가 인간다운 생활을 보장하기 위한 헌법적인 의무를 다하였는지의 여부가 사법적 심사의 대상이 된 경우에는, 국가가 생계보호에 관한 입법을 전혀 하지 아니하였다든가 그 내용이 현저히 불합리하여 헌법상 용인될 수 있는 재량의 범위를 명백히 일탈한 경우에 한하여 헌법에 위반된다고 할 수 있다.

국가가 행하는 생계보호의 수준이 그 재량의 범위를 명백히 일탈하였는지의 여부, 즉 인간다운 생활을 보장하기 위한 객관적 내용의 최소한을 보장하고 있는지의 여부는 생활보호법에 의한 생계보호급여만을 가지고 판단하여서는 아니되고 그외의 법령에 의거하여 국가가 생계보호를 위하여 지급하는 각종 급여나 각종 부담의 감면등을 총괄한 수준을 가지고 판단하여야 하는바, 1994년도를 기준으로 생활보호대상자에 대한 생계보호급여와 그 밖의 각종 급여 및 각종 부담감면의 액수를 고려할 때, 이 사건 생계보호기준이 청구인들의 인간다운 생활을 보장하기 위하여 국가가 실현해야 할 객관적 내용의 최소한도의 보장에도 이르지 못하였다거나 헌법상 용인될 수 있는 재량의 범위를 명백히 일탈하였다고는 보기 어렵고, 따라서 비록 위와 같은 생계보호의 수준이 일반 최저생계비에 못미친다고 하더라도 그 사실만으로 곧 그것이 헌법에 위반된다거나 청구인들의 행복추구권이나 인간다운 생활을 할 권리를 침해한 것이라고는 볼 수 없다.

[요약판례 2] 국민연금과 직역연금의 연계에 관한 법률 부칙 제2조 제2항 제1호 위헌확인: 기각(헌재 2012.5.31. 2009헌마553)

국민연금가입자였던 자가 법률 제8541호 국민연금법 전부개정 법률의 시행일인 2007. 7. 23.부터 '국민연금과 직역연금의 연계에 관한 법률'(2009. 2. 6. 법률 제9431호로 제정되어 2009. 8. 7. 시행된 것, 이하 '연금연계법'이라 한다)의 시행 전까지 직역연금으로 이동한 경우에만 연금연계법에 따른 연계신청을 소급적으로 허용하고 있는 연금연계법 부칙 제2조 제2항 제1호가 평등권을 침해하는지 여부(소극) 및 이 사건 법률조항이 청구인의 인간다운 생활을 할 권리를 침해하는지 여부(소극)

이 사건 법률조항은 연금연계법 제8조의 적용에 있어서 2007. 7. 23. 이전에 국민연금에서 직역연금으로 이동한 사람과 이후에 이동한 사람을 차별하고 있다. 그러나 2007. 7. 23. 이전에 이동한 사람은 반환일시금을 지급받을 수 있고, 연금연계법 시행(2009. 9. 23.) 이후 이동한 사람은 연금연계가 가능하므로, 그 사이에 이동한 사람들만 연금연계도 안 되고 반환일시금도 지급받지 못하는 결과가 된다. 따라서 2007. 7. 23.을 연금연계신청 허용 기준일로 정한 것에는 충분한 합리적 이유가 인정된다. 또한 인간다운 생활을 할 권리를 규정한 헌법 제34조 제1항과 그에 따른 국가의 의무를 규정한 제2항에서 사회보장수급권이 도출되는 바, 그 전제로서 헌법만으로는 부족하고 구체적인 법률에 따른 형성이 필요하다. 입법자는 이에 대해 합리적인 수준에서 광범위한 입법 재량을 가지며, 그 입법이 현저히 자의적으로 재량범위를 명백히 일탈하였거나, 국가가 인간다운 생활을 보장하기 위해 필요한 최소한도의 내용도 보장하지 않는 경우에 한하여 위헌이라 볼 수 있다. 그런데 국민연금과 직역연금은 그 재원이 다르고 기간의 흠결 없이 연계하는 규정을 만들어야 할 입법의무가 도출되기 어려운 점, 2007. 7. 23. 전 국민연금과 직역연금의 연계가 허용되기 전에는 사회보험적 급여의 차원에서 반환일시금제도를 두고 있었던 점 등을 고려하면 입법자가 자신의 의무를 다하지 않았다고 보기 어렵다. 따라서 이 사건 법률조항은 인간다운 생활을 할 권리를 침해하지 아니한다.

제 2 절 인간다운 생활을 할 권리

[요약판례] 국가유공자예우등에관한법률 제9조 본문 위헌제청: 합헌(헌재 1995.7.21. 93헌가14)

인간다운 생활을 할 권리의 법적 성격

인간다운 생활을 할 권리로부터는 인간의 존엄에 상응하는 생활에 필요한 "최소한의 물질적인 생활"의 유지에 필요한 급부를 요구할 수 있는 구체적인 권리가 상황에 따라서는 직접 도출될 수 있다고 할 수는 있어도, 동 기본권이 직접 그 이상의 급부를 내용으로 하는 구체적인 권리를 발생케 한다고는 볼 수 없다.

제 3 절 사회보장수급권

I 산업재해보상보험법 제38조 제6항 위헌소원 등: 위헌(헌재 2009.5.28. 2005헌마20등)

쟁점 1. 2000. 7. 1.부터 시행되는 최고보상제도(산업재해보상보험법 제38조 제6항)를 2000. 7. 1. 전에 장해사유가 발생하여 장해보상연금을 수령하고 있던 수급권자에게도 2년 6월의 유예기간 후 2003. 1. 1.부터 적용하는 산재법 부칙 제7조 중 "2002. 12. 31.까지는" 부분(이하 '심판대상조항'이라 한다)이 소급입법금지원칙에 위배하여 재산권을 침해하는지 여부(소극)

2. 이 사건 심판대상조항이 신뢰보호원칙에 위배하여 재산권을 침해하는지 여부(적극)

☐ 사건의 개요

청구인 김○경은 ○○주식회사의 직원으로 위 회사 사무실에서 회의하던 중 쓰러져, 뇌경색의 진단을 받고 6개월간 입원치료하였으나 완치되지 못하고 좌반신 마비의 장해를 입게 되었고, 근로복지공단으로부터 장해등급 제3급을 판정받아 월 평균임금의 70%에 해당하는 월 7,630,670원의 장해보상연금을 수령하고 있었다. 그런데 1999. 12. 31. 법률 제6100호로 산업재해보상보험법이 개정되어 이른바 '최고보상제도'가 시행됨에 따라, 공단은 위 청구인에게 각 2,140,200원으로 감액한 장해보상연금만을 지급하고 종전 지급액 중 이를 초과하는 부분을 지급하지 아니하였다. 이에 위 청구인은 서울행정법원에 공단을 상대로 장해연금감액처분취소의 소를 제기하고 그 소송계속중 구 산업재해보상보험법 제38조 제6항 및 법 부칙 제7조에 대한 위헌법률심판제청신청을 하였으나, 위 법원이 위 본안청구를 기각함과 아울러 위 신청도 기각하자, 이 사건 헌법소원심판을 청구하였다.

☐ 심판의 대상

이 사건 심판의 대상은 산업재해보상보험법 부칙(법률 제6100호, 1999. 12. 31.) 제7조 중 "2002 12월 31일까지는" 부분의 위헌 여부이며, 그 내용 및 관련조항은 다음과 같다.

[심판대상조항]

산업재해보상보험법 부칙 제7조 (최고보상기준금액에 관한 경과조치) 이 법 시행일 이전에 제4조 제1호의 규정에 의한 업무상 재해를 입은 자는 제38조 제6항의 개정규정에 불구하고 2002년 12월 31일까지는 종전의 규정에 의한다.

[관련조항]

산업재해보상보험법 제38조 (보험급여의 종류와 산정기준 등) ⑥ 보험급여(장의비를 제외한다)의 산정에 있어서 당해 근로자의 평균임금 또는 제3항 내지 제5항의 규정에 의하여 보험급여의 산정기준이 되는 평균임금이 대통령령이 정하는 바에 따라 매년 노동부장관이 고시하는 최고보상기준금액을 초과하거나 최저보상기준금액에 미달하는 경우에는 그 최고보상기준금액 또는 최저보상기준금액을 각각 당해근로자의 평균임금으로 한다. 다만, 최저보상기준금액을 적용함에 있어서 휴업급여 및 상병보상연금의 경우에는 그러하지 아니하다.

▢ 주 문

산업재해보상보험법 부칙(법률 제6100호, 1999. 12. 31.) 제7조 중 "2002년 12월 31일까지는" 부분은 헌법에 위반된다.

▢ 판 단

Ⅰ. 이 사건 심판의 적법 여부에 대한 판단

위헌여부심판의 제청신청이 적법한 것이 되려면 제청신청된 법률의 위헌 여부가 법원에 제기된 당해 사건의 재판의 전제가 된 때라야 하므로, 만약 **당해 사건이 부적법한 것이어서 법률의 위헌 여부를 따져 볼 필요조차 없이 각하를 면할 수 없는 것일 때에는 위헌여부심판의 제청신청은 적법요건인 재판의 전제성을 흠결한 것으로서 각하**될 수밖에 없고, 이러한 경우에는 헌법재판소법 제68조 제2항에 의한 **헌법소원심판을 청구할 수 없다.**

2005헌바20·22 사건의 당해 사건 소송에 있어서 청구인들은 당해 사건 법원에 장해연금감액처분의 취소를 구하였다. 그런데, 위에서 본 바와 같이 법률의 개정 및 시행에 따라 2003. 1. 1.부터 기존의 장해보상연금 중 최고보상기준금액을 기준으로 계산한 연금액을 초과하는 부분이 감액된 것인바, 그에 있어서 공단의 급여에 관한 어떠한 결정이 개입될 여지가 없고, 어떤 결정이 있었다 하더라도 이를 처분이라 보기 어려우며, 공단의 감액결정 여부와 관계없이 곧바로 최고보상기준금액을 기준으로 계산한 금액을 한도로 하는 장해보상연금이 확정된다고 볼 것이다. 따라서 법령의 개정에 따른 공단의 장해보상연금 감액조치에 대하여 **이의가 있는 장해보상연금 수급권자는 항고소송을 제기하는 방법으로 감액조치의 효력을 다툴 것이 아니라, 직접 공단을 상대로 정당한 장해보상연금액과 지급된 장해보상연금액과의 차액의 지급을 구하는 공법상 당사자소송을 제기하는 방법으로 이를 다투어야 할 것이다.**

그러나, 이 경우 법원으로서는 그 의사표시가 항고소송의 대상인 처분에 해당하는지를 살핀 후, 처분에 해당되지 않는다고 판단될 경우에는 당해 사건 청구에 정당한 장해보상연금과의 차액의 직접 지급을 구하는 취지도 포함된 것인지를 석명하여, 청구인 등으로 하여금 그 취지에 맞춘 소 변경 등의 절차를 취할 기회를 준 다음 그에 대한 종국판단에 나아가야 할 것인바, 2005헌바20·22 사건의 당해 사건은 현재 항소심에 계속중이므로, **청구인들은 항소심에서 공법상 당사자소송의 형태로 그 청구취지를 변경할 수 있을 것으로 보이며, 그렇게 되는 경우 심판대상조항의 위헌 여부에 따라 법 제38조 제6항의 적용 여부가 좌우되어 당해 사건 청구의 인용 여부가 달라질 것이므로, 심판대상조항은 위 당해 사건의 재판의 전제가 된다.** 따라서, 2005헌바20·22 사건에 있어서도 일응 재판의 전제성을 인정하여 심판대상조항의 위헌 여부 판단에 나아감이 상당하다.

Ⅱ. 산업재해보상보험법상의 장해급여제도

1. 산업재해보상보험제도의 의의

산업재해보상보험(이하 '산재보험'이라 한다)은 공업화가 진전되면서 급격히 증가하는 산업재해(이하 '산재'라 한다)를 입은 근로자를 보호하기 위하여 1964년에 도입된 우리나라 최초의 사회보험제도이다. 산재보험제도는 근로자에게는 업무상의 재해를 신속·공정하게 보상하여 당해 근로자와 그 가족의 생활을 보장하고, 사업자에게는 산재로 인한 불시의 부담을 분산·경감시켜 주려는 제도이다.

2. 산재보험수급권의 법적 성격

산재보험제도는 주로 보험가입자(사업주)가 납부하는 보험료(법 제57조, 제62조)와 국고부담을 재원으로 하여 근로자에게 발생하는 업무상 재해라는 사회적 위험을 보험방식에 의하여 대처하는 사회보험제도이므로(사회보장기본법 제3조 제2호), 이 제도에 따른 산재보험수급권은 이른바 '사회보장수급권'의 하나에 속한다.

3. 산재보험수급권의 재산권성

공법상의 재산적 가치 있는 지위가 헌법상 재산권의 보호를 받기 위하여는, 우선 입법자에 의하여 수급요건, 수급자의 범위, 수급액 등 구체적인 사항이 법률에 규정됨으로써 구체적인 법적 권리로 형성되어 개인의 주관적 공권의 형태를 갖추어야 한다. 공법상의 권리인 사회보험수급권이 재산권적인 성질을 가지기 위해서는, ① 공법상의 권리가 권리주체에게 귀속되어 개인의 이익을 위해 이용 가능해야 하고(**사적 유용성**), ② 국가의 일방적인 급부에 의한 것이 아니라 권리주체의 노동이나 투자, 특별한 희생에 의하여 획득되어 자신이 행한 급부의 등가물에 해당하는 것이어야 하며(**수급자의 상당한 자기기여**), ③ 수급자의 생존의 확보에 기여해야 한다(**생존보장에 기여**).

이러한 기준에 비추어 볼 때, **청구인들은 법 소정의 요건을 갖추어 장해보상연금을 이미 수령하던 자들이므로 청구인들의 장해보상연금청구권은 헌법상 보장되는 재산권의 범주에 속한다**고 볼 것이다.

4. 법상 최고보상제도

(1) 최고보상제도의 목적

법 제38조 제6항이 규정하는 최고보상제도는 재해근로자 사이에 평균임금의 격차가 현저하여 산재보험급여액 또한, 상대적으로 많은 격차를 보임에 따라, 보험급여의 최고보상한도를 설정함으로써 급여수준의 형평성을 제고하고 제한적이나마 소득재분배기능을 높이기 위하여 도입되었다.

(2) 최고보상제도에 대한 합헌결정

헌법재판소는 2004. 11. 25. 선고한 2002헌바52 산업재해보상보험법 제38조 제6항 등 위헌소원사건에서, 산재보험에 있어서 최고보상제도를 규정한 법 제38조 제6항은 최고보상제도 시행 이후에 산재를 입은 청구인들의 재산권을 침해하지 않으며, 평등원칙이나 포괄위임입법금지원칙에 위배되지 아니하여 헌법에 위반되지 않는다고 결정하였다.

Ⅲ. 심판대상조항의 위헌 여부에 대한 판단

1. 쟁점의 정리

청구인들은 이 사건에서, 위 제도가 시행된 2000. 7. 1. 이전에 업무상 재해를 입은 근로자에 대하여도 2003. 1. 1.부터는 최고보상제도를 적용하도록 규정한 심판대상조항이 소급입법금지원칙이나 신뢰보호원칙에 위배하여 청구인들의 재산권을 침해하는지 여부를 주로 다투고, 2000. 7. 1. 이전에 장해보상일시금을 받은 자들 또는 휴업급여·상병보상연금 수령자들과 비교하여 심판대상조항이 청구인들의 평등권을 침해하는지를 문제삼고 있다.

한편, 기본권 경합의 경우에는 기본권 침해를 주장하는 청구인의 의도 및 기본권을 제한하는 입법자의 객관적 동기 등을 참작하여 **사안과 가장 밀접한 관계에 있고 또 침해의 정도가 큰 주된 기본권을 중심으로 해서 그 제한의 한계를 따져 보아야 할 것**인바, 이 사건의 핵심적인 쟁점은 법 제38조 제6항이 새로이 규정하고 있는 최고보상제도를 위 제도 시행 이전에 업무상 재해를 입은 자에게도 2003. 1. 1.부터 적용하도록 규정한 심판대상조항이 소급입법금지원칙(진정소급입법으로 볼 경우)이나 신뢰보호의 원칙(부진정소급입법으로 볼 경우)에 위배하여 청구인들의 **재산권을 침해하는지 여부**라 할 것이다.

따라서 이하에서는, 심판대상조항이 소급입법금지의 원칙이나 신뢰보호의 원칙에 위배하여 청구인들의 재산권을 침해하는지를 먼저 살펴보고, 심판대상조항이 청구인들의 재산권을 침해하는 것이 아니라고 판단될 경우에는 나아가 심판대상조항이 청구인들의 평등권을 침해하는지 여부를 판단하기로 한다.

2. 소급입법에 의한 재산권의 침해 여부

헌법 제13조 제2항은 '모든 국민은 소급입법에 의하여 참정권의 제한을 받거나 재산권을 박탈당하지 아니한다'라고 규정하여 소급입법에 의한 재산권의 박탈을 금지하고 있다.

청구인들은 기존의 장해보상연금 수급자에 대하여도 최고보상제도를 적용하도록 하는 것은 소급입법에 의한 재산권의 침해에 해당하여 헌법에 위반된다고 주장한다.

청구인들이 심판대상조항으로 인하여 각 감액된 장해보상연금만을 지급받게 됨으로써 재산권의 제한을 받게 되었다는 것은 인정할 수 있으므로, 심판대상조항이 소급입법에 의하여 청구인들의 재산권을 침해하는 것인지를 먼저 살펴본다.

소급입법은 신법이 이미 종료된 사실관계나 법률관계에 적용되는지, 아니면 현재 진행 중인 사실관계나 법률관계에 적용되는지에 따라 '진정소급입법'과 '부진정소급입법'으로 구분되는데, 전자는 헌법상 원칙적으로 허용되지 않고 특단의 사정이 있는 경우에만 예외적으로 허용되는 반면, 후자는 원칙적으로 허용되지만 소급효를 요구하는 공익상의 사유와 신뢰보호 요청 사이의 교량과정에서 신뢰보호의 관점이 입법자의 입법형성권에 일정한 제한을 가하게 된다는 데 차이가 있다.

이 사건 심판대상조항에 의하면, 기존에 장해급여를 연금형태로 수급하여오던 자에 대하여는 최고보상제도가 시행되는 2000. 7. 1.부터 2년 6월의 유예기간이 경과한 다음 날인 2003. 1. 1. 이후 지급받는 장해급여부터 최고보상제도가 적용된다. 즉, **심판대상조항은 청구인들과 같은 기존의 장해보상연금 수급권자들에 대하여 이미 발생하여 이행기가 도래한 장해연금 수급권의 내용을 변경하지는 아니하고, 심판대상조항 시행 이후의 법률관계, 즉 장래 이행기가 도래하는 장해연금 수급권의 내용을 변경하는 것에 불과하므로, 이미 종료된 과거의 사실관계 또는 법률관계에 새로운 법률이 소급적으로 적용되어 과거를 법적으로 새로이 평가하는 진정 소급입법에는 해당하지 아니한다.** 따라서 이 사건에서는 **소급입법에 의한 재산권 침해는 문제될 여지가 없고,** 다만 청구인들이 지니고 있는 **기존의 법상태에 대한 신뢰를 법치국가적인 관점에서 헌법적으로 보호해 주어야 할 것인지 여부가 문제된다** 할 것이다.

3. 신뢰보호의 원칙을 위반하여 재산권을 침해하는지 여부

(1) 신뢰보호원칙의 의의 및 심사기준

신뢰보호원칙의 위반 여부를 판단함에 있어서는, 첫째, 보호가치 있는 신뢰이익이 존재하는가,

둘째, 과거에 발생한 생활관계를 현재의 법으로 규율함으로써 달성되는 공익이 무엇인가, 셋째, 개인의 신뢰이익과 공익상의 이익을 비교 형량하여 어떠한 법익이 우위를 차지하는가를 살펴보아야 할 것이다.

(2) 보호가치 있는 신뢰이익의 존부에 대한 판단

(가) 신뢰의 근거와 내용

청구인들은 산재를 입은 후 공단으로부터 장해급여를 연금형태로 지급받기 시작할 당시, 공단으로부터 자신이 종전에 지급받던 평균임금에 자신의 장해등급에 따른 법령 소정의 지급률을 적용하여 산출한 연금, 즉 평균임금을 기준으로 장해등급에 따라 증감 변동하는 연금을 지급받는다는 사실을 통지받았다. 그리하여 청구인들은 그 당시 '산재사고에 따라서 받는 장해연금은 평균임금을 기준으로 하여 장해율에 따라 소정의 비율을 적용한 금액이고, 평균임금이란 실제임금을 기준으로 한다'고 믿고, 그 무렵부터 자신이 종전에 지급받던 평균임금에 자신의 장해등급에 따른 지급률을 적용하여 산정된 장해보상연금을 지급받아 왔으며, 향후 법 개정에 의하여 위와 같은 방식의 지급기준이 변경됨으로써 장해보상연금이 감액될 것이라고는 예상할 수 없었을 것으로 보인다(이 점에서 청구인들의 신뢰는 최고보상제도 실시 이후 피재 근로자들의 신뢰와 근본적으로 차이가 있다).

그런데, 법 개정으로 시행되게 된 최고보상제도는 실제의 평균임금이 노동부장관이 고시하는 한도금액 이상일 경우 그 한도금액을 실제임금으로 의제하는 것이므로, 만약 위 최고보상제도가 기존의 피재 근로자로서 장해보상연금 수급자들인 청구인들에게도 그대로 적용된다면 이는 평균임금 및 장해보상연금 지급수준에 대한 청구인들의 정당한 신뢰를 침해하는 것이라고 할 것이다.

물론, 예상하지 못한 급격한 경제사정의 변동이 있을 경우 평균임금 대비 장해 등급에 따른 연금 지급률 자체를 다소 하향 조정한다거나 하는 것까지 예측할 수 없다고는 보기 어려우므로, 기존의 피재 근로자로서 최고보상제도 시행 이전에 장해보상연금을 수급하여 온 청구인들의 장해보상연금제도에 대한 **신뢰의 내용을 '영원불변의 급여액을 받는다'는 것으로는 볼 수 없을 것이나, 그렇다 하더라도 청구인들의 신뢰를 액수와 무관하게 얼마가 삭감되든 단지 매월 일정한 연금을 지급받기만 하면 충족되는 것으로 볼 수는 없다.** 따라서, 심판대상조항은 기존의 장해보상연금 수급자인 청구인들에게 최고보상제도가 적용되도록 함으로써 청구인들의 **산재보상연금 산정기준에 대한 정당한 법적 신뢰를 심각하고 예상치 못한 방법으로 해하는 것**이라고 할 것이다.

(나) 사적 이익의 중대성

1) 청구인들은 장해등급 제1급 내지 제7급에 해당하는 중증 장애인들로서 장해정도에 따라 계속적인 치료를 받아야 하고, 의족, 의수 등 보조기구를 주기적으로 구입하여야 하는 경우도 있으며, 높은 노동능력상실률로 말미암아 장해보상연금 외에 달리 생계수단이 없는 경우가 대부분이고, 의료보조기 구입, 치료, 간병 등으로 산재를 입기 전보다 생활비에 소요되는 비용이 늘어나는 것이 일반적인 데 반하여 장해급여 수준은 종전 평균임금의 90% 내지 30%로서, **잔존 노동능력의 범위 내에서 다른 소득활동을 하지 않는 이상 종전의 생활수준을 유지하는 것이 불가능한 가운데 장해보상연금의 수급으로 종전보다 위축된 상태로나마 그 생활수준의 골격을 유지하여 오고 있었다.**

2) 청구인들 대부분은 40대 전후의 피재 근로자들로서 중고생이나 대학생 자녀를 두는 등 경제적 지출이 많은 연령으로, 장해급여의 갑작스런 삭감으로 곤경에 처하였음을 호소하고 있기도 하다.

또한, 청구인들 중의 상당수는 산재를 입었던 무렵 그 당시의 법령에 의한 장해보상연금 수준이 대체로 유지될 것을 전제로, 이중보상금지원칙(현행 근로기준법 제87조, 2007. 1. 26. 개정 전의 근로기준법 제90조 각 참조)을 고려하여 **사용자와 민사상 손해배상에 대해 적은 액수로 합의하거나 사용자에 대한 민사상 손해배상을 포기하였다**는 측면도 있다.

3) 청구인들이 장해보상일시금과 장해보상연금 중에서 장해보상연금을 선택한 것은 남은 여생을 연금에 의존하여 살겠다는 결단을 한 것이라고 볼 것인바, 법이 당시에는 존재하지 않았던 최고보상제도를 새로이 만들어 시행함에 있어 이를 제도 시행 이전의 피재 근로자인 청구인들에게까지 적용하여 기존의 장해보상연금액을 최고보상기준금액에 의한 급여수준으로 일괄하여 감액하는 것은 **장해보상연금에 의존하여 생활하는 청구인들에게 미치는 손해가 다대하다**고 보지 않을 수 없다.

(3) 심판대상조항으로 달성하려는 공익의 내용

심판대상조항이 최고보상제도 시행 이전의 기존 장해보상연금 수급자들에게도 2003. 1. 1. 이후 최고보상제도를 적용함으로써 달성하려는 공익은, **한정된 재원으로 보다 많은 재해근로자와 그 유족들에게 적정한 사회보장적 급여를 실시하고 재해근로자 사이에 보험급여의 형평성을 제고하며 소득재분배 기능을 수행하려는 것과 아울러, 최고보상제도를 기존의 장해급여수급자에게도 적용함으로써 절감되는 보험급여액으로 다수의 근로자에게 혜택이 돌아가는 간병급여의 신설, 유족급여의 확대, 후유증상 진료제도를 도입하여 보험급여의 폭을 확대하고, 휴업급여 등의 최저기준을 인상하여 보험급여의 지급수준을 상향조정하는 등의 재원으로 삼고자 하는 데 있는 것**으로 보인다.

(4) 신뢰이익과 공익 간의 비교형량

1) 장해급여는 손해배상에서의 일실수입에 대응하는 개념이며, 산재보상보험의 두 가지 성격 중 사회보장적 급부로서의 성격은 상대적으로 약하고 **재산권적인 보호의 필요성은 보다 강하다고 볼 수 있어 다른 사회보험수급권에 비하여 보다 엄격한 보호가 필요하다** 할 것이다.

이와 달리 최고보상제도는 소득의 재분배를 주요한 목적 내지 기능으로 하는 제도인바, 손해배상 내지 손실보상적 급부인 장해급여제도를 운영함에 있어서 최고보상제도의 시행이 필수적인 요소라고 볼 수는 없다. 따라서 장해보상연금수급권이 사회보장수급권의 성격을 가지고 있어 그 형성에 입법자의 재량이 인정된다 하더라도 일반적으로 입법자의 광범위한 입법재량이 허용되는 공적부조의 경우에 비하여 입법형성권의 범위는 상당히 축소되는 것으로 보아야 할 것이고, 산업재해보상보험이 사회보험적 성격이 있다는 이유만으로 법이 최고보상제도를 신설하여 기존 장해보상연금 수급자의 정당한 신뢰를 침해하는 것은 정당화되기 어렵다 할 것이다.

장해급여제도에 사회보장 수급권으로서의 성격도 있는 이상 소득재분배의 도모나 새로운 산재보상사업의 확대를 위한 재원 마련의 목적으로 최고보상제를 도입하는 것 자체는 입법자의 결단으로서 입법자의 형성적 재량권의 범위 내에 있다고 볼 여지도 있을 것이다. 그러나, 그러한 경우에도 원칙적으로 최고보상제도 시행 이후 산재를 입는 근로자들부터 적용하는 것은 별론으로 하고, **제도의 시행 이전에 이미 재해를 입고 산재보상수급권이 확정적으로 발생한 청구인들에 대하여 그 수급권의 내용을 일시에 급격히 변경하여 가면서까지 적용할 수 있는 것은 아니라고 보아야 할 것**이다.

2) 한편, 심판대상조항의 주요한 입법목적이라 할 수 있는 **소득재분배는 국가의 정책적 문제로**

서 근본적으로 조세정책 또는 다른 사회보장제도의 확충을 통해서 해결하여야 할 문제이지, 산재를 입은 근로자들에게 업무상 재해로 상실된 수입을 일정 수준까지 보장하여 줌으로써 산재 이전의 생활수준의 골격을 유지해 주는 것을 주목적으로 하는 제도인 장해급여제도(산재보험)의 변경을 통하여 해결할 문제는 아니다.

3) 한편, 이 사건 청구인들은 산재로 노동능력을 50% 이상 상실한 중증 장애인들이므로, 이 사건에서 공익과 사익을 비교형량함에 있어서는 **장애인 보호에 관한 헌법 규정의 취지를 마땅히 감안하지 않으면 아니 될 것이다.**

즉, 헌법 제34조 제5항은 "신체장애자 및 질병·노령 기타의 사유로 생활능력이 없는 국민은 법률이 정하는 바에 의하여 국가의 보호를 받는다"라고 하여 신체장애자에 대한 특별한 보호를 규정하고 있는바, 장애인과 같은 사회적 약자의 경우에는 개인 스스로가 자유행사의 실질적 조건을 갖추는 데 어려움이 많으므로 국가가 특히 이들에 대하여 자유를 실질적으로 행사할 수 있는 조건을 형성하고 유지해야 한다는 점을 강조하고자 하는 것이다.

4) 더욱이 입법자로서는 법 개정에 따른 경과규정, 즉 심판대상조항을 마련함에 있어, 예컨대 ① 장해보상연금 외에 직업을 갖는 등 소득이 있는 자와 그렇지 아니한 자를 구분하여, 전자의 경우 별도의 소득 액수에 따라 차등하여 감액하고 후자와 같이 전적으로 장해보상연금만으로 생활하는 자에 대하여는 연금감액을 하지 않거나, ② 상당한 장기간에 걸쳐 단계적으로 감액의 비율을 조정하거나, ③ 평균임금 자체는 고정시킨 채 통상임금, 물가 등의 변동에 따라 대통령령이 정하는 기준에 따라 평균임금을 조정하는 규정(법 제38조 제3항, 법 시행령 제25조 참조)의 적용을 중지함으로써 갑작스런 연금액의 축소로 인한 충격을 완화하면서 실질연금액의 점진적 감소를 꾀하는 방법 등을 통하여 공·사익의 조화를 도모하고 기존 수급자들의 신뢰를 최대한 배려하는 수단을 택할 수도 있었을 것으로 보인다.

그런데, 심판대상조항은 그와 같은 최소한의 배려조차 하지 아니하고 기존의 장해연금 수급자들에 대하여 장해보상일시금 수급의 경우와 비교하여 개략적으로 산출된 2년 6개월의 경과기간 동안만 구법을 적용하도록 하고, 2003. 1. 1.부터는 일률적이고 전면적으로 최고보상제도를 적용하도록 하고 있으므로, 심판대상조항은 이 점에서 보더라도 신뢰보호원칙에 위배되는 것으로 평가하지 않을 수 없다.

(5) 소 결

이상에서 살펴본 바에 의하면, 청구인들의 구법에 대한 신뢰이익은 그 보호가치가 중대하고 그 침해의 정도가 극심하며 신뢰침해의 방법이 과중한 것인 반면, 피재 근로자들 간의 소득격차를 완화하고 새로운 산재보상사업을 실시하기 위한 자금을 마련한다는 공익상의 필요성은 청구인들에 대한 신뢰보호의 요청에 우선할 정도로 충분히 크다고 보기 어렵다.

따라서 심판대상조항은 **신뢰보호의 원칙에 위배되어 청구인들의 재산권을 침해**하는 것으로서 헌법에 위반된다 할 것이다.

4. 결 론

그렇다면, 심판대상조항은 신뢰보호의 원칙에 위배하여 청구인들의 재산권을 침해하는 것으로서, 기존의 장해보상 일시금 수급자와의 관계에서 평등권을 침해하는지 여부에 대하여 나아가 판단할 필요 없이 헌법에 위반되므로 주문과 같이 결정한다. 이 결정에는 재판관 이동흡의 별개의견과 재판관 김희옥의 반대의견이 있는 외에는 나머지 관여 재판관들의 의견이 일치되었다.

재판관 이동흡의 별개의견

심판대상조항의 위헌성은 최고보상제를 제도 시행 이전의 피재 근로자들에게도 적용되도록 한 점 자체에 있는 것이 아니라, 최고보상제도를 기존 피재 근로자들에게 적용함에 있어 구 제도에 대한 기존 피재 근로자들의 신뢰를 보호하기 위하여 마련된 경과규정이 기존 피재 근로자들의 신뢰를 보호하기에 지나치게 미흡하다는 점에 그 중점이 있다고 생각한다. 따라서, 결정주문에 있어서도 심판대상조항에 대하여 단순위헌을 선언할 것이 아니라 최고보상제를 기존 피재근로자들에게 적용함에 있어 그들의 신뢰를 보호하기 위하여 마련된 경과규정인 법 부칙 제7조 전체에 대하여 헌법불합치를 선언하고 입법개선을 촉구하는 것이 옳다.

재판관 김희옥의 반대의견

심판대상조항에 의하여 달성하려는 공익은 최고보상제도의 적용으로 절감되는 보험급여액으로 보험급여의 지급수준을 상향조정하는 재원으로 사용하기 위한 것으로서, 그 공익적 가치는 매우 크다. 그에 반해 연금수급자들의 장해보상연금제도에 대한 신뢰는 반드시 '업무상 재해로 인정받은 후에 현 제도 그대로의 연금액을 받는다'는 데에 대한 것으로 볼 수 없고, 장해보상연금 수급자는 단순히 기존의 기준에 의하여 연금이 지속적으로 지급될 것이라는 기대 아래 소극적으로 연금을 지급받는 것일 뿐이며, 심판대상조항은 기존의 장해보상연금 수급자에게 2년 6개월의 유예기간을 두는 배려를 하고 있다.

따라서 보호해야 할 장해보상연금 수급자의 신뢰가치는 그리 크지 않은 반면, 심판대상 조항의 공익적 가치는 긴급하고 중요한 것이므로, 심판대상조항이 헌법상 신뢰보호의 원칙에 위배되어 청구인들의 재산권을 침해하는 것으로 볼 수 없다.

[요약판례 1] 공무원연금법 제47조 제3호 위헌소원 등: 합헌(헌재 2003.9.25. 2000헌바94등)

퇴직연금 지급정지제도 자체의 위헌여부(소극)

심판대상조항은 퇴직연금수급권자가 정부투자기관·재투자기관(법 제47조 제2호의 경우) 또는 정부재정지원기관(법 제47조 제3호의 경우)으로서 행정자치부령이 정하는 기관으로부터 보수 기타 급여를 지급받고 있는 때에는 그 지급기간중 대통령령이 정하는 바에 따라 퇴직연금의 전부 또는 일부의 지급을 정지할 수 있도록 하고 있다. 이 조항의 위헌 여부를 판단함에 있어, 우선 사회보험급여의 하나로서 헌법상 재산권의 보호대상이 되는 퇴직연금을 연금수급권자에게 임금 등 소득이 있는 경우 그 소득과 연계하여 퇴직연금 일부의 지급을 정지하는 것이 과연 헌법적 정당성을 가질 수 있는지 여부가 문제된다.

퇴직연금수급권은 전체적으로 재산권적 보호의 대상이기는 하지만 이 제도는 ① 기본적으로 그 목적이 퇴직후의 소득상실보전에 있고 ② 그 제도의 성격이 사회보장적인 것이므로, 연금수급권자에게 임금 등 소득이 퇴직 후에 새로 생겼다면 이러한 소득과 연계하여 퇴직연금 일부의 지급을 정지함으로써 지급정도를 입법자가 사회정책적 측면과 국가의 재정 및 기금의 상황 등 여러 가지 사정을 참작하여 폭넓은 재량으로 축소하는 것은 원칙적으로 가능한 일이어서 이 제도 자체가 위헌이라고 볼 수는 없다.

[요약판례 2] 국민건강보험법 제33조 제2항 등 위헌확인: 기각(헌재 2000.6.29. 99헌마289)

적립금의 통합에 의하여 재산권인 의료보험 수급권이 제한되는지 여부(소극) 및 국고지원에 있어서의 지역가입자와 직장가입자의 차별취급이 사회국가원리의 관점에서 합리적인 차별에 해당하지 아니하여 평등원칙에 위반되는지 여부(소극)

사회보험법상의 지위는 청구권자에게 구체적인 급여에 대한 법적 권리가 인정되어 있는 경우에 한하여 재산권의 보호대상이 된다. 그러나 이 사건 적립금의 경우, 법률이 조합의 해산이나 합병시 적립금을 청구할 수 있는 조합원의 권리를 규정하고 있지 않을 뿐만 아니라, 공법상의 권리인 사회보험법상의 권리가 재산권보장의 보호를 받기 위해서는 법적 지위가 사적 이익을 위하여 유용한 것으로서 권리주체에게 귀속될 수 있는 성질의 것이어야 하는데, **적립금에는 사법상의 재산권과 비교될 만한 최소한의 재산권적 특성이 결여되어 있다. 따라서 의료보험조합의 적립금은 헌법 제23조에 의하여 보장되는 재산권의 보호대상이라고 볼 수 없다. 그리고 의료보험수급권은 의료보험법상 재산권의 보장을 받는 공법상의 권리이다.** 그러나 적립금의 통합이 의료보험 수급권의 존속을 위태롭게 하거나 의료보험법 제29조 내지 제46조에 규정된 구체적인 급여의 내용을 직장가입자에게 불리하게 변경하는 것이 아니므로, **적립금의 통합에 의하여 재산권인 의료보험 수급권이 제한되는 것은 아니다. 국고지원에 있어서의 지역가입자와 직장가입자의 차별취급은 사회국가원리의 관점에서 합리적인 차별에 해당하는 것으로서 평등원칙에 위반되지 아니한다.**

[요약판례 3] 국민연금법 제6조 등 위헌확인: 기각(헌재 2001.4.26. 2000헌마390)

국민연금제도의 가입대상을 18세 이상 60세 미만의 국민으로 제한한 것은 평등원칙 및 인간다운 생활을 할 권리를 침해하지 않는다.

[요약판례 4] 구 산업재해보상보험법 제10조 제2호 위헌소원: 합헌(헌재 2005.7.21. 2004헌바2)

산재보험급여의 내용이나 발생시기, 징수방법 등을 구체적으로 확정하는 문제가 입법자에게 광범위한 입법형성의 자유가 주어진 영역인지 여부(적극)

산재피해 근로자에게 인정되는 산재보험수급권도 그와 같은 입법재량권의 행사에 의하여 제정된 산재보험법에 의하여 비로소 구체화되는 '법률상의 권리'이며, 개인에게 국가에 대한 사회보장 · 사회복지 또는 재해예방 등과 관련된 적극적 급부청구권은 인정하고 있지 않다.

산재보험법은 헌법상의 사회국가원리로부터 요구되는 국가의 의무를 이행하기 위한 사회보장제도에 관한 법률로서, 사회보장급여의 하나인 산재보험급여의 내용이나 발생시기, 징수방법 등을 구체적으로 확정하는 문제는 산재보험기금의 상황, 국가의 재정부담능력, 전체적인 사회보장수준과 국민감정 등 사회정책적인 측면 및 보험기술적 측면과 같은 제도 자체의 특성 등 여러 가지 요소를 고려할 필요에서 입법자에게 광범위한 입법형성의 자유가 주어진 영역이라고 할 수 있다.

[요약판례 5] 저상버스도입의무불이행 위헌확인: 각하(헌재 2002.12.18. 2002헌마52)

장애인의 이동권을 보장하기 위하여 저상버스를 도입할 의무가 있음에도 보건복지부장관이 그 의무를 불이행함으로써 장애인의 인간다운 생활을 할 권리를 침해하는지 여부(소극)

사회적 기본권은 입법과정이나 정책결정과정에서 사회적 기본권에 규정된 국가목표의 무조건적인 최우선적 배려가 아니라 단지 적절한 고려를 요청하는 것이다. 이러한 의미에서 사회적 기본권은, 국가의 모든 의사결정과정에서 사회적 기본권이 담고 있는 국가목표를 고려하여야 할 국가의 의무를 의미한다.

사회적 기본권에 관한 이러한 이해를 바탕으로 하여 이 사건을 본다면, 우선, 장애인의 복지를 향상해야 할 국가의 의무가 다른 다양한 국가과제에 대하여 최우선적인 배려를 요청할 수 없을 뿐 아니라, 나아가 헌법의 규범으로부터는 '장애인을 위한 저상버스의 도입'과 같은 구체적인 국가의 행위의무를 도출할 수 없는 것이다. 물론 모든 국가기관은 헌법규범을 실현하고 존중해야 할 의무가 있으므로, 행정청은 그의 행정작용에 있어서 헌법규범의 구속을 받는다. 그러나 국가에게 헌법 제34조에 의하여 장애인의 복지를 위하여 노력을 해야 할 의무가 있다는 것은, 장애인도 인간다운 생활을 누릴 수 있는 정의로운 사회질서를 형성해야 할 국가의 일반적인 의무를 뜻하는 것이지, 장애인을 위하여 저상버스를 도입해야 한다는 구체적 내용의 의무가 헌법으로부터 나오는 것은 아니다.

국가가 장애인의 복지를 위하여 저상버스를 도입하는 등 국가재정이 허용하는 범위 내에서 사회적 약자를 위하여 최선을 다하는 것은 바람직하지만, 이는 사회국가를 실현하는 일차적 주체인 입법자와 행정청의 과제로서 이를 헌법재판소가 원칙적으로 강제할 수는 없는 것이며, 국가기관간의 권력분립원칙에 비추어 볼 때 다만 헌법이 스스로 국가기관에게 특정한 의무를 부과하는 경우에 한하여, 헌법재판소는 헌법재판의 형태로써 국가기관이 특정한 행위를 하지 않은 부작위의 위헌성을 확인할 수 있을 뿐이다. 이 사건의 경우 저상버스를 도입해야 한다는 구체적인 내용의 국가의무가 헌법으로부터 도출될 수 없으므로, 이 사건 심판청구는 부적법하다.

[요약판례 6] 구 장애인고용촉진등에관한법률 제35조 제1항 본문 등 위헌확인: 합헌(헌재 2003.7.24. 2001헌바96)

대통령령이 정하는 일정수 이상의 근로자를 고용하는 사업주로 하여금 일정수 이상의 장애인을 의무적으로 고용하게 하는 것의 위헌여부(소극)

장애인은 그 신체적·정신적 조건으로 말미암아 유형·무형의 사회적 편견 및 냉대를 받기 쉽고 이로 인하여 능력에 맞는 직업을 구하기가 지극히 어려운 것이 현실이므로, 장애인의 근로의 권리를 보장하기 위하여는 사회적·국가적 차원에서의 조치가 요구된다. 이러한 관점에서 볼 때, 자유민주적 기본질서를 지향하는 우리 헌법이 원칙적으로 기업의 경제활동의 자유를 보장(헌법 제119조 제1항)하고 개인의 계약자유의 원칙을 천명(헌법 제10조 전문)하고 있다 하더라도 일정한 범위에서 이러한 자유를 제약하는 것은 불가피한 조치라고 할 수 있다. 청구인이 주장하는 계약자유의 원칙과 기업의 경제상의 자유는 무제한의 자유가 아니라 헌법 제37조 제2항에 의하여 공공복리를 위해 법률로써 제한이 가능한 것이며, 국가가 경제주체간의 조화를 통한 경제의 민주화를 위해 규제와 조정을 할 수 있다고 천명(헌법 제119조 제2항)하고 있는 것은 사회·경제적 약자인 장애인에 대하여 인간으로서의 존엄과 가치를 인정하고 나아가 인간다운 생활을 보장하기 위한 불가피한 요구라고 할 것이어서, 그로 인하여 사업주의 계약의 자유 및 경제상의 자유가 일정한 범위내에서 제한된다고 하여 곧 비례의 원칙을 위반하였다고는 볼 수 없다.

[요약판례 7] 주택건설촉진법 제3조 제9호 위헌확인: 합헌(헌재 1994.2.24. 92헌바43)

주택건설촉진법 제3조 제9호의 헌법상 평등의 원칙, 과잉금지의 원칙 침해여부(소극) 및 주택건설촉진법 제3조 제9호의 헌법상 결사의 자유의 침해여부(소극)

주택조합(지역조합과 직장조합)의 조합원 자격을 무주택자로 한정하고 있는 주택건설촉진법 제3조 제9호는 우리 헌법이 전문에서 천명한 사회국가, 복지국가, 문화국가의 이념과 그 구현을 위한 사회적 기본권 조항인 헌법 제34조 제1·2항, 제35조 제3항의 규정에 의하여 국가에게 부과된 사회보장의무의 이행과 국민의 주거확보에 관한 정책시행을 위한 정당한 고려하에서 이루어진 것으로서 조합원 자격에서 유주택자를 배제하였다고 해서 그것이 인간의 존엄성이라는 헌법이념에 반하는 것도 아니고 우선 무주택자를 해소하겠다는 주택건설촉진법의 목적달성을 위하여 **적정한 수단**이기도 하므로 이는 합리적 근거있는 차별이어서 헌법의 평등이념에 반하지 아니하고 그에 합치된 것이며 헌법 제37조 제2항의 기본권제한 과잉금지의 원칙에도 저촉되지 아니한다.

주택건설촉진법상의 주택조합은 주택이 없는 국민의 주거생활의 안정을 도모하고 모든 국민의 주거수준의 향상을 기한다는(동법 제1조) 공공목적을 위하여 법이 구성원의 자격을 제한적으로 정해 놓은 특수조합이어서 이는 헌법상 결사의 자유가 뜻하는 헌법상 보호법익의 대상이 되는 단체가 아니며 또한 위 법률조항이 위 법률 소정의 주택조합 중 지역조합과 직장조합의 조합원 자격을 무주택자로 한정하였다고 해서 그로 인하여 유주택자가 위 법률과 관계없는 주택조합의 조합원이 되는 것까지 제한받는 것이 아니므로 위 법률조항은 유주택자의 결사의 자유를 침해하는 것이 아니다.

[요약판례 8] 참전유공자예우에관한법률 제6조 제1항 위헌확인: 기각(헌재 2003.7.24. 2002헌마522등)

참전명예수당을 참전유공자 중 70세 이상자에게만 지급하는 참전유공자예우에관한법률의 위헌성 여부

이 사건 법률조항이 규정하는 **참전명예수당은 국가를 위한 특별한 공헌과 희생에 대한 국가보훈적 성격과, 고령으로 사회활동능력을 상실한 참전 유공자에게 경제적 지원을 함으로써 참전의 노고에 보답하고 아울러 자부심과 긍지를 고양하며 장기적인 측면에서 수급권자의 생활보호를 위한 사회보장적 의미를 동시에 갖는 것이다.**

위와 같은 이 사건 법률조항의 입법취지와, 현행 각 예우법 상의 금전급부가 국가에 대한 공헌에 있어 사망이나 부상 등 특별한 희생이나 현저한 무공에 대하여 이루어지고 있는 전반적인 사회보장의 수준에서 특별한 희생이나 무공을 요건으로 하지 않는 이 사건 참전명예수당을 신설하면서 새로이 창출되는 국가 재정부담을 고려하여 70세 이상 참전유공자에게만 지급하도록 한 이 사건 법률조항이 헌법상 사회보장·사회복지의 이념에 명백히 반하는 입법형성권의 행사로서 70세 되지 않은 청구인들의 평등권을 침해한다고 보기 어렵다.

인간다운 생활이라고 하는 개념이 사회의 경제적 수준 등에 따라 달라질 수 있는 상대적 개념이고 이 사건 참전명예수당이 소득수준을 기준으로 하는 것이 아니며 단지 70세 이상 노령의 참전유공자에게 경제적 지원을 하는 것이라는 점을 고려하면, 이 사건 법률조항이 있다 하여 70세 되지 않은 참전유공자의 생계보호에 관한 입법이 전혀 없다고 볼 것은 아니므로 인간다운 생활을 할 권리가 침해당하였다고 보기는 어렵고, 그밖에 일정한 금전급부의 수급기준을 정하고 있는 이 사건 법률조항이 청구인들의 행복추구권을 침해한다고도 할 수 없다.

[요약판례 9] 국가유공자예우및지원에관한법률시행령 제22조 위헌확인: 합헌(헌재 2003.5.15. 2002헌마90)

상이등급에 따라 국가유공자에게 기본연금을 차등지급하는 것이 평등권을 침해하는지 여부(소극)

국가유공자의 상이등급에 따른 연금지급차등은 합헌이다.

[요약판례 10] 국민연금법 제63조 제1항 제1호 단서 위헌제청: 합헌(헌재 2008.11.27. 2006헌가1)

원래는 평등원칙에 합치하는 법률조항이 사회경제적 환경의 변화로 인하여 어느 때인가부터 평등원칙에 반하는 것으로 되는지 여부가 문제되는 사안의 경우, 입법자의 판단을 존중함이 상당한지 여부(적극)

오늘날 노동시장의 유연화와 여성의 경제활동참가의 확대 등 사회경제적 환경이 변화하고 가족 내에서의 경제적 역할분담의 양상이 다양화되기는 하였으나, 이 사건 법률조항은 그 제정 및 시행 당시 우리나라의 기혼 남성과 여성의 사회경제적 지위, 취업 기타 소득활동 참가율, 기간 및 소득수준, 그리고 가정에서의 역할 등에 있어서의 현실적 차이를 반영한 것으로서 남성 배우자의 사망으로 생활이 곤란하게 된 여성 배우자를 보호하기 위한 것이었다. **이렇게 원래는 평등원칙에 합치하는 법률조항이 사회경제적 환경의 변화로 인하여 어느 때인가부터 평등원칙에 반하는 것으로 되는지 여부가 문제되는 사안의 경우, 사회경제적 환경의 변화와 그 시점에 대한 충분한 실증이 없는 이상, 그에 대하여 이견(異見)이 있을 수 있다고 하더라도 입법자의 판단을 존중함이 상당하다.** 그러므로 입법자가 이 사건 법률조항을 2007년에 이르러 개정하였다고 하여 그것이 시기적으로 너무 늦었다고 단정하기는 어렵다. 나아가 이 사건 법률조항은 우리나라 취업 시장의 현황, 임금 구조, 전체적인 사회보장수준, 우리 가족관계의 특성 등을 종합적으로 고려하여 유족급여의 제공 여부를 결정하고 있는 것으로서, 남성 배우자에 대한 실질적 차별을 내용으로 하고 있다거나 입법목적의 비중과 차별대우의 정도가 균형을 상실하였다고 볼 수 없어 평등원칙에 반한다고 볼 수 없다.

[요약판례 11] 공무원연금법 제81조 제1항 위헌소원: 합헌(헌재 2009.5.28. 2008헌바107)

장해연금 등 장기급여에 대하여 5년간 이를 행사하지 않으면 소멸한다고 규정한 구 공무원연금법 제81조 제1항 중 "장기급여" 부분이 청구인의 재산권 등 기본권을 침해하여 위헌인지 여부(소극)

공무원연금은 퇴직 후 공무원의 장기적인 생활안정을 보장하기 위한 것으로서, 장기적이고 안정적인 재정운영이 그 중요한 과제이다. 이 사건 법률조항은 **권리의무 관계를 조기에 확정하고 예산 수립의 불안정성을 제거하여 연금재정을 합리적으로 운용하기 위한 것으로서 합리적인 이유가 있고**, 공무원연금이라는 사회보장제도의 운영 목적과 성격, 정부의 재정상황 등 및 다른 법률에 정한 급여수급권에 관한 소멸시효규정과 비교할 때 입법형성권을 자의적으로 행사하여 지나치게 단기로 정한 것이라고 할 수 없으므로, 이 사건 법률조항은 청구인의 재산권이나 평등권을 지나치게 제한함으로써 헌법 제37조 제2항의 기본권 제한의 한계를 벗어난 것으로 볼 수 없다.

(재판관 조대현, 재판관 김종대의 한정위헌의견) 공무원연금법에 의하여 장애연금을 받을 수 있는 장애가 생겼다고 하더라도 그러한 지급사유에 대하여 행정자치부장관의 확인결정을 받기 전에는 장애연금청구권을 행사할 수 없는 것이므로 청구인에게 장애가 생긴 때로부터 장애연금청구권을 행사할 수 있었다고 보고 그때부터 장애연금청구권의 소멸시효가 진행된다고 보는 것은, 소멸시효제도 및 장애연금제도의 근본취지를 무시하는 것이다. 따라서 공무원연금법 제26조 제1항에 따라 **장애연금 지급사유에 대한 확인결정을 받기 전에도 이 사건 법률조항이 적용된다고 보는 한, 공무원의 신분보장에 관한 헌법 제7조 제2항과 장애자의 보호를 규정한 헌법 제34조 제5항에 위반된다.**

[요약판례 12] 군인연금법 제23조 제1항 위헌소원: 헌법불합치(헌재 2010.6.24. 2008헌바128)

1. 공무상 질병 또는 부상으로 '퇴직 이후에 폐질상태가 확정된 군인'에 대해서 상이연금 지급에 관한 규정을 두지 아니한 이 사건 법률조항이 평등의 원칙에 위배되는지 여부(적극)
2. 법적 공백상태와 부작용, 입법재량권 등을 고려하여 단순위헌으로 선언하지 않고 헌법불합치 결정을 선고하되 잠정적으로 계속 적용을 명한 사례

1. 공무상 질병 또는 부상으로 '퇴직 이후에 폐질상태가 확정된 군인'에 대해서 상이연금 지급에 관한 규정을 두지 아니한 이 사건 법률조항은, 군인과 본질적인 차이가 없는 일반 공무원의 경우에는 퇴직 이후에 폐질상태가 확정된 경우에도 장해급여수급권이 인정되고 있는 것과 달리, **군인과 일반 공무원을 차별취급하고 있고, 또 폐질상태의 확정이 퇴직 이전에 이루어진 군인과 그 이후에 이루어진 군인을 차별취급**하고 있는데, 군인이나 일반 공무원이 공직 수행 중 얻은 질병으로 퇴직 이후 폐질상태가 확정된 것이라면 그 질병이 퇴직 이후의 생활에 미치는 정도나 사회보장의 필요성 등의 측면에서 차이가 없을 뿐만 아니라 폐질상태가 확정되는 시기는 근무환경이나 질병의 특수성 등 우연한 사정에 의해 좌우될 수 있다는 점에서 볼 때, 위와 같은 **차별취급은 합리적인 이유가 없어** 정당화되기 어려우므로 평등의 원칙을 규정한 헌법 제11조 제1항에 위반된다.

2. 이 사건 법률조항을 단순위헌으로 선언하여 즉시 그 효력을 상실하게 하는 경우에는 법적 공백 상태와 부작용이 초래될 우려가 있는 점, 상이연금수급권의 요건 및 수준을 결정하는 것은 종국적으로 군인연금 기금의 재정 상태와 수급 구조, 경제 상황 등을 고려하여 입법자가 결정해야 할 사항인 점 등을 고려하여, 이 사건 법률조항에 대하여 **헌법불합치 결정**을 선고하되, 개선입법의 시한을 정하고 그 때까지 잠정적으로 **계속 적용**을 명하기로 한다.

[요약판례 13] 사립학교교직원 연금법 제42조 제1항 위헌제청: 헌법불합치(헌재 2010.7.29. 2008헌가15)

1. 사립학교 교원 또는 사립학교 교원이었던 자가 재직중의 사유로 금고 이상의 형을 받은 때에는 대통령령이 정하는 바에 의하여 퇴직급여 및 퇴직수당의 일부를 감액하여 지급하도록 하는 구 '사립학교교직원 연금법' 제42조 제1항 전문 중 구 공무원연금법 제64조 제1항 제1호 준용 부분이 헌법상 재산권 내지 평등권을 침해하는지 여부(적극)
2. 재판관 5인이 '전부 헌법불합치' 의견이고 재판관 1인이 '일부 단순위헌, 일부 헌법불합치'의견인 경우 '헌법불합치 주문을 낸 사례

1. 가. 재판관 김희옥, 재판관 김종대, 재판관 민형기, 재판관 목영준, 재판관 송두환의 의견

재직중의 사유로 금고 이상의 형을 선고받아 처벌받음으로써 기본적 죗값을 받은 사립학교 교원에게 다시 당연퇴직이란 사립학교 교원의 신분상실의 치명적인 법익박탈을 가하고 이로부터 더 나아가 다른 특별한 사정도 없이 **직무 관련 범죄 여부, 고의 또는 과실범 여부 등을 묻지 않고 퇴직급여와 퇴직수당을 일률적으로 감액하는 것은** 사립학교 교원의 범죄를 예방하고 사립학교 교원이 재직중 성실히 근무하고 직무상 의무를 위반하지 않도록 유도한다는 이 사건 법률조항의 입법목적을 달성하는 데 적합한 수단이라고 볼 수 없고, **과도한 재산권의 제한**으로서 심히 부당하며 침해되는 사익에 비해 지나치게 공익만을 강조한 것이다.

나아가 이 사건 법률조항은 **퇴직급여에 있어서는 국민연금법상의 사업장가입자에 비하여, 퇴직수당에 있어서는 근로기준법상의 근로자에 비하여 각각 차별대우**를 하고 있는데 그 차별에 합리적인 근거를 인정하기 어렵다. 따라서 이 사건 법률조항은 헌법상 재산권을 침해하고 **평등의 원칙에 위배**된다.

나. 재판관 조대현의 의견

이 사건 법률조항의 "재직중의 사유" 중 "사립학교 교원의 신분이나 직무와 관련 없는 사유" 부분은 사립학교 교원의 신분이나 직무와 전혀 관련 없는 사유로 금고 이상의 형을 받은 사립학교 교원 퇴직자와 그렇지 않은 사립학교 교원 퇴직자를 불합리하게 차별하는 것으로 헌법에 위반되고, 이 사건 법률조항의 **"재직중의 사유" 중 "사립학교 교원의 신분이나 직무와 관련 있는 사유" 부분은** 금고 이상 형벌의 유무만을 기준으로 삼아 퇴직급여와 퇴직수당을 동일한 비율로 필요적으로 삭감하고 있어 비례의 원칙에 위반된다.

2. **주문의 형식과 관련하여**, 재판관 김희옥, 재판관 김종대, 재판관 민형기, 재판관 목영준, 재판관 송두환은 이 사건 법률조항에 대하여는 그 위헌성을 확인하되 형식적인 존속은 유지하도록 하고, 법원 기타 국가기관 및 지방자치단체는 개선입법이 시행될 때까지 이 사건 법률조항의 적용을 중지하여야 한다는 의견이고, 재판관 조대현은 이 사건 법률조항의 "재직중의 사유" 중 "사립학교 교원의 신분이나 직무와 관련 없는 사유" 부분은 그 부분을 구분하여 특정할 수 있으므로 그 부분에 대하여는 위헌을 선언하여야 하나, 이 사건 법률조항의 "재직중의 사유" 중 "사립학교 교원의 신분이나 직무와 관련 있는 사유" 부분은 헌법에 위반되는 부분과 헌법에 합치되는 부분이 뒤섞여 있고 양자를 구분할 수 없으므로 그 부분 전체에 대하여 헌법불합치를 선언하여야 한다는 의견인바, 결국 이 사건 법률조항에 대한 **재판관 1인의 일부 단순위헌, 일부 헌법불합치 의견에 재판관 5인의 전부 헌법불합치 의견**을 가산하면 위헌 정족수를 충족하게 되므로, 이 사건 법률조항에 대하여 **헌법불합치 결정**을 선고한다.

(재판관 이강국, 재판관 이공현, 재판관 이동흡의 반대의견) 이 사건 법률조항은 사립학교 교원의 퇴직급여 등 수급권이 재산권으로 처음 형성될 당시보다 기본권 주체에게 불리하게 제한하는 점이 없고, 그 입법 형성에 합리적 이유가 있어 입법재량의 범위를 벗어나지도 아니한다.

가사 다수의견과 같이 기본권 '제한'에 요구되는 비례원칙을 엄격히 적용한다고 하더라도, 사립학교교직원 연금법상 퇴직급여 등은 후불임금으로서의 성격뿐만 아니라 사회보장 또는 공로보상적 급여로서의 성격을 아울러 갖고 있다는 점에 비추어 볼 때, 이 사건 법률조항에 의한 퇴직급여 등의 감액은 사립학교 교원의 범죄를 예방하고 사립학교 교원이 재직중 사립학교 교원으로서의 직무상 의무를 다하도록 하기 위한 것으로서 그 입법목적을 달성하는 데 적합한 수단이라 볼 수 있으며, 나아가 감액사유를 범죄행위로 인하여 금고 이상의 형의 선고라는 중대한 사유가 발생한

경우로 한정하고, 그 감액범위도 일부분으로 한정하고 있어 피해의 최소성과 법익의 균형성도 갖추었으므로, 과잉금지원칙에 반하지 아니한다.

또한 사립학교교직원 연금은 국민연금이나 법정퇴직금 등과 비교할 때 제도의 목적, 보호의 대상과 수준, 성격 등에서 기본적인 차이가 있고, 이 사건 법률조항에 의한 급여의 감액은 사립학교 교원이 지는 법령준수 및 충실의무 등의 준수를 유도하는 목적이 있는 점 등에 비추어 볼 때, 사립학교교직원 연금제도를 형성하면서 그 의무의 위반 여부를 급여 감액의 기준으로 삼은 것은 합리적 이유가 있는 것으로서 **헌법에 반하지 아니한다.**

(재판관 김종대의 보충의견) 사립학교 교원의 퇴직급여는 퇴직한 사립학교 교원이 최소한의 인간다운 생활을 할 수 있도록 보장되어야 할 것이므로, 오직 퇴직한 사립학교 교원의 인간다운 생활을 제한해도 될 만큼의 큰 정책적 제한 요인이 있을 때에만, 예컨대 중대한 국가적 또는 사회적 법익에 대한 죄를 지어 사회보장의 틀에서 제외시킬 필요가 있다고 인정되는 경우에만 그 제한을 할 수 있도록 해야 한다.

대판 1996.4.12. 95누7727

노인복지법 제13조 제2항의 규정에 따른 노인복지법시행령 제17조, 제20조 제1항은 **노령수당의 지급대상자의 연령범위**에 관하여 위 법 조항과 동일하게 '65세 이상의 자'로 규정한 다음 지급대상자의 선정기준과 그 지급대상자에 대한 **구체적인 지급수준(지급액)등의 결정을 보건사회부장관에게 위임**하고 있는데, 지급대상자의 최저연령을 법령상의규정보다 높게 정하는 등 노령수당의 지급대상자의 범위를 법령의 규정보다 축소, 조정하여 정할 수는 없다. … 노령수당의 지급대상자를 **'70세 이상'으로 규정한 부분은 법령의 위임한계를 벗어난 것**이어서 효력이 없다.

[요약판례 14] 국민기초생활 보장법 시행령 제2조 제2항 제3호 위헌확인 등: 기각(헌재 2011.3.31. 2009헌마617등)

1. 기초생활보장제도의 보장단위인 개별가구에서 교도소·구치소에 수용 중인 자를 제외토록 규정한 '국민기초생활 보장법 시행령'(2008. 10. 29. 대통령령 제21095호로 개정된 것) 제2조 제2항 제3호 중 "'형의 집행 및 수용자의 처우에 관한 법률'에 의한 교도소·구치소에 수용 중인 자" 부분(이하 '이 사건 조항'이라 한다)이 교도소·구치소에 수용 중인 자를 기초생활보장급여의 지급 대상에서 제외시켜 헌법상 인간다운 생활을 할 권리를 침해하는지 여부(소극)
2. 이 사건 조항이 헌법 제10조의 인간의 존엄과 가치 및 행복추구권을 침해하는지 여부(소극)
3. 이 사건 조항이 무죄추정의 원칙에 위배되는지 여부(소극)

해연금 등 장기급여에 대하여 5년간 이를 행사하지 않으면 소멸한다고 규정한 구 공무원연금법 제81조 제1항 중 "장기급여" 부분이 청구인의 재산권 등 기본권을 침해하여 위헌인지 여부(소극)

1. 생활이 어려운 국민에게 필요한 급여를 행하여 이들의 최저생활을 보장하기 위해 제정된 '국민기초생활 보장법'은 부양의무자에 의한 부양과 다른 법령에 의한 보호가 이 법에 의한 급여에 우선하여 행하여지도록 하는 보충급여의 원칙을 채택하고 있는바, '형의 집행 및 수용자의 처우에 관한 법률'에 의한 교도소·구치소에 수용 중인 자는 당해 법률에 의하여 생계유지의 보호를 받고 있으므로 이러한 생계유지의 보호를 받고 있는 교도소·구치소에 수용 중인 자에 대하여 '국민기초생활 보장법'에 의한 중복적인 보장을 피하기 위하여 개별가구에서 제외키로 한 입법자의 판단이 헌법상 용인될 수 있는 재량의 범위를 일탈하여 인간다운 생활을 할 권리를 침해한다고 볼 수 없다.

2. 이 사건 조항이 수용자의 생계보장과 관련하여 그 내용상 최소한의 필요한 보장수준을 제시하지 아니하여 인간으로서의 존엄이나 본질적 가치를 훼손하였다고 볼 수는 없으므로 헌법 제10조의 인간의 존엄과 가치를 침해한다고 할 수 없으며 헌법 제10조의 행복추구권은 국민이 행복을 추구하기 위한 활동을 국가권력의 간섭 없이 자유롭게 할 수 있다는 포괄적인 의미의 자유권으로서의 성격을 가진다고 할 것이므로 자유권이나 자유권의 제한영역에 관한 규정이 아닌 이 사건 조항이 행복추구권을 침해하는 규정이라고 할 수도 없다.

3. '국민기초생활 보장법'상의 수급권자가 구치소에 수감되어 형이 확정되지 않은 상황에서 개별가구에서 제외되는 것은 그 사람을 유죄로 취급하여 어떠한 불이익을 주기 위한 것이 아니라 '국민기초생활 보장법'의 보충급여의 원칙에 따라 다른 법령에 의하여 생계유지의 보호를 받게 되는 경우, 중복적인 보장을 피하기 위해 개별가구에서 제외시키는 것으로 이를 '유죄인정의 효과'로서의 불이익이라고 볼 수 없는바, 이 사건 조항이 무죄추정의 원칙에 위반된다고 볼 수 없다.

제 4 절 교육을 받을 권리와 교육의 자유

[요약판례 1] 1994년도 신입생선발입시안에 대한 헌법소원: 기각(헌재 1992.10.1. 92헌마68등)

(1) 서울대학교가 [94학년도 대학입학고사주요요강]을 제정하여 발표한 것에 대하여 제기된 헌법소원심판청구의 적법여부(공권력행사 해당여부, 보충성, 권리보호의 이익)

(2) 헌법 제31조 제4항 소정의 교육의 자주성, 대학의 자율성 보장의 헌법적 의의

(3) 서울대학교의 94학년도 대학입학고사주요요강에서 인문계열 대학별고사의 제2외국어에 일본어를 제외한 것이 헌법에 위반하는지 여부

(1) 국립대학인 서울대학교의 "94학년도 대학입학고사주요요강"은 사실상의 준비행위 내지 사전안내로서 행정쟁송의 대상이 될 수 있는 행정처분이나 공권력의 행사는 될 수 없지만 그 내용이 국민의 기본권에 직접 영향을 끼치는 내용이고 앞으로 법령의 뒷받침에 의하여 그대로 실시될 것이 틀림없을 것으로 예상되어 그로 인하여 직접적으로 기본권 침해를 받게 되는 사람에게는 사실상의 규범작용으로 인한 위험성이 이미 현실적으로 발생하였다고 보아야 할 것이므로 이는 헌법소원의 대상이 되는 헌법재판소법 제68조 제1항 소정의 공권력의 행사에 해당된다고 할 것이며, 이 경우 헌법소원 외에 달리 구제방법이 없다.

(2) 헌법 제31조 제4항이 규정하고 있는 교육의 자주성, 대학의 자율성 보장은 대학에 대한 공권력 등 외부세력의 간섭을 배제하고 대학인 자신이 대학을 자주적으로 운영할 수 있도록 함으로써 대학인으로 하여금 연구와 교육을 자유롭게 하여 진리탐구와 지도적 인격의 도야라는 대학의 기능을 충분히 발휘할 수 있도록 하기 위한 것으로서 이는 학문의 자유의 확실한 보장수단이자 대학에 부여된 헌법상의 기본권이다.

(3) (가) 서울대학교가 1994학년도 대학입학고사주요요강을 정함에 있어 인문계열의 대학별고사과목에서 국어(논술), 영어, 수학 I을 필수과목으로 하고 한문 및 불어, 독어, 중국어, 에스파냐어 등 5과목 중 1과목을 선택과목으로 정하여 일본어를 선택 과목에서 제외시킨 것은 교육법 제111조의2 및 앞으로 개정될 교육법시행령 제71조의2의 제한범위(법률유보)내에서의 적법한 대학의 자율권 행사이다.

(나) 고등학교에서 일본어를 선택하여 공부한 학생이 다른 제2외국어를 선택한 학생에 비하여 입시경쟁에서 불리한 입장에 놓이는 것은 사실이나 이러한 불이익은 서울대학교가 헌법 제22조 제1항 소정의 학문의 자유와 헌법 제31조 제4항 소정의 대학의 자율권이라고 하는 기본권의 주체로서 자신의 주체적인 학문적 가치판단에 따른, 법률이 허용하는 범위내에서의 적법한 자율권행사의 결과 초래된 반사적 불이익이어서 부득이하다.

(다) 서울대학교가 일본어를 선택과목에서 뺀 대신 고등학교 교육과정의 필수과목을 모든 고등학교에서 가르치고 있는 한문을 다른 외국어와 함께 선택과목으로 채택하였을 뿐더러, 위 입시요강을 적어도 2년간의 준비기간을 두고 발표함으로써 고등학교에서 일본어를 배우고 있는 1·2학년 학생들로 하여금 그다지 지장이 없도록 배려까지 하고 있으므로, 그들이 갖는 교육의 기회균등이 침해되었다고 말할 수 없다.

I 지방교육자치법 제44조의2 제2항 위헌확인(사립학교의 학교운영위원회설치를 임의사항으로 규정한 것): 기각(헌재 1999.3.25. 97헌마130)

쟁점 국공립학교와는 달리 사립학교의 경우에 학교운영위원회의 설치를 임의적인 사항으로 하는 것이 학부모의 교육참여권을 침해하는지 여부

사건의 개요

청구인은 사립고등학교에 1997년 3월에 입학하여 1학년에 재학 중인 아들을 둔 학부모이며, 학교의 민주적이고 바람직한 운영에 큰 관심을 가지고 학부모들의 의견을 교육현장에 수렴하기 위하여 노력해왔다. 그러던 중 구 지방교육자치에관한법률 제44조의2가 신설되어 국·공립학교는 학교운영위원회를 두어야 함에도 불구하고(제1항) 사립의 초·중·고등학교는 그 재량에 학교 운영위원회를 두지 아니할 수도 있게 되었고, 위 사립고등학교가 학교운영위원회를 설치·운영하지 아니하자, 청구인은 구 지방교육자치에관한법률 제44조의2 제2항이 헌법 제11조 제1항이 보장하는 청구인의 평등권과 헌법 제31조 제1항이 보장하는 청구인의 교육권을 침해한다고 주장하면서 1997. 4. 28. 이 사건 심판을 청구하였다.

심판의 대상

이 사건의 심판대상은 구 지방교육자치에관한법률 제44조의2 제2항의 위헌여부이고, 그 내용은 다음과 같다.

제44조의2 ② 사립의 초등학교·중학교·고등학교에는 학교운영위원회를 둘 수 있다.

[관련법률조항] 구 지방교육자치에관한법률 제44조의2 ① 단위학교의 교육자치를 활성화하고, 지역의 실정과 특성에 맞는 다양한 교육을 창의적으로 실시할 수 있도록 국·공립의 초등학교·중학교·고등학교에 학교운영위원회를 구성·운영한다.

주 문

심판청구를 기각한다.

판 단

Ⅰ. 적법요건 판단

이해관계인 한국사립 중·고등학교법인협의회는 헌법소원의 직접성과 현재성이 없어 이 사건 심판청구는 부적법하다고 주장하나, 청구인은 고등학교 1학년에 입학한 아들을 가진 학부모이므로 청구인 자신이 가지는 부모의 교육권과 평등권이 이 사건 법률조항에 의하여 침해될 여지가 있으며, 해당 고등학교에서 학교운영위원회를 설치하지 아니하고 있으므로 청구인의 기본권이 현재시점에서 사실상 침해될 수 있어서, 기본권침해의 현재성요건이 충족된 것이며, 이 사건 법률규정은 학교운영위원회 설치에 관한 행정기관의 구체적 집행행위를 예정하고 있지 아니하므로 청구인의 기본권을 직접 침해하고 있으므로 기본권침해의 직접성요건도 충족된 것이라 할 것이다.

Ⅱ. 교육제도 법률주의 의의

헌법 제31조 제1항은 "모든 국민은 능력에 따라 균등하게 교육을 받을 권리를 가진다"고 규정하여 국민의 교육을 받을 권리를 보장하고 있다. 이 권리는 통상 국가에 의한 교육조건의 개선·정비와 교육기회의 균등한 보장을 적극적으로 요구할 수 있는 권리로 이해되고 있다. 수학권의 보장은 인간으로서의 존엄과 가치를 가지며 행복을 추구하고(헌법 제10조 전문) 인간다운 생활을 영위하는데(헌법 제34조 제1항) 필수적인 조건이자 대전제다. 헌법 제31조 제2항 내지 제6항 소정의 교육을 받게 할 의무, 의무교육의 무상, 교육의 자주성·전문성·정치적 중립성 및 대학의 자율성, 평생교육 진흥, 교육제도와 그 운영·교육재정 및 교원지위 법률주의 등은 수학권의 효율적인 보장을 위한 규정이다. 헌법이 교육제도와 그 운영에 관한 기본적인 사항을 법률로 정할 수 있도록 한 것은 국가의 백년대계인 교육이 일시적인 특정정치 세력에 영향을 받거나 집권자의 통치상의 의도에 따라 수시로 변경되는 것을 예방하고 장래를 전망한 일관성이 있는 교육체계를 유지·발전시키기 위한 것으로 국민의 대표기관인 국회의 통제하에 두는 것이 가장 온당하다는 의회민주주의 내지 법치주의 이념에서 비롯된 것이다. 이는 헌법이 한편으로는 수학권을 국민의 기본권으로서 보장하고 다른 한편으로 이를 실현하는 의무와 책임을 국가가 부담하게 하는 교육체계를 교육제도의 근간으로 하고 있음을 나타낸 것이다.

Ⅲ. 교육학부모의 교육참여권 침해여부

1. 부모의 학교선택권 제한의 불가피성

부모는 초·중·고등학교에 다니는 미성년자인 자녀를 교육시킬 권한이 있고 이 교육권에는 학교선택권이 포함된다. 부모의 이 학교선택권은 자녀의 교육을 받을 권리를 실효성 있게 보장하는 수단의 하나다. 그러나 자녀교육을 담당할 국·공립 및 사립 중·고등학교의 선택권을 거주지 기준으로 제한한 구 교육법시행령 제71조 및 제112조의6 등의 규정은 과열입시 경쟁에 따른 부작용을 방지하고 획일적인 제도운영에 따른 문제점을 해소하기 위한 보완책을 마련한 것이므로, 입법의 목적과 수단에서 헌법 제37조 제2항 소정의 기본권제한입법의 한계를 벗어난 것이 아니다. 따라서 부모의 자녀교육을 위한 학교선택권 행사는 이 규정으로 인하여 제한될 수밖에 없다.

2. 부모의 교육과정 참여의 당위성

교육의 목적은 국민 개개인의 타고난 소질을 계발하여 인격을 완성하게 하고, 자립생활을 할 능력을 증진시킴으로써 인간다운 생활을 누릴 수 있게 하는 데에 있다. 미성년자인 학생에 대한 교육은 한 인격체의 형성을 목표로 삼고 있다. 그런데 이 목표는 학부모와 학교측의 공동과제에 속하고, 이 과제의 실현에는 양 교육주체의 효율적인 협력관계가 요청된다. 학부모의 교육권과 교육제도에 관한 국가의 책임은 상호 간에 조화와 조정을 필요로 한다. 미성년자인 학생의 교육문제에 관하여는 다양한 견해가 있을 수 있으므로 토론과 협의를 거쳐 최선의 교육과정을 마련하는 것이 목표달성을 위한 하나의 중요한 조건이다. 국가가 주도하는 교육과정에 학부모가 어떤 형태로든 참여해야 할 당위성을 수긍하는 이유가 바로 여기에 있다.

3. 학교운영위원회 제도의 의의

학교운영위원회는 학부모의 교육참여권의 보장수단으로 단위학교의 교육자치를 활성화하고 지역의 실정과 특성에 맞는 다양한 교육을 창의적으로 실시할 수 있도록 교원, 학부모, 지역사회인사 등이 학교의 운영에 관한 중요사항을 심의하게 하는 제도다.

4. 학교운영위원회를 재량사항으로 하는 법률조항의 위헌여부

학부모가 미성년자인 학생의 교육과정에 참여할 당위성은 부정할 수 없다 할지라도 학교운영위원회의 구성을 법률로써 의무화하여야 하는지 여부는 별개문제라고 본다. 학교법인 또는 공공단체 이외의 법인 기타 사인이 설치·경영하는 사립학교의 경우, 그 특수성에 비추어 자주성을 확보하고 공공성을 앙양함으로써 학교의 건전한 발달을 도모함을 목적으로 한다고 규정한 사립학교법(제1조, 제2조 제1항)의 취지를 생각하여 보면, 국·공립학교와 반드시 동일하게 취급하여야만 옳다고 해석되지 않기 때문이다. 헌법재판소의 선례도 "국·공립학교는 보편적인 교육이념과 교육의 기회균등의 원칙에 따라 표준화된 교육을 실시하여야 할 책무가 있으므로 학교 나름의 특성을 개발·배양하는 데 본질적인 한계가 있다. 이에 반하여 사립학교는 설립자의 이념을 구현하거나 독자적인 교육방침에 따라 개성있는 교육을 실시할 수 있을 뿐만 아니라 공공이익을 위한 재산출연으로 국가의 공교육 실시를 위한 재정적 투자능력의 한계를 자발적으로 보완해 주는 역할도 한다. 이와 같은 이유 때문에 사립학교는 그 물적·인적 시설을 운영함에 있어서 어느 정도 자율성을 확보해 주는 것이 상당하고 또 바람직한 것이다"라고 하여 같은 취지를 분명히 하고 있다. 사립학교에도 국·공립학교처럼 의무적으로 운영위원회를 두도록 할 것인지, 아니면 임의단체인 기존의 육성회 등으로 하여금 유사한 역할을 계속할 수 있게 하고 법률에서 규정된 운영위원회를 재량사항으로 하여 그 구성을 유도할 것인지의 여부는 입법자의 광범한 입법형성영역인 정책문제에 속하고, 그 재량의 한계를 현저하게 벗어나지 않는 한 헌법위반으로 단정할 것은 아니다.

따라서 청구인이 이 사건 법률조항으로 인하여 사립학교의 운영위원회에 참여하지 못하였다고 할지라도 위에서 본 입법재량의 한계영역내에 속하므로 교육참여권 침해의 위법이 있다고 볼 수 없다.

Ⅳ. 평등권 침해여부

이와 같은 사립학교의 특수성으로 인하여, 헌법재판소는 국가유공자예우등에관한법률 제4조 제1항 제12호 소정의 국가유공자인 공상공무원에 국·공립학교 교원만을 포함시키고 사립학교 교원을 포함시키지 아니한 것은 보훈대상의 범위, 내용 등에 관한 입법자의 입법형성 자유에 속하는 입법정책 문제로서 합리적인 근거와 이유있는 차별이므로 평등권침해가 아니고, 사립대학 교육기관의 교원이 구 사립학교법 제53조의2 제3항의 위임에 의하여 만들어진 학교법인의 정관에 따른 기간임용제의 적용을 받음으로써 국·공립대학교 교원과 비교하여 차별을 받는 것은 사법적 관계와 공법상 권력관계의 차이에서 비롯된 것으로서 합리적이고 정당한 사유가 있으므로 평등권 위반이 아니다라고 판시한 바 있다. 이러한 선례를 이 사건에 비추어 생각건대, 입법자가 국·공립학교와는 달리 사립학교를 설치·경영하는 학교법인 등이 당해학교에 운영위원회를 둘 것인지의 여부를 스스로 결정할 수 있도록 이 사건 법률조항을 만든 것은 사립학교의 특수성과 자주성을 존중하는 데 그 목적이 있고 목적의 정당성 또한 시인할 수 있다. 결국, 국·공립학교의 학부모에 비하여 사립학교의 학부모를 차별취급한 것은 합리적이고 정당한 사유가 있다고 인정되므로 평등권 위반이 된다고 볼 수 없다. 따라서 이 사건 법률조항은 헌법에 위반되지 아니한다.

Ⅴ. 결 론

사립학교에도 국·공립학교처럼 의무적으로 운영위원회를 두도록 할 것인지, 아니면 임의단체인 기존의 육성회 등으로 하여금 유사한 역할을 계속할 수 있게 하고 법률에서 규정된 운영위원회를 재량사항으로 하여 그 구성을 유도할 것인지의 여부는 입법자의 입법형성영역인 정책문제에 속하고, 그 재량의 한계를 현저하게 벗어나지 않는 한 헌법위반으로 단정할 것은 아니다. 청구인이 위 조항으로 인하여 사립학교의 운영위원회에 참여하지 못하였다고 할지라도 그로 인하여 교육참여권이 침해되었다고 볼 수 없다.

입법자가 국·공립학교와는 달리 사립학교를 설치·경영하는 학교법인 등이 당해학교에 운영위원회를 둘 것인지의 여부를 스스로 결정할 수 있도록 한 것은 사립학교의 특수성과 자주성을 존중하는 데 그 목적이 있으므로 결국 위 조항이 국·공립학교의 학부모에 비하여 사립학교의 학부모를 차별취급한 것은 합리적이고 정당한 사유가 있어 평등권을 침해한 것이 아니다.

재판관 이재화, 재판관 조승형, 재판관 정경식, 재판관 고중석의 반대의견

1. 교육과 관련된 사안에 대한 국가의 결정과정에 참여할 수 있는 학부모의 교육참여권은 헌법 제31조 제1항 및 제2항에 의거한 학부모의 교육권으로부터 도출된다. 사립학교 학부모의 교육참여권에 대한 제한은 단위학교에서의 교육자치를 활성화하려는 입법목적의 달성에도 부적합하며, 학교운영위원회 설치를 강제하더라도 그 기능을 심의기능으로 국한하도록 규정하여 사립학교의 자율성을 크게 침해하지 아니하면서도 학부모의 교육참여권을 최소한 보장할 수 있는 대체방안이 있음에도 그 설치를 사립학교의 임의에 맡긴 것은 최소침해성원칙에 위배되며, 과도한 교육참여권 제한으로 인한 학부모의 불이익이 사립학교의 자율성 보장을 통하여 얻으려는 공익보다 크기 때문에 법익균형성원칙에도 어긋난다.

2. 국·공립학교와 사립학교사이에는 설립주체면에서는 차이가 있으나 공교육을 실시하는 교육의 내·외적 조건들에서는 본질적인 차이가 없음에도 불구하고 사립학교의 경우 학교운영위원회의 설치를 임의적인 것으로 규정함으로써 사립학교 학부모를 차별취급한 것은 합리적인 사유가 없어 평등권을 침해한 것이다.

본 판례에 대한 평가 1. 교육제도법정주의의 의의: "학교교육 및 평생교육을 포함한 교육제도와 그 운영, 교육재정 및 교원의 지위에 관한 기본적인 사항은 법률로 정한다"(제31조제6항). 교육제도법정주의에 따라 교육기본법을 비롯한 각종 교육관련 법률들이 제정되어 있다. 헌법이 교육제도와 그 운영에 관한 기본적인 사항을 법률로써 정하도록 한 것은 국가의 백년대계인 교육이 일시적인 특정 정치세력에 영향을 받거나 집권자의 통치상의 의도에 따라 수시로 변경하는 것을 예방하고 장래를 전망한 일관성이 있는 교육체계를 유지·발전시키기 위한 것으로 국민의 대표기관인 국회의 통제하에 두는 것이 가장 온당하다는 의회민주주의 내지 법치주의이념에서 비롯된 것이다.

2. 교원지위법정주의의 구현: 교원지위법정주의를 현실적으로 구현하기 위하여서는 ㉠ 교육재정의 대폭적인 확충을 통하여 열악한 교육현장의 환경을 개선하여야 하며, ㉡ 교육현장에서 교육을 직접 담당하고 있는 교원의 지위가 헌법상 교육의 자주성·전문성·정치적 중립성에 부합하도록 보장되어야 한다.

판례 평석: 노기호, "지방교육자치에 관한 법률 제44조의2항 위헌확인", 법률신문 2804호, 1999, 13-14면.

관련 문헌: 양건, "교육주체 상호간의 법적 관계: 교육권에 관한 헌법재판소 판례의 검토", 한국교육법연구 8집 1호(2005. 2) 25-60면; 손희권, "교육을 받을 권리의 자유권적 성격", 교육법학연구 16권 2호(2004. 12) 117-138면.

[요약판례 2] 교육법 제96조 제1항 위헌확인: 기각(헌재 1994.2.24. 93헌마192)

교육을 받을 권리의 헌법상 의의와 기능 및 의무교육 취학연령을 획일적으로 규정한 것이 헌법에 위반되는지 여부(소극)

교육을 받을 권리는, 첫째 교육을 통해 개인의 잠재적인 능력을 계발시켜 줌으로써 인간다운 문화생활과 직업생활을 할 수 있는 기초를 마련해 주고, 둘째 문화적이고 지적인 사회풍토를 조성하고 문화창조의 바탕을 마련함으로써 헌법이 추구하는 문화국가를 촉진시키고, 셋째 합리적이고 계속적인 교육을 통해서 민주주의가 필요로 하는 민주시민의 윤리적 생활철학을 어렸을 때부터 습성화시킴으로써 헌법이 추구하는 민주주의의 토착화에 이바지하고, 넷째 능력에 따른 균등한 교육을 통해서 직업생활과 경제생활의 영역에서 실질적인 평등을 실현시킴으로써 헌법이 추구하는 사회국가, 복지국가의 이념을 실현한다는 의의와 기능을 가지고 있다.

현재 국가에 따라 다소 차이는 있으나 대부분의 국가에서 만 6세부터 의무교육을 받도록 하고 있는바, 이처럼 대부분의 국가에서 만 6세 전후가 되는 시기에 초등교육기관에 입학하여 교육을 받도록 의무화하고 있는 것은 아동의 신체, 지능, 정서, 심리발달단계 및 단계별 제 특징과 학습준비도 등을 종합적으로 고려하여 국민기초교육으로서의 초등교육을 이 시기부터 받게 하는 것이 국가사회적 측면으로도 보편타당하다는 인류사회공동체의 역사적, 전통적 합의를 바탕으로 한 것으로 볼 수 있다.

헌법 제31조 제1항에서 말하는 "능력에 따라 균등하게 교육을 받을 권리"란 법률이 정하는 일정한 교육을 받을 전제조건으로서의 능력을 갖추었을 경우 차별 없이 균등하게 교육을 받을 기회가 보장된다는 것이지 일정한 능력, 예컨대 지능이나 수학능력 등이 있다고 하여 제한 없이 다른 사람과 차별하여 어떠한 내용과 종류와 기간의 교육을 받을 권리가 보장된다는 것은 아니다. 따라서 의무취학 시기를 만 6세가 된 다음날 이후의 학년초로 규정하고 있는 교육법 제96조 제1항은 의무교육제도 실시를 위해 불가피한 것이며 이와 같은 아동들에 대하여 만 6세가 되기 전에 앞당겨서 입학을 허용하지 않는다고 해서 헌법 제31조 제1항의 능력에 따라 균등하게 교육을 받을 권리를 본질적으로 침해한 것으로 볼 수 없다.

[요약판례 3] 교육법 제8조의2에 관한 위헌심판: 합헌(헌재 1991.2.11. 90헌가27)

(1) 중등교육에 대한 헌법상의 권리성
(2) 중학교 의무교육의 단계적 실시와 실질적 평등의 원칙
(3) 헌법 제31조 제6항의 헌법상의 의의
(4) 헌법 제31조 제2항이 정하는 [법률]의 의미
(5) 중학교 의무교육의 단계적 실시의 대통령령에의 위임과 헌법 제75조가 정하는 포괄위임금지원칙 위반여부

(1) 헌법상 초등교육에 대한 의무교육과는 달리 중등교육의 단계에 있어서는 어느 범위에서 어떠한 절차를 거쳐 어느 시점에서 의무교육으로 실시할 것인가는 입법자의 형성의 자유에 속하는 사항으로서 국회가 입법정책적으로 판단하여 법률로 구체적으로 규정할 때에 비로소 헌법상의 권리로서 구체화되는 것으로 보아야 한다.

(2) 중학교 의무교육을 일시에 전면실시하는 대신 단계적으로 확대실시하도록 한 것은 주로 전면실시에 따르는 국가의 재정적 부담을 고려한 것으로 실질적 평등의 원칙에 부합된다.

(3) 헌법 제31조 제6항의 취지는 교육에 관한 기본정책 또는 기본방침을 최소한 국회가 입법절차를 거쳐 제정한 법률(이른바 형식적 의미의 법률)로 규정함으로써 국민의 교육을 받을 권리가 행정관계에 의하여 자의적으로 무시되거나 침해당하지 않도록 하고, 교육의 자주성과 중립성도 유지하려는 것이나, 반면 교육제도에 관한 기본방침을 제외한 나머지 세부적인 사항까지 반드시 형식적 의미의 법률만으로 정하여야 하는 것은 아니다.

(4) 헌법 제31조 제2항 소정의 "법률"은 형식적 의미의 법률뿐만 아니라 그러한 법률의 위임에 근거하여 제정된 대통령령도 포함하는 실질적 의미의 법률로 해석하여야 한다.

(5) 교육법 제8조의 2는 교육법 제8조에 정한 의무교육으로서 3년의 중등교육의 순차적인 실시에 관하여만 대통령령이 정하도록 하였으므로 우선 제한된 범위에서라도 의무교육을 실시하되 순차로 그 대상을 확대하도록 되어 있음은 교육법의 각 규정상 명백하고, 다만 그 확대실시의 시기 및 방법만을 대통령령에 위임하여 합리적으로 정할 수 있도록 한 것이므로 포괄위임금지를 규정한 헌법 제75조에 위반되지 아니한다.

[요약판례 4] 교육법시행령 제71조 등에 대한 헌법소원: 기각(헌재 1995.2.23. 91헌마204)

거주지를 기준으로 중·고등학교 입학을 제한하는 것이 헌법에 위반되는지 여부(소극)

거주지를 기준으로 중·고등학교의 입학을 제한하는 교육법시행령 제71조 및 제112조의6 등의 규정은 과열된 입시경쟁으로 말미암아 발생하는 부작용을 방지한다고 하는 입법목적을 달성하기 위한 방안의 하나이고, 도시와 농어촌에 있는 중·고등학교의 교육여건의 차이가 심하지 않으며, 획일적인 제도의 운용에 따른 문제점을 해소하기 위한 여러 가지 보완책이 위 시행령에 상당히 마련되어 있어서 그 입법수단은 정당하므로, 위 규정은 학부모의 자녀를 교육시킬 학교선택권의 본질적 내용을 침해하였거나 과도하게 제한한 경우에 해당하지 아니한다.

[요약판례 5] 학원의설립·운영에관한법률 제22조 제1항 제1호 등 위헌제청, 학원의설립·운영에관한법률 제3조 등 위헌확인: 위헌(헌재 2000.4.27. 98헌가16등)

(1) 부모의 자녀교육권
(2) 교육에 대한 국가의 책임
(3) 부모의 자녀교육권과 국가의 교육책임과의 관계

(1) 부모의 자녀교육권

헌법 제36조 제1항은 "혼인과 가족생활은 개인의 존엄과 양성의 평등을 기초로 성립되고 유지되어야 하며, 국가는 이를 보장한다"고 하여 혼인 및 그에 기초하여 성립된 부모와 자녀의 생활공동체인 가족생활이 국가의 특별한 보호를 받는다는 것을 규정하고 있다. 이 헌법규정은 소극적으로는 국가권력의 부당한 침해에 대한 개인의 주관적 방어권으로서 국가권력이 혼인과 가정이란 사적인 영역을 침해하는 것을 금지하면서, 적극적으로는 혼인과 가정을 제3자 등으로부터 보호해야 할 뿐이 아니라 개인의 존엄과 양성의 평등을 바탕으로 성립되고 유지되는 혼인·가족제도를 실현해야 할 국가의 과제를 부과하고 있다.

혼인과 가족의 보호는 헌법이 지향하는 자유민주적 문화국가의 필수적인 전제조건이다. 개별성·고유성·다양성으로 표현되는 문화는 사회의 자율영역을 바탕으로 하고, 사회의 자율영역은 무엇보다도 바로 가정으로부터 출발하기 때문이다. 헌법은 가족제도를 특별히 보장함으로써, 양심의 자유, 종교의 자유, 언론의 자유, 학문과 예술의 자유와 같이 문화국가의 성립을 위하여 불가결한 기본권의 보장과 함께, 견해와 사상의 다양성을 그 본질로 하는 문화국가를 실현하기 위한 필수적인 조건을 규정한 것이다. 따라서 헌법은 제36조 제1항에서 혼인과 가정생활을 보장함으로써 가족의 자율영역이 국가의 간섭에 의하여 획일화·평준화되고 이념화되는 것으로부터 보호하고자 하는 것이다.

그런데 가족생활을 구성하는 핵심적 내용중의 하나가 바로 자녀의 양육과 교육이다. 자녀의 양육과 교육은 일차적으로 부모의 천부적인 권리인 동시에 부모에게 부과된 의무이기도 하다. 부모가 자녀의 교육에 관하여 스스로 자유롭고 독자적으로 결정할 수 있는 경우에만, 가족은 자유민주적 문화국가에서의 자녀의 양육 및 교육이란 과제를 이행할 수 있고, 문화국가가 요구하는 교육의 다양성을 보장할 수 있다.

'부모의 자녀에 대한 교육권'은 비록 헌법에 명문으로 규정되어 있지는 아니하지만, 이는 모든 인간이 국적과 관계없이 누리는 양도할 수 없는 불가침의 인권으로서 혼인과 가족생활을 보장하는 헌법 제36조 제1항, 행복추구권을 보장하는 헌법 제10조 및 "국민의 자유와 권리는 헌법에 열거되지 아니한 이유로 경시되지 아니한다"고 규정하는 헌법 제37조 제1항에서 나오는 중요한 기본권이다. 헌법재판소는 부모의 중등학교선택권을 제한한 것과 관련하여 "부모는 아직 성숙하지 못하고 인격을 닦고 있는 초·중·고등학생인 자녀를 교육시킬 교육권을 가지고 있으며, 그 교육권의 내용 중 하나로서 자녀를 교육시킬 학교선택권이 인정된다"고 판시한 바 있고, 국정교과서제도와 관련된 사건에서도 학교교육에서 교사의 가르치는 권리는 "자연법적으로는 학부모에게 속하는 자녀에 대한 교육권을 신탁받은 것이고, 실정법상으로는 공교육의 책임이 있는 국가의 위임에 의한 것이다"고 밝힘으로써 이미 몇 개의 결정을 통하여 부모의 자녀교육권을 인정하였다.

부모의 자녀교육권은 다른 기본권과는 달리, 기본권의 주체인 부모의 자기결정권이라는 의미에서 보장되는 자유가 아니라, 자녀의 보호와 인격발현을 위하여 부여되는 기본권이다. 다시 말하면, 부모의 자녀교육권은 자녀의 행복이란 관점에서 보장되는 것이며, 자녀의 행복이 부모의 교육에 있어서 그 방향을 결정하는 지침이 된다.

부모는 자녀의 교육에 관하여 전반적인 계획을 세우고 자신의 인생관·사회관·교육관에 따라 자녀의 교육을 자유롭게 형성할 권리를 가지며, 부모의 교육권은 다른 교육의 주체와의 관계에서 원칙적인 우위를 가진다. 한편, 자녀의 교육에 관한 부모의 '권리와 의무'는 서로 불가분의 관계에 있고 자녀교육권의 본질을 결정하는 구성요소이기 때문에, 부모의 자녀교육권은 '자녀교육에 대한 부모의 책임'으로도 표현될 수 있다. 따라서 자녀교육권은 부모가 자녀교육에 대한 책임을 어떠한 방법으로 이행할 것인가에 관하여 자유롭게 결정할 수 있는 권리로서 교육의 목표와 수단에 관한 결정권을 뜻한다. 즉, 부모는 어떠한 방향으로 자녀의 인격이 형성되어야 하는가에 관한 목표를 정하고, 자녀의 개인적 성향·능력·정신적, 신체적 발달상황 등을 고려하여 교육목적을 달성하기에 적합한 교육수단을 선택할 권리를 가진다. 부모의 이러한 일차적인 결정권은, 누구보다도 부모가 자녀의 이익을 가장 잘 보호할 수 있다는 사고에 기인하는 것이다.

(2) 교육에 대한 국가의 책임

그러나 부모는 헌법 제36조 제1항에 의하여 자녀교육에 대한 독점적인 권리를 부여받는 것은 아니다. 헌법 제31조 제1항은 "모든 국민은 능력에 따라 균등하게 교육을 받을 권리를 가진다"라고 규정하여 국민의 교육을 받을 권리를 보장하고 있다. 교육을 받을 권리는 국민이 인간으로서의 존엄과 가치를 가지며 행복을 추구하고(헌법 제10조) 인간다운 생활을 영위하는데(헌법 제34조 제1항) 필수적인 전제이자 다른 기본권을 의미있게 행사하기 위한 기초이고, 민주국가에서 교육을 통한 국민의 능력과 자질의 향상은 바로 그 나라의 번영과 발전의 토대가 되는 것이므로, 헌법이 교육을 국가의 중요한 과제로 규정하고 있는 것이다. 헌법은 제31조 제1항에서 '교육을 받을 권리'를 보장함으로써 국가로부터 교육에 필요한 시설의 제공을 요구할 수 있는 권리 및 각자의 능력에 따라 교육시설에 입학하여 배울 수 있는 권리를 국민의 기본권으로서 보장하면서, 한편, 국민 누구나 능력에 따라 균등한 교육을 받을 수 있게끔 노력해야 할 의무와 과제를 국가에게 부과하고 있는 것이다. '교육을 받을 권리'란, 국민이 위 헌법규정을 근거로 하여 직접 특정한 교육제도나 학교시설을 요구할 수 있는 권리라기보다는 모든 국민이 능력에 따라 균등하게 교육을 받을 수 있는 교육제도를 제공해야 할 국가의 의무를 규정한 것이다. 즉, '교육을 받을 권리'란, 모든 국민에게 저마다의 능력에 따른 교육이 가능하도록 그에 필요한 설비와 제도를 마련해야 할 국가의 과제와 아울러 이를 넘어 사회적·경제적 약자도 능력에 따른 실질적 평등교육을 받을 수 있도록 적극적인 정책을 실현해야 할 국가의 의무를 뜻한다.

이에 따라 국가는 다른 중요한 국가과제 및 국가재정이 허용하는 범위내에서 민주시민이 갖추어야 할 최소한의 필수적인 교육과정을 의무교육으로서 국민 누구나가 혜택을 받을 수 있도록 제공해야 한다. 헌법 제31조 제2항 및 제3항은 이에 상응하여 국가가 제공하는 의무교육을 받게 해야 할 '부모의 의무' 및 '의무교육은 무상임'을 규정하고 있다. 특히 같은 조 제6항은 "학교교육 및 평생교육을 포함한 교육제도와 그 운영, 교육재정 및 교원의 지위에 관한 기본적인 사항은 법률로 정한다"고 함으로써 학교교육에 관한 국가의 권한과 책임을 규정하고 있다. 위 조항은 국가에게 학교제도를 통한 교육을 시행하도록 위임하였고, 이로써 국가는 학교제도에 관한 포괄적인 규율권한과 자녀에 대한 학교교육의 책임을 부여받았다. 따라서 국가는 헌법 제31조 제6항에 의하여 모든 학교제도의 조직, 계획, 운영, 감독에 관한 포괄적인 권한, 즉, 학교제도에 관한 전반적인 형성권과 규율권을 가지고 있다.

학교교육의 영역에서도 부모의 교육권이 국가의 교육권한에 의하여 완전히 배제되는 것은 아니다. 학교교육을 통한 국가의 교육권한은 부모의 교육권 및 학생의 인격의 자유로운 발현권, 자기결정권에 의하여 헌법적인 한계가 설정된다. 그러나 학교교육에 관한 한, 국가는 헌법 제31조에 의하여 부모의 교육권으로부터 원칙적으로 독립된 독자적인 교육권한을 부여받았고, 따라서 학교교육에 관한 광범위한 형성권을 가지고 있다. 그러므로 국가에 의한 의무교육의 도입이나 취학연령의 결정은 헌법적으로 하자가 없다. 학교제도에 관한 국가의 규율권한과 부모의 교육권이 서로 충돌하는 경우, 어떠한 법익이 우선하는가의 문제는 구체적인 경우마다 법익형량을 통하여 판단해야 하는데, 자녀가 의무교육을 받아야 할지의 여부와 그의 취학연령을 부모가 자유롭게 결정할 수 없다는 것은 부모의 교육권에 대한 과도한 제한이 아니다. 마찬가지로 국가는 교육목표, 학습계획, 학습방법, 학교제도의 조직 등을 통하여 학교교육의 내용과 목표를 정할 수 있는 포괄적인 규율권한을 가지고 있다.

(3) 부모의 교육권과 국가의 교육책임과의 관계

위에서 본 바와 같이, 자녀의 교육은 헌법상 부모와 국가에게 공동으로 부과된 과제이므로 부모와 국가의 상호연관적인 협력관계를 필요로 한다. 자녀의 교육은 일차적으로 부모의 권리이자 의무이지만, 헌법은 부모외에도 국가에게 자녀의 교육에 대한 과제와 의무가 있다는 것을 규정하고 있다. 국가의 교육권한 또는 교육책임은 무엇보다도 학교교육이라는 제도교육을 통하여 행사되고 이행된다. 자녀에 대한 교육의 책임과 결과는 궁극적으로 그 부모에게 귀속된다는 점에서, 국가는 제2차적인 교육의 주체로서 교육을 위한 기본조건을 형성하고 교육시설을 제공하는 기관일 뿐이다. 따라서 국가는 자녀의 전반적인 성장과정을 모두 규율하려고 해서는 아니되며, 재정적으로 가능한 범위내에서 피교육자의 다양한 성향과 능력이 자유롭게 발현될 수 있는 학교제도를 마련하여야 한다. 따라서 자녀의 양육과 교육에 있어서 부모의 교육권은 교육의 모든 영역에서 존중되어야 하며, 다만, 학교교육의 범주내에서는 국가의 교육권한이 헌법적으로 독자적인 지위를 부여받음으로써 부모의 교육권과 함께 자녀의 교육을 담당하지만, 학교 밖의 교육영역에서는 원칙적으로 부모의 교육권이 우위를 차지한다.

[요약판례 6] 교육법 제157조에 대한 헌법소원: 기각(헌재 1992.11.12. 89헌마88)

교사의 수업권이 교사의 지위에서 생겨나는 직권으로서, 헌법상 기본권에 준하는 것으로 간주할 수 있더라도 수업권을 내세워 수학권을 침해할 수 있는지 여부(소극)

교사의 수업권은 교사의 지위에서 생겨나는 직권인데, 그것이 헌법상 보장되는 기본권이라고 할 수 있느냐에 대하여서는 이를 부정적으로 보는 견해가 많으며, 설사 헌법상 보장되고 있는 학문의 자유 또는 교육을 받을 권리의 규정에서 교사의 수업권이 파생되는 것으로 해석하여 기본권에 준하는 것으로 간주하더라도 수업권을 내세워 수학권을 침해할 수는 없으며 국민의 수학권의 보장을 위하여 교사의 수업권은 일정범위 내에서 제약을 받을 수밖에 없는 것이다.

대판 1983.6.28. 83누193

대학입학지원자가 모집정원에 미달한 경우라도 대학이 정한 수학능력이 없는 자에 대하여 불합격처분을 한 것은 교육법 제111조 제1항에 위반되지 아니하여 무효라 할 수 없고, 또 위 학교에서 정한 수학능력에 미달하는 지원자를 불합격으로 한 처분이 재량권의 남용이라 볼 수 없다.

대판 2007.9.20. 2005다25298

학생의 학습권이 교원의 수업권보다 우월한 지위에 있고 학생의 학습권은 개개 교원들의 정상을 벗어난 행동으로부터 보호되어야 하므로, 학원비리척결을 이유로 한 **전국교직원노동조합 소속 교사의 수업거부 및 수업방해 행위로 인하여 학생들의 학습권과 학부모의 교육권이 침해되었다면 이에 대해 당해 교사들은 손해배상의 책임을 진다.**

[요약판례 7] 대학입시기본계획 일부변경처분 위헌확인: 기각(헌재 1996.4.25. 94헌마119)

이 사건 보완통보가 공권력의 행사에 해당되는지 여부(적극) 및 특정 고등학교 학생들에 대한 내신성적 산출방식의 적용문제가 피청구인의 교육정책적 재량에 속하는 사항인지 여부(적극)

이 사건 보완통보는 교육법 제111조의2(대학입학방법) 및 교육법시행령 제71조의2 대학의 학생선발방법에서 정하고 있는 고등학교 내신성적에 관하여 그 구체적인 내용을 보충하는 것으로서 헌법소원심판의 대상이 되는 공권력의 행사에 해당된다고 할 것이고, 또한 1995, 1996학년도 대학입시에 이미 적용되었던 이 사건 보완통보가 특별한 사정이 없는 한 1997학년도 대학입시에서도 그대로 적용될 것임은 충분히 예측할 수 있으므로, 예술계 특수목적고등학교 재학생으로서 이 사건 보완통보로 인하여 제31조가 정하는 교육을 받을 권리 등을 침해받았다고 주장하는 청구인들의 이 사건 헌법소원심판청구는 적법하다.

교육부장관이 이 사건 보완통보를 통하여 원칙적으로 예·체능계 고등학교에서도 비교평가방식에 의한 내신성적 산출제도를 채택할 수 있도록 하되 다만 그 구체적인 적용시기를 비교평가에 의한 교과내신성적 산출방법의 적용여부를 고등학교 입시요강에 명기하여 예고한 후에 입학하는 1995학년도 고등학교 신입생으로부터 적용하도록 정하였다고 하더라도 청구인들을 불합리하게 차별대우하는 것으로서 평등의 원칙에 반한다고 볼 수 없고, 이 사건 보완통보는 예·체능계 고등학교에 대하여 비교평가방식의 내신성적 산출을 허용하는 데에 따른 합리적인 경과조치를 정한 것에 불과하며 청구인들의 대학진학의 기회를 박탈하거나 제한하고자 하는 것이 아니라고 할 것이므로 이를 헌법 제31조 제1항에 의하여 청구인들에게 보장된 균등하게 교육을 받을 권리를 침해하는 내용의 처분이라고 볼 수도 없다.

이 사건 1995학년도 대학입시기본계획의 내용은 예·체능계 고등학교의 희망에 따라 비교평가방식을 채택할 수 있다는 것에 불과하므로 청구인들이 이 사건 기본계획에 대하여 가졌던 기대 내지 신뢰는 아직 법률상의 권리로서 확정될 정도에 이르렀다고 보기는 어렵고, 나아가 어떤 고등학교의 학생들에 대하여 언제 어떤 방식의 내신성적 산출방식을 적용할 것인가의 문제는 기본적으로 피청구인의 교육정책적 재량에 속하는 사항이라 할 것이므로, 이 사건 보완통보에 의하여 이 사건 기본계획이 그대로 시행될 것에 대한 청구인들의 기대가 무산된다고 하여 이를 가리켜 헌법상의 신뢰보호원칙에 반하는 자의적인 처분이라고 할 수는 없다.

[요약판례 8] 종합생활기록부제도개선보완시행지침 위헌확인: 기각(헌재 1997.7.16. 97헌마38)

종합생활기록부에 의하여 절대평가와 상대평가를 병행, 활용하도록 한 교육부장관 지침의 위헌성 여부(소극)

청구인들이 이른바 특수목적고등학교인 외국어고등학교에 입학하기 위하여 원서를 제출할 당시 시행되었던 종합생활기록부 제도는 처음부터 절대평가와 상대평가를 예정하고 있었고, 대학입학전형에 있어서 학생부를 절대평가방법으로 활용할 것인가 상대평가방법으로 활용할 것인가등 그 반영방법도 대학의 자율에 일임되어 있었다. 따라서 그 이후 공표된 이 사건 제도개선보완시행지침은 1999학년도까지 대입전형자료로 절대평가와 상대평가를 병행하도록 하고 다만 종전 종합생활기록부제도의 문제점을 보완하기 위하여 과목별 석차의 기록방법 등 세부적인 사항을 개선, 변경한 데 불과하므로 이로 인하여 청구인들의 헌법상 보호할 가치가 있는 신뢰가 침해되었다고 볼 수 없다.

헌법 제31조 대학의 자율성은 법률이 정하는 바에 의하여 보장된다고 규정하고 교육법시행령 제71조의2에서 학생선발의 권한은 대학의 장이 가지고 있음을 규정하고 있는바, 교육부가 이에 따라 학생부의 활용방법을 대학의 자율에 맡기고 각 대학은 절대평가에 의한 내신제도나 상대평가에 의한 내신제도를 선택적으로 채택할 수 있는데도 상대평가에 의한 내신제도를 채택한 것은 앞서 본 바와 같이 합리적 이유가 있으므로 이를 불합리한 차별이라고 할 수 없다. 따라서 이 사건 제도개선 시행지침이 헌법 제31조 제1항의 교육을 받을 권리, 제11조 제1항의 평등권을 침해한 것이 아니다.

[요약판례 9] 고등학교입학자격검정고시규칙 제15조 위헌확인: 기각(헌재 2005.11.24. 2003헌마173)

중학교 졸업자에게는 졸업과 동시에 학력을 인정하면서 중학교에 상응하는 교육과정인 3년제 고등공민학교 졸업자에 대하여는 중학교 학력을 인정하지 않는 것이 합리적 이유 없이 고등공민학교 졸업자를 차별 취급하는 것으로써 헌법 제11조 평등원칙에 위반되는지 여부(소극)

어떤 교육과정을 이수한 자에 대하여 그에 상응하는 정규학교를 이수한 것과 같은 동등한 학력을 인정할 것인지 여부는 당해 교육과정의 목적과 내용, 교육기관의 시설 및 설비, 학업성취도 등을 종합적으로 평가하여 입법자가 결정할 사안이라고 할 것이다. 다만 입법자가 자신의 입법형성권을 자의적으로 행사하여 합리적 이유 없이 특정 교육과정 이수자를 차별한다면 헌법상 평등원칙에 위배될 수 있다. 그러나 고등공민학교는 교육시설뿐 아니라 수업연한, 연간 수업일수 등 교육과정 전반에서 중학교와 차이가 있다. 이는 고등공민학교과정을 이수한 자에게 중학교 과정 이수자와 동등한 정도의 학업성취도를 보장할 수 없는 이유가 된다. 초·중등교육법시행령 제97조 제1항 제2호가 고등공민학교 졸업자에 대하여 곧바로 중학교 졸업 학력을 인정하지 아니하고 학력검정평가를 통하여 학력을 인정하더라도 거기에는 위와 같은 합리적 이유가 있다할 것이므로 평등원칙에 어긋난다고 볼 수 없다.

대판 1996.9.20. 95누7994: 폐교처분취소소송

경기도 가평군 상색초등학교 두밀분교의 폐지로 인한 교육조건 및 통학 조건의 변화, 학교의 적정 규모, 폐교로 인하여 지역 사회에 미치는 영향 등의 제반 사정을 검토한 후, 두밀분교의 아동들이 상색초등학교에서 교육을 받음으로써 발생하는 긍정적인 교육효과를 고려한다면 분교의 폐지로 인한 통학조건이 다소 악화되는 등의 부정적인 효과는 그다지 크다고 할 수 없으므로, 경기도의회의 두밀분교 통폐합에 관한 조례는 재량권의 범위를 일탈한 것이라거나 분교 학생들의 교육을 받을 권리 또는 의무교육을 받을 권리를 침해한 것이라고 볼 수 없다.

[요약판례 10] 교육법 제157조에 관한 헌법소원: 기각(헌재 1992.11.12. 89헌마88)

국정교과서제도의 위헌성 여부

국정교과서제도는 교과서라는 형태의 도서에 대하여 국가가 이를 독점하는 것이지만, 국민의 수학권의 보호라는 차원에서 학년과 학과에 따라 어떤 교과용 도서에 대하여 이를 자유발행제로 하는 것이 온당하지 못한 경우가 있을 수 있고 그러한 경우 국가가 관여할 수밖에 없다는 것과 관여할 수 있는 헌법적 근거가 있다는 것을 인정한다면 그 인정의 범위 내에서 국가가 이를 검·인정제로 할 것인가 또는 국정제로 할 것인가에 대하여 재량권을 갖는다고 할 것이므로 중학교의 국어교과서에 관한 한, 교과용 도서의 국정제는 학문의 자유나 언론·출판의 자유를 침해하는 제도가 아님은 물론 교육의 자주성·전문성·정치적 중립성과도 무조건 양립되지 않는 것이라 하기 어렵다.

[요약판례 11] 구 학교용지확보에관한특례법 제2조 제2호 등 위헌제청: 위헌(헌재 2005.3.31. 2003헌가20)

학교용지확보를 위하여 공동주택 수분양자들에게 학교용지부담금을 부과할 수 있도록 하고 있는 구 학교용지확보에관한특례법 제2조 제2호, 제5조 제1항 중 제2조 제2호가 정한 주택건설촉진법에 의하여 시행하는 개발사업지역에서 공동주택을 분양받은 자에게 학교용지확보를 위하여 부담금을 부과·징수할 수 있다는 부분이 헌법상 의무교육의 무상원칙에 반하는지 여부(적극)

헌법은, 모든 국민은 그 보호하는 자녀에게 적어도 초등교육과 법률이 정하는 교육을 받게 할 의무를 지고(헌법 제31조 제2항), 의무교육은 무상으로 한다(헌법 제31조 제3항)고 규정하고 있다. 이러한 의무교육제도는 국민에 대하여 보호하는 자녀들을 취학시키도록 한다는 의무부과의 면보다는 국가에 대하여 인적·물적 교육시설을 정비하고 교육환경을 개선하여야 한다는 의무부과의 측면이 보다 더 중요한 의미를 갖는다. 의무교육에 필요한 학교시설은 국가의 일반적 과제이고, 학교용지는 의무교육을 시행하기 위한 물적 기반으로서 필수조건임은 말할 필요도 없으므로 이를 달성하기 위한 비용은 국가의 일반재정으로 충당하여야 한다. 따라서 적어도 의무교육에 관한 한 일반재정이 아닌 부담금과 같은 별도의 재정수단을 동원하여 특정한 집단으로부터 그 비용을 추가로 징수하여 충당하는 것은 의무교육의 무상성을 선언한 헌법에 반한다.

[요약판례 12] 학교용지확보에관한특례법 제2조 제2호 등 위헌제청: 합헌(헌재 2008.9.25. 2003헌가20)

수분양자가 아닌 개발사업자를 부과대상으로 하는 구 '학교용지 확보 등에 관한 특례법' 제2조 제2호, 제5조 제1항 본문이 헌법 제31조 제3항의 의무교육 무상원칙에 위배되는지 여부(소극)

수분양자를 부과대상으로 하는 구 학교용지부담금제도가 의무교육의 무상성에 반한다는 종래의 판시는 의무교육의 대상인 학력아동의 보호자(친권자 또는 후견인)로부터 의무교육의 비용을 징수해서는 안된다는 취지에 불과하다. 즉 의무교육무상에 관한 헌법 제31조 제3항은 교육을 받을 권리를 보다 실효성 있게 보장하기 위하여 의무교육 비용을 학령아동의 보호자 개개인의 직접적 부담에서 공동체 전체의 부담으로 이전하라는 명령일 뿐이고 의무교육의 비용을 오로지 국가 또는 지방자치단체의 예산, 즉 조세로 해결해야 함을 의미하는 것은 아니다.

따라서 의무교육의 대상인 수분양자가 아닌 개발사업자에게 학교용지부담금을 부과하고 그 재원으로 의무교육시설을 마련하도록 하는 이 사건 법률조항은 더 이상 헌법 제31조 제3항의 의무교육의 무상성과는 관계가 없다.

※ 헌재 2005. 3. 31. 2003헌가20 사건의 심판대상조항

구 학교용지 확보 등에 관한 특례법(2000. 1. 28. 법률 제6219호로 개정되어 2002. 12. 5. 법률 제6744호로 개정되기 전의 것) 제2조 (정의) 이 법에서 사용하는 용어의 정의는 다음과 같다.

2. "개발사업"이라 함은 주택건설촉진법·택지개발촉진법 및 산업입지및개발에관한법률에 의하여 시행하는 사업 중 300세대 규모 이상의 주택건설용 토지를 조성·개발하는 사업을 말한다.

제5조 (부담금의 부과·징수) ① 시·도지사는 학교용지의 확보를 위하여 개발사업지역에서 단독주택 건축을 위한 토지(공공용지취득및손실보상에관한특례법에 의한 이주용 택지로 분양받은 토지를 제외한다) 또는 공동주택(임대주택을 제외한다) 등을 분양받는 자에게 부담금을 부과·징수할 수 있다.

※ 헌재 2008. 9. 25. 2007헌가1 사건의 심판대상조항

구 학교용지 확보 등에 관한 특례법(2005. 3. 24. 법률 제7397호로 개정되고 2007. 12. 14. 법률 제8679호로 개정되기 전의 것) 제2조 (정의) 이 법에서 사용하는 용어의 정의는 다음과 같다.

2. "개발사업"이라 함은 건축법, 도시개발법, 도시 및 주거환경정비법, 주택법, 택지개발촉진법 및 산업입지 및 개발에 관한 법률에 의하여 시행하는 사업 중 100세대 규모 이상의 주택건설용 토지를 조성·개발하거나 공동주택을 건설하는 사업을 말한다.

제5조 (부담금의 부과·징수) ① 시·도지사는 개발사업지역에서 단독주택 건축을 위한 토지를 개발하여 분양하거나 공동주택을 분양하는 자에게 부담금을 부과·징수할 수 있다. (단서 생략)

※ 제청법원의 제청이유

이 사건 법률조항은 의무교육에 관한 한 그 비용을 부담금이라는 별도의 재정수단을 동원하여 충당하고 있다는 점에서 헌법재판소에 의하여 위헌으로 결정된(헌재 2005. 3. 31. 2003헌가20) 구법조항과 동일하며, 개발사업자는 위 부담을 분양원가에 반영하는 방법으로 수분양자에게 전가할 것이 명백하므로 이는 의무교육의 무상성을 선언한 헌법 제31조 제2항, 제3항에 반한다.

[요약판례 13] 사립학교법 제58조 제1항 제2호 등 위헌소원: 합헌(헌재 1997.12.24. 95헌바29등)

교육의 자주성은 교육을 받을 기본권을 가진 피교육자인 학생들의 권익과 복리증진에 저해가 되어서는 아니 되며, 국가와 사회공동체의 이념과 윤리에 의하여 제약을 받게 되는지 여부(적극)

교육의 자주성은 교육을 받을 기본권을 가진 피교육자인 학생들의 권익과 복리증진에 저해가 되어서는 아니 되고, 또 국가와 사회공동체의 이념과 윤리에 의하여 제약을 받게 되는 점에 비추어 사립학교 교원의 신분보장을 위한 조치로서 위와 같은 직권면직 사유를 법정화하고, 또한 임면권자의 재량권 남용으로 인한 폐해를 방지하기 위하여 교원징계위원회의 동의절차를 두었다면 비록 직권면직 절차에 징계절차를 준용하지 않아 유리한 진술을 할 수 있는 기회가 주어지지 않았다고 하여 이것만을 가지고 헌법상 보장된 교육의 자주성 등이 침해되었다고 볼 수 없으며, 직권면직의 성질상 그 절차에서 당사자의 진술권이 반드시 필요한 절차적 권리로 보장되어야 하는 것은 아니고 사립학교 교원은 국·공립학교 교원과 신분관계에 있어서 본질적인 차이가 있어 모든 경우에 동일하게 대우하여야 하는 것은 아니므로 국·공립학교 교원과 직권면직이나 징계의 사유와 절차를 달리한다고 하더라도 이는 입법정책적 재량사항에 불과하고 사립학교 교원에게 국·공립학교 교원보다 부당하게 불리한 차별대우를 하여 평등권을 침해하였다고 할 수 없다.

[요약판례 14] 사립학교법 제55조 등에 관한 위헌심판: 합헌(헌재 1991.7.22. 89헌가106)

(1) 헌법 제31조 제6항과 헌법 제33조 제1항과의 관계
(2) 사립학교교원에 대한 근로3권의 제한 또는 금지와 헌법 제37조 제2항의 위반여부
(3) 사립학교교원에 대한 근로3권의 제한 또는 금지와 평등의 원칙
(4) 교원의 지위에 관한 국제법규의 헌법상 의미

(1) 헌법 제31조 제6항은 국민의 교육을 받을 기본적 권리를 보다 효과적으로 보장하기 위하여 교원의 보수 및 근무조건 등을 포함하는 개념인 "교원의 지위"에 관한 기본적인 사항을 법률로써 정하도록 한 것이므로 교원의 지위에 관련된 사항에 관한한 위 헌법조항이 근로기본권에 관한 헌법 제33조 제1항에 우선하여 적용된다.

(2) 사립학교 교원에게 헌법 제33조 제1항에 정한 근로3권의 행사를 제한 또는 금지하고 있다고 하더라도 이로써 사립학교교원이 가지는 근로기본권의 본질적 내용을 침해한 것으로 볼 수 없고, 그 제한은 입법자가 교원지위의 특수성과 우리의 역사적 현실을 종합하여 공공의 이익인 교육제도의 본질을 지키기 위하여 결정한 것으로 필요하고 적정한 범위내의 것이다.

(3) 사립학교법 제55조 및 제58조 제1항 제4호는 헌법이 교원의 지위에 관한 사항을 국민적 합의를 배경으로 한 입법기관의 권한에 위임하고 있는 헌법조항에 따라 규정한 것으로서 사립학교 교원을 근로3권의 행사에 있어서 일반 근로자의 경우와 달리 취급하여야 할 합리적인 이유가 있다 할 것이고, 또한 공립학교 교원에게 적용되는 교육공무원법 및 국가공무원법의 관계규정보다 반드시 불리한 것으로도 볼 수 없으므로 헌법 제11조 제1항에 정한 평등원칙에 위반되는 것이 아니다.

(4) 교육에 관한 국제법상의 선언, 규약 및 권고문 등은 우리의 현실에 적합한 교육제도의 실시를 제약하면서까지 교원에게 근로권이 제한없이 보장되어야 한다든가 교원단체를 전문직으로서의 특수성을 살리는 교직단체로서 구성하는 것을 배제하고 반드시 일반근로조합으로서만 구성하여야 한다는 주장의 근거로 삼을 수 없다.

[요약판례 15] 지방교육자치에관한법률 제9조 제1항에 대한 헌법소원: 기각(헌재 1993.7.29. 91헌마69)

지방교육자치에관한법률은 별도로 교육위원 정수의 2분의 1 이상과 집행기관인 교육감의 자격을 일정기간 이상 교육 관련 경력이 있는 자로 제한하여(동법 제8조, 제32조 제2항) 교육의 자주성, 전문성이 충분히 보장되도록 규정하고 있으므로 동법 제9조 제1항 제2호가 **교육위원과 초·중등학교 교원의 겸직을 금지하였다고 하여 그것만으로 교육의 전문성을 규정한 헌법 제31조 제4항에 위반된다고 할 수 없다.**

대판 1981.12.22. 80누499

국가공무원(대학교수)이 정치단체의 결성에 관여하면서 이에 가입하여 정치적 행위를 한 것이라고 인정한 예

교육의 담당자인 교원의 정치활동은 금지된다.

[요약판례 16] 세무대학설치법 폐지법률 위헌확인: 기각,각하(헌재 2001.2.22. 99헌마613)

(1) 세무대학 진학을 목표로 공부해 온 고등학생들에게, 세무대학을 폐지하는 이 사건 폐지법에 대한 청구인적격(자기관련성)이 인정될 수 있는지 여부(소극)

(2) 국회가 이 사건 폐지법을 제정하는 과정에서 별도의 청문절차를 거치지 않았다는 이유만으로 헌법 제12조의 적법절차를 위반한 것인지 여부(소극)

(3) 이 사건 폐지법으로 인하여 대학의 자율권이 침해되었는지 여부(소극)

(1) 헌법재판소법 제68조 제1항에 의하면 헌법소원심판은 공권력의 행사 또는 불행사로 인하여 헌법상 보장된 기본권을 침해받은 자가 청구하여야 한다고 규정하고 있는바, 여기에서 기본권을 침해받은 자라 함은 공권력의 행사 또는 불행사로 인하여 자기의 기본권이 현재 그리고 직접적으로 침해받은 자를 의미하며 단순히 간접적, 사실적 또는 경제적인 이해관계가 있을 뿐인 제3자는 이에 해당하지 않는다.

청구인을 비롯한 고등학교 학생들의 경우, 세무대학 진학을 목표로 공부를 해 왔다는 사실만으로는 아직 세무대학에서 학업할 수 있는 자격을 확정적으로 부여받았다고 볼 수 없다. 따라서 청구인들 중 세무대학 진학을 목표로 공부해 온 고등학생들의 경우 청구인적격(자기관련성)이 인정될 수 없으므로 이들의 심판청구는 부적법하다.

(2) 정부는 1998. 11.부터 1999. 2.까지 전 정부부처(17부·4위원회·2처·16청) 및 19개 민간전문기관이 참여하는 경영진단조정위원회를 구성하여 정부조직 경영진단을 실시하였다. 정부는 이 과정에서 세무대학 폐지와 관련한 이해관계인들의 의견을 수렴하였으며, 1999. 3. 8.에는 세무대학 폐지방안을 포함한 '21세기 지식·정보사회에 대비한 정부운영 및 조직개편 방안'에 대한 공청회를 개최하는 등 각계의 의견을 수렴한 바 있다. 정부는 이를 토대로 1999. 3. 경영진단조정위원회와 기획예산위원회가 마련한 세무대학의 폐지 방침을 정부안으로 결정하여, 1999. 6. 3.부터 같은 달 22.까지 행정절차법 제41조와 법제업무운영규정 제15조에 따라 입법예고를 통해 이해당사자는 물론 전 국민에게 세무대학 폐지의 의사를 미리 공표하였으며, 이 사건 폐지법률안을 국회에 제출하기에 앞서 헌법 제89조에 따라 국무회의의 심의를 거치는 등 헌법과 법률이 정한 절차와 방법을 준수하였다.

따라서 **국회가 이 사건 폐지법을 제정하는 과정에서 별도의 청문절차를 거치지 않았다고 해서 그것만으로 곧 헌법 제12조의 적법절차를 위반하였다고 볼 수는 없다.**

(3) 대학의 자율성은 그 보호영역이 원칙적으로 대학 자체의 계속적 존립에까지 미치는 것은 아니다. 즉, 이러한 자율성은 법률의 목적에 의해서 대학이 수행해야 할 과제의 범위 내에서만 인정되는 것으로서, 대학의 설립과 폐교가 국가의 합리적인 고도의 정책적 결단 그 자체에 의존하고 있는 이상 대학의 계속적 존립과 과제수행을 자율성의 한 내용으로 요구할 수는 없다고 할 것이다. 따라서 이 사건 폐지법에 의해서 세무대학을 폐교한다고 해서 세무대학의 자율성이 침해되는 것은 아니다.

대판(전합) 1997.6.19. 95누8669

교육감의 학교법인 임원취임승인권을 조례가 아닌 규칙에 의하여 권한을 위임하는 것은 무효이다.

[요약판례 17] 지방교육자치에관한법률 제62조 제1항 위헌확인: 기각(헌재 2002.3.28. 2000헌마283등)

교육위원 및 교육감의 선거인단을 학교운영위원회 위원 전원으로 구성하도록 규정하고 있는 법률 조항이 교육의 자주성을 침해하는지 여부(소극)

교육의 자주성이란 교육이 정치권력이나 기타의 간섭 없이 그 전문성과 특수성에 따라 독자적으로 교육 본래의 목적에 기하여 조직·운영·실시되어야 한다는 의미에서의 교육의 자유와 독립을 말한다고 일단 정의할 수 있을 것이다.

비록 일부 교육당사자가 교육위원 및 교육감의 선거과정에서 배제되었다고 하더라도 이는 현실적인 여건 등을 고려한 것으로서 정당화될 수 있을 뿐만 아니라, 위와 같은 선거는 교육의 자주성을 구현하기 위한 한 방편에 불과한 것으로서, 그 밖에도 교육정책의 결정 및 집행과정에서 의견제출 등 다양한 방법을 통한 참여에 의하여 교육의 자주성을 실현할 수 있는 길이 보장되어 있다고 할 것이므로, 이 사건 법률조항으로 인하여 교육의 자주성이 침해된 것으로는 볼 수 없다.

[요약판례 18] 초·중등교육법 제31조 위헌확인: 기각,각하(헌재 2001.11.29. 2000헌마278)

사립학교에도 학교운영위원회를 의무적으로 설치하도록 한 초·중등교육법 제31조 등은 사학 설립자 및 재단의 재산권을 침해한 것이 아니며, 헌법상 보장된 교육의 자주성, 전문성도 침해하지 않는다.

[요약판례 19] 사립학교법 제60조의3 위헌확인: 기각(헌재 2007.4.26. 2003헌마533)

교원의 신분과 정년뿐만 아니라 명예퇴직수당의 지급 여부가 교육의 목표, 교원의 수급균형, 사회경제적 여건을 종합적으로 고려하여 입법자가 결정하여야 할 입법정책에 속하는지 여부(적극)

사립학교법상 명예퇴직수당은 교원이 정년까지 근무할 경우에 받게 될 장래 임금의 보전이나 퇴직 이후의 생활안정을 보장하는 사회보장적 급여가 아니라 장기근속 교원의 조기 퇴직을 유도하기 위한 특별장려금이라고 할 것이다. 입법자는 국민들의 요청과 시대적인 상황 등을 참작하여 최적의 교육기반을 조성함에 있어 광범위한 재량을 가진다. 교원의 신분과 정년뿐만 아니라 명예퇴직수당의 지급 여부도 교육의 목표, 교원의 수급균형, 사회경제적 여건을 종합적으로 고려하여 입법자가 결정할 입법정책에 속한다. 나아가 입법자가 사립학교 교·직원 가운데 교원에 대하여만 명예퇴직수당의 지급 근거를 두고 사무직원에 대하여는 이에 대한 법적 근거를 두지 않고 학교의 정관 또는 규칙으로 정하도록 구별한 것은 위에서 본 바와 같이 합리적인 이유가 있다고 할 것이므로, 사립학교의 종사자인 교·직원 가운데 교원만을 우대하고 사무직원을 차별하려는 자의적인 입법으로 헌법 제11조 제1항의 평등원칙에 위배된다고 볼 수 없다.

[요약판례 20] 사립학교법 제53조의2 제2항 위헌소원 등: 합헌,각하(헌재 1998.7.16. 96헌바33등)

(1) 교원지위 법정주의의 의미
(2) 사립대학 교육기관의 교원을 정관이 정하는 바에 따라 기간을 정하여 임면할 수 있도록 규정한 구 사립학교법 제53조의2 제3항이 교원지위 법정주의에 위반되는지 여부(소극)
(3) 위 법률조항이 교육의 자주성·전문성·정치적 중립성 및 대학의 자율성과 학문의 자유를 침해하는지 여부(소극)

(1) 헌법 제31조 제6항이 규정한 교원지위 법정주의는 단순히 교원의 권익을 보장하기 위한 규정이라거나 교원의 지위를 행정권력에 의한 부당한 침해로부터 보호하는 것만을 목적으로 한 규정이 아니고, 국민의 교육을 받을 기본권을 실효성 있게 보장하기 위한 것까지 포함하여 교원의 지위를 법률로 정하도록 한 것이다.

(2) 대학교원의 기간임용제를 규정한 구 사립학교법 제53조의2 제3항은 전문성·연구실적 등에 문제가 있는 교수의 연임을 배제하여 합리적인 교수인사를 할 수 있도록 하기 위한 것으로 그 입법목적이 정당하고, 대학교육기관의 교원에 대한 기간임용제와 정년보장제는 국가가 문화국가의 실현을 위한 학문진흥의 의무를 이행함에 있어서나 국민의 교육권의 실현·방법 면에서 각각 장단점이 있어서, 그 판단·선택은 헌법재판소에서 이를 가늠하기보다는 입법자의 입법정책에 맡겨 두는 것이 옳으므로, 위 조항은 헌법 제31조 제6항이 규정한 교원지위 법정주의에 위반되지 아니한다.

(3) 기간임용제는 대학교육기관의 교원을 기간을 정하여 임면할 수 있도록 한 것일 뿐 교원의 학문에 대한 연구·활동 내용이나 방식을 규율한 것은 아니며, 재임용될 교원을 결정함에 있어서도 임면권자인 학교법인의 교원인사에

관한 자율성을 제한하는 것도 아니므로, 구 사립학교법 제53조의2 제3항은 헌법 제31조 제4항이 보장한 교육의 자주성·전문성·정치적 중립성 및 대학의 자율성과 헌법 제22조 제1항이 보장한 학문의 자유를 침해하지 아니한다.

[요약판례 21] 사립학교법 제28조 제1항 본문 위헌확인: 합헌(헌재 2001.1.18. 99헌바63)

학교법인이 의무를 부담하고자 할 때 관할청의 허가를 받도록 하는 것은 사립학교운영의 자유를 침해하지 않는다.

[요약판례 22] 사립학교법 제58조 제1항 제2호 등 위헌소원: 합헌(헌재 1997.12.24. 95헌바29등)

근무성적이 극히 불량한 때를 면직사유로 규정한 사립학교법 제58조 제1항 제2호가 헌법 제31조 제4항 및 평등원칙에 위반되는지 여부(소극)

교육의 자주성과 교원의 지위는 국민의 교육을 받을 권리를 침해할 경우에는 그에 따른 제약을 받을 수밖에 없으며, 이 사건 요건조항은 교원으로서의 의무 내지 책임에 대응하여 최소한의 자질과 근무를 확보하기 위하여 필요한 사항을 규정한 것으로서 그 개념이 불명확하여 헌법 제31조 제4항의 교육의 자주성 등을 침해한다고 할 수 없고, 임면권자가 근무성적이 불량한 정도, 내용, 능력 또는 근무성적의 향상 가능성 등을 고려하여 그 재량으로 직권면직을 할 것인가, 아니면 직위해제를 할 것인가를 선택하여 처분할 수 있도록 규정한 것은 합리성이 인정된다 할 것이므로 평등의 원칙에 위반된다고 할 수 없다.

대판 1997.10.10. 96누4046

공립대학의 교원은 사립대학의 교원과는 달리 그 신분관계가 공법관계로서 임용권자, 임용절차 등에서 다른 취급을 받고 있는 점, 교육법, 교육공무원법 등의 관련 법령에 설립자 변경의 경우 새로운 설립자로 하여금 종전 사립대학 교원에 대한 임용의무를 지우거나 그 임용절차 및 요건 등에 관하여 아무런 근거 규정을 두고 있지 않은 점 등에 비추어, 사립대학 교원의 신분관계는 구교육공무원법 제11조 제3항의 신규채용이나 제12조 제1항 제5호의 특별채용에 의한 새로운 신분관계의 설정행위가 없는 이상 설립자변경으로 인하여 당연히 종료되는 것이고, 이러한 경우 임용권자가 종전 사립대학 교원을 공립대학 교원으로 다시 임용할 것인가의 여부는 결국 임용권자의 판단에 따른 재량행위에 속한다.

구 사립학교법 제56조 제1항 및 교원지위향상을위한특별법 제6조 소정의 교원에 대한 신분보장 규정은 당해 학교의 교원으로 재직하는 동안에만 적용되는 것일 뿐 당해 사안에서와 같이 사립대학에서 공립대학으로의 설립자 변경의 경우까지 적용되는 것은 아니다.

[요약판례 23] 교원지위향상을위한특별법 제10조 제3항 위헌제청 등: 합헌(헌재 1998.7.16. 95헌바19등)

교원징계재심위원회의 재심결정에 대하여 교원은 행정소송을 제기할 수 있게 한 반면, 학교법인 또는 사립학교 경영자는 이를 제기할 수 없도록 한 것이 헌법에 위반되는지 여부(소극)

감독권 행사인 재심결정에 대하여 감독대상자인 학교법인 등이 불복, 행정소송을 할 수 있도록 허용할 것인지 여부는 교육제도와 교원의 지위를 어떻게 정할 것인가에 관한 문제로서 입법정책에 속하는 사항이라고 할 것인바, 위 특별법 제10조 제3항에서 재심위원회의 재심결정에 대하여 재심청구를 한 교원만 행정소송을 제기할 수 있을 뿐, 징계처분권자인 학교법인 또는 사립학교 경영자는 이를 제기할 수 없도록 하였다 하더라도 이는 사립학교 교원의 신분보장을 위한 것으로서 합리적 이유가 있으므로 평등원칙에 위배된다고 할 수 없고, 재심결정은 일반 행정처분과 달리 행정심판의 재결에 유사한 감독권 행사로서의 처분이므로 학교법인 등이 재심결정에 대하여 불복할 수 없도록 제한하였다 하여 재판청구권 등을 보장한 헌법규정에 위반되지 아니한다.

[요약판례 24] 교원지위향상을위한특별법 제10조 제3항 위헌제청 등: 위헌(헌재 2006.2.23. 2005헌가7등)

재심결정에 대하여 교원에게만 행정소송을 제기할 수 있도록 하고 학교법인에게는 이를 금지한 교원지위향상을위한특별법 제10조 제3항이 헌법에 위배되는지 여부(적극)

이 사건 법률조항은 국가의 학교법인에 대한 감독권 행사의 실효성을 보장하고, 재심결정에 불복하는 경우 사립학교 교원에게 행정소송을 제기할 수 있게 함으로써 사립학교 교원의 신분보장과 지위향상에 그 입법목적이 있다고 할 것이므로 그 정당성을 긍정할 수 있고, 재심절차에서 교원의 청구가 인용되는 경우 교원은 확정적·최종적으로 징계 등 불리한 처분에서 벗어나게 되므로 그 수단의 적절성도 인정된다. 그리고 교원이 그 선택에 따라 징계 등 불리한 처분의 효력유무를 다투는 민사소송을 제기하는 경우 학교법인은 이에 대하여 응소하거나 또는 그 소송의 피고로서 재판절차에 참여함으로써 자신의 침해된 권익을 구제받을 수 있고, 나아가 적극적으로 학교법인이 징계 등 처분이 유효함을 전제로 교원지위부존재확인 등 민사소송을 제기하는 방법으로 재심결정의 대상인 불리한 처분을 다툴 수도 있다.

그러나 교원이 제기한 민사소송에 대하여 응소하거나 피고로서 재판절차에 참여함으로써 자신의 권리를 주장하는 것은 어디까지나 상대방인 교원이 교원지위법이 정하는 재심절차와 행정소송절차를 포기하고 민사소송을 제기하는 경우에 비로소 가능한 것이므로 이를 들어 학교법인에게 자신의 침해된 권익을 구제받을 수 있는 실효적인 권리구제절차가 제공되었다고 볼 수 없고, 교원지위부존재확인 등 민사소송절차도 교원이 처분의 취소를 구하는 재심을 따로 청구하거나 또는 재심결정에 불복하여 행정소송을 제기하는 경우에는 민사소송의 판결과 재심결정 또는 행정소송의 판결이 서로 모순·저촉될 가능성이 상존하므로 이 역시 간접적이고 우회적인 권리구제수단에 불과하다. 그리고 학교법인에게 재심결정에 불복할 제소권한을 부여한다고 하여 이 사건 법률조항이 추구하는 사립학교 교원의 신분보장에 특별한 장애사유가 생긴다든가 그 권리구제에 공백이 발생하는 것도 아니므로 이 사건 법률조항은 분쟁의 당사자이자 재심절차의 피청구인인 학교법인의 재판청구권을 침해한다.

또한 학교법인은 그 소속 교원과 사법상의 고용계약관계에 있고 재심절차에서 그 결정의 효력을 받는 일방 당사자의 지위에 있음에도 불구하고 이 사건 법률조항은 합리적인 이유 없이 학교법인의 제소권한을 부인함으로써 헌법 제11조의 평등원칙에 위배되고, 사립학교 교원에 대한 징계 등 불리한 처분의 적법여부에 관하여 재심위원회의 재심결정이 최종적인 것이 되는 결과 일체의 법률적 쟁송에 대한 재판권능을 법원에 부여한 헌법 제101조 제1항에도 위배되며, 행정처분인 재심결정의 적법여부에 관하여 대법원을 최종심으로 하는 법원의 심사를 박탈함으로써 헌법 제107조 제2항에도 아울러 위배된다.

이 사건 법률조항은 헌법에 위반되므로, 우리 재판소가 종전의 1998. 7. 16. 95헌바19등 결정에서 이와 견해를 달리하여 이 사건 법률조항이 헌법에 위반되지 아니한다고 판시한 의견은 이를 변경하기로 한다.

[요약판례 25] 대학교원기간임용제탈락자구제를위한특별법 위헌확인: 위헌(헌재 2006.4.27. 2005헌마1119)

법 제9조 제1항의 규정이 입법형성권의 한계를 넘어 헌법에 위배되는지 여부(적극)

이 사건 제소금지규정은 재임용에서 탈락한 사립대학 교원의 권리구제절차를 형성하면서 분쟁의 당사자이자 재심절차의 피청구인인 학교법인에게는 교원소청심사특별위원회의 재심결정에 대하여 소송으로 다투지 못하게 함으로써 학교법인의 재판청구권을 침해한다. 또한 학교법인은 그 소속 대학교원과 사법상의 고용계약관계에 있고 재심절차에서 그 결정의 효력을 받는 일방 당사자의 지위에 있음에도 불구하고 이 사건 제소금지규정은 합리적인 이유 없이 학교법인의 제소권만을 부인함으로써 헌법 제11조의 평등원칙에 위배되고, 재임용 거부 조치가 부당하였는지 여부에 관하여 특별위원회의 재심결정이 최종적인 것이 되는 결과 일체의 법률적 쟁송에 대한 재판권능을 법원에 부여한 헌법 제101조 제1항에도 위배될 뿐 아니라, 행정처분인 재심결정의 적법 여부에 관하여 대법원을 최종심으로 하는 법원의 심사를 박탈함으로써 헌법 제107조 제2항에도 아울러 위배된다.

[요약판례 26] 사립학교법 제55조, 제58조 제1항 제4호에 관한 위헌심판: 합헌(헌재 1991.7.22. 89헌가106)

교원의 노동운동을 금지한 사립학교법은 근로자의 근로기본권을 규정한 헌법 제33조 제1항, 법률유보에 관한 헌법 제37조 제2항, 평등에 관한 헌법 제11조 제1항 및 국제법존중주의를 규정한 헌법 제6조 제1항에 위반되지 아니한다.

[요약판례 27] 교원의노동조합설립및운영등에관한법률 제6조 제1항 위헌소원: 합헌(헌재 2006.12.28. 2004헌바67)

사립학교의 설립·경영자들은 교원노조와 개별적으로 단체교섭을 할 수 없고 반드시 연합하여 단체교섭에 응하도록 규정한 교원의노동조합설립및운영등에관한법률 제6조 제1항 후문이 비례의 원칙에 어긋나게 사립학교의 설립·경영자인 청구인들의 결사의 자유를 침해하는지 여부(소극) 및 이 사건 법률조항이 평등의 원칙에 위반되는지 여부(소극)

개별 학교에서의 교원노조를 인정하지 않는 것에 대응하여 이 사건 법률조항이 개별 학교법인은 단체교섭의 상대방이 될 수 없도록 함으로써 교원노조로 하여금 개별 학교의 운영에 관여하지 못하도록 한 것은, 첫째 교원의 근로조건이 각 학교법인별로 크게 다르지 아니한 점, 둘째 교원의 지위를 통일적으로 보장할 필요가 있는 점, 셋째 교원의 노사관계가 일반 노사관계와는 다른 특수성을 지니는 점 등을 모두 고려하여 개별 학교차원의 교섭으로 인한 혼란을 방지하고자 하는 것이라고 할 것이므로, 그 입법목적의 정당성 및 방법의 적절성을 인정할 수 있다.

개별 학교법인에게 단체교섭의 상대방이 될 수 있도록 한다면 전국 단위 또는 시·도 단위 교원노조가 모든 개별 학교법인과 단체교섭을 해야 하므로 이는 불필요한 인적·물적 낭비요인이 될 뿐만 아니라, 단체교섭의 결과인 단체협약의 내용이 개별 학교마다 다르다면 각 학교 사이에서 적지 않은 혼란이 야기될 수도 있다. 따라서 이 사건 법률조항은 청구인들의 결사의 자유에 대한 필요·최소한의 제한이라고 할 수 있으므로 침해의 최소성 요건을 충족한다. 그리고 이 사건 법률조항이 추구하고자 하는 공익은 개별 학교법인이 단체교섭의 상대방이 되지 못함으로 인하여 발생할 수 있는 결사의 자유의 제한보다 크다고 할 것이므로 법익의 균형성도 충족한다.

교원이 근로관계 법령에서 정한 근로자임에는 틀림이 없다고 하더라도 교원의 근로관계는 각 사업장에서 사용자에 고용되어 직접 근로를 제공하고 그로부터 임금 등의 반대급부를 받는 일반근로자의 근로관계와는 본질적인 구조상의 차이가 있다. 따라서 일반 사용자들이나 경영자들과는 달리 개별 학교법인이 교원노조와의 단체교섭의 상대방이 될 수 없도록 한 것은 합리적인 이유가 있는 차별이라고 할 것이므로 이 사건 법률조항은 학교법인인 청구인들의 평등권을 침해한다고 할 수 없다.

[요약판례 28] 학교용지 확보 등에 관한 특례법 제2조 2호 등에 관한 위헌제청: 헌법불합치(헌재 2008.9.25. 2007헌가9)

1. 특례법 제5조 제4항에서 기존 학교건물을 증축하여 기부채납하는 경우를 부담금의 필요적 면제사유로 정하고 있지 아니한 것이 학교건물을 증축하여 기부채납한 자의 평등권을 침해하는지 여부(적극)
2. 다만 특례법 제5조 제4항에 대하여 단순위헌을 선언할 경우에는 기존에 면제사유에 해당되는 자까지도 부담금을 면제받을 수 없는 법적 공백상태가 발생하므로 이 조항에 대하여 입법자가 이를 개정할 때까지 잠정적인 적용을 명하는 헌법불합치를 선언한 사례

부담금 면제조항은 '학교용지를 기부채납한 자'에 대하여만 이중의 부담을 방지하기 위한 필요적 면제규정을 두고, 학교건물을 증축하여 기부채납한 자에 대하여는 부담금의 필요적 면제나 감액 등 이중의 비용 부담을 막기 위한 일체의 규정을 두지 아니함으로써, **본질적으로 동일한 두 비교집단을 차별취급**하고 있다. 특히 학교용지를 기부채납한 자에 대하여만 이중의 부담을 방지하는 필요적 면제 규정을 두고, 학교건물을 증축하여 기부채납한 자에 대해서는 일체의 규정을 두지 아니한 것에는 **그 차별에 대한 합리적 이유를 발견할 수 없다.**

따라서 **입법자가 2009. 6. 30.을 시한으로 이 결정의 취지에 따라 '교육행정청과의 합의 하에 기존 학교건물을 증축하여 기부채납한 자가 학교용지부담금을 면제받거나 혹은 부담금의 일정 금액을 공제받을 수 있는 방안'을 위 부담금 면제조항에 포함시켜 줌으로써 헌법에 합치되는 내용으로 이를 개정할 때까지, 위 부담금 면제조항의 효력은 학교용지부담금 면제의 근거규정이 되는 범위 내에서 잠정적으로 존속**한다고 할 것이다.

Ⅱ | 구 사립학교법 제53조의2 제3항 위헌소원: 헌법불합치(헌재 2003.2.27. 2000헌바26)

쟁점 교수재임용제에 대한 위헌성 여부

사건의 개요

청구인은 1983. 3. 1.부터 1993. 2. 28.까지 학교법인 대우학원이 경영하는 아주학교 경영학과 교수로 임용되었으나 1984. 3. 1. 휴직되었다가 1984. 10. 31. 직권면직되자, 위 학교법인을 상대로 소송을 제기하여 '학교법인 대우학원은 청구인에게 1984. 3. 1.부터 1993. 2. 28.까지의 기간 중 청구인을 복직시킬 때까지의 임금을 지급하라'는 내용의 일부승소판결을 받았고 이 판결은 대법원 1994. 7. 29. 확정되었으나, 위 학교법인이 청구인을 복직시키지 않았기 때문에 위 임용기간의 만료로 교수로서의 신분회복이 불가능하게 되었다. 이에 청구인은 위 학교법인의 자신에 대한 무효의 면직처분 및 복직불조치의 위법을 이유로 수원지방법원에 임금 또는 임금상당의 손해배상, 퇴직급여 또는 퇴직급여 상당의 손해배상 또는 위자료를 청구하는 소송을 제기하였고, 상고심 계속 중에 구 사립학교법 제53조의2 제3항에 대하여 위헌제청신청을 하였으나 대법원이 상고를 기각하면서 위 신청에 대하여도 기각결정을 하자, 헌법재판소법 제68조 제2항에 따라 이 사건 헌법소원심판을 청구하였다.

심판의 대상

구 사립학교법 제53조의2 (학교의 장이 아닌 교원의 임면) ③ 대학교육기관의 교원은 ○○학교법인의 정관이 정하는 바에 따라 기간을 정하여 임면할 수 있다.

개정 사립학교법 제53조의2 (학교의 장이 아닌 교원의 임면) ③ 대학교육기관의 교원은 정관이 정하는 바에 따라 기간을 정하여 임면할 수 있다. 이 경우 국·공립대학의 교원에게 적용되는 임용기간에 관한 규정을 준용한다.

④ 제3항의 규정에 의하여 임용된 교원의 임용기간이 종료되는 경우에 임면권자는 교원인사위원회의 심의를 거쳐 당해 교원에 대한 재임용 여부를 결정하여야 한다.

부칙 ① (시행일) 이 법은 공포한 날부터 시행한다. 다만, 제21조 제2항·제4항 및 제53조의4의 개정규정은 2000년 3월 1일부터 시행하고, 제53조의2 제3항의 개정규정은 2002년 1월 1일부터 시행한다.

주 문

구 사립학교법 제53조의2 제3항은 헌법에 합치하지 아니한다.

청구인들의 주장

헌법 제31조 제6항은 교원의 지위에 관한 기본적인 사항을 법률로 정하도록 하고 있으므로 대학교원의 임용에 있어서 기간임용제를 채택할 경우에는 재임용 심사의무, 재임용 거부사유, 재임용을 거부당한 교원의 구제절차 등을 법률로 규정하여야 하나, 이 사건 법률조항은 교원지위에 관한 기본적인 위 사항들에 대해 구체적으로 규정하지 아니하여 헌법 제31조 제6항의 교원지위법정주의를 위반함으로써 제11

조 평등권, 제22조 학문의 자유, 제27조 제1항 재판청구권, 제32조 제3항 근로조건법정주의 등에 위배되는 위헌의 법률조항이다.

▢ 판 단

Ⅰ. 기간임용제의 입법목적

이 사건 법률조항은 "대학교육기관의 교원은 학교법인의 정관이 정하는 바에 따라 기간을 정하여 임면할 수 있다"고 규정하고 있다. 이와 같은 기간임용제는 정년보장으로 대학교원의 무사안일을 타파하고 연구분위기를 제고하는 동시에 대학교육의 질도 향상시키기 위하여, 대학교원을 임용함에 있어 기간을 정하여 임용하고 그 임용기간이 만료되면 학교법인은 교원으로서의 적격성을 심사하여 다시 임용할 것인지 여부를 결정할 수 있도록 허용한 취지의 규정이다.

이에 대하여 대법원은, 대학교수 등에게는 고도의 전문적인 학식과 교수능력 및 인격을 갖출 것을 요구하고 있어서 임용기간이 만료되면 임면권자는 이와 같은 여러 가지 사정을 참작하여 재임용 여부를 결정할 수 있어야 할 필요성이 있으므로, 임용기간이 만료된 자를 다시 임용할 것인지 여부는 결국 임면권자의 판단에 따른 자유재량행위에 속한다고 해석하여 왔다.

Ⅱ. 이 사건 법률조항의 위헌성

어떤 법률조항이 동시에 여러 헌법규정에 위반되거나 기본권을 침해한다고 주장하는 경우에는 헌법규정위반 또는 기본권침해를 주장하는 청구인의 의도 및 입법자의 객관적 동기 등을 참작하여 먼저 사안과 가장 밀접한 관계에 있는 헌법규정이나 또는 침해의 정도가 큰 기본권을 중심으로 그 위헌 여부를 따져 보아야 한다. 이 사건의 경우 청구인의 주장취지 및 앞에서 살펴본 입법자의 동기를 고려하면 이 사건 법률조항의 위헌 여부는 교원지위법정주의와 가장 밀접한 관계에 있다고 할 것이다. 따라서 이 사건 법률조항이 교원지위법정주의에 위반되는지 여부를 먼저 살핀다.

1. 교육은 개인의 잠재적인 능력을 계발하여 줌으로써 개인이 각 생활영역에서 개성을 신장할 수 있도록 해 준다. 특히 산업이 고도로 분업화되고 발전된 현대사회에 있어서 교육은 각 개인에게 삶의 수요를 자주적으로 충족하기 위한 직업활동에 필요한 각종 능력과 자격을 갖춤에 있어서 불가결한 전제가 되고 있다. 그렇기 때문에 평등한 교육기회의 보장은 직업생활과 경제생활에 있어서 실질적인 평등을 실현시키기 위한, 즉 사회국가 실현을 위한 중요한 수단이 된다. 또한 교육은 국민으로 하여금 민주시민의 자질을 길러줌으로써 민주주의가 원활히 기능하기 위한 정치문화의 기반을 조성할 뿐만 아니라, 학문연구결과 등의 전수의 장이 됨으로써 우리 헌법이 지향하고 있는 문화국가의 실현을 위한 기본적 수단이다.

교육이 수행하는 이와 같은 중요한 기능에 비추어 우리 헌법은 제31조에서 국민에게 능력에 따라 균등하게 교육을 받을 권리를 보장하는 한편(제1항), 그 보호하는 자녀에게 적어도 초등교육과 법률이 정하는 교육을 받게 할 의무를 부과하고(제2항), 의무교육의 무상제공과 평생교육진흥을 국가의 의무로 부과하며(제3항 · 제5항), 교육의 자주성 · 전문성 · 정치적중립성 및 대학의 자율성을 보장하고(제4항), 학교교육 및 평생교육을 포함한 교육제도와 그 운영, 교육재정 및 교원의 지위에 관한 기본적 사항을 법률로 정하도록(제6항) 한 것이다.

2. "교원의 지위에 관한 기본적인 사항은 법률로 정한다"고 규정한 헌법 제31조 제6항의 구체적인 내용을 대학교원과 관련하여 보면 다음과 같다.

(1) 대학의 전임 '교원'은 대학교에서 학생을 직접 교육・지도하고 학문을 연구하거나 또는 학문연구만을 전담하는 사람으로서 교수・부교수・조교수・전임강사 등으로 구분된다(교육기본법 제9조, 고등교육법 제2조・제14조・제15조). 그리고 국・공립대학의 교원뿐만 아니라, 사립대학의 교원도 헌법 제31조 제6항이 의미하는 교원의 개념에 포함됨은 물론이다. 또한 교원의 '지위'라 함은 교원의 직무의 중요성 및 그 직무수행능력에 대한 인식의 정도에 따라서 그들에게 주어지는 사회적 대우 또는 근무조건・신분보장・보수 및 그 밖의 물적 급부 등을 모두 포함하는 것이다.

(2) 교원의 지위에 관한 '기본적인 사항'은 다른 직종의 종사자들의 지위에 비하여 특별히 교원의 지위를 법률로 정하도록 한 헌법규정의 취지나 교원이 수행하는 교육이라는 직무상의 특성에 비추어 볼 때 교원이 자주적・전문적・중립적으로 학생을 교육하기 위하여 필요한 중요한 사항이라고 보아야 한다. 그러므로 입법자가 법률로 정하여야 할 기본적인 사항에는 무엇보다도 교원의 신분이 부당하게 박탈되지 않도록 하는 최소한의 보호의무에 관한 사항이 포함된다. 교원으로서의 신분이 공권력, 학교의 설립자 내지 기타 임면권자의 자의적인 처분에 노출되는 경우에는 교원이 피교육자인 학생을 교육함에 있어서 임면권자의 영향을 물리치기 어려울 것이며, 그렇게 되면 교육이 외부세력의 정치적 영향에서 벗어나 교육자 내지 교육전문가에 의하여 주도되고 관할되어야 한다는 헌법원칙(교육의 자주성・전문성・정치적중립성)에 반하게 되는 결과를 초래할 수 있기 때문이다. 이 점은 특히 일반적으로 수용되는 기존의 지식 내지 인식의 결과를 단순히 전달하는 데 그치지 아니하고 이에 대한 비판적 검증의 바탕 위에서 새로운 인식을 모색하는 학문연구와 교수활동을 과제로 대학교원에 있어서 더욱 큰 의미를 갖는다.

(3) 위 헌법조항에서 말하는 '법률'이라 함은 국민의 대표자로서 민주적 정당성을 가진 국회가 제정하는 형식적 의미의 법률을 의미한다. 헌법이 교육의 물적 기반인 교육제도 이외에도 인적 기반인 교원의 지위를 특별히 국회가 제정하는 법률로 정하도록 한 것은 그에 관한 사항을 행정부의 결정에 맡겨두거나 전적으로 사적자치의 영역에만 귀속시킬 수 없을 만큼, 교육을 담당하는 교원들의 지위에 관한 문제가 교육본연의 사명을 완수함에 있어서 중대한 의미를 갖는다고 보았기 때문이다.

(4) 요컨대 위와 같은 교원지위법정주의 정신에 비추어 볼 때, 입법자가 법률로 정하여야 할 교원지위의 기본적 사항에 교원의 신분이 부당하게 박탈되지 않도록 하는 최소한의 보호의무에 관한 사항이 포함된다는 것을 확인할 수 있다.

3. 이 사건 대학교원의 신분보장에 관한 교원지위법정주의를 충족하고 있는지 여부를 본다.

(1) 이 사건 법률조항은 학교법인이 정관이 정하는 바에 의하여 그 교원을 '기간을 정하여' 임면할 수 있도록, 따라서 임용기간의 만료시에 그 교원의 적격성 여부를 심사하여 다시 임용할 것인지의 여부를 결정할 수 있는 제도를 채택할 수 있도록 허용하고 있다. 대학교원을 임용함에 있어 기간임용제는 정년보장제에 비하여 대학교원의 지위를 상대적으로 덜 보장하지만 정년보장제와 기간임용제는 국가가 문화국가의 실현을 위한 학문진흥의 의무를 이행함에 있어서나 국민의 교육받을 권리를 실현하는 방법면에서 각각 장단점을 가지고 있다. 따라서 두 제도 중 어느 쪽을 택할 것인

가에 대한 선택재량은 입법자에게 있으므로 입법자가 국민의 교육받을 권리에 대한 실효성 확보를 위해 기간임용제를 채택하였다고 하더라도 그 자체로 이를 위헌이라고 할 수는 없다. 그런데 이 사건 법률조항은 임용기간이 만료되는 교원을 별다른 하자가 없는 한 다시 임용하여야 하는지의 여부 및 재임용대상으로부터 배제하는 기준이나 요건 및 그 사유의 사전통지 절차에 관하여 아무런 지침을 포함하고 있지 않을 뿐만 아니라, 부당한 재임용거부의 구제에 관한 절차에 대해서도 아무런 규정을 두고 있지 않다.

(2) 그렇기 때문에 이 사건 법률조항은, 정년보장으로 대학교원의 무사안일을 타파하고 연구분위기를 제고하는 동시에 대학교육의 질도 향상시킨다는 기간임용제 본연의 입법목적에서 벗어나, 사학재단에 비판적인 교원을 배제하거나 기타 임면권자 개인의 주관적 목적을 위하여 악용될 위험성이 다분히 존재한다.

첫째, 재임용 여부에 관한 결정은 인사에 관한 중요사항이므로 교원인사위원회의 심의를 받아야 하나 현행 사립학교법(제53조의2 제4항)과 같이 교원의 임기만료시에 교원인사위원회의 심의를 거쳐 당해 교원에 대한 재임용 여부를 결정하도록 하는 의무규정도 없었던 구법하에서는, 교원인사위원회의 심의과정을 거치지 않거나 형식적인 절차만 거친 경우가 많았고 심지어는 교원인사위원회에서는 재임용 동의가 있었음에도 불구하고 특별한 이유없이 최종 임면권자에 의해 재임용이 거부되기도 하였다. 이는 교원인사위원회의 구성자체가 학교법인 정관의 규정에 맡겨져 있으므로(사립학교법 제53조의3 제2항) 학교법인이 교원인사위원회의 구성에 강력한 영향력을 발휘할 수 있는 여지가 많으며, 그러한 한 교원인사위원회가 기간임용제의 자의적 운영을 방지할 수 있는 장치가 되지 못하고 있음을 보여주는 것이라고 할 수 있다.

둘째, 이 사건 법률조항이 재임용의 거부사유 및 구제절차에 대하여 아무런 언급을 하지 않고 있기 때문에 사립대학의 정관이 교원의 연구실적, 교수능력과 같은 비교적 객관적인 기준을 재임용 거부사유로 정하지 아니하고 자의가 개입될 수 있는 막연한 기준에 의하여 재임용을 거부하는 경우에는 피해 교원을 실질적으로 구제할 수 있는 대책이 없다.

셋째, 절대적이고 통제받지 않는 자유재량은 남용을 불러온다는 것이 인류역사의 경험이라는 점에서 볼 때, 자의적인 재임용거부로부터 대학교원을 보호할 수 있도록 구제수단을 마련해 주는 것은 국가의 최소한의 보호의무에 해당한다. 즉, 대학교원을 왜 재임용하지 않으려 하는지 이유를 밝히고 그 이유에 대하여 당해 교원이 해명할 기회를 주는 것은 적법절차의 최소한의 요청인 것이다. 그런데 닫혀진 문 안에서 비밀스럽게 재임용거부결정이 이루어지고 이를 당해 교원에게 고지하지도 않는 경우에는 이러한 자의적인 결정에 대한 견제수단이 없게 되는 것이다.

넷째, 대학교원을 재임용하지 않기로 하는 결정이 내려지는 경우에는 그에 합당한 이유가 있어야 한다는 점과 그와 같이 재임용거부에 대한 합당한 이유가 있는 경우 임면권자는 그 이유의 공개를 두려워할 필요가 없다는 점에서 볼 때, 재임용심사의 과정에서 임면권자에 의한 자의적인 평가를 배제하기 위하여 객관적인 기준의 재임용 거부사유와 재임용에서 탈락하게 되는 교원에게 자신의 입장을 진술하고 평가결과에 이의를 제기할 수 있는 기회를 주는 것은 임면권자에게 지나친 부담이 아니라고 할 것이며, 나아가 재임용이 거부되는 경우에 이의 위법 여부를 다툴 수 있는 구제절차를 마련하는 것은 대학교원에 대한 기간임용제를 통하여 추구하려는 입법목적을 달성하는 데에도 아무런 장애가 되지 않는다고 할 것이다.

4. 이상 본 바와 같이 **객관적인 기준의 재임용 거부사유와 재임용에서 탈락하게 되는 교원이 자신의 입장을 진술할 수 있는 기회 그리고 재임용거부를 사전에 통지하는 규정 등이 없으며, 나아가 재임용이 거부되었을 경우 사후에 그에 대해 다툴 수 있는 제도적 장치를 전혀 마련하지 않고 있는 이 사건 법률조항은, 대학교육이 갖는 중요한 기능과 그 교육을 담당하고 있는 대학교원의 신분의 부당한 박탈에 대한 최소한의 보호요청에 비추어 볼 때 헌법 제31조 제6항에서 정하고 있는 교원지위법정주의에 위반된다**고 볼 수밖에 없다. 그리고 위와 같이 이 사건 법률조항이 규정하고 있는 기간임용제가 교원지위법정주의에 위반됨을 확인하는 이상, 그밖에 청구인이 주장하는바 교원주의법정주의 위반의 결과 초래될 수 있는 평등권, 학문의 자유, 재판청구권, 근로조건법정주의의 위반 여부에 대하여는 따로 판단하지 아니한다.

Ⅲ. 헌법불합치선언

이 사건 법률조항의 위헌성은 위에서 본 바와 같이 기간임용제 그 자체에 있는 것이 아니라 재임용 거부사유 및 그 사전절차, 그리고 부당한 재임용거부에 대하여 다툴 수 있는 사후의 구제절차에 관하여 아무런 규정을 하지 아니함으로써 재임용을 거부당한 교원이 구제를 받을 수 있는 길을 완전히 차단한 데 있다. 그런데 이 사건 법률조항에 대하여 단순위헌을 선언하는 경우에는 기간임용제 자체까지도 위헌으로 선언하는 결과를 초래하게 되므로, 단순위헌결정 대신 헌법불합치결정을 하는 것이다.

재판관 한대현, 재판관 하경철의 반대의견

헌법 제31조 제6항은 단순히 교원의 권익을 보장하기 위한 규정이라거나 교원의 지위를 공권력 등에 의한 부당한 침해로부터 보호하는 것만을 목적으로 한 규정이라고 볼 것은 아니고, 국민의 교육을 받을 기본권을 실효성있게 보장하기 위한 것까지도 포함하여 교원의 지위를 법률로 정하도록 한 것이라고 보아야 할 것이므로, 이 헌법조항을 근거로 하여 제정되는 법률에는 교원의 신분보장, 경제적·사회적 지위보장 등 교원의 권리에 해당하는 사항뿐만 아니라 국민의 교육을 받을 권리를 저해할 우려있는 행위의 금지 등 교원의 의무에 관한 사항도 규정할 수 있는 것이고, 나아가 교원의 기본권을 제한하는 사항까지도 규정할 수 있다. 이 사건 법률조항에 따라 사립대학의 학교법인은 교원을 임용함에 있어 정년보장제를 채택할 수도 있고 기간임용제를 채택할 수도 있으며, 기간임용제를 채택하는 경우에도 ① 임용기간이 만료되면 원칙적으로 교원을 재임용하여야 하는 방식을 채택할 수도 있고 ② 임용기간이 만료되면 교원으로서의 신분관계가 당연히 종료되고 교원을 재임용할 것인지 여부가 오로지 임용권자의 판단에 따르는 방식을 채택할 수도 있는 등, 다양한 임용방식 중 당해 대학에 가장 적합하다고 판단되는 방식을 자유로이 선택할 수 있는데, 이는 입법자가 국·공립대학과는 다른 사립대학의 특수성을 배려하고 개개의 사립대학교육의 자주성과 사립대학의 자율성을 최대한 보장하기 위하여 마련한 제도로서, 그 입법취지를 충분히 수긍할 수 있다. 그렇다면, 다수의견이 내세우는 사전적·사후적 장치가 사립대학교원의 지위를 더욱 두텁게 보호하기 위한 것임을 이해한다고 하더라도, 그러한 장치를 두지 아니하였다 하여 이 사건 법률조항이 교원지위법정주의의 본질을 훼손하여 헌법에 합치되지 아니한다고는 볼 수 없다.

본 판례에 대한 평가 1. **교수재임용제의 문제점:** 대학교수의 재임용제도는 대학의 경쟁력을 제고하고 대학에서의 연구분위기를 조성하기 위하여 착안된 것임에도 불구하고, 그간 한국사회에서의 권위주의적인 분위기에 편승하여 정부정책에 비협조적인 교수 또는 사학재단에 비협조적인 교수에 대한 탄압수단으로 전락하여 왔던 점을 부인할 수 없다. 이에 교수의 재임용제도를 근본적으로 개혁하여 재임용제도의 원래 목적에 충실한 제도로 정립시킬 필요성이 제기되며, 그것은 곧 대학의 자유·학문의 자유를 보장하고 있는 헌법이념에 부합하는 것이기도 하다.

2. 헌법재판소는 과거 대학교원의 기간제임용을 규정한 법률조항은 "교육의 자주성·전문성·정치적 중립성·자율성을 침해하는 위헌조항이라고 보기 어렵다"고 하였으나, 본 결정에서 판례를 변경하여 "객관적인 기준의 재임용 거부사유와 재임용에서 탈락하게 되는 교원이 자신의 입장을 진술할 수 있는 기회 그리고 재임용거부를 사전에 통지하는 규정 등이 없으며, 나아가 재임용이 거부되었을 경우 사후에 그에 대해 다툴 수 있는 제도적 장치를 전혀 마련하지 않고 있는 이 사건 법률조항은, 현대사회에서 대학교육이 갖는 중요한 기능과 그 교육을 담당하고 있는 대학교원의 신분의 부당한 박탈에 대한 최소한의 보호요청에 비추어 볼 때 헌법 제31조 제6항에서 정하고 있는 교원지위법정주의에 위반된다고 볼 수밖에 없다"라고 판시하면서 헌법불합치결정을 내리고 있다.

관련 문헌: 성낙인, 헌법연습, 510-524면("대학의 자유와 교수재임용제", 고시계 1996년 12월호), 1996, 129-142면; 김현철, "구 사립학교법 제53조의2 제3항 위헌소원: 대학교수 기간임용제도, 교원지위법정주의", 헌법재판소 결정해설집 2003, 27-50면; 박수근, "기간제 근로분쟁에서의 쟁점과 법해석의 기준 및 과제", 노동법연구 18호(2005. 6), 179-220면.

[요약판례 1] 교원지위향상을위한특별법 제9조 제1항 등 위헌소원: 헌법불합치(헌재 2003.12.18. 2002헌바14등)

객관적인 기준의 재임용 거부사유와 재임용에서 탈락하게 되는 교원이 자신의 입장을 진술할 수 있는 기회 그리고 재임용거부를 사전에 통지하는 규정 등이 없으며, 나아가 재임용이 거부되었을 경우 사후에 그에 대해 다툴 수 있는 제도적 장치를 전혀 마련하지 않고 있는 위 조항은, 현대사회에서 대학교육이 갖는 중요한 기능과 그 교육을 담당하고 있는 대학교원의 신분의 부당한 박탈에 대한 최소한의 보호요청에 비추어 볼 때 헌법 제31조 제6항에서 정하고 있는 교원지위법정주의에 위반된다고 볼 수밖에 없다.

※ 법률개정

헌법재판소 결정에 따라 다음과 같은 규정들이 추가되었다.

사립학교법 제53조의2 (학교의 장이 아닌 교원의 임면) ④ 제3항의 규정에 의하여 임용된 교원의 임면권자는 당해 교원의 임용기간이 만료되는 때에는 임용기간 만료일 4월전까지 임용기간이 만료된다는 사실과 재임용 심의를 신청할 수 있음을 당해 교원에게 통지(문서에 의한 통지를 말한다. 이하 이 조에서 같다)하여야 한다. 〈개정 2005. 1. 27〉

⑤ 제4항의 규정에 의하여 통지를 받은 교원이 재임용을 받고자 하는 경우에는 통지를 받은 날부터 15일 이내에 재임용 심의를 임면권자에게 신청하여야 한다. 〈신설 2005. 1. 27〉

⑥ 제5항의 규정에 의한 재임용 심의를 신청받은 임면권자는 제53조의3의 규정에 의한 교원인사위원회의 재임용 심의를 거쳐 당해 교원에 대한 재임용 여부를 결정하고 그 사실을 임용기간 만료일 2월전까지 당해 교원에게 통지하여야 한다. 이 경우 당해 교원을 재임용하지 아니하기로 결정한 때에는 재임용하지 아니하겠다는 의사와 재임용 거부사유를 명시하여 통지하여야 한다. 〈신설 2005. 1. 27〉

⑦ 교원인사위원회가 제6항의 규정에 의하여 당해 교원에 대한 재임용 여부를 심의함에 있어서는 다음 각호의 사항에 관한 평가 등 객관적인 사유로서 학칙이 정하는 사유에 근거하여야 한다. 이 경우 심의과정에서 15일 이상의 기간을 정하여 당해 교원에게 지정된 기일에 교원인사위원회에 출석하여 의견을 진술하거나 서면에 의한 의견제출의 기회를 주어야 한다. 〈신설 2005. 1. 27〉

1. 학생교육에 관한 사항
2. 학문연구에 관한 사항

3. 학생지도에 관한 사항

⑧ 재임용이 거부된 교원이 재임용 거부처분에 대하여 불복하고자 하는 경우에는 그 처분이 있음을 안 날부터 30일 이내에 교원지위향상을위한특별법 제7조의 규정에 의한 교원소청심사위원회에 심사를 청구할 수 있다. 〈신설 2005. 1. 27〉

[요약판례 2] 구 사립학교법 제53조의2 제3항 위헌제청: 각하(헌재 2006.6.29. 2004헌가3)

헌법불합치결정 및 개선입법의 소급효: 병행사건의 경우

헌법재판소는 2003. 2. 27. 이 사건 법률조항으로 개정되기 전의 규정인 구 사립학교법(1990. 4. 7. 법률 제4226호로 개정되고, 1997. 1. 13. 법률 제5274호로 개정되기 전의 것) 제53조의2 제3항에 대하여 헌법불합치결정을 선고한 바 있고(헌재 2000헌바26, 판례집 15-1, 176, 181), 2003. 12. 18. 이 사건 법률조항에 대하여도 헌법 제31조 제6항 소정의 교원지위법정주의에 위반된다고 보아 헌법불합치결정을 선고한 바 있다(헌재 2002헌바14등, 판례집 15-2하, 466, 474-476). 그 후 위 헌법불합치결정의 취지를 반영하여 2005. 1. 27. 개선입법이 이루어졌는데, 사립학교법 제53조의2는 제3항을 그대로 둔 채 제4항 내지 제8항에서 재임용이 거부된 경우의 불복절차 등에 관하여 규정하고 있다.

무릇 어떠한 법률조항에 대하여 헌법재판소가 헌법불합치결정을 하여 입법자에게 그 법률조항을 합헌적으로 개정 또는 폐지하는 임무를 입법자의 형성 재량에 맡긴 이상, 그 개선입법의 소급적용 여부와 소급적용의 범위는 원칙적으로 입법자의 재량에 달린 것이기는 하지만, 이 사건 법률조항에 대한 위 헌법불합치결정의 취지나 위헌심판에서의 구체적 규범통제의 실효성 보장이라는 측면을 고려할 때, 적어도 위 헌법불합치결정을 하게 된 당해 사건 및 위 헌법불합치결정 당시에 **이 사건 법률조항의 위헌 여부가 쟁점이 되어 법원에 계속중인 사건에 대하여는 위 헌법불합치결정의 소급효가 미친다**고 할 것이므로, 비록 현행 사립학교법 부칙(2005. 1. 27.) 제2항의 경과조치의 적용 범위에 이들 사건이 포함되어 있지 않더라도 이들 사건에 대하여는 종전의 법률조항을 그대로 적용할 수는 없고, 위헌성이 제거된 현행 사립학교법의 규정이 적용되는 것으로 보아야 할 것이다[대법원 2006. 3. 9. 선고 2003다52647 판결(공2006상, 569)].

대판 1997.6.27. 96다7069

임기가 정해진 사립학교 교원의 임용기간 만료시 재임용에 따른 법률관계 및 구 사립학교법 제53조의2 제3항 및 제53조의3, 교육공무원법 제11조 제3항이 교육제도의 법정주의를 선언한 헌법 제31조 제6항에 반하는지 여부(소극)

기간을 정하여 임용된 대학교원은 임용기간의 만료로 그의 대학교원으로서의 신분관계는 당연히 종료되며, 교육법상 대학교수 등에게는 고도의 전문적인 학식과 교수능력 및 인격을 갖출 것을 요구하고 있어서 임용기간이 만료되면 임용권자는 이와 같은 여러 가지 사정을 참작하여 재임용 여부를 결정할 수 있어야 할 필요성이 있으므로 임용기간이 만료된 자를 다시 임용할 것인지 여부는 결국 임용권자의 판단에 따른 자유재량행위에 속하고, 따라서 기간을 정하여 임용된 대학교원이 그 임용기간의 만료에 따른 재임용의 기대권을 가진다고 볼 수도 없다.

헌법 제31조 제6항이 "학교교육 및 평생교육을 포함한 교육제도와 그 운영, 교육재정 및 교원의 지위에 관한 기본적인 사항은 법률로 정한다"고 규정함으로써 교원의 지위를 포함한 교육제도의 법정주의를 선언하고 있지만, 그렇다고 하여 구 사립학교법(1997. 1. 13. 법률 제5274호로 개정되기 전의 것) 제53조의2 제3항, 교원인사위원회에 관한 같은 법 제53조의3이나 대학에 근무하는 교원을 대통령령이 정하는 바에 의하여 기간을 정하여 임용할 수 있도록 하는 교육공무원법 제11조 제3항이 헌법 제31조 제6항에 위배되는 규정이라고 할 수는 없다.

대판 2006.3.9. 2003재다262

2000헌바26 사건의 당해사건에 대한 재심: 헌법불합치결정에 의한 개선입법의 소급효가 미치는 범위

당해 사건에 대하여는 헌법불합치결정에 따른 개선 입법의 소급효가 당연히 미치는 것이므로, 재심대상 판결에서 위헌으로 선언된 구 사립학교법 법조가 적용된 부분에는 2005. 1. 27. 개정된 현행 사립학교법의 위 개정 법률 조항들이 당연히 소급 적용되어야 할 것이다.

그런데 재심대상 판결에서 원고가 상고 대상으로 유지하고 있는 청구를 세분하여 보면, ① **임용기간 만료 이후에도 대학교원의 지위가 그대로 유지되고 있음을 전제로 한 임금 청구**, ② 피고의 재임용거부가 위법함을 전제로 한 임용기간 만료 이후의 임금 및 퇴직급여 상당의 손해배상청구, ③ 피고가 최초 임용일을 사립학교교원연금관리공단에 허위 고지함으로써 원고가 입은 손해배상청구로 나누어 볼 수 있으므로, 나아가 이 사건 헌법불합치결정으로 인한 재심사유가 어디까지 존재하는지에 관하여 살펴본다.

먼저, **위 ① 청구 부분에 관하여 보면, 이 사건 헌법불합치결정은 기간임용제 자체는 위헌이라고 볼 수 없다고 판단하고 있고 이에 따라 현행 사립학교법에서도 기간을 정한 대학교원 임용제가 그대로 유지되고 있는 결과, 정관이나 인사규정 또는 임용계약에 재임용 강제조항이 있거나 그 외 임용계약이 반복 갱신되는 등 특별한 사정이 없는 이상 임용기간이 만료된 사립학교 교원은 임용기간 만료로 대학교원 신분을 상실하는 것인데, 이 사건 기록상 위와 같은 특별한 사정은 보이지 않으므로, 결국 임용기간 종료 이후 원고의 피고 소속 교원으로서의 지위는 더 이상 유지되지 않는다는 점에서 종전과 변함이 없으므로 위 ① 청구는 이 사건 헌법불합치결정의 효력과는 무관한 부분이라 할 것이다.** 또한, 위 ③ 청구 부분은 당초부터 이 사건 헌법불합치결정과 아무 관련이 없다. 따라서 위 ①, ③ 청구부분에 대하여는 헌법재판소법 제75조 제7항에서 정한 '헌법소원이 인용된 경우'라는 재심사유가 있다고 볼 수 없고, 다만 위 ② 청구 부분에 한하여 재심사유가 있다 => 파기환송

대판 2006.3.24. 2005다37024

2002헌바14등 사건의 병행사건: 헌법불합치결정에 의한 개선입법의 소급효가 미치는 범위, 기간제로 임용되어 정상적으로 임용기간이 만료되는 사립학교의 교원의 재임용심사신청권

(1) 어떠한 법률조항에 대하여 헌법재판소가 헌법불합치결정(위 2002헌바14등 사건)을 하여 입법자에게 그 법률조항을 합헌적으로 개정 또는 폐지하는 임무를 입법자의 형성 재량에 맡긴 이상, **그 개선입법의 소급적용 여부와 소급적용의 범위는 원칙적으로 입법자의 재량에 달린 것이기는 하지만, 위 헌법불합치결정의 취지나 위헌심판에서의 구체적 규범통제의 실효성 보장이라는 측면을 고려할 때, 적어도 위 헌법불합치결정을 하게 된 당해 사건 및 위 헌법불합치결정 당시에 구 사립학교법 제53조의2 제3항 전문의 위헌 여부가 쟁점이 되어 법원에 계속 중인 사건에 대하여는 위 헌법불합치결정의 소급효가 미친다고 하여야 할 것이므로, 비록 위 헌법불합치결정에 따라 개정된 현행 사립학교법이 그 적용범위에 이들 사건을 포함하는 부칙 규정을 두지 않았다고 하더라도 이들 사건에 대하여는 종전의 법률조항을 그대로 적용할 수는 없고, 위헌성이 제거된 현행 사립학교법의 규정이 적용되는 것으로 보아야 할 것이다**(대법원 2002. 11. 8. 선고 2002다21882 판결 참조).

기록과 관계법령에 의하면, 원고는 1999. 2. 28. 피고가 운영하는 사립학교인 광주여자대학에 1년의 기간을 정하여 재임용되어 근무하다가 2000. 2. 29. 그 임용기간이 만료됨과 동시에 피고로부터 재임용을 거부하는 취지의 임용기간만료통보(이하 이 사건 재임용거부결정이라 한다)를 받은 사실, 원고가 2000. 5. 16. 이 사건 재임용거부결정이 무효라고 주장하면서 이 사건 소를 제기한 이래 이 사건 재판의 전제로서 이 사건 재임용거부결정의 근거가 된 법률조항의 효력이 다투어져 왔던 사실, 원고의 임용기간 만료 당시에 시행되던 사립학교법(1999. 8. 31. 법률 제6004호로 개정되고 2005. 1. 27. 법률 제7352호로 개정되기 전의 것) 부칙 제2항이 "종전의 규정에 의하여 기간을 정하여 임용된 교원의 경우에는 제53조의2 제3항의 개정규정에 불구하고 당해 임용기간이 종료될 때까지는 종전의 규정에 의한다"고 규정하고 있었기 때문에, 이 사건 재임용거부결정의 근거가 된 조항은 원고의 임용 당시에 시행되고 있었던 구 사립학교법 제53

조의2 제3항 전문이었던 사실, 이 사건 원심 재판 진행 중 헌법재판소가 위와 같이 구 사립학교법 제53조의2 제3항 전문에 관하여 헌법불합치결정을 한 사실을 각 인정할 수 있는바, 위 법리에 비추어 보면 이 사건은 위 헌법불합치결정 당시에 구 사립학교법 제53조의2 제3항 전문의 위헌 여부가 쟁점이 되어 법원에 계속 중인 사건에 해당하여, 이 사건에 대하여는 위 헌법불합치결정의 소급효가 미친다고 할 것이므로, **이 사건에 대하여는** 구 사립학교법 제53조의2 제3항 전문이나 원고의 임용기간 만료 당시에 시행되던 사립학교법(1999. 8. 31. 법률 제6004호로 개정되고 2005. 1. 27. 법률 제7352호로 개정되기 전의 것)이 아니라 **위헌성이 제거된 현행 사립학교법의 규정이 적용되는 것으로 보아야 할 것이다.**

(2) 이 사건 소의 소익에 관하여

현행 사립학교법 제53조의2는 앞에서 본 바와 같이 임면권자의 재임용심의 신청 여부의 사전 통지의무 및 당해 교원의 재임용심의신청권, 임면권자의 재임용거부사실 및 거부사유의 사전 통지의무, 객관적 기준에 의한 재임용심의와 당해 교원의 재임용심의절차에서의 의견진술 및 제출권, 재임용거부시 이에 대한 불복방법 등을 명문으로 규정하고 있는바, 이와 같은 현행 사립학교법의 규정에 비추어 보면, **기간제로 임용되어 정상적으로 임용기간이 만료되는 사립학교의 교원은 임면권자에게 재임용여부에 관하여 학생교육, 학문연구, 학생지도에 관한 사항에 대한 평가 등 객관적인 사유로서 학칙이 정하는 사유에 근거하여 현행 사립학교법이 정하는 절차에 따라 합리적이고 공정한 심사를 하여 줄 것을 요구할 법률상의 신청권(이하 재임용심사신청권이라 한다)을 가진다고 할 것이다.** 그렇다면 임면권자가 임용기간이 만료된 사립학교 교원에게 재임용을 거부하는 취지로 한 결정이나 통보는 위와 같은 사립학교 교원의 법률관계에 영향을 주는 것이므로, **그 결정이나 통보를 받은 사립학교 교원은 임면권자를 상대로 그에 대한 무효확인을 구할 법률상 이익이 있다고 할 것이다.**

기록에 의하면, 원고는 1999. 2. 28. 피고가 운영하는 사립학교인 광주여자대학에 1년의 기간을 정하여 재임용되어 근무하다가 2000. 2. 29. 그 임용기간이 만료됨과 동시에 피고로부터 이 사건 재임용거부결정을 받게 되자, 이의 무효확인을 구하기 위하여 이 사건 소를 제기한 것이 분명한바, 위 법리에 비추어 보면 현행 사립학교법의 규정이 소급적용되는 이 사건에서, 임용기간이 정상적으로 만료된 원고는 피고에게 현행 사립학교법에 의한 재임용심사신청권을 가진다고 할 것이므로, 그와 관련한 법률관계에 영향을 주는 이 사건 재임용거부결정에 대하여 무효확인을 구할 법률상 이익이 있다고 할 것이다.

그렇다면 원심이 원고가 이 사건 재임용거부결정에 대하여 무효확인을 구할 법률상 이익이 있다는 이유로 이에 관한 피고의 본안전 항변을 배척한 것은 정당하고, 거기에 상고이유의 주장과 같은 기간제로 임용된 사립학교 교원의 지위나 이 사건 재임용거부결정의 성격에 관한 법리오해 등의 위법이 없다.

[요약판례 3] 법학전문대학원 설치 예비인가 배제결정: 각하(헌재 2009.2.26. 2008헌마370)

1. 교육과학기술부 장관이 2008. 2. 4. 학교법인 ○○학원과 학교법인 ○○학원에 대하여 한 법학전문대학원 설치 예비인가 거부결정에 대한 헌법소원 심판청구가 보충성 요건을 충족하는지 여부(소극)
2. 교육과학기술부 장관에게 법학전문대학원의 개별 입학정원을 정하도록 한 '법학전문대학원 설치·운영에 관한 법률' 제7조 제3항에 대하여 법학전문대학원 설치인가 또는 예비인가를 받지 못한 청구인들이 기본권 침해의 자기관련성을 갖는지 여부(소극)
3. 법학전문대학원의 인가기준, 정원 등을 정한 이 사건 법률 제5조 제2항, 제6조 제1항, 제7조 제1항이 법학전문대학원을 설치하고자 하는 대학의 자율성과 일반 국민의 직업선택의 자유를 침해하는지 여부(소극)

1. 이 사건 **예비인가 거부결정**은 법학전문대학원 설치인가 이전에 청구인들의 법적 지위에 영향을 주는 것으로 **항고소송의 대상이 되는 행정처분에 해당**한다고 할 것인데, 학교법인 ○○학원은 위 결정에 대한 행정소송을 제기하지 아니하였고 청구인 ○○학원은 이 사건 예비인가 거부결정의 취소를 구하는 행정소송을 제기하였다가 2008. 8. 29. 교육과학기술부장관의 법학전문대학원 설치에 관한 본인가결정이 내려지자 그 청구취지를 '법학전문대학원 설치인가

거부처분의 취소'를 구하는 것으로 교환적으로 변경하여 현재 소송 계속 중이다. 결국 학교법인 ○○학원과 학교법인 ○○학원의 이 사건 예비인가 거부결정에 관한 헌법소원 심판청구는 행정소송에 의한 권리구제절차를 모두 거치지 아니한 것으로 **보충성 원칙에 반하여 부적법**하다.

2. 이 사건 **법률 제7조 제3항의 직접적인 수범자는 교육과학기술부장관**이고, 법학전문대학원 설치인가 또는 예비인가 자체를 받지 못한 청구인들의 권리는 개별 입학정원의 제한을 정하고 있는 위 조항과는 아무런 관련이 없으므로 위 조항에 대한 심판청구는 **자기관련성 요건이 결여된 것으로 부적법**하다.

3. 이 사건 법률 제5조 제2항, 제6조 제1항, 제7조 제1항은 수급상황에 맞게 법조인력의 배출규모를 조절하고 이를 통해 **국가인력을 효율적으로 운용**하고자 함에 그 목적이 있는바, 위 조항에 의한 인가주의 및 총입학정원주의는 이러한 목적을 달성함에 있어 적절한 수단이며, 현재 법학전문대학원 설치인가를 받지 못한 대학이 법학전문대학원을 설치할 수 있는 기회를 영구히 박탈당하는 것은 아니며 학사과정운영을 통해 법학교육의 기회를 유지할 수 있으므로 위 조항들이 피해최소성의 원칙에 위배되지도 아니한다. 또한 위 조항들로 인해 각 대학 및 국민이 입는 불이익이 인력 배분의 효율성, 질 높은 법학교육의 담보, 양질의 법률서비스 제공에 의한 사회적 비용절감, 법조직역에 대한 국민의 신뢰회복 등의 공익에 비해 결코 크다고 할 수 없으므로 법익의 균형성 요건도 충족한다. 따라서 이 사건 법률조항은 대학의 자율성과 국민의 **직업선택의 자유를 침해하지 아니한다.**

[요약판례 4] 지방교육자치에 관한 법률 제4조 등 위헌확인: 각하(헌재 2009.3.26. 2007헌마359)

1. 시·도의 교육·학예에 관한 중요사항을 심사·의결하는 기관인 교육위원회의 설치·구성 및 운영에 관하여 규정하고 있는 심판대상조항이 학생의 교육을 받을 권리, 학부모의 교육을 시킬 권리와 자기관련성 및 직접성을 가지는지 여부(소극)
2. 교사의 교육을 할 권리가 헌법상 보장되는 기본권인지 여부 및 심판대상조항이 교사의 교육을 할 권리의 침해와 자기관련성 및 직접성을 가지는지 여부(소극)

1. 시·도의 교육·학예에 관한 중요사항을 심사·의결하는 기관인 교육위원회는 학생, 학부모에 대한 직접적인 교육행위의 주체가 아니므로, 그 설치·구성 및 운영에 관한 규율인 심판대상조항이 **학생의 교육을 받을 권리, 학부모의 교육을 시킬 권리를 직접 침해할 수 없고, 그러한 권리와 간접적, 사실적인 관련성**만을 지니고 있을 뿐이므로, 학생과 학부모인 청구인들의 위 기본권에 관하여는 심판대상조항과의 자기관련성 및 직접성을 인정할 수 없다.

2. **교사의 교육을 할 권리는 헌법상 보장되는 기본권이라 보기 어려울 뿐**만 아니라, 심판대상조항은 교육위원회의 설치·구성 및 운영에 관한 규율로서 교사의 어떠한 권리를 직접 침해할 수 없고 이와 간접적, 사실적인 관련성만을 지닐 뿐이므로, 심판대상조항은 교사인 청구인의 기본권 침해와 자기관련성 및 직접성이 없다.

[요약판례 5] 초·중등교육법시행령 제84조 위헌확인: 기각(헌재 2009.4.30. 2005헌마514)

1. 학부모의 학교선택권의 헌법적 근거와 의의
2. 이른바 고교평준화지역에서 일반계 고등학교에 진학하는 학생을 교육감이 학교군별로 추첨에 의하여 배정하도록 하는 초·중등교육법 시행령 제94조 제2항이 학부모의 자녀 학교선택권을 침해하는지 여부(소극)
3. 학교 선택권을 법률이 아니라 대통령령으로 제한하는 것이 법률유보의 원칙에 반하는지 여부 및 이 사건 조항이 수권법률의 위임범위를 일탈하였는지 여부(소극)

1. 부모의 자녀에 대한 교육권은 비록 헌법에 명문으로 규정되어 있지는 아니하지만, 혼인과 가족생활을 보장하는 헌법 제36조 제1항, 행복추구권을 보장하는 헌법 제10조 및 헌법 제37조 제1항에서 나오는 중요한 기본권이며, 이러한 부모의 자녀교육권이 학교영역에서는 자녀의 교육진로에 관한 결정권 내지는 자녀가 다닐 학교를 선택하는 권리로

구체화된다.

2. 국가는 헌법 제31조에 의하여 학교의 제도, 조직, 학교유형, 교육목표, 수업의 내용 및 방법 등 학교교육에 관한 광범위한 형성권을 가지고 있다. 이 사건 조항은 고등학교 과열입시경쟁을 해소함으로써 중학교 교육을 정상화하고, 학교 간 격차 및 지역 간 격차 해소를 통하여 고등학교 교육 기회의 균등 제공을 위한 것으로서 입법목적이 정당하며, 각 학교에 의한 입학생 경쟁 선발 방법이 아닌 교육감에 의한 입학전형 및 학교군별 추첨에 의한 배정방식을 취하는 것은 수단의 적정성이 인정된다. 교육감 추첨에 의한 입학전형에서는 학교분포와 통학거리 등을 고려하여 학생들을 인근 학교에 갈 수 있도록 하는 것이 가장 합리적이고 보편적인 방법이며, 초·중등교육법시행령에서는 학생과 학부모의 학교선택권에 대한 제한을 완화하기 위하여 선복수지원·후추첨방식과 같은 여러 보완책을 두고 있으므로, 이 사건 조항이 거주지에 의하여 학부모의 학교선택권을 과도하게 제한한다고 보기는 어렵다. 한편 '사립'학교선택권의 보장은 여러 교육여건이 갖추어진 뒤에 정책적으로 결정하여야 할 사항으로서, 우리나라도 특수목적고등학교, 자립형 사립고등학교, 자율형 학교의 증가로 사립학교 선택권이 점차 보장되는 방향으로 가고 있으며, 대부분의 시·도에서 선복수지원·후추첨방식을 채택하고 있어 제한적으로 종교학교를 선택하거나 선택하지 않을 권리를 보장하고 있고, 종교과목이 정규과목인 경우 대체과목의 설치를 의무화하고 있는 점들을 고려할 때, 이 사건 조항으로 인하여 학부모의 '사립학교선택권'이나 종교교육을 위한 학교선택권이 과도하게 제한된다고 보기도 어렵다.

3. 초·중등교육법 제47조 제2항은 학생의 수요와 고등학교의 공급을 조절할 필요성의 정도, 해당 지역 주민들과 교육청의 의사 등을 고려하여 고교평준화지역의 고등학교의 입학방법 및 절차를 교육과학기술부령으로 정하도록 한 것으로 보아야 하므로, 이 사건 조항의 법적 근거가 되며, 이 사건 조항은 교육감이 학생의 수요와 고등학교의 공급을 조절할 필요성의 정도, 해당 지역 주민들과 교육청의 의사 등을 고려하여 학생의 수요와 고등학교의 공급을 조절하여 교육시설을 효율적으로 활용할 수 있도록 하기 위한 것이라는 점에서 수권법률의 위임취지에 부합한다.

[요약판례 6] 사립학교법 제25조 제3항 위헌소원: 합헌(헌재 2009.4.30. 2005헌바101)

학교법인의 임시이사 개개인의 임기만 규정하고 교육인적자원부장관이 임시이사를 선임할 수 있는 기간 자체를 제한하고 있지 아니한 구 사립학교법 제25조 제3항 후문이 학교법인의 사립학교 운영의 자유를 침해하는지 여부(소극)

1. 사립학교는 그 설립자의 특별한 설립이념을 구현하거나 독자적인 교육방침에 따라 개성 있는 교육을 실시할 수 있을 뿐만 아니라 공공의 이익을 위한 재산출연을 통하여 정부의 공교육 실시를 위한 재정적 투자능력의 한계를 자발적으로 보완해 주는 역할을 담당하는바, 헌법재판소는 **사립학교 운영의 자유가 비록 헌법에 명문의 규정은 없지만 헌법 제10조, 제31조 제1항, 제31조 제3항에서 도출되는 기본권**임을 밝힌 바 있다

2. **임시이사제도는 위기사태에 빠진 학교법인을 조속한 시일 내에 정상화시킴으로써 학생들의 수학권이 침해되는 것을 방지하려는 데 그 제도적 취지**가 있으므로 그 입법목적의 정당성을 인정할 수 있고, 임시이사는 설립 목적의 본질적인 변경이나 임시이사 선임사유 해소 시의 정식이사 선임과 같이 학교법인의 일반적인 운영을 넘어서는 사항을 결의할 수 없는 등 그 권한에 내재적인 한계가 있으며, 학교법인의 이해관계인은 교육인적자원부장관에게 임시이사 해임신청을 하고 그 거부처분에 대하여 항고소송으로 다툴 수 있는 등 임시이사 체제가 부당히 장기화되는 것을 방지하기 위한 법적 수단들이 마련되어 있다. 또한, 이 사건 법률조항에서 임시이사 개개인의 임기를 규정한 것이 그 임기 중에 **임시이사 선임사유가 해소된 경우에도 그 임기를 보장하는 취지가 아님**은 문언상으로도 명백하고, 임시이사제도는 그 본질상 학교법인이 정상적으로 운영될 수 없는 경우 이를 정상화하기 위한 법적 장치이므로 임기 중이라도 그 임무를 완성하여 임시이사를 필요로 하는 비정상적 상황이 종료되면 즉시 퇴임하는 것이 당연하고, 반면 비정상적 상황이 해소되지 않고 있는 동안에는 그 역할과 기능을 계속 수행할 필요가 있는 것이다. 따라서 **이 사건 법률조항이 임시이사 체제의 존속기한을 따로 정하고 있지 않다 하더라도 이로써 학교법인의 사립학교 운영의 자유를 과잉 침해한다고 할 수 없다.**

[요약판례 7] 대학교원 기간임용제 탈락자 구제를 위한 특별법 등 위헌소원: 합헌,각하 (헌재 2009.5.28. 2007헌바105)

1. '대학교원 기간임용제 탈락자 구제를 위한 특별법' 제2조 제2호에서 특별법에 의해 재임용 재심사를 청구할 수 있는 해임, 파면 또는 면직 교원의 범위를 제한하고 있는 것이 교원지위법정주의 및 평등원칙에 위반되는지 여부(소극)
2. 교원소청심사특별위원회의 위원장을 교원소청심사위원회위원장이 겸임하도록 하고, 위원을 교육인적자원부장관의 제청으로 임명하도록 한 특별법 제3조 제3항 및 구 '대학교원기간임용제 탈락자 구제를 위한 특별법' 제3조 제4항이 교원지위법정주의에 위반되는지 여부(소극)

1. 특별법 제2조 제2호는 특별법에 의한 구제의 범위를 원칙적으로 재임용 탈락자의 경우로 한정하면서도 특별법에 의한 권리구제의 실효성을 확보하기 위하여 해임, 파면 또는 면직된 교원도 임용기간 만료를 이유로 이를 다투는 소송에서 각하판결을 받거나 승소판결을 받고도 임용기간 만료라는 사유로 재임용되지 못한 경우에는 이 법에 의한 재임용 재심사를 청구할 수 있도록 규정함으로써 **교원의 신분에 대한 최소한의 보호의무를 충실히 이행**하고 있으며, 특별법상 재임용 재심사를 청구할 수 있는 교원의 범위를 해임, 파면 또는 면직된 교원 중의 일부로 제한한 것은 종래 이에 대한 구제수단이 존재했는지 여부를 고려한 것으로 이러한 제한에는 합리적인 이유가 존재하는바 위 조항은 **교원지위법정주의 및 평등원칙에 위배되지 아니한다.**

2. 특별법 제3조 제3항 및 구 특별법 제3조 제4항은 제3의 **중립적 기관인 특별위원회에 재임용 탈락의 부당성을 심사할 수 있는 권한을 부여하고 특별위원회 위원의 구성에 있어서도 학교법인의 임원 또는 경영자와 대학교원 모두에게 진입기회를 제공하는 등 재임용 재심사 과정에서 최대한 공정성을 확보할 수 있는 장치**를 마련하고 있는바 **교원지위법정주의에 위배되지 아니한다.**

[요약판례 8] 특성화중학교 지정·고시 위헌확인: 각하 (헌재 2009.9.24. 2008헌마662)

1. 이 사건 시행령 조항의 청구인들의 기본권침해가능성 여부(소극)
2. 이 사건 지정·고시에 대한 청구인들의 자기관련성 인정 여부(소극)

1. 이 사건 시행령 조항과 관련하여 청구인들은 교육제도 법정주의 위반에 관하여만 주장하고 있을 뿐, 이 사건 시행령 조항으로 인한 구체적 기본권의 침해 또는 침해의 가능성에 대해서는 주장조차 하고 있지 아니할 뿐만 아니라, 청구인들의 주장을 교육제도 법정주의로부터 도출되는 기본권을 침해당하였다는 주장으로 볼 경우에도 이 사건 시행령 조항은 **교육감이 교육과정의 운영 등을 특성화하기 위한 중학교를 지정·고시할 수 있는 권한을 가지고 있음을 규정한 조항에 불과하여 청구인들의 기본권을 제한하는 내용을 전혀 포함하고 있지 아니하다.** 따라서 이 사건 시행령 조항에 대한 심판청구는 기본권침해가능성 요건을 갖추지 못한 것으로 부적법하다.

2. **이 사건 지정·고시는 서울특별시교육감이 서울특별시의 지역적 교육 여건에 맞는 특성화중학교를 지정한 것인바, 서울시를 제외한 대한민국에 주소를 둔 청구인들이 이 사건 지정·고시로 인하여 자신들의 기본권이 침해되었음을 주장할 수는 없다**고 할 것이다. 또한 통학거리가 가장 가까운 혹은 개인적으로 선호하는 일반중학교에 입학할 이익 내지 혜택이나, 특성화중학교의 졸업생들이 향후 상급학교 진학에서 유리한 고지를 점할지도 모른다는 불확실한 우려, 사교육이 과열되고 입시경쟁으로 인한 스트레스가 증가할 것이라는 사실 등은 단순한 사실적인 이해관계에 불과하여 이로 인하여 서울시에 주소를 둔 청구인들의 법적 이익 역시 침해된다고 볼 수 없다. 마지막으로 **이 사건 지정·고시에 의한 특성화중학교는 학생들의 교육과정에 대한 선택의 폭을 확대하기 위한 것으로서 청구인들의 교육을 받을 권리를 제한하는 것이 아니라 능력에 따른 교육을 받을 권리를 보다 실효적으로 보장**함에 그 목적이 있다고 할 것인바 청구인들에게 이러한 목적으로 도입된 특성화중학교의 배제를 구할 권리가 있다고 볼 수도 없다. 따라서 청구인들의 이 사건 지정·고시에 대한 자기관련성은 인정되지 아니한다.

[요약판례 9] 고등교육법 제34조 제3항 등 위헌확인: 각하(헌재 2009.9.24. 2008헌마11)

이 사건 관련 조항의 기본권 침해가능성 및 자기관련성 여부(소극)

1. 이 사건 법률조항과 시행령조항은 시험의 실시와 시험시행기본계획의 수립 및 공표라는 구체적인 집행행위를 예정하고 있고, 수능등급제라는 시험결과의 표시방법 역시 이 사건 심판대상조항들에 의하여 정하여진 것이 아니라 교육부장관이 발표한 '2008학년도 대학입학전형기본계획' 및 교육평가원장이 확정·발표한 '2008학년도 대학수학능력시험 세부시행계획'에 의하여 정해진 것이다. 따라서 수능등급제로 인하여 **청구인들이 입었다고 주장하는 불이익은 이 사건 심판대상조항들이 아니라 구체적인 시험시행계획의 확정, 시험의 시행, 성적의 통지 및 이를 기초로 한 대학입시의 결과로 발생하는 것인바, 위 심판대상조항들에 대한 심판청구는 기본권침해의 직접성 요건을 결여**한 것으로 부적법하다.

2. **이 사건 계획에 의한 수능등급제는 수능시험에 응시하는 모든 학생들에게 일률적으로 적용되는 중립적인 성질**의 것으로서 이로 인한 구체적인 유·불리는 수능시험 원점수가 확정된 후 교육평가원장이 등급구분점수를 산정하고, 수험생을 등급으로 구분하는 조치를 한 경우에 비로소 확정되며, 물리2를 시험과목으로 선택하지 아니하여 그 시험에 응시하지 아니한 청구인들이 교육평가원장의 물리2 과목의 등급상향조정으로 인하여 직접 자신들의 기본권을 침해당하였다고 보기도 어렵다. 따라서 이 사건 계획이나 물리2 과목의 등급조정행위에 대해서는 기본권 침해의 직접성이나 자기관련성을 인정할 수 없다.

[요약판례 10] 서울특별시 학원의 설립·운영 및 과외교습에 관한 조례 제5조 제1항 전문 위헌확인: 기각(헌재 2009.10.29. 2008헌마635)

1. 학교교과교습학원 및 교습소의 교습시간을 05:00부터 22:00까지 규정하고 있는 '서울특별시 학원의 설립·운영 및 과외교습에 관한 조례'(2008. 4. 3. 조례 제4624호로 개정된 것, 이하 '이 사건 조례'라 한다) 제5조 제1항(이하 '이 사건 조항'이라 한다)이 청구인들의 인격의 자유로운 발현권, 자녀교육권, 직업의 자유를 침해하는지 여부(소극)
2. 이 사건 조항이 다른 지방자치단체 주민들에 비하여 서울특별시 주민인 청구인들을 차별하는지 여부(소극)
3. 이 사건 조항이 22:00 이후 개인과외교습을 받는 자들에 비하여 학생 및 학부모인 청구인들을 합리적 이유 없이 차별하는지 여부(소극)
4. 이 사건 조항이 학교 등 다른 교육주체에 비하여 학원 운영자 및 강사인 청구인들을 합리적인 이유 없이 차별하는지 여부(소극)

1. 학원의 교습시간을 제한하여 **학생들의 수면시간 및 휴식시간을 확보하고, 학교교육을 정상화하며, 학부모의 경제적 부담을 덜어주려는 이 사건 조례의 입법목적의 정당성** 및 **수단의 적합성**이 인정되고, 원칙적으로 학원에서의 교습은 보장하면서 심야에 한하여 교습시간을 제한하면서 다른 사교육 유형은 제한하지 않으므로 청구인들의 **기본권을 과도하게 제한하는 것이라고 볼 수 없으며**, 이 사건 조항으로 인하여 제한되는 사익은 일정한 시간 학원이나 교습소에서의 교습이 금지되는 불이익인 반면, 이 사건 조항이 추구하는 공익은 학생들의 건강과 안전, 학교교육의 충실화, 부차적으로 사교육비의 절감이므로 **법익 균형성도 충족**하므로 이 사건 조항이 학교교과교습학원 및 교습소의 교습시간을 제한하였다고 하여 청구인들의 인격의 자유로운 발현권, 자녀교육권 및 직업수행의 자유를 침해하였다고 볼 수 없다.

2. 조례에 의한 규제가 지역의 여건이나 환경 등 그 특성에 따라 다르게 나타나는 것은 헌법이 **지방자치단체의 자치입법권을 인정한 이상 당연히 예상되는 불가피한 결과**이므로, 이 사건 조항으로 인하여 청구인들이 다른 지역의 주민들에 비하여 더한 규제를 받게 되었다 하더라도 **평등권이 침해되었다고 볼 수는 없다.**

3. 이 사건 조항은 학생 및 학부모인 청구인들이 22:00 **이후에 개인과외교습을 받는 것 자체를 금지하는 것은 아니고**, 개인과외교습을 받을 것인지 여부는 개인의 선택에 맡겨져 있으므로 이 사건 조항이 청구인들과 22:00 **이후에 개인과외교습을 받는 자들을 차별하였다고 볼 수 없다.**

4. 이 사건 조항이 학교, 교육방송 및 다른 사교육에 대하여는 교습시간을 제한하지 않으면서 학원 및 교습소의 교습시간만 제한하였다고 하여도 **공교육의 주체인 학교 및 공영방송인 한국교육방송공사가 사교육 주체인 학원과 동일한 지위에 있다고 보기 어렵고**, 다른 사교육인 개인과외교습이나 인터넷 통신 강좌에 의한 심야교습이 초래하게 될 사회적 영향력이나 문제점이 학원에 의한 심야교습보다 적으므로 학원 및 교습소의 교습시간만 제한하였다고 하여 이를 두고 합리적 이유 없는 차별이라고 보기는 어려운바, 이 사건 조항이 **학원 운영자 등의 평등권을 침해하였다고 보기는 어렵다.**

(재판관 조대현, 재판관 김희옥, 재판관 이동흡, 재판관 송두환의 반대의견) 이 사건 조항의 입법목적은 심야교습을 금지함으로써 학생들의 건강과 안전을 보호하고 학교교육의 충실화를 유도하기 위한 것이나 **학교 밖의 교육영역**에 있어서 교습시간 자체를 규제함으로써 학교교육의 충실화를 유도한다는 것은 **정당한 입법목적이라고 보기 어렵고**, 현 입시체제하에서 학원 등에서의 교습시간을 제한한다고 하더라도 위 입법목적을 달성하기에 **적절한 방법이라고 보기 어렵다.** 또한 교습시간을 제한함에 있어서도 실질적으로 학원의 교습이 가능한 시간이 확보되도록 하여야 하는바, 22:00까지만 학원 교습이 허용되어 사실상 강제적으로 실시되고 있는 야간 자율학습이 끝난 후에는 학원 교습이 불가능한 실정이다. 특히 고등학생의 경우에는 육체적 성장이 완성된 상태이고 전국적인 대학입시 경쟁에 직면해 있는 상황을 감안하면 고등학생조차 22:00까지만 학원 교습을 허용하는 것은 **사실상 학원 교습을 불가능**하게 하는 것이다. 그리고 학생들의 상황, 교습의 형태나 내용을 전혀 고려하지 않고 보호자의 동의가 있다고 하더라도 22:00 이후의 교습이 전면적으로 금지되어 청구인들의 기본권을 과도하게 제한하면서 오히려 적발의 위험성으로 인한 사교육비의 증가, 고액 개인과외교습 유발로 인한 경제적 불평등을 야기하게 될 것이다. 따라서 이 사건 조항은 기본권 제한의 비례원칙에 반하여 **청구인들의 인격의 자유로운 발현권, 학부모의 자녀교육권 및 학원운영자의 직업수행의 자유를 침해하였으므로 헌법에 위반**된다.

또한 대학교 및 일부 중등학교에의 진학 경쟁이 전국의 수험생들을 대상으로 이루어지는 현실에서 이 사건 조항은 사실상 학원교습이 불가능한 시간으로 서울특별시 학원 및 교습소의 교습시간을 제한하여 학원 교습을 받고자 하는 학생들의 교습의 기회를 아예 박탈하고 있으므로 이는 결국 **자치입법권의 한계**를 넘어서는 것으로서 교습시간을 제한하지 않거나 이 사건 조항보다 교습시간을 상대적으로 늦게 규정하고 있는 지방자치단체의 학생들 및 학원영업자들과 비교하여 청구인들의 **평등권을 침해**한다.

또한 학생들의 건강과 안전 보호 및 학교교육의 충실화라는 이 사건 조항의 입법목적을 고려하면 학교, 교육방송 및 인터넷 강좌를 통한 심야교습도 제한되어야 함에도 이는 전혀 규제하지 않고 학원의 교습시간만을 제한하는 것은 합리적 이유 없는 차별이다. 또한 사교육에 있어서 고액의 비용 등을 이유로 **개인과외교습으로 인한 폐해가 학원보다 더 큰 상황임에도 학원 및 교습소의 교습시간만 제한하는 것은 합리적 이유 없이 학원 및 교습소 운영자를 차별하는 것이다.**

(재판관 조대현의 반대의견에 대한 보충의견) 이 사건 조례는 학원법 제16조 제2항의 위임에 따른 것인바, 학교교육을 개선하지 아니한 채 사교육이나 학원교습을 제한하여 달성하려는 입법목적은 합리성을 인정하기 어려울 뿐만 아니라, 개인교습 기타 다른 학습방법을 제한하지 않는 이상 그러한 입법목적은 달성되기 어렵다. 따라서 학원법 제16조 제2항은 학생의 학습권과 학부모의 교육권 및 학원의 직업수행의 자유를 정당한 사유도 없이 침해하는 것으로서 헌법 제37조 제2항에 위반되고, 그에 따라 제정된 시・도 조례 규정도 교습시간 제한의 정도를 따질 필요도 없이 헌법에 위반되므로 이 사건 조례 조항이 헌법에 위반된다고 선언할 뿐만 아니라, 헌법재판소법 제75조 제5항에 따라 학원법 제16조 제2항에 대해서도 헌법에 위반된다고 선언하여야 한다.

[요약판례 11] 전문대학 미졸업자 편입불허행위 위헌확인: 기각(헌재 2010.11.25. 2010헌마144)

대학·산업대학 또는 원격대학에 편입학할 수 있는 자격을 전문대학을 졸업한 자로 규정하고 있는 고등교육법 제51조가 청구인의 평등권 등을 침해하는지 여부(소극)

이 사건 법률조항은 대학에 편입학하기 위하여는 전문대학을 졸업할 것을 요구하고 있어, '3년제 전문대학의 2년 이상 과정을 이수한 자'는 편입학을 할 수 없다. 우선 '3년제 전문대학의 2년 이상 과정을 이수한 자'를 '2년제 전문대학을 졸업한 자'와 비교하여 보면 객관적인 과정인 졸업이라는 요건을 갖추지 못하였다. 또한, '4년제 대학에서 2년 이상 과정을 이수한 자'와 비교하여 보면, **고등교육법이 그 목적과 운영방법에서 전문대학과 대학을 구별하고 있는 이상, 전문대학 과정의 이수와 대학과정의 이수를 반드시 동일하다고 볼 수 없어, 3년제 전문대학의 2년 이상 과정을 이수한 자에게 편입학 자격을 부여하지 아니한 것이 현저하게 불합리한 자의적인 차별이라고 볼 수 없다.** 나아가 평생교육을 포함한 교육시설의 입학자격에 관하여는 **입법자에게 광범위한 형성의 자유**가 있다고 할 것이어서, 3년제 전문대학의 2년 이상의 이수자에게 의무교육기관이 아닌 대학에의 일반 편입학을 허용하지 않는 것이 **교육을 받을 권리나 평생교육을 받을 권리를 본질적으로 침해하지 않는다.**

(재판관 이공현, 재판관 김희옥, 재판관 민형기, 재판관 송두환의 반대의견) **3년제 전문대학의 2년 과정을 이수하면 2년제 전문대학의 2년 과정을 졸업한 것과 사이에 추상적인 학업능력에 본질적인 차이가 없고,** 전문대학의 졸업요건에 학점이수 이외에 추가적인 졸업요건이 있다고 보기 어려우며, 3년제 전문대학의 학생들에게 대학을 편입학하기 위하여 반드시 졸업할 것을 요구하는 것은 불필요한 경제적·시간적 비용을 강요하는 것이고, 특히 방송통신대학과 같은 원격대학의 경우에는 평생교육의 기능도 있다고 할 것이다. 따라서 2년제 전문대학의 졸업자에게만 편입학 자격을 부여하고, 3년제 전문대학의 2년 과정 이수자에게는 편입학 자격을 부여하지 아니한 것은 합리적인 이유 없는 차별로서 평등원칙에 위반되고, 이 사건 법률조항은 청구인의 **평등권을 침해한다.**

[요약판례 12] 평생교육법시행령 제27조 제2항 제1호 위헌확인: 기각(헌재 2011.6.30. 2010헌마503)

단축된 고등학교과정에 입학할 수 있는 자를 만16세를 넘은 자로 규정한 평생교육법 시행령 제27조 제2항 후문 단서 제1호가 청구인들의 평등권 등 기본권을 침해하는지 여부(소극)

평생교육제도의 일환으로 만들어진 고등학교학력인정의 평생교육시설은 정규 학교 과정에 진학하지 못한 근로청소년·성인 등으로 하여금 고등학교학력을 취득케 하려는 목적을 가지고 있으므로, **중학교를 바로 졸업한 학생들이 받는 불이익은 반사적이고 사실적인 것에 지나지 않는다.** 또한 초·중등교육법 제54조 제2항에 의하여 단축된 기간으로 고등기술학교를 졸업할 수 있는 다른 제도적인 방법도 있고, 특히 미용사자격시험에 특별한 응시자격을 요하지 않아 청구인들이 2년제 미용고등학교를 졸업하여야만 미용사자격을 취득하는 것도 아니다. 따라서 만 16세 미만의 자들에게 고등학교학력인정의 평생교육시설에 입학자격을 부여하지 아니한 것이 현저하게 불합리한 자의적인 차별이라고 볼 수 없어 평등원칙에 위반되지 아니한다.

나아가 **평생교육을 포함한 교육시설의 입학자격에 관하여는 입법자에게 광범위한 형성의 자유가 있다**고 할 것이어서, **일반적으로 중학교를 바로 졸업한 나이에 해당하는 만 16세 미만의 자에게 의무교육이 아닌 고등학교학력인정의 평생교육시설에의 입학을 허용하지 않는 것이 교육을 받을 권리나 직업의 자유를 본질적으로 침해하지 않는다.**

[요약판례 13] 초·중등교육법 제30조의2 제2항 제2호 등 위헌소원: 위헌(헌재 2012.8.23. 2010헌바220)

이 사건 세입조항이 헌법 제31조 제3항에 규정되어 있는 의무교육 무상의 원칙에 위배되는지 여부(적극)

헌법 제31조 제3항에 규정된 의무교육 무상의 원칙에 있어서 무상의 범위는 헌법상 교육의 기회균등을 실현하기 위해 필수불가결한 비용, 즉 모든 학생이 의무교육을 받음에 있어서 경제적인 차별 없이 수학하는 데 반드시 필요한 비용에 한한다고 할 것이며, 수업료나 입학금의 면제, 학교와 교사 등 인적·물적 기반 및 그 기반을 유지하기 위한 인건비와 시설유지비, 신규시설투자비 등의 재원마련 및 의무교육의 실질적인 균등보장을 위해 필수불가결한 비용은 무상의 범위에 포함된다. 그런데 학교운영지원비는 그 운영상 교원연구비와 같은 교사의 인건비 일부와 학교회계직원의 인건비 일부 등 의무교육과정의 인적기반을 유지하기 위한 비용을 충당하는 데 사용되고 있다는 점, 학교회계의 세입상 현재 의무교육기관에서는 국고지원을 받고 있는 입학금, 수업료와 함께 같은 항에 속하여 분류되고 있음에도 불구하고 학교운영지원비에 대해서만 학생과 학부모의 부담으로 남아있다는 점, 학교운영지원비는 기본적으로 학부모의 자율적 협찬금의 외양을 갖고 있음에도 그 조성이나 징수의 자율성이 완전히 보장되지 않아 기본적이고 필수적인 학교 교육에 필요한 비용에 가깝게 운영되고 있다는 점 등을 고려해보면 이 사건 세입조항은 헌법 제31조 제3항에 규정되어 있는 의무교육의 무상원칙에 위배되어 헌법에 위반된다.

[요약판례 14] 학교급식법 제8조 제2항 등 위헌소원: 합헌(헌재 2012.4.24. 2010헌바164)

의무교육 대상인 중학생의 학부모에게 급식관련비용 일부를 부담하도록 하는 구 학교급식법(1996. 12. 30. 법률 제5236호로 개정되고, 2006. 7. 19. 법률 제7962호로 개정되기 전의 것) 제8조 제1항 후단 및 제2항 전단 중 초·중등교육법 제2조의 중학교에 관한 부분(이하 '이 사건 법률조항들'이라 한다)이 의무교육의 무상원칙을 위반하였는지 여부(소극)

헌법 제31조 제3항에 규정된 의무교육의 무상원칙에 있어서 의무교육 무상의 범위는 원칙적으로 헌법상 교육의 기회균등을 실현하기 위해 필수불가결한 비용, 즉 모든 학생이 의무교육을 받음에 있어서 경제적인 차별 없이 수학하는 데 반드시 필요한 비용에 한한다.

따라서, 의무교육에 있어서 무상의 범위에는 의무교육이 실질적이고 균등하게 이루어지기 위한 본질적 항목으로, 수업료나 입학금의 면제, 학교와 교사 등 인적·물적 시설 및 그 시설을 유지하기 위한 인건비와 시설유지비 등의 부담제외가 포함되고, 그 외에도 의무교육을 받는 과정에 수반하는 비용으로서 의무교육의 실질적인 균등보장을 위해 필수불가결한 비용은 무상의 범위에 포함된다. 이러한 비용 이외의 비용을 무상의 범위에 포함시킬 것인지는 국가의 재정상황과 국민의 소득수준, 학부모들의 경제적 수준 및 사회적 합의 등을 고려하여 입법자가 입법정책적으로 해결해야 할 문제이다.

학교급식은 학생들에게 한 끼 식사를 제공하는 영양공급 차원을 넘어 교육적인 성격을 가지고 있지만, 이러한 교육적 측면은 기본적이고 필수적인 학교 교육 이외에 부가적으로 이루어지는 식생활 및 인성교육으로서의 보충적 성격을 가지므로 의무교육의 실질적인 균등보장을 위한 본질적이고 핵심적인 부분이라고까지는 할 수 없다.

이 사건 법률조항들은 비록 중학생의 학부모들에게 급식관련 비용의 일부를 부담하도록 하고 있지만, 학부모에게 급식에 필요한 경비의 일부를 부담시키는 경우에 있어서도 학교급식 실시의 기본적 인프라가 되는 부분은 배제하고 있으며, 국가나 지방자치단체의 지원으로 학부모의 급식비 부담을 경감하는 조항이 마련되어 있고, 특히 저소득층 학생들을 위한 지원방안이 마련되어 있다는 점 등을 고려해 보면, 이 사건 법률조항들이 입법형성권의 범위를 넘어 헌법상 의무교육의 무상원칙에 반하는 것으로 보기는 어렵다.

제 5 절 노동기본권

I 공무원의노동조합설립및운영등에관한법률 위헌확인: 각하,기각(헌재 2008.12.26. 2005헌마971등)

쟁점 1. 공무원인 근로자에게 **노동3권 인정 여부 및 범위에 대하여 국회가 광범위한 입법형성권**을 가지는지 여부(적극)

2. **5급 이상 공무원의 노동조합가입을 금지**하고, 나아가 6급 이하의 공무원 중에서도 업무에 따라 가입을 금지하는 것이 단결권 및 평등권을 침해인지 여부(소극)

3. **법령에 의한 정책 결정 사항 등**에 대해서는 **단체교섭을 할 수 없도록** 하는 것이 단체교섭권을 침해인지 여부(소극)

4. 노동조합이 2 이상인 경우 노동조합이 정부교섭대표의 교섭창구 단일화요구에 응하지 않는 경우에는 정부교섭대표로 하여금 **교섭창구가 단일화될 때까지 교섭을 거부**할 수 있도록 한 공노법 제9조 제4항이 청구인들의 **단체교섭권을 침해하는지** 여부(소극)

5. '법령・조례・예산 및 하위규정'과 **다른 내용으로 체결**되는 단체협약에 대하여 **효력을 발생하지 않도록** 한 공노법 제10조 제1항이 국회의 입법 재량권의 한계를 일탈하여 청구인들의 단체교섭권을 침해하는지 여부(소극)

6. 공무원에 대하여 **일체의 쟁의행위를 금지**한 공노법 제11조가 청구인들의 단체행동권을 침해하는지 여부(소극)

7. 공노법 제11조를 위반하여 **파업・태업** 그 밖에 업무의 정상적인 운영을 저해하는 행위를 한 공무원을 **형사처벌**하는 공노법 제18조가 죄형법정주의 원칙 중 명확성의 원칙에 반하거나 입법재량의 한계를 일탈한 과중한 처벌로서 헌법에 위배되는지 여부(소극)

8. 노동조합 및 노동관계조정법상 **단체교섭 거부, 단체협약 불이행 및 구제명령 불이행에 대한 형사처벌 조항의 적용을 배제**하고 있는 공노법 제17조 제3항 중 '제89조 2호', '제90조 중 제81조' 부분이 헌법이 부여한 입법재량권의 한계를 일탈하여 공무원노동조합의 단체교섭권을 침해하고, 일반 노동조합에 비하여 공무원 노동조합을 합리적 이유 없이 차별함으로써 헌법 제11조 소정의 평등의 원칙에 위배되는지 여부(소극)

사건의 개요

청구인들은 전국공무원노동조합, 5급 공무원, 5급 지방공무원, 6급 기능직 공무원 등으로 '공무원의 노동조합 설립 및 운영 등에 관한 법률'의 가입범위, 단체협약 효력, 쟁의행위 금지 등에 관한 규정들이 결사의 자유, 근로3권, 행복추구권, 평등권, 죄형법정주의를 침해하여 위헌이라 하여 이 사건 헌법소원심판을 청구하였다.

심판의 대상

공무원의 노동조합 설립 및 운영 등에 관한 법률(2005. 1. 27. 법률 제7380호로 제정된 것) 제6조 (**가입범**

위) ① 노동조합에 **가입할 수 있는 공무원의 범위**는 다음 각 호와 같다.

1. 6급 이하의 일반직공무원 및 이에 상당하는 연구 또는 특수기술직렬의 일반직공무원
2. 특정직공무원 중 6급 이하의 일반직공무원에 상당하는 외무행정·외교정보관리직공무원
3. 기능직공무원
4. 6급 이하의 일반직공무원에 상당하는 별정직공무원 및 계약직공무원
5. 고용직공무원

② 제1항의 규정에 불구하고 다음 각 호의 1에 해당하는 공무원은 노동조합에 **가입할 수 없다.**

1. 다른 공무원에 대하여 지휘·감독권을 행사하거나 다른 공무원의 업무를 총괄하는 **업무**에 종사하는 공무원
2. 인사·보수에 관한 업무를 수행하는 공무원 등 노동조합과의 관계에서 행정기관의 입장에 서서 업무를 수행하는 공무원
3. 교정·수사 그 밖에 이와 유사한 업무에 종사하는 공무원
4. **업무**의 주된 내용이 노동관계의 조정·감독 등 노동조합의 조합원으로서의 지위를 가지고 수행하기에 적절하지 아니하다고 인정되는 업무에 종사하는 공무원

④ 제2항의 규정에 의한 공무원의 범위는 대통령령으로 정한다.

제8조 **(교섭 및 체결권한 등)** ① 노동조합의 대표자는 그 노동조합에 관한 사항 또는 조합원의 보수·복지 그 밖의 근무조건에 관한 사항에 대하여 국회사무총장·법원행정처장·헌법재판소사무처장·중앙선거관리위원회사무총장·행정자치부장관(행정부를 대표한다)·특별시장·광역시장·도지사·시장·군수·구청장(자치구의 구청장을 말한다) 또는 특별시·광역시·도의 교육감 중 어느 하나에 해당하는 자(이하 "정부교섭대표"라 한다)와 각각 교섭하고 단체협약을 체결할 권한을 가진다. **다만**, 법령 등에 의하여 국가 또는 지방자치단체가 그 권한으로 행하는 정책결정에 관한 사항, 임용권의 행사 등 그 기관의 관리·운영에 관한 사항으로서 근무조건과 직접 관련되지 아니한 사항은 **교섭의 대상이 될 수 없다.**

제9조 **(교섭의 절차)** ④ 정부교섭대표는 제2항 및 제3항의 규정에 따라 교섭을 요구하는 노동조합이 2 이상인 경우에는 당해 노동조합에 대하여 교섭창구를 단일화하도록 요청할 수 있다. 이 경우 교섭창구가 **단일화될 때까지 교섭을 거부할 수 있다.**

제10조 **(단체협약의 효력)** ① 제9조의 규정에 따라 체결된 단체협약의 내용 중 법령·조례 또는 예산에 의하여 규정되는 내용과 법령 또는 조례에 의한 위임을 받아 규정되는 내용은 **단체협약으로서의 효력을 가지지 아니 한다.**

제11조 (쟁의행위의 금지) 노동조합과 그 조합원은 **파업·태업** 그 밖에 업무의 정상적인 운영을 저해하는 일체의 행위를 하여서는 **아니 된다.**

제17조 (다른 법률과의 관계) ③ 노동조합 및 노동관계조정법 제2조 제4호 라목 단서, 제24조, 제29조, 제36조 내지 제46조, 제51조 내지 제57조, 제60조 제1항·제5항, 제62조 내지 제65조, 제66조 제2항, 제69조 내지 제80조, 제81조 제2호 단서, 제88조 내지 제92조, 제96조 제1항 제3호 및 법률 제5310호 노동조합 및 노동관계조정법 부칙 제5조 제1항 및 제2항의 규정은 이 법에 의한 노동조합에 대하여는 이를 **적용하지 아니** 한다.

제18조 (벌칙) 제11조의 규정을 위반하여 파업·태업 그 밖에 업무의 정상적인 운영을 저해하는 행위를 한 자는 5년 이하의 징역 또는 5천만 원 이하의 벌금에 처한다.

▢ 청구인들의 주장

가입범위 조항은, 합리적 이유 없이 5급 이상 공무원의 노조가입을 금지하고, 나아가 6급 이하 공무원 중에서도 업무에 따라 광범위하게 노조가입을 금지하여 사실상 대부분의 6급 공무원의 노조 가입을 금지하는 것은, 단결권 침해 및 평등권 침해다.

단체교섭 금지조항은 정책 결정 사항도 단체교섭의 대상은 일단 될 수 있는데도 일률적으로 교섭금지대상으로 규정함으로써 청구인들의 단체교섭권을 침해한다.

교섭절차 조항은 구체적인 교섭창구 단일화의 방식에 대하여는 규율하지 아니한 채 사용자의 교섭거부 권한만을 명시함으로써, 사용자가 '노·노간의 갈등'을 부추겨 창구단일화에 어려움을 겪게 하여 종국적으로 사용자의 교섭의무를 회피하게끔 할 수 있어 단체교섭권에 대한 과도한 침해다.

단체협약 효력 조항은, 공무원의 근무조건에 관한 대부분의 사항은 '법령·조례와 예산 위임을 받은 하위 규정'들에 의해 규율되고 있음에 비추어 이는 단체교섭 거부를 부추기고, 나아가 하위 규정들은 제정 및 개정권한이 국가·지방자치단체에게 유보되어 있는데도 이 부분에 저촉되는 단체협약의 효력까지 부인하는 것은 입법 재량권의 한계를 일탈하여 위헌이다.

쟁의행위 금지 조항은, 노조법이 필수공익사업 종사 근로자들의 경우에도 일정 범위에서 단체행동권을 제한하고 있을 뿐인 것과 비교하여 공무원 근로자들의 단체행동권을 온전히 박탈하는 것은 형평성에 반한다.

쟁의행위가 금지되고 이에 무거운 형벌이 부과되는 것에 비하여, 사용자격인 정부교섭대표에게는 부당노동행위에 대한 처벌규정의 적용을 배제하여 단체교섭권 및 평등권을 침해한다. 형량이 너무 무거운 점도 과잉금지 원칙에도 반한다.

그리고 이와 같이 공노법의 제 규정들은 세계인권선언, 국제노동기구 협약·권고 등에도 위반한다.

▢ 주 문

1. 청구인 지식경제부 공무원노동조합의 이 사건 심판청구를 각하한다.
2. 나머지 청구인들의 이 사건 심판청구를 모두 기각한다.

▢ 판 단

Ⅰ. 심판대상조항들의 기본권 침해 여부

1. 공무원의 노동3권에 관한 헌법 제33조 제2항의 의미

우리 **헌법은 제33조** 제1항에서 "근로자는 근로조건의 향상을 위하여 자주적인 단결권·단체교섭권 및 단체행동권을 가진다"라고 규정하여 근로자의 자주적인 노동3권을 보장하고 있으면서도, 같은 조 **제2항**에서는 "공무원인 근로자는 **법률이 정하는 자에 한하여 단결권·단체교섭권 및 단체행동권을 가진다**"고 규정하여 공무원인 근로자에 대하여는 일정한 범위의 공무원에 한하여서만 노동3권을 향유할 수 있도록 함으로써 기본권의 주체에 관한 제한을 두고 있다.

공무원인 근로자 중 법률이 정하는 자 이외의 공무원에게는 그 권리행사의 제한뿐만 아니라 금지까지도 할 수 있는 법률제정의 가능성을 **헌법에서 직접 규정**하고 있다는 점에서 헌법 제33조 제2항은 **특별한 의미**가 있다. 헌법 제33조 제2항이 규정되지 아니하였다면 공무원인 근로자도 헌법 제33조 제1항에 따라 노동3권을 가진다 할 것이고, 이 경우에 공무원인 근로자의 단결권·단체교섭권·단체행동권을 제한하는 법률에 대해서는 헌법 제37조 제2항에 따른 기본권제한의 한계를 준수하였는가 하는 점에 대한 심사를 하는 것이 헌법원리로서 상당할 것이나, 헌법 제33조 제2항이 직접 '법률이 정하는 자'만이 노동3권을 향유할 수 있다고 규정하고 있어서 **'법률이 정하는 자' 이외의 공무원은 노동3권의 주체가 되지 못하므로, 노동3권이 인정됨을 전제로 하는 헌법 제37조 제2항의 과잉금지원칙은 적용이 없는 것으로 보아야** 할 것이다.

헌법 제33조 제2항이 공무원의 노동3권을 제한하면서 노동3권이 보장되는 주체의 범위를 법률이 정하도록 위임한 것은, 첫째, 입법권이 국가사회공동체의 역사·문화에 따라 형성된 공무원제도의 유지·발전과 공무원제도의 다른 쪽 당사자로서 주권자인 전체 국민의 복리를 고려하고, 헌법상 보장된 공무원제도 자체의 기본 틀을 해하지 않는 범위 내에서 그 제도에 관련된 여러 이해관계인의 권익을 서로 조화하면서 **공공복리의 목적** 아래 통합·조정할 수 있음을 의미하고, 둘째, 공무원은 국민 전체에 대한 봉사자이며, 그 담당직무의 성질상 **공공성·공정성·성실성 및 중립성**이 보장되어야 한다는 특수한 사정이 있다는 점을 고려하여, 전체 국민의 합의를 바탕으로 입법자의 구체적인 입법에 의하여 공적이고 객관적인 질서에 이바지하는 공무원제도를 보장·보호할 수 있는 입법재량을 부여한 것이다.

그렇다면, 국회는 헌법 제33조 제2항에 따라 **공무원인 근로자**에게 **단결권·단체교섭권·단체행동권**을 인정할 것인가의 여부, 어떤 형태의 행위를 어느 범위에서 인정할 것인가 등에 대하여 **광범위한 입법형성의 자유**를 가진다 할 것이다(헌재 2007. 8. 30. 2003헌바51등, 판례집 19-2, 215, 227-229 참조).

2. 노조 가입범위에 관한 공노법 제6조의 위헌 여부

공노법 제6조 제1항은 노조에 가입할 수 있는 공무원의 범위를 직종, 직급을 기준으로 구분하여 정하고 있고, 공노법 제6조 제2항은 위 제1항에 해당하는 공무원에 대하여 다시 직무의 성질을 기준으로 노조에 가입할 수 없는 일정한 직무를 담당하는 공무원들을 규정하며, 공노법 제6조 제4항은 위 제2항에 따라 노조에 가입할 수 없는 공무원의 구체적인 직무의 내용을 시행령이 정하도록 위임하고 있는바, 청구인들은 공노법 제6조 제1항이 원칙적으로 6급 이하의 공무원에 대하여만 노조가입을 허용하고, 같은 조 제2항이 다시 직무의 성질을 기준으로 6급 이하의 공무원 중 일정 업무종사자에 대하여 노조가입을 금지하는 것의 위헌성을 다툰다.

(1) 노동기본권의 침해 여부

공무원의 업무수행 현실을 보면, 제반 주요정책을 결정하고 그 소속 하위직급자들을 지휘·명령하여 분장사무를 처리하는 역할은 통상 5급 이상의 공무원에게 부여되는 것이 일반적이고, 6급 이하의 공무원들 중에서도 '지휘·감독권 행사자', '업무 총괄자', '인사·보수 등 행정기관의 입장에 서는 자', '노동관계의 조정·감독 등 업무 종사자'는 '항상 사용자의 이익을 대표하는 자'의 입장에 있거나 그 업무의 공공성·공익성이 크며, 이들이 노조에 가입할 경우 예상되는 노조 운영 등에의 지배·개입 등 노조의 자주성을 훼손하는 것을 방지하고, 노사 대항적 관계의 단체교섭에 있어서 노사 간 힘의 균형을 확보해 줌으로써 집단적 노사자치를 실현한다는 집단적 노사관계법의 기본적인 법원리에 따라 이들 공무원을 노조 가입대상에서 제외한 것으로 보인다.

또한 6급 이하 공무원 중 직무의 특성상 군인, 경찰 등 특정직 공무원과 유사하게 국가안전 및 국민의 생명과 안전보호 등 국가 기능유지에 핵심적인 업무를 수행하고 제복근무 등 조직 내 지휘·감독체계의 유지가 특히 강조되는 교정·수사 등의 업무를 수행하는 공무원과 업무의 성격상 노사 간의 이해관계에 영향을 미침으로서 업무수행에 있어서 중립성과 공정성이 특히 요구되는 노동관계의 조정·감독 등 노조 조합원으로서의 지위를 가지고 수행하기에 적절하지 아니한 업무에 종사하는 공무원을 노조 가입대상에서 제외한 것이다.

이러한 입법내용은 헌법상 근로자에 대한 근로3권의 실질적 보장을 전제하면서도 **헌법 제33조 제2항**이 근로3권이 보장되는 공무원의 범위를 법률에 의하여 정하도록 유보함으로써 공무원의 국민 전체에 대한 **봉사자로서의 지위와 그 직무상의 공공성** 등을 고려한 합리적 공무원제도의 보장 및 공무원제도와 관련한 주권자 등 이해관계인의 권익을 공공복리의 목적 아래 통합 조정하려는 의도와 어긋나는 것이라고 볼 수 없다.

그러므로 위 법률조항은 헌법 제33조 제2항이 공무원 신분의 특수성과 수행하는 업무의 공공성을 고려하여 단결권 및 단체교섭권의 향유주체가 될 수 있는 공무원의 범위를 정하도록 하기 위하여 입법자에게 부여하고 있는 **형성적 재량권의 범위를 일탈한 것으로 볼 수 없**고, 따라서 헌법에 위반되는 것이라고 할 수 없다.

(2) 평등권의 침해 여부

(가) 심사기준

헌법 제11조 제1항이 보장하는 평등의 원칙은 일체의 차별적 대우를 부정하는 절대적 평등을 의미하는 것이 아니며 법의 적용이나 입법에 있어서 불합리한 조건에 의한 차별을 하여서는 안 된다는 상대적·실질적 평등을 뜻한다. 따라서 합리적인 근거 없이 차별하는 경우에 한하여 평등의 원칙에 위반될 뿐이다(헌재 1989. 5. 24. 88헌가37등, 판례집 1, 48, 54; 헌재 1991. 2. 11. 90헌가27, 판례집 3, 11, 24 참조).

한편, 어떤 심사척도에 의할 것인지는 입법자에게 인정되는 입법형성권의 정도에 따라 달라지는바(헌재 2002. 11. 28. 2002헌바45, 판례집 14-2, 704, 715), 이 사안은 헌법 제33조 제2항에 의하여 입법자에게 **광범한 입법형성권**이 부여되는 경우이므로, 평등의 원칙에 위반되었는지를 판단함에 있어서는 **차별에 합리성이 있는지의 완화된 심사척도**에 따라야 할 것이다.

(나) 5급 공무원과 6급 이하 공무원 간 차별취급의 위헌 여부

특정 사업장의 근로자 중에서 어느 범위까지 노조 가입을 허용할 것인가의 문제는 노조가 규약을 통해 자율적으로 규율하는 것이 원칙이며, 노조의 자율성 보장을 위해 사용자가 노조를 부당하게 지배·개입할 소지를 봉쇄할 필요성에 따라 노조법상 일반원칙인 **'항상 사용자의 이익을 대표하여 행동하는 자'(노조법 제2조 제4호 가목)는 배제**하게 된다. 또 노조법에 따라 사용자의 개념에 포함되는 '근로자에 관한 사항에 대하여 사업주를 위하여 행동하는 자'도 노조가입이 허용되지 않는다. 그리고 공무원의 경우 직무의 성격상 노동운동이 허용되기 어려운 직무가 무엇인가에 따라 일정 범위의 공무원에 대하여는 노조가입이 금지될 수 있다.

문제의 핵심은 업무의 성격상 노동운동이 허용되기 어려운 직무에 종사하는 공무원에 대하여는 노동3권을 부여하지 아니하는 것이 정당화될 수 있다는 것인바, 위 공무원에 해당하는지(직무의 공공성) 여부를 직급에 따라 나누어 5급 이상 공무원에 대하여는 일괄적으로 노조가입을 금지함으로

써 6급 이하 공무원과 차별하는 것에 합리성이 인정되는가에 있다.

1) 우리 공무원제도는 공무원의 일반적 자격·능력 및 책임의 정도를 기준으로 계층을 만들어 인력을 행정수요에 맞게 효율적으로 운용하기 위하여 '공무원 계급제도'를 두고 있다. 그런데 공무원의 업무수행 등과 관련한 현실을 살펴보면, 계급제 성격이 강한 우리나라 공무원제도의 특성상 5급 이상 공무원은 **제반 주요정책의 결정에 직접 참여**하거나, 그 소속 **하위직급자들을 지휘·명령하여 분장사무를 처리하는 역할을 수행**하고 있는 것이 일반적이다.

2) 또한 공무원의 노조 가입범위를 원칙적으로 6급 이하의 공무원에 한정하여 보아야 한다는 것은 우리 사회의 공통적인 법 인식 내지 법 감정에 해당하는 것으로, 1989년 야3당 합의안으로 국회 본회의에 상정된 바 있던 노동조합법 개정법안 제8조도 이와 같은 기준을 제시하였고, 학계에서도 대부분의 학자들이 그 타당성에 동의하고 있으며, 입법 당시의 각종 여론조사 결과도 다수의 국민들이 이를 지지하는 것으로 드러났다.

3) 한편, 국제노동기구(ILO) 제151호 협약도 "공공부문에 있어 정책결정 또는 관리에 관련되는 직무를 수행하는 고위직 근로자 또는 고도의 기밀적 성격의 업무를 수행하는 근로자"에 관하여는 국내법령으로 단결권 제한이 가능하도록 하고 있으며, 외국의 입법례도 공무원 중 고위관리자(management official)와 중간관리자(supervisor)의 경우 단결권 보장대상에서 제외하고 있는 것이 보편적이다.

이러한 여러 사정을 종합하여 보면, 위 법률조항이 일반직공무원을 기준으로 5급 이상의 공무원에 대하여는 단결권, 단체교섭권을 부여하지 아니하고, 원칙적으로 6급 이하 공무원에게만 이를 보장하여 양자를 달리 취급하는 것은 헌법 제33조 제2항에 그 근거를 두고 있을 뿐만 아니라, 위에서 본 바와 같은 합리적인 이유 또한 있다 할 것이므로, 헌법 제11조 제1항에 정한 **평등의 원칙에 위반되지 아니한다**.

(다) 6급 이하 공무원 중 일정 업무 담당자와 나머지 6급 이하 공무원 간 차별취급의 위헌 여부

1) 6급 이하 공무원이라 하더라도 공무원 노사관계에 있어서 법령·조례 등에 의하여 다른 공무원에 대한 지휘감독권을 행사하거나, 다른 공무원의 업무를 총괄하는 공무원, 인사·보수에 관한 업무를 수행하는 공무원 등 노동조합과의 관계에서 **행정기관의 입장에 서서 업무를 수행하는 공무원 등을 노동조합 가입범위에서 제외**한 것은, 이들이 노동조합에 가입할 경우 노동조합 운영 등에 지배·개입하는 등으로 **노동조합의 자주성을 훼손하는 것을 방지**하고, 노사 대항적 관계의 단체교섭에 있어서 **노사 간 힘의 균형을 확보**해 줌으로써 집단적 노사자치를 실현한다는 집단적 노사관계법의 기본적인 법원리에 따른 것이다.

2) 또한 6급 이하 공무원 중 직무의 특성상 군인, 경찰 등 특정직 공무원과 유사하게 국가안전 및 국민의 생명과 안전보호 등 **국가기능 유지에 핵심적인 업무**를 수행하고 제복근무 등 조직 내 지휘·감독체계의 유지가 특히 강조되는 교정·수사 등의 업무를 수행하는 공무원과 업무의 성격상 노사 간의 이해관계에 영향을 미침으로서 업무수행에 있어서 중립성과 공정성이 특히 요구되는 노동관계의 조정·감독 등 노조 조합원으로서의 지위를 가지고 수행하기에 적절하지 아니한 업무에 종사하는 공무원을 노조 가입대상에서 제외한 것이다.

따라서 공노법 제6조 제2항이 6급 이하 공무원 중에서 특정 업무 담당자들에 대하여 노조가입을

제한하는 것에는 합리적인 이유가 있다 할 것이므로, 이는 헌법 제11조 제1항이 정한 평등의 원칙에 위배되지 아니한다.

(라) 6급 공무원과 7급 이하 공무원 간 차별취급 주장에 대하여

청구인들은 심판대상조항이 6급 이하 공무원 중 일정 업무 종사자를 노조가입대상에서 배제시킴으로써 합리적 이유 없이 6급 공무원을 7급 이하 공무원과 차별한다는 취지로도 주장하나, 심판대상조항은 6급 이하 공무원들에 대하여는 **업무의 내용에 따라** 특정 업무 종사자들을 노조에 가입할 수 없게 함으로써 **동일한 기준을 적용**하여 노조가입이 허용되는 자와 허용되지 않는 자를 구분하고 있다. 따라서 동일한 기준을 적용한 결과 7급 이하 공무원들에 비하여 6급 공무원들이 배제되는 비율이 높게 나타났다고 하더라도, 그것은 6급 공무원들이 상대적으로 노조가입이 금지되는 업무를 맡고 있는 비율이 높은 것에 기인하는 것으로, 이것이 6급 공무원과 7급 이하 공무원을 차별한 것이라고 보기는 어렵다. 따라서 이 부분은 **차별취급 자체가 존재하지 아니하는 것**으로 볼 것이므로, 이 부분 주장도 이유 없다.

(마) 노조가입이 금지되는 6급 이하 공무원과 교원 간 차별취급의 위헌 여부

청구인들은 '교원의 노동조합 설립 및 운영 등에 관한 법률'에 의한 교원은 단결권과 단체교섭권이 보장되고 있음에도 불구하고, 심판대상조항이 교원이 아닌 공무원들에게 근로3권을 보장하지 않는 것은 불합리한 차별로서 평등의 원칙에 위반된다는 취지로도 주장하나, 일반 **공무원의 업무**와 **교원의 업무**는 **직역 및 처리업무의 성격에 있어서 다르고, 노동기본권을 행사하였을 때 국민 생활에 미치는 영향에도 차이가 있으므로**, 교원에 대하여 근로에 관한 권리를 부여하였다고 하여 이를 두고 자의적인 차별을 가하는 것이라 할 수는 없다(헌재 2007. 8. 30. 2003헌바51등, 판례집 19-2, 215, 234; 헌재 2005. 10. 27. 2003헌바50등, 판례집 17-2, 238, 256-257 각 참조).

3. 단체교섭권에 관한 조항들의 위헌 여부

(1) 공노법 제8조 제1항 단서의 위헌 여부

공노법 제8조(교섭 및 체결권한) 제1항은 노조의 대표자가 노조에 관한 사항 또는 조합원의 보수·복지 그 밖의 근무조건에 관한 사항에 대하여 정부교섭대표와 교섭하고 단체협약을 체결할 권한을 가짐을 규정하면서, 단서에서 "**정책결정에 관한 사항**, 임용권의 행사 등 그 기관의 관리·운영에 관한 사항으로서 근무조건과 직접 관련되지 아니하는 사항"을 단체교섭의 대상에서 **제외**시키고 있는바, 청구인들은 위 단서가 청구인들의 단체교섭권을 침해한다고 주장한다.

그러나 **민간부문의 이른바 '인사·경영사항'**이 의무적 교섭사항인지가 문제되는 것**처럼** 정부의 정책결정 및 관리운영사항은 **교섭대상사항이 아니**라고 볼 수 있다. 일본·미국의 경우에도 교섭사항과 비교섭사항을 구분·명시하고 있는바, 일본의 경우 국가·지방공공단체의 사무의 관리 및 운영에 관한 사항은 교섭의 대상이 될 수 없고, 미국의 경우도 관리권한(management right)에 관한 사항(기관의 임무, 예산, 조직, 정원, 내부보안 지침, 채용, 배치, 지휘, 해고 및 정직, 강급, 면직 등 징계조치, 업무분장, 민간위탁의 결정, 기관운영자의 결정, 특정직위 임용을 위한 인원 선발, 비상조치 등)은 교섭대상에서 제외된다.

더욱이 위 법률조항은 정책결정 및 관리운영사항 일체를 교섭대상에서 제외시킨 것이 아니고 단체교섭에서 교섭대상을 둘러싼 교섭상의 혼선을 방지하기 위하여 **근무조건과 직접 관련되지 아**

니하는 정책결정에 관한 사항과 임용권의 행사 등 국가 또는 지방자치단체가 그 권한으로 행하는 관리·운영에 관한 **사항을 단체교섭의 금지대상**으로 규정한 것으로, 정부의 정책결정 및 관리운영 사항 중에서도 근무조건과 직접 관련되는 사항에 대하여는 단체교섭을 허용하고 있으므로, 공노법 제8조 제1항 단서가 합리적 근거 없이 입법형성권의 범위를 **일탈**하여 청구인들의 단체교섭권을 침해하는 것으로는 보이지 **아니**한다.

(2) 공노법 제9조 제4항의 위헌 여부

공노법 제9조(교섭의 절차) 제1항이 "노동조합은 제8조의 규정에 의한 단체교섭을 위하여 노동조합의 대표자와 조합원으로 교섭위원을 구성하여야 한다"라고 규정하고 있는 것과 관련하여, 같은 조 제4항은 "정부교섭대표는 제2항 및 제3항의 규정에 따라 교섭을 요구하는 노동조합이 2 이상인 경우에는 당해 노동조합에 대하여 교섭창구를 단일화하도록 요청할 수 있다. 이 경우 교섭창구가 단일화될 때까지 교섭을 거부할 수 있다"라고 하고 있다. 청구인들은 공노법 제9조 제4항이 구체적인 교섭창구 단일화의 방식에 대해서는 규정하지 아니한 채 사용자의 교섭거부 권한만을 명시하여, 단체교섭을 회피하고자 하는 사용자로 하여금 '노·노 간의 갈등'을 부추겨 창구단일화에 어려움을 겪게 함으로써 종국적으로 사용자에게 교섭의무를 회피할 수 있는 여지를 주어 청구인들의 단체교섭권을 침해하므로, 위 법률조항이 부진정 입법부작위로서 위헌이라는 취지로 주장한다.

그러나 **복수노조 허용에 따라 예상되는 단체교섭의 혼란 및 단체협약 적용상의 어려움, 과다한 교섭비용을 줄이기 위하여,** 단체교섭에 있어 관련된 노조에게 원칙적으로 단체교섭권의 행사를 보장하면서 노조 간의 자율적인 교섭창구 단일화를 규정한 공노법 제9조 제4항은 **합리적인 근거가 있다.** 노조법의 경우 복수노조 창구단일화 방안에 관한 수많은 논의가 있었으나 아직까지 명쾌한 결론이 나지 않고 있으며, '교원의 노동조합 설립 및 운영 등에 관한 법률시행령'(2002. 12. 31 대통령령 제17873호로 개정된 것) 제3조 제5항은 "조직대상을 같이 하는 2 이상의 노동조합이 설립되어 있는 때에는 합의에 의하여 교섭위원을 선임하되, 합의하지 못하는 때에는 노동조합의 조합원수에 비례하여 교섭위원을 선임한다"라고 하여 복수노조 간의 창구단일화를 자율에 맡기되, 자율적 해결이 불가능할 경우 교섭위원의 선임방법에 관한 규정을 마련하고 있다.

이에 따라 공노법 제9조 제4항도 위와 같이 원칙적으로 복수노조의 경우 창구단일화를 자율에 맡기면서, 그것이 불가능할 경우에 대비하여 공노법시행령 제8조(교섭위원의 선임) 제2항에서 "제1항의 규정에 따른 교섭위원의 선임에 있어 교섭노동조합이 2 이상인 경우에는 교섭노동조합간의 합의에 따라 교섭위원을 선임하되, 제1항 전단의 규정에 따른 기간 안에 **합의하지 못하는 때에는 교섭노동조합의 조합원수에 비례하여 교섭위원을 선임하여야 한다**"라고 하여, 자율적 해결이 불가능할 경우의 **교섭위원 선임방법에 관한 규정을 시행령에 마련함**으로써 교원의 노동조합 설립 및 운영 등에 관한 법률시행령처럼 조화를 꾀하고 있다. 단일화 방법을 법률이 아닌 시행령에 규정한 것은, 교섭창구 단일화를 강제하는 것은 소수조합의 독자적인 단체교섭권을 형해화시킬 우려가 있고, 복수노조가 교섭창구를 단일화할 것인지 또는 각각 단체교섭을 진행할 것인지는 각각의 조합이 독자적으로 결정할 사항이므로 이를 법률로 강제하는 것은 부당하다는 점을 고려한 것으로 보인다.

따라서, 공노법 제9조 제4항이 구체적인 교섭창구 단일화의 방식에 대해서는 규정하지 아니한 채 사용자의 교섭거부 권한만을 명시하여 사용자에게 교섭의무를 회피할 수 있는 여지를 줌으로써 입법재량권의 범위를 일탈하여 청구인들의 단체교섭권을 침해하는 것으로는 보이지 아니한다.

(3) 공노법 제10조 제1항의 위헌 여부

(가) 공노법 제10조(단체협약의 효력) 제1항은 "제9조의 규정에 따라 체결된 단체협약의 내용 중 법령·조례 또는 예산에 의하여 규정되는 내용과 법령 또는 조례에 의한 위임을 받아 규정되는 내용은 단체협약으로서의 효력을 가지지 아니한다"라고 규정하여, 공무원노조에게 단체협약체결권을 인정하면서도 **단체협약의 내용 중 법령·조례·예산 등에 위배되는 내용에 대하여는 단체협약의 효력을 부정**하고 있다. 청구인들은 위 법률조항이 청구인들의 단체교섭권을 침해한다고 주장한다.

(나) 살피건대, 헌법 제7조 제2항은 공무원의 신분과 정치적 중립성은 법률이 정하는 바에 의하여 보장된다고 규정하여 직업공무원제도를 규정하고 있고, 직업공무원제도 하에서 공무원의 신분은 헌법에 의해 보장되며, 근무조건은 국회가 제정하는 법률로 정해지게 된다. 또한 헌법 제54조 제1항은 국회가 국가의 예산안을 심의·확정한다는 재정의회주의원칙을 규정하고 있는바, **공무원의 보수는 국가예산으로 지급**되는 것이므로 보수결정의 최종적인 권한은 국회가 가지게 된다.

이상의 헌법규정에 의하면, **헌법**은 공무원의 보수 등 **근무조건**에 관한 사항은 최종적으로 **국회가 결정**하도록 의도하고 있다고 볼 것이고, 공노법은 **이러한 헌법정신에 따라** 공무원 노사관계의 당사자인 **정부교섭대표와 노조 대표자 간의 단체협약에 국회의 결정권을 배제하는 최종적 효력을 인정하지 않고 있는 것**으로 볼 수 있다.

공무원의 경우 민간부문과 달리 근무조건의 대부분은 헌법상 국민 전체의 의사를 대표하는 국회에서 법률, 예산의 형태로 결정되는 것으로서, 그 범위 내에 속하는 한 정부와 공무원노동단체 간의 자유로운 단체교섭에 의하여 결정될 사항이라 할 수 없다. 따라서 노사 간 합의로 체결한 단체협약이라 하더라도 법률·예산 및 그의 위임에 따르거나 그 집행을 위한 명령·규칙에 규정되는 내용보다 우선하는 효력을 인정할 수는 없다. 그리고 **조례는 지방의회가 제정하는 것**으로 해당 지방자치단체와 그 공무원을 기속하므로, **단체협약에 대하여 조례에 우선하는 효력을 부여할 수도 없다**.

(다) 한편, 위 법률조항은 법령·조례 또는 예산 등과 저촉되는 부분에 한하여 단체협약으로서의 효력만 부인할 뿐, 교섭 자체를 할 수 없게 하거나 단체협약을 체결하지 못하도록 하고 있지는 않고, 같은 조 제2항에 의하면 정부교섭대표에게 제1항의 규정에 따라 단체협약으로서의 효력을 가지지 아니하는 내용에 대하여 그 내용이 이행될 수 있도록 성실히 노력할 의무를 부과하고 있다. 그리고 위 성실이행의무에 따라 공노법 시행령 제10조(단체협약의 이행통보)는 정부교섭대표로 하여금 법 제10조 제1항의 규정에 따라 단체협약으로서의 효력을 가지지 아니하는 단체협약의 내용에 대한 이행결과를 당해 단체협약의 유효기간 만료일 3월 전까지 상대방에게 서면으로 통보하도록 하고 있다.

(라) 이상의 점들에 비추어, 위 법률조항이 국회의 입법재량권의 한계를 일탈하여 청구인들의 **단체협약체결권을 침해한다고는 보기 어렵다**.

4 단체행동권에 관한 조항들의 위헌 여부

(1) 공노법 제11조의 위헌 여부

(가) 공노법 제11조(쟁의행위의 금지)는 "노동조합과 그 조합원은 파업·태업 그 밖에 업무의 정상적인 운영을 저해하는 일체의 행위를 하여서는 아니 된다"라고 하여 **사실상 노무에 종사하는 공무**

원을 제외하고는 공노법에 의하여 새로이 노동기본권의 주체가 되는 **모든 공무원에 대하여 단체행동을 금지**하고 있는바, 청구인들은 위 법률조항이 위헌이라고 다툰다.

(나) 살피건대, 노동기본권의 주체가 되는 공무원노조 및 그 조합원에 대하여 단결권, 단체교섭권 외에 단체행동권까지 보장할 것인지를 정함에 있어서는 공무원의 지위 및 특성, 단체행동권까지 인정할 경우에 예상되는 부작용 등을 종합적으로 고려하여야 할 것이다.

그런데 공무원이 **쟁위행위**를 통하여 공무원 집단의 이익을 대변하는 것은 국민 전체에 대한 봉사자로서의 공무원 지위와 특성에 반하고 **국민 전체의 이익추구에 장애**가 될 소지가 있으며, 공무원의 보수 등 근무조건은 국회에서 결정되고 그 비용은 최종적으로 국민이 부담하는바, 공무원이 자기 요구를 관철하고자 국민을 상대로 파업하는 것은 허용되기 어려운 측면이 있고, 공무원의 파업으로 행정서비스가 중단되면 **국가기능이 마비**될 우려가 크고 그 손해는 고스란히 국민이 부담하게 되며, 공공업무의 속성상 공무원의 파업에 대한 정부의 대응수단을 찾기 어려워 노사 간 힘의 균형을 확보하기 어렵다는 특성이 있다.

(다) 위에서 살펴본 여러 사정에다가 공무원은 국민 전체에 대한 봉사자로서의 지위를 갖는다는 헌법 제7조의 규정 및 그에 따른 공무원의 기본적인 성실의무, 직무전념의무 등을 종합하여 볼 때, 공노법 제11조에서 공무원의 쟁의행위를 금지하는 것은 헌법 제33조 제2항에 따른 입법형성권의 범위 내에 있다 할 것이고, 따라서 헌법에 위배되지 아니한다.

(2) 공노법 제18조의 위헌 여부

(가) 공노법 제18조(벌칙)는 "제11조의 규정을 위반하여 **파업 · 태업 그 밖에 업무의 정상적인 운영을 저해하는 행위를 한 자는 5년 이하의 징역** 또는 5천만 원 이하의 벌금에 처한다"라고 규정하여 쟁의행위에 대한 처벌을 규정한다.

청구인들은 위 법률조항이 죄형법정주의원칙 중 명확성의 원칙에 위배되고, 합리적인 이유 없이 노조와 공무원인 근로자를 정부교섭대표와 차별함으로써 평등권을 침해하며, 형벌이 과도하여 과잉금지원칙에 위배된다고 주장한다.

(나) 살피건대, 헌법 제12조 및 제13조를 통하여 보장되고 있는 죄형법정주의의 원칙은 범죄와 형벌이 법률로 정하여져야 함을 의미하고, 이러한 죄형법정주의에서 파생되는 명확성의 원칙은 법률이 처벌하고자 하는 행위가 무엇이며 그에 대한 형벌이 어떠한 것인지를 누구나 예견할 수 있게 하여, 그에 따라 자신의 행위를 결정할 수 있도록 구성요건을 명확하게 규정할 것을 요구하고 있는 것이다.

그러나 처벌법규의 구성요건이 명확하여야 한다고 하여 모든 구성요건을 단순한 서술적 개념으로 규정하여야 하는 것은 아니고, 다소 광범위하여 법관의 보충적인 해석을 필요로 하는 개념을 사용하였다고 하더라도 통상의 해석방법에 의하여 건전한 상식과 통상적인 법 감정을 가진 사람이면 당해 처벌법규의 보호법익과 금지된 행위 및 처벌의 종류와 정도를 알 수 있도록 규정하였다면 헌법이 요구하는 처벌법규의 명확성에 배치되는 것이 아니다. 처벌법규의 구성요건이 어느 정도 명확하여야 하는가는 일률적으로 정할 수 없고, 각 구성요건의 특수성과 그러한 법적 규제의 원인이 된 여건이나 처벌의 정도 등을 고려하여 종합적으로 판단하여야 한다(헌재 1989. 12. 22. 88헌가13, 판례집 1, 357, 383; 헌재 2000. 6. 29. 98헌가10, 판례집 12-1, 741, 748 등 참조).

위 법률조항의 보호법익, **형법상 업무방해죄에 관한 대법원의 해석** 등을 참조하여 볼 때, '파업'은 근로자가 집단적으로 노무제공을 거부함으로써 업무운영을 저해하는 가장 전형적인 쟁의수단을, '태업'은 사용자의 지휘명령에 따르되 이를 부분적으로 배제하고 불완전한 노무를 제공함으로써 업무의 능률을 저하시키는 쟁의수단을 각 의미하고, '업무'란 사람이 그 사회적 지위에 있어서 계속적으로 종사하는 사무 또는 사업을, '저해'란 업무에 지장을 주거나 지장을 줄 위험을 발생하게 하는 것으로 해석할 수 있고, 이러한 해석은 건전한 상식과 통상적인 법감정을 가진 일반인으로서도 **능히 인식**할 수 있는 것으로서 어떠한 행위가 이에 해당하는지 의심을 가질 정도로 **불명확한 개념이라고 볼 수 없다**.

따라서, 위 법률조항은 죄형법정주의의 한 내용인 형벌법규의 명확성의 원칙에 반한다고 할 수 없다(헌재 1992. 4. 28. 90헌바27등, 판례집 4, 255, 268-270; 헌재 1998. 7. 16. 97헌바23, 판례집 10-2, 243-266 참조).

(다) 어떤 행위를 범죄로 규정하고 이에 대하여 **어떠한 형벌을 과할 것인가** 하는 문제는 원칙적으로 입법자가 우리의 역사와 문화, 입법 당시의 시대적 상황과 국민일반의 가치관 내지 법 감정, 범죄의 실태와 죄질 및 보호법익 그리고 범죄예방효과 등을 종합적으로 고려하여 결정하여야 할 국가의 입법정책에 관한 사항으로서 **광범위한 입법재량 내지 형성의 자유가 인정되어야 할 분야**이다. 따라서 어느 범죄에 대한 법정형이 그 죄질의 경중과 이에 대한 행위자의 책임에 비하여 지나치게 가혹한 것이어서 전체 형벌체계상 현저히 균형을 잃게 되고 이로 인하여 다른 범죄자와의 관계에 있어서 헌법상 평등의 원리에 반하게 된다거나, 그러한 유형의 범죄에 대한 형벌 본래의 기능과 목적을 달성함에 있어 필요한 정도를 일탈함으로써 헌법 제37조 제2항으로부터 파생되는 비례의 원칙 혹은 과잉금지의 원칙에 반하는 것으로 평가되는 등 입법재량권이 헌법규정이나 헌법상의 제 원리에 반하여 자의적으로 행사된 경우가 아닌 한, **법정형의 높고 낮음은 단순한 입법정책의 당부의 문제에 불과하고 헌법위반의 문제는 아니라** 할 것이다.

이러한 견지에서 공무원인 근로자의 업무의 **공공성·공익성 및 형법상 업무방해죄의 법정형**(5년 이하의 징역 또는 1,500만 원 이하의 벌금) **등에 비추어 볼 때**, 공노법 제18조의 법정형인 '5년 이하의 징역 또는 5,000만 원 이하의 벌금'이 입법재량의 한계를 벗어난 과중한 처벌이라고는 볼 수 없다.

(라) 공노법에 의하여 노동기본권의 주체가 되는 공무원 및 공무원노조에 있어서도 단체행동권은 인정하지 아니하는 공노법 제11조가 헌법에 위반되지 않는다는 것은 이미 앞에서 본 바와 같은 바, 공무원이 쟁의행위를 할 경우 이는 단순히 행정질서에 장해를 줄 위험성이 있는 정도의 의무위반이 아니고 국민생활의 전반에 영향을 미쳐서 일반의 공익을 침해할 고도의 개연성을 띤 행위가 될 것이므로, 공노법 제18조가 이에 대하여 행정형벌을 과하도록 한 것이 입법재량의 한계를 일탈하여 헌법에 위반된다고도 볼 수 없다.

한편, 위 법률조항이 합리적 이유 없이 노조와 공무원인 근로자를 정부교섭대표와 차별하여 평등권을 침해한다는 주장에 대하여는 아래 마.(3)항에서 판단하는 바와 같다.

5. 공노법 제17조 제3항 중 '제89조 제2호' 및 '제90조 중 제81조' 부분의 위헌 여부

(1) 공노법 제17조(다른 법률과의 관계) 제3항은 노조법 규정의 **적용이 배제**되는 경우를 규정하면서, **사용자의 부당노동행위 및 그에 대한 구제명령을 이행하지 아니한 경우의 처벌규정**인 노조법

'제89조 제2호 내지 제90조'를 들고 있다.

청구인들은 공무원노조에게 파업권이 보장되어 있지 않은 법체계 하에서 이 규정으로 말미암아 정부교섭대표가 단체교섭을 거부하거나 단체협약을 이행하지 않는 등 악의적으로 부당노동행위를 하더라도 공무원노조로서는 합법적으로 대응할 수단이 없게 되므로 위 법률조항 부분이 청구인들의 단체교섭권을 침해하고, 사용자의 부당노동행위로 피해를 입은 일반노조에 비하여 공무원노조를 합리적 이유 없이 차별하여 평등권을 침해한다고 주장한다.

(2) 먼저, **단체교섭권 침해 주장에 관하여 보면**, 정부교섭대표의 부당노동행위를 처벌하지 아니하는 조항이 청구인들의 단체교섭권을 직접 침해하는 것으로 볼 수 있는가 하는 문제가 있다. 그러나 청구인들의 주장을 선해하여, 입법자로서는 단체교섭권을 실질적으로 보장해 주기 위하여 사용자 측의 부당노동행위를 처벌하는 규정을 마련하여야 할 입법의무가 있음에도 불구하고, 이에 위반하여 적극적으로 노조법의 형사처벌 조항의 적용을 배제함으로써 청구인들의 단체교섭권을 침해한다는 주장으로 보아 판단한다.

어떤 행위를 범죄로 규정하고 이에 대하여 어떠한 형벌을 과할 것인가 하는 문제는 원칙적으로 입법자가 우리의 역사와 문화, 입법 당시의 시대적 상황과 국민일반의 가치관 내지 법 감정, 범죄의 실태와 죄질 및 보호법익 그리고 범죄예방효과 등을 종합적으로 고려하여 결정하여야 할 국가의 입법정책에 관한 사항으로서 **광범위한 입법재량 내지 형성의 자유가 인정**되어야 할 분야이다. 따라서 입법재량권이 헌법규정이나 헌법상의 제 원리에 반하여 자의적으로 행사된 경우가 아닌 한, 사용자의 부당노동행위에 대한 구제수단으로서 민사상의 구제절차를 마련하는 데 그칠 것인가 나아가 형사처벌까지 할 것인가는 단순한 입법정책의 당부의 문제에 불과하고 헌법위반의 문제는 아니라 할 것이다.

입법자는 사용자의 부당노동행위에 대한 구제방법으로 민사상의 원상회복주의를 채택하고 형사상의 처벌은 배제하였는바, 정부교섭대표, 즉 기관장과 자치단체장이 노동위원회의 부당노동행위 판정과 시정명령을 따르지 않는다면 **인사상 또는 선거상 불이익을 받거나 도덕적 상처를 입게 되므로**, 그들을 형사처벌하지 않는다고 하여 **부당노동행위가 남발할 우려는 현실적으로 크지 않다**. 오히려 부당노동행위를 둘러싸고 형사고발이 빈발하여 그 다투는 과정에서 불필요한 행정력이 소모되고 공직사회가 갈등에 휩싸이는 것을 방지하는 측면에서 형사처벌 조항의 적용을 배제하는 것에 합리성이 있다고 볼 수 있다.

비교법적으로도 유럽처럼 산별노조 형태로 거대 규모의 노조가 형성되어 있는 나라는 별도의 부당노동행위제도를 가지고 있지 않고, 미국이나 일본, 우리나라처럼 기업별 노조, 기업별 교섭이 제도화된 나라에서 노조의 힘이 약하기 때문에 노사 간 힘의 균형을 맞추어 노동권을 보장하려는 취지에서 부당노동행위제도가 만들어졌으나, 미국이나 일본도 공무원노조의 경우 부당노동행위를 금지하고 그에 따른 민사상의 구제절차를 규정하고 있을 뿐 사용자를 형사처벌하는 규정은 두고 있지 않다.

위의 사정을 종합하면, 입법자에게 공무원노조의 단체교섭권을 실질적으로 보장하기 위하여 사용자인 정부교섭대표의 부당노동행위 등에 대한 형사처벌규정을 마련하여야 할 입법의무가 있다고 보기는 어려우므로, 청구인들의 이 부분 주장은 받아들일 수 없다.

(3) **평등권 침해 주장**에 대하여 보건대, 이 부분은 위에서 본 공노법 제18조에 관한 평등권 침해 주장과 연결된다. 청구인들의 주장을 종합하면, 자신들의 쟁의행위에 대한 형사처벌을 규정한 공노법 제18조와 정부교섭대표의 부당노동행위 또는 구제명령 위반에 대하여 노조법상 처벌규정의 적용을 배제하는 공노법 제17조 제3항 해당부분이 결합하여 청구인들의 평등권을 침해한다는 취지와 아울러, 공노법 제17조 제3항 해당부분이 사용자의 부당노동행위로 피해를 입은 일반노조에 비하여 공무원노조를 합리적 이유 없이 차별하여 평등권을 침해한다는 취지로 볼 수 있다.

1) 공노법 제18조는 공무원이 쟁의행위를 할 경우 단순히 행정질서에 장해를 줄 위험성이 있는 정도의 의무위반이 아니고 국민생활의 전반에 영향을 미쳐서 일반의 공익을 침해할 고도의 개연성을 띠는 행위라고 보아 그에 대하여 행정형벌을 과하도록 한 것으로서, 위 법률조항이 입법재량의 한계를 일탈하여 헌법에 위반된다고 볼 수 없음은 위에서 살핀 바와 같다.

또 공노법 제17조 제3항 해당부분은 공무원노사관계에 있어 부당노동행위의 주체인 사용자 측, 즉 국가 또는 지방자치단체가 기관의 입장에 서서 공정하고 중립적으로 직무를 수행할 책임을 지는바, **공무원의 직무상 행위를 이유로 형사처벌할 경우 자칫 정부교섭대표 등이 공무원노사관계에 있어 사용자로서의 의무를 이행하는 데 장애로 작용**할 수 있으며, 나아가 **국민에 대한 봉사라는 행정의 목적달성에 지장을 초래할 수 있음**을 감안한 것임도 위에서 본 바와 같다.

그렇다면, 공노법이 공무원의 쟁의행위를 금지하고 이를 위반한 자를 형사처벌하는 것과 정부교섭대표 등 사용자의 부당노동행위와 구제명령위반에 대한 형사처벌규정의 적용을 배제하는 것은 **그 입법목적이 각각 다르고, 공무원 노사관계의 특성을 고려한 합리적인 근거에 기한 것**으로서, 가사 노사대등이라는 관점에서 볼 때 근로자 측인 청구인들과 사용자 측인 정부교섭대표 등을 차별취급한 것으로 볼 수 있다 하더라도 그 차별에는 합리적인 이유가 있다 할 것이므로, 청구인들의 평등권을 침해한 것으로는 볼 수 없다.

2) 또한 입법자는 사용자의 부당노동행위에 대한 구제방법으로 민사상의 원상회복주의를 채택하고 형사상의 처벌은 배제하였는바, 정부교섭대표, 즉 기관장과 자치단체장이 노동위원회의 부당노동행위 판정과 시정명령을 따르지 않은 것에 대하여 형사처벌하지 않는다고 하여 부당노동행위가 남발할 우려는 현실적으로 크지 않음에 반하여, 형사처벌을 할 경우 오히려 부당노동행위를 둘러싸고 형사고발이 빈발하여 그 다투는 과정에서 불필요한 행정력이 소모되고 공직사회가 갈등에 휩싸이는 것을 방지하는 측면에서 형사처벌 조항의 적용을 배제하게 된 것임은 위에서 본 바와 같다.

그렇다면, 공노법 제17조 제3항 해당부분이 사용자의 부당노동행위를 형사처벌하는 문제에 있어 일반 근로자와 공무원인 근로자를 차별취급하고 있다고 하더라도 그 차별에는 합리적인 이유가 있다 할 것이므로, 청구인들의 이 부분 주장 또한 받아들일 수 없다.

6. 심판대상조항들의 국제법규 위반 여부

청구인들은 심판대상조항들이 **세계인권선언, 국제노동기구 협약 · 권고 등에 반함**으로써 헌법에 위반된다고 주장한다.

(1) 국제법적 기준

국제노동기구협약 중 공무원의 노동기본권과 관련된 제87호 협약(결사의 자유 및 단결권 보장에 관한 협약), 제98호 협약(단결권 및 단체교섭권에 대한 원칙의 적용에 관한 협약) 및 제151호 협약(공공부문에서의 단결권 보호 및 고용조건의 결정을 위한 절차에 관한 협약) 등은 군인, 경찰, 중요한 정책결정이나 관리를 담당하는 고위직 공무원 또는 고도의 기밀업무를 담당하는 공무원을 제외하고는 원칙적으로 모든 영역의 공무원에게 단결권과 단체교섭권을 보장하고 단체행동권의 제한도 필수사업에 종사하는 자 등으로 엄격한 한계 내에서 허용하도록 규정하고 있다. 또한 국제연합의 세계인권선언을 구체화한 국제인권규약인 '**경제적 · 사회적 및 문화적 권리에 관한 국제규약**'(조약 제1006호) 및 '**시민적 및 정치적 권리에 관한 국제규약**'(조약 제1007호)도 **공무원의 근로3권을 원칙적으로 보장**하는 취지로 해석되고, 국제노동기구의 '결사의 자유위원회'나 '경제적 · 사회적 및 문화적 권리위원회'는 우리나라에 대하여 가능한 한 빨리 모든 영역의 공무원들에게 근로3권을 보장할 것을 권고하고 있다.

(2) 세계인권선언 및 국제규약과의 관계

세계인권선언은 그 전문에 나타나 있듯이 "인권 및 기본적 자유의 보편적인 존중과 준수의 촉진을 위하여 … 사회의 각 개인과 사회 각 기관이 국제연합 가맹국 자신의 국민 사이에 또 가맹국 관할하의 지역에 있는 시민들 사이에 기본적인 인권과 자유의 존중을 지도교육함으로써 촉진하고 또한 그러한 보편적, 효과적인 승인과 준수를 국내적 · 국제적인 점진적 조치에 따라 확보할 것을 노력하도록, 모든 국민과 모든 나라가 달성하여야할 공통의 기준"으로 선언하는 의미는 있으나, 그 선언내용인 각 조항이 바로 보편적인 법적 구속력을 가지거나 **국제법적 효력을 갖는 것으로 볼 것은 아니다**(헌재 1991. 7. 22. 89헌가106, 판례집 3, 387, 425-426).

한편 위 선언의 실효성을 뒷받침하기 위하여 마련된 '**경제적 · 사회적 및 문화적 권리에 관한 국제규약**'은 제4조에서 "… 국가가 이 규약에 따라 부여하는 권리를 향유함에 있어서, 그러한 권리의 본질과 양립할 수 있는 한도 내에서, 또한 오직 민주사회에서의 공공복리증진의 목적으로 반드시 법률에 의하여 정하여지는 제한에 의해서만, 그러한 권리를 제한할 수 있음을 인정한다"라고 하여 일반적 법률유보조항을 두고 있고, 제8조 제1항 (a)호에서 국가안보 또는 공공질서를 위하여 또는 타인의 권리와 자유를 보호하기 위하여 민주사회에서 필요한 범위 내에서는 법률에 의하여 노동조합을 결성하고 그가 선택한 노동조합에 가입하는 **권리의 행사를 제한할 수 있다는 것을 예정**하고 있다.

나아가 '**시민적 및 정치적 권리에 관한 국제규약**' 제22조 제1항은 "모든 사람은 자기의 이익을 보호하기 위하여 노동조합을 결성하고 이에 가입하는 권리를 포함하여 다른 사람과의 결사의 자유에 대한 권리를 갖는다"고 규정하고 있으나, 같은 조 제2항에서 그와 같은 권리의 행사에 대하여는 법률에 의하여 규정되고, 국가안보 또는 공공의 안전, 공공질서, 공중보건 또는 도덕의 보호 또는 타인의 권리 및 자유의 보호를 위하여 민주사회에서 필요한 범위 내에서는 **합법적인 제한을 가하는 것을 용인**한다고 하는 유보조항을 두고 있을 뿐만 아니라, 위 제22조는 우리나라의 국내법적 수정의 필요에 따라 **가입 당시 유보되었기 때문에 직접적으로 국내법적 효력을 가지는 것도 아니다**.

따라서 위 규약들도 권리의 본질을 침해하지 아니하는 한 국내의 민주적인 대의절차에 따라 필요한 범위 안에서 노동기본권에 대한 법률에 의한 제한은 용인하고 있는 것으로서, 위에서 본 공무원의 노동기본권을 제한하는 위 법률조항과 정면으로 배치되는 것은 아니라고 할 것이다(헌재 1991. 7. 22. 89헌가106, 판례집 3, 387, 425-429; 헌재 2005. 10. 27. 2003헌바50등, 판례집 17-2, 238, 257-258; 헌재 2007. 8. 30. 2003헌바51등, 판례집 19-2, 215, 234-235 참조).

(3) 국제노동기구의 협약들과의 관계

국제노동기구 제87호 협약(결사의 자유 및 단결권 보장에 관한 협약), 제98호 협약(단결권 및 단체교섭권에 대한 원칙의 적용에 관한 협약), 제151호 협약(공공부문에서의 단결권 보호 및 고용조건의 결정을 위한 절차에 관한 협약)에 대하여는 우리나라가 비준한 바가 없고, 헌법 제6조 제1항에서 말하는 일반적으로 승인된 국제법규로서 헌법적 효력을 갖는 것이라고 볼 만한 근거도 없으므로, 이 사건 심판대상조항들에 대한 위헌심사의 척도가 될 수 없다(헌재 1998. 7. 16. 97헌바23, 판례집 10-2, 243, 265; 헌재 2005. 10. 27. 2003헌바50등, 판례집 17-2, 238, 259; 헌재 2007. 8. 30. 2003헌바51등, 판례집 19-2, 215, 235 참조).

(4) 국제기구의 권고들과의 관계

국제노동기구 '결사의 자유위원회', 국제연합 '경제적·사회적 및 문화적 권리위원회', 또는 경제협력개발기구(OECD) '노동조합자문위원회' 등이 우리나라에 대하여 가능한 한 빨리 모든 영역의 공무원들에게 근로3권을 보장할 것을 권고하고 있다고 하더라도 이는 권고에 불과한 것으로서 이를 심판대상조항들의 위헌심사 척도로 삼을 수는 없다(헌재 2005. 10. 27. 2003헌바50등, 판례집 17-2, 238, 259; 헌재 2007. 8. 30. 2003헌바51등, 판례집 19-2, 215, 235-236 참조).

(5) 소　결

따라서 심판대상조항들이 국제법규에 위반됨을 이유로 한 청구인들의 주장도 받아들일 수 없다.

5. 결　론

그렇다면, 청구인 지식경제부 공무원노동조합의 이 사건 심판청구는 기본권침해의 자기관련성이 없어 부적법하므로 이를 각하하고, 위 청구인을 제외한 나머지 청구인들의 이 사건 심판청구는 심판대상조항들이 헌법에 위반되지 아니하여 이유 없으므로 이를 모두 기각하기로 하여, 주문과 같이 결정한다.

이 결정에는 재판관 조대현의 일부 반대 의견이 있는 외에는 나머지 관여 재판관들의 의견이 일치되었다.

재판관 조대현의 일부 반대 의견

다수의견과 의견이 다른 부분은 다음과 같다. 그 외에는 다수의견에 동의한다.

(1) 헌법 제33조 제2항의 취지에 대한 의견

헌법 제33조 제1항이 근로자의 단결권·단체교섭권 및 단체행동권을 보장하는 것은 근로자가 단체를 결성하여 노사관계의 균형을 이루고 근로조건을 공정하게 형성하고 향상시키려는 것이다(헌재 1998. 2. 27. 94헌바13등). 헌법 제33조 제2항은 "공무원인 근로자"라고 표현함으로써 공무원도 노무의 대가로 얻는 수입에 의존하여 생활하는 근로자로서 헌법 제33조 제1항에 의하여 근로3권을 가진다는 점을 인정하고 있다(헌재 1992. 4. 28. 90헌바27등).

다만 공무원은 국민 전체에 대한 봉사자이며 국민에 대하여 책임을 지는 특수한 지위에 있고(헌법 제7조), 공무원이 담당하는 직무의 공공성이 크기 때문에 공무수행을 중단시키는 파업·직장폐쇄 등은 허용되기 어려우며, 공무원의 근로조건은 법령과 예산에 의하여 규율되는 특수성을 가진다. 그래서 헌법 제33조 제2항은 공무원은 "법률이 정하는 자에 한하여 단결권·단체교섭권 및 단체행동권을 가진다"고 규정함으로써 근로자의 근로3권을 보장하는 헌법 제33조 제1항·제2항의 취지와 공무원관계의 특수성을 고려하여 공무원의 근로3권을 법률로 조절할 수 있다는 취지를 규정한 것이다(헌재 1992. 4. 28. 90헌바27등).

따라서 **헌법 제33조 제2항이 공무원의 근로3권에 관하여 무제한의 입법형성권과 재량권을 주었다고 보아서**

는 안 되고, 헌법 제33조 제1항의 취지와 헌법 제7조의 취지를 조화시켜야 하는 임무와 **한계를 부여**한 것이라고 보아야 한다. 헌법 제33조 제2항에 의한 법률은 헌법 제7조의 요청을 준수하기 위하여 **필요한 한도에서만 공무원의 근로3권을 제한할 수 있을 뿐**이라고 보아야 한다.

(2) 공노법 제10조 제1항 중 "법령" 부분에 대한 한정위헌 의견

공노법 제10조 제1항은 법령·조례 또는 예산에 의하여 규정되는 내용은 단체협약으로서의 효력을 가지지 못한다고 규정하고 있다. 공무원의 근로조건은 법령과 예산에 의하여 규율되는 특수성을 가지기 때문이라고 한다. 공노법 제10조 제1항에서 "규정되는 내용"이라 함은 단체협약 체결 전에 이미 규정된 내용을 의미할 뿐만 아니라 단체협약 체결 후에 새로이 규정되는 내용도 포함된다고 해석될 여지가 있다.

법률·조례나 예산은 입법기관인 국회 또는 지방의회가 결정한 것이므로 단체협약의 효력보다 우선하는 효력을 인정한다고 하여 부당하다고 볼 수 없다. 그러나 공노법 제10조 제1항의 "법령" 중 명령·규칙은 공무원 노사관계의 일방당사자가 일방적으로 제정하고 변경하는 것이므로, 공무원 노사의 쌍방이 합의하여 결정한 단체협약의 효력보다 모든 경우에 언제나 우선적 효력을 가진다고 보기는 어렵다.

단체협약의 내용이 기존의 명령·규칙에 위반되는 경우에는, 쌍방합의로 이루어진 단체협약의 내용에 맞추어 명령·규칙을 개정함이 상당하다. 그러한 경우에 공노법 제10조 제2항이 정부에게 단체협약의 내용이 이행될 수 있도록 성실히 노력하여야 할 의무를 부과한 것도 그러한 취지라고 이해된다. 공노법 제10조 제1항은 단체협약의 내용이 기존의 명령·규칙에 위반되는 경우에도 효력을 가지지 아니한다고 규정하고 있지만, 그것은 공노법 제10조 제2항에 따라 기존의 명령·규칙이 개정될 때까지 단체협약의 효력을 정지시킨 것으로 볼 수 있으므로, 그렇게 해석하는 한, 단체교섭권을 침해한다고 보기 어렵다.

그러나 단체협약 체결 후에 정부나 지방자치단체가 단체협약의 내용과 다른 내용의 명령·규칙을 제정·변경하여 시행함으로써 그 명령·규칙의 시행 전에 체결된 단체협약의 효력을 부정할 수 있다면, 그것은 공무원 노사의 쌍방합의에 의하여 결정된 단체협약의 효력을 노사관계의 일방당사자가 일방적으로 변경·실효시키는 것을 허용하는 셈이 된다. 이는 헌법 제33조 제1항·제2항이 보장하는 공무원의 단체교섭권을 근본적으로 부정하거나 본질적으로 침해하는 것이어서 헌법상 허용될 수 없는 것이라고 할 것이다.

따라서 공노법 제10조 제1항의 "법령"에는 **단체협약 체결 후에 시행되는 명령·규칙은 포함되지 않는다고 해석함이 마땅**하고, 만일 공노법 제10조 제1항의 "법령"에 단체협약 체결 후에 시행되는 명령·규칙도 포함된다고 해석하는 것은 헌법 제33조 제1항·제2항에 위반된다고 보아야 한다.

(3) 공노법 제11조에 대한 한정위헌 의견

공노법 제11조는 공무원노동조합과 그 조합원은 파업·태업 그 밖에 업무의 정상적인 운영을 저해하는 일체의 행위를 하여서는 아니 된다고 규정하여 정상적인 공무수행을 저해하는 쟁의행위를 금지하고 있다. 이는 헌법 제7조가 규정한 공무원의 특수한 지위와 책임을 공무원의 단체행동권의 완전한 보장보다 우선시킨 것이라고 할 수 있지만, 공무원의 단체행동권을 근본적으로 부정하는 것이 아니라, 공무원에게도 근로3권이 인정됨을 전제로 공무원 지위의 특수성에 비추어 단체행동권의 행사가 제한되는 한계를 규정한 것이라고 보아야 한다.

공노법 제11조를 문언 그대로 해석하면, 공무원의 단체행동권은 정상적인 공무수행을 저해하지 않는 한도에서만 허용되고, 정상적인 공무수행을 저해하지 않는 경우에는 단결권·단체교섭권뿐만 아니라 단체행동권 행사도 금지되지 아니한다고 해석된다. 이렇게 해석하는 것이 헌법 제33조 제1항의 취지와 헌법 제7조의 취지를 조화시키도록 요구하는 헌법 제33조 제2항의 취지에 부합된다고 할 것이고, 이렇게 해석하는 한 공노법 제11조가 헌법 제33조 제2항에 위반된다고 보기 어렵다. 그러나 공노법 제11조가 공무원의 단체행동권을 전면적으로 부정한다고 해석하여 **공무의 정상적인 운영을 저해하지 않는 경우에도 공무원의 단체행동권 행사가 금지된다고 보는 것**은, 공노법 제11조의 문언해석의 범위를 벗어날 뿐만 아니라, 헌법 제7조가 요청하는 범위를 넘어서 헌법 제33조 제1항의 취지를 무시하는 것이어서 **헌법 제33조 제2항의 취지에 어긋난다**고 할 것이다.

따라서 공노법 제11조가 공무원의 단체행동권 행사를 공무의 정상적인 운영을 저해하지 않는 경우에도 금지한다고 해석하는 것은 헌법 제33조 제2항에 위반된다고 보아야 한다.

관련 문헌: 박진영, "공무원의 노동조합 설립 및 운영 등에 관한 법률 위헌확인 등", 헌법재판소결정해설집, 헌법재판소, 613-656면; 이달휴, "공무원의 노동3권제한과 공공복리", 법학논고 31집, 경북대학교 법학연구소, 2009, 1-28.

[요약판례] 구 공무원의 노동조합 설립 및 운영 등에 관한 법률 제8조 제1항 등 위헌소원: 합헌 (헌재 2013.6.27. 2012헌바169)

1. 국가 또는 지방자치단체의 정책결정에 관한 사항이나 기관의 관리·운영에 관한 사항으로서 근무조건과 직접 관련되지 아니하는 사항을 공무원노동조합의 단체교섭대상에서 제외하고 있는 공무원의 노동조합 설립 및 운영 등에 관한 법률 제8조 제1항 단서 중 '직접' 부분이 명확성원칙에 위반되는지 여부(소극)
2. 이 사건 규정이 과잉금지원칙에 위반되는지 여부(소극)

1. 국가 또는 지방자치단체의 정책결정에 관한 사항은 일정한 목적 실현을 위해 국가 또는 지방자치단체가 법령 등에 근거하여 자신의 권한과 책임으로 행하여야 할 사항을 의미하고, 기관의 관리·운영에 관한 사항은 법령 등에 근거하여 설치, 조직된 기관이 그 목적 달성을 위하여 해당 기관의 판단과 책임에 따라 업무를 처리하도록 정해져 있는 사항을 의미하며, 이 사항들 중 근무조건과 '직접' 관련되어 교섭대상이 되는 사항은 공무원이 공무를 제공하는 조건이 되는 사항 그 자체를 의미하는 것이므로, 이 사건 규정에서 말하는 공무원노조의 비교섭대상은 정책결정에 관한 사항과 기관의 관리·운영에 관한 사항 중 그 자체가 공무를 제공하는 조건이 되는 사항을 제외한 사항이 될 것이다. 따라서 이 사건 규정상의 '직접'의 의미가 법집행 기관의 자의적인 법집행을 초래할 정도로 불명확하다고 볼 수 없으므로 명확성원칙에 위반된다고 볼 수 없다.

2. 이 사건 규정에서 정책결정에 관한 사항이나 기관의 관리·운영 사항이 근무조건과 직접 관련되지 않을 때 이를 교섭대상에서 제외하도록 한 이유는, 이 사항들은 모두 국가 또는 지방자치단체가 행정책임주의 및 법치주의원칙에 따라 자신의 권한과 책임 하에 전권을 행사하여야 할 사항으로서 이를 교섭대상으로 한다면 행정책임주의 및 법치주의원칙에 반하게 되고, 설령 교섭대상으로 삼아 단체협약을 체결한다 하더라도 무효가 되어 교섭대상으로서의 의미를 가지지 못하기 때문이다. 이러한 상황이 발생하는 것을 방지하기 위해서는 위 사항들을 교섭대상에서 제외하는 것이 부득이하므로 이 사건 규정이 과잉금지원칙에 위반된다고 볼 수 없다.

Ⅱ 입법부작위 위헌확인: 위헌(헌재 2009.7.30. 2006헌마358)

쟁점

1. 지방자치단체인 피청구인들이 **지방공무원법**(1973. 3. 12. 법률 제2594호로 개정된 것, 이하 같다) **제58조 제2항의 위임에 따라 '사실상 노무에 종사하는 공무원의 범위'를 정하는 조례를 제정하지 아니한 부작위**(이하 '이 사건 부작위'라 한다)에 의하여 청구인들의 **기본권이 침해될 가능성**이 존재하는지 여부 및 청구인들이 이 사건 부작위에 대하여 **자기관련성을 가지는지 여부**(적극)
2. 피청구인들이 '사실상 노무에 종사하는 공무원'의 구체적 범위를 정하는 **조례를 제정할 헌법상 의무를 부담**하는지 여부(적극) 및 조례제정을 **지체함에 정당한 사유가 존재하는지 여부**(소극)
3. 이 사건 부작위가 청구인들의 **근로3권을 침해**하는지 여부(적극)

사건의 개요

청구인들은 서울특별시 · 인천광역시 · 경기도 · 전라북도의 각급 학교에서 지방방호원 · 지방난방원 · 지방조무원 · 지방운전원 · 지방전기원 등으로 근무하고 있는 기능직 공무원들이다.

청구인들은 지방공무원법 제58조 제2항이 노동운동을 할 수 있는 '사실상 노무에 종사하는 공무원의 범위'를 조례에서 정하도록 위임하였음에도 불구하고 피청구인들이 그러한 내용의 조례를 제정하지 아니함으로써 헌법 제33조 제2항에 위반하여 청구인들의 근로3권을 침해한다고 주장하면서 이 사건 헌법소원심판을 청구하였다.

심판의 대상

이 사건 심판의 대상은 피청구인들이 지방공무원법 제58조 제2항의 위임에 따라 '사실상 노무에 종사하는 공무원의 범위'를 정하는 조례를 제정하지 아니한 부작위가 청구인들의 근로3권을 침해하는지 여부

주 문

피청구인들이 지방공무원법 제58조 제2항의 위임에 따라 사실상 노무에 종사하는 공무원의 범위를 정하는 조례를 제정하지 아니한 것은 위헌임을 확인한다.

판 단

Ⅰ. 적법요건에 대한 판단

1. 피청구인 적격

앞에서 본 바와 같이, 이 사건 심판의 대상은 지방공무원법 제58조 제2항의 위임에 따라 '사실상 노무에 종사하는 공무원의 범위'를 정하는 조례를 제정하지 아니한 부작위가 청구인들의 근로3권을 침해하는지 여부이고, 이 사건 **심판청구가 인용되면 피청구인**은 '사실상 노무에 종사하는 공무원의 범위'를 정하는 **조례를 제정하여야 한다**(헌법재판소법 제75조 제4항).

따라서 이 사건 심판청구의 피청구인은 '사실상 노무에 종사하는 공무원의 범위'를 정하는 **조례를 제정하는 공권력을 행사할 수 있는 주체**이어야 하는바, 지방자치법에 의하면, 조례는 지방자치단체의 장이나 재적의원 5분의 1 이상 또는 의원 10명 이상의 발의에 의하여(제66조 제1항) **지방의회의 의결로 제정**되고(제39조 제1항 제1호) **지방자치단체의 장이 공포함**으로써 효력을 발생하므로(제26조), 이 사건 헌법소원심판청구의 **피청구인이 지방자치단체인지 또는 지방의회인지**가 문제된다.

그런데 **헌법** 제117조 제1항은 "**지방자치단체**는 … 법령의 범위 안에서 자치에 관한 **규정을 제정할 수 있다**"고 규정하고 있고, 지방자치법 제22조도 "지방자치단체는 법령의 범위 안에서 그 사무에 관하여 조례를 제정할 수 있다"고 규정함으로써 조례 제정의 주체를 지방자치단체로 규정하고 있다. 따라서 이 사건 조례를 제정하지 아니한 부작위의 위헌 확인을 구하는 **헌법소원심판청구의 피청구인은 지방자치단체**라고 봄이 상당하다고 할 것이다.

한편, 지방공무원법 제58조 제2항의 위임에 따라 지방자치단체가 '사실상 노무에 종사하는 공무원의 범위'를 정하는 조례를 제정하는 일은 해당 지방자치단체의 지방공무원 전체를 대상으로 하는 것이지만, 이 사건 청구인들은 모두 시 · 도 **교육청 소속 지방공무원**이고 이 사건 부작위도 청구인들의 근로3권을 침해하는 것인지 여부에 한하여 심판대상으로 되는 것이므로, 이 사건 심판청구에

관해서는 각 시 · 도의 **교육감이 대표자**로 된다고 할 것이다.

2. 부진정 입법부작위인지 여부

피청구인들은 **각자의 지방공무원 복무조례에서** 국가공무원법 제66조의 위임에 따라 '**사실상 노무에 종사하는 공무원의 범위'를 정하고 있는 '국가공무원 복무규정' 제28조를 준용하고 있으므로,** 피청구인들의 진정 입법부작위는 없으며, **그 준용규정의 내용이 불충분하다면 부진정 입법부작위에 불과할 뿐이라고 주장**한다.

그러나 '국가공무원 복무규정' 제28조는 국가공무원 중에서 '사실상 노무에 종사하는 국가공무원의 **범위'를 정하고 있을 뿐이어서 지방공무원에게 준용될 여지가 없다.** 그러므로 피청구인들은 **지방공무원 중** '사실상 노무에 종사하는 지방공무원의 **범위**'를 **전혀 정하지 않았다고 봄이 상당**하고, 결국 청구인들의 이 사건 심판청구는 그러한 진정 입법부작위의 기본권 침해 여부를 다투는 것이라고 할 것이다.

3. 기본권침해가능성 및 자기관련성

헌법 제33조 제2항과 지방공무원법 제58조 제1항 단서 및 제2항에 의하면, 조례에 의하여 '사실상 노무에 종사하는 공무원'으로 규정되는 지방공무원은 단결권 · 단체교섭권 및 단체행동권을 가진다.

헌법재판소는, 지방공무원법 제58조 제1항 단서에 의하여 노동운동이 허용되는 '사실상 노무에 종사하는 공무원'이란 공무원의 주된 직무를 정신활동으로 보고 이에 대비되는 신체활동, 즉 육체노동을 통한 직무수행에 종사하는 공무원으로 해석하면서, 그 범위를 각 지방자치단체의 특수한 사정을 감안하지 아니하고 법률에서 일일이 정하는 것은 곤란하다고 판시하였다(헌재 2005. 10. 27. 2003헌바50, 판례집 17-2, 238, 249). 이처럼 근로3권이 보장되는 '사실상 노무에 종사하는 공무원의 범위'는 각 지방자치단체의 특수한 사정을 감안하여 조례로 정해지게 되는 결과, 청구인들과 같은 기능직공무원들은 해당 **조례에서** '신체활동에 종사하는 공무원'의 **범위가 어떻게 정하여지는지에 따라** 지방공무원법 제58조 제1항 단서의 **'사실상 노무에 종사하는 공무원'이 될 수도 있고, 그에 포함되지 않을 수도 있게 된다.**

한편, '공무원의 노동조합 설립 및 운영 등에 관한 법률'(이하 '공무원노조법'이라 한다)에 의하면, 지방공무원 중 기능직공무원과 고용직공무원도 모두 공무원노동조합에 가입할 수 있고(제2조, 제6조 제1항), 그 경우 단결권과 단체교섭권이 부여된다(제5조 내지 제10조). 그런데 만일 지방공무원법 제58조 제2항에 따라 해당 조례로 '사실상 노무에 종사하는 공무원의 범위'에 기능직공무원이 포함된다면, 그들은 **공무원노조법의 적용대상에서 제외되면서**(제2조 단서), **단결권과 단체교섭권은 물론 단체행동권까지 가질 수 있게 된다.**

결국 청구인들은 해당 조례가 어떻게 제정되는지에 따라 그들이 향유할 수 있는 근로3권의 범위에 차이가 발생할 가능성이 있으므로, **그 조례를 제정조차 하지 않은 이 사건 부작위에 의하여 기본권이 침해될 가능성이 있고, 아울러 이 사건 심판청구에 관한 자기관련성도 인정**된다.

Ⅱ. 본안에 대한 판단

1. 재판관 이공현, 재판관 조대현, 재판관 민형기, 재판관 목영준, 재판관 송두환의 의견

(1) 조례제정의무

공권력의 **부작위에 대한 헌법소원**은 공권력의 주체에게 **헌법에서 우러나오는 작위의무**가 있음에도 불구하고 **상당한 기간**이 지나도록 그 작위의무를 **이행하지 아니**하여 기본권을 침해하는 경우에 인정된다(헌재 2001. 6. 28. 2000헌마735, 판례집 13-1, 1431, 1437 참조).

헌법 **제33조**는 제1항에서 "근로자는 근로조건의 향상을 위하여 자주적인 단결권·단체교섭권 및 단체행동권을 가진다"라고 규정하고, **제2항**에서 "공무원인 근로자는 **법률이 정하는 자에 한하여** 단결권·단체교섭권 및 단체행동권을 가진다"고 규정하고 있다. 이에 따라 **지방공무원법 제58조는 제1항 단서**에서 '사실상 노무에 종사하는 공무원'만 노동운동을 할 수 있다고 규정하면서 제2항에서 **그 범위를 조례로 정**하도록 규정하였다.

이처럼 '**사실상** 노무에 종사하는 공무원'은 단결권·단체교섭권은 물론 단체행동권까지 가지고 일반기업의 노동조합과 같이 '노동조합 및 노동관계조정법'의 적용을 받게 되므로, 공무원노조법에 따라 공무원노동조합에 가입하여 단체행동권을 제한받게 되는 공무원보다 **완전하게 근로3권을 보장**받게 된다.

그런데 지방공무원법 제58조 제2항이 '사실상 노무에 종사하는 공무원'의 구체적인 범위를 조례로 정하도록 하였기 때문에, 그 범위를 정하는 조례가 정해져야 비로소 지방공무원 중에서 단결권·단체교섭권 및 단체행동권을 보장받게 되는 공무원이 구체적으로 확정되고 근로3권을 현실적으로 행사할 수 있게 된다. 그러므로 지방자치단체는 소속 공무원 중에서 지방공무원법 제58조 제1항의 '사실상 노무에 종사하는 공무원'에 해당되는 지방공무원이 **단결권·단체교섭권 및 단체행동권을 원만하게 행사할 수 있도록 보장하기 위하여 그러한 공무원의 구체적인 범위를 조례로 제정할 헌법상 의무를 진다**고 할 것이다.

(2) 조례제정을 지체할 정당한 사유가 있는지 여부

'사실상 노무에 종사하는 공무원의 범위'를 정하는 조례를 제정할 의무가 헌법상 의무로 인정되고 그러한 조례의 제정이 지체되었더라도, 그러한 조례를 제정함에 필요한 상당한 기간을 넘기지 않았거나 그 조례제정의 지체를 정당화할 만한 사유가 있다면, 헌법에 위반된다고 보기 어렵다(헌재 1998. 7. 16. 96헌마246, 판례집 10-2, 283, 305-306 참조). 다만 그와 같은 정당한 사유로 인정되기 위해서는 그러한 조례제정이 헌법에 위반되거나 전체적인 법질서 체계와 조화되지 아니하여 조례제정의무의 이행이 오히려 헌법질서를 파괴하는 결과를 가져온다고 볼 수 있어야 할 것이다(헌재 2004. 2. 26. 2001헌마718, 판례집 16-1, 313, 321).

단결권·단체교섭권 및 단체행동권이 인정되는 '사실상의 노무에 종사하는 공무원'의 범위는 1973. 3. 12. 지방공무원법이 전부 개정되면서 조례에 위임한 이래, 아무런 조례에도 규정되지 않은 채 현재에 이르고 있다. 반면 지방공무원법 제58조 제2항과 유사한 규정인 국가공무원법 제66조 제2항에 따라 국가공무원복무규정 제28조는 '사실상 노무에 종사하는 국가공무원의 범위'를 정하고 있다. 또한, 지방공무원법 제58조가 '사실상 노무에 종사하는 공무원'에 대하여 단체행동권을 포함한 근로3권을 인정한 것은, 그 직무의 내용에 비추어 노동3권을 보장하더라도 공무 수행에 큰 지장

이 없고 국민에 대한 영향이 크지 않다고 입법자가 판단한 것이므로(헌재 2007. 8. 30. 2003헌바51등, 판례집 19-2, 215, 230 참조), 지방공무원법이 위 범위를 조례로 정하도록 **위임한 지 36년**이 지나도록 해당 조례의 제정을 그토록 미루어야 할 **정당한 사유를 찾아볼 수 없다**.

피청구인들은, 청구인들의 업무는 **교육과 독립된 별도의 업무가 아니라 교육지원활동이므로 청구인들에게 단체행동권을 인정하면 학생교육에 직접적인 피해가 초래될 우려가 있다고 주장하나, 그러한 사유는 '사실상 노무에 종사하는 공무원의 범위'를 조례로 정할 경우에 고려할 사유일 뿐**, 해당 조례를 제정하지 않은 것 자체를 정당화할 사유라고 볼 수는 없다.

(3) 청구인들의 기본권 침해

지방공무원법 제58조 제2항에 따라 '사실상 노무에 종사하는 공무원의 범위'를 정하는 조례가 정해지면, 그 조례에서 '사실상 노무에 종사하는 공무원'이라고 규정된 지방공무원은 단결권·단체교섭권 및 단체행동권을 보장받게 되는 반면, 그러한 조례에서 '사실상 노무에 종사하는 공무원'으로 규정되지 아니한 지방공무원은 단체행동권을 보장받지 못하고, 공무원노조법에 의하여 단결권과 단체교섭권만 가지게 된다. 그러나 그러한 **조례가 아예 제정되지 아니하면 지방공무원 중 누구도 단체행동권을 보장받을 수 없게 된다**.

따라서 지방자치단체가 지방공무원법 제58조 제2항에 따라 '사실상 노무에 종사하는 공무원의 범위'를 조례로 정하지 아니하는 것은 '사실상 노무에 종사하는 공무원의 범위'에 포함될 가능성이 있는 공무원이 단체행동권을 보장받지 못하게 하는 결과로 된다.

물론 기능직공무원으로서 공무원노동조합에 가입할 수 있는 청구인들이 해당 조례에 의하여 '사실상 노무에 종사하는 공무원'의 범위에 포함되지 않을 가능성도 적지 않으나, 그렇다고 해당 조례 자체를 제정하지 않음으로써 청구인들이 **단체행동권을 향유할 가능성조차 봉쇄하여 버리는 것은 청구인들의 기본권을 제한**한다고 볼 수밖에 없다.

(4) 소 결 론

그렇다면, 피청구인들이 지방공무원법 제58조 제2항에 따라 '사실상 노무에 종사하는 공무원의 범위'를 정하는 조례를 제정하도록 **위임받았음에도 불구**하고, 이를 정당한 사유 없이 제정하지 아니한 이 사건 부작위는 헌법상 의무를 위반하여 청구인들이 **노동3권을 부여받을 기회 자체를 사전에 차단하거나 박탈**하였다고 할 것이므로, 청구인들의 이 사건 심판청구를 받아들여 위와 같은 **조례입법부작위가 위헌임을 확인**하여야 한다.

2. 재판관 김종대의 위헌의견

나는 다수의 위헌의견과 결론은 같이하나, 그 이유를 달리하므로 다음과 같은 의견을 밝힌다.

우리 헌법재판소는 2007. 8. 30. 선고 2003헌바51등 결정에서, 국가공무원들에 대하여 노동운동 기타 공무 이외의 일을 위한 집단적 행위를 금지하면서, 사실상 노무에 종사하는 공무원 중 대통령령 등이 정하는 자에 한하여 노동3권을 인정하는 국가공무원법(1997. 12. 13. 법률 제5452호로 개정된 것) 제66조 제1항이 합헌이라고 판시하였다. 이 결정의 다수의견은 위 법률 제66조 제1항은 헌법 제33조 제2항 소정의 법률로서 합헌적 법률이고 동 법률조항에서 말하는 '사실상 노무에 종사하는 공무원'은 그 의미가 명확하여 달리 해석될 여지가 없다고 하였다. 그리고 또 국회 소속 공무원의 경우 헌법 제64조 및 제75조에 근거하여 국가공무원법 제66조 제2항이 근로3권이 보장되는 사실상 노무에 종사하는 공무원의 구체적 범위를 국회규칙, 대통령령 등 다시 하위법령에 재위임하는 것도 허용된다고 판시하였다.

그러나 나는 위 결정에서 다음과 같은 취지의 반대의견을 밝힌 바 있다.

『헌법 제33조 제2항에 따라 공무원 중 일정한 범위에 속하는 자에 대해서는 반드시 국회가 법률로써 노동3권을 보장하는 내용의 입법을 스스로 하여야 할 의무가 있다. 그런데 국회는 이 사건 법률에서 노동3권이 인정되는 공무원의 범위를 스스로 정하지 아니한 채 "사실상 노무에 종사하는 자"라고만 규정해 헌법해석상 도출되는 추상적인 기준만을 확인하고는 노동3권이 인정되어야 할 구체적 공무원의 범위를 하위법령에 재위임하고 있다. 이는 헌법이 명한 입법 의무를 위반한 것이어서, 헌법 제33조 제2항에 위반된다.』

그런데 위 2003헌바51등 결정의 다수의견은 위 국가공무원법 제66조 제1항이 합헌적 규정이라 보았기 때문에, 사실상 노무에 종사하는 공무원임에도 하위법령에서 그러한 공무원을 노동3권 인정 대상으로 규정하지 아니함으로써 발생하는 부당한 결과는 단지 하위법령의 위헌성 문제일 뿐 국가공무원법 제66조 제1항의 문제는 아니라고 보고 있다. 그러나 하위법령의 그와 같은 문제점은, 헌법이 법률로써 구체적으로 정하도록 명령한 사항에 관해 법률이 스스로 구체적으로 규정하지 않은 채 하위법령에다 그 구체적 내용을 모두 위임해 버린, 위 법률조항의 위헌성에서 직접 기인하는 것으로 보아야 한다. 이와 마찬가지로, 이 사건 부작위도 위 국가공무원법 제66조 제2항과 동일한 구조를 취하는 지방공무원법 제58조 제2항이 **헌법이 법률로써 정하도록 명한** 노동3권이 인정되는 **지방공무원의 범위를** 스스로 구체적으로 정하지 아니한 채 **조례에 재위임한 동 법률의 위헌성에 기인**하는 것이다.

이렇게 볼 경우, 이 사건 부작위는 위헌법률이 명한 입법의무를 이행하지 않은 것이 되므로, 원칙적으로 위헌법률의 집행을 헌재에 청구할 수 없다고 보는 것이 이치에 맞다. 그런데 논리적 일관성만 좇아 이러한 견해를 고집할 경우 헌법에 따라 노동3권이 인정되어야 할 공무원들의 노동기본권이 법률에서도 외면당하고, 시행령이나 조례에 의해서도 외면당해 인권보장의 사각지대에 방치됨으로써 영영 근로3권이 인정되는 공무원의 범위를 구체화할 방법이 없게 된다. 이는 결과적으로는 근로3권을 누려야 할 일정한 공무원들이 입법의 혼란 때문에 근로3권을 갖지 못하게 되는 결과가 초래되므로 노동3권이 인정되는 공무원을 정하라고 하는 헌법의 취지가 몰각되게 된다. 따라서 다소 논리적으로 난점이 있기는 하나, 국회가 노동3권이 인정되는 공무원을 법률로써 구체화하지 않고 있는 지금으로서는 부득이 지방공무원법 제58조 제1항이 명한 조례의 미제정을 입법부작위로 볼 수밖에 없다.

그러므로 나는 결론에 있어서는 위헌의견을 낸 재판관 5인의 의견에 동조하는 바이나, 그 이유는 앞에서 본 바와 같이 그와 달리하므로 따로 위헌의견을 내는 것이다. 다만, 덧붙이건대, 근로3권을 가진 공무원의 범위를 법률이 스스로 정하라고 한 헌법의 명령이 제대로 이행되지 않고 시행령, 조례, 규칙 등이 정하게 되는 결과로 고착되어서는 안 될 것이므로, 국회는 지금이라도 대통령, 지방자치단체 등의 위헌적 시행령 내지는 조례제정 작업을 지켜보지 말고 스스로 근로3권이 보장되는 공무원의 범위를 확정하는 헌법상 입법의무를 성실히 이행해야 할 것이다.

Ⅲ. 결　　론

그렇다면, 이 사건 입법부작위는 청구인들의 근로3권을 침해하므로 재판관 이강국, 재판관 김희옥, 재판관 이동흡의 반대의견을 제외한 나머지 관여 재판관들의 일치된 의견으로 주문과 같이 결정한다.

재판관 이강국, 재판관 김희옥, 재판관 이동흡의 반대의견(각하의견)

우리는 이 사건 심판청구가 청구인들의 자기관련성이 인정되지 아니하여 부적법 하므로 각하되어야 한다고 생각한다. 다음과 같이 그 이유를 개진한다.

1. 기본권침해의 자기관련성

(1) 헌법재판소법 제68조 제1항은 '공권력의 행사 또는 불행사로 인하여 헌법상 보장된 기본권을 침해받은 자는 …… 헌법재판소에 헌법소원심판을 청구할 수 있다'고 규정하고 있다. 이때 '공권력의 행사 또는 불행사로 인하여 기본권의 침해를 받은 자'라 함은 공권력의 행사 또는 불행사로 말미암아 자기의 기본권이 현재 그리고 직접적으로 침해받은 경우를 의미하므로 원칙적으로 공권력의 행사 또는 불행사의 직접적인 상대방만이 이에 해당하는 것이고, 공권력의 작용에 단순히 간접적, 사실적 또는 경제적인 이해관계가 있을 뿐인 제3자는 이에 해당되지 아니하므로 헌법소원심판청구에 있어서의 적법요건인 자기관련성이 인정되지 않는 것이다(헌재 1997. 3. 27. 94헌마277, 판례집 9-1, 404, 408-409 참조).

(2) 이 사건에서 청구인들은, 지방자치단체인 피청구인들이 지방공무원법 제58조 제2항의 위임에 따라 '사실상 노무에 종사하는 공무원의 범위'를 조례로 정할 의무가 있음에도 그 조례제정부작위로 인하여 청구인들의 기본권을 침해하였다고 주장하고 있는바, 그렇다면, 피청구인들의 위와 같은 조례제정부작위로 인하여 직접 기본권의 침해를 받은 자는 **'사실상 노무에 종사하는 공무원'에 한정**된다고 할 것이므로 **청구인들이 이에 해당되지 않는다면 기본권 침해의 자기관련성이 인정되지 아니하여** 이 사건 심판청구는 모두 부적법하게 될 것이다. 그러므로 청구인들이 '사실상 노무에 종사하는 공무원'에 해당하는지를 살펴본다.

2. 피청구인들의 조례제정의무

(1) 우리 헌법은 제33조 제1항에서 "근로자는 근로조건의 향상을 위하여 자주적인 단결권·단체교섭권 및 단체행동권을 가진다"라고 규정하여 근로자의 자주적인 노동3권을 보장하고 있으면서도, 같은 조 제2항에서는 "공무원인 근로자는 법률이 정하는 자에 한하여 단결권·단체교섭권 및 단체행동권을 가진다"고 규정하여 공무원인 근로자에 대하여는 일정한 범위의 공무원에 한하여서만 노동3권을 향유할 수 있도록 함으로써 기본권의 주체에 관한 제한을 두고 있다. 따라서 입법자는 헌법 제33조 제2항에 따라 공무원 가운데에서 어떠한 범위의 근로자에게, 어느 정도의 노동3권을 인정할 것인지 등에 관하여 광범위한 입법형성의 자유를 가지게 되는 것이다(헌재 2007. 8. 30. 2003헌바51, 판례집 19-2, 213, 225-227 참조).

(2) 한편, 지방공무원법 제58조 제1항은 "공무원은 노동운동 기타 공무 이외의 일을 위한 집단행위를 하여서는 아니 된다. 다만 사실상 노무에 종사하는 공무원은 그러하지 아니하다"고 규정하고 있고, 같은 조 제2항은 "제1항 단서에 규정된 사실상 노무에 종사하는 공무원의 범위는 조례로 정한다"고 규정하여 노동3권이 보장되는 공무원을 '사실상 노무에 종사하는 공무원'으로 한정하고 그 범위를 조례로 정하도록 위임하고 있다. 따라서 각 지방자치단체는 원칙적으로 '사실상 노무에 종사하는 공무원'에 관한 조례제정의무를 부담한다. 이와 같은 조례의 제정의무는 직접적으로는 지방공무원법 제58조 제2항에 의한 위임에 의하여 부여된 것이지만, 입법부가 법률로써 지방자치단체에게 특정한 사항을 위임했음에도 불구하고 지방자치단체가 이러한 법적 의무를 정당한 이유 없이 이행하지 않는다면 법치국가 내지 법치행정의 원칙에 위배되는 것이기 때문에, 지방자치단체의 이와 같은 조례제정의무는 헌법에서 유래하는 작위의무를 구성한다(헌재 2004. 2. 26. 2001헌마718, 판례집 16-1, 313,

320-321 참조).

3. '사실상 노무에 종사하는 공무원'의 범위

(1) '사실상 노무에 종사하는 공무원'의 입법 유래와 배경

(가) 국가공무원법의 '사실상 노무에 종사하는 공무원'

우리 법령에 '사실상 노무에 종사하는 공무원'이란 개념이 처음 등장한 것은 1962. 2. 23. 법률 제1029호로 개정된 국가공무원법 제37조이다. 당시 국가공무원법 제37조에서는 "공무원은 정치운동에 참여하지 못하며 노동운동 기타 공무 이외의 일을 위한 집단적 행동을 하여서는 아니 된다. 단, 사실상 노무에 종사하는 공무원의 노동운동은 예외로 한다"고 규정하여 집단행위 금지 원칙의 예외로서 '사실상 노무에 종사하는 공무원'이라는 개념을 사용하기 시작하였다.

그 후 1963. 4. 17. 법률 제1325호로 폐지제정된 국가공무원법 제66조에서는 "공무원은 노동운동 기타 공무 이외의 일을 위한 집단적 행위를 하여서는 아니 된다. 다만, 각령으로 정하는 사실상 노무에 종사하는 공무원은 예외로 한다"고 규정하였고, 이에 따라 1963. 6. 1. 각령 제1339호로 제정된 공무원복무규정 제27조에서는, "법 제66조에서 사실상 노무에 종사하는 공무원이라 함은 [별표]에 규정한 현업기관의 작업현장에서 근무하는 자를 말한다. 다만, 서무・인사・물품출납・경리・기밀 또는 노무자의 감독사무에 종사하는 자는 제외한다"고 규정하였으며, 위 공무원복무규정 [별표]에서는 교통부(철도), 체신부, 전매청, 국립의료원 소속의 특정 업무를 담당하는 공무원들을 사실상 노무에 종사하는 공무원으로 규정함으로써, '사실상 노무에 종사하는 공무원'의 범위를 특정 현업기관의 작업현장에서 근무하는 공무원으로 한정하였던 것이다. 그 후 1972. 5. 4. 대통령령 제6161호로 전부 개정된 공무원복무규정 제28조에서도, "법 제66조에 규정된 사실상 노무에 종사하는 공무원이라 함은 체신부・전매청 및 철도청 소속의 현업기관과 국립의료원의 작업현장에서 노무에 종사하는 기능직공무원 및 고용원으로서 다음 각 호의 1에 해당하지 아니하는 자에 한한다"고 규정하여 개정 전 조항과 특별한 내용상의 차이가 없었고, 그 이후에도 위 조항은 철도청, 전매청의 민영화에 따라 철도청, 전매청이 현업기관에서 제외되고 관련 법률의 개정에 따라 일부 문구가 수정되는 등의 일부 개정만이 이루어진 채 현행 국가공무원복무규정(2008. 9. 18. 대통령령 제21021호로 개정된 것) 제28조의 "법 제66조에 규정된 사실상 노무에 종사하는 공무원이라 함은 지식경제부 소속의 현업기관과 국립의료원의 작업현장에서 노무에 종사하는 기능직 공무원 및 고용직 공무원으로서 다음 각 호의 어느 하나에 해당하지 아니하는 자에 한한다"는 규정으로 유지되어 온 것이다.

(나) 지방공무원법의 '사실상 노무에 종사하는 공무원'

한편, 1963. 11. 1. 법률 제1427호로 제정된 지방공무원법 제58조에서는, "공무원은 노동운동 기타 공무 이외의 일을 위한 집단적 행위를 하여서는 아니 된다. 다만, 각령으로 정하는 사실상 노무에 종사하는 공무원은 그러하지 아니하다"고 규정하였고, 위 규정에 의한 사실상 노무에 종사하는 지방공무원의 범위 등을 정할 목적으로 1964. 2. 21. 대통령령 제1641호로 제정된 '영리업무의 한계 및 사실상 노무에 종사하는 지방공무원의 범위에 관한 건' 제3조에서는, "사실상 노무에 종사하는 지방공무원이라 함은 당해 지방자치단체의 규칙으로 정하는 현업기관의 작업현장에서 근무하는 자를 말한다. 다만, 서무・인사・물품출납・경리・기밀 또는 노무자의 감독사무에 종사하는 자는 제외한다"고 규정하여, 지방공무원법의 '사실상 노무에 종사하는 공무원'의 범위 역시 **특정 현업기관의 작업현장에서 근무하는 공무원으로 한정**하였던 것이다.

그 후 위 지방공무원법 제58조는 1966. 4. 30. 법률 제1794호로 개정되면서 '사실상 노무에 종사하는 공무원'의 범위를 대통령령으로 정하도록 규정하였고, 1973. 3. 12. 법률 제2594호로 전부 개정된 지방공무원법 제58조 제2항에서 "제1항 단서에 규정된 사실상 노무에 종사하는 공무원의 범위는 조례로 정한다"고 규정한 이래 현재까지 계속 유지되어 왔으며, 그에 따라 앞에서 본 '사실상 노무에 종사하는 공무원'의 범위를 정한 '영리업무의 한계 및 사실상 노무에 종사하는 지방공무원의 범위에 관한 건'은 1991. 12. 31. 대통령령 제13533호로 개정되

면서 사실상 노무에 종사하는 지방공무원의 범위에 관한 규정이 삭제되고, 그 명칭이 '지방공무원의 영리업무의 한계에 관한 규정'으로 변경되었다.

이와 같이 지방공무원법의 '사실상 노무에 종사하는 공무원'의 범위는 그 위임된 형식이 각령에서 대통령령으로, 다시 조례로 변경되었으나 특정의 현업기관의 작업현장에서 근무하는 공무원을 '사실상 노무에 종사하는 공무원'으로 본다는 기본 입장에는 아무런 변화가 없었던 것이고, 또한, '사실상 노무에 종사하는 공무원'의 범위를 대통령령으로 정하지 아니하고 조례로 정하도록 한 것은 지방자치단체에 소속된 현업기관의 존재나 범위, 그 작업현장에서 근무하는 공무원의 직무의 성격 등은 해당 지방자치단체가 보다 정확하게 파악할 수 있을 것이라는 점 등을 고려한 취지라고 볼 수 있는 것이다.

(다) 입법의 유래와 배경을 통하여 본 '사실상 노무에 종사하는 공무원'

앞에서 본 바와 같이 '사실상 노무에 종사하는 공무원'이라는 개념은 우리 법령에 도입될 당시 **교통부(철도), 체신부, 전매청, 국립의료원 등 특정 현업기관의 작업현장에서 근무하는 공무원을 지칭하는 의미로 사용되었는바,** 이는 1948. 12. 3. 개정된 일본의 국가공무원법에서 **우편·철도 등 공공사업 등의 역무를 실시하는 기관**에 근무하는 이른바 현업공무원을 노동조합법 등의 적용에 있어서 다른 공무원과 구별하여 취급한 것과 같은 맥락으로 이해할 수 있는 것이다.

따라서, '사실상 노무에 종사하는 공무원'에 관한 국가공무원법의 규정이나 지방공무원법의 규정은 그 궤도를 같이 하면서 제·개정되어 현재에 이르고 있는 것인 만큼, 국가공무원법의 '사실상 노무에 종사하는 공무원'의 범위를 정한 국가공무원 복무규정 제28조의 내용은 지방자치단체의 조례에서 지방공무원법의 '사실상 노무에 종사하는 공무원'의 범위를 정함에 있어서도 중요한 기준 내지 참고가 될 수 있는 것이다.

(2) '사실상 노무에 종사하는 공무원'과 고용직·기능직 공무원의 구별

(가) 개념상의 차이

국가공무원법 제2조와 지방공무원법 제2조에서는 공무원 중 기능적인 업무를 담당하며 그 기능별로 분류되는 공무원을 기능직 공무원으로, 단순한 노무에 종사하는 공무원을 고용직 공무원으로 구분하고 있다. 이와 같이 현행 법령상 공무원의 구분에 관한 기능직 공무원, 고용직 공무원의 개념과 공무원 중 예외적으로 단체행동권이 허용되는 '사실상 노무에 종사하는 공무원'의 개념은 명백히 구별되는 것으로서 모든 기능직·고용직 공무원이 '사실상 노무에 종사하는 공무원'이 될 수 없음은 자명한 것이다.

(나) 노동기본권의 인정범위에 관한 차이

기능직·고용직 공무원과 '사실상 노무에 종사하는 공무원'과의 구별은 헌법 제33조 제2항의 규정에 의한 공무원의 노동기본권을 보장하기 위하여 제정된 '공무원의 노동조합설립 및 운영 등에 관한 법률(2005. 1. 27. 법률 제7380호로 제정된 것)'의 적용대상이 되느냐의 여부에 있어서도 나타난다. 즉 위 법 제2조에서는 "이 법에서 '공무원'이라 함은 국가공무원법 제2조 및 지방공무원법 제2조에서 규정하고 있는 공무원을 말한다. 다만, 국가공무원법 제66조 제1항 단서 및 지방공무원법 제58조 제1항 단서의 규정에 의한 '사실상 노무에 종사하는 공무원'과 '교원의 노동조합설립 및 운영 등에 관한 법률'의 적용을 받는 교원인 공무원을 제외한다"고 규정하고, 제6조에서는 공무원노동조합에 가입할 수 있는 공무원의 범위에 기능직·고용직 공무원을 포함시키고 있다. 이는 '공무원직장협의회의 설립·운영에 관한 법률'에서도 마찬가지이다.

결국 입법자들은 '공무원의 노동조합설립 및 운영 등에 관한 법률'에 의한 노동기본권의 주체와 '사실상 노무에 종사하는 공무원'을 별도로 나누어 규정하여, 전자의 경우에는 단결권과 제한된 단체교섭권만을 인정하고, 후자의 경우에는 노동3권 전부를 인정하는 방식으로 규율한 것으로 볼 수 있는 것이다.

(3) 소결론 – 조례로 정하여야 할 '사실상 노무에 종사하는 공무원'의 범위

지방공무원법 제58조 제1항에서 노동3권을 보장하고 있는 지방공무원의 범위를 '사실상 노무에 종사하는 공무원'으로 한정하고 있는 것은 노동3권의 향유주체가 되는 공무원의 범위를 정함에 있어서 공무원이 일반적으

로 담당하는 직무의 성질에 따른 공공성의 정도와 현실의 국가·사회적 사정 등을 아울러 고려하여 '사실상의 노무에 종사하는 자'와 그렇지 아니한 자를 구별하여 그 범위를 정한 것으로 보이고, 이러한 입법내용은 헌법 제33조 제2항이 근로3권이 보장되는 공무원의 범위를 법률에 의하여 정하도록 유보함으로써 공무원의 국민 전체에 대한 봉사자로서의 지위 및 그 직무상의 공공성 등을 종합하여 합리적인 공무원제도의 보장 및 그와 관련한 주권자인 국민 등 이해관계인의 권익을 공공복리의 목적아래 통합 조정하려는 취지라고 볼 수 있는 것이다(헌재 2005. 10. 27. 2003헌바50 등, 판례집 17-2, 238, 251-252 참조).

결국 앞에서 본 헌법 제33조 제2항, 지방공무원법 제58조 제1항, 제2항의 취지, '사실상 노무에 종사하는 공무원'의 개념이 도입된 입법유래와 그 배경, '사실상 노무에 종사하는 공무원'과 기능직·고용직 공무원과의 개념 및 규율대상의 차이점 등을 종합해보면, 지방자치단체에서 조례로 정하여야 할 **'사실상 노무에 종사하는 공무원'이라 함은 직무의 성격이 이른바 현업기관의 작업현장에서 근무하는 기능직·고용직 공무원**(이른바 **현업공무원**) 또는 **근무기관의 성격과 당해 직무의 공공성 등에 비추어, 현업기관에서 근무하는 공무원과 같이 취급할 수 있는 공무원을 의미한다**고 할 것이다.

4. 청구인들이 '사실상 노무에 종사하는 공무원'에 해당하는지의 여부

청구인들은 각급 학교에서 지방방호원, 지방난방원, 지방조무원, 지방운전원, 지방전기원 등으로 근무하고 있는 **기능직 공무원들로서**, 이들은 **학교교육과 독립된 별도의 업무를 담당하는 것이 아니라 교육활동이 이루어지는 각급 학교에서 필수적으로 요구되는 교육지원활동에 종사하고 있는 공무원**들이다. 따라서 청구인들을 각 지방자치단체에 소속된 **현업기관의 작업현장에서 노무에 종사하는 공무원이라고 볼 수는 없는 것**이어서, 피청구인들이 조례로 정하여야 할 '사실상 노무에 종사하는 공무원'에 해당한다고 할 수 없다. 그러므로, 피청구인들이 그에 관한 조례를 제정하지 아니하였다고 하더라도 청구인들은 그로 인하여 자신들의 헌법상 보장된 기본권을 직접 침해받는 자들이 아니어서, 헌법소원심판청구에서의 적법요건인 자기관련성이 인정된다고 할 수 없다.

5. 결　론

그렇다면, 청구인들의 이 사건 심판청구는 모두 부적법하므로 각하되어야 할 것이다.

관련 문헌: 김재훈, "노동3권 인정되는 지방현업공무원 범위 미정은 위헌이다", 월간 노동법률 222호, 중앙경제사, 2009, 68-71면.

[요약판례 1] 산업기술연수생 도입기준 완화결정 등 위헌확인: 위헌(헌재 2007.8.30. 2004헌마670)

최소한의 근로조건을 요구할 수 있는 권리는 자유권적 기본권의 성격도 아울러 가지는데 이러한 경우 외국인 근로자에게도 그 기본권 주체성을 인정할 수 있는지 여부(적극)

근로의 권리가 "일할 자리에 관한 권리"만이 아니라 "일할 환경에 관한 권리"도 함께 내포하고 있는바, 후자는 인간의 존엄성에 대한 침해를 방어하기 위한 자유권적 기본권의 성격도 갖고 있어 건강한 작업환경, 일에 대한 정당한 보수, 합리적인 근로조건의 보장 등을 요구할 수 있는 권리 등을 포함한다고 할 것이므로 외국인 근로자라고 하여 이 부분에까지 기본권 주체성을 부인할 수는 없다. 즉 근로의 권리의 구체적인 내용에 따라, 국가에 대하여 고용증진을 위한 사회적·경제적 정책을 요구할 수 있는 권리는 사회권적 기본권으로서 국민에 대하여만 인정해야 하지만, **자본주의 경제질서하에서 근로자가 기본적 생활수단을 확보하고 인간의 존엄성을 보장받기 위하여 최소한의 근로조건을 요구할 수 있는 권리는 자유권적 기본권의 성격도 아울러 가지므로 이러한 경우 외국인 근로자에게도 그 기본권 주체성을 인정함이 타당하다.**

[요약판례 2] 사립학교법 제55조, 제58조 제1항 제4호에 관한 위헌심판(전교조사건): 합헌 (헌재 1991.7.22. 89헌가106)

사립학교 교원을 근로3권의 행사에 있어서 일반 근로자의 경우와 달리 취급하여야 할 합리적인 이유가 있는지 여부(적극) 및 교육에 관한 국제법상의 선언, 규약 및 권고문 등으로 인하여 우리의 현실에 적합한 교육제도의 실시를 제약하면서까지 교원에게 근로권을 제한 없이 보장하여야 하는지 여부(소극)

헌법 제31조 제6항은 국민의 교육을 받을 기본적 권리를 보다 효과적으로 보장하기 위하여 교원의 보수 및 근무조건 등을 포함하는 개념인 "교원의 지위"에 관한 기본적인 사항을 법률로써 정하도록 한 것이므로 교원의 지위에 관련된 사항에 관한 한 위 헌법조항이 근로기본권에 관한 헌법 제33조 제1항에 우선하여 적용된다.

사립학교 교원에게 헌법 제33조 제1항에 정한 근로3권의 행사를 제한 또는 금지하고 있다고 하더라도 이로써 사립학교교원이 가지는 근로기본권의 본질적 내용을 침해한 것으로 볼 수 없고, 그 제한은 입법자가 교원지위의 특수성과 우리의 역사적 현실을 종합하여 공공의 이익인 교육제도의 본질을 지키기 위하여 결정한 것으로 필요하고 적정한 범위내 것이다.

사립학교법 제55조 및 제58조 제1항 제4호는 헌법이 교원의 지위에 관한 사항을 국민적 합의를 배경으로 한 입법기관의 권한에 위임하고 있는 헌법조항에 따라 규정한 것으로서 사립학교 교원을 근로3권의 행사에 있어서 일반 근로자의 경우와 달리 취급하여야 할 합리적인 이유가 있다 할 것이고, 또한 공립학교 교원에게 적용되는 교육공무원법 및 국가공무원법의 관계규정보다 반드시 불리한 것으로도 볼 수 없으므로 헌법 제11조 제1항에 정한 평등원칙에 위반되는 것이 아니다.

교육에 관한 국제법상의 선언, 규약 및 권고문 등은 우리의 현실에 적합한 교육제도의 실시를 제약하면서까지 교원에게 근로권이 제한없이 보장되어야 한다든가 교원단체를 전문직으로서의 특수성을 살리는 교직단체로서 구성하는 것을 배제하고 반드시 일반근로조합으로서만 구성하여야 한다는 주장의 근거로 삼을 수 없다.

대판 1995.9.15. 94누12067

근로의 권리는 국민의 권리이기 때문에 외국인에게는 근로의 권리의 본질적 내용, 즉 국가에 대하여 근로기회의 제공을 청구할 수 있는 권리는 당연히 없다. 그러나 외국인(비록 위장취업을 위하여 불법입국한 외국인이라 할지라도)이 국내 사업주와 불법으로 근로계약을 체결하였더라도 그 계약은 유효하고, 그 외국인은 근로기준법상의 근로자에 해당한다.

[요약판례 3] 근로기준법 제30조의2 제2항 위헌소원: 헌법불합치 (헌재 1997.8.21. 94헌바19등)

근로기준법 제30조의2 제2항 [퇴직금]부분이 질권이나 저당권의 본질적 내용을 침해할 소지가 있는지 여부(적극)

이 사건 법률조항이 근로자에게 그 퇴직금 전액에 대하여 질권자나 저당권자에 우선하는 변제수령권을 인정함으로써 결과적으로 질권자나 저당권자가 그 권리의 목적물로부터 거의 또는 전혀 변제를 받지 못하게 되는 경우에는, 그 질권이나 저당권의 본질적 내용을 이루는 우선변제수령권이 형해화하게 되므로 이 사건 법률조항 중 "퇴직금"부분은 질권이나 저당권의 본질적 내용을 침해할 소지가 생기게 되는 것이다.

이 사건 법률조항은 임금과는 달리 "퇴직금"에 관하여는 아무런 범위나 한도의 제한없이 질권이나 저당권에 우선하여 그 변제를 받을 수 있다고 규정하고 있으므로, 도산위기에 있는 기업일수록, 즉 자금의 융통이 꼭 필요한 기업일수록, 금융기관 등 자금주는 자금회수의 예측불가능성으로 말미암아 그 기업에 자금을 제공하는 것을 꺼리게 된다. 그 결과 이러한 기업은 담보할 목적물이 있다고 하더라도 자금의 융통을 받지 못하여 그 경영위기를 넘기지 못하고 도산을 하게 되며 그로 인하여 결국 근로자는 직장을 잃게 되므로 궁극적으로는 근로자의 생활보장이나 복지에도 좋은 결과를 낳지 못한다. 또한 근로자의 퇴직후의 생활보장 내지 사회보장을 위하여서는, 기업금융제도를 훼손하지 아니하고 기업금융을 훨씬 원활하게 할 수 있으며 오히려 어떤 의미에서는 새로운 기업금융제도를 창출할 수 있는, 종업원 퇴직보험제도의 개선, 기업연금제도의 도입 등 사회보험제도를 도입, 개선, 활용하는 것이 보다 적절할 것이다. 그럼에도 불구하고 이 사건 법률조항은 근로자의 생활보장이라는 입법목적의 정당성만을 앞세워 담보물권제도의 근간을 흔들고 기업금융의 길을 폐쇄하면서까지 퇴직금의 우선변제를 확보하자는 것으로서 부당하다고 아니할 수 없다. 그렇다면 이 사건 법률조항은 근로자의 생활보장 내지 복지증진이라는 공공복리를 위하여 담보권자의 담보권을 제한함에 있어서 그 방법의 적정성을 그르친 것이며 침해의 최소성 및 법익의 균형성 요청에도 저촉되는 것이므로 과잉금지의 원칙에도 위배된다고 할 것이다.

퇴직금의 전액이 아니고 근로자의 최저생활을 보장하고 사회정의를 실현할 수 있는 적정한 범위내의 퇴직금채권을 다른 채권들보다 우선변제함은 퇴직금의 후불임금적 성격 및 사회보장적 급여로서의 성격에 비추어 상당하다고 할 것인데 이 "적정한 범위"의 결정은 그 성질상 입법자의 입법정책적 판단에 맡기는 것이 옳다고 생각되는 점과 근로자의 퇴직금보장을 위한 각종 사회보험제도의 활용, 그 제도에 의한 대체 내지 보완이나 그 제도들과의 조화 등도 제반사정을 감안해야 하는 입법자의 사회정책적 판단영역인 점 등을 종합해 보면, 헌법재판소로서는 이 사건 법률조항 중 "퇴직금"부분에 대하여 바로 위헌선언을 할 것이 아니라 헌법불합치의 선언을 한 다음, 입법자로 하여금 조속한 시일내에 담보물권제도의 근간을 해치지 아니하는 범위내에서 질권 또는 저당권에 의하여 담보된 채권에 우선하여 변제받을 수 있는 근로자의 퇴직금채권의 "적정한 범위"를 확정하도록 하여 근로자를 보호하는 한편 그때까지는 위에서 본 이 사건 법률조항 중 "퇴직금"부분의 위헌성 때문에 그 부분의 적용을 중지하도록 함이 상당하다.

[요약판례 4] 근로기준법 제35조 제3호 위헌확인: 합헌(헌재 2001.7.19. 99헌마663)

월급근로자로서 6월이 되지 못한 자를 해고예고제도의 적용에서 배제시키고 있는 근로기준법 제35조 제3호가 평등원칙에 반하는지 여부(소극)

해고예고제도는 해고자체를 금지하는 제도는 아니며, 대법원 판례 또한 예고의무를 위반한 해고도 유효하다고 보므로 해고자체의 효력과도 무관한 제도이다. 즉 해고예고제도는 근로관계의 존속이라는 근로자보호의 본질적 부분과 관련되는 것이 아니므로, 해고예고제도를 둘 것인지 여부, 그 내용 등에 대해서는 상대적으로 넓은 입법 형성의 여지가 있다.

이 사건 법률조항은 근로자보호와 사용자의 효율적인 기업경영 및 기업의 생산성이라는 측면의 조화를 고려한 합리적 규정이라고 할 수 있고, 6월이라는 기간 또한 특별히 위와 같은 입법목적을 달성하는 수단으로는 너무 길어 해고예고제도의 입법취지를 몰각시킬 정도로 과도하다고 볼 근거는 없으므로 이 산건 법률조항이 위헌이라고 하기는 어렵다.

대판 1992.6.23. 91다19210

근로조건이라 함은 사용자와 근로자 사이의 근로관계에서 임금·근로시간·후생·해고 기타 근로자의 대우에 관하여 조건을 정하는 것을 말한다.

대판 1997.10.10. 97누4951

구 근로기준법 제42조 제1항이 '근로시간은 휴게시간을 제하고 1일에 8시간, 1주일에 44시간을 초과할 수 없다'고 규정하고 있는데 노사간 합의로 이를 초과한 근로시간을 정했다 하더라도 이는 무효이다.

대판 1993.4.9. 92누15765

성별 작업구분이나 근로조건의 구분을 명확히 하지 아니한 채 남녀를 차별하여 정년을 규정한 단체협약서 및 취업규칙의 조항이 근로기준법 제5조와 남녀고용평등법 제8조 제1항에 위배되어 무효이다.

대판 2003.3.14. 2002도3883

남자사원이 무거운 물건을 운반한다는 이유로 남녀간 임금차등은 위법하다.

[요약판례 5] 국가유공자예우및지원에관한법률 제34조 제1항 위헌확인: 기각(헌재 2001.2.22. 2000헌마25)

국가유공자 및 그 가족에 대하여 채용시험의 득점에 만점의 10% 가산하도록 규정하는 국가유공자등예우및지원에관한법률 제34조 제1항의 위헌성 여부(소극)

(1) 평등권의 침해 여부에 대한 심사는 그 심사기준에 따라 자의금지원칙에 의한 심사와 비례의 원칙에 의한 심사로 크게 나누어 볼 수 있는데, 국가유공자등예우및지원에관한법률 제34조 제1항 중 같은 법률 제30조 제1항 소정의 "국가기관"에 관한 부분의 규정에 따라 국가유공자와 그 유족 등 취업보호대상자가 국가기관이 실시하는 채용시험에 응시하는 경우에 10%의 가점을 주도록 하고 있는 이 사건의 경우는 비교집단이 일정한 생활영역에서 경쟁관계에 있는 경우로서 국가유공자와 그 유족 등에게 가산점의 혜택을 부여하는 것은 그 이외의 자들에게는 공무담임권 또는 직업선택의 자유에 대한 중대한 침해를 의미하게 되므로, 헌법재판소가 1999. 12. 23. 선고한 98헌마363 사건의 결정에서 비례의 원칙에 따른 심사를 하여야 할 경우의 하나로 들고 있는 차별적 취급으로 인하여 관련 기본권에 대한 중대한 제한을 초래하게 되는 경우에 해당하여 원칙적으로 비례심사를 하여야 할 것이나, 구체적인 비례심사의 과정에서는 헌법 제32조 제6항이 근로의 기회에 있어서 국가유공자 등을 우대할 것을 명령하고 있는 점을 고려하여 보다 완화된 기준을 적용하여야 할 것이다.

(2) (가) 이 사건 가산점제도의 입법목적은 국가유공자와 그 유족 등에게 가산점의 부여를 통해 헌법 제32조 제6항이 규정하고 있는 우선적 근로의 기회를 제공함으로써 이들의 생활안정을 도모하고, 다시 한번 국가사회에 봉사할 수 있는 기회를 부여하기 위한 것으로서 그 목적의 정당성이 인정되고, 이 사건 가산점제도는 위와 같은 입법목적을 달성함에 있어 정책수단으로서의 적합성을 가지고 있으며, 헌법 제32조 제6항에서 국가유공자 등의 근로의 기회를 우선적으로 보호한다고 규정함으로써 그 이외의 자의 근로의 기회는 그러한 범위내에서 제한될 것이 헌법적으로 예정되어 있는 이상 차별대우의 필요성의 요건을 엄격하게 볼 것은 아니므로, 차별대우의 필요성의 요건도 충족되었다고 할 것이다.

(나) 공무원 채용시험에 있어 전체 합격자 중 취업보호대상자가 차지하는 비율 등에 비추어 볼 때 전체적으로 입법목적의 비중과 차별대우의 정도가 균형을 이루고 있다고 할 것이므로, 개별적 시험에 있어서 일부 소수직렬의 경우 채용인원이나 시험의 난이도 등에 따라 취업보호대상자 이외의 자가 합격하기 매우 어렵게 되거나 합격 자체가 불가능하게 되는 일이 발생할 수 있다고 하여 이러한 점만으로 그 균형이 깨졌다고 볼 것은 못된다. 무엇보다도 헌법재판소가 위헌으로 선언한 제대군인가산점제도는 헌법이 특히 금지하고 있는 여성차별적인 성격을 띠고 있는데 반하여, 이 사건 가산점제도는 국가유공자 등에게 우선적으로 근로의 기회를 제공할 것을 규정하고 있는 헌법 제32조 제6항에 근거를 두고 있는 제도라는 점을 고려하면, 위와 같은 일부 문제점에도 불구하고 이 사건 가산점제도가 법익균형성을 상실한 제도라고는 볼 수 없다. 따라서 이 사건 가산점제도는 국가유공자와 그 유족 등에 비하여 그 이외의 자를 비례의 원칙에 반하여 차별하는 것으로는 볼 수 없으므로, 청구인의 평등권을 침해하지 아니한다.

(3) 헌법 제25조가 보장하고 있는 비선거직공직에 대한 공직취임권은 모든 국민에게 누구나 그 능력과 적성에 따라 공직에 취임할 수 있는 균등한 기회를 보장한다는 뜻으로 보아야 할 것이므로, 원칙적으로 공직자선발에 있어 해당 공직이 요구하는 직무수행능력과 무관한 요소인 성별·종교·사회적 신분·출신지역 등을 이유로 하는 어떠한 차별도 허용되지 않는다고 할 것이나, 헌법의 기본원리나 특정조항에 비추어 능력주의 원칙에 대한 예외를 인정할 수 있는 경우가 있고, 이러한 헌법적 요청이 있는 경우에는 합리적 범위 안에서 능력주의가 제한될 수 있다. 이 사건 가

산점제도에 의한 공직취임권의 제한은 헌법 제32조 제6항에 헌법적 근거를 두고 있는 능력주의의 예외로서, 평등권 침해 여부와 관련하여 앞에서 이미 자세히 살펴 본 바와 같이 비례의 원칙 내지 과잉금지의 원칙에 위반된 것으로도 볼 수 없으므로, 이 사건 가산점제도는 청구인의 공무담임권을 침해하지 아니한다.

[요약판례 6] 노동조합법 제45조의2 등 위헌소원: 합헌(헌재 1993.3.11. 92헌바33)

노동3권 보장의 헌법적 의의

헌법이 근로자의 근로3권을 보장하는 취지는 원칙적으로 개인과 기업의 경제상의 자유와 창의를 존중함을 기본으로 하는 시장경제의 원리를 경제의 기본질서로 채택하면서 노동관계당사자가 상반된 이해관계로 말미암아 계급적 대립·적대의 관계로 나아가지 않고 활동과정에서 서로 기능을 나누어 가진 대등한 교섭주체의 관계로 발전하게 하여 그들로 하여금 때로는 대립·항쟁하고 때로는 교섭·타협의 조정과정을 거쳐 분쟁을 평화적으로 해결하게 함으로써, 근로자의 이익과 지위의 향상을 도모하는 사회복지국가 건설의 과제를 달성하고자 함에 있다.

대판 1990.5.15. 90도357

이른바 노동3권은 사용자와 근로자간의 실질적인 대등성을 단체적 노사관계의 확립을 통하여 가능하도록 하기 위하여 시민법상의 자유주의적 법원칙을 수정하는 신시대적 시책으로서 등장된 생존권적 기본권들이므로 이 노동3권은 다같이 존중, 보호되어야 하고 그 사이에 비중의 차등을 둘 수 없는 권리들임에는 틀림없지만 근로조건의 향상을 위한다는 생존권의 존재목적에 비추어볼 때 위 노동3권 가운데에서도 단체교섭권이 가장 중핵적 권리이므로, 노동자에게 단체교섭권이 정당하게 확보되어 있기만 하다면 그것을 보장하는 권리로서의 단체행동권이 제한된다 해도 필요한 최소한도내에서, 어쩔 수 없는 것으로서 사회관념상 상당한 대상조치가 마련되어 있다고 보여질 때에는 권리의 본질적인 내용을 침해하는 것으로 볼 수 없다.

[요약판례 7] 노동쟁의조정법 제4조, 제30조 제3호, 제31조, 제47조에 대한 헌법소원: 합헌(헌재 1996.12.26. 90헌바19등)

본 사건 강제중재제도가 도모하는 목적을 달성하기 위한 본 조항을 통한 방법이 상당성을 결하여 헌법에 위배되는지 여부(소극)

근로3권 가운데 가장 중핵적인 권리는 단체행동권이라고 보아야 하는바, 구 헌법과 달리 현행 헌법 하에서는 주요방위산업체에 종사하는 근로자가 아닌 공익사업체에 종사하는 근로자에 대한 단체행동권을 박탈할 헌법적 근거가 소멸하였다고 할 것이고, 다만 현행 헌법 하에서도 헌법 제37조 제2항에 따라 국가안전보장·질서유지 또는 공공복리를 위하여 단체행동권을 제한할 수 있는 여지는 있으나, 이 경우에도 위와 같은 헌법의 개정취지를 존중하여 정당한 단체행동권에 대한 제한은 최후의 수단으로서의 성격을 가져야 하며, 그만큼 그 제한이 정당화되려면 엄격한 요건을 충족시켜야 한다.

노동쟁의조정법 제4조 소정의 공익사업의 범위는 공중운수사업, 수도·전기·가스 및 정유사업, 공중위생 및 의료사업, 방송 통신사업 등으로 상당히 한정되어 있고, 우리 국민생활에 바로 직결되어 있어 그 사업의 정지 또는 폐지가 일반인의 일상생활과 국민경제에 큰 타격을 줄 수 있는 이른바 공공역무로서의 성질을 띠고 있는 것이므로, 위에서 본 바와 같이 질서유지나 공공복리를 위하여 노동쟁의가 쟁의행위로 나아가지 아니하고 원만하고 신속히 타결되어야 할 "필요성"이 일반사업에 비하여 현저히 높다. 그리고 극한적 대립으로 치닫기 쉬운 우리 노사관계의 현실을 감안하면, 알선이나 조정 등에 의하여 분쟁이 타결되지 아니하고 노사 쌍방의 대립이 격화되어 당사자가 중재신청에 나아가지 아니하는 경우에는 노사 양측에게 냉각기간을 가지게 하면서, 노사분쟁 해결에 관한 전문지식을 가지고 있는 중립적 기관인 노동위원회로 하여금 중재에 회부하도록 하는 것은 그 목적 수행을 위한 "부득이 한 조치"라고 하지 아니할 수 없다. 그리고 노동부장관이 행정재량에 기한 정책적 결정에 의하여 발동하는 긴급조정과는 달리, 강제중재는 준사법적 기관의 성격을 가지는 노동위원회가 결정하는바, 노동위원회는 노사의 자주적 질서의 수립이라는 이념을 살리기 위하여 법률에 의하여 설치된 독립적 행정규제위원회로서, 근로자를 대표하는 자와 사용자를 대표하는 자의 참여를 조직원리로 하고 있고 중재위원의 선정에 관계당사자의 대표자가 관여할 수 있고(노동쟁의조정법 제32조), 중재시 관계당사자를 대표하는 위원에게 의견진술권이 부여되어 있을 뿐만 아니라(같은 법 제35조), 노사문제가 사회 전체에 미치는 영향을 고려하여 공익을 대표하는 자(공익위원)의 참여도 인정하고 있으며(노동위원회법 제6조, 제9조의 2), 노동위원의 임용자격을 법률로 규정하고(같은 법 제7조의 3) 의결방식도 합의제를 채택하는(같은 법 제10조) 등 그 직무상 독립성이나 전문성이 보장되어 있다. 또한 중재를 담당하는 중재위원회는 노동위원회가 조직하며 중재위원의 선정에 관계당사자의 대표자가 관여할 수 있고(노동쟁의조정법 제32조) 중재시 관계당사자를 대표하는 위원에게 의견진술권이 부여되어 있는(같은 법 제35조) 등 그 구성이나 운영절차 등에 민주성과 공정성이 확보되어 있을 뿐만 아니라, 중재재정에 대하여는 재심과 행정소송의 방법을 통하여 중재재정의 적정성과 적법성을 다툴 수 있는 대상조치(代償措置)가 마련되어 있다(제38조). 따라서 이러한 여러 가지 점을 고려하면 이 사건 강제중재제도가 도모하는 목적을 달성하기 위한 방법이 "상당성"을 갖추었다고 하지 아니할 수 없다.

[요약판례 8] 노동조합법 제33조 제1항 위헌소원: 합헌(헌재 1998.2.27. 94헌바13등)

근로3권의 법적 성격(자유권적 기본권의 측면을 강조한 판례)

헌법 제33조 제1항이 "근로자는 근로조건의 향상을 위하여 자주적인 단결권, 단체교섭권, 단체행동권을 가진다"고 규정하여 근로자에게 "단결권, 단체교섭권, 단체행동권"을 기본권으로 보장하는 뜻은 근로자가 사용자와 대등한 지위에서 단체교섭을 통하여 자율적으로 임금 등 근로조건에 관한 단체협약을 체결할 수 있도록 하기 위한 것이다. 비록 헌법이 위 조항에서 '단체협약체결권'을 명시하여 규정하고 있지 않다고 하더라도 근로조건의 향상을 위한 근로자 및 그 단체의 본질적인 활동의 자유인 '단체교섭권'에는 단체협약체결권이 포함되어 있다고 보아야 한다.

근로3권은 국가공권력에 대하여 근로자의 단결권의 방어를 일차적인 목표로 하지만, 근로3권의 보다 큰 헌법적 의미는 근로자단체라는 사회적 반대세력의 창출을 가능하게 함으로써 노사관계의 형성에 있어서 사회적 균형을 이루어 근로조건에 관한 노사간의 실질적인 자치를 보장하려는 데 있다. 근로자는 노동조합과 같은 근로자단체의 결성을 통하여 집단으로 사용자에 대항함으로써 사용자와 대등한 세력을 이루어 근로조건의 형성에 영향을 미칠 수 있는 기회를 가지게 되므로 이러한 의미에서 근로3권은 '사회적 보호기능을 담당하는 자유권' 또는 '사회권적 성격을 띤 자유권'이라고 말할 수 있다.

이러한 근로3권의 성격은 국가가 단지 근로자의 단결권을 존중하고 부당한 침해를 하지 아니함으로써 보장되는 자유권적 측면인 국가로부터의 자유뿐이 아니라, 근로자의 권리행사의 실질적 조건을 형성하고 유지해야 할 국가의 적극적인 활동을 필요로 한다. 이는 곧, 입법자가 근로자단체의 조직, 단체교섭, 단체협약, 노동쟁의 등에 관한 노동조합관련법의 제정을 통하여 노사간의 세력균형이 이루어지고 근로자의 근로3권이 실질적으로 기능할 수 있도록 하기 위하여 필요한 법적 제도와 법규범을 마련하여야 할 의무가 있다는 것을 의미한다.

노동조합의 대표자 또는 노동조합으로부터 위임을 받은 자에게 단체교섭권과 함께 단체협약체결권을 부여한 이 사건 법률조항의 입법목적은 노동조합이 근로3권의 기능을 보다 효율적으로 이행하기 위한 조건을 규정함에 있다 할 것이다. 따라서 비록 이 사건 법률조항으로 말미암아 노동조합의 자주성이나 단체자치가 제한되는 경우가 있다고 하더라도 이는 근로3권의 기능을 보장함으로써 산업평화를 유지하고자 하는 중대한 공익을 위한 것으로서 그 수단 또한 필요·적정한 것이라 할 것이므로 헌법에 위반된다고 할 수 없다.

대판 1972.3.28. 72도334

근로기준법상 근로자의 의미

본법의 적용을 받는 근로자라 함은 사용자로부터 자기근로의 대상으로 금품을 받는 것을 목적으로 하여 근로를 제공하는 자를 것이므로 운전사가 동시에 운전면허 받은 자의 지입차주로서 자기계산하에 운전업무에 종사하는 자는 본조의 근로자가 아니다.

대판 2004.2.27. 2001두8568

노조법 제2조 제1항 및 제4항(라)목에서 말하는 '근로자'에는 일시적으로 실업상태에 있는 자나 구직중인 자도 노동3권을 보장할 필요성이 있는 한 그 범위에 포함된다.

[요약판례 9] 노동조합법 제15조 등 위헌확인: 위헌,각하(헌재 1999.11.25. 95헌마154)

사용자단체의 정치자금기부를 허용하고, 노동단체에게만 정치자금의 기부를 금지하는 정치자금에관한 법률 제12조 제5호의 위헌성 여부(적극)

(1) 노동조합이 근로자의 근로조건과 경제조건의 개선이라는 목적을 위하여 활동하는 한, 헌법 제33조의 단결권의 보호를 받지만, 단결권에 의하여 보호받는 고유한 활동영역을 떠나서 개인이나 다른 사회단체와 마찬가지로 정치적 의사를 표명하거나 정치적으로 활동하는 경우에는 모든 개인과 단체를 똑같이 보호하는 일반적인 기본권인 의사표현의 자유 등의 보호를 받을 뿐이다.

(2) 정당의 정치적 의사결정은 정당에게 정치자금을 제공하는 개인이나 단체에 의하여 현저하게 영향을 받을 수 있으므로, 사인이 정당에 정치자금을 기부하는 것 그 자체를 막을 필요는 없으나, 누가 정당에 대하여 영향력을 행사하려고 하는지, 즉 정치적 이익과 경제적 이익의 연계는 원칙적으로 공개되어야 한다. 유권자는 정당의 정책을 결정하는 세력에 관하여 알아야 하고, 정치자금의 제공을 통하여 정당에 영향력을 행사하려는 사회적 세력의 실체가 정당의 방향이나 정책과 일치하는가를 스스로 판단할 수 있는 기회를 가져야 한다.

(3) 정당을 통하지 않고서는 어떠한 사회단체도 자신의 정치적 영향력을 효율적으로 행사할 수 없고 이로써 의회와 정부 등 국가기관의 결정에 큰 영향력을 행사할 수 없다. 따라서 정치자금의 기부는 정당에 영향력을 행사하는 중요한 방법의 하나이기 때문에, 정당과 의회·정부에 대하여 단체 구성원의 이익을 대변하고 관철하려는 모든 이익단체는 정치자금의 기부를 통하여 정당에 영향력을 행사하려고 시도하는 것은 당연하고도 자연스러운 현상이며, 오늘날 사회단체 중 가장 중요한 역할을 하는 이익단체는 바로 노동단체와 사용자단체이다.

(4) 노동단체가 단지 단체교섭 및 단체협약 등의 방법으로 '근로조건의 향상'이라는 본연의 과제만을 수행해야 하고 그외의 모든 정치적 활동을 해서는 안된다는 사고에 바탕을 둔 이 사건 법률조항의 입법목적은, 법의 개정에 따라 그 근거를 잃었을 뿐만 아니라 헌법상 보장된 정치적 자유의 의미 및 그 행사가능성을 공동화시키는 것이다.

(5) 정치헌금으로 인하여 우려되는 노동단체 재정의 부실이나 조합원의 과중한 경제적 부담을 방지하고자 하는 입법목적도 노동단체의 정치자금의 기부에 대한 금지를 정당화할 수 없다. 노동조합의 재정이 빈약하다는 것은 노사단체가 근로조건에 관한 사적 자치를 통하여 근로조건을 형성함에 있어서 사적 자치가 기능할 수 있는 조건인 '세력의 균형'이나 '무기의 대등성'이 근로자에 불리하게 깨어졌다는 것을 의미할 뿐, 이에 더하여 국가가 사회단체의 정치헌금 가능성을 노동조합에게 불리하게 규율함으로써 다른 사회단체에 비하여 노동단체의 지위를 더욱 약화시키는 것을 정당화하지는 않는다.

(6) 노동조합에게 요구되는 '자주성'은 엄격한 정치적 중립이나 종교적 또는 세계관적 관점에서의 중립성을 뜻하는 것이 아니라 사실적인 측면에서 조직상의 독립과 법적 측면에서 의사결정구조의 자주성을 의미하는 것이다. 그러므로 사회적·경제적으로 같은 상황에 있고 정치적으로 같은 목적을 추구하는 노동자들이 그들의 근로조건의 향상을 위하여 노동조합을 결성하고 그들의 자유의사에 근거하여 그들의 지도원칙에 따라 노조활동을 함으로써 국민의 정치적 의사형성과정에 영향력을 행사하려고 하는 것은 노동단체의 자주성과는 직접적인 관련이 있는 것이 아니다.

(7) 민주주의에서 사회단체가 국민의 정치의사형성과정에 있어서 가지는 의미와 기능의 관점에서 본다면, 노동단

체는 다른 사회단체와 본질적으로 같은 것으로서 같게 취급되어야 하는데, 이 사건 법률조항이 다른 이익단체, 특히 사용자의 이익을 대변하는 기업이나 사용자단체의 정치헌금을 허용하면서 유독 노동단체에게만 정치자금의 기부를 금지한 것은 노동단체로 하여금 정당에 영향력을 행사할 수 있는 정치활동의 영역을 다른 사회단체와 달리 차별대우하고 있다고 볼 수밖에 없다.

Ⅲ 노동조합및노동관계조정법 제81조 제2호 단서 위헌소원: 합헌(헌재 2005.11.24. 2002헌바95등)

쟁점 유니언 샵(Union Shop) 조항과 관련하여 기본권 충돌의 해결방법의 기준

사건의 개요

청구인들은 택시운전기사로 입사한 근로자들이고, 택시운전기사 대부분이 택시노조에 가입하고 있다. 이 사건 택시노조는 근로자들을 위하여 회사로부터 단체교섭권을 위임받은 택시운송사업조합과 단체협약을 체결하면서 이른바 유니언 샵(Union Shop)협정을 체결하였다. 그 뒤 청구인들이 이 사건 택시노조를 탈퇴하면서 다른 지역별·업종별 단위노동조합에 가입하자, 위 회사가 유니언 샵 협정에 따라 청구인들을 해고하였다.

청구인들은 해고가 위법·무효라고 주장하며 그 확인을 구하는 소송을 제기하였고, 재판의 전제가 되는 노동조합및노동관계조정법 제81조 제2호 단서에 대하여 위헌제청신청을 하였으나 기각되자 헌법소원심판을 청구하였다.

심판의 대상

이 사건의 심판대상은 노동조합및노동관계조정법 제81조 제2호 단서(이하 '이 사건 법률조항'이라 한다)의 위헌 여부이며, 그 내용은 다음과 같다. 제81조 (부당노동행위) 사용자는 다음 각 호의 1에 해당하는 행위(이하 "부당노동행위"라 한다)를 할 수 없다.

1. 생략
2. 근로자가 어느 노동조합에 가입하지 아니할 것 또는 탈퇴할 것을 고용조건으로 하거나 특정한 노동조합의 조합원이 될 것을 고용조건으로 하는 행위. 다만, 노동조합이 당해 사업장에 종사하는 근로자의 3분의 2 이상을 대표하고 있을 때에는 근로자가 그 노동조합의 조합원이 될 것을 고용조건으로 하는 단체협약의 체결은 예외로 하며, 이 경우 사용자는 근로자가 당해 노동조합에서 제명된 것을 이유로 신분상 불이익한 행위를 할 수 없다.

주 문

노동조합및노동관계조정법 제81조 제2호 단서는 헌법에 위반되지 아니한다.

판 단

Ⅰ. 이 사건 법률조항의 의미

1. 부당노동행위금지의 예외

노조법 제81조는 근로자 또는 노동조합이 근로3권을 실현하는 활동에 대하여 사용자가 행하는 침해 내지 간섭행위를 '부당노동행위'로 규정하면서 이를 원칙적으로 금지하고 있다. 특히 제2호 본문에서는 '반조합계약', 즉 근로자가 어느 노동조합에 가입하지 아니할 것 또는 탈퇴할 것을 고용조건으로 하거나 특정한 노동조합의 조합원이 될 것을 고용조건으로 하는 행위를 그 예로 들면서, 한

편 제2호 단서에서 노동조합이 당해 사업장에 종사하는 근로자의 3분의 2 이상을 대표하고 있을 때에는 근로자가 그 노동조합의 조합원이 될 것을 고용조건으로 하는 단체협약의 체결은 예외로 한다고 규정하고 있다. 위와 같은 법률조항의 규정형식과 그 내용으로 볼 때, 제2호 본문은 사용자에 의한 단결권 침해의 우려가 있는 반조합계약을 부당노동행위로 규정하여 이를 원칙적으로 금지함으로써 근로자를 보호하되, 제2호 단서는 일정한 경우 사용자에 대한 금지를 해제하는 예외를 인정함으로써 예외적으로 근로자의 단결선택의 자유에 대한 제한을 허용하고 있다.

2. 조직강제의 실정법적 근거

일반적으로 근로자가 노동조합의 조합원이 될 것을 고용조건으로 하는 단체협약상의 규정을 유니언 샵(Union Shop) 협정이라고 하는데, 이는 노동조합이 그 조직을 유지·강화하기 위하여 조합원 지위의 취득과 유지를 강제하는 단체협약상의 제도로서, 노동조합의 대표적인 조직강제 수단의 하나에 해당한다.

그런데 이 사건 법률조항은 노동조합이 조직을 확대하고, 단결력과 단체교섭력을 강화하여 보다 대등한 노사자치 질서를 형성하며, 나아가 소속 근로자의 근로조건을 향상시키기 위하여 당해 사업장에 종사하는 근로자의 3분의 2 이상을 대표하고 있는, 즉 대표성을 갖춘 노동조합의 조합원이 될 것을 고용조건으로 하는 단체협약을 체결하는 것은 사용자의 부당노동행위로서 금지되지 않는다는 것을 확인하고 있다.

나아가 이 사건 법률조항은 위와 같은 소극적인 의미를 갖는 외에도, 노동조합이 조직강제 수단인 유니언 샵 협정을 적법·유효하게 체결할 수 있는 실정법적 근거를 부여하고 있거나 적어도 유니언 샵 협정을 적법·유효하게 체결할 수 있는 지배적 노동조합의 범위를 규정하고 있는 것으로 볼 수 있다.

3. 조직강제 조항의 효력

일반적으로 노동조합이 사용자와 유니언 샵 협정을 체결하는 경우 조합규약에 의해 조합원 자격이 있는 근로자는 원칙적으로 당해 노동조합에 가입하여야 하며, 고용된 근로자가 일정한 기간 내에 노동조합에 가입하지 않거나 또는 가입한 노동조합으로부터 탈퇴하거나 제명되는 때에는 사용자는 협정상의 의무로서 그 근로자를 해고해야 할 의무를 부담한다.

4. 기본권의 제한

이 사건 법률조항은 비록 명시적으로 근로자의 단결하지 아니할 자유 또는 단결선택권을 침해·박탈하고 있지는 않지만 노동조합의 조직강제 수단인 유니언 샵 협정의 실정법적 근거조항으로서 이러한 조직강제의 유효성을 인정하고 있고, 그 내용도 특정한 지배적 노동조합으로의 단결강제를 예정하고 있어 해당 노동조합의 가입을 원하지 않는 개별 근로자의 단결선택권 등 기본권을 제한하고 있다. 이러한 조직강제는 그 내용에 따라 어느 적당한 노동조합에 가입할 것을 고용조건으로 하는 일반적 조직강제의 경우 근로자의 단결하지 아니할 자유만을 제한하나, 특정한 노동조합의 조합원이 될 것을 고용조건으로 하는 제한적 조직강제의 경우 근로자의 단결하지 아니할 자유뿐만 아니라 단결선택권마저 제한한다.

Ⅱ. 근로자의 단결권 등 침해여부

1. 문제의 제기

일반적으로 노동조합의 조직강제는 근로자로 하여금 어떠한 노동조합 또는 특정한 노동조합에 가입할 것을 강제함으로써 노동조합의 조직을 유지·강화하는데 기여하는 측면이 있기는 하지만, 한편으로 그러한 노동조합에 가입을 원하지 않는 근로자 개인의 단결하지 않을 자유나 노동조합의 가입을 선택할 수 있는 자유를 제한하는 측면도 함께 지니고 있다. 이러한 근로자 개인의 단결권에 대한 제약의 문제는 결국 노동조합의 조직강제에 관한 실정법적 근거규정이라고 할 수 있는 이 사건 법률조항에서 노동조합의 집단적 단결권과 서로 충돌하는 모습으로 나타난다. 즉 이 사건 법률조항은 지배적 노동조합에게 일정한 형태의 조직강제를 인정함으로써 노동조합의 집단적 단결권과 개별근로자의 단결하지 않을 자유 또는 단결선택권과 충돌하는 문제가 발생하게 되므로, 이와 같이 두 기본권이 서로 충돌하는 경우 그 해결 방법이 문제된다.

2. 기본권 충돌의 해결방법

기본권의 충돌이란 상이한 복수의 기본권주체가 서로의 권익을 실현하기 위해 하나의 동일한 사건에서 국가에 대하여 서로 대립되는 기본권의 적용을 주장하는 경우를 말하는데, 한 기본권주체의 기본권행사가 다른 기본권주체의 기본권행사를 제한 또는 희생시킨다는 데 그 특징이 있다.

이와 같이 두 기본권이 충돌하는 경우 그 해법으로는 기본권의 서열이론, 법익형량의 원리, 실제적 조화의 원리(=규범조화적 해석) 등을 들 수 있다. 헌법재판소는 기본권 충돌의 문제에 관하여 충돌하는 기본권의 성격과 태양에 따라 그때그때마다 적절한 해결방법을 선택, 종합하여 이를 해결하여 왔다. 예컨대, 국민건강증진법시행규칙 제7조 위헌확인 사건에서 흡연권과 혐연권의 관계처럼 상하의 위계질서가 있는 기본권끼리 충돌하는 경우에는 상위기본권우선의 원칙에 따라 하위기본권이 제한될 수 있다고 보아서 흡연권은 혐연권을 침해하지 않는 한에서 인정된다고 판단한 바 있다. 또, 정기간행물의등록등에관한법률 제16조 제3항 등 위헌 여부에 관한 헌법소원 사건에서 동법 소정의 정정보도청구권(반론권)과 보도기관의 언론의 자유가 충돌하는 경우에는 헌법의 통일성을 유지하기 위하여 상충하는 기본권 모두가 최대한으로 그 기능과 효력을 발휘할 수 있도록 하는 조화로운 방법이 모색되어야 한다고 보고, 결국은 정정보도청구제도가 과잉금지의 원칙에 따라 그 목적이 정당한 것인가 그러한 목적을 달성하기 위하여 마련된 수단 또한 언론의 자유를 제한하는 정도가 인격권과의 사이에 적정한 비례를 유지하는 것인가의 관점에서 심사를 한 바 있다.

3. 근로자의 단결하지 아니할 자유와 노동조합의 적극적 단결권의 충돌

노동조합의 조직강제는 그것이 일반적 조직강제이든 제한적 조직강제이든 근로자의 단결하지 아니할 자유를 제한할 여지가 있는데, 앞서 본 바와 같이 이 사건 법률조항은 지배적 노동조합의 경우 일정한 형태의 조직강제를 용인하고 있으므로 여기서 근로자의 단결하지 아니할 자유와 노동조합의 적극적 단결권(조직강제권)이 충돌하는 상황이 생긴다. 헌법 제33조 제1항은 "근로자는 근로조건의 향상을 위하여 자주적인 단결권·단체교섭권 및 단체행동권을 가진다"고 규정하고 있다. 여기서 헌법상 보장된 근로자의 단결권은 단결할 자유만을 가리킬 뿐이고, 단결하지 아니할 자유 이른바 소극적 단결권은 이에 포함되지 않는다고 보는 것이 우리 재판소의 선례라고 할 것이다.

그렇다면 근로자가 노동조합을 결성하지 아니할 자유나 노동조합에 가입을 강제당하지 아니할 자유, 그리고 가입한 노동조합을 탈퇴할 자유는 근로자에게 보장된 단결권의 내용에 포섭되는 권리로서가 아니라 헌법 제10조의 행복추구권에서 파생되는 일반적 행동의 자유 또는 제21조 제1항의 결사의 자유에서 그 근거를 찾을 수 있다. 이와 같이 근로자의 단결하지 아니할 자유와 노동조합의 적극적 단결권이 충돌하는 경우 단결권 상호 간의 충돌은 아니라고 하더라도 여전히 헌법상 보장된 일반적 행동의 자유 또는 결사의 자유와 적극적 단결권 사이의 기본권 충돌의 문제가 제기될 수 있다.

살피건대, 근로자는 노동조합과 같은 근로자단체의 결성을 통하여 집단으로 사용자에 대항함으로써 사용자와 대등한 세력을 이루어 근로조건의 형성에 영향을 미칠 수 있는 기회를 갖게 된다는 의미에서 단결권은 '사회적 보호기능을 담당하는 자유권' 또는 '사회권적 성격을 띤 자유권'으로서의 성격을 가지고 있고 일반적인 시민적 자유권과는 질적으로 다른 권리로서 설정되어 헌법상 그 자체로서 이미 결사의 자유에 대한 특별법적인 지위를 승인받고 있다. 이에 비하여 일반적 행동의 자유는 헌법 제10조의 행복추구권 속에 함축된 그 구체적인 표현으로서, 이른바 보충적 자유권에 해당한다.

따라서 단결하지 아니할 자유와 적극적 단결권이 충돌하게 되더라도, 근로자에게 보장되는 적극적 단결권이 단결하지 아니할 자유보다 특별한 의미를 갖고 있다고 볼 수 있고, 노동조합의 조직강제권도 이른바 자유권을 수정하는 의미의 생존권(사회권)적 성격을 함께 가지는 만큼 근로자 개인의 자유권에 비하여 보다 특별한 가치로 보장되는 점 등을 고려하면, 노동조합의 적극적 단결권은 근로자 개인의 단결하지 않을 자유보다 중시된다고 할 것이어서 노동조합에 적극적 단결권(조직강제권)을 부여한다고 하여 이를 두고 곧바로 근로자의 단결하지 아니할 자유의 본질적인 내용을 침해하는 것으로 단정할 수는 없다.

4. 근로자의 단결선택권과 노동조합의 집단적 단결권의 충돌

(1) 심사의 방법

이 사건 법률조항은 앞서 본 바와 같이 특정한 노동조합의 가입을 강제하는 단체협약의 체결을 용인하고 있으므로 근로자의 개인적 단결권(단결선택권)과 노동조합의 집단적 단결권(조직강제권)이 동일한 장에서 서로 충돌한다. 이와 같이 개인적 단결권과 집단적 단결권이 충돌하는 경우 기본권의 서열이론이나 법익형량의 원리에 입각하여 어느 기본권이 더 상위기본권이라고 단정할 수는 없다. 왜냐하면 개인적 단결권은 헌법상 단결권의 기초이자 집단적 단결권의 전제가 되는 반면에, 집단적 단결권은 개인적 단결권을 바탕으로 조직·강화된 단결체를 통하여 사용자와 사이에 실질적으로 대등한 관계를 유지하기 위하여 필수불가결한 것이기 때문이다. 즉 개인적 단결권이든 집단적 단결권이든 기본권의 서열이나 법익의 형량을 통하여 어느 쪽을 우선시키고 다른 쪽을 후퇴시킬 수는 없다고 할 것이다. 따라서 이러한 경우 헌법의 통일성을 유지하기 위하여 상충하는 기본권 모두가 최대한으로 그 기능과 효력을 발휘할 수 있도록 조화로운 방법을 모색하되(규범조화적 해석), 법익형량의 원리, 입법에 의한 선택적 재량 등을 종합적으로 참작하여 심사하여야 한다.

(2) 제한목적의 정당성

이 사건 법률조항이 예정하고 있는 조직강제는 위에서 본 바와 같이 근로자의 단결체인 노동조합의 조직유지 및 강화에 목적이 있고, 이를 통하여 궁극적으로는 근로자 전체의 지위향상에 기여하는 만큼 단결권을 보장한 헌법의 이념에도 부합하는 것이어서 그 목적의 정당성을 인정할 수 있다. 즉 근로자의 실질적인 자유와 권리는 노동조합을 통한 단결에 의해서만 실효적으로 확보될 수 있다. 이 사건 법률조항은 바로 이러한 노동조합의 조직강제권을 실효성 있게 보장하기 위한 규정이고, 또한 이러한 제도가 곧바로 근로자의 단결선택권의 본질적인 내용을 침해하는 것으로 볼 수는 없다. 우리 재판소는 이미 노동조합의 경우에 사용자와의 교섭력을 확보하기 위하여 사실상 어느 정도의 조직강제 내지 단결강제를 수반하게 되는 것임을 천명한 바 있다.

(3) 제한되는 기본권 상호 간에 적정한 비례의 유지

노동조합이 그 조직을 유지·강화하기 위하여 특정한 노동조합의 조합원이 될 것을 고용조건으로 하는 단체협약을 체결하는 것은 그 목적을 달성하기 위하여 효과적이고 적절한 방법이라고 할 수 있다. 단체협약을 매개로 한 조직강제는 일찍이 미국, 독일 등 여러 나라에서 형태와 정도의 차이는 있지만 노동운동의 발전과정 속에서 나타난 공통적, 보편적 현상이었고, 유니언 샵 협정과 같은 단체협약상의 조직조항을 이용하는 것 외에 달리 실효성 있는 대체적 수단을 상정하는 것도 용이하지 않다. 다만 노동조합의 위와 같은 조직강제는 기본적으로 근로자의 단결선택권에 대한 제한을 수반하고 있으므로 제한되는 근로자의 단결선택권과 사이에 법익의 균형을 도모할 필요성, 즉 근로자 개인의 단결선택권을 무리하게 침해하지 않도록 하는 조화로운 범위 내에서 일정한 한계를 설정하는 것이 요청된다고 할 것이다.

이러한 관점에서 볼 때 먼저 이 사건 법률조항은 단체협약을 매개로 한 조직강제를 적법·유효하게 할 수 있는 노동조합을 일정한 범위로 한정하고 있다. 즉 조직강제 또는 이에 따른 해고 등 신분상 불이익에 대한 정당성을 뒷받침할 정도로 충분한 지배적 조직, 즉 당해 사업장에 종사하는 근로자의 3분의 2 이상을 대표하고 있는 노동조합일 것을 요건으로 하고 있다.

또한 지배적 지위에 있는 노동조합의 권한남용으로부터 개별근로자를 보호하기 위하여 사용자는 근로자가 당해 노동조합에서 제명된 것을 이유로 신분상 불이익한 행위를 할 수 없도록 규정하고 있어 근로자의 단결선택권을 필요·최소한으로 제한하고 있다. 바꾸어 말하면 이 사건 법률조항은 근로자의 단결선택권이 제한되는 조직강제의 범위를 오직 근로자가 자발적으로 노동조합을 탈퇴하거나 이에 가입하지 않는 경우로 한정하고 있다.

나아가 궁극적으로 근로자들은 노동조합을 결성·강화하고, 그 단결체의 활동을 통하여 실질적으로 단결권을 보장받을 수 있으며, 또 지배적 노동조합에 가입을 원하지 않는 개별근로자들도 그러한 노동조합의 활동에 의한 과실, 즉 노동조합이 획득한 근로조건을 실질적으로 향유한다.

따라서 이 사건 법률조항이 예정하고 있는 노동조합의 조직강제는 개별근로자의 단결선택권을 일부 제약하는 면이 있으나, 이를 허용하는 노동조합의 범위를 지배적 지위에 있는 노동조합으로 제한하는 등 근로자의 단결선택권과 노동조합의 집단적 단결권(조직강제권) 사이에 균형을 도모하고 있고, 상충·제한되는 두 기본권 사이에 적정한 비례관계도 유지되고 있다고 할 것이다.

(4) 입법에 의한 선택적 재량

무릇 헌법 제33조 제1항이 보장하는 단결권은 국가공권력에 대하여 근로자의 단결권 방어를 일차적인 목표로 하지만, 근로자단체라는 사회적 반대세력의 창출을 가능하게 함으로써 노사관계의 형성에 있어서 사회적 균형을 이루어 근로조건에 관한 노사간의 실질적인 자치를 보장하려는데 더 큰 의미가 있다. 이와 같은 단결권의 사회권적 측면이 보장되기 위해서는 근로자의 권리행사의 실질적인 조건을 형성하고 유지해야 할 국가의 적극적인 활동을 필요로 한다. 그런데 노동조합의 조직강제는 근로자의 개인적 단결권을 바탕으로 단결체를 조직하고 강화하여 사용자와 사이에 실질적으로 대등한 관계를 유지하기 위해서 필수불가결하게 요구되는 것인 반면, 이로 인하여 근로자의 단결선택권이 제한되는 측면도 있는 탓에 입법자는 이와 같이 보완・상충관계에 있는 두 기본권을 최대한 보장하는 최적정의 경계를 설정하는 것이 필요하다고 할 것이다. 특히 어떤 범위의 노동조합에게 어떠한 형태와 방식으로 조직강제권을 인정할 것인지 여부는 입법자에게 부여된 입법형성의 선택과 재량에 속하는 사항이라 할 것이다.

살피건대, 이 사건 법률조항은 일정한 지배적 노동조합의 경우 그 조합원이 될 것을 고용조건으로 하는 단체협약의 체결을 용인한 것으로서, 노동조합이 근로자에 대한 직접적인 강제방법을 피하고 사용자와의 단체협약이라는 간접적인 수단을 매개로 하여 가입을 강제하고 있고, 실제로 이를 통하여 제한되는 단결권의 범위도 근로자의 단결선택권에 한정될 뿐 단결권 자체를 전면적으로 박탈하는 것은 아니며, 노동조합의 조직강제를 위하여 선택할 수 있는 여러 가지 수단 가운데 달리 더 유효・적절한 수단을 상정하기도 쉽지 아니한 점 등을 감안한다면, 이는 입법자에게 부여된 입법 선택적 재량의 범위를 벗어난 것이라고 할 수 없다.

(5) 따라서 이 사건 법률조항은 노동조합의 집단적 단결권을 보장하기 위하여 특히 유니언 샵 협정과 같은 단체협약의 방식으로 조직강제를 가능케 하는 실정법적 근거조항으로 근로자의 단결선택권과 충돌하는 면이 없지 아니하나, 전체적으로 상충되는 두 기본권 사이에 합리적인 조화를 이루고 있고 제한에 있어서도 적정한 비례관계를 유지하고 있으며, 또 근로자의 단결선택권의 본질적인 내용을 침해하는 것으로도 볼 수 없다.

(6) 따라서 이 사건 법률조항은 근로자의 단결권을 보장한 헌법 제33조 제1항 등에 위반되지 않는다.

Ⅲ. 평등권의 침해여부

1. 이 사건 법률조항은 지배적 노동조합의 경우 유니언 샵 협정 등 단체협약을 매개로 하여 그 조직의 유지・강화를 용이하게 할 수 있는 반면 그렇지 못한 노동조합(소수노조)의 경우 같은 방식에 의한 조직강제가 허용되지 않아 사실상 조직의 유지・강화에 있어 차별이 생긴다고 할 수 있다.

2. 헌법 제11조 제1항의 평등의 원칙은 일체의 차별적 대우를 부정하는 절대적 평등을 의미하는 것이 아니라 입법과 법의 적용에 있어서 합리적 근거 없는 차별을 하여서는 아니된다는 상대적 평등을 뜻하고 따라서 합리적 근거 있는 차별 내지 불평등은 평등의 원칙에 반하는 것이 아니다.

노동조합의 조직강제는 그 조직의 유지・강화를 통하여 단일하고 결집된 교섭능력을 증진시킴으로써 궁극적으로는 근로자 전체의 지위향상에 기여하는 데 그 존재이유가 있고, 이 사건 법률조항은 일정한 조건의 지배적 노동조합에게만 제한적으로 조직강제를 허용하고 있는데다가 지배적 노동조합의 범위를 정함에 있어서도 당해 사업장에 종사하는 근로자의 3분의 2 이상을 대표하는 단결체로 엄격하게 한정하고 있으며, 소수노조에게까지 위와 같은 형태의 조직강제를 허용할 경우

자칫 반조합의사를 가진 사용자에 의하여 다수 근로자의 단결권을 탄압하는 도구로 악용될 우려가 있는 점 등을 종합적으로 고려할 때, 이 사건 법률조항이 일정한 지배적 노동조합 및 그 조합원에 비하여 소수노조 및 그에 가입하였거나 가입하려고 하는 근로자에 대하여 한 차별적 취급은 합리적인 이유가 있다 할 것이므로 평등권을 침해한다고 볼 수 없다.

재판관 권성, 재판관 조대현의 반대의견

우리는 이 사건 법률조항이 헌법에 위반되지 아니한다는 다수의견에 찬성하지 아니하므로 다음과 같이 다수의견에 반대하는 의견을 밝히는 바이다.

헌법 제33조 제1항은 "근로자는 근로조건의 향상을 위하여 자주적인 단결권·단체교섭권 및 단체행동권을 가진다"라고 규정하고 있다. 이는 근로자의 생존권을 확보하고 근로조건을 향상시켜 근로자의 경제적 지위를 향상시키기 위한 것이다.

헌법 제33조 제1항이 근로자의 단결권을 보장하고 있지만, 개개의 근로자는 단결권을 행사하지 아니할 자유도 헌법상 보장된다. 그 헌법상 근거에 대해서는 견해의 차이가 있지만 근로자에게 단결하지 아니할 자유도 있다는 점에 대해서는 이론(異論)이 없다.

노조법 제81조 제2호 본문이 "근로자가 어느 노동조합에 가입하지 아니할 것 또는 탈퇴할 것을 고용조건으로 하거나 특정한 노동조합의 조합원이 될 것을 고용조건으로 하는 행위"를 부당노동행위로 금지하고 있는 것도 이러한 법리를 명시한 것이다.

그런데 이 사건 심판대상인 노조법 제81조 제2호 단서는 "다만, 노동조합이 당해 사업장에 종사하는 근로자의 3분의 2 이상을 대표하고 있을 때에는 근로자가 그 노동조합의 조합원이 될 것을 고용조건으로 하는 단체협약의 체결은 예외로 하며, 이 경우 사용자는 근로자가 당해 노동조합에서 제명된 것을 이유로 신분상 불이익한 행위를 할 수 없다"고 규정하고 있다. 이러한 규정은 근로자가 특정 노동조합에 가입하는 것을 고용조건으로 삼아서 특정 노동조합에 가입하지 않는 근로자를 해고할 수 있도록 허용하는 것이기 때문에 근로자의 단결하지 아니할 자유와 근로자의 생존권을 본질적으로 침해하는 것이다.

우리 헌법의 기본원리인 자유민주주의는 모든 사람의 존엄성을 존중하고 모든 사람이 공존공영(共存共榮)하는 것을 목표로 하는 것이고, 헌법 제33조 제1항의 취지는 근로자의 생존권을 확보하고 근로조건을 향상시키는 것이다. 따라서 근로자의 단결권이나 노동조합의 단결강화권·단체교섭권도 모든 근로자의 공존공영을 도모하도록 행사되어야 하고, 그러한 한도에서만 헌법적 보호의 대상으로 되는 것이다. 노동조합의 단결강화권과 단체교섭권은 근로자 전체의 지위 향상을 위하여 인정되는 것이기 때문에, 근로조건의 향상을 위하여 필요한 경우에도 어느 근로자의 생존권을 근본적으로 위협하는 해고를 수단으로 삼는 것은 허용되지 아니한다. 근로자의 3분의 2 이상이 가입한 지배적 노동조합이라고 하더라도 그 노동조합에 가입하는 것을 근로조건으로 삼아 그 노동조합에 가입하지 않거나 탈퇴한 근로자의 해고를 요구하는 권능을 가질 수는 없다. 특정의 노동조합에 가입하지 않거나 탈퇴하였다는 이유로 근로자를 해고하여 근로자의 지위를 근본적으로 부정하는 것은 근로자의 생존권 보장과 지위향상을 보장하고자 하는 헌법 제33조 제1항의 취지에 정면으로 반하고 자유민주주의가 지향하는 공존공영의 원칙 및 소수자 보호의 원칙에도 어긋나는 것이다. 따라서 이 사건 법률조항은 헌법 제33조 제1항의 근로자 단결권이나 노동조합 단결강화권에 의하여도 정당화될 수 없다. 지배적 노동조합이 근로자를 제명한 경우에는 해고할 수 없도록 하였지만, 노동조합이 조합원인 근로자를 제명하는 것도 해당 근로자의 의사가 아니라 노동조합의 결정에 맡겨져 있는 것이므로, 그러한 예외규정에 의하여 해당 근로자의 단결하지 아니할 자유에 대한 제한과 생존권에 대한 위협이 완화되거나 정당화된다고 보기 어렵다.

따라서 이 사건 법률조항은 근로자의 단결하지 아니할 자유를 헌법 제33조 제1항에 위반되는 방법으로 부당하게 침해하는 것이라고 하지 않을 수 없다.

✤ 본 판례에 대한 평가 본 결정은 단결권과 관련하여 소극적 단결권의 법적 근거를 헌법 제33조 근로3권이 아니라 헌법 제10조의 행복추구권에서 파생되는 일반적 행동의 자유 또는 헌법 제21조 제1항의 결사의 자유에서 찾았다는 점에서 그 의의를 발견할 수 있고, 적극적 단결권과 소극적 단결권이 충돌하는 경우에 기본권의 서열이론에 의하여 그 해결방안을 구하고 있다는 점에서 주목을 요하는 결정이라 할 수 있다.

관련 문헌: 유성재, "유니언 숍(union shop) 협정과 소극적 단결권", 노동법률 제15권 통권176호(2006. 1), 서울: 중앙경제, 2006, 39-43면; 오영배, "노조법상 유니온 숍(Union Shop) 제도는 근로자의 단결권을 보장한 헌법 제33조 제1항 등에 위반되지 않고 평등의 원칙에도 위배되지 않는다", 노동 제40권 제1호 통권371호(2006. 1), 한국산업훈련협회. 2006, 84-87면; 이승욱, "노조법상 유니언 숍 제도(단결강제제도)의 위헌성", 헌법실무연구 제4권/ 헌법실무연구회 편집, 박영사, 2003; 조상균, "유니언 숍 협정의 위헌성, 헌법재판소 2005. 11. 23. 2002헌바95·96(병합), 2003헌바9(병합)", 민주법학 통권30호(2006. 3), 관악사, 2006, 311-329면.

대결 2002.10.25. 2000카기183

유니언 샵 협정이 근로자 개인의 조합에 가입하지 않을 자유나 조합선택의 자유와 충돌하는 측면이 있기는 하지만 조직강제의 일환으로서 노조의 조직유지와 강화에 기여하는 측면을 고려하여 일정한 요건하에서 체결된 유니언 샵 협정의 효력을 인정한 것이라 할 것이어서 헌법상의 근로자의 단결권을 침해하는 조항으로 볼 수 없다.

[요약판례 1] 노동조합및노동관계조정법 제81조 제3호 위헌소원: 합헌(헌재 2002.12.18. 2002헌바12)

사용자가 "노동조합의 대표자 또는 노동조합으로부터 위임을 받은 자와의 단체협약체결 기타의 단체교섭을 정당한 이유없이 거부하거나 해태"하지 못하도록 한 노동조합및노동관계조정법 제81조 제3호가 계약의 자유, 기업활동의 자유 등을 침해하는지 여부(소극)

이 사건 법률 조항은 헌법상 보장된 단체교섭권을 실효성 있게 하기 위한 것으로서 정당한 입법목적을 가지고 있다. 입법자는 이 사건 조항으로써 사용자에게 성실한 태도로 단체교섭 및 단체협약체결에 임하도록 하는 수단을 택한 것인데, 이는 위와 같은 입법목적의 달성에 적합한 것이다. 한편 이 사건 조항은 사용자로 하여금 단체교섭 및 단체협약체결을 일방적으로 강요하는 것은 아니며 "정당한 이유 없이 거부하거나 해태"하지 말 것을 규정한 것일 뿐이고, 어차피 노사간에는 단체협약을 체결할 의무가 헌법에 의하여 주어져 있는 것이므로, 이 사건 조항이 기본권 제한에 있어서 최소침해성의 원칙에 위배된 것이라고 단정할 수 없다. 또한 이 사건 조항은 노동관계 당사자가 대립의 관계로 나아가지 않고 대등한 교섭주체의 관계로서 분쟁을 평화적으로 해결하게 함으로써 근로자의 이익과 지위의 향상을 도모하고 헌법상의 근로3권 보장 취지를 구현한다는 공익을 위한 것인데 비해, 이로 인해 제한되는 사용자의 자유는 단지 정당한 이유 없는 불성실한 단체교섭 내지 단체협약체결의 거부 금지라는 합리적으로 제한된 범위 내의 기본권 제한에 그치고 있으므로, 법익간의 균형성이 위배된 것이 아니다. 따라서 이 사건 조항이 비례의 원칙에 위배하여 청구인의 계약의 자유, 기업활동의 자유, 집회의 자유를 침해한 것이라 볼 수 없다.

대판 1999.9.28. 91다30620

사용자가 인사처분을 함에 있어 노동조합의 사전동의를 얻어야 한다거나 또는 노동조합의 승낙을 얻거나 노동조합과 인사처분에 관한 논의를 하여 의견의 합치를 보아 인사처분을 하도록 규정한 경우에는 그 절차를 거치지 아니한 인사처분은 원칙적으로 무효라고 보아야 한다.

대판 1994.8.26. 93누8998

단체협약 중 그 내용이 한편으로는 사용자의 경영권에 속하는 사항이지만 다른 한편으로는 근로자들의 근로조건과도 밀접한 관련이 있는 부분으로서 사용자의 경영권을 근본적으로 제약하는 것은 아니라고 보여지므로 단체협약의 대상이 될 수 있다.

대판 2002.2.26. 99도5380

사용자가 경영권의 본질에 속하여 단체교섭의 대상이 될 수 없는 사항에 관하여 노동조합과 '합의'하여 결정 혹은 시행하기로 하는 단체협약의 일부 조항이 있는 경우, 그 조항 하나만을 주목하여 쉽게 사용자의 경영권의 일부포기나 중대한 제한을 인정하여서는 아니되고, 그와 같은 단체협약을 체결하게 된 경위와 당시의 상황, 단체협약의 다른 조항과의 관계, 권한에는 책임이 따른다는 원칙에 입각하여 노동조합이 경영에 대한 책임까지도 분담하고 있는지 여부 등을 종합적으로 검토하여 그 조항에 기재된 '합의'의 의미를 해석하여야 한다.

[요약판례 2] 노동쟁의조정법 제4조, 제30조 제3호, 제31조, 제47조에 대한 헌법소원: 합헌 (헌재 1996.12.26. 90헌바19등)

특수공익사업에 대한 강제중재제도는 합헌이다.

[요약판례 3] 노동조합및노동관계조정법 제62조 제3호 위헌소원: 합헌 (헌재 1996.12.26. 90헌바19등)

필수공익사업의 직권중재 조항이 과잉금지의 원칙에 위배하여 근로자의 단체행동권을 침해하지 않는다.

대판 1996.1.26. 95도1959

근로자의 쟁의행위 정당성은 첫째 그 주체가 단체교섭의 주체로 될 수 있는 자이어야 하고, 둘째 그 목적이 근로조건의 향상을 위한 노사간의 자치적 교섭을 조성하는 데에 있어야 하며, 셋째 사용자가 근로자의 근로조건 개선에 관한 구체적인 요구에 대하여 단체교섭을 거부하였을 때 개시하되 특별한 사정이 없는 한 조합원의 찬성결정 및 노동쟁의 발생신고 등 절차를 거쳐야 하는 한편, 넷째 그 수단과 방법이 사용자의 재산권과 조화를 이루어야 할 것은 물론 폭력의 행사에 해당되지 아니하여야 한다는 여러 조건을 모두 구비하여야 비로소 인정될 수 있다.

[요약판례 4] 노동조합법 제33조 제1항 위헌소원: 합헌 (헌재 1998.2.27. 94헌바13등)

노동조합의 대표자 또는 노동조합으로부터 위임을 받은 자에게 단체교섭권과 함께 단체협약체결권을 부여한 이 사건 법률조항이 근로3권의 기능을 보장함으로써 산업평화를 유지하고자 하는 중대한 공익을 위한 것으로서 그 수단 또한 필요·적정한 것인지 여부(적극)

노동조합의 대표자 또는 노동조합으로부터 위임을 받은 자에게 단체교섭권과 함께 단체협약체결권을 부여한 이 사건 법률조항의 입법목적은 노동조합이 근로3권의 기능을 보다 효율적으로 이행하기 위한 조건을 규정함에 있다 할 것이다. 따라서 비록 이 사건 법률조항으로 말미암아 노동조합의 자주성이나 단체자치가 제한되는 경우가 있다고 하더라도 이는 근로3권의 기능을 보장함으로써 산업평화를 유지하고자 하는 중대한 공익을 위한 것으로서 그 수단 또한 필요·적정한 것이라 할 것이므로 헌법에 위반된다고 할 수 없다.

[요약판례 5] 노동조합및노동관계조정법 제81조 제3호 위헌소원: 합헌(헌재 2004.7.15. 2003헌마878)

교원의노동조합설립및운영등에관한법률 제8조에 규정된 "쟁의행위"의 개념을 정의하는 노동조합및노동관계조정법 제2조 제6호의 쟁의행위가 근로조건의 유지 또는 향상을 주된 목적으로 하지 않는 것까지 포함하는지 여부(소극) 및 근로조건의 결정에 관한 주장을 관철할 목적으로 하지 않은 전교조 조합원의 쟁의행위를 교원노조법 제8조의 쟁의행위 금지조항에 의거 처벌할 수 있는지 여부(소극)

교원의노동조합설립및운영등에관한법률 제8조는 "노동조합과 그 조합원은 파업・태업 기타 업무의 정상적인 운영을 저해하는 일체의 쟁의행위를 하여서는 아니 된다"고 규정할 뿐, 쟁의행위를 따로 정의하고 있지 않다. 다만 교원노조법은 이 법에 정하지 않은 사항에 대하여는 노동조합및노동관계조정법이 정하는 바에 따른다고 규정하고 있다(교원노조법 제14조 제1항). 따라서 교원노조법 제8조의 '쟁의행위'의 개념은 노동조합및노동관계조정법의 규정에 따라 정의된다고 할 것이다.

한편, 노동조합및노동관계조정법 제2조 제6호의 "쟁의행위"라 함은 파업・태업・직장폐쇄 기타 노동관계 당사자가 그 주장을 관철할 목적으로 행하는 행위로서 여기에서 그 주장이라 함은 같은 법 제2조 제5호에 규정된 임금・근로시간・복지・해고 기타 대우 등 근로조건의 결정에 관한 노동관계 당사자 간의 주장을 의미한다고 볼 것이므로, 위와 같은 근로조건의 유지 또는 향상을 주된 목적으로 하지 않는 쟁의행위는 노동조합및노동관계조정법의 규제대상인 쟁의행위에 해당하지 않는다고 할 것이다.

전교조 조합원들이 다수 조합원들과 함께 집단 연가서를 제출한 후 수업을 하지 않고 무단 결근 내지 무단 조퇴를 한 채 교육인적자원부가 추진하고 있는 교육행정정보시스템(NEIS) 반대집회에 참석하는 등의 쟁의행위는 NEIS의 시행을 저지하기 위한 목적으로 이루어진 것인바, 청구인들의 행위는 직접적으로는 물론 간접적으로도 근로조건의 결정에 관한 주장을 관철할 목적으로 한 쟁의행위라고 볼 수 없어 노동조합및노동관계조정법의 적용대상인 쟁의행위에 해당하지 않는다고 할 것이다.

[요약판례 6] 국가공무원법 제66조 제1항 등 위헌소원: 합헌(헌재 2007.8.30. 2003헌바51등)

노동운동의 개념을 근로자의 근로조건의 향상을 위한 단결권・단체교섭권・단체행동권 등 근로3권을 기초로 하여 이에 직접 관련된 행위를 의미하는 것으로 좁게 해석하여야 하는지 여부(적극)

법 제66조 제1항에 규정된 '노동운동'에 대한 명문의 개념규정은 없으나 위 법률조항은 공무원인 근로자는 법률로 인정된 자를 제외하고는 노동3권을 가질 수 없다는 헌법 제29조 제2항에 근거하여 제정되어 현재까지 유지되고 있으므로 헌법조항의 취지에 비추어 근로자의 근로조건의 향상을 위한 단결권・단체교섭권 및 단체행동권 등 이른바 **노동3권을 기초로 하여 이에 직접 관련된 행위를 의미하는 것으로 좁게 해석하여야 함이 상당할 것이다.** 마찬가지로, 위 법률조항에서 규정하고 있는 '공무 이외의 일을 위한 집단행위'의 개념도 다소 광범위하여 명확성의 원칙에 위배되지 않는가 하는 의문이 있을 수 있으나 위 개념을 헌법상의 집회・결사의 자유와 연관시켜서 국가공무원법의 입법취지를 고려하면, 위 개념은 모든 집단행위를 의미하는 것이 아니라 공무 이외의 일을 위한 집단행위 중 공익에 반하는 행위로 축소해석함이 상당할 것이다.

[요약판례 7] 노동조합및노동관계조정법 제91조 제1호 위헌확인: 합헌(헌재 2005.6.30. 2002헌바83)

명확성 판단의 기준, 노동조합및노동관계조정법 제42조 제2항 및 제91조 제1호 중 '제42조 제2항' 부분이 명확성원칙에 위반되는지 여부(소극) 및 이 사건 법률조항들이 단체행동권을 과도하게 제한하는지 여부(소극)

(1) 법규범이 명확한지 여부는 그 법규범이 수범자에게 법규의 의미내용을 알 수 있도록 공정한 고지를 하여 예측

가능성을 주고 있는지 여부 및 그 법규범이 법을 해석·집행하는 기관에게 충분한 의미내용을 규율하여 자의적인 법해석이나 법집행이 배제되는지 여부, 다시 말하면 예측가능성 및 자의적 법집행 배제가 확보되는지 여부에 따라 이를 판단할 수 있는데, 법규범의 의미내용은 그 문언뿐만 아니라 입법목적이나 입법취지, 입법연혁, 그리고 법규범의 체계적 구조 등을 종합적으로 고려하는 해석방법에 의하여 구체화하게 되므로, 결국 법규범이 명확성원칙에 위반되는지 여부는 위와 같은 해석방법에 의하여 그 의미내용을 합리적으로 파악할 수 있는 해석기준을 얻을 수 있는지 여부에 달려 있다.

(2) 이 사건 법률조항들은 그 문언, 사람의 생명·신체의 안전 보호라는 입법목적, 입법연혁 및 법규범의 체계적 구조 등으로부터, 입법목적의 최대실현 추구에서 오는 완화된 해석의 요청과 기본권 제한성에서 오는 엄격한 해석의 요청을 서로 조화시키는 조화로운 해석기준으로서 합리적 해석기준을 찾을 수 있고, 이러한 해석기준은 이 사건 법률조항들의 수범자에게 예측가능성을 제공하는 한편 이 사건 법률조항들을 해석·집행하는 기관들에게 충분한 의미내용을 규율하여 자의적인 법해석이나 법집행을 배제하고 있으므로 명확성원칙에 위반되지 아니한다.

(3) 이 사건 법률조항들이 근로자의 헌법상 기본권인 단체행동권을 제한하는 규정이기는 하지만, 사람의 생명·신체의 안전보호라는 입법목적의 정당성을 인정할 수 있고, 안전보호시설의 유지·운영을 정지·폐지 또는 방해하는 내용의 쟁의행위를 제한하는 것은 위 목적을 달성하기 위한 효과적이고 적절한 수단이어서 방법의 적정성도 인정되며, 그 제한은 안전보호시설의 중요성에 비추어 볼 때 최소한의 제한으로 평가되므로 피해의 최소성도 갖추었고, 추구하는 공익인 '사람의 생명·신체의 안전'과 제한되는 사익인 청구인들의 '단체행동권'을 비교하여 볼 때 법익균형성도 갖추었으므로 청구인들의 단체행동권을 과도하게 침해한다고 할 수 없다.

[요약판례 8] 국가공무원법 제66조에 대한 헌법소원: 합헌(헌재 1992.4.28. 90헌바27등)

국가공무원법 제66조 제1항의 위헌여부(소극)

국가공무원법 제66조 제1항이 근로3권이 보장되는 공무원의 범위를 사실상 노무에 종사하는 공무원에 한정하고 있는 것은 근로3권의 향유주체가 될 수 있는 공무원의 범위를 정하도록 하기 위하여 헌법 제33조 제2항이 입법권자에게 부여하고 있는 형성적 재량권의 범위를 벗어난 것이라고는 볼 수 없다.

위 법률조항이 규정하고 있는 "노동운동"의 개념은 그 근거가 되는 헌법 제33조 제2항의 취지에 비추어 근로자의 근로조건의 향상을 위한 단결권·단체교섭권·단체행동권 등 이른바 노동3권을 기초로 하여 이에 직접 관련된 행위를 의미하는 것으로 좁게 해석하는 것이 상당하고, 한편 위 법률조항이 그 제정이래 오랫동안 집행되어 오면서 법원도 위 법률조항을 해석·적용함에 있어서 위와 동일한 뜻으로 명백히 한정해석하고 있으므로, 법률에 대한 일반적인 명확성의 원칙은 물론 적법절차나 죄형법정주의의 원칙에서 요구되는 보다 엄격한 의미의 명확성의 원칙에 의한 판단기준에도 위배된다고 할 수 없다.

위 법률조항이 사실상 노무에 종사하는 공무원에 대하여서만 근로3권을 보장하고 그 이외의 공무원들에 대하여는 근로3권의 행사를 제한함으로써 일반근로자 또는 사실상 노무에 종사하는 공무원의 경우와 달리 취급하는 것은 헌법 제33조 제2항에 그 근거를 두고 있을 뿐 아니라 합리적인 이유가 있다 할 것이므로 헌법상 평등의 원칙에 위반되는 것이 아니다.

(재판관 변정수의 별개의견) "헌법의 특별유보조항(제33조 제2항)에 근거를 두고 있기 때문에 아직은 그것에 대하여 쉽사리 위헌선언을 할 수 없을 뿐이다."

[요약판례 9] 국가공무원법 제66조 제1항 등 위헌소원 등: 합헌(헌재 2007.8.30. 2003헌바51등)

과잉금지의 원칙은 기본권이 인정됨을 전제로 기본권에 대한 제한에 대하여 적용되는 원칙인데 헌법 제33조 제2항에 의하여 법률이 정하는 자 이외의 공무원이 노동3권의 향유자가 되지 못하므로 기본권 제한에 관한 일반원칙인 과잉금지의 원칙을 적용할 수 없는지 여부(적극) 및 공무원의 공무 이외의 일을 위한 집단행위를 금지하고 있는 것이 공무원이라는 특수한 신분에서 나오는 의무의 하나를 규정한 것으로 이해되는지 여부(적극)

공무원인 근로자 중 법률이 정하는 자 이외의 공무원에게는 그 권리행사의 제한뿐만 아니라 금지까지도 할 수 있는 법률제정의 가능성을 헌법에서 직접 규정하고 있다는 점에서 헌법 제33조 제2항은 특별한 의미가 있다. 따라서 헌법 제33조 제2항이 규정되지 아니하였다면 공무원인 근로자도 헌법 제33조 제1항에 따라 노동3권을 가진다 할 것이고, 이 경우에 공무원인 근로자의 단결권·단체교섭권·단체행동권을 제한하는 법률에 대해서는 헌법 제37조 제2항에 따른 기본권제한의 한계를 준수하였는가 하는 점에 대한 심사를 하는 것이 헌법원리로서 상당할 것이나, **헌법 제33조 제2항이 직접 '법률이 정하는 자'만이 노동3권을 향유할 수 있다고 규정하고 있어서 '법률이 정하는 자' 이외의 공무원은 노동3권의 주체가 되지 못하므로, 노동3권이 인정됨을 전제로 하는 헌법 제37조 제2항의 과잉금지원칙은 적용이 없는 것으로 보아야 할 것이다. 또한 법 제66조 제1항에서 공무원의 공무 이외의 일을 위한 집단행위를 금지하고 있는 것은 공무원의 집단행동이 공무원 집단의 이익을 대변함으로써 국민전체의 이익추구에 장애가 될 소지가 있기 때문이고, 그것은 공무원이라는 특수한 신분에서 나오는 의무의 하나를 규정한 것으로 이해된다.** 따라서, 공무원이 국민전체에 대한 봉사자로서 지위를 갖는다는 헌법 제7조와 그에 따른 공무원의 기본적인 의무인 성실의무와 직무전념의무 등과의 관계에서 볼 때, 법 제66조 제1항에서 공무원이 공무 이외의 일을 위한 집단행위를 하는 것을 금지하고, 이를 어긴 공무원을 법 제84조에서 처벌할 수 있도록 규정하고 있는 것은 입법목적이 정당하고, 그 수단도 적절하다고 판단된다.

[요약판례 10] 노동쟁의조정법에 관한 헌법소원: 헌법불합치(헌재 1993.3.11. 88헌마5)

노동쟁의조정법 제12조 제2항 중 「국가·지방자치단체에 종사하는 노동자」에 관한 부분의 위헌 여부(적극)

현행 헌법 제33조 제2항은 구헌법과는 달리 국가공무이든 지방공무원이든 막론하고 공무원의 경우에 전면적으로 단체행동권을 제한하거나 부인하는 것이 아니라 일정한 범위내의 공무원인 노동자의 경우에는 단결권·단체교섭권을 포함하여 단체행동권을 갖는 것을 전제하였으며, 다만 그 구체적인 범위는 법률에서 정하여 부여하도록 위임하고 있다.

모든 공무원에게 단체행동권, 즉 쟁의권을 근본적으로 부인하고 있는 노동쟁의조정법 제12조 제2항 중 「국가·지방자치단체에 종사하는 노동자」에 관한 부분은 현행 헌법 제33조 제2항의 규정과 저촉되고 충돌되는 것으로 헌법 제37조 제2항의 일반적 법률유보조항에 의하여서도 정당화될 수 없는 것이지만, 헌법 제33조 제2항의 규정은 일부 공무원에게는 단체행동권을 주지 않는다는 것도 전제하고 있으므로 합헌적인 면도 포함되어 있다. 따라서 위 규정은 단순위헌선언을 하여 무효화시킬 법률이 아니고, 앞으로 현행 헌법규정과 충돌됨이 없이 합헌의 상태가 되도록 고쳐져서 재정비되어야 할 규정이다.

입법자가 위의 헌법불합치의 상태의 제거를 위하여 일정한 범위의 공무원에게 단체행동권을 부여하는 입법을 함에 있어서는, 첫째 사실상 노무에 종사하는 공무원에게 쟁의권을 전면 부여하던 구법상태로 단순히 환원시키는 방안, 둘째 이들에게 쟁의권을 주되 전체이익과의 조화를 위하여 그 행사요건과 절차를 신설하는 등의 보완입법을 하는 방안, 셋째 기존의 입법형태와는 달리 종사하는 직종이 아니라 직역을 기준으로 하여 선별적으로 쟁의권을 부여하는 방안 등 세 가지를 상정할 수 있다.

위 세 가지 방안 중 어느 것이 가장 이상적이며, 어느 것이 선택되어야 하는가는 헌법재판소의 소관일 수 없고,

그것은 광범위한 입법형성권을 가진 입법자의 재량영역이며, 입법정책으로 결단되어야 할 문제이다. 그러나 입법자는 어떠한 형태로든 법률을 만들어 일정한 테두리의 공무원인 노동자가 단체행동권을 갖도록 하여 헌법불합치인 현재의 상태를 제거할 의무가 있다 할 것으로, 이러한 의미에서 빠른 시일안에 헌법불합치의 제거를 위한 입법촉구를 하는 바이다.

[요약판례 11] 구 노동쟁의조정법 제12조 제2항 위헌소원: 합헌(헌재 1998.2.27. 95헌바10)

방위산업체에 종사하는 근로자의 범위

구 노동쟁의조정법 제12조 제2항에 의하여 쟁의행위가 금지되는 '방위산업체에 종사하는 근로자'의 범위를 방산물자의 생산이라는 실질적인 기준에 따라 주요방산물자를 직접 생산하거나 생산과정상 그와 긴밀한 연계성이 인정되는 공장에 속하는 근로자에 한정함으로써 해석상 그 범위의 제한이 가능하다고 볼 것이고, 그러한 해석이 근로3권을 대폭 신장하는 방향으로 나아가면서도 단체행동권의 제한 또는 금지의 대상을 '주요방산업체에 종사하는 근로자'로 보다 한정하고 있는 현행헌법의 취지에 부합된다.

[요약판례 12] 한국고속철도건설공단법 제24조 등 위헌소원: 합헌(헌재 2003.8.26. 2003헌바28)

헌법상 보장된 단체교섭권을 제한하기 위한 요건 및 건설교통부장관의 승인을 얻어야만 한국고속철도건설공단의 조직, 인사, 보수 및 회계에 관한 규정이 효력을 갖도록 한 구 한국고속철도건설공단법 제31조가 헌법상 보장된 단체교섭권을 침해하는지 여부(소극)

헌법 제33조 제1항이 보장하는 단체교섭권은 어떠한 제약도 허용되지 아니하는 절대적인 권리가 아니라 헌법 제37조 제2항에 의하여 국가안전보장·질서유지 또는 공공복리 등의 공익상의 이유로 제한이 가능하며, 그 제한은 노동기본권의 보장과 공익상의 필요를 구체적인 경우마다 비교형량하여 양자가 서로 적절한 균형을 유지하는 선에서 결정된다.

한국고속철도건설공단은 이윤추구를 목적으로 하는 사기업이 아니라 우리나라의 철도 교통망의 확충을 위한 고속철도를 효율적으로 건설함으로써 국민의 교통편의를 증진하기 위하여 설립된 공법인으로서, 국민의 세금으로 충당되는 정부의 출연으로 사업비와 운영비를 조달하며, 사업계획의 수립, 예산의 편성과 결산, 조직 및 인사 등에 있어서 국가의 엄격한 지도·감독을 받는다.

따라서 구 한국고속철도건설공단법 제31조는 공단 이사장의 권한 행사 및 공단 운영에 대한 적절한 규제를 통하여 국가사업을 대행하는 공법인의 원활한 사업추진을 도모하고, 국민의 세금인 정부출연금과 연계되는 인사·예산·보수 등에서 방만한 운영이 발생하지 않도록 공단에 대한 건설교통부장관의 지도·감독 권한을 확보하기 위한 것으로서 그 목적이 정당하며, 공단이 회계, 인사 및 보수에 관한 사항을 정하거나 변경함에 있어 공단의 공익성에 반하거나 예산 미확보 등 집행의 어려움을 이유로 건설교통부장관이 승인하지 않은 경우에 당해 내부규정의 효력이 발생하지 않도록 하는 것은 입법목적을 달성하기 위한 적정한 수단이다.

공단의 단체협약 중 보수, 인사에 관한 사항은 단체협약 당사자 사이의 단순한 단체협약이라는 의미를 넘어 국고부담의 증가를 초래함으로써 결과적으로 공단의 사업계획과 예산의 변경을 수반할 수밖에 없으므로 보수, 인사에 관한 사항을 단체협약으로 정하거나 이를 변경하는 경우에도 건설교통부장관의 승인을 얻도록 하는 것은 불가피한 제한이며, 인사 및 보수 등에 관한 규정을 건설교통부장관이 승인하지 않는 경우에는 장관의 불승인 처분에 대하여 행정소송으로 다툴 수 있으므로, 건설교통부장관의 자의적인 불승인에 대하여 이를 시정할 방법이 있다.

그렇다면 이 사건 법률조항으로 인한 단체교섭권에 대한 제한의 정도가 공단의 공익성에 비추어 타당한 범위 내로서 과도한 제한으로 볼 수 없으므로, 이 사건 법률조항이 단체교섭권을 침해하여 헌법을 위반하였다고 볼 수 없다.

대판 2002.10.25. 2000다23815

유니언 샵(Union Shop) 협정이 체결된 노동조합을 탈퇴하여 조직대상을 같이 하면서 독립된 단체교섭권을 가지는 다른 노동조합에 가입하는 경우에도, 유니언 샵 협정이 적용되는지 여부(적극)

유니언 샵(Union Shop) 협정이 체결된 노동조합을 탈퇴하여 조직대상을 같이 하면서 독립된 단체교섭권을 가지는 다른 노동조합에 가입하는 경우, 이를 허용한다면 사실상 회사 내에는 단체교섭권을 가지는 노동조합이 복수로 존재하게 되어 유니언 샵 협정의 근본이 와해되어 유니언 샵 협정은 유명무실한 것이 되어 버리는 결과가 되므로, 이와 같은 경우에도 유니언 샵 협정이 적용된다는 원심의 판단은 정당하다.

대판 2006.5.26. 2004다62597: 가처분이의

교원의 지위에 관련된 사항에 관한 한 헌법 제31조 제6항이 근로기본권에 관한 헌법 제33조 제1항에 우선하여 적용되기 때문에, 입법자가 교원에 대하여 일반노동조합과 유사한 형태의 조합을 결성할 수 있음을 규정하되 그 규율방식을 달리하여 근로조건의 향상 등을 목적으로 하는 단결권 및 단체교섭권은 허용하면서도 단체행동권의 행사는 전면적으로 금지하거나, 혹은 개별 직장이 아닌 광역단위에 한하여 노동조합을 설립할 수 있도록 하는 등 이에 대하여 특별한 규율을 하는 것도 허용된다.

[요약판례 13] 노동조합법 제45조의2 등 위헌소원: 합헌(헌재 1993.3.11. 92헌바33)

(1) 노동3권 보장의 헌법적 의의
(2) 제3자개입금지조항의 입법취지
(3) 제3자개입금지조항의 노동기본권 등 침해여부
(4) 제3자개입금지조항의 평등권 침해여부
(5) 제3자개입금지조항의 죄형법정주의 위배여부

(1) 헌법이 근로자의 근로3권을 보장하는 취지는 원칙적으로 개인과 기업의 경제상의 자유와 창의를 존중함을 기본으로 하는 시장경제의 원리를 경제의 기본질서로 채택하면서 노동관계당사자가 상반된 이해관계로 말미암아 계급적 대립·적대의 관계로 나아가지 않고 활동과정에서 서로 기능을 나누어 가진 대등한 교섭주체의 관계로 발전하게 하여 그들로 하여금 때로는 대립·항쟁하고 때로는 교섭·타협의 조정과정을 거쳐 분쟁을 평화적으로 해결하게 함으로써, 근로자의 이익과 지위의 향상을 도모하는 사회복지국가 건설의 과제를 달성하고자 함에 있다.

(2) 노동조합법 제12조의2가 규정하는 제3자개입금지의 입법취지는 노동관계당사자 사이에 제3자가 의사결을 조종, 선동, 방해할 정도로 끼어들게 되면 근로자의 단결과 단체교섭은 노동관계당사자의 위험부담 아래 진행되면서도 근로자의 근로조건의 유지·향상 등과는 관계없는 목적에 의하여 왜곡될 수 있을 뿐만 아니라 그와 같이 왜곡된 근로자의 단결과 단체교섭은 근로자의 경제적, 사회적 지위의 향상은 물론 국민경제의 발전에도 기여할 수 없게 될 우려가 있어 이를 방지하고자 함에 있다.

(3) 노동조합법 제12조의2가 규정하는 제3자개입금지는 헌법이 인정하는 근로3권이나 그 밖의 표현의 자유 또는 행동의 자유 등 기본권의 내재적 한계를 넘어선 행위를 규제하기 위한 입법일 뿐, 근로가 단순한 상담이나 조력을 받는 것을 금지하고자 하는 것은 아니므로 근로자의 근로3권 등을 제한하는 것이라고는 볼 수 없다.

(4) 위 제3자개입금지조항은 근로자 측으로의 개입뿐만 아니라 사용자 측으로의 개입에 대하여서도 마찬가지로 규정하고 있고 근로자들이 변호사나 공인노무사 등의 조력을 받는 것과 같이 근로3권을 행사함에 있어 자주적 의사결정을 침해받지 아니하는 범위안에서 필요한 제3자의 조력을 받는 것을 금지하는 것은 아니고, 근로자들이 연합단체를 통하여 한층 조직적인 지원을 받을 수 있으므로 근로자와 사용자를 실질적으로 차별하는 불합리한 규정이라고 볼 수 없다.

(5) 위 규정 중 "…기타 이에 영향을 미칠 목적으로 개입하는 행위"란 노동조합의 설립 등과 단체교섭에 개입한 제3자의 행위를 전체적으로 평가하여 노동관계당사자의 자유롭고 자주적인 의사결정에 대하여 영향을 미칠 목적 아래 노동조합의 설립 등과 사용자와의 단체교섭에 관하여 강요·유도·조장·억압 등의 간섭행위를 포괄하는 내적개념인 것으로 보아야 할 것으로서 위 행위에의 해당여부는 누구나 예견할 수 있다 할 것이므로 그 구성요건이 헌법 제12조 제1항이 요구하는 명확성을 결하여 죄형법정주의에 위배되는 것이 아니다.

[요약판례 14] 구 노동조합및노동관계조정법 제40조 제2항 등 위헌소원: 합헌(헌재 2004.12.16. 2002헌바57)

노동조합과 사용자 및 노동조합및노동관계조정법 제40조 제1항이 정하는 자 외 제3자가 단체교섭 또는 쟁의행위에 간여하는 것을 금지하고 이를 위반하였을 경우 처벌하도록 규정하고 있는 노동조합및노동관계조정법 제40조 제2항 및 제89조 제1호 중 '간여' 부분이 죄형법정주의가 요구하는 명확성원칙에 위반되는지 여부(소극)

이 사건 법률조항의 입법목적과 경위, 법률의 전반적인 체계, 법문의 구성 등을 종합하여 보면, 이 사건 법률조항에서 말하는 "간여"란, 단체교섭이나 쟁의행위에 관련된 제3자의 행위를 전체적으로 평가하여 볼 때 단체교섭이나 쟁의행위의 강요·유도·조장·억압 등 노동관계 당사자의 자유롭고 자주적인 의사결정에 영향을 미칠 만한 간섭행위를 포괄하는 것으로 보아야 할 것이고, 이러한 의미는 자의를 허용하지 않는 통상의 해석방법에 의하여 누구나 파악할 수 있다 할 것이다. 따라서 이 사건 법률조항은 죄형법정주의가 요구하는 처벌법규의 명확성원칙에 위반된 것이라 할 수 없을 뿐만 아니라, 이 사건 법률조항을 위헌으로 판단하여야 할 다른 사유도 찾아볼 수 없다.

※ 위 제3자 개입금지 조항은 1986년 12월 위 조항에 '노동조합총연맹과 해당 노동조합이 가입한 산업별 연합단체는 제3자로 보지 않는다'는 단서조항을 추가한 뒤, 1997년 3월에 다시 노동법을 개정하면서 이 조항을 삭제하는 대신 노동조합 및 노동관계조정법 제40조에 '노동관계의 지원'조항을 신설하였다. 그러나 이 삽입조항에 반대 의사를 표명하는 노동계와 시민단체들은 기존의 '제3자 개입금지'조항을 교묘하게 또 다른 독소조항으로 대체한 것에 지나지 않는다고 반발하였는데, 2006년 12월에 이 조항도 삭제되었다.

[요약판례 15] 노동쟁의조정법 제4조 등에 대한 헌법소원: 합헌(헌재 1996.12.26. 90헌바19등)

(1) 노동쟁의조정법 제4조 제5호 중 방송사업에 관한 부분의 위헌여부(소극)
(2) 법 제30조 제3호, 제31조와 제47조의 "제31조"에 관한 부분 중 각 제30조 제3호에 의하여 중재에 회부된 때에 관한 부분의 위헌여부

청구인들이 속한 사업장이 법 제4조에서 정하고 있는 공익사업장에 해당된다는 사실 그 자체만으로는 청구인들의 권리에 아무런 영향을 미치지 아니하고, 다만 공익사업에 있어서의 쟁의행위를 특별 취급하는 법 제11조 이하의 규정들에 의하여 비로소 청구인들의 기본권 침해가 논의될 수 있는 것이라고 판단되므로, 결국 법 제4조 제5호는 위 조항이 규정하는 공익사업의 쟁의행위에 대한 특별취급을 규정하는 나머지 규정들의 위헌여부와 관계없이 헌법에 합치된다.

(재판관 김용준, 재판관 김문희, 재판관 정경식, 재판관 신창언의 별개의견) 법 제4조 제5호에서 규정하고 있는 방송사업은 통신매체를 통하여 정치·경제·사회 등에 관한 보도·논평 및 여론과 교양·음악·연예 등을 공중에 전파하는 사업으로서, 현대의 정보사회에서는 그 공익적 성격이 다른 어느 분야에 못지않게 큰 것이고 우리나라의 과거 경험에 비추어 그 사업이 요구하는 기술·자본의 특성과 전파매체의 특성 때문에 사업주체의 수가 극소수의 범위로 제한될 수밖에 없으며 수입 등의 방법으로는 정보전파의 용역을 대체공급할 여지도 없어 그 사업의 정지나 폐지는 같은 조 제1호 내지 제4호가 정하고 있는 다른 공익사업에 못지않게 공중의 일상생활이나 국가경제의 전반에 감내할 수 없는 엄청난 폐해를 일으킬 수 있는 것임이 분명하다. 따라서 공익사업의 쟁의행위에 대한 특별취급을 정하고 있는 규정들의 위헌 여부는 별론으로 하고, 노동쟁의조정법 제4조 제5호가 의료사업과 방송사업을 쟁의행위에 관하여 특별취급을 받는 공익사업의 한 종류로 정한 것은 충분히 납득할 수 있는 합리적인 이유에 근거한 것으로서 헌법이 보장하고 있

는 평등의 원칙에 위배된다고 볼 수 없다.

(재판관 김용준, 재판관 김문희, 재판관 정경식, 재판관 신창언의 합헌의견) 나. (1) 우리 노사관계의 역사와 정치, 경제 및 사회적 현실 등 여러 가지 사항을 고려할 때, 강제중재제도는 사회혼란과 일반국민의 피해를 줄이고, 신속하고 원만한 쟁의타결을 위하여 아직까지는 필요한 제도라고 할 것이며, 긴급조정제도에 흡수될 수 있는 것으로서 옥상옥으로 불필요하다거나 근로자의 단체행동권을 과잉제한하는 것이라고 단정할 수 없고, 오히려 양 제도는 공익사업체의 노동쟁의조정제도로서 상호보완적으로 각자가 그 기능을 하고 있다고 보아야 한다.

(2) 헌법 제33조 제1항이 보장하고 있는 노동기본권은 어떤 제약도 허용되지 아니한 절대적인 권리가 아니라 질서유지나 공공복리라는 관점에서 당연히 그 내재적인 제약이 있으며, 그 제한은 노동기본권 보장의 필요와 국민생활 전체의 이익을 유지·증진할 필요를 비교형량하여 양자가 적정한 균형을 유지하는 선에서 결정된다고 할 것이다. 법 제4조 소정의 공익사업은 질서유지나 공공복리를 위하여 노동쟁의가 쟁의행위로 나아가지 아니하고 원만하고 신속히 타결되어야 할 "필요성"이 일반사업에 비하여 현저히 높고, 노사 쌍방의 대립이 격화되어 당사자가 중재신청에 나아가지 아니하는 경우 노사 양측에게 냉각기간을 가지게 하면서 노사분쟁 해결에 전문지식을 가지고 있는 중립적 기관인 노동위원회로 하여금 중재에 회부하도록 하는 것은 목적 수행을 위한 "부득이한 조치"이며, 노동위원회와 중재위원회의 구성이나 운영절차, 대상조치의 존부 등 여러 가지 점을 고려하면 강제중재제도가 도모하는 목적을 달성하기 위한 방법이 "상당성"을 갖추었다고 하지 않을 수 없으므로, 법 제30조 제3호는 과잉금지의 원칙이나 비례의 원칙에 위배되지 아니하므로 헌법에 위반된다고 할 수 없다.

(3) 중재회부 후 일정기간 쟁의행위를 금지하는 목적은 당사자 쌍방에게 평화적인 해결을 위한 일종의 냉각기간을 다시 부여하여 격화된 당사자의 대립을 완화시킴으로써 중재에 따른 분쟁타결의 효과를 극대화하자는 데 있으므로 그 정당성이 인정되고, 쟁의행위가 금지되는 기간은 15일이지만 그 기간 내에 중재재정이 내려지지 아니할 경우에는 언제든지 쟁의행위에 돌입할 수 있으므로 이 사건 쟁의행위금지규정이 단체행동권인 쟁의권 자체를 박탈하는 것은 아닐 뿐만 아니라 그 기간도 불합리하게 장기라고 할 수도 없으며, 중재재정에 대하여 재심과 행정소송의 불복절차를 경유할 수 있는 등 대상조치도 마련되어 있고, 이익교량의 원칙에 비추어 보더라도 어느 정도의 쟁의행위의 제한은 감수하여야 할 것이므로, 일반사업에 종사하는 근로자와 공익사업에 종사하는 근로자를 합리적인 이유없이 차별하여 평등의 원칙에 반한다고 할 수는 없다.

(4) 처벌규정에 있어서 어떠한 형벌을 어떻게 규정할 것인가는 기본적으로 입법정책의 문제로서, 우리 나라의 특수한 노사관계의 역사와 현실에 비추어 볼 때 죄질이 나쁘고 가벌성이 큰 경우에는 징역형에 처할 필요가 있는 경우가 발생할 수 있으므로 법 제47조의 "제31조"에 관한 부분이 신체의 자유를 과도하게 제한하는 처벌규정이라고 단정할 수 없다.

(재판관 김진우, 재판관 황도연, 재판관 이재화, 재판관 조승형, 재판관 고중석의 위헌의견) 나. (1) 근로3권 가운데 가장 중핵적인 권리는 단체행동권이라고 보아야 하는바, 구헌법과 달리 현행 헌법 하에서는 주요방위산업체에 종사하는 근로자가 아닌 공익사업체에 종사하는 근로자에 대한 단체행동권을 박탈할 헌법적 근거가 소멸하였다고 할 것이고, 다만 현행 헌법 하에서도 헌법 제37조 제2항에 따라 국가안전보장·질서유지 또는 공공복리를 위하여 단체행동권을 제한할 수 있는 여지는 있으나, 이 경우에도 위와 같은 헌법의 개정취지를 존중하여 정당한 단체행동권에 대한 제한은 최후의 수단으로서의 성격을 가져야 하며, 그만큼 그 제한이 정당화되려면 엄격한 요건을 충족시켜야 한다. 공익사업에 있어서의 쟁의행위가 국가경제나 국민의 일상생활에 위해를 가할 우려가 있으므로 이를 제한하는 것이 타당하다고 하더라도, 위 법 제30조 제3호의 강제중재제도가 없어도 위 법 제40조 이하에 규정된 긴급조정과 이에 따른 강제중재제도에 의하여 공익사업에서의 쟁의행위를 필요한 경우에 봉쇄할 수도 있으므로 공익사업의 쟁의가 바로 국민경제나 국민의 일상생활에 위해를 미칠 가능성은 없으며, 긴급조정을 하여야 할 정도의 심각성이 없는 경우까지 단순히 공익사업이라는 이유만으로 강제중재에 회부하도록 되어 있는 법 제30조 제3호는 공익사업 근로자들의 단체행동권을 필요 이상으로 제한하는 것이다. 그렇다면 법 제30조 제3호는 최소침해의 원칙에 위반된다 할 것이다. 뿐만 아니라 법 제30조 제3호는 관계당사자가 합의 또는 단체협약에 기한 중재신청을 하지 아니하였고 긴급조정절차를 거친 경우가 아닌데도 불구하고, 단순히 공익사업이라는 이유로 노동위원회의 직권이나 행정관청의 요청에 의한 강제중재에 의하여 근로자의 단체행동권의 행사를 사실상 제한함으로써 일반사업에 종사하는 근로자와 공익사업에 종사하는 근로

자를 차별대우하고 있으므로 헌법 제11조 제1항에 정한 평등의 원칙에도 위배된다.

(2) 법 제31조와 제47조의 "제31조"에 관한 부분에 대한 이 사건 헌법심판청구는 모두 법 제30조 제3호에 의한 강제중재와 관련된 것이므로, 위 각 법조의 위헌 여부 및 그 범위는 제30조 제3호의 위헌 여부에 따라 필연적으로 결정되는바, 위 제30조 제3호가 헌법에 위반되는 것임은 위에서 본 바와 같으므로 위 각 법조 역시 헌법에 위반된다.

[요약판례 16] 공무원의 노동조합 설립 및 운영 등에 관한 법률 제6조 제1항 제2호 위헌확인: 기각(헌재 2008.12.26. 2006헌마462)

노동조합에 가입할 수 있는 특정직 공무원의 범위를 "6급 이하의 일반직 공무원에 상당하는 외무행정 · 외교정보관리직 공무원"으로 한정하여 소방공무원을 노동조합 가입대상에서 제외한 '공무원의 노동조합 설립 및 운영 등에 관한 법률'(2005. 1. 27. 법률 제7380호로 제정된 것) 제6조 제1항 제2호(이하 '심판대상조항'이라 한다)가 소방공무원인 청구인의 단결권을 침해하는지 여부(소극)

심판대상조항은 소방공무원이 그 업무의 성격상 사회공공의 안녕과 질서유지에 미치는 영향력이 크고, 그 책임 및 직무의 중요성, 신분 및 근로조건의 특수성이 인정되므로, 노동조합원으로서의 지위를 가지고 업무를 수행하는 것이 적절하지 아니하다고 보아 노동조합 가입대상에서 제외한 것이다. 소방공무원은 화재를 예방 · 경계하거나 진압하고, 화재, 재난 · 재해 그 밖의 **위급한 상황에서의 구조 · 구급활동 등을 통하여 국민의 생명 · 신체 및 재산을 보호하는 업무를 수행**하며, 소방행정의 기능은 현대사회가 복잡 다양화하고 각종 사고가 빈발함에 따라 그 역할이 확대되어 오늘날 소방행정은 재난관리의 중심적인 업무를 수행하는바, 현시점에서 노동기본권을 보장함으로 말미암아 예상되는 **사회적 폐해**가 너무 크다. 또한 소방공무원은 특정직 공무원으로서 **'소방공무원법'에 의하여 신분보장이나 대우 등 근로조건의 면에서 일반직공무원에 비하여 두텁게 보호**받고 있다. 따라서 심판대상조항이 헌법 제33조 제2항의 입법형성권의 한계를 일탈하여 소방공무원인 청구인의 단결권을 침해한다고 볼 수 없다.

(재판관 조대현의 위헌의견) 헌법 제33조 제2항이 공무원의 근로3권에 관하여 무제한의 입법형성권과 재량권을 주었다고 보아서는 안 되고, 헌법 제33조 제2항에 의한 법률은 헌법 제7조의 요청을 준수하기 위하여 필요한 한도에서만 공무원의 근로3권을 제한할 수 있을 뿐이라고 할 것이다.

소방공무원은 화재진압 · 재난구조 등과 같이 **생명 · 신체에 대한 위험을 무릅써야 하는 직무를 담당하고, 근무시간이 많고 비상근무가 잦으며, 6급 이하의 직급이 대부분이어서, 그 근로조건의 향상을 위하여 근로3권을 인정할 필요성이 크다.** 그리고 소방공무원에게 근로3권을 인정하더라도 공무원의 노동조합 설립 및 운영 등에 관한 법률 제11조 · 제18조와 소방공무원법 제29조에 의하여 소방공무원의 직무충실을 충분히 확보할 수 있다.

결국, 심판대상조항이 소방공무원 전체를 공무원노동조합에 가입할 수 있는 공무원의 범위에서 제외시킨 것은 헌법 제7조가 요청하는 한도를 넘어서 정당한 입법목적도 없이 소방공무원의 근로3권을 전면 부정하는 것이어서 헌법 제33조 제2항에 위반된다.

(재판관 송두환의 위헌의견) 헌법 제33조 제2항이 공무원의 노동3권에 대하여 무제한의 입법형성 재량권을 부여한 것이라고 보아서는 아니 되고, 공무원도 근로자의 성질을 가지므로 당연히 노동3권을 향유하되, 구체적인 직무 내용과 성질, 직급 등에 따라 필요최소한도의 범위 내에서 노동3권 중의 일부만을 제한할 수 있는 재량을 부여한 것으로 보아야 한다.

소방공무원은 근무여건이 일반 공무원들에 비하여 열악한 점이 많고, 대부분 하위직급자들로 이루어져 있어 근로조건의 향상을 위한 **노동3권 보장의 필요성**이 다른 직역의 공무원들보다 높으며, 주요 **외국의 입법례**나 국제노동기구의 권고를 보더라도 소방공무원에 대하여 **최소한 단결권을 보장**하고 있고, 각종 법령에 징계제도, 처벌규정 등이 구비되어 있어 단결권이나 단체교섭권 부여 시 업무중단으로 인한 공공의 위험도 그리 크지 않다. 따라서 심판대상조항이 직급이나 직무에 상관없이 직종만을 이유로 전체 소방공무원에 대하여 노동3권 일체를 박탈한 것은 기본권 최대존중 및 최소제한의 원칙에 위반하여 소방공무원의 노동3권을 제한하는 것으로서 헌법에 위반된다.

[요약판례 17] 경비업법 제15조 제3항 등 위헌확인: 각하,기각(헌재 2009.10.29. 2007헌마1359)

공항·항만 등 국가중요시설의 경비업무를 담당하는 특수경비원에게 경비업무의 정상적인 운영을 저해하는 일체의 쟁의행위를 금지하는 경비업법 제15조 제3항(이하 '이 사건 법률조항'이라 한다)이 특수경비원의 단체행동권을 박탈하여 헌법 제33조 제1항에 위배되는지 여부

이 사건 법률조항으로 인하여 특수경비원의 단체행동권이 제한되는 불이익을 받게 되는 것을 부정할 수는 없으나 **국가나 사회의 중추를 이루는 중요시설 운영에 안정을 기함**으로써 얻게 되는 국가안전보장, 질서유지, 공공복리 등의 공익이 매우 크다고 할 것이므로, 이 사건 법률조항에 의한 기본권제한은 법익의 균형성 원칙에 위배되지 아니한다. 따라서 이 사건 법률조항은 과잉금지원칙에 위배되지 아니하므로 **헌법에 위반되지 아니한다.**

(재판관 조대현의 반대의견) 단결권·단체교섭권 및 단체행동권은 모두 근로자의 근로조건의 향상을 위하여 인정되는 기본권이지만, **3개의 권리가 각자 독립된 기본권**이므로 어느 하나의 권리, 예컨대 단체행동권에 대해서만 본질적인 내용을 침해하는 경우에도 헌법 제37조 제2항에 위반된다.

(재판관 김종대, 재판관 송두환의 반대의견) 설령 단체행동권을 하나의 독립된 기본권으로 인정하지 아니하고 근로3권을 일체성을 가진 하나의 기본권으로 파악하여 특수경비원의 단체행동권에 대한 전면적인 금지를 근로3권의 일부 제한으로 해석하는 것이 가능하다고 할지라도, **일반근로자의 단체행동권을 전면적으로 금지하는 것**은 헌법 제37조 제2항이 금지하고 있는 기본권의 본질적 내용 침해금지원칙 내지 **과잉금지원칙에 위반**된다.

[요약판례 18] 지방세법 제245조의2 제1항 위헌소원: 합헌(헌재 2009.2.26. 2007헌바27)

1. 노동조합을 사업소세의 비과세 대상으로 규정하고 있지 않은 지방세법(2001. 12. 29. 법률 제6549호로 개정되고, 2005. 1. 5. 법률 제7332호로 개정되기 전의 것) 제245조의2 제1항(이하 '이 사건 법률조항'이라 한다)이 헌법 제32조 제1항(근로의 권리)를 침해하는지 여부(소극)
2. 이 사건 법률조항이 헌법 제33조 제1항(근로 3권)을 침해하는지 여부(소극)
3. 이 사건 법률조항이 평등원칙을 위반하는지 여부(소극)

헌법 제32조 제1항이 규정한 **근로의 권리는** 근로자를 개인의 차원에서 보호하기 위한 권리로서 **개인인 근로자가 그 주체가 되는 것이고 노동조합은 그 주체가 될 수 없**으므로, 이 사건 법률조항이 노동조합을 비과세 대상으로 규정하지 않았다 하여 헌법 제32조 제1항에 반한다고 볼 여지는 없다.

근로 3권은 자유권적 기본권으로서의 성격과 사회권적 기본권으로서의 성격을 모두 포함하는 것이어서 근로 3권이 제대로 보호되기 위하여는 근로자의 권리행사의 실질적 조건을 형성하고 유지해야 할 국가의 적극적인 활동 즉 적절한 입법조치를 필요로 한다. 이때 국가의 적극적인 활동이라 함은 입법자가 근로자단체의 조직, 단체교섭, 단체협약, 노동쟁의 등에 관한 노동조합 관련법의 제정을 통하여 **노 사간의 세력균형**이 이루어지고 근로자의 근로 3권이 실질적으로 기능할 수 있도록 하기 위하여 필요한 법적 제도와 법규범을 마련하여야 할 의무가 있다는 것을 의미하는 것으로, **노동조합이 비과세 혜택을 받을 권리**는 헌법 제33조 제1항이 당연히 **예상한 권리의 내용에 포함된다고 보기 어려우며**, 위 헌법 조항으로부터 국가의 조세법규범 정비의무가 발생한다고 보기도 어렵다. 따라서 노동조합을 사업소세 비과세 대상으로 규정하지 않은 이 사건 법률조항은 헌법 제33조 제1항에 위반된다고 할 수 없다.

사업소세의 비과세 대상을 규정하고 있는 이 사건 법률조항은, **공익적 성격을 지닌 사업체에 대하여 세제상의 혜택**을 주기 위한 목적으로 제정된 것으로서, 이 사건 법률조항이 비과세대상을 한정하면서 **노동조합을 이에 포함시키지 않았다 하더라도** 이는 입법자에게 주어진 **합리적 재량의 범위 내**의 것으로 보이고, 달리 입법자가 그 재량을 행사함에 있어서 헌법재판소가 개입하여야 할 정도로 현저히 불합리하거나 자의적으로 행사함으로써 불완전하거나 불충분한 입법에 이른 것으로 보기는 어렵다 할 것이므로, 이 사건 법률조항이 평등원칙에 위반된다고 보기 어렵다 할 것이다.

[요약판례 19] 구 정치자금에 관한 법률 제12조 제2항 등 위헌소원: 합헌(헌재 2010.12.28. 2008헌바89)

반복입법 여부의 판단기준과 누구든지 단체와 관련된 자금으로 정치자금을 기부할 수 없도록 한 구 '정치자금에 관한 법률(2004. 3. 12. 법률 제7191호로 개정되고, 2005. 8. 4. 법률 제7682호로 '정치자금법'으로 전부 개정되기 전의 것)' 제12조 제2항(이하 '이 사건 기부금지 조항'이라 한다)이 반복입법인지 여부

어떤 법률조항이 위헌 결정된 법률조항의 반복입법에 해당하는지 여부는 입법목적이나 동기, 입법당시의 시대적 배경 및 관련조항들의 체계 등을 종합하여 실질적 동일성이 있는지 여부에 따라 판단하여야 할 것인바, 이 사건 기부금지 조항은 그 규율영역이 위헌 결정된 법률조항과 전적으로 동일한 경우에 해당하지 않고, **노동단체에 대한 차별적 규제의 의도가 전혀 존재하지 않는다는 점에서** 종전에 헌법재판소가 위헌 결정(95헌마154)한 '노동단체의 정치자금 기부 금지' 규정의 **반복입법에 해당하지 않는다.**

※ 현행 '정치자금법'(일부개정 2010. 7. 23 법률 제10395호) 제31조 (기부의 제한)

① 외국인, 국내·외의 법인 또는 단체는 정치자금을 기부할 수 없다.

② 누구든지 국내·외의 법인 또는 단체와 관련된 자금으로 정치자금을 기부할 수 없다.

[요약판례 20] 외국인근로자의 고용 등에 관한 법률 제25조 제3항 위헌확인: 기각(헌재 2011.9.29. 2009헌마351)

이 사건 심판대상조항이 외국인근로자의 사업장 변경허가 기간을 신청일부터 2개월로 제한하여 청구인으로 하여금 강제근로에 놓일 위험에 처하게 함으로써 청구인의 근로의 권리, 직업의 자유 및 행복추구권의 한 내용인 일반적 행동의 자유를 침해하는지 여부

근로의 권리란 "일할 자리에 관한 권리"와 "일할 환경에 관한 권리"를 말하며, 후자는 건강한 작업환경, 일에 대한 정당한 보수, 합리적인 근로조건의 보장 등을 요구할 수 있는 권리 등을 의미하는바(헌재 2007. 8. 30. 2004헌마670, 판례집 19-2, 297, 305 참조), 외국인 근로자의 사업장 변경에 있어 그 허가를 받아야 하는 기간을 제한하고 있는 이 사건 심판대상조항은 **위와 같은 근로의 권리를 제한하는 것은 아니라** 할 것이다. 직장 선택의 자유 침해 여부에 관하여 살펴보건대, 입법자가 외국인력 도입에 관한 제도를 마련함에 있어서는 내국인의 고용시장과 국가의 경제상황, 국가안전보장 및 질서유지 등을 고려하여 정책적인 판단에 따라 그 내용을 구성할 보다 광범위한 입법재량이 인정되므로 그 입법의 내용이 합리적인 근거 없이 현저히 자의적인 경우에만 헌법에 위반된다고 할 수 있다. 이 사건 심판대상조항 규정은 사업장 변경을 구실로 근로의 의사 없는 상태에서 국내에 장기간 체류하는 것을 방지함으로써 효율적인 고용관리를 도모하고자 하는 것이라 볼 수 있다. 따라서 이 사건 심판대상조항은 청구인의 직장선택의 자유를 침해하지 아니한다.

[요약판례 21] 형법 제314조 제1항 위헌소원: 기각(헌재 2010.4.29. 2009헌바168)

위력으로써 사람의 업무를 방해한 자를 형사처벌하도록 규정하고 있는 형법 제314조 제1항이 과잉금지원칙에 위반하여 근로자의 단체행동권을 침해하는지 여부(소극)

형법상 업무방해죄는 **모든 쟁의행위에 대하여 무조건 적용되는 것이 아니라**, 단체행동권의 **내재적 한계를 넘어** 정당성이 없다고 판단되는 쟁의행위에 대하여만 적용되는 조항임이 명백하다고 할 것이므로, 그 목적이나 방법 및 절차상 한계를 넘어 업무방해의 결과를 야기시키는 쟁의행위에 대하여만 이 사건 법률조항을 적용하여 형사처벌하는 것은 헌법상 단체행동권을 침해하였다고 볼 수 없다.

다만, 헌법 제33조 제1항은 근로자의 단체행동권을 헌법상 기본권으로 보장하면서, 단체행동권에 대한 어떠한 개별적 법률유보 조항도 두고 있지 않으며, 단체행동권에 있어서 쟁의행위는 핵심적인 것인데, 쟁의행위는 고용주의 업무에 지장을 초래하는 것을 당연한 전제로 하므로, 헌법상 기본권 행사에 본질적으로 수반되는 것으로서 **정당화될 수**

있는 업무의 지장 초래의 경우에는 당연히 업무방해죄의 구성요건에 해당하여 원칙적으로 불법한 것이라고 볼 수는 없다. 단체행동권의 행사로서 노동법상의 요건을 갖추어 헌법적으로 정당화되는 행위를 범죄행위의 구성요건에 해당하는 행위임을 인정하되, 다만 위법성을 조각하도록 한 취지라는 해석은 헌법상 기본권의 보호영역을 하위 법률을 통해 지나치게 축소시키는 것이기 때문이다.

대판 1992.3.27. 91다36307 임금이분설

쟁의행위로 인하여 사용자에게 근로를 제공하지 아니한 근로자는 일반적으로 근로의 대가인 임금을 구할 수는 없다 할 것이지만(무노동 무임금의 원칙), 구체적으로 지급청구권을 갖지 못하는 임금의 범위는 임금 중 사실상 근로를 제공한 데 대하여 받는 교환적 부분과 근로자로서의 지위에 기하여 받는 생활보장적 부분 중 전자만에 국한된다.

대판 1995.12.21. 94다26721 무노동 무임금원칙을 엄격히 해석한 판례

모든 임금은 근로의 대가로서 '근로자가 사용자의 지휘를 받으며 근로를 제공하는 것에 대한 보수'를 의미하므로 현실의 근로 제공을 전제로 하지 않고 단순히 근로자로서의 지위에 기하여 발생한다는 이른바 생활보장적 임금이란 있을 수 없고, 또한 우리 현행법상 임금을 사실상 근로를 제공한 데 대하여 지급받는 교환적 부분과 근로자로서의 지위에 기하여 받는 생활보장적 부분으로 2분할 아무런 법적 근거도 없다.

대판 2011.4.28. 2007도7514

구 지방공무원법 제58조 제1항에서 정하는 '노동운동 기타 공무 이외의 일을 위한 집단행위'는 공무에 속하지 아니하는 어떤 일을 위하여 공무원들이 하는 모든 집단적 행위를 의미하는 것이 아니라, 언론·출판·집회·결사의 자유를 보장하고 있는 헌법 제21조 제1항과 지방공무원법의 입법 취지, 지방공무원법상의 성실의무와 직무전념의무 등을 종합적으로 고려하여 '공익에 반하는 목적을 위하여 직무전념의무를 해태하는 등의 영향을 가져오는 집단적 행위'라고 해석하여야 한다.

제6절 환 경 권

I 구 먹는샘물관리법 제28조 제1항 위헌제청: 합헌(헌재 1998.12.24. 98헌가1)

쟁점 수질개선부담금의 법적 성질과 그 위헌성 여부

사건의 개요

청구인은 먹는샘물 제조업자인바, 구 먹는물관리법 제28조 제1항과 동법시행령 제8조 제2항에 따라 청구인이 판매한 먹는샘물 판매가액의 20%에 해당하는 수질개선부담금 부과처분에 대하여 그 부과처분의 취소를 구하는 소송을 제기한 후 그 근거법률에 대하여 지하수는 다양한 용도로 사용됨에도 불구하고 유독 먹는샘물 제조업자에 대해서만 수질개선부담금을 부과하는 것은 평등원칙에 위배되고, 먹는샘물 제조업자의 재산권과 직업선택의 자유를 침해하고 국민이 마시고 싶은 음료수를 자유롭게 선택할 권리를 빼앗아 행복추구권을 침해한다며 위헌심판제청신청을 하였고, 법원은 그 신청을 받아들여 위헌법률심판제청을 하였다.

심판의 대상

구 먹는물관리법 제28조 (수질개선부담금의 부과・징수) ① 환경처장관은 공공의 지하수자원을 보호하고 먹는물의 수질개선에 기여하게 하기 위하여 먹는샘물의 제조업자・수입판매업자로부터 먹는샘물판매가액의 100분의 20의 범위 안에서 대통령령이 정하는 율에 따라 수질개선부담금(이하 "부담금"이라 한다)을 부과・징수할 수 있다.

② 제1항의 규정에 의한 부담금의 부과대상, 부과금액, 부과・징수의 방법과 절차 기타 필요한 사항은 대통령령으로 정한다.

먹는물관리법시행령 제8조 (수질개선부담금의 부과) ① 법 제28조 제1항의 규정에 의한 먹는샘물판매가액은 먹는샘물제조업자 또는 수입판매업자가 판매한 가격에 판매수량을 곱한 금액으로 한다. (단서 생략)

② 법 제28조 제1항의 규정에 의한 수질개선부담금의 부과율은 100분의 20으로 한다.

주 문

구 먹는물관리법 제28조 제1항 중 먹는샘물제조업자에 관한 부분은 헌법에 위반되지 아니한다.

청구인들의 주장

지하수는 다양한 용도로 사용됨에도 불구하고 유독 먹는샘물 제조업자에 대해서만 수질개선부담금을 부과하는 것은 평등원칙에 위배되고, 먹는샘물 제조업자의 재산권과 직업선택의 자유를 침해하고 국민이 마시고 싶은 음료수를 자유롭게 선택할 권리를 빼앗아 행복추구권을 침해한다고 주장한다.

▢ 판 단

Ⅰ. 수질개선부담금의 법적 성격과 헌법적 한계

1. 수질개선부담금은 반대급부 없는 금전납부의무를 부담하게 한다는 점에서는 조세와 유사한 점도 있으나 그 법적 성격, 목적과 기능의 면에서 조세와는 근본적으로 다르다. 조세는 국민이 국가공동체의 일원으로서 국가의 일반적 과제 수행에 필요한 재정수요를 각자의 경제적 능력에 따라 반대급부 없이 염출하는 것임에 반하여, 수질개선부담금은 지하수자원 보호 및 먹는물의 수질개선이라는 특정한 행정과제의 수행을 위하여 그 과제에 대하여 특별하고 긴밀한 관계에 있는 특정집단에 대하여만 부과되는 조세외적 부담금이다.

이 사건 법률조항이 수질개선부담금을 부과하는 것은, 수원을 개발하고 지하수를 채취하여 이를 판매함으로써 공공자원인 지하수를 소모시킬 뿐만 아니라 그 과정에서 수자원오염이라는 환경침해를 일으키는 먹는샘물제조업자에게 재정적 부담을 지움으로써 환경을 고갈시키고 침해하는 기업활동을 억제하도록 간접적으로 유도함과 아울러 먹는물, 특히 수돗물 수질개선이라는 환경정책 실현을 위한 재원을 마련하고자 하는 것이다. 그러므로 수질개선부담금은 그 내용상 환경에 관한 부담금이고, 기능상으로는 정책목표 달성을 유도하고 조정하는 성격을 가진 부담금이다.

2. 현대행정의 다양성과 기술성, 복리행정의 확산으로 말미암아 조세와 같은 전통적 공과금만으로는 점증하는 행정수요에 제대로 대처하거나 복잡다기한 행정과제를 효율적으로 수행할 수 없게 되어 수질개선부담금과 같은 성격의 부담금을 부과할 필요성은 점차 늘어나고 있다. 특히 건설·교통·도시계획·환경 등의 부문에서는 명령·금지와 같은 직접적인 규제수단을 사용하는 대신에 부담금이라는 금전적 부담의 부과를 통하여 간접적으로 국민의 행위를 유도하고 조정함으로써 사회적·경제적 정책목적을 달성하는 것이 보다 효과적인 경우가 많다. 그렇다고 하여 국가가 행정과제 수행이라는 명분을 내세워 부담금을 원하는 대로 얼마든지 부과할 수 있다고 한다면 그로 인하여 국민의 경제적 자유나 재산권은 보호될 수 없는 것이다. 따라서 수질개선부담금과 같은 부담금을 부과함에 있어서는 평등원칙이나 비례성원칙과 같은 기본권제한입법의 한계를 준수하여야 함은 물론 이러한 부담금의 부과를 통하여 수행하고자 하는 특정한 사회적·경제적 과제에 대하여 조세외적 부담을 지울만큼 특별하고 긴밀한 관계가 있는 특정집단에 국한하여 부과되어야 하고, 이와 같이 부과·징수된 부담금은 그 특정과제의 수행을 위하여 별도로 관리·지출되어야 하며 국가의 일반적 재정수입에 포함시켜 일반적 국가과제를 수행하는데 사용되어서는 아니된다. 그렇지 않으면 국가가 조세저항을 회피하기 위한 수단으로 부담금이라는 형식을 남용할 수 있기 때문이다.

그러므로 이 사건 법률조항에 의한 수질개선부담금의 부과가 과연 이러한 헌법적 한계를 준수한 것인지 차례로 살펴본다.

Ⅱ. 평등원칙의 위반여부

1. 최후의 수자원이라고 불리우는 지하수는 공공의 자원이고, 적절한 관리·보전없이는 고갈되고 마는 유한한 자원이다. 국가는 이와 같이 귀중한 지하수자원이 무분별한 개발행위로 고갈·오염되는 것을 방지하기 위하여 이 법과 지하수법 등 관련법규를 통하여 지하수의 관리·보전에 나서고 있고 이 사건 법률조항은 이러한 국가환경정책의 일환으로 수질개선부담금을 부과함으로써 먹

는샘물용으로 지하수가 과도하게 개발되는 것을 규제하고자 하는 것이다.

한편 이 사건 법률조항은 국가의 음용수 정책과 밀접한 관련이 있다. 음용수에 관하여 수돗물 우선정책을 추진할 것인지, 수돗물과 먹는샘물 간에 자유경쟁관계를 유지할 것인지, 혹은 먹는샘물 우선정책을 채택할 것인지는 중요한 정책의 과제로서 국가의 정책형성권에 맡겨져 있다 할 것이므로, 국가는 합리적이라고 판단되는 음용수 정책을 선택하여 시행할 수 있는 것이다. 현재 우리나라는 국가가 수돗물의 질을 개선하여 저렴하게 공급한다는 수돗물 우선정책을 택하고 있는바, 우리나라의 자연환경, 수자원의 현황, 국민의 소득수준 등의 여러 요소와 사정을 종합적으로 고려하여 수돗물 우선정책을 선택한 국가의 판단이 명백히 자의적이거나 불합리하다고 보이지 아니한다면 원칙적으로 존중되어야 하는 것이다. 이 사건 법률조항은 이러한 맥락에서 수돗물과 대체관계에 있는 먹는샘물의 개발 및 소비를 상대적으로 억제함과 아울러 징수된 수질개선부담금으로 수돗물 수질개선사업을 재정적으로 뒷받침하고자 하는 데 그 입법목적이 있는 것으로 보인다.

2. 그렇다면 이 사건 법률조항이 특별히 먹는샘물제조업자에 대해서만 수질개선부담금을 부과하고 있는데, 이러한 선별적 부담금 부과에 합리적 이유가 있는지 본다.

지하수는 먹는샘물용으로뿐만 아니라 생활용수, 농업용수, 공업용수 등 다양한 용도로 사용되나, 먹는샘물용으로 지하수를 사용하는 것은 지하수를 이용하는 여타의 경우와는 다른 독특한 특성을 지니고 있다. 통상 수돗물이 공급되지 아니하는 경우에 생활용수로서 지하수를 사용하는 것이 일반적 현상인 것이고 이 경우의 지하수는 수돗물에 대한 보완적 기능을 하게 된다. 한편 논농사를 위주로 하는 우리 농업의 특성상 지하수를 농업용수로 이용하는 것은 자연적이고 불가피한 현상이다. 뿐만 아니라 농·공업용의 경우 생산과 산업을 위하여 지하수를 이용한다는 점에서 영업상의 판매를 목적으로 지하수를 사용하는 먹는샘물의 경우와 차이가 있다. 이와 같이 생활용수나 농·공업용으로 지하수를 이용하는 것은 지하수 이용이 불가피하거나 수돗물의 보급이 불충분하여 부득이 지하수를 이용하게 되는 것이고, 또한 국가의 수돗물 우선정책과 상반되는 관계에 있는 것도 아니다. 이와는 달리 먹는샘물은 수돗물과 마찬가지로 음용수로 사용된다는 점에서 수돗물과 대체적·경쟁적 관계에 있어서, 먹는샘물이 음용수로 보편화되면 그만큼 수돗물 정책이 위축되는 관계에 있다. 국가의 수돗물 우선정책과 병행하여 민간기업이 먹는샘물의 개발과 보급에 대거 참여한다면 음용수에 대한 투자가 중복되어 국가자원 배분의 효율성면에서도 바람직하지 아니하다. 그리고 비록 현재의 먹는샘물용 지하수 이용량이 연간 총 이용량의 근소한 부분을 차지하는 데 그치고 있다 하더라도 음용수로 수돗물 대신에 먹는샘물을 이용하는 것이 일반화될 경우에는 먹는샘물용 지하수 개발 및 취수는 기하급수적으로 증가되어 그만큼 지하수자원의 고갈 및 오염의 우려가 높아진다. 또한 수돗물은 가격면에서 먹는샘물에 비하여 현저히 저렴하다. 그리하여 국민의 대다수가 수돗물을 음용수로 이용하고 있는 상황에서(이 사건 기록에 의하면 1997년도의 경우 서울시민 중 약 80%의 시민이 수돗물을, 약 11%의 시민이 먹는샘물을, 약 9%의 시민이 약수터물을 음용수로 이용한다고 한다) 수돗물 우선정책이 포기되거나 제대로 실현되지 아니한다면 수돗물을 이용하는 대다수 국민의 먹는물 비용부담을 증가시키게 되고, 특히 먹는샘물을 선택할 경제적 능력이 부족한 저소득층 국민들은 질낮은 수돗물을 마시지 아니할 수 없는 결과를 초래하게 된다. 한편 주류·청량음료 제조업자도 지하수를 사용하지만 주류·청량음료는 기호품으로서 그 수요의 증가에 한계가 있고, 주류·청량음료 제조업자 중 지하수를 사용하는 업체의 비율도 낮을 뿐 아니라 제품에서 지하수가 차지하는 비중도 낮아 지하수자원의 고갈에 미치는 영향이 일정하며, 먹는샘물만큼 잠재적 위험성을 내포하고 있지 아니하다. 또 주류·청량음료 제조·판매에 대하여는 주세, 특별소비세, 교육세 등 조세적 형태로 상당히 무거운 부담을 지우고 있으므로, 이를 통하여 간접적으로 지하수 이용이 억제되고 있는 것이다.

입법자는 이와 같은 여러 가지 사정을 종합적으로 고려하여 지하수자원 보전 및 수돗물 우선정책에 직접적이고도 이해상반의 관계에 있는 먹는샘물제조업자만을 선택, 그에 대하여 부담금을 부과한 것이므로, 거기에는 합리적 이유가 있다고 할 것이고, 따라서 평등원칙에 위배되는 것이라 볼 수 없다. 제청신청인들이 주장하는 바와 같이 전체 지하수 이용량 중 먹는샘물제조업자가 차지하는 비중이 현재 미미하다는 점만으로 다른 지하수 이용자에 비하여 자의적 차별을 가하는 것이라 할 수 없다.

3. 헌법 제11조 제1항이 규정하는 평등의 원칙은 국가가 언제 어디에서 어떤 계층을 대상으로 하여 기본권에 관한 상황이나 제도의 개선을 시작할 것인지를 선택하는 것을 방해하지는 아니한다. 그것이 허용되지 아니한다면, 모든 사항과 계층을 대상으로 하여 동시에 제도의 개선을 추진하는 예외적 경우를 제외하고는 어떠한 제도의 개선도 평등의 원칙 때문에 그 시행이 불가능하다는 결과에 이르게 되어 불합리할 뿐 아니라 평등의 원칙이 실현하고자 하는 가치와도 어긋나기 때문이다. 입법자는 수돗물 우선정책과 대치되는 관계에 있고, 지하수자원에 대한 환경위해적 영향이 잠재적으로 가장 크다고 판단한 먹는샘물제조업자를 정책시행의 우선적 대상으로 선택하였고, 이에는 위에서 본 바와 같은 합리적 이유가 있으므로 지하수를 이용하는 다른 집단에 대하여 수질개선부담금을 부과하지 아니하고 있다는 이유만으로 평등원칙 위반이라 할 수 없다. 실제로 입법자는 1997. 8. 28. 법률 제5394호로 개정된 먹는물관리법 제28조에서 주류·청량음료제조업자들에게도 수질개선부담금을 부과하도록 하고 있는바, 향후 필요에 따라 다른 지하수 이용자들에게도 수질개선부담금을 부과할 수 있을 것이다.

Ⅲ. 비례성원칙의 위반여부

1. 이 사건 법률조항은 먹는샘물제조업자에게 먹는샘물판매가액의 100분의 20의 범위안에서 수질개선부담금을 부과·징수하도록 하는 것으로서, 먹는샘물제조업자들의 직업의 자유와 재산권에 제한을 가하고 있다. 따라서 그 제한은 헌법 제37조 제2항에 따라 비례성의 원칙에 부합하여야 하는 것이다.

2. 먼저 지하수자원의 보전과 먹는물의 수질개선이라는 입법목적을 달성하기 위하여 국가는 여러 가지 직·간접적인 행정수단을 동원할 수 있음에도 불구하고 이 사건 법률조항은 먹는샘물제조업자에게 수질개선부담금을 부과하는 방법을 택하고 있는바, 과연 그 방법이 적정한 것인지 여부를 본다.

헌법 제120조는 제1항에서 "광물 기타 중요한 지하자원·수산자원·수력과 경제상 이용할 수 있는 자연력은 법률이 정하는 바에 의하여 일정한 기간 그 채취·개발 또는 이용을 특허할 수 있다"고 하고, 제2항에서 "국토와 자원은 국가의 보호를 받으며, 국가는 그 균형있는 개발과 이용을 위하여 필요한 계획을 수립한다"고 규정하고 있다. 이 헌법조항에 따라 국가는 자연자원에 관한 강력한 규제권한을 가지는 한편 자연자원에 대한 보호의무를 지게 되었다. 그러므로 자연자원인 지하수의 이용에 관하여 부담금 부과라는 수단을 동원하더라도 그것이 자연자원에 관한 국가적 보호조치의 일환으로서 의도되었고 그 방법상 다른 헌법상의 한계를 일탈하지 아니한다면 우리 헌법상 허용된다고 할 것이다.

또한 헌법 제35조 제1항은 "모든 국민은 건강하고 쾌적한 환경에서 생활할 권리를 가지며, 국가와 국민은 환경보전을 위하여 노력하여야 한다"고 규정하여, 국민의 환경권을 보장함과 아울러 국가와 국민에게 환경보전을 위하여 노력할 의무를 부과하고 있다. 이 헌법조항은 환경정책에 관한 국가적 규제와 조정을 뒷받침하는 헌법적 근거가 되며, 국가는 환경정책 실현을 위한 재원마련과 환경침해적 행위를 억제하고 환경보전에 적합한 행위를 유도하기 위한 수단으로 수질개선부담금과 같은 환경부담금을 부과·징수하는 방법을 선택할 수 있는 것이다.

따라서 이 사건 법률조항에서 특별히 먹는샘물제조업자라는 집단을 선정하여 수질개선부담금을 부과한 것도 타당성이 있다 할 것이다. 먹는샘물제조업자들은 먹는샘물을 제조·판매한다는 점에서 일반인과 구별되는 동질성을 지닌 특정한 사회적 집단이고, 부담금 징수로 추구하는 지하수자원 보전 및 먹는물, 특히 수돗물 수질개선이라는 목적과 먹는샘물제조·판매행위는 긴밀한 관계에 놓여 있기 때문이다. 지하수를 이용하는 다른 집단이나 일반인과는 달리 이들은 수돗물과 대체적·경쟁적 관계에 놓여있는 먹는샘물을 제조·판매함으로 인하여 지하수 보전 및 수돗물 우선정책에 대한 특별한 위험을 야기하는 집단이고 그만큼 부담금이라는 재정적 부담을 지울 수 있을 만한 특별한 관계에 있는 것이다. 먹는샘물제조업자와 이 사건 법률조항이 추구하는 공익목적간에 특별한 이해관계가 존재하지 아니한다는 전제하에 이 사건 법률조항이 정당한 근거 없이 국민에게 경제적 부담을 지우는 것으로서 재산권을 침해한다고 하는 제청신청인들의 주장은 타당하지 아니하다.

마지막으로 이 사건 법률조항에 따라 징수한 수질개선부담금은 조세와는 달리 국가의 일반세입으로 들어가지 아니하고, 환경개선특별회계의 세입으로 된다(법 제28조 제4항). 이 회계의 세입은 환경개선특별회계법 제4조에 따라 수돗물 수질개선과 같은 국가환경개선사업, 지방자치단체의 환경개선사업 지원 등의 용도로 사용된다. 그렇다면 이 사건 법률조항에 의한 수질개선부담금제도는 규제의 형식, 규제를 받는 대상자의 선정, 징수된 부담금의 사용 등 어느 면에서 보아도 지하수자원 보전 및 먹는물 수질개선이라는 입법목적 달성을 위하여 선택한 적정한 수단이라고 인정된다.

3. 먹는샘물판매가액을 기준으로 최고 20%의 부담금을 부과·징수하는 것이 입법목적 달성에 필요한 정도를 벗어난 과잉징수인지 여부를 본다.

제청신청인들은 먹는샘물제조에 사용된 지하수의 가액을 기준으로 삼지 아니하고 판매가액을 기준으로 삼아 수질개선부담금을 부과하는 것은 부당하다고 주장한다. 그러나 먹는샘물이라는 상품의 특성상 판매가액을 부담금 부과의 기준으로 삼을 것인지, 지하수의 가액을 기준으로 삼을 것인지는 법기술상의 선택의 문제에 불과하다. 주류의 경우 지하수는 주정, 보리, 호프, 포도당 등 여러 가지 원료 중의 일부에 불과하고, 청량음료의 경우에도 각종 과실·채소의 착즙액 및 농축액 등의 여러 원료가 투입되는 반면, 먹는샘물의 경우에는 지하수 그 자체가 상품내용의 전부를 이루고 상품가치를 결정한다. 단순화해서 보면 먹는샘물은 지하수를 용기에 담음으로써 곧 상품화가 되므로,

지하수가액이 먹는샘물의 총생산비에서 차지하는 비중은 극히 단순하고 일률적이다. 따라서 판매가액을 기준으로 삼았다 하더라도 이는 지하수가 먹는샘물에서 차지하는 가액의 비율을 적절히 고려한 것이라고 할 것이다. 결국 판매가액을 기준으로 삼을 것인지, 지하수 가액을 기준으로 삼을 것인지는 입법자가 재량으로 선택할 수 있는 문제이므로 현저히 부당하지 아니하는 한 판매가액을 기준으로 삼은 것 자체가 부당하다고 할 수는 없다. 또한 제청신청인들은 먹는샘물제조업자가 지하수자원에 미치는 영향의 범위내에서 혹은 먹는샘물의 판매를 통해 얻는 이득의 범위내에서 수질개선부담금의 비율이 결정되어야 한다고 주장한다. 그러나 수질개선부담금은 특정 공익사업으로부터 특별한 이익을 얻는 사람에 대하여 그 수익의 한도내에서 그 사업의 경비를 부담시키고자 하는 부담금(이른바 수익자부담금)이 아니며, 특정한 공익사업의 시행이 필요하도록 원인을 조성한 사람에 대하여 그 사업비용을 부담시키고자 하는 부담금(이른바 원인자부담금)도 아니다. 수질개선부담금은 수돗물과 대체관계에 있는 먹는샘물의 개발 및 소비를 상대적으로 억제함으로써 지하수자원을 보호함과 아울러 징수된 수질개선부담금으로 수돗물 수질개선사업을 재정적으로 뒷받침하고자 하는 부담금이다. 따라서 수질개선부담금의 비율을 산정함에 있어서 수익 혹은 원인제공의 한도라는 기준에 얽매일 필요 없이 지하수자원 보전과 수돗물 개선사업이라는 환경정책의 달성에 효율적인 비율의 부담금을 책정할 수 있는 것이다. 다만, 그 비율이 필요이상으로 지나치게 높아서는 아니 되므로 판매가액의 최고 20%라는 수질개선부담금의 부과율이 헌법상 용인될 수 없을 정도로 지나치게 높은 것인지를 본다.

수질개선부담금은 금전적 부담을 통하여 간접적으로 국민의 행위를 유도하고 조정함으로써 지하수자원 보전과 수돗물 개선사업이라는 목적을 달성하려는 것이므로, 입법자는 그러한 공익목적과 국민의 사익을 적절히 형량하여 합리적이라고 판단되는 비율의 부담금을 책정할 수 있다 할 것이고, 그것이 현저히 자의적이거나 불합리하지 않은 한 존중되어야 한다. 특히 지하수는 자연자원으로서 유한한 공공재이고, 우리의 후손에까지 물려줘야 할 최후의 수자원이므로 그 보전과 관리를 위하여 국가는 강한 행정적 규제를 가할 수 있으며, 헌법 제120조가 지하자원의 채취·개발 또는 이용에 관하여 특허제도까지도 예정하고 있음은 위에서 이미 지적한 바와 같으므로, 이렇듯 소중한 지하수자원을 소모해 가면서 상업적 이윤을 획득하는 먹는샘물제조업에 대하여는 상당한 정도 고율의 부담금을 부과하더라도 헌법상 용인된다고 할 것이다. 그렇다면 먹는샘물제조업 자체를 허용하면서 단지 판매가액의 최고 20%의 한도에서 부담금을 부과하도록 한 이 사건 법률조항을 두고 헌법재판소가 관여할 정도로 현저히 자의적이거나 과도한 비율의 부담금을 책정한 것이라 볼 사정이 없다. 이 사건 기록에 의하건대, 이 사건 법률조항에 의한 수질개선부담금제도의 시행 이후에도 먹는샘물의 총판매량은 해마다 꾸준히 증가하고 있으며, 먹는샘물제조업체의 수도 현재 수십개에 달하고 있으므로, 설사 수질개선부담금이 경영상 어느 정도 부담이 된다고 하더라도 그 점만으로는 수질개선부담금의 부과율이 위헌이라고 볼 정도로 지나치게 높다고 할 수 없다. 참고로 부담금은 아니지만 소비를 억제한다는 점에서는 수질개선부담금과 맥락을 같이 하는 주세의 경우를 보면, 출고가격에 대하여 맥주는 100분의 130, 희석식 소주는 100분의 35, 청주는 100분의 70, 위스키류는 100분의 100의 각 세율을 적용하여 부과하고 있음을 알 수 있다(주세법 제19조 제2항).

4. 그렇다면 이 사건 법률조항은 먹는샘물제조업자의 재산권이나 기업활동의 자유를 필요이상

지나치게 제약함으로써 헌법에 위반되는 것이라고는 볼 수 없다.

Ⅳ. 행복추구권의 침해여부

자신이 마실 물을 선택할 자유, 수돗물 대신 먹는샘물을 음용수로 이용할 자유는 헌법 제10조에 규정된 행복추구권의 내용을 이룬다. 그런데 먹는샘물제조업자에게 부과되는 수질개선부담금은 먹는샘물 판매가격의 상승을 초래하여 결국 소비자의 부담으로 전가될 가능성을 내포하고 있고, 그리하여 그만큼 먹는샘물을 음용수로 선택할 국민의 행복추구권에 영향을 미치게 될 소지가 있다. 그러나 이 사건 법률조항은 먹는샘물에 대한 선택권을 박탈하거나 봉쇄하는 것이 아니고 국민에게 먹는샘물에 대한 원칙적 선택권을 인정하는 가운데 가격전가를 통하여 먹는샘물의 소비자에게 경제적 부담을 가하는 것에 그치고 있으며, 그 부담의 정도도 지나치지 아니하다. 더욱이 먹는샘물을 마시는 사람은 유한재화인 지하수, 즉 환경재화를 소비하는 사람이므로 이들에 대하여 환경보전에 대한 비용을 부담하게 할 수도 있다는 점을 감안한다면 이 사건 법률조항이 국민의 행복추구권을 침해하는 것이라고 볼 수는 없다고 할 것이다.

Ⅴ. 결　론

이상과 같은 이유로 이 사건 법률조항은 헌법에 위반되지 아니한다고 할 것이므로 관여재판관 전원의 일치된 의견으로 주문과 같이 결정한다.

⚜ 본 판례에 대한 평가 　헌법재판소는 과밀부담금, 수신료, 수질개선부담금 등을 특별부담금으로 보면서, 이러한 특별부담금은 그 성질상 조세와 구별되는 것으로 파악하고 있다. 다만 이러한 특별부담금에 있어서도 법률의 근거가 있어야 하지만, 이것은 조세법률주의의 내용이라기보다 국민의 재산권에 대한 제한에 필요한 법률유보원칙의 내용으로 이해하고 있다. 즉 조세나 부담금과 같은 전통적인 공과금체계로는 현대국가의 새로운 행정수요에 원활하게 대처할 수 없기 때문에 특별부담금이라는 새로운 유형의 공과금을 도입할 필요성이 인정되고, 우리 헌법 제37조 제2항에 의하면 국민의 모든 자유와 권리는 국가안전보장・질서유지 또는 공공복리를 위하여 필요한 경우에 한하여 법률로써 제한할 수 있도록 하고 있으므로, 국민의 재산권을 제한하는 특별부담금제도를 도입하는 것 자체는 헌법상 문제가 없다.

관련 문헌: 고문현, "헌법상 환경조항에 관한 연구: 국가목표조항과 기본권조항의 비교를 중심으로", 서울대학교 박사학위논문, 1999.

대판 1997.7.22. 96다56153
사찰로부터 6m의 이격거리를 둔 채 높이 87.5m의 19층 고층빌딩을 건축 중인 자에 대하여 사찰의 환경이익 침해를 이유로 전체 건물 중 16층부터 19층까지의 공사를 금지시킨 사례

(1) 인접 대지에 건물이 건축됨으로 인하여 입는 환경 등 생활이익의 침해를 이유로 건축공사의 금지를 청구하는 경우, 그 침해가 사회통념상 일반적으로 수인할 정도를 넘어서는지의 여부는 피해의 성질 및 정도, 피해이익의 공공성, 가해행위의 태양, 가해행위의 공공성, 가해자의 방지조치 또는 손해회피의 가능성, 인・허가관계 등 공법상 기준에의 적합 여부, 지역성, 토지이용의 선후관계 등 모든 사정을 종합적으로 고려하여 판단하여야 한다.

(2) **환경권은 명문의 법률규정이나 관계 법령의 규정 취지 및 조리에 비추어 권리의 주체, 대상, 내용, 행사 방법**

등이 구체적으로 정립될 수 있어야만 인정되는 것이므로, 사법상의 권리로서의 환경권을 인정하는 명문의 규정이 없는데도 환경권에 기하여 직접 방해배제청구권을 인정할 수 없다.

(3) 어느 토지나 건물의 소유자가 종전부터 향유하고 있던 경관이나 조망, 조용하고 쾌적한 종교적 환경 등이 그에게 하나의 생활이익으로서의 가치를 가지고 있다고 객관적으로 인정된다면 법적인 보호의 대상이 될 수 있는 것이라 할 것이므로, 인접 대지에 건물을 신축함으로써 그와 같은 생활이익이 침해되고 그 침해가 사회통념상 일반적으로 수인할 정도를 넘어선다고 인정되는 경우에는 토지 등의 소유자는 소유권에 기하여 방해의 제거나 예방을 위하여 필요한 청구를 할 수 있고, 이와 같은 청구를 하기 위한 요건으로서 반드시 건물이 문화재보호법이나 건축법 등의 관계 규정에 위반하여 건축되거나 또는 그 건축으로 인하여 소유자의 토지 안에 있는 문화재 등에 대하여 직접적인 침해가 있거나 그 우려가 있을 것을 요하는 것은 아니다.

대판 1995.5.23. 94마2218

(1) 헌법 제35조 제1항은 환경권을 기본권의 하나로 승인하고 있으므로, 사법의 해석과 적용에 있어서도 이러한 기본권이 충분히 보장되도록 배려하여야 하나, 헌법상의 기본권으로서의 환경권에 관한 위 규정만으로서는 그 보호대상인 환경의 내용과 범위, 권리의 주체가 되는 권리자의 범위 등이 명확하지 못하여 이 규정이 개개의 국민에게 직접으로 구체적인 사법상의 권리를 부여한 것이라고 보기는 어렵고, 사법적 권리인 환경권을 인정하면 그 상대방의 활동의 자유와 권리를 불가피하게 제약할 수밖에 없으므로, **사법상의 권리로서의 환경권이 인정되려면 그에 관한 명문의 법률규정이 있거나 관계 법령의 규정취지나 조리에 비추어 권리의 주체, 대상, 내용, 행사방법 등이 구체적으로 정립될 수 있어야 한다.**

(2) 도시공원법상 근린공원으로 지정된 공원은 일반 주민들이 다른 사람의 공동 사용을 방해하지 않는 한 자유로이 이용할 수 있지만 그러한 사정만으로 인근 주민들이 누구에게나 주장할 수 있는 공원이용권이라는 배타적인 권리를 취득하였다고는 할 수 없고, 골프연습장 설치인가처분에 하자가 있다는 이유만으로는 근린공원 내의 개인 소유 토지상에 골프연습장을 설치하는 것이 인근 주민들에 대한 불법행위가 된다고 할 수도 없다.

대판 1994.3.8. 92누1728: 풀무원샘물 생수시판금지

보존 음료수의 국내 판매를 금지하는 것이 헌법에 위반되는지 여부(적극)

헌법 제15조는 국민의 기본적 인권의 하나로서 직업선택의 자유를 보장하고 있는데, 이 규정에 의하여 보장되는 자유 가운데에는 본래의 의미에서의 직업선택의 자유뿐만 아니라 선택한 직업에 종사하면서 그 활동의 내용·태양 등에 관하여도 원칙적으로 자유로이 결정할 수 있는 직업활동의 자유도 포함된다 할 것이고, 직업은 그 종류·성질·내용·사회적 의의 및 영향이 각양각색이어서 그 규제를 요구하는 사회적인 이유나 목적도 천차만별이고 그 중요성도 꼭 같지 않아 직업의 자유에 대한 제한도 구체적인 경우에 따라 다양한 형태를 취하게 되기 때문에 그것이 위헌인지의 여부도 일률적으로 논할 수는 없고 구체적인 제한조치에 관하여 제한의 목적 필요성 내용과 그것에 의하여 제한되는 직업의 자유의 성질 내용 및 제한의 정도 방법 등을 검토하고 이들을 비교교량하여 신중하게 결정하여야 할 것이며, 직업의 자유에 대한 제한이 직업의 선택 자체는 제한하지 않으면서 직업활동의 내용이나 태양만을 제한하는 것일 때에는 직업선택의 자유를 제한하는 것보다는 제한의 정도가 가볍다고 할 것이고 따라서 자유를 제한할 수 있는 범위도 커서 비교적 용이하게 제한의 필요성과 합리성을 긍정할 수 있겠지만, 형식적으로는 직업활동의 자유를 제한하는 것처럼 보이더라도 실질에 있어서는 직업선택의 자유를 제한하는 것과 다를 바가 없을 정도로 직업활동의 자유를 크게 제한할 경우에는 그 제한의 합리성을 쉽게 긍정하여서는 안 되고, 개인의 자유보다 우월한 매우 중요한 공공의 이익을 보호하기 위하여 그와 같은 제한이 필요하다고 인정되는 경우에만 그 제한을 합헌적인 것으로 보아야 한다.

보존음료수의 국내판매를 금지함으로써 잠재적인 판매시장의 거의 대부분을 폐쇄한다는 것은 실질적으로 보존음료수제조업의 허가를 전면적으로 허용하면서 그 허가의 요건을 한정하는 것(이는 직업선택의 자유를 제한하는 경우에 해당한다)에 못지않는 큰 제한으로서, 직업선택의 자유를 제한하는 것과 다를 바 없는 영업의 자유에 대한 중대한 제한이고, 영업의 자유를 제한하는 내용에 있어서도 국내판매를 완전히 금지하여 어느 경우에도 예외를 인정하지 않고 있으므로, 그 제한의 정도가 절대적인 것이어서 직업의 자유를 심하게 제한하고 있다고 하지 않을 수 없다.

수돗물에 대한 국민의 불안감은 근본적으로 국민이 수돗물의 질을 믿지 못하는 데서 생긴다고 보아야 할 것이므로, 보존음료수의 국내판매와 수돗물에 대한 국민의 불안감 사이에 연관성이 있다고는 인정되지 아니하며, 보존음료수의 국내판매와 수돗물에 대한 국민의 불안감 사이에 연관성이 있는 것으로 인정된다고 하더라도, 그와 같은 이유만으로 보존음료수를 주한외국인에게만 판매하도록 허용하고 국내판매를 완전히 금지할 정도로 보존음료수제조업의 허가를 받은 자들의 직업의 자유를 강력하게 제한하는 것을 정당한 것으로 볼 수 있을는지도 의문이고, 보존음료수의 국내판매를 금지하는 것이 수돗물에 대한 국민의 불안감을 해소시키기 위한 필요하고도 적절한 방법이라고 할 수 없으므로, **보존음료수의 국내판매를 금지하는 것은, 보존음료수제조업의 허가를 받은 자의 헌법상 보장된 기본권인 직업의 자유를 침해하는 것으로서 헌법에 위반될 뿐 아니라** 식품위생법의 목적(제1조)에 비추어 보더라도, 보건사회부장관이 구 식품위생법 제23조의3 제4호나 현행 식품위생법 제24조 제1항 제4호에 따라 보존음료수제조업의 허가를 받는 자의 직업의 자유를 제한하는 고시를 발한 것이, 질서유지나 공공복리를 위하여 꼭 필요하고 합리적인 것이라고 볼 수도 없으므로, **위 고시는 효력이 없다**.

대판(전합) 2008.4.17. 2006다35865

일조방해의 개념 및 위법한 건축행위로 일조방해가 발생한 경우 손해배상청구권의 소멸시효 기산점

토지의 소유자 등이 종전부터 향유하던 일조이익이 객관적인 생활이익으로서 가치가 있다고 인정되면 법적인 보호의 대상이 될 수 있는데, 그 인근에서 건물이나 구조물 등이 신축됨으로 인하여 햇빛이 차단되어 생기는 그늘, 즉 일영(日影)이 증가함으로써 해당 토지에서 종래 향유하던 일조량이 감소하는 일조방해가 발생한 경우, 그 일조방해의 정도, 피해이익의 법적 성질, 가해 건물의 용도, 지역성, 토지이용의 선후관계, 가해 방지 및 피해 회피의 가능성, 공법적 규제의 위반 여부, 교섭 경과 등 모든 사정을 종합적으로 고려하여 **사회통념상 일반적으로 해당 토지 소유자의 수인한도를 넘게 되면 그 건축행위는 정당한 권리행사의 범위를 벗어나 사법상 위법한 가해행위로 평가된다**.

일반적으로 위법한 건축행위에 의하여 건물 등이 준공되거나 외부골조공사가 완료되면 그 건축행위에 따른 일영의 증가는 더 이상 발생하지 않게 되고 해당 토지의 소유자는 그 시점에 이러한 일조방해행위로 인하여 현재 또는 장래에 발생 가능한 재산상 손해나 정신적 손해 등을 예견할 수 있다고 할 것이므로, 이러한 손해배상청구권에 관한 민법 제766조 제1항 소정의 소멸시효는 원칙적으로 그 때부터 진행한다. 다만, 위와 같은 일조방해로 인하여 건물 등의 소유자 내지 실질적 처분권자가 피해자에 대하여 건물 등의 전부 또는 일부에 대한 철거의무를 부담하는 경우가 있다면, 이러한 철거의무를 계속적으로 이행하지 않는 부작위는 새로운 불법행위가 되고 그 손해는 날마다 새로운 불법행위에 기하여 발생하는 것이므로 **피해자가 그 각 손해를 안 때로부터 각별로 소멸시효가 진행한다**.

(대법관 고현철, 김영란, 이홍훈, 김능환의 반대의견) 일조방해란 태양의 직사광선이 차단되는 불이익을 말하는 것이고, 그 일조방해의 정도가 사회통념상 일반적으로 인용하는 수인한도를 넘게 되면 사법상 **위법한 가해행위로 평가된다. 헌법 제35조 제1항에 비추어 볼 때, 위법한 일조방해는 단순한 재산권의 침해에 그치는 것이 아니라 건강하고 쾌적한 환경에서 생활할 개인의 인격권을 침해하는 성격도 지니고 있다.** 위법한 일조방해행위로 인한 피해 부동산의 시세 하락 등 재산상의 손해는 특별한 사정이 없는 한 가해 건물이 완성될 때 일회적으로 발생한다고 볼 수 있으나, 위법한 일조방해로 직사광선이 차단되는 등 생활환경이 악화됨으로써 피해 건물의 거주자가 입게 되는 정신적 손해는 가해 건물이 존속하는 한 날마다 계속적으로 발생한다고 보아야 하므로, 그 위자료 청구권의 소멸시효는 가해 건물이 피해 부동산의 일조를 방해하는 상태로 존속하는 한 날마다 개별적으로 진행한다.

대판 1991.7.23. 89다카1275; 대판 1974.6.11. 73다1691

(1) 일반적으로 불법행위로 인한 손해배상청구사건에 있어서 가해행위와 손해발생 간의 인과관계의 입증책임은 청

구자인 피해자가 부담하나, 대기오염에 의한 공해를 원인으로 하는 손해배상청구소송에 있어서는 기업이 배출한 원인물질이 대기를 매개로 간접적으로 손해를 끼치는 경우가 많고 공해문제에 관하여는 현재의 과학수준으로 해명할 수 없는 분야가 있기 때문에 가해행위와 손해발생 간의 인과관계의 과정을 모두 자연과학적으로 증명하는 것은 극난 내지 불가능한 경우가 대부분인 점 등에 비추어 가해기업이 배출한 어떤 유해한 원인물질이 피해물건에 도달하여 손해가 발생하였다면 가해자측에서 그 무해함을 입증하지 못하는 한 책임을 면할 수 없다고 봄이 사회형평의 관념에 적합하다.

(2) 농장의 관상수들이 고사하게 된 직접원인은 한파로 인한 동해이지만 인근 공장에서 배출된 아황산가스의 일부가 대기를 통하여 위 농장에 도달됨으로 인하여 유황이 잎 내에 축적되어 수목의 성장에 장해가 됨으로써 동해에 상조작용을 한 경우에 있어 공장주의 손해배상책임을 인정한 사례

(3) **공장에서 배출된 오염물질(아황산가스)의 농도가 환경보전법에 의하여 허용된 기준치 이내라 하더라도 그 유해의 정도가 통상의 수인한도를 넘어 인근 농장의 관상수를 고사케하는 한 원인이 되었다면 그 배출행위로 인한 손해배상책임을 면치 못한다.**

대판 1979.1.23. 78다1653; 대판 1984.6.12. 81다558

공해문제의 경우에 적용되는 개연성 이론

일반적으로 불법행위로 인한 손해배상청구사건에 있어서 가해행위와 손해발생 간의 인과관계의 입증책임은 청구자인 피해자가 부담하나, 수질오탁으로 인한 이 사건과 같은 공해로 인한 손해배상청구 소송에 있어서는 기업이 배출한 원인물질이 물을 매체로 간접적으로 손해를 끼치는 수가 많고 공해문제에 관하여는 현재의 과학수준으로 해명할 수 없는 분야가 있기 때문에 가해행위와 손해발생 간의 인과관계의 고리를 모두 자연과학적으로 증명하는 것은 곤란 내지 불가능한 경우가 대부분이므로 피해자에게 사실적 인과관계의 존재에 관한 엄밀한 과학적 증명을 요구함은 공해의 사법적 구제의 사실상 거부가 될 우려가 있는 반면에 가해기업은 기술적 경제적으로 피해자 보다 원인조사가 훨씬 용이할 뿐 아니라 그 원인을 은폐할 염려가 있어, 가해기업이 배출한 어떤 유해한 원인물질이 피해물건에 도달하여 손해가 발생하였다면 **가해자측에서 그 무해함을 입증하지 못하는 한 책임을 면할 수 없다고 봄이 사회형평의 관념에 적합하다.**

대판 2009.10.29. 2009다42666

공해소송의 입증책임

공해소송에서 피해자에게 인과관계를 과학적으로 엄밀히 증명하도록 요구하는 것은 공해로 인한 사법적 구제를 사실상 거부하는 결과가 될 우려가 있는 반면 가해기업은 기술적·경제적으로 피해자보다 훨씬 원인조사가 용이한 경우가 많고 원인을 은폐할 염려가 있다. … **가해기업이 어떠한 유해원인물질을 배출해 피해물건에 손해가 발생했다면 가해자측에서 무해성을 입증하지 못하는 한 책임을 면할 수 없다.**

SOFA 제5조2항은 주한미군에 대한 국가의 시설제공의무와 주한미군의 시설사용과 관련된 제3자의 청구권에서의 한국과 미합중국 사이의 관계를 규정한 것에 불과하므로, 이는 주한미군시설 등 사용과 관련된 불법행위의 피해자에 대한 국가의 면책근거규정이 될 수는 없다.

Ⅱ | 입법부작위 위헌확인(공직선거에서의 확성장치 사용사건): 기각(헌재 2008.7.31. 2006헌마711)

쟁점 1. 공직선거법에서 확성장치 사용 등에 따른 소음제한기준을 두고 있지 않은 입법부작위의 법적 성격

2. 공직선거에서 발생하는 소음으로 인한 환경권 침해의 심사기준과 공직선거법 제79조 제3항 및 제216조 제1항이 심사기준에 비추어 헌법에 위반되는지 여부(소극)

▢ 사건의 개요

청구인은 2006. 5. 31. 실시된 전국 동시지방선거의 선거운동 과정에서 후보자들이 확성장치 등을 사용하여 소음을 유발함으로써 정신적·육체적 고통을 받았다고 하면서, 현행 공직선거법이 선거운동시 확성장치의 출력수 등 소음에 대한 허용기준 조항을 두지 아니하는 등 불충분하여 청구인의 행복추구권 및 환경권을 침해한다는 이유로 2006. 6. 20. 이 사건 헌법소원심판을 청구하였다가, 2008. 4. 11. 이 사건 헌법소원의 심판대상을 공직선거법 제79조 및 제216조라고 해 청구취지를 정정하였다.

▢ 심판의 대상

공직선거법 제79조 (공개장소에서의 연설·대담) ③ 후보자 등과 사회자는 공개장소에서의 연설·대담을 위하여 다음 각호의 구분에 따라 자동차와 이에 부착된 확성장치 및 휴대용 확성장치를 각각 사용할 수 있다.

1. 대통령선거

후보자와 시·도 및 구·시·군선거연락소마다 각 1대·각 1조

2. 시·도지사선거

후보자와 구·시·군선거연락소마다 각 1대·각 1조

3. 지역구국회의원선거, 지역구지방의회의원선거 및 자치구·시·군의 장선거후보자마다 1대·1조

제216조 (4개 이상 선거의 동시실시에 관한 특례) ① 4개 이상 동시선거에 있어 지역구자치구·시·군의원선거의 후보자는 제79조(공개장소에서의 연설·대담)의 연설·대담을 위하여 자동차 1대와 휴대용 확성장치 1조를 사용할 수 있다.

▢ 주 문

청구인의 심판청구를 기각한다.

▢ 판 단

Ⅰ. 이 사건 헌법소원의 성격

청구인은 공직선거법에서 확성장치 사용 등에 따른 소음제한기준을 두고 있지 않은 입법부작위가 위헌이라고 다투고 있다. … 공직선거법의 경우 제91조 제1항에서 특정한 경우 이외에 선거운동에서 확성장치를 사용하지 못하도록 하고 있고, 제79조 및 제216조에서 확성장치 사용목적, 사용장소, 사용대수 및 사용방법에 대한 규정을 두고 있으며, 제102조에서는 야간 연설시 확성장치 사용에 대한 제한을 두고 있으므로, 공직선거법이 확성장치에 의해 발생하는 선거운동 소음을 규제하는 입법을 전혀 하지 않았다고 할 수 없고, 다만 소음제한 입법이 확성장치의 출력수 등 소음 제한에 관한 기준을 설정하지 않는 등 불완전·불충분한 것인지가 문제될 따름이다. 따라서 확성장치에 의해 유발되는 선거운동 소음규제 입법에 관한 이 사건 심판청구는 **부진정입법부작위를 다투는 것에 해당한다.**

Ⅱ. 이 사건 법률조항의 위헌 여부

1. 재판관 3인의 합헌 의견

(1) 정온한 환경에서 생활할 권리의 헌법적 보장

(가) 환경권의 법적 성격

모든 국민은 건강하고 쾌적한 환경에서 생활할 권리, 즉 환경권을 가지고 있고, 국가와 국민은 환경보전을 위하여 노력하여야 한다(헌법 제35조 제1항). **환경권은 건강하고 쾌적한 생활을 유지하는 조건으로서 양호한 환경을 향유할 권리이고, 생명·신체의 자유를 보호하는 토대를 이루며, 궁극적으로 '삶의 질' 확보를 목표로 하는 권리이다. 환경권을 행사함에 있어 국민은 국가로부터 건강하고 쾌적한 환경을 향유할 수 있는 자유를 침해당하지 않을 권리를 행사할 수 있고, 일정한 경우 국가에 대하여 건강하고 쾌적한 환경에서 생활할 수 있도록 요구할 수 있는 권리가 인정되기도 하는바, 환경권은 그 자체 종합적 기본권으로서의 성격을 지닌다.**

환경권의 내용과 행사는 법률에 의해 구체적으로 정해지는 것이기는 하나(헌법 제35조 제2항), 이 헌법조항의 취지는 특별히 명문으로 헌법에서 정한 환경권을 입법자가 그 취지에 부합하도록 법률로써 내용을 구체화하도록 한 것이지 환경권이 완전히 무의미하게 되는데도 그에 대한 입법을 전혀 하지 아니하거나, 어떠한 내용이든 법률로써 정하기만 하면 된다는 것은 아니다. 그러므로 **일정한 요건이 충족될 때 환경권 보호를 위한 입법이 없거나 현저히 불충분하여 국민의 환경권을 과도하게 침해하고 있다면 헌법재판소에 그 구제를 구할 수 있다고 해야 할 것이다.**

또한 '건강하고 쾌적한 환경에서 생활할 권리'를 보장하는 **환경권의 보호대상이 되는 환경에는 자연 환경뿐만 아니라 인공적 환경과 같은 생활환경도 포함된다. 환경권을 구체화한 입법이라 할 환경정책기본법 제3조에서도 환경을 자연환경과 생활환경으로 분류하면서, 생활환경에 소음·진동 등 사람의 일상생활과 관계되는 환경을 포함시키고 있다. 그러므로 일상생활에서 소음을 제거·방지하여 정온한 환경에서 생활할 권리는 환경권의 한 내용을 구성한다.**

(나) 건강하고 쾌적한 환경에서 생활할 권리를 보장해야 할 국가의 의무

헌법 제10조의 규정에 의하면, **국가는 … 적어도 생명·신체의 보호와 같은 중요한 기본권적 법익 침해에 대해서는 그것이 국가가 아닌 제3자로서의 사인에 의해서 유발된 것이라고 하더라도 국가가 적극적인 보호의 의무를 진다. 그렇다면 국가가 국민의 기본권을 적극적으로 보장하여야 할 의무가 인정된다는 점, 헌법 제35조 제1항이 국가와 국민에게 환경보전을 위하여 노력하여야 할 의무를 부여하고 있는 점, 환경침해는 사인에 의해서 빈번하게 유발되므로 입법자가 그 허용 범위에 관해 정할 필요가 있다는 점, 환경피해는 생명·신체의 보호와 같은 중요한 기본권적 법익 침해로 이어질 수 있다는 점 등을 고려할 때, 일정한 경우 국가는 사인인 제3자에 의한 국민의 환경권 침해에 대해서도 적극적으로 기본권 보호조치를 취할 의무를 진다.**

더욱이 이 사건에서 소음의 유발은 공직선거법이 허용한 일정 기간의 공직선거 운동기간 중에 공적 의사를 형성하는 과정 중에 발생하는 것이므로, 비록 그 소음이 선거운동원 등 사인에 의해서 유발되고 있는 것이라고 하더라도 공적 활동으로서 이해되는 측면도 있는바, 공적 영역에서 발생하는 환경권 침해 가능성에 대해 국가가 규율할 의무는 좀 더 분명해진다고 하지 않을 수 없다.

(다) 심사의 기준

국가가 기본권에 대한 보호의무를 진다고 하더라도, 그것을 입법자가 어떻게 실현하여야 할 것인가는 원칙적으로 권력분립원칙과 민주주의원칙에 따라 국민에 의해 직접 민주적 정당성을 부여받고 정치적 책임을 지는 입법자의 책임범위에 속하는 것이고, 헌법재판소는 이를 제한적으로만 심사할 수 있을 따름이다.

따라서 **국가가 기본권의 보호의무를 다하지 않았는지를 헌법재판소가 심사할 때에는 국가가 국민의 기본권적 법익 보호를 위하여 적어도 적절하고 효율적인 최소한의 보호조치를 취했는가 하는 이른바 "과소보호 금지원칙"의 위반 여부를 기준**으로 삼아야 한다.

(라) 과소보호 금지원칙의 위반 여부

… 공직선거법의 규정을 보더라도 확성장치로 인한 소음을 예방하는 규정이 불충분하다고 단정할 수도 없다. 공직선거법 제91조는 선거운동을 위한 확성장치 사용이 예외적으로 허용됨을 명시하고, 제79조 제3항에서 공직 후보자와 사회자가 확성장치를 각 1대, 1조에 한해서 사용할 수 있도록 하는 한편 … 이러한 규정을 위반한 경우에 대한 벌칙 조항도 있다(제255조, 제256조). 그렇다면 이러한 공직선거법상의 확성장치 소음방지 규정은 정온한 환경에서 생활할 환경권을 보호해야 할 입법자의 의무를 해태하였다고 할 만큼 불충분한 조항이라고 보기 어렵다.

나아가 **국민의 민주적 의사를 최대한 표출하도록 해야 할 선거에서 확성장치를 사용한 선거운동으로부터 발생하는 불편은 어느 정도 감수해야 할 측면이 있는 것이므로, 한정된 선거기간 내에 입법자가 확성장치의 사용을 1대, 1조로 제한하고, 차량에 부착된 확성장치의 확성나발도 1개로 제한한 것은 선거운동 위반 단속의 집행력을 고려할 때 입법자가 필요한 최소한의 조치를 취한 것**이라고 볼 수 있다.

… 국민의 민주주의 의사 표출에 매우 중요한 역할을 하는 선거운동 과정에서 다소의 불편이 초래된다고 하여 이를 과도하게 제한하여서는 안 될 것이므로, 확성장치 사용에 의해서 불편이 초래되고 있다고 하더라도 그에 대한 **기본권보호의무의 인정 여부는 선거운동의 자유와의 비교형량 하에서 판단되어야 한다.**

그렇다면 이 사건 법률조항은 선거가 국민의 자유로운 의사를 형성하고 민주적인 절차에 의하여 이루어지도록 하는 공직선거법의 목적(제1조)을 구현하는 한편, 선거운동을 함에 있어 확성장치의 사용을 제한함으로써 심각한 소음 공해를 예방하고 공공의 안녕과 질서를 해치지 않도록 하기 위한 목적을 조화하기 위해 규정된 조항이며, **공직선거법에는 선거운동의 기간, 확성장치의 사용장소, 사용대수, 사용방법 등에 대한 규정까지 두고 있는 이상, 확성장치 소음규제기준을 정하지 않았다는 것만으로 청구인의 정온한 환경에서 생활할 권리를 보호하기 위한 입법자의 의무를 과소하게 이행하였다고 평가할 수는 없다.**

2. 재판관 1인의 합헌의견

(1) 이 사건의 심사기준

이 사건 법률조항이 소음공해를 초래하는 확성장치의 사용을 허용한 부분은 국가가 국민의 기본권인 환경권을 적극적으로 침해하는 것이므로, 그것이 헌법적으로 정당화되려면 헌법 제37조 제2항의 요건을 갖추어야 한다. 이 사건 법률조항이 확성장치의 사용을 허용하여 소음공해를 초래할 수 있게 한 것이 헌법 제35조 제1항에 의하여 보장되는 환경권을 제한하는 것이므로 **헌법 제37조 제2항에 따라 심사함이 마땅**하고, 그 중에서 소음 한도를 제한하지 아니한 부분만 떼어내어 헌법 제35조 제2항의 문제로 보고 **과소보호금지의 원칙을 적용할 사안이 아니다.**

(2) 확성장치를 사용한 선거운동의 필요성(입법목적의 정당성과 수단의 적절성)

이 사건 법률조항이 선거운동을 위하여 확성장치를 사용할 수 있도록 한 것은 공직선거의 후보자에 관한 정보를 선거인들에게 효율적으로 알려서 공직선거의 목적을 온전히 성취하려는 것이므로 공공복리를 위한 필요성이 인정된다고 할 것이고, 그러한 **입법목적을 달성하기 위하여 확성장치를 사용할 수 있도록 허용하는 것은 필요하고도 적절한 수단**이라고 할 수 있다.

(3) 소음한도의 제한(기본권 제한의 최소성)

… 이러한 규정들을 종합하면, 공직선거법은 선거운동을 위하여 확성장치를 사용할 수 있게 하면서 그로 인한 소음을 무한정 허용하는 것이 아니라, 소음공해를 최소한도로 제한하기 위하여 다각적으로 노력하였다고 할 수 있다. 공직선거법이 확성장치를 사용할 수 있는 장소·시간·방법 및 기간을 제한하였을 뿐만 아니라, 그 용도를 연설·대담·토론 또는 사회용으로 제한하였기 때문에, 확성장치의 사용으로 인한 소음의 정도도 저절로 한계가 지어진다고 할 수 있다.

따라서 이 사건 법률조항이 확성장치 사용을 허용하면서 그에 따른 소음의 한도를 직접적으로 제한하지 않았다고 하더라도, 환경권을 필요한 최소한도 내에서 제한하여야 한다는 원칙에 어긋난다고 보기 어렵고, 시끄럽지 않은 환경을 조성할 의무를 위반하거나 게을리하였다고 보기 어렵다.

(4) 법익 균형성

이 사건 법률조항으로 인하여 시끄럽지 않은 환경에서 생활할 환경권이 제한되는 정도가 확성장치에 의한 선거운동의 공익성에 비하여 더 중대한 것이라고 보기 어렵다.

(5) 소결론

따라서 이 사건 법률조항이 선거운동을 위하여 확성장치를 사용할 수 있도록 하면서 확성장치 사용에 따른 소음의 한도를 규정하지 아니한 것이 청구인의 **환경권을 과도하게 침해하였다고 볼 수 없**고 국가의 환경권 조성의무에 어긋나는 것이라고 보기 어렵다.

재판관 4인의 헌법불합치 의견

우리는 이 사건 법률조항이 환경권을 보장해야 할 국가의 기본권 보호의무에 위반하여 청구인의 기본권을 침해하였으므로 헌법에 합치하지 아니한다고 생각한다.

1. 환경권을 보장해야 할 국가의 의무

환경권의 경우 국가가 환경권 보호의무를 위반하여 기본권 침해가 초래되는지를 판단하는 경우에 과소보호금지 원칙이 적용되어야 함은 마찬가지이나, 특히 오늘날 환경권은 국민의 생명·신체의 안전에 관한 법익과 밀접하게 관련되어 있으므로 입법자가 그에 대한 보호의무를 충분하게 이행하고 있는지 여부를 심사할 때에는 국민의 생명·신체의 안전이라는 법익의 중대성과 헌법질서에서의 위상, 법익에 대한 위험의 직접성·심각성·불가역성 등을 종합 검토하여 **입법자의 보호의무 위반이 명백한지의 여부에 대한 판단에서 나아 가, 입법내용에 대한 보다 엄격한 통제가 가해질 필요가 있다.**

2. 과소보호금지원칙 위반

확성장치를 통해 유발되는 소음은 소음의 크기, 소음발생의 시간대 및 그 지속시간, 소음발생 장소에 따라 국민들의 생업에 지장을 초래할 뿐만 아니라 정서불안, 강박관념, 불면증 등의 정신적·육체적 피해를 야기할 수 있는데, 그러한 소음 피해는 공직선거 운동에서 확성장치를 과도하게 사용하는 경우에도 마찬가지로 발생할 수 있다. 이 사건에서와 같은 선거소음은 앞으로도 반복해 치러질 대통령선거, 국회의원선거, 지방의회의원선거, 단체장선거, 교육감선거 또 각 선거에 따른 보궐선거 등 모든 종류의 공직선거 때마다 유발될 것이므로 결코 소음 발생이 상시 발생하지 않는다고 하여 가볍게 볼 수 없고, 또 공직선거에서 유발되는 소음으로부터의 영향은 반드시 단시간에 끝나는 것이 아니고 2주간을 전후한 적지 않은 기간 동안 내내 국민에게 미칠 수 있는 것이며, 또 소음 피해가 사람과 경우에 따라서는 생명·신체의 법익에 심대한 타격을 줄 수도 있는 것임을 고려하여야 할 것이다. 그러므로 헌법재판소는 이 사건 법률조항으로부터 유발되는 소음으로부터의 피해를 사소한 것으로 보아서는 아니 되고 환경권 침해가 발생하는 상황의 특수성을 고려하여 적극적인 판단으로 나아가야 한다.

이 사건 법률조항이 주거지역에서의 출력수를 제한하는 것과 같이 구체적인 장소적 제한 규정을 두고 있지 아니한 것은 국민이 쾌적한 주거생활을 할 수 있도록 국가가 노력하도록 정한 헌법 제35조 제3항에 비추어 보더라도 국가의 기본권 보호의무를 과소하게 이행하고 있다고 볼 수 있다. 그러므로 이 사건 법률조항이 정온한 생활환경이 보장되어야 할 거주 지역에서 저녁시간까지 확성장치를 사용하여 선거운동을 할 수 있도록 허용한 것은 **과소보호금지 의무를 위반**한 것이라 하지 않을 수 없다.

제 7 절 혼인과 가족에 관한 권리

[요약판례 1] 소득세법 제61조 위헌소원: 위헌(헌재 2002.8.29. 2001헌바82)

1. 헌법 제36조 제1항의 규범내용
2. 부부의 자산소득을 합산하여 과세하도록 규정하고 있는 소득세법 제61조 제1항이 헌법 제36조 제1항에 위반되는지 여부(적극)
3. 심판대상에 부수되는 관련조항에 대하여도 위헌선언을 한 사례

1. 헌법 제36조 제1항은 "혼인과 가족생활은 개인의 존엄과 양성의 평등을 기초로 성립되고 유지되어야 하며, 국가는 이를 보장한다"라고 규정하고 있는데, 헌법 제36조 제1항은 혼인과 가족생활을 스스로 결정하고 형성할 수 있는 자유를 기본권으로서 보장하고, 혼인과 가족에 대한 제도를 보장한다. 그리고 헌법 제36조 제1항은 혼인과 가족에 관련되는 공법 및 사법의 모든 영역에 영향을 미치는 헌법원리 내지 원칙규범으로서의 성격도 가지는데, 이는 적극적으로는 적절한 조치를 통해서 혼인과 가족을 지원하고 제삼자에 의한 침해 앞에서 혼인과 가족을 보호해야 할 국가의 과제를 포함하며, 소극적으로는 불이익을 야기하는 제한조치를 통해서 혼인과 가족을 차별하는 것을 금지해야 할 국가의 의무를 포함한다. 이러한 헌법원리로부터 도출되는 차별금지명령은 헌법 제11조 제1항에서 보장되는 평등원칙을 혼인과 가족생활영역에서 더욱 더 구체화함으로써 혼인과 가족을 부당한 차별로부터 특별히 더 보호하려는 목적을 가진다. 이 때 특정한 법률조항이 혼인한 자를 불리하게 하는 차별취급은 중대한 합리적 근거가 존재하여 헌법상 정당화되는 경우에만 헌법 제36조 제1항에 위배되지 아니한다.

2. 부부간의 인위적인 자산 명의의 분산과 같은 가장행위 등은 상속세및증여세법상 증여의제규정 등을 통해서 방지할 수 있고, 부부의 공동생활에서 얻어지는 절약가능성을 담세력과 결부시켜 조세의 차이를 두는 것은 타당하지 않으며, 자산소득이 있는 모든 납세의무자 중에서 혼인한 부부가 혼인하였다는 이유만으로 혼인하지 않은 자산소득자보다 더 많은 조세부담을 하여 소득을 재분배하도록 강요받는 것은 부당하며, 부부 자산소득 합산과세를 통해서 혼인한 부부에게 가하는 조세부담의 증가라는 불이익이 자산소득합산과세를 통하여 달성하는 사회적 공익보다 크다고 할 것이므로, 소득세법 제61조 제1항이 자산소득합산과세의 대상이 되는 혼인한 부부를 혼인하지 않은 부부나 독신자에 비하여 차별취급하는 것은 헌법상 정당화되지 아니하기 때문에 헌법 제36조 제1항에 위반된다.

3. 심판대상이 된 소득세법 제61조 제1항은 거주자 또는 그 배우자의 자산소득을 주된 소득자의 종합소득에 합산하여 세액을 계산하도록 정하는 자산소득합산과세제도의 근간을 이루는 핵심적 요소이므로, 소득세법 제61조 제1항이 위헌이라면, 이 조항과 전체적·종합적으로 분리될 수 없는 밀접한 일체를 형성하고 있는 소득세법 제61조의 나머지 조항들인 제2항 내지 제4항은 독자적인 규범적 존재로서의 의미를 잃게 되므로, 비록 심판대상은 아니지만 이 법조항들에 대해서도 위헌선언을 한다.

[요약판례 2] 민법 제809조 제1항 위헌제청: 헌법불합치(헌재 1997.7.16. 95헌가6등)

(1) 민법 제809조 제1항의 위헌여부(적극)

(2) 재판관 5명이 단순위헌결정을 선고함이 상당하다는 의견이고 재판관 2명이 헌법불합치결정을 선고함이 상당하다는 의견인 경우의 주문표시

(1) (가) 재판관 김용준, 재판관 김문희, 재판관 황도연, 재판관 신창언, 재판관 이영모의 단순위헌의견

중국의 동성금혼 사상에서 유래하여 조선시대를 거치면서 법제화되고 확립된 동성동본금혼제는 그 제도 생성 당

시의 국가정책, 국민의식이나 윤리관 및 경제구조와 가족제도 등이 혼인제도에 반영된 것으로서, 충효정신을 기반으로 한 농경중심의 가부장적, 신분적 계급사회에서 사회질서를 유지하기 위한 수단의 하나로서의 기능을 하였다. 그러나 자유와 평등을 근본이념으로 하고 남녀평등의 관념이 정착되었으며 경제적으로 고도로 발달한 산업사회인 현대의 자유민주주의사회에서 동성동본금혼을 규정한 민법 제809조 제1항은 이제 사회적 타당성 내지 합리성을 상실하고 있음과 아울러 "인간으로서의 존엄과 가치 및 행복추구권"을 규정한 헌법이념 및 "개인의 존엄과 양성의 평등"에 기초한 혼인과 가족생활의 성립·유지라는 헌법규정에 정면으로 배치될 뿐 아니라 남계혈족에만 한정하여 성별에 의한 차별을 함으로써 헌법상의 평등의 원칙에도 위반되며, 또한 그 입법목적이 이제는 혼인에 관한 국민의 자유와 권리를 제한할 "사회질서"나 "공공복리"에 해당될 수 없다는 점에서 헌법 제37조 제2항에도 위반된다 할 것이다.

(나) 재판관 정경식, 재판관 고중석의 헌법불합치의견

민법 제809조 제1항이 헌법에 위반된다는 결론에는 다수의견과 견해를 같이 한다. 그러나 동성동본제도는 수백년간 이어져 내려오면서 우리 민족의 혼인풍속이 되었을 뿐만 아니라 윤리규범으로 터잡게 되었고 혼인제도는 입법부인 국회가 우리민족의 전통, 관습, 윤리의식 등 여러 가지 사정을 고려하여 입법정책적으로 결정하여야 할 입법재량사항이므로, 비록 위 조항에 위헌성이 있다고 하여도 헌법재판소가 곧바로 위헌결정을 할 것이 아니라 입법형성권을 가지고 있는 국회가 우리민족의 혼인풍속, 윤리의식, 친족관념 및 그 변화 여부, 동성동본금혼제도가 과연 사회적 타당성이나 합리성을 완전히 상실하였는지 여부, 그 제도의 개선방법, 그리고 동성동본금혼제도를 폐지함에 있어 현행 근친혼금지규정이나 혼인무효 및 취소에 관한 규정을 새로 정비할 필요는 없는지 등을 충분히 고려하여 새로이 혼인제도를 결정할 수 있도록 헌법불합치결정을 하여야 한다.

(2) 이 사건 법률조항이 헌법에 위반된다는 점에 있어서는 재판관 7명의 의견이 일치되었으나, 재판관 5명은 단순위헌결정을 선고함이 상당하다는 의견이고 재판관 2명은 헌법불합치결정을 선고함이 상당하다는 의견으로서, 재판관 5명의 의견이 다수의견이기는 하나 헌법재판소법 제23조 제2항 제1호에 규정된 "법률의 위헌결정"을 함에 필요한 심판정족수에 이르지 못하였으므로 헌법불합치의 결정을 선고한다.

(재판관 이재화, 재판관 조승형의 반대의견) 동성동본금혼제는 중국에서 유래한 것이 아니라 단군건국초부터 전래되면서 관습화된 우리 민족의 미풍량속으로서 전통문화의 하나이며, 비록 1970년대 이래 급속한 경제성장에 따라 우리의 사회환경이나 의식이 여러 면에서 변화하고 있지만 우리의 혼인관습이 본질적으로 변하였다고 볼만한 자료는 없다. 가족법은 그 특성상 전통적인 관습을 반영할 수밖에 없는 것이며 그 중 어느 범위에서 이를 입법화하여 강제할 것인가는 입법정책의 영역에 속하는 것으로 입법자의 판단이 명백히 비합리적이라고 판단되지 않는 이상 이를 위헌이라고 할 수는 없는 것인바, 민법 제809조 제1항은 전통적인 혼인관습을 법제화·강제화함으로써 사회질서를 유지하고자 함을 입법목적으로 하며, 전통문화라는 역사적 사실과 전통문화의 계승이라는 헌법적 이상에 부응한다. 그리고 국민의 행복추구권 즉, 혼인의 자유와 상대방을 자유롭게 선택할 수 있는 자유 등도 불가피한 경우에는 그 본질적 내용을 침해하지 않는 한도에서 법률로써 제한할 수 있으며, 또한 전통문화의 계승이라는 한계내에서만 보장된다 할 것인데, 이 사건 법률조항의 입법목적의 정당성을 긍정하는 한 이 조항이 배우자 선택권을 지나치게 제한하여 그 본질을 침해한다고 할 수는 없으며, 그 입법수단이나 방법의 적절성 및 법익침해의 균형성도 문제되지 아니하고, 전통관습의 법제화라는 입장에서 이 사건 법률조항을 둔 것이므로 이를 합리성이 없는 자의적 남녀차별이라고 할 수도 없다. 따라서 이 사건 법률조항은 과잉금지의 원칙이나 자의적 차별금지의 원칙에 반하여 국민의 기본권을 제한한다거나 혼인과 가족생활에 관한 헌법 제36조 그 밖의 헌법원리에 반한다고 할 수 없다.

※ 현행 민법 제809조 (근친혼 등의 금지) ① 8촌 이내의 혈족(친양자의 입양 전의 혈족을 포함한다) 사이에서는 혼인하지 못한다.

I 민법 제781조 제1항 본문 후단부분 위헌제청 등(호주제): 헌법불합치(헌재 2005.2.3. 2001헌가9등)

쟁점 호주제의 위헌성 여부

사건의 개요

(1) 2001헌가9 · 10 사건

당해사건의 신청인들은 혼인하였다가 이혼하고 일가를 각 창립한 자들로서, 전 부(夫)와의 사이에 태어난 그들 자(子)의 친권행사자이며 양육자인데도 그들 자(子)의 호적은 부(父)인 전 부(夫)가 호주로 있는 가(家)에 편제되어 있다. 신청인들은 그들의 자(子)를 자신의 가(家)에 입적시키기 위하여 관할 호적관청에 각기 입적신고를 하였으나 호적관청은 민법 제781조 제1항 본문을 들어 입적신고를 받아들이지 아니하였다. 이에 신청인들은 당해사건 법원에 각 호적관청의 처분에 대한 불복을 신청하였고, 그 재판계속 중에 민법 제778조, 제781조 제1항 본문이 위헌이라고 주장하면서 위헌법률심판제청신청을 하였는데, 당해사건 법원은 민법 제781조 제1항 본문 중 후단에 대한 신청은 받아들여 헌법재판소에 위헌법률심판을 제청하고, 나머지 조항에 대한 신청은 모두 각하하였다.

(2) 2001헌가11 내지 15 사건

당해사건의 신청인들은 혼인하여 각 그 배우자와 하나의 가(家)를 이루어 동일한 가적에 올라 있고, 호적상 호주는 부(夫)인 신청인들 또는 신청인들의 부(夫)로 되어 있다. 신청인들은 부(夫)가 호주로 되어 있는 가를 무호주, 즉 호주가 없는 가로 바꾸기 위하여 2000. 10.경 또는 동년 11.경 각기 관할 호적관청에 호주변경신고를 하였으나, 호적관청들은 현행법상 무호주제도는 인정되지 않는다는 이유로 호주변경신고의 수리를 거부하였다.

이에 신청인들은 당해사건 법원에 각 호적관청의 수리거부처분에 대한 불복을 신청하였고, 그 재판계속 중에 민법 제778조, 제826조 제3항 본문이 위헌이라고 주장하면서 위헌법률심판제청신청을 하였는데, 당해사건 법원은 민법 제826조 제3항 본문에 대한 신청은 모두 각하하고, 민법 제778조에 대한 신청은 모두 받아들여 헌법재판소에 위헌법률심판을 제청하였다.

(3) 2004헌가5 사건

당해사건의 신청인들은 서로 혼인하여 동일한 가적에 올라 있고, 호적상 호주는 부(夫)인 신청인으로 되어 있다. 신청인들은 부(夫)가 호주로 되어 있는 가를 무호주, 즉 호주가 없는 가로 바꾸기 위하여 관할 호적관청에 호주변경신고를 하였으나, 호적관청은 현행법상 무호주제도는 인정되지 않는다는 이유로 호주변경신고의 수리를 거부하였다.

이에 신청인들은 당해사건 법원에 호적관청의 수리거부처분에 대한 불복을 신청하였고, 그 재판계속중에 민법 제778조, 제826조 제3항 본문이 위헌이라고 주장하면서 위헌법률심판제청신청을 하였는데, 당해사건 법원은 민법 제826조 제3항 본문에 대한 신청은 각하하고, 민법 제778조에 대한 신청은 받아들여 헌법재판소에 위헌법률심판을 제청하였다.

심판의 대상

민법 제778조 (호주의 정의) 일가의 계통을 계승한 자, 분가한 자 또는 기타 사유로 인하여 일가를 창립하거나 부흥한 자는 호주가 된다.

제781조 (자의 입적, 성과 본) ① 자는 부의 성과 본을 따르고 부가에 입적한다. 다만, 부가 외국인인 때에는 모의 성과 본을 따를 수 있고 모가에 입적한다.

제826조 (부부 간의 의무) ③ 처는 부의 가에 입적한다. 그러나 처가 친가의 호주 또는 호주승계인인 때에는 부가 처의 가에 입적할 수 있다.

청구인들의 주장

(1) 민법 제778조는 "일가의 계통을 승계한 자, 분가한 자 또는 기타 사유로 인하여 일가를 창립하거나 부흥한 자는 호주가 된다"라고 규정함으로써 모든 가(家)에는 반드시 호주가 존재하는 이른바 호주제도를 우리 가족제도의 기본원칙으로 선언하고 있다. 그러나 이 법조에 의한 호주제도는 호주에게 우월적 지위를 부여하여 일가를 구성하는 구성원들로 하여금 호주를 정점으로 강제적이고 일률적으로 순위 지워지게 함으로써 존엄한 인격을 가진 개인들이 평등한 차원에서 공동체를 형성하는 것을 불가능하게 하고 있으므로 위 법조는 민주적 기본질서를 규정한 헌법 전문 및 제4조에 위반된다.

(2) 위와 같이 호주제도는 개인에게 자신의 법적 지위를 스스로 형성할 기회를 부여하지 아니하는 결과 개인의 의사와 무관하게 각자를 지배·복종 관계에 강제로 편입시키고 호주 아닌 가족을 호주에게 종속시킴으로써 개인의 자율적인 법률관계 형성을 전면적으로 부인하고 열위의 지위를 강제하여 인격권을 침해하는 결과를 가져오므로 위 법조는 인간으로서의 존엄과 가치 및 행복추구권을 규정한 헌법 제10조에도 위반된다.

(3) 위 법조에 기초하는 호주제도는 혼인과 가족생활에서 그 구성원 상호 간의 평등한 법률관계 형성을 막고 남성에게 호주가 되는 우선적인 지위를 인정함으로써 합리적 근거 없이 아내의 지위를 남편보다 하위에, 어머니의 지위를 아버지보다 하위에 각 위치하게 하는 정당성 없는 남녀차별을 초래하여 성별에 의한 차별을 금지한 헌법 제11조 제1항과 개인의 자율적 의사와 양성의 평등에 기초한 혼인생활과 가족생활의 자유로운 형성을 보장하는 헌법 제36조 제1항에 각 위반된다.

(4) 우리 사회의 가족제도를 유지하기 위하여 개인의 권리를 부득이 제한할 필요가 있다 하더라도 위 법조에 의하여 형성되는 호주제도는 목적의 정당성, 수단의 적합성, 법익의 최소침해성 및 법익침해의 균형성을 갖춘 정당한 기본권 제한이 아닐 뿐만 아니라 기본권의 본질적 내용까지 침해하고 있어 위 법조는 과잉금지원칙을 규정한 헌법 제37조 제2항에 위배된다.

(5) 민법 제781조 제1항 본문 후단은 부계중심주의 원칙을 채택하여 자녀가 속할 가를 원칙적으로 아버지의 가로 정하여 남녀의 성(性)에 따른 차별을 두고 있으므로 헌법 제11조 제1항 및 제36조 제1항에 위배된다.

(6) 민법 제781조 제1항 본문 후단을 비롯한 자녀의 입적에 관한 민법의 체제는 일단 아버지의 가에 속하게 된 자녀가 부모의 이혼 등으로 아버지와의 가족공동생활이 불가능하게 된 경우에도 자녀에 대하여 어머니의 가로의 전적의 여지를 두지 아니하고 있는데 이는 모자의 권리를 지나치게 침해하는 것으로서 헌법 제37조 제2항에 위배된다.

주　　문

1. 민법 제778조, 제781조 제1항 본문 후단, 제826조 제3항 본문은 헌법에 합치되지 아니한다.
2. 위 법률조항들은 입법자가 호적법을 개정할 때까지 계속 적용된다.

판　　단

Ⅰ. 헌법과 전통

호주제를 비롯한 가족제도에 관하여는 그것이 민족의 역사와 문화에 뿌리박은 전통이므로 이를 함부로 합리성의 잣대로 평가하거나 남녀평등의 도식으로 재단하여서는 아니 되고, 그와 같이 하였을 경우 규범과 국민들의 의식 간에 괴리만 부채질하게 된다는 논리가 있을 수 있다. 그러므로 헌법과 전통, 헌법과 가족법 간의 관계에 관하여 살펴본다.

1. 헌법과 가족법

헌법은 모든 국가질서의 바탕이 되고 한 국가사회의 최고의 가치체계이므로 다른 모든 법적 규범이나 가치보다 우선하는 효력을 가진다는 점에 대하여는 이론이 있을 수 없다. 헌법은 한 국가의 최고규범으로서 입법·행정·사법과 같은 모든 공권력의 행사가 헌법에 의한 제약을 받는 것은 물론, 사법상의 법률관계도 직·간접적으로 헌법의 영향을 받게 된다. 헌법재판소는 일찍이 "헌법은 국민적 합의에 의해 제정된 국민생활의 최고 도덕규범이며 정치생활의 가치규범으로서 정치와 사회질서의 지침을 제공하고 있기 때문에 민주사회에서는 헌법의 규범을 준수하고 그 권위를 보존하는 것을 기본으로 한다"고 설파한 바 있다.

가족제도는 민족의 역사와 더불어 생성되고 발전된 역사적·사회적 산물이라는 특성을 지니고 있기는 하나, **그렇다고 하여 가족제도나 가족법이 헌법의 우위로부터 벗어날 수 있는 특권을 누릴 수 없다**. 만약 이것이 허용된다면 민법의 친족상속편에 관한 한 입법권은 헌법에 기속되지 않으며, 가족관계의 가치질서는 헌법의 가치체계로부터 분리될 수 있다는 결론에 이르게 되는데 이것이 입헌민주주의에서 용납될 수는 없다.

만약 헌법이 가족생활이나 가족제도에 관하여 중립적인 태도를 취하고 있다면 다른 헌법규정과 저촉되지 않는 한 전통적 가족제도는 가급적 존중함이 바람직할 것이다. 그러나 헌법이 가족생활에 관하여 중립을 지키지 않고 스스로 어떤 이념·가치, 제도를 채택하고 있다면 그것이 가족생활·가족제도에 관한 최고규범이 되어야 함은 물론이다. 오늘날 헌법은 가족생활관계도 이를 단순히 사인간의 사적 문제로만 파악하지 않고 그것이 국민생활 내지 국가생활의 한 요소가 될 수 있다는 것을 인정하고 이를 헌법사항에 포함시키기에 이르렀다. 그리하여 오늘날 많은 국가의 헌법에서 가족생활관계에 대해서도 그 근본이 되는 원칙을 헌법의 한 내용으로 다루고 있다. 우리 헌법도 제36조 제1항에서 혼인과 가족생활에 관한 규정을 두고 있다.

특히 정치·사회적 변혁기에 새로운 정치·사회질서, 새로운 가치와 이념을 지향하면서 제정된 헌법(우리의 제헌헌법이 이에 해당한다)의 경우, 헌법에 부합하지 않는 전래의 제도를 헌법에 맞게 고쳐나가라는 헌법제정권자의 의사가 표출되기도 한다. 물론 이 과정에서 국민의 법감정이나 정서와 헌법규범 간의 괴리현상이 나타날 수 있다. 그러나 가족법의 역할은 사회현상이나 국민의 법감정을 단순히 반영하는 데 그치는 것이 아니다. 공동체의 최고가치질서인 헌법이념을 적극적으로 계도하고 확산시키는 역할 또한 가족법의 몫이다. 그런데 가족법이 이러한 역할을 수행하기는커녕 헌법이념의 확산에 장애를 초래하고, 헌법규범과 현실과의 괴리를 고착시키는 데 일조하고 있다면 그러한 가족법은 수정되어야 한다.

2. 전통과 민주적 가족제도: 헌법 제9조와 제36조 제1항의 관계

헌법 전문은 "유구한 역사와 전통에 빛나는 우리 대한국민"을 강조하고 있으며, 헌법 제9조는 "국가는 전통문화의 계승·발전과 민족문화의 창달에 노력하여야 한다"고 규정하고 있다. 한편 헌법 제36조 제1항은 "혼인과 가족생활은 개인의 존엄과 양성의 평등을 기초로 성립되고 유지되어야 하며, 국가는 이를 보장한다"고 규정하고 있다. 여기서 헌법 제9조와 제36조 제1항 간의 관계를 어떻게 설정할 것인지, 어떻게 조화롭게 해석할 것인지 문제된다.

헌법 제36조 제1항의 연혁을 살펴보면, 제헌헌법 제20조에서 "혼인은 남녀동권을 기본으로 하며, 혼인의 순결과 가족의 건강은 국가의 특별한 보호를 받는다"고 규정한 것이 그 시초로서, 헌법제정 당시부터 평등원칙과 남녀평등을 일반적으로 천명하는 것(제헌헌법 제8조)에 덧붙여 특별히 혼인의 남녀동권을 헌법적 혼인질서의 기초로 선언한 것은 우리 사회 전래의 혼인·가족제도는 인간의 존엄과 남녀평등을 기초로 하는 혼인·가족제도라고 보기 어렵다는 판단 하에 근대적·시민적 입헌국가를 건설하려는 마당에 종래의 가부장적인 봉건적 혼인질서를 더 이상 용인하지 않겠다는 헌법적 결단의 표현으로 보아야 할 것이다. 이러한 헌법의 의지는 1980년 헌법에서 더욱 강화되었다. 양성평등 명령이 혼인관계뿐만 아니라 모든 가족생활로 확장되었고, 양성평등에 더하여 개인의 존엄까지 요구하였다. 여기에 현행 헌법은 국가의 보장의무를 덧붙임으로써 이제 양성평등과 개인의 존엄은 혼인과 가족제도에 관한 최고의 가치규범으로 확고히 자리잡았다.

한편, **헌법 전문과 헌법 제9조에서 말하는 '전통', '전통문화'란 역사성과 시대성을 띤 개념으로 이해하여야 한다.** 과거의 어느 일정 시점에서 역사적으로 존재하였다는 사실만으로 모두 헌법의 보호를 받는 전통이 되는 것은 아니다. 전통이란 과거와 현재를 다 포함하고 있는 문화적 개념이다. 만약 전통의 근거를 과거에만 두는 복고주의적 전통개념을 취한다면 시대적으로 특수한 정치적·사회적 이해관계를 전통이라는 이름하에 보편적인 문화양식으로 은폐·강요하는 부작용을 낳기 쉬우며, 현재의 사회구조에 걸맞는 규범 정립이나 미래지향적 사회발전을 가로막는 장애요소로 기능하기 쉽다.

따라서 **우리 헌법에서 말하는 '전통', '전통문화'란 오늘날의 의미로 재해석된 것이 되지 않으면 안 된다.** 그리고 오늘날의 의미를 포착함에 있어서는 헌법이념과 헌법의 가치질서가 가장 중요한 척도의 하나가 되어야 할 것임은 두 말할 나위가 없고 여기에 인류의 보편가치, 정의와 인도의 정신 같은 것이 아울러 고려되어야 할 것이다. 따라서 가족제도에 관한 전통·전통문화란 적어도 그것이 가족제도에 관한 헌법이념인 개인의 존엄과 양성의 평등에 반하는 것이어서는 안 된다는 자명한 한계가 도출된다. 역사적 전승으로서 오늘의 헌법이념에 반하는 것은 헌법 전문에서 타파의 대상으로 선언한 '사회적 폐습'이 될 수 있을지언정 헌법 제9조가 '계승·발전'시키라고 한 전통문화에는 해당하지 않는다고 보는 것이 우리 헌법의 자유민주주의원리, 전문, 제9조, 제36조 제1항을 아우르는 조화적 헌법해석이라 할 것이다.

결론적으로 전래의 어떤 가족제도가 헌법 제36조 제1항이 요구하는 개인의 존엄과 양성평등에 반한다면 헌법 제9조를 근거로 그 헌법적 정당성을 주장할 수는 없다.

Ⅱ. 호주제의 위헌성

1. 양성평등원칙 위반

(1) 성역할에 관한 고정관념에 기초한 차별

헌법 제36조 제1항은 혼인과 가족생활에서 양성의 평등대우를 명하고 있으므로 남녀의 성을 근거로 하여 차별하는 것은 원칙적으로 금지되고, 성질상 오로지 남성 또는 여성에게만 특유하게 나타나는 문제의 해결을 위하여 필요한 예외적 경우에만 성차별적 규율이 정당화된다.

호주제는 남계혈통을 중심으로 인위적 가족집단인 가를 구성하고 이를 승계한다는 것이 그 본질임은 위에서 본 바와 같다. 인위적 가족집단인 가를 구성·유지하는 것이 정당한지 여부를 차치하고서, 남계혈통 위주로 가를 구성하고 승계한다는 것은 성에 따라 아버지와 어머니를, 남편과 아내를, 아들과 딸을, 즉 남녀를 차별하는 것인데, 이러한 차별을 정당화할 만한 사유가 없다. 호주제를 유지한다고 하여 전통문화나 미풍양속이 저절로 배양되는 것도 아니고, 호주제를 폐지한다고 하여 그러한 것이 저절로 폐기되는 것도 아니다.

호주제의 남녀차별은 가족 내에서의 남성의 우월적 지위, 여성의 종속적 지위라는 전래적 여성상에 뿌리박은 차별로서 성역할에 관한 고정관념에 기초한 차별에 지나지 않는다.

(2) 호주승계 순위의 차별

민법 제778조는 민법 제984조와 결합하여 호주 지위의 승계적 취득에 있어 철저히 남성우월적 서열을 매김으로써 남녀를 차별적으로 취급하고 있다. 호주제는 모든 직계비속남자를 정상적 호주승계자로 놓고 고안된 제도이며, 여자들은 남자들이 없을 경우 일시적으로 가를 계승시키기 위하여 보충적으로 호주 지위가 주어지는 잔여범주로서 존재하는 것이다.

(3) 혼인시 신분관계 형성의 차별

혼인이란 남녀가 평등하고 존엄한 개인으로서 자유로운 의사의 합치에 의하여 생활공동체를 이루는 것이어야 하므로 부부관계라는 생활공동체에 있어 남녀는 동등한 지위를 유지하여야 한다. 그런데 민법 제826조 제3항 본문에 의하여 여자는 혼인하면 법률상 당연히 부(夫)의 가에 입적하게 되는바, 이 조항은 민법 제789조와 결합하여 다음과 같은 법률효과를 일으킨다.

첫째, 부(夫)가 호주의 직계비속장남자인 경우에, 부는 법정분가하지 않고 그대로 자신의 가에 머무는 반면, 처는 종래 소속되어 있던 자신의 가를 떠나 부의 가의 새로운 가족원이 된다(대개, 친정아버지가 호주인 가에서 시아버지가 호주인 가로의 전입을 의미한다).

둘째, 부(夫)가 호주의 직계비속장남자가 아닌 경우에, 부는 법정분가하면서 새로운 가의 호주가 되는 반면, 처는 부의 가에 입적되므로 입부혼을 제외하고는 그 가의 가족원이 될 뿐 호주지위를 획득할 수 없다. 부부는 혼인관계의 대등한 당사자로서 부부공동체에 있어 동등한 지위와 자격을 누려야 할 것임에도 불구하고 이러한 처의 입적제도는 처의 부에 대한 수동적·종속적 지위를 강제한다.

실제 처의 입적이라는 법률적 제도가 사회심리적으로 미치는 영향은 매우 광범위하고 깊다. 법률적으로는 단순히 소속 가의 변경에 불과하지만, 이것이 여성의 사회적 지위에 대한 인식에 미치는 상징적, 심리적 의미는 매우 중대하다.

민법 제826조 제3항 단서는 처가 친가의 호주 또는 호주승계인인 때에는 부(夫)가 처의 가에 입적할 수 있도록 하고 있지만(이른바 입부혼), 이러한 제도를 두었다 하여 본문조항의 남녀차별성이 상쇄될 수 없다. 현실적으로 입부혼이 거의 행해지고 있지 않을 뿐 아니라, 법률적으로도 처가 친가의 호주 또는 호주승계인인 때로 한정하고 있는 점, 처가에의 입적여부를 부가 자유롭게 결정할 수 있게 한 점에서 처의 부가(夫家)입적의 경우와는 분명히 차별적 취급을 하고 있는 것이다. 보다 본질적으로, 입부혼 또한 가계계승의식의 발현으로서, 부계혈통계승의 영속화를 위해 1회적·잠정적으로 모계를 활용하는 편법에 불과하다.

(4) 자녀의 신분관계 형성의 차별

(가) 부가입적(父家入籍)원칙의 문제

민법 제781조 제1항 본문 후단은 "자는 … 부가에 입적한다"고 규정하고 있다. 이 조항에 따라 혼인중의 자(子)는 출생에 의하여 당연히 부가(父家)에 입적한다.

자녀가 태어나면 당연히 부가(父家)에 입적된다는 것은 그 자체로 가의 존재를 전제로 하여 자녀를 부계혈통만을 잇는 존재로 간주하겠다는 부계혈통 우위의 사고에 기초한 것인데, 이는 자녀가 부모의 양계혈통을 잇는 존재라는 자연스럽고 과학적인 순리에 반하며, 부에 비하여 모의 지위를 열위에 둠으로써 부당히 차별하는 것이다. 모가에 입적할 수 있는 예외적 규정을 두고 있지만 이는 모두 부가로의 입적이 불가능한 경우로 한정되어 그 범위가 너무 협소하므로 원칙적인 남녀차별성을 치유할 수 없다.

자를 부가에 입적시킨다는 이 민법조항의 본질적인 의의는 단순히 호적법상 호적편제의 기준에 그치는 것이 아니라 남계혈통을 통한 가의 계승이라는 호주제의 관철에 있다. 대부분 호주의 지위를 겸하고 있는 부의 가에 자녀를 편입시키는 것은 '호주 중심의 가의 구성'을 위한 불가결의 요소를 이루며, 또한 '후손을 통한 가의 계승'이라는 호주제의 또 다른 내용을 실현하기 위한 전제가 된다.

(나) 부모가 이혼한 경우의 문제

부모가 이혼한 경우에는 모가 자녀를 양육하는 경우가 훨씬 더 많으며, 우리 사회의 이혼율 증가와 더불어 이혼 후 모가 자녀와 함께 사는 모자가정의 수가 점점 더 늘어나고 있다.

그런데 현실적으로 모(母)가 자녀의 친권자와 양육자로 지정되어 생활공동체를 형성하더라도 자녀는 민법 제781조 제1항 본문 후단에 따라 여전히 부(父)의 호적에 남아 있게 된다. 즉, 법적인 가족관계는 부자 간에 있을 뿐이지, 모자 간에는 존재하지 않는다. 단지 부(夫)의 혈족 아닌 처의 직계비속만이 친가복적이나 일가창립을 통하여 모와 동적(同籍)할 수 있을 뿐이다(민법 제787조 제1항).

모와 자녀가 현실적 가족생활대로 법률적 가족관계를 형성하지 못하여 비정상적 가족으로 취급됨으로써 사회생활을 하는 데 여러모로 불편할 뿐 아니라 극심한 정신적 고통을 겪게 된다. 이러한 결과는 헌법에 반함은 물론 오늘날의 가족현실에도 전혀 부합하지 않는다.

(다) 인수입적(引收入籍)의 문제

처가 부(夫)의 혈족이 아닌 직계비속을 가에 입적시키려면 부의 동의가 있어야 하며, 이 경우에 그 직계비속이 타가(他家)의 가족인 때에는 그 호주의 동의를 얻어야 한다(민법 제784조). 그리하여 이혼 후 자녀를 양육하여 오다가 재혼한 처가 전부(前夫) 소생의 자녀들과 함께 살더라도 재혼한 부(夫)의 동의가 없으면 자녀들과 각기 다른 가의 구성원이 될 수밖에 없다. 설령 재혼한 부가 동의하더라도, 전부(前夫)가 동의하지 않으면 자녀들은 전부(前夫)의 가를 떠날 수 없다.

부(夫)가 처의 혈족이 아닌 직계비속을 입적함에는 처의 동의라는 제한이 없는데 비하여, 처의 경우 위와 같은 제한을 둔 것은 부계혈족 아닌 혈족의 부가(夫家)입적을 제한하려는 것이고(제784조 제1항의 경우), 또한 가계계승을 고려한 것으로서(동조 제2항의 경우) 역시 남계혈통만을 중시하는 호주제의 정신과 맞닿아 있다.

(라) 미혼모의 경우의 문제

미혼모가 자녀를 출산한 경우 부가 인지하지 않으면 모가에 입적한다(민법 제781조 제2항). 그러나 생부가 인지하면 모나 자녀의 의사에 상관없이 부의 가에 입적된다. 생부가 모와 혼인할 의사가 없고, 자녀를 양육하지도, 그럴 의사가 없더라도 생부의 일방적 행위에 의하여 자녀는 가족관계의 엄청난 변화를 감수하여야 하는데, 이 또한 남성우월적 사고에 터잡은 것이다.

2. 개인의 존엄 위반

헌법 제36조 제1항은 혼인과 가족생활은 개인의 존엄을 존중하는 가운데 성립되고 유지되어야 함을 분명히 하고 있다. 혼인과 가족생활은 인간생활의 가장 본원적이고 사적(私的)인 영역이다. 이러한 영역에서 개인의 존엄을 보장하라는 것은 혼인·가족생활에 있어서 개인이 독립적 인격체로서 존중되어야 하고, 혼인과 가족생활을 어떻게 꾸려나갈 것인지에 관한 개인과 가족의 자율적 결정권을 존중하라는 의미이다.

따라서 혼인·가족제도가 지닌 사회성·공공성을 이유로 한 부득이한 사유가 없는 한, 혼인·가족생활의 형성에 관하여 당사자의 의사를 무시하고 법률의 힘만으로 일방적으로 강제하는 것은 개인의 존엄에 반하는 것이다.

그런데 호주제는 당사자의 의사와 자결권을 무시한 채 남계중심의 가제도의 구성을 강제하고 이를 유지하기 위하여 신분당사자의 법률관계를 일방적으로 형성한다.

첫째, 대한민국 국민은 예외 없이 호주이든, 가족이든 법률상의 가족단체인 가에 소속되어야 한다.

둘째, 개인의 의사에 반하여 호주의 지위를 강제로 부여한다. 호주가 되면 가의 대표자로서의 지위, 일가의 계통을 계승하는 자의 지위에 놓이게 되며, 몇 가지 호주로서의 권한도 부여받게 된다. 이는 법률상 무의미한 지위라고 할 수 없다. 그런데 민법 제778조의 요건이 충족되면 본인의 의사와 무관하게 법률상 당연히 호주로 되어, 자신과 가족에 관하여 의미있는 신분법상의 지위를 강요당하게 된다(다만, 승계취득의 경우 적극적으로 포기권을 행사한다면 호주의 지위를 면할 수 있다). 당해사건 제청신청인들의 사례는 이러한 문제점을 잘 보여준다. 부부 어느 쪽도 호주가 되길 원치 않았음에도 불구하고 그러한 무호주선택권은 인정되지 않고 혼인으로 인한 법정분가의 효과로 부(夫)에게 호주의 지위가 강제되었던 것이다.

셋째, 모든 개인은 가족 내에서 평등하고 존엄한 개체로서가 아니라 호주와의 관계를 통하여 가족 내의 신분적 지위가 자리매김 된다. 물론 여기에서 호주는 중심적 존재로서, 나머지 가족원은 주변적 존재로서 위계화된 가족질서 내에 배치된다.

이와 같이 호주제는 개인을 독립적 인격체로서 존중하는 것이 아니라 오로지 남계혈통 중심의 가의 유지와 계승이라는 목적을 위한 대상적·도구적 존재로 파악하고 있다. 호주제는 혼인과 가족생활 당사자의 복리나 선택권을 무시한 채 가의 유지와 계승이라는 관념에 뿌리박은 특정한 가족관계의 형태를 법으로써 일방적으로 규정하고 강요하는 것인데, 이는 혼인과 가족생활에서 개인의 존엄을 존중하라는 헌법 제36조 제1항의 요구에 부합하지 않는다.

3. 변화된 사회환경과 가족상

부계혈통주의에 입각한 가부장적 가족제도가 우리 민족 전래의 가족제도임을 인정하고, 호주제가 그러한 가족제도와 일정한 연관성을 가진다고 가정하더라도 호주제가 성립·유지될 수 있었던 사회적 배경은 오늘날 더 이상 존재하지 않는다.

오늘날 가족이란 일반적으로 부모와 미혼자녀로 구성되는 현실의 생활공동체를 의미하는 것으로 인식되고 있고, 대부분의 가족이 그러한 소가족의 형태를 띠고 있다. 가족의 기능이나 가족원의 역할분담에 대한 의식도 현저히 달라졌고 특히 남녀평등관념이 정착되고 있다. 이제 가족은 한 사람의 가장(호주)과 그에 복속하는 가속(家屬)으로 분리되는 권위주의적인 조직이 아니며, 가족원 모두가 인격을 가진 개인으로서 존중되는 민주적인 관계로 변화하고 있다. 부부의 관계는 물론 부모와 자녀의 관계도 대화와 상호 존중의 원리에 의해 형성·유지되어야 한다는 관념이 확산되고 있다.

한편, 사회의 분화에 따라 가족의 형태도 매우 다변화되고 있으며 여성의 경제력 향상, 이혼율 증가 등으로 여성이 가구주로서 가장의 역할을 맡는 비율이 점증하고 있다.

호주제와 가제도는 이러한 오늘날의 현실적 가족의 모습과 더 이상 조화되지 않으며 그 존립기반이 이렇게 무너진 지금 호주제를 더 이상 존치할 필요는 없다고 할 것이다.

호주제라는 법률제도를 폐지한다 하여 숭조(崇祖)사상, 경로효친과 같은 전통문화나 미풍양속이 더불어 폐기되는 것이 아니며, 가문이 무너지거나 혈통의 뿌리가 사라지는 것도 아니다. 개인의 혈통이나 가계의 전승은 족보를 통하여 충분히 그 목적을 달성할 수 있고, 숭조사상, 경로효친과 같은 미풍양속은 사회·문화·윤리의 문제로서 **호주제라는 법제도와 무관하게 얼마든지 유지·발전시킬 수 있음을 분명히 하여 둔다.**

Ⅲ. 심판대상조항들의 위헌성

이상 살펴본 바와 같이 호주제는 헌법 제36조 제1항에 위반된다. 심판대상조항인 민법 제778조, 제781조 제1항 본문 후단, 제826조 제3항 본문은 호주제의 핵심적 구성부분을 이루는 법규범이다. 위 법률조항들은 혹은 독자적으로 혹은 서로 결부하여, 혹은 다른 호주제 관련조항들과의 체계적 연관성을 통하여 호주제를 존속시키며 구체적으로 실현시키고 있으므로 위에서 본 바와 같은 호주제가 지닌 위헌성을 심판대상조항들은 고스란히 지니고 있다. 결론적으로, 민법 제778조는 당사자의 의사와 자결권을 외면한 채 법률로 호주의 지위를 강요한다는 점에서 개인의 존엄에 반할 뿐만 아니라 호주 지위의 획득에 있어 남녀를 차별하고 있으며, 민법 제781조 제1항 본문 후단 및 민법 제826조 제3항 본문은 당사자의 의사와 자율적 선택권을 무시한 채 혼인 및 자녀에 관한 신분관계를 일방적으로 형성한다는 점에서 개인의 존엄에 반하고 나아가 정당한 이유 없이 남녀를 차별한다.

이상과 같은 이유로 심판대상조항들은 헌법에 위반된다.

Ⅳ. 헌법불합치 결정의 선택

심판대상조항들은 호주제의 골격을 이루며 호주제와 불가분의 일체를 이루는 핵심요소이므로 이 조항들이 위헌으로 되면 호주제 및 가제도는 더 이상 존속하기 어렵다. 위헌결정으로 호주제가 폐지되면 호주를 기준으로 가별로 편제토록 되어 있는 현행 호적법이 그대로 시행되기 어려워, 신분관계를 공시·증명하는 공적 기록에 큰 공백이 생긴다. 이러한 법적 상태는 신분관계의 중요한 변동사항을 호적이 따라가지 못하는 것으로서 중대한 법적 공백을 의미한다. 호주제를 전제하지 않는 새로운 호적정리체계로 호적법을 개정하는 데에는 일정한 시간이 소요되는 반면, 그 동안 국민들의 신분관계의 변동사항을 방치할 수는 없으므로 부득이 헌법불합치결정을 선고하면서 호적법 개정 시까지 심판대상조항들을 잠정적으로 계속 적용케 하는 것이 필요하다. 입법자는 조속히 호적법을 개정하여 위헌인 호주제의 잠정적인 지속을 최소화할 의무가 있다.

재판관 김영일, 재판관 권성의 반대의견

현행법상의 호주제는 고대 이래 조선 중기까지 이어져온 우리 고유의 합리적 부계혈통주의의 전통을 이어받아 부계혈통주의의 존립을 위한 극히 기본적인 요소만을 담고 있는 것으로서, 일제 잔재로서의 색채를 불식하고 우리 고유의 관습으로 복귀한 것으로 평가할 수 있으며, 혼인과 가족관계를 규율하는 가족법은 전통성·보수성·윤리성을 강하게 가질 수밖에 없어서 혼인과 가족관계에 관한 헌법규정을 해석함에 있어서는 가족법의 전통적 성격을 고려하지 않을 수 없고, 특히 가족법의 영역에서 도식적인 평등의 잣대로 우리의 전통문화를 함부로 재단함으로써 전통가족문화가 송두리째 부정되고 해체되는 결과를 초래하여서는 아니되는바, 현행법상의 호주제는 전통 가족제도의 핵심인 부계혈통주의에 입각한 가의 구성 및 가통의 계승을 위한 제도로서 이를 위하여 마련된 처의 부가입적 원칙, 자의 부가입적 원칙 및 호주승계제도는 우리 사회의 오랜 전통과 현실에 기초한 것일 뿐만 아니라 여성에 대한 실질적 차별을 내용으로 하고 있는 것으로 보기 어렵다는 점에서 평등원칙에 위반되지 아니하며, 호주제가 신분관계를 일방적으로 형성되는 측면이 있다고 하더라도 이는 가족제도를 법제화하는 과정에서 부득이한 것일 뿐만 아니라 임의분가, 호주승계권의 포기 등 이를 완화하는 제도를 두고 있으므로 개인의 존엄을 존중하지 않는 것이라 보기도 어려우므로 결국 헌법 제36조 제1항에 위반되지 아니한다.

재판관 김영일의 위 반대의견에 대한 별개의견

민법 제781조 제1항 본문 후단이 규정하고 있는 자의 부가입적 원칙이 그 자체로서 위헌은 아니나, 그 원칙에 대한 예외의 설정이 너무 좁게 한정되어 있어서 다수의견이 지적하는 바와 같이 현실에 맞지 않고 불합리하게 자의 의사를 지나치게 제한하고 모를 실질적으로 차별하므로 개인의 존엄 및 평등의 원칙에 반한다고 하지 않을 수 없어, 결론적으로 민법 제778조, 제826조 제3항 본문은 헌법에 위반되지 아니하나, 민법 제781조 제1항 본문 후단은 헌법에 위반된다.

재판관 김효종의 반대의견

민법이 가제도(家制度)를 두고 있는 것은 헌법 제36조 제1항이 제도보장의 하나로 규정한 가족제도를 형성하고 유지하는 데 기여한다 할 것이고, 각개의 가(家)에 호주를 두고 있는 것은 우리의 전통문화에 터 잡은 것으로 봄이 상당하므로, 민법 제778조가 법적 개념으로서 가(家)의 존재를 인정하고 여기에 호주의 관념을 도입하였다 하여 헌법 제36조 제1항을 비롯한 헌법에 위배된다고 볼 수 없으며, 호주제의 양성차별적 요소는 민법 제984조 등 위헌성이 있는 관련 개별규정의 효력을 상실시키거나 입법적 개선이 이루어지면 해소될 수 있는 문제여서 그러한 위헌적 요소가 가제도의 기본조항인 민법 제778조에 본질적으로 내재된 문제라고 볼 수 없다. 따라서 민법 제781조 제1항 본문 후단, 제826조 제3항 본문에 관하여는 위헌이라는 다수의견과 견해를 같이 하지만 민법 제778조는 가족제도의 보장을 위한 입법재량의 범위 내에서 이루어진 입법적 조치로서 헌법에 위반된다고 볼 수 없다.

본 판례에 대한 평가 그동안 여성계와 학계에서 줄기차게 호주제의 남녀 불평등적 측면에 착안하여 호주제의 폐지를 주장하여 왔다. 호주제는 개인을 독립적 인격체로 존중하는 것이 아니라 오로지 남계혈통 중심의 가의 유지와 계승이라는 목적을 위한 대상적·도구적 존재로 파악하고 있다. 헌법재판소가 호주제의 위헌성을 확인한 판례로 혼인과 가족제도에서 남녀평등을 적극적으로 구현한 결정이다.

헌법재판소의 호주제 관련 민법규정에 대한 헌법불합치 결정 이후 2005년 3월 2일 민법개정안이 국회 본회의를 통과하여 (구)민법 제778조, 제780조, 제782조~제796조 등이 삭제되고, 제781조 제1항의 "자는 부가에 입적한다"도 삭제되었다. 2007년 4월 27일 호적법 대체법으로 '가족관계의 등록 등에 관한 법률'이 제정되어 2008년 1월 1일부로 시행되었다. 이에 따라 2008년 1월 1일부터 기존 호적제도가 완전히 폐지되고 가족관계등록부를 통해 개인의 신분관계를 공시하게 되었다.

관련 문헌: 관련 문헌: 신영호, "「호주와 가족」규정의 정비를 위한 검토", 가족법연구 제17권 1호, 2003; 정현수, "호적제도의 변천과 새로운 신분등록제도에 관한 고찰", 가족법연구 제20권 제2호, 2006; 윤상덕, "21세기 한국 가족제도의 변화와 전망에 대한 연구", 법학연구 제22집, 2006; 강경근, "호주제 헌법불합치결정과 혼인과 가족제도", 고시연구 32권 4호(373호), 2005. 4.

대판(전합) 2006.6.22. 2004스42

(1) 성(性)의 결정 기준

(2) 성전환자의 정의 및 성전환자의 성(性)의 법률적 평가

(3) 성전환자에 대한 호적상 성별 기재의 정정 허용 여부(적극) 및 정정의 효과

(1) 종래에는 사람의 성을 성염색체와 이에 따른 생식기·성기 등 생물학적인 요소에 따라 결정하여 왔으나 근래에 와서는 생물학적인 요소뿐 아니라 개인이 스스로 인식하는 남성 또는 여성으로의 귀속감 및 개인이 남성 또는 여성으로서 적합하다고 사회적으로 승인된 행동·태도·성격적 특징 등의 성 역할을 수행하는 측면, 즉 정신적·사회적 요소들 역시 사람의 성을 결정하는 요소 중의 하나로 인정받게 되었으므로, 성의 결정에 있어 생물학적 요소와 정신적·사회적 요소를 종합적으로 고려하여야 한다.

(2) 성전환증을 가진 사람의 경우에도, 남성 또는 여성 중 어느 한쪽의 성염색체를 보유하고 있고 그 염색체와 일치하는 생식기와 성기가 형성·발달되어 출생하지만 출생 당시에는 아직 그 사람의 정신적·사회적인 의미에서의 성을 인지할 수 없으므로, 사회통념상 그 출생 당시에는 생물학적인 신체적 성징에 따라 법률적인 성이 평가될 것이다. 그러나 출생 후의 성장에 따라 일관되게 출생 당시의 생물학적인 성에 대한 불일치감 및 위화감·혐오감을 갖고 반대의 성에 귀속감을 느끼면서 반대의 성으로서의 역할을 수행하며 성기를 포함한 신체 외관 역시 반대의 성으로서 형성하기를 강력히 원하여, 정신과적으로 성전환증의 진단을 받고 상당기간 정신과적 치료나 호르몬 치료 등을 실시하여도 여전히 위 증세가 치유되지 않고 반대의 성에 대한 정신적·사회적 적응이 이루어짐에 따라 일반적인 의학적 기준에 의하여 성전환수술을 받고 반대 성으로서의 외부 성기를 비롯한 신체를 갖추고, 나아가 전환된 신체에 따른 성을 가진 사람으로서 만족감을 느끼고 공고한 성정체성의 인식 아래 그 성에 맞춘 의복, 두발 등의 외관을 하고 성관계 등 개인적인 영역 및 직업 등 사회적인 영역에서 모두 전환된 성으로서의 역할을 수행함으로써 주위 사람들로부터도 그 성으로서 인식되고 있으며, 전환된 성을 그 사람의 성이라고 보더라도 다른 사람들과의 신분관계에 중대한 변동을 초래하거나 사회에 부정적인 영향을 주지 아니하여 사회적으로 허용된다고 볼 수 있다면, 이러한 여러 사정을 종합적으로 고려하여 사람의 성에 대한 평가 기준에 비추어 사회통념상 신체적으로 전환된 성을 갖추고 있다고 인정될 수 있는 경우가 있다 할 것이며, 이와 같은 성전환자는 출생시와는 달리 전환된 성이 법률적으로도 그 성전환자의 성이라고 평가받을 수 있을 것이다.

(3) 성전환자의 경우에는 출생시의 성과 현재 법률적으로 평가되는 성이 달라, 성에 관한 호적의 기재가 현재의 진정한 신분관계를 공시하지 못하게 되므로, 현재 법률적으로 평가되는 성이 호적에 반영되어야 한다. 현행 호적법에는 출생시 호적에 기재된 성별란의 기재를 위와 같이 전환된 성에 따라 수정하기 위한 절차 규정이 따로 마련되어 있지 않다. 그러나 진정한 신분관계가 호적에 기재되어야 한다는 호적의 기본원칙과 아울러, 첫째 성전환자도 인간으로서의 존엄과 가치를 향유하며 행복을 추구할 권리와 인간다운 생활을 할 권리가 있고 이러한 권리들은 질서유지나 공공복리에 반하지 아니하는 한 마땅히 보호받아야 한다는 점, 둘째 호적법이 성전환자의 호적상 성별란 기재를 수정하는 절차규정을 두지 않은 이유는 입법자가 이를 허용하지 않기 때문이 아니라 입법 당시에는 미처 그 가능성과 필요성을 상정하지 못하였기 때문이라는 점, 셋째 호적법 제120조에 의한 호적정정사유 중 호적의 기재가 법률상 허용될 수 없는 경우를 해석함에 있어서 호적 기재 후의 법령의 변경 등 사정의 변경에 의하여 법률상 허용될 수 없음이 명백하게 된 경우를 반드시 배제하여야 할 필요가 있다고 보기 어려울 뿐 아니라, 호적법 제120조에 의한 호적정정

절차를 둔 근본적인 취지가 호적의 기재가 부적법하거나 진실에 반하는 것이 명백한 경우에 그 기재 내용을 판결에 의하지 아니하고 간이한 절차에 의하여 사실에 부합하도록 수정할 수 있도록 함에 있다는 점을 함께 참작하여 볼 때, 구체적인 사안을 심리한 결과 성전환자에 해당함이 명백하다고 증명되는 경우에는 호적법 제120조의 절차에 따라 그 전환된 성과 호적의 성별란 기재를 일치시킴으로써 호적기재가 진정한 신분관계를 반영할 수 있도록 하는 것이 호적법 제120조의 입법 취지에 합치되는 합리적인 해석이라는 점을 종합하여 보면, 성전환자에 해당함이 명백한 사람에 대하여는 호적정정에 관한 호적법 제120조의 절차에 따라 호적의 성별란 기재의 성을 전환된 성에 부합하도록 수정할 수 있도록 허용함이 상당하다. 성전환자에 해당함이 명백한 사람에 대하여 호적법 제120조에서 정한 절차에 따라 성별을 정정하는 호적정정이 허가되고 그에 따라 전환된 성이 호적에 기재되는 경우에, 위 호적정정 허가는 성전환에 따라 법률적으로 새로이 평가받게 된 현재의 진정한 성별을 확인하는 취지의 결정이므로 호적정정허가 결정이나 이에 기초한 호적상 성별란 정정의 효과는 기존의 신분관계 및 권리의무에 영향을 미치지 않는다고 해석함이 상당하다.

[요약판례 1] 형법 제241조 위헌제청 등(헌재 2008.10.30. 2007헌가17등)

간통죄의 위헌 여부(소극)

(1) 3인의 합헌의견

이 사건 법률조항은 개인의 성적 자기결정권, **사생활의 비밀과 자유**를 제한하나, 과잉금지원칙에 위반되지 아니한다. 즉 이 사건 법률조항은 국가와 사회의 기초를 이루는 가족생활의 초석인 혼인관계를 보호하고, 사회질서를 유지하기 위한 것으로 입법**목적의 정당성**이 인정되고, 혼인관계에 파괴적 영향을 미치는 간통 및 상간행위는 법이 개입할 수 없는 순수한 윤리적·도덕적 차원의 문제는 아니므로 이 사건 법률조항이 형벌의 제재를 동원한 행위금지를 선택한 것은 입법목적 달성을 위한 **적절한 수단**이다. 다만 '형벌'의 제재 규정이 지나친 것인지 문제되나, 이는 기본적으로 입법정책의 문제로서 입법형성의 자유에 속한다. 간통이 사회질서를 해치고 타인의 권리를 침해하는 경우에 해당한다고 보는 우리의 법의식은 현재에도 여전히 유효하고, 혼인과 가족생활의 해체를 초래할 위험이 있는 간통 및 상간행위에 대한 **사전예방의 강한 요청**에 비추어 간통 및 상간행위를 형사처벌하기로 한 입법자의 판단이 자의적인 것이라 할 수 없다. 나아가 이 사건 법률조항으로 인하여 침해되는 사익은 법률혼관계가 유지되고 있는 동안 간통할 수 없고, 법률상 배우자가 있는 자라는 사실을 알면서 상간할 수 없다는 특정한 관계에서의 성행위 제한으로 비교적 경미함에 비하여 달성되는 공익은 선량한 성도덕의 수호 및 혼인과 가족제도 보장으로 높은 중요성이 있어 **법익균형성** 역시 인정되므로 이 사건 법률조항이 과잉금지원칙에 위배하여 개인의 성적 자기결정권, 사생활의 비밀과 자유를 침해한다고 볼 수 없다. 한편 이 사건 법률조항은 법정형으로 **징역형**만을 규정하고 있으나, 그 상한이 높지 않고, 죄질이 가벼운 경우 선고유예까지 선고할 수 있으므로 지나치게 **과중한 형벌**을 규정하고 있다고 **보기 어렵다**.

(2) 1인의 합헌의견

형법이 간통죄를 범죄로 처벌하는 것 자체는 입법재량의 범위를 벗어난 것이라고 보기 어려워 헌법에 위반되지 않으나, 이 사건 법률조항이 **구체적인 행위 태양의 개별성이나 특수성**을 고려하지 않은 채 간통이라는 하나의 개념으로 일률적으로 형벌을 부과하여 반사회적 성격이 미약한 사례까지 처벌하는 것은 사실상으로나 정책적으로 부당한 결과를 초래할 우려가 있으므로 입법자로서는 사회적인 합의, 국민의 법의식 등을 실증적, 종합적으로 고려하여 이를 **입법적으로 개선할 수 있도록 정책적인 노력**을 기울여야 할 것이다.

(3) 3인의 위헌의견

이 사건 법률조항은 일부일처제에 터잡은 혼인제도와 부부 간 성적 성실의무를 보호하기 위하여, 성적 자기결정권과 사생활의 비밀과 자유를 제한하고 있다. 그러나 우리 사회는 오늘날 성에 대한 **국민 일반의 법감정**이 변하고 있고, 도덕적으로 비난받을 만한 행위 모두를 형사처벌의 대상으로 삼는 것은 바람직하지 아니하며, **세계적**으로도 간통죄를 폐지하는 추세이고, 간통 및 상간행위의 형사처벌이 일부일처제와 가정보호·부부 간의 성적 성실의무 보호·여성의 보호에 실효적인 기능을 하지도 못한다. 나아가 간통죄의 예방적 기능에도 의문이 있고 오히려 다른 목적을 위하여 악용될 가능성을 배제할 수 없으므로 **수단의 적절성** 및 피해의 최소성을 **갖추었다고 보기 어렵다**. 또한 개인의 내밀한 성생활의 영역을 형사처벌의 대상으로 삼음으로써 국민의 성적 자기결정권과 사생활의 비밀과 자유라는 기본권을 지나치게 제한하여 법익균형성을 상실한 것이다. 결국 이 사건 법률조항은 과잉금지원칙에 위배하여 국민의 성적 자기결정권 및 사생활의 비밀과 자유를 침해하는 것으로서 헌법에 위반된다.

(4) 1인의 헌법불합치 의견

이 사건 법률조항이 규정하는 간통행위의 태양은 매우 광범위하고 다양하여 이들 모든 행위에 대하여 성적 자기결정권, 사생활의 비밀과 자유가 제한되어 위헌이라거나 또는 합헌이라고 할 수는 없다. 다만 이 사건 법률조항은 단순히 도덕적 비난에 그쳐야 할 행위 또는 비난가능성이 없거나 근소한 행위 등 국가형벌권 행사의 요건을 갖추지 못한 행위에까지 형벌을 부과하여 **법치국가적 한계를 넘어 국가형벌권을 행사**한 것으로 헌법에 합치되지 아니한다.

(5) 1인의 위헌의견

이 사건 법률조항이 간통 및 상간행위를 형사처벌하도록 한 자체의 위헌 여부에 대하여는 합헌의견에 동의한다. 그러나 간통 및 상간행위에는 행위의 태양에 따라 죄질이 현저하게 다른 수많은 경우가 존재함에도 이 사건 법률조항이 간통 및 상간행위에 대하여 선택의 여지 없이 반드시 징역형으로만 응징하도록 한 것은 구체적 사안의 개별성과 특수성을 고려할 수 있는 가능성을 배제 또는 제한하여 **책임과 형벌간 비례의 원칙에 위배**되어 헌법에 위반된다.

[요약판례 2] 민법 제847조 제1항 위헌제청 등: 헌법불합치(헌재 1997.3.27. 95헌가14등)

(1) 민법 제847조 제1항 중 '그 출생을 안 날로부터 1년내' 부분의 위헌여부

(2) 위헌상태의 제거방안으로 헌법불합치결정을 선고한 예

(1) (가) 친생부인의 소에 관하여 어느 정도의 제척기간을 둘 것인가는 법률적인 친자관계를 진실에 부합시키고자 하는 부의 이익과 친자관계의 신속한 확정을 통하여 법적 안정을 찾고자 하는 자의 이익을 어떻게 그 사회의 실정과 전통적 관념에 맞게 조화시킬 것인가에 관한 문제로서 이해관계인들의 기본권적 지위와 혼인 및 가족생활에 관한 헌법적 결단을 고려하여 결정되어야 할 것이므로 원칙적으로 입법권자의 재량에 맡겨져 있다 할 수 있다. 다만 그 제소기간이 지나치게 단기간이거나 불합리하여 부가 자의 친생자 여부에 대한 확신을 가지기도 전에 그 제척기간이 경과하여 버림으로써 친생을 부인하고자 하는 부로 하여금 제소를 현저히 곤란하게 하거나 사실상 불가능하게 하여 진실한 혈연관계에 반하는 친자관계를 부인할 수 있는 기회를 극단적으로 제한하는 것이라면 이는 입법재량의 한계를 넘어서는 것으로서 위헌이라 아니할 수 없다.

(나) 민법 제847조 제1항은 친생부인의 소의 제척기간과 그 기산점에 관하여 '그 출생을 안 날로부터 1년내'라고 규정하고 있으나, 일반적으로 친자관계의 존부는 특별한 사정이나 어떤 계기가 없으면 이를 의심하지 아니하는 것이 통례임에 비추어 볼 때, 친생부인의 소의 제척기간의 기산점을 단지 그 '출생을 안 날로부터'라고 규정한 것은 부에게 매우 불리한 규정일 뿐만 아니라, '1년'이라는 제척기간 그 자체도 그 동안에 변화된 사회현실여건과 혈통을 중시하는 전통관습 등 여러 사정을 고려하면 현저히 짧은 것이어서, 결과적으로 위 법률조항은 입법재량의 범위를 넘어서 친자관계를 부인하고자 하는 부로부터 이를 부인할 수 있는 기회를 극단적으로 제한함으로써 자유로운 의사에 따라 친자관계를 부인하고자 하는 부의 가정생활과 신분관계에서 누려야 할 인격권, 행복추구권 및 개인의 존엄과 양성의 평등에 기초한 혼인과 가족생활에 관한 기본권을 침해하는 것이다.

(2) (가) 민법 제847조 제1항이 입법재량의 한계를 넘어서 기본권을 침해한 것으로서 헌법에 위반되는 규정이라 하더라도 이에 대하여 단순위헌선언을 한다면 친생부인의 소의 제척기간의 제한이 일시적으로 전혀 없게 되는 법적 공백상태가 되고 이로 인하여 적지 않은 법적 혼란을 초래할 우려가 있을 뿐만 아니라 위헌적인 규정에 대하여 합헌적으로 조정하는 임무는 원칙적으로 입법자의 형성재량에 속하는 사항인 것이므로, 우리 재판소는 입법자가 이 사건 심판대상조항을 새로이 개정할 때까지는 법원 기타 국가기관은 이를 더 이상 적용·시행할 수 없도록 중지하되 그 형식적 존속만을 잠정적으로 유지하게 하기 위하여 단순위헌결정 대신 헌법불합치결정을 선고한다.

(나) 우리 재판소는 국회의 광범위한 입법형성의 자유를 제약하기 위해서가 아니고 추상적 기준론에 의한 입법형성의 현실적 어려움을 감안하여 일응의 준거가 될만한 사례를 제시하고자 하는바, 친생부인의 소는 부가 자와의 사이

에 친생자관계가 존재하지 아니함을 알게 된 때로부터 1년내에 이를 제기할 수 있으나 다만 그 경우에도 자의 출생 후 5년이 경과하면 이를 제기할 수 없다고 규정하고 있는 스위스 가족법의 규정이 부와 자 사이의 이익을 충분히 고려하여 조화를 이루고 있는 입법례로 보인다.

[요약판례 3] 민법 제781조 제1항 위헌제청: 헌법불합치(헌재 2005.12.22. 2003헌가5등)

민법 제781조 제1항 본문 중 "자(子)는 부(父)의 성(姓)과 본(本)을 따르고" 부분이 헌법에 위반되는지 여부(적극)

(1) 재판관 윤영철, 재판관 김효종, 재판관 김경일, 재판관 주선회, 재판관 이공현의 의견

(가) 양계 혈통을 모두 성으로 반영하기 곤란한 점, 부성의 사용에 관한 사회 일반의 의식, 성의 사용이 개인의 구체적인 권리의무에 영향을 미치지 않는 점 등을 고려할 때 민법 제781조 제1항 본문 중 "자(子)는 부(父)의 성(姓)과 본(本)을 따르고" 부분이 성의 사용 기준에 대해 부성주의를 원칙으로 규정한 것은 입법형성의 한계를 벗어난 것으로 볼 수 없다.

(나) 출생 직후의 자(子)에게 성을 부여할 당시 부(父)가 이미 사망하였거나 부모가 이혼하여 모가 단독으로 친권을 행사하고 양육할 것이 예상되는 경우, 혼인외의 자를 부가 인지하였으나 여전히 모가 단독으로 양육하는 경우 등과 같은 사례에 있어서도 일방적으로 부의 성을 사용할 것을 강제하면서 모의 성의 사용을 허용하지 않고 있는 것은 개인의 존엄과 양성의 평등을 침해한다.

(다) 입양이나 재혼 등과 같이 가족관계의 변동과 새로운 가족관계의 형성에 있어서 구체적인 사정들에 따라서는 양부 또는 계부 성으로의 변경이 개인의 인격적 이익과 매우 밀접한 관계를 가짐에도 부성의 사용만을 강요하여 성의 변경을 허용하지 않는 것은 개인의 인격권을 침해한다.

(라) 이 사건 법률조항의 위헌성은 부성주의의 원칙을 규정한 것 자체에 있는 것이 아니라 부성의 사용을 강제하는 것이 부당한 것으로 판단되는 경우에 대해서까지 부성주의의 예외를 규정하지 않고 있는 것에 있으므로 이 사건 법률조항에 대해 헌법불합치결정을 선고하되 이 사건 법률조항에 대한 개정 법률이 공포되어 2008. 1. 1. 그 시행이 예정되어 있으므로 2007. 12. 31.까지 이 사건 법률조항의 잠정적인 적용을 명함이 상당하다.

(2) 재판관 송인준, 재판관 전효숙의 의견

(가) 이 사건 법률조항은 모든 개인으로 하여금 부의 성을 따르도록 하고 모의 성을 사용할 수 없도록 하여 남성과 여성을 차별취급하고 있으면서도 그와 같은 차별취급에 대한 정당한 입법목적을 찾을 수 없어 혼인과 가족생활에 있어서의 양성의 평등을 명하고 있는 헌법 제36조 제1항에 위반된다.

(나) 이 사건 법률조항은 혼인과 가족생활에 있어 개인의 성을 어떻게 결정하고 사용할 것인지에 대해 개인과 가족의 구체적인 상황이나 의사를 전혀 고려하지 않고 국가가 일방적으로 부성의 사용을 강제하고 있음에도 그와 같은 부성 사용의 강제에 대한 구체적인 이익을 찾을 수 없어 혼인과 가족생활에 있어서의 개인의 존엄을 보장한 헌법 제36조 제1항에 위반된다.

(다) 이 사건 법률조항이 헌법에 위반되므로 위헌결정을 하여야 할 것이지만 헌법재판소가 이 사건 법률조항에 대해 위헌결정을 선고한다면 성의 결정과 사용에 대한 아무런 기준이 없어지게 되어 법적 공백과 혼란이 예상되므로 이 사건 법률조항이 개정되어 시행되기 전까지는 그 효력을 유지시켜 잠정적인 적용을 허용하는 내용의 헌법불합치결정을 선고함이 상당하다.

〔이 사건 법률조항이 부성주의(父姓主義)를 원칙으로 규정한 것 자체는 헌법에 위반되지 아니하나 부성주의를 강요하는 것이 부당한 경우에 대해서도 예외를 규정하지 않은 것이 헌법에 위반되므로 헌법불합치를 선고하고 잠정적용을 명하여야 한다는 재판관 5인의 의견과 이 사건 법률조항이 부성주의(父姓主義)를 원칙으로 규정하고 있는 것이 헌법에 위반되므로 위헌을 선고하여야 하지만 법적 공백과 혼란의 방지를 위해 헌법불합치를 선고하고 잠정적용을 명하여야 한다는 재판관 2인의 의견으로 헌법불합치를 선고하고 잠정적용을 명한 사례〕

(재판관 권성의 반대의견) 가족제도 중에도 부성주의는 헌법에 선행하는 문화이다. 기존의 문화 내지 제도가 후행

의 헌법적 가치에 어긋난다는 의심을 받는 경우에는 기존의 문화가 가지는 합리성을 확인하고 그 합리성과 헌법적 가치 사이의 간극의 크기를 측정한 후, 그 간극의 크기가 더 이상 용납하기 어려운 경우에 그 간극을 해소하는 기술의 합리성을 확인하며, 그 다음으로 시기의 적합성을 판단하여야 한다. 부성주의는 출산과 수유라는 사실로 인해 외관상 확인가능한 모와의 혈통관계에 비해 본질적으로 불확실한 부와의 혈통관계를 대외적으로 공시하고 부와 자녀간의 일체감과 유대감을 강화하여 가족의 존속과 통합을 보장한다. 기호체계에 불과한 성이 여성의 실체적인 법적 지위나 법률관계에 영향을 미친다고는 볼 수 없으며, 부성의 사용으로 인해 재혼이나 입양 등의 경우에 있어서 개인이 받는 불이익은 재혼이나 입양에 대한 사회적 편견 내지 사시(斜視)가 그 원인이지 부성주의가 그 원인은 아니다. 추상적인 자유와 평등의 잣대만으로 우리 사회에서 여전히 유효하게 존속하면서 그 가치를 인정받고 있는 생활양식이자 문화 현상인 부성주의의 합헌성을 부정하는 것은 시기상조(時機尙早)의 부적절한 일이다.

[요약판례 4] 의료보험법 제31조 제2항 위헌확인: 기각(헌재 1997.12.24. 95헌마390)

분만급여의 범위·상한기준을 보건복지부장관이 정하도록 위임한 의료보험법 제31조 제2항의 규정이 위임입법의 한계를 벗어난 포괄적 위임인지 여부(소극) 및 위 법률조항이 행복추구권, 평등권, 모성보호 및 보건의 보호규정에 위배되는지 여부(소극)

위임입법에 있어서 위임의 구체성·명확성의 요구 정도는 규제대상의 종류와 성격에 따라서 달라진다. 즉 급부행정 영역에서는 기본권침해 영역보다는 구체성의 요구가 다소 약화되어도 무방하다고 해석되며, 다양한 사실관계를 규율하거나 사실관계가 수시로 변화될 것이 예상될 때에는 위임의 명확성의 요건이 완화된다. 뿐만 아니라 위임조항에서 위임의 구체적 범위를 명확히 규정하고 있지 않다고 하더라도 당해 법률의 전반적 체계와 관련규정에 비추어 위임조항의 내재적인 위임의 범위나 한계를 객관적으로 분명히 확정할 수 있다면 이를 일반적이고 포괄적인 백지위임에 해당하는 것으로 볼 수 없다.

피보험자인 국민이 납부하는 보험료라는 기여금과 국고부담을 전제로 이루어지는 의료보험제도에서 한정된 재원으로 최적의 의료보험급여를 하기 위해서는 국민의 부담수준, 국가의 재정수준이라는 한계하에서 여러 가지 측면을 고려하여 보험급여의 우선순위를 정하게 되고, 사회적·경제적 여건에 따라 적절히 대처할 필요성이 있기 때문에 요양급여 및 분만급여의 방법·절차·범위·상한기준 등을 미리 법률에 상세하게 규정하는 것은 입법기술상 매우 어렵다. 그리고 의료보험법 제31조 제1항에서 분만급여를 실시할 것을 규정한 이상 그 범위·상한기준까지 반드시 법률로써 정하여야 하는 사항은 아니며, 의료보험법의 전반적 체계를 종합해 보면 내재적인 위임의 범위나 한계를 예측할 수 있으므로 이 사건 법률조항이 분만급여의 범위나 상한기준을 더 구체적으로 정하지 아니하였다고 하여 포괄위임에 해당한다고 할 수는 없다

청구인의 경우 세 번째 이후 자녀의 출산에 대한 분만급여를 제한한 「요양급여기준및분만급여기준개정」(보건사회부고시)에 따라 분만급여를 제한받은 데다가 이 사건 자녀 출산이 1995. 6. 5.이어서 같은 해 7. 1.부터 시행된 제도의 혜택(분만급여 및 요양급여 지급)을 받지 못하였고, 또한 출산 후 계속 입원치료를 받는 바람에 기존의 제도에 따른 요양급여마저 받지 못한 사정이 있었더라도, 위 보건사회부고시 제82-26호 등 보건복지부장관의 제도운영에 대한 평가는 별론으로 하고, 이 사건 법률조항이 바로 청구인의 헌법상 보장된 행복추구권·평등권을 침해하였거나 모성의 보호와 보건의 보호규정에 위배된다고 할 수 없다.

[요약판례 5] 군인사법 제48조 제3항 위헌확인: 기각(헌재 2008.10.30. 2005헌마1156)

기본권으로서의 양육권의 성격

양육권은 공권력으로부터 자녀의 양육을 방해받지 않을 권리라는 점에서는 자유권적 기본권으로서의 성격을, 자녀의 양육에 관하여 국가의 지원을 요구할 수 있는 권리라는 점에서는 사회권적 기본권으로서의 성격을 아울러 가지고 있다고 할 수 있고, 이 사건 법률조항과 같이 육아휴직을 신청할 수 있는 대상 군인을 제한하는 것은 사회권적 기

본권으로서의 양육권을 제한하는 것으로 볼 수 있다.

입법자가 육아휴직신청권이 가지는 근로자로서의 권리성, 육아휴직의 허용 대상을 확대할 경우 예산과 인력이 추가로 소요되는 점, 다른 의무복무군인과의 형평성 등을 고려하여 육아휴직의 허용 대상을 정한 것이므로, 국가가 헌법상 용인될 수 있는 재량의 범위를 명백히 일탈함으로써 사회적 기본권으로서의 양육권을 최소한 보장하여야 할 의무를 불이행한 것으로 볼 수 없다.

[요약판례 6] 구 소득세법 제89조 제3호 등 위헌소원: 헌법불합치(헌재 2011.11.24. 2009헌바146)

가. 1세대 3주택 이상에 해당하는 주택에 대하여 양도소득세 중과세를 규정하고 있는 구 소득세법(2003. 12. 30. 법률 제7006호로 개정되고, 2009. 12. 31. 법률 제9897호로 개정되기 전의 것) 제104조 제1항 제2호의3(이하 '이 사건 법률조항'이라 한다)이 과잉금지원칙에 반하여 재산권을 침해하는지 여부(소극)

나. 이 사건 법률조항이 과잉금지원칙에 위배되어 헌법 제36조 제1항에 위배되는지 여부(적극)

다. 소득세법(2009. 12. 31. 법률 제9897호로 개정된 것) 제104조 제1항 제4호에 대한 심판대상 확장과 헌법불합치결정의 필요성

가. 이 사건 법률조항에 의한 세율이 일반 양도소득세율과 비교하여 높기는 하지만, 입법자가 1세대 3주택 이상에 해당하는 자의 주택 소유를 억제하여 주택 가격의 안정과 주거생활의 안정을 도모하기 위하여 사실상 1세대 3주택 이상의 주택 소유를 억제할 수 있는 정도의 세율을 정하고 그것도 과세구간에 따른 누진세율이 아니라 고율의 단일세율을 정한 것이므로, 위와 같은 이 사건 법률조항의 입법목적 등을 고려하면, 이 사건 법률조항이 정하고 있는 세율이 일반 양도소득세율에 비하여 고율의 단일세율이라는 이유만으로 침해의 최소성원칙을 벗어났다고 볼 수 없고, 이 사건 법률조항으로 인해 1세대 3주택 이상에 해당하는 납세의무자가 입게 되는 불이익이 이 사건 법률조항이 추구하는 공익에 비하여 균형을 상실할 정도로 크다고 볼 수도 없어 법익의 균형성 원칙에도 위배되지 않는다. 따라서 이 사건 법률조항은 과잉금지원칙에 반하여 청구인의 재산권을 침해하지 않는다.

나. 주택 양도소득세 과세에 있어 '1세대'를 과세단위로 한 것이 적절한지에 관하여 보면, ① 이 사건 법률조항이 3주택 이상에 해당하는 자의 인적 범위를 정함에 있어 주로 생계를 같이하는 '1세대'를 기준으로 한 것은, 세대별로 주택이 사용되어지고, 세대의 개념상 1주택을 넘는 주택은 일시적 1세대 2주택자 등의 예외를 제외하고는 보유자의 주거용으로 사용되지 않을 개연성이 높은 점을 고려한 것이며, 주택이 다른 재산권과 구별되는 위와 같은 특성을 고려하여 오로지 보유 주택수를 제한하고자 '세대'를 주택 양도소득세의 과세단위로 규정하고 있는 점, ② 이 사건 법률조항이 1세대 3주택 이상 보유자에 대한 양도소득세 중과세로 인하여 사실상 보유 주택수를 제한하는 것은 맞으나, 주택 이외의 다른 재산을 소유하는 것까지 막는 것은 아니어서 세대별 보유 재산권에 대한 제한이 상대적으로 크다고 할 수 없는 점 등을 합쳐 보면, 이 사건 법률조항이 정하고 있는 '1세대'를 기준으로 하여 3주택 이상 보유자에 대해 중과세하는 방법은 보유 주택수를 억제하여 주거생활의 안정을 꾀하고자 하는 이 사건 법률조항의 입법목적을 위하여 일응 합리적인 방법이라 할 수 있다.

그러나 혼인으로 새로이 1세대를 이루는 자를 위하여 상당한 기간 내에 보유 주택수를 줄일 수 있도록 하고 그러한 경과규정이 정하는 기간 내에 양도하는 주택에 대해서는 혼인 전의 보유 주택수에 따라 양도소득세를 정하는 등의 완화규정을 두는 것과 같은 손쉬운 방법이 있음에도 이러한 완화규정을 두지 아니한 것은 최소침해성원칙에 위배된다고 할 것이고, 이 사건 법률조항으로 인하여 침해되는 것은 헌법이 강도 높게 보호하고자 하는 헌법 제36조 제1항에 근거하는 혼인에 따른 차별금지 또는 혼인의 자유라는 헌법적 가치라 할 것이므로 이 사건 법률조항이 달성하고자 하는 공익과 침해되는 사익 사이에 적절한 균형관계를 인정할 수 없어 법익균형성원칙에도 반한다.

결국 이 사건 법률조항은 과잉금지원칙에 반하여 헌법 제36조 제1항이 정하고 있는 혼인에 따른 차별금지원칙에 위배되고, 혼인의 자유를 침해한다.

다. 국회는 2009. 12. 31. 법률 제9897호로 이 사건 소득세법을 개정하여 위 구 소득세법 제104조 제1항 제2호의3이 개정 소득세법 제104조 제1항 제4호로 변경되었는데, 그 규율 내용에는 변함이 없으므로 위 규정 역시 과잉금지원

칙에 위배되어 헌법 제36조 제1항 등에 근거하는 혼인에 따른 차별금지원칙에 반하고 혼인의 자유를 침해하므로 헌법에 위반된다.

그런데 위와 같은 이 사건 심판대상조항들에 대해 단순위헌결정을 하여 당장 그 효력을 상실시킬 경우에는 혼인에 따라 새로이 1세대 3주택 이상 보유자가 된 자 이외의 일반적인 1세대 3주택 이상 보유자에 대한 양도소득세 중과세의 근거 규정이 사라져 법적 공백상태가 발생하게 될 것이므로 헌법불합치결정을 한다.

(재판관 김종대의 반대의견) 납세의무를 명하는 조세법률에 대한 위헌심사를 함에 있어서는 기본권 제한의 위헌심사 기준인 헌법 제37조 제2항의 과잉금지원칙을 적용하여서는 아니 되고, 기본의무(납세의무) 부과에 있어서 적용되어야 할 헌법상의 원칙(부과목적의 공공성, 부과내용의 합리성과 타당성, 부과방식의 공평성)에 부합하는지 여부만 심사하면 된다.

이 사건 법률조항이 헌법 제36조 제1항에 반하는지에 관하여 보면, 혼인은 근본적으로 애정과 신뢰를 기초로 하여 남녀가 결합하는 것이라는 점에 비추어 보면, 청구인의 경우와 같이 2주택 소유자가 혼인으로 인하여 1세대 3주택 보유자로 취급되어 양도소득세가 더 많이 부과된다는 사유가 청구인이나 그 배우자의 혼인의사의 결정에 영향을 미친다고 보기도 어렵고, 혼인을 앞둔 이들이 1세대 3주택 이상 보유자가 되어 양도소득세 중과세의 염려로 혼인의 자유가 침해된다고 보는 것은, 혼인이라는 제도가 갖는 숭고한 정신적 영역을 망각하고 이를 마치 재산권 보존을 위한 거래행위로 전락시키는 태도이다.

이 사건 법률조항은 주택이 세대별로 사용되어지는 특성을 고려하여 '세대'를 양도소득세의 과세단위로 한 것이어서, 혼인으로 인하여 새로이 1세대 3주택 이상 보유자가 되어 이 사건 법률조항의 적용을 받는 것은 혼인의 순결 등을 보장하고자 하는 헌법 제36조 제1항과는 무관할 뿐 아니라 혼인이나 가족관계를 결정적 근거로 한 차별 취급이라고도 볼 수 없으며, 단지 합리적인 조세제도 운용에 있어 파생된 부수적인 결과물이라 할 것이다.

따라서 이 사건 법률조항은 헌법 제36조 제1항에 따른 혼인의 순결 및 자유에 위반되지 아니할 뿐 아니라 납세의무를 부과하는 법률로서 그 부과 목적에 정당성이 인정되고, 부과 내용이 과세제도를 형성하는 입법자가 유의해야 하는 제반 헌법적 가치나 원칙들을 충분히 존중한 것으로서 합리적이고 타당하며, 부과 방식의 공평성 또한 인정되므로, 기본의무를 부과하는 법령이 갖추어야 할 헌법적 심사기준을 모두 충족하였으므로 그로 인해 청구인에게 결과되는 기본권에 대한 제한의 점은 따로 살펴 볼 필요 없이 헌법에 위반되지 않는다.

제8절 보건에 관한 권리

I 미국산쇠고기및쇠고기제품 수입위생조건 위헌확인: 기각,각하(헌재 2008.12.26. 2008헌마419등)

쟁점 1. 2008. 6. 26. 농림수산식품부 고시 제2008-15호 '미국산 쇠고기 수입위생조건'(이하 '이 사건 고시'라 한다)과 국민의 생명·신체의 안전을 보호할 국가의 기본권 보호의무

2. 일반소비자인 청구인이 이 사건 고시에 대하여 위헌확인을 구할 기본권 침해의 자기관련성을 갖는지 여부(적극)
3. 기본권 보호의무 위반에 대한 심사기준
4. 이 사건 고시가 청구인들의 생명·신체의 안전을 보호할 국가의 의무를 명백히 위반하였는지 여부(소극)
5. 이 사건 고시가 헌법 제6조 제1항 및 제60조 제1항 등을 위배하였는지 여부(소극)

사건의 개요

2006. 3. 6. 당시 농림부장관은 가축전염병예방법 제34조 제2항에 근거하여 미국산 쇠고기 수입의 위생조건에 관한 고시('미국산 쇠고기 수입위생조건', 농림부고시 제2006-15호, 이하 '개정 전 고시'라 한다)를 제정·공포하였다.

개정 전 고시는 수입이 가능한 미국산 쇠고기의 범위를 30개월령 미만 소에서 생산된 지육(carcass)으로부터 뼈를 제외한 골격근육(deboned skeletal muscle meat)으로 제한하고(제1조), 모든 연령의 소의 뇌(brain), 눈(eye), 척수(spinal cord), 머리뼈(skull), 척주(vertebral column), 편도(tonsil), 회장원위부(distal ileum) 및 이들로부터 생산된 단백질 제품을 특정위험물질(Specified Risk Materials, SRM)로 규정한 다음, 미국산 쇠고기의 한국 수출에 있어서는 특정위험물질을 제거하여 수출하도록 하고, 미국의 수출 작업장이 특정위험물질을 한국에 선적하였을 경우 한국이 수입중단 조치를 취할 수 있도록 한 것이다.

2003년 12월 미국에서 소해면상뇌증(Bovine Spongiform Encephalopathy, BSE, 속칭 광우병)이 발생하여 쇠고기 수입이 중단된 이후 2006년 10월 개정 전 고시에 따라 수입이 재개되었으나, 그 후 여러 차례에 걸쳐 개정 전 고시에 위반된 사례가 발견되자 정부는 2007년 10월 경 검역 및 수입을 전면 중단하는 조치를 단행하였다.

한편 미국은 2007년 5월 국제수역사무국(Office International des Epizooties, OIE)으로부터 '소해면상뇌증 위험통제(Controlled BSE Risk) 국가'의 지위를 획득하였고, 이에 따라 우리 정부와 미국 정부는 위 개정 전 고시를 개정하기 위한 협상을 2008. 4. 11.부터 같은 달 18.까지 진행하였으며, 2008. 4. 18. 타결된 위 협상의 골자는 1단계로 30개월령 미만 소의 뼈를 포함하여 쇠고기 수입을 허용하고, 2단계로 미국의 사료 금지조치가 강화될 때(연방관보 공포 시) 30개월령 이상의 쇠고기도 수입을 허용하면서, 30개월령 미만 소의 부위 중 수입이 금지되는 특정위험물질의 범위를 축소하는 것이다.

정부는 2008. 4. 22. 위 협상 결과에 따라 농림수산식품부 공고 제2008-45호로 미국산 쇠고기 수입위생조건 고시 개정안을 예고하였는데, 이에 2008헌마419 및 2008헌마423 사건의 청구인들은 2008. 5. 30.자로, 2008헌마436 사건의 청구인들은 2008. 6. 5.자로 위와 같이 예고된 고시 개정안이 청구인들의 기본권을 침해하여 헌법에 위반된다는 취지로 각 이 사건 헌법소원심판을

청구하였다. 그러자 정부는 미국산 쇠고기 수입에 대한 여론이 악화되자 미국과의 추가협상을 통하여 2008. 6. 2. 위 고시 개정안에 부칙 제7항 내지 제9항을 신설하고 2008. 6. 26. 농림수산식품부 고시 제2008-15호 '미국산 쇠고기 수입위생조건'(이하 '이 사건 고시'라 한다)을 관보에 게재하여 공포하였다. 이에 2008헌마419 사건의 청구인들은 2008. 6. 27. 청구취지 변경서를, 2008헌마423 사건의 청구인들은 2008. 7. 7. 헌법소원심판 청구취지 변경신청서를, 2008헌마436 사건의 청구인들은 2008. 6. 26. 청구취지 변경신청서를 각 제출하여, 청구취지를 이 사건 고시의 위헌확인을 구하는 것으로 변경하였다.

심판의 대상

미국산 쇠고기 수입의 위생조건에 관한 고시(농림부고시 제2006-15호)

가축전염병예방법 제34조 제2항 및 같은법 시행규칙 제35조에 따라 「미국산 쇠고기 수입위생조건」(농림부 고시 제2006-15호, 2006년 3월 6일)을 다음과 같이 개정 고시합니다.

2008년 6월 26일

농림수산식품부 장관

[미국산 쇠고기 및 쇠고기 제품 수입위생조건]

이 수입위생조건은 미합중국(이하 "미국"이라 한다)에서 대한민국(이하 "한국"이라 한다)으로 수출되는 쇠고기 및 쇠고기 제품에 적용된다.

(이하 생략)

주 문

청구인 진보신당의 심판청구를 각하하고, 나머지 청구인들의 심판청구를 모두 기각한다.

판 단

Ⅰ. 적법요건에 관한 판단

1. 기본권 침해 가능성

(1) … 헌법은 "모든 국민은 보건에 관하여 국가의 보호를 받는다"고 규정하여 질병으로부터 생명·신체의 보호 등 보건에 관하여 특별히 국가의 보호의무를 강조하고 있으므로(헌법 제36조 제3항), 국민의 생명·신체의 안전이 질병 등으로부터 위협받거나 받게 될 우려가 있는 경우 국가로서는 그 위험의 원인과 정도에 따라 사회·경제적인 여건 및 재정사정 등을 감안하여 국민의 생명·신체의 안전을 보호하기에 필요한 적절하고 효율적인 입법·행정상의 조치를 취하여 그 침해의 위험을 방지하고 이를 유지할 포괄적인 의무를 진다 할 것이다.

(2) 그런데 역학적으로 확인된 바에 의하면, 영국에서 1985년경 최초로 발현된 가축전염병인 소해면상뇌증은 주로 변형 프리온 단백질로 오염된 육골분 형태의 포유동물 단백질을 매체로 전파·이환된다는 가설이 유력하고, 또 이러한 소해면상뇌증에 감염된 소에 축적된 변형 프리온 단백질을 섭취한 사람에게 전이되는 변형 크로이츠펠트야콥병(Variant Creutzfeld-Jacob Disease, vCJD, 속칭 인간광우병)은 특별한 예방이나 치료방법이 밝혀지지 않아 발병시 거의 100%에 가까운 치사율을 보이는 등 치명적인 질병으로 알려져 있으며, … 이러한 사정을 감안할 때, 미국산 쇠고기가 수입되어 유통되는 경우 소해면상뇌증에 감염된 것이 유입되어 소비자인 국민의 생명·신체의 안전에 관

한 기본권이 침해될 가능성이 있음을 부정할 수 없으므로, 국가로서는 미국산 쇠고기의 수입과 관련하여 소해면상뇌증의 원인물질인 변형 프리온 단백질이 축적된 것이 유입되는 것을 방지하기 위하여 필요한 적절하고도 효율적인 조치를 취함으로써 소비자인 국민의 생명·신체의 안전에 관한 기본권을 보호할 구체적인 헌법적 의무가 있다 할 것이다.

(3) 이 사건 고시는 … 미국산 쇠고기의 수입위생조건을 정한 것으로서, … 미국산 쇠고기의 수입과 관련하여 소해면상뇌증 등 질병으로부터 소비자인 국민의 생명·신체의 안전을 보호하기 위하여 취한 위험방지 조치 중의 하나이다. 그런데 이러한 고시가 미국산 쇠고기의 수입과 관련하여 국민의 생명·신체의 안전을 보호하기 위하여 필요한 적절하고도 효율적인 조치를 취하지 못하였다면 이는 국가가 국민의 기본권을 보호할 의무를 위반하여 국민의 생명·신체의 안전에 관한 기본권을 침해할 가능성이 있는 경우에 해당한다 할 것이므로, … 이 사건 헌법소원심판은 기본권침해의 가능성에 대한 적법요건을 갖추었다 할 것이다.

2. 법적 관련성

(1) 진보신당의 경우

청구인 진보신당은 국민의 정치적 의사형성에 참여하기 위한 조직으로 성격상 권리능력 없는 단체에 속하지만, 구성원과는 독립하여 그 자체로서 기본권의 주체가 될 수 있고, 그 조직 자체의 기본권이 직접 침해당한 경우 자신의 이름으로 헌법소원심판을 청구할 수 있으나, 이 사건에서 침해된다고 하여 주장되는 기본권은 생명·신체의 안전에 관한 것으로서 성질상 자연인에게만 인정되는 것이므로, 이와 관련하여 청구인 진보신당과 같은 권리능력 없는 단체는 위와 같은 기본권의 행사에 있어 그 주체가 될 수 없고, 또한 청구인 진보신당이 그 정당원이나 일반 국민의 기본권이 침해됨을 이유로 이들을 위하거나 이들을 대신하여 헌법소원심판을 청구하는 것은 원칙적으로 허용되지 아니하므로, 이 사건에 있어 청구인 진보신당은 청구인능력이 인정되지 아니한다 할 것이다.

(2) 나머지 청구인들의 경우

이 사건 고시는 미국산 쇠고기를 수입하는 자에게 적용할 수입위생조건을 정한 것으로서, 쇠고기 소비자의 경우 그 직접적인 수범자는 아니라 할 것이나, 이 사건 고시가 소비자의 생명·신체의 안전을 보호하기 위한 조치의 일환으로 행하여진 것임은 앞서 본 바와 같으므로, 실질적인 규율 목적 및 대상이 쇠고기 소비자와 관련을 맺고 있다 할 것이다. 그리고 앞서 본 바와 같이 가격 경쟁력이 높은 미국산 쇠고기가 수입·유통되는 경우 많은 소비자들이 이를 구매하여 섭취할 것으로 예상되고, 그렇지 않다 하더라도 가공식품 및 일반 식당 판매 등 여러 경로를 통하여 소비자 자신도 모르게 이를 섭취하게 될 가능성도 있으므로, 일반 소비자라 할 수 있는 나머지 청구인들(이하 '청구인들'이라 한다)은 특별한 사정이 없는 한 미국산 쇠고기 수입과 관련된 보호조치인 이 사건 고시에 대하여 구체적이고 실질적인 이해관계를 가진다 할 것이고, 따라서 이 사건 고시가 생명·신체의 안전에 대한 보호의무에 위반함으로 인하여 초래되는 기본권 침해와의 자기관련성을 인정할 수 있다 할 것이다.

또한 이 사건 고시의 위생조건에 따라 수입검역을 통과한 미국산 쇠고기는 별다른 행정조치 없이 유통·소비될 것이 예상되므로, 청구인들에게 이 사건 고시가 생명·신체의 안전에 대한 보호의무에 위반함으로 인하여 초래되는 기본권 침해와의 현재성 및 직접성도 인정할 수 있다.

Ⅱ. 본안에 관한 판단

1. 생명·신체의 안전에 관한 보호의무 위반 여부

(1) 심사구조와 심사기준

… 국가가 국민의 생명·신체의 안전을 보호할 의무를 진다하더라도 국가의 보호의무를 입법자 또는 그로부터 위임받은 집행자가 어떻게 실현하여야 할 것인가 하는 문제는 원칙적으로 권력분립과 민주주의의 원칙에 따라 국민에 의하여 직접 민주적 정당성을 부여받고 자신의 결정에 대하여 정치적 책임을 지는 입법자의 책임범위에 속하므로, 헌법재판소는 단지 제한적으로만 입법자 또는 그로부터 위임받은 집행자에 의한 보호의무의 이행을 심사할 수 있는 것이다

따라서 국가가 국민의 생명·신체의 안전에 대한 보호의무를 다하지 않았는지 여부를 헌법재판소가 심사할 때에는 국가가 이를 보호하기 위하여 적어도 적절하고 효율적인 최소한의 보호조치를 취하였는가 하는 이른바 '과소보호 금지원칙'의 위반 여부를 기준으로 삼아, 국민의 생명·신체의 안전을 보호하기 위한 조치가 필요한 상황인데도 국가가 아무런 보호조치를 취하지 않았든지 아니면 취한 조치가 법익을 보호하기에 전적으로 부적합하거나 매우 불충분한 것임이 명백한 경우에 한하여 국가의 보호의무의 위반을 확인하여야 하는 것이다.

(2) 과소보호금지 원칙 위반 여부

(가) 판단 기준 개관

미국산 쇠고기의 수입과 관련하여 국가의 보호조치가 필요한 상황 그 자체가 예상된다는 것은 앞서 본 바와 같으나, 그 일환으로 행하여진 이 사건 고시에 구체적으로 어떠한 내용의 수입위생조건을 정할 것인지는 농림수산식품부장관이 그 근거규정인 가축전염병예방법 제34조 제2항의 위임범위 내에서 구체적 상황에 맞게 정할 수 있는 것으로서 원칙적으로 그 직무상의 재량영역에 속하는 것이라 할 것이다. … 특히 미국산 쇠고기 수입과 관련된 위험상황과 그에 대한 보호조치로서의 수입위생조건 등은 지금까지 밝혀진 과학적 사실과 대외적 통상 등에 관련한 국제기준 등을 기초로 하는 것으로서 상당히 전문적이고 기술적인 영역에 속할 뿐 아니라 과학기술 및 무역환경 등과 상호 밀접하게 관련되어 있으므로, 그 위험성 등은 과학기술과 국제통상 환경 등에 근거하여 객관적으로 검토되어야 할 것이다.

… 중략 …

(나) 소 결 론

이 사건 고시는 미국산 쇠고기 수입과 관련하여 미국에서의 소해면상뇌증 발병 이후 그 위험상황에 대응하고자 취해진 보호조치로서, 앞서 본 바와 같이 그 속성상 수출국인 미국에서의 위험상황과 국제무역 환경 그리고 관련 과학기술 지식 등에 기초하여 합리적인 범위 내에서 그 보호조치의 내용을 정할 수밖에 없는 것이고, 또한 OIE 국제기준은 소해면상뇌증 발병위험과 관련한 특정위험물질의 범위 등에 관한 과학적 연구결과에 기초한 것이다.

따라서 이 사건 고시가 개정 전 고시에 비하여 완화된 수입위생조건을 정하였다고 하더라도, 미국이 2000년 7월 국제수역사무국으로부터 소해면상뇌증 위험통제국가의 지위를 획득한 점과 미국산 쇠고기의 수입과 관련한 위험상황 등과 관련하여 개정 전 고시 이후에 달라진 여러 요인들을

고려하고 지금까지의 관련 과학기술 지식과 OIE 국제기준 등을 종합하여 보호조치를 취한 것이라면, 이를 들어 피청구인이 자의적으로 재량권을 행사하였다거나 합리성을 상실하였다고 하기 어렵다 할 것이다.

그리고 최근 들어 미국에서 소해면상뇌증이 추가로 발병되었음이 확인되지 아니하고 소해면상뇌증에 대한 위험통제 조치에 특별한 문제점이 발견된 적이 없으며, 이 사건 고시에 따른 특정위험물질의 수입허용 범위를 비롯한 제반 수입위생조건을 보더라도 소해면상뇌증 감염 우려가 있는 미국산 쇠고기의 국내유입을 막기 위한 여러 보호조치를 마련하고 있다고 보일 뿐만 아니라, 그 밖에 이 사건 고시를 보완하기 위하여 가축전염병예방법이 개정된 데다가 추가로 검역 및 검사 지침과 원산지표시제 등이 시행된 점 등을 종합하여 보면, 이 사건 고시상의 보호조치가 완벽한 것은 아니라 할지라도, 앞서 본 기준과 내용에 비추어 쇠고기 소비자인 국민의 생명·신체의 안전을 보호하기에 전적으로 부적합하거나 매우 부족하여 그 보호의무를 명백히 위반한 것이라고 단정하기는 어렵다 할 것이다.

2. 청구인들의 나머지 주장에 대한 판단

(1) 검역주권 위반

이 사건 고시는 개정 전 고시에 비하여 다소 완화된 수입위생조건을 정하고 있으나, 이는 지금까지의 과학기술 지식과 OIE 국제기준 등에 근거하여 보호조치를 취한 것으로서 그 합리성을 상실하였다고 보기 어려울 뿐만 아니라, 구체적으로 미국에서 소해면상뇌증 발병시 수입중단 조치(제5조, 부칙 제6항), 미국 육류작업장 등에 대한 위생관리 조치(제6조 내지 제9조, 부칙 제3항), 수입 검역검사 및 규제 조치(제23조, 제24조, 부칙 제9항) 등 개별 조항들을 보더라도 앞서 살펴 본 바와 같이 OIE 국제기준 등에 따라 수입단계 별로 특정위험물질 등의 유입을 차단하기 위한 여러 보호조치를 규정하고 있는 점 등에 비추어 보면, 이 사건 고시가 검역주권을 포기하였다거나 이로 인하여 생명·신체의 안전에 관한 국가의 보호의무에 위반한 것으로 보기는 어려우므로, 이와 다른 전제에 입각한 청구인들의 이 부분 주장은 받아들일 수 없다.

(2) 헌법 제6조 제1항 및 제60조 제1항 위반

이 사건 고시가 헌법 제60조 제1항에서 말하는 조약에 해당하지 아니함이 분명하므로 국회의 동의를 받아야 하는 것은 아니고, 한편 이 사건 고시에서 "미국 연방 육류검사법에 기술된 대로" 미국산 쇠고기를 정의한다거나[제1조(1)], 미국정부가 제1조(9)(나)의 적용과 관련하여 "미국 규정 [9CFR310.22(a)]에 정의된" 것을 제거한다(부칙 제5항)고 규정함으로써 미국의 법률 또는 규정을 원용하고 있으나, 이는 미국과의 이 사건 쇠고기 협상 내용을 반영할 수밖에 없는 이 사건 고시의 국제통상적인 성격과 전문적이고 기술적인 규율 내용 등을 고려한 표기방식에 불과한 만큼 이러한 표기에 의하여 미국의 법령이 국내법과 같은 효력을 가질 수는 없는 것이므로, 이와 다른 전제에 선 청구인들의 이 부분 주장은 위 헌법규정 위반이 기본권 보호의무 위반으로 귀결되는 것인지 여부에 대하여 더 나아가 살펴볼 필요 없이 이유 없다.

(3) 법률유보 위반

… 먼저 쇠고기 소비자인 청구인들은 쇠고기 수입자와는 달리 이 사건 고시의 규율 내용으로 인하여 직접 기본권을 제한받는 자가 아니라, 이 사건 고시가 쇠고기 수입의 자유를 제한함으로써 도

모하려고 하는 생명・신체의 안전에 관한 보호대상자일 뿐이므로, 설사 이 사건 고시가 쇠고기 수입자의 기본권을 제한함에 있어서 헌법 제37조 제2항에 위반한 것이라고 하더라도, 이로 인하여 자기의 기본권 침해를 주장할 수 있는 지위에 있는 것이 아니다.

한편 국가가 국민의 기본권 보호의무를 이행함에 있어 그 행위의 형식에 관하여도 폭 넓은 형성의 자유가 인정되고, 그것도 반드시 법령에 의하여 이행하여야 하는 것은 아니며, 이 사건 고시와 같이 국가가 쇠고기 소비자의 생명・신체의 안전에 관한 보호의무를 이행하기 위하여 취한 행위의 경우 법령의 위임이 없거나 그 위임의 범위를 벗어난 것이라는 사유만으로는 보호의무를 위반하거나 그로 인하여 소비자의 기본권을 침해한 것으로 볼 수 없으므로, 청구인들의 이 부분 주장은 더 나아가 판단할 필요 없이 이유 없다.

(4) 적법절차원칙 위반

… 농림수산식품부장관은 2008. 4. 22. 농림수산식품부 공고 제2008-45호로 미국산 쇠고기 수입위생조건 개정안에 대하여 '입안예고'라는 명칭으로 예고절차를 거친 이후 미국과의 쇠고기 추가협상을 통해 부칙 제5항 내지 제9항을 비롯한 일부 내용을 추가하거나 변경함에 있어 별도의 예고절차 없이 2008. 6. 26. 이 사건 고시를 관보에 게재하였으므로, 이러한 예고절차 등과 관련하여 적법절차원칙에 위반되는지 여부가 문제될 수 있다.

그러나 원래 국민의 생명・신체의 안전 등 기본권을 보호할 의무를 어떠한 절차를 통하여 실현할 것인가에 대하여도 국가에게 폭 넓은 형성의 자유가 인정된다 할 것이므로, 농림수산식품부장관 등 관련 국가기관이 국민의 생명・신체의 안전에 영향을 미치는 고시 등의 내용을 결정함에 있어서 이해관계인의 의견을 사전에 충분히 수렴하는 것이 바람직하기는 하지만, 그것이 헌법의 적법절차 원칙상 필수적으로 요구되는 것이라고 할 수는 없다.

(5) 명확성원칙 위반

이 사건 고시의 경우 미국산 쇠고기 수입과 관련한 수입위생조건을 정한 것으로 앞서 본 바와 같이 쇠고기 수입자를 수범자로 하여 그 성질상 전문적이고 기술적인 사항을 규정할 수밖에 없는 영역에 속해 있는 점, 나아가 앞서 보호의무 위반에 대한 판단 등에서 본 바와 같이 30개월령 이상 쇠고기의 수입 허용 여부 등에 관하여 그 조항들의 의미가 상호 모순된다거나 불명확하다고 보기 어려울 뿐 아니라 이를 보다 명확히 하기 위한 보완조치까지 이루어진 점 등을 종합하여 보면, 이 사건 고시의 명확성 여부에 대하여는 그 수범자를 기준으로 판단하여야 할 것이고, 설령 보호대상자인 쇠고기 소비자를 기준으로 보더라도 이 사건 고시의 의미 내용이 불명확하다고 보기 어렵다 할 것이므로, 이 사건 고시의 내용이 국민의 생명・신체의 안전을 보호하기에 부족할 정도로 불명확하다고 단정할 수 없다.

재판관 송두환의 위헌의견

국민의 생명・신체 내지 보건 등 매우 중요한 사항에 관한 것인 경우, 특히 이 사건 고시와 같이 위험성을 내포한 식재료가 대량으로 수입되어 국내에서 제대로 검역되지 못한 채 유통됨으로써 일반 소비자에게 초래될 수 있는 위험의 정도와 내용이 매우 중대하고 심각할 뿐 아니라 이를 돌이키거나 통제하는 것이 불가능한 사안에 있어서는, 제3자의 권리나 공익을 침해함이 없이 채택할 수 있는 더 개선된 다른 보호수단이 존재하거나, 보호법익에 대한 위험을 최소화하기 위한 충분한 노력과 시도를 다하였다는 점이 명백하지 아니한 한, 헌법상

충분한 보호조치를 취한 것이라고 판단할 수 없다 할 것이다.

… 이 사건 고시는 미국이 OIE 국제기준상 소해면상뇌증 위험통제국 지위를 얻은 것에 기초하여 특별한 사정변경 없이 개정 전 고시보다 수입위생조건을 완화시킴으로써 미국산 쇠고기에 대한 위험방지조치의 정도를 현저히 낮춘 것으로서, 이를 정당화할만한 특별한 사정변경이나 공익적 필요성을 발견할 수 없는 반면, 미국산 쇠고기의 수입·유통으로 국민의 생명, 신체의 안전 등 기본권적 법익을 해할 위험성이 여전히 남아 있다 할 것이다.

그렇다면, 이 사건 고시는 국가의 기본권 보호의무를 불충분하게 이행한 것이라고 아니할 수 없고, 따라서 이 사건 고시는 국가의 기본권 보호의무에 위배하여 청구인들의 기본권을 침해한다고 봄이 상당하다 할 것이다.

[요약판례 1] 치과전문의자격시험 불실시 위헌확인: 위헌확인(헌재 1998.7.16. 96헌마246)

헌법 제36조 제3항에 따라 보건권을 상정하더라도 치과전문의제도를 시행하고 있지 않기 때문에 청구인을 포함한 국민의 보건권이 현재 침해당하고 있다고 볼 수 있는지 여부 (소극)

청구인들이 헌법상 보장된 행복추구권, 평등권, 직업의 자유, 학문의 자유, 재산권 및 보건권을 침해받고 있다며 1996. 7. 23. 이 사건 헌법소원심판을 청구한 데 대하여, 헌법재판소는 "**청구인들은** 국민의 일원으로서 치과전문의제도가 시행되지 않고 있는 한, 치과분야에 있어서 충분한 의료서비스를 제공받지 못하고 의료사고의 위험성 앞에 무방비 상태로 노출되어 **보건에 관하여 국가의 보호를 받을 권리, 즉 보건권을 침해받고 있다고 주장한다.** 살피건대, 헌법은 "모든 국민은 보건에 관하여 국가의 보호를 받는다"라고 규정하고 있는바(제36조 제3항), 이를 '보건에 관한 권리' 또는 '보건권'으로 부르고, 국가에 대하여 건강한 생활을 침해하지 않도록 요구할 수 있을 뿐만 아니라 보건을 유지하도록 국가에 대하여 적극적으로 요구할 수 있는 권리로 이해한다 하더라도 치과전문의제도를 시행하고 있지 않기 때문에 **청구인을 포함한 국민의 보건권이 현재 침해당하고 있다고 보기는 어렵다.**"

※ 의료법 시행규칙 별표1에 시험과목, 시험방법, 합격자 결정방법이 정해져 있다.

[요약판례 2] 의료급여법 제10조 등 위헌확인: 기각,각하(헌재 2009.11.26. 2007헌마734)

의료급여 1종 수급권자에 대한 본인부담금제 및 선택병의원제를 규정한 의료급여법 및 동 시행령, 동 시행규칙 조항이 1종 수급권자인 청구인들의 인간다운 생활을 할 권리, 보건권을 침해하거나 국가의 사회보장·사회복지증진의무·생활무능력자보호의무 등에 위배되는지 여부(소극)

개정법령은 종전의 규정에 비하여 의료급여 수급권자들에 대한 급여의 범위를 상대적으로 축소한 것이라 볼 수 있으나, 이러한 국가의 공권력행사를 일컬어 국민의 보건권에 제한을 가하는 것이라 보기는 어렵고, 다만 보건에 관한 국가의 보호의무를 위반한 것으로 주장할 여지는 있을 것이다. 그러나 앞서 본 바와 같이 이 사건 개정 의료급여법령이 생활능력 없는 장애인의 인간다운 생활을 보장하기 위한 의료보장 조치를 취함에 있어서 국가가 실현해야 할 객관적 내용의 최소한도의 보장에도 이르지 못하였다거나 **헌법상 용인될 수 있는 재량의 범위를 명백히 일탈하였다고는 보기 어렵다** 할 것이므로, 이 사건 개정법령으로 인하여 국민보건에 관한 국가의 보호의무 등을 위반하여 **청구인들의 보건권이 침해되었다고 보기 어렵다.**

[요약판례 3] 치료감호법 제4조 제1항 위헌확인: 기각(헌재 2010.4.29. 2008헌마622)

헌법 제36조 제3항의 성격

헌법 제36조 제3항은 "모든 국민은 보건에 관하여 국가의 보호를 받는다"라고 하여, **국민이 자신의 건강을 유지하는 데 필요한 국가적 급부와 배려를 요구할 수 있는 권리인 이른바 '보건에 관한 권리'를 규정**하고 있고, 이에 따라

국가는 국민의 건강을 소극적으로 침해하여서는 아니될 의무를 부담하는 것에서 한 걸음 더 나아가 **적극적으로 국민의 보건을 위한 정책을 수립하고 시행하여야 할 의무**를 부담한다.

[요약판례 4] 구 의료법 제25조 제1항 위헌제청 등: 합헌,각하(헌재 2010.7.29. 2008헌가19)

이 사건 조항들이 비의료인의 직업선택의 자유 내지 일반적 행동의 자유 및 의료소비자의 의료행위 선택권을 침해하는지 여부(소극)

헌법 제36조 제3항은 "모든 국민은 보건에 관하여 국가의 보호를 받는다"고 규정하고 있는데, 이러한 보건권은 국민이 자신의 건강을 유지하는 데 필요한 국가적 급부와 배려를 요구할 수 있는 권리를 말하는 것으로서, 국가는 국민의 건강을 소극적으로 침해하여서는 아니 될 의무를 부담하는 것에서 한걸음 더 나아가 적극적으로 국민의 보건을 위한 정책을 수립하고 시행하여야 할 의무를 부담한다는 것을 의미하는 것일 뿐(헌재 2009. 11. 26. 2007헌마734), **위 규정만으로는 헌법이 비의료인도 침구술 및 대체의학 시술을 할 수 있도록 그 자격 및 요건에 관한 법률을 제정해야 할 명시적인 입법의무를 부여하였다고 볼 수는 없다.**

7 청구권적 기본권

제 1 절 청구권적 기본권의 일반이론

제 2 절 청 원 권

[요약판례 1] 종교시설용지 공급처분 취소 등: 각하(헌재 1994.2.24. 93헌마213등)

청원권의 보호범위와 청원에 대한 처리방법

헌법상 보장된 청원권은 공권력과의 관계에서 일어나는 여러 가지 이해관계, 의견, 희망 등에 관하여 적법한 청원을 한 모든 국민에게 국가기관이 청원을 수리할 뿐만 아니라 이를 심사하여 청원자에게 그 처리결과를 통지할 것을 요구할 수 있는 권리를 말하나, 청원사항의 처리결과에 심판서나 재결서에 준하여 이유를 명시할 것을 요구하는 것은 청원권의 보호범위에 포함되지 아니하므로, 청원 소관관서는 청원법이 정하는 절차와 범위 내에서 청원사항을 성실·공정·신속히 심사하고 청원인에게 그 청원을 어떻게 처리하였거나 처리하려 하는지를 알 수 있는 정도로 결과통지함으로써 충분하다.

[요약판례 2] 입법부작위 위헌확인: 각하(헌재 2000.6.1. 2000헌마18)

국회에 청원을 할 때 의원의 소개를 얻어 청원서를 제출하도록 한 국회법 제123조 제1항이 국회에 청원을 하려는 자의 청원권을 침해하는지 여부(소극)

헌법 제26조는 모든 국민은 법률이 정하는 바에 의하여 국가기관에 문서로 청원할 권리를 가지며 국가는 청원에 대하여 심사할 의무를 진다고 하여 모든 국민의 청원권을 보장하고 청원을 수리한 국가기관은 청원에 대하여 심사하여야 할 의무를, 청원법과 국회법 제123조 이하는 청원의 처리결과에 대하여 통지하여야 할 의무를 각 규정하고 있는데, 청원에 대한 심사 및 통지의무는 재판청구권 및 기타 준사법적인 구제청구와 그 성질을 달리하므로 이러한 의무는 청원을 수리한 국가기관이 이를 성실, 공정, 신속히 심사·처리하여 그 결과를 청원인에게 통지하는 이상의 의무를 요구하는 것은 아니다.

[요약판례 3] 국회법 제123조 제1항 등 위헌확인: 기각(헌재 2006.6.29. 2005헌마604)

국회에 청원을 할 때 의원의 소개를 얻어 청원서를 제출하도록 한 국회법 제123조 제1항이 국회에 청원을 하려는 자의 청원권을 침해하는지 여부(소극)

청원권의 구체적 내용은 입법활동에 의하여 형성되며, 입법형성에는 폭넓은 재량권이 있으므로 입법자는 청원의 내용과 절차는 물론 청원의 심사·처리를 공정하고 효율적으로 행할 수 있게 하는 합리적인 수단을 선택할 수 있는 바, 의회에 대한 청원에 국회의원의 소개를 얻도록 한 것은 청원 심사의 효율성을 확보하기 위한 적절한 수단이다. 또한 청원은 일반의안과 같이 처리되므로 청원서 제출단계부터 의원의 관여가 필요하고, 의원의 소개가 없는 민원의 경우에는 진정으로 접수하여 처리하고 있으며, 청원의 소개의원은 1인으로 족한 점 등을 감안할 때 이 사건 법률조항이 국회에 청원을 하려는 자의 청원권을 침해한다고 볼 수 없다.

[요약판례 4] 지방자치법 제65조 위헌확인: 기각(헌재 1999.11.25. 97헌마54)

지방의회에 청원을 하고자 할 때에 반드시 지방의회 의원의 소개를 얻도록 한 것이 청원권의 과도한 제한에 해당하는지 여부(소극)

지방의회에 청원을 할 때에 지방의회 의원의 소개를 얻도록 한 것은 의원이 미리 청원의 내용을 확인하고 이를 소개하도록 함으로써 청원의 남발을 규제하고 심사의 효율을 기하기 위한 것이고, 지방의회 의원 모두가 소개의원이 되기를 거절하였다면 그 청원내용에 찬성하는 의원이 없는 것이므로 지방의회에서 심사하더라도 인용가능성이 전혀 없어 심사의 실익이 없으며, 청원의 소개의원도 1인으로 족한 점을 감안하면 이러한 정도의 제한은 공공복리를 위한 필요·최소한의 것이라고 할 수 있다.

[요약판례 5] 납골당설치허가부동의위헌확인: 각하(헌재 2000.10.25. 99헌마458)

청원에 따른 통보내용이 청원인이 기대하는 바에는 미치지 못한다고 하더라도 그러한 통보조치가 헌법소원의 대상이 되는 구체적인 공권력의 행사 내지 불행사라고 볼 수 있는지 여부(소극)

적법한 청원에 대하여 국가기관이 이를 수리, 심사하여 그 결과를 청원인에게 통보하였다면 이로써 당해 국가기관은 헌법 및 청원법상의 의무이행을 다한 것이고, 그 통보 자체에 의하여 청구인의 권리의무나 법률관계가 직접 무슨 영향을 받는 것도 아니므로 비록 그 통보내용이 청원인이 기대하는 바에는 미치지 못한다고 하더라도 그러한 **통보조치가 헌법소원의 대상이 되는 구체적인 공권력의 행사 내지 불행사라고 볼 수는 없다**.

제 3 절 재판청구권

[요약판례 1] 관세법 제38조 제3항 제2호 위헌소원: 합헌(헌재 1998.5.28. 96헌바4)

통고처분을 행정심판이나 행정소송의 대상에서 제외하고 있는 관세법 제38조 제3항 제2호가 재판청구권이나 적법절차에 위배되어 위헌인지 여부(소극)

통고처분이 행정쟁송의 대상이 될 수 없음은 통고처분의 이행 전에는 물론 통고처분의 이행 후에도 마찬가지이다. 통고처분을 이행한다는 것은 통고처분에 승복한다는 뜻이고 이는 결국 소송절차에 의하여 다투는 것을 포기한다는 의미라고 보아야 한다. 재판청구권은 이를 일반적·추상적으로 포기하는 것은 허용되지 않지만 구체적 사건에 관하여 당사자가 포기할 수 있기 때문이다.

요컨대, 통고처분이 행정쟁송의 대상이 될 수 없음은 이와같이 통고처분이 피통고자의 권리의무에 직접적으로 변경을 가하는 것이 아니고 통고이행을 강제하지 않는 통고처분의 법적 성질에서 연유하는 것이므로 이 사건 법률조항은 이를 확인하는 당연한 규정에 불과하다고 볼 수 있다.

그렇다고 하여 통고처분에 대하여 불복할 수 있는 길이 전혀 없는 것은 아니다. 통고처분에 대하여 이의가 있으면 통고내용을 이행하지 않음으로써 고발되어(관세법 제232조) 형사재판절차에서 통고처분의 위법·부당함을 얼마든지 다툴 수 있다. 범죄자측에서 먼저 적극적·능동적으로 이의제기할 수는 없지만 통고불이행이라는 묵시적·소극적 이의제기에 의하여 형사재판절차로 이행되는 것이다. 통고처분은 이와 같이 법관이 아닌 행정공무원에 의한 것이지만 처분을 받은 당사자의 임의의 승복을 발효요건으로 하고 불응시 정식재판의 절차가 보장되어 있으므로 통고처분에 대하여 행정쟁송을 배제하고 있는 이 사건 법률조항이 법관에 의한 재판받을 권리를 침해한다든가 적법절차의 원칙에 저촉된다고 볼 수 없다.

만약 통고처분에 대하여 형사제재와 별도로 행정쟁송을 제기할 수 있다고 한다면 절차의 중복과 복잡화 그리고 소송 진행·결과의 혼란과 모순을 초래하는 점이 적지 않을 것이기 때문에 통고처분은 행정쟁송의 대상으로 하지 않고 형사소송에서만 규율하는 것이 법의 취지라고 보아야 할 것이다.

헌법은 통고처분이나 통고처분에 대한 불복방법에 관하여 직접적인 규정을 두고 있지 아니하다. 따라서 통고처분을 인정할 것인지 또는 통고처분에 대하여 어떤 형식과 절차의 불복제도를 둘 것인가의 문제는 헌법원리에 위배되지 아니하는 한 입법자가 정하여야 할 입법정책의 문제로서 그의 재량에 맡겨져 있다. 즉 통고처분에 대하여 정면으로 행정쟁송을 인정할 것인지 아니면 현행법 규정과 같이 통고 불이행시 고발과정을 거쳐 형사재판을 받도록 할 것인지 아니면 피통고자가 이의제기를 하면 사건이 검찰로 이관되게 하여 검찰에서 처리하게 할 것인지(독일의 질서위반금 재결이나 프랑스의 일시불 벌금부과에 대하여 이의제기가 있으면 사건이 검찰로 이관된다) 여부는 통고처분의 제도적 의의와 법적 성질, 행정소송과 형사소송과의 관계, 관세범죄의 성향과 그 나라의 형사사법 운용 실정 등을 종합적으로 고려하여 결정하여야 할 입법형성의 자유에 속하는 영역이다. 그러므로 통고처분에 대하여 어떠한 불복절차도 인정하지 않는 것과 같이 그 내용이 현저하게 불합리하여 재판청구권을 침해하거나 적법절차에 위배되는 정도에 이르지 않는 한 헌법에 위반되는 것이라고 할 수 없다.

[요약판례 2] 형사소송법 제279조 등 위헌소원: 합헌(헌재 1998.12.24. 94헌바46)

증인신문사항의 서면제출을 명하고 이를 이행하지 않을 경우에 증거결정을 취소할 수 있는 권한의 근거가 되는 형사소송법 제279조(재판장의 소송지휘권) 및 제299조(불필요한 변론 등의 제한)가 헌법상 보장된 무죄추정의 원칙 내지 공정한 재판을 받을 권리를 침해하는지 여부(소극)

입법자는 형사소송절차를 규율함에 있어서 형사피고인인 국민을 단순한 처벌대상으로 전락시키는 결과를 초래하는 등 헌법적으로 포기할 수 없는 요소를 무시하거나, 헌법 제37조 제2항이 정하는 과잉금지원칙에 위반되는 내용의 절차를 형성하지 아니하는 한 재판절차를 합리적으로 형성할 수 있는 입법형성권을 가진다. 형사소송법 제279조 및 제299조에 따라 재판장이 필요하다고 인정할 때에는 증인의 신문을 청구한 자에 대하여 신문사항을 기재한 서면의 제출을 명할 수 있고, 법원은 위 명을 받은 자가 신속히 그 서면을 제출하지 아니한 경우에는 증거결정을 취소할 수 있는 소송지휘권은 소송절차에 질서를 부여하고 심리의 신속・원활을 도모함으로써 당사자의 소송활동을 합리화하는 목적을 가지고 있는바, 그 입법목적은 헌법 제27조 제3항에 비추어 정당하고, 위와 같은 소송지휘권은 단순히 증인을 신청한 변호인 또는 피고인의 기본권만을 제한하는 효과를 갖는 것이 아니라, 다른 검사・변호인 또는 피고인의 교호신문권을 보장함으로써 공정한 재판을 받을 권리를 구현하는 효과도 가지는 것이고, 비록 미리 제출되지 아니한 신문사항이라 할지라도 당사자가 증인의 답변을 반박하여 그 상호모순성이나 불합리성을 지적하기 위한 새로운 사항을 신문할 수 있으므로, 위 소송지휘권 행사는 법익의 균형성 및 피해의 최소성을 갖춘 것으로 인정된다. 형사소송법 제279조 및 제299조가 공정한 공개재판을 받을 권리와 무죄추정을 받을 권리를 본질적으로 침해하거나 형해화하였다고 할 수 없다.

[요약판례 3] 음반・비디오물및게임물에관한법률 제24조 제3항 제4호 중 게임물에 관한 규정 부분 위헌제청: 합헌(헌재 2002.10.31. 2000헌가12)

관계행정청이 등급분류를 받지 아니하거나 등급분류를 받은 게임물과 다른 내용의 게임물을 발견한 경우 관계공무원으로 하여금 이를 수거・폐기하게 할 수 있도록 한 구 음반・비디오물및게임물에관한법률(2001. 5. 24. 법률 제6473호로 개정되기 전의 것) 제24조 제3항 제4호 중 게임물에 관한 규정 부분이 재판청구권을 침해하는지 여부(소극)

재판청구권은 권리보호절차의 개설과 개설된 절차에의 접근 효율성에 관한 절차법적 요청으로서, 권리구제절차 내지 소송절차를 규정하는 절차법에 의하여 구체적으로 형성・실현되며, 또한 이에 의하여 제한되는 것이다. 나아가 재판청구권은 권리보호절차의 개설과 개설된 절차에의 접근의 효율성에 관한 절차법적 요청으로서, 권리구제절차 내지 소송절차를 규정하는 절차법에 의하여 구체적으로 형성・실현되며, 또한 이에 의하여 제한되는 것인바, 이 사건 법률조항은 **행정상 즉시강제에 관한 근거규정으로서 권리구제절차 내지 소송절차를 규정하는 절차법적 성격을 전혀 갖고 있지 아니하기 때문에, 이 사건 법률조항에 의하여는 재판청구권이 침해될 여지가 없다.**

[요약판례 4] 형사소송법 제312조 제1항 위헌제청: 합헌(헌재 2005.5.26. 2003헌가7)

검사 작성의 피의자신문조서에 대한 증거능력의 인정요건을 정한 형사소송법 제312조 제1항 본문이 공정한 재판을 받을 권리 등을 침해하는지 여부(소극) 및 이 사건 법률조항 단서가 공정한 재판을 받을 권리 등을 침해하는지 여부(소극)

이 사건 법률조항 본문이 검사 작성의 피의자신문조서에 대하여 그것이 전문증거임에도 불구하고 검사 이외의 수사기관이 작성한 피의자신문조서와는 달리 이 사건 법률조항 단서의 특히 신빙할 수 있는 상태(이하 '특신상태'라고 한다) 하의 진술이라는 조건하에 증거능력을 인정할 수 있도록 한 것은, 검사의 소송법적 지위를 고려하고 형사소송법이 목적으로 하는 적법절차에 의한 실체적 진실의 발견과 신속한 재판을 위한 것으로서 그 목적의 정당성과 내용의 합리성이 인정된다. 더욱이, 검사 작성의 피의자신문조서는 공판준비 또는 공판기일에서 원진술자의 진술에 의하여 형식적 진정성립뿐만 아니라 실질적 진정성립까지 인정된 때에 한하여 비로소 그 성립의 진정함이 인정되어 증거로 사용할 수 있다는 대법원의 새로운 판결에 의할 경우 이 사건 법률조항 본문으로 말미암아 피고인의 방어권 행사가 부당하게 곤란하게 된다든지 평등원칙을 위배하여 공정한 재판을 받을 권리가 침해된다고 할 수 없다.

피고인이 검사작성 피의자신문조서에 대하여 내용을 부인하는 경우에도 성립의 진정과 특신상태의 존재를 요건으로 하여 그 증거능력을 인정하는 이 사건 법률조항 단서 역시 적법절차에 의한 실체적 진실의 발견과 신속한 재판을 위한 것으로서 그 목적의 정당성이 인정되고, 법원으로 하여금 특신상태의 존재 여부를 심사하게 한 후 그 존재가 인정되는 경우에만 증거능력을 부여함으로써 그 적용범위를 목적달성에 필요한 범위내로 한정하고 있으므로, 그 내용에 있어서 합리성과 정당성을 갖춘 규정이라고 할 것이다. 결국, 이 사건 법률조항은 입법자의 입법형성의 범위를 벗어난 것이어서 그로 말미암아 피고인의 공정한 재판을 받을 권리 등을 침해한다고 볼 수 없으므로 헌법에 위반되지 아니한다.

※ 형사소송법 제312조 제1항의 개정경과(헌법재판소의 합헌결정에도 불구하고, '특히 신빙할 수 있는 상태'라는 개념이 명확성의 원칙에 위배되어 헌법에 위반된다는 학계의 비판이 있었으며, 이에 따라 형사소송법이 개정되었다)

1) 2005. 3. 31 법률 7427호: 검사가 피의자나 피의자 아닌 자의 진술을 기재한 조서와 검사 또는 사법경찰관이 검증의 결과를 기재한 조서는 공판준비 또는 공판기일에서의 원진술자의 진술에 의하여 그 성립의 진정함이 인정된 때에는 증거로 할 수 있다. 단, 피고인이 된 피의자의 진술을 기재한 조서는 그 진술이 특히 신빙할 수 있는 상태하에서 행하여진 때에 한하여 피의자였던 피고인의 공판준비 또는 공판기일에서의 진술에 불구하고 증거로 할 수 있다.

2) 2007. 6. 1. 법률 제8496호: 검사가 피고인이 된 피의자의 진술을 기재한 조서는 적법한 절차와 방식에 따라 작성된 것으로서 피고인이 진술한 내용과 동일하게 기재되어 있음이 공판준비 또는 공판기일에서의 피고인의 진술에 의하여 인정되고, 그 조서에 기재된 진술이 특히 신빙할 수 있는 상태하에서 행하여졌음이 증명된 때에 한하여 증거로 할 수 있다.

[요약판례 5] 형사소송법 제314조 위헌소원: 합헌(헌재 2005.12.22. 2004헌바45)

결정진술을 요할 자가 외국거주로 인하여 진술할 수 없는 경우에 예외적으로 전문증거의 증거능력을 인정하는 형사소송법 제314조(1995. 12. 29. 법률 제5054호로 개정된 것)가 공정한 재판을 받을 권리를 침해하는지 여부(소극)

이 사건 법률조항은 원진술자의 외국거주를 이유로 직접주의와 전문법칙의 예외를 인정하여 전문증거의 증거능력을 인정하고 있다. 직접주의와 전문법칙의 예외를 인정하는 이유는 직접주의와 전문법칙을 모든 경우에 예외없이 너무 철저하게 관철하면 신속한 재판과 실체적 진실발견을 저해하여 재판의 최대과제인 공정한 재판과 사법정의실현에 지장을 초래할 수 있다는 고려 때문이다.

오늘날 교통, 통신의 발달로 외국과의 교류가 활발해지고 입·출국이 자유롭고 용이해졌다고는 하나, 외국은 대한민국의 주권이 미치지 아니하는 곳으로 증인의 소환 및 송달 등의 재판권 행사가 불가능하거나 어렵다. 설사 사법공조조약이 체결된 국가에 원진술자가 거주하여 우리나라와의 사법공조가 가능하다 하더라도 공조의 범위가 한정적이고 이를 강제할 방법이 없어 원진술자를 국내의 법원으로 소환하여 진술을 듣는 것이 불가능하거나 어려운 경우가 발생할 수 있다. 이러한 경우는 **사망, 질병의 경우와 마찬가지로 법원 및 수사기관의 의사와 관계없이 법관의 면전에서의 원진술자나 작성자의 진술과 이에 대한 반대신문이 부득이 방해받고, 이러한 경우 무작정 그 진술을 기다린다면 신속한 재판과 실체적 진실발견을 저해한다는 점에서 전문증거의 증거능력을 인정할 사유로서 정당성이 있다.**

또한 이 사건 법률조항은 전문법칙의 예외를 인정할 필요성이 있는 경우에도 동조 단서에서 그 조서 또는 서류의 진술 및 작성이 **"특히 신빙할 수 있는 상태하에서 행하여진 때에 한한다"고 규정하여 그 적용범위를 합리적으로 최소화하고 있다.**

따라서 이 사건 법률조항은 공정한 재판을 받을 권리를 침해한다고 볼 수 없다.

※ 형사소송법 314조의 개정 경과

1) 1995. 12. 29. 법률 5054호: 제312조 또는 제313조의 경우에 공판준비 또는 공판기일에 진술을 요할 자가 **사망, 질병, 외국거주 기타 사유**로 인하여 진술할 수 없는 때에는 그 조서 기타 서류를 증거로 할 수 있다. 다만, 그 조서 또는 서류는 그 진술 또는 작성이 특히 신빙할 수 있는 상태하에서 **행하여진 때**에 한한다.

2) 2007. 6. 1. 법률 제8496호: 제312조 또는 제313조의 경우에 공판준비 또는 공판기일에 진술을 요하는 자가 **사망·질병·외국거주·소재불명 그 밖에 이에 준하는 사유**로 인하여 진술할 수 없는 때에는 그 조서 및 그 밖의 서류를 증거로 할 수 있다. 다만, 그 진술 또는 작성이 특히 신빙할 수 있는 상태 하에서 **행하여졌음이 증명된 때**에 한한다.

[요약판례 6] 정기간행물의등록등에관한법률 제16조 제3항 등 헌법소원: 합헌(헌재 1991.9.16. 89헌마165)

정정보도청구권의 법적 성질 및 정기간행물의등록등에관한법률 제16조 제3항, 제19조 제3항의 위헌여부(소극)

청구인은 이와 같이 **간이한 절차에 의하여 정정보도청구사건을 심판**하고 이에 더하여 인용결정에 대한 **불복수단까지 제한**하는 것은 언론의 자유에 대한 중대한 침해일 뿐만 아니라 재판청구권의 제한이라고 주장한다. 그러나 이법이 정한 정정보도청구사건은 보도 내용의 진위 자체를 심판의 대상으로 하지 아니하는 것이므로 비록 민사소송법의 가처분절차에 따라 심판한다 하여 그 절차가 부당하게 간이한 것으로 볼 수 없을 뿐만 아니라 일반적인 가처분의 취소사유가 되는 사정변경에 의한 취소, 특별한 사정에 의한 취소, 제소명령기간도과에 의한 취소(정기간행물의 등록 등에 관한 법률 제19조 제3항 단서에 별도로 규정되어 있다), 소환신청기간도과에 의한 취소가 본안소송이 따로 없는 관계로 성질상 적용될 수 없는 것이기 때문에 이에 따른 불복절차의 제한은 법리상 당연한 것이다. 따라서 이 사건 심판대상인 정기간행물의 등록 등에 관한 법률 제16조 제3항, 제19조 제3항은 결코 … 언론기관의 재판청구권을 부당히 침해하는 것으로도 볼 수 없어 헌법에 위반되지 아니한다.

대판 1995.9.15. 94누4455

소권은 사인의 국가에 대한 공권이므로 당사자의 합의로 국가에 대한 공권을 포기할 수 없다.

[요약판례 7] 민사소송법 제473조 제3항 등에 대한 헌법소원: 합헌(헌재 1993.11.25. 91헌바8)

(1) 헌법상 재판을 받을 권리의 내용

(2) 상소심의 재판을 받을 권리가 헌법상 기본권인지 여부(소극)

(3) 민사소송법 제474조 및 제473조 제3항 후문의 위헌여부(소극)

(1) 헌법 제27조 제1항은 "모든 국민은 헌법과 법률이 정한 법관에 의하여 법률에 의한 재판을 받을 권리를 가진다"라고 규정하고 있는바, 그 전단 부분인 **"헌법과 법률이 정한 법관에 의하여"재판을 받을 권리라 함은 헌법과 법률이 정한 자격과 절차에 의하여 임명되고, 물적 독립과 인적 독립이 보장된 법관에 의한 재판을 받을 권리를 의미하는 것이며**, 그 후단의 "법률에 의한 재판"을 받을 권리라 함은 법관에 의한 재판은 받되 법대로의 재판 즉 절차법이 정한 절차에 따라 실체법이 정한 내용대로 재판을 받을 권리를 보장하자는 취지라고 할 것이고 이는 재판에 있어서 법관이 법대로가 아닌 자의와 전단에 의하는 것을 배제한다는 것이다.

(2) 상소심에서 재판을 받을 권리를 헌법상 명문화한 규정이 없고 상소문제가 일반법률에 맡겨진 것이 우리 법제라면 헌법 제27조에서 규정한 재판을 받을 권리에 모든 사건에 대해 상소법원의 구성법관에 의한, 상소심 절차에 의한 재판을 받을 권리까지도 당연히 포함된다고 단정할 수 없을 것이고, 모든 사건에 대해 획일적으로 상소할 수 있게 하느냐 않느냐는 특단의 사정이 없는 한 입법정책의 문제이다.

(3) 우리나라 민사소송법은 판결에 대하여는 항소와 상고, 결정·명령에 대하여는 항고와 재항고를 인정하는 등 3

심제도를 원칙으로 하고 있다고 할 것이므로, 만일 가집행선고부 판결에 기한 강제집행의 정지를 명하는 재판에 대하여는 불복을 신청하지 못한다는 취지의 민사소송법 제474조 및 같은 법 제473조 제3항 후문이 합리적인 이유도 없이 집행정지 판결에 대하여 타사건과 비교할 때 자의적으로 3심제도를 근간으로 한 상소를 배제하고 있는 것이라면 이는 집행정지 사건의 재판당사자에 대하여 헌법 제11조 제1항의 평등권 내지는 제27조 제1항의 재판청구권을 침해하는 것이 될 수 있을 것이나, 가집행선고부 판결이 선고된 경우 그 판결에 기한 집행의 정지허용 여부의 문제는 집행절차의 문제로서 신속 내지 긴급히 확정지어져야 할 것이 요구되기 때문에 집행정지 재판에 대하여는 불복을 허용하지 않는 것이 합리적이고, 민사소송법 제420조는 통상의 불복방법이 없는 결정·명령에 대하여도 재판에 영향을 미친 헌법 또는 법률의 위반이 있는 때에는 대법원에 불복할 수 있도록 특별항고제도를 두고 있기 때문에 이 사건 심판대상규정이 비록 가집행선고부 판결에 대한 집행정지의 재판에 대하여 불복을 신청할 수 없다고 규정하고 있다 하더라도 위 재판에 대하여 대법원에 불복할 수 있는 기회를 근본적으로 박탈하고 있는 것은 아니어서, 결국 위 규정은 불합리한 것이라고 할 수 없으므로 헌법에 위반되지 아니한다.

[요약판례 8] 특허법 제186조 제1항 등 위헌제청: 헌법불합치(헌재 1995.9.28. 92헌가11등)

특허청의 심판절차에 의한 심결이나 보정각하결정이 헌법과 법률이 정한 법관에 의한 재판이라고 볼 수 있는지 여부(소극)

법관에 의한 재판을 받을 권리를 보장한다고 함은 결국 법관이 사실을 확정하고 법률을 해석·적용하는 재판을 받을 권리를 보장한다는 뜻이고, 그와 같은 법관에 의한 사실확정과 법률의 해석적용의 기회에 접근하기 어렵도록 제약이나 장벽을 쌓아서는 아니 된다고 할 것이며, 만일 그러한 보장이 제대로 이루어지지 아니한다면 헌법상 보장된 재판을 받을 권리의 본질적 내용을 침해하는 것으로서 우리 헌법상 허용되지 아니한다.

특허청의 심판절차에 의한 심결이나 보정각하결정은 특허청의 행정공무원에 의한 것으로서 이를 헌법과 법률이 정한 법관에 의한 재판이라고 볼 수 없으므로 특허법 제186조 제1항은 법관에 의한 사실확정 및 법률적용의 기회를 박탈한 것으로서 헌법상 국민에게 보장된 "법관에 의한" 재판을 받을 권리의 본질적 내용을 침해하는 위헌규정이다.

[요약판례 9] 변호사법 제81조 제4항 등 위헌제청: 위헌(헌재 2000.6.29. 99헌가9)

(1) 법관에 의한 재판을 받을 권리의 의미
(2) 대한변호사협회징계위원회에서 징계를 받은 변호사는 법무부변호사징계위원회에서의 이의절차를 밟은 후 곧바로 대법원에 즉시항고하도록 하고 있는 변호사법 제81조 제4항 내지 제6항이, 법관에 의한 재판을 받을 권리를 침해하는 것인지 여부(적극)
(3) 위 법률조항들이, 전심절차로서 기능하여야 할 법무부변호사징계위원회를 최종적인 사실심으로 기능하게 함으로써, 일체의 법률적 쟁송에 대한 재판기능을 대법원을 최고법원으로 하는 법원에 속하도록 규정하고 있는 헌법 제101조 제1항 및 제107조 제3항에 위반되는지 여부(적극)
(4) 위 법률조항들이 의사·공인회계사·세무사·건축사 등 여타 전문직 종사자들에 비하여 합리적 근거없이 변호사를 차별하는 것인지 여부(적극)

(1) 법관에 의한 재판을 받을 권리를 보장한다고 함은 법관이 사실을 확정하고 법률을 해석·적용하는 재판을 받을 권리를 보장한다는 뜻이고, 그와 같은 법관에 의한 사실확정과 법률의 해석적용의 기회에 접근하기 어렵도록 제약이나 장벽을 쌓아서는 아니되며, 만일 그러한 보장이 제대로 이루어지지 아니한다면 헌법상 보장된 재판을 받을 권리의 본질적 내용을 침해하는 것으로서 우리 헌법상 허용되지 아니한다.

(2) 대한변호사협회변호사징계위원회나 법무부변호사징계위원회의 징계에 관한 결정은 비록 그 징계위원 중 일부로 법관이 참여한다고 하더라도 이를 헌법과 법률이 정한 법관에 의한 재판이라고 볼 수 없으므로, 법무부변호사징계

위원회의 결정이 법률에 위반된 것을 이유로 하는 경우에 한하여 법률심인 대법원에 즉시항고할 수 있도록 한 변호사법 제81조 제4항 내지 제6항은, 법관에 의한 사실확정 및 법률적용의 기회를 박탈한 것으로서 헌법상 국민에게 보장된 "법관에 의한" 재판을 받을 권리를 침해하는 위헌규정이다.

(3) 변호사법 제81조 제4항 내지 제6항은 행정심판에 불과한 법무부변호사징계위원회의 결정에 대하여 법원의 사실적 측면과 법률적 측면에 대한 심사를 배제하고 대법원으로 하여금 변호사징계사건의 최종심 및 법률심으로서 단지 법률적 측면의 심사만을 할 수 있도록 하고 재판의 전심절차로서만 기능해야 할 법무부변호사징계위원회를 사실확정에 관한 한 사실상 최종심으로 기능하게 하고 있으므로, 일체의 법률적 쟁송에 대한 재판기능을 대법원을 최고법원으로 하는 법원에 속하도록 규정하고 있는 헌법 제101조 제1항 및 재판의 전심절차로서 행정심판을 두도록 하는 헌법 제107조 제3항에 위반된다.

(4) 변호사법 제81조 제4항 내지 제6항은 변호사징계사건에 대하여는 법원에 의한 사실심리의 기회를 배제함으로써, 징계처분을 다투는 의사·공인회계사·세무사·건축사 등 다른 전문자격종사자에 비교하여 변호사를 차별대우하고 있는데, 변호사의 자유성·공공성·단체자치성·자율성 등 두드러진 직업적 특성들을 감안하더라도 이러한 차별을 합리화할 정당한 목적이 있다고 할 수 없다.

※ 이 위헌 결정 따라 변호사법이 2005. 1. 27. 개정되어, 법무부징계위원회의 결정에 대하여 불복이 있는 징계혐의자는 행정소송법이 정하는 바에 의하여 그 통지를 받은 날부터 90일 이내에 행정법원에 소를 제기할 수 있도록 되었다.

[요약판례 10] 국민의 형사재판 참여에 관한 법률 제5조 제1항 등 위헌소원: 합헌(헌재 2009.11.26. 2008헌바12)

'국민의 형사재판 참여에 관한 법률'이 정하는 국민의 참여재판을 받을 권리가 헌법상 재판청구권으로서 보장되는지 여부(소극)

이 사건에서 문제되는 '국민참여재판을 받을 권리'가 헌법상 재판청구권으로서 보장되는지에 관하여는 연방헌법과 수정헌법 규정을 통하여 배심재판을 받을 권리를 헌법상 권리로 보장하고 있는 **미국의 경우와 달리 우리 헌법에서는 그와 같은 명문규정이 없**고, 단지 헌법 제27조 제1항에서 "모든 국민은 헌법과 법률이 정한 법관에 의하여 법률에 의한 재판을 받을 권리를 가진다"고 규정하고 있다.

위 규정은 "모든 국민은 헌법과 법률이 정한 자격과 절차에 의하여 임명되고(헌법 제101조 제3항, 제104조, 법원조직법 제41조 내지 제43조), 물적독립(헌법 제103조)과 인적독립(헌법 제106조, 법원조직법 제46조)이 보장된 법관에 의하여 합헌적인 법률이 정한 내용과 절차에 따라 재판을 받을 권리를 보장하는 것이고, 여기서 재판이라고 함은 구체적 사건에 관하여 사실의 확정과 그에 대한 법률의 해석적용을 보장한다는 것으로서 결국 법관이 사실을 확정하고 법률을 해석·적용하는 재판을 받을 권리를 보장한다는 것"을 의미한다. 따라서 **우리 헌법상 헌법과 법률이 정한 법관에 의한 재판을 받을 권리라 함은 직업법관에 의한 재판을 주된 내용으로 하는 것이므로 '국민참여재판을 받을 권리'가 헌법 제27조 제1항에서 규정한 재판을 받을 권리의 보호범위에 속한다고 볼 수 없다.**

[요약판례 11] 통고처분취소: 기각(헌재 2003.10.30. 2002헌마275)

통고처분 제도의 근거규정인 도로교통법 제118조 본문이 적법절차원칙이나 사법권을 법원에 둔 권력분립원칙에 위배된다거나, 재판청구권을 침해하는 것인지 여부(소극)

도로교통법상의 통고처분은 처분을 받은 당사자의 임의의 승복을 발효요건으로 하고 있으며, 행정공무원에 의하여 발하여지는 것이지만, 통고처분에 따르지 않고자 하는 당사자에게는 정식재판의 절차가 보장되어 있다. 통고처분 제도는 경미한 교통법규 위반자로 하여금 형사처벌절차에 수반되는 심리적 불안, 시간과 비용의 소모, 명예와 신용의 훼손 등의 여러 불이익을 당하지 않고 범칙금 납부로써 위반행위에 대한 제재를 신속·간편하게 종결할 수 있게 하여주며, 교통법규 위반행위가 홍수를 이루고 있는 현실에서 행정공무원에 의한 전문적이고 신속한 사건처리를 가능하게 하고, 검찰 및 법원의 과중한 업무 부담을 덜어 준다. 또한 통고처분제도는 형벌의 비범죄화 정신에 접근하는 제도이다. 이러한 점들을 종합할 때, 통고처분 제도의 근거규정인 도로교통법 제118조 본문이 적법절차원칙이나 사법권을 법원에 둔 권력분립원칙에 위배된다거나, 재판청구권을 침해하는 것이라 할 수 없다.

[요약판례 12] 국가배상법 제16조에 관한 위헌심판: 위헌(헌재 1995.5.25. 91헌가7)

국가배상법 제16조 중 "심의회의 배상결정은 신청인이 동의한 때에는 민사소송법의 규정에 의한 재판상의 화해가 성립된 것으로 본다"라는 부분의 위헌여부(적극)

이 사건 심판대상조항부분은 국가배상에 관한 분쟁을 신속히 종결·이행시키고 배상결정에 안정성을 부여하여 국고의 손실을 가능한 한 경감하려는 입법목적을 달성하기 위하여 동의된 배상결정에 재판상의 화해의 효력과 같은, 강력하고도 최종적인 효력을 부여하여 재심의 소에 의하여 취소 또는 변경되지 않는 한 그 효력을 다툴 수 없도록 하고 있는바, 사법절차에 준한다고 볼 수 있는 각종 중재·조정절차와는 달리 배상결정절차에 있어서는 심의회의 제3자성·독립성이 희박한 점, 심의절차의 공정성·신중성도 결여되어 있는 점, 심의회에서 결정되는 배상액이 법원의 그것보다 하회하는 점 및 불제소합의의 경우와는 달리 신청인의 배상결정에 대한 동의에 재판청구권을 포기할 의사까지 포함되는 것으로 볼 수도 없는 점을 종합하여 볼 때, 이는 신청인의 재판청구권을 과도하게 제한하는 것이어서 헌법 제37조 제2항에서 규정하고 있는 기본권 제한입법에 있어서의 과잉입법금지의 원칙에 반할 뿐 아니라, 권력을 입법·행정 및 사법 등으로 분립한 뒤 실질적 의미의 사법작용인 분쟁해결에 관한 종국적인 권한은 원칙적으로 이를 헌법과 법률에 의한 법관으로 구성되는 사법부에 귀속시키고 나아가 국민에게 그러한 법관에 의한 재판을 청구할 수 있는 기본권을 보장하고자 하는 헌법의 정신에도 충실하지 못한 것이다.

※ 이 위헌 결정에 따라 국가배상법이 1997. 12. 13. 법률 5433호로 개정되면서, 제16조가 삭제되었다.

I 구 지방세법 제74조 제1항 등 위헌소원: 위헌,각하(헌재 2001.6.28. 2000헌바30)

쟁점 지방세부과에 대한 행정심판전치주의의 위헌성 여부

사건의 개요

청구인은 한국토지공사로부터 고양시의 잡종지를 매수하여 소유권이전등기를 마쳤으나, 1년이 지나서야 그 지상에 주유소를 신축하기 위한 공사에 착수하였다. 고양시 덕양구청장은 청구인이 위 토지를 취득한 날로부터 1년 이내에 정당한 사유 없이 고유업무에 사용하지 않아 지방세법 제112조 제2항, 동법시행령 제84조의 4 제1항 제1호 소정의 법인의 비업무용 토지가 되었다고 보고, 지방세법 제112조 제2항 소정의 중과세율에 따라 위 토지에 대한 취득세 및 농어촌특별세를 각 부과·고지하였다.

청구인은 위 부과처분의 취소를 구하는 행정소송을 제기하여 승소하였으나, 위 청구외인은 이에 불복, 항소한 후 청구인이 전심절차인 심사청구를 함에 있어 60일의 청구기간을 준수하지 아니하였다고 주장하였다.

이에 청구인은 이의신청에 대한 결정의 통지를 받은 날로부터 60일 이내에 심사청구를 하도록 한 지방세법 제74조 제1항과 지방세 부과처분에 대하여는 행정소송에 앞서 필요적으로 심사청구를 거치도록 한 동법 제78조 제2항이 평등의 원칙 및 재판청구권을 침해하는 것이라 주장하면서 서울고등법원에 이들 조항에 대한 위헌여부심판의 제청신청을 하였으나, 위 법원은 적법한 전치요건을 갖추지 못하였다 하여 당해사건 소를 각하함과 동시에 그 제청신청 또한 기각하였다. 그러자 청구인은 헌법재판소법 제68조 제2항에 따라 이 사건 헌법소원심판을 청구하였다.

▢ 심판의 대상

지방세법 제74조 (심사청구) ① 심사청구를 하고자 할 때에는 이의신청에 대한 결정의 통지를 받은 날로부터 60일 이내에 도지사의 결정에 대하여는 내무부장관에게, 시장·군수의 결정에 대하여는 도지사 또는 내무부장관에게 각각 심사청구를 하여야 한다.

제78조 (다른 법률과의 관계) ② 제72조 제1항에 규정된 위법한 처분 등에 대한 행정소송은 행정소송법 제18조 제1항 본문·제2항 및 제3항의 규정에 불구하고 이 법에 의한 심사청구와 그에 대한 결정을 거치지 아니하면 이를 제기할 수 없다.

제81조 (행정소송) ① 제72조 제1항에 규정된 위법한 처분등에 대한 행정소송을 제기하고자 할 때에는 제74조 및 제80조의 규정에 의한 심사결정의 통지를 받은 날부터 90일 이내에 처분청을 당사자로 하여 행정소송을 제기하여야 한다.

② 제77조의 규정에 의한 결정기간내에 결정의 통지를 받지 못한 경우에는 결정의 통지를 받기 전이라도 제1항의 규정에 불구하고 그 결정기간이 경과한 날부터 행정소송을 제기할 수 있다.

▢ 주 문

1. 지방세법 제74조 제1항에 대한 심판청구를 각하한다.
2. 지방세법 제78조 제2항 및 제81조는 헌법에 위반된다.

▢ 청구인들의 주장

청구인은 이의신청에 대한 결정의 통지를 받은 날로부터 60일 이내에 심사청구를 하도록 한 지방세법 제74조 제1항과 지방세 부과처분에 대하여는 행정소송에 앞서 필요적으로 심사청구를 거치도록 한 동법 제78조 제2항이 평등의 원칙 및 재판청구권을 침해하는 것이라 주장한다.

▢ 판 단

Ⅰ. 지방세법 제74조 제1항에 대한 판단

이 조항은 심사청구제도를 규정하고 있을 뿐, 행정소송과의 관계에 관하여는 아무런 규율도 하고 있지 않다. 그런데 이 사건 헌법소원의 취지는 행정소송을 제기하기 전에 반드시 심사청구를 거치도록 하는 것이 위헌이라는 데에 있고, 당해사건 재판의 쟁점 또한 과연 청구인이 행정심판 전치의 요건을 적법하게 거쳤느냐에 있는바, 이에 관한 판단은 지방세 부과처분에 대한 행정소송을 제기하기 위하여는 반드시 심사청구를 하여 그 재결을 거치도록 규정하고 있는 지방세법 제78조 제2항의 위헌여부에 달려 있는 것이지, 제74조 제1항의 위헌여부에 달려있는 것이 아니다. 또한 청구인은 제74조 제1항 고유의 위헌성은 전혀 다투고 있지 않다.

결국, 당해사건에 직접 적용되고 그 위헌여부에 따라 재판에 영향을 미치는 법률조항은 제78조 제2항이고, 제74조 제1항은 제78조 제2항의 규범적 작용을 위한 하나의 배경요소에 불과하여 그 위헌여부에 관한 판단은 당해사건의 해결에 불가결한 것이 아니다. 그렇다면 제74조 제1항에 대하여는 재판의 전제성을 인정할 수 없다 할 것이므로 이 부분 심판청구는 부적법하다.

Ⅱ. 지방세법 제78조 제2항에 대한 판단

1. 이 사건의 쟁점

지방세법 제78조 제2항은 위 행정소송법 제18조 제1항 단서에서 말하는 '다른 법률'에 의한 특별규정으로서 지방세 부과처분에 대한 행정소송을 제기하기 위하여는 반드시 심사청구를 하여 그 재결을 거치도록 하고 있다. 그런데 심사청구를 하기 위해서는 그 전에 이의신청을 하여 그에 대한 결정을 거쳐야 한다(지방세법 제74조 제1항). 따라서 이 사건 법률조항은 이의신청 및 심사청구라는 이중의 행정심판절차를 거치지 아니하고서는 지방세 부과처분에 대하여 행정소송을 제기할 수 없게 하는 제약을 가하고 있는데, 이것이 행정심판에 관하여 규정하고 있는 헌법 제107조 제3항, 재판청구권을 보장하고 있는 헌법 제27조에 위반되는지의 여부가 이 사건의 쟁점이다.

2. 행정심판에 관한 헌법 제107조 제3항의 의미

헌법 제107조 제3항은 "재판의 전심절차로서 행정심판을 할 수 있다. 행정심판의 절차는 법률로 정하되, 사법절차가 준용되어야 한다"고 규정하고 있다. 이 헌법조항은 행정심판절차의 구체적 형성을 입법자에게 맡기고 있지만, 행정심판은 어디까지나 재판의 전심절차로서만 기능하여야 한다는 점과 행정심판절차에 사법절차가 준용되어야 한다는 점은 헌법이 직접 요구하고 있으므로 여기에 입법적 형성의 한계가 있다. 따라서 입법자가 행정심판을 전심절차가 아니라 종심절차로 규정함으로써 정식재판의 기회를 배제하거나, 어떤 행정심판을 필요적 전심절차로 규정하면서도 그 절차에 사법절차가 준용되지 않는다면 이는 헌법 제107조 제3항, 나아가 재판청구권을 보장하고 있는 헌법 제27조에도 위반된다 할 것이다. 반면 어떤 행정심판절차에 사법절차가 준용되지 않는다 하더라도 임의적 전치제도로 규정함에 그치고 있다면 위 헌법조항에 위반된다 할 수 없다. 그러한 행정심판을 거치지 아니하고 곧바로 행정소송을 제기할 수 있는 선택권이 보장되어 있기 때문이다. 한편, 헌법 제107조 제3항은 사법절차가 "준용"될 것만을 요구하고 있으나 판단기관의 독립성과 공정성, 대심적 심리구조, 당사자의 절차적 권리보장 등의 면에서 사법절차의 본질적 요소를 현저히 결여하고 있다면 "준용"의 요청에마저 위반된다고 하지 않을 수 없다.

3. 이의신청·심사청구와 사법절차의 준용

이의신청·심사청구는 행정심판법상의 행정심판제도에 대하여 특별히 규정된 특별행정심판제도이므로, 행정소송을 제기하기 위하여 필수적으로 거쳐야 하는 행정심판으로서의 이의신청·심사청구제도가 헌법 제107조 제3항의 요청대로 사법절차를 준용하고 있는지 문제된다.

(1) 지방세심의위원회의 구성과 운영

(가) 이의신청 및 심사청구의 재결청은 각 지방자치단체의 장 또는 행정자치부장관이지만, 이들은 지방세심의위원회의 의결에 따라 결정하여야 한다(지방세법 제77조 제1항). 따라서 심의·의결기관인 지방세심의위원회가 어떻게 구성되고, 운영되는지는 위원회의 독립성과 공정성을 가름하는 중요한 사항이다. 그런데 지방세법은 위원회의 조직과 운영에 관한 사항을 전면적으로 대통령령에 위임하고 있다(제77조 제4항).

지방세법시행령에 의하면, 지방세에 관한 이의신청 및 심사청구의 심의·의결을 위하여 각 지방자치단체와 행정자치부에 위원회를 두며, 위원회는 위원장 1인을 포함하여 15인이하의 위원으로 구성하도록 되어 있으며 위원의 임기는 2년이다(지방세법시행령 제58조). 위원회는 심의에 있어 보충설명이 필요한 때에는 전문가·청구인·참고인 또는 관계공무원을 출석시켜 의견을 듣거나 증빙자료의 제출을 요구할 수 있다(동법시행령 제59조 제2항). 위원회는 재적위원 과반수의 출석과 출석위원 과반수의 찬성으로 의결한다(동조 제3항).

한편 지방세법시행령 제58조 제6항은 위원회의 운영 등에 관하여 필요한 사항을 행정자치부령으로 정할 수 있도록 재차 위임하고 있고, 이에 따른 지방세법시행규칙에 의하면, 위원회의 위원장은 위원회에서 호선하고, 위원은 행정자치부장관이나 당해 지방자치단체의 장이 지명하거나 위촉하는데, 지방세제심의관(행정자치부에 두는 위원회의 경우) 또는 지방세 사무를 담당하는 과장(지방자치단체에 두는 위원회의 경우)은 지명에 의하여 위원이 되고, 지방세에 관한 사무를 담당하는 4급이상의 공무원, 판사·검사·군법무관 또는 변호사의 직에 5년이상 종사한 자, 공인회계사 또는 세무사의 직에 3년이상 종사한 자, 감정평가사의 직에 3년이상 종사한 자, 대학에서 법률학·회계학 또는 부동산평가학을 교수하는 자로서 부교수이상의 직에 재직하는 자 등은 위촉에 의하여 위원이 된다(지방세법시행규칙 제39조).

(나) 헌법 제107조 제3항에서 요구하는 사법절차성의 요소인 판단기관의 독립성과 공정성을 위하여는 권리구제 여부를 판단하는 주체가 객관적인 제3자적 지위에 있을 것이 필요하다. 이의신청과 심사청구의 경우 재결청은 심의·의결기관인 위원회의 의결에 따라 결정하도록 되어 있으므로 위원회의 구성과 운영에 있어 독립성과 공정성을 제도적으로 보장하는 것이 중요하다. 그런데 위원회의 조직과 운영에 관한 기본적 사항조차 법률에서 직접 규정하지 않고 시행령, 나아가 시행규칙에 위임되어 있어 법형식적 측면에서의 독립성 보장이 매우 취약할 뿐만 아니라, 위원회의 위원을 재결청인 행정자치부장관이나 지방자치단체의 장이 지명하거나 위촉하게 되어 있고, 위원회의 구성에서 외부전문가가 일정비율 이상 포함되어 있을 것이 보장되지 않고 있다는 점에서 위원회는 그 구성과 운영에 있어서 심의·의결의 독립성과 공정성을 객관적으로 신뢰할 수 있는 토대를 충분히 갖추고 있다고 보기 어렵다.

(2) 심리절차의 사법절차 준용여부

이의신청·심사청구제도는 그 심리절차의 면에서 헌법이 요청하는 사법절차성을 보장하지 않고 있다.

(가) 먼저, 심리절차의 기본사항은 국민의 권리관계와 밀접한 사항이므로 이를 법률에서 정하는 것이 행정심판의 절차를 '법률'로 정하도록 한 헌법 제107조 제3항의 정신에 부합할 것임에도, 지방세법은 이의신청·심사청구의 심리절차에 관하여 제77조 제1항에서 결정서의 송달에 관하여, 제2항에서 재결의 기속력에 관하여 규정한 외에는 스스로 정하는 바가 없이 대통령령에 위임하고 있다(지방세법 제79조 제2항). 이 위임에 근거하여 지방세법시행령 제54조 내지 제57조는 이의신청 및 심사청구의 제출·접수, 보정요구, 결정서의 송달 등에 관하여 규정하고 있고, 제59조 제2항에서는 위원회로 하여금 심의에 있어 전문가·청구인·참고인 또는 관계공무원을 출석시켜 의견을 듣거나 증빙자료의 제출을 요구할 수 있음을, 동조 제3항은 위원회의 의결정족수에 관하여 규정하고 있다.

그러나 이러한 규정들만으로는 이의신청·심사청구의 심리절차에 헌법 제107조 제3항에서 요구하는 사법절차가 준용되었다고 볼 수 없다. 사법절차의 기본적 요소라 할 대심적(당사자주의적) 심리구조가 매우 빈약하고, 당사자의 절차적 권리보장의 본질적 요소가 결여되어 있기 때문이다. 납세의무자에게는 의견진술을 비롯, 증거제출 및 증거조사신청 등 행정심판절차의 주체로서 적극적으로 절차를 형성하거나 절차에 참여할 권리가 보장되어야 함에도 이를 도외시함으로써 납세의무자를 단순한 절차의 객체로 전락시키고 있는 것이다.

(나) 행정심판에 관한 일반법이라 할 행정심판법은 행정심판의 심리에 관하여 사법절차적 요소를 많이 도입하고 있는바, 그 주요한 것들을 살펴보면, 행정심판의 심리는 구술심리 또는 서면심리로 하지만, 당사자가 구술심리를 신청한 때에는 서면심리만으로 결정할 수 있다고 인정하는 경우 외에는 구술심리를 하여야 하고(행정심판법 제26조 제2항), 당사자는 위원・직원에 대한 기피신청권(동법 제7조 제2항), 보충서면제출권(동법 제25조), 증거제출권(동법 제27조 제1항), 증거조사신청권(동법 제28조 제1항)을 가지며, 이해관계 있는 제3자는 사건에 참가할 수 있고(동법 제16조), 재결의 범위에 관하여 불고불리의 원칙과 불이익변경금지원칙이 적용된다(동법 제36조). 또한 재결에는 기속력이 인정되고(동법 제37조 제1항), 재결은 청구인에게 송달되어야 효력을 발휘하며(동법 제38조 제1항, 제2항), 재심판청구가 금지된다(동법 제39조). 그런데 지방세법 제78조 제1항은 "이 법에 의한 이의신청 또는 심사청구의 목적이 되는 처분에 관한 사항에 대하여는 행정심판법의 규정을 적용하지 아니한다"고 규정하여 명문으로 행정심판법의 적용을 배제하고 있다.

(다) 마지막으로, 국세에 관한 심판청구의 심리・결정에도 국세심판관에 대한 제척・회피・기피(국세기본법 제73조, 제74조), 자유심증주의(동법 제77조), 당사자의 질문검사 신청권(동법 제76조), 구술심리주의의 강화(동법 제56조 제1항, 행정심판법 제26조), 불고불리의 원칙과 불이익변경금지원칙의 적용(동법 제79조), 재결의 방식(동법 제78조 제5항) 등의 면에서 사법절차에 가까운 여러 가지 요소를 갖추고 있는데, 지방세법 제82조는 지방세의 "부과"와 "징수"에 관하여 국세기본법과 국세징수법을 준용토록 하고 있을 뿐이어서, 지방세의 부과에 관한 "불복절차"에 대하여는 그나마 국세심판청구에 관한 규정들마저 준용되지 않는다.

위에서 살펴본 바와 같이 지방세법상의 이의신청・심사청구제도는 그 판단기관의 독립성・중립성도 충분하지 않을 뿐 아니라, 무엇보다도 그 심리절차에 있어서 사법절차적 요소가 매우 미흡하고 특히 당사자의 절차적 참여권이라는 본질적 요소가 현저히 흠결되어 있어 사법절차 "준용"의 요청을 외면하고 있다고 하지 않을 수 없다. 이와 같이 이의신청・심사청구라는 2중의 행정심판을 필요적으로 거치도록 하면서도 사법절차를 준용하고 있지 않으므로 이 사건 법률조항은 헌법 제107조 제3항에 위반될 뿐만 아니라, 사법적 권리구제를 부당히 방해한다고 할 것이어서 재판청구권을 보장하고 있는 헌법 제27조 제3항에도 위반된다고 할 것이다.

4. 불필요한 전심절차의 강요

헌법 제107조 제3항은 "… 행정심판의 절차는 법률로 정하되 … "라고 규정하고 있으므로 입법자는 행정심판을 통한 권리구제의 효율성, 행정청에 의한 자기시정의 개연성, 문제되는 행정심판사항의 특성 등 여러 가지 요소를 감안하여 입법정책적으로 행정심판절차의 구체적 모습을 형성할 수 있다 할 것이다. 그러나 행정심판제도의 취지를 살릴 수 없는 경우에도 일률적으로 전심절차를 밟도록 한다면 그것은 입법형성권의 한계를 벗어나 국민의 재판청구권을 침해하는 것이 된다. 행정소송법 제18조 제1항은 원칙적으로 임의적 행정심판전치주의를 취하되, 개별법률에서 필요적 전치주의를 취할 경우에는 거기에 따르도록 하고 있으며, 동조 제2항, 제3항은 필요적 전치주의를 취하더라도 일정한 사유가 있는 경우에는 행정심판의 재결을 거치지 아니하고 또는 행정심판을 청구함이 없이 곧바로 행정소송을 제기할 수 있도록 하고 있다. 그런데, 이 사건 법률조항은 명시적으로 이러한 행정소송법 제18조 제2항, 제3항의 적용을 "제18조 제2항 제1호의 경우를 제외하고(지방세법 제81조 제2항)" 배제함으로써, 위 조항에 해당하는 사유가 발생하더라도 예외 없이 이의신청·심사청구 절차를 거치지 않고서는 행정소송을 제기할 수 없도록 하고 있는바, 행정소송법 제18조 제2항, 제3항에 규정된 사유를 보면, 행정청·재결청측에 귀책사유가 있거나(동조 제2항 제3호, 제3항 제4호), 행정심판을 통한 권리구제의 기대가능성이 희박하거나(동조 제3항 제1호), 납세의무자의 중대한 이해관계를 보호할 필요가 월등히 크거나(동조 제2항 제2호), 행정청·재결청으로 하여금 스스로 재고·시정할 기회가 한 번 부여된(동조 제3항 제2호) 등의 경우로서, 이러한 경우에도 행정심판의 전치를 요구하는 것은 무용한 절차를 강요하는 셈이어서 납세의무자에게 가혹하고 법원을 통한 국민의 권리구제에 장애를 초래할 뿐이라는 점에서 모두 공통된다. 반면, 지방세 부과처분이라 하여 이와 같은 경우에까지 행정심판을 거치지 않으면 아니 될 특별한 사정이 엿보이지도 않는다. 따라서 이와 같이 행정의 자기통제나 신속하고 효율적인 권리구제라는 행정심판제도의 본래의 취지를 거의 살릴 수 없어 전적으로 무용하거나 그 효용이 극히 미미한 경우에까지 무조건적으로 전심절차를 강요하는 것은 행정심판의 필요성과 납세자 권리의 사법적 구제라는 요청을 합리적으로 형량한 가운데 설정되어야 할 행정심판전치제도의 법치주의적 한계를 벗어나 국민의 재판청구권을 침해하는 것이라 아니할 수 없다.

5. 소 결

이 사건 법률조항은 사법절차를 준용하지 않으면서 이의신청·심사청구라는 2중의 행정심판을 필요적으로 거치도록 하는 점에서, 또한 행정심판제도의 취지를 살릴 수 없어 전적으로 무용하거나 그 효용이 극히 미미한 경우에까지 무조건적으로 전심절차를 강요한다는 점에서 헌법 제27조, 제107조 제3항에 위반된다.

Ⅲ. 지방세법 제81조에 대한 위헌선언

헌법심판의 대상이 된 법률조항 중 일정한 법률조항이 위헌선언되는 경우 같은 법률의 그렇지 아니한 다른 법률조항들은 효력을 그대로 유지하는 것이 원칙이나, 합헌으로 남아 있는 어떤 법률조항이 위헌선언되는 법률조항과 밀접한 관계에 있어 그 조항만으로는 법적으로 독립된 의미를 가지지 못하는 경우에는 예외적으로 그 법률조항에 대하여 위헌선언을 할 수 있다.

지방세법 제81조는 이 사건 법률조항의 규정에 의한 필요적 행정심판전치를 전제로 하여 지방세 부과처분에 대하여는 심사결정의 통지를 받은 날부터 90일 이내에 행정소송을 제기하도록 하고 있다. 그런데 이 사건 법률조항이 위헌선언으로 그 효력을 상실하게 되면 지방세법 제81조는 독립하여 존속할 아무런 의미가 없을 뿐만 아니라, 그 문언해석상 이 사건 법률조항의 효력 유무와 관계없이 여전히 심사결정의 통지를 받지 않고서는 행정소송을 제기할 수 없는 것으로 이해할 소지가 전혀 없는 것이 아니어서 지방세 부과처분의 불복방법에 관하여 불필요한 법적 혼란을 야기할 수도 있다. 그러므로 지방세법 제81조에 대하여도 아울러 위헌선언을 하는 바이다. 그 결과 지방세

부과처분에 대하여 불복이 있는 자는 곧바로 행정소송을 청구할 수도 있고, 임의로 행정심판을 거칠 수도 있으며, 이 경우 행정소송의 제소기간에 관하여는 행정소송법 제20조가 적용되게 된다.

✤ 본 판례에 대한 평가 현행 행정소송법은 종전의 필수적 행정심판전치주의를 폐지하고, 선택적 행정심판전치주의를 채택하고 있다(행소법 제18조 제1항). 이에 따라 제1심법원으로서 행정법원을 설치하고 있다(행소법 제9조). 본 결정은 우리 헌법 제107조 제3항에서 규정하고 있는 "사법절차"를 특징짓는 요소와 "사법절차가 준용되어야 한다"의 구체적 의미내용을 밝히고 있는 점에서 그 의의를 찾을 수 있다.

※ 이 결정에 따라 지방세법이 2001. 12. 29. 법률 제6549호로 개정되면서, 행정심판전치주의에 관한 제78조 제2항과 81조는 삭제되었다. 단, 제78조 제2항은 2008. 2. 29 법률 제8864호에서 신설되었으며, 2008. 11. 18. 현재에도 동일하다.

[요약판례 1] 반국가행위자의처벌에관한특별조치법 제5조 등 위헌소원: 위헌,각하(헌재 1993.7.29. 90헌바35)

국가행위자의처벌에관한특별조치법 제11조 및 제13조 제1항 중 "제345조 내지 제348조" 부분의 위헌 여부

국민의 재판청구권을 기본권으로 인정하고 있는 헌법 제27조 제1항에서의 "법률에 의한 재판"이라 함은 합헌적인 실체법과 절차법에 따라 행하여지는 재판을 의미하므로, 결국 형사재판에 있어서는 적어도 그 기본원리인 죄형법정주의와 위와 같은 적법절차주의에 위반 되지 않는 실체법과 절차법에 따라 규율되는 재판이라야 "법률에 의한 재판"이라고 할 수 있다.

반국가행위자의 처벌에 관한 특별조치법 제11조 제1항에 피고인이 체포되거나 임의로 검사에게 출석하지 아니하면 상소를 할 수 없도록 제한한 것과 동법 제13조 제1항에서 상소권회복청구의 길을 전면 봉쇄한 것은 결국 상소권을 본질적으로 박탈하는 것이어서 헌법상 재판청구권을 침해하는 것이다.

※ 반국가행위자의 처벌에 관한 특별조치법은 1999. 12. 28. 법률 제6036호로 폐지되었다.

[요약판례 2] 행정소송법 제2조 제1항 제1호 등 위헌소원: 합헌(헌재 2009.4.30. 2006헌바66)

항고소송의 대상인 처분개념을 규정한 행정소송법 제2조 제1항 제1호 중 "행정청이 행하는 구체적 사실에 관한 법집행으로서의 공권력의 행사 또는 그 거부와 그 밖에 이에 준하는 행정작용"부분이 국민의 재판을 받을 권리를 침해하는지 여부(적극)

이 사건 법률조항에 따라 항고소송의 대상에 해당되지 않아 행정재판을 받지 못하게 되는 제약 내지 불이익이 발생하는데, 이는 불필요한 소송을 억제하여 법원과 당사자의 부담을 경감시킴으로써 효율적인 재판제도를 구현하기 위한 취지에서 비롯된 것으로 구 행정소송법(1984. 12. 15. 법률 3754호로 전부 개정되기 이전의 것)과 달리 **이 사건 법률조항에서 처분 개념을 규정한 것은 현대행정의 다양화 등에 따른 권리구제 확대의 필요성을 반영한 것으로서 그 목적의 정당성이 인정된다.**

항고소송에서 처분성이 인정되지 않는 '공권력의 행사'라고 하더라도 헌법재판소법 제68조 제1항 소정의 헌법소원이나 행정소송법상 당사자소송에 의한 구제수단에 의하여 권리구제가 확대될 수 있음을 감안할 때, 처분 개념을 규정한 이 사건 법률조항은 국민의 효율적인 권리구제를 어렵게 할 정도로 입법재량권의 한계를 벗어났다고 할 수 없고, 항고소송의 대상이 되는 처분 개념을 위와 같이 규정한 데에는 충분한 합리적인 이유가 있으므로 재판을 받을 권리를 침해한다고 할 수 없다.

Ⅱ 도로교통법 제101조의3 위헌소원: 합헌(헌재 2002.10.31. 2001헌바40)

쟁점 도로교통법상 행정심판전치주의의 위헌성 여부

사건의 개요

청구인은 혈중 알코올 농도 0.110%의 주취상태로 운전했다는 이유로 대구지방경찰청장으로부터 자동차운전면허취소처분을 받고, 대구지방법원에 위 처분의 취소를 구하는 본안소송을 제기하면서 같은 법원에 위 처분의 효력정지가처분신청을 하여 위 가처분신청에 대하여는 이를 인용하는 가처분결정을 받았다.

한편, 행정심판의 필요적 전치주의를 규정하는 도로교통법 제101조의 3 규정이 신설됨에 따라 자동차운전면허취소에 대하여 행정소송을 제기하는 경우 행정심판의 재결을 거쳐야 하는데, 청구인 및 그 대리인은 이러한 법률개정사실을 모르고 이 사건 자동차운전면허취소처분이 있음을 안 날로부터 90일이 경과하도록 행정심판을 제기하지 않아 행정심판법 제18조 제1항의 심판청구기간을 도과하여 위 처분의 취소를 구하는 본안판단을 받을 수 없게 되었다.

이에 청구인은 위 본안소송 계속 중에 '행정심판을 거치지 아니하면 행정소송을 제기할 수 없도록 규정한 도로교통법 제101조의 3 규정이 헌법에 위반된다'고 주장하며 대구지방법원에 위헌여부심판의 제청신청을 하였으나, 위 법원이 위 신청을 기각하자, 청구인은 이 사건 헌법소원심판을 청구하였다.

심판의 대상

도로교통법 제101조의 3 (행정소송과의 관계) 이 법에 의한 처분으로서 당해 처분에 대한 행정소송은, 행정심판의 재결을 거치지 아니하면 이를 제기할 수 없다.

행정소송법 제18조 (행정심판과의 관계) ① 취소소송은 법령의 규정에 의하여 당해 처분에 대한 행정심판을 제기할 수 있는 경우에도 이를 거치지 아니하고 제기할 수 있다. 다만, 다른 법률에 당해 처분에 대한 행정심판의 재결을 거치지 아니하면 취소소송을 제기할 수 없다는 규정이 있는 때에는 그러하지 아니하다.

② 제1항 단서의 경우에도 다음 각호의 1에 해당하는 사유가 있는 때에는 행정심판의 재결을 거치지 아니하고 취소소송을 제기할 수 있다.

1. 행정심판청구가 있은 날로부터 60일이 지나도 재결이 없는 때
2. 처분의 집행 또는 절차의 속행으로 생길 중대한 손해를 예방하여야 할 긴급한 필요가 있는 때
3. 법령의 규정에 의한 행정심판기관이 의결 또는 재결을 하지 못할 사유가 있는 때
4. 그 밖의 정당한 사유가 있는 때

③ 제1항 단서의 경우에 다음 각호의 1에 해당하는 사유가 있는 때에는 행정심판을 제기함이 없이 취소소송을 제기할 수 있다.

1. 동종사건에 관하여 이미 행정심판의 기각재결이 있은 때
2. 서로 내용상 관련되는 처분 또는 같은 목적을 위하여 단계적으로 진행되는 처분중 어느 하나가 이미 행정심판의 재결을 거친 때
3. 행정청이 사실심의 변론종결 후 소송의 대상인 처분을 변경하여 당해 변경된 처분에 관하여 소를 제기하는 때

4. 처분을 행한 행정청이 행정심판을 거칠 필요가 없다고 잘못 알린 때
④ 제2항 및 제3항의 규정에 의한 사유는 이를 소명하여야 한다.

▢ 주 문

도로교통법 제101조의 3은 헌법에 위반되지 아니한다.

▢ 청구인들의 주장

자동차운전면허가 취소되면 당장 운전을 할 수 없게 되므로, 일단 운전을 하기 위해서는 취소처분의 효력을 정지시켜야 하는데, 이를 위해서는 국민은 법원에 취소처분의 취소를 구하는 본안소송을 제기한 후 효력정지가처분신청을 해야 한다. 이 경우 행정심판은 사실상 불필요하지만 단지 필요적 전치이기 때문에 형식적으로 하는 것이 현실이어서, 어느 면에서는 행정심판의 필요적 전치주의는 국민이 원하지 않는 것을 강요하는 것이 되므로, 헌법 제27조의 국민의 재판을 받을 권리를 침해하는 것이다.

▢ 판 단

Ⅰ. 행정심판의 기능 및 행정심판 전치주의에 관한 법규정의 변천

1. 헌법 제107조 제3항 제1문은 "재판의 전심절차로서 행정심판을 할 수 있다"고 하여 행정심판의 헌법적 근거를 제공하고 있다. 행정심판이라 함은 행정청의 위법·부당한 처분 또는 부작위에 대한 불복에 대하여 행정기관이 심판하는 행정쟁송절차를 말한다.

행정심판의 기능 및 존재이유로서는 첫째, 행정청에게 먼저 재고와 반성의 기회를 주어 행정처분의 하자를 자율적으로 시정하도록 하는 '자율적 행정통제'의 기능, 둘째, 행정의 전문·기술성이 날로 증대됨에 따라 행정기관의 전문지식을 활용할 수 있도록 함으로써 법원의 전문성 부족을 보완하는 기능, 셋째, 분쟁을 행정심판단계에서 해결하도록 함으로써 분쟁해결의 시간과 비용을 절약하고 법원의 부담을 경감할 수 있다는 기능 등을 들 수 있다.

2. 헌법 제107조 제3항은 "재판의 전심절차로서 행정심판을 할 수 있다. 행정심판의 절차는 법률로 정하되, 사법절차가 준용되어야 한다"고 규정하여, '행정심판을 행정소송의 전치절차로 할 것인가 아니면 임의절차로 할 것인가'의 문제를 비롯하여 행정심판절차의 구체적 형성을 입법자에게 맡기면서, 다만 '행정심판은 재판의 전심절차로서만 기능하여야 한다'는 것과 '행정심판절차에 사법절차가 준용되어야 한다'는 것을 규정함으로써, 입법적 형성의 한계를 제시하고 있다.

우리의 경우 1984년 행정소송법에서는 취소소송을 제기하기 전에 반드시 행정심판을 거치도록 하는 행정심판 전치주의를 채택하였으나, 1994. 7. 27. 개정되어 1998. 3. 1.부터 시행된 행정소송법은 행정심판 전치주의를 폐지하여 행정심판을 원칙적으로 임의적인 절차로 하였고, 다만, 다른 개별법률에서 취소소송을 제기하기 전에 필요적으로 행정심판을 거치도록 규정한 경우에 한하여 행정심판을 필요적 전치절차로 하였다(제18조 제1항). 개정 행정소송법이 행정심판을 임의절차로 전환한 것은 행정심판이 실효성있는 권리구제절차가 되고 있지 못함에도 행정소송의 제기 전에 행정심판을 의무적으로 거치도록 함으로써 행정소송을 통한 권리구제를 지연시키는 역기능이 있다는 비판에 따른 것이었다. 이에 따라 일반적 행정심판전치주의는 폐지되고, 조세부과처분, 도로교통법상의 처분 등과 같이 대량적으로 행해지는 처분으로서 행정의 통일을 기해야 할 필요가 있거나, 행정

처분의 특성상 전문적·기술적 성질을 가지는 것 등에 대해서만 예외적으로 개별법률에서 필요적 전치주의를 채택하였다.

3. 자동차운전면허취소에 대하여 행정소송을 제기함에 있어서 행정심판의 재결을 거쳐야 하는지 여부에 관하여, 법률은 그 동안 필요적 전치주의를 택하였다가 1998. 3. 1. 개정 행정소송법이 시행되면서 임의적 전치주의로 변경되었고, 1999. 1. 29. 도로교통법 제101조의3 규정이 신설됨으로써 다시 필요적 전치주의로 변경되었다.

Ⅱ. 재판청구권의 침해여부

이 사건 법률조항은 도로교통법에 의한 처분에 대한 행정소송은 행정심판의 재결을 거치지 아니하면 제기할 수 없도록 규정하고 있으므로, 행정소송법상의 취소소송을 제기하는 데 일종의 제약을 가하고 있으며, 이로써 헌법 제27조의 '재판을 받을 권리'를 제한하는 측면이 있다. 국민으로서는 그가 원하지 않더라도 법원의 본안판결을 받기 위하여 반드시 행정심판을 청구해야 하는 것이므로, 이를 위하여 어느 정도의 시간과 노력을 소모해야 하는 것이고, 특히 본인에게 불리한 재결이 있는 경우에는 결과적으로 그러한 시간과 노력의 투자가 헛된 것일 뿐 아니라 권리의 구제가 지연되기도 한다. 특히 행정심판을 청구하여도 집행이 정지되는 효력을 인정하지 않으면서 행정심판을 강제하는 것은, 청구인의 경우와 같이 집행의 정지를 위하여 별도로 효력정지가처분신청을 해야하는 경우에는 재판청구권을 제한하는 결과가 발생한다. 따라서 아래에서는 이 사건 법률조항이 재판청구권을 침해하는지의 여부에 관하여 살펴보기로 한다.

1. 입법형성권의 한계로서의 '효율적인 권리보호'

헌법 제27조 제1항은 "모든 국민은 …법률에 의한 재판을 받을 권리를 가진다"고 규정하여 법원이 법률에 기속된다는 당연한 법치국가적 원칙을 확인하고, '법률에 의한 재판, 즉 절차법이 정한 절차에 따라 실체법이 정한 내용대로 재판을 받을 권리'를 보장하고 있다. 이로써 위 헌법조항은 '원칙적으로 입법자에 의하여 형성된 현행 소송법의 범주 내에서 권리구제절차를 보장한다'는 것을 밝히고 있다. 재판청구권의 실현이 법원의 조직과 절차에 관한 입법에 의존하고 있기 때문에 입법자에 의한 재판청구권의 구체적 형성은 불가피하며, 따라서 입법자는 청구기간이나 제소기간과 같은 일정한 기간의 준수, 소송대리, 변호사 강제제도, 소송수수료규정 등을 통하여 원칙적으로 소송법에 규정된 형식적 요건을 충족시켜야 비로소 법원에 제소할 수 있도록, 소송의 주체, 방식, 절차, 시기, 비용 등에 관하여 규율할 수 있다.

그러나 헌법 제27조 제1항은 권리구제절차에 관한 구체적 형성을 완전히 입법자의 형성권에 맡기지는 않는다. 입법자가 단지 법원에 제소할 수 있는 형식적인 권리나 이론적인 가능성만을 제공할 뿐 권리구제의 실효성이 보장되지 않는다면 권리구제절차의 개설은 사실상 무의미할 수 있다. 그러므로 재판청구권은 법적 분쟁의 해결을 가능하게 하는 적어도 한번의 권리구제절차가 개설될 것을 요청할 뿐 아니라 그를 넘어서 소송절차의 형성에 있어서 실효성있는 권리보호를 제공하기 위하여 그에 필요한 절차적 요건을 갖출 것을 요청한다. 비록 재판절차가 국민에게 개설되어 있다 하더라도, 절차적 규정들에 의하여 법원에의 접근이 합리적인 이유로 정당화될 수 없는 방법으로 어렵게 된다면, 재판청구권은 사실상 형해화될 수 있으므로, 바로 여기에 입법형성권의 한계가 있다.

2. 행정심판 전치주의 규정에 의한 재판청구권의 침해여부

입법자는 일정한 절차적 요건을 충족시켜야 비로소 소송을 제기할 수 있도록 소송절차를 구체적으로 형성할 수 있으나, 절차적 요건으로 인하여 국민의 재판을 받을 권리가 합리적인 이유로 더 이상 정당화될 수 없는 제한을 받는다면, 헌법 제27조의 재판청구권에 대한 과도한 침해가 인정된다. 아래에서는 이 사건 법률조항에서 행정심판 전치주의를 규정한 것이 합리적인 공익상의 이유에 의하여 정당화되는지 살펴보기로 한다.

(1) 우선, 행정심판 전치주의를 정당화하는 이유는 일반적으로 다음과 같다. 첫째, 행정심판절차는 통상의 소송절차에 비하여 간편한 절차를 통하여 시간과 비용을 절약하면서 신속하고 효율적인 권리구제를 꾀할 수 있다는 장점이 있다. 행정청이 스스로 처분이 잘못되었다고 인정하는 경우에는 법원의 판결을 기다릴 필요가 없이 이를 취소함으로써 법적 분쟁이 법원의 소송에 이르기 전에 원만하게 해결될 수 있으므로, 당사자는 신속하고 간편한 절차에 의하여 그가 원하는 바를 얻을 수 있게 되는 것이다. 또한 행정심판을 통하여 심판청구의 대상인 처분이나 부작위의 적법성 여부뿐이 아니라 법원이 판단할 수 없는 당・부당의 문제에 관해서도 심사를 받을 수 있는 길이 열리므로, 국민에게 보다 유리하다. 궁극적으로 행정심판은 국민의 이익을 위한 것이고, 사전절차를 통하여 원칙적으로 권리구제가 약화되는 것이 아니라 강화되는 것이다. 둘째, 법원의 입장에서 보더라도, 행정심판전치주의를 취하는 경우에는 행정심판절차에서 심판청구인의 목적이 달성됨으로써 행정소송의 단계에 이르지 아니하는 경우가 많을 뿐 아니라, 그렇지 아니하는 경우에도 행정심판을 거침으로써 사실상・법률상의 쟁점이 많이 정리되기 때문에 행정소송의 심리를 위한 부담이 경감되는 효과가 있다. 즉 행정심판제도는 불필요한 소송을 방지하는 동시에 쟁점, 증거 등을 정리하게 하여 법원의 부담을 경감하는 효과를 가져온다.

특히 이 사건 법률조항과 관련하여 행정심판 전치주의를 정당화하는 합리적인 이유를 살펴본다면, 교통관련 행정처분의 적법성 여부에 관하여 판단하는 경우, 전문성과 기술성이 요구되므로, 법원으로 하여금 행정기관의 전문성을 활용케 할 필요가 있다. 또한 도로교통법에 의한 운전면허취소처분은 대량적・반복적으로 행해지는 처분에 해당하며 2001년 운전면허취소처분으로 인한 행정심판청구건수는 전체 행정심판건수의 약 70%에 이른다는 점에서도, 행정심판에 의하여 행정의 통일성을 확보할 필요성이 인정된다.

(2) 한편, 이와 같은 행정심판제도의 필요성과 장점은 '행정심판절차가 권리구제절차로서 어느 정도 실효성을 가지고 기능한다'는 것을 전제로 하는 것이다. 그런데 행정심판에 있어서는 독립된 제3자가 아니라 행정기관 스스로가 심판기관이 되므로, 독립적이고 공평한 제3자인 법원에 의하여 이루어지는 재판에 비하여 행정기관의 결정은 그 공정성을 크게 기대하기 어렵다는 점이 있다. 행정심판제도가 진정한 권리구제제도로서 재판의 전심에 해당하기 위해서는 절차의 공정성이 보장되어야 한다. 절차의 공정성과 객관성이 보장되지 않는 행정심판제도는 행정청의 자기행위에 대한 정당화 수단으로만 이용될 뿐, 국민의 권리구제제도로서 실효성을 지니기 어렵게 때문에 오히려 국민의 재판을 받을 권리를 방해할 우려가 있다.

따라서 우리 헌법은 이에 대처하여 제107조 제3항 제2문에서 "행정심판의 절차는 법률로 정하되, 사법절차가 준용되어야 한다"고 하여 행정심판절차에 사법절차가 준용될 것을 요청함으로써,

행정심판제도의 실효성을 확보하기 위한 최소한의 요건을 스스로 규정하고 있다. 즉 위 헌법규정은 '결정절차의 타당성이 결정내용의 타당성을 확보해 준다는 대표적인 예가 바로 사법절차이며, 사법절차가 준용되지 않는 행정심판절차는 그 결정의 타당성을 담보할 수 없어, 사전적 구제절차로서의 기능을 제대로 이행할 수 없다'는 것을 밝히면서, 행정심판절차가 불필요하고 형식적인 전심절차가 되지 않도록 이를 사법절차에 준하는 절차로서 형성해야 할 의무를 입법자에게 부과하고 있는 것이다. 행정심판제도는 재판의 전심절차로서 인정되는 것이지만, 공정성과 객관성 등 사법절차의 본질적인 요소가 배제되는 경우에는 국민들에게 무의미한 권리구제절차를 밟을 것을 강요하는 것이 되어 국민의 권리구제에 있어서 오히려 장애요인으로 작용할 수 있으므로, 헌법 제107조 제3항은 사법절차에 준하는 객관성과 공정성을 갖춘 행정심판절차의 보장을 통하여 행정심판제도의 실효성을 어느 정도 확보하고자 하는 것이다.

(3) 뿐만 아니라, 이 사건 법률조항은 행정소송법 제18조 제2항 내지 제4항의 적용을 받음으로써 행정심판 전치주의에 대한 다양한 예외를 인정하고 있다. 따라서 당사자가 예외 사유를 소명한다면(행정소송법 제18조 제4항), 일정한 경우에는(예컨대 행정심판청구가 있은 날로부터 60일이 지나도 재결이 없는 때 또는 중대한 손해를 예방해야 할 긴급한 필요가 있는 때 등) 행정심판을 제기하면 행정심판의 재결 없이 행정소송을 제기할 수 있고(행정소송법 제18조 제2항), 일정한 경우에는(예컨대 동종사건에 관하여 이미 행정심판의 기각재결이 있은 때 또는 처분을 행한 행정청이 행정심판을 거칠 필요가 없다고 잘못 알린 때 등) 행정심판을 제기함이 없이 행정소송을 제기할 수 있는 것이다(행정소송법 제18조 제3항). 비록 이 사건 법률조항은 교통관련 행정처분의 특수성을 감안하여 다시 행정심판 전치주의를 도입하였으나, 구제절차로서의 행정심판의 실효성 여부와 관계없이 무의미하거나 불필요한 행정심판을 형식적으로 거치도록 하는 필요적 전치주의의 단점을 보완하여 행정심판이 실효성있는 권리구제절차가 될 수 있도록 다양한 배려를 하고 있는 것이다.

(4) 행정심판의 전치요건은 행정소송 제기이전에 반드시 갖추어야 하는 것은 아니며 사실심 변론종결시까지 갖추면 된다는 것이 법원의 판례이므로, 심사청구와 동시에 혹은 그 전에라도 행정소송을 제기할 수 있고, 소제기 후에도 전치의 요건을 용이하게 보완할 수 있어, 전치요건을 구비하면서도 행정소송의 신속한 진행을 동시에 꾀할 수 있다.

(5) 위에서 서술한 관점들을 종합적으로 고려하여, 이 사건 법률조항에 의하여 달성하고자 하는 공익과 한편으로는 전심절차를 밟음으로써 야기되는 국민의 일반적인 수고나 시간의 소모 등을 비교하여 볼 때, 이 사건 법률조항에 의한 재판청구권의 제한은 정당한 공익의 실현을 위하여 필요한 정도의 제한에 해당하는 것으로 헌법 제37조 제2항의 비례의 원칙에 위반되어 국민의 재판청구권을 과도하게 침해하는 위헌적인 규정이라 할 수 없다.

Ⅲ. 헌법 제107조 제3항의 위반여부(사법절차의 준용여부)

헌법 제107조 제3항은 "재판의 전심절차로서 행정심판을 할 수 있다. 행정심판의 절차는 법률로 정하되, 사법절차가 준용되어야 한다"고 규정하고 있다.

그러나 이 사건에서, 심판의 대상은 행정심판 전치주의를 규정한 것 그 자체의 위헌성 여부이지, 행정심판의 구체적 절차를 규정하는 '행정심판법' 전체 또는 그 개별조항이 헌법상의 요청에 부합하는지의 여부가 아니므로, 이 사건에서 헌법 제107조 제3항을 심사기준으로 하여 '행정심판절차에 사법절차가 준용되고 있는지'를 판단하는 것은 불필요하다.

Ⅳ. 평등권의 위반여부

입법자는 1994. 7. 27.의 법률개정을 통하여 행정심판을 원칙적으로 임의적인 전치절차로 전환하면서, 도로교통법에 의한 처분의 경우에는 예외적으로 행정심판을 필요적 전치절차로 규정하였으므로, 입법자의 이러한 결정이 자의적인 것이 아닌가 하는 의문이 제기될 수 있다.

그러나 입법자는 행정심판을 임의적 또는 필요적 전치절차로 할 것인가에 관하여 행정심판을 통한 권리구제의 실효성, 행정청에 의한 자기시정의 개연성, 문제되는 행정처분의 특수성 등을 고려하여 구체적으로 형성할 수 있는데, 이 사건 법률조항에서 교통관련 행정처분에 대하여 행정심판 전치주의를 규정한 것은, '교통관련 행정처분이 대량으로 행해지는 것으로서 행정의 통일을 기할 필요가 있고, 처분의 적법성여부에 관한 판단에 있어서 전문성과 기술성이 요구된다'는 행정심판사항의 특수성에 기인하는 것이다. 물론, 오늘날 대량적으로 행해지는 처분이 상당수에 달하고 있으며 현대행정에서 정도의 차이는 있으나 대부분이 전문기술적 성격을 가진다고 볼 수도 있으나, 입법자가 행정심판 전치주의의 도입여부를 판단함에 있어서 광범위한 입법형성권이 인정된다. 더욱이 입법자가 헌법 제107조 제3항의 요청에 따라 행정심판절차를 준사법절차로서 형성함으로써 국민의 간편하고도 경제적인 권리구제절차로서 행정심판의 기능이 어느 정도 확보된 이상, 어떠한 경우에 국민으로 하여금 먼저 행정심판을 거치게 할 것인지에 관하여 결정하는 것은, 그 결정이 명백히 자의적인 것이 아닌 한, 입법자의 광범위한 재량에 속한다고 할 것이다.

따라서 이 사건 법률조항에 나타난 입법자의 결정이 차별을 정당화하는 합리적인 이유를 결여하고 있다고 볼 수 없으므로, 평등권에 위반되지 않는다.

✤ 본 판례에 대한 평가 헌법 제107조 제3항의 행정심판전치주의와 관련하여 행정소송의 제기 전에 반드시 행정심판을 거쳐야 하는 필요적 행정심판전치주의와 행정심판을 반드시 거칠 필요가 없는 임의적 행정심판전치주의가 있다. 행정심판은 종래 필수적 행정심판전치주의를 폐지하고 선택적(임의적) 행정심판전치주의를 채택하고 있다.

우리나라의 경우 대량적으로 행해지는 행정처분으로서 행정의 통일을 기해야 할 필요가 있거나, 행정처분의 특성상 전문적·기술적 성질은 가지는 것 등에 대해서만 예외적으로 개별 법률에서 필요적 전치주의를 채택하고 있다. 대표적인 예가 바로 본 결정에서의 도로교통법상의 처분이다.

[요약판례 1] 민사소송등인지법 제3조 위헌소원: 합헌(헌재 1994.2.24. 93헌바10)

민사소송등인지법 제3조가 무자력자의 재판청구권을 불합리하게 제한 또는 차별하는 것인지 여부(소극)

민사소송법은 자력이 부족한 자를 위하여 소송구조제도를 마련하여 그 당사자가 패소할 것이 명백하여 항소 또는 상고의 실질적 이익이 없다고 인정되지 않는 한 항소장 또는 상고장에 인지를 붙이지 아니하고도 항소심 또는 상고심의 재판을 받을 수 있는 길을 열어 두고 있으므로 민사소송등인지법 제3조는 자력이 부족한 당사자에 대하여 항소 또는 상고의 기회를 제대로 이용할 수 없을 정도로 어렵게 하거나 차단하여 무자력자들의 재판청구권을 침해하거나 불합리하게 차별하는 규정이라고 볼 수 없다.

[요약판례 2] 민사소송법 제118조 제1항 단서 위헌소원: 합헌(헌재 2001.2.22. 99헌바74)

패소할 것이 명백한 경우 소송구조의 거부를 인정하는 민사소송법 제118조 제1항 단서가 국민의 재판청구권을 침해하는지 여부(소극)

국가가 소송구조를 하지 않는다고 하여 국민의 재판청구권이 소멸되거나 그 행사에 직접 제한을 받는다거나 하는 일은 있을 수 없으므로 소송구조의 거부 자체가 국민의 재판청구권의 본질을 침해한다고는 할 수 없다. 다만, 소송비용을 지출할 자력이 없는 국민이 적절한 소송구조를 받기만 한다면 훨씬 쉽게 재판을 받아서 권리구제를 받거나 적어도 권리의 유무에 관한 정당한 의혹을 풀어볼 가능성이 있다고 할 경우에는 소송구조의 거부가 재판청구권 행사에 대한 '간접적인 제한'이 될 수도 있고 경우에 따라서는 이것이 재판청구권에 대한 본질적인 침해까지로 확대평가될 여지도 있을 수 있다. 그러나 이러한 '간접적인 제한'의 여부가 논의될 수 있는 경우라는 것은 어디까지나 재판에 의한 권리구제의 가능성이 어느 정도 있는 경우에 한하는 것이므로 그와 같은 가능성이 전혀 없는 경우, 바꾸어 말하면 패소의 가능성이 명백한 경우는 애당초 여기에 해당할 수 없는 것이다. 이렇게 볼 때에 법 제118조 제1항 단서가 "다만, 패소할 것이 명백한 경우에는 그러하지 아니하다"라고 규정하여 소송구조의 불허가 요건을 정하고 있는 것은 재판청구권의 본질을 침해하는 것이 아니다.

물론 당사자의 승소가능성에 대한 고려 없이 단지 그의 무자력 여부만에 의하여 소송구조의 허부를 결정하는 제도를 만드는 것도 가능하지만 이것은 국가나 사회단체의 여유있는 재정 또는 재력을 바탕으로 하여 기본권 보장과는 다른 차원의 복지제공을 위하여 법원 밖에서 하는 소송구조, 바꾸어 말하면 법원 이외의 기관이나 기구가 운영하는 소송구조를 채택할 때에 고려될 수 있는 방법 중의 하나일 뿐이다.

[요약판례 3] 소액사건심판법 제3조에 대한 헌법소원: 합헌(헌재 1992.6.26. 90헌바25)

(1) 헌법상 재판을 받을 권리의 기본적인 내용

(2) 대법원의 재판을 받을 권리가 헌법상 기본권인지 여부(소극)

(3) 소액사건심판법 제3조의 위헌여부(소극)

(1) **재판이란 사실확정과 법률의 해석적용을 본질로 함에 비추어 법관에 의하여 사실적 측면과 법률적 측면의 한 차례의 심리검토의 기회는 적어도 보장되어야 할 것은 물론, 또 그와 같은 기회에 접근하기 어렵도록 제약이나 장벽을 쌓아서는 안된다 할 것인바, 만일 그러한 보장이 제대로 안되면 헌법상 재판을 받을 권리의 본질적 침해의 문제가 생길 수 있다 할 것이다.**

(2) 상소심에서 재판을 받을 권리를 헌법상 명문화한 규정이 없고 상고문제가 일반법률에 맡겨진 우리의 법제에서는 헌법 제27조에서 규정한 재판을 받을 권리에 모든 사건에 대해 상고법원의 구성법관에 의한, 상고심절차에 의한 재판을 받을 권리까지도 포함된다고 단정할 수 없을 것이고, 모든 사건에 대해 획일적으로 상고할 수 있게 하느냐 않느냐는 특단의 사정이 없는 한 입법정책의 문제라고 할 것이다.

(3) 소액사건에 관하여 일반사건에 비하여 상고 및 재항고를 제한하고 있는 소액사건심판법 제3조는 헌법 제27조의 재판을 받을 권리를 침해하는 것이 아니고, 상고제도라고 한다면 산만하게 이용되기보다 좀 더 크고 국민의 법률생활의 중요한 영역의 문제를 해결하는데 집중적으로 투입 활용되어야 할 공익상의 요청과 신속·간편·저렴하게 처리되어야 할 소액사건절차 특유의 요청 등을 고려할 때 현행 소액사건상고제한 제도가 결코 위헌적인 차별대우라 할 수 없으며, 소액사건심판법 제3조는 대법원에 상고할 수 있는 기회를 제한하는 것이지 근본적으로 박탈하고 있는 것이 아니므로, 결국 위 법률조항은 헌법에 위반되지 아니한다.

[요약판례 4] 구 소송촉진등에관한특례법 제11조 및 제12조의 위헌여부에 대한 헌법소원: 합헌 (헌재 1995.1.20. 90헌바1)

상고 허용 여부의 객관적 기준이 상고제도를 어떠한 목적으로 운용할 것인가에 따라 달라지는지 여부(적극)

헌법이 대법원을 최고법원으로 규정하였다고 하여 대법원으로 하여금 모든 사건을 상고심으로서 관할할 것을 요구하는 것은 아니며, "헌법과 법률이 정한 법관에 의하여 법률에 의한 재판을 받을 권리"가 사건의 경중을 가리지 않고 모든 사건에 대하여 대법원을 구성하는 법관에 의한 균등한 재판을 받을 권리를 의미한다거나 또는 상고심재판을 받을 권리를 의미하는 것이라고 할 수는 없다.

심급제도는 사법에 의한 권리보호에 관하여, 한정된 법발견 자원의 합리적인 분배의 문제인 동시에 재판의 적정과 신속이라는 서로 상반되는 두 가지의 요청을 어떻게 조화시키느냐의 문제로 돌아가므로 기본적으로 입법자의 형성의 자유에 속하는 사항이고, 상고 허용 여부의 객관적 기준은 상고제도를 어떠한 목적으로 운용할 것인가에 따라 달라지게 되는바, 상고제도의 목적을 법질서의 통일과 법발전 또는 법창조에 관한 공익의 추구에 둘 것인지 구체적 사건의 적정한 판단에 의한 당사자의 권리구제에 둘 것인지 아니면 양자를 다 같이 고려할 것인지는 역시 입법자의 형성의 자유에 속하는 사항으로서 그 중 어느 하나를 더 우위에 두었다하여 헌법에 위반되는 것은 아니다.

위 특례법 제11조 및 제12조는 헌법이 요구하는 대법원의 최고법원성을 존중하면서 다른 한편 대법원의 민사소송사건에 대한 상고심으로서의 기능 중 법질서의 통일 및 법발전을 통한 공익의 추구라는 측면을 구체적 사건에서의 적정한 판단에 의한 당사자의 권리구제보다 더 우위에 둔 규정으로서 **합리성이 있다고 할 것이므로 헌법에 위반되지 아니한다.**

[요약판례 5] 소액사건심판법 제2조 등 위헌확인: 기각,각하(헌재 2009.2.28. 2007헌마1433)

소액사건에 대하여 상고의 이유를 제한한 소액사건심판법 제3조가 청구인의 재판청구권과 평등권을 침해하는지 여부(소극)

헌법 제27조에서 규정한 재판을 받을 권리에 모든 사건에 대해 상고심 재판을 받을 권리까지도 포함된다고 단정할 수 없을 것이고, 모든 사건에 대해 획일적으로 상고할 수 있게 할지 여부는 특단의 사정이 없는 한 입법재량의 문제라고 할 것이므로 법 제3조가 청구인의 재판청구권을 침해하였다고 볼 수 없다. 나아가 **국민의 법률생활 중 좀 더 크고 중요한 영역의 문제를 해결하는 데 상고제도가 집중적으로 투입 활용되어야 할 공익상의 필요성과 신속·간편·저렴하게 처리되어야 할 소액사건절차 특유의 요청 등을 고려할 때 현행 소액사건상고제한제도가 결코 위헌적인 차별대우라 할 수 없다.**

대판 1976.11.9. 76도3076

모든 사건에 대해 획일적으로 상소할 수 있게 하느냐 않느냐는 특단의 사정이 없는 한 입법정책의 문제이다.

대판 1989.10.24. 89카55

소액사건심판법 제3조 제1호는 소액의 민사사건을 간이한 절차에 따라 신속히 처리하기 위하여 상고이유를 일반 민사소송법에서의 그것에 비하여 제한한 바 있으나 그로 인하여 상고권을 박탈하였다고 볼 수 없으니 위 조항이 헌법 제11조 제1항(평등권)이나 제27조 제1항(재판을 받을 권리)에 위배된 위헌규정이라고는 할 수 없다.

[요약판례 6] 상소심절차에관한특례법 제4조 위헌소원 등: 합헌(헌재 1997.10.30. 97헌바37등)

헌법상 재판을 받을 권리의 기본적인 내용 및 대법원의 재판을 받을 권리가 헌법상 기본권인지 여부(소극)

헌법이 대법원을 최고법원으로 규정하였다고 하여 대법원이 곧바로 모든 사건을 상고심으로서 관할하여야 한다는 결론이 당연히 도출되는 것은 아니며, "헌법과 법률이 정하는 법관에 의하여 법률에 의한 재판을 받을 권리"가 사건의 경중을 가리지 않고 모든 사건에 대하여 대법원을 구성하는 법관에 의한 균등한 재판을 받을 권리를 의미한다거나 또는 상고심 재판을 받을 권리를 의미하는 것이라고 할 수는 없다. 또한 **심급제도는 사법에 의한 권리보호에 관한 한정된 법 발견 자원의 합리적인 분배의 문제인 동시에 재판의 적정과 신속이라는 서로 상반되는 두가지의 요청을 어떻게 조화시키느냐의 문제로 돌아가므로 원칙적으로 입법자의 형성의 자유에 속하는 사항이다. 그러므로 상고심절차에관한특례법 제4조 제1항 및 제3항과 제5조 제1항 및 제2항은 비록 국민의 재판청구권을 제약하고 있기는 하지만 위 심급제도와 대법원의 기능에 비추어 볼 때 헌법이 요구하는 대법원의 최고법원성을 존중하면서 민사, 가사, 행정 등 소송사건에 있어서 상고심 재판을 받을 수 있는 객관적인 기준을 정함에 있어 개별적 사건에서의 권리구제보다 법령해석의 통일을 더 우위에 둔 규정으로서 그 합리성이 있다고 할 것이므로 헌법에 위반되지 아니한다.**

[요약판례 7] 상고심절차에관한특례법 제4조 등 위헌확인: 기각(헌재 2005.9.29. 2005헌마567)

(1) 헌법상 보장되는 재판을 받을 권리에 상고심 재판을 받을 권리까지 포함되는지 여부(소극)

(2) 상고심 심리를 받을 수 있는 기준을 정한 상고심절차에관한특례법(2002. 1. 26. 법률 제6626호로 개정된 것, 이하 '특례법'이라 한다) 제4조 제1항이 합리성이 없어 헌법에 위반되는지 여부(소극)

(3) 상고심 심리를 속행하지 아니하는 경우에 이유를 붙이지 아니할 수 있도록 한 특례법 제5조 제1항이 재판청구권을 침해하는지 여부(소극)

(1) 헌법이 대법원을 최고법원으로 규정하고 있다고 하여 대법원이 곧바로 모든 사건을 상고심으로서 관할하여야 한다는 결론이 당연히 도출되는 것은 아니며, 헌법 제27조 제1항이 보장하는 재판청구권으로서 "헌법과 법률이 정하는 법관에 의하여 법률에 의한 재판을 받을 권리"가 사건의 경중을 가리지 아니하고 모든 사건에 대하여 대법원을 구성하는 법관에 의한 균등한 재판을 받을 권리를 의미한다거나 또는 상고심재판을 받을 권리를 의미하는 것이라고 할 수는 없다.

(2) 심급제도는 사법에 의한 권리보호에 관하여 한정된 법발견 자원의 합리적인 배분의 문제인 동시에 재판의 적정과 신속이라는 서로 상반되는 두 가지의 요청을 어떻게 조화시키느냐의 문제로 돌아가므로, 대법원의 최고법원성을 존중하면서 민사, 가사, 행정 등 소송사건에 있어서 상고심재판을 받을 수 있는 객관적 기준을 정한 이 사건 특례법 제4조 제1항은 개별적 사건에서의 권리구제보다 법령해석의 통일을 더 우위에 둔 규정으로서 그 합리성이 있어 헌법에 위반되지 아니한다.

(3) 상고심 심리 불속행 판결의 경우 이유를 붙이지 아니할 수 있도록 한 것은 사건의 보다 신속한 처리를 위한 것이고 판결의 이유는 하급심판결에서 사실상 모두 설명된 것이어서 재판청구권 등 기본권을 침해하지 아니한다.

대판 1995.7.14. 95카기41

헌법 제27조 제1항에서 규정하고 있는 헌법과 법률이 정한 법관에 의하여 법률에 재판을 받을 국민의 권리에 모든 사건에 대해 상고법원의 구성 법관에 의한, 상고심절차에 의한 재판을 받을 권리까지 포함된다고 단정할 수없을 뿐 아니라, 상고심절차에관한특례법 제4조 제1항은 상고이유에 관한 주장이 동조항 제1호 내지 제6호의 사유를 포함하지니한다고 인정되는 때에는 더 나아가 심리를 하지 않고 상고기각의 판결을 할 수 있다는 것에 불과하므로, 위 특례법 조항이 헌법 제27조 제1항에 위배된다고 볼 수 없다.

[요약판례 8] 상고심절차에 관한 특례법 제4조 등 위헌확인 등: 기각(헌재 2007.7.26. 2006헌마551등)

심리불속행 상고기각판결의 경우 판결이유를 생략할 수 있도록 규정한 특례법 제5조 제1항 중 제4조에 관한 부분이 헌법 제27조 제1항에서 보장하는 재판청구권 등을 침해하는지 여부(소극)

심급제도는 사법에 의한 권리보호에 관하여 한정된 법발견자원의 합리적인 분배의 문제인 동시에 재판의 적정과 신속이라는 서로 상반되는 두 가지의 요청을 어떻게 조화시키느냐의 문제로 돌아가므로, 원칙적으로 입법자의 형성의 자유에 속하는 사항이다. **이 사건 법률조항은 비록 국민의 재판청구권을 제약하고 있기는 하지만 위 심급제도와 대법원의 기능에 비추어 볼 때 헌법이 요구하는 대법원의 최고법원성을 존중하면서 소송사건에 있어서 상고심재판을 받을 수 있는 객관적 기준을 정함에 있어 개별적 사건에서의 권리구제보다 법령해석의 통일을 더 우위에 둔 규정으로서 그 합리성이 있다고 할 것이므로 헌법에 위반되지 아니한다. 또한 심리불속행 상고기각판결에 이유를 기재한다고 해도,** 당사자의 상고이유가 법률상의 상고이유를 실질적으로 포함하고 있는지 여부만을 심리하는 심리불속행 재판의 성격 등에 비추어 현실적으로 특례법 제4조의 심리속행사유에 해당하지 않는다는 정도의 이유기재에 그칠 수밖에 없고, 나아가 그 이상의 이유기재를 하게 하더라도 이는 법령해석의 통일을 주된 임무로 하는 상고심에게 불필요한 부담만 가중시키는 것으로서 심리불속행제도의 입법취지에 반하는 결과를 초래할 수 있으므로, **이 사건 제5조 제1항은 재판청구권 등을 침해하여 위헌이라고 볼 수 없다.**

[요약판례 9] 군사법원법 제6조 등 위헌소원: 합헌(헌재 1996.10.31. 93헌바25)

구 군사법원법 제6조, 제7조, 제23조, 제24조, 제25조의 위헌여부(소극)

구 군사법원법 제6조가 군사법원을 군부대 등에 설치하도록 하고, 같은 법 제7조가 군사법원에 군 지휘관을 관할관으로 두도록 하고, 같은 법 제23조, 제24조, 제25조가 국방부장관, 각군 참모총장 및 관할관이 군판사 및 심판관의 임명권과 재판관의 지정권을 갖고 심판관은 일반장교 중에서 임명할 수 있도록 규정한 것은 헌법 제110조 제1항, 제3항의 위임에 따라 군사법원을 특별법원으로 설치함에 있어서 군대조직 및 군사재판의 특수성을 고려하고 군사재판을 신속, 적정하게 하여 군기를 유지하고 군지휘권을 확립하기 위한 것으로서 필요하고 합리적인 이유가 있다고 할 것이다.

헌법이 군사법원을 특별법원으로 설치하도록 허용하되 대법원을 군사재판의 최종심으로 하고 있고, 구 군사법원법 제21조 제1항은 재판관의 재판상의 독립을, 같은 조 제2항은 재판관의 신분을 보장하고 있으며, 또한 같은 법 제22조 제3항, 제23조 제1항에 의하면 군사법원의 재판관은 반드시 일반법원의 법관과 동등한 자격을 가진 군판사를 포함시켜 구성하도록 하고 있는바, 이러한 사정을 감안하면 구 군사법원법 제6조가 일반법원과 따로 군사법원을 군부대 등에 설치하도록 하였다는 사유만으로 헌법이 허용한 특별법원으로서 군사법원의 한계를 일탈하여 사법권의 독립을 침해하고 위임입법의 한계를 일탈하거나 헌법 제27조 제1항의 재판청구권, 헌법 제11조의 평등권을 본질적으로 침해한 것이라고 할 수 없고, 또한 같은 법 제7조, 제23조, 제24조, 제25조가 일반법원의 조직이나 재판부구성 및 법관의 자격과 달리 군사법원에 관할관을 두고 군검찰관에 대한 임명, 지휘, 감독권을 가지고 있는 관할관이 심판관의 임명권 및 재판관의 지정권을 가지며 심판관은 일반장교 중에서 임명할 수 있도록 규정하였다고 하여 바로 위 조항들 자체가 군사법원의 헌법적 한계를 일탈하여 사법권의 독립과 재판의 독립을 침해하고 죄형법정주의에 반하거나 인간의 존엄과 가치, 행복추구권, 평등권, 신체의 자유, 정당한 재판을 받을 권리 및 정신적 자유를 본질적으로 침해하는 것이라고 할 수 없다.

[요약판례 10] 민법 제766조 제1항 위헌확인 등: 기각,각하(헌재 2009.4.30. 2007헌마589)

심리불속행 상고기각판결의 경우 판결이유를 생략할 수 있도록 규정한 상고심절차에 관한 특례법 제4조 제1항 및 제5조 제1항 중 제4조에 관한 부분이 재판청구권 등 기본권을 침해하는지 여부(소극)

심리불속행 재판의 판결이유를 생략할 수 있도록 규정한 상고심절차에 관한 특례법 제4조 제1항 및 제5조 제1항 중 제4조에 관한 부분은 **비록 국민의 재판청구권을 제약하고 있기는 하지만 심급제도와 대법원의 기능에 비추어 볼 때 헌법이 요구하는 대법원의 최고법원성을 존중하면서 민사, 가사, 행정 등 소송사건에 있어서 상고심재판을 받을 수 있는 객관적 기준을 정함에 있어 개별적 사건에서의 권리구제보다 법령해석의 통일을 더 우위에 둔 규정으로서 그 합리성이 있다**고 할 것이므로 헌법에 위반되지 아니한다. 한편, 심리불속행 상고기각판결에 이유를 기재한다고 해도, 당사자의 상고이유가 법률상의 상고이유를 실질적으로 포함하고 있는지 여부만을 심리하는 심리불속행 재판의 성격 등에 비추어 현실적으로 특례법 제4조의 심리속행사유에 해당하지 않는다는 정도의 이유기재에 그칠 수밖에 없고, 나아가 그 이상의 이유기재를 하게 하더라도 이는 법령해석의 통일을 주된 임무로 하는 상고심에게 불필요한 부담만 가중시키는 것으로서 심리불속행제도의 입법취지에 반하는 결과를 초래할 수 있으므로, 특례법 제5조 제1항이 재판청구권 등을 침해하여 위헌이라고 볼 수 없다.

대판 1985.5.28. 81도1045

구계엄법(1949. 11. 24 법률 제67호) 제23조 제2항에서 계엄해제시의 대통령의 조치에 의하여 비상계엄해제의 효력 중 군법회의에 계속중인 재판사건의 재판권이 일반법원에 속하게 되는 효력만이 1개월 이내의 기간안에 단계적으로 발생할 수 있음을 규정한 것은 국가비상사태가 평상 상태로 회복되었음에도 불구하고 국민의 군법회의재판을 받지 않을 권리를 일시적으로 제한한 것임은 분명하지만 그렇다고 하여 그 규정이 국민의 군법회의재판을 받지 않을 권리 자체를 박탈하는 것이라거나 그 권리의 본질적 내용을 침해하는 것이라고 할 수는 없을 뿐만 아니라 비상계엄지역내의 사회질서는 정상을 찾았으나 일반법원이 미쳐 기능회복을 하지 못하여 군법회의에 계속중인 재판사건을 넘겨받아 처리할 수 있는 태세를 갖추지 못하고 있는 경우와 같은 상황에 대처하기 위한 것으로 보여 합목적성이 인정되는 바이므로 헌법의 위임범위를 넘어선 것으로서 헌법 제52조나 제26조 제2항에 위배되는 것이라고 할 수는 없다.

[요약판례 11] 형사소송법 제20조 제1항 등 위헌소원: 합헌(헌재 2006.7.27. 2005헌바58)

소송의 지연을 목적으로 함이 명백한 경우에 기피신청을 받은 법원 또는 법관이 이를 기각할 수 있도록 규정한 형사소송법 제20조 제1항이 헌법상 보장되는 공정한 재판을 받을 권리를 침해하는 것인지 여부(소극)

'헌법과 법률이 정한 재판을 받을 권리'는 헌법 제27조의 재판청구권에 의하여 함께 보장되는바, 심판대상 조항은 일정한 기피신청에 대하여 기피신청의 대상이 된 법관을 포함한 소속 법원 합의부 또는 당해 법관이 기피신청을 기각할 수 있도록 규정하고 있어, 기피신청한 당사자는 본인이 불공정한 재판을 할 우려가 있다고 주장하는 법관에 의하여 기피신청에 대한 재판을 받게 됨으로써 공정한 재판을 받을 권리를 제한받는 결과가 되나, 심판대상 조항은 절차에 위반되거나 소송절차 지연을 목적으로 하는 기피신청의 남용을 방지하여 형사소송절차의 신속성의 실현이라는 공익을 달성하고자 하는 것으로 그 입법목적이 정당하고, 기피신청이 절차에 위반되거나 소송절차 지연을 목적으로 하는 것이 명백한 경우에는 별도의 재판부에 의하여 기피신청에 대한 재판을 하게 하거나 그 결정이 확정될 때까지 소송절차를 정지시키지 아니한 채, 소송절차를 그대로 진행시키고 당해 법관이 포함된 합의부 또는 당해 법관으로 하여금 기피신청을 기각할 수 있도록 하는 것이 기피신청권의 남용을 방지할 수 있는 적절한 방법이라고 할 것이어서 심판대상 조항이 채택한 방법은 그 입법목적을 달성하는 데 적합한 것이라 할 것이며, 심판대상 조항은 관할 위반,

기피사유서 미제출의 경우나 소송절차 지연을 목적으로 하는 것이 '명백'한 경우에 한하여 이를 허용하고 있고, 그에 대하여 즉시항고권을 허용하여 그에 대한 상급심에 의한 시정의 기회를 부여함으로써 기피신청을 기각당한 당사자가 사실상 입을 수 있는 불이익을 최대한 줄여주는 효과가 있으므로 심판대상 조항은 침해의 최소성도 갖추고 있다고 할 것이며, 나아가 심판대상 조항이 도모하는 형사소송 절차의 신속성이라는 공익적 법익은 기피신청을 기각당한 당사자가 입는 불이익보다 훨씬 크다고 할 것이어서 심판대상 조항은 법익의 균형성도 갖추고 있다고 할 것이므로, 위 법률조항은 헌법 제37조 제2항의 비례의 원칙에 위반된다고 할 수 없어 공정한 재판을 받을 권리를 침해하였다고 할 수 없다.

[요약판례 12] 형사소송법 제221조의2 위헌소원: 위헌(헌재 1996.12.26. 94헌바1)

헌법 제27조가 보장하고 있는 공정한 재판을 받을 권리 속에는 신속하고 공개된 법정의 법관의 면전에서 모든 증거자료가 조사·진술되고 이에 대하여 피고인이 공격·방어할 수 있는 기회가 보장되는 재판, 즉 원칙적으로 당사자주의와 구두변론주의가 보장되어 당사자가 공소사실에 대한 답변과 입증 및 반증하는 등 공격·방어권이 충분히 보장되는 재판을 받을 권리가 포함되어 있다.

[요약판례 13] 소송촉진에관한특례법 제23조 위헌소원: 위헌(헌재 1998.7.16. 97헌바22)

피고인의 소재를 확인할 수 없는 때 피고인의 진술없이 재판할 수 있도록 제1심 공판의 특례를 규정한 소송촉진등에관한특례법 제23조가 재판청구권에 관한 헌법 제27조 제1항에서 보장하는 공정한 재판을 받을 권리를 침해하는지 여부(적극)

피고인의 공판기일출석권을 제한하고 있는 이 사건 법률조항은 피고인 불출석 상태에서 중형이 선고될 수도 있는 가능성을 배제하고 있지 아니할 뿐만 아니라 그 적용대상이 너무 광범위하므로, 비록 정당한 입법목적 아래 마련된 조항이라 할지라도 헌법 제37조 제2항의 과잉금지의 원칙에 위배되어 피고인의 공정한 재판을 받을 권리를 침해하는 것이다.

[요약판례 14] 재소자의 수의착용처분 위헌확인: 인용,기각(헌재 1999.5.27. 97헌마137등)

미결수용자가 수감되어 있는 동안 수사 또는 재판을 받을 때에도 사복을 입지 못하게 하고 재소자용 의류를 입게 한 행위로 인하여 기본권침해가 있는지 여부(적극)

수사 및 재판단계에서 유죄가 확정되지 아니한 미결수용자에게 재소자용 의류를 입게 하는 것은 **미결수용자로 하여금 모욕감이나 수치심을 느끼게 하고, 심리적인 위축으로 방어권을 제대로 행사할 수 없게 하여 실체적 진실의 발견을 저해할 우려가 있으므로, 도주 방지 등 어떠한 이유를 내세우더라도 그 제한은 정당화될 수 없어** 헌법 제37조 제2항의 기본권 제한에서의 비례원칙에 위반되는 것으로서, 무죄추정의 원칙에 반하고 인간으로서의 존엄과 가치에서 유래하는 인격권과 행복추구권, **공정한 재판을 받을 권리를 침해**하는 것이다.

※ 헌법재판소에 이 심판 청구가 계류된 이후, 법무부는 1999. 3. 4. 수사 또는 재판시에 미결수용자가 사복을 입을 수 있게 새로 지침을 만들었다. 1999. 4.부터 1999. 6.까지 5개 시범실시기관인 서울구치소, 울산구치소, 군산교도소, 홍성교도소, 강릉교도소 등에만 허용하고 1999. 7.에는 전국적으로 확대 실시하였다.

[요약판례 15] 검찰공권력남용 위헌확인: 인용,기각(헌재 2001.8.30. 99헌마496)

검사가 법원의 증인으로 채택된 수감자를 그 증언에 이르기까지 거의 매일 검사실로 하루 종일 소환하여 피고인측 변호인이 접근하는 것을 차단하고, 검찰에서의 진술을 번복하는 증언을 하지 않도록 회유·압박하는 한편, 때로는 검사실에서 그에게 편의를 제공하기도 한 행위가 피고인의 공정한 재판을 받을 권리를 침해하는지 여부(적극)

법원에 의하여 채택된 증인은, 앞에서 본 바와 같이 검사와 피고인 쌍방이 공평한 기회를 가지고 법관의 면전에서 조사·진술되어야 하는 중요한 증거자료의 하나로서, 비록 피청구인만의 신청에 의하여 채택된 증인이라 하더라도, 그는 피청구인만을 위하여 증언하는 것이 아니며, 오로지 그가 경험한 사실대로 증언하여야 할 의무가 있는 것이고, 따라서, 피청구인이든 청구인이든 공평하게 증인에 접근할 수 있도록 기회가 보장되지 않으면 안된다. 검사와 피고인 쌍방 중 어느 한편이 증인과의 접촉을 독점하거나 상대방의 접근을 차단하도록 허용한다면, 이는 상대방의 공정한 재판을 받을 권리를 침해하는 것이 될 것이다.

[요약판례 16] 형사소송법 제92조 제1항 위헌제청 등: 합헌(헌재 2001.6.28. 99헌가14)

구속기간을 제한하고 있는 형사소송법 제92조 제1항이 피고인의 공정한 재판을 받을 권리를 침해하는지 여부(소극)

(1) 헌법은 제27조 제1항에서 "모든 국민은 헌법과 법률이 정한 법관에 의하여 법률에 의한 재판을 받을 권리를 가진다"라고 규정하여 재판청구권을 보장하고 있다. 이 재판청구권에는 물론 형사피고인의 공정한 재판을 받을 권리가 포함된다. 여기에서 공정한 재판이라 함은 헌법과 법률이 정한 자격이 있고, 헌법 제104조 내지 제106조에 정한 절차에 의하여 임명되고 신분이 보장되어 독립하여 심판하는 법관으로부터 헌법과 법률에 의하여 그 양심에 따라 적법절차에 의하여 이루어지는 재판을 의미한다. 또한 그 권리는 재판절차를 규율하는 법률과 재판에서 적용될 실체적 법률이 모두 합헌적이어야 한다는 의미에서의 법률에 의한 재판을 받을 권리뿐만 아니라 재판의 공정을 보장하기 위하여 비밀재판을 배제하고 일반국민의 감시아래 재판의 심리와 판결을 받을 권리도 내용으로 한다. 이로부터 공개된 법정의 법관의 면전에서 모든 증거자료가 조사·진술되고 이에 대하여 피고인이 공격·방어할 수 있는 기회를 보장받을 권리, 즉 원칙적으로 당사자주의와 구두변론주의가 보장되어 당사자에게 공소사실에 대한 답변과 입증 및 반증의 기회가 부여되는 등 공격·방어권이 충분히 보장되는 재판을 받을 권리가 파생되어 나온다.

(2) 먼저 이 사건 법률조항에서 말하는 '구속기간'의 의미를 살펴본다. 이 사건 법률조항에서 말하는 구속기간은 이를 순수하게 문언 그대로 해석하면, '법원이 피고인을 구속한 상태에서 재판할 수 있는 기간'을 의미한다고 볼 것이고, 이와는 달리 '법원이 형사재판을 할 수 있는 기간' 내지 '법원이 구속사건을 심리할 수 있는 기간'을 의미한다고 볼 수는 없다. 즉, 이 사건 법률조항은 미결구금의 부당한 장기화로 인하여 피고인의 신체의 자유가 침해되는 것을 방지하기 위한 목적에서 미결구금기간의 한계를 설정하고 있는 것이지, 신속한 재판의 실현 등을 목적으로 법원의 재판기간 내지 심리기간 자체를 제한하려는 규정이라 할 수는 없다. 이는 구속기간이 만료되더라도 보석을 허가하여 구속피고인을 석방한 다음 불구속상태에서 재판을 계속 진행할 수 있다는 점에서도 충분히 뒷받침된다.

그러므로 구속사건을 심리하는 법원으로서는 만약 피고인의 방어방법과 내용이 정당하여 더 심리할 필요가 있다고 인정되거나, 기타 사유로 심리를 더 계속할 필요가 있다고 판단하는 경우에는 피고인의 구속을 해제한 다음 구속기간의 제한에 구애됨이 없이 재판을 계속할 수 있음이 당연한 것이다. 오히려 위와 같은 경우에는 별도의 조치 없이 구속기간의 만료 자체를 이유로 피고인을 석방한 다음 불구속상태에서 심리를 계속하라는 것이 이 사건 법률조항의 참뜻이라 할 것이다.

이렇게 보면, 이 사건 법률조항은 법원의 심리·재판기간이나 피고인의 공격·방어권 행사와는 직접적인 관련이 있다 할 수 없고, 따라서 비록 이 사건 법률조항이 법원의 피고인에 대한 구속기간을 엄격히 제한하고 있다 하더라도 이로써 법원의 심리기간이 제한된다거나 나아가 피고인의 공격·방어권 행사를 제한하여 피고인의 공정한 재판을 받을 권리가 침해된다고 볼 수는 없고, 따라서 이 사건 법률조항은 위헌요소를 내포하지는 않는다 할 것이다.

(3) 여기에서 이 사건 법률조항이 피고인의 공정한 재판을 받을 권리를 직접적으로 침해하지는 않는다 하더라도, 이 사건 법률조항에 의한 구속기간의 제한과 구속기간 내에 심리를 마쳐 판결을 선고하려는 법원의 실무관행이 맞물려 결과적으로 피고인의 공정한 재판을 받을 권리가 현실적으로 침해되고 있다면, 이러한 기본권 침해의 원인은 궁극적으로는 이 사건 법률조항에 있다고 보아야 하므로, 결국 이 사건 법률조항이 헌법에 위반된다고 보아야 한다는 견해가 있을 수 있다.

이 사건 법률조항에 의하여 제한되는 구속기간 내에 심리를 마쳐 판결을 선고하는 법원의 실무관행이 반드시 존재하지 않는다고 단정할 수는 없지만, 앞에서 본 바와 같이 이 사건 법률조항은 원칙적으로 구속기간만을 제한하고 있을 뿐이어서 그 자체로서는 위헌의 여지가 없다 할 것이고, 또한 이 사건 법률조항은 위와 같은 법원의 실무관행을 예정하고 있다거나, 나아가 이를 허용하고 있다고 볼 수도 없다. 그렇다면 설령 이 사건 법률조항에 의한 구속기간의 제한과 법원의 위와 같은 실무관행이 맞물려 피고인의 공정한 재판을 받을 권리가 사실상 침해되는 결과가 발생한다 하더라도, 그러한 침해의 근본적인 원인은 이 사건 법률조항의 위헌성에 있는 것이 아니라, 이 사건 법률조항을 그 입법목적에 반하여 그릇되게 해석·적용하는 법원의 실무관행에 있다 할 것이다.

따라서 비록 위와 같은 잘못된 법원의 실무관행으로 말미암아 결과적으로 피고인의 공정한 재판을 받을 권리가 침해될 수 있다 하더라도, 이로써 그 자체로는 피고인의 공정한 재판을 받을 권리를 침해하지 아니하는, 오히려 피고인의 또 다른 기본권인 신체의 자유를 두텁게 보장하고 있는 이 사건 법률조항이 헌법에 위반된다고 할 수는 없다.

(4) 뿐만 아니라, 구속기간의 제한에 관한 문제는 원칙적으로 입법정책의 문제로서 입법자에게 형성의 자유가 부여되는 영역에 속한다고 할 것이다. 헌법은 제27조 제1항에서 '법률에 의한' 재판을 받을 권리를 보장함으로써, 헌법이 보장하는 공정한 재판절차를 어떠한 내용으로 구체화할 것인가에 관하여는 입법부에게 입법형성의 자유를 부여하고 있다. 그에 따라 입법자는 형사소송절차를 규율함에 있어서 형사피고인인 국민을 단순한 처벌대상으로 전락시키는 결과를 초래하는 등 헌법적으로 포기할 수 없는 요소를 무시하거나, 헌법 제37조 제2항이 정하는 과잉금지원칙에 위반되는 내용의 절차를 형성하지 아니하는 한 재판절차를 합리적으로 형성할 수 있는 입법형성권을 가지는 것이다.

그러므로 재판절차와 관련된 문제로서 구속기간의 제한에 관한 문제, 즉 구속기간을 제한할 것인가, 만약 이를 제한한다면 얼마나, 또 어떻게 제한할 것인가의 문제 역시 각 나라마다 그 나라에 고유한 법률문화, 사법제도, 구속제도의 운용실태, 사회현실과 국민의 법의식 등 여러 가지 사정을 두루 고려하여 합리적으로 결정하여야 할 입법정책의 문제에 불과하다. 이는 과연 어느 정도의 구속기간이 피고인의 공정한 재판을 받을 권리를 보장하기에 충분한 기간인지에 관하여 절대적인 기준을 제시할 수 없다는 점, 또 다른 나라의 입법례를 보더라도 나라마다 구속기간 및 그 제한에 관하여 규율을 서로 달리하고 있는 점 등에서도 충분히 뒷받침된다 할 것이다.

그런데 이 사건 법률조항은 이와 같이 원칙적으로 입법정책의 문제라고 보아야 할 구속기간의 제한을 내용으로 하고 있고, 이 사건 법률조항이 정하고 있는 구속기간은 피고인에 대한 구속기간을 최소한에 그치게 하려는 헌법정신과 아울러 우리나라의 법률문화, 사법제도와 재판경험 등을 종합적으로 고려하여 책정된 것으로서, 앞에서 본 바와 같이 공정한 재판을 받을 권리를 침해하는 규정이라고 보기가 어려울 뿐더러, 그밖에 그것이 헌법규정이나 헌법상의 원리에 반하여 입법재량의 한계를 벗어났다고 볼 근거가 없으므로, 그것이 입법론적으로 반드시 타당하고 합리적인지 여부는 별론으로 하더라도, 곧바로 헌법에 위반된다고 할 수는 없다.

(5) 여기에서 구속기간을 엄격히 제한하고 있는 이 사건 법률조항이 헌법에 위반된다고 보는 견해에 따른다면, 이는 결국 피고인의 공정한 재판을 받을 권리를 보장하기 위하여 구속기간 제한을 없애거나 구속기간을 연장하는 것이 오히려 헌법에 합치된다는 결론에 이르게 된다. 무릇 신체의 자유는 정신적 자유와 더불어 헌법이념의 핵심인 인간의 존엄과 가치를 구현하기 위한 가장 기본적인 자유로서 모든 기본권 보장의 전제조건이다. 이 사건 법률조항은 이러한 신체의 자유를 최대한으로 보장하려는 헌법정신에 따라 기본권 제한에 관한 사항인 법원의 피고인에 대한 구속기간을 제한하고 있는 것이고, 이러한 구속기간은 헌법상의 무죄추정의 원칙에서 파생되는 불구속재판의 원칙에 대한 예외로서 설정된 기간이다. 이러한 구속기간을 더 연장해야 한다거나 구속기간의 제한을 철폐하여야 한다는 위헌론의 견해는 예외의 범위를 확장하는 것이 되는바, 이처럼 기본권 제한에 관한 사항에 대하여 그 예외의 범위를 확장하는

데에는 보다 엄격한 판단이 요구된다 할 것이다.

그런데 구속기간의 연장이나 구속기간 제한의 철폐는 거꾸로 신체의 자유에 대한 침해의 확대를 의미하는바, 앞에서 본 바와 같이 이 사건 법률조항은 피고인의 공정한 재판을 받을 권리를 직접적으로 침해하는 규정이 아닐 뿐만 아니라, 피고인의 공정한 재판을 받을 권리는 법원이 이 사건 법률조항을 그 입법목적에 맞게 해석·적용함으로써 충분히 보장될 수도 있는 것이다.

따라서 피고인의 공정한 재판을 받을 권리를 더 보장하기 위해서 반드시 신체의 자유를 일방적으로 후퇴시켜 구속기간을 연장하거나 구속기간의 제한을 철폐하여야만 하는 것은 아니므로 위헌론의 견해는 받아들일 수 없다.

(6) 마지막으로, 비록 이 사건 법률조항이 헌법에 위반되는 것은 아니지만, 그렇다고 하여 입법론적으로도 타당하고 합리적인 규정이라는 것은 아니다.

이 사건 법률조항에 의한 구속기간의 제한은 1954년 법을 제정하면서 규정되어 현재까지 존속하고 있는 것으로서 그 사이에 우리나라는 정치, 경제, 사회 문화 등 모든 분야에서 괄목할 만한 성장을 보여왔을 뿐만 아니라 형사절차에 있어서도 인권보장의 측면에서 현저한 발전을 이루었으며, 법원 역시 기본권 수호자로서의 임무를 과거 어느 때보다도 충실히 수행하고 있다. 과거에 타당하고 합리적이던 법률이라고 하여 현재에도 반드시 타당하고 합리적이라고 할 수는 없고, 시대상황이 변함에 따라 법률도 변화를 필요로 하는 것이다. 이 사건 법률조항은 미결구금을 통한 신체의 자유에 대한 침해가 매우 우려되던 과거의 시대상황 아래에서 구속기간 자체를 일률적으로 제한하는, 또 다른 나라에서 유례를 찾기 어려운 극단적인 방법을 통하여 미결구금의 부당한 장기화를 막는 실효성 있는 수단으로 기능하였고, 따라서 당시로서는 그러한 입법의 필요성이 있었다고 할 수 있다. 그렇지만, 이러한 구속기간의 일률적 제한이 반드시 현재에도 그대로 타당하다거나 그 필요성이 있다고 할 수는 없다.

앞에서 본 바와 같이 구속기간의 제한에 관한 문제는 원칙적으로 입법정책의 문제에 해당하므로, 만약 구속기간의 만료를 이유로 석방되어 불구속상태에서 재판을 받고 있는 피고인이 도망을 하거나 증거인멸을 하는 등의 폐해가 빈발하여 국가형벌권의 실현에 커다란 지장을 줄 수 있다면, 구속기간의 연장 등의 방법을 통하여 위와 같은 폐해를 방지함으로써 달성할 수 있는 국가형벌권의 실현이라는 공익과 그에 따라 확대되는 신체의 자유에 대한 침해를 교량하여 신체의 자유의 본질적인 내용을 침해하지 않는 합리적인 범위 내에서 구속기간을 연장하는 것이 헌법상으로 가능함은 물론이다, 특히 미결구금의 부당한 장기화를 방지함으로써 신체의 자유를 보장하고자 하는 이 사건 법률조항의 입법목적은 현행 형사소송법상 구속의 취소(법 제93조) 또는 보석(법 제94조 내지 제96조) 등 기존 제도를 보다 적극적으로 활용하고, 나아가 입법적으로 구속에 대한 법원의 통제를 좀 더 보완하는 제도를 마련함으로써 달성될 수도 있다는 점, 우리나라 형사절차를 인권보장적인 측면에서 볼 때 이미 커다란 신장이 이루어진 점, 또 법원이 기본권 보장자로서의 상당한 역할을 수행하고 있는 점 등의 여러 사정을 두루 고려해 볼 때, 이제는 이 사건 법률조항에 의한 일률적인 구속기간의 제한이 과연 타당하고 합리적인지 여부에 대하여 재검토할 필요가 있음을 밝혀두기로 한다.

(7) 결론적으로 이 사건 법률조항은 피고인의 공정한 재판을 받을 권리를 침해하지 아니한다.

[요약판례 17] 형사소송법 제457조의2 위헌제청: 합헌(헌재 2005.3.31. 2004헌가27등)

약식절차에서 피고인이 정식재판을 청구한 경우 약식명령보다 더 중한 형을 선고할 수 없도록 한 형사소송법 제457조의2가 피고인의 공정한 재판을 받을 권리를 침해하는지 여부(소극)

약식절차에서는 피고인에게 자신에게 유리한 각종 자료를 제출하고 주장할 기회가 전혀 주어지지 않는 반면, 정식재판절차는 약식절차와 동일심급의 소송절차로서 당사자인 피고인에게 제1심절차에서 인정되는 모든 공격·방어기회가 주어지며 자신에게 유리한 양형자료를 제출할 충분한 기회가 보장된다. 따라서 이 사건 법률조항은 오히려 피고인의 공정한 재판을 받을 권리를 실질적으로 보장하는 기능을 하며 그 입법목적이나 효과의 면에서 피고인의 권리를 제한하는 것으로 볼 수 없다. 또한 이 사건 법률조항에 의한 불이익변경금지원칙은 정식재판청구권의 실질적 보장을 위한 정책적 고려에 의하여 명문화한 것이므로 상소심에서 불이익변경금지원칙이 인정되는 논리적·이론적 근거와 크게 다르지 않으므로 불이익변경금지원칙을 약식절차에 확대하는 것이 불합리한 것으로 볼 수 없다.

[요약판례 18] 형사소송법 제314조 위헌확인: 합헌(헌재 2005.12.22. 2004헌바45)

이 사건 법률조항이 공정한 재판을 받을 권리를 침해하는지 여부(소극)

이 사건 법률조항은 원진술자의 외국거주를 이유로 직접주의와 전문법칙의 예외를 인정하여 전문증거의 증거능력을 인정하고 있다. 직접주의와 전문법칙의 예외를 인정하는 이유는 직접주의와 전문법칙을 모든 경우에 예외없이 너무 철저하게 관철하면 신속한 재판과 실체적 진실발견을 저해하여 재판의 최대과제인 공정한 재판과 사법정의실현에 지장을 초래할 수 있다는 고려 때문이다.

오늘날 교통, 통신의 발달로 외국과의 교류가 활발해지고 입·출국이 자유롭고 용이해졌다고는 하나, 외국은 대한민국의 주권이 미치지 아니하는 곳으로 증인의 소환 및 송달 등의 재판권 행사가 불가능하거나 어렵다. 설사 사법공조조약이 체결된 국가에 원진술자가 거주하여 우리나라와의 사법공조가 가능하다 하더라도 공조의 범위가 한정적이고 이를 강제할 방법이 없어 원진술자를 국내의 법원으로 소환하여 진술을 듣는 것이 불가능하거나 어려운 경우가 발생할 수 있다. 이러한 경우는 사망, 질병의 경우와 마찬가지로 법원 및 수사기관의 의사와 관계없이 법관의 면전에서의 원진술자나 작성자의 진술과 이에 대한 반대신문이 부득이 방해받고, 이러한 경우 무작정 그 진술을 기다린다면 신속한 재판과 실체적 진실발견을 저해한다는 점에서 전문증거의 증거능력을 인정할 사유로서 정당성이 있다. 또한 이 사건 법률조항은 전문법칙의 예외를 인정할 필요성이 있는 경우에도 동조 단서에서 그 조서 또는 서류의 진술 및 작성이 "특히 신빙할 수 있는 상태하에서 행하여진 때에 한한다"고 규정하여 그 적용범위를 합리적으로 최소화하고 있다.

따라서 이 사건 법률조항은 공정한 재판을 받을 권리를 침해한다고 볼 수 없다.

[요약판례 19] 형사소송법 제366조 위헌소원: 합헌(헌재 2010.2.25. 2008헌바67)

항소법원이 원심법원에 사건을 환송하여야 할 사유로 공소기각 또는 관할위반의 재판이 법률에 위반됨을 이유로 파기하는 경우만을 규정하고 있을 뿐 '필요적 변호를 규정하고 있는 형사소송법 제282조에 위반됨을 이유로 원심판결을 파기하는 경우'를 포함하여 규정하지 아니한 형사소송법 제366조가 형사피고인의 공정한 재판을 받을 권리를 침해하여 헌법에 위반되는지 여부(소극)

형사소송법은 항소심의 구조를 원칙적 속심제로 규정하고 있으므로 항소심에서 속심한 이상 항소이유가 있는 경우에 항소심에서 자판하는 것은 당연한 귀결인바, **항소심에서 형사소송법 제282조에 위반한 원심판결을 파기한 후 자판한다고 하더라도, 피고인으로서는 항소법원에 의하여 원심 절차의 법령위반이 해소된 상태에서 충실한 심리를 받을 수 있을 뿐만 아니라, 대법원에 상고할 권리도 보장되**어 있으므로 재판의 적정이라는 관점에서 재판청구권 또는 공정한 재판을 받을 권리를 침해한다고 보기 어렵고, **재판의 신속 및 소송경제**의 측면에서도 무익한 절차의 반복을 지양할 수 있어 공공의 이익은 물론 피고인의 이익에도 부합한다.

따라서 형사소송법 제366조가 공소기각 또는 관할위반의 재판이 법률에 위반됨을 이유로 원심판결을 파기하는 때와 같이 제1심에서 실체적 심리를 하지 아니한 경우에만 환송하여 제1심의 실체적 심리를 거치게 하고, 제1심에서 필요적 변호절차를 위반한 경우에는 항소심에서 자판하게 한 것은 속심제 항소심 구조하에서 재판의 적정·신속 및 소송경제의 이념을 합리적으로 조화시키기 위한 것으로 입법형성권의 재량이 불합리하거나 자의적으로 행사되었다고 볼 수 없다.

[요약판례 20] 특정범죄신고자 등 보호법 제11조 제2항 등 위헌소원: 합헌(헌재 2010.11.25. 2009헌바57)

소환된 증인 또는 그 친족 등이 보복을 당할 우려가 있는 경우 재판장은 당해 증인의 인적사항의 전부 또는 일부를 공판조서에 기재하지 아니하게 할 수 있고, 이때 증인의 인적사항이 증인신문의 모든 과정에서 공개되지 아니하도록 한 특정범죄신고자 등 보호법 제11조 제2항, 제3항 및 피고인을 퇴정시키고 증인신문을 행할 수 있도록 규정한 같은 법 제11조 제6항 중 '피고인을 퇴정시키고 증인신문을 행할 수 있다'는 부분이 피고인의 공정한 재판을 받을 권리를 침해하는지 여부(소극)

이 사건 법률조항들은 **특정범죄에 관한 형사절차에서 국민이 안심하고 자발적으로 협조할 수 있도록 그 범죄신고자 등을 실질적으로 보호함으로써 피해자의 진술을 제약하는 요소를 제거하고 이를 통해 범죄로부터 사회를 방위함에 이바지함과 아울러 실체적 진실의 발견을 용이하게 하기 위한 것**으로서, 그 목적의 정당성 및 수단의 적합성이 인정되며, 피고인 퇴정조항에 의하여 피고인 퇴정 후 증인신문을 하는 경우에도 피고인은 **여전히 형사소송법 제161조의2에 의하여 반대신문권이 보장**되고, 이때 변호인이 반대신문 전에 피고인과 상의하여 반대신문사항을 정리하면 피고인의 반대신문권이 실질적으로 보장될 수 있는 점, 인적사항이 공개되지 아니한 증인에 대하여는 증인신문 전에 수사기관 작성의 조서나 증인 작성의 진술서 등의 열람·복사를 통하여 그 신문 내용을 어느 정도 예상할 수 있고, 변호인이 피고인과 상의하여 반대신문의 내용을 정리한 후 반대신문할 수 있는 점 등에 비추어, 기본권제한의 정도가 특정범죄의 범죄신고자 등 증인 등을 보호하고 실체적 진실의 발견에 이바지하는 공익에 비하여 크다고 할 수 없어 법익의 균형성도 갖추고 있으며, 기본권제한에 관한 피해의 최소성 역시 인정되므로, 공정한 재판을 받을 권리를 침해한다고 할 수 없다.

[요약판례 21] 소송기록송부지연 등에 대한 헌법소원: 위헌(헌재 1995.11.30. 92헌마44)

(1) 신속한 재판을 받을 권리의 헌법상 의의
(2) 형사소송법 제361조 제1항, 제2항의 위헌 여부

(1) 신속한 재판을 받을 권리는 주로 피고인의 이익을 보호하기 위하여 인정된 기본권이지만 동시에 실체적 진실발견, 소송경제, 재판에 대한 국민의 신뢰와 형벌목적의 달성과 같은 공공의 이익에도 근거가 있기 때문에 어느 면에서는 이중적인 성격을 갖고 있다고 할 수 있어, 형사사법체제 자체를 위하여서도 아주 중요한 의미를 갖는 기본권이다.

(2) 형사소송법 제361조 제1항, 제2항은 그 **입법목적을 달성하기 위하여 형사소송법의 다른 규정만으로 충분한데도 구태여 항소법원에의 기록송부시 검사를 거치도록 함으로써 피고인의 헌법상 기본권을 침해하고 법관의 재판상독립에도 영향을 주는 것으로 과잉금지의 원칙에 반하여 피고인의 신속·공정한 재판을 받을 기본권을 침해**하는 위헌의 법률조항이다.

※ 개정경과: 형사소송법, 1995. 12. 29. 제5054호

제361조 (소송기록과 증거물의 송부) 제360조(원심법원의 항소기각 결정)의 경우를 제외하고는 원심법원은 항소장을 받은 날로부터 14일 이내에 소송기록과 증거물을 항소법원에 송부하여야 한다.

[요약판례 22] 군사법원법 제242조 제1항 등 위헌확인: 위헌(헌재 2003.11.27. 2002헌마193)

군사법경찰관의 구속기간의 연장을 허용하는 군사법원법 제242조 제1항 중 제239조 부분이 과잉금지의 원칙을 위반하여 신체의 자유 및 신속한 재판을 받을 권리를 침해하는지 여부(적극)

군사법원법의 적용대상 중에 특히 수사를 위하여 구속기간의 연장이 필요한 경우가 있음을 인정한다고 하더라도, 이 사건 법률규정과 같이 군사법원법의 적용대상이 되는 모든 범죄에 대하여 수사기관의 구속기간의 연장을 허용하

는 것은 그 과도한 광범성으로 인하여 과잉금지의 원칙에 어긋난다고 할 수 있을 뿐만 아니라, 국가안보와 직결되는 사건과 같이 수사를 위하여 구속기간의 연장이 정당화될 정도의 중요사건이라면 더 높은 법률적 소양이 제도적으로 보장된 군검찰관이 이를 수사하고 필요한 경우 그 구속기간의 연장을 허용하는 것이 더 적절하기 때문에, 군사법경찰관의 구속기간을 연장까지 하면서 이러한 목적을 달성하려는 것은 부적절한 방식에 의한 과도한 기본권의 제한으로서, 과잉금지의 원칙에 위반하여 신체의 자유 및 신속한 재판을 받을 권리를 침해하는 것이다.

※ 군사법원법 제242조(구속기간의 연장) 제1항의 개정

(1) 1994. 1. 5. 법률 제4704호: 보통군사법원군판사는 **검찰관 또는 군사법경찰관**의 신청에 의하여 수사를 계속함에 상당한 이유가 있다고 인정한 때에는 10일을 초과하지 아니하는 한도에서 **제239조 또는 제240조**의 구속기간의 연장을 각각 1차에 한하여 허가할 수 있다.

군사법원법 제239조 (군사법경찰관의 구속기간) 군사법경찰관이 피의자를 구속한 때에는 10일 이내에 피의자를 검찰관에게 인치하지 아니하는 한 석방하여야 한다.

(2) 2004. 10. 16 법률 제7229호로 개정: 보통군사법원군판사는 **검찰관의 신청**에 의하여 수사를 계속함에 상당한 이유가 있다고 인정한 때에는 10일을 초과하지 아니하는 한도에서 **제240조**의 구속기간의 연장을 1차에 한하여 허가할 수 있다.

[요약판례 23] 민사집행법 제102조 제1항 위헌소원: 합헌(헌재 2007.3.29. 2004헌바93)

이 사건 법률규정이 과잉금지의 원칙을 위반하여 신체의 자유 및 신속한 재판을 받을 권리를 침해하는지 여부(소극)

이 사건 법률조항은 무익한 경매를 방지하여 부동산강제경매절차를 효율적으로 운영하고, 우선채권자의 환가시기 선택권을 보장하여 다수의 이해관계자들의 권리를 효과적으로 보호하기 위하여 잉여주의를 구체화하고 있는 것으로 경매신청채권자에게 보증을 제공하고 경매절차의 속행을 신청할 수 있는 기회를 부여하고 있으며, 민사집행법 제102조 제3항에서는 경매취소결정에 대한 불복절차를 규정하고 있는바, 경매신청채권자의 신속한 재판을 받을 권리를 구체화함에 있어 입법부에 주어진 합리적 재량의 범위를 일탈하였다고 볼 수 없어서 청구인의 신속한 재판을 받을 권리를 침해하지 않는다.

[요약판례 24] 재판지연 위헌확인: 각하(헌재 1999.9.16. 98헌마75)

국민의 재판청구행위에 대하여 법원이 헌법 및 법률상으로 신속한 재판을 해야 할 작위의무가 존재하는지 여부(소극)

법원은 민사소송법 제184조에서 정하는 기간 내에 판결을 선고하도록 노력해야 하겠지만, 이 기간 내에 반드시 판결을 선고해야 할 법률상의 의무가 발생한다고 볼 수 없으며, 헌법 제27조 제3항 제1문에 의거한 신속한 재판을 받을 권리의 실현을 위해서는 구체적인 입법형성이 필요하고, 신속한 재판을 위한 어떤 직접적이고 구체적인 청구권이 이 헌법규정으로부터 직접 발생하지 아니하므로, 보안관찰처분들의 취소청구에 대해서 법원이 그 처분들의 효력이 만료되기 전까지 신속하게 판결을 선고해야 할 헌법이나 법률상의 작위의무가 존재하지 아니한다.

[요약판례 25] 민사집행법 제158조 등 위헌소원: 합헌(헌재 2005.3.31. 2003헌바92)

배당기일에 이의한 사람이 배당이의의 소의 첫 변론기일에 출석하지 아니한 때에는 소를 취하한 것으로 보도록 한 민사집행법 제158조가 이의한 사람의 재판청구권을 침해하는지 여부(소극)

이 사건 조항은 배당이의의 소에 있어서 원고로 인한 불필요한 지연을 방지하고 최초 변론기일부터 원고의 적극

적 소송참여를 유도함으로써 강제집행절차를 신속하고 효율적으로 진행시키기 위한 것인데, 권리 또는 법률관계의 존부의 확정을 목적으로 하는 판결절차에 비하여 권리의 강제적 실현을 목적으로 하는 강제집행절차에서는 신속성의 요청이 더 강하게 요구되므로 그 입법목적의 정당성이 인정된다. 최초변론기일 불출석시 소취하 의제라는 수단은 원고의 적극적 소송수행을 유도하므로 입법목적의 달성에 효과적이고 적절한 것이고, 원고가 최초의 변론기일에만 출석한다면 그 이후의 불출석으로 인하여 다른 사건에 비하여 특별히 불리한 처우를 받게 되지 않으므로 재판청구권에 대한 과도한 제한이라고 할 수 없다.

[요약판례 26] 재판지연의 위헌확인: 각하(헌재 1993.11.25. 92헌마169)

형사재심사건과 관련하여 형사소송법 제56조에 대한 위헌제청신청을 하였는데 법원이 5개월 가까이 되도록 그 가부에 대한 재판을 하지 않음으로써 청구인의 헌법상 기본권인 신속한 재판을 받을 권리등이 침해되었다는 이유로 헌법소원을 제기하였으나 곧 이어 법원이 그 위헌제청신청을 기각한 경우에 있어서 그와 같이 재판이 지연된 것이 재판부 구성원의 변경, 재판의 전제성과 관련한 본안심리의 필요성, 청구인에 대한 송달불능 등으로 인한 것이어서 법원이 재판을 특별히 지연시켰다고 볼 수 없을 뿐만 아니라 청구인이 헌법소원을 통하여 구제받고자 하는 기본권침해는 피청구인이 위헌제청신청을 기각하는 결정을 함으로써 소멸되어 권리보호의 목적이 이미 이루어졌고 달리 불분명한 헌법문제의 해명이나 침해반복의 위험을 이유로 한 심판의 이익이 있다 할 특별한 사정도 없다.

[요약판례 27] 국가보안법 제19조 위헌제청: 합헌(헌재 1997.6.26. 96헌가8등)

1991. 5. 31. 개정 전후의 국가보안법 제3조, 제5조, 제8조, 제9조에 해당하는 범죄에 대한 수사에 있어서는 그 피의자들에 대한 구속기간을 최소한의 범위내에서 연장할 상당한 이유가 있으며, 또 그 구속기간의 연장에는 지방법원판사의 허가를 받도록 되어 있어서 수사기관의 부당한 장기구속에 대한 법적 방지장치도 마련되어 있으므로 국가보안법 제19조 중 위 각 죄에 관한 구속기간의 연장부분은 헌법에 규정된 평등의 원칙, 신체의 자유, 무죄추정의 원칙 및 신속한 재판을 받을 권리 등을 침해하는 위헌법률조항이라고 할 수 없다.

[요약판례 28] 민사집행법 제102조 제2항 위헌소원: 합헌(헌재 2007.3.29. 2004헌바93)

헌법 제27조 제3항에 의하여 보장되는 신속한 재판을 받을 권리의 '신속'의 개념에는 분쟁해결의 시간적 단축과 아울러 효율적인 절차의 운영이라는 요소도 포함되며, 특히 부동산강제집행절차는 청구권의 사실적 형성을 목적으로 하는 절차이므로 판결절차에 있어서보다 신속성의 요청이 더욱 강하게 요구되는지 여부(적극)

헌법 제27조 제3항에 의하여 보장되는 신속한 재판을 받을 권리의 '신속'의 개념에는 분쟁해결의 시간적 단축과 아울러 효율적인 절차의 운영이라는 요소도 포함되며, 특히 부동산강제집행절차는 청구권의 사실적 형성을 목적으로 하는 절차이므로 판결절차에 있어서보다 신속성의 요청은 더욱 강하게 요구된다. 또한, 신속한 재판을 받을 권리의 실현을 위해서는 구체적인 입법형성이 필요하며, 다른 사법절차적 기본권에 비하여 폭넓은 입법재량이 허용된다.

민사집행법(2002. 1. 26. 법률 제2267호로 제정된 것) 제102조 제2항은 무익한 경매를 방지하여 부동산강제경매절차를 효율적으로 운영하고, 우선채권자의 환가시기 선택권을 보장하여 다수의 이해관계자들의 권리를 효과적으로 보호하기 위하여 잉여주의를 구체화하고 있는 것으로 경매신청채권자에게 보증을 제공하고 경매절차의 속행을 신청할 수 있는 기회를 부여하고 있으며, 민사집행법 제102조 제3항에서는 경매취소결정에 대한 불복절차를 규정하고 있는바, 경매신청채권자의 신속한 재판을 받을 권리를 구체화함에 있어 입법부에 주어진 합리적 재량의 범위를 일탈하였다고 볼 수 없다. 따라서 위 조항은 청구인의 신속한 재판을 받을 권리를 침해하지 않는다.

[요약판례 29] 불기소처분에 대한 헌법소원: 기각(헌재 1992.2.25. 90헌마91)

위증으로 인하여 불이익한 재판을 받게되는 당사자가 위증의 피의사실에 대한 불기소처분에 대하여 헌법소원적격이 있는지 여부

위증죄가 직접적으로 개인적 법익에 관한 범죄가 아니고 그 보호법익은 원칙적으로 국가의 심판작용의 공정이라 하여도 이에 불구하고 위증으로 인하여 불이익한 재판을 받게 되는 사건당사자는 재판절차진술권의 주체인 형사피해자가 된다고 보아야 할 것이고 따라서 검사가 위증의 피의사실에 대하여 불기소처분을 하였다면 헌법소원을 제기할 수 있는 청구인적격을 가진다고 할 것이다.

[요약판례 30] 불기소처분취소: 인용(헌재 1999.10.21. 99헌마131)

교통사고에서 현장목격자를 조사하지 아니하고 엇갈리는 진술도 규명하지 않고 혐의없음의 불기소처분을 한 것은 위헌이다.

[요약판례 31] 형법 제9조 위헌확인 등: 기각(헌재 2003.9.25. 2002헌마533)

형사책임이 면제되는 소년의 연령을 몇 세로 할 것인가의 문제가 현저하게 불합리하고 불공정한 것이 아닌 한 입법자의 재량에 속하는 것인지 여부(적극)

형법 제9조는 육체적·정신적으로 미성숙한 소년의 경우 사물의 변별능력과 그 변별에 따른 행동통제능력이 없기 때문에 그 행위에 대한 비난가능성이 없고, 나아가 형사정책적으로 어린 아이들은 교육적 조치에 의한 개선가능성이 있다는 점에서 형벌 이외의 수단에 의존하는 것이 적당하다는 고려에 입각한 것이다. 그리고 일정한 정신적 성숙의 정도와 사물의 변별능력이나 행동통제능력의 존부·정도를 각 개인마다 판단·추정하는 것은 곤란하고 부적절하므로 일정한 연령을 기준으로 하여 일률적으로 형사책임연령을 정한 것은 합리적인 방법으로 보인다.

형사책임이 면제되는 소년의 연령을 몇 세로 할 것인가의 문제는 현저하게 불합리하고 불공정한 것이 아닌 한 입법자의 재량에 속하는 것인바, 형사미성년자의 연령을 너무 낮게 규정하거나 연령 한계를 없앤다면 책임의 개념은 무의미하게 되고, 14세 미만이라는 연령기준은 다른 국가들의 입법례에 비추어 보더라도 지나치게 높다고 할 수 없다는 점을 고려할 때 이 사건 법률조항은 입법자의 합리적인 재량의 범위를 벗어난 것으로 보기 어려우며, 따라서 청구인의 재판절차진술권이나 평등권을 침해한다고 볼 수 없다.

[요약판례 32] 민사소송법 제216조 제1항 위헌소원: 합헌(헌재 2010.11.25. 2009헌마250)

확정된 종국판결의 주문 내용에 대하여 기판력을 인정하여, 동일한 사항이 후에 다시 문제되는 경우 당사자가 그에 반하여 다투거나 법원이 그에 모순·저촉되는 판단을 하지 못하도록 하는 이 사건 법률조항이 재판청구권을 침해하는지 여부(소극)

이 사건 법률조항은 확정된 종국판결의 주문 내용에 대하여 기판력을 인정하여, 동일한 사항이 후에 다시 문제되는 경우 당사자가 그에 반하여 다투거나 법원이 그에 모순·저촉되는 판단을 하지 못하도록 함으로써 **헌법상 법치국가원리의 한 구성요소인 법적 안정성, 즉 사회질서의 유지와 분쟁의 일회적인 해결 및 동일한 분쟁의 반복 금지에 의한 소송경제**를 달성하고자 하는 것이므로 그 입법목적의 정당성과 방법의 적절성이 인정된다.

또한, 기판력은 후소의 모든 영역에 한정 없이 미치는 것이 아니라 확정판결의 사실심 변론종결시를 표준시로 하여 당사자 및 이와 동일시하여야 할 지위에 있는 제3자에 대하여 원칙적으로 주문에 포함된 것에 한하여 동일한 사항이 다시 소송상 문제가 되었을 때 이에 저촉되는 주장과 판단을 하는 것을 막는 데 그치고 재판당사자는 **종국판결**

에 대하여 미확정의 경우에는 상소를 통하여, 확정된 경우에는 재심을 통하여 이를 바로잡을 수 있을 뿐만 아니라 판결경정제도를 두어 '판결에 잘못된 계산이나 기재, 그 밖에 이와 비슷한 잘못이 있음이 분명한 때'에는 법원의 직권 또는 당사자의 신청에 의하여 이를 바로잡을 수 있도록 하고 있으므로 이 사건 법률조항은 피해의 최소성과 법익의 균형성도 갖추고 있다고 할 것이다. 따라서, 이 사건 법률조항은 확정판결의 패소 당사자의 재판청구권을 침해한다고 볼 수 없다.

[요약판례 33] 군사법원법 제2조 제2항 위헌소원 등: 각하, 합헌(헌재 2009.7.30. 2008헌마162)

현역병의 군대 입대 전 범죄에 대한 군사법원의 재판권을 규정하고 있는 군사법원법 제2조 제2항 중 제1항 제1호의 '군형법 제1조 제2항의 현역에 복무하는 병' 부분이 재판청구권을 침해하여 헌법에 위반되는지 여부(소극)

군대는 각종 훈련 및 작전수행 등으로 인해 근무시간이 정해져 있지 않고 집단적 병영 생활 및 작전위수구역으로 인한 생활공간적인 제약 등, 군대의 특수성으로 인하여 일단 군인신분을 취득한 군인이 군대 외부의 일반법원에서 재판을 받는 것은 **군대 조직의 효율적인 운영**을 저해하고, 현실적으로도 군인이 수감 중인 상태에서 일반법원의 재판을 받기 위해서는 상당한 비용·인력 및 시간이 소요되므로 이러한 **군의 특수성 및 전문성**을 고려할 때 군인신분 취득 전에 범한 죄에 대하여 군사법원에서 재판을 받도록 하는 것은 합리적인 이유가 있다. 또한, 형사재판에 있어 범죄사실의 확정과 책임은 행위 시를 기준으로 하지만, **재판권 유무는 원칙적으로 재판 시점을 기준**으로 해야 하며, 형사재판은 유죄인정과 양형이 복합되어 있는데 양형은 일반적으로 재판받을 당시, 즉 선고시점의 피고인의 군인신분을 주요 고려 요소로 해 군의 특수성을 반영할 수 있어야 하므로, 이러한 양형은 군사법원에서 담당하도록 하는 것이 타당하다. 나아가 군사법원의 상고심은 대법원에서 관할하고 군사법원에 관한 내부규율을 정함에 있어서도 **대법원이 종국적인 관여**를 하고 있으므로 이 사건 법률조항이 군사법원의 재판권과 군인의 재판청구권을 형성함에 있어 그 재량의 헌법적 한계를 벗어났다고 볼 수 없다.

[요약판례 34] 형사소송법 제380조 등 위헌확인: 기각(헌재 2004.11.25. 2003헌마439)

소송기록접수통지를 받은 후 일정한 기간 내 상고이유서를 제출하지 않은 경우 상고기각결정을 하도록 규정하고 있는 형사소송법 제380조가 헌법 제27조 제1항의 재판청구권을 침해하는지 여부(소극)

헌법 제27조 제1항이 규정하는 재판청구권이 상고심재판을 받을 권리를 반드시 포함하는 것이 아니고 입법자가 형성한 법률에 의하여 재판을 받을 권리를 의미하는 한, 상고이유서 미제출의 경우 상고기각결정을 할지 아니면 상고이유서 제출의무를 부과하지 않을지 여부는 기본적으로 입법자가 형사 상고심의 구조와 성격, 형사사법 절차의 특성을 고려하여 결정할 입법재량에 속하는 문제라는 점에서, 일정한 경우 법률로써 상고심재판을 받을 기회를 제한하는 것은 가능하다.

상고심의 신속·원활한 재판이라는 입법목적을 갖고, 소송기록접수통지를 받은 후 일정한 기간 내 상고이유서를 제출하지 않은 경우 상고기각결정을 하도록 규정하고 있는 이 사건 법률조항은 그 목적에 있어서 정당하고 그 목적 달성을 위하여 적절한 방법을 사용하고 있을 뿐만 아니라, 당사자의 책임이 아닌, 우편집배원의 고의·과실로 인하여 소송기록접수통지를 송달받지 못하여 상고이유서를 제출하지 못한 경우에도 형사소송법상 판결정정제도, 상소권회복청구 등의 구제절차를 갖추고 있는 점에서 최소침해성의 원칙도 충족하고 있어 과잉금지원칙에 위반되지 아니하므로, 헌법 제27조 제1항의 재판청구권을 침해하였다고 볼 수 없다.

[요약판례 35] 상소심절차에관한특례법 제5조 등 위헌소원: 합헌(헌재 2004.12.16. 2003헌바105)

(1) 재판청구권과 재심청구권과의 관계

(2) 재심사유를 한정적으로 규정하고 있는 민사소송법 제451조 제1항이 청구인의 재판청구권과 평등권을 침해한 것인지 여부(소극)

(1) 헌법 제27조 제1항이 보장하고 있는 재판청구권은 헌법이 특별히 달리 규정하고 있지 않는 한 법관에 의하여 사실적 측면과 법률적 측면의 한 차례의 심리검토의 기회는 적어도 보장되어야 함을 그 핵심적 내용으로 한다. 상소심에서 심판을 받을 권리를 헌법상 명문화한 규정이 없고 상소문제가 일반 법률에 맡겨진 우리 법제 하에서 재판청구권에 모든 사건에 대해 상소심 절차에 의한 재판을 받을 권리까지도 당연히 포함된다고 할 수는 없고, 마찬가지로 재심청구권 역시 헌법 제27조에서 규정한 재판을 받을 권리에 당연히 포함된다고 할 수 없으며, 어떤 사유를 재심사유로 정하여 재심을 허용할 것인가는 입법자가 확정판결에 대한 법적 안정성, 재판의 신속·적정성, 법원의 업무부담 등을 고려하여 결정하여야 할 입법정책의 문제이다.

(2) 민사소송법 제451조 제1항은 재심사유를 한정적으로 열거하고 있으나, 이는 확정판결의 법적 안정성을 유지하고 불필요한 재심을 방지하여 분쟁해결의 실효성을 확보함과 아울러 법원의 업무부담을 경감하기 위한 것으로서 재심제도의 취지에 부합하는 것이고, 이 사건 법률조항의 규정내용을 살펴보면 재심사유가 객관적이고 구체적으로 열거되어 있어 법원의 자의적 판단의 소지를 배제하고 있다고 할 수 있다. 따라서 이 사건 법률조항이 그와 같이 재심사유를 한정하고 있다고 하더라도 이는 입법자에게 주어진 합리적 재량의 범위 내의 것으로 보여지고, 달리 입법자가 그 재량을 행사함에 있어서 헌법재판소가 개입하여야 할 정도로 현저히 불합리하게 또는 자의적으로 행사함으로써 불완전하거나 불충분한 입법에 이른 것으로 볼 만한 사정을 찾아볼 수 없다.

또한 상고심절차에관한특례법 제4조 제1항 제3호 및 제5호에 해당하는 심리불속행 예외사유를 명백히 적기하였음에도 불구하고 대법원이 재심대상판결에서 심리불속행 사유에 해당한다고 판단하여 상고를 기각한 경우를 재심사유로 새로이 허용하는 것은 특례법의 입법목적에 정면으로 배치되는 것으로서 특례법의 제정취지를 몰각하는 결과가 될 뿐만 아니라, 재심제도의 취지에도 어긋난다.

따라서 이 사건 법률조항은 헌법 제27조 제1항의 재판청구권을 침해하는 것이라 할 수 없을 뿐만 아니라, 이 사건 법률조항에서 재심제도의 취지에 부합하게 재심사유를 한정하면서 청구인의 주장과 같은 사유를 재심사유에서 제외한 것이므로, 이 사건 법률조항이 청구인을 합리적 이유없이 차별대우하여 헌법 제11조의 평등권을 침해한다고 볼 수도 없다.

[요약판례 36] 형사소송법 제361조의4 제1항 위헌소원: 합헌(헌재 2005.3.31. 2003헌바34)

일정한 기간 내 항소이유서를 제출하지 아니한 경우 항소기각결정을 하도록 하는 것이 재판을 받을 권리를 침해하는지 여부(소극)

헌법 제27조 제1항이 규정하는 재판을 받을 권리가 항소심재판을 받을 권리를 반드시 포함하는 것이 아니므로, 항소이유서 제출의무를 부과하지 않을지 아니면 항소이유서를 제출하지 아니한 경우 항소기각결정을 할지 여부는 기본적으로 입법자가 형사 항소심의 구조와 성격, 형사사법 절차의 특성을 고려하여 결정할 입법재량에 속하는 문제이며, 따라서 소송기록접수통지를 받은 후 일정한 기간 내 항소이유서를 제출하지 아니한 경우 항소기각결정을 하도록 규정하고 있는 형사소송법 제361조의4 제1항은 비례의 원칙에 위반되지 않아 헌법 제27조 제1항의 재판을 받을 권리를 침해하지 않는다.

또한 항소이유서 제출기간 내에 항소이유서를 제출하지 아니한 경우 항소기각결정을 할지 아니면 항소이유서 제출의무를 부과하지 않을지는 그 나라가 취하고 있는 소송법체계에 따라 입법자에 의하여 비로소 형성될 성질의 것으로 광범위한 입법권의 형성범위 내에 속하는 사항인 데다가, 이 사건 법률조항이 신속·원활한 항소심재판의 운영이라는 입법목적에 근거한 것으로 수단의 적절성, 최소침해성 및 법익균형성도 충족하고 있으므로, 비록 항소이유서 제출기간 내에 항소이유서를 제출하지 아니한 경우 항소기각결정을 하도록 규정함으로써 항소심재판을 받을 기회를 일부 제한하고 있다고 하더라도 이는 정당한 목적에 의한 합리적인 차별이라고 할 것이어서 이 사건 법률조항이 헌법상의 평등권을 침해하는 위헌규정이라고 할 수 없다.

Ⅲ 민사소송법 제393조 제1항 등 위헌확인: 합헌(헌재 2005.6.30. 2003헌바117)

쟁점 민사소송법 제393조가 부대항소인의 동의 없는 항소인의 항소취하를 허용함으로써 부대항소인이 항소심재판을 받을 권리, 상고심재판을 받을 권리, 평등권을 침해한 것인지 여부(소극)

사건의 개요

주식회사 ○○은 청구인을 상대로 예금반환청구의 소를 제기하여 일부 승소하고 항소하자 청구인도 부대항소를 제기하였으나 항소심법원은 항소와 부대항소를 모두 기각하였다. 청구인이 부대항소인으로서 상고하였는데 상고심 법원은 항소심판결 중 청구인 패소부분을 파기하여 사건을 항소심법원으로 환송하였다. 주식회사 ○○은 환송 후 항소심에서 민사소송법 제393조를 근거로 청구인의 동의 없이 항소를 취하하였다. 청구인은 파기환송 후의 원심에서 부대항소를 한 상대방의 동의 없이 항소인이 항소를 취하할 수 있도록 한 민사소송법 제393조가 청구인의 재판을 받을 권리를 침해한다고 주장하면서 위 법률에 관하여 환송 후 항소심법원에 위헌법률 심판제청신청을 하였으나 기각되자 위 법률의 위헌확인을 구하는 이 소원을 제기하였다.

심판의 대상

민사소송법 제393조 "항소의 취하"

① 항소는 항소심의 종국판결이 있기 전에 취하할 수 있다.

② 항소의 취하에는 제266조 제3항 내지 제5항 및 제267조 제1항의 규정을 준용한다.

주 문

민사소송법 제393조는 헌법에 위반되지 아니한다.

청구인들의 주장

청구인이 부대항소인으로서 항소심 변론기일에 변론을 함으로써 항소심법원의 판단을 받을 적극적인 태도를 보였으며 나아가 상고를 하여 상고심에서 청구인 패소부분 파기 후 환송판결을 받았음에도 불구하고 청구인의 동의도 없이 항소취하의 효력이 발생하도록 규정하는 것은 청구인이 항소심법원의 판단을 받을 이익을 박탈한 것으로서 청구인의 재판을 받을 권리를 침해한 것이다.

청구인이 부대항소인으로서 항소심 종국판결에 대하여 상고를 한 끝에 청구인 승소취지의 파기환송판결을 받은 경우에까지 심판대상 조항이 적용되는 경우 청구인의 상고권 행사는 무의미하게 되고 이를 방지하기 위해서는 청구인이 상고 전에 상고심법원이 파기자판할 사안인지 여부까지 검토하였어야 하는 바 이는 상고권 행사에 대한 과도한 제한으로서 청구인의 재판을 받을 권리를 침해한 것이다.

심판대상조항은 다음과 같은 사유로 청구인의 평등권을 침해하였다.

피고의 동의를 얻어야만 가능한 소의 취하의 경우와 비교할 때 합리적인 이유 없이 피고와 피항소인을 차별하고 있다(위헌심판제청신청 당시의 주장). 또한 항소인의 판결 선택을 제한하려는 입법취지에 반하여 부대항소인이 상고심에서 유리한 파기환송 판결을 받은 경우와 항소인이 항소심의 종국판결을 받은 경우를 차별하고 있다.

▢ 판 단

Ⅰ. 항소심 재판을 받을 권리의 침해여부

부대항소는 스스로는 항소를 하지 않은 당사자가 상대방의 항소로 항소심 변론이 개시된 기회에 상대방 당사자의 항소에 부대하여 상대방의 주장을 다툴 수 있는 제도(법 제403조)로서 상소심에 적용되는 불이익변경금지 원칙(법 제415조)의 적용은 배제되지만 상대방의 항소에 부대하여 제기할 수 있을 뿐이므로 그 근거가 된 항소가 취하되거나 부적법하여 각하된 때에는 그 효력을 잃는다(법 제404조).

부대항소의 이와 같은 종속성은 항소심 종국판결이 상고심에서 파기되어 사건이 다시 항소심에 환송된 경우에도 변함이 없다. 대법원도 "항소는 항소심의 종국판결이 있기 전에 취하할 수 있는 것으로서 일단 항소심의 종국판결이 있은 후라도 그 종국판결이 상고심에서 파기되어 사건이 다시 항소심에 환송된 경우에는 먼저 있은 종국판결은 그 효력을 잃고 그 종국판결이 없었던 것과 같은 상태로 돌아가게 되므로 새로운 종국판결이 있기까지 항소인은 피항소인이 부대항소를 제기하였는지 여부에 관계없이 항소를 취하할 수 있고 그 때문에 피항소인이 부대항소의 이익을 잃게 되어도 이는 그 이익이 본래 상대방의 항소에 의존한 은혜적인 것으로 주된 항소의 취하에 따라 소멸되는 것이어서 어쩔 수 없다 할 것이므로 이미 부대항소가 제기되어 있다 하더라도 주된 항소의 취하는 그대로 유효하다 할 것이다"라고 판시하고 있다.

그렇다면 환송 후 항소심에서 항소인이 임의로 항소를 취하하여 결과적으로 부대항소인인 청구인이 항소심 판단을 다시 받지 못하게 되었다고 하더라도 이는 부대항소의 종속성에서 도출되는 당연한 결과이므로 이것 때문에 항소심의 재판을 받을 청구인의 권리가 침해된 것으로 볼 수는 없다. 부대항소에 종속성을 부여하는 제도가 만일 불합리한 것이라면 이 문제도 결론이 달라질 여지가 있을지 모르지만 뒤의 '라' 부분에서 보는 바와 같이 그러한 불합리를 인정할 수 없기 때문에 결론은 달라지지 않는다.

Ⅱ. 상고심 재판을 받을 권리의 침해여부

부대항소인이 상고심에서 자기에게 유리한 파기환송 판결을 받았다고 하여도 항소인이 항소를 취하하여 버리면 부대항소인의 상고가 무의미하게 되므로 부대항소인은 상고를 심리적으로 주저하게 되는 부담을 지고 나아가 상고심재판이 무의미하게 되는 결과의 발생을 피하려면 부대항소인이 상고를 하기 전에 상고심에서 파기환송하는 대신 파기자판을 할 가능성이 있는지 여부까지를 추가적으로 먼저 검토하여 그러한 가능성이 있는 경우에나 상고를 고려하게 되는 부담을 지는바 이런 부담들은 결과적으로 부대항소인이 자유롭게 상고할 권리를 지나치게 제한하는 것이 되어 헌법에 위반된다는 취지로 청구인은 주장한다.

그러나 심급제도는 재판의 적정과 신속이라는 두 가지 요청을 조화시키는 선에서 입법자가 재량으로 그 내용을 형성하여야 하는 사항이므로 모든 사건에 대하여 상고심 재판이 반드시 보장되어야 하는 것은 아니고 마찬가지로, 이미 행하여진 상고심재판이라 하여 그 효과가 절대적으로 유지되어야 하는 것은 아니고 다른 제도와의 조화를 위하여 합리적인 이유가 있는 경우에는 그 효과를 제거할 수도 있는 것이다.

이 사건에서 상고심재판이 결과적으로 효력을 상실하는 것은 부대항소의 종속성이라는 민사소송법의 다른 원리를 관철하기 위하여 입법자가 선택한 결단의 결과이고 뒤에서 보는 바와 같이 부대항소의 종속성을 합리적인 것으로 인정할 수 있는 이상 부대항소인에게 유리한 상고심 재판의 효력을 상실시킨다고 하여 이를 가리켜 상고심재판을 받을 권리를 침해하는 것이라고 말할 수는 없는 것이다.

나아가 청구인이 주장하는 바와 같은 정도의 사실상의 부담을 청구인이 더 진다고 하여도 이러한 정도의 부담가중만을 가지고 상고심의 재판을 받을 권리의 제한이라고는 말할 수 없다.

Ⅲ. 평등권을 침해하였는지 여부

이왕 개시된 제1심 절차에서 분쟁의 종국적 해결을 위하여 판결을 받을 의사를 표명한 피고와는 달리 부대항소인은 이미 내려진 제1심판결에 대하여 이를 승복하고 스스로는 더 이상 절차의 속행을 원하지 않는다는 외관을 형성한 자이므로 양자는 본질적으로 다른 입장에 서 있는 것이고 따라서 소의 취하와 항소의 취하에 있어서 상대방의 동의를 요건으로 삼을 것인지의 문제에 관하여 양자를 달리 취급하는 것은 합리적인 이유가 있다. 따라서 평등의 원칙에 반한다는 청구인의 주장은 이유 없다.

그리고 부대항소인의 상고에 의하여 항소심판결이 파기환송된 경우의 항소취하를 제1심판결과 상고심의 파기환송판결 중 자기에게 유리한 판결의 선택이라고 볼 수도 없다. 파기환송판결은 사안에 대한 종국적인 결론을 원심에 유보한 것이고 제1심판결은 사안에 대한 나름대로의 종국적 결론을 담고 있으므로 양자는 서로 비교하여 그 중에서 하나를 선택할 수 있는, 같은 성질의 재판이 아니며 또한 환송 후 항소심판결이 항소인에게 반드시 불리하리라고 일률적으로 단정할 수도 없는 것이기 때문이다.

Ⅳ. 부대항소의 종속성에 내재하는 합리성의 문제

민사소송법 제403조가 규정하는 부대항소의 종속성은, 피항소인이 기본적으로 제1심판결에 승복하였던 당사자이고 부대항소도 피항소인의 지위를 전제로 한 것이어서 항소심 절차에 관한 한 수동적 지위에 있기 때문에 능동적으로 항소를 제기한 항소인이 항소심을 유지할 의사가 없거나(항소취하의 경우) 항소가 부적법하여 당사자의 의사와 관계없이 항소심이 유지될 수 없는 경우에는 항소심 판단을 받게 할 필요가 없다는 데 그 인정의 근거가 있다.

부대항소의 종속성은, 그 결과로 항소인의 항소취하만으로 제1심판결이 확정되고 즉시 분쟁이 종결된다는 점에서, 신속한 재판과 소송경제에 이바지하며, 이로써 확정되는 제1심판결을 애초에 부대항소인도 승인하였던 것인 점에서 재판의 적정성을 해하지도 않는다. 이와 같이 부대항소의 종속성은 나름대로 충분한 합리적인 근거를 가지고 있다.

만일 부대항소에 종속성을 인정하지 않는다면 부대항소인에게도 사실상 항소인과 같은 지위가 부여되는 셈이어서 항소기간에 제한을 두는 규정(법 제396조)의 취지가 사실상 몰각된다. 피항소인의 항소기간이 항소심 변론종결 전까지로 사실상 확대되기 때문이다. 또한 부대항소는 불이익변경금지의 원칙에 대한 하나의 예외를 이루는데 이러한 예외를 우려하는 항소인이라면 그 우려에 대한 해소책으로 언제든지 항소를 취하할 수 있어야만 원칙과 예외 사이에 합리적인 균형이 유지된다고 볼 수 있다. 그렇지 않다면 불이익변경금지의 원칙이 목표로 하는 항소권의 보장은 상당부분 후퇴하기 때문이다.

이처럼 부대항소의 종속성이 합리적인 근거를 가진 것인 이상 심판대상의 합리성 또한 이로부터 자연스럽게 도출되는 것으로 보아야 할 것이다.

[요약판례 1] 금융기관의지연대출금에관한특별조치법 제5조의2 위헌심판: 위헌(헌재 1989.5.24. 89헌가37등)

금융기관의 연체대출금에 관한 특별조치법 제5조의2는 금융기관의 연체대출금에 관한 경매절차에 있어서 합리적 근거없이 금융기관에게 우월한 지위를 부여하고 특히, 자력이 없는 항고권자에게 과다한 경제적 부담을 지게함으로써 부당하게 재판청구권을 제한하는 내용이므로 헌법 제11조 제1항, 제27조 제1항 및 제37조 제2항에 위반된다.

[요약판례 2] 민사소송법 제642조 제4항 위헌소원: 합헌(헌재 2001.3.21. 99헌바114등)

경락허가결정에 대하여 항고할 때에는 보증으로 경락대금의 10분의 1을 공탁하도록 한 것은 합헌이다.

[요약판례 3] 형사소송법 제358조 등 위헌소원: 합헌(헌재 2007.11.29. 2004헌바39)

형사사건의 제1심 판결에 대한 항소제기기간이 재판을 선고 또는 고지한 날로부터 진행되도록 한 것이 재판청구권을 침해하는지 여부(소극)

항소제기기간을 얼마의 기간으로 정할지, 그 기간의 기산점을 언제로 할 것인지 등은 입법자가 형사항소심 및 형사사법절차의 특성과 이념 등을 고려하여 결정할 수 있는 입법재량에 속하는 문제라고 할 것이고, 다만 입법자는 그러한 입법을 함에 있어서 실효성 있는 재판청구권의 보호를 위하여 헌법 제37조 제2항의 비례의 원칙을 준수하여야 한다. 이 사건 법률조항은 단기의 항소제기기간을 정하고 있지만 형사소송법은 항소권이 실효성 있게 보장되도록 여러 제도적 장치를 마련하고 있다. 즉, 피고인이 판결선고 시에 판결의 내용을 알 수 있도록 하고 있고, 피고인이 제1심 판결의 내용을 알 수 있게 하는 규정을 두는 등 피고인이 항소심재판을 받을 기회를 부당하게 상실하지 않도록 하기 위한 제도적 장치를 마련하고 있다. 형사소송법이 이와 같은 여러 가지 제도적 장치를 통하여 실효성 있는 항소제도를 보장하고 있다는 점을 감안하여 볼 때 **이 사건 법률조항이 재판청구권에 대한 과도한 제한을 하고 있다고 보기 어렵다.**

Ⅳ | 교원지위향상을위한특별법 제10조 제3항 위헌제청: 위헌(헌재 2006.2.23. 2005헌가7)

쟁점 재심결정에 대하여 교원에게만 행정소송을 제기할 수 있도록 하고 학교법인에게는 이를 금지한 교원지위향상을위한특별법 제10조 제3항이 헌법에 위배되는지 여부

▢ 사건의 개요

제청신청인은 사립대학교를 설치한 학교법인이고, 제청신청인 산하에 설치된 교원인사위원회는 위 전임강사 갑에 대한 재임용 여부를 심사한 결과, 동료 교수와의 갈등에 학생들을 끌어들여 정상적인 학사운영을 저해하는 등 교수로서의 품위와 명예를 실추시켰다는 이유로 재임용을 하지

> 않기로 의결하고 이를 통지하였다.
> 이에 갑은 교원지위향상을위한특별법 제9조 제1항에 근거하여 당해 사건 피고에게 위 재임용거부처분의 취소를 구하는 재심을 청구하였고, 당해 사건 피고는 제청신청인의 재임용거부행위가 위 특별법 제7조 제1항의 '의사에 반하는 불리한 처분'에 해당한다며 위 재심청구를 인용하는 결정을 하였다. 그리고 이 결정은 위 갑에게 송달되었다.
> 그러자 제청신청인은 서울행정법원에 위 재심결정의 취소를 구하는 행정소송을 제기함과 동시에 재심결정에 대한 제소권한을 교원으로 한정한 위 특별법 제10조 제3항에 대하여 위헌심판 제청신청을 하였고, 위 법원은 위 제청신청을 받아들여 위 특별법 조항에 대한 위헌제청을 하였다.

▢ 심판의 대상

교원지위향상을위한특별법 제10조 (재심결정) ① 재심위원회는 재심청구를 접수한 날부터 60일 이내에 이에 대한 결정을 하여야 한다. 다만, 재심위원회가 불가피하다고 인정하는 경우에는 그 의결로 30일을 연장할 수 있다.

② 재심위원회의 결정은 처분권자를 기속한다.

③ 교원은 재심위원회의 결정에 대하여 그 결정서의 송달을 받은 날부터 60일 이내에 행정소송법이 정하는 바에 의하여 소송을 제기할 수 있다.

④ 재심의 청구 · 심사 및 결정 등 재심절차에 관하여 필요한 사항은 대통령령으로 정한다.

▢ 주 문

교원지위향상을위한특별법(2001. 1. 29. 법률 제6400호 및 2005. 1. 27. 법률 제7354호로 개정된 것) 제10조 제3항은 각 헌법에 위반된다.

▢ 판 단

I. 재심결정에 대한 불복절차를 형성하는 입법형성권의 범위와 그 한계

학교법인의 교원에 대한 징계 등 불리한 처분에 대하여 교원이 재심위원회에 재심청구를 할 수 있고, 그 재심결정에도 불복하는 경우 다시 행정소송법이 정하는 바에 따라 소송을 제기할 수 있도록 한 이 사건 법률조항은 교원의 임면권자인 학교법인과 교원 간의 징계 등 불리한 처분과 관련된 법률관계를 종국적으로 확정하고 이를 둘러싼 이해관계인의 침해된 권리를 구제하기 위한 절차를 규정한 것으로서 헌법 제27조에 의하여 보장되는 재판청구권을 구체화한 것이다.

헌법 제27조 제1항은 "모든 국민은 … 법률에 의한 재판을 받을 권리를 가진다"라고 규정하여 법원이 법률에 기속된다는 당연한 법치국가적 원칙을 확인하고, '법률에 의한 재판, 즉 절차법이 정한 절차에 따라 실체법이 정한 내용대로 재판을 받을 권리'를 보장하고 있다. 그런데 이러한 재판청구권의 실현은 재판권을 행사하는 법원의 조직과 소송절차에 관한 입법에 의존하고 있기 때문에 입법자에 의한 재판청구권의 구체적 형성은 불가피하며, 따라서 입법자는 소송요건과 관련하여 소송의 주체 · 방식 · 절차 · 시기 · 비용 등에 관하여 규율할 수 있다.

그러나 헌법 제27조 제1항은 권리구제절차에 관한 구체적 형성을 완전히 입법자의 형성권에 맡기지는 않는다. 입법자가 단지 법원에 제소할 수 있는 형식적인 권리나 이론적인 가능성만을 제공할 뿐, 권리구제의 실효성이 보장되지 않는다면 권리구제절차의 개설은 사실상 무의미할 수 있기 때문이다. 그러므로 재판청구권은 법적 분쟁의 해결을 가능하게 하는 적어도 한번의 권리구제절차가 개설될 것을 요청할 뿐 아니라, 그를 넘어서 소송절차의 형성에 있어서 실효성 있는 권리보호를 제공하기 위하여 그에 필요한 절차적 요건을 갖출 것을 요청한다. 비록 재판절차가 국민에게 개설되어 있다 하더라도, 절차적 규정들에 의하여 법원에의 접근이 합리적인 이유로 정당화될 수 없는 방법으로 어렵게 된다면, 재판청구권은 사실상 형해화될 수 있으므로, 바로 여기에 입법형성권의 한계가 있다.

Ⅱ. 학교법인과 교원의 법률관계 및 재심결정의 법적 성격

1. 학교법인과 교원의 법률관계 및 징계 등 불리한 처분의 법적 성격

학교법인의 사립학교 교원에 대한 인사권의 행사로서 징계 등 불리한 처분은 사법적 법률행위로서의 성격을 가진다. 대법원도 일관하여 이들의 관계가 사법관계에 있음을 확인하고, 그 결과 학교법인의 교원에 대한 징계 등 불리한 처분에 대하여 직접 그 취소를 구하는 행정소송을 제기할 수 없고 민사소송으로 그 효력유무를 다투어야 한다고 한다.

2. 사립학교 교원이 당사자인 재심절차 및 재심결정의 법적 성격

교원지위향상을위한특별법(이하 '교원지위법'이라 한다)이 재심위원회를 교육인적자원부 산하의 행정기관으로 설치하고(제7조), 그 결정에 처분권자가 기속되도록 하며(제10조 제2항), 교원만이 재심결정에 불복하여 행정소송을 제기할 수 있게 한 취지로 보아 입법자는 재심위원회에 특별행정심판기관 또는 특별행정쟁송기관으로서의 성격을 부여하였고, 그 결과 재심결정은 행정심판의 재결에 해당한다고 볼 여지도 없지 아니하다. 그러나 행정심판이라 함은 행정청의 처분 등으로 인하여 침해된 국민의 기본권 등 권익을 구제하고, 행정의 자기통제 및 자기감독을 실현함으로써 행정의 적법성을 보장하는 권리구제절차이므로 학교법인과 그 소속 교원 사이의 사법적 고용관계에 기초한 교원에 대한 징계 등 불리한 처분을 그 심판대상으로 삼을 수는 없는 것이다.

따라서 입법자의 의도에도 불구하고 여전히 재심절차는 학교법인과 그 교원 사이의 사법적 분쟁을 해결하기 위한 간이분쟁해결절차로서의 성격을 갖는다고 할 것이므로, 재심결정은 특정한 법률관계에 대하여 의문이 있거나 다툼이 있는 경우에 행정청이 공적 권위를 가지고 판단·확정하는 행정처분에 해당한다고 봄이 상당하다.

대법원도 "사립학교 교원에 대한 해임처분에 대한 구제방법으로서는 학교법인을 상대로 한 민사소송 이외에도 교원지위향상을위한특별법 제7조 내지 제10조에 따라 교육부 내에 설치된 교원징계재심위원회에 재심청구를 하고 그 교원징계재심위원회의 결정에 불복하여 행정소송을 제기하는 방법도 있으나, 이 경우에도 행정소송의 대상이 되는 행정처분은 그 교원징계재심위원회의 결정이지 학교법인의 해임처분이 행정처분으로 의제되는 것이 아니며 또한 교원징계재심위원회의 결정을 이에 대한 행정심판으로서의 재결에 해당되는 것으로 볼 수는 없다 할 것이다(대법원 1993. 2. 21. 선고 92누13707 판결)"라고 판시함으로써 이 점을 분명히 하고 있다.

Ⅲ. 이 사건 법률조항이 입법형성권의 한계를 넘어 헌법에 위배되는지 여부

1. 재심위원회의 재심결정은 학교법인과 사립학교 교원 간의 징계 등 불리한 처분을 둘러싼 법적 분쟁에 대하여 당사자로부터 독립된 행정기관인 재심위원회가 분쟁해결을 위하여 공적 권위를 가지고 판단·확정한 행정처분이라고 할 것인바, 구체적으로 재심위원회가 재심청구를 인용하여 이

를 취소하는 경우에는 그 형성력으로 인하여 양 당사자간의 법률관계가 직접 형성되고, 취소를 명하는 경우에는 그 기속력으로 인하여 학교법인은 그 결정의 취지대로 법률관계를 형성할 의무를 부담하게 된다.

그런데 재심위원회가 재심청구를 인용하든 또는 기각하든지 간에 사법상 법률관계의 당사자이자 재심청구의 당사자인 학교법인 또는 사립학교 교원 중 어느 일방은 이로 인하여 자신의 권익을 침해받게 되므로 이 경우 헌법 제27조의 취지에 따라 입법자는 재심결정으로 인하여 권익을 침해받은 자가 법원의 재판을 통하여 구제를 받을 수 있도록 하는 절차를 마련할 것이 요구된다.

2. 이 사건 법률조항은 국·공립학교 교원과 사립학교 교원의 징계 등 불리한 처분에 대한 불복절차를 통일적으로 규정함으로써 국가의 학교법인에 대한 감독권 행사의 실효성을 보장하고, 감독권의 행사로서 재심위원회의 재심결정에도 불복하는 경우 사립학교 교원에게 행정소송을 제기할 수 있게 함으로써 사립학교 교원의 신분보장과 지위향상에 그 입법목적이 있다고 할 것이고, 이는 헌법 제31조 제6항이 정하는 교원지위 법정주의에 근거한 것으로서 그 정당성을 쉽게 긍정할 수 있다.

한편, 앞에서 본 바와 같이 이 사건 법률조항이 제정되기 전에는 교원이 국·공립학교 교원인지 또는 사립학교 교원인지 여부에 따라 재심절차를 달리 규정하였고, 사립학교 교원의 경우에는 학교법인이 사실상 인사권한과 그에 대한 재심권한을 동시에 보유하는 점을 악용하여 이를 자의적으로 행사함으로써 그 신분이 매우 불안정한 상황에 있었다.

이러한 현실에서 사립학교 교원의 신분을 국·공립학교 교원과 동일한 수준으로 보장하려는 취지에서 이 사건 법률조항은 재심결정에 대하여 교원에게만 제소권한을 부여하고 학교법인에게는 이를 금지하고 있는바, 이로써 재심절차에서 교원의 청구가 인용되는 경우 교원은 확정적·최종적으로 징계 등 불리한 처분에서 벗어나게 되므로 그 수단의 적절성도 인정된다.

3. 그러나 위에서 살핀 바와 같이 사립학교 교원에 대한 불리한 처분을 둘러싼 법률상 분쟁의 당사자로서 학교법인은 재심절차에서 피청구인의 지위에 있고, 이로 인하여 재심결정의 기속력을 직접 받게 되므로 교원과 마찬가지로 학교법인도 재심결정의 기속력에서 벗어날 수 있는 권리구제절차가 필연적으로 요청된다. 물론 그동안 열악한 상태에 놓여있던 사립학교 교원의 신분보장과 그 지위향상을 위하여 필요한 범위에서 재심결정에 대한 학교법인의 재판청구권을 제한할 필요성을 부인할 수는 없지만, 그러한 경우에도 권리구제를 위한 학교법인의 법원에의 접근을 완전히 배제하는 것은 이를 정당화할 특별한 사정이 없는 한 허용되지 아니한다.

(1) 재심결정과 재심결정의 대상이 되는 징계 등 불리한 처분의 적법 여부를 다툴 절차가 학교법인에게 전혀 개설되어 있지 않거나 또는 개설되어 있더라도 그러한 절차에 권리구제의 실효성이 없다면 학교법인의 재판청구권이 침해되어 헌법에 위반된다고 할 것이므로 먼저 이 점에 관하여 본다. 학교법인의 징계 등 불리한 처분에 대하여 교원이 교원지위법이 정한 절차에 따라 재심절차와 행정소송절차를 반드시 거쳐야 하는 것은 아니고, 그 선택에 따라서 재심절차를 거쳤는지 여부에 관계없이 원래의 법률관계인 사법관계에 따른 권리구제절차로서 민사소송을 제기할 수 있다. 따라서 교원이 자신에 대한 불리한 처분의 무효나 취소 등을 주장하면서 민사소송을 제기하는 경우 학교법인은 이에 대하여 응소하거나 또는 그 소송의 피고로서 재판절차에 참여함으로써 자신의 침해된 권익을 구제받을 수 있다. 그리고 여기에서 더 나아가 적극적으로 학교법인이 행한 징계 등

처분이 유효함을 전제로 교원지위부존재확인 등 민사소송을 제기하는 방법으로 재심결정의 대상인 불리한 처분을 다툴 수 있으므로 가사 재심결정에 불복할 제소권한을 학교법인에게 부여하지 않더라도 학교법인에게 법원에의 접근이 완전히 봉쇄되었다고 단정할 수는 없다. 그러나 교원이 제기한 민사소송에 대하여 응소하거나 피고로서 재판절차에 참여함으로써 자신의 권리를 주장하는 것은 어디까지나 상대방인 교원이 교원지위법이 정하는 재심절차와 행정소송절차를 포기하고 민사소송을 제기하는 경우에 비로소 가능한 것이므로 이를 들어 학교법인에게 자신의 침해된 권익을 구제받을 수 있는 실효적인 권리구제절차가 제공되었다고 보기는 어렵다. 그리고 학교법인이 적극적으로 징계 등 처분이 유효함을 전제로 제기하는 교원지위부존재확인 등 민사소송절차도 교원이 처분의 취소를 구하는 재심을 따로 청구하거나 또는 재심결정에 불복하여 행정소송을 제기하는 경우에는 민사소송의 판결과 재심결정 또는 행정소송의 판결이 서로 모순·저촉될 가능성이 상존한다. 이러한 결과를 방지하기 위하여 민사법원이 선결문제로서 재심결정의 효력유무를 판단하기도 곤란하다. 재심결정도 행정처분인 이상 그것이 당연무효가 아닌 한 그 효력유무를 선결문제로서 판단할 수 있다고 보기 어렵기 때문이다. 따라서 이러한 민사소송절차는 학교법인의 권익을 구제할 실효적인 권리구제수단으로 보기 어렵고, 징계 등 처분이나 재심결정을 직접 소송대상으로 하여 그 효력유무를 다투는 것도 아니므로 간접적이고 우회적인 권리구제수단에 불과하다.

(2) 한편, 학교법인에게 재심결정에 불복할 제소권한을 부여한다고 하여 이 사건 법률조항이 추구하는 사립학교 교원의 신분보장에 특별한 장애사유가 생긴다든가 그 권리구제에 공백이 발생하는 것도 아니다. 즉, 학교법인이 재심결정을 다투는 행정소송을 제기하더라도 행정소송법 제23조 제1항에 따라 집행부정지원칙이 적용될 것이므로 재심결정의 효력에는 아무런 영향이 없고, 법원의 재판절차에 의한 교원의 신분보장이 재심위원회의 재심절차를 통하는 경우보다 교원에게 더 불리하다고 단정할 수도 없기 때문이다. 오히려 법원의 재판절차를 통하여 징계 등 불리한 처분을 둘러싼 법적 분쟁을 확정적·종국적으로 해결하고, 학교법인의 재판청구권을 보장함으로써 그 판결의 절차적 정당성을 확보하며, 이를 통하여 재심결정의 이행을 강제할 방법을 모색하고 판결의 집행력을 강화하는 것이 교원의 신분보장과 지위향상을 도모할 수 있는 유효적절한 권리구제수단이 될 것이다.

(3) 따라서 이 사건 법률조항은 사립학교 교원의 징계 등 불리한 처분에 대한 권리구제절차를 형성하면서 분쟁의 당사자이자 재심절차의 피청구인인 학교법인에게는 효율적인 권리구제절차를 제공하지 아니하므로 학교법인의 재판청구권을 침해한다.

4. 또한 학교법인은 그 소속 교원과 사법상의 고용계약관계에 있고 재심절차에서 그 결정의 효력을 받는 일방 당사자의 지위에 있음에도 불구하고 이 사건 법률조항은 합리적인 이유 없이 학교법인의 제소권한을 부인함으로써 헌법 제11조의 평등원칙에 위배되고, 사립학교 교원에 대한 징계 등 불리한 처분의 적법 여부에 관하여 재심위원회의 재심결정이 최종적인 것이 되는 결과 일체의 법률적 쟁송에 대한 재판권능을 법원에 부여한 헌법 제101조 제1항에도 위배(헌재 1995. 9. 28. 92헌가11등, 판례집 7-2, 264, 280 참조)될 뿐 아니라, 행정처분인 재심결정의 적법 여부에 관하여 대법원을 최종심으로 하는 법원의 심사를 박탈함으로써 헌법 제107조 제2항에도 아울러 위배된다고 할 것이다.

Ⅳ. 결　　론

이상의 이유로 이 사건 법률조항은 헌법에 위반되므로, 우리 재판소가 종전의 1998. 7. 16. 95헌바19등 결정에서 이와 견해를 달리하여 이 사건 법률조항이 헌법에 위반되지 아니한다고 판시한 의견은 관여 재판관 전원의 일치된 의견으로 이를 변경하기로 하여, 주문과 같이 결정한다.

✤ 본 판례에 대한 평가 　그동안 열악한 지위에 놓여있던 학교 교원의 신분보장과 그 지위향상을 위하여 필요한 범위에서 재심결정에 학교법인의 재판청구권을 제한할 필요성을 부인할 수는 없지만, 그러한 경우에도 권리구제를 학교법인의 법원에의 접근을 완전히 배제하는 것은 이를 정당화할 특별한 사정이 없는 한 재판청구권의 보장과 관련하여 허용되지 아니한다. 종래 헌법재판소는 교원징계재심위원회의 재심결정에 대하여 학교법인의 행정소송제기를 제한하는 것은 합헌이라고 판시하였으나, 헌법재판소는 본 결정에서 종전 판례를 변경하여 "재판청구권은 법적 분쟁의 해결을 가능하게 하는 적어도 한 번의 권리구제절차가 개설될 것을 요청할 뿐 아니라 그를 넘어서 소송절차의 형성에 있어서 실효성 있는 권리보호를 제공하기 위하여 그에 필요한 절차적 요건을 갖출 것을 요구한다. 비록 재판절차가 국민에게 개설되어 있다 하더라도 절차적 규정들에 의하여 법원에의 접근이 합리적인 이유로 정당화될 수 없는 방법으로 어렵게 된다면 재판청구권은 사실상 형해화될 수 있으므로 바로 여기에 입법형성권의 한계가 있다"고 판시하면서 교원징계재심위원회의 재심결정에 대하여 학교법인의 행정소송제기를 금지하는 것은 헌법에 합치되지 아니한다고 결정했다.

※ 교원지위향상을위한특별법이 2007. 5. 11. 법률 제8414호 개정되면서 제10조 제3항은 "제1항에 따른 심사위원회의 결정에 대하여 교원, 「사립학교법」 제2조에 따른 학교법인 또는 사립학교경영자 등 당사자는 그 결정서의 송달을 받은 날부터 90일 이내에 행정소송법이 정하는 바에 의하여 소송을 제기할 수 있다"로 되었다.

[요약판례 1] 범죄인인도법 제3조 위헌소원: 합헌(헌재 2003.1.30. 2001헌바95)

범죄인인도법 제3조가 법원의 범죄인인도심사를 서울고등법원의 전속관할로 하고 그 심사결정에 대한 불복절차를 인정하지 않은 것이 재판청구권 등을 침해한 여부(소극)

헌법 제27조 제1항은 "모든 국민은 헌법과 법률이 정한 법관에 의하여 법률에 의한 재판을 받을 권리를 가진다"라고 하여 재판을 받을 권리를 보장하고 있다.

재판청구권은 재판이라는 국가적 행위를 청구할 수 있는 적극적 측면과 헌법과 법률이 정한 법관이 아닌 자에 의한 재판이나 법률에 의하지 아니한 재판을 받지 아니하는 소극적 측면을 아울러 가지고 있다. 따라서 헌법 제27조 제1항은 법관에 의하지 아니하고는 민사·행정·선거·가사사건에 관한 재판은 물론 어떠한 처벌도 받지 아니할 권리를 보장한 것이라 해석된다.

한편 헌법 제27조에서 규정한 재판을 받을 권리에 모든 사건에 대해 상소심 절차에 의한 재판을 받을 권리까지도 당연히 포함된다고 단정할 수 없는 것이며, 상소할 수 있는지, 상소이유를 어떻게 규정하는지는 특단의 사정이 없는 한 입법정책의 문제로 봄이 상당하다. 그런데 범죄인인도법에 의한 범죄인인도심사가 헌법상의 재판청구권이 반드시 보장되어야 할 대상에 해당되는지는 명백하지 않다. 입법례에 따라서는 법원의 관여 없이도 범죄인인도절차를 진행하는 국가도 있는바, 이는 범죄인인도가 바로 형사처벌을 확정하는 것이 아니며, 과거에는 일종의 국가적 행위 혹은 행정적 행위에 속하는 것으로 보아 온 연혁과 관련되어 있는 것이다.

또한 범죄인인도 여부에 관한 법원의 결정은 법원이 범죄인을 해당 국가에 인도하여야 할 것인지 아닌지를 판단하는 것일 뿐 그 자체가 형사처벌이라거나 그에 준하는 처벌로 보기 어렵다. 그렇다면 애초에 재판청구권의 보호대상이 되지 않는 사항에 대하여 법원의 심사를 인정한 경우, 이에 대하여 상소할 수 없다고 해서 재판청구권이 새로이 제한될 수 있다고는 통상 보기 어려울 것이다.

설사 범죄인인도를 형사처벌과 유사한 것이라 본다고 하더라도, 이 사건 조항이 적어도 법관과 법률에 의한 한 번의 재판을 보장하고 있고, 그에 대한 상소를 불허한 것이 적법절차원칙이 요구하는 합리성과 정당성을 벗어난 것이 아닌 이상, 그러한 상소 불허 입법이 입법재량의 범위를 벗어난 것으로서 재판청구권을 과잉 제한하는 것이라고 보기는 어렵다.

그렇다면 결국 이 사건 조항은 재판청구권을 제한하지 않거나, 달리 보더라도 재판청구권을 과잉 제한하는 것이라 할 수 없다.

[요약판례 2] 민사소송법 제391조 위헌확인: 기각(헌재 2010.3.25. 2008헌마510)

민사소송법 제391조 중 '소송비용에 관한 재판에 대하여는 독립하여 항소하지 못한다' 부분이 전부 승소한 소송당사자의 재판을 받을 권리와 재판권을 침해하는지 여부(소극)

(1) 소송비용의 재판은 본안의 당부에 관한 결론에 따라 당사자의 소송비용 부담 부분이 정하여지는 부수적인재판으로서 그 당부를 판단하기 위해서는 본안의 당부를 판단하지 않을 수 없다. 만일 소송비용의 재판에 대하여 본안의 재판과 독립하여 불복할 수 있게 하면, 부수적인 재판 때문에 이미 확정된 본안의 재판에 대하여 다시 판단하여야 하거나, 이미 확정된 본안의 재판과 다른 내용의 판단을 기초로 하는 소송비용의 재판이 행하여져 재판들 사이의 모순을 가져올 수 있고, 불필요하게 법원의 부담을 증가시킨다.

(2) **모든 사건에 대하여 상소심 절차에 의한 재판을 받을 권리가 헌법 제27조에서 규정한 재판을 받을 권리에 당연히 포함된다고 단정할 수 없고, 상소심 절차에 의한 재판을 받을 권리에 관해서는 특단의 사정이 없는 한 입법정책의 문제**로 입법부에 광범위한 입법재량 또는 형성의 자유가 인정된다.

확정된 본안재판의 안정성을 유지하고 상호 모순되는 재판을 방지하며 불필요한 상소를 금지하여 상급법원의 부담을 경감하고자 하는 입법목적은 정당하고, 소송비용의 재판에 대하여만 불복하는 자의 상소할 수 있는 권리를 일정하게 제한하는 것은 입법목적 달성을 위한 적정한 방법이다.

구 민사소송법 제361조가 **본안의 재판에 대한 불복과 함께 소송비용의 재판에 불복하는 것까지 봉쇄하는 것은 아닌 점, 본안의 재판과 독립하여 소송비용의 재판을 할 수 있는 것으로 규정되어 있는 경우에는 독립의 즉시항고가 허용**되는 점 등을 종합하면, 헌법재판소가 관여할 정도로 입법자가 입법재량을 현저히 불합리하거나 자의적으로 행사하였다고 단정할 수 없으므로 구 민사소송법 제361조는 헌법 제27조 제1항에 위반된다고 할 수 없다.

[요약판례 3] 지방세법 제58조 제3항에 대한 헌법소원: 위헌(헌재 1993.12.23. 92헌바11)

제소기간과 같은 불변기간은 국민의 기본권인 재판을 받을 권리행사와 직접 관련되기 때문에 그 기간계산에 있어서 나무랄 수 없는 법의 오해로 재판을 받을 권리를 상실하는 일이 없도록 쉽사리 이해되게, 그리고 명확히 규정되어야 할 것인바, **지방세 부과처분 이의신청에 대한 과세관청의 결정통지가 없는 경우 상급관청에 대한 심사청구기간과 그 기산점에 관하여 규정한 지방세법 제58조 제3항의 전단 및 후단의 규정은 통상의 주의력을 가진 이의신청인이 심사청구기간에 관하여 명료하게 파악할 수 없을 정도로 그 규정이 모호하고 불완전하며 오해의 소지가 충분하여 헌법상 법치주의의 파생인 불변기간 명확성의 원칙에도 반하고, 그 불복청구기간마저 단기간이어서 종당에는 재판청구권으로 연결되는 불복신청권 상실의 위험을 초래케 하는 등 헌법상 보장된 국민의 재판을 받을 권리를 본질적으로 침해할 우려가 크므로 헌법에 위반된다.**

대판 2009.12.10. 2009두8359

행정처분이 위법한 때에는 이를 취소함이 원칙이고 그 위법한 처분을 취소·변경하는 것이 도리어 현저히 공공의 복리에 적합하지 않은 경우에 극히 예외적으로 위법한 행정처분의 취소를 허용하지 않는다는 사정판결을 할 수 있으므로, **사정판결의 적용은 극히 엄격한 요건 아래 제한적으로 하여야 하고, 그 요건인 '현저히 공공복리에 적합하지 아니한가'의 여부를 판단할 때에는 위법·부당한 행정처분을 취소·변경하여야 할 필요와 그 취소·변경으로 발생할 수 있는 공공복리에 반하는 사태 등을 비교·교량하여 그 적용 여부를 판단하여야** 한다. 아울러 사정판결을 할 경우 미리 원고가 입게 될 손해의 정도와 구제방법, 그 밖의 사정을 조사하여야 하고, 원고는 피고인 행정청이 속하는 국가 또는 공공단체를 상대로 손해배상 등 적당한 구제방법의 청구를 당해 취소소송 등이 계속된 법원에 청구할 수 있는 점 등에 비추어 보면, **사정판결제도가 위법한 처분으로 법률상 이익을 침해당한 자의 기본권을 침해하고, 법치행정에 반하는 위헌적인 제도라고 할 것은 아니다.**

[요약판례 4] 헌법재판소법 제25조 제3항 헌법소원: 기각(헌재 1990.9.3. 89헌마120등)

헌법재판에 있어서의 변호사강제주의의 위헌여부(소극)

변호사강제주의는 재판업무에 분업화 원리의 도입이라는 긍정적 측면 외에도, 재판을 통한 기본권의 실질적 보장, 사법의 원활한 운영과 헌법재판의 질적 개선, 재판심리의 부담경감 및 효율화, 사법운영의 민주화 등 공공복리에 그 기여도가 크다 하겠고, 그 이익은 변호사선임 비용지출을 하지 않는 이익보다는 크다고 할 것이며, 더욱이 무자력자에 대한 국선대리인제도라는 대상조치가 별도로 마련되어 있는 이상 헌법에 위배된다고 할 수 없다.

[요약판례 5] 형사소송법 제405조 위헌확인: 기각(헌재 2011.5.26. 2010헌마499)

즉시항고의 제기기간을 3일로 정하고 있는 형사소송법 제405조(1954. 9. 23. 법률 제341호로 제정된 것)가 청구인의 재판청구권을 침해하는지 여부(소극)

즉시항고는 당사자의 중대한 이익에 관련된 사항이나 소송절차의 원활한 진행을 위해 신속한 결론이 필요한 사항을 대상으로 하는 것으로, 한정된 사항에 대하여 간이하고 신속한 판단을 하기 위한 절차이다. 따라서 즉시항고의 제기기간을 단기로 정할 필요성이 인정된다. 그리고 즉시항고의 경우에는 그 대상이 한정되므로 즉시항고를 제기할 것인지 여부 및 어떠한 이유로 즉시항고를 제기할 것인지를 비교적 쉽게 결정할 수 있을 것으로 보인다.

한편 형사소송법상의 법정기간은 소송행위를 할 자의 주거 또는 사무소의 소재지와 법원과의 거리, 교통통신의 불편 정도에 따라 연장될 수 있으며(형사소송법 제67조, 형사소송규칙 제44조), 재소자의 경우에는 교도소장, 구치소장, 또는 그 직무를 대리하는 자에게 상소장을 제출한 때에는 그 제기기간 내에 상소한 것으로 간주되고(법 제344조 제1항), 상소권자 또는 대리인이 책임질 수 없는 사유로 상소의 제기기간 내에 상소를 하지 못한 때에는 상소권회복의 청구를 할 수 있는바(법 제345조), 이러한 법정기간의 연장 또는 예외에 관한 규정은 즉시항고의 경우에도 마찬가지로 적용된다.

그렇다면 이 사건 법률조항에서 규정하고 있는 3일이라는 기간이 입법재량의 범위를 일탈하여 청구인의 재판청구권을 침해하고 있다고 볼 수 없다.

[요약판례 6] 형법 제59조 제1항 단서 위헌소원: 기각(헌재 2011.6.30. 2009헌바428)

자격정지 이상의 형을 받은 전과자를 선고유예의 결격자로 규정한 이 사건 법률규정이 자격정지 이상의 형을 받아 그 형이 실효되었거나 복권된 전과 또는 공범 내지 유사사건이 민주화운동보상법에 따라 민주화운동으로 결정된 자격정지 이상의 전과를 가진 사람의 재판청구권 등을 침해하는지 여부(소극)

이 사건 법률규정은 전과자와 일반시민의 법질서 경시풍조를 방지하기 위하여 자격정지 이상의 형을 받은 전과가 있는 자를 형이 실효된 전과인지, 복권된 전과인지 또는 공범 내지 유사사건이 민주화운동보상법에 의하여 민주화운동으로 결정된 전과인지 **여부를 불문하고 선고유예 결격자**로 한 것으로 그 목적의 정당성과 수단의 적정성을 인정할 수 있다. 그리고 이 사건 법률규정은 **전과의 경중을 고려하여 선고유예 결격자를 자격정지 이상의 형을 받은 전과자로 한정**하고 벌금, 구류, 과료 및 몰수 등 비교적 경한 형을 받은 전과자를 제외시키고 있으므로 피해의 최소성에 위배된다고 볼 수 없고, 자격정지 이상의 형을 받은 전과자를 선고유예의 결격자로 규정하여 도모하고자 하는 공익이 위와 같은 전과를 가진 사람의 불이익에 비하여 더 크다고 할 것이므로 법익의 균형성도 갖추고 있다. 따라서 이 사건 법률규정이 과잉금지의 원칙에 위반하여 자격정지 이상의 형을 받아 그 형이 실효되었거나 복권된 전과 또는 공범 내지 유사사건이 민주화운동보상법에 따라 민주화운동으로 결정된 자격정지 이상의 전과를 가진 사람의 재판청구권을 비롯한 제반 기본권을 침해하거나 그 본질적 내용을 제한한다고 볼 수 없다.

[요약판례 7] 형사소송법 제420조 위헌소원: 합헌(헌재 2011.6.30. 2009헌바430)

재심자유를 한정하여 규정하고 있는 형사소송법 제420조가 재판청구권 등 기본권을 침해하여 헌법에 위반되는지 여부(소극)

재심은 유죄의 확정판결에 대하여 중대한 사실오인이나 그 오인의 의심이 있는 경우에 판결을 받은 자의 이익을 위하여 법적 안정성을 후퇴시키고 구체적 정의를 실현하고자 하는 것이므로, 재심을 허용하기 위해서는 유죄의 확정판결이 정당성을 인정받지 못할 오류를 가지고 있고 재심이 더 정당한 결과를 가져온다는 가정에 대한 명확한 근거가 존재하여야 한다. 이에 따라 이 사건 법률조항은 원판결의 증거가 허위임이 드러나거나, 새로운 증거가 발견된 때, 원판결의 기초(전제)가 되는 판결이 변경되거나 원판결 또는 수사의 절차에 현저한 하자가 있는 경우를 재심사유로 규정하고 있다.

그러나 청구인이 주장하는 법관의 오판 등은 결국 피고인의 주장과 상반되는 법관의 증거평가 자체를 재심의 대상으로 만들어 버리는 것으로서, 유죄의 확정판결에 대한 무의미한 불복절차를 반복하게 하는 것과 다름 아니므로, 원판결의 오류 및 재심판의 정당성에 대한 명확한 근거가 존재한다고 볼 만한 사유가 되지 못한다.

그렇다면 이 사건 법률조항은 무고한 자를 보호하는 한편, 무분별하고 불필요하게 재심을 제기하는 남소의 폐단을 억제하기 위한 것이라는 점에서, 법적 안정성을 위해 구체적 정의 내지 재판의 적정성을 현저히 자의적으로 희생시켰다고 보기 어려우므로, 헌법 제27조 제1항의 재판청구권을 침해하는 것이라 할 수 없다.

[요약판례 8] 형사소송법 제262조 제4항 위헌확인: 한정위헌,기각,각하(헌재 2011.11.24. 2008헌마578)

가. 법률규정에 대한 심판청구가 청구기간을 도과하였거나 청구인이 그 법률규정에 의하여 어떠한 기본권이 침해되고 있는지 등에 대하여 아무런 주장을 하지 않고 있고, 그 법률규정에 의하여 청구인의 기본권이 제한받고 있다고 보기도 어려우므로 부적법하다고 한 사례
나. 재정신청사건의 심리를 비공개원칙으로 하는 형사소송법(2007. 6. 1. 법률 제8496호로 개정된 것, 이하 '법'이라 한다) 제262조 제3항 및 재정신청사건의 심리 중 관련 서류 및 증거물의 열람 또는 등사를 불허하는 같은 법 제262조의2 본문이 재정신청인인 청구인들의 재판청구권을 침해하는지 여부(소극)
다. 법(2007. 6. 1. 법률 제8496호로 개정된 것) 제262조 제4항의 "불복할 수 없다"는 부분이, 재정신청 기각결정에 대한 '불복'에 형사소송법(1963. 12. 13. 법률 제1500호로 개정된 것) 제415조의 '재항고'가 포함되는 것으로 해석하는 한 재정신청인인 청구인들의 재판청구권 및 평등권을 침해하는지 여부(적극)

가. 재정신청서의 기재사항과 재정신청에 대한 법원의 결정유형을 규정한 법 제260조 제4항, 제262조 제2항 제1호에 대한 심판청구는 청구기간을 도과하였거나, 청구인들이 위 법률규정들에 의하여 어떠한 기본권이 침해되고 있는지

등에 대하여 아무런 주장을 하지 않고 있고, 위 법률규정들에 의하여 청구인들의 기본권이 제한받고 있다고 보기도 어려우므로 부적법하다.

나. 법 제262조 제3항이 재정신청사건의 심리를 비공개원칙으로 하고 법 제262조의 2 본문이 재정신청사건의 심리 중 관련 서류 및 증거물의 열람 또는 등사를 불허하는 것은 피의자의 사생활 침해, 수사의 비밀 저해 및 민사사건에 악용하기 위한 재정신청의 남발 등을 막기 위한 것으로 그 입법목적의 합리성이 인정되고, 법 제262조 제3항은 특별한 사정이 있는 경우 심리를 공개할 수 있도록 하고 있고 법 제262조의2 단서는 재정신청사건을 심리하는 법원이 그 증거조사과정에서 작성된 서류의 전부 또는 일부의 열람 또는 등사를 허가할 수 있도록 규정하고 있는바, 법 제262조 제3항과 제262조의2 본문은 입법재량 행사의 합리성이 인정되므로 재정신청인인 청구인들의 재판청구권을 침해한다고 볼 수 없다.

다. 재정신청 기각결정에 대하여 형사소송법 제415조의 재항고를 금지하는 것은 대법원에 명령·규칙 또는 처분의 위헌·위법 심사권한을 부여하여 법령해석의 통일성을 기하고자 하는 헌법 제107조 제2항의 취지에 반할 뿐 아니라, 헌법재판소법에 의하여 법원의 재판이 헌법소원의 대상에서 제외되어 있는 상황에서 재정신청인의 재판청구권을 지나치게 제약하는 것이 된다. 그리고 법 제415조는 법 제402조와 달리 아무런 예외를 두지 않은 채 이른바 법령위반을 이유로 즉시항고할 수 있다고 규정하고 있고, 소액사건심판법 제3조 제1호, '상고심절차에 관한 특례법' 제4조 제1항에서 처분이나 원심판결의 헌법위반이나 법률위반 여부가 문제되는 경우 대법원의 판단을 받도록 규정하고 있는 것과 비교할 때, 처분(불기소처분)의 헌법위반 여부나 위법·부당 여부에 관한 법원의 결정인 재정신청 기각결정에 대하여 이른바 법령위반을 이유로 한 재항고를 허용하지 아니하는 것은 재정신청 기각결정의 법적 성격에도 부합하지 않으며, 민사소송법은 재항고(제442조)뿐만 아니라 불복할 수 없는 결정이나 명령에 대하여 이른바 법령위반을 이유로 대법원에 특별항고를 할 수 있도록 하고 있다(제449조). 비교법적으로도 일본 형사소송법은 항고재판소의 결정에 대하여는 항고할 수 없지만, 항고재판소의 결정에 대하여 헌법위반이나 헌법해석의 잘못을 이유로 하여 특별항고를 할 수 있도록 규정하고 있다. 이러한 사정들을 고려할 때, 법 제262조 제4항의 "불복할 수 없다"는 부분은, 재정신청 기각결정에 대한 '불복'에 법 제415조의 '재항고'가 포함되는 것으로 해석하는 한, 재정신청인인 청구인들의 재판청구권을 침해하고, 또 법 제415조의 재항고가 허용되는 고등법원의 여타 결정을 받은 사람에 비하여 합리적 이유 없이 재정신청인을 차별취급함으로써 청구인들의 평등권을 침해한다.

(재판관 박한철의 반대의견) 법 제262조 제4항의 "불복할 수 없다"는 부분은, 입법자의 의사, '불복'이라는 표현에 대한 문언해석의 한계, 불복불허규정과 법 제415조의 우열관계, 형사소송법의 규정 방식 등을 고려할 때, 재정신청 기각결정에 대하여 법 제415조의 재항고를 허용하지 않는다고 보아야 한다.

그리고 재정신청에 대한 재판의 성격, 재정결정이 있기까지의 과정과 재정신청사건의 관할, 재정신청의 대상이 된 대다수의 무고한 피의자의 지위 불안을 신속히 해소할 필요성, 법 제415조의 재항고를 허용할 경우 발생할 대법원의 업무부담 증가와 피의자의 불안정한 지위의 장기화, 독일의 경우에도 재정결정에 대한 불복이 허용되지 아니하는 점, 헌법 제107조는 헌법재판소와 대법원 사이에 권한을 분장하는 규정으로 기각결정에 대한 재항고를 불허한다고 하여 위 헌법규정의 취지에 반한다고 볼 수 없는 점 등을 고려할 때, 법 제262조 제4항의 "불복할 수 없다"는 부분이 재정신청 기각결정에 대하여 법 제415조의 재항고를 허용하지 않는다고 하여 합리적인 이유 없이 재정신청인인 청구인들의 재판청구권을 과도하게 제한한다거나, 법 제415조의 재항고가 허용되는 고등법원의 여타 결정을 받은 사람에 비하여 재정신청인을 불합리하게 차별취급함으로써 청구인들의 평등권을 침해한다고 할 수 없다.

[요약판례 9] 회사정리법 제149조 제2항 등 위헌소원(헌재 2007.12.27. 2006헌바11)

정리채권자의 수계신청기간을 '그 권리의 조사가 있은 날로부터 1월 내'로 제한하고 있는 구 회사정리법(2005. 3. 31. 법률 제7428호로 폐지되기 전의 것) 제149조 제2항 중 '제147조 제2항'을 준용하는 부분(이하 '이 사건 법률조항'이라 한다)이 정리채권자의 재판청구권을 침해하는지 여부(소극)

이 사건 법률조항에서 수계신청기간의 기산점으로 '정리채권자가 이의가 있었던 사실을 안 날로부터'가 아니라 '그 권리의 조사가 있은 날로부터'로 정함으로써 정리채권자의 재판청구권을 제한하고 있다고 할 수 있으나, 회사정리절차에서 수계신청기간의 기산점을 언제로 할 것인가는 기본적으로 입법자가 구체적인 법률관계의 성질 및 그 법률관계의 조속한 확정의 필요성 등을 고려하여 결정하여야 할 입법정책의 문제라고 할 것인데, 수계신청의 기산점과 관련한 위와 같은 제한은 회사정리절차가 다수관계인의 이해관계가 한꺼번에 조정되어야 할 필요가 있고 절차의 간이·신속성이 요구되며, 구 회사정리법에서 특별조사기일 지정 결정의 송달(제141조 제1항), 조사기일에 출석하지 아니한 정리채권자에 대한 이의사실의 통지(제146조) 등 정리채권자의 회사정리절차에의 참가와 권리실현을 보장하기 위한 규정을 따로 두고 있는 점 등에 비추어 헌법상 허용된 합리적인 제한이라고 볼 수 있으므로, 이 사건 법률조항이 재판청구권의 본질적 내용을 침해한 것이라고 볼 수 없다.

[요약판례 10] 회사정리법 제240조 제2항 위헌소원 등: 기각,각하(헌재 2007.11.29. 2005헌바12)

어떤 사유를 특별항고사유로 정하여 특별항고를 허용할 것인가는 기본적으로 입법자가 법적 안정성과 법원의 업무부담 등을 고려하여 결정하여야 할 입법정책의 문제인지 여부(적극)

특별항고제도는 통상의 방법에 의해서는 불복할 수 없어 확정된 결정 또는 명령에 대하여 법이 정하는 특별한 이유가 있는 경우에 대법원에 불복을 신청할 수 있도록 마련된 비상적인 불복수단으로서, 비록 통상의 불복방법이 없어 확정된 결정 또는 명령이라고 하여도 위헌성 여부의 판단을 위해 필요한 경우에는 예외적으로 대법원에 불복할 수 있도록 하려는 데 그 취지가 있다.

어떤 사유를 특별항고사유로 정하여 특별항고를 허용할 것인가는 기본적으로 입법자가 법적 안정성과 법원의 업무부담 등을 고려하여 결정하여야 할 입법정책의 문제라고 할 것인바, 민사소송법 제449조 제1항에서 특별항고사유를 일정 범위로 한정하고 있기는 하지만, 이는 확정된 결정이나 명령의 법적 안정성을 유지하고, 소송의 지연 등을 목적으로 하는 불필요한 특별항고를 방지함과 아울러 법원의 업무부담을 경감하기 위한 것으로서 그 정당성을 인정할 수 있을 뿐만 아니라, 그 제한 범위도 입법자에게 주어진 합리적 재량의 범위 내의 것으로 보이고, 달리 입법자가 자의적으로 입법재량권을 행사하였다고 볼 만한 사정도 없다.

[요약판례 11] 한나라당 대통령후보 이명박의 주가조작 등 범죄혐의의 진상규명을 위한 특별검사의 임명 등에 관한 법률 위헌확인: 인용,기각(헌재 2008.1.10. 2007헌마1468)

(1) 특별검사에 의한 수사대상을 특정인에 대한 특정 사건으로 한정한 '한나라당 대통령후보 이명박의 주가조작 등 범죄혐의의 진상규명을 위한 특별검사의 임명 등에 관한 법률'(2007. 12. 28. 법률 제8824호로 제정된 것, 이하 '이 사건 법률'이라 한다) 제2조가 위 사건의 피고발인 또는 참고인이었던 청구인들의 … 공정한 재판을 받을 권리를 침해하는지 여부(소극)
(2) 특별검사가 공소제기한 사건의 재판기간과 상소절차 진행기간을 일반사건보다 단축하고 있는 이 사건 법률 제10조가 재판기간을 지나치게 단기간으로 규정함으로써 재판당사자의 방어권을 부당하게 침해할 염려가 있어 청구인들의 평등권과 공정한 재판을 받을 권리를 침해하고 무죄추정원칙에 위배되는지 여부(소극)

(1) 이 사건 법률 제2조는 재판절차에 이르기 전 단계인 수사에 관련하여 특별검사의 수사대상 범위를 규정하고 있는 것이므로 **재판절차에 직접 영향을 주는 규정이라고 할 수 없어 위 조항이 청구인들의 공정한 재판을 받을 권리를 침해한다고 볼 수 없고**, 이 사건 법률 제2조 제1호의 김경준의 주가조작 등 증권거래법 위반 사건이 이미 기소되어 재판이 진행중이라 하더라도 **이미 기소된 사건에 관하여 특별검사에 의한 재수사를 받거나 재판에 관여된다는 이유만으로 청구인들의 공정한 재판을 받을 권리가 침해될 수는 없다.**

(2) **이 사건 법률 제10조가 재판기간을 단기간으로 규정한 것은** 사안의 성격과 특별검사제도의 특수성을 감안하여

위 기간 내에 가능한 신속하게 재판을 종결함으로써 국민적 의혹을 조기에 해소하고 정치적 혼란을 수습하자는 것일 뿐, 피고인의 방어권이나 적정절차를 보장하지 않은 채 재판이 위 기간 내에 종결되어야 한다거나 위 기간이 도과하면 재판의 효력이 상실된다는 취지는 아니다. 이러한 입법취지에 재판부가 집중심리방식으로 사건을 진행하는 경우 위 조항이 정한 기간 내에 재판을 마무리하는 것이 무리한 일로는 보이지 않는 점, 공직선거법에도 선거에 관한 쟁송의 특수성을 고려하여 선거에 관한 소송은 소제기일로부터 180일 이내에 처리하도록 하고(제225조), 선거범과 그 공범에 관한 재판 중 제1심 재판은 공소제기일로부터 6개월 이내에, 제2심과 제3심은 전심 선고일로부터 각 3개월 이내에 반드시 선고하도록 규정하고 있는 점(제270조) 등을 보태어 볼 때, 위 법률조항이 이와 같이 **재판기간을 한정한 데에는 이를 정당화할 합리적 이유가 있다.** 그렇다면 **이 사건 법률 제10조가 공정한 재판을 받을 권리를 침해한다 할 수 없고, 이 사건 법률에 의한 특별검사에 의하여 공소제기된 사람을 일반 형사재판을 받는 사람에 비하여 달리 취급하였다 하여 평등권을 침해한다 할 수 없다.**

[요약판례 12] 법관징계법 제2조 제2호 등 위헌소원: 합헌(헌재 2012.2.23. 2009헌바34)

법관에 대한 징계처분 취소청구소송을 대법원의 단심재판에 의하도록 한 구 법관징계법 제27조가 헌법상 재판청구권을 침해하는지 여부(소극)

구 법관징계법 제27조는 법관에 대한 대법원장의 징계처분 취소청구소송을 대법원에 의한 단심재판에 의하도록 규정하고 있는바, 이는 독립적으로 사법권을 행사하는 법관이라는 지위의 특수성과 법관에 대한 징계절차의 특수성을 감안하여 재판의 신속을 도모하기 위한 것으로 그 합리성을 인정할 수 있고, 대법원이 법관에 대한 징계처분 취소청구소송을 단심으로 재판하는 경우에는 사실확정도 대법원의 권한에 속하여 법관에 의한 사실확정의 기회가 박탈되었다고 볼 수 없으므로, 헌법 제27조 제1항의 재판청구권을 침해하지 아니한다.

[요약판례 13] 형사소송법 제297조 제1항 위헌소원: 합헌(헌재 2012.7.26. 2010헌바62)

형사소송법 제297조 제1항 전문 중 "재판장은 증인이 피고인의 면전에서 충분한 진술을 할 수 없다고 인정한 때에는 피고인을 퇴정하게 하고 진술하게 할 수 있다"는 부분(이하 '이 사건 법률조항'이라 한다)이 피고인의 공정한 재판을 받을 권리를 침해하는지 여부(소극)

이 사건 법률조항은 증인의 진술을 제약하는 요소를 제거하고 이를 통해 실체적 진실의 발견을 용이하게 하기 위한 것으로서, 그 목적의 정당성 및 수단의 적합성이 인정된다. 이 사건 법률조항에 의하여 피고인 퇴정 후 증인신문을 하는 경우에도 피고인은 진술의 요지를 고지받고 변호인이 있는 경우에는 변호인이, 변호인이 없는 경우에는 재판장이 반대신문을 대신하는 방식으로 피고인은 여전히 형사소송법 제161조의2에 의하여 반대신문권이 보장되며, 이때 피고인은 증인신문 전에 수사기관 작성의 조서나 증인 작성의 진술서 등의 열람·복사를 통하여 증인의 신분, 그 증언의 취지나 내용을 미리 알 수 있으므로, 반대신문할 내용을 실질적으로 준비할 수 있는 등 기본권제한에 관한 피해의 최소성이 인정된다. 나아가 기본권제한의 정도가 증인을 보호하여 실체적 진실의 발견에 이바지하는 공익에 비하여 크다고 할 수 없어 법익의 균형성도 갖추고 있으므로, 공정한 재판을 받을 권리를 침해한다고 할 수 없다.

제4절 국가배상청구권

대판 1971.6.22. 70다1010

(1) 직접적 효력규정설을 취한 판례

(2) 국가배상청구권은 헌법에 의하여 실정적으로 보장되는 국가 내적 권리라는 특성을 갖고 있다.

구 국가배상법 제2조 제1항 단행의 규정은 구헌법(1962. 12. 26. 개정헌법) 제26조 제8조 제9조 제32조 제2항에 위반한다.

대판 1972.10.10. 69다701

국가배상법은 민법의 특별법적 성격을 갖고 있으므로 사법이며, 국가배상책임은 국가가 사인과 대등한 지위에서 지는 책임이며, 또한 국가배상법 제8조가 민법을 준용하고 있기 때문에 사법으로 본다. 〈국가배상법의 법적 성질에 대하여 사법설을 취한 판례〉

대판 1970.11.24. 70다2253

널리 공무를 위탁받아 실질적으로 공무에 종사하고 있는 자도 본조에서 말하는 공무원이다.

대판 1997.4.25. 96다16940

외교관계에관한비엔나협약이 대사관저에 대한 명도집행뿐만 아니라 공관 내의 재산에 대한 강제집행을 직접적으로 금하고 있다고 하더라도, 협약규정 자체가 직접적으로 외국대사관과 어떠한 법률행위를 강제하는 등으로 국민의 재산권을 침해하는 것은 아니고, 협약규정의 적용을 받는 외국대사관과 어떠한 법률행위를 할 것인지의 여부는 전적으로 국민의 자유의사에 맡겨져 있다고 할 것이므로 협약규정의 적용에 의하여 어떠한 손해가 발생하였다고 하여 그 것이 국가의 공권력행사로 말미암은 것이라고 볼 수 없고, 나아가 외국 대사관이 사전에 승소판결에 기한 강제집행을 거부할 의사를 명시적으로 표시하였으므로 손해가 집달관의 강제집행 거부를 직접적인 원인으로 하여 발생한 것이라고 볼 수 없으므로 손실보상의 대상이 되지 아니하고, 또한 국가가 보상입법을 하지 아니하였다거나 집달관이 협약의 관계 규정을 내세워 강제집행을 거부하였다고 하여 이로써 불법행위가 되는 것은 아니다.

[요약판례 1] 입법부작위 위헌확인: 각하(헌재 1998.5.28. 96헌마44)

강제집행권이 헌법 제23조 제3항 소정의 재산권에 포함되는지 여부(소극), 외교관계에관한비엔나협약에 가입하는 것이 재산권의 제한에 해당하는지 여부(소극), 위 협약에 의하여 외국의 대사관저에 대하여 강제집행이 불가능하게 된 경우 국가가 그 손실을 보상할 입법의무가 있는지 여부(소극)

강제집행은 채권자의 신청에 의하여 국가의 집행기관이 채권자를 위하여 채무명의에 표시된 사법상의 이행청구권을 국가권력에 의하여 강제적으로 실현하는 법적 절차를 지칭하는 것이다. 강제집행권은 국가가 보유하는 통치권의 한 작용으로서 민사사법권에 속하는 것이고, 채권자인 청구인들은 국가에 대하여 강제집행권의 발동을 구하는 공법상의 권능인 강제집행청구권만을 보유하고 있을 따름으로서 청구인들이 강제집행권을 침해받았다고 주장하는 권리는 헌법 제23조 제3항 소정의 재산권에 해당되지 아니한다.

외교관계에관한비엔나협약 제32조 제1항과 제4항에 의하여 외교관 등을 파견한 국가는 판결의 집행으로부터의 면제의 특권을 포기할 수도 있는 것이므로 위 협약에 가입하는 것이 바로 헌법 제23조 제3항 소정의 '공공필요에 의한 재산권의 제한'에 해당하는 것은 아니다.

외국의 대사관저에 대하여 강제집행을 할 수 없다는 이유로 집달관이 청구인들의 강제집행의 신청의 접수를 거부하여 강제집행이 불가능하게 된 경우 국가가 청구인들에게 손실을 보상하는 법률을 제정하여야 할 헌법상의 명시적인 입법위임은 인정되지 아니하고, 헌법의 해석으로도 그러한 법률을 제정함으로써 청구인들의 기본권을 보호하여야 할 입법자의 행위의무 내지 보호의무가 발생하였다고 볼 수 없다.

대판 2004.4.9. 2002다10691

국가배상법이 정한 손해배상청구의 요건인 '공무원의 직무'에는 국가나 지방자치단체의 권력적 작용뿐만 아니라 비권력적 작용도 포함되지만 단순한 사경제의 주체로서 하는 작용은 포함되지 않는다.

대판 1968.6.25. 68다850

공무원의 불법행위가 본조 소정의 '공무원이 그 직무를 행함에 당하여' 일어난 것인지의 여부를 판단하는 기준은 행위의 외관을 객관적으로 관찰하여 공무원의 직무행위로 보여질 때에는 비록 그것이 실질적으로는 직무집행행위이거나 아니거나 또는 행위자의 주관적 의사에 관계없이 그 행위는 본법상의 공무원의 직무집행행위로 보아야 한다. 〈외형이론〉

대판 1997.6.13. 96다56115

우리 헌법이 채택하고 있는 의회민주주의하에서 국회는 다원적 의견이나 각가지 이익을 반영시킨 토론과정을 거쳐 다수결의 원리에 따라 통일적인 국가의사를 형성하는 역할을 담당하는 국가기관으로서 그 과정에 참여한 국회의원은 입법에 관하여 원칙적으로 국민 전체에 대한 관계에서 정치적 책임을 질 뿐 국민 개개인의 권리에 대응하여 법적 의무를 지는 것은 아니므로, **국회의원의 입법행위는 그 입법 내용이 헌법의 문언에 명백히 위반됨에도 불구하고 국회가 굳이 당해 입법을 한 것과 같은 특수한 경우가 아닌 한 국가배상법 제2조 제1항 소정의 위법행위에 해당된다고 볼 수 없다.**

대판 2001.12.14. 2000다12679; 대판 2000.5.12. 99다70600

어떠한 행정처분이 후에 항고소송에서 취소되었다고 할지라도 그 소송판결의 기판력에 의하여 당해 행정처분이 곧바로 공무원의 고의 또는 과실로 인한 것으로서 불법행위를 구성한다고 단정할 수는 없고, 그 행정처분의 담당공무원이 일반의 공무원을 표준으로 하여 볼 때 객관적 주의의무를 결하여 그 행정처분이 객관적 정당성을 상실하였다고 인정될 정도에 이른 경우에야 국가배상법 제2조 소정의 국가배상책임의 요건을 충족하였다고 봄이 상당하며, 이 때에 객관적 정당성을 상실하였는지 여부는 피침해이익의 종류 및 성질, 침해행위가 되는 행정처분의 성질·태양 및 그 원인, 행정처분의 발동에 대한 피해자측의 관여의 유무, 정도 및 손해의 정도 등 제반 사정을 종합하여 손해의 전보책임을 국가 또는 지방자치단체에게 부담시켜야 할 실질적인 이유가 있는지의 여부에 의하여 판단하여야 한다.

대판 1970.3.24. 70다15

경찰대원이 갖고 있던 수류탄을 분실하였다는 사실만으로서는 일반적으로 그 분실자에게 그것이 반드시 폭발될 것이라는 점에 관한 위험의 예견이 있었던 것이었다고 단정할 수 없다. 〈상당인과관계설〉

대판 2006.4.14. 2003다41746

일반적으로 국가 또는 지방자치단체가 권한을 행사할 때에는 국민에 대한 손해를 방지하여야 하고, 국민의 안전을 배려하여야 하며, 소속 공무원이 전적으로 또는 부수적으로라도 국민 개개인의 안전과 이익을 보호하기 위하여 법령에서 정한 직무상의 의무에 위반하여 국민에게 손해를 가하면 상당인과관계가 인정되는 범위 안에서 국가 또는 지방자치단체가 배상책임을 부담하는 것이지만, 공무원이 직무를 수행하면서 그 근거되는 법령의 규정에 따라 구체적으로 의무를 부여받았어도 그것이 국민의 이익과는 관계없이 순전히 행정기관 내부의 질서를 유지하기 위한 것이거나, 또는 국민의 이익과 관련된 것이라도 직접 국민 개개인의 이익을 위한 것이 아니라 전체적으로 공공 일반의 이익을 도모하기 위한 것이라면 그 의무에 위반하여 국민에게 손해를 가하여도 국가 또는 지방자치단체는 배상책임을 부담하지 아니한다.

[요약판례 2] 국가배상법 제8조 위헌소원: 합헌(헌재 1997.2.20. 96헌바24)

국가배상법 제8조가 국가배상청구권에도 소멸시효제도를 적용하도록 한 것이 헌법에 위배되는지 여부(소극)

국가배상법 제8조가 '국가 또는 지방자치단체의 손해배상책임에 관하여는 이 법의 규정에 의한 것을 제외하고는 민법의 규정에 의한다. …. (생략) …'고 하고 소멸시효에 관하여 별도의 규정을 두고 아니함으로써 국가배상청구권에도 소멸시효에 관한 민법상의 규정인 민법 제766조가 적용되게 되었다 하더라도 이는 국가배상청구권의 성격과 책임의 본질, 소멸시효제도의 존재이유 등을 종합적으로 고려한 입법재량 범위 내에서의 입법자의 결단의 산물인 것으로 국가배상청구권의 본질적인 내용을 침해하는 것이라고는 볼 수 없고 기본권 제한에 있어서의 한계를 넘어서는 것이라고 볼 수도 없으므로 헌법에 위반되지 아니한다.

[요약판례 3] 국가배상법 제2조 제1항 단서 위헌소원: 한정위헌(헌재 1994.12.29. 93헌바21)

국가배상법 제2조 제1항 단서 중 군인에 관련되는 부분의 위헌여부(한정적극)

국가배상법 제2조 제1항 단서 중 군인에 관련되는 부분을, 일반국민이 직무집행 중인 군인과의 공동불법행위로 직무집행 중인 다른 군인에게 공상을 입혀 그 피해자에게 공동의 불법행위로 인한 손해를 배상한 다음 공동불법행위자인 군인의 부담부분에 관하여 국가에 대하여 구상권을 행사하는 것을 허용하지 않는다고 해석한다면, 이는 위 단서 규정의 헌법상 근거규정인 헌법 제29조가 구상권의 행사를 배제하지 아니하는데도 이를 배제하는 것으로 해석하는 것으로서 합리적인 이유 없이 일반국민을 국가에 대하여 지나치게 차별하는 경우에 해당하므로 헌법 제11조, 제29조에 위반되며, 또한 국가에 대한 구상권은 헌법 제23조 제1항에 의하여 보장되는 재산권이고 위와 같은 해석은 그러한 재산권의 제한에 해당하며 재산권의 제한은 헌법 제37조 제2항에 의한 기본권 제한의 한계 내에서만 가능한데, 위와 같은 해석은 헌법 제37조 제2항에 의하여 기본권을 제한할 때 요구되는 비례의 원칙에 위배하여 일반국민의 재산권을 과잉제한하는 경우에 해당하여 헌법 제23조 제1항 및 제37조 제2항에도 위반된다.

[요약판례 4] 헌법 제29조 제2항 위헌소원 등: 기각,각하(헌재 1996.6.13. 94헌마118등)

(1) 행정권력의 부작위 및 국회의 입법부작위에 대한 헌법소원

(2) 헌법의 개별규정이 헌법재판소법 제68조 제2항에 의한 헌법소원심판대상이 되는지 여부(소극)

(3) 헌법의 개별규정간의 논리적 우열관계와 효력상의 차등문제

(4) 국가배상법 제2조 제1항 단서 중 '경찰공무원' 부분의 위헌여부(소극) 및 전투경찰순경이 헌법 제29조 제2항 및 국가배상법 제2조 제1항 단서의 경찰공무원에 해당하는지 여부(적극)

(1) (가) 행정권력의 부작위에 대한 헌법소원은 공권력의 주체에게 헌법에서 유래하는 작위의무가 특별히 구체적으로 규정되어 이에 의거하여 기본권의 주체가 행정행위를 청구할 수 있음에도 공권력의 주체가 그 의무를 해태하는 경우에 허용된다.

(나) 입법부작위의 형태 중 기본권보장을 위한 법 규정을 두고 있지만 불완전하게 규정하여 그 보충을 요하는 경우에는 그 불완전한 법규 자체를 대상으로 하여 그것이 헌법위반이라는 적극적인 헌법소원이 가능함은 별론으로 하고, 입법부작위로서 헌법소원의 대상으로 삼을 수는 없다.

(2) 헌법 제111조 제1항 제1호, 제5호 및 헌법재판소법 제41조 제1항, 제68조 제2항은 위헌심사의 대상이 되는 규범을 '법률'로 명시하고 있으며, 여기서 '법률'이라고 함은 국회의 의결을 거쳐 제정된 이른바 형식적 의미의 법률을 의미하므로 헌법의 개별규정 자체는 헌법소원에 의한 위헌심사의 대상이 아니다.

(3) 법은 전문과 각 개별조항이 서로 밀접한 관련을 맺으면서 하나의 통일된 가치체계를 이루고 있는 것으로서, 헌법의 제규정 가운데는 헌법의 근본가치를 보다 추상적으로 선언한 것도 있으므로 이념적·논리적으로는 헌법규범 상호간의 우열을 인정할 수 있는 것이 사실이다. 그러나 이때 인정되는 헌법규범상호간의 우열은 추상적 가치규범의 구체화에 따른 것으로서 헌법의 통일적 해석에 있어서는 유용할 것이지만, 그것이 헌법의 어느 특정규정이 다른 규정의 효력을 전면적으로 부인할 수 있을 정도의 개별적 헌법규정 상호간에 효력상의 차등을 의미하는 것이라고는 볼 수 없다.

(4) 국가배상법 제2조 제1항 단서의 '경찰공무원' 부분은 헌법 제29조 제1항에 의하여 보장되는 국가배상청구권을 헌법 내재적으로 제한하는 헌법 제29조 제2항에 직접 근거하고, 실질적으로 그 내용을 같이하는 것이므로 헌법에 위반되지 아니한다.

전투경찰순경은 경찰청 산하의 전투경찰대에 소속되어 대간첩작전의 수행 및 치안업무의 보조를 그 임무로 하고 있어서 그 직무수행상의 위험성이 다른 경찰공무원의 경우보다 낮다고 할 수 없을 뿐만 아니라, 전투경찰대설치법 제4조가 경찰공무원법의 다수 조항을 준용하고 있는 점 등에 비추어 보면, 국가배상법 제2조 제1항 단서 중의 '경찰공무원'은 '경찰공무원법상의 경찰공무원'만을 의미한다고 단정하기 어렵고, 널리 경찰업무에 내재된 고도의 위험성을 고려하여 '경찰조직의 구성원을 이루는 공무원'을 특별취급하려는 취지로 파악함이 상당하므로 전투경찰순경은 헌법 제29조 제2항 및 국가배상법 제2조 제1항 단서 중의 '경찰공무원'에 해당한다고 보아야 한 것이다.

대판(전합) 2001.2.15. 96다42420

민간인과 직무집행중인 군인 등의 공동불법행위로 인하여 직무집행중인 다른 군인 등이 피해를 입은 경우, 민간인의 피해 군인 등에 대한 손해배상의 범위 및 민간인이 피해 군인 등에게 자신의 귀책부분을 넘어서 배상한 경우 국가 등에게 구상권을 행사할 수 있는지 여부(소극)

(다수의견) 헌법 제29조 제2항, 국가배상법 제2조 제1항 단서의 입법 취지를 관철하기 위하여는, 국가배상법 제2조 제1항 단서가 적용되는 공무원의 직무상 불법행위로 인하여 직무집행과 관련하여 피해를 입은 군인 등에 대하여 위 불법행위에 관련된 일반국민(법인을 포함한다. 이하 '민간인'이라 한다)이 공동불법행위책임, 사용자책임, 자동차운행자책임 등에 의하여 그 손해를 자신의 귀책부분을 넘어서 배상한 경우에도, 국가 등은 피해 군인 등에 대한 국가배상

책임을 면할 뿐만 아니라, 나아가 민간인에 대한 국가의 귀책비율에 따른 구상의무도 부담하지 않는다고 하여야 할 것이다. 그러나 위와 같은 경우, 민간인은 여전히 공동불법행위자 등이라는 이유로 피해 군인 등의 손해 전부를 배상할 책임을 부담하도록 하면서 국가 등에 대하여는 귀책비율에 따른 구상을 청구할 수 없도록 한다면, 공무원의 직무활동으로 빚어지는 이익의 귀속주체인 국가 등과 민간인과의 관계에서 원래는 국가 등이 부담하여야 할 손해까지 민간인이 부담하는 부당한 결과가 될 것이고(가해 공무원에게 경과실이 있는 경우에는 그 공무원은 손해배상책임을 부담하지 아니하므로 민간인으로서는 자신이 손해발생에 기여한 귀책부분을 넘는 손해까지 종국적으로 부담하는 불이익을 받게 될 것이고, 가해 공무원에게 고의 또는 중과실이 있는 경우에도 그 무자력 위험을 사용관계에 있는 국가 등이 부담하는 것이 아니라 오히려 민간인이 감수하게 되는 결과가 된다), 이는 위 헌법과 국가배상법의 규정에 의하여도 정당화될 수 없다고 할 것이다. 이러한 부당한 결과를 방지하면서 위 헌법 및 국가배상법 규정의 입법 취지를 관철하기 위하여는, 피해 군인 등은 위 헌법 및 국가배상법 규정에 의하여 국가 등에 대한 배상청구권을 상실한 대신에 자신의 과실 유무나 그 정도와 관계없이 무자력의 위험부담이 없는 확실한 국가보상의 혜택을 받을 수 있는 지위에 있게 되는 특별한 이익을 누리고 있음에 반하여 민간인으로서는 손해 전부를 배상할 의무를 부담하면서도 국가 등에 대한 구상권을 행사할 수 없다고 한다면 부당하게 권리침해를 당하게 되는 결과가 되는 것과 같은 각 당사자의 이해관계의 실질을 고려하여, 위와 같은 경우에는 공동불법행위자 등이 부진정연대채무자로서 각자 피해자의 손해 전부를 배상할 의무를 부담하는 공동불법행위의 일반적인 경우와 달리 예외적으로 민간인은 피해 군인 등에 대하여 그 손해 중 국가 등이 민간인에 대한 구상의무를 부담한다면 그 내부적인 관계에서 부담하여야 할 부분을 제외한 나머지 자신의 부담부분에 한하여 손해배상의무를 부담하고, 한편 국가 등에 대하여는 그 귀책부분의 구상을 청구할 수 없다고 해석함이 상당하다 할 것이고, 이러한 해석이 손해의 공평·타당한 부담을 그 지도원리로 하는 손해배상제도의 이상에도 맞는다 할 것이다.

(반대의견) 불법행위법은 피해자의 구제와 손해의 공평·타당한 부담·분배를 그 목적으로 하는바, 이러한 목적에 입각한 불법행위법의 일반원칙에 따르면 직접 불법행위를 한 자뿐만 아니라 그 사용자, 자동차운행자 등 손해의 발생에 대하여 일정한 책임이 있는 자들로 하여금 각자 피해자의 손해 전부를 배상할 의무를 부담하게 함으로써 피해자를 두텁게 보호하고, 한편 불법행위로 인한 손해발생에 관한 복수의 책임주체 중 일방이 피해자에게 그 손해를 자신의 귀책부분을 넘어서 배상한 때에는 다른 책임주체에 대하여 그들 사이에서 손해발생에 기여한 정도 등 실질관계에 따라 정하여지는 부담부분을 구상할 수 있도록 함으로써 손해의 공평·타당한 부담·분배를 도모하게 되는 것이다. 이러한 불법행위법의 목적과 일반원칙에 비추어 볼 때, 가해 공무원의 사용자로서의 지위에서 피해 군인 등의 손해발생에 책임이 있는 국가 등의 손해배상의무가 위 헌법 및 국가배상법의 규정에 의하여 배제 또는 면제되었다고 하더라도, 피해자를 보호하기 위해서는 그 손해발생의 다른 책임주체인 민간인의 손해배상의무까지 감축된다고 할 수 없고 그 민간인은 여전히 피해 군인 등의 손해 전부를 배상할 의무가 있는 것이다. 한편, 손해의 공평·타당한 부담·배분을 위해서는 군인 등의 손해를 배상한 민간인이 국가 등에 대하여 구상권을 행사할 수 있다고 해석하여야 한다. 만약 국가 등이 군인 등의 손해 전부를 배상한 민간인에 대한 구상의무까지 부담하지 않는다면, 국가 등은 공무원의 직무행위로 빚어지는 이익의 귀속주체로서 그 손해의 발생에 책임이 있는 경우에도 그 손해 중 민간인과의 관계에서 원래는 자신이 부담함이 마땅한 부분을 민간인에게 전가시킴으로써 재산상 불이익을 주게 될 것인데, 이러한 결과는 공평과 재산권 보장의 정신에 반하고, 그것은 다수의견도 지적하는 바와 같이 위 헌법 및 국가배상법의 규정에 의하여 정당화될 수는 없기 때문이다.

[요약판례 5] 국가배상법 제16조에 관한 위헌심판: 위헌(헌재 1995.5.25. 91헌가7)

국가배상법 제16조 중 "심의회의 배상결정은 신청인이 동의한 때에는 민사소송법의 규정에 의한 재판상의 화해가 성립된 것으로 본다"라는 부분의 위헌여부(적극)

이 사건 심판대상조항부분은 국가배상에 관한 분쟁을 신속히 종결·이행시키고 배상결정에 안정성을 부여하여 국고의 손실을 가능한 한 경감하려는 입법목적을 달성하기 위하여 동의된 배상결정에 재판상의 화해의 효력과 같은, 강력하고도 최종적인 효력을 부여하여 재심의 소에 의하여 취소 또는 변경되지 않는 한 그 효력을 다툴 수 없도록 하고 있는바, 사법절차에 준한다고 볼 수 있는 각종 중재・조정절차와는 달리 배상결정절차에 있어서는 심의회의 제3자성・독립성이 희박한 점, 심의절차의 공정성・신중성도 결여되어 있는 점, 심의회에서 결정되는 배상액이 법원의 그것보다 하회하는 점 및 부제소합의의 경우와는 달리 신청인의 배상결정에 대한 동의에 재판청구권을 포기할 의사까지 포함되는 것으로 볼 수도 없는 점을 종합하여 볼 때, 이는 신청인의 재판청구권을 과도하게 제한하는 것이어서 헌법 제37조 제2항에서 규정하고 있는 기본권 제한입법에 있어서의 과잉입법금지의 원칙에 반할 뿐 아니라, 권력을 입법・행정 및 사법 등으로 분립한 뒤 실질적 의미의 사법작용인 분쟁해결에 관한 종국적인 권한은 원칙적으로 이를 헌법과 법률에 의한 법관으로 구성되는 사법부에 귀속시키고 나아가 국민에게 그러한 법관에 의한 재판을 청구할 수 있는 기본권을 보장하고자 하는 헌법의 정신에도 충실하지 못한 것이다.

※ 이 위헌 결정에 따라 국가배상법이 1997. 12. 13. 법률 5433호로 개정되면서, 제16조가 삭제되었다.

[요약판례 6] 특수임무수행자 보상에 관한 법률 등 위헌확인: 기각(헌재 2009.4.30. 2006헌마1322)

보상금 등의 지급결정에 동의한 때에는 특수임무수행등으로 인하여 입은 피해에 대하여 재판상 화해가 성립된 것으로 보는 '특수임무수행자보상에 관한 법률' 제17조의 2가 보상금 지급 신청인들의 재판청구권을 침해하는지 여부(소극)

특수임무수행자 보상에 관한 법률상의 **위원회는 국무총리 소속으로 관련분야의 전문가들로 구성되고, 임기가 보장되며, 국무총리의 위원에 대한 지휘・감독권 규정이 없는 등 제3자성 및 독립성이 보장되어 있는 점, 위원회가 보상금 지급심사를 함에 있어서 심의절차의 공정성・신중성이 충분히 갖추어져 있는 점**, 보상금 등의 수급권은 보상법 및 시행령에서 정하는 지급요건과 기준에 따라 그 권리가 당연히 발생함과 아울러 그 금액도 확정되는 것으로서 위원회에서 결정되는 보상액과 법원의 그것 사이에 별다른 차이가 없게 되는 점, 보상금 지급결정에 대한 보상신청인들의 동의에는 특수임무수행 등으로 인한 피해에 대하여 더 이상 재판을 청구하지 않겠다는 재판청구권 포기의사까지 명백하게 포함되어 있는 점 등에다가, 청구인들이 보상금 지급결정에 대한 동의 여부를 자유롭게 선택할 수 있는 상황에서 보상금 지급결정에 동의한 다음 보상금까지 수령한 점까지 감안하여 볼 때, 이 사건 재판상 화해조항으로 인하여 청구인들의 동의 과정에 실체법상 무효 또는 취소사유가 있더라도 재심절차 이외에는 더 이상 재판을 청구할 수 있는 길이 막히게 된다고 하더라도, 위 재판상 화해조항이 합리적인 범위를 벗어나 청구인들의 재판청구권을 과도하게 제한하였다고 보기는 어렵다.

※ 동결정은 헌재 2011. 2. 24. 2010헌바199 특수임무수행자 보상에 관한 법률 제17조의2 위헌소원사건에서 동일하게 유지되었다.

8 국민의 기본의무

[요약판례 1] 국세기본법 제35조 제1항 제3호의 위헌심판: 위헌(헌재 1990.9.3. 89헌가95)

조세의 의의 및 조세국가

헌법이나 국세기본법에 조세의 개념정의는 없으나 조세는 국가 또는 지방자치단체가 재정수요를 충족시키거나 경제적·사회적 특수정책의 실현을 위하여 국민 또는 주민에 대하여 아무런 특별한 반대급부없이 강제적으로 부과징수하는 과징금을 의미하는 것이다.

조세가 국가재정수입의 주원천으로서 특히 중요한 의미를 갖기 시작한 것은 정치적으로는 중세의 전제군주국가가 몰락하고 근대시민사회의 형성에 따라 민주주의, 법치주의체제의 통치기구가 수립되고, 경제적으로는 사유재산제도와 자유경쟁 및 시장경제의 원리가 지배하는 자본주의 경제체제가 대두되면서부터이다. 그런데 현대의 이른바 문화국가(文化國家)시대에 이르러 국가의 활동영역이나 기능이 방대하여짐에 따라 그에 소요되는 재정수요도 막대하게 팽창되었으며, 그 재정자금의 대종인 조세의 문제야말로 국민과 가장 밀접하게 이해관계가 상충되는 문제로서, 조세정책의 향방에 따라 국민의 재산권에 미치는 영향은 지대하게 되었으니, 그러한 의미에서 **현대국가는 조세국가라고 할 수 있고 우리나라도 그 예외는 아니라고 할 것이다.**

[요약판례 2] 제대군인지원에관한법률 제8조 제1항 등 위헌확인: 위헌(헌재 1999.12.23. 98헌마363)

제대군인이 공무원채용시험 등에 응시한 때에 과목별 득점에 과목별 만점의 5% 또는 3%를 가산하는 제대군인가산점제도가 헌법에 근거를 둔 것인지 여부(소극)

헌법 제39조 제1항에서 국방의 의무를 국민에게 부과하고 있는 이상 병역법에 따라 군복무를 하는 것은 국민이 마땅히 하여야 할 이른바 신성한 의무를 다 하는 것일 뿐, 그러한 의무를 이행하였다고 하여 이를 특별한 희생으로 보아 일일이 보상하여야 한다고 할 수는 없는 것이므로, 헌법 제39조 제2항은 병역의무를 이행한 사람에게 보상조치를 취하거나 특혜를 부여할 의무를 국가에게 지우는 것이 아니라, 법문 그대로 병역의무의 이행을 이유로 불이익한 처우를 하는 것을 금지하고 있을 뿐인데, 제대군인지원에관한법률 제8조 제1항 및 제3항, 동법시행령 제9조에 의한 가산점제도는 이러한 헌법 제39조 제2항의 범위를 넘어 제대군인에게 일종의 적극적 보상조치를 취하는 제도라고 할 것이므로 이를 헌법 제39조 제2항에 근거한 제도라고 할 수 없고, 제대군인은 헌법 제32조 제6항에 규정된 "국가유공자·상이군경 및 전몰군경의 유가족"에 해당하지 아니하므로 이 헌법조항도 가산점제도의 근거가 될 수 없으며, 달리 헌법상의 근거를 찾아볼 수 없다.

[요약판례 3] 병역법 제3조 제1항 등 위헌확인: 각하,기각(헌재 2010.11.25. 2006헌마328)

대한민국 국민인 남자에 한하여 병역의무를 부과한 구 병역법 제3조 제1항 전문의 평등권 침해 여부(소극)

집단으로서의 남자는 집단으로서의 여자에 비하여 보다 전투에 적합한 신체적 능력을 갖추고 있으며, 개개인의 신체적 능력에 기초한 전투적 합성을 객관화하여 비교하는 검사체계를 갖추는 것이 현실적으로 어려운 점, 신체적 능력이 뛰어난 여자의 경우에도 월경이나 임신, 출산 등으로 인한 신체적 특성상 병력자원으로 투입하기에 부담이 큰 점 등에 비추어 **남자만을 징병검사의 대상이 되는 병역의무자로 정한 것이 현저히 자의적인 차별취급이라 보기 어렵다.** 한편 보충역이나 제2국민역 등은 국가비상사태에 즉시 전력으로 투입될 수 있는 예비적 전력으로서 병력동원이나 근로소집의 대상이 되는바, **평시에 현역으로 복무하지 않는다고 하더라도 병력자원으로서 일정한 신체적 능력이 요구된다고 할 것이므로 보충역 등 복무의무를 여자에게 부과하지 않은 것이 자의적이라 보기도 어렵다.** 결국 이 사건 법률조항이 성별을 기준으로 병역의무자의 범위를 정한 것은 자의금지원칙에 위배하여 평등권을 침해하지 않는다.

[요약판례 4] 입법부작위 위헌확인: 기각(헌재 2010.12.28. 2008헌마527)

공익근무요원의 복무를 마친 보충역을 현역병 입영 지원대상에 포함시키지 아니한 병역법 제20조 제1항 및 제65조 제7항이 청구인의 평등권을 침해하여 위헌인지 여부(소극)

병역법 제20조 제1항의 지원에 의한 현역병 제도는 병역의무자의 자율성을 보장함으로써 복무 만족도를 높이고 이에 따른 군전투력 증강을 도모하고자 하는데 그 입법목적이 있으며, 병역법 제65조 제7항의 병역처분 변경제도는 병역처분은 받았지만 아직 이에 따른 병역의무를 이행하지 않은 자에게 그 의무이행의 기회 및 의무이행 형태에 대한 선택의 폭을 넓혀주고자 하는데 그 입법취지가 있다. 이에 비추어 볼 때, **이미 병역의무를 이행한 사람과 아직 병역의무를 마치지 않은 사람은 본질적으로 동일한 집단이라고 보기 어려우므로, 양자를 달리 취급하여 이미 병역의무를 마친 사람은 지원대상에 포함시키지 않았다고 하여도 이는 다른 것을 달리 취급한 것으로서 차별취급이 있다고 보기 어렵다.**

(재판관 조대현의 반대의견) 병역법 제20조는 현역병으로 지원할 수 있는 사람을 18세 이상인 사람으로 규정하고 있을 뿐 병역의무를 이행하지 아니한 사람으로 제한하지 않고 있으므로, 이미 병역의무를 마친 사람도 위 조항에 의하여 현역병으로 지원할 수 있다고 할 것인데, 병무청과 국방부가 이미 병역의무를 마쳤다 하여 청구인의 현역병 지원을 받아주지 아니한 것은 청구인의 직업선택의 자유 내지 일반적 활동의 자유를 침해한 것으로 헌법에 위반된다.

[요약판례 5] 구 변호사법 제10조 제2항에 대한 위헌심판: 위헌(헌재 1989.11.20. 89헌가102)

변호사법 제10조 제2항, 제3항의 위헌여부(적극)

헌법 제15조에 따라 모든 국민은 직업선택의 자유를 가진다. 따라서 국민은 누구나 자유롭게 자신이 종사할 직업을 선택하고, 그 직업에 종사하며, 이를 변경할 수 있다. 이에는 개인의 직업적 활동을 하는 장소 즉 직장을 선택할 자유도 포함된다. 이러한 원칙은 변호사와 같이 자유로운 전문직의 경우라 하여 달리 취급될 수는 없다. 이러한 점에서 이 사건 심판의 대상인 법 제10조 제2항은 일정한 경우 변호사의 개업을 제한하는 내용이므로 직업선택의 자유를 제한하는 규정이라 할 것이다.

물론 직업선택의 자유도 헌법 제37조 제2항에 의하여 제한될 수 있다. 그러나 위와 같은 직업선택의 자유는 삶의 보람이요 생활의 터전인 직업을 개인의 창의와 자유로운 의사에 따라 선택케 함으로써 자유로운 인격의 발전에 이바지하게 하는 한편 자유주의적 경제·사회질서의 요소가 되는 기본적 인권이라 아니할 수 없다. 따라서 그 제한은 반드시 법률로써 하여야 할 뿐 아니라 국가안전보장, 질서유지 또는 공공복리 등 정당하고 중요한 공공의 목적을 달성하기 위하여 필요하고 적정한 수단·방법에 의하여서만 가능한 것이다.

특히 위 법률의 조항이 병역의무의 이행으로 군법무관으로 복무한 자에게도 적용될 때에는 다음의 문제가 제기된다. 즉 **사법연수원을 수료하고 즉시 개업하는 변호사의 경우 개업지를 선택함에 있어 아무런 제한을 받지 아니하나, 병역의무의 이행을 위하여 군법무관으로 복무한 자는 전역후 변호사로 개업함에 있어 개업지의 제한을 받게 된다. 군법무관으로의 복무 여부가 자신의 선택에 의하여 정해지는 경우와는 달리 병역의무의 이행으로 이루어지는 경우, 이는 병역의무의 이행으로 말미암아 불이익한 처우를 받게 되는 것이라 아니할 수 없어 이의 금지를 규정한 헌법 제39조 제2항에 위반된다.**

[요약판례 6] 군형법 제1조 제3항 제3호 등 위헌소원: 합헌(헌재 1999.2.25. 97헌바3)

(1) 소집되어 실역에 복무중인 예비역 등에게 현역군인에 준하여 군형법을 적용하는 것이 헌법에 위반되는지 여부(소극)

(2) 무단이탈죄를 규정하고 있는 군형법 제79조의 구성요건이 죄형법정주의에 위반되는지 여부(소극)

(1) (가) 사회활동을 영위하고 있는 예비역이라 할지라도 병력동원훈련소집 등으로 입영하게 되면 군대라는 특수사회의 일원이 되고, 동일한 지휘체계하에서 현역병과 함께 복무하게 되는바, 소집기간 중 군의 질서를 유지하고 일사불란한 지휘권을 확립하려면 그 예비역들을 현역병과 동일한 지휘, 복무, 규율체계에 복속시킬 필요가 있으므로, 군형법 제1조 제3항 제3호에서 소집되어 실역에 복무중인 예비역에 대하여 현역군인에 준하여 군형법을 적용토록 하였다 하더라도 이는 국방의 의무(헌법 제39조 제1항)에 근거한 것으로서 그 병역의무의 이행을 실효성 있게 확보하기 위한 것이라 할 것이므로 헌법에 위반된다고 할 수 없다.

(나) 병역의무 그 자체를 이행하느라 받는 불이익은 병역의무의 이행으로 인한 불이익한 처우의 금지(헌법 제39조 제2항)와는 무관한 바, 예비역이 병역법에 의하여 병력동원훈련 등을 위하여 소집을 받는 것은 헌법과 법률에 따른 국방의 의무를 이행하는 것이고, 그 동안 군형법의 적용을 받는 것 또한 국방의 의무를 이행하는 중에 범한 군사상의 범죄에 대하여 형벌이라는 제재를 받는 것이므로, 어느 것이나 헌법 제39조 제1항에 규정된 국방의 의무를 이행하느라 입는 불이익이라고 할 수는 있을지언정, 병역의무의 이행으로 불이익한 처우를 받는 것이라고는 할 수 없다.

(다) 예비군동원이나 예비군훈련소집의 경우에 예비군대원은 어디까지나 예비군대원의 신분으로서 복무할 뿐이지, 현역군인과 동일하거나 현역군인에 준하여 복무하는 것이 아니므로, 향토예비군설치법에 의한 훈련을 받는 예비역과 달리 병력동원훈련소집 등으로 소집되어 실역에 복무중인 예비역에 대하여 군인에 준하여 군형법을 적용한다 하더라도 이는 합리적 이유가 없지 않으므로 평등원칙에 위반되지 않는다.

(2) 군의 통수작용은 상황에 따라 유동성, 긴급성, 기밀성을 요구하므로 군형법도 이러한 군조직의 특수성에 부응하여 탄력적인 규율의 필요성이 있는바, 군형법 제79조에 규정된 "허가없이 근무장소 또는 지정장소를 일시 이탈하거나 지정한 시간내에 지정한 장소에 도달하지 못한 자"라는 구성요건은, 약간의 불명확성을 지니고 있으나, 이는 법관의 통상적인 해석작용에 의하여 충분히 보완될 수 있고, 위 조항의 피적용자는 일반국민이 아니라 군인 또는 준군인으로서 구체적인 상황에서 과연 자신의 행위가 근무이탈행위에 해당하는지 여부를 잘 인식할 수 있는 위치에 있어 그 금지된 행위가 무엇인지 예측할 수 없는 것도 아니므로, 죄형법정주의에서 요구되는 명확성의 원칙에 위배되지 아니한다.

[요약판례 7] 예비군훈련비용지급처분취소: 각하(헌재 2003.6.26. 2002헌마484)

헌법 제39조 제2항이 금지하는 '불이익한 처우'라 함은 단순한 사실상, 경제상의 불이익을 모두 포함하는 것이 아니라 법적인 불이익을 의미하는 것으로 이해하여야 하므로, 이와 같은 의미를 갖는 헌법 제39조 제2항으로부터 피청구인의 청구인에 대한 훈련보상비 지급의무가 도출되는지 여부(소극)

청구인은 헌법 제39조 제2항 및 향토예비군설치법 제11조의 규정취지에 비추어 청구인과 같이 교육훈련을 위하여 소집된 예비군에게도 동원훈련을 위하여 소집된 예비군에 준하는 보상이 행해져야 한다고 주장하나, **헌법 제39조 제2항은 병역의무를 이행한 사람에게 보상조치를 취할 의무를 국가에게 지우는 것이 아니라 법문 그대로 병역의무의 이행을 이유로 불이익한 처우를 하는 것을 금지하고 있을 뿐이고, 이 조항에서 금지하는 '불이익한 처우'라 함은 단순한 사실상, 경제상의 불이익을 모두 포함하는 것이 아니라 법적인 불이익을 의미하는 것으로 이해하여야 하므로, 이와 같은 의미를 갖는 헌법 제39조 제2항으로부터 피청구인의 청구인에 대한 훈련보상비 지급의무가 도출된다고 할 수 없다.**

그 밖에 청구인은 피청구인의 이 사건 보상조치부작위로 말미암아 청구인의 헌법상 보장된 기본권인 평등권 및 재산권이 침해된 것이라고 주장하므로 이들 헌법조항으로부터 피청구인의 청구인에 대한 훈련보상의무가 도출될 수 있는지에 대하여 보건대, (가) 우리 헌법 제23조 제1항이 보장하고 있는 재산권의 범위에는 동산·부동산에 대한 모든 종류의 물권은 물론, 재산가치 있는 모든 사법상의 채권과 특별법상의 권리 및 재산가치 있는 공법상의 권리 등이 포함되나, 단순한 기대이익이나 반사적 이익 또는 경제적인 기회 등은 재산권에 속하지 않고, 따라서 청구인이 1일간의 예비군 교육훈련에 참가하는 과정에서 일부 비용을 자신이 부담함으로써 입게 되는 경제상의 불이익은 헌법에서 보장하는 재산권의 범위에 포함된다고 볼 수 없으므로, 헌법상의 재산권조항으로부터 피청구인의 청구인에 대한 훈련보상의무가 도출된다고 할 수 없고, (나) 헌법 제11조 제1항에 정한 법 앞에서의 평등의 원칙은 일체의 차별적 대우를 부정하는 절대적 평등을 의미하는 것은 아니며, 법을 적용함에 있어서 뿐만 아니라 입법을 함에 있어서도 불합리한 차별대우를 하여서는 아니된다는 것을 뜻하는바, 병역법(제48조제1항, 제52조제1항)과 향토예비군설치법(제5조, 제6조)은 예비군의 동원훈련과 교육훈련의 개념을 명확히 구분하고 있기 때문에, 청구인의 경우처럼 일반 교육훈련에 소집된 예비군에 대하여도 병력동원 훈련소집에 따라 입영한 예비군에 준하는 실비변상 등을 해 주는 규정을 마련하여야 할 입법의무가 입법자인 국회에 있는지 여부는 별론으로 하고 집행기관인 피청구인에게는 그와 같은 실비변상 등 일정한 보상을 하여야 할 법적인 의무가 존재하지 않으므로, 헌법상의 평등권조항으로부터도 피청구인의 청구인에 대한 훈련보상의무가 도출된다고 할 수 없다.

[요약판례 8] 교육법 제8조의2에 대한 위헌심판: 합헌(헌재 1991.2.11. 90헌가27)

(1) 중등교육에 대한 헌법상의 권리성
(2) 중학교 의무교육의 단계적 실시와 실질적 평등의 원칙
(3) 헌법 제31조 제6항의 헌법상의 의의
(4) 헌법 제31조 제2항이 정하는 "법률"의 의미

(1) 헌법상 초등교육에 대한 의무교육과는 달리 중등교육의 단계에 있어서는 어느 범위에서 어떠한 절차를 거쳐 어느 시점에서 의무교육으로 실시할 것인가는 입법자의 형성의 자유에 속하는 사항으로서 국회가 입법정책적으로 판단하여 법률로 구체적으로 규정할 때에 비로소 헌법상의 권리로서 구체화되는 것으로 보아야 한다.

(2) 중학교 의무교육을 일시에 전면 실시하는 대신 단계적으로 확대 실시하도록 한 것은 주로 전면실시에 따르는 국가의 재정적 부담을 고려한 것으로 실질적 평등의 원칙에 부합된다.

(3) 헌법 제31조 제6항의 취지는 교육에 관한 기본정책 또는 기본방침을 최소한 국회가 입법절차를 거쳐 제정한 법률(이른바 형식적 의미의 법률)로 규정함으로써 국민의 교육을 받을 권리가 행정관계에 의하여 자의적으로 무시되거나 침해당하지 않도록 하고, 교육의 자주성과 중립성도 유지하려는 것이나, 반면 교육제도에 관한 기본방침을 제외한 나머지 세부적인 사항까지 반드시 형성적 의미의 법률만으로 정하여야 하는 것은 아니다.

(4) 헌법 제31조 제2항 소정의 "법률"은 형식적 의미의 법률뿐만 아니라 그러한 법률의 위임에 근거하여 제정된 대통령령도 포함하는 실질적 의미의 법률로 해석하여야 한다.

[요약판례 9] 공무원연금법 부칙 제7조 제2항 등 관련 입법부작위 위헌확인: 기각(헌재 2012.8.23. 2010헌마197)

가. 공무원 임용시점에 따라 개정 전 공무원연금법의 적용여부를 달리 규정하고 있는 공무원연금법 부칙(2009. 12. 31. 법률 제9905호) 제7조 제3항 및 제11조(이하 '이 사건 부칙조항들'이라 한다)가 청구인의 평등권을 침해하는지 여부(소극)

나. 군인연금법의 적용을 받는 직으로 병역의무를 이행했는지에 따라 개정 전 공무원연금법의 적용여부를 달리 규정하고 있는 이 사건 부칙조항들이 청구인의 평등권을 침해하는지 여부(소극)

가. 개정 공무원연금법이 시행된 2010. 1. 1. 이전부터 공무원으로 임용되어 재직 중이었던 자들은, 공무원으로 임명된 날이 속하는 달부터 일정금액을 기여금으로 납부하여 온 자들로, 개정 전 공무원연금법에 따라 60세에 도달하면 퇴직연금 수급권이 발생할 것이라는 점과 유족연금이 퇴직연금액의 100분의 70에 해당하는 금액이 될 것이라는 점에 대해 나름대로 구체적인 신뢰를 형성하여 왔다는 점에서 2010. 1. 1. 이전에 공무원으로 임용될 수 있는 자격을 취득하였을 뿐 실제로 재직하거나 기여금을 납부한 사실이 전혀 없어 개정 전 공무원연금법의 적용을 받게 될 것이라는 점에 대하여 구체적인 신뢰를 형성하였다고 볼 수 없는 청구인과는 구별되므로, 이 사건 부칙조항들이 임용일자를 기준으로 일률적으로 개정 전 공무원연금법의 적용 여부를 결정하도록 규정하고 있는 것에는 합리성이 인정된다.

나. 군인연금법의 적용을 받는 장교 등으로 병역의무를 이행한 자들과 군인연금법의 적용을 받지 않는 공익근무요원이나 병으로 병역의무를 이행한 자들은 복무기간, 보수 등이 현저히 다르고, 결정적으로 개정 공무원연금법 시행 이전에 퇴직연금 제도가 정하고 있는 기여금을 납부하였는지 여부에 있어 차이가 있으므로, 이 사건 부칙조항들이 개정 전 공무원연금법 적용 여부를 정함에 있어 양자를 달리 취급하는 것에는 합리성이 인정된다.

판례색인

[헌법재판소]

헌재 1989.1.25. 88헌가7 ………… 902
헌재 1989.3.17. 88헌마1 ………… 545, 637, 835
헌재 1989.4.17. 88헌마3 ………… 585, 644, 655, 830
헌재 1989.5.24. 88헌가12 ………… 475
헌재 1989.5.24. 89헌가37등 ………… 1505
헌재 1989.7.10. 89헌마144 ………… 602, 671
헌재 1989.7.14. 88헌가5등 ………… 14, 454, 966
헌재 1989.7.21. 89헌마12 ………… 642
헌재 1989.7.21. 89헌마38 ………… 316, 661
헌재 1989.7.28. 89헌마1 ………… 546, 602
헌재 1989.9.2. 89헌마170 ………… 595
헌재 1989.9.4. 88헌마22 ………… 580, 623, 656, 1079
헌재 1989.9.8. 88헌가6 ………… 44, 139, 168, 264
헌재 1989.9.29. 89헌마53 ………… 909
헌재 1989.10.27. 89헌마56 ………… 846
헌재 1989.10.27. 89헌마105등 ………… 543, 637
헌재 1989.11.20. 89헌가102 ………… 1135, 1524
헌재 1989.12.18. 89헌마32등 ………… 202, 306, 348, 455
헌재 1989.12.22. 88헌가13 ………… 214, 221, 805, 816
헌재 1989.12.22. 89헌마145 ………… 626
헌재 1990.1.6. 89헌마269 ………… 644
헌재 1990.1.15. 89헌가103 ………… 877
헌재 1990.3.28. 90헌마47 ………… 595
헌재 1990.4.2. 89헌가113 ………… 52, 1117
헌재 1990.6.25. 89헌마107 ………… 1289
헌재 1990.6.25. 90헌가11 ………… 14, 1117
헌재 1990.8.27. 89헌가118 ………… 983
헌재 1990.9.3. 89헌가95 ………… 318, 776, 810, 817, 1523
헌재 1990.9.3. 89헌마90 ………… 626
헌재 1990.9.3. 89헌마120등 ………… 1512
헌재 1990.9.3. 90헌마13 ………… 566
헌재 1990.9.10. 89헌마82 ………… 776
헌재 1990.10.8. 89헌마89 ………… 307, 909, 1174, 1194
헌재 1990.10.15. 89헌마178 ………… 332, 379, 550, 617, 909, 1194
헌재 1990.11.19. 90헌가48 ………… 967, 1145, 1194
헌재 1990.12.26. 89헌마277 ………… 595
헌재 1990.12.26. 90헌마2 ………… 644
헌재 1991.2.11. 90헌가27 ………… 750, 909, 1342, 1526
헌재 1991.3.11. 90헌마28 ………… 112, 369, 544
헌재 1991.3.11. 91헌마21등 ………… 157, 168, 637, 642
헌재 1991.4.1. 89헌마160 ………… 841
헌재 1991.4.1. 90헌마65 ………… 626
헌재 1991.4.1. 90헌마194 ………… 657
헌재 1991.5.13. 89헌가97 ………… 617, 909, 1203
헌재 1991.5.13. 90헌마133 ………… 1081
헌재 1991.6.3. 89헌마204 ………… 617, 858
헌재 1991.6.3. 90헌마56 ………… 532, 626, 754
헌재 1991.7.8. 89헌마181 ………… 981
헌재 1991.7.8. 91헌가4 ………… 945
헌재 1991.7.22. 89헌가106 ………… 256, 766, 775, 1349, 1354, 1397
헌재 1991.7.22. 89헌마174 ………… 638
헌재 1991.9.16. 89헌마163 ………… 581
헌재 1991.9.16. 89헌마165 ………… 751, 766, 840, 1047, 1109, 1470
헌재 1991.9.16. 89헌마231 ………… 910, 1129, 1168
헌재 1991.11.25. 89헌마235 ………… 602
헌재 1992.1.28. 89헌가8 ………… 1048, 1092
헌재 1992.1.28. 90헌마227 ………… 657
헌재 1992.1.28. 91헌마111 ………… 528, 644, 981
헌재 1992.2.25. 89헌가104 ………… 741, 794, 1075, 1081
헌재 1992.2.25. 90헌가69등 ………… 202, 910
헌재 1992.2.25. 90헌마91 ………… 1499
헌재 1992.3.13. 92헌마37등 ………… 169
헌재 1992.4.14. 90헌마82 ………… 544, 645, 657
헌재 1992.4.14. 90헌바23 ………… 249
헌재 1992.4.14. 91헌마156 ………… 672

헌재 1992.4.28. 90헌바24 ……………… 203, 811, 902
헌재 1992.4.28. 90헌바27등 ……………… 1413
헌재 1992.6.26. 89헌마161 ……………… 661
헌재 1992.6.26. 89헌마271 ……………… 602
헌재 1992.6.26. 90헌가23 ……………… 1058
헌재 1992.6.26. 90헌바25 ……………… 612, 1486
헌재 1992.6.26. 90헌바26 ……………… 1047, 1203, 1215
헌재 1992.6.26. 90헌아1 ……………… 491
헌재 1992.6.26. 91헌마25 ……………… 551, 566
헌재 1992.7.23. 90헌바2등 ……………… 831
헌재 1992.7.23. 92헌마103 ……………… 645
헌재 1992.10.1. 91헌마31 ……………… 840
헌재 1992.10.1. 92헌가6등 ……………… 617, 1204
헌재 1992.10.1. 92헌마68등
……………… 203, 533, 586, 642, 756, 1025, 1337
헌재 1992.11.12. 89헌마88
……………… 1025, 1047, 1345, 1347
헌재 1992.11.12. 90헌마33 ……………… 672
헌재 1992.11.12. 90헌마160 ……………… 594
헌재 1992.11.12. 91헌가2 ……………… 351, 520
헌재 1992.12.24. 90헌마158 ……………… 603
헌재 1992.12.24. 90헌마182 ……………… 594
헌재 1992.12.24. 90헌바21 ……………… 315
헌재 1992.12.24. 92헌가8 ……………… 177, 442, 803, 964
헌재 1993.3.11. 88헌마5 ……………… 1414
헌재 1993.3.11. 89헌마79 ……………… 834
헌재 1993.3.11. 90헌가70 ……………… 431
헌재 1993.3.11. 91헌마21 ……………… 533
헌재 1993.3.11. 91헌마233 ……………… 626
헌재 1993.3.11. 92헌마48 ……………… 627
헌재 1993.3.11. 92헌바33 ……………… 214, 1400, 1416
헌재 1993.5.13. 90헌바22등 ……………… 476
헌재 1993.5.13. 91헌마213 ……………… 595
헌재 1993.5.13. 91헌바17 ……………… 1034
헌재 1993.5.13. 92헌마80 ……………… 551, 858, 1131
헌재 1993.7.28. 93헌마157 ……………… 492
헌재 1993.7.29. 89헌마31 ‥ 221, 586, 638, 645, 661
헌재 1993.7.29. 89헌마123 ……………… 534, 627
헌재 1993.7.29. 90헌바35 ……………… 424, 1479
헌재 1993.7.29. 91헌마69 ……………… 1349
헌재 1993.7.29. 92헌마234 ……………… 627
헌재 1993.7.29. 92헌마262 ……………… 628, 756
헌재 1993.7.29. 92헌바20 ……………… 775, 1196
헌재 1993.7.29. 92헌바48 ……………… 250, 1120
헌재 1993.7.29. 93헌마23 ……………… 141
헌재 1993.9.27. 92헌가5 ……………… 1228
헌재 1993.9.27. 92헌바21 ……………… 351, 529, 646
헌재 1993.11.25. 91헌바8 ……………… 1470
헌재 1993.11.25. 92헌마169 ……………… 1498
헌재 1993.11.25. 92헌마293 ……………… 595
헌재 1993.11.25. 92헌마87 ……………… 832, 1036
헌재 1993.11.25. 93헌마81 ……………… 628
헌재 1993.11.25. 93헌마113 ……………… 676
헌재 1993.12.20. 93헌사81 ……………… 416
헌재 1993.12.23. 89헌마189 ……………… 33
헌재 1993.12.23. 92헌마247 ……………… 413
헌재 1993.12.23. 92헌바11 ……………… 1511
헌재 1993.12.23. 93헌가2 ……………… 422
헌재 1994.2.24. 91헌가3 ……………… 431
헌재 1994.2.24. 92헌마283 ……………… 596
헌재 1994.2.24. 92헌바43 ……………… 1100, 1331
헌재 1994.2.24. 93헌마192 ……………… 1341
헌재 1994.2.24. 93헌마213등 ……………… 1465
헌재 1994.2.24. 93헌바10 ……………… 1485
헌재 1994.4.28. 89헌마221 ……………… 340, 475
헌재 1994.4.28. 91헌마55 ……………… 596
헌재 1994.4.28. 91헌바14 ……………… 1094, 1096
헌재 1994.4.28. 91헌바15등 ……………… 116, 205
헌재 1994.4.28. 92헌가3 ……………… 516
헌재 1994.4.28. 92헌마153 ……………… 60
헌재 1994.6.30. 91헌마161 ……………… 927
헌재 1994.6.30. 92헌가18 ……………… 333, 455
헌재 1994.6.30. 92헌바23 ……………… 472
헌재 1994.6.30. 92헌바38 ……………… 963
헌재 1994.6.30. 93헌가15,16,17 ……………… 783
헌재 1994.7.29. 92헌바49등 …… 44, 618, 910, 1233
헌재 1994.7.29. 93헌가4등 ……………… 69, 782
헌재 1994.8.31. 91헌가1 ……………… 475
헌재 1994.8.31. 92헌마174 ……… 140, 324, 325, 646
헌재 1994.8.31. 93헌마174 ……………… 1081
헌재 1994.12.29. 89헌마2 ……………… 661, 835, 1290
헌재 1994.12.29. 90헌바13 ……………… 673

헌재 1994.12.29. 91헌마57 ································ 646
헌재 1994.12.29. 92헌마216 ································ 552
헌재 1994.12.29. 92헌바31 ································ 817
헌재 1994.12.29. 93헌마120 ······················ 534, 752
헌재 1994.12.29. 93헌마86 ································ 628
헌재 1994.12.29. 93헌바21 ································ 1519
헌재 1994.12.29. 94헌마201
·· 370, 553, 638, 643, 749
헌재 1995.1.20. 90헌바1 ························· 613, 1487
헌재 1995.1.20. 94헌마246 ······················· 323, 646
헌재 1995.2.23. 90헌마125 ······················· 279, 534
헌재 1995.2.23. 90헌마214 ································ 551
헌재 1995.2.23. 91헌마204 ····················· 1130, 1343
헌재 1995.2.23. 92헌바12 ································ 1203
헌재 1995.2.23. 93헌바43 ································ 910
헌재 1995.3.23. 92헌가14 ································ 968
헌재 1995.3.23. 94헌마175 ································ 751
헌재 1995.4.20. 92헌마264등
·· 356, 552, 1163, 1228
헌재 1995.4.20. 92헌바29 ································ 816
헌재 1995.5.25. 91헌가7 ························· 1473, 1521
헌재 1995.5.25. 91헌마44 ································ 647
헌재 1995.5.25. 91헌마67 ················· 140, 550, 647
헌재 1995.5.25. 91헌바20 ························· 459, 782
헌재 1995.5.25. 92헌마269등 ···························· 647
헌재 1995.5.25. 95헌마105 ······················· 141, 169
헌재 1995.6.29. 90헌바43 ································ 1189
헌재 1995.6.29. 93헌바45 ································ 748
헌재 1995.7.21. 92헌마144
···························· 529, 586, 647, 795, 981, 1116
헌재 1995.7.21. 92헌마177등
···························· 140, 535, 628, 648, 755, 1082
헌재 1995.7.21. 92헌바27 ································ 315
헌재 1995.7.21. 93헌가14 ··············· 847, 1311, 1321
헌재 1995.7.21. 94헌마125 ······ 238, 892, 910, 1169
헌재 1995.7.21. 94헌마136 ················ 581, 629, 657
헌재 1995.7.21. 94헌마191 ································ 638
헌재 1995.9.28. 92헌가11등 ····················· 510, 1471
헌재 1995.9.28. 92헌마23등 ······························ 535
헌재 1995.9.28. 93헌가8등 ································ 614
헌재 1995.9.28. 93헌바50 ························· 327, 946
헌재 1995.10.26. 93헌마246 ··················· 648, 1269
헌재 1995.10.26. 94헌마242 ······························ 639
헌재 1995.10.26. 94헌바12 ································ 204
헌재 1995.10.26. 94헌바28 ································ 614
헌재 1995.11.30. 91헌바1등 ············· 315, 317, 512
헌재 1995.11.30. 92헌마44 ······················ 648, 1496
헌재 1995.11.30. 94헌가2 ································ 215
헌재 1995.11.30. 94헌가3 ································ 1268
헌재 1995.12.15. 95헌마221등 ·························· 673
헌재 1995.12.27. 95헌마224등 ·························· 75
헌재 1995.12.28. 91헌마80 ······················· 657, 877
헌재 1995.12.28. 91헌마114 ···················· 552, 1104
헌재 1995.12.28. 95헌바3 ·························· 12, 257
헌재 1996.1.25. 95헌가5 ·························· 965, 982
헌재 1996.2.16. 96헌가2등 ······················ 183, 307
헌재 1996.2.29. 92헌바8 ································ 1269
헌재 1996.2.29. 93헌마186 ········ 334, 389, 545, 559
헌재 1996.2.29. 94헌마13 ··············· 639, 893, 1135
헌재 1996.3.28. 93헌마198 ······························ 618
헌재 1996.3.28. 94헌바42 ································ 1125
헌재 1996.3.28. 95헌바47 ································ 749
헌재 1996.3.28. 96헌마9 ································ 170
헌재 1996.3.28. 96헌마18등 ······························ 170
헌재 1996.4.25. 92헌바47 ················ 47, 806, 1102
헌재 1996.4.25. 94헌마119 ······················ 205, 1345
헌재 1996.4.25. 94헌마129등 ·························· 1143
헌재 1996.4.25. 95헌바25 ································ 1072
헌재 1996.6.13. 93헌마276 ······························ 581
헌재 1996.6.13. 94헌마118등 ·························· 1520
헌재 1996.6.13. 94헌바20 ································ 447
헌재 1996.6.26. 96헌마200 ······················ 142, 1129
헌재 1996.8.29. 94헌마113 ······························ 1140
헌재 1996.8.29. 94헌바15 ································ 1071
헌재 1996.8.29. 95헌마108 ························ 96, 141
헌재 1996.8.29. 96헌마99 ································ 141
헌재 1996.10.4. 93헌가13등 ················· 1034, 1054
헌재 1996.10.31. 93헌바25 ······················ 381, 1489
헌재 1996.10.31. 94헌가6 ································ 1034
헌재 1996.10.31. 94헌마108 ······························ 834
헌재 1996.10.31. 94헌마204 ······························ 662
헌재 1996.11.28. 95헌바1 ································ 747

헌재 1996.11.28. 96헌가15 ······ 831
헌재 1996.11.28. 96헌마207 ······ 283, 623
헌재 1996.12.26. 90헌바19등 ······ 1400, 1411, 1417
헌재 1996.12.26. 93헌바67 ······ 1228
헌재 1996.12.26. 94헌바1 ······ 426, 966, 1491
헌재 1996.12.26. 96헌가18
··· 216, 751, 794, 806, 847, 883, 902, 1142, 1187
헌재 1997.1.16. 89헌마240 ······ 649
헌재 1997.1.16. 92헌바6등 ······ 58, 281
헌재 1997.2.20. 96헌바24 ······ 1519
헌재 1997.3.27. 94헌마277 ······ 629
헌재 1997.3.27. 95헌가14등 ······ 511, 841, 1451
헌재 1997.3.27. 96헌가11 ······ 182, 892, 984, 1015
헌재 1997.3.27. 96헌마219 ······ 585
헌재 1997.3.27. 96헌바21 ······ 1284
헌재 1997.3.27. 97헌가1 ······ 1034
헌재 1997.4.24. 95헌마90 ······ 1141
헌재 1997.4.24. 95헌마273 ······ 1143
헌재 1997.4.24. 95헌바48 ······ 345, 749
헌재 1997.5.29. 94헌마33 ······ 1319
헌재 1997.5.29. 94헌바5 ······ 911
헌재 1997.5.29. 94헌바22 ······ 331
헌재 1997.5.29. 95헌마188 ······ 649
헌재 1997.5.29. 96헌가17 ······ 1268
헌재 1997.5.29. 96헌마85 ······ 171
헌재 1997.6.26. 93헌바49등 ······ 320
헌재 1997.6.26. 96헌가8등 ······ 1498
헌재 1997.6.26. 96헌바94 ······ 1227
헌재 1997.6.26. 97헌바4 ······ 649
헌재 1997.7.16. 95헌가6등 ······ 846, 847, 883, 1438
헌재 1997.7.16. 96헌라2 ······ 292, 678, 715, 722
헌재 1997.7.16. 97헌마26 ······ 629, 1172
헌재 1997.7.16. 97헌마38 ······ 204, 1346
헌재 1997.8.21. 94헌바19등 ······ 1215, 1397
헌재 1997.9.25. 96헌가16 ······ 779
헌재 1997.9.25. 97헌가4 ······ 17, 440
헌재 1997.10.30. 96헌마109 ······ 1142
헌재 1997.10.30. 96헌바14 ······ 319
헌재 1997.10.30. 97헌바37등 ······ 1488
헌재 1997.11.27. 92헌바28 ······ 964, 1016
헌재 1997.11.27. 94헌마60 ······ 794
헌재 1997.11.27. 95헌바14등 ······ 1172
헌재 1997.11.27. 95헌바63등 ······ 352
헌재 1997.11.27. 96헌바12 ······ 540, 1145
헌재 1997.11.27. 97헌바10 ······ 1168, 1194, 1204
헌재 1997.12.24. 96헌마172등 ······ 526
헌재 1997.12.24. 95헌마390 ······ 1453
헌재 1997.12.24. 95헌바29등 ······ 1348, 1352
헌재 1997.12.24. 96헌마172등
······ 399, 569, 609, 614, 836
헌재 1997.12.24. 97헌마16 ······ 142
헌재 1998.2.27. 94헌바13등 ······ 1401, 1411
헌재 1998.2.27. 95헌바10 ······ 1415
헌재 1998.2.27. 95헌바59 ······ 326
헌재 1998.2.27. 96헌바2 ······ 1056
헌재 1998.2.27. 97헌마64 ······ 817, 1145
헌재 1998.2.27. 97헌바20 ······ 1216
헌재 1998.3.26. 93헌바12 ······ 540
헌재 1998.3.26. 96헌마345 ······ 755
헌재 1998.3.26. 96헌바57 ······ 314
헌재 1998.4.30. 95헌가16 ······ 765, 777, 1035
헌재 1998.5.28. 91헌마98등 ······ 577, 621
헌재 1998.5.28. 96헌가1 ······ 282
헌재 1998.5.28. 96헌가4등 ······ 211
헌재 1998.5.28. 96헌가5 ······ 808, 839, 875, 1205
헌재 1998.5.28. 96헌가12 ······ 808, 1174
헌재 1998.5.28. 96헌마44 ······ 832, 1517
헌재 1998.5.28. 96헌바4 ······ 1467
헌재 1998.5.28. 97헌마282 ······ 34
헌재 1998.5.28. 97헌마362등 ······ 1089
헌재 1998.6.25. 95헌바35등 ······ 1242
헌재 1998.7.14. 98헌라1 ······ 338, 703
헌재 1998.7.16. 95헌바19등 ······ 1352
헌재 1998.7.16. 96헌마246 ······ 564, 1166, 1462
헌재 1998.7.16. 96헌바33등 ······ 1031, 1351
헌재 1998.7.16. 96헌바35 ······ 984, 1002, 1016
헌재 1998.7.16. 96헌바52등 ······ 316
헌재 1998.7.16. 97헌바22 ······ 783, 1491
헌재 1998.7.16. 97헌바23 ······ 257
헌재 1998.8.27. 96헌가22등 ······ 859, 1217
헌재 1998.8.27. 96헌라1 ······ 706
헌재 1998.8.27. 96헌마398 ······ 982, 1118

헌재 1998.8.27. 97헌마372등 ············ 1090
헌재 1998.8.27. 97헌마8등 ············ 307, 558
헌재 1998.9.30. 97헌마263 ············ 846
헌재 1998.9.30. 97헌바38 ············ 206, 1227
헌재 1998.10.15. 98헌마168 ············ 847, 859
헌재 1998.10.29. 96헌마186 ············ 171, 277
헌재 1998.10.29. 97헌마285 ············ 658
헌재 1998.10.29. 97헌마345 ············ 222, 876
헌재 1998.10.29. 98헌마4 ············ 1089
헌재 1998.11.26. 97헌바58 ············ 205
헌재 1998.11.26. 97헌바65 ············ 206, 258
헌재 1998.11.26. 97헌바67 ············ 207
헌재 1998.12.24. 89헌마214등 ············ 911, 1270
헌재 1998.12.24. 94헌바46 ············ 1468
헌재 1998.12.24. 96헌가23 ············ 1035
헌재 1998.12.24. 96헌바73 ············ 1203
헌재 1998.12.24. 98헌가1 ············ 859, 1423
헌재 1999.1.28. 97헌가8 ············ 784
헌재 1999.1.28. 97헌마253등 ············ 100
헌재 1999.2.25. 96헌바64 ············ 1170
헌재 1999.2.25. 97헌바3 ············ 1525
헌재 1999.3.25. 97헌마130 ············ 1337
헌재 1999.3.25. 98헌마242 ············ 629
헌재 1999.3.25. 98헌사98 ············ 714
헌재 1999.4.29. 94헌바37등 ············ 618, 769, 1246
헌재 1999.4.29. 96헌바55 ············ 1204
헌재 1999.4.29. 97헌가14 ············ 254
헌재 1999.5.27. 97헌마137등 ············ 803, 1491
헌재 1999.5.27. 98헌마214 ············ 95
헌재 1999.5.27. 98헌바26 ············ 902
헌재 1999.5.27. 98헌바70 ············ 776
헌재 1999.6.24. 97헌마265 ············ 768, 1110
헌재 1999.6.24. 97헌마315 ············ 1205
헌재 1999.7.22. 97헌바76등 ············ 207, 1227
헌재 1999.7.22. 98헌가5 ············ 220, 795
헌재 1999.7.22. 98헌라4 ············ 682, 723
헌재 1999.7.22. 98헌마480등 ············ 1146, 1228
헌재 1999.7.22. 98헌바14 ············ 1205
헌재 1999.9.16. 96헌마39 ············ 1146
헌재 1999.9.16. 97헌마160 ············ 412
헌재 1999.9.16. 98헌마75 ············ 616, 1497
헌재 1999.9.16. 99헌가1 ············ 471, 1055
헌재 1999.10.21. 96헌마61등 ············ 604
헌재 1999.10.21. 97헌바26 ············ 1284
헌재 1999.10.21. 99헌마131 ············ 1499
헌재 1999.11.25. 95헌마154 ···· 170, 804, 876, 1402
헌재 1999.11.25. 97헌마54 ············ 818, 1466
헌재 1999.11.25. 98헌마456 ············ 1199
헌재 1999.11.25. 99헌바28 ············ 757
헌재 1999.12.23. 98헌마363 ············ 895, 1523
헌재 1999.12.23. 98헌바33 ············ 1312
헌재 1999.12.23. 99헌가2 ············ 317
헌재 1999.12.23. 99헌마135 ············ 738
헌재 1999.12.23. 99헌마135 ············ 763, 805
헌재 2000.1.27. 99헌마123 ············ 587
헌재 2000.1.27. 99헌마660 ············ 1206
헌재 2000.2.24. 99헌가4 ············ 782
헌재 2000.2.24. 99헌라1 ············ 268
헌재 2000.3.30. 98헌마206 ············ 34
헌재 2000.3.30. 99헌마143 ············ 1152
헌재 2000.3.30. 99헌바113 ············ 263
헌재 2000.3.30. 99헌바14 ············ 1020
헌재 2000.4.27. 98헌가16등 ···· 238, 750, 809, 1343
헌재 2000.4.27. 99헌마499 ············ 333
헌재 2000.6.1. 97헌바74 ············ 332
헌재 2000.6.1. 98헌마216 ············ 1312
헌재 2000.6.1. 98헌바8 ············ 387
헌재 2000.6.1. 99헌마538등 ············ 587
헌재 2000.6.1. 99헌마553 ············ 756, 1098
헌재 2000.6.1. 2000헌마18 ············ 1465
헌재 2000.6.29. 2000헌마325 ············ 567
헌재 2000.6.29. 98헌마443등 ············ 272, 1090
헌재 2000.6.29. 98헌바67 ············ 780
헌재 2000.6.29. 99헌가9 ············ 1471
헌재 2000.6.29. 99헌가16 ············ 946
헌재 2000.6.29. 99헌마289 ············ 1329
헌재 2000.6.29. 99헌바66등 ············ 459, 529, 677
헌재 2000.7.20. 98헌마52 ············ 1194
헌재 2000.7.20. 98헌바63 ············ 244
헌재 2000.7.20. 98헌바74 ············ 461, 540
헌재 2000.7.20. 98헌바99 ············ 911
헌재 2000.8.31. 97헌가12 ············ 23, 911

헌재 2000.8.31. 99헌바104 ······ 1243
헌재 2000.8.31. 2000헌바6 ······ 489
헌재 2000.10.25. 99헌마458 ······ 1466
헌재 2000.11.30. 2000헌마79 ······ 544
헌재 2000.12.8. 2000헌사471 ······ 415, 677
헌재 2000.12.14. 99헌마112등 ······ 764, 765, 847
헌재 2000.12.14. 2000헌마308 ······ 630
헌재 2001.1.18. 99헌마555 ······ 1146
헌재 2001.1.18. 99헌바63 ······ 1352
헌재 2001.1.18. 99헌바112 ······ 947
헌재 2001.1.18. 2000헌마66 ······ 662
헌재 2001.1.18. 2000헌마149 ······ 630
헌재 2001.1.18. 2000헌마364 ······ 1191
헌재 2001.1.18. 2000헌바29 ······ 468, 541
헌재 2001.2.22. 99헌마365 ······ 876
헌재 2001.2.22. 99헌마409 ······ 413, 580
헌재 2001.2.22. 99헌마461등 ······ 610
헌재 2001.2.22. 99헌마613 ······ 750, 1350
헌재 2001.2.22. 99헌바74 ······ 1486
헌재 2001.2.22. 2000헌마25 ······ 1399
헌재 2001.2.22. 2000헌마29 ······ 567
헌재 2001.3.21. 99헌마139등 ······ 36, 44
헌재 2001.3.21. 99헌마150 ······ 643
헌재 2001.3.21. 99헌바114등 ······ 1505
헌재 2001.3.21. 2000헌마37 ······ 143, 597
헌재 2001.3.21. 2000헌바27 ······ 1147
헌재 2001.4.26. 99헌가13 ······ 258
헌재 2001.4.26. 99헌바43 ······ 810
헌재 2001.4.26. 99헌바99 ······ 550
헌재 2001.4.26. 2000헌마122 ······ 282
헌재 2001.4.26. 2000헌마390 ······ 1330
헌재 2001.4.26. 2000헌바31 ······ 1290
헌재 2001.4.26. 2000헌바59 ······ 309
헌재 2001.5.31. 99헌가18등 ······ 1217
헌재 2001.5.31. 2000헌바43등 ······ 1058, 1187
헌재 2001.6.28. 98헌마485 ······ 676
헌재 2001.6.28. 99헌가14 ······ 1492
헌재 2001.6.28. 99헌마516 ······ 1208
헌재 2001.6.28. 99헌바31 ······ 947
헌재 2001.6.28. 99헌바32 ······ 927
헌재 2001.6.28. 99헌바34 ······ 784
헌재 2001.6.28. 99헌바54 ······ 319
헌재 2001.6.28. 2000헌라1 ······ 714
헌재 2001.6.28. 2000헌마111 ······ 144
헌재 2001.6.28. 2000헌마735 ······ 371
헌재 2001.6.28. 2000헌바30 ······ 1473
헌재 2001.6.28. 2001헌마132 ······ 223, 1147
헌재 2001.7.19. 99헌마663 ······ 1398
헌재 2001.7.19. 99헌바9등 ······ 818, 1218
헌재 2001.7.19. 2000헌마91등 ······ 62, 143, 172
헌재 2001.7.19. 2000헌마546 ······ 587, 843
헌재 2001.8.30. 99헌마496 ······ 1492
헌재 2001.8.30. 99헌바90 ······ 480
헌재 2001.8.30. 99헌바92등 ······ 45, 142, 1016, 1104
헌재 2001.8.30. 2000헌가9 ······ 1071
헌재 2001.8.30. 2000헌마121등 ······ 144
헌재 2001.8.30. 2000헌바36 ······ 1070
헌재 2001.9.27. 2000헌마159 ······ 866, 912
헌재 2001.9.27. 2000헌마208등 ······ 1191
헌재 2001.9.27. 2000헌마238등 ······ 50
헌재 2001.9.27. 2000헌바20 ······ 456, 461
헌재 2001.9.27. 2001헌아3 ······ 493
헌재 2001.10.25. 2000헌라3 ······ 704
헌재 2001.10.25. 2000헌마193 ······ 144
헌재 2001.10.25. 2000헌마92등 ······ 82
헌재 2001.10.25. 2000헌바5 ······ 145, 469
헌재 2001.11.29. 99헌마494 ······ 28, 508, 535, 754
헌재 2001.11.29. 99헌마713 ······ 1117
헌재 2001.11.29. 2000헌마278 ······ 1351
헌재 2001.11.29. 2000헌바23 ······ 320
헌재 2001.11.29. 2000헌바95 ······ 314
헌재 2001.11.29. 2001헌가16 ······ 811
헌재 2001.12.20. 99헌마630 ······ 650
헌재 2001.12.20. 2000헌바96 ······ 145, 817
헌재 2001.12.20. 2001헌마39 ······ 662
헌재 2001.12.20. 2001헌마245 ······ 658
헌재 2001.12.20. 2001헌마484 ······ 546
헌재 2001.12.20. 2001헌바7등 ······ 496
헌재 2001.12.29. 2001헌바25 ······ 35
헌재 2002.1.31. 2000헌가8 ······ 1149
헌재 2002.1.31. 2000헌마274 ······ 663
헌재 2002.1.31. 2001헌바43 ······ 852, 990, 1016

헌재 2002.2.28. 99헌가8 ························ 948
헌재 2002.2.28. 99헌바117 ························ 1056
헌재 2002.3.28. 2000헌마283등 ················ 369, 1350
헌재 2002.3.28. 2000헌바53 ················ 750, 912
헌재 2002.4.25. 98헌마425등 ················ 994, 1001
헌재 2002.4.25. 99헌바27 ························ 250
헌재 2002.4.25. 2001헌가27 ························ 949
헌재 2002.4.25. 2001헌마614 ················ 764, 1193
헌재 2002.4.25. 2002헌사129 ························ 416
헌재 2002.5.30. 99헌바41 ························ 1239
헌재 2002.5.30. 2000헌마81 ················ 508, 1167
헌재 2002.5.30. 2000헌바81 ························ 318
헌재 2002.5.30. 2001헌마781 ························ 611
헌재 2002.5.30. 2001헌바5 ························ 332
헌재 2002.5.30. 2001헌바58 ························ 146
헌재 2002.6.27. 99헌마480 ························ 1048
헌재 2002.6.27. 2000헌가10 ························ 327
헌재 2002.6.27. 2000헌바88 ························ 316
헌재 2002.6.27. 2001헌가30 ························ 327
헌재 2002.6.27. 2001헌마381 ························ 582
헌재 2002.6.27. 2001헌바44 ························ 317
헌재 2002.7.18. 99헌마574등 ········ 208, 1144, 1215
헌재 2002.7.18. 99헌마592 ························ 650
헌재 2002.7.18. 2000헌마327 ············ 588, 650, 841
헌재 2002.7.18. 2000헌마490 ························ 651
헌재 2002.7.18. 2000헌마707 ················ 651, 835
헌재 2002.7.18. 2000헌바57 ························ 1222
헌재 2002.7.18. 2001헌마605 ················ 630, 767
헌재 2002.8.29. 2000헌가5등 ················ 14, 1102
헌재 2002.8.29. 2001헌마788 ························ 619
헌재 2002.8.29. 2001헌바82 ················ 469, 1438
헌재 2002.8.29. 2002헌마26 ························ 658
헌재 2002.8.29. 2002헌마4 ························ 651
헌재 2002.9.19. 2000헌바84
························ 509, 1099, 1167, 1195
헌재 2002.10.31. 2000헌가12 ························ 1468
헌재 2002.10.31. 2001헌라1 ························ 686
헌재 2002.10.31. 2001헌마557 ················ 397, 912
헌재 2002.10.31. 2001헌바40 ························ 1480
헌재 2002.10.31. 2002헌라2 ························ 702
헌재 2002.10.31. 2002헌마213 ························ 658
헌재 2002.10.31. 2002헌마369 ························ 588
헌재 2002.11.25. 2002헌바85 ························ 1117
헌재 2002.11.28. 98헌바101등 ························ 15
헌재 2002.11.28. 2001헌가28 ························ 502
헌재 2002.11.28. 2001헌마596 ················ 1150, 1188
헌재 2002.11.28. 2002헌가5 ························ 811
헌재 2002.11.28. 2002헌마134 ························ 1206
헌재 2002.11.28. 2002헌바45 ························ 190
헌재 2002.12.18. 2000헌마764 ························ 1050
헌재 2002.12.18. 2002헌가4 ························ 1286
헌재 2002.12.18. 2002헌마52 ················ 215, 1330
헌재 2002.12.18. 2002헌바12 ························ 1410
헌재 2003.1.30. 2001헌가4 ················ 105, 804
헌재 2003.1.30. 2001헌마579 ························ 588
헌재 2003.1.30. 2001헌바64 ························ 225
헌재 2003.1.30. 2001헌바95 ················ 967, 1510
헌재 2003.1.30. 2002헌마358 ················ 546, 903
헌재 2003.1.30. 2002헌바5 ························ 1206
헌재 2003.2.11. 2001헌마386 ························ 674
헌재 2003.2.23. 2005헌마268 ························ 744
헌재 2003.2.27. 2000헌바26 ················ 1031, 1355
헌재 2003.2.27. 2002헌마106 ························ 597
헌재 2003.2.27. 2002헌바4 ························ 1149
헌재 2003.3.27. 2000헌마474 ············ 651, 970, 1088
헌재 2003.3.27. 2002헌마573 ················ 370, 481
헌재 2003.4.24. 99헌바110등 ························ 1258
헌재 2003.4.24. 2001헌마386 ························ 523
헌재 2003.4.24. 2002헌가6 ························ 328
헌재 2003.4.24. 2002헌가15 ························ 328
헌재 2003.4.24. 2002헌마611 ················ 208, 1163
헌재 2003.5.15. 2000헌마192 ························ 547
헌재 2003.5.15. 2000헌바66 ························ 251
헌재 2003.5.15. 2002헌마90 ························ 1332
헌재 2003.6.26. 2002헌가14 ················ 954, 1111
헌재 2003.6.26. 2002헌가16 ························ 1191
헌재 2003.6.26. 2002헌마312 ························ 631
헌재 2003.6.26. 2002헌마337등 ························ 631
헌재 2003.6.26. 2002헌마484 ························ 1525
헌재 2003.6.26. 2002헌마677 ················ 860, 1164
헌재 2003.7.24. 2001헌바96 ························ 1331
헌재 2003.7.24. 2002헌마522등 ························ 1332

헌재 2003.7.24. 2003헌마97 ································ 664
헌재 2003.8.21. 2000헌가11등 ·························· 1263
헌재 2003.8.21. 2001헌마687 ····························· 112
헌재 2003.8.26. 2003헌바28 ······························ 1415
헌재 2003.9.25. 2000헌바94등 ········· 329, 484, 1329
헌재 2003.9.25. 2001헌가22 ······························· 331
헌재 2003.9.25. 2001헌마156 ················· 1169, 1194
헌재 2003.9.25. 2001헌마447 ···························· 1175
헌재 2003.9.25. 2001헌마814등 ················· 741, 848
헌재 2003.9.25. 2002헌마519 ········· 764, 1141, 1192
헌재 2003.9.25. 2002헌마533 ···························· 1499
헌재 2003.9.25. 2003헌마106 ···················· 118, 912
헌재 2003.9.25. 2003헌마293등 ························· 806
헌재 2003.9.25. 2003헌마30 ································ 903
헌재 2003.9.25. 2003헌바16 ································ 311
헌재 2003.10.30. 2000헌마563 ·························· 1188
헌재 2003.10.30. 2000헌마801 ················· 860, 1267
헌재 2003.10.30. 2000헌바67등 ·············· 766, 1092
헌재 2003.10.30. 2001헌마700 ·························· 1208
헌재 2003.10.30. 2002헌가24 ···························· 440
헌재 2003.10.30. 2002헌라1 ······················ 172, 284
헌재 2003.10.30. 2002헌마275 ·························· 1472
헌재 2003.10.30. 2002헌마518 ················· 885, 1106
헌재 2003.10.30. 2002헌마684등 ··········· 1174, 1298
헌재 2003.11.27. 2002헌마193
·· 874, 913, 982, 1496
헌재 2003.11.27. 2002헌마787 ·························· 913
헌재 2003.11.27. 2002헌바102 ·························· 461
헌재 2003.11.27. 2002헌바24 ···················· 913, 949
헌재 2003.11.27. 2003헌마259등 ······················· 123
헌재 2003.11.27. 2003헌마694등 ·············· 325, 589
헌재 2003.12.18. 2001헌마163 ·················· 652, 843
헌재 2003.12.18. 2002헌가2 ······················ 239, 329
헌재 2003.12.18. 2002헌바14등 ······················ 1360
헌재 2003.12.18. 2003헌마225 ·················· 243, 339
헌재 2003.12.18. 2003헌마255등 ······················ 632
헌재 2003.12.23. 2003헌마872 ·························· 324
헌재 2004.1.29. 2001헌마894 ···························· 568
헌재 2004.1.29. 2002헌가20등 ·························· 949
헌재 2004.1.29. 2002헌가22등 ·························· 860
헌재 2004.1.29. 2002헌마293 ···························· 806
헌재 2004.1.29. 2002헌마788 ·························· 1173
헌재 2004.1.29. 2002헌바36등 ·························· 455
헌재 2004.2.26. 2001헌마718 ···························· 559
헌재 2004.2.26. 2003헌마285 ···························· 147
헌재 2004.2.26. 2003헌마601 ···························· 172
헌재 2004.2.26. 2003헌마608 ···················· 582, 616
헌재 2004.2.26. 2003헌바31 ······························ 531
헌재 2004.3.25. 2001헌마882 ···························· 590
헌재 2004.3.25. 2001헌바89 ······························ 809
헌재 2004.3.25. 2002헌마411 ···························· 992
헌재 2004.3.25. 2002헌바104 ···························· 986
헌재 2004.3.25. 2003헌마404 ···························· 582
헌재 2004.3.25. 2003헌바22 ···························· 1200
헌재 2004.4.26. 2003헌마285 ···························· 558
헌재 2004.4.29. 2002헌마467 ···················· 147, 764
헌재 2004.4.29. 2003헌마484 ···························· 664
헌재 2004.4.29. 2003헌마641 ···························· 665
헌재 2004.4.29. 2003헌마783 ···························· 672
헌재 2004.4.29. 2003헌마814등 ········ 241, 395, 743
헌재 2004.5.14. 2004헌나1 ································ 725
헌재 2004.5.27. 2003헌가1등
································ 230, 764, 867, 1153, 1188
헌재 2004.6.24. 2001헌바104 ···························· 531
헌재 2004.6.24. 2002헌가27 ······························ 877
헌재 2004.6.24. 2002헌마496 ···························· 223
헌재 2004.6.24. 2003헌마612 ···························· 652
헌재 2004.6.24. 2003헌마723 ···················· 601, 659
헌재 2004.6.24. 2003헌바30 ······························ 499
헌재 2004.6.24. 2003헌바53 ······························ 395
헌재 2004.7.14. 2004헌마508 ···················· 543, 549
헌재 2004.7.15. 2002헌마676 ···························· 655
헌재 2004.7.15. 2002헌바42 ······························ 320
헌재 2004.7.15. 2003헌가2 ························ 330, 784
헌재 2004.7.15. 2003헌마878 ·························· 1412
헌재 2004.7.15. 2003헌바35등 ················ 770, 1188
헌재 2004.8.26. 2002헌가1 ···················· 1001, 1009
헌재 2004.8.26. 2002헌마107 ···························· 599
헌재 2004.8.26. 2002헌마302 ···························· 836
헌재 2004.8.26. 2002헌바13 ································ 27
헌재 2004.8.26. 2003헌마412 ···························· 603
헌재 2004.8.26. 2003헌마457 ················· 759, 1105

헌재 2004.8.26. 2003헌마916 ……… 541
헌재 2004.8.26. 2003헌바85 ……… 247
헌재 2004.8.26. 2004헌바14 ……… 783
헌재 2004.9.23. 2000헌라2 ……… 41, 689
헌재 2004.9.23. 2000헌마138 ……… 652, 975
헌재 2004.9.23. 2000헌마453 ……… 585
헌재 2004.9.23. 2002헌가17 ……… 969
헌재 2004.9.23. 2002헌가26 ……… 950
헌재 2004.9.23. 2002헌마563 ……… 639
헌재 2004.9.23. 2003헌마19 ……… 603
헌재 2004.9.23. 2003헌아61 ……… 417, 495
헌재 2004.9.23. 2004헌가12 ……… 433, 665
헌재 2004.10.21. 2004헌마554등 ……… 3
헌재 2004.10.28. 99헌바91 ……… 222, 325
헌재 2004.10.28. 2002헌마328 ……… 1313
헌재 2004.10.28. 2003헌가18 ……… 1121
헌재 2004.10.28. 2004헌마512 ……… 623
헌재 2004.11.25. 2002헌마809 ……… 1143
헌재 2004.11.25. 2003헌가16 ……… 208
헌재 2004.11.25. 2003헌마439 ……… 1500
헌재 2004.11.25. 2004헌바15 ……… 913
헌재 2004.12.16. 2002헌마478 ……… 810, 992
헌재 2004.12.16. 2002헌마579 ……… 1088
헌재 2004.12.16. 2002헌바57 ……… 1417
헌재 2004.12.16. 2003헌가12 ……… 801, 950
헌재 2004.12.16. 2003헌바105 ……… 1501
헌재 2004.12.16. 2003헌바87 ……… 807, 1151
헌재 2004.12.16. 2004헌마376 ……… 148
헌재 2004.12.16. 2004헌마456 ……… 163
헌재 2005.2.3. 2001헌가9등 ……… 239, 1440
헌재 2005.2.3. 2003헌마359 ……… 1165
헌재 2005.2.3. 2003헌마544등 ……… 1170
헌재 2005.2.3. 2003헌마930 ……… 1151
헌재 2005.2.3. 2003헌바1 ……… 964
헌재 2005.2.3. 2004헌가8 ……… 1056
헌재 2005.2.3. 2004헌마216 ……… 148
헌재 2005.2.3. 2004헌마34 ……… 599
헌재 2005.2.3. 2004헌바10 ……… 326, 867
헌재 2005.2.24. 2001헌바71 ……… 801
헌재 2005.2.24. 2003헌마289 ……… 330, 993, 1049
헌재 2005.2.24. 2003헌마31 ……… 1209
헌재 2005.2.24. 2004헌마442 ……… 600
헌재 2005.2.24. 2004헌바24 ……… 465, 536
헌재 2005.2.24. 2004헌바26 ……… 804
헌재 2005.3.31. 2001헌바87 ……… 1164
헌재 2005.3.31. 2003헌가20 ……… 1347
헌재 2005.3.31. 2003헌마746 ……… 659
헌재 2005.3.31. 2003헌마87 ……… 653, 914
헌재 2005.3.31. 2003헌바12 ……… 778
헌재 2005.3.31. 2003헌바34 ……… 1501
헌재 2005.3.31. 2003헌바92 ……… 223, 1497
헌재 2005.3.31. 2003헌바113 ……… 445
헌재 2005.3.31. 2004헌가27등 ……… 1494
헌재 2005.3.31. 2004헌마436 ……… 665
헌재 2005.3.31. 2004헌마911 ……… 675
헌재 2005.3.31. 2004헌바29 ……… 951
헌재 2005.4.28. 2003헌가23 ……… 781
헌재 2005.4.28. 2003헌바40 ……… 785, 1171
헌재 2005.4.28. 2003헌바73 ……… 1199
헌재 2005.4.28. 2004헌마219 ……… 131, 149
헌재 2005.4.28. 2004헌바65 … 848, 875, 1141, 1189
헌재 2005.5.26. 2001헌마728 ……… 590, 991
헌재 2005.5.26. 2002헌마356등 ……… 639
헌재 2005.5.26. 2002헌마699 ……… 991
헌재 2005.5.26. 2002헌바67 ……… 1172
헌재 2005.5.26. 2003헌가17 ……… 779
헌재 2005.5.26. 2003헌가7 ……… 1468
헌재 2005.5.26. 2004헌가10 ……… 1216
헌재 2005.5.26. 2004헌마49 ……… 800, 991
헌재 2005.5.26. 2004헌마571 ……… 914
헌재 2005.5.26. 2004헌마671 ……… 640
헌재 2005.5.26. 2004헌바27 ……… 1200
헌재 2005.5.26. 2004헌바90 ……… 802
헌재 2005.5.26. 2005헌마22 ……… 600
헌재 2005.5.26. 99헌마513등 ……… 765, 1106
헌재 2005.6.30. 2002헌바83 ……… 780, 1412
헌재 2005.6.30. 2003헌마841 ……… 635
헌재 2005.6.30. 2003헌바117 ……… 1502
헌재 2005.6.30. 2004헌마859 ……… 42, 584
헌재 2005.6.30. 2004헌바40등 ……… 196, 802
헌재 2005.6.30. 2005헌가1 ……… 778
헌재 2005.7.21. 2001헌바67 ……… 461, 532

헌재 2005.7.21. 2003헌마282등 …… 1108
헌재 2005.7.21. 2004헌가30 …… 1154
헌재 2005.7.21. 2004헌바2 …… 1311, 1330
헌재 2005.7.21. 2004헌바57 …… 1214
헌재 2005.7.21. 2005헌마19 …… 965
헌재 2005.9.13. 2005헌마829 …… 660
헌재 2005.9.29. 2002헌바11 …… 858, 914
헌재 2005.9.29. 2002헌바84등 …… 1284
헌재 2005.9.29. 2003헌마127 …… 352
헌재 2005.9.29. 2003헌바101 …… 447
헌재 2005.9.29. 2003헌바52 …… 951
헌재 2005.9.29. 2003헌바94 …… 780
헌재 2005.9.29. 2004헌바52 …… 150
헌재 2005.9.29. 2004헌바53 …… 914
헌재 2005.9.29. 2005헌마437 …… 583
헌재 2005.9.29. 2005헌마567 …… 1488
헌재 2005.10.27. 2002헌마425 …… 842
헌재 2005.10.27. 2003헌가3 …… 1057
헌재 2005.10.27. 2003헌바50등 …… 258
헌재 2005.10.27. 2004헌가20 …… 781
헌재 2005.10.27. 2004헌가21 …… 802
헌재 2005.10.27. 2004헌가22 …… 803
헌재 2005.10.27. 2004헌바41 …… 149
헌재 2005.11.24. 2002헌바95등 …… 768, 1101, 1403
헌재 2005.11.24. 2003헌마173 …… 914, 1346
헌재 2005.11.24. 2003헌바108 …… 951
헌재 2005.11.24. 2004헌가17 …… 1097
헌재 2005.11.24. 2004헌가28 …… 795
헌재 2005.11.24. 2004헌마536 …… 1150
헌재 2005.11.24. 2004헌바95 …… 914
헌재 2005.11.24. 2005헌마112 …… 1108
헌재 2005.11.24. 2005헌마579등 …… 11
헌재 2005.12.22. 2003헌가5등 …… 1452
헌재 2005.12.22. 2003헌가8 …… 807
헌재 2005.12.22. 2004헌가24 …… 781
헌재 2005.12.22. 2004헌라3 …… 693
헌재 2005.12.22. 2004헌마530 …… 371
헌재 2005.12.22. 2004헌마66 …… 565
헌재 2005.12.22. 2004헌마827 …… 632
헌재 2005.12.22. 2004헌마947 …… 352
헌재 2005.12.22. 2004헌바25 …… 984
헌재 2005.12.22. 2004헌바45 …… 1469, 1495
헌재 2005.12.22. 2004헌바64 …… 858
헌재 2005.12.22. 2005헌라5 …… 696
헌재 2005.12.22. 2005헌바50 …… 1152
헌재 2006.1.26. 2005헌마474 …… 653
헌재 2006.2.23. 2004헌마414 …… 591
헌재 2006.2.23. 2004헌마675등 …… 903
헌재 2006.2.23. 2004헌바50 …… 755
헌재 2006.2.23. 2004헌바80 …… 915
헌재 2006.2.23. 2005헌가7등 …… 1353, 1505
헌재 2006.2.23. 2005헌라6 …… 297
헌재 2006.2.23. 2005헌마268 …… 745, 849
헌재 2006.2.23. 2005헌마403 …… 369, 765
헌재 2006.2.23. 2005헌사754 …… 415
헌재 2006.3.30. 2003헌라2 …… 354, 708
헌재 2006.3.30. 2003헌마837 …… 622
헌재 2006.3.30. 2004헌마246 …… 624
헌재 2006.3.30. 2005헌바110 …… 1217
헌재 2006.4.25. 2006헌마409 …… 321
헌재 2006.4.27. 2004헌마562 …… 173
헌재 2006.4.27. 2005헌마1047등 …… 757, 785, 1032
헌재 2006.4.27. 2005헌마968 …… 548, 836
헌재 2006.4.27. 2005헌마1119 …… 866, 1353
헌재 2006.4.27. 2006헌가5 …… 801
헌재 2006.5.25. 2003헌마715등 …… 1156
헌재 2006.5.25. 2004헌바12 …… 182
헌재 2006.5.25. 2005헌가17등 …… 1209
헌재 2006.5.25. 2005헌라4 …… 700
헌재 2006.5.25. 2005헌바15 …… 198
헌재 2006.5.25. 2005헌바91 …… 865
헌재 2006.6.29. 2002헌바80등 …… 809
헌재 2006.6.29. 2004헌가3 …… 1361
헌재 2006.6.29. 2004헌마826 …… 591
헌재 2006.6.29. 2005헌마165등 …… 209, 633, 1061
헌재 2006.6.29. 2005헌마604 …… 1466
헌재 2006.6.29. 2006헌마87 …… 915
헌재 2006.7.27. 2003헌마758등 …… 148
헌재 2006.7.27. 2003헌바18 …… 1264
헌재 2006.7.27. 2004헌마217 …… 126
헌재 2006.7.27. 2004헌마655 …… 173
헌재 2006.7.27. 2004헌마924 …… 568

헌재 2006.7.27. 2005헌마277 ·················· 592, 861
헌재 2006.7.27. 2005헌바58 ························ 1490
헌재 2006.8.31. 2004헌라2 ··························· 715
헌재 2006.9.26. 2006헌아37 ························· 495
헌재 2006.10.26. 2005헌가14 ······················ 1050
헌재 2006.12.28. 2004헌바67 ······················ 1354
헌재 2007.1.16. 2006헌마1475 ······················ 654
헌재 2007.1.16. 2006헌마1478 ······················ 656
헌재 2007.1.17. 2004헌바82 ························· 150
헌재 2007.1.17. 2005헌마1111등 ···················· 866
헌재 2007.1.17. 2005헌바41등 ······················ 431
헌재 2007.1.17. 2005헌바86 ························· 388
헌재 2007.2.13. 2007헌마68 ························ 1020
헌재 2007.2.22. 2003헌마428등
······································ 195, 600, 633, 1165
헌재 2007.2.22. 2005헌마645 ························ 602
헌재 2007.3.29. 2003헌바15등 ······················ 952
헌재 2007.3.29. 2004헌마207 ························ 653
헌재 2007.3.29. 2004헌바93 ················ 1497, 1498
헌재 2007.3.29. 2005헌마1144 ····················· 1300
헌재 2007.3.29. 2005헌마253 ························ 653
헌재 2007.3.29. 2005헌마985등 ················ 88, 640
헌재 2007.3.29. 2005헌바33 ················· 918, 1226
헌재 2007.3.29. 2006헌라7 ··························· 705
헌재 2007.3.29. 2006헌마363 ························ 654
헌재 2007.3.29. 2006헌바69 ·························· 954
헌재 2007.4.26. 2003헌마533 ················ 916, 1351
헌재 2007.4.26. 2003헌마947등 ······ 592, 917, 1166
헌재 2007.4.26. 2004헌가29등 ······················ 432
헌재 2007.4.26. 2004헌바19 ·························· 461
헌재 2007.4.26. 2005헌바51 ·························· 334
헌재 2007.5.31. 2003헌마579 ························ 593
헌재 2007.5.31. 2004헌마243 ························ 593
헌재 2007.5.31. 2004헌마305 ························ 634
헌재 2007.5.31. 2005헌마1139 ····················· 1113
헌재 2007.5.31. 2005헌바108 ························ 952
헌재 2007.5.31. 2005헌바47 ·················· 321, 916
헌재 2007.5.31. 2005헌바60 ························ 1227
헌재 2007.5.31. 2006헌가10 ·························· 953
헌재 2007.5.31. 2006헌마1131 ······················ 656
헌재 2007.5.31. 2006헌마627 ················ 593, 1300
헌재 2007.5.31. 2006헌마646 ················ 545, 917
헌재 2007.5.31. 2006헌마767 ·············· 1171, 1193
헌재 2007.5.31. 2007헌바3 ·························· 1147
헌재 2007.6.28. 2004헌마540 ······················ 1204
헌재 2007.6.28. 2004헌마643 ················ 105, 624
헌재 2007.6.28. 2004헌마644등
································· 103, 542, 619, 666, 1298
헌재 2007.6.28. 2005헌마553 ························ 353
헌재 2007.6.28. 2005헌마772 ························ 105
헌재 2007.6.28. 2005헌마1179 ····················· 1299
헌재 2007.6.28. 2006헌가14 ·························· 321
헌재 2007.6.28. 2006헌마1482 ······················ 417
헌재 2007.6.28. 2007헌가3 ·························· 1299
헌재 2007.7.26. 2003헌마377 ················ 240, 952
헌재 2007.7.26. 2004헌마914 ························ 640
헌재 2007.7.26. 2005헌라8 ··················· 703, 704
헌재 2007.7.26. 2005헌마501 ························ 583
헌재 2007.7.26. 2006헌가4 ··························· 953
헌재 2007.7.26. 2006헌마298 ························ 601
헌재 2007.7.26. 2006헌마551등 ··················· 1489
헌재 2007.7.26. 2006헌바40 ·························· 532
헌재 2007.7.30. 2007헌마837 ························ 624
헌재 2007.7.31. 2004헌마1010 ······················ 843
헌재 2007.8.30. 2003헌바51등 ······ 927, 1412, 1414
헌재 2007.8.30. 2004헌가25 ·························· 811
헌재 2007.8.30. 2004헌마670 ··· 569, 758, 915, 1396
헌재 2007.8.30. 2004헌바49 ·························· 149
헌재 2007.8.30. 2005헌마975 ························ 151
헌재 2007.9.18. 2007헌마989 ························ 634
헌재 2007.10.4. 2004헌바36 ························ 1059
헌재 2007.10.4. 2006헌마364등 ·············· 917, 918
헌재 2007.10.9. 2007헌마1032 ······················ 634
헌재 2007.10.25. 2006헌마904 ······················ 666
헌재 2007.10.30. 2007헌마1128 ···················· 542
헌재 2007.11.29. 2004헌마290 ······················ 792
헌재 2007.11.29. 2004헌바39 ······················ 1505
헌재 2007.11.29. 2005헌가10 ················· 15, 883
헌재 2007.11.29. 2005헌마347 ······················ 668
헌재 2007.11.29. 2005헌마977 ······················ 968
헌재 2007.11.29. 2005헌바12 ······················ 1515
헌재 2007.11.29. 2006헌가13 ························ 954

헌재 2007.12.27. 2004헌마1021 ······ 918
헌재 2007.12.27. 2004헌마1393 ······ 174
헌재 2007.12.27. 2005헌가11 ······ 1301
헌재 2007.12.27. 2006헌바11 ······ 1514
헌재 2008.1.10. 2007헌마1468 ······ 1515
헌재 2008.1.17. 2004헌마41 ······ 1301
헌재 2008.1.17. 2005헌라10 ······ 678
헌재 2008.1.17. 2006헌마1075 ······ 174, 1301
헌재 2008.1.17. 2007헌마700 ······ 323, 757, 919
헌재 2008.2.28. 2005헌마872등 ······ 1229
헌재 2008.2.28. 2006헌마582 ······ 625
헌재 2008.2.28. 2006헌마1028 ······ 1175
헌재 2008.2.28. 2006헌바70 ······ 777
헌재 2008.3.27. 2004헌마654 ······ 289
헌재 2008.3.27. 2006헌라1 ······ 679
헌재 2008.3.27. 2006헌라4 ······ 695, 705
헌재 2008.4.24. 2004헌바48 ······ 793
헌재 2008.4.24. 2006헌마402등 ······ 1302
헌재 2008.4.24. 2006헌바43등 ······ 1302
헌재 2008.4.24. 2006헌바60등 ······ 793
헌재 2008.4.24. 2006헌바68 ······ 1176
헌재 2008.5.29. 2006헌마1096 ······ 919
헌재 2008.5.29. 2007헌마1105 ······ 919, 1295
헌재 2008.5.29. 2007헌마712 ······ 1098
헌재 2008.5.29. 2007헌바16 ······ 1243
헌재 2008.6.26. 2005헌라7 ······ 680, 709
헌재 2008.6.26. 2005헌마506 ······ 636
헌재 2008.6.26. 2007헌마1366 ······ 1020
헌재 2008.7.31. 2004헌바28 ······ 442, 1045
헌재 2008.7.31. 2004헌바81 ······ 943
헌재 2008.7.31. 2005헌가16 ······ 209
헌재 2008.7.31. 2006헌마711 ······ 1432
헌재 2008.7.31. 2006헌바2 ······ 1243
헌재 2008.7.31. 2007헌가4 ······ 793
헌재 2008.9.25. 2003헌가20 ······ 1347
헌재 2008.9.25. 2007헌가9 ······ 1354
헌재 2008.10.30. 2005헌마1156 ······ 1453
헌재 2008.10.30. 2006헌마1098등 ······ 920, 1162
헌재 2008.10.30. 2007헌가17등 ······ 840, 1450
헌재 2008.11.13. 2006헌바112 ······ 1253
헌재 2008.11.27. 2005헌가21 ······ 1176
헌재 2008.11.27. 2006헌가1 ······ 1332
헌재 2008.11.27. 2007헌마1024 ······ 99, 117
헌재 2008.11.27. 2008헌마372 ······ 636
헌재 2008.11.27. 2008헌마517 ······ 625
헌재 2008.12.26. 2005헌라11 ······ 711
헌재 2008.12.26. 2005헌마971등 ······ 1371
헌재 2008.12.26. 2005헌바34 ······ 1206
헌재 2008.12.26. 2006헌마273 ······ 1185
헌재 2008.12.26. 2006헌마462 ······ 1419
헌재 2008.12.26. 2008헌마419등 ······ 832, 1456
헌재 2009.2.10. 2009헌마65 ······ 549
헌재 2009.2.26. 2005헌마764등 ······ 820
헌재 2009.2.26. 2006헌마626 ······ 151
헌재 2009.2.26. 2007헌바8 ······ 397
헌재 2009.2.26. 2007헌바27 ······ 1420
헌재 2009.2.26. 2007헌바35 ······ 40
헌재 2009.2.26. 2008헌마275 ······ 583
헌재 2009.2.26. 2008헌마370등 ······ 1177, 1363
헌재 2009.2.28. 2007헌마1433 ······ 1487
헌재 2009.3.26. 2006헌마99 ······ 635
헌재 2009.3.26. 2006헌마526 ······ 152
헌재 2009.3.26. 2007헌가22 ······ 512, 812
헌재 2009.3.26. 2007헌마359 ······ 1364
헌재 2009.3.26. 2007헌마843 ······ 60, 372
헌재 2009.3.26. 2007헌마988등 ······ 1184
헌재 2009.3.26. 2007헌마1327 ······ 152
헌재 2009.4.30. 2005헌마514 ······ 1364
헌재 2009.4.30. 2005헌바101 ······ 1365
헌재 2009.4.30. 2006헌마1261 ······ 641
헌재 2009.4.30. 2006헌마1322 ······ 1522
헌재 2009.4.30. 2006헌바29 ······ 432
헌재 2009.4.30. 2006헌바66 ······ 1479
헌재 2009.4.30. 2006헌바113 ······ 1230
헌재 2009.4.30. 2007헌가8 ······ 921
헌재 2009.4.30. 2007헌마290 ······ 928
헌재 2009.4.30. 2007헌마589 ······ 1490
헌재 2009.5.28. 2005헌마20등 ······ 1322
헌재 2009.5.28. 2005헌바20등 ······ 196, 1229
헌재 2009.5.28. 2006헌라6 ······ 360
헌재 2009.5.28. 2006헌마618 ······ 893
헌재 2009.5.28. 2006헌바109등 ······ 1037

헌재 2009.5.28. 2007헌마369 …… 335, 742, 849, 852
헌재 2009.5.28. 2007헌바24 …… 482, 785
헌재 2009.5.28. 2007헌바105 …… 1366
헌재 2009.5.28. 2008헌바107 …… 1333
헌재 2009.6.25. 2007헌마451 …… 302, 1144
헌재 2009.6.25. 2007헌바25 …… 967
헌재 2009.6.25. 2008헌마413 …… 152
헌재 2009.7.30. 2006헌마358 …… 1387
헌재 2009.7.30. 2005헌라2 …… 712
헌재 2009.7.30. 2007헌마732 …… 417
헌재 2009.7.30. 2007헌마1037 …… 1155
헌재 2009.7.30. 2007헌바75 …… 374
헌재 2009.7.30. 2007헌바113 …… 1230
헌재 2009.7.30. 2007헌바139등 …… 921
헌재 2009.7.30. 2008헌가1등 …… 1208
헌재 2009.7.30. 2008헌마162 …… 1500
헌재 2009.9.24. 2006헌마1264 …… 1181
헌재 2009.9.24. 2007헌마1345 …… 1155
헌재 2009.9.24. 2007헌바17 …… 277
헌재 2009.9.24. 2007헌바87 …… 922
헌재 2009.9.24. 2007헌바114 …… 1285
헌재 2009.9.24. 2008헌가25 …… 1095
헌재 2009.9.24. 2008헌라5 …… 705
헌재 2009.9.24. 2008헌마11 …… 1367
헌재 2009.9.24. 2008헌마662 …… 1366
헌재 2009.9.24. 2008헌바23 …… 433
헌재 2009.9.24. 2009헌마63 …… 584
헌재 2009.9.24. 2009헌바28 …… 1179
헌재 2009.10.29. 2007헌마667 …… 1183
헌재 2009.10.29. 2007헌마1359 …… 1420
헌재 2009.10.29. 2007헌마1462 …… 146
헌재 2009.10.29. 2008헌마432 …… 1181
헌재 2009.10.29. 2008헌마635 …… 1367
헌재 2009.10.29. 2009헌라8등 …… 719
헌재 2009.11.26. 2007헌마734 …… 1462
헌재 2009.11.26. 2008헌가9 …… 813, 1207
헌재 2009.11.26. 2008헌라4 …… 710
헌재 2009.11.26. 2008헌마385 …… 884, 944
헌재 2009.11.26. 2008헌바12 …… 1472
헌재 2009.11.26. 2008헌바58등 …… 813, 883
헌재 2009.12.29. 2007헌마1412 …… 174
헌재 2009.12.29. 2008헌마141 …… 175
헌재 2009.12.29. 2008헌바64 …… 419, 469
헌재 2009.12.29. 2009헌바25 …… 925
헌재 2010.2.24. 2009헌바13등 …… 1184
헌재 2010.2.25. 2007헌마956 …… 636
헌재 2010.2.25. 2007헌바131 …… 1020
헌재 2010.2.25. 2008헌가23 …… 844, 929
헌재 2010.2.25. 2008헌마324등 …… 153, 1059
헌재 2010.2.25. 2008헌바67 …… 1495
헌재 2010.2.25. 2008헌바80 …… 224
헌재 2010.2.25. 2008헌바83 …… 840
헌재 2010.2.25. 2009헌바38 …… 1178
헌재 2010.3.25. 2008헌마439 …… 407, 668
헌재 2010.3.25. 2008헌마510 …… 1511
헌재 2010.4.29. 2003헌마283 …… 410
헌재 2010.4.29. 2007헌마910 …… 1177
헌재 2010.4.29. 2007헌바40 …… 1200
헌재 2010.4.29. 2008헌마438 …… 643
헌재 2010.4.29. 2008헌마622 …… 1462
헌재 2010.4.29. 2008헌바70 …… 1231, 1278
헌재 2010.4.29. 2008헌바118 …… 1098
헌재 2010.4.29. 2009헌라11 …… 680
헌재 2010.4.29. 2009헌마340 …… 637
헌재 2010.4.29. 2009헌바168 …… 1421
헌재 2010.5.27. 2005헌마346 …… 757, 844
헌재 2010.5.27. 2007헌바53 …… 1232
헌재 2010.5.27. 2008헌마491 …… 643
헌재 2010.5.27. 2008헌마663 …… 1115
헌재 2010.5.27. 2008헌바110 …… 1176
헌재 2010.6.24. 2005헌라9등 …… 705
헌재 2010.6.24. 2008헌마169 …… 153
헌재 2010.6.24. 2008헌마271 …… 1180
헌재 2010.6.24. 2008헌마716 …… 660
헌재 2010.6.24. 2008헌바128 …… 1333
헌재 2010.6.24. 2008헌바169 …… 922
헌재 2010.6.24. 2009헌마257 …… 654
헌재 2010.7.29. 2006헌바75 …… 1059
헌재 2010.7.29. 2008헌가4 …… 814
헌재 2010.7.29. 2008헌가15 …… 1334
헌재 2010.7.29. 2008헌가19 …… 1463
헌재 2010.7.29. 2008헌가28 …… 922

헌재 2010.7.29. 2009헌가13 ······ 35
헌재 2010.7.29. 2009헌바53 ······ 1180
헌재 2010.7.29. 2009헌바192 ······ 322
헌재 2010.7.29. 2010헌라1 ······ 709
헌재 2010.9.2. 2009헌가15등 ······ 449
헌재 2010.9.2. 2010헌마418 ······ 364
헌재 2010.9.30. 2008헌가3 ······ 443
헌재 2010.9.30. 2008헌마628 ······ 660
헌재 2010.9.30. 2008헌마758 ······ 1183
헌재 2010.9.30. 2008헌바100 ······ 445
헌재 2010.9.30. 2008헌바132 ······ 1114
헌재 2010.9.30. 2009헌가23등 ······ 884
헌재 2010.9.30. 2009헌마631 ······ 641
헌재 2010.9.30. 2009헌바101 ······ 436
헌재 2010.9.30. 2009헌바122 ······ 1304
헌재 2010.10.28. 2007헌라4 ······ 710
헌재 2010.10.28. 2008헌마408 ······ 1182
헌재 2010.10.28. 2008헌마638 ······ 641
헌재 2010.10.28. 2009헌라6 ······ 679
헌재 2010.10.28. 2009헌마544 ······ 1114
헌재 2010.10.28. 2009헌바4 ······ 1178
헌재 2010.10.28. 2009헌바23 ······ 1179
헌재 2010.11.25. 2006헌마328 ······ 1524
헌재 2010.11.25. 2009헌마250 ······ 1499
헌재 2010.11.25. 2009헌바57 ······ 1496
헌재 2010.11.25. 2010헌가22 ······ 444
헌재 2010.11.25. 2010헌마144 ······ 1369
헌재 2010.12.28. 2008헌라7 ······ 679
헌재 2010.12.28. 2008헌마527 ······ 1524
헌재 2010.12.28. 2008헌바89 ······ 1421
헌재 2010.12.28. 2008헌바157등 ······ 1048
헌재 2010.12.28. 2009헌라2 ······ 681
헌재 2010.12.28. 2009헌바400 ······ 923
헌재 2010.12.28. 2010헌마79 ······ 118
헌재 2011.2.24. 2008헌바40 ······ 923
헌재 2011.2.24. 2008헌바56 ······ 924
헌재 2011.2.24. 2008헌아4 ······ 419
헌재 2011.2.24. 2009헌마94 ······ 833
헌재 2011.2.24. 2009헌마209 ······ 844
헌재 2011.3.29. 2011헌마128 ······ 620
헌재 2011.3.31. 2008헌마355 ······ 1309
헌재 2011.3.31. 2008헌마738 ······ 543
헌재 2011.3.31. 2008헌바111 ······ 885
헌재 2011.3.31. 2008헌바141등 ······ 45, 968, 1233
헌재 2011.3.31. 2009헌마617등 ······ 848, 1335
헌재 2011.3.31. 2009헌바286 ······ 443
헌재 2011.3.31. 2010헌마312 ······ 418
헌재 2011.3.31. 2010헌마45 ······ 666
헌재 2011.4.28. 2010헌마474 ······ 372
헌재 2011.4.28. 2010헌마602 ······ 1185
헌재 2011.4.28. 2010헌바232 ······ 153
헌재 2011.5.26. 2009헌마341 ······ 982
헌재 2011.5.26. 2010헌마499 ······ 1512
헌재 2011.5.26. 2010헌마775 ······ 845
헌재 2011.6.30. 2009헌마406 ······ 814, 1096, 1121
헌재 2011.6.30. 2009헌바428 ······ 1512
헌재 2011.6.30. 2009헌바430 ······ 1513
헌재 2011.6.30. 2010헌마503 ······ 1369
헌재 2011.6.30. 2010헌마542 ······ 100, 117
헌재 2011.6.30. 2010헌바375 ······ 1232
헌재 2011.7.28. 2009헌바24 ······ 444
헌재 2011.7.28. 2010헌마432 ······ 667
헌재 2011.8.30. 2006헌마788 ······ 619
헌재 2011.8.30. 2008헌가22등 ······ 259, 1000
헌재 2011.8.30. 2008헌마477 ······ 625
헌재 2011.8.30. 2008헌마648 ······ 620
헌재 2011.8.30. 2009헌라7 ······ 679
헌재 2011.8.30. 2009헌마638 ······ 814
헌재 2011.8.30. 2009헌바128 ······ 1269
헌재 2011.8.30. 2010헌마259 ······ 154
헌재 2011.8.30. 2011헌라1 ······ 681
헌재 2011.9.29. 2007헌마1083등 ······ 758
헌재 2011.9.29. 2009헌마351 ······ 1421
헌재 2011.9.29. 2009헌마358 ······ 620
헌재 2011.9.29. 2010헌마68 ······ 151
헌재 2011.9.29. 2010헌마413 ······ 993
헌재 2011.9.29. 2010헌바85 ······ 1232
헌재 2011.10.25. 2009헌마588 ······ 619
헌재 2011.10.25. 2009헌바140 ······ 963
헌재 2011.10.25. 2009헌바281 ······ 1291
헌재 2011.10.25. 2010헌마482 ······ 1186
헌재 2011.10.25. 2010헌마661 ······ 1182

헌재 2011.10.25. 2010헌바384 ·························· 1155
헌재 2011.11.24. 2008헌마578 ·························· 1513
헌재 2011.11.24. 2009헌바146 ·························· 1454
헌재 2011.11.24. 2009헌바292 ·························· 196
헌재 2011.11.24. 2010헌바472 ·························· 925
헌재 2011.12.29. 2007헌마1001 ·························· 135
헌재 2011.12.29. 2009헌마330 ·························· 353
헌재 2011.12.29. 2009헌마476 ·························· 154
헌재 2011.12.29. 2009헌마527 ·························· 1021
헌재 2011.12.29. 2009헌마621 ·························· 621
헌재 2011.12.29. 2009헌바282 ·························· 397
헌재 2011.12.29. 2010헌마285 ·························· 51
헌재 2011.12.29. 2010헌마293 ·························· 1091
헌재 2011.12.29. 2010헌바205 ·························· 1291
헌재 2011.12.29. 2010헌바449 ·························· 1263
헌재 2011.12.29. 2010헌바54 ·························· 224
헌재 2011.12.29. 2010헌바88등 ·························· 75
헌재 2012.2.23. 2008헌마500 ·························· 1118
헌재 2012.2.23. 2009헌마333 ·························· 535
헌재 2012.2.23. 2009헌바34 ·························· 1516
헌재 2012.2.23. 2010헌라5등 ·························· 723
헌재 2012.2.23. 2010헌마601 ·························· 75
헌재 2012.2.23. 2010헌바484 ·························· 1291
헌재 2012.2.23. 2010헌바485 ·························· 1209
헌재 2012.2.23. 2011헌가13 ·························· 621
헌재 2012.3.29. 2009헌마754 ·························· 1187
헌재 2012.3.29. 2010헌마443등 ·························· 1218
헌재 2012.3.29. 2010헌바217 ·························· 1264
헌재 2012.3.29. 2010헌바341 ·························· 1292
헌재 2012.3.29. 2010헌바342 ·························· 1218
헌재 2012.3.29. 2010헌바470 ·························· 1285
헌재 2012.3.29. 2011헌바19 ·························· 924
헌재 2012.4.24. 2010헌마751 ·························· 543
헌재 2012.4.24. 2010헌바1 ·························· 542
헌재 2012.4.24. 2010헌바164 ·························· 1370
헌재 2012.4.24. 2011헌바31 ·························· 1219
헌재 2012.4.24. 2011헌바62 ·························· 1219
헌재 2012.5.31. 2009헌마553 ·························· 1319
헌재 2012.5.31. 2009헌마705등 ·························· 58
헌재 2012.5.31. 2009헌바190 ·························· 1219
헌재 2012.5.31. 2010헌가85 ·························· 1220
헌재 2012.5.31. 2010헌마139등 ·························· 621
헌재 2012.6.27. 2010헌마508 ·························· 656
헌재 2012.6.27. 2010헌마716 ·························· 925
헌재 2012.6.27. 2011헌가36 ·························· 990
헌재 2012.6.27. 2011헌마360 ·························· 655
헌재 2012.6.27. 2011헌바34 ·························· 1220
헌재 2012.7.26. 2009헌바328 ·························· 1285
헌재 2012.7.26. 2010헌라3 ·························· 682
헌재 2012.7.26. 2010헌바62 ·························· 1516
헌재 2012.7.26. 2011헌마169 ·························· 1292
헌재 2012.7.26. 2011헌마601 ·························· 621
헌재 2012.7.26. 2011헌바121 ·························· 476
헌재 2012.7.26. 2011헌바130 ·························· 1270
헌재 2012.7.26. 2011헌바283 ·························· 925
헌재 2012.7.26. 2011헌바357 ·························· 1220
헌재 2012.7.31. 2012헌마619 ·························· 277
헌재 2012.8.23. 2010헌가65 ·························· 1221
헌재 2012.8.23. 2010헌마197 ·························· 1527
헌재 2012.8.23. 2010헌바28 ·························· 1293
헌재 2012.8.23. 2010헌바167 ·························· 1293
헌재 2012.8.23. 2010헌바220 ·························· 1369
헌재 2012.8.23. 2011헌바97 ·························· 1221
헌재 2012.8.23. 2011헌바169 ·························· 926
헌재 2012.10.25. 2011헌마307 ·························· 641
헌재 2012.10.25. 2011헌마429 ·························· 622
헌재 2012.10.25. 2012헌마107 ·························· 642
헌재 2012.12.27. 2011헌바89 ·························· 1113
헌재 2012.12.27. 2011헌바117 ·························· 457
헌재 2013.2.28. 2010헌마438 ·························· 565
헌재 2013.2.28. 2010헌바450등 ·························· 909
헌재 2013.2.28. 2011헌마666 ·························· 667
헌재 2013.2.28. 2012헌마131 ·························· 1303
헌재 2013.2.28. 2012헌마427 ·························· 618
헌재 2013.2.28. 2012헌바62 ·························· 1190
헌재 2013.2.28. 2012헌바94 ·························· 1245
헌재 2013.2.28. 2012헌바198 ·························· 1245
헌재 2013.2.28. 2012헌바263 ·························· 1245
헌재 2013.2.28. 2012헌아99 ·························· 496
헌재 2013.3.21. 2010헌바70등 ·························· 489
헌재 2013.5.30. 2009헌마514 ·························· 1032
헌재 2013.5.30. 2010헌마136 ·························· 1190

헌재 2013.5.30. 2011헌마198 ··· 566
헌재 2013.5.30. 2011헌바74 ··· 1244
헌재 2013.5.30. 2011헌바201 ··· 1244
헌재 2013.5.30. 2012헌바292 ··· 1245
헌재 2013.6.27. 2011헌마315등 ··· 1246
헌재 2013.6.27. 2011헌바75 ··· 483
헌재 2013.6.27. 2012헌바169 ··· 1387
헌재 2013.7.25. 2010헌바51 ··· 1268
헌재 2013.7.25. 2012헌마174 ··· 1302
헌재 2013.7.25. 2012헌마815 ··· 1303
헌재 2013.7.25. 2012헌바409 ··· 1309
헌재 2013.8.29. 2010헌마562 ··· 1186
헌재 2013.8.29. 2011헌마122 ··· 513
헌재 2013.8.29. 2011헌바391등 ··· 196
헌재 2013.8.29. 2012헌마288 ··· 1310
헌재 2013.9.26. 2012헌마806 ··· 514
헌재 2013.11.28. 2011헌마282 ··· 1033
헌재 2013.12.26. 2009헌마747 ··· 1060
헌재 2014.1.28. 2012헌마409등 ··· 1304
헌재 2014.1.28. 2012헌마431 ··· 175220

[대 법 원]

대재 1979.12.7. 79초70 ··· 336

대결 2002.10.25. 2000카기183 ··· 1410
대결 2005.1.17. 2003마1477 ··· 1074

대판 1967.2.28. 67도1 ··· 926
대판 1968.6.25. 68다850 ··· 1518
대판 1970.3.24. 70다15 ··· 1518
대판 1970.7.16. 70누76 ··· 308
대판 1970.11.24. 70다2253 ··· 1517
대판 1971.6.22. 70다1010 ··· 1517
대판 1972.3.28. 72도334 ··· 1401
대판 1972.10.10. 69다701 ··· 1517
대판 1974.6.11. 73다1691 ··· 1431
대판 1975.4.8. 74도3323 ··· 19
대판 1975.12.9. 73도3392 ··· 1017
대판 1976.4.27. 75누249 ··· 1021
대판 1976.11.9. 76도3076 ··· 614, 1487
대판 1979.1.23. 78다1653 ··· 1432
대판 1979.5.22. 79도547 ··· 985
대판 1980.5.20. 80도306 ··· 20
대판 1980.9.9. 77다2030 ··· 1070
대판 1980.9.24. 79도1387 ··· 1021
대판 1981.12.22. 80누499 ··· 1349
대판 1982.5.25. 82도716 ··· 1025
대판 1982.7.27. 80누86 ··· 819
대판 1982.9.28. 82도2016 ··· 1100
대판 1983.3.22. 82도2151 ··· 875
대판 1983.6.28. 83누193 ··· 1345
대판 1984.1.24. 82누163 ··· 1017
대판 1984.6.12. 81다558 ··· 1432
대판 1985.1.29. 74도3501 ··· 336
대판 1985.5.28. 81도1045 ··· 1490
대판 1986.1.28. 85다카1973 ··· 1073
대판 1987.3.10. 86도1246 ··· 1097
대판 1987.7.21. 87도1081 ··· 1097
대판 1988.10.11. 85다카29 ··· 767, 1109
대판 1989.9.26. 87도519 ··· 1022
대판 1989.10.24. 89카55 ··· 615, 1487
대판 1989.12.15. 88카75 ··· 615
대판 1990.5.15. 90도357 ··· 1400
대판 1990.6.8. 90도646 ··· 386
대판 1990.9.28. 89누2493 ··· 335
대판 1991.6.11. 90다5450 ··· 515, 615
대판 1991.7.23. 89다카1275 ··· 1431
대판 1991.11.12. 91도1870 ··· 1097
대판 1991.11.22. 91도2341 ··· 251
대판 1992.3.27. 91다36307 ··· 1422
대판 1992.5.8. 91누7552 ··· 875
대판 1992.6.23. 91다19210 ··· 1398
대판 1992.6.23. 92도682 ··· 985
대판 1992.6.23. 92추17 ··· 374
대판 1992.8.18. 92도1244 ··· 59
대판 1992.9.22. 91도3317 ··· 290
대판 1992.9.22. 92도1751 ··· 430
대판 1992.11.24. 92도2409 ··· 985
대판 1992.12.22. 92도1742 ··· 1022
대판 1993.1.15. 92다12377 ··· 498
대판 1993.2.26. 92누12247 ··· 502
대판 1993.4.9. 92누15765 ··· 1398

대판 1993.9.28. 93도1730 ······ 251, 1017
대판 1993.10.26. 93다6409 ······ 1293
대판 1994.3.8. 92누1728 ······ 1430
대판 1994.4.12. 93도2712 ······ 176
대판 1994.8.26. 93누8998 ······ 1411
대판 1994.10.25. 93다42740 ······ 500
대판 1994.10.28. 92누9463 ······ 441, 501
대판 1995.5.23. 94마2218 ······ 1430
대판 1995.7.14. 95카기41 ······ 615, 1488
대판 1995.9.15. 94누4455 ······ 1470
대판 1995.9.15. 94누12067 ······ 1397
대판 1995.12.21. 94다26721 ······ 1422
대판 1996.1.26. 95도1959 ······ 1411
대판 1996.4.9. 95누11405 ······ 420, 611
대판 1996.4.12. 95누7727 ······ 1335
대판 1996.5.10. 95추87 ······ 278
대판 1996.6.3. 96모18 ······ 983
대판 1996.6.11. 96도980 ······ 1036, 1076
대판 1996.6.28. 94다54511 ······ 1286
대판 1996.7.12. 96우16 ······ 378
대판 1996.8.20. 94다29928 ······ 1110
대판 1996.9.6. 96다19246 ······ 1022
대판 1996.9.20. 95누7994 ······ 1347
대판 1996.9.20. 95누8003 ······ 335, 553
대판 1996.11.8. 96도1742 ······ 290
대판 1996.11.12. 96누1221 ······ 28, 252
대판 1996.12.23. 95다37278 ······ 1073
대판 1997.3.28. 95누17960 ······ 514
대판 1997.3.28. 95도2674 ······ 1116
대판 1997.3.28. 96누15602 ······ 612
대판 1997.4.11. 96도3451 ······ 154, 966
대판(전합) 1997.4.17. 96도3376 ······ 396
대판 1997.4.25. 96다16940 ······ 1517
대판 1997.6.13. 96다56115 ······ 834, 1518
대판(전합) 1997.6.19. 95누8669 ······ 1350
대판 1997.6.27. 96다7069 ······ 1361
대판 1997.7.22. 96다56153 ······ 1429
대판 1997.7.22. 96도2153 ······ 336
대판 1997.10.10. 96누4046 ······ 1352
대판 1997.10.10. 97누4951 ······ 1398
대판 1997.10.13. 96모33 ······ 335
대판 1997.10.28. 97다28803 ······ 1073
대판 1998.2.24. 96다40998 ······ 1074
대판 1998.7.14. 96다17257 ······ 767
대판 1998.7.24. 96다42789 ······ 1104
대판 1998.7.28. 98도1395 ······ 59, 252
대판 1998.10.11. 85다카29 ······ 1049
대판 1998.11.10. 96다37268 ······ 1022
대판 1999.9.17. 99추30 ······ 375
대판 1999.9.28. 91다30620 ······ 1410
대판 2000.2.25. 99다54332 ······ 498
대판 2000.5.12. 99다70600 ······ 1518
대판(전합) 2001.2.15. 96다42420 ······ 1520
대판 2001.4.27. 95재다14 ······ 522
대판 2001.12.14. 2000다12679 ······ 1518
대판 2002.1.22. 2000다37524 ······ 768, 1075
대판 2002.2.26. 99도5380 ······ 1411
대판 2002.10.25. 2000다23815 ······ 1416
대판 2003.3.14. 2002도3883 ······ 1399
대판 2003.7.8. 2002다64384 ······ 1075
대판 2003.7.22. 2002다62494 ······ 1076
대판 2003.9.2. 2002다63558 ······ 1076
대판 2003.9.23. 2003추13 ······ 278
대판 2003.11.11. 2003모402 ······ 983
대판 2004.2.27. 2001다53387 ······ 1076
대판 2004.2.27. 2001두8568 ······ 1402
대판 2004.3.26. 2003도7878 ······ 396
대판 2004.4.9. 2002다10691 ······ 1518
대판 2004.4.22. 2000두7735 ······ 1033
대판 2004.4.27. 2002도315 ······ 20, 154
대판 2004.7.15. 2004도2965 ······ 1002, 1018
대판 2004.8.20. 2004수30 ······ 155
대판 2004.8.30. 2004도3212 ······ 253
대판 2004.11.12. 2003다52227 ······ 155
대판 2004.12.16. 2002도537 ······ 985
대판 2005.1.27. 2004도7511 ······ 155, 818
대판 2005.6.9. 2004수54 ······ 155
대판 2005.7.21. 2002다1178 ······ 926
대판 2005.7.22. 2003도2911 ······ 1036
대판 2005.8.19. 2005도2245 ······ 156
대판 2005.8.19. 2005추48 ······ 374
대판 2005.9.9. 2004추10 ······ 259

대판 2005.11.10. 2003두14963 ……………… 441, 501
대판 2005.11.16. 2005스26 ……………… 842
대판 2005.11.24. 2005두8061 ……………… 419
대판 2006.2.10. 2002다49040 ……………… 1077
대판 2006.3.9. 2003재다262 ……………… 1362
대판 2006.3.23. 2003다52142 ……………… 1076
대판 2006.3.24. 2005다37024 ……………… 1362
대판 2006.4.14. 2003다41746 ……………… 1519
대판 2006.5.26. 2004다62597 ……………… 1416
대판(전합) 2006.6.22. 2004스42 ……………… 1449
대판 2006.10.12. 2006추38 ……………… 375
대판 2006.10.13. 2004다16280 ……………… 842
대판 2006.10.26. 2006두11910 ……………… 1089
대판(전합) 2006.11.16. 2003두12899 ……………… 209
대판 2006.11.23. 2004다50747 ……………… 1074
대판 2006.12.22. 2006다15922 ……………… 1105
대판 2007.1.12. 2005다57752 ……………… 291
대판 2007.2.9. 2006도7417 ……………… 156
대판 2007.2.9. 2006추45 ……………… 376
대판 2007.3.15. 2006도8869 ……………… 156
대판 2007.3.15. 2006도9042 ……………… 156
대판(전합) 2007.3.22. 2005추62 ……………… 376
대판 2007.4.26. 2006다87903 ……………… 1023
대판 2007.9.20. 2005다25298 ……………… 769, 1345
대판 2007.10.29. 2005두14417 ……………… 927
대판 2008.4.11. 2007도8373 ……………… 1018
대판(전합) 2008.4.17. 2004도4899 ……………… 1120
대판(전합) 2008.4.17. 2006다35865 ……………… 1431
대판 2009.3.12. 2008도763 ……………… 970
대판 2009.4.9. 2008도10572 ……………… 398
대판(전합) 2009.5.21. 2009다17417 ……………… 943
대판 2009.5.28. 2008두16933 ……………… 1023
대판 2009.10.29. 2009다42666 ……………… 1432
대판 2009.12.10. 2009도11448 ……………… 398
대판 2009.12.10. 2009두8359 ……………… 1511
대판 2009.12.24. 2009도11401 ……………… 969
대판 2010.4.22. 2008다38288 ……………… 1023
대판 2010.12.9. 2007도10121 ……………… 1033
대판 2010.12.16. 2010도5986 ……………… 336
대판 2011.3.17. 2006도8839 ……………… 1116
대판 2011.4.28. 2007도7514 ……………… 1422
대판 2011.4.28. 2009도10412 ……………… 970
대판 2011.5.26. 2011도3682 ……………… 970
대판 2011.9.2. 2010도17237 ……………… 1077
대판 2011.10.27. 2009다32386 ……………… 1024
대판 2011.11.10. 2011도8125 ……………… 985
대판 2013.5.23. 2011추56 ……………… 377

[저자약력]

成樂寅(성낙인)
서울대학교 법과대학 졸업
서울대학교 대학원 법학석사・박사과정 수료
프랑스 파리2대학교 법학박사(Docteur en droit)
영남대학교 법과대학 교수
사법시험, 행정・입법・외무고시 및 군법무관시험 위원
서울대학교 법과대학 학장
한국공법학회 회장
한국법학교수회 회장
국회공직자윤리위원회 위원장
국회 헌법연구자문위원회 부위원장
법무부 사법시험관리위원회 위원
국회 선거구획정위원회 위원 역임
현재 서울대학교 법과대학 교수(헌법학)
법무부 법교육위원회 위원장
경찰위원회 위원장

[주요 저서 및 논문]
Les ministres de la Ve République française(Paris, L.G.D.J., 1988)
헌법학 제14판(법문사, 2014), 헌법소송론(공저, 법문사, 2012)
대한민국헌법사(법문사, 2012), 헌법학입문 제3판(법문사, 2013)
헌법연습(법문사, 2000), 프랑스헌법학(법문사, 1995)
한국헌법연습(고시계, 1997・1998), 선거법론(법문사, 1998)
언론정보법(나남출판, 1998), 공직선거법과 선거방송심의(나남출판, 2007)
세계언론판례총람(공저, 한국언론연구원, 1998)
자금세탁방지법제론(경인문화사, 2007)
주석헌법(공저, 법원사, 1990)
한국헌법과 이원정부제(반대통령제)
정보공개와 사생활보호 외 다수

판례헌법 [제4판]

2008년 3월 25일 초판 발행
2009년 3월 5일 제2판 발행
2012년 3월 30일 제3판 발행
2014년 4월 10일 제4판 1쇄발행

저 자 성 낙 인
발행인 배 효 선
발행처 도서출판 法 文 社
주 소 413-120 경기도 파주시 회동길 37-29
등 록 1957년 12월 12일/제2-76호(윤)
전 화 (031)955-6500~6 FAX (031)955-6525
E-mail (영업) bms@bobmunsa.co.kr
(편집) edit66@bobmunsa.co.kr
홈페이지 http://www.bobmunsa.co.kr
조 판 (주) 성 지 이 디 피

정가 55,000원 ISBN 978-89-18-08224-0